PANTHÉON LITTÉRAIRE.

LITTÉRATURE FRANÇAISE.

HISTOIRE.

LES CHRONIQUES

DE

SIRE JEAN FROISSART.

TOME II

IMPRIMERIE ET FONDERIE DE RIGNOUX ET C*, RUE DES FRANCS-BOURGEOIS-S.-MICHEL, 8.

LES CHRONIQUES

DE

SIRE JEAN FROISSART

QUI TRAITENT

DES MERVEILLEUSES EMPRISES, NOBLES AVENTURES ET FAITS D'ARMES
ADVENUS EN SON TEMPS

EN FRANCE, ANGLETERRE, BRETAIGNE, BOURGOGNE, ESCOSSE, ESPAIGNE
PORTINGAL ET ÈS AUTRES PARTIES

NOUVELLEMENT REVUES ET AUGMENTÉES D'APRÈS LES MANUSCRITS

AVEC NOTES, ÉCLAIRCISSEMENS, TABLES ET GLOSSAIRE

PAR J. A. C. BUCHON.

> Nec minùs oblector Francorum Annalia regum
> Scripta legens ullo sine fuco prorsùs et arte,
> Quam quæ magnificè græcis conscripta leguntur
> Historiis, ægrè speciem retinentia veri.
> (*Michel de L'Hospital*, L. I, Ep. xii.)

TOME DEUXIÈME.

PARIS

A. DESREZ, LIBRAIRE ÉDITEUR

RUE SAINT-GEORGES, 11.

M DCCC XXXV.

LES CHRONIQUES

DE

SIRE JEAN FROISSART.

LIVRE SECOND.

CHAPITRE PREMIER.

Comment le duc de Bourgogne retourna en France ; d'aucuns incidents et du grand amas et assemblée de gens que le duc d'Anjou fit pour assiéger Bergerac.

Vous avez bien ci-dessus ouy recorder comment le duc de Bourgogne fit une chevauchée ès marches de Picardie qui fut moult honorable pour lui et profitable pour les François, et comment il ordonna en Artois, ens ès châteaux dont il tenoit la possession, capitaines et gens d'armes pour les tenir, et par espécial en la ville de Ayre ; et y établit à demeurer le vicomte de Meaux et le sire de Sempy : ceux la firent remparer et fortifier malement, combien qu'elle fût forte assez devant.

Le roi de France, qui de ces nouvelles fut trop grandement réjoui et qui tint à bonne et belle cette chevauchée, envoya tantôt ses lettres à Saint-Omer, et commanda que la ville d'Ayre fût bien garnie et pourvue de toutes pourvéances grandement et largement : tout fut fait ainsi qu'il le commanda. Si se défit cette chevauchée, mais le sire de Cliçon et les Bretons ne dérompirent point leur route ; mais le plus tôt qu'ils purent retournèrent vers Bretagne, car nouvelles si étoient venues au seigneur de Cliçon et aux Bretons, eux étant devant Ayre, que Janekin le Clerc, un écuyer d'Angleterre et bon hommes d'armes étoit issu d'Angleterre et venu en Bretagne et avoit mis les bastides[1] devant Brest.

Pourquoi les Bretons retournèrent le plus tôt qu'ils purent et emmenèrent messire Jaquèmes de Wertain sénéchal de Haynaut avecques eux. Et le duc de Bourgogne s'en retourna en France de-lez le roi son frère.

En ce temps-là se faisoit une grande assemblée de gens d'armes en la marche de Bordeaux, au mandement du duc d'Anjou et du connétable ; car ils avoient une journée arrêtée contre les Gascons-Anglois, de laquelle je parlerai plus pleinement, quand j'en serai mieux informé que je ne suis encore.

En ce temps-là que le duc de Bourgogne fit son armée en Picardie, si comme il est contenu ci-dessus, le duc d'Anjou étoit en la bonne cité de Toulouse de-lez madame sa femme, et visoit et soutilloit nuit et jour comment il pourroit porter contraire et dommage aux Anglois ; car il sentoit encore plusieurs villes et châteaux sur la rivière de la Dordogne et ès frontières de Rouergue, de Toulousain et de Quersin, qui contrarioient grandement le pays et travailloient toutes gens dont il avoit l'obéissance. Si s'avisa qu'il y pourverroit de remède ; et jeta son avis à aller mettre le siége devant Bergerac[2], pour tant qu'elle est la clef de la Gascogne, tant que sur la frontière de Rouergue, de Quersin et de Limosin. Et pourtant que il sentoit plusieurs grands barons de Gascogne bons Anglois et contraires à lui, tels que le seigneur de Duras,

---

[1] Sauvage, annot. II, corrige ainsi cet endroit : *avoit mis les Anglois devant Brest*. Il croit que les Anglais n'auraient pas eu de raison de mettre des *bastides* devant Brest, parce que cette place ne nous appartenait pas. Mais si l'on élevait des bastides pour attaquer les villes, on s'en servait aussi pour les défendre.

[2] A six lieues de Périgueux et à dix de Sarlat ; elle est située dans une grande plaine sur la Dordogne.

le seigneur de Rosem, le seigneur de Mucident, le seigneur de Langurant, le seigneur de Gernoz et de Carlez, messire Pierre de Landuras et plusieurs autres, il s'avisa que il feroit un puissant et grand mandement pour résister contre les dessus dits, et être si fort que pour tenir les champs. Si escripsit devers messire Jean d'Armignac que à ce besoin il ne lui voulsist faillir, et aussi devers le seigneur de la Breth; et avoit mandé en France le connétable et le maréchal de France messire Louis de Xancerre, et aussi le seigneur de Coucy [1] et plusieurs chevaliers et écuyers en Picardie, en Bretagne et en Normandie, qui tous étoient désirans de lui servir et de leurs corps avancer. Et jà étoient venus le connétable et le maréchal de France. Bien savoit le duc d'Anjou qu'il avoit un grand différend entre les cousins et amis des seigneurs de Pommiers, Gascons, et messire Thomas de Felleton, grand sénéchal de Bordeaux et de Bordelois. La raison pourquoi je la vous dirai et éclaircirai ci-après.

CHAPITRE II.

Comment Guillaume seigneur de Pommiers, atteint de trahison, et un sien clerc, furent décollés en la cité de Bordeaux, et d'autres chargés pour tels faits.

En devant ce temps, en l'an de grâce mil trois cent soixante quinze, étoit advenue une cruelle justice en la cité de Bordeaux, emprise, faite et accomplie par messire Thomas de Felleton lieutenant du roi d'Angleterre ens ès marches de Bordeaux, sur le seigneur de Pommiers [2] qui s'appeloit messire Guillaume, et tout par manière de trahison; de quoi on fut moult émerveillé. Et furent pris un jour en la cité de Bordeaux, au commandement et ordonnance du sénéchal, ce sire de Pommiers et un sien clerc conseiller et secrétaire de la nation de Bordeaux qui s'appeloit Jean Coulon. Et fut prouvé sur eux, si comme je fus adonc informé, que le seigneur de Pommiers se devoit rendre, son corps et ses châteaux, François; ni onques ne s'en put excuser ni ôter que il ne l'en convint mourir. Si furent le sire de Pommiers et son clerc publiquement décollés en la cité de Bordeaux en la place, devant tout le peuple, dont on fut moult émerveillé; et tinrent ce fait à grand blâme ceux du lignage; et se départit de Bordeaux et de Bordelois ce gentil chevalier oncle au dessus dit, messire Aymon de Pommiers; et prit ce fait à grand'vergogne, et jura que jamais pour le roi d'Angleterre ne s'armeroit. Si s'en alla outre mer au Saint Sépulcre et en plusieurs autres voyages; et quand il fut retourné, il s'ordonna François, et se mit, lui et sa terre, en l'obéissance du roi de France; et défia tantôt le seigneur de l'Esparre, Gascon, et lui fit grand'guerre, pourtant qu'il avoit été au jugement rendu de faire mourir son neveu le seigneur de Pommiers.

Encore pour ce même fait et soupçon, et pour le châtel de Fronsac qui fut pris et livré aux François, qui étoit de l'héritage au seigneur de Pommiers, fut décollé en la cité de Bordeaux messire Jean de Plessac; et en furent accusés de cette même trahison messire Pierre de Landuras et messire Bertran du Franc, et en tinrent prison à Bordeaux plus de sept mois. Mais depuis en furent-ils délivrés par le pourchas de leurs amis; car on ne pouvoit rien prouver sur eux; et en demeura un long-temps en grand danger et en tel tache et paroles messire Gaillard Vighier; dont on étoit moult émerveillé, pourtant qu'il n'étoit pas au pays, mais en Lombardie avecques le seigneur de Coucy, et en le service du pape Grégoire, qui l'en aidèrent à excuser quand la connoissance leur en fut venue; et en demeura le chevalier sur son

---

[1] Enguerrand VII, dernier des mâles de sa maison, qui posséda la seigneurie de Coucy, mort à Burse en Bithynie le 18 février 1397. Enguerrand de Coucy avait, ainsi qu'on l'a vu, épousé en premières noces Isabelle d'Angleterre, fille aînée d'Édouard III. Après la mort de ce prince, il rompit ses liaisons avec l'Angleterre pour s'attacher au roi de France. En conséquence Richard II fit saisir les domaines qu'il possédait en Angleterre.

[2] La famille des seigneurs de *Pommiers*, gentilshommes gascons, avait été et était peut-être encore pensionnaire de la France. Du Tillet fait mention de deux hommages du 8 août 1369. Le premier est d'Amanjeu de Pommiers pour mille livres tournois de rente, qu'il sera obligé d'abandonner, s'il vient à s'armer pour le roi d'Angleterre; mais aussi, dans son serment de servir le roi de France contre tous, il excepte le roi d'Angleterre et ses enfans. Le second hommage et serment, semblable au précédent, est de Jean de Pommiers pour cinq cents livres de rente à vie. Du Tillet cite le trésor des chartes Layette *hommagia* 288 C. Ces sortes de pensions à *hommages* étoient à la mode depuis plus d'un siècle; et par ce moyen les rois s'attachaient des vassaux, même parmi les princes, sans aliéner leurs domaines.

[1377] bon droit. Si s'en engendrèrent et nourrirent en Gascogne, pour ces besognes, plusieurs haines couvertes, dont plusieurs meschefs depuis en naquirent.

CHAPITRE III.

Comment le duc d'Anjou vint à grand ost assiéger Bergerac; de la prise du seigneur de l'Esparre; et comment les Anglois cuidèrent gréver le dit duc d'Anjou.

Quand le duc d'Anjou vit que temps fut de partir de la cité de Toulouse, et que la greigneur partie de ses gens d'armes étoient venus et traits sur les champs, et par espécial le connétable de France en qui il avoit moult grand'fiance, il se partit de Toulouse[1] et se mit au chemin tout droit devers Bergerac. Et en étoit gardien et capitaine messire Perducas de la Breth; et se tenoit en un châtel à une petite lieue de là que on appelle Moncuq, un moult bel fort. Tant exploitèrent les osts du duc d'Anjou que ils vinrent devant Bergerac; et se logèrent à l'environ, au plus près de la rivière qu'ils purent, pour avoir l'aise de eux et de leurs chevaux. Là étoient avec le duc d'Anjou grands gens et nobles : premièrement messire Jean d'Armignac à grand'route, le connétable de France aussi à grand'charge, messire Louis de Xancerre, messire Jean de Beuil, messire Pierre de Beuil, Yvain de Galles, messire Morice Treseguidi qui jadis fut en Bretagne de la partie des François Bretons l'un des trente[2], messire Alain de Beaumont, messire Alain de la Houssoie, messire Guillaume de Montcontour, messire Pierre de Mornay, messire Jean de Vert, messire Baudouin Cremoux, Thibault du Pont, Elliot de Calais, et plusieurs autres bonnes gens d'armes en grandes routes. Si se descendirent, et se firent leurs logis sur ces beaux prés sur la rivière de Dordogne, et étoit grand'plaisance à regarder. Au plus près du logis du duc étoit logé le connétable de France. Si venoient souvent les compagnons qui désiroient les armes et leurs corps à avancer, escarmoucher aux barrières Si y en avoit du trait des blessés et des navrés, ainsi que en tels aventures les faits d'armes adviennent.

Au chef de six jours que le siège fut mis devant Bergerac, vinrent en l'ost du duc, en grand arroy et bien accompagnés de gens d'armes et de brigands[1], le sire de la Breth et messire Bernard de la Breth son cousin. Si y furent reçus à grand'joie, car l'ost en fut grandement renforcé. Au huitième jour du siège furent le duc d'Anjou et les capitaines en conseil comment on pourroit le plus tôt et le plus apertement gréver ceux de Bergerac. Si y eut là plusieurs paroles dites et devisées, et furent sur un état longuement que de assaillir la ville[2]; et puis eurent nouvel conseil, que l'assaut leur pourroit trop blesser de leurs hommes, à petit de conquêt. Et se départit cil conseil sans avoir nul certain arrêt, fors que de tenir le siège; car encore attendoit-on grands gens d'armes qui venoient de France, et par espécial le seigneur de Coucy.

CHAPITRE IV

Des escarmouches qui se faisoient devant Bergerac, et comment les Anglois et les François, Gascons et autres se rencontrèrent durement.

Vous devez savoir que messire Thomas de Felleton, qui se tenoit en Bordeaux et qui sentoit ses ennemis à douze lieues près de là, et si forts que par puissance il ne pouvoit mie résister contre eux, il n'en étoit mie bien lié; et toute la saison avoit entendu que le duc d'Anjou avoit fait son mandement; pour quoi l'état des François il avoit mandé en Angleterre au roi et à son conseil. Mais ceux qui envoyés y étoient n'avoient rien exploité, car le pays d'Angleterre étoit en branle et en différend l'un contre l'autre Et par espécial le duc de Lancastre[3] n'étoit mie bien en la grâce du commun peuple, pourquoi plusieurs incidences périlleuses et haineuses advinrent puis en Angleterre. Et ne se partoient en ce temps nulles gens d'Angleterre, c'est à

---

[1] Les grandes chroniques, dites de France ou de Saint-Denis, placent le départ du duc d'Anjou au mois de juillet. Suivant l'histoire de Languedoc, ce prince se rendit en Poitou sur la fin du mois de juillet.
[2] Voyez ce combat, chapitre VII, livre 1ᵉʳ, partie 2ᵉ, page 293 du 1ᵉʳ vol. de cette édition. Maurice ou Huet de Treseguidi n'est pas nommé en cet endroit; mais les traditions le placent parmi les trente combattans opposés à Brandebourg capitaine de Ploërmel, et d'Argentré le cite aussi comme un de ces braves chevaliers.

[1] Soldats armés d'une brigantine.
[2] Et furent d'abord long-temps d'avis de donner un assaut à la ville.
[3] Jean de Gand, frère du prince Noir et oncle de Richard II, roi d'Angleterre.

savoir gens d'armes, pour venir en Gascogne ni en Bretagne : de quoi ceux qui tenoient les frontières à l'instance du jeune roi d'Angleterre n'en étoient mie réjouis. Et étoit advenu que messire Thomas de Felleton avoit prié le seigneur de l'Esparre d'aller en Angleterre pour mieux informer le roi, ses oncles et le pays, des besognes de Gascogne, à celle fin qu'ils y pourvéissent de remède et de conseil. Et étoit le sire de l'Esparre, à la prière de messire Thomas de Felleton, parti de Bordeaux et entré en mer ; mais il eut une fortune de vent sur mer qui le bouta en la mer d'Espaigne. Si fut rencontré des nefs espaignoles à qui il eut la bataille ; mais il ne put obtenir la place pour lui, et fut pris et mené en Espaigne, et là fut plus d'un an et demi ; car il étoit tous les jours aggrevé du lignage de ceux de Pommiers.

Messire Thomas de Felleton, qui moult vaillant homme étoit, avoit escript et mandé, et espécialement au seigneur de Mucident, au seigneur de Duras, au seigneur de Rosem et au seigneur de Langurant, qui étoient les quatre barons les plus hauts et les plus puissans de toute Gascogne de la partie des Anglois, que, pour leur honneur et pour l'héritage du roi leur seigneur aider à garder et défendre aucunement, ils ne laissassent point que ils ne vinssent à Bordeaux sur Gironde à toute leur puissance. Ces chevaliers, qui en tous cas se vouloient acquitter envers le roi leur seigneur et ses officiers, étoient venus à Bordeaux. Et quand ils se furent mis tous ensemble ils se trouvèrent bien cinq cents lances ; et se tenoient en Bordeaux et en Bordelois du temps que le duc d'Anjou étoit au siége devant Bergerac. Et eurent avis et conseil messire Thomas de Felleton et ces quatre barons Gascons, que ils chevaucheroient sur les frontières des François, et se mettroient en lieu parti pour savoir si sur leur avantage ils pourroient rien conquêter. Et départirent de Bordeaux par routes plus de trois cents lances ; et se mirent sur le chemin et tinrent les champs ; et prindrent le chemin de la Riolle [1], et vinrent sur un pas et ville que on appelle Ymet [2] et là se logèrent. De cette embuche et de cette affaire ne savoient rien les François, dont ils eurent puis grand dommage.

[1] La Réole, petite ville à huit lieues de Bordeaux.
[2] Aymet ou Emet, entre la Réole et Bergerac.

CHAPITRE V.

Comment messire Thomas de Felleton, sénéchal de Bordeaux, et autres furent à un rencontre pris et retenus par les François.

Ainsi se tint le siége devant Bergerac ; et y eut fait plusieurs escarmouches et appertises d'armes de ceux de dehors à ceux de dedans. Mais petit y gagnoient les François ; car messire Perducas de la Breth, qui capitaine en étoit, les ensonnioit tellement que nul blâme ne l'en doit reprendre. Or eurent conseil ceux de l'ost, pour leur besogne approcher [1] et pour plus grever leurs ennemis, que ils envoieroient querre en la Riolle un grand engin que on appelle truie [2], lequel engin étoit de telle ordonnance que il jetoit pierres de faix ; et se pouvoient bien cent hommes d'armes ordonner dedans, et en approchant assaillir la ville.

Si furent ordonnés pour aller querre cet engin messire Pierre de Beuil, messire Jean de Vert, messire Baudouin de Cremoux, messire Alain de Beaumont, le sire de Montcalay et le sire de Gernoz ; et se départirent de l'ost environ trois cents lances de bonnes gens d'étoffe ; et passèrent à gué la rivière de Dourdonne et chevauchèrent devers la Riolle ; et firent tant que ils y parvinrent. Entre Bergerac et la Riolle, en une place que on dit Ymet, étoient les Anglois en embuche plus de quatre cents combattans ; et rien ne savoient des François. Si vinrent nouvelles en l'ost et au connétable de France que les Anglois chevauchoient ; mais on ne leur savoit point à dire quel chemin ils tenoient. Tantôt, et pour la doutance de ces gens, le connétable mit sus une autre armée de gens d'armes, pour contre-garder leurs fourrageurs qui chevauchoient entre la rivière de Dourdonne et de Garonne, desquels il fit capitaines messire Pierre de Mornay, Yvain de Galles, Thibault du Pont et Alliot de Calay. Si étoient bien en cette route deux cents lances de gens d'étoffe. Messire Pierre de Beuil et les autres qui étoient allés querre celle truie à la Riolle, exploitèrent tant que ils y parvinrent ; et la firent sur grand' foison de chars charger ; et puis se mirent au retour pour revenir en l'ost, et par un autre chemin que ils n'étoient venus, car il leur convenoit tenir le plus

[1] Pour avancer leurs affaires.
[2] Espèce de machine alors en usage dans les siéges.

[1377]

ample chemin pour leur charroy, et passer à Ymet ou assez près où les Anglois étoient en embuche; et eurent si belle aventure, avant que ils vinssent jusques à là, que à une petite lieue ils trouvèrent les François leurs compagnons; et quand ils se furent tous mis ensemble ils se trouvèrent bien six cents lances. Si cheminèrent plus hardiment et à plus grand loisir.

Nouvelles vinrent à messire Thomas de Felleton, et aux barons de Gascogne qui à Ymet se tenoient, que les François chevauchoient et tenoient ce chemin et amenoient un trop grand engin de la Riolle devant Bergerac. De ces nouvelles furent-ils tous réjouis, et dirent que c'étoit tout ce qu'ils demandoient. Adonc s'armèrent-ils, et montèrent sur leurs chevaux et se ordonnèrent du mieux que ils purent. Quand ils furent tous traits sur les champs, ils n'eurent guères attendu, quand véez-ci les François qui venoient en bon arroy et en grand'route. Sitôt comme ils se purent connoître et appercevoir, comme ceux qui se tenoient ennemis les uns des autres et qui se désiroient à avancer et combattre, en éperonnant leurs chevaux et en abaissant leurs glaives et en écriant leurs cris, entrèrent les uns ès autres. Là eut, je vous dis, de premier fait, de belles joûtes et de grands appertises d'armes, et maint chevalier et écuyer renversé jus de son cheval à terre. En faits d'armes en tels poignis périlleux n'est aventure qui n'avienne. Là fut Eliot de Calay, qui moult appert écuyer et bon homme d'armes étoit, consuivi d'un coup de glaive au haterel d'un large fer de Bordeaux aussi tranchant et affilé que nul rasoir pourroit être. Cil fer lui trancha le haterel et lui passa outre et lui coupa toutes les veines : duquel coup il fut porté à terre, et là tantôt il mourut, dont ce fut dommage. Par telle aventure il fina ainsi son temps. Là avoit-il un chevalier de Berry ou de Limosin qui s'appeloit messire Jean de Lingnac, appert homme d'armes et vaillant durement, qui ce jour y fit mainte belle prouesse.

CHAPITRE VI.

Comment les Anglois furent rués jus et les plus grands seigneurs de Gascogne pris.

Moult fut cil rencontre fort et bien combattu de l'un côté et de l'autre, en cette place que on dit Ymet, assez près du village. Et quand les lances furent faillies, ils sachèrent les épées dont ils se rencontrèrent fièrement, et se combattoient main à main moult vaillamment. Là eut fait maintes grands appertises d'armes, mainte prise et mainte rescousse; et là fut mort sur la place, du côté des Anglois, un chevalier gascon qui s'appeloit le sire de Gernoz et de Carlez; et du côté des François Thibault du Pont. Cette bataille fut bien combattue et longuement dura, et y eut fait de beaux faits d'armes; car c'étoient toutes gens de fait, parquoi la bataille dura plus longuement : mais finablement les Anglois ni les Gascons ne purent obtenir la place, et les conquirent les François par beau fait d'armes. Et là prit messire Jean de Lignac et fiança prisonnier de sa main messire Thomas Felleton sénéchal de Bordeaux; et furent là pris sur la place: le sire de Mucident, le sire de Duras, le sire de Langurant et le sire de Rosem; et s'en sauvèrent petit de la part des Gascons et des Anglois que ils ne fussent tous morts ou pris. Et ceux qui se sauvèrent encontrèrent sur leur retour vers Bordeaux le sénéchal des Landes, messire Guillaume Helmen et le mayeur de Bordeaux messire Jean de Multon atout cent lances qui s'en venoient à Ymet : mais quand ils ouïrent ces nouvelles ils retournèrent au plus tôt qu'ils purent vers Bordeaux [1].

CHAPITRE VII.

Comment Bergerac se rendit aux François; de la venue du sire de Coucy et de la prise de Sainte-Foy.

Après cette besogne et le champ tout délivré, et que tous ceux qui prisonniers étoient furent mis en ordonnance, on se mit au retour pour venir devant Bergerac arrière au siége. Vous devez savoir que le duc d'Anjou fut grandement réjoui de ces nouvelles, quand il sçut de vérité comment ses gens avoient exploité, et que toute la fleur de Gascogne de ses ennemis, chevaliers et écuyers, étoient pris, et messire Thomas de Felleton aussi qui tant de contraires lui avoit fait; et n'en voulsist mie tenir de cette aventure cinq cents mille francs. Tant exploitèrent messire Pierre de Beuil, messire Jean de Lignac, Yvain

[1] Cette rencontre des Français et des Anglais entre la Réole et Bergerac et la prise de Thomas Felton sont placées au 1er novembre par D. Vaisette, Histoire de Languedoc; même date dans les grandes chroniques dites de France ou de Saint-Denis.

de Galles et les autres, que ils vinrent en l'ost devant Bergerac, dont partis ils étoient. Si furent grandement fêtés et conjouis du duc d'Anjou et du connétable, des barons, des chevaliers et de leurs amis, et tinrent cette aventure à belle et bonne et moult profitable pour eux.

A lendemain la truie que amenée et achariée ils avoient, fut levée au plus près qu'ils purent de Bergerac, qui grandement ébahit ceux de la ville. Et eurent entre eux avis et conseil comment ils se maintiendroient; et en parlèrent à leur capitaine, car ils véoient bien que longuement ils ne se pourroient tenir, car ils n'attendoient secours ni confort de nul côté, au cas que messire Thomas Felleton leur sénéchal étoit pris et la chevalerie de Gascogne ès quels ils avoient eu grand'espérance. Messire Perducas leur dit que ils étoient encore forts assez pour eux tenir, et bien pourvus de vivres et d'artillerie, pourquoi ils ne fissent nul mauvais marché. Si demeura la chose en cel état jusques à lendemain que on sonna en l'ost les trompettes d'assaut; et se mit chacun en son ordonnance. Le connétable de France, qui étoit sur les champs en grand arroy, avant ce que on assaillit Bergerac ni que nuls des leurs fussent blessés ni travaillés, envoya parlementer à ceux de la ville, et leur fit remontrer comment ils tenoient tous leurs capitaines, par lesquels confort leur pouvoit être venu, et que jà étoient-ils en traité que de venir bons François, et eux et leurs terres mettre en l'obéissance du roi de France; car nul secours ne leur apparoît de nul côté; et si ils se faisoient assaillir et prendre par force, ainsi que ils seroient, on mettroit toute la ville en feu et en flambe et à totale destruction, sans nul prendre à merci. Ces menaces ébahirent moult ceux de Bergerac, et demandèrent temps à avoir conseil. On leur donna. Adonc se mirent les bourgeois de la ville tous ensemble et sans appeler leur capitaine; et étoient en volonté et furent que de eux rendre bons François, afin que paisiblement et doucement on les voulsist prendre à mercy sans mettre nuls gens d'armes en leur ville : on leur accorda légèrement.

Quand messire Perducas de la Breth leur capitaine entendit ce traité, il monta à cheval et fit monter ses gens et passa les ponts, et s'en vint bouter au fort de Moncuq; et Bergerac se rendit Françoise[1]. Le duc d'Anjou eut conseil que il chevaucheroit plus avant et viendroit mettre le siége devant Châtillon sur la Dourdogne. Ces nouvelles s'épandirent parmi l'ost, et se ordonna chacun à ce faire; et se départirent le duc et le connétable et toutes gens d'armes, excepté le maréchal de France qui demeura derrière pour attendre le seigneur de Coucy; car il devoit là être au soir, ainsi que il fut. Et alla, atout grand'route de ses gens, le maréchal à l'encontre de lui, et le recueillit moult amiablement; et demeurèrent celle nuit en la place dont le duc étoit parti au matin. Si vint le duc en son ost ce jour en uns beaux prés sur la Dourdogne au chemin de Chastillon. En la route et de la charge du seigneur de Coucy étoient : messire Aymon de Pommiers, messire Tristan de Roye, messire Jean de Roye, le sire de Fagnoelles, le sire de Jumont, messire Jean de Rosoy, messire Robert de Clermont et plusieurs autres chevaliers et écuyers. Au lendemain ils se départirent de leurs logis, et chevauchèrent tant en la compagnie d'icelui maréchal de France que ils vinrent en l'ost du duc où ils furent reçus à grand'joie.

En allant vers Chastillon siéd une ville qu'on appelle Sainte-Foy : l'avant-garde du duc, ainçois qu'ils parvinssent jusques à Chastillon, tira celle part; et l'environnèrent, et commencèrent à assaillir forment. En la ville de Sainte-Foy n'avoit hommes, fors de petite défense, qui ne se firent point longuement assaillir; mais se rendirent, et en eux rendant, elle fut toute pillée.

CHAPITRE VIII.

Comment Chastillon sur Dourdogne fut assiégée; de la rançon messire Thomas de Felleton, et de la délivrance de ses compagnons.

Le siége fut mis devant Chastillon : si se logèrent les seigneurs et toutes manières de gens d'armes dessus la belle rivière de Dourdogne, et furent là environ quinze jours. Si y eut plusieurs escarmouches et envayes devant les barrières; car il y avoit aucuns Anglois et Gascons qui s'étoient retraits de la déconfiture de Ymet, qui tenoient la ville assez vaillamment. Encore

---

[1] Bergerac se rendit le 3 septembre suivant, et après quinze jours de siége, suivant les Grandes Chroniques.

étoient les autres barons Gascons qui à Ymet avoient été pris, en l'ost du duc et en grand traité de eux tourner François. Mais messire Thomas Felleton n'en étoit mie requis, pourtant que il étoit Anglois; et fut mis à finance de son maître messire Jean de Lignac à qui il paya trente mille francs; et puis fut délivré; mais ce ne fut mie sitôt [1].

Tant fut mené, traité et parlementé avec les quatre barons Gascons, que ils se tournèrent François; et eurent en convenant au duc d'Anjou par leur foi et sur leurs honneurs que ils demeureroient bons François à toujours mais, eux et leurs terres. Parmi tant, le duc d'Anjou les délivra tous quittes. Si se départirent du duc et sur bon convenant le sire de Duras et le sire de Rosem, en l'intention que pour aller à leur pays; et le sire de Mucident et le sire de Langurant demeurèrent en l'ost avecques le duc d'Anjou, qui les tenoit tout aises; et souvent dînoient et soupoient en son logis avecques lui. Ces barons de Gascogne trouvèrent le duc d'Anjou moult amiable quand si légèrement il les laissa passer; dont depuis il s'en repentit: vezcy comment. Sur les champs se avisèrent le sire de Duras et le sire de Rosem, et parlementèrent ensemble en disant: « Comment pourrions-nous servir le duc d'Anjou et les François, quand nous avons toujours été loyaux Anglois? Il nous vaut trop mieux à mentir notre serment envers le duc d'Anjou que devers le roi d'Angleterre notre naturel seigneur qui nous a tant de biens fait. » Ce propos ils tinrent, et s'ordonnèrent sur ce que ils iroient à Bordeaux, et remontreroient au sénéchal des Landes messire Guillaume Helman, et lui diroient que nullement leurs cœurs se peuvent bonnement rapporter à ce que ils deviennent François. Donc chevauchèrent ensemble ces deux barons, et exploitèrent tant que ils vinrent à Bordeaux: ils y furent reçus à grand'joie, car on ne savoit encore rien de leurs convenans. Le sénéchal des Landes et le mayeur de Bordeaux leur demandèrent des nouvelles et comment ils avoient finé. Ils répondirent que, par contrainte et sur menaces de mort, le duc d'Anjou les avoit fait devenir François: « Mais, seigneur, nous vous disons bien que, au faire le serment, toujours en nos cœurs nous avons réservé nos fois devers notre naturel seigneur le roi d'Angleterre; ni pour chose que nous avons dit ni fait nous ne demeurerons jà François. » De ces paroles les chevaliers d'Angleterre furent adonc tous réjouis; et dirent que ils s'acquittoient loyaument envers leur seigneur. Au chef de cinq jours après, le duc d'Anjou étant devant Chastillon, vinrent nouvelles en l'ost que le sire de Duras et le sire de Rosem étoient tournés Anglois. De ces nouvelles furent le duc d'Anjou, le connétable de France et les barons moult émerveillés. Adonc manda le duc d'Anjou devant lui le sire de Mucident et le seigneur de Languirant, et leur remontra ce de quoi il étoit informé, et demanda qu'ils en disoient. Ces Bretons qui tous courroucés étoient, répondirent: « Monseigneur, si ils veulent mentir leurs fois, nous ne voulons pas mentir les nôtres; et ce que nous avons dit et juré, nous vous tiendrons loyaument, ni jà ne serons reprochés du contraire; car par vaillance et beau fait d'armes vos gens nous ont conquis; si demeurerons en votre obéissance. » — « Je vous en crois bien, dit le duc d'Anjou; et je jure à Dieu tout premièrement et à monseigneur mon frère que, nous partis d'ici, nous n'entendrons jamais à aucune chose, si aurons mis le siége devant Duras et détruit toute la terre au seigneur de Duras; et puis après celle de Rosem. » Ainsi demeura la chose en cet état, le duc d'Anjou courroucé pour la deffaulte qu'il avoit trouvée en ces deux barons de Gascogne et le siége devant Chastillon.

CHAPITRE IX.

Comment Chastillon sur Dourdogne se rendit, et Sauveterre, Sainte-Bazile, Montségur et Auberoche.

La ville de Chastillon sur la Dourdogne étoit ville et héritage au captal de Buch, que le roi de France avoit tenu en prison à Paris. Le siége étant devant Chastillon, il y eschéy une très grand'famine, et à peine, pour or ni pour argent, on ne pouvoit recouvrer de vivres. Et convenoit les François sur le pays chevaucher douze ou quinze lieues pour avitailler l'ost, et encore alloient-ils et retournoient en grands périls;

---

[1] On voit dans Rymer un acte du 30 août 1380, par lequel Richard II lui abandonne trente mille livres de la rançon qu'il pourra tirer de Guillaume Des Bordes, chevalier français, afin qu'il puisse se racheter lui-même moyennant cette somme.

car il y avoit plusieurs châteaux et garnisons angloises sur les frontières qui issoient hors et faisoient embuches sur eux; et les attendoient aux détroits et aux passages; et quand ils se véoient plus forts que les François fourrageurs n'étoient, ils leur couroient sus et les meshaignoient et occioient, et leur tolloient leurs vitailles; pourquoi ils ne pouvoient ni osoient chevaucher fors à grands routes.

Tant fut le siége devant Chastillon, et tant fut contrainte par assaut et par engins, que ils ne se purent plus tenir et se rendirent, sauves leurs vies et le leur. Et s'en partirent toutes les gens d'armes qui dedans étoient et qui partir s'en vouloient, et s'en vinrent à Saint-Macaire où il y a forte ville et bon châtel. Quand Chastillon fut rendue, le duc d'Anjou en fit prendre la possession et saisine, et la féauté et hommage de toutes les gens, et y renouvela officiers, et y mit capitaine de par lui, un chevalier de Touraine, qui s'appeloit messire Jaquèmes de Mont-Martin. Au département de Chastillon ils jetèrent leur avis quelle part ils trairoient; et fut avisé que ils s'en iroient devant Saint-Macaire; mais il y avoit sur le pays, ainçois que ils pussent venir jusques là, aucuns petits forts qui n'étoient pas bons à laisser derrière pour les fourrageurs; et s'en vinrent au département de Chastillon mettre le siége devant Sauveterre. Là vinrent autres nouvelles du seigneur de Rosem et du seigneur de Duras, que il n'étoit mie ainsi que on avoit rapporté; voirement étoient-ils à Bordeaux, mais on ne savoit sur quel traité. Ces nouvelles s'épandirent en l'ost en plusieurs lieux, tant que le sire de Mucident et le sire de Langurant en furent informés et en parlèrent au seigneur de Coucy et à messire Pierre de Beuil, que ils voulsissent les chevaliers aider à excuser, et que c'étoit grand'simplesse de croire paroles volans si légèrement. Ils répondirent que ils le feroient volontiers, et en parlèrent au duc. Et le duc dit que il verroit volontiers tout le contraire de ce qu'il avoit ouï dire: si demeura la chose en cel état, et le siége devant Sauveterre.

La ville de Sauveterre ne les tint que trois jours; car le chevalier qui sire et capitaine en étoit se rendit au duc, saufs son corps, ses hommes et tout le sien. Parmi tant, ils passèrent outre et vinrent devant Sainte-Bazile, une bonne ville fermée, qui tantôt se rendit et mit en l'obéissance du roi de France, et puis s'en vinrent devant Montségur; et tantôt qu'ils y furent venus, ils l'assaillirent; et point ne l'eurent de ce premier assaut. Si se logèrent et rafraîchirent une nuit. A lendemain de rechef ils se mirent en ordonnance pour assaillir; et quand ceux de la ville virent que c'étoit acertes, si s'ébahirent et se conseillèrent entre eux. Finablement le conseil se porta que ils se rendroient, saufs leurs corps et leurs biens; et ils furent ainsi reçus; et puis chevauchèrent outre devant une autre bonne ville fermée qui siéd entre Saint-Macaire et la Riole, et a nom Auberoche; et là furent-ils quatre jours ainçois qu'ils la pussent avoir. Si se rendirent par traité ceux de la ville et puis vinrent devant Saint-Macaire.

CHAPITRE X.

Comment la ville de Saint-Macaire se rendit françoise, et après le château.

Tous les jours monteplioit l'ost au duc d'Anjou, et lui venoient gens de tous côtés; car chevaliers et écuyers qui se désiroient à avancer le venoient voir et servir. Si fut mis le siége devant Saint-Macaire, beau et fort et bien ordonné. Et vous dis que là dedans étoient retraits toutes manières de gens d'armes qui étoient partis des garnisons qui rendues s'étoient: si en étoit la ville plus forte et mieux gardée. Si y eut là plusieurs grands assauts et beaux, et faite mainte belle escarmouche devant la ville aux barrières. Adonc fut ordonné du duc d'Anjou et du connétable de France, le siége étant devant Saint-Macaire, que les capitaines et leurs routes chevauchassent le pays, les uns çà et l'autre là. Si se départirent gens d'armes de tous lez: premièrement le maréchal de France à grand'route, le sire de Coucy aussi à grand'route, Yvain de Galles à grand'route, messire Parcevaulx d'Aineval Normand, et Guillaume de Montcontour à grand'route. Si demeurèrent ces gens d'armes six jours sur les champs; et prirent plusieurs villes et petits forts, et mirent tout le pays de là environ en leur subjection et en l'obéissance du roi de France: ni nul ne leur alloit au devant; car le pays étoit tout vuide et dépourvu de gens d'armes de la partie des Anglois; et s'en alloient les fuyans devers Bordeaux.

Quand ils eurent fait leur chevauchée, ils s'en retournèrent en l'ost. Ceux de Saint-Macaire connurent bien que ils ne se pouvoient longuement tenir que ils ne fussent pris; et on leur promettoit tous les jours que si par force ils étoient pris, sans merci ils seroient tous morts : si se doutèrent de la fin, que elle ne leur fût trop cruelle; et firent en secret traiter devers les François que volontiers ils se rendroient, sauve le leur et leurs biens. Les gens d'armes qui dedans Saint-Macaire étoient perçurent bien ce convenant; si se doutèrent des hommes de la ville que ils ne fissent aucun mauvais traité contre eux. Si se trairent tantôt au châtel, qui est beau et fort et qui fait bien à tenir, et y boutèrent tout le leur, et encore assez du pillage de la ville. Adonc se rendirent ceux de Saint-Macaire et se mirent tous en l'obéissance du roi de France.

Nouvelles étoient venues au duc d'Anjou, très le siége étant devant Mont-Ségur, que la duchesse sa femme étoit à Toulouse accouchée d'un moult beau fils[1]. Si devez savoir que le duc et tout l'ost en étoient tous liés, et les faits d'armes empris plus hardiment.

Sitôt que Saint-Macaire se fut rendu, on entra dedans la ville; car là avoit beau logis et grand : si se aisèrent et rafreschirent toutes gens d'armes; et bien trouvèrent de quoi, car la ville étoit bien pourvue. Si fut le châtel environné; et mit-on engins devant qui ouniement jetoient pierres de faix; et ce ébahit grandement ceux de la garnison.

Entrementes qu'on étoit là au siége, vinrent les vraies nouvelles du seigneur de Duras et du seigneur de Rosem, par deux hérauts qui les apportèrent, que ils étoient tournés Anglois. Dont dit le duc que, lui délivré de Saint-Macaire, il viendroit tout droit mettre le siége devant Duras. Et fit en cette instance fortement et fièrement assaillir ceux du châtel; car il ne le vouloit mie laisser derrière. Ceux qui ens ou châtel étoient véoient que ils étoient assaillis de tous côtés et que nul confort ne leur apparoit, et bien savoient que le duc ni le connétable ne partiroient jamais de là si les auroient, ou bellement ou laidement : de quoi, tout considéré, ils se mirent en traité et rendirent le châtel, sauves leurs corps et leurs biens; et furent avec tout ce conduits jusques à Bordeaux[1]. Ainsi fut Saint-Macaire, ville et châtel, François. Si en prit le duc d'Anjou la possession et saisine, et y établit capitaine et châtellain; et puis se délogèrent toutes gens d'armes et prirent le chemin de Duras.

CHAPITRE XI.

Comment la ville de Duras fut assiégée et prise d'assaut par les François et le château après par composition.

Tant exploitèrent les osts du duc d'Anjou que ils vinrent devant Duras; et quand ils durent approcher, il fut ordonné de tantôt assaillir[2], dont se mirent gens d'armes en ordonnance d'assauts et tous leurs arbalêtriers pavoisés[3] devant; et ainsi approchèrent la ville. Et vous dis qu'il y avoit là aucuns varlets dessous les seigneurs, qui s'étoient pourvus d'échelles pour avoir mieux l'avantage de monter sur les murs. Et lors fut l'assaut grand et horrible; et ceux qui montoient se combattoient main à main à ceux de dedans; et dura cel assaut de pleine venue moult longuement. Si y eut là fait sur les échelles plusieurs grands appertises d'armes; et se combattoient ceux de dehors à ceux de dedans main à main; et dura l'assaut la plus grand partie du jour; et quand ils se furent bien battus et travaillés, par l'ordonnance des maréchaux on sonna les trompettes de retraite : si se retrait chacun en son logis.

Ce soir arrivèrent en l'ost messire Alain de la Houssoye et messire Alain de Saint-Pol, et une grand'route de Bretons, qui avoient chevauché vers Libourne et assailli une garnison d'Anglois qui s'appelle Cadilhac : si l'avoient pris à force et occis ceux qui dedans étoient. Quand ce vint au matin, le duc d'Anjou commanda que on allât à l'assaut, et que chacun s'éprouvât sans faintise; et fit-on à savoir par un cri et par un héraut que, le premier qui entreroit dedans Duras il gagneroit cinq cents francs. La convoi-

---

[1] La duchesse d'Anjou accoucha à Toulouse de Louis II d'Anjou, roi de Naples, le 7 (et non pas le 5) octobre 1377, lorsque son époux était occupé au siége de *Monsegur*.

[1] Le duc d'Anjou était au siége de Saint-Macaire le 2 septembre.
[2] Le duc d'Anjou était occupé du siége de Duras le 18 et le 27 octobre; c'est par ce siége qu'il termina la campagne.
[3] Munis de leurs pavois.

tise de gagner fit avancer plusieurs povres compagnons; dont furent échelles levées en plusieurs lieux autour des murs; et là commença l'assaut fort et grand, et qui bien fut continué; car les jeunes chevaliers et écuyers qui se désiroient à avancer ne s'épargnoient point, mais s'abandonnoient et assailloient de grand'volonté. Le sire de Langurant étoit monté sur une échelle tout premier, l'épée en la main, et rendoit grand'peine à ce qu'il pût entrer le premier en la ville, non pour gagner les cinq cents francs, mais pour exaulcer son nom; car il étoit durement courroucé sur le seigneur de Duras, pourtant que légèrement il s'étoit retourné Anglois. Et vous dis que cil sire de Langurant y fit de sa main merveilles d'armes, et tant que ses gens et plusieurs autres étrangers étoient ébahis de ce qu'il faisoit; et tant s'avança que de sa vie il se mit en grand'aventure; car ceux de dedans par force lui arrachèrent le bassinet de la tête atout le camail; et eût été mort sans remède; mais un sien écuyer, qui de près le suivoit, le couvrit de sa targe, et le chevalier descendit petit à petit jus; mais il reçut en descendant maint dur horion sur sa targe. Si fut moult prisé à cet assaut de tous ceux qui le virent.

D'autre part messire Tristan de Roye et messire Parcevaux d'Aineval sur une échelle assailloient moult vaillamment; et aussi faisoient messire Jean de Jumont et messire Jean de Rosoy : chacun en son endroit y faisoit merveilles d'armes. D'autre part, à un autre créneau, étoit le sire de Sorel monté sur une échelle, et se combattoit main à main à ceux de dedans. Et disoient les aucuns qui le véoient, que si nul pouvoit avoir l'avantage d'entrer premier dedans, il en étoit au chemin. Le chevalier ne s'aventuroit mie pour le profit des cinq cents francs, fors que pour honneur et l'avancement de son corps. Mais ainsi que les fortunes sont périlleuses à plusieurs gens, il fut là de ceux de dedans bouté si roidement que de coup de glaive il fut renversé au fond du fossé et lui rompit-on le col. Ainsi mourut le chevalier; et aussi fit un écuyer de Bretagne qui s'armoit de gueules à deux chevrons échiquetés d'or et d'azur, et duquel le connétable fut moult courroucé. Adonc se rengagea l'assaut et renforça de toutes parts plus grand que devant; et là fut bon chevalier le sire de Mucident, et montra bien, à ce que il assailloit, que il étoit bon François. La ville de Duras fut par force conquise; et y entrèrent tous premiers messire Tristan de Roye et messire Jean de Rosoy. Quand les gens d'armes qui dedans Duras étoient virent que leur ville se commençoit à perdre, si se retrairent au châtel et laissèrent convenir le demeurant.

Ainsi fut la ville de Duras prise et ceux tous morts qui dedans furent trouvés, et puis se retrairent les gens d'armes dedans leurs logis : si se désarmèrent et aisèrent, car ils trouvèrent bien de quoi. A lendemain le connétable de France monta à cheval, et le maréchal de France avec lui, et s'en allèrent vers le châtel pour aviser de quel côté on le pourroit assaillir et prendre. Tout imaginé, ils le trouvèrent merveilleusement fort, et dirent que sans long siége il n'étoit mie à prendre; et à leur retour ils contèrent tout ce au duc d'Anjou. « Il ne peut chaloir, dit le duc d'Anjou; j'ai dit et juré que jamais ne partirai de ci si aurai le châtel à ma volonté. » Donc répondit le connétable : « Et vous n'en serez jà dédit. »

Adonc fit-on dresser tous les engins qui là étoient devant le châtel. Quand ceux du fort virent les atournements et l'ordonnance de ceux de la ville et des François, et que l'assaut leur seroit fellon et périlleux, si s'avisèrent que ils se mettroient en traité. Si traitèrent devant le connétable que on les voulsist prendre à mercy, sauves leurs corps et le leur, et ils rendroient le châtel. Le duc d'Anjou eut conseil, par l'avis du connétable, que il ne vouloit plus travailler ni faire blesser ses gens, et que il les prendroit par ce parti. Au tiers jour ils se départirent, et furent conduits là où ils vouloient aller; et le connétable prit la possession du châtel. Mais il me semble que le duc d'Anjou ordonna et commanda que il fût abattu.

CHAPITRE XII.

Comment le duc d'Anjou donna congé à ses gens d'armes, et comment le fort château de Mortaigne fut assiégé.

Après le conquêt de la ville et du châtel de Duras, le duc d'Anjou ordonna à demeurer en la ville de Landuras, car le seigneur étoit devenu François de la prise qui fut à Ymet, messire Jean de Jumont, messire Tristan de Roye et messire Jean de Rosoy atout cent lances de bounes gens pour tenir et garder la frontière encontre les Bordelois; et eut volonté de retourner arrière vers Toulouse et de voir sa femme, qui étoit relevée d'un beau fils; et vouloit à ses relevailles à Toulouse tenir et faire une grande fête. Si ordonna par toutes les villes et les châteaux que en celle saison il avoit conquis, gens d'armes en garnison pour résister puissamment contre les ennemis, et donna à toute manière de gens d'armes congé. Et dit à Yvain de Galles : « Yvain, vous prendrez de votre charge Bretons, Poitevins et Angevins, et vous en irez en Poitou mettre le siége devant Mortaigne sur mer [1] que le souldich [2] de l'Estrade tient; et ne vous partez, pour mandement que on vous fasse de par le roi, tant que vous en ayez la saisine; car c'est une garnison qui moult nous a fait de contraires. » — « Monseigneur, répondit Yvain, à mon loyal pouvoir je obéirai à votre commandement. »

Là furent ordonnés en l'ost, de par le duc d'Anjou et le connétable, tous ceux qui avec Yvain devoient aller en Poitou. Si se départirent du duc bien cinq cents lances de bonnes gens d'armes, et prirent le chemin de Xaintonge pour venir vers Saint-Jean d'Angely. Et le duc d'Anjou, le connétable, le sire de Coucy, le maréchal de France, messire Jean et messire Pierre de Beuil, retournèrent arrière à Toulouse [3], et trouvèrent que la duchesse étoit nouvellement relevée. Si y eut à ses relevailles grands fêtes et grandes joûtes.

Après ces fêtes le connétable de France et le sire de Coucy retournèrent en France, et le maréchal de Xancerre s'en alla en Auvergne en confortant le comte Dauphin d'Auvergne [4] et les barons d'Auvergne qui guerroyoient aux Anglois qui se tenoient en Limousin et en Rouergue, sur les frontières d'Auvergne.

Or parlerons comment Yvain de Galles mit en celle saison le siége devant Mortaigne sur mer, et comment il contraignit ceux de la garnison.

Yvain de Galles, qui voult obéir au commandement du duc d'Anjou, car bien savoit que ce que le duc faisoit c'étoit l'ordonnance du roi Charles de France son frère, car il payoit tous les deniers dont ces emprises se faisoient, s'en vint à Xaintes en Xaintonge, et là se rafreschit; et s'y rafreschirent toutes ses gens d'armes en ce bon pays et gras, entour Xaintes et Pons, sur ces belles rivières et prairies qui là sont. Si étoient en sa compagnie le sire de Pons, le sire de Tors, le sire de Vivonne, messire Jaquemes de Surgères et grand'foison de chevaliers et d'écuyers de Poitou. D'autre part, des Bretons et des Normands étoient capitaines messire Maurice de Treseguidy, messire Alain de la Houssoie, messire Alain de Saint-Pol, messire Parcevaulx d'Aineval, Guillaume de Mont-Contour, le sire de Mont-Mor et Morelet son frère. Si se départirent ces gens d'armes et leurs routes quand ordonné fut, et s'en vinrent mettre le siége devant Mortaigne; lequel châtel est le plus bel et le plus fort, séant sur la rivière de Gironde et près dessus l'embouchure de la mer, qui soit sur les frontières de ces marches de Poitou, de la Rochelle et de Xaintonge.

Quand Yvain de Galles fut venu, et les barons et chevaliers avecques lui, devant Mortaigne, ils bâtirent leur siége bien et sagement, et se pourvéèrent petit à petit de tout ce qui leur besognoit. Bien savoient que par assaut jamais le châtel ne conquerroient, fors que par famine et par long siége; si ordonna Yvain quatre bastides à l'environ, par quoi nul ne les pût avitailler par mer, par rivière ni par terre. A la fois les jeunes chevaliers et écuyers qui avancer se vouloient et qui les armes désiroient, alloient

---

[1] Mortagne-sur-Mer n'est point en Poitou, mais dans la Saintonge, sur la Gironde. Il y a un Mortagne en Poitou situé sur la Sèvre-Nantaise, mais loin de la mer.

[2] Souldich, en latin *soldicus*. Suivant Ducange, qui fait dériver ce mot de *syndicus*, c'est un nom de dignité dans le Bordelais. Arnold Terron, sur la coutume de Bordeaux, met les souldics au rang des comtes, vicomtes et barons. Les souldics pouvoient être originairement les syndics ou défenseurs des châteaux, et cet office est devenu héréditaire dans certaines familles comme ceux de comtes et vicomtes. Il y a deux seigneurs du titre de souldich, celui de l'Estrade et celui de la Trau dont il est fait mention dans les écrivains des xive et xve siècles.

[3] Le duc d'Anjou était de retour à Toulouse avant le 15 novembre.

[4] Le Dauphin d'Auvergne était Béraud II, fait prison nier à la bataille de Poitiers, et depuis l'un des otages donnés aux Anglais pour sûreté de l'exécution du traité de Bretigny. Il était en même temps comte de Clermont, et c'est sans doute par cette raison que Froissart le qualifie comte Dauphin d'Auvergne. Le comte d'Auvergne était Jean Ier frère de Guillaume XII ou XIII et fils de Robert VII dit le Grand.

jusques aux barrières du châtel, et là escarmouchoient à ceux de dedans, et ceux du fort à eux : si y avoit fait plusieurs grands appertises d'armes. Dedans Mortaigne étoit un chevalier gascon qui s'appeloit le souldich de l'Estrade, vaillant homme d'armes durement et bon chevalier, par quel conseil ils ouvroient ainsi comme à leur capitaine. De vins et de vivres dans le châtel avoient-ils assez et largement ; mais des autres menues choses le siége durant eurent-ils grand' nécessité.

CHAPITRE XIII.

Comment le roi d'Escosse fit une grosse armée pour aller en Angleterre, et comment un écuyer d'Escosse prit le château de Bervich en Angleterre.

Le roi de France, quoique il se tînt à Paris, ou en ses déduits [1], ou là où mieux lui plaisoit en France, sans ce que de sa personne il s'armât, si faisoit-il ainsi à tous lez guerroyer ses ennemis les Anglois ; et avoit partout ses alliances tant que aux royaumes et pays voisins, plus que nul de ses prédécesseurs, quatre ou cinq rois en devant, n'eussent oncques eu ; et tenoit grandement à avoir ceux dont il pensoit à être aidé. Et pourtant que il sentoit le roi d'Angleterre jeune et le pays entouillé, il avoit envoyé en Escosse devers le roi Robert [2], qui avoit succédé au roi David son tayon, pour toujours entretenir alliances et amour, et que en leur partie ils fissent bonne guerre et âpre aux Anglois, et les ensonniassent tellement que ils n'eussent puissance de passer la mer. De quoi il étoit avenu que le roi Robert d'Escosse, en celle saison que le roi Édouard d'Angleterre étoit mort et le roi Richard couronné, assembla son conseil à Haindebourch ; et là furent la greigneur partie des barons et des chevaliers d'Escosse dont il pensoit à être servi et aidé ; et leur remontra comment les Anglois, du temps passé, leur avoient fait plusieurs ennuis, ars leurs pays, et abattu leurs châteaux, occis et rançonné leurs hommes ; dont le temps étoit venu que de ce ils se pourroient bien contrevenger ; car il y avoit un jeune roi en Angleterre, et si étoit le roi Édouard mort qui les belles fortunes avoit eues. Pourquoi il en fut répondu d'une commune volonté. Les barons d'Escosse et les jeunes chevaliers et écuyers, qui se désiroient à avancer et à contrevenger les ennuis et dommages que les Anglois leur avoient faits du temps passé, répondirent que ils étoient tous appareillés et pourvus de chevaucher en Angleterre du jour à lendemain, quand on voudroit. Ces réponses plurent grandement au roi d'Escosse, et dit à tous : « Grands mercis. »

Là furent ordonnés quatre comtes à être capitaines de ces gens d'armes ; c'est à savoir, le comte de Douglas, le comte de Moret, le comte de la Mare et le comte de Surlant ; et connétable d'Escosse messire Arcembault Douglas, et maréchal de tout l'ost, messire Robert de Versy. Si firent leur mandement tantôt et sans délai à être à un certain jour à la Morlane [1]. Là est aucques le département d'Escosse et d'Angleterre. Ce mandement faisant et ces gens d'armes assemblant, se partit un moult vaillant écuyer d'Escosse, que on appeloit Alexandre Ramesay, et se avisa de emprendre et de achever à son pouvoir une haute emprise. Et prit quarante compagnons de sa route, tous bien montés ; et chevauchèrent tant de nuit et par embûche à la couverte que sus un ajournement ils vinrent à Bervich [2] que se tenoit anglesche.

De la ville de Bervich étoit capitaine un écuyer au comte de Northombrelande, messire Henry de Percy, qui s'appeloit messire Bisset, et du châtel de Bervich un moult appert chevalier qui s'appeloit Robert Asneton. Quand les Escots furent venus jusques à Bervich, ils se tinrent tous cois et envoyèrent une espie devant vers le châtel pour savoir en quel état on y étoit. L'espie entra ens ès fossés où point d'eau n'a ni ne peut avoir, car ils sont de sablon bouillant ; et regarda dessous et dessus et n'y ouit ni ne vit âme, et tout ce rapporta-t-il ainsi à son maître. Adonc s'avança Alexandre de Ramesay et fit avancer ses compagnons tout coïment et sans sonner mot, et entrèrent ens ès fossés ; et étoient pourvus de bonnes échelles que ils dressèrent contre les murs. Alexandre fut tout le premier qui y monta l'épée en la main, et entra par les murs au châtel, et tous

---

[1] Maisons de plaisance.
[2] Le roi d'Écosse dont il est question était Robert II, neveu par sa mère de David Bruce, roi d'Écosse, son prédécesseur.

[1] Dans le comté de Merse ou Berwick.
[2] Walsingham met la prise de Berwick par les Écossais en 1378, le jeudi avant la Saint-André, par conséquent le 22 novembre.

les siens le suivirent que oncques n'y eut contredit. Quand ils furent tous dedans, ils se trairent devers la grosse tour où le capitaine dormoit, Robert Asneton; et avoient bonnes grosses haches de quoi ils commencèrent à frapper en l'huis et à dérompre. Le capitaine s'éveilla soudainement, qui toute nuit avoit dormi et fait trop povre gait, tant que il le compara; et ouvrit l'huis de sa chambre; et cuida de premier que ce fussent ceux de là dedans qui le voulsissent meurtrir, pourtant que il avoit eu en la semaine un estrif à eux; et ouvrit une fenêtre sur les fossés, et saillit hors tout effréé, sans ordonnance et sans avis, et tant que il se rompit le haterel et là mourut. La gaite du châtel qui sur le jour s'étoit un petit endormie ouit la frainte : si s'éveilla et aperçut bien que le châtel étoit échellé et emblé. Si commença à sonner en sa trompette : « Trahi ! trahi ! » Jean Bisset, qui étoit capitaine de Bervich et qui veilloit, entendit cette voix. Si s'arma et fit armer les plus aidables de la ville; et se trairent tous devant le châtel; et oyoient bien le hutin que les Escots faisoient là dedans; mais entrer n'y pouvoient, car la porte étoit fermée et le pont levé. Lors s'avisa ce Jean Bisset d'un grand avis, et dit à ceux de la ville qui de lez lui étoient : « Or tôt, rompez les ponts au lez devers nous, parquoi ceux qui là dedans sont ne puissent saillir ni issir sans notre danger. » On courut tantôt aux haches et aux coignées; et fut le pont devers la ville rompu. Encore envoya Jean Bisset un certain homme des siens à Anvich, à douze petites lieues de là, devers le seigneur de Percy, que tantôt et sans délai il vînt là à toute sa puissance, et que le châtel de Bervich étoit pris et emblé des Escots. Encore dit-il à Thoumelin Friant qu'il y envoya : « Dites à monseigneur de Percy le convenant où vous nous avez laissés, et comment les Escots sont enclos au châtel et n'en peuvent partir, fors au saillir hors par dessus les murs. Si se hâtera plustôt de venir. »

CHAPITRE XIV.

Comment le château de Bervich fut assiégé par les Anglois, et comment les Escots qui devoient lever le siége s'en retournèrent sans rien faire, et comment le dit château fut pris d'assaut.

Alexandre Ramesay et ses gens qui échellé avoient le château de Bervich, et qui trop bien cuidoient avoir exploité, et aussi avoient-ils fait, car ils eussent été seigneurs de la ville, si Jean Bisset n'y eût pourvu de conseil, prirent et occirent de ceux de là dedans desquels qu'ils voulurent, et les prisonniers enfermèrent en la tour, et puis s'ordonnèrent et dirent : « Allons jus en la ville, car elle est nôtre : nous en prendrons tout l'avoir et ferons apporter céans par les bons hommes de la ville; et puis bouterons le feu en la ville, car elle n'est pas à tenir pour nous ; et dedans trois ou quatre jours nous viendra secours d'Escosse, par quoi nous sauverons tout notre pillage; et au départir nous bouterons le feu en ce châtel : ainsi paierons-nous notre hôte. » A ce propos s'accordèrent tous les compagnons, car ils désiroient à gagner. Si restreignirent leurs armures, et prirent chacun le glaive au poing, car ils en avoient là dedans trouvé assez, et ouvrirent la porte et puis avalèrent le pont. Ainsi que le pont chéy, les cordes qui le portoient rompirent, car le pont n'eut point d'arrêt ni de soutenue; car le banc sur quoi il devoit cheoir étoit ôté et les planches défaites au lez devers la ville. Quand Jean Bisset et ceux de la ville qui en la place étoient virent ce convenant, si commencèrent tous d'une voix à huer et à dire : « Tenez-vous là, Escots, sans faillir n'en partirez sans notre congé. » Quand Alexandre Ramesay en vit le convenant, si perçut bien que ceux de la ville avoient été avisés de eux mettre ens ou parti où ils se trouvoient. Si refermèrent la porte sur eux pour le trait [1] et s'enfermèrent là dedans. Si entendirent à garder leur châtel et mirent hors tous les morts ens ès fossés, et les prisonniers enfermèrent-ils en une tour. Bien se sentoient en forte place assez pour eux tenir là, tant que secours leur seroit venu d'Escosse, car les barons et les chevaliers faisoient leur amas à la Morlane [2] et là environ, et jà étoit le comte Douglas et messire Arcembaut Douglas partis de Dalquest [3] et venus à Dombarre. Or parlerons de l'écuyer Jean Bisset, comme il vint à Anvich [4] devers le seigneur de Percy et lui signifia cette aventure.

[1] Pour se garantir des flèches.
[2] Dans le comté de Merse.
[3] Dalkeith.
[4] Alnwick.

CHAPITRE XV.

Comment le comte de Northombrelande reprit le châtel de Bervich, et comment il entra en Escosse puissamment.

Tant exploita Thomelin Friant que il vint à Anvich et jusques à la porte, par la connoissance qu'il y eut; car encore étoit-il si matin que le sire de Percy étoit en son lit. Tant fit que il parla à lui, car la besogne le hâtoit, et lui dit : « Sire, les Escots cette nuit ont pris et emblé le châtel de Bervich, et le capitaine de Bervich m'envoie devers vous afin que vous en soyez avisé; car vous êtes gardien de ce pays. » Quand le comte Henry de Northombrelande, sire de Percy, ouit ces nouvelles, si se hâta au plus tôt qu'il put pour conforter et consciller ceux de Bervich; et envoya messages et lettres partout en la contrée de Northombrelande aux chevaliers et écuyers du pays et à tous hommes dont il pensoit à être aidé, en eux mandant et signifiant que, tantôt et sans délai, ils vinssent à Bervich, car il alloit assiéger les Escots qui s'étoient boutés ens ou châtel.

Ce mandement fut sçu parmi la contrée : donc se partirent de leurs hôtels toutes manières de gens d'armes, chevaliers et écuyers et archers; et là vinrent le sire de Neuville, le sire de Lusy, le sire de Grascop, le sire de Stafort, le sire de Welles, le capitaine de Neufchâtel et un moult vaillant chevalier bon homme d'armes, qui s'appeloit messire Thomas Mousegrave; et tout premier le comte de Northombrelande avecques ses gens s'en vint à Bervich; dont ceux de la ville furent moult réjouis de sa venue.

Ainsi se fit le siége en celle saison des Anglois devant le châtel de Bervich; et tous les jours incessamment venoient gens de tous pays. Et furent bien dix mille environnant le châtel par celle manière; et l'assiégèrent de si près que un oiselet ne s'en pût partir sans congé. Et commencèrent les Anglois à faire mine pour plutôt venir à leur entente des Escots et de reprendre le châtel.

Nouvelles vinrent à ces barons et chevaliers d'Escosse que le comte de Northombrelande et les barons et chevaliers de cette contrée avoient assiégé leurs gens ens ou châtel de Bervich; si s'avisèrent l'un par l'autre que ils viendroient lever le siége et rafreschir le châtel. Et tenoient cette emprise de Alexandre de Ramesay à haute et belle; et dit le connétable d'Escosse, messire Arcembault Douglas : « Alexandre est mon cousin, et lui vient de haute gentillesse d'avoir empris et achevé si haute emprise que d'avoir pris le châtel de Bervich; si le devons tous à ce besoin conforter; et si nous pouvons lever le siége, il nous tournera à grand'vaillance Et je veuil que nous allions celle part. » Donc ordonna-t-il lesquels demeureroient : si prit cinq cents lances à l'élite de tous les meilleurs d'Escosse; et se partirent tous bien montés et en bon convenant, et chevauchèrent vers Bervich.

Ces nouvelles vinrent aux Anglois et aux barons de Northombrelande qui étoient à Bervich en grand'étoffe, car ils étoient bien dix mille hommes parmi les archers, que les Escots venoient pour lever le siége et rafreschir le châtel. Si eurent conseil tantôt comment ils se maintiendroient; et dirent que ils prendroient place et terre, et les attendroient et les combattroient, car aussi les désiroient-ils à avoir. Et fit le sire de Percy toute manière de gens armer et appareiller et traire sur les champs et faire leur montre; et se trouvèrent bien trois mille hommes d'armes et sept mille archers. Quand le comte de Northombrelande vit que ils étoient tant de gens, si dit : « Or nous tenons sur notre place; nous sommes gens assez pour combattre toute la puissance d'Escosse. » Si se mirent en uns beaux plains, au dehors de Bervich, en deux batailles et en bonne ordonnance. Ils n'eurent pas là été une heure quand ils aperçurent aucuns coureurs Escots qui chevauchoient devant, trop bien montés, pour aviser les Anglois. Là eut aucuns chevaliers et écuyers d'Angleterre qui volontiers se fussent avancés de courir jusques'à ceux que ils véoient chevaucher, qui ne leur eût rompu leur propos; mais le sire de Percy leur disoit : « Souffrez-vous et laissez venir leur grosse route; car si ils ont volonté de nous combattre, ils nous approcheront de plus près. » Ainsi se tinrent tout cois les Anglois; et les Escots de si près vinrent sur les Anglois que bien avisèrent leurs deux batailles et quelle quantité de gens ils pouvoient bien être. Quand les coureurs Escots eurent avisé le convenant des Anglois, si retournèrent à leurs maîtres et leur recordèrent tout ce que ils avoient vu et trouvé, et leur dirent : « Seigneurs, nous avons chevauché si avant en approchant les Anglois que nous avons avisé leur convenant; et vous disons que ils vous attendent en deux belles batailles ordonnées sur uns plains; et peuvent bien être en chacune bataille cinq mille hommes : si ayez sur ce avis. Nous les approchâmes de si près que bien connurent que nous étions coureurs escots; mais ils n'en firent semblant nul, ni oncques nul ne se défronta pour chevaucher sur nous. » Quand messire Arcebault Douglas et les chevaliers d'Escosse qui là étoient ouïrent ces nouvelles et ces paroles, si furent tous pensifs et dirent : « Nous ne pouvons voir que notre profit soit de chevaucher maintenant plus avant sur les Anglois; car ils sont deux contre un de nous, et tous gens de fait; si y pourrions plus perdre que gagner, et folle emprise ne fut oncques bonne faite. » Là avoit Alexandre de Ramesay un vaillant chevalier à oncle, qui s'appeloit Guillaume de Lindesée, qui mettoit grand'peine que son neveu fût conforté, et disoit : « Seigneurs, mon neveu, sur la fiance de vous et de votre confort, a fait sa chevauchée et pris le châtel de Bervich; si vous tournera à grand blâme si il est perdu; et autre fois ceux de notre côté ne s'aventureront pas si volontiers. » Là répondoient les autres, et disoient que on ne le pouvoit amender, et que tant de bonnes gens qui là étoient ne se pouvoient pas mettre en l'aventure d'être perdus pour l'emprise d'un écuyer; et fut accordé entre eux de retraire plus avant en leur pays et loger sur les montagnes près de la rivière de Tuide; et là se retrairent tout bellement et par loisir.

Quand le comte de Northombrelande et le comte de Nothingen et les barons d'Angleterre perçurent que les Escots ne trairoient point avant, si envoyèrent leurs coureurs à sçavoir que ils étoient devenus. Ils rapportèrent que ils étoient retraits vers la Morlane outre le châtel de Rosebourch. A ces nouvelles sur le soir se retrairent tout bellement les Anglois en leurs logis, et firent bon gait jusques à lendemain. Environ heure de prime, furent toutes manières de gens d'armes et d'archers appareillés pour aller assaillir le châtel de Bervich; et lors commença l'assaut qui fut grand et fort et dura tout le jour jusques à remontée: on ne vit oncques de si peu de gens si bien tenir ni défendre que les Escots faisoient, ni aussi châtel assaillir si âprement; car on avoit échelles en plusieurs lieux dressées contre les murs; et là montoient gens d'armes, les targes sur leurs têtes, et venoient combattre main à main aux Escots: si étoient à la fois rués jus et renversés au fossé. Et ce qui plus ensonnioit et travailloit les Escots, c'étoient les archers d'Angleterre qui traioient si omniement que à peine osoit nul apparoir aux défenses. Tant fut cil assaut continué et pourmené que les Anglois entrèrent de force et de fait dedans le châtel. Si commencèrent à prendre et occire tous ceux que ils trouvèrent; ni de tous ceux qui dedans étoient oncques nul n'échappa qu'il ne fût mort, excepté Alexandre qui fut prisonnier au seigneur de Percy. Ainsi fut délivré des Escots le châtel de Bervich. Si en fut capitaine, de par le comte de Northombrelande, Jean Bisset, un moult vaillant écuyer qui avoit aidé à le reconquerre, ainsi que vous avez ouï, lequel le fit remparer de tous points, et refaire le pont que ils avoient rompu.

Or parlerons-nous de l'ordonnance des Anglois comment ils persévérèrent.

CHAPITRE XVI.

Comment les Anglois poursuivoient les Escots pour les combattre; et comment deux écuyers anglois furent pris par une embuche d'Escots.

Après le reconquêt du châtel de Bervich, le comte de Northombrelande et le comte de Nothingen, qui étoient les deux plus grands de l'ost, avisèrent, au cas que ils avoient toutes leurs gens mis ensemble, que ils chevaucheroient vers leurs ennemis, et si ils les trouvoient ils les combattroient : ainsi fut-il dit et devisé et ordonné en leur ost; et se départirent tous à un matin et chevauchèrent le chemin de Rosebourch, tout contremont la rivière de Tuide. Quand ils eurent chevauché ensemble environ trois lieues, ils eurent nouvel conseil; et avisèrent les deux comtes qui là étoient que ils enverroient une partie de leurs gens devers Mauros, une grosse abbaye de noirs moines qui siéd sur la rivière de Tuide et le département des deux royaumes, pour savoir s'il y avoit là nuls Escots embuchés; et eux et leur plus grosse route chevaucheroient vers la Morlane; et à faire ce chemin il ne pouvoit être que ils n'ouïssent nouvelles des Escots. Si fut ordonné capitaine de ces gens d'armes, qui devoient être trois cents lances et autant d'archers, un moult vaillant chevalier qui s'appeloit messire Thomas Mousegrave. Si se départirent ces gens d'armes de l'ost, et prirent le chemin les uns à dextre et les autres à senestre; et chevauchèrent tant messire Thomas et son fils que ils vinrent à Mauros; et là se logèrent de haute heure pour rafreschir eux et leurs chevaux et pour enquérir justement où les Escots étoient; et envoyèrent deux écuyers des leurs, bien montés, pour chevaucher sur le pays à savoir du convenant des Escots, ni où ils se tenoient.

Ces deux écuyers, quand ils se furent partis de leurs maîtres, chevauchèrent tant que ils s'embatirent sur une embuche des Escots, desquels messire Guillaume de Lindesée étoit chef; et se tenoit là à l'aventure pour ouïr nouvelles de Bervich et de son neveu Alexandre Ramesay en quel parti il pouvoit être des Anglois, et moult le désiroit à savoir; et pouvoit avoir avecques lui environ quarante lances. Sitôt que les Anglois furent entrés en leur embuche ils furent happés; dont le chevalier eut grand'joye, et leur demanda de quelle part ils venoient. Envis parloient pour découvrir le fait de leurs maîtres; mais parler leur convint; car le chevalier leur promit que il leur touldroit les têtes si ils ne disoient vérité de tout ce que on leur demanderoit. Quand ce vint au fort et ils virent que autrement ils ne pouvoient finer, ils parlèrent et recordèrent comment le châtel de Bervich étoit reconquis, et tous ceux qui dedans avoient été trouvés morts, excepté Alexandre Ramesay; et après comment le comte de Northombrelande et le comte de Nothingen chevauchoient à mont la Tuide pour trouver les Escots, et comment messire Thomas Mousegrave et son fils, et messire Jean Asneton et messire Richard Baiton et bien trois cents lances et autant d'archers étoient logés et arrêtés en l'abbaye de Mauros. Et puis recordèrent comment de ces chevaliers ils étoient envoyés sur le pays, pour savoir justement où les Escots se tenoient. « Par ma foi! répondit messire Guillaume de Lindesée, vous nous avez trouvés, mais vous demeurerez avecques nous. »

Lors furent traits d'une part, et renchargés aux compagnons sur les têtes que bien ils les gardassent; et tantôt il fit partir un homme d'armes de sa route et lui dit : « Chevauchez devers nos gens, et leur dites tout ce que vous avez ouï et le convenant des Anglois; et je me tiendrai ci jusques au soir pour savoir si autres nouvelles nous viendront. » Cil homme d'armes se partit, et chevaucha tant que il vint en un gros village outre la Morlane, que on dit Houdebray, et siéd sur la Tuide entre les montagnes; et là a grand'prairie et bon pays et gras; et pour ce s'y tenoient les Escots. Sur le soir vint là l'écuyer et trouva là le comte de Douglas, le comte de Moret, le comte de Surlant, messire Arcebault Douglas et les autres. Sitôt que il fut venu on sut bien que il apportoit nouvelles : si fut mené devers les seigneurs, auxquels il recorda toute l'affaire, ainsi que vous avez ouï.

CHAPITRE XVII.

Comment les Anglois qui avoient pris le château de Bervich furent par les Escots déconfits, et y fut pris prisonnier messire Thomas Mousegrave.

Quand les chevaliers Escots entendirent que le châtel de Bervich étoit repris des Anglois, si furent grandement courroucés; mais ce les reconforta que messire Thomas Mousegrave et les chevaliers et écuyers dessus la rivière de Hombre étoient logés à Mauros assez en jeu parti. Si ordonnèrent que sur ces nouvelles ils se départiroient de là, et iroient déloger leurs ennemis et reconquérir aucune chose de leurs dommages. Si s'armèrent, et sellèrent leurs chevaux, et se départirent tout de nuit de Houdebray, et chevauchèrent devers Mauros à l'adresse; car bien connoissoient le pays; et furent là venus environ mi-nuit. Mais il commença à pleuvoir une pluie si grosse et unie, et monta un vent si froid qui les frappa parmi les visages, qu'il n'y avoit si fort qui ne fût si battu de pluie et de vent que à peine pouvoient-ils tenir leurs chevaux; et les pages, de froid et de mal-aise, ne pouvoient porter les lances, mais les laissoient cheoir; et se déroutoient l'un de l'autre et perdoient leur chemin. Adonc s'arrêtèrent les guides par le commandement du connétable, tous cois à l'encontre d'un grand bois, parmi où il les convenoit passer; car aucuns chevaliers et écuyers et bien usés d'armes qui là étoient disoient que ils chevauchoient follement, et ce n'étoit mie état de chevaucher ainsi par tel temps et à telle heure; et que plus y pouvoient perdre que gagner. Si se quatirent et esconsèrent eux et leurs chevaux dessous chênes et grands arbres, tant que le jour fut venu; et les autres qui tous engelés étoient et tous hors mouillés faisoient grands feux pour eux ressuer et réchauffer; mais aincois que ils pussent venir au feu ils eurent trop de peine; et toutefois de fusils[1] et de secs bois ils en firent tant que ils en eurent assez en plusieurs lieux. Et dura cette pluie et cette froidure jusques à soleil levant; et toujours pluvina jusques à prime.

Entre prime et tierce se commença le jour à réchauffer et le soleil à luire et à monter, et les aloës[2] à chanter. Adonc se traîrent ensemble les capitaines pour conseiller quel chose ils feroient; car ils avoient failli à leur entente à venir de nuit à Mauros. Si fut conseillé que ils se déjeuneroient là sur les champs de ce que ils avoient, et se rafraîchiroient eux et leurs chevaux et envoieroient leurs gens fourrager sur leur pays. Ainsi fut fait comme il fut ordonné; et se partirent la greigneur partie de leurs varlets fourrageurs, et s'épardirent sur le pays et ens ès villages voisins. Si rapportèrent les plusieurs foins et avoines pour leurs chevaux et vivres assez pour leurs maîtres.

D'autre part les fourrageurs anglois qui en l'abbaye de Mauros étoient logés, pour trouver vivres, avoient ce matin chevauché si avant que les aucuns fourrageurs anglois et escots se trouvèrent; et ne l'eurent mie les varlets anglois d'avantage; mais en y eut en ce rencontre des morts et des blessés, et des battus, et des fourrages perdus, et tant que les nouvelles en vinrent à messire Thomas Mousegrave et aux chevaliers d'Angleterre qui à Mauros étoient. Donc dirent-ils que les Escots n'étoient pas loin de là: si sonnèrent leurs trompettes et firent enseller leurs chevaux, et s'armèrent et eurent conseil de eux tous traire sur les champs. Aussi furent avisés de eux les chevaliers d'Escosse par leurs fourrageurs; si se hâtèrent du plus tôt qu'ils purent de rafraîchir eux et leurs chevaux, et puis eux mettre en ordonnance de bataille au long de ces bois et tout à la couverte. Si étoient bien sept cents lances et deux mille d'autres gens, que nous appellerons d'ores-en-avant gros varlets, à lances, à haches et à bâtons d'armes; et disoient ainsi messire Arcebault Douglas et le comte de Douglas son cousin: « Et ne peut nullement demeurer que nous ne ayons besogne; car les Anglois chevauchent ou chevaucheront à cette remontée. Si soyons sur notre garde et les combattons si nous les véons à jeu parti. » Adonc ordonnèrent deux de leurs hommes d'armes à courir pour découvrir les Anglois et savoir leur convenant; et se tinrent tous cois en leur embûche.

CHAPITRE XVIII.
Comment messire Thomas Mousegrave et les Anglois furent déconfits par les Escots.

Messire Thomas Mousegrave et les chevaliers de Northombrelande, qui moult désiroient à jeu parti trouver les Escots, si se partirent de Mauros et prirent le chemin de la Morlane et laissèrent la rivière de Tuide à la senestre main et montèrent amont vers une montagne que on claime Saint-Gilles. Là étoient les deux courcurs d'Escosse, qui trop bien avisèrent les Anglois, et qui tantôt se partirent et retournèrent à leurs maîtres, et leur dirent le convenant et comment ils chevauchoient, et n'y avoient avisé que trois bannières et dix pennons. De ces nouvelles furent les Escots tous réjouis et dirent de grand'volonté: « Chevauchons vers eux, au nom de Dieu et de Saint George; car ils sont nôtres. » Adonc prirent-ils un cry; et me semble que tous devoient cryer: Douglas! Saint Gilles! pour la cause de la place et de la montagne. Ils n'eurent pas chevauché demi-lieue quand ils virent leurs ennemis; et les Anglois eux. Donc connurent une partie et l'autre que combattre les convenoit: si fit le comte de Douglas son fils Jacques chevalier, et lui fit lever bannière; et là fit deux chevaliers des fils du roi d'Escosse, messire Robert et messire David; et tous deux levèrent bannière: et y fut fait sur la place environ trente chevaliers de la partie des Escots, et un chevalier de Suède qui s'appeloit messire George de Vesmede et porte un écu d'argent à un fer de moulin et une bordure endentelée de gueules, et crie: Mesonde! D'autre part messire Thomas Mousegrave fit son fils messire Thomas chevalier et autres de son hôtel: aussi firent le sire de Staffort et le sire de Grascop. Si ordonnèrent leurs archers et mirent sur aile et fut ce jour le cry des Anglois: Notre Dame! Arleton! Là commença ce rencontre grand et fort, et archers à

---
[1] Charbon tendre, d'où *fusin*.
[2] Alouettes.

traire et à ensonnier gens d'armes, mais toutes fois les Escots étoient grand'foison : si ne purent les archers partout entendre. Là eut fait entre ces chevaliers et écuyers de l'une partie et de l'autre mainte joute et mainte belle appertise d'armes, et plusieurs hommes renversés jus de leurs chevaux, et faite mainte prise et mainte rescousse. Dès la première venue, messire Arcebault Douglas, qui étoit grand chevalier et durement à douter et ressoingnié de ses ennemis, quand il dut approcher il mit pied à terre et prit à son usage une longue épée qui avoit deux aunes. A peine la pût un autre homme lever sus de terre; mais elle ne lui coûtoit néant à manier, et en donnoit les coups si grands que tout ce qu'il aconsuivoit il mettoit par terre; et n'y avoit si osé ni si hardi de la partie des Anglois qui ne ressoignoit ses coups.

Là eut belle bataille et dure, et bien combattue de ce qu'elle dura; mais ce ne fut pas plenté; car les Escots étoient trois contre un, et tous gens de fait; je ne dis mie que les Anglois ne se portassent bien et vaillamment, mais finablement ils furent déconfits, et obtinrent les Escots la place, et furent pris messire Thomas Mousegrave et son fils, et plusieurs chevaliers et écuyers, et eurent les Escots bien six vingt bons prisonniers; et dura la chasse jusques à la rivière de Tuide, et là y en eut mort grand'plenté. Si se retrairent les Escots après cette déconfiture sur leur pays, et eurent conseil qu'ils s'en iroient tous devers Haindebourch; car ils savoient par leurs prisonniers que le comte de Northombrelande et le comte de Northinghem étoient sur le pays par delà la Tuide sur le chemin de Rosebourch; et étoient gens assez pour combattre les Escots et toute leur puissance : pourquoi leur chevauchée se pouvoit bien dérompre pour eux traire à sauveté et garder leurs prisonniers. De cette chose faire et du retraire sus ce jour furent-ils trop bien conseillés; car si ce soir ils fussent revenus à leurs logis ils fussent en aventure d'être tous rués jus comme je vous dirai.

CHAPITRE XIX

Comment l'armée du comte de Northombrelande fut rompue, et du trépas de la roine de France et de la roine de Navarre, et de plusieurs autres incidens.

Le comte de Northombrelande et le comte de Nortinghen et les barons d'Angleterre, quand ils se partirent de Bervich et de messire Thomas Mousegrave et ils furent venus sur les champs à l'encontre de Rosebourch, ils furent informés par leurs espies que les Escots qu'ils demandoient à trouver et combattre étoient logés à Houdebray, dont ils étoient tous réjouis; et avoient jeté leur avis que de nuit ils viendroient les escarmoucher et viendroient là celle propre nuit que s'en étoient partis les Escots. Mais il plut si fort que ils ne purent parfournir leur emprise et se logèrent ens ès bois jusques à lendemain; et quand ce vint au jour de rechef ils envoyèrent leurs espies à savoir où les Escots se tenoient; et ceux qui envoyés y furent rapportèrent que les Escots s'en étoient partis et ils n'en avoient nuls trouvés. Adonc eurent-ils conseil que ils se trairoient vers Mauros pour là ouïr nouvelles de messire Thomas Mousegrave et de leurs compagnons.

Quand ils se furent dînés, ils chevauchèrent tous contreval la rivière de Tuide en devant vers Mauros, et avoient envoyé leurs coureurs courir de là l'eau à savoir si nulles nouvelles y trouveroient.

Après la déconfiture du champ Saint-Gilles que je vous ai dite, ces coureurs trouvèrent de leurs gens qui fuyoient ainsi que des gens déconfits. Si recordèrent de la bataille ce qu'ils en savoient. Adonc retournèrent ces coureurs, et avoient avec eux les fuyans : si leur recordèrent la vérité des Anglois et des Escots et de la bataille. Bien savoient que leurs gens étoient déconfits; mais ils ne pouvoient savoir lesquels étoient ni morts ni pris. Quand ces seigneurs de Northombrelande et de Northinghen entendirent ces nouvelles, si furent plus pensifs que devant, et à bonne cause; car ils étoient courroucés par deux raisons, l'une pour ce que leurs gens avoient perdus; l'autre, que point n'avoient trouvé les Escots que tant désiroient à combattre. Si eurent là sur les champs de poursuivre très grand conseil; mais ils ne savoient lequel chemin les Escots tenoient; et si approchoit le vêpre. Si que, tout considéré, ils se trairent à Mauros, et là se logèrent.

Ils ne purent oncques sitôt venir à Mauros que les nouvelles leur vinrent véritables de la bataille, que messire Thomas Mousegrave et son fils et bien six vingt hommes d'armes étoient pris, et les emmenoient les Escots et s'en alloient devers Haindebourch. Ces barons de Northombrelande virent bien que ce dommage leur convenoit porter, et que pour le présent ils ne le pouvoient amender; si passèrent la nuit au mieux qu'ils purent, et à lendemain se délogèrent; et donna le sire de Percy comte de Northombrelande congé à toute manière de gens de soi retraire chacun en son lieu; et il même se retray en son pays et ainsi se dérompit cette chevauchée, et les Escots aussi s'en retournèrent, à Haindebourch les aucuns. Le comte de Douglas et son fils demeurèrent sur le chemin en son châtel à Dalquest. Si fut grand'nouvelle parmi Escosse de cette besogne et de la belle journée que leur gens avoient eue : si jouirent chevaliers et écuyers paisiblement de leurs prisonniers et les rançonnèrent paisiblement et courtoisement, et finèrent tout au mieux qu'ils purent. Nous nous souffrirons à parler pour le présent des Escots, et parlerons d'autres incidences qui avinrent en France.

En ce temps trépassa, le sixième jour de février mil trois cent soixante dix-sept[1], la roine de France, et par sa coulpe même, ce disoient les médecins; car elle gissoit d'enfant, de madame Catherine sa fille qui puis fut duchesse de Berry; car elle eut à mari Jean de Berry fils au duc de Berry[2] : la roine, si comme je vous dis, en celle gesine n'étoit pas bien haitiée, et lui avoient les maîtres défendu les bains, car ils lui étoient contraires et périlleux : nonobstant tout ce elle se voulsit baigner et se baigna, et là commença à avoir le mal de la mort[3]. Si demeura le roi Charles de France vefve, ni oncques depuis ne se maria.

Après le trépassement de la roine de France trépassa la roine de Navarre[1], sœur germaine

---

[1] 1378, nouveau style.

[2] La princesse Catherine n'a jamais été duchesse de Berri. Elle fut accordée le 20 février 1379 à Rupert de Bavière, depuis comte palatin du Rhin et empereur, ce qui n'eut pas d'effet, et elle épousa le 5 août 1386, Jean de Berri, comte de Montpensier, mort du vivant de Jean, duc de Berri, son père. La princesse Catherine mourut en octobre 1388, et fut enterrée en l'abbaye de Maubuisson.

[3] Jeanne de Bourbon, reine de France, femme de Charles V, mourut en couche, à Paris, en l'hôtel de Saint-Paul, un samedi 6 février 1378, que l'on l'on comptait alors 1377. Froissart est le seul écrivain du temps qui attribue sa mort à l'imprudence d'avoir voulu prendre le bain, et comme cet endroit du texte est rempli de fautes, il peut se faire qu'il ait été altéré et que l'on ait confondu la cause de la mort de la reine Jeanne de Bourbon avec celle de la mort de Jeanne de France, reine de Navarre, dont on parlera dans la note suivante.

[1] 1° Froissart dit ici que Jeanne de France, reine de Navarre, n'est morte qu'après Catherine de Bourbon, reine de France, décédée le 6 février 1378; les grandes Chroniques de France et la continuation de la Chronique française de Guillaume de Nangis placent cette mort le 3 novembre 1373. Le Brasseur, dans son Histoire d'Évreux, page 256, dit que cette princesse mourut sur la fin de novembre 1373. Mariana, son traducteur, le P. Charenton, Jésuite, et Garibay, disent que la reine de Navarre décéda le 3 novembre 1374. Toutes ces dates sont antérieures, et de plusieurs années, à la mort de Jeanne de Bourbon, en 1378 : il est vrai que, selon l'Histoire généalogique de la maison de France, page 286 du tome 1er, imprimé en 1726, on lisait sur une tombe de l'église de Notre-Dame d'Évreux, qui porte le nom de cette princesse, mais dont l'écriture était à demi effacée, la date de 1378. Mais puisque les chroniques du temps et l'historien d'Évreux donnent à la mort de la reine de Navarre une date antérieure de plusieurs années à celle de 1373, il est naturel de penser que quelqu'un aura mis la date M.CCC.LXXIII de cette tombe, dont l'écriture était usée, pour M.CCC.LXXVIII, et en effet tous les historiens modernes s'en sont tenus à la date de 1373.

2° Les historiens ne sont pas d'accord sur le lieu de la sépulture de la reine de Navarre, dont les chroniques du temps ne parlent point : l'Histoire généalogique de la maison de France la dit enterrée à Saint-Denis, en France, d'après un compte d'Édouard Tadelin, communiqué par M. d'Hérouval ; Mariana et son traducteur le disent également ; Le Brasseur, au contraire, dit que cette princesse, morte à Évreux, a été inhumée dans la cathédrale de cette ville, et son cœur dans la grande église de Pampelune ; et l'inscription à moitié usée de la tombe de cette princesse, dans l'église d'Évreux, ne permet pas de douter qu'elle n'y soit inhumée. Ce qu'il y a de certain, c'est qu'aucun monument ou renseignement de l'abbaye de Saint-Denis ne fait mention de sa sépulture, et que les Chroniques de Saint-Denis et la continuation de la Chronique française de Nangis, écrites par des religieux de Saint-Denis qui n'oublient rien des événemens qui concernent leur église, ne parlent point du lieu de la sépulture de la reine de Navarre; et si elle eût été enterrée à Saint-Denis, ils n'auraient pas manqué d'en faire mention.

Ainsi le témoignage de Mariana, auteur espagnol, ne paraît pas suffisant pour affirmer que la reine de Navarre ait été inhumée ailleurs qu'à Évreux où elle est décédée. Quant au compte de Tadelin, il y a apparence qu'on ne l'aura pas examiné d'assez près, et qu'on aura appliqué à la reine de Navarre, femme de Charles-le-Mauvais, ce qui concernait une autre reine de Navarre enterrée à Saint-

au roi de France. Cette reine de Navarre morte, murmurations s'élevèrent en France entre les Denis. En effet, dans le même siècle, il y a eu deux autres reines de Navarre qui ont été enterrées à Saint-Denis, savoir, Jeanne de France, fille unique de Louis X *Hutin*, mariée en mars 1317 (1318) à Philippe d'Évreux, roi de Navarre, après la mort de Charles IV *le Bel*, et qui mourut en 1319, et Jeanne d'Évreux, morte en 1371, et femme de Charles-le-Bel, lequel jusqu'à sa mort a joui de la Navarre et a porté le titre de *roi de Navarre* avec celui de *roi de France*. Ces deux reines de Navarre du nom de Jeanne, ainsi que la femme de Charles-le-Mauvais, ayant été enterrées à Saint-Denis, on aura pu confondre celle-ci avec l'une des deux autres. Mais d'un côté l'énoncé de l'inscription de la tombe de la cathédrale d'Évreux, de l'autre le silence des écrivains et des monumens de l'abbaye de Saint-Denis, ne permettent pas de placer la sépulture de cette princesse ailleurs qu'à Évreux. Oihehart se trompe également sur le lieu de la sépulture et encore plus sur la date, qu'il met en 1382.

3° Quant à la cause de la mort de la reine de Navarre, on doit s'en rapporter à la déclaration de Pierre du Tertre, secrétaire du roi de Navarre, signée de lui et donnée aux commissaires du conseil, le 26 mai 1378; nous la rapportons en entier d'après le procès criminel de du Tertre, imprimé page 388 du tome II des *Mémoires de M. Secousse*, de l'Académie des Belles-Lettres, sur Charles II, roi de Navarre.

« Quant est de la mort de madame la royn de Navarre
« que Diou absoille, dont le dit *Pierre* a été interrogié
« par MM. du conseil disans que elle fu empoisonnée, dist
« le dit *Pierre* que quant elle mouru il étoit à *Bernay*,
« et ne fut oncques si troublé, si esmerveillié ne si dolent
« de mort de personne, comme il fu de la sene et ne tient
« pas qu'elle mourust de poisons : car en tenoit à Évreux
« où elle mouru, que ce avoit esté parceque elle avoit esté
« mal gardée *en son baing* auquelle elle mourut : et le
« scevant Madame *de Foix*, la dame de *Saquainville*, et
« Katherine *de Bautellu*, Margot de Germonville, et
« autres femmes estant pour lors avecques lui; et si peut
« être sceu par *Simon le Lombart*, apothicaire d'*Évreux*
« qui l'eviscera et vit tout ce qu'il avoit dedens le corps.
« Et aussi est il tout certain que tantost après la mort
« d'elle, furent assemblez ou chastel *d'Évreux* l'évesque
« d'*Avranches*, madame *de Foix*, madame de *Saquain-*
« *ville*, et plusieurs du conseil du dit *roi de Navarre*,
« toutes les damoiselles et femmes de chambre, et furent
« prises les femmes par serment que elles diroient la vé-
« rité. Si fu recité tout au long par la bouche de *Margot*
« *de Germonville* tout le procès et la manière de la
« mort, et par ce fu trouvé que elle étoit morte de foi-
« blesse de cuer et à ce s'accordèrent toutes les autres
« femmes. »

Il est donc bien certain que la reine de Navarre est morte de faiblesse dans un bain. Aucun historien du temps ne nous apprend rien de semblable au sujet de la mort de la reine de France, Jeanne de Bourbon : on peut donc en conclure que Froissart aura été aussi mal informé de la cause de la mort de la reine de France, à qui il a attribué ce qui convenait seulement à la reine de Navarre, qu'il l'a été de la véritable date de la mort de la reine de Navarre.

sages et coutumiers, que la comté d'Évreux qui siéd en Normandie étoit par droite hoirie de succession de leur mère, revenue aux enfans du roi de Navarre qui étoient dessous âge et au gouvernement du roi Charles de France leur oncle. Et ce roi Charles de Navarre étoit soupçonné du temps passé d'avoir fait, consenti et élevé tant de maux au royaume de France que de sa personne il n'étoit mie digne ni taillé de tenir héritage au royaume de France en l'ombre de ses enfans.

Si revint d'Aquitaine en ce temps en France le connétable qui s'étoit toute la saison tenu avecques le duc d'Anjou, et amena en sa compagnie le seigneur de Mucident de Gascogne pour voir le roi et acointer de lui, ainsi qu'il fit. Si fut le connétable reçu du roi à grand'joie, et le sire de Mucident pour l'amour de lui. Entre le roi et le connétable ot plusieurs paroles et secrets consaulx qui point sitôt ne survinrent à l'état de France et de Navarre.

Nous retournerons assez brièvement à cette matière; mais pour croniser justement toutes les notables avenues qui en ce temps avinrent au monde, je vous parlerai d'un grand commencement de pestilence qui se bouta en l'Église; de quoi toute chrétienté pour ce fut en grand branle, et moult de maux en naquirent et descendirent, ainsi que il appert de jour en jour.

CHAPITRE XX.

De la mort du pape Grégoire onzième de ce nom. De l'élection du pape Urbain cinquième ; et comment il mourut ; et comment Urbain sixième fut élu à pape.

Vous avez bien ci dessus ouï recorder comment le pape Grégoire onzième de ce nom, qui, pour ce temps, tenoit le saint siége de Rome en la cité d'Avignon, quand il vit qu'il ne pouvoit

---

[1] Suivant M. Secousse, Froissart n'est ici ni historien exact ni bon jurisconsulte. Il est vrai qu'en Normandie le roi a la garde de ses vassaux mineurs à qui il écheoit une succession en ligne directe ; mais ce n'était point ici le cas, puisque le comté d'Évreux ne faisait point partie de la succession de Jeanne de Navarre. Mais comme il eût été dangereux de laisser les domaines du roi de Navarre à la disposition d'un prince aussi mal intentionné, il est naturel de penser qu'en le mettant en possession de la garde des biens de la succession de la reine de Navarre, Charles V aura saisi et mis dans sa main tout ce qu'il aura pu des domaines du roi de Navarre. Cette note doit s'appliquer à plusieurs endroits des chapitres où Froissart parle d'après les mêmes principes.

[1378] LIVRE II 21

trouver nulle paix entre le roi de France et le roi d'Angleterre, dont trop lui venoit à déplaisance, car moult y avoit travaillé et fait travailler les cardinaux, s'avisa et eut dévotion que il iroit revisiter Rome et le saint siége que Saint Pierre et Saint Paul avoient édifié et augmenté. Et aussi dès son enfance il avoit promis à Dieu que, si en son vivant il étoit jà promu si haut et en si digne degré que à celui de papalité, à son loyal pouvoir il ne tiendroit son siége ailleurs que là où Saint Pierre l'avoit tenu. Ce pape étoit de petite complexion, et ressoingnoit tant peine que nul plus de lui; car il étoit tout maladieux; et lui étant en Avignon, il s'étoit si fort empêché des besognes de France, et tant travaillé du roi et de ses frères, que à peine pouvoit-il à lui entendre. Si dit en soi-même que il les éloigneroit[1] pour être mieux à son repos. Si fit faire et ordonner ses pourvéances grandes et belles sur la rivière de Gennes et par tous les chemins, ainsi comme à si haute personne comme il étoit appartenoit; et dit à ses frères les cardinaux que tous s'avisassent, car il vouloit aller à Rome, et iroit. De cette motion furent tous les cardinaux ébahis et courroucés; car ils ressoingnoient trop les Romains, et l'en eussent volontiers détourné si ils pussent; mais oncques ne purent.

Quand le roi de France entendit ce, si en fut durement courroucé; car trop mieux lui étoit-il là à main que autre part. Si escripsit tantôt à son frère le duc d'Anjou[2] qui étoit à Toulouse, en lui signifiant, ces lettres vues, qu'il allât tantôt en Avignon et parlât au pape, et lui brisât son voyage. Le duc d'Anjou fit ce que le roi lui mandoit et vint en Avignon, où il fut des cardinaux reçu à grand'joie, et se logea au palais du pape pour mieux avoir loisir de parler à lui. Vous pouvez croire et savoir que il s'acquitta grandement de parler au pape et de lui remontrer plusieurs paroles pour lui briser son propos, mais oncques le pape n'y voult entendre; et quoique le duc d'Anjou séjournât en Avignon, toujours s'exploitèrent les besognes et les pourvéances du pape. Si furent ordonnés quatre cardinaux à demeurer en Avignon pour entendre aux besognes deçà les monts; et leur donna le pape pleine puissance de faire ce qu'il pouvoit faire, reservé aucuns cas papaux, lesquels il ne peut donner à nul homme, ni ôter de sa main. Quand le duc d'Anjou vit qu'il n'en viendroit point à chef pour raison ni pour belle parole que il sçût dire ni montrer, si prit congé du pape et lui dit au partir : « Père saint, vous vous en allez en un pays et entre gens où vous êtes petitement aimé, et laissez la fontaine de foi et le royaume où l'Église a plus de voix et d'excellence que en tout le monde; et par votre fait pourra l'Église cheoir en grand'tribulation; car si vous mourez par delà, ce qu'il est bien apparent, si comme vos maîtres de physique me dient, les Romains, qui sont merveilleux et traîtres, seront maîtres et seigneurs de tous les cardinaux, et feront pape de force à leur volonté. » Nonobstant toutes ces paroles et plusieurs autres et belles et sages, oncques il ne voult arrêter que il ne se mît à chemin, et vint à Marseille où les galées de Gennes étoient toutes ordonnées pour le venir querre; et le duc d'Anjou retourna arrière à Toulouse.

Pape Grégoire monta en mer en Marseille[1] à belle compagnie et grande, et eut bon vent pour lui et pour ses gens, et prit terre à Gennes, et là se rafraîchirent leurs galées de nouvelles pourvéances; puis rentrèrent ens et singlèrent tant que sans péril ils arrivèrent assez près de Rome. Vous devez savoir que les Romains furent moult liez de sa venue, et montèrent tous les capitolz de Rome sur chevaux couverts, et l'amenèrent à grand triomphe à Rome. Si se logea au palais Saint-Pierre, et visitoit souvent une église au clos de Rome que il avoit grandement à grâce et y avoit fait faire de beaux ouvrages, qu'on appelle Notre-Dame la Majeure[2] : auquel clos et en laquelle église de Notre-Dame assez tôt après que il fut venu, il mourut le vingt huitième jour de mars mil trois cent soixante dix sept[3] avant Pâques. Et lui fit-on son obsèque grandement et bien, ainsi comme à pape appartient : si fut enseveli là dedans et là gît.

Tantôt après la mort du pape Grégoire les

---

[1] Il s'éloignerait d'eux.
[2] Tout ceci se passa en 1376.

[1] Grégoire XI s'embarqua à Marseille le 22 septembre 1376, il arriva à Rome le 19 janvier 1377.
[2] Sainte-Marie-Majeure.
[3] Le pape Grégoire XI est mort, suivant *l'Art de vérifier les dates*, le 27 mars 1378, que l'on comptait alors en France 1377, l'année commençant à Pâques, qui tombait en 1378, le 18 avril.

cardinaux se trairent en conclave au palais Saint-Pierre. Sitôt comme ils y furent entrés, pour élire pape à leur usage qui fût bon et profitable pour l'Église, les Romains se cueillirent et assemblèrent moult efforcément, et vinrent au bourg Saint-Pierre ; et là étoient bien plus de trente mille, que uns que autres, tous encouragés de mal faire si la chose n'alloit à leur volonté. Et vinrent par plusieurs fois devant le conclave, et disoient ainsi : « Oyez, seigneurs cardinaux, délivrez-vous de faire pape ; trop y mettez, et si le faites Romain, nous ne voulons autre : car, si autre le faites, le peuple de Rome ni le concile ne le tiendroient point à pape, et vous mettrez tous en aventure d'être morts. »

Les cardinaux, qui étoient au danger des Romains et qui ces paroles entendoient, n'étoient mie bien aises ni assurs de leurs vies ; et les apaisoient et abattoient leur ire ce qu'ils pouvoient. Et tant se monta celle chose et la félonnie des Romains que ceux qui plus prochains étoient du conclave, pour donner cremeur aux cardinaux et à celle fin qu'ils descendissent plutôt à leur volonté, rompirent par leur mauvaiseté le conclave où les cardinaux étoient, et lors cuidèrent bien les cardinaux être tous morts, et s'enfuirent pour sauver leurs vies l'un deçà l'autre delà ; et les Romains ne se tinrent mie atant, mais mirent les cardinaux ensemble, voulsissent ou non, et leur dirent qu'ils feroient pape. Les cardinaux, qui se véoient au danger des Romains et en grand péril, s'en délivrèrent pour apaiser le peuple, nequedant, ils le firent par bonne élection[1] d'un moult saint homme cardinal et de la nation de Rome, et que Urbain V avoit fait cardinal et l'appeloit-on le cardinal de Saint-Pierre.

Cette élection plut grandement aux Romains, et eut là le prudom tous les droits de papalité ; mais il ne vesqui que trois jours. Je vous dirai pourquoi. Les Romains, qui désiroient à avoir un pape romain, furent si réjouis de ce pape que ils prirent le prudom, qui bien avoit cent ans, et le montèrent sus une blanche mule et le menèrent et le pourmenèrent tant parmi Rome en exauçant leur mauvaisté et en montrant qu'ils avoient vaincu les cardinaux, quand ils avoient un pape romain, que il fut tant travaillé que, du dérompement, et de la peine et grand'angoisse que il en eut, au tiers jour il s'alita et mourut. Si fut enseveli en l'église Saint-Pierre de Rome, et là gît.

CHAPITRE XXI.
Des orgueilleuses paroles que les Romains disoient à l'élection du pape.

De la mort de ce pape les cardinaux furent tous courroucés, car ils véoient bien que la chose iroit mal ; car, ce pape vivant, les cardinaux avoient avisé que ils dissimuleroient entre les Romains deux ou trois ans et mettroient le siége ailleurs que à Rome, à Naples ou à Gennes, hors du danger des Romains ; et ainsi comme ils avoient proposé il en fût advenu ; mais par sa mort fut tout rompu. Donc se remirent au conclave les cardinaux en plus grand péril que devant, car les Romains s'assemblèrent tous au bourg Saint-Pierre devant le conclave, et montrèrent par semblant que ils vouloient tout briser et tout occire si il n'allait à leur volonté, et disoient aux cardinaux en écriant par dehors le conclave : « Avisez-vous, avisez-vous, seigneurs cardinaux, et nous baillez un pape romain, qui nous demeure, ou autrement nous vous ferons les têtes plus rouges que vos chapeaux ne sont. »

Celles paroles et celles menaces ébahissoient bien les cardinaux, car ils aimoient plus cher à mourir confesseurs que martyrs. Adonc pour eux ôter ainsi de ce danger et péril ils se délivrèrent de faire pape ; mais ce ne fut mie de l'un de leurs frères cardinaux ; ainçois élirent et nommèrent l'archevêque de Bari[1], un grand clerc qui moult avait travaillé pour l'Église.

[1] Tout ce que Froissart dit ici de l'élection du cardinal de Saint-Pierre et de sa mort est très inexact. François *Thebaldeschi*, cardinal du titre de Sainte-Sabine, mais que l'on appelait le cardinal de Saint-Pierre, n'a jamais été élu pape. Il est vrai que les cardinaux l'engagèrent à vouloir bien passer pour pape, pour calmer le peuple qui voulait un Romain, et que le peuple, en lui baisant les pieds et les mains, lui occasiona de si grandes douleurs à cause de la goutte dont il était travaillé, qu'il fut obligé de s'écrier qu'il n'était point pape ; mais il n'en mourut pas en trois jours comme le dit Froissart. Le cardinal de Saint-Pierre n'est mort que sept mois après le 7 septembre 1378.

[1] Le pape élu s'appelait Barthélemi de Prignano, dit *des Aigles*, archevêque de Bari, suivant M. Fleury, le vendredi 8 avril, intronisé le 9, et couronné solennellement le 18, jour de Pâques. *L'Art de vérifier les dates* place son élection au 9 avril, apparemment parce qu'elle ne fut publiée que ce jour-là. Barthélemi de Prignano prit le nom d'Urbain VI.

[1378]

A celle promotion de papalité, pour le romain peuple apaiser, le cardinal de Gennes bouta hors sa tête par une des fenêtres du conclave, et dit tout haut au peuple de Rome : « Apaisez-vous, car vous avez pape romain, Barthelemieu des Aigles archevêque de Bari. » Le peuple répondit tout d'une voix : « Bien nous suffit. »

A ce jour n'était pas cel archevêque à Rome[1]; et crois que il étoit à Naples : si fut tantôt envoyé querre. De ces nouvelles fut-il grandement réjoui, et vint à Rome, et se montra aux cardinaux. De sa venue furent-ils moult liez et lui firent grand'-fête, et fut entre les cardinaux pris et élevé, et ot toutes les droitures de papalité, et eut nom Urbain le sixième. De ce nom eurent les Romains grand'joie, pour le bon Urbain cinq qui moult les avoit aimés.

Sa création fut signifiée par toutes les églises de chrétienté; aussi aux empereurs, aux rois, aux ducs, aux comtes; et le mandèrent les cardinaux à leurs amis que pape avoient par bonne élection; dont depuis les aucuns s'en repentirent que ils en avoient parlé si avant. Si révoqua ce pape toutes grâces en devant faites. Si se départirent de leurs lieux toutes manières de clercs et s'en allèrent vers Rome pour avoir nouvelles grâces.

Nous nous souffrirons un petit à parler de celle manière et nous retournerons à parler de notre principale matière et histoire et ès besognes de France.

CHAPITRE XXII.

Comment le roi de Navarre envoya quérir ses deux fils en la cour du roi de France, lesquels il ne put avoir, et comment il fit garnir ses places en Normandie; et comment le roi de France fit mettre en sa maison la baronnie de Montpellier appartenant au roi de Navarre, et d'autres incidens.

Vous avez bien ci-dessus ouï recorder comment le roi de Navarre fut vefve qui avoit eu à femme la suer du roi de France, et comment les sages et les coutumiers du royaume de France, par l'avis l'un de l'autre, disoient et proposoient que l'héritage aux enfans du roi de Navarre qui leur venait de par leur mère leur étoit échu, et que le roi de France leur oncle, par la succession de sa suer, en devoit avoir au nom des enfans la mainbournie, et devoit être toute la terre que le roi de Navarre tenoit en Normandie rapportée eu la main du roi France, tant que ses neveux auroient âge. De toutes ces choses se doutoit bien le roi de Navarre; car il savoit moult des usages et coutumes de France. Si se avisa de deux choses; l'une que il envoieroit l'évêque de Pampelune et messire Martin de la Kare en France devers le roi, en priant et traitant doucement que par amour il lui voulsist renvoyer ses deux fils Charles et Pierre; et si il ne venait à plaisance au roi que tous deux ne les voulsist renvoyer, à tout le moins il lui renvoyât Charles[1], car mariage se commençoit à traiter de lui et de la fille du roi Henry de Castille; la seconde chose étoit que, nonobstant tout ce, il enverroit en France secrètement, aussi il enverroit en Normandie, visiter et rafraîchir ses châteaux afin que les François ne pussent y mettre la main; car de fait si ils n'étoient pourvus ils s'y pourroient bouter; et si ils en avoient pris la possession, il ne les en ôteroit mie quand il voudroit. Si avisa deux moult vaillans hommes d'armes, Navarrois et ès quels il avoit moult grand'fiance; l'un étoit nommé Pierre le Bascle et l'autre Ferrando. Les premiers messages vinrent en France, l'évêque de Pampelune et messire Martin de la Kare; et parlèrent au roi à moult grand loisir, en eux moult humiliant et recommandant le roi de Navarre, et en priant que ses deux fils il lui voulsist envoyer. Le roi répondit qu'il en auroit avis. Depuis en furent-ils répondus[2] au nom du roi et présent le roi, que

---

[1] D'autres disent qu'il était alors à Rome. S'il a été élu le 9 avril ou même le 8, et intronisé le 9, il est certain qu'il ne pouvait être à Naples le jour de son élection.

[1] Charles, fils aîné du roi de Navarre, épousa Léonore, infante de Castille, le 27 mai 1375, suivant Ferreras. Mariana, sous l'année 1377, dit que le prince Charles de Navarre était marié avec l'infante Léonore lorsqu'il passa en France, et qu'il laissa son épouse auprès de son père. L'Histoire généalogique de la maison de France donne aussi la date du 27 mai 1375 au mariage de Charles de Navarre. Ainsi la demande que le roi de Navarre fit de ses deux fils doit précéder cette époque, puisque, suivant Froissart, le motif pour lequel le roi de Navarre redemandait particulièrement Charles de Navarre, son fils aîné, c'était parce qu'il s'agissait alors du mariage de ce jeune prince avec la fille du roi de Castille qui a eu lieu le 27 mai 1375.

[2] Cette réponse ne peut s'appliquer à l'année 1378, comme on l'a fait voir dans la note précédente. Elle est antérieure au mariage de Charles de Navarre avec l'infante de Castille, le 27 mai 1375. De plus, au commencement de l'année 1378, le prince Charles n'était pas en France. Il passa à Montpellier le 18 février 1378 pour se

les deux enfans de Navarre ses neveux le roi aimoit bien de-lez lui, et que nulle part ils ne pouvoient mieux être, et que mieux les devoit le roi de Navarre aimer en France de-lez le roi leur oncle que autre part et que nuls il n'en envoieroit, mais les tiendroit de-lez lui et leur feroit tenir leur état bel et grand, comme enfans de roi et ses neveux doivent avoir et leur appartient. Autre réponse ils n'en purent avoir.

Vous devez savoir entrementes que ces traiteurs étoient en France, Pierre le Bascle et Ferrando arrivèrent à Chierbourc atout grands pourvéances de vins, de vivres et d'artillerie. Si départirent ces pourvéances en plusieurs lieux ens ès villes et ès châteaux du roi de Navarre en Normandie; et visitèrent ces deux gouverneurs de par le roi de Navarre toute la comté d'Évreux et renouvelèrent officiers et y mirent gens à leur plaisance. Entre ce retournèrent en Navarre l'évêque de Pampelune et messire Martin de la Kare, et recordèrent au roi, que ils trouvèrent à Tudelle, tout ce que ils avoient trouvé en France. Si ne fut mie le roi de Navarre trop réjoui de ces nouvelles quand il ne pouvoit avoir ses enfans de-lez lui, et en cueillit en grand'haine le roi de France; et lui eût montré de fait volontiers si il pust : mais sa puissance ne se pouvoit pas étendre si avant, ni en grevant et guerroyant le royaume de France, si il n'avoit alliance ailleurs. Encore se souffrit-il de toutes ces choses tant que il eût mieux cause de parler et que on lui fît plus grand grief que on n'avoit fait encore.

Le roi de France et son conseil étoient bien informés que le roi de Navarre faisoit en Normandie ravitailler et rafraîchir les châteaux et villes que il disoit être siennes. Si ne savoient à quoi il vouloit penser. En ce temps se faisoit une secrète armée de Anglois sur mer [1] et étoient deux mille hommes d'armes et sept mille archers, et n'avoient nuls d'eux chevaux; de laquelle armée le duc de Lancastre et le comte de Cantebruge étaient chefs; et tout ce avoient rapporté les Normands sûrement au roi de France que cette armée se mettoit sus à l'encontre des bondes de Normandie; mais on ne savoit mie à dire quel part il se vouloient traire. Et supposoient les aucuns au royaume de France que le roi de Navarre le faisoit faire pour rendre et livrer ses châteaux au roi d'Angleterre. Si fut aussi dit au roi de France que il allât ou fît aller au devant hâtivement, par quoi il fût sire de ces châteaux, et que trop avoit attendu; car si les Anglois s'y bouteient ils pourroient trop grever le royaume de France, et seroit l'une des plus belles entrées que ils pourroient avoir, si ils étoient seigneurs en Normandie des cités, villes et châteaux que le roi de Navarre à ce jour y avoit et tenoit.

En ce temps furent pris en France deux secrétaires du roi de Navarre, un clerc et un écuyer. Le clerc se nommoit maître Pierre du Tertre et l'écuyer Jacques de Rue [1]; et furent amenés à Paris et là examinés, et reconnurent si avant de secrets du roi de Navarre en voulant le royaume de France adommager, que il les convint mourir; et furent exécutés à mort à Paris.

Ces nouvelles haines se multiplièrent tellement sur le roi de Navarre que le roi de France jura que jamais n'entendroit à autre chose, si l'auroit ôté hors de Normandie, et attribué à lui et pour ses neveux les villes et châteaux que le roi de Navarre y tenoit. De jour en jour venaient dures informations et nouvelles pour le roi de Navarre, en France, en l'hôtel du roi; car on disoit communément que le duc de Lancastre devoit donner Catherine sa fille au roi de Navarre; et parmi tant le roi de Navarre devoit donner au duc de Lancastre toute la comté d'Évreux. Ces paroles étoient trop bien crues en France; car le roi de Navarre y étoit petitement aimé. Si s'en vint en ce temps le roi de France séjourner à Rouen [2] et fit un grand mandement

---

rendre en France, où il arriva probablement vers le mois de mars. Ainsi la chronologie est fort embrouillée dans ce chapitre.

[1] Cet armement avait pour objet une descente en Bretagne, dont il sera parlé ci-après.

[1] Jacques de Rue, qui n'était parti de Navarre que quinze jours après le prince Charles de Navarre, fut arrêté en carême de l'année que nous comptons 1378. Il subit son premier interrogatoire le 25 mars. Pierre du Tertre fut fait prisonnier à la prise de Bernay dans le mois d'avril, et son premier interrogatoire est du 25 avril. Ils furent exécutés tous les deux le 21 mai suivant. Froissart dit dans le premier volume que Jacques et Pierre du Tertre reconnurent devant tout le peuple qu'ils avaient voulu empoisonner le roi de France : cela n'est pas vrai par rapport à Pierre du Tertre, qui jusqu'à la mort a constamment nié avoir eu connaissance des empoisonnemens.

[2] On ne voit aucun acte de Charles V daté de Rouen

de gens d'armes desquels le sire de Coucy et le sire de la Rivière[1] étoient chefs et meneurs. Si se traîrent toutes ces gens d'armes devant Évreux, une cité en Normandie qui se tenoit Navarroise; et avoient ces deux barons avecques eux les deux fils du roi de Navarre, Charles et Pierre[2], pour montrer à ceux du pays de la comté d'Évreux que la guerre que ils faisoient ce étoit au nom des enfans, et que l'héritage étoit leur et r'eschu de par leur mère[3], et que le roi de Navarre n'y avoit nulle cause de le tenir. Mais la greigneur partie des gens d'armes étoient si conjoints d'amour au roi de Navarre que ils ne se savoient partir de son service; et aussi les Navarrois qui y étoient amassés et que le roi de Navarre y avoit envoyés lui faisoient sa guerre plus belle.

CHAPITRE XXIII.

Comment le roi de France saisit toute la terre au roi de Navarre.

Le roi de France envoya commissaires de par lui à Montpellier pour saisir toute la terre et seigneurie de Montpellier[4] que le roi de Navarre tenoit. Quand ces commissaires de par le roi de France, messire Guillaume de Dormans et messire Jean le Mercier, furent venus à Montpellier, ils mandèrent des plus notables de la ville et leur montrèrent leurs commissions. Ceux de Montpellier obéirent, car faire leur convenoit. Si ils eussent désobéi, mal pour eux; car le duc d'Anjou et le cométable de France atout grands gens d'armes étoient sur le pays, qui ne demandassent mie mieux que la guerre à ceux de Montpellier. Si furent pris et prisonniers deux chevaliers de Normandie gouverneurs et regards de Montpellier de par le roi de Navarre, messire Guy de Gauville et messire Legier d'Orgessy[1]; et demeurèrent depuis grand temps en prison. Ainsi fut la ville de Montpellier et toute la baronnie françoise.

CHAPITRE XXIV.

Comment le siége fut mis de par le roi de France devant la ville d'Évreux; et comment le roi de Navarre alla en Angleterre faire alliances aux Anglois.

Nous retournerons à l'armée de Normandie et conterons comment le sire de Coucy et le sire de la Rivière exploitèrent. Ils vinrent devant Évreux et y mirent le siége. Ceux des garnisons du roi de Navarre étoient tous clos contre les François, et n'étoit mie leur entente de eux sitôt rendre. Quand le roi de Navarre entendit que on avoit pris et saisi la ville de Montpellier et toute la terre, et que grands gens d'armes étoient en la comté d'Évreux qui lui prenoient et abattoient ses villes et ses châteaux, si vit bien que c'étoit acertes; et ot plusieurs imaginations et consaulx avec ceux où il avoit plus grand'fiance. Finablement il fut regardé en son conseil, que il ne pouvoit nullement être conforté si ce n'étoit du côté des Anglois. Et eut conseil que il enverroit un sien espécial homme

---

dans le recueil des ordonnances du Louvre, ni dans les preuves de l'histoire de Charles-le-Mauvais, roi de Navarre, par M. Secousse. Mais comme dans ce dernier recueil on voit des lettres de Charles V du 25 avril et du 11 mai, datées de Paris, il est à présumer que c'est dans cet intervalle que Charles aura séjourné à Rouen.

[1] Froissart, dans le Ier volume, nomme pour chef de l'expédition de Normandie le connétable Bertrand du Guesclin. Ici il ne parle que du sire de Coucy et du seigneur de la Rivière : il faut y joindre, outre le connétable, le duc de Bourgogne qui avait été créé chef et gouverneur pour la guerre de Normandie par lettres de Charles V, datées de Senlis, le 8 avril 1377-78, le duc de Bourbon, l'amiral de Vienne et le comte d'Harcourt, qui ont eu part au commandement dans cette expédition.

[2] Les généraux de Charles V ne pouvaient pas avoir avec eux les deux fils du roi de Navarre au commencement de cette expédition. La guerre contre Charles-le-Mauvais, en Normandie, a commencé en avril 1378. Suivant des lettres de rémission données par le comte d'Harcourt et le sire de La Rivière et datées du 6 mai, on était alors occupé du siége de Breteuil, et ce fut dans Breteuil que l'on trouva Pierre de Navarre, second fils de Charles-le-Mauvais, et la princesse Bonne, sœur de Pierre.

[3] Le comté d'Évreux appartenait au roi de Navarre, et non pas à la reine son épouse.

[4] Le récit de Froissart concernant la saisie de Montpellier ne s'accorde point avec ceux d'Aigrefeuille, dans son Histoire de Montpellier, et de Vaissette dans son Histoire de Languedoc, soit par rapport aux noms des commissaires soit par rapport aux circonstances de la réduction de cette ville. Suivant ces deux historiens, qui s'appuient de l'autorité des pièces originales des archives de Montpellier et du cabinet du marquis d'Aubais, Charles V manda, dans le mois d'avril, les complots du roi de Navarre au duc d'Anjou. Le 16 du même mois, le duc donna une commission à Pierre de Beuil, sénéchal de Toulouse, pour saisir Montpellier. Pierre de Beuil y arriva le 20 avril, et en prit possession au nom du roi.

[1] C'est Legier ou Leger d'Orgessin. Il en est fait mention dans des lettres de rémission du 30 juin 1378, où il est parlé de la reddition *de Pacy* dont Leger d'Orgessin avait été capitaine pour le roi de Navarre.

avecques lettres de créances, pour savoir si le jeune roi d'Angleterre et son conseil le voudroient point recueillir à alliance, et il leur jureroit de ce jour en avant et leur scelleroit à être bon et loyal envers les Anglois, et leur mettroit en main toutes les forteresses que il tenoit en Normandie. Et pour faire ce message et aller en Angleterre, il appela un sien clerc, sage homme et bien enlangagé, en qui il avoit grand'fiance, et lui dit : « Maître Pascal [1], vous irez en Angleterre, et exploitez si bien que vous rapportez bonnes nouvelles ; car pour toujours mais je me vueil tenir et allier avecques les Anglois. » Maître Pascal fit ce dont il étoit chargé, et appareilla ses besognes, et monta en mer en un port en Navarre, et singla tant qu'il prit terre en Cornouaille ; et puis chevaucha tant par ses journées que il vint à Chennes [2] de-lez Londres, où le roi se tenoit. Si se tray vers lui et recommanda le roi de Navarre son seigneur à lui. Le roi lui fit bonne chère ; et là étoient le comte de Sallebry et messire Symon Burlé qui s'ensoignèrent du parler et du répondre ; et dirent que le roi viendroit à Londres et là manderoit son conseil et seroit là répondu.

Maître Pascal se contenta de ces paroles et vint à Londres ; et le roi fit là venir son conseil au jour que nommé fut. Là remontra maître Pascal au roi et à son conseil ce dont il étoit chargé, et parla si bel et si sagement que il fut volontiers ouï. Et fut répondu par le conseil, pour le roi que les offres que le roi de Navarre mettoit en termes fesoient bien à recueillir et non pas à renoncer ; mais bien appartenoit, à faire si grands alliances, que le roi de Navarre y vînt en propre personne pour ouïr plus pleinement ce que il vouloit dire ; car le roi d'Angleterre étoit un jeune sire, si le verroit volontiers ; et en cas qu'il viendroit là, ses besognes en vaudroient trop grandement mieux. Sur cel état se départit maître Pascal et retourna arrière en Navarre, et recorda tout ce qu'il avoit trouvé, et comment le jeune roi d'Angleterre et son conseil le vouloient voir. Adonc répondit le roi de Navarre et dit que il iroit [1]. Si fit appareiller un vaissel que on appelle Lin, qui va par mer de tous vents et sans périls : si entra le roi de Navarre en ce vaissel à privée maisnie ; toutes fois il emmena messire Martin de la Kare et maître Pascal avecques lui ; et exploitèrent tant que ils arrivèrent en Angleterre.

CHAPITRE XXV.

Des alliances que le roi de Navarre fit au roi d'Angleterre, et comment le roi de France étoit garni de gens d'armes en plusieurs lieux.

Un petit avant son département, le roi de France qui avoit enchargé le roi de Navarre en grand'haine, et qui savoit couvertement par gens de l'hôtel de Navarre tous les secrets traités que il avoit aux Anglois, avoit tant exploité devers le roi Henry de Castille que le roi Henry l'avoit défié et lui faisoit grand'guerre [2]. Si avoit à son département le roi de Navarre laissé en son pays le vicomte de Castelbon, le Seigneur de l'Escun, Perrot de Bierne et le Bascle, et grands gens d'armes, tant de son pays comme de la comté de Foix, pour garder les forteresses contre les Espaignols. Quand il fut monté en mer, il eut vent à volonté et prit terre en Cornouaille ; et puis exploita tant par ses journées qu'il vint à Vindesore où le roi Richard et son conseil étoient, qui le reçurent liement, car ils pensoient mieux à valoir de sa terre de Normandie, espécialement de la ville et du châtel de Chierbourch dont les Anglois désiroient moult à être seigneurs. Le roi de Navarre remontra au roi d'Angleterre sagement et par bel langage ses besognes et ce pourquoi il étoit là venu ; et tant que moult volontiers il fut là ouï du roi et son conseil, et sur ce conseillé et re-

---

[1] C'est sans doute celui qui est nommé *Paschalis de Lardiá, secretarius et procurator magnifici principis Karoli regis Navarræ*, dans les lettres de Richard II, roi d'Angleterre, du 29 mars 1380.

[2] Sheen, aujourd'hui Richmond.

---

[1] Voy., dans Rymer, les lettres de sauf-conduit données par le roi Richard II, du 31 mai 1378, pour le roi de Navarre et cinq cents personnes de sa suite, tant armées que non armées.

[2] Le roi de France eut beaucoup de peine à décider Henri de Castille, qui avait donné sa fille Léonore en mariage à Charles, fils du roi Charles de Navarre, à déclarer la guerre à son nouveau parent. Ce qui le décida fut le traité conclu en août 1377, entre Richard II et le roi de Navarre, par lequel Charles donnait aux Anglais le château de Cherbourg, à condition que le roi d'Angleterre lui donnerait cinq cents hommes d'armes et cinq cents archers, pour faire la guerre, dit le traité, au bâtard Henri, occupant à présent ledit royaume d'Espagne.

conforté tant que bien s'en contenta. Je vous dirai comment les traités se portèrent entre ces deux rois : Que le roi de Navarre devoit demeurer à toujours mais bon et loyal Anglois, et ne pouvoit ni devoit faire paix ni accord au roi de France ni au roi de Castille sans le sçu et consentement du roi d'Angleterre et de ses gens, lequel devoit à ses coûtages faire garder la ville et le châtel de Chierbourch trois ans; mais toujours demourroit au roi de Navarre la souveraineté et seigneurie. Et si le roi d'Angleterre ou ses gens par leur puissance pouvoient obtenir les villes et châteaux que le roi de Navarre avoit adonc en Normandie encontre le roi de France ou les François, elles demourroient Anglesches; mais toujours retourneroit la souveraineté au roi de Navarre; laquelle chose les Anglois prisoient moult, pour la cause de ce que ils pouvoient avoir une belle entrée en Normandie qui leur étoit trop bien séant; et devoit le roi d'Angleterre envoyer en celle saison mille lances et deux mille archers par la rivière de Geronde à Bordeaux ou à Bayonne, et ces gens d'armes entrer en Navarre et faire guerre au roi de Castille; et ne se devoient partir du roi de Navarre ni de son royaume tant que il eut point de guerre aux Espaignols; mais ces gens d'armes et archers, eux entrés en Navarre, le roi de Navarre les devoit payer de tous points et étoffer ainsi que à eux appartenoit et que le roi d'Angleterre est d'usage de les payer. Plusieurs traités, ordonnances et alliances furent là faites, escriptes, scellées et jurées à tenir entre le roi d'Angleterre et le roi de Navarre, qui assez bien se tinrent; et furent là nommés du conseil au roi d'Angleterre, lesquels iroient en Normandie et lesquels en Navarre; et pourtant que le duc de Lancastre et le comte de Cantebruge n'étoient mie à ces traités, mais le duc de Bretagne y étoit, fut là dit et parlementé que on leur envoieroit ces traités tout scellés afin que ils se hâtassent de entrer en Normandie.

CHAPITRE XXVI.

Comment Carentan, Conches et autres villes en Normandie se rendirent françoises, et comment le siége fut mis à Évreux; et de l'armée du duc de Lancastre.

Le roi Charles de France qui fut sage et soutil, et bien le montra tant que il vesqui, étoit tout informé de l'armée d'Angleterre, mais il ne savoit pas, fors par soupçon, où elle se vouloit traire, ou en Normandie, ou en Bretagne; et pour ces doutes il tenoit en Bretagne grands gens d'armes desquels le sire de Cliçon, le sire de Laval, le vicomte de Rohan, le sire de Beaumanoir, et le sire de Rochefort étoient capitaines et gouverneurs; et avoient assiégé Brest par bastides, non autrement, parquoi on ne le pût avitailler. De Brest étoit capitaine un écuyer Anglois, vaillant homme d'armes, qui s'appeloit Jacques Clerc. Et pour ce que le roi de France savoit que le roi de Navarre étoit allé en Angleterre, et espéroit bien que avant son retour il feroit convenances et alliances à son adversaire d'Angleterre, et se doutoit de cette armée qui se tenoit sur mer, que de force ils ne prissent terre en Normandie et de fait se boutassent ès châteaux qui se tenoient du roi de Navarre, il envoya hâtivement devers le sire de Coucy et le sire de la Rivière en remontrant ces besognes, que ils se délivrassent de reconquérir ces châteaux, n'eussent cure comment, par traités ou par accords, et par espécial les plus prochains des bandes de la mer. Bien savoient que Chierbourch n'étoit mie à prendre légèrement. Et afin que par terre ceux de Chierbourch ne se pussent ravitailler, le roi de France envoya à Valogne grands gens d'armes des basses marches de Bretagne et de Normandie, desquels pour les Bretons messire Olivier de Cliçon étoit capitaine, et des Normands le sire d'Ivery et messire Percevaulx d'Aineval.

CHAPITRE XXVII.

Du siége que le sire de Coucy et le sire de la Rivière tenoient à Évreux, et des châteaux et villages que le roi de Navarre perdit lors en Normandie.

Le sire de Coucy et le sire de la Rivière avoient à grand'puissance assiégé la cité d'Évreux [1],

[1] MM. Sccousse et Sauvage pensent qu'il s'agit ici d'Avranches et non d'Evreux.
Ce soupçon paraît fondé, car, suivant Froissart, les généraux de Charles V avaient ordre d'attaquer les châteaux les plus prochains des bandes de la mer. Or la ville d'*Avranches* est plus voisine de la mer qu'*Évreux* surtout qui en est fort éloigné. *Avranches* appartenait au roi de Navarre. Froissart parle de la prise de la ville dont il s'agit ici comme de la première expédition des généraux de Charles V. Or la prise d'*Avranches* paraît avoir précédé celle d'*Évreux*; car dans le premier volume des preuves de l'Histoire de Bretagne, par D. Morice, il est parlé d'une *montre* de Geoffroy de Caremel, de la compagnie du connétable, reçue à *Avranches* le 29

et toujours leur venoient gens de tous côtés que le roi de France leur envoyoit. Évreux est une cité belle et forte qui pour ce temps se tenoit au roi de Navarre; car elle est de la comté d'Évreux[1]. Ceux d'Évreux qui se véoient et clos et assiégés de leurs voisins qui leur promettoient que, si de force ils se faisoient prendre, ils seroient sans remède tous perdus, hommes et femmes et enfans, et la ville repeuplée d'autres gens, se doutoient grandement, car confort nul ne leur apparoit de nul côté. Et véoient, si voir vouloient, leur jeune héritier Charles de Navarre auquel l'héritage de la comté d'Évreux devoit appartenir de par madame sa mère[2] et la succession de lui; et oyoient par ces deux seigneurs, le sire de Coucy et le sire de la Rivière, qui bien étoient enlangagés et qui bel leur remontroient, les incidences où ils pouvoient encheoir. Et aussi l'évêque du lieu s'inclinoit de la partie du roi de France. Si s'avisèrent, tout considéré, que mieux leur valoit rendre leur cité en amour, puisque requis de leur seigneur en étoient, que de demeurer en péril. Si prirent ceux d'Évreux une trêve à durer trois jours, et en cette trêve ceux d'Évreux pouvoient bien paisiblement venir en l'ost et ceux de l'ost en Évreux. En ces trois jours furent les traités si bien ordonnés et accordés, que le sire de Coucy et le sire de la Rivière entrèrent en la cité et en prirent la possession par le roi de France, comme commissaires authentiques là envoyés et procureurs généraux pour l'infant de Navarre qui présent étoit à tous ces traités; et renouvelèrent ces deux seigneurs toute manière d'officiers; et quand ils s'en partirent, pour la doute des rebellions, ils y établirent de bonnes gens d'armes; et puis s'en partirent et vinrent mettre le siége devant Karentan, une belle ville et fort châtel séant sur mer et sur les marches de Caen. Ceux de Karentan n'avoient point de capitaine de nom, ni eu depuis la mort de messire Eustache d'Aubrecicourt qui là mourut et qui leur capitaine avoit été bien quatre ans; et ne se véoient mie conseillés et confortés de nullui fors que de eux-mêmes; et sentoient sur mer l'admirault de France messire Jean de Vienne et l'admiral d'Espagne avecques lui gisant à l'ancre atout grands gens devant Chierbourch, et ne savoient nuls des traités du roi de Navarre, ni quel chose il avoit exploité en Angleterre; et étoient tous les jours assaillis par deux manières, l'une par armes et l'autre par paroles, car le sire de Coucy et le sire de la Rivière soignoient grandement que ils eussent Karentan; et tant ensoignèrent que par traité ils l'eurent; et se mirent et rendirent en l'obéissance du roi de France, réservé pour le temps à venir le droit que le jeune héritier messire Charles de Navarre y pouvoit avoir.

A tous traités ces seigneurs de France s'inclinoient, pour eux délivrer d'être en saisine et en possession des villes et châteaux que ils désiroient à avoir. Si prirent Karentan, ville et châtel, et le rafraîchirent de nouvelles gens, et puis s'en partirent et vinrent devant le châtel de Moulineaux; et n'y furent que trois jours quand par traités ils l'eurent : et puis vinrent devant Conches : si se logèrent sur cette belle rivière de Orne qui court à Kaen, et se rafraîchirent jusques à tant qu'ils sçurent la volonté de ceux de Conches, lesquels par traités se rendirent; car ce que le sire de Coucy et le sire de la Rivière avoient l'infant de Navarre avecques eux embellissoit grandement leur fait; et aussi, en ces forteresses navarroises, avoit peu de gens du royaume de Navarre, et ce qu'il y avoit n'étoient mie seigneurs des villes, ni des châteaux ni des traités : mais quand on se rendoit au roi de France ou à ses commis, ils étoient au traité par condition telle que ils se départoient si ils vouloient et alloient là où il leur plaisoit. Tous ceux qui s'en partoient ne se tiroient autre part que en Évreux[1] dont Ferrando, un Navarrois, étoit capitaine.

---

avril 1378, ce qui prouve que cette ville était déjà rendue au roi de France; et dans le recueil des pièces servant de preuves aux mémoires de M. Secousse, on voit sept lettres de rémission faisant mention de la reddition d'*Évreux*, et qui, n'étant datées que du 11 mai, donnent lieu de croire qu'*Évreux* n'a été rendu que postérieurement à *Avranches*.

[1] S'il s'agissait ici d'Évreux, il était inutile de dire que cette ville se tenait *pour ce temps* au roi de Navarre, et qu'elle était de la comté d'Évreux, car Évreux était depuis long-temps le patrimoine des rois de Navarre de la maison d'Évreux, et le chef-lieu du comté de ce nom. Avranches a pu être considéré comme une annexe du comté d'Évreux.

[2] On a déjà eu lieu de remarquer que le comté d'Évreux appartenait au roi de Navarre comme un héritage de ses pères et non pas du chef de la reine Jeanne sa femme.

[1] D'Oronville, dans la vie du duc de Bourbon, dit

Après le conquêt du châtel de Conches qui se rendit par traité, comme vous avez ouï, on s'en vint devant Pascy et eut là assaut, et y eut des navrés d'une part et d'autre. Au second jour ils se rendirent, et demeura le châtel au roi de France; et puis chevauchèrent outre et reconquirent finablement tout ce que le roi de Navarre avoit tenu en Normandie, excepté Évreux et Chierbourch. Et quand ils eurent tout reconquis, châteaux et petits forts, et que tout le pays fut en leur obéissance, ils s'en vinrent mettre le siége devant Évreux. Là a cité, bourg et châtel, tout séparé l'un de l'autre; et sont et ont toujours été par usage les plus forts Navarrois de Normandie; ni n'aimèrent oncques ceux d'Évreux parfaitement autre seigneur que le roi de Navarre. Si fut Évreux assiégé moult puissamment; et se tint là le siége longuement; car Ferrando en étoit capitaine, qui y fit de sa main plusieurs grands appertises d'armes [1].

En ce temps étoit retourné le roi de Navarre en son pays, et cuidoit autrement avoir été aidé des Anglois qu'il ne fut, quoique les Anglois n'y eussent point de coulpe, ainsi qu'il apparut; car le duc de Lancastre et le comte de Cautebruge, devant tous ces traités, avoient eu vent contraire pour venir en Normandie; et aussi un si grand mandement que ils avoient fait de quatre mille hommes d'armes et huit mille archers ne furent pas sitôt arrivés à Hantonne, où tous montèrent en leurs nefs chargées de pourvéances : pourquoi il fut ainçois la Saint-Jean-Baptiste que tous ensemble, ainsi que gens d'armes se doivent départir, ils se départissent d'Angleterre. Et encore, quand ils se départirent des hâvres d'Angleterre, ils trouvèrent à Pleumoude [2] le comte de Salebry et messire Jean d'Arondel, qui s'en devoient aller en Bretagne pour rafraîchir ceux de Brest et de Hainebon qui n'avoient pu avoir vent : et se mirent ces deux seigneurs en l'armée du duc de Lancastre et de son frère le comte de Cantebruge; mais ils prirent l'île de Wisque et là séjournèrent un grand temps pour apprendre des nouvelles et où ils se trairoient, ou en Normandie, ou en Bretagne. Et là ouïrent nouvelles que l'armée de France étoit sur mer : si fut renvoyé messire Jean Arondel, atout deux cents hommes d'armes et quatre cents archers, à Hantonne pour eschever les périls qui leur pouvoient venir trop grands par mer.

CHAPITRE XXVIII.

Comment l'emprise du siége de Bordeaux fut rompue par le mandement du roi de France; et du siége mis devant Bayonne par le roi de Castille; et comment le duc de Lancastre assiégea la ville de Saint-Malo de l'Isle.

Pour la cause de ce que le roi de France étoit véritablement informé de par les Normands que les Anglois étoit trop puissamment sur mer et ne savoient où ils vouloient aller, avoit-il fait par tout son royaume un espécial commandement que chacun fut appareillé, chevaliers et écuyers, ainsi comme à eux appartenoit, pour venir ou aller là où il les manderoit : aussi le duc d'Anjou toute celle saison [1] avoit retenu gens d'armes de tous côtés en intention de mettre le siége devant Bordeaux; et avoit son frère le duc de Berry et le connétable de France en sa compagnie, et toute la fleur de la chevalerie de Gascogne, d'Auvergne, de Poitou et de Limousin. Et pour cette emprise traire à bon chef et pour avoir plus grand' quantité de gens d'armes, par le consentement du roi de France son frère, il avoit en Languedoc cueilli une aide si grande et si grosse qu'elle avoit bien monté à deux cent mille francs. Et ne put en cette saison le duc d'Anjou faire son emprise; car le roi de France redemanda le duc de Berry son frère et le connétable de France et tous les barons dont il pensoit être aidé et servi; car bien étoit signifié que les Anglois étoient sur mer; mais il ne savoit où ils vouloient traire. Et quoique cette emprise du Languedoc se rompit, les povres gens qui avoient été travaillés de payer si grande somme, je vous sais bien à dire que ils ne r'eurent mie leurs deniers.

En ce temps tenoit siége, à bien vingt mille

---

aussi que Ferrando commandait dans Évreux pour le roi de Navarre, mais il ne s'accorde pas avec les circonstances du siége de cette ville.

D'Oronville dit que Ferrando n'osa pas attendre les généraux de Charles V, et qu'il s'enfuit à Gaurai, où étaient les trésors du roi de Navarre.

[2] Plymouth.

[1] Vers la fin de juillet 1378, le duc d'Anjou partit de Toulouse pour aller faire la guerre en Guyenne. Il passa à Moissac le 26 juillet, et il arriva à La Réole le 15 du mois d'août : le 19 du même mois, il avait déjà commencé le siége de Bazas; il arriva des parties de Bordeaux à Toulouse le 6 octobre.

Espaignols et Catalans, le roi Henry de Castille devant la cité de Bayonne, et l'assiégea très en hiver; et y fût toute la saison, et y eut faites maintes grands appertises d'armes par mer et par terre; car Damp Radigo de Roux[1] et Damp Ferrant de Séville et Ambroise Bouchenoire[2] et Pierre Balesque[3] étoient à l'ancre devant Bayonne à bien deux cents vaisseaux et donnoient trop à faire à ceux de Bayonne; de laquelle ville pour le temps étoit gardien et capitaine un moult vaillant chevalier d'Angleterre qui s'appeloit messire Mathieu de Gournay. Le sens et la prouesse de lui reconforta grandement la ville; et veulent les aucuns dire, et je le sais par ceux qui dedans furent enclos, que les Espaignols fussent venus à leur entente de Bayonne; mais une si grand'mortalité se bouta en l'ost que des cinq en mouroient les trois; et avoit le roi Henry avecques lui un négromantien de Toulette qui disoit que tout l'air étoit corrompu et envenimé, et que à ce on ne pouvoit mettre remède que tous ne fussent en péril de mort. Pour cette doute le roi se délogea et défit le siége. Mais les Espaignols et les Bretons avoient sur le pays conquis grand'foison de châteaux et de petits forts; si se boutèrent dedans. Et le roi s'en vint rafraîchir à la Coloingne, et envoya son connétable mettre le siége devant Pampelune atout bien dix mille Espaignols; en laquelle cité le vicomte de Castelbon et le sire de l'Escun et le Bascle étoient atout deux cents lances qui grandement soignoient de la cité. Et le roi de Navarre, qui nouvellement étoit revenu d'Angleterre, se tenoit à Tudelle et attendoit grand confort de jour en jour, qui lui devoit venir d'Angleterre. Et voirement en étoit-il ordonné; car de par le roi et son conseil le sire de Neufville et messire Thomas Trivet étoient à Pleumoude ou sur le pays là environ atout mille hommes d'armes et deux mille archers, et faisoient leurs pourvéances pour venir au hâvre de Bordeaux; mais ils n'avoient mie passage à leur volonté, car la grande armée du duc de Lancastre avoit presque tous les grands vaisseaux du royaume d'Angleterre; pourquoi ils furent à séjour à Pleumoude et là environ plus de quatre mois.

En ce temps s'en vint le duc de Bretagne en Flandre de-lez le comte Louis de Flandre son cousin qui le reçut à grand'joie. Et depuis le roi de France eut grand'indignation de ce qu'il se tint de-lez lui plus d'un an et demi, si comme vous orrez recorder après en l'histoire.

Le duc de Lancastre, le comte de Cantebruge et leurs routes qui étoient grandes, car là étoient tous les nobles d'Angleterre, séjournoient en l'île de Wisque à l'encontre de Normandie et d'un pays qu'on appelle Caulx; et désiroient à savoir de l'état de France; car nulles nouvelles ils n'en avoient. Sitôt comme ils purent apercevoir qu'ils eurent bon vent ils entrèrent en leurs vaisseaux, chacun seigneur en sa charge; et étoit amiral de la mer le comte de Salebrin, et connétable de l'ost le comte d'Acques-Suffort. Là étoit le comte d'Arondel qui se nommoit Richard, le comte de Duvesière, le comte de Northombrelande, le comte de Nothinghen, messire Thomas de Holland son frère, le comte de Stafford, le comte de Suffort, messire Jean de Montagu, messire Hue de Cavrelée, messire Robert Canolle, messire le chanoine de Robertsart et plusieurs autres chevaliers et écuyers; et singlèrent de cette marée tout coiement au lez devers Normandie. Et ne savoient encore pas arrestement entr'eux quelle part ils se trairoient, ni où ils prendroient terre; car ils désiroient grandement à trouver l'armée du roi de France sur mer; et leur avoit-on dit, eux étant à l'ancre en l'île de Wisque, par une nef balenghiere qui s'étoit emblée en Normandie, que le siége des François étoit devant Évreux, et l'armée par mer du roi de France gisoit à l'ancre devant Chierbourch. Donc sur cette entente ils s'en vinrent tous flottant les bandes de Normandie et quérant leurs aventures; et passèrent devant Chierbourch, mais rien ils n'y trouvèrent, car messire Jean de Vienne son armée étoient retraits devant le hâvre de Harefleur. Pour ce ne se voulurent point là arrêter les navires d'Angleterre, car ils avoient vent à volonté pour aller en Bretagne: si passèrent outre et s'en vinrent férir dedans le hâvre de Saint-Malo de l'Isle; et là ancrèrent et prirent terre et issirent de leurs vaisseaux petit à petit et se logèrent. En ce temps étoit gardien et ca-

---

[1] Ayala ne fait pas mention de cette expédition devant Bayonne. Il dit seulement que Rui Diaz de Rojas fut tué à cette époque dans un combat qu'il eut avec les Gascons qui soutenaient le parti du roi de Navarre.
[2] Bocanegra.
[3] Velasco.

pitaine de la ville de Saint-Malo un écuyer Breton, bon homme d'armes durement, qui s'appeloit Morfonace. Quand il vit les Anglois venus et qu'ils s'ordonnoient là pour y mettre le siége, si ne fut trop ébahi; mais se pourvut et ordonna sagement et vaillamment à l'encontre d'eux.

Les nouvelles furent tantôt sçues sur le pays que le duc de Lancastre et l'armée d'Angleterre avoient pris terre à Saint-Malo de l'Isle. Ces nouvelles éparses, tantôt se départirent de leurs maisons le vicomte de la Berlière, messire Henry de Malestroit et le sire de Combourg et s'en vinrent bouter dedans Saint-Malo deux cents hommes d'armes, desquels Morfonace fut grandement réjoui et reconforté, car autrement il eût eu fort temps.

CHAPITRE XXIX.

Des issues et chevauchées que les Anglois firent en cette saison en divers lieux parmi France.

Messire Jean d'Arondel, qui se tenoit à Hantonne atout deux cents hommes d'armes et quatre cents archers, entendit par gens qui furent pris sur mer en une nef normande que l'armée du duc de Lancastre avoit nettoyé tous les hâvres de Normandie des François, et que nul n'en y avoit sur la mer. Si ordonna tantôt ses vaisseaux et ses besognes et quatre grosses nefs chargées de pourvéances, et puis entra en sa navire. Il eut vent à volonté et s'en vint férir au hâvre de Chierbourch, où il fut des compagnons reçu à grand'joie. Et demeura le château de Chierbourch en la garde et au péril des Anglois, et s'en partirent les Navarrois; mais pour ce ne s'en partit mie Pierre Bascle qui capitaine en avoit été, ains demeura avec les Anglois et le tinrent à compagnon. Et vous dis que Chierbourch n'est point à conquérir si ce n'est par famine; car c'est un des plus forts châteaux du monde, et bien conforté de la mer de toutes parts. Si firent ceux qui dedans se tinrent plusieurs belles issues et empaises sur ceux de Valognes quand messire Jean d'Arondel s'en fut parti; car il ne séjourna que quinze jours depuis qu'il eut ravitaillé Chierbourch, et s'en retourna arrière à Hantonne dont il étoit capitaine. Or parlerons du siége de Saint-Malo.

Quand les Anglois entrèrent premièrement au hâvre de Saint-Malo, ils trouvèrent grand'-foison de vaisseaux de la Rochelle tous chargés de bons vins. Les marchands eurent tantôt tout vendu: les vins furent pris et déchargés et les nefs arses. Or se fit le siége devant Saint-Malo grand et beau; car ils étoient assez gens pour le faire. Si commencèrent les Anglois à courir sur le pays et faire moult de desrois; et ceux qui étoient le plus souvent sur les champs, c'étoit messire Robert Canolle et messire Hue Broce son neveu qui connoissoient le pays. Ces deux couroient tous les jours, et le chanoine de Robersart en leur compagnie: une fois perdoient et le plus gagnoient. Si gâtèrent et ardirent tout le pays environ Saint-Malo. Les osts du duc de Lancastre et du comte de Cantebruge son frère étoient moult planureux de tous vivres; car il leur en venoit foison d'Angleterre et des îles prochaines qui appendoient à eux. Si y eut fait devant Saint-Malo plusieurs grands assauts et merveilleux et bien défendus, car il y avoit dedans très bonnes gens d'armes qui n'étoient mie légers à conquérir, mais bien gardant et défendant, contre les assaillans. Si firent les seigneurs de l'ost ouvrer et charpenter manteaux d'assaut; et avoient en l'ost bien quatre cents canons[1] mis et assis tout autour de la ville qui contraindoient durement ceux de dedans. Entre les assauts il y en ot un dur et pesant, car il dura un jour tout entier; et là eut occis et blessés plusieurs Anglois; car ceux de dedans se défendoient si vaillamment que nulles gens mieux d'eux. Là ot mort à l'assaut un chevalier d'Angleterre, qui s'appeloit messire Pierre l'Estrange, pour lequel le duc de Lancastre et le comte son frère furent moult courroucés.

Nous parlerons un petit du siége de Mortaigne sur mer en Poitou et de Yvain et de Galles

---

[1] Des historiens modernes croient qu'il y a ou exagération ou erreur dans le nombre de 400 *canons*. D'autres, comme le père Daniel, pensent que ces canons étaient d'un petit calibre. Mais peut-être que Froissart emploie ici le mot de *canons* d'une manière générique pour désigner les différentes machines de guerre destinées à l'attaque de la ville.

CHAPITRE XXX.

Comment Yvain de Galles, tenant le siége devant Mortaigne, fut par un sien serviteur occis et murdry en trahison.

Yvain de Galles avoit durement étreint ceux de Mortaigne en Poitou [1] dont le souldich de l'Estrade étoit capitaine, et les avoit assiégés en quatre lieux et par quatre bastides : la première des bastides séoit sur le bout d'une roche devant le châtel, droit sur le bord de la rivière de Garonne, par où devant il convenoit toutes nefs passer allant de Garonne en la mer, et de la mer rentrant en Garonne; et là en cette bastide Yvain de Galles étoit. La seconde bastide étoit entre l'eau et le châtel bas en un pré et devant une poterne dont nul ne pouvoit issir ni partir, si il ne vouloit être perdu. La tierce bastide étoit à l'autre lez du châtel. La quatrième bastide étoit en l'église de Saint-Léger à demi lieue près du fort. Ces bastides et ces siéges avoient tellement contraint ceux de Mortaigne, par là être longuement, car le siége dura près d'un an et demi [2], que ils n'avoient de quoi vivre, ni chausses, ni souliers au pied; et si ne leur apparoît confort ni secours de nul côté, de quoi ils étoient tous ébahis. Ce siége étant devant Mortaigne, issit hors du royaume d'Angleterre et de la marche de Galles un écuyer Gallois : peu fut-il gentilhomme, et bien le montra, car oncques gentil cœur ne pensa ni ne fit trahison, et se appeloit Jacques Lambe. A son département il fut fondé sur male entente; et veulent les aucuns dire, en Angleterre même, que à son département il fut chargé et informé d'aucuns chevaliers d'Angleterre de faire la trahison et mauvaiseté que il fit; car Yvain de Galles étoit grandement haï en Angleterre et en Gascogne pour la cause du captal de Buch que il prit et aida à prendre et ruer jus devant Soubise en Poitou : de laquelle prise on ne le put ravoir ni pour échange du comte de Saint-Pol, ni pour autre, ni pour or, ni pour argent que on en sçut offrir; et le convint mourir par mérancolie en la tour du Temple à Paris, dont grandement déplaisoit à ses amis.

[1] On a déjà remarqué que le *Mortagne* dont il s'agit ici n'est point en *Poitou*, mais qu'il est situé en *Saintonge*, sur la Gironde.

[2] Sauvage remarque qu'il faut compter la durée de ce siége avant et après la mort d'Yvain de Galles, et même, qu'à bien calculer, il n'a guère duré plus d'un an.

Ce Jacques Lambe en ce temps arriva en Bretagne, et fit tant par son exploit que il vint en Poitou; et partout passoit, car il se disoit être des gens à cet Yvain de Galles, pourtant que il parloit assez bon François, et savoit Gallois. Et disoit que il venoit de la terre de Galles pour parler à Yvain. De ce il étoit légèrement cru, et fut des gentils hommes du pays, pour l'amour et honneur de Yvain, aconvoyé jusques à Mortaigne où le siége se tenoit, et là laissé. Adonc se trait sagement ce Jacques Lambe devers Yvain, quand il vit que heure fut, et se agenouilla devant lui, et lui dit en son langage que il étoit yssu hors de Galles pour lui voir et servir. Yvain, qui nul mal n'y pensoit, le crut légèrement et lui sçut grand gré; et lui dit tantôt que son service il vouloit bien avoir; et puis lui demanda des nouvelles du pays. Il en dit assez, fussent vraies ou non vraies; et lui fit acroire que toute la terre de Galles le désiroit moult à ravoir à seigneur. Cette parole enamoura moult Yvain de ce Jacques; car chacun par droit revient volontiers au sien; et en fit tantôt son chambellan. Ce Jacques de plus en plus s'accointa si bien de Yvain de Galles que Yvain n'avoit en nul si grand'fiance comme il avoit en lui. Tant s'enamoura Yvain de Jacques et tant le crut que il lui en meschey, dont ce fut dommage; car il étoit grand et haut gentilhomme et vaillant aux armes, et fut jadis fils d'un prince qui avoit été en Galles [1], lequel le roi Édouard d'Angleterre avoit fait mourir et décoller. La cause pourquoi je l'ignore; et avoit le roi d'Angleterre saisi toute la prinçauté de Galles, appartenant au dit Yvain, lequel en sa jeunesse s'en vint en France et remontra ses besognes au roi Philippe de France, qui volontiers y entendit et le retint de-lez lui; et fut, tant que il véqui, des enfans de sa chambre avecques ses neveux d'Alençon et autres. Et aussi fit le roi Jean ; et s'arma toudis du temps du roi Jean; et fut à la bataille de Poitiers; mais pas n'y fut pris; mieux ou autant lui vaulsist là être mort. Et quand la paix fut faite entre le roi de France et le roi d'Angleterre, il s'en alla en Lombardie et là continua ses armes. Et quand la guerre fut renouvelée, il retourna en France et s'y comporta

[1] Ainsi que je l'ai déjà remarqué, Froissart confond Édouard III et Édouard Ier. Ce fut ce dernier qui conquit le pays de Galles et fit mourir Lleolyn qui ne pouvoit être le père d'Yvain de Galles.

si bien qu'il étoit grandement alosé et moult aimé du roi de France et de tous les seigneurs.

Or parlerons de sa fin dont je parle envis, fors tant que pour savoir au temps avenir que il devint.

Yvain de Galles avoit un usage, lui étant au siége devant Mortaigne, que volontiers au matin quand il étoit levé, mais que il fit bel, il s'en venoit devant le châtel seoir sus une tronche qui là avoit été du temps passé amenée pour ouvrer au châtel ; et là se faisoit pigner et galonner le chef une longue espace, en regardant le châtel et le pays d'environ ; et n'étoit en nulle doute de nul côté. Et par usage nul n'alloit là avecques lui si soigneusement que ce Jacques Lambe. Et moult souvent lui avenoit que il se parvestoit et appareilloit là de tous points. Et quand on vouloit parler à lui ou besogner, on le venoit là querre. Avint que le derrain jour que il y vint, ce fut assez matin, et faisoit bel et clair, et avoit fait toute la nuit si chaud que il n'avoit pu dormir. Tout déboutonné, en une simple cote et sa chemise, affublé d'un mantel, il s'en vint là et se assit. Toutes gens en son logis dormoient, ni on n'y faisoit point de gait, car ils tenoient ainsi comme pour conquis le châtel de Mortaigne. Quand Yvain fut assis sur cette tronche de bois que nous appelons souche en François, il dit à Jacques Lambe : « Allez-moi quérir mon pigne, je me veuille ci un petit rafraîchir. » — « Monseigneur, dit-il, volontiers. » En allant quérir ce pigne et en l'emportant, le diable alla entrer au corps de ce Jacques ; avec ce pigne il apporta une petite courte darde espaignole à un large fer pour accomplir sa mauvaiseté. Si très tôt que il fut venu devant son maître, sans rien dire il l'entoise et avise et lui lance cette darde au corps, qu'il avoit tout nu, et lui passa outre, et tant qu'il chut tout mort. Quand il eut ce fait, il lui laisse la darde au corps et se part, et se trait tout le pas à la couverte devers le châtel, et fit tant qu'il vint à la barrière. Si fut mis ens et recueilli des gardes, car il s'en fit connoissable, et fut amené devant le souldich de l'Estrade. « Sire, dit-il au souldich, je vous ai de l'un des plus grands ennemis que vous eussiez délivré. » — « De qui ? » dit le souldich. « De Yvain de Galles, » répondit Jacques. « Et comment ? » dit le souldich. « Par telle voie, » répondit Jacques. Adonc lui récita de point en point toute l'histoire ainsi que vous avez ouï. Quand le souldich l'eut entendu, si crola la tête et le regarda fellement et dit : « Tu l'as murdry ! et saches certainement, tout considéré, que si je ne véois notre très grand profit en ce fait, je te ferois trancher la tête et jeter corps et tête dedans les fossés ; mais puisqu'il est fait, il ne se peut défaire, mais c'est dommage du gentilhomme, quand il est ainsi mort ; et plus y aurons de blâme que de louange. »

Ainsi alla de la fin Yvain de Galles, et fut occis par grand'mésavenue et trahison, dont ceux de l'ost furent durement courroucés quand ils le surent, et aussi toutes manières de bonnes gens, et par espécial le roi Charles de France ; et moult le plaignit, mais amender ne le put. Si fut Yvain de Galles ensepveli en l'église de Saint-Leger où on avoit fait une bastide, à demi lieue près du châtel de Mortaigne ; et là furent tous les gentilshommes de l'ost à son obsèque qui lui fut faite moult révéramment. Pour ce ne se défit mie le siége de devant Mortagne ; car il y avoit de bons chevaliers et écuyers bretons, poitevins et françois, qui jamais ne s'en fussent partis, si puissance n'y mettoit remède ; et furent en plus grand'volonté que devant de conquérir le fort, pour eux contrevenger de la mort Yvain de Galles leur bon capitaine. Et se tinrent là, en ce parti que ils étoient ordonnés, sans faire nuls assauts ; car bien savoient qu'ils les avoient si astreint de vivres que de nul côté ne leur pouvoient venir, ni autres pourvéances ; dont ils demeuroient en grand danger. Nous nous souffrirons à parler quant à présent du siége de Mortaigne et retournerons au siége de Saint-Malo, et premièrement nous parlerons du siége d'Évreux et comment ceux qui assiégé l'avoient persévérèrent.

CHAPITRE XXXI.

Comment la ville d'Évreux fut rendue à l'obéissance du roi de France ; des deux osts assemblées devant Saint-Malo qui se départirent du siége sans bataille.

Le siége étant devant Évreux, ceux qui assiégé l'avoient, c'étoient le sire de Coucy et le sire de la Rivière qui souverains en étoient [1],

[1] Si l'on en croit d'Oronville, dans la vie du duc de Bourbon, les généraux qui présidèrent à cette expédition étaient le duc de Bourgogne, le duc de Bourbon, le connétable et l'amiral. Et le duc de Bourgogne quitta

oïoient souvent nouvelles du roi de France ; car il se tenoit à Rouen au plus près de ses gens qu'il pouvoit par raison. Et étoit son intention que ils se délivrassent de prendre Évreux ou de l'avoir par composition au plutôt que ils pouvissent ; car il sentoit les Anglois efforcément en Bretagne : si vouloit que toute manière de gens d'armes se traissent celle part pour lever le siége de Saint-Malo et pour combattre les Anglois. Ces deux seigneurs à l'ordonnance du roi s'en acquittèrent loyaument et vaillamment ; car tous les jours il y avoit assaut ou escarmouche, et avecques ce grands moyens de traités que ces seigneurs envoyèrent aux bourgeois de la ville, en eux remontrant que ils se faisoient trop guerroyer sans raison, et exiller leurs biens, et abattre au plat pays leurs maisons ; car ils avoient leur droit seigneur avec eux, messire Charles de Navarre auquel, par la succession de madame sa mère[1], toute la comté d'Évreux lui étoit dévolue et échue, et ne tinssent mie l'erreur et l'opinion d'un fol Navarrois qui là étoit, Ferrandon, pour eux tous perdre ; car bien sçussent, avecques le bon droit qu'ils avoient en la querelle du challenge de celui pour qui ils faisoient la guerre, que jamais de là ne partiroient, si en auroient leur volonté ; et si de force ils étoient conquis, ils seroient tous morts sans mercy, et au mieux venir la ville repeuplée de nouvelles gens. Ces offres, ces paroles et ces menaces étoient remontrées à ceux d'Évreux ; et pour ce ne demeuroit mie que ils ne fussent tous les jours assaillis. Ceux d'Évreux se commencèrent à douter ; car confort ne leur apparoît de nul côté, et si véoient dedans les requêtes des dessus dits seigneurs plusieurs moyens raisonnables, pourtant que le roi de France ne challengeoit la terre pour lui, fors pour son neveu Charles de Navarre : si entrèrent en traité devers le seigneur de Coucy.

Quand Ferrandon sentit ce, si se tint dedans le châtel sans partir et ne voulut être à nul des traités. Finablement ils se rendirent, sauves leurs corps et tout le leur aux champs et à la ville, et reçurent Charles de Navarre à seigneur et puis assiégèrent Ferrandon dedans le châtel. Quand il se vit assiégé, il commença à traiter devers ces seigneurs de France que, si on le vouloit laisser partir et les siens avec lui et tout le leur sauvement et conduire jusqu'à Chierbourch, il rendroit le châtel. On lui répondit oïl. Assez tôt après ceux du châtel chargèrent tout le leur et se partirent d'Évreux au conduit du seigneur de Coucy qui les fit mener à Chierbourch[1] ; et ainsi fut tout Évreux François.

Après ces conquêtes le sire de Coucy, le sire de la Rivière, messire Jean le Mercier et tous les capitaines de l'ost se traîrent vers Rouen là où le roi de France se tenoit, pour savoir quelle chose ils feroient ; car bien avoient entendu que le siége des Anglois étoit devant Saint-Malo en Bretagne. Si les reçut le roi de France liement, et conjouit espécialement de bon cœur le sire de Coucy et le sire de la Rivière de ce qu'ils avoient si bien exploité. Si demeurèrent ces gens d'armes en Normandie ; et ne furent nuls des capitaines renvoyés, mais retenus et toujours payés de leurs gages[2].

[1] D'Oronville, dans la vie du duc de Bourbon, raconte les choses bien différemment : il dit, comme on l'a déjà observé, *que Ferrando*, commandant pour le roi de Navarre dans Évreux, n'osa pas attendre les généraux français, et qu'il s'enfuit à Gauray où étaient les trésors du roi de Navarre. D'Oronville a écrit la vie du duc de Bourbon sur les mémoires de Jean sire de Castelmorand, qui avait été élevé avec le prince.

[2] Le récit de Froissart, concernant l'expédition de Normandie, contre le roi de Navarre, en 1378, est fort incomplet. Dans le premier livre il ne parle que de la prise de Pont-Audemer et de Mortain. Dans celui-ci il fait mention des siéges d'*Avranches*, de *Carentan*, de *Moulineaux*, de *Conches*, de *Pacy* et d'*Évreux*. Il ne parle point du siége de Bernay, où Pierre du Tertre se rendit, de celui de Breteuil, où Pierre de Navarre et la princesse Bonne sa sœur furent remis entre les mains du roi, ni de celui de Gauray, où l'on trouva les trésors du roi de Navarre, etc., etc.

Dans ce second livre, il ne parle que d'Enguerrand de Coucy et de Bureau de la Rivière comme chefs de cette expédition. Il est néanmoins certain, par des pièces originales, que le duc de Bourgogne en fut établi chef et gouverneur par Charles V, et que le connétable, le duc de Bourbon, l'amiral et le comte d'Harcourt eurent part au commandement.

L'ordre chronologique des faits n'est pas exactement rendu par Froissart, ni par d'Oronville qui peut d'ailleurs lui servir de supplément pour beaucoup de circonstances. On peut jusqu'à un certain point le rectifier à l'aide des pièces originales recueillies par M. Secousse,

l'armée à Évreux, tandis que le duc de Bourbon, le connétable et l'amiral allèrent assiéger Gauray.

[1] Erreur de Froissart déjà plusieurs fois relevée. Évreux ainsi qu'Avranches, etc., n'étaient point de la succession de Jeanne de France femme de Charles II, roi de Navarre.

CHAPITRE XXXII.

Comment le roi de France envoya une grosse armée de gens d'armes pour lever le siége que tenoient les Anglois devant Saint-Malo de l'Isle; et de plusieurs escarmouches qui s'y firent.

Le roi de France qui se tenoit pour le temps en la cité de Rouen [1] avoit bien entendu comment les Anglois avoient assiégé puissamment la ville de Saint-Malo, et presque tous les jours ses gens qui dedans se tenoient étoient assaillis

dans le tome II de ses mémoires pour servir à l'histoire de Charles II, roi de Navarre, et par D. Morice, dans le tome Ier des preuves de l'Histoire de Bretagne; elles répandent au moins quelque jour sur l'histoire de cette expédition de Normandie. Nous en avons recueilli les principales époques.

Dès le 8 avril 1377, avant Pâques, Charles V avoit donné au duc de Bourgogne le gouvernement général des troupes destinées à réduire sous l'obéissance du roi les villes, châteaux et forteresses du roi de Navarre en Normandie.

En avril, les forteresses et châteaux du *Pont-d'Ouve* et de *Bernay*, et la ville d'*Avranches* furent rendus au roi.

En mai. Au commencement de ce mois, au plus tard, le fort de *Remerville* fut pris d'assaut. Le 6, *Beaumont-le-Roger* fut rendu. On assiégeait ce jour-là *Breteuil*, et le duc de Bourgogne était devant *Gauray*, qui fut pris ou rendu avant le 12. *Saint-Lo* l'était avant le 9 mai, et *Évreux* avant le 11 mai. Des lettres de Charles V, du même mois, sans la date du jour, supposent que *Mortain* tenait encore, mais il était rendu avant le 3 juillet. La ville de *Pont-Audemer* avait été mise sous l'obéissance du roi, le 1er juin, par l'amiral Jean de Vienne; ainsi la conjecture de M. Secousse, qui croit que la reddition de cette place pourrait être du 13 juin, tombe d'elle-même.

Des actes de la fin de juin font mention de la prise de *Pacy, Nogent-le-Roy* et *Anet*; d'autres de la fin de juillet, supposent *Breval* rendu, mais n'apprennent rien sur la date précise de la reddition de ces places à laquelle elles peuvent être de beaucoup postérieures. Ce qu'il y a de certain, c'est que les généraux de Charles V s'emparèrent pendant le printemps et l'été de 1378 de toutes les places de Normandie qui appartenaient au roi de Navarre, à l'exception de Cherbourg.

[1] On ne voit pas comment Charles V pouvait être à Rouen, lorsqu'il apprit la nouvelle du siége de Saint-Malo par les Anglais. Froissart dit ci-dessus que le duc de Lancastre et le comte de Cambridge, chefs de cette expédition, ne purent partir d'Angleterre avant la Saint-Jean-Baptiste à cause des vents contraires. Or à la Saint-Jean-Baptiste, il y avait déjà environ six semaines que Charles V était à Paris; car dans le recueil des pièces justificatives de l'Histoire de Charles-le-Mauvais, toutes les lettres de Charles V sont datées de Paris ou du château du bois de Vincennes dès le 11 du mois de mai, et l'on n'en trouve aucune datée de Rouen, pendant le reste de cette année, ni dans le recueil des pièces ni dans le recueil des ordonnances du Louvre.

et durement astreints. Si ne vouloit mie perdre ses gens ni la bonne ville de Saint-Malo; car si elle étoit Englesche, Bretagne en seroit de ce côté-là trop affoiblie. Si avoit le roi de France en cette instance, pour eux conforter et remédier contre la puissance des Anglois, fait un très grand mandement auquel nul n'avoit osé désobéir; et s'avalèrent atout très grand'puissance de gens d'armes ses deux frères le duc de Berry et le duc de Bourgogne, le duc de Bourbon, le comte de la Marche, le Dauphin d'Auvergne, le comte de Genève, messire Jean de Boulogne et grand'foison de barons, de chevaliers et de bonnes gens d'armes. Et manda le roi à son connétable messire Bertran de Glaiquin que nullement il ne laissât que il ne fût à cette assemblée. Le connétable ne voulut mie désobéir; mais vint atout grands gens d'armes d'Anjou, de Poitou, de Touraine. Aussi firent les deux maréchaux de France, le maréchal de Blainville et le maréchal de Sancerre; d'autre part revinrent messire Olivier de Cliçon, le vicomte de Rohan, le sire de Laval, le sire de Raiz, le sire de Rochefort, le sire de Dinant, le sire de Léon et tous les chevaliers et barons de Bretagne; et furent bien dix mille hommes d'armes; et étoient sur les champs plus de cent mille chevaux. Si se logèrent tous ces gens d'armes de France au plus près de leurs ennemis par raison qu'ils purent; mais il y avoit entre eux un flun de mer et une rivière; et vous dis que, quand la mer étoit retraitée, aucuns jeunes chevaliers et écuyers, qui avanturer se vouloient, s'abandonnoient en cette rivière plate et y faisoient de grands appertises d'armes. Oncques si belle ni si grande assemblée de nobles chevaliers ne fut faite en Bretagne comme elle fut là; car si les François y étoient puissamment, aussi étoient les Anglois. Et se cuidoient bien les uns et les autres combattre; car ils en faisoient tous les jours les apparences; et s'ordonnoient sur les champs, bannières et pennons ventilans, et se remontroient en bataille. De voir la puissance des François et la grand'foison des seigneurs, des bannières et pennons qui l'à étoient, grand plaisance étoit. Et s'ordonnoient par batailles, et venoient sur la rivière, et montroient par semblant proprement que ils se vouloient combattre. Et le cuidoient les Anglois en disant ainsi : « Vecy nos ennemis qui tantôt à basse eau passeront la rivière pour nous combattre. » Mais ils n'en avoient nulle volonté, car le roi de France de ce temps ressoignoit si les fortunes périlleuses, que nullement il ne vouloit que ses gens s'aventurassent par bataille si il n'avoit contre six les cinq.

En ces montres et en ces assemblées, et ainsi hériant et ardaiant l'un l'autre, avint que une fois le comte de Cantebruge dit ainsi et jura que, si plus véoit de tels ahaties, puisque on ne les venoit combattre, il les iroit combattre, quelle fin qu'il en dût prendre; et avoit adonc l'avant garde et grand'foison de bonnes gens avecques lui, qui tous se désiroient à avancer. Le connétable de France, qui savoit d'armes ce qui en est et qui sentoit les Anglois chauds, bouillans et avantureux, ordonna une fois toutes ses batailles sur le sablon et au plus près de la rivière qu'il put, et tous à pied. Le comte de Cantebruge qui étoit d'autre part en ouït la manière; si dit : « Qui m'aime si me suive; car je m'en irai combattre. » Adonc se frappa en l'eau qui étoit au plat; mais le flot revenoit; et se mirent au droit fil de la rivière sa bannière et toutes ses gens, et commencèrent archers fort à traire sur les François. Adonc retrait le connétable de France et fit retraire ses gens sur les champs, qui cuida lors véritablement que les Anglois dussent passer; et volontiers eût vu que ils eussent passé et qu'il les eût pu tenir deçà l'eau. Le duc de Lancastre, atout une grosse bataille, étoit de son côté tout appareillé pour suivir son frère, s'il eût vu que besoin en eût été; et dit à Girard du Biez un écuyer de Haynaut qui étoit de-lez lui : « Girard, regardez mon frère comme il s'aventure : à ce qu'il montre il donne exemple aux François que il les combattroit volontiers; mais ils n'en ont nulle volonté. »

Ainsi se porta cette besogne sans nul fait d'armes qui à recorder fasse, les Anglois d'un lez et les François d'un autre étant près de combattre. Le flot commença à monter; si se retrairent les Anglois hors de la rivière et s'en vinrent à leurs logis; et les François se retrairent aussi aux leurs.

De tels ahaties, de telles affaires et de telles montres l'un contre l'autre, le siége étant devant Saint-Malo, il en y eut plusieurs faites. Les François gardoient si bien leur frontière que les Anglois n'osoient passer la rivière. Si avint-il par plusieurs fois que amont sur le pays aucuns chevaliers et écuyers bretons qui connoissoient les marches chevauchoient par compagnies, et passoient la rivière à gué et rencontroient souvent les fourrageurs anglois. Là en y avoit souvent des rués jus; une heure perdoient et l'autre gagnoient, ainsi que en tels faits d'armes les aventures aviennent. Le siége durant et les envahies faisant, les seigneurs d'Angleterre, pour leur besogne approcher, avisèrent que ils feroient faire une mine pour entrer dedans Saint-Malo; ni autrement ils ne le pouvoient avoir, car la ville étoit bien pourvue de bonnes gens d'armes qui soigneux en étoient. Avecques tout ce ils avoient grand'foison de toutes pourvéances et d'artillerie, qui moult aidoit à leur besogne; et presque tous les jours il les convenoit armer et mettre ensemble pour attendre la bataille, si les François tiroient avant; pour laquelle cause il n'avoient pas trop de loisir pour le faire assaillir, fors que de leurs canons; mais de ce avoient-ils moult grand plenté et qui moult grévoient la ville. Si avisèrent lieu et place pour faire miner; et furent mineurs et houilleurs [1] mis en besogne. Nous nous tairons un petit du siége de Saint-Malo; et parlerons du siége de Mortaigne en Poitou et comment ceux qui assiégé l'avoient persévérèrent.

CHAPITRE XXXIII.

Comment les François qui tenoient siége devant Mortagne s'en allèrent sans rien faire ; et comment les Bretons qui s'étoient retraits dedans le fort de Saint-Léger se rendirent aux Anglois et Gascons.

Vous avez bien ouï ci-dessus recorder la mort de Yvain de Galles et comment il fut mort et occis et aussi comment les Bretons et les Poitevins étoient devant Mortaigne, desquels messire Jaqueme de Montmore, messire Parcevaulx d'Aineval, Guillaume de Montcontour, et messire Jaque de Surgères étoient capitaines; et ne vouldrent mie pour ce laisser leur siége, quoique ils fussent moult courroucés de la mort de Yvain, leur souverain capitaine; car ils avoient grand désir de contrevenger sa mort sur ceux de la forteresse. Et si avez ouï comment messire Thomas Trivet, messire Guillaume Scrop, messire Thomas Abreton, messire Guillaume Cendrine, atout une quantité de gens d'armes et d'archers, étoient ordonnés de venir en la marche de Bor-

---

[1] Ouvriers qui se servent de la houille, autrement houe, pour creuser la terre.

deaux, tant pour garder ceux de Mortaigne, que aussi messire Mathieu de Gournay qui se tenoit à Bayonne et qui tous les jours avoit à faire en cette marche contre les Gascons et les Bretons qui y tenoient plusieurs forteresses. Ces quatre chevaliers dessus nommés et leurs routes avoient bien geu à Pleumoude un mois, et ne pouvoient avoir vent qui leur durât pour aller en Gascogne, dont ils étoient moult courroucés, mais amender ne le pouvoient; et si avez ouï comment le sire de Neufville d'Angleterre étoit ordonné atout gens d'armes et archers de venir conforter contre les Espaignols le roi de Navarre, et pour être sénéchal de Bordeaux et de Bordelois; si se trouvèrent tous ces gens à Pleumoude et furent moult réjouis l'un de l'autre.

Depuis la venue du seigneur de Neufville ils ne séjournèrent mie plenté que ils orent vent à volonté. Si entrèrent en leurs vaisseaux qui chargés étoient, et désancrèrent du hâvre de Pleumoude, et levèrent les voiles, et singlèrent devers Gascogne. Et étoient d'une flotte six vingt vaisseaux et quarante barges [1], et y pouvoient là être environ mille hommes d'armes et deux mille archers; et n'orent nul empêchement sur mer que ce vent ne leur durât toujours. Si entrèrent au hâvre de Bordeaux la nuit de Notre-Dame en septembre, en l'an de grâce mille trois cent soixante dix huit.

Quand les Bretons et les Poitevins qui tenoient le siége devant Mortaigne sur mer, les virent passer d'une flotte si grand'quantité de vaisseaux trompans [2], cornemusans et faisans grand'fête, si furent tous pensifs; et ceux du fort tous réjouis; car bien pensoient que ils seroient délivrés hâtivement, ou il y auroit bataille, et que pas pour néant faire ils venoient au pays qu'il n'y eût exploit d'armes. Messire Jacques de Montmore et les capitaines de l'ost se mirent ensemble en conseil et parlementèrent longuement à savoir comment ils se maintiendroient. Et se repentoient des traités qu'ils avoient laissé passer; car un petit en devant le souldich de l'Estrade avoit voulu rendre le fort, sauf tant que eux et le leur pussent être allés à Bordeaux sauvement; mais les François n'y voulrent entendre. Si envoyèrent un héraut parlementer à eux et leur dire que maintenant ils seroient reçus à traité. Le souldich leur fit répondre que maintenant ils n'avoient que faire de leur traité, et que leur secours étoit venu, ou franchement s'en partiroient, ou tout à leur volonté demeureroient. Si demeura la chose en ce parti, et le sire de Neufville et les Anglois s'en vinrent à Bordeaux. Si furent de messire Guillaume Helmen, sénéchal des Landes, et de messire Jean de Multon, maire de la cité de Bordeaux, et de l'archevêque du lieu, et des bourgeois et des dames grandement reçus. Si se logea le sire de Neufville en l'abbaye de Saint-Andrieu, et fut et demeura seneschal de Bordeaux et du pays de Bordelois. Assez tôt après le sire de Neufville fit un mandement d'aucuns chevaliers et écuyers gascons qui pour Anglois se tenoient, et assembla tant de toute manière de gens que ils furent bien quatre mille. Si ordonnèrent naves et vaisseaux sur la rivière de Gironde; et se départirent de Bordeaux en instance que pour venir lever le siége de Mortaigne.

Ces nouvelles furent sçues en l'ost des François, que Anglois et Gascons venoient efforcément contreval la rivière de Gironde pour lever le siége et eux combattre. Si se mirent les capitaines tous ensemble et se conseillèrent. Si fut ainsi conseillé que ils n'étoient mie puissans ni gens assez pour attendre tel ost; si leur valoit mieux à perdre leur saison du siége de Mortaigne que de eux mettre en plus grand péril de recevoir dommage. Et sonnèrent leurs trompettes de délogement, sans plus rien faire, et se retrairent en Poitou. Mais tous ne se départirent mie; mais demeura une route de Bretons et de Gallois des gens de Yvain de Galles, qui se retrairent au fort de Saint-Léger; et disoient bien que il faisoit à tenir [1] contre tout homme. Si retrairent toute leur artillerie là dedans.

Ces chevaliers d'Angleterre et ces Gascons qui venoient à pleins voiles en barges, en hoquebots et en chalans [2] parmi la rivière de Gironde, s'arrêtèrent à l'ancre devant Mortaigne, et puis issirent hors petit à petit de leurs vaisseaux; et tout ainsi comme ils issoient hors, ils s'ordonnoient pour venir combattre le fort de Saint-Léger, où ces Bretons étoient retraits. Là

---

[1] Espèce de barques.
[2] Sonnant de la trompette.

[1] Il était de force à tenir.
[2] Diverses espèces de barques.

ot de pleine venue grand assaut et dur; et entrementes que on assailloit, le sire de Neufville envoya un héraut au châtel parler au souldich et savoir comment il leur étoit. Le héraut fit son message et rapporta que tous étoient en bon point, mais ils étoient si nus que ils n'avoient souliers ni chausses en pied. L'assaut de devant Saint-Léger dura bien trois heures que rien n'y conquirent les assaillans, mais en y eut de navrés assez. Adonc se logèrent les seigneurs et toutes leurs gens; et fut leur entente que point de là ne partiroient si auroient conquis le fort de Saint-Léger. Et étoient trop courroucés que le sir de Montmore ni le seigneur de Montcontour ne le tenoient, et que dedans enclos ils n'étoient. Mais les seigneurs sagement partis s'en étoient, et les Bretons laissés y avoient.

CHAPITRE XXXIV.

Comment les Anglois recouvrèrent plusieurs forts châteaux sur les François au pays de Bordelois.

Quand ce vint à lendemain, le sire de Neufville et ces chevaliers d'Angleterre ordonnèrent que on iroit assaillir : si sonnèrent leurs trompettes d'assaut et départirent leurs livrées [1] et puis approchèrent le fort de Saint-Léger. Si commença l'assaut grand et merveilleusement. Ce fort de Saint-Léger siéd sur une roche que on ne peut approcher; et au plus foible lez y a grands fossés qui ne sont mie à passer légèrement. Si se travailloient les assaillans grandement, et rien ne faisoient; mais y en avoit des morts et des blessés grand'foison. Adonc cessa l'assaut, et fut avisé pour le mieux que on empliroit les fossés et puis auroient meilleur avantage d'assaillir. Si furent les fossés remplis à grand peine, et tellement que tout le monde y pouvoit passer. Quand les Bretons qui dedans le fort étoient virent ce, si se doutèrent plus que devant et raison fut, et entrèrent en traité. Ces seigneurs d'Angleterre qui avoient bien ailleurs à entendre, tant aux besognes du roi de Navarre, comme à délivrer plusieurs forts que Bretons tenoient en Bordelois, s'accordèrent légèrement à tous traités; et fut le fort Saint-Léger rendu, parmi tant que ceux qui se tenoient s'en partiroient sans nul péril et sans nul dommage, eux et le leur, et seroient conduits là où ils vouloient aller. Ainsi demeura la forteresse de Saint-Léger Anglesche; et vinrent les seigneurs au châtel de Mortaigne. Si trouvèrent le souldich de l'Estrade au parti que le héraut avoit dit. Si fut mis en arroy, ainsi comme à lui appartenoit, et le fort rafraîchi et ravitaillé et repourvu de nouvelles gens, et puis s'en retournèrent à Bordeaux par la rivière de Garonne le chemin que ils étoient venus.

CHAPITRE XXXV.

Comment le fort de Saint-Maubert fut rendu par les Bretons aux Anglois et Gascons qui y tenoient siége.

Quand ces chevaliers furent retournés à Bordeaux, entrementes que ils se rafraîchissoient, ils entendirent que à six lieux de là avoit Bretons qui tenoient un fort que on dit Saint-Maubert, en un pays que on appelle Medoch, lesquels Bretons grévoient malement le pays. Si firent charger leurs pourvéances grandes et belles sur la rivière de Garonne et toute leur artillerie; et puis montèrent à cheval environ trois cents lances et s'en vinrent par terre jusques à Saint-Maubert. Là étoient des Gascons, avec messire Jean de Neufville, messire Archembault de Grailly, messire Pierre de Rosem, le sire de Duras et Thomas de Courton. Quand ces barons et leurs routes furent venus devant Saint-Maubert, ils se logèrent et tantôt allèrent assaillir; et y eut de première venue grand assaut et dur; car les Bretons qui Saint-Maubert tenoient étoient tous gens de fait et de grand'volonté; et avoient un capitaine breton, un écuyer alosé et usé d'armes qui s'appeloit Virelion, auquel ils se rallioient et par lequel conseil ils usoient. Ce premier assaut ne gréva néant les Bretons. Adonc se retrairent les Anglois et Gascons en leur logis; et à lendemain ils firent dresser leurs engins devant le fort, qui jetoient pierres et mangonneaux [1], pour effondrer les toits de la tour où ils se tenoient. Le tiers jour que ils furent là venus, ils ordonnèrent un assaut; et disoient que telles ribaudailles que ces Bretons étoient ne leur devoient point longuement tenir ni durer : là ot grand assaut et dur et maint homme mort, ni oncques gens ne se défendirent si vaillamment que ces Bretons faisoient. Toutefois ils regardèrent finablement que

---

[1] Soldats à leurs gages.

[1] A la fois la machine qui lance et la chose lancée.

confort ne leur apparoît de nul côté. Si entrèrent en traité, car ils virent que iceux seigneurs ne les lairoient point en paix si les auroient conquis, comme longuement qu'ils y dussent demeurer. Traités se portèrent entre les seigneurs de l'ost et eux, que ils rendroient Saint-Maubert et s'en partiroient, eux et leurs biens, saufs et sans dommage; et se trairoient en Poitou, ou là où ils voudroient, et seroient jusques-là conduits. Ainsi leur fut tenu comme ils le traitèrent; et se départirent les Bretons sans dommage et rendirent Saint-Maubert. Quand le sire de Neufville le r'eut, il le fit remparer, rafraîchir et ravitailler de nouvelles pourvéances et d'artillerie, et y mit Gascons pour le garder, et un écuyer gascon à capitaine qui s'appeloit Pierre de Pressach, bon homme d'armes et vaillant durement; et puis s'en retournèrent à Bordeaux et là se rafraîchirent. Si entendoient tous les jours que le siége étoit devant Pampelune en Navarre que l'infant de Castille avoit assiégé; mais ils n'oyoient nulles nouvelles certaines du roi de Navarre; dont ils étoient tous émerveillés. Et aussi le roi de Navarre n'oyoit nulles nouvelles de eux; dont il lui déplaisoit bien. Nous retournerons aux besognes de Bretagne et de Normandie, et parlerons du siége de Saint-Malo et comment il persévéra.

CHAPITRE XXXVI.

Comment ceux de Saint-Malo rompirent la mine que les Anglois faisoient, et comment les dits Anglois levèrent leur siége sans rien faire.

Devant la ville de Saint-Malo ot grand siége et puissant et fait maint assaut; car les Anglois qui devant se tenoient avoient bien quatre cents canons [1] qui jetoient nuit et jour dedans la forteresse. Le capitaine qui s'appeloit Morfonace, vaillant homme d'armes soignoit moult bien du défendre, avec les bons consaulx de messire Henry de Malestroit, du seigneur de Combour et du vicomte de la Berlière, et tant que nul dommage ne leur étoit encore apparent. Sur les plains dedans le pays, si comme je vous ai dit autrefois,

[1] On a déjà remarqué que ce nombre de canons paraît bien extraordinaire pour ce temps-là, de sorte que s'il n'y a pas d'exagération, il faut que ces canons ne fussent pas d'un calibre fort considérable, ou que Froissart ait ici employé le mot de canon pour désigner en général les machines destinées à l'attaque de Saint-Malo.

étoit toute la fleur de la France; tant de grands seigneurs que d'autres, se trouvoient bien quinze mille hommes d'armes chevaliers et écuyers, et étoient bien cent mille chevaux et plus. Et volontiers eussent combattu les Anglois à leur avantage s'ils pussent; et les Anglois aussi eux; et en avoient grand désir, ce pouvez bien croire, si ils vissent leur plus bel; mais ce qui leur brisoit leur propos, et brisa par trop de fois, c'étoit ce que il y avoit une rivière grande et grosse, quand la mer retournoit, entre les deux osts; pourquoi ils ne pouvoient advenir l'un à l'autre. Et toujours se faisoit la mine : bien s'en doutoient ceux de Saint-Malo.

Vous devez savoir que en tels assemblées et en tels faits d'armes comme là avoit ne pouvoit être que à la fois les fourrageurs ne se trouvassent sur les champs; car il y avoit des apperts chevaliers jeunes d'un côté et d'autre; si en y avoit d'un lez et d'autre à la fois de rués jus d'uns et d'autres, et y avoit plusieurs belles aventures. Les mineurs du duc de Lancastre ouvrèrent soigneusement nuit et jour en leur mine pour venir par dessous terre dedans la ville et faire renverser un pan de mur, afin que tout légèrement gens d'armes et archers pussent entrer dedans. De cette affaire se doutoit grandement Morfonace et les chevaliers qui dedans étoient, et connoissoient assez que par ce point ils pouvoient être perdus; et n'avoient garde de nul assaut fors que de celui-là; car leur ville étoit bien pourvue d'artillerie et de vivres pour eux tenir deux ans, si il leur besognoit. Et avoient entre eux grand'cure et grand'entente comment ils pourroient rompre cette mine, et étoit le plus grand soin qu'ils eussent de la briser : tant y pensèrent et travaillèrent que ils en vinrent à leur entente, et par grand'aventure, si comme plusieurs choses adviennent souventefois. Le comte Richard d'Arondel devoit une nuit faire le gait atout une quantité de ses gens. Ce comte ne fut mie bien soigneux de faire ce où il étoit commis, et tant que ceux de Saint-Malo le sçurent, ne sais par leurs espies au autrement. Quand ils sentirent que heure fut et que sur la fiance du gait tout l'ost étoit endormi, ils partirent secrètement de leur ville, et vinrent à la couverte à l'endroit où les mineurs ouvroient, qui guères n'avoient plus à ouvrer pour accomplir leur emprise. Morfonace et sa route, tous appareillés de faire ce pourquoi ils étoient là venus, tout à leur aise et sans défense, rompirent la mine, de quoi il y ot aucuns mineurs là dedans éteints qui oncques ne s'en partirent, car la mine renversa sur eux. Et quand ils orent ce fait, ils dirent que ils réveilleroient le gait au côté devers leur ville, afin que ceux de l'ost sentissent et connussent que vaillamment ils s'étoient portés. Si s'en vinrent férir en l'un des côtés de l'ost en écriant leur cri et en abattant tentes, trefs et logis, et en blessant et occiant gens, et tant que l'ost se commença à effrayer durement. Adonc se retrairent Morfonace et sa compagnie dedans Saint-Malo sans point de dommage. Et ceux de l'ost s'armèrent et se trairent devers la tente du duc, qui fut grandement émerveillé de cette avenue et demanda que ce avoit été. On lui recorda, et que par la deffaute du gait on avoit reçu ce dommage et perdu la mine. Adonc fut mandé le comte d'Arondel devant le duc de Lancastre et le comte de Cantebruge : si fut grandement accueilli de cette avenue; mais il s'excusa au plus bel qu'il put; et si en fut, si comme je ouïs dire adonc, tout honteux; et eût eu plus cher à avoir perdu cent mille francs.

Cette besogne avenue et cette mine perdue, les seigneurs de l'ost se trairent ensemble en conseil pour savoir quelle chose ils feroient; si regardèrent l'un par l'autre que ils avoient perdu leur saison, laquelle chose n'étoit pas à recouvrer, et que de faire nouvelle mine ils ne viendroient jamais à chef, car la saison s'en alloit aval et l'hiver approchoit. Si orent conseil, tout considéré pour le meilleur, que ils se délogeroient et retrairoient en Angleterre. Adonc fut ordonné de par le duc et les maréchaux de déloger et de rentrer en leur navie qui gissoit là à l'ancre au hâvre de Saint-Malo. Tantôt furent délogés, et tout troussé, et mis en vaisseaux : ils avoient vent à volonté; si entrèrent en leur navie et singlèrent devers Angleterre. Si arrivèrent et prirent terre à Hantonne et là issirent de leurs vaisseaux, et trouvèrent que messire Jean d'Arondel capitaine de Hantonne étoit allé à Chierbourch pour rafraîchir la garnison et voir les compagnons, messire Jean de Harleston et les autres. Ainsi se dérompit en cette saison l'armée des Anglois, et se retrait chacun en son lieu; et repassèrent Allemands et Hainuyers la mer et retournèrent en leur pays. Si commencèrent à murmurer les communautés d'Angleterre sur les nobles, en disant que ils avoient en cette saison petit exploité, quand Saint-Malo leur étoit échappé; et par espécial le comte Richard d'Arondel en avoit petite grâce.

Nous nous souffrirons à parler de ceux d'Angleterre, et parlerons des François et de Chierbourch.

CHAPITRE XXXVII.

D'une rencontre où messire Olivier de Clayaquin fut pris prisonnier par les Anglois de la garnison de Chierbourch [1].

Assez tôt après le département de Saint-Malo et que les François orent rafraîchi la ville et le châtel, le connétable de France et les barons orent conseil que ils viendroient mettre le siége devant Chierbourch, dont messire Jean Harleston étoit capitaine, et avoit de-lez lui plusieurs chevaliers et écuyers anglois et navarrois. Mais tout ce grand ost ne se trait mie celle part, ainçois se départirent le duc de Berry, le duc de Bourbon, le duc de Bourgogne, le comte de la Marche, le Dauphin d'Auvergne et tous les chefs des grands seigneurs, et renvoyèrent leurs gens en leurs pays, et plusieurs vinrent voir le roi qui séjournoit à Rouen [2], qui liement les reçut. Aucuns Bretons et Normands, environ trois cents lances, s'en vinrent à Valogne à sept lieues de Chierbourch, et là firent leurs bastides. Bien savoient que messire Jean d'Arondel avoit rafraîchi la garnison; et supposoient bien qu'il y étoit encore. Entre Chierbourch et Valogne de ce côté ce sont très tous hauts bois et fortes forêts d'une part et d'autre jusques à la cité de Coutances; et pouvoient ceux de Chierbourch issir et chevaucher sur le pays à l'aventure toutes fois que ils vouloient; car ils avoient fait parmi le bois un chemin de fortes hayes d'un lez et d'autre, que quand ils étoient en leurs chevau-

---

[1] Froissart a déjà parlé de cette rencontre au chapitre CCXCIV du premier livre.

[2] Charles V n'était point à Rouen lors de la levée du siége de Saint-Malo ni après. Les Anglais se déterminèrent à lever le siége de cette ville parce que la saison était avancée, et que *l'hiver approchait*, comme Froissart vient de le dire, et comme le disent tous les historiens : or dans cette saison, et même depuis le 11 mai, les dates des ordonnances et le recueil des pièces pour servir à l'histoire de Charles-le-Mauvais énoncent le roi à Paris ou aux environs, ou partout ailleurs qu'à Rouen.

chées on ne les pouvoit approcher ; et est Chierbourch un des forts châteaux du monde. Ceux qui étoient en garnison à Valogne étoient durement courroucés de ce que ils ne pouvoient porter dommage aux Anglois qui hérioient le pays : si s'avisa messire Olivier du Claiquin, frère à messire Bertrand du Claiquin, que il viendroit à la couverte chevaucher parmi les bois et aviser Chierbourch du plus près, pour savoir si on pourroit mettre devant le siége : à tout le moins, si ils pouvoient prendre la ville qui siéd bien en sus du châtel, ils feroient un grand exploit; et tantôt ils l'auroient si fortifiée que ceux du châtel ne pourroient issir ni saillir dehors que ils ne reçussent dommage. Messire Olivier en ce propos persévéra, et prit environ quarante lances et guides qui bien le sçurent mener parmi les bois, et se partirent par un matin de Valogne; et tant chevauchèrent que ils vinrent outre les bois à l'encontre de Chierbourch.

En ce propre jour étoit messire Jean d'Arondel dedans le bourg venu ébattre, et là avoit amené avec lui un écuyer navarrois qui s'appeloit Jean Kocq pour montrer la ville ; et ve-là que nouvelles vinrent que les François chevauchoient et étoient là venus pour aviser la place ! « Sire, dit Jean Kocq à messire Jean d'Arondel, j'ai entendu que messire Olivier du Claiquin, frère du connétable, a passé les bois et vient aviser notre forteresse : pour Dieu qu'il soit poursuy ; je vous pense tellement à conduire et mener qu'il ne nous peut échapper qu'il ne nous vienne dedans les mains; et tout soit du conquêt moitié à moitié. » — « Par ma foi, dit messire Jean, je le veuil. » Adonc s'armèrent-ils secrètement et montèrent à cheval, et furent environ cent lances, tous compagnons d'élite, et se partirent de Chierbourch, et entrèrent dedans les bois que oncques les François n'en sçurent rien, et entrèrent en leur chevauchée. Quand messire Olivier ot avisé la place, laquelle il vit durement forte et en lieu impossible pour assiéger ni pour ostoier, si se retrait et prit le chemin de Valogne, tout ainsi comme il étoit venu : il n'ot pas chevauché deux lieues, quand velà messire Jean d'Arondel et Jean Kocq et leur route, qui avoient été si justement menés que ils vinrent droit sur eux, en écriant : Notre Dame ! Arondel ! Quand messire Olivier ouït ce cri et les vit de rencontre, si voulsist bien être à Valogne; et monta tantôt sur bon coursier et se cuida sauver, car il ne se véoit pas à jeu parti pour combattre. Si entrèrent ces gens au bois, l'un çà, l'autre là, et sans défense. Trop petit se tinrent ensemble. Jean Kocq, comme bon homme d'armes et vaillant, poursuit si de près messire Olivier que finalement il le prit et fiança son prisonnier [1] : et y en ot pris des autres environ dix ou douze; le demeurant se sauvèrent qui se boutèrent ès bois et retournèrent quand ils purent à Valogne et recordèrent à messire Guillaume Des Bordes et aux compagnons qui là étoient comment ils avoient perdu et par embûche, et que messire Olivier du Claiquin étoit demeuré. De ce furent les chevaliers et écuyers qui en Valogne étoient durement courroucés ; mais amender ne le purent. Si fut messire Olivier du Claiquin de ceux dont la garnison de Chierbourch amenéau châtel, et fut là dit que il payeroit bien quarante mille francs. De la prise du chevalier furent grandes nouvelles en France et en Angleterre et demeura la chose un temps en cel état.

Messire Olivier du Claiquin demeura prisonnier un temps en Chierbourch en la garde de Jean Kocq Navarrois qui pris l'avoit ; mais messire Jean d'Arondel y ot profit. Depuis fina messire Olivier pour lui et pour tous ceux qui avecques lui furent pris; mais ce ne fut mie sitôt [2].

Quand la garnison de Chierbourch fut rafraîchie, messire Jean d'Arondel s'en partit et s'en retourna arrière à Hantonne dont il étoit capitaine. Si demeurèrent en Chierbourch avecques messire Jean de Harleston, capitaine du lieu, aucuns chevaliers anglois, tels que messire Jean Copeland, messire Symon Burlé, messire Thomas Pigourde, et plusieurs autres chevaliers et écuyers qui grandement s'en soignèrent tant

---

[1] Jean Kocq était écuyer navarrois : il paraît que Jean d'Arundel lui contesta la rançon, qui, suivant Froissart, devait être partagée par moitié, car Richard, roi d'Angleterre, par ses lettres du 20 octobre 1378, nomma des commissaires pour juger cette contestation entre les procureurs du roi de Navarre et Jean d'Arundel, maréchal d'Angleterre. Au reste la date de ces lettres peut servir à déterminer le temps de l'entreprise du siége de Cherbourg.

[2] Olivier du Guesclin était encore prisonnier le 10 septembre 1380, comme on voit par les lettres de sauf-conduit accordées ce jour-là par le roi Richard à ceux qui venaient en Angleterre pour payer la rançon d'Olivier du Guesclin.

qu'ils n'y prirent point de dommage. Nous nous souffrirons à parler de ceux de Chierbourch tant que lieu et temps viendra, et parlerons de messire Jean de Neufville sénéchal de Bordeaux, et de ses compagnons, messire Thomas Trivet et autres, comment ils persévérèrent.

CHAPITRE XXXVIII.

Comment le fort de Besac fut rendu aux Anglois et le capitaine pris prisonnier; et comment le roi de Navarre alla à Bordeaux quérir secours des Anglois pour lever le siége de Pampelune.

Bien étoit informé le sire de Neufville qui se tenoit à Bordeaux que l'infant de Castille, atout grands gens d'armes espaignols, avoit assiégé la bonne cité de Pampelune et le vicomte de Castelbon et le seigneur de l'Escun et Raymon de Ramesen et plusieurs autres dedans; et si n'oïoit nulles certaines nouvelles du roi de Navarre où il se tenoit; dont il étoit moult émerveillé; mais il supposoit que briévement il en orroit nouvelles. Aussi ceux du pays de Bordeaux lui prioient trop fort qu'il ne voulsist mie partir de la marche de Bordeaux ni faire partir ses gens d'armes tant que Bretons tinssent rien sur le pays; et par espécial on lui disoit que ceux de Besac hérioient trop le pays de Bordeaux; et demanda le sire de Neufville quelle quantité de Bretons il pouvoit avoir en Besac. On lui dit qu'il y avoit bien cinq cents combattans. Adonc appela-t-il le sénéchal des Landes, messire Guillaume Helmen et messire Guillaume Scrop, et leur dit : « Prenez deux cents lances de nos gens et autant d'archers et allez voir ceux de Besac, et faites tant que vous en délivrez le pays; et puis entendrons à plus grand'chose. » Les deux chevaliers ne vouldrent mie désobéir, mais prirent deux cents lances et autant d'archers et passèrent la Garonne et puis chevauchèrent vers Besac.

Ce propre jour que les Anglois chevauchoient, aussi ceux de Besac chevauchoient, environ six vingt lances, tout contremont la rivière de Garonne, pour savoir si ils y trouveroient point de navire; et avoient à capitaine un chevalier de Pierregord, qui s'appeloit messire Bertran Raymond, bon homme d'armes durement et alosé. A une petite lieue de Besac les Anglois et les François trouvèrent l'un l'autre. Quand messire Bertran vit que combattre les convenoit, si ne fut néant effrayé; mais ordonna ses gens et mit en bon convenant, et étoient presque tous Gascons. Et vez-là venir les Anglois sur eux, lances abaissées et férant chevaux des éperons, quant que ils pouvoient randonner[1] et se boutèrent en eux de plain eslai : là en y ot de première venue abattus des uns et d'autres, et faite mainte appertise d'armes. Finablement les François Gascons ne purent souffrir ni porter le faix; car les Anglois étoient là grand'foison et tous gens d'élite : si furent ceux de la garnison de Besac tous morts ou pris; petit s'en sauvèrent; et fût pris messire Bertrand Raimond, et prisonnier à messire Guillaume Helmen; et tantôt le champ délivré ils chevauchèrent devers Besac. Quand ceux de la garnison virent que leurs gens étoient morts ou pris, si furent tous ébahis : si rendirent le fort, sauves leurs vies. Ainsi fut Besac Angleschie. Et puis retournèrent à Bordeaux.

Ce propre jour fut la nuit de la Toussaint l'an mil trois cent soixante dix huit que les Anglois retournèrent de Besac; et ce propre jour vint le roi de Navarre à Bordeaux; dont on ne se donnoit garde. Si le reçurent les Anglois moult honorablement; et se logèrent, lui et ses gens, à leur aise; et lui demandèrent des nouvelles de son pays et des Espaignols; car ils étoient chargés de l'enquerre et du savoir. Il leur en dit assez; et répondit pleinement que Jean, l'infant de Castille, avoit assiégé Pampelune à grand'puissance; et étoient moult contraints ceux qui dedans étoient; si leur requéroit et prioit, selon l'ordonnance et commandement que ils avoient du roi d'Angleterre et que ils savoient les grandes alliances que ils avoient ensemble, que ils se voulsissent prendre et appareiller diligemment de conforter ses gens et lever le siége.

Ces chevaliers d'Angleterre qui en étoient en bonne volonté répondirent, que par eux ni par leur négligence ne demeureroit pas le siége à lever, mais en ordonneroient hâtivement. Et dirent encore ainsi : « Sire, vous retournerez vers votre pays et ferez un espécial mandement de vos gens; et nous serons là sur un jour que tous soient venus. Si serons tant plus forts ensemble; car vos gens connoissent mieux le pays que nous ne faisons. » Le roi de Navarre répondit que ils lui parloient bien et que ainsi seroit fait. Depuis ces pa-

[1] Aller avec impétuosité.

roles ne fut-il avecques les Anglois que trois jours, et prit congé, et se partit de Bordeaux; et se mit au retour; et prit le chemin de la marine, car il y avoit environ Bayonne et la cité de Dax en Gascogne plusieurs forts que Bretons tenoient; et tant fit le roi de Navarre que il vint en la ville de Saint-Jean du Pied des Ports, et là se tint.

Entrementes que le roi de Navarre fit son voyage à Bordeaux et séjourna là, et que depuis il retourna en son pays, Jean de Castille, ains-né fils du roi de Castille Henri, qui chef se faisoit de celle guerre, et le connétable du royaume de Castille avecques lui qui s'appelloit Dam Pierre de Morich[1] tenoient le siége devant la bonne ville et cité de Pampelune et grands gens dessous eux. En leur compagnie étoient le comte Damp Alphons[2], le comte de Medine, le comte de Marions[3], le comte de Ribedé[4], Pierre Ferrant de Fallesque et Pierre Goussart de Mondesque[5] et plusieurs autres barons et chevaliers de Castille et leurs gens; et avoient ces Espaignols, en venant devant Pampelune, pris et ars la ville de Loring et la cité de Viane de-lez le Groin; et n'y avoit seigneur nul en Navarre qui s'osât montrer contre eux, mais se tenoit chacun en son fort et dedans les montagnes. Et tout ce

[1] D. Pedro Manrique, adelantado mayor du royaume de Castille. Les imprimés disent *Monich* au lieu de *Morich*, ce qui pourrait désigner D. Pero Moniz, grand maître de l'ordre de Calatrava. Mais cette leçon est mauvaise, les historiens contemporains désignant Manrique comme chargé par l'infant de Castille de cette expédition.

[2] D. Alphonse, marquis de Villena et comte de Denia et de Ribargoza, était fils de l'infant D. Pedro et petit-fils du roi Jacques d'Arragon. Il relevait du roi Henri de Castille pour le marquisat de Villena, que celui-ci lui avait donné pour être entré à son aide en Castille avec les Compagnies, quand il se fit proclamer roi à Calahorra.

[3] Froissart n'ayant pas donné les prénoms de ce comte, il m'est fort difficile de le reconnaître parmi les nobles de la cour d'Henri. Je ne trouve que deux personnes auxquelles ce nom puisse s'appliquer; l'une est le comte de Norogna, l'autre un fils du roi Henri que Salazar Mendoza appelle seigneur de Moron.

[4] Ribadeo.

[5] Pero Ferrandez de Velasco, grand chambellan du roi.

[6] Pero Gonzalez de Mendoza, grand majordome. L'orthographe de ces noms est évidemment telle que je la donne. On retrouve les mêmes Velasco et Mendoza, comme signataires au testament du roi Henri II, rapporté par Ayala, p. 121. Aucun des traducteurs ou éditeurs ne s'est donné la peine de chercher à rectifier ces noms. Les noms anglais seuls sont redressés par Gohues.

savoit bien le roi de Navarre; car toujous y avoit messagers allans et venans; mais on n'y pouvoit remédier sans la puissance et confort des Anglois.

Le sire de Neufville, qui se tenoit à Bordeaux et qui là étoit envoyé de par le roi d'Angleterre et son conseil, ainsi que vous savez, pouvoit bien savoir des nouvelles des grandes alliances que le roi son seigneur et le roi de Navarre avoient ensemble; et avoit promis au roi de Navarre que il les accompliroit à son loyal pouvoir; si pensa sus et appela messire Thomas Trivet, un moult vaillant chevalier, et lui dit : « Messire Thomas, vous savez comment nous sommes envoyés par deçà pour regarder aux frontières du pays et bouter hors nos ennemis, et pour conforter le roi de Navarre; et jà a ci été et nous a remontré le grand besoin qu'il a : vous fûtes présent quand je lui eus en convenant que il seroit servi et aidé; il convient que il le soit; autrement nous y aurions blâme. Si que, cher ami et compagnon, je vous ordonne à être chef de nos gens en cette guerre; et veuil que vous y allez atout cinq cents lances et mille archers; et je demeurrai en la marche de Bordeaux, pourtant que j'en suis sénéchal et regard de par le roi d'Angleterre, et entendrai aux besognes qui y demeurent, car encore n'est pas le pays bien nettoyé ni délivré de nos ennemis. » — « Sire, répondit messire Thomas, vous me faites plus de honneur que je vaille, et je obéirai à vous, car c'est raison ; et me acquitterai de ce voyage à mon loyal pouvoir. » — « Messire Thomas, répondit le sire de Neufville, de cela suis-je tout conforté. »

CHAPITRE XXXIX.

Comment les Anglois prirent plusieurs forts en Gascogne, et comment les Espaignols, sachant la venue des Anglois, levèrent leur siége de Pampelune.

Depuis ne demeura-t-il guères de temps que messire Thomas Trivet ordonna toutes ses besognes et se partit de la cité de Bordeaux à toute sa charge de gens d'armes et d'archers, et prit le chemin de Dax en Gascogne. En sa compagnie étoient messire Guillaume Cendrine, messire Thomas Abreton, messire Jean Afuseléé, messire Henry Paule, messire Guillaume Croquel, messire Louis Malin, messire Thomas Foucques, messire Robert Haston, Andrieu Ha derac et Mouret de

Plaisac, Gascons. Quand ces gens d'armes furent venus en la cité de Dax, ils ouïrent nouvelles que le roi Charles de Navarre étoit à Saint-Jean du Pied des Ports et faisoit là son mandement de gens d'armes : si en furent plus réjouis. De la cité de Dax étoit capitaine un chevalier d'Angleterre, oncle à messire Thomas Trivet, qui s'appeloit messire Mathieu de Gournay, lequel reçut son neveu liement et tous les autres, et les aida tous à loger. L'intention de messire Thomas Trivet étoit telle, que d'aller tout droit son chemin et sans arrêt ; mais messire Mathieu de Gournay lui dit : « Beau nieps, puisque vous êtes si à puissance de gens d'armes, il faut délivrer le pays d'aucuns Bretons et François qui tiennent bien douze forts entre ci et Bayonne ; autrement, si vous laissez ce derrière, ils nous feroient en cet hiver trop de contraires ; et là où vous le ferez, le pays vous en saura gré, et je vous en prie aussi. » — « Par ma foi, répondit messire Thomas, je le vueil. »

Assez tôt après ces paroles il fit ordonner ses besognes ; et se mirent toutes manières de gens d'armes et d'archers sur les champs ; et vinrent devant un fort que on clamoit Montpin, que Bretons tenoient, et en étoit capitaine un écuyer de la comté de Foix qu'on clamoit Taillardon. Sitôt que ces gens d'armes furent là venus, ils commencèrent à assaillir for et dur ; et fut apertement continué l'assaut, et tant que de force le fort fut pris ; si furent morts tous ceux qui dedans étoient, excepté Taillardon ; mais il demeura prisonnier. Si fut le château rafraîchi de nouvelles gens ; et puis passèrent outre, et vinrent devant un fort que on clamoit Carelach, et le tenoient Gascons. Quand ces gens d'armes furent venus jusques là, ils l'assaillirent tantôt, mais ils ne l'eurent mie de cel assaut ; si se logèrent. Quand ce vint à lendemain, ils retournèrent tous à l'assaut, et l'assaillirent de si grande volonté que de force ils le prirent. Si furent morts tous ceux qui dedans étoient, hors-mis le capitaine qui étoit Breton bretonnant et s'appeloit Yvonnet Aprisedi, qui devers les Anglois demeura prisonnier, et le château tout ars. Et puis passèrent outre et vinrent devant un autre fort que on nommoit Besenghen ; et en étoit capitaine un écuyer gascon qui s'appeloit Roger de Morelac. Les Anglois furent deux jours devant avant qu'ils l'eussent ; et quand ils l'eurent, ce fut par traité ; et s'en partirent tous ceux qui dedans étoient sans dommage ; et se retrait chacun où il aimoit le mieux.

De ce châtel vinrent-ils devant Tassegnon, un châtel séant à trois lieues de Bayonne, et mirent là le siége. Si tôt que ils vinrent là, les Bayonnois sçurent que le châtel étoit assiégé : si en furent moult réjouis ; et vinrent là au siége bien cinq cents hommes de la ville à lances et à pavais, et y firent porter le plus grand engin de Bayonne. Ceux de la garnison de Tassegnon avoient tant porté de contraires aux Bayonnois que pour ce les désiroient-ils moult à détruire, et jamais ne les eussent eus si le sens et l'avis des Anglois n'eût été. Encore à toute leur force ils furent là quinze jours ainçois que ils les pussent avoir ; et quand ils l'eurent, ce fut par traité : encore s'en partirent-ils sans dommage et sur le conduit et sauveté de messire Thomas Trivet, qui les fit conduire et mener jusques à Bergerac qui se tenoit françoise. Si achaptèrent le châtel, ceux de Bayonne, des Anglois, quatre mille francs, et puis l'abattirent et en firent mener la pierre à Bayonne, ni oncques depuis n'y eut châtel. Si s'en vinrent les Anglois rafraîchir à Bayonne, où ils furent recueillis à grand'joie, et eurent toutes choses à leur volonté, parmi leurs deniers payans.

CHAPITRE XL.

Comment les Espaignols partirent du siége de Pampelune ; et comment les Anglois arrivèrent en Navarre ; et comment ils s'y maintinrent.

Le roi de Navarre, qui se tenoit à Saint-Jean du Pied des Ports, étoit durement courroucé de ce que les Anglois séjournoient tant à venir ; car son pays étoit en très grand péril. Et bien vous dis que Pampelune eût été prise et conquise des Espaignols, si n'eût été le sens et la bonne garde du vicomte de Castelbon, qui en étoit capitaine atout deux cents lances de Gascons ; mais le sens de lui, et la bonne ordonnance, le garda de tout périls. De la ville de Tudelle en Navarre étoit capitaine messire Perducas de la Breth ; de la cité de Mirande étoit capitaine le comte de Pallas, et avec lui messire Roger son frère ; d'une autre forte ville en Navarre que on appelle Arques, étoit capitaine un chevalier de Casteloingne qui s'appeloit messire Raymond de Bages. Sur la fiance de ces capitaines se tenoit le roi de Navarre à Saint-Jean du

Pied des Ports; mais tout le plat pays étoit riffié, ni nuls n'y tenoient les champs fors les Espaignols. Et cuidoient bien que par long siége la cité de Pampelune se dut rendre; mais ils n'en avoient nulle volonté; car le vicomte de Castelbon et le sire de l'Escun et Guillaume de Pans et Hortingos en soignoient grandement, et tant que les Espaignols se commencèrent tous à tanner, car l'hiver leur venoit, et étoit environ la Saint-Andrieu. Si leur commençoient vitailles à faillir; et si n'eût été le vicomte Roquebertin qui les rafraîchit de gens d'armes et de soixante sommiers de vitaille, ils se fussent partis très la Toussaint. Le roi de Navarre envoya un sien chevalier, qui s'appeloit messire Pierre de Bascle, devers les Anglois, en priant que ils se voulsissent délivrer, et que trop longuement mettoient à venir selon ce que besoin lui touchoit et qu'ils avoient eu en convenant; le chevalier exploita tant que il vint en la marche de Bayonne; et trouva les Anglois devant un châtel qui s'appeloit Pouillac, et fit son message bien et à point, et tant que messire Thomas Trivet dit que, ce fort conquis par traité ou autrement, il n'entendroit jamais à autre chose si seroit allé en Navarre; et que sur cette parole le chevalier pouvoit bien s'en retourner : il retourna. Depuis ne demeura que deux jours que le château se rendit par traité; et s'en partirent ceux qui dedans étoient, et fut rafraîchi de nouvelles gens d'armes. Ce châtel pris, le pays demeura assez en paix : encore y avoit aucuns petits forts qui se tenoient, moûtiers et églises, et qui hérioient le pays quand ils pouvoient, mais ils n'avoient nulle grand'puissance : si ne vouldrent mie les Anglois plus séjourner, mais dirent qu'ils vouloient aller en Navarre et lever le siége de Pampelune et combattre les Espaignols.

Messire Thomas Trivet et messire Mathieu de Gournay et toutes leurs gens s'en retournèrent à Dax, et là séjournèrent par quatre jours et se rafraîchirent. Au cinquième jour ils s'en partirent et prirent le chemin de Navarre; mais messire Mathieu de Gournay retourna en la cité de Bayonne avec ceux de sa délivrance, pour garder le pays et reconquérir cet hiver aucuns petits forts qui se tenoient Bretons.

Tant exploitèrent messire Thomas Trivet et sa route que ils vinrent à Saint-Jean du Pied des Ports et là trouvèrent le roi de Navarre qui les reçut à grand'joie. Si se logèrent les chevaliers en la ville, et les gens d'armes sur le pays au mieux qu'ils purent. Le roi de Navarre en devant ce avoit fait un très grand mandement par son pays, que toute manière de gens vinssent devers lui et se assemblassent devant la cité de Mirande. Nul n'osa désobéir au commandement du roi; et se pourvéirent et appareillèrent parmi Navarre chevaliers et écuyers, et toutes autres gens, de lances et de pavais, et s'ordonnèrent pour venir devant Pampelune combattre les Espaignols.

Nouvelles vinrent en l'ost que les Anglois, à tout grand'puissance, étoient avecques le roi de Navarre à Saint-Jean du Pied des Ports et que ils se trouvoient bien vingt mille hommes d'armes parmi les archers pour eux venir combattre. Adonc se mirent les capitaines ensemble pour conseiller quelle chose ils feroient; si ils attendroient le roi de Navarre ou si ils se retrairoient. Là eut grand conseil et longuement parlementé. Et vouloient aucuns des capitaines que les Anglois et Navarrois fussent attendus, et les autres disoient non, et que ils n'étoient pas si forts que pour attendre telle puissance, et que par long siége ils étoient trop travaillés. Ce parlement fut longuement tenu : finablement un certain arrêt fut donné du déloger tout bellement et retraire en leur pays. Et ce qui plus les inclina à ce faire, car bien disoient plusieurs vaillans chevaliers et écuyers usés d'armes que point ne faisoient leur honneur, ce que le roi Henry de Castille, étant en son pays puis quinze jours, avoit remandé son fils et ne vouloit plus que le siége se tînt devant Pampelune. Si se délogèrent les Espaignols[1]. A leur département ils boutèrent les feux dedans leurs logis et se retrairent devers le Groing et devers Saint-Domminghe en Castille. Quand ceux de Pampelune, qui étoient moult astreints, virent le délogement, si en furent tous réjouis; car ils n'avoient pas toujours été à leur aise.

[1] L'infant D. Jean se retira de Navarre en Castille, dans le commencement de novembre.

CHAPITRE XLI

De plusieurs chevauchées que firent les Anglois et Navarrois sur les Espaignols.

Nouvelles vinrent au roi de Navarre et aux Anglois qui se renoient à Saint-Jean du Pied des Ports que les Espaignols étoient délogés et retraits en leur pays; si en furent par semblant tous courroucés, car volontiers les eussent combattus. Nonobstant ce ils se délogèrent de là où ils étoient et s'en vinrent vers Pampelune. Si trouvèrent le vicomte de Castelbon et le sire de l'Escun et les autres qui les reçurent liement. Quand ces gens d'armes et leurs routes se furent deux ou trois jours rafraîchis en Pampelune, ils eurent conseil que ils se départiroient et s'en iroient par garnisons pour être mieux au large, car les montagnes de Navarre sont trop dures et trop froides en hiver pour hostoyer, et trop y a de neiges. Si furent ordonnés les Anglois d'aller à Tudelle; et là allèrent; et le comte de Pallas et messire Roger son frère s'en allèrent à Corelle; et le sire de l'Escun au Pont la Royne, le vicomte de Castelbon à Mirande et Morel de Plessac à Castain; ainsi se départirent ces gens d'armes; et le roi de Navarre demeura à Pampelune en son hôtel.

Ainsi se tenoient ces garnisons en Navarre tout en paix et sans rien faire, et ne montrèrent point que en l'hiver ils voulsissent chevaucher; de quoi aussi les Espaignols se départirent; et s'en alla le roi D. Henry à Séville pour là séjourner, et y mena sa femme et ses enfans. Messire Thomas Trivet et ses compagnons, qui se tenoient à Tudelle et qui encore n'avoient rien fait depuis que ils étoient venus en Navarre, entendirent par leurs espies que les Espaignols étoient retraits; si s'avisèrent que ils chevaucheroient devers Espaigne pour employer leurs gages; car l'hiver, quoiqu'il fût moult avant, étoit si courtois que rien de froid n'y faisoit, mais aussi souef comme au temps de juin. Si mirent sus secrètement une chevauchée de gens d'armes, et le signifièrent au comte de Pallas et à messire Roger son frère; et ils vinrent atout deux cents lances et trois cents pavescheurs [1].

[1] *Pavescheurs*, soldats à pavois. Les pavescheurs étaient des soldats armés de pavesches, pavois, ou boucliers qui étaient particulièrement employés à couvrir ceux qui allaient à l'assaut, ou qui faisaient avancer et agir les machines de guerre dans les siéges.

Si s'assemblèrent tous à Tudelle; et pouvoient être sept cents lances et douze cents archers et autant d'autres gens, brigans [1] et pavescheurs. Si firent charger sur sommiers grand'planté de pourvéances, et puis se départirent et vinrent loger droitement la vigille de Noël en une belle prairie sur une belle rivière au pied de la montagne de Mont-Cayeu, laquelle départ les trois royaumes de Navarre, Castille et Aragon; et d'autre part la montagne, est un pays en Castille qui s'appelle Val de Sorie; et fit ce jour si bel et si chaud que ils se dînèrent tous séants à table en purs leurs chefs.

Quand ils orent dîné, tous les capitaines se traitrent ensemble en conseil pour savoir comment ils se maintiendroient pour celle nuit, et si ils se tiendroient là le jour de Noël, ou si ils feroient aucun exploit d'armes; car ils étoient à l'entrée de la terre de leurs ennemis. Conseillé fut que de nuit ils chevaucheroient, et viendroient à l'ajournement du jour de Noël écheller la cité du Val de Sorie. Ce conseil fut tenu et arrêté, et s'ordonnèrent toute manière de gens sur ce; et ne devoient être à ce faire que trois cents lances, et demeureroit tout le demeurant et les gens de pied et leurs pourvéances là où ils étoient logés, jusques à lendemain que il leur seroit signifié comment ils auroient exploité. Le comte de Pallas atout cent lances, le vicomte de Castelbon atout cent lances et messire Trivet et sa route avoient guides qui les devoient mener; et devoient chevaucher en trois routes et en trois aguets pour plus secrètement faire leur emprise, et mieux venir et plus aise à leur entente. Environ deux heurs de nuit ils s'armèrent tous et furent à cheval, et n'avoient nulles trompettes; mais les capitaines et les guides savoient bien les certains lieux où ils se devoient retrouver pour venir tous et d'un point devant le Val de Sorie. Et avoient jà monté la montagne et trépassé et chevauché sur les plains, quand un grésil et une noige va commencer si fort et si roide que merveilles fut, et la terre être toute couverte de nege; pourquoi les guides perdirent tout leur chemin, et furent tous en grand détroit de nege et de froid; et chevauchèrent jusques à lendemain à nonne, avant que ils pussent trouver l'un l'autre. Cette mésaventure

[1] Soldats armés d'une brigandine.

des Anglois chey bien à point et grandement pour ceux du Val de Sorie qui ne se donnoient de garde de cette chevauchée et embûche; car si ils se fussent tous trouvés ensemble à l'heure que ordonnée ils avoient, ils la eussent eu par échellement, ni jà n'y eussent failli.

Quand messire Thomas Trivet et ceux qui ces gens d'armes menoient virent que ils avoient failli à leur entente, si furent durement courroucés; et se remirent ensemble au mieux qu'ils purent, et puis eurent nouvel conseil. Si se conseillèrent de boire un coup sur les sommiers et puis envoyer courir devant le Val de Sorie; ainsi fut fait. Tantôt après le desjeun qui fut moult bref, messire Raymond de Baghes, Navarrois, fut élu à quarante lances pour courir devant la ville pour attraire hors les géniteurs[1] qui la gardoient. Si chevaucha le chevalier devant le Val jusques aux barrières; et là ot grand'escarmouche; car ces géniteurs, qui étoient bien deux cents, saillirent tantôt hors et commencèrent à traire et lancèrent sur ces gens d'armes qui petit à petit se reculoient pour les attraire plus avant hors de leur ville; et vous dis que ils eussent vilainement foulé ces gens d'armes, si l'embûche ne se fût traite avant; mais ils vinrent tout éperonnant jusques à là, abaissant les lances et frappant en eux. Si en y eut de première venue moult d'abattus, de morts et de blessés, et furent déboutés à leur grand dommage dedans la ville. Si fermèrent leurs barrières et leurs portes et puis montèrent ès créneaulx; car ils cuidoient bien avoir l'assaut; mais non eurent, car les Anglois et Navarrois se retrairent et repassèrent la montagne de Mont-Caieu tout de jour et revinrent à leur logis où ils trouvèrent leurs gens. Si se tinrent là celle nuit, et à lendemain, qui fut le jour Saint-Étienne, ils se retrairent devers une ville prochaine de là, que on dit Castan en Navarre, et là trouvèrent-ils le roi qui là étoit venu la vigile de Noël. Mais en venant en la ville de Castan, les Anglois ardirent le jour Saint-Étienne aucuns villages au Val de Sorie, et par espécial un gros village qui s'appeloit Negrete et le pillèrent tout.

[1] Cavaliers montés sur de petits chevaux du pays, appelés genets.

CHAPITRE XLII.

De la paix qui fut faite entre le roi d'Espaigne et celui de Navarre, et de la mort du roi Henri d'Espaigne et du couronnement de Jean son fils.

Les nouvelles vinrent au roi D. Henry de Castille, qui se tenoit à Séville au cœur de son royaume, que les Anglois avoient chevauché et ars au Val de Sorie en faisant la guerre du roi de Navarre. Si en fut durement courroucé, et jura que ce seroit amendé; et escripvit tantôt lettres devers son fils Jean de Castille, en lui mandant expressément que il fît un mandement par tout son royaume des nobles, et les assemblât, car il seroit temprement en Espaigne et se contrevengeroit contre le roi de Navarre des dépits que on lui avoit faits. L'infant de Castille ne voult ni n'osa désobéir au commandement de son père, et fit et ordonna le mandement, ainsi que commandé lui fut. Entrementes que ces gens d'armes s'assembloient et que le roi Henry étoit encore à venir, messire Thomas Trivet s'avisa que il mettroit sus une petite chevauchée de gens d'armes et iroit devant une ville en Espaigne que on dit Alpharo. Si se partit un soir de Kastan et du roi de Navarre et chevaucha; et n'avoit en sa compagnie que cent lances, mais c'étoient toutes gens d'étoffe; et chevauchoient devers Alpharo. Sur l'ajournement, ils vinrent à une petite lieue près de la ville et se boutèrent là en embûche. Si furent envoyés pour courir devant la ville messire Guillaume Cendrine et Andrieu Audrach, et avoient en leur compagnie environ dix lances; et vinrent jusques à un rieu qui court devant la ville, lequel on passe outre à grand meschef. Toutefois ils le passèrent et firent Andrieu Audrach et Pierre Maselle, Navarrois, saillir outre leurs coursiers et vinrent jusques aux barrières. Adonc commença l'effroi grand et fort à lever en la ville; et sonnèrent leurs trompettes les gens d'armes qui dedans étoient: si s'assemblèrent et ouvrirent leurs portes et leurs barrières, et se mirent tous au dehors et commencèrent à traire et escarmoucher. Des dix lances n'en y avoit plus, qui eussent passé le ruis, que les deux dessus nommés: si retournèrent quand ils virent le faix venir et firent ressaillir leurs coursiers outre. Ceux de Alpharo virent que ces gens n'étoient que un petit, et rien ne savoient de l'embûche; si les suivirent chaudement de près, et passèrent le ruis à mont un petit, où ils savoient bien le passage. Ces dix lances se firent chasser jusques à leur embûche. Adonc saillirent avant messire Thomas Trivet et les autres, en écriant leur cri, et se boutèrent en ces gens qui étoient issus hors d'Alpharo, et en portèrent à ce commencement de leurs lances grand'foison à terre. Au voir dire les Espaignols ne purent longuement durer contre ces Anglois, et retournèrent qui mieux mieux ; mais trop peu s'en sauvèrent que tous ne fussent morts ou pris. L'effroi fut grand en la ville ; et les cuidoient les Anglois trop bien avoir de venue, pourtant que ils véoient que les gens du lieu se déconfisoient. Mais non eurent, car les femmes de la ville la sauvèrent et recouvrèrent par leur bon convenant. Car entrementes que les Anglois passoient le ruis, elles s'ensonnièrent, et vinrent clorre les barrières et la porte, et puis montèrent aux créneaux de la ville et montrèrent grand'volonté de elles défendre. Quand messire Thomas en vit l'ordonnance, si dit en riant : « Véez les bonnes femmes! retournons arrière, nous n'avons rien fait. » Adonc retournèrent-ils et passèrent le ruis où ils l'avoient passé, et retournèrent vers Castan et emmenèrent leurs prisonniers ; et tant firent que ils y parvinrent. De cette chevauchée acquit grand'grâce messire Thomas Trivet au roi de Navarre.

Environ quinze jours après ce que messire Thomas Trivet eut fait cette chevauchée devant Alpharo et qu'il fut retrait en sa garnison de Castan, Jean aîné fils du roi Henry de Castille, qui son mandement avoit fait par tout le royaume de Castille, au commandement et ordonnance de son père, s'en vint à Alpharo atout bien vingt mille hommes à cheval et à pied, en grand'volonté de combattre les Anglois et les gens du roi de Navarre. Quand le roi de Navarre sçut ces nouvelles, il s'en vint à Tudelle, et messire Thomas Trivet et les Anglois en sa compagnie, et manda tous ceux des garnisons du royaume de Navarre. A son mandement ne voult nul désobéir ; et vinrent tantôt devers lui, et se logèrent à Tudelle et là environ ; et n'attendoient autre chose que les Espaignols chevauchassent. Aussi les Espaignols n'attendoient autre chose que le roi Henry fût venu ; lequel se départit de Séville à grands gens, et chevaucha parmi son royaume, et fit tant que il vint à Saint-Domminghe, et là s'arrêta, et ses gens se logèrent sur les champs et dessous les oliviers. Quand Jean sçut que le roi son père étoit venu à Saint-Domminghe, si se départit de Alpharo, et là se trait à toutes ses gens ; et vous dis que c'étoit l'intention des Espaignols de venir mettre le siége devant Tudelle et enclorre le roi de Navarre là dedans, ou le combattre. De tout ce étoit le roi de Navarre bien informé, et bien savoit que il n'avoit mie puissance d'attendre bataille contre le roi Henry si étoffément accompagné, car il avoit plus de quarante mille hommes à cheval et à pied. Entre le roi Henry et le roi de Navarre avoit aucuns sages vaillans hommes de l'un royaume et de l'autre, prélats et barons, qui imaginoient le grand péril et dommage qui entre eux naître en pourroient, si par bataille s'encontroient. Si commencèrent à traiter sur une partie et sur l'autre un respit avoir, pour mieux amoyenner leurs besognes ; et convint les traiteurs avoir moult de peine et de travail d'aller et de venir de l'un à l'autre avant que la besogne se pût entamer ; car les Anglois qui se trouvoient là bien deux mille se tenoient grands et orgueilleux contre les Espaignols, et conseilloient au roi de Navarre la bataille. D'autre part les Espaignols qui étoient là grand'foison prisoient petit les Anglois et les Navarrois ; pourtant étoient les traités durs à conclure. Nonobstant ce ceux qui s'ensonnioient firent tant par leur travail et bonne diligence que un respit fut pris entre ces deux rois et leurs royaumes à durer six semaines, et là entre tant bonne paix, mais que on la put trouver. Et étoient les intentions des traiteurs que un mariage se feroit de l'infant de Castille, aîns-né fils du roi Henry, à la fille du roi de Navarre ; par quoi plus sûre et plus ferme paix demeureroit et seroit entre eux à toujours. A ce entendoit le roi de Navarre volontiers ; car il verroit sa fille hautement mariée. Cil premier traité ne se put tenir, car l'infant de Castille étoit obligé ailleurs par mariage [1].

Or fut regardé du prélat et des barons de l'un royaume et de l'autre que Charles de Navarre auroit la fille du roi Henry [2]. Ce traité passa outre, parmi tant que le roi Damp Henry

---

[1] L'infant Juan de Castille était marié, depuis l'année 1374, avec D. Léonore, fille du roi Pierre d'Arragon.

[2] Le mariage de l'infant de Navarre avec D. Léonore,

devoit tant faire envers le roi de France, en quelle garde Charles de Navarre étoit, que il devait retourner en Navarre, ainsi qu'il fit; car à sa prière le roi de France lui renvoya [1]. Et devoit, parmi le mariage faisant, le roi de Navarre prêter dix ans, en cause de sûreté, au roi Henry la ville et le châtel de l'Estoille, la cité et le châtel de Tudelle, la ville et le châtel de la Garde; et devoit le roi Henry rendre aux Anglois messire Pierre de Courtenay qui étoit son prisonnier, ainsi qu'il fit, et le seigneur de l'Esparre, Gascon [2]. Toutes ces choses furent scellées, confirmées et accordées et jurées à tenir fermes et estables à tous jours mais entre l'un roi et l'autre et leurs royaumes, et quiconque les briseroit ni romproit par aucune incidence, il se mettoit et soumettoit à la sentence du pape.

Entrementes que ces traités se faisoient et composoient, le roi de Navarre, qui étoit tenu envers les Anglois en la somme de vingt mille francs, pour lui acquitter envers eux, envoya en Arragon le vicomte de Castelbon pour quérir ces deniers et emprunter au roi d'Arragon, lequel roi lui prêta volontiers; mais ses bonnes villes en demeurèrent en pleiges telles que Pampelune, Mirande, le Bourgh-la-reine, Corelle, et Saint-Jean du Pied des Ports [3].

fille du roi D. Henri de Castille, est antérieur de plusieurs années à cette paix. Il fut célébré, le 27 mai 1375, à Soria.

[1] Suivant Secousse, le prince Charles de Navarre était venu en France vers le mois de mars 1378, et les actes du temps prouvent qu'il n'est retourné en Navarre que vers 1383. Ainsi Froissart s'est trompé quant au temps et aux circonstances du mariage de ce prince avec l'infante de Castille.

[2] Ayala rapporte des conditions différentes. Voici les articles principaux de cette paix. Henri, en se réconciliant avec le roi de Navarre, se réserve de rester allié avec la France. Le roi de Navarre renverra hors d'Espagne tous les capitaines des compagnies anglaises. Le roi de Castille retient comme gages de l'observation des traités les places de Tudela, Los Arcos, San-Vicente, Bernedo, Viana, Estrella, Lerin, Larraga, et quelques autres, au nombre de vingt, qui devaient être confiées à des chevaliers castillans. D. Ramir Sanchez de Arellano avait la garde d'Estrella pour les deux rois. Le roi de Castille prêtait au roi de Navarre vingt mille doubles pour l'aider à payer les Anglais et Gascons qu'il avait amenés avec lui et donnait en nantissement du paiement le château de la Guardia. Ces gages devaient rester pendant dix ans entre les mains du roi de Castille, qui de son côté rendrait au roi de Navarre toutes les places conquises sur lui par l'infant dans la dernière guerre.

[3] Ces renseignements ne sont pas tout-à-fait exacts. Voyez la note précédente.

Ainsi furent les Anglois payés et délivrés, et se partirent tout contens du roi de Navarre, et retournèrent arrière à Bordeaux, et de là en Angleterre; et le mariage se fit de Charles de Navarre et de la fille au roi Henry, qui s'appeloit Jeanne, moult belle dame [1].

En cel an [2] trépassa le roi Henri de Castille, dont tout son royaume fut durement courroucé.

Tantôt après son trépas les Espaignols et les Castellains couronnèrent à roi son ains-né fils Jean : si demeura roi, par l'accord des prélats et des barons du royaume, d'Espaigne, de Castille, de Gallice, de Séville et de Corduan, et lui jurèrent tous foi et hommage à tenir à toujours mais.

Adonc s'émut la guerre entre le roi de Portingal [3] et le roi Jean de Castille, qui dura moult longuement, si comme vous orrez recorder avant en l'histoire; mais nous retournerons aux besognes de France.

CHAPITRE XLIII.

Comment le seigneur de Mucident se rendit Anglois, et comment le seigneur de Laugurant fut occis par le capitaine de Carvilac, et la prise de Bouteville par les François [4].

Vous avez bien ouï ci-dessus recorder comment le sire de Mucident se tourna François par la prise où il fut pris à Ymet en Gascongne, et comment il vint voir le roi de France, et bien séjourna un an à Paris ou plus. Et tant y fut que il prit déplaisance, car il cuida au commencement et aussi au deffinement trouver au roi de France telle chose qu'il ne trouva mie, dont il se mélancolia et se repentit grandement de ce qu'il s'étoit tourné François; mais il disoit que ce avoit été par contrainte et non par autre voie. Si s'avisa que il s'embleroit de Paris où il avoit trop séjourné et se retourneroit en son pays et se rendroit Anglois; car mieux en courage lui plaisoit le service du roi d'Angleterre que celui

[1] Elle ne s'appelait pas Jeanne, mais Léonore.
[2] C'est-à-dire l'année de la paix et non du mariage, qui eut lieu, comme je l'ai dit dans une note précédente, en 1375. Henri II mourut à Santo-Domingo de la Calzada, le lundi 30 mai, second jour de la Pentecôte, l'année 1379, âgé de quarante-six ans et six mois, après un règne de treize ans et deux mois.
[3] Ferdinand.
[4] Les faits rapportés dans ce chapitre appartiennent à l'année 1378 ou 1379.

du roi de France. Si fit ainsi comme il ordonna; et donna à entendre à tous ceux dont il avoit la connoissance, excepté à ceux de son conseil, que il étoit deshaitié. Si monta sur un soir à cheval, tout desconnu, lui quatrième, et se partit de Paris et chevaucha vers son pays. Ses gens petit à petit le suivoient. Tant exploita par ses journées que il vint à Bordeaux : si trouva messire Jean de Neufville sénéchal de Bordeaux à qui il recorda son aventure. Si se tourna Anglois; et dit qu'il avoit plus cher à mentir sa foi devant le roi de France que envers son naturel seigneur le roi d'Angleterre. Ainsi demeura le sire de Mucident Anglois tant comme il vesqui; de quoi le duc d'Anjou fut moult courroucé; et dit bien et jura que si jamais le tenoit il lui toldroit la tête. De ce étoit le sire de Mucident tout informé et avisé; si se gardoit du mieux qu'il pouvoit.

Encore se tenoit le sire de Langurant François, lequel étoit un moult appert chevalier, et faisoit plusieurs contraires ès terres des seigneurs qui étoient retournés Anglois, qui lui marchissoient [1], tels comme le seigneur de Mucident, le seigneur de Rozem et le seigneur de Duras. De quoi ces trois barons étoient moult courroucés et mettoient grand'entente à ce qu'ils le pussent occire, car il leur étoit trop fort ennemi. Le sire de Langurant, qui étoit un chevalier de grand'volonté, chevauchoit un jour et avoit en sa compagnie environ quarante lances; et vint assez près de une garnison anglesche que on dit Carvilac, qui étoit de l'héritage du captal de Buch et à son frère. Si fit une embûche de ses gens en un bois et dit : « Demeurez, je veuil aller tout seul courir devant ce fort, savoir si nul sauldra hors contre nous. » Ses gens demeurèrent. Il chevaucha outre, monté sur fleur de coursier, et vint devant les barrières de Carvilac et parla aux gardes, et demanda : « Où est Bernart Courant votre capitaine ? Dites-lui que le sire de Langurant lui demande une joute; il est bien si bon homme d'armes et si vaillant qu'il ne la refusera pas pour l'amour de sa dame; et s'il la refuse il lui tournera à grand blâme; et dirai partout où je irai qu'il m'aura refusé par couardise une joute de fer de lance. » A la barrière pour l'heure étoit l'un des varlets Bernard Courant, qui lui dit : « Sire de Langurant, j'ai ouïe votre parole; or vous souffrez un petit et je irai parler à mon maître : jà ne sera reproché que par lâcheté il vous refuse, mais que vous le veuillez attendre. » — « Par ma foi ! répondit le sire de Langurant, oil. » Le varlet se partit et vint en une chambre où il trouva son maître; si lui recorda les paroles que vous avez ouïes. Quand Bernard ot ce entendu, si lui engrossa le cœur au ventre, et affelonit grandement, et dit : « Çà ! mes armes ! ensellez-moi mon coursier; il ne s'en ira jamais refusé. » Tantôt fut fait; il s'arma et monta à cheval, et prit sa targe et son glaive, et fit ouvrir la porte et la barrière, et se mit aux champs.

Quand le sire de Langurant le vit venir, si fut tout réjoui; si abaissa son glaive et mit en ordonnance de bon chevalier; et aussi fit l'écuyer : si éperonnèrent leurs chevaux. Tous deux étoient bien montés et à volonté. Si se consuivirent des glaives si roidement en my leurs écus qu'ils volèrent en pièces. Au passer outre Bernard Courant consuivit à meschef de l'épaule [1] le seigneur de Langurant et le bouta hors de sa selle, et le jeta sur la terre. Quand Bernard Courant le vit aterré, il fut tout réjoui, et tourna tout court son coursier sur lui; et ainsi que le sire de Langurant se releva, Bernart qui étoit fort écuyer et appert, le prit à deux mains par le bacinet [2] et le tira si fort à lui qu'il lui arracha hors de la tête et le jeta dessous son cheval. Les gens du seigneur de Langurant qui étoient en embûche véoient bien tout ce; si commencèrent à eux dérouter pour venir celle part et rescourre leur seigneur. Bernard Courant regarda sur côté et les vit venir; si trait sa dague et dit au seigneur de Langurant : « Rendez-vous, sire de Langurant, mon prisonnier, rescous ou non rescous, ou autrement vous êtes mort. » Le sire de Langurant qui avoit fiance en ses gens pour être rescous, se tint tout quoi et rien ne répondit. Quand Bernard Courant vit ce et qu'il n'en auroit autre chose, si fut tout emflambé d'aïr et se douta que il ne perdît le plus pour le moins, et lui avala une dague qu'il tenoit sur le chef qu'il avoit tout nu; et lui embarra là dedans et puis la ressacha, et féry

---

[1] Dont les terres étaient limitrophes aux siennes.

[1] Atteignit dangereusement l'épaule.
[2] Chapeau de fer.

cheval des éperons et se relança ens ès barrières; et là descendit et se mit en bon convenant pour lui défendre si il besognoit. Quand les gens du seigneur de Langurant furent venus à lui, il le trouvèrent navré à mort; si furent tous courroucés, et l'ordonnèrent et appareillèrent au mieux qu'ils purent et le rapportèrent arrière en son châtel : mais il mourut à lendemain. Ainsi advint en ce temps en Gascogne du seigneur de Langurant.

En ce temps advint un fait d'armes en Rochelois; car Héliot de Plaisac, un moult aduré écuyer et vaillant homme aux armes étoit capitaine de Bouteville, un fort anglois, et tenoit là en garnison environ six vingt lances de compagnons anglois et gascons, qui moult contraignoient le pays, et couroient presque tous les jours devant la Rochelle et devant Saint-Jean d'Angely; et tenoient ces deux villes en tel doute que nul n'osoit issir, fors en larcin, dont les chevaliers et les écuyers du pays étoient moult courroucés; et s'avisèrent un jour que ils y pourverroient de remède à leur loyal pouvoir, ou ils seroient de leurs ennemis morts ou pris sur les champs. Si se cueillirent et assemblèrent à la Rochelle environ deux cents lances, car c'étoit la ville où Héliot et les siens couroient le plus souvent devant; et là étoient de Poitou et de Xaintonge le sire de Tors, le sire de Puisances, messire Jacque de Surgières, messire Parcevaulx de Coulogne, messire Regnault de Touars, messire Hue de Vivonne et plusieurs autres, en grand'volonté de rencontrer leurs ennemis. Et surent ces capitaines par leurs espies que Héliot de Plaisac chevaucheroit et viendroit devant la Rochelle accueillir la proie : si s'ordonnèrent selon ce au plus tôt qu'ils porent, le soir, tous bien armés et montés à cheval, et se mirent aux champs. A leur département ils ordonnèrent que à lendemain bien matin on mît le bétail hors aux champs à l'aventure. Ainsi fut fait que ordonné fut. Quand ce vint au matin, Héliot de Plaisac et sa route s'en vinrent courir devant la Rochelle et férir jusques aux barrières. Entrementes ceux qui commis étoient à cueillir la proie l'assemblèrent toute et la firent mener des hommes du pays devant eux. Ils ne l'eurent mie menée une lieue quand véez-ci les François, qui étoient plus de deux cents lances, qui leur vinrent sur aile; et ne s'en donnoient garde les Anglois, et se boutèrent de plain élai atout leurs roides lances sur leurs ennemis. De première venue il y en ot plusieurs rués par terre. Là dit Héliot de Plaisac : « A pied, à pied tout homme, et nul ne s'en fuie, et laisse chacun aller son cheval; si la journée est nôtre, nous aurons chevaux assez; et si elle est contre nous, nous nous passerons bien de chevaux. » Là se mirent Anglois et Gascons et ceux du côté Héliot tous à pied et en bon convenant. Aussi firent les François, car ils doutèrent de leurs chevaux perdre du fer des glaives. Là ot dure rencontre et forte bataille, et qui longuement dura, car ils étoient tous main à main; et poussoient de leurs glaives si roidement là où ils se atteignoient que ils se mettoient jusques à la grosse alaine [1]. Là ot fait plusieurs grands appertises d'armes, mainte prise et mainte rescousse; finablement les François obtinrent la place, et furent leurs ennemis déconfits et tous morts et pris; et petit s'en sauvèrent; et toute leur proie rescousse, et Héliot de Plaisac pris et amené en la Rochelle. Tantôt après cette avenue les seigneurs dessus nommés s'en allèrent devant le châtel de Bouteville, qui fut pris; et léger étoit à prendre, car on n'y trouva nulli. Ainsi fut Bouteville François, dont tout le pays d'environ ot grand'joie; et demeura Héliot de Plaisac en prison un long temps.

CHAPITRE XLIV.

Du retour de messire Thomas Trivet en Angleterre.

En ce temps [2] retournèrent en Angleterre messire Thomas Trivet et messire Guillaume Helmen et aucuns chevaliers et leurs routes, qui avoient été en Espagne et aidé à faire la guerre au roi de Navarre. Si se traitrent tantôt devers le roi d'Angleterre qui pour ce temps étoit à Cartasée, et ses deux oncles le duc de Lancastre et le comte de Cantebruge de-lez lui. Si furent les deux chevaliers liement recueillis du roi et des seigneurs, et furent enquis et examinés à dire nouvelles. Ils en dirent assez, toutes celles qu'ils savoient, et comment l'affaire s'étoit portée en

---

[1] Endurci à la fatigue.

[1] Jusqu'à s'épuiser à force de fatigue.
[2] Tout ce récit appartient à l'année 1379, pendant laquelle Henri II roi de Castille, mourut, et son fils Jean fut couronné.

Espaigne et en Navarre; et de la paix qui étoit entre le roi d'Espaigne et le roi de Navarre, et comment le dit roi de Navarre avoit marié Charles son ains-né fils[1] à la fille du roi Henry, et tout de point en point comment les traités s'étaient portés. Le duc de Lancastre et le comte de Cantebruge étoient durement pensifs sur ces paroles, car ils se disoient et tenoient hoirs de toute Espaigne de par leurs femmes. Si demandèrent en quel temps le roi Henry le bâtard étoit mort et si les Espaignols avoient couronné à roi son fils. Messire Thomas Trivet et messire Guillaume Helmen répondirent, et chacun par soi-même : « Mes chers seigneurs, à la mort du roi Henry ni au couronnement de son fils ne fûmes-nous pas; car pour ce temps nous étions retraits en Navarre; mais véez cy un hérault qui y fut, si le pouvez savoir par lui s'il vous plaît. » Adonc fut le hérault appelé et interrogé du duc de Lancastre comment l'affaire avoit allé. Il répondit ainsi et dit : « Monseigneur, à la requête de vous j'en parlerai; entrementes que mes seigneurs qui ici sont étoient à Pampelune, qui attendoient l'accomplissement des traités qui faits étoient, par leur congé je demeurai de-lez le roi de Navarre, moult honoré de lui et de ses gens, et me partis de Pampelune en sa compagnie; et vint le roi à Saint-Dominique. Contre sa venue issit hors le roi Henry, à grand'gent, qui en amour et par bonne paix l'attendoit; et fut le roi de Navarre moult honoré de lui et de ses gens, et lui donna ce soir à souper moult hautement. Après souper vinrent nouvelles que un sanglier étoit ens ès landes assez près de là : si fut ordonné que le lendemain on le iroit chasser. A celle chasse furent les deux rois et leurs veneurs; et fut le sanglier pris; et retournèrent en grand amour ce soir à Saint-Dominique. A lendemain se partit le roi Henry et s'en alla à Pierre-Ferrade pour une journée qu'il avoit là contre ses gens : là lui prit une maladie dont il mourut. Et sçut sa mort le roi de Navarre sur les champs, car il le venoit voir. Adonc retourna-t-il tout courroucé en son pays; et je pris congé à lui. Si m'en allai en Castille pour voir et apprendre des nouvelles. Et trépassa le roi Henry, le jour de la Pentecôte[1]. Assez tôt après, le vingt-cinquième jour de juillet, le jour de Saint-Jacques et Saint-Christophe, fut couronné le roi Jean de Castille ains-né fils du roi Henry, en l'église cathédrale de la cité de Burghes; auquel couronnement furent tous les barons et les prélats de Castille, d'Espaigne, de Gallice, de Corduan et de Séville. Et tous lui jurèrent sur saintes Évangiles à le tenir à roi; et fit ce jour deux cent et dix chevaliers[2] et donna moult de beaux dons. A lendemain de son couronnement, à grand'compagnie de nobles, il s'en vint à une abbaye de dames au dehors de Burghes, que on dit les Horghes[3] : là ouït la messe et dîna, et là ot grands joutes; et en ot le prix le vicomte de Roquebertin d'Arragon; et ce soir retourna le roi à Burghes; et durèrent ces fêtes bien quinze jours[4]. »

Adonc demanda le duc de Lancastre si le roi de Portingal avoit point été prié d'avoir là été : il répondit : « Oil ; mais il n'y volt venir. Et fus informé que il avoit répondu au message qui y étoit allé, que jà ne seroit au couronnement du fils d'un bâtard qui avoit murdri son frère. » — « Par ma foi ! répondit le duc, de ces paroles dire fut-il bien conseillé et lui en sais bon gré; et les choses ne demeureront pas longuement en cel état; car moi et mon frère lui challangerons l'héritage dont il se dit roi. » Atant finèrent ces paroles : si demandèrent le vin. Nous nous souffrirons maintenant à parler de cette matière et parlerons des avenues de France.

CHAPITRE XLV.

Comment le seigneur de Bournesel fut ordonné de par le roi de France pour aller en Escosse, et comment, lui étant à l'Escluse, le comte de Flandre le manda, et des paroles que lui et le duc de Bretagne lui dirent.

Le roi Charles de France qui pour le temps régnoit, si comme vous pouvez savoir par ses œuvres, fut durement sage et subtil, et bien le montra tant comme il vesqui; car tout quoi étoit en ses chambres et en ses déduits; si reconqué-

---

[1] Voyez ci-dessus la note concernant la date du mariage du prince Charles de Navarre avec l'infante Éléonore de Castille, que les historiens espagnols rapportent à l'année 1375, tandis qu'ils placent le traité de paix entre ces deux cours après l'année 1378.

[1] En 1379, année de la mort de Henri II, roi de Castille, Pâques tombait le 10 avril, et la Pentecôte le 29 mai.
[2] Ayala dit cent.
[3] Las Huelgas.
[4] Ayala ajoute que Jean y tint les Cortès, qu'il confirma tous leurs priviléges et jura de conserver les franchises et les libertés, ainsi que les bons usages et les bonnes coutumes du royaume. Mais Froissart a peu de prédilection pour les détails étrangers aux faits de chevalerie.

roit ce que ses prédécesseurs avoient perdu sur les champs, la tête armée et l'épée au poing; dont il en fait grandement à recommander. Et pour ce que le roi de France savoit le roi Robert d'Escosse avoir grand'guerre et tout le royaume d'Escosse avoir mortelle haine aux Anglois, car oncques ces deux royaumes ne porent amer l'un l'autre, pour nourrir plus grand amour entre lui et les Escots, il s'avisa qu'il enverroit un sien chevalier secrétaire et de son conseil devers le roi d'Escosse et les Escots pour parlementer, et savoir si par Escosse ses gens pourroient faire bonne guerre aux Anglois; car Yvain de Galles en son vivant l'avoit informé que par Escosse c'étoit le pays au monde par où on pouvoit mieux nuire aux Anglois. Et sur ce propos le roi de France avoit eu plusieurs imaginations, et tant que il ordonna un sien chevalier, sage et bien enlangagé, qui s'appeloit messire Pierre, seigneur de Bournesel, et lui dit : « Vous ferez ce message en Escosse et me saluerez le roi et tous les barons, et lui direz que nous et notre royaume sommes tout prêts et appareillés pour eux, d'avoir traités devers le roi et eux aussi comme à nos bons amis, pourquoi à la saison qui vient nous y puissions envoyer gens, et par là avoir entrée en Angleterre, ainsi comme nos prédécesseurs du temps passé ont eu ; et tenez état ainsi comme à message de roi appartient ; car nous le voulons, et tout sera payé. » Le chevalier répondit, et dit : « Sire, à votre commandement je obéirai. » Depuis ne séjourna guères longuement. Quand toutes ses choses furent appareillées, il se départit du roi étant lors à Paris et exploita tant par ses journées qu'il vint à l'Escluse en Flandre; et là s'arrêta en attendant vent et passage, et y séjourna environ quinze jours; car il avoit vent contraire. En ce séjour il tenoit grand état et étoffé de vaisselle d'or et d'argent, courant parmi la salle aussi largement que si fût un petit duc; et faisoit porter une épée devant lui, tout engaînée et enarmée très richement d'or et d'argent : mais bien étoit tout ce que ses gens prenoient payé. Du grand état que le chevalier menoit, tant en son hôtel comme sur les champs, par les rues et partout, étoient émerveillés plusieurs gens de la ville. Si fut avisé et regardé du baillif de l'Escluse qui là étoit officier de par le comte de Flandre, et tant que le baillif ne s'en pot taire, dont il fit mal : si le vint dire au comte qui se tenoit pour cette saison à Bruges, et le duc de Bretagne son cousin de-lez lui. Le comte quand il ot un petit pensé, avecques ce que le duc de Bretagne y rendit peine, ordonna que il fût là amené. Le baillif retourna à l'Escluse et vint au chevalier du roi mal courtoisement, car il l'arrêta de main mise de par le comte : de quoi le chevalier fut émerveillé que on lui demandoit, et dit adonc au baillif que il étoit chevalier, messager et commissaire du roi de France. « Sire, dit le baillif, je crois bien ; mais il vous faut venir parler au comte ; et m'est commandé que je vous y mène. » Oncques ne se pot le chevalier excuser que il ne fût mené du baillif et de ses gens à Bruges. Quand il fut venu, le comte de Flandre et le duc de Bretagne s'appuyoient tous deux à une fenêtre sur les jardins. Adonc se mit le chevalier à genoux devant le comte, et dit : « Monseigneur, vez-ci votre prisonnier. » De celle parole fut le comte durement courroucé, et dit par un grand dépit et yreux : « Comment, ribault, dis-tu que tu es mon prisonnier pour ce que je t'ai mandé à venir parler à moi? Les gens de monseigneur pevent bien venir devant moi et parler à moi ; et tu ne te es pas bien acquitté quand tu as tant séjourné à l'Escluse, et tu me savoies si près de toi, et tu ne daignoies venir parler à moi. » — « Monseigneur, répondit le chevalier, sauve la vôtre grâce ! » Adonc prit la parole le duc de Bretagne et dit : « Entre vous, bourdeurs[1] et langageurs et vendeurs de bourdes et de langages au palais, à Paris, et en la chambre de monseigneur, vous mettez le royaume en votre volonté, et jouez du roi à votre entente, et en faites bien et mal et quoi que vous voulez ; ni nuls hauts princes de son sang, puis que vous l'avez enchargé en haine, ne peut être ouï ; et on en pendra encore tant de tels gens que les gibets en seront tous remplis. » Le chevalier qui là étoit à genoux, tout honteux, car telles paroles ouïr lui étoient moult dures, et bien véoit que taire lui étoit plus profitable que parler, si ne répondit oncques mot à ces paroles et dissimula au mieux qu'il put, et se départit de la présence des seigneurs, en prenant congé quand il vit que heure fut. Aussi aucuns gens de bien qui étoient de-lez le comte lui firent voie et le me-

---

[1] Bourder, c'est débiter des sornettes, de mauvaises raisons.

nèrent boire. Depuis monta à cheval le sire de Bournesel et retourna à l'Escluse en son hôtel. Et vous dirai comment il lui chey. Quoique toutes ses pourvéances fussent appareillées et chargées et eût bon vent pour singler vers Escosse, il ne s'osa partir et mettre au danger de la mer; car il lui fut dit qu'il étoit épié et avisé d'Anglois qui séjournoient à l'Escluse; et que si il se mettoit en son voyage il seroit happé sur mer. Pour cette doute son voyage fut brisé; et se partit de l'Escluse, et s'en retourna en France et à Paris de-lez le roi.

CHAPITRE XLVI.

Comment le roi de France escripvit au comte de Flandre qu'il éloignât de lui le duc de Bretagne, dont le comte ne voult rien faire, et comment le dit duc passa en Angleterre, et du mariage du comte de Saint-Pol à la sœur du roi Richard.

Vous devez savoir que le sire de Bournesel ne recorda mie moins au roi de France de l'aventure qui lui étoit avenue en Flandre, mais tout ainsi que la chose alloit; et bien lui besognoit qu'il montrât diligence et excusance, car le roi étoit moult émerveillé de son retour. A ce record que messire Pierre fit étoient plusieurs chevaliers de la chambre du roi; et par espécial messire Jean de Ghistelles, de Hainaut, cousin au comte de Flandre, y étoit, qui engorgeoit[1] toutes les paroles du chevalier; et tant que finablement il ne se put taire, pourtant que messire Pierre, ce lui sembloit, parloit trop avant sur la partie du comte. Si dit ainsi : « Je ne puis pas tant ouïr parler du comte de Flandre mon cher seigneur; et si vous voulez dire, chevalier, que il soit tel comme vous dites ici, ni que il ait de son fait empêché votre voyage, je vous en appelle de champ et véez cy mon gage. » Le sire de Bournesel ne fut pas ébahi de répondre, et dit ainsi : « Messire Jean, je dis que je fus ainsi mené et pris du baillif de l'Escluse et amené devant le comte; et toutes les paroles que j'ai dites, le comte de Flandre et le duc de Bretagne les ont dites; et si vous voulez parler du contraire qu'il ne soit ainsi, je lèverai votre gage. » — « Oïl, » répondit le sire de Ghistelles. A ces paroles, le roi se mélancolia et dit : « Allons, allons, nous n'en voulons plus ouïr. » Si se départit de la place et rentra en sa chambre avec-

ques ses chambellans tant seulement, moult réjoui de ce que messire Pierre avoit si franchement parlé et relevé la parole de messire Jean de Ghistelles; et dit ainsi, en riant : « Leur a-t-il bien mâché! je n'en voudrois pas tenir vingt mille francs. » Depuis avint que messire Jean de Ghistelles fut si mal de cour, qui étoit chambellan du roi, que on le véoit envis; et bien s'en aperçut; si ne put souffrir les dangers, et prit congé du roi et se partit et s'en vint en Brabant devers le duc Wincelin de Brabant[1] qui le retint. Et le roi de France se tint dur informé sur le comte de Flandre, tant pour ce qu'il sembloit à plusieurs du royaume que il avoit empêché le seigneur de Bournesel à faire son voyage en Escosse, comme pour ce qu'il tenoit de-lez lui le duc de Bretagne son cousin qui étoit grandement en sa malivolence; et aperçurent bien ceux qui de-lez le roi étoient, que le comte de Flandre n'étoit pas bien en sa grâce.

Un petit après cette avenue, le roi de France escripsit unes lettres moult dures devers le comte de Flandre son cousin; et parloient ces lettres sur menace, pourtant qu'il soutenoit avecques lui le duc de Bretagne lequel il tenoit à ennemi. Le comte de Flandre rescripsit au roi et s'excusa au plus bellement qu'il pot, et bien le sçut faire. Cette excusance n'y valut riens que le roi de France ne lui renvoyât plus dures lettres, en remontrant que, si il n'éloignoit de sa compagnie le duc de Bretagne son adversaire, il lui feroit contraire. Quand le comte de Flandre vit que c'étoit acertes et que le roi de France le poursuivoit de si près, si ot avis de soi-même, car il étoit moult imaginatif, que il montreroit ces menaces à ses bonnes villes, et par espécial à ceux de la bonne ville de Gand, pour savoir que ils répondroient; et envoya à Bruges, à Ypres et à Courtray; et se partit, le duc de Bretagne en sa compagnie, et s'en vint à Gand et se logea à la Poterne. Si fut liement reçu des bourgeois, car à ce jour ils l'aimoient moult de-lez eux. Quand aucuns bourgeois des bonnes villes de Flandre qui envoyés y furent, ainsi que ordonné étoit, furent là tous assemblés, le comte les fit venir en une place et là remontrer

---

[1] Écoutait en murmurant dans la gorge.

[1] Wenceslas, duc de Luxembourg et frère de l'empereur d'Allemagne, Charles IV. Il devint duc de Brabant en 1347, par son mariage avec Jeanne, duchesse de Brabant, fille de Jean III le Triomphant, duc de Brabant.

par Jean de la Faucille toute son intention, et lire les lettres que le roi de France depuis deux mois lui avoit envoyées. Et quand ces lettres orent été lues, le comte parla et dit : « Mes enfans et bonnes gens de Flandre, par la grâce de Dieu, j'ai été votre seigneur long-temps, et vous ai gouvernés en paix à mon pouvoir; ni vous n'avez en moi vu nul contraire que je ne vous aie tenus en prospérité, ainsi que un seigneur doit tenir ses gens : mais il me vient à grand'déplaisance, et aussi doit-il faire à vous qui êtes mes bonnes gens, quand monseigneur le roi me hérie et me veut hérier, pourtant que je soutiens en mon pays et tiens en ma compagnie le duc de Bretagne, mon cousin germain, qui n'est pas bien aimé en France, et ne se ose assurer en ses gens en Bretagne, pour la cause de cinq ou six barons qui le héent; et veut le roi que je le boute hors de mon hôtel et de ma terre; ce lui seroit grand'étrangeté. Je ne dis mie, si je confortois mon cousin de villes, de châteaux, de gens d'armes contre le roi de France, que il n'eût bien cause de soi plaindre de moi; mais nennil, ni nulle volonté n'en ai. Et pour ce je vous ai ci assemblés et vous montre les périls qui en pourroient venir, à savoir si vous voulez demeurer de-lez moi. » Ils répondirent tous d'une voix : « Monseigneur, oil; et ne savons aujourd'hui seigneur, quel qu'il soit, s'il vous vouloit faire guerre, que vous ne trouvissiez dedans votre comté deux cent mille hommes, tout armés et bien à point pour eux défendre. Cette parole réjouit grandement le comte Louis de Flandre, et dit : « Mes beaux enfans, grand mercy ! » Sur ces paroles deffina leur parlement; et se contenta le comte grandement de eux; et leur donna congé de retourner en leurs maisons, et retourna chacun en son pays; et le comte, quand il sçut que bon fut, retourna à Bruges, le duc de Bretagne en sa compagnie. Si demeurèrent les choses en cel état, le comte grandement content et en la grâce de ses gens, et le pays en paix et en prospérité. Depuis ne demeura guères, par incidence merveilleuse, que le pays échut en grand'tribulation, si comme vous orrez recorder avant en l'histoire. Vous devez et pouvez bien croire que le roi de France fut informé de toutes ces choses, et comment le comte de Flandre avoit répondu. Si ne l'en ama mieux, mais il n'en pot autre chose faire; et disoit que le comte de Flandre étoit le plus orgueilleux et présumpcieux prince que on sçût, et encore, si comme je fus informé, que c'étoit le seigneur qu'il eût plus volontiers mis à raison, ou volontiers eût vu que aucun lui eût porté contraire ou dommage, par quoi son grand orgueil fut abattu. Le comte de Flandre, quoique le roi de France lui eût escript que c'étoit grandement à sa déplaisance que il soutenoit le duc de Bretagne, pour ce ne lui donna mie congé; mais le tint delez lui tant que demeurer volt; et lui faisoit tenir son état bel et bon. Et en la fin le duc ot conseil et volonté qu'il se retrairoit en Angleterre : si prit congé au comte son cousin et s'en vint à Gravelines; et là le vint quérir le comte de Salebrin à cinq cents lances et mille archers, pour la doute des garnisons françoises, et le mena à Calais dont messire Hue de Cavrelée étoit capitaine, qui le reçut liement. Quand le duc de Bretagne ot séjourné environ cinq jours à Calais il eut vent à volonté; si monta en mer, et le comte de Salebrin en sa compagnie, et arrivèrent à Douvres; et de là vinrent vers le jeune roi Richard, qui les reçut à grand'joie; et aussi firent le duc de Lancastre, le comte de Cantebruge, le comte de Bouquinghen et les seigneurs et les barons d'Angleterre.

Vous avez bien ci-dessus ouï recorder comment messire Wallerant de Luxembourg, le jeune comte de Saint-Pol[1], fut pris des Anglois, par bataille en la bastide d'Ardre et de Calais, et fut mené en Angleterre prisonnier, en la volonté du roi; car le roi Édouard, lui vivant, l'acheta du seigneur de Gommégnies qui avoit été son maître; car le sire de Gommégnies avoit mis sus la chevauchée en laquelle il fut pris d'un écuyer, bon homme d'armes de la duché de Guerles. Si demeura grand temps le comte de Saint-Pol prisonnier en Angleterre, sans avoir sa délivrance. Bien est vérité que le roi d'Angleterre, le captal de Buch vivant, l'offrit plusieurs fois au roi de France pour le dit captal; mais le roi Charles ni son conseil n'y vouloit entendre ni le donner pour échange; dont le roi anglois avoit grand'indignation. Si demeura la chose longuement en cel état, et le jeune comte de Saint-Pol prisonnier en Angleterre dedans le

---

[1] Voyez au livre 1er, le récit de la prise du comte de Saint-Paul par les Anglois, que l'*Art de vérifier les dates* place à l'année 1374.

bel châtel de Vindesore; et avoit si courtoise prison qu'il pouvoit aller partout ébattre, jouer et voler des oiseaux environ Vindesore : de ce étoit-il reçu sur sa foi. En ce temps, se tenoit madame la princesse, mère du roi Richard d'Angleterre, à Vindesore [1], et sa fille de-lez elle, madame Mahault, la plus belle dame d'Angleterre. Le comte de Saint-Paul et cette dame s'entraimèrent loyaument et enamourèrent l'un l'autre; et étoient ensemble à la fois en dances et en carolles et en ébatemens, tant que on s'en aperçut; et s'en découvrit la dame, qui aimoit le comte de Saint-Paul ardemment, à madame sa mère. Si fut adoncques traité un mariage [2] entre le comte de Saint-Paul et madame Mahault de Holand; et fut mis le comte à finance à six vingt mille francs [3], desquels, quand il auroit épousé la dame, on lui rabattroit soixante mille francs [4], et les autres soixante mille il paieroit : et pour trouver la finance, quand les convenances furent prises, le roi d'Angleterre fit grâce au comte de Saint-Paul de repasser la mer, et de retourner sur sa foi dedans l'an. Si vint le comte en France voir le roi et ses amis, le comte de Flandre, le duc de Brabant et le duc Aubert, ses cousins, qui le conjouirent liement. Le roi de France en cel an fut informé trop dur contre le comte de Saint-Paul [5]; car on le mit en soupçon qu'il devoit rendre aux Anglois le fort châtel de Bouchain; et le fit le roi saisir de main mise et bien garder, et montra le roi que le comte de Saint-Pol vouloit faire envers lui aucun mauvais traité; ni onques ne s'en pot excuser; et pour ce fait furent en prison, au châtel de Mons en Haynault, monseigneur le chanoine de Robertsart, le sire de Vertaing, messire Jaquemes du Sart et Girart d'Obies. Depuis se diminuèrent ces choses et allèrent à néant; car on ne put rien prouver sur eux; et furent délivrés; et le comte de Saint-Pol retourna en Angleterre pour lui acquitter devers le roi, et épousa sa femme; et fit tant qu'il paya les soixante mille francs en quoi il étoit obligé, et puis repassa la mer; mais point n'entra en France, car le roi l'avoit en haine. Si allèrent demeurer, le comte et la comtesse sa femme au châtel de Hen sur Eure, que le sire de Morianmes, qui avoit sa sœur épousée [1], lui prêta, et là se tinrent tant que le roi Charles vesqui, car oncques le comte ne put retourner à son amour. Nous nous souffrirons à parler de cette manière, et retournerons aux besognes de France.

CHAPITRE XLVII.

Comment ceux de la garnison de Chierbourch déconfirent les François. Comment le fort château de Mont-Ventadour fut par trahison livré à Geffroy-Tête-Noire, et comment Ayme rigot Marcel prit plusieurs forts au pays d'Auvergne.

En ce temps se tenoit toute Bretagne close [2], tant pour le roi de France que l'un contre l'autre, car les bonnes villes de Bretagne étoient assez de l'accord du duc, et avoient grand'merveille que on demandoit à leur seigneur; et aussi étoient de leur accord plusieurs chevaliers et écuyers du pays, et la comtesse de Penthièvre, mère aux enfans de Bretagne avecques eux : mais le connétable de France, messire Bertran de Claiquin, le sire de Cliçon, le sire de Laval, le vicomte de Rohan et le sire de Rochefort, tenoient le pays en guerre avecques la puissance qui leur venoit de France. Car à Pont-Orson et

---

[1] Cette princesse, veuve du prince de Galles, père du roi Richard, avait épousé en premières noces Thomas Holland et avait eu de ce mariage Mahaut de Courtenay, qui fut mariée au comte de Saint-Paul.

[2] Le traité pour la rançon et le mariage du comte de Saint-Paul est imprimé dans Rymer et porte la date du 18 juillet 1379.

[3] Les lettres du 18 juillet 1379 disent seulement cent mille francs d'or, dont cinquante mille devaient être payés lorsque le comte de Saint-Paul serait arrivé à Calais, et les cinquante mille autres payés moitié à Noël et moitié à la Saint-Jean-Baptiste suivante. Pour sûreté du paiement le comte de Saint-Paul devait donner en otage son frère puîné, Pierre de Luxembourg, et livrer aux Anglais Guise ou Bouchain.

[4] Les conventions du 18 juillet 1379, dans Rymer, ne font point mention d'aucune remise en faveur de ce mariage.

[5] Ce n'était pas sans fondement que l'on avait donné au roi des impressions désavantageuses contre le comte de Saint-Paul. Suivant les conventions du 18 juillet 1379, le comte devenait homme-lige du roi d'Angleterre, renonçait à la vassalité du roi de France, livrait aux Anglais Guise ou Bouchain et tous ses châteaux en France, etc. Cet acte renferme les preuves les plus convaincantes de la félonie du comte de Saint-Paul.

[1] L'Histoire généalogique de la maison de France donne quatre sœurs au comte de Saint-Paul, mais on ne voit pas le nom du sire de Moriaumes ou Moriane parmi ceux de leurs maris.

[2] Froissart ne parle point ici de l'arrêt de confiscation de la Bretagne, du 4 décembre 1378, dont cette division des Bretons fut la suite ce qui eut lieu en 1379.

à Saint-Malo de l'isle avoit très grand'foison de gens d'armes de France, de Normandie, d'Auvergne et de Bourgogne, lesquels y faisoient moult de desroys. Le duc de Bretagne, qui se tenoit en Angleterre, étoit bien informé de ces avenues, et comment le duc d'Anjou qui se tenoit à Angers lui faisoit détruire et guerroyer son pays, et comment les bonnes villes se tenoient closes au nom de lui, et aucuns chevaliers et écuyers de Bretagne, dont il leur savoit bon gré. Mais ce nonobstant ne s'osoit-il fier de retourner en Bretagne, car il se doutoit de trahison; et aussi il ne le trouvoit pas en conseil [1] devers le roi d'Angleterre ni le duc de Lancastre.

D'autre part, en Normandie, se tenoit à Valognes en garnison messire Guillaume des Bordes, lequel en étoit capitaine, en la compagnie le Petit, sénéchal d'Eu, messire Guillaume Martel, messire Braques de Braquemont, le sire de Tracy, messire Parceval d'Aineval, le Bègue d'Ivry, messire Lancelot de Lorris et plusieurs autres chevaliers et écuyers; et subtilloient nuit et jour comment ils pussent porter dommage à ceux de Chierbourch, dont messire Jean de Harleston étoit capitaine. Ceux de Chierbourch issoient souvent hors quand bon leur sembloit; car ils pouvoient, toutefois qu'il leur plaisoit, chevaucher à la couverte que on ne savoit rien de leurs issues, pour les grands bois où ils marchissoient [2]; car ils avoient faite une voie et taillée à leur volonté, que ils pouvoient issir hors et chevaucher sur le pays sans danger des François. Et avint en celle saison [3] que les François chevauchoient et eux aussi; et rien ne savoient les uns des autres; et tant que d'aventure ils se trouvèrent ens ès bois, en une place que on dit Preston. Lorsqu'ils s'entretrouvèrent, ainsi que chevaliers et écuyers qui désirent à combattre, ils mistrent tous pied à terre, excepté messire Lancelot de Lorris, qui demeura sus son coursier, le glaive au poing et la targe au col, et demanda une joute pour l'amour de sa dame. Là étoit qui bien l'entendit; si fut tantôt recueilli, car autant bien y avoit des chevaliers amoureux avecques les Anglois comme il étoit; et vint sur lui messire Jean de Copellant, un moult roide chevalier; et éperonnèrent leurs chevaux et se boutèrent l'un sur l'autre de plein élai, et se donnèrent sur leurs targes très grands horions. Là fut consuivi messire Lancelot du chevalier anglois, par telle manière qu'il perça la targe et toutes les armures et lui passa tout oultre le corps, et fut navré à mort; dont ce fut dommage, car il étoit appert chevalier, jeune, frisque et amoureux, et fut depuis moult plaint. Adonc se boutèrent François et Anglois les uns dedans les autres, et se combattirent longuement des glaives et puis des haches. Là furent bons chevaliers, de la part des François, messire Guillaume des Bordes, le Petit, sénéchal d'Eu, messire Guillaume Martel, messire Braques de Braquemont et tous les autres; et se combattirent vaillamment. Et aussi firent les Anglois, messire Jean de Harleston, messire Philipars Pigourde, messire Jean Burlé, messire Jean de Copellant et tous les autres; et avint finablement que, par bien combattre, la journée leur demeura; et obtinrent la place, et furent les François tous morts ou pris; et fut messire Guillaume des Bordes pris d'un écuyer de Hainaut nommé Guillaume de Baulieu [1]. Si furent menés à Chierbourch; et là trouvèrent messire Olivier de Claiquin aussi prisonnier.. Ainsi alla de celle besogne, si comme je fus adonc informé.

D'autre part, en Auvergne et en Limousin, avenoient souvent faits d'armes et merveilleuses emprises; et par espécial, dont ce fut dommage pour le pays, le châtel de Mont-Ventadour en Auvergne, qui est l'un des plus forts châteaux du monde, fut trahi et vendu à un Breton, le plus cruel et austère de tous les autres, qui s'appeloit Geoffroy Tête-Noire, et je vous dirai comment il l'eut. Le comte de Mont-Ventadour et de Montpensier étoit un ancien et simple prudom qui plus ne s'armoit, mais se tenoit tout quoy en son châtel. Ce comte avoit un écuyer à varlet, nommé Pons du Bois, lequel l'avoit servi moult longuement; et trop petit avoit profité en son service, et véoit que nul profit d'or ni d'argent il n'y pouvoit avoir. Si s'avisa d'un mauvais avis qu'il se payeroit; si fit un se-

---

[1] C'est-à-dire que le roi d'Angleterre ni le duc de Lancastre ne lui conseilloient pas de retourner en Bretagne.
[2] Dont ils étaient voisins.
[3] Cette rencontre des Français et des Anglais près Cherbourg est du jour de Saint-Martin d'été, 4 juillet 1378, et Froissart en a déjà parlé au premier livre.

[1] Guillaume des Bordes était encore prisonnier dans la tour de Londres le 30 d'août 1380.

cret traité à Geffroy Tête-Noire qui se tenoit en Limousin, et tant que il livra le châtel de Ventadour pour six mille francs. Mais il mit en son marché que son maître, le comte de Ventadour, n'auroit jà mal, et le mettroit-on hors du châtel débonnairement, et lui rendroient tout son arroy. Ils lui tinrent son convenant, ni oncques ne firent mal au comte ni à ses gens, et ne retinrent fors les pourvéances et l'artillerie dont il y avoit grand'foison. Si s'en vint le comte de Ventadour et ses gens demeurer à Montpensier de-lez Aigue-Perse en Auvergne ; et Geffroy Tête-Noire et ses gens tinrent Mont-Ventadour, par lequel ils endommagèrent fort le pays, et prirent plusieurs châteaux en Auvergne, en Rouergue, en Limousin, en Quercin, en Givauldan, en Bigorre et en Agénois. Avec Geffroy Tête-Noire avoit plusieurs autres capitaines qui faisoient moult de grands appertises d'armes : et prit Aimerigot Marcel, un écuyer de Limousin, Anglois, le fort châtel de Caluset séant en Auvergne en l'évêché de Clermont. Cil Aimerigot avec ses compagnons coururent le pays à leur volonté. Si étoient de sa route et capitaines d'autres châteaux : le Bourg de Carlat, le Bourg Anglois, le Bourg de Champagne, Raymond de Sors, Gascon, et Pierre de Biern, Biernois.

Aimerigot Marcel chevauchoit une fois, lui douzième tant seulement, à l'aventure ; et prit son chemin pour venir à Aloise de-lez Saint-Flour, qui est un beau château de l'évêché de Clermont. Bien savoit que le châtel n'étoit point gardé, fors du portier tant seulement. Ainsi qu'ils chevauchoient à la couverte devant Aloise, Aimerigot regarda et vit que le portier séoit sur une tronche de bois en dehors du châtel. Adonc dit un Breton qui savoit trop bien jouer de l'arbalêtre : « Voulez-vous que je vous le rende tout mort du premier coup ? » — « Oïl, dit Aimerigot, je t'en prie. » Cil arbalêtrier entoise et trait un carreau, et assenne le portier de droite visée en la tête et lui embarre tout dedans. Le portier qui étoit navré à mort, quand il se sentit féru, rentra en la porte et cuida refermer le guichet, mais il ne le put, car il chut là tout mort. Aimerigot et ses compagnons se hâtèrent et entrèrent dedans : si trouvèrent le portier tout mort et sa femme de-lez lui tout effréée, à laquelle ils ne firent nul mal, mais ils lui demandèrent où le châtelain étoit. Elle répondit que il étoit à Clermont. Les compagnons assurèrent la femme de sa vie, afin qu'elle leur baillât les clefs du châtel et de la maîtresse tour. Elle le fit, car elle n'avoit point de défense ; et puis la mirent hors, et lui rendirent toutes ses choses, voire ce que porter en put : si s'en vint à Saint-Flour, à une lieue de là. Ceux de Saint-Flour furent tout ébahis quand ils surent que Aloise étoit Anglesche : aussi furent ceux du pays d'environ.

Assez tôt après prit Aimerigot Marcel le fort châtel de Vallon par échellement ; et quand il fut dedans, le capitaine dormoit en une grosse tour, laquelle n'étoit mie à prendre de force. Adonc s'avisa Aimerigot d'un subtil tour ; car il tenoit le père et la mère du capitaine : si les fit venir devant la tour, et fit semblant qu'il les feroit décoler si leur fils ne rendoit la tour. Les bonnes gens doutoient la mort ; si dirent à leur fils qu'il eût pitié d'eux ou autrement ils étoient morts. Si pleuroient tous deux moult tendrement. L'écuyer se rattendry grandement, et n'eût jamais vu son père ni sa mère mourir ; si rendit la tour ; et on les bouta hors du châtel. Ainsi fut Vallon Anglesche, qui gréva moult le pays ; car toutes manières de gens qui vouloient mal faire se retraioient dedans, où en Caluset à deux lieues de Limoges, ou en Carlat, ou en Aloise, ou en Ventadour et en plusieurs autres châteaux. Et quand ces garnisons se assembloient, ils pouvoient être cinq ou six cents lances ; et couroient toute la terre au comte Dauphin qui leur étoit voisine, et nul ne leur alloit au devant tant qu'ils fussent ensemble. Bien est vérité que le sire d'Apchier leur étoit grand ennemi ; aussi étoient le sire de Solleneil et le bâtard de son frère, et un écuyer de Bourbonnois nommé Gardonces. Cil Gardonce, par beau fait d'armes et d'une rencontre, print un jour Aimerigot Marcel, et le rançonna à cinq mille francs : tant en eut-il. Ainsi se portoient les faits d'armes en Auvergne et en Limousin et ès marches de par delà.

CHAPITRE XLVIII.

Comment Clément fut tenu à pape par le roi de France, et comment il envoya en France le cardinal de Poitiers.

Je me suis longuement tenu à parler du fait de l'Église, si m'y vueil retourner, car la matière le requiert. Vous avez bien ci dessus ouï recorder comment, par l'effort des Romains, les cardinaux qui pour le temps régnoient, et pour le peuple de Rome apaiser qui trop fort étoit ému sur eux, firent pape et nommèrent l'archevêque de Bari, qui s'appeloit en devant Berthelemieu des Aigles [1]. Cil reçut la papalité, et fut nommé Urbain le VI, et ouvrit grâces ainsi comme usage est. L'intention de plusieurs cardinaux étoit que, quand ils verroient leur plus bel, ils remettroient leur élection ensemble et ailleurs, car ce pape ne leur étoit mie profitable ni aussi à l'Église, car il étoit trop fumeux et trop melencolieux. Quand il se vit en prospérité et puissance de papalité, et que plusieurs rois chrétiens escripsoient à lui et se mettoient en son obéissance, il se oultre-cuida et enorgueillit et voult user de puissance et de tête, et retrancher aux cardinaux plusieurs choses de leur droit et outre leurs accoutumances; de quoi il leur déplut grandement; et en parlèrent ensemble; et distrent et imaginèrent que il ne leur feroit jà bien, et que il n'étoit pas digne de gouverner le monde. Si proposèrent les plusieurs que ils éliroient un autre qui seroit sage et puissant, et par lequel l'Église seroit bien gouvernée.

A cette ordonnance mettoient grand'peine les cardinaux, et par espécial cil qui depuis fut élu pape. Par tout un été; furent-ils en variation [2], car ceux qui tiroient à faire pape n'osoient découvrir leur secret généralement pour les Romains; et tant que, sur les vacations de cour plusieurs cardinaux se partirent de Rome et s'en allèrent ébattre en plusieurs lieux à leur plaisance. Urbain s'en alla en une cité que on dit Tieulle [3], et là se tint un grand temps. En ces vacations et ce terme qui longuement ne pouvoit durer, car trop grand'foison de clercs de diverses parties du monde étoient à Rome attendant grâces, et jà les plusieurs étoient promises et colloquées, les cardinaux, qui étoient tous d'un accord, se mirent ensemble et firent pape; et eschéi le sort et la voix à messire Robert de Genève [4]; et fut premièrement évêque de Thé-

rouenne et puis évêque de Cambrai, et s'appeloit le cardinal de Genève. A cette élection faire furent présens la greigneur partie des cardinaux; et fut appelé Clément.

En ce temps avoit en la marche de Rome un moult vaillant chevalier de Bretagne, qui s'appelloit Sevestre Bude, qui tenoit dessous lui plus de deux mille Bretons; et tous s'étoient, les années passées, bien portés contre les Florentins, que pape Grégoire avoit guerroyés et excommuniés pour leur rébellion; et avoit Sevestre Bude tant fait, qu'ils étoient venus à merci. Pape Clément, et les cardinaux qui de son accord étoit, le mandèrent secrètement et toutes ses gens. Si s'en vint bouter au bourg Saint-Pierre et au fort châtel Saint-Ange dehors Rome, pour mieux contraindre les Romains. Si ne s'osoit Urbain partir de Tieulles, ni les cardinaux qui de son accord étoient. Grandement n'y en avoit mie, pour la doutance des Bretons; car ils étoient grand'foison et tous gens de fait, et ruoient jus tout ce qu'ils rencontroient. Quand les Romains se virent en ce danger, si mandèrent autres soudoyers allemands et Lombards, qui escarmouchoient tous les jours contre ces Bretons. Clément ouvrit grâces [1] et signifia son nom [2] par tout le monde. Quand le roi de France qui pour le temps régnoit en fut certifié, si lui vint de premier à grand merveille; et manda ses frères, et les hauts barons de France, et tous les prélats, et le recteur, et les maîtres et docteurs de l'université de Paris, pour savoir à laquelle élection de ces deux papes, ou à la première ou à la dernière il se tenroit. Cette chose ne fut pas sitôt déterminée, car plusieurs clercs varioient; mais finablement tous les prélats de France s'inclinoient à Clément, et aussi faisoient les frères du roi, et la greigneur partie de l'université de Paris. Et fut le roi Charles de France tellement montré et informé par tous les plus grands clercs de son royaume, qu'il obéit au pape Clément [3] et le tint à droit pape; et fit un commandement espécial par tout son royaume que

---

[1] Barthélemi Prignano, archevêque de Bari, fut élu le 9 avril 1378, et couronné le 18 du même mois, et s'appela Urbain VI.

[2] Pendant l'été de l'année 1378.

[3] Tivoli.

[4] Robert de Genève fut élu à Fondi, le 21 septembre 1378, et couronné le 31 octobre suivant : il prit le nom de Clément VII. (Voyez l'excellent morceau de M. Sismondi, sur ce schisme, dans son tome VII des Républiques italiennes.

[1] Distribua les grâces du saint siége.

[2] Aussitôt que le pape est nommé, il choisit le nom sous lequel on doit le désigner.

[3] Charles V se déclara pour Clément VII dans l'assemblée de Vincennes, le mardi 16 novembre 1378.

on tenist Clément à pape, et que tous obéissent à lui si comme à Dieu en terre. Le roi d'Espagne tint celle opinion[1]; aussi fit le comte de Savoye, le sire de Milan et la roine de Naples[2]. Ce que le roi de France crut en Clément colora grandement son fait; car le royaume de France est la fontaine de chrétienté, d'excellence et de créance, pour les nobles églises et les hautes prelacions qui y sont. Encore vivoit Charles de Boësme, roi d'Allemagne et empereur de Rome[3], et se tenoit à Prague en Behaigne, et étoit informé de toutes ces choses qui lui venoient à grand'merveille; et quoique tous ceux de l'empire d'Allemagne, excepté l'archévêque de Trèves, crussent de fait, de courage et d'intention en Urbain, ni ne vouloient ouïr parler d'autre, l'empereur se feingny et dissimula tant qu'il vesqui; et répondoit, quand on lui en parloit, si bien que tous prélats et barons de son empire s'en contentoient. Nonobstant tout ce les églises de l'Empire obéissoient à Urbain, et aussi fit tout le royaume d'Angleterre; et le royaume d'Escosse obéit à Clément. Le comte Louis de Flandre gréva grandement Clément ès parties de Brabant, de Hainaut, de Flandre et du Liége, car il vouloit toujours demeurer Urbaniste; et disoit que on faisoit à ce pape tort. Et ce comte étoit tout cru et renommé adonc ès parties où il conversoit; et pour ce les églises et les seigneurs terriens se tenoient à son opinion. Mais ceux de Hainaut, les églises et le sire conjoints avecques eux, demeurèrent neutres, et ne obéirent ni à l'un ni à l'autre : de quoi l'évêque de Cambray pour le temps, qui s'appeloit Jean, en perdoit en Hainaut toutes ses revenues en temporalité.

En ce temps fut envoyé ens ès parties de France, de Hainaut, de Flandre et de Brabant, de par le pape Clément, le cardinal de Poitiers[1], un moult prudomme et vaillant et sage clerc, pour enseigner et prêcher le peuple, car il avoit été en la première élection. Si montroit bien comment par contrainte ils avoient l'archevêque de Bari fait pape. Le roi de France et ses frères et les prélats de France le recueillirent bénignement, et entendirent volontiers à ses besognes et à ses paroles; et leur semblèrent toutes véritables, pourtant y ajoutèrent-ils plus grand'foi. Et quand il ot été en France à son plaisir, il s'avala en Hainaut où il fut reçu du duc Aubert liement. Aussi fut-il en Brabant du duc et de la duchesse, mais autre chose n'y conquesta. Il cuida à son venir aller au Liége; mais il en fut si déconseillé que point n'y alla. Si retourna à Tournay; et cuidoit aller en Flandre pour parler au comte; mais point n'y alla, car il lui fut signifié du comte qu'il n'y avoit que faire, car il tenoit Urbain à pape, et toujours il le tiendroit, et en cel état vivroit et mourroit. Si se partit le cardinal de la ville de Tournay, et s'en vint à Valencienne et de là à Cambray; et là se tint long-temps, en espérance de toujours ouïr bonnes nouvelles.

CHAPITRE XLIX.

Comment messire Sevestre Bude et aucuns Bretons entrèrent en Rome et tuèrent plusieurs Romains.

Ainsi étoient les royaumes chrétiens en variation par le fait de ces deux papes, et les églises aussi en différend. Urbain avoit la greigneur partie. Mais la plus profitable tant comme à revenue, à pleine obéissance Clément la tenoit. Si envoya

---

[1] Le roi de Castille, Henri de Transtamare, dans l'assemblée de Tolède, en 1378, resta neutre. L'Arragon et le Portugal en firent autant. Clément VII ne fut reconnu en Castille que sous le roi Jean, fils de Henri, le jour de la Pentecôte 1381, dans l'assemblée de Salamanque, où avaient été transférés les états de *Medina del Campo*. Le Portugal ne le reconnut que l'année suivante.

[2] La reine Jeanne, de Naples, reconnut d'abord Urbain VI, mais rebutée par les procédés durs et hautains de ce pape, elle favorisa l'élection de Clément VII. Urbain VI s'en vengea et fut la principale cause de tous ses malheurs.

[3] Charles IV, empereur et roi de Bohême, mort le 29 novembre 1378. Il était attaché à Urbain VI, qui confirma à son fils Venceslas la succession à l'empire.

[1] Suivant les grandes Chroniques de France et la continuation de la Chronique française de Guillaume de Nangis, les cardinaux de Poitiers et d'Aigrefeuille arrivèrent à Paris après Pâques de l'an 1379. La continuation de Nangis dit que le cardinal d'Aigrefeuille était destiné pour l'Allemagne, et le cardinal de Poitiers pour l'Angleterre. Ils furent reçus au Louvre et eurent plusieurs conférences avec le roi. Le 4 mai, le cardinal de Limoges présenta le chapeau rouge au cardinal d'Autun en présence du roi. Le 7 du même mois, ils allèrent à Vincennes, où ils eurent audience du roi sur l'objet de leur légation, et bientôt après ils partirent de Paris pour se rendre à leur destination. Le cardinal de Poitiers alla d'abord à Tournay; et celui d'Aigrefeuille, suivant la continuation de Nangis, à Metz, mais ils ne purent obtenir de sauf-conduit pour l'Allemagne ni pour l'Angleterre. J'ai suivi la continuation de Nangis pour les dates, beaucoup plus exactes là que celles des grandes Chroniques de France.

Clément, par le consentement des cardinaux, en Avignon, pour appareiller le lieu et le palais : si étoit bien son entente que par delà il se trairoit au plus tôt qu'il pourroit. Et s'en vint séjourner Clément en la cité de Fondes et là ouvrit ses grâces; et si se trairent toutes manières de clercs, qui ses grâces vouloient avoir, celle part. Et tenoit sur les champs ès villages grand'foison de souldoiers qui guerrioient et hérioient Rome et le bourg Saint-Pierre, et les travailloient jour et nuit d'assauts et d'escarmouches. Et aussi ceux qui étoient au châtel de Saint-Angle, au dehors Rome, faisoient moult de destourbiers aux Romains; mais ceux de Rome se fortifièrent de souldoiers allemands, et en avoient grand'foison, avec la puissance de Rome que ils assemblèrent, si que un jour ils conquirent le bourg Saint-Pierre. Adonc se boutèrent, qui bouter se purent, au châtel Saint-Angle, et là se recueillirent. Toutes fois par force d'armes ils [1] menèrent tellement les Bretons que ils rendirent le châtel, sauves leurs vies : si s'en partirent les Bretons et se trairent tous vers Fondes et là environ sur le plat pays : et les Romains abattirent le châtel Saint-Angle et ardirent tout le bourg Saint-Pierre. Quand messire Sevêstre Bude, qui se tenoit sur le pays, entendit que ses gens avoient ainsi perdu le châtel de Saint-Angle, si en fut durement courroucé, et avisa comment il pourroit sur ces Romains soi contrevenger. Toute fois il lui fut dit par ses espies que les Romains, tous les plus notables de la cité, devoient être rassemblés au Champdole en conseil. Sitôt comme il fut informé de ces nouvelles, il mit une chevauchée de gens d'armes sus, que il tenoit de-lez lui, et chevaucha ce jour par voies couvertes secrètement vers Rome : sur le soir il entra ens par la porte de Naples. Et quand ces Bretons furent entrés ens, ils prirent le chemin du Champdole, et là vinrent si à point que tout le conseil de Rome étoit issu hors de la chambre et se tenoit sur la place. Ces Bretons abaissèrent leurs glaives et éperonnèrent leurs coursiers et se boutèrent en ces Romains, et là en occirent et abattirent trop grand' foison, et tous les plus notables de la ville; et en y eut de morts sur la place sept bannerets et bien deux cents d'autres riches hommes, et grand'foison de meshaigniés et denavrés.

[1] Les soldats allemands.

Quand ces Bretons orent fait leur emprise, ils se retrairent sur le soir; et tantôt fut tard, si ne furent poursuivis, tant par la nuit que pour ce que ils furent si effréés dedans Rome, que ils ne savoient à quoi entendre, fors à leurs amis qui étoient morts ou blessés. Si passèrent la nuit en grand'angoisse de cœur, et ensepvelirent les morts, et mistrent à point tous les navrés. Quand ce vint au matin, pour eux contrevenger, ils s'avisèrent d'une grand'cruauté; car les povres clercs qui à Rome séjournoient, et qui en ce fait nulle coulpe n'avoient, ils assaillirent, et en occistrent et meshaignièrent plus de trois cents; et par espécial nuls Bretons qui eschéoient en leurs mains n'étoient pris à merci. Ainsi étoient les choses ès parties de Rome, par le fait des papes, en grands tribulations, et le comparoient tous les jours ceux qui coulpe n'en avoient.

CHAPITRE L.

Comment la roine de Naples donna et résigna au pape Clément toutes ses seigneuries, et comment depuis le dit Clément les redonna au duc d'Anjou.

Entrementes que le pape Clément et les cardinaux se tenoient à Fondes, la roine de Naples le vint voir de son courage; et se mit, elle et les siens, en son obéissance, et le volt bien tenir à pape. Cette roine avoit eu en propos un grand temps que le royaume de Sezille dont elle étoit dame et roine [1], et la comté de Provence, qui du royaume dépendoit, elle remettroit en la main du pape pour en faire à sa pure volonté, et donner et ahériter un haut prince, quel qu'il fût, du royaume de France, qui puissance eût de l'obtenir contre ceux qu'elle haïoit à mort, qui descendoient du royaume de Honguerie. Et quand la roine de Naples fut venue à Fondes, elle se humilia moult contre et envers le pape, et se confessa à lui, et lui remontra toutes ses besognes, et se découvrit de ses secrets à lui, et lui dit : « Père saint, je tiens plusieurs grands héritages et nobles, tels comme le royaume de Naples, le royaume de Sezille, Puille, Calabre et la comté de Provence. Bien est vérité que le

[1] Jeanne, reine de Naples, ne possédait point la Sicile. En 1378, Marie, fille de Frédéric II ou III de la maison d'Arragon, était reine de Sicile. Il est vrai que, par un traité entre le roi de Sicile et la reine de Naples, il avait été convenu que le royaume de Sicile serait dit seulement de *Trinacrie*, mais cela n'eut point d'exécution.

roi Louis de Sezille, duc de Puille et de Calabre, mon père¹, lui vivant, il reconnoissoit toutes ses terres de l'Église, et me prit par la main au lit de la mort² et me dit ainsi : « Ma belle fille, vous êtes héritière de moult riches et grands pays, et crois bien que plusieurs grands seigneurs tendront à vous avoir à femme pour les beaux héritages et grands que vous tenez. Or veuillez user et vous marier à si haut seigneur qu'il soit puissant à vous tenir en paix, et vos héritages aussi ; et s'il avient ainsi que Dieu le consente que vous n'ayez nuls hoirs de votre corps, si remettez tous vos héritages en la main du saint père qui pour le temps sera ; car le roi Robert mon père³, au lit de la mort le me chargea ainsi : parquoi, ma belle fille, je le vous charge ; et si m'en décharge. Et adonc, père saint, je lui eus en convent par ma foi, présens tous ceux qui en la chambre pouvoient être, que je lui accompliroie tout son darrain désirer. Voir est, père saint, que après son trépassement, par le consentement des nobles de Sezille et de Naples, je fus mariée⁴ à Andrieu de Hongrie, frère au roi Louis de Hongrie, duquel je n'eus nuls hoirs⁵ ; car il mourut jeune homme à Aix⁶ en Provence. Depuis sa mort on me remaria au prince de Tarente qui s'appeloit messire Charles¹, et en eus une fille². Le roi de Honguerie, pour la déplaisance qu'il eut de la mort du roi Andrieu son frère, fit guerre à mon mari, messire Charles de Tarente, et lui vint tollir Puille et Calabre, et le prit par bataille, et l'emmena en prison en Honguerie, et là mourut³ ; et puis par l'accord des nobles de Sezille et de Naples, je me remariai⁴ au roi James de Maillogres et mandai en France messire Louis de Navarre⁵ pour épouser ma fille⁶, mais il mourut sur le chemin⁷. Le roi de Maillogres⁸ mon mari se départit de moi, en volonté de reconquérir son héritage de Maillogres que le roi d'Arragon lui tenoit à force ; car il avoit deshérité et fait mourir son père en prison⁹. Bien disois au roi mon mari que j'étois dame ayant assez puissance et richesses pour le tenir en tel état comme il voudroit ; mais tant me prêcha et me montra de belles paroles et raisons, en désirant de recouvrer son héritage, que je me assentis, ainsi que par demie volonté, que il fît son plaisir. Et à son département je lui enjoignis et enhortai espécialement que il allât devers le roi Charles de

---

¹ Le père de Jeanne, reine de Naples, n'était point Louis, roi de Sicile, mais Charles, duc de Calabre, mort en 1328, fils de Robert-le-Sage, roi de Naples, mort en 1343.

² Froissart a été très mal informé de ce qui regarde le royaume de Naples et la reine Jeanne. Non-seulement le père de la reine Jeanne n'était pas le roi de Sicile Louis, mais son père Charles, duc de Calabre, ne lui a pu tenir ces discours. Le prince est mort en 1328, et Jeanne, née en 1326, n'avait alors que deux ans. Robert-le-Sage, roi de Naples, grand-père de Jeanne, n'a pas pu non plus lui tenir ce discours, car il est mort le 19 janvier 1343. Or le discours que Froissart met dans la bouche du prince au lit de la mort, suppose que Jeanne était à marier. Tout ce discours du père de Jeanne et celui de Jeanne sont pleins de méprises.

³ Le roi Robert n'était point le père de Louis, roi de Sicile, mais de Charles, duc de Calabre, père de Jeanne.

⁴ Jeanne de Naples fut mariée à André de Hongrie, le 26 septembre 1333, du vivant de Robert son grand-père, qui n'est mort qu'en 1343.

⁵ L'Histoire généalogique de la maison de France nomme Charles-Martel, né posthume d'André de Hongrie, le 25 décembre 1345, mort en Hongrie, âgé d'environ deux ans.

⁶ André de Hongrie est mort étranglé, en 1345, dans la ville d'Averse, au royaume de Naples, et non pas à Aix en Provence.

¹ Jeanne de Naples épousa en secondes noces, en 1347, non Charles, mais Louis, prince de Tarente, neveu de Robert-le-Sage, grand-père de Jeanne.

² L'Histoire généalogique de la maison de France donne deux filles à Louis de Tarente, Catherine et Françoise, mortes jeunes.

³ Louis de Tarente est mort le 25 ou le 26 mai 1362. (Voir l'Histoire généalogique de la maison de France, tome Ier, et l'*Art de vérifier les dates*).

⁴ La reine Jeanne épousa en troisièmes noces, au mois de décembre 1362, Jacques ou Jayme, fils de Jayme II, dernier roi de Majorque, qui perdit le royaume et la vie, le 25 octobre 1369, dans la bataille contre les troupes de don Pèdre IV, roi d'Arragon.

⁵ Louis de Navarre, comte de Beaumont-le-Roger, frère de Charles-le-Mauvais, roi de Navarre.

⁶ Louis de Navarre épousa, en 1366, la princesse Jeanne, fille de Charles, duc de Duras, à qui le roi Louis de Hongrie fit trancher la tête à Averse, en 1348, et de Marie de Sicile, fille de Charles, duc de Calabre, et sœur puînée de Jeanne, reine de Naples. Ainsi Louis de Navarre a épousé non la fille, comme le dit Froissart, mais la nièce de la reine Jeanne de Naples.

⁷ Louis de Navarre n'est point mort en chemin, il épousa Jeanne, nièce de la reine de Naples, en 1366, mourut en 1372, et fut enterré à la Chartreuse de Saint-Martin de Naples.

⁸ Jayme ou Jacques, mari de Jeanne, reine de Naples, n'a jamais été roi de Majorque que de nom.

⁹ Jayme II, dernier roi de Majorque, père du mari de la reine de Naples, n'est point mort en prison ; il fut tué en combattant vaillamment à la bataille du 25 octobre 1349, contre les troupes du roi d'Arragon.

[1379] LIVRE II 63

France et lui montrât ses besognes, et se ordonnât tout pour lui. De tout ce n'a-t-il rien fait, dont il lui en est mésavenu; car il s'en alla rendre au prince de Galles, qui lui ot en convenant de lui aider, et ot greigneur fiance au prince de Galles que au roi de France à qui je suis de lignage. Entrementes qu'il étoit sur son voyage, je escripsis devers le roi de France et lui envoyai grands messages, en priant qu'il me voulsist envoyer un noble homme de son sang auquel je pusse ma fille marier, parquoi nos héritages ne demeurassent mie sans hoir. Le roi de France entendit à mes paroles, dont je lui en sçus bon gré; et m'envoya son cousin messire Robert d'Artois [1], lequel ot ma fille épousée, père saint. Ens ou voyage que le roi de Maillogres mon mari, fit il mourut; je me suis remariée à messire Othe de Bresvich [2] et pourtant que messire Charles de la Paix [3] a vu que j'ai voulu revêtir en son vivant messire Othe de mon héritage, il nous a fait guerre et nous prit au châtel de l'OEuf [4] par enchantement, car il nous sembloit à nous qui étions au châtel, que la mer étoit si haute qu'elle nous devoit couvrir. Si fûmes à cette heure si eshidés et si effrés que nous nous rendîmes à messire Charles de la Paix tous quatre, sauves nos vies. Il nous a tenus en prison moi et mon mari, ma fille [1] et son mari; et tant est avenu que ma dite fille et son mari y sont morts. Depuis, par traité [2], nous sommes délivrés, parmi tant que Puille et Calabre lui demeurent; et tend à venir à l'héritage de Naples, de Sezille et de Provence, et quiert alliances partout; et efforcera le droit de l'Église sitôt comme je serai morte; et jà, moi vivant [3], il en a fait son plein pouvoir. Pourquoi, père saint, je me vueil acquitter envers Dieu et envers vous, et acquitter les âmes de mes prédécesseurs. Si vous rapporte et mets en votre main, très maintenant, tous les héritages qui me sont dus de Sezille, Naples, Puille, Calabre et Provence, et les vous donne à faire votre volonté, pour donner et ahériter qui que vous voudrez et qui bon vous semblera, qui obtenir les pourra contre notre adversaire messire Charles de la Paix. »

Le pape Clément reçut ces paroles en très grand bien et le don en grand' révérence, et dit : « Ma fille, de Naples nous en ordonnerons temprement, tellement que les héritages auront héritier de votre sang, noble, puissant et fort assez pour résister contre tous ceux qui lui voudront nuire. » De toutes ces paroles, ces dons, ces déshéritances et héritances, on fit instrumens publics et authentiques, pour demeurer les choses au temps avenir en droit, et pour être plus authentiques et patentes à tous ceux qui en orront parler [4].

Quand la roine de Naples et messire Othe de Bresvich eurent fait ce pourquoi ils étoient venus à Fondes devers le pape, et ils eurent là séjourné à leur volonté et plaisance, ils prirent

---

[1] Robert d'Artois, fils de Jean d'Artois, comte d'Eu, épousa Jeanne, duchesse de Duras, veuve de Louis de Navarre, mort en 1272. Cette princesse était fille de Charles, duc de Duras, et de Marie de Sicile, sœur de la reine Jeanne de Naples, dont elle était la nièce, et non pas la fille, comme Froissart la qualifie mal à propos dans le discours qu'il fait tenir ici à la reine Jeanne. Robert d'Artois et sa femme moururent en 1387.

[2] Othon de Brunswick épousa la reine Jeanne de Naples en septembre 1376. Il mourut en 1393.

[3] Charles de Sicile Duras, fils de Louis, comte de Gravine, fut surnommé *de la Paix*, à cause de celle qu'il procura entre son cousin Louis, roi de Hongrie, et les Vénitiens. Il épousa en février 1368 Marguerite de Duras, fille puînée de Charles, duc de Duras, et de Marie de Sicile, sœur de la reine Jeanne de Naples, avec l'expectative de la succession au royaume de Naples.

[4] Charles-de-la-Paix entra dans Naples le 16 juillet 1381, assiégea le château de l'OEuf le 17. La reine Jeanne fut obligée de se rendre vers la fin du mois d'août, non par enchantement, comme le dit ici Froissart, mais pour n'avoir pas été secourue à temps; les galères provençales n'ayant paru à la vue de Naples que le 1er septembre, quatre jours après la reddition du château de l'OEuf. Othon n'a pas été pris dans le château de l'OEuf où était la reine Jeanne, mais dans une bataille qu'il perdit, le 26 août 1381, contre Charles-de-la-Paix, en venant au secours de la reine Jeanne.

[1] La princesse que Froissart suppose être la fille de la reine Jeanne, était seulement sa nièce, Jeanne de Duras, fille de sa sœur Marie, qui était alors mariée en secondes noces à Robert d'Artois.

[2] Il n'y a point eu de semblable traité entre la reine Jeanne et Charles-de-la-Paix qui l'a retenue en prison jusqu'à sa mort. On sait que cette princesse fut étranglée le 22 mai 1382. Pour Othon de Brunswick, il se sauva de prison en 1384, et mourut, comme on l'a déjà dit, en 1393.

[3] Dès le 2 juin 1381, Charles-de-la-Paix avait été couronné à Rome par le pape Urbain VI, et il resta en possession du royaume de Naples jusqu'à sa mort, arrivée en 1386.

[4] Froissart, qui écrivait alors en Hainaut, a été très mal informé des affaires du royaume de Naples. Cette conférence entre le pape et la reine Jeanne, à Fondi, et les discours que l'on fait tenir à l'un et à l'autre, pèchent contre la vérité de l'histoire. Clément VII, élu en sep-

congé au pape et aux cardinaux, et s'en retournèrent à Naples. Depuis ne demeura guère de temps, que pape Clément imagina en lui même que trop longuement séjourner ès parties de Rome ne lui étoit point profitable, et que les Romains et Urbain travailloient grandement à avoir l'amour des Neapoliens et de messire Charles de la Paix. Si se douta que les chemins ne fussent tantôt si clos par mer et par terre que il ne pût retourner en Avignon où il désiroit à venir; et la plus principale et espéciale chose qui plus l'inclinoit à retourner, c'étoit qu'il vouloit donner en don, ainsi que reçu l'avoit, au duc d'Anjou, les droits que la roine de Naples lui avoit donnés et scellés. Si ordonna ses besognes bien sagement et secrètement; et montèrent en mer, il et tous les cardinaux, et leurs familiers en galées et en vaisseaux qui leur étoient venus d'Arragon et de Marseille, le comte de Roquebertin en leur compagnie, un vaillant homme d'Arragon. Si eurent vent et ordonnance de mer à volonté, et arrivèrent sans péril et sans dommage à Marseille[1], dont tout le pays fut grandement réjoui. Et de là vint le pape en Avignon; et signifia sa venue au roi de France et à ses frères qui en furent tout réjouis. Adonc le vint voir le duc d'Anjou qui se tenoit pour le temps à Toulouse. Si lui donna le pape à sa venue tous les dons dont la roine de Naples l'avoit revêtu. Le duc d'Anjou, qui tendoit toujours à hautes seigneuries et hauts honneurs si retint les dons[2] à grand magnificence, et les accepta pour lui et pour ses hoirs; et dit au pape que au plus tôt qu'il pourroit il iroit si fort ès parties par delà, que pour résister contre tous nuisans à la roine de Naples. Si fut le duc d'Anjou avecques le pape environ quinze jours, et puis s'en retourna à Toulouse de-lez la duchesse sa femme; et le pape Clément demeura en Avignon. Si laissa ses gens d'armes, messire Sevestre Bude, messire Bernard de la Salle et Florimont, guerroyer et hérier les Romains.

CHAPITRE LI.

Comment messire Jean Haccoude fut fait chef de la guerre d'entre le pape Urbain et le pape Clément, et comment le dit Clément fit décoller messire Sevestre Bude, Breton.

En ce temps avoit en la marche de Toscane, en Italie, un vaillant chevalier qui s'appeloit messire Jean Haccoude[1], qui plusieurs grands appertises d'armes y fit et avoit faites en devant; et étoit issu hors du royaume de France quand la paix fut faite et parlementée des deux rois à Bretigny de-lez Chartres[2]. En ce temps il étoit un povre bachelier. Si regarda que de retourner en son pays il ne pouvoit rien profiter; et quand il convint toutes manières de gens d'armes vider le royaume de France par l'ordonnance des traités de la paix, il se fit chef d'une route de compagnons qu'on appeloit les *Tard venus*; et s'en vinrent en Bourgogne; et là s'assemblèrent grand foison de tels routes d'Anglois, Bretons, Gascons, Allemands et gens de Compagnies de toutes nations; et fut Haccoude un des chefs par espécial, avecques Briquet et Carsuelle, par qui la bataille de Brinay fut faite; et aida à prendre le Pont-Saint-Esprit[3] avecques Bernard des Forges; et quand ils orent assez guerroyé et hérié le pays, le pape et les cardinaux, on traita à eux et vers le marquis de Montferrat, qui en ce temps avoit guerre aux seigneurs de Milan[4]. Ce marquis les emmena outre les monts, quand on leur eut délivré soixante mille francs, dont Haccoude en eut à sa part dix mille pour lui et pour sa route. Quand ils eurent achevé la guerre du marquis, les plusieurs retournèrent en France,

---

tembre 1378, ne resta pas long-temps à Fondi; il se retira dans un château voisin, et de là à Naples, d'où il vint en France avec la reine Jeanne. Il y arriva le 10 juin 1379; or la plupart des faits rapportés dans le discours de la reine Jeanne sont de beaucoup postérieurs à cette date, et encore plus au séjour du pape Clément VII. On a vu dans les notes précédentes que les autres faits ne sont pas plus exacts.

[1] Clément VII arriva le 25 juin 1379 à Marseille, d'où il se rendit à Avignon.

[2] Le duc d'Anjou ne tint pas ses droits à la succession de la reine Jeanne de Naples de la donation de Clément VII, mais des lettres d'adoption de cette princesse, du 29 juin 1380, confirmées, pour ce qui regardait le royaume de Naples, le 21 juillet suivant, par Clément VII. Mais il est vrai que ce pape, qui avait un grand intérêt à ce qu'un prince français fût adopté par la reine de Naples, ménagea cette adoption en faveur du duc d'Anjou.

[1] Froissart défigure ainsi le nom de John Hawkwood, que quelques chroniques italiennes appellent Aguto, que d'autres traduisent par sa signification anglaise, Falcone in Bosco, et que les chroniques espagnoles nomment Agu.

[2] John Hawkwood sortit de France avec la compagnie anglaise vers 1361.

[3] Voyez Froissart, liv. I.

[4] Voyez Froissart, liv. I.

car messire Bertran de Claiquin, le comte de la Marche, le sire de Beaujeu et le maréchal de France, messire Arnoul d'Endrehen, les emmenèrent en Espaigne combattre le roi Piètre pour le roi Henry, et aussi le pape Urbain cinq les y envoya[1]. Messire Jean Haccoude et sa route demeurèrent en Italie; et l'embesogna pape Urbain tant qu'il vesqui contre les seigneurs de Milan. Aussi fit pape Grégoire régnant après lui. Et fit cil messire Jean Haccoude avoir au seigneur de Coucy contre le comte de Vertus et les Lombards une très belle journée; et dient, et de vérité les plusieurs, que le sire de Coucy eût été rué jus des Lombards et du comte de Vertus, si n'eût été Haccoude qui lui vint aider à cinq cents combattans, pour la cause que le sire de Coucy avoit à femme la fille du roi d'Angleterre, et non pour nulle autre chose.

Cil messire Jean Haccoude étoit un chevalier moult aduré[2] et renommé ens ès marches d'Italie, et y fit plusieurs grands appertises d'armes. Si s'avisèrent les Romains et Urbain, qui se nommoit pape, quand Clément fut parti de Fondes, qu'ils le manderoient et le feroient maître et gouverneur de toute leur guerre. Si le mandèrent et lui offrirent grand profit, et le retinrent lui et sa route à sols et à gages, et il s'en acquitta loyaument; car il, avecques les Romains, déconfit un jour messire Sevestre Bude et une grand'route de Bretons; et furent sur la place tous morts ou pris, et messire Sevestre Bude amené prisonnier à Rome; et fut en grand péril d'être décolé; et au voir dire, trop mieux vaulsist que pour l'honneur de lui et de ses amis que il l'eût été au jour qu'il fut amené à Rome, car depuis le fit pape Clément décoler en la cité de Mâcon, et un autre écuyer breton avecques lui, qui s'appeloit Guillaume Boi-l'Ewe; et furent souspeçonnés de trahison: pourtant qu'ils étoient issus hors de la prison des Romains, et ne pouvoit-on savoir par quel traité; et vinrent en Avignon, et là furent-ils pris. De leur prise fut coupable le cardinal d'Amiens, car il les haioit dès le temps qu'ils faisoient la guerre en Romanie pour le pape; car ils avoient sur les champs rué jus les sommiers[3] du cardinal d'Amiens ès quels il avoit grand'finance, vaisselle d'or et d'argent, et l'avoient toute départie aux compagnons qui ne pouvoient être payés de leurs gages, dont le cardinal tint ce fait à grand dépit et les accusa couvertement de trahison. Quand ils furent venus en Avignon, il fut avis que ils étoient là cautelleusement traits pour trahir le pape: si furent pris et envoyés à Mâcon, et là décolés. Ainsi se portoient les affaires en ce temps ens ès parties de là; et on dit que messire Bertran de Claiquin fut durement courroucé de la mort messire Sevestre Bude, son cousin, contre le pape et contre les cardinaux; et s'il eût vécu longuement, il leur eût remontré que la mort de messire Sevestre lui étoit déplaisant.

Nous nous souffrirons présentement à parler de ces matières, et entrerons à parler des guerres de Flandre, qui commencèrent en celle saison, qui furent dures et cruelles, et de quoi grand'foison de peuple furent morts et exilliés, et le pays de Flandre contourné en telle manière que on disoit adoncques que en cent ans à venir il ne seroit mie recouvré au point où les guerres l'avoient pris; et remontrerons et recorderons par quelle incidence les mauvaises guerres commencèrent.

CHAPITRE LII.

Comment le comte Louis de Flandre fit occire un bourgeois en Gand par Jean Lyon; comment Gisebrest Mahieu machina contre Jean Lyon, et émut les Gantois à porter les blancs chaperons, dont la guerre commença en Flandre.

Quand les haines et tribulations vinrent premièrement en Flandre, le pays étoit si plein et si rempli de biens que merveilles seroit à raconter et à considérer; et tenoient les gens des bonnes villes si grands états que merveilles étoit à regarder. Et devez savoir que toutes ces guerres et haines murent par orgueil et par envie que les bonnes villes de Flandre avoient l'une sur l'autre, ceux de Gand sur la ville de Bruges, et ceux de Bruges sur la ville de Gand, et ainsi les autres villes les unes sur les autres. Mais tant y avoit de ressort que nulle guerre entre elles principaument ne se pouvoit mouvoir ni élever, si leur sire le comte ne le consentoit, car il étoit tant craint et tant amé que nul ne l'osoit courroucer. Aussi le comte, qui étoit sage et subtil, ressoignoit si la guerre et le mautalent entre ses gens et lui que oncques seigneur ne fit plus de lui. Et fut premièrement

[1] Voyez Froissart, liv. 1.
[2] Endurci aux fatigues de la guerre.
[3] Attaqué les chevaux qui portaient le bagage.

si froid et si dur à émouvoir la guerre que nullement il ne s'y vouloit bouter ; car bien sentoit en ses imaginations que, quand le différend seroit entre lui et son pays, il en seroit plus foible et moins douté de ses voisins. Encore ressoignoit-il la guerre pour un autre cas, quoique en la fin il lui convint prendre, c'est à savoir grands destructions de mises et de corps et de chevance ; car en son temps il avoit vécu et régné en grand'prospérité et en grand'paix et en autant de ses déduits que nul sire terrien pouvoit avoir eu. Et ces guerres qui lui sourdirent sous la main commencèrent par si petite incidence, que au justement considérer, si sens et avis s'en fussent ensoignés, il ne dût point avoir eu de guerre ; et peuvent dire et pourront, ceux qui cette matière liront ou lire feront, que ce fut œuvre du deable, car vous savez et avez ouï dire aux sages que le deable subtile et attire nuit et jour à bouter guerre et haine là où il voit paix, et court au long, de petit en petit, pour voir comment il peut venir à ses ententes. Et ainsi fut-il et avint en Flandre en ce temps, si comme vous pourrez clairement voir et connoître par les traités de l'ordonnance de la matière que s'ensuit[1].

En ce temps que le comte Louis de Flandre étoit en sa greigneur prospérité, il y avoit un bourgeois à Gand qui s'appeloit Jean Lyon[2], sage homme, subtil, hardi, cruel et entreprenant, et froid au besoin assez. Cil Jean fut si très bien du comte comme il apparut, car le comte l'embesogna de faire occire un homme à Gand qui lui étoit contraire et déplaisant ; et au commandement du comte, couvertement Jean Lyon prit paroles et débat à lui et l'occit. Le bourgeois ot grands plaintes de tous ; et pour doutance de ce il s'en vint demeurer à Douay, et là fut près de trois ans, et tenoit bon état et grand ; et tout payoit le comte. Pour cette occision Jean Lyon en la ville de Gand perdit un jour tout ce qu'il y avoit, et fut banni de la ville de Gand à cinquante ans et un jour. Depuis, le comte de Flandre exploita tant qu'il lui fit avoir paix à partie, et r'avoir la ville de Gand et la franchise, ce que on n'avoit oncques mais vu : dont plusieurs gens en Gand et en Flandre furent moult émerveillés : mais ainsi fut et avint. Avecques tout ce le comte, pour le recouvrer en chevance et tenir son état, le fit doyen des naviours[1]. Cel office lui pouvoit bien valoir mille livres l'an, à aller droituriérement avant. Cil Jean Lyon étoit si très bien du comte que nul mieux de lui.

En ce temps avoit un autre lignage à Gand que on appeloit les Mahieux ; et étoient cils sept frères, et les plus grands de tous les naviours. Entre ces sept frères en y avoit un qui s'appeloit Gisebrest Mahieu, riche homme et sage, et subtil et entreprenant grandement, trop plus que nuls de ses frères. Cil Gisebrest avoit grand'envie sur ce Jean Lyon, couvertement, de ce qu'il le véoit si bien du comte de Flandre, et subtiloit nuit et jour comment il le pourroit ôter de sa grâce. Plusieurs fois il ot en pensée que il le feroit occire par ses frères ; mais il ne parosoit pour la doute du comte ; et tant subtila, visa et imagina, qu'il trouva le chemin. Et la cause pourquoi principalement ils s'entrehéoient, je le vous dirai pour mieux venir à la fondation de ma matière.

Anciennement avoit en la ville du Dan une guerre mortelle de deux riches hommes naviours et de leurs lignages, qui s'appeloient l'un sire Jean Piet et l'autre sire Jean Barde. Par cette guerre, d'amis étoient morts de eux dix huit. Gisebrest Mahieu et ses frères étoient du lignage de l'un, et Jean Lyon étoit de l'autre. Ces haines couvertes étoient ainsi de long-temps nourries entre celles deux parties quoiqu'ils parlassent, bussent et mangeassent à la fois ensemble ; et trop plus grand compte en faisoit le lignage Mahieu que Jean Lyon ne faisoit. Gisebrest qui subtilloit à détruire Jean Lyon, sans coup férir, avisa un subtil tour. Et séjournoit une fois le comte de Flandre à Gand : Gisebrest s'en vint à l'un des plus prochains chambellans du comte, et s'acointa de lui et lui dit : « Si monseigneur de Flandre vouloit, il auroit tous les ans un grand profit sur

---

[1] Jacques Meyer, dans ses *Annales de Flandre*, livre XVII, à l'année 1379, entre dans un détail plus circonstancié des causes de la guerre de Flandre, dont il parle avec impartialité. Meyer fait remonter l'origine de la division entre le comte Louis de Male et les Gantois, au voyage que le comte fit à Gand pour des fêtes et des tournois, immédiatement après la Pentecôte 1379. Il demanda pour subvenir aux frais de ces divertissemens un subside qui lui fut refusé.

[2] Meyer l'appelle *Hyoms*, ou *Heynsius*.

[1] Les naviours, appelés aussi nageurs, étaient le corps des commerçants par eau. Meyer les appelle en latin *nautæ*.

les naviurs dont il n'a maintenant rien; et ce profit les étrangers navieurs payeroient, voire mais Jean Lyon, qui doyen est et maître des navieurs, s'en voulsist loyaument acquitter. » Ce chambellan dit qu'il montreroit ce au comte, ainsi qu'il fit. Le comte, ainsi que plusieurs seigneurs par nature sont enclins à leur profit et ne regardent mie loyaument à la fin où les choses puent venir, fors à avoir la mise et la chevance, et ce les deçoit, respondit à son chambellan : « Faites-moi Gisebrest Mahieu venir, et nous orrons quelle chose il veut dire. » Cil le fit venir. Gisebrest parla au comte et lui remonstra plusieurs raisons raisonnables, ce sembloit-il au comte; pourquoi le comte répondit : « C'est bon ; ainsi soit et on fasse venir Jean Lyon. » Si fut appelé en la chambre, en la présence de Gisebrest, Jean Lyon qui rien ne savoit de cette matière. Quand le comte lui entama cette matière, il dit : « Jean, si vous voulez nous aurons grand profit en cette chose. » Jean, qui étoit loyal, à cette ordonnance regarda que ce n'étoit pas une chose raisonnable; et si n'osoit dire du contraire, et répondit ainsi : « Monseigneur, ce que vous demandez et que Gisebrest met avant je ne le puis pas faire tout seul, car dur sera à l'esvoiturer aux notonniers. » — « Jean, répondit le comte, si vous vous en voulez loyaument acquitter il sera fait. » — « Monseigneur, répondit Jean, j'en ferai mon plein pouvoir. » Ainsi se départit leur parlement. Gisebrest Mahieu, qui tiroit à mettre mal Jean Lyon du comte de Flandre, ni n'entendoit à autre chose, s'envint à ses frères tous six et leur dit. « Il est heure, mais que vous me veuilliez aider en cette besogne, ainsi que frères doivent aider l'un à l'autre, car c'est pour vous que je me combats; je déconfirai Jean Lyon sans coup férir et le mettrai si mal du comte qu'oncques n'en fut si bien que il en sera mal. Quoique je die ni montre en ce parlement, quand tous les navieurs seront venus et Jean Lyon fera sa demande, si la débatez, et je me feindrai; et dirai et maintiendrai à monseigneur que, si Jean Lyon vouloit soi loyaument en acquitter, cette ordonnance se feroit. Je connois bien monseigneur de tant que, ainçois qu'il n'en vienne à son entente, Jean Lyon perdra toute sa grâce, et lui ôtera son office et me sera donné ; et quand je l'aurai, vous l'accorderez. Nous sommes forts et puissans en cette ville, navieur nul ne nous contredira nos volontés; et puis de petit à petit je mènerai tel Jean Lyon que il sera tout rué jus : ainsi serons-nous vengés subtilement et sans coup férir. » Tous ses frères s'y accordèrent. Le parlement [1] vint : les navieurs furent tous appareillés ; et là remontrèrent Jean Lyon et Gisebrest Mahieu la volonté du comte, et de ce nouvel estatut que il vouloit élever sur le navie [2] du Lis et de l'Escaut ; laquelle chose sembla à tous trop dure et trop nouvelle ; et espécialement les six frères Gisebrest Mahieu, tous six d'une opinion et d'une sieutte, étoient plus durs et plus contraints que tous les autres. Dont Jean Lyon, qui étoit le souverain d'iceux, et qui les vouloit à son loyal pouvoir à franchises anciennes tenir, en étoit tout lie et cuidoit que ce fût pour lui ; et ce étoit contre lui du tout.

Jean Lyon rapporta au comte la réponse des navieurs et lui dit : « Monseigneur, c'est une chose qui nullement ne se peut faire, et dont un plus grand mal pourroit avenir : laissez les choses en leur état ancien et ne faites rien de nouvel. » Cette réponse ne plut mie bien au comte ; car il véoit que, cela élevé dont il étoit informé, il pouvoit tous les ans avoir six ou sept mille florins de profit. Si se tint adoncques, et pour ce n'en pensa-t-il mie moins ; et fit soigneusement poursuir par paroles et traités ces navieurs, lesquels Jean Lyon trouvoit trop rebelles. D'autre part Gisebrest Mahieu venoit au comte et à son conseil, et disoit que Jean Lyon s'acquittoit trop mollement en celle besogne, et que s'il avoit son office il le feroit tant à tous les navieurs que le comte de Flandre auroit héritablement ce profit. Le comte, qui ne véoit mie bien clair, car la convoitise de la chevance l'aveugloit, ot conseil, et de lui même il ôta Jean Lyon de son office et y mit Gisebrest Mahieu. Quand Gisebrest fut doyen des navieurs, il tourna tous ses frères à sa volonté, et fit venir le comte à son entente et à ce profit ; dont il n'étoit mie le mieux ami de la greigneur partie des navieurs ; mais il les convenoit souffrir, car les sept frères étoient trop grands avecques l'aide du comte : si les convenoit taire et souffrir. Ainsi vint par subtile voie Gisebrest Mahieu en la grâce et amour du comte, et Jean Lyon en fut du tout privé et ôté. Et

[1] L'assemblée des navieurs.
[2] Commerce par eau.

donnoit Gisebrest Mahieu aux gens du comte, aux chambellans et officiers, grands dons et beaux joyaux, par quoi il avoit l'amour de eux; et aussi au comte, dont il l'aveugloit tout. Et tous ces dons et présens faisoit-il payer aux naviours, dont les plusieurs ne s'en contentoient mie trop bien; mais ils n'osoient mot sonner. Jean Lyon, qui étoit tout hors de la grâce et de l'amour du comte, se tenoit en sa maison, et vivoit du sien, et souffroit tout bellement tout ce que on lui faisoit; car Gisebrest Mahieu, qui doyen étoit des naviours et qui ce Jean haioit couvertement, lui retranchoit au tiers ou au quart les profits qu'il dût avoir de sa navie. Jean souffroit tout et ne sonnoit mot, et se dissimuloit sagement, et feignoit de prendre en gré tout ce que on lui faisoit. De quoi Pierre du Bois, qui étoit un de ses varlets, s'émerveilloit grandement et le remontroit à son maître, comment il pouvoit souffrir les torts que on lui faisoit. Et Jean Lyon répondit : « Or tout coi ; il est heure de taire, et si est heure de parler. »

Gisebrest avoit un frère que on appeloit Estiennart, subtil homme et avisé durement ; et disoit à ses frères et sortissoit bien tout ce qui leur avint : « Certes, seigneurs, Jean Lyon se souffre maintenant et abaisse la tête bien bas ; mais il fait tout par sens et par malice, car encore nous honnira-t-il tous et nous mettra plus bas que nous ne sommes maintenant haut. Mais je conseillerois une chose, que, entrementes que nous sommes en la grâce de monseigneur le comte, et il en est tout hors, que nous l'occions : je l'occirai trop aise si j'en suis chargé, et ainsi serons-nous hors de périls, et trop légèrement chevirons-nous de la mort de lui. » Ses autres frères nullement ne le vouloient consentir, et disoient que il ne leur faisoit nul mal, et que point on ne devoit homme occire s'il ne l'a trop grandement desservi. Si demeura la chose en cette balance un temps, et tant que le deable qui oncques ne dort, réveilla ceux de Bruges à faire fossés pour avoir l'aisement de la rivière du Lis ; et en avoient le comte assez de leur accord[1] ; et envoyèrent grand'quantité de pionniers et de gens d'armes pour eux garder. En devant, ès autres années, l'avoient-ils ainsi fait ; mais ceux de Gand par puissance leur avoient toujours brisé leur propos. Ces nouvelles vinrent à Gand, que de rechef ceux de Bruges faisoient efforcément fossés pour avoir le cours de la rivière du Lis, qui leur étoit trop grandement à leur préjudice. Si commencèrent à murmurer moult de gens parmi la ville de Gand, et espécialement les naviours à qui la chose touchoit trop malement, que on ne devoit mie à ceux de Bruges souffrir de fossoyer ainsi à l'encontre de la rivière pour avoir le cours de l'eau et le fil, dont leur ville seroit défaite. Et disoient encore les aucuns tout quoyment : « Or Dieu garde Jean Lyon ! si il fût notre doyen la besogne ne se portât pas ainsi ; ceux de Bruges ne fussent si osés de venir si avant sur nous. » Jean Lyon étoit bien informé de ces besognes ; et se commença un petit à réveiller, et dit en soi-même : « J'ai dormi un temps ; mais il appert à petit d'affaire que je me réveillerai, et mettrai un tel trouble entre celle ville et le comte qu'il coûtera cent mille vies. » Cette chose de ces fossoyeurs commença à augmenter et enflamber. Et avint que une femme qui venoit de pélerinage de Notre-Dame de Boulogne, toute lassée et échauffée, s'assit en my le marché, là où il avoit le plus de gens, et fit grandement l'esbaye. On lui demanda dont elle venoit. Elle répondit : « De Boulogne ; si ai vu et trouvé sur mon chemin le plus grand meschef que oncques avint à la bonne ville de Gand, car ils sont plus de cinq cents pionniers qui ouvrent nuit et jour au-devant du Lis, et auront tantôt la rivière si on ne leur débat. » Les paroles de la femme furent bien ouïes et entendues, et recordées en plusieurs lieux en la ville. Adonc s'émurent ceux de Gand, et dirent que ce ne faisoit mie à soutenir ni à consentir. Si se trairent les plusieurs devers Jean Lyon et lui demandèrent conseil de celle chose, et comment on en pourroit user. Quand Jean Lyon se vit appelé de ceulx de Gand, dont il désiroit à avoir la grâce et l'amour, si en fut grandement réjoui ; mais nul semblant de sa joie il ne fit, car il n'étoit pas encore heure tant que la chose fût mieux entouillée ; et se fit prier et requerre trop durement ainçois qu'il voulsist rien dire ni montrer. Et quand il parla, il dit : « Seigneurs, si vous voulez cette chose aventurer

---

[1] Mayer dit que le comte, mécontent du refus de subside qu'il avait éprouvé à Gand, alla à Bruges, et qu'il reçut beaucoup d'argent des Brugeois pour la permission qu'il leur accorda de faire ce canal, mais sans l'approbation de la noblesse et sans avoir assemblé son conseil.

et mettre sus, il faut que en la ville de Gand un ancien usage qui jadis y fut soit recouvré et renouvelé, c'est que les blancs chaperons soient remis avant, et ces blancs chaperons aient un chef auquel ils puissent tous retraire et eux rallier. » Cette parole fut moult volontiers ouïe et entendue ; et dirent tous d'une voix : « Nous le voulons ; or avant aux blancs chaperons ! » Là furent faits les blancs chaperons, donnés et délivrés plus de cinq cents, et tous à compagnons qui trop plus cher aimoient la guerre que la paix ; car ils n'avoient rien que perdre. Et fut Jean Lyon élu à être chef de ces blancs chaperons, lequel office il reçut assez liement, pour soi venger de ses ennemis, et pour entroubler la ville de Gand contre ceux de Bruges et le comte son seigneur. Et fut ordonné pour aller contre ces pionniers fossoyeurs de Bruges, comme souverain capitaine, et le doyen des blancs chaperons en sa compagnie. Ces deux avecques leurs gens avoient plus cher guerre que paix.

Quand Gisebrest Mahieu et ses frères virent la contenance de ces blancs chaperons, si ne furent pas trop réjouis ; et dit Estiennart, l'un des frères : « Je le vous disois bien, certes ; cil Jean Lyon nous déconfira. Mieux vaulsist que on m'eût cru et laissé convenir de l'occire ; que ce qu'il fût en l'état où il est et où il viendra, et tout par ces blancs chaperons qu'il a remis sus. » — « Nennil, dit Gisebrest ; mais que j'aie parlé à monseigneur, on les mettra tous jus. Je vueil bien qu'ils fassent leur emprise d'aller encontre ces pionniers de Bruges pour le profit de notre ville ; car au voir dire notre ville seroit autrement perdue. »

Jean Lyon et sa route et tous les blancs chaperons se partirent de Gand, en volonté et en propos de tous occire ces pionniers fosseurs et ceux qui les gardoient. Les nouvelles vinrent à ces fosseurs et à leurs gardes que les Gantois venoient là moult efforcément ; si se doutèrent de tout perdre, et laissèrent leur ouvrage, et se retrairent à Bruges tout effrayés, ni oncques puis ne s'enhardirent de fossoyer. Quand Jean Lyon et les blancs chaperons virent qu'ils n'y avoient nullui trouvé, si furent tout courroucés et se retrairent à Gand. Pour ce ne cessèrent-ils mie de leur office ; mais alloient les blancs chaperons tout avisans parmi la ville. Et les tenoit Jean Lyon en tel état, et disoit à aucuns tout secrètement. « Tenez-vous tout aises, buvez et mangez, et ne vous effrayez de chose que vous despendiez ; tel payera temprement votre écot qui ne vous donroit pas maintenant un dîner. »

Ce terme pendant et cette même semaine que Jean Lyon et les blancs chaperons furent mis sus pour trouver les pionniers fosseurs de Bruges étoient venues nouvelles à Gand et requêtes pour ceux qui des franchises de Gand se vouloient aider, en disant à ceux qui la loi maintenoient pour la saison : « Seigneurs, on tient prisonnier à Erclo, ci, de-lez nous, qui est en la franchise de Gand, en la prison du comte, un nôtre bourgeois, et avons sommé le baillif de monseigneur de Flandre ; mais il dit que il ne le rendra point ; ainsi se dérompent petit à petit et affoiblissent vos franchises, qui du temps passé ont été si hautes, si nobles et si prisées, et avecques ce si bien tenues et gardées, que nul ne les osoit prendre ni briser, non plus les nobles chevaliers que les autres ; et s'en tenoient les plus nobles chevaliers de Flandre à bien parés quand ils étoient bourgeois de Gand. » Ceux de la loi répondirent à ceux de la partie du bourgeois que on tenoit en prison : « Nous en écrirons volontiers devers le baillif de Gand et lui manderons que il le nous envoye ; car voirement son office ne s'étend pas si avant que il puist tenir notre bourgeois en la prison au comte, au préjudice de la ville. » Si comme ils le dirent ils le firent, et rescripsirent au baillif pour ravoir leur prisonnier qui étoit à Erclo. Le baillif fut tantôt conseillé de répondre et dit : « Que nous avons de paroles pour un navieur ! Dites, ce dit le baillif qui s'appeloit Roger d'Auterme[1], à ceux de Gand que si c'étoit un plus riche hom dix fois que il ne soit, si ne sera-t-il jamais hors de notre prison, si monseigneur de Flandre ne le commande ; j'ai bien puissance de l'arrêter, mais je n'ai nulle puissance de le délivrer. » Les paroles et réponses de Roger d'Auterme furent ainsi recordées à ceux de Gand, dont ils furent moult courroucés ; et dirent qu'il avoit orgueilleusement répondu. Pour telles réponses et pour telles incidences que pour des fosseurs de Bruges, qui fossoyer vouloient sur l'héritage de ceux

---

[1] Meyer l'appelle en latin *Rogerius Duternius*, et Oudegherst, *Roger van Oultrenick*.

de Gand et pour tels choses semblables dont on vouloit de force blesser les franchises de Gand, souffroient les riches hommes et les sages de Gand à courir parmi la ville et sur le pays de Gand cette pendaille et ribaudaille que on nommoit les blancs chaperons, pour être plus craints et renommés; car il besogne bien en un lignage qu'il y en ait des fols et des outrageux pour soutenir, quand besoin est, les paisibles.

CHAPITRE LIII.

Comment les Gantois conclurent d'envoyer devers le comte remontrer leurs affaires. Comment le comte leur accorda ce qu'ils demandoient, et comment les blancs chaperons ne furent point mis jus.

Les nouvelles de cestui navieur bourgeois de Gand que on tenoit en la prison du comte à Erclo, que le bailli ne vouloit pas rendre, s'épandirent parmi la ville de Gand; et en commencèrent plusieurs gens à murmurer et à dire que ce ne faisoit mie à souffrir, et que par être trop mol, les franchises de Gand se pourroient perdre, qui étoient si très nobles. Jean Lyon, qui ne tendoit que à une chose, c'étoit de entouiller tellement la ville de Gand envers le seigneur que on ne la pût ni scût estouiller sans trop grand dommage, n'étoit mie courroucé de telles avenues; mais voulsist bien que tous les jours il en advenist trente. Si boutoit paroles de côté et semoit couvertement aval la ville, et disoit : « Oncques, puis que offices furent achetés en une ville, les juridictions ne furent pleinement gardées. » Et mettoit ces paroles avant pour Gisebrest Mahieu; et vouloit dire que il avoit acheté l'office des rivières et du naviage; car il avoit bouté le navire en une nouvelle dette qui étoit grandement contre la franchise de Gand et les priviléges anciens : car le comte recevoit tous les ans trois ou quatre mille francs hors de la coutume ancienne; dont les marchands et les naviurs anciens se plaignoient grandement. Et ressoignoient à venir à Gand ceux de Valenciennes, de Douay, de Lille, de Béthune et de Tournay; et étoit une chose pourquoi ceux de Gand, voire la ville, pourroit être perdue; car petit à petit on leur toldroit leurs franchises; et si n'y avoit homme qui osât parler. Gisebrest Mahieu et le doyen des menus métiers qui étoit de son alliance, oyoient tous les jours de telles paroles à leurs oreilles et les reconnoissoient qu'elles venoient de Jean Lyon; mais ils n'y pouvoient ni osoient remédier; car Jean Lyon avoit jà tant semé de blancs chaperons aval la ville et donné aux compagnons hardis et outrageux que on ne l'osoit assaillir. Et aussi Jean Lyon n'alloit mie seul par la ville, car quand il issoit de sa maison, il avoit du moins deux ou trois cens blancs chaperons autour de lui, et aussi il n'alloit point aval la ville, si trop grand besoin n'étoit, et il faisoit très grandement prier pour avoir son conseil. Des incidences et avenues qui avenoient à Gand et au dehors contre les franchises de la ville étoit Jean Lyon bien joyeux; et quand il étoit en conseil, ou il remontroit une parole en général au peuple, il parloit si belle réthorique et par si grand art que ceux qui l'oyoient étoient tout réjouis de son langage, et disoient communément et d'une voix, de quant que il disoit : « Il dit voir. » Bien disoit Jean Lyon par grand'prudence : « Je ne dis mie que nous affoiblissions ni amendrissions l'héritage de monseigneur de Flandre; et si faire le voulions si ne pourrions-nous, car raison ni justice ne le pourroient souffrir; ni aussi que nous querrons ne cautelions [1] nulle incidence par quoi nous soyons mal de lui, ni en son indignation; car on doit toujours être bien de son seigneur : et monseigneur de Flandre est notre bon seigneur et un moult haut prince, cremu et renommé, qui nous a toujours tenus en grand'paix et en grand'prospérité; lesquelles choses nous devons bien reconnoître. Et en devons plus souffrir, et tenus y sommes, que ce que il nous eût guerriés, travaillés, ni hériés pour avoir le nôtre. Et si en présent il est forconseillé et informé contre nous et les franchises de la bonne ville de Gand, et que ceux de Bruges soient mieux en sa grâce que nous ne soyons, ainsi comme il appert par les fosseurs, lui étant à Bruges, qui sont venus briser sur notre héritage et tollir notre rivière, dont notre bonne ville de Gand seroit détruite et perdue, et qu'il veut faire faire, si comme renommée keurt, un chastel à Douse, à l'encontre de nous pour nous mettre en danger et en foiblesse, et que ceux de Bruges lui promettent et ont promis du temps passé, cela savons-nous tout clairement, que si ils avoient l'aisement et le

---

[1] Imaginions avec artifice.

cours de la rivière du Lis, ils lui donneroient par an dix ou douze mille francs : je dis et conseille que la bonne ville de Gand envoie par devers lui sages hommes, bien avisés et endoctrinés de parler, qui bien lui remontreront hardiment et par avis toutes choses, tant du bourgeois de Gand qui est en prison à Erclo [1], que son bailllif ne veut rendre, que autres choses avenues dont la bonne ville de Gand ne se contente mie bien, et incidences qui tous les jours s'en peuvent avenir; et, ces choses ouïes, lui dient que il ne pense mie ni ses consaulx que nous soyons si morts que, si besoin est, nous ne puissions, si nous voulons, résister. Et les réponses ouïes, la bonne ville de Gand aura avis de punir le mesfait sur ceux qui seront trouvés coupables envers li. »

Quand Jean Lyon ot remontré celle parole en la place qu'on dit au marché des vendredis, chacun dit : « Il dit bien. » Adonc se retrait chacun en sa maison. A ces paroles que Jean Lyon avoit remontrées, cil Gisebrest Mahieu n'avoit point été, car jà doutoit-il les blancs chaperons, mais Estiennart son frère y avoit été, qui toujours sortissoit le temps avenir. Si dit, quand il fut revenu : « Je vous disois bien, et ai toujours dit : par Dieu! Jean Lyon nous détruira tous. A male heure fut quand vous ne me laissâtes convenir; car si je l'eusse occis, j'en fusse trop légèrement venu au-dessus. Or, n'est-il pas en notre puissance que nous le puissions ni osions grever ni nuire; il est plus fort en la ville que le comte n'y est sans nulle comparaison. » Gisebrest répondit et dit : « Tais-toi, sotereaulx. Quand je voudrai bien acertes, avec la puissance de monseigneur, tous les blancs chaperons seront rués jus; et tels les portent maintenant qui temprement n'auront que faire de chaperons. »

Or furent enchargés, endittés et ordonnés, pour aller en messagerie devers le comte, aucuns sages et notables hommes de la ville de Gand; et me semble que Gisebrest Mahieu, doyen des navieurs, fut un de ceux qui furent élus de y aller, pourtant qu'il étoit bien du comte; et ce bout lui donna [2] Jean Lyon tant par cautèle, afin que s'ils rapportoient rien de contraire contre la ville et les franchises de Gand, il en fût plus demandé que les autres. Ils se partirent et trouvèrent le comte à Mâle. Je ne sais mie comment il les reçut, ou bellement ou laidement; mais finablement ils exploitèrent si bien que le comte leur accorda toutes leurs requêtes : du bourgeois prisonnier que on tenoit à Erclo rendre à ceux de Gand; de vouloir tenir toutes les franchises de Gand sans nul briser ni corrompre; de défendre à ceux de Bruges que plus ne s'enhardissent de fosser sur l'héritage de Gand. Et ot là en convenant, pour mieux complaire à ceux de Gand, de remplir ce que fossé avoient; et se partirent les Gantois sur cel état amiablement du comte, et retournèrent à Gand, et recordèrent tout ce qu'ils avoient trouvé au comte leur seigneur, et comment il vouloit tenir toutes les franchises sans nulle enfreindre ni briser; mais il requéroit par douceur que ces blancs chaperons fussent mis jus.

En ces paroles les gens du comte ramenèrent le prisonnier de Erclo et le rendirent par la voie de rétablissement, ainsi que ordonné étoit, à la ville de Gand; dont on ot grand'joie. A ces réponses faire [1] étoit Jean Lyon et le doyen des blancs chaperons, et dix ou douze des plus notables de leurs routes. Et quand ils orent ouï que le comte requéroit que les blancs chaperons fussent mis jus, si se turent; mais Jean Lyon parla et dit : « Bonnes gens de Gand qui ci êtes, vous savez et avez vu et véez maintenant si blancs chaperons ne vous gardent mieux vos franchises et remettent sus que ces vermeils ni les noirs, ni les chaperons d'autre couleur. Bien est qui en craint. Soyez tous sûrs et dites que je l'ai dit : sitôt que les blancs chaperons seront jus, par l'ordonnance que monseigneur les veut abattre, je ne donrai de vos franchises trois deniers. » Celle parole aveugla si le peuple que tous partirent sans mot dire; mais la greigneur partie, en r'alant en leurs maisons, disoit : « Il dit voir; laissons le convenir; encore n'avons-nous vu en lui que tout bien et profit pour notre ville. » Si demeura la chose en cel état; et Jean Lyon fut en plus grand crémeur de sa vie que devant, et imagina tantôt l'affaire ainsi qu'il advint; car bien véoit que Gisebrest Mahieu avoit en ce voyage brassé aucune chose contre lui au comte et contre ses compagnons, pourtant que le comte avoit fait si aimables réponses. Si contre-

---

[1] Oudegherst, chap. 174, met *Erclo* au nombre des lieux privilégiés du quartier de Gand.
[2] Ce tour lui joua.

---

[1] Lorsque les députés firent leur rapport.

pensa sur les penseurs [1]; et ordonna secrètement à tous les capitaines des blancs chaperons, aux centeniers et cinquanteniers et déceniers, et leur dit : « Dites à vos gens que ils soient toujours nuit et jour pourvus et sur leurs gardes; et si très tôt que ils sentiront ni verront nul émouvement, que ils se traient tous devers moi : encore vaut-il mieux que nous occions que fussions occis, puis que nous avons mis les choses si avant. » Tout ainsi comme il l'ordonna ils le firent; et se tint chacun sur sa garde.

CHAPITRE LIV.

Comment Roger d'Auterme, baillif de Gand, fut occis en Gand par Jean Lyon et ses compagnons, la bannière du comte en sa main.

Depuis ne demeura guères de temps que le baillif de Gand, Roger d'Auterme, vint à Gand, à bien deux cens chevaux; et ce ordonna pour faire ce que commandé lui étoit, et que ordonné étoit entre le comte et Gisebrest Mahieu et ses frères. Le baillif, atout ces deux cens hommes que amenés avoit, s'en vint tout fendant les rues, la bannière du comte en sa main, jusques au marché des denrées; et là s'arrêta et mit la bannière devant lui. Tantôt se trahirent devers lui Gisebrest Mahieu et ses frères, et le doyen des petits métiers. Il étoit ordonné que ces gens d'armes devoient aller de fait en la maison Jean Lyon, et le devoient prendre, et aussi le doyen des blancs chaperons et six ou sept de leur sorte des plus notables, et les devoient amener au chastel de Gand, et là tantôt couper les têtes. Jean Lyon, qui n'en pensoit mie moins, et qui tout avisé étoit de celle affaire, et qui avoit ses guettes et ses écoutes semés aval la ville, sçut la venue du dit baillif : il vit bien que c'étoit tout acertes; aussi firent tous ceux qui blancs chaperons portoient, et que la journée assise étoit pour eux. Eux tous pourvus de leur fait et sur leur garde, se recueillirent et vinrent ensemble devers l'hôtel Jean Lyon, qui les attendoit devant sa maison; et là venoient ci dix, ci vingt; et à fait que ils venoient ils se rangeoient sur la rue. Quand ils furent assemblés, ils furent bien quatre cens. Jean Lyon se partit plus fier qu'un lion, et dit : « Allons, allons sur les traîtres qui veulent la bonne ville de Gand trahir; je pensois

[1] Il opposa ruse à ruse.

bien que toutes ces douces paroles que Gisebrest Mahieu nous rapporta l'autre jour, ce n'étoit que decevance et destruction pour nous; mais je leur ferai comparer. » Adonc s'en vint-il et sa route le grand pas; et toujours lui croissoient gens; car tels n'avoient mie encore blancs chaperons qui se boutèrent par faveur en sa compagnie; et crioient en venant : « Trahi ! trahi ! » Et vinrent au tour par une étroite rue ens ou marché des denrées, où le baillif de Gand qui représentoit la personne du comte étoit, devant lui la bannière du comte, les bannières des navieurs et la bannière des menus métiers. Aussi très tôt que Gisebrest Mahieu et ses frères virent entrer au marché Jean Lyon et les blancs chaperons ils laissèrent le baillif et se déroutèrent, et s'enfuirent chacun qui mieux mieux, l'un çà, l'autre là, et les plusieurs des autres aussi ni nul ne tint arroi ni ordonnance, fors ceux que le baillif avoit ordonnés et amenés en sa compagnie. Assez tôt après que Jean Lyon fut venu sur la place, le doyen des blancs chaperons et une grosse route d'eux se trairent vers le baillif, et sans sonner mot il fut pris et atterré; et là fut présentement occis [1], et la bannière du comte ruée par terre et toute despecée; ni oncques à homme qui là fût ils n'atouchèrent, fors que seulement au baillif; et puis se remirent de-lez Jean Lyon tous ensemble. Quand les gens du comte virent leur capitaine le baillif à terre et mort, et la bannière du comte toute descirée, ils furent tout ébahis, et ainsi que gens déconfits tantôt s'enfuirent et s'épandirent, et montèrent sur leurs chevaux au plus appertement qu'ils purent, et vidèrent la ville de Gand et prindrent les champs.

Vous devez savoir que les enfans sire Jean Mahieu, Gisebrest Mahieu et ses frères, qui se sentoient forfaits envers Jean Lyon et ennemis à lui et aux blancs chaperons, ne furent mie bien assurés en leurs maisons; mais se départirent au plutôt qu'ils porent, les uns par devant, les autres par derrière; et vidèrent la ville de Gand; et laissèrent femmes et enfans et héritages, et se trairent au plus tôt qu'ils porent par devers le comte de Flandre, auquel ils recordèrent celle aventure et de son baillif qui mort étoit, et sa bannière toute descirée. De ces nou-

[1] Suivant Meyer, le bailli de Gand fut tué le 5 septembre 1379.

velles fut le comte durement courroucé et à bonne cause ; car on lui avoit fait trop dépit. Et dit adoncques et jura que il seroit si grandement amendé, ainçois que jamais il rentrât à Gand, ni que ils eussent paix à lui, que toutes les autres villes y prendroient exemple. Si demeurèrent les enfans Mahieu de-lez lui ; et Jean Lyon et les blancs chaperons persévérèrent en leur outrage.

Quand Roger d'Auterme fut occis, ainsi que vous savez, et tous les autres furent éparpillés, et que nul ne se montroit contre les blancs chaperons pour contrevenger, Jean Lyon qui tendoit à courre les Mahieux, car il les haïoit à mort, dit tout haut : « Avant aux traîtres mauvais, les Mahieux, qui vouloient aujourd'hui détruire les franchises de la bonne ville de Gand ! » Ainsi s'en alloient-ils tout criant parmi les rues jusques à leurs maisons; mais nuls n'en y trouvèrent, car ils étoient jà partis. Si furent ils quis et tracés[1] dedans leurs hôtels, de rue en rue et de chambre en chambre. Et quand Jean Lyon vit que nul n'en trouvoient, si fut moult courroucé : adonc abandonna-t-il le leur[2] à tous ceux de sa compagnie. Là furent toutes leurs maisons pillées et robées, ni oncques rien n'y demeura, et toutes abattues et portées par terre, ainsi que si ils fussent trahistres à tout le corps de la ville. Quand ils orent tout ce fait, ils se retrairent en leurs maisons; ni oncques puis ne trouvèrent échevin ni officier de par le comte, ni en la ville, qui leur dît : « C'est mal fait ! » et aussi pour l'heure on n'eût osé; car les blancs chaperons étoient jà si montepliés en la ville que nul ne les osoit courroucer. Et alloient parmi les rues à grand'route; et nul ne se mettoit au devant d'eux; et disoit-on en plusieurs lieux en la ville, et dehors aussi, qu'ils avoient alliances à aucuns échevins et riches hommes de lignage en la ville de Gand. Et ce fait bien à croire; car de commencement tels ribaudailles que ils étoient n'eussent osé entreprendre d'avoir occis si haut homme, la bannière du comte en sa main, en faisant son office, comme Roger d'Auterme bailif de Gand, si ils n'eussent eu des coadjuteurs et souteneurs en leur emprise. Et depuis, comme je vous dirai en suivant, ils multiplièrent tant et furent si forts en la ville, que ils n'orent que faire de nulle aide que de la leur; ni on ne les eût osé dédire ni courroucer de chose que ils voulsissent entreprendre ni faire. Roger d'Auterme des Frères-Mineurs fut pris et levé de terre, et apporté en leur église, et là ensepveli.

[1] Leurs traces suivies.
[2] Leurs effets.

CHAPITRE LV.

Comment douze hommes de Gand furent envoyés devers le comte pour l'appaiser et pour mettre la ville en son amour, et comment Jean Lyon, pour toujours empirer la besogne, fut cause de rober et bouter le feu en la maison du comte, nommée Andrehen.

Quand cette chose fut advenue, plusieurs bonnes gens de la ville de Gand, les sages et les riches hommes, en furent courroucés ; et commencèrent à parler et à murmurer ensemble, et à dire que on avoit fait un trop grand outrage quand on avoit ainsi occis le bailif du comte, en faisant son office; et que leur sire en seroit si courroucé que on ne venroit jamais à paix ; et que ces méchants gens avoient bouté la ville en grand péril de être encore toute détruite, si Dieu n'y pourvéoit de remède. Nonobstant toutes ces paroles il ne étoit nul qui en voulsist faire fait, ni osât, pour lever ni prendre amende, ni corriger ceux qui celle outrage avoient fait. Jean de la Faucille, qui pour ce temps, en la ville de Gand, étoit un moult renommé homme et sage, quand il vit que la chose étoit allée si avant que on avoit si outrageusement occis le bailif de la ville pour le comte, sentit bien que les choses venroient à mal; et afin qu'il n'en fût soupçonné du comte ni de la ville, il se partit de la ville de Gand au plus quoiement qu'il pot, et s'en vint en une moult belle maison qu'il avoit au dehors de Gand. Et là se tint et fit dire qu'il étoit déshaité; ni nul ne parloit à lui fors que ses gens. Mais tous les jours il oyoit nouvelles de Gand; car encore y avoit-il la greigneur partie du sien, sa femme, ses enfans et ses amis. Ainsi se dissimula-t-il grand temps.

Les bonnes gens de Gand, les riches et notables hommes qui avoient là dedans leurs femmes, leurs enfans, leurs marchandises, leurs héritages dedans et dehors, et qui avoient appris à vivre honorablement et sans danger, n'étoient mie aises de ce qu'ils véoient les choses en cel état, et se sentoient trop grandement forfaits envers leur seigneur. Si regardèrent entr'eux qu'il convenoit à ce pourvoir de remède, et amender le forfait ores ou autrefois, et eux mettre en la merci du comte; et valoit mieux tôt que tard. Si orent conseil et parlèrent ensemble à savoir comment ils en pourroient user au profit et à l'honneur de eux et de la ville de Gand. A ce conseil et parlement furent appelés Jean Lyon et les capitaines des blancs chaperons; autrement on ne les eût point osé faire. Là ot plusieurs paroles retournées et plusieurs propos avisés : finablement le conseil se porta tout d'un accord, d'une voix et d'une alliance, que on éliroit au conseil douze hommes notables et sages, lesquels iroient devers le comte et lui requerroient merci et pardon de la mort de son baillif que on avoit ainsi tué; et si parmi tant on pouvoit venir à paix, il seroit bon ; mais que tous fussent en la paix, et que jamais rien n'en fût demandé. Ce conseil fut tenu et accordé, et les bourgeois élus qui en ce voyage devoient aller. Toujours disoit Jean Lyon : «Il fait bon être bien de son seigneur.» Mais il vouloit tout le contraire et le pensoit ; et bien disoit en lui-même que la chose n'étoit mie là encore où il la mettroit. Ce conseil s'épardit; les douze bourgeois partirent et chevauchèrent tant qu'ils vinrent à Mâle de-lez la ville de Bruges; et là trouvèrent-ils le comte, lequel trouvèrent, à l'approcher, félon et cruel et durement courroucé sur ceux de Gand. Ces douze bourgeois firent durement les piteux envers le comte, et lui prièrent à jointes mains qu'il voulsist avoir pitié d'eux. Et excusoient de la mort de son baillif toute la loi [1] et les hommes notables de la ville ; et lui disoient : «Cher sire, accordez-vous tellement que nous reportions paix en la ville de Gand qui tant vous aime, et nous vous promettons que, au temps avenir, cet outrage sera si grandement amendé sur ceux qui l'ont fait et ému à faire, que vous vous en contenterez, et que à toutes autres bonnes villes sera exemple.» Tant prièrent et supplièrent le comte et de si grand'affection ces douze bourgeois de Gand, que le dit comte se refréna grandement de son aïr, avecques les bons moyens qu'ils orent; et fut la chose en tel parti que toute accordée et ordonnée sur l'article de la paix; et pardonnoit le comte ses mautalens à ceux de Gand, parmi une amende qui devoit être faite, quand autres nouvelles vinrent, lesquelles je vous recorderai.

Jean Lyon, qui étoit demeuré à Gand et pensoit tout le contraire de ce qu'il avoit dit en parlement [1] : «que on devoit toujours être bien de son seigneur,» savoit tout de certain, qu'il avoit jà tant courroucé le comte que jamais n'en viendroit à paix; et s'il y venoit par voie de dissimulation, bien savoit qu'il en mourroit. Si avoit plus cher à tout par-honnir puisque commencé l'avoit, que de être en péril ni en aventure de mort tous les jours. Je vous dirai qu'il fit. Ce terme pendant que le conseil de la ville de Gand étoit devers le comte, il s'avisa qu'il courrouceroit le comte si acertes, que ceux qui étoient de-lez lui allés pour la paix avoir ne rapporteroient nul traité de paix. Il prit tous ceux dont il étoit souverain, les blancs chaperons, et, de tous les métiers de Gand, lesquels il avoit de mieux de son accord, et vint à ses ententes par soubtive voie. Et dit, quand ils furent tous assemblés : «Seigneurs, vous savez comment nous avons courroucé monseigneur de Flandre, et sur quel état nous avons envoyé devers lui. Nous ne savons que nos gens rapporteront, ou paix ou guerre; car il n'est mie léger à appaiser, et si a de-lez lui qui bien l'émouvera en courroux ; c'est à savoir Gisebrest Mahieu et ses frères ; c'est cent contre un que nous vinssions à paix. Il seroit bon que nous regardissions en nous-mêmes, si nous avons guerre, de quoi nous nous aiderons, et comment aussi nous sommes armés ; et entre vous, doyens et dixeniers de tels métiers et tels, regardez à vos gens, et si en faites demain venir sur les champs une quantité, si verrez comment ils sont habillés ; et ce fait bon aviser ainçois que on soit surpris. Tout ce ne coûtera rien; et si en serons plus crémus.» Tous répondirent : «Vous dites bien.»

Ce conseil fut tenu. Le lendemain ils vinrent tous par la porte de Bruges, et se trairent sur les champs en un beau plain au dehors de Gand, ainsi comme au quart d'une lieue, à l'encontre d'un trop bel hôtel et chastel que le comte de Flandre avoit au dehors de Gand, que on disoit Andrehen. Quand ils furent là tous venus, Jean Lyon les regarda moult volontiers, car ils étoient

---

[1] *La loi* signifie ici *le corps municipal, le corps de ville.*

[1] Dans l'assemblée dont il est parlé ci-dessus.

bien dix mille et tous bien armés. Si leur dit : « Véez-ci belle compagnie. » Quand il ot là été un espace et allé tout autour, il leur dit : « Je voudrois que nous allissions voir l'hôtel de monseigneur, puisque nous sommes si près; on m'a dit qu'il le fait trop grandement pourvoir : si pourroit être un grand préjudice à la bonne ville de Gand. » Si lui accordèrent tous, et vinrent à Andrehen, qui adoncques étoit sans garde et sans défense. Si entrèrent et commencèrent à chercher dessous et dessus. Ces blancs chaperons et la ribaudaille qui dedans entrèrent l'eurent tantôt dépouillé et pris, et levé tout ce que ils y trouvèrent. Si y avoit-il dedans de bons joyaux et de riches; car le comte en faisoit sa garde-robe. Jean Lyon fit semblant qu'il en fût moult courroucé; mais nonobstant, ainsi comme il apparut, non étoit; car quand ils furent partis du dit chastel et retraits sur les champs, ils regardèrent derrière eux et virent qu'il ardoit tout [1] et que le feu y étoit bouté en plus de vingt lieux; et n'étoit mie en puissance de gens que ils le pussent éteindre; et aussi ils n'en étoient mie en volonté. Donc demanda Jean Lyon, qui fit moult l'émerveillé : « Et d'où vient ce feu en l'hôtel de monseigneur? » On lui répondit : « Il vient d'aventure. » — « Or, dit-il, on ne le peut amender; encore vaut-il mieux que l'aventure l'ait ars que nous. Et aussi, tout considéré, ce nous étoit un moult périlleux voisin. Monseigneur en pût avoir fait une garnison qui nous eût porté grand dommage. » Les autres répondirent tous : « Vous dites voir : » et puis retournèrent en la ville de Gand, et n'y eut plus rien fait pour la journée : mais elle fut grande assez et male, car elle coûta depuis deux cent mille vies, et fut une des choses principaument dont le comte de Flandre s'enfélonna le plus. Et pour ce le fit Jean Lyon, qui ne vouloit à nulle paix venir; car bien savoit que, quelque traité ni quelque paix qu'il y eût, il y mettroit la vie. Ce chastel de Andrehen avoit bien coûté au comte de Flandre à faire ouvrer et édifier deux cent mille francs, et l'aimoit sur tous ses hôtels. Les bonnes gens de Gand qui désiroient à avoir paix furent de cette avenue durement courroucés; mais amender ne le purent, ni nul semblant n'en osèrent faire; car les blancs chaperons disoient que le chastel si étoit ars par meschéance et non autrement.

CHAPITRE LVI.

Comment les messagers gantois retournèrent à Gand, comment ceux de Gand et ceux de Bruges promirent ensemble, et la mort de Jean Lyon.

Les nouvelles vinrent au comte de Flandre qui se tenoit à Mâle, et lui fut dit : « Sire, vous ne savez; votre belle maison de Andrehen, qui tant vous a coûté à faire et que tant aimiez, est arse. » — « Arse! » dit le comte, qui fut de ces nouvelles moult courroucé. « Si m'aist Dieu, sire! voire. » — « Et comment? » — « De feu de meschéance, comme on dit. » — « Hà! dit le comte, c'est fait! n'aura jamais paix en Flandre tant que Jean Lyon vive; il le m'a fait ardoir couvertement; mais ce lui ferai cher comparer. » Adonc fit-il venir les bourgeois de Gand devant lui et leur dit : « Males gens, vous me priez de paix l'épée en la main. Je vous avois accordé toutes vos requêtes ainsi que vous vouliez; et vos gens m'ont ars l'hôtel au monde que je aimois le mieux. Ne leur sembloit-il pas que ils m'eussent fait des dépits assez, quand ils m'avoient occis mon bailli faisant son office, et desciré ma bannière et foulé aux pieds? Sachez que, si ce ne fût pour mon honneur et que je vous ai donné sauf-conduit, je vous fisse à tous trancher les têtes. Partez de ma présence, et dites bien à vos males gens et orgueilleux de Gand que jamais paix ils n'auront, ni à nul traité je n'entendrai, tant que j'en aurai desquels que je voudrai; et tous les ferai décoler, ni nul ne sera pris à merci. »

Ces bourgeois, qui étoient moult ébahis et moult courroucés de ces nouvelles, comme ceux qui nulle coulpe n'y avoient, se commencèrent à eux excuser et les bonnes gens de Gand; mais excusance n'y valoit rien, car le comte étoit si courroucé qu'il n'en vouloit nulle ouïr. On les fit partir de la présence du comte, et montèrent à cheval, et retournèrent à Gand, et recordèrent comment ils avoient bien exploité et fus-

---

[1] Suivant Meyer, le château d'Andreghem, qu'il appelle Wandelghem, fut pillé et brûlé le 8 septembre 1379, jour de la Nativité de la Vierge. Le feu se voyoit de cinq ou six milles. Cette date, ainsi que celle de la mort du bailli de Gand, rapportée ci-dessus, peut servir à rectifier les grandes Chroniques de France, qui placent mal à propos le commencement des troubles de Flandre au mois d'octobre. La continuation française de la chronique de Nangis la fixe avec plus de raison au mois d'août.

sent venus à paix et à appointement envers le comte, si ce diable de chastel n'eût été ars. Outre, le comte les menaçoit grandement, et leur mandoit que jamais paix n'auroient si en auroit le comte tant à sa volonté que bien lui suffiroit. Les bonnes gens de la ville véoient bien que les choses alloient mal, et que les blancs chaperons avoient tout honni; mais il n'y avoit si hardi qui en osât parler. Le comte de Flandre se partit de Mâle et s'en vint, lui et tous les gens de son hôtel, à Lille, et là se logea; et manda là tous les chevaliers de Flandre et les gentilshommes qui de lui tenoient, pour avoir conseil comment il se pourroit maintenir de ses besognes et contrevenger de ceux de Gand qui lui avoient fait tant de dépits. Tous les gentilshommes de Flandre lui jurèrent à être bons et loyaux, ainsi que on doit être à son souverain seigneur, sans nul moyen. De ce fut le comte grandement réjoui : si envoya gens par tous ses chastels, à Tenremonde, à Riplemonde, à Alost, à Gavre, à Audenarde; et partout fit grand garnisons.

Or fut trop grandement réjoui Jean Lyon quand il vit que le comte de Flandre vouloit ouvrer acertes, et qu'il étoit si enfellonni contre ceux de Gand qu'ils ne pourroient venir à paix, et qu'il avoit par ses subtils arts boutée la ville de Gand si avant dans la guerre qu'il convenoit, voulsissent ou non, qu'ils guerroyassent. Adonc dit-il tout haut : « Seigneurs, vous véez et entendez comment notre sire le comte de Flandre se pourvoit contre nous et ne nous veut recueillir à paix : si loue et conseille, pour le mieux, que, ainçois que nous soyons plus grévés ni oppressés, nous sachions lesquels de Flandre demeureront de-lez nous. Je réponds pour ceux de Grant-mont qu'ils ne nous feront nul contraire, mais seront volontiers de-lez nous; aussi seront ceux de Courtray; car c'est en notre chastellenie, et si est Courtray notre chambre [1]. Mais véez là ceux de Bruges qui sont grands et orgueilleux, et par eux toute cette félonnie est émue; si est bon que nous allons devers eux, si forts que bellement ou laidement ils soient de notre accord. » Chacun répondit : « Il est bon. » Adonc furent ordonnés par paroisses tous ceux qui iroient en cette légation; si s'ordonnèrent et pourvéirent, et tout par montre, ainsi que à eux appartenoit; et se partirent de Gand entre neuf et dix mille hommes, et emmenèrent grand charroi et grands pourvéances; et vinrent ce premier jour gésir à Douse. A lendemain ils approchèrent Bruges à une petite lieue près. Adonc se rangèrent-ils tous sur les champs et se mirent en ordonnance de bataille, et leur conroi derrière eux. Là furent ordonnés, de par Jean Lyon, aucuns doyens des métiers, et leur dit : « Allez-vous-en à Bruges, et leur dites que je et ceux de la bonne ville de Gand venons ici, non pour guerroyer ni eux grever si ils ne veuillent, au cas que ils nous ouvriront debonnairement les portes; et nous rapporterez s'ils nous voudront être amis ou ennemis; et sur ce aurons avis. » Cils se partirent de la route qui ordonnés y furent; et s'en vinrent aux bailles de Bruges, et les trouvèrent fermées et bien gardées. Ils parlèrent aux gardes et leur remontrèrent de pourquoi ils étoient là venus. Les gardes répondirent que volontiers ils en iroient parler au brugemaistre et aux jurés qui là les avoient établis, ainsi qu'ils firent. Le brugemaistre et les jurés répondirent et dirent : « Dites-leur que nous en aurons avis et conseil! » Ils retournèrent et firent cette réponse. Adonc se départirent des bailles les commis de Jean Lyon, et retournèrent vers leurs gens qui toujours tout bellement approchoient Bruges. Quand Jean Lyon ot ouï la réponse, si dit : « Avant! allons de fait à Bruges; si nous attendons que ils soient conseillés, nous n'y entrerons point, fors à peine; si vaut mieux que nous les assaillons avant qu'ils se conseillent, par quoi soudainement ils soient surpris. » Cil propos fut tenu; et vinrent les Gantois jusques aux barrières de Bruges et aux fossés, Jean Lyon tout premier, monté sur un cheval morel; et mit tantôt pied à terre, et prit sa hache en sa main. Quand cils, qui gardoient le pas, qui n'étoient pas si forts adonc, virent là les Gantois venus en convenant pour assaillir, si furent tout effrayés; et s'en allèrent les aucuns par les grands rues jusques au marché, en criant : « Véez-les-ci, véez les ci les Gantois! or tôt aux défenses! ils sont jà devant nous et devant nos portes. » Ceux de Bruges qui s'assembloient au marché pour

---

[1] Cela veut dire que Courtray était du district de Gand. Suivant P. d'Oudegherst, chap. 164 des *Chroniques de Flandre*, la ville de Gand est la première des principales *lois* de la Flandre flamingante, et Courtray était une des villes du quartier de Gand. Il est dit ci-après que Courtray était de la châtellenie de Gand.

eux conseiller furent tout effrayés; et n'eurent les grands maîtres nul loisir de parler ensemble ni de ordonner nulles de leurs besognes, et vouloient la greigneur partie de la communauté que tantôt on leur allât ouvrir les portes. Il convint que ce conseil fût cru et tenu, autrement la chose eût mal allé sur les riches hommes de la ville. Et s'en vinrent le brugemaistre et tous les échevins, et moult d'autres à la porte où les Gantois étoient qui trop grand'apparence d'assaillir faisoient. Le brugemaistre et les seigneurs de Bruges [1], qui l'avoient à gouverner pour ce jour, firent ouvrir le guichet et vinrent aux bailles parlementer à Jean Lyon. En ce parlement ils furent si bien d'accord que par un grand amour on leur ouvrit les bailles et la porte, et entrèrent tous dedans. Et chevauchoit Jean Lyon de-lez le brugemaistre, qui bien sembloit et se montroit être hardi et courageux hom; et toutes ses gens armés au clair le suivoient par derrière. Et fut adonc très belle chose d'eux voir entrer en ordonnance en Bruges; et s'en vinrent ens ou marché. Ainsi comme ils venoient, ils s'ordonnoient et rangeoient sur la place, et tenoit Jean Lyon un blanc bâton en sa main.

Entre ceux de Gand et de Bruges furent là faites alliances, et jurées et enconvenancées, qu'ils devoient toujours demeurer l'un de-lez l'autre, ainsi comme bons amis et voisins; et les pouvoient ceux de Gand semondre, mander et mener avecques eux partout où ils voudroient aller. Assez tôt après que les Gantois furent venus et rangés sur le marché, Jean Lyon et aucuns capitaines de ses gens montèrent haut en la halle, et là fit-on un ban de par la bonne ville de Gand et un commandement: que chacun se trait bellement à l'hôtel et doucement, et se désarmât, et ne fît noise ni hutin, sur la tête à perdre, et que chacun selon celle ordonnance fît son enseigne en son hôtel, et que nul ne se logeât l'un sur l'autre ni ne fît noise au loger, parquoi tençon ni estrif pussent mouvoir, sur peine de la tête; et que nul ne prît rien de l'autre que il ne payât tantôt et sans délai, et tout sur la tête. Ce ban fait, on en fit un autre de par la ville de Bruges, que chacun et chacune reçût bellement et doucement en ses hôtels les bonnes gens de Gand,

et que on leur administrât vivres et pourvéances selon le fuer commun de la ville, ni nulle chose n'en fût renchérie, ni que nul n'émût noise ni débat, ni émouvement quelconque; et toutes celles choses sur la tête. Adonc se retrait chacun en son hôtel. Et furent en cel état ceux de Gand en la ville de Bruges moult amiablement deux jours; et se obligèrent et allièrent l'un à l'autre moult grandement. Ces obligations prises et faites, escriptes et scellées, au tiers jour ceux de Gand se partirent et s'en allèrent devers la ville du Dan [1] où on leur ouvrit les portes tantôt et sans délai; et y furent les Gantois recueillis moult courtoisement, et y séjournèrent deux jours. En ce séjour moult soudainement prit à Jean Lyon une maladie dont il fut tout enflé; et la propre nuit que la maladie le prit il avoit soupé en grand revel avecques damoiselles de la ville, parquoi les aucuns veulent dire et maintenir qu'il fut empoisonné. De cela je ne sais rien, ni je n'en voudrois parler trop avant, mais je sais bien que, à lendemain que la maladie le prit la nuit, il fut mis en une litière et apporté à Ardembourch. Il ne put aller plus avant, et là mourut, dont ceux de Gand furent moult courroucés et trop grandement desbaretés.

CHAPITRE LVII.

Comment ceux de Gand, après la mort de Jean Lyon, firent entre eux quatre capitaines, et comment, eux venus moult forts devant Courtray et Ypre, ouverture et recueil leur fut partout fait.

De la mort Jean Lyon furent tous réjouis ses ennemis, et ses amis courroucés. Si fut apporté à Gand; et pour la mort de lui retourna 'oute leur route. Quand les nouvelles de la mort furent venues à Gand toutes gens furent durement courroucés; car moult y étoit aimé, excepté de ceulx de la partie du comte. Si vinrent les gens d'église à l'encontre du corps; et fut amené en la ville à aussi grand'solemnité que si ce fût le comte de Flandre; et fut enseveli moult révéremment en l'église de Saint-Nicolas, et là fit-on ses obsèques et y gît. Pour ce si Jean Lyon fut mort, ne se brisèrent mie adoncques les convenances, que cils de Gand avoient à cils de Bruges; car les Gantois avoient de Bruges pris bons ôtages, et les tenoient en la ville de Gand, pour-

---

[1] Par les seigneurs de Bruges, on doit entendre ici les magistrats.

[1] Aujourd'hui Damme au nord-est de Bruges.

quoi les obligations ne se pouvoient dérompre. De la mort Jean Lyon fut le comte grandement réjoui; et aussi furent Gisebrest Mahieu et ses frères, et le doyen des menus métiers de Gand, et tous cils de la partie du comte. Si fit le comte plus fort que devant pourveoir ses villes et chastel, et envoya en la ville de Ypre grand'foison de bons chevaliers et écuyers de la chastellerie de Lille et de Douay et dit qu'il auroit temprement raison de ceux de Gand.

Tantôt après la mort Jean Lyon, ceux de Gand regardèrent qu'ils ne pouvoient longuement être sans capitaine; si en ordonnèrent les doyens des métiers et les cinquanteniers des portes quatre à leur avis les plus oultrageux, hardis et entreprenans de tous les autres; premièrement Jean Pruniaux, Jean Boule[1], Rasse de Harselle, Piètre du Bois; et jurèrent toutes manières d'autres gens à obéir à ces capitaines, sans nulle exception et sur la tête; et les capitaines jurèrent à garder l'honneur et les franchises de la ville. Ces quatre capitaines émurent cils de Gand à aller à Ypre et au Franc de Bruges[2], pour avoir l'obéissance d'eux, ou tout occire. Si se partirent de Gand les capitaines et leurs gens en grand arroy, et étoient bien douze mille tout armés au clair. Si cheminèrent tant, qu'ils vinrent à Courtray. Cils de Courtray les laissèrent entrer en leur ville sans danger; car elle siéd en la chastellerie de Gand; et se tinrent là tout aise, et se rafreschirent, et y furent deux jours. Au tiers jour ils s'en partirent et s'en allèrent vers Ypre, et emmenèrent avecques eux douze cents hommes, tout armés au clair, parmi les arbalétriers de Courtray, et prirent le chemin de Tourhout. Quand ils furent venus à Tourhout, là s'arrêtèrent; et eurent conseil les capitaines de Gand qu'ils envoyeroient trois ou quatre mille de leurs gens devant et le capitaine des blancs chaperons pour traiter à cils de Ypre, et la grosse bataille les suivroit par derrière, pour eux conforter, si mestier faisoit. Ainsi qu'il fut ordonné il fut fait; et s'en vinrent iceux à Ypre. Quand le commun de Ypre et cils des menus métiers sçurent la venue de cils de Gand, si s'armèrent et s'ordonnèrent tous sur le marché; et étoient bien cinq mille. Là n'avoient les riches hommes de la ville, ni les notables, nulle puissance. Les chevaliers, qui étoient en garnison de par le comte en la ville d'Ypre, s'en vinrent moult ordonnément à la porte de Tourhout, là où les Gantois étoient arrêtés devant les bailles, et requéroient que on les laissât entrer dedans. Ces chevaliers et leurs gens étoient tous rangés devant la porte et montroient bonne défense, ni jamais les Gantois n'y fussent entrés sans assaut et sans trop grand dommage : mais les menus métiers de la ville, voulsissent ou non les gros, se partirent du marché et s'en vinrent devers la porte que les chevaliers vouloient garder, et dirent : « Ouvrez, ouvrez à nos bons amis et voisins de Gand; nous voulons que ils entrent en notre ville. » Les chevaliers répondirent que non feroient, et qu'ils étoient là établis de par le comte de Flandre, et avoient à garder la ville, si la garderoient à leur loyal pouvoir; et n'étoit mie en la puissance de ceux de Gand qu'ils y pussent entrer, si ce n'étoit par trahison. Paroles multiplièrent tant entre les gentils hommes et les doyens des menus métiers que on écria à eux : « A la mort! Vous ne serez pas seigneurs de notre ville. » Là furent-ils assaillis roidement et reculés contre la rue, car la force n'étoit pas la leur; et en y eut morts cinq chevaliers, desquels messire Roubais et messire Houard de la Houarderie furent là occis, dont ce fut dommage. Et y fut en trop grand péril messire Henry d'Antoing : à peine le purent aucuns riches hommes de la ville sauver. Toutes fois on le sauva, et en y eut sauvés grand'foison d'autres; mais la porte fut ouverte, et entrèrent les Gantois, et furent maîtres et seigneurs de la ville, sans ce que nul mal y fissent. Et quand ils eurent été deux jours léans et ils eurent pris la sûreté de cils de la ville, qui leur jurèrent en la forme et manière que ceux de Bruges, de Courtray, de Grand-Mont et du Dan avoient fait, et le tenroient, et de ce ils livrèrent ôtages, ils s'en partirent tout courtoisement et s'en retournèrent parmi Courtray à Gand.

---

[1] Meyer, dans les Annales de Flandre, liv. XIII, nomme en latin les quatre nouveaux chefs des Gantois, *Joannes Prunellus, Joannes Bola, Razo Herzelensis et Petrus à Bosco.*

[2] Franc de Bruges, contrée du comté de Flandre qui renfermait Bruges, Ostende, Nieuport, etc., etc. Ce pays fut ainsi nommé parce qu'autrefois il secoua le joug des Gantois, auquel il était soumis.

CHAPITRE LVIII.

Comment les Gantois et les Flamands assiégèrent Audenarde, et comment ils allèrent réveiller le comte à Tenremonde; et comment le duc de Bourgogne traita et pacifia les Flamands au comte leur seigneur.

Le comte de Flandre, qui se tenoit à Lille, entendit que ceux d'Ypre étoient tournés Gantois, et ce avoient fait les menus métiers; si fut durement courroucé, tant pour la mort de ses chevaliers qui dedans étoient, qui avoient été occis, que pour autres choses. Toutes fois il se reconforta et dit : « Si nous avons perdu Ypre celle fois, nous le recouvrerons une autre fois à leur male meschéance; car j'en ferai encore tant trancher de têtes, et là et ailleurs, que les autres s'en ébahiront. » Le comte entendit adonc par espécial moult grandement à pourveoir la ville d'Audenarde de pourvéances et de bonnes gens d'armes pour la garder; car il supposoit bien que les Gantois venroient là à leur effort pour l'assiéger, et ce lui seroit un trop grand contraire si ils en étoient seigneurs, car ils aroient la bonne rivière de l'Escaut et le navire à leur aise et à leur volonté. Si y envoya premièrement grand'foison de chevaliers et d'écuyers de Flandre, de Hainaut et d'Artois, qui tous se boutèrent et amassèrent léans, et en furent maîtres, voulsissent ou non les gens de la ville. Les capitaines de Gand, qui étoient retraits en leur ville, entendirent comment le comte pourvéoit grandement la ville d'Audenarde; si eurent conseil qu'ils la venroient assiéger, et ne s'en partiroient si l'aroient conquise et tous occis ceux qui étoient dedans, et les portes et les murs abattus. Si firent un commandement à Gand, que chacun fût pourvu bien et suffisamment, ainsi comme à lui appartenoit, pour aller là où on les voudroit mener. A ce ban nul ne désobéit; si s'ordonnèrent et chargèrent tentes et trefs et pourvéances, et partirent de Gand, et s'en vinrent loger devant Audenarde sur ces beaux prés contre val l'Escaut. Trois jours après vinrent cils de Bruges qui furent mandés; et se logèrent au lez devers leur ville, et amenèrent grand charroi et grosses pourvéances : puis vinrent ceux d'Ypre aussi en grand arroi, ceux de Propinghe[1], ceux de Meschines et du Franc, et aussi ceux de Grand-Mont; et étoient en compte les Flamands devant Audenarde plus de cent mille[1]; et avoient fait ponts de nefs et de clayes sur l'Escaut, où ils alloient de l'un à l'autre. Le comte de Flandre, qui se tenoit à Lille, eut en propos que il venroit à Tenremonde, car il avoit mandé en Allemagne, en Guerles et en Brabant grand'foison de chevaliers et d'écuyers, et par espécial le duc des Mons[2], son cousin, qui le vint servir à grand'foison de chevaliers et d'écuyers. Et se boutèrent en Tenremonde et y trouvèrent le duc de Flandre, qui jà y étoit venu par les frontières de Hainaut et de Brabant, lequel fut moult réjoui de leur venue. Ainsi se tint le siége devant Audenarde des Flamands moult longuement. Si y eut fait, le siége étant, plusieurs assauts et grands escarmouches; et presque tous les jours y avoit faits d'armes aux barrières et gens morts et blessés; car Flamands s'aventuroient follement et outrageusement. Et venoient jusques aux bailles lancer et escarmoucher. Si en y avoit souvent des morts et des blessés pour leur outrage.

En la ville d'Audenarde y avoit bien huit cents lances de chevaliers et écuyers, et moult vaillans hommes. Là dedans en ce temps y étoient sept barons, tels que le seigneur de Ghistelles, le seigneur de Villiers et de Hullut, le seigneur d'Escornay, Flamands; et Hainuiers : le seigneur Watier d'Enghien, le seigneur d'Antoing, le seigneur de Briffeuil, le seigneur de Lens, le seigneur de Gommignies, les trois frères de Hallewyn, messire Jean, messire Daniel, et messire Josse, le seigneur de Scambourn, le seigneur de Crane et messire Girart de Marqueilles, le seigneur de Cohen, le seigneur de Montigny en Hainaut, messire Rasse de Montigny, messire Thierri de la Hamède, messire Jean de Grès, et tant de chevaliers qu'ils étoient cent et cinq. Et si faisoient bon guet et grand, et n'avoient nulle fiance en ceux de la ville; et avoient fait retraire les femmes et les enfans de la ville ens ès moû-

---

[1] Pouperinghen.

[1] Meyer, Ann. de Flandre, liv. II, dit seulement *soixante mille*. Il place le siége d'Oudenarde à la mi-octobre.

[2] Froissart appelle duc des Mons, du mot allemand *Berg*, Albert de Bavière, alors protecteur ou régent du Hainaut pendant la détention de son frère Guillaume III dit l'Insensé, enfermé pour cause de démence au château du Quesnoy depuis l'an 1357. Ces deux frères étaient fils de l'empereur Louis de Bavière et de Marguerite comtesse de Hollande et de Hainaut, fille de Guillaume-le-Bon et de Jeanne de Valois, sœur du roi Philippe de Valois.

tiers[1], et là se tenoient ; et les seigneurs[2] et leurs gens se tenoient en leurs maisons. Et pour le trait des canons et du feu que les Flamands lançoient et traioient soigneusement en la ville pour tout ardoir, on avoit fait couvrir les maisons de terre, par quoi le feu ne s'y pût prendre.

Le siége étant devant Audenarde, les Flamands et les capitaines qui là étoient entendirent que le comte leur seigneur étoit à Tenremonde, et avoit le duc des Mons, son cousin, et grand'foison de chevaliers et écuyers de-lez lui. Si eurent conseil qu'ils envoieroient là six mille de leurs gens, pour voir que c'étoit et pour livrer un assaut à Tenremonde. Si comme ils conseillèrent ils le firent ; et se partirent de l'ost tous ceux qui ordonnés y furent d'y aller ; et avoient à capitaine Rasse de Harselle. Tant exploitèrent les Flamands que ils vinrent, un jeudi au soir, en un village à une petite lieue de Tenremonde sur la rivière de Tenre, et là se logèrent. Cils Flamands avoient pourvu grand'foison de nefs et fait venir aval sur la rivière pour entrer ens et pour assaillir par eau et par terre. Un petit après mie-nuit ils se levèrent, armèrent et appareillèrent de tous points, ainsi que pour tantôt combattre quand ils seroient là venus ; et vouloient surprendre les chevaliers en leurs lits ; et puis se mirent au chemin. Aucunes gens du pays qui sçurent ce convenant s'en vinrent de nuit à Tenremonde, et informèrent les gardes de cel affaire, et leur dirent : « Soyez sûrs[3] et vous tenez sur votre garde ; car grand'foison de Gantois gissent en-nuit[4] moult près de ci, et si ne savons qu'ils veulent faire. » Les gardes des portes recordèrent tout ce au chevalier du guet, qui s'appeloit messire Thierry de Brederode de Hollande. Lors qu'il en fut avisé, si fut sur sa garde, et le fit signifier au chastel et par tous les hôtels en la ville où les chevaliers se logeoient. Droitement sur le point du jour vinrent les Flamands par terre et par eau sur leurs nefs ; et avoient si bien appareillé leur besogne que pour tantôt assaillir. Quand cils de la ville et du chastel sentirent qu'ils approchoient, si commen-

cèrent à sonner leurs trompettes et à réveiller toutes gens ; et jà étoient la greigneur partie des chevaliers et écuyers tout armés. Le comte de Flandre, qui dormoit au chastel, entendit ces nouvelles que les Flamands étoient venus et jà assailloient ; et tantôt il se leva et arma, et issit hors du chastel, sa bannière devant lui. De-lez lui étoient à ce jour messire Gassuins de Wille, grand baillif de Flandre, le sire de Grantmont, messire Girard de Rosenghien, messire Philippe le Jeune, messire Philippe de Mamies et des autres, tels comme messire Hugues de Rogny, Bourguignon. Si se trairent tous ces chevaliers dessous sa bannière, et allèrent à l'assaut qui étoit jà commencé, dur et horrible ; car ces Flamands avoient apporté, en leurs nefs, canons dont ils traioient les carreaux si grands et si forts, que qui en étoit consuivi, il n'y avoit point de remède qu'il ne fût mort. Mais à l'encontre de ces carreaux on étoit moult pavesché[1] ; et avoient les gens du comte grand'foison de bons arbalêtriers, qui donnoient par leur trait moult à faire aux Flamands. D'autre part, en son ordonnance et en sa défense étoit le duc des Mons, sa bannière devant lui. En sa compagnie étoient le sire de Brederode, messire Josse et messire Thierry de la Naire, messire Wivains de Chuperoyes, et plusieurs autres, et faisoient bien chacun son devoir. D'autre part et à une autre porte étoient messire Robert d'Asque, messire Jean Villain, le sire de Vindescot et messire Robert Mareschaux ; et vous dis que cil assaut fut grand et fort. Et assailloient moult ouniement par terre et par eau les Flamands en leurs nefs ; et en y eut grand'foison de blessés d'une partie et d'autre, et plus des Flamands que des gentils hommes ; car ils s'abandonnoient trop follement. Si dura cel assaut, sans point cesser, dès le point du jour jusques à haute nonne ; et là eut mort un chevalier de la partie du comte qui s'appeloit Hugues de Rogny, Bourguignon, dont ce fut dommage ; et y eut grand'plainte, car par son hardement, et lui trop abandonner, il fut occis. Là étoit Rasse de Harselle, qui aussi se portoit vaillamment, et de sa parole avecques son fait rafreschissoit grandement les Gantois.

Quand ce vint après nonne l'assaut cessa, car Rasse vit bien que ils se travailloient en vain et

---

[1] *Moûtier*, qui, dans l'origine, signifiait proprement *monastère*, a été aussi employé dans le moyen-âge pour désigner les églises, même séculières.
[2] Les principaux habitans.
[3] Veillez à votre sûreté.
[4] Cette nuit.

[1] Garanti par le moyen des pavois ou boucliers.

que dedans Tenremonde il y avoit trop de bonnes gens, pourquoi la ville n'étoit mie à prendre; et se commençoient ses gens fort à lasser : si fit sonner la retraite. Adonc se retrairent les Gantois tout bellement selon la rivière et ramenèrent toute leur navie, et s'en vinrent loger ce soir d'où ils étoient partis le matin, et au lendemain ils s'en retournèrent en l'ost devant Audenarde. Si demeura depuis Tenremonde en paix tant que pour celle saison : mais le siége se tint devant Audenarde moult longuement. Et étoient les Flamands, qui là étoient, seigneurs de la rivière, ni nulles pourvéances n'entroient en Audenarde, si ce n'étoit en grand péril, au-lez devers Hainaut; mais à la fois aucuns vitailliers qui s'aventuroient pour gagner, quand on dormoit en l'ost, s'assembloient et se boutoient ens ès bailles d'Audenarde; et puis on les mettoit en la ville. Entre les assauts qui furent faits à Audenarde, il y en ot un trop durement grand qui dura un jour tout entier; et là furent faits plusieurs nouveaux chevaliers de Hainaut, de Flandre et d'Artois, qui être le volrent. En leur nouvelle chevalerie on ouvrit la porte devers Gand; et s'en vinrent ces nouveaux chevaliers combattre aux bailles contre les Gantois; et là ot bonne escarmouche, et fait très grands appertises d'armes, et plusieurs Flamands morts et blessés; mais ils en faisoient si peu de compte et si ressoignoient si petit la mort, qu'ils se abandonnoient trop hardiment, et quand ceux de devant étoient morts ou blessés, les autres qui étoient derrière les tiroient hors, et puis se mettoient devant et remontroient grand visage[1]. Ainsi se continua cel assaut qui dura jusques au soir, tant que ceulx d'Audenarde rentrèrent en leur ville et fermèrent leurs portes et leurs barrières, et les Flamands rallèrent en leurs logis. Si entendirent à ensevelir les morts et à appareiller moult soigneusement les navrés, les blessés et les mutilés.

Ces Flamands qui séoient au siége devant Audenarde espéroient bien par long siége à conquerre la ville et ceux qui dedans étoient, ou par affamer ou par assaut, car bien savoient qu'ils l'avoient si bien environnée que par rivière ni par terre rien ne leur pouvoit venir, et le séjourner là ne leur grévoit riens; car ils étoient en leur pays et de-lez leurs maisons; si avoient tout ce qu'il leur besognoit, vivres et autres choses, plus largement et à meilleur marché que si ils fussent à Bruges ou à Gand.

Le comte de Flandre, qui sentoit en la ville d'Audenarde grand'foison de bonne chevalerie, se doutoit bien de ce point, que par long siége ils ne fussent affamés là dedans, et eût volontiers vu que aucun traité honorable pour lui fût entamé; car au voir dire la guerre à ses gens le hodoit, ni oncques ne s'en chargea volontiers[1]. Et aussi sa dame de mère, la comtesse Marguerite d'Artois[2], en étoit moult courroucé et le blâmoit trop fort, et volontiers y eût mis accord si elle eût pu, ainsi qu'elle fit. Cette comtesse se tenoit en la cité d'Arras : si escripsit devers le duc de Bourgogne auquel l'héritage de Flandre, de par madame Marguerite[3] sa femme, devoit parvenir, après la mort du comte, que il se voulsist traire avant et venir en Artois. Le duc, qui bien étoit avisé de ces besognes, car tous les jours il en oyoit nouvelles, vint à Arras, et son conseil avec lui, messire Guy de la Trémoille, messire Jean de Vienne, amiral de France, messire Guy de Pontarlier et plusieurs autres. La comtesse d'Artois les vit moult volontiers et leur remontra moult sagement celle guerre entre son fils et son pays, qui étoit mal appartenant et lui déplaisoit grandement, et devoit déplaire à toutes bonnes gens qui aimoient raison; et comment aussi ces vaillans hommes, barons, chevaliers et écuyers, quoique ils geussent honorablement en la ville d'Audenarde, si y étoient-ils en grand péril, et que pour Dieu on y volsist pourvoir de conseil et de remède. Le duc de Bourgogne répondit que à ce faire étoit-il tenu et que il en feroit son plein pouvoir. Assez tôt après ce il se départit d'Arras

---

[1] Contenance hardie.

[1] Cette guerre le fatiguait, et jamais il n'y fut porté d'inclination.

[2] Marguerite de France, fille du roi Philippe-le-Long, comtesse d'Artois et de Bourgogne, alors veuve de Louis Ier, comte de Flandre, tué à la bataille de Crécy en 1346, et mère de Louis II, dit *de Mâle*, comte de Flandre. Cette princesse mourut en 1384, et fut enterrée à Saint-Denis.

[3] Marguerite de Flandre, fille unique du comte Robert, dit *de Mâle*, fut mariée 1° le 1er juillet 1361 à Philippe dit du *Rouvre*, dernier des ducs de Bourgogne de la première race, mort le 21 novembre suivant; 2° le 19 juin 1369 à Philippe de France, fils putné du roi Jean, premier duc de Bourgogne de la seconde race. Cette princesse mourut en 1404.

et s'en alla droit à Tournay où il fut reçu à grand'joie ; car ceux de Tournay désiroient aussi moult à avoir la paix pour la cause de la marchandise qui leur étoit close sur la rivière de l'Escaut. Le duc de Bourgogne envoya l'abbé de Saint-Martin[1] en l'ost devant Audenarde, pour savoir comment ces capitaines de Gand voudroient entendre au traité. Si rapporta l'abbé au duc de Bourgogne que pour l'honneur de lui ils y entendroient volontiers. Si leur donna le duc sauf conduit jusques au pont de Rosne ; et aussi les Flamands lui donnoient et à ses gens, jusques à là. Si vint le duc au pont de Rosne parlementer aux Flamands et les Flamands à lui ; et duroit le parlement dès le matin jusques au soir que le duc retournoit à Tournay, le prévôt de Tournay en sa compagnie, qui l'amenoit et remenoit. Ces parlemens durèrent quinze jours, que à peine y pouvoit-on trouver moyen aucun ; car les Flamands vouloient avoir Audenarde abattue, et le duc ni le conseil ne s'y pouvoient assentir. Les Flamands qui se tenoient grands, fiers et orgueilleux, par semblant ne faisoient nul compte de paix ; car ils maintenoient que Audenarde et ceux qui dedans étoient ne s'en pouvoient partir fors que par leur danger, et les tenoient pour conquis. Le duc de Bourgogne, qui véoit ces Flamands grands et orgueilleux contre ces traités, avoit grand'merveille à quoi ils tendoient[2], et impétra un jour un sauf conduit pour son maréchal aller voir les chevaliers à Audenarde, et on lui donna trop légèrement. Le maréchal de Bourgogne vint à Audenarde et trouva les compagnons en bon convenant ; mais d'aucunes choses avoient grand'deffaute. Toutes fois ils dirent moult vaillamment : « Sire, dites de par nous à monseigneur de Bourgogne qu'il ne fasse pour nous nuls mauvais traités, car Dieu mercy nous sommes en bon point et nous n'avons garde de nos ennemis. » Ces réponses plurent moult grandement au duc de Bourgogne qui se tenoit au Pont de Rosne ; mais pour ce il ne laissa mie à poursuir son traité. Au voir dire, ceux de Bruges et d'Ypre étoient aussi comme tout tenus, et aussi étoient ceux du Franc, et ressoignoient l'hiver qui leur approchoit[1]. Si remontrèrent ces choses en conseil, au cas que le duc de Bourgogne, qui pour bien s'ensoignoit de cet affaire, s'étoit tant travaillé qu'il étoit venu devers eux ; et leur offroit à tout faire pardonner, et le comte amiablement retourner à Gand et là demeurer, et que de chose qui fût avenue il ne montreroit jamais semblant ; c'étoient bien des choses en quoi on se devoit tôt incliner, et que voirement on devoit reconnoître son seigneur, ni on ne lui pouvoit tollir son héritage. Ces paroles amollirent grandement ceux de Gand et s'y accordèrent ; et donna un jour le duc de Bourgogne à dîner au pont de Rosne moult grandement aux capitaines de Gand et à ceux de Bruges et d'Ypre et de Courtray. En ce jour fut tout conclu que le siége se devoit lever, et bonne paix devoit être en Flandre entre le comte et ses gens ; et pardonnoit tout le comte, sans nulle réservation, exception ni dissimulation ; et devoit le comte venir demeurer à Gand, et dedans l'an ceux de Gand devoient faire refaire son châtel de Andreghien que les Gantois avoient ars, si comme renommée couroit. Et pour toutes choses plus pleinement confirmer, Jean Pruniaux devoit venir à Tournay avec le duc de Bourgogne ; et là devoient les lettres authentiques être faites, escriptes et scellées. Sur cel état retourna le duc de Bourgogne à Tournay, et Jean Pruniaux et Jean Boulle retournèrent en l'ost. Au lendemain la paix fut criée entre celles parties. Si se défit le siége[2] et s'en alla chacun en sa maison et en son lieu. Et le comte de Flandre donna tout partout congé à ses soudoyers, et remercia les étrangers grandement des beaux services qu'ils lui avoient faits, et puis s'en vint à Lille pour mieux confirmer ces ordonnances que son beau-fils, le duc de Bourgogne, avoit faites. Et disoient les aucuns des pays voisins et lointains que c'étoit une paix à deux visages, et qu'ils se rebelleroient temprement, et que le comte ne s'y étoit accordé, fors pour ravoir la grand'foison de nobles chevaliers et écuyers qui gisoient en grand péril en Audenarde.

Jean Pruniaux, après le département du siége d'Audenarde, vint à Tournay moult étof-

---

[1] L'abbaye de Saint-Martin de Tournay était de l'ordre de saint Benoît.

[2] Était fort étonné de leurs desseins.

[1] On voit par-là que les conférences du pont de Rosne eurent lieu dans le mois de novembre 1379.

[2] Le siége d'Oudenarde fut levé le 3 décembre 1379, suivant l'*Art de vérifier les dates*.

fément, et lui fit le duc de Bourgogne très bonne chère; et là furent parfaites toutes les obligations et ordonnances de la paix, et les scellèrent le duc de Bourgogne et le comte de Flandre. Et puis retourna Jean Pruniaux à Gand et montra ce qu'il avoit exploité. Et tant avoit prié le duc de Bourgogne et remontré de douces paroles à ceux de Gand, que Audenarde demeuroit entière; car au traité de la paix et au lever le siége, les Gantois, s'ils eussent pu, vouloient au lez devers eux abattre deux portes, les tours et les murs, afin qu'elle leur fût à toute heure ouverte et appareillée. Quand le comte de Flandre ot été une espace à Lille, et le duc de Bourgogne s'en fut rallé en France, il s'en vint à Bruges et là se tint et remontra couvertement, sans autre punition, grand mautalent à aucuns bourgeois de Bruges de ce que sitôt l'avoient relinqui et s'étoient mis au service de ceux de Gand. Ces bourgeois s'excusèrent et dirent, et vérité étoit, que ce n'avoit pas été leur coulpe, mais la coulpe des menus métiers de Bruges qui se vouloient prendre et mêler à ceux de Gand quand Jean Lyon vint devant Bruges. Le comte passa son mautalent au plus bel qu'il pot; mais pour ce n'en pensa-t-il mie moins.

Nous nous souffrirons à parler de lui et de ceux de Flandre, et retournerons aux besognes de Bretagne.

CHAPITRE LIX.

Coment le duc de Bretagne retourna en son pays. De la mort de l'empereur de Rome. Comment on envoya en Allemagne pour mariage au roi d'Angleterre, et comment le duc de Bretagne faillit au secours d'Angleterre.

Vous savez comment le duc de Bretagne étoit en Angleterre de-lez le roi Richard et ses oncles qui lui faisoient bonne chère; et son pays étoit en trouble et en guerre; car le roi de France y avoit envoyé son connétable à grands gens d'armes qui se tenoient à Pontorson et vers le mont Saint-Michel et guerroyoient le pays. Les cités et les bonnes villes de Bretagne se tenoient toutes closes et désiroient moult que leur seigneur le duc retournât au pays; et jà l'avoient mandé par lettres et messages, mais il ne s'y osoit bonnement fier ni assurer; et tant que les prélats et les bonnes villes en murmuroient et disoient : « Nous mandons par lettres toutes les semaines le duc et point ne vient, mais s'excuse. » — « En nom Dieu! disoient les aucuns, il y a bien cause, car nous le mandons trop simplement. Bien appartient que nous y envoiassions un ou deux chevaliers de créance ès quels il se pût fier, et qui lui remontrassent pleinement l'état du pays. » Ce propos fut mis avant et les consaulx tenus : si en furent priés d'aller en Angleterre deux moult vaillans chevaliers, messire Geoffroi de Kaermel et messire Eustasse de la Houssoye, à la prière et requête des barons, des prélats et des bonnes villes de Bretagne. Ces deux chevaliers s'appareillèrent pour aller en Angleterre, et entrèrent en un vaissel à Conkest, et orent vent à volonté et singlèrent tant qu'ils vinrent à Hantonne, et là prirent-ils terre. Si issirent de leurs vaisseaux et chevauchèrent tant qu'ils vinrent à Londres. La trouvèrent-ils le duc de Bretagne et la duchesse, et messire Robert Canolle, qui les reçurent à grand'joie. Les chevaliers recordèrent au duc tout l'état de son pays et comment on le désiroit à ravoir, et montrèrent lettres de créance des barons, des prélats et des bonnes villes. Le duc crut moult bien les chevaliers et les lettres aussi et en eut grand'joie, et dit qu'il en parleroit au roi et à ses oncles, ainsi qu'il fit. Quand le roi d'Angleterre et ses oncles en furent informés, comment le pays de Bretagne, excepté Claiquin, Cliçon, Rohan, Laval et Rochefort mandoient leur seigneur, si lui dirent : « Vous vous en irez par delà puisque on vous mande, et vous racointerez de vos gens et de votre pays; et tantôt nous vous envoierons gens et confort assez pour tenir et garder les frontières contre tous vos ennemis; et nous laisserez votre femme la duchesse [1] par deçà avec sa mère et ses frères, et vous entendrez par delà à guerroyer. De ces nouvelles et paroles fut le duc tout réjoui et s'ordonna sur ce.

Ne demeura puis guère de temps que le duc de Bretagne ordonna ses besognes à Hantonne, et prit congé au roi et à ses oncles et à madame la princesse et à sa femme, et ordonna à son département et scella grands alliances [2] au roi

---

[1] La duchesse de Bretagne, seconde femme de Jean V, duc de Bretagne, était Jeanne Holland, fille de Thomas Holland et comtesse de Kent. Elle avait été mariée en 1366, et mourut en 1384.
[2] Voy. dans Rymer la procuration pour traiter avec la duchesse de Bretagne, datée du 9 juillet 1379. Le traité du 13 juillet est rapporté dans les Preuves de l'histoire de Bretagne, t. II, p. 218 et suivantes.

d'Angleterre ; et jura par sa foi, là où il seroit hâtivement conforté des Anglois, il demeureroit toujours de-lez eux ; et feroit son loyal pouvoir de tourner son pays Anglois ; et le trouveroient ceux d'Angleterre ouvert et appareillé, en quelque manière qu'ils y voudroient venir. Sur cel état il se partit d'Angleterre, messire Robert Canolle en sa compagnie et les deux chevaliers qui l'étoient venu querre, et environ cent hommes d'armes et deux cents archers ; si vinrent à Hantonne, et là attendirent vent. Quand ils l'eurent bon, ils entrèrent en leurs vaisseaux, et singlèrent tant par mer qu'ils vinrent au port de Guerrande. Là prirent-ils terre et chevauchèrent vers Vennes. Ceux de la cité de Vennes reçurent le duc à grand'joie ; et aussi fit tout le pays quand ils sçurent sa venue. Si se rafreschit à Vennes cinq jours ou environ, et puis s'en vint à Nantes. Là le vinrent voir les barons, les prélats, les chevaliers et les dames ; et se offrirent et mirent tous en son obéissance, et se complaignirent grandement des François et du connétable de France, qui avoit couru au lez devers Rennes sur son pays. Le duc les appaisa bellement et dit : « Bonnes gens, je dois temprement avoir confort d'Angleterre, car sans l'aide des Anglois je ne me puis bonnement défendre contre les François ; car ils sont trop forts contre nous, au cas que en ce pays nous sommes différens ensemble [1] ; et quand ceux seront venus que le roi d'Angleterre me doit envoyer, si on nous a fait des torts nous en ferons aussi. » De ces paroles se contentèrent grandement ceux de Bretagne qui étoient de la partie du duc [2]. En ce temps [3], environ la Saint-Andrieu, trépassa de ce siècle messire Charles de Behaigne, roi d'Allemagne et empereur de Rome. Le roi Charles vivant, il avoit tant fait par son or et par son argent et par grands alliances que les éliseurs de l'empire d'Allemagne avoient juré et scellé à tenir roi son fils de toute Allemagne après sa mort, et faire leur loyal pouvoir de tenir le siége devant Ais, et de demeurer de-lez lui contre ceux qui le voudroient débattre : si que, tantôt après la mort de monseigneur Charles, l'empereur son fils s'escripsit roi d'Allemagne, de Behaigne et des Romains.

En celle saison ot grands consaulx en Angleterre des oncles du roi, des prélats et des barons du pays pour le jeune roi Richard d'Angleterre marier ; et eussent volontiers vu les Anglois qu'il se fût marié en Hainaut, pour l'amour de la bonne roine Philippe [1] leur dame, qui leur fut si bonne, si large et si honorable, qui avoit été de Hainaut : mais le duc Aubert [2] en ce temps n'avoit nulles filles en point pour marier [3]. Le duc de Lancastre eût volontiers vu que le roi son neveu eût pris sa fille qu'il ot de madame Blanche de Lancastre, sa première femme ; mais le pays ne le vouloit mie consentir, pour deux raisons : la première si étoit que la dame étoit sa cousine germaine, ce par quoi étoit trop grand proismeté ; et l'autre que on vouloit que le roi se mariât outre la mer pour avoir plus d'alliances. Si fut mise avant [4] la suer [5] au jeune roi de Behaigne et d'Allemagne, fille à l'empereur de Rome qui avoit été. A celui avis se tinrent tous les consaulx d'Angleterre. Si en fut chargé pour aller en Allemagne et pour traiter ce mariage, un moult vaillant chevalier du roi, qui avoit été son maître et fut toujours moult prochain au prince de Galles son père ; si étoit nommé le chevalier messire Simon Burlé, sage et grand traiteur durement. Si fut à messire Simon ordonné tout ce que à lui apartenoit, tant de mises comme d'autres choses. Si se partit d'Angleterre en bon ar-

[1] Philippe de Hainaut, femme d'Édouard III, roi d'Angleterre.

[2] Albert, depuis comte de Hainaut, était alors protecteur du comté pendant la démence de son frère Guillaume, dit l'Insensé, après la mort duquel il prit le titre de comte en 1389.

[3] En âge d'être mariée.

[4] En 1380 et 1381.

[5] Anne de Luxembourg ne fut point demandée en mariage en 1379. Le premier acte qui concerne ce mariage est du 26 novembre 1380, les autres traités sont des mois de janvier, mai, octobre et décembre 1381. La princesse devait être remise en Angleterre ou à Calais vers la Saint-Michel 1381. L'Art de vérifier les dates place ce mariage vers la fin de 1381 et avec raison. On voit dans Rymer une commission du premier décembre 1381 pour recevoir à Calais la reine future des mains des ambassadeurs de son frère Venceslas, et dans un autre acte, du 15 décembre, le roi d'Angleterre accorda des grâces à la prière de sa chère compagne et épouse Anne, reine d'Angleterre.

---

[1] D'autant plus que nous sommes divisés en Bretagne.

[2] Le duc de Bretagne arriva à Rennes et y fit son entrée le 20 août 1379.

[3] Froissart ne suit pas l'ordre des temps. L'empereur Charles IV était mort dès le 29 novembre 1378 ; Vinceslas, son fils, avait été élu roi des Romains en 1376, et lui succéda à l'empire.

[1379]

roi, et arriva à Calais, et de là vint à Gravelines, et y fit tant par ses journées qu'il vint à Bruxelles; et là trouva le duc Wincelant [1] de Brabant et le duc Aubert, le comte de Blois, le comte de Saint-Pol, messire Robert de Namur, messire Guillaume de Namur et grand'foison de chevaliers de Hainaut, de Brabant et d'ailleurs : car là avoit une grosse fête de joutes, et de behours, pour ce y étoient tous seigneurs assemblés. Le duc de Brabant et la duchesse, pour l'honneur du roi d'Angleterre, reçurent le chevalier moult liement; et quand ils sçurent la cause pourquoi il alloit en Allemagne, si en furent tout réjouis et dirent que c'étoit une chose bien prise du roi d'Angleterre et de leur niepce [2]. Si chargèrent à messire Simon Burlé, à son département, lettres espéciales adressans au roi d'Allemagne, en remontrant qu'ils avoient grand'affection à ce mariage. Si se partit le chevalier de Bruxelles et prit le chemin de Louvain pour aller à Couloingne.

Encore en celle saison [3] furent ordonnés d'aller en Bretagne, du conseil d'Angleterre, deux cents hommes d'armes et quatre cents archers, desquels devoit être souverain meneur et capitaine messire Jean d'Arondel. En celle armée furent élus et nommés messire Hue de Cavrelée, messire Thomas Banestre, messire Thomas Trivet, messire Gautier Paule, messire Jean de Bourchier, le sire de Ferrières, le sire de Basset. Ces chevaliers s'ordonnèrent et appareillèrent, et se trairent tous à Hantonne et firent charger leurs vaisseaux de tout ce qu'il leur besoignoit. Quand ils purent sentir qu'ils eurent vent pour partir, ils croisèrent leurs nefs et entrèrent en leurs vaisseaux et désancrèrent et partirent. Ce premier jour le vent leur fut assez bon; sur le soir si se tourna et leur fut tout contraire, si les bouta, voulsissent ou non, en ès bondes de Cornouailles; et avoient si fort vent qu'ils n'y pouvoient ancrer, ni n'osoient. A lendemain ce vent contraire les bouta en la mer d'Irlande, et là ne furent pas bien assurs, si comme il apparut, car ils s'allèrent frotter aux roches d'Irlande, et là rompirent trois de leurs bateaux ès quels messire Jean d'Arondel, messire Thomas Banestre, messire Hue de Cavrelée, messire Gautier Paule, et bien cent hommes d'armes étoient. Des cent en y ot bien quatre vingt péris; et périrent messire Jean d'Arondel, capitaine de tous, dont ce fut dommage, car il étoit moult vaillant chevalier, hardi, courtois et entreprenant, et messire Thomas Banestre, messire Gautier Paule et plusieurs autres. Et fut messire Hue de Cavrelée en si grand péril que oncques ne fut en pareil ni si près de la mort; car tous ceux qui en sa nef étoient, excepté sept mariniers et lui, furent tous noyés : mais messire Hue et les autres qui se sauvèrent s'aherdirent aux câbles et aux mâts, et le vent les bouta sur le sablon; mais ils burent assez et en furent grandement mésaisés. De ce péril échappèrent messire Thomas Trivet et plusieurs autres qui en furent heureux. Si furent-ils moult tourmentés sur la mer; et retournèrent quand ils purent à Hantonne, et s'en vinrent devers le roi et ses oncles, et recordèrent leur aventure, et tenoient que messire Hue de Cavrelée fût péri; mais ne fut, ainsi que il apparu; car il retourna à Londres à tout son pouvoir.

Ainsi se dérompit cette chevauchée et armée de Bretagne; et ne put être le duc conforté des Anglois; dont il lui vint à grand contraire, car toute celle saison et l'hiver les François lui firent grand'guerre; et prirent messire Olivier de Cliçon et ses gens la ville de Dinant en Bretagne par nacelles et bâteaux; et fut toute pillée et robée; et la tinrent depuis un grand temps contre le duc et le pays. Or retournerons aux besognes de Flandre.

CHAPITRE LX.

Comment le comte Louis de Flandre alla à Gand. Comment il s'y conduisit. Des termes que on lui tint. Comment il s'en partit et comment les Gantois pensèrent à leur affaire.

Vous savez que quand la paix fut accordée entre le comte de Flandre et ceux de Gand par le moyen du duc de Bourgogne, dont il acquit grand'grâce de tout le pays, l'intention et la plaisance très grande de ceux de Gand étoit que le comte de Flandre venroit demeurer à Gand et tenir son hôtel. Aussi le comte étoit bien conseillé du prévôt de Harlebeque et de tous ses plus prochains de ce faire, pour nourrir plus

---

[1] Venceslas, duc de Luxembourg, frère de l'empereur Charles IV et oncle de l'empereur Venceslas, était duc de Brabant par sa femme Jeanne, fille de Jean III le Triomphant, duc de Brabant.

[2] Convenable au roi d'Angleterre et à leur nièce.

[3] Froissart rentre ici dans l'ordre chronologique dont il s'était écarté. Suivant Walsingham ce fut vers la fête de saint Nicolas, qui tombe le 6 décembre 1379, que l'Angleterre envoya des troupes au duc de Bretagne.

grand amour entre ceux de Gand et lui. Le comte se tenoit à Bruges et point ne venoit à Gand, dont ils étoient émerveillés, voire les bonnes gens, les riches et les sages qui ne demandoient que paix; mais les pandailles et les blancs chaperons, et ceulx qui ne convoitoient que les hutins et l'avantage, n'avoient cure de sa venue; car bien savoient que, si il venoit tout quoiement et sagement, ils seroient corrigés des maux que ils avoient faits. Nonobstant, quoi qu'ils fussent en celle doute, ceulx qui gouvernoient la loi et le conseil,[1] et les bonnes gens vouloient outrément qu'il y vînt et que on l'allât querre; et leur sembloit qu'ils n'avoient point destable ni ferme paix si le comte ne venoit à Gand. Et furent ordonnés vingt-quatre hommes notables pour aller à Bruges le quérir, et remontrer la grand'affection que ceux de Gand avoient à lui. Et se départirent de Gand moult honorablement, ainsi comme on doit aller vers son seigneur; et leur fut dit: « Ne retournez jamais en la ville de Gand si vous ne nous ramenez monseigneur le comte; car vous trouveriez les portes closes. »

Sur cel état se mirent en chemin ces bourgeois de Gand et chevauchèrent vers Douse. Entre Douse et Bruges ils entendirent que le comte venoit; de ce furent-ils moult réjouis. Ainsi qu'une lieue après, qu'ils eurent encontré des officiers du comte qui chevauchoient devant pour administrer leurs offices, ils regardèrent et virent sur les champs le comte et sa route. Quand ces bourgeois l'approchèrent, ils se trairent tout sur les champs et se ouvrirent en deux parties, et passèrent le comte et ses chevaliers tout parmi eux. Ces bourgeois, si comme le comte passoit à l'endroit d'eux, s'inclinèrent moult bas et firent au comte et à ses gens, à leur pouvoir, grand'révérence. Le comte chevaucha tout outre, sans eux regarder; et mit un petit sa main à son chapel; ni oncques sur tout le chemin il ne fit semblant de parler à eux. Et chevauchèrent ainsi le comte d'une part et les Gantois d'autre, tant qu'ils vinrent à Douse et là s'arrêtèrent, car le comte y devoit dîner ainsi qu'il fit; et les Gantois prirent hôtels pour eux et dînèrent aussi.

Quand ce vint après dîner ces Gantois se trairent moult bellement en bon arroi devers le comte leur seigneur, et s'agenouillèrent tous devant lui, car le comte séoit sur un siége; et là lui représentèrent moult humblement l'affection et le service de la ville de Gand, et lui remontrèrent comment par grand amour ceux de Gand, qui tant le désiroient à ravoir de-lez eux, les avoient là envoyés: « Et au partir, monseigneur, ils nous dirent que nous n'avions que faire de retourner à Gand si nous ne vous amenions en notre compagnie. » Le comte, qui trop bien entendit toutes leurs paroles, se tint un espace tout quoi; et quand il parla il dit: « Je crois bien qu'il soit tout ainsi que vous dites, et que les plusieurs de ceux de Gand me désirent à ravoir, mais je me merveille de ce qu'il ne leur souvient mie, ni n'a voulu souvenir du temps passé, à ce qu'ils m'ont montré, comment je leur ai été propice, courtois et débonnaire en toutes leurs requêtes, et ai souffert à bouter hors de mon pays mes gentils hommes quand ils se plaignoient d'eux, pour garder leur loi et leur justice. J'ai ouvertes trop de fois mes prisons, pour eux rendre leurs bourgeois quand ils le me requéroient: je les ai aimés, portés et honorés plus que nuls de mon pays, et ils m'ont fait le contraire et occis mon baillif en faisant son office, et détruites les maisons de mes gens, bannis et enchassés mes officiers, ars l'hôtel au monde que j'amois le mieux, efforcées mes villes et mis à leur entente, occis mes chevaliers en la ville d'Ypre, et fait tant de maléfices contre moi et ma seigneurie que je suis tout tenu du récorder, et vouldrois que il ne m'en souvînt jamais; mais si fera, veuille ou non. » — « Ha, monseigneur! répondirent ceux de Gand, ne regardez jamais à cela; vous nous avez tout pardonné. » — « C'est voir, dit le comte, je ne vueil point pour nulles paroles que je die, au temps avenir que vous en vailliez moins; mais je vous le remontre pour les grands cruautés et félonnies que j'ai trouvées en ceux de Gand. »

Adonc s'apaisa le comte et se leva, et les fit lever, et dit au seigneur de Ramseflies qui étoit de-lez lui: « Faites apporter le vin. » On l'apporta: si burent ceux de Gand et puis se partirent, et se retrairent en leurs hôtels, et furent là toute la nuit, car le comte y demeura aussi, et lendemain tous ensemble ils chevauchèrent vers Gand.

Quand ceux de Gand entendirent que leur

---

[1] Ceux qui étaient à la tête de la ville.

sire le comte venoit, si furent moult réjouis; et vinrent à l'encontre de lui à pied et à cheval; et ceux qui l'encontroient s'inclinoient tout bas à l'encontre de lui, et lui faisoient toute l'honneur et révérence qu'ils pouvoient. Il passoit outre sans parler, et les inclinoit moult petit de chef. Ainsi s'en vint-il jusques en son hôtel que on dit à la Poterne; et là dîna : et lui furent faits de par la ville maints présents; et là le vinrent voir les jurés de la ville, ce fut raison, et se humilièrent moult envers lui. Là leur requit le comte et dit que en bonne paix ne devoit avoir que paix, mais il vouloit que les blancs chaperons fussent rués jus, et que la mort de son baillif lui fût amendée; car il en étoit requis de son lignage. «Monseigneur, répondirent les jurés, c'est bien notre entente; et nous vous prions que de votre grand'humilité vous veuilliez demain venir en la place et montrer débonnairement votre entente au peuple; et quand ils vous verront, ils seront si réjouis qu'ils feront tout ce que vous voudrez.» Le comte leur accorda. Ce soir sçurent trop grand'foison de gens aval la ville que le comte seroit à huit heures au marché des vendredis et que là il prêcheroit. Les bonnes gens en furent tout réjouis, mais les fols et les outrageux n'en tinrent ni ne firent nul compte, et disoient qu'ils étoient tout prêchés et que bien savoient quelle chose ils avoient à faire. Jean Pruniaux, Rasse de Harselle, Pierre du Bois et Jean Boulle, capitaines des blancs chaperons, se doutèrent que ne fût sur leur charge; et parlementèrent ensemble et mandèrent aucuns de leurs gens, tous les plus outrageux et pieurs de leur compagnie, et leur dirent : «Entendez; tenez-vous mes-hui et demain tous pourvus de vos armures; ni pour chose que on vous die n'en ôtez point vos chaperons, et soyez tous au marché des vendredis à sept heures : mais ne faites nulle émeute, si on ne commence premièrement sur vous; et dites ainsi à vos gens, ou leur faites à savoir par qui que vous vourez.» Ils répondirent. «Volontiers.» Ainsi fut fait. Le matin à sept heures, ils vinrent tous au marché des vendredis, ainsi que ordonné leur fut ; et ne se mirent mie tous ensemble, mais dix ou douze ensemble se tenoient tous en un mont; et là étoient entre eux leurs capitaines. Le comte vint au marché tout à cheval, accompagné de ses chevaliers et écuyers, et des jurés de la ville; et là étoit Jean de la Faucille de-lez lui et bien quarante des plus riches et des plus notables de la ville. Le comte, en fendant le marché, jetoit communément ses yeux sur ces blancs chaperons qui se mettoient en sa présence, et ne véoit autres gens, ce lui étoit avis, que blancs chaperons. Si en fut tout mélancolieux, et descendit de son cheval; et aussi firent tous les autres; et monta haut à une fenêtre et s'appuya là; et avoit l'en étendu un drap vermeil devant lui. Là commença le comte à parler moult sagement. Tous se turent quand il parla. Là leur remontra-t-il de point en point l'amour et l'affection que il avoit envers eux avant que ils l'eussent courroucé. Là leur remontra-t-il comment un sire devoit être aimé, craint, servi, honoré et obéi de ses hommes, petits et grands, et comment ils avoient fait le contraire; et aussi comment il les avoit tenus, gardés et défendus contre tout homme; et comment il les avoit tenus en paix et en profit et en toutes prospérités depuis qu'il étoit sur terre, et ouvert les passages de mer, qui leur étoient tous clos, en son joyeux avénement. Et leur remontra plusieurs points raisonnables, que les sages entendoient et concevoient bien clairement que de tout il disoit vérité. Plusieurs l'oioient volontiers, et les aucuns non, qui ne demandoient que guerre et avoir noise. Quand il ot là été une heure et plus, et que il leur ot remontrées toutes ses intentions bellement et doucement, en la fin il dit que il vouloit demeurer leur bon seigneur en la forme et manière qu'il avoit été auparavant, et leur pardonnoit rancunes, haines et mautalens qu'il avoit eus à eux et aussi maléfices faits, ni plus n'en vouloit ouïr nouvelles, et les vouloit tenir en droit et en seigneurie, ainsi que toujours avoit fait; mais il leur prioit que rien ils ne fissent de nouvel, et les blancs chaperons fussent mis jus. A toutes ces paroles on se taisoit tout aussi quoi que s'il n'y eût eu nullui ; mais quand il parla des blancs chaperons, on commença à murmurer; et bien s'apperçut que c'étoit pour celle cause. Adonc leur pria-t-il qu'ils se traissent tout bellement et en paix vers leurs maisons. Adonc se partit du marché, et toutes ses gens, et se trairent en leurs hôtels. Mais je vous dis que les blancs chaperons furent ceux qui premiers vinrent au marché et qui darreniers s'en partirent; et quand le comte passa parmi eux ils sourirent et moult fellement le regardèrent, ce lui sembla, et ne le daignèrent oncques incliner, dont il fut moult mélencolieux; et dit depuis à ses chevaliers, quand il fut retrait à son hôtel à la Poterne : « Je ne venrai pas aisément à mon entente de ces blancs chaperons; ce sont males gens et fort mal conseillés. Le cuer me dit que la chose n'est pas encore où elle sera : à ce que je puis apercevoir, elle est bien taillée que moult de maux en naissent encore. Pour tout perdre, je ne les pourrois voir ni souffrir en leur orgueil et en leur mauvaiseté. »

Ainsi fut le comte de Flandre à Gand celle semaine, quatre jours ou cinq, et puis s'en partit tellement que oncques puis n'y retourna; et s'en vint à Lille, et là s'ordonna pour hiverner. A son département de Gand, à peine prit-il congé à nullui; et s'en partit par mautalent, dont les plusieurs de la ville se contentèrent mal; et disoient qu'il ne leur feroit jamais bien, ni jamais ne l'aimeroient, ni lui aussi eux parfaitement, ainsi que ils avoient fait autrefois; et que Gisebrest Mahieu et ses frères et le doyen des menus métiers le honnissoient et le forconseilloient [1], de ce que si soudainement et sans amour il étoit parti de Gand. Jean Pruniaux, Rasse de Harselle, Pierre du Bois, Jean Boulle et les capitaines des mauvais étoient tous liés de ce; et semoient paroles et faisoient semer par aval la ville, que mais que l'été revenist, le comte ou ses gens briseroient la paix, et que on avoit bon mestier que on fût sur sa garde et pourvu de blés, d'avoines, de chairs, de sel et de toutes autres pourvéances, car ils ne véoient en leur paix nul sûr état. Si se pourveirent ceux de Gand grandement de toutes choses à eux appartenant, dont le comte, qui en fut informé, avoit grand'-merveille, ni de qui ils se doutoient. Au voir dire et considérer, on se peut, de ces paroles que je dis et ai dites en devant, émerveiller comment ceux de Gand se dissimuloient et étoient dissimulés très le commencement. Les riches, les sages et les notables hommes de la ville, ne se pouvoient mie excuser que, au commencement de ces haines, s'ils voulsissent bien acertes, ils n'y eussent mis remède; car quand Jean Lyon commença les blancs chaperons à mettre avant, ils l'eussent bien débattu s'ils voulsissent, et envoyé contre les fossoyeurs de Bruges autres gens qui

[1] Le faisaient haïr et lui donnaient de mauvais conseils.

eussent aussi bien exploité que les blancs chaperons. Mais ils les souffroient, pourtant qu'ils ne vouloient mie être nommés ni renommés, et se vouloient bouter hors de la presse; et tout ce ils faisoient et consentoient : dont chèrement depuis le comparèrent tous les plus riches et les plus sages.

Tant laissèrent ces folles gens convenir que ils furent seignorés par eux, ni ils n'osoient plus parler de ce qu'ils voulsissent dire ou faire. La raison que ceux de Gand y mettoient étoit, car ils disoient que pour Jean Lyon ni pour Gisebrest Mahieu, pour les lignages ni pour leurs guerres et envies, ils ne se fussent jamais enseignés ni boutés si avant en la guerre, lorsque pour garder leurs franchises, tant de bourgeoisies que d'autres choses. Et quoique en guerre, en haine et en mautalent ils fussent l'un contre l'autre, si vouloient-ils être tout un au besoin pour garder et défendre les franchises et bourgeoisies de Gand, ainsi comme depuis ils le montrèrent; car ils furent, leur guerre durant qui dura sept ans, si bien d'accord que oncques n'eurent entre eux estrif dedans la ville, et ce fut ce qui les soutint et garda plus que autre chose dedans et dehors. Ils étoient si en unité que point de différend il n'y avoit; mais mettoient avant or et argent, joyaux et chevance, et qui plus en avoit il abandonnoit, ainsi comme vous orez recorder ensuivant en l'histoire.

CHAPITRE LXI.

Comment messire Olivier d'Auterme et autres découpèrent aucuns bourgeois de Gand, et comment Jean Pruniaux et les blancs chaperons prirent Audenarde et y abattirent deux portes.

Ne demeura depuis guères de temps que le comte de Flandre fut parti de Gand et revenu à Lille, que messire Olivier d'Auterme, cousin germain à Roger d'Auterme, que ceux de Gand avoient occis, envoya défier la ville de Gand pour la mort de son cousin; et aussi firent messire Philipe de Mamines, le Gallois de Weldures et plusieurs autres. Et toutes ces défiances faites, ils trouvèrent environ quarante navires de Gand qui étoient aux bourgeois de Gand, qui les amenoient par la rivière de l'Escaut à Gand, pleines de blés. Si se contrevengèrent sur ces naviers de la mort de leur cousin, et les découpèrent trop vilainement; et leur crevèrent les yeux, et les renvoyèrent à Gand, ainsi affolés et meshaignés; lequel dépit ceux de Gand tinrent à grand. Les jurés qui étoient en la loi pour ce temps, auxquels ces plaintes vinrent, furent tous courroucés et ne sçurent bonnement que dire ni qui encoulper, fors que les faiseurs. Murmuration monta aval la ville ; et disoient la greigneur partie de ceux de Gand, que le comte de Flandre avoit ce fait faire, ni à peine l'osoit nul homme de bien excuser. Sitôt que Jean Pruniaux entendit ces nouvelles, il qui étoit pour le temps capitaine des blancs chaperons et le plus grand maître, sans sonner mot, ni parler aux jurés de la ville, ne sais s'il en parla aux capitaines ses compagnons, je crois bien que oil, il prit la greigneur partie des blancs chaperons et encore assez de poursuivans entalentés de mal faire, et se départit sur un soir de Gand, et s'en vint bouter en la ville d'Audenarde. Quand il y entra premièrement[1] il n'y avoit ni garde ni guet, car on ne se doutoit de nullui ; et se saisit de la porte ; et puis y entrèrent toutes ses gens, et étoient plus de cinq cents. Quand ce vint au matin il mit ouvriers en œuvre, maçons, charpentiers et autres gens qu'il avoit tout appareillés à son commandement et pour mal faire. Si ne cessa, si ot fait abattre deux portes et les tours et les murs et renverser ès fossés, au-lez devers Gand. Or regardez comment ceux de Gand se pouvoient excuser que ils ne consentissent ce forfait ; car ils furent en Audenarde, abattant portes, tours et murs, plus d'un mois. S'ils eussent remandé leurs gens sitôt qu'ils en sçurent les nouvelles, on les eût pu excuser ; mais nennil, ainçois clignèrent-ils leurs yeux et le souffrirent, tant que les nouvelles vinrent au comte qui se tenoit à Lille, comment Jean Pruniaux larrecineusement étoit venu de nuit en Audenarde, et avoit fait abattre deux des portes, les tours et les murs. De ces nouvelles fut le comte moult courroucé, et bien y avoit cause, et dit : « Ha, les maudites gens ! le deable les tient ; je n'aurai jamais paix tant que ceux de Gand soient en puissance. » Adoncques envoya-t-il devers eux aucuns de son conseil, en eux remontrant le grand outrage que ils avoient fait ; et que ce n'étoit mie gens que on dût croire en nulle paix, quand la paix que le duc de Bourgogne à grand'peine leur avoit fait avoir avoient-ils enfreinte et brisée. Les maieurs et les jurés de la ville de Gand s'excusèrent, et répondirent que, leur grâce sauve, ils ne pensèrent oncques à briser la paix, ni volonté n'en eurent, et que si Jean Pruniaux avoit fait un outrage de soi-même, la ville de Gand ne le vouloit mie avouer ni soutenir ; et s'en excusoient loyaument et pleinement. « Mais le comte a consenti, et sont issus de son hôtel ceux ou aucuns qui ont fait si grand outrage, qu'ils ont mis à mort, mes-haignés et affolés nos bourgeois, qui est un grand inconvénient à tout le corps de la ville. » — « Donc, dites-vous, seigneurs, répliquèrent les commissaires du comte, que vous vous êtes contrevengés. » — « Nennil, dirent les jurés, nous ne disons pas que ce que Jean Pruniaux a fait en Audenarde que ce soit contrevengeance ; car, par les traités de la paix, nous pouvons montrer et prouver, si nous voulons, et de ce nous en prendrons en témoignage monseigneur de Bourgogne, que Audenarde étoit à abattre à nous et à mettre au point où elle est, toutes fois que nous voulions ; et à la prière de monseigneur de Bourgogne nous le mîmes en souffrance. » — « Donc, répondirent les commissaires du comte, ainsi appert par vos paroles que vous l'avez fait faire, ni vous ne vous en pouvez excuser. Puisque vous sentiez que Jean Pruniaux étoit allé en Audenarde, où il entra la main armée, larrecineusement et en bonne paix, et abattoit portes et murs et renversoit dedans les fossés, vous lui dussiez être allés au devant, et lui avoir défendu qu'il n'eût point fait tel outrage, tant que vous eussiez remontré vos plaintes au comte ; et si de la navrure ou blessure de vos bourgeois il ne vous eût fait adresse, vous vous dussiez être traits devers monseigneur de Bourgogne qui les traités de la paix mena et lui remontrer votre affaire : ainsi eussiez-vous embelli votre querelle ; mais nennil. Ores et autrefois, ce vous mande monseigneur de Flandre, lui avez-vous fait des dépits, et le priez l'épée en la main, et êtes de plaider saisis : ce scet Dieu qui tout voit et connoît, et qui un jour en prendra si crueuse vengeance sur vous que tout le monde en parlera. Atant se départirent-ils des maieurs et des jurés de la ville de Gand, et issirent après dîner, et s'en retournèrent par Courtrai à Lille, et recordèrent au comte comment ils avoient besogné, et les excusances que ceux de Gand mettoient en ces besognes.

[1] Meyer met la surprise d'Oudenarde par les Gantois le 22 février 1380, jour de la Chaire de saint Pierre.

CHAPITRE LXII.

Comment il appert que les Gantois étoient cause d'icelle guerre. Comment Audenarde fut rendue au comte, et comment messire Olivier d'Auterme et autres furent bannis de Flandre, et Jean Pruniaux aussi.

On se peut bien émerveiller, qui oit parler et traiter de celle matière, des propos étrangers et merveilleux que on y trouve et voit, qui tous les lit et bien les entend. Les aucuns en donnent le droit de la guerre, qui fut en ce temps si grande et si cruelle en Flandre, à ceux de Gand, et dient qu'ils eurent juste cause de guerroyer; mais il me semble que jusques ici non eurent, ni je ne puis apercevoir ni entendre que le comte n'eût toujours plus aimé la paix que la guerre, réservé la hauteur de lui et son honneur. Ne leur renvoya-t-il mie le bourgeois de Gand qui étoit en sa prison à Erclo? Si m'aist Dieu! si fit, et ils lui occirent son bailli. Encore de rechef il leur pardonna cel outrage pour eux tenir en paix, et sur ce ils émurent un jour toute Flandre sur lui, et occirent en la ville d'Ypre, voir ceux d'Ypre, mêmement cinq de ses chevaliers; et vinrent assaillir Audenarde et assiéger, et se mirent en peine de l'avoir et détruire; et encore en vinrent-ils à chef et à paix; et ne vouloient amender la mort de Roger d'Auterme, dont ses lignages l'avoient plusieurs fois remontré au comte de Flandre; et si ils ont contrevengé la mort de leur cousin sur aucuns naviers, par lesquels premièrement toutes ces haines étoient émues et élevées, convenoit-il pour ce que la ville d'Audenarde en fût abattue? Il m'est avis, et si fait-il à plusieurs, que nennil. Encore avoit le comte assez à souldre à ceux de Gand, ce disoient-ils; et vouloient qu'il leur fût amendé ce que on avoit fait aux naviers, ainçois qu'ils rendissent Audenarde.

Le comte qui se tenoit à Lille et son conseil de-lez lui, étoit courroucé de ce que les Gantois tenoient Audenarde, et ne le savoit comment r'avoir; et se repentoit trop fort, quelque paix qu'il eût jurée ni donnée aux Gantois, qu'il ne l'avoit toudis fait garder. Si escripsit souvent à ceux de Gand; et leur mandoit que on la lui rendît, ou il leur feroit guerre si cruelle que à toujours ils s'en sentiroient. Ceux de Gand nullement ne vouloient avouer ce fait[1], car ils eussent la paix brisée. Finablement, aucunes bonnes gens de Gand et riches hommes, qui ne vouloient que bien et paix, allèrent tant au devant de ces besognes, tels que Jean de la Faucille, sire Gisebrest de Gruthe, sire Symon Bette et plusieurs autres, que, le douzième jour de mars, ceux qui étoient en la ville d'Audenarde s'en partirent; et fut rendue aux gens du comte, parmi ce que, pour apaiser le comte, Jean Pruniaux étoit banni de Gand et de Flandre. Pour ce, étoit-il devisé en son bannissement, qu'il étoit allé prendre Audenarde sans le sçu de ceux de Gand; et étoient bannis de la comté de Flandre, à toujours et sans rappel, messire Philippe de Mamines, messire Olivier d'Auterme, le Gallois de Weldure, le Bâtard de Windingues et tous ceux qui avoient été à découper les naviers bourgeois de Gand; et parmi ces bannissemens s'appaisoient l'une partie et l'autre. Si vidèrent tous Flandre, et vinrent, c'est à savoir : Pruniaux, demeurer à Ath en Brabant, qui siéd en la comté de Hainaut; messire Philippe de Mamines vint à Valenciennes. Mais quand ceux de Gand le sçurent, ils exploitèrent tant devers le prévôt et jurés de Valenciennes qu'ils en firent partir le chevalier. Et étoit pour ce temps prévôt Jean Patris, qui bellement et doucement en fit partir le chevalier et issir de la ville de son bon gré; et s'en vint demeurer à Warlain-de-lez Douay; et là se tint tant que il eut autres nouvelles. Et les autres chevaliers et écuyers vidèrent Flandre et allèrent en Brabant ou ailleurs, tant aussi qu'ils ouïrent autres nouvelles.

CHAPITRE LXIII.

Comment Jean Pruniaux fut décollé à Lille. Comment les Gantois ardirent autour de Gand : comment ils sommèrent aucuns chevaliers de service, et comment ils cuidèrent assiéger Lille.

Sitôt que le comte de Flandre fut revenu en la possession d'Audenarde, il manda ouvriers à force, et la fit réparer de portes, de tours et murs plus fort que devant et relever tous les fossés. Tout ce savoient bien les Gantois que le comte y faisoit ouvrer; mais nul semblant n'en faisoient, car ils ne vouloient point être repris de enfreindre la paix. Et disoient les fols et les outrageux : « Laissons-les ouvrer; si Audenarde étoit ores d'acier, si ne pourroit-elle durer contre nous quand nous voudrons. » Et quoiqu'il y

---

[1] D'avoir eu part à la surprise d'Oudenarde.

eût adonc paix en Flandre, le comte étoit en souspeçon toujours de ceux de Gand, car tous les jours on lui rapportoit dures nouvelles; et à ceux de Gand, aussi du comte, et n'étoient mie bien assurés. Jean de la Faucille s'en vint demeurer à Nazaret, une très belle maison et assez fort lieu que il avoit à une grand'lieue de Gand, et là fit son attrait tout bellement; et venoit peu à Gand, et se dissimuloit ce qu'il pouvoit, et ne vouloit point être aux consaulx de Gand, par quoi il n'en fût demandé du comte. Aussi du comte il se mettoit arrière ce qu'il pouvoit pour tenir ceux de Gand en amour : ainsi nageoit-il entre deux eaux et se faisoit à son pouvoir neutre.

Entrementes que le comte de Flandre faisoit réparer la ville d'Audenarde et en étoit tout audessus, il procuroit par lettres et par messages devers son cousin le duc Aubert bail de Hainaut[1] qu'il pût avoir Jean Pruniaux, qui se tenoit à Ath. Tant exploita que on lui délivra, et fut amené à Lille. Quand le comte le tint dedans au chastel de Lille, il le fit décoller et puis mettre sur une roe comme traître. Ainsi fina Jean Pruniaux.

Encore en celle saison le comte de Flandre s'en vint à Ypre, et là fit-il faire grand'foison de justices et décoller méchans gens, tels que foulons et tisserands qui avoient mis à mort ses chevaliers et ouvert les portes à l'encontre de ceux de Gand, afin que les autres y prissent exemple.

De toutes ces choses étoient les Gantois informés. Si se doutèrent trop plus que devant, et par espécial les capitaines qui avoient été en ces chevauchées et devant Audenarde; et disoient bien entre eux : « Certes, si le comte peut, il nous détruira tous; il nous aime bien, il n'en veut que les vies. N'a-t-il mie fait mourir Jean Pruniaux? Certes, au voir dire, nous avons fait à Jean Pruniaux grand tort quand nous l'avons ainsi enchacé et éloigné de nous. Nous sommes coupables de sa mort, et à celle fin venrons-nous, si on nous peut attrapper; si soyons sur notre garde. » Si dit Pierre du Bois : « Si je en étois cru, il ne demeureroit en estant forte maison de gentilhomme au pays de Gand; car par les maisons des gentilshommes qui y sont pourrions-nous et serons encore tous détruits si nous n'y prenons garde et pourvéons de remède. » Les autres répondirent : « Vous dites voir; or tôt avant, abattons tout. » Adonc s'ordonnèrent les capitaines, Piètre du Bois, Jean Boulle, Rasse de Harselle, Jean de Lannoy et plusieurs autres. Et se partirent un jour de Gand bien quinze cents, et allèrent en celle semaine tout environ Gand, et abattirent et ardirent toutes les maisons des gentilshommes; et tout ce qu'ils trouvèrent ens, ils départirent entre eux à butin. Et puis quand ils orent ainsi exploité, ils rentrèrent à Gand, ni oncques ne trouvèrent qui leur dît : « Vous avez mal fait. »

Quand les gentils hommes, chevaliers et écuyers, qui se tenoient à Lille de-lez le comte et ailleurs, entendirent ces nouvelles, si en furent durement courroucés, et à bonne cause; et dirent au comte qu'il convenoit que ce dépit fût amendé, et l'orgueil de ceux de Gand abattu. Adonc abandonna le comte aux chevaliers et écuyers à faire guerre aux Gantois, et eux contrevenger de leurs dommages. Si se recueillirent et mirent ensemble plusieurs chevaliers et écuyers de Flandre, et prièrent leurs amis de Hainaut pour eux aider à contrevenger; et firent leur capitaine du Hase de Flandre, ains-né, fils bâtard du comte de Flandre, un moult vaillant chevalier. Cil Hase de Flandre et ses compagnons se tenoient une fois à Audenarde, l'autre à Ganvres, puis à Alost, et puis à Tenremonde, et hérioient grandement les Gantois, et couroient jusques aux barrières de la ville, et abattirent presque tous les moulins à vent qui étoient environ Gand, et firent en celle saison moult de dépits à ceux de Gand. Et étoit en leur compagnie un jeune chevalier de Hainaut et de grand'volonté, qui s'appeloit messire Jaquemes de Werchin, sénéchal de Hainaut. Cil, en celle saison, fit plusieurs grands appertises d'armes environ Gand; et s'aventuroit, tel fois étoit, trop follement et moult outrageusement, et venoit lancer et combattre aux barrières; et conquit par deux ou trois fois de leurs bassinets et de leurs arbalêtres. Cil messire Jacquemes de Werchin sénéchal de Hainaut, si aimoit moult les armes, et eût été vaillant homme, s'il eût vécu longuement; mais il mourut jeune et sur son lit au chastel d'Oubies-de-lez Mortaigne, dont ce fut dommage.

---

[1] Albert était protecteur et régent de Hainaut pendant l'état de démence où son frère Guillaume - l'Insensé, comte de Hainaut, était tombé.

Les Gantois, qui se véoient hériés des gentils hommes du pays de Flandre et d'ailleurs, étoient tout courroucés; et eurent en pensée de envoyer et de prier au duc Aubert qu'il voulsist retraire et rappeler ses gentilshommes qui les guerroyoient. Mais, tout considéré, ils virent bien qu'ils perdoient leur peine; car le duc Aubert n'en feroit rien; et aussi ils ne le vouloient mie courroucer, ni mettre sus ni avant choses de quoi ils le courrouçassent ni melencoliassent, car ils ne pouvoient rien sans lui et son pays; et au cas que Hainaut, Hollande et Zélande leur seroient clos, ils se comptoient pour perdus. Si ne tinrent mie ce propos, mais en eurent un autre, qu'ils manderoient aux chevaliers et écuyers de Hainaut qui tenoient aucuns héritages ou rentes à Gand en la chastellenie, qu'ils les voulsissent servir, ou ils perdroient leurs revenues. Ils le firent; mais nul ne tint compte de leur mandement; et par espécial, ils mandèrent au seigneur d'Antoing, messire Hue, qui étoit chastelain et héritier de Gand, qu'il les vint servir de sa chastellenie, ou il perdroit ses droits, et lui abattroient son chastel de Vienne qui siéd de-lez Grant-Mont. Le sire d'Antoing leur remanda que volontiers les serviroit à leurs dépens et à leur destruction, et qu'ils n'eussent en lui nulle fiance; car il leur seroit contraire et fort ennemi; ni il ne tenoit rien de eux, ni ne vouloit tenir, fors de son seigneur le comte de Flandre auquel il devoit service et obéissance. Le sire d'Antoing leur tint bien ce qu'il leur avoit promis, car il leur fit guerre mortelle, et leur porta moult de dommages et de contraires, et fit garnir et pourvoir le chastel de Vienne, de laquelle garnison ceux de Gand étoient moult fort hériés et travaillés. D'autre part le sire d'Enghien, qui étoit encore un jeune écuyer et de grand' volonté, et s'appeloit Wautier, leur faisoit moult de contraires et de dépits. Ainsi se continua toute celle saison la guerre. Et ne osoient les Gantois yssir hors de leur ville fors en grand'route, lesquels, quand ils trouvoient leurs ennemis, ils n'en avoient nulle merci tant qu'ils fussent les plus forts, mais occioient tout. Ainsi se enfélonna et multiplia celle guerre entre le comte de Flandre et ceux de Gand, qui coûta depuis cent mille vies deux fois; ni à grand'peine y put-on trouver fin ni paix, car les capitaines de Gand se sentoient si méfaits envers leur seigneur le comte et le duc de Bourgogne que ils n'espéroient mie que, pour scellé ni traité que on leur jurât ni fît, ils pussent jamais venir à paix qu'ils n'y missent les vies. Celle doute leur faisoit tenir leur opinion et guerroyer hardiment et outrageusement. Si leur chéi bien par plusieurs fois de leurs emprises, ainsi comme vous orrez recorder avant en l'histoire.

Le comte de Flandre, qui se tenoit à Lille, oyoit tous les jours dures nouvelles de ceux de Gand, et comment ils abattoient et ardoient ses maisons et les maisons de ses gentilshommes. Si en étoit courroucé, et disoit que il en prendroit encore si grand'vengeance qu'il mettroit Gand en feu et en flambe, et tous les rebelles aussi. Si rappela le comte, pour être plus fort contre ces Gantois, tous les bannis de Flandre; et leur abandonna son pays pour résister contre les blancs chaperons; et leur bailla deux gentilshommes à capitaines, le Galois de Mamines et Pierre d'Estienhus. Ces deux, avecques leurs routes, portèrent la bannière du comte, et se tinrent environ trois semaines entre Audenarde et Courtrai sur le Lys, et y firent moult de dommages. Quand Rasse de Harselle en sçut le convenant, il vida hors de Gand à tout les blancs chaperons, et vint à Douse, et cuida trouver les gens du comte; mais quand ces bannis sçurent que les Gantois venoient, ils se trairent vers Tournay et s'amassèrent en la Puèle, et se tinrent un grand temps entour Orchies et le Dam, et Rogny et Warlain, et n'osoient les marchands aller de Tournay à Douay, ni de Douay à Lille pour ces bannis. Et disoit-on adoncques que les Gantois venroient assiéger Lille et le comte de Flandre dedans; et traitoient à ceux de Bruges et de Ypre pour faire celle emprise, et avoient Grant-Mont et Courtray de leur accord. Mais ceux de Bruges et de Ypre varioient, car les riches bourgeois en ces deux villes n'étoient mie d'accord aux menus métiers; et disoient que ce seroit grand'folie de si loin mettre siége que devant Lille; et que le comte leur seigneur pourroit avoir alliances grandes au roi de France, ainsi que autres fois il avoit eu, dont il pourroit être aidé et conforté. Ces doutes retinrent les bonnes villes de Flandre en celle saison, si que nul siége ne se fit; et à celle fin que le comte n'eût aucuns pourchas ni traité de son cousin et fils le duc de Bourgogne [1], ils avoient envoyé lettres moult amiables devers le roi, en lui remontrant que pour Dieu il ne se voulsist mie conseiller contre eux à leur dommage ; car ils ne vouloient au roi ni au royaume que amour, paix, obéissance et service ; et que leur sire, à tort et à grand péchié les travailloit et les grévoit ; et que ce que ils faisoient, ce n'étoit fors que pour soutenir leurs franchises, lesquelles leur sire vouloit tollir et abattre, et qu'il leur étoit trop cruel. Le roi moyennement s'inclinoit à eux, et n'en faisoit ainsi que nul compte. Aussi ne faisoit le duc d'Anjou son frère ; car le comte de Flandre, quoi que ce fût leur cousin, si n'étoit mie bien en leur grâce pour la cause du duc de Bretagne qu'il avoit tenu et soutenu de-lez lui en son pays, outre leur volonté, un grand temps : si ne faisoient compte de ses ennuis. Aussi ne faisoient le pape Clément et les cardinaux ; et disoient que Dieu lui avoit envoyé celle verge pourtant que il leur avoit été contraire.

CHAPITRE LXIV.

De la mort messire Bertran de Claiquin, connétable de France, et de l'honneur que le roi lui fit ; et comment le Chastel-Neuf de Randon se rendit.

En ce temps se tenoit le bon connétable de France, messire Bertrand de Claiquin, en Auvergne, à grands gens d'armes ; et se tenoit à siége devant Chastel-Neuf de Randon à trois lieues près de la cité de Mende et à quatre lieues près du Puy ; et avoit enclos en ce chastel Anglois et Gascons ennemis au royaume de France, qui étoient issus hors du Limousin où grand'foison de forteresses angloises avoit. Si fit, le siége durant, devant plusieurs assauts faire, et dit et jura que delà ne partiroit, si auroit le chastel. Une maladie prit au connétable, de laquelle il accoucha au lit : pour ce ne se défit mie le siége, mais furent ses gens plus aigres que devant. De celle maladie messire Bertran de Claiquin mourut [2] ; dont ce fut dommage, pour ses amis et pour le royaume de France. Si fut apporté en l'église des Cordeliers [3] au Puy en Auvergne ; et là fut une nuit ; et lendemain on l'embasma et appareilla, et fut mis en son sarcueil et apporté à Saint-Denis en France ; et là fut ensepveli assez près de la tombe du roi Charles de France [1], lequel l'avoit fait faire très son vivant ; et fit le corps de son connétable mettre et coucher à ses pieds. Et puis fit faire en l'église Saint-Denis son obsèque aussi révéremment et aussi notablement comme si ce fût son fils ; et y furent ses trois frères et les notables hommes du royaume de France.

Ainsi vaca, par la mort du connétable de France, l'office de la connétablie. Si fut avisé et ordonné de qui on le feroit : si en étoient nommés plusieurs hauts barons du royaume de France, et par espécial le sire de Cliçon et le sire de Coucy ; et voult le roi de France que le sire de Coucy fût regard de toute Picardie ; et adonc lui donna-t-il toute la terre de Mortaigne, qui est un bel héritage séant entre Tournay et Valenciennes : si en fut débouté messire Jacquemes de Werchin le jeune, sénéchal de Hainaut, qui le tenoit de la succession de son père, qui en fut sire un grand temps. Et vous dis que ce sire de Coucy étoit grandement en la grâce du roi de France, et vouloit le roi qu'il fût connétable. Mais le gentil chevalier s'excusoit par plusieurs raisons, et ne vouloit mie encore entreprendre si grand faix, comme de la connétablie ; mais disoit que messire Olivier de Cliçon étoit mieux taillé de l'être que nul ; car il étoit vaillant homme et sage et amé, et connu des Bretons. Si demeura la chose en cel état un espace de temps. Et les gens messire Bertran de Claiquin retournèrent en France ; car le chastel se rendit à eux le propre jour que le connétable mourut [2]. Et s'en rallèrent ceux qui le tenoient en Limosin en la garnison de Caluset et de

---

[1] Philippe-le-Hardi, duc de Bourgogne, était gendre du comte de Flandre, Louis de Male, dont il avoit épousé la fille et unique héritière, Marguerite de Flandre.
[2] Bertrand du Guesclin mourut le 13 juillet 1380.
[3] Le Laboureur dit dans l'église des Jacobins.

[1] Du Guesclin avait désigné un autre lieu pour sa sépulture. « Nous élisons, dit-il dans le premier article de son testament rapporté par Le Laboureur, la sépulture de notre corps être faite en l'église des Jacobins de Dinan, en la chapelle de nos prédécesseurs. » Mais Charles ordonna que du Guesclin fût enterré à Saint-Denis, dans le caveau qu'il avait fait préparer pour lui-même, et où était déjà déposée la reine, morte en 1377.
[2] On lit dans une chronique manuscrite sur vélin, écriture du quinzième siècle :
« Et lors si comme il pleut à Dieu, fut le dit connétable malade au dit siége, l'espace de vingt jours, et puis trépassa de ce siècle le vendredi treizième jour de juillet au dit an mil trois cent quatre vingt, sans ce que ceulx du dit chastel en sçussent jusques après ce que le lendemain eurent rendu le dit chastel aux gens du dit bon connétable. »
Ce fait a été raconté de différentes manières. Quel-

Ventadour. Quand le roi de France vit les gens de son connétable, si se ratenrit pour la cause de ce que moult l'avoit amé, et fit à chacun selon son état grand profit. Nous lairons à parler d'eux et recorderons comment Thomas, comte de Bouquinghen, mains-né fils du roi Édouard d'Angleterre, mit sus en celle saison une grand'armée de gens d'armes et d'archers, et passa parmi le royaume de France, et vint en Bretagne.

CHAPITRE LXV.

Comment messire Thomas, comte de Bouquenghen, mains-né fils du roi Édouard d'Angleterre, à grosse armée passa la mer et entra en Artois pour aller par terre en l'aide du duc de Bretagne.

Vous avez bien ouï recorder que quand le duc de Bretagne issit hors d'Angleterre, que le roi Richard et ses oncles lui orent en convenant qu'ils le conforteroient de gens d'armes et d'archers; et lui tinrent ce convenant, combien que il ne leur en chéi pas bien ; car ils lui envoyèrent messire Jean d'Arondel atout deux cents hommes d'armes et autant d'archers. Et cils orent une si dure fortune sur mer qu'ils furent péris ; et se sauvèrent à grand'mésaise messire Hue de Cavrelée, et messire Thomas Trivet ; et en y ot bien péris quatre-vingts hommes d'armes et autant ou plus d'archers. Si fut sur celle fortune celle armée route, dont le duc de Bretagne s'émerveilloit moult ; et aussi faisoient cils de son côté de ce qu'ils n'oyoient nulles nouvelles d'Angleterre ; et ne pouvoit penser ni imaginer à quoi il tenoit ; et vit volontiers que il fût conforté, car il étoit âprement guerroyé de messire Olivier de Cliçon, de messire Guy de Laval et de messire Olivier de Claiquin, comte de Longueville, du seigneur de Rochefort et des François qui se tenoient sur les frontières de son pays. Si ot conseil le duc qu'il envoieroit suffisans hommes en Angleterre pour savoir pourquoi ils ne venoient et pour avoir confort hastivement, car il lui besognoit. Si en furent priés du duc et de ceux du pays qui avecques lui se tenoient

pour aller en ce voyage, le sire de Beaumanoir et messire Eustache de la Houssoye. Ils l'accordèrent et répondirent qu'ils iroient volontiers. Si leur furent lettres baillées, escriptes et scellées de par le duc et de par le pays. Si se partirent de Bretagne et montèrent en mer assez près de Vennes, et orent vent à volonté, et arrivèrent sans péril et sans dommage à Hantonne. Si issirent du vaissel, et montèrent à cheval, et vinrent à Londres. Ce fut environ la Pentecôte l'an de grâce mil trois cent quatre vingt.

De la venue du seigneur de Beaumanoir et du seigneur de la Houssoye furent tantôt certifiés le roi et ses trois oncles. La fête de la Pentecôte vint : si voult le roi tenir sa fête à Vindesore ; et li furent ses oncles, et grand'foison de barons et de chevaliers d'Angleterre ; et là vinrent les deux chevaliers dessus dits et nommés, qui furent bellement reçus du roi et des barons d'Angleterre ; et baillèrent leurs lettres au roi et à ses oncles. Si les lurent, et connurent comment le duc de Bretagne et son pays prioient affectueusement qu'ils fussent confortés. Adonc sçurent les deux chevaliers la mort de messire Jean d'Arondel et des autres qui étoient péris sur mer en allant en Bretagne. Et s'excusa bien le duc de Lancastre que ce n'étoit mie la coulpe du roi ni de son conseil, mais la fortune de mer contre qui nul ne peut résister quand Dieu veut. Les chevaliers, à ces paroles, tinrent bien le roi et son conseil pour excusés, et plaignirent grandement la mort des bons chevaliers et écuyers qui péris étoient sur mer. La fête de la Pentecôte passée, un parlement se tint à Wesmoustier ; et y furent mandés tous cils du conseil du roi. A ce parlement vinrent prélats, barons, chevaliers d'Angleterre et tous cils qui du conseil étoient.

Entrementes que ces choses s'approchoient et ordonnoient, trépassa de ce siècle le gentil et vaillant chevalier messire Guichart d'Angle, comte de Hostidonne, en la cité de Londres ; et lui fit le roi faire son obsèque très révéremment ; et y ot grand'foison de prélats et de barons d'Angleterre ; et chanta la messe l'évêque de Londres. Tantôt après commencèrent les parlemens. Adonc fut ordonné que messire Thomas, mains-né fils [1] du feu roi d'Angleterre, passeroit

---

ques historiens l'ont rendu plus poétique, en supposant que les assiégés, apprenant la mort de du Guesclin, vinrent déposer les clefs de la ville sur son cercueil. Le fait, tel que le rapporte la chronique que je viens de citer, et tel que le rapporte aussi d'Oronville dans sa vie de Louis III de Bourbon, ne mérite pas, il est vrai, l'éloge que donne Villaret à l'autre récit, *d'être un monument digne de la générosité des temps héroïques*, mais il est le seul qui soit sanctionné par l'autorité de témoignages respectables.

[1] Thomas Woodstock, dernier des fils du roi Édouard III, fait duc de Buckingham par Richard II, puis duc de Glocester.

la mer et venroit prendre terre à Calais et passeroit, si Dieu l'ordonnoit, parmi le royaume de France, à quatre mille hommes d'armes et trois mille archers, et venroit en Bretagne, accompagné de comtes, de barons et de chevaliers, ainsi comme à fils de roi appartenoit, et qui entreprend un si haut voyage que de passer parmi le royaume de France qui est si grand et si noble, et où tant a de bonne et de noble chevalerie.

Quand ces choses furent conseillées et arrêtées, et le voyage du tout accordé, le roi d'Angleterre et ses oncles rescripsirent lettres au duc de Bretagne et au pays, et leur mandèrent une partie de leur entente et du conseil parlementé et arrêté à Londres, et que à ce n'y auroit nulle défaute que le comte de Bouquenghen en celle saison ne passât. Le roi d'Angleterre honora moult les chevaliers, et leur donna de beaux dons; et aussi firent ses oncles; et partirent et retournèrent en Bretagne, et donnèrent leurs lettres au duc qui les ouvrit et lut, et vit tout ce qu'elles contenoient. Si les montra au pays, lequel se contenta de ces réponses, et se ordonnèrent sur ce. Et le roi d'Angleterre et ses oncles ne mirent mie en oubli le voyage qui étoit empris; mais furent mandés tous ceux qui élus étoient d'aller avec le comte de Bouquenghen, les barons d'un lez et les chevaliers d'autre; et furent payés et délivrés à Londres pour trois mois; et commençoient leurs gages à entrer sitôt comme ils étoient arrivés à Calais, tant de gens d'armes comme d'archers; et leur délivroit le roi passage à ses frais. Si vinrent à Douvres; et passèrent petit à petit, et arrivèrent à Calais; et mirent plus de quinze jours à passer, ainçois que ils fussent venus.

Bien véoient ceux de Bologne que grands gens d'armes issuient hors d'Angleterre et passoient la mer, et arrivoient à Calais : si le signifièrent sur le pays et par toutes les garnisons, afin qu'ils ne fussent surpris. Lorsque les nouvelles furent sçues en Boulonois et en Theruennois et en la comté de Guines, si s'avisèrent chevaliers et écuyers du pays; et firent retraire ens ès forts tout ce que leurs gens avoient, si ils ne le vouloient perdre; et les capitaines, tels que le capitaine de Boulogne, le capitaine d'Ardre, de le Montoire, d'Esprolecque, de Tournehen, de Hames, de Licques et des chasteaux sur les frontières entendirent grandement à pourvoir leurs lieux, car bien savoient, puisque les Anglois passoient à telles flottes, que ils aroient l'assaut.

Les nouvelles du passage furent signifiées au roi Charles de France, qui se tenoit à Paris. Si envoya tantôt devers le seigneur de Coucy, qui étoit à Saint-Quentin, qu'il se pourvéist de gens d'armes et s'en allât en Picardie, et reconfortât les villes, les cités et les chasteaux. Le sire de Coucy obéit au commandement du roi, ce fut raison; et réveilla chevaliers et écuyers d'Artois, de Vermandois, de Picardie; et fit son mandement à Péronne en Vermandois. Et étoit capitaine d'Ardre pour ce temps le sire de Saint-Py, de Boulogne messire Jean de Longvilliers, et de Montreuil sur mer messire Jean de Fosseux. Si arriva à Calais trois jours devant la Magdelaine au mois de juillet le comte de Bouquenghen, l'an mil trois cent et quatre vingt.

Quand le comte de Bouquenghen fut arrivé à Calais, les compagnons en orent grand'joie, car bien savoient que point longuement ne séjourneroient là qu'ils n'allassent en leur voyage. Le comte se rafreschit deux jours à Calais, et au tiers jours partirent et se mirent sur les champs, et prirent le chemin de Marquigne.

Or est-il droit que je vous nomme les bannerets et pennonceaux qui là étoient : premièrement le comte Thomas de Bouquenghen, le comte de Stanfort qui avoit sa nièce épousée, fille au seigneur de Coucy, le comte de Devensière. Après chevauchoient, bannières déployées, le sire de Latimer, qui étoit connétable de l'ost, et puis le sire de Fit-Vatier, maréchal; après, le sire de Basset, le seigneur de Boursier, le sire de Ferrières, le sire de Morlay, le sire d'Orsy, messire Guillaume de Windesore, messire Hue de Cavrelée, messire Robert Canolle, messire Hue de Hastingues, messire Hue de la Zouche. A pennons, messire Thomas de Percy, messire Thomas Trivet, messire Guillaume Clinton, messire Yon de Fit-Varin, messire Hugues Tericl, le seigneur de Warchin, messire Eustache et messire Jean Harleston, messire Guillaume de Fermiton, messire Guillaume de Brianne, messire Guillaume Drayton, messire Guillaume Faubre, messire Jean et messire Nicole d'Aubrecicourt, messire Jean Mase, messire Thomas Camoys, messire Raoul, fils du seigneur de Neufville, messire Henry de Ferrières le bâtard, messire Hugues Broc, messire Geffroy Oursellé, messire Thomas West, le seigneur de Saint-More, David Hollegrave, Huguelin de Cavrelée, bâtard, Bernard de Cederières et plusieurs autres.

Si chevauchoient ces gens d'armes en bonne ordonnance et en grand arroy; et n'allèrent, le jour qu'ils issirent de Calais, plus avant que à Marquigne, et là s'arêtèrent pour entendre à leurs besognes et avoir conseil entre eux, lesquels chemins ils tendroient pour accomplir leur voyage; car il y avoit plusieurs en la route qui oncques mais n'avoient été en France, comme le fils du roi et plusieurs barons et chevaliers. Si étoit bien chose raisonnable que ceux qui connoissoient le pays et le royaume, et qui autrefois l'avoient passé et chevauché, eussent tel avis et gouvernement que à leur honneur ils accomplissent leur voyage. Voir est que quand les Anglois, du temps passé, sont venus en France, ils ont eu telle ordonnance entr'eux, que les capitaines juroient en la main du roi d'Angleterre et de son conseil trois choses; elles sont telles: que à créature du monde fors entre eux, ils ne révèleroient leurs secrets ni leur voyage, ni là où ils tendroient à aller; la seconde chose est que ils accompliroient leur voyage à leur pouvoir; la tierce chose est que ils ne peuvent faire aucuns traités à leurs ennemis, sans le sçu et la volonté du roi et de son conseil.

Quand iceulx barons et écuyers se furent arrêtés et reposés à Marquigne trois jours, et que tous ceux furent venus et issus de Calais qui au voyage devoient aller, et que les capitaines eurent avisé à leurs besognes et quel chemin ils tiendroient, au quatrième jour ils se départirent et mirent à chemin en très bonne ordonnance; et passèrent tout par devant Ardre, et là boutèrent hors leurs bannières le comte d'Asquesuffort et le comte de Devensière; et arrêta tout l'ost devant la bastide pour eux montrer aux gens d'armes qui dedans étoient. Et là fut fait chevalier du comte de Bouquenghen le comte de Devensière et le sire de Morlay. Et mirent ces deux seigneurs là premièrement hors leurs bannières. Encore fit le comte de Bouquenghen chevaliers ceux qui s'ensuivent : le fils du seigneur de Fit-Vatier, messire Roger d'Estrangne, messire Jean d'Ypre, messire Jean Colé, messire Jame de Citelée, messire Thomas Jonneston, messire Jean de Neufville, messire Thomas Roselée; et vint l'ost gésir à Hoske sur une moult belle rivière; et furent faits ces chevaliers nouveaux pour la cause de ceux de l'avant-garde, qui s'en allèrent ce jour par devers une forte maison séant sur la rivière, qu'on dit Frolant. Dedans avoit un écuyer à qui cette maison étoit, que on clamoit Robert, et étoit bon homme d'armes; si avoit garnie et pourvue sa maison de bons compagnons, qu'il avoit pris et recueillis là environ. Et étoient bien quarante, et montrèrent bon semblant d'eux défendre; car ces barons et chevaliers, en leur nouvelle chevalerie, environnèrent la tour de Frolant et la commencèrent à assaillir de grand'volonté, et ceux de dedans à eux défendre. Là ot fait par assaut maintes belles appertises d'armes; et traioient ceux de dedans moult âprement, dont ils navrèrent et blessèrent aucuns des assaillans qui s'abandonnoient trop avant. Car il y avoit de bons arbalêtriers que le capitaine de Saint-Omer, messire Baudouin d'Ennekins, avoit envoyés à la requête de l'écuyer, car bien pensoit que les Anglois passeroient par devant sa maison. Si la vouloit tenir et garder à son pouvoir, ainsi qu'il fit, car il se porta vaillamment. Là dit une haute parole le comte de Devensière, qui étoit sur les fossés, sa bannière devant lui, qui moult encouragea ses gens : « Et comment, seigneurs! en notre nouvelle chevalerie nous tiendra meshui ce colombier? Bien nous devrons tenir les forts chasteaux et les fortes places qui sont au royaume de France, quand une telle maison nous tient. Avant, avant! montrons chevalerie! » Bien notèrent ceux qui l'entendirent celle parole et s'épargnèrent moins que devant; et entrèrent abandonnément dedans les fossés; et passoient aucuns sus pavois afin que la bourbe ne les engloutit; et vinrent jusques au mur; et là traioient archers si ouniement que à peine se osoit montrer nul aux défenses. Si en y ot du trait plusieurs blessés et navrés, et la basse-cour fut prise et arse, et les tours fort assaillies. Finablement ils furent tous pris; mais moult vaillamment se vendirent; et n'y ot oncques homme qui ne fût blessé. Ainsi fut la maison de Frolant prise, et Robert Frolant dedans, et prisonnier au comte de Devensière, et les autres à ses gens; et tout l'ost se logea sur la rivière de Hoske, en attendant messire Guillaume de Vindesore qui menoit l'arrière-garde, qui point n'étoit encore venu : mais il vint ce soir. Et lendemain se délogèrent tous ensemble et partirent en ordonnance, et chevauchèrent ce jour jusques à Esproleque, et là se logèrent. Le capitaine de Saint-Omer, qui sentoit les Anglois si près de lui, reconforta les guets et fit toute la nuit veiller plus de trois mille hommes, par quoi la ville de Saint-Omer ne fût surprise des Anglois.

CHAPITRE LXVI.

Comment le comte de Bouquinghen et son arroi traversèrent Artois, Vermandois et Champagne, et passèrent la rivière de Saine en allant emprès Troyes ; et de leurs aventures en celui voyage.

A lendemain, ainsi comme à six heures, se délogèrent les Anglois de Esproleque, et chevauchèrent en ordonnance de bataille devers Saint-Omer. Ceux de la ville de Saint-Omer, quand ils sentirent que les Anglois venoient, ils s'armèrent tous, ainsi que commandé leur étoit, et s'ordonnèrent aux crénaux moult étoffément ; car on leur disoit que les Anglois les assaudroient. Mais ils n'en avoient nulle volonté ; car la ville est trop forte, et plus y pouvoient perdre que gagner. Toutefois le comte de Bouquinghen, qui oncques n'avoit été au royaume de France, voult voir Saint-Omer, pour ce que elle lui sembloit belle de murs, de portes, de tours et de beaux clochers. Si s'en vint arrêter sur une montagne à demi-lieue près ; et là fut l'ost rangé et ordonné en bataille plus de trois heures ; et là ot aucuns jeunes chevaliers et écuyers, montés sur fleurs de coursiers, qui éperonnèrent jusques aux barrières et demandèrent joute de fers de glaives aux chevaliers et écuyers qui dedans Saint-Omer étoient. Mais ils ne furent point répondus ; et si s'en retournèrent arrière en l'ost, en éperonnant leurs coursiers et en faisant grand semblant de vouloir faire fait d'armes.

Ce jour que le comte de Bouquinghen vint devant Saint-Omer à la vue de ceux de la ville, il fit chevaliers nouveaux, premièrement messire Raoul, fils du seigneur de Neufville, messire Berthelemieu, fils du seigneur de Boursier, messire Thomas Camois, messire Foulques Courbet, messire Thomas d'Anglure, messire Raoul de Pipes, messire Louis de Saint-Aubin, messire Jean Paulle. Ces nouveaux chevaliers en leur chevalerie, qui étoient montés sur bons coursiers, vinrent jusques aux barrières et demandèrent joute ; mais point n'en furent répondus ; et retournèrent pour la doute du trait, car ils ne vouloient mie perdre leurs chevaux. Quand le comte de Bouquinghen et ses agens virent que les seigneurs de France, qui dedans Saint-Omer étoient, ne se mettoient point aux champs à l'encontre d'eux, si passèrent outre moult ordonnément et tout le pas, et s'en vinrent loger ce jour aux Échelles, en-my de Saint-Omer et de Thérouenne, et là se tinrent toute la nuit ; et lendemain ils se partirent et cheminèrent vers Thérouenne.

Quand ceux de la garnison de Boulogne, d'Ardre, de Tournehen, de le Montoire, de Hames, et des chasteaux de la comté de Boulogne, d'Artois et de Guines, virent le convenant des Anglois, qui alloient toujours sans eux arrêter, si signifièrent leurs volontés l'un à l'autre, en disant que il les feroit bon poursuir, et que on y pourroit bien gagner. Si se recueillirent tous, et assemblèrent dessous les pennons du seigneur de Fransures et du seigneur de Saint-Py, et se trouvèrent bien deux cents lances ; si commencèrent à costier et poursuir les Anglois. Mais les Anglois se tenoient tous ensemble, ni point ne se déroutoient ; ni on ne s'osoit bouter en eux, qui ne vouloit tout perdre. Toutes fois ces chevaliers François et écuyers ratteignoient à la fois et ruoient jus les fourrageurs anglois, par quoi ils étoient plus ressoignés ; et n'osoient mie les fourrageurs chevaucher ni aller en fourrage fors en grands routes. Si en y avoit aucune fois de rués jus et pris des uns et des autres ; et puis fait échanges et parçons tels que les faits d'armes demandent. Quand le comte de Bouquinghen et son ost furent partis de Marquingen, ils chevauchèrent ce jour vers Thérouenne et passèrent outre sans rien faire ; car le sire de Saint-Py et le sire de Fransures y étoient et leurs routes. Si vinrent à Biterne, et là se rafreschirent un jour et reposèrent : je vous dirai pourquoi.

Vous savez, si comme il est ci-dessus contenu dans l'histoire, comment le roi Richard d'Angleterre, par la promotion de ses oncles et de son conseil, avoit envoyé en Allemagne son chevalier messire Symon Burlé devers le roi des Romains, pour avoir sa sueur en mariage. Le chevalier avoit si bien exploité que le roi des Romains lui avoit accordé par le bon conseil des hauts barons de sa cour. Et envoyoit le roi des Romains en Angleterre, avecques messire Burlé, le duc de Tassen, pour aviser le royaume d'Angleterre pour savoir comment il plairoit à sa suer, et pour confirmer là les ordonnances ; car le cardinal de Ravennes étoit en Angleterre, qui se tenoit urbaniste, et convertissoit les Anglois à l'opinion du pape Urbain ; et attendoit la venue du duc dessus nommé, lequel, à la prière du roi d'Allemagne et du duc de Brabant et de madame de Brabant, lui et toute sa route avoient sauf-conduit pour passer parmi le royaume de France et d'aller à Calais. Si étoient venus par Tournay, par Lille et Béthune ; et vinrent à Biterne voir le comte de Bouquinghen et les barons, lesquels recueillirent le duc de Tassen et ses gens moult honorablement ; et lendemain prirent congé les uns des autres. Si passèrent les Allemands outre, et vinrent à Aire et à Saint-Omer, et puis à Calais. Le comte de Bouquinghen et son ost chevauchèrent leur chemin et passèrent Lille, et vinrent loger ce jour à Bruais lès Bussières : si se tinrent là ; et tous les jours les poursuivoient le sire de Saint-Py, le sire de Fransures et leurs routes, mais toutes les nuits ils gissoient ès villes fermées.

Quand ce vint au matin, dont la nuit tout l'ost avoit geu à Bruais, ils se levèrent et appareillèrent : si sonnèrent leurs trompettes de département ; si s'aroutèrent sus les champs, et chevauchèrent vers Béthune. En la ville de Béthune avoit grand'garnison de gens d'armes, chevaliers et écuyers, que le sire de Coucy, qui se tenoit à Arras, y avoit envoyés, tels que : le seigneur de Hangest, messire Jean et messire Tristan de Roye, messire Geoffroy de Chargny, messire Guy de Harecourt et moult d'autres. Si passa tout l'ost des Anglois à la vue de Béthune, à l'heure de tierce, tout outre, ni oncques n'y firent semblant d'assaillir ; et vinrent gésir à Sanchières. A heure de vespres vinrent le sire de Saint-Py et le sire de Fransures : si se boutèrent en Béthune, et lendemain bien matin ils s'en partirent et chevauchèrent vers Arras ; et là trouvèrent le seigneur de Coucy qui les reçut liement, et leur demanda des nouvelles, et quel chemin les Anglois tenoient. Les chevaliers lui répondirent ce qu'ils en savoient, et qu'ils avoient geu à Sanchières, et chevauchoient trop sagement, car point ne se déroutoient, mais se tenoient toudis ensemble. Donc dit le sire de Coucy : « Ils cheminent par apparent ainsi que gens qui demandent bataille ; si l'auront, si le roi mon sire m'en veut croire, ainçois qu'ils aient paracompli leur voyage. » Ainsi disoit le sire de Coucy ; et le comte de Bouquinghen et tout l'ost cheminèrent ce jour depuis qu'ils furent partis de Sanchières ; et passèrent au hors d'Arras moult arréement en ordonnance de bataille, bannières et pennons ventilans, et tant que ceux qui étoient montés dedans les portes et ès clochers les pouvoient bien aviser. Si passèrent ce jour tout outre sans rien faire ; et vinrent loger à Avesnes-le-Comte, et le lendemain à Miraumont, et puis à Clary sur Somme, car ils poursuivoient les rivières. Quand le sire de Coucy, qui se tenoit à Arras, entendit que ils prendroient ce chemin, si envoya le seigneur de Hangest à Bray sur Somme, et en sa compagnie trente lances, chevaliers et écuyers, et à Péronne messire Jacques de Werchin, sénéchal de Hainaut, et le seigneur de Haverech, et messire Jean de Roye, et messire Girard de Marquelies et des autres chevaliers et écuyers de là environ. Et il s'en alla vers Saint-Quentin ; et envoya le seigneur de Clary, messire Tristan de Roye et messire Guy de Harecourt à Hamen Vermandois, dont il se tenoit ainsi que sire, pour entendre à la ville remparer, car elle est grande et étendue et mal fermée. Si ne vouloit mie que par sa négligence elle reçût nul dommage.

La nuit que les Anglois se logèrent à Clary sur Somme, s'avisèrent aucuns chevaliers de leur côté, tels que messire Thomas Trivet, messire Guillaume Clinton, messire Yon Fit-Waren, par l'émouvement du seigneur de Werchin, qui connoissoit tout le pays et qui sentoit le seigneur de Coucy à grands gens d'armes en la cité d'Arras, qu'ils chevaucheroient au matin avecques les fourrageurs de l'ost, à savoir si ils trouveroient chose qui bonne leur fût ; car ils désiroient à faire faits d'armes. Ainsi comme ils avisèrent ils le firent ; et se partirent environ trente lances et firent leurs chevaucheurs et fourrageurs aller devant, et chevauchèrent à l'aventure.

Ce propre jour au matin, partit d'Arras le sire de Coucy à grand'route, et prit le chemin de

Saint-Quentin. Quand ils furent sur les champs, le sire de Brimeu et ses enfans, et environ trente lances, issirent hors de la route du seigneur de Coucy, ainsi que ceux qui désiroient les armes et qui demandoient aventure. Si se trouvèrent sur les champs Anglois et François; et virent bien et aperçurent qu'il les convenoit combattre. Si éperonnèrent l'un contre l'autre, en écriant leurs cris. De première venue il y en eut de rués jus, de morts et de blessés de l'une partie et de l'autre, et y eut faites plusieurs appertises d'armes. Et se mirent tantôt à pied l'un contre l'autre, et commencèrent à pousser de lances; et moult bien se portèrent d'un côté et d'autre. Là véoit on les plus forts et les plus apperts et les mieux combattans; et furent en cel état environ une heure, toujours combattant et poussant, et faisant d'armes ce que on en pouvoit par raison faire, que on ne sçût à dire ni juger, qui les vît, lesquels en auroient le meilleur. Mais finablement la place demeura aux Anglois, et l'obtinrent; et prit messire Thomas Trivet le seigneur de Brimeu et ses deux fils Jean et Louis; et y eut là pris sur la place environ seize hommes d'armes: le demourant se sauvèrent ou furent morts. Ainsi alla de cette aventure aux gens du seigneur de Coucy. Et retournèrent messire Thomas Trivet et sa route en l'ost à tout leur gain; et furent là bien venus du comte de Bouquinghen et des autres; ce fut raison. Si séjourna l'ost sur la rivière de Somme en venant à Péronne, un jour et une nuit, pourtant que ce jour ils firent leurs montres; car ils entendoient par leurs prisonniers que le sire de Coucy étoit à Péronne et avoit bien mille lances, chevaliers et écuyers. Si ne savoient s'ils les voudroient combattre.

Le propre jour que on fist les montres, se boutèrent hors de l'ost avec les fourrageurs, et de l'avant-garde, le seigneur de Vertaing et Fierabras le bâtard, son frère, messire Yon Fit-Waren et plusieurs autres; et vinrent courir jusques au mont Saint-Quentin, et là se tinrent en embûche, car bien savoient que à Péronne étoient le sénéchal de Hainaut, le sire de Haverech et grands gens d'armes, chevaliers et écuyers du pays; et sentoient le jeune sénéchal de Hainaut si oultrecuidé qu'il istroit hors de Péronne, ainsi qu'il fit. Ceux de l'avant-garde si envoyèrent courir dix hommes d'armes devant Péronne; Thierry de Sommaing, le Bâtard de Vertaing, Huguelin de Cavrelée, Hopekin Hay et des autres, lesquels montés sur fleurs de coursiers s'en vinrent éperonnant jusqu'aux barrières de Péronne. Le sénéchal de Hainaut et ses gens qui là se tenoient étoient tout appareillés, et firent ouvrir les barrières; et s'en issirent bien cinquante lances, et cuidèrent ces compagnons coureurs attraper; car ils se mirent en chasse sur les champs après eux; et cils à fuir vers leur embûche, et eux après. Là chevauchoit le sénéchal de Hainaut, son pennon devant lui, monté sur fleur de coursier. Quand ceux de l'embûche virent comment les François chassoient, si en furent tout réjouis; et découvrirent leur embûche, mais ce fut un peu trop tempre; car quand le sénéchal de Hainaut, le sire de Haverech et les autres virent venir celle grosse route, et tous bien montés, ils jouèrent de la retraite; et là sçurent chevaux que éperons valoient; car tant qu'ils pouvoient escacher, ils ne cessèrent jusques à tant qu'ils furent sur la chaussée; et trouvèrent bien à point ces seigneurs les barrières ouvertes. Toute fois ils furent de si près poursuivis, qu'il convint demeurer prisonniers devers les Anglois, des gens du sénéchal, messire Girard de Marquillies, messire Louis de Vertaing, cousin au seigneur de Vertaing qui là étoit, Houard de la Houardière, Brulhart de Saint-Hilaire et bien dix hommes d'armes; tous les autres se sauvèrent. Quand les Anglois sçurent que le sénéchal de Hainaut, le sire de Haverech, le sire de Clary, messire Robert de Clermont, le sire de Saint-Dizier et bien vingt chevaliers, avoient été sur les champs, et tous s'étoient sauvés, si dirent: «Dieux, quel rencontre! si nous les eussions tenus ils nous eussent payés quarante mille francs!» Si retournèrent cils seigneurs en l'ost; et n'y eut plus rien fait pour la journée.

Trois jours fut l'ost à Clary sur Somme et là environ. Au quatrième ils s'en partirent et vinrent loger en l'abbaye de Vaucelles [1], à trois petites lieues de Cambray, et lendemain ils s'en partirent et chevauchèrent vers Saint-Quentin; et fit ce jour moult bel. On dit, et voir est, que les premiers chevauchans ont toudis les aventures, soit à perte ou à gain: je le dis pour ceux de l'avant-garde qui chevauchoient avec les fourra-

---

[1] Abbaye de l'ordre de Citeaux, au diocèse de Cambrai.

geurs. Ce propre jour chevauchoient les gens du duc de Bourgogne, environ trente lances; et venoient d'Arras à Saint-Quentin, car là étoit le duc de Bourgogne. Messire Thomas Trivet, messire Yon Fit-Waren, le sire de Wertaing, messire Guillaume Clinton, qui étoient en l'avant-garde avec les fourrageurs, ainsi qu'ils venoient à Farvaques pour prendre les logis, ils encontrèrent ces Bourguignons. Là convint-il avoir hutin, et y eut bataille; mais elle ne dura pas longuement, car iceux Bourguignons furent tantôt éparpillés, les uns çà, les autres là; et se sauva qui sauver se pot. Toutefois messire Jean de Mornay ne se sauva pas, mais demeura sur la place en bon convenant, son pennon devant lui; et combattit ce que durer pot moult vaillamment; mais finablement il fut pris, et dix hommes d'armes en sa compagnie; et soupèrent celle nuit dedans les logis des compagnons, à Fon-Some[1], à deux lieues de Saint-Quentin, et ils cuidoient au dîner souper à Saint-Quentin. Ainsi va des aventures.

Lendemain au matin, quand le comte de Bouquinghen et les seigneurs eurent ouï messe en l'abbaye de Farvaques[2], et ils eurent mangé et bu un coup, si se ordonnèrent et appareillèrent, et mirent au chemin pour venir vers Saint-Quentin, en laquelle ville avoit grand'foison de gens d'armes, mais point n'issirent. Si y eut aucuns coureurs anglois qui allèrent courir jusques aux barrières et escarmoucher; mais tantôt s'en partirent, car tout l'ost passa outre sans s'arrêter, et vint ce soir loger à Origny Sainte-Benoite et dedans les villages d'environ. En la ville d'Origny a une moult belle abbaye de dames[3]. Pour ce temps en étoit abbesse la tante du seigneur de Vertaing, qui étoit en l'avant-garde. A la prière de lui, l'abbaye et toute la ville fut sauvée d'ardoir et piller, et se logea le comte en l'abbaye; mais ce soir et toute la nuit en suivant il y eut à Ribeumont[1], qui est moult près de là, grand'escarmouche d'Anglois et de François; et en y eut des morts et des blessés d'une partie et d'autre. Au matin on se délogea d'Origny; et s'en vint l'ost loger ce jour à Cressy sur Selle, et là logea un jour tout entier. Et au délogement on passa la rivière de Selle, et vint-on loger devant la cité de Laon; et passa l'ost à Vaux dessous Laon, et y eut escarmouche des fourrageurs de l'avant-garde à Bruyères; et vint ce jour loger l'ost à Sissone, et au lendemain passa l'ost la rivière d'Aine au Pont à Vaire, et vinrent loger à Hermonville et à Cormissi, à quatre lieues de la cité de Reims. Et vous dis qu'en ce chemin faisant, quoi qu'ils fussent en bon pays, gras et plantureux de vins et de vivres, ils ne trouvoient rien, car les gens avoient tout retrait dedans les bonnes villes et dedans les forts, et avoit le roi de France abandonné aux gendarmes de son pays tout ce qu'ils trouveroient au plat pays. Si eurent par plusieurs fois les Anglois grand'souffrance, et espécialement de chairs; quand ils vinrent en la marche de Reims, n'avoient ils nulles. Si eurent avis, à leur délogement de Hermonville et de Cormissi, que ils enverroient un héraut à Reims pour traiter devers les bons hommes du plat pays qui étoient retraits et devers les bourgeois de Reims qui avoient le leur aux villages, qu'ils leur voulsissent envoyer une quantité de bêtes, de pains et de vins, ou ils ardéroient le plat pays. Cil avis fut tenu; et envoyèrent un héraut à Reims, qui leur remontra toutes ces choses. Ils répondirent généralement qu'ils n'en feroient rien, et qu'ils fissent ce que bon leur sembleroit. Quand les Anglois ouïrent cette réponse, si furent courroucés. Lors envoyèrent ils tous leurs coureurs par les villages, et ardirent en une empainte[2] plus de soixante en la marche de Reims. Encore de rechef les Anglois sçurent que ceux de Reims avoient en leurs fossés mis à sauf garant toutes leurs blanches bêtes, qui là se quatissoient et paissoient : de ces nouvelles furent-ils moult réjouis; et dirent ceux de l'avant-garde : « Allons, allons! on se doit aventurer pour son vivre. » Lors s'en vinrent tous ceux de l'avant-garde chevauchant jusques

---

[1] En latin, *fons Suminæ* ou *fons Summæ*, à cause de sa situation à la source de la rivière de *Somme*.

[2] L'abbaye de Fervaques, de religieuses de l'ordre de Citeaux, était autrefois située à la source de la rivière de Somme, à deux lieues de Saint-Quentin. Elle fut transférée dans la ville de Saint-Quentin dans le dix-septième siècle. Elle portait dans l'origine le nom d'abbaye de *Fonsomme*.

[3] Autrefois abbaye de Bénédictines du diocèse de Laon, entre Ribemont et Saint-Quentin.

---

[1] Petite ville de Picardie, à quatre lieues de Saint-Quentin et de Crécy-sur-Serre.

[2] Expédition de guerre pour ravager u pays.

sur les fossés de la cité de Reims, et là descendirent et firent leurs gens descendre et entrer ès fossés et chasser hors les bêtes. Ni nul n'osoit issir ni aller au devant, ni lui montrer aux créneaux ni au défenses, car les archers qui étoient rangés sur les fossés traioient si ouniement que nul n'osoit venir avant pour défendre la proie. Ainsi fut-elle toute mise hors des fossés, où bien eut plus de quatre mille bêtes, dont ils eurent grand'joie. Avec tout ce ils mandèrent à cils de Reims, qu'ils arderoient tous leurs bleds environ Reims s'ils ne le rachetoient de vivres, de pains et de vins. Cils de Reims doutèrent cette menace et pestillence d'ardoir leurs bleds aux champs; si envoyèrent en l'ost six charées de pains et autant de vins. Parmi ce le bled et les avoines furent répités de non ardoir. Si passèrent au lendemain tous les Anglois en ordonnance de bataille devant la cité de Reims, et vinrent gésir à Beaumont sur Velle, car jà avoient-ils au dessous de Reims passé la rivière.

Au délogement de Beaumont sur Velle chevauchèrent les Anglois à mont pour passer la belle rivière de Marne; et vinrent à Condé sur Marne, et trouvèrent le pont défait; mais encore étoient les estaches en l'eau: si trouvèrent planches, bois et merriens; et firent tant qu'ils ordonnèrent un bon pont par où l'ost passa et vint ce jour loger à Genville sur Marne, et au lendemain en la ville de Vertus; et là eut grand'escarmouche au chastel, et grand'plenté de gens blessés; et se logea le comte de Bouquenghen en la ville de Vertus, et les autres par les villages environ. Si fut, la nuit, la ville de Vertus toute arse hors mis l'abbaye qui n'eut garde, pourtant que le comte y étoit logé; autrement elle eût été arse sans déport, car ceux de la ville s'étoient retraits au fort, qui point ne se vouloient rachapter ni rançonner. Et aussi les hérauts de l'ost en furent moult coupables, car ils se plaignirent au comte de Bouquenghen que ils portoient et faisoient tous les traités des rachats des feux de l'avant-garde, et si n'en avoient nul profit; et au voir dire il en appartenoit à eux aucune chose. Donc le comte, à la complainte d'eux, commanda que on ardist tout, si des rachats à argent ils n'avoient leur devoir. Par ainsi fut la bonne ville de Vertus tout arse et le pays d'environ. Au lendemain on se délogea et vint-on passer devant le chastel de Montmer, qui est beau et fort, et héritage au seigneur de Chastillon. Le chastel étoit bien pourvu d'artillerie et de gens d'armes, chevaliers et écuyers du pays, que le sire de Chastillon y avoit envoyés et établis. Si ne se porent aucuns compagnons de l'avant-garde abstenir en passant que ils ne l'allassent voir et assaillir; et y eut à la barrière un petit d'escarmouche et aucunes gens blessés du trait. Si passèrent outre et vinrent loger à Pallote en approchant la cité de Troyes, et là se tinrent un jour. Et au lendemain ils chevauchèrent devers Plancy sur Aube; et chevauchoit l'avant-garde devant, et y avoit aucuns compagnons ennuyés de ce qu'ils ne trouvoient armes et aucun profit; et savoient bien, selon ce que on les avoit informés, que en la cité de Troyes avoit grand amas de gens d'armes et que là venoient de tous côtés, car le duc de Bourgogne y étoit atout grand'puissance, et là avoit fait son mandement. Si se avisèrent le sire de Chastel-Neuf et son frère, et Raimonnet de Saint-Marsan, Gascons, et autres, Anglois et Hainuyers, environ quarante lances, qu'ils chevaucheroient à l'aventure pour trouver quelque chose. Si chevauchèrent ce matin d'une part et d'autre, et rien ne trouvèrent, dont ils étoient tout ennuyés. Ainsi qu'ils s'en retournoient vers leurs gens, ils regardèrent et virent sur les champs une route de gens d'armes qui chevauchoient vers Troyes, et c'étoit le sire de Hangest qui voirement alloit ce chemin; car le sire de Coucy, dessous qui il étoit, se tenoit à Troyes. Sitôt que ces Anglois virent le pennon du sire de Hangest et sa route, ils connurent qu'ils étoient François; si commencèrent à brocher après eux chevaux des éperons. Le sire de Hangest les avoit bien vus, et douta qu'ils ne fussent plus grand'route qu'ils n'étoient: si dit à ses gens: « Chevauchons ces plains devers Plancy et nous sauvons, car iceux Anglois nous ont découverts, et leur grosse route est près d'ici; nous ne les pouvons fuir ni échapper, ils sont trop contre nous; mais mettons nous à recueillette et à sauveté au chastel de Plancy. »

Ainsi comme il ordonna ils le firent, et tirèrent celle part; et vecy les Anglois, venans et éperonnans sur eux, qui les suivoient de près. Là eut un homme d'armes de Hainaut et de Valenciennes, de la route du seigneur de Vertaing, appert homme d'armes, qui s'appeloit Pierre Breton, qui bien étoit monté; et abaisse son

glaive et s'en vient sur le seigneur de Hangest qui fuyoit devant lui vers Plancy, et lui adresse son glaive devant au dos par derrière, et puis fiert cheval des éperons et le cuide mettre hors de selle, mais non fit; car oncques le sire de Hangest n'en perdit selle ni estrier, quoique l'homme d'armes le tenist toudis le fer au dos. Et ainsi battant et chevauchant, il et la route vinrent à Plancy; et droit à l'entrée du chastel, le sire de Hangest, par grand'appertise d'armes et de corps, saillit jus de son cheval par devant, sans prendre dommage, et se déferra du glaive et entra dedans les fossés. Ceux du chastel entendirent à lui sauver et recueillir, et vinrent à la barrière; et là eut dure escarmouche, car les François qui étoient affuis jusques-là montrèrent visages; et ceux du chastel aussi traioient moult aigrement, car ils avoient de bons arbalétriers. Et là y ot fait de belles appertises d'armes d'une part et d'autre; et à grand'peine sauvèrent-ils le seigneur de Hangest et recueillirent, qui très vaillamment en rentrant au chastel se combattit.

Et toujours venoient gens de l'avant-garde, le sire de Vertaing, messire Thomas Trivet, messire Hue de Cavrelée, et les autres, car leur logis étoit ordonné là. Si y souffrirent très grand'peine les François; et ne purent mie tous entrer au chastel, car ils étoient si près hâtés qu'ils n'osoient ouvrir avant leur barrière qu'ils ne fussent efforcés. Si en y ot, que de morts que de pris, environ trente; et dura l'escarmouche près de trois heures; et fut la basse-cour du chastel tout arse; et le chastel fort assailli de toutes parts, mais aussi il fut bien défendu. Et furent les moulins de Plancy ars et abattus; et passa par là tout l'ost au pont et au gué la rivière d'Aube, et cheminèrent vers Volant sur Saine pour là venir au gîte. Ainsi fut ce jour le sire de Hangest en grand'aventure d'être pris.

Le propre jour que tout l'ost vint loger à Volant sur Saine au dessus de Troyes, pour là passer au gué la rivière, chevauchoient les fourrageurs de l'avant-garde, messire Thomas Trivet, messire Hue de Cavrelée, le sire de Vertaing, le bâtard son frère, Pierre Breton et plusieurs autres; et ainsi que compagnons qui désirent à profiter, il y en avoit aucuns qui chevauchoient devant à l'aventure : si encontrèrent messire Jean de Roye et environ vingt lances des gens du duc de Bourgogne qui s'en alloient à Troyes. Quand iceux Anglois les aperçurent, ils férirent des éperons après eux; et les François entendirent à eux sauver, car ils n'étoient mie gens assez pour les attendre. Si se sauvèrent la greigneur partie, et messire Jean de Roye et les autres se boutèrent dedans les barrières de Troyes; et jusques à là furent-ils chassés. Au retour que les Anglois firent, le Bâtard de Vertaing et ses gens en prindrent quatre qui ne se purent sauver. Entre les autres avoit là un écuyer du duc de Bourgogne, qui s'appeloit Guion Gouffer, appert homme d'armes durement, dessous qui son cheval étoit es-hanché : si étoit arrêté aux champs et avoit adossé un noyer, et là se combattoit très vaillamment à deux Anglois qui le costioient de moult près, car ils ne savoient mot de François, et l'écuyer ne savoit mot d'Anglois. Bien lui disoient iceux Anglois : « Rends toi! » Et il n'en vouloit rien faire, car il ne savoit qu'ils disoient; donc ils le combattoient si avant qu'ils l'eussent là occis, quand le Bâtard de Vertaing qui retournoit de la chasse vint sur eux. Si descendit de son coursier, et vint à l'écuyer et lui dit : « Rends-toi! » Cil, qui entendit son langage, répondit : « Es-tu gentil hom? » Et le Bâtard dit : « Oïl. » — « Donc me rends-je à toi. » Et lui bâilla son gant et son épée. Ainsi fut pris Guion Gouffer, dont les Anglois qui l'avoient combattu en eurent dépit, et le vouloient tuer dedans les mains du bâtard; et disoient qu'il n'étoit mie bien courtois quand il leur avoit tollu leur prisonnier. Mais le bâtard étoit là plus fort que ils n'étoient; si lui demeura. Mais pourtant au vespre il en fut question devant les maréchaux; mais tout considéré et bien entendu, il demeura au bâtard de Vertaing qui le rançonna ce soir, et le reçut sur sa foi et le renvoya le matin à Troyes. Et tout l'ost se logea à Volant sur Saine. Au lendemain ils passèrent tous à gué la rivière de Saine, et s'en vinrent loger à une petite lieue de Troyes, en un village que on dit Barnard-Saint-Simple, et là se tinrent tout coi, et se aisèrent de ce qu'ils avoient; et là eurent grand conseil les seigneurs et les capitaines ensemble.

CHAPITRE LXVII.

Comment le comte de Bouquenghen fit requerre au duc de Bourgogne étant en Troyes d'avoir bataille, et de la conduite qui y fut.

En la cité de Troyes étoit le duc de Bourgogne; et avoit là fait son mandement espécial, très les Anglois venans et chevauchans parmi le royaume de France, car il avoit volonté et intention de combattre les Anglois entre la rivière de Saine et de Yonne. Et aussi les barons et les chevaliers et les écuyers du royaume de France ne désiroient autre chose. Mais nullement le roi de France, pour la doute des fortunes et périls, ne s'y vouloit accorder; car tant ressoignoit les grands pertes et dommages que les nobles de son royaume avoient eus et reçus du temps passé par les victoires des Anglois, que nullement il ne vouloit que on les combattit, si ce n'étoit à son trop grand avantage. Avecques le duc de Bourgogne étoient en la cité de Troyes: le duc de Bourbon, le duc de Bar, le comte d'Eu, le sire de Coucy, le sire de Chastillon, messire Jean de Vienne, amiral de la mer, le seigneur de Vienne et de Sainte-Croix, messire Jacquemes de Vienne, messire Gaultier de Vienne, le sire de la Trémoille, le sire de Vergy, le sire de Rougemont, le sire de Hambue, le sénéchal de Hainaut, le seigneur de Saint-Py, le Barrois des Barres, le sire de Roye, messire Jean de Roye, le vicomte d'Assy, messire Guillaume bâtard de Langres et plus de mille chevaliers et écuyers. Et me fut dit que le sire de la Trémoille étoit envoyé de par le duc et les seigneurs au roi, à Paris, pour savoir son plaisir, et pour impétrer que on les pût combattre. Si n'étoit point encore revenu au jour que les Anglois vinrent devant Troyes. Ces seigneurs de France, qui bien savoient que les Anglois ne passeroient jamais sans eux venir voir, avoient fait faire au dehors de la porte de Troyes, ainsi comme au trait d'un arc, et charpenter une bastide de gros merrien à manière d'une recueillette[1], où bien pouvoient mille hommes; et étoient ses bailles faites de bon bois et par bonne ordonnance. Au conseil du soir, en l'ost des Anglois, furent appelés tous les capitaines, à savoir comment lendemain ils se maintiendroient. Si fut ordonné et arrêté que tous seigneurs, barons, chevaliers à bannières et à pennons, armés de leurs armes, sur chevaux couverts de leurs armes, en trois batailles rangées et ordonnées, sur les champs chevaucheroient devant Troyes, et là s'arrêteroient, et enverroient leurs hérauts à Troyes aux seigneurs, et leur présenteroient la bataille. Sur ce conseil, ils soupèrent et couchèrent, et firent la nuit deux gais, chacun gai de la moitié de l'ost. Quand ce vint au matin, au point de sept heures, il fit moult bel et moult clair. Donc sonnèrent leurs trompettes parmi l'ost, et s'armèrent toutes gens de toutes pièces, et mistrent en arroy et ordonnance très convenable ainsi que pour tantôt entrer en bataille; et étoient les seigneurs montés sur chevaux couverts et parés de leurs armes, dont les sambues et les houssemens alloient jusques à terre. Ainsi étoient-ils vêtus et houssés dessus leurs armures et tout parés de leurs pleines armes, chacun sire dessous sa bannière ou son pennon, ainsi comme à lui appartenoit et que pour entrer en bataille, au plus honorablement et notablement que chacun pouvoit; et pour eux ajoliver et acointer ils avoient mis en ce leur entente depuis qu'ils vinrent d'Angleterre. En cette frischeté, et moult serrés, bannières et pennons ventilans, tout le pas, mis en trois batailles, ils s'en vinrent devant Troyes en un beau plain; et là furent du comte de Bouquenghen appelés Chandos et Aquitaine, doy rois d'armes, auxquels le comte dit ainsi : « Rois d'armes, vous vous en irez à Troyes, et parlerez aux seigneurs dont il y a foison, et leur présenterez de par nous et nos compagnons la bataille; et leur direz que nous sommes issus hors d'Angleterre pour faire fait d'armes; ni autre chose nous ne voulons ni quérons, fors à faire fait d'armes contre nos ennemis, et là où nous les cuidons trouver, nous les demandons; et pour ce que nous savons que une partie de la fleur de la chevalerie de France repose là dedans, nous sommes venus ce chemin; et s'ils nous veulent calenger aucun droit qu'ils disent qu'ils aient pour eux, ils nous trouveront sur les champs, en la forme et manière que on doit trouver ses ennemis. » — « Monseigneur, répondirent les deux rois[1], nous ferons connoître votre commandement. » Adonc se départirent les deux rois du comte et de leurs maîtres, et chevauchèrent vers

---
[1] Espèce de fort bâti en bois.

[1] Rois d'armes.

Troyes. Si leur fut ouverte la bastide et les barrières ; et arrêtèrent là, et ne purent venir à la porte, car il en issoit grand'foison de gens d'armes et d'arbalètriers qui se mettoient par ordonnance en la bastide dont ils avoient fait leur recueillette, et étoient les deux rois vêtus et parés des cottes d'armes du comte de Bouquenghen : et demandèrent les seigneurs qu'ils vouloient. Ils répondirent : « Nous voulons, si nous pouvons, parler à monseigneur de Bourgogne. »

Entrementes que Chandos et Aquitaine firent leur message envers le duc de Bourgogne, entendirent leurs seigneurs et maîtres à ordonner leurs batailles et besognes ; et cuidoient ce jour pour certain avoir la bataille, et sur tel état ils s'ordonnèrent. Là furent appelés tous ceux qui nouveaux chevaliers vouloient et devoient être ; et premièrement messire Thomas Trivet apporta sa bannière tout enveloppée devant le comte de Bouquenghen, et lui dit : « Monseigneur, s'il vous plaisoit, je développerois volontiers à la journée de huy ma bannière, car Dieu merci ! j'ai mises assez et chevance pour parmaintenir l'état comme à la bannière appartient. » — « Il nous plaît bien, » répondit le comte. Et adonc prit il par la haste la bannière, et lui rendit en sa main, et lui dit le comte : « Messire Thomas, Dieu vous laist faire votre preu cy et autre part ! » Messire Thomas Trivet prit la bannière et la développa, puis la bailla à un sien écuyer où il avoit la plus grand'fiance, et chevaucha outre ; et vint à l'avant-garde, car il en étoit, par l'ordonnance du connétable, le seigneur Latimer, et du maréchal de l'ost, le seigneur Fitvatier. Adonc fit là, en présent le comte, chevaliers ceux que je vous nommerai. Premièrement, messire Pierre Breton, messire Jean et messire Thomas Paule, messire Jean Stinquelée, messire Thomas d'Ortingues, messire Jean Wallecok, messire Thomas Bersie, messire Jean Bravine, messire Thomas Bernier, messire Jean Colleville, messire Guillaume Évrart, messire Nicolas Stinquelée et messire Hugue de Lume ; et à fait que iceux nouveaux chevaliers avoient pris l'ordre de chevalerie, ils se traioient en sa première bataille pour avenir aux premiers faits d'armes. Adonc fut appelé du comte de Bouquenghen un moult gentil écuyer de la comté de Savoie, qui autrefois avoit été requis de prendre l'ordre de chevalerie devant Ardre et devant Saint-Omer, et tout sur ce voyage ; et s'appeloit Raoul de Gruyères, fils au comte de Gruyères ; et lui dit le comte de Bouquenghen ainsi : « Raoul, nous arons, s'il plaît à Dieu et à Saint-George, convenant d'armes ; si vueil que vous soyez chevalier. » L'écuyer s'excusa, ainsi que autrefois excusé s'était, et dit : « Monseigneur, Dieu vous puist rendre et mérer le bien et honneur que vous me voulez faire ; mais je ne serai jà chevalier si mon naturel seigneur, le comte de Savoie, ne le me fait, en bataille de chrétiens contre Sarrasins. » On ne l'examina plus avant, et ainsi fut-il déporté à être chevalier. Et puis l'année après il le fut en Prusse, et eurent adonc les chrétiens rèse. Ce fut quand le sire de Mastaing et Jean d'Obies et les autres de Hainaut y demeurèrent.

De voir l'ordonnance des batailles des Anglois comment ils étoient rangés sur les champs et mis en trois batailles, les archers sur èle, et les gens d'armes au front, c'étoit très grand'plaisance à regarder. Et furent en ordonnance de bataille, en faisant les chevaliers nouveaux, plus d'une heure, sans point partir de là. Autant bien s'ordonnoient les François en leur bastide ; car bien pensoient les seigneurs de France que du moins il y aroit escarmouche, et que tels gens d'armes que les Anglois étoient, et ainsi ordonnés, ne se partiroient point sans eux venir voir de plus près ; si se mettoient en bonne ordonnance. Et étoit le duc de Bourgogne au dehors de la porte, armé de toutes pièces, une hache en sa main et un bâton blanc en l'autre ; et passoient tous barons, chevaliers et écuyers qui alloient vers la bastide, par devant lui ; et y avoit si grand'presse, que on ne pouvoit passer avant ; ni les hérauts ne pouvoient outre passer, ni aller jusques au duc pour faire leur message, ainsi comme il leur étoit encharché.

Avecques les paroles ci-dessus dites du comte de Bouquenghen aux deux hérauts, Aquitaine et Chandos, y avoit bien autres ; car le soir que les seigneurs furent à conseil en l'ost d'Angleterre, il fut dit aux hérauts. « Vous ferez ce message ; et direz au duc de Bourgogne que le duc et le pays de Bretagne, conjoints ensemble, ont envoyé au roi d'Angleterre pour avoir confort et aide à l'encontre d'aucuns barons et chevaliers de Bretagne, rebelles au duc, et lesquels ne veulent obéir à leur seigneur en la forme et manière que la plus saine partie fait; mais font guerre au pays et se sont efforcés et efforcent du roi de France. Et pour ce que le roi d'Angleterre veut aider le duc et le pays et tenir en droit et en espécialité, il a envoyé et envoie son bel oncle le comte de Bouquinghen et une quantité de gens d'armes pour aller en Bretagne conforter le duc et le pays à leur prière et requête. Et sont arrivés à Calais, et ont pris leur chemin à passer parmi le royaume de France; et sont si avant venus que devant la cité de Troyes, où ils sentent grand'foison de seigneurs, et par espécial le duc de Bourgogne, fils du roi de France et frère du roi de France; si requiert messire Thomas comte de Bouquinghen, fils du roi d'Angleterre et oncle du roi à présent, la bataille en la manière qu'ils la voudront avoir. »

Au bailler ces paroles, les hérauts en demandèrent lettres; et on leur répondit qu'ils les aroient au matin. Si les demandèrent au matin; et on ot autre conseil que on ne leur en donroit nulles; et leur fut dit : « Allez et dites ce dont vous êtes informés; vous êtes créables assez, et si ils veulent ils vous en croiront. » Sur cel état étoient venus à Troyes les hérauts, qui ne purent parler au duc de Bourgogne, ni faire leur message. Je vous dirai pourquoi ni comment. La presse étoit si grande de gens d'armes allans à la porte où le duc étoit que ils ne la pouvoient rompre; et si avoient jà les nouveaux chevaliers d'Angleterre commencé l'escarmouche, par quoi on étoit ainsi entouillé, et aucuns chevaliers et gens d'armes, auxquels les hérauts parloient, disoient bien : « Seigneurs, vous allez en grand péril, car il y a mauvais commun en celle ville. » Celle doute et ce qu'ils ne purent passer fit retourner les hérauts sans rien faire. Or parlerons-nous de l'escarmouche, comment elle se porta.

Tout premièrement il y ot un écuyer anglois né de l'évêché de Lincolle, lequel étoit moult appert homme d'armes, et la le montra. Je ne sais si l'appertise qu'il fit il l'avoit de vœu [1]; mais il éperonna son coursier, le glaive au poing et la targe au col, et vint tout fendant le chemin parmi la chaussée, et le fit saillir par dessus les bailles des barrières, et vint jusques à la porte où le duc de Bourgogne et les seigneurs étoient, qui tinrent cette appertise à grande. L'écuyer cuida retourner, mais il ne pot, car son cheval fut frappé de glaive et là abattu, et l'écuyer mort; dont le duc de Bourgogne fut moult courroucé que on ne l'avoit pris prisonnier. Tantôt véez-cy les grosses batailles du comte de Bouquinghen qui s'en viennent, bannières et pennons ventilans et tout à pied, devers ces gens d'armes qui étoient en la bastide, laquelle on avoit faite de huis, de fenêtres et de tables; et n'étoit pas chose, au voir dire, qui, contre tels gens d'armes comme les Anglois étoient, pût longuement durer. Quand le duc de Bourgogne les vit avaler si espessement et de si grand'volonté, et que les seigneurs, barons et chevaliers qui étoient en cette bastide, n'étoient mie assez forts pour eux attendre, si commanda tantôt que chacun rentrât en la ville, excepté les arbalêtriers. Si rentrèrent en la porte petit à petit; et entrementes qu'ils entroient, les Gennevois et arbalêtriers traioient et ensonnioient les Anglois. Là ot bonne escarmouche et dure; et fut tantôt cette bastide conquise, et point ne dura longuement aux Anglois; et reboutèrent toutes manières de gens par force en la porte; et ainsi comme ils entroient, ils s'ordonnoient et rangeoient sur les chaussées. Là étoit le duc de Lorraine en bonne ordonnance; aussi étoient le sire de Coucy, le duc de Bourbon et tous les autres. Là ot entre la porte et les bailles faites maintes appertises d'armes, des morts, des blessés et des pris. Quand les Anglois virent que les François se retraioient et que point de bataille ils ne feroient fors escarmouche, si se retrairent tout bellement sur la place dont ils étoient partis, et là furent en ordonnance de bataille plus de deux heures. Et sur la remontée, ils retournèrent en leurs logis, assez près du lieu où ils avoient été logés la nuit devant, à Saint-Lie près de Barbon; et au lendemain à Maillières le Vicomte, près de Sens en Bourgogne; et là demeura l'ost deux jours, pour eux rafreschir et pour rançonner le plat pays d'environ, de vivres, dont ils n'avoient mie assez; mais en avoient pour lors plus que d'autres choses grand'deffaute.

---

[1] On sait que, dans l'ancienne chevalerie, les chevaliers ou écuyers faisoient quelquefois des vœux, soit à Dieu et aux saints, soit à leur maîtresse, de se signaler par quelque périlleux fait d'armes.

CHAPITRE LXVIII.

Comment le roi de France, averti du fait des Anglois, rescripsit à la cité de Nantes, et comment il en fut content.

Vous entendez bien comment les Anglois chevauchoient le royaume de France et prenoient leur chemin pour venir en Bretagne; et disoient et maintenoient que le duc de Bretagne et le pays si les avoient mandés, quoique autrement ils eussent bien cause de faire guerre pour la matière et occasion du roi d'Angleterre leur seigneur; mais pour le présent, ils se nommoient soudoyers au duc et au pays de Bretagne. Le roi Charles de France, qui régnoit pour ce temps, comme tout informé de ces matières et comme sage et avisé qu'il étoit, douta les périls et incidences qui de ce pouvoient naître et venir, et regarda que si le pays de Bretagne avecques les Anglois lui étoient contraires, sa guerre aux Anglois en seroit plus felle et plus dure. Et par espécial il ne vouloit mie, quoiqu'il fût mal du duc, que les bonnes villes de Bretagne lui fussent ennemies ni ouvertes à ses ennemis; car au cas que ce se feroit, ce lui seroit un trop grand préjudice. Si envoya moyennement et secrètement lettres closes, douces et débonnaires et moult gracieuses, devers ceux de Nantes qui est la clef et le chef de toutes les bonnes villes de Bretagne, en remontrant qu'ils s'avisassent, et que les Anglois qui cheminoient par son royaume se vantoient et affirmoient qu'ils les avoient mandés, et se tenoient leurs soudoyers. Et au cas que ils avoient ce fait et vouloient persévérer en ce mes-fait, ils étoient atteints et enchus de foi mentie, de obligation brisée, de sentence de pape encourue sur eux et de deux cent mille florins de peine que il pouvoit loyaument atteindre sur eux, au cas qu'ils voudroient briser les traités jadis faits, accordés et scellés, requis et priés par eux, desquels il avoit les copies et eux aussi, c'est à entendre les royaux[1]; et que toujours leur avoit-il été doux, propice et ami, et aidés et confortés à leurs besoins; et que ils ne fissent pas tant qu'ils eussent tort; car ils n'avoient nul certain titre ni article d'eux trop avant plaindre de lui, pour eux bouter si avant en une guerre que de recevoir ses ennemis; mais bien s'avisassent et conseillassent loyaument, et

[1] Les originaux signés par le roi.

s'ils avoient été mal enortés et conseillés par foible conseil, tout ce leur pardonnoit-il bonnement, au cas que ils ne se voulsissent mie ouvrir contre ses ennemis les Anglois; et les vouloit tenir en toutes leurs franchises jurées, et les renouveler en tout bien, si il besognoit.

Quand ces paroles et offres que le roi de France offroit et présentoit à ceux de Nantes furent lues et entendues, si regardèrent sus; et dirent bien les plus notables de la ville que le roi de France avoit droit et cause de remontrer tout ce qu'il disoit, et que voirement avoient-ils juré et promis, escript et scellé, que jamais ne seroient ennemis au roi de France, ni aidans à ses ennemis. Si commencèrent à être sur leur garde; et renvoyèrent secrètement devers le roi de France que de ce il ne se souciât en rien; car jà les Anglois à main armée, pour grever, ni guerroyer le royaume de France, ils ne mettroient ni soutiendroient en leur ville; mais vouloient, si il besognoit, être aidés et confortés des gens du roi, et à eux ils ouvriroient leur ville, et aux autres non. Le roi de France, qui oyoit bien tous ces traités, s'en tenoit bien à leur parole; car voirement à Nantes ont ils toujours été bons et loyaux François. Et de tout ce ne savoit encore rien le duc de Bretagne qui se tenoit à Vennes; mais cuidoit bien que ceux de Nantes dussent demeurer de-lez lui, et ouvrir leur ville aux Anglois quand ils venroient. Or retournerons aux Anglois qui étoient logés assez près de Sens en Bourgogne, en laquelle cité, pour la doute d'eux, avoit grand'garnison de gens d'armes, et s'y tenoient le duc de Bar, le sire de Coucy, le sire de Saint-Py et le sire de Fransures, et leurs routes.

CHAPITRE LXIX.

Comment le comte de Bouquinghen et sa route passèrent le Gâtinois et vinrent jusques auprès de Vendôme.

Quand le comte de Bouquinghen et sa route se furent reposés et rafreschis à Maillières-le-Vicomte, assez près de Sens en Bourgogne, ils eurent conseil de déloger et de eux traire en ce bon pays et gras de Gâtinois. Si se délogèrent un mercredi au matin; et ce jour ils passèrent au Pont deseure Sens la rivière de Yonne, et vinrent loger ce jour à Jenon à une lieue de Sens; et vinrent leurs fourrageurs courir jusques dedans les faubourgs de Sens, et puis s'en retournèrent; ni il n'y ot fait nul exploit d'armes ce jour ni le soir qui fasse à ramentevoir. Au lendemain ils se délogèrent et vinrent se loger à Saint-Jean de Nemours et là environ, et l'autre jour après à Beaune en Gâtinois, et l'autre jour à Pethiviers en Gâtinois et demeura là l'ost trois jours, pour le bon pays et gras qu'ils trouvèrent. Et eurent là conseil ensemble quel chemin ils tenroient, ou la plaine Beausse, ou si ils suivroient la rivière de Loire. Conseillé fut que ils chevaucheroient la Beausse; si se délogèrent de Pethiviers au quatrième jour et chevauchèrent vers Thori en Beausse. Dedans le chastel de Thori étoient le sire de Sempy, messire Olivier de Mauny, messire Guy-le-Baveux et grand'foison de gens d'armes. Outre, à Yauville en Beausse étoient le Bègue de Villaines, le Barrois des Barres et plusieurs autres, environ trois cens lances. Par tous les forts et les chasteaux de Beausse étoient grands gens d'armes boutés et mis pour garder le pays contre les Anglois. Ceux de l'avant-garde de l'ost d'Angleterre, quand ils furent venus à Thori ne se vouldrent abstenir, et aussi ils ne purent, que ils n'allassent voir ceux du fort et escarmoucher; et vinrent aux barrières du chastel le sire de Sempy, messire Guy-le-Baveux et les chevaliers et écuyers qui dedans étoient, chacun sur sa garde, ainsi que ordonnés en avant étoient; et là ot bonne escarmouche et dure, lancé, trait et féru, et de navrés et de blessés des uns et des autres, et fait plusieurs grands appertises d'armes. Si étoient le comte de Bouquinghen, l'avant-garde et l'arrière garde logés à Thori en Beausse et là environ. Si trouvoient les fourrageurs des vivres à grand'planté. Et aussi ils avoient au pays de Gâtinois dont ils étoient issus abbayes et belles maisons rançonnées à vins qu'ils avoient mis sur leurs charriaux en tonneaux et à grands flacons et barrils dont ils se tenoient tout aises. A l'escarmouche de Thori en Beausse ot un écuyer de Beausse, gentilhomme et de bonne volonté, qui s'avança de son fait, sans mouvement d'autrui, et vint à la barrière tout en escarmouchant, et dit aux Anglois: « Y a-t-il là nul gentil homme qui pour l'amour de sa dame voulsist faire aucun fait d'armes? Si il en y a nul, véez-moi-ci tout prêt pour issir hors armé de toutes pièces, monté à cheval pour jouter trois coups de glaive, férir trois coups de hache et trois coups de dague. Si en ait qui peut, et tout pour l'amour de sa dame. Or verra-t-on entre vous Anglois si il en y a nuls amoureux. » Et appeloit-on l'écuyer françois Gauvain Micaille. Cette parole et requête fut tantôt épandue entre les Anglois. Adonc se trait avant un écuyer anglois, appert compagnon et bien joutant qui s'appeloit Jovelin Kator, et dit : « Oïl, oïl, je le vueil délivrer, et tantôt faites le traire hors du chastel. » Le sire de Fit-Vattier, qui étoit maréchal de l'ost, vint aux barrières et dit à messire Guy-le-Baveux qui là étoit : « Faites venir votre écuyer hors; il a trouvé qui lui délivrera très volontiers ce qu'il demande, et l'assurons en toutes choses. » Gauvain Micaille fut moult réjoui de ces paroles et s'arma incontinent; et l'aidèrent les seigneurs à armer de toutes pièces moult bien; et monta sur un cheval que on lui délivra. Si issit hors du chastel, lui troisième, et portoient ses varlets trois lances et trois dagues. Et sachez que il fut moult regardé des Anglois quand il issit hors; et lui tenoient celle emprise à grand outrage; car ils ne cuidoient mie que nul François corps à corps s'osât combattre contre un Anglois. Encore en cette empeinte y avoit trois coups d'épées, et toutes trois Gauvain les fit apporter avec lui pour l'aventure du briser [1].

Le comte de Bouquinghen, qui étoit jà à son logis, fut informé par les hérauts de celle ahatie; il dit qu'il le vouloit voir et monta à cheval, le comte d'Asquesufort et le comte de Devensière de-lez lui, et plusieurs autres barons et chevaliers. Et pour celle ahatie cessa l'assaut à Thori et se retrairent tous les Anglois pour voir la joute. Quand le comte de Bouquinghen et les seigneurs furent là venus, on fit venir avant l'Anglois qui devoit jouter, qui s'appeloit Jovelin Kator, armé de toutes pièces et monté sur un bon cheval. Quand ils furent en la place où la joute devoit être, tous se rangèrent d'une part et d'autre, et leur fit-on voie, et leur baillat-on à chacun sa lance bien enferrée. Ils se joignirent en leurs targes, et abaissèrent leurs lances, et éperonnèrent leurs chevaux, et vinrent l'un sur l'autre au plus droit qu'ils purent, sans eux épargner, au semblant qu'ils montroient. Celle première joute, ils faillirent par le des-

[1] En cas qu'il y en eût de rompues.

roiement de leurs chevaux ; à la seconde ils se consuivirent, mais ce fut en vidant. Adonc dit le comte de Bouquinghen, pourtant qu'il étoit sur le plus tard : « Hola, hola ! » et dit au connétable le seigneur Latimier et au maréchal : « faites les cesser, ils ont fait assez meshui; nous leur ferons faire et accomplir leur emprise autre part et à plus grand loisir que nous n'avons ores; et gardez bien que l'écuyer françois n'ait nulle faute que il ne soit aussi bien gardé que le nôtre; et dites, ou faites dire à ceux du chastel qu'ils ne soient en nul souci de leur homme et que nous l'emmenons avec nous pour parfinir son emprise, et non pas comme prisonnier ; et lui délivré, s'il en peut échapper vif, nous leur renvoierons sans péril nul. » La parole du comte fut accomplie, et fût dit à l'écuyer françois, du maréchal : « Vous chevaucherez avec nous sans péril, et quand il plaira à monseigneur on vous délivrera. » Gauvain dit : « Dieu y ait part ! » Tantôt fut tard ; on alla souper. On envoya un héraut à ceux du châtel qui leur dit les paroles que vous avez ouïes. Ainsi se porta celle journée, ni il n'y ot plus rien fait.

Au lendemain on sonna moult matin les trompettes de délogement : si se mirent en arroi et au chemin toutes manières de gens, et chevauchèrent en bonne ordonnance, tout ainsi comme ils avoient en devant fait vers Yauville en Beausse. Si fit-ce jour moult bel et moult clair. Et étoient en trois batailles ; la bataille du connétable et du maréchal devant, et puis le comte de Bouquinghen, le comte d'Asquesufort et le comte de Devensière en leur bataille; et puis alloient tous leurs charrois; puis venoit l'arrière-garde dont messire Guillaume de Vindesore étoit chef. Et vous dis qu'ils ne furent oncques si assurés en cheminant parmi le royaume de France que ils n'eussent espoir tous les jours d'être combattus ; car bien savoient qu'ils étoient côtoyés et poursuivis des François de autant de gens et plus qu'ils n'étoient. Et voirement les seigneurs, comtes, barons, chevaliers et écuyers et gens d'armes du royaume de France qui les poursuivoient en étoient en grand'volonté, et les désiroient moult à combattre, et disoient entre eux les plusieurs sur les champs et en leur logis que c'étoit grand blâme et grand'vergogne quand on ne les combattoit; et tout ce de non combattre se brisoit par le roi de France qui tant doutoit les fortunes que nul roi plus de lui ; car les nobles du royaume de France, par les batailles que ils avoient données aux Anglois, avoient tant perdu du temps passé que à peine faisoient-ils à recouvrer ; et quand on lui parloit de ce voyage il répondoit : « Laissez leur faire leur chemin. Ils se dégâteront et perdront par eux-mêmes, et tout sans bataille. » Ces paroles du roi refrenoient de non combattre les Anglois, lesquels alloient avant toudis, sur l'intention d'entrer en Bretagne; car à ce faire ils avoient ainsi premièrement empris leur chemin.

Dedans le fort d'Yauville en Beausse avoit plus de trois cents lances de François ; et là dedans étoient le Barrois des Barres, le Bègue de Vilaines, messire Guillaume, Bâtard de Langres, messire Jean de Rely, le sire de Hangiers, le sire de Mauvoisin et plusieurs autres chevaliers et écuyers. Si passèrent l'avant-garde et l'arrière-garde, et tous ceux de l'ost, par devant Yauville ; et ot aux barrières un petit d'escarmouche; mais tantôt ce cessa, car les Anglois y perdoient leur peine. Au dehors de Yauville a un bel moulin à vent : si fut abattu et tout desciré. Assez près de là a un gros village que on dit le Puiset. Là vinrent ceux de l'avant-garde dîner; et le comte de Bouquinghen se dîna à Yauville et descendit à la maison des Templiers. Ceux qui étoient au Puiset entendirent qu'il y avoit, eu une grosse tour qui là siéd sus une motte, environ quarante compagnons. Si ne se purent abstenir ceux de l'avant-garde que ils ne les allassent voir et assaillir ; et l'environnèrent tout autour, car elle siéd en pleine terre à petit de défense. Là eut grand assaut ; mais il ne dura pas longuement ; car ceux archers tiroient si ouniement que à peine s'osoit nul mettre ni apparoir aux gaittes ni aux défenses; et fût la tour prise, et ceux de dedans morts et pris qui la gardoient; et puis boutèrent les Anglois le feu dedans, de quoi tout le charpentage chéy, et puis passèrent outre ; et se hâtoient les Anglois de passer délivrément celle Beausse, pour le danger des yaulves dont ils étoient à grand meschef pour eux et pour leurs chevaux; car ils ne trouvoient que puits moult parfons, et à ces puits ne avoit nuls sceaux. Si avoient trop grand danger d'iaulve, et eurent tant qu'ils vinrent à Ournoy ; et là se logèrent sus la rivière de la Keyne, et là se reposèrent et rafreschirent deux nuits et un jour. Au lendemain ils se délogèrent et s'en vinrent à Ville-Noefve la Fraite en la comté de Blois, à la vue de Chasteldun; et s'en vinrent loger en la forêt de Marchiausnoy[1] en Blois; et là s'arrêta tout l'ost, pour le plaisant lieu et bel qu'ils y trouvèrent, et s'y reposèrent et rafreschirent trois jours.

Dedans la forêt de Marcheausnoy a une très belle et bonne abbaye de moines de l'ordre de Cisteaux, et l'appelle-on proprement Cisteaux[2]; et est l'abbaye remplie de moult beaux et grands édifices, et la fit jadis fonder et édifier un moult vaillant preudom qui s'appeloit le comte Thibaut de Blois, et y laissa et ordonna grands revenues et belles; mais grandement sont amenries et affoiblies par les guerres. Les moines qui pour le temps étoient en l'abbaye furent surpris des Anglois; car ils ne cuidoient mie que ils dussent faire ce chemin. Si leur tourna à grand contraire, quoique le comte de Bouquinghen fît faire un ban, que sur la terre nul ne fourfesist à l'abbaye, ni de feu ni d'autre chose. Car le jour Notre-Dame, en septembre, il y oyt la messe et y fut tout le jour, et tint son état et cour ouverte aux chevaliers de son ost; et là fut ordonné que Gauvain Micaille, François, et Jovelin Kator feroient au lendemain leur emprise. Ce jour vinrent les Anglois voir le chastel de Marcheausnoy qui étoit en la comté de Blois, et y a un très bel fort et de belle vue. Pour le temps en étoit chastelain et gardien un chevalier du pays au comte de Blois, qui s'appeloit messire Guillaume de Saint-Martin, sage homme et vaillant aux armes, et étoit tout pourvu et avisé avec ses compagnons de défendre le fort et le chastel si on le eût assaillis; mais nennil. Quand les Anglois en virent la manière, ils passèrent outre et retournèrent en leur logis en la forêt de Marcheausnoy. D'autre part, le sire de Brebières lors étoit en son chastel au dehors de la forêt qui siéd sur le chemin de Dun et de Blois; et avoit le dit sire de Brebières grand'foison de chevaliers et écuyers avec lui qui tous s'étoient obligés à bien défendre et garder le lieu s'ils étoient assaillis. Et les vint voir le sire de Fit-Vatier, maréchal

[1] Marchenoir, petite ville de Beauce.
[2] Cette abbaye s'appellait *l'Aumône* ou *le Petit-Cisteaux*; elle était située dans la forêt de Marchenoir; elle avait été fondée, vers 1121, par Thibault IV, comte de Blois, puis de Champagne.

de l'ost, et sa route, non pas pour assaillir, mais pour parler au chevalier à la barrière, car bien le connoissoit, pour ce qu'ils s'étoient vus tous deux ensemble en Prusse. Le sire de Fit-Vatier se fit connoissable au seigneur de Brebières et lui pria qu'il lui envoyât de son vin par courtoisie, et toute sa terre en seroit respitée de non ardoir et d'être courue. Le sire de Brebières lui en envoya bien et largement, et trente blanches miches avecques, dont le sire de Fit-Vatier lui sçut bon gré et lui tint bien son convenant.

Au lendemain du jour Notre-Dame on fit armer Gauvain Micaille et Jovelin Kator, et monter sus leurs chevaux pour parfaire devant les seigneurs leur abatie. Si s'entrecontrèrent des fers des glaives moult roidement; et jouta l'écuyer françois à la plaisance du comte moult bien; mais l'Anglois le férit trop bas à la cuisse, tant qu'il lui bouta le fer de son glaive tout outre. De ce que il le prit si bas fut le comte de Bouquinghen tout courroucé; et aussi furent tous les seigneurs, et dirent que c'étoit trop mal honorablement jouter. Depuis furent férus les trois coups d'épée, et férit chacun les siens. Adonc dit le comte que ils en avoient assez fait et vouloit que ils n'en fissent plus; car il véoit l'écuyer françois trop fort saigner. A celle ordonnance se tinrent tous les seigneurs. Si fut Gauvain Micaille désarmé et remiré, et mis à point; et lui envoya le comte de Bouquinghen, par un héraut, à son logis, cent francs, et lui donna congé de se retraire sauvement devers ses gens; et leur mandoit qu'il se étoit bien acquitté. Si s'en retourna Gauvain Micaille devers les seigneurs de France qui se tenoient amassés sur le pays en plusieurs lieux; et les Anglois se partirent de Marcheausnoy et prirent le chemin de Vendôme; mais avant ils se logèrent en la forêt du Coulombier.

CHAPITRE LXX.

Comment le roi Charles de France aperçut sa fin à prochain terme, et comment il ordonna du royaume avant sa mort.

Vous savez comment le roi Charles de France, qui se tenoit à Paris, traitoit secrètement devers les bonnes villes de Bretagne, afin qu'elles ne se voulsissent mie ouvrir, ni recueillir les Anglois, et là où ils le feroient ils se forferoient trop grandement, et seroit ce forfait impardonnable. Ceux de Nantes lui mandèrent secrètement qu'il n'en fût en nulle doute, car aussi ne feroient ils, quelque semblant ni quelque traité qu'ils eussent envers leur seigneur : mais ils vouloient, si les Anglois approchoient, que on leur envoyât gens d'armes pour tenir la ville et les bonnes gens contre leurs ennemis. Et de ce faire étoit le roi de France en grand'volontés et l'avoit rechargé à son conseil. De tous ces traités étoit ainsi que tout maître et souverain messire Jean de Bueil, de par le duc d'Anjou qui se tenoit à Angers. Le duc de Bourgogne se tenoit en la cité du Mans; et là environ, ès forts et ès châteaux, se tenoient les seigneurs, le duc de Bourbon, le duc de Bar, le sire de Coucy, le comte d'Eu, le duc de Lorraine, et tant de gens que ils étoient plus de six mille hommes d'armes; et disoient bien entre eux que, voulsist ou non le roi, ils combattroient les Anglois ainçois qu'ils eussent passé la rivière de Sartre qui départ le Maine et Anjou.

En ce temps prit une maladie au roi de France, dont il principaument et tous ceux qui l'aimoient furent moult ébahis et déconfortés; car on n'y véoit point de retour ni de remède que il ne lui convenist dedans briefs jours passer outre et mourir. Et bien en avoit il même la connoissance, aussi avoient ses cirurgiens et médecins; et vous dirai comment et pourquoi. Vérité fut, selon la fame qui couroit, que le roi de Navarre, du temps qu'il se tenoit en Normandie et que le roi de France étoit duc de Normandie, il le voult faire empoisonner; et reçut le roi de France le venin; et fût si avant mené que tous les cheveux de la tête lui churent, et tous les ongles des pieds et des mains, et devint aussi sec qu'un bâton, et n'y trouvoit-on point de remède. Son oncle, l'empereur de Rome, ouït parler de sa maladie; si lui envoya tantôt et sans délai un maître médecin qu'il avoit de-lez lui, le meilleur maître et le plus grand en science qui fût en ce temps au monde, ni que on sçût ni connût, et bien le véoit-on par ses œuvres. Quand ce maître médecin fut venu en France de-lez le roi, qui lors étoit duc de Normandie, et il ot la connoissance de sa maladie, il dit qu'il étoit empoisonné et en grand péril de mort. Si fit adonc en ce temps de celui qui puis fût le roi de France, la plus belle cure dont on pût ouïr parler; car il amortit tout ou en partie le venin qu'il avoit pris et reçu, et lui fit recouvrer cheveux et ongles et santé, et le remit en point et en force d'homme, parmi ce que, tout petit à petit, le venin lui issoit et couloit par une petite fistule qu'il avoit au bras. Et à son département, car on ne le put retenir en France, il donna une recette dont on useroit tant qu'il vivroit. Et bien dit au roi de France et à ceux qui de-lez lui étoient. « Si très tôt que cette petite fistule laira le couler et sèchera, vous mourrez sans point de remède, mais vous arez quinze jours au plus de loisir pour vous aviser et penser à l'âme. » Bien avoit le roi de France retenu toutes ces paroles; et porta cette fistule vingt-trois ans, laquelle chose par maintes fois l'avoit moult ébahi. Et les gens au monde pour la santé où il avoit plus de fiance c'étoit en bons maîtres médecins, et ces médecins le reconfortoient et réjouissoient moult souvent, et lui disoient que, avecques les bonnes recettes qu'ils avoient, ils le feroient tant vivre par nature, que bien devroit suffire. De ces paroles se contentoit et contenta le roi moult d'années, et vivoit en joie à la fois sur leur fiance. Avecques tout ce d'autres maladies étoit le roi durement grevé et blessé, et par espécial du mal des dents : de ce mal avoit-il si grand grief que merveilles étoit. Et bien sentoit le roi par ses maladies que il ne pouvoit longuement vivre; et la chose du monde, sur la fin de son temps et terme, qui plus le reconfortoit et réjouissoit, ce étoit que Dieu lui avoit donné trois beaux enfans vivans, deux fils et une fille, Charles, Louis et Catherine. Si que quand cette fistule commença à sécher et non couler, les doutes de la mort lui commencèrent à approcher. Si ordonna, comme sage homme et vaillant qu'il étoit, toutes ses besognes, et manda ses trois frères ès quels il avoit greigneur fiance, le duc de Berry, le duc de Bourgogne et le duc de Bourbon; et laissa derrière son second frère, le duc d'Anjou [1], pourtant qu'il le sentoit trop convoiteux. Et dit le roi aux trois dessus dits : « Mes beaux frères, par l'ordonnance de nature, je sens bien et connois que je ne puis longuement vivre, si vous recommande et rencharge Charles, mon fils; et en usez ainsi comme bons oncles doivent user de leur neveu, et vous en acquittez loyaument; et le couronnez à roi au plus tôt après ma mort que vous pourrez, et le conseillez en tous ses affaires loyaument; car toute ma fiance en gît en vous. Et l'en-

---

[1] Le duc d'Anjou, frère puîné de Charles V, était le second des quatre fils du roi Jean.

fant est jeune et de léger esprit, si aura mestier qu'il soit mené et gouverné de bonne doctrine; et lui enseignez ou faites enseigner tous les points et les états royaux qu'il doit et devra tenir, et le mariez en lieu si haut que le royaume en vaille mieux. J'ai eu long-temps un maître astronomien qui disoit et affirmoit que dans sa jeunesse il auroit moult faire, et istroit de grands périls et de grands aventures; pourquoi, sur ces termes, j'ai eu plusieurs imaginations et ai moult pensé comment ce pourroit être, si ce ne vient et naît de la partie de Flandre; car, Dieu merci, les besognes de notre royaume sont en bon point. Le duc de Bretagne est un cauteleux homme et divers et a toujours eu le courage plus Anglois que François; pourquoi tenez les nobles de Bretagne et les bonnes villes en amour; et par ce point vous lui briserez ses ententes. Je me loe des Bretons, car ils m'ont toujours servi loyaument et aidé à garder et défendre mon royaume contre mes ennemis. Et faites le seigneur de Cliçon connétable; car tout considéré, je n'y vois nul plus propice de lui. Enquérez pour le mariage de Charles, mon fils, en Allemagne, par quoi les alliances soient plus fortes : vous avez entendu comment notre adversaire s'y veut et s'y doit marier [1]; c'est pour avoir plus d'alliances. De ces aides du royaume de France dont les povres gens sont tant travaillés et grévés, usez-en votre conscience et les ôtez au plus tôt que vous pourrez [2]; car ce sont choses, quoique je les aie soutenues, qui moult me grèvent et poisent en couraige : mais les grands guerres et les grands affaires que nous avons eus à tous lez pour la cause de ce, pour avoir la mise, m'y ont fait entendre. »

Plusieurs paroles, telles et autres, lesquelles je ne pus pas toutes ouïr ni savoir, remontra le roi Charles de France à ses frères, présent Charles dauphin, son fils, et le duc d'Anjou absent [1]. Car bien vouloit le roi de France que les autres s'en soignassent en chef des besognes de France, et le duc d'Anjou son frère en fût absenté [2]; car il le doutoit merveilleusement et convoiteux le sentoit [3]; si ressoignoit ce péril. Mais quoique le roi de France l'absentât au lit de la mort et éloignât des besognes de France, le duc d'Anjou ne s'en absenta ni éloigna pas trop; car il avoit messagers toujours allans et venans soigneusement entre Angers et Paris, qui lui rapportoient la certaineté du roi; et avoit le duc d'Anjou gens secrétaires du roi, par lesquels de jour en jour il savoit tout son état. Et au derrain jour, que le roi de France trépassa de ce siècle [4], il étoit à Paris assez près de sa chambre : et y entendit pour lui, ainsi que temprement vous orrez recorder : mais nous poursuivrons la matière des Anglois et recorderons petit à petit comment ils cheminèrent, et quel chemin ils tinrent et firent, ainçois qu'ils venissent en Bretagne.

[1] On négociait alors le mariage de Richard II avec Catherine, fille de l'empereur Louis de Bavière. Ce mariage ne se fit pas, mais Richard II épousa l'année suivante Anne, sœur de l'empereur Wenceslas.

[2] Charles V paraît avoir été vivement tourmenté au moment de sa mort par le souvenir de tout le bien qu'il aurait pu faire et qu'il n'avait pas fait. Le jour même de sa mort, il fit une ordonnance pour abolir tous les impôts qu'il avait établis sans le consentement des états. Elle était parmi celles de Charles VI dans le mémorial E de la chambre des comptes de Paris, qui fut enveloppé dans l'incendie du 27 octobre 1737, avant que Secousse en eût pu prendre copie pour l'insérer dans son excellent recueil des ordonnances.

[1] Le duc d'Anjou était depuis quelque temps éloigné de la cour et résidait à Angers. Le moine de Saint-Denis dit que ce prince, ainsi que les ducs de Berri, de Bourgogne et de Bourbon, était alors à la tête des armées dans la Guyenne et le Languedoc, et qu'ils se rendirent tous à la cour aussitôt qu'ils eurent reçu la nouvelle de la maladie de Charles V.

[2] Charles V avait conféré la régence au duc d'Anjou en 1374, mais il s'en repentit ensuite. La mort l'empêcha sans doute de révoquer l'ordonnance qui lui conférait la régence, en la séparant de la tutelle, qui était conférée à la reine, conjointement avec les ducs de Bourgogne et de Bourbon. La reine mourut avant Charles V, et la tutelle resta confiée à ces deux ducs jusqu'à la majorité du jeune roi, qui était fixée à quatorze ans, d'après l'ordonnance de 1374, constamment suivie depuis.

[3] Le duc d'Anjou avait été adopté, le 29 juin 1380, par la fameuse Jeanne, reine de Naples, qui lui avait fait donner par le pape l'investiture de ce royaume et des comtés de Provence, Forcalquier et Piémont. Pour soutenir ces droits contre les concurrens qui les lui disputaient, il lui fallait de l'argent, et le duc d'Anjou n'était nullement scrupuleux sur les moyens de s'en procurer.

[4] Charles V ne mourut pas à Paris, comme le dit Froissart, mais au château de Beauté-sur-Marne, à une demi-lieue de Vincennes, le 16 septembre 1380, âgé de 46 ans, et dans la dix-septième année de son règne.

CHAPITRE LXXI.

Comment le comte de Bouquinghen et sa route tirèrent pays pour venir en Bretagne; et d'aucunes choses sur la mort du roi Charles de France.

Quand le comte de Bouquinghen et les routes se départirent de la forêt de Marcheausnoi en la comté de Blois, ils cheminèrent vers Vendôme et vers la forêt du Coulombier; et étoient ceux de l'avant-garde trop courroucés de ce que ils ne trouvoient mais nulle aventure. Ce propre jour que ils se délogèrent de la forêt du Coulombier et que ils chevauchoient près de Vendôme, l'avant-garde chevauchoit tout devant, ainsi que raison est. Si chevauchoient ensemble messire Thomas Trivet et messire Guillaume Clinton, environ quarante lances : si rencontrèrent d'aventure sur le chemin le seigneur de Hangiers qui s'en venoit à Vendôme, et avoit en sa route environ trente lances. Les Anglois connurent tantôt que c'étoient François : si éperonnèrent chaudement sur eux et abaissèrent les glaives. Les François, qui ne se véoient pas à jeu parti, n'eurent talent d'attendre, car ils étoient près de Vendôme : si éperonnèrent celle part pour eux sauver, et Anglois après eux, et François devant. Là furent rués jus de coups de lances Robert de Hangiers, cousin au seigneur, Jean de Montigny et Guillaume de Lannoy, et encore cinq ou six, et furent tantôt enclos, et les convint rendre prisonniers ou pis finer. Le sire de Hangiers vint si à point à la barrière qu'elle étoit ouverte : si descendit et entra dedans, et puis prit son glaive, et se mit vaillamment en défense, et furent petit à petit les compagnons recueillis ; et ainsi qu'ils venoient et descendoient ils se mettoient à défense. Toutefois il en y eut de prisonniers jusques à douze, et puis retournèrent les Anglois. Ainsi alla de celle aventure.

Messire Robert Canolle et sa route encontra et trouva le seigneur de Mauvoisin et sa route : si se férirent l'un dedans l'autre Anglois et François, car ils étoient assez à jeu parti ; et ne daigna le sire de Mauvoisin fuir, mais se combattit à pied moult vaillamment. Et finablement messire Robert Canolle le prit de sa main ; et fut son prisonnier. Et ce jour passa l'ost devant Vendôme et la rivière de Loire, et vint loger et gésir à Ausne en la comté de Vendôme, et le lendemain à Saint-Calais, et là se reposa l'ost deux jours. Au tiers jour ils se délogèrent et vinrent à Lusse et le lendemain au Pont à Volain.

Ainsi cheminoient les Anglois et ne trouvoient à qui parler, car nul ne leur alloit au devant : si étoit tout le pays chargé et rempli de gens d'armes, et en y avoit à merveille grand'foison en la cité du Mans et en la cité d'Angers. Et s'en vint adonc le duc d'Anjou par Tours en Touraine et par Blois et par Orléans, à Paris ; car il entendit que le roi son frère aggrévoit moult, et qu'il n'y avoit point de retour : si vouloit être à son trépas. Et pour ce ne se départoient mie les gens d'armes de leurs garnisons, mais poursuivoient et côtoyoient les Anglois à leur loyal pouvoir, sans eux abandonner entre eux trop avant. Et ordonnèrent les gens d'armes de France, qui connoissoient les passages des rivières, que sur la rivière de Sartre, laquelle il convenoit les Anglois passer pour ce qu'ils faisoient ce chemin, ils les ensoingueroient malement ; et les enclorroient s'ils pouvoient au pays, par quoi il les affameroient ; et puis les auroient à volonté et les combattroient à leur avantage, voulsist le roi de France ou non. Si firent les seigneurs de France, qui le plus étoient usés d'armes, sur le passage par où il convenoit aux Anglois passer en la rivière de Sartre, avaler gros merriens aiguisés, et férir à force en la rivière, par quoi eux ni leur charroi ne pussent passer. Encore au descendant de la rivière, au prendre terre, ils firent fosser grands fossés parfons, par quoi on ne pût arriver. Ainsi ordonnèrent-ils leurs besognes pour donner plus grand empêchement aux Anglois.

Or cheminèrent le comte de Bouquinghen et sa route, quand ils se départirent du Pont Volain ; et passèrent la forêt du Mans, et vinrent sur la rivière de Sartre. Et là s'arrêta tout l'ost ; car ils ne trouvoient ni véoient point de passage, car la rivière est grosse et parfonde, et trop male à passer, si ce n'est sur les certains pas où on la passe sur ponts. L'avant-garde qui chevauchoit devant avoit quis et cerché, et cerchoit dessus et dessous la rivière à tous lez ; mais ils ne trouvoient point de passage, fors en ce lieu où le mairien étoit mis et planté à force dans la rivière. Adonc descendirent les seigneurs et imaginèrent le passage, et dirent : « Par ci, si nous voulons aller outre, nous faut passer, car ailleurs ne trouverons-nous point de passage. Or avant, dirent toutes manières de gens d'armes, il ne nous faut point épargner; il faut à force ôter et traire hors ces mairiens de l'iaue, qui nous tollent et empêchent le passage. » Là vissiez barons et chevaliers entrer en la rivière qui étoit roide et courant, et eux mettre en aventure d'aller aval, car ils étoient armés de toutes pièces, hors mis de leurs bassinets. Et là s'efforçoient à ces mairiens traire hors à force; et eurent, je vous dis, moult de peine ainçois qu'ils les pussent avoir hors, si parfond étoient-ils fichés. Toutefois ils les eurent, et trairent tout hors, et laissèrent aller aval l'iaue; et quand ils eurent ce fait, encore eurent-ils moult de peine à ravaler et unir le rivage pour passer uniment leur charroi: oncques gens n'eurent tant de peine. Or regardez si les François qui les poursuivoient et qui les désiroient à combattre eussent su ce convenant si ils ne leur eussent point porté grand dommage; car les premiers ne pussent avoir aidé ni conforté les derreniers, ni les derreniers les premiers, pour les grands marrécages qu'ils avoient à passer. Toutes fois tant firent les Anglois et tant exploitèrent qu'ils furent outre, charroi et tout, et vinrent ce jour loger à Noyon sur Sartre.

Le propre jour que les Anglois passèrent la rivière de Sartre, à si grand peine comme vous oyez, trépassa de ce siècle en son hôtel qu'on dit Saint-Pol à Paris, le roi Charles de France[1]. Sitôt que le duc d'Anjou, son frère, sçut qu'il avoit les yeux clos, si fut saisi de tous les joyaux[2] du roi son frère, dont il avoit sans nombre, et fit tout mettre en sauve lieu et à garant pour lui; et espéroit qu'ils lui venroient bien à point à faire son voyage où il tendoit à aller; car jà s'escripsoit-il roi de Sicile, de Pouille, de Calabre et de Jérusalem. Le roi Charles de France, selon l'ordonnance des royaux, fut apporté tout parmi la cité de Paris à viaire découvert, ses frères et ses deux fils derrière lui, jusques à l'abbaye de Saint-Denis; et là fut enseveli moult honorablement, ainsi comme en son vivant il avoit ordonné; et gît messire Bertrand de Claiquin, qui fut son connétable, à ses pieds. Et vous dis, quoique le roi Charles au lit de la mort eût ordonné ses autres frères à avoir le gouvernement du royaume de France dessus le duc d'Anjou[1], si n'en fut rien fait, car il se mit tantôt en possession, et régna par-dessus tous, réservé ce qu'il vouloit que Charles, son beau neveu, fût couronné à roi. Mais il vouloit avoir le gouvernement du royaume aussi avant que les autres, ou plus, pour la cause de ce qu'il étoit ains-né, et n'y avoit nul au royaume de France qui lui osât débattre son propos. Et trépassa le roi de France environ la Saint-Michel[2]: Dieu en ait l'âme.

Tantôt après son trépas, les pairs et les barons de France regardèrent et avisèrent que la Toussaint après on couronneroit le roi de France à Reims. A ce propos assentirent bien ses trois oncles, Anjou, Berry et Bourgogne, mais qu'ils eussent le gouvernement du royaume tant que l'enfant auroit son âge, c'est à entendre vingt un ans; et tous ce firent-ils jurer aux hauts barons et prélats du royaume de France. Adonc fut signifié le couronnement du jeune roi ès pays lointains, au duc de Brabant, au duc Aubert, au comte de Savoye, au comte de Blois, au duc de Guerles, au duc de Juliers, au comte d'Armignac, au comte de Foix. Le duc de Bar, le duc de Lorraine, le sire de Coucy, le Dauphin d'Auvergne étoient en la poursuite des Anglois; si ne furent mie sitôt remandés, mais le comte de Flandre en fut prié et signifié d'être en la cité de Reims au jour qui assigné y étoit expressément: on le nommoit le jour de la Toussaint, qui devoit être au dimanche[3].

De la mort du roi de France furent ceux de Gand grandement courroucés; car bien sentoient qu'ils auroient plus dur temps, pour le nouvel conseil que cil jeune roi auroit, que ils

---

[1] On a vu dans une note précédente, qu'il ne mourut pas à l'hôtel Saint-Paul, à Paris, mais dans son château de Beauté-sur-Marne, près Vincennes.

[2] Le duc d'Anjou s'empara non-seulement des joyaux, mais de tout le trésor accumulé par les économies de son prédécesseur. Il se composait d'une quantité considérable d'or et d'argent monnayé, réduite en lingots et conservée dans une salle du palais. Le duc d'Anjou n'en rendit jamais compte, et c'est à l'aide de ce vol qu'il entreprit les guerres si funestes à son pays.

[1] Si cette ordonnance a été publiée, on n'a jamais pu du moins la retrouver. Il paraît plutôt qu'elle n'a été qu'en projet.

[2] Charles V est mort, non environ la Saint-Michel, qui tombe le 29 de septembre, mais le 16 du même mois de septembre, ainsi que le marquait l'inscription sur son tombeau dans l'église de Saint-Denis.

[3] Charles V a été sacré et couronné le 4 novembre 1380, qui était le dimanche après la Toussaint, qui, cette année là, tombait le jeudi.

n'avoient eu; car le roi Charles de France de bonne mémoire, leur guerre durant, leur avoit été moult propice, pourtant qu'il n'aimoit qu'un petit le comte de Flandre.

Or parlerons des Anglois, et puis retournerons au couronnement du jeune roi Charles, et recorderons petit à petit les termes de son règne et quels choses lui avinrent.

CHAPITRE LXXII.

Comment le comte de Bouquinghen et son armée exploitèrent tant qu'ils vinrent à Chastelbourg en Bretagne, et là s'arrêtèrent.

Encore ne savoient rien les Anglois qui avoient passé la rivière de Sartre en grand péril, de la mort du roi de France; et étoient logés à Noyon sur Sartre, et là se rafreschirent et reposèrent deux nuits et un jour. Au second jour ils se délogèrent et s'en vinrent à Poilly, et se logèrent à deux petites lieues de Sablé. Et étoit tout le pouvoir de France en la cité du Mans et là environ; mais ils ne faisoient que costier les Anglois; et disoient les aucuns que on les combattroit. Quand les nouvelles vinrent aux uns et aux autres que le roi de France étoit mort, adonc se dérompit le propos des François; car plusieurs grands barons qui étoient en la poursuite des Anglois se délogèrent et s'en vinrent en France pour savoir des nouvelles. Et demeurèrent les Anglois à Poilly trois jours : au quatrième ils s'en partirent et vinrent tout sauf jusques à Saint-Pierre d'Arne et vinrent loger à Argentré; et passa l'ost lendemain la rivière de la Mayenne parmi un marais que ils ne pouvoient aller que deux ou trois de front, le plus du chemin qui bien dura deux lieues. Or regardez, si les François sçussent ce convenant et que ils eussent assailli l'avant-garde, l'arrière-garde ne les eût pu conforter, ni l'avant-garde l'arrière-garde; et se doutèrent moult les Anglois de cette affaire. Toutes fois ils passèrent outre et vinrent loger à Cossé, et là furent quatre jours en eux reposant, et rafreschissant eux et leurs chevaux, et espéroient tous les jours à ouïr nouvelles de Bretagne. Le duc de Bretagne se tenoit à Hainbont en la marche de Vennes, et oyoit souvent nouvelles des Anglois comment ils approchoient durement Bretagne. Si ne savoit encore comment il se cheviroit; car, quand on lui recorda la mort du roi de France, il l'eut tantôt passée et n'en tint oncques compte; car il ne l'aimoit que un petit, et dit adonc à ceux qui de-lez lui étoient : « La rancune et haine que j'avois au royaume de France, pour la cause de ce roi Charles qui est mort, est bien affoiblie de la moitié; tel a hay le père qui aimera le fils, et tel a guerroyé le père qui aidera au fils. Or faut-il que je me acquitte envers les Anglois, car voirement les ai-je fait venir à ma requête et ordonnance et passer parmi le royaume de France; et me faut tenir ce que je leur ai promis. Or y a un dur point pour eux et pour moi; car j'entends que nos bonnes villes de Bretagne se clorront ni point dedans ne les laisseront entrer. » Adonc appela-t-il aucuns de son conseil, tels que le seigneur de Mont-Bourchier, messire Étienne Guyon, messire Guillaume Tanneguy, messire Eustache de la Houssoye, messire Geffroy de Kaermiel, et leur dit : « Vous chevaucherez devers monseigneur de Bouquinghen, qui approche durement le pays de Bretagne; vous le trouverez assez près, comme je crois. Vous me recommanderez à lui, et me saluerez tous les barons, et leur direz de par moi que temprement je serai à Rennes à l'encontre d'eux, et qu'ils tiennent ce chemin, et que la aurons-nous ensemble avis et ordonnance comment nous nous maintiendrons. Et leur dites bien que je ne trouve pas mon pays en convenant où il étoit quand je envoyai en Angleterre; dont il me déplaît grandement, et par espécial de ceux de Nantes qui sont plus rebelles que nuls des autres. » Ces chevaliers répondirent que volontiers ils feroient ce message. Si se partirent du duc et de Hainbont et chevauchèrent devers Rennes; et étoient environ soixante lances. Et les Anglois partirent de Cossé quand ils s'y furent reposés quatre jours, et entrèrent en la forêt de Gramelle et la passèrent au travers et s'y logèrent une nuit et un jour, et lendemain ils vinrent à Vitré en Bretagne. Là furent-ils plus assurs que ils n'eussent oncques été, car bien savoient qu'ils ne seroient plus poursuis des François, ainsi comme ils avoient été en devant. De Vitré en Bretagne, où ils furent trois jours, vinrent-ils à Chastel-Bourg[1] et là se logèrent et arrêtèrent,

---

[1] Quelques manuscrits disent Château-Briand, mais cette leçon ne peut être bonne, Château-Briand n'étant pas dans cette direction et se trouvant plus bas hors de leur route.

pour la cause des chevaliers du duc de Bretagne qui leur vinrent à l'encontre.

CHAPITRE LXXIII.

Comment le comte de Bouquinghen et le duc de Bretagne conclurent de mettre le siége devant Nantes, qui leur étoit contraire.

Le comte de Bouquinghen et les barons d'Angleterre recueillirent les chevaliers dessus nommés, messagers du duc de Bretagne, moult honorablement; et là orent grands consaulx et grands parlemens ensemble; et mirent les Anglois en termes, que moult s'émerveilloient de ce que le duc de Bretagne et le pays n'étoient autrement appareillés que ils ne montroient, pour eux recueillir; car à leur requête étoient-ils là venus, et pris cette peine que de passer parmi le royaume de France. Le sire de Mont-Bourchier répondit pour tous, en excusant le duc et dit : « Messeigneurs, vous avez cause et raison de mouvoir ce que vous dites; et est le duc en grand'volonté de tenir et accomplir les ordonnances et convenances qu'il a à vous et vous à lui, selon son loyal pouvoir: mais il ne peut pas faire de ce pays à sa volonté, et par espécial de ceux de Nantes qui est la clef de Bretagne, lesquels sont à présent tous rebelles, et s'ordonnent à recueillir gens d'armes de la partie des François; dont monseigneur est tout émerveillé, car ce sont ceux qui premièrement s'allièrent avecques les autres bonnes villes de Bretagne. Et croit monseigneur que ceux de Nantes soient en nouvel traité avecques le jeune régent de France, lequel on doit à celle Toussaint couronner. Si vous prie, monseigneur, que vous l'ayez excusé de toutes ces choses. Et outre il vous mande par nous, que vous preniez et teniez le chemin de Rennes, car temprement il venra contre vous; et a très grand désir de vous voir, et à ce n'aura nulle deffaute[1]. »

Ces paroles contentèrent grandement le comte de Bouquinghen et les Anglois; et répondirent liement, en disant que le duc de Bretagne ne pouvoit mieux dire. Si se départirent ainsi, contents les uns des autres, et s'en retournèrent les messagers du duc devers Hainbont, et trouvèrent le duc à Vennes; et les Anglois se tinrent à Chastel-Bourg quatre jours, et puis s'en partirent et vinrent loger ès faubourgs de Rennes. Et étoient les portes de la cité closes; et n'y laissoit-on nul homme d'armes entrer; mais le comte de Bouquinghen y fut logé, et le sire de Latimer, et messire Robert Canolle et six ou sept plus de barons seulement du conseil du comte. Et furent là quinze jours, en attendant tous les jours nouvelles du duc de Bretagne qui point ne venoit; dont ils étoient émerveillés. Dedans la cité de Rennes étoient le sire de Mont-Raulieu, le sire de Montfort en Bretagne, messire Geffroy de Kaermiel, messire Alain de la Houssoye, capitaine de Rennes et messire Eustache son frère; et excusoient tous les jours ce que ils pouvoient le duc de Bretagne. Ne sais si étoit à bonne cause ou non, mais les Anglois se commencèrent à mal contenter de ce que point ne venoit. Ceux de Nantes, qui se tenoient tous clos et n'étoient pas bien assurs des Anglois qu'ils sentoient logés à Rennes, envoyèrent devers le duc d'Anjou qui avoit fait tous leurs traités et par lequel la greigneur partie du royaume de France se démenoit pour le temps, en remontrant qu'ils n'étoient mie assez forts d'eux-mêmes pour eux tenir et défendre s'ils avoient siége ou assaut, sans être pourvus de bonnes gens d'armes : si prioient qu'ils en fussent refreschis. A celle requête obéirent tantôt les quatre ducs qui avoient en gouvernement le royaume de France, Anjou, Berry, Bourgogne et Bourbon; et y envoyèrent plus de six cents lances de bonnes gens d'armes, et toutes gens de fait et de grand'vaillance. Ainsi furent ceux de Nantes et reconfortés et rafreschis. Et ces gens d'armes entendirent à reparer de toutes parts la ville et de mettre en bon état, pour attendre siége ou assaut, si aucunement il leur venoit.

Les Anglois qui se tenoient à Rennes et là environ se commencèrent à mérencolier sus le duc qui point ne venoit, et orent conseil qu'ils enverroient devers lui. Si furent ordonnés de y aller messire Robert Canolle, messire Thomas de Percy et messire Thomas Trivet, et si forts que atout cinq cents lances, pour découvrir et dérompre toutes embûches qui leur pourroient de nul côté sourdre ni venir. Ces trois barons se départirent de Rennes et se mistrent au chemin en celle bataille de cinq cents lances et autant d'archers; et partirent à un jeudi de l'ost. Le

---

[1] Il n'y manquera pas.

samedi suivant vint le comte de Bouquinghen loger à Saint-Supplis en Bretagne, et là demeura trois jours; et puis vint au quatrième jour à Combourg et là demeura quatre jours. Le duc de Bretagne, qui étoit parti de Hainbont et venu à Vannes, savoit tous les jours le convenant des Anglois; car ses gens, qui se tenoient en la cité de Rennes, lui signifioient. Si avisa, tout considéré, que il venroit parler à eux, car à son honneur et selon les grandes alliances que ils avoient ensemble, il ne les pouvoit longuement demener. Et entendit que messire Robert Kanolle, messire Thomas de Percy et messire Thomas Trivet venoient devers lui : si se mit à chemin pour venir devers Rennes; et encontra, ce propre jour qu'il se partit de Vannes, les chevaliers d'Angleterre. Si se firent sur les champs très grands reconnoissances, et demanda le duc de Bretagne du comte de Bouquinghen. Les chevaliers répondirent qu'ils l'avoient laissé à Rennes tout mérencolieux de ce qu'il n'oyoit nulles nouvelles de lui. Le duc s'excusa grandement, et dit, par sa foi! qu'il ne l'avoit pu amender. Adonc chevauchèrent-ils tous ensemble; et fussent bien ce jour venus à Rennes si ils voulsissent; mais ils entendirent que les Anglois étoient à Combourg pour venir à la Herde; et s'allèrent loger à la Maisière, car ils tournèrent ce chemin. A lendemain vint le comte de Bouquinghen et ses gens à la Herde, et là se logèrent; car ils entendirent que le duc de Bretagne venoit : si ne voldrent aller plus avant. Là vinrent le duc de Bretagne et ses consaulx. Si s'entrencontrèrent le duc et le comte de Bouquinghen, et se montrèrent grand amour ensemble; et s'excusa le duc de Bretagne moult bellement au comte et aux Anglois de ce que il avoit tant demeuré; car voirement il ne trouvoit pas son pays tout tel comme il lui avoit promis au commencement de l'été. Donc répondit le comte et dit : « Beau-frère de Bretagne, pour ce ne demeurera-t-il mie, si vous voulez, que nous ne corrigions les rebelles; car avec l'aide et la puissance que vous avez et que nous avons et qui tous les jours nous peut venir d'Angleterre, nous soumettrons si vos sujets, que ils seront tout aises quand ils pourront venir à merci. »

De telles paroles et de plusieurs autres parlèrent-ils longuement ensemble, et puis se trait chacun en son hôtel. Et chevauchèrent lendemain tous deux ensemble en grand'joie, et parlèrent après dîner de leurs besognes moult longuement. Et fut adonc ordonné que le conseil du comte s'en iroit à Rennes avec le duc, et là ordonneroient-ils et concluroient-ils finablement toutes leurs besognes. Si demeura ce soir le duc de Bretagne et le conseil du comte à la Maisière, et le comte retourna à la Herde; car ils étoient tous là logés et environ la Maisière; et lendemain le duc de Bretagne s'en retourna à Rennes, le seigneur de Latimier, messire Robert Kanolle, messire Thomas de Percy, messire Thomas Trivet et le conseil du comte en sa compagnie. Si furent trois jours à Rennes tous dis conseillans leurs besognes.

A ce derrain conseil fut accordé, juré et fiancé sur saintes Évangiles, du duc de Bretagne, que il viendroit devant Nantes mettre le siége; en la compagnie du comte de Bouquinghen, quinze jours après ce que les Anglois seroient là venus, et feroit le duc de Bretagne venir et amener par la rivière de Loire barges et balenniers à planté pour mieux contraindre par la rivière ceux de Nantes; et ne s'en partiroit il ni ses gens, si seroit Nantes prise. Pour toutes ces choses entériner et affirmer plus pleinement, et que le comte de Bouquinghen fût à ces obligations prendre et faire, son conseil l'envoya querre à la Herde où il étoit logé et tout l'ost. Si se délogèrent et s'en vinrent loger ès faubourgs de Rennes, ainsi que autrefois ils avoient été logés. Si entrèrent le comte de Bouquinghen et les barons à Rennes, et là leur donna le duc de Bretagne à dîner moult grandement. Le duc de Bretagne enconvenança et jura sur sa foi solennellement et sur saintes Évangiles qu'il viendroit atout son pouvoir devant Nantes; et sur cel état il se partit et se trait vers Hainbont; et le comte de Bouquinghen et les Anglois demeurèrent à Rennes; et y furent depuis bien quinze jours, en ordonnant leurs besognes. De toutes ces choses étoient bien informés ceux de Nantes que ils devoient avoir le siége; si s'ordonnèrent selon ce. Et un des plus grands capitaines qui fût dedans Nantes c'étoit messire Jean le Barrois des Barres, un vaillant et appert chevalier. Avec lui étoient le capitaine de Cliçon, Jean de Chastel-Morant, Morfonace, messire Jean de Malestroit, le sire de Tournemine et plusieurs autres, toutes fleurs de gens d'armes, lesquels se pourvéirent moult sagement de tout ce qu'il leur falloit; tant à l'encontre de la rivière, que des portes; des murs et des tours qui regardent sur les champs de cette part où ils pensoient avoir le siége. Nous mettrons ces besognes un peu en répit, et parlerons de l'ordonnance du couronnement du jeune roi Charles, qui fut en celle saison couronné à Reims.

CHAPITRE LXXIV.

Comment le jeune roi Charles fut couronné roi de France, et des ordonnances qui se firent tantôt après son couronnement.

Vous devez savoir que rien ne fut épargné des nobles et des seigneuries à faire au couronnement du jeune roi Charles de France qui fut couronné à Reims le jour d'un dimanche [1], au douzième an de son âge, l'an de grâce mil trois cent quatre vingt. A la solennité de son couronnement ot grand'foison de grands seigneurs et hauts; ses quatre oncles y furent, Anjou, Berry, Bourgogne et Bourbon; et aussi ses grands oncles le duc Wincelins de Brabant, le duc de Bar, le duc de Lorraine, le comte de Savoye, le comte de la Marche, le comte d'Eu, messire Guillaume de Namur; mais le comte de Flandre et le comte Jean de Blois s'excusèrent. Finablement il y eut si grand'foison de grands seigneurs que jamais je ne les aurois tous nommés. Et entra le jeune roi en la cité de Reims le samedi à heures de vêpres, bien accompagné de noblesses, de hauts seigneurs et de menestrandies; et par espécial il avoit plus de trente trompettes devant lui qui sonnoient si clair que merveilles: et descendit le jeune roi Charles de France devant l'église Notre-Dame de Reims, ses oncles et son frère en sa compagnie. Là étoient ses cousins, tous jeunes enfans aussi, de Navarre, de Labret, de Bar, de Harecourt, et grand'foison d'autres jeunes écuyers, enfans de hauts barons du royaume de France, lesquels le jeune roi, à lendemain dimanche, le jour de son couronnement, fit tous chevaliers. Et ouït ce samedi ses vêpres le roi en l'église de Notre-Dame de Reims, et veilla en l'église, ainsi que usage est, la greigneur partie de la nuit; et tous les enfans qui chevaliers vouloient être avec lui. Quand ce vint le dimanche, jour de la Toussaint, l'église Notre-Dame fut parée très richement, et si que on ne sauroit mieux ordonner ni deviser; et là fut à haute solennité de la haute messe, de l'archevêque de Reims, sacré et béni. C'est de la Sainte Ampoule dont monseigneur Saint Remi consacra Clovis, premier roi chrétien qui fut en France; et fut cette onction envoyée de Dieu et des cieux par un saint ange; et depuis toujours les rois de France en ont été consacrés, et point n'amendrit. Or regardez si c'est noble et digne chose!

Avant la consécration le roi fit là devant l'autel tous les jeunes chevaliers nouveaux; et en après fit-on l'office de la messe très solennellement et très révéremment, et la chanta l'archevêque de Reims. Et là séoit le jeune roi, en habit royal, en une chaire élevée moult haut, parée et vêtue de draps d'or, si très riches que on ne pouvoit avoir plus; et tous les jeunes et nouveaux chevaliers dessous, sur bas échafauds couverts de draps d'or, à ses pieds.

Ainsi se persévéra l'office en grand'noblesse et dignité; et là étoit le nouveau connétable de France, messire Olivier de Cliçon, qui avoit été fait et créé connétable puis un peu [1], qui bien faisoit son office et ce que à lui appartenoit. Là étoient les hauts barons de France vêtus et parés si très richement que merveille seroit à recorder; et séoit le roi en majesté royale, la couronne très riche et outre mesure précieuse au chef. L'église Notre-Dame de Reims fut à cette heure de la messe et de la solennité si pleine de nobles que on ne savoit son pied où tourner. Et entendis que adonc, au nouvel avénement du jeune roi, et pour réjouir le peuple parmi le royaume de France, toutes impositions, aides, gabelles, subsides, fouages et autres choses mal prises dont le royaume étoit trop blessé furent abattues et ôtées [2]; et

---

[1] Le dimanche 4 novembre 1380.

[1] Les lettres-patentes qui créent Clisson maréchal de France ne sont que du 28 novembre 1380.

[2] Ce récit n'est pas tout-à-fait exact. Ces impôts ne furent pas supprimés à l'avénement de Charles VI, mais après son retour à Paris et par suite d'une sédition du peuple qui s'était déjà soulevé avant le départ du jeune roi pour Reims, pendant la régence de Louis duc d'Anjou. Cette seconde sédition parut si sérieuse que le lendemain, 16 novembre 1380, parut une ordonnance qui

fut grandement à la contemplation et plaisance du peuple. Après la messe on vint au palais; et pour ce que la salle étoit trop petite pour recevoir tel peuple, on avoit, en-my la cour du palais où il y a grand'place, tendu un haut et grand tref sur hautes estaches, et là fut le dîner fait et ordonné. Et s'assist le jeune roi Charles et ses quatre oncles, Anjou, Berry, Bourgogne et Bourbon, et avec eux son grand oncle Brabant à sa table et bien en sus de lui. L'archevêque de Reims et autres prélats séoient à dextre; et servoient hauts barons ; le sire de Coucy, le sire de Cliçon, messire Guy de la Trémoille, l'amiral de la mer, et ainsi des autres, sur hauts destriers couverts de drap d'or. Ainsi se continua en tous états et honneurs la journée; et au lendemain, le lundi, moult de hauts barons prirent congé au roi et à ses oncles et s'en retournèrent en leur pays. Si vint le roi ce jour dîner en l'abbaye de Saint-Thierry, à deux lieues de Reims; car ceux de léans lui doivent ce pas[2], et ceux de la cité de Reims le sacre du roi. Ainsi se départit cette haute et noble fête de la consécration du jeune roi Charles de France. Et s'en vint le roi à Paris où il fut des Parisiens de rechef à son retour et à l'entrer à Paris très grandement fêté. Après toutes ces fêtes, ces solennités et honneurs, il y eut grands conseils en France sur l'état et gouvernement du royaume; et fut ordonné que le duc de Berry auroit le gouvernement de tout Languedoc[3], le duc de Bourgogne de toute Picardie et Normandie, et le duc d'Anjou demeureroit de-lez le roi son neveu et auroit principaument et royalement l'administration et gouvernement du royaume. Adonc fut le comte de Saint-Pol rappelé, qui paravant avoit été éloigné de la grâce du roi Charles qui étoit trépassé ; et lui fit à Reims le duc Wincelins de Brabant sa besogne, et le duc d'Anjou aussi, en laquelle grâce et amour le comte de Saint-Pol étoit moult grandement. Si se

révoquait toutes les aides et autres impositions extraordinaires levées depuis le règne de Philippe-le-Bel.

[1] Jean de Vienne, seigneur de Rollans, était alors amiral de France.

[2] Tout alors était fief et redevance. La charge même de lecteur du roi fut établie en fief.

[3] Le duc de Berri fut fait lieutenant du roi dans le Languedoc, le Berri, le Poitou et l'Auvergne, avec des pouvoirs très amples, par lettres-patentes datées du 19 novembre.

départit de Ham sur Eure, séant en l'évêché du Liége, où il s'étoit tenu un grand temps, et revint en France et ramena sa femme au chastel de Bouhain. Et se déportèrent toutes les mainmises de ses terres, et retournèrent toutes en son profit. Nous nous souffrirons un petit à parler des besognes dessus dites et retournerons aux incidences de Bretagne et au comte de Bouquinghen.

CHAPITRE LXXV.

Comment le comte de Bouquinghen mit le siége devant Nantes en Bretagne, et de plusieurs saillies et escarmouches durant le siége, et comment le dit comte s'en alla sans rien faire.

Vous savez comment les convenances et ordonnances furent prises et jurées entre le duc de Bretagne et le comte de Bouquinghen, de venir assiéger Nantes. Quand le duc de Bretagne fut parti de Rennes, le seigneur de Mont-Bourchier, messire Étienne Guyon, le seigneur de Mont-Raulieu, le seigneur de la Houssoye et son conseil en sa compagnie, ils se traitrent vers Vennes et vers Hainbont. Et le comte de Bouquinghen et les siens s'ordonnèrent pour venir devant Nantes, et se départirent des faubourgs de Rennes et des villages là environ là où ils étoient logés, et s'en vinrent ce jour loger à Chastillon ; et à lendemain à Bain, et le tiers jour ce fut à Nossay, et au quart jour ils vinrent loger ès faubourgs de Nantes. Et fut le comte de Bouquinghen logé à la porte de Sauvetout, et le sire de Latimer connétable de l'ost et le sire de Fit-Vatier et le sire de Basset furent logés à la porte Saint-Pierre; et messire Robert Kanolle et messire Thomas de Percy furent logés à la porte de Saint-Nicolas, tout sur la rivière; et messire Guillaume de Vindesore et messire Hue de Cavrelée à la poterne de Richebourg. Ainsi étoient les barons logés entre leurs gens et moult honorablement, car c'étoit au plus près par raison comme ils pouvoient. Par dedans la ville avoit grand'foison de bons chevaliers et écuyers de Bretagne, de Beausse, d'Anjou et du Maine qui s'ensoignoient de la ville et la gardoient très bien ; et en avoient du tout le fait et la charge, ni ceux de la ville ne s'en ensoignoient de rien. Et avint que la nuit Saint-Martin, messire Jean le Barrois des Barres émut aucuns de ses compagnons qui là dedans étoient et leur dit : « Beaux seigneurs, nous sentons nos ennemis près de ci, et encore ne les avons nous point réveillés : je conseille que en la bonne nuit de huy nous les allions voir et escarmoucher. » — « Par ma foi, répondirent ceux à qui il en parla, vous parlez loyaument, et dites ce que nous devons faire, et nous le voulons. » Adonc se cueillirent-ils sur le soir et se armèrent eux six vingt, tous gens de fait; si firent ouvrir la porte de Saint-Pierre où le connétable et le sire de Basset et le sire de Fit-Yatier étoient logés, et mirent bonnes gardes à la porte pour la retraite. Si étoient capitaines de ces gens d'armes le Barrois des Barres, Jean de Châtel-Morant et le capitaine de Cliçon ; et vinrent si à point au logis des dessus dits que ils séoient au souper; et crièrent leur cri : Les Barres! Si entrèrent ès logis et commencèrent à férir et abattre et à meshaignier gens. Tantôt les Anglois furent saillis sus et pourvus de leur fait, et se rangèrent devant leur logis. Quand les François en virent la manière ils se retrairent et tinrent tous ensemble moult sagement, et retournèrent vers leur ville ; et Anglois de toutes parts commencèrent à venir à l'escarmouche. Là en y eut de boutés et reboutés et d'abattus d'une part et d'autre ; et furent mis les François en leurs barrières : si en y eut des morts et des blessés d'une part et d'autre; mais le Barrois des Barres et ses gens rentrèrent en la ville à petit dommage ; et tint-on dedans et dehors celle escarmouche à bonne et belle.

Quand ce vint le jour Saint-Martin au soir, le Barrois des Barres parla aux compagnons, et leur dit : « Ce seroit bon que demain au point du jour nous issions, pourvus de six ou sept gros bateaux et deux cents hommes d'armes et cent arbalétriers, et par la rivière nous alissions visiter nos ennemis ; ils ne se donnent garde de nous de ce côté. » Tous furent de son accord ; et se cueillirent cette propre nuit la somme de gens que le Barrois avoit nommé, et eurent pourvus six gros bateaux devant le jour. Ils entrèrent ens, sans faire freinte, et nagèrent contreval la rivière, et prindrent terre au dessous des logis. Messire Jean de Harleston et ses gens étoient logés assez près de là en un grand hôtel. Là vinrent sur le point du jour les François, qui l'environnèrent et commencèrent à assaillir. Messire Jean Harleston fut tantôt appareillé et armé, et aussi furent toutes ses gens ; si se mirent à défense moult vaillamment, et archers à traire contre les arbalétriers. Là eut escarmouche fière et dure, et des navrés et des blessés ; et vous dis bien ou l'hôtel eût été pris et conquis, mais messire Robert Canolle, qui étoit logé assez près, le sçut : s s'arma et fit armer ses gens, et développer sa bannière, et se trairent moult coiment celle part. D'autre part messire Guillaume de Vindesore, qui en fut signifié et avisé, et ses gens, y vinrent tout le cours ; et toujours venoient Anglois et sourdoient de tous côtés. Adonc se retrairent les François sur le rivage et vers leurs bateaux, quand ils virent que faire le convenoit, ou recevoir grand dommage. Là eut sur le rivage au retour ens ès bateaux grand escarmouche ; et moult vaillamment se portèrent les capitaines et y firent grandes appertises d'armes, et furent auques des derniers entrés. Toutefois il y en eut au rentrer des François pris, morts et noyés, et retournèrent à Nantes. Encore tinrent cette emprise, ceux qui en ouïrent parler d'une part et d'autre, à grand hardiment et à grand' vaillance.

CHAPITRE LXXVI.

Des empêchemens que le duc de Bretagne avoit lors, pourquoi il ne pouvoit venir au siège de Nantes; et des escarmouches qui là se faisoient.

Quand les Anglois aperçurent que ceux de dedans les réveilloient si souvent, si eurent conseil entre eux que ils seroient mieux sur leur garde que ils n'avoient été, et feroient bon guet : dont il avint une nuit, le septième jour après que messire le Barrois avoit escarmouché sur la rivière, il issit de rechef sur la nuit à la porte où le comte de Bouquinghen étoit logé ; et avoit le Barrois en sa compagnie environ deux cents hommes d'armes et cent arbalétriers. Cette nuit faisoient guet les Allemands, et étoient leurs capitaines messire Alchart et messire Thomas de Rodes. Si s'en vinrent férir les gens du Barrois, et il même tout devant, et Jean de Chastel-Morant, et le capitaine de Cliçon, sur ce guet entre ces Allemands. Là eut grand'escarmouche et dure, et des abatus à terre : adonc se levèrent ceux qui couchés étoient au logis du comte, et s'armèrent et se trairent tous de celle part où l'escarmouche étoit. Quand le Barrois des Barres, et ceux qui avec lui étoient, s'aperçurent que force leur sourdoit trop grande, si se retrairent devers la porte en combattant, en traiant et en escarmouchant. Si en y eut plusieurs blessés du trait et navrés d'une part et d'autre ; et par espécial messire Thomas de Rodes, un chevalier d'Allemagne, fut trait d'un vireton et percé tout outre le bassinet parmi la tête, duquel coup il mourut trois jours après : dont ce fut dommage, car il étoit moult appert chevalier. Si rentrèrent les François et les Bretons en Nantes à peu de dommage, et eurent six prisonniers. Et demeura la chose en cel état, et toujours les Anglois sur leur garde ; car toutes les nuits ils n'attendoient autre chose que d'être réveillés.

Ainsi se tenoient là devant Nantes à siége le comte de Bouquinghen et ses gens, et attendoient tous les jours le duc de Bretagne, qui point ne venoit, ni de ce que promis et juré leur avoit rien il n'en tenoit, dont ils étoient tous émerveillés à quoi il pensoit ; car de lui n'oyoient nulles nouvelles. Bien envoyèrent par devers lui aucuns messagers et lettres qui remontroient que il faisoit mal quand il ne tenoit les convenances telles que il les avoit promises et jurées à tenir par sa foi et accomplir, en la cité de Rennes. Mais de toutes les lettres que le comte de Bouquinghen y envoya, oncques n'en eut réponse ; et supposoient les Anglois que leurs messagers étoient morts sur le chemin ; car nul n'en retournoit ; et voirement alloient-ils en trop grand péril, et toutes gens aussi, si ils n'étoient du pays et bien accompagnés, entre Nantes et Hainbont ; car les chemins étoient si près guettés des gens d'armes du pays, que nul ne pouvoit passer qu'il ne fût pris et que on ne sçût quelle chose il quéroit et vouloit ; et si il portoit lettres des Anglois au duc, et du duc aux Anglois, il étoit mort. Avec tout ce les fourrageurs de l'ost n'osoient chevaucher sur le pays, en allant en fourrage, fors en grandes routes ; car les chevaliers et écuyers du pays étoient recueillis ensemble, et ne vouloient nullement que leurs terres fussent foulées ni courues : si que, quand ils trouvoient dix, ou vingt ou trente varlets, ils les occioient, ou leur tolloient le leur et leurs chevaux, et les battoient et navroient ; ni on n'en pouvoit avoir autre chose, dont ceux de l'ost étoient moult courroucés et n'en savoient sur qui prendre l'amende. Au voir dire le duc de Bretagne tiroit trop fort qu'il pût avoir ses gens d'accord, pour venir aider à mettre le siége devant Nantes par la terre et par la rivière, ainsi que ordonnance se portoit, et que en convenant il avoit eu à Rennes au comte de Bouquinghen ; mais il n'en pouvoit venir à chef ; et disoient barons, chevaliers et écuyers, que jà ils n'aideroient à détruire leur terre pour la guerre des Anglois ; ni tant que les Anglois fussent en Bretagne, ils ne s'armeroient avec lui. Et le duc leur remontroit pourquoi donc ils avoient consenti et ordonné de commencement au mander les Anglois. Ils répondoient que ce avoit été plus pour donner crémeur au roi de France et à son conseil, afin que ils ne fussent menés, fors aux anciens usages, que pour autre chose ; et au cas que le roi de France ne leur veult que tout bien, ils ne lui vouloient point de guerre. Autre chose ni autre réponse n'en pouvoit le duc avoir.

D'autre part le sire de Cliçon, connétable de France, le sire de Dinan, le sire de Laval, le vicomte de Rohan, le sire de Rochefort et tous les grands barons hauts et puissans au pays de Bretagne se tenoient tous ensemble, leurs villes, leurs châteaux et forteresses clos et bien gardés ; et disoient au duc, ou faisoient dire par leurs messagers, que bien s'avisât ; car il avoit été simplement conseillé d'avoir mandé les Anglois et de les avoir mis au pays pour guerroyer et détruire sa terre ; et que nul confort il n'auroit d'eux : mais si il alloit devant Nantes à siége, ainsi comme on avoit entendu que il le devoit faire, on lui détruiroit toute sa terre à tous lez ; et lui donneroient tant d'empêchemens que il ne sauroit auquel lez entendre : mais se voulsist reconnoître et remettre en l'obéissance du roi de France, ainsi que faire le devoit et que tenu y étoit, et ils se faisoient forts et portoient outre que ils lui feroient sa paix envers le jeune roi de France. Et lui remontroient encore telles paroles en disant ainsi, que tel avoit encontre courage le roi Charles mort, qui viendroit et demeureroit grandement en l'amour du jeune roi son fils. De toutes telles choses des plus hauts barons de Bretagne étoit le duc servi. Si ne savoit au voir dire auquel, pour le mieux, entendre ; car il ne trouvoit nul sûr état en ses gens : si lui convenoit dissimuler, voulsist ou non. Et toudis se tenoit le siége devant Nantes.

Le jour Notre-Dame des Avents[1] au soir, eu-

[1] Le 8 décembre 1380.

rent conseil les François, qui en Nantes se tenoient, qu'ils viendroient réveiller l'ost, car trop avoient reposé. Si issirent environ deux cents lances, desquels messire Amaury de Cliçon, cousin germain au seigneur de Cliçon, et le sire d'Amboise, étoient meneurs et gouverneurs, et s'en vinrent férir sur les logis messire Guillaume de Vindesore; et issirent par la poterne de Richebourg sur la rivière; et faisoient ce soir le guet les gens messire Hue de Cavrelée. A celle heure fut fait chevalier le sire d'Amboise; et le fit chevalier messire Amaury de Cliçon. Ces gens d'armes bretons et françois se boutèrent de grand'volonté au guet, et gagnèrent de pleine venue la barre du guet et le chevalier du guet qui s'appeloit messire Guillaume de Cousenton. Là eut forte escarmouche et dure, et maint homme renversé par terre. Messire Guillaume de Vindesore et messire Hue de Cavrelée, qui étoient en leur retrait, entendirent le hutin : si saillirent tantôt sus et s'armèrent et appareillèrent, et vinrent celle part où le plus fort hutin étoit. Là eut trait, féru et lancé et escarmouché; et se portèrent toutes les parties vaillamment; et rentrèrent en combattant et escarmouchant tous les François et les Bretons en la poterne de Richebourg, par laquelle ils étoient issus; et sans dommage, car ils eurent un prisonnier chevalier et dix hommes d'armes; et il y en eut pris des leurs trois. Ainsi se porta cette nuittie.

Le jeudi devant la vigile de Noël, issirent de Nantes sur le soir, par la porte de Sauvetout, messire le Barrois des Barres et le sire de Selete, et six vingt hommes d'armes, et s'en vinrent férir au logis du comte de Bouquinghen; et faisoit ce soir le guet le comte de Devensière. Là eut grande escarmouche et forte, et maint homme renversé et bouté jus par terre des glaives. Mais les Anglois furent là plus forts que ceux de la ville ne furent : si furent reculés et reboutés à les barrières et en la porte à force. Si en y eut des leurs, que morts que pris, environ dix sept. Et là fut trait à l'escarmouche un chevalier anglois qui s'appeloit messire Hugues Tiriel, et féru tout parmi son bassinet, de laquelle navrure il mourut. Adonc se retrairent toutes gens à leurs logis, et n'y eut plus nulle chose faite celle nuit : mais tous les capitaines de Nantes furent à conseil ensemble que, la nuit de Noël, à toute leur puissance, ils istroient de la ville et viendroient en l'ost faire une escarmouche forte et grande, et tinrent tout cela entre eux en secret.

Le comte de Bouquinghen et les Anglois étoient ainsi réveillés moult souvent des François et des Bretons qui en Nantes se tenoient; et d'autre part, sur les champs, les fourriers avoient moult de peine en quérant vivres et fourrages pour les chevaux, et n'osoient chevaucher fors en grands routes; et étoient le comte de Bouquinghen et son conseil moult émerveillés du duc de Bretagne, qui point ne venoit, ni dont ils n'oyoient nulles nouvelles; et s'en contentoient mal, car de tout en tout ils trouvoient et avoient trouvé en lui foible convenant, et ne s'en savoient à qui plaindre qui droit leur en fît. Et eurent conseil, environ le Noël, que ils envoieroient de rechef messire Robert Canolle et messire Thomas de Percy, et messire Thomas Trivet devers lui, à Vennes ou à Hainbont, et ceux lui remontreroient de par le comte que il faisoit trop mal quand autrement il ne s'acquittoit envers eux. Et puis fut cil propos rompu et brisé; et dirent, quand ils eurent entr'eux tout considéré et imaginé, que ils ne pouvoient bonnement ce faire ni affoiblir leur siége, et que on ne pouvoit aller devers le duc fors que tout ensemble; car si ils y alloient cinq ou six cens lances, et ils en trouvoient sur le pays mille ou quinze cens de leurs ennemis, ce leur seroit un trop grand contraire; si pourroient trop bien être rués jus, et les allans et les demeurans au siége. Pour celle doute, tant que à celle fois, ne se départit nul de l'ost, mais se tinrent encore tous ensemble.

Quand ce vint à la vigile de Noël au soir, le Barrois des Barres, messire Amaury de Cliçon, le sire d'Amboise, le sire de Selete, le chastelain de Clisson, Jean de Chastel-Morant, Morfonace et tous les capitaines de Nantes, issirent hors par la porte Saint-Pierre, en grand'volonté que de bien faire la besogne; et avoient en leurs routes bien six cents hommes d'armes; et se départirent, quand ils furent hors de la porte, en deux parties : l'une des parties s'en vint parmi la rue, et l'autre parmi les champs, au logis du seigneur Latimer et du seigneur de Fit-Vatier, et faisoient le guet messire Yon Fit-Varin et messire Guillaume Draiton; et de première venue ils gagnèrent toutes les bailles du guet, et ruèrent jus, et reculèrent le guet tout outre jusques aux logis du connétable, le seigneur Latimer, et s'arrêtèrent devant l'hôtel du seigneur de Vertaing; et là fut la grande escarmouche et le grand assaut; car les François avoient jeté leur avis du prendre; et fut sur le point d'être pris, et le sire de Vertaing dedans. Là eurent ceux du guet moult à souffrir ainçois que le secours vînt; et y furent messire Yon Fit Varin, le sire de Vertaing, messire Guillaume Draiton, très bons chevaliers, et y firent plusieurs grandes appertises d'armes.

A ces coups s'effréèrent ceux du logis du connétable et du maréchal, et sonnèrent leurs trompettes. Si s'armèrent partout communaument : messire Guillaume de Vindesore et messire Hue de Cavrelée entendirent la freinte et le son; si connurent tantôt que l'avant-garde avoit à faire. Si firent sonner leurs trompes et allumer grand foison de falots et développer leurs bannières. Si vinrent celle part où la grande escarmouche étoit, en leur compagnie cent hommes d'armes et cent archers ; et d'autre part messire Thomas Trivet, messire Thomas de Percy et le sire de Basset, chacun sa bannière devant lui, vinrent à l'escarmouche; et bien besognoit à l'avant-garde qu'ils fussent hâtivement secourus, car ils furent sur le point de perdre leurs logis. Mais quand ces barons et leurs routes furent venus, si reculèrent les François et les Bretons, et se mirent tous ensemble moult sagement, et se retrairent vers la ville, lançant, trayant et escarmouchant. Là fut faite mainte grande appertise d'armes; et s'abandonnoient aucuns jeunes chevaliers et écuyers du côté des François, pour eux montrer et agrandir leur renommée moult avant ; et tant que messire Tristan de la Galle y fut pris par sa folle emprise; et le prit un écuyer de Hainaut que on dit Thierry de Soumaing.

Ainsi se continua celle escarmouche, et rentrèrent en Nantes tous ceux ou en partie qui issus en étoient ; car il convient que en tels faits d'armes il y en ait des morts, des navrés, et des pris et des blessés ; car très donc que on s'arme et que on va à l'escarmouche, on n'en doit autre chose attendre. Toutefois ils rentrèrent dedans à petit de dommage, car ils eurent bien autant de prisonniers que les Anglois avoient des leurs. Si se retrairent en leurs hôtels. Quand la porte fut fermée, ils entendirent à mettre à point les blessés. Aussi se retrairent ceux de l'ost, et s'en r'alla chacun en son logis ; mais pour ce ne rompirent-ils mie leur guet ; ainçois guettèrent plus fortement que devant. Le jour de Noël n'y eut rien fait, ni toutes les fêtes ; si n'attendoient les Anglois autre chose tous les soirs, fors à être réveillés ; et ce qui plus leur touchoit et faisoit d'ennuis, c'étoit que ils n'oyoient nulles nouvelles du duc de Bretagne ; et leur étoient vivres et fourrage si destrois que à peine en pouvoient-ils recouvrer. Mais ceux de dedans en avoient assez qui leur venoient d'autre part la rivière de Loire, de ces bons pays de Poitou, de Xaintonge et de la Rochelle.

Quand le comte de Bouquinghen et les Anglois eurent été à siége devant la cité de Nantes environ deux mois et quatre jours, et virent que ils n'en auroient autre chose, et que le duc de Bretagne ne tenoit nulles de ses convenances, car il ne venoit ni n'envoyoit devers eux, si orent conseil que ils se délogeroient de là, car rien n'y faisoient ; et se trairoient devers Vennes, et s'en iroient tous ensemble parler au duc, et sauroient à celle fois toute son intention. Adonc fut sçu et noncié le délogement parmi l'ost. Si se délogèrent à lendemain de reneuf; et chevauchèrent en bataille et ordonnance, tout ainsi comme ils avoient fait parmi le royaume de France ; et vinrent au département de Nantes, ce jour, loger à Niort, et furent là pour eux rafreschir, trois jours. Au quatrième ils se départirent et vinrent à Mardre et lendemain à Tillay ; et l'autre jour après à Bain, et là demeurèrent trois jours, pour le pont qui étoit rompu. Si orent moult de mal et de peine au refaire pour passer outre et leurs charrois : toute fois le pont fut refait bon et fort, et passa l'ost la rivière de Vollain, et fut par un samedi, et vint loger à Loheac et là demeura l'ost deux jours. Et lendemain quand ils partirent de Loheac, ils s'en vinrent loger à Gors, et là demeura l'ost deux jours ; et lendemain à Moron, et demeura là l'ost deux jours ; et lendemain à la Trinité. Ils passèrent la rivière d'Aoust au pont de Bain ; et la demeura, outre l'eau sur les plains, tout l'ost, ce jour que ils eurent passé la rivière.

Ceux de la cité de Vennes étoient tous informés par ceux du pays que le comte de Bouquinghen et les Anglois venoient celle part, et étoit leur intention que de loger en la ville : si ne savoient comment ils s'en cheviroient, du laisser eux entrer en leur cité, ou non. Et vinrent devers le duc, qui étoit à Hainbont; mais ce jour que ils venoient vers lui ils encontrèrent le duc sur les champs, ainsi que à deux petites lieues de Vennes, qui venoit celle part. Quand le duc vit ces bonnes gens de Vennes, il les conjouit et leur demanda des nouvelles où ils alloient. Ceux répondirent : «Monseigneur, des nouvelles vous dirons-nous assez. Véez-ci le comte de Bouquinghen et les Anglois qui viennent celle part; et est leur intention, si comme nous sommes informés, que d'eux loger en votre bonne ville de Vennes. Si regardez que vous en voulez faire; car sans votre commandement nous n'en ferons rien. Et jà ont-ils refait le pont de Bain que on avoit rompu sur la rivière d'Aoust.» Quand le duc oy ces nouvelles, il pensa un petit et puis répondit : « Dieu y ait part ! ne vous effréez de rien ni ne souciez, les choses iront bien : ce sont gens qui ne nous veulent nul mal. Je suis en aucunes choses tenu envers eux, et ai traités avec eux, lesquels il faut que je porte outre et que je m'en acquitte : si m'en vais à Vennes, et demain je crois bien que ils viendront. Je istrai encontre le comte mon frère et lui ferai tout l'honneur que je pourrai, car en vérité j'y suis tenu; du surplus vous ferez ainsi que je vous conseillerai; vous lui offrirez et présenterez les clefs de la ville, et lui direz que vous et toute la ville êtes tous prêts et appareillés de lui recevoir, sauf tant que vous lui ferez jurer que, quinze jours après ce qu'il en sera requis du partir, il en partira et vous rendra les clefs de la ville : c'est tout le conseil que je vous donne.» Les bourgeois de Vennes qui chevauchoient vers le duc répondirent ainsi et dirent : «Monseigneur, nous ferons votre commandement. »

Depuis chevauchèrent-ils tous ensemble jusques à Vennes; et là se logea le duc celle nuit, et les Anglois s'en vinrent loger à Saint-Jean, un village séant à deux petites lieues de Vennes. Ce soir reçut lettres le comte du Bouquinghen du duc, qui lui escripvoit comme à son cher frère, et lui mandoit que il étoit le bien-venu en la marche de Vennes. A lendemain, quand le comte ot ouï la messe et bu un coup, il monta à cheval et tous montèrent ses gens; et chevauchèrent moult ordonnément devers la cité de Vennes, l'avant-garde premièrement, le comte de Bouquinghen après en sa bataille, et l'arrière-garde en suivant la bataille du comte. Ainsi les encontra le duc de Bretagne, qui issit de Vennes à l'encontre de eux bien une grande lieue; et quand il et le comte s'entrecontrèrent ils se firent grand'honneur. Après ces recueillettes qui furent moult honorables, et en chevauchant l'un de-lez l'autre, le comte de dextre et le duc à senestre, le comte de Bouquinghen entra en paroles et dit : «Sainte Marie! beau frère de Bretagne, que nous vous avons attendu devant Nantes, là étant au siége, ainsi que ordonnance se portoit entre moi et vous, et si n'y êtes point venu! »—« Par ma foi! répondit le duc, je n'en ai pu autre chose faire, monseigneur, et vous dis que j'en ai été durement courroucé, mais amender ne le pouvois; car mes gens de ces pays, pour chose que je leur aie sçu montrer, ni quelquonques alliances que à leurs requêtes je aie faites à vous, ils ne se sont voulu traire avant pour aller au siége avec vous devant Nantes; et se tiennent tous pourvus sur les frontières le sire de Cliçon, le sire de Dinan, le sire de Laval, le vicomte de Rohan et le sire de Rochefort, pour garder les issues et entrées de Bretagne. Et tous ceux qui s'étoient ahers et conjoints avec moi, tant de chevaliers et de prélats comme de bonnes villes, sont maintenant tout rebelles; dont je suis grandement courroucé, quand vous me trouvez par leur coulpe en bourde. Si vous dirai, monseigneur, que vous ferez : il est à présent au plein de l'hiver, que il fait froid et mauvais hostoier; vous venrez à Vennes et là vous tiendrez jusques en avril ou en mai, et vous y rafreschirez; et je ordonnerai aussi de vos gens; et passeront le temps au mieux qu'ils pourront; et de toutes ces choses nous nous revengerons à l'été.» Le comte répondit : «Dieu y ait part ! » car bien véoit que il n'en pouvoit avoir autre chose. Si l'amena le duc de Bretagne en Vennes; et à l'entrer dedans, les gens de la ville furent appareillés et vinrent en la présence du comte, et lui dirent moult doucement et à nuds chefs : «Monseigneur, pour la révérence de votre haute seigneurie et l'honneur de vous, ne vous mettons nul contredit à entrer en notre ville; mais nous voulons, pour apaiser le peuple, autrement vous ne seriez pas assur, que vous nous jurez sur saintes Évangiles que, quinze jours après ce que vous en serez requis, vous vous partirez de celle ville et ferez partir les vôtres, et ne nous ferez ni consentirez faire dommage ni moleste. » — « Par ma foi! dit le comte de Bouquinghen, je le vous jure ainsi et le tiendrai. » Et après les seigneurs firent-ils jurer sur leurs fois et sur saintes Évangiles de tenir le serment que le comte avoit fait. Et ils s'y accordèrent légèrement ; et faire leur convenoit si ils ne vouloient dormir aux champs.

Ainsi fut le comte de Bouquinghen logé en la cité de Vennes et son corps en l'hôtel du duc, un moult plaisant chastel qui siéd dedans la ville et est nommé la Motte, et tous ceux de sa bataille furent logés en la ville et ès faubourgs. Et le duc de Bretagne s'en vint à Suseniot et là se tint : mais à la fois il venoit voir le comte, et avoient parlement ensemble, et puis s'en retournoit là d'où il étoit parti. Le sire de Latimer, le sire de Fit-Vatier, messire Thomas de Percy, messire Thomas Trivet et l'avant-garde, devoient être logés à Hainbont, mais oncques on ne leur voult ouvrir les portes, et les convint loger aux champs et ens ès faubourgs. Messire Robert Canole et messire Hue de Cavrelée, le sire de Fit-Varin et plusieurs auteurs devoient être logés en la ville de Camper-Corentin ; on ne leur voult oncques ouvrir les portes, et les convint loger ens ès faubourgs et aux champs : messire Guillaume de Vindesore, et ceux de l'arrière garde devoient aussi être logés dans la ville de Camperlé, mais oncques on ne leur voult ouvrir les portes ; mais furent logés dedans les faubourgs et aux champs. Si souffrirent et endurèrent, le terme qu'ils furent là, moult de povretés et de malaise ; car ce qui ne valoit que trois deniers on leur vendoit douze, encore n'en pouvoient-ils recouvrer. Si mouroient leurs chevaux de faim, de froid et de povreté, et ne savoient où aller en fourrage ; et quand ils y alloient, c'étoit en grand péril, car les terres voisines leur étoient toutes ennemies. Le vicomte de Rohan a en la marche de Vennes deux forts chasteaux et grands, l'un appelle-t-on le Kaire et l'autre Linguighant. En ces deux chasteaux avoit grand'garnison de gens de par le vicomte, qui portoient trop de contraire aux fourriers anglois ; et en ruèrent maint jus et occirent, avec trois autres garnisons au seigneur de Cliçon qui sont aussi en celle frontière, c'est à savoir Chastel-Jocelin, Montagu, Moncontour. Et tout ce souffroit le duc de Bretagne, et disoit que il ne pouvoit amender ; car voirement le connétable de France, le seigneur de Cliçon, faisoit guerre pour le roi de France, et se tenoit sur le pays à grands gens d'armes : de quoi les Anglois ne se osoient ouvrir ni partir l'un de l'autre, et encore, tout regardé et considéré comment ils étoient logés aux champs à nulle défense, merveille fut que ils ne reçurent plus de dommages ; car ceux de Vennes soudainement ne pussent avoir reconforté ceux de Hainbont, ni ceux de Camperlé, ni ceux de Camper-Corentin. Mais au voir dire, le duc alloit au devant, et les gardoit et défendoit de tout son pouvoir de être envahis ni assaillis ; et bien disoit en son requoi et en son conseil que foiblement et povrement, selon ce qu'il avoit promis aux Anglois, il s'étoit acquitté envers le comte et ses gens.

CHAPITRE LXXVII.

Comment quatre barons de Bretagne remontrèrent au duc leur seigneur que il se déportât de l'accointance des Anglois et la cause pourquoi ; et d'aucuns faits d'armes qui furent accordés à faire.

En ce temps étoient à Paris, devers le roi de France, de par le duc envoyés, quatre hauts barons de Bretagne qui lui pourchassoient sa paix ; c'est à savoir : le vicomte de Rohan, messire Charles de Dinan, messire Guy sire de Laval et messire Guy sire de Rochefort ; et l'avoient ces quatre barons de Bretagne, en conseil, le comte de Bouquinghen étant à siége devant Nantes, ainsi que efforcé ; et lui avoient remontré par plusieurs fois moult sagement en disant celles paroles : « Monseigneur, vous montrez à tout le monde que vous avez le courage tout anglois. Vous avez mis et amené ces Anglois en ce pays, qui vous touldront votre héritage, et touldroient si ils en étoient au dessus. Quel profit ni plaisance prenez-vous en eux tant aimer ? Regardez comme le roi de Navarre qui se confioit en eux, et les mit dedans la ville et le chastel de Chierbourch, oncques depuis ils ne s'en vouldrent partir ni ne partiront, mais le tiendront comme leur bon héritage ; aussi, si vous les eussiez jà mis et semés en vos villes fermées en Bretagne, ils ne s'en partissent jamais ; car tous les jours seroient-ils rafreschis de leurs gens. Regardez comment ils tiennent Brest, ils n'ont nulle volonté de le vous rendre, qui est de votre droit domaine et héritage, et n'est pas duc de Bretagne qui n'est sire de Brest. Pensez à ce que vous avez un des plus beaux héritages de chrétienté sans couronne. Si vous suffise à tant votre seigneurie, mais que vous soyez aimé de vos gens de la duché de Bretagne et des gens d'iceluy pays qui ne relinquiront jamais le roi de France pour servir et être au roi d'Angleterre. Si votre mouillier est d'Angleterre, quoi de ce? Voulez-vous pour ce perdre votre héritage qui tant vous a coûté de peine et de travail à l'avoir, et toujours demeurer en guerre? Vous ne pouvez que un homme, au cas que le pays le veut clorre contre vous. Laissez-vous conseiller. Le roi de France espoir que vous n'aviez pas bien en grâce, ni il vous, est mort. Il y a à présent un jeune roi et de bel et de bon esprit; et tel héoit le père qui servira le fils. Nous vous ferons votre paix envers lui et mettrons à accord; si demeurerez sire et duc de Bretagne; et les Anglois s'en retourneront tout bellement en leur pays. »

Telles paroles et plusieurs autres toutes colorées avoient ces barons dessus nommés par moult de fois remontré au duc; et tant que ils l'avoient ainsi que demi conquis à faire leur volonté. Mais encore se feignoit-il et dissimuloit contre le roi de France et son conseil et contre les Anglois, tant que il verroit à quelle fin il en pourroit venir. Et de tous ces traités secrets et couverts que ces quatre barons de Bretagne qui étoient à Paris faisoient devers le roi et ses oncles, ne savoient rien le comte de Bouquinghen ni les barons d'Angleterre, ni ne sçurent jusques à fin de ordonnance. Mais ainçois que ils s'en aperçussent ni que ils ississent hors de Bretagne, il y ot un fait d'armes et une joute devant Vennes, présens le comte de Bouquinghen et les seigneurs qui là étoient. De laquelle nous vous ferons mention, car telles choses ne sont mie à oublier ni à taire.

CHAPITRE LXXVIII.

Comment aucuns François et Anglois prirent armes en Bretagne, et comment aucuns Hainuiers et autres eurent volonté d'en faire.

Avenu étoit, très le jour et le terme que Gauvain Micaille et Janekin Kator firent fait d'armes devant le comte de Bouquinghen et les seigneurs, que avec le dit Gauvain et en sauf-conduit, pour voir les armes, aucuns chevaliers et écuyers de France étoient venus à Marcheaunoy, en la comté de Blois, et tant que messire Regnault de Thouars, sire de Puisance, un baron de Poitou, en prit parole au seigneur de Vertaing, et dit que volontiers il feroit fait d'armes à lui de trois coups de lance, de trois coups d'épée et de trois coups de hache. Le sire de Vertaing ne le voult mie refuser, mais les lui accorda; et les voult tantôt faire et délivrer le chevalier, auquel dommage ni profit que ce fût; mais le comte de Bouquinghen ne le voult, et commanda que adonc ils n'en fissent rien. Non pourquant les paroles des emprises d'armes demeurèrent au propos des deux chevaliers. Et telles paroles ou semblables eurent là ce jour à Marcheaunoy un écuyer de Savoie, qui s'appeloit le Bâtard de Clarens, à Édouard de Beauchamp, fils à messire Roger : mais toutes passèrent adonc ainsi, li uns comme li autres, et le Gallois d'Aunoy à messire Guillaume Clinton; et messire Lyonnaulx d'Arraines à messire Guillaume Franc.

Quand le comte de Bouquinghen et les Anglois furent logés ens ès faubourgs de Nantes, si comme ci-dessus est dit, ces chevaliers et écuyers du côté des François étoient dedans Nantes : si requirent le sire de Vertaing et les autres de son lez, et firent requerre à ceux qui les avoient appelés d'armes, que devant Nantes ils les voulsissent délivrer [1]. Les capitaines de Nantes n'eurent mie conseil de ce faire ni accorder, et excusèrent leurs gens; et disoient que ils étoient en Nantes comme souldoiers et commis et ordonnés pour garder la ville. Ces paroles se passèrent, tant que le comte de Bouquinghen fut venu et arrêté à Vennes, et les autres seigneurs à Hainbont, à Camperlé et à Camper-Corentin, ainsi que vous le savez. Quand ils furent là arrêtés, messire Regnault de Thouars, messire le Barrois des Barres, messire Lyonnaulx d'Arraines et grand'foison de chevaliers et écuyers, s'en vinrent au Chastel-Jocelin, à sept lieues de Vennes, là où le connétable de France se tenoit et le comte de la Marche et grand'foison de chevaliers de France, qui volontiers les virent, et bellement les recueillirent. Adonc s'émurent les paroles devant le connétable, en remontrant comme ils avoient entrepris, tels et tels, faire faits d'armes aux Anglois. Le conné-

[1] Acquitter de leurs engagemens.

table oy volontiers ces paroles, et dit : « Envoyez devers eux, et nous leur donnerons sauf-conduit de faire fait d'armes, si ils veulent venir. » Si envoyèrent premièrement le Gallois d'Aunoy et messire Lyonnaulx d'Arraines à ceux où ils s'étoient ahers à faire fait d'armes, et de asseoir trois coups de glaives à cheval. Quand messire Guillaume Clinton et messire Guillaume Franc entendirent que ils étoient semons des François à faire fait d'armes, si en furent tous réjouis; et en prirent congé au comte de Bouquinghen et aux barons d'Angleterre de y aller; et y allèrent, et aucuns chevaliers et écuyers en leur compagnie; et joutèrent moult vaillamment les Anglois et les François, et firent fait d'armes ainsi que ordonnance se portoit. Là furent requis de messire Regnault de Thouars, de Jean de Chastel-Morant et du Bâtard de Clarens, chacun son chevalier et son écuyer; c'est à entendre, le sire de Vertaing, messire Jean d'Aubrecicourt et Édouard de Beauchamps. Les trois Anglois en étoient en grand'volonté et vouloient sur le sauf conduit du connétable aller à Chastel-Jocelin.

CHAPITRE LXXIX.

Comment les trois chevaliers de Hainaut allèrent à Vennes en Bretagne pour faire armes contre trois chevaliers anglois.

Quand le comte de Bouquinghen, qui se tenoit à Vennes, entendit les requêtes des François, si répondit [pour les siens, et dit ainsi au héraut tout en haut : « Vous direz au connétable que le comte de Bouquinghen lui mande que il est bien aussi puissant de donner et de tenir son sauf-conduit aux François comme il est aux Anglois, et que ceux qui demandent à faire fait d'armes aux siens viennent à Vennes, et il leur donnera, et qui que ils voudront en leur compagnie pour l'amour d'eux, venant et retournant, sauf-conduit. » Quand le connétable ouït cette réponse, il imagina tantôt que le comte de Bouquinghen avoit droit, et que il vouloit voir le fait d'armes, et que c'étoit raison que autant bien il en eût à Vennes en sa présence, comme il en avoit eu à Chastel-Jocelin en la sienne. Si répondit quand il parla, et dit : « Le comte de Bouquinghen parle comme un vaillant homme et fils de roi, et je veux que il en soit à sa parole. Or s'escripsent tous ceux qui aller y voudront avec les faisans d'armes, et nous envoierons quérir le sauf-conduit. » Tantôt se escrièrent chevaliers et écuyers jusques à trente. Si vint un héraut à Vennes quérir le sauf-conduit, et on leur donna et scella de par le comte de Bouquinghen. Adoncques se départirent du Chastel-Jocelin les trois qui faire fait d'armes devoient; et tous les autres en leur compagnie; et vinrent à Vennes, et se logèrent, le jour que ils y vinrent, dedans les faubourgs; et leur firent les Anglois bonne chère. A lendemain ils s'ordonnèrent pour combattre, ainsi que faire devoient, et vinrent en une belle place tout ample et tout unie au dehors de la ville. Assez tôt après vinrent le comte de Bouquinghen, le comte d'Asquesuffort, le comte de Devensière et les barons qui le étoient en sa compagnie et ceux qui faire devoient fait d'armes; premièrement le sire de Vertaing contre messire Regnault de Thouars seigneur de Puisances, et après, messire Jean d'Aubrecicourt contre messire Tristan de la Galle, et Édouard de Beauchamp contre le Bâtard de Clarens. Là se mirent sur la place les François tous d'un lez et les Anglois d'autre; et ceux qui devoient jouter étoient à pied et armés de toutes pièces, de bassinets à visière et de glaives à bon fer de Bordeaux, et d'épées de Bordeaux tous pourvus. Or s'ensuivent les faits d'armes.

CHAPITRE LXXX.

Comment à Vennes en Bretagne furent faites armes par Haynuyers, Anglois et François devant le comte de Bouquinghen.

Premièrement le sire de Puisances, de Poitou, et le sire de Vertaing, de Hainaut, deux barons de haute emprise et de grand hardiment, s'en vinrent l'un sur l'autre et tout à pied, tenant leurs glaives assurés, et passèrent le bon pas, et point ne s'épargnèrent, mais s'assirent les glaives l'un sur l'autre en poussant; le sire de Vertaing fut féru sans être blessé en chair, mais il férit par telle manière le sire de Puisances que il transperça les mailles et la poitrine d'acier et tout ce qui étoit dessous, et trait sang de sa chair, et fut grand'merveille que il ne le navra plus avant. Après recouvrèrent-ils les autres coups, et firent toutes leurs armes sans dommage, et puis allèrent reposer et laissèrent faire les autres, et les regardèrent. Après vinrent messire Jean d'Aubrecicourt, de Hainaut, et messire Tristan de la Galle, Poitevin, et firent leurs armes moult vaillamment, sans point de dommage; et quand ils eurent fait, ils passèrent outre. Et adonc vinrent les autres, Édouard de Beauchamp et le Bâtard de Clarens, de Savoie. Cil bâtard étoit un écuyer dur et fort, et trop mieux taillé et formé de tous les membres que l'Anglois n'étoit : si vinrent l'un sur l'autre de grand'volonté, et assirent leurs glaives en leurs poitrines en poussant, et tant que l'Anglois fut bouté jus et renversé, dont les Anglois furent moult courroucés. Quand il fut relevé, il reprit son glaive et s'en vint sur le Bâtard, et le Bâtard sur lui. Encore le bouta le Savoien de rechef à terre, dont les Anglois furent moult courroucés, et dirent : « Édouard est trop foible contre cil écuyer; les diables le firent bien au Savoien jouter ni enseigner de quérir joute[1]. » Adonc fut-il pris entr'eux et fut dit que il n'en feroit plus. Quand le Bâtard en vit la manière, qui désiroit à parfaire ses armes, si dit : « Seigneurs, vous me faites grand tort; et puisque vous voulez que Édouard n'en fasse plus, si m'en donnez un autre auquel je puisse mes armes parfaire. » Le comte de Bouquinghen voulut savoir que Clarens disoit; on lui dit. Donc répondit-il que le François parloit bien et vaillamment. Adonc saillit tantôt avant un écuyer anglois qui depuis fut chevalier, qui s'appeloit Janekin Stincelée, et vint devant le comte et s'agenouilla, et le pria que il pût parfaire les armes. Le comte lui accorda. Lors se mit en arroy Janekin, et s'arma en la place de toutes pièces, ainsi comme à lui appartenoit, et prit son glaive, et le Bâtard de Clarens le sien; et vinrent en poussant l'un sur l'autre moult âprement; et se poussèrent de telle façon que les deux glaives volèrent en tronçons par dessus leurs têtes; adonc recouvrèrent-ils au second coup, et ainsi en avint, et ainsi du tiers. Toutes leurs six lances furent rompues, dont les seigneurs de l'une partie et d'autre qui les regardoient tenoient ce fait à moult bel : adonc prirent-ils les épées qui étoient fortes, et en six coups ils en rompirent quatre, et vouloient férir des haches, mais le comte leur ôta et dit que il ne les vouloit pas voir en outrance, et que assez en avoient fait. Si se trairent arrière. Et lors vinrent les autres, Jean de Chastel-Morant, François, et Janekin Clinton, Anglois : si se appareillèrent pour faire leurs faits d'armes.

CHAPITRE LXXXI.

Comment Guillaume de Fermiton, chevalier anglois, navra Jean de Chastel-Morant, François, par coup de meschief.

Cil Janekin Clinton étoit écuyer d'honneur au comte de Bouquinghen et le plus prochain que il eût pour son corps; mais il étoit délié et menu de membres. Si déplaisoit au comte de ce que il avoit à faire à un si fort et si renommé homme d'armes comme Jean de Chastel-Morant étoit. Nonobstant il furent mis en l'essai, et vinrent l'un sur l'autre moult âprement : si dit le comte : « Ils ne sont point pareils ensemble. » Adonc vinrent audit Janekin aucuns chevaliers du comte et lui dirent : « Janekin, vous n'êtes point taillé de porter outre ces faits d'armes, et monseigneur de Bouquinghen s'est courroucé de votre emprise, allez vous reposer. » Adonc se trait l'Anglois d'une part. Et quand Jean de Chastel-Morant en vit la manière si dit aux Anglois : « Seigneurs, si il vous semble que votre écuyer soit trop menu, si m'en baillez un autre à votre plaisir, et je vous en prie, par quoi je parfasse ce que j'ai entrepris; car on me feroit tort et vilenie si je me partois de cy sans fait d'armes. » Donc répondirent le connétable et le maréchal de l'ost : « Vous dites bien et vous l'aurez. » Adonc allèrent-ils autour aux chevaliers et aux écuyers de leur côté qui là étoient et leur dirent : « Qui se avance de délivrer Jean de Chastel-Morant? » A ces paroles répondit tantôt messire Guillaume de Fermiton et dit : « Dites-lui que il ne se peut partir de ci sans faire fait d'armes, et qu'il s'en voise reposer un petit en sa chaiere, et tantôt sera délivré, car je m'armerai contre lui. » Celle réponse plut grandement au seigneur de Chastel-Morant, et s'en alla seoir et un petit reposer; et tantôt fut armé le chevalier anglois et vint en place.

Or furent l'un devant l'autre messire Guillaume de Fermiton et Jean de Chastel-Morant pour faire faits d'armes : chacun prit son glaive et empoigna moult roidement; et vinrent de course à pied l'un contre l'autre asseoir leurs glaives entre les quatre membres; autrement à

---

[1] C'est le diable qui le tentait lorsqu'il a songé à jouter avec ce Savoisien.

prendre l'affaire étoit vilain. Adonc vinrent-ils de grand'volonté, armés au vrai de toutes pièces, et la rivière du bassinet abattue, attachée et arrêtée. Jean de Chastel-Morant asséna le chevalier moult gentiment, et lui donna moult grands horrions en-my la poitrine, et tant que messire Guillaume de Fermiton fléchit, et lui glissa un petit le pied, et tant que pour le glissement, son glaive qu'il tenoit à deux mains s'abaissa ; car amender ne le pouvoit ; et aconsuivit Jean de Chastel-Morant bas ens ès cuisses, et lui perça du glaive les peaux tout outre et les cuisseaulx, et lui bouta le fer tout parmi la cuisse tant que il apparoît outre d'autre part bien une poignée. Jean de Chastel-Morant pour le coup chancela, mais point ne chéy. Adonc furent les seigneurs, chevaliers et écuyers anglois et françois d'une part et d'autre durement courroucés, et fut dit que c'étoit vilainement poussé. L'Anglois s'excusa et dit que ce lui déplaisoit moult grandement ; et si il cuidât au commencement des armes avoir ainsi ouvré, il n'y eût oncques commencé ; et que si Dieu lui aidât il ne l'avoit pu amender ; car il glissa d'un pied pour le grand coup que Jean de Chastel-Morant lui avoit donné. Si demeura la chose ainsi [1] : les François se départirent et prirent congé au comte de Bouquinghen et aux seigneurs, et en ramenèrent en une litière Jean de Chastel-Morant jusques au Châtel-Jocelin dont il étoit parti, lequel fut de ce coup, et de la navrure, en grand péril de mort. Ainsi se départirent ces faits d'armes et se trait chacun en son lieu, les Anglois à Vennes et les François à Châtel-Jocelin.

CHAPITRE LXXXII.

Comment un traité de paix et accord fut trouvé entre le roi de France et le duc de Bretagne.

Après ces faits d'armes qui furent faits en ces jours que le comte de Bouquinghen séjournoit à Vennes, n'y eut rien fait plus, de chose qui à recorder fasse. Et se tenoient les Anglois, ainsi comme j'ai ci-dessus dit, à Vennes, à Hainbont, à Camperlé et à Camper-Corentin, et passoient l'hiver tout au mieux qu'ils pouvoient. Si y orent les plusieurs moult de dommages et de dangers, et moult de malaises de vivres pour eux et pour leurs chevaux ; car les fourriers ne trouvoient rien sur le pays que fourrager ; et aussi en ce temps-là les granges sont vides, les foins sont usés, avec ce que les François y avoient rendu grande peine afin que leurs ennemis n'en eussent l'aisement. Et furent les Anglois en ce danger moult longuement ; car les François étoient ès garnisons sur les frontières moult puissamment, pourquoi les fourriers anglois n'osoient chevaucher. Il vint aux Anglois aucunes vivres par mer, des îles de Cornouaille, de Grenesée et de Wisque, et ce les reconforta moult ; autrement eux et leurs chevaux fussent tous morts de famine.

Entrementes étoient à Paris, de par le duc de Bretagne, le vicomte de Rohan, le sire de Laval, messire Charles de Dinan et messire Guy de Rochefort qui lui procuroient sa paix devers le roi ; et il les en laissoit convenir, car il voyoit bien qu'il ne pouvoit tenir son convenant aux Anglois, ni ce qu'il leur avoit promis, si il ne vouloit perdre son pays. C'étoit l'intention du comte de Bouquinghen et de ses gens que ils passeroient l'hiver en la marche de Vennes, au plus bel que ils pourroient, et à l'été ils retourneroient en France et y feroient guerre ; et avoient écrit et mandé leur état au roi d'Angleterre et au duc de Lancastre. Si étoit l'intention du duc et du conseil du roi anglois que l'avis et l'imagination du comte de Bouquinghen et de ses gens étoient bonnes ; et leur avoit écrit que

---

[1] Le père Lobineau raconte ce fait avec quelques circonstances différentes, d'après un témoignage contemporain. « Farintonne (Farrington), dit-il, qui avait obtenu de terminer le combat commencé avec Coppleton (Clinton) son cousin germain, entra dans la carrière sans armure de jambe, à cause qu'il avait mal à un genou, et pria Chastelmorant de se désarmer les jambes, l'assurant qu'il ne le frapperait que sur les armes. Chastelmorant fit ce qu'on lui demandait, et eut sujet de s'en repentir ; car au troisième coup de lance l'anglais lui perça la cuisse d'outre en outre. Tout le monde condamna l'action de Farintonne, et le duc de Bretagne aussi bien que le comte de Boukingham le firent mettre en prison, faisant dire à Chastelmorant que l'on avait emporté, par le Barrois son cousin, qu'ils lui livreraient le traitre, pour en tirer telle rançon qu'il voudrait. Chastelmorant répondit que le duc de Bourbon, à qui il était, ne le laissait point manquer d'argent ; qu'il n'était pas venu en Bretagne pour en gagner, et qu'il prioit le duc de Bretagne de mettre Farintonne en liberté. La générosité de Chastelmorant fut estimée de tout le monde, et le comte de Boukingham lui envoya sur-le-champ un gobelet d'or et cent cinquante nobles. Chastelmorant renvoya les nobles, et retint seulement le gobelet, par respect pour celui qui lui en avait fait présent. »

[1381]

ils fissent ainsi et que en la saison un passage des Anglois se feroit de rechef en Normandie, et prendroient terre à Chierbourch, et se trouveroient ces deux osts en Normandie, pourquoi quand ils seroient tous ensemble, ils pourroient faire un très grand fait en France. Le roi de France, ses oncles et tout le conseil imaginèrent bien tous ces points, et en étoient aucunement avisés et informés; et disoient bien entre eux, en secret conseil, que si le duc de Bretagne et aucuns de ses villes et de ses gens étoient contraires au royaume de France, avec la puissance d'Angleterre, que le royaume de France pour une saison auroit à porter trop dur faix. Pourquoi ces quatre barons de Bretagne qui représentoient le duc et qui concevoient bien toutes ces affaires avoient mis ces doutes avant, et espécialement ils s'en étoient découverts au duc d'Anjou qui avoit le souverain gouvernement, pour le temps, du royaume de France. Et le duc d'Anjou, qui tendoit à faire un grand voyage et de aller dedans deux ans en Pouille et en Calabre, ne voulait mie que le royaume de France fût si ensoigné que son voyage en fût rompu ni retargié; si s'inclinoit grandement à ce que le duc de Bretagne vînt à paix, afin qu'il demeurât bon François et loyal, et homme de foi et de hommage au roi de France.

Tant fut parlementé et traité par les quatre barons dessus nommés [1], que le duc de Bretagne vint à accord et pouvoit sans forfait adresser et aider les Anglois de navires pour r'aller en Angleterre. Encore mit le duc de Bretagne en ses ordonnances que, si ceux de la garnison de Chierbourch, qui étoient venus en ce voyage servir le comte de Bouquinghen, s'en vouloient r'aller par terre en leur garnison, ils auroient bon sauf-conduit du roi et aussi du connétable de France pour faire leur voyage parmi le royaume de France, voir à chevaucher sans armures; et aucuns chevaliers et écuyers d'Angleterre, si ils se vouloient mettre en leur compagnie. Et les Anglois partis de Bretagne,

LIVRE II.

le duc de Bretagne devoit venir en France devers le roi et ses oncles, et reconnoître foi et hommage du roi, ainsi que un duc de Bretagne doit faire à son naturel seigneur le roi de France. Toutes ces choses furent escriptes et scellées bien et suffisamment, et apportées devers le duc de Bretagne, qui pour le temps se tenoit à Suseniot en la marche de Vennes. Si s'accorda, mais ce fut à dur, à ce que ses gens en avoient fait; car bien savoit que il ne pouvoit ce faire sans avoir grand maltalent au comte de Bouquinghen et aux Anglois.

CHAPITRE LXXXIII.

Comment après le traité fait du roi de France et du duc de Bretagne, les Anglois partirent de Bretagne pour retourner en Angleterre.

Quand la connaissance vint au comte de Bouquinghen et aux Anglois que le duc de Bretagne s'étoit accordé au roi de France, si en furent moult courroucés; et se contentèrent moult mal de lui, et dirent que il les avoit mandés et fait venir en Bretagne, ni oncques ainsi que il dût il ne s'étoit acquitté envers eux; pourquoi ils en tenoient moins de bien et de loyauté. Assez tôt après le duc de Bretagne vint à Vennes devers le comte de Bouquinghen et les barons, et leur remontra couvertement comment ses gens avoient pourchassé à Paris devers le roi de France et ses oncles aucun traité, lequel il convenoit que il fît et tînt, si il ne vouloit perdre son pays. Adoncques eut grandes paroles entre le comte de Bouquinghen et les barons d'Angleterre d'une part, et le duc de Bretagne d'autre; mais le duc se humilioit et excusoit ce qu'il pouvoit : car bien sentoit et véoit que il avoit en aucune manière tort : toutefois faire le convenoit, afin que les Anglois partissent de Bretagne. Adonc fit le comte de Bouquinghen à savoir parmi la cité de Vennes que, si ses gens avoient rien acru [1], on se traist avant et on seroit payé; et rendit aux bourgeois de Vennes les clefs de la ville, et les remercia de ce qu'ils lui avoient fait. On délivra au comte et à ses gens, pour leurs deniers, navire à Vennes, à Hainbont et à Camperlé là où ils étoient logés. Et se partit de Vennes le comte de Bouquinghen le onzième jour du mois

[1] Ce traité, conclu à Paris le 15 janvier 1380 ou 1381, nouveau style, Pâques tombant cette année le 14 avril, fut ratifié par le duc de Bretagne à Guerrande, le 10 avril 1380 ou 1381, nouveau style. Il est rapporté en entier par d'Acynte, livre de Bretagne. Lobineau le rapporte également avec les ratifications successives des divers seigneurs de Bretagne.

II.

[1] Obtenu à crédit.

17

d'avril, et toutes ses gens, bannières déployées en ordonnance de bataille, et s'en vinrent ainsi sur le hàvre où leurs nefs étoient. Si entrèrent dedans ordonnément; et fut au hàvre là tout le jour à l'ancre; et là vinrent le duc de Bretagne, messire Alain de la Houssoye, le sire de Montbourchier, messire Étienne Guion, messire Guillaume de Tanneguy, messire Geffroy de Caremiel, et plusieurs autres de son conseil; et envoyèrent devers le comte qui étoit en sa nef, dire que le duc vouloit parler à lui. Le comte n'y vouloit mie venir, mais y envoya le seigneur de Latimer et messire Thomas de Percy. Ces deux vinrent parler au duc de Bretagne, et furent ensemble en parlement bien trois heures; et fut ordonné des Anglois à leur département que ils feroient tant devers le comte que à l'autre jour il et le duc auroient un autre parlement ensemble; et revinrent sur cel état à leur nef, et remontrèrent tout ce au comte, et quelle chose ils avoient trouvé au duc de Bretagne. Quand ce vint après mie-nuit et le flot revint, les mariniers eurent vent à volonté, si demandèrent au comte quelle chose il vouloit faire. Le comte qui ne vouloit plus avoir de parlement au duc, dit : « Tirez les ancres amont, avalez les câbles et nous partons. » Tantôt fut fait et désancré. Adonc se départirent les Anglois du hàvre de Vennes et singlèrent devers Angleterre : aussi firent ceux des autres hàvres et ports; tous se remirent ensemble sur la mer. Or parlerons-nous d'aucuns chevaliers et écuyers qui retournèrent par terre à Chierbourch, et recorderons quelle chose leur avint sur leur chemin par terre.

CHAPITRE LXXXIV.

Comment un écuyer françois, nommé Jean Bourcinel, oppressa de faire armes un écuyer anglois qui fort y obvia.

Le connétable de France, qui pour le temps se tenoit au châtel de Jocelin, à sept lieues près de Vennes, avoit donné sauf-conduit de aller leur chemin débonnairement à aucuns chevaliers anglois et navarrois de la garnison de Chierbourch qui avoient en ce voyage servi le comte de Bouquinghen; entre lesquels messire Yon Fit-Varin, messire Guillaume Clinton et messire Jean Burlé étoient. Et se partirent ceux de Vennes, et prirent le chemin de chastel Jocelin, car c'étoit leur voie ; et vinrent là ; et se logèrent en la ville au dehors du châtel, et ne cuidoient ni vouloient fors dîner et tantôt partir. Quand ils furent descendus à leur hôtel, ainsi que gens passans qui se vouloient dîner, les compagnons du châtel, chevaliers et écuyers, les vinrent voir, ainsi que gens d'armes s'entrevoient volontiers, et espécialement François et Anglois. Entre les François avoit un écuyer, bon homme d'armes et renommé, lequel étoit à monseigneur Jean de Bourbon, comte de la Marche, et le plus prochain qu'il eût, et de ses écuyers qu'il aimoit le mieux; et s'appeloit cil écuyer Jean Bourcinel, lequel avoit été au temps passé en garnison à Valognes avec messire Guillaume Des Bordes et les François à l'encontre de Chierbourch, et avoit eu de ce temps paroles d'armes par plusieurs fois à un écuyer anglois qui là étoit, et qui s'appeloit Nicolas Cliffort. Quand ces chevaliers et écuyers françois furent venus au Bourg Bas, à l'hôtel où les Anglois étoient logés, et que ils eurent parlé ensemble et avisé et regardé l'un l'autre, Jean Bourcinel commença à parler et dit à Nicolas Cliffort : « Nicolas, Nicolas, par plusieurs fois nous sommes-nous ahatis et devisés à faire fait d'armes, et point ne nous sommes-nous trouvés en place où nous le pussions faire. Or sommes-nous maintenant ci, devant monseigneur le connétable et les seigneurs, si le ferons tout assurément, et je vous en requiers de trois coups de lance. » Nicolas répondit à celle heure et parole, et dit : « Jean, vous savez que nous sommes ainsi que pélerins sur notre chemin, au sauf-conduit de monseigneur le connétable, et que ce que vous me requerez ne se peut faire maintenant, car je ne suis pas chef du sauf-conduit ; mais suis dessous ces chevaliers qui cy sont ; et si je vouloie demeurer, si ne demeureroient-ils pas, si il me venoit à point. » Là , répondit l'écuyer françois, et dit : « Nicolas, ne vous excusez point par ce parti. Laissez vos gens partir si ils veulent, car je vous ai en convenant, armes faites, que je vous ferai remettre en la porte de Chierbourch, sans dommage et sans péril : ainçois vous y conduirai-je que vous n'y fussiez sûrement mené, et de ce je me fais fort de monseigneur le connétable. » Donc, répondit Nicolas et dit : « Or prenez que ainsi fut, et du mener je vous crois assez; mais vous véez que nous chevauchons parmi ce pays, tous dépourvus d'armures, ni nous n'en avons nulles avec nous, et si je me voulois armer, je n'ai de quoi. » — « Hà! répondit Jean, Nicolas, ne vous excusez pas sur ce parti ; car je vous dirai que je vous ferai : j'ai des armures assez en mon commandement. Je vous ferai apporter en la place où nous ferons fait d'armes deux harnois tous égaux, autels les uns comme les autres ; et quand ils seront là mis et couchés, vous les aviserez et regarderez, et lequel que vous voudrez je vous mets à choix, et élirez et prendrez, et de celui vous vous armerez ; et de l'autre je me armerai. » Quand Nicolas Cliffort se vit argué et pointé si avant, si fut tout vergogneux et honteux, pour ceux d'environ qui oyoient les paroles ; et lui sembloit que Jean lui offroit tant de choses, que il ne le pouvoit pour son honneur refuser ; car encore lui disoit Jean : « Prenez tous les partis que vous voulez, je m'y assentirai avant que nous ne fassions fait d'armes. » Et tant que Nicolas répondit : « Je en aurai avis ; et ainçois que je me parte je vous en signifierai aucune chose ; et si il est ainsi que ce ne puisse faire bonnement maintenant, et que mes seigneurs qui sont cy, dessous qui je suis, ne le me veulent accorder, moi retourné à Chierbourch, traiez vous à Valognes, signifiez-moi votre venue ; tantôt et incontinent je m'en irai vers vous et vous délivrerai. » — « Nennil, nennil, dit Jean, n'y quérez nulles éloignes. Je vous ai offert tant de si honorables offres, que nullement vous ne pouvez partir à votre honneur, si vous ne faites cy fait d'armes, quand je vous en requiers. » Encore de ces paroles Nicolas fut plus courroucé que devant, car il lui sembloit, et voir étoit, que cil parloit grandement contre son honneur. A ce coup se retrairent dedans le châtel les François ; et les Anglois se retrairent en leur hôtel et se dînèrent. Quand ces compagnons chevaliers et écuyers furent retournés devers le châtel, vous pouvez bien croire et savoir que ils ne se tinrent pas des paroles d'armes que Jean Bourcinel avoit faites et présentées à Nicolas Cliffort ; et tant que le connétable en ot la connoissance : si pensa sus un petit ; et lors lui prièrent les chevaliers et écuyers qui là étoient que il voulsist rendre peine à ce que cil fait d'armes se fît. Et le connétable, quand il les ouït, répondit : « Volontiers. »

CHAPITRE LXXXV.

Comment ung écuyer anglois, nommé Nicolas Cliffort, occit un écuyer françois nommé Jean Bourcinel, en fait d'armes, dont Nicolas ne se sçut excuser.

Quand ce vint après dîner, les chevaliers d'Angleterre qui là étoient, et qui partir se vouloient, s'en vinrent au châtel devers le connétable pour le voir et parler à lui ; car il leur devoit bailler du moins un chevalier qui les devoit mener et conduire tout leur chemin parmi Bretagne et Normandie jusques à Chierbourch. Quand ils furent venus au châtel, le connétable les reçut moult doucement, et puis dit : « Je vous arrête tous et vous défends à non partir meshuy ; demain au matin après messe, vous verrez fait d'armes de votre écuyer et du nôtre, et puis vous dînerez avec moi : le dîner fait vous partirez ; et vous baillerai bonnes gardes qui vous guideront et mèneront jusqu'à Chierbourch. Or s'avisent les deux écuyers Jean et Nicolas, car il convient que au matin ils fassent fait d'armes ; jamais n'en seront déportés. Ils lui accordèrent et burent de son vin, et puis retournèrent en leurs hôtels. »

Quand ce vint au matin, tous deux furent à une messe et se confessèrent et communièrent, et puis montèrent à cheval les seigneurs de France d'une part et les Anglois d'autre, et s'en vinrent tous ensemble en une place toute unie au dehors du châtel Jocelin, et là s'arrêtèrent. Jean Bourcinel avoit pourvu deux harnois d'armes bons et suffisans, ainsi que l'affaire le demandoit et que à l'écuyer anglois promis l'avoit. Si les fit là tous pareillement étendre et mettre sur la terre, et puis dit à Nicolas : « Prenez premier. » — « Par ma foi, répondit l'Anglois, non ferai, vous prendrez premier. » Là convint que Jean prit premier ; et s'arma de toutes pièces, parmi ce que on lui aida, ainsi comme un homme d'armes se doit armer. Et aussi fit Nicolas. Quand ils furent tous armés, ils prirent leurs lances à bons fers de Bordeaux, qui étoient tout d'une longueur, et se mit chacun où il se devoit mettre pour venir de course et faire fait d'armes ; et avoient avalé leurs bassinets et clos leurs visières, et puis s'en vinrent pas pour pas l'un contre l'autre. Quand ils durent approcher, ils abaissèrent leurs glaives et les mirent en point pour adresser l'un autre. Tout du premier coup Nicolas Cliffort consuivit de son glaive Jean Bourcinel en la poitrine d'acier amont. Le fer du glaive coula outre à l'autre lez; et ne le prit point à la plate d'acier, mais esclissa amont en coulant, et passa tout outre le camail qui étoit de bonnes mailles, et lui entra au col, et lui coupa la veine orgonal, et lui passa tout outre à l'autre lez; et rompit la hanste de-lez le fer; et demeura le fer et le tronçon ens ou haterel de l'écuyer, qui étoit de ce coup navré à mort, ce pouvez-vous bien croire. L'écuyer anglois passa outre et mit sa lance jus qui étoit brisée, et s'en vint vers sa chaière; l'écuyer françois qui se sentoit féru à mort s'en alla jusques à sa chaière, et là s'assit. Les seigneurs de son côté qui avoient vu le coup, et qui lui voyoient le tronçon porter au haterel, vinrent celle part : on lui ôta tantôt le bassinet, et lui ôta-t-on le tronçon et le fer : si très tôt comme il l'eut hors du col, il tourna d'autre part sans rien dire et chey là et mourut, ni oncques l'écuyer anglois qui venoit là le cours pour lui aider, car il savoit paroles pour étancher, n'y pot venir à temps que il ne le trouvât mort. Lors n'eut en Nicolas Cliffort que courroucer, quand il vit que par mésaventure il avoit mort un si vaillant homme et bon homme d'armes. Qui vit là le comte de la Marche, qui aimoit l'écuyer mort sur toutes rien, courroucer et démener et regreter, il en put et dut avoir grand'pitié. Le connétable qui étoit présent le confortoit et disoit : « En tels faits ne doit-on attendre autre chose. Il est mésavenu à notre écuyer; mais l'Anglois ne le peut amender. Adonc dit-il aux chevaliers d'Angleterre : « Allons, allons dîner, il est temps. » Le connétable, ainsi que malgré eux les mena au châtel pour dîner avec lui; car ils n'y vouloient aller, tant étoient courroucés de la mort de celui. Le comte de la Marche pleuroit moult tendrement et regretoit son écuyer. Nicolas Cliffort s'en vint à son hôtel, et ne vouloit nullement aller dîner au châtel, tant pour le grand courroux que il avoit de la mort de icelui écuyer françois, que pour les parens et amis d'icelui : mais le connétable l'envoya querre; et le convint venir au châtel. Quand il fut devant lui, il lui dit : « Certes, Nicolas, je crois assez et vois bien que vous êtes courroucé de la mort Jean Bourcinel; mais je vous excuse, vous ne l'avez pu amender; et si Dieu me veuille aider, si j'eusse été au parti où vous étiez, vous n'en avez fait chose que je n'en eusse fait; car mieux vaut gréver son ennemi que ce que on soit grévé de lui. Telles sont les parçons d'armes. » Adoncques se assit-on à table: si dînèrent les seigneurs tout à loisir : après dîner et le vin pris, le connétable appela messire le Barrois des Barres et lui dit : « Barrois, ordonnez-vous, je veux que vous conduisiez ces Anglois jusques à Chierbourch; et faites partout ouvrir villes et châtels, et leur administrer ce qui leur besogne. » Le Barrois répondit et dit : « Monseigneur, volontiers. » Adonc prirent les Anglois congé au connétable de France et aux chevaliers qui là étoient. Si vinrent à leurs hôtels; tout étoit troussé et appareillé; si montèrent à cheval et partirent du châtel Jocelin, et chevauchèrent devant eux pour aller à Pont-Oson et au Mont-Saint-Michel; et étoient au convoi et en la garde de ce gentil chevalier le Barrois des Barres, qui oncques ne les laissa ni en Bretagne ni en Normandie, si furent entrés à Chierbourch. Ainsi se départit l'armée du comte de Bouquinghen par mer et par terre.

Or retournerons-nous aux besognes de Flandre, et dirons comment cil de Gand se maintinrent; et aussi du comte Louis de Flandre comment il persévéra sur eux et leur fit guerre moult forte durement.

CHAPITRE LXXXVI.
Comment ceux de la ville de Bruges et du Franc mandèrent le comte Louis ; et de l'entreprise qu'il fit sur ceux de la ville d'Yppre.

Bien est vérité que le comte de Flandre à ce commencement ne craignoit ni doutoit les Gantois que trop petit, et les pensoit bien à soumettre par sens et par armes petit à petit, puisque Jean Lyon et Jean Pruniaux étoient morts. Mais les Gantois avoient encore de grands capitaines èsquels ils avoient grand'fiance, et par lesquels ils ouvroient du tout; et étoit Rasse de Harselles, capitaine de ceux de la chastellerie de Gand, et Jean de Lannoy, capitaine de la chastellerie de Courtray. Encore y étoient capitaines, Jean Boulle, Piètre du Bois, Arnoux le Clerc et Pierre de Wintre. En ce temps se émut un content entre les gros et les menus de Bruges; car les menus métiers vouloient faire à leur entente, et les gros ne le purent souffrir. Si se rebellèrent, et y en eut de foulons et de tisserands morts une quantité, et le demeurant se apaisèrent. Adonc mandèrent ceux de Bruges le comte qui étoit à Lille que, pour Dieu, il vînt vers eux; car ils le tenoient à seigneur et étoient maîtres des petits. Le comte de Flandre entendit volontiers ces nouvelles et se départit de Lille, messire Guillaume de Namur en sa compagnie et grand'foison de chevaliers et écuyers de Flandre, et s'en vint à Bruges où il fut reçu à grand'joie, parmi le bon conseil que il eut adonc. Et furent pris à Bruges à la venue du comte tous ceux principaument qui avoient les cœurs gantois et qui en étoient soupçonnés de l'avoir; et en furent mis en la Pierre en prison plus de cinq cents, lesquels petit à petit on décoloit.

Quand ceux du Franc [1] entendirent que le comte de Flandre étoit paisiblement à Bruges, si se doutèrent et se mirent tantôt en la mercy du comte, lequel les prit et en eut grand'joie, car son pouvoir en croissoit tous les jours. Et aussi ceux du Franc ont toujours été de la partie du comte plus que tout le demeurant de Flandre. Quand le comte se vit au-dessus de ceux de Bruges et du Franc, et que il avoit de-lez lui chevaliers et écuyers du pays de Hainaut et d'Artois, si se avisa que petit à petit il reconquerroit son pays et puniroit les rebelles. Et premièrement il ordonna et dit que il vouloit aller voir ceux de Yppre; car il les haioit trop grandement de ce que ils ouvrirent leurs portes si légèrement devant ceux de Gand; et dit bien que ceux qui ce traité avoient fait, que de mettre dedans ses ennemis et de occire ses chevaliers, le comparroient cruellement, mais que il en pût être au-dessus. Adonc fit-il son mandement parmi le Franc de Bruges, que tous fussent appareillés, car il vouloit aller devant Yppre. Ces nouvelles vinrent à Yppre que le comte leur sire s'ordonnoit pour eux venir voir et assaillir : si orent conseil de signifier à ceux de Gand ces nouvelles, afin que ils leur envoyassent gens et conforts; car ils n'étoient mie forts assez de eux tenir sans l'aide des Gantois, qui leur avoient promis et juré faire secours toutes fois que il leur besoigneroit. Si envoyèrent couvertement lettres et messages à Gand aux capitaines, et leur signifièrent l'état du comte, comment il les menaçoit de venir assiéger et assaillir.

Ceux de Gand regardèrent que ils étoient tenus par foi et par serment à eux conforter. Si avisèrent premièrement deux capitaines Jean Boulle et Arnoux Clerc et leur dirent : Vous prendrez quatre mille hommes des nôtres et irez hâtivement à Yppre, et conforterez ceux de Yppre, ainsi que nos bons amis. » Tantôt à celle ordonnance se départirent tous ceux qui ordonnés y furent, les quatre mille, et s'en vinrent à Yppre; dont ceux de la ville eurent grand'joie. Le comte de Flandre issit de Bruges atout grands gens et s'en vint à Tourout, et le lendemain à Pourpringhe, et là séjourna trois jours, tant que toutes ses gens furent venus; et étoient bien environ vingt mille hommes.

CHAPITRE LXXXVII.

Comment ceux d'Yppre se mirent sur les champs en armes pour aller avec les Gantois combattre le comte Louis leur seigneur, et comment ils furent rués jus par le bâtard de Flandre, par le seigneur d'Enghien et autres.

Ceux de Gand qui savoient bien ces convenances et comment le comte vouloit puissamment aller devant la ville de Yppre, regardèrent que ils assembleroient leur puissance et s'en iroient par Courtray vers Yppre, et feroient vuider ceux de Yppre, et combattroient le comte et ses gens; et si ils les pouvoient une bonne fois ruer jus, jamais ils ne se relèveroient. Adonc se départirent de Gand tous les capitaines, Rasse de Harselles, Piètre du Bois, Piètre de Wintre, Jean de Lannoy et plusieurs autres qui étoient centeniers et cinquanteniers, par paroisses; et se trouvèrent aux champs plus de neuf mille; et cheminèrent tant que ils vinrent à Courtray où ils furent reçus à grand'joie, car Jean de Lannoy en étoit capitaine. Le comte de Flandre, qui se tenoit à Pourpringhe et là environ, entendit que ceux de Gand venoient vers Yppre et que jà ils étoient à Courtray; si eut sur ce avis, et tint tous ses gens ensemble. Ceux de Gand qui étoit venus à Courtray s'en partirent et s'en vinrent à Roullers; et là s'arrêtèrent et envoyèrent dire à ceux de Yppre que ils étoient là venus, et que si ils vouloient issir hors atout ceux que ils leur avoient envoyés, ils se trouveroient gens assez pour aller combattre le comte.

De ces nouvelles furent ceux de Yppre moult réjouis et en grand'volonté de ce faire, ainsi que ils le montrèrent; et se départirent tantôt au matin

---

[1] On appelait ainsi la banlieue de Bruges qui formait une commune à part.

plus de huit mille, et les conduisoient Jean Boulle et Arnoux Clerc.

Le comte de Flandre et son pouvoir qui se tenoit en cette marche, ne sais comment ce fut ni par quelle incidence, sçut que ceux de Yppre étoient sortis de la ville pour eux venir bouter avec ceux de Gand qui étoient à Roullers : si ordonna, sur un passage dont il étoit certain par où ceux de Yppre passeroient, et non par ailleurs, deux grandes et grosses embûches, de son fils le Hazèle, bâtard de Flandre, du seigneur d'Enghien et des chevaliers et écuyers de Flandre et de Hainaut avec ceux de Bruges et du Franc; et y avoit en chacune embûche bien dix mille hommes. Quand ceux de Yppre et les Gantois qui premiers y avoient été envoyés avec Jean Boulle et Arnoux Clerc furent sur les champs et ils eurent cheminé environ une lieue, ils trouvèrent deux chemins; l'un alloit vers Roullers, l'autre vers Tourout. Si s'arrêtèrent et demandèrent l'un à l'autre : «Lequel chemin tenrons-nous? dit Arnoux Clerc : je conseille que nous allions vers nos gens qui sont à Roullers.» — «Par ma foi, dit Jean Boulle, je les tenrois mieux logés sur le mont d'or que autre part, car soyez certain, je connois bien à tels [1], Piètre du Bois et Rasse de Harselles, puisque ils nous ont mandé, que ils veulent le comte combattre, que ils approcheront le plus près qu'ils pourront : si conseille que nous allions ce chemin.» Arnoux Clerc le débattoit, et Jean Boulle le vouloit, et les fit tous tourner ce chemin. Quand ils eurent allé environ deux lieues et que ils étoient ainsi que tous las de cheminer à pied, ils s'embattirent au milieu de ces deux embûches; et quand ils se trouvèrent là si crièrent tous : «Nous sommes trahis.» Oncques gens ne se mirent à si petite défense comme ils se mirent adonc, mais se boutèrent à sauveté à leur pouvoir, et retournèrent les aucuns en Yppre, et les autres prenoient les champs et s'enfuyoient, qui mieux mieux, sans arroy et sans ordonnance. Les gens du comte qui en avoient grand'foison enclos, les occioient à volonté, sans nullui prendre à merci. Toutefois Jean Boulle et Arnoux Clerc se sauvèrent : les fuyans qui fuyoient vers Courtray trouvèrent leurs gens qui étoient partis de Roullers et s'en venoient leur chemin vers Rosebecq. Quand Piètre du Bois et les autres virent les fuyans, ils leur demandèrent qu'il leur étoit advenu; ils répondirent qu'ils fuyoient comme gens trahis faussement et déconfits du comte de Flandre et de ceux de Bruges. «Et quelle quantité sont-ils, demanda Piètre du Bois, qui ont fait cette déconfiture?» Ils répondirent que ils ne savoient et que ils n'avoient mie eu bon plaisir du compter; mais tous les champs en étoient couverts. Là eut Piètre du Bois plusieurs imaginations, d'eux traire avant pour retourner les fuyans et combattre leurs ennemis qui les chassoient, ou de traire vers Courtray. Tout considéré, conseillé fut de eux retraire pour celle fois, et que c'étoit le plus profitable. Si se trairent tous en une bataille rangée sans eux défronter; et s'en retournèrent ce jour-là à Courtray, et là se retrairent les fuyans. Si se logèrent ceux de Gand en Courtray, et mirent gardes aux portes, parquoi ils ne fussent surpris. Comptés leurs gens et avisés, quand Jean Boulle et Arnoux Clerc furent retournés, ils connurent que de la ville de Gand, de ceux que ils avoient envoyés à Yppre, étoient bien morts douze cents; et si en y eut de ceux de Yppre bien autant ou plus occis. Et si les embûches eussent chassé en allant vers Yppre et en allant vers Courtray, petit en fut demeuré que tous n'eussent été ratteins; mais ce que point ne chassèrent, ni entendirent à tuer, fors ceux qui chéirent en leurs embûches, en sauva trop grand planté. Si furent ceux de Yppre moult ébahis, quand ils virent leurs gens retourner tous déconfits, le propre jour que ils étoient issus; et demandoient comment ce avoit été; et disoient après l'un et l'autre, que Jean Boulle les avoit trahis et menés mourir mauvaisement.

CHAPITRE LXXXVIII

Comment Jean Boulle fut par les Gantois occis à Courtray, et comment Jean de Lannoy eut la garde du château de Gavres.

Vous avez plusieurs fois ouï recorder que c'est dure chose que de rapaiser commun quand il est ému : je le dis pour ceux de Gand. Quand ils furent ce jour retraits à Courtray, les déconfits sçurent que Jean Boulle étoit en la ville; si se mirent plus de mille ensemble et dirent : «Allons au faux et très mauvais traître Jean Boulle qui nous a trahis; car par lui, et non par

---

[1] Pour tels.

autre, fûmes-nous menés au chemin dont nous entrâmes en l'embûche. Si nous eussions cru Arnoux Clerc, nous n'eussions eu garde; car il nous vouloit mener droit sur nos gens; et Jean Boulle, qui nous avoit vendus et trahis, nous a menés là où nous avons été déconfits. » Or regardez comment ils l'accusèrent de trahison : je ne cuide mie que il y eût cause; car si il fût ainsi comme ils disoient, et que il les eût vendus et trahis au comte, il ne fût jamais retourné devers eux, et fût demeuré avec le comte et ses gens. Toutefois ne se put oncques excuser Jean Boulle, puisque il étoit accueilli, que il ne fût mort : je vous dirai comment. Les Gantois l'allèrent prendre et querre en son hôtel et l'emmenèrent en-my la rue; et là fut despiécé pièce à pièce : chacun en emportoit une pièce. Ainsi fina Jean Boulle. A lendemain les Gantois se départirent de Courtray et s'en retournèrent en Gand, et envoyèrent Jean de Lannoy au châtel de Gavres, qui est châtel du comte séant sur la rivière de l'Escaut. Et le prit Jean en garde et en garnison. Or parlerons-nous du comte de Flandre et de ses gens.

CHAPITRE LXXXIX.

Comment ceux de la ville d'Yppre se rendirent au comte Louis leur seigneur, et comment plenté de peuple fut décolé à Yppre.

Quand ils eurent ainsi par leur embûche tués jus les Gantois et bien morts trois mille ou environ, que de ceux de Gand que de ceux de Yppre, le comte eut conseil que il se trairoit devant la ville de Yppre, et y mettroit le siége. Si comme il fut conseillé il fut fait; et se trait le comte celle part à tous ses gens et belle compagnie de chevaliers et écuyers de Flandre, de Hainaut et d'Artois, qui l'étoient venu servir. Quand ceux de Yppre entendirent que le comte leur sire venoit là si efforcément, si furent tous effrayés; et orent conseil, les riches hommes et les notables de la ville, que ils ouvriroient leurs portes et s'en iroient devers le comte, et se mettroient du tout en son ordonnance, et lui crieroient merci; car bien savoit que de ce que ils étoient et avoient été Gantois, ce avoit été par force et par le commun, si comme foulons et tisserands et tels méchans gens de la ville : si sentoient bien le comte si noble et si pitable que il les prendroit à merci. Si comme ils ordonnèrent ils firent; et s'en vinrent plus de trois cents d'une compagnie au dehors de la ville d'Yppre, et avoient les clefs des portes avec eux; et quand le comte de Flandre fut venu, ils se jetèrent tous à genoux devant lui, et lui crièrent merci, et se mirent du tout, eux personnellement et toute la ville, en sa volonté. Le comte en eut pitié et les fit lever et les prit à merci. Si entra, et toute sa puissance, en la ville de Yppre et y séjourna environ trois semaines, et renvoya ceux du Franc et ceux de Bruges. En ce séjour que le comte fit à Yppre, il en fit décoler plus de sept cents, foulons et tisserands et telles manières de gens, qui avoient mis premièrement Jean Lyon et les Gantois en la ville, et occis les vaillans hommes que il avoit établis là et envoyés, pour laquelle chose il étoit moult iré pour ses chevaliers. Et afin que ils ne fussent plus rebelles envers lui, il envoya trois cents des plus notables de la ville tenir prison à Bruges; et quand il ot tout ce fait, il s'en retourna à Bruges, à belle compagnie de gens d'armes; mais il prit le chemin de Courtray, et dit que il vouloit ceux de Courtray mettre en son obéissance.

CHAPITRE XC.

Comment ceux de Courtray furent reçus à merci du comte leur seigneur, et comment le comte alla mettre le siége à grand effort devant Gand; et du confort que les Gantois avoient des Brabançons et Liégeois.

Quand ceux de Courtray entendirent que le comte, leur seigneur, venoit si efforcément sur eux, et que ceux de Yppre s'étoient mis en son obéissance, ils se doutèrent grandement, car ils ne véoient point de confort apparent en ceux de Gand. Si se devisèrent que ils se rendroient légèrement à leur seigneur; et trop mieux leur valoit à être de-lez le comte, quand ils lui devoient foi et loyauté, que de-lez les Gantois. Adonc s'ordonnèrent trois cents de la ville, tous des plus notables, et se mirent tous à pied sur les champs, contre la venue du comte, les clefs de la ville avec eux. Quand le comte dut passer, ils se jetèrent tous à genoux, et lui crièrent merci. Le comte en eut pitié; si les reçut à merci et entra en la ville moult joyeusement; et tous et toutes lui firent honneur et révérence. Si prit des bourgeois de Courtray environ trois cents des plus notables, et les envoya à Lille et à Douay en hostagerie, afin que ceux de Courtray ne se rebellassent plus ; et quand il eut été à Courtray six jours, il s'en alla à Douze, et de là à Bruges, et s'y rafraîchit environ quinze jours. Et adonc fit-il un grand mandement partout pour venir assiéger la ville de Gand ; car toute Flandre pour ce temps étoit appareillée à son commandement. Si se partit le comte de Flandre de Bruges moult efforcément, et s'en vint mettre le siége devant Gand, et se logea en un lieu que on dit en la Biette. Là vint messire Robert de Namur servir le comte à une quantité de gens d'armes, ainsi que il lui étoit escript et mandé ; mais messire Guillaume de Namur n'y étoit adonc point, ains étoit en France de-lez le roi et le duc de Bourgogne. Ce fut environ la Saint-Jean decolace[1] que le siége fut mis à Gand ; et étoit maréchal de tout l'ost de Flandre le sire d'Enghien, qui s'appeloit Gaultier, qui pour ce temps étoit jeune, hardi et entreprenant, et ne ressoignoit peine ni péril qui lui pût advenir. Quoique le comte de Flandre fût logé devant Gand à grand'puissance, si ne pouvoit-il si contraindre ceux de la ville que ils n'eussent trois ou quatre portes ouvertes, par quoi tous vivres sans danger leur venoient. Et aussi ceux de Brabant, et par espécial ceux de Bruxelles leur étoient moult favorables. Aussi étoient les Liégeois ; et leur mandèrent ceux du Liége pour eux reconforter en leur opinion : « Bonnes gens de Gand, nous savons bien que pour le présent vous avez moult à faire, et êtes fort travaillés de votre seigneur le comte et des gentilshommes, et du demeurant du pays, dont nous sommes moult courroucés ; et sachez que si nous étions à quatre ou à six lieues près marchissans à vous, nous vous ferions tel confort que on doit faire à ses frères, amis et voisins : mais vous nous êtes trop loin, et si est le pays de Brabant entre vous et nous ; pourquoi il faut que nous nous souffrions. Et pour ce, si vous êtes maintenant assiégés, ne vous déconfortez pas ; car Dieu sait, et toutes bonnes villes, que vous avez droit en cette guerre : si en vaudront vos besognes mieux. » Ainsi mandoient les Liégeois à ceux de Gand pour eux donner bon confort.

[1] Décollation de saint Jean, le 29 août. Voyez, dans l'Addition qui suit ce livre, quelques détails nouveaux sur cette guerre des Flamands.

CHAPITRE XCI.

Comment messire Josse de Hallevin, chevalier, fut occis devant Gand à ung passage nommé le Long-Pont.

Le comte de Flandre, avoit assiégé la ville de Gand au-lez devers Bruges et par devers Courtray, car par devers Bruxelles, ni devers les Quatre-Métiers[1], ne pouvoit-il venir ni mettre le siége, pour les grandes rivières qui y sont, la Lys et l'Escaut. Et vous dis que, tout considéré, Gand est une des plus fortes villes du monde, et y faudroit bien plus de deux cent mille hommes, qui bien la voudroit assiéger et clorre tous les pas et les rivières ; et encore faudroit-il que les osts fussent séparées pour les rivières ; ni au besoin ils ne pourroient conforter l'un l'autre ; car il y a trop de peuple dedans la ville de Gand, et toutes gens de fait. Ils se trouvoient en ce temps, quand ils regardoient à leurs besognes, quatre vingt mille hommes, tous défendables et aidables, portant armes, dessous soixante ans et dessus quinze ans. Quand le comte eut été à siége environ un mois devant Gand, et que ses gens et le sire d'Enghien, et le Hazle son fils, eurent fait plusieurs escarmouches, et le jeune sénéchal de Hainaut, à ceux de Gand, dont un jour gagnoient et l'autre perdoient, ainsi que les aventures apportent, il fut conseillé que ils enverroient ceux de Bruges et ceux de Yppre et de Pourpringhe escarmoucher à un pas que on dit au Long-Pont. Et si on pouvoit ce pas gagner, ce leur seroit trop grand profit, car ils entreroient ens ès Quatre-Métiers, et si approcheroient Gand de si près comme ils voudroient. Adonc furent ceux ordonnés pour aller à ce Long-Pont ; et en fut capitaine meneur et conduiseur un moult prud'homme et hardi chevalier, qui s'appeloit messire Josse de Hallevin : avec lui y eut encore des chevaliers et écuyers ; mais messire Josse en étoit souverain chef. Quand ceux de Bruges, d'Yppre et de Pourpringhe furent venus à ce pas que on dit au Long-Pont, ils ne le trouvèrent pas dégarni, mais pourvu de grand'foison de gens de Gand ; et étoient Piètre du Bois, Piètre de Wintre et Rasse de Harselles au front devant. Là commença l'escarmouche moult grande et moult grosse, si très tôt que

[1] On appelait ainsi les villes du plat pays Bouchotte, Assenede, Axele et Hulst.

les gens du comte furent venus. Et traioient canons et arbalêtres de une part et d'autre à effort, dont des carreaux, tant des canons que des arbalêtres, il en y eut plusieurs morts et blessés. Et trop bien se portoient là les Gantois; car ils reculèrent leurs ennemis, et conquirent par force et par armes la bannière des orfévres de Bruges; et fut jetée dedans l'eau et souillée, et en y eut de ces orfévres, et aussi des autres gens, grand'foison de morts et de blessés; et par espécial messire Josse de Hallevin y fut occis, dont ce fut dommage : et retournèrent ceux qui là furent envoyés, sans rien faire; ainsi se portèrent vaillamment les Gantois.

CHAPITRE XCII.

Comment six mille compagnons partirent de Gand durant le siége et allèrent par assaut gagner et piller et ardoir les villes de Alost, Tenremonde et Grantmont, puis retournèrent à Gand.

Le siége étant devant Gand par la manière que le comte l'avoit assis, y eut fait plusieurs escarmouches autour de la ville; car le sire d'Enghien et le sénéchal de Hainaut, et le Hazle de Flandre en trouvèrent à la fois à découvert, dont ils ne prenoient nulles rançons; et aucunes fois ils étoient reboutés si dur que ils n'avoient mie loisir de regarder derrière eux. Adonc se recueillirent en la ville de Gand six mille hommes moult aidables, et eurent Rasse de Harselles, Arnoux Clerc et Jean de Lannoy à capitaines; et se partirent de Gand sans le danger de l'ost; et cheminèrent vers Alost, qui lors étoit une bonne ville et bien fermée; et y avoit le comte mis en garnison plusieurs chevaliers et écuyers. Mais quand ceux de Gand furent venus, ils se portèrent si vaillamment, que par assaut ils conquirent la ville; et convint messire Louis de Marbais, messire Godefroi de la Tour et messire Philippe le Jeune, et plusieurs autres chevaliers et écuyers, partir et vuider hors par la porte de Bruxelles, autrement ils eussent été morts. Et fut adonc par les Gantois Alost toute arse, portes et tout, et y conquirent moult grand pillage; et de là ils vinrent devant Tenremonde, qui est forte ville; mais adonc par assaut ils la conquirent; et y furent morts messire Philippe de Mamines et plusieurs autres. Et furent les Gantois seigneurs de la ville, et non pas du châtel; car le sire de Widescot le tint vaillamment avec ses compagnons contre eux. Et de là vinrent les Gantois devant Grantmont, qui s'étoit nouvellement tournée devers le comte, par l'effort et traité du seigneur d'Enghien; et ne sais s'il y eut trahison ou autre chose, mais adonc les Gantois y entrèrent de force. Et en y eut de ceux de dedans moult de morts. Et quand ils eurent fait ces voyages, ils s'en retournèrent en Gand atout grand butinage et grand profit.

CHAPITRE XCIII.

Comment le comte Louis de Flandre voyant l'hiver approcher et la ruine de Alost, de Tenremonde, de Grantmont et du plat pays, leva le siége de devant Gand, et comment au printemps il se remit aux champs et les Gantois aussi.

Quand le comte de Flandre vit que il perdoit son temps à seoir devant Gand, et quoique il sist là à grands frais et à grand'peine pour lui et pour ses gens, ceux de Gand ne laissoient mie à issir ni ardoir le pays, et avoient conquis Alost, Tenremonde et Grantmont, si eut conseil que il se départiroit de là, car l'hiver approchoit. Si se départit, et renvoya ses gens en leurs maisons rafreschir, et renvoya le seigneur d'Enghien et le seigneur de Montigny en Audenarde en garnison; et avoient, sans les gens d'armes, deux cens bons archers d'Angleterre, dont on faisoit grand compte; et le comte s'en vint à Bruges. Si firent ces seigneurs, qui en Audenarde se tenoient, plusieurs belles issues sur les Gantois; et étoient presque toujours sur les champs, ni ne pouvoit nul aller à Gand, ni porter vivres ni autres marchandises à peine que il ne fût aconsui.

Quand l'hiver fut passé et ce vint sur le mois de mars [1], le comte de Flandre rassembla toutes ses gens et manda ceux de Yppre, de Courtray, de Popringhe, du Dan, de l'Écluse et du Franc, et se partit de Bruges avec ceux de Bruges et s'en vint à Malle, et là se tint une espace; et fit de toutes ses gens d'armes, encore avec ceux de Lille, de Douay et d'Audenarde, souverain capitaine le seigneur d'Enghien. Les gens du comte, qui étoient bien vingt mille, si comme on disoit, se ordonnèrent pour venir devant Gavres, où Jean de Lannoy se tenoit. Quand Jean sçut la venue du comte et des gens d'armes, il le signi-

---

[1] Le mois de mars 1382, suivant le nouveau style; il était compris dans l'année 1381, suivant l'ancien style, Pâques se trouvant cette année le 6 avril.

fia à Gand à Rasse de Harselles, et lui manda que il fût conforté, et que les gens du comte étoient sur le pays. Rasse de Harselles assembla bien six mille hommes de ceux de Gand, et se mit aux champs vers Gavres, et ne trouva point Jean de Lannoy; mais le trouva à Douze, où il pilloit le pays d'autre part la rivière. Adonc se remirent-ils ensemble et cheminèrent ce jour; et trouvèrent ceux d'Audenarde et de Douze qui s'en alloient devers le comte : si les assaillirent et en occirent bien six cents; et ne étoit point le sire d'Enghien en cette compagnie, mais étoit allé devers le comte, qui étoit logé sur les champs entre Douze et Bruges. Quand les nouvelles vinrent au comte et au seigneur d'Enghien que ceux de Audenarde avoient reçu tel dommage, si en furent moult courroucés; et fut adonc ordonné que le sire d'Enghien se partiroit atout quatre mille hommes, et s'en viendroit à Gavres, là où on espéroit que Jean de Lannoy étoit; mais il n'y étoit point, ainçois il s'étoit retrait à Gand atout son pillage et son butin, et ses prisonniers : mais n'avoit-il mie grand'foison. A lendemain se départirent, il et Rasse de Harselles, atout dix mille hommes, et eurent en propos de aller à Douze; mais quand ils furent sur les champs, ils tournèrent vers Nieule; car on leur dit que le sire d'Enghien et bien quatre mille hommes y étoient, et que le comte n'y étoit point encore venu; si les vouloient combattre. Ce propre jour que Rasse de Harselles issit de Gand, en issit aussi Pètre du Bois atout six mille hommes, et Arnoux Clerc en sa compagnie, et vinrent ardoir les faubourgs de Courtray et abattre les moulins qui étoient au dehors de Courtray. Et puis s'en retournèrent vers Douze pour revenir à leurs gens; mais ce fut trop tard, car quand Jean de Lannoy et Rasse de Harselles furent venus à Nieule, ils trouvèrent le comte et toute sa puissance logés sur les champs, qui n'attendoit autre chose fors que ils fussent venus. Ainsi se trouvèrent ces deux osts du comte et des Gantois, sans ce que au matin ils sçussent rien de l'un et de l'autre. Quand Rasse de Harselles et Jean de Lannoy virent que combattre le convenoit, si ne s'effrayèrent point, mais se mirent en bon convenant, et rangèrent sur les champs, et se mirent en trois batailles; et en chacune bataille avoit deux mille hommes, tous hardis et aventureux compagnons, des plus habiles et courageux de Gand. Et autant en avoient Pètre du Bois et Arnoux Clerc qui étoient sur le pays, et rien ne savoient encore de cette aventure que leurs gens se dussent combattre. Et au départir de Gand ils avoient pris ordonnance et convenant ensemble que, si ils trouvoient le comte et sa puissance, ils ne se combattroient point l'un sans l'autre; car chaque bataille à part lui ils n'étoient pas forts assez, et tous ensemble ils étoient forts assez pour combattre autant de gens trois fois que ils étoient, et tout ce avoient juré et fiancé ensemble Pètre du Bois et Rasse de Harselles. Et au voir dire, Rasse eût bien arrêté à ne point combattre si très tôt, si il voulsist; car s'il se fût voulu tenir en la ville, en attendant Pètre du Bois, le comte ni ses gens ne l'eussent jamais requis là dedans; mais si très tôt que Rasse sçut la venue du comte, par orgueil et par grandeur, il se mit sur les champs; et dit en soi-même que il combattroit ses ennemis et auroit l'honneur, sans attendre Pètre du Bois ni les autres; car il avoit si grand'fiance en ses gens, et si bonne espérance en la fortune de ceux de Gand, que avis lui étoit que il ne pouvoit mie perdre. Et bien montra ce jour la grand'volonté que il avoit de combattre, ainsi comme je vous recorderai présentement.

CHAPITRE XCIV.

Comment le comte de Flandre assembla en bataille contre les Gantois, dont étoient capitaines Rasse de Harselles et Jean de Lannoy, et comment les Gantois furent reculés.

Moult fut le comte de Flandre réjoui quand il vit que Rasse de Harselles étoit issu de Nieule et trait sur les champs pour combattre : si fit ordonner ses gens et mettre en bonne ordonnance, et étoient environ vingt mille hommes, tous gens de fait; et avoit environ quinze cents lances, chevaliers et écuyers de Flandre, de Hainaut, de Brabant et d'Artois. Là étoient de Hainaut le sire d'Enghien, maréchal de l'ost; de sa route le sire de Montigny, messire Michel de la Hamède, le bâtard d'Enghien, Gilles du Risoy, Hustin du Lay et moult d'autres; et de Hainaut encore, le sire de Lens et messire Jean de Berlaimont; et de Flandre le sire de Ghistelles, mes sire Guy de Ghistelles, le sire d'Escornay, le sire de Hulut, le sire de Hallevin, messire Thierry de Diskemmes, le sire d'Estannebourg, le sire de la Grutuse, messire Jean Vilain, messire Gé-

[1381]

rard de Marqueilles et plusieurs autres. Et là y eut fait plusieurs chevaliers nouveaux; et étoit en devant le jeune sénéchal de Hainaut, mort sur son lit, de la bosse[1], à Aubies-de-lez Mortadgne, car il y eût été. Si fit le comte de Flandre cinq batailles, et en chacune mit quatre mille hommes. Là étoient-ils en grand'volonté de courir sur leurs ennemis; et porta ce jour le sire de Lieureghen la bannière du comte de Flandre. Toutes ces batailles et ces ordonnances faites, ils approchèrent les cinq batailles contre les trois; et de commencement il n'y eut que trois de la partie du comte qui approchassent ni assemblassent; car les deux étoient sur ailes pour reconforter les batailles branlans. Là étoit le comte présent, qui les prioit et admonestoit de bien faire et de prendre la vengeance de ces enragés de Gand, qui leur avoient fait tant de peine. Et disoit bien à ceux des bonnes villes : « Soyez tous sûrs, si vous fuyez, vous serez morts mieux que devant; car sans merci je vous ferai à tous trancher les têtes. » Et mit le comte ceux de Bruges en la première bataille, et ceux du Franc en la seconde, et ceux de Yppre et de Courtray en la tierce et ceux de Popringhe et de Berghes, et de Cassel et de Bourbourg en la quarte; et il avoit retenu de-lez lui ceux de Lille, de Douay et de Audenarde.

Or se assemblèrent ces batailles et vinrent l'un contre l'autre. Rasse de Harselles avoit la première bataille, car c'étoit le plus outrageux, hardi et entreprenant des autres, et pour ce vouloit-il être des premiers assaillans et en avoir l'honneur, si point en y avoit; et s'en vint assembler à ceux de Bruges que le sire de Ghistelles et ses frères menoient. Là ot, je vous dis, grand boutis et grand poussis de première venue. Aussi d'autre part, les autres batailles s'assemblèrent : là en y ot plusieurs renversés par terre à ce commencement d'une part et d'autre; et y faisoient les Gantois de grands appertises d'armes : mais les gens du comte étoient beaucoup plus grand'foison, quatre contre un. Là eut bon boutis, et qui longuement dura, ainçois que on pût voir ni savoir qui en auroit le meilleur; et se mirent toutes ces batailles ensemble. Là crioit-on : « Flandre! au Lion! » en reconfortant les gens du comte; et les autres crioient à haute voix : « Gand! » Et fut tel fois que les gens du comte furent en aventure de tout perdre. Et si ils eussent perdu terre, ils eussent été déconfits et morts sans recouvrer; car Piètre du Bois et bien six mille hommes étoient sur les champs, qui bien véoient leurs gens combattre; mais ils ne les pouvoient conforter, pour un grand palut d'eau et de marais qui étoient entr'eux et les combattans. Mais si le comte eût perdu ce jour, et que ses gens eussent fui par déconfiture, Piètre du Bois leur fût sailli au devant et les eût eu à volonté : ni jà pied n'en fût échappé, ni comte ni autre, que tous n'eussent été morts sur la place ou en chasse; dont ce eût été grand dommage, car en Flandre n'eût point eu de recouvrer, que tout le pays, fors cil qui tenoit le parti des Gantois, ne fût allé en exil, et à perdition par feu et par glaive entièrement.

CHAPITRE XCV.

Comment Rasse de Harselles et Jean de Lannoy furent occis, et bien six mille Gantois, à un village en Flandre, appellé Nieule.

Rasse de Harselles et Jean de Lannoy ne l'eurent mie d'avantage à assaillir les gens du comte; car le comte avoit là grand'foison de bonne chevalerie, et les compagnons de Bruges, de Yppre, de Courtray, d'Audenarde, du Dan, de l'Écluse et du Franc de Bruges; et étoient les gens du comte quatre contre un des Gantois. Donc il avint que, quand les batailles du comte furent toutes remises ensemble, il y ot grand'gens, et ne les porent souffrir les Gantois; mais se ouvrirent et recueillirent vers la ville; et les chevaliers et les gens du comte les commencèrent fort à approcher et à dérompre. Sitôt que ils les eurent ouverts ils entrèrent dedans; si les abattoient et tuoient à monceaux. Adonc se retrairent les Gantois vers le moûtier de Nieule, qui étoit fort, et là se rassemblèrent; et y eut grand'bataille et grand'occision de Gantois à l'entrer au moûtier. Jean de Lannoy, comme tout ébahi et déconfit, entra au moûtier, et pour lui sauver entra en une grosse tour du clocher, et ceux qui y purent de ses gens avec lui; et Rasse de Harselles demeura derrière qui gardoit l'huis et recueilloit ses gens, et fit à l'huis grand'foison d'appertises d'armes. Mais finablement il fut efforcé et féru de une longue pique tout outre le

[1] De la peste.

corps, et là abattu et tantôt par-occis. Ainsi fina Rasse de Harselles, qui avoit été un grand capitaine en Gand contre le comte, et que les Gantois aimoient moult pour son sens et pour sa prouesse; mais pour ses vaillances il en eut en la fin ce loyer.

Quand le comte de Flandre fut venu en la place devant le moûtier, et il vit que les Gantois se recueilloient là dedans et étoient recueillis, il commanda à bouter le feu dedans le moûtier et tout ardoir. Son commandement fut tantôt fait, et le feu tantôt apporté, et grand'foison d'estrain et de belourdes que on mit et appuya tout autour du moûtier, et puis bouta-t-on le feu dedans. Cil feu monta tantôt amont, qui se éprit ens ès couvertures du moûtier. Là mouroient les Gantois qui étoient au moûtier, à grand'martyre, car ils étoient ars; et si ils issoient hors ils étoient occis et rejetés au feu. Jean de Lannoy, qui étoit au clocher, se véoit au point de la mort et de être tout ars, le clocher s'éprenoit à ardoir. Si crioit à ceux qui étoient bas : « Rançon! rançon! » et offroit sa tasse, qui étoit toute pleine de florins. Mais on ne s'en faisoit que rire et gaber, et lui disoit-on : « Jean, Jean, venez par ces fenêtres parler à nous, et nous vous recueillerons; faites le beau saut, ainsi comme vous avez avant fait saillir les nôtres : il vous convient faire ce saut. » Jean de Lannoy, qui se voyoit en ce parti que c'étoit sans remède, et que le feu l'accueilloit de si près que il convenoit qu'il fût ars entra en hideur et aima plus à être occis que ars; et il fut l'un et l'autre, car il saillit hors par les fenêtres en-my eux et là fut recueilli à glaives et à épées et détranché, et puis jeté au feu. Ainsi fina Jean de Lannoy.

CHAPITRE XCVI.

Comment les Gantois furent avertis de la mort de Rasse de Harselles et de Jean de Lannoy, et comment ils conclurent d'occire Piètre du Bois et puis de traiter au comte de Flandre leur seigneur.

De bien six mille hommes que Rasse de Harselles et Jean de Lannoy, de la ville de Gand ou d'environ Gand qui servoient les Gantois pour leur argent, avoient là amenés, ils n'en échappèrent point trois cens, que tous ne fussent morts sur les champs ou en la ville, ou ars au moûtier : ni oncques Piètre du Bois, qui avoit une grosse bataille sur les champs, ne leur put aider; car entre sa bataille et les gens de Rasse, qui se combattoient et qui morts étoient, avoit un grand flaschis tout plein de eau et grands marais, pourquoi ils ne pouvoient venir jusques à eux. Si se partit de sa place atout ses gens bien rangés et bien ordonnés en une bataille, et dit : « Allons-nous-en tout le pas notre chemin vers Gand; Rasse de Harselles et Jean de Lannoy et nos gens ont mal exploité et se sont déconfits; je ne sais que il nous advenra. Si nous sommes poursuivis et assaillis des gens du comte, si nous tenons tous ensemble et nous vendons et combattons vaillamment, ainsi que bonnes gens qui se combattent sur leur droit. » Si répondirent ceux qui l'ouïrent : « Nous le voulons. » Lors se départirent-ils de là, et se mirent au chemin pour venir vers Gand, en une belle bataille serrée et rangée. Les fuyans aucuns qui étoient échappés de la bataille de Nieule s'en retournèrent vers Gand, et rentrèrent tout effrayés, ainsi que gens déconfits, en la ville, et recordèrent cette dure aventure : comment Rasse de Harselles et Jean de Lannoy et leurs gens étoient déconfits et morts par bataille à Nieule. Ceux de Gand pour ces nouvelles furent durement effrayés et courroucés pour la mort de Rasse de Harselles; car moult l'aimoient et grand'fiance en lui avoient; car ils l'avoient trouvé bon capitaine et loyal; et pour ce que Rasse étoit gentilhomme, fils de seigneur et de dame, et que il les avoit servis pour leur argent, tant l'avoient-ils plus aimé et honoré. Si demandèrent aux fuyans : « Dites-nous où étoit Piètre du Bois entrementes que vous vous combattiez. » Ceux qui point ne l'avoient vu, ni qui de lui nulles nouvelles ne savoient, leur répondirent : « Nous n'en savons rien, ni point vu ne l'avons. » Lors commencèrent aucunes gens à Gand à murmurer sur Piètre du Bois, et à dire que mal s'étoit acquitté quand il n'avoit été en la bataille, qui avoit six ou sept mille hommes tout armés. Et orent adonc les Gantois qui en la ville étoient, et qui le gouvernement en avoient, en propos que ce Piètre, lui revenu, ils l'occiroient, et puis au comte leur seigneur s'appointeroient et accorderoient, et se mettroient du tout en sa merci. Je crois que si ils eussent fait ainsi, ils eussent bien ouvré, et fussent légèrement venus à paix. Mais point ne le firent, dont ils le comparèrent depuis : et aussi fit toute

Flandre; ni encore n'étoit point la chose à ce jour où elle devoit être, ni les grands maux de Flandre, ce sachiez, ainsi que ils furent depuis, et si comme je vous recorderai avant en l'histoire.

CHAPITRE XCVII.

Comment Piètre du Bois fut par le seigneur d'Enghien et autres chevauché et poursuivi jusques auprès de Gand.

Après la déconfiture où furent pour ce temps morts et déconfits à Nieule Rasse de Harselles et Jean de Lannoy, le comte de Flandre entendit que Piètre du Bois et une bataille de Gantois étoient sur les champs et s'en r'alloient à Gand. Adonc s'arrêta le comte, et demanda conseil à ses chevaliers, si on les iroit combattre. On lui répondit en conseil que pour ce jour on avoit assez fait, et que ses gens étoient tous lassés, et que il les convenoit reposer. « Mais, sire, ce seroit bon que de six ou sept cents hommes d'armes, tous bien montés, vous les fissiez poursuir pour savoir leur convenant; ils pourroient bien ce soir gésir en tel lieu que avant le matin nous serions à leur délogement. » Le comte s'inclina à ce conseil et fit ainsi. Tantôt furent ordonnés ceux qui seroient en cette chevauchée, et en fut le sire d'Enghien meneur et souverain. Si montèrent à cheval environ cinq cents lances; et se départirent de Nieule et du comte, et prirent les champs, et chevauchèrent à la couverte pour voir les Gantois; et tant allèrent que ils les virent avaler un tertre, et étoient tout serrés en bon convenant, et cheminoient le bon pas sans eux dérouter. Le sire d'Enghien et sa route les poursuivoient de loin et sur côté. Piètre du Bois et les Gantois les véoient bien; mais nul semblant ne faisoient de eux desrouter; et disoit Piètre du Bois : « Allons notre chemin et le bon pas, et point ne nous desroutons: si ils se boutent en nous, nous les recueillerons; mais je crois bien que ils n'en ont nulle volonté. » Ainsi cheminèrent-ils les uns et les autres sans rien faire jusques à Gand, que le sire d'Enghien retourna vers le comte, et Piètre du Bois et ses gens rentrèrent en Gand. Adonc fut Piètre du Bois accueilli de plait et sur le point d'être occis, pour la cause de ce que il n'avoit autrement reconforté Rasse et ses gens. Piètre s'excusa, et de vérité; et dit que il avoit mandé à Rasse que nullement il ne se combattit sans lui, car le comte étoit trop puissamment sur les champs, et il fit tout le contraire, et si il lui en étoit mésavenu, il ne le pouvoit amender. « Et sachez que je suis aussi courroucé de la mort de Rasse et aussi dolent que nul peut être; car la ville de Gand y a perdu un très vaillant et sage capitaine : si nous en faut requerre un autre, ou mettre du tout en la volonté du comte et en son obéissance, qui nous fera tous mourir de male mort. Regardez lequel vous voulez faire, ou persévérer en ce que vous avez commencé ou mettre en la volonté et merci de monseigneur. » Piètre ne fut adonc point répondu, mais tant que de la bataille et avenue de Nieule et de la mort de Rasse il fut excusé et descoulpé. Mais de ce que on ne lui répondit point, il se contenta mal, et sus aucuns bourgeois qui là étoient par sens les plus riches et les plus notables de la ville, tels que le sire Gisebrest Grutte et sire Simon Bette : il n'en fit adonc nul semblant; mais il leur remontra durement en l'année, ainsi comme vous l'orrez avant recorder en l'histoire.

CHAPITRE XCVIII.

Comment les Gantois mirent le siége devant Courtray, comment ils s'en partirent, et comment ils endommagèrent les gens du comte par deux fois.

Quand le sire d'Enghien et le sire de Montigny, le Hazle de Flandre et leurs routes furent retournés à Nieule devers le comte, et ils eurent recordé ce que ils avoient vu, le comte se partit de Nieule et s'en retourna à Bruges, et renvoya ses bonnes villes et ceux du Franc et le seigneur d'Enghien et les Hainuiers en garnison en Audenarde. Quand ceux de Gand entendirent que le comte étoit retrait à Bruges, et que il avoit donné congé à tous ses gens, si se r'émurent, par l'émouvement de Piètre du Bois qui leur dit : « Allons devant Courtray, et ne nous refroidons pas de faire guerre ; montrons que nous sommes gens de fait et d'emprise. » Adonc se départirent-ils de Gand plus de quinze mille, et s'en vinrent moult efforcément devant Courtray et y mirent le siége, la fête et la procession de Bruges séant, l'an mil trois cent quatre vingt et un; et furent là dix jours, et ardirent tous les faubourgs de Courtray et le pays d'environ Quand le comte en sçut les nouvelles, il remanda tous ses gentils hommes et ceux des garnisons et les communes de Yppre et du Franc, et se départit de Bruges avec ceux de Bruges, et se trouvèrent sur les champs plus de vingt huit mille hommes. Donc se mirent-ils au chemin pour venir vers Courtray et combattre les Gantois et lever le siége.

Quand Piètre du Bois et les Gantois entendirent que le comte venoit vers eux si efforcément, si n'eurent mie conseil de là plus tenir le siége; et se départirent, et s'en allèrent loger à Douze et à Nieule, et dirent que là ils attendroient le comte, et signifièrent leur état à ceux de Gand, et remandèrent l'arrière ban pour être plus forts et plus de gens. Si se départirent encore de Gand bien quinze mille hommes, et s'en vinrent devers leurs gens à Nieule et à Douze, et se logèrent tous sur les champs en attendant le comte. Quand le comte fut venu à Harlebecque de-lez Courtray, il entendit que les Gantois étoient partis de là et retraits vers Gand, et logés à Douze et à Nieule; si n'eut mie conseil le comte adonc du poursuir; et donna congé à ses gens d'armes et à ses communes, et en laissa une grand'quantité à Courtray, et renvoya le seigneur d'Enghien et les Hainuiers et son fils bâtard le Hazle en Audenarde en garnison. Quand les Gantois et Piètre du Bois virent que le comte ne venoit pas vers eux, si se départirent de Douze et de Nieule, et prirent le long chemin par devers Audenarde, pour venir par là à Gand. Si envoyèrent, ce jour que ils passèrent vers Audenarde, une quantité de leurs gens, desquels Arnoux Clerc étoit capitaine, et s'en vinrent ceux escarmoucher jusques aux bailles de la ville. Les chevaliers et écuyers qui là dedans étoient ne se purent abstenir que ils ne vinssent escarmoucher à eux, et y en eut des morts et des blessés de part et d'autre. A cette fois ceux de Gand ne conquirent point planté à l'escarmouche; et s'en partirent et retournèrent avec leurs gens à Gand; et se retrait chacun en son hôtel.

Trois jours après fut ordonné Arnoux Clerc à venir à Gavres atout douze cents des blancs chaperons, et lui fut le châtel et la châtellenie de Gavres baillée, par manière de garnison, pour faire frontière à ceux d'Audenarde. Si y vint Arnoux Clerc à toute sa route et se tint là, mais guères ne fut-ce mie, quand il entendit que aucuns chevaliers et écuyers qui étoient en Audenarde étoient issus hors à l'aventure. Adonc se départit-il de Gavres avec ses gens; et étoient bien en nombre quinze cents; si se mirent en embûche sur ceux qui au matin étoient issus hors d'Audenarde : le sire d'Escornay, le sire de Ramseflies, messire Jean Villain, le sire de Licureghien, le Galois de Mamines, le bâtard d'Escornay, messire Blanchart de Callenne et plusieurs autres. Ainsi que ces chevaliers et écuyers qui avoient pris leur retour revenoient en Audenarde, Arnoux Clerc et l'embûche leur saillit au devant : là en y eut des rués jus et des r'atteints et des occis; car ils ne prenoient nullui à merci. Là vinrent aux chevaliers et aux écuyers leurs chevaux bien à point; car ils brochèrent des éperons et retournèrent vers Audenarde; et ainsi que ils venoient devant les bailles, ils défendoient et se mettoient à défense et attendoient leurs gens et leurs varlets. Mais ils ne porent oncques si nettement rentrer en la ville que il n'en y eût de morts, de blessés, de navrés plus de soixante. Et quand ils eurent fait leur empainte, Arnoux Clerc retourna ce soir en une abbaye de là, que on nomme Exain; si trouvèrent ces Gantois en la ville de Exain; Piètre d'Estunehus et le Gallois de Mamines et environ cent compagnons de leur route. Si assaillirent l'abbaye où ils étoient traits. A grand'peine se sauva le Gallois de Mamines; et se partit par derrière et entra en un batel, et s'en vint par nuit en Audenarde, et conta au seigneur d'Enghien, au seigneur de Montigny et à messire Daniel de Hallevin et aux chevaliers qui là étoient, comment ce soir Arnoux Clerc et les blancs chaperons étoient entrés en l'abbaye de Exain et avoient occis leurs compagnons. Et bien pensoit que Pierre d'Estunehus mort, et voirement le fut-il; car Arnoux Clerc et ses gens le firent saillir par une fenêtre enmy la place, et le recueillirent à glaives et l'occirent; dont ce fut grand dommage.

CHAPITRE XCIX.

Comment le seigneur d'Enghien, le bâtard de Flandre, messire Daniel de Hallevin et leur routes déconfirent Arnoux Clerc et sa sieute en l'abbaye de Exain

Quand les chevaliers et écuyers qui en Audenarde se tenoient entendirent que Arnoux Clerc et les blancs chaperons, environ quinze cents que il avoit adonc de sa charge, étoient arrêtés à Exain, et avoient morts leurs compagnons et pris l'abbaye, si en furent moult courroucés. Si avisèrent que ils enverroient cette nuit leurs espies cette part, pour savoir si à lendemain ils y seroient trouvés. Ainsi comme ils ordonnèrent ils firent. Leurs espies rapportèrent au matin que les blancs chaperons demeureroient là ce jour, car ils s'ordonnoient pour y demeurer; dont les seigneurs furent moult réjouis. Adonc s'armèrent le sire d'Enghien, le sire de Montigny, le sire de Lens, le sire de Brifeuil, messire Michel de la Hamède et plus de six cents chevaliers et écuyers de Hainaut et bien autant de Flandre; et se départirent de Audenarde environ trois cents lances, et plus de mille, que arbalêtriers que gros varlets, et vinrent à Exain. Quand ils durent approcher Exain, ils envoyèrent devant messire Daniel de Hallevin atout cent lances, pour commencer le hutin, et attraire hors de l'abbaye Arnoux Clerc, et aussi pour attendre leurs gros varlets et arbalêtriers qui venoient tous de pied, et pour eux mettre en ordonnance. Messire Daniel, messire Jean de Disquemne et le Hazle de Flandre s'en coururent devant éperonnant, et entrèrent en la place devant l'abbaye de Exain en écriant : « Flandre au Lyon! au bâtard! » Ces Gantois ne se donnoient de garde de cette embûche; car il étoit encore assez matin : si n'étoient mie tous appareillés. Nonpourquant ceux qui avoient fait le guet la nuit se mirent ensemble et recueillirent et enseignèrent les chevaliers et leurs gens qui là venoient; et entrementres s'armoient les autres. Avant que Arnoux Clerc pût avoir remis toutes ses gens ensemble, le sire d'Enghien, le sire de Lens, le sire de Brifueil, le sire d'Escornay, le sire de Montigny et leur bataille entrèrent par derrière en la ville, en écriant : « Enghien! au seigneur! » Et se boutèrent de grand' volonté en ces Gantois et en ces blancs chaperons qui point ne durèrent; mais se ouvrirent et ne tinrent onques point de conroi ni de ordonnance. Des quinze cens en y ot bien de morts en la place et sur les champs onze cens; et y fut occis Arnoux Clerc en fuyant, et féru de deux piques tout parmi le corps, et là appuyé contre une haie. Après cette déconfiture retournèrent le sire d'Enghien et les autres chevaliers en Audenarde, et tinrent cette besogne à grand'prouesse; et sachez que le comte de Flandre, qui pour ce temps se tenoit à Bruges, quand il en sçut les nouvelles, si en fut grandement réjoui, et dit du seigneur d'Enghien : « Par ma foi ! il y a en lui un bon enfant et qui sera encore un vaillant homme. » Au voir dire du seigneur d'Enghien, c'étoit tout le cuer du comte de Flandre, et ne l'appeloit mie le comte son cousin, mais son beau-fils.

CHAPITRE C.

Comment les Gantois se prirent les plusieurs à ébahir de leur conduite et devises en requoi.

Quand les nouvelles furent venues à Gand que Arnoux Clerc étoit mort et leurs gens déconfits, si se commencèrent les plusieurs à ébahir et à dire entr'eux : « Nos besognes se portent mal; petit à petit on nous occit nos capitaines et nos gens; nous avons mal exploité de avoir ému guerre contre notre seigneur le comte; car nous usera petit à petit. A mal nous redonderont les haines de Jean Lyon et de Gisebrest Mahieu; nous avons trop soutenu et élevé les opinions de Jean Lyon et de Piètre du Bois : ils nous ont boutés si avant dans cette guerre et en cette haine envers le comte notre seigneur que nous n'y pouvons ni savons trouver voie de merci ni de paix : encore vaudroit-il mieux que vingt ou trente le comparassent que toute la ville. » Ainsi disoient les plusieurs en requoi l'un à l'autre; car généralement n'étoit-ce mie, pour la doute des mauvais qui étoient tous d'une secte, et qui s'élevoient en puissance de jour en jour, qui en devant étoient povres compagnons et sans nulle chevance. Or avoient-ils or et argent assez; car quand il leur en failloit et ils se complaignoient à leurs capitaines, ils étoient ouïs et tantôt confortés. Car on avisoit aucuns simples hommes et riches en la ville, et leur disoit-on : « Allez et dites à tels et à tels que ils viennent parler à nous. » On les alloit querre. Ils venoient; ni ils n'osassent contester. Là leur étoit dit : « Il faut à la bonne ville de Gand finance pour payer nos soudoyers qui aident à garder nos juridictions et défendre nos franchises; il faut vivre les compagnons. » Et là mettoient finance toute telle que on leur demandoit; car si ils dissent du non, ils fussent tantôt morts; et leur mit-on sus que ils fussent traîtres à la bonne ville de Gand et que ils ne voulsissent mie le profit et l'honneur de la ville. Ainsi étoient les mauvais garçons maîtres de la ville, et furent, tant que la guerre dura entr'eux et le comte leur seigneur. Et au voir dire, si les riches et les nobles de la ville de Gand étoient battus de telles verges, on ne les en devoit ou doit point plaindre, ni ils ne se pouvoient excuser par leur record même; que ils ne fussent cause de tous tels forfaits. Raison pourquoi: quand le comte de Flandre leur envoya son baillif pour contraindre et justicier aucuns rebelles et mauvais, ne pouvoient-ils demeurer tous de-lez lui et l'avoir conforté à faire justice? Lesquels y furent? on en trouve bien petit. Ils avoient aussi cher, à ce que ils montroient, que la chose allât mal que bien, et que ils eussent guerre à leur seigneur, que paix. Et bien pouvoient sentir et connoître que, si ils faisoient guerre, méchans gens seroient seigneurs de leur ville et seroient leurs maîtres, et ne les en ôteroient mie quand ils voudroient; ainsi comme il en est avenu à Jean de la Faucille qui, par lui dissimuler et partir de la ville de Gand et venir demeurer en Hainaut, s'en cuida ôter et purger, et que des haines de Flandre, tant du comte son seigneur que de la ville de Gand, dont il étoit de nation, il n'en fut en rien demandé: mais si fut, dont il mourut. Et vraiment ce fut dommage, car cil Jean de la Faucille en son temps fut un sage et très notable homme. Mais on ne pouvoit à présent clocher devant les seigneurs ni leurs consaulx; car ils y véoient trop clair. Il avoit bien sçu les autres aider et conseiller; et de lui-même il ne sçut mie prendre le meilleur chemin. Je ne sais de vérité si des articles dont il fut examiné de mon sire Simon Rin au chastel de Lille, il fut coupable. Mais les chevaliers, avec la perverse fortune qui tourna tout à un faix sur lui, le menèrent si très avant que il en mourut; et aussi ont fait tous les capitaines de Gand qui, ou coiement ou ouvertement, ont tenu et soutenu rebellion encontre leur seigneur; et aussi ont moult d'autres gens de la ville de Gand, mêmement ceux espoir qui coulpe n'y avoient, si comme vous orrez recorder de point en point en l'histoire ci-après.

CHAPITRE CI.

Comment Pietre du Bois doutant la fin de sa condition enorta Philippe d'Artevelle de prendre le gouvernement des Gantois, et comment il enorta et avertit le peuple de Gand.

Quand Pietre du Bois vit que la ville de Gand affoiblissoit tant de capitaines, et il se trouvoit ainsi que tout seul, et que les riches hommes se commençoient à tanner et à lasser de la guerre, si se douta trop fort et imagina que si, par nul moyen du monde, paix se faisoit entre le comte et la ville de Gand, quelques traités ni quelques liens de paix ni d'accord que il y eût, il convenoit que il y mît la vie. Si lui alla souvenir et souvenoit souvent de Jean Lyon qui fut son maître, et par quel art il avoit ouvré; et véoit bien que il tout seul ne pouvoit avoir tant de sens ni de puissance que de gouverner la ville de Gand; et n'en vouloit mie avoir le principal faix, mais il vouloit bien de toutes les folles emprises couvertement avoir le soin. Si se avisa adonc de un homme, de quoi en la ville de Gand on ne se donnoit garde, sage et jeune homme assez, mais son sens n'étoit point connu, ni on n'en avoit eu jusques à ce jour que faire. Et celui on appeloit Philippe d'Artevelle; et fut fils anciennement de Jacques d'Artevelle, lequel en son temps ot sept ans tout le gouvernement de la comté de Flandre. Et avoit ce Pietre du Bois trop de fois ouï recorder à Jean Lyon, son maître, et aux anciens de Gand que onques le pays de Flandre ne fut si crému, si aimé ni si honoré que le temps que Jacques d'Artevelle en ot le gouvernement; et encore disoient les Gantois tous les jours: « Si Jacques d'Artevelle vivoit, nos choses seroient en bon état; nous aurions paix à volonté, et seroit le comte notre sire tout lie quand il nous pourroit tout pardonner. » Pietre du Bois se avisa sur ces paroles en soi-même, et regarda que Jacques d'Artevelle avoit un fils qui s'appeloit Philippe, assez convenable et gracieux homme, que la reine d'Angleterre Philippe [1] avoit anciennement, du temps qu'elle étoit à Gand, et que le siège fut devant Tournay, levé sur fonts et tenu, pour l'amour de laquelle il ot à nom Philippe. Pietre du Bois s'en vint un soir chieux ce Philippe qui demeuroit avec sa demoiselle de mère [2], et vi-

---

[1] Philippe de Hainaut, épouse d'Édouard III.
[2] Les femmes même mariées, mais non nobles, portaient le nom de demoiselles.

voient de leurs rentes tout bellement. Piètre du Bois s'accointa à lui de paroles, et puis lui ouvrit la matière pourquoi il étoit là venu, et lui dit ainsi : « Philippe, si vous voulez entendre à mes paroles et croire à mon conseil, je vous ferai tout le plus grand de toute Flandre. » — « Comment le me feriez-vous ? » dit Philippe « Je le vous ferai par telle manière, dit Piètre du Bois, que vous aurez le gouvernement et administration de la ville de Gand ; car nous sommes de présent en très grand'nécessité d'avoir un souverain capitaine, de bon nom et de bonne renommée ; et votre père, Jacques d'Artevelle, ressuscite maintenant en celle ville par la bonne mémoire de lui. Et disent toutes gens en celle ville, et ils disent voir, que oncques le pays de Flandre ne fut tant aimé ni tant cremu, ni honoré, comme il fut de son vivant. Légèrement vous mettrai en son lieu, si vous voulez ; et quand vous y serez, vous vous ordonnerez par mon conseil, tant que vous aurez appris la manière et le stile du fait, ce que vous aurez tantôt appris. » Philippe, qui avoit âge d'homme et qui par nature désiroit à être avancé, honoré et avoir de la chevance plus que il n'avoit, répondit : « Piètre, vous me offrez grand'chose, et je vous croirai ; et si je suis en l'état que vous dites, je vous jure par ma foi que je ne ferai jà rien hors de votre conseil. » Répondit Piètre du Bois : « Et saurez-vous bien faire le cruel et le hautin ? Car un sire entre commun, et par espécial, à ce que nous avons à faire, ne vaut rien si il n'est cremu, redouté et renommé à la fois de cruauté : ainsi veulent Flamands être menés, ni on ne doit tenir entre eux compte de vies d'hommes, ni avoir pitié non plus que de arondeaulx ou de allouettes qu'on prend en la saison pour manger. » — « Par ma foi ! dit Philippe, je saurai bien tout ce faire. » — « Et c'est bien, dit Piètre ; et vous serez, comme je pense, souverain de tous les autres. »

A ces mots, il prit congé de lui et se partit de son hôtel, et retourna au sien. La nuit se passa, le jour vint ; Piètre du Bois s'en vint à une place où il y avoit plus de trois mille hommes de cils de sa secte et des autres, qui là étoient assemblés pour ouïr nouvelles, et pour savoir comment on se ordonneroit, et qui on feroit capitaine de Gand. Et là étoit le sire de Harselles, par lequel en partie des besognes et des affaires de Gand on usoit ; mais de aller dehors il ne se vouloit point ensoigner ni charger. Là nommoit-on aucuns hommes de la ville ; et Piètre du Bois écoutoit tout. Quand il ot oy assez parler, il éleva sa voix et dit : « Seigneurs, je crois que ce que vous dites est par grand'affection et délibération de courage, que vous avez à garder l'honneur et le profit de la ville de Gand, et que cils que vous nommez sont bien aidables et idoines, et méritent d'avoir une partie du gouvernement de la ville de Gand ; mais je en sais un qui point n'y vise, ni n'y pense, que si il s'en vouloit ensoigner, il n'y auroit pas de plus propice ni de meilleur nom. » Adonc fut Piètre du Bois requis que il voulsist nommer celui. Il le nomma et dit : « C'est Philippe d'Artevelle, qui fut tenu sur fonts à Saint-Pierre de Gand, de la noble roine d'Angleterre, que on appelle Philippe, et qui fut sa marraine en ce temps que son père Jacques d'Artevelle séoit devant Tournay avec le roi d'Angleterre, le duc de Brabant, le duc de Guerles et le comte de Hainaut ; lequel Jacques d'Artevelle, son père, gouverna la ville de Gand et le pays de Flandre si très bien que oncques puis ne fut si bien gouverné, à ce que j'en ai ouï et ois encore recorder tous les jours, des anciens qui la connoissance en eurent ; ni ne fut si oncques bien depuis gardée ni tenue en droit que elle fut de son temps ; car Flandre si étoit toute perdue et fut un grand temps, quand par son grand sens et l'heur de lui il la recouvra. Et sachez que nous devons mieux aimer les branches et les membres qui viennent de si vaillant homme qu'il fut, que de nul autre. » Sitôt que Piètre du Bois ot dit celle parole, Philippe d'Artevelle entra en toutes manières de gens si en courage, que on dit tout d'une voix : « On le voise, on le voise querre ! nous ne voulons autre. » — « Nennil, dit Piètre du Bois, nous ne le envoierons point querre, il vaut mieux que on voise vers lui ; encore ne savons-nous comment il se voudra maintenir, ni de nous soi ensoigner. »

CHAPITRE CII.

Comment Philippe d'Artevelle fut, par le pourchas de Piètre du Bois, allé querre en son hôtel à Gand et amené sur le grand marché, et illec fait par toute la ville capitaine et chef des Gantois.

A ces mots se mirent tous ceux qui là étoient, et encore plus assez qui les suivoient, en chemin; et vinrent vers la maison Philippe, qui de leur venue étoit tout avisé. Le sire de Harselles, Piètre du Bois, Piètre de Winstre et environ dix ou douze des doyens des métiers entrèrent en sa maison; et lui araisonnèrent et remontrèrent comment la bonne ville de Gand étoit en grand'nécessité d'avoir un souverain capitaine auquel, hors et ens, on se pût rallier; et que toutes manières de gens demeurant à Gand lui donnoient leur voix, et l'avoient avisé à être leur souverain capitaine; car le record de son bon nom, pour l'amour de son bon père, lui séoit mieux en la bouche que nul autre : pourquoi ils lui prioient affectueusement que de bonne volonté il voulsist emprendre d'avoir le gouvernement de la ville et le faix des besognes dedans et dehors; et ils lui jureroient foi et loyauté entièrement comme à leur seigneur, et feroient toutes gens, comme grands qu'ils fussent en la ville, venir à son obéissance. Philippe entendit bien toutes leurs requêtes et paroles, et puis moult sagement il répondit et dit ainsi : « Seigneurs, vous me requérez de moult grande chose; et espoir vous ne pensez mie bien le fait tel qu'il est, quand vous voulez que je aie le gouvernement de la bonne ville de Gand. Vous dites que l'amour que vos prédécesseurs eurent à mon père vous y attrait. Quand il leur eut fait tous les plus beaux services que il put, ils l'occirent : si je emprenois le gouvernement tel que vous dites, et j'en fusse en la fin occis, je en aurois petit loier et povre guerredon. »

« Philippe, dit Piètre du Bois qui happa la parole et qui étoit le plus douté, ce qui est passé ne peut-on recouvrer. Vous ouvrerez par conseil, et vous serez toujours bien conseillé, et si bien que toutes gens se loueront de vous. » Répondit Philippe : « Je ne le vouldroie mie faire autrement. »

Adonc fut-il là entre eux élu et amené au marché, et là sermenté; et il sermenta aussi les maieurs et les échevins, et tous les doyens de Gand. Ainsi fut Philippe d'Artevelle, souverain capitaine de Gand, et acquit en ce commencement grand'grâce, car il parloit à toutes gens, qui à besogner à lui avoient, doucement et sagement; et tant fit que tous l'aimoient; et une partie des revenus que le comte de Flandre a en la ville de Gand, de son héritage, il les fit distribuer au seigneur de Harselles, pour cause de gentillesse et pour maintenir au chevalier son état; car tout ce que il avoit en Flandre, hors de la ville de Gand, il avoit tout perdu.

Nous nous souffrirons un petit à parler des besognes et des matières de Flandre, et parlerons des besognes d'Angleterre et de Portingal.

CHAPITRE CIII.

Comment le roi Jean de Castille émut guerre au roi Ferrant de Portingal, et comment le roi de France et le roi d'Angleterre y tinrent la main.

Vous avez bien ci-dessus ouï recorder que quand le roi Henry de Castille fut trépassé de ce siècle, et son ains-né fils D. Jean couronné à roi, et sa moullier couronnée à roine, laquelle étoit fille du roi Piètre d'Arragon, la guerre se r'émut entre le roi Ferrant de Portingal et le roi de Castille, sur certaines occasions qui étoient entre eux deux, et principalement pour le fait des deux dames filles du roi D. Piètre, Constance et Isabelle, mariées en Angleterre, la première au duc de Lancastre, et la seconde au comte de Cantebruge. Et disoit ce roi de Portingal que on avoit à tort et sans cause déshérité ses deux cousines de Castille, et que ce n'étoit point chose à soutenir, que deux si hautes et si nobles dames fussent déshéritées de leurs héritages; et les choses se pourroient bien tant envieillir et éloigner, que on les mettroit en oubli; par quoi les dames ne retourneroient jamais à leur droit, laquelle chose il ne vouloit point voir ni consentir, qui étoit l'un des plus prochains que elles eussent, tant pour l'amour de Dieu que pour aider à garder raison et justice, à quoi tout bon chrétien devoit entendre et être enclin. Si défia le jeune roi D. Jean de Castille, que toute Espaigne, Gallice, Castille et Séville avoient couronné, et lui fit guerre sur le titre des articles dessus dites. Le roi D. Jean se défendit grandement à l'encontre de lui, et envoya sur les frontières en ses garnisons grand'foison de gens d'armes et de géniteurs [1], et des plus stilés routiers, pour résister contre ses ennemis, tant que à ce commencement il ne perdit rien ; car il avoit de delà sage et bonne chevalerie de France avecques lui, qui le confortoient en sa guerre et conseilloient, tels que le Bègue de Villaines et messire Pierre son fils, messire Jean de Berguettes, messire Guillaume de Lignach, messire Gaultier de Passach et le seigneur de Terride, messire Jean et messire Tristan de Roye, et plusieurs autres ; qui étoient là allés depuis que le comte de Bouquinghen fut venu en Bretagne ; car le roi de France qui grands alliances et grands confédérations avoit au roi de Castille, et ont eu longuement ensemble, les y avoit envoyés. Pourquoi le roi de Portingal s'avisa que il enverroit certains messagers en Angleterre devers le roi et ses oncles, afin que il fût aidé et conforté de ses gens ; parquoi il fût fort et puissant de faire une bonne guerre aux Espaignols. Si appela un sien chevalier, sage homme et vaillant et grand traiteur, qui s'appeloit Jean Ferrand [2], et lui fit savoir et lui dit toute son entente : « Jean, vous me porterez ces lettres de créance en Angleterre, et les présenterez de par moi au roi d'Angleterre [3] ; je n'y puis envoyer plus espécial messager que vous, ni qui mieux sache mes besognes ; et me recommanderez au roi avec les lettres qui portent créance,

[1] Cavaliers armés à la légère et montés sur petits chevaux du pays, appelés genets.
[2] Fernam Lopes, dans sa chronique du roi Fernando, l'appelle Joham Fernandez d'Amdeiro, natif de la Corogne. C'était une des vingt-huit personnes que le roi Ferdinand avait été obligé, par un article de son traité de paix avec le roi Henri de Castille, de bannir de son royaume. Joham Fernandez s'était domicilié en Angleterre et était parvenu à obtenir la faveur du roi Édouard et de ses deux fils, le duc de Lancastre et le comte de Cambridge. Le roi de Portugal, ayant pris la résolution de déclarer la guerre à la Castille, fit venir en secret d'Angleterre ce Joham Fernandez et eut avec lui de longues conférences particulières (Voyez ces détails curieux dans la chronique de Fernam Lopes, p. 383 et suiv). On trouve aussi dans le troisième volume des *Fœdera* de Rymer, sous la date du 23 mai 1380 un plein pouvoir donné au même personnage, appelé Joham Fernandez de Andero, pour qu'il eût à se transporter dans le Portugal, et traiter avec le roi et la reine. La ratification du traité d'alliance proposé par J. F. d'Andero, se trouve aussi dans Rymer, en langue portugaise, au 15 juillet 1380. Le duc de Lancastre est qualifié dans ces actes de roi de Castille et de Léon.
[3] Richard II, alors régnant.

et lui direz que je soutiens le droit de mes cousines, les héritières d'Espaigne et de Castille, ses belles antes ; et en est jà guerre ouverte à celui qui s'est bouté et mis, par la puissance de France, en leur héritage ; et je ne suis mie fort ni puissant de moi pour résister à l'encontre d'eux, ni conquerre tels héritages comme Castille, Espaigne, Séville et Gallice sont, sans son aide. Pourquoi je lui prie que il me veuille envoyer son bel oncle le duc de Lancastre, sa femme et ses filles, mes cousines, et une quantité de gens d'armes et d'archers ; et nous ferons, eux venus par deçà, bonne guerre avecque notre puissance, tant que nous recouvrerons, au plaisir de Dieu, leur héritage. » — « Monseigneur, dit le chevalier, à votre bon plaisir, je ferai votre message. »

Depuis ne demeura guères de temps que il entra dans un bon vaissel, fort assez pour faire ce voyage ; et se départit du hâvre de la cité de Lisbonne [1], et chemina tant par mer, que il arriva à Pleumoude. En celle propre heure et en ce propre jour, et de celle marée y arrivèrent le comte de Bouquinghen et aucuns de ses vaisseaux qui retournoient de Bretagne ; et vous dis que les Anglois avoient eu si grand'fortune sur mer, que ils avoient perdu trois de leurs vaisseaux chargés de gens et de pourvéances, et étoient épars par mauvais vent, et arrivèrent en grand péril en trois hâvres en Angleterre. De la venue du chevalier de Portingal fut grandement réjoui le comte de Bouquinghen, et lui fit très bonne chère, et lui demanda des nouvelles. Il lui en dit assez, tant d'Espaigne comme de Portingal. Si chevauchèrent depuis ensemble jusques à la bonne cité de Londres où le roi d'Angleterre étoit.

CHAPITRE CIV.

Comment, par le conseil des princes d'Angleterre, le comte de Cantebruge fut élu pour envoyer en Portingal, avec grand'puissance de gens, en l'aide du roi.

Quand le comte de Bouquinghen fut venu à Londres, ceux de la cité lui firent bonne chère. Si s'en allèrent devers le roi qui étoit à Wesmoutier, et ses deux oncles de-lez lui, le duc de Lancastre et le comte de Cantebruge ; et avoit le chevalier de Portingal en sa compagnie,

[1] Il partit de Porto.

pour lequel il parla premièrement au roi et à ses frères. Quand le roi et les seigneurs dessus nommés en eurent la connoissance, ils en firent grand semblant de joie et l'honorèrent forment; et présenta ses lettres au roi. Le roi les lut, présens ses oncles. Or devez savoir que le roi ne faisoit rien sans le conseil de ses oncles ; car pour ce temps il étoit encore moult jeune. Si fut le chevalier demandé et examiné, pour tant que il avoit apporté les lettres de créance, sur quel état il étoit issu hors de Portingal et venu en Angleterre. Il leur répondit bellement et sagement, selon la premisse que vous avez ouïe ci-dessus. Et quand les dits seigneurs l'eurent bien entendu, ils répondirent et dirent : « Grands mercis à notre beau cousin le roi de Portingal, quand si avant il se boute en nos besognes, que il en fait guerre à notre adversaire ; et ce qu'il requiert, c'est requête raisonnable ; si sera aidé hâtivement ; et aura le roi avis comment il en ordonnera. » Adonc n'y eut plus parlé. Le chevalier étranger, pour l'amour des nouvelles que il avoit apportées, plaisans au duc de Lancastre et au comte de Cantebruge, fut festié et dîna de-lez le roi, et puis demeura-t-il là environ quinze jours, aux octaves de la Saint-George, dont le roi d'Angleterre et ses oncles avoient festié la fête dedans le chastel de Windesore. Et là fut messire Robert de Namur, lequel étoit allé voir le roi et relever ce qu'il tenoit de lui en Angleterre ; et là furent les parlemens et consaulx d'Angleterre assignés à être à Londres, c'est à entendre, au palais de Wesmoustier ; je vous dirai pourquoi : tant pour les besognes de Portingal, qui étoient freschement venues, que pour les Escots ; car les trèves failloient entre eux et les Anglois le premier jour de l'an [1]. Si eurent là les prélats et les barons d'Angleterre grands consaux ensemble comment ils pourroient de ces deux choses ordonner ; et étoient en estrif d'envoyer le duc de Lancastre en Portingal ; et disoient que c'étoit un grand et loin voyage pour lui, et que si il y alloit on s'en pourroit bien repentir ; car ils entendoient que les Escots faisoient grands appareils pour entrer en Angleterre. Si fut conseillé déterminéement pour le meilleur, que le duc de Lancastre, qui connoissoit la marche d'Escosse et les Escots, iroit sur les frontières d'Escosse et sauroit comment les Escots se voudroient maintenir ; car mieux s'en sauroit enseigner du traité que nuls hauts barons d'Angleterre ; et feroient les Escots plus pour lui que pour nul autre : et le comte de Cantebruge, atout cinq cens lances et autant d'archers, feroit le voyage de Portingal. Et si le duc de Lancastre pouvoit tant exploiter aux Escots que, à l'honneur d'Angleterre, unes trèves fussent prises à durer trois ans, il pourroit bien aller, si le roi le trouvoit en son conseil, sur le mois d'août ou sur septembre, en Portingal, et renforcer l'armée de son frère. Et encore y avoit un autre point pourquoi le duc de Lancastre besognoit à demeurer en Angleterre : ce étoit pour ce que le roi d'Angleterre avoit envoyé certains messages avec le duc de Tasson [1] et l'archevêque de Ravenne, devers le roi d'Allemagne, pour avoir sa sœur à femme, ou pour savoir comment il en seroit, car on en étoit en grands traités, et avoit-on été plus de un an. Si y étoient d'Angleterre l'évêque de Saint-David et messire Simon Burlé [2], pour toutes ces choses conforter au mieux que on pourroit. A ce conseil s'accordèrent le roi et tous les seigneurs ; et se départit le parlement sur cel état ; et furent nommés et escripts les barons et chevaliers qui en Portingal iroient avecque le comte de Cantebruge.

---

[1] *Treugæ captæ tunc fuerunt usque ad Paschas duntaxat.* (*Vita Ricardi II à monacho quodam de Evesham*, p. 21.)

[1] Une procuration de la princesse Anne, 1381, donne au personnage que Froissart appelle ici duc de Tasson le nom de *princeps Przenislaüs dux Teschinensis* (duc de Saxe-Teschen). Dans la commission de Wenceslas il est appelé notre beau-frère (sororius). Les plénipotentiaires nommés avec le duc, de la part d'Anne, étaient Pierre de Wartenberg, chambellan de l'empereur, et Conrad Kreyger, son maître-d'hôtel.

[2] On voit par les actes rapportés dans Rymer qu'on avait d'abord fait des démarches pour marier Richard II à Catherine, fille de l'empereur Louis de Bavière. Le plein pouvoir donné pour traiter de cette affaire est daté du 12 juin 1380 ; et sous la date du 26 décembre de la même année, on trouve un autre plein pouvoir pour traiter du mariage du même roi avec Anne, fille de l'empereur Charles IV et sœur de Wenceslas, alors régnant.

CHAPITRE CV.

Comment le duc de Lancastre et le comte de Cantebruge, frères, se séparèrent pour aller en Escosse et en Portugal, et d'autres faits avenus.

Le duc de Lancastre ordonna toutes ses besognes et se partit du roi et de ses frères, et au congé prendre du comte de Cantebruge son frère, il lui jura par sa foi loyaument, que, lui revenu d'Escosse, il ordonneroit tellement ses besognes que il le suivroit hâtivement en Portingal, voire si plus grand empêchement que il ne voyoit encore n'étoit apparent en Angleterre ni y advenoit. Sur cel état se départit le duc de Lancastre et prit le chemin d'Escosse; et chevauchoit tant seulement lui et ses gens de son hôtel.

Encore en ce parlement dernièrement fait à Londres fut ordonné messire Henry de Percy, comte de Northombrelande à être regard de toute la terre de Northombrelande, et de l'évêché de Durames, rentrant jusques en Galles et la rivière de Saverne [1]. Si se départit de Londres pour aller celle part; mais ce fut quinze jours après ce que le duc de Lancastre fut parti.

Aussi se départit du roi et du comte de Bouquinghen son frère le comte de Cantebruge, pour aller au voyage que il avoit empris. Si fit faire ses pourvéances à Pleumoude, un port sur mer en la comté de Barquesière [2]; et s'en vint là tout premier, et emmena avec lui sa femme madame Isabel [3] et son fils Jean [4]. Et étoit son intention telle, et il l'accomplit, que il les mèneroit en Portingal. Avec le comte de Cantebruge étoient des seigneurs, premièrement messire Mathieu de Gournay connétable de l'ost, messire le chanoine de Robertsart, messire Jean de Chateau-Neuf, messire Guillaume de Beauchamp, maréchal de l'ost, le Souldich de l'Estrade, le seigneur de la Borde [5], le seigneur de Thalebot, messire Guillaume Helmen, messire Thomas Symou, Milles de Windesore, messire Jean de Cauderier et plusieurs autres; et étoient la somme de cinq cens hommes d'armes et autant d'archers. Si vinrent ces seigneurs et leurs gens à Pleumoude, et là se logèrent et ès villages d'environ, pour attendre vent et charger leurs vaisseaux petit à petit. Et ne devoient passer nuls chevaux; car le chemin étoit trop long d'Angleterre jusques à Lisbonne en Portingal; et étoit le chevalier Portingalois, messire Jean Ferrando, en leur compagnie, qui s'en alloit avec eux [1]. Si séjournèrent plus de trois semaines sur la mer en faisant leurs pourvéances et en attendant vent; car ils l'avoient contraire.

Et entrementes s'en alloit le duc de Lancastre vers Escosse; et fit tant par ses journées que il vint en la cité de Bervich; c'est la darraine à ce lez là de toute l'Angleterre. Et quand il fut là venu, il s'y arrêta, et envoya un héraut en Escosse devers le roi et les barons; et leur mandoit que il étoit là venu pour traire sur marches, ainsi que d'usage avoient eu du temps passé; et se ils ne vouloient traire avant, que il lui fût signifié; autrement il savoit bien qu'il en avoit à faire. Le héraut du duc partit de Bervich et chevaucha vers Haindebourch, où le roi Robert [2] d'Escosse, le comte de Douglas, le comte de la Mare, le comte de Moret et les barons d'Escosse, étoient tous ensemble; car ils avoient jà entendu que le duc de Lancastre venoit celle part pour traiter à eux. Pour ce s'étoient-ils mis ensemble en la souveraine ville d'Escosse sur les frontières d'Angleterre; et ainsi les trouva le héraut d'Angleterre envoyé de par le duc de Lancastre, lequel fit son message bien et à point; et fut bien et volontiers ouï. Et eut telle réponse de par les seigneurs d'Escosse, qui lui dirent ainsi, que volontiers ouïroient le duc parler. Si rapporta le héraut sauf-conduit pour le duc et toutes ses gens, pour durer tant comme ils seroient sur la marche, et que ils parlementeroient ensemble; et s'en retourna le héraut, conforté et pourvu des assurances, et retourna à Bervich, et remontra tout ce que fait avoit. Sur ce, le duc de Lancastre se départit de Bervich; mais

---

[1] La Severn sépare le pays de Galles du pays de Cornouailles.
[2] Plymouth n'est pas dans le Berkshire, mais dans le Devonshire.
[3] Fille de Pierre-le-Cruel.
[4] Il était stipulé que Jean, fils du duc de Cambridge, épouserait Béatrice, fille de Ferdinand, roi de Portugal, et de Léonore d'Acunha sa femme, et qu'à la mort du roi Ferdinand, il serait roi de Portugal. (Voy. ce traité, daté du 15 juillet 1418 (1380), dans Rymer.)
[5] Hollinshed, dit lord Botreux.

[1] Outre Joham Fernandez d'Amdeiro, le duc de Cambridge avait emmené avec lui la plupart de ceux que le roi Ferdinand avait été obligé, par le traité de paix avec le roi Henri de Castille, de chasser de Portugal. (Voyez F. Lopes, *Chroniques du R. Ferdinand.*)
[2] Robert Stuart.

à son départ, il laissa toutes ses pourvéances en la ville, et puis prit le chemin de Rosebourch; et là se logea une nuit, et lendemain, il s'en vint loger à l'abbaye de Meauros sur la Tuid: c'est une abbaye qui départ les deux royaumes d'Escosse et d'Angleterre; et là se tint le duc et ses gens tant que les Escots furent venus à la Morlane [1], à trois petites lieues de là. Et quand ils furent venus, le duc en fut signifié. Si commencèrent les traités et les parlemens entre les Escots et les Anglois, et durèrent plus de quinze jours.

En ces traités durans et parlemens faisans advinrent en Angleterre très grands meschefs et rebellions et de l'émouvement de menu peuple, par lequel fait Angleterre fut sur le point d'en être perdue sans recouvrer: ni oncques royaume ni pays ne fut en si grand péril ni aventure comme il le fut en celle saison. Et pour la grand'aise et abondance de biens en quoi le menu peuple étoit lors et vivoit, s'émut et éleva celle rebellion, ainsi que jadis s'émurent et élevèrent en France les Jacques bons-hommes qui y firent moult de maux, et par quelles incidences le noble royaume de France a été moult grevé.

CHAPITRE CVI.

Comment, un prêtre nommé Jean Balle, mit en grand'commotion le menu-peuple d'Angleterre.

Ce fut une merveilleuse aventure et chose de povre fondation dont celle pestilence commença en Angleterre; et pour donner exemple à toutes manières de bonnes gens, j'en parlerai et remontrerai, selon ce que du fait et de l'incidence je fus adonc informé.

Un usage est en Angleterre, et aussi est-il en plusieurs pays, que les nobles ont grands franchises sur leurs hommes et les tiennent en servage; c'est à entendre que ils doivent de droit et par coutume labourer les terres des gentilshommes, cueillir les grains et amener à l'hôtel, mettre en la grange, battre et vanner, et par servage les faings fener et mettre à l'hôtel, la bûche couper et amener à l'hôtel et toutes telles corvées; et doivent iceux hommes tout ce faire par servage aux seigneurs. Et trop plus grand'foison a de tels gens en Angleterre que ailleurs; et en doivent les prélats et gentilshommes être

[1] Grafton, dans sa chronique, l'appelle Monbanc.

servis; et par espécial, en la comté de Kent, d'Exsexes, de Soussexes et de Beteforde, en y a plus que en tout le demeurant de toute Angleterre. Ces méchans gens, dedans les contrées que j'ai nommées, se commencèrent à élever pour ce qu'ils disoient que on les tenoit en trop grand'servitude, et que au commencement du monde n'avoient été nuls serfs, ni nul n'en pouvoit être [1], si ils ne faisoient trahison à leur seigneur, ainsi comme Lucifer fit envers Dieu: mais ils n'avoient pas cette taille; car ils n'étoient ni angels ni esprits, mais hommes formés à la semblance de leur seigneur, et on les tenoit comme bêtes. Laquelle chose ils ne pouvoient plus souffrir, mais vouloient être tout un; et si ils labouroient ou faisoient aucun labourage pour leurs seigneurs, ils en vouloient avoir leur salaire. En ces machinations les avoit du temps passé grandement mis et boutés un fol prêtre de la comté de Kent, qui s'appeloit Jean Balle [2]; et pour ses folles paroles, il en avoit geu en prison devers l'archevêque de Cantorbie par trop de fois [3]; car cil Jean Balle avoit eu d'usage que les jours de dimanche après la messe, quand toutes gens issent du moûtier, il s'en venoit au cloître ou cimetière, et là prêchoit et faisoit le peuple assembler autour de lui, et leur disoit: « Bonnes gens, les choses ne peuvent bien aller en Angleterre, ni ne iront jusques à tant que les biens iront de commun, et qu'il ne sera ni vilains ni gentilshommes, et que nous ne soyons tous unis. A quoi faire sont cils que nous nommons sei-

[1] Il y avait alors deux vers d'une vieille chanson, qui étaient répétés partout.
When Adam delv'd and Eve span,
Where was then the gentleman?
Quand Adam labourait et qu'Ève filait, où était alors le noble?

[2] Grafton, qui copie entièrement ici le récit de Froissart, l'appelle J. Wall.

[3] J. Ball prêchait, à ce qu'il paraît, des doctrines semblables à celles du réformateur Wickliffe. Knighton dit que J. Ball fut le précurseur de Wickliffe, comme Jean-Baptiste l'avait été de J.-C. Le fait est que déjà environ vers 1373 ou 1374, mais certainement avant 1377, Wickliffe avait composé son *trilogus*, fameux dialogue en latin contre les doctrines de l'église de Rome. En 1377, le pape avait donné ordre de faire arrêter Wickliffe, et l'archevêque de Canterbury, avait signifié cet ordre au chancelier de l'université d'Oxford, pour qu'il eût à le faire exécuter contre le réformateur, qui était sous sa dépendance. Le même archevêque fit emprisonner et excommunier J. Ball en 1381.

gneurs, plus grands maîtres de nous? A quoi l'ont-ils desservi? Pourquoi nous tiennent-ils en servage? Et si nous venons tous d'un père et de une mère, Adam et Ève, en quoi peuvent-ils dire ni montrer que ils sont mieux seigneurs que nous, fors parceque ils nous font gagner et labourer ce que ils dépendent? Ils sont vêtus de velouz et de camocas[1] fourrés de vairs[2] et de gris[3] ; et nous sommes vêtus de povres draps. Ils ont les vins, les épices et les bons pains ; et nous avons le seigle, le retrait, la paille, et buvons de l'eau. Ils ont le séjour et les beaux manoirs ; et nous avons la peine et le travail, la pluie et le vent aux champs ; et faut que de nous vienne, et de notre labour, ce dont ils tiennent les états. Nous sommes appelés serfs, et battus si nous ne faisons présentement leur service. Et si n'avons souverain à qui nous nous puissions plaindre, ni qui nous en voulsist ouïr ni droit faire ; allons au roi, il est jeune ; et lui remontrons notre servitude, et lui disons que nous voulons qu'il soit autrement, ou nous y pourvoirons de remède. Si nous y allons de fait et tous ensemble, toute manière de gens qui sont nommés serfs et tenus en servitude, pour être affranchis, nous suivront ; et quand le roi nous verra ou orra, ou bellement ou autrement, de remède il y pourvoira. »

Ainsi disoit ce Jean Balle, et paroles semblables, les dimanches par usage à l'issir hors des messes aux villages, de quoi trop de menus gens le louoient. Les aucuns qui ne tendoient à nul bien disoient : « Il dit voir ! » Et murmuroient et recordoient l'un à l'autre aux champs, ou allant leur chemin ensemble de village à autre, ou en leurs maisons : « Telles choses dit Jean Balle, et si dit voir. »

L'archevêque de Cantorbie, qui en étoit informé, faisoit prendre ce Jean Balle et mettre en prison, et l'y tenoit deux ou trois mois pour lui châtier ; et mieux vaulsist que très la première fois il eût été condamné à toujours en prison, ou fait mourir, que ce qu'il en faisoit ; car il le faisoit délivrer et faisoit grand'conscience de le faire mourir[1] ; et quand le dit Jean étoit hors de la prison de l'archevêque, il rentroit en sa ruse comme au devant[2]. De ses paroles, de ses ruses et de ses faits furent avisés et informés trop grand'foison de menues gens en la cité de Londres, qui avoient envie sur les riches et sur les nobles ; et commencèrent à dire entr'eux que le royaume d'Angleterre étoit trop mal gouverné, et qu'il étoit d'or et d'argent dérobé par ceux qui se nommoient nobles. Si commencèrent ces méchans gens de Londres[3] à faire les mauvais et à eux rebeller ; et signifièrent à ceux des contrées dessus dites, que ils vinssent hardiment à Londres et amenassent leur peuple, ils trouveroient Londres ouverte, et le commun de leur accord, et feroient tant devers le roi que il n'y auroit nuls serfs au royaume d'Angleterre.

CHAPITRE CVII.

Comment ce menu peuple d'Angleterre s'émurent, bien environ soixante mille, et comment à la mère du roi et à la princesse de Galles ils firent grand'rudesse.

A ces promesses s'émurent ceux de la comté de Kent, ceux d'Exsexes, de Soussexes, de Beteford et des pays d'environ, et se mistrent en chemin et vinrent vers Londres[4]. Et étoient bien

---

[1] Étoffe fine, faite de poil de chameau ou de chèvre sauvage.

[2] Fourrure de couleur gris-blanc mêlée, fort recherchée alors.

[3] C'est ce qu'on appelle aujourd'hui le petit gris ; c'était une fourrure très estimée à cette époque.

---

[1] L'archevêque de Canterbury s'appelait alors Simon Sudbury.

[2] Il fut délivré de sa prison de Maidstone par le peuple, qui en brisa les portes en 1381.

[3] Ces tumultes eurent pour cause décisive la levée de la capitation décrétée en 1380 par le parlement, et augmentée encore en 1381. Par cette dernière loi, tout individu, mâle ou femelle, de quelque condition qu'il fût, pourvu qu'il eût passé l'âge de 15 ans, devait payer une somme de trois *groats* (douze sous) : cet impôt ayant produit beaucoup moins que la cour ne l'espérait, plusieurs individus furent chargés de surveiller la manière dont il était perçu. Comme l'âge de quinze ans était celui où cessait l'exception pour les hommes et les femmes, la plus odieuse inspection était souvent réclamée par les agents du fisc ; cette abominable violation de toute décence fut ce qui donna lieu à la révolte. Un père indigné vengea sur l'agent du fisc l'injure faite à sa fille, et il trouva dans tous les pères des bras prêts à seconder sa vengeance. Le moine d'Evesham, Hollinshed, Walsingham, Knighton sont unanimes à cet égard. Grafton se contente de copier littéralement Froissart.

[4] Suivant le moine d'Evesham, ils se réunirent à Blacheath, à cinq milles de Londres, à l'approche de la Trinité 1381 : on a la date à peu près exacte du commencement de ces troubles par la proclamation qui ajourne les cours de justice à cette occasion ; cette proclamation, qui se trouve dans Rymer, est datée du 15 juin 1381.

soixante mille; et avoient un souverain capitaine qui s'appeloit Vautre Tullier [1]. Avec lui étoient et de sa compagnie, Jacques Strau [2] et Jean Balle. Ces trois étoient souverains capitaines de tous, et le greigneur de entre eux étoit Vautre Tullier. Cil Vautre étoit un couvreur de maisons de tuille; mauvais garçon et envenimé étoit.

Quand ces méchans gens se commencèrent à élever, sachez que ceux de Londres, excepté ceux de leur secte, en furent tout effréés; et eurent conseil, le maieur de Londres et les riches hommes de la ville, quand il les sentirent ainsi venir de tous côtés, que ils fermeroient les portes, et n'en lairoient nuls entrer en la ville, ainsi qu'ils firent. Mais quand ils eurent tout l'affaire imaginé, ils dirent que non feroient et que ils mettroient tous leurs faubourgs en grand péril de ardoir; et leur ouvrirent leur ville. Et ils entrèrent ens par les portes, par assemblées de villages, cent ou deux cens, ou vingt ou trente, ainsi que les lieux étoient peuplés. Et ainsi que ils venoient en Londres, ils se logeoient. Et bien sachez que les trois parts de celles gens ne savoient que ils demandoient, ni que ils quéroient, mais suivoient l'un l'autre ainsi que bêtes, et ainsi que les pastoureaux [3] firent jadis qui disoient qu'ils alloient conquerre la Terre-Sainte; et puis alla tout à néant.

Ainsi venoient ces povres gens et ces vilains à Londres, de cent lieues, de soixante, de cinquante, de quarante lieues, de vingt lieues et de toutes les contrées environ Londres; mais la greigneur plenté en vint des terres dessus dites, de la comté de Kent et d'Exsexes, et demandoient en venant: « Le roi! le roi! [4] » Les gentilshommes du pays se commencèrent à douter quand ils sentirent le peuple élever et rebeller; et si ils en furent en doute, il y ot bien raison; car pour moins s'effraye-t-on bien. Si se commencèrent à mettre ensemble, au mieux et au plus bel qu'ils purent.

En ce jour que ces méchantes gens de la comté de Kent venoient à Londres, retournoit de Cantorbie la mère au roi d'Angleterre, la princepce de Galles, et venoit de pélerinage. Si en fut en trop grand'aventure d'être perdue par eux; car ces méchantes gens sailloient sur son char en venant, et lui faisoient moult de desrois; de quoi la bonne dame fut en grand esmay de li même, que par aucune chose ils ne lui fissent violence ou à ses damoiselles. Toutefois Dieu l'en garda; et vint en un jour de Cantorbie à Londres, ni oncques ne se osa séjourner sur le chemin. A ce jour étoit le roi Richard, son fils, au chastel de Londres [1]: si vint là la princepce, et trouva le roi, et de-lez lui le comte de Sallebery, l'archevêque de Cantorbie, messire Robert de Namur, le seigneur de Gommignies et plusieurs autres qui se tenoient de-lez lui, pour la doutance de ces gens qui se élevoient ainsi, et ne savoient que ils demandoient. Celle rebellion étoit bien sçue en l'hôtel du roi avant que il les montrassent ni que ce peuple issît hors de leurs lieux; et si n'y mettoit point le roi de remède ni de conseil, dont on se pouvoit moult émerveiller. Et afin que tous seigneurs et bonnes gens qui ne veulent que bien y prennent exemple pour corriger les mauvais et les rebelles, je vous éclaircirai ce fait tout pleinement et ainsi que il fut démené.

CHAPITRE CVIII.

Comment ce peuple d'Angleterre dévoyé et forcenné pilloient le pays et les bonnes maisons, et par espécial des gens de pratique, et contraindoient les nobles à les conduire dans leurs folies.

Le lundi, premier jour de la semaine, à bonne estrainne, devant le jour du Saint-Sacrement [2],

---

[1] Stowe l'appelle *John Tylar*, Walsingham *Walter Helier* ou *Tyler*, et les rôles du parlement *Wauter Tyler dels countes de Kent*.

[2] Hollinshed fait de Jacques Straw et de Walter Tyler une seule et même personne en disant: Le dit John Tyler prit sur lui d'être leur capitaine et prit le nom de Jacke Straw; mais cette assertion est démentie par les mêmes rôles du parlement, qui, après *Wauter Tylerdels countes de Kent*, désignent *Jakke Strawe en Essex*.

[3] On appelait ainsi les paysans qui se soulevèrent d'abord en Flandre, puis par toute l'Europe en 1250, sous saint Louis, à l'instigation du Hongrois Jacob. On donna aussi le même nom aux paysans qui se soulevèrent en France sous Philippe V, en 1320. C'est probablement de ces derniers que Froissart veut parler.

[4] Le trésorier, dans son discours au parlement suivant, avoua que les révoltés criaient: « Nous ne voulons avoir nul roi, sinon notre seigneur le roi Richard. » (Placit. Parl., v. 3, p. 99.)

[1] À la première nouvelle de ces troubles, le roi Richard s'était renfermé avec sa famille dans la tour de Londres.

[2] La fête du Saint-Sacrement est la même fête que plusieurs autres nations appellent la fête de Corpus-Christi, et que nous appelons aujourd'hui la Fête-Dieu.

en l'an mil trois cent quatre vingt et un, se départirent ces gens, et issirent hors de leurs lieux, pour venir vers Londres, pour parler au roi, et pour être tous francs car ils vouloient qu'il n'y eût nuls serfs en Angleterre; et s'en vinrent à Saint-Thomas de Cantorbie. Et là étoit Jean Balle, qui cuidoit trouver l'archevêque du dit lieu; mais il étoit à Londres avec le roi. Vautre Tuillier étoit aussi avec le dit Jean Balle. Quand ils entrèrent à Cantorbie, toutes gens leur firent fête, car toute la ville étoit de leur sorte; et là orent conseil et parlement ensemble que ils viendroient à Londres devers le roi, et envoieroient de leurs gens et de leurs compagnons outre la Tamise en Excexes et en Sousexes, en la comté de Stanfort et de Betheford, parler au peuple que tous vinssent de l'autre côté à Londres; si enclorroient Londres : ainsi ne leur pourroit le roi estouper le pas, et étoit leur intention que le jour du Sacrement ou lendemain ils se trouveroient tous ensemble. Ceux qui étoient en Cantorbie entrèrent en l'abbaye de Saint-Thomas, et y firent moult de desrois; et y pillèrent et fustèrent la chambre de l'archevêque; et disoient en pillant et en portant hors : « Cil chancelier d'Angleterre [1] a eu bon marché de ce meuble; il nous rendra compte temprement des revenues d'Angleterre et des grands profits que il a levés puis le couronnement du roi d'Angleterre. »

Quand ils eurent ce lundi fusté et pillé l'abbaye de Saint-Thomas et l'abbaye de Saint-Vincent, ils se partirent lendemain au matin, et tout le peuple de Cantorbie avecques eux, et prirent le chemin de Rocestre, et emmenoient toutes gens des villages à dextre et à senestre; et en cheminant et allant, ils abattoient et foudroyoient ainsi que une tempête, maisons de avocats et de procureurs de la cour du roi et de l'archevêque, et n'en avoient nulle merci. Quand ils furent venus à Rocestre, on leur fit grand'chère, car les gens de la ville étoient de leur secte; et allèrent au chastel, et prirent le chevalier qui gardien en étoit et capitaine de la ville, et se nommoit messire Jean Mouton [2]. Si lui distrent : « Il faut que vous vous en veniez avecques nous et que vous soyez notre souverain meneur et capitaine, pour faire ce que nous voudrons. » Le chevalier s'excusa moult bellement, et remontra plusieurs raisons d'excusances si elles pussent valoir; mais nenni; car on lui dit : « Messire Jean, messire Jean, si vous ne faites ce que nous voulons, vous êtes mort. » Le chevalier voyoit ce peuple tout forcenné et appareillé de lui occire. Si douta la mort et obéit à eux et se mit, outre son gré, en leur route.

Tout en telle manière avoient fait ceux des autres contrées d'Angleterre, d'Excestre, de Sousexes, de Kent, de Stanfort, de Beteford et de l'évêché de Norduich jusques à Germeline et jusques à Line, et mis les chevaliers et les gentilshommes en leur obéissance, et tels que le seigneur de Moylays, un grand baron, messire Étienne de Halles et messire Thomas de Ghisinguem [1]; et les faisoient venir avec eux. Or regardez la grand'derverie. Si ils fussent venus à leur entente, ils eussent détruit tous les nobles d'Angleterre; et après, en autres nations, tous menus peuples se fussent rebellés [2]; et prenoient pied et exemple à ceux de Gand et de Flandre qui se rebelloient contre leur seigneur. Et en celle propre année les Parisiens le firent aussi, et se mistrent à faire les maillets [3] de fer, dont ils firent plus de vingt mille, si comme je vous recorderai quand je serai venu jusques à là; mais nous poursuivrons à parler premièrement de ceux d'Angleterre et des marches dessus dites.

CHAPITRE CIX.

Comment messire Jean Mouton, chevalier, fut par ce peuple d'Angleterre envoyé à Londres; et comment le roi promit de parler à celui peuple.

Quand ce peuple qui étoit logé à Rocestre orent fait ce pour quoi ils étoient là venus, ils se départirent et passèrent la rivière, et vinrent à Dranforde [4], et toujours tenant leur opinion d'abattre à dextre et à senestre devant eux maisons et hôtels d'avocats et de procureurs, ni nuls n'en déportoient; et coupèrent en venant à plu-

---

[1] L'archevêque de Canterbury était alors chancelier du royaume. Simon Sudbury avait succédé dans cette dignité à Richard Scrop en 1380
[2] Sir John Newton.

[1] Grafton dit sir Thomas Gaisighen; Johnes dans sa traduction Cosington.
[2] Voyez les remarques judicieuses de M. de Baran'e sur ce sujet, pages 72, 73 et suivantes de la préface de son Histoire des ducs de Bourgogne.
[3] D'où ils furent appelés Maillotins.
[4] Dartford est le lieu où demeurait Wat Tyler et où le premier acte de rébellion avait été commis par lui, en étendant à ses pieds l'infâme collecteur qui avait osé porter la main sur sa fil'e.

sieurs hommes les têtes; et cheminèrent tant qu'ils vinrent à quatre lieues de Londres, et se logèrent sur une montagne que on appelle au pays Blaquehede, c'est-à-dire, en François, la Noire Bruyère[1]; et disoient en venant que ils étoient au roi et au noble commun d'Angleterre.

Quand ceux de Londres sçurent que ils étoient si près d'eux logés, ils fermèrent les portes du pont de la Tamise[2], et y mirent gardes. Et celle ordonnance fit faire le maire de Londres, sire Jean[3] Walourde, et plusieurs riches bourgeois de Londres qui n'étoient pas de leur secte; mais il en y avoit en Londres de menues gens plus de trente mille. Adonc eurent avis cils peuples qui étoient logés sur la montagne de Blaquehede, que ils envoieroient leur chevalier devers le roi parler à lui, qui étoit en la tour, et lui manderoient que il venist parler à eux, et que tout ce qu'ils faisoient c'étoit pour lui; car le royaume d'Angleterre, par grand'foison d'années, avoit été mal gouverné, à l'honneur du royaume et profit du commun et menu peuple, et tout par ses oncles et par son clergé, et principalement par l'archevêque de Cantorbie, son chancelier; dont ils vouloient avoir compte. Le chevalier n'osa dire ni faire du contraire, que il ne vînt sur la Tamise à l'encontre de la tour, et se fit nager outre l'eau.

Le roi et ceux qui étoient au chastel de Londres, qui désiroient à ouïr des nouvelles, quand ils virent le bateau venir fendant la Tamise, si dirent : « Véez ci aucuns qui nous apportent nouvelles. » Et étoient, je vous dis, en grand'doutance là dedans; et véez ci venir le chevalier au rivage. On lui fit voie; on le mena devant le roi, qui étoit en une chambre, et la princesse sa mère de-lez lui, et ses deux frères, messire Thomas comte de Kent et messire Jean de Holland, le comte de Sallebery, le comte de Warvich, le comte d'Acquesuffort, l'archevêque de Cantorbie, le grand prieur d'Angleterre du temple[4], messire Robert de Namur, le seigneur de Wer-

taing, le seigneur de Gommignies, messire Henry de Sancelles, le maire de Londres et aucuns notables bourgeois de Londres qui tous se tenoient de-lez le roi. Le chevalier, messire Jean Mouton, qui bien fut connu entr'eux, car il étoit officier du roi, se mit à genoux devant lui, et lui dit : « Mon très redouté seigneur, ne veuillez mie prendre en déplaisance le message que il me convient faire; car, cher sire, c'est de force que je suis venu si avant. » — « Nennil, messire Jean, dites ce dont vous êtes chargé, je vous tiens pour excusé. » — « Très redouté sire, le commun de votre royaume m'envoie devers vous pour traiter, et vous prie que vous veuillez venir parler à eux sur la montagne de Blaquehede; car ils ne désirent nullui à avoir fors que vous. Et n'ayez point de doute de votre personne, car ils ne vous feront jà mal, et vous tiennent et tiendront toujours à roi : mais ils vous montreront, ce dient plusieurs choses qui vous sont nécessaires à ouïr, quand ils parleront à vous; des quelles choses je ne suis pas chargé de vous dire. Mais, très cher sire, veuillez moi donner réponses telles qui les apaisent, et qu'ils sachent de vérité que j'ai été devers vous; car ils ont mes enfans en ôtages pour moi, et les feroient mourir si je ne retournois vers eux. » Répondit le roi : « Vous aurez réponse, et tantôt. »

Adonc se conseilla le roi et demanda quelle chose étoit bonne à faire de cette requête. Le roi fut adonc conseillé que lendemain au matin, qui étoit le jeudi, ils vinssent aval sur la rivière de Tamise, et que sans faute il iroit parler à eux. Quand messire Jean Mouton eut celle réponse, il n'en demanda plus : il prit congé au roi et aux barons, et rentra en son vaissel et repassa la Tamise, et retourna sur la montagne où il y avoit plus de soixante mille hommes; et leur donna réponse de par le roi que à lendemain au matin leur conseil envoisent sur la Tamise, et que le roi personnellement, sans nulle faute, viendroit parler à eux. Cette réponse leur plut grandement; et s'en contentèrent et passèrent la nuit tout au mieux qu'ils purent. Et sachez que les quatre parts d'eux jeûnèrent par deffaute de vivres, car ils n'en avoient nuls; dont ils étoient tous courroucés, et ce les enfélonnoit trop.

En ce temps étoit le comte de Bouquinghen en Galles, car il y tenoit bel héritage et grand, de par sa femme qui fut fille au comte de Nor-

---

[1] Blackheath. La traduction de ce mot par Froissart est exacte.

[2] London-Bridge

[3] Le moine d'Evesham, Hollinshed, etc., l'appellent William Walworth; Grafton l'appelle Nicolas Walworth.

[4] Le moine d'Evesham nomme ici le grand prieur de l'hôpital, sir Robert Hales lord Saint-Johns. Il était en même temps lord trésorier et avait succédé dans cet emploi à Thomas Brantygham en 1381. (Voyez Walsingham, p. 256.)

thombrelande et de Herfort. Mais la voix étoit toute commune aval Londres que il étoit avec ce peuple; et disoient les aucuns pour certain que ils l'y avoient vu, pour un appelé Thomas qui trop bien le ressembloit, de la comté de Kent, qui étoit entr'eux. Le comte de Cantebruge et les barons d'Angleterre, qui gissoient à Pleumoude et qui appareilloient leurs vaisseaux pour aller en Portingal, étoient tout informés de cette rebellion et du peuple qui se commençoit à élever : si se doutèrent que leur voyage n'en fût rompu, ou que le commun d'Angleterre, de Hantonne, de Wincestre et de la comté d'Arundel ne leur vînt courir sus. Si se désancrèrent leurs nefs et issirent hors du hâvre, à grand'peine et à vent contraire, et se boutèrent en la mer, et là ancrèrent attendant vent. Le duc de Lancastre, qui étoit sur la marche entre Mourlane [1], Rosebourch et Mauros, et quil à parlementoit aux Escots, étoit aussi tout informé de cette rebellion et en grand doute de sa personne; car bien savoit que il étoit petitement en la grâce du commun d'Angleterre [2] : mais nonobstant toutes ces choses, si demenoit-il moult sagement ses traités envers les Escots. Le comte de Douglas, le comte de Mouret, le comte de Surlant, le comte Thomas de Vercy et ces Escots, qui pour le roi et le pays faisoient et menoient ces traités, savoient bien toute la rebellion d'Angleterre, et comment le peuple de toutes parts se commençoit à rebeller contre les nobles. Si disoient : « Angleterre gît en grandbranle et péril de être toute détruite. » Et vous dis qu'en leurs traités ils s'en tenoient plus forts envers le duc de Lancastre et son conseil.

Or parlerons-nous du commun d'Angleterre comment ils persévérèrent.

CHAPITRE CX.

Comment le roi et son conseil vinrent sur la Tamise, puis retourna; et comment le peuple paysan vint devant Londres et entrèrent dedans, et des outrages qu'ils y firent.

Quand ce vint le jour du Saint Sacrement, au matin, le roi Richard ouït messe en la tour de Londres, et tous les seigneurs. Après messe il entra en sa barge, le comte de Sallebery, le comte de Warvich, le comte d'Acquesuffort, le comte de Suffort et aucuns chevaliers en sa compagnie; et navièrent à rive pour venir outre la Tamise sur le rivage, en allant vers le Rideride [1], un manoir du roi, où plus avoit de dix mille bons hommes qui là étoient descendus de la montagne, pour voir le roi et pour parler à lui. Quand ils virent la barge du roi venir, ils commencèrent tous à huer et à donner un si grand cri que il sembloit proprement que tous les diables d'enfer fussent là descendus en leur compagnie. Et vous dis que ils avoient amené messire Jean Mouton, leur chevalier, avecques eux, afin que si le roi ne fût venu ou qu'ils l'ussent trouvé en bourde [2], ils l'eussent dévoré et détranché pièce à pièce : tout ce lui avoient-ils promis. Quand le roi et les seigneurs virent ce peuple qui ainsi se démenoit, il n'y eut si hardi que tous ne fussent effrayés; et n'eut mie le roi en conseil des barons qui là étoient qu'il prît terre; mais commencèrent à waucrer la barge amont et aval sur la rivière. Adonc dit le roi : « Seigneurs, que voulez-vous dire? Dites-le-moi; je suis ci venu pour parler à vous. » Ils lui dirent de une voix, ceux qui l'entendirent : « Nous voulons que tu viennes sur terre, et nous te montrerons et dirons plus aisément ce qu'il nous faut. » Adonc répondit le comte de Sallebery, pour le roi, et dit : « Seigneurs, vous n'êtes mie en arroy ni en ordonnance que le roi doye maintenant parler à vous. » A ces mots il n'y eut plus rien dit; et fut le roi conseillé du retourner, et retourna au chastel de Londres dont il étoit parti.

Quand ces gens virent qu'ils n'en auroient autre chose, si furent tous enflambés de ire; et retournèrent en la montagne où le grand peuple étoit; et recordèrent comment on leur avoit répondu, et que le roi étoit r'allé en la tour de Londres. Adonc crièrent-ils tous d'une voix : « Allons, allons tôt à Londres! » Lors se mirent-ils tous à chemin et s'avallèrent sur Londres en foudroyant et abattant manoirs d'abbés, de avocats et de gens de cour, et vinrent ès faubourgs de Londres qui sont grands et beaux. Si y abattirent plusieurs beaux hôtels, et par espécial, ils abattirent les prisons du roi, que on appelle mareschaussiées; et furent délivrés tous les prisonniers qui étoient dedans. Et firent en ces faubourgs moult de desrois; et menaçoient, à l'entrée

---
[1] Johnes prétend qu'il faut lire Lambirlaw.
[2] Le peuple lui en vouloit surtout parce qu'il pensait que c'était pour soutenir ses prétentions au trône de Castille qu'on avait levé des impôts onéreux.

---
[1] Rotherheath.
[2] S'ils eussent vu que J. Newton s'était moqué d'eux.

du pont, ceux de Londres, pourtant qu'ils avoient clos les portes du pont; et disoient que ils arderoient tous leurs faubourgs et conquerroient Londres par force, et l'arderoient et détruiroient. Toute la commune de Londres où moult y avoit de gens qui étoient de leur accord, se mirent ensemble et demandèrent : « Pourquoi ne laisse-t-on pas ces bonnes gens entrer en la ville? Ce sont nos gens, et tout ce qu'ils font c'est pour nous. » Adoncques de force il convint que les portes fussent ouvertes. Si entrèrent ces gens tout affamés dedans la ville, et se boutèrent tantôt par les maisons bien pourvues de pourvéances, et s'acquittèrent au boire et au manger. On ne leur véoit rien, mais étoit-on tout appareillé de leur faire bonne chère et de leur mettre avant boire et vivres pour eux apaiser. Adonc s'en allèrent les capitaines Jean Balle, Jacques Strau et Wautre Tuillier tout droit parmi Londres, en leur compagnie plus de trente mille hommes, à l'hôtel de Savoie, au chemin de Westmoustier le palais du roi, un très bel hôtel séant sur la Tamise et l'hôtel du duc de Lancastre. Tantôt ils entrèrent dedans et tuèrent les gardes, et l'ardirent en feu et en flambe. Quand ils eurent fait cet outrage, ils ne cessèrent mie atant, mais s'en allèrent en la maison des hospitaliers de Rodes[1] que on dit Saint-Jean de Calerwille[2], et ardirent maison, moûtier, hôpital et tout. Avec tout ce ils allèrent de rue en rue, et tuèrent tous les Flamands que ils trouvèrent, en églises, en moûtiers et en maisons; ni nuls n'en étoient déportés; et efforcèrent plusieurs maisons de Lombards[3]; et prirent des biens qui dedans étoient, à leur volonté, car nul ne leur osoit aller au devant; et tuèrent en la ville un riche homme que on appeloit Richard Lyon, auquel du temps passé en France Wautre Tuillier, eus ès guerres, avoit été varlet. Mais Richard Lyon avoit une fois battu son varlet; si lui en souvint et y mena ses gens, et lui fit couper la tête devant lui, et mettre sur une lance et porter parmi les rues de Londres. Ainsi se demenoit ce méchant peuple, comme gens forcenés et enragés; et firent ce jeudi moult de desrois parmi Londres.

[1] Les chevaliers hospitaliers de Rhodes.
[2] Clerkenwell.
[3] Les Lombards faisaient surtout alors le commerce de la banque.

CHAPITRE CXI

Comment ce désolé peuple anglois s'en vint loger devant la tour de Londres, et de ce qu'il fut conseillé et avisé pour lors.

Quand ce vint sur le soir, ils s'en vinrent tous loger et assembler en la place que on dit Sainte-Catherine, devant la cour et le chastel de Londres; et disoient que jamais de là ne partiroient si auroient eu le roi à leur volonté, et leur auroit accordé tout ce que ils demanderoient. Et disoient outre que ils vouloient compter au chancelier d'Angleterre et savoir que les grands avoirs que on avoit levés parmi le royaume d'Angleterre, puis cinq ans, étoient devenus; et s'il n'en rendoit bon compte et suffisant à leur plaisance, mal pour lui. Sur cet état, quand ils eurent fait tout le jour assez de maux aux étrangers parmi Londres, ils se logèrent devant la tour. Si pouvez bien croire et savoir que c'étoit grand'hideur pour le roi et pour ceux qui dedans avecques lui étoient; car à la fois cil méchant peuple huoit si haut que il sembloit que tous les diables d'enfer fussent entr'eux. Sur le soir avoit eu en conseil le roi d'Angleterre, ses frères et les barons qui en la tour étoient, parmi l'avis de sire Jean Walourde, maieur de Londres, et d'aucuns bourgeois de Londres notables; que sur la mie nuit on viendroit tous armés par quatre rues de Londres courir sur ces méchans gens, qui bien étoient soixante mille, entretant qu'ils dormiroient, car ils seroient tous enivrés, et on en tueroit autant que de mouches; car de vingt n'en y avoit un armé. Et vous dis que les bonnes gens et riches de Londres étoient bien aisés[1] de ce faire; car ils avoient secrètement repus leurs amis en leurs maisons et leurs varlets qui étoient armés; et aussi messire Robert Canolle étoit en son hôtel et gardoit son trésor à plus de six vingt compagnons tous apprêtés, qui tantôt fussent saillis avant, si ils eussent été avertis. Aussi fut messire Perducas de la Breth, qui pour ce temps étoit à Londres. Et se fussent bien trouvés entre sept et huit mille hommes tous armés. Mais il n'en fut rien fait; car on douta trop le demeurant du commun étant en la dite ville de Londres. Et disoient les sages, comme le comte de Sallebery et les autres, au roi : « Sire, si vous les pouvez apaiser

[1] Avaient bien la facilité.

par belles paroles, c'est le meilleur et le plus profitable. Et leur accordez tout ce que ils demandent liement ; car si nous commençons chose que nous ne puissions achever, il n'y auroit jamais nul recouvrer, que nous et nos hoirs ne fussions détruits, et toute Angleterre déserte et en ruine. » Cil consaulx fut tenu, et le maire contremandé que il se tenist tout quoi, et ne fît nul semblant de émouvement. Il obéit ; ce fut raison. En la ville de Londres avecques le maieur a douze échevins[1] : les neuf étoient pour lui et pour le roi, si comme ils le montrèrent ; et les trois de la secte de ce méchant puepple, si comme il fut depuis sçu et connu ; dont ils le comparèrent moult chèrement.

CHAPITRE CXII.

Comment ces paysans anglois occirent au château de Londres l'archevêque de Cantorbie et autres, et de leurs dérisions.

Quand ce vint le vendredi au matin, ce peuple qui étoit logé en la place Sainte-Catherine devant la tour, se commencèrent à appareiller et à crier moult haut, et à dire que si le roi ne venoit parler à eux, ils assaudroient le chastel et le prendroient de force, et occiroient tous ceux qui étoient dedans. On douta ces paroles et ces menaces, et ot le roi conseil que il istreroit pour parler à eux ; et leur envoya dire qu'ils se traississent tous au dehors de Londres, en une belle place que on dit Milinde[2], et siéd au milieu de une belle prée, où les gens vont ébattre en été ; et là leur accorderoit le roi et octroiroit tout ce qu'ils demandoient ou voudroient demander. Le maire de Londres leur nonça tout cela ; et fit le cri, de par le roi, que quiconque voudroit parler au roi qu'il allât en la place dessus dite, car le roi iroit sans faute. Adonc se commencèrent à départir ces gens, les communes des villages, et eux à traire et à aller celle part ; mais tous n'y allèrent mie ; et n'étoient mie tous d'une condition ; car il en y avoit plusieurs qui ne demando'ent que la richesse et la destruction des nobles, et Londres être toute courue et pillée. Ce étoit la principale cause pourquoi ils avoient ce commencé. Et bien le montrèrent ; car si très tôt que la porte du chastel fut ouverte et que le roi en fut issu, le comte de Sallebery, le comte de Warvich, le comte d'Asquesuffort,

[1] Appelés *Aldermen*.
[2] Mile's end.

messire Robert de Namur, le sire de Wertaing, le sire de Gommignies et plusieurs autres, Wautre Tuillier, Jacques Strau, Jean Balle, et, plus de quatre cents entrèrent dedans le chastel, l'efforcèrent, saillirent de chambre en chambre et trouvèrent l'archevêque de Cantorbie, que on appeloit Simon[1], vaillant homme et prudhomme, chancelier d'Angleterre, lequel avoit tantôt fait le divin service et office, et célébré messe devant le roi : et fut pris de ces gloutons et tantôt décolé. Aussi fut le grand prieur de l'hôpital Saint-Jean[2], et un frère mineur maître en médecine, lequel étoit au duc de Lancastre, et pour ce fut-il mort en dépit de son maître ; et un sergent d'armes du roi, appelé Jean Laige[3]. Et ces quatre têtes mirent sur longues lances, et les faisoient porter devant eux parmi les rues de Londres ; et quand ils en eurent assez joué, ils les mirent sur le pont de Londres, comme s'ils eussent été traîtres au roi et au royaume. Encore entrèrent ces gloutons en la chambre de la princesse et dépecèrent son lit, dont elle fut si épouvantée que elle s'en pâma ; et fut de ses varlets et chambrières prise entre leurs bras, et apportée bas par une poterne sur le rivage et mise en un bâtel, et là couverte et amenée par la rivière en la Ryole[4], et puis menée en un hôtel que on dit la Garde-robe de la roine ; et là se tint tout le jour et toute la nuit, ainsi que une femme demi-morte[5], tant qu'elle fut reconfortée

[1] Symon Sudbury.
[2] Robert Hales, trésorier d'Angleterre.
[3] Ce Legg avait été le commissaire le plus odieux dans la levée du dernier impôt.
[4] Hollinshed dit : *To the place called the Queen's-Wardrobe or the Tower-Ryall.* Froissart l'appelle aussi ailleurs la Garderobe de la reine.
[5] La description de Walsingham est plus étendue que celle de tous les autres historiens et donne une idée fort nette de la terreur qu'avait inspirée à toute la cour cette audace nouvelle d'hommes qui n'étaient pas chevaliers. On en jugera par ce seul passage.
Erant eo tempore in ipsa turri sexcenti viri bellici, armis instructi, viri fortes et expertissimi, et sexcenti sagittarii, qui omnes (quod mirum est) animo ita conciderant, ut eos magis similes mortuis quam vivis reputares. Mortua enim erat in eis omnis memoria quondam bene gestae militiae, extincta recordatio ante habiti vigoris et gloriae, et ut concludam breviter, emarcuerat a facie rusticorum pene totius Loegriae omnis audacia militaris. Nam quis unquam credidisset, non solum rusticos, sed rusticissimos abjectissimos, non plures, sed singulos, audere thalamum regis vel matris ejus, cum baculis subintrare vilissimis, et unumquemque de militibus deterrere

du roi son fils, ainsi comme je vous dirai en suivant.

CHAPITRE CXIII.

Comment le roi anglois abandonné de ses frères et autres, parla à son peuple rebelle dont il contenta une partie, et une partie non.

En venant le roi en celle place, que on dit la Milinde, au dehors de Londres, se emblèrent de lui, pour la doutance de la mort, ses deux frères, le comte de Kent et messire Jean de Holland : aussi fit le sire de Gommignies qui s'en alla avecques eux ; et ne se osèrent montrer au peuple en celle place de la Milinde. Quand le roi fut venu, et le demeurant des barons dessus nommés en sa compagnie, en la place de la Milinde, il trouva plus de soixante mille hommes de divers lieux et de divers villages des contrées d'Angleterre : il se mit tout en-my eux et leur dit moult doucement : « Bonnes gens, je suis votre roi et votre sire, que vous faut ? que voulez-vous dire ? » Adonc, répondirent ceux qui l'entendirent et lui dirent : « Nous voulons que tu nous affranchisses à tous les jours du monde, nous, nos hoirs et nos terres, et que nous ne soyons jamais nommés serfs ni tenus. » Dit le roi : « Je le vous accorde, retraiez-vous en vos maisons et en vos lieux, ainsi que vous êtes ci venus par villages, et laissez de par vous, de chacun village deux ou trois hommes, et je leur ferai tantôt escripre et sceller de mon grand scel lettres telles que vous les demandez, lesquelles ils emporteront avec eux quittement, ligement et franchement tout ce que vous demandez[1] ; et afin que vous en soyez mieux confortés et assu

[1] Voici la teneur de ces lettres de manumission, suivan'. Hollinshed et Walsingham :

Richardus dei gratia rex Angliæ et Franciæ et dominus Hiberniæ, omnibus ballivis et fidelibus suis, ad quos præsentes litteræ pervenerint, salutem : sciatis, quod de gratia nostra speciali, manumisimus universos ligeos et singulos subditos nostros, et alios comitatus Hertfordiæ, et ipsos et eorum quemlibet ab omni bondagio eximus, et quietos facimus per præsentes, ac etiam perdonamus eisdem ligeis ac subditis nostris omnimodas felonias, proditiones, transgressiones et extorsiones, per ipsos vel aliquem illorum qualitercumque factas sive perpetratas, ac etiam utlagariam velut legarias, si qua vel quæ in ipsos vel aliquem ipsorum fuerint vel fuerit his occasionibus promulgata vel promulgatæ, et summam pacem nostram eis et eorum cuilibet inde concedimus. In cujus rei testimonium has litteras nostras fieri fecimus patentes, teste me ipso apud London, 15 die junii, anno regni nostri quarto.

Elles sont, comme on voit, datées du 15 juin, et le 2 juillet le roi Richard, aussitôt que les insurgés eurent perdu leur puissance, publia les lettres de révocation suivantes, qu'on trouve dans Rymer, à l'année 1381.

Rex omnibus, ad quos, etc, salutem :

Licet nuper, in turbatione detestabili, per quosdam ligeos et subditos nostros, contra pacem nostram insurgentes, horribiliter facta, certæ litteræ nostræ patentes, ad ipsorum insurgentium instantiam importunam, factæ fuissent, continentes,

Quod nos universos ligeos et subditos nostros, communes et alios, certorum comitatuum regni nostri, manumisimus, et ipsos et eorum quemlibet ab omni bondagio et servitio eximus et quietos fecimus, ac etiam quod pardonavimus eisdem ligeis et subditis nostris omnimodas insurrectiones, per ipsos contra nos factas, equitando et eundo per diversa loca, in regno nostro, cum hominibus armatis, sagittariis, et aliis, vi armata, cum vexillis et penuncellis displicatis.

Ac etiam omnimodas proditiones, felonias, transgressiones et extorsiones, per ipsos vel aliquem ipsorum qualitercumque factas sive perpetratas,

Ac etiam utlagariam et utlagarias, si qua, vel si quæ, in ipsos, seu aliquem ipsorum, fuerunt, vel fuerit, his occasionibus, promulgata, vel promulgatæ, et firmam pacem nostram eis et eorum cuilibet inde concessimus,

Quodque voluimus, quod iidem ligei et subditi nostri liberi essent ad emendum et vendendum, in quibuscumque civitatibus, burgis, villis mercatoriis, et aliis locis, infra regnum nostrum Angliæ,

Et quod nulla acra terræ, in comitatibus prædictis, quæ in bondagio vel servitio tenetur, altius quam ad quatuor denariis haberetur, et si qua minus antea tenta fuisset, inposterum non exaltaretur.

Nos tamen,

Pro eo quod dictæ litteræ de curia nostra, absque matura deliberatione, et indebite, emanârunt, perpendentes concessionem litterarum prædictarum in nostri et coronæ nostræ maximum præjudicium, ac tam in nostri, et prælatorum, procerum et magnatum dicti nostri regni,

minis, et quorumdam nobilissimorum militum barbas suis incultissimis et sordidissimis manibus contrectare, demulcere, et verba modo familiaria serere de socialitate cum eisdem habenda de cætero, modo de fide servanda ipsis ribaldis, modo de juramento præstando, ut com muniter cum eis regni quærerent proditores, cum ipsi manifestæ proditionis notam devitare non possent, quippe qui vexilla et pennicellos erigentes, tali modo cum armata manu pro modulo suo, scilicet modo prætacto incedere non timebant. Et cum hæc omnia facerent, et (ut diximus) plerique soli in cameras concessissent, et sedendo, jacendo, jocando super lectum regis insolescerent, et insuper matrem regis ad oscula invitarent quidam, non tamen (quod mirum dictu est) audebant plures milites et armigeri, unum de tam inconvenientibus actibus convenire, non ad impediendum manus injicere, nec verbis secretissimis mussitare. Intrabant et exibant ut domini, qui quondam fuerant vilissimæ conditionis servi, et præferebant se militibus, non tamen militum, sed rusticorum subulci.

rés, je vous ferai par sénéchaussés, par chastelleries et par mairies, délivrer mes bannières; et en tout ce vous ne trouverez aucune faute, car je ne serai jà repris. »

Ces paroles apaisèrent grandement ce menu peuple, voire les simples et les novices et les bonnes gens qui là étoient venus et ne savoient qu'ils demandoient; et disoient tout en haut : « C'est bien dit, c'est bien dit, nous ne demandons pas mieux. » Vez là ce peuple apaisé; et se commencèrent à retraire en Londres. Encore leur dit le roi une parole qui grandement les contenta :

quam sacrosanctæ ecclesiæ Anglicanæ exhæredationem, nec non dispendium et incommodum reipublicæ tendere manifeste,

Dictas litteras, et quicquid exindè fuerit subsecutum, de avisamento concilii nostri, tenore præsentium, revocavimus, cassavimus, et adnullavimus, et de facto revocamus, cassamus, irritamus et penitus adnullamus,

Nolentes quod aliis, et cujuscumque status seu conditionis fuerit, libertatem sive commodum aliquod de prædictis litteris quomodolibet habeat seu reportet,

Volumus enim, et intentionis nostræ existit, talem gratiam singulis subditis nostris quamvis enormiter contra ligeantiam suam forisfecerint, de avisamento sani concilii nostri, imposterum impartiri quæ Deo placabilis, nobisque et regnos nostro utilis fuerit, et inde fideles subditi nostri reputabunt rationabiliter se contentos,

Et hæc omnibus, quorum interest, innotescimus per præsentes :

Damus autem, tam universis et singulis dominis, magnatibus, et aliis fidelibus, ligeis, et subditis nostris, quam vice-comitibus, et aliis ministris nostris, comitatus Essexiæ, tenore præsentium, firmiter in mandatis, quod ipsi præsentes literas nostras, in singulis civitatibus, burgis, et aliis villis, et locis, in comitatu prædicto, tam infra libertates, quam extra, ubi expediens fore viderint et necesse, ex parte nostra publice proclamari faciant.

Ulterius districte præcipiendo quod omnes et singuli, tàm liberi, quàm nativi, opera, consuetudines, et servitia, quæ ipsi nobis ac aliis dominis suis facere debent, et ante turbationem prædictam facere consueverunt, absque contradictione, murmure, resistentia, seu difficultate faciant aliquali, prout antea solebant.

Insuper inhibendo eisdem ne ipsi opera, consuetudines et servitia sua prædicta, istis turbationum temporibus, magis solito retrahant, seu nobis aut prædictis dominis suis facere ullo colore retardent, nec aliquas alias libertates sive privilegia exigant, vendicent, sive clament, quam ante turbationem prædictam rationabiliter habuerunt, et quod ipsi, qui prædictas litteras nostras manumissionis et perdonationis penes se habent seu custodiunt, eas statim penes nos et concilium nostrum deferant et restituant cancellandas, sub fide et ligeantia quibus nobis tenentur, et sub forisfactura omnium quæ nobis forisfacere poterunt in futurum.

In cujus, etc.
Teste rege apud Chelmersford, secundo die julii.
Per ipsum regem.

« Entre vous, bonnes gens de la comté de Kent, vous aurez une de mes bannières, et vous ceux d'Exsesses une, et vous ceux de Souxsexses une autre, et ceux de Beteford une autant bien, et ceux de Cantebruge une, ceux de Gernemine [1] une, ceux de Stafford une, et ceux de Line une : et vous pardonne tout ce que vous avez fait jusques à ores, mais que vous suiviez mes bannières et en r'alliez en vos lieux sur l'état que j'ai dit. » Ils répondirent tous : « Oïl. »

Ainsi se départit cil peuple et rentra en Londres; et le roi ordonna plus de trente clercs ce vendredi qui escrisoient lettres à pouvoir et scelloient et délivroient à ces gens. Et puis se départoient ceux qui ces lettres avoient, et s'en r'alloient en leurs contrées : mais le grand trouble et venin demeuroit derrière, Wautre Tuillier, Jacques Strau, et Jean Balle; et disoient, quoique ce peuple fût apaisé, que ils ne se partiroient pas ainsi; et en avoient de leur accord plus de trente mille. Si demeuroient en Londres et ne pressoient pas trop fort à avoir lettres ni sceaux du roi, mais mettoient toute leur entente à bouter un tel trouble en la ville que les riches hommes et les seigneurs fussent morts, et leurs maisons fustées et pillées. Et bien s'en doutoient ceux de Londres; pour ce s'étoient ils pourvus dedans leurs hôtels, tout coiement, de leurs varlets et de leurs amis, chacun selon sa puissance, au mieux qu'ils purent. Quand cil peuple fut, ce vendredi, apaisé et retrait à Londres, et que on leur délivroit lettres scellées à tous lez, et qu'ils se départoient si très tôt qu'ils les avoient, et en alloient vers leurs villes, le roi Richard s'en vint en la Reolle en la Garde-robe la roine [2], ce dit-on, où la princesse sa mère étoit retraite toute effrayée. Si la reconforta, ainsi que bien le sçut faire, et demeura avecques elle toute celle nuit. Encore vous veux-je recorder de une aventure qui advint par ces méchantes gens devant la cité de Nordvich, et par un capitaine que ils avoient, que on appeloit Guillaume Listier, qui étoit de Stanfort.

[1] Les traducteurs anglais conjecturent que Froissart a voulu désigner par ce mot la ville de Coventry.

[2] Tower-Ryall, ou autrement Queen's-Wardrobe.

CHAPITRE CXIV.

Comment messire Robert Salles, chevalier, fut par une grande multitude de vilains requis d'être leur capitaine, et comment il leur refusa, si l'occirent.

Le propre jour du Sacrement, que ces méchantes gens entrèrent en Londres et que ils ardirent l'hôtel de Savoie et le moûtier et la maison de Saint-Jean de l'hôpital du temple, et que la prison du roi que on dit Maugate[1] fut par eux rompue et brisée, et tous les prisonniers délivrés, et qu'ils orent fait tous ces desrois que vous avez ouï recorder, étoient ceux des contrées que je vous dirai, premièrement de Stanfort, de Line, de Cantebruge, de Betefort, et de Gernemine tous élevés et assemblés ; et s'en venoient à Londres vers leurs compagnons : car ainsi l'avoient-ils ordonné ; et étoit leur capitaine un mauvais garnement qui s'appeloit Listier. En leur chemin ils s'arrêtèrent devant Norwich ; et en venant ils en faisoient aller avecques eux toutes gens, ni nul vaillant ne demeuroit derrière. La cause pourquoi ils s'arrêtèrent devant Nordvich, je le vous dirai. Il y avoit un chevalier, capitaine de la ville, qui s'appeloit messire Robert Salle : point gentilhomme n'étoit, mais il avoit la grâce, le fait et renommée d'être sage et vaillant homme aux armes ; et l'avoit fait chevalier pour sa vaillance le roi Édouard ; et étoit de membres le mieux tourné et le plus fort homme de toute Angleterre. Listier et ses routes s'avisèrent qu'ils en mèneroient ce chevalier avec eux et en feroient leur souverain capitaine ; si en seroient plus cremus et mieux aimés. Si lui envoyèrent dire qu'il vînt aux champs parler à eux, ou ils assaudroient la cité et l'ardroient. Le chevalier regarda qu'il valoit mieux qu'il allât parler à eux que ils fissent tel outrage : si monta sur son cheval et issit tout seul hors de la ville et vint parler à eux. Quand ils le virent, ils lui firent très grand' chère et l'honorèrent moult, et lui prièrent qu'il voulsist descendre de son cheval et parler à eux. Il descendit, dont il fit folie. Quand il fut descendu, ils l'environnèrent ; et puis commencèrent à traiter bellement et doucement, et lui dirent : « Robert, vous êtes chevalier et un homme de grand' créance en ce pays, et de renommée moult vaillant homme. Et quoique vous soyez tel, nous vous connaissons bien, vous n'êtes mie gentilhomme, mais fils d'un vilain et d'un maçon, si comme nous sommes. Venez-vous-en avecques nous, vous serez notre maître, et nous vous ferons si grand seigneur que le quart d'Angleterre sera en votre obéissance. » Quand le chevalier les ouït parler, ce lui vint à moult grand'merveille et à grand contraire, car jamais n'eût fait ce marché ; et répondit en eux regardant moult fellement. « Arrière, méchantes gens, faux et mauvais traîtres que vous êtes, voulez-vous que je relinquisse mon naturel seigneur pour telle merdaille que vous êtes, et que je me déshonore ? J'aurois plus cher que vous fussiez très tous pendus, ainsi que vous serez ; car vous n'aurez autre fin ! » A ces coups il cuida remonter sur son cheval ; mais il faillit de l'étrier et le cheval s'effraya. Adonc huèrent à lui et crièrent : « A la mort ! » Quand il ouït ces mots, il laissa aller son cheval et trait une belle et longue épée de Bordeaux que il portoit, et vous commence à escarmoucher et à faire place autour de lui, que c'étoit grand'beauté de voir. Ni nul ne l'osoit approcher. Aucuns l'approchoient, mais de chacun coup qu'il jetoit sur eux, il coupoit ou pied, ou tête, ou bras, ou jambe ; ni il n'y avoit si hardi que il ne le ressoignât. Et fit là le dit messire Robert tant d'armes que ce fut merveilles ; mais ces méchantes gens étoient plus de soixante mille. Si jettoient, lançoient et traioient sur lui ; et il étoit tout désarmé. Et à voir dire, s'il eût été de fer ou d'acier, si convint-il qu'il fût demeuré : mais il en tua douze tous morts, sans ceux qu'il meshaigna et affola. Finablement, il fut aterré ; et lui découpèrent les jambes et les bras, et le détranchèrent pièce après l'autre. Ainsi fina messire Robert Salle ; dont ce fut dommage ; et en furent depuis en Angleterre courroucés tous les chevaliers et écuyers, quand ils en sçurent les nouvelles.

CHAPITRE CXV.

Comment le roi Richard fut en grand péril en la cité de Londres. Comment ces gloutons paysans furent desbaretés ; et comment leurs capitaines furent décapités et tout le royaume recouvré pour le roi et les siens.

Le samedi au matin se départit le roi d'Angleterre de la Garde-robe la roine qui fut en la Riolle et s'en vint à Wesmoustier, et ouït messe en l'église, et tous les seigneurs avecques lui. En celle église a une image de Notre Dame en une petite chapelle, qui fait grands miracles et

---

[1] Newgate.

grands vertus, et en laquelle les rois d'Angleterre ont toujours eu grand'confiance et créance. Là fit le roi ses oraisons devant celle image, et se offrit à lui, et puis monta à cheval et aussi tous les barons qui étoient de-lez lui; et pouvoit être environ heure de tierce. Le roi et sa route chevauchèrent toute la chaussée pour entrer en Londres; et quand il ot chevauché une espace, il tourna sur senestre pour passer au dehors; et ne savoit nul, de vérité, où il vouloit aller, car il prenoit le chemin pour passer au dehors de Londres.

Ce propre jour, au matin, s'étoient assemblés et cueillis tous les mauvais, desquels Wautre Tuillier, Jacques Strau et Jean Balle étoient capitaines, et venus parlementer en une place que on dit Semitefille [1], où le marché des chevaux est le vendredi; et là étoient plus de vingt mille, tous de une alliance. Et encore en y avoient en la ville beaucoup qui se déjeunoient par les tavernes, et buvoient la garnache [2] et la malvoisie chez Lombards, et rien n'en payoient. Et étoit tout heureux qui leur pouvoit faire bonne chère. Et avoient ces gens qui là étoient assemblés les bannières du roi que on leur avoit baillées le jour devant; et étoient sur un propos ces gloutons que de courir Londres, rober et piller ce même jour. Et disoient les capitaines : « Nous n'avons rien fait. Ces franchises que le roi nous a données nous portent trop petit de profit; mais soyons tous de un accord; courons cette grosse ville riche et puissante de Londres, avant que ceux d'Exsexses, de Souxsexes, de Cantebruge, de Beteforde et des autres contrées étranges d'Arondel, de Warvich, de Redinghes, de Barkesière [3], d'Asquesuffort, de Gillevorde [4], de Conventré, de Line, de Stafort, de Gernemine [5], de Lincolle, de Yorch et de Duresme viennent; car tous viendront. Et sais bien que Vakier et Listier [6] les amèneront. Et si nous sommes au-dessus de Londres, de l'or et de l'argent et des richesses que nous y trouverons, et qui y sont, nous aurons pris les premiers; ni jà ne nous en repentirons. Et si nous les laissons, ceux, ce vous dis, qui viennent, les nous touldront. »

A ce conseil étoient-ils tous d'accord, quand vez-ci le roi qui vient en celle place, espoir accompagné de soixante chevaux; et ne pensoit point à eux, et cuidoit passer outre, et aller son chemin, et laisser Londres. Ainsi qu'il étoit devant l'abbaye de Saint-Berthélemy qui là est, il s'arrêta et regarda ce peuple, et dit qu'il n'iroit plus avant, si sauroit de ce peuple quelle chose il leur failloit; et si ils étoient troublés, il les rapaiseroit. Les seigneurs qui de-lez lui étoient s'arrêtèrent quand il s'arrêta; c'étoit raison. Quand Vautre Tuillier vit le roi qui étoit arrêté, il dit à ses gens : « Vez-là le roi, je veuil aller parler à lui; ne vous mouvez d'ici si je ne vous fais signe, et si je vous fais ce signe (et leur fit un signe; si venez avant et occiez tout) hormis le roi, mais au roi ne faites nul mal; il est jeune, nous en ferons à notre volonté, et le mènerons partout où nous voudrons en Angleterre, et serons seigneurs de tout le royaume : il n'est nulle doute. » Là avoit un pourpointier [1] de Londres, que on appeloit Jean Ticle, qui avoit apporté et fait apporter soixante pourpoints dont aucuns de ces gloutons étoient revêtus, et Tuillier en avoit un vêtu. Si lui demanda Jean Ticle. « Hé, sire! qui me payera mes pourpoints? Il me faut bien trente marcs. » — « Apaise-toi, répondit Tuillier, tu seras bien payé encore en-nuit; tiens-t'en à moi, tu as pleige assez. » A ces mots, il esperonna un cheval sur quoi il étoit monté; et se part de ses compagnons, et s'en vient droitement au roi, et si près de lui que la queue de son cheval étoit sur la tête du cheval du roi. Et la première parole qu'il dit, quand il parla au roi, il dit ainsi : « Roi, vois-tu toutes ces gens qui sont là? » — « Oïl, dit le roi; pourquoi le dis-tu? » — « Je le dis pour ce qu'ils sont tous en mon commandement, et me ont tous juré foi et loyauté à faire ce que je voudrai. » — « A la bonne heure, dit le roi, je veuil bien qu'il soit ainsi. » — « Adonc, dit Tuillier, qui ne demandoit que la

---

[1] Smithfield.
[2] Le vin de Grenache.
[3] Berkshire, comme il a dit *Devensière* pour *Devonshire*. — [4] Gilford.
[5] Ce mot paraît tellement éloigné de tout nom de ville anglaise qu'aucun des chroniqueurs anglais qui ont copié Froissart, et des traducteurs anglais qui ont cherché à l'expliquer, n'ont pu rien trouver d'équivalent. Quelques-uns l'omettent tout-à-fait; d'autres prétendent y voir Coventry, mais le passage ci-dessus est contraire à cette opinion, puisque Coventry s'y trouve aussi.
[6] Walsingham le nomme J. Littester et dit que c'était un teinturier de Norwich.

[1] Plusieurs manuscrits, au lieu de *pourpointer* et *pourpoints*, disent *juponnier* et *jupons*.

riote, cuides-tu, dis, roi, que ce peuple qui là est, et autant à Londres, et tous à mon commandement, se doye partir de toi sans emporter leurs lettres? Nennil, nous les emporterons devant nous. » Dit le roi : « Il en est ordonné; il faut faire et délivrer l'un après l'autre. Compain, retraiez-vous tout bellement devers vos gens, et les faites retraire de Londres, et soyez paisibles, et pensez de vous; car c'est notre entente que chacun de vous, par villages et mairies, aura sa lettre, comme dit est. » A ces mots, Wautre Tuillier jette les yeux sur un écuyer du roi, qui étoit derrière le roi et portoit l'épée du roi; et héoit ce Tuillier grandement cet écuyer; car autrefois il s'étoit pris de paroles à lui, et l'avoit l'écuyer villenné. « Voire, dit Tuillier, es-tu là? Baille-moi ta dague. » — « Non ferai, dit l'écuyer; pourquoi la te baillerois-je? » Le roi regarda sur son varlet et lui dit : « Baille-lui. » Cil lui bailla moult envis. Quand Tuillier la tint, il en commença à jouer et à tourner en sa main; et reprit la parole à l'écuyer; et lui dit : « Baille-moi celle épée. » — « Non ferai, dit l'écuyer; c'est l'épée du roi; tu ne vaux mie que tu l'aies; car tu n'es que un garçon; et si toi et moi étions tout seuls en celle place, tu ne dirois ni eusses dit ces paroles, pour aussi gros d'or que ce moûtier de Saint-Paul est grand. » — « Par ma foi! dit Tuillier, je ne mangerai jamais, si aurai ta tête. » A ces mots étoit venu le maire de Londres, lui douzième, monté à chevaux et tout armé dessous sa robe, et les autres aussi, et rompit la presse, et vit comment cil Tuillier se démenoit. Si dit en son langage : « Gars, comment es-tu si osé de dire telles paroles en la présence du roi? C'est trop pour toi. » Adonc se félonna le roi, et dit au maieur : « Maire, mettez la main à lui. » Entrementes que le roi parloit, cil Tuillier avoit parlé au maieur et dit : « Et de ce que je fais et dis, à toi qu'en monte? » — « Voire, dit le maire, qui jà étoit advoé du roi, gars puant, parles-tu ainsi en la présence du roi, mon naturel seigneur? Je ne veuil jamais vivre, si tu ne le compares. »

A ces mots il trait un grand badellaire que il portoit, et lâche; et fiert ce Tuillier un tel horion sur la tête que il l'abattit aux pieds de son cheval. Sitôt que il fut chu entre les pieds, on l'environna de toutes parts, parquoi il ne fût vu des assemblées qui là étoient, et qui se disoient ses gens. Adonc descendit un écuyer du roi, que on appeloit Jean Standuich [1], et tira une belle épée que il portoit, et la bouta au ventre de ce Tuillier, et là fut mort. Adonc s'aperçurent ces méchans gens là assemblés que leur capitaine étoit occis; si commencèrent à murmurer ensemble et à dire : « Ils ont mort notre capitaine; allons, allons! occions tout! » A ces mots ils se rangèrent sur la place, par manière d'une bataille, chacun son arc devant lui qui l'avoit. Là fit le roi un grand outrage; mais il fut converti en bien. Car tantôt que Tuillier fut atterré, il se partit de ses gens, tout seul, et dit : « Demeurez ci, nul ne me suive. » Lors vint-il au devant de ces folles gens qui s'ordonnoient pour venir venger leur capitaine, et leur dit : « Seigneurs, que vous faut? Vous n'avez nul autre capitaine que moi; je suis votre roi, tenez-vous en paix. » Dont il advint que le plus de ces gens, sitôt qu'ils virent et ouïrent parler le roi, ils furent tout honteux et se commencèrent à défuir; et c'étoient les paisibles : mais les mauvais ne se départoient mie; ainçois se ordonnoient et montroient que ils feroient quelque chose. Adonc retourna le roi à ses gens, et demanda que il étoit bon à faire. Il fut conseillé que il se traieroit sur les champs; car fuir ni éloigner ne leur valoit rien. Et dit le maire : « Il est bon que nous fassions ainsi; car je suppose que nous aurons tantôt grand confort de ceux de Londres, des bonnes gens de ceux de notre lez, qui sont pourvus et armés, eux et leurs amis, en leurs maisons. »

Entrementes que ces choses se démenoient ainsi, couroit une voix et un effroi parmi Londres, en disant ainsi : « On tue le roi. » Pour lequel effroi toutes manières de bonnes gens de la partie du roi saillirent hors de leurs hôtels, armés et pourvus, et se traitrent tous devers Semitefille et sur les champs, là où le roi étoit trait; et furent tantôt sept à huit mille hommes armés, tous ou environ. Là vinrent tous les premiers, messire Robert Canolle et messire Perducas de la Breth, bien accompagnés de bonnes gens, et neuf des échevins de Londres à plus de six cents hommes d'armes, et un puissant homme de la ville qui étoit des draps [2] du

---

[1] Stow l'appelle Crowdich.

[2] C'est-à-dire de la suite du roi, habillé aux dépens du roi et non pas, comme le disent les traducteurs anglais, drapier du roi.

roi que on appeloit Nicolas Branbre, et amena avecques lui une grand'route de bonnes gens d'armes. Et tout ainsi comme ils venoient, ils se rangeoient et se mettoient tous à pied et en bataille de-lez le roi, d'une part. D'autre part étoient tous ces méchans gens tous rangés, et montroient que ils se vouloient combattre; et avoient les bannières du roi avec eux. Là fit le roi trois chevaliers; l'un fut le maieur de Londres, messire Jean Walourde, l'autre fut messire Jean Standuich, et l'autre fut messire Nicolas Branbre. Adonc parlementèrent les seigneurs qui là étoient et disoient : « Que ferons-nous ? Nous véons nos ennemis qui nous eussent volontiers occis, si ils vissent que ils en eussent le meilleur. » Messire Robert Canolle conseilloit tout outre que on les allât combattre et tous occire; mais le roi ne s'y assentoit nullement, et disoit que il ne vouloit pas que on fît ainsi : « Mais je veuil, dit le roi, que on voise requerre mes bannières; et nous verrons, en demandant nos bannières, comment ils se maintiendront : toutefois, ou bellement ou autrement, je les vueil r'avoir. » — « C'est bon, » dit le comte de Sallebery. Adonc furent envoyés ces trois nouveaux chevaliers devers eux. Ces chevaliers leur firent signe que ils ne traissent point, car ils venoient là pour traiter. Quand ils furent venus si près que pour parler et pour être ouïs, ils dirent : « Écoutez, le roi vous mande que vous lui renvoyez ses bannières, et nous espérons que il aura merci de vous. » Tantôt ces bannières furent baillées et rapportées au roi. Encore fut là commandé à ces vilains, de par le roi et sur les têtes, que qui auroit lettres du roi impétrées il les remît avant. Les aucuns, non mie tous, les rapportoient. Le roi les faisoit prendre et descirer en leur présence. Vous devez et pouvez savoir que sitôt que les bannières du roi furent rapportées, ces méchans ne tinrent nul arroi, mais jetèrent la greigneur partie leurs arcs jus, et se déroutèrent et se retrairent vers Londres. Trop étoit courroucé messire Robert Canolle, de ce que on ne leur couroit sus et que on n'occioit tout. Mais le roi ne le vouloit consentir; et disoit qu'il en prendroit bien vengeance, ainsi qu'il fit depuis.

Ainsi se départirent et se dégâtèrent ces folles gens l'un çà, l'autre là; et le roi, les seigneurs et leurs routes rentrèrent ordonnément en Londres à grand'joie. Et le premier chemin que le roi fit, il vint devers sa dame de mère la princesse, qui étoit en un chastel en la Riole que on dit la Garde-robe la roine, et là s'étoit tenue deux jours et deux nuits, moult ébahie : il y avoit bien raison. Quand elle vit le roi son fils, elle fut moult réjouie et lui dit : Ha, beau fils ! comme j'ai hui eu grand'peine pour vous et grand angoisse ! » Donc répondit le roi et dit : « Certes, madame, je le sais bien; or vous réjouissez et louez Dieu, car il est heure de louer Dieu; car j'ai aujourd'hui recouvré mon héritage et le royaume d'Angleterre que j'avois perdu. » Ainsi se tint ce jour le roi de-lez sa mère, et les seigneurs s'en allèrent paisiblement chacun en son hôtel. Là fut fait un cri et un ban de par le roi, de rue en rue, que tantôt toutes manières de gens qui n'étoient de la nation de Londres, ou qui n'y avoient demeuré un an entier, partissent; et si ils y étoient sçus ni trouvés le dimanche au soleil levant, ils seroient tenus comme traîtres envers le roi et perdroient les têtes. Ce ban fait et ouï, on ne l'osa enfreindre ; et se départirent incontinent, le samedi, toutes gens, et s'en allèrent, tout desbaretés, en leurs lieux. Jean Balle et Jacques Strau furent trouvés en une vieille masure reposts, qui se cuidoient embler; mais ils ne purent ; car de leurs gens mêmes ils furent accusés. De leur prise furent le roi et les seigneurs grandement réjouis, car on leur trancha les têtes, et de Tuillier aussi, combien qu'il fût par avant mort; et furent mises sur le pont à Londres et ôtées celles des vaillans hommes que le jeudi ils avoient décolés. Ces nouvelles s'espardirent tantôt environ Londres. Tous ceux des étranges contrées qui là venoient et qui là de ces méchans gens mandés étoient, si se retrairent tantôt en leurs lieux, ni ils ne vinrent, ni osèrent venir plus avant.

CHAPITRE CXVI.

Comment le duc de Lancastre retourna d'Escosse en Angleterre quand il y eut besogne, et comment le capitaine de Bervich lui refusa la cité et le passage.

Or vous parlerons du duc de Lancastre qui étoit sur les marches d'Escosse, en ces jours que ces aventures avinrent et cils rebellemens du peuple en Angleterre, et traitoit aux Escots, au comte de Douglas et aux barons d'Escosse. Bien savoient les Escots tout le convenant d'Angleterre, et aussi faisoit le duc; mais nul semblant n'en faisoit aux Escots : ainçois se tenoit aussi fort en ces traités, que si Angleterre fût toute en bonne paix. Tant fut parlementé et allé de l'un à l'autre, que une trève fut prise à durer trois ans entre les Escots et les Anglois, et les royaumes de l'un et devant l'autre. Quand ces trèves furent accordées, les seigneurs vinrent l'un devant l'autre, en eux honorant, et là dit le comte de Douglas au duc de Lancastre : « Sire, nous savons bien le rebellement et rebellion du menu peuple d'Angleterre et le péril où le royaume d'Angleterre est par telle incidence et peut venir. Si, vous tenons à moult vaillant et à très sage, quand si franchement en vos traités vous vous êtes toujours tenu; car nul semblant n'en avez fait ni montré. Si vous disons et vous offrons que, si il vous besogne de cinq ou de six cents lances de notre côté, vous les trouverez tantôt toutes prêtes en votre service. » — « Par ma foi ! répondit le duc, beaux seigneurs, grand merci, je n'y renonce pas; mais je ne cuide point que monseigneur n'ait si bon conseil que les choses viendront à bien. Et toutefois je veuil avoir de vous un sûr sauf-conduit de moi et des miens pour moi retourner et tenir en votre pays, si il me besogne, tant que les choses soient apaisées. » Le comte de Douglas et le comte de Mouret qui avoient là la puissance du roi lui accordèrent légèrement. Adonc prirent-ils congé l'un de l'autre et se départirent : les Escots s'en retournèrent en Haindebourch, et le duc et les siens s'en r'allèrent vers Bervich. Et cuidoit le duc proprement en la cité entrer, car au passer il avoit là laissé ses pourvéances; mais le capitaine de la cité, qui s'appeloit messire Mahieu Rademen, lui desvéa et cloy les portes au devant de lui et de ses gens, et lui dit que il lui étoit défendu du comte de Northonbrelande, regard et souverain pour le temps de toute la marche, la frontière et le pays de Northonbrelande. Quand le duc entendit ces paroles, si lui vinrent moult à contraire et à déplaisance : si répondit : « Comment, Mahieu Rademen ! y a-t-il autre souverain en Northonbrelande de moi, mis et établi depuis que je passai et que je vous laissai mes pourvéances ? Dont vient cette nouvelleté ? » — « Par ma foi ! répondit le chevalier, oïl, et de par le roi. Et ce que je vous en fais, je le fais envis, mais faire le me convient. Si vous prie pour Dieu que vous m'en tenez pour excusé; car il m'est enjoint et commandé, sur mon honneur et sur ma vie, que point n'y entrez, ni les vôtres. » Vous devez savoir que le duc de Lancastre fut moult courroucé de ces paroles, et non pas sur le chevalier singulièrement, mais sur ceux dont l'ordonnance venoit, quand il avoit travaillé pour les besognes d'Angleterre, et on le soupçonnoit tel que on lui clooit et desvéoit la première ville d'Angleterre au lez devers Escosse; et imaginoit que on lui faisoit grand blâme. Si ne découvroit mi tout son courage ni ce que il en pensoit : et ne pressa plus avant le chevalier, car bien véoit que il n'avoit nulle cause du faire; et bien sentoit que le chevalier, sans trop destroit commandement, ne se fût jamais avancé de dire et faire ce que il disoit et faisoit. Si issit de ce propos et prit un autre, et lui demanda : « Messire Mahieu, des nouvelles d'Angleterre en savez-vous nulles ? » — « Monseigneur, répondit le chevalier, je ne sais autres, fors que le pays est fort ému; et a le roi notre sire escript aux bonnes villes et aux barons et chevaliers de ce pays, que ils soient tout prêts de venir vers lui quand il les mandera; et aux gardiens et châtellains des cités, villes et châteaux de Northonbrelande mande destroitement et sur la tête que ils ne laissent nullui entrer en leurs lieux et soient bien sûrs de ce que ils ont en garde. Mais du menu peuple qui ainsi se rebelle vers Londres je ne sais nulles nouvelles certaines que je puisse recorder pour vérité, fors tant que les officiers de là jus, de l'évêché de Lincolle et de la comté de Cantebruge, de Stafford, de Betheford et de l'évêché de Nordvich me ont escript que les menues gens de dessous eux sont en grand désir que les choses voisent mal et qu'il y ait trouble en Angleterre. » — « Et de notre pays, dit le duc de Lancastre, de Derby et de Lincestre, y a-t-il nulle rebellion ? » — « Monseigneur, répondit le chevalier, je n'ai point ouï dire que ils aient passé Line, Lincolle ni Saint-Jean de Burvellés. » Adonc surpensa le duc et prit congé au chevalier, et retourna le chemin de Roscbourch; et là fut-il recueilli du châtellain, car lui-même au passer l'y avoit mis, ordonné et établi pour en être garde.

[1] Beverley.

CHAPITRE CXVII.

Comment le duc de Lancastre s'en alla tenir en Escosse, et comment il fut chargé de déshonneur sans cause.

Or ot le duc de Lancastre conseil et avis, pour ce qu'il ne savoit, ni justement savoir ne pouvoit, comment les choses se portoient en Angleterre ni porteroient encore, ni de qui il y étoit aimé ni haï, que il signifieroit son état aux barons d'Escosse; et leur prieroit que ils le vinssent querre à une quantité de gens d'armes, sur le sauf conduit que ils lui avoient baillé. Tantôt ce conseil et avis eu, il envoya devers le comte de Douglas qui se tenoit à Dalquest. Quand le comte de Douglas vit les lettres du duc, il en ot grand'joie, et conjoy grandement le message, et signifia tantôt celle affaire au comte de Mouret et au comte de la Marc son frère, et leur manda que tantôt et sans délai, sur trois jours, eux et leurs gens montés et apprêtés, fussent venus à la Morlane [1]. Si très tôt que ces seigneurs en furent signifiés, ils mandèrent leurs gens et leurs amis les plus prochains et s'en vinrent à la Morlane, et là trouvèrent le comte de Douglas. Si chevauchèrent tous ensemble; et étoient bien cinq cens lances; et vinrent en l'abbaye de Miaures à neuf petites lieues de Rosebourch; et signifièrent leur venue au duc de Lancastre. Le duc tantôt lui et ses gens furent appareillés, si montèrent et se partirent de Rosebourch et encontrèrent sur le chemin les barons d'Escosse et leurs routes. Si s'entr'accolèrent et firent grand'chère; et puis chevauchèrent ensemble tout en parlant et devisant; et exploitèrent tant que ils vinrent à Haindebourch, où le roi d'Escosse par usage se tient le plus: car il y a bon chastel et bonne grosse ville et beau hâvre [2]. Mais pour ce jour le roi n'y étoit point, ainçois se tenoit en la sauvage Escosse [3] et là chassoit. Si fut du comte de Douglas et des barons d'Escosse, pour plus honorer le duc de Lancastre, le chastel de Haindebourch délivré au duc, dont il leur sçut grand gré; et là se tint le duc un temps, tant que autres nouvelles lui vinrent d'Angleterre. Or regardez des males gens, comment haineux et losengiers s'avancent de parler outrageusement et sans cause. Voix et fame coururent un temps en Angleterre, ens ès jours de ces rebellions, que le duc de Lancastre étoit traître envers le roi son seigneur, et que il étoit tourné Escot, et il fut tantôt sçu tout le contraire: mais ces méchans gens, pour mieux troubler le royaume et émouvoir le peuple, avoient mis avant et semées ces paroles, et ce reconnurent-ils à la mort, quand ils furent exécutés, c'est à savoir, Listier, Tuillier, Jacques Strau, Vaquier et Jean Balle. Ces cinq par toute Angleterre étoient les meneurs et souverains capitaines; et avoient ordonné et taillé entre eux que ens ès cinq parties d'Angleterre ils seroient maîtres et gouverneurs. Et par espécial ils avoient en trop grand'haine le duc de Lancastre, et bien lui montrèrent: car si très tôt qu'ils furent de commencement entrés en Londres, ils lui allèrent ardoir sa maison, le bel hôtel de Savoie, que oncques n'y demeura late ni merrien, que tout ne fût ars; et encore avec tout ce meschef avoient-ils semé et fait semer par leurs mauvaises paroles aval Angleterre, que il étoit de la partie du roi d'Escosse. Donc en aucun lieu en Angleterre on lui tourna ses armes ce dessus dessous, comme si il fût traître [1]. Et depuis fut si chièrement comparé, que ceux qui ce firent en orent les têtes tranchées. Or vous veuil-je recorder la vengeance, et comment le roi d'Angleterre la prit de ces méchans gens, entrementes que le duc de Lancastre étoit en Escosse.

CHAPITRE CXVIII.

Comment le roi d'Angleterre punit les mutins qui avoient ému le peuple contre les nobles. Comment il remanda le duc son oncle, et la mort du comte Guichard de Hostidonne.

Quand ces choses furent rapaisées et que Thomas Vaquier ot été exécuté à mort à Saint-Albon, Listier à Estaffort, et Tuillier, Jean Balle et Jacques Strau et plusieurs autres à Londres, le roi ot conseil que il visiteroit son royaume, et chevaucheroit et iroit par tous les baillages, mairies, sénéchaussées et chastellenies et mettes d'Angleterre, pour punir les mauvais et reprendre les lettres que de force il avoit jà en plusieurs lieux données et accordées; et remet-

---

[1] Je trouve dans Rymer, année 1383, une convention signée entre le duc de Lancastre pour le roi d'Angleterre et le comte de Carrik pour le roi d'Écosse, à Morchouslawe. Il est probable que ce lieu placé sur le Merse est celui désigné par Froissart sous le nom de Morlane.
[2] Le port est un peu plus bas, à Leith.
[3] Froissart appelle ainsi la région des montagnes, ou Highlands.

[1] C'était un usage de l'époque.

troit le royaume en son droit point. Si fit le roi un secret mandement de gens d'armes à être tous ensemble à un certain jour, lesquels tous y furent; et se trouvèrent bien cinq cents lances et autant d'archers. Quand ils furent tous venus et assemblés, ainsi que devisé étoit, le roi se partit de Londres, atout ceux de son hostel seulement, et prit le chemin pour venir en la comté de Kent, de là où premièrement ces méchans gens étoient émus et venus. Ces gens d'armes dessus nommés poursuivoient le roi sur costière, et ne chevauchoient point avecques lui. Le roi entra en la comté, et vint en un village que on dit Espringhes [1], et fit appeler le maieur et tous les hommes de la ville. Quand il fut venu en une place, le roi leur fit dire et montrer par un homme de son conseil comment ils avoient erré à l'encontre de lui, et s'étoient mis en peine de tourner toute Angleterre en tribulation et en perte; et pour ce que il savoit bien que il convenoit que celle chose eût été faite et commencée par aucuns et non mie par tous, donc mieux valoit que ceux qui ce avoient fait le comparassent que tous, il requéroit que on lui montrât les coupables, sur peine d'être à toujours mais en son indignation, et tenus et renommés traîtres envers lui. Quand ceux qui là étoient assemblés ouïrent celle requête, et véoient les non coupables que ils se pouvoient bien purger et excuser de ce forfait par enseigner les coupables, si regardèrent entre eux, et dirent : « Sire, vez-ci celui par qui fut celle ville de premier troublée et émue. » Tantôt cil fut pris et pendu; et en y ot à Espringhes pendus sept. Et furent les lettres demandées que on leur avoit données et accordées. Elles furent là apportées et rendues aux gens du roi, lesquels, en la présence de tout le peuple, les decirèrent et jetèrent à val, et puis dirent ainsi : « Entre vous, gens qui êtes ci assemblés, nous vous commandons, de par le roi et sur la tête, que chacun s'en revoise en son hostel paisiblement, et ne s'émeuve ni élève jamais contre le roi ni ses ministres : ce méfait ci, parmi la correction que on a prise, vous est pardonné. » Adonc disoient-ils tous d'une voix : « Dieu le puisse merir au roi et à son noble conseil ! »

En telle manière que le roi fit à Espringhes, fit-il à Saint-Thomas de Cantorbie et à Zandvich, à Geruelle, à Ornemine et ailleurs, par toutes les parties d'Angleterre où ses gens s'étoient rebellés et élevés; et en furent décollés et pendus et mis à fin plus de quinze cens [1].

[1] Epping est dans le comté d'Essex et non dans le comté de Kent. Tous les noms de villes et villages anglais sont d'ailleurs tellement estropiés dans les divers manuscrits de Froissart, que les traducteurs et commentateurs anglais ont renoncé eux-mêmes à pouvoir les découvrir, et que toutes les fois que le chroniqueur ne cite pas un fait assez important pour avoir été consigné dans les historiens du pays, on ne peut faire que des conjectures plus ou moins heureuses. Outre Rymer, j'ai mis les yeux Knyghton, le moine d'Evesham, Hollinshed, Walsingham, Grafton, et plusieurs autres écrivains originaux qui racontent les mêmes faits, et souvent je ne puis sortir de l'embarras où me jettent les variétés infinies de son orthographe. C'est là le défaut général de la méthode orthographique qui fait écrire les noms propres comme ils se prononcent.

[1] Suivant Walsingham, dans quelques provinces on les pourchassa dans les bois comme des bêtes féroces, et on les tuait partout où on les rencontrait. Dans une autre partie du royaume, le juge Trésilian était plus expéditif que les bandes armées envoyées pour anéantir par le glaive tout ce qui paraissait vouloir réclamer l'exécution des lettres-patentes que le roi venait de concéder. Le nombre des habitans expédiés alors par les soldats et par les juges, qui rivalisaient à qui opéreroit le plus promptement, est, d'après les témoignages contemporains les plus dignes de foi, beaucoup plus considérable que ne le représente Froissart. Le même Walsingham, qui était contemporain, a cherché à donner une idée de la cause de ces séditions, qui se manifestèrent presque en même temps sur tous les points de l'Angleterre. Il faudrait les attribuer, selon lui, en partie à la première effervescence produite par les prédications de J. Wickliffe, qui avait renouvelé les opinions professées par Berenger le scoliaste, au XIe siècle (voyez *Hist. litt. de France*, t. VII, p. 197 et suiv.), sur l'Eucharistie. Jean Ball, un des chefs de cette sédition, soutenait en effet les mêmes opinions que J. Wickliffe sur l'Eucharistie et sur le Mariage, et portait sans doute l'esprit de réforme beaucoup plus loin, si l'on en juge d'après ce que Froissart et Walsingham rapportent de ses sermons. A ces causes de la sédition Walsingham en ajoute d'autres encore.

« Alii, dit-il, peccatis dominorum ascribebant causam malorum, qui in Deum erant fictæ fidei; nam quidam illorum credebant (ut asseritur) nullum Deum esse, nihil esse sacramentum altaris, nullam post mortem resurrectionem, sed ut jumentum moritur, ita et hominem finire. Erant præterea in subditos tyranni, et in pares diversi invicem suspecti, vivendo incesti, violatores conjugii, ecclesiæ destructores. Alii imputandum esse communis vulgi facinoribus dicebant esse quod accidit, quia in pace degentes, bonæ pacis abutebantur, dominorum facta rodentes, noctes insomnes in potationibus, ebrietatibus et perjuriis transigentes, vivebant in terra pacis sine pace, rixando, litigando, cum proximis contendendo, fraudes et falsitates jugiter meditando, libidini dediti, fornicationibus assueti, adulteriis maculati, unusquisque post uxorem proximi sui hinniebat; et super hæc omnia, in fide

Adonc ot le roi d'Angleterre conseil de remander en Escosse son oncle le duc de Lancastre ; car les choses étoient apaisées. Si le remanda par un sien chevalier de son hôtel, qui se appeloit messire Nicolle Carneffelle. Le chevalier exploita tant, au commandement du roi, qu'il vint à Haindebourch en Escosse, et là trouva le duc de Lancastre et ses gens qui lui firent grand'chère ; et là montra ses lettres de créance de par le roi. Le duc obéit, ce fut raison ; et aussi il retournoit volontiers en Angleterre et en son héritage. Si prit son chemin pour venir à Rosebourch ; et à son département, il remercia grandement les barons d'Escosse qui telle honneur et confort lui avoient fait, que de lui avoir soutenu en leur pays le terme que il lui avoit plu à demeurer. Si le reconvoyèrent le comte de Douglas, le comte de Mouret et aucuns chevaliers d'Escosse jusques à l'abbaye de Miaures, et point ne passèrent la rivière de Thuid. Le duc de Lancastre vint à Rosebourch, et de là au Neuf-Chastel sur Thin, et puis à Durem et à Yorch et partout trouvoit les villes et les cités appareillées[1] ; c'étoit raison.

et fidei articulis plurimi claudicabant. Quare non immeritò opinatum est iram Dei descendisse in filios diffidentiæ.

« Mihi quoque videtur tempora mala non tamen istis imputanda, sed generaliter cunctorum habitatorum terræ peccatis inclusive, ordines sumendo mendicantium, ad cumulandum causas malorum qui suæ professionis immemores, obliti sunt etiam ad quid ipsorum ordines instituti sunt, quia pauperes et omnino expeditos a rerum temporalium possessionibus, eorum legislatores viri sanctissimi eos esse ideo voluerunt, ut pro dicenda veritate, non haberent quod admittere formidarent : sed jam possessionatis invidentes, procerum crimina approbantes, commune vulgus in errore foventes, et utrorumque peccata concedentes pro possessionibus acquirendis, qui possessionibus renunciaverant pro pecuniis congregandis. Qui pro perseverare juraverant, dicunt bonum malum, et malum bonum, seducentes principes adulationibus, plebem mendaciis, et utrosque secum in devium pertrahentes. In tantum etenim illam veritatis professionem suam perverse vivendo maculaverunt, ut in diebus istis in ore cujuslibet, bonum sit argumentum tenens tam de forma quam de materia : Hic est frater, ergo mendax. Sicut et illud : Hoc est album, ergo coloratum. » (Wals. p. 281.)

[1] Le duc de Lancastre, ayant été soupçonné de trahison, écrivit à Richard, pour lui demander comment il devait se présenter devant lui afin de se disculper. Richard lui commanda de venir avec toute sa suite, et donna l'ordre à toutes les villes par lesquelles il devait passer de lui donner chacune une escorte et une espèce de garde d'honneur jusqu'à la ville voisine (Hollinshed).

En ce temps trépassa ce vaillant chevalier, en Angleterre, messire Guichart d'Angle, comte de Hostidonne et maître d'hôtel du roi. Si fut moult révéremment ensepveli en l'église des Frères-Prêcheurs de Londres, et là gît. Et au jour de son obsèque fut le roi et ses deux oncles, et ses deux frères et la princesse leur mère, et grand'foison de prélats et barons et de dames d'Angleterre, et lui firent toute celle honneur ; et vraiment le gentil chevalier valoit bien que on lui fît, car en son temps il ot toutes ces nobles vertus que un chevalier doit avoir : il fut lie, loyal, amoureux, sage, secret, large, pieux, hardi, entreprenant et chevaleureux. Ainsi fina messire Guichart d'Angle.

CHAPITRE CXIX.

Comment le duc de Lancastre vint d'Escosse à la cour où le roi étoit, qui excusa le comte de Northonbrelande, et fit sa paix au duc de Lancastre.

Quand le duc de Lancastre fut retourné d'Escosse en Angleterre, et il ot remontré au roi et à son conseil comment il avoit exploité de trèves, qui étoient prises et accordées entre eux et les Escots, il n'oublia mie à parler comment messire Mahieu Rademen, capitaine de Bervich, quoiqu'il excusât le chevalier, lui avoit clos les portes de Bervich au devant, au commandement et ordonnance du comte de Northonbrelande, et que ce fait il ne pouvoit oublier. Et en parloit le duc en telle entente que savoir vouloit si le roi son neveu l'avouoit ; et oil vraiment il l'avoua : mais il sembla au duc que ce fût assez malement. Donc s'apaisa le duc et attendit la fête Notre-Dame mie août, que le roi d'Angleterre tint cour solennel à Wesmoustier ; et là furent grand'foison des hauts barons d'Angleterre, et tant que le comte de Northonbrelande y fut, et le comte de Nortingben et grand foison de chevaliers et écuyers du North. Et fit le roi ce jour chevaliers : premier, le jeune comte de Pennebroch, messire Robert Branbre, messire Nicolas Tinfort et messire Adam François. Et les fit le roi à celle entente que il vouloit, la fête passée, aller vers Redinghes, vers Asquesuffort et vers Conventré, pour chercher toute la frontière et punir les mauvais, ainsi qu'il fit, qui s'étoient rebellés à l'encontre de lui, en la manière que il avoit fait en la comté de Kent, d'Esxexes, de Souxsexes, de Beteforde et de Cantebruge.

A celle fête et solennité, qui fut le jour Notre-Dame en mie août à Wesmoustier, après dîner ot grands paroles et grosses du duc de Lancastre au comte de Northonbrelande; et lui dit : « Henry de Percy, je ne cuidois mie que vous fussiez si grand en Angleterre que vous osissiez faire fermer ni clorre les cités, les villes et les chastels à l'encontre du duc de Lancastre. » Le comte s'humilia en parlant et dit : « Monseigneur, je ne dénie pas ce que le chevalier en fit, car je ne pourrois; et ens ou commandement que j'avois du roi monseigneur que véez-là, il m'étoit très étroitement enjoint et commandé, sur mon honneur et sur ma vie, je ne laissasse ni fisse laïsser nul homme, seigneurs ni autres, ens ès cités, villes et chastels de Northonbrelande, si il n'étoit héritier des lieux. Et le roi, s'il lui plaît, et les seigneurs de son conseil me en peuvent excuser; car bien savoient que vous étiez en Escosse : si vous dussent bien avoir réservé. » — « Comment, répondit le duc, comment, comte de Northonbrelande, dites-vous que il convient réservation sur moi qui suis oncle du roi, et qui ai à garder mon héritage autant bien et mieux que nul des autres n'a après le roi, en Angleterre, et qui, pour les besognes du royaume, étois allé en ce voyage? Celle réponse ne vous peut excuser que vous ne fissiez mal et contre mon honneur grandement; et donnez exemple de soupçon de moi que je voulois faire ou avois fait aucune trahison en Escosse, quand à mon retour on me clooit les villes de monseigneur, et celle principalement où mes pourvéances étoient. Pourquoi je dis que vous vous acquittâtes mal; et pour le blâme que vous m'en faites, et pour m'en purger en la présence de monseigneur que vez-là, je en jette mon gage; or le levez sus. » Adonc saillit avant le roi et dit : « Bel oncle de Lancastre, tout ce qui en fut fait je l'avoue, et retenez votre gage et votre parole, car je excuse le comte de Northonbrelande, et parole pour lui : que voirement et destroitement nous lui avons enjoint et commandé que il tînt clos portes et marches et les frontières d'Escosse. Et vous savez que notre royaume a été en si grand péril et en si grand trouble que, quand vous étiez par delà, il ne nous pouvoit pas de tout souvenir. Ce fut la faute du clerc qui escripsit les lettres, et la négligence de notre conseil; car, au voir dire, vous dussiez bien être réservé. Si vous prie et vueil que vous mettez ces mautalens jus; car je m'en charge et en décharge le comte de Northonbrelande. » Adonc s'agenouillèrent devant le duc, le comte d'Arondel, le comte de Sallebery, le comte d'Asquesuffort, le comte de Staffort et le comte de Devensière et lui dirent : « Monseigneur, vous oyez comment amiablement et loyalement le roi en parole, et vous devez bien descendre à ce que il dit et fait. » Le duc de Lancastre, qui étoit enflammé de ire, se tut, et puis pensa un petit, et fit les barons lever en eux remerciant, et dit : « Beaux seigneurs, il n'en y a nul de vous, si la cause pareille lui fût advenue, ainsi comme à moi, qui n'en fût courroucé; et pour ce que le roi le veut, c'est droit que je le veuille. » Là fut faite la paix du duc de Lancastre et du comte de Northonbrelande, par le moyen du roi d'Angleterre et des barons du pays, qui en prièrent.

Au second jour après, le roi d'Angleterre alla en son voyage, ainsi que dessus est dit, ens ès contrées dessus dites; et chevauchoit bien à cinq cents lances et autant d'archers qui le suivoient sur côtière. En ce voyage fit le roi plusieurs justices des mauvais qui contre lui s'étoient élevés et rebellés. Nous nous souffrirons à parler du roi d'Angleterre, et parlerons du comte de Cantebruge son oncle, et conterons comment il vint en Portingal et de la infortune qu'une partie de ses gens eurent sur mer.

CHAPITRE CXX.

Comment le comte de Cantebruge arriva à grand travail et son armée, par mer, au port de Lusebonne.

Vous avez bien ci-dessus ouï recorder comment le comte de Cantebruge gissoit au hâvre de Pleumoude, à cinq cents hommes d'armes et à cinq cents archers, attendant vent pour aller au royaume de Portingal. Tant furent-ils là que vent leur vint; et désancrèrent et se partirent tous d'une flotte, et singlèrent tout au plus droit que ils purent vers Lusebonne, où ils tendoient à aller; et côtièrent ce premier jour Angleterre et Cornouaille, et le second jour aussi. Au tiers jour, à l'entrer en la haute mer d'Espaigne, ils orent une dure fortune et contraire, et tant que tous leurs vaisseaux furent épars. Et furent tous en très grand péril et aventure de mort; et par espécial le vaissel où les Gascongs étoient, messire Jean de Chastel-Neuf et le souldich de l'Estrade, le sire de la Barde et environ quarante hommes d'armes, chevaliers et écuyers; et perdirent la vue et le flot de la navie du comte et des Anglois. Le comte de Cantebruge, messire Guillaume de Beauchamp, maréchal de l'ost, messire Mathieu de Gournay, connétable, le chanoine Robertsart et les autres passèrent en grand'aventure celle fortune, et singlèrent tant au vent et aux étoiles, que ils arrivèrent et entrèrent au hâvre de Lusebonne.

Ces nouvelles vinrent au roi qui étoit en son palais, et qui tous les jours n'attendoit autre chose que la venue des Anglois. Si envoya tantôt à l'encontre deux de ses chevaliers et ses ménestrels; et furent le comte de Cantebruge et les chevaliers d'Angleterre, et étrangers qui avecques lui étoient, moult honorablement et grandement recueillis et conjouis des gens du roi. Et vint le roi Damp Ferrand au dehors du chastel à l'encontre du comte; et le recueillit et conjouit, à l'usage d'icelui pays, moult bellement, et après tous les autres; et les envoya en son chastel, et fit apporter vin et épices. Et là étoit Jean de Cantebruge, fils au comte, duquel le roi de Portingal avoit grand'joie; car il disoit au comte : « Vez ici, mon fils, car il aura ma fille. » Et sa fille proprement, qui étoit de l'âge du dit Jean, en avoit grand'joie; et se tenoient par la main au doigt les deux enfans.

Entrementes que le roi de Portingal et ses chevaliers honoroient le comte et les chevaliers étrangers, se logeoient et ordonnoient en la ville les autres qui étoient issus de leurs vaisseaux. Et furent tous logés bien et largement à leur aise; car la cité de Lusebonne est grande et bien garnie de tous biens : et aussi les gens du roi de Portingal avoient fait soigner du bien pourvoir pour la venue des Anglois. Si la trouvèrent bien pourvue et garnie; et étoient les seigneurs tout aises, en grand'liesse : mais moult leur souvenoit du seigneur de Chastel-Neuf, du souldich de l'Estrade et du seigneur de la Barde et de leurs gens que ils comptoient pour perdus sur mer, ou que fortune de mer les eût boutés si avant que entre les Maures ou au royaume de Grenade et de Bellemarine : parquoi, si ainsi en étoit advenu, ils les tenoient là aussi bien perdus comme en devant : et ce leur déplaisoit trop grandement; et les regrettoient durement et plaignoient. Et au voir dire, ils faisoient bien à plaindre; car ces bons chevaliers et écuyers dessus nommés furent en si grand'tempête de mer, que oncques gens sans mort ne furent en plus grand danger; car ils nagèrent si avant hors de leur droit chemin que ils passèrent les détroits des Maures et les bandes du royaume de Tramesainnes et de Bellemarine : et furent par plusieurs fois en trop grand'aventure d'être pris et arrêtés des Sarrasins. Et eux-mêmes se comptoient pour morts, et n'avoient espoir de venir à terre jamais, ni à port de salut : et furent quarante jours en ce danger. En la fin ils orent un vent qui les rebouta, voulsissent ou non, en la mer d'Espagne : quand ce vent leur fut failli, ils vaucrèrent et trouvèrent d'aventure deux grosses nefs de Lusebonne, qui s'en venoient en Flandre, chargées de marchandises, si comme ils leur dirent depuis. Ces seigneurs tournèrent celle part et boutèrent leurs pennons hors, et vinrent à ces nefs de Lusebonne où il n'avoit que marchands dedans, qui ne furent mie bien assurés. Quand ils virent ce vaissel armé et les pennons de Saint-George en plusieurs lieux et ils s'approchèrent, ils se reconnurent et se firent grand'fête : mais ces marchands remirent de rechef ces chevaliers en trop grand péril : je vous dirai pourquoi. Ils demandèrent des nouvelles du Portingal, et ils répondirent que le roi de Portingal et les Anglois étoient tous à siége devant Séville, et avoient là le roi Damp Jean de Castille assiégé. De ces nouvelles furent-ils moult réjouis; et dirent que ils iroient celle part, car ils étoient aussi sur la frontière de Séville. Adonc se départirent-ils l'un de l'autre; et leur laissèrent les Portingalois des vins et des pourvéances pour eux rafraischir. Et dirent les Gascons à leurs maronniers : « Menez-nous à Séville; car là sont nos gens à siége. » Les maronniers répondirent : « Au nom de Dieu. » Et tournèrent vers Séville, et singlèrent tant que ils approchèrent. Les maronniers qui furent sages, et qui ne vouldrent pas perdre leurs maîtres, firent monter à mont au chastel de leur mât un enfant, à savoir s'il véoit nul apparent de siége, par mer ni par terre, devant Séville : l'enfant si ot bonne vue et juste; il répondit que non. Adonc dirent les maronniers aux seigneurs : « Entendez, beaux seigneurs, vous n'êtes pas bien informés; car pour certain il n'a siége nul, par mer ni par terre, devant Séville; car si il y étoit, aucun apparent en seroit au hâvre; si n'avons que faire de là aller, si vous ne voulez perdre : car pour certain le roi de Castille se tient là, et est la cité de son royaume où il se tient le plus volontiers. » A grand'peine en purent les maronniers être crus. Toutefois ils en furent crus; et singlèrent toute la bande de Séville, et entrèrent en la mer de Portingal, et vinrent férir au hâvre de Lusebonne. A celle propre heure et à ce propre jour leur faisoit-on en l'église de Sainte-Catherine en Lusebonne leur obsèque, et étoient les barons et les chevaliers vêtus de noir; et les tenoient pour morts. Si devez savoir que la joie y fut très grande quand ils sçurent que ils étoient, com durement que ce fût, arrivés et venus à port de salut. Si se conjouirent et festièrent moult grandement ensemble; et orent ces chevaliers gascons tantôt oublié les peines de la mer.

Nous nous souffrirons un petit à parler des besognes de Portingal, pour la cause que si très tôt il n'y ot nuls faits d'armes ; et parlerons des besognes de Flandre, et ce qu'il y advint en celle même saison.

CHAPITRE CXXI.

Comment Philippe d'Artevelle, étant élu capitaine de Gand, fit décoller le doyen des tisserands de Gand, et comment le comte de Flandre assiégea la ville de Gand.

En ce temps que ces aventures et ces ordonnances, si comme ci-dessus est dit et recordé, étoient advenues en Angleterre, ne séjournèrent mie les guerres en Flandre, le comte contre les Gantois, et les Gantois contre le comte. Vous savez comment Philippe d'Artevelle fut élevé en la ville de Gand et élu pour être chef à Gand et souverain capitaine, par la promotion premièrement de Piètre du Bois qui le conseilla, à l'entrer en l'office, qu'il fût crueulx et mauvais, afin qu'il se fît craindre. Philippe retint bien de son école et de sa doctrine; car il n'ot mie été longuement en l'office de gouverner Gand, quand il en fit tuer et décoller devant lui douze : et disent les aucuns que ceux avoient été principalement à la mort de son père ; si en prit la vengeance. Et commença à régner en grand'puissance [1], et à lui faire craindre et aussi ai-

mer de moult gens, et espécialement des compagnons qui suivoient les routes et les armées. A ceux-là, pour à eux faire leur main et être en leur grâce, n'y avoit rien refusé ni repris; tout étoit abandonné.

Or me peut-on demander comment ceux de Gand faisoient leur guerre; et je leur en répondrai volontiers, selon ce que depuis je leur en ai ouï parler. Ils étoient si bien d'accord, que tous mettoient la main à la bourse quand il le besognoit ; et se tailloient les riches quand il étoit de nécessité, selon leur quantité, et deportoient les povres; et ainsi par celle unité qu'ils orent, durèrent-ils en grand'puissance. Et si est Gand, à tout considérer, une des plus fortes villes du monde; puisque Brabant, Hainaut, Hollande ni Zélande ne le veulent point guerroyer; mais au cas que ces quatre pays lui seroient contraires aveques Flandre, ils seroient enclos, perdus et affamés. Or ne leur furent onques ces pays dessus dits contraires, ni ennemis; de quoi leur guerre en étoit plus belle, et en durèrent plus longuement.

En ce temps, et en la nouvelleté de Philippe d'Artevelle, fut le doyen des tisserands accusé de trahison ; si fut pris et mis en prison ; et pour trouver la vérité de ce dont il étoit accusé, on alla en sa maison. Si trouva-t-on la poudre de salpêtre toute nouvelle, ni on ne s'en étoit point aidé en toute l'année à siége qu'il y eût fait. Si fut cil doyen décollé et traîné aval la ville par les épaules, comme traître, pour donner exemple aux autres.

Or s'avisa le comte de Flandre qu'il viendroit mettre le siége devant Gand. Si fit un grand mandement de chevaliers, d'écuyers et des gens de ses bonnes villes, et envoya à Malignes dont il ot aussi grands gens. Si manda ses cousins messire Robert de Namur et messire Guil-

---

[1] Il créa pour les Gantois le code suivant (voyez Meyer, année 1381) :

Quicumque homicidium faciat, capite truncator. Omnes inimicitiæ, ad usque quartum decimum diem post pacem cum comite factam, suspendantor. Quicumque absque vulnere pugnet, quadraginta per dies pane tantum et aqua pastus in carcere clauditor. Quicumque in cauponis permictis enormiter juret, aleam ludat, aut turbam ciat, pane similiter et aqua dies 40 pœnitentiam in carcere agito. Ad commune concilium tam pauper quam dives accedito, sententiamque dicito. Unus duntaxat in urbe trapezita, quique justus sit in officio, statuitor. Ratio bonorum reipublicæ singulis mensibus, habetor. Omnis civis inquilinusque Gandensis manicam sibi albam in qua sit pictum *Juva, Deus*, conficito.

laume; et lui vinrent grand'chevalerie et gens d'armes du pays d'Artois et de Hainaut: car pour lors il étoit comte d'Artois, et étoit la comtesse d'Artois, sa mère, nouvellement trépassée [1].

CHAPITRE CXXII.

Comment le siége étant devant Gand, le seigneur d'Enghien alla assiéger la ville de Grantmont, qu'il conquit et fit ardoir et exillier.

A ce mandement et assemblée ne s'oublia mie le sire d'Enghien, mais le vint servir atout ce qu'il pot, par raison, avoir de gens; et étoit bien accompagné de chevaliers et écuyers de la comté de Hainaut. Si vint le comte mettre le siége devant Gand, au lez devers Bruges et au lez devers Hainaut. Si y ot fait, le siége durant et étant, mainte escarmouche; et issoient souvent aucuns compagnons légers de Gand, qui alloient à l'aventure; dont aucunes fois ils étoient reboutés à leur dommage, et à la fois aussi ils gagnoient. Et celui qui le plus de faits d'armes y faisoit, et qui le plus de renommée en avoit, c'étoit le jeune sire d'Enghien. En sa compagnie et en sa route se mettoient volontiers, par usage, tous jeunes bacheliers qui désiroient les armes. Et s'en vint le sire d'Enghien, à bien quatre mille hommes, tous bien montés, sans ceux de pied, mettre le siége devant la ville de Grantmont; car elle étoit Gantoise. Autrefois y avoit le sire d'Enghien été et eux travaillé et héri; mais rien n'y avoit conquêté. Or y vint-il à cette fois puissamment et par grand'ordonnance; et le fit par un dimanche assaillir en plus de quarante lieux; et il même à l'assaut ne se faigny mie; mais s'y éperonna de grand'volonté, et bouta hors ce jour premièrement à cel assaut sa bannière.

Cet assaut fut grand, fort et bien continué, et la ville de tous lez assaillie si aigrement et si ouniement que, environ heure de nonne, elle fut prise et conquise; et entrèrent dedans, par les portes, qui furent ouvertes et abattues, le sire d'Enghien et ses gens. Quand ceux de Grantmont virent que leur ville étoit perdue, et que du recouvrer n'y avoit point, si s'enfuirent ceux qui purent, par autres portes, au contraire de leurs ennemis; et se sauva qui sauver se pot. Là ot grand'occision de hommes, de femmes et d'enfans; car nuls n'étoient pris à merci; et y ot plus de cinq cents hommes de la ville morts, et trop grand'foison de vieilles gens et de femmes, gissans en leurs lits, ars; dont ce fut pitié; car on bouta en la ville le feu en plus de deux cents lieux; pourquoi toute la ville fut arse, moûtier et tout, ni rien ne demeura entier. Ainsi fut Grantmont moult persécutée et mise en feu et en flambe. Et puis retourna le sire d'Enghien en l'ost devant Gand, quand il ot fait cet exploit. De quoi le comte de Flandre lui en sçut très bon gré, et lui dit: « Beau-fils, en vous a vaillant homme; et vous serez encore, si Dieu plaît, bon chevalier, car vous en avez très bon commencement. »

CHAPITRE CXXIII.

Comment messire Gaultier, seigneur d'Enghien, fut par les Gantois surpris, enclos et occis, et plusieurs autres, à une course qu'ils firent, dont ils ne surent retourner.

Après la destruction de la ville de Grantmont, qui fut par un dimanche, au mois de juin, tout arse et toute périe, se tint le siége devant Gand. Et là étoit le sire d'Enghien, qui s'appeloit Gaultier, qui petit reposoit et séjournoit en son logis; mais quéroit tous les jours les armes et les aventures, une fois bien accompagné de si grand'foison de gens, qu'il reboutoit ses ennemis, et l'autre fois à si petit de gens que il n'osoit persévérer en ses emprises: si retournoit. Et presque tous les jours, ou par lui, ou par le Hazle de Flandre, y advenoit aventures. Et advint, environ un mois après, un jeudi au matin, que le sire d'Enghien étoit issu hors de son logis, en sa compagnie, le seigneur de Montigny, messire Michel de la Hamaide son cousin delez lui, le Bâtard d'Enghien son frère, Julien de Trisson, Hustin du Lay, et plusieurs autres de ses gens et de son hôtel; et s'en alloient à l'escarmouche devant Gand, ainsi que autrefois avoient fait; si se boutèrent si avant que mal leur en chey, car ceux de Gand avoient au dehors de leur ville fait une embûche de plus de cent compagnons, et tout picquenaires [1]. Et

---

[1] Marguerite II, comtesse d'Artois, fille du roi Philippe-le-Long, veuve de Louis Ier, comte de Flandre, et mère de Louis de Male, mourut le 9 mai 1382. L'année 1381 s'était terminée au 13 avril, l'âques se trouvant cette année le 14.

[1] Soldats armés d'une pique.

veulent les aucuns dire qu'il y avoit en celle embûche le plus des eschacés de Grantmont, qui ne tiroient à autre chose que ce qu'ils pussent enclorre et attraper le seigneur d'Enghien à leur avantage, pour eux contrevenger du grand dommage que il leur avoit fait; car ils le sentoient libéral et jeune, et en volonté d'aventurer follement; et tant ils pensèrent que ils l'eurent, dont ce fut dommage, et pour ceux aussi qui là demeurèrent avecques lui. Le sire d'Enghien et sa route ne se donnèrent de garde, quand ils se virent enclos de ces Gantois, qui leur vinrent fièrement au devant, et leur écrièrent : « A la mort ! » Quand le sire d'Enghien se vit en ce parti, si demanda conseil au seigneur de Montigny qui étoit de-lez lui. « Conseil ! répondit messire Eustache, sire, il est trop tard; défendons-nous, et si vendons nos vies ce que nous pourrons. Il n'y a autre chose, ni ci ne chiet nulle rançon. » Adonc firent les chevaliers le signe de la croix devant leurs viaires, et se recommandèrent à Dieu et à Saint George, et se boutèrent en leurs ennemis; car ils ne pouvoient ni fuir ni reculer, si avant étoient-ils en l'embûche. Et y firent d'armes ce qu'ils purent, et se combattirent moult vaillamment : mais ils ne pouvoient pas tout faire; et leurs ennemis étoient dix contre un, et avoient ces longues piques dont ils lançoient les coups trop grands et trop périlleux, ainsi comme il apparut. Là fut le sire d'Enghien occis, et de-lez lui le Bâtard d'Enghien son frère et Gilles du Trisson, et ce vaillant et preudhom chevalier de Hainaut, qui étoit son compain, le sire de Montigny, qui crioit Saint Christophe; et messire Michel de la Hamaide, durement navré; et eût été mort, il n'est nulle doute, si Hustin du Lay, par force d'armes et par sens, ne l'eût sauvé. Si en ot-il moult de peine pour le sauver. Toutefois entrementes que ces Flamands entendoient à ces chevaliers désarmer et à trousser pour les porter en la ville de Gand, car bien savoient que ils avoient occis le seigneur d'Enghien, dont ils avoient grand'joie, Hustin du Lay, qui ne véoit nulle recouvrance, mit hors de la presse et du péril Michel de la Hamaide.

Ainsi se porta la journée pour le seigneur d'Enghien. Si devez croire et savoir que le comte de Flandre en fut trop durement courroucé; et bien montra, car pour l'amour de lui le siége se dont de devant Gand. Et ne le pouvoit le comte oublier; mais le regrettoit nuit et jour, et disoit : « Ah, Gaultier, Gaultier ! beau-fils, comment il vous est temprement mésavenu en votre jeunesse ! votre mort me fera maint ennui. Et vueil bien que chacun sache que jamais ceux de Gand n'auront paix à moi, si sera si grandement amendé que bien devra suffire. » La chose demeura en cel état; et fut renvoyé querre à Gand le sire d'Enghien que les Gantois, pour réjouir la ville, y avoient porté : lequel corps ils ne vouldrent oncques rendre. Si en orent mille francs tous appareillés, lesquels on leur porta et délivra; et les départirent ensemble à butin; et le sire d'Enghien fut rapporté en l'ost, et puis fut renvoyé à Enghien, la ville dont il avoit été sire, et là fut ensepveli.

CHAPITRE CXXIV.

Comment, à la requête du comte de Flandre, les Gantois n'eurent nuls vivres de Hainaut ni de Brabant, et comment on traita pour leur paix.

Pour l'amour du jeune seigneur d'Enghien, c'est vraie chose, se défit le siége de devant Gand; et s'en partit le comte et s'en retourna à Bruges; et donna congé pour celle saison à toutes manières de gens d'armes, et les envoya ens ès garnisons de Flandre, ens ou chastel de Gavres, en Audenarde, en Tenremonde, en Courtray, et partout sur les frontières de Gand. Et manda le comte aux Liégeois, pour ce que ils confortoient les Gantois de vivres et de pourvéances, que plus ne les assiégeroit, mais que ils ne voulsissent en Gand envoyer nuls vivres. Ceux du Liége répondirent orgueilleusement aux messages qui envoyés y furent, que de ce faire ils auroient avis et conseil à ceux de Sainteron, de Huy et de Dignant. Le comte n'en pot autre chose avoir. Toutefois le comte de Flandre envoya devers ses cousins le duc de Brabant et le duc Aubert, baillif de Hainaut, de Hollande et Zélande, grands messages de ses plus sages chevaliers, qui leur remontrèrent de par lui, que la ville de Gand se tenoit en son erreur et en sa mauvaisté, par le grand confort que les gens de celle ville avoient de leur pays, de vivres et de pourvéances qui leur venoient tous les jours, et que ils y voulsissent pourvoir de remède. Ces deux seigneurs, qui envis eussent ouvré ni exploité à la déplaisance de leur cousin le comte, s'excusèrent moult bellement aux chevaliers, et leur répondirent que en devant ces nouvelles ils n'en avoient rien sçu, et auroient tel regard que on y mettroit attrempance. Cette réponse suffit assez au comte de Flandre. Le duc Aubert, qui pour le temps se tenoit en Hollande, escripsit devers son baillif en Hainaut, messire Simon de la Lain [1], et lui envoya la copie des les lettres, et par escript les paroles et requêtes de son cousin le comte de Flandre; et avecques tout ce il lui manda et commanda étroitement que il eût tel le pays de Hainaut que il n'en ouït plus nulles nouvelles à la déplaisance du comte son cousin; car il s'en courrouceroit. Le baillif obéit, ce fut raison; et fit faire un commandement général parmi la comté de Hainaut, que nul ne menât vivres à ceux de Gand; car si ils étoient sur le chemin vus, sçus, ni trouvés, ils n'auroient point d'aveu de lui. Un tel cri et défense fit-on en Brabant : ni nul n'osoit aller en Gand, fors en larrecin, ni mener vivres; dont ceux de Gand se commencèrent à ébahir; car ces pourvéances leur affoiblissoient durement. Et eussent trop plus tôt eu grand'famine; mais ils étoient confortés des Hollandois qui onques ne s'en vouldrent déporter, pour mandement ni pour défense que le duc Aubert y pût mettre.

En ce temps, par les pourchas et moyens des consaux de Hainaut, de Brabant et du Liége, fut un parlement assis et accordé à être à Harlebecque de-lez Courtray. Et se tint le parlement; et y envoyèrent ceux de Gand douze des plus notables hommes de la ville; et montroient tous généralement, excepté la ribaudaille qui ne désiroient que la riote, que ils vouloient venir à paix, à quel meschef que ce fût. A ce conseil et parlement furent tous les consaulx des bonnes villes de Flandre, et mêmement le comte, et aussi de Brabant, de Hainaut et du Liége y eut gens. Là furent les choses si bien taillées et touchées que, sur certain article de paix, les Gantois retournèrent en leur ville. Et advint que ceux de Gand qui paix désiroient à avoir, voire les sages et les paisibles, se trairent devers les hôtels des deux plus notables et riches hommes de Gand, qui à ce parlement eussent été, sire Gisebrest Grutte et sire Simon Bete, et leur demandèrent des nouvelles. Ils se découvrirent trop tôt à leurs amis; car ils répondirent : « Bonnes gens, nous aurons une belle paix, si Dieu plaît. Ceux qui ne veulent que bien demeurent en paix; et on corrigera aucuns des mauvais de la ville de Gand. »

CHAPITRE CXXV.

Comment Piètre du Bois s'efforça de rompre tout ce qui étoit traité pour la paix, et de troubler le comte de Flandre et la ville de Gand.

Vous savez que on dit communément : « S'il est qui fait, il est qui dit. » Piètre du Bois, qui ne se sentoit mie assur de sa vie, avoit envoyé ses espies pour ouïr et rapporter des nouvelles. Ceux qui y furent envoyés rapportèrent ce que on disoit parmi la ville, et que ces paroles venoient pour certain de Gisebrest Grutte et de Simon Bete. Quand Piètre entendit ce, si fut tout forcené; et happa tantôt celle chose pour lui, et dit : « Si nul est corrigé de celle guerre, je le serai tout premier; mais il ne ira pas ainsi que nos seigneurs qui ont été au parlement cuident. Je ne vueil pas encore mourir; la guerre n'a pas encore tant duré comme elle durera : encore n'est pas mon bon maître, qui fut Jean Lyon, bien vengé. Si la chose est bien entouillée, encore la vueil-je mieux entouillier. » Que fit Piètre du Bois ? je vous le dirai.

Ce propre soir, dont à lendemain le conseil des seigneurs de Gand devoit être en la halle du conseil, et le rapport fait des dessus dits qui avoient été au parlement à Harlebecque, il s'en vint en l'hôtel Philippe d'Artevelle, et le trouva qu'il musoit et pensoit, en soi appuyant sur une fenêtre en sa chambre. La première parole que il lui demanda fut telle : « Philippe, savez-vous nulles nouvelles ? » — « Nennil, dit Philippe, fors tant que nos gens sont retournés du parlement de Harlebecque; et demain nous devons ouïr en la halle ce qu'ils ont trouvé. » — « C'est voir, dit Piètre du Bois; mais je sçais jà ce qu'ils ont trouvé, et comment le traité se portera; car ils s'en sont découverts à aucuns de mes amis. Certes, Philippe, tous les traités que on fait et que on peut faire, c'est toujours sur nous et sur nos têtes : si il y a nulle paix entre monseigneur et la ville, sachez que vous et moi et le sire de Harselle, et tous les capitaines dont nous nous aidons et qui maintiennent la guerre, en mourront premièrement; et les riches hommes s'en

---

[1] Oncle du célèbre chevalier Jacques de la Lain, dont Georges Châtelain nous a laissé l'histoire.

iront quittes, et nous veulent bouter en ce parti et eux délivrer ; et ce fut l'opinion de Jean Lyon, mon maître. Toujours encore a notre sire le comte ses marmousets de-lez lui, Gisebrest Mahieu et ses frères, et le prévôt de Harlebecque qui est du lignage, et le doyen des menus métiers qui s'enfuit avecques eux. Si nous faut bien aviser sur ce. » — « Et quelle chose en est bonne à faire, » dit Philippe ? Répondit Piètre : « Je le vous dirai : il nous faut signifier à tous nos capitaines que ils soient demain tous appareillés, et viennent au marché des vendredis, et se tiennent de-lez nous : nous entrerons en la halle, moi et vous, et cent des nôtres, pour ouïr ces traités. Du surplus laissez-moi convenir ; mais avouez mon fait, si vous voulez demeurer en vie et en puissance ; car, en celle ville et entre commun, qui ne se fait craindre il n'y a rien. » Philippe lui accorda. Piètre du Bois prit congé et s'en alla et envoya ses gens et ses varlets par tous les doyens et capitaines de dessous lui, et leur manda que à lendemain eux et leurs gens vinssent tous pourvus au marché des vendredis pour ouïr des nouvelles. Ils obéirent, car nul ne l'eût osé laisser ; et aussi ils étoient tous prêts et appareillés de mal faire.

CHAPITRE CXXVI.

Comment Piètre du Bois et Philippe d'Artevelle occirent en la maison du conseil, à Gand, Gisebrest Grutte et Simon Bete.

Quand ce vint au matin, à neuf heures, le maieur, les échevins et les riches hommes de la ville, vinrent au marché et entrèrent en la halle. Et là vinrent ceux qui avoient été au parlement de Harlebecque. Puis vinrent Piètre du Bois et Philippe d'Artevelle, bien accompagnés de ceux de leur secte. Quand ils furent tous assemblés, et assis qui seoir se voult, on regarda que le sire de Harselles n'étoit point là. On le manda ; mais on l'excusa, car il n'y pouvoit être pour la cause que il étoit deshaitié avant. Dit Piètre du Bois : « Me véez-ci pour lui : nous sommes gens assez ; oyons ce que ces seigneurs ont rapporté du parlement de Harlebecque. » Adonc se levèrent, comme les plus notables de la compagnie, Gisebrest Grutte et Symon Bete ; et parla l'un d'eux et dit : « Seigneurs de Gand, nous avons été au parlement de Harlebecque et avons eu moult grand'peine et travail, et aussi ont eu les bonnes gens de Brabant, du Liége et du Hainaut, de nous accorder envers monseigneur. Finablement, à la prière de monseigneur et de madame de Brabant qui là envoyèrent leur conseil, et de monseigneur le duc Aubert qui aussi envoya le sien, la bonne ville de Gand est venue à paix et à accord envers notre seigneur le comte, par un moyen que deux cens hommes, lesquels il nous envoiera les noms par escript dedans quinze jours, iront en sa prison dedans le chastel de Lille ; et se mettront en sa pure volonté. Il est bien si franc et si noble que de eux aura-t-il pitié et merci. » A ces paroles se leva Piètre du Bois, et dit : Gisebrest, comment êtes-vous si osé que de avoir accordé ce traité, de mettre deux cents hommes en la volonté de notre ennemi ? A très grand'vitupération venroit à la ville de Gand ; et mieux vaudroit qu'elle fût renversée ce dessous dessus, que jà à ceux de Gand fût reproché que ils eussent guerroyé par telle manière pour parvenir à une telle fin et conclusion. Bien savons entre nous, qui avons ce ouï, que vous ne serez pas l'un de ces deux cens, ni aussi ne sera Simon Bete : vous avez pris et choisi pour vous ; mais nous taillerons et prendrons pour nous : or avant, Philippe, à ces traiteurs qui veulent déshonorer et trahir la noble ville de Gand ! » Tout en parlant, Piètre du Bois trait sa dague, et vint à Gisebrest Grutte et lui fiert au ventre, et le renverse là et l'abat mort ; et Philippe d'Artevelle la sienne, et fiert Simon Bete et l'occit ; et puis commencèrent à crier : « Trahi ! trahi ! » Ils avoient leurs gens de-lez eux haut et bas. Cils tous heureux, comme riches hommes et comme bien enlignagés que ils fussent en la ville, qui se purent dissimuler adonc et bouter hors et sauver [1]. Et aussi pour l'heure il n'en y ot plus de morts que ces deux. Mais pour le peuple apaiser et pour eux tourner en droit, ils envoyèrent leurs gens de rue en rue criant et disant : « Les faux et mauvais traîtres Gisebrest Grutte et sire Simon Bete ont voulu trahir la bonne ville de Gand. » Ainsi se passa celle chose. Les morts furent morts, et nul n'en leva l'amende.

Quand le comte de Flandre, qui se tenoit à Bruges, sçut ces nouvelles, il fut durement courroucé, et dit adonc : « A la prière de mes cousins de Brabant et de Hainaut, je m'étois légèrement accordé à la paix à ceux de Gand ; et celle fois

---

[1] Heureux ceux, quelque riches et quelque nobles qu'il fussent, qui purent se mettre hors de la presse et se sauver

et autres ont-ils ainsi ouvré : mais je vueil bien qu'ils sachent que jamais n'auront paix à moi, si en aurai des leurs tant à ma volonté qu'il me suffira. »

CHAPITRE CXXVII.

Comment les gens du comte de Flandre gardoient que vivres ne se menassent à Gand, et comment ceux de Paris se rebellèrent contre le roi, lequel s'en alla lors à Meaulx.

Ainsi furent morts et murdris en la ville de Gand ces deux vaillans hommes, riches et sages, et pour bien faire à l'intention de plusieurs gens; dont chacun des deux, de leur patrimoine, tenoient bien deux mille francs héritables par an. Si furent plaints en requoy. On n'en osoit, ni nul n'en eût osé parler, si il ne voulsist être mort.

La chose demeura en cel état, et la guerre plus felle que devant; car ceux des garnisons autour de Gand étoient nuit et jour soigneusement sur les champs, ni nulles pourvéances ne pouvoient venir en la ville de Gand; car nuls de Brabant ni de Hainaut ne s'y osoient aventurer. Car au mieux venir, quand les gens du comte les trouvoient, ils occioient leurs chevaux et souvent eux-mêmes, ou ils les emmenoient en Tenremonde ou en Audenarde prisonniers, et les rançonnoient : dont toutes manières de gens vitailliers ressoignoient ce péril ; si ne s'y osoit nul bouter.

En celle saison aussi s'élevèrent ceux de Paris et rebellèrent à l'encontre du roi et son conseil [1]; car le roi et ses consaulx vouloient remettre sus généralement [2] parmi le royaume de France, les aides, les fouages, les gabelles et les assises

[1] Le commencement de cette rébellion date du mois d'octobre 1381.
[2] Le moine anonyme de Saint-Denis, homme d'un sens profond et d'une grande impartialité, s'exprime ainsi à l'égard de cet impôt :
« Le duc d'Anjou avait tenu sept fois, en 1381, conseil avec les plus notables, pour aviser comment on pourrait subvenir aux besoins de la cour et du royaume, et on avait proposé de nouveaux subsides. Parmi les conseillers du duc, les uns abondèrent dans ses idées, peut-être parce qu'ils n'en ressentaient aucun préjudice, les autres pour faire leur cour aux dépens du peuple par ce lâche consentement, et aussi par espoir de s'enrichir eux-mêmes en se partageant les nouveaux impôts. »
Ce moine distingué assure que se trouvant à Londres, pour affaires concernant les intérêts de l'église Saint-Denis, au moment de l'assassinat de l'archevêque de Canterbury, quelqu'un lui prédit alors que de pareils désordres se manifesteraient bientôt après en France.

qui avoient couru et étoient levées du temps du roi Charles, père à ce roi qui régnoit pour ce temps. Les Parisiens furent rebelles à tout ce; et dirent que le roi Charles de bonne mémoire leur avoit quitté, lui vivant, et le roi son fils, à son couronnement à Reims, l'avoit accordé et confirmé; et convint le jeune roi et son conseil vider Paris et venir demeurer à Meaux en Brie. Si tôt que le roi fut parti de Paris, les communes s'émurent et armèrent; et occirent tous ceux qui avoient assencé ces gabelles et ces impositions; et rompirent et brisèrent les prisons et les maisons de la ville [1], et prirent et pillèrent tout ce qu'ils y trouvèrent. Et vinrent en la maison de l'évêque de Paris en la cité, et rompirent les prisons; et délivrèrent Hugues Aubriot, qui avoit été prévôt de Paris un grand temps, le roi Charles vivant; lequel étoit par sentence condempné en prison que on dit l'Oubliette, pour plusieurs grands mauvais faits que faits avoit et consenti à faire; desquels plusieurs en y avoit qui demandoient le feu [2]. Mais cils peuples de Paris le délivrèrent. Cette aventure lui avint par l'émouvement du commun; dequoi il se départit au plus tôt qu'il put, pour doute qu'il ne fût repris; et s'en alla en Bourgogne dont il étoit, et conta à ses amis son aventure.

Ceux de Paris, ce jour et ce terme qu'ils régnèrent en leur rebellion, firent moult de des-

[1] Ils enfoncèrent les prisons de l'hôtel-de-ville, où il y avait un magasin d'armes destinées à la défense de Paris, et se saisirent d'un grand nombre de maillets de plomb, fabriqués par l'ordre de Charles V. Ces maillets de plomb étaient des armes communes dans ce temps-là : il y en avait qui pesaient vingt-cinq livres; ce sont apparemment ces maillets que Froissart appelle des plombées. La sédition des Maillotins a tiré son nom de ces maillets.
[2] Hugues Aubriot, natif de Bourgogne, avait été fait prévôt de Paris par l'influence du duc d'Anjou. Les grandes Chroniques de Saint-Denis rapportent que ce fut lui qui fit construire le pont Saint-Michel, le petit Châtelet, et plusieurs autres notables édifices. Ses querelles avec les gens d'Église et avec l'université de Paris le firent accuser d'hérésie par ces derniers. « Il fut trouvé, disent les grandes Chroniques, à l'année 1381, par gens clercs à ce connoissans, qu'il étoit digne d'être brûlé; mais, à la requête des princes, cette peine lui fut relâchée, et seulement au parvis Notre-Dame fut prêché publiquement et mitré, et par l'évêque de Paris, vêtu en habits pontificaux, fut déclaré en effet être de la loi des Juifs et contempteur des sacremens ecclésiastiques, et par ses hérésies avoir encouru les sentences de excommuniement par long-temps qu'il avoit contemnées et méprisées; et le condamna à être perpétuellement en la fosse au pain et à l'eau. »

rois; dont il mésadvint à aucunes bonnes gens qui n'étoient pas de leur accord; car si tous le fussent, la chose eût trop mal allée. Et le roi se tenoit à Meaux, et ses oncles de-lez lui, Anjou, Berry et Bourgogne, qui étoient tout courroucés et émerveillés de celle rebellion. Si orent conseil que ils envoyeroient le seigneur de Coucy qui sage chevalier étoit, pour traiter devers eux et apaiser; car mieux les sauroit avoir et mener que nul autre ne feroit.

CHAPITRE CXXVIII.

Comment ceux de Paris étant en rebellion contre le roi, le roi envoya le seigneur de Coucy pour apaiser la communauté de Paris, et comment ceux de Rouen rebellèrent, que le roi même rapaisa.

Adonc s'en vint le sire de Coucy, qui s'appeloit Enguerrant, à Paris, non à main armée, mais tout simplement avecques les gens de son hôtel; et descendit en son hôtel et là manda ceux qui de cette besogne s'ensoignoient et étoient ensoignés le plus avant. Et leur remontra doucement et sagement que ils avoient trop mal erré de ce que ils avoient occis les officiers et les ministres du roi, et rompu et brisé les maisons et les prisons du roi, et délivré ses prisonniers, et que si le roi et son conseil vouloient, il seroit trop grandement amendé: mais nenni; car sur toutes riens il aimoit Paris, pour tant qu'il y fut né et que Paris est le chef de son royaume; et si ne le vouloit pas confondre ni détruire, ni les bonnes gens de dedans. Et leur montroit comment il étoit là venu, comme par un moyen, pour eux mettre à accord; et il prieroit au roi et à ses oncles que ce forfait que ils fait avoient, il leur voulsist pardonner. Ils répondirent adonc: que ils ne vouloient ni guerre ni mautalent au roi leur sire; mais ils vouloient que ces impositions, aides, subsides et gabelles, fussent nulles, et Paris exempte de telles choses; et ils aideroient le roi en autre manière. « En quelle manière ? » répondit le sire de Coucy. « En telle manière. De une quantité d'or et d'argent que nous paierons toutes les semaines à un certain homme qui les recevra, pour aider à payer, avecques les autres cités et villes du royaume de France, les souldoiers et les gens d'armes du roi. » — « Et quelle somme voudriez-vous bien payer toutes les semaines ? » — « Celle, répondirent les Parisiens, que nous serons d'accord. » Là les mena le sire de Coucy, par beau langage, si avant que ils se taillèrent et ordonnèrent à leur volonté à dix mille francs la semaine, à payer à un homme qu'ils ordonneroient à recevoir. Sur cel état se départit le sire de Coucy de eux, et retourna à Meaux en Brie devers le roi et ses oncles, et regarda et remontra tous ces traités. Le roi fut adonc conseillé pour le mieux que il prendroit l'offre que les Parisiens lui offroient, et quand cette chose étoit entrée en commencement de jeu, et que petit à petit on entreroit en eux; et ainsi feroient les autres bonnes villes, puisque ceux de Paris avoient commencé; et quand on pourroit on auroit mieux. Si retourna le sire de Coucy à Paris; et apporta de par le roi la paix aux Parisiens, mais que ils tinssent les traités qu'ils avoient proposés. Ils les tinrent trop volontiers; et ordonnèrent un receveur qui recevoit la somme de florins toutes les semaines; mais l'argent ne devoit être contourné ailleurs ni bouger de Paris, fors en payer gens d'armes, si on les mettoit en besogne; ni rien autrement ne devoit venir ni tourner au profit du roi ni à ses oncles. Ainsi demeura la chose un temps en cel état, et les Parisiens en paix; mais le roi ne venoit point à Paris, dont ceux de Paris étoient moult courroucés [1].

[1] Froissart n'est pas parfaitement d'accord avec les autres historiens sur les circonstances de ces derniers troubles. Les grandes Chroniques, le moine de Saint-Denis et Juvénal des Ursins, racontent ces faits d'une autre manière. Voici, suivant leur narration, la succession des principaux événemens de cette année. Après les premiers désordres et le pillage des maisons de quelques riches bourgeois et des Juifs, par le peuple révolté, Aimeric de Maignac, évêque de Paris, et Jean Goyleyn, Carme, au nom de l'université de Paris, s'entremirent entre le peuple et le roi, et allèrent porter à Vincennes, où était le roi, les paroles de conciliation. Ils supplièrent le roi de vouloir bien abolir des impôts qu'il était impossible de supporter, et lui promirent à ce prix la soumission du peuple. Le roi consentit en effet à leur demande: mais cette suppression était bien loin d'avoir été accordée volontairement, et le conseil persistait toujours à rétablir les impôts. Ce fut dans cette vue que le roi ordonna qu'il se tînt une assemblée des états-généraux à la mi-avril 1382. Le moine de Saint-Denis dit que ce fut une assemblée des députés des bonnes villes, mais Juvénal des Ursins dit positivement que les deux autres ordres y furent aussi appelés. Arnaud de Corbie, premier président du parlement, porta la parole pour engager les députés à consentir à cet impôt: les députés des villes répondirent qu'ils feraient leurs rapports à leurs commet-

Semblablement ceux de la cité de Rouen s'émurent aussi et se rebellèrent par telle incidence. Les menues gens de la ville en occirent le chastellain qui étoit au roi, et tous impositeurs et gabelleurs qui les aides avoient prises et accensées. Quand le roi de France, qui se tenoit à Meaux, en fut informé, ce lui vint à grand'contraire et déplaisance et à son conseil aussi; et se doutèrent que pareillement les autres villes et cités du royaume de France ne fissent ainsi. Si fut le roi de France conseillé de venir à Rouen; et y vint; et apaisa le commun qui étoit moult troublé, et leur pardonna la mort de son chastellain et tout ce que fait avoient; et ils ordonnèrent de par eux un receveur auquel ils payeroient toutes les semaines une somme de florins, et parmi tant ils demeurèrent en paix. Or regardez la grand'diablerie qui se commençoit à élever en France; et tous prenoient pied et ordonnances sur les Gantois; et disoient adonc les communautés par tout le monde, que les Gantois étoient bonnes gens, et que vaillamment ils se soutenoient en leurs franchises; dont ils devoient de toutes gens être aimés et honorés.

CHAPITRE CXXIX.

Comment le duc d'Anjou se mit sus en grand appareil pour soi aller faire couronner roi de Naples et de Secille et recevoir les duchés de Pouille, de Calabre et de Provence.

Vous savez comment le duc d'Anjou avoit une haute et grande imagination de aller ens ou royaume de Naples, dont il s'escripsoit roi de Secille, de Pouille et de Calabre; car pape Clément l'en avoit revêtu et ahérité par la vertu des lettres que la roine de Naples et de Secille lui avoit données. Le duc d'Anjou, qui étoit sage et imaginatif, et de haut courage et de grand'emprise, véoit bien que au temps avenir, selon l'état que il avoit commencé à maintenir, dont il le vit envis affoiblir ni amendrir, seroit un petit sire en France, et que celui haut et noble héritage de deux royaumes, Naples et Secille, et trois duchés, Pouille, Calabre et Provence, lui viendroient grandement à point; car en ces terres, dont il se tenoit droit sire et hoir par la vertu des dons qui faits lui en étoient [1], abondent toutes richesses. Si mettoit toute sa cure et diligence nuit et jour comme il pût parfournir ce voyage. Et bien savoit que il ne le pouvoit faire sans grand confort d'or et d'argent, et grosse route de gens d'armes, pour résister de force contre tous ceux qui son voyage lui voudroient empêcher. Si assembloit le duc d'Anjou de tous lez, en instance de ce voyage, si grand avoir que merveilles; et tenoit à amour ceux de Paris ce qu'il pouvoit; car bien savoit que dedans Paris avoit grand'mise d'argent. Et tant fit qu'il en ot sans nombre. Et envoya devers le comte de Savoie [2], auquel il avoit grand'fiance, que il ne lui voulsist mie faillir à ce besoin; et lui venu en Savoie il lui feroit mettre en payement appareillé la somme de cinq cent mille florins pour mille lances ou plus, pour un an tout entier. Le comte de Savoie de ces nouvelles ot grand'joie, car moult aimoit les armes et l'avancement de lui et de ses gens: si répondit aux messages, que volontiers il serviroit monseigneur d'Anjou, parmi le moyen que il mettoit. De ce fut le duc d'Anjou moult réjoui; car il aimoit moult la compagnie du comte de Savoie.

De rechef le duc d'Anjou retint tout partout gens d'armes, et tant que il en trouva bien neuf mille hommes d'armes, tous en obéissance de lui, voire les déniers payant. Si fit pour son corps et pour ses gens faire et ordonner et appareiller à Paris, le plus bel et le plus grand appareil que on avoit oncques vu faire seigneur de France, de tentes, de trefs, de pavillons, de chambres et de toutes ordonnances qu'à un roi

---

tans, mais refusèrent de rien conclure. Quelques jours après ils se rendirent auprès du roi à Meaux et à Pontoise, et déclarèrent que le peuple refusait absolument de payer de nouveaux impôts. Cependant le duc d'Anjou marcha sur Paris avec des troupes auxquelles il abandonna tous les environs de cette ville. Les habitans furent outragés, les maisons pillées et détruites, les arbres arrachés, les terres ravagées. Les habitans de Paris consentirent enfin à une espèce d'arrangement, qui fut conclu par l'entremise du premier président, Arnaud de Corbie, de Jean Desmares, de l'évêque de Paris, de l'abbé de Saint-Denis, d'Enguerran sire de Coucy et de Pierre de Villiers. Desmares promit, dit Secousse, que les habitans de Paris paieraient cent mille francs, et cette offre fut acceptée par Corbie, qui promit que le roi pardonnerait au peuple.

[1] Les lettres patentes d'adoption de Louis duc d'Anjou par Jeanne, sont datées du 29 juin 1380.
[2] Le comte de Savoie l'accompagna en effet avec le comte de Genève, frère du pape Clément. Lorsque le duc d'Anjou descendit en Italie en 1382, il mena à sa suite une armée que les calculs les plus modérés font monter à quinze mille chevaux; le 17 juillet 1382, il entra dans les Abruzzes.

appartient qui veut aller en un lointain pays et voyage.

Nous cesserons un petit à parler de lui et retournerons au comte de Cantebruge et à ses gens, qui pour ce temps se tenoient en Portingal de-lez le roi.

CHAPITRE CXXX.

Comment à Lusebonne en Portingal, le mariage fut fait de Jean, fils au comte de Cantebruge, et de madame Béatrix, fille au roi de Portingal ; et comment les gens d'armes furent distribués.

Le comte de Cantebruge et ses gens se rafreschirent un grand temps à Lusebonne de-lez le roi de Portingal ; et avisoient les Anglois et les Gascons le pays, pour tant que ils n'y avoient oncques mais été. En ce séjour il me semble que un mariage fut accordé de la fille du roi de Portingal, qui étoit adonc en l'âge de dix ans, et du fils du comte de Cantebruge, qui pouvoit être de tel âge. Bel enfant étoit et avoit nom Jean [1], et la dame, fille du roi, Béatrix. A ces noces de ces deux enfans ot grand fêtes et grands ébattemens ; et y furent les prélats et les barons du pays ; et y furent couchés, comme jeunes que ils fussent, tous nus en un lit. Ces noces faites [2] et les fêtes passées qui durèrent bien huit jours, le conseil du roi de Portingal ordonna que ces gens d'armes qui se tenoient à Lusebonne se départiroient et iroient autre part tenir leur frontière. Si fut le comte de Cantebruge et ses hôtels ordonné et assigné d'aller en une autre ville moult belle en Portingal, que on dit Estremouze [3]. Et les Anglois et les Gascons tous ensemble, en une autre ville que on appelle au pays Villevesiouse [4] ; et Jean de Cantebruge demeura de-lez le roi et sa femme.

Quand le chanoine de Robertsart et les autres chevaliers anglois et gascons se départirent du roi et prirent congé pour aller en leur garnison, le roi leur dit : « My enfans, je vous commande

[1] Il s'appelait Édouard et non Jean ; il mourut sans héritier.
[2] Ces noces ne furent regardées que comme des fiançailles. Lorsque le duc de Cambridge quitta le Portugal l'année suivante, il emmena son fils avec lui en Angleterre, sans que ce mariage eût aucune autre suite. Fern. Lopes dit que plusieurs des choses précieuses qui avaient servi à ces fiançailles, furent ensuite employées pour le mariage de la même Béatrix avec le roi Jean de Castille.
[3] Estremoz, ville de la province d'Alem-Téjo.
[4] Villa-Viçosa aussi dans l'Alem-Téjo.

que point vous ne chevauchiez sur les ennemis sans mon sçu ; car si vous le faisiez, je vous en saurois mauvais gré. » Ils répondirent, de par Dieu, et que quand ils voudroient chevaucher, ils lui signifieroient et en prendroient congé. Sur cel état se départirent-ils et chevauchèrent à Ville-Vesiouse, qui siéd amont au pays, à deux journées de Lusebonne, et à autant de Séville où le roi d'Espaigne se tenoit, que jà étoit tout avisé et informé de la venue des Anglois et du comte de Cantebruge, et avoit cel état signifié en France aux chevaliers et écuyers dont il pensoit être servi. Et quand ils le sçurent et que fait d'armes apparoit en Espaigne, si en furent tous réjouis ; et s'appareillèrent les plusieurs qui se désiroient à avancer et à acquérir honneur et prix, et se mirent au chemin pour aller en Espaigne.

CHAPITRE CXXXI.

Comment le chanoine de Robertsart, un capitaine anglois, chevaucha outre le gré du roi de Portingal devant le chasteau de la Fighière, et comment il l'assaillit et conquit tout en un jour.

Le chanoine de Robertsart, qui se tenoit en garnison à Ville-Vesiouse avec ses compagnons anglois et gascons, parla une fois à eux et leur dit : « Beaux seigneurs, nous séjournons ci, ce me semble, mal honorablement, quand nous n'avons encore chevauché sur nos ennemis ; et moins de bien ils en tiennent de nous. Si vous le voulez et vous le conseillez, nous envoyerons devers le roi, en priant qu'il nous donne congé de chevaucher. » Ils répondirent tous : « Nous le voulons. » Adonc fut ordonné messire Jean de Cavendich à faire ce message. Il dit que il le feroit volontiers. Si vint devers le roi à Lusebonne, et fit son message bien et à point, et ce dont il étoit chargé. Le roi répondit que il ne vouloit pas que ils chevauchassent hors de ses mettes ; ni oncques le chevalier ne le put tourner en une autre voie ; et retourna devers les seigneurs, et leur dit que le roi ne vouloit pas que ils chevauchassent. Adonc furent-ils plus courroucés que devant ; et dirent entre eux que ce n'étoit mie leur état ni leur ordonnance, ni à gens d'armes, de eux tenir si longuement en une garnison, sans faire aucun exploit d'armes ; et enconvenancèrent l'un à l'autre de chevaucher. Si se mirent un jour aux champs bien quatre cens hommes d'armes et autant d'archers ; et avoient empris, en leur chemin, d'aller à

[1382]

Serès[1], une grosse ville qui est au maître de Saint-Jacques: mais ils ravisèrent et tournèrent une autre voie, pour venir devant le chastel de la Fighière[2], où il avoit environ soixante hommes d'armes espaignols en garnison, dont Pietre Gousès, et Jean son frère étoient capitaines. Le chanoine de Robertsart, qui se faisoit chef de celle chevauchée, car aussi l'avoit-il émue et mise sus, chevaucha tout devant. Là étoient messire Guillaume de Beauchamp, messire Mahieu de Gournay, Miles de Windesore, le sire de Talleboth, messire Adam Symour, messire Jean Soudrée, frère bâtard du roi d'Angleterre, le souldich de l'Estrade, le sire de Chastel-Neuf, le sire de la Barde, Raymon de Marsen et plusieurs autres. Et chevauchèrent tant ces gens d'armes, qu'ils vinrent devant le chastel de la Fighière, et le avironnèrent et se mirent en ordonnance de l'assaillir; et firent toutes leurs parçons et livrées, ainsi que à faire assaut appartenoit. Quand ceux qui dedans étoient aperçurent qu'ils seroient assaillis, si se ordonnèrent de bonne façon, et se mirent à défense. Environ heure de prime commença l'assaut fort, fier et roide; et entroient les Anglois ès fossés où il n'avoit point d'eau, et venoient jusques aux murs, targiés et paveschiés[3], pour le jet des pierres d'amont; et la houoient et picquoient de pics et de hoyaux à leur pouvoir. Et on leur jetoit pierres de faix d'amont et grands barreaux de fer, laquelle chose en blessa plusieurs. Là étoit le sire Robertsart, qui bien avoit corps de chevalier, qui ce iour y fit grand foison d'armes, et aussi y fit Esperon, un sien varlet. Là étoient les archers d'Angleterre arrêtés avironnéement sur les fossés, qui traioient à ceux d'amont si ouniement que à peine osoit nul apparoir aux défenses. Et en y ot les deux parts de ceux de dedans navrés et blessés; et y fut mort du trait le frère de Pierre Gousès, capitaine du chastel, qui s'appeloit Berthelemi, appert homme d'armes durement; et par son appertise et par soi trop follement abandonner fut-il mort, dont ce fut pitié et moult grand dommage.

Ainsi se continua cel assaut, de l'heure de prime jusques à heure de nonne. Et vous dis que les chevaliers anglois et gascons ne s'y épargnoient mie, mais assailloient de grand courage et de grand volonté, pour la cause de ce que, sans le commandement et volonté du roi de Portingal, ils avoient fait celle chevauchée. Si se mettoient en peine de conquerre le chastel, parquoi la renommée en vînt à Lusebonne, que ils avoient à ce commencement bien exploité. Là étoit le chanoine de Robertsart, qui bien avoit corps de chevalier et emprise et fait de vaillant homme, qui les amonnestoit de bien faire, et leur disoit: «Hà, seigneurs! nous tiendra meshui cil fort tant de bonnes gens d'armes que nous sommes? si nous mettons tant à conquerre toutes les villes et les chastels d'Espaigne et de Gallice, nous n'en serons jamais seigneurs.» Adonc s'évertuoient chevaliers et écuyers à ses paroles, et faisoient merveilles d'armes. Et vous dis que du jet d'amont le chanoine de Robertsart, quoique il fût bien paveschié[1], reçut maint dur horion, dont il fut durement blessé et froissé. Là avoit-il de-lez lui un jeune écuyer de Hainaut, qui se appeloit Froissart Meulier, qui vaillamment à l'assaut se portoit; et aussi firent tous les autres. L'artillerie du chastel, pierres et barreaux de fer, commencèrent moult à faillir, et ceux de dedans à eux lasser. Si regardèrent que de vingt-cinq hommes que ils étoient il n'en y avoit pas trois qui ne fussent navrés et blessés, et les aucuns mis en péril de mort, et que longuement ils ne se pouvoient tenir que de force ils ne fussent pris; car jà véoient-ils mort le frère de leur capitaine, par qui plusieurs recouvrances se pouvoient faire: si avisèrent de les prendroient un petit de répit, et cependant ils aviseroient et chargeroient d'entre eux aux plus discrets de quérir quelque bon petit traité de paix. Adonc firent-ils entre eux un conseil moult bref, et puis firent signe que ils vouloient parler aux Anglois. Adonc fit-on cesser l'assaut, et se mirent tous ceux qui assailloient, hors des fossés. Et à voir dire, le repos à aucuns besognoit bien; car il en y avoit grand foison de blessés et de lassés. Adonc se trairent avant messire Mahieu de Gournay, connétable de l'ost, et messire Guillaume de Windesore, maréchal, et demandèrent que ils vouloient dire. Le capitaine, Dam Pietre Gousès, parla ainsi et dit: «Beaux seigneurs, vous nous coittiez de moult près; et véons bien que vous ne vous partirez point sans

---

[1] Xerez de los caballeros. — [2] La Higuera.
[3] Couverts de leurs boucliers et de leurs pavois.

[1] Couvert de son bouclier.

avoir la forteresse; vous blessez nos gens, nous blessons les vôtres; si avons conseil l'un par l'autre, je pour tous, qui en suis capitaine, que nous vous rendrons le fort, sauves nos vies et nos biens. Si nous prenez ainsi; car c'est droite parçon d'armes; vous êtes pour le présent plus forts que nous ne sommes, si le nous faut faire. » Les chevaliers anglois répondirent que ils s'en conseilleroient, ainsi qu'ils firent. Quand ils furent conseillés, ils firent réponse, et fut dit que ceux de dedans se partiroient si ils vouloient; mais la garnison, au point où elle étoit, ils lairoient, ni rien, fors leurs vies, ils n'emporteroient. Quand Piètre Gousès vit que il n'en auroit autre chose, si aima mieux à faire ce marché que faire pis: si se y accorda. Ainsi fut le chastel de la Fighière rendu et mis en la main des Anglois. Et s'en partirent les Espaignols sur le sauf-conduit des Anglois; et s'en allèrent à Serès, où le maître de saint Jacques étoit. Mais point ne l'y trouvèrent; car il avoit entendu que les Anglois chevauchoient: si s'étoit trait sur les champs, et chevauchoit à bien quatre cens hommes d'armes, Espaignols et Castellains; car il espéroit que s'il pouvoit trouver les Anglois sur son avantage, il les combattroit.

CHAPITRE CXXXII.

Comment après la conquête de la Fighière les Anglois se mirent en trois routes. Comment l'une route fut vue des ennemis; et comment les François allèrent en Espaigne.

Quand ces chevaliers d'Angleterre, le chanoine et sa route, furent saisis du chastel de la Fighière, si en orent grand'joie; et le firent réparer et mettre à point, et le pourvéirent d'artillerie et de toutes autres pourvéances; et y laissèrent quarante compagnons, archers et autres, et un bon capitaine pour le garder; et puis se conseillèrent quelle chose ils feroient. Conseillé fut que ils se trairoient vers leurs logis: si se départirent les Anglois et les Gascons, et firent trois routes; et la dernière des routes, qui demeura sur les champs, ce fut celle du chanoine; et étoient aucuns Anglois, Gascons et Allemands, qui désiroient les armes, demeurés avecques lui, et pouvoient être environ soixante lances et autant d'archers. Et chevauchèrent ces gens en la route du chanoine, un jour tout entier, en revenant vers Ville-Vesiouse. Le second jour au matin, à heure de prime, que les embûches se descouvrent, ils chevauchoient tous ensemble bien et ordonnément; et étoient entre une grosse ville en Portingal, que on dit Olivence [1], et le chastel de Cortiel; et droitement au dehors d'un bois, plus près du chastel de Cortiel que de Olivence, étoit en embûche le maître de Saint-Jacques à bien quatre cens hommes d'armes. Sitôt que les Anglois l'aperçurent, ils se remirent tous ensemble, et ne montrèrent point de semblant de effroi, et chevauchèrent le bon pas. Ces Espaignols, comme grand'foison que ils fussent, ne montrèrent nul semblant, ni ne firent de eux désembûcher; mais se tinrent toujours en leurs embûches. Et cuidoient par imagination que les Anglois eussent assez près de là leur grosse bataille: pour ce, ne les osèrent-ils envahir; car si ils eussent sçu justement leur convenant, il y eût eu hutin: ainsi se départirent-ils l'un de l'autre sans rien faire. Les Espaignols retournèrent ce soir à Serès, et le chanoine à Ville-Vesiouse, qui recorda à ses compagnons comment il avoit vu les Espaignols en embûche entre le Cortiel et Olivence, et dit: « Si nous eussions été tous ensemble, nous les eussions combattus. » Si se repentoient les chevaliers grandement de ce que ils avoient laissé l'un l'autre.

Ainsi se porta celle première chevauchée que les Anglois et les Gascons firent. Et quand ces nouvelles en vinrent au roi de Portingal, il montra par semblant que il en fût courroucé, pourtant que ils avoient chevauché sans son commandement et son ordonnance.

Ainsi se tinrent, tout cel hiver, les Anglois et Gascons, en leurs garnisons, sans point chevaucher, ni faire chose qui à recorder fasse, dont il leur ennuyoit grandement; et ne demeuroit pas en eux que ils ne fissent armes. Entrementes se pourvéoit le roi Jean de Castille; et avoit envoyé en France devers le roi et ses oncles au secours, en leur signifiant comment le comte de Cantebruge étoit venu et arrivé en Portingal; et étoit la voix par tout le royaume de Castille et de Portingal, que le duc de Lancastre, son frère, puissamment accompagné, venroit à leur aide à l'été; pourquoi il requéroit au roi, selon les alliances et confédérations que ils avoient

[1] Olivenza, non loin de la Guadiana. Fern. Lopes a décrit cette marche d'une manière fort agréable, mais il ne parle pas d'Olivenza.

ensemble, France et Espaigne, par grand'conionction d'amour, que il fût, le temps d'été, conforté de bonnes gens d'armes; par quoi il pût de force et de fait résister contre ses ennemis. Le conseil du roi s'assentoit bien à tout ce, et véoit clairement que le roi d'Espaigne requéroit raison. Si fut ordonné en France de donner grâce et congé à toutes manières de gens d'armes, chevaliers et écuyers qui avancer se vouloient; et leur faisoit le roi de France le premier prêt pour passer outre. Si me semble que messire Olivier Du Glayquin, frère du connétable de France messire Bertrand qui fut, se ordonna pour aller ce chemin sur le printemps. Ainsi firent plusieurs chevaliers et écuyers de Bretagne, de France, de Beauce, de Picardie, d'Anjou, de Berry, de Blois et du Maine. Et passoient par routes, pour mieux aller à leur aise; et avoient passage ouvert parmi le royaume d'Arragon; et trouvoient pourvéances toutes prêtes, parmi leurs deniers payans; mais sachez que ils ne payoient pas tout ce que ils prenoient, quand ils étoient au plat pays; donc les povres gens le comparoient.

CHAPITRE CXXXIII.
Comment le roi Richard d'Angleterre prit à femme madame Anne, sœur au roi Charles d'Allemagne; et comment elle fut amenée par Brabant et Flandre jusques à Calais.

Vous savez comment le roi Richard d'Angleterre avoit eu un an et plus traité devers le roi Charles d'Allemagne, qui, pour ce temps en titre s'escripsoit roi des Romains, pour avoir sa sœur, madame Anne, en mariage, et comment un sien chevalier, messire Simon Burlé en avoit moult travaillé, et comment le duc de Tasson en Allemagne en avoit été en Angleterre pour confirmer le mariage. Tant avoient été ces choses demenées, que le roi des Romains envoya sa sœur en Angleterre, le duc de Tasson en sa compagnie et grand'foison de chevaliers et d'écuyers, de dames et de damoiselles, en état et en arroy, ainsi comme à telle dame appartenoit. Et vinrent en Brabant, et en la ville de Bruxelles; là recueillirent le duc Wincellant de Brabant et la duchesse Jeanne, sa femme, la jeune dame et sa compagnie moult grandement; car le duc étoit son oncle; et avoit été fille de l'empereur Charles, son frère. Et se tint madame Anne de Behaigne à Bruxelles delez son oncle et sa belle ante, plus d'un mois sans partir, ni bouger, ni se osoit. Je vous dirai raison pourquoi: elle fut signifiée, et son conseil, que il y avoit douze vaisseaux armés ou environ, pleins de Normands sur la mer qui vaucroient entre Calais et la Hollande, et pilloient et déroboient sur la mer tout ce que ils pouvoient trouver; et n'avoient cure sur qui. Et alloit et couroit renommée, sur les bondes de celle mer de Flandre et de Zélande, que ils se tenoient là en attendant la venue de la jeune dame, et que le roi de France et son conseil vouloient faire ravir la dame pour briser ce mariage, car ils se doutoient grandement des alliances des Allemands et des Anglois. Et disoit-on encore avant, quand on parloit, que ce n'étoit pas honorable chose de prendre, ni de ravir dames en guerres de seigneurs, en colorant et en faisant la querelle du roi de France plus belle. Comment ne vîtes-vous pas que le prince de Galles, père à ce roi d'Angleterre, il fit ravir et consentir le fait de madame de Bourbonnois, mère à la roine de France, qui fut prise et emblée des gens du prince, et tout de celle guerre, dedans le chastel de Belle-Perche; si m'ayst Dieu, si fut, et menée en Guyenne et rançonnée: aussi par pareille chose, si les François prenoient, pour eux contrevenger, la mouiller du roi d'Angleterre, ils ne feroient à nullui tort.

Pour les doutes et pour les apparences que on véoit, se tint la dame et toute sa route à Bruxelles un mois tout entier; et tant que le duc de Brabant, son oncle, envoya en France son conseil, le seigneur de Rosselare et le seigneur de Bouqueshort, pour remontrer ces choses au roi de France et à ses oncles, lesquels étoient aussi neveux au duc de Brabant et enfans de sa sœur. Ces chevaliers de Brabant exploitèrent tant, et si bellement parlèrent au roi de France et à son conseil, que grâce lui fut faite et bon sauf-conduit donné de passer où il lui plairoit, elle et les siens, fût parmi le royaume de France ou sur les frontières en allant jusqu'à Calais; et furent les Normands qui se tenoient sur mer remandés. Tout ce rapportèrent les chevaliers dessus dits en Brabant au duc et à la duchesse; et leur escripsoit le roi et ses oncles que, à leur prière et contemplation et non d'autrui, ils faisoient celle grâce à leur cousine de Behaigne.

Ces nouvelles plurent grandement au duc de

Brabant et à la duchesse et à tous ceux qui passer la mer vouloient. Si se ordonnèrent et départirent de Bruxelles; et prit la dame congé à son oncle et à sa belle ante, et aux dames et damoiselles du pays qui accompagnée l'avoient. Et si la fit le duc convoyer à bien cent lances; et passèrent tout parmi Gand et y reposèrent un jour. Et firent les Gantois ce qu'ils porent d'honneur à la dame; et vint de là à Bruges. Et la reçut le comte de Flandre moult bellement; et s'y rafreschirent trois jours; et puis passèrent outre et chevauchèrent tant qu'ils vinrent à Gravelines. Entre Gravelines et Calais étoient les comtes de Sallebery et de Devensière, à cinq cens lances et autant d'archers, qui là l'attendoient : si l'emmenèrent à Calais. Adonc retournèrent les Brabançons quand ils l'eurent délivrée aux barons d'Angleterre dessus nommés.

CHAPITRE CXXXIV.

Comment la jeune dame partit de Calais et arriva à Douvres, et de là à Londres, où le roi Richard l'épousa, et d'autres avenues.

Celle jeune dame ne séjourna gaires à Calais quand elle ot vent à volonté : si entrèrent en leurs vaisseaux un mercredi au matin, après ce que les chevaux furent équipés; et ce jour ils arrivèrent à Douvres [1]. Là se reposa et rafreschit la dame deux jours. Au tiers jour elle partit et vint à Saint-Thomas de Cantorbie; et là trouva-t-elle le comte de Bouquinghen qui la reçut moult grandement. Tant exploita celle dame qu'elle vint à Londres, ou elle fut reçue très honorablement des bourgeois, des dames et des damoiselles du pays et de la ville, qui là étoient toutes assemblées contre sa venue. Si l'épousa le roi en la chapelle du palais de Wesmoustier au vingtième jour de Noël [1]; et y firent, au jour des épousailles moult grandes fêtes. Et toujours fut en sa compagnie, depuis qu'elle fut à Trec en Allemagne, ce gentil et loyal chevalier messire Robert de Namur, jusques à tant qu'elle fut épousée; de quoi le roi d'Angleterre et les barons lui sçurent grand gré : aussi fit le roi d'Allemagne.

Si mena le roi d'Angleterre sa femme à Windesore; et là tint son hôtel grand et bel. Si furent moult joyeusement ensemble ; et se tenoit madame la princesse de-lez sa fille la jeune roine ; et aussi pour ce temps y étoit la duchesse de Bretagne, sœur du roi Richard, que lors son mari, le duc de Bretagne, ne pouvoit r'avoir : ni les barons d'Angleterre ni le conseil du roi ne le vouloient consentir, pourtant que il étoit tourné François. Et disoient communément en Angleterre les barons et les chevaliers : « Ce duc de Bretagne s'acquitta lubriquement et faussement, envers le comte de Bouquinghen et nos gens, du dernier voyage que ils firent en France; et il remande sa femme : nennil, nous ne lui renvoyerons pas; mais envoyons-lui ses deux ennemis Jean et Guy de Bretagne, qui ont plus grand droit à l'héritage de Bretagne que il n'a, car il en est duc par notre puissance; et mal reconnoît le bien qu'il a de nous ; si lui devrions pareillement remontrer sa vilenie. »

Voir est que dans ce temps ces deux seigneurs, Jean et Guy de Bretagne, qui furent enfans au duc Charles de Blois, lesquels étoient prisonniers en Angleterre et enclos en un chastel, en la garde messire Jean d'Aubrecicourt, furent requis et appelés bellement et doucement du conseil du roi d'Angleterre; et leur fut dit que, si ils vouloient relever la duché de Bretagne du roi d'Angleterre, et reconnoître en foi et en hommage du roi, on leur feroit recouvrer leur héritage; et auroit Jean l'ainsné madame Philippe de Lancastre en mariage, fille du duc, que il ot

---

[1] Le moine d'Evesham fixe ainsi la date de son arrivée à Douvres et de son mariage : « Circa festum sancti Thomæ apostoli, soror imperatoris Almaniæ sive regis Boemiæ, nomine Anna, Wynceslay, futura regina Angliæ, cum grandi comitatu apud Doveriam applicuit. Ob quam causam parliamentum quod tunc fuerat inchoatum, dissolvitur et differtur usque post regales nuptias et natale dominicum quod instabat. »

Walsingham, et Hollinshed d'après lui, rapportent naïvement un miracle qui eut lieu lors du débarquement de la princesse Anne ; c'est qu'aussitôt qu'elle eut quitté le vaisseau sur lequel elle était arrivée, les flots et les vents agitèrent tellement le bâtiment qu'il fut brisé en morceaux sur la côte, tandis que tous les autres vaisseaux de la station furent dispersés. Quelques-uns pensèrent, dit Walsingham, que cela signifiait qu'elle apportait de grands troubles dans le royaume, ou que quelque autre désastre était prochain. « Sed, ajoute Walsingham, istius dubiæ perplexitatis obscuritatem gesta sequentia declarabunt. »

[1] C'est-à-dire le vingtième jour après Noël, ou vers le milieu du mois de janvier 1382, ou 1381, ancien style; le mariage fut célébré par l'archevêque de Canterbury et fut suivi de fort belles joutes. « in quibus, dit Walsingham, non sine damno personarum utriusque partis laus est acquisita, et rei commendatio militaris. »

de la duchesse Blanche de Lancastre. Mais ils répondirent que ils n'en feroient rien, et que pour mourir en prison ils demeureroient bons François. Si demeura la chose en cel état; ni, depuis ce que on sçut fermement leur intention, ils n'en furent requis en nulle manière du monde.

CHAPITRE CXXXV.

Comment les Parisiens refusèrent au roi cent mille florins. Comment ils les délivrèrent au duc d'Anjou; et comment icelui duc, à grand'armée, passa jusques près de Rome.

Vous savez comment ceux de Paris s'étoient composés et accordés envers le roi à payer une somme de florins toutes les semaines. Les florins étoient payés à un certain receveur commis et ordonné de par eux; mais le roi n'en avoit nul, ni rien ne s'en tournoit à son profit, ni rien ne partoit de Paris. Et avint, ce terme pendant, que le roi ot grand besoin d'argent pour payer ses gens d'armes qu'il envoyoit en Castille; car il vouloit aider à son besoin et conforter le roi Damp Jean de Castille, et tenu y étoit par les alliances jadis faites. Si manda à ce receveur de Paris que il fît finance de cent mille francs en deniers appareillés, et montroit tout clairement où il les vouloit mettre. Le receveur répondit aux lettres du roi et aux messagers moult bellement; et dit que voirement avoit-il argent assez; mais il n'en pouvoit rien délivrer sans le congé et consentement de la communauté de Paris. Ces paroles ne plurent pas bien au roi, et dit qu'il y pourvoiroit de remède quand il pourroit; ainsi qu'il fit; et fit sa finance ailleurs, parmi l'aide de ses bonnes villes de Picardie.

Ainsi avoit grand'dissension entre le roi et ceux de Paris; et ne venoit point à Paris, mais se tenoit à Meaux, ou à Senlis, ou à Compiègne, ou là environ, dont ceux de Paris étoient tout courroucés. Et le plus grand ressort de sûreté qu'ils avoient, et le greigneur moyen, c'étoit au duc de Anjou, qui se escripsoit roi de Sicile et de Jérusalem, et jà en avoit enchargé les armes. Ce duc se tenoit communément à Paris, et supportoit dessous ses aelles ceux de Paris, pour la cause de ce que ils avoient grand'finance; et contendoit à ce qu'il en fût aidé et départi, pour aider à faire son voyage et son fait; car il assembloit argent de tous lez, et si grand'somme, que on disoit qu'il avoit à Roquemore, de-lez Avignon, en trésor largement deux millions de florins.

Si traita par devers ceux de Paris, et fit tant par beau langage, ainsi que celui qui bien le savoit faire et qui moult bien étoit enlangagé, et qui pour ce temps de droit avoit le regard et l'administration dessur ses frères, car il étoit ains-né, du royaume de France, que il ot de celle somme de florins assemblés, à une seule délivrance, bien cent mille francs. Et le roi n'en pouvoit nuls avoir, ni ses deux autres oncles, Berry ni Bourgogne.

Quand le duc d'Anjou ot fait toutes ses pourvéances et ses ordonnances, à l'entrée du printemps, il se mit au chemin en si grand arroi que merveille; et passa parmi le royaume et vint en Avignon, où il fut grandement festoyé et recueilli du pape et des cardinaux. Et là vinrent les barons et les bonnes villes de Provence tous et toutes, excepté Aix en Provence, qui le reçurent à seigneur et lui firent féauté et hommage, et se mirent en obéissance. Et là vint en Avignon devers lui le gentil comte Amé de Savoie, bien accompagné de barons et de chevaliers, qui fut aussi de son cousin le pape grandement bien venu, et de tous les cardinaux. Là en Avignon furent faites les finances et les délivrances d'or et d'argent du duc d'Anjou au comte de Savoie et aux Savoyens, qui montoient grand'foison. Après toutes celles choses faites, le duc d'Anjou et le comte de Savoie prirent congé au pape et se partirent d'Avignon, et prirent le chemin du Dauphiné de Vienne. Et amena le duc le comte de Savoie, et là le honora-t-il en ses bonnes villes très grandement. Et toujours passoient gens d'armes devant et après, et trouvoient Lombardie tout ouverte et appareillée. Si entra le duc en Lombardie; et étoit par toutes les cités et les bonnes villes de Lombardie trop grandement reçu, et par espécial à Milan. Là fut-il honoré outre mesure de messire Galéas et de messire Bernabo, et ot de par eux si grands dons au passer, de richesses, de riches joyaux et des chevaux de prix, que merveilles seroit au compter. Et tenoit le duc d'Anjou tel état partout comme roi; et avoit ses ouvriers de monnoie qui forgeoient florins et blanche monnoie dont ils faisoient leurs payemens; et passèrent ainsi toute la Lombardie et la Tosquane. Quand ils vinrent en Tosquane et que ils approchèrent Rome, si se remirent plus ensemble que ils n'avoient fait par avant;

car les Romains qui bien savoient la venue du duc d'Anjou s'étoient grandement fortifiés à l'encontre de lui; et avoient à capitaine un vaillant chevalier d'Angleterre; lequel s'appeloit messire Jean Hacoude, lequel avoit de longtemps demeuré en Rommenie, et connoissoit toutes les frontières. Si tenoit grand'foison de gens sur les champs aux soulx et gages des Romains et Allemands et de Urbain qui se disoit pape, et que les Romains et Allemands et plusieurs autres nations tenoient à pape. Et cil se tenoit pour le temps en la cité de Rome, ni point ne s'effréoit de la venue du duc d'Anjou. Et quand on lui en parloit, et que on lui remontroit que le duc d'Anjou venoit celle part, le comte de Savoie en sa compagnie et le comte de Genève [1], et qu'il avoit bien neuf mille lances de bonnes gens d'armes; et ne savoit-on encore de vérité si il venoit de fait à Rome pour lui ôter de son siége, car il étoit tout Clémentin, il répondoit en disant : « *Crux Christi, protege nos!* » C'étoit tout l'effroi qu'il en faisoit ni avoit, et lequel il répondoit à ceux qui aucune fois lui en parloient.

CHAPITRE CXXXVI.

Comment le duc d'Anjou ne demanda rien à Rome. Comment il passa outre en Pouille; et comment Charles de la Paix pourveyt à son fait, et ce que de son adversaire pourroit avenir.

Ainsi passèrent ces gens d'armes, le duc d'Anjou qui se disoit et escripsoit roi de Naples, de Secile, de Jérusalem, duc de Pouille et de Calabre, et le comte de Savoie et leurs routes, toute Italie et Toscane, en costiant la marche d'Ancône et la terre du patrimoine [2] : et point n'entrèrent ni approchèrent Rome; car le duc d'Anjou ne vouloit nulle guerre ni mautalent à Rome ni aux Romains; mais faire son voyage et son emprise duement, sur le point et état que il étoit parti de France. Et partout où il passoit et venoit, il montroit état très étoffé et puissance de roi. Et se louoient de lui et de son payement toutes gens d'armes, car bien savoit que il en auroit affaire.

En ce temps se tenoit à Naples la cité son adversaire messire Charles de la Paix [1], qui se disoit aussi et escripsoit roi de Naples, de Secile et de Jérusalem, duc de Pouille et de Calabre, et s'en tenoit roi droiturier, parce que la roine de Naples étoit morte [2] sans hoir avoir de sa chair par loyauté de mariage. Et tenoit ce messire Charles à vain et à nul le don que la roine en avoit fait au pape; et y montroit à son opinion deux raisons; l'une étoit que il disoit, soutenoit et vouloit mettre outre, et les Neapoliens et les Seciliens lui aidoient à soutenir, que la roine de Naples ne pouvoit donner ni réserver l'héritage d'autrui; et s'il étoit ainsi que la réservation fût bonne et le don utile, par le stile de la cour de Rome et le droit des papes, si disoit-il que elle n'avoit pas fait duement, car ils tenoient à pape Urbain et non Clément. Véez-là la question que ils proposoient et débattoient, et les défenses que messire Charles y mettoit.

Ce messire Charles de la Paix ouvra trop sagement; car il fit pourvoir le chastel de l'OEuf qui est un des forts chastels du monde, car il siéd par enchantement en-my la mer; et ne fait mie à prendre ni à conquérir si ce n'est par nigromance, ou par l'art du deable. Et quand il l'ot fait pourvoir, pour vivre trois ou quatre ans une quantité de gens d'armes qui dedans se boutèrent avecques lui, il laissa le pays convenir; car il savoit bien la condition de ceux de Naples que nullement ils ne le relinquiroient, et là s'enclot. Si Pouille ou Calabre se perdoit, pour deux ou pour trois ans, aussi légèrement il les r'auroit; car il imaginoit que le duc d'Anjou se useroit de finance à tenir si longuement tel somme de gens d'armes sur les champs que il avoit amenés; ni il n'étoit mie en sa puissance,

---

[1] Le comte de Genève était frère du pape Clément, antagoniste d'Urbain.

[2] Le patrimoine de Saint-Pierre.

[1] Charles de Duraz ou de la Paix, qui prit le nom de Charles III, après avoir été couronné à Rome roi de Naples par le pape Urbain VI, avait pris possession de Naples, le 16 juillet 1381 au soir, sans avoir eu à livrer aucune bataille.

[2] Jeanne de Naples n'était pas morte au moment de l'entrée de Charles de Duraz à Naples : elle se renferma au Château-Neuf, mais elle fut obligée de se rendre faute de vivres; et son parent et son héritier Charles de Duraz, voyant qu'elle refusait de le déclarer son héritier, la fit étouffer, à ce qu'on assure, sous un lit de plumes, le 12 mai 1382, au château de Muro, dans la Basilicate. Louis de Hongrie avait, dit-on, conseillé ce supplice, pour venger la mort de son frère André de Hongrie, époux de Jeanne.

pource que vivres leur fauldroient, ou finance et payement leur fauldroit, parquoi ils se tanneroient; et dedans deux ans ou trois, quand ils seroient foulés, lassés et tannés, il les combattroit à son avantage.

Toutes ces imaginations ot Charles de la Paix; desquelles on en vit bien avenir aucunes en ce terme que il y mettoit; car voirement il n'est nul sire chrétien, excepté le roi de France et le roi d'Angleterre, qui hors de leurs pays puissent trois ni quatre ans tenir tel peuple de gens d'armes sur les champs, que le duc d'Anjou avoit et tenoit, car il mit outre les monts bien trente mille combattans, que il ne fût tout usé et miné de chevance et de finance. Et telles choses à entreprendre un tel fait, au commencement font bien à gloser et à ressoigner.

CHAPITRE CXXXVII.

Comment le duc d'Anjou ayant conquis la plaine de Pouille et de Naples, un grand enchanteur s'envint offrir à lui, et enseigna par quel moyen l'on auroit le chastel de l'OEuf qui étoit imprenable.

Quand le duc d'Anjou et ses routes entrèrent en Pouille et en Calabre [1], le pays fut tantôt tout leur; et montroit le peuple que il ne demandoit autre chose ni ne désiroit autre seigneur à avoir que le duc d'Anjou; et vinrent sous un bref terme tous seigneurs, cités et villes en son obéissance. Or, disent cils qui ont été en ce pays, lequel est une des plus grosses marches du monde, que pour la grand'plenté des biens qui abondent au pays, les gens y sont tous oiseux et n'y font point de labour. Quand ces gens d'armes se trouvèrent en ce pays si bon et si gras et rempli de tous biens, ils se tinrent tout aises et s'en donnèrent du bon temps. Adonc s'en vinrent le duc d'Anjou, le comte de Savoie, les comtes de Vendôme et de Genève et la grand'chevalerie de France, de Bretagne et de Savoie, et passèrent outre, et vinrent en la marche de Naples. Oncques cils de Naples, pour la doutance de ces gens d'armes, ne daignèrent clorre porte de leur ville; mais les tenoient toutes ouvertes. Bien pensoient que le duc d'Anjou ne se bouteroit jamais dedans outre leur plaisance; car qui seroit dedans enclos, quel peuple qu'il fût, il seroit perdu : ni les maisons ne sont point à perdre; car il y a planches que on ôte quand on veut; et là dessous c'est la mer, où nul ne se oseroit embatre.

Adonc un enchanteur maître de nigromance, qui étoit en la marche de Naples et avoit conversé un long-temps, vint baudement au duc d'Anjou et lui dit : « Monseigneur, si vous voulez, je vous rendrai le chastel de l'OEuf et cils qui sont dedans à votre volonté. » — « Et comment, dit le duc, pourroit-ce être? » — « Monseigneur, je vous le dirai, dit l'enchanteur; je ferai par enchantement l'air si espès que dessus la mer il semblera à cils de dedans qu'il y ait un grand pont pour dix hommes de front, et quand cils qui sont au chastel verront ce pont, ils seront si ébahis que ils se venront rendre à votre volonté; car ils se douteront que si on les assault qu'ils ne soient pris de force. »

Le duc ot de cette parole grand'merveille et appela de ses chevaliers, le comte de Vendôme, le comte de Genève, messire Jean et messire Pierre de Bueil, messire Maurice Mauvinnet et les autres; et recorda ce que cil maître enchanteur disoit; lesquels de celle parole étoient tout émerveillés et se assentoient assez à ce que on le crût. Adonc demanda le duc d'Anjou à celui, et lui dit : « Beau maître, et sur ce pont que vous dites que vous ferez se pourront nos gens assurer d'aller sus jusques au chastel pour assaillir? » — « Monseigneur, répondit l'enchanteur, tout ce ne vous oserois assurer; car si il y avoit nul de cils qui sur le pont passeroient qui fît le signe de la croix, tout iroit à néant; et cils qui seroient sustrébucheroient ens la mer. » Adonc commença le duc à rire; et lors répondirent aucuns jeunes chevaliers et écuyers qui là étoient, et dirent : « Ha, monseigneur ! pour Dieu! laissez-le faire. Nous ne ferons pas le signe de la croix, et plus légèrement ne pouvons-nous avoir vos ennemis. » Dit le duc d'Anjou : « Je m'en conseillerai. » A ces paroles n'étoit point le comte de Savoie, mais il vint assez tôt après.

---

[1] Le duc d'Anjou entra dans les Abruzzes le 17 juillet 1382.

CHAPITRE CXXXVIII.

Comment le comte de Savoie fit à un enchanteur trancher la tête, qui offroit au duc d'Anjou de lui faire avoir le fort château de l'OEuf[1].

Quand le comte de Savoie fut venu en la tente du duc d'Anjou, le maître enchanteur étoit parti. Adonc recorda le duc les paroles du maître et quelle chose il lui offroit. Le comte de Savoie pensa un petit, et puis dit : « Envoyez-le-moi en mon logis et je le examinerai ; c'est le maître enchanteur par lequel la roine de Naples et messire Othes de Bresvich, son mari[2], furent jadis pris au chastel de l'OEuf, car il fit la mer si haute qu'il sembloit qu'elle montât sur le chastel : si en furent si ébahis ceux qui au chastel étoient, que il leur sembloit que ils dussent être tous noyés. On ne doit point avoir fiance trop grande en tels gens. Or regardez la nature des malandrins de ce pays ; pour seulement complaire à vous et avoir votre bienfait, il veut trahir ceux pour qui il livra une fois la roine de Naples et son mari à Charles de la Paix. » Dit le duc d'Anjou : « Je le vous envoierai. » Adonc entrèrent les seigneurs en autres paroles ; et conseillèrent un temps de leurs besognes le duc et le comte de Savoie, et puis retourna le comte en son logis.

Quand ce vint le jour, après que les seigneurs furent levés, le maître enchanteur vint devers le duc et l'inclina. Sitôt que le duc le vit, il dit un sien varlet : « Va ; si le mène au comte de Savoie. » Le varlet le prit par la main, et lui dit : « Maître, monseigneur veut que vous venez parler au comte de Savoie. » Il répondit : « Dieu y ait part ! » Adonc s'en vint-il en la tente du comte. Le varlet lui dit : « Monseigneur vez-ci le maître que monseigneur vous envoie. » Quand le comte le vit, si en ot grand'joie, et lui demanda : « Maître, dites-vous pour certain que vous nous ferez avoir le chastel de l'OEuf à si bon marché ? » — « Par ma foi ! répondit l'enchanteur, monseigneur, oil ; car par œuvre pareille je le fis jadis avoir à celui qui est dedans, messire Charles de la Paix, et la roine de Naples, et sa fille[1] et son mari messire Robert d'Artois et messire Othes de Bresvich ; et je suis l'homme au monde maintenant que messire Charles ressoigne le plus. » — « Par ma foi ! dit le comte de Savoie, vous dites bien ; et je veuil que Charles de la Paix sache que il a grand tort si il vous craint ; car je l'en assurerai ; ni jamais ne ferez enchantement pour decevoir lui ni autre. Je ne veuil pas que il nous soit reproché au temps à venir que en si haut fait d'armes que nous sommes, et tant de vaillans hommes chevaliers et écuyers assemblés, que nous ouvrons par enchantement, ni que nous ayons par tel art nos ennemis. » Adonc appela son varlet, et dit : « Prenez un bourrel, et lui faites trancher la tête. » Tantôt que le comte et ce dit, ce fut fait : on lui trancha la tête au dehors des logis. Ainsi fina ce maître enchanteur, et fut payé de ses loyers.

Nous nous souffrirons à parler du duc d'Anjou, et de ses gens et de leurs voyages, et retournerons aux besognes de Portingal, et conterons comment les Anglois et les Gascons persévérèrent.

CHAPITRE CXXXIX.

Comment la garnison de Ville-Vesiouse délibéra de chevaucher sur les ennemis, voulsist le roi de Portingal ou non, à qui ils étoient soudoyers.

Quand ce vint à l'entrée du mois d'avril, les chevaliers qui étoient en garnison à Ville-Vesiouse, et qui avoient là séjourné tout le temps d'hiver, et n'avoient plus chevauché fors que quand ils furent devant la Fighière, s'avisèrent l'un parmi l'autre que ils chevaucheroient. Et avoient entre eux grands merveilles, à quoi le roi de Portingal et le comte de Cantebruge pensoient, quand ils avoient jà été neuf mois au pays de Portingal, et n'avoient chevauché que une fois, voire même à leur emprise et sans le congé du roi, et que ce leur étoit grand blâme. Si regardèrent que ils envoieroient devers le comte Aymon de Cantebruge pour remontrer ces besognes ; et me semble que le sondich de

---

[1] Il faut se rappeler que les romans de chevalerie étaient écrits, et que Froissart, qui était un grand lecteur de romans, ne refusait jamais de croire aux choses qui avaient un côté poétique.

[2] Jeanne Ire eut quatre maris. Le premier fut André, fils puîné de Charobert, roi de Hongrie, marié avec elle le 26 septembre 1333. Le deuxième, Louis, prince de Tarente, fils de Philippe, frère du roi Robert de Naples, marié avec elle, le 20 août 1347. Le troisième fut Jacques d'Arragon, fils de Jacques II, roi de Majorque, marié avec elle le 27 mai 1362. Le quatrième, Othon de Brunswick, marié avec elle en 1376.

[1] Les filles qu'elle avait eues de son second mari étaient mortes depuis long-temps.

l'Estrade y fut envoyé; et vint à Estremouse où le comte étoit logé. Si lui dit : « Sire, les compagnons m'envoyent devers vous à savoir quelle chose vous voulez faire; car ils ont grand'merveille pourquoi on les a amenés en ce pays, quand tant y séjournent, et que ce leur tourne a grand'déplaisance. Si me répondez que vous voulez que ils fassent ; car ils ont grand désir de chevaucher. » — « Soudich, dit le comte, vous savez que quand je partis d'Angleterre, monseigneur mon frère, le duc de Lancastre, me promit par sa foi que, lui revenu d'Escosse où il alloit, il venroit par deçà à une grande quantité de gens d'armes, de deux ou de trois mille, et autant d'archers ; et n'étois deçà envoyé sur l'état que je vins, fors que pour aviser le pays. Et temprement nous en devrions ouïr nouvelles; car aussi ai-je grand'merveille pourquoi il séjourne tant. Si me saluez les compagnons et leur dites ce que je vous dis : au fort je ne les puis ni ne veuil mie tenir de chevaucher si ils y ont bonne affection; mais vous savez que le roi de Portingal paye les gages, si se doit-on ordonner par lui. » — « Par ma foi, monseigneur! dit e soudich, il paye mal ; car aussi les compagnons se plaignent trop fort de son payement, et non sans cause, car il nous doit encore tous les gages de six mois. » — « Il vous payera bien, dit le comte, toujours vient bien à point l'argent. »

Sur cel état se départit le soudich du comte et retourna devers les compagnons : si leur recorda tout ce que vous avez ouï. « Seigneurs, dit le chanoine, jà pour ce ne demeure : je vois bien comment il va : on se dissimule de notre chevauchement ; on ne veut point que nous chevauchons, afin que nous n'ayons point cause de demander argent ; et je loe donc que nous chevauchons. »

Là ordonnèrent et accordèrent entre eux que ils chevaucheroient, et y prefixèrent le jour. Ce jour, le soir dont ils devoient chevaucher à lendemain et avoient leurs harnois tout prêts, vint messire Jean Fernando, un chevalier du roi de Portingal, qui étoit informé que ils vouloient chevaucher, et apporta lettres au chanoine de Robertsart. Le chanoine les lisit, comment le roi lui défendoit que point ne chevauchât; et que bien savoit que par lui et son émouvement se faisoient les emprises et les chevauchées. De ces nouvelles fut le chanoine courroucé, et dit au chevalier : « Messire Jean, je vois bien que le roi ne veut point que je chevauche. Or prenez, beau sire, que je séjourne à l'hôtel; pensez-vous que les autres, qui sont meilleurs chevaliers et plus vaillans que je ne suis, doivent pour ce demeurer que ils ne fassent leur emprise? Par ma foi; nennil! et vous le verrez demain, car ils se sont tous apprêtés et ordonnés à chevaucher. » — « Sire, dit Fernando, commandez-leur de par le roi que point il ne chevauchent. » — « Par ma foi! dit le chanoine, sire, je n'en ferai rien ; mais commandez-leur qui êtes au roi. »

Sur cel état la chose demeura ainsi la nuit. Quand ce vint au matin, on sonna les trompettes parmi la ville : chevaliers et écuyers s'armèrent, et tous s'appareillèrent et montèrent à cheval, et s'en vinrent devant l'hôtel du chanoine, qui point ne s'armoit. Là s'arrêtèrent tous chevaliers anglois et gascons. Il vint aux fenêtres parler à eux; et leur dit que le roi de Portugal ne vouloit point que il chevauchât, ni autre avec. « Par ma foi! répondirent-ils, nous chevaucherons puisque nous sommes si avant ; et aussi chevaucherez-vous, ni jà ne vous sera reproché que nous chevauchons et vous séjournerez à l'hôtel. » Là convint le chanoine de Robertsart armer et monter à cheval : aussi fit le chevalier Portingalois, messire Jean Fernando [1], dont il fut puis près d'être pendu du roi ; et tant lui prièrent les compagnons que il s'arma. Adonc issirent-ils de Ville-Vesiouse et se mirent aux champs ; et étoient bien quatre cens lances et autant d'archers ; et prirent le chemin de Séville et devers un chastel et une bonne ville que on dit le Bas [2].

CHAPITRE CXL.

Comment le chanoine de Robertsart et sa route prirent la ville du Bas et le chastel, et un autre fort nommé la Courtoise, puis tournèrent vers Séville.

Tant chevauchèrent Anglois et Gascons que ils vinrent devant le Bas où il y avoit un bon fort. Si l'environnèrent à une des portes, là où elle étoit la plus prenable et la plus légère à assaillir. Si descendirent toutes ces gens d'armes à pied ; et se mirent en arroy et en ordonnance d'assaut, et entrèrent dedans les fossés où il n'avoit point d'eau ; et vinrent jusques aux murs,

[1] Jean Fernandez d'Amdeiro, comte d'Ourem.
[2] Elvas.

et commencèrent à piquer et à houer et fort à assaillir. Pour ce jour n'avoit en la ville du Bas nulles gens d'armes, fors les hommes de la ville qui étoient moult mal armés. Toutefois ils étoient à leurs défenses et avoient lances et javelots et archegayes, dont ils traioient, lançoient et se défendoient ce qu'ils pouvoient. Mais ils virent bien que à la longue ils ne pourroient durer ni contrester qu'ils ne fussent pris ; si commencèrent à traiter à ceux qui les assailloient. Finablement ils se rendirent, sauves leurs vies et le leur; et dirent que ils se mettroient et demeureroient en l'obéissance du roi Ferrand de Portingal. Ainsi furent-ils reçus ; et entrèrent toutes gens en la ville et s'y rafreschirent ; et allèrent aviser et regarder ce jour comment ils se pourroient chevir du chastel, et perçurent que il étoit bien prenable. Dès le soir commencèrent les aucuns de l'ost à escarmoucher; et quand ce vint au matin on commença à assaillir de grand'volonté ; et ceux qui étoient dedans à eux défendre.

Dedans le chastel avoit un gentilhomme du pays qui en étoit capitaine, et n'étoit mie trop bon homme d'armes, et bien le montra, lequel se nommoit Pètre Jagousès[1]; car si très tôt que il se vit assaillir et tant de bonnes gens d'armes devant, il se effréa et entra en traités ; et rendit le fort, sauve sa vie et de ceux qui dedans étoient. On le prit, et rafreschit-on de bonnes gens d'armes et d'archers. Et puis s'en partirent et chevauchèrent devers un autre chastel à sept lieues de là, qu'on dit la Courtoise[2]. Quand ils furent venus jusques à là, si se mirent en ordonnance d'assaillir, et assaillirent fort et roide. Ceux qui dedans se tenoient étoient vaillans gens, et bien se défendirent ce qu'ils purent et ne se daignèrent rendre. A l'assaut qui fut grand et fort, fut mort le capitaine du chastel, qui s'appeloit Radhigos[3]. Soutif et appert homme d'armes étoit ; et fut mort d'un trait de flèche d'un archer d'Angleterre ; car il s'abandonnoit trop follement avant à la défense. Depuis qu'il fut mort, les autres n'eurent point de durée. Si fut le chastel pris, et le plus de ceux qui étoient dedans morts. Ainsi orent le chanoine et ses gens le chastel de la Courtoise. Si le rafreschirent de nouvelles gens et le réparèrent bien et fort ; et

[1] C'est le même qu'il a déjà appelé Dam Pètre Gousès.
[2] Ruy Diego. — [3] Cortijo.

puis passèrent outre en approchant la cité de Séville la grande.

CHAPITRE CXLI.

Comment le chanoine de Robertsart et sa route prindrent la ville et le chastel de Jaffre ; et comment ils gagnèrent grand'proie de bestiail.

Tant exploitèrent ces Anglois et Gascons que ils vinrent à Jaffre, à dix lieues de Séville, une ville mal fermée : mais il y a un grand moûtier assez fort que ceux du pays et de la dite ville de Jaffre avoient fortifié ; et là s'étoient retrais, sur la fiance du lieu.

De pleine venue la ville de Jaffre fut tantôt prise et tout arse, et le moûtier assailli, lequel à l'assaut ne dura pas une heure que il ne fût pris, et là ot grand pillage pour ceux qui premiers y entrèrent, et y ot moult d'hommes morts. Après ce ils chevauchèrent outre ; car ils furent informés que ens uns grands marès qui là sont en une vallée, avoit la plus belle proie du monde, plus de vingt mille bêtes, bœufs, porcs, vaches, moutons et brebis. De celle proie orent les seigneurs grand'joie ; et s'en vinrent celle part, et entrèrent en ces marais, et firent toutes ces bêtes vider par leurs gens de pied et chasser devant eux. Adonc eurent-ils conseil de retourner à Ville-Vesiouse, qui étoit leur logis, et prindrent tous leur retour et ce chemin ; et vinrent là au soir le lendemain, eux et leur proie, dont ils furent depuis moult largement pourvus et avitaillés. Ainsi se porta celle chevauchée.

Quand messire Jean Fernando fut revenu à Lusebonne devers le roi, et il lui ot recordé comment il avoit exploité, et la chevauchée que leurs gens avoient faite sur les ennemis, et la belle proie que ils avoient amenée, il cuida trop bien dire, et que le roi lui en sçût trop bon gré, mais non fit ; car il lui dit : « Et comment, gars, or donc as-tu été si osé que, sur la défense que je avois faite, tu leur as consenti à chevaucher et été en leur compagnie? Par monseigneur Saint Jacob ! je te ferai pendre. » Adonc se jeta le chevalier à genoux et lui cria merci, et lui dit : « Monseigneur, le capitaine de eux, le chanoine, s'en acquitta bien et en fit son pouvoir loyaument de non chevaucher ; mais de force les autres le firent chevaucher, et moi aussi pour enseigner le pays ; et quand la chevauchée est à bien tournée, vous le nous devez pardonner. » Nonobstant toutes ces paroles, le roi commanda que on le mît en prison; et y fut mis, et y demeura tant que le comte de Cantebruge l'en fit délivrer, quand il vint à Lusebonne : vous orrez sur quel état.

CHAPITRE CXLII.

Comment les chevaliers et les compagnons du comte de Cantebruge se rebellèrent à leur capitaine et firent un nouvel capitaine, qui se nommait Soustrée ; et comment le chanoine de Robertsart détourna la besogne.

Après que les Anglois et les Gascons furent de leur chevauchée retournés à Ville-Vesiouse, où ils se logeoient et étoient tenus toute la saison, ils regardèrent que ils envoieroient devers le roi de Portingal pour être payés de leurs gages [1]. Si y envoièrent tous généralement le seigneur de Taillebot, un baron de la marche de Galles. Quand le seigneur de Taillebot fut venu à Lusebonne, et il ot parlé au roi et remontré ce pourquoi il étoit là venu, le roi répondit que follement deux fois ils avoient chevauché outre sa défense ; pourquoi ils l'avoient courroucé et attargié leur payement : ni il n'en pot adonc avoir autre chose ni autre réponse. Le sire de Taillebot se partit et retourna à ses compagnons, et leur récorda la réponse du roi, dont ils furent tout courroucés.

Et celle propre semaine se partit le comte de Cantebruge d'Estremouse, et s'en vint à Ville-Vesiouse loger en une église de Frères Mineurs au dehors de la ville : si en orent les chevaliers anglois et gascons grand'joie. Entre ces chevaliers y avoit de petits compagnons qui ne pouvoient pas attendre le lointain payement du roi ; et dirent l'un à l'autre : « Nous sommes menés merveilleusement, nous avons été en ce pays jà près d'un an, et si n'avons point eu d'argent :

[1] Froissart paraît avoir été fort bien informé sur les affaires du Portugal. Les chroniqueurs portugais et espagnols contemporains ne donnent pas, il est vrai, les mêmes faits ; mais ils décrivent en détail ce que faisaient les Portugais, et ne rapportent qu'en masse les opérations de l'armée ennemie, tandis que Froissart suit une marche opposée. Rien dans ses récits n'est contredit par le témoignage des historiens du parti opposé. Suivant Fern. Lopes, le comte de Cambridge quitta Villa-Viçosa, le 30 juin, pour se joindre à l'armée portugaise, qui se mit en marche le 4 juillet (1382), d'Estremoz pour se porter sur Borva, Villaboim et Elvas ; le 30 juillet, les deux armées se portèrent à Caya, près de Badajoz.

il ne peut être que nos capitaines n'en ayent eu et reçu ; car jamais ne s'en fussent souffert si longuement. » Ces paroles et murmurations monteplièrent entr'eux tellement que ils dirent que ils n'en vouloient plus souffrir ; et ordonnèrent une journée entre eux de parler ensemble et d'être en parlement en un vieil moustier qui siéd au dehors de Ville-Vesiouse, à l'opposite des Cordeliers, où le comte de Cantebruge étoit logé. Et dit le chanoine de Robertsart que il y seroit ; et au voir dire, bien y besognoit à être ; car si il n'y eût été, la chose eût été et fût allée mauvaisement.

Quand ce vint environ heure de tierce, que tous furent là assemblés, excepté ce chanoine de Robertsart, car encore n'y étoit-il point venu, messire Guillaume de Beauchamp, messire Mahieu de Gournay son oncle, le sire de Taillebot, messire Guillaume Helmen, et les Gascons, le sire de la Barde, le sire de Chastel-Neuf, le souldich de l'Estrade, et plusieurs autres, si commencèrent à parler et à faire leur plainte l'un à l'autre ; et là avoit un chevalier, bâtard frère au roi d'Angleterre, qui s'appeloit messire Jean Soustrée, qui étoit plus tendre en ses paroles que nul des autres, et disoit : « Le comte de Cantebruge nous a ci amenés ; tous les jours nous aventurons et voulons aventurer nos vies pour lui, et si retient nos gages : je conseille que nous soyons tous d'une alliance et d'un accord, et que nous élevons de nous-mêmes le pennon Saint-George, et soyons amis à Dieu et ennemis à tout le monde : autrement si nous ne nous faisons craindre, nous n'aurons rien. » — « Par ma foi ! répondit messire Guillaume Helmen, vous dites bien ; et nous le ferons. » Tous s'accordèrent à celle voix ; et regardèrent qui y feroient leur capitaine. Si regardèrent que pour ce cas ils ne pouvoient trouver meilleur capitaine que Soustrée, car il auroit de mal faire plus grand loisir et plus de port que nul des autres. Là boutèrent-ils hors le pennon Saint-George, et crièrent tous : « A Soustrée, ce vaillant bâtard, ami à Dieu et ennemi à tout le monde ! » Et étoient adonc en volonté et tous écueillis de venir courir premièrement Ville-Vesiouse, et de faire guerre au roi de Portingal. Bien avoient messire Mahieu de Gournay et messire Guillaume de Beauchamp levé ces paroles de non courir la ville ; mais ils n'avoient pu être ouïs.

A ces coups que ils avoient levé le pennon Saint-George, et que ils devoient partir du moûtier, le chanoine vint et ouvrit la presse, et entra ens, et s'arrêta devant l'hôtel, et dit tout haut : « Beaux seigneurs, que voulez-vous faire? Ayez ordonnance et attrempance en vous; je vous vois durement émus. » Adonc vinrent en sa présence messire Jean Soustrée, messire Guillaume Helmen et aucuns des autres, et lui remontrèrent tout ce que ils avoient fait et quelle chose ils vouloient faire. Adonc les refréna le chanoine de Robertsart, par beau langage, et leur dit : « Seigneurs, pensez et imaginez bien votre fait avant que vous entreprenez nulle folie ni outrage : nous ne nous pouvons mieux détruire que de nous-mêmes. Si nous guerroyons ce pays, et nos ennemis en oyent nouvelles, si s'efforceront; et y entreront de une part et le courront, quand ils verront que point ne leur irons au devant. Ainsi perdrons-nous en deux manières : nous réjouirons nos ennemis et assurerons de ce qu'ils sont en doute, et si fausserons notre loyauté envers monseigneur de Cantebruge. » — « Et que voulez-vous, dit Soustrée, chanoine, que nous fassions? Nous avons dépendu plus avant que nos gages; et si n'avons eu ni prêt ni payement nuls depuis que nous vînmes en Portingal. Si vous avez été payé, et nous ne le sommes point, vous avez beau souffrir. » — « Par ma foi, Soustrée! dit le chanoine, je n'ai eu plus avant payement que vous, ni sans vous je ne recevrai rien. » Répondirent aucuns chevaliers qui là étoient : « Nous vous en créons bien; mais il faut que les choses ayent leur cours : montrez-nous comment honorablement nous puissions issir de celle matière et avoir hâtive délivrance; car si nous ne sommes brièvement payés les choses iront mal. » Adonc commença le chanoine de Robertsart à parler, et dit.

CHAPITRE CXLIII.

Comment, après la remontrance du chanoine de Robertsart et l'avis du comte de Cantebruge, trois chevaliers de par eux furent envoyés au roi de Portingal.

« Beaux seigneurs, je conseille que de ci endroit, en l'état où nous sommes, allions parler au comte de Cantebruge, et lui remontrions notre entente. » — « Et lequel de nous lui remontrera notre entente, » dirent-ils? « Je tout seul, répondit Soustrée; mais avouez ma parole. » Tous lui orent en convenant de l'advoer. Adonc se départirent-ils en l'état où ils étoient, le pennon Saint-George devant eux, que ils avoient ce jour levé, et s'en vinrent aux Cordeliers, où le comte étoit logé et devoit aller dîner. Tous ces compagnons, qui étoient plus de sept cents, uns et autres, entrèrent en la cour et demandèrent le comte. Il issit hors de sa chambre et vint en la salle parler à eux. Adonc s'avancèrent tous les chevaliers qui là étoient, et Soustrée tout devant qui remontra de bon visage la parole, et dit : « Monseigneur, vous nous avez, qui ci sommes en votre présence, et encore assez d'autres qui sont là hors, attraits et mis hors de notre nation d'Angleterre, et êtes notre chef; et de nos gages, dont nous n'avons eu nuls, nous ne nous en devons point traire ni prendre fors à vous; car pour le roi de Portingal nous ne fussions jamais venus en ce pays, ni en son service, si vous ne nous dussiez payer. Et si vous voulez dire que la guerre n'est pas vôtre, mais au roi de Portingal, nous nous payerons bien de nos gages; car nous courrons ce pays, et puis en ait qui avoir en peut. » — « Soustrée, dit le comte, je ne dis mie que vous ne soyez payés; mais de courir ce pays, vous me feriez blâme, et au roi d'Angleterre aussi, qui est par alliance conjoint avec le roi de Portingal. » — « Et que voulez-vous, dit Soustrée, sire, que nous fassions? » — « Je vueil, dit le comte, que vous prenez trois de nos chevaliers, un Anglois, un Gascon, un Allemand; et ces trois s'en voisent à Lusebonne et remontrent au roi cette besogne et le lointain payement que il fait aux compagnons. Et quand vous l'en aurez sommé, lors aurez-vous mieux cause de faire votre entente. » — « Par ma foi ! dit le chanoine de Robertsart, monseigneur dit bien, et si parle sagement et vaillamment. » A ce darrain propos s'accordèrent tous; mais pour ce n'ôtèrent-ils pas le pennon Saint-George; et dirent, puis qu'ils l'avoient levé d'un accord en Portingal, point ne l'abattroient tant qu'ils y seroient. Adonc furent ordonnés ceux qui iroient en ce voyage devers le roi : si furent nommés messire Guillaume Helmen pour les Anglois, messire Thomas Simour pour les étrangers, et le sire de Chastel-Neuf pour les Gascons.

Ces trois chevaliers dessus nommés exploitèrent tant qu'ils vinrent à Lusebonne; et trouvèrent le roi qui leur fit bonne chère, et leur demanda des nouvelles, et que les compagnons faisoient. « Monseigneur, répondirent-ils, ils sont tous haitiés et en bon point; et chevaucheroient volontiers et emploieroient la saison autrement que ils ne font; car le lointain séjour ne leur est mie agréable. » Ce dit le roi : « Ils chevaucheront temprement, et je en leur compagnie; et leur direz de par moi. » — « Monseigneur, dit messire Guillaume Helmen, nous sommes ci envoyés de par eux, et chargés que nous vous disons que, depuis que ils vinrent en ce pays, ils n'ont eu prêts ni payement nul de par vous. Donc il vous mandent par nous qui sommes ci généralement envoyés, que ce n'est pas assez; car, qui veut avoir l'amour et le service des gens d'armes, il les faut autrement payer que vous n'avez fait jusques à ores. Et s'en sont souffert grand temps, pour la cause de ce que ils ne savoient point à quoi il tenoit; et en ont encoulpé nos capitaines, dont la chose a presque mal allé : mais ils s'en sont excusés, parmi ce que on a bien sçu qu'ils n'en ont rien eu ni reçu; et vous savez si ils dient voir. Si veulent être payés de leurs gages tout entièrement, si vous en voulez avoir le service; et si vous ne faites ce, ils vous certifient qu'ils se payeront du vôtre. Si ayez conseil sur ce, et réponse nous donnez que nous en puissions porter; car ils n'attendent autre chose que notre retour. » Le roi pensa un petit, et puis dit : « Messire Guillaume, c'est raison qu'ils soient payés; mais ils me ont courroucé de ce que, outre ma défense, ils ont chevauché; et si cil mautalent n'eût été, ils fussent ores satisfaits de tous points. » — « Sire, dit le chevalier, si ils ont chevauché, c'est à votre honneur et profit. Ils ont pris villes et chastels et couru sur la terre de vos ennemis près jusques à Séville. Pourquoi ce a été honorablement exploité, si n'en doivent pas perdre leur saison, et aussi ils ne la veulent pas avoir perdue; car, nous retournés, ils disent que ils se payeront, si ils n'ont certaine et courtoise réponse de par vous, autre que ils n'ont eu jusques à ores. » — « Oïl, dit le roi, vous leur direz que dedans quinze jours au plus tard, je les ferai payer et délivrer de leurs gages tous, jusques à un petit denier : mais dites au comte de Cantebruge que il vienne parler à moi. » — « Sire, dit messire Guillaume, je le ferai, et vous dites bien. » A ces mots fut heure de dîner : si dînèrent ensemble; et les festia le roi tous trois ensemble, et les fit seoir à sa table; et là furent ce jour, et le lendemain ils retournèrent devers leurs gens. Si très tôt comme on sçut leur revenue, les chevaliers se trairent devers eux pour savoir quelle chose ils avoient trouvée, et en quelle disposition ils avoient trouvé le roi de Portugal. Si leur recordèrent la réponse et la parole du roi; et tant que tous s'en contentèrent. « Or regardez, dit Soustrée, si riote n'a à la fois bien son lieu; encore avons-nous avancé notre payement par être un petit rioteux : bien ait qui on aime, mais espécialement bien ait qui on craint [1]. »

CHAPITRE CXLIV.

Comment le roi de Castille et le roi de Portingal conclurent de combattre l'un l'autre, puissance contre puissance, et comment place et journée furent prises entr'eux pour combattre.

Les chevaliers allèrent tous trois devers le comte de Cantebruge, et lui recordèrent comment ils avoient exploité, et que le roi le man-

[1] Tous les historiens sont d'accord sur les désordres faits à cette époque par les compagnies anglaises en Portugal. Voici ce qu'en dit F. Lopes, écrivain contemporain :

Estas gemtes das Imgreses, como forom apousenta dos em Lixboa, nom come homnees que vijnham pera adjudar a defemder a terra, mas come si fossem chamados pera a destruir e buscar todo mal e desomrra aos moradores della, começarom de se estemder pella cidade e termo, matamdo e roubamdo e forçamdo molheres, mostramdo tal senhorio e deprezamento comtra todos, come se fossem seus mortaes emmijos, de que se novamente ouvessem da senhorar; e nenhum no começo ousava de tornar a ello, por gramde receo que aviam del rey, que tijnha mandado que neuhum lhes fezesse nojo, polla gran necessidade em que era posto de os aver mester; cuidamdo el rey a primeira muj pouco, que homeens que vijnham pera o ajudar, e a que esperava de fazer grandes mercees, tevessem tal geito em sua terra.

Le reste du chapitre contient quelques détails sur les attentats de cette milice effrénée. La chronique de Duarte Nuñes de Liaô répète les mêmes faits, mais ce n'est qu'une copie à peu près littérale de celle de Fern. Lopes.

Les historiens nationaux ne sont pas les seuls à reprocher aux Anglais leur conduite envers leurs nouveaux alliés; voici comment s'exprime Walsingham, écrivain anglais contemporain :

« Et jam Angli Portugalibus facti sunt onerosi, quia quos contutandos contra hostes susceperant, ipsi viliori servitio deprimebant, non tantùm bona diripientes eorumdem, sed uxores et filias execrabiliter opprimentes, quare suis hospitibus odibiles sunt effecti. »

doit. Le comte se partit de Ville-Vesiouse au matin, et chevaucha tant que il vint à Lusebonne. Si fut reçu de son fils et de sa fille et du roi moult amiablement. Là orent le roi et lui parlement ensemble et certain arrêt et accord de chevaucher. Si fit le roi un mandement par tout son royaume à être sur les champs, entre Ville-Vesiouse et Olivence, le septième jour de juin[1].

Ce mandement s'épandit parmi le royaume de Portugal : si s'ordonnèrent toutes manières de gens d'armes à cheval et à pied pour là être à ce jour, au plus étofféement comme chacun en droit lui pourroit.

A la venue du comte de Cantebruge à Lusebonne fut délivré messire Jean Ferrando de prison, sur lequel le roi pour ses chevauchées avoit été moult courroucé. Si prit le comte congé du roi, et s'en retourna devers les compagnons à Ville-Vesiouse, et leur recorda comment il avoit exploité, et que ils chevaucheroient temprement. De ces nouvelles furent les compagnons tout réjouis ; et s'ordonnèrent à être tous prêts sur cel état. Assez tôt après vint finance et payement aux compagnons, aux capitaines premièrement ; et tant firent que tous se tinrent pour contents : mais toujours se tint le pennon Saint-George duquel j'ai parlé ci-dessus.

Le roi Damp Jean de Castille, qui toute celle saison avoit fait son amas de gens d'armes qui lui étoient venus du royaume de France, et tant que il en avoit bien deux mille lances, chevaliers et écuyers, et quatre mille gros varlets, sans ceux de son pays dont il pouvoit bien avoir dix mille hommes à cheval et autant de géniteurs[2], sçut ces nouvelles, car il étoit à Séville, comment le roi de Portingal s'ordonnoit pour chevaucher : si ordonna pour plus honorablement user de celle guerre, au cas que il se sentoit fort assez de gens et de puissance, que il manderoit au roi de Portingal la bataille, et que il voulsist livrer pièce de terre en Portingal pour combattre puissance contre puissance ; et si ce ne vouloit faire il lui livreroit en Espaigne. Si en fut chargé de porter ces nouvelles le héraut du roi : et chevaucha tant que il vint à Lusebonne et trouva le roi : si fit son message bien et à point. Le roi répondit et dit au héraut que il en auroit avis et temprement conseil, laquelle parçon il prendroit ; et ce qui en seroit, il le remanderoit au roi d'Espaigne. Le héraut, quand il ot fait sa semonce et il ot sa réponse, se départit du roi en prenant congé, et retourna à Séville. Là trouva-t-il le roi et ses barons et ceux de France, d'Arragon et de Gallice, qui l'étoient venus servir : si recorda tout ce que il avoit ouï, vu et trouvé ; et tant que bien suffit à tous.

Depuis ne demeura guères de temps que le roi de Portingal fut conseillé, par l'avis qu'il ot des Anglois, que il livreroit en son pays place et terre pour combattre. Si furent ordonnés de l'aller aviser où ce seroit, de par le roi, messire Thomas Simour et le souldich de l'Estrade ; et avisèrent la place entre Elves et Val-de-Yosse, bon lieu, ample et planturèux pour bien combattre. Et vous dis que ces deux chevaliers et leurs routes furent escarmouchés, en allant aviser celle place, des géniteurs du roi de Castille ; et y ot grand hutin de morts et de blessés d'une part et d'autre. Toutefois ils retournèrent devers le roi de Portingal et les chevaliers, et recordèrent où et comment ils avoient avisé la place, et la nommèrent. Ce suffisit bien aux dessus dits. Adonc fut ordonné un chevalier allemand, qui s'appeloit messire Jean Tête-d'Or, de faire ce message avecques un héraut au roi d'Espaigne. Si se partit le chevalier et chevaucha tant que il vint à Séville ; et là trouva le roi et fit son message ; et conta tout ce que le roi de Portingal mandoit, et comment de grand'volonté il accordoit la bataille et livreroit la place entre Elves et le Val-de-Yosse ; et là, dedans cinq jours, lui retourné à Lusebonne, il trouveroit le roi de Portingal logé et toutes ses gens, qui ne désiroient autre chose que la bataille.

De ces nouvelles furent les Espaignols tout

---

[1] Ce fut dans cette campagne que le roi de Castille et le roi de Portugal introduisirent dans leurs armées les dignités de connétable et de maréchal, inconnues jusqu'alors. Suivant Ayala, le premier connétable de Castille fut D. Alfonso, marquis de Villena et comte de Denia. Les deux premiers maréchaux furent Ferrand Alvarez de Toledo et Pero Ruiz Sarmiento. Suivant F. Lopes, le premier connétable de Portugal fut le comte d'Arrayollos Don Alvaro Perez de Castro, et le premier maréchal Gomçalle Vaasquez d'Azevedo. L'acte de nomination du connétable de Castille, avec les motifs qui ont provoqué la création de cette nouvelle dignité, se trouve tout entier dans les additions de la chronique d'Ayala, pag. 624 et suivantes.

Ce fut aussi dans cette guerre que commença à se distinguer le célèbre Nuño Alvarez Pereira, qui devint plus tard connétable de Portugal.

[2] Cavaliers montés sur genets, petits chevaux du pays.

réjouis ; et aussi furent les François ; et prirent messire Tristan de Roye et messire Jean de Berguettes, messire Pierre de Villaines et autres le chevalier de Portingal entre eux, et le fêtèrent un jour tout entier moult grandement à Séville, et lui firent toute la meilleure compagnie que on pouvoit faire à chevalier, et le convoièrent jusques à Jaffre, et puis retournèrent arrière à Séville. Et le chevalier chevaucha tant que il vint devers le roi de Portingal et recorda comment il avoit fait son message et la réponse qu'on lui avoit donnée. De ce se contentèrent moult le roi de Portingal et les chevaliers

CHAPITRE CXLV.

Comment le roi d'Espaigne et le roi de Portingal étant logés, et leurs puissances, aux champs, une bonne paix fut entre eux trouvée sans combattre.

Depuis ne demeura guères de temps que le roi de Portingal s'en vint loger en la place que ses gens avoient avisée, entre Elves et Val-de-Yosse[1] en uns beaux plains dessous les oliviers, et là amena la greigneur partie de son royaume dont il se pouvoit aider ; et étoient environ quinze mille hommes. Le tiers jour après vint le comte de Cantebruge et tous les Anglois moult ordonnément ; et étoient en compte environ six cents hommes d'armes et autant d'archers ; et s'en vinrent loger en ce propre lieu et prirent place pour eux, et se sevrèrent des gens du roi et se tinrent tous ensemble.

Quand le roi d'Espaigne sçut que le roi de Portingal étoit venu et trait sur les champs, où la bataille devoit être, si en fut par semblant moult lie et dit : « Or avant ! Nos ennemis nous attendent ; il est heure que nous chevauchions. Nous leur donnâmes la bataille, il la nous ont accordée, et tiennent la journée selon leur convenant ; ne peut remanoir qu'il n'y ait besogne. Trayons-nous de celle part. » Adonc fut-il signifié à toutes gens d'armes et à leurs livrées de traire avant, car le roi vouloit chevaucher. Si se départirent de leurs logis tous chevaliers et écuyers et gens d'armes, Gennevois et géniteurs, et suivirent tous les bannières du roi Jean de Castille, qui s'en vint loger franchement à deux petites lieues du Val-de-Yosse et des plains de Elves. Et avoit le roi d'Espaigne en sa compagnie plus de trente mille combattans, parmi les géniteurs. Et étoient, en somme toute, soixante mille hommes.

En cel état se tinrent ces deux osts l'un devant l'autre et n'y avoit entre deux que la montagne de Baudeloce[1] qui est une grand'ville du roi d'Espaigne ; et là s'alloient ces gens, quand ils vouloient, rafreschir ; et la cité de Elves siéd d'autre part, qui est au roi de Portingal. Entre ces deux osts et sur la montagne de Baudeloce avoit tous les jours faits d'armes[2] ; car les jeunes bacheliers qui se désiroient à avancer quéroient là les armes ; et les faisoient ; et escarmouchoient l'un sur l'autre, puis retournoient en leurs logis ; et furent en cel état quinze jours et plus, et ne fut mie de la deffaulte au roi de Castille que la bataille n'adressoit, mais du roi de Portingal, pour ce que il ne se véoit pas fort assez pour combattre les Espaignols, et ressoignoit le péril ; car bien sentoit que si étoit déconfit, son royaume seroit perdu. Et toute la saison il avoit attendu le duc de Lancastre et le grand confort que il attendoit à avoir d'Angleterre de quatre mille hommes d'armes et autant d'archers ; car le comte de Cantebruge en avoit certifié le roi de Portingal ; et n'en pensoit point du contraire : car le duc de Lancastre au département, lui avoit dit et juré par sa foi que, lui revenu d'Escosse, il n'entendroit à autre chose, si viendroit en Portingal, si fort que pour combattre le roi d'Espaigne. Bien est vérité que le duc de Lancastre, lui revenu d'Escosse, en fit son plein pouvoir de remontrer toutes ces besognes au roi et à son conseil ; mais pour le trouble qui étoit avenu en Angleterre en icelle même année, et aussi aucunes incidences de Flandre qui apparoient, dont le roi avoit besoin d'avoir son conseil de-lez lui et ses hommes, on ne consentit point ce voyage pour celle saison en Portingal ; et demeurèrent toutes gens d'armes en Angleterre sans partir. Et quand le roi de Portingal vit ce, et que point ne seroit autrement conforté des Anglois qu'il étoit, si se or-

[1] Badajoz ; les Portugais l'appellent Vadalhos, ce qui se rapproche de la prononciation et de l'orthographe de Froissart.

[1] Badajoz aussi.
[2] Fernand Lopes raconte que le roi de Portugal ayant fait à cette époque vingt-quatre chevaliers, comme on avait coutume d'en créer avant les batailles, on lui fit remarquer qu'il n'avait pas ce droit, puisqu'il n'était pas chevalier lui-même. Le comte de Cambridge créa alors le roi chevalier, et celui-ci recommença l'élection des vingt-quatre qu'il venait de nommer.

donna par une autre voie : car le maître de Calestrave, Damp Piètre de Mondesque, et Damp Ferrant de Valecque et le grand maître de Saint-Yague [1], avec l'évêque d'Esturge et l'évêque de Lusebonne, traitoient de la paix entre Portingal et Espaigne [2]; et tant fut parlementé et traité que paix se fit : ni oncques les Anglois n'y furent appelés. Donc le comte de Cantebruge se mérencolia; et eût volontiers fait guerre au roi de Portingal, de ses gens, si il se sentît fort assez sur le pays; mais nennil; et pour ce lui convint souffrir celle paix, voulsist ou non. Mais les Anglois disoient bien que le roi de Portingal s'étoit lubriquement porté envers eux; et toujours, du commencement jusques en la fin, il s'étoit dissimulé aux Espaignols; et que oncques n'avoit eu volonté de eux combattre : et le roi de Portingal s'excusoit et disoit que la deffaulte venoit des Anglois et du duc de Lancastre, qui devoit venir et point n'étoit venu, et que pour celle fois il n'en pouvoit faire autre chose.

CHAPITRE CXLVI.

Comment Tristan de Roye et Miles de Windesore coururent trois lances à fers acérés devant la cité de Badeloque en Portingal.

En l'ost du roi de Castille avoit un jeune chevalier de France, qui s'appeloit Tristan de Roye, lequel se désiroit grandement à avancer. Quand il vit que paix seroit entre le roi d'Espaigne et le roi de Portingal, et que nulle besogne de bataille n'y auroit, si s'avisa qu'il n'istreroit pas d'Espaigne ainsi sans faire quelque chose; et envoya un héraut de leur côté en l'ost des Anglois, en requérant et priant, puisque les armes par bataille de ces deux rois failloient, que on le voulsist recueillir et délivrer de trois coups de fer de glaive devant la cité de Badeloce. Quand les nouvelles en vinrent en l'ost des Anglois, si en parlèrent l'un à l'autre, et dirent bien que il ne devoit pas être refusé. Si s'avança de parler et d'accorder les armes un jeune écuyer d'Angleterre, qui se appeloit Miles de Windesore, qui vouloit à son honneur être chevalier en ce voyage, et dit au héraut : « Ami, retournez devers votre maître, et dites à messire Tristan de Roye que Miles de Windesore lui mande que demain, devant la cité de Badeloce, ainsi qu'il le requiert, il l'ira délivrer. » Le héraut retourna et recorda ces nouvelles à ses maîtres et à messire Tristan, qui en fut tout réjoui. Quand ce vint au matin, Miles de Windesore partit de l'ost du comte de Cantebruge, et s'en vint vers la cité de Badeloce, qui étoit bien près de là, il n'y avoit que la montagne à passer, bien accompagné de ceux de son côté, de messire Mahieu de Gournay, de messire Guillaume de Beauchamp, de messire Thomas Simour, de messire le souldich, du seigneur de Châtel-Neuf, du sire de la Barde et des autres; et étoient bien cent chevaux. Sur la place où les armes devoient être faites, étoit jà venu messire Tristan de Roye, bien accompagné de François et de Bretons. Il et Miles de Windesore savoient bien qu'ils devoient faire. Si fut Miles fait chevalier de la main monseigneur le souldich de l'Estrade, pour le meilleur chevalier de la place et qui le plus s'étoit travaillé et s'étoit trouvé en belles besognes. Ils étoient armés de toutes pièces, et avoient leurs trois lances toutes prêtes, et leurs chevaux aussi et tout en plates selles. Adonc s'éperonnèrent-ils l'un contre l'autre, et abaissèrent les glaives; et se consuivirent en venant l'un sur l'autre moult roidement, et rompirent contre les poitrines leurs lances et passèrent outre franchement sans cheoir. Celle première jouste fut volontiers vue de tous ceux qui là étoient, et prisés les deux chevaliers. A la seconde fois ils recouvrèrent et s'entrecontrèrent de grand'randon, et rompirent leurs lances, mais point de dommage ne se portèrent. Adonc recouvrèrent-ils la tierce lance et se consuivirent en-my les écus, si roidement que les fers, qui de Bordeaux étoient, entrèrent ens, et percèrent la pièce d'acier, les plates et toutes les armures jusques en chair; mais point ne se blessèrent; et rompirent les lances en gros tronçons, et volèrent par dessus les heaumes. Cette jouste fut moult prisée des chevaliers d'une part et d'autre. Et adonc prirent-ils congé l'un à l'autre moult honorablement, et s'en retournèrent chacun devers son lez, et depuis il n'y ot rien fait d'armes, car paix étoit entre les deux royaumes;

---

[1] Fern. Lopes l'appelle D. Fernam d'Azores.

[2] Fern. Lopes et son copiste pour ce règne, Duarte de Liaõ, désignent, comme chargés des négociations par les deux rois, Pero Sarmentó et Pero Ferrandez de Velasco pour le roi de Castille, et le comte d'Arrayolo avec Gonçalo Vasquez d'Acevedo pour le roi de Portugal.

et s'en r'allèrent les Espaignols chacun en leurs lieux, et les Portingalois aussi aux leurs.

CHAPITRE CXLVII.

Comment la femme au fils du comte de Cantebruge, par dispense papale, fut remariée au roi d'Espaigne; le couronnement de Damp Jean, maitre de Vis; et du retour des Anglois en Angleterre.

Ainsi que vous pouvez ouïr recorder, se dérompit en celle saison celle armée et assemblée des Espaignols, des Anglois, des François et des Portingalois. En ce temps étoient venues nouvelles en l'ost du roi d'Espaigne, que le roi de Grenade avoit guerre contre le roi de Barbarie et le roi de Tramesainnes; pourquoi toutes manières de gens d'armes qui celle part traire voudroient y seroient reçus à saulx et à gages. Et leur envoyoit le roi de Grenade bon et sûr sauf conduit; et leur faisoit savoir par ses messages que, eux venus en Grenade, il leur féroit prêts pour un quartier d'an. Donc aucuns chevaliers de France, qui se désiroient à avancer, tels que messire Tristan de Roye, messire Geffroy de Chargny, fils au bon Geffroy de Chargny de jadis, messire Pierre de Villainnes, messire Robert de Clermont et plusieurs autres prirent congé du roi Damp Jean de Castille, et s'en allèrent celle part pour trouver les armes. Et aussi il y ot aucuns Anglois; plenté ne fut-ce pas, car le comte de Cantebruge les ramena arrière en Angleterre, et son fils aussi[1]. Et montroit que il se partoit du roi de Portingal mal content, pour tant que il ramenoit son fils arrière en Angleterre, qui avoit épousé la fille du roi de Portingal : ni pour chose que le roi sçût dire ni faire, le comte ne le voult point laisser derrière; et disoit que son fils étoit encore trop jeune pour demeurer en Portingal, et que il ne pourroit porter ni souffrir l'air du pays : dont il en advint ce que je vous dirai.

Environ un an après ce que la paix fut faite entre Espaigne et Portingal, et le comte de Cantebruge et ses gens furent retournés arrière en Angleterre, la femme du roi Damp Jean de Castille alla de vie à trépassement, qui étoit fille du roi d'Arragon[2]. Ainsi fut le roi d'Espaigne vefve. Si fut avisé et regardé des prélats et des hauts barons de l'un et de l'autre royaume, d'Espaigne et de Portingal, que on ne pouvoit mieux ni plus hautement assigner madame Béatrix de Portingal que au roi d'Espaigne, et pour confirmer les royaumes en paix. A ce mariage s'accorda légèrement le roi de Portingal; et démaria sa fille du fils du comte de Cantebruge par la dispensation du pape qui confirma ce mariage[1]. Ainsi fut la dame fille au roi de Portingal roine d'Espaigne, de Castille et de Galice par l'ordonnance dessus dite; et en ot le roi d'Espaigne, la première année de son mariage, un beau fils, dont on ot grand'joie.

Depuis mourut le roi Damp Ferrand de Portingal[2], mais pour ce ne vouldrent mie les Portingalois que le royaume vinst à sa fille ni au roi d'Espaigne : ainçois se bouta en l'héritage un sien frère bâtard qui s'appeloit par avant Damp Jean maître de Vis. Ce bâtard de Portingal[3] étoit vaillant homme aux armes durement; et toujours s'étoit fait aimer des Portingalois, et tant que ils lui montrèrent; car ils le couronnèrent à roi, et le tinrent, pour sa grand'vaillance, à seigneur : pourquoi grands guerres s'émurent depuis entre Espaigne et Portingal,

---

[1] Suivant le moine d'Evesham, le duc de Cambridge partit du Portugal dans le mois d'octobre 1382, et arriva en Angleterre vers la fin du même mois.

[2] Dona Léonore mourut en couche, le 12 août 1382, à Cuellar. Le roi D. Jean avait d'elle deux fils : D. Henri, roi après son père sous le titre d'Henri III, et D. Ferrando, seigneur de Lara, duc de Penafiel et comte de Mayorga et de Albuquerque.

[1] Le comte de Cambridge ne quitta le Portugal qu'au mois d'octobre 1382 avec son fils, fiancé à l'infante Béatrice, et déjà dès le commencement du mois d'août, il avait été question de rompre ce mariage et d'unir Béatrice à l'infant D. Fernand, deuxième fils du roi de Castille. On voyait dans ce mariage une sécurité de plus pour les Portugais que les deux royaumes ne seraient pas unis, puisque le royaume de Castille devait échoir à D. Henri, frère aîné de D. Fernand. La division était d'ailleurs stipulée dans le projet de mariage. Ce ne fut que quand il apprit la mort de la reine de Castille D. Léonore, que le roi de Portugal changea d'avis et envoya le comte d'Ouren, D. João Fernandez, au roi D. Jean de Castille, pour lui proposer un mariage entre lui et l'infante portugaise Béatrice, sa fille.

[2] Le roi Fernand mourut le 22 octobre 1383 et non pas 1381, comme le dit F. Lopes. D. de Liaõ a corrigé cette erreur. Sa femme venait d'accoucher d'un autre fils, qui mourut quelques jours après sa naissance, et que tout le monde s'accordait à attribuer à un autre père que le roi, ainsi que les enfans qu'elle avait eus auparavant.

[3] D. João maître d'Avis était fils de D. Pèdre-le-Cruel et de Thérèse Lourenço, que D. Pèdre avait eue pour maîtresse après la mort de son épouse reconnue, Inès de Castro. Il était né le 11 avril 1357.

si comme vous orrez recorder avant en l'histoire.

Quand le comte de Cantebruge, le chanoine de Robertsart et les chevaliers d'Angleterre, qui en ce voyage de Portingal avoient été, furent retournés arrière en Angleterre et venus devers le roi et le duc de Lancastre, on leur fit bonne chère; ce fut raison; et puis leur demandèrent des nouvelles. Ils en dirent assez, et toute l'ordonnance de leur guerre. Le duc de Lancastre, auquel la besogne touchoit le plus que à nul autre, pour la cause du chalenge de Castille, car il s'en disoit hoir de par sa femme, madame Constance fille jadis du roi Damp Piètre, demanda à son frère le comte moult avant des nouvelles, et comment on s'étoit démené en Portingal. Le comte lui recorda comment ils avoient été à ost plus de quinze jours l'un devant l'autre : « Et pour ce, beau frère, que on ne oyoit nulles nouvelles de vous, se accorda légèrement le roi de Portingal à la paix; ni oncques ne pûmes voir que il se voulsist assentir à la bataille. Donc ceux de notre côté furent tous mérencolieux, car volontiers ils se fussent aventurés. Et pour celle cause que je n'y vis point de leur état, je ai ramené mon fils, quoique il ait épousé la fille du roi de Portingal. » Ce dit le duc : « Je crois que vous avez eu cause, fors tant que ils pourroient rompre ce mariage si il leur venoit à point et donner d'autre part à leur plaisance. » — « Par ma foi ! dit le comte, il en avienne ce que avenir peut, mais je n'ai fait chose dont je me doye jà repentir. »

Ainsi finèrent les paroles du duc de Lancastre et du comte de Cantebruge et entrèrent en autres matières.

Nous nous souffrirons à parler d'eux et de leur guerre, des Espaignols et des Portingalois ; et retournerons aux besognes et aux guerres de Gand, du comte et du pays de Flandre, qui furent grandes.

CHAPITRE CXLVIII.

Comment les Gantois, en soutenant leurs opinions contre leur seigneur, se trouvèrent en grand'nécessité ; et comment ils pouvoient être secourus.

Toute celle saison depuis la destruction et arsin de la ville de Grantmont, et le département du siège de Gand, qui se défit, pour le courroux que le comte de Flandre ot de son cousin le jeune seigneur d'Enghien qui fut occis par embûche devant Gand, ainsi qu'il est recordé cidessus en l'histoire, ne guerroyèrent les Flamands, chevaliers ni écuyers, ni bonnes villes, les Gantois, fors que par garnisons ; et étoit tout le pays à l'encontre de ceux de Gand pour le comte, excepté les Quatre-Métiers dont aucunes douceurs venoient en la ville de Gand ; et aussi faisoient de la comté d'Alost. Mais le comte de Flandre qui sçut les nouvelles des laits et des frommages qui alloient à Gand de la comté d'Alost et des villages voisins, dont ils étoient rafreschis, si y mit remède ; car il manda à ceux de la garnison de Tenremonde que cil plat pays fût tout ars et tout exillié ; ce fut fait à son commandement. Et convint adonc les povres gens, qui vivoient de leurs bêtes, tout parperdre, et enfuir en Brabant et en Hainaut, et la greigneur partie mendier.

Encore demeura un pays pour ceux de Gand, qui s'appeloit les Quatre-Métiers[1], car on n'y pouvoit avenir ; et toute la douceur que ils avoient leur venoit de ce côté. Tout cel hiver le comte de Flandre avoit si astreint ceux de Gand que nuls blés ne leur venoient ni par terre ni par eau. Car il avoit tant exploité envers ses cousins le duc de Brabant et le duc Aubert, que leurs pays étoient clos à l'encontre de ceux de Gand ; ni rien ne leur venoit, fors en larcin et en grand péril pour ceux qui s'aventuroient de mener vivres ; dont ils étoient tout ébahis en Gand ; et disoient les sages que ce ne pouvoit longuement demeurer que ils ne fussent tous morts par famine ; car les greniers étoient jà tous vuis, ni on n'y trouvoit nuls blés ; et ne savoient comment ce tant grand peuple se pouvoit soutenir qui ne pouvoit plus avoir de pain pour leur argent. Et quand les fourniers avoient cuit, il convenoit garder leurs maisons à force de gens; autrement le menu peuple, qui mouroit de faim, eût efforcé les lieux. Et étoit grand'pitié de voir et de ouïr les povres gens. Et proprement hommes, femmes, enfans bien notables chéoient en ce danger ; et tous les jours en venoient les plaintes, les pleurs et les cris à Philippe d'Artevelle, qui étoit leur souverain capi-

---

[1] On appelait ainsi les villes et plat pays de Bouchoute, Assenède, Axele et Hulst.

taine, lequel en avoit grand'pitié et compassion; et y mit plusieurs bonnes ordonnances, dont il fit moult à regracier. Car il fit ouvrir les greniers des abbayes et des riches hommes, et départir le blé parmi un certain prix d'argent et fuer [1] que il y fit mettre. Ce conforta et mena moult avant la ville de Gand.

A la fois leur venoient en larcin de Hollande et de Zélande vivres et tonneaux, farines et pains cuits qui moult les reconfortoient ; et eussent trop plus été déconfits que ils ne furent, si cela n'eût été, et le reconfort des pays dessus dits. Il étoit défendu en Brabant de par le duc que, sur la tête, on ne leur menât rien ; mais si ils le venoient quérir en leurs périls, on leur pouvoit bien vendre ou donner. Donc il advint qu'ils furent ens ou carême en Gand à trop grand détroit ; car des vivres et fruits de carême n'avoient-ils nuls. Si se partirent en une compagnie bien douze mille de soudoyers et gens qui n'avoient de quoi vivre, et qui étoient jà tous tains et pelus de famine, et s'en vinrent devers la ville de Bruxelles. On leur cloy les portes au devant ; car on se douta de eux, ni on ne savoit à quoi ils pensoient.

Quand ils se trouvèrent en la marche de Bruxelles, ils envoyèrent de leurs gens tous désarmés devant la porte de Bruxelles et les jurés, en disant pour Dieu que on eût de eux pitié et que ils eussent des vivres pour leur argent ; car ils mouroient de faim et ne vouloient que tout bien au pays. Les bonnes gens de Bruxelles en orent pitié, et leur portèrent des vivres assez pour eux passer. Et se rafreschirent là au pays, environ trois semaines ; mais point n'entroient ens ès bonnes villes. Et furent jusques à Louvain ; les gens de laquelle ville en orent grand' pitié et leur firent moult de biens. Et étoit leur souverain capitaine et conduiseur François Acreman, qui les conseilloit et faisoit pour eux les traités aux bonnes villes sur ce voyage.

Entrementes que ceux de Gand séjournoient et se rafreschirent en la marche de Louvain, s'en vint François Acreman, lui douzième, en la cité de Liége, où ils se remontrèrent aux maîtres de Liége ; et parlèrent si bellement que ceux de Liége leur eurent en convenant, et aussi de l'évêque messire Arnoult d'Ercle, de envoyer devers le comte de Flandre à tant faire que il les

[1] Droit, coutume.

mettroit à paix devers lui. Et leur dirent : « Si cil pays de Liége vous fût aussi prochain comme sont Brabant et Hainaut, vous fussiez autrement confortés de nous que vous n'êtes ; car nous savons bien que tout ce que vous faites c'est sur votre bon droit et pour garder vos franchises, et nonobstant tout ce, si vous aiderons-nous et conforterons ce que nous pourrons ; et voulons que présentement vous le soyez. Vous êtes marchands, et marchandises doivent et puent par raison aller en tous pays. Cueillez et levez en ce pays jusques à la somme de cinq cents ou de six cents chars chargés de blés et de farines ; nous le vous accordons, mais que les bonnes gens dont les pourvéances venront soient satisfaits. On laissera bien nos marchandises passer parmi Brabant : le pays ne nous veut mal, et aussi ne faisons-nous à lui. Et quoique Bruxelles vous soit close, si savons-nous bien que c'est plus par contrainte que de volonté ; car de vos annois les Bruxellois ont grand'compassion : mais le duc de Brabant et la duchesse, par prière de leur cousin le comte de Flandre, s'inclinent plus à lui que à vous ; et c'est raison ; car toujours sont les seigneurs l'un pour l'autre. »

De ces offres et de ces amours que les Liégeois offroient de bonne volonté aux Gantois furent-ils tout joyeux, et les en remercièrent grandement ; et dirent bien que de tels gens et de tels amis avoit bien la ville de Gand affaire.

CHAPITRE CXLIX.

Comment la duchesse de Brabant promit aux Gantois de parler pour eux au comte. Comment les vivres du Liége entrèrent en Gand ; et comment le comte délibéra de assiéger la ville de Gand.

François Acreman, et les bourgeois de Gand qui étoient venus avec lui en la cité de Liége, quand ils orent fait ce pour quoi ils étoient là venus, prirent congé aux maîtres de Liége, lesquels ordonnèrent avecques eux hommes pour aller sur le pays recueillir chars et harnois. Et en orent sur deux jours six cents tout chargés de blés et de farine, car tels pourvéances leur étoient plus nécessaires que autres. Si se mirent ces pourvéances au chemin ; et passèrent tous les chars entre Louvain et Bruxelles. Au retour que François Acreman fit à ses gens qui étoient sur la frontière de Louvain, il leur recorda l'amour et la courtoisie que ceux du Liége leur avoient faite et offroient encore à faire ; et leur dit que ils iroient à Bruxelles parler à la duchesse de Brabant, et lui remontreroient leur fait, en priant, de par la bonne ville de Gand, que elle voulsist descendre à ce que de envoyer devers le comte de Flandre leur seigneur, par quoi ils pussent venir à paix. Ils répondirent : « Dieu y ait part ! »

François se départit de Villevort et s'en vint à Bruxelles. En ce temps étoit le duc de Brabant pour ses besognes en Luxembourg. François, lui troisième tant seulement, entrèrent à Bruxelles, par le congé de la duchesse qui les volt voir ; et vinrent ces trois en son hôtel séant sur le Coleberghe. Là avoit la duchesse une partie de son conseil de-lez elle. Ces trois se mirent à genoux devant la dame ; et parla François pour tous, et dit : « Très honorée et très chère dame, par votre grand'humilité, plaise-vous avoir pitié et compassion de ceux de la ville de Gand qui ne peuvent venir à merci devers leur seigneur, ni nuls moyens ne s'en ensoignent. Et vous, très chère dame, si par un bon moyen, il vous y plaisoit à entendre, par quoi notre sire le comte voulsist descendre à raison et avoir pitié de ses gens, vous feriez grand'aumône, et nos bons amis et voisins du Liége y entendroient volontiers là où il vous en plaira ensoigner. »

Donc répondit la duchesse moult humblement, et dit que de la dissension qui étoit entre son frère le comte et eux elle étoit courroucée, et que volontiers, de grand temps avoit, y eût mise attrempance si elle pût ni sçût : « Mais vous l'avez par tant de fois courroucé, et avez tant de merveilleuses opinions tenues contre lui, que ce le soutient en son courroux et aire. Nonobstant tout ce, pour Dieu et pour pitié, je m'en ensoignerai volontiers, et envoyerai devers lui, en priant que il veuille venir à Tournay ; et là je envoyerai de mon plus espécial conseil ; et vous ferez tant aussi que vous aurez le conseil de Hainaut avecques celui du Liége, que vous dites qui vous est appareillé. » — « Oil, madame, ce répondirent-ils ; car ils le nous ont promis. »— « Or bien, dit la duchesse, et j'en exploiterai tant que vous vous en apercevrez. » Adonc répondirent-ils : « Madame, Dieu le vous puist merir au corps et à l'âme. » Après ces mots prirent-ils congé à la dame et à son conseil, et se partirent de Bruxelles, et s'en vinrent vers leurs gens et leur charroi qui les sur-attendoit. Si exploitèrent tant que ils vinrent et approchèrent la bonne ville de Gand.

Quand les nouvelles vinrent en la ville de Gand que leurs gens retournoient et amenoient plus de six cents chars chargés de pourvéances dont ils avoient grands nécessités, si en furent moult réjouis, quoique toutes ces pourvéances qui venoient du pays de Liége n'étoient pas fortes assez pour soutenir la ville de Gand quinze jours : mais toutefois aux déconfortés ce fut un grand confort. Et se partirent de Gand trop grand'foison de gens, en manière et en ordonnance de procession, contre ce charroi ; et à cause de humilité ils s'agenouillèrent à l'encontre et joignirent les mains vers les marchands et les charretiers, en disant : « Ha, bonnes gens ! vous faites grand aumône quand vous reprouvenez et reconfortez le povre et affamé peuple de Gand, qui n'avoient de quoi vivre si vous ne fussiez venu. Grâces et louanges à Dieu premièrement et à vous aussi. » Ainsi furent convoyés de plusieurs gens de la ville ces pourvéances jusques au marché des vendredis, et là déchargées. Si furent ces blés et ces farines, par fuer ordonné que on y mit, livrées et départies aux plus disetteurs. Et furent de ceux de Gand bien cinq mille, tous armés, reconvoyer les chars jusques en Brabant et hors du péril.

De toutes ces besognes et affaires fut le comte de Flandre, qui se tenoit à Bruges, informé, et comment ceux de Gand étoient si étreints et si menés que ils ne pouvoient longuement durer. Si pouvez croire et savoir que de leur povreté il n'étoit mie courroucé ; ni aussi n'étoient ceux de son conseil qui la destruction de la ville de Gand vissent volontiers, Gisebrest Mahieu et ses frères, et les doyens des menus métiers de Gand et le prévôt de Harlebecque. Toutes ces choses advinrent en carême au mois de mars et d'avril, l'an mil trois cent quatre vingt et un[1]. Si ot le comte de Flandre conseil et propos de venir plus puissamment que oncques n'eût en devant fait, mettre le siége devant Gand ; et se disoit bien si fort que pour entrer en puissance dedans les Quatre-Métiers et tout ardoir et détruire ; car trop avoient été soutenus les Gantois de ce côté. Si signifia le comte son intention et propos à

[1] 1381, vieux style, ou 1382, nouveau style.

toutes les bonnes villes de Flandre, que ils fussent tout prêts; car le jour de la procession de Bruges passé, il se départiroit de Bruges et venroit mettre le siége devant Gand pour eux détruire; et escripsit devers tous chevaliers et écuyers qui de lui tenoient en la comté de Hainaut, que dedans ce jour, ou huit jours devant, ils fussent devers lui à Bruges.

CHAPITRE CL.

Comment ceux de Liége, la duchesse de Brabant et le duc Aubert, envoyèrent à Tournay pour pacifier les Gantois à leur seigneur ; et comment le comte Louis leur fit déclarer pour tout ce qu'il en feroit.

Nonobstant ces ordonnances, mandemens et semonces que le comte de Flandre faisoit et appropioit, si travaillèrent tant madame la duchesse de Brabant, le duc Aubert et l'évêque de Liége, que une assemblée de leurs consaulx sur traité de paix fut assignée et mise en la cité de Tournay. Le comte de Flandre, à la prière de ces seigneurs et de madame de Brabant, quoique il pensoit bien à faire tout le contraire, s'y accorda à être, pour ses raisons être tournées en droit; et furent assignés ces parlemens à Pâques closes en la cité de Tournay l'an mil trois cent quatre-vingt et deux. Si y vinrent de l'évêché de Liége des bonnes villes jusques à douze hommes des plus notables; et messire Lambert de Perne, un chevalier moult sage : aussi la duchesse de Brabant y envoya son conseil, et des bonnes villes de Brabant des plus notables.

Le duc Aubert aussi y envoya de la comté de Hainaut messire Symon de Lalain, son baillif et des autres. Et furent ces gens tous venus à Tournay très la semaine de la Pâque. Ceux de Gand y envoyèrent douze hommes des leurs, desquels Philippe d'Artevelle fut de tous chef; et étoient ceux de Gand adonc si bien d'accord, que pour tenir ferme et véritable tout ce que ces douze rapporteroient, excepté que nul de Gand ne reçût mort; mais si il plaisoit au comte leur seigneur, ceux qui étoient demeurés dans la ville outre sa volonté fussent punis par ban et bannis de Gand et de la comté de Flandre à toujours, sans nul rappel, ni espérance de ravoir la ville ni le pays.

Sur cel état étoient-ils tous fondés; et vouloit bien Philippe d'Artevelle, si il avoit courroucé le comte, quoique moult petit eût encore été en l'office de être capitaine de Gand, être l'un de ceux qui perdroient la ville et le pays, pour la grand'pitié qu'il avoit du peuple menu de Gand. Car certainement, quand il se partit de Gand pour venir à Tournay, hommes, femmes et enfans sur les rues se jetoient à genoux devant lui, en joignant les mains et en priant, à quelque meschef que ce fût, à son retour il rapportât la paix. Pour celle pitié ot-il si grand'compassion que il vouloit faire ce que je vous ai dit.

Quand ceux de Brabant, de Hainaut et de Liége, qui là étoient envoyés à Tournay à cause d'être bons moyens eurent séjourné en la cité de Tournay trois jours en attendant le comte, qui point ne venoit ni approchoit de venir, si en furent tout émerveillés. Si orent conseil l'un par l'autre et accord que ils envoieroient à Bruges devers lui, ainsi comme ils firent. Et y envoyèrent messire Lambert de Perne, et de Brabant le seigneur de Crupelant, et de Hainaut messire Guillaume de Hermiez, et six bourgeois des trois pays.

Quand le comte de Flandre vit ces chevaliers, il les fêtoya par raison assez bien; et leur répondit que il n'étoit point aise de venir à Tournay quant à présent; mais pour la cause de ce que ils s'étoient travaillés de venir à Bruges, et pour l'honneur de leur seigneur et dame madame de Brabant, sa sœur, le duc Aubert son cousin et l'évêque de Liége, il envoyeroit à Tournay par son conseil hâtivement réponse finale, et ce qu'il avoit en propos de faire. Ces trois chevaliers ni ces bourgeois n'en purent avoir autre chose; si retournèrent à Tournay et recordèrent ce que ils avoient ouï du comte et trouvé. Six jours après vinrent à Tournay, de par le comte, le sire de Ramseflies, le sire de Gruthuse, messire Jean Villain et le prévôt de Harlebecque. Ceux excusèrent le comte envers les consaux des trois pays; et puis dirent et remontrèrent son intention, et que ceux de Gand ne pouvoient venir en paix avec lui, si tous les hommes généralement de Gand, dessus l'âge de quinze ans jusqu'à soixante, ne vidoient tous la ville de Gand, et tous nus chefs et en pur leurs chemises, les hares au col; et ainsi venroient entre Bruges et Gand, où le comte les attendroit et feroit de eux à sa pure volonté, du mourir ou du pardonner. Quand celle réponse fut faite et la connoissance en fut venue à ceux de Gand par la relation faite de ceux des consaulx des trois pays, ils furent plus ébahis que oncques mais. Adonc, leur dit le baillif de Hainaut : « Beaux seigneurs, vous êtes tous en grand péril, et chacun de lui-même ; si ayez avis sur ce : car ce que le comte nous a dernièrement ordonné et signifié, nous le vous ferons certifier pleinement. Et quand vous vous serez pleinement mis en ce parti et en sa volonté, il ne fera pas mourir tous ceux que il verra en sa présence, mais aucuns qui l'ont plus courroucé que les autres ; et y aura tant de si bons moyens, avec pitié qui s'y mettra, espoir que ceux qui se cuident en péril et en danger de la mort venront à merci. Si prenez cette offre avant que vous la refusez ; car quand vous l'aurez refusé, espoir n'y pourrez-vous retourner. » — « Sire, répondit Philippe d'Artevelle, nous ne sommes mie chargés si avant que les bonnes gens de la ville de Gand mettre en ce parti, ni jà ne le ferons. Et si les autres qui sont en Gand, nous revenus vers eux et remontré le propos de monseigneur, le veulent, jà pour nous ne demeurera que il ne se fasse. Si vous remercions grandement de la bonne diligence et du grand travail que vous avez eu en ces pourchas. » Adonc prirent-ils congé aux chevaliers et aux bourgeois des bonnes villes des trois pays, et montrèrent bien par semblant que ils n'accorderoient mie ce darrain propos ni traité. Si vinrent Philippe d'Artevelle et ses compagnons à leurs hostels, et payèrent partout, et puis retournèrent par Ath en Hainaut, en la bonne ville de Gand.

Ainsi se départit ce parlement fait et assemblé en instance de bien à Tournay ; et retourna chacun en son lieu. Encore a le comte de Flandre à demander quelle chose ceux de Gand avoient répondu, si petit les craignoit ni prisoit-il ; ni pour rien adonc il n'y voulsist nul traité de paix : car bien savoit que il les avoit si avant menés que ils n'en pouvoient plus, et il ne pouvoit nullement demeurer que il n'eût tantôt fin de guerre honorablement pour lui, et mettroit Gand à tel parti que toutes autres villes s'y exemplieroient.

CHAPITRE CLI.

Comment ceux de Paris se rebellèrent de rechef au roi.

En ce temps se rebellèrent encore ceux de Paris, pourtant que le roi de France ne venoit point à Paris, mais alloit tout à l'environ prendre ses ébattemens, sans entrer à Paris. Si se doutèrent que de nuit, par les gens d'armes, il ne fit efforcer Paris et courir la cité, et faire mourir lesquels que il voudroit ; et pour la doutance de ce péril et de celle aventure dont ils n'étoient pas bien assurés, ils faisoient dedans Paris toutes les nuits, par les rues et par les carrefours grands gaits, et levoient toutes les chaînes, afin que on ne pût chevaucher ni aller à pied entre eux. Et si nuls étoient trouvés après le son de neuf heures, si il n'étoit de leur connoissance ou de leurs gens, il étoit mort. Et étoient en la cité de Paris de riches et puissans hommes armés de pied en cap, la somme de trente mille hommes, aussi bien arréés et appareillés de toutes pièces comme nul chevalier pourroit être ; et avoient leurs varlets et leurs maisnies armés à l'avenant. Et avoient et portoient maillets de fer et d'acier, périlleux bâtons pour effondrer heaulmes et bassinets ; et disoient en Paris, quand ils se nombroient, que ils étoient bien gens, et se trouvoient par paroisses, tant que pour combattre de eux-mêmes, sans autre aide, le plus grand seigneur du monde. Si appeloit-on ces gens les routiers et les maillets de Paris.

CHAPITRE CLII.

Comment cinq mille Gantois se partirent de Gand pour aller assaillir le comte de Flandre, après la réponse que Philippe d'Artevelle leur avoit faite.

Quand Philippe d'Artevelle et ses compagnons rentrèrent en Gand, moult grand' foison de menu peuple qui ne désiroient que paix furent moult réjouis de leur venue, et cuidoient avoir et ouïr bonnes nouvelles. Si vinrent à l'encontre de lui ; et ne se purent abstenir que ils ne lui demandassent en disant : « Ha, cher sire Philippe d'Artevelle ! réjouissez-nous, dites-nous comment vous avez exploité. » A ces paroles et demandes ne répondoit point Philippe d'Artevelle ; mais passoit outre et baissoit la tête ; et plus se taisoit, et plus le suivoient et le pressoient d'ouïr nouvelles. Une fois ou deux en allant jusques en son hôtel, il leur répondit et leur dit : « Retournez en vos hôtels meshuy, Dieu nous aidera; et demain au matin, à neuf heures, venez au marché des vendredis ; là orrez-vous toutes nouvelles. » Autre réponse ne purent-ils avoir ; et vous dis que toute manière de gens étoient moult ébahis.

Quand Philippe d'Artevelle fut descendu en son hôtel, et ceux qui à Tournay avoient été avecques lui rallés au leur, Piètre du Bois, qui désiroit à ouïr nouvelles, s'en vint à l'hôtel Philippe d'Artevelle, et s'enclouy en une chambre avecques lui, et lui demanda des nouvelles, et comment ils avoient exploité. Philippe lui dit, qui rien ne lui voult celer : « Par ma foi, Piètre! à ce que monseigneur de Flandre a répondu par ceux de son conseil que il avoit envoyés à Tournay, il ne prendra en la ville de Gand âme du monde à merci, non plus l'un que l'autre. » — « Par ma foi! répondit Piètre du Bois, il a droit, et est bien conseillé de tenir ce propos et de ainsi répondre, car tous y sont participans autant bien l'un que l'autre. Or suis-je venu à mon entente et à celle de mon bon maître Jean Lyon qui fut; car la ville est si entouillée que on ne la sait par quel coron destouillier. Or nous faut prendre le frein aux dents : or verra-t-on où les sages et les hardis sont. Dedans briefs jours la ville de Gand sera la plus honorée ville des chrétiens ou la plus abattue : à tout le moins si nous mourons en celle querelle, ne mourrons-nous pas seuls : or pensez en-nuit, Philippe, comment vous leur pourrez faire relation demain de ce parlement qui a été à Tournay, par telle manière que toutes gens se contentent de vous; car vous êtes grandement en la grâce du peuple par deux voies : l'une si est pour la cause du nom que vous portez, car moult aimèrent jadis en celle ville Jacquemart d'Artevelle votre père ; et l'autre est que vous les appelez doucement et sagement, si comme ils le disent communaulment parmi la ville : pourquoi ils vous croiront, pour vivre et pous mourir, de tout ce que vous leur remontrerez, et que en fin de conseil vous leur direz. Pour le meilleur j'en ferois ainsi. Pourtant faut-il que vous ayez avis bon et sûr de remontrer paroles où vous ayez honneur au tenir. » — « Piètre, dit Philippe, vous dites vérité, et je pense tellement à parler et à remontrer les besognes de Gand, que entre

nous qui en sommes gouverneurs à présent et capitaines y mourrons ou vivrons en honneur. » Il n'y ot pour celle nuit plus dit ni fait; mais prirent congé l'un de l'autre : Piètre du Bois retourna en son hôtel; et Philippe demeura au sien; ainsi se passa celle nuit.

CHAPITRE CLIII.

Comment Philippe d'Artevelle recorda à ceux de Gand la finale conclusion où le comte leur seigneur étoit arrêté ; et comment les Gantois conclurent de combattre leur seigneur.

Vous devez savoir et croire véritablement que, quand ce jour désiré fut venu que Philippe d'Artevelle dut généralement recorder les nouvelles telles que rapportées avoient été du parlement de Tournay, toutes gens de la ville de Gand se trairent au marché des vendredis; et fut par un mercredi au matin. Du peuple qui étoit là assemblé fut le marché tout plein.

Droit à neuf heures, Philippe d'Artevelle, Piètre du Bois, Piètre de Vintre, François Acreman et les capitaines vinrent; si entrèrent en la halle et montèrent à mont. Adonc se montra Philippe aux fenêtres, qui commença à parler, et dit : « Bonnes gens de Gand, il est bien voir que, à la prière de très honorée et haute et noble dame, madame de Brabant et de nos chers et nobles seigneurs, monseigneur le duc Aubert, bail de Hainaut, de Hollande et de Zélande, et de monseigneur l'évêque de Liége, un parlement fut assigné et accordé à être à Tournay les jours passés ; et là devoit être personnellement monseigneur de Flandre, et l'avoit certifié aux dessus dits, lesquels s'en sont grandement acquittés ; car ils ont là envoyé notablement de leurs plus sages et espéciaux consaulx, chevaliers et bourgeois des bonnes villes, eux et nous de par la ville de Gand. Nous et eux fûmes là, et avons été tous les jours attendans monseigneur de Flandre, qui point n'y est venu ni apparu. Et quand on vit que point n'y venoit, ni apparoit, ni envéoit, trois chevaliers des trois pays et six bourgeois des bonnes villes se travaillèrent tant pour l'amour de nous que ils allèrent à Bruges, et là trouvèrent monseigneur qui leur fit bonne chère, si comme ils disent, et les ouït volontiers parler. Il répondit à leurs paroles, et dit que, pour l'honneur de leurs seigneurs et de sa belle-sœur, madame de Brabant, il envoieroit de son conseil à Tournay, dedans cinq ou six jours, gens si bien fondés de par lui qu'ils diroient et remontreroient pleinement son intention et ce que arrestéement il en feroit. Ils n'en purent avoir autre réponse. Bien leur suffisit, ils retournèrent. Au jour que monseigneur leur assigna si vinrent à Tournay, de par lui, le sire de Ramseflies, le sire de Gruthuse, messire Jean Villain et le prévôt de Harlebecque. Ceux remontrèrent moult bellement la volonté et le certain arrêt de celle guerre, et comment la paix peut être entre monseigneur et la ville de Gand : il veut, et déterminément il dit, que autre chose n'en fera, que tout homme de la ville de Gand, excepté les prélats de l'Église et les religieux, dessus l'âge de quinze ans et dessous l'âge de soixante ans, soient tous nuds en leurs linges robes, nuds chefs et nuds pieds, et la hart au col vuident de la ville de Gand, et voisent jusques à Douze, et outre ens ès plains de Burlesquans ; et là trouveront monseigneur de Flandre et ceux que il lui plaira là amener. Et quand il nous verra en ce parti, tous à genoux et mains jointes, criant merci, il aura pitié et compassion de nous, s'il lui plaît. Mais je ne puis voir ni entendre par la relation de son conseil, que il n'en convienne mourir honteusement, par punition de justice et de prison, la greigneur partie du peuple qui là sera venu en ce jour. Or regardez si vous voulez venir à paix par ce parti. »

Quand Philippe ot parlé, ce fut grand'pitié de voir hommes, femmes et enfans, pleurer et tordre leurs poings, pour l'amour de leurs pères, de leurs frères, de leurs maris et de leurs voisins. Après ce tourment de noise, Philippe d'Artevelle reprit la parole et dit : « Or, paix ! paix ! » et on se tut. Si très tôt comme il recommença à parler, il dit : « Bonnes gens de Gand, vous êtes en celle place la greigneur partie du peuple de Gand ci assemblés, si avez ouï ce que j'ai dit : si n'y vois autre remède ni pourvéance nulle que brief conseil ; car vous savez comme nous sommes menés et étreints de vivres, et il y a tels trente mille têtes en celle ville qui ne mangèrent de pain, passé a quinze jours. Si nous faut faire de trois choses l'une : la première si est que nous nous enclouons en celle ville et enterrons toutes nos portes, et nous confessions à nos loyaux pouvoirs, et nous boutons ens ès églises et ès moûtiers, et là mourons confès et repentans, comme gens martyrs de quoi on ne veut avoir nulle pitié. En cel état, Dieu aura merci de nous et de nos âmes ; et dira-t-on par tout où les nouvelles en seront ouïes et sçues que nous sommes morts vaillamment et comme loyaux gens. Ou nous nous mettons tous en tel parti, que hommes, femmes et enfans allons crier merci, les hars au col, nuds pieds et nuds chefs, à monseigneur de Flandre. Il n'a pas le cœur si dur ni si hautain que quand il nous verra en tel état, que il ne se doie humilier et amollir, et de son povre peuple il ne doie avoir merci. Et je, tout premier, pour lui ôter de sa félonnie, présenterai ma tête ; et vueil bien mourir pour l'amour de ceux de Gand. Ou nous élisions en celle ville cinq ou six mille hommes des plus aidables et les mieux armés, et les allons quérir hâtivement à Bruges et le combattre. Si nous sommes morts en ce voyage, ce sera honorablement ; et aura Dieu pitié de nous, et le monde aussi ; et dira-t-on que vaillamment et loyaument nous avons soutenu et parmaintenu notre querelle. Et si en celle bataille Dieu a pitié de nous, qui anciennement mit puissance en la main de Judith, si comme nos pères le nous recordent, qui occit Olofernes qui étoit, dessous Nabucodonosor, duc et maître de sa chevalerie, parquoi les Assiriens furent déconfits, nous serons le plus honoré peuple qui ait régné puis les Romains. Or regardez laquelle des trois choses vous voulez tenir ; car l'une des trois faut-il faire. »

Adonc répondirent ceux qui le plus prochains de lui étoient et qui le mieux sa parole ouïe avoient : « Ha, cher sire ! nous avons tous en Gand grand'fiance en vous que vous nous conseillerez : si nous dites lequel nous ferons. » — « Par ma foi, dit Philippe, je conseille que nous allions tous à main armée devers monseigneur : nous le trouverons à Bruges, et lors, quand il saura notre venue, il istra contre nous et nous combattra ; car l'orgueil de cils de Bruges qui nous héent et de cils qui sont avecques lui, et lesquels nuit et jour l'informent sur nous, lui conseilleront de nous combattre. Si Dieu ordonne, par sa grâce, que la place nous demeure et que nous déconfissions nos ennemis, nous serons recouvrés à tousjours mais et les plus honorés gens du monde ; et si nous sommes déconfits, nous mourrons honorablement et aura Dieu pitié de nous ; et parmi tant le demeurant de Gand se passera ; et en aura merci le comte notre sire. »

A ces paroles répondirent-ils tous d'une voix: « Nous le voulons, ni autrement ne finierons. »

Lors répondit Philippe : « Or, beaux seigneurs, puisque vous êtes en cette volonté, or retournez en vos maisons et appareillez vos armures ; car demain, de quelque heure du jour, je vueil que nous partons de Gand et en allons à Bruges, car le séjour ici ne nous est point profitable. Dedans cinq jours nous saurons si nous vivrons à honneur, ou nous mourrons à danger ; et je envoyerai les connétables des parroches de maison en maison pour prendre et élire les plus aidables et les mieux armés. »

CHAPITRE CLIV.

Comment les Gantois partirent de Gand et cheminèrent jusques à une lieue de Bruges, attendans leurs ennemis.

Sur cel état se départirent toutes gens de la ville de Gand, qui en ce parlement avoient été, du marché des vendredis, et retournèrent en leurs maisons : et se appareilla chacun en droit lui de ce que à lui appartenoit. En tinrent ce mercredi leur ville si close que oncques homme ni femme n'y entra ni n'en issit jusques au jeudi à heure de relevée, que cils furent tout prêts qui partir devoient. Et furent environ cinq mille hommes et non plus ; et chargèrent environ deux cents chars de canon et d'artillerie, et sept chars seulement de pourvéances, cinq de pain cuit, et deux chars de vins ; et tout partout n'en y avoit que deux tonneaux, ni rien ne demeuroit en la ville. Or regardez comment ils étoient étreints et menés. Au département et au prendre congé c'étoit une grand'pitié de voir cils qui demeuroient et cils qui s'en alloient ; et disoient le demeurant : « Bonnes gens, vous véez bien à votre département quelle chose vous laissez derrière, n'ayez nulle espérance de retourner si ce n'est à votre honneur ; car vous ne trouverez rien ; et sitôt que orrons nouvelles si vous êtes morts ou déconfits, nous bouterons le feu en la ville et nous détruirons nous-mêmes ainsi que gens désespérés. »

Ceux qui s'en alloient disoient, en eux confortant : « De tout ce que vous dites vous parlez bien ; priez Dieu pour nous ; nous avons espoir qu'il nous aidera et vous aussi avant notre retour. »

Ainsi se départirent ces cinq mille hommes de Gand et leurs petites pourvéances, et s'en vinrent ce jeudi loger et gésir à une lieue et demie de Gand, et n'amendrirent de rien leurs pourvéances, mais se passèrent de ce que ils trouvèrent sur le pays. Le vendredi tout le jour ils cheminèrent, et encore n'atouchèrent de rien à leurs pourvéances ; et trouvèrent les fourriers aucune chose sur le pays, dont ils passèrent le jour. Et vinrent ce vendredi loger à une grand'lieue près de Bruges ; et là s'arrêtèrent et prirent place à leur avis pour attendre leurs ennemis. Et avoient au devant de eux un grand flaschier plein d'eau dormante ; de cela se fortifièrent-ils à l'une des parts et à l'autre lez de leurs charrois ; et passèrent ainsi celle nuit.

Quand ce vint le samedi au matin il fit moult bel et moult clair ; car ce fut le jour Sainte-Hélène et le tiers jour du mois de mai ; et ce propre jour siéd la fête et la procession de Bruges ; et à ce jour avoit là plus de peuple à Bruges, étrangers et autres, pour la cause de la solemnité de la fête et procession, qu'il n'eût en toute l'année. Nouvelles vinrent tout en hâte à Bruges, en disant : « Vous ne savez quoi ? Les Gantois sont venus à notre procession. » Adonc vissiez en Bruges grands murmures et gens réveiller et aller de rue en rue, et dire l'un à l'autre : « Et quelle chose attendons-nous que nous ne les allons combattre ? » Quand le comte de Flandre, qui se tenoit en son hôtel, en fut informé, si lui vint à grand'merveille, et dit : « Velà folles gens et outrageux ; la male meschance les chasse bien ; de toute la compagnie jamais pied ne retournera : or aurons-nous maintenant fin de guerre. » Adonc ouït le comte sa messe. Et toudis venoient chevaliers de Flandre, de Hainaut et d'Artois, qui le servoient, devers lui, pour savoir quelle chose il voudroit faire. Ainsi, comme ils venoient, il les recueilloit bellement, et leur disoit : « Nous irons combattre ces méchans gens. Encore sont-ils vaillans, disoit le comte ; ils ont plus cher mourir par épée que par famine. »

Adonc fut conseillé qu'on envoieroit trois hommes d'armes chevaucher sur les champs pour aviser le convenant de cils de Gand, comment ils se tenoient, ni quelle ordonnance ils avoient, Si y furent du maréchal de Flandre ordonnés trois vaillans hommes d'armes écuyers, pour les aller aviser, Lambert de Lambres, Damas de Bussi et Jean de Bourg ; et partirent tous trois de Bruges et prirent les champs, montés sur fleurs de coursiers, et chevauchèrent vers leurs ennemis.

Entrementes que ces trois faisoient ce dont ils étoient chargés, s'ordonnèrent en Bruges toutes manières de gens en très grand'volonté que pour issir et venir combattre les Gantois, desquels je parlerai un petit, et de leur ordonnance.

Ce samedi au matin, Philippe d'Artevelle ordonna que toutes gens se mesissent envers Dieu en dévotion, et que messes fussent en plusieurs lieux chantées; car il y avoit là en leur compagnie des frères religieux; et aussi que chacun se confessât et adressât à son loyal pouvoir; et se missent en état dû, ainsi que gens qui attendent la grâce et la miséricorde de Dieu. Tout ce fut fait ; on célébra en l'ost en sept lieux messes, et en chacune messe ot sermon, lesquels sermons durèrent plus de heure et demie. Et là leur fût remontré par ces clercs, Frères-Mineurs et autres, comment ils se figuroient au peuple d'Israël, que le roi Pharaon de Égypte tint longtemps en servitude; et comment depuis, par la grâce de Dieu, ils en furent délivrés et menés en terre de promission par Moyse et Aaron, et le roi Pharaon et les Égyptiens morts et péris. « Ainsi, bonnes gens, disoient ces Frères-Prêcheurs en leurs sermons, êtes-vous tenus en servitude par votre seigneur, le comte de Flandre et vos voisins de Bruges, devant laquelle ville vous êtes tenus et arrêtés, et serez combattus, il n'est mie doute; car vos ennemis en sont en grand'volonté, qui petit admirent votre puissance. Mais ne regardez pas à cela ; car Dieu, qui tout peut et sait et connoît, aura merci de vous. Et ne pensez point à chose que vous ayez laissée derrière; car vous savez bien que il n'y a nul recouvrer, si vous êtes déconfits. Vendez-vous bien et vaillamment, et mourez, si mourir convient, honorablement, et ne vous ébahissez point si grand peuple ist de Bruges contre vous, car la victoire n'est pas au plus grand nombre, mais là où Dieu l'envoie et par sa grâce; et trop de fois on a vu par les Machabéens et par les Romains, que le petit peuple de bonne volonté, et qui se confioit en la grâce de notre Seigneur, déconfisoit le grand peuple fier et orgueilleux par leur grand'multitude. Et en celle querelle, vous avez bon droit et juste cause par trop de raisons; si en devez être plus hardis et mieux confortés. »

De tels paroles et de plusieurs autres furent des Frères-Prêcheurs ce samedi au matin les Gantois prêchés et admonestés; dont moult ils se contentèrent. Et se acommingèrent les trois parts de l'ost, et furent tous en grand'dévotion, et montrèrent tous avoir grand'cremeur à Dieu.

CHAPITRE CLV.

Comment les Gantois étant venus, en tout cinq mille, loger auprès de Bruges, furent envahis par le comte et assaillis par les Bruguelins, qui se desroyèrent et leur seigneur; et en tuant et chassant reboutèrent les Gantois leurs ennemis jusques aux portes de Bruges.

Après ces messes, tous se mirent ensemble en un mont; et là monta Philippe d'Artevelle sur un char, pour soi montrer à tous et pour mieux être ouï. Et là de grand sentiment parla. Et leur remontra de point en point le droit que ils pensoient avoir en celle querelle; et comment, par trop de fois, la ville de Gand avoit requis et crié merci envers leur seigneur le comte; et point n'y avoient pu venir sans trop grand'confusion et dommage de ceux de Gand. Or s'étoient-ils si avant traits et venus, que reculer ils ne pouvoient ; et aussi au retourner, tout considéré, rien ils ne gagneroient; car nulle chose derrière, fors que povreté et tristesse laissé ils n'avoient. Si ne devoit nul penser après Gand, ni à femme ni à enfans que il y eût, fors que tant faire que l'honneur fût leur. Et plusieurs belles paroles leur remontra Philippe d'Artevelle; car moult bien fut enlangagé, et moult bel savoit parler; et bien lui avenoit. Et sur la fin de sa parole, il leur dit : « Beaux seigneurs, vous véez devant vous toutes vos pourvéances. Si les veuillez bellement départir l'un à l'autre, ainsi comme frères, sans faire nuls outrages; car quand elles seront passées, il vous en faut conquerre des nouvelles, si vous voulez vivre. »

A ces paroles, s'ordonnèrent-ils moult humblement; et furent les chars déchargés, et les sachées de pain données et départies par connétablies, et les deux tonneaux de vin tournés sur les fonds. Là se déjeunèrent-ils de pain et de vin raisonnablement, et en orent pour l'heure chacun assez; et se trouvèrent après le déjeuner forts et de bonne volonté, et en bon point, et plus habiles, et mieux aidans de leurs membres que adonc si ils eussent plus mangé. Quand ce desjeun, dont ils faisoient dîner, fut passé, ils se mirent en ordonnance de bataille et se quatirent tous entre leurs ribaudeaux [1]. Ces ribaudeaux sont brouettes hautes, bandées de fer, à longs picots de fer devant en la pointe, que ils seulent par usage mener et brouetter avecques eux [2]; et puis les arroutèrent devant leurs batailles, et là dedans s'encloirent.

En cel état, les virent et trouvèrent les trois chevaucheurs du comte qui y furent envoyés pour aviser leur convenant, car ils les approchèrent de si près que, jusques à l'entrée de leurs ribaudeaux; ni oncques les Gantois ne s'en murent; et montrèrent par semblant que ils fussent tout réjouis de leur venue.

Or retournèrent ces coureurs à Bruges devers le comte, et le trouvèrent en son hôtel, et grand'foison de chevaliers, qui là étoient en attendant leur revenue pour ouïr nouvelles. Ils rompirent la presse et vinrent jusques au comte; et puis parlèrent tout haut, car le comte voult que ils fussent ouïs des circonstans qui là étoient; et remontrèrent comment ils avoient chevauché si avant, que les Gantois eussent bien trait à eux, si traire voulsissent; mais tout paisiblement ils les avoient laissé approcher; et comment ils avoient vu les bannières; et comment ils s'étoient respous et quatis entre leurs ribaudeaulx. « Et quelle quantité de gens, dit le comte, puent-ils bien avoir et être par avis?» Ceux répondirent au plus justement que ils purent, que ils étoient entre cinq et six mille. Adonc, dit le comte : « Or tôt faites appareiller toutes gens; je les vueil aller combattre, ni jamais du jour ne partiront sans être combattus. » A ces paroles sonnèrent trompettes parmi Bruges, et s'armèrent toutes gens d'armes, et se rassemblèrent sur le marché; et ainsi comme ils venoient, ils se traioient et mettoient tous dessous leurs bannières, ainsi que par ordonnance et connétablie, ils avoient eu d'usage.

Par devant l'hôtel du comte, s'assemblèrent barons, chevaliers et gens d'armes. Quand tout fut appareillé, le comte fut apprêté et s'en vint au marché, et vit grand'foison de peuple rangé et ordonné; dont il se réjouit. Adonc commanda-t-il à traire sur les champs. A son commandement nul ne désobéit, mais se partirent tous de la place; et se mirent au chemin par ordonnance, et se trairent sur les champs; premièrement gens de pied, et les gens d'armes à cheval suivirent après.

Au vider de la ville de Bruges, c'étoit grand'-plaisir du voir; car bien étoient quarante mille têtes armées. Et ainsi tout ordonnément à pied et à cheval, ils s'en vinrent assez près du lieu où les Gantois étoient, et là s'arrêtèrent. A celle heure, quand le comte de Flandre et ses gens vinrent, il étoit haute remontée, et le soleil s'en alloit tout jus. Bien étoit qui disoit au comte : « Sire, vous véez vos ennemis; ils ne sont au regard de nous que une poignée de gens; ils ne puent fuir : ne les combattez mes-huy; attendez jusques à demain que le jour venra sur nous. Si verrons mieux quelle chose nous devrons faire; et si seront plus affoiblis; car ils n'ont rien que manger. » Le comte s'accordoit assez à ce conseil, et eût volontiers vu que on eût ainsi fait; mais ceux de Bruges, par grand orgueil, étoient si chauds et si hâtés de eux combattre, que ils ne vouloient nullement attendre; et disoient que tantôt les auroient déconfits, et puis retourneroient en leur ville. Nonobstant ordonnance de gens d'armes, car le comte en avoit là grand'foison, plus de huit cents lances, chevaliers et écuyers, ceux de Bruges approchèrent et commencèrent tout de pied à traire et à jeter de canons. Et tournèrent autour de ce flaschier, et mirent à ceux de Bruges le soleil en l'œil, qui moult les gréva; et entrèrent en eux en écriant : « Gand! »

Sitôt que ceux de Bruges ouïrent la voix de ceux de Gand et les canons descliquer, et que ils les virent venir de front pour eux assaillir âprement, comme lâches gens et pleins de faux et mauvais courage et convenant, ils s'ouvrirent tous, et laissèrent les Gantois entrer en eux sans défense, et jetèrent leurs bâtons jus et tournèrent le dos.

---

[1] C'était une espèce de machine de guerre usitée alors. On l'appelait *Colubrina* ou *Ribaudequinus*, et elle jetait des pierres et des flèches. Pierre Fenin, G. Châtelain et Monstrelet se servent aussi de ce mot, et disent que ce sont de petits chariots traînés par un cheval, et sur lesquels étaient placés deux petits canons.

[2] Je lis dans un autre manuscrit : « Iceux Ribauldequins sont trois ou quatre petits canons rangés de front sur hautes charrettes en manière de brouettes devant sur deux ou quatre roues bandées de fer, atout longs piques de fer devant en la pointe. »

Les Gantois, qui étoient forts et serrés, et qui connurent bien que leurs ennemis étoient déconfits, commencèrent à abattre et à ruer jus devant eux à deux côtés, et à tuer gens, et toujours à aller devant eux, sans point des-router, et le bon pas ; et à crier : « Gand ! Gand ! » et à dire entre eux : « Avant ! avant ! Suivons chaudement nos ennemis ; ils sont déconfits, et entrons en Bruges avec eux : Dieu nous a ce jour regardés en pitié. » Et ainsi firent-ils tous ; ils poursuivirent ceux de Bruges âprement, et là où ils les aconsuivoient, ils les abattoient et occioient, ou sur eux ils passoient, car point n'arrêtoient ; ni de leur chemin il n'issoient ; et ceux de Bruges, ainsi que gens déconfits, fuyoient. Si vous dis que en celle chasse il en y ot moult de morts, de meshaignés et d'abbattus ; car entre eux point de défense ils n'avoient ; ni oncques si méchans gens ne furent que ceux de Bruges étoient, ni qui plus lâchement et recréamment se maintinrent, selon le grand bobant que au venir sur les champs fait ils avoient. Et veulent les aucuns dire et supposer par imagination que il y avoit trahison ; et les autres disent que non ot, fors povre défense et infortune qui chut sur eux.

Quand le comte de Flandre et les gens d'armes qui étoient sur les champs virent le povre arroy de ceux de Bruges, et comment de eux mêmes ils s'étoient déconfits, ni point de recouvrer ils n'y véoient, car chacun qui mieux mieux fuyoit devant les Gantois, si furent tous ébahis et épouvantés de eux-mêmes ; et se commencèrent aussi à dérouter et à sauver, et à fuir l'un çà, l'autre là. Il est bien voir que si ils eussent point vu de bon convenant ni d'arrêt de retour à ceux de Bruges sur ceux de Gand, ils eussent bien fait aucun fait d'armes et ensoigné les Gantois ; parquoi espoir ils se fussent recouvrés. Mais nennil ; il n'en véoient point ; mais s'enfuyoient vers Bruges, qui mieux mieux : ni le fils n'attendoit point le père, ni le père l'enfant. Adonc se desroutèrent aussi ces gens d'armes et ne tinrent point d'arroy ; et n'eurent les plusieurs talent de traire vers Bruges ; car la foule et la presse étoit si très grande sur les champs et sur le chemin, en venant à Bruges, que grand hideur étoit à voir, et de ouïr les navrés et les blessés plaindre et crier, et les Gantois aux talons de ceux de Bruges crier : « Gand ! Gand ! » et abattre gens et passer outre sans arrêter.

Le plus de ces gens d'armes ne se fussent jamais boutés en ce péril : mêmement le comte fut conseillé de retraire vers Bruges et de entrer des premiers en la porte, et de faire garder la porte ou clorre, parquoi les Gantois ne l'efforçassent et fussent seigneurs de Bruges. Le comte de Flandre, qui ne véoit point de recouvrer de ses gens sur les champs, et que chacun fuyoit, et que jà étoit toute noire nuit, crut ce conseil et prit ce chemin, et fit sa bannière chevaucher devant lui ; et chevaucha tant que il vint à Bruges, et entra en la porte auques des premiers, espoir lui quarantième, ni à plus ne se trouvat-il. Adonc ordonna-t-il gens pour garder la porte et pour clorre si les Gantois venoient ; et puis chevaucha le comte vers son hôtel ; et envoya par toute la ville gens, et fit commandement que chacun, sur la tête à perdre, se trait sur le marché. L'intention du comte étoit telle que de recouvrer la ville par ce parti ; mais non fit, si comme je vous recorderai en suivant.

CHAPITRE CLVI.

Comment le comte Louis de Flandre, cuidant garder Bruges contre les Gantois, fut en grand péril ; et comment le comte se esseula.

Entrementes que le comte étoit en son hôtel, et que il envoyoit les clercs des doyens des métiers de rue en rue, pour faire tous hommes traire sur le marché et garder la ville, les Gantois, qui poursuivoient âprement leurs ennemis, vinrent de bon pas et entrèrent en la ville de Bruges avecques ceux de la ville proprement ; et le premier chemin que ils firent, sans retourner çà ni là, ils s'en allèrent sur le marché tout droit, et là se rangèrent et s'arrêtèrent. Messire Robert Mareschaut, un chevalier du comte, avoit été envoyé à la porte pour savoir comment on s'y maintenoit, entrementes que le comte faisoit son mandement pour aider recouvrer la ville ; mais il trouva que la porte étoit volée hors des gonds, et que les Gantois en étoient maîtres ; et proprement il trouva de ceux de Bruges qui là étoient, qui lui dirent : « Robert, Robert, retournez et vous sauvez si vous pouvez ; car la ville est conquise de ceux de Gand. » Adonc retourna le chevalier au plus tôt qu'il put devers le comte, qui se partoit de son hôtel tout à cheval, et grand'foison de fallots devant lui, et s'en venoit sur le marché : si lui dit le chevalier ces nouvelles. Nonobstant ce, le comte, qui vouloit tout recouvrer, s'en vint sur le marché ; et si comme il y entroit à grand'foison de fallots, en écriant : « Flandre ! au Lyon, au comte ! » ceux qui étoient à son frein et devant lui regardèrent et virent que toute la place étoit chargée de Gantois. Si lui dirent : « Monseigneur, pour Dieu retournez, si vous allez plus avant, vous êtes mort ou pris de vos ennemis au mieux venir ; car ils sont tous rangés sur le marché et vous attendent. » Et ceux lui disoient voir ; car les Gantois disoient jà, si très tôt que ils virent naître de une ruelle les fallots : « Véez-ci monseigneur, véez-ci le comte ; il vient entre nos mains. » Et avoit dit Philippe d'Artevelle et fait dire de rang en rang : « Si le comte vient sur nous, gardez-vous bien que nul ne lui fasse mal ; car nous l'emmènerons vif et en santé à Gand ; et là aurons-nous paix à notre volonté. » Le comte, qui venoit et qui cuidoit tout recouvrer, encontra assez près de la place où les Gantois étoient tous rangés de ses gens, qui lui dirent : « Ha, monseigneur ! n'allez plus avant ; car les Gantois sont seigneurs du marché et de la ville ; et si vous entrez au marché, vous êtes mort ; et encore en êtes-vous en aventure ; car jà vont grand'foison de Gantois de rue en rue quérant leurs ennemis ; et ont mêmement de ceux de Bruges assez en leur compagnie, qui les mènent d'hôtel en hôtel querre ceux qui ils veulent avoir ; et êtes tout enseigné de vous sauver : ni par nulles des portes vous ne pouvez issir ni partir que vous ne soyez ou mort ou pris ; car les Gantois en sont seigneurs : ni à votre hôtel vous ne pouvez retourner ; car ils y vont une grande route de Gantois. »

Quand le comte entendit ces nouvelles, si lui furent très dures ; et bien y ot raison ; et se commença grandement à ébahir et à imaginer le péril où il se véoit. Si crut conseil de non aller plus avant et de lui sauver s'il pouvoit ; et fut tantôt de soi-même conseillé. Il fit éteindre tous les fallots qui là étoient, et dit à ceux qui de-lez lui étoient : « Je vois bien que il n'y a point de recouvrer ; je donne congé à tout homme, et que chacun se sauve qui peut ou sait. » Ainsi comme il ordonna il fut fait : les fallots furent éteints et jetés parmi les rues ; et tantôt s'espardirent ceux qui là étoient. Le comte se tourna en une ruelle, et là se fit désarmer par un sien varlet, et jeter toutes ses armures à val, et vêtit la houppelande de son varlet ; et puis lui dit : « Va-t'en ton chemin et te sauves si tu pues. Aie bonne bouche ; si tu eschiés ès mains de mes ennemis et on te demande de moi, garde-toi que tu n'en dises rien. » Cil répondit : « Monseigneur, pour mourir non ferai-je. » Ainsi demeura le comte de Flandre tout seul ; et pouvoit adonc dire que il se trouvoit en grand péril et en grand'-aventure ; car si à celle heure par aucune infortunité il fût échu ès mains des routiers qui aval Bruges alloient, et qui les maisons cherchoient et les amis du comte occioient, ou au marché les amenoient, et là tantôt devant Philippe d'Artevelle et les capitaines ils étoient morts et écervelés, sans nul moyen ni remède il eût été mort. Si fut Dieu proprement pour lui, quand de ce péril il le délivra et sauva ; car oncques en si grand péril en devant n'avoit été, ni ne fut depuis ; si comme je vous recorderai présentement.

CHAPITRE CLVII.

Comment le comte Louis de Flandre fut préservé d'un grand péril en la maison d'une povre femme à Bruges qui bonne lui fut.

Tant se démena à celle heure, environ mienuit ou un peu outre, le comte de Flandre par rues et par ruelles, que il le convint entrer dedans aucun hôtel, autrement il eût été trouvé et pris des routiers de Gand, et de Bruges aussi, qui parmi la ville l'alloient incessamment cherchant. Et entra en l'hôtel d'une povre femme. Ce n'étoit pas hôtel de seigneur, de salles, de chambres ni de palais ; mais une povre maisonnelle enfumée, aussi noire que airement pour la fumée des tourbes qui s'y ardoient ; et n'y avoit en celle maison fors le bouge devant, et une povre couste de vieille toile enfumée pour estuper le feu ; et par dessus un pauvre solier auquel on montoit par une échelle de sept échelons : en ce solier avoit un povre litteron où les enfans de la povre femme gissoient.

Quand le comte fut tout tremblant et tout ébahi entré en celle maison, il dit à la femme, qui étoit tout effréée : « Femme, sauve-moi, je suis ton sire le comte de Flandre : mais maintenant me faut mussier ; car mes ennemis me chassent ; et du bien que tu me feras je te rendrai le guerredon. » La povre femme le reconnut assez ; car elle avoit été par plusieurs fois à l'aumône à sa porte : si l'avoit vu aller et venir, ainsi que un seigneur va en ses déduits ; et fut tantôt avisée de répondre : dont Dieu aida le comte ; car elle ne pouvoit si peu détrier que on eût trouvé le comte devant le feu parlant à elle : « Sire, montez à mont en ce solier et vous boutez dessous un lit où mes enfans dorment. » Il le fit ; et entrementes la femme s'ensoigna entour le feu et à un autre petit enfant qui gissoit en un repos.

Le comte de Flandre entra en ce solier et se bouta au plus bellement et souef que il put entre la couste et le feurre de ce pauvre litteron et là se quatit et fit le petit ; et faire lui convenoit.

Et véez-ci ces routiers de Gand qui routoient, qui entrèrent en la maison de celle povre femme, et avoient, ce disoient les aucuns de leur route, vu entrer un homme dedans. Ils trouvèrent celle povre femme séant à son feu, qui tenoit son enfant. Tantôt ils lui demandèrent : « Femme, où est un homme que nous avons vu entrer céans et puis l'huis reclorre ? »—« Par ma foi ! dit-elle, je ne vis huy de celle nuit homme entrer céans ; mais j'en issis, n'a pas grandement, et jetai un petit d'eau et puis recloui mon huis, ni je ne le saurois où mucier ; vous véez tous les aisemens de céans ; véez là mon lit, et là sus gissent mes enfans. »

Adonc prit l'un de eux une chandelle et monta à mont sur l'échelle, et bouta la tête au solier, et n'y vit autre chose que ce povre litteron des enfans qui dormoient. Si regarda bien partout haut et bas. Adonc dit-il à ses compagnons ; « Allons, allons ! nous perdons le plus pour le moins ; la povre femme dit voir, il n'y a âme fors elle et ses enfans. »

A ces paroles issirent-ils hors de l'hôtel de la femme et s'en allèrent router autre part. Oncques puis nul n'y entra qui y voulsist mal faire.

Toutes ces paroles avoit ouïes le comte de Flandre qui étoit couché et quati en ce povre litteron. Si pouvez imaginer que il fut adonc en grand effroi de sa vie. Quelle chose pouvoit-il lors dire, penser ni imaginer quand matin il pouvoit bien dire : « Je suis un des grands princes chrétiens du monde. » Et la nuit ensuivant il se trouvoit en celle petitesse ? Il pouvoit bien dire et imaginer que les fortunes de ce monde ne sont pas trop estables.

Encore grand heur pour lui quand il en put issir sauve sa vie : toutefois celle dure et périlleuse aventure lui devoit bien être un grand mirouer et dobst être toute sa vie. Nous lairons le comte de Flandre en ce parti et parlerons de ceux de Bruges ; et comment les Gantois persévérèrent.

CHAPITRE CLVIII.

Comment ceux de Gand firent grands murdres et dérobemens en Bruges ; et comment ils repourvéirent leur ville de vivres qu'ils prirent au Dam et à l'Écluse.

François Acreman étoit l'un des plus grands capitaines des routiers, et envoyé de par Philippe d'Artevelle et Piètre du Bois pour cerchier et router la ville de Bruges : et ils gardoient le marché, et le gardèrent toute la nuit et à lendemain, jusques à tant que ils se virent tous seigneurs de la ville. Bien étoit défendu à ces routiers que ils ne portassent nul dommage ni nul contraire aux marchands et bonnes gens étrangers qui pour ce temps étoient à Bruges ; car ils n'avoient que faire de comparer leur guerre. Ce commandement fut assez bien gardé, ni oncques François ni sa route ne firent mal ni dommage à nul homme étrange. La vindication étoit sçue et jetée des Gantois sur les quatre métiers de Bruges, coulettiers, virriers, bouchers et poissonniers, à tous occire quants que on en trouveroit, sans nul déporter, pourtant que ils avoient été de la faveur du comte, et devant Audenarde et ailleurs. On alloit par ces hôtels querre ces bonnes gens ; et partout où ils étoient trouvés ils étoient morts sans merci. Celle nuit en y ot des occis plus de douze cents, que uns que autres, et faits plusieurs autres murdres, larcins et maufaits qui point ne vinrent en connaissance ; et moult de maisons et de femmes robées et pillées, violées et détruites, et des coffres effondrés, et tant fait que les plus povres de Gand furent tous riches.

Le dimanche au matin, à sept heures, vinrent les joyeuses nouvelles en la ville de Gand, que leurs gens avoient déconfit le comte et sa chevalerie et ceux de Bruges ; et étoient par conquêt seigneurs et maîtres de Bruges. Vous pouvez bien croire et savoir que à ces nouvelles à Gand ce fut un peuple réjoui, qui en grands trances et tribulation avoit été ; et firent par les églises plusieurs processions et dévots oblations, en louant Dieu qui les avoit regardés en pitié et tellement reconfortés que envoyé victoire à leurs gens. Plus venoit le jour avant et plus leur venoient bonnes nouvelles; et étoient si trespercés de joie, que ils ne savoient auquel entendre. Et je le dis pourtant que si le sire de Harselles, qui demeuré étoit à Gand, eût pris ce dimanche ou le lundi en suivant trois ou quatre mille hommes d'armes et si s'en fût venu en Audenarde il eût eu la ville à sa volonté; car ceux d'Audenarde furent si ébahis quand ces nouvelles leur vinrent, que à peine, pour la paour de ceux de Gand, que ils vidoient leur ville pour aller tenir les bois, ou eux retraire en sauveté en Hainaut ou ailleurs, et en furent tous appareillés. Mais quand ils virent que ceux de Gand ne venoient point et que nulles nouvelles n'en avoient, ils recueillirent courage et confort en eux, et aussi trois chevaliers qui là étoient qui s'y boutèrent: messire Jean Bernage, messire Thierry d'Olbaing et messire Florens de Heulles. Ces trois chevaliers gardèrent, confortèrent et conseillèrent les gens d'Audenarde jusques à tant que messire Daniaulx de Hallevyn y vint depuis, qui y fut envoyé de par le comte, ainsi que je vous recorderai quand je serai venu jusques à là.

Oncques gens qui sont au-dessus de leurs ennemis, ainsi que ceux de Gand furent adonc de ceux de Bruges, ne se portèrent ni passèrent plus bellement de ville que ceux de Gand firent de ceux de Bruges; car oncques ils ne firent mal à nul homme de menu peuple ou de métier, si il n'étoit trop vilainement accusé.

Quand Philippe d'Artevelle, Piètre du Bois et les capitaines de Gand se virent tout au-dessus de la dite ville de Bruges et que tout étoit en leur commandement et obéissance, on fit un ban de par Philippe d'Artevelle et Piètre du Bois et les bonnes gens de Gand, que, sur la tête, toutes manières de gens se traissent en leurs hôtels, et que nul ne pillât ni efforçât maison, ni prensist rien de l'autrui s'il ne le payoit; et que nul ne se logeât au logement d'autrui; et que nul n'émût mêlée ni débat sans commandement; et tout sur la tête. Adonc fut demandé si on savoit que le comte étoit devenu. Les aucuns disoient qu'il étoit issu de la ville dès le samedi; et les autres disoient que encore étoit-il à Bruges et respous quelque part où on le pourroit trouver. Les capitaines de Gand n'en firent compte; car ils étoient si réjouis de la victoire que ils avoient et de ce que au-dessus de leurs ennemis se véoient, que ils n'accomptoient mais rien à comte ni à baron ni à chevalier qui fût en Flandre; et se tenoient si grands que tout viendroit, se disoient-ils, en leur obéissance. Et regardèrent Philippe d'Artevelle et Piètre du Bois que, quand ils se départirent de la ville de Gand, ils l'avoient laissée si dégarnie et dépourvue de tous vivres tant que de vins et de blés il n'y avoit rien : si envoyèrent tantôt une quantité de leurs gens au Dam et à l'Écluse pour être seigneurs de ces villes et des pourvéances qui dedans étoient, et repourvoir la ville de Gand.

Quand ceux qui envoyés y furent vinrent au Dam, on leur ouvrit les portes; et furent tantôt la ville et les pourvéances mises en leur commandement. Adonc furent traits hors de ces beaux celliers au Dam tous les vins qui là étoient, de Poitou, de Gascogne, de la Rochelle et des lointaines marches, plus de six mille tonneaux, et mis à voitures et à nefs, et envoyés à Gand par chars et par la rivière que on dit la Lière. Et puis passèrent ces Gantois outre et s'en vinrent à l'Écluse, laquelle ville se ouvrit contre eux, et se mit en leur obéissance; et là trouvèrent-ils grand'foison de blés et de farines en tonneaux, en nefs et en greniers, de marchans étranges. Tout fut pris et mis en voiture et envoyé à Gand, tant par char comme par eau. Ainsi fut la ville de Gand rafreschie et repourvue et délivrée de misère, par la grâce de Dieu. Autrement ne fut-ce pas. Et bien en doit aux Gantois souvenir, que Dieu leur avoit aidé pleinement, quand cinq mille hommes, tous affamés, avoient déconfit devant leurs maisons quarante mille hommes. Or se gardent de eux enorgueillir et leurs capitaines aussi; mais non feront : ils s'enorgueilliront tellement que Dieu se courroucera et leur remontrera leur orgueil, avant que l'année soit hors, si comme vous orrez recorder en l'histoire plus avant, et pour donner exemple à toutes autres gens.

CHAPITRE CLIX.

Comment le comte Louis de Flandre échappa hors de Bruges et chemina à pied vers Lille; et comment en moult de lieux on murmuroit sur son fait.

Je fus adoncques informé, et je le veuil bien croire, que le dimanche à la nuit le comte de Flandre issit hors de la ville de Bruges; la manière, je ne le sais pas, ni aussi si on lui fit voie aucune aux portes; je crois bien que ouil; mais il issit tout seul et à pied, vêtu de une povre et simple hoppelande. Quand il se trouva aux champs, il fut tout réjoui; et pouvoit bien dire qu'il étoit issu de grand péril. Et commença à cheminer à l'aventure, et s'en vint dessous un buisson pour aviser quel chemin il tiendroit; car pas ne connoissoit le pays ni les chemins, ni oncques à pied ne les avoit allés. Ainsi que il étoit dessous le buisson et là quati, il entendit et ouït parler un homme; et c'étoit un sien chevalier qui avoit épousée une sienne fille bâtarde, et le nommoit-on messire Robert Mareschaulx. Le comte le reconnut au parler. Si lui dit en passant: « Robert, es-tu là? » — « Oil, monseigneur, dit le chevalier, qui tantôt le reconnut au parler, vous m'avez fait huy beaucoup de peine à cherchier autour de Bruges; comment en êtes-vous issu? » — « Allons, allons, dit le comte, Robin, il n'est pas maintenant temps de ici recorder ses aventures; fais tant que je puisse avoir un cheval, car je suis jà lassé d'aller à pied; et prends le chemin de Lille, si tu le sces. » — « Monseigneur, dit messire Robert, ouil, je le sais bien. »

Adonc cheminèrent-ils celle nuit et lendemain jusques à prime, ainçois que ils pussent recouvrer un cheval; et le premier que le comte ot, ce fût une jument que ils trouvèrent chez un prud'homme en un village. Si monta le comte sus, sans selle et sans pannel, et vint ainsi ce lundi au soir, et se bouta par les champs au chastel de Lille. Et là s'en retournoient la greigneur partie des chevaliers qui étoient échappés de la bataille de Bruges, et s'étoient sauvés au mieux qu'ils avoient pu, les aucuns à pied et les autres à cheval. Et tous ne tinrent mie ce chemin; et s'en allèrent les aucuns par mer en Hollande et en Zélande, et là se tinrent-ils tant qu'ils ouïrent nouvelles autres. Messire Guy de Ghistelles arriva à bon port; car il trouva en Zélande en une de ses villes le comte Guy de Blois qui lui fit bonne chère et lui départit largement de ses biens pour lui remonter et remettre en état, et le retint de-lez lui tant que il y volt demeurer. Ainsi étoient les desbaretés reconfortés par les seigneurs de là où ils se trayoient, qui en avoient pitié; et c'étoit raison, car noblesse et gentillesse doivent être aidées et conseillées par gentillesse.

Les nouvelles s'espardirent par trop de lieux et de pays de la déconfiture de ceux de Bruges et du comte leur seigneur, comment les Gantois les avoient déconfits. Si en étoient plusieurs manières de gens réjouis et principalement communautés. Tous ceux des bonnes villes de Flandre et de l'évêché de Liége en étoient si liés, que il sembloit proprement que la besogne fût leur. Aussi furent ceux de Rouen et de Paris, si pleinement ils en osassent parler.

Quand pape Clément en ot les nouvelles, il pensa un petit, et puis dit que cette déconfiture avoit été une verge de Dieu pour donner exemple au comte, et que il lui envoyoit cette tribulation pour la cause de ce que il étoit rebelle à ses opinions. Aucuns autres grands seigneurs disoient en France et ailleurs, que le comte ne faisoit que un petit à plaindre si il avoit à porter et à souffrir; car il étoit si présomptueux que il ne prisoit ni aimoit nul seigneur voisin que il eut, ni roi de France ni autre, si il ne lui venoit bien à point; pourquoi ils le plaignoient moins de ses persécutions. Ainsi advint, et que le vocable soit voir que on dit que: à celui à qui il meschiet chacun lui mésoffre. Par espécial ceux de la ville de Louvain furent trop réjouis de la victoire des Gantois et de l'ennui du comte; car ils étoient en différend et en dur parti envers le duc Wincelant de Brabant leur seigneur qui les vouloit guerroyer et abattre leurs portes : mais or se tiendra-t-il mieux un petit en paix. Et disoient ainsi en la ville de Louvain : « Si Gand nous étoit aussi prochaine, sans quelque entre deux, comme Bruxelles est, nous serions tous un, eux avec nous et nous avecques eux. » De toutes leurs devises et paroles étoient informés le duc de Brabant et la duchesse; mais il leur convenoit cligner les yeux et baisser les têtes; car pas n'étoit heure de parler.

CHAPITRE CLX.

Comment Philippe d'Artevelle et les Gantois mirent la ville de Bruges et la plupart de Flandre et leur obéissance ; et comment Audenarde ne voult mie obéir aux Gantois.

Ceux de Gand, eux étant maîtres et obéis entièrement à Bruges, y firent moult de nouvelletés. Avisèrent que ils abattroient, au lez devers eux deux portes et les murs, et feroient remplir les fossés, afin que ceux de Bruges ne fussent jamais rebelles envers eux ; et quand ils s'en partiroient, ils emmèneroient cinq cents hommes, bourgeois de Bruges des plus notables, avec eux en la ville de Gand ; par quoi ils fussent tenus en plus grand cremeur et subjection.

Entrementes que ces capitaines se tenoient à Bruges, et que ils faisoient abattre portes et murs, et remplir les fossés, ils envoyèrent à Yppre, à Courtray, à Berghes, à Cassel, à Pourpringhes, à Bourbourch et par toutes les villes et chastelleries de Flandre sur la marine, et au Franc de Bruges que tous vinssent à obéissance à eux, et leur apportassent ou envoyassent les clefs des villes et des chasteaux, en remontrant service, à Bruges. Tous obéirent, ni nul ne osa adonc contester : et vinrent tous à obéissance à Bruges, à Philippe d'Artevelle et à Pièrre du Bois. Ces deux se nommoient et escrisoient souverains capitaines de tous, et par espécial Philippe d'Artevelle. Cil étoit qui le plus avant s'ensoignoit et se chargeoit des besognes de Flandre ; et tant que il fut à Bruges, il tint état de prince, car tous les jours, par ses menestrels, il faisoit sonner et corner devant son hôtel à ses dîners et à ses soupers ; et se faisoit servir en vaisselle couverte d'argent, ainsi comme si il fût comte de Flandre ; et bien pouvoit tenir cel état, car il avoit toute la vaisselle du comte, d'or et d'argent, et tous les joyaux, chambres et sommiers qui avoient été trouvés en l'hôtel du comte à Bruges ; ni rien on ne avoit sauvé. Encore fut envoyée une route de Gantois à Male, un très bel hôtel du comte, à demie lieue de Bruges. Ceux qui y allèrent y firent moult de desroys, car ils dérompirent tout l'hôtel et abattirent et effrondrèrent les fonts où le comte avoit été baptisé ; et mirent à voitures sur chars tout le bien, or et argent et joyaux, et envoyèrent tout à Gand.

Le terme de quinze jours avoit allans et venans de Gand à Bruges et de Bruges à Gand, tous les jours charriant, deux cents chars qui menoient or, argent, vaisselle, draps, pennes et toutes richesses prises et levées à Bruges, de Bruges à Gand : ni du grand conquêt et pillage que Philippe d'Artevelle et les Gantois firent là en celle prise de Bruges, à peine le pourroit-on priser ni estimer, tant y orent-ils grand profit.

Quand ceux de Gand eurent fait tout leur bon vouloir de la ville de Bruges, ils envoyèrent de la ville de Bruges à Gand cinq cents bourgeois des plus notables pour là demeurer en cause d'ôtagerie, et François Acreman et Pièrre de Vintre, et mille de leurs hommes, les envoyèrent ; et demeura Pièrre du Bois, capitaine de Bruges tant que ces portes, ces murs et ces fossés, fussent mis à uni. Et adonc se départit Philippe d'Artevelle à quatre mille hommes et prit le chemin de Yppre, et fit tant que il y parvint. Toute manière de gens issirent au devant de lui et le recueillirent aussi honorablement comme si ce fût leur seigneur naturel qui vint premièrement à seigneurie et se mirent tous en son obéissance. Et renouvela mayeurs et échevins, et fit toute nouvelle loi ; et là vinrent ceux des châstelleries de outre Yppre, de Cassel, de Berghes, de Bourbourch, de Furnes et de Pourpringhes qui se mirent en son obéissance, et jurèrent foi et loyauté à tenir ainsi comme à leur seigneur le comte de Flandre. Et quand il ot ainsi exploité, et que il ot de tous l'assurance, et il ot séjourné à Yppre huit jours, il s'en partit et s'en vint à Courtray où il fut aussi reçu à grand'joie ; et se y tint cinq jours. Et envoya ses lettres et ses messages à la ville d'Audenarde, en leur mandant que ils vinssent devers lui en obéissance ; et que trop y avoient mis, quand ils véoient que tout le pays se tournoit avecques ceux de Gand, et ils demeuroient derrière ; et que si ce ne faisoient, ils se pouvoient bien vanter que temprement ils auroient le siège ; et que jamais ne se partiroit du siège si auroit la ville ; et là mettroit à uni et à l'épée tout ce que ils trouveroient dedans.

Quand les nouvelles vinrent en Audenarde de par Philippe d'Artevelle, encore n'y étoit point venu messire Daniaulx de Hallewyn qui en celle saison en fut capitaine ; et n'y étoient que les trois chevaliers dessus nommés, qui répondirent chaudement qu'ils ne faisoient compte des menaces d'un varlet, fils d'un brasseur de miel ; et que l'héritage de leur seigneur le comte de Flandre, ils ne pouvoient ni ne vouloient pas donner ni amoindrir ; mais le défendroient et garderoient jusques au mourir.

Ainsi retourna le message à Courtray et recorda à Philippe d'Artevelle cette réponse.

Quand Philippe d'Artevelle ot ouï parler son messager ainsi, que ceux de la garnison d'Audenarde ne faisoient nul compte de lui ni de ses menaces, il jura que, quoique il lui dût coûter ni au pays de Flandre, il ne entendroit jamais à autre chose si auroit pris et rué par terre toute la ville d'Audenarde, si grandement en fût courroucé ; et disoit que de tout ce faire étoit bien en sa puissance, puisque le pays de Flandre étoit enclin à lui. Quand il ot séjourné cinq ou six jours à Courtray, et il ot renouvelé la loi, et de tous pris la féauté et hommage, aussi bien comme si il fût comte de Flandre, il s'en partit et s'en alla, et retourna à Gand. A l'encontre de lui issit-on à procession et à si grand'joie que le comte, leur sire en son temps, n'y fut point reçu si honorablement comme il fut à ce retour. Et l'adoroient toutes gens comme leur Dieu, pourtant qu'il avoit donné le conseil dont leur ville étoit recouvrée en état et en puissance ; car on ne vous pourroit mie dire la grand'foison de biens qui leur venoient par terre et par eau, de Bruges, de Dame et de l'Écluse. Un pain, n'avoit pas trois semaines, qui y valoit un viès gros, n'y valoit que quatre mitres : le vin qui valoit vingt quatre gros, n'y valoit que deux gros : toutes choses etoit en Gand à meilleur marché que à Tournay ou à Valenciennes. Philippe d'Artevelle enchargea un grand état de beaux coursiers et destriers avoir en son séjour, ainsi comme un grand prince ; et étoit aussi étoffément dedans son hôtel que le comte de Flandre étoit à Lille ; et avoit parmi Flandre ses officiers, baillifs et chastellains, receveurs et sergens, qui toutes les semaines apportoient la mise très grande à Gand devers lui, dont il tenoit son état. Et se vêtoit de sanguines[1] et d'écarlattes, et se fourroit de menus vairs[2], ainsi comme le duc de Brabant ou le comte de Hainaut ; et avoit sa chambre aux deniers très riche où on payoit ainsi comme le comte ; et donnoit aux dames et aux damoiselles de grands dîners, soupers et banquets, ainsi comme avoit fait du temps passé le comte ; et n'épargnoit non plus ni or ni argent que donc que il lui plût des nues ; et s'escripsoit et nommoit en ses lettres : Philippe d'Artevelle, Regard de Flandre.

CHAPITRE CLXI.

Comment, Philippe d'Artevelle étant à Gand, fut envoyé messire Daniel de Hallewyn en Audenarde pour être capitaine, et comment Philippe d'Artevelle l'assiégea avec grand'quantité de Gantois.

Or a le comte de Flandre, qui se tient au chastel de Lille, assez à penser et à muser quand il voit son pays plus que oncques mais rebelle à lui, et ne voit mie que de sa puissance singulière il le puisse recouvrer ; car toutes les villes sont si en une unité et d'un accord que on ne les en peut jamais ôter, si ce n'est par trop grand'puissance : ni on ne parloit partout son pays de lui, non plus en lui honorant ni reconnoissant à seigneur, que d'oncques il n'eût été. Or lui revaudra l'alliance qu'il avoit au duc de Bourgogne, lequel a sa fille pour femme, ma dame Marguerite, dont il a deux beaux enfans, bien à point. Or est-il bien heureux que le roi Charles est mort, et qu'il y a un jeune roi en France au gouvernement de son oncle le duc de Bourgogne, qui le mènera et ploiera du tout à sa volonté ; car ainsi comme de l'osier que on ploye jeune autour de son doigt, et quand elle est âgée on n'en fait pas la volonté, ainsi est-il du jeune roi de France, et sera si comme j'ai l'espoir ; car il est de bonne volonté et si se désire à armer. Si le traira à ce faire le duc de Bourgogne son oncle, quand il lui remontrera l'orgueil de Flandre, et comment il est tenu de aider ses hommes quand leurs gens veulent user de rebellion. Mais le roi Charles, si supposent les aucuns, n'en eût rien fait, et si aucune chose il eût attribué au comté de Flandre, par quelque manière, au royaume de France et au domaine ; car le comte de Flandre n'étoit pas si bien en sa grâce que il eût rien fait pour lui, si ne sçût bien comment.

Nous nous souffrirons à parler de ces devises, tant que temps et lieu venra ; et dirons que le comte de Flandre, qui se tenoit à Lille depuis sa grand'perte que il ot à Bruges devant et dedans

---

[1] Sorte d'étoffe de couleur sanguine.

[2] Étoffe ou fourrure dont les taches étaient très petites, de façon que l'on avait peine à distinguer laquelle des couleurs était dominante.

Bruges, fit. Il entendit que messire Jean Bernage, messire Thierry d'Olbaing et messire Florens de Heulle tenoient la ville d'Audenarde et avoient tenue depuis la dure besogne de Flandre avenue devant Bruges; et bien savoit que ces trois chevaliers n'étoient pas forts assez pour résister contre la puissance de Flandre, si ils venoient là pour mettre le siége. Ainsi on espéroit que aussi feroient-ils hâtivement. Adonc pour rafreschir la ville d'Audenarde et la pourvoir de toutes choses, le comte appela messire Daniaulx de Hallevin, et lui dit : « Daniel, vous vous en irez en Audenarde, et je vous en fais capitaine et souverain; et aurez de votre route cent et cinquante lances de bonnes gens d'armes et cent arbalêtriers, et deux cents gros varlets à lances et à pavois. Si soignez de la garnison; car je la vous en charge fiablement, et la faites hâtivement pourvoir de bleds, d'avoines, de chairs salées et de vins par nos bons amis de Tournay : il ne nous fauldront pas à ce besoin, selon notre espoir. » — « Monseigneur, répondit le chevalier, à votre ordonnance tout sera fait, et j'en prends le faix et la charge de la garde d'Audenarde, ni jà maux n'y aviendront par moi ni par ma deffaute. » — « Daniel, dit le comte, de ce suis-je tout conforté. »

Ne demeura guères de temps puis ce que messire Daniaulx de Hallewyn, établi capitaine souverain de Audenarde, s'en vint, à toute charge que avoir devoit et qui baillée lui fut de par le comte, bouter dedans la ville d'Audenarde; dont ceux qui y étoient furent tous réjouis. Et y entrèrent le dix septième jour du mois de mai, et s'y tinrent toute la saison très honorablement ainsi que vous orrez recorder avant en l'histoire.

Avec messire Daniel de Hallewyn étoient de gens d'armes messire Louis et messire Gillebert de Lieureghien, messire Jean de Heulle, messire Florens de Heulle, messire Blanchard de Calonne, le sire de Rassenghien, messire Gérard de Marqueillies, Lambert de Lambres, Enguerrand Zendequin, Morelet de Hallewyn, Hanglenardin et plusieurs autres chevaliers et écuyers de Flandre, d'Artois et de la châtellerie de Lille; et tant qu'ils se trouvèrent bien cent cinquante lances de bonnes gens d'armes hardis et entreprenants, et tous reconfortés de attendre le siége. Messire Daniel de Hallewyn, qui capitaine étoit, ne vouloit en la ville d'Audenarde avecques lui fors toute fleur de gens d'armes; et bien y besognoit.

Quand Philippe d'Artevelle, qui se tenoit en Gand, entendit que ceux d'Audenarde étoient ainsi rafreschis de gens d'armes et de pourvéances, si dit que il y pourverroit de remède, et que ce ne faisoit mie à souffrir; car c'étoit trop grandement au préjudice et au déshonneur du pays de Flandre que cette ville se tenoit ainsi : et dit qu'il y venroit mettre le siége, et jamais ne s'en partiroit si l'auroit abattue, et morts tous ceux qui dedans étoient, chevaliers et autres. Adonc fit-il un mandement par tout le pays de Flandre que tous fussent venus et appareillés dedans le neuvième jour de juin devant Audenarde. Nul n'osa désobéir; tous s'appareillèrent des bonnes villes de Flandre et du Franc de Bruges, et vinrent mettre le siége devant Audenarde, et se étendirent par champs et par prés et par marais, tout à l'environ; et là étoit Philippe d'Artevelle, leur capitaine souverain par qui ils s'ordonnoient tous, qui tenoit grand état devant Audenarde. Adonc fit-il une taille en Flandre, que chacun feu toutes les semaines paieroit quatre gros; si porteroit le riche pour le povre. De cette taille acquit et assembla Philippe grand argent; car nul ni nulle n'étoit excusé ni déporté que il ne payât; car il avoit les sergens épars parmi Flandre, qui faisoient payer povres et riches, voulsissent ou non. Et disoit-on que il y avoit au siége devant Audenarde, quand ils furent assemblés, du pays de Flandre plus de cent mille hommes. Et firent ces Flamands, au-dessus d'Audenarde en l'Escaut, ficher et planter grands et gros merriens, parquoi point de navie de Tournay ne pût venir en Audenarde. Et avoient en leur ost de toutes choses à plenté, halles de draps, de pelleteries, de mercerie, et marché tous les samedis; et leur apportoit-on des villages environ toutes choses de douceurs, fruits, beurre, lait, fromages, poulailles et autres choses. En l'ost avoit tavernes et cabarets aussi bien et aussi plantureusement comme à Bruges ou à Bruxelles; et vins de Rhin, de Poitou, de France, Garnaches, Malevoises et autres vins étrangers et à bon marché. Et pouvoit-on aller, venir, passer et retourner parmi leur ost sauvement et sans péril, voire ceux de Hainaut et de Brabant, d'Allemagne et de Liége aussi; mais non ceux de France.

Quand messire Daniel de Hallewyn, capitaine d'Audenarde, entra premièrement en la ville, il fit toutes les pourvéances départir ouniement, et donner à chacun, selon lui et sa charge, sa portion; et renvoya tous les chevaux sur quoi ils étoient venus, et fit toutes les maisons près des murs abattre ou couvrir de terre, pour le trait du feu des canons, car ils en avoient en l'ost merveilleusement grand'foison; et fit toutes les femmes et les enfans et les autres menus gens loger ès moutiers, et plusieurs vider la ville; et ne demeura oncques chien en la ville que tous ne fussent morts ou jetés dedans les fossés ou en la rivière. Si vous dis que les compagnons qui là dedans étoient en garnison faisoient souvent de belles issues du soir et du matin, et portoient à ceux de l'ost grand dommage. Et avoit entre eux deux écuyers d'Artois, frères, Lambert de Lambres et Tristan. Ces deux par plusieurs fois y firent de grands appertises d'armes; et ramenoient souvent des pourvéances de l'ost, voulsissent ou non leurs ennemis, et aussi des prisonniers. Ainsi se tinrent-ils tout l'été. Et étoit l'intention de Philippe d'Artevelle et de son conseil que ils seroient là tant que ils les affameroient, car à l'assaillir il leur coûteroit trop grandement de leurs gens; et firent ceux de Gand ouvrer, ordonner et charpenter à force sur le mont d'Audenarde un engin merveilleusement grand, lequel avoit vingt pieds de large et vingt pieds jusques à l'étage, et quarante pieds de long; et appeloit-on cet engin un mouton, pour jeter pierres de faix dedans la ville et tout effondrer. Encore de rechef, pour plus ébahir ceux de la garnison d'Audenarde, ils firent faire et ouvrer une bombarde merveilleusement grande, laquelle avoit cinquante trois pouces de bec, et jetoit carreaux merveilleusement grands et gros et pesants; et quand cette bombarde descliquoit, on l'ouoit par jour bien de cinq lieues loin, et par nuit de dix, et menoit si grand'noise au descliquer, que il sembloit que tous les diables d'enfer fussent au chemin. Encore firent faire ceux de Gand un engin et asseoir devant la ville, qui jetoit croisseux de cuivre tout bouillant.

De tels engins de canons, de bombarbes, de truies et de moutons se mettoient en peine ceux de Gand de adommager ceux de Audenarde. Entre tout ce se confortoient bellement les compagnons qui dedans étoient, et remédioient à l'encontre, et faisoient des issues trois ou quatre fois la semaine; dont ils avoient plus d'honneur que de blâme, et aussi plus de profit que de dommage.

CHAPITRE CLXII.

Comment un nombre de Flamands partirent du siége devant Audenarde, et des maux qu'ils commirent en Flandre et en Tournesis.

Entrementes que on séoit devant Audenarde se départirent bien onze cents hommes de l'ost; et se avisèrent que ils iroient voir le pays et abattre et fuster les maisons des chevaliers qui issus de Flandre étoient et venus demeurer en Hainaut, en Brabant et en Artois, eux et leurs femmes et leurs enfans. Si accomplirent tout leurs propos; et firent ces routiers moult de desroys parmi Flandre, et ne laissèrent oncques maison ni hôtel de gentilhomme que tous ne fussent ars et rués par terre; et s'en vinrent de rechef à Male, l'hôtel du comte, séant à demi lieue de Bruges, et quand ils l'eurent fusté ils le par-abatirent. Et trouvèrent le repos où le comte avoit été mis d'enfance, et le dépécèrent pièce à pièce, et la cuvelette où on l'avoit baigné, et la dépécèrent aussi toute; et abattirent la chapelle et apportèrent la cloche. Depuis s'en vinrent à Bruges, et là trouvèrent Piètre du Bois et Piètre le Vintre qui leur firent bonne chère et leur sçurent bon gré de ce que ils avoient fait, et leur dirent que ils avoient bien exploité.

Quand ces routiers se furent rafreschis à Bruges quatre jours, ils prirent leur chemin vers le Pont Warneston et passèrent la rivière du Lys, et s'en vinrent devant la ville de Lille; et abattirent aucuns moulins à vent; et boutèrent le feu en aucuns villages devers Flandre. Adonc s'armèrent et s'en vinrent à pied et à cheval plus de quatre mille de ceux de Lille après ces routiers; et y ot de ces Flamands de ratteints : si en y ot de morts et de pris à qui on trancha depuis les têtes à Lille; et s'ils eussent été bien poursuivis, jà pied n'en fût échappé. Toutes fois ces routiers de Gand entrèrent en Tournésis et y firent moult de desroys; et ardirent la ville de Selchin et autres villages environ qui sont du royaume de France, et retournèrent atout grand'proie au siége d'Audenarde.

Ces nouvelles vinrent au duc de Bourgogne qui se tenoit à Bapeaumes en Artois, comment les Gantois avoient couru, pillé et ars aucuns villages sur le royaume de France. Si en escripsit tantôt tout le convenant le duc de Bourgogne devers son neveu le roi de France qui se tenoit à Compiègne, et aussi au duc de Berry son frère, au duc de Bourbon et au conseil du roi, afin que ils eussent avis. Et ne voulsist mie le duc de Bourgogne que ce ne fût advenu, ni que les Flamands n'eussent autrement fait; car il pensoit bien que il en convenoit enseigner le roi de France; autrement son sire, le comte de Flandre, ne reviendroit jamais à l'héritage de Flandre. Et aussi, tout considéré, celle guerre le regardoit trop grandement; car il étoit de par sa femme, après la mort de son seigneur le comte, héritier de Flandre.

CHAPITRE CLXIII.

Comment le comte de Flandre, averti des outrages des Gantois, se recommanda à son gendre le duc de Bourgogne; et lui et Berry en parlèrent au roi, et ce qu'il en répondit.

En ce temps se tenoit le comte de Flandre à Hesdin. Si lui fut recordé comment les routiers de Gand avoient été à Male et abattu l'hôtel en dépit de lui, et la chambre où il fut né arse, et les fonds où il fut baptisé rompus, et le repos où il fut couché enfant, armoyé de ses armes, qui étoit tout d'argent, et la cuvelette aussi où on l'avoit d'enfance baigné, qui étoit d'or et d'argent, toute descirée et despécée et apportée à Bruges, et là fait leurs gabes et leurs ris. Ce lui vint et tourna à grand'déplaisance. Si ot le comte, lui étant à Hesdin, maintes imaginations; car il véoit son pays perdu et tourné contre lui, excepté Tenremonde et Audenarde, et n'y véoit nul recouvrer de nul côté, fors de la puissance de France. Si s'avisa, tout considéré, qu'il s'en viendroit parler à son fils le duc de Bourgogne qui se tenoit à Bapeaumes, et lui remontrer ses besognes. Si se départit de Hesdin et s'en vint à Arras; et là se reposa deux jours. A lendemain il s'en vint à Bapeaumes : si descendit à l'hôtel du comte, qui étoit sien; car pour ce temps il étoit comte d'Artois, car sa dame de mère étoit morte. Le duc de Bourgogne son fils ot grand compassion de lui, et le reconforta moult doucement, quand il l'ot oy complaindre; il lui dit : «Monseigneur, par la foi que je dois à vous et au roi, je n'entendrai jamais à autre chose, si serez réjoui de vos meschéances ou nous perdrons tout le demeurant; car ce n'est pas chose due que telle ribaudaille comme ils sont ores en Flandre laisser gouverner un pays; et toute chevalerie et gentillesse en pourroit être détruite et honnie, et par conséquent sainte chrétienté.»

Le comte de Flandre se reconforta, parmi tant que le duc de Bourgogne lui ot en convenant de aider; et prit congé de lui, et s'en vint en la cité d'Arras. A ce jour y tenoit le comte de Flandre plus de deux cents hommes des bonnes villes de Flandre hostagiers; et étoient au pain et à l'eau en diverses prisons; et leur disoit-on tous les jours que on leur trancheroit les têtes; ni ils n'attendoient autre chose. Quand le comte fut venu à Arras il les fit, à l'honneur de Dieu et de Notre Dame, tous délivrer, car bien véoit, à ce qui avenoit en Flandre, que ils n'avoient nulle coulpe; et leur fit jurer à être bons et loyaux envers lui; et puis leur fit délivrer à chacun or et argent pour aller à Lille, ou à Douay, ou ailleurs où mieux leur plairoit; dont le comte acquit grand'grâce; et puis se partit le comte d'Arras et s'en retourna à Hesdin et là se tint une espace.

Le duc de Bourgogne ne mit mie en oubli les convenances qu'il avoit eues à son seigneur de père le comte de Flandre : si se partit de Bapeaumes, messire Guy de la Tremoille en sa compagnie, et messire Jean de Vienne, amiral de France, qui rendoient grand'peine de conseil à ce que le comte de Flandre fût conforté; et ces deux étoient les plus grands et les plus hauts de son conseil. Tant chevaucha le duc de Bourgogne, et sa route avecques lui, que il vint à Senlis où le roi étoit et ses deux oncles Berry et Bourbon. Si fut là reçu à grand'joie, et puis demandé des nouvelles de Flandre et du siége d'Audenarde. Le duc de Bourgogne répondit à ces premières paroles moult sagement au roi et à ses oncles; et quand ce vint à loisir il trait à part son frère le duc de Berry, et lui remontra comment ces Gantois orgueilleux se mettoient en peine de être maîtres et de détruire toute gentillesse; et jà avoient-ils ars et pillé sur le royaume de France, qui étoit une chose moult préjudiciable, à la confusion et vitupère du roi, et que on ne leur devoit mie souffrir. «Beau frère, dit le duc de Berry, nous en parlerons au roi; nous sommes, je et vous, les deux plus hauts de son conseil. Le roi informé, nul n'ira au devant de notre entente; mais à émouvoir guerre, le roi de France et le royaume, à Flandre qui ont été en bonne paix ensemble, il convient qu'il y ait titre et que les barons de France y soient appelés : autrement nous en serions demandés et inculpés; car le roi est jeune; et savent bien toutes gens que il fera en partie ce que nous voudrons et lui conseillerons. Si bien lui en prenoit la chose se passeroit en bien; si mal lui en venoit, nous en serions démandés et trop plus blâmés que les autres, et à bonne cause; et diroit-on partout : véez les oncles du roi, le duc de Berry et le duc de Bourgogne, comment ils l'ont conseillé jeunement; ils ont bouté en guerre le royaume de France, dont il n'avoit que faire. Donc je dis, beau frère, que nous mettrons ensemble la greigneur partie des prélats et des nobles du royaume de France et leur remontrerons, le roi présent, vous personnellement à qui il en touche pour l'héritage de Flandre, toutes ces incidences : nous verrons tantôt la générale volonté du royaume de France. » Répondit le duc de Bourgogne : « Vous parlez bien, beau frère, et ainsi sera fait comme vous dites. »

A ces paroles véez-ci le roi qui entra en la chambre où ses oncles étoient, un épervier sur le poing; et se férit en leurs paroles, et leur demanda moult liement en riant : « De quoi parlez-vous maintenant, mes beaux oncles, en si grand conseil? Dites-le-moi, je vous prie; je le saurois volontiers, si c'est chose que on puist savoir. » — « Oui, monseigneur, dit le duc de Berry qui fut avisé de parler; car à vous en appartient de ce conseil grandement. Véez-ci votre oncle, mon frère de Bourgogne, qui se complaint à moi de ceux de Flandre; car les vilains de Flandre ont bouté hors de son héritage le comte de Flandre leur seigneur et tous les gentilshommes; et encore sont-ils à siége devant la ville d'Audenarde plus de cent mille Flamands, qui ont là assis grand'foison de gentilshommes; et ont un capitaine qui s'appelle Philippe d'Artevelle, pur Anglois de courage, lequel a juré que jamais ne partira de là si aura sa volonté de ceux de la ville, si votre puissance ne l'enlève, tant y a-t-il réservé. Et vous, qu'en dites-vous? Voulez-vous aider votre cousin de Flandre à reconquérir son héritage, que vilains par orgueil lui tollent et efforcent par cruauté? » — « Par ma foi, répondit le roi, beaux oncles, oui j'en suis en très grand'volonté; et pour Dieu, que nous y allions, je ne désire autre chose que moi armer. Et encore ne me armai-je oncques; si me faut-il, si je vueil régner en puissance et en honneur, apprendre les armes. »

Ces deux ducs se regardèrent l'un l'autre; et leur vint grandement à plaisance la parole que le roi avoit répondue. Et dit encore le duc de Berry : « Monseigneur, vous avez bien parlé, et à ce faire vous êtes tenu par plusieurs raisons; on tient la comté de Flandre du domaine de France, et vous avez juré, et nous pour vous, à tenir en droit vos hommes et vos liges; et aussi le comte de Flandre est votre cousin, par quoi vous lui devez amour. Et puisque vous en êtes en bonne volonté, ne vous en ôtez jamais; et en parlez ainsi à tous ceux qui vous en parleront; car nous assemblerons hâtivement les prélats et les nobles de votre royaume, et leur remontrerons, vous présent, toutes ces choses. Si parlez ainsi haut et clair que vous avez ici parlé à nous, et tous diront : Nous avons roi de haute emprise et de bonne volonté. » — « Par ma foi, beaux oncles, je voudrois que ce fût demain à aller celle part; car d'ores-en-avant ce sera le plus grand plaisir que je aurai que je voise en Flandre abattre l'orgueil des Flamands. »

De celle parole orent les deux ducs grand'joie. Adonc vint le duc de Bourbon, qui fut appelé des deux ducs; et lui recordèrent toutes les paroles que vous avez ouïes, et la grand'volonté que le roi avoit d'aller en Flandre, dont le duc de Bourbon ot grand'joie. Si demeurèrent les choses en cel état; mais le roi escripsit, et ses oncles aussi, à tous les seigneurs du conseil du royaume de France, qu'ils venissent sur un jour qui assigné y fut, à Compiègne, et que là auroit parlement pour les besognes du royaume de France. Tous obéirent, ce fut raison. Et sachez que le roi étoit si réjoui de ces nouvelles et si pensif en bien, que il ne s'en pouvoit mettre hors; et disoit trop souvent que tant de parlemens ne valoient rien pour faire bonne besogne; et si disoit : « Il me semble que quand on veut faire et entreprendre aucune besogne, on ne la doit point tant demener, car au détrier on avise ses ennemis. » Et puis si disoit outre, quand on lui mettoit au devant les périls qui venir en pouvoient : « Oïl, oïl; qui oncques rien n'entreprit, rien n'acheva. » Ainsi se devisoit le jeune roi de France, et jangloit à la fois aux chevaliers et aux écuyers de sa chambre qui de-lez lui étoient et qui le servoient.

Or vueil-je compter d'un songe qui lui étoit advenu en celle saison, lui étant à Senlis, et sur quoi il s'ordonna de sa devise du cerf-volant, si comme je fus adonc informé.

CHAPITRE CLXIV.

De une très merveilleuse vision, que le jeune roi de France eut de nuit en dormant en la ville de Senlis, sur le fait de son entreprise.

Advenu étoit, point n'avoit long terme, au jeune roi Charles de France, entrementes que il séjournoit dans la ville de Senlis, qu'en dormant en son lit une vision lui vint. Et lui étoit proprement avis que il étoit en la cité d'Arras, où oncques à ce jour n'avoit été, et toute la fleur de la chevalerie de son royaume ; et là venoit le comte de Flandre à lui, qui lui asséoit sur son poing un faucon pélerin moult gent et moult bel, et lui disoit ainsi : « Monseigneur, je vous donne en bonne étrainne ce faucon pour le meilleur que je visse oncques, le mieux volant, le mieux et le plus gentiment chassant, et mieux abattant oiseaux. » De ce présent avoit le roi grand'joie, et disoit : « Beau cousin, grand merci ! » Adonc lui étoit-il avis que il regardoit sur le connétable de France qui de-lez lui étoit, messire Olivier de Cliçon, et lui disoit : « Connétable, allons, moi et vous, aux champs pour éprouver ce gentil faucon que mon cousin de Flandre m'a donné. » Et le connétable répondit : « Sire, allons. » Adonc montoient-ils à cheval eux deux seulement, et venoient aux champs, et prenoit ce faucon de la main du roi le connétable ; et trouvoient moult bien à voler et grand'foisons de hérons. Adonc disoit le roi : « Connétable, jetez l'oisel, si verrons comment il chassera et volera. » Et le connétable le jetoit, et cil faucon montoit si haut que à peine le pouvoient-ils choisir en l'air ; et prenoit son chemin sur Flandre. Adonc disoit le roi au connétable : « Connétable, chevauchons après mon oisel, je ne le vueil pas perdre. » Et le connétable lui accordoit. Et chevauchoient, c'étoit avis au roi, au férir des éperons parmi un grand marais ; et trouvoient un bois durement fort et dru d'épines et de ronces et de mauvais bois à chevaucher.

Là disoit le roi : « A pied, à pied ; nous ne pouvons passer ce bois. » Adonc descendoient-ils et se mettoient à pied ; et venoient leurs varlets qui prenoient leurs chevaux ; et le roi et le connétable entroient en ce bois à grand'peine ; et tant alloient que ils venoient en une trop ample lande, et là véoient le faucon qui chassoit hérons, et abattoit, et se combattoit à eux et eux à lui. Et sembloit au roi que son faucon y faisoit foison d'appertises, et chassoit oiseaux devant lui tant qu'ils en perdoient la vue. Adonc étoit le roi trop courroucé de ce que il ne pouvoit suivre son oiseau, et disoit au connétable : « Je perdrai mon faucon, dont je aurai grand ennui ; ni n'ai loirre [1] ni ordonnance de quoi je le puisse réclamer. »

En ce souci que le roi avoit, lui étoit avis que un trop beau cerf, qui portoit douze ailes, apparoît à eux en issant de ce fort bois, et venoit en celle lande, et s'inclinoit devant le roi ; et le roi disoit au connétable qui regardoit ce cerf à merveilles et en avoit grand'joie : « Connétable, demeurez ci, et je monterai sur ce cerf qui se présente à moi, et suivrai mon oisel. » Le connétable lui accorda. Là montoit le jeune roi de grand volonté sur ce cerf volant, et s'en alloit à l'aventure après son faucon ; et ce cerf, comme bien endoctriné et avisé de faire le plaisir du roi, le portoit par dessus les grands bois et les hauts arbres. Et véoit que son faucon abattoit oiseaux à si grand plenté que il étoit tout émerveillé comment il pouvoit ce faire ; et sembloit au roi que, quand ce faucon ot assez volé et abattu de hérons tant que bien devait suffire, le roi le réclama ; et tantôt, comme bien duit, s'en vint asseoir sur le poing du roi ; et étoit avis au roi que il reprenoit le faucon par les ongles et le mettoit à son devoir ; et ce cerf ravaloit par dessus ces bois, et rapportoit le roi en la propre lande là où il l'avoit enchargé, et où le connétable l'attendoit qui avoit grand'joie de sa venue ; et sitôt comme il fut là venu et descendu, le cerf s'en ralloit et rentroit au bois, et ne le véoient plus. Et là recordoit le roi au connétable, ce lui étoit avis, comment le cerf l'avoit doucement porté. « Ni oncques, fit le roi, je ne chevauchai plus aise. » Et lui recordoit encore la bonté de son faucon, comment il avoit abattu tant d'oi-

---

[1] Terme de fauconnerie qui signifie *appât*, *leurre*.

seaux que il en étoit tout émerveillé. Et le connétable l'oyoit volontiers. Adonc venoient les varlets qui les poursuivoient, qui ramenoient leurs chevaux; si montoient sus, et trouvoient un chemin bel et ample qui les ramenoit à Arras. Adonc s'éveilla le roi et eut grand'merveille de celle vision; et trop bien lui souvenoit de tout ce, et le recorda à aucuns de sa chambre qui les plus prochains de lui étoient; et tant lui plaisoit la figure de ce cerf que à peine en imaginations il n'en pouvoit issir; et fut l'une des incidences premières, quand il descendit en Flandre à combattre les Flamands, pourquoi le plus il enchargea le cerf volant à porter en sa devise.

Nous nous souffrirons un petit à parler de lui, et parlerons de Philippe d'Artevelle qui se tenoit à siége devant la garnison et ville d'Audenarde.

CHAPITRE CLXV.

Comment les Flamands maintenoient leur siége devant Audenarde; et comment Philippe d'Artevelle se contenoit avec les Anglois.

Philippe d'Artevelle, quoiqu'il lui fût bien avenu en son commencement de la bataille de Bruges, que il eût eu cette grâce et cette fortune de déconfire le comte et cils de Bruges, n'étoit mie bien subtil à faire guerre ni siéges, car de sa jeunesse il n'y avoit été point nourri, mais de pêcher à la verge aux poissons en la rivière de l'Escaut et du Lys : de cela faire avoit-il été grand coutumier; et bien le montra, lui étant devant Audenarde. Car oncques ne sçut la ville asseoir; et cuidoit bien, par grandeur et présomption qui étoit en lui, que cils d'Audenarde se dussent de fait venir rendre à lui. Mais ils n'en avoient nulle volonté, ainçois se portèrent comme très vaillans gens. Et faisoient souvent de belles issues, et venoient escarmoucher aux barrières à ces Flamands; et en occioient et en meshaignoient, et puis se retrayoient en leur ville sans dommage; et de ces appertises, issues et envaies, Lambert de Lambres et Tristan son frère, et le sire de Lieureghen en avoient grand'renommée. Les Flamands regardèrent que les fossés d'Audenarde étoient larges et remplis d'eau; si ne les pouvoit-on approcher pour assaillir, fors à grand'peine. Si fut conseillé entre eux qu'ils assembleroient sur les fossés grand'foison de fagots et d'estrain pour remplir les fossés pour venir jusques aux murs et combattre à eux main à main. Ainsi comme il fut ordonné il fut fait; on alla aux bois lointains et prochains et commença-t-on à fagoter à grand'plenté, et apporter et acarger sur les fossés, et là faire moies pour plus ébahir cils de la garnison. Mais les compagnons n'en faisoient compte, et disoient que si trahison ne couroit entre eux de cils de la ville, ils n'avoient garde de siége que ils vissent ni de leurs engins. Et pourtant messire Daniel de Hallewyn, qui capitaine en étoit, pour lui ôter de toutes ces doutes, étoit si au-dessus de cils de la ville, nuit et jour, que ils n'avoient puissance, ordonnance, ni regard nuls sur eux; et n'osoit nul homme de la nation d'Audenarde, nuit ni jour, aller sur les murs de la ville sans compagnie des soudoyers étrangers; autrement qui y fût trouvé il étoit de correction au point de perdre la tête.

Ainsi se tint là le siége tout le temps; et étoient les Flamands moult au large de vivres en leur ost, qui leur venoient par terre, par mer et par rivières; car ils étoient seigneurs de tout le pays de Flandre. Et avoient ouvert et appareillé les pays de Hollande, de Zélande, de Brabant et aussi une partie de Hainaut; car toujours en larcin, pour la convoitise de gagner, leur menoient en leur ost assez de vivres. Ce Philippe d'Artevelle avoit le courage plus anglois que françois; et eût volontiers vu que ils fussent ahers et alliés avecques le roi d'Angleterre et les Anglois; parquoi si le roi de France ni le duc de Bourgogne venoient sur eux à main armée pour recouvrer le pays, ils en fussent aidés. Et jà avoit Philippe d'Artevelle en son ost deux cents archers d'Angleterre, lesquels s'étoient emblés de leurs garnisons de Calais, et là venus pour gagner; desquels archers ils avoient grand'joie; et étoient cils payés toutes les semaines.

CHAPITRE CLXVI.

Comment Philippe d'Artevelle, étant à siége devant Audenarde, rescripvit au roi de France; et comment lui et son conseil conclurent d'envoyer en Angleterre pour traiter d'alliances et autrement.

Philippe d'Artevelle, pour colorer son fait et pour savoir quelle chose on disoit et diroit de lui en France, se avisa que il escriproit et feroit escripre le pays de Flandre au roi de France, en eux humiliant et priant que le roi se voulsist ensoigner de eux remettre en parfaite paix et amour envers le comte leur seigneur. De cette imagination il fut cru si très tôt comme il en parla à ses gens; et escripsit unes lettres moult douces et moult amiables devers le roi de France et son conseil; et les baillèrent lui et son conseil à un messager; et lui dirent que il allât devers le roi de France et lui baillât ces lettres. Il répondit que volontiers; et tant chevaucha par ses journées que il vint à Senlis. Là trouva-t-il le roi et ses oncles : si délivra ses lettres. Le roi les prit et les fit lire, présens ses oncles et son conseil. Quand on les ot lues et entendues, on n'en fit que rire; et fut adoncques ordonné de retenir le messager et le mettre en prison, pourtant que il étoit venu en la présence du roi sans sauf conduit : aussi fut-il, et y demeura plus de six semaines [1].

Quand Philippe d'Artevelle le sçut, car son messager ne revenoit point, si le prit en grand'indignation; et fit venir devant lui tous les capitaines de l'ost et leur dit : « Or, véez-vous quelle honneur le roi de France nous fait, quand si aimablement lui avons escript; et sur ce il a retenu notre messager. Certainement nous mettons trop à nous allier aux Anglois; si nous en pourra bien mal prendre; car ne pensez jà le contraire que le duc de Bourgogne qui est tout en France maintenant et qui mène le roi tout ainsi qu'il veut, car c'est un enfant, doye laisser les besognes avenues en cet état. Certes nennil; exemple par notre messager que il a ainsi retenu; et si avons trop bien cause d'envoyer en Angleterre, tant pour le profit commun de Flandre, que pour nous mettre à sûr et donner doute à nos ennemis. Je vueil bien, dit Philippe, que nous envoyons dix ou douze de nos hommes des plus notables, parquoi la connoissance en vienne en France, et que le roi et son conseil cuident que nous nous veuillons allier au roi d'Angleterre son adversaire: mais je ne vueil mie que telles alliances soient si très tôt faites, si il ne nous besogne autrement que il ne fait encore; mais vueil que nos gens demandent au roi d'Angleterre et à son conseil d'entrée, et de ce avonsnous juste cause de demander, la somme de deux cent mille viés écus que Jacques d'Artevelle mon père et le pays de Flandre prêtèrent jadis au roi d'Angleterre, lui étant devant Tournay, pour aider à payer ses soudoyers; et que on dise au roi d'Angleterre et à ses oncles et à tous leurs consaulx que la comté de Flandre généralement, et les bonnes villes de Flandre qui jadis firent ces prêts, font de tout ce ravoir requête et demande; et quand on nous aura rendu et restitué ce en quoi le roi d'Angleterre et le royaume est par dette endetté et obligé envers nous, le roi d'Angleterre et ses gens auront belle entrée de venir en Flandre. Encore vaut mieux, ce dit Philippe, que nous nous aidions du nôtre que les étrangers; et jamais ne le pouvons ravoir plus légèrement que maintenant; car le roi et le royaume d'Angleterre ne s'éloignera mie de avoir l'entrée, l'amour, le confort et l'alliance d'un tel pays comme est la comté de Flandre, car encore n'ont les Anglois sur les bandes de mer, mouvans de Bordeaux jusques à l'Écluse, excepté Calais, Chierbourch et Brest, nulle entrée par où ils puissent passer ni entrer en France. Si leur viendra le pays de Flandre grandement à point; car Bretagne, excepté Brest, leur est toute close, et le duc de Bretagne a juré à être bon François; et s'il ne l'étoit, si le devenroit-il pour l'amour de son cousin-germain, monseigneur le comte de Flandre. »

Adonc répondirent tous ceux qui entendu l'avoient et qui à conseil étoient : « Philippe, vous avez très bien et sagement parlé; et nous voulons qu'il soit ainsi que vous l'avez ordonné et devisé. Et qui ordonneroit le contraire, il ne voudroit pas le profit du pays ni des bonnes villes de Flandre. »

CHAPITRE CLXVII.

Comment les Flamands envoyèrent en Angleterre. Comment messire Perducas de la Breth fut hérité de la terre de Chaumont en Gascogne; et comment il en hérita un sien cousin.

Philippe d'Artevelle ne séjourna pas adonc longuement, mais ordonna sur ce conseil et propos, et en escripsit à Pietre du Bois, et à Pietre de Vintre, qui étoient capitaines de Bruges, et aussi à ceux de Yppre, et de Courtray : il sembla bon à chacun de ainsi faire. Si furent élus et

---

[1] Le moine de Saint-Denis dit au contraire que le roi permit au messager de partir pour qu'on ne crût pas qu'il eût été piqué des insultes contenues dans la lettre de Philippe d'Artevelle ou qu'il l'eût retenu par peur. Juvénal des Ursins, qui n'a guère fait que copier le moine de Saint-Denis, dit aussi que le messager fut renvoyé, mais sans aucune réponse.

avisés de bonnes villes de Flandre, de chacune un ou deux bourgeois, et de la ville de Gand six ; et tout premier François Acreman y fut élu et nommé, Rasse de la Borde, Louis de Vaulx, sire Jean Scotelaire, martin Vondrewaire, Jacob de Brouere et un clerc qui étoit élu à être évêque de Gand de par Urbain; car messire Jean de West qui avoit été doyen de l'église de Tournay, avoit avisé en son temps que on feroit un évêque en Gand qui possesseroit les profits que l'évêque de Tournay y devoit avoir; mais en ce procurant il étoit mort, et étoit revenu avant un clerc de la ville de Gand et de très bon lignage; et cil s'en alla en Angleterre avec leurs gens; et lui envoya Philippe d'Artevelle pour aider à faire ces traités; car il étoit de son lignage.

Quand ces dix huit bourgeois de Gand et de Flandre furent tous appareillés, ordonnés, chargés et inditiés de ce qu'ils devoient faire et dire, si prindrent congé de leurs gens et se départirent du siége d'Audenarde environ l'entrée du mois de juillet; et chevauchèrent vers Yppre et de là à Bourbourch, et puis à Gravelines, et exploitèrent tant qu'ils vinrent à Calais. Le capitaine de Calais, messire Jean d'Everues les recueillit liement quand il sçut qu'ils vouloient aller en Angleterre, et les pourvut de nefs passagers; et ne séjournèrent à Calais que trois jours. Quand ils s'en partirent ils eurent vent à volonté, et furent tantôt à Douvres; et puis chevauchèrent tant parmi Angleterre que ils vinrent à Londres. Et partout étoient bien venus, espécialement du commun d'Angleterre, quand ils dirent qu'ils étoient de Gand, pourtant que iceux Gantois s'étoient si bien portes qu'ils avoient déconfit le comte et sa puissance, et étoient seigneurs du pays; et disoient que Gantois étoient bonnes gens.

En ce temps que iceux de Gand arrivèrent à Londres étoit le roi d'Angleterre et son conseil, messire Jean de Montagu, messire Simon Burlé, et messire Jean de Beauchamp à Wesmoustier pour ahériter messire Perducas de la Breth de toute la terre et baronnie de Chaumont en Gascogne, laquelle terre étoit en la main du roi pour faire à sa volonté; et je vous dirai par quelle manière. Messire Jean de Chaumont et messire Alexandre son frère, étoient, grand temps avoit, morts sans hoir : si étoit leur héritage, selon l'usage de Gascogne, retourné à leur lige seigneur le roi d'Angleterre; le roi Édouard d'Angleterre, du temps passé, l'avoit donné à messire Jean Chandos; et le tint là tant comme il vesquit; après sa mort il le donna à messire Thomas Felleton. Or étoit messire Thomas nouvellement mort : si étoit en la main du roi d'Angleterre. Laquelle terre ne pouvoit longuement être sans gouverneur demeurant sus; car elle joint et marchit à la terre le seigneur de la Breth, qui pour ce temps étoit bon François. Si fut regardé et avisé du conseil le roi d'Angleterre que messire Perducas de la Breth, qui avoit servi les rois d'Angleterre Édouard, Richard et le prince et le pays Bordelois bien et loyaument plus de trente ans, étoit bien mérité d'avoir cette terre, et qu'il la garderoit bien et défendroit contre tout homme.

Messire Perducas de la Breth, quand il reçut le don de la terre de Chaumont en Gascogne, dit ainsi au roi qui l'en pourvéoit et ahéritoit, présens les nobles de son pays : «Sire, je prends et reçois cet héritage pour moi et pour mon hoir, à condition telle que contre tous les hommes je vous servirai et vous ferai servir de mon hoir en suivant, excepté contre l'hôtel de la Breth; mais contre celui dont je suis issu, ne ferai-je jà guerre tant que on me veuille laisser mon héritage en paix.»

Le roi et son conseil répondirent : «Dieu y ait part ! et que ainsi on lui délivroit.

Or vous dirai, puisque je suis en celle matière, que il avint de messire Perducas de la Breth. Quand il fut en Gascogne et il ot pris la possession de la terre, et que messire Jean de Neufville, sénéchal de Bordeaux et de Bordelois pour le temps l'en ot mis en possession, par vertu des lettres du roi d'Angleterre qu'il montra, le sire de la Breth en ot grand'joie; car bien savoit que son cousin ne lui feroit point de guerre, et demeureroient ces terres de Chaumont et de la Breth toutes en paix; et tenoit à amour le sire de la Breth grandement son cousin; car il contendoit que après son décès il le voulsist mettre en possession et saisine dès châteaux qui sont en la baronnie de Chaumont : mais messire Perducas de la Breth n'en avoit nulle volonté. Et advint que il s'accoucha malade au lit de la mort. Quand il vit que mourir le convenoit, il appela tous les hommes de la terre et fit devant lui venir un sien cousin, un jeune écuyer et bon homme d'armes qui s'appeloit Perducet, et lui dit : » Perducet, je te transporte en la présence de mes hommes toute la terre de Chaumont, si soies bon Anglois et loyal envers le roi d'Angleterre dont le don me vient; mais je vueil que envers l'hôtel de la Breth, dont nous issons, tu ne fasses point de guerre, si ils ne te surquièrent ou efforcent. » L'écuyer répondit liement, qui tint à grand ce don : « Sire, volontiers. » Ainsi fut Perducet de la Breth sire de Chaumont en Gascogne ; et mourut messire Perducas qui en son temps avoit été un grand capitaine de gens d'armes et de routiers. De lui ne sais-je plus avant.

CHAPITRE CLXVIII.

Comment l'ambassade des Flamands fut ouïe des princes et du conseil d'Angleterre; et comment ils se retirèrent à Londres, en attendant leur réponse.

Quand ces Gantois furent venus à Londres, leur venue fut tantôt signifiée au roi et à son conseil : on envoya devers eux pour savoir quelle chose ils vouloient dire. Ils vinrent tous en une compagnie au palais de Wesmoustier; et là trouvèrent premièrement le duc de Lancastre, le comte de Bouquinghen, le comte de Sallebery, le comte de Kent, messire Jean de Montagu, maître d'hôtel du roi, messire Simon Burlé, messire Guillaume de Windesore et la greigneur partie du conseil du roi; et n'étoit mie le roi présent en cette première venue.

Ces gens de Gand et de Flandre inclinèrent ces seigneurs d'Angleterre; et puis commença le clerc élu de Gand à parler pour tous, et dit ainsi : « Messeigneurs, nous sommes ci venus et envoyés de par la bonne ville de Gand et tout le pays de Flandre, pour avoir conseil, confort et aide du roi d'Angleterre sur certains articles et bonnes raisons dont il y a d'alliances anciennes entre Angleterre et Flandre : si les voulons renouveler, car il besogne au pays de Flandre à présent, car il est sans seigneur, et n'ont les bonnes villes et le pays que un regard; c'est un homme qu'on appelle Philippe d'Artevelle, lequel principalement se recommande au roi et à vous tous qui êtes de son conseil; et vous prie que vous recueilliez ce don en bien, car quand le roi d'Angleterre voudra arriver en Flandre, il trouvera le pays ouvert et appareillé pour reposer rafreschir et demeurer tant comme il lui plaira lui et ses gens, et pour mener avecques lui du pays de Flandre cent mille hommes tous armés. Mais outre, tout le pays fait requête de deux cent mille viés écus que jadis Jacques d'Artevelle et les bonnes villes de Flandre prêtèrent au roi Édouard, de bonne mémoire, au siége de Tournay et ensuivant au siége de Calais. Ils les veulent ravoir; et est l'intention des bonnes villes de Flandre, ainçois que les alliances passent outre, que la somme que dite est soit mise avant; et là où elle sera le roi d'Angleterre et tous les siens peuvent bien dire que ils sont amis aux Flamands, et que ils ont entrée à leur volonté en Flandre. »

Quand les seigneurs orent ouï celle parole et requête, ils commencèrent à regarder l'un l'autre, et les aucuns à sourire. Adonc parla le duc de Lancastre et dit : « Beaux seigneurs de Flandre, votre parole demande bien à avoir conseil; et vous vous retrairez à Londres, et le roi se conseillera sur vos requêtes et vous répondra tellement que vous vous en devrez tenir pour contens. » Ces Gantois répondirent : « Dieu y ait part ! »

Adonc issirent hors de la chambre; et les seigneurs du conseil demeurèrent, qui commencèrent à rire entre eux, et à dire : « Et ne avez-vous pas vus ces Flamands, et ouïes les requêtes que ils ont faites ? Ils demandent à être confortés, et disent que il leur besogne; et si demandent avec tout ce à avoir notre argent : ce n'est pas requête raisonnable que nous payons et aidons. » Lors se départit ce conseil sans rien plus avant conseiller, et assignèrent journée de être de rechef ensemble. Et les Gantois s'en retournèrent à Londres, et là se logèrent et tinrent un grand temps; car ils ne pouvoient avoir réponse du roi ni de son conseil; car les consaulx d'Angleterre, sur leurs requêtes, étoient en grand différend; et tenoient les Flamands à orgueilleux et présumpcieux, quand ils demandoient à ravoir deux cent mille viels écus de si ancienne dette que de quarante ans.

Oncques choses ne chey si bien à point pour le roi de France qui vouloit venir sur Flandre, que cette chose fit qui fut ainsi demenée; car si les Flamands n'eussent point demandé la somme de florins que ils demandoient et n'eussent requis le roi d'Angleterre fors de confort et d'aide, le roi d'Angleterre fût venu en Flandre, ou eût envoyé si puissamment que pour attendre en bataille, avecques l'aide des Flamands qui adoncques étoient tous ensemble, la puissance du plus grand seigneur du monde : mais il alla tout autrement; dont il mésavint aux Flamands, si comme vous orrez recorder avant en l'histoire.

CHAPITRE CLXIX.

Comment le roi de France étoit averti de la conduite des Flamands, et l'échange des Flamands et Tournesiens prisonniers.

Nouvelles vinrent en France au conseil du roi que Philippe d'Artevelle, qui avoit le courage tout anglois, et le pays de Flandre avoient envoyé en Angleterre une quantité d'hommes des villes de Flandre, pour faire alliance aux Anglois. Et couroit voix et commune renommée que le roi d'Angleterre à puissance venroit en celle saison arriver en Flandre, et se tiendroit en Gand. Ces nouvelles et ces choses étoient assez à soutenir et à croire que les Flamands se fortifieroient en aucune manière. Adonc fut avisé que le messager Philippe d'Artevelle, que on tenoit en prison, on le délivreroit, et que au voir dire, on n'avoit cause de le retenir. Si fut délivré et renvoyé en Flandre, devant Audenarde, où l'ost étoit [1].

En ce temps, avoient ceux de Bruges pris des bourgeois de Tournay et mis en prison, et montroient les Flamands que ils avoient aussi cher la guerre aux François, comme la paix. Quand ceux de Tournay virent ce, si firent tant que ils attrapèrent et retinrent devers eux des bourgeois de Courtray, et les amenèrent prisonniers à Tournay. Ainsi se nourrissoient haines entre les Tournesiens et les Flamands. Toutefois les seigneurs de Tournay, qui ne vouloient mie de leur fait avoir titre de guerroyer les Flamands, qui étoient leurs voisins, sans avoir commandement du roi de France, dont ils n'avoient encore nul, avisèrent que ils envoyeroient deux de leurs bourgeois devant Audenarde, pour parler à Philippe d'Artevelle, pour savoir son intention, et pour ravoir leurs bourgeois, et rendre aussi par échange ceux que ils tenoient. Si y furent élus, pour y aller,

[1] Froissart, qui était du pays, peut avoir été plus exactement informé de cette circonstance que le moine de Saint-Denis, qui, comme on l'a vu, le fait mettre de suite en liberté. Philippe d'Artevelle, dans sa lettre qui suit, rapporte le fait de la même manière que Froissart.

Jean Bon-enfant et Jean Picard; et vinrent au siége devant Audenarde, et parlèrent à Philippe, lequel, pour l'honneur de la cité de Tournay, non pour le roi de France, si comme il leur dit, les recueilloit amiablement; car le roi ne l'avoit pas desservi, ni acquis envers le pays de Flandre, quand un messager, pour bien envoyé devers lui, on avoit retenu et mis en prison. « Sire, répondirent les deux bourgeois, votre messager, vous le ravez. »—« C'est voir, dit Philippe d'Artevelle, le plus par cremeur que autrement. Or, me dites, dit Philippe, pour quelle besogne vous venez maintenant cy? »—« Sire, repondirent les deux bourgeois, c'est pour ravoir nos bonnes gens de Tournay, que on tient en prison à Bruges. »—« Ha! répondit Philippe; si on les tient, aussi tenez-vous de ceux de Courtray par devers vous : vous ne devez pas perdre à votre venue, rendez-nous les nôtres, et vous raurez les vôtres. » Répondirent ceux de Tournay : « Vous parlez bien, et nous le ferons ainsi. » Là fut accordé de faire celle échange ; et en escripsit Philippe à Pièrre du Bois et à Pièrre de Vintre, qui se tenoient à Bruges, que on délivrât les bourgeois de Tournay, que on tenoit en prison; et on délivreroit de Tournay ceux de Courtray : car il s'en tenoit bien à ce que la cité de Tournay en avoit donné et escript.

Ainsi exploitèrent les dits bourgeois de Tournay. Et vous dis que, quand ce vint au congé prendre, Philippe d'Artevelle leur dit ainsi : « Entendez, seigneurs, je ne vous vueil mie trahir; vous êtes de Tournay, laquelle ville est toute lige au roi de France, auquel nous ne voulons avoir nul traité, jusques à tant que Audenarne et Tenremonde nous soient ouvertes. Et ne revenez plus ni renvoyez vers nous; car ceux qui y venroient demeureroient; et contregardez vos gens et vos marchands de aller, ni venir, ni marchander en Flandre, car si ils y vont, ils seront retenus et le leur pris, combien qu'il vaille; et si les nôtres vont en France ou en Tournesis, nous les abandonnerons à être pris et retenus sans nul pourchas ; car bien savons, quoique nous attendons, que le roi, votre sire, nous fera guerre. » Ces bourgeois de Tournay entendirent bien ces paroles. Si les retinrent, et glosèrent ; et dirent que de tout ce, eux venus à Tournay, ils en aviseroient la bonne ville et les gens.

Si se départirent du siége d'Audenarde et retournèrent à Tournay; et puis recordèrent tout ce que vous avez ouï. Adonc fut faite une défense que nul n'allât ni marchandât à ceux de Flandre, sur peine de être en l'indignation du roi. Toutefois les bourgeois de Tournay qui étoient prisonniers à Bruges revinrent; et ceux de Courtray furent renvoyés. Ainsi n'osoit nul marchand de Tournay marchander aux Flamands; mais quand ils vouloient avoir des marchandises de Flandre, ils les venoient quérir ou acheter à ceux de Valenciennes; car ceux de Hainaut, de Hollande, de Zélande, de Brabant et de Liége pouvoient sûrement aller, demeurer et marchander par toute la comté de Flandre.

Ainsi se tint le siége devant Audenarde grand et bel; et toute celle saison, Philippe d'Artevelle et ceux de Gand étoient logés sur le mont d'Audenarde, au lez devers Hainaut, et là séoient les engins, et la grande bombarde qui jetoit les grands carreaux et qui rendoit telle noise que, au descliquer, on l'oyoit de six lieues loin. Ens ès prés dessous avoit un pont sur l'Escaut, de nefs et de cloyes, couvert d'estrain et de fiens, et par delà ce pont étoient logés ceux de Bruges, en remontant sur les champs outre la porte de Bruges. Après, étoient logés ceux de Yppre, de Courtray, de Pourpringhes, de Cassel et du Franc de Bruges; et comprenoient le tour de la ville en rallant jusques à l'autre part de l'Escaut. Ainsi étoit toute la ville d'Audenarde environnée; et cuidoient bien par tel siége les Flamands conquerre et affamer ceux de dedans; mais à la fois les compagnons issoient et faisoient des envaies: une heure perdoient, l'autre heure gagnoient, ainsi comme à telles besognes les faits d'armes adviennent. Mais toutefois d'assauts n'y avoit-il nuls faits; car Philippe ne vouloit point follement aventurer ses gens; et disoit que, tout sans assaillir, ils auroient la ville, et que par raison elle ne se pouvoit tenir longuement, quand ils n'étoient confortés, ni ne pouvoient être de nul côté: ni à peine ne volât mie un oiselet en Audenarde, que il ne fût vu de ceux de l'ost, tant bien avoient-ils environné la ville de tous lez.

CHAPITRE CLXX.

Comment le roi de France envoya trois évêques vers Flandre pour mieux entendre l'état des Flamands; comment ils y besognèrent; et comment ils trouvèrent les Flamands opinatifs et arrogants contre leur seigneur souverain et contre leur naturel seigneur.

Or retournerons au roi de France et à son conseil. Les oncles du roi et les consaulx de France avisèrent pour le mieux que ils envoieroient à Tournay aucuns chevaliers et prélats du royaume, pour traiter à ces Flamands et pour savoir plus pleinement leur entente. Si furent élus et ordonnés, pour venir à Tournay, Miles de Dormans, évêque de Beauvais, l'évêque d'Auxerre, l'évêque de Laon, messire Guy de Honcourt et messire Tristan du Bois; et vinrent ceux à Tournay, comme commissaires de par le roi de France, et là s'arrêtèrent. Quand ils furent là venus, assez nouvellement retournés de devant Audenarde, Jean Bon-enfant et Jean Picard, qui remontrèrent à ces prélats et chevaliers, commissaires du roi, comment Philippe d'Artevelle, au congé prendre, leur avoit dit que les Flamands n'entendroient jamais à nul traité, jusques à tant que Audenarde et Tenremonde leur seroient ouvertes. « Bien, répondirent les commissaires! si cil Philippe, par orgueil et bobant dont il est plein, fait sa grandeur, espoir n'est-ce pas l'accord des bonnes villes de Flandre; si écrions à Gand, à Bruges et à Yppre; et envoyons, de par nous, à chacune ville, une lettre et un messager: par aucune voie faut-il entrer ens ès choses, puisque on les veut commencer; et nous ne sommes pas ici venus pour guerroyer, mais pour traiter envers ces maudits Flamands. » Adonc escripsirent cils commissaires trois lettres aux trois villes principales de Flandre; et y mettoient en chacune Philippe d'Artevelle en ligne et au premier chef. Si contenoient ces lettres ce qui s'en suit:

« A Philippe d'Artevelle et à ses compagnons et aux bonnes gens des trois bonnes villes de Flandre et au Franc de Bruges.

« Plaise vous savoir que le roi, notre sire nous a envoyés en ces parties en espèce de bien, pour paix et accord faire, comme souverain seigneur, entre noble prince monseigneur de Flandre, son cousin, et le pays de Flandre. Car commune renommée cuert que vous quérez à faire alliance au roi d'Angleterre et aux Anglois, laquelle chose est contre raison et au préjudice du royaume de France et de la couronne ; et ne le pourroit le roi souffrir aucunement : pour quoi nous vous requérons, de par le roi, que vous nous veuilliez sauf conduit bailler et envoyer, allant et venant, pour celle paix faire et mener à conclusion bonne, si que le roi vous en sache gré. Et nous en rescripsiez réponse de votre intention. Notre sire vous veuille garder. Escript à Tournay le seizième jour du mois d'octobre. »

Quand ces trois lettres contenant toutes une même chose furent écrites et scellées, on les bailla à trois hommes ; et leur fut dit : « Vous irez à Gand, et vous à Bruges, et vous à Yppre, et nous rapporterez réponse. » Ils répondirent : « Volontiers réponse vous rapporterons-nous, si nous la pouvons avoir. » A ces mots se partirent, et alla chacun son chemin. Quand cil de Gand vint à Gand, pour ce jour Philippe d'Artevelle y étoit ; autrement ceux de Gand n'eussent point ouvert la lettre sans lui. Il l'ouvrit et la lut, et quand il l'ot lue, il n'en fit que rire, et se départit assez tôt de Gand et s'en retourna devant Audenarde, et emporta la lettre avecques lui : mais le messager demeura en prison à Gand. Et quand il fut venu devant Audenarde, il appela le seigneur de Harselles et aucuns de ses compagnons, et leur lut la lettre des commissaires, et dit : « Il semble que ces gens de France se truffent de moi et du pays de Flandre. Je avois jà dit aux bourgeois de Tournay, quand ils furent avant hier ci, que je ne voulois mais ouïr nulles nouvelles de France ni entendre à nul traité que on me pût faire, si Audenarde et Tenremonde ne nous étoient rendues. »

A ces mots vinrent nouvelles de Bruges, de Yppre et des capitaines qui là étoient, comment aussi on leur avoit escript, et que brièvement les messagers qui les lettres avoient apportées étoient retenus ès villes et mis en prison. « C'est bien fait, » dit Philippe. Adonc musa-t-il sur ces besognes un petit, et quand il eut merencolié une espace, il s'avisa qu'il rescriproit aux commissaires du roi de France. Si escripvit une lettre ; et avoit en la superscription : « A très nobles et discrets seigneurs, les seigneurs commissaires du roi de France. »

« Très chers et puissans seigneurs, à vos très nobles discrétions plaise vous savoir, que nous avons reçues[1] très amiables lettres à nous envoyées de très excellent seigneur Charles, roi de France, faisant mention comme vous, très nobles seigneurs, êtes envoyés de par lui par deçà pour traiter de paix et d'accord entre nous et haut prince monseigneur de Flandre et son pays devant dit, et par le roi devant dit et son conseil ayans plaisance de ce conclure et accomplir ; si que ceux de Tournay, nos chers et bons amis, nous témoignent par leurs lettres patentes par nous vues. Et pour ce que le roi escript que à lui moult déplaît que les discords ont si longuement été et encore sont ; dont nous avons grand' merveille comment ce peut être. Au temps passé, quand la ville de Gand fut assise et le pays d'Audenarde n'étoit de nulle valeur, et aussi quand nous du commun conseil des trois bonnes villes de Flandre, à lui escripvîmes comme à notre souverain seigneur, que il voulsist faire la paix et accord, adonc il ne lui en plut autant à faire, ainsi qu'il nous semble que volontiers il feroit maintenant. Et aussi en telle manière avons reçu unes lettres patentes contenans que deux fois nous avez écrit que vous êtes venus chargés du roi devant dit, si comme ci-dessus est déclaré : mais il vous semble que, selon notre réponse à vous sur ce envoyée, que nous n'avons volonté d'entendre au traité fermement ; sur quoi sachez que nul traité n'est à querre entre vous et le pays de Flandre, si ce n'est que les villes et les forteresses, à la volonté de nous regard de Flandre et de la dite ville de Gand, fermées contre le pays de Flandre, et nommément et expressément contre la bonne ville de Gand dont nous sommes regard, seront décloses et ouvertes à la volonté de nous regard de la dite ville. Et ci ce n'est premier fait, nous ne pourrions traiter à la manière que vous requérez ; car il nous ne chaut que le roi au nom de lui a et peut assembler en aide de son cousin, notre seigneur, grand'puissance ; car nous véons et savons que fausseté y a, ainsi que autre fois y a eu ; dont notre intention est de être sur notre garde

---

[1] Je n'ai pu retrouver à Gand ni à Bruges, la lettre mentionnée ici. Le manuscrit 76 de la bibliothèque publique de Gand contient la même lettre de Philippe d'Artevelle, que fournit le texte de Froissart. L'écriture en est du XVe siècle, et par conséquent plus récente que celle du manuscrit de Froissart que j'ai suivie. Le manuscrit de Gand donne à tort 1380, au lieu de 1382.

et défense, si comme nous sommes prêts et attendans. Et il trouvera l'ost appareillé pour lui défendre contre nos ennemis; car nous espérons à l'aide de Dieu avoir victoire, ainsi comme autrefois avons eue contre vous. Outre nous rescripvez que renommée est que vous avez entendu que nous, ou aucuns de Flandre, traitent alliances avecques le roi d'Angleterre, et que nous errons, pourtant que nous sommes subgiets à la couronne de France et que le roi est notre seigneur à qui nous sommes tenus de nous acquitter; ce que fait avons, en tant que au temps passé à lui avons envoyé nos lettres, ainsi comme à notre souverain, que il voulsist faire la paix. Sur quoi il pas ne répondit; mais notre messager fut pris et détenu prisonnier; ce qui grand blâme nous sembloit à un tel seigneur. Et encore il lui est plus grand blâme et à blâmer que de sur ce il a à nous escript si comme souverain seigneur, et il ne daigna envoyer réponse quand à lui rescripvîmes comme à notre souverain seigneur. Et pourtant que ce adonc ne lui plut à faire, pensâmes à nous acquérir le profit du pays de Flandre, à qui que ce fût à faire, ce que fait avons : néanmoins que aucune chose n'est encore conclue, pourra le roi bien venir à temps par la manière que toutes forteresses soient ouvertes. Et pour ce que nous deffendîmes à ceux de Tournay, quand darrenièrement furent en notre ost, que nul ne vînt plus chargé de lettres ou de bouche sans avoir sauf conduit; et outre ce sont venus portant lettres, sans le sçu ni consentement de nous, à Gand, à Bruges et à Yppre, si avons les messagers fait prendre et détenir; et leur apprendrons de porter lettres, tellement que autres y prendront exemple. Car nous sentons que trahison quérez, espécialement pour moi, Philippe d'Artevelle, dont Dieu me veuille garder et défendre; et aussi faire et mettre discord au pays. Pourquoi nous vous faisons savoir que de ce ne vous travailliez plus, si ce n'est que les villes devant dites soient ouvertes, ce que elles seront brièvement à l'aide de Dieu, lequel vous ait en sa sainte garde.

« Escript devant Audenarde, le vingtième jour du mois d'octobre, l'an mil trois cent quatre vingt et deux.

« Philippe d'Artevelle, Regard de Flandre, et ses compagnons. »

Quand Philippe d'Artevelle ot ainsi escript, présent le seigneur de Harselles et son conseil, il leur sembla que rien n'y avoit à amender ; et scellèrent la lettre et puis regardèrent à qui ils la bailleroient. Bien savoient que si nul de leur comté appartenant à eux portoit ces lettres à Tournay, il seroit mort ou retenu, pourtant qu'ils retenoient les trois messagers des commissaires du roi en trois villes en prison; si demanda Philippe : « Avons-nous nuls prisonniers de ceux d'Audenarde? » — « Oïl, dit-on, nous avons un varlet qui fut hier pris à l'escarmouche; mais il n'est pas d'Audenarde, il est d'Artois, et varlet à un chevalier nommé messire Gérard de Marqueilles, si comme il dit. » — « Tant vaut mieux, dit Philippe; faites-le venir avant, il portera ces lettres, et parmi tant il sera quitte et délivré. » On le fit venir avant. Adonc l'appela Philippe et lui dit : « Tu es mon prisonnier ; et te puis faire mourir, si je vueil, et tu en as été en grand'aventure ; et puisque tu es ci, tu seras délivré, parmi tant que tu me auras en convenant, sur ta foi que ces lettres tu porteras à Tournay et les bailleras aux commissaires du conseil du roi que tu trouveras là. » Le varlet, quand il ouït parler de sa délivrance, ne fut oncques si lie, car il cuidoit bien mourir. Si dit : « Sire, je vous jure par ma foi, je les porterai où vous voudrez, si ce étoit pour porter en enfer. » Et Philippe commença à dire, et dit : « Tu as trop bien parlé. » Adonc lui fit-il bailler deux écus et le fit convoier tout hors de l'ost, et puis mettre au chemin de Tournay.

Tant exploita le varlet et chemina qu'il vînt à Tournay, et entra dedans les portes et demanda où il trouveroit les commissaires. On lui dit que il en orroit nouvelles sur le marché. Quand il fut venu sur le marché, on lui enseigna l'hôtel de l'évêque de Laon ; si se traist celle part, et fit tant qu'il vint devant l'évêque, et se mit à genoux, et fit son message bien et à point. On lui demanda des nouvelles d'Audenarde et de l'ost. Il en répondit ce qu'il en savoit, et conta comment il étoit prisonnier, mais on l'avoit en l'ost délivré pourtant qu'il y avoit apporté ces lettres. On lui donna à dîner, et entretant que il dînoit, il fut très bien examiné des gens de l'évêque. Quand il eut à grand loisir dîné il se partit. L'évêque de Laon ne voult mie ouvrir ces lettres sans ses compagnons, et envoya devers eux. Et quand ils furent tous les trois évêques ensemble et les chevaliers aussi, on ouvrit ces lettres : si furent lues à grand loisir et bien examinées et considérées. Adonc parlèrent-ils ensemble, et dirent : « Ce Philippe, à ce qu'il montre, est plein de grand orgueil et présomption, et petitement aime la majesté royale de France; il se confie en la fortune qu'il eut pour lui devant Bruges. Quelle chose est-il bon de faire, » dirent-ils ? Lors conseillèrent longuement, et eux conseillés ils dirent : « Le prévôt, les jurés et les consaulx de Tournay, en quelle cité nous sommes, savent bien que nous avons envoyé à Philippe d'Artevelle et aux villes de Flandre; c'est bon qu'ils oyent la réponse telle comme Philippe nous fait. »

Cil conseil fut tenu ; messire Tristan du Bois, gouverneur de Tournay, envoya quérir le prévôt; on ouvrit la halle; on sonna la cloche; tous ceux du conseil vinrent. Quand ils furent venus, on lisit et relisit par deux ou trois fois tout généralement ces lettres. Les sages s'émerveilloient des grosses et présomptueuses paroles qui dedans étoient. Adonc fut conseillé et avisé que la copie de ces lettres demeureroit à Tournay ; et les commissaires, dedans deux ou trois jours, s'en retourneroient devers le roi, et y porteroient ces propres lettres scellées du propre scel Philippe Artevelle. Atant se départit cil conseil, et s'en retourna chacun en son hôtel.

CHAPITRE CLXXI.

Comment Philipe d'Artevelle voulut rescripre à ceux de la cité de Tournay par feintise; et la copie de ces lettres.

Philippe d'Artevelle qui se tenoit en l'ost devant Audenarde, ainsi comme vous savez, ne se repentoit mie de ce que durement et poignamment il avoit escript en aucune manière aux commissaires du roi de France ; mais il se repentoit de ce que amiablement, ou plus encore assez, il n'avoit escript aux prévôt et jurés de Tournay en feignant et en remontrant amour, quoique petit en y eût; mais par voie de dissimulation il dit qu'il escriproit, car il n'y vouloit mie nourrir toute la haine ni malle amour que il pourroit bien. Si escripsit Philippe en la forme et manière qui s'en suit, et fut la superscription telle : « A honorables et sages, nos chers et bons amis les prévôt et jurés de la ville et cité de Tournay.

« Très chers et bons amis, vous plaise savoir que nous avons reçues unes lettres mention faisans de deux vos bourgeois et manans, portans lettres à Gand et à Bruges, des commissaires du roi de France, pris et détenus par nous, pour les avoir hors de prison à la prière et requête de vous, par quoi la bonne amour et affection qui est, et, si Dieu plaît, persévère entre vous et le pays commun de Flandre, soit de tant plus persévérée; laquelle amour, très chers amis, nous semble bien petite; car à notre connoissance est venu que le roi de France, le duc de Bourgogne, le duc de Bretagne et plusieurs autres grands seigneurs se assemblent forment pour venir en l'aide de monseigneur de Flandre sur le pays de Flandre, et pour avoir le dit pays pour combattre, nonobstant les lettres que ils nous envoyèrent pour traiter paix et accord ; ce qui à nous ne semble pas chose ni voie faisable à eux appartenant. Donc nous sommes sur notre garde et défense, et serons d'ores-en-avant de jour et de nuit. Et tant que des prisonniers vos bourgeois, sachez que nous les retenrons devers nous tant que nous sachions de vrai l'assemblement des seigneurs, et que à nous plaira de eux délivrer; car vous savez que quand vos bourgeois furent darrenièrement en Flandre pour trouver la paix, que là fut dit, ordonné et commandé que on n'envoieroit mais nulle personne ni par lettre, ni autrement, sans sauf conduit, ce que les seigneurs commissaires là étant ont fait pour faire discord et contempt au dit pays. Si vous prions, chers amis, que ne veuilliez plus envoyer nulle personne en Flandre de vos bourgeois, ni d'autres, de par les dits seigneurs. Mais si aucune chose vous plaît, à vous touchant où à vos bourgeois, ce que nous pourrions faire, nous recevrons vos besognes en telle manière comme nous voudrions que les nôtres fussent reçues par vous, à qui nous avons aucunement, en ce cas et en plus grand, fiance, si comme on doit avoir en ses bons amis et voisins. Or est notre intention, et généralement du pays de Flandre, que tous marchands et leurs marchandises passent et voisent sauvement de l'un pays à l'autre, sans eux ni aux marchandises rien forfaire. Dieu vous garde.

« Escript en notre ost devant Audenarde, le vingt troisième jour du mois d'octobre, l'an mil trois cent quatre vingt et deux, Philippe d'Artevelle, Regard de Flandre, et ses compagnons. »

CHAPITRE CLXXII.

Comment les prélats et seigneurs commissaires ordonnés par le roi de France conseillèrent aux Tournesiens d'eux nou accointer des Flamands.

Au chef de trois jours après ce que la première lettre fut envoyée aux commissaires du roi, ainsi que les seigneurs de Tournay étoient en la halle assemblés en conseil, vinrent ces secondes lettres; et furent apportées par un varlet de Douay, si comme il disoit, que ceux étant au siége devant Audenarde leur envoyoient. Les lettres furent reçues et portées en la halle, et les commissaires appelés; et là furent lues à grand loisir et conseillées. Finablement, les commissaires dirent ainsi aux prévôt et jurés de Tournay qui demandoient conseil de ces besognes : « Seigneurs, nous vous disons pour le mieux que vous n'ayez nulle accointance ni challandise à ceux de Flandre; car on ne vous sauroit gré en France; ni ne ouvrez ni recevez nulles lettres que on vous envoye de ce lez-là; car si vous le faites et on le sache au conseil du roi, vous en recevrez blâme et dommage, et sera grandement au préjudice du roi. Cil Philippe d'Artevelle montre et nous enseigne par ses lettres qu'il ne fait pas grand compte du roi ni de sa puissance; mais se lairra trouver au debout de la comté de Flandre, qui est héritage au comte, sa puissance avecques lui. Ce sont paroles impétueuses et orgueilleuses; et en auront à notre retour le roi et monseigneur de Bourgogne grand'indignation; si ne demeureront pas les choses longuement en cel état. » Et ceux de Tournay répondirent que ils persévéreroient par leur conseil, et que, si à Dieu plaisoit, ils ne feroient jà chose parquoi ils fussent repris. Depuis ne demeura que trois jours que les commissaires du roi se partirent de Tournay et retournèrent devers le roi, lequel ils trouvèrent à Péronne, et ses trois oncles de-lez lui, les ducs de Berry, de Bourgogne et de Bourbon.

CHAPITRE CLXXIII.

Comment le comte Louis fut parler au roi à Péronne, qui le reconforta; et du grand mandement que le roi fit pour aller en Flandre.

Le jour devant étoit là venu le comte de Flandre pour remonter ces besognes au roi et à son conseil, et pour relever la comté d'Artois, en quoi il étoit tenu, car encore ne l'avoit-il point relevée; si en étoit-il comte par la succession de la comtesse d'Artois sa mère, qui étoit morte en l'année. Quand ceux commissaires furent venus, les consaulx du roi se mirent ensemble, présent le jeune roi; et là furent lues les deux lettres dessus dites que Philippe d'Artevelle et ceux de Flandre avoient envoyées à Tournay. On les convertit en grand mal; et fut dit que, en la nouvelleté du roi de France, si grand orgueil qui étoit en Flandre ne faisoit mie à souffrir ni à soutenir. De ce ne fut pas le comte de Flandre courroucé, ce fut raison : car bien véoit et connoissoit que sans l'aide et puissance du roi de France il ne pouvoit jamais retourner à son héritage de Flandre. Si fit là le comte, présent le roi et son conseil, ses plaintes bien à point; et fut bien ouï et répondu des ducs ses cousins, en disant : « Au regard des rebelles Flamands ne peut-on à présent dire ni parler de nul raisonnable traité, comme il appert par leur scellé; et sont trop orgueilleux et présomptueux, et trop ont forfait, quand ils quièrent étrangers seigneurs tel comme le roi d'Angleterre qui est notre adversaire. Et ce ne sera point soutenu; mais les ira le roi hâtivement combattre; de ce soyez tous assurés. » Lors se offrit et présenta le comte de Flandre au roi de relever la comté d'Artois, ainsi comme à son naturel seigneur et qu'il le devoit faire. Le roi fut conseillé de répondre et dit ainsi : « Comte, vous retournerez en Artois; et brièvement nous serons à Arras; et là ferez-vous votre devoir, présens les pairs de France; car mieux ne pouvons-nous montrer que la querelle soit nôtre que de approcher nos ennemis. »

Le comte se contenta moult de celle réponse, et se partit de Péronne trois jours après, et s'en retourna en Artois et vint à Hesdin. Et le roi de France, comme cil qui de grand'volonté vouloit venir en Flandre et abattre l'orgueil des Flamands, ainsi comme autrefois ses prédécesseurs avoient fait, mit clercs en œuvre à tous lez; et envoya mandemens, lettres et messagers qui s'étendirent par toutes les parties de son royaume, en mandant que tantôt et sans délai chacun vint à Arras, pourvu le mieux qu'il pourroit, car au plaisir de Dieu, il vouloit aller combattre les Flamands en Flandre. Nul sire tenant de lui n'osa désobéir; mais firent leurs mandemens de leurs gens; et s'appareillèrent et se départirent les lointains d'Auvergne, de Rouergue, de Quersin, de Toulousin, de Gascogne, de Limousin, de Poitou, de Xaintonge, de Bretagne et d'autre part, de Bourbonnois, de Forez, de Bourgogne, du Dauphiné, de Savoie, de Lorraine, de Bar et de toutes les circuites du royaume de France et des tenances. Et tous avaloient vers Arras et Artois. Là se faisoit l'assemblée des gens d'armes si grande et si belle que merveilles étoit à considérer.

CHAPITRE CLXXIV.

Comment le comte Louis de Flandre fit hommage au roi de France de la comté d'Artois; et comment Philippe d'Artevelle pourveyt à la garde des passages de la rivière du Lys.

Le comte de Flandre qui se tenoit à Hesdin, et qui tous les jours ouoit nouvelles du roi de France et du duc de Bourgogne, et du grand mandement qui se faisoit en France, fit une défense partout Artois au plat pays que nul, sous peine de perdre corps et avoir, ne retraist ni ne mît hors de son hôtel, en forteresse ni en bonne ville, chose que il eût; car il vouloit que les gens d'armes fussent aisés et servis de ce qui étoit au plat pays. Adonc s'en vint le roi à Arras et là s'arrêta, et les gens d'armes de tous lez venoient et appleuvoient tant et si bien étoffés que c'étoit grand'beauté du voir; et se logeoient, ainsi comme ils venoient, sur le plat pays, et trouvoient les granges toutes pleines et bien pourvues. Lesquelles pourvéances leur venoient bien à point; car tout leur étoit abandonné. Et les grands seigneurs se logeoient ens ès bonnes villes. Adonc vint le comte de Flandre à Arras, et conjouit grandement le roi et les seigneurs qui là étoient venus, et fit là hommage au roi, présens les pairs, de la comté d'Artois. Et le roi le reçut à homme et lui dit: « Beau cousin, si il plaît à Dieu et à Saint Denis, nous vous remettrons temprement en l'héritage de Flandre, et abattrons tellement l'orgueil de ce Philippe d'Artevelle et de ces Flamands, que jamais n'auront cure ni puissance de eux rebeller. » — « Monseigneur, dit le comte, je y ai bien fiance; et vous y acquerrez tant d'honneur et de grâce que à tous les jours du monde vous en serez prisé; car voirement est maintenant l'orgueil et la présomption trop grands en Flandre. »

Philippe d'Artevelle, lui étant au siége devant Audenarde, étoit tout informé comment le roi de France vouloit à puissance venir sur lui : par semblant il n'en faisoit compte et disoit à ses gens : « Mais par où cuide cil roytiaulx entrer en Flandre? Il est encore trop jeune d'un an, quand il nous cuide ébahir par ses assemblées. Je ferai tellement garder les passages et les entrées en la maison de Flandre, que il ne sera mie en leur puissance que ils se voient de cette année de çà la rivière du Lys. » Adonc manda-t-il à Gand le seigneur de Harselles que il vînt devant Audenarde : et y vînt. Quand il fut venu, Philippe lui dit : « Sire de Harselles, vous savez bien et entendez tous les jours comment le roi de France s'appareille pour nous détruire; il faut que nous ayons conseil sur ce : vous demeurerez ci, et tenrez le siége; et je m'en irai à Bruges et à Yppre apprendre encore mieux des nouvelles; et les rafreschirai par paroles et monitions de bien faire, et encouragerai les bonnes gens des bonnes villes; et établirai sur la rivière du Lys tant de gens aux passages, que les François ne pourront passer outre. » A tout ce, se accorda le sire de Harselles. Lors se départit Philippe du siége et s'achemina vers Bruges; et chevauchoit comme sire; et faisoit porter son pennon devant lui, tout dévelopé, armoyé de ses armes, et portoit l'écu noir à trois chapeaux d'argent. Quand il fut venu à Bruges, il trouva Piètre du Bois et Piètre de Vintre, qui là étoient gardiens et capitaines; si parla à eux, et leur remontra comment le roi de France à toute sa puissance vouloit venir en Flandre, et que il convenoit aller au devant pour y remédier et garder les passages : « Si veuil, Piètre du Bois, que vous alliez au pas de Commines; vous garderez là la rivière; et vous, Piètre de Vintre, vous irez au Pont de Warneston, et là garderez-vous le passage; et faites tous les ponts de au dessus la rivière jusques à la Gorgue et à Estelles et à Meureville rompre; et au dessous jusques à Courtray : par ainsi les François ne pourront passer. Et je m'en irai à Yppre parler à eux et eux en amour rafreschir, conforter et remontrer comment nous sommes conjoints ensemble par unité; et que nul ne se fourvoie ni isse de ce que nous avons juré à tenir. Il n'est mie en la puissance du roi de France ni des François que ils puissent passer la rivière du Lys, ni entrer en Flandre, puisque les pas seront gardés, si ils ne vont au long de la rivière querre passage vers Saint-Omer et Berghes. Et si ils faisoient ce chemin, ils trouveroient tant d'empêchemens, de crouillères et de mauvais pas qu'ils ne se pourroient tenir ensemble; avec ce qu'il est hiver et qu'il fait frais et mauvais chevaucher, tant qu'ils seroient tous perdus davantage. »

Ce répondirent ces deux Piètres : « Philippe, vous dites bien, et nous ferons ce que vous dites. Et de nos gens qui sont en Angleterre en avez-vous ouï nouvelles nulles? » — « Par ma foi, répondit Philippe, nenuil, dont je m'émerveille : les parlemens sont maintenant à Londres; si en devrions temprement ouïr nouvelles. Le roi de France ne se peut jamais tant hâter, que nous ne soyons confortés des Anglois, ainçois que il nous porte point de contraire. Espoir fait le roi d'Angleterre son mandement, et venront Anglois sus une nuit que nous ne nous en donnerons de garde; car ils ont vent pour issir hors d'Angleterre à volonté. » Ainsi se devisoient ces trois compagnons, ensemble: auques pour ce temps toute Flandre étoit obéissante à eux, excepté Tenremonde et Audenarde.

CHAPITRE CLXXV.

Comment le Hazle de Flandre et plusieurs chevaliers et écuyers jusques à six vingt passèrent la rivière du Lys à Menin ; et comment à leur retour il leur en mescheyt par faute de conduite.

Entrementes que ces ordonnances se faisoient, et que le roi de France séjournoit à Arras, et que gens d'armes s'amassoient en Artois, en Tournesis et en la châtellerie de Lille et là environ, se avisèrent aucuns chevaliers et écuyers qui séjournoient à Lille et là environ, par l'emprise et ennort du Hazle de Flandre, que ils feroient aucun exploit d'armes, parquoi ils seroient renommés. Si se cueillirent un jour six vingt hommes d'armes, chevaliers et écuyers, et vinrent passer la rivière du Lys au pont à Menin, à deux lieues de Lille, lequel pont n'étoit point encore défait; et chevauchèrent en la ville et l'estourmirent grandement; et tuèrent et découpèrent en la ville et là près, grand'foison de gens, et les chassèrent presque tous hors de leur ville. Le haro commença à monter : les villes voisines commencèrent à sonner leurs cloches à herle et à traire vers Menin, car le haro venoit de ce lez; si s'assemblèrent grand'foison de gens et se recueillirent à chemin. Quand le Hazle, messire Jean de Jumont, le chastelain de Bouillon, messire Henry de Duffle et les chevaliers et écuyers orent bien ému le pays, et leur fut avis qu'il étoit temps de retourner, ils se mirent au retour pour repasser à ce pont la rivière, ainsi qu'ils l'avoient passé. Et là le trouvèrent-ils fort pourvu de Flamands qui le défaisoient ce qu'ils pouvoient ; et quand ils en avoient ôté un ais ils le couvroient de fiens afin que on ne vit point le meshaing. Et véez-ci ces chevaliers et écuyers montés sur fleur de coursiers et de chevaux, et trouvèrent en la ville plus de deux mille de ces paysans qui là étoient recueillis, lesquels se mettoient tous en bataille pour venir contr'eux. Quand cils gentilshommes en virent le couvenant, si dirent : « Il nous faut par force de chevaux rompre ces vilains, ou nous sommes attrappés. » Adonc ils se mirent tous ensemble, et abaissèrent leurs lances et leurs épées roides de Bordeaux, et éperonnèrent leurs chevaux de grand randon, et mirent devant les plus forts montés et commencèrent à huer. Ces Flamands s'ouvrirent qui ne les osèrent attendre ; et les autres disent que ils le firent par malice ; car ils savoient bien que le pont ne les pourroit porter. Et disoient les Flamands entr'eux : « Faisons leur voie, vous verrez tantôt beau jeu. » Le Hazle de Flandre, et les chevaliers et écuyers qui se vouloient sauver, car le séjourner leur étoit contraire, fièrent leurs chevaux des éperons sur ce pont, lequel n'étoit pas assez fort pour porter un si grand faix. Toutefois le Hazle de Flandre et aucuns autres orent l'eur et l'aventure de passer outre ; et passèrent environ trente ; et ainsi que les autres vouloient passer le pont rompit dessous eux. Là ot des chevaux trébuchés qui ne se pouvoient r'avoir qui y furent morts et leurs maîtres aussi. Ceux qui étoient derrière virent ce meschef. Si furent moult ébahis et ne surent où fuir pour eux sauver. Si fuirent les aucuns en la rivière, qui les cuidoient noer; mais ils ne pouvoient, car elle est parfonde et de hautes rives où chevaux ne se peuvent aherdre ni rescourre. Là ot grand meschef ; car les Flamands venoient qui les enchassoient et occioient à volonté et sans merci, et les faisoient saillir en l'eau, et là se noyoient. Là fut messire Jean de Jumont en grand'aventure d'être perdu ; car le pont rompit dessous lui : mais par grand'appertise de corps il se sauva. Toutefois il fut navré du trait moult durement au chef et au corps; dont il fut puis plus de six semaines qu'il ne se pût armer.

A ce dur retour furent morts le chastelain de Bouillon, et Bouchard de Saint-Hilaire, et plusieurs autres; et noyé messire Henry de Duffle; et en y ot, que mort que noyés, plus de soixante; et ceux tous heureux qui sauver se purent; et grand'foison de blessés et de navrés. Ainsi alla de cette emprise.

Les nouvelles en vinrent aux seigneurs de France qui étoient à Arras, comment leurs gens avoient perdu, et comment le Hazle de Flandre avoit follement chevauché. Si furent des aucuns plaints, et des autres non. Et disoient ceux qui le plus étoient usés d'armes : « Ils ont fait une folle emprise de passer une rivière sans guet et aller courir une grosse ville, et entrer au pays, et retourner au pas par où ils avoient passé, et non garder le pas jusques à leur retour. Ce n'est pas emprise faite de sages gens d'armes qui veulent venir à bon chef de leur besogne, à faire ainsi; et pour ce que oultrecuidés ils ont chevauché, leur en est-il mal pris. »

CHAPITRE CLXXVI.

Comment Philippe d'Artevelle vint à Yppre prêcher et remontrer au peuple, auquel il fit lever la main, d'être certain à lui et au pays de Flandre.

Celle chose se passa; on la mit en oubliance; et Philippe d'Artevelle se partit de Bruges et s'en vint à Yppre où il fut recueilli à grand'joie. Et Piètre du Bois s'en vint à Commines où tout le plat pays étoit assemblé; et là entendit aux besognes et fit tous les ais du pont décheviller, pour être tantôt défait si il besognoit : mais encore ne volt-il mie le pont condamner de tous points, pour l'avantage de ceux du plat pays recueillir, qui passoient tous jours leurs bêtes par dessus à grand'foison, et mettoient outre le Lys à sauveté, et chassoient en-my les bois et ès prairies environ Yppre. Si en étoit le pays si chargé que c'étoit grand'merveille.

Ce propre jour que Philippe d'Artevelle vint à Yppre, vinrent les nouvelles comment, au pont à Menin, les François avoient perdu, et le Hazle avoit été attrapé. De ces nouvelles fut Phillppe tout réjoui, et dit en riant, pour encourager ceux qui de-lez lui étoient : « Par la grâce de Dieu et le bon droit que nous y avons, tous venront à celle fin; ni jamais ce roi de France, jeunement conseillé, selon ce qu'il est d'âge, si il passe la rivière du Lys, ne retournera en France. »

Philippe d'Artevelle fut cinq jours à Yppre, et prêcha en plein marché pour encourager son peuple et tenir en leur foi; et leur remontra comment le roi de France, sans nul titre de raison, venoit sur eux pour eux détruire : « Bonnes gens, ce dit Philippe, ne vous ébahissez point si ils viennent sur nous; car jà n'auront puissance de passer la rivière du Lys : j'ai fait tous les pas bien garder; et est ordonné à Commines Piètre du Bois atout grand gent, qui est loyal homme et qui aime l'honneur de Flandre; et Piètre de Vintre est à Warneston; car tous les autres passages dessus la rivière du Lys sont rompus; ni il n'y a passage ni guet, fors à ces deux villes, là où ils puissent passer. Et si ai ouï nouvelles de nos gens que nous avons envoyés en Angleterre. Nous aurons temprement un très grand confort des Anglois; car nous avons bonnes alliances à eux; ils se sont alliés avecques nous pour aider à faire notre guerre contre le roi de France qui nous veut guerroyer. Si vivez en cel espoir loyaument; car l'honneur nous en demeurera; et tenez ce que vous avez promis et juré à moi et à la bonne ville de Gand qui tant a eu de peine et de frais pour soutenir les droitures et les franchises des bonnes villes de Flandre; et tous ceux qui veulent demeurer de-lez moi, ainsi qu'ils ont juré, liement lèvent la main vers le ciel en signe de loyauté. » A ces mots ceux qui étoient au marché et qui l'avoient ouï levèrent la main amont, et le assurèrent que tous demeureroient de-lez lui. Adonc descendit Philippe de l'échafaud où il avoit prêché, et s'en vint fendant le marché jusques à son hôtel, et se tint là tout ce jour. A lendemain il monta à cheval et retourna à toute sa route vers Audenarde où le siége se tenoit qui point ne se défaisoit pour nouvelles qu'ils ouïssent : mais il passa parmi Courtray, et reposa là deux jours pour encourager la ville.

CHAPITRE CLXXVII.

Comment le roi venu à Seclin et son baronnage, fut fort débattu pour aller en Flandre; et comment ils conclurent de venir le droit chemin de Commines.

Nous nous souffrirons un petit à parler de Philippe d'Artevelle, et parlerons du jeune roi Charles de France qui séjournoit à Arras et avoit très grand'volonté, et bien le montroit, d'entrer en Flandre pour abattre l'orgueil des Flamands; et tous les jours lui venoient gens d'armes de tous côtés. Quand le roi ot séjourné huit jours à Arras, il s'en partit et vint à Lens en Artois; et là fut deux jours. Au tiers jour de novembre, il s'en partit et s'en vint à Seclin, et là s'arrêta. Et furent les seigneurs, le connétable de France et les maréchaux de France, de Bourgogne et de Flandre, ensemble en conseil pour savoir comment on s'ordonneroit; car on disoit communément en l'ost que ce étoit chose impossible d'entrer en Flandre, au cas que les passages de la rivière étoient si fort gardés. Encore tous les jours de rechef il pleuvoit tant que il faisoit si frais que on ne pouvoit aller avant. Et disoient les aucuns sages du royaume de France que c'étoit grand outrage par tel temps de avoir amené le roi si avant en tel pays; et que on dût bien avoir attendu jusques à l'été pour guerroyer en Flandre. Là dit le sire de Cliçon, connétable de France, en conseil : « Je ne connois ce pays de Flandre; car oncques n'y fus en ma vie. Cette rivière du Lys est-elle si malle à passer que on n'y peut trouver passage fors que par les certains pas. » Et on lui répondit : « Sire, oïl, il n'y a nul guet; et si est tout son courant sus marécages où on ne pourroit chevaucher. » Donc demanda le connétable : « Dont vient-elle d'amont? » On lui répondit qu'elle venoit de vers Aire et Saint-Omer. « Puisqu'elle a commencement, dit le connétable, nous la passerons bien. Ordonnons nos gens, et leur faisons prendre le chemin de Saint-Omer; et là passerons-nous la rivière à notre aise [1] et entrerons en Flandre, et irons les Flamands combattre au long du pays où qu'ils soient, ou dedans Yppre ou Audenarde, ou ailleurs : ils sont bien si orgueilleux et si oultre-cuidés que ils venront contre nous. » A ce propos du connétable s'accordèrent tous les maréchaux; et demeurèrent en cel état celle nuit jusques à lendemain que le sire d'Alebreth, le sire de Coucy, messire Aymemon de Pommiers, messire Jean de Vienne, amiral de France, messire Guillaume de Poitiers bâtard de Langres, le Bègue de Villaines, messire Raoul de Coucy, le comte de Conversant, le vicomte d'Ascy, messire Raoul de Raineval, le sire de Saint-Py, messire Guillaume des Bordes, le sire de Sully, messire Olivier de Clayaquin, messire Maurice de Tréséguidy, messire Guy le Baveux, messire Nicole Painel, les deux maréchaux de France, messire Louis de Sancerre et le seigneur de Blainville, et le maréchal de Bourgogne et de Flandre, et messire Enguerran d'Eudin vinrent en la chambre du connétable de France pour avoir certain arrêt et avis comment on se ordonneroit : si on passeroit parmi Lille pour aller à Commines et à Warneston où les pas étoient gardés, ou si on iroit amont vers le Gorgue, la Ventie [1] et Saint-Venant et Estelles passer là la rivière du Lys.

Là ot entre ces seigneurs plusieurs paroles retournées; et disoient ceux qui connoissoient le pays : « Certes, au temps de maintenant il ne fait mie bon aller en ce pays de Clarembaut ni en la terre de Bailleul, ni en chastellerie de Cassel, de Furnes ni de Bergues. » — « Et quel chemin tenrons-nous donc, » dit le connétable ?

Là dit le sire de Coucy une moult haute parole : « De mon avis je conseille que nous allissions à Tournay, là passer l'Escaut et cheminer devant Audenarde; ce chemin-là ferons-nous bien aise, et là combattre nos ennemis. Nous n'aurons nul empêchement; l'Escaut passe à Tournay; si viendrons devant Audenarde, et cherrons droit au logis Philippe d'Artevelle; et si serons tous les jours rafreschis de toutes pourvéances qui nous venront du côté de Hainaut, et qui nous suivront de Tournay par la rivière. »

Celle parole dite du sire de Coucy volontiers fut ouïe et bien entendue, et des aucuns longuement soutenue. Mais le connétable et les maréchaux s'inclinoient trop plus à aller toudis devant lui quérir et faire brief passage à son loyal pouvoir, que de aller à dextre ne à senestre quérir plus lointain chemin; et y mettoient raisons rai-

---
[1] Le Lys passe bien à Aire, mais non pas à Saint-Omer; c'est l'Aa qui coule dans cette dernière ville.

[1] La Ventie en avant de la Gorgue, sur le chemin de Seclin à Saint-Venant.

sonnables, car ils disoient : « Si nous quérons autres chemins que le droit, nous ne montrerons pas que nous soyons droites gens d'armes ; à tout le moins si nous n'en faisons notre devoir et pouvoir de aller tâter si aucunement à ce pas de Commines qui est gardé si dessous ou dessus ne pouvons passer la rivière. Encore outre, si nous éloignons nos ennemis, nous les réjouirons et rafreschirons de nouveaux consaulx ; et diront que nous les fuyons. Et si y a encore un point qui fait grandement à douter ; nous ne savons sur quel état ceux qui sont allés en Angleterre sont ; car si, par aucune aventure et incidence, confort leur venoit de ce côté, il nous donneroit grand empêchement. Si vaut trop mieux que nous nous délivrons d'entrer au plus bref que nous pourrons en Flandre, que longuement déterminer ; et emprénons de fait de bon courage le chemin de Commines ; Dieu nous aidera. Nous avons par tant de fois passé et repassé grosses rivières plus assez que cette rivière du Lys, par quoi elle ne nous devra pas tenir trop longuement. Comment que ce soit, quand nous serons sur les rives aurons nous avis. Et ceux qui sont en notre compagnie en l'avant-garde, qui ont vu puis vingt ans ou trente maint passage plus périlleux que cestui n'est, disent que nous passerons la rivière. Et quand nous serons outre, nos ennemis seront plus ébahis cent fois que dont que à notre aise nous allions quérir passage à dextre ou à senestre hors de notre droit chemin ; et nous pourrons adonc nous nommer et compter seigneurs de Flandre. » Tous s'accordèrent à ce derrain propos, ni oncques depuis il ne fut brisé, ni nul autre remis sus. Et pour ce que cils vaillans seigneurs se trouvoient là tous ensemble si distrent : « C'est bon que nous avisons et regardons aux ordonnances des batailles ; et lesquels iront en l'avant-garde avec le connétable ; et lesquels ordonneront les chemins pour passer et chevaucher tout à l'uni ; et lesquels mèneront les gens de pied ; et lesquels seront ordonnés pour courir et découvrir les ennemis ; et lesquels seront en la bataille du roi, et comment et de quoi ils le serviront ; et lequel portera l'oriflambe de France ; et lesquels l'aideront à garder ; et lesquels seront sus aile ; et lesquels seront en l'arrière-garde. » De toutes ces choses-là orent-ils avis et ordonnance.

CHAPITRE CLXXVIII.

Comment les princes de France ordonnèrent surtout à chacun chef qu'il devoit faire, eux combattus ; et comment le roi marcha sur Flandre et son ost sur Commines.

Or fut lors ordonné et déterminé par les seigneurs et vaillans hommes devant nommés, et par l'office des maîtres des arbalêtriers de France conjoins avec le connétable et les maréchaux, et tous d'un accord, que messire Josse de Hallewyn et le seigneur de Rambures furent chargés et ordonnés de mener les gens de pied, lesquels iroient devant pour appareiller les chemins, couper les haies et buissons, abattre frêtes, remplir vallées, et faire ce qu'il apartient et qu'il est de nécessité. Et étoient iceux ouvriers dix sept cent soixante [1]. Après en l'avant-garde furent les maréchaux de France, de Bourgogne et de Flandre ; et avoient en leur gouvernement douze cents hommes d'armes et six cents arbalêtriers, sans quatre mille hommes de pied [2] que le comte de Flandre leur délivra, aux pavois et aux autres armures. *Item* étoit ordonné que le comte de Flandre et sa bataille, où il pouvoit avoir, tant de gens d'armes, chevaliers et écuyers, et aussi gens de pied, environ seize mille, chemineroient sur aile de l'avant-garde, pour le conforter s'il étoit mestier. *Item* étoit ordonné entre l'avant-garde et la bataille du comte de Flandre, la bataille du roi de France ; et là devoient être ses trois oncles Berry, Bourgogne et Bourbon, le comte de la Marche, messire Jacques de Bourbon son frère, le comte de Clermont et Dauphin d'Auvergne, le comte de Dampmartin, le comte de Sancerre, messire Jean de Boulogne, et jusques à la somme de six mille hommes d'armes et deux mille arbalêtriers, Gennevois et autres [3]. *Item* étoient ordonnés pour l'arrière-garde deux mille hommes d'armes et deux cents arbalêtriers [4]. Si en devoient être chefs et gouverneurs messire Jean d'Artois comte d'Eu, messire Guy comte de Blois, messire Waleran comte de Saint-Pol, messire Guillaume comte de Har-

---

[1] Un autre manuscrit dit 7,860.
[2] Le même manuscrit dit 6,400 hommes d'armes et 14,000 arbalêtriers, sans 5,000 hommes de pied.
[3] Le même manuscrit dit 12,000 hommes d'armes et 18,000 arbalêtriers et archers avec plusieurs autres gens d'armes aventuriers.
[4] Suivant le même manuscrit, 4,000 hommes d'armes et 8,000 archers.

court, le seigneur de Châtillon et le seigneur de Fère. *Item* devoit porter l'oriflambe, messire Piètre de Villiers, et devoit être accompagné de quatre chevaliers, lesquels sont ainsi nommés, messire Morice de Tréseguidy, du Baudrain de la Heuze, messire Robert le Baveux et messire Guy de Saucourt; et pour garder les deux bannières, le Borgne de Ruet et le Borgne de Mondoucet. Et est à savoir que iceux seigneurs, qui ordonnoient ces besognes, entendoient et du tout s'arrêtoient que jamais en France ne retourneroient jusques à tant qu'ils auroient combattu ce Philippe d'Artevelle et sa puissance. Et pour ce s'ordonnèrent-ils par telle manière ainsi que pour tantôt combattre ou au lendemain. *Item* étoient ordonnés le sire de la Breth, le sire de Coucy et messire Hugues de Châlons pour mettre en arroy, en paix et en bonne ordonnance, les batailles. *Item* étoient ordonnés maréchaux, pour loger le roi et sa bataille, messire Guillaume O. Mamines, et le seigneur de Champ-Remy. *Item* étoit ordonné que au jour qu'on combattroit, le roi seroit à cheval et nul autre fors lui; et étoient nommés huit vaillans hommes à être de côté lui, comme le seigneur de Raineval, le Bègue de Villaines, messire Aimemon de Pommiers, messire Enguerran d'Eudin, le vicomte d'Ascy, messire Guy le Baveux, messire Nicolas Painel et messire Guillaume des Bordes. *Item* étoient ordonnés pour chevaucher devant lui et aviser le convenant des ennemis au jour de la bataille, messire Olivier de Cliçon, connétable de France, messire Jean de Vienne, amiral de France, et messire Guillaume de Poitiers, bâtard de Langres.

Quand toutes ces choses devant dites furent devisées et ordonnées bien et à point et que on n'y sçut mais rien aviser qui nécessaire fût, le conseil s'ouvrit et se partit, et s'en alla chacun en son logis; et furent les seigneurs et les barons, qui point n'avoient été présens à ces choses devisées et ordonnées, signifiés de ce qu'ils devoient faire, et de ce jour en avant comment ils se maintiendroient. Et fut ce jour ordonné que le roi à lendemain se délogeroit de Seclin et passeroit tout parmi la ville de Lille sans arrêter, et viendroit loger à Marquette l'abbaye; et l'avant-garde iroit outre vers Comines et Warneston, et exploiteroient au mieux qu'ils pourroient.

CHAPITRE CLXXIX.

Comment le connétable de France atout l'avant-garde vint devant le pont de Comines où il fut moult en souci.

Tout ainsi comme il fut ordonné il fut fait; et se délogèrent à lendemain ceux de l'avant-garde et passèrent outre par ordonnance vers Comines, et trouvoient les chemins tout faits, car le sire de Rambures et messire Josse de Hallewyn y avoient grandement ensoigné et entendu: ce fut le lundi. Quand le connétable et les maréchaux de France, et ceux de l'avant-garde furent venus au pont à Comines, là les convint arrêter; car ils trouvèrent le pont si défait qu'il n'étoit mie en puissance de homme du refaire, au cas que on leur défendroit et que on y mettroit empêchement au vouloir refaire. Et les Flamands étoient bien si puissans, par outre la rivière, que du défendre et garder le pas et tenir contre tout homme qui escarmoucher et assaillir les voudroit par devant; car ils étoient plus de neuf mille, que au pas du pont, que en la ville de Comines. Et là étoit Piètre du Bois leur capitaine qui montroit bien volonté du défendre; et étoit le dit Piètre du Bois au pied du pont sur la chaussée et tenoit une hache en sa main; et là étoient les Flamands tout rangés d'une part et d'autre. Le connétable de France et les seigneurs qui étoient regardoient la manière de ce pas, et imaginoient bien que c'étoit chose impossible de passer par-là, si le pont n'étoit refait. Adonc firent-ils chevaucher de leurs varlets pour aviser la rivière dessous et dessus, pour savoir si on y trouveroit nuls guets. Quand ces varlets orent chevauché au long de la rivière, dessous et dessus près d'une lieue, ils retournèrent à leurs seigneurs qui les attendoient au pas, et leur dirent que ils n'avoient trouvé nuls lieux où chevaux pussent prendre terre, dont fut le connétable moult courroucé, et dit: «Nous avons été mal conseillés de prendre ce chemin; mieux nous vaulsist être allés par Saint-Omer que ci séjourner en ce danger; ou avoir passé l'Escaut à Tournay, ainsi que le sire de Coucy disoit, et allés tout droit devant Audenarde combattre nos ennemis, puisque combattre les devons, et voulons : ils sont bien si orgueilleux que ils nous eussent attendus à leur siége.» Adonc dit messire Louis de Sancerre : «Connétable, je conseille que nous nous logeons ci pour ce jour, et faisons loger nos gens au mieux que ils pourront au fuer que ils viennent; et envoyons à Lille, par la rivière, querre des nefs et des claies : si ferons demain un pont sur ces beaux prés et passerons outre, puisque nous ne pouvons autrement faire. » Donc dit messire Josse de Hallewyn : « Sire, nous avons bien avisé, passé à deux jours, le sire de Rambures, et moi de tout cela faire ; mais il y a un grand empêchement. Entre ci et Lille siéd la ville de Menin sur celle rivière par où il convient la navire, si elle veut venir jusques à ci, passer ; et les Flamands qui là sont ont défait leur pont, et tellement croisé de grand merrien et d'estaches parmi les gistes du pont, que impossible seroit du passer nef ni nacelle. » — « Je ne sais donc, dit le connétable, que nous puissions faire : bon seroit de prendre le chemin de Aire et là passer la Lys, puisque nous ne pouvons avoir ci le passage appareillé. »

Entrementes que le connétable et les maréchaux de France et de Bourgogne étoient au pas de Comines en celle abusion, ni ils ne savoient lequel faire pour le meilleur, soubtilloient autres chevaliers et écuyers, par beau fait d'armes et haute emprise, à eux aventurer vaillamment et à passer celle rivière de la Lys, comment que il fût, et aller sur leur fort combattre les Flamands pour conquérir la ville et le passage, si comme je vous recorderai présentement.

CHAPITRE CLXXX.

Comment aucuns chevaliers de France s'avisèrent de passer la rivière de la Lys au-dessus du pont de Comines.

En venant l'avant-garde de Lille à Comines, le sire de Saint-Py, qui connoissoit le pays, et aucuns autres chevaliers et écuyers de Hainaut, de Flandre et d'Artois, et aussi de France, sans le connétable et les maréchaux, avoient eu parlement ensemble et avoient dit : « Si nous avions deux ou trois bacquets et les fissions lancer en la rivière de la Lys, au-dessous de Comines, à la couverte, et eussions d'une part de l'eau et de l'autre estaches, et mis cordes aux estaches, selon ce que la rivière n'est pas trop large, nous serions tantôt une grand'quantité de gens mis outre ; et puis par derrière nous venrions assaillir nos ennemis, et conquerrions sur eux le pas, et si ne fissions passer que droites gens d'armes. » De quoi cil consaulx avoit été tenu ; et avoit tant fait le sire de Saint-Py, que sur un char il fit acharier de la ville de Lille un bacquet[1], les cordes et toute l'ordonnance avecques lui.

D'autre part aussi messire Herbault de Belle-Perche et messire Jean de Roye, qui étoient en ce voyage compagnons ensemble, en faisoient un venir et charier. Aussi messire Henry de Mauny, messire Jean de Malestroit, et messire Jean Chauderon, qui avoient été à ces devises, en cherchèrent aussi un, et firent tant qu'ils l'eurent. Si le firent charger et amener sur un char, et suivir la route des autres. Le sire de Saint-Py fut tout le premier qui vint atout son bacquet et l'ordonnance des cordes et des estaches sur la rivière : si estiquèrent du lez devant eux un gros planchon, et puis y aloièrent la corde : si passèrent trois varlets outre, et mirent le bacquet et la corde outre à l'autre rive ; et y attachèrent l'autre coron de la corde à un planchon qu'ils fichèrent en terre ; et puis ramenèrent les varlets le bacquet à leurs maîtres.

Or étoit avenu que le connétable de France et les maréchaux qui se tenoient au dehors du pont à Comines, furent informés de celle besogne, ainsi comme ils musoient comment ils trouveroient passage. Si avoit dit le connétable à messire Louis de Sancerre : « Maréchal, allez voir que c'est ni quelle chose ils font, et si peine peut être employée à passer la rivière par celle manière que vous avez ouï deviser ; et si vous véez que ce soit chose taillée à faire, si en mettez aucuns outre. »

Adonc entretant que iceux chevaliers qui là étoient s'ordonnoient pour passer, et que leurs bacquets étoient tout prêts, si vint le maréchal de France, à grand'route de chevaliers et d'écuyers en sa compagnie. On lui fit voie, ce fut raison. Il s'arrêta sur le rivage et regarda volontiers le convenant et l'ordonnance de ces bacquets. Adonc dit le sire de Saint-Py : « Sire, vous plaît-il que nous passons ? » — « Il me plaît bien, dit le maréchal, mais vous vous mettez en grand péril et aventure ; car si les ennemis qui sont à Comines savoient vos convenans, ils vous porteroient trop grand dommage. » — « Sire, dit le sire de Saint-Py, qui ne s'aventure il n'a rien : au nom de Dieu et de Saint George nous passerons, et nous ferons, ainçois qu'il soit demain jour, sur nos ennemis bon exploit. »

[1] Un autre manuscrit dit *cinq batelets*.

Adonc mit le sire de Saint-Py son pennon au bacquet, et entra tout le premier dedans; et y entrèrent tous ceux que le bacquet pot porter, et étoient neuf; et tantôt furent lancés, par la corde qu'ils tenoient outre à rive. Si issirent tous hors, et mirent leurs armures hors; et entrèrent, à la couverte, afin que ils ne fussent aperçus, en un petit boquetel d'un aulnoy, et là se cachèrent. Et ceux qui étoient au rivage, par une corde qu'ils tenoient, retrairent le bacquet à eux. Secondement le comte de Conversant, sire d'Enghien, entra dedans et sa bannière avecques lui, et aussi le sire de Vertaing, messire Eustache et son pennon, et Fierabras de Vertaing, son frère : eux neuf passèrent, et non plus. Et puis la tierce fois en passèrent encore neuf. Et véez-ci les deux autres bateaux qu'on acharioit, de messire Herbault de Belle-Perche et de messire Jean de Roye et aussi des Bretons; si furent tantôt par la manière dessus dite lancés en la rivière et ordonnés ainsi comme l'autre. Si passèrent ces chevaliers et écuyers; ni nul ne passoit fors que droites gens d'armes; et passoient de si grand'volonté que merveilles étoit à voir. Si ot, telle fois fut, au passer si très grand'presse du vouloir passer l'un devant l'autre, que si le maréchal de France n'y eût été, qui y mettoit ordonnance et attremprance du passer, atant il y en eût eu des péris; car ils eussent plus que leurs faix chargé les bacquets.

CHAPITRE CLXXXI.

Comment ce lundi le connétable de France fit de trait escarmoucher aux Flamands; et comment Piètre du Bois aperçut les François passés outre la rivière de la Lys et venant vers eux et ce qu'il conclut.

Nouvelles vinrent tout à fait au connétable de France et aux seigneurs qui à Comines étoient sur le pas, à l'entrée du pont, comment leurs gens passoient. Adonc dit le connétable au seigneur de Rieux, un grand baron de Bretagne : « Sire de Rieux, allez voir je vous prie, à ce passage que ce peut être, et si nos gens passent si uniment comme on nous dit. » Le sire de Rieux ne fut oncques si lie que quand il ot celle commission; et férit cheval des éperons et s'en vint celle part, et toute sa route où bien avoit quarante hommes d'armes. Quand il fut venu au passage où les compagnons étoient, et jà y en avoit de passés plus de cent et cinquante, si mit tantôt pied à terre et dit qu'il passeroit. Le maréchal de France ne lui eût jamais véé.

Nouvelles vinrent au connétable de France que le sire de Rieux, son cousin, étoit passé : si commença le connétable un petit à muser, et dit : « Faites arbalètriers traire avant et escarmoucher ces Flamands qui sont outre ce pont, pour eux ensonnier, parquoi ils entendent à nous et non à nos gens; car si ils s'en donnoient garde, ils leur courroient sus et romproient le passage, et occiroient ceux qui sont de là; et je aroye plus cher à être mort que il en advînt ainsi. » Adonc vinrent arbalètriers et gens de pied avant; et si en y avoit aucuns qui jetoient de bombardes portatives, et qui traioient grands quarriaulx enpennés de fer, et les faisoient voler outre le pont jusques à la ville de Comines. Là se commença l'escarmouche forte et roide; et montroient ceux de l'avant-garde que ils passeroient si ils pouvoient. Les Flamands qui étoient paveschiés au-lez devers eux montroient aussi visage et faisoient défense moult grande. Ainsi se continua celle journée, qui fut par un lundi, lançant, trayant et escarmouchant; et fut tantôt tard, car les jours étoient moult courts; et toujours à ces bacquets passoient gens d'armes à pouvoir, et se mettoient, à fait qu'ils étoient outre, en un aulnoy, et là se quatissoient à la couverte et attendoient l'un l'autre.

Or regardez, tout considéré, en quel péril ils se mettoient et en quelle aventure; car si ceux qui étoient en Comines s'en fussent temprement aperçus, ils en eussent eu à volonté la greigneur partie, et eussent conquis cordes et bacquets, et tout mis à leur avantage. Mais Dieu y fut pour eux, qui vouloit consentir que l'orgueil des Flamands fût abattu, si comme il fut bientôt.

CHAPITRE CLXXXII.

Comment les François qui étoient passés outre la rivière du Lys se mirent en ordonnance de bataille devant les Flamands.

Je tiens, et aussi doivent tenir toutes gens d'entendement, celle emprise de ces bacquets et le passage de ces gens d'armes à haut, vaillant et honorable; car chevaliers et écuyers, ce lundi sur le tard, pour passer outre avecques leurs compagnons, s'embloient de l'avant-garde. Et passèrent le vicomte de Rohan, le sire de Laval, le sire de la Berlière, le sire de Combour, messire Olivier du Glayquin, le Barrois des Barres, le sire de Colet, messire Regnault de Thouars, le sire de Pousances, messire Guillaume de Lignac, messire Gauchier de Passac, le sire de Tors, messire Louis de Goussant, messire Tristan de la Gaille, le vicomte de Meaux, le sire de Mailly, et tant que, Bretons, que Poitevins, Béruyers, François, Bourguignons, Flamands, Artésiens, Tyois et Hainuiers, ils se trouvèrent bien outre, ce lundi sur le tard, environ quatre cens hommes d'armes, toute fleur de gentillesse; ni oncques varlet n'y passa.

Quand messire Louis de Sancerre vit ce, et que tant de bonnes gens étoient passés, comme seize bannières et trente pennons, si dit que il lui tourneroit à grand blâme, s'il ne passoit aussi. Si se mit en un bacquet ses chevaliers et écuyers avecques lui; et adonc aussi passèrent le sire de Hangest, messire Parcevaulx d'Aineval et plusieurs autres. Quand ils se virent tous ensemble, si dirent : « Il est heure que nous allions vers Comines voir nos ennemis, et savoir si nous pourrions ennuit loger en la ville. Adonc restraignirent-ils leurs armures et mirent leurs bassinets sur leurs têtes, et les lacèrent et bouclèrent, ainsi comme il appartenoit; et se mirent sur les marais joignant la rivière, en pas et ordonnance, bannières et pennons ventilans devant eux, ainsi que pour tantôt traire avant et combattre. Et étoit le sire de Saint-Py au premier chef, et l'un des principaux gouverneurs et conduiseurs, pourtant qu'il connoissoit mieux le pays que nuls des autres.

Ainsi comme ils venoient tous le pas, et aussi serrés que nuls gens d'armes peuvent, par bonne ordonnance, contre val ces prés, en approchant la ville, Piètre du Bois et ses Flamands qui étoient tous rangés amont, haut sur la chaussée, jetèrent leurs yeux aval ces prés, et virent ces gens d'armes approcher. Si furent moult émerveillés; et demanda Piètre du Bois : « Par quel diable de lieu sont venus ces gens, et où ils ont passé la rivière du Lys? » Si lui répondirent ceux qui de-lez lui étoient : « Il faut qu'ils soient passés par bacquets huy toute jour; et si n'en avons rien sçu; car il n'y a pont ni passage sur le Lys de ci à Courtray. » — « Que ferons-nous, disent aucuns à Piètre Dubois? Les irons-nous combattre? » — « Nennil, dit Piètre, laissons-les venir, et demeurons en notre force et en notre place; ils sont bas et nous sommes haut sur la chaussée. Si ils nous viennent assaillir, nous avons grand avantage sur eux; et si nous descendons ores sur eux pour combattre, nous nous forferons trop grandement. Attendons que la nuit soit venue toute noire et toute obscure, et puis aurons conseil comment nous chevirons. Ils ne sont pas tant de gens que ils nous doivent planté durer à la bataille; et si savons tous les refuges, et ils n'en savent nuls. »

CHAPITRE CLXXXIII.

Comment le connétable de France regretta la noblesse qu'il véoit outre le Lys. Comment il abandonna le passage et comment il fut conforté.

Le conseil Piètre du Bois fut cru : oncques ces Flamands ne se bougèrent de leur pas et se tinrent tous cois au pied du pont et tout contreval la chaussée, rangés et ordonnés en bataille; et ne sonnoient mot, et montroient par semblant que ils n'en faisoient compte. Et ceux qui étoient passés venoient tout le pas parmi ces marais, côtoyant la rivière et approchant Comines. Le connétable de France, qui étoit d'autre part l'eau, jeta ses yeux et vit ces gens d'armes, bannières et pennons ventilans, en une belle petite bataille et vit comment ils approchoient Comines. Adonc lui commença le sang tout à frémir, de grand hideur qu'il ot, car il sentoit grand'foison de Flamands par delà l'eau, tous enragés. Si dit par grand yreur : « Ha, Saint Yves! ha, Saint George! ha, Notre Dame! que vois-je là? Je vois en partie toute la fleur de notre armée qui se sont mis en dur parti. Certes je voudrois être mort, quand je vois que ils ont fait un si grand outrage. Ha, messire Louis de Sancerre! je vous cuidoye plus attrempé et mieux amesuré que vous n'êtes : comment avez-vous osé mettre outre tant de nobles chevaliers et écuyers, et si vaillans hommes d'armes, comme ils sont là, en terre d'ennemis : et espoir entre dix ou douze mille hommes, qui sont tout orgueilleux et tout avisés de leur fait, et qui nullui ne prendroient à merci : ni nous ne les pouvons, si il leur besogne, conforter. Ha, Rohan! ha, Mauny! ha, Malestroit! ha, Conversant! ha, tels et tels! Je vous plains, quand, sans mon conseil, vous vous êtes mis en tel parti : pourquoi, pourquoi suis-je connétable de France? Car si vous perdez j'en serai tout inculpé; et dira-t-on que je vous ai envoyés en cette folie. »

Le connétable de France, avant que il eût vu que tant de si vaillans gens fussent passés, avoit défendu au lez devers lui que nul ne passât; mais quand il vit le convenant de ceux qui étoient outre, il dit tout haut : « Je abandonne le passage à tout homme qui passer voudra et pourra. » A ces mots s'avancèrent chevaliers et écuyers pour trouver voie et engin de passer au pont outre; mais il fut tantôt toute nuit : si leur convint, par pure nécessité, laisser œuvre d'ouvrer au pont et de jeter huis et planches sur les gistes, et les aucuns y mettoient leurs targes et leurs pavois pour passer outre, et tant que les Flamands, qui étoient dedans Comines, s'en tenoient bien à chargés et à ensonniés, et ne savoient, au voir dire, auquel entendre; car ils véoient là, au-dessous du pont en ès marais, grand'foison de bonnes gens d'armes qui se tenoient tous cois, leurs lances toutes droites devant eux, et si véoient d'autre part que ceux qui étoient outre le pont en l'avant-garde escarmouchoient à eux, et se mettoient en peine pour le pont refaire.

En ce parti que je vous dis furent les François, qui passés étoient outre aux bacquets, ce soir, et se tinrent tout cois ès marais et en la bourbe et ordures jusques aux chevilles. Or regardez et considérez la peine qu'ils orent et la grand'vaillance de eux, quand en ces longues nuits d'hiver, au mois de décembre ou environ, toute nuit nuitie [1] en leurs armures, estans sur leurs pieds, leurs bassinets en leurs têtes, ils furent là sans boire et sans manger. Certes, je dis qu'il leur doit être tourné à grand'vaillance, car au voir dire, ils ne se véoient que une poignée de gens au regard des Flamands qui en Comines et au pas étoient. Si ne les osoient aller envahir ni assaillir; et disoient et avoient dit entre eux, et sur ce ils s'étoient arrêtés par ordonnance : « Tenons-nous ci tous ensemble, et attendons tant qu'il soit jour et que nous véons devant nous, et que ces Flamands qui sont en leur fort avalent pour nous assaillir; car voirement venront-ils sur nous; ni nullement ils ne le lairont. Et quand ils viendront à nous, nous crierons tous d'une voix, chacun son cri ou le cri de son seigneur à qui chacun est, jà-soit ce que les seigneurs ne soient pas tous ici. Par celle voie et ce cri, nous les ébahirons, et puis férirons en eux de grand'volonté. Il est bien en Dieu et en nous du déconfire; car ils sont mal armés, et nous avons nos glaives à fers longs et acérés de Bordeaux, et nos épées aussi. Jà haubergons qu'ils portent ne les pourront garantir ni défendre que nous ne passons tout outre. »

Sur cel état se tinrent ainsi et sur ce confort cils qui étoient passés outre; et se tenoient tous cois sans dire mot. Et le connétable de France, qui étoit d'autre part l'eau, au-lez devers Lille, avoit au cœur grand'angoisse d'eux. Là lui disoient les maréchaux de Bourgogne et de Flandre et les chevaliers qui de-lez lui étoient, pour lui reconforter : « Monseigneur, ne vous ébahissez point d'eux, ce sont à droite élection toutes vaillans gens, sages et avisés, et ne feront rien fors que par sens et ordonnance. Ils ne se combattront meshuy, et vous avez les passages abandonnés : demain, sitôt que nous pourrons voir l'aube du jour, nous nous mettrons en peine de passer le pont. Nous avons huy pourvu des ais et du bois plus qu'il ne nous besogne : si serons tantôt outre et les reconforterons; ni ces méchans gens n'auront point s'il leur besogne de durée contre nous. » Ainsi étoit reconforté le connétable de France des vaillans hommes qui étoient en sa compagnie.

CHAPITRE CLXXXIV.

Comment à l'emprise du seigneur de Saint-Py et d'autres le passage à Comines fut conquis sur les Flamands, qui y furent occis par milliers et tous déconfits.

Piètre du Bois, qui sentoit ces gens d'armes ès marais joignant Comines, n'étoit mie trop assuré; car il ne savoit quelle la fin en seroit. Toutefois il sentoit de-lez lui et en sa compagnie bien six ou sept mille hommes. Si leur avoit dit ainsi et remontré la nuit : « Ces gens d'armes qui sont passés pour nous combattre ne sont pas de fer ni d'acier; ils ont huy tout le jour travaillé et toute la nuit estampé en ce marais; ne peut être que sur le jour sommeil ne les preigne et abatte. En cel état nous venrons tout coyement sur eux et les assaudrons : nous sommes gens assez pour eux enclorre. Quand nous les aurons déconfits, sachez que nul ne se osera jamais après embatre.

---

[1] C'est-à-dire pendant toute la nuit.

Or vous tenez tout cois, et si ne faites nulle noise ; je vous dirai bien quand il sera heure de faire notre emprise. » Au propos de Piètre ils s'étoient tous arrêtés.

D'autre part, ces barons, chevaliers et écuyers, qui se tenoient en ces marais et assez près de leurs ennemis n'étoient pas à leur aise, en tant que ils s'étoient boutés en la boue et en l'ordure jusques aux chevilles les aucuns, et les autres jusques en-my la jambe : mais le grand désir et plaisance que ils avoient de conquerre le passage et honneurs, car grands faits d'armes y pouvoient-ils voir, leur faisoit assez entroubler leur travail et peine. Si ce fût aussi bien au temps d'été comme c'étoit en hiver, le vingt-septième jour de novembre, ils eussent tout tenu à revel ; mais la terre étoit froide et orde, boueuse et mauvaise, et la nuit longue ; et pleuvoit à la fois sur leurs têtes ; mais l'eau couroit tout aval, car ils avoient leurs bassinets mis, et étoient tous en l'état ainsi que pour tantôt combattre, ni ils n'attendoient autre chose fors qu'on les vînt assaillir. Les grands soins qu'ils avoient à cela les réchauffoient assez et leur faisoient entroubler leurs peines. Là étoit le sire de Saint-Py qui trop loyaument s'acquitta de être gaitte et escoute des Flamands : car il étoit au premier chef, et alloit soigneusement tout en tapissant voir et imaginer leur convenant, et puis retournoit à ses compagnons et leur disoit tout bas : « Or cy, cy, nos ennemis se tiennent tout cois ; espoir viendront-ils sur le jour ; chacun soit tout pourvu et avisé de ce qu'il doit faire. » Et puis de rechef il s'en alloit encore pour apprendre de leur convenant, et puis retournoit et disoit tout ce qu'il sentoit, oyoit et véoit. En telle peine, allant et venant, il fût jusques à l'heure que les Flamands avoient entre eux dit et ordonné de venir ; et étoit droit sur l'aube du jour ; et venoient tout serrés en un tas tout le petit pas, sans sonner mot. Adonc le sire de Saint-Py, qui étoit en aguet, quand il en vit l'ordonnance, il aperçut bien que c'étoit acertes ; si vint à ses compagnons et leur dit : « Or avant, seigneurs, il n'y a que du bien faire ; véez-les-ci, ils viennent, vous les aurez tantôt : les larrons viennent le petit pas, ils nous cuident attraper et surprendre. Or montrons que nous sommes droites gens d'armes ; car nous aurons la bataille. »

A ces mots, que le sire de Saint-Py disoit, vissiez-vous chevaliers et écuyers de grand courage abaisser leurs glaives à longs fers de Bordeaux et empoigner de grand'volonté, et eux mettre en si très bonne ordonnance que on ne pourroit de gens d'armes mieux demander ni aussi deviser.

Ordonné avoient cils seigneurs et compagnons qui la rivière par bateaux ce soir avoient passée, quand ils se trouvèrent en ces marais, si comme je vous ai dit, et ils virent que les Flamands attendoient la nuit pour eux combattre, car, au voir dire, ils ne se trouvoient pas tant que ils les osassent combattre ni assaillir, et avoient dit : « Quand ils viendront sur nous, ils ne peuvent savoir quel nombre de gens nous sommes, chacun écrie, quand viendra à l'assembler, l'enseigne de son seigneur dessous qui il est, jà-soit ce que le sire ne soit mie ici. Et les cris que nous ferons, et la voix que nous entre eux épandrons, les ébahira tellement qu'ils s'en devront déconfire ; avecques ce que nous les recueillerons aigrement aux lances et aux épées. » Donc il en advint ainsi ; car quand ils approchèrent pour combattre aux François, chevaliers et écuyers commencèrent à écrier haut et clair plusieurs cris et de plusieurs voix ; et tant que le connétable de France et ceux de l'avant-garde qui étoient encore à passer les entendirent bien, et dirent : « Nos gens sont en armes. Dieu leur veuille aider, car nous ne leur pouvons aider présentement. » Et véez-cy Piètre du Bois tout devant, et ces Flamands venir, qui furent recueillis de ces longs glaives aux fers tranchans affilés de Bordeaux, dont ils se véoient empalés, que les mailles de leurs cottes ne leur duroient néant plus que toile doublée en trois doubles ; mais les passoient tout outre et les enfiloient parmi ventres, parmi poitrines et parmi têtes. Et quand ces Flamands sentirent ces fers de Bordeaux dont ils se véoient empalés, ils reculoient ; et les François, pas à pas, avant passoient et conquéroient terre sur eux ; car il n'en y avoit nul si hardi qui ne ressoignât les coups. Là fut Piètre du Bois aucques des premiers navré et empalé d'un fer de glaive tout outre l'épaule et blessé au chef ; et eût été mort sans remède, si ses gens à force, ceux qu'il avoit ordonnés pour son corps jusques à trente forts gros varlets, ne l'eussent secouru, qui le prindrent entre leurs bras et l'emportèrent hors de la presse.

La boue jus de la chaussée aval Comines étoit si grande que toutes gens y entroient jusques en-my la jambe. Ces gens d'armes de France qui étoient usagés ès faits d'armes vous commencèrent à abattre ces Flamands, à renverser sans deport et à occire. Là crioit-on Saint-Py! Laval! Sancerre! Enghien! Antoing! Vertaing! Sconnevort! Saumes! Hallewyn! et tous cris dont il y avoit là gens d'armes. Flamands se commencèrent à ébahir et à déconfire quand ils virent que ces gens d'armes les assailloient et requéroient si vaillamment, et les poussoient de leurs glaives à ces longs fers de Bordeaux qui les perçoient tout outre. Si commencèrent à reculer et à choir l'un sur l'autre; et gens d'armes passoient outre, ou parmi eux, ou par autour, et se boutoient toujours ens ès plus drus, et ne les épargnoient point à occire et à abattre, non plus que chiens, et à bonne cause; car si les Flamands fussent venus au-dessus ils eussent fait pareillement.

Quand ces Flamands se virent ainsi reculés et assaillis vaillamment, et que ces gens d'armes avoient conquis la chaussée et le pont, si orent avis qu'ils bouteroient le feu dedans leur ville, pour deux raisons: l'une si étoit pour faire reculer les François, et l'autre pour recueillir leurs gens. Si firent ainsi qu'ils ordonnèrent; et boutèrent tantôt le feu en plusieurs maisons qui furent en l'heure emprises: mais tout ce de quoi ils cuidoient ébahir leurs ennemis ne leur valut rien; car les François, aussi arréement et vaillamment comme en devant, les poursuivoient, combattoient et occioient à grands tas en la boue et ès maisons où ils se traioient. Adonc se mirent ces Flamands aux champs, et se avisèrent de eux recueillir, si comme ils firent, et mettre ensemble, et envoyèrent des leurs pour émouvoir le pays à Vertin, à Pourperinghe, à Berghes, à Roulers, à Mézières, à Warneston, à Menin et à toutes les villes d'environ pour rassembler leurs gens et venir au pas de Comines. Ceux qui fuyoient, et ceux qui ens ès villages d'environ Comines étoient, sonnoient les cloches à herle, et montroient bien que le pays avoit à faire. Si se ébahissoient les aucuns, et les autres entendoient à sauver le leur et à apporter à Yppre et à Courtray. Là se retrayoient femmes et enfans, et laissoient leurs hôtels et leurs maisons toutes pleines de meubles, de bêtes, de grains; et les autres s'en venoient à effort tout le cours à Comines pour aider à recouvrer le pas où leurs gens se combattoient. Entrementes que ces ordonnances se portoient ainsi, et que ces vaillans gens qui par bacques la rivière du Lys passée avoient, se combattoient, la grosse route de l'avant-garde du connétable de France entendoit à passer outre le pont. Si y avoit grand'presse, car le connétable avoit abandonné à passer qui passer pouvoit; je vous dis pour passer devant, car nul n'ensonnioit ni empêchoit le passage. Si passèrent le pont à Comines à cet ajournement les seigneurs en grands périls; car ils couchoient et mettoient targes ou pavois sur les gistes du pont et alloient outre; et ceux qui étoient outre s'avisèrent de réédifier le pont; car ils trouvèrent tous les ais devers eux. Si les remirent et rejetèrent sur les gistes du pont ou sur les estaches; et avant tout ce, la nuit on avoit fait acharier deux chariots de claies qui grandement aidèrent à la besogne.

Tant fut fait, ouvré et charpenté briévement, que le pont fut refait bon et fort; et passèrent outre à ce mardi au matin tous ceux de l'avant-garde; et à fait qu'ils venoient, ils se logeoient en la ville.

Le comte de Flandre avoit entendu que ceux de l'avant-garde se combattoient au pas à Comines, si envoya celle part six mille hommes de pied pour aider leurs gens; mais quand ils vinrent, tout étoit achevé et le pont refait. Si les envoya le connétable au pont à Warneston pour le pont refaire, et pour passer ce mardi le charroi plus aisément.

CHAPITRE CLXXXV.

Comment le roi, averti de la victoire de Comines, voult passer en Flandre; et Philippe d'Artevelle, sachant la perte à Comines, alla vers Gand pour élever l'arrière-ban.

Nouvelles vinrent ce mardi au matin au roi de France, qui étoit en l'abbaye à Marquette emprès Lille, et à ses oncles, que le pas de Comines étoit conquis, et l'avant-garde outre. De ces nouvelles furent le roi et ses oncles moult réjouis. Adonc fut ordonné et dit que le roi passeroit. Si ouït messe et ses seigneurs aussi, et burent un coup, et puis montèrent à cheval, et le chemin droit à Comines allèrent. Ceux de l'avant-garde qui étoient à Comines délivrèrent la ville de ces Flamands; et en y ot d'occis sur les reus et sur les champs environ trois mille, sans ceux qui furent morts en chasse et dedans les moulins à vent, et dedans les moûtiers où ils se recueilloient. Car sitôt que ces Bretons furent outre, ils montèrent à cheval et se mirent en chasse pour trouver ces Flamands et pour courir le pays qui étoit lors gros et riche. Le sire de Rais, le sire de Laval, le sire de Malestroit, le vicomte de la Berlière et le sire de Combourt et leurs gens chevauchèrent tant devant qu'ils s'en vinrent à Werin qui est une grosse ville : si fut prise et arse, et ceux qui étoient dedans, morts. Là orent les Bretons grand pillage et grand profit : aussi orent les autres qui s'épandirent sur le pays; car ils trouvoient les hôtels tout pleins de draps, de pennes d'or et d'argent : ni nuls, sur fiance des forts pas étant sur la rivière du Lys, n'avoient point vidé le leur ni mené ens ès bonnes villes. Les pillards bretons, normands et bourguignons, qui premièrement entrèrent en Flandre, le pas de Comines conquis, ne faisoient compte de draps entiers, de pennes ni de tels joyaux, fors de l'or et de l'argent que ils trouvoient; mais ceux qui vinrent depuis rançonnèrent tout au net le pays, ni rien n'y laissèrent; car tout leur venoit bien à point.

Vous savez que nouvelles sont tantôt moult loin sçues. Ce mardi au matin vinrent les nouvelles devant Audenarde, à Philippe d'Artevelle qui étoit au siége, comment les François avoient passé à Comines, le lundi, la rivière du Lys par bacquets, et comment ils avoient conquis le pas; et avoient les Flamands qui là étoient, tant à Comines que sur le pays, perdu six mille hommes ou environ; et tenoit-on que Piètre du Bois étoit mort. De ces nouvelles fut Philippe d'Artevelle tout courroucé et ébahi, et se conseilla au seigneur de Harselles qui là étoit, quelle chose il feroit. Le sire de Harselles lui dit : « Philippe, vous vous en irez à Gand et assemblerez de gens ce que vous pourrez avoir, parmi la ville gardée, et les mettrez hors, et retournerez ici, et à toute votre puissance vous en irez vers Courtray. Quand le roi de France entendra que vous venrez efforcément contre lui, il s'avisera de venir trop avant sur le pays : aveucques tout ce nous devrions temprement ouïr nouvelles de nos gens qui sont en Angleterre; et pourroit être que le roi d'Angleterre ou ses oncles passeront atout grand'puissance, ou jà passent; et ce nous venroit grandement à point. » — « Je m'émerveille, dit Philippe, comment ils séjournent tant, quand les Anglois savent bien qu'ils auront entrée par ce pays-ci, et ils ne viennent point, et à quoi ils pensent et nos gens aussi. Nonobstant tout ce ne demeurera-t-il mie que je ne voise à Gand querre l'arrière-ban; et venrai combattre le roi de France et les François comment qu'il s'en prenne. Je suis informé de pièça que le roi de France a bien vingt mille hommes d'armes : ce sont soixante mille têtes armées; je lui en mettrai autant ensemble devant lui en bataille. Si Dieu me donne par sa grâce que je le puisse déconfire, avec le bon droit que nous avons, je serai le plus honoré sire du monde; et si je suis déconfit, aussi grand'fortune avient à plus grand seigneur que je ne suis. »

Ainsi que Philippe et le sire de Harselles devisoient, et véez-ci autres gens affuyant qui venoient et qui avoient été en la bataille de Comines, lesquels poursuivirent les paroles premières. Adonc demanda Philippe. « Et Piètre du Bois, qu'est-il devenu? Est-il ni mort ni pris? » Ceux répondirent que nennil, mais il avoit été moult fort navré à la bataille, et étoit retrait vers Bruges.

A ces paroles monta Philippe à cheval, et fit monter environ trente hommes des siens, et prit le chemin de Gand; et encore issit-il hors du chemin pour voir aucuns hommes morts de la garnison d'Audenarde, qui étoient issus celle nuit pour escarmoucher l'ost. Si en y ot de ratteints jusques à douze que ceux de l'ost occirent. Ainsi qu'il arrêtoit là en eux regardant, il jeta les yeux et vit un héraut qui venoit le chemin de Gand, lequel étoit au roi d'Angleterre, et l'appeloit-on le roi d'Irlande, et Chandos en son nom.

De la venue du héraut fut Philippe tout réjoui, pour ce qu'il venoit d'Angleterre; et lui demanda en disant : « De nos gens savez-vous nulles nouvelles? » — « Sire, oïl, dit le héraut, il retourne cinq de vos bourgeois de Gand, et un chevalier d'Angleterre qui s'appelle messire Guillaume de Firenton, lequel, par l'accord du roi et de ses oncles, et de tous leurs consaulx et généralement du pas d'Angleterre, apportent unes lettres, selon ce que je suis informé et que le chevalier et eux me dirent à Douvres; et ces lettres viennent à vous qui êtes regard de Flandre et de tout le pays. Et quand vous aurez scellé ce que les lettres contiennent, grands alliances qui y sont, et les bonnes villes de Flandre aussi, et le chevalier et vos gens seront retournés en Angleterre, vous serez grandement confortés du roi et des Anglois. » — « Ha! dit Philippe, vous me comptez trop de devises; ce sera trop tard; allez, allez à notre logis. » Adonc le fit-il mener au logis devers le seigneur de Harselles, pour lui recorder des nouvelles, et il prit le chemin de Gand, si fort pensif que on ne pouvoit de lui extraire rien ni nulle parole.

CHAPITRE CLXXXVI.

Comment le roi de France vint à Comines, et tout son arroy, et de là devant Yppre; et comment la ville d'Yppre se rendit à lui par composition.

Nous parlerons du roi de France et recorderons comment il persévéra. Quand les nouvelles lui furent venues que le pas de Comines étoit délivré des Flamands et le pont refait, il se départit de l'abbaye de Marquette où il étoit logé, et chevaucha vers Comines à grand'route, et toutes gens en ordonnance, ainsi comme ils devoient aller. Si vint le roi ce mardi à Comines et se logea en la ville et ses oncles, dont la bataille et l'avant-garde s'étoient délogés et étoient allés outre sur le mont d'Yppre et là s'étoient logés. Le mercredi au matin le roi s'en vint loger sur le mont d'Yppre, et là s'arrêta; et tous gens passoient, et charroy, tant à Comines comme à Warneston; car il y avoit grand peuple et grands frais de chevaux. Ce mercredi passa l'arrière-garde du roi le pont de Comines, où il y avoit deux mille hommes d'armes et deux cents arbalêtriers, desquels le comte d'Eu, le comte de Blois, le comte de Saint-Pol, le comte de Harecourt, le sire de Chastillon et le sire de la Fère étoient gouverneurs et meneurs; et se logèrent ces seigneurs et leurs gens, ce mercredi, à Comines et là environ. Quand ce vint de nuit, que les seigneurs cuidoient reposer, qui étoient travaillés, on cria à l'arme; et cuidèrent pour certain les seigneurs et leurs gens avoir bataille, et que les Flamands des chastelleries d'Yppre, de Cassel et de Berghes fussent recueillis et vinssent les combattre. Adonc s'armèrent les seigneurs et mirent leurs bassinets, et boutèrent leurs bannières et leurs pennons hors de leurs hôtels, et allumèrent fallots; et se trairent tous sur les chaussées, chacun seigneur dessous sa bannière ou son pennon. Et ainsi comme ils venoient ils s'ordonnoient; et se mettoient leurs gens dessous leurs bannières, ainsi qu'ils devoient être et aller. Là furent en celle peine et en l'ordure presque toute la nuit, jusques en-my jambe. Or regardez si les seigneurs l'avoient d'avantage, le comte de Blois et les autres, qui n'avoient pas appris à souffrir telle froidure ni telle mésaise, à telles nuits comme au mois devant Noël, qui sont si longues; mais souffrir pour leur honneur leur convenoit, et ils culdoient être combattus, et de tout ce ne fut rien; car le haro étoit monté par varlets qui s'étoient entrepris ensemble. Toutefois les seigneurs en orent celle peine, et la portèrent au plus bel qu'ils purent.

Quand ce vint le jeudi au matin, l'arrière-garde se délogea de Comines; et chevauchèrent ordonnément et en bon arroy devers leurs gens, lesquels étoient tous logés et arrêtés sur le mont de Yppre, l'avant-garde, la bataille du roi et tout. Là orent les seigneurs conseil quelle chose ils feroient, ou si ils iroient devant Yppre, ou devant Courtray, ou devant Bruges; et entrementes qu'ils se tenoient là, les fourrageurs françois couroient le pays où ils trouvoient tant de biens, de bêtes et de toutes autres pourvéances pour vivre que merveille est à considérer : ni depuis qu'ils furent outre le pas de Comines, ils n'eurent faute de nuls vivres. Ceux de la ville d'Yppre, qui sentoient le roi de-lez eux et toute sa puissance, et le pas conquis, n'étoient mie bien assurs; et regardèrent entre eux comment ils se maintiendroient. Si mirent ensemble le conseil de la ville. Les hommes notables et riches, qui toujours avoient été de la plus saine partie, si ils l'eussent osé montrer, vouloient que on envoyât devers le roi crier merci, et que on lui envoyât les clefs de la ville. Le capitaine, qui étoit de Gand, et là établi par Philippe d'Artevelle, ne vouloit nullement que on se rendît, et disoit : « Notre ville est forte assez, et si sommes bien pourvus; nous attendrons le siége, si assiéger on nous veut : entrementes fera Philippe, notre regard, son amas, et venra combattre le roi à grand'puissance de gens, ne créez jà le contraire, et lèvera le siége. »

Les autres répondoient, qui point n'étoient

assurés de celle aventure, et disoient : que il n'étoit point en la puissance de Philippe ni de tout le pays de Flandre de déconfire le roi de France, si il n'avoit les Anglois avecques lui, dont il n'étoit nulle apparence, et que briévement pour le meilleur on se rendît au roi de France et non à autrui. Tant montèrent ces paroles que riote s'émut; et furent ces seigneurs maîtres, et le capitaine occis, qui s'appeloit Piètre Wanselare. Quand ceux de Yppre orent fait ce fait, ils prirent deux frères prêcheurs, et les envoyèrent devers le roi et ses oncles, sur le mont de Yppre, et lui remontrèrent que il voulsist entendre à traité amiable à ceux de Yppre. Le roi fut conseillé que il leur donneroit jusques à eux douze et à un abbé qui se boutoit en ces traités, qui étoit de Yppre, sauf allant et sauf venant, pour savoir quelle chose ils vouloient dire. Les frères prêcheurs retournèrent à Yppre. Les douze bourgeois qui furent élus par le conseil de toute la ville, et l'abbé et leur compagnie, vinrent sur le mont de Yppre, et s'agenouillèrent devant le roi, et représentèrent la ville au roi à être en son obéissance à toujours, sans nuls moyens ni réservation. Le roi de France, parmi le bon conseil que il ot, comme celui qui contendoit à acquerre tout le pays par douceur ou par austérité, ne voulsist mie là commencer à montrer son mautalent, mais les reçut doucement, parmi un moyen que il ot là, que ceux de Yppre payeroient au roi quarante mille francs pour aider à payer une partie des menus frais que il avoit faits à venir jusques à là.

A ce traité ne furent oncques rebelles ceux de Yppre, mais en furent tout joyeux quand ils y purent parvenir, et l'accordèrent liement.

Ainsi furent pris ceux de Yppre à merci, et prièrent au roi et à ses oncles que il leur plût à venir rafreschir en la ville de Yppre, et que les bonnes gens en auroient grand'joie. On leur accorda voirement que le roi iroit et prendroit son chemin par là pour aller et entrer en Flandre auquel lez qu'il lui plairoit. Sur cel état retournèrent ceux de Yppre en leur ville; et furent tous ceux du corps de la ville réjouis, quand ils sçurent que ils étoient reçus à paix et à merci au roi de France. Si furent tantôt par taille les quarante mille francs cueillis et payés au roi ou à ses commis, ainçois qu'il entrât en Yppre.

CHAPITRE CLXXXVII.

Comment le roi de France fut averti de la rébellion des Parisiens et d'autres, et de leur intention, lui étant en Flandre.

Encore se tenoit le roi de France sur le mont de Yppre, quand nouvelles vinrent que les Parisiens s'étoient rebellés et avoient eu conseil, si comme on disoit, entre eux là et lors pour aller abattre le beau chastel de Beauté, qui siéd au bois de Vincennes, et aussi le chastel du Louvre et toutes les fortes maisons d'environ Paris, afin que ils n'en pussent jamais être grévés. Quand un de leur route, qui cuidoit trop bien dire, mais il parla trop mal, si comme il apparut depuis, dit : « Beaux seigneurs, abstenez-vous de ce faire tant que nous verrons comment l'affaire du roi notre sire se portera en Flandre : si ceux de Gand viennent à leur entente, ainsi que on espère bien que ils y verront, adonc sera-t-il heure du faire et temps assez. Ne commençons pas chose dont nous nous puissions repentir. » Ce fut Nicolas le Flamand qui dit celle chose; et par celle parole la chose se cessa à faire des Parisiens et cel outrage. Mais ils se tenoient à Paris pourvus de toutes armures, aussi bonnes et aussi riches comme si ce fussent grands seigneurs; et se trouvèrent armés de pied en cap comme droites gens d'armes, plus de soixante mille, et plus de cinquante mille maillets et autres gens, comme arbalétriers et archers; et faisoient ouvrer les Parisiens nuit et jour les haulmiers, et achetoient les harnois de toutes pièces, tout ce que on leur vouloit vendre.

Or regardez la grand'diablerie que ce eût été si le roi de France eût été déconfit en Flandre, et la noble chevalerie qui étoit avecques lui en ce voyage. On peut bien croire et imaginer que toute gentillesse et noblesse eût été morte et perdue en France, et autant bien ens ès autres pays; ni la Jacquerie ne fut oncques si grande ni si horrible qu'elle eût été; car pareillement à Reims, à Châlons en Champagne et sur la rivière de Marne, les vilains se rebelloient et menaçoient jà les gentilshommes, et dames et enfans qui étoient demeurés derrière; aussi bien à Orléans, à Blois, à Rouen en Normandie et en Beauvoisis, leur étoit le diable entré en la tête pour tout occire, si Dieu proprement n'y eût pourvu de remède, ainsi comme orrez recorder ensuivant en l'histoire.

CHAPITRE CLXXXVIII.

Comment les chastellenies de Cassel, de Berghes, de Bourbourch, de Gravelines et autres, se mirent en l'obéissance du roi ; et comment le roi entra en la ville de Yppre ; et du convenant de ceux de Bruges.

Quand ceux de la chastellenie de Cassel, de Berghes, de Bourbourch, de Gravelines, de Furnes, de Dunkerque, de Pourperinghe, de Tourout, de Bailleul et de Messines, orent entendu que ceux de la ville de Yppre s'étoient tournés François, et avoient rendu leur ville et mis en l'obéissance du roi de France, qui bellement les avoit pris à merci, si furent tous effréés, et reconfortés aussi, quand ils orent bien imaginé leurs besognes. Car toutes ces villes, chastellenies, bailliages et mairies, prirent leurs capitaines, leur lièrent les membres et les lièrent bien et fort qu'ils ne leur échapassent, lesquels Philippe d'Artevelle avoit mis et semés au pays ; et les amenèrent au roi pour lui complaire et le appaiser envers eux, sur le mont de Yppre, et lui dirent, criant merci à genoux : « Noble roi, nous nous mettons, nos corps, biens et les villes où nous demeurons, en votre obéissance. Et pour vous montrer plus plein service et reconnoître que vous êtes notre droiturier seigneur, véez-ci les capitaines lesquels Philippe d'Artevelle nous a baillés depuis que par force, et non autrement, il nous fit obéir à lui : si en pouvez faire votre plaisir ; car ils nous ont menés et gouvernés à notre entente. » Le roi fut conseillé de prendre toutes ces gens des seigneuries dessus dites à merci, parmi un moyen qu'il y ot, que ces chastellenies et ces terres et villes dessus nommées paieroient au roi pour les menus frais soixante mille francs ; et encore étoient réservés tous vivres, bestiail et autres choses que on trouveroit sur les champs ; mais on les assuroit de non être ars ni pris. Tout ce leur suffît grandement ; et remercièrent le roi et son conseil, et furent moult liés quand ils virent qu'ils pouvoient ainsi échapper ; mais tous les capitaines de Philippe qui furent là amenés passèrent parmi être décollés sur le mont de Yppre.

De toutes ces choses, ces traités et ces apaisemens on ne parloit en rien au comte de Flandre, ni il n'étoit mie appelé au conseil du roi, ni nul homme de sa côur. S'il lui en ennuyoit, je n'en puis mais ; car tout le voyage il n'en ot autre chose ; ni proprement ses gens, ni ceux de sa route, ni de sa bataille, ne se osoient déranger ni dérouter de la bataille sus aile où ils étoient mis par l'ordonnance des maîtres des arbalètriers, pourtant qu'ils étoient Flamands ; car il étoit ordonné et commandé, de par le roi et sur la vie, que nul en l'ost ne parlât flamand, ni portât bâton à virole.

Quand le roi de France et tout l'ost, avantgarde et arrière-garde, orent été à leur plaisir sur le mont de Yppre, et que on y ot tenu plusieurs marchés et vendu grand'planté de butin à ceux de Lille, de Douay, d'Artois et de Tournay, et à tous ceux qui acheter les vouloient, où ils donnoient un drap de Werny, de Messines, de Pourperinghe, et de Comines pour un franc ; on étoit là revêtu à trop bon marché. Et les aucuns Bretons et autres pillards, qui vouloient plus gagner, s'accompagnoient ensemble et chargeoient sur chars et sur chevaux leurs draps bien emballés, nappes, toiles, coutis, or, argent en plate et en vaisselles si ils en trouvoient, puis l'envoyoient en sauf-lieu outre le Lys, ou par leurs varlets en France. Adonc vint le roi à Yppre et tous les seigneurs ; et se logèrent en la ville tous ceux qui s'y loger purent : si s'y rafreschit quatre ou cinq jours.

Ceux de Bruges étoient bien informés du convenant du roi, comment il étoit à séjour à Yppre, et que tout le pays en derrière lui jusques à Gravelines se rendoit et étoit rendu à lui : si ne savoient que faire, d'envoyer traiter devers lui ou du laisser. Toutefois tant que pour ce terme ils le laissèrent ; et la cause principale qui plus les inclina à ce faire de eux non rendre, ce fut qu'il y avoit grand'foison de gens d'armes de leur ville, bien sept mille, avecques Philippe d'Artevelle au siége d'Audenarde ; et aussi en la ville de Gand étoient en ôtages des plus notables de Bruges plus de cinq cens chefs, lesquels Philippe d'Artevelle y avoit envoyés quand il prit Bruges, à celle fin qu'il en fût mieux sire et maître.

Outre, Piètre du Bois, et Piètre de Vintre, étoient là qui les reconfortoient et leur remontroient en disant : « Beaux seigneurs, ne vous ébahissez mie si le roi de France est venu jusques à Yppre ; vous savez comment anciennement toute la puissance de France envoyée du beau roi Philippe vint jusques à Courtray ; et de nos ancesseurs ils furent là tous morts et déconfits. Pareillement aussi sachez qu'ils seront morts et déconfits, car Philippe d'Artevelle atout grand'puissance ne laira mie que il ne voise combattre le roi et sa puissance; et il peut trop bien être, sur le bon droit que nous avons et sur la fortune qui est bonne pour ceux de Gand, que Philippe déconfira le roi, ni jà pied n'en échappera ni ne repassera la rivière; et sera tout sur heure le pays reconquis; et ainsi vous demeurerez comme bonnes et loyales gens en votre franchise, et en la guerre de Philippe et de nous autres gens de Gand. »

CHAPITRE CLXXXIX.

Comment les messagers de Gand arrivèrent et un messager anglois à Calais ; et comment Philippe d'Artevelle fit grand amas de gens pour aller combattre les François.

Ces paroles et autres semblables que Piètre du Bois et Piètre de Vintre remontroient pour ces jours à ceux de Bruges refrenèrent grandement les Brugiens de non traiter devers le roi de France. Entrementes que ces choses se demenoient ainsi, arrivoient à Calais les bourgeois de Gand et messire Guillaume de Firenton, Anglois, lesquels étoient envoyés de par le roi d'Angleterre, et tout le pays de çà la mer, pour remontrer au pays de Flandre et sceller les alliances et convenances que le roi d'Angleterre et les Anglois vouloient avoir aux Flamands. Si leur vinrent ces nouvelles de messire Jean d'Ewerues, capitaine de Calais, qui leur dit : « Tant que pour le présent vous ne pouvez passer, car le roi de France est à Yppre ; et tout le pays d'ici jusques à là est tourné devers lui : temprement nous aurons autres nouvelles ; car on dit que Philippe d'Artevelle met ensemble son pouvoir pour venir combattre le roi ; et là verra-t-on qui aura le meilleur. Si les Flamands sont déconfits, vous n'avez que faire en Flandre ; si le roi de France perd, tout est nôtre. » — « C'est vérité, » ce répondit le chevalier anglois.

Ainsi se demeurèrent à Calais les bourgeois de Gand et messire Guillaume Firenton. Or parlerons-nous de Philippe d'Artevelle comment il persévéra.

Voirement étoit-il en grand'volonté de combattre le roi de France ; et bien le montra, car il s'en vint à Gand, et ordonna que tout homme portant armes dont il se pouvoit aider, la ville gardée, le suivît. Tous obéirent, car il leur donnoit à entendre que par la grâce de Dieu ils déconfiroient les François, et seroient seigneurs ceux de Gand et souverains de toutes autres nations. Environ dix mille hommes pour l'arrière-ban emmena Philippe avecques lui, et s'en vint devant Courtray ; et jà avoit-il envoyé à Bruges, au Dan, et à Ardembourg, et à l'Écluse et tout sur la marine ens ès Quatre-Métiers[1], et en la chastellenie de Grantmont, de Tenremonde et d'Alost ; et leva bien de ces gens là environ trente mille ; et se logea une nuit devant Audenarde ; et à lendemain il s'en partit et s'en vint vers Courtray ; et avoit en sa compagnie environ cinquante mille hommes.

CHAPITRE CXC.

Comment le roi, averti que Philippe d'Artevelle l'approchoit, se partit de Yppre et son arroy, et tint les champs pour le combattre.

Nouvelles vinrent au roi et aux seigneurs de France que Philippe d'Artevelle approchoit durement; et disoit-on qu'il amenoit en sa compagnie bien soixante mille hommes. Adonc se départit l'avant-garde d'Yppre, le connétable de France et les maréchaux, et vinrent loger à lieue et demie grande de Yppre, entre Roulers et Rosebecque ; et puis à lendemain il et tous les seigneurs s'en vinrent là loger, l'avant-garde et l'arrière-garde et tout. Si vous dis que sur les champs les seigneurs pour ce temps y orent moult de peine ; car il étoit au cœur d'hiver, à l'entrée de décembre, et pleuvoit toujours. Et si dormoient les seigneurs toutes les nuits tout armés sur les champs ; car tous les jours et toutes les heures ils attendoient la bataille. Et disoit-on en l'ost communément : «Ils venront demain. » Et ce savoit-on par les fourrageurs qui couroient aux fourrages sur le pays, qui apportoient ces nouvelles. Si étoit le roi logé tout au milieu de ses gens. Et de ce que Philippe d'Artevelle et ses gens détrioient tant, étoient les seigneurs de France plus courroucés ; car pour le dur temps qu'il faisoit ils voulsissent bien être délivrés. Vous devez savoir que avecques le roi étoit toute fleur de vaillance et de chevalerie. Si étoient Philippe d'Artevelle et les Flamands moult oultrecuidés, quand ils s'en-

[1] C'est-à-dire les villes et pays de Bouchoute, Assenede, Axele et Hulst.

hardissoient du combattre; car si ils se fussent tenus en leur siége devant Audenarde et aucunement fortifiés, avecques ce qu'il faisoit pluvieux temps, frais et brouillards chus en Flandre, on ne les fût jamais allé querre; et si on les y eût quis, on ne les eût pu avoir pour combattre, fors à trop grand'peine, meschef et péril. Mais Philippe se glorifioit si en la belle fortune et victoire qu'il ot devant Bruges, qu'il lui sembloit bien que nul ne lui pourroit forfaire, et espéroit bien à être sire de tout le monde. Autre imagination n'avoit-il, ni rien il ne doutoit le roi de France ni sa puissance; car s'il eût eu doute, il n'eût pas fait ce qu'il fit, si comme vous orrez recorder ensuivant.

CHAPITRE CXCI.

Comment à un souper ce Philippe d'Artevelle arrangea ses capitaines; et comment ils conclurent ensemble.

Le mercredi au soir, dont la bataille fut au lendemain, s'en vint Philippe d'Artevelle et sa puissance loger en une place assez forte entre un fossé et un bosquet, et si forte haie étoit que on ne pouvoit venir aisément jusqu'à eux; et fut entre le Mont-d'Or et la ville de Rosebecque où le roi étoit logé. Ce soir Philippe donna à souper en son logis à tous les capitaines grandement et largement; car il avoit bien de quoi; foison de pourvéances le suivoient. Quand ce vint après souper, il les mit en paroles et leur dit: «Beaux seigneurs, vous êtes en ce parti et en celle ordonnance d'armes mes compagnons; j'espoire bien que demain nous aurons besogne; car le roi de France, qui a grand désir de nous trouver et combattre, est logé à Rosebecque. Si vous prie que vous teniez tous votre loyauté, et ne vous ébahissez de chose que vous oyez ni voyez; car c'est sur notre bon droit que nous nous combattrons, et pour garder les juridictions de Flandre et nous tenir en droit. Admonestez vos gens de bien faire, et les ordonnez sagement et tellement que on die que par votre bon arroy et ordonnance nous ayons eu la victoire. La journée pour nous eue demain, à la grâce de Dieu, nous ne trouverons jamais seigneurs qui nous combattent ni qui s'osent mettre contre nous aux champs; et nous sera l'honneur cent fois plus grande que ce que nous eussions le confort des Anglois; car s'ils étoient en notre compagnie ils en auroient la renommée, et non pas nous. Avecques le roi de France est toute la fleur de son royaume, ni il n'a nullui laissé derrière: or dites à vos gens que on tue tout sans nullui prendre à merci; par ainsi demeurerons-nous en paix; car je vueil et commande, sur la tête, que nul ne prenne prisonnier, si ce n'est le roi. Mais le roi vueil-je bien déporter; car c'est un enfès: on lui doit pardonner; il ne scet qu'il fait, il va ainsi que on le mène. Nous le mènerons à Gand apprendre à parler et à être Flamand. Mais ducs, comtes et autres gens d'armes, occiez tout: les communautés de France ne nous en sauront jà nul mal gré; car ils voudroient, de ce suis-je tout assuré, que jamais pied n'en retournât en France; et aussi ne ferat-il.»

Ces capitaines qui étoient là à cette admonition, après souper avecques Philippe d'Artevelle en son logis, de plusieurs villes de Flandre et du Franc de Bruges s'accordèrent tous à celle opinion et la tinrent à bonne; et répondirent tous d'une voix à Philippe, et lui dirent: «Sire, vous dites bien et ainsi sera fait.» Lors prindrent-ils congé à Philippe et retournèrent chacun en son logis entre leurs gens, et leur recordèrent et les endittèrent de tout ce que vous avez ouï.

Ainsi se passa la nuit en l'ost Philippe d'Artevelle; mais environ minuit, si comme je fus adonc informé, advint en leur ost une moult merveilleuse chose, ni je n'ai point ouï la pareille en nulle manière.

CHAPITRE CXCII.

Comment la nuit dont lendemain fut la bataille à Rosebecque avint un merveilleux signe au-dessus de l'assemblée des Flamands.

Quand ces Flamands furent assis et que chacun se tenoit en son logis, et toutefois ils faisoient bon gait, car ils sentoient leurs ennemis à moins de une lieue de eux, il me fut dit que Philippe d'Artevelle avoit à amie une damoiselle de Gand, laquelle en ce voyage étoit venue avecques lui; et entrementes que Philippe dormoit sur une coute-pointe de-lez le feu de charbon en son pavillon, celle femme, environ minuit, issit hors du pavillon pour voir le ciel et le temps et quelle heure il étoit, car elle ne pouvoit dormir. Si regarda au lez devers Rosebecque, et vit en plusieurs lieux du ciel fumées et étincelles de feu voler, et ce étoit des feux que les François faisoient dessous haies et buissons. Celle femme écoute et entend, ce lui fut avis, grand'friente et grand'noise entre leur ost et l'ost des François, et crier Mont-Joye, et plusieurs autres cris; et lui sembloit que ce étoit sur le Mont-d'Or entre eux et Rosebecque. De celle chose elle fut toute effrayée, et se retraist dedans le pavillon Philippe, et l'éveilla soudainement et lui dit : « Sire, levez-vous tôt et vous armez et appareillez, car j'ai ouï trop grand'noise sur le Mont-d'Or, et crois que ce sont les François qui vous viennent assaillir. » Philippe à ces paroles se leva moult tôt et affubla une gonne, et prit une hache et issit hors de son pavillon pour venir voir et mettre au voir ce que la damoiselle disoit.

En celle manière que elle l'avoit ouï Philippe l'ouït, et lui sembloit qu'il y eût un grand tournoiement. Il se retraist tantôt en son pavillon, et fit sonner sa trompette pour réveiller son ost. Sitôt que le son de la trompette Philippe se épandit ens ès logis, on le reconnut; tous se levèrent et armèrent. Ceux du gait qui étoit au devant de l'ost, envoyèrent de leurs compagnons devers Philippe pour savoir quelle chose il leur failloit, quand ils s'armoient : et trouvèrent ceux qui envoyés y furent, et rapportèrent qu'ils avoient été moult blâmés de ce qu'ils avoient ouï noise et friente devers les ennemis et s'étoient tenus tous cois. « Ha! ce dirent iceux, allez, dites à Philippe que voirement avons-nous bien ouï noise sur le Mont-d'Or, et avons envoyé savoir que ce pouvoit être; mais ceux qui y ont été ont rapporté que ce n'est rien, et que nulle chose ils ne ont trouvé ni vu; et pour ce que nous ne vîmes de certain nul apparent d'émouvement, ne voulions-nous pas réveiller l'ost, que nous n'en fussions blâmés. » Ces paroles de par ceux du gait furent dites à Philippe; il se apaisa sur ce; mais en courage il s'émerveilla trop grandement que ce pouvoit être. Or disent aucuns que c'étoient les diables d'enfer qui là jouoient et tournoient où la bataille devoit être, pour la grand'proie qu'ils en attendoient.

CHAPITRE CXCIII.

Comment le jeudi au matin, environ deux heures devant l'aube du jour, fut la bataille ; et comment les Flamands se mirent en fort lieu en conroi ; et de leur conduite.

Oncques puis ce réveillement de l'ost, Philippe d'Artevelle ni les Flamands ne furent assur, et se doutèrent toujours qu'ils ne fussent trahis et surpris. Si s'armèrent bien et bellement de tout ce qu'ils avoient par grand loisir, et firent grands feux en leurs logis et se déjeunèrent tout à leur aise ; car ils avoient vins et viandes assez. Environ une heure devant le jour ce dit Philippe : « Ce seroit bon que nous traissions tous sur les champs et que nous ordonnissions nos gens, par quoi sur le jour, si les François viennent pour nous assaillir, nous ne soyons pas dégarnis, mais pourvus d'ordonnance et avisés que nous devrons faire. » Tous s'accordèrent à sa parole, et issirent hors de leurs logis, et s'en vinrent en une bruyère au dehors d'un bosquet ; et avoient audevant d'eux un fossé large assez et nouvellement relevé ; par derrière eux grand'foison de ronces et de genestes et d'autres menus bois. Et là en ce fort lieu s'ordonnèrent tout à leur aise, et se mirent tous en une grosse bataille, drue et espesse ; et se trouvoient par rapport des connétables environ cinquante mille, tous à élection, des plus forts, des plus apperts et les plus outrageux, et qui le moins accomptoient de leurs vies. Et avoient environ soixante archers anglois qui s'étoient emblés de leurs gens de Calais pour venir prendre greigneur profit à Philippe ; et avoient laissé en leurs logis ce de harnois qu'ils avoient, malles, lits et toutes autres ordonnances, hors-mis leurs armures, chevaux, charrois et sommiers, femmes et varlets. Mais Philippe d'Artevelle avoit son page monté sur un coursier moult bel de-lez lui, qui valoit encore pour un seigneur cinq cents florins, et ne le faisoit pas venir avec lui pour chose qu'il se voulsist embler ni fuir des autres, fors que pour état et pour grandeur, et pour monter sus, si chasse se faisoit sur les François, pour commander et dire à ses gens : « Tuez, tuez tout. » En celle entente le faisoit Philippe d'Artevelle demeurer de-lez lui.

De la ville de Gand avoit le dit Philippe en sa compagnie environ neuf mille hommes tout armés, lesquels il tenoit de côté de lui, car il y avoit greigneur fiance qu'il n'avoit ès autres. Et se tenoient ceux de Gand et Philippe et leurs bannières tout devant, et ceux de la chastellenie d'Alost et de Grantmont; après ceux de la chastellenie de Courtray; et puis ceux de Bruges, du Dan et de l'Écluse; et ceux du Franc de Bruges étoient armés la greigneur partie de maillets, de houètes et de chapeaux de fer, d'hauquetons et de gands de baleine; et portoit chacun un plançon à picot de fer et à virole. Et avoient par villes et par chastellenies parures semblables pour reconnaître l'un l'autre; une compagnie cottes faissés de jaune et de bleu, les autres à une bande de noir sur une cotte rouge; les autres cheveronnés de blanc sur une cotte bleue; les autres ondoyés de vert et de bleu; les autres une faisse échiquetée de blanc et de noir; les autres écartelés de blanc et de rouge; les autres toutes bleues et un quartier de rouge; les autres coupés de rouge dessus et de blanc dessous. Et avoient chacuns bannières de leurs métiers, et grands couteaux à leurs côtés parmi leurs ceintures; et se tenoient tout cois en cel état en attendant le jour qui vint tantôt.

Or vous dirai de l'ordonnance des François, autant bien comme j'ai recordé des Flamands.

CHAPITRE CXCIV.

Comment le roi se mit aux champs emprès Rosebecque, où il fut surtout ordonné; et comment le connétable s'excusa au roi.

Bien savoit le roi de France et les seigneurs qui de-lez lui étoient et qui sur les champs se tenoient, que les Flamands approchoient, et que ce ne se pouvoit passer que bataille n'y eût; car nul ne traitoit de la paix, et aussi toutes les parties en avoient grand'volonté. Si fut crié et noncié le mercredi au matin parmi la ville de Yppre que toutes manières de gens d'armes se traissent sur les champs de-lez le roi et se missent en ordonnance, ainsi qu'ils savoient qu'ils devoient être. Tous obéirent à ce ban fait de par le roi, de par le connétable et de par les maréchaux: ce fut raison; et ne demeura nuls hommes d'armes ni gros varlets en Yppre quand leurs maîtres furent descendus. Mais toutefois ceux de l'avant-garde en avoient grand'foison avecques eux, pour les aventures du chasser et pour découvrir les batailles; à ceux-là besognoit-il le plus que il ne faisoit aux autres. Ainsi se tinrent les François ce mercredi sur les champs assez près de Rosebecque; et entendoient les seigneurs à leurs besognes et à leur ordonnance.

Quand ce vint au soir, le roi donna à souper à ses trois oncles, au connétable de France, au sire de Coucy et à aucuns autres seigneurs étrangers de Hainaut, de Brabant, de Hollande et de Zélande, d'Allemagne, de Lorraine, de Savoie, qui l'étoient venus servir; et les remercia grandement, et aussi firent ses oncles, du bon service qu'ils lui faisoient et montroient à faire. Et fit ce soir le gait pour la bataille du roi, le comte de Flandre; et avoit en sa route bien six cens lances et douze cens hommes d'autres gens. Ce mercredi au soir, après ce souper que le roi avoit donné à ces seigneurs, et que ils furent retraits, le connétable de France demeura derrière, et dernièrement au prendre congé, pour parler au roi et à ses oncles de leurs besognes. Ordonné étoit du conseil du roi ce que je vous dirai: que le connétable, messire Olivier de Cliçon, se desmettroit pour le jeudi, lendemain, car on espéroit bien que on auroit la bataille, de l'office de la connétablie; et se roit seulement pour ce jour en son lieu le sire de Coucy, et il demeureroit de-lez le roi. Et avint que, quand le connétable prit congé au roi, le roi lui dit moult doucement et amiablement, si comme il étoit enditté de dire: « Connétable, nous voulons que vous nous rendiez votre office pour le jour de demain; car nous y avons autre ordonné, et voulons que vous demeurez de-lez nous. » De ces paroles, qui furent toutes nouvelles au connétable, fut-il moult grandement émerveillé: si répondit et dit: «Très cher sire, je sais bien que je ne puis avoir plus haut honneur que de aider à garder votre personne; mais, cher sire, il venroit à grand contraire et déplaisance à mes compagnons et à ceux de l'avant-garde, si ils ne m'avoient en leur compagnie; et plus y pourriez perdre que gagner. Je ne dis mie que je sois si vaillant que par moi se puist achever celle besogne; mais je dis, cher sire, sauve la correction de votre noble conseil, que depuis quinze jours, en çà, je n'ai à autre chose entendu, fors à parfournir à l'honneur de vous et de vos gens mon office, et ai endittés les uns et les autres comment ils se doivent maintenir; et si demain que nous nous combattrons, par la grâce de Dieu, ils ne me véoient, et je les défaillois d'ordonnance et de conseil, qui suis usé et fait en telles choses, ils en seroient tout ébahis, et en recevrois blâme. Et pourroient dire les aucuns que je me serois dissimulé, et que couvertement je auroîs tout ce fait et avisé pour fuir les premiers horions. Si vous prie, très cher sire, que vous ne veuilliez mie briser ce qui est fait et arrêté pour le meilleur; et je vous dis que vous y aurez profit. »

Le roi ne sçut que dire sur celle parole: aussi ne firent ceux qui de-lez lui étoient, et qui entendu l'avoient, fors tant que le roi dit moult sagement : « Connétable, je ne dis pas que on vous ait en rien desvéé que en tous cas vous ne soyez très grandement acquitté, et ferez encore; c'est notre entente: mais feu monseigneur mon père vous aimoit sur tous autres et se confioit en vous; et pour l'amour et la grand'confidence qu'il y avoit, je vous voulois avoir de-lez moi à ce besoin et en ma compagnie. » — « Très cher sire, dit le connétable, vous êtes si bien accompagné de si vaillans gens, et tout a été fait par si grand'délibération de conseil, que on n'y pourroit rien amender ; et ce vous doit bien et à votre noble et discret conseil suffire. Si vous prie, que pour Dieu, très cher sire, laissez-moi convenir en mon office; et vous aurez demain, par la grâce de Dieu, en votre jeune avénement, si belle journée et aventure, que tous vos amis en seront réjouis, et vos ennemis courroucés. »

A ces paroles ne répondit rien le roi, fors tant qu'il dit : « Connétable, et je le vueil; et faites, au nom de Dieu et de Saint Denis, votre office, je ne vous en quiers plus parler; car vous y voyez plus clair que je ne fais, ni tous ceux qui ont mises avant ces paroles: soyez demain à ma messe. » — « Sire, dit le connétable, volontiers. » Atant prit-il congé du roi, qui lui donna liement : si s'en retourna à son logis avecques ses gens et compagnons.

CHAPITRE CXCV.

Comment le jeudi au matin les Flamands partirent d'un fort lieu ; et comment ils s'assemblèrent sur le Mont-d'Or ; et là furent ce jour combattus et déconfits.

Quand ce vint le jeudi au matin, toutes gens d'armes s'appareillèrent, tant en l'avant-garde et en l'arrière-garde, comme aussi en la bataille du roi; et s'armèrent de toutes pièces, hormis les bassinets, ainsi que pour entrer en la bataille; car bien savoient les seigneurs que point n'istroient du jour sans être combattus, pour les apparences que leurs fourrageurs, le mercredi, leur avoient rapportées des Flamands, qu'ils avoient cru qui les approchoient, et qui la bataille demandoient. Le roi de France ouït à ce matin sa messe, et aussi firent plusieurs seigneurs, qui tous se mirent en prière et en dévotion envers Dieu qui les voulsist jeter du jour à honneur. Celle matinée leva une très grande bruine et très épaisse, et si continuelle que à peine véoit-on un arpent loin; dont les seigneurs étoient tout courroucés; mais amender ne le pouvoient. Après la messe du roi, où le connétable et plusieurs hauts seigneurs furent pour parler ensemble et avoir avis quelle chose on feroit, ordonné fut que messire Olivier de Cliçon, connétable de France, messire Jean de Vienne, amiral de France, messire Guillaume de Poitiers, bâtard de Langres, ces trois vaillans chevaliers et usés d'armes, iroient pour découvrir et aviser de près les Flamands, et en rapporteroient au roi et à ses oncles la vérité; et entrementes le sire de Coucy, le sire de la Breth et messire Hugues de Châlons entendroient à ordonner les batailles.

Adonc se départirent du roi les trois dessus nommés, montés sur fleur de coursiers, et chevauchèrent en cel endroit où ils pensoient qu'ils les trouveroient et la nuit logés ils étoient.

Vous devez savoir que le jeudi au matin quand cette forte bruine fut levée, les Flamands qui s'étoient traits dès devant le jour en ce fort lieu, si comme ci-dessus est dit, et ils se furent là tenus jusques à environ huit heures, et ils virent que ils ne oyoient nulles nouvelles des François, et ils se trouvèrent une si grosse bataille ensemble, orgueil et outrecuidance les réveilla; et commencèrent les capitaines à parler l'un à l'autre, et plusieurs de eux aussi, en disant : « Quelle chose fesons-nous ci, étant sur nos pieds, et nous réfroidons? Que n'allons-nous avant de bon courage, puisque nous en avons la volonté, requerre nos ennemis et combattre? Nous séjournons-ci pour néant ; jamais les François ne nous venroient ci-querre : allons à tout le moins jusques sur le Mont-d'Or, et prenons l'avantage de la montagne. » Ces paroles monteplièrent tant, que toús s'accordèrent à passer outre et venir sur le Mont-d'Or, qui étoit entre eux et les François. Adonc, pour eschever le fossé qui étoit par devant eux, tournèrent-ils autour du bosquet et prirent l'avantage des champs.

A ce qu'ils se trairent ainsi sur les champs, et au retourner ce bosquet, les trois chevaliers dessus nommés vinrent si à point que tout et à grand loisir ils les avisèrent; et chevauchèrent les plaines en côtoyant les batailles qui se remirent toutes ensemble, à moins d'un trait d'arc près de eux, et quand l'orent passée une fois au senestre et ils furent outre, ils reprirent le dextre. Ainsi virent-ils et avisèrent le long et l'épais de leur bataille. Bien les virent les Flamands; mais ils n'en firent compte, ni oncques ils ne s'en déroutèrent. Et aussi les trois chevaliers étoient si bien montés et si usés de faire ce métier, qu'ils n'en avoient garde. Là dit Philippe d'Artevelle aux capitaines de son côté : « Tout coi! tout coi! mettons-nous meshui en ordonnance et en arroy pour combattre; car nos ennemis sont près de ci; j'en ai bien vu les apparans : ces trois chevaliers qui passent et repassent nous ravisent et ont ravisé. » Lors s'arrêtèrent tous les Flamands, ainsi qu'ils devoient venir sur le Mont-d'Or, et se remirent tous en une bataille forte et épaisse; et dit Philippe tout haut : « Seigneurs, quand ce venra à l'assembler, souvienne-vous de nos ennemis, comment ils furent tous déconfits et ouverts à la bataille de Bruges, par nous tenir drus et forts ensemble, que on ne nous puist ouvrir. Si faites ainsi; et chacun porte son bâton tout droit devant lui; et vous entrelacez de vos bras, parquoi on ne puist entrer dedans vous; et allez toujours le bon pas et par loisir devant vous, sans tourner à dextre ni à senestre; et faites à l'heure de l'assembler, quand il viendra à joindre, jeter nos bombardes et nos canons, et traire nos arbalêtriers; ainsi s'ébahiront nos ennemis. »

Quand Philippe d'Artevelle ot ainsi ses gens endittés, et mis en ordonnance et arroy de bataille, et montré comment ils se maintiendroient, il se mit sur une des ailes, et ses gens là où il avoit la greigneur fiance de-lez lui; et à son page qui étoit sur son coursier dit : « Va, si m'attends à ce buisson hors du trait; et quand tu verras jà la déconfiture et la chasse sur les François, si m'amène mon cheval et crie mon cri; on te fera voie; et viens à moi; car je vueil être au premier chef de chasse. » Le page à ces paroles se partit de Philippe et fit tout ce que son maître lui avoit dit. Encore mit Philippe sus de côté lui environ quarante archers d'Angleterre qu'il tenoit à ses gages; or regardez si ce Philippe ordonnoit bien ses besognes. Il m'est avis que oil, et aussi est-il à plusieurs qui se connoissent en armes, fors tant qu'il se forfit d'une seule chose. Je la vous dirai; ce fut quand il se partit du fort et de la place où au matin il s'étoit trait, car jamais on ne les eût allé là combattre, pour tant que on ne les eût point eus sans trop grand dommage; mais ils vouloient montrer que c'étoient gens de fait et de volonté, et qui petit craignoient leurs ennemis.

CHAPITRE CXCVI.

Comment le jeudi les François se mirent en toute ordonnance pour combattre les Flamands qu'ils tenoient incrédules.

Or revinrent ces trois chevaliers et vaillans hommes dessus nommés devers le roi de France et les batailles, qui jà étoient mises en pas, en arroy et en ordonnance, ainsi comme elles devoient aller : car il y avoit tant de si sages hommes et bien usés d'armes en l'avant-garde, qu'ils savoient tous quel chose ils feroient ni devoient faire; car là étoit la fleur de la bonne chevalerie du monde. On leur fit voie : le sire de Cliçon parla premier, en inclinant le roi de dessus son cheval, et en ôtant jus de son chef un chapelet de bièvre qu'il portoit; et dit : « Sire, réjouissez-vous, ces gens sont nôtres, nos gros varlets les combattroient. » — « Connétable, dit le roi, Dieu vous en oye. Or allons donc avant, au nom de Dieu et de monseigneur Saint Denis. »

Là étoient les huit chevaliers dessus nommés, pour le corps du roi garder, mis en bonne ordonnance. Là fit le roi plusieurs chevaliers nouveaux : aussi firent tous les seigneurs en leurs batailles. La y ot boutées hors et levées plusieurs bannières : là fut ordonné que, quand ce venroit à l'assembler, que on mettroit la bataille du roi et l'oriflambe de France au front premier, et l'avant-garde passeroit tout outre sus aile, et l'arrière-garde aussi sus l'autre aile, et assembleroient aux Flamands en poussant de leurs lances aussitôt les uns comme les autres, et clorroient en étreignant ces Flamands qui venoient aussi joints et aussi serrés comme nulle chose pouvoit être; par cette ordonnance pourroient-ils avoir grandement l'avantage sur eux.

De tout ce faire l'arrière-garde fut signifiée, dont le comte d'Eu, le comte de Blois, le comte de Saint-Pol, le comte de Harecourt, le sire de Châtillon, le sire de Fère étoient chefs. Et là leva ce jour de-lez le comte de Blois, le jeune sire de Havreech bannière; et fit le comte chevaliers, messire Thomas de Distre et messire Jacques de Havreech, bâtard. Il y ot fait ce jour, par le record et rapport des hérauts, quatre cent et soixante et sept chevaliers.

Adonc se départirent du roi, quand ils orent fait leur rapport, le sire de Cliçon, messire Jean de Vienne et messire Guillaume de Langres, et s'en vinrent eu l'avant-garde, car ils en étoient. Assez tôt après fut développée l'oriflambe, laquelle messire Piètre de Villiers portoit; et veulent aucuns gens dire, si comme on trouve anciennement escript, que on ne la vit oncques déployer sur chrétiens, fors que là; et en fut grand'question sur ce voyage si on la développeroit ou non. Toutefois plusieurs raisons considérées, finalement il fut déterminé du déployer, pour la cause de ce que les Flamands tenoient opinion contraire du pape Clément, et se nommoient en créance Urbanistes : dont les François dirent qu'ils étoient incrédules et hors de foi. Ce fut la principale cause pourquoi elle fut apportée en Flandre et développée. Celle oriflambe est une digne bannière et enseigne; et fut envoyée du ciel par grand mystère, et est en manière d'un gonfanon; et est grand confort le jour à ceux qui la voient. Encore montra-t-elle là de ses vertus; car toute la matinée il avoit fait si grand'bruine et si épaisse, que à peine pouvoit-on voir l'un l'autre; mais si très tôt que le chevalier qui la portoit la développa et qu'il leva la lance contremont, celle bruine à une fois chey et se dérompit; et fut le ciel aussi pur, aussi clair et l'air aussi net que on l'avoit point vu en devant de toute l'année [1], dont les seigneurs de France furent moult réjouis, quand ils virent ce beau jour venu et ce soleil luire, et qu'ils purent

[1] Les Chroniques de France, le moine de Saint-Denis, Juvénal des Ursins et tous les chroniqueurs français font mention du même *miracle*.

voir au loin et autour d'eux, devant et derrière; et se tinrent moult à reconfortés, et à bonne cause. Là étoit-ce grand'beauté de voir ces bannières, ces bassinets, ces belles armures, ces fers de lances clairs et appareillés, ces pennons et ces armoiries. Et se taisoient tous coys ni nul ne sonnoit mot, mais regardoient ceux qui devant étoient la grosse bataille des Flamands tout en une, qui approchoit durement; et venoient le pas tous serrés, les plançons tout droits levés contremont; et sembloient des hanstes [1] que ce fût un bois, tant y en avoit grand'multitude et grand'foison.

CHAPITRE CXCVII.

Comment le jeudi au matin Philippe d'Artevelle et les Flamands furent combattus et déconfits par le roi de France sur le Mont-d'Or et au val emprès la ville de Rosebecque.

Je fus adonc informé du seigneur de Esconnevort, et me dit qu'il vit, et aussi firent plusieurs autres, quand l'oriflambe fut déployée et la bruine chue, un blanc coulon voler et faire plusieurs vols par dessus la bataille du roi; et quand il ot assez volé, et que on se dobt combattre et assembler aux ennemis, il se alla asseoir sur une des bannières du roi. Donc on tint ce à grand'signifiance de bien. Or approchèrent les Flamands, et commencèrent à traire et à jeter des bombardes et des canons gros carreaux empennés d'airain; ainsi se commença la bataille. Et en ot le roi de France et sa bataille et ses gens le premier rencontre, qui leur fut moult dur; car ces Flamands, qui descendoient orgueilleusement et de grand'volonté, venoient roids et durs, et boutoient, en venant, de l'épaule et de la poitrine, ainsi comme sangliers tout forcenés, et étoient si fort entrelacés ensemble que on ne les pouvoit ouvrir ni dérompre.

Là furent du côté des François et par le trait des bombardes et des canons premièrement morts: le sire de Waurin, banneret, Morelet de Hallewyn et Jacques d'Erck. Adonc fut la bataille du roi reculée : mais l'avant-garde et l'arrière-garde aux deux ailes passèrent outre et enclouirent ces Flamands, et les mirent à l'étroit. Je vous dirai comment. Sur ces deux ailes gens d'armes les commencèrent à pousser de leurs roides lances à longs fers et durs de Bor-

[1] Bois de lances.

deaux, qui leur passoient ces cottes de maille tout outre et les prenoient en chair : dont ceux qui en étoient atteints se restreignirent pour eschever les horions; car jamais, si amender le pussent, ne se missent avant pour eux empaler. Là les mirent ces gens d'armes en tel détroit qu'ils ne se pouvoient aider ni ravoir leurs bras, ni leurs plançons pour férir, ni eux défendre. Là perdoient plusieurs force et haleine, et chéoient l'un sur l'autre, et éteignoient et mouroient sans coup férir : là fut Philippe d'Artevelle enclos et navré de glaives et abattu, et des gens de Gand qui l'aimoient et gardoient grand'foison de-lez lui. Quand le page Philippe vit la mésaventure venir sur les leurs, il étoit bien monté sur bon coursier; si se partit et laissa son maître, car il ne lui pouvoit aider; et retourna vers Courtray pour revenir à Gand.

Ainsi fut faite et assemblée celle bataille; et lorsque des deux côtés les Flamands furent étreints et enclos ils ne passèrent plus avant, car ils ne se pouvoient aider. Adonc se remit la bataille du roi en vigueur, qui avoit du commencement un petit branlé. Là entendoient gens d'armes à abattre Flamands à pouvoir; et avoient les aucuns haches bien acérées dont ils rompoient bassinets et décerveloient têtes; et les aucuns plombées dont ils donnoient si grands horions qu'ils les abattoient à terre. A peine étoient Flamands abattus, quand pillards venoient qui se boutoient entre les gens d'armes, et portoient grands couteaux dont ils les paroccioient; ni nulle pitié ils n'en avoient, non plus que si ce fussent chiens.

Là étoit le cliquetis sur ces bassinets si grand et si haut, d'épées, de haches, de plombées et de maillets de fers, que on n'y oyoit goutte pour la noise. Et ouïs dire que, si tous les haulmiers de Paris et de Bruxelles fussent ensemble, leur métier faisant, ils n'eussent pas mené ni fait greigneur noise comme les combattans et les férans sur ces bassinets faisoient.

Là ne se épargnoient point les chevaliers ni écuyers, mais mettoient la main à l'œuvre de grand'volonté, et plus l'un que l'autre : si en y ot aucuns qui se avancèrent et boutèrent en la presse trop avant; car ils y furent enclos et éteints, et par espécial messire Louis de Cousant un chevalier de Berry, et messire Fleton de Revel, fils au seigneur de Revel : encore en y ot des autres, dont ce fut dommage; mais si grosse bataille comme celle, où tant avoit de peuple, ne se peut parfournir, au mieux venir pour les victorieux, qu'elle ne coûte grandement. Car jeunes chevaliers et écuyers qui désiroient les armes, s'avançoient volontiers pour leur honneur et pour acquerre grâce; et la presse étoit là si grande, et l'affaire si périlleuse pour ceux qui étoient enclos ou chus, que si on n'avoit bonne aide on ne se pouvoit relever. Par ce parti y ot des François morts et éteints aucuns; mais plenté ne fut-ce mie; car quand il venoit à point ils aidoient l'un à l'autre. Là fut un mont et un tas de Flamands occis moult long et moult haut. Et de si grand'bataille et de si grand'foison de gens morts comme il y ot là, on ne vit oncques si peu de sang issir qu'il en issit; et c'étoit au moyen de ce qu'ils étoient beaucoup d'éteints et étouffés dans la presse, car iceux ne jetoient point de sang.

Quand ceux qui étoient derrière virent que ceux qui étoient devant fondoient et chéoient l'un sur l'autre, et qu'ils étoient tous déconfits, si s'ébahirent; et commencèrent à jeter leurs plançons jus et leurs armures, et eux déconfre et tourner vers Courtray en fuite et ailleurs; ni ils n'avoient cure fors que pour eux mettre à sauveté; et Bretons et François après, qui les enchassoient en fossés, en aulnaies et en bruyères, ci dix, ci douze, ci vingt, ci trente, et les combattoient de rechef, et là les occioient s'ils n'étoient plus forts d'eux. Et si en y ot grand'foison de morts en chasse entre la bataille et Courtray où ils se retiroient à garant; et du demeurant qui se put sauver il se sauva, mais ce fut moult petit; et se retrayoient les uns à Courtray, les autres à Gand, et les autres chacun où il pouvoit.

Cette bataille fut sur le Mont-d'Or, entre Courtray et Rosebecque, en l'an de grâce Notre Seigneur mil trois cent quatre vingt et deux, le jeudi devant le samedi de l'Avent, au mois de novembre le vingt septième jour[1]; et étoit pour lors le roi Charles de France au quatorzième an de son âge.

[1] La bataille de Rosebecque fut gagnée, non le 27, mais le 29 novembre 1382.

CHAPITRE CXCVIII.

Comment après la déconfiture des Flamands le roi vit mort Philippe d'Artevelle, qui fut pendu a un arbre.

Ainsi furent en ce temps sur le Mont-d'Or les Flamands déconfits, et l'orgueil de Flandre abattu, et Philippe d'Artevelle mort ; et de la ville de Gand ou des tenances de Gand, morts avecques lui jusques à neuf mille hommes. Il y ot mort ce jour, ce rapportèrent les héraults, sur la place, sans la chasse, jusques à vingt six mille hommes et plus ; et ne dura point la bataille jusques à la déconfiture [1], depuis qu'ils assemblèrent, heure et demie. Après cette déconfiture, qui fut très honorable et profitable pour toute chrétienté et pour toute noblesse et gentillesse, car si les vilains fussent là venus à leur entente, oncques si grands cruautés ni horribletés ne avinrent au monde que il fût avenu par les communautés qui se fussent partout rebellées et détruit gentillesse, or se avisent bien ceux de Paris atout leurs maillets, que dirent-ils quand ils surent les nouvelles que les Flamands sont déconfits à Rosebecque, et Philippe d'Artevelle, leur capitaine, mort? Ils n'en furent mie plus

[1] Le moine de Saint-Denis décrit cette bataille d'une manière plus honorable pour les Flamands : « Le soleil sembla combattre pour nous en éclairant nos gens, et en dardant ses rayons contre les Flamands pour les éblouir. Le commencement de ce grand combat fut d'autant plus âpre, que la haine était extrême entre les deux partis. Chacun méprisait sa vie pour arracher celle de son ennemi à coups d'épée ou d'épieu, et la multitude des Gantois rendit leur corps de bataille si épais, que non-seulement il fut impossible d'abord de l'enfoncer, mais qu'il fallut reculer un pas et demi. Ils maintinrent assez bien cet avantage, et pour en dire la vérité, selon que je l'ai apprise de ceux mêmes qui s'y trouvèrent, le succès fut un peu pire que douteux de notre part, et les affaires étaient en grand péril, sans le bonheur d'un stratagème qui les rétablit, et auquel on doit l'honneur de la victoire.

« Quelqu'un, dont on a jusqu'à présent ignoré le nom, comme s'il était descendu du ciel, s'écria hautement : « Courage, mes bons amis, voilà les vilains paysans en fuite ; ils nous tournent le dos. » Et en même temps voici toute leur avant-garde qui regarde en arrière pour voir s'il étoit vrai qu'ils fussent abandonnés de leurs compagnons. Les Français, animés de cette bonne nouvelle, profitent de l'occasion pour regagner l'avantage qu'ils avaient perdu ; ils les poussent ; et se voyant fort à propos secourus par les deux ailes qui n'avaient point combattu, et qui accourrent avec plus de furie que d'ordre, ils donnent si bravement de droite et de gauche, qu'ils ébranlent ce grand corps, le renversent et portent partout la mort ou une épouvante mortelle. La terre fut inondée d'un

lies ; aussi ne furent autres bons hommes en plusieurs villes.

Quand celle bataille fut de tous points achevée, on laissa convenir les fuyans et les chassans : on sonna les trompettes de retrait ; et se retraist chacun en son logis, ainsi comme il devoit être. Mais l'avant-garde se logea outre la bataille du roi, où les Flamands avoient été logés le mercredi ; et se tinrent tous aises en l'ost du roi de France. De ce qu'ils avoient, ce étoit assez ; car étoient rafreschis et ravitaillés des pourvéances qui venoient de Yppre. Et firent la nuit ensuivant trop beaux feux en plusieurs lieux aval l'ost, des plançons des Flamands qu'ils trouvèrent ; car qui en vouloit avoir il en avoit tantôt recueilli et chargé son col.

Quand le roi de France fut retrait en son logis et en ot tendu son pavillon de vermeil cendal [1] moult noble et moult riche, et il fut désarmé, ses oncles et plusieurs barons de France le vinrent voir et conjouir ; ce fut raison. Adonc lui alla-t-il souvenir de Philippe d'Artevelle, et dit à ceux qui de-lez lui étoient : « Ce Philippe, s'il est vif ou mort, je le verrois volontiers. » On lui répondit que on se mettroit en peine de le voir. Il fut crié et noncié en l'ost que, quiconque trouveroit Philippe d'Artevelle on lui donneroit dix francs. Donc vissiez varlets avancer entre les morts, qui jà étoient tout dévêtus aux pieds. Ce Philippe, pour la convoitise du gagner, fut tant quis qu'il fut trouvé et reconnu d'un varlet qui l'avoit servi longuement et qui bien le connoissoit [2] ; et fut apporté et traîné devant le pavillon

déluge de sang, et la bataille des ennemis se trouva si pressée du grand nombre des morts qui l'environnait, qu'il ne leur resta plus ni chemin pour s'enfuir ni de champ et d'espace pour se défendre, dans une si grande nécessité de combattre pour mourir avec plus d'honneur

[1] Étoffe de soie dont on faisait les bannières et l'oriflamme.

[2] Le moine de Saint-Denis raconte ce fait ainsi qu'il suit :

« Le corps de Philippe d'Artevelle entassé sous des tas de morts ne put être découvert que le lendemain, par le secours d'un Flamand qui conservait à peine un reste de vie, tant il était affoibli par ses blessures ; ce Flamand ayant été conduit au milieu du champ de bataille retrouva son cadavre et répandit à cette vue un torrent de larmes. Amené devant le roi de France, il déclara en gémissant que c'était là Philippe d'Artevelle, de la main duquel il devait recevoir la véille l'ordre de chevalerie. Le roi, enchanté de cette découverte, promit à ce Flamand son pardon et même sa faveur s'il vouloit devenir Français ;

du roi. Le roi le regarda une espace; aussi firent les seigneurs; et fut là retourné pour savoir s'il avoit été mort de plaies : mais on trouva qu'il n'avoit plaies nulles du monde dont il fût mort. Si on l'eût pris en vie; mais il fut éteint en la presse et chey parmi une fosse, et grand'foison de Gantois sur lui, qui moururent en sa compagnie. Quand on l'eut regardé une espace, on l'ôta de là, et fut pendu à un arbre. Véez-là la darraine fin de Philippe d'Artevelle.

CHAPITRE CXCIX.

Comment les Gantois partirent de devant Audenarde; et comment ce Piètre du Bois reconforta la ville de Gand, qui étoit toute éperdue.

Messire Daniel de Hallewyn, qui se tenoit en Audenarde en garnison, et étoit tenu pour le temps avec les chevaliers et les écuyers moult honorablement, le mercredi dont la bataille fut le jeudi, il, qui bien savoit le roi de France en Flandre, et que bataille auroit aux Flamands, fit sur le tard allumer au chastel d'Audenarde quatre fallots et lancer hors contremont, en signifiance à ceux qui là étoient que le siége seroit temprement levé. Environ mie-nuit, le jeudi, vinrent les nouvelles en l'ost, devant Audenarde, aux seigneurs de Harselles et aux autres, que leurs gens étoient déconfits et morts, et occis Philippe d'Artevelle. Sitôt que ces nouvelles furent sçues, ils se délogèrent tous communément et prirent le chemin de Gand, et laissèrent la greigneur partie de leurs pourvéances, et s'en allèrent chacun qui mieux mieux vers Gand. Encore n'en savoient rien ceux d'Audenarde, et ne sçurent jusques à lendemain. Quand ils en furent informés, ils issirent hors, et apportèrent et amenèrent grand pillage de trefs, de tentes, de charroys et de pourvéances en Audenarde.

Aussi, environ l'anuiter, ce jeudi au soir, vinrent les nouvelles à Bruges de la déconfiture de la bataille, comment ils avoient tout perdu. Si furent en Bruges si ébahis que nulles gens plus; et commencèrent à dire : « Vez-ci notre destruction qui est venue : si les Bretons viennent jusques à cy et ils entrent en notre ville, nous serons tous pillés et morts; ni ils n'auront de nous nulle merci. » Lors prirent bourgeois et bourgeoises à mettre leurs meilleurs meubles et joyaux en sacs, en huches, en coffres et en tonneaux, et à avaler en nefs et en barges pour mettre à sauveté et aller par mer en Hollande et en Zélande, et là où aventure pour eux sauver les pourroit mener. En ce parti furent-ils quatre jours, ni on ne trouvât mie en tous les hôtels de Bruges une cuiller d'argent : tout étoit mis à voiture et respous, pour la doute des Bretons.

Quand Piètre du Bois, qui là gissoit deshaitié des blessures qu'il avoit eues au pas de Comines, entendit la déconfiture de ses gens, et que Philippe d'Artevelle étoit mort, et comment ils s'ébahissoient à Bruges, si ne fut pas bien assuré de lui-même; et jeta son avis à ce qu'il se partiroit de Bruges, et se retrairoit vers Gand; car bien pensoit que ceux de Gand seroient aussi effrayés grandement. Si fit ordonner une litière pour lui, car il ne pouvoit chevaucher; et se partit de Bruges le vendredi au soir, et alla gésir à Ardenbourch.

Vous devez savoir que quand les nouvelles vinrent à Gand de la déconfiture et de la grand'perte de leurs gens, et de la mort de Philippe d'Artevelle, ils furent si déconfits, que si les François, le jour de la bataille ou lendemain, ou le samedi tout jour, vinrent jusques à tant que Piètre du Bois retourna en Gand, fussent venus devant Gand, on les eût laissé sans contredit entrer en la ville, et en eussent fait leur volonté; ni il n'y avoit en eux conseil, confort ni défense, tant étoient-ils ébahis. Mais les François ne se donnoient garde de ce point; et cuidoient bien les seigneurs, puisque Philippe étoit mort et si grand'foison de Gantois, que Gand se dût rendre et venir à merci au roi. Mais non fit encore; car ils firent eux tout seuls depuis plus forte guerre qu'ils n'avoient faite en devant, et plus de maux, si comme vous orrez recorder avant en l'histoire.

---

mais celui ci, aussitôt qu'il pût parler, lui répondit avec une fermeté admirable : « C'est en vain que vous cherchez à me gagner. Je sens avec joie que ma vie s'échappe avec mon sang. J'ai toujours été, je suis et mourrai Flamand. » Ainsi cet homme courageux, ayant la vie en horreur, préféra mourir plutôt que de recevoir la guérison et la liberté en vivant François. »

CHAPITRE CC.

Comment le roi entra en Courtray; comment il menaça Courtray de ruine; et comment ceux de Bruges vinrent à merci à lui.

Quand ce vint le vendredi, le roi se délogea de Rosebecque par la punaisie des morts, et fut conseillé de venir vers Courtray, et là lui rafreschir. Le Hazle de Flandre et aucuns chevaliers et écuyers de Flandre qui connoissoient le pays, environ deux cents lances, le jour de la bataille et déconfiture, montèrent à cheval et vinrent au férir des éperons à Courtray, et entrèrent en la ville; car il n'y avoit défense ni nul contredit. Les bourgeoises et les femmes povres et riches et plusieurs hommes aussi entroient, pour fuir la mort, ès celliers et ès églises; et étoit grand'pitié de ce voir. Si orent ceux qui premiers vinrent à Courtray grand profit de pillage; et depuis y vinrent petit à petit François, Bretons et autres, et se logeoient ainsi comme ils venoient; et y entra le roi de France le premier jour de décembre. Là ot de rechef grand'persécution faite, aval la ville, des Flamands qui étoient retraits, et on n'en prenoit nuls à merci; car les François héoient durement les Flamands et la ville, pour une bataille qui jadis fut devant Courtray, où le comte Robert d'Artois et toute la fleur de France fut jadis morte[1] : si s'en vouloient les successeurs contrevenger.

Connoissance vint au roi qu'il y avoit en la grand'église Notre-Dame de Courtray une chapelle en laquelle il y avoit largement cinq cents paires d'éperons dorés[2], et ces éperons avoient jadis été des seigneurs de France, qui avoient été morts en la dite bataille de Courtray, l'an mil trois cent et deux; et en faisoient ceux de Courtray tous les ans, pour le triomphe, très grand'solemnité : de quoi le roi dit qu'ils le comparroient, ainsi qu'ils firent, et qu'il feroit mettre la ville, à son département, en feu et en flambe; si leur souviendroit aussi au temps à venir comment le roi de France y auroit été.

Assez tôt après ce que le roi de France et les seigneurs furent venus à Courtray, vinrent là jusques à cinquante lances de la garnison d'Audenarde, messire Daniel de Hallewyn et les autres, voir le roi qui leur fit bonne chère; aussi firent les seigneurs; et quand ils eurent là été un jour, ils s'en retournèrent arrière en Audenarde, devers leurs compagnons. Ce temps durant ot le roi de France et son conseil plusieurs consaulx et imaginations, comment ni par quelle manière on se maintiendroit à conquérir et mettre en subjection la comté de Flandre entièrement, et par espécial la bonne ville de Gand qui tant étoit forte de soi-même. Et plus encore doutoit-on l'alliance des Anglois que autre chose, car voirement, avoit jà grand temps, avoient été traitées alliances entre le roi d'Angleterre et les Flamands, dont les ambassadeurs étoient encore en Angleterre, qui de première venue les eussent parfaites et achevées, si n'eût été la somme de florins qu'ils demandoient aux dits Anglois, comme vous avez ouï dessus traiter en l'histoire; et ce nonobstant étoient jà les besognes si menées avant que aucuns chevaliers du royaume d'Angleterre étoient jà passés à Calais, en intention de parfaire les dites alliances, au jour que la bataille de Rosebecque fut parfaite, comme vous avez ouï ci-dessus : dont ils furent si ébahis et si troublés de celle soudaine aventure non espérée, que ils s'en retournèrent en Angleterre, sans plus lors procéder en celle matière.

Les Bretons et ceux de l'avant-garde montrèrent bien par leur ordonnance que ils avoient grand désir d'aller vers Bruges, et de partir aux biens de Bruges; car ils s'étoient logés entre Tourhout et Bruges. Le comte de Flandre, qui aimoit la ville de Bruges, et qui trop envis en eût vu la destruction, se doutoit bien d'eux, et en étoit tout informé du convenant de ceux de Bruges, et comment ils étoient ébahis : si en ot pitié; et en parla à son beau-fils le duc de Bourgogne, en remontrant que si ceux de Bruges venoient à merci devers le roi, on ne les voulsist point refuser; car là où Bruges seroit consentie à courir de ces Bretons et autres gens, elle seroit à toujours mais perdue sans recouvrer. Le duc lui accorda.

Or advint que le roi séjournant à Courtray, ceux de Bruges, qui vivoient en grands craintes

---

[1] Il s'agit de la bataille de Groningue livrée aux Flamands par les troupes de Philippe-le-Bel, commandées par Robert d'Artois, son cousin, en 1302. Les François furent complétement battus.

[2] Plus de quatre cents paires d'éperons furent conservées en signe de la victoire, et cinq cents furent suspendues, comme le dit Froissart, dans l'église de Courtray.

et ne savoient lequel faire, ou vider leur ville ou attendre l'aventure, si avisèrent qu'ils enverroient deux frères mineurs à Courtray devers le roi, pour impétrer un sauf conduit, tant que douze de leurs bourgeois des plus notables eussent parlé à lui et remontré leurs besognes. Si vinrent les frères mineurs à Courtray, et parlèrent au roi et à son conseil et aussi au comte de Flandre qui amoyennoit les choses ce qu'il pouvoit. Le roi accorda aux douze bourgeois le sauf conduit qu'il demandoient, allant et retournant, et dit que volontiers il les orroit. Ces frères s'en retournèrent à Bruges. Donc se départirent les bourgeois sous le sauf conduit que ils portoient, et vinrent à Courtray devers le roi, et le trouvèrent, et ses oncles de-lez lui. Si se mirent à genoux devant lui, et lui crièrent merci, et prièrent que il les voulsist tenir pour siens, et que tous étoient ses hommes et la ville en sa volonté; mais que pour Dieu il en eût pitié, parquoi elle ne fût mie courue ni perdue; car si elle étoit détruite, trop de bonnes gens y perdroient; et ce que ils avoient été contraires à leur seigneur, ce avoit été par la puissance de Philippe d'Artevelle et des Gantois; car ils s'étoient toujours loyaument acquittés envers leur seigneur le comte.

Le roi entendit à leurs paroles, par le moyen du comte de Flandre qui là étoit présent, qui en pria et se mit à genoux devant le roi. Là fut dit et remontré à ces bonnes gens de Bruges que il convenoit apaiser ces Bretons et ces gens d'armes qui se tenoient sur les champs entre Tourhout et Bruges; et que il leur convenoit avoir de l'argent. Lors furent traités entamés pour avoir de l'argent; et demanda-t-on deux cent mille francs. Toutefois ils furent diminués jusques à six vingt mille francs, à payer soixante milles tantôt et le demeurant dedans la chandeleur. Par ainsi les tenoit le roi en ferme état et en sûre paix; mais ils se rendoient purement et ligement à toujours mais liges au roi de France et du domaine, et vouloient être de foi, d'hommage et d'obéissance.

CHAPITRE CCI.

Comment au pourchas du comte Guy de Blois le pays de Hainaut et Valenciennes furent préservés de grand pillage et travail.

Ainsi demeura la bonne ville de Bruges en paix, et fut déportée de non être courue : dont les Bretons furent moult courroucés : car ils en cuidoient bien avoir leur part; et disoient entre eux, quand ils scurent que ils étoient venus à paix, que cette guerre de Flandre ne leur valoit rien, et que trop petit de profit y avoient eu. Si s'avisèrent les aucuns qui ne tendoient à nul bien et dirent : « Nous nous en retournerons en notre pays; mais ce sera parmi la comté de Hainaut. Aussi ne s'est pas le duc Aubert, qui en a le gouvernement, trop fort ensonnié de aider son cousin le comte de Flandre; il s'en est bien sçu dissimuler : c'est bon que nous le allions visiter; car il y a bon pays et gras en Hainaut; ni nous ne trouverons homme qui nous vée notre chemin; et là recouvrerons-nous nos dommages et nos souldées mal payées. » Il fut celle fois que ils se trouvèrent bien douze cents lances tous d'un accord, Bretons, Bourguignons, Savoyens et autres gens. Or regardez si le bon et doux pays de Hainaut ne fut pas en grand péril.

La connoissance en vint au gentil comte Guy de Blois, qui étoit là un des grands sires entre les autres et chef de l'arrière garde et du conseil du roi, comment Bretons, Bourguignons et autres gens qui ne désiroient que pillage, menaçoient le bon pays de Hainaut, auquel il a grand'part et bel et bon héritage. Tantôt pour y remédier il alla fortement au devant, et dit que ce n'étoit pas une chose à consentir que le bon pays de Hainaut fût couru; et prit ses cousins de-lez lui, le comte de la Marche, le comte de Saint-Pol, le sire de Coucy, le seigneur d'Enghien et plusieurs autres, tous tenables de la comté de Hainaut, qui là étoient et qui le roi servi avoient; et leur remontra que nullement ils ne devroient vouloir ni consentir que le bon pays de Hainaut, dont ils issoient et descendoient, et auquel leurs héritages ils avoient, fût molesté ni grevé par nulle voie quelconque; car, en tant que de la guerre de Flandre ni du comte, le pays de Hainaut n'y avoit nulle coulpe; mais avoient servi le roi en ce voyage les barons et chevaliers moult loyaument; et en devant, aincois que le roi vînt en Flandre, avoient servi le comte de Flandre les chevaliers et les écuyers de Hainaut; et s'étoient enclos en Audenarde et en Tenremonde, et aventurés, et mis corps et chevance.

Tant fit le comte de Blois et alla de l'un à l'autre, et acquit tant d'amis, que toutes ces choses furent rompues, et demeura Hainaut en paix.

Encore fit le gentil sire une chose : il y avoit en ce temps en Flandre un chevalier qui s'appeloit messire Thierry de Disquemme, qui pour l'amour d'un sien parent, qui s'appeloit Daniel d'Usc, lequel par sa coulpe avoit été occis en la ville de Valenciennes, si en hérioit et guerroyoit la ville ; et vouloit encore plus fort hérier et guerroyer ; et avoit acquis tant d'amis pour mal faire, que on disoit que il avoit bien de son accord cinq cents lances pour amener en Hainaut, guerroyer et hérier la ville de Valenciennes ; et disoit qu'il avoit bonne querelle de tout ce faire. Mais quand le comte de Blois en fut informé, il alla puissamment au devant, et défendit au chevalier que il ne s'enhardît d'entrer ni mener gens d'armes au pays de son cousin le duc Aubert ; car il lui seroit trop cher vendu ; et tant exploita le gentil comte de Blois, que il fit le chevalier tout privé ; et se mit le chevalier de toutes ces choses en la pure volonté du comte de Blois et du sire de Coucy. Par ainsi demeura la ville de Valenciennes en paix. Ces services fit le comte de Blois en celle année à Hainaut et à Valenciennes ; dont il acquit grand'grâce, et l'amour tout pleinement de ceux de Valenciennes.

CHAPITRE CCII.

Comment Piètre du Bois, revenu à Gand, reconforta les Gantois qui reprindrent courage fier et rebelle.

Encore se tenoient tous les seigneurs et les gens d'armes à Courtray ou là environ ; car on ne savoit que le roi vouloit faire, ni si il iroit devant Gand. Et cuidèrent les François, de commencement que ceux de Bruges vinrent à merci devers le roi, que les Gantois y dussent venir aussi, pourtant que ils avoient perdu leur capitaine et reçu si grand dommage de leurs gens à la bataille de Rosebecque. Voirement en furent-ils en Gand en grand'aventure ; et ne sçurent trois jours lequel faire, ou de partir de leur ville et tout laisser, ou d'envoyer les clefs de la ville devers le roi et de eux rendre et mettre du tout en sa merci ; et étoient si ébahis que il n'y avoit conseil ni arroy ni contenance entre eux. Ni le sire de Harselles qui étoit là ne les savoit comment conforter.

Quand Piètre du Bois rentra en la ville il trouva les portes ouvertes et sans garde, dont il fut moult émerveillé ; et demanda que c'étoit à dire que on ne gardoit autrement la ville. Ceux lui répondirent qui le vinrent voir et qui furent bien réjouis de sa venue, et lui dirent : « Ha ! sire, que ferons-nous ? Vous savez que nous avons tout perdu, Philippe d'Artevelle notre bon capitaine, et bien par bon compte, de la ville de Gand, sans les étranges, neuf mille hommes : ce dommage nous touche si près que en nous n'a point de recouvrer. » — « Ha ! folles gens, dit Piètre, vous ébahissez-vous pour cela ? Encore n'a pas la guerre pris fin, ni oncques Gand ne fut tant renommée comme elle sera. Si Philippe est mort, ce a été par son outrage : faites clorre vos portes et entendez à vos défenses. Vous n'avez garde que le roi de France doye ci venir en cel hiver ; et entrementes que le temps reviendra, nous cueillerons gens en Hollande, en Zélande, en Guerle, en Brabant et ailleurs ; nous en aurons assez pour nos deniers. François Ackerman qui est en Angleterre retournera ; moi et lui serons vos capitaines : ni oncques la guerre ne fut si forte ni si bonne que nous la ferons. Nous valons mieux seuls que avecques le demeurant de Flandre : ni tant que nous avons eu le pays avecques nous, nous n'avons sçu guerroyer. Or entendrons-nous maintenant ainsi que pour nous à la guerre, et ferons plus de bons exploits que nous n'avons fait. »

Ainsi et de telles paroles reconforta Piètre du Bois à son retour les ébahis de Gand, qui se fussent rendus simplement au roi de France, il n'est pas doute, si Piètre du Bois n'eût été.

Or regardez comment il y a de confort et conseil en un homme. Et quand ceux de Gand virent que cinq ou six jours passoient et que nul ne venoit courir devant leur ville, ni nul siége ne leur apparoît, si furent grandement reconfortés et plus orgueilleux que devant.

CHAPITRE CCIII.

Comment les Flamands ambassadeurs partirent du roi anglois à petit d'exploit. Comment le roi n'assiégea point Gand. Comment il fit embraser Courtray ; et comment il se retrait et les seigneurs à Tournay.

Vous savez comment à Calais séjournoit messire Guillaume de Firenton, Anglois, qui là étoit envoyé de par le roi d'Angleterre et le conseil du pays, et apportoit lettres appareillées pour sceller des bonnes villes de Flandre, qui parloient de grands alliances entre les Anglois et les Flamands; et là séjournoient avecques lui François Akreman et six bourgeois de Gand. Quand nouvelles leur vinrent de la déconfiture de Rosebecque, si furent tous ébahis; et vit bien le chevalier anglois que il n'avoit que faire de plus avant entrer en Flandre; car cils traités étoient rompus. Si prit ses lettres sans sceller et retourna en Angleterre au plutôt qu'il pot, et recorda la besogne ainsi comme elle avoit allé. Les gentilshommes du pays n'en tinrent compte; et avoient dit, et disoient encore et soutenoient toujours, que si le commun de Flandre gagnoit la journée contre le roi de France, et que les nobles du royaume de France y fussent morts, l'orgueil seroit si grand en toutes communautés que tous gentilshommes s'en douteroient, et jà en avoit-on vu l'apparent en Angleterre ; donc de la perte des Flamands ils ne firent compte.

Quand ceux de Flandre qui étoient à Londres envoyés de par le pays avec François Akreman entendirent ces nouvelles, si leur furent moult dures, et se partirent quand ils purent, et montèrent en mer à Londres et vinrent arriver à Medelbourg en Zélande. Ceux qui étoient de Gand retournèrent à Gand, et ceux des autres villes retournèrent en leurs villes; et François Akreman et ses compagnons qui séjournoient à Calais retournèrent à Gand quand ils purent ; mais ce ne fut point tant que le roi de France fut en Flandre; et retournèrent si comme il me fut dit par Zélande.

Entrementes que le roi de France séjournoit à Courtray, là ot plusieurs consaulx pour savoir comment on persévéreroit et si on venroit mettre le siége devant Gand. Le roi en étoit en très grand'volonté, et aussi étoient les Bretons et les Bourguignons; mais les seigneurs regardèrent que il étoit le mois de décembre, le droit cœur d'hiver, et si pleuvoit toudis ouniement, pourquoi il ne faisoit nul hostoyer jusques à l'été, et si étoient leurs chevaux moult affoiblis et foulés par les froidures, et les rivières grandes et larges environ de Gand, parquoi on perdroit le temps et sa peine qui nul siége y mettroit. Et si étoient les seigneurs foulés et travaillés de tant gesir aux champs par si ord temps, si froid et si pluvieux. Si que, tout considéré, conseillé fut que le roi se retrairoit à Tournay et là se rafreschiroit et tiendroit son Noël; et les lointains des lointaines marches d'Auvergne, du Dauphiné, de Savoie et de Bourgogne s'en retourneroient tout bellement en leur pays. Mais encore vouloit le roi et son conseil que les Bretons, les Normands et les François demeurassent delez lui et ses oncles et le connétable ; car il les pensoit à embesogner, et tout en ce voyage, sur les Parisiens qui avoient fait faire et forger les maillets ; et compteroit-on à eux, si ils ne se régloient par autre ordonnance que ils n'avoient fait depuis le couronnement du roi jusques à ores. Quand le roi de France dut partir de Courtray, il ne mit mie en oubli, aussi ne firent les seigneurs de France, les éperons dorés que ils avoient trouvés en une église à Courtray, lesquels avoient été des nobles du royaume de France qui jadis avecques le comte Robert d'Artois furent morts à la bataille de Courtray. Si ordonna le roi que à son département Courtray fut toute arse et détruite. Quand la connoissance en vint au comte de Flandre, si y cuida remédier, et s'en vint devant le roi et se mit à genoux et lui pria qu'il la voulsist respiter. Le roi répondit fellement que il n'en feroit rien. Le comte depuis n'osa relever le mot; mais se départit du roi et s'en alla à son hôtel.

Avant que le feu y fût bouté, le duc de Bourgogne fit ôter des halles un orologe qui sonnoit les heures, l'un des plus beaux que on sçût de là ni deçà la mer [1], et cet oroloige mettre tout

[1] La plupart des grandes horloges des villes, à grands mouvemens et à sonnerie, datent du XIVᵉ siècle. Leur invention est cependant beaucoup plus ancienne, puisque l'horloge de Magdebourg, fabriquée par Gerbert, moine de l'abbaye de Saint-Gérand d'Aurillac, depuis pape, sous le nom de Silvestre II, date de la fin du Xᵉ siècle, et que long-temps avant cette époque elles paraissent avoir été connues en Chine et en Perse. D'après les notices données dans le Mémorial portatif par M. de Laubépin, qui met toujours tant d'exactitude dans ses recherches, « on vit à Londres en 1326 une horloge fabriquée par Wallingford, bénédictin anglois, et qui, outre le cours des astres, tel qu'on le concevoit alors, présentoit le mouvement du flux et du reflux de la mer. Une autre horloge, placée en 1345, sur la tour de Padoue, et exécutée par un ouvrier intelligent de cette ville, nommé Antoine, sur les plans et sur les dessins de Jacques de Dondis, marquoit, outre les heures, la marche annuelle du soleil, suivant les douze signes du zodiaque avec celle des planètes ; ce mécanisme, fruit de seize années de méditation, excita une admiration générale, et valut à son auteur le surnom d'*Horologius*. L'abbaye de Westminster, à Londres, eut une horloge publique en 1368 ; Charles V, roi de France, fit venir d'Allemagne, en 1370, Henri de Vic, et lui assigna *six sols parisis* par jour, pour établir l'horloge du Palais à Paris ; cette horloge sonnait les heures. Horloge de la

par membres et par pièces sur chars et la cloche aussi; lequel oroloige fut amené et acharié en la ville de Dijon en Bourgogne; et là fut remis et assis, et y sonnent les heures vingt quatre entre jour et nuit.

Au département du roi de la ville de Courtray elle fut mallement menée, car on l'ardit et détruisit sans déport; et emmenèrent par manière de servage plusieurs chevaliers et écuyers et gens d'armes, de beaux enfans, fils et filles, et grand'foison; et chevaucha le roi et vint à Tournay, et se logea en l'abbaye de Saint-Martin. Quand le roi entra à Tournay, on lui fit grand'-chère et moult d'honneur et de révérence, ce fut raison; et furent toutes les bonnes gens de la ville vêtus de blanc à trois bâtons verts d'un lez; et fut la cité partie pour loger les seigneurs; le roi à Saint-Martin, et comprenoient ses gens un quart de la ville; le duc de Berry en l'hôtel de l'évêque; le duc de Bourbon à la couronne d'or; le duc de Bourgogne à la tête d'or; le connétable au cerf; et le seigneur de Coucy à Saint-Jaqueme. Et fut crié de par le roi et sur la hart que nul ne forfît rien aux bonnes gens de Tournay, et que on ne prensist rien sans payer, et que nul n'entrât en la comté de Hainaut pour mal faire.

Toutes ces choses furent bien tenues. Là se rafreschirent ces seigneurs et leurs gens, et les lointains se départirent et s'en retournèrent par Lille, par Douay et par Valenciennes, en leurs lieux. Le comte de Blois prit congé au roi et à ses oncles et à son compagnon le comte d'Eu, et s'en retourna sur son héritage en Hainaut. Et se logea à Valenciennes un jour et une nuit, où on le reçut moult grandement et liement; car il avoit conquis entièrement l'amour des bonnes gens de la ville, tant pour l'honneur que il avoit fait au pays, quand Bretons, Bourguignons et Savoyens le vouloient courir, et il alla au devant

cathédrale de Sens, exécutée en 1377; du château de Montargis en 1380, etc. On insérait dans la plupart de ces premières horloges des mouvemens qui mettoient en jeu des statues, des figures d'animaux, et leur faisaient rendre des sons; produisaient des airs de musique, et autres choses semblables; on donna à plusieurs d'entr'elles le nom de *Jac Mars*, corruption, dit-on, de celui de Jacques Aimard, habile ouvrier qui se distingua par son intelligence dans l'exécution des diverses horloges à machines.» Voyez aussi dans ma vie de Boèces (*Philosophie chrétienne*), une lettre du roi Théodoric à Boèces.

et rompit leur intention, que pour ce aussi que messire Thierry de Disquemme, qui les tenoit en doute et avoit tenu un long temps, s'étoit du tout mis en l'ordonnance de lui et du seigneur de Coucy, et sur ce eurent paix. Si se partit le comte de Blois de Valenciennes et s'en vint à Landrecies; et là se tint un temps et rafreschit de-lez madame sa femme Marie et Louis son fils; et l'été en suivant il s'en vint à Blois; mais la comtesse et son fils demeurèrent en Hainaut, et se tinrent le plus du temps à Beaumont.

CHAPITRE CCIV.

Comment le roi et son conseil voyant l'obstination et rebellion des Flamands mit garnison à Bruges, à Yppre et ailleurs à son département de Tournay.

Pareillement le comte de la Marche et messire Jacques de Bourbon, son frère, se départirent de Tournay pour être mieux à leur aise et s'en allèrent rafreschir à Leuse en Hainaut sur leurs héritages. Messire Guy de Laval, breton, s'en vint aussi à Chievre en Hainaut où il a part en l'héritage; et en sont seigneurs messire de Namur et lui. Le sire de Coucy s'en vint à Mortaigne sur Escaut et s'y rafreschit, et toutes ses gens ; mais le plus il se tenoit de-lez le roi à Tournay.

Le roi séjournant à Tournay, le comte de Saint-Pol ot une commission de corriger tous les Urbanistes, dont la ville étoit moult renommée. Si en trouva-t-on plusieurs; et là où ils étoient trouvés, fut en l'église Notre-Dame ou ailleurs, ils étoient pris et mis en prison et rançonnés moult avant du leur. Et recueillit bien le comte, et sous briefs jours, par cette commission, douze cent mille francs; car nul ne partoit de lui qui ne payât ou donnât bonne sûreté de payer. Encore le roi étant à Tournay, orent ceux de Gand un sauf conduit allant et retournant en leur ville; et espéroit-on que ils venroient à merci : mais ens ès parlemens qui là furent ordonnés, on les trouva aussi durs et aussi orgueilleux que dont si ils eussent tout conquêté et eu à Rosebecque la journée pour eux. Bien disoient que ils vouloient eux mettre en l'obéissance du roi de France très volontiers, afin que ils fussent tous tenus du domaine de France pour avoir ressorts à Paris ; mais jamais ne vouloient être en la subjection de leur seigneur le comte Louis ; et disoient que jamais ne le pourroient aimer, pour les grands dommages que ils avoient reçu pour lui.

Quelque traité que il y eut entre le roi de France et son conseil et eux, ni quelconques prélats ni sages gens qui s'en ensonniassent, on ne pot oncques trouver autre réponse. Et disoient bien au par-clos que si ils avoient vécu en danger et en peine trois ou quatre ans, pour la ville retourner et renverser tout ce dessous dessus, on n'en auroit autre chose. Si leur fut dit que ils se pouvoient donc bien partir quand ils vouloient. Si se partirent de la ville de Tournay et retournèrent à Gand, et demeura la chose en cel état, confortés que ils auroient la guerre.

Le roi de France et les seigneurs rendoient grand'peine que toute la comté de Flandre fut Clémentine; mais les bonnes villes et les églises étoient si fort annexées et liées en Urbain, avecques l'opinion de leur seigneur le comte qui ce même propos tenoit, que on ne les en pouvoit ôter. Et répondirent adonc, par le conseil du comte, que ils en auroient avis et en répondroient déterminément dedans Pâques; et demeura la chose en cel état. Le roi de France tint la fête de Noël à Tournay; et quand il s'en partit, il ordonna le grand seigneur de Ghistelle à être regard de Flandre, et messire Jean de Ghistelle, son cousin, à être capitaine de Bruges, et le seigneur de Saint-Py à être capitaine de Yppre, et messire Jean de Jumont à être capitaine de Courtray; et envoya deux cents lances de Bretons et autres gens d'armes en garnison à Ardembourg; et en Audenarde il envoya messire Guillebert de Lieureghen et environ cent lances en garnison. Si furent pourvues toutes ces garnisons de Flandre de gens d'armes et de pourvéances, pour guerroyer l'hiver de garnisons et non autrement jusques à l'été. Adoncques ces choses ordonnées se départit le roi de Tournay et vint à Arras, et ses oncles et le comte de Flandre en sa compagnie.

CHAPITRE CCV.

Comment le roi chevaucha vers Paris. Comment il éprouva les Parisiens; et comment les Parisiens se mirent en armes aux champs à sa venue.

Le roi séjournant à Arras fut la cité en grand'aventure, et la ville aussi, d'être toute courue et pillée par les Bretons à qui on devoit grand'finance, et qui avoient eu moult de travail en ce voyage, et si se contentoient mal du roi. A grand'peine les refrenèrent le connétable et les deux maréchaux; mais ils leur promirent que ils seroient nettement tous payés de leurs gages à Paris; et de ce demeurèrent envers eux le connétable de France et les maréchaux messire Louis de Sancerre et le sire de Blainville. Adonc se départit le roi et prit le chemin de Péronne; et le comte de Flandre prit là congé au roi et s'en retourna à Lille, et là se tint tout l'hiver. Tant exploita le roi de France que il passa Péronne, Noyon et Compiègne, et vint à Senlis et Meaux en Brie, et tout sur la rivière de Marne et de Seine, et entre Senlis et Saint-Denis; et étoit tout ce plat pays rempli de gens d'armes.

Adonc se départit le roi de Senlis et s'en vint vers Paris; et envoya devant aucuns de ses officiers pour appareiller l'hôtel du Louvre, où il vouloit descendre. Et aussi firent ses trois oncles; et envoyèrent de leurs gens aussi pour appareiller leurs hôtels, et les autres hauts seigneurs de France ensuivant, et tout en cautelle, car le roi ni les seigneurs n'étoient point conseillés d'entrer si soudainement à Paris; car ils se doutoient de ceux de Paris; et pour voir quelle contenance et ordonnance les Parisiens feroient ni auroient à la revenue du roi, ils mettoient cel essai avant. Si disoient ces varlets du roi et des seigneurs, quand on leur demandoit du roi s'il venoit: « Oïl, il s'en vient voirement, il sera tantôt ci. » Adonc s'avisèrent les Parisiens que ils s'armeroient et montreroient au roi à l'entrer à Paris quelle puissance il y avoit en ce jour à Paris, et de quelle quantité de gens, armés de pied en cap, le roi, s'il vouloit, pourroit être servi. Mieux leur vaulsist que ils se fussent tenus cois en leurs maisons; car celle montre leur fut depuis convertie en grand'servitude, si comme vous orrez recorder. Ils disoient que ils faisoient tout ce pour bien; mais on l'entendit à mal. Le roi avoit gesi à Louvre en Parisis; si vint dîner au Bourget. Adonc courut voix dedans Paris : « Le roi sera ci tantôt. » Lors s'armèrent et jolièrent plus de vingt mille Parisiens et se mirent hors sur les champs et s'ordonnèrent en une belle bataille entre Saint-Ladre et Paris, au côté devers Montmartre; et avoient leurs arbalétriers et leurs paveschieurs [1], et leurs maillets tous

[1] Soldats armés de pavois ou boucliers.

apparcillés, et étoient ordonnés ainsi que pour tantôt combattre et entrer en bataille.

Le roi étoit encore au Bourget [1], et aussi étoient tous les seigneurs, quand on leur rapporta ces nouvelles, et leur fut conté tout l'état de ceux de Paris ; et dirent les seigneurs : « Véez là orgueilleuse ribaudaille et pleine de grands bobans, à quoi faire montrent-ils maintenant leurs états ? Si ils fussent venus servir le roi au point où ils sont quand il alla en Flandre, ils eussent mieux fait ; mais ils n'en avoient pas la tête enflée fors que de dire et de prier à Dieu que jamais pied de nous n'en retournât. » En ces paroles étoient aucuns qui boutoient fort avant pour gréver les Parisiens, et disoient : « Si le roi est bien conseillé, il ne se mettra jà entre tel peuple qui vient contre lui à main armée ; et ils dussent venir humblement et en procession, et sonner les cloches de Paris, en louant Dieu de la belle victoire que il lui a envoyée en Flandre. »

Là furent ces seigneurs tous pensifs de savoir comment ils se maintiendroient. Finablement conseillé fut que le connétable de France, le sire de la Breth, le sire de Coucy, messire Guy de la Tremoille et messire Jean de Vienne venroient parler à eux et leur demanderoient pour quelle cause ils étoient à si grand'foison issus hors de Paris, à main et tête armées, contre le roi, et que tels affaires ne furent oncques mais vus en France. Et sur ce qu'ils répondroient, ces seigneurs étoient conseillés de parler ; car ils étoient bien si sages et si avisés que pour ordonner d'une telle besogne et plus grande encore dix fois.

Adonc se départirent de la compagnie du roi et des seigneurs sans armure nulle ; et pour leur besogne mieux colorer, et aussi mettre au plus sûr, ils emmenèrent avecques eux, ne sais, trois ou quatre hérauts lesquels ils firent chevaucher devant, et leur dirent : « Allez jusques à ces gens et leur demandez sauf conduit pour nous, allans et venans, tant que nous aurons parlé à eux et remontré la parole du roi. »

Les hérauts partirent et férirent chevaux des éperons et tantôt furent venus jusques à ces Parisiens. Quand les Parisiens les virent venir, ils ne cuidoient pas que ils vinssent parler à eux, mais tenoient.que ils alloient à Paris, ainsi que compagnons vont devant. Les hérauts qui avoient vêtu leurs cottes d'armes, demandèrent tout haut : « Où sont les maîtres ? Lesquels de vous sont les capitaines ? Il nous faut parler à eux ; car sur cet état sommes-nous ici envoyés des seigneurs. » Adonc se aperçurent bien par ces paroles les aucuns de Paris que ils avoient mal ouvré : si baissèrent les têtes, et dirent : « Il n'y a ici nuls maîtres ; nous sommes tout un et au commandement du roi notre sire et de vos seigneurs ; dites ce que dire voulez, de par Dieu ! » — « Seigneurs, dirent-ils, nos seigneurs qui ci nous envoient, si les nommèrent, ne savent mie à quoi vous pensez. Si vous prient et requièrent que paisiblement et sans péril ils puissent venir parler à vous et retourner devers le roi, et faire réponse telle que vous leur direz : autrement ils n'y osent venir. » — « Par ma foi, répondirent ceux à qui les paroles adressèrent, il ne convient mie dire cela à nous fors que de leur noblesse ; et nous cuidons que vous vous gabez. » Répondirent les hérauts : « Mais nous parlons tout acertes. » — « Or, allez donc, dirent les Parisiens, et leur dites que ils viennent ci tout sûrement ; car ils n'auront nul mal par nous ; mais sommes appareillés à faire leur commandement. »

Adonc retournèrent les hérauts aux seigneurs dessus nommés et leur dirent ce que vous avez ouï. Lors chevauchèrent avant les quatre barons, les hérauts en leur compagnie, et vinrent jusques aux Parisiens, que ils trouvèrent en arroy et convenant de une belle bataille et bien ordonnée ; et là y avoit plus de vingt mille maillets, les aucuns fourchus, sans les arbalétriers et hommes d'armes, dont ils étoient grand'foison et bien en nombre soixante mille et plus. Ainsi que les seigneurs passoient, ils les regardoient et en prisoient en eux-mêmes assez bien la manière. Et les Parisiens en passant les inclinoient : quand ces seigneurs furent ainsi que au milieu de eux, ils s'arrêtèrent. Adonc parla le connétable tout haut, et demanda en disant : « Et vous, gens de Paris, qui vous meut maintenant à être vidés hors de Paris en telle ordonnance ? Il semble, qui vous voit rangés et ordonnés, que vous veuilliez combattre le roi qui est votre sei-

---

[1] En passant à Saint-Denis il vint y déposer en pompe l'oriflamme dans l'abbaye. Le moine anonyme de Saint-Denis nous raconte que Pierre de Villiers, garde de l'oriflamme, attesta sur serment le miracle qu'elle avait opéré à Rosebecque ; miracle, disait Pierre de Villiers, où la nature n'avait point de part ; car le soleil ne fut que pour les Français.

gneur, et vous ses subgiets. » — « Monseigneur, répondirent ceux qui l'entendirent, sauve soit votre grâce, nous n'en avons nulle volonté, ni oncques n'eûmes; mais nous sommes issus ainsi, puisqu'il le vous plaît à savoir, pour remontrer à notre sire le roi la puissance des Parisiens; car il est jeune, si ne la vit oncques, ni il ne peut savoir, si il ne la voit, comment il en seroit servi si il besognoit. » — « Or, seigneurs, dit le connétable, vous parlez bien, ce m'est avis; mais nous vous disons, de par le roi, que tant que pour celle fois il n'en veut point voir, et ce que vous en avez fait il lui suffit. Si retournez en Paris paisiblement, et chacun en son hôtel, et mettez ces armures jus, si vous voulez que le roi y descende. » — « Monseigneur, répondirent ceux, nous le ferons volontiers à votre commandement [1]. »

[1] Le moine anonyme de Saint-Denis rapporte aussi le même fait. *Regi cùm egredientes cives honorem solitum vellent impendere, cum indignatione maximâ jussi sunt citò redire.* La noblesse, ajoute-t-il, qui venait de vaincre à Rosebecque, voulait forcer le peuple à ne pas oublier cette victoire et lui prouver qu'en triomphant des Flamands elle avait aussi dompté les Français. Tout ce chapitre est digne d'un grand historien qui ne voit pas comme Froissart les faits dépouillés de leur conséquence, et ne refuse pas sa sympathie aux dernières classes pour ne sentir qu'avec les chevaliers. Voici une partie du récit qu'il nous fait de l'entrée de Charles VI à Paris. Je me sers de la traduction qu'en a donnée Le Laboureur. Elle énerve toute la force du texte latin, mais elle est du moins assez exacte :

« Au point du jour l'ordre fut publié à son de trompes à tous capitaines, chevaliers, écuyers et gens d'armes, de se tenir prêts pour cette entrée; tant afin que rien ne manquât à la pompe d'un si victorieux retour, que pour imprimer plus de terreur à la populace.

« L'armée fut divisée en trois corps et le roi était seul à cheval au milieu, qui refusa de recevoir les honneurs accoutumés de la part des corps de la ville, qui furent mal reçus et qu'on renvoya brusquement avec cette réponse : Que le roi ni ses oncles ne pouvaient oublier des offenses si récentes dans une occasion si commode pour venger en même temps leurs injures particulières et les intérêts du public. On s'échauffa fort de paroles contre ces bourgeois, mais on en vint aux effets quand ce vint à l'entrée, où l'on se rua d'abord, un peu trop tumultuairement pourtant, sur les barrières qu'on mit en pièces, et ensuite sur les portes qu'on arracha de leurs gonds, qu'on jeta par terre, comme pour servir de marche pied, et pour fouler aux pieds l'orgueil et l'insolence des mutins. Le roi marchant fièrement au petit pas, alla à Notre-Dame, y fit présent après ses prières d'un étendard tout semé de fleurs de lis d'or, qui fut mis devant l'image, et de là il fut conduit au palais avec la même pompe.

« Après cela, le connétable, les deux maréchaux et les

Lors retournèrent les Parisiens en Paris, et s'en alla chacun en sa maison désarmer; et les quatre barons dessus nommés retournèrent vers le roi et lui recordèrent toutes les paroles que vous avez ouïes et à son conseil aussi. Lors fut ordonné que le roi, ses oncles et les seigneurs principalement entreroient en Paris, et aucuns gens d'armes; mais les plus grosses routes se tenroient au dehors de Paris, tout à l'environ, pour donner cremeur aux Parisiens. Et furent le sire de Coucy et le maréchal de Sancerre ordonnés que quand le roi seroit entré à Paris on ôteroit les feuilles des quatre portes principales de Paris, au lez devers Saint-Denis et Saint-Maur, hors des gonds, et seroient les portes nuit et jour ouvertes pour entrer et issir toutes gens d'armes à leur aise et volonté et pour maistrier ceux de Paris si il besognoit :

principaux officiers des armes ou de la maison du roi, s'allèrent saisir des principaux postes de la ville, et l'on planta des corps-de-garde dans les lieux où le peuple avait coutume de s'assembler, pour le tenir en respect, et pour réprimer l'insolence de quelque nouvelle entreprise. Pour le reste des gens d'armes et des soldats, ils se logèrent à discrétion, et besoin fut de leur ouvrir partout où ils se présentèrent, de crainte qu'ils n'y entrassent de force ; mais pour empêcher, que des injures et des menaces, qui sont les civilités ordinaires de tels hôtes, ils n'en vinssent aux excès, comme c'est toujours le dessein de leurs querelles, on publia par tous les carrefours, qu'aucun d'eux n'eût à outrager qui que ce fût des bourgeois du peuple ou autrement, à peine de la vie contre tous les contrevenans, de quelque état ou qualité qu'ils fussent. C'était une police mal aisée à garder par des gens avides de butin, et accoutumés au pillage, mais il en prit mal aux deux plus maladroits, que le connétable fit pendre aux fenêtres des maisons mêmes où ils avaient volé, afin que le lieu du délit fût celui de la peine qu'ils avaient méritée, et que cette justice, aussi prompte et extraordinaire qu'elle le devait être dans une conjoncture si nouvelle, donnât exemple aux autres.

« Le larcin ainsi défendu et puni, on commença la recherche des principaux coupables de la sédition, et les ducs, oncles du roi, firent premièrement arrêter les plus riches, au nombre de trois cents, dont les plus notables furent, messire *Guillaume de Sens*, maître *Jean Filleul*, maître *Jacques du Chastel* et maître *Martin Double*, tous avocats au parlement ou au Châtelet de Paris, *Jean le Flament*, *Jean Noble* et *Jean de Vaudetor*, qu'on enferma en diverses prisons. Cela mit en une étrange alarme la plupart des bourgeois, qui ne craignirent pas sans sujet que la colère du roi et de ses oncles ne s'étendît sur eux tous, mais principalement quand le lundi suivant ils virent l'exécution de deux prisonniers, l'un orfèvre et l'autre marchand de draps, tous deux condamnés comme criminels de lèze-majesté, et complices des émotions précédentes ; le désespoir de la femme de l'orfèvre rendit

encore feroient les dessus dits ôter toutes les chaînes des rues de Paris, pour chevaucher par-

encore la chose plus déplorable, car ayant eu avis de la mort ignominieuse de son mari, elle ne voulut point survivre à cette perte ni à l'affront, et dans le transport d'une subite fureur, elle se précipita de sa fenêtre dans la rue, toute grosse qu'elle était, et s'écrasa avec son enfant.

« Cinq jours après, le roi et ses oncles furent conseillés de faire arracher les chaînes de fer qu'on tendait la nuit par les rues, qui furent portées au bois de Vincennes ; et ayant ensuite été fait commandement, sur peine de la vie, à tous ceux de la ville de porter leurs armes au palais ou au château du Louvre, on dit qu'il s'en trouva une telle quantité qu'il y avait pour armer huit cent mille hommes. On s'avisa encore d'un moyen pour affaiblir la ville et pour faire que le roi pût aller et venir avec tant de gens qu'il lui plairait sans rien craindre de la part du peuple, ce fut de ruiner la vieille porte de Saint-Antoine, et de se rendre maître des deux principales avenues de Paris par l'achèvement d'une forteresse (la Bastille), que le feu roi avait commencée au même faubourg, et par la construction d'une tour auprès du Louvre, qu'on environna d'un fossé où l'on fit venir l'eau de la rivière.

« Le second samedi du même mois, la duchesse d'Orléans arriva à Paris et fit tous ses efforts pour amollir le courroux du roi et de ses oncles, mais le temps de la miséricorde n'était pas encore venu, et tout ce qu'elle put obtenir, fut que l'on différât à la semaine prochaine, pour son respect, le supplice des criminels qu'on menait décapiter. Le même jour, le recteur de l'université, accompagné des plus fameux docteurs et de tout ce qu'il y avait de plus excellens professeurs, vint aussi pour tâcher de fléchir le roi par une belle et docte harangue sur le sujet de la clémence, et celui qui porta la parole appuya de beaucoup d'exemples de la débonnaireté de ses prédécesseurs, qui avaient si bien préféré cette vertu royale à toutes les autres, qu'on leur pouvait appliquer cet éloge, *les rois d'Israël sont clémens*. Je ne rapporterai point ici cette harangue en son entier, et je me contenterai de dire que l'orateur tourna le cœur du roi par tant de moyens, qu'il l'attendrit, et qu'il le résolut au pardon, et à épargner le sang des bourgeois, après lui avoir remontré par de fortes autorités, qu'il n'était pas juste que ce qui n'était arrivé que par l'emportement de quelques insensés, tournât à la ruine et au déshonneur d'une infinité de gens mieux intentionnés pour son service.

« Le duc de Berry leur répondit pour le roi : « Puisque « c'est une vertu royale de châtier les factieux et les per-« turbateurs du repos public, il est constant que l'émotion « de Paris ayant éclaté si publiquement, tout ce qu'il y a « de bourgeois y a part, et que tous par conséquent sont « coupables de mort et de confiscation de leurs biens. Mais « le roi n'ignore pas qu'il n'y en ait quelques-uns qui n'ont « point trempé dans tout ce qui s'est fait, et qui en ont « été très déplaisans, et c'est pour la considération de « ceux-là que le roi ne veut pas étendre sur le général, « l'offense de quelques mauvais particuliers, pour ne pas « envelopper l'innocent avec le criminel, sa résolution « étant de satisfaire plutôt à la justice qu'à son ressenti-« ment, et de faire un exemple de la punition des prin-« cipaux auteurs des désordres passés. »

tout plus aisément et sans danger. Si comme il fut ordonné il fut fait.

« Par divers jours des deux semaines suivantes plusieurs des complices eurent la tête tranchée par sentence du prévôt de Paris, et entr'eux un bourgeois fort accrédité dans le peuple, nommé *Nicolas le Flament*, noté depuis long-temps et dès le règne du roi Jean, comme il a été dit eu son lieu, pour avoir assisté au meurtre du maréchal de M. le Dauphin Charles son fils qui s'appelait Robert de Clermont. La nouvelle de son supplice étonna fort tous les autres prisonniers ; et il y en eut deux que leur mauvaise destinée arma contre eux-mêmes, et qui pour se délivrer de l'ignominie de l'échafaud, prévinrent une mort publique par un meurtre volontaire.

« J'ai appris de quelques-uns qui avaient entrée dans les conseils qu'on parlait fort des subsides parmi toutes ces exécutions, et que les avis furent différens sur la proposition qu'on fit de les rétablir. Ils ne savaient que trop, tout ce qu'ils étaient de conseillers d'état, que ces impositions étaient d'un droit récent, qu'elles n'avaient été instituées que pour le besoin des guerres et pour la nécessité de la réparation des maisons royales, et que ce n'était que du consentement des peuples, qui de tout temps avaient été requis pour en faire la levée, qu'on les avait payées depuis le règne du feu roi ; mais quelques-uns qui voulaient qu'on tirât avantage de l'état présent, ne furent pas seulement d'avis qu'on les remît sus, ils proposèrent d'en faire un par domaine du roi, et qu'on en attribuât la direction et la connaissance à des juges et officiers royaux. D'autres plus prudens et plus clairvoyans, qui jugeaient du futur par le passé, craignirent que cette nouveauté ne fît crier tous les peuples, et ne donnât sujet à une rebellion générale dans le royaume. Leur sentiment, qui fut suivi, fut de garder l'ancien usage. Tous convinrent du rétablissement des impôts, et l'on fit publier à son de trompe le péage des gabelles, de douze deniers pour livre de toutes marchandises vendues, du quatrième du vin débité à pots, et de douze sols d'augmentation pour chaque muid. Ainsi ce peuple qui peu de jours auparavant refusait insolemment de porter la moindre charge, fut contraint de subir ce joug sans oser dire mot.

« Les Parisiens avaient une vieille coutume d'élire entre eux, et de changer le prévôt des marchands et les échevins, qui connaissaient et qui jugeaient toutes les causes qui survenaient en fait de marchandises, tant entre bourgeois qu'avec les étrangers qui trafiquaient à Paris ; et parce-que ce privilège était de grande autorité, il fut conseillé de l'ôter. Il fut aboli le dernier jour de février, et il fut dit que pour entretenir cette juridiction, le roi commettrait à l'office de la prévôté une personne qui l'exercerait en son nom, et non plus au nom des bourgeois. Il y avait encore certaines confréries en l'honneur de quelques saints, qui étaient affectées par dévotion à certaines chapelles, où diverses sortes d'artisans s'assemblaient, qui mangeaient ensemble et se réjouissaient après le service ; mais comme on crut que cela pouvait donner lieu aux factieux de faire de mauvais partis et de prendre des résolutions contre le service du roi et contre le repos public, elles furent toutes interdites, jusqu'à ce qu'il plût à sa majesté d'en permettre la continuation.

« Le même jour il y eut sentence de mort contre douze criminels tous complices de la sédition, et avec eux était

Adonc entra le roi à Paris et s'en alla loger au Louvre, et ses oncles de-lez lui, et les autres seigneurs à leurs hôtels, ainsi comme ils les avoient. Si furent les feuilles des portes ôtées et mises hors des gonds, et là couchées de travers dessous le toit des portes, et les chaînes de toutes les rues ôtées et portées au palais. Adonc furent les Parisiens en grand'doute et cuidèrent bien être courus; et n'osoit nul homme issir hors de son hôtel, ni ouvrir huis ni fenêtre qu'il eût; et furent en cet état quatre jours, en grands transes et en péril voirement de recevoir plus grand dommage que ils ne firent. Si leur coûtat-il aux plusieurs grand, finance; car on les mandoit en la chambre du conseil cinq ou six au coup, et là étoient rançonnés les uns de six

messire *Jean des Marets* qu'on fit seoir au lieu le plus éminent de la charrette pour être plus en vue à tout le monde, pour donner plus d'exemple, et pour recevoir plus de confusion. Il n'avait rien négligé pour sauver sa tête et chicaner sa vie, mais toutes les ruses de son métier ne lui servirent de rien. Il eut beau réclamer le privilége de cléricature pour être renvoyé par-devant l'Ordinaire, une seule faute l'emporta sur toutes les considérations, et de la pratique judiciaire, et de son propre mérite. Il avait été presque toute une année l'arbitre entre le roi et le peuple; il avait souvent calmé la fureur populaire, ou du moins peut-on dire qu'il l'avait arrêtée, et qu'il avait souvent conservé le respect qu'on devait au roi et aux princes par de belles remontrances. On remarque encore qu'il avait toujours retenu les factieux par la terreur des supplices que mériterait leur emportement, et parmi tant de précautions pour autrui, il se laissa tellement surprendre à la créance que cette folle multitude avait en lui, que de demeurer dans Paris, à jouir de l'applaudissement du peuple, au lieu d'en sortir, comme firent tous les autres de sa profession. On l'accusa aussi d'avoir parlé trop librement, et d'avoir conseillé de munir la ville et de se défendre; et tout cela ne pouvait que déplaire au roi et aux princes ses oncles.

« Voilà ce qu'on allégua pour le rendre digne de la mort. Ainsi celui qui avait honorablement employé soixante et dix années d'une heureuse vie, parmi les rois et les princes, et qui jouissait d'une belle réputation qu'il avait acquise dans le ministère des plus grandes affaires du royaume, celui, dis-je, qui ne devait rien de ses honneurs à la fortune, ne laissa pas de tomber sous sa tyrannie comme une de ses victimes, et d'expier sur un échafaud le malheur de s'être trop fié aux engagemens de la cour, et il servira d'exemple des vanités du monde par une fin plus honteuse que tout ce que ses belles qualités lui avaient donné de crédit et d'estime. Enfin cette sanglante tragédie fut jouée le mois de février, avec le châtiment de cent hommes et plus, tous punis du même supplice dans l'an révolu de cette malheureuse sédition, le roi et ses oncles résolurent de rendre toutes choses paisibles par une convocation du peuple dans la cour du palais. On dressa sur les grands degrés un échafaud qui fut tout tapissé, et le roi y étant monté suivi de ses oncles et de tous les grands de la cour, le premier acte de la tragédie fut joué par les femmes de ceux qui étaient encore dans les prisons, lesquelles y étant accourues en désordre, tout échevelées, et avec de méchans habits, levèrent les mains toutes en larmes, et crièrent à sa majesté d'avoir pitié de leurs maris et de leurs familles.

« Messire Pierre d'Orgemont, chancelier de France, qui parla pour le roi, reprocha aux Parisiens tous leurs séditieux emportemens présens et passés, depuis le règne du roi Jean qu'ils ensanglantèrent la chambre royale du meurtre de deux maréchaux de France et de Dauphiné, jusques à l'année dernière qu'ils avaient méchamment massacré les Juifs qui étaient sous la protection de sa majesté, et violé le respect qu'ils devaient à sa propre maison. Il s'acquitta fort éloquemment de ce discours, et exagéra si fortement tout le récit des outrages de ce peuple et les peines qu'ils avaient encourues, que plusieurs tout épouvantés croyaient que ce furieux tonnerre de paroles allait attirer sur eux le dernier coup de foudre, quand les oncles et le frère du roi se jetèrent à ses pieds, pour le supplier humblement de pardonner au reste des coupables, et de convertir la réparation de tous ces crimes en une amende civile et pécuniaire. Leur prière leur fut accordée, et aussitôt ledit messire Pierre d'Orgemont reprenant la parole, leur dit:

« Remerciez tous sa majesté de ce qu'au lieu d'user de
« tout son pouvoir, il aime mieux gouverner ses sujets
« avec plus de douceur et de clémence que d'autorité, et
« de ce que se conformant en cette occasion ci, par
« une pure inspiration du ciel, à la miséricorde de Dieu,
« qui ne punit pas les offenses avec toute la rigueur
« qu'elles méritent, elle s'est laissé fléchir aux prières.
« Toutes vos rébellions et vos forfaits vous sont remis
« quant à la peine de mort que vous avez desservie, et le
« roi veut bien oublier tout son ressentiment, mais c'est
« à condition de n'y plus retourner, car autrement il n'y
« a point de grâce. »

« Après cette assemblée finie, on relâcha tous les prisonniers, mais ce ne fut pas sans qu'il en coûtât ce qui est le plus cher après la vie; car il fallut payer comptant une amende qui égaloit la valeur de tous leurs biens; encore leur disait-on qu'ils devaient bien remercier le roi de ce qu'ils se rachetaient de choses si caduques. Semblable exaction fut faite sur tous les bourgeois qui avaient été centeniers, cinquanteniers, cinquanteniers ou dixeniers pendant la sédition, ou bien qu'on savait être fort riches. On envoya chez eux des satellites affamés au nom du roi, qui emportaient tout pour la taxe; et comme elle était plus grande qu'ils ne le pouvaient porter, ils voyaient ravir tous leurs biens sans oser se plaindre du malheur de se voir réduits dans les dernières misères de la pauvreté. Ceux qui maniaient alors les finances demeurèrent d'accord que le roi n'en fut guère plus riche; qu'il n'entra pas la moitié de cet argent dans ses coffres, et que le reste, qui fut dispersé entre les grands et les officiers de l'armée sous prétexte du paiement des gens de guerre, fut encore plus mal employé, parce qu'ils retinrent tout pour eux, et que leurs soldats continuèrent leurs brigandages à la sortie de Paris. »

mille, les autres de trois mille, les autres de huit mille; et ainsi tant que on leva bien de Paris adonc, au profit du roi, ou de ses oncles ou de leurs ministres, la somme de neuf cent soixante mille francs. Et ne demandoit-on rien aux moyens ni aux petits, fors aux grands maîtres où il avoit assez à prendre; et encore eux tous heureux, quand ils purent échapper pour payer finance. Et leur fit-on toutes leurs armures chacun par lui mettre en sacs et porter au chastel de Beauté que on dit au bois de Vincennes, et là enclore les armures en la grosse tour, et tous les maillets aussi.

Ainsi furent menés en ce temps les Parisiens, pour donner exemple à toutes autres bonnes villes du royaume de France; et furent remis sus subsides, gabelles, aides, fouages, douzième, treizième, et toutes manières de telles choses, et le plat pays avec ce tout riflé.

Encore avec tout ce, le roi et son conseil en firent prendre et mettre en prison desquels que ils voulurent : si en y ot beaucoup de noyés; et pour apaiser le demeurant et ôter les ébahis de leur effroi, on fit crier de par le roi ens ès carrefours, que nul sur la hart ne forfît aux Parisiens, ni ne prensist, ni pillât rien ès hôtels, ni parmi la ville. Ce ban et ce cri apaisa grandement ceux qui étoient en doute; et ceux aussi refreignirent qui étoient en volonté de mal faire. Toutefois on mit hors du Chastelet un jour plusieurs hommes de la ville de Paris jugés à mort pour leurs forfaitures et pour émouvement de commun; dont on fut émerveillé de maître Jean des Marets qui étoit tenu et renommé à sage homme et notable. Et veulent bien dire les aucuns que on lui fit tort; car on l'avoit toujours vu homme de grand'prudence et de bon conseil, et avoit toujours été l'un des greigneurs et authentiques qui fut en parlement sur tous les autres, et servi au roi Philippe, au roi Jean et au roi Charles, que oncques il ne fut vu ni trouvé en nul forfait, fors adonc [1]. Toutefois il fut jugé à être décollé, et environ quatorze en sa compagnie. Et entrementes que on l'amenoit à sa décollation sus une charrette et séant sus une planche dessus tous les autres, il demandoit : « Où sont ceux qui me ont jugé?

[1] Voyez dans la note précédente le récit du moine de Saint-Denis. Froissart qui ne sympathise qu'avec les chevaliers, est cependant juste avec les autres.

Qu'ils viennent avant et me montrent la cause et la raison pourquoi ils m'ont jugé à mort. » Et là prêchoit-il au peuple, en allant à sa fin, et ceux qui devoient mourir en sa compagnie; dont toutes gens avoient grand'pitié; mais ils n'en osoient parler. Là fut-il amené au marché des halles; et là devant lui tout premier furent décollés ceux qui en sa compagnie étoient; et en y ot un que on nommoit Nicolas le Flament, un drapier, pour qui on offroit pour lui sauver sa vie soixante mille francs; mais il mourut. Quand on vint pour décoller maître Jean des Marets, on lui dit : « Maître Jean, criez merci au roi que il vous pardonne vos forfaits. » Adonc se tourna-t-il, et dit : « J'ai servi au roi Philippe son aïeul et au roi Jean son tayon, et au roi Charles son père, bien et loyalement; ni oncques cils trois rois, ses prédécesseurs, ne me sçurent que demander; et aussi ne feroit celui-ci si il avoit âge et connoissance d'homme; et cuide bien que de moi juger il n'en soit en rien coupable : si ne lui ai que faire de crier merci, et non à autre; et lui prie bonnement que il me pardonne mes forfaits. » Adonc prit-il congé au peuple dont la greigneur partie pleuroit pour lui. En cet état mourut maître Jean des Marets.

Pareillement en la cité de Rouen, pour maîtriser la ville, en y ot aucuns exécutés et plusieurs rançonnés; et aussi à Reims, à Châlons, à Troyes, à Sens et à Orléans; et furent les villes taxées à grands sommes de florins, pour tant que ils avoient au commencement désobéi au roi. Et fut levée en cette saison parmi le royaume de France si grande somme de florins que merveilles seroit du dire. Et tout alloit au profit du duc de Berry et du duc de Bourgogne; car le jeune roi étoit en leur gouvernement. Au voir dire, le connétable de France et les maréchaux en orent leur part pour payer les gens d'armes qui les avoient servis en ce voyage de Flandre. Et furent les seigneurs, tels que le comte de Blois, le comte de la Marche, le comte d'Eu, le comte de Saint-Pôl, le comte de Harecourt, le Dauphin d'Auvergne, le sire de Coucy et les grands barons de France assignés sur leurs terres et pays à prendre de ce que le roi leur devoit pour les services que ils lui avoient faits en Flandre, pour eux acquitter envers leurs gens. De tels assignations ne sais-je pas si les seigneurs en furent payés, ni comment; car tantôt et fraîchement nouvelles tailles revinrent en leurs terres, de par le roi, et sur leurs gens; et convenoit avant toute œuvre la taille du roi exécuter et être payée, et les seigneurs demeurer derrière. Or revenons à ceux de Gand.

CHAPITRE CCVI.

Comment les Gantois prindrent et détruisirent Ardembourch et tuèrent ceux de la garnison; et comment le comte de Flandre fit bannir aucuns Anglois demeurans à Bruges.

Vous savez que, quand le roi de France se partit de Tournay, la ville de Gand demeura en guerre ainsi comme en devant. Si étoient capitaines de Gand pour celle saison, Piètre du Bois, Piètre de Vintre et François Acreman; et se renouveloient ces capitaines de nouvelles gens et de soudoyers qui leur vinrent de plusieurs pays; et ne furent néant ébahis de guerroyer, mais aussi frais et aussi nouveaux que oncques mais. Et entendirent ces capitaines qu'il y avoit Bretons et Bourguignons en la ville de Ardembourch : si se avisèrent que ils se trairoient celle part et les iroient voir ; et se partirent de Gand Piètre du Bois et François Acreman, atout trois mille hommes, et s'en vinrent à Ardembourch. Là ot grand'escarmouche; et de fait les Gantois gagnèrent la ville, mais leur coûta moult de gens. Toutefois il y ot bien deux cents soudoyers morts; et fut la ville pillée et courue, et la greigneur partie arse. Et puis s'en retournèrent-ils à Gand atout leur butin et leur conquêt : si y furent reçus à grand'joie. Tantôt après ils coururent en la terre d'Alost et de Tenremonde, et jusques à Audenarde, et pillèrent tout le pays.

Le comte de Flandre, qui se tenoit à Lille, entendit comment les Gantois s'avançoient de chevaucher et de courir sur les pays et de tout détruire ce qu'ils pouvoient; si en fut durement courroucé; et ne cuidoit mie qu'ils eussent le sens ni la puissance de tout ce faire, puisque Philippe d'Artevelle étoit mort. Mais on lui dit : «Sire, vous savez et avez toujours ouï dire que les Gantois sont durement subtils; ils vous en ont bien montré et fait l'apparent. De rechef ils ont celle saison été en Angleterre; si en y a de revenus, et par espécial François Acreman qui étoit compaing en toutes choses à Philippe; et tant qu'il vive vous ne serez sans guerre. Encore savons-nous de vérité qu'il a fait pour la ville de Gand grands alliances au roi d'Angleterre; car il est, où qu'il soit, à ses gages, et a tous les jours un franc de gages; et couvertement Jean Sappleman, un pur Anglois qui demeure à Bruges et a demeuré dessous vous plus de vingt-quatre ans, le paie de mois en mois et paiera, et que ce soit voir. Rasse de Voure, Louis de Voz et Jean Stoquelare, lesquels sont de Gand, et le clerc qui procure à être évêque de Gand, sont encore demeurés derrière en Angleterre pour parfournir les alliances; et vous en orrez plus vraies nouvelles que nous ne vous disons, dedans le mois de mai. »

Le comte de Flandre glosoit bien toutes ces paroles et les tint bien à véritables; et voirement les étoient-elles. Adonc se courrouça-t-il sur ce Jean Sappleman et sur les Anglois qui demeuroient à Bruges, et les fit semondre par ses sergens à être à certain jour que il assigna devant lui au chastel à Lille. Les sergens du comte vinrent et admonestèrent Jean Sappleman et plusieurs autres Anglois, riches hommes, qui de ce ne se donnoient de garde, que ils fussent à la quinzaine devant le comte de Flandre au chastel de Lille. Quand ces Anglois ouïrent ces nouvelles, ils furent tout ébahis; et parlèrent ensemble, et se conseillèrent, et ne savoient que penser ni imaginer pourquoi le comte les mandoit. Tout considéré ils se doutèrent grandement; car ils sentoient le comte en sa félonnie moult hâtif. Si dirent entre eux : «Qui regarde le corps ne garde rien; espoir est le comte informé sur nous durement; car avecques François Acreman qui est à pension au roi d'Angleterre, a eu deux bourgeois de celle ville en Angleterre, lesquels espoir ont sur nous informé le comte, pour nous honnir; car ils sont maintenant de sa partie. » Sur ce propos s'arrêtèrent ces Anglois, et n'osèrent les aucuns attendre le jugement du comte ni aller à Lille à leur journée. Si se partirent de Bruges et vinrent à l'Écluse, et firent tant que ils trouvèrent une nef appareillée, et l'achetèrent à leurs deniers, et se départirent, et vinrent arriver au quay de Londres.

Quand le comte de Flandre fut informé de celle affaire et que ces Anglois ne venroient point à leur journée, si en fut durement courroucé, et vit bien selon l'apparent que on l'avoit informé de vérité. Si envoya tantôt ses sergens à Bruges, et fit saisir tout ce que on put trouver de ces

Anglois qui défuis s'étoient, et vendre tous leurs héritages. Et furent bannis de Flandre à cent ans et un jour Jean Sappleman de Londres et ses compagnons; et ceux qui furent pris furent mis en la Pierre en prison; dont il y en ot aucuns qui y moururent, et aucuns qui se rançonnèrent de tout ce que ils avoient de finance.

On dit en un commun proverbe, et voir est, que oncques envie ne mourut. Je le ramentois pourtant que par nature Anglois sont trop envieux sur le bien d'autrui et ont toujours été. Sachez que le roi d'Angleterre et ses oncles et les nobles d'Angleterre étoient durement courroucés du bien et de l'honneur qui étoit advenu au roi de France et aux nobles de France, à la bataille de Rosebecque; et disoient en Angleterre les chevaliers quand ils en parloient ensemble : « Ha, Sainte Marie ! que ces François font maintenant de fumée pour un mont de vilains qu'ils ont rués jus. Plût à Dieu que ce Philippe d'Artevelle eût eu des nôtres deux mille lances et six mille archers ! il n'en fût jà pied échappé de ces François que tous ne fussent ou morts ou pris; et par Dieu celle gloire ne leur demeurera mie longuement. Or avons-nous bel avantage de entrer en Flandre; car le pays a été conquis du roi de France; et nous le conquerrons pour le roi d'Angleterre. Encore montre bien à présent le comte de Flandre que il est grandement subgiet au roi de France et que il lui veut complaire de tous points, quand tous marchands anglois demeurans à Bruges et qui y ont demeuré passé a trente ans, tels y sont, il a bannis et enchassés de Bruges et de Flandre. On a vu le temps que il ne l'eût pas fait pour nul avoir; mais maintenant il n'en oseroit autre chose faire, pour la doutance des François. »

Ainsi et autres paroles langageoient les Anglois parmi Angleterre, et disoient que les choses ne demeureroient mie en ce point. On peut bien et doit supposer que c'étoit par envie.

CHAPITRE CCVII.

Comment le pape Urbain octroya un dixième à être cueilli ce Angleterre, et bulle d'absolution de peine et de coulpe pour détruire les Clémentins; et de l'armée des Anglois sur ce.

En ce temps s'en vint celui qui s'escripsoit pape Urbain sixième de Rome, par mer, à Jennes, où il fut reçu grandement et révéramment des Jennevois, et tint là son siége. Vous savez comment toute Angleterre étoit obéissant à lui tant que de l'église et plus fort que oncques mais, pour la cause de ce que le roi de France étoit Clémentin et toute la France aussi. Cil Urbain, auquel les Anglois et plusieurs autres nations créoient, si s'avisa, lui étant à Jennes, pour nuire au roi de France en quant que il pourroit, que il envoieroit en Angleterre au secours. Je vous dirai en quelle manière : il envoieroit ses bulles aux archevêques et évêques du pays, lesquelles feroient mention que il absolvoit et absoudroit tous ceux de peine et de coulpe qui aideroient à détruire les Clémentins; car il avoit entendu que Clément son adversaire l'avoit pareillement fait en France et faisoit encore tous les jours; et appeloient les François les Urbanistes, tant que en foi, chiens; et aussi les Clémentins il vouloit condamner selon sa puissance en cel état; et bien savoit que il ne les pouvoit plus grever que par les Anglois. Mais il convenoit, si il vouloit faire son fait, mettre une grand'mise de finance avant; car bien savoit que les nobles d'Angleterre, pour toutes ses absolutions, ne chevaucheroient point trop avant si l'argent n'alloit devant; car gens d'armes ne vivent point de pardons, ni ils n'en font point trop grand compte, fors au détroit de la mort. Si regarda que avecques ces bulles il envoieroit en Angleterre devers les prélats pour faire prêcher; il octroyeroit un plein dixième sur les églises, au roi et aux nobles, pour être pleinement et sans danger payés de leurs gages, sans grever le trésor du roi, ni la communauté du pays; à laquelle chose il pensoit que les barons et les chevaliers d'Angleterre entendroient volontiers. Si fit incontinent escripre et grosser bulles à pouvoir, tant au roi comme à ses oncles et aux prélats d'Angleterre, de ces pardons et absolutions de peine et de coulpe. Et avecques tous biens dont il s'élargissoit, il octroioit au roi et à ses oncles un plein dixième par toute Angleterre à prendre et à lever, afin que messire Henry le Despenser, évêque de Norduich, fût chef de ces besognes et gens d'armes. Pour tant que les biens venoient de l'église, il vouloit que il y eût un chef d'église pour les gouverner. Si y ajouteroient les églises d'Angleterre et les communautés plus grand'foi.

Avecques tout ce, pour ce qu'il sentoit le

royaume d'Espaigne contraire à ses opinions et aloyés à Clément avecques le roi de France, il s'avisa que de cel or et cel argent qu'il feroit lever et cueillir parmi le royaume d'Angleterre, le duc de Lancastre qui se tenoit roi de Castille de par sa femme, y partiroit, pour faire pareillement une autre armée en Castille. Et si le duc de Lancastre, avec puissance de gens d'armes acceptoit ce voyage, il accorderoit au roi de Portingal, lequel avoit guerre nouvelle au roi Jean de Castille, car le roi Ferrand étoit mort, un plein dixième partout le royaume de Portingal. Ainsi ordonna Urbain ses besognes; et envoya plus de trente bulles en Angleterre, lesquelles en celle saison on reçut à grand'joie.

Adonc les prélats en leurs prélations et seigneuries commencèrent à prêcher ce voyage par manière de croiserie. Dont le peuple d'Angleterre, qui créoit assez légèrement, y ot trop grand'foi; et ne cuidoit nul ni nulle issir de l'an à honneur ni jamais entrer en paradis, si il n'y donnoit et mettoit du sien. De pures aumônes à Londres et au diocèse il y ot plein un tonnel de Gascogne d'or et d'argent; et qui le plus y donnoit, selon la bulle du pape, plus il avoit de pardons. Et tous ceux qui mouroient en celle saison, qui le leur entièrement résignoient et donnoient à ces pardons, étoient absous de peine et de coulpe par la teneur de la bulle. Tous heureux, disoient-ils en Angleterre, étoient tous ceux qui pouvoient mourir en celle saison, pour avoir si noble absolution. On cueillit en cel hiver et au carême, parmi Angleterre, tant par aumônes que par les dixièmes des églises, car tous étoient taillés et de eux-mêmes ils se tailloient trop volontiers, tant que on eut la somme de vingt cinq cent mille francs.

Quand le roi d'Angleterre et ses oncles et leurs consaulx furent informés et de vrai acertenés de la mise, si en furent tout joyeux, et dirent que ils avoient argent assez pour faire guerre aux deux royaumes, c'est à entendre France et Espaigne. Pour aller en Espaigne, au nom du pape et des prélats d'Angleterre avec le duc de Lancastre, fut ordonné l'évêque de Londres, qui s'appeloit Thomas, frère au comte de Devensière; et devoient avoir charge de deux mille lances et de quatre mille archers, et leur devoit-on la moitié de cel argent départir. Mais ils ne devoient pas sitôt issir hors d'Angleterre que l'évêque de Norduich et sa route faisoient, pourtant que celle armée devoit arriver à Calais et entrer en France. Si ne savoit-on comment ils se porteroient, ni si le roi de France à puissance venroit contre eux pour les combattre.

Encore y avoit un autre point contraire au duc de Lancastre, qui grand'joie avoit de ce voyage: que toute la communauté généralement d'Angleterre s'inclinoit trop plus à être avec l'évêque de Norduich que de aller avec le duc de Lancastre; car le duc, de trop grand temps avoit, n'étoit point en la grâce du peuple; et si leur étoit le voyage de France plus prochain que celui d'Espagne. Et disoient encore les aucuns en derrière, que le duc de Lancastre, pour la convoitise de l'or et de l'argent que il sentoit au pays, qui venoit de l'église et des aumônes des bonnes gens, pour en avoir sa part, s'y inclinoit plus que par dévotion que il y eût. Mais cel évêque de Norduich représentoit le pape et étoit par lui institué et député à ce faire; parquoi la greigneur partie de Angleterre y ajoutoit grand'foi, et le roi Richard aussi.

Si furent ordonnés aux gages de l'église et de cel évêque Henry le Despenser, plusieurs bons chevaliers et écuyers d'Angleterre et de Gascogne, tels que le seigneur de Beaumont, Anglois, messire Hue de Cavrelée, messire Thomas Trivet, messire Guillaume Helmen, messire Jean de Ferrières, messire Hue le Despenser, cousin à l'évêque, fils de son frère, messire Guillaume Firenton, messire Mahieu Rademen, capitaine de Bervich, le seigneur de Chastel-Neuf, Gascon, messire Jean, son frère, Raymond de Marsen, Guillonnet de Pans, Garriot Vighier et Jean de Canchitan et plusieurs autres; et furent, tous comptés, environ six cens lances et quinze cens d'autres gens. Mais grand'foison y avoit de prêtres, pour la cause de ce que la chose touchoit à l'église et venoit de leur pape.

Ces gens d'armes et ces routes firent leurs pourvéances bien et à point; et leur délivroit le roi passage à Douvres et à Zanduich. Là firent-ils, environ Pâques, toutes leurs pourvéances et se trairent là, ceux qui passer vouloient, petit à petit; et faisoient ce voyage par manière de croiserie.

Avant ce que l'évêque et les capitaines qui avec lui étoient, espécialement messire Hue de Cavrelée, messire Thomas Trivet et messire

Guillaume Helmen, ississent hors d'Angleterre, ils furent mandés au conseil du roi et là jurèrent solennellement, le roi présent, de traire à chef à leur loyal pouvoir leur voyage, et que jà ils ne se combattroient contre homme ni pays qui tinssent Urbain à pape, mais à ceux qui l'opinion de Clément soutenoient : ainsi le jurèrent-ils trop volontiers. Et là dit le roi par l'accord de son conseil : « Évêque, et vous Hue, Thomas et Guillaume, vous venus à Calais, vous séjournerez sur les frontières en hériant France, un mois ou environ. Et dedans ce terme je vous rafreschirai de gens d'armes et d'archers, et vous envoierai un bon maréchal et vaillant homme, messire Guillaume de Beauchamp; car je l'ai envoyé querre. Il est en la marche d'Escosse où il a la journée et frontière de parlement pour nous contre les Escots; car les trèves de nous et des Escots doivent faillir à celle Saint-Jean. Lui revenu, vous l'aurez sans faute en votre compagnie; si l'attendez; car il vous sera très nécessaire de sens et de bon conseil. »

L'évêque de Norduich et les chevaliers dessus nommés lui orent en convenant que aussi feroient-ils; et sur cel état se partirent-ils du roi et se mirent sur leur voyage; et montèrent en mer à Douvres et arrivèrent à Calais le vingt troisième jour du mois d'avril, l'an mil trois cent quatre vingt et trois [1].

Pour ce temps étoit capitaine de Calais messire Jean d'Ewrues qui reçut l'évêque et les compagnons à grand'joie. Si mirent hors de leurs vaisseaux petit à petit leurs chevaux et leurs harnois, et se logèrent, ceux qui loger se purent, à Calais et environ, en bastides que ils avoient fait et faisoient tous les jours; et furent là jusques à quatre jours en mai, en attendant leur maréchal, messire Guillaume de Beauchamp, qui point ne venoit. Quand messire Jean, évêque de Norduich, qui étoit jeune et voulenturieux et qui se désiroit à armer, car encore s'étoit-il petit armé, fors en Lombardie avecques son frère, se vit à Calais et capitaine de tant de gens d'armes, si dit une fois à ses compagnons : « A quelle fin, beaux seigneurs, séjournons-nous ici tant? Messire Guillaume de Beauchamp ne viendra point. Il ne souvient ores au roi ni à ses oncles de nous. Faisons aucun exploit d'armes,

puisque nous sommes ordonnés à ce faire; employons l'argent de l'église loyaument, puisque nous en vivons; et reconquérons de nouvel sur les ennemis. » — « C'est bon, répondirent ceux qui à ces paroles furent. Faisons savoir à nos gens que nous voulons chevaucher dedans trois jours, et regardons quelle part nous irons ni trairons; nous ne pouvons partir ni issir des portes de Calais nullement que nous n'entrons sur terre d'ennemis, car c'est France de tous côtés, autant bien vers Flandre comme vers Boulogne ou Saint-Omer; car Flandre est terre de conquêt, et l'a conquise par puissance le roi de France. Aussi nous ne pourrions faire meilleur exploit, tout considéré, ni plus honorable, que du recouvrer et reconquérir. Et le comte de Flandre a fait un grand dépit à nos gens, quand, sans nul titre de raison il les a bannis et chassés, hors de Bruges et du pays de Flandre. Il n'y a pas deux ans que il eût fait ce moult envis; mais à présent il lui convient obéir aux ordonnances et plaisirs du roi de France et des François. » — « Donc si j'en étois cru, dit l'évêque de Norduich, la première chevauchée que nous ferions ce seroit en Flandre. » — « Vous en serez bien cru, ce répondirent messire Thomas Trivet et messire Guillaume Helmen; ordonnons nous sur ce et chevauchons celle part dedans trois jours; car ce sera sur terre d'ennemis. » A ce conseil se sont du tout tenus et le firent à savoir à leurs gens.

A toutes ces paroles dites et devisées n'étoit mie messire Hue de Cavrelée; ainçois étoit allé voir un sien cousin qui étoit capitaine de Guines, et s'appeloit messire Jean Draiton; et demeura à Guines tout ce jour que il y alla, en intention de à lendemain revenir; si comme il fit. Quand il fut revenu, l'évêque le manda dedans le chastel où il étoit logé, et les autres chevaliers aussi; et pour tant que messire Hue étoit le plus usé d'armes de tous les autres et qui le plus avoit vu et été en grandes besognes, les chevaliers avoient dit à l'évêque qu'ils voudroient avoir l'avis de messire Hue, ainçois que ils fissent rien. Si lui dit l'évêque, présens eux, les paroles dessus dites, et lui commanda que il en dît son avis. Messire Hue répondit et dit à l'évêque : « Sire, vous savez sur quel état nous sommes issus d'Angleterre; notre fait de rien ne touche au fait de la guerre des rois, fors sur les Clémentins; car

[1] On trouve dans Rymer plusieurs actes sur cette croisade de l'évêque de Norwich.

nous sommes soudoyers au pape Urbain, qui nous absout de peine et de coulpe si nous pouvons détruire les Clémentins. Si nous allons en Flandre, quoique le pays soit au duc de Bourgogne et au roi de France, nous nous forferons ; car j'entends que le comte de Flandre et tous les Flamands sont aussi bons Urbanistes que nous sommes. De rechef nous n'avons pas assez gens pour entrer en Flandre ; car ils sont grand peuple tout appareillés ès faits de la guerre, car ils n'ont eu autre soin puis quatre ans ; et si y a durement fort pays pour entrer et chevaucher ; et si ne nous ont les Flamands rien forfait. Mais si nous voulons chevaucher, chevauchons en France : là sont nos ennemis par deux manières. Le roi notre sire a guerre ouverte à eux ; et si sont les François tous Clémentins et contraires à notre créance tant que de pape. Outre nous devons attendre notre maréchal messire Guillaume de Beauchamp, qui doit hâtivement venir atout grand'gent ; et ce fut la dernière parole du roi notre sire, que il le nous envoieroit. Si loue et conseille de mon avis, puisque chevaucher voulons, que nous chevauchons vers Aire ou Montreuil : nul ne nous venra encore au devant ; et toujours nous croîtront gens qui istront de Flandre, et qui ont le leur tout perdu, et qui viendront gagner avecques nous, et qui ont encore au cœur la félonnie et le mautalent sur les François qui leur ont mort et occis en ces guerres leurs pères et leurs fils et leurs amis. »

A peine put avoir messire Hue finée sa parole, quand l'évêque le reprit, comme chaud et bouillant que il étoit, et lui dit : « Oil, oil, messire Hue, vous avez tant appris au royaume de France à chevaucher, que vous ne savez chevaucher ailleurs. Où pouvons-nous mieux faire nôtre plaisir et profit que de entrer en celle riche frontière de mer, de Bourbourch, de Dunquerque, de Neuport et en la chastellerie de Bergues, de Cassel, de Yppre et de Pourperinghe ? En ce pays-là que je vous nomme, si comme je suis informé des bourgeois de Gand qui sont ci en notre compagnie, ils ne firent oncques guerre qui leur grévât. Si nous irons là rafreschir et attendre messire Guillaume de Beauchamp si il veut venir ; encore n'est-il mie apparent de sa venue. »

Quand messire Hue de Cavrelée se vit ainsi rebouté de cel évêque, qui étoit de grand lignage en Angleterre et qui étoit leur capitaine, quoiqu'il fût vaillant chevalier, si se tut, et aussi il ne fut point aidé à soutenir sa parole de messire Thomas Trivet et de messire Guillaume Helmen ; et se partit de la place en disant : « Pardieu, sire, si vous chevauchez, messire Hue de Cavrelée chevauchera avec vous ; ni vous ne serez jà en voie ni en chemin où il ne se ose bien voir. »—« Je le crois bien, dit l'évêque, qui avoit grand désir de chevaucher ; or vous appareillez, car nous chevaucherons le matin. »

A ce propos se sont-ils du tout tenus ; et s'ordonnèrent de chevaucher à lendemain ; et fut leur chevauchée signifiée parmi la ville de Calais et en tous les logis. Quand ce vint au matin, les trompettes sonnèrent ; tous se départirent et prirent les champs et le chemin de Gravelines ; et pouvoient être en compte environ trois mille têtes armées. Tant cheminèrent que ils vinrent sur le port de Gravelines. Pour l'heure la mer étoit basse ; si passèrent outre et entrèrent au port, et le pillèrent, et assaillirent le moûtier que ceux de la ville avoient fortifié, et la ville qui étoit fermée de palis povrement, laquelle ne se put longuement tenir ; car il n'y avoit que ceux de la ville qui n'étoient que bons hommes et gens de mer. Car si il y eût des gentilshommes, ils se fussent bien plus longuement tenus que ils ne firent ; et aussi ceux du pays environ n'avoient point été signifiés de celle guerre et ne se doutoient point des Anglois. Si conquirent par assaut ces Anglois la ville de Gravelines et entrèrent ens, et puis allèrent vers le moûtier où les gens s'étoient retraits, et avoient mis leurs meubles, sur la fiance du fort lieu, leurs femmes et leurs enfans, et avoient autour de ce moûtier fait grands fossés : si ne les orent pas les Anglois à leur aise ; mais séjournèrent deux jours en la ville avant que ils pussent avoir le moûtier. Finablement ils le conquirent, et occirent grand'foison de ceux qui le gardoient ; et du demeurant ils firent leur volonté. Ainsi furent-ils seigneurs de Gravelines, et se logèrent en la ville, et y trouvèrent des pourvéances assez. Alors se commença tout le pays à émouvoir et à être effréé, quand ils entendirent que les Anglois étoient à Gravelines ; et se boutèrent les plusieurs du plat pays ens ès forteresses, et envoyèrent femmes et enfans à Bergues, à Bourbourch et à Saint-Omer. Le comte de Flandre qui se tenoit à Lille entendit ces nouvelles que les Anglois lui faisoient guerre et avoient pris Gravelines; si se commença à douter de eux et du Franc de Bruges, et appela son conseil que il avoit de-lez lui et leur dit : « Je m'émerveille de ces Anglois qui me queurent sus et prennent mon pays, quel chose ils me demandent, quand, sans moi défier, ils sont entrés en ma terre. » — « Sire, répondirent les aucuns, voirement sont ces choses à émerveiller ; mais on peut supposer que ils tiennent maintenant la comté de Flandre pour France, pour ce que le roi de France a chevauché si avant et que le pays s'est rendu à lui. » — « Et quelle chose est bonne, dit le comte, que nous en fassions ? » — « Il seroit bon, répondirent ceux de son conseil, que messire Jean Vilain et messire Jean Moulin qui ci sont, et lesquels sont à la pension du roi d'Angleterre, allassent de par vous en Angleterre parler au roi et lui montrer bien et sagement celle besogne ; et lui demandassent de par vous à quelle cause il vous fait guerroyer ; et puisque guerre il vous vouloit faire, il le vous dût avoir signifié et défier ; et que ce n'est pas honorablement guerroyer. Espoir quand il orra vos chevaliers et messagers parler, se courroucera-t-il sur ceux qui vous font guerre, et les retraira à leur blâme hors de votre pays. » — « Voire, dit le comte, mais entrementes que nos chevaliers iront en Angleterre, ceux qui sont à Gravelines, qui ne leur ira au-devant, pourront trop durement porter grand dommage à ceux du Franc. » Donc fut répondu au comte et lui fut dit : « Sire, toujours convient que on voise parler à eux, tant pour avoir un sauf-conduit pour aller à Calais et en Angleterre, que pour savoir quelle chose ils vous demandent ; et messire Jean Vilain et messire Jean Moulin sont bien si avisés que, tout en parlant, ils mettront le pays assur. » — « Je le veuil, » dit le comte. Adonc furent les deux chevaliers informés de par le comte et son conseil, pour parler tant à l'évêque de Norduich, comme du voyage dont ils sont chargés d'aller en Angleterre, et de quelle chose ils parleroient au roi d'Angleterre et à ses oncles.

Entrementes que ces chevaliers s'ordonnoient pour venir à Gravelines parler à l'évêque de Norduich, s'assembloit tout le pays d'environ Bourbourch, Berghues, Cassel, Pourperinghe, Furnes, le Neufport et autres ; et s'en venoient vers Dunquerque ; et là se tenoient en la ville, et disoient que briévement ils défendroient et garderoient leur frontière et combattroient les Anglois ; et avoient ces gens de Flandre à capitaine un chevalier qui s'appeloit messire Jean Sporequin, gouverneur et regard de toute la terre madame de Bar, laquelle est en la frontière et marche dont je parle et siéd tout jusques aux portes de Yppre. Ce messire Jean Sporequin ne savoit rien que le comte voulsist envoyer en Angleterre ; car le Hazle de Flandre l'étoit venu voir à trente lances, et lui avoit dit que voirement étoit le comte à Lille, mais il n'en savoit autre chose ; et devoit marier sa sœur au seigneur de Waurin. Donc ces deux chevaliers rendoient grand'peine à émouvoir le pays et mettre ensemble les bons hommes. Et se trouvoient bien, de hommes à piques et à plançons et à cottes de fer, à aucquetons, à chapeaux de fer et à bassinets, plus de douze mille, et tous apperts compagnons de la terre madame de Bar, entre Gravelines et Dunquerque, si comme je fus informé. A trois lieues près et en-mi chemin siéd la ville de Mardique, un grand village sur la mer, tout desclos. Jusques à là venoient les Anglois courir ; et là avoit à la fois des escarmouches. Or vinrent à Gravelines messire Jean Vilain et messire Jean Moulin envoyés de par le comte, et vinrent sous un bon sauf conduit que ils avoient attendu à Bourbourch, tant que l'un de leurs hérauts leur ot apporté. Quand ils furent venus à Gravelines on les logea : ils se trairent, assez tôt après ce que ils furent descendus, devers l'évêque de Norduich, qui leur fit, par semblant, assez bonne chère ; et avoit ce jour donné à dîner à tous les barons et chevaliers de l'ost ; car bien savoit que les chevaliers du comte devoient venir ; si vouloit que ils les trouvassent tous ensemble.

Lors commencèrent à parler les deux chevaliers dessus nommés, et dirent à l'évêque : « Sire, nous sommes ci envoyés de par monseigneur de Flandre. » — « Quel seigneur ? » dit l'évêque. « Le comte, sire, répondirent ceux ; il n'y a autre seigneur en Flandre de lui. » — « En nom de Dieu ! dit l'évêque, nous y tenons à seigneur le roi de France ou le duc de Bourgogne nos ennemis ; car par puissance ils ont en celle saison conquis tout le pays. » — « Sauve soit votre grâce, répondirent les chevaliers, la terre fut à Tournay ligement rendue et remise en la main et gouvernement de monseigneur Louis le comte de Flandre, qui nous envoie devers vous, en priant que nous, qui sommes de foi et de pension au roi d'Angleterre votre seigneur, ayons un sauf conduit pour aller en Angleterre et pour aller au roi, à savoir pourquoi sans défier il fait guerre à monseigneur le comte de Flandre et à son pays. » Répondit l'évêque : « Nous aurons conseil de vous répondre, et vous en serez répondus le matin. » Pour l'heure ils n'en purent autre chose faire ni autre réponse avoir ; assez leur suffit ; si se trairent à leurs hôtels et laissèrent les Anglois conseiller, qui orent ce soir conseil ensemble tel que je vous dirai.

Tout considéré, et regardé leur fait et l'emprise que ils avoient empris, ils dirent que à ces chevaliers ils n'accorderoient nul sauf conduit pour aller en Angleterre ; car le chemin y est trop long ; et entrementes que ils iroient et retourneroient, et que le pays seroit assur, il se pourroit malement fortifier, et le comte qui est subtil signifier son état au roi de France ou au duc de Bourgogne, parquoi dedans briefs jours si venroient tant de gens contre eux que ils ne seroient pas forts assez du résister ni du combattre. Ce conseil arrêtèrent-ils : « Et quelle chose répondrons-nous demain matin à eux ? » Messire Hue de Cavrelée en fut chargé du dire et de en donner le conseil. Si dit ainsi à l'évêque : « Sire, vous êtes notre chef, si leur direz que vous êtes en la terre de la duchesse de Bar, qui est Clémentine ; et pour Urbain et non pour autre vous faites guerre ; et si les gens de celle terre, les abbayes et les églises veulent être bons Urbanistes et cheminer avecques vous où vous les mènerez, vous passerez parmi le pays et ferez passer vos gens paisiblement pour payer tout ce qu'ils prendront. Mais tant que de eux donner sauf conduit d'aller en Angleterre, vous n'en ferez rien, car notre guerre ne regarde de rien la guerre du roi de France ni du roi d'Angleterre ; mais sommes soudoyers au pape Urbain ; et il m'est avis que cette réponse doit suffire. » Tous ceux qui là étoient l'accordèrent, et espécialement l'évêque qui n'avoit cure quelle chose que on fît ni desist, mais que on se combattît et que on guerroyât le pays : ainsi demeura la besogne celle nuit.

Quand ce vint à lendemain après la messe, les deux chevaliers du comte, qui désiroient à faire leur voyage et d'avoir réponse, s'en vinrent à l'hôtel de l'évêque, et attendirent tant que ils orent ouï la messe ; puis ils se mirent en sa présence. Il leur fit bonne chère, par semblant, et jangla[1] un petit à eux d'autres besognes, pour détrier tant que ses chevaliers fussent venus. Quand ils furent tous ensemble, l'évêque parla et dit ainsi : « Beaux seigneurs, vous attendez réponse ; vous l'aurez. Sur la requête que vous avez faite de par le comte de Flandre, je vous dis que vous vous pouvez bien retraire et retourner quand vous voudrez devers le comte, ou aller devers Calais en votre péril, ou en Angleterre autant bien ; mais je ne vous donne nul sauf conduit ; car je ne suis pas du roi d'Angleterre chargé si avant que pour ce faire. Je suis soudoyer au pape Urbain, et tous ceux qui sont en ma compagnie sont à lui et à ses gages, et ont pris ses deniers pour le servir. Or nous trouvons-nous à présent en la terre de la duchesse de Bar, qui est Clémentine : si ses gens veulent tenir son opinion, nous leur ferons guerre ; et si ils veulent venir avecques nous, ils partiront à nos absolutions ; car Urbain, qui est notre pape et pour qui nous voyageons, absout tous ceux de peine et de coulpe qui aideront à détruire les Clémentins. »

Quand les deux chevaliers entendirent celle parole si partirent, et dit messire Jean Vilain : « Sire, tant comme aux papes, je crois que vous n'avez point ouï parler du contraire que monseigneur de Flandre ne soit bon Urbaniste ; si êtes mal adressé si vous lui faites guerre ni à son pays ; et il croit que le roi d'Angleterre ne vous a pas chargé si avant que de lui faire guerre ; car si guerre lui voulsist faire, il est bien si noble et si avisé que il l'eût avant fait défier. » De celle parole s'enfellonny l'évêque, et dit : « Or allez, si dites à votre comte que il n'en aura autre chose ; et si il vous veut envoyer en Angleterre, ou autres gens, mieux savoir l'intention du roi, si voisent ceux qui envoyés y seront ailleurs prendre leur chemin ; car par ci ni par Calais ne passeront-ils point. » Quand les chevaliers virent qu'ils n'en auroient autre chose, ils se départirent et prirent congé, et retournèrent à leur hôtel et dînèrent, et puis montèrent à cheval et vinrent ce jour gésir à Saint-Omer.

[1] Causa familièrement.

CHAPITRE CCVIII.

Comment l'évêque de Norduich et les Anglois coururent le pays de Flandre; et de la bataille qu'ils eurent ensemble où les Flamands furent déconfits; et de la prise de Dunquerque.

Ce propre jour que les chevaliers de Flandre partirent, vinrent nouvelles à l'évêque et aux Anglois que il y avoit à Dunquerque et là environ plus de douze mille hommes, tout armés, et avoient le Bâtard de Flandre en leur compagnie, qui les conduisoit; et encore y avoit aucuns chevaliers et écuyers qui les conseilloient; et tant que à Mardique ils avoient escarmouché et rebouté leurs gens, et en y avoit eu bien cent occis. Donc dit l'évêque : « Or regardez du comte de Flandre; il semble qu'il n'y atouche, et il fait tout; il veut prier l'épée en la main. Je veuil que nous chevauchons demain, et allons devers Dunquerque voir quels gens il y a. » Tous s'accordèrent à ce propos, et en furent signifiés parmi Gravelines.

Ce soir vinrent deux chevaliers, l'un de Calais et l'autre de Guines, qui amenèrent environ trente lances et soixante archers : les dits chevaliers étoient nommés messire Nicole Clinton et messire Jean Draiton, capitaine de Guines. Quand ce vint au matin, tous s'ordonnèrent et mirent en arroy pour chevaucher, et se trairent sur les champs, et y étoient plus de six cens lances et quinze cens archers. Si chevauchèrent vers Mardique et vers Dunquerque; et faisoit l'évêque de Norduich porter devant lui les armes de l'église, la bannière de Saint Pierre, de gueules à deux clefs d'argent en sautoir, comme gonfanonnier du pape Urbain; et en son pennon étoient ses armes, qui sont écartelées d'argent et d'azur, à une frélure d'or sur l'azur et un bâton de gueules sur l'argent; et pour briser ses armes, car il étoit des Despensiers le mains-né, il portoit une bordure de gueules. Là étoit messire Hue le Despensier, son neveu, à pennon. Là étoient à bannière et à pennon le sire de Beaumont, messire Hue de Cavrelée, messire Thomas Trivet et messire Guillaume Helmen; et à pennon sans bannière messire Guillaume Draiton et messire Jean son frère, messire Mahieu Redman, messire Jean de Ferrières, messire Guillaume Firenton, et messire Jean de Neuf-Châtel, Gascon. Si chevauchèrent ces gens d'armes vers Mardique, et là se rafres- chirent et burent un coup, et puis passèrent outre et prirent le chemin de Dunquerque.

Les Flamands de tout le pays, qui étoient assemblés à Dunquerque, furent signifiés que les Anglois venoient tout appareillés, en ordonnance et en grand' volonté d'eux combattre. Adonc orent-ils conseil ensemble l'un par l'autre que ils istroient hors de Dunquerque et se mettroient aux champs, et tous en bonne ordonnance, pour eux combattre et défendre si il besognoit; car de eux tenir en la ville et là être enclos, il ne leur étoit point profitable. Si comme ils ordonnèrent il fut fait. Tous s'armèrent dedans Dunquerque et se trairent sur les champs, et se mirent en bon arroi sur une montagne au dehors de la ville; et se trouvèrent eux bien douze mille et plus. Et véez-cy venir les Anglois! et en approchant Dunquerque ils regardèrent sur dextre au lez devers Bourbourch, et en approchant la marine; et voient les Flamands en une belle grosse bataille tout ordonnés. Adonc s'arrêtèrent-ils et n'allèrent plus avant; car avis leur fut, à l'apparent que les Flamands faisoient et montroient, que ils seroient combattus. Lors se trairent les seigneurs ensemble pour avoir conseil de celle besogne; et là ot plusieurs paroles retournées; car aucuns vouloient, et par espécial l'évêque, que tantôt on les allât combattre; et les autres, le sire de Beaumont et messire Hue de Cavrelée, disoient du non et y mettoient la raison. « Vous savez, disoient-ils, que ces Flamands qui là sont ne nous ont rien forfait, et que encore au voir dire n'avons-nous envoyé au comte de Flandre, sur quel pays nous sommes, nulles défiances : si ne guerroyons pas courtoisement, fors à la bourle [1], sans nul titre de guerre raisonnable. Et outre tout, cil pays où nous sommes est Urbaniste et tient l'opinion que nous tenons. Or regardez doncques à quelle juste cause nous les irions maintenant combattre ni courir sus. » Donc répondit l'évêque : « Et que savons-nous si ils sont Urbanistes? » — « En nom de Dieu! dit messire Hue de Cavrelée, ce seroit bon que nous envoyons devers eux un de nos hérauts pour savoir quelle chose ils demandent, de ainsi être là rangés et ordonnés en bataille contre nous, et que il leur soit demandé auquel pape ils tiennent. Si ils répondent à être bons Urbanistes, vous leur requerrez, par la vertu de la bulle du pape que nous avons, que ils s'en

---
[1] En se moquant, en trompant, de l'italien *burla*.

viennent avecques nous devant Saint-Omer, ou Aire, ou devant Arras, et là où nous les voudrons mener. Et quand ils se verront ainsi requis, par celle requête saurons-nous leur intention, et sur ce aurons avis et conseil. »

Cil propos fut tenu, et un héraut appelé qui se nommoit Montfort; et étoit héraut au duc de Bretagne; et lui fut dit de par les seigneurs que il chevauchât vers ces Flamands, et l'informèrent de tout ce que il devoit dire et faire, et comment il se pourroit maintenir. A leurs paroles il obéit, ce fut raison, et alla parler à eux.

Adonc se départit le héraut de ses seigneurs, vêtu d'une cotte d'armes, ainsi comme à lui appartenoit; et n'y pensoit nul mal, et s'en alloit vers ces Flamands qui se tenoient tous ensemble en une belle bataille. Et étoit cil pourvu et avisé toujours de bien faire son message; et se vouloit adresser vers aucuns chevaliers qui là étoient : mais il ne put; car si très tôt que il approcha, ces Flamands, sans lui demander quelle chose il quéroit, ni où il alloit, ni à qui il étoit, l'enclouirent et là l'occirent comme folle gent et de petite connoissance; ni onques les gentilshommes qui là étoient ne le purent sauver.

Quand les Anglois en virent le convenant, qui avoient l'œil à lui, si en furent tous forcenés. Aussi furent les bourgeois de Gand qui là étoient et qui désiroient à émouvoir la besogne parquoi un nouveau touillement se remit en Flandre. Adonc dirent-ils tous d'une voix, l'évêque et les chevaliers : « Allons, allons! celle ribaudaille ont tué notre héraut; mais il leur sera cher comparé, ou nous demeurerons tous sur la place. » Adonc firent-ils passer outre et avant leurs archers et approcher ces Flamands. Là fut fait un bourgeois de Gand, qui s'appeloit Louis de Bors, chevalier. Et tantôt se commença la bataille dure et merveilleuse; car au voir dire ces Flamands se mirent grandement à défense : mais ces archers les commencèrent au traire à verser et à mener mallement; et ces gens d'armes entrèrent en eux, à lances afilées qui de première venue en abattirent grand'foison. Finablement les Anglois pour ce jour obtinrent la place, et furent là les Flamands déconfits; et se cuidèrent recouvrer par entrer en Dunquerque; mais les Anglois, en les reculant et chassant, les menèrent si dur et si roide que ils entrèrent avecques eux en la ville; et là en y ot sur les rues et sur la marine grand'foison de morts. Aussi ils se vendirent moult bien; car ils occirent plus de quatre cents Anglois, et furent trouvés depuis, ci dix, ci douze, ci vingt, ci trente, ainsi comme ils enchassoient les Flamands; et les Flamands se reculoient, et à jeu parti ils les combattoient et occioient. Les chevaliers et les écuyers de Flandre qui là étoient, planté ne fut-ce pas, se sauvèrent, ni il n'en y ot que cinq ou six morts ou pris. Ainsi alla de celle besogne et du rencontre qui fut ce jour à Dunquerque, où il y ot bien morts neuf mille Flamands.

Ce propre jour de la bataille [1] étoient retournés en la ville de Lille et vers le comte de Flandre messire Jean Vilain et messire Jean Moulin, et avoient fait leur relation au comte, telle comme ils l'avoient ouïe et vue des Anglois à Mardique. Si en étoit le comte tout pensif pour savoir comment il s'en cheviroit. Encore le fut-il plus, et bien y ot cause, quand les nouvelles lui vinrent que ses gens étoient morts et déconfits à Dunquerque, et la ville prise : si s'en porta-t-il assez bellement et conforta; faire lui convenoit. Et dit quand les nouvelles lui en vinrent : « Si nous avons perdu celle fois, nous gagnerons une autre. »

Tantôt et sans délai toutes ces nouvelles il escripsit et envoya couvertement devers son fils le duc de Bourgogne, qui se tenoit devers le roi en France, afin que il eût sur ce avis; car bien imaginoit, puisque les Anglois avoient celle entrée en Flandre et rué ainsi jus ses gens, que ils ne s'en passeroient pas si briévement, mais feroient encore sur le pays plusieurs choses. Le duc de Bourgogne, quand il en fut avisé et informé, envoya chevaliers et écuyers par tout en garnison sur les frontières de Flandre, à Saint-Omer, à Aire, à Saint-Venant, à Bailleul, à Berghes, à Cassel et par toutes les chastelleries pour garder les entrées d'Artois. Or dirons des Anglois comment ils persévérèrent.

[1] Suivant les chroniques de l'époque, cette bataille eut lieu le 15 mai 1383.

CHAPITRE CCIX.

Comment l'évêque de Norduich et les Anglois urbanistes prirent plusieurs villes en Flandre; et comment ils mirent le siège devant Yppre; et d'autres incidences.

Après la déconfiture de Dunquerque et la ville prise, entrèrent les Anglois en grand orgueil, et leur sembla bien que toute Flandre fût leur, et au voir dire, si ils fussent venus adonc devant Bruges, plusieurs gens disent et disoient adoncques, qui bien cuidoient savoir le convenant de ceux de Bruges, que elle se fût rendue Anglesche. Or ouvrèrent les Anglois autrement; car ils eurent conseil d'aller devant Bourbourch et de prendre la ville, et puis venir devant Aire, et puis à Cassel, et de conquérir tout le pays et rien laisser derrière qui leur fût contraire ou ennemi; et puis venir devant Yppre. Ils avoient imagination que la ville de Yppre se rendroit tantôt quand ils verroient le pays rendu. Lors se départirent les Anglois de Dunquerque quand ils en eurent fait leur volonté, et vinrent devant Bourbourch. Quand ceux de Bourbourch les sentirent approcher, ils furent si effrayés que tantôt ils se rendirent, sauves leurs vies et leurs biens. Ainsi furent-ils pris. Et entrèrent en la ville, et en orent grand'joie, car ils dirent que ils en feroient une belle garnison pour guerroyer et hérier ceux de Saint-Omer et des frontières prochaines.

Après ce ils vinrent assaillir le chastel de Drichehan; et furent trois jours devant ainçois que ils le pussent avoir, et l'eurent par force; et y ot morts plus de deux cents hommes qui là se tenoient en garnison. Si le réparèrent les Anglois, et dirent que ils le tiendroient à leur loyal pouvoir; et le rafreschirent de nouvelles gens et puis chevauchèrent outre, et vinrent à Cassel et prirent la ville; et là orent grand pillage; et adonc la répourvéirent-ils de leurs gens, et puis si s'en partirent et dirent que ils vouloient venir voir la ville de Aire. Mais savoient bien les plusieurs qui la connoissoient que elle n'étoit pas à prendre ni à assaillir, et que trop leur coûteroit : toutefois l'évêque de Norduich dit qu'il la vouloit voir de près.

A ce jour étoit capitaine de la ville d'Aire un gentil chevalier picquart, qui s'appeloit messire Robert de Bethune et vicomte de Meaux. Avecques lui étoient et de sa charge messire Jean de Roye, le sire de Clary, Lancelot de Clary, messire Jean de Bethune son frère, le seigneur de Montigny, messire Perducas du Pont-Saint-Martin, messire Jean de Cauny et messire Flourens son fils, et plusieurs autres, et tant que ils étoient bien environ six vingt lances de bonnes gens d'armes, chevaliers et écuyers. Quand l'évêque de Norduich, messire Hue de Cavrelée, messire Henry de Beaumont, messire Thomas Trivet, messire Guillaume Helmen, messire Mathieu Redman et les autres durent approcher Aire, et ils furent venus assez près sur un lieu et un pas que on clame au pays au Neuf-Fossé, ils se mirent tous en ordonnance de bataille et passèrent outre, tous serrés, pennons et bannières ventilans; car ils ne savoient que le vicomte de Meaux et ses compagnons avoient empensé. Le vicomte, les chevaliers et écuyers, qui pour ce jour étoient en la garnison, étoient tous rangés et mis en bonne ordonnance sur la chaussée devant les barrières de la ville d'Aire, et pouvoient voir les Anglois tout closement passer sur la costière de eux et prendre le chemin de Saint-Venant; mais ils n'étoient pas gens assez pour eux véer leur chemin : ainçois se tinrent tous cois sur le pas à leur garde et à leur défense; et les Anglois passèrent outre et vinrent ce soir gesir à Saint-Venant, à deux petites lieues près de là.

De la ville de Saint-Venant étoit capitaine un chevalier de Picardie, qui s'appeloit messire Guillaume de Merle, lequel avoit fortifié le moûtier de la ville pour retraire lui et ses compagnons s'il besognoit, ainsi comme il fit; car la ville n'étoit fermée que de palis et de petits fossés : si ne dura point longuement à l'encontre des Anglois : si entrèrent ens. Adonc se recueillirent les François, aucuns au chastel et aucuns en l'église qui étoit assez forte. Ceux du chastel ne furent point assaillis; car le chastel est durement fort, ni on ne le peut approcher pour les larges et parfonds fossés qui sont à l'entour; mais le moûtier fut assailli incontinent que les Anglois se trouvèrent en la ville, et que ils entendirent que les gens d'armes étoient là retraits. Messire Guillaume de Merle fut là bon chevalier et vaillant, et vassaument se porta en défendant l'église de Saint-Venant. Les Anglois l'avoient environné tout autour qui traioient sajetes contre mont si omniement et si roide que à peine de ceux de dedans osoit nul venir ni être à la défense. Toutefois ceux qui se tenoient amont en leurs garites étoient pourvus de pierres et de pièces de bois, et d'artillerie assez raisonnablement; si jetoient par effort et traioient sur ceux qui étoient en bas, et tant que ils en blessèrent plusieurs. Mais finablement l'assaut fut si bien continué, et si fort s'y éprouvèrent les Anglois, que le moûtier fut pris de force, et messire Guillaume de Merle dedans qui moult vaillamment se combattit et défendit; aussi firent tous les autres; et si ils espérassent à avoir confort de nul côté, ils se fussent encore mieux tenus et plus longuement; mais nul confort ne leur apparoît; pourtant furent-ils plus légers à prendre. Si demeura messire Guillaume de Merle prisonnier devers les Anglois; et puis se mit à finance et retourna en France du bon gré son maître, par obligation, ainsi que tous gentilshommes françois et anglois ont toujours fait ouniement l'un à l'autre; et ce n'ont pas fait Allemands; car quand un Allemand tient un prisonnier il le met en ceps et en fers, en chaînes et en dures prisons, ni il n'en a nulle pitié; et tout pour plus avoir grand'finance et grand'rançon d'argent.

Quand l'évêque de Norduich et les Anglois partirent de Saint-Venant, ils s'en vinrent loger ens ès bois de Nieppe qui n'étoient mie loin de là, et environ Bailleul en Flandre. Si entrèrent en la chastellerie de Pourpringhe, et de Messine et prirent toutes ces villes là, et y trouvèrent très grand'finance et moult de pillage; et toutes les villes fermées, ils retenoient pour eux et mettoient en leur obéissance; et là retraioient leur butin à Berghes et à Bourbourch. Quand ils orent de tout le pays fait leur volonté, ni nul ne leur alloit au devant, et qu'ils furent tous seigneurs de la marine de Gravelines jusques à l'Écluse, de Dunquerque, de Neuf-Port, de Furnes, de Blanquenbourch, ils s'en vinrent mettre le siége devant Yppre; là s'arrêtèrent l'évêque de Norduich et les Anglois, messire Hue de Cavrelée et les autres; et puis envoyèrent devers ceux de Gand; et me semble que François Acreman y alla, qui avoit été à la bataille et à tous ces conquêts, et avoit mené les Anglois de ville en ville et de fort en fort.

Quand Piètre du Bois, et Piètre de Vintre et les capitaines de Gand entendirent que les Anglois les mandoient, et qu'ils séoient à siége devant la ville de Yppre, si en furent grandement réjouis; et se ordonnèrent au plus tôt qu'ils purent de aller celle part; et se départirent de la ville de Gand un mercredi au matin après les octaves Saint-Pierre et Saint-Paul environ vingt mille, à grand charroi et en bonne ordonnance, et s'en vinrent tout parmi le pays et au dehors de Courtray, devant la ville de Yppre. De leur venue furent les Anglois moult réjouis, et leur firent grand'chère; et leur dirent que tantôt ils auroient conquis Yppre, et puis iroient prendre Bruges, le Dam et l'Écluse; et ne faisoient nulle doute que dedans le mois de septembre toute Flandre seroit acquise à eux. Ainsi se glorifioient-ils en leurs fortunes.

Si étoit pour le temps capitaine de la ville de Yppre un moult sage et avisé chevalier, qui s'appeloit messire Pierre de la Sieple, qui là dedans s'étoit mis et bouté: par lui et par son sens s'ordonnoient toutes les besognes et les gens d'armes qui là dedans étoient boutés de par le duc de Bourgogne et le comte de Flandre. Avec le dessus dit chevalier étoit messire Jean de Bourgrave, chastelain de Yppre, messire Baudoin de Velledène, son fils le seigneur d'Yssenghien, le seigneur d'Estades, messire Jean Blanchart, messire Jean Hamel, messire Jean de Herselède, messire Nicolle Belle, le seigneur de Hollebecque, le seigneur de Roleghen, messire Jean Ahoutre, Jean de la Sieple écuyer, neveu au capitaine, messire Jean Belle, François Belle, messire George Belle, et plusieurs autres appertes gens d'armes, lesquels avoient grand soin, peine et travail pour les Anglois qui soubtivement et soigeusement les assailloient, peine et cremeur pour ceux de la ville que il n'y eût aucuns mauvais traîtres envers ceux de Gand, par quoi ils échéissent en danger par trahison de ceux de la ville de Yppre.

En ce temps se tenoit en la ville de Courtray, et en étoit capitaine un vaillant chevalier de Hainaut, qui s'appeloit messire Jean de Jumont; et s'y étoit bouté à la prière et requête du duc de Bourgogne et du comte de Flandre. Et quand il y entra, nul chevalier de Flandre n'en osoit emprendre la charge ni le faix, tant étoit périlleuse à garder. Et quand le roi de France s'en partit, elle fut toute désemparée et exillée, par quoi moult petit de gens y demeuroient ni sé journoient; car tout étoit ars et abattu, ni à peine savoit-on dessous toit où loger ses chevaux. Celle haute emprise de la garder emprit messire Jean de Jumont, et la rempara tantôt, et fit, Dieu merci, que par sa garde il n'y ot nul dommage, fors que tout honneur. Le duc de Bourgogne, qui entendoit soigneusement aux besognes de Flandre, car elles lui étoient si prochaines que bien lui touchoient, envoya de France environ soixante lances de Bretons devers Courtray pour rafreschir et reconforter messire Jean de Jumont; et vinrent ces gens d'armes au commandement du duc jusques à Lille. Ils se partirent un vendredi au matin de Lille et prirent le chemin de Comines, et firent tant que ils y parvinrent. Et étoient le sire de Saint-Léger et Yvonnet de Taintiniac capitaines de ces gens.

En la ville de Comines étoient venus au matin, au point du jour, bien deux cents lances d'Anglois pour accueillir la proie du plat pays et mener devant Yppre. Ces gens d'armes bretons ne se donnoient de garde; si échéirent en leurs mains. Là ot dur rencontre et fort au pied du pont de Comines, et vaillamment se portèrent les Bretons. Et si ils eussent été secourus d'autant de gens d'armes et d'autant d'archers comme ils étoient, ils s'en fussent bien partis sans dommage; mais ils se trouvèrent trop peu contre tant de gens; si les convint fuir et mettre en chasse. Si en y eut la greigneur partie des leurs morts et pris sur les champs en retournant vers Lille, et fut le sire de Saint-Léger navré durement et laissé pour mort sur la place: heureux furent ceux qui à ce rencontre échapper purent. Et dura la chasse de ces Anglois à ces Bretons jusques à demi-lieue près de la ville de Lille, en laquelle ville le sire de Saint-Léger à grand'peine tout navré fut apporté; et mourut depuis au chef de cinq jours, et ainsi firent cinq de ses écuyers. Ainsi alla de celle aventure.

Toujours se tenoit le siége devant Yppre grand et fort, et faisoient les Anglois et les Flamands qui séoient devant plusieurs assauts; et trembloient et se doutoient moult de ceux de la ville. Le comte de Flandre, qui se tenoit à Lille, n'étoit pas bien assur de ce côté-là que Yppre ne fût prise; car Anglois sont subtils, et si leur pouvoit venir d'Angleterre grand confort, sans nul empêchement, de Calais, par les garnisons que ils avoient prises en venant là sur le chemin. Voirement eussent-ils grand confort d'Angleterre, si ils voulsissent ou daignassent; mais ils n'en comptoient à ce commencement que un petit, ni guères ne prisoient la puissance de France ni de Flandre. Et se tenoient aucuns hauts barons sur les marches de Douvres, d'Exsex, de Zandvich et de la comté de Kent, tous appareillés pour passer la mer et arriver à Calais et venir aider leurs gens, mais que ils en fussent signifiés; et étoient bien mille lances et deux mille archers sur les frontières que j'ai dites, desquels gens d'armes messire Guillaume de Beauchamp et messire Guillaume de Windesore, maréchaux d'Angleterre, étoient élus à souverains de par le roi et tout son conseil. Et pour celle cause perdit le duc de Lancastre à faire en celle saison son voyage en Portingal; car toute Angleterre étoit trop plus inclinée, si comme je vous ai dit ci-dessus en l'histoire, à l'armée de l'évêque de Norduich que à celle du duc de Lancastre.

Le comte de Flandre savoit bien toutes ces besognes et ces incidences comment elles se portoient, tant en Angleterre comme devant Yppre. Si avisa que il y pourverroit de remède à son loyal pouvoir. Bien supposoit que le duc de Bourgogne émouveroit le roi de France et les barons du royaume à venir bouter hors les Anglois de la comté de Flandre et du pays que ils avoient l'année devant conquis; et pour ce que il savoit que les mandemens de France sont si lointains, et les seigneurs qui doivent servir le roi de si lointaines marches que moult de choses peuvent avenir ainçois que ils soient tous venus, il s'avisa ainsi que il envoieroit devers l'évêque du Liége messire Arnoul de Horne, qui étoit bon Urbaniste, afin que il vînt devant Yppre traiter aux Anglois, que ils se voulsissent déloger de là et traire autre part; car il avoit très grand'merveille que ils lui demandoient, quand il étoit Urbaniste très bon et la comté de Flandre aussi, ainsi que tout le monde le savoit. Tant exploita le comte de Flandre par moyens et par subtils traités que l'évêque du Liége vint en Hainaut; et passa à Valenciennes, et alla à Douay et puis à Lille, et parla au comte qui l'informa de tout ce qu'il vouloit qu'il dît. Adonc vint l'évêque du Liége devant Yppre, où l'évêque de Norduich et les Anglois et ceux de Gand séoient, qui le recueillirent liement, et l'ouïrent volontiers parler.

Je fus adonc informé que le comte de Flandre, par la parole de l'évêque du Liége, offroit à l'évêque de Norduich et aux Anglois que ils se voulsissent déporter de tenir le siége devant Yppre, et aller autre part faire guerre raisonnable sur les Clémentins, et il le feroit servir de cinq cents lances, trois mois tout pleniers, à ses dépens. L'évêque de Norduich et les Anglois répondirent que ils s'en conseilleroient volontiers. Ils s'en conseillèrent et parlèrent ensemble; et là eut plusieurs paroles retournées; car ceux de Gand disoient que nullement on n'eût trop grand'fiance ès paroles du comte ni en ses promesses; car il les honniroit si il pouvoit : si que, tout considéré, on répondit à l'évêque que il se pouvoit bien retraire quand il lui plairoit, et que de ses requêtes on n'en feroit nulles, et que du siége où ils étoient ils ne se partiroient si auroient la ville de Yppre en leur commandement. Quand l'évêque vit que il ne exploiteroit autrement, si prit congé et s'en retourna à Lille, et fit sa réponse au comte; et quand le comte vit que il n'en auroit autre chose, si fut plus pensif que devant; et aperçut bien adonc tout clairement que si la puissance du roi de France ne levoit le siége, il perdroit la bonne ville de Yppre. Si escripsit tantôt toutes ces réponses et en paroles en lettres, et les envoya par un sien chevalier devers son fils et sa fille de Bourgogne qui se tenoient à Compiègne; et l'évêque du Liége se partit du comte, et s'en retourna par Douay et par Valenciennes en son pays arrière.

CHAPITRE CCX.

Comment le roi de France assembla grand'armée pour aller lever le siége de Yppre tenu par les Anglois; et de plusieurs rencontres qui y furent.

Le duc de Bourgogne se tint pour tout informé que les choses iroient et se porteroient mal en Flandre, si le roi de France et sa puissance n'y pourvéoit de remède. Si fit tant que un grand parlement fut assigné à être à Compiègne de tous les hauts barons et princes du royaume de France. A ce parlement furent et vinrent tous ceux qui mandés y furent; et personnellement le duc de Bretagne y fut et plusieurs hauts barons de Bretagne. Là fut parlementé et conseillé : que le roi de France, par l'accord de ses oncles, le duc de Berry, le duc de Bourbon et le duc de Bourgogne, venroit en Flandre aussi étofféement ou plus que quand il fut à Rosebecque; et lèveroit le siége de devant Yppre, et combattroit les Anglois et les Flamands, si ils l'attendoient. Toutes ces choses confirmées et accordées, le roi de France fit un mandement général par tout son royaume : que chacun, pourvu ainsi comme il appartenoit à lui, le quinzième jour d'août, fût à Arras, ou là environ; et escripsit le roi aux lointains, tel que au comte d'Armignac, au comte de Savoie et au duc Frédéric de Bavière : ce duc étoit de la haute Allemagne, et fils de l'un des frères au duc Aubert, et grandement il se désiroit à armer pour les François, et de venir en France, et de voir l'état de France, car il aimoit tout honneur, et on lui avoit dit, si s'en tenoit pour tout informé, que tout honneur et chevalerie étoient et sont en France. Et pour ce que ce duc Frédéric étoit de lointain pays, il en fut signifié premièrement. Si fit ses ordonnances sur ce et dit que il venroit par Hainaut voir son oncle et ses cousins le comte de Blois et autres.

Entrementes que ce grand et espécial mandement du roi de France se faisoit, et que ces seigneurs partout s'appareilloient, se tenoit le siége devant Yppre grand et fort; et y ot fait plusieurs assauts et escarmouches et des blessés des uns et des autres; mais le capitaine de Yppre, messire Pierre de la Sieple, ensoigna si vaillamment que nul dommage ne s'y prit.

Le siége étant devant Yppre, avint que le comte de Flandre, qui se tenoit à Lille, fut informé que le moûtier de la ville de Menin étoit fort et remparé, et que si les Anglois y venoient, de léger ils le prendroient, car il n'étoit point gardé; et feroit grand dommage au pays : si ot conseil le comte que il l'envoieroit désemparer. Si appela messire Jean Moulin et lui dit : « Messire Jean, prenez des hommes de cette ville et des arbalètriers et allez jusques à Menin et désemparez le moûtier, que les Anglois n'y viennent et le prennent et le fortifient; car si ils faisoient ainsi, ils grèveroient le pays de ci environ. » Messire Jean répondit que c'étoit raison que il obéît et que il iroit volontiers. Sur ce il ordonna ses besognes et monta le lendemain au matin à cheval, et avecques lui un jeune chevalier, fils bâtard au comte de Flandre, qui s'appelloit messire Jean-sans-Terre; et pouvoient bien être environ quarante lances et soixante arbalêtriers. Quand ils se partirent de la ville de Lille, ils cheminèrent vers Menin, et tant firent qu'ils y parvinrent; et nullui ne trouvèrent en la ville, fors aucuns compagnons qui gardoient de leur volonté le moûtier. Tantôt mirent les deux chevaliers gens en œuvre et commencèrent à désemparer le moûtier et à défaire.

Ce propre jour chevauchoient environ deux cents lances d'Anglois et de Gascons, et entendirent, par leurs fourrageurs qu'ils encontrèrent, que il y avoit gens d'armes et arbalêtriers en la ville de Menin qui désemparoient l'église. Lors se trairent-ils celle part à force d'éperons, et exploitèrent tant que ils y parvinrent; et eux venus en la place et devant le moûtier ils mirent tantôt pied à terre et empoignèrent leurs lances et commencèrent à écrier leurs cris. Quand messire Jean Moulin et le bâtard de Flandre virent ce convenant et que combattre les convenoit, si se mirent en ordonnance et se rangèrent moult gentiment sur la place, et firent traire leurs arbalêtriers; de ce trait y ot aucuns de ces Anglois navrés et blessés; mais tantôt on entra en eux. Là ot fait de petit de gens bon estour, et de renversés par terre des morts et des blessés; mais finablement les Anglois étoient si grand'foison que les Flamands ne purent obtenir la place, et furent déconfits, et les deux chevaliers pris messire Jean-sans-Terre et messire Jean Moulin, lesquels se portèrent en eux défendant moult vaillamment. Encore en y ot des autres grand'foison de pris; petit s'en retournèrent à Lille, qui ne fussent morts ou pris. Ainsi alla de cette aventure à Menin; dont le comte de Flandre fut moult courroucé quand il le sçut; mais amender ne le put pour celle fois. Si ramenèrent devant Yppre leurs prisonniers les Anglois et les Gascons, et en firent moult grand compte. Depuis n'y séjournèrent-ils point longuement que ils furent mis à finance.

Ainsi adviennent les faits d'armes; on perd une fois et l'autre fois on gagne; les avenues y sont moult merveilleuses; ce savent ceux qui les poursuivent. Et toujours se tenoit le siége devant Yppre grand et fort, et étoit bien l'intention de l'évêque de Norduich et des Anglois et de Piètre du Bois que ils conquerroient Yppre ou par assaut ou autrement; et toutefois ils ne s'en feignoient pas; car ils le faisoient assaillir et escarmoucher très soigneusement.

Entre plusieurs assauts qui y furent faits, il en y ot un très merveilleusement grand et redouté; car il dura un jour tout entier presque jusques à la nuit; et là furent faites de ceux de dehors et de ceux de dedans plusieurs grands appertises d'armes; et se mirent les Anglois et les Flamands en grand'peine de conquérir la ville. Et là furent ce jour faits trois chevaliers de ceux de dedans, messire Jean de la Sieple, cousin du capitaine, messire François Belle, messire Georges Belle, et messire Jean Belle fut le quart; et furent bons chevaliers en leur nouvelle chevalerie; et là fut occis du trait d'un canon un moult appert écuyer Anglois, qui s'appeloit Louis Lin. Cil assaut fut moult dur et moult grand; et en y ot grand'foison de blessés d'une part et d'autre, de ceux qui s'abandonnoient trop follement. Et vous dis que les archers d'Angleterre, qui étoient sur les dunes des fossés de la ville, traioient sajettes dedans si ouniement et si dur que à peine osoit nul apparoir aux créneaux de la ville et aux défenses. Et recueillirent ce jour ceux de Yppre bien la valeur de deux tonneaux pleins d'artillerie, espécialement de sajettes qui furent traites en la ville. Et n'osoit nul aller par les rues qui marchissoient aux murs où l'assaut étoit, pour paour du trait, si il n'étoit trop bien armé et pavesché de son bouclier. Ainsi dura cel assaut jusques à la nuit, que les Anglois et les Flamands, qui tout le jour avoient assailli en deux batailles, retournèrent en leurs logis, tous lassés et tous travaillés; et aussi étoient ceux de la ville de Yppre.

Quand les Anglois et les Flamands qui devant Yppre séoient virent que point ne conquerroient la ville de Yppre par assaut et que moult y perdoient de leur artillerie, si avisèrent qu'ils feroient fagoter grand'foison de fagots et amener devant les fossés, et feroient jeter dedans pour les emplir, et estrain et terre sus; et feroient tant que main à main ils iroient combattre ceux de la ville et miner les murs et abattre; par ainsi ils la conquerroient. Adonc furent mis ouvriers en œuvre; et envoyèrent ceux de l'ost, tout environ Yppre, couper et abattre bois, et fagoter et acharier à faix et puis mettre et asseoir sur le tertre des fossés. Ce ne fut pas si très tôt fait, ni ils ne purent pas accomplir leur ouvrage; car le roi de France qui avoit grand désir de lever le siége et combattre les Anglois, comment que ce fût, avança ses besognes et se partit de Compiègne et fit tant que il vint à Arras.

Jà étoit passé le connétable de France et grand'foison de barons qui étoient ordonnés pour l'avant-garde et logés en Artois. Et le duc de Bretagne venoit atout deux mille lances, qui avoit grand'affection de conforter son cousin le comte de Flandre à ce besoin; et moult y étoit tenu, car il l'avoit trouvé très appareillé du temps passé en ses affaires, bon et loyal ami.

Tous seigneurs approchoient, lointains et prochains; et vinrent le comte de Savoie et le comte de Genève à bien sept cents lances de purs Savoyens. Le dit comte étoit fils du vaillant et gentil comte de Savoie, si comme vous avez ci-dessus ouï recorder; allé en étoit avec le duc d'Anjou en Italie et au royaume de Naples, et là étoit trépassé d'une maladie; dont ce fut grand dommage. Le duc Frédéric de Bavière s'avala aval à belles gens d'armes, et vint en Hainaut, et se tint au Quesnoy, et se reposa et rafreschit de-lez le duc Aubert son oncle, et son ante la duchesse Marguerite, et ses cousins leurs enfans. Le duc de Lorraine et le duc de Bar, atout grand'route, passèrent outre et s'en vinrent loger en Artois. Messire Guillaume de Namur, qui point n'avoit été en ces guerres dessus nommées, car le comte l'en avoit déporté, vint servir le roi et le duc de Bourgogne à deux cents lances de très bonnes gens d'armes; et passèrent parmi Hainaut et s'en vinrent loger en Tournesis. Seigneurs venoient de tous lez, si efforcément et de si grand'volonté pour servir le roi de France que merveille est à considérer. Le comte Guy de Blois, en ces mandemens et assemblées faisant, avoit geu deshaitié à Landrecies; et quand il put souffrir la peine, il fut apporté en litière à Beaumont en Hainaut, et là fut mieux à son aise; car cel air lui fut plus agréable que celui de Landrecies. Si ne savoient ses gens, et aussi ne faisoit-il, si il pourroit souffrir la peine de chevaucher en celle armée avec le roi. Nonobstant qu'il fût moult deshaitié et moult foible, si se faisoient ses pourvéances grandes et grosses. Et aussi ses gens de la comté de Blois, le sire de Montguy, le sire de Viezin, messire Willemes de Saint-Martin, messire Walleram de Doustienne, capitaine de Romorentin et ces autres chevaliers et écuyers avalèrent aval pour venir au service du roi de France.

CHAPITRE CCXI.

Comment les Anglois qui tenoient le siége devant Yppre, sentans le roi de France approcher, levèrent leur siége; et comment les François prindrent aucunes garnisons d'Anglois.

Nouvelles vinrent au siége devant Yppre à l'évêque de Norduich, à messire Hue de Cavrelée et aux Anglois que le roi de France s'en venoit à effort sur eux, et avoit en sa compagnie plus de vingt mille hommes d'armes, chevaliers et écuyers; et bien soixante mille autres gens. Ces paroles en leur ost monteplièrent tant que elles furent tournées en voir, car de premier on ne les vouloit croire; mais il leur fut dit pour vérité que il étoit ainsi, et que ils seroient combattus eux séans à leur siége; et si venoit le duc de Bretagne contre eux; duquel ils avoient grand'merveille. Adonc eurent-ils conseil ensemble pour savoir que ils feroient ni comment ils se maintiendroient. Tout considéré, ils ne se véoient pas assez forts ni puissans pour attendre la puissance du roi; et dirent ainsi, que c'étoit bon que Pietre du Bois, Pietre de Vintre et les Gantois s'en retournassent vers leur ville de Gand, et les Anglois s'en retourneroient vers Berghes et Bourbourch, et se mettroient en leurs garnisons; et si puissance leur venoit d'Angleterre, que le roi Richard passât la mer, ni ses oncles, ils auroient avis. Ce conseil fut tenu; ils se délogèrent; ceux de Gand se trairent vers Gand et tant firent que ils y parvinrent, et les Anglois se retrairent vers Berghes et vers Bourbourch, et se boutèrent dedans les forts que ils avoient conquis.

En ce propre jour que le Gantois retournèrent à Gand y descendit messire Henry de Percy fils au comte de Northonbrelande, qui venoit de Prusse et avoit entendu sur son chemin, assez près de Prusse, que le roi de France et le roi d'Angleterre se devoient, en la marche de Flandre ou d'Artois, par bataille, puissance contre puissance, combattre ensemble; dont le chevalier étoit si réjoui et si grand désir d'être à celle journée, que en ce où il eût mis, s'il eût chevauché uniment, ainsi que on voyage, quarante jours, il n'en y mit que quatorze. Il laissa toutes ses gens et son arroy derrière; et exploita tant, par chevaux changer souvent, que lui et un page, depuis qu'il sçut les nouvelles, il se trouva en la ville de Gand. On lui doit tourner à bonne volonté et vaillance.

Nouvelles vinrent au roi de France qui se tenoit en la cité d'Arras, et à ses oncles, et aux hauts seigneurs qui là étoient, que les Gantois étoient issus et partis du siége de Yppre, et les Anglois aussi, et chacun retrait en son lieu. Adonc ot le roi conseil de hâter ses besognes et de eux poursuir, et ne vouloit pas que ils lui échappassent. Ainsi se partit d'Arras et vint au Mont-Saint-Éloy, une moult belle abbaye ; et là se tint quatre jours, tant que le duc de Berry fût venu ; et toujours venoient et applouvoient gens de tous lez. Et fut sçu par le connétable et par les maréchaux, et par messire Guichart Dauphin, maître des arbalètriers, que le roi avoit plus de cent mille hommes. Adonc se départit le roi du Mont-Saint-Éloy et prit le chemin de Saint-Omer, et vint à Aire, dont le vicomte de Méaux étoit capitaine ; et là séjourna deux jours. Et toujours approchoient gens d'armes ; et jà étoient le connétable et ceux de l'avant-garde devant, et logeoient en la vallée du mont de Cassel. Et le roi s'en vint à Saint-Omer, et là s'arrêta en attendant ses gens qui venoient et arrivoient de tous pays et de toutes parts. Et vous dis que quand le duc Frédéric de Bavière descendit en l'ost du roi de France, les grands barons de France pour lui honorer lui allèrent au devant, pourtant que de si lointaines marches il étoit venu voir et servir le roi. Et proprement le roi lui fit grand'chère et lui sçut gré de sa venue ; et le fit loger tout le voyage au plus près de lui comme il put par raison. En l'ost avoit bien, tant de ceux de France que des étrangers qui venus étoient servir le roi de France, environ trois cent cinquante mille chevaux ; et se peut et doit-on émerveiller où pourvéances pouvoient être prises pour assouvir un tel ost : si étoit celle fois que on en avoit grand'faute et autre fois assez par raison.

Le comte Guy de Blois qui se tenoit à Beaumont en Hainaut, quoique il ne fût pas bien haitié, mais tout pesant, pour la forte et longue maladie que il avoit eue en l'été, imagina en lui-même que ce ne lui seroit pas honorable chose de séjourner, quand tant de si hauts princes et de si nobles se trouvoient sur les champs. Et aussi on le demandoit ; car il étoit un des grands chefs de l'arrière-garde : si valoit trop mieux que il se mît à chemin et à voie et en la volonté de Dieu, que ce que on supposât que il demeurât derrière par feintise. Le gentil sire se mit à chemin, et ne pouvoit nullement souffrir le chevaucher ; mais il se mit en litière et se partit de son hôtel et prit congé à madame sa femme et à Louis son fils. Plusieurs gens de son conseil même lui tournoient ce voyage à grand outrage, et pour la cause de ce que il faisoit chaud et étoit le temps moult enfermé ; et les autres qui en oyoient parler lui tournoient à grand'vaillance.

Avec lui se départirent de Hainaut le sire de Haverech, le sire de Senzelles, messire Girart de Warrières, messire Thomas de Distre, le sire de Doustienne, messire Jean de la Glistelle, qui devint chevalier en ce voyage, et plusieurs autres. Si passa parmi Cambray, et puis vint à Arras ; et se mirent tous ensemble : si se trouvèrent bien quatre cents lances. Et toudis les suivoient leurs pourvéances qui venoient de Hainaut, belles et grandes ; car de ce étoit-il bien étoffé. Or parlons du roi de France comment il persévéra.

Tant exploita le roi de France que il vint à Saint-Omer, et là s'arrêta et rafreschit ; et l'avant-garde, le connétable et les maréchaux, allèrent vers le mont de Cassel que aucuns Anglois tenoient. Si assaillirent la ville ; et fut prise d'assaut, et tous ceux morts qui dedans étoient ; et ceux qui échappèrent se retrairent vers la ville de Berghes, là où messire Hue de Cavrelée étoit et bien trois mille Anglois. Et l'évêque de Norduich n'y étoit pas, ainçois étoit retrait vers Gravelines, pour tantôt être à Calais, si mestier faisoit. Tout le pays d'environ Cassel fut ars, pillé et délivré des Anglois. Et s'en vint le roi de France de Saint-Omer loger en une abbaye outre au chemin de Berghes, que on dit Ravensberghe ; et là s'arrêta ; ce fut un vendredi. Le samedi au matin chevauchèrent ceux de l'avant-garde, le connétable de France et les maréchaux, le sire de Coucy et grand'foison de bonnes gens d'armes ; et s'en vinrent devant le chastel de Drichehan où il avoit environ trois cents hommes d'armes anglois qui le tenoient et qui toute la saison une grand'garnison faite en avoient. On fit assaut au chastel grand et fort, et s'éprouvèrent grandement les François ; faire le convenoit qui conquérir le vouloit, car ces Anglois qui dedans étoient le défendoient si très bien que merveille seroit à penser. Toutefois, par bien assaillir et par beau fait d'armes, le chastel fut conquis, et tous ceux morts qui dedans étoient; ni le connétable n'en prenoit ni ne vouloit nul prendre à merci, et la fut trouvé en la basse cour le plus bel blanc cheval, et de plus gente taille que on n'eût point vu en toute l'armée; si fut présenté au connétable; et tantôt le connétable l'envoya au roi de France. Le roi vit le cheval moult volontiers et lui plut grandement bien et le chevaucha le dimanche tout le jour.

Adonc vint le comte de Blois et sa route en l'ost. Si fut par ordonnance en l'arrière-garde, si comme il avoit été l'année devant à Rosebecque, le comte d'Eu, le comte de Harecourt, le sire de Chastillon et le sire de Fère en sa compagnie; et toujours applouvoient gens d'armes de tous côtés; et faisoit une très belle saison et sèche : autrement sur celle marine gens et chevaux eussent eu trop fort temps, ni on ne pût être allé avant.

En la ville de Berghes, qui n'étoit fermée que de simples palis et de fossés étoient retraits tous les Anglois, excepté l'évêque, lequel s'en étoit allé à Gravelines, ainsi que tout ébahi. Et se repentoit grandement en courage de ce qu'il avoit empris en celle saison ce voyage; car il véoit bien qu'il issoit de ses conquêts en grand blâme. Et plus avant il avoit mises paroles outre qui étoient épandues parmi le royaume de France; car il s'étoit vanté, lui étant au siège devant Yppre, que là il attendroit le roi de France et sa puissance et le combattroit. Or véoit-il comment il lui avoit convenu soudainement partir du siège et fuir, car sa puissance ne pouvoit pas faire fait contre celle du roi de France. Si contournoit tout en grand blâme : aussi faisoient les Anglois qui à Calais étoient, et disoient que ils avoient mal employé l'argent du pape. Au voir dire, le duc de Lancastre, qui se tenoit en Angleterre, et qui avoit perdu par le fait de l'évêque son voyage pour celle saison, ne voulsist mie que la chose allât autrement : aussi ne fissent tous les barons d'Angleterre; car quand messire Jean de Beauchamp et messire Guillaume de Windesore leur mandèrent, eux étant devant Yppre, que si ils vouloient gens et confort ils en auroient assez, l'évêque répondit, aussi fit messire Thomas Trivet et messire Guillaume Helmen, que ils avoient gens assez et que plus n'en vouloient pour combattre le roi de France et sa puissance. Mais messire Hue de Cavrelée qui avoit plus vu de besognes que eux tous avoit toujours parlé autrement, et avoit dit à la requête des barons d'Angleterre, le siège étant devant Yppre, quand les nouvelles leur en vinrent : «Seigneurs, vous vous confiez grandement en votre puissance; pourquoi refusons-nous le confort de nos gens quand ils se offrent à nous? Un jour pourroit venir que nous nous en repentirions.» Mais de ces paroles ne put être ouï, et disoient que ils avoient gens assez. Si demeura la chose en cel état, et tant que ils perdirent plus que ils n'y gagnèrent.

CHAPITRE CCXII.

Comment les Anglois, voyans l'armée du roi de France, se partirent de Berghes; et comment le roi alla mettre le siége devant Bourbourch, et de l'ordonnance du dit siége.

Quand messire Hue de Cavrelée fut retrait à Berghes, il se logea et fit loger toutes ses gens par hôtels et par maisons, et là se trouvèrent les Anglois eux plus de quatre mille, parmi les archers. Si dit messire Hue : «Je veuil que nous tenons celle ville, elle est forte assez, et nous sommes gens assez pour la tenir; espoir aurons-nous dedans cinq ou six jours confort d'Angleterre, car on sait ores tout notre convenant et le convenant de nos ennemis en Angleterre.» Tous répondirent : «Dieu y ait part.» Adonc s'ordonnèrent-ils moult sagement et se partirent par pennons et par compagnies pour aller aux murs et aux défenses et pour garder les portes et le pas; et se trouvoient gens assez; encore mirent-ils et firent retraire toutes les dames et les femmes de la ville en l'église, et elles là tenir sans mouvoir ni partir; et aussi tous les enfans et les anciennes gens. Le roi de France, qui étoit logé en l'abbaye de Ravensberghe, entendit que les Anglois étoient retraits en la ville de Berghes; adonc se mit le conseil ensemble. Si fut ordonné que on se trairoit celle part et que l'avant-garde du connétable et les maréchaux chevaucheroient tous les premiers et iroient loger outre la ville et prendroient une des ailes de la ville; en après le comte de Flandre et le duc de Bretagne et leurs gens prendroient une autre des ailes de la ville; et puis le roi de France, les ducs de Berry, de Bourgogne, de Bourbon et leurs grosses routes les suivroient; et puis le comte de Blois, le comte d'Eu et l'arrière-garde sur une autre aile de la ville; et ainsi enclorroient-ils là les Anglois.

Ce propos fut tenu; et se partit le roi de Ravensberghe, et toutes ses gens s'ordonnèrent sur les champs. Et étoit grand'beauté à voir reluire contre le soleil ces bannières, et ces pennons, et ces bassinets, et si grand'foison de gens d'armes que vue d'yeux ne les pouvoit comprendre, et sembloit un bois des lances que on portoit droites. Ainsi chevauchèrent-ils en quatre batailles pour venir devant Berghes et enclorre là dedans les Anglois; et droit environ heure de tierce, entra un héraut anglois en la ville, qui avoit passé tout parmi l'ost de France, par la grâce que les seigneurs de France lui avoient faite; et vint devant messire Hue de Cavrelée, qui étoit en son hôtel, lequel lui demanda en haut, que tous l'ouïrent : « Héraut, dont viens-tu?»—«Monseigneur, dit-il, je viens de l'ost de France; si ai vu les plus belles gens d'armes et la plus grand'foison, que il n'est aujourd'hui roi nul qui tant en pût mettre ensemble.»—«Et de ces belles gens d'armes que tu dis quel foison sont-ils bien?»—«Par ma foi, dit le héraut, monseigneur, ils sont bien vingt six mille hommes d'armes la plus belle gent, les mieux armés et les mieux arroyés que on puist voir de deux yeux.»—«Ha, répondit messire Hue de Cavrelée, qui fut courroucé de celle parole, que tu es bien taillé de bien farcer une belle bourde : or sais-je bien que tu as menti; car j'ai vu plusieurs fois les assemblées des François, mais ils ne se trouvèrent oncques vingt six mille, non six mille hommes d'armes. »

A ces paroles la gaite de la ville de Berghes, qui étoit en sa garde, sonne sa trompette; car l'avant-garde devoit et vouloit passer devant les murs de la ville. Lors dit messire Hue de Cavrelée aux chevaliers et écuyers qui là étoient : « Or allons, allons voir ces vingt six mille hommes d'armes passer; véez-les là, notre gaite les corne. »

Adonc s'en vinrent-ils sur les murs de la ville, et là s'appuyèrent. Si regardèrent l'avant-garde qui passoit où il pouvoit environ avoir quinze cents lances, le connétable, les maréchaux, le maître des arbalètriers et le seigneur de Coucy; et tantôt après passa le duc de Bretagne, le comte de Flandre, le comte de Saint-Pol, et pouvoient être aussi environ quinze cents lances. Lors dit messire Hue de Cavrelée, qui cuida avoir tout vu : « Or, regardez si je disois bien voir, véez là les vingt six mille hommes d'armes : si ils sont trois mille lances, ils sont cent mille; allons dîner, allons, encore n'ai-je vu gens pour qui nous doyons ores laisser la ville : ce héraut nous ébahiroit bien si nous le voulions croire. » Le héraut fut tout honteux; mais il dit bien : « Sire, vous n'avez vu que l'avant-garde; encore sont le roi et tous ses oncles derrière et leur puissance; et de rechef encore y est l'arrière-garde, où il y a plus de deux mille lances; et tout ce verrez-vous dedans quatre heures si tant vous voulez ici demeurer. » Messire Hue n'en fit compte, mais vint à son hôtel et dit qu'il avoit tout vu, et s'assit à table. Ainsi comme ils se dînoient, la gaite commence à corner et recorner, et à mener grand'friente. Adonc se leva messire Hue de Cavrelée de la table, et dit qu'il vouloit aller voir que c'étoit, et vint sur les murs. A ces coups passoient et devoient passer le roi de France et ses oncles, le duc Frédéric, le duc de Bar, le duc de Lorraine, le comte de Savoie, le Dauphin d'Auvergne, le comte de la Marche et leurs routes. En celle grosse bataille avoit bien seize mille lances. Adonc se tint pour déçu messire Hue de Cavrelée, et dit : « Le héraut a droit; j'ai eu tort de lui blâmer : allons, allons, montons à cheval, sauvons nos corps et le nôtre; il ne fait pas ici trop sain demeurer : je ne me connois mais à l'état de France; je n'en vis oncques tant de quatre fois ensemble comme j'en vois là et ai vu parmi l'avant-garde; et encore convient-il qu'ils aient l'arrière-garde. » Lors se départit messire Hue de Cavrelée des murs, et s'en retourna à l'hôtel.

Tous leurs chevaux étoient ensellés et tous troussés. Ils montèrent sus sans faire noise, et firent ouvrir les portes par où on va à Bourbourch, et s'en partirent et emmenèrent tout leur pillage.

Si les François s'en fussent donnés de garde, ils les eussent bien été au devant; mais ils n'en sçurent oncques rien en trop grand temps que ils étoient jà presque tous retraits en Bourbourch.

Messire Hue de Cavrelée, tout merencolieux, s'arrêta sur les champs en sur-attendant sa route; et là dit à messire Guillaume Helmen, à messire Thomas Trivet et aux autres qui bien l'entendoient : « Seigneurs, par ma foi, nous avons fait en celle saison une très honteuse chevauchée; oncques si povre ni si malheureuse n'issit hors d'Angleterre. Vous avez ouvré de votre volonté et cru cet évèque de Norduich qui cuidoit voler ainçois qu'il eût ailes : or véez-vous l'honorable fin que vous y prenez. Sur tout ce voyage je ne pus oncques être cru de chose que je desisse; si que je vous dis, véez là Bourbourch, retraiez-vous là si vous voulez; mais je passerai outre et m'en irai droit à Gravelines et à Calais; car nous ne sommes pas gens pour combattre le roi de France. » Ces chevaliers anglois, qui connurent assez que ils avoient eu tort en aucunes choses, répondirent : « Dieu y ait part, et nous retrairons en Bourbourch, et là attendrons-nous l'aventure telle que Dieu la nous voudra envoyer. »

Ainsi se départit messire Hue de Cavrelée de leur compagnie, et les autres vinrent en Bourbourch.

Le roi de France fut assez tôt signifié que les Anglois étoient issus de Berghes et retraits vers Bourbourch, et Berghes tout vide. Adonc lui furent les portes ouvertes; si y entra le roi et tous ceux qui entrer y vouldrent. Les premiers qui y entrèrent y trouvèrent encore assez à prendre et à piller; car les Anglois n'avoient pu tout emporter. Et furent les dames de la ville sauvées et envoyées à Saint-Omer; mais les hommes furent ainsi que tous morts. Si fut la ville de Berghes mise et contournée en feu et en flamme; et passa le roi outre pour le grand feu qui y étoit, et vint loger en un village près d'une abbaye; ce fut le vendredi; et se logèrent les seigneurs esparsement aux champs au mieux que ils purent. De ce étoient-ils heureux qu'il faisoit bel et sec, ni il ne pouvoit faire plus belle saison ni plus gracieuse; car si il eût fait frès ni pluvieux, ils ne pussent être allés avant ni en fourrage. Et se pouvoit-on émerveiller où on prenoit les fourrages pour affourager les chevaux; car il y en avoit plus de trois cent mille; et aussi les biens et les vitailles que il convenoit pour avitailler un tel ost; mais le samedi, quand on vint devant Bourbourch, pourvéances vinrent. Bien savoient les seigneurs de France que les Anglois étoient retraits dedans Bourbourch; si orent conseil de eux là dedans enclorre et de assaillir la ville et de prendre; et en avoient par espécial les Bretons grand'convoitise, pour le grand pillage que ils sentoient dedans.

Quand ce vint le samedi au matin, il fit moult bel et moult clair; l'ost s'arma et ordonna pour venir devant Bourbourch. L'avant-garde, le connétable, le duc de Bretagne, le comte de Flandre, le comte de Saint-Pol et bien trois mille lances passèrent au dehors des murs de la ville, et s'arrêtèrent tout outre à l'opposite de l'ost du roi.

Le roi de France, qui avoit la plus belle gent d'armes que on pût voir et imaginer, et la plus grand'foison, s'en vint en un beau plain champ, grand et large devant Bourbourch, et là s'ordonnèrent tous les seigneurs; ce fut un grand temps leur intention de l'assaillir; et étoient sur les champs bannières et pennons ventilans, et chacun sire entre ses gens et dessous sa bannière. Là se remontroient entre ces seigneurs de France honneurs et richesses, ni rien n'y avoit épargné de grands états. Et là fut le sire de Coucy et ses états volontiers vu et recommandé; car il avoit coursiers parés et armoyés, et houssés des anciennes armes de Coucy et aussi de celles que il porte pour le présent; et étoit monté le sire de Coucy sur un coursier bien et à main. Si chevauchoit et alloit de l'un à l'autre; et trop bien lui avenoit à faire ce qu'il faisoit; et tous ceux qui le véoient le prisoient et honoroient pour la faconde de lui. Ainsi tous les autres seigneurs se maintenoient et remontroient là leur état. Si y ot fait ce jour plus de quatre cens chevaliers; et fut par les hérauts nombré le nombre des chevaliers que le roi ot devant Bourbourch à neuf mille et sept cens chevaliers; et étoient, en somme toute, vingt quatre mille hommes d'armes chevaliers et écuyers.

Les Anglois qui étoient à leurs défenses en la ville de Bourbourch, et qui véoient la puissance du roi de France si grande devant eux, espéroient bien à avoir l'assaut. De ce étoient-ils tous confortés; mais de ce qu'ils se trouvoient enclos en une ville qui n'étoit fermée que de palis, ils n'étoient pas bien assurs. Toutefois, comme gens pleins de grand confort, ils s'étoient tous partis par connétablies et arrangés tout autour de la ville. Le sire de Beaumont en Angleterre, qui est un comte et s'appeloit Henry[1], étoit à cent hommes d'armes et trois cens archers et comprenoit d'une porte mouvant jusques à une

---

[1] Suivant Dugdale, le sire de Beaumont s'appelait Jean. C'était son fils qui portait le nom de Henry.

autre; après, messire Thomas Trivet et sa bannière à cent hommes d'armes et trois cens archers, et comprenoit une autre garde; et puis messire Guillaume Helmen à autant de gens une autre garde; messire Jean de Chastel-Neuf et les Gascons une autre garde jusques à une tour au lez devers le connétable; le sire de Ferrière Anglois une autre garde, à quarante hommes d'armes et autant d'archers; et tant que tous les murs étoient environ la ville bien pourvus de gens d'armes et d'archers. Messire Mahieu Rademen, messire Guillaume de Firenton et messire Nicole Draiton à deux cens hommes d'armes et deux cens archers gardoient la place devant le moûtier, et avoient ordonné gens pour entendre au feu et éteindre à leur pouvoir, sans aucun partir de sa garde. Bien se doutoient les Anglois du feu, pour ce que les maisons de Bourbourch sont ou étoient adonc couvertes d'estrain. En tel état se tenoient les Anglois.

Or vous vueil-je recorder de une haute et grande emprise que François Acreman fit, ce propre vendredi au soir que le roi de France passa outre Berghes et que la ville fut prise.

CHAPITRE CCXIII.

Comment François Acreman et les Gantois prindrent de nuit la ville d'Audenarde et boutèrent hors tous les habitans d'icelle, de laquelle prise ceux de Gand furent moult réjouis.

François Acreman, Piètre de Vintre et Piètre du Bois, capitaines de Gand, qui étoient retournés du siège de devant Yppre et leurs gens aussi, et rentrés en la ville de Gand, soubtilloient nuit et jour comment ils pussent porter dommage et contraire à leurs ennemis. Si entendit François Acreman que le capitaine d'Audenarde, messire Gilbert de Lieureghen n'étoit point en Audenarde ni les gens d'armes; mais étoient en cette chevauchée du roi devant Berghes et Bourbourch, car le comte de Flandre l'avoit mandé; et entendit François que la ville d'Audenarde étoit en bien simple garde, et que les fossés devers les prairies pour aller à Ham étoient tous mis au sec, et que on les avoit vidés d'eau pour avoir le poisson, et que on pouvoit bien aller jusques aux murs de la ville tout à pied, et par échelles entrer dedans la ville. Ce avoient rapporté en la ville de Gand les espies de François Acreman, qui avoient à grand loisir et de jour et de nuit avisé et épié Audenarde; car les gardes ne faisoient nul compte de ceux de Gand, et les avoient ainsi que tous mis en oubli et en non chaloir. Quand François Acreman fut justement informé de toutes ces choses par le juste rapport de ses espies, il vint à Piètre du Bois et lui dit : « Piètre, ainsi git la ville d'Audenarde en cil parti; je me vueil aventurer pour la prendre et écheller : il n'y fit oncques si bon que il fait maintenant, car le capitaine ni ses gens d'armes n'y sont point, mais sont en l'ost avecques le roi en celle frontière de Saint-Omer, et ne sont en doute de nullui. »

Piètre du Bois s'y accorda légèrement et lui dit : « François, si vous pouvez venir à votre entente, oncques homme ne besogna mieux; et sera un fait dont vous serez grandement recommandé. » — « Je ne sçais, dit François, le courage m'en sied trop bien; le cœur me dit que nous aurons en celle nuit Audenarde. »

Adonc prit François Acreman jusques à quatre cens compagnons, ceux èsquels il avoit la greigneur fiance; et se partit de Gand sur la nuit et se mit au chemin pour venir devers Audenarde. C'étoit au mois de septembre que les nuits sont longues assez, et si faisoit si bel et si clair que c'étoit un grand déduit. Environ mienuit ils vinrent devers les prairies d'Audenarde; et avoient toutes prêtes leurs échelles avecques eux. Ainsi qu'ils passoient parmi les marais il y avoit une femme qui tailloit et coupoit herbes pour ses vaches et étoit là quatie. Si entendit l'effroy et entendit parler, et bien connut que c'étoient Gantois qui venoient vers Audenarde pour embler la ville, et lui vit porter échelles. Cette povre femme fut toute ébahie; mais elle se conforta et dit en soi-même que elle venroit en Audenarde tout ce dire et noncier aux gardes. Si mit son faix d'herbe jus et prit son tour par une adresse que bien savoit, et tant fit qu'elle vint sur les fossés avant que les Gantois y pussent venir; et commença à parler et à li complaindre; et tant fit que un bon prudhomme qui faisoit le guet pour la nuit et alloit de porte en porte réveiller les compagnons l'ouït et demanda qui étoit là. « Hà, dit la femme, je suis une povre femme qui demeure en ces marais. Soyez sur votre garde, car pour certain il y a assez près d'ici une grand'quantité de Gantois; car je les ai vus et ouïs; et portent une grand'quantité d'échelles et embleront Audenarde si ils peuvent. Je m'en revais, car si ils me trouvoient ou encontroient je serois morte. »

Atant se partit la prude femme; et le prudhomme demeura tout ébahi, et se pensa que il se tenroit tout coi pour voir que ce seroit, et si celle femme disoit voir.

Les Gantois, qui coiement et couvertement faisoient leur fait et emprise et vouloient faire, avoient bien ouï parler l'homme et la femme, ainsi que de nuit on oyt moult clair; mais rien ne savoient que ils avoient dit, fors seulement le son de leur langage. Adonc envoya François Acreman devant quatre compagnons, et leur dit : « Allez, allez tout secrètement, sans sonner mot et sans tousser, et regardez haut et bas si vous orrez et apercevrez rien. » Ils le firent tout ainsi; et François et les autres demeurèrent enmi les marais et se tinrent tous cois; et étoient assez près de celle bonne femme qui bien les véoit et entendoit; mais point ne la véoient ni oyoient.

Ces quatre varlets de François vinrent jusques aux fossés, et regardèrent vers les murs, et ne virent ni ouïrent rien. Or regardez la grand mésaventure; car si ceux de dedans eussent tant seulement eu une chandelle allumée que les Gantois eussent vue, ils n'eussent osé traire avant; car ils supposassent par dehors qu'il y eût eu grand gait. Les varlets retournèrent à François, et lui dirent que ils n'avoient rien vu ni ouï : « Je le crois bien, dit François, ce fut espoir le gait de nuit qui avoit fait son tour et s'en ralloit coucher; allons, allons par ce haut chemin vers la porte, et retournerons tout bas selon les fossés. » Encore ouït la bonne femme toutes ces paroles. Donc que fit-elle? Tantôt se mit à chemin, ainsi comme en devant, et vint à l'homme du gait, qui là écoutoit sur les murs, et lui dit ainsi comme en devant tout ce qu'elle avoit vu et ouï, et que pour Dieu il fût sur sa garde et allât voir à la porte de Gand comment ses compagnons qui la gardoient se maintenoient; et que brièvement il y auroit des Gantois assez près de là. « Je m'en revais, dit la bonne femme, je n'ose plus demeurer; je vous avise de ce que j'ai vu et ouï; ayez sur ce avis : je ne retournerai plus pour celle nuit. » Atant se départit la bonne femme, et l'homme demeura qui ne mit pas en non chaloir ces paroles, mais s'en vint à la porte de Gand, où les gardes veilloient, et là les trouva jouans aux dés, et leur dit : « Seigneurs, avez-vous bien fermé vos portes et vos barrières? Une femme est venue à moi deux fois et m'a dit ainsi. » Lors leur dit tout ce que la femme lui avoit dit. Ils répondirent : « Oïl ; en mal étrenne et en male nuit soit la femme entrée, quand elle nous travaille à celle heure; ce sont ses vaches et ses veaux qui sont déliés; si cuide maintenant que ce soient Gantois qui voisent par les champs. Ils n'en ont nulle volonté. »

Entrementes que ces paroles étoient du connétable du gait aux gardes de la porte, François Acreman et ses compagnons faisoient leur fait et étoient avalés dedans les fossés où il n'avoit point d'eau; car on les avoit pêchés en celle semaine; et avoient rompu et coupé un petit de palis qui étoient au devant du mur; et là dressèrent leurs échelles et entrèrent en la ville, et allèrent tout droit sur le marché, sans sonner mot jusques à tant que eux tous y furent. Et là trouvèrent-ils un chevalier qui s'appeloit messire Jean Florent de Heule, lieutenant du capitaine, lequel faisoit le gait, et environ trente hommes de la ville de-lez lui. Sitôt que les Gantois entrèrent sur la place de la ville, ils crièrent : « Gand! Gand! » et férirent au gait; et là fut mort messire Florent et tous ceux qui de-lez lui étoient. Ainsi fut Audenarde prise.

Vous devez savoir que ceux et celles qui dormoient en leurs lits, dedans Audenarde, furent moult ébahis quand ils ouïrent crier ce cri et ils virent leur ville prise et emblée; et si n'y pouvoient remédier; car on leur brisoit leurs maisons à force et les occioit-on là dedans; ni nul n'y mettoit défense, ni ne pouvoit mettre; car ils étoient pris soudainement sur un pied, parquoi il n'y avoit point de recouvrer. Si se sauvoit qui sauver se pouvoit, et se partoient les hommes tout nuds et vuidoient leurs maisons et laissoient tout et se mettoient hors par l'Escaut et par les fossés de la ville : ni riches hommes n'emportoient du leur rien; mais tous heureux qui sauver et qui échapper pouvoient. Si en y ot celle nuit grand'foison de morts et de perdus et de noyés en l'Escaut, qui s'es hidoient et qui sauver se vouloient. Ainsi alla de celle avenue.

Quand ce vint au matin et que les Gantois virent que ils étoient seigneurs de la ville, ils mirent tout hors, femmes et enfans, et les envoyèrent toutes nues en leurs chemises ou ès plus povres et petits habits qu'elles eussent. Ainsi s'en vinrent-elles à Tournay; et les hom- qui échappés étoient à Mons, à Condé, à Ath, ou à Valenciennes, ou à Tournay, ou là où le mieux pouvoient.

Ces nouvelles s'épandirent en moult de lieux comment Audenarde étoit prise : si en furent très grandement réjouis à Gand; et dirent les Gantois que François Acreman avoit fait une haute et grande emprise, et qu'on lui devoit bien compter et tourner à grand'vaillance. Si demeura François Acreman, capitaine d'Aude- narde, et y conquit moult grand avoir, et de belles pourvéances grand'foison qui bien vin- rent à point à ceux de Gand, blés, avoines et vins; et fut tout acquis à eux tout l'avoir qui étoit de Flandre, de France et de Tournay : mais tout ce qui étoit de Hainaut fut sauvé; ni oncques ils n'en levèrent rien ni prirent que tout ne payassent bien volontiers.

CHAPITRE CCXIV.

Comment Aymerigot Marcel et ses gens prindrent le chastel de Mercuer en Auvergne; et comment il le rendit par com- position.

En celle propre semaine avint aucques une telle emprise en Auvergne, où les Anglois tenoient plusieurs chasteaux marchissans à la terre du comte Dauphin d'Auvergne et de l'é- vêque de Saint-Flour et de Clermont. Et pour ce que les compagnons qui les forteresses te- noient, savoient bien que le pays d'Auvergne étoit vuids de gens d'armes, car les chevaliers et les barons étoient tous ou en partie avec le roi de France en ce voyage de Flandre, se met- toient-ils en peine de prendre et d'embler et d'écheller forteresses. Et avint que Aymerigot Marcel, capitaine d'Aloise, un fort chastel à une lieue de Saint-Flour, cueillit de ses compa- gnons, et se partit de son fort à un ajournement, lui trentième tant seulement; et s'en vinrent chevaucher à la couverte devers la terre du comte Dauphin. Et avoit cil Aymerigot jeté sa visée à prendre et écheller le chastel de Mer- cuer dont le comte Dauphin porte les armes; et s'en vinrent par bois et par divers pays Ay- merigot et ses gens loger de haute heure en un petit bosquetel, assez près du chastel de Mer- cuer, et là se tinrent jusques au soleil esconsant,

que le bétail et ceux du chastel furent tous ren- trés dedans.

Entrementes que le capitaine, que on appeloit Girauldon Buffiel, et ses gens séoient au souper, ces Anglois qui étoient tous pourvus de leur fait et d'échelles, dressèrent leurs échelles et entrèrent dedans tout à leur aise. Ceux même du chastel alloient à celle heure parmi la cour; si commencèrent à crier quand ils virent ces gens entrer au chastel par les murs, et à dire : « Trahi! trahi! » Et quand Girauldon en ouït la voix, il n'ot plus de recours pour lui sauver que par une fausse voie que il savoit, qui entroit par sa chambre en une grosse tour qui étoit garde de tout le chastel. Tantôt il se trait celle part; et prit les clefs du chastel et les emporta avecques lui et s'enclost là dedans, entrementes que Aymerigot et les siens entendoient à autre chose. Quand ils virent que le chastelain leur étoit échappé et retrait en la grosse tour qui n'étoit pas à prendre par eux, si dirent que ils n'avoient rien fait. Si se repentoient grandement de ce que ils s'étoient là enclos, car ils ne pou- voient hors issir par la porte. Adonc s'avisa Ay- merigot et vint à la tour parler au chastelain, et lui dit : « Girauldon, baille-nous les clefs de la porte du chastel, et je t'ai en convenant que nous sauldrons hors sans faire nul dommage au chastel. » — « Voire, dit Girauldon; si emmene- riez mon bétail où je prends toute ma che- vance. » — « Çà mets ta main, dit Aymerigot, et je te jurerai que tu n'y auras nul dommage. »

Adonc le fol et le mal conseillé, par une petite fenêtre qui étoit en l'huis de la tour, lui bailla sa main pour faire jurer sa foi. Sitôt que Aymé- rigot tint la main du chastelain, il la tira à lui et l'estraindi moult fort, et demanda sa dague, et dit et jura que il l'attacheroit la main à l'huis, si il ne lui délivroit tantôt les clefs de là dedans. Quand Girauldon se vit ainsi attrapé, si fut tout ébahi, et à bonne cause; car si Aymerigot n'eût tantôt eu les clefs, ne l'eût nient déporté que il ne lui eût mis et attaché la main à l'huis. Si dé- livra de l'autre main les clefs; car elles étoient de côté lui. « Or regardez, dit Aymerigot à ses compagnons quand il tint les clefs, si j'ai bien sçu décevoir ce fol; je en prendrois bien assez de tels. » Adonc ouvrirent-ils la tour et en furent maîtres, et mirent hors le chastelain sans autre dommage et toutes les maisnies du chastel.

Nouvelles vinrent à la comtesse Dauphine, qui se tenoit en une bonne ville et fort chastel à une petite lieue de là que on appelle Ardes, comment le chastel de Mercuer étoit conquis des Anglois. Si en fut la dame toute ébahie, pourtant que son seigneur le Dauphin n'étoit point au pays ; et envoya tantôt en priant aux chevaliers et écuyers qui étoient au pays que ils lui voulsissent venir aider à reconquerre son chastel. Les chevaliers et les écuyers, quand ils sçurent ces nouvelles, vinrent tantôt devers la dame ; et fut mis le siége devant le chastel ; mais les Anglois n'en faisoient compte et le tinrent quinze jours. Là en dedans fit la dame traiter à eux ; si s'en partirent ; mais au rendre le chastel, Aymerigot ot cinq mille francs tous appareillés et puis si s'en ralla en sa garnison.

D'autre part ceux de Caluset, dont Perrot le Biernois étoit capitaine, faisoient moult de maux là environ en Auvergne et en Limousin ; et tenoient en ce temps les Anglois en celle frontière de Rouergue, d'Auvergne, de Quersin et de Limousin plus de soixante forts châteaux, et pouvoient bien aller et venir de fort en fort jusques à Bordeaux ; et la plus grand'garnison qui se tenoit et étoit ennemie au pays, c'étoit Mont-Ventadour, un des plus forts châteaux du monde ; et en étoit souverain capitaine un Breton qui s'appeloit Geuffroy Tête-Noire. Ce Geuffroy étoit très mauvais homme et cruculx, et n'avoit pitié de nullui, car aussi bien mettoit-il à mort un chevalier ou un écuyer, quand il le tenoit pris, comme il faisoit un vilain ; et ne faisoit compte de nullui, et se faisoit cremir si fort de ses gens que nuls ne l'osoient courroucer ; et tenoit bien en son chastel quatre cens compagnons à gages ; et trop bien les payoit de mois en mois, et tenoit tout le pays d'autour de lui en paix ; ni nul n'osoit chevaucher en sa terre, tant étoit-il resoigné. Et dedans Mont-Ventadour il avoit les plus belles pourvéances et les plus grosses que nul sire pût avoir, halles de draps de Bruxelles et de Normandie, halles de pelleterie et de mercerie et de toutes choses qui leur besognoient ; et les faisoit vendre par ses gens en rabattant sur leurs gages. Et avoit ses pourvéances de fer, d'acier, d'épiceries et de toutes autres choses nécessaires aussi plantureusement que si ce fût à Paris ; et faisoit guerre aussi bien à la fois aux Anglois comme aux François, afin qu'il fût plus resoigné ; et étoit le chastel de Mont-Ventadour pourvu toujours pour attendre siége sept ans tout pleins.

Nous retournerons aux besognes de Flandre et au siége de Bourbourch.

CHAPITRE CCXV.

Comment après plusieurs escarmouches, les Anglois rendirent Bourbourch et Gravelines au roi de France ; et d'autres accidens pour lors avenus.

Le samedi, si comme ci-dessus est dit, que le roi de France vint devant Bourbourch, on ne vit oncques si belles gens d'armes ni si grand'foison comme le roi avoit là ; et étoient les seigneurs et leurs gens tous appareillés et ordonnés pour assaillir ; et en étoient toutes gens en grand'volonté ; et disoient ceux qui Bourbourch avoient bien avisée que elle ne les tiendroit que un petit, mais il leur coûteroit grandement de leurs gens. Et se émerveilloient les plusieurs pourquoi on n'alloit tantôt assaillir. Or disoient les aucuns que le duc de Bretagne et le comte de Flandre qui étoient d'autre part la ville traitoient aux Anglois de eux rendre sans assaillir. Bretons, Bourguignons, Normands, Allemands et autres gens qui sentoient là dedans grand profit pour eux, si de force on les prenoit, étoient trop durement courroucés de ce que on ne se délivroit d'assaillir ; et escarmouchoient et traioient les aucuns aux bailles et aux barrières, et tout sans commandement ni ordonnance du connétable ni des maréchaux, combien aussi que on ne défendoit pas à assaillir. Les choses monteplièrent et s'enfelonnèrent tellement que les François traient le feu en la ville par viretons, par canons et par sougines, et tant que maisons furent éprises et enflambées aval Bourbourch en plus de quarante lieux, et que on les véoit flamber, fumer et ardoir de toutes parts de l'ost.

Adonc commença la huée grande et l'assaut aussi ; et là étoient, au premier front devant, messire Guillaume de Namur et ses gens qui assailloient aigrement et vaillamment, comme gens de bien. Là y ot fait plusieurs grands appertises d'armes ; et entroient les assaillans de grand'volonté en la bourbe des fossés jusques aux genoux et outre, et s'en alloient combattre, traire et lancer jusques aux palis aux Anglois, lesquels aussi se défendoient si vaillamment que nuls gens mieux de eux. Et bien leur besognoit ; car on leur donnoit tant à faire que on ne savoit par dedans auquel lez entendre; car ils étoient assaillis de toutes parts. Et toujours ardoient les maisons en la ville du feu que on y avoit trait; et ce ébahissoit plus les Anglois que autre chose. Mais pour ce ne se déportoient-ils pas de leurs gardes et défenses où ils étoient ordonnés, mais entendoient à eux défendre. Et messire Mahieu Rademen et messire Nicole Draiton et ceux qui étoient établis en la ville entendoient à aller au devant du feu; mais il faisoit si bel et si sec que de moult petit les maisons s'enflammoient; et est tout certain que, si l'assaut se fût commencé plus tempre le samedi, ou si la nuit ne fût sitôt venue comme elle le fit, on eût conquis et pris la ville par assaut; mais il convint cesser, pour la nuit qui vint sur eux. Et vous dis que des gens messire Guillaume de Namur il y ot morts et blessés, ce rapportèrent les hérauts, plus de cinq cents. Adonc cessa l'assaut pour la nuit qui vint, et se retrairent les François en leurs logis, et entendirent les haitiés de remettre à point les navrés et les blessés et de ensevelir les morts; et disoient en l'ost que à lendemain au matin on assaudroit, et que la ville seroit prise, et que nullement elle ne pouvoit durer contre eux. Les Anglois, ce samedi toute la nuit, entendirent à réparer leurs palis qui désamparés étoient, et à remettre à point ce qui besognoit, et à éteindre les feux aval la ville; et se trouvoient bien, tout considéré, en dur parti; car ils se véoient enclos de toutes parts, et ne savoient comment ils fineroient.

Quand ce vint le dimanche au matin après ce que le roi ot ouï sa messe, on fit un cri en l'ost; que quiconque apporteroit devant la tente du roi un fagot, il auroit un blanc de France [1], et autant que on apporteroit des fagots de laigne [2], on auroit de blancs. Et étoient ordonnés les fagots pour ruer ès fossés et passer sus, et aller délivrement jusques aux palis pour assaillir le lundi au matin.

Adonc toute manière de gens et de varlets entendirent à fagoter et à apporter fagots devant la tente du roi, et en fit-on là une très grande moye. Et se passa le dimanche le jour sans assaillir; et veulent dire les aucuns que ce dimanche, selon les apparences que on y vit depuis, le duc de Bretagne qui étoit d'autre part la ville ot traité aux Anglois; car il véoit le bien dur parti où ils étoient, si leur conseilloit rendre la ville, sauves leurs corps et le leur. Et de tout ce faire étoient-ils en grand'volonté; et prièrent le duc de Bretagne que pour Dieu et pour gentillesse il y voulsist entendre. Si que le duc de Bretagne envoya ce dimanche, devers le roi et ses oncles et leurs consaulx, le connétable de France et le comte de Saint-Pol, lesquels remontrèrent à eux les traités que le duc avoit entamés aux Anglois, et comment il conseilloit et louoit que on prensist la forteresse par la manière que ils la vouloient rendre; car à eux assaillir il leur pourroit trop grandement coûter de leurs bonnes gens; et toujours ne pouvoient-ils conquérir que Bourbourch, et un petit de bonnes gens et povres gens qui là dedans étoient qui se défendroient et vendroient jusques à la mort. Le roi de France et ses oncles, au cas que le duc de Bretagne et le connétable de France s'en ensoignoient, répondirent que ce fût au nom de Dieu, et que volontiers on entendroit aux traités.

Si se passa le dimanche ainsi tout le jour sans rien faire; et me fut dit que sur le soir, par bonnes assurances, Jean de Châtel-Neuf et Raymonnet de Saint-Marsen, Gascons, s'en vinrent au logis messire Guy de la Trémoille pour jouer et ébattre, et furent là toute la nuit, et le lundi au matin ils s'en retournèrent à Bourbourch; mais au départir, messire Guy leur avoit dit : « Toi, Jean, et toi, Raymonnet, vous serez dedans ce soir mes prisonniers. » Et ils avoient répondu que ils avoient plus cher à être à lui que à un pire chevalier.

Ce dimanche étoient venues nouvelles en l'ost que Audenarde étoit prise et emblée, dont messire Gilbert de Lieureghien, qui là étoit et qui capitaine en avoit été la saison, en fut moult courroucé, pourtant qu'il étoit là venu, et la ville étoit perdue; mais ce l'excusoit que le comte de Flandre, son seigneur, l'avoit mandé. Ce dimanche fit le guet assez près du logis du roi le comte de Blois; et cuidoit-on le lundi au matin assaillir.

Quand ce vint le lundi au matin, on fit crier parmi l'ost, de par le roi, le connétable et les

---

[1] Sorte de monnaie d'argent. Charles VI ne fit fabriquer des blancs, dits blancs à l'écu, qu'en 1384. Les blancs fabriqués sous Charles V en 1365, valaient cinq deniers. Il y en avait quatre-vingt-seize au marc d'argent, qui était évalué cette année à cinq livres cinq sols.

[2] Bois, du latin.

maréchaux, que nul n'assaillit. Quand ce cri fut répandu parmi l'ost, tous se cessèrent. Adonc se imaginèrent aucuns seigneurs que les Anglois se partiroient par aucuns traités, puisque on avoit défendu de non assaillir. Quand ce vint après dîner, ceux issirent de Bourbourch qui traiter : devoient messire Guillaume Helmen, messire Thomas Trivet, messire Nicole Draiton, messire Matieu Rademen, et tant que ils furent jusques au nombre de quatorze chevaliers et écuyers; et les amenèrent en la tente du roi, le duc de Bretagne, le connétable de France et le comte de Saint-Pol. Le roi les vit moult volontiers ; car encore avoit-il vu peu d'Anglois, fors messire Pierre de Courtenay, qui avoit été à Paris pour faire fait d'armes à messire Guy de la Trémoille, mais le roi et son conseil les accordèrent, et ne se combattirent point l'un à l'autre. Et pourtant que ces Anglois ont eu du temps passé grand'renommée d'être preux et vaillans aux armes, le jeune roi de France les véoit plus volontiers ; et en valurent trop grandement mieux leurs traités.

Là traitèrent ce lundi en la tente du roi ; et là étoient avecques le roi : le duc de Berry, le duc de Bourgogne, le duc de Bourbon, le duc de Bretagne, le comte de Flandre et le connétable de France tant seulement. Et vous dis que à ces traités le duc de Bretagne fut très grandement pour eux. Et se portèrent les traités que ils se départiroient de Bourbourch et lairoient la ville, et iroient à Gravelines et emporteroient le leur, tout ce que porter en pourroient [1].

De ce traité furent plusieurs Bretons, François, Normands, Bourguignons, courroucés qui cuidoient partir à leurs biens; mais non firent, car le roi et son conseil le vouldrent ainsi. Après ces traités, ils prirent congé au roi et à ses oncles, au duc de Bretagne, au comte de Flandre et au connétable ; et puis les prit le comte de Saint-Pol et les emmena souper en sa tente, et leur fit toute la meilleure compagnie que il put par raison faire; et, après souper, il les reconvoya et fit reconvoyer jusques dedans les portes de Bourbourch, dont ils lui surent moult grand gré.

Le mardi tout le jour ordonnèrent-ils leurs besognes; et entendirent à leurs chevaux faire referrer et à emplir leurs malles de tout bon et de tout bel dont ils avoient grand'foison. Le mercredi au matin ils troussèrent et chargèrent, et se mirent au chemin, et passèrent sur le sauf conduit du roi tout parmi l'ost. Trop étoient les Bretons courroucés de ce que ils partoient si pleins et si garnis ; et vous dis que à aucuns qui demeurèrent derrière on faisoit des torts assez. Ainsi se départirent les Anglois ce jour et vinrent à Gravelines. Là s'arrêtèrent, et le jeudi au matin ils s'en partirent ; mais à leur département ils boutèrent le feu dedans et l'ardirent toute; et vinrent à Calais atout leur grand pillage; et là s'arrêtèrent en attendant le vent, pour avoir passage et retourner en Angleterre.

Le jeudi au matin entra le roi de France en Bourbourch, et aussi firent tous les seigneurs et leurs gens. Si commencèrent les Bretons à parpiller la ville, ni rien ne laissèrent. En la ville de Bourbourch a une église de Saint-Jean, en laquelle église un pillard entre les autres entra, et monta sur un autel, et voult à force ôter une pierre qui étoit en la couronne d'une image faite en semblance de Notre Dame [1], mais l'image se tourna ; si fut chose toute vraie ; et le pillard renversa là devant l'autel, qui mourut là de male-mort; ce miracle virent moult de gens. De rechef un pillard autre vint, qui voult faire à celle image la chose pareille ; mais toutes les cloches commencèrent toutes à une fois à sonner en l'église, sans ce que nul y mît la main ; ni on ne les y pouvoit mettre, car les cordes étoient retaillées et sachées amont [2]. Pour ces deux miracles fut l'église moult fort visitée de tout le peuple; et donna le roi à l'église et à l'image de Notre Dame un grand don, et aussi firent tous les seigneurs ; et y ot bien de dons ce jour pour trois mille francs. Le vendredi on se commença à déloger et à départir ; et donnèrent le roi et les connétables et les maréchaux à toute manière de gens congé. Si remercia le roi les lointains, par espécial le duc Frédéric de Bavière, pour tant que il l'étoit venu servir de lointain pays ; et aussi fit-il le comte de Savoie. Si se retrait

---

[1] Suivant Hollinshed, Bourbourg fut rendu le samedi 19 septembre 1383 aux François.

[1] Le moine anonyme de Saint-Denis ne manque pas, comme on peut bien le croire, de rapporter le même miracle. Seulement au lieu de Notre-Dame c'est selon lui le patron, saint Jean-Baptiste, qui fit ce miracle si utile depuis à son église, recommandée par là à la générosité des fidèles. — [2] Tirees en haut.

chacun sire en son lieu, et s'en revint le roi de France; et le duc de Bourgogne demeura encore en Flandre un petit de-lez le comte, son grand seigneur, pour mettre ses besognes en bon point; et se tenoient à Saint-Omer. Le sire de Torcy, Normand, et plusieurs autres chevaliers et écuyers de Ponthieu, de Vimeu et de Picardie entrèrent en Gravelines quand les Anglois l'eurent laissée, et la remparèrent et fortifièrent très grandement, et en firent frontière contre la garnison de Calais; et si se repeupla petit à petit le pays de Furnes, de Dunquerque, de Disquemne et de Neuf-Port, lesquels avoient tout perdu en celle saison; mais ils se remirent à reconquérir de nouvel.

CHAPITRE CCXVI.

Comment messire Thomas Trivet et messire Guillaume Helmen furent prisonniers à Londres; et comment trèves furent prises entre France et Angleterre. Et du trépas du duc de Brabant et du comte de Flandre.

Vous pouvez croire et devez savoir que le duc de Lancastre ne fut mie courroucé de cette armée de l'évêque de Norduich qui mal s'étoit portée et ainsi dérompue, car par eux avoit-il perdu son fait et son voyage en Espagne et en Portingal. Quand ces chevaliers d'Angleterre furent retournés ens ou pays, ils furent accueillis du commun; et leur fut dit que mal ils s'étoient acquittés de leur voyage, quand, selon le bel commencement que ils avoient eu en Flandre, ils n'avoient conquis tout le pays; et par espécial de ces amises et malveillances en étoient plus demandés messire Thomas Trivet et messire Guillaume Helmen que tous les autres; car messire Hue de Cavrelée n'en étoit en rien demandé, ni du conseil du roi, ni du commun; car on savoit bien, et avoit-on sçu, que, si on l'eût cru du commencement, ils eussent mieux exploité et à leur honneur que ils ne firent; et leur mettoit-on sus que ils avoient vendu Bourbourch et Gravelines au roi de France. Dont toute l'Angleterre en fut émue sur eux; et en furent en péril d'être morts. Si fut commandé, de par le roi, aux chevaliers dessus nommés, que ils allassent tenir prison au châtel de Londres; et ils y allèrent. En ce temps que ils tinrent prison en Angleterre se rapaisa la besogne; et quand ils furent délivrés ils s'obligèrent de demeurer en la volonté du roi et de son conseil.

Adonc furent mis traités avant pour prendre une trève entre les Anglois et les François, et étoient ceux de Gand en la trève; dont grandement déplaisoit au comte de Flandre; mais amender ne le pouvoit. Au département de Bourbourch demeura le duc de Bretagne de-lez le comte de Flandre son cousin, en la ville de Saint-Omer; et eussent volontiers vu que une bonne paix ou unes longues trèves fussent adressées entre le roi de France, son naturel et droiturier seigneur, et le roi d'Angleterre; et pour entamer celle matière il en avoit parlé à aucuns chevaliers d'Angleterre, le lundi que ils vinrent en la tente du roi de France devant Bourbourch. Lesquels chevaliers Anglois, à la prière du duc, s'en étoient chargés; et avoient répondu que, eux venus en Angleterre, ils en parleroient au roi et à ses oncles et à leurs consaulx; et pour mieux montrer que la besogne lui étoit plaisant, il envoya en Angleterre deux de ses chevaliers sur bonnes assurances, le seigneur de la Houssoye et le seigneur de Mailly; lesquels exploitèrent si bien que le duc de Lancastre et le comte de Bouquinghen, son frère, l'évêque de Hartfort[1],

[1] Les traducteurs anglais disent l'évêque de Suffolk, mais la leçon de Froissart doit être préférée. On retrouve en effet le même évêque de Hereford désigné comme un des commissaires chargés de la paix dans un acte du 4 novembre 1383, rapporté par Rymer: voici la partie de cet acte nécessaire à l'éclaircissement de notre sujet.
De tractando cum adversario Franciæ.
Le roy, à touz ceux qui cestes lettres verront ou orront, saluz.
Savoir vous faisons que
Come nous
A l'onur et révérence de Dieu, désirantz nostre people mettre en pées et en tranquillité, et eschiver l'effusion du sank cristien, et les tresgrantz malz, qui sont avenuz et purront avenir, par les guerres qui sont meues et continuées par entre nous et nostre *adversaire de France*,
Sumes enclinez et assentuz au tretée de bonne pées, et accord par-entre nous et nostre dit adversaire,
Et, par celle encheson, envoions, de présent, devers nostre ville de Caleys, et les parties de Picardie,
Pur y assembler et treter ovesque les messages et députez de nostre dit adversaire,
Nostre treschere uncle *Johan roy de Castelle et de Lion* duc de Lancastre : nostre treschere cousyn *Henri comte de Derby* : l'onurable piere en Dieu *l'évesque de Hereford* : nostre tres chere frère *Johan Holand* : nos tres cheres cousins, *William de Beauchamp*, et *Thomas Percy* : nos tres cheres et foiaix, *Johan sire de Cobeham, Johan Marmyon, et Johan Devereux*, Banneretz ; noz amez clers, meistre *Wauter Skirlawe*, doctour en decrez et gardein de nostre prive seal, et mistre *Johan Shepeye*, dean de l'église de Nicole, doctour en

[1383]

messire Jean de Hollande, frère du roi, et messire Thomas de Percy, et autres du conseil du roi et du pays d'Angleterre vinrent à Calais, ayant pleine puissance de par le pays d'Angleterre de faire paix ou donner trèves à leur volonté.

D'autre part vinrent à Boulogne le duc de Berry, le duc de Bourgogne, l'évêque de Laon et le chancelier de France[1], ayans aussi pleine puissance, de par le roi de France et son conseil, de faire paix aux Anglois, ou de donner trèves à leur volonté.

Quand toutes ces parties furent assemblées à Calais et à Boulogne, on surattendit encore un petit à parlamenter, pour le conseil d'Espaigne qui point n'étoit venu ; car les François ne vouloient faire nuls traités que les Espaignols n'y fussent enclos dedans. Finablement ils vinrent, de par le roi d'Espaigne et le pays, un évêque, un diacre et deux chevaliers. Or fut avisé de toutes parties et pour le plus sûr, pourtant que ils ne se osoient assurer bonnement l'un avecques l'autre, les seigneurs de France aller à Calais, ni les seigneurs d'Angleterre venir à Boulogne : que les parlemens et les traités seroient assis et mis en-mi le chemin de ces deux villes au-dessus de Wissan, en un village et une église que on appelle Lolinghen. Là vinrent toutes les parties, et là furent les seigneurs et leurs consaulx par plusieurs journées, et parlementèrent ensemble ; et là étoient le duc de Bretagne, le comte de Flandre. Et fut là sur les champs tendue la grand'tente de Bruges ; et donna à diner le comte de Flandre, en celle tente, au duc de Lancastre, au comte de Bouquinghen et aux seigneurs d'Angleterre ; et là furent tenus les états moult grands de l'une partie et de l'autre ; mais tout considéré et parlementé, on n'y put oncques trouver nulle paix ; car les François vouloient ravoir Guines et Calais, et toutes les forteresses que les Anglois tenoient à ce jour de çà

leys ; et nostre chere et foial, *Johan Philepot,* chivaler.

As queux, unze, dys, neof, oyt, sept, sys, cynk, quatre, troys, et deux de eux (des queux volons que nostre *dit uncle soit un*) nous avons donnez et commys, donnons et commettons, par cestes presentz, plein et franche poair, auctorité, et mandement espécial de treter, ovesque les ditz messages et deputez de nostre dit adversaire, aiantz à ce plein et sufficiant poair et mandement, des treives et abstinences de guerre, générales ou particulières, et par tant de temps come ils porront entre accorder, etc., etc.

Don. à nostre palays de Westm. le quart jour de novembre, l'an de grâce mille trois centz quater-vintz et tierce, et de noz regnes septisme.

Per ipsum regem et concilium in parliamento.

[1] Le sauf-conduit rapporté par Rymer fait connaître leurs noms.

De conductu pro Ambassatoribus Franciæ.

Le roi à touz nos lieutenantz, conestables, mareschaux, capitains, seneschaux, baillifs, provotz, mairs, eschevins, gardeins des bones villes, chasteaux, forteresses, des pons, pors, passages, et à nos admiralx et visadmiralx, et à tous noz autres justiciers, officers, et subgetz, ou à lour lieux tenantz, et autres nos bien veullantz, amys, alliez, et adherents, par meer et par terre, saluz et dilection.

Come

A l'onour de Dieu, faisans de toutz paix, et pur eschever l'effusion de sanc humain,

Nous aians grand affection au bien de la paix être entre nous et notre *adversaire de France.*

Par quoi nous fusmes assentuz au treité d'icelle ; Et pur ce que *Johan duc de Berry* uncle de nostre dit adversaire,

Johan, duc de Bretaigne, } ses cousins.
Loys, conte de Flandre,

Pierre, evesque de Laon.
Nicolas, evesque de Baieux.
Pierre, evesque de Maillefetz.
Johan, conte de Santerre.
Raoul, sire de Rayvenal.
Arnault de Corbie, premier président en parlement.
Anceau de Salvis, sire de Montferrant, } Chivalers.
Johan le Mercier, sire de Nomant,

Et *Johan Tabary* secretaire de nostre dit adversaire.

Messagez deputez de nostre dit adversaire doivent venir prochainement ès parties de Picardie, si come entendu avons, à cause de dite treite.

Nous,

Veuillantz purveoir à la seurté de eux, de leurs gens, familiers, chivalers, esquiers, clers, varlez, chivalx, hernois, et autres biens quelconques,

Avons pris, mis et receu, prenons, mettons et recevons, les dits ducs, contes, evesques, Raoul Arneault, Anceau, Johan, et Johan, avec leurs gens, familiers, chivalers, esquiers, clers, et varlez, *jusques à nombre de cynque centz parsones,* à chival ou à pié, leurs chivaux, hernois, et biens quelconques, en nostre sauf et secure conduit, protection, tuition, sauvegarde, et defence espéciaux, en venant, siant, et passant, par nostre rioalme de France, et parties de Picardie, ou ailleurs où mester sera pur la dite treité, et là demourant, sejournant, et eux retournant vers les parties de France, par terre et par mer, ensemble, ou par parties, si come il leur plerra, et auxi sovent come ils voudront à faire serra, tant que à la feste del purification de Nostre Dame, proschein venant.

Et pur ceo nous mandons et commandons à vous, etc.

Don. par tesmoignance de nostre grand seal, à nostre palays de Westm. le quart jour de mois de novembre, l'an de grâce mille trois centz quatervintz et tierce, et de noz regnes septisme.

Par le roi et son conseil en parlement.

la mer jusques à la rivière de Garonne, tant en Normandie comme en Bretagne, en Poitou, en Xaintonges et en Rochellois ; laquelle chose ni traité les Anglois n'eussent jamais fait, et par espécial rendu Guines, ni Calais, ni Chierbourch, ni Brest en Bretagne. Si furent-ils sur ces traités plus de trois semaines ; et presque tous les jours ils parlementoient ou leurs consaulx ensemble.

En ce temps trépassa de ce siècle, en la duché et en la ville de Luxembourc, le gentil duc Wincelant de Bouesme, duc de Luxemburc et de Brabant [1], qui fut en son temps noble, joli, frisque, sage, armeret et amoureux. Et quand il issit de ce siècle on disoit adoncques que le plus haut prince et le mieux enligné de haut lignage et de noble sang et qui plus avoit de prochains étoit mort ; Dieu en ait l'âme ! Et gît en l'abbaye de Vaulclerc de-lez Luxembourc. Et demeura la duchesse, madame Jeanne de Brabant, vefve, et oncques depuis ne se remaria, n'en ot volonté. De la mort du noble duc furent courroucés tous ceux qui l'aimoient.

Or revenons aux traités et aux parlemens qui étoient mis et assis entre les seigneurs de France et ceux d'Angleterre, entre Calais et Boulogne en-mi chemin, au village dessus nommé, lesquels parlemens et traités ne purent venir à nul effet de paix ni de profit pour l'une partie ni pour l'autre. Et veulent les aucuns dire que le comte de Flandre y avoit grand coulpe ; car nullement il ne voult oncques consentir que ceux de la ville de Gand fussent appelés ens ès traités, et par le pourchas et instigation de ceux de Bruges ; dont les Anglois étoient courroucés. Et ne s'en portoient point si bien ni si bel les traités ; car ils avoient grandes convenances et alliances les uns avecques les autres ; et ne pouvoient faire paix ni donner trêve ni répits les Anglois et les François, que les Gantois ne fussent enclos dedans ; ainsi l'avoient-ils promis et juré ensemble en la ville de Calais ; et cette convenance et alliance rompit et brisa par plusieurs fois les traités. Finablement on ne put trouver entre ces parties nulle belle paix, ce sembloit-il à l'un et à l'autre ; dont fut regardé et parlementé à prendre une trêve ; et sur cel état et traité persévérèrent les parlemens. Et eût volontiers vu le comte de Flandre que ceux de Gand fussent demeurés en la guerre et mis hors des traités ; mais nullement les Anglois ne s'y vouloient assentir ; et convint la trêve donner et accorder que Gand demeurât et fût close et annexée dedans. Et demeuroit chacun en sa teneur, sans muer ni rendre forteresse l'un à l'autre. Et étoient Audenarde et Gavre gantoises.

Et quoique on parlementât ainsi sur la frontière de Calais et de Boulogne vinrent ardoir les Gantois, c'est à entendre ceux de la garnison d'Audenarde, Maire et les faubourgs de Tournay ; et s'en retournèrent sauvement atout grand pillage en Audenarde. Et vinrent par les fêtes de Noël les Gantois recueillir et lever les rentes et revenues du seigneur d'Escornay en sa propre ville ; dont il fut moult merencolieux. Et dit et jura, si Dieu lui pût aider, quel traité ni accord qui pût être ni avoir entre le pays de Flandre et les Gantois, il n'en tenroit jà nul, mais leur feroit toujours la pire guerre qu'il pourroit ; car ils lui tolloient et avoient tollu tout son héritage, ni il ne savoit de quoi vivre, si ses amis de Hainaut et de Brabant ne lui aidoient ; tant l'avoient-ils près mené de son héritage.

Les traités et parlemens qui furent en celle saison à Lolinghen entre les seigneurs et princes dessus nommés de France et d'Angleterre furent conclus, à grand meschef, que unes trêves seroient entre le royaume de France et le royaume d'Angleterre et tous leurs ahers et alliés ; c'est à entendre de la partie de France, toute Espaigne, Gallice et Castille étoient enclos dedans par mer et par terre, et aussi le royaume d'Escosse ; et devoient les François signifier au plus tôt qu'ils pourroient celle trêve au roi et aux barons et prélats du royaume d'Escosse ; et devoient les ambaxadeurs, qui ce message de par le roi de France feroient en Escosse, avoir sauf conduit allant et retournant parmi le royaume d'Angleterre. Et aussi de la partie des Anglois étoient compris entre la trêve tous leurs adhers et alliés, en quelque lieu ni pays que ils fussent ; et étoient ceux de Grand et toutes leurs teneurs expressément nommés et enclavés dedans ; dont grandement déplaisoit au comte de Flandre. Et duroient ces trêves tant seulement jusques à la Saint-Michel que on compteroit l'an de grâce mil trois cent quatre vingt et quatre [1]. Et de-

---

[1] Suivant *l'Art de vérifier les dates*, il mourut le 7 décembre 1383.

[1] Cette trêve, d'après l'acte authentique rapporté par Rymer, devait durer depuis le 26 janvier 1383, ancien

[1384]

voient les parties retourner, ou commis pour eux qui auroient pleine puissance de paix faire ou de attrieuver les royaumes et pays dessus nommés.

De toutes ces choses furent levées et prises lettres authentiques et instrumens publiques à tenir et accomplir tout ce loyaument; et jurèrent les seigneurs les choses dessus dites à non enfreindre.

Ainsi se départit ce parlement; et retournèrent les seigneurs de France en France, et ceux d'Angleterre à Calais; et le duc de Bretagne s'en retourna en son pays; et le comte de Flandre vint à Saint-Omer et là se tint-il : si lui prit assez tôt après une maladie de laquelle il mourut [1]. Si fut ordonné qu'il seroit mis et enseveli en l'église Saint-Pierre de Lille. Et trépassa de ce siècle le comte de Flandre l'an de grâce mil trois cent quatre vingt et trois, le vingt huitième jour du mois de janvier [2], et fut apporté à Los l'abbaye de-lez Lille; et aussi y fut rapportée la comtesse sa femme [3] qui trépassée étoit cinq ans par avant en la comté de Rethel; et furent ensevelis ensemble en l'église de Saint-Pierre de Lille.

Or vous en veuil-je recorder l'ordonnance comme elle fut.

style (1384, nouveau style) jusqu'au 1ᵉʳ octobre 1384. De nouveaux commissaires nommés par les rois d'Écosse, d'Angleterre, de France et de Castille, prolongèrent cette trève jusqu'au premier mai 1385. On trouve aussi cet acte dans Rymer. Parmi les commissaires castillans on trouve Pero Lopes de Ayala, sénéchal de Guipuzcoa et seigneur de Sauveterre, père du chroniqueur Fernan Lopes de Ayala.

[1] Quelques auteurs prétendent que le duc de Berri le tua d'un coup de poignard, parce qu'il exigeait qu'il lui fît hommage du comté de Boulogne qu'il possédait du chef de sa femme.

[2] 1383, ancien style, ou 1384, nouveau style.

[3] La comtesse Marguerite, de laquelle il eut une fille, Marguerite de Flandre, qui fut sa seule héritière. Ses onze autres enfans étaient bâtards. C'était : 1° Louis, dit le Haze, tué à la bataille de Nicopolis, en 1396 ; 2° Louis, tige des seigneurs de Praet ; 3° Jean, dit sans terre, tige des seigneurs de Drinkeham; 4° Robert, seigneur d'Everdinghe ; 5° Pierre dit Pieterkin ; 6° Victor d'Urselle ; 7° Charles, seigneur de Grutersalle; 8° Marguerite, mariée à Florent de Maldeghem, puis à Hector Werchoute, et enfin à Sohier de Gand ; 9° Jeanne, mariée à Rober Tincke ; 10° Maguerite, mariée à Robert, seigneur de Waurin.

CHAPITRE CCXVII.

Ci raconte l'ordonnance qui fut à l'obsèque du comte Louis de Flandre et de la comtesse sa femme.

Ci s'en suivent les ordonnances du comte de Flandre et de la comtesse sa femme, dont les corps furent apportés à Loz une abbaye de-lez Lille. Et quand ils durent entrer en Lille, grand'foison de seigneurs de Flandre, de France, de Hainaut et de Brabant y furent, la vesprée de l'obsèque, à venir de la porte des Malades et à apporter le corps parmi la ville jusques à l'église Saint-Pierre. Je vous dirai ceux qui y furent armés pour la guerre et les écuyers qui les menoient.

Et premiers : messire Jean de Hallewyn le plus prochain du corps, mené de Enguerrant de Vallenne et de Rogier de l'Espiere ; le seigneur de Marcq devant le seigneur de Hallewyn, mené de Henry de Lambel et de Jean de Goumer ; le seigneur de Mamines devant le seigneur de Marke, mené de Jean de l'Espiere et de Sauset de Fretin ; messire Jean du Moulin devant le seigneur de Mamines, mené de Godefroy de Noyele et de Henry de la Vacquerie.

Item s'en suivent ceux qui furent ordonnés pour le tournoy.

Messire Pierre de Bailleul prochain du corps devant messire Jean du Moulin, mené de Jean de Quinghen et de Lambequin le maréchal ; messire Sohier de Gand devant messire Pierre de Bailleul, mené de Guiot de Lompré et de Jean Léonis ; le seigneur de Bethencourt devant messire Sohier de Gand, mené de Gérard de Quinghen et de Rollant d'Ysenghien ; monseigneur l'Aigle de Sains devant le seigneur de Bethencourt, mené de Huart de Quinghen et de Michel de la Bare.

Après s'en suivent les bannières de la bière.

Et premier : messire François de Havesquerque ; et puis messire Gossuin le Sauvage derrière messire François de Havesquerque ; messire Lancelot la Personne derrière messire Gossuin le Sauvage ; messire Jean de Halle derrière messire Lancelot la Personne.

Item s'en suivent ceux qui portèrent les bannières de la bière et du tournoy ;

Messire Mathieu de Humières devant messire Jean de Halle ; le seigneur des Obiaulx devant le dessus dit messire Mathieu ; messire Tiercelet de la Barre devant le seigneur des Obiaulx; messire Jean de Paris devant messire Tiercelet.

Item ci-après s'en suivent les noms des barons qui aidèrent à porter le corps du comte de la porte des Malades mouvant en venant parmi la ville de Lille jusques à l'église Saint-Pierre.

Et premiers : messire Jean de Vienne, amiral de France au destre, et le seigneur de Ghistelle après au senestre; messire Walerant de Raineval après au destre, et le chastelain de Disquemude après au senestre; le seigneur d'Escornay après au destre, et messire Anceau de Salins au senestre.

Item ci s'en suivent les barons qui aidèrent à porter le corps de la comtesse de Flandre mouvant de la porte Saint-Ladre en venant jusques à l'église Saint-Pierre; et premiers : le seigneur de Sully au côté destre et le seigneur de Chastillon au côté senestre; messire Guy de Pontarlier, maréchal de Bourgogne, après au côté destre, et messire Gérard de Ghistelle au côté senestre; et puis messire Henry d'Antoing au destre, et le chastelain de Furnes au senestre.

Item ci après s'en suivent les ordonnances du jour de l'obsèque, lequel on fit le jour de lendemain en l'église Saint-Pierre de Lille, et comment ces corps furent enterrés; les seigneurs qui y furent et les écus, et aussi les noms des écuyers qui tinrent les écus toute la messe durant jusques à l'offertoire.

Le duc de Bourgogne tout seul; et le premier écu fit porter devant lui de messire Raoul de Raineval et du seigneur de la Gruthuse; et fut soutenu l'écu de Lambequin de la Coustre et de Jean de Pontarlier, frère au maréchal de Bourgogne.

Après, le second écu devant messire Jean d'Artois, comte d'Eu, et messire Philippe de Bar : l'écu fut soutenu de Walerant de la Salle et de l'Esclave d'Annekin.

Après, le comte de la Marche et messire Philippe d'Artois : l'écu fut tenu de Gillon de Brest et de Robin de Florigny.

Après, messire Robert de Namur; de-lez lui messire Guillaume de Namur, son neveu : l'écu fut tenu de Cambernart et de Girard de Sternaille.

Item pour les écus du tournoy :

Le seigneur d'Enghien; de-lez lui messire Jean de Namur; l'écu fut tenu de Alart de Loutres et de Henri de Moucy.

Après, messire Hue de Chaslons et le seigneur de Fère : l'écu fut tenu de Jean de Hallewyn et de Oudard de Castron.

Après, le seigneur d'Antoing et le seigneur de Ghistelles : l'écu fut tenu de Tristan de Lambres et de Jean du Verart.

Après, le seigneur de Moriennes et le seigneur de Sully : l'écu fut tenu de Jean de Fresinges et de Damas de Bucy.

Item s'ensuivent ceux qui offrirent les destriers de la guerre.

Et premiers : le sire de Chastillon et messire Simon de Lalaing, bailli de Hainaut; et étoient les seigneurs à pied et les chevaux armés et couverts; pour le second, messire Waleran de Raineval et le chastelain de Disquemude; pour le tiers, messire Hue de Melun et le seigneur d'Aussy; pour le quart, le seigneur de Briffeuil et le seigneur de Brimeu.

Item s'ensuivent ceux qui offrirent les destriers du tournoy.

Et premiers, messire Henri d'Antoing et messire Gérard de Ghistelle; pour le second, le seigneur de Montigny et le seigneur de Rasenghien; pour le troisième, le seigneur de la Hamaide et le chastelain de Furnes; pour le quart, le seigneur de Faignoelles et messire Rolant de la Clique.

Item s'ensuivent ceux qui offrirent les glaives de la guerre.

Et premier, monseigneur l'amiral de France; le second, le seigneur de Ray; le tiers, le maréchal de Bourgogne; le quart, le seigneur de Saint-Py.

Item s'ensuivent les noms de ceux qui offrirent les épées du tournoy.

Et premier, messire Guillaume de Ponthieu; le second, messire Guillaume de la Trémoille; le tiers, le chastelain d'Yppre; et le quart, messire Guy de Honcourt.

Item s'ensuivent ceux qui offrirent les heaumes de la guerre.

Et pour le premier, le seigneur de Villiers, et de-lez lui le seigneur de Mailli; pour le second, messire Guillaume de Hornes et messire Anceau de Salins; pour le tiers, messire Jean de Ophemont et le chastelain de Saint-Omer; pour le quart messire Guy de Ghistelles et le Gallois d'Aulnoy.

Item pour les heaumes du tournoy. Premier,

messire Josse de Hallewyn et messire Olivier de Guissy ; pour le second le seigneur de la Chapelle et le seigneur de Mornay ; pour le tiers le seigneur de Hillebecque et le seigneur de Lalaing ; pour le quart, messire Tristan du Roy et messire Jean de Jumont.

Item s'ensuivent ceux qui offrirent les bannières de la guerre.

Et pour la première le seigneur de Lindenalle ; et pour la seconde, messire Lyonnel d'Arainnes, pour la tierce, messire Gilles de la Gruthuse, et pour la quarte, messire Jean de Limossolon.

Item s'ensuivent ceux qui offrirent les bannières du tournoy.

Pour la première, messire Orengoys de Rilly ; pour la seconde, le seigneur de La Mote ; pour la tierce, messire Jean de Disquemude ; pour la quarte, messire Guillaume de la Clique.

Item s'en suivent les noms des seigneurs qui, après l'obsèque fait, mirent le corps du comte de Flandre en terre : messire Jean de Vienne, amiral de France, le seigneur de Ghistelles, messire Walerant de Raineval, le chastelain de Disquemude, le seigneur de Ray et messire Anceau de Salins.

Item s'ensuivent les noms de ceux qui enterrèrent le corps de la comtesse, femme qui fut au comte : messire Guy de la Trimoille, le seigneur de Sully, le seigneur de Chastillon, le maréchal de Bourgogne, messire Gérard de Ghistelles, messire Henry d'Antoing et le chastelain de Furnes. Et est à savoir que tous ceux qui furent en office à l'entrer en l'église de Saint Pierre de Lille, quand les corps y furent apportés la vesprée, ils demeurèrent chacun à l'office et le lendemain à la messe, tant des chevaliers armés comme de ceux qui portoient bannières, et aussi les écuyers qui menèrent les chevaux.

Item y ot à l'apporter les corps du comte de Flandre et de la comtesse sa femme parmi la ville de Lille, venant jusques à l'église de Saint Pierre, quatre cens hommes ou environ tous noirs vêtus ; et portoit chacun ces dits hommes une torche pour convoyer les corps jusques a l'église de Saint-Pierre ; et ces quatre cens hommes dessus dits tinrent les torches à lendemain en la dité église durant la messe ; et tous ceux qui les tenoient étoient échevins des bonnes villes ou officiers de son hôtel ; et dit la messe l'archevêque de Reims ; et étoit accompagné de l'évêque de Paris, de l'évêque de Tournay, de l'évêque de Cambray, et de l'évêque d'Arras ; et si furent avecques eux cinq abbés.

Item il est à savoir que il y ot en l'église à l'obsèque, un travail auquel il y avoit sept cens chandelles ou environ, chacune chandelle de une livre pesant ; et sur ce travail avoit cinq bannières ; celle du milieu étoit de Flandre, la dextre d'Artois, la senestre au-dessous de la comté de Bourgogne, la quarte de la comté de Nevers, et la cinquième de la comté de Rethel ; et étoit le travail armoyé d'un lez d'écussons de Flandre, et au lez senestre de madame d'écussons de Flandre et de Brabant ; et aval le moûtier y avoit douze cent et vingt six chandelles ou environ, pareilles à celles du travail. Et n'y avoit dame ni damoiselle, de par monseigneur le duc de Bourgogne ni de par madame sa femme, fors la gouverneresse de Lille, femme au gouverneur ; et y fit-on un moult très bel dîner ; et furent délivrés de tous coûtages et frais, tant de bouche comme aux hôtels, tous chevaliers et écuyers qui la nuit et le jour de l'obsèque y furent ensoignés. Si leur furent envoyés tous les noirs draps de quoi ils furent vêtus à l'obsèque.

Après toutes ces choses faites, chacun retourna en son lieu ; et laissa le duc de Bourgogne ès garnisons de Flandre et par toutes les villes chevaliers et écuyers, quoique les trèves fussent jurées, accordées et scellées entre France et Angleterre, et de tous les pays conjoins et adhers avecques eux ; et se tenoit chacun sur sa garde ; et puis retourna le duc de Bourgogne en France ; et madame sa femme demeura un temps en Artois.

CHAPITRE CCXVIII.

Comment, nonobstant ces trèves, les Anglois coururent en Escosse, où ils firent plusieurs maux ; et d'une ambassade envoyée par le roi de France en Escosse pour nuncier les dites trèves ; et comment aucuns François allèrent faire armes en Escosse.

Vous avez bien cy dessus ouï recorder comment les seigneurs de France, qui au parlement étoient en celle ville que on dit Lolinghen, qui siéd entre Calais et Boulogne, se chargèrent à leur département que ils signifieroient les trèves qui prises étoient de toutes parties entre eux et les Anglois, aux Escots et au roi d'Escosse, par quoy nuls mautalens ni guerre ne se émussent de pays à autre. Toutefois, au voir dire, les consaulx de France ne firent pas de ce si bien leur devoir ni si bonne diligence comme ils dussent, car tantôt ils devoient envoyer, et non firent : ne sais à quoi ce demeura ni périt, fors en ce espoir que le duc de Bourgogne, puis les parlemens faits, fut grandement chargé et ensoigné pour la mort de son grand seigneur le comte de Flandre, et pour l'ordonnance de l'obsèque aussi ensuivant que on fit en la ville de Lille, si comme ci-dessus vous avez ouï recorder. Et ne cuidoient pas que les Anglois dussent faire ce qu'ils firent; car tantôt après la Pâque, le comte de Northonbrelande, le comte de Notthinghen et les barons de Northonbrelande mirent une chevauchée sus, où il pouvoit avoir environ deux mille lances et six mille archers, et passèrent Bervich et Rosebourch; et entrèrent en Escosse et ardirent la terre au comte de Douglas et celle au seigneur de Lindesée, et ne déportèrent rien à ardoir jusques à Haindebourch.

Les barons et les chevaliers d'Escosse n'étoient point signifiés de cette avenue; et prindrent celle chose en grand dépit, et dirent que ils l'amendroient à leur pouvoir; et outre ils disoient que les Anglois devoient avoir trèves à eux, si comme on leur avoit rapporté; mais rien n'en savoient, car encore au voir dire ils n'en étoient point signifiés. Bien savoient que de leur côté ils n'avoient nul traité aux Anglois, si étoit la guerre ouverte; mais toutefois ils l'avoient premier comparé dont moult leur déplaisoit.

Vous savez bien que nouvelles s'épandent tantôt en plusieurs lieux. Il fut sçu en Flandre et par espécial à l'Écluse, par marchands qui issirent hors d'Escosse, comment les Anglois étoient entrés en Escosse, et aussi le roi Robert d'Escosse et les seigneurs faisoient leurs mandemens et leurs semonces très grandes pour venir combattre les Anglois.

Aussi fut-il sçu en France que les Anglois et les Escots étoient aux champs, si comme on disoit l'un contre l'autre; et ne pouvoit demeurer qu'il n'y eût prochainement bataille. Les ducs de Berry, de Bourgogne et les consaulx du roi de France, quand ils entendirent ces nouvelles, dirent que c'étoit trop foiblement exploité, quand on n'avoit encore envoyé signifier la trève en Escosse, ainsi comme on avoit promis à faire. Adonc furent ordonnés, de par le roi et ses oncles et leurs consaulx, d'aller en Escosse messire Aymard de Marse, sage chevalier et authentique et messire Pierre Fresvel, et un sergent d'armes du roi, qui étoit de la nation d'Escosse et s'appeloit Janekin Champenois; et y fut ordonné d'aller, portant qu'il savoit parler le langage et qu'il connoissoit le pays

Entrementes que ces ambassadeurs de France s'ordonnoient, et que pour venir en Angleterre ils s'appareilloient, et que les Anglois en Escosse couroient, dont les nouvelles en plusieurs lieux s'épandoient, avoit gens d'armes à l'Escluse, du royaume de France, qui là dormoient et séjournoient; ni en quel lieu ni pays que ce fût, pour honneur acquerre et eux avancer, aller ni traire ne savoient; car les trèves entre France, Flandre et Angleterre se tenoient. Si entendirent que les Escots et les Anglois guerroyoient; et disoit-on à l'Escluse pour certain que hâtivement ensemble ils se combattroient. Chevaliers et écuyers qui ces nouvelles entendirent en furent tous réjouis, et parlèrent ensemble, tels que messire Geoffroy de Chargny, messire Jean de Blasy, messire Hue de Boulan, messire Sauvage de Villiers, messire Garnier de Quensignich, messire Odille de Montieu, messire Roger de Campighen, le Borgne de Montallier, Jacques de Montfort, Jean de Hallewyn, Jean de Merle, Michel de la Barre et Guillaume Gauwaert; et pouvoient être environ vingt hommes d'armes, chevaliers et écuyers. Si orent collation ensemble, pour l'avancement de leurs corps et pour ce que ils ne savoient où trouver les armes fors que en Escosse, que ils lèveroient une nef par l'accord de eux, et s'en iroient en Escosse prendre l'aventure ensemble avecques les Escots. Si comme ils avisèrent ils firent; et se départirent de l'Escluse et se mirent en une bonne nef et tout leur harnois d'armes; et puis quand ils orent le vent à leur volonté, ils se partirent et laissèrent tous leurs chevaux, pour les dangers de la mer et pour le voyage qui est trop long; car bien savoient les mariniers qui les menoient que ils ne pouvoient prendre port à Haindebourch ni à Dombarre, ni dedans les hâvres prochains; car aussi bien étoit la navie d'Angleterre par mer comme par terre, et étoient les Anglois maîtres et seigneurs des premiers ports d'Escosse, pour les pourvéances qui les suivoient par mer.

En ce temps vinrent ces dessus dits ambassadeurs de France en Angleterre et furent devers le roi et ses oncles, qui leur firent très bonne chère et se dissimulèrent à ce premier un petit envers eux, pour la cause de leurs gens qui faisoient guerre aux Escots; et quand ils entendirent que leurs gens avoient fait leur fait et que ils se retraioient en Angleterre, ils firent partir les messages du roi de France, messire Aymard de Marse et les autres; et leur baillèrent deux sergens d'armes du roi d'Angleterre pour eux mener sauvement parmi Angleterre jusques en Escosse, et faire ouvrir villes et chastels encontre leur venue. Si se mirent au chemin les dessus dits pour venir vers Escosse.

Tant exploitèrent par mer les chevaliers de France dessus nommés, eux départis de l'Escluse, en costiant Hollande et Angleterre, et en éloignant les périls de rencontre des Anglois sur mer, et firent tant que ils arrivèrent en Escosse sur un port que on dit Monstrose. Quand les Escots qui demeuroient en la ville entendirent que c'étoit François qui étoient là venus pour trouver les armes, si leur firent bonne chère et les adressèrent de tout ce qui leur besognoit à leur loyal pouvoir. Quand ces chevaliers et écuyers se furent rafreschis deux jours, et ils orent appris des nouvelles, ils se départirent et montèrent sur hacquenées et vinrent à Dondie, et firent tant, à quelque peine que ce fût, que ils vinrent à Saint-Jean-Ston, une bonne ville en Escosse où la rivière de Tay cuert; et là a bon hâvre de mer pour aller par tout le monde. Eux venus en la ville de Saint-Jean ils entendirent que les Anglois étoient retraits, et que le roi et les seigneurs d'Escosse étoient à Haindebourch en parlement ensemble. Adonc ordonnèrent-ils que messire Garnier de Quensignich et Michel de la Barre iroient devers le roi à Haindebourch, et les barons et les chevaliers du pays, pour savoir quelle chose ils pourroient faire; et leur remontreroient à tout le moins la bonne volonté qui les avoit mus de partir de Flandre pour venir en Escosse; et messire Geoffroy de Chargny et les autres demeureroient là, tant que ils auroient ouï leur volonté et leur relation.

Si comme ils avoient ordonné ils firent: si se partirent de Saint-Jean, et firent tant que ils vinrent à Haindebourch, où le roi et le comte de Douglas le jeune, qui s'appeloit Jacques, car le comte, son père, qui s'appeloit Guillaume, étoit nouvellement mort, et les comtes de Mouret, de la Mare, et les comtes de Surlant et d'Ourquenay, le seigneur de Versy, le sire de Lindesée, qui étoient six frères, tous chevaliers, étoient tous ensemble. Et firent ces seigneurs d'Escosse aux chevaliers de France et à Michel de la Barre très bonne chère. Messire Garnier remontra au roi et aux barons d'Escosse l'intention de ses compagnons, et pourquoi ils étoient venus en Escosse.

En ces jours tout nouvellement étoient venus à Haindebourch les ambassadeurs de France, messire Aymard de Marse, et messire Pierre Fresnel, et Janekin Champenois, qui avoient apporté les trèves dessus dites et devisées entre le roi de France et le roi d'Angleterre; mais les Escots y étoient rebelles et s'en dissimuloient; et disoient que trop tard on leur avoit signifié, et que nuls ils n'en tenroient; car les Anglois leur avoient en celle saison porté et fait grand dommage. Le roi Robert leur brisoit leur propos ce qu'il pouvoit; et disoit que bonnement, puis que ils en étoient signifiés et certifiés, que ils ne se pouvoient dissimuler que les trèves n'y fussent. Ainsi étoient en différend le roi et les barons d'Escosse, les seigneurs du pays, l'un contre l'autre. Et advint que les comtes de Mouret et de Douglas, et les enfans de Lindesée, et aucuns jeunes chevaliers et écuyers d'Escosse qui désiroient les armes, orent un secret parlement en Haindebourch, ensemble en l'église de Saint-Gille; et là leur fut dit que ils fissent traire avant leurs compagnons, et ils orroient bonnes nouvelles, et tout ce ils tinssent en secret. Sur cel état s'en retournèrent-ils à Saint-Jean-Ston, et recordèrent à leurs compagnons tout ce que ils avoient vu et trouvé.

CHAPITRE CCXIX.

Comment aucuns François et les Escots, au desçu du roi d'Escosse, entrèrent en Angleterre, où ils firent grands dommages; et comment le roi d'Escosse envoya un héraut en Angleterre soi excuser de ce et la confirmation des trèves.

De ces nouvelles furent messire Geoffroy de Chargny et les chevaliers et écuyers de France tout réjouis; et se départirent de là et exploitèrent tant par leurs journées que ils vinrent à Haindebourch, et ne firent nul semblant de chose qu'ils dussent faire. Ils n'eurent pas séjourné douze jours là que le comte de Douglas tout secrètement les manda, et leur envoya chevaux, que ils vinssent parler à lui en son chastel de Dalquest ; ils y vinrent. Au lendemain que ils furent là venus, il les emmena avecques lui sur un certain lieu et marche où les barons et les chevaliers d'Escosse faisoient leur mandement; et se trouvèrent sous trois jours plus de quinze mille, aux chevaux et tous armés, selon l'usage de leur pays.

Adonc quand ils se trouvèrent tous ensemble vouldrent-ils faire leur chevauchée ; et dirent que ils se contrevengeroient des dépits et dommages que les Anglois leur avoient faits. Si se mirent au chemin ; et passèrent les bois et les forêts de leur pays, et entrèrent en Northonbrelande en la terre au seigneur de Percy, et la commencèrent à piller et à ardoir ; et là chevauchèrent moult avant, et puis s'en retournèrent par la terre au comte de Northinghen et du seigneur de Moutbray, et y firent moult de desrois; et passèrent à leur retour devant Rosebourch, mais point n'y assaillirent. Et avoient grand pillage avecques eux de hommes et de bêtes; et entrèrent en leur pays sans dommage, car les Anglois s'étoient retraits. Si ne se fussent jamais sitôt remis ensemble que pour combattre les Escots ; et leur convint porter et souffrir celle buffe, car ils en avoient donné une autre aux Escots.

De celle chevauchée se pouvoit bonnement excuser le roi d'Escosse, car de l'assemblée ni du département il ne savoit rien ; et puisque le pays en étoit d'accord, il ne convenoit point que il le sçût ; et si sçu l'eût, au cas qu'il n'y eût eu entre les Escots et les Anglois autre convenant qu'il n'y avoit, si n'en eussent-ils rien fait pour lui. Et quoique ces barons et ces chevaliers d'Escosse, et les chevaliers et écuyers de France, chevauchassent et eussent chevauché en Angleterre, si se tenoient à Haindebourch, de-lez le roi Robert, messire Aymard de Marse, messire Pierre Fresnel et Janekin Champenois[1], et laissoient les Escots convenir, car ils n'en pouvoient autre chose avoir. Mais par conseil, et afin que les Anglois ne pussent mie dire que ce fût leur coulpe, et que eux étant en Escosse et de-lez le roi d'Escosse ces choses se fissent de leur accord, et que ils voulsissent rompre les traités qui avoient été faits et accordés à Lolinghen, de-lez la ville de Wissan, des nobles et consaulx de France, d'Angleterre et de Castille, le roi d'Escosse et les ambaxadeurs de France envoyèrent un héraut des leurs en Angleterre, devers le roi et ses oncles et le conseil d'Angleterre, chargé et informé quelle chose il diroit et devoit dire. Quand le héraut fut venu en Angleterre devers le roi et ses oncles, il trouva tout le pays ému ; et vouloient chevaliers et écuyers de rechef mettre leur armée sus et retourner sur Escosse. Le duc de Lancastre et le comte de Cantebruge qui désiroient trop grandement à aller dedans l'an en Portingal et en Castille, ou l'un d'eux, atout grand'puissance de gens d'armes et d'archers, car ils se tenoient héritiers de par leurs femmes et leurs enfans de toute Castille, et la guerre se tailloit bien à renouveler entre le roi de Castille et le roi de Portingal ; car le roi Damp Ferrand de Portingal étoit mort ; si avoient les Portingalois couronné à roi Damp Jean, son frère bâtard[1], très vaillant homme qui ne désiroit que la guerre aux Espaignols, mais qu'il eût l'alliance et confort des Anglois : de tout ce étoient le duc de Lancastre et son frère, le comte de Cantebruge, tous sûrs et certifiés ; si se dissimuloient ce qu'ils pouvoient, et faisoient dissimuler leurs amis, afin que nul emblaiement ou empêchement de guerre ne se remît en Escosse.

Quand le héraut du roi d'Escosse fut venu en Angleterre devers le roi et ses oncles, bien informé de ce qu'il devoit dire, il se mit à genoux ; et pria et requit que comme héraut au roi d'Escosse, il pût être ouï à faire son message. Le roi et les seigneurs lui accordèrent ; ce fut raison. Là leur remontra-t-il sur quel état il étoit là venu et envoyé, du roi singulièrement et des ambaxadeurs du roi de France, et les ex-

---

[1] On trouve dans Rymer, sous la date du 13 février 1384, un sauf-conduit donné à Guichard Marsey, chevalier, à maître Pierre Frisevelle, conseiller du roi, à Jean Champeney, seigneur d'armes, et à quarante autres Français, pour se rendre en Écosse et pour en revenir, avec ordre de leur fournir des chevaux, de l'argent, des vivres et des harnais sur la route.

[1] Jean Ier, le grand-maître d'Avis, fils bâtard du roi D. Pèdre et de Thérèse Lourenço, ne fut proclamé solennellement roi de Portugal que le 6 avril 1385. L'année 1385 commença au 2 avril.

cusa en disant : Que le roi d'Escosse avoit bénignement reçu les messagers du roi de France et entendu à ces traités ; et tant que pour tenir la trève, il avoit fait à ce entendre et incliner ce qu'il avoit pu ses hommes ; mais les marchissans[2] d'Escosse à la terre du seigneur de Percy et du comte de Nortinghen, tels que le comte de Douglas, le comte de la Mare, son oncle, messire Archembaulx, messire James, messire Pierre, messire Guillaume et messire Thomas Douglas, et tous ces frères de Lindesée et tous ceux de Ramesay, et messire Guillaume Assueton avecques ne vouldrent oncques demeurer ens ès parlemens pour accepter la trève ; et disoient que on leur avoit fait et porté grand dommage en leurs terres, lesquelles choses leur étoient déplaisans et à tous leurs amis, et s'en contrevengeroient quand ils pourroient. « Et quand les seigneurs, mes chers seigneurs, que je vous ai nommés, firent leur assemblée pour aller en Angleterre, si comme ils ont fait, oncques ils n'en parlèrent au roi ni à ceux de sa chambre ; car bien savoient que on ne leur eût pas consenti, nonobstant que ils disent en Escosse que la première incidence de celle guerre meut de vous ; car bien saviez, mes seigneurs, ce disent les maîtres, que la trève étoit prise et accordée de là la mer ; et en devions être tantôt, vous retournés de Calais en Angleterre, signifiés. Et outre ils disent : que les ambassadeurs de France qui par cy passèrent, furent détriés à non venir devers nous en Escosse, si comme ils dussent, et trop longuement les tîntes en séjour et en solas, pourquoi le meschef avenu est encouru entre Escosse et Angleterre des parties qui se sont regardées et avisées ; et que sous ombre de dissimulation la plus grand'part de ces choses est faite et accomplie. Mais mon très redouté seigneur le roi d'Escosse, et ceux de sa chambre, et les ambaxadeurs du roi de France qui à présent séjournent de-lez lui, se excusent et veulent excuser ; et disent que la dernière armée que les barons et chevaliers aucuns d'Escosse ont fait en Angleterre, ils n'en savoient, ni n'ont sçu ; mais en ont ignoré et ignorent. Et pour dresser toutes choses et mettre et reformer en bon état, je suis chargé de vous dire que, si vous voulez entendre aux traités qui furent faits darrenièrement de là la mer par la haute et droite et noble discrétion du conseil du roi de France et la vôtre, à confirmer la trève, à durer le terme que durer doit, mon très redouté seigneur le roi d'Escosse et ses nobles consaulx la confermeront et jureront à tenir entièrement, et la fera mon très redouté seigneur, pour la révérence du roi de France et de son noble conseil, tenir à ses hommes ; et de ce il vous en plaise à moi donner réponse. »

Le roi d'Angleterre et ses oncles entendirent bien le héraut parler et l'ouïrent moult volontiers ; et lui répondit le duc de Lancastre que voirement en seroit-il répondu. Adonc le firent-ils demeurer à Londres où il les avoit trouvés, pour attendre et avoir réponse du roi d'Angleterre.

Au chef de deux jours il fut répondu du conseil du roi, et me semble que messire Simon Burlé, chambellan du roi[1], fit la réponse ; et furent les choses touchées et mises en bon parti ; car au voir dire, tout considéré, les seigneurs d'Angleterre qui au parlement avoient été à Lolinghen n'avoient pas trop honorablement fait quand ils avoient consenti et envoyé leurs gens courir en Escosse et ardoir le pays, quand ils savoient que trèves y avoit et devoit avoir. Et l'excusance la plus belle que ils pouvoient trouver ni prendre, elle étoit que ils ne le devoient pas signifier aux Escots, mais en devoient être certifiés par les François. Si fut dit au héraut que, au nom de Dieu, il fût le bien venu ; et que c'étoit l'intention du roi d'Angleterre, de ses oncles et de leurs consaulx, que ce qu'ils avoient juré, promis et scellé à tenir, ne faisoit pas à enfreindre ; mais le vouloient confirmer et parmaintenir ; et qui le plus y eût mis, plus y eût perdu.

De toutes ces choses demanda le héraut lettres, afin qu'il en fût mieux cru. On lui bailla, et beaux dons et de bons assez avecques, tant qu'il s'en contenta grandement et en remercia le roi et les seigneurs ; et se partit de Londres, et exploita tant par ses journées que il retourna en Escosse ; et vint à Haindebourch où le roi d'Escosse et les messagers de France l'attendoient pour avoir réponse, et désiroient à savoir comment les Anglois se voudroient maintenir. Quand il fut sçu entre eux les réponses du roi et de ses oncles, et par lettres scellées ils les virent appa-

---

[1] Les chefs féodaux limitrophes.

[1] Simon de Burley était alors gouverneur de Douvre et des cinq ports.

rens, si s'en contentèrent grandement et en furent tout réjouis. Ainsi demeura la trêve pour cel an entre Angleterre et Escosse; et fut dénoncée et publié par les deux royaumes par voie et cause de plus grand'sûreté. Et retournèrent les ambaxadeurs de France parmi Angleterre en leur pays arrière, tout sûrement et sauvement et sans péril; et recordèrent au roi de France et à ses oncles, à leur retour, comment ils avoient exploité, et les empêchemens que ils avoient eus, et toute la chose si comme vous l'avez ouïe.

CHAPITRE CCXX.

Comment messire Geoffroy de Chargny et les François retournèrent d'Escosse; et du danger où ils furent en Zélande, dont un écuyer au comte de Blois les délivra.

Quand messire Geoffroy de Chargny et les chevaliers et écuyers de France qui en Escosse étoient virent que les royaumes d'Escosse et d'Angleterre étoient attrévés ensemble, si prindrent congé aux barons d'Escosse, et par espécial au comte de Douglas et au comte de Mouret qui leur avoient fait très bonne compagnie. Et me semble que ces barons d'Escosse leur dirent, et aucuns autres chevaliers, ainsi que on bourde et on langage d'armes ensemble : « Seigneurs, vous avez vu la manière et condition de notre pays, mais vous n'avez pas vu toute la puissance. Et sachez que Escosse est la terre au monde que les Anglois craignent et doutent le plus; car nous pouvons, si comme vous avez vu, entrer en Angleterre à notre aise, et chevaucher moult avant, sans nul danger de mer. Et si nous étions fors assez de gens, nous leur porterions plus de dommage que nous ne faisons. Si veuillez, quand vous serez retournés en France, tout ce dire et remontrer aux compagnons chevaliers et écuyers qui se désirent à avancer, et eux émouvoir à venir deçà pour quérir les armes. Nous vous certifions, que si nous avions jà jusques à mille lances, chevaliers et écuyers de France, avecques les bonnes gens que nous trouverions par deçà, nous ferions un si grand treu en Angleterre que il y parroit quarante ans à venir : si vous en veuille souvenir quand vous viendrez par de là. » Les compagnons répondirent que aussi feroient-ils, et que ce n'étoit pas chose que on dût mettre en oubli.

Sur ce se départirent-ils et entrèrent en mer, et prinrent et levèrent une nef qui les devoit mener à l'Escluse; mais ils orent vent contraire quand ils furent en la mer; et leur couvint prendre hâvre et terre en Zélande en une ville que on dit à la Brielle. Quand ils furent là venus et arrivés, ils cuidoient être sauvement venus; mais non furent, car les Normands avoient nouvellement couru par mer celle bande là; et porté, si comme on disoit, aux Zélandois grand dommage. Si en furent en grand péril ces chevaliers et écuyers de France; car, entrementes que ils se dinoient en la ville, leur nef fut tout acquise, et leurs coffres rompus et leurs armures prises; et eux encore furent en grand péril d'être tous occis.

A ce jour avoit en la ville un écuyer du comte de Blois, qui s'appeloit Jacques, gracieux homme et sage durement, qui les aida et conforta en toutes choses, ainsi que il apparut; car il parla pour eux aux maîtres de la ville, et fit tant par sens et par langage que leurs choses en partie leur furent toutes restituées. Et pour les ôter du péril où il les sentoit et véoit, car bien connoissoit ces gens grandement émus sur eux, et que se ordonnoient et étoient en grand'volonté pour eux attendre sur mer, et forts assez, s'ils les pussent trouver, pour les combattre, car ils l'avoient jà signifié aux villes voisines, l'écuyer du comte de Blois leur fit celle courtoisie et leur dit tout bellement et par amour une partie du péril où ils étoient, et comment le pays étoit ému sur eux; mais pour l'honneur de son seigneur et du royaume de France, il les en délivreroit. Et leur dit que par lui ils se laissassent ordonner et gouverner. Ils répondirent : « Volontiers. » Que fit Jacques? Il s'en vint à un maronnier, et leva une nef pour aller où il lui plairoit, et dit qu'il avoit intention d'aller à Dourdrech. Le maronnier se aconvenança à lui. Il entra, et tous entrèrent en la nef et prindrent de premier le chemin de Dourdrech. Quand Jacques vit que il fut temps de retourner la voile et de prendre un autre chemin, si dit au maronnier : « Entendez à moi : j'ai loué à mes deniers celle nef pour faire sur ce voyage ma volonté, et pour tourner où je veuil tourner ; si tournez votre single devers Sconehove; car je vueil aller celle part. » Les maronniers de ce faire furent tout rebelles, et dirent que ils devoient aller à Dourdrech. « Écoutez, fit Jacques, faites ce que je vueil, si vous ne voulez mourir. » Sur ces paroles n'osèrent plus les maronniers estriver, car la force n'étoit pas leur : si tournèrent leur voile tout à une fois et leur gouvernail, et singlèrent de bon vent devers la ville de Sconehove, et là vinrent sans péril, car elle est au comte de Blois. Si se rafreschirent et puis s'en partirent quand bon leur sembla, et s'en retournèrent arrière en leur pays par Brabant et par Hainaut. Ce service leur fit Jacques, écuyer de monseigneur le comte de Blois.

Quand messire Geoffroy de Chargny et messire Jean de Blasy et les chevaliers et écuyers de France qui en Escosse celle saison avoient été, furent retournés en France, si furent enquis et demandés des nouvelles et du royaume d'Escosse. Ils en recordèrent ce qu'ils en savoient et qu'ils en avoient vu et ouï dire aux barons et aux chevaliers d'Escosse. Messire Jean de Vienne, amiral de France, en parla à messire Geoffroy de Chargny; et il lui dit tout ce que vous avez ouï. Adonc s'arrêta sus l'amiral, et aussi firent plusieurs barons de France; et disoient ainsi ceux qui en cuidoient aucune chose savoir, que voirement par Escosse pouvoient les François avoir une belle entrée en Angleterre ; car par nature les Escots ne pouvoient aimer les Anglois. Aussi repassa messire Aymard de Marse qui poursuivit ces paroles ; car il étoit chargé du roi d'Escosse et de son conseil que il en parlât au roi et à ses oncles. Si orent les François une imagination sur ce, que, les trèves faillies, ils envoyeroient en Escosse si puissamment que pour honnir Angleterre. Et fut ce propos conclu à tenir entre le duc de Berry et le duc de Bourgogne, pour tant que ils avoient le gouvernement du royaume ; et ce plut grandement au connétable de France, mais on tint toutes ces choses en secret afin que il ne fût révélé, et que les Anglois ne s'en aperçussent.

CHAPITRE CCXXI.

Comment le seigneur d'Escornay, nonobstant les trèves, prit Audenarde d'emblée; et du discours qui en sourdit entre le seigneur de Harselles et François Acreman ; dont le dit de Harselles en fut occis.

Vous avez ci-dessus bien ouï recorder comment François Acreman, entrementes que on étoit au voyage de Flandre devant Berghes et devant Bourbourch, prit et embla la ville d'Audenarde ; dont ceux de Tournay et des villes voisines furent moult esbahis. La garnison d'Audenarde, avant que les trèves vinssent, avoit couru tout le pays et fait moult de dommage en Tournesis. Et par espécial toute la terre au seigneur d'Escornay étoit en leur obéissance ; et avoient au Noël recueilli ses rentes et ses chapons en ses villes, dont fort déplaisoit au dit seigneur et à ses amis. Et disoit bien que quelconques trèves ni répit que il y oṭ entre les rois de France et d'Angleterre et les Flamands, il n'en tiendroit nulles, mais leur porteroit toujours contraire et dommage ; car ils lui avoient fait et porté, et encore faisoient et portoient, tant que il en étoit un povre homme. Et avint que le seigneur d'Escornay jeta son avis à prendre et embler Audenarde. Si en vint à son entente, parmi l'aide d'aucuns chevaliers et écuyers de France, de Flandre et de Hainaut, qui lui aidèrent à faire son fait. Et quand il escripsit devers eux et il les manda, les plusieurs ne savoient que il vouloit faire. Or celle chose advint au mois de mai, le dix-septième jour. Et sçut le sire d'Escornay par ses certains espies, que François Acreman étoit à Gand et point ne se tenoit en Audenarde, car il s'affioit sur la trève que ils avoient ensemble, les François et eux ; dont il fit folie quand il ne fut plus soigneux de garder Audenarde que il ne fut, si comme je vous dirai.

Le sire d'Escornay fit une embûche belle et grosse de quatre cens compagnons, chevaliers et écuyers et droites gens d'armes, que tous avoit priés ; et s'en vinrent bouter au bois de Lare, vers la porte de Grantmont, assez près d'Audenarde ; et là étoient messire Jean du Moulin, messire Jacques de Listrenale, messire Gilbert de Lieureghien, messire Jean Caquelan, messire Rolant de l'Espière, messire Blanchart de Calonne et le seigneur d'Astrepoule qui y fut fait chevalier. Or vous recorderai-je la manière de la devise, et comment ceux d'Audenarde furent déçus. On prit deux chars chargés de pourvéances, atout quatre charretons vêtus de grises cottes et armés dessous, et étoient hardis varlets et entreprenans. Ces charretons et leurs chars s'en vinrent tout charriant vers Audenarde, et signifièrent aux gardes que ils amenoient pourvéances de Hainaut pour avitailler la ville. Les gardes, qui n'y pensoient que à tout bien, si vont ouvrir leur porte ; et le premier char passa avant et s'arrêta sous la porte coulisse, et les autres sur le pont. Adonc s'ensonnièrent les charretons autour de leurs chars, et ôtèrent les deux mateaux où les traits sont, et les jetèrent dedans les fossés. Lors dirent les gardes aux charretons : « Pourquoi n'allez-vous avant ? » Adonc prirent les gardes les chevaux et les chassèrent avant, et les chevaux passèrent outre et laissèrent les chars tout cois, car ils étoient dételés. Adonc aperçurent les gardes que ils étoient déçus et trahis, et commencèrent à frapper après les charretons, et les charretons à eux défendre, car ils étoient bien armés dessous leurs robes, et gens de fait et d'emprise. Si occirent deux des gardes : ils furent tantôt secourus ; car le sire d'Escornay et sa route les poursuivoit fort ; et vinrent jusques à la ville. Les gardes s'enfuirent par la ville, criant : « Trahi ! trahi ! » Mais avant que la ville fût estourmie ni recueillie, ces gens d'armes entrèrent ens en occiant tous ceux que ils rencontroient et qui à défense se mettoient ; et crioient en venant sur la place : « Ville gagnée ! » Ainsi fut Audenarde reprise ; et y ot de Gantois, que morts que noyés, bien trois cens ; et y fut trouvé grand avoir qui étoit à François Acreman ; et me fut dit que il y avoit bien quinze mille francs.

Les nouvelles furent sçues en plusieurs lieux, comment Audenarde, en bonne trêve, avoit été prise des François. Si en furent ceux de Gand par espécial courroucés durement : ce fut bien raison, car il leur touchoit moult de près. Et en parlèrent ensemble, et dirent que ils envoyeroient devers le duc de Bourgogne en remontrant comment, en bon répit et sûr état, Audenarde étoit reprise, et que il leur fît ravoir, ou autrement la trêve étoit enfreinte. Ils y envoyèrent ; mais le duc s'en excusa, et dit que il ne s'en mêloit, et que, si Dieu lui pût aider, de l'emprise du seigneur d'Escornay il n'en savoit rien ; et dit que il lui en escriproit volontiers, ainsi qu'il fît. Il lui en escripsit, en mandant que il la voulût rendre arrière, car ce n'étoit pas honorable ni acceptable de prendre en trêve et en répit ville, chastel ni forteresse. Le sire d'Escornay répondit aux lettres du duc de Bourgogne et aux messages, et dit que toujours la garnison d'Audenarde lui avoit fait guerre en trêves et hors trêves et tollu son héritage, et que à eux il n'avoit donné ni accordé nulles trêves, et que il avoit pris Audenarde en bonne guerre, si le tiendroit jusques à ce jour que Flandre et Gand seroient tout un, comme son bon héritage, car point n'en avoit ailleurs qui ne fût tout perdu pour la guerre. Les choses demeurèrent en cel état, ni on n'en put autre chose avoir. De la petite garde François Acreman en fut grandement blâmé, et par espécial du seigneur de Harselles ; et tant que François s'en courrouça au chevalier, et en prit paroles dures et haineuses, et dit que en tous cas il s'étoit mieux acquitté envers ceux de Gand que n'étoit le dit chevalier ; et se monteplièrent les paroles entre eux deux tant que ils se démentirent. Assez tôt après le sire de Harselles fut occis ; et veulent dire les aucuns que François Acreman et Piètre du Bois le firent occire par envie.

En ce temps avoient requis les Gantois au roi d'Angleterre à avoir un gouverneur, vaillant homme et sage, qui fût du lignage et du sang du roi ; si que le roi et son conseil envoyèrent à Gand un de leurs chevaliers, vaillant homme et sage assez, pour avoir le gouvernement de la ville, lequel étoit nommé messire Jean le Boursier. Celui ot le gouvernement de Gand plus d'un an et demi.

CHAPITRE CCXXII.

Comment le duc d'Anjou trépassa auprès de Naples. Et du mariage fait de Jean de Bourgogne et Marguerite sa sœur aux fils et fille du duc de Bavière, comte de Hainaut.

Vous avez bien ci-dessus en celle histoire ouï recorder comment le duc d'Anjou, qui s'escripsoit roi de Sicile et de Jérusalem, alla en Pouille et conquit tout le pays jusques à Naples. Mais les Napolitains ne se vouldrent oncques tourner de sa partie ; ainçois tenoient et soutenoient, et avoient toujours tenu et soutenu la querelle de messire Charles de la Paix. Le duc d'Anjou demeura trois ans tout entiers sur ce voyage. Si pouvez bien croire que ce fût à grands coûtances, et que il n'est finance nulle, tant soit grande, que gens d'armes ne exillent et mettent à fin ; car qui veut avoir leur service, il faut que ils soient payés, autrement ils ne font chose qui vaille. Certes ils coûtèrent tant au duc d'Anjou que on ne le pourroit nombrer ni priser ; et ceux qui le plus effondoient son trésor, ce furent le comte de Savoye et les Savoyens. Toutefois le comte de Savoye, dont ce fut dommage, et moult de sa chevalerie, moururent en ce voyage. Et affoiblit le duc d'Anjou grandement de gens et de finance, et renvoya à ces deux choses au secours en France. Ses deux frères, le duc de Berry et le duc de Bourgogne, ne lui vouldrent pas faillir à son besoin ; et dirent que ils le reconforteroient et rafreschiroient de gens et de finance. Si avisèrent ces deux ducs, lesquels en France étoient taillés d'aller en ce voyage. Tout avisé, regardé et imaginé, on n'y pouvoit meilleurs ni plus propices envoyer, pour avoir connoissance de toutes gens d'armes, que le gentil seigneur de Coucy, et avecques lui le seigneur d'Enghien, comte de Conversan, lequel comté gît en Pouille. Ces deux seigneurs en furent priés et requis du roi de France et de ses oncles. A celle requête ils descendirent moult volontiers, car elle leur étoit hautement honorable. Si ordonnèrent leurs besognes et se mirent au chemin tout au plutôt que ils purent, avecques belle charge de gens d'armes. Mais quand ils furent venus jusques en Avignon, et entremetes que ils entendoient à leurs besognes pour passer outre, et faisoient passer leurs gens, nouvelles certaines vinrent que le duc d'Anjou étoit mort en un chastel de-lez Naples [1]. Le sire de Coucy, pour ces nouvelles, n'alla plus avant ; car bien véoit que son voyage étoit brisé. Mais le comte de Conversan passa outre, car il avoit à faire grandement en son pays, en Pouille et en Conversan.

Ces nouvelles furent tantôt sçues en France et notifiées au roi et à ses oncles. Si portèrent et passèrent la mort du roi de Sicile au plus bel qu'ils purent.

Quand madame d'Anjou, qui se tenoit à Angers, entendit ces nouvelles de son seigneur que il étoit mort, vous pouvez et devez croire et savoir que elle fut moult troublée et déconfortée.

Sitôt que le comte de Guy de Blois, qui étoit cousin à la dite dame, lequel se tenoit pour le temps à Blois, sçut les nouvelles, il se partit de Blois atout son arroy et vint vers sa cousine à Angers, et se tint de-lez elle un grand temps en la conseillant et reconfortant à son loyal pouvoir.

Depuis s'en vint en France la roine qui s'escripsoit roine de Naples, de Sicile de Pouille, de Calabre et de Jérusalem, devers le roi et ses oncles, les ducs de Berry et de Bourgogne, pour avoir le conseil et le confort d'eux ; et amena ses deux enfans avecques elle, Louise et Charles.

La dame fut conseillée des nobles de France et de son sang, que elle se trait en Avignon devers le pape, et prensist la possession de la comté de Provence qui est terre appartenant au roi de Sicile, et se fît couronner du royaume de Sicile. La roine crut ce conseil ; et se ordonna pour aller vers Avignon et de y mener son ains-né fils, le jeune Louis, que partout on appeloit roi par la succession du roi son père. Mais ces choses ne se purent pas sitôt accomplir comme je le devise.

Tout cel hiver s'ordonnèrent les François pour envoyer en Escosse, et furent les trèves de France et d'Angleterre ralongées, et de tous les conjoints et adhers à leur guerre, de la Saint-Michel, jusques au jour de mai. Si firent faire grandes pourvéances par terre et par mer. Et étoit l'intention du conseil de France que à l'été qui venoit, on feroit forte guerre à tous lez ; et s'en iroit en Escosse l'amiral de France atout deux mille lances, chevaliers et écuyers ; et d'autre part en Languedoc, en Auvergne et en Limousin, le duc Louis de Bourbon et le comte de la Marche iroient atout deux mille combattans, pour reconquérir aucuns chastels que Anglois et pillards tenoient, qui moult travailloient le pays. Et faisoit-on faire et ordonner en Picardie et en Hainaut grand'foison de haches pour le voyage d'Escosse ; et cuire en Artois, à Lille, à Douay et à Tournay grand'foison de biscuit ; et toutes autres pourvéances appareiller selon la marine en mouvant de Harefleur [1] et venant toutes les bandes et les côtières de mer jusques à l'Escluse ; car c'étoit le principal hâvre là où on tendoit à monter.

La duchesse Jeanne de Brabant, qui étoit vefve de son mari le duc Wincelent de Bohême qui mort étoit, pour lequel trépas elle avoit eu grand douleur, car elle avoit perdu bonne compagnie et sollacieuse, se tenoit à Bruxelles entre ses gens. Si lui déplaisoit grandement le troublement que elle véoit en Flandre ; et volontiers

---

[1] Louis, duc d'Anjou, mourut à Bisaglio, dans la terre de Bari, suivant les grandes Chroniques de France, le 7 septembre ; suivant Giannone, le 7 octobre ; suivant Sismondi, le 10 octobre, et suivant *l'Art de vérifier les dates*, dans la nuit du 20 au 21 septembre 1384.

[1] Le long de la côte en allant du côté de Harfleur.

y eût mis conseil, ordonnance et attrempance si elle pût; car elle véoit et entendoit tous les jours que les Gantois se fortifioient des Anglois, lesquels leur promettoient grand confort; et si véoit son neveu et sa nièce de Bourgogne qui devoient être par droit ses héritiers et qui étoient des plus grands du monde, tant que des plus beaux héritages tenans et attendans, en grand touillement par le fait de ceux de Gand. Outre encore véoit-elle le duc Aubert bail de Hainaut et la duchesse sa femme avoir de beaux enfans, dont il en y avoit jusques à deux fils et une fille tous à marier; et entendoit que le duc de Lancastre rendoit et mettoit grand'peine à ce que Philippe sa fille, qu'il ot de la bonne duchesse Blanche sa première femme, fût mariée à l'ains-né fils du duc Aubert, qui par droit devoit être héritier de la comté de Hainaut, de Hollande et de Zélande. Si doutoit la dite dame, si les alliances de Hainaut et d'Angleterre se faisoient, que les François n'en eussent indignation, et que le bon pays de Hainaut couvertement et ouvertement des passans de France allans en Flandre ne fût grevé; avecques tout ce que le duc Aubert, pour la cause des Hollandois et des Zélandois et ceux qui marchissoient[1] sur la mer, confortoient en plusieurs manières les Gantois, dont le duc de Bourgogne et son conseil étoient informés, si n'en amoient mieux le duc Aubert, quoique à toutes ces choses il n'eût nulle coulpe; car, si comme les Hollandois et les Zélandois disoient, la guerre de Flandre ne les regardoit en rien, ni ils ne pouvoient ni devoient défendre à courir marchandise.

La bonne dame dessus dite, considérant toutes ces choses, et les périls qui en pouvoient naître et venir, s'avisa que elle mettroit ces deux ducs ensemble, le duc de Bourgogne et le duc Aubert, et elle seroit moyenne de tous les traités; et aussi elle prieroit au duc de Bourgogne pour ceux de Gand venir à merci. Adonc la bonne dame sur son avis et imagination ne se voult mie endormir, mais mit clercs en œuvre et messagers; et fit tant par ses traités envers le duc de Bourgogne et le duc Aubert, que un parlement fut assigné à être en la ville de Cambray. Et l'accordèrent les deux ducs et leurs consaulx; et ne savoient encore nuls des deux ducs, fors la bonne dame, sur quel état et propos le parlement se tenroit.

A ce parlement, pourtant, que ils avoient scellé à être en la cité de Cambray au mois de janvier, si comme vers l'apparition des Trois Rois, vinrent le duc de Bourgogne et le duc Aubert et leurs consaulx; et là vint et fut la duchesse de Brabant qui ouvrit tous les traités; et remontra premièrement au duc de Bourgogne, comment il étoit en ce monde un grand sire et avoit de beaux enfans; si étoit bien heure que l'un ou les deux fussent assignés et mis en lieu dont ils vaulsissent mieux; et pour le présent elle ne pouvoit voir lieu ni assigner où ils fussent mieux que ès enfans de Hainaut, pour reconfirmer tous les pays ensemble et pour donner grand'cremeur à ses ennemis. « Car, beau nieps, dit-elle au duc de Bourgogne, je sais de vérité que le duc de Lancastre, qui est fort et puissant en Angleterre, procure fort que sa fille fût assignée à mon nepveu Guillaume de Hainaut; et je aurois bien cher un profit pour vous et pour vos enfans que pour les Anglois. » — « Ma belle ante, répondit le duc de Bourgogne, grand merci; et je vous croirai, et lairai convenir de ma fille Marguerite au damoisel de Hainaut. »

Adonc la bonne dame alla de l'un à l'autre, et commença à parlementer de ce mariage. Le duc Aubert, auquel ces paroles étoient assez nouvelles, en répondit moult courtoisement; et dit que il n'avoit point là de son conseil tel que il vouloit avoir. « Et quel conseil, dit la duchesse, vous faut-il avoir pour bien faire, et mettre et tenir en paix votre pays? » — « Ma femme, répondit le duc, car sans elle je n'en ferois rien; autant a-t-elle en mes enfans comme j'en ai. Et aussi, belle ante, il appartient que les nobles de mon pays y soient et en soient informés. »

La duchesse répondit que Dieu y eût part. Et s'avisa que bellement elle les feroit départir de là ensemble, et leur prieroit que dedans le carême elle les pût remettre en celle propre cité ensemble, et leurs femmes, madame de Bourgogne et madame de Hainault et leurs consaulx; et fit la dame tout ce si secrètement que planté de gens ne pouvoient savoir pourquoi le parlement avoit là été. Sur cel état les deux ducs se départirent de Cambray, et s'en alla le duc de Bourgogne en la cité d'Arras où madame sa femme étoit : le duc Aubert s'en retourna en

---

[1] Habitaient les pays limitrophes.

[1384] Hollande où la duchesse sa femme étoit; et la duchesse de Brabant s'en retourna en son pays, qui soigneusement et couvertement escripsoit et envoyoit de l'un à l'autre. Et moult en ot de peine et de frais pour remettre ces seigneurs et ces dames en la cité de Cambray ensemble; car moult désiroit que les mariages se fissent, pour confirmer en bon amour et en unité Flandre, Brabant et Hainaut ensemble.

Tant exploita la duchesse de Brabant que ces parties et leurs consaulx, et elle aussi et son conseil, vinrent et furent tous à Cambray. Et là y ot fait moult de honneurs, car chacun de ces ducs s'efforçoit à faire honneur l'un pour l'autre. Là étoit la duchesse Marguerite de Bourgogne et la duchesse Marguerite de Hainaut qui se tenoit moult forte en ces traités, et disoit que si on vouloit que son fils eût Marguerite de Bourgogne, sa fille Marguerite aussi auroit Jean de Bourgogne; par quoi il y auroit plus grand'conjonction de tout amour. Envis marioit et allioit en un hôtel le duc de Bourgogne deux de ses enfans à une fois; de sa fille ce lui sembloit assez au damoisel de Hainaut; et excusoit son fils Jean encore à trop jeune. Et avoit adonc le duc de Bourgogne imagination qu'il le marieroit à Catherine de France, sœur de son neveu le roi de France; et furent ces traités et parlemens presque sur le point du faillir, car la duchesse de Bavière disoit que le mariage ne se feroit de l'un de ses enfans si il ne se faisoit de deux; et tint toujours ce propos, ni on ne le put onques briser. La duchesse de Brabant avoit grand'peine d'aller de l'un à l'autre et de remettre les traités en état et ensemble. Et tant exploita la bonne dame en remontrant raisons raisonnables et véritables, et par espécial au duc et à la duchesse de Bourgogne, que les besognes s'avancèrent et confirmèrent; et furent les mariages enconvenancés du fils et de la fille du duc de Bourgogne au fils et à la fille du duc Aubert de Bavière. Et ce qui avoit détrié et empêché bien cinq jours les mariages à approcher, ce étoit un différend que le conseil du duc de Bourgogne y trouvoit et mettoit; car ceux du conseil véoient et entendoient que le duc Aubert n'étoit que bail de Hainaut, car encore vivoit le duc Guillaume de Hainaut, son frère, lequel gissoit malade au Quesnoy, et pouvoit bien cil comte Guillaume survivre son frère le duc Aubert; et si il le survivoit, il étoit tout clair que ses autres frères auroient par droit le bail et le gouvernement de Hainaut, et seroient déboutés les enfans du duc Aubert : pour celle doubte et différend s'en détrièrent ces mariages un terme ; et furent à Cambray bien onze jours, tant qu'il fut éclairci et prouvé que le duc Aubert n'avoit nuls frères, et que le comte de Hainaut ne lui pouvoit éloigner que l'héritage ne lui revînt et à ses enfans.

Quand ces choses furent sçues et trouvées en voir, on ne détria guères depuis; mais furent les mariages jurés et convenancés de Guillaume de Hainaut avoir à femme Marguerite de Bourgogne, et de Jean de Bourgogne avoir Marguerite de Hainaut ; et devoient retourner à Cambray toutes ces parties pour faire les solemnités des noces et épousailles aux octaves de Pâques, l'an de grâce mil trois cent quatre vingt et cinq.

CHAPITRE CCXXIII.

Comment au jour qui ordonné étoit les noces se firent à Cambray, où le roi de France fut; comment le duc de Lancastr envoya devers le duc Aubert et qu'il fut répondu : et des parçons et douaires qui se firent des deux côtés.

Sur cel état se départirent de Cambray toutes les parties, et s'en retournèrent, le duc de Bourgogne en France devers le roi, et sa femme la duchesse à Arras, et le duc Aubert et la duchesse sa femme en la ville du Quesnoy, le comte et madame de Brabant en son pays. Adonc furent ouvriers, charpentiers et maçons mis en œuvre pour appareiller et mettre à point les hôtels en la cité de Cambray; et envoya-t-on gens pour faire les pourvéances si grandes et si grosses que merveille est à considérer ; et furent criées et publiées au royaume de France et en l'Empire unes joutes si grandes et si belles que merveilles, à être à Cambray la semaine après les octaves de Pâques. Quand le roi de France en fut informé, si dit qu'il vouloit être aux noces de ses cousins et de ses cousines : si envoya tantôt ses maîtres-d'hôtels pour faire à Cambray ses pourvéances, si grandes et si grosses comme à roi de France appartenoit. Et avoit-on retenu le palais de l'évêque pour le duc de Bourgogne, et jà y faisoit-on ses pourvéances; mais il les en convint partir et vider, pour le roi. Si furent au palais de Cambray charpentiers et maçons ensoignés d'ouvrer et de mettre tout en état royal, ainsi comme encore il appert ; car en devant de celle fête il n'étoit pas ainsi et n'étoit point en souvenance d'homme ni en mémoire que depuis deux cens ans si grand'fête eût été à Cambray comme elle se tailloit de avoir et être ; ni les seigneurs pour eux appareiller et jolier, et pour exaulcier leur état n'épargnoient or ni argent, non plus que dont si il plût des nues ; et s'efforçoient tous l'un pour l'autre.

Les nouvelles vinrent en Angleterre de ces mariages, comment le duc de Bourgogne et le duc Aubert marioient leurs enfans ensemble. Le duc de Lancastre, qui toujours avoit eu espérance que Guillaume de Hainaut prendroit à femme sa fille, à tout le moins on lui avoit fait et donné à entendre, si fut tout pensif et tout mérencolieux de ces nouvelles ; et, tout imaginé, pour mieux en savoir la vérité, il envoya messages et écuyers de son hôtel à Gand, et les enditta et informa de parler au duc Aubert. Quand ces gens de par le duc de Lancastre furent venus à Gand, ils trouvèrent messire Jean le Boursier et les échevins de Gand, Piètre du Bois et François Acreman qui leur firent bonne chère ; et se rafreschirent là deux ou trois jours, et puis s'en partirent et vinrent à Mons en Hainaut, et de là allèrent-ils au Quesnoy et se trairent devers le duc ; car il s'y tenoit pour le temps, et la duchesse sa femme et ses enfans. Pour l'honneur du duc de Lancastre ils recueillirent assez liement les Anglois, et leur fit le duc bonne chère ; aussi fit le sire de Gommignies.

Le maître de l'estaple des laines de toute Angleterre[1] parla premier, quand il ot montré ses lettres de créances, et recommanda moult grandement le duc de Lancastre à son cousin le duc Aubert ; et puis parla de plusieurs choses dont ils étoient chargés. Entre les autres choses il demanda au duc Aubert, si comme je fus adonc informé, si c'étoit son intention de persévérer en ce mariage aux enfans du duc de Bourgogne. De celle parole le duc Aubert mua un petit couleur et dit : « Oil, sire, par ma foi ! pourquoi le demandez-vous ? » — « Monseigneur, dit-il, j'en parle pour ce que monseigneur le duc de Lancastre a toujours espéré jusques à ci que mademoiselle Philippe, sa fille, auroit Guillaume mon-

[1] Le mot anglais *staple* signifie tantôt un marché, et tantôt les matériaux employés dans une manufacture. Le mot français *étape* signifie aussi un entrepôt, un lieu où on dépose les marchandises. Le commerce des laines était d'une grande importance pour le Hainaut.

seigneur votre fils. » Lors dit le duc Aubert : « Compaing, dites à mon cousin que quand il aura marié ou mariera ses enfans, que point je ne m'en ensoignerai ; aussi ne se a-t-il que faire d'ensoigner de mes enfans, ni quand je les vueil marier, ni où, ni comment, ni à qui. » Ce fut la réponse que les Anglois eurent adoncques du duc Aubert. Ce maître de l'estaple et ses compagnons prinrent congé au duc après dîner, et s'en vinrent gesir à Valenciennes ; et à lendemain ils s'en retournèrent à Gand. De eux je ne sçais plus avant : je crois qu'ils retournèrent en Angleterre.

Or vint la Pâque que on compta l'an mil trois cent quatre vingt et cinq, et le terme que le roi de France, le duc de Bourgogne, le duc de Bourbon, le duc Aubert, la duchesse sa femme, la duchesse de Brabant, la duchesse de Bourgogne, messire Guillaume et messire Jean de Namur, vinrent à Cambray. Le roi se traist au palais, car c'étoit son hôtel. Chacun seigneur et chacune dame se trairent à leurs hôtels. Vous pouvez et devez bien croire et savoir, où le roi de France étoit et tant de hauts et de nobles princes, et de hautes et de nobles dames, que il y avoit grand'foison de chevalerie. Le roi entra le lundi à heure de dîner à Cambray ; et jà étoient tous les seigneurs venus et toutes les dames aussi. Tous allèrent à l'encontre de lui au dehors de la cité ; et fut amené et convoyé à grand'foison de trompes et de menestrels jusques au palais.

Ce lundi, présens le roi et les hauts barons, furent renouvelées les convenances des mariages. Et devoit Guillaume de Hainaut avoir la comté d'Ostrevant. Et fut madame Marguerite, sa femme, douée de toute la terre et chastellenie d'Ath que on dit en Brabant. Et donnoit le duc de Bourgogne à sa fille cent mille francs ; et Jean de Bourgogne devoit être comte de Nevers, et en étoit madame Marguerite de Hainaut douée ; et donnoit le duc Aubert à sa fille cent mille francs. Ainsi se faisoient les parçons.

Le mardi, à heure de la haute messe, ils furent épousés en l'église cathédrale Notre-Dame de Cambray à grand'solemnité ; et les épousa l'évêque du lieu qui ot en nom Jean, et étoit né de Bruxelles. Là ot au palais au dîner très grands noblesses ; et fit le roi de France seoir à table les deux mariés et les deux mariées ; et tous les autres seigneurs servoient sur hauts destriers [1]. Et asséoit à table le connétable de France; et l'amiral de France, et messire Guy de la Trémoille et messire Guillaume de Namur, et plusieurs autres barons de France servoient. Oncques à Cambray n'ot puis cinq cens ans si haute solemnité ni si renommée comme il y ot en ces jours dont je parle.

Après ce noble et haut dîner fait, grand'foison de seigneurs et de chevaliers furent armés et appareillés pour la joute, et joutèrent sur le marché; et y avoit quarante chevaliers dedans. Et jouta le jeune roi Charles de France à un chevalier de Hainaut qui s'appeloit Nicole de Espinoy; et furent ces joutes très belles et très bien joutées, et furent très bien continuées; et en ot le prix un jeune chevalier de Hainaut qui s'appeloit Jean, sire d'Oustiennes, de-lez Beaumont en Hainaut; et jouta le chevalier au plaisir des seigneurs et des dames très bien; et ot pour le prix un fermail d'or à pierres précieuses, que madame de Bourgogne prit en sa poitrine, et lui présentèrent l'amiral de France et messire Guy de la Trémoille. Si se continua toute la semaine en grand revel, et se continuèrent les fêtes; et le vendredi après dîner on prit congé au roi et le roi aux seigneurs et aux dames, et se partit de Cambray: aussi firent tous les ducs et les duchesses. Si emmena madame de Bourgogne vers Arras Marguerite de Hainaut sa fille, et madame de Hainaut emmena au Quesnoy madame Marguerite de Bourgogne. Ainsi se persévérèrent ces besognes.

CHAPITRE CCXXV.

Comment le mariage fut fait de la fille au duc de Berry au fils du comte de Blois, et d'une grosse armée de François qui passèrent en Escosse pour aller en Angleterre.

En celle saison fut aussi fait et traité le mariage de Louis de Blois, fils au comte Guy de Blois, et de madame Marie de Berry, fille au duc Jean de Berry; et environ le mois de mai s'en allèrent le comte de Blois et madame de Blois, sa femme, en la duché de Berry, et emmenèrent Louis, leur fils, bien accompagné de grand'foison de seigneurs, de dames et de damoiselles; et vinrent à Bourges en Berry, où le duc et la duchesse étoient qui là les attendoient et qui là très puissamment les recueillirent, conjouirent et fêtèrent, et toute leur compagnie. Si furent là confirmées toutes les convenances des fiançailles, et les fiança l'archevêque de Bourges; et là ot grand'foison de seigneurs. Et n'épousèrent pas lors; car le fils et la fille étoient pour lors moult jeunes; mais les convenances du persévérer avant au mariage furent prises, présens plusieurs hauts barons et chevaliers; et y ot à ces fiançailles grands fêtes de dîners et de soupers, de danses et de caroles; et puis s'en retournèrent le comte et la comtesse de Blois et leur fils arrière en la comté de Blois, et là se tinrent; et la fille demeura de-lez sa dame de mère en Berry en un très bel chastel de-lez Bourges, que on dit Meun sur Yèvre [1].

En ce temps se partit le duc de Berry pour aller en Auvergne et en Languedoc et jusques à Avignon, voir le pape Clément [2]. Et étoit ordonné en devant que le duc de Bourbon et le comte de la Marche, atout deux mille hommes d'armes, s'en iroient en Limousin et délivreroient le pays des Anglois et des pillards larrons qui pilloient et roboient le pays; car en Poitou avoit encore aucuns forts chastels, et en Xaintonge, que ils tenoient; et y faisoient moult de dommages; dont les plaintes en étoient venues au duc de Berry, lequel duc y vouloit remédier. Et avoit prié le duc de Bourbon, son cousin, par espécial, que la garnison de Breteuil, lui venu en Xaintonge et en Limousin, il ne déportât nullement que elle ne fût conquise; car c'étoit le fort qui plus donnoit à faire et à souffrir au pays. Et le duc de Bourbon lui eut en convenant que ainsi feroit-il. Si avoit fait son mandement à Moulins en Bourbonnois, à là être le premier jour de juin, et là se trairoient sur le pays en allant vers Limoges toutes manières de gens d'armes. Et avoit pour le temps le duc de Bourbon de-lez lui un écuyer, gentilhomme gracieux et vaillant homme d'armes durement, qui s'appeloit Jean Bonne-Lance, maître et capitaine de ces gens d'armes; et certes l'écuyer valoit bien

---

[1] Cet usage s'est conservé jusqu'ici en Angleterre, et plusieurs des plus hauts dignitaires de la couronne d'Angleterre ont servi à cheval le roi Georges IV au dîner du couronnement.

[1] Le château de Mehun était situé à quatre lieues de Bourges sur la route d'Orléans; il est aujourd'hui en ruines.

[2] Suivant le moine anonyme de Saint-Denis, ce voyage se fit en 1384.

que il le fût. Si faisoit le comte de la Marche, qui devoit être en celle chevauchée et en la compagnie au duc de Bourbon, son mandement en la cité de Tours.

En celle saison s'en vinrent à l'Escluse en Flandre toutes gens d'armes qui étoient escripts, ordonnés et passés ès montres pour aller outre en Escosse, en la compagnie de messire Jean de Vienne, amiral de France ; et devoit mener mille lances, chevaliers et écuyers ; et crois bien que tous y furent, car ils alloient de si très grand' volonté, que tel n'étoit mie prié ni mandé, qui, pour son avancement, se mettoit en la route de l'amiral et au voyage. Et étoit toute la navire appareillée à l'Escluse, et les pourvéances toutes faites belles et grandes [1]; et emportoient et faisoient emporter les seigneurs la garnison pour armer douze cens hommes d'armes de pied en cap ; et avoit-on pris ce harnois d'armes au chastel de Beauté de-lez Paris ; et avoient été les armures de ceux de Paris, lesquelles, et encore grand'foison, on leur avoit fait porter au dit chastel.

En la compagnie de l'amiral avoit grand'foison de bonnes gens d'armes, toute fleur de chevalerie et d'escuierie ; et étoit l'intention du connétable de France et de ceux qui en ce voyage alloient, pour ce que ceux qui en l'année devant y avoient été, messire Geoffroy de Chargny et les autres, avoient dit au roi et à son conseil que en Escosse on étoit povrement et petitement armé de bon harnois, ces armures que faisoient emporter avecques eux ces seigneurs, ils les délivreroient aux chevaliers et écuyers du royaume d'Escosse pour mieux faire la besogne.

Or je vous nommerai une partie des seigneurs de France qui allèrent en celle saison en Escosse. Premièrement messire Jean de Vienne, amiral de France, le comte de Grant-Pré, le seigneur de Vodenay, le seigneur de Sainte-Croix, le seigneur de Montbury, messire Geoffroy de Chargny, messire Guillaume et messire Jacques de Vienne, le seigneur d'Espaigny, messire Gérart de Bourbonne, le seigneur de Héez, messire Florimont d'Ausy, le seigneur de Moreuil, messire Walleran de Raineval, le seigneur de Beau-Sault, le seigneur de Waurin, le seigneur de Rivery, le baron d'Yvry, le seigneur de Coursy, messire Perceval d'Aineval, le seigneur de Ferrières, le seigneur de Fontaines, messire Bracque de Bracquemont, le seigneur de Grant-Court, le seigneur de Landon, Breton, messire Guy la Personne, messire Guillaume de Corroy, le seigneur de Hangest, messire Charles de Hangiers, messire Werry de Winsellin, cousin du haut maître de Prusse, et plusieurs autres bons chevaliers que je ne puis mie nommer tous ; et tant que ils furent mille lances, chevaliers et écuyers, sans les arbalètriers et les gros varlets [1]. Et orent bon vent et beau voyage de mer, car le temps étoit moult beau, si comme au mois de mai [2]. Et étoient les trèves faillies entre France et Angleterre, et les Gantois et les Flamands de toutes les parties ; car de toutes parts, si comme ils le montroient, ils désiroient la guerre. Et très liement ces chevaliers et écuyers s'en alloient en Escosse ; et disoient que avecques l'aide et confort des Escots ils auroient une bonne saison et feroient un grand exploit d'armes sur leurs ennemis en Angleterre. Et sachez que les Anglois qui étoient informés de ce voyage s'en doutoient grandement.

CHAPITRE CCXXIV.

Comment aucuns pillards, qui se nommaient les pourcelets de la Raspaille, faisoient moult de maux en Flandre et ailleurs ; et d'une rencontre de François et de Gantois, où les François furent déconfits ; et d'autres incidens.

Messire Jean le Boursier, qui avoit en gouvernement de par le roi Richard d'Angleterre la ville de Gand, Piètre du Bois, François Acreman et Piètre de Vintre se tenoient tout pourvus, avisés et informés que ils auroient la guerre. Si s'ordonnèrent selon ce ; et avoient, les trèves durant, grandement ravitaillé et rafreschi leur

---

[a] Le moine anonyme de Saint-Denis dit que pour subvenir aux frais de cette expédition, Charles VI décrédita toutes les monnaies de ses prédécesseurs ; mais que cette mesure, si funeste au peuple, ne procura de profit qu'aux courtisans, par les mains desquels passaient ces monnaies.

[1] Jean de Fordun, dans son Scoti-Chronicon (année 1385), dit qu'ils étaient onze cents. Son continuateur dit que Jean de Vienne, qu'il appelle *comes de Valentinose*, au lieu de seigneur de Rollans, arriva en Écosse *cum duobus millibus armatorum proborum, de quibus octingenti milites, quorum banerati erant et vexilevantes circum octoginta, de quibus viginti sex barones et proceres, ducenti albalestrarii, cum aliis valentibus armigeris et bellatoribus ducentis et quadraginta advecti navibus.*

[2] Ils débarquèrent en effet au mois de mai, suivant le continuateur du Scoti-Chronicon, à Dunbar et à Leith.

ville de pourvéances et de toutes choses nécessaires à guerre appartenans, et aussi le chastel de Gavre et tout ce qui se tenoit pour eux. En ce temps avoit une manière de gens routiers ens ès bois de la Raspaille, que on appeloit les pourcelets de la Raspaille; et avoient en ce bois de la Raspaille fortifié une maison, tellement que on ne les pouvoit prendre ni avoir. Et étoient gens échassés de Grantmont et d'Alost et d'autres terres de Flandre, lesquels avoient tout perdu le leur, et ne savoient de quoi vivre si ils ne le pilloient et roboient partout où ils le pouvoient prendre; et ne parloit-on alors fors des pourcelets de la Raspaille. Et siéd ce bois entre Renay et Grantmont, Enghien et Lessines; et faisoient moult de maux en la chastellenie d'Ath et en la terre de Floberghes et de Lessines et en la terre d'Enghien. Et étoient iceux avoués de ceux de Gand; car sous ombre d'eux ils faisoient moult de murdres, de larcins, de roberies et de pillages, et venoient en Hainaut prendre et querre les hommes en leurs lits, et les emmenoient en leurs forts de la Raspaille, et là les rançonnoient; et avoient guerre contre tout homme puisqu'ils le trouvoient en leur avantage. Le chastelain d'Ath qui étoit pour le temps sire Beaudoin de la Mote, fit par plusieurs fois des aguets sur eux; mais il ne les pouvoit avoir ni attraper; car ils savoient trop de refuges. Et les ressoignoit-on tant en la frontière de Hainaut et de Brabant que nul n'osoit aller ce chemin ni ens ou pays.

Le duc de Bourgogne d'autre part avoit garni et repourvu parmi Flandre, pour la guerre que il attendoit à avoir, ses villes et ses chastels; et étoit capitaine de Bruges le sire de Ghistelle, et de l'Escluse, messire Guillaume de Namur; car pour ce temps il en étoit sire; et du Dam, messire Guy de Ghistelle, et de Courtray messire Jean de Jumont, et de Yppre messire Pierre de la Nièpe; et ainsi par toutes les villes et forteresses de Flandre y avoit gens d'armes de par le duc de Bourgogne.

En la ville d'Ardembourch pareillement se tenoient en garnison messire Guy de Pontarlier, maréchal de Bourgogne, et messire Riffiard de Flandre, messire Jean de Jumont, messire Henry d'Antoing, le sire de Montigny; en Ostrevant, le sire de Longueval, messire Jean de Berlette, messire Pierre de Bailleul et Belle-Fourière, Philippot de Grancy, Raulin de la Folie et plusieurs autres. Et étoient bien ces gens d'armes deux cens combattans. Si se avisèrent l'un pour l'autre, et se mirent en volonté de chevaucher ens ès Quatre-Métiers et détruire celui pays; car moult de douceurs en venoient à ceux de Gand. Si se partirent un jour tout armés et apprêtés pour faire leur emprise, et chevauchèrent celle part pour bien besogner.

Ce propre jour que les François chevauchoient, environ deux mille hommes de Gand étoient issus hors, tous apperts compagnons, desquels François Acreman étoit conduiseur et capitaine; et se trouvèrent d'aventure ces gens d'armes de France et ces Gantois en un village. Quand ils sçurent l'un de l'autre, il convint que il y eût bataille. Là mirent les François pied à terre vaillamment et empoignèrent leurs glaives; et approchèrent leurs ennemis; et les Gantois eux, qui étoient grand'foison. Là commencèrent-ils à traire et à lancer l'un contre l'autre; et étoient sus un pas où les Gantois ne pouvoient passer à leur avantage. Là ot dure rencontre, et faites maintes grands appertises d'armes, et rués jus des uns et des autres; et là fut messire Riffiard de Flandre très bon chevalier, et y fit plusieurs grands prouesses et de belles appertises. Et se combattoient très vaillamment chevaliers et écuyers à ces Gantois, et faire leur convenoit; car là n'avoit nulle rançon. Finablement les Gantois étoient si grand'foison que ils obtinrent la place; et convint les François partir et monter à cheval; autrement ils eussent été tous perdus; car les Gantois les effforcèrent. Et y furent morts messire Jean de Berlette, messire Jean de Bailleul et Belle-Fourière, Philippot de Grancy et Raulin de la Folie et plusieurs autres, dont ce fut dommage; et convint le demeurant fuir et rentrer en Ardembourch, autrement ils eussent été tous morts et perdus sans recouvrer. Depuis celle aventure fut envoyé le vicomte de Meaux en garnison en Ardembourch à toute sa charge de gens d'armes : si aida à remparer et fortifier la ville de Ardembourch; et se tenoient avecques lui plusieurs chevaliers et écuyers, lesquels étoient bien cent lances de bonnes gens d'armes. Et pour ce temps étoit messire Jean de Jumont grand bailliff de Flandre, et avoit été bien deux ans en devant, lequel étoit moult cremu et ressoigné par toute Flandre, pour les prouesses et appertises que il faisoit; et quand il pouvoit attraper des Gantois il n'en prensist nulle rançon que il ne les mist à mort, ou fît crever les yeux, ou couper les poings, ou les oreilles, ou les pieds, et puis les laissoit aller en cel état, pour exemplier les autres ; et étoit si renommé par toute Flandre, de tenir justice sans point de pitié et de corriger cruellement les Gantois, que on ne parloit d'autrui en Flandre que de lui.

Ainsi par toutes terres étoit en ce temps le monde en tribulation et en guerre, tant entre le roi de France et le roi d'Angleterre, comme entre le roi Jean de Castille et celui de Portingal ; car là étoit la guerre renouvelée ; et étoit madame d'Anjou, qui s'escripsoit roine de Naples et de Jérusalem, venue en Avignon devers le pape, et tenoit son hôtel, et son fils le roi Louis avecques li, qui s'appeloit roi de Sicile ; car son père l'avoit conquis ; et avoit intention la roine de Naples de faire guerre en Provence, si les Provençaux ne la reconnoissoient à dame et ne venoient en son obéissance. Et jà étoit messire Bernard de la Salle entré en Provence, et y faisoit guerre pour elle. Et se tenoit pour le temps le sire de Coucy en Avignon, car bien quinze semaines y fut au lit d'une chute de cheval, dont il eut la jambe durement mésaisée. Quand il fut guéri, il visitoit souvent la roine et la reconfortoit, ainsi que bien faire le savoit. Et attendoit la roine le duc de Berry, qui s'étoit mis au chemin et s'en venoit en Avignon pour parler au pape et pour aider sa belle-sœur la roine ; car le roi de France et ses oncles envoyoient messire Louis de Sancerre, maréchal de France, en Provence atout cinq cens hommes d'armes pour guerroyer les Provençaux, si ils ne venoient à obéissance. Les aucuns y étoient venus, et non pas tous ; mais toutefois la cité de Marseille et la greigneur partie de Provence se rendoient à la roine : mais la cité d'Aix en Provence et Tarascon et aucuns chevaliers du pays ne s'y vouloient rendre ; car ils disoient que elle n'y avoit nul droit de challenger ni demander la comté de Provence jusques adonc qu'elle seroit paisiblement reçue à dame, et son fils reçu à roi de Pouille, de Calabre, de Naples et de Sicile ; et quand elle en montreroit possession paisible, toute Provence obéiroit à elle, et ce seroit raison.

Ens ès guerres de par de là faisoient guerre pour elle le comte de Conversan contre Charles de la Paix et les Napolitains : et si faisoit messire Jean de Luxembourch son fils. Et de-lez la roine en Avignon, de son espécial conseil, se tenoit messire Jean de Beuil.

CHAPITRE CCXXVI.

Comment messire Galéas, duc de Milan, fit prendre par embuche messire Barnabo son oncle, lequel il fit mourir en prison pour avoir sa seigneurie.

En celle saison avint une autre incidence merveilleuse en Lombardie, et de laquelle on parla moult par le monde ; et fut du comte de Vertus [1], qui s'appeloit Galéas, à son oncle, le plus grand seigneur de lors en Lombardie, messire Barnabo. Messire Galéas [2] et messire Barnabo, qui avoient été frères et régné ensemble assez paisiblement, et gouverné fraternellement toute Lombardie ; l'un y tenoit de seigneurie neuf cités et l'autre dix : et Milan alloit au gouvernement de l'un un an, et puis retournoit l'autre an au gouvernement de l'autre. Quand messire Galéas père au comte de Vertus fut mort [3], si s'éloignèrent les amours de l'oncle au neveu ; et se douta le jeune Galéas, quand son père fut mort, de son oncle, messire Barnabo, que il ne lui voulsist soustraire et tollir ses seigneuries, ainsi comme son père et son oncle avoient du temps passé tolli la seigneurie à leur frère messire Maulfe, et l'avoient fait mourir [4]. Icelui comte de Vertus s'en douta trop grandement ; et bien montra que il n'en étoit pas assuré ; toutefois du fait et de l'emprise qu'il fit il ouvra moult soubtivement, je vous dirai comment.

Messire Barnabo avoit un usage, que toute la terre de Lombardie, dont il étoit sire, il rançonnoit trop durement, et tailloit les hommes des-

[1] Jean Galéas, qui prenait le titre de comte de Vertus, avait succédé en 1378 à son père Galéas dans le gouvernement de la moitié de la Lombardie. Il résidait à Pavie, tandis que son oncle Barnabo demeurait à Milan. J. Galéas avait reçu de son père le gouvernement des villes de Pavie, Asti, Verceil, Novare, Plaisance, Alexandrie, Bobbio, Alba, Como, Casal, Sant-Evasio, Valence et Vigevano. Barnabo possédait Lodi, Crémone, Parme, Borgo-San-Donnino, Crème, Bergame et Brescia.
[2] Père de J. Galéas, dont il est question dans ce chapitre.
[3] Il mourut le 4 août 1378.
[4] Les Visconti répandirent le bruit que leur frère aîné Matteo était mort d'épuisement à la suite de ses débauches ; mais il paraît qu'ils le firent empoisonner, par crainte que le peuple, poussé à bout par sa tyrannie, ne s'en vengeât sur eux trois à la fois.

sous lui, deux ou trois fois l'an, du demi ou du tiers de leur chevanche; et si n'en osoit nul parler; mal pour celui qui s'en plaignit. Messire Galéas, comte de Vertus, pour grâce acquerre et louange en toute sa terre, ne prenoit ni levoit nulles aides ni nulles tailles, ainçois vivoit de ses rentes singulièrement. Et tint celle ordonnance depuis la mort son père bien cinq ans. Et avoit telle grâce de toutes gens en Lombardie que chacun l'aimoit et disoit bien de lui, et demeuroit volontiers dessous lui; et toutes gens disoient mal et se plaignoient couvertement de messire Barnabo; car il ne leur laissoit rien. Avint que le comte de Vertus, qui tiroit à faire son fait et qui se doutoit trop grandement de son oncle, et jà en avoit vu aucunes apparences, si comme on disoit, fit un mandement secrètement de tous ceux où il se confortoit le plus, et dit à aucuns son entente, et non pas à tous, qu'il ne fût sçu et révélé. Et sçut une journée que messire Barnabo son oncle devoit chevaucher en ses déduits de chastel à autre. Sur cel état et ordonnance il mit sus trois embûches; et convenoit que messire Barnabo passât du moins parmi l'une des embûches. Il étoit ordonné de le prendre vif et non pas mort, si il ne se mettoit trop grandement à défense.

Ainsi que messire Barnabo chevauchoit de ville à autre, qui nullement n'y pensoit et qui tout assuré cuidoit être, ni de son nepveu nulle doute il ne faisoit, véez-ci qu'il s'embat sur une de ces embûches, laquelle se ouvrit tantôt sur lui, et vinrent tantôt, en brochant chevaux de l'éperon et les lances abaissées. Là ot un chevalier allemand qui étoit à messire Barnabo et lui dit : « Sire, sauvez-vous, je vois sur vous venir gens de très mauvais convenant, et sont de par votre nepveu messire Galéas. » Messire Barnabo répondit que il ne se sauroit où sauver si on avoit aucune male volonté sur lui, et qu'il ne cuidoit en rien avoir forfait à son nepveu, pourquoi il lui convint fuir. Et toujours ceux de l'embûche approchoient et venoient au plus droit que ils pouvoient, fendant parmi les champs sur messire Barnabo. Là ot ce chevalier d'Allemagne, homme d'honneur étoit et chevalier du corps à messire Barnabo; quand il vit approcher ceux qui venoient sur son maître et seigneur, il portoit l'épée à messire Barnabo devant lui, tantôt il la trait hors du fourrel et la mit au poing de messire Barnabo; tout ce lui virent faire ceux qui venoient pour le prendre; et puis trait le chevalier son épée comme vaillant homme, pour lui mettre à défense. Ce ne lui valut rien; car tantôt il fut environné, et messire Barnabo aussi; et là fut le chevalier occis, pourtant qu'il avoit fait semblant et contenance de lui défendre; dont messire Galéas fut depuis pour la mort trop durement courroucé. Là fut pris messire Barnabo; oncques n'y ot défense en lui ni en ses gens, et mené en un chastel où son nepveu étoit, qui ot grand'joie de sa venue.

En ce jour aussi furent pris sa femme et ses enfans, ceux qui à marier étoient; et les tint le sire de Milan en prison, qui prit tantôt toutes les seigneuries, villes, chastels et cités que messire Barnabo tenoit en Lombardie. Et se tenoit le pays à lui; et demeura messire Galéas sire de toute Lombardie par la manière que je vous dis; car son oncle mourut. Je ne sais mie de quelle mort; je crois bien que il fut saigné au haterel, ainsi comme ils ont d'usage à faire leurs saignées en Lombardie, quand ils veulent à un homme avancer sa fin [1].

Ces nouvelles s'épandirent tantôt partout : les aucuns en furent liés et les autres courroucés; car messire Barnabo avoit fait en son temps tant de si cruels et de si horrribles faits et de piteuses justices sans raison, que trop petit de gens qui en oyoient parler le plaignoient; mais disoient que c'étoit bien employé. Ainsi fina, ou aucques près, messire Barnabo qui en son temps avoit régné au pays de Lombardie si puissamment.

CHAPITRE CCXXVII.

Comment les François prindrent plusieurs forts sur les Anglois ès marches de Poitou et de Xaintonge; et comment le duc de Bourbon et le comte de la Marche mirent le siège devant le chastel de Taillebourch.

Nous retournerons à l'armée que le duc de Bourbon et le comte de la Marche firent en Poitou et en Limousin. Il se départit de Moulins en Bourbonnois et chevaucha à belle route de chevaliers et d'écuyers pour parfournir son voyage; et avoit Jean de Harecourt son neveu en sa com-

---

[1] Barnabo fut arrêté le 6 mai par son neveu, qui avait prétexté un pèlerinage à la Madonna-del-Monte près de Varese. Il fut retenu en prison pendant sept mois avec ses deux fils; après trois tentatives d'empoisonnement, il finit par succomber, le 18 décembre 1385.

pagnie. Le duc de Bourbon avoit fait son souverain et espécial mandement de ceux de Berry, d'Auvergne, de Poitou, de Rouergue et de Xaintonge et de Limousin à être à Niort, à quatre lieues de Poitiers. Entrementes que ces gens d'armes s'assembloient et que ces mandemens se faisoient, se tenoit messire Guillaume de Lignac, un moult vaillant chevalier, sénéchal de Xaintonge de par le roi de France et gouverneur de la Millau ens ès marches de par delà. Si s'en vint en Angoulémois à toute sa charge de gens d'armes, où bien avoit deux cens combattans, et s'arrêta devant le chastel de l'Aigle, que Anglois tenoient, qui tout l'hiver et l'été ensuivant avoient moult hérié le pays.

Quand messire Guillaume fut là venu, il mit tantôt pied à terre, et fit mettre ses gens en ordonnance et approcher ce chastel que ses gens assaillirent de grand'volonté. Et là ot dur assaut et fort et bien continué; car ceux qui dedans étoient se défendoient pour leurs vies. Là fut messire Guillaume, bon chevalier, et y fit moult d'armes; et quoiqu'il fût capitaine de tous, il leur montroit bonne volonté, et comment on devoit assaillir; car nullement ne s'épargnoit. Tant fut l'assaut fort et bien continué que le chastel fut conquis de force; et entrèrent ens les François par échelles; et furent morts et pris ceux qui dedans étoient. Ce premier conquêt en celle saison fit messire Guillaume de Lignac, en attendant le duc de Bourbon et sa route.

Quand le duc de Bourbon fut venu à Niort, si trouva là grand'foison de gens d'armes qui l'attendoient et désiroient sa venue. Et là étoit son cousin, le comte de la Marche à grand'route de gens d'armes, le vicomte de Tonnerre, messire Aymery de Thouars, sénéchal de Limousin, le sire de Pons, le sire de Parthenay, le sire de Tors, le sire de Poissances et plusieurs autres barons et chevaliers de Poitou et de Xaintonge. Et là vint devers le duc messire Guillaume de Lignac qui avoit pris et tourné François le chastel de l'Aigle; dont le duc lui en sçut bon gré.

Quand toutes ces gens d'armes furent mis ensemble, ils se trouvèrent bien sept cens lances, sans les Gennevois et les gros varlets; et étoient bien en somme deux mille combattans. Adonc jetèrent-ils leur avis où ils se trairoient premièrement, ou devant Breteuil, ou devant Taillebourch, ou devant Mont-Leu. Tout considéré et pour le meilleur, ils dirent que ils iroient devant Mont-Leu, pourtant que c'est un chastel sur les landes de Bordeaux et au chemin de Bordeaux : à tout le moins si ils l'avoient les autres en seroient plus foibles, et ne pourroit nul issir de Bordeaux que ils ne le sçussent. Si cheminèrent celle part et passèrent Angoulême, et vinrent devant Mont-Leu, et là mirent le siège; et étoient conduiseurs des gens d'armes du duc de Bourbon et de tout l'ost messire Jacques Poussart et Jean Bonne-Lance. Ces gens d'armes n'arrêtèrent guères devant Mont-Leu, quand ils s'ordonnèrent pour l'assaillir; et apprêtèrent leurs atournemens d'assaut et leurs échelles, et commencèrent à environner ce chastel, et l'assaillir de grand'manière, et eux à défendre de grand'volonté. Là ot, je vous dis, assaut dur et fier, et bien continué, et fait de grands appertises d'armes sur échelles; car les François montoient délivrément et se combattoient sur les murs main à main d'épées et de dagues. Et firent tant les François que par bon assaut le chastel fut pris et conquis, et ceux de dedans morts; petit en y ot de sauvés. Quand les seigneurs de France orent la possession de Mont-Leu, ils le remparèrent et rafreschirent de nouvelles gens et de pourvéances, et puis s'en vinrent le chemin de Taillebourch sur la Charente, de laquelle forteresse Durandon de la Pérade étoit capitaine, lequel étoit Gascon et appert homme d'armes; et ne fit point grand compte des François quand ils vindrent. En venant vers Taillebourch, le duc de Bourbon et ses routes prirent deux petits forts anglois, lesquels toute la saison avoient moult hérié les frontières de Poitou et de Limousin; et s'appeloit l'un, la Trouchette et l'autre Archiac, et furent morts tous ceux qui dedans étoient; et les chastels rendus à ceux du pays environ qui les abattirent tous deux.

Or fut mis le siège devant le chastel de Taillebourch, et fut assis par quatre bastides et par quatre lieux. A Taillebourch a un pont qui siéd sur la Carente; et l'avoient les Anglois et les Gascons qui le tenoient fortifié; et toute la saison point de navire allant en la Rochelle et en Xaintonge n'avoit pu passer, fors en grand danger et par trevage.

Lors s'avisèrent les seigneurs que ils prendroient le pont, si auroient moins à faire, et se logeroient plus sûrement en leurs bastides. Adonc ordonnèrent-ils par quelle manière. Si firent venir de la Rochelle nefs armées et toutes appareillées contre mont la Carente, et mirent dedans grand'foison d'arbalétriers et de Gennevois, et envoyèrent ces gens escarmoucher à ceux du pont. Là ot dur assaut; car les Anglois et les Gascons avoient malement le pont fortifié ; si se défendoient aigrement et vaillamment; et aussi il étoit assailli de grand'volonté par terre et par la rivière. Et là fut fait chevalier à cet assaut l'aîné fils au comte de Harecourt, Jean, et bouta bannière hors; et le fit chevalier son oncle le duc de Bourbon. Cil assaut au pont de Taillebourch fut moult beau et moult fort et bien continué, et y ot fait maintes appertises d'armes; et traioient ces Gennevois et arbalétriers qui étoient en ces nefs à ceux du pont si roide et si dru et si ouniement que à peine osoit nul apparoir ni soi montrer aux défenses. Que vous ferois-je long compte? Par bel assaut le pont de la rivière sur le passage de Taillebourch fut conquis, et tous ceux occis ou noyés qui dedans furent trouvés; oncques nul n'en échappa. Ainsi orent les François le pont de Taillebourch. Si en fut plus beau leur siége; car il siéd à trois lieues de Saint-Jehan l'Angelier, et à deux lieues de Xaintes au meilleur pays du monde.

De la prise du pont de Taillebourch furent ceux du chastel, Durandon et les autres, tous ébahis et courroucés, et bien y avoit cause, car ils avoient perdu le passage de la rivière. Nonpour-quant ils ne se vouloient pas rendre; car ils se sentoient en forte place et si attendoient confort de ceux de Bordeaux; car on disoit adonc en cette saison sur les frontières de Bordelois, et si assuroient les Gascons et les Anglois des forteresses, que le duc de Lancastre ou le comte de Bouquinghen atout deux mille hommes d'armes et quatre mille archers venroient à Bordeaux pour combattre les François et pour lever tous les siéges. En ce avoient-ils grand'espérance ; mais les choses se taillèrent autrement, si comme je vous dirai; car voirement, avant que l'armée de l'amiral de France se appareillât pour aller en Escosse, étoit-il ordonné en Angleterre que le duc de Lancastre et messire Jean de Hollande, frère du roi, et messire Thomas de Percy, messire Thomas Trivet, le sire de Fit-Watier, messire Guillaume de Windesore, messire Yon Fit-Varin et autres barons et chevaliers,

atout mille lances et trois mille archers, venroient prendre terre à Bordeaux, et là se tiendroient tout un été; et rafreschiroient Mortaigne, Bouteville et tous les fors qui se tenoient pour eux en Gascogne et en Languedoc, et combattroient les François si ils les trouvoient au pays; et quand ils se seroient là tenus une saison, ils s'en iroient en Castille par Bayonne et par Navarre; car ils étoient en traités devers le roi de Navarre.

Tout ainsi l'avoient en leur imagination et propos jeté les Anglois; mais tout tourna au néant. Et quand ils sçurent de vérité que l'amiral de France atout mille lances, chevaliers et écuyers gens d'élite, venroient en Escosse, leur propos et consaulx se transmuèrent, et ne osèrent bouter ni mettre hors de leur pays nulles gens d'armes ni archers, ni eux affoiblir; car ils doutoient grandement le fait des Escots et des François ensemble.

Encore couroit une voix en Angleterre que, en celle saison, ils seroient assaillis des François par trois parts; l'une par Bretagne, et que le duc de Bretagne étoit bon François; et l'autre par Normandie, et que le connétable de France faisoit ses pourvéances à Harrefleu et à Dieppe et tout sur la marine jusques à Saint-Valery et au Crotoi; et la tierce par Escosse.

Ces doutes ne laissèrent oncques en cet an partir ni vider chevalier ni écuyer d'Angleterre; mais entendirent à pourvoir et à garnir leurs hâvres et leurs ports de bons chefs à l'entour d'Angleterre; et fut pour celle saison le comte Richard d'Arondel amiral de la mer en Angleterre; et tenoit sur la mer entre cent et six vingt gros vaisseaux tous armés, pourvus de gens d'armes et d'archers; et avoient baleniers qui couroient sur les bondes des îles normandes pour savoir des nouvelles.

Nous nous souffrirons un petit à parler du duc de Bourbon et du siége de Taillebourch, où il fut plus de neuf semaines, et recorderons comment l'amiral de France et l'armée de mer françoise prindrent terre en Escosse; et quel semblant de belle recueillette on leur fit au pays.

CHAPITRE CCXXVIII.

Comment messire Jean de Vienne, amiral de France, et les François passèrent en Escosse; et des termes que les Escossois leur tinrent; et le meschef et peine qu'ils y souffrirent.

L'armée de France qui s'en alloit en Escosse avoit vent à volonté; car il étoit le mois de mai que les eaues sont en leur douceur, et si est l'air serein et coi. Si costièrent de commencement Flandre, et puis Zélande, Hollande et Frise; et exploitèrent tant que ils approchèrent Escosse et que ils la virent. Mais ainçois qu'ils y pussent parvenir, il mésavint par grande infortuneté à un bon et jeune chevalier de France, appert homme d'armes, qui s'appeloit messire Aubert de Hangest. Le chevalier étoit jeune et de grand'-volonté; et pour montrer appertise de corps, tout armé il se mit à monter amont et à ramper contre la cable de la nef où il étoit : en ce faisant le pied lui faillit, il fut renversé en la mer; et là périt, ni oncques on ne lui put aider; car tantôt il fut effondré pour les armures dont il étoit vêtu; et aussi la nef fut tantôt éloignée; à ce n'avoit nul remède. De la mort et de la mésaventure du chevalier furent tous les barons et les chevaliers courroucés; mais passer leur convint, car amender ne le purent.

Depuis singlèrent-ils tant que ils arrivèrent et prindrent terre à Haindebourch [1], la souveraine cité et ville d'Escosse, et là où le roi se tient le plus quand il est au pays. Le comte de Douglas et le comte de Mouret qui les attendoient, et qui étoient tous avisés et informés de leur venue, se tenoient en la ville de Haindebourch. Sitôt qu'ils sçurent que l'armée de France étoit venue, ils vinrent contre eux sur le hâvre, et les recueillirent moult doucement, et leur dirent que bien fussent-ils venus et arrivés au pays. Et reconnurent ces barons d'Escosse tout premier messire Geoffroy de Chargny; car il avoit été la saison passée en Escosse, et bien deux mois en leur compagnie. Messire Geoffroy qui bien le sçut faire, les accointa de l'amiral et des barons de France. Pour le temps, le roi d'Escosse n'étoit pas encore venu à Haindebourch, mais se tenoit en la Sauvage Escosse [2], où par usage il se tenoit plus volontiers que ailleurs; mais il y avoit là trois ou quatre de ses fils qui reçurent ces seigneurs moult doucement, et leur dirent que le roi venroit temprement.

De ces paroles ils se contentèrent, et se logèrent les seigneurs et leurs gens en Haindebourch, au mieux qu'ils purent; et qui ne pouvoit être logé en la ville il se logeoit ens ès villages environs; car Haindebourch, combien que le roi y tienne son siége et que ce soit Paris en Escosse, si n'est-ce pas une telle ville comme Tournay ou Valenciennes; car il n'y a pas en toute la ville quatre cents maisons [1]. Si convint leurs seigneurs prendre leurs logis aux villages environs à Dumfremelin, à Quineffery, à Cassuelle, à Dombare, à Dalquest et ens ès autres villages; et ne les laissoit-on entrer en nuls des forts.

Ces nouvelles s'épandirent parmi Escosse que il y avoit grand'foison de gens d'armes venus en leur pays. Si commencèrent à murmurer les aucuns et à dire : « Quel diable les a mandés? Ne savons-nous pas bien faire notre guerre sans eux aux Anglois? Nous ne ferons jà bonne besogne tant comme ils soient avec nous. On leur dise qu'ils s'en revoisent, et que nous sommes gens assez en Escosse pour parmaintenir notre guerre, et que point nous ne voulons leur compagnie. Ils ne nous entendent point, ni nous eux; nous ne savons parler ensemble; ils auront tantôt riflé et mangé tout ce qui est en ce pays : ils nous feront plus de contraires, de dépits et de dommages, si nous les laissons convenir, que les Anglois ne feroient si ils s'étoient embattus entre nous sans ardoir. Et si les Anglois ardent nos maisons, que peut-il chaloir? Nous les aurons tantôt refaites à bon marché, nous n'y mettons au refaire que trois jours, mais que nous ayons quatre ou six estaches et de la ramée pour lier par dessus. »

Ainsi disoient les Escots en Escosse à la venue des seigneurs de France; et n'en faisoient nul compte, mais les hayoient en courage et les diffamoient en leur langage ce qu'ils pouvoient, ainsi comme rudes gens et sans honneur certes

---

[1] C'est-à-dire à Leith, port à une demi-lieue d'Édimbourg.

[2] Froissart donne ce nom à la partie montagneuse de l'Écosse. La ville de Stirling, résidence ancienne des rois d'Écosse, est en effet voisine des Highlands.

[1] Édimbourg a bien changé de face aujourd'hui. Sans y comprendre le port et la ville de Leith, qui ne sont en quelque sorte qu'un des faubourgs de cette capitale intellectuelle de la Grande-Bretagne, Édimbourg contient près de cent mille âmes.

que ils sont. Et vous dis, à tout considérer, que ce fut de tant de nobles gens que il y ot en celle saison de France en Escosse une armée sans raison; et mieux y vaudroient vingt ou trente chevaliers de France que si grand'route que cinq cents ni mille : raison pourquoi. En Escosse ils ne virent oncques nul homme de bien, et sont ainsi comme gens sauvages qui ne se savent avoir ni de nulli accointer; et sont trop grandement envieux du bien d'autrui; et si se doutent de leurs biens perdre; car ils ont un povre pays. Et quand les Anglois y chevauchent ou que ils y vont, ainsi que ils y ont été plusieurs fois, il convient que leurs pourvéances, si ils veulent vivre, les suivent toujours au dos; car on ne trouve rien sur le pays : à grand'peine y recuevre-l'en du fer pour ferrer les chevaux, ni du cuir pour faire harnois, selles ni brides. Les choses toutes faites leur viennent par mer de Flandre, et quand cela leur défaut, ils n'ont nulle chose.

Quand ces barons et ces chevaliers de France qui avoient appris ces beaux hôtels à trouver, ces salles parées, ces chasteaux et ces bons mols lits pour reposer, se virent et trouvèrent en celle povreté, si commencèrent à rire et à dire : « En quel pays nous a ci amenés l'amiral? Nous ne sçumes oncques que ce fût de povreté ni de dureté fors maintenant. Nous trouvons bien les promesses que nos seigneurs de pères et nos dames de mères nous ont promises du temps passé en disant : « Va, va, tu auras encore en ton temps, si tu vis longuement, de durs lits et de povres nuits. De tout ce sommes-nous bien apparans de l'avoir. » — « Pour Dieu, disoient les compagnons l'un à l'autre, délivrons-nous de faire notre rèse, chevauchons sur Angleterre. Le longuement séjourner en celle Escosse ne nous est point profitable ni honorable. » Et tout ce remontrèrent les chevaliers à messire Jean de Vienne, leur capitaine; et l'amiral les rapaisoit ce qu'il pouvoit, et leur disoit : « Beaux seigneurs, il nous faut souffrir et attendre et parler bellement, puisque nous nous sommes mis en ce danger : il y a un trop grand rien à repasser; et si ne pouvons retourner par Angleterre. Prenez en gré ce que vous trouvez, vous ne pouvez pas toujours être à Paris, ni à Dijon, ni à Beaune, ni à Châlons : il faut, qui veut vivre en ce monde et avoir honneur, avoir du bien et du mal. »

Ainsi rapaisoit messire Jean de Vienne et d'autres telles paroles, lesquelles je ne puis mie toutes recorder, les seigneurs de France en Escosse : et se accointoit ce qu'il pouvoit des barons et des chevaliers d'Escosse; mais il en étoit si petit visité que rien, car, si comme je vous ai dit, il y a petit d'amour et sont gens mal accointables. Et la greigneur visitation et compagnie que ces seigneurs de France avoient, c'étoit du comte Douglas et du comte de Mouret. Ces deux seigneurs leur faisoient plus de soulas que tout le demeurant d'Escosse.

Encore y ot pis, et une trop grand' dureté pour les François; car quand ils furent venus en Escosse et ils se vouldrent monter, ils trouvèrent les chevaux si chers, que ce qui ne dut valoir que dix florins il en valoit soixante ou cent : encore à grand' peine en pouvoit-on recouvrer; et quand on étoit monté on ne pouvoit trouver point de harnois, si ils ne l'avoient fait venir avecques eux de Flandre. En ce danger se trouvoient les François; et outre, quand leurs varlets alloient en fourrage pour fourrager, on leur laissoit bien charger leurs chevaux de tout ce qu'ils vouloient prendre et trouver; mais au retour on les attendoit sur un pas, où ils étoient vaillamment détroussés et battus et souvent occis; et tant que nul varlet n'osoit aller fourrager, pour la cremeur d'être mort : car sous un mois les François perdirent plus de cent varlets; et quand ils alloient en fourrage trois ou quatre ensemble, nul n'en retournoit.

Ainsi étoient-ils menés, et avec tout ce le roi d'Escosse faisoit danger de soi traire avant : aussi faisoient chevaliers et écuyers d'Escosse, pour la cause de ce que ils disoient que ils ne vouloient point celle saison faire guerre aux Anglois, afin que ils fussent priés et achaptés bien et cher. Et convint, avant que le roi voulsist issir hors de la sauvage Escosse et venir à Haindebourch, que il eût une grande somme de florins pour lui et pour ses gens. Et promit et scella messire Jean de Vienne, qui étoit le souverain chef de tous les François, que point il ne videroit du pays, si seroient le roi et toutes ses gens satisfaits; autrement ils n'eussent eu nulle aide des Escots : si lui convenoit faire ce marché ou pieur; et encore, quand il ot tout le meilleur accord et la greigneur amour qu'il pût avoir à eux, si ne firent ils guères de profit, si comme je vous recorderai avant en l'histoire. Mais je veuil retourner à parler un petit des avenues de Flandre et du mariage du jeune roi Charles de France, qui se maria en celle saison ; et comment Ardembourch, où le vicomte de Meaux et messire Jean de Jumont se tenoient en garnison, fut prèse mblé.

CHAPITRE CCXXIX.

Comment François Acreman atout six mille Gantois faillit à prendre Ardembourch. Comment messire Charles de la Paix mourut. Pourquoi Louis de Valois s'escripsit roi de Honguerie ; et comment le roi Charles VI voult avoir à femme madame Isabelle, fille au duc Étienne de Bavière.

Depuis la déconfiture qui fut faite des gens que messire Rifflard de Flandre mena ens ès Quatre-Métiers[1] outre Gand, vint en Ardembourch et fut envoyé en garnison messire Robert de Bethune, vicomte de Meaux ; et trouva là messire Jean de Jumont et les compagnons ; et aussi il amena environ quarante lances, chevaliers et écuyers, qui moult se désiroient à aventurer. Quand le vicomte fut là venu, si entendit à remparer le lieu et à fortifier la ville de tout points. François Acreman et ceux de Gand soubtilloient et visoient nuit et jour comment ils pourroient nuire à leurs ennemis et porter dommage ; et pourtant besognoit-il bien à ceux qui leur étoient prochains, comme ceux d'Audenarde, de Tenremonde, de Bruges, d'Ardembourch, du Dam et de l'Écluse étoient, que ils fussent sur leur garde et soigneux de leurs villes. Car, au voir dire, ce François Acreman étoit moult habile pour embler et pour écheller, et pour faire de soubtives emprises ; et tenoit, et avoit de-lez lui compagnons moult habiles et soubtils à ce faire. Et advint que, environ l'issue de mai, François Acreman atout sept mille hommes tous armés se départit de Gand sur celle entente que pour embler et écheller Ardembourch, pour la convoitise de prendre et avoir les chevaliers et écuyers qui dedans étoient ; et par espécial le capitaine, messire Jean de Jumont, lequel il desiroit plus à tenir que nul des autres ; car il leur avoit porté et fait tant de contraires et de dommages, de occire et de meshaigner leurs gens, ou de créver leurs yeux, ou de couper pieds, poings ou oreilles que ils ne le pouvoient aimer. Et sur celle entente s'en vinrent-ils, par un mercredi, droit au point du jour, à Ardembourch, et avoient avec eux leurs échelles toutes pourvues. Et dormoient en leurs lits tout paisiblement, sur la fiance de leur guet, le vicomte de Meaux, messire Jean de Jumont, messire Rifflard de Flandre, le sire de Daymart, messire Tiercelet de Montigny, messire Perducas du Pont-Saint-Marc, le sire de Longueval et messire Jean son fils, messire Hue d'Esnel, le sire de Lalain et messire Raoul de Lommel, et plusieurs autres. Or regardez la grand'aventure ; car jà étoit le guet de la nuit presque tout retrait et la guête montoit en sa garde, quand François Acreman et ses Gantois furent venus, échelles à leurs cols, et entrèrent ens ès fossés, et passèrent outre et vinrent jusques aux murs ; et dressèrent échelles contremont et commencèrent à ramper et monter. D'aventure à cette heure par dedans la ville étoient le sire de Saint-Aubin, messire Gossiaux, et un écuyer de Picardie qui s'appeloit Enguerrand, Zendequin et deux ou trois picquenaires[1] avec eux ; et alloient tout jouant selon les murs. Et crois que la nuit ils avoient été du guet ; mais ils n'étoient encore retraits, car, au voir dire, si ils n'eussent là été, sans nulle faute Ardembourch étoit prise, et tous les chevaliers et écuyers en leurs lits.

Quand messire Gossiaux de Saint-Aubin et Enguerrand Zendequin virent le convenant, et que ces Gantois montoient par échelles aux créneaux, et jà en avoit un qui devoit mettre la jambe outre pour entrer en la ville, si furent tous ébahis, et non pas si que ils ne prensissent confort en eux, car ils véoient bien et connoissoient que si ils fuyoient la ville étoit prise et perdue ; car ils venoient si à point que entre le guet faillant et rallant et la guette montant en sa garde : « Avant, avant ! dirent le sire de Saint-Aubin et Enguerrand Zendequin, qui virent le convenant, aux picquenaires. Vez ci les Gantois, défendons notre ville, ou elle est prise. » Lors s'en vinrent ces quatre à l'endroit où les échelles étoient dressées et où ils vouloient monter et dedans entrer. Et l'un des picquenaires escueult sa pique et lance, et renverse celui ès fossés qui s'avançoit d'entrer dedans.

A ces coups monta la guette, qui se aperçut comment ils étoient sur les fossés et dedans les

---

[1] Les villes et plats pays de Bouchoute, Assenède, Axele et Hulst.

[1] Soldats armés de piques.

fossés une grosse bataille; si sonna en sa trompette: « Trahi! trahi! » La ville s'émut, les chevaliers qui étoient en leurs lits entendirent l'effroi et le haro et le convenant de Gantois qui vouloient embler leur ville. Si furent tous émerveillés et saillirent sus, et s'armèrent du plutôt qu'ils purent, et sonnèrent parmi la ville leurs trompettes de reveillement.

Nonobstant toutes ces choses si mettoient et rendoient grand'peine les Gantois de entrer en la ville; mais ces quatre se tinrent et tenoient vaillamment plus de demi-heure contre tous et y firent de grands apperties d'armes, et leur doit bien être tourné à louange. Adonc vinrent les seigneurs en bonne étoffe et en grand arroi; le vicomte de Meaux sa bannière devant lui, messire Jean de Jumont son pennon devant lui, messire Rifflart de Flandre et tous les autres; et trouvèrent le chevalier et l'écuyer, et les picquenaires, comment ils se combattoient et défendoient l'entrée vaillamment. Là crièrent-ils leurs cris à la rescousse. Et quand François Acreman et ces Gantois aperçurent l'affaire, que ils failloient à faire leur entente, si se trahirent tout bellement et recueillirent leurs gens, et se départirent de Ardembourch et s'en rallèrent ès ès Quatre-Métiers. Et furent ceux de la garnison d'Ardembourch plus soigneux de garder leur ville et d'ordonner leurs gens que ils n'eussent été par avant, et honorèrent grandement entre eux les quatre dessus dits, car si ils n'eussent été, Ardembourch étoit perdue, et ils avoient tous les gorges coupées.

Vous avez bien ci-dessus ouï recorder comment le duc d'Anjou qui se disoit roi de Naples, de Sicile et de Jérusalem fit, le terme de trois ans, guerre en Pouille, en Calabre et à Naples à messire Charles de la Paix; et comment en cette guerre faisant il mourut [1]. Aussi fit messire Charles de la Paix; et veulent aucuns dire que il fut murdri au royaume de Honguerie par le conseil de la roine [2]. Car après la mort du roi de Hongrie, pourtant que il avoit été fils de son frère, il vouloit maintenir que le royaume lui devoit retourner; car de son oncle le roi Louis de Hongrie n'étoient demeurées que filles. Si s'en douta la roine que il ne voulsist deshériter ses filles: si fit occire messire Charles [1]; de laquelle mort il fut grand nouvelle partout et embellie la guerre de la roine de Naples et de son fils le jeune roi Louis, qui se tenoient en Avignon et faisoient guerre en Provence.

Le roi de Honguerie vivant, les hauts barons et les prélats de Honguerie avoient jeté leur avis que l'aînée de leurs filles madame Marguerite [2], qui étoit belle damoiselle et héritière du grand royaume, on la donneroit à Louis de France, comte de Valois, fils et frère du roi de France, pour la cause de ce que il leur sembloit que il demeureroit entre eux en Honguerie et auroient le roi Louis recouvré. Quand le roi de Honguerie fut mort, on envoya grands messages en France devers le roi et ses oncles, en montrant que la roine de Honguerie pour sa fille aînée vouloit avoir Louis, comte de Valois [3]. Celle requête sembla au roi et à ses oncles, et aux barons de France moult haute et moult noble, excepté une chose, que le comte de Valois éloignoit trop sa nation et le noble royaume de France. Néanmoins, tout considéré, on ne pouvoit voir que ce

[1] Les nobles Hongrois fatigués de la domination de deux femmes (Élisabeth, épouse de Louis, et Marie sa fille) et de celle de leurs favoris, firent appeler secrètement Charles de Duras, qui, malgré les sollicitations de Marguerite, sa femme, qu'il laissa régente du royaume de Naples, s'embarqua le 4 septembre 1385, pour Signa en Esclavonie et fut proclamé unanimement roi par la noblesse, dans une diète, à Albe-Royale. Mais au mois de février 1385, ancien style, ou 1386, nouveau style, (l'année 1386 ne commençant que le 22 avril, dans le nouveau style), il fut surpris par des assassins apostés par les favoris de la reine, renversé d'un coup de sabre sur la tête, et tous ses partisans massacrés. Il ne mourut cependant pas des suites de ces blessures; mais enfermé à Visgrade, le poison acheva, le 3 juin 1386, ce que le fer avait commencé. Sismondi, Rép. It. V, 7, p. 244, 245.

[2] Louis, roi de Hongrie, n'eut aucune fille de ce nom. Ses trois filles étaient : Catherine, morte en 1376; Marie, femme de Sigismond, marquis de Brandebourg, et Hedwige, mariée à Jagellon, duc de Lithuanie, et depuis roi de Pologne.

[3] Je ne trouve ni dans les grandes Chroniques ni dans tout autre historien aucune indice que cette alliance fût jamais proposée avec Marie, qui devait succéder à son père, et qui avait été fiancée en bas âge avec Sigismond, marquis de Brandebourg, second fils de l'empereur Charles IV. Jean de Thwrocz n'en dit pas un mot dans sa Chronica Hungarorum.

---

[1] Le 21 septembre 1384, suivant le moine anonyme de Saint-Denis, et l'*Art de vérifier les dates*.

[2] Froissart veut parler ici d'Élisabeth, épouse de Louis de Hongrie, protecteur et père adoptif de Charles de la Paix. Ce roi était mort le 11 septembre 1382, et sa fille aînée, Marie, contre la coutume de Hongrie, avait été couronnée avec le titre de roi

ne fût très haute chose et grand profit pour le comte de Valois d'être roi de Honguerie, qui est l'un des grands royaumes chrétiens du monde. Si furent les Hongres, qui là étoient envoyés de par la roine et le pays, grandement recueillis, et leurs furent donnés de beaux dons et grands présents et avecques eux en Honguerie s'en allèrent ambassadeurs de France, l'évêque de Massères et messire Jean la Personne, lequel, par procuration générale, quand il fut venu en Honguerie, épousa au nom du comte de Valois Marguerite de Honguerie, laquelle après sa mère devoit être roine de Honguerie [1]. Et puis s'en retourna l'évêque en France, et aussi fit messire Jean la Personne qui avoit épousé la dame, et geu de-lez li tout courtoisement sur un lit. Et de tout ce montroient-ils lettres patentes et instruments publics; et tant que ils s'en contentèrent bien en France. Et s'escripsit un longtemps le comte de Valois Louis de France roi de Honguerie [2].

Encore avez-vous ci-dessus ouï recorder comment le duc de Bourgogne et le duc Aubert de Bavière et sire de Hainault, de Hollande, de Zélande et de Frise par bail, avoient en la cité de Cambray marié leurs enfans, chacun fils et fille, auquel mariage le jeune roi de France vint; et fut de grand'abondance. Or veulent les aucuns dire, si comme je fus donc informé, que en celle semaine que le roi de France et ses oncles le duc de Bourgogne et le duc de Bourbon étoient là, et le duc Aubert, et les dames, madame de Bourgogne, madame de Brabant et madame de Hainaut, que par le promouvement de la duchesse de Brabant on traita là un mariage secrètement du jeune roi de France et de madame Isabel, fille au duc Étienne de Bavière; car le roi Charles de France de bonne mémoire, au lit de la mort avoit ordonné que Charles, son fils, fût assigné et marié, si on en pouvoit voir lieu pour lui, en Allemagne; pourquoi des Allemands plus grands alliances se fissent aux François; car il véoit que le roi d'Angleterre étoit marié à la sœur du roi d'Allemagne, dont il valoit mieux.

La duchesse de Brabant, qui étoit une dame bien imaginant toutes ces choses, remontra aux oncles du roi et à son conseil en la cité de Cambray, comment cette jeune dame étoit fille d'un grand seigneur, en Allemagne, et le plus grand des Bavières, et que grands alliances s'en feroient aux Allemands; et pouvoit le duc Etienne rompre trop de propos de hauts seigneurs en l'Empire; car il y étoit aussi grand ou plus que le roi d'Allemagne. Ce fut la condition qui plus inclina le roi de France et son conseil à persévérer en cette besogne; et toutefois il fut moult secrètement demené; et en savoient trop petit de gens parler jusques à tant qu'il fût fait. La raison pourquoi, vous l'orrez; je la vous dirai. Il est d'usage en France que quelconque dame, comme fille de haut seigneur qu'elle soit, que l'on veut marier au roi, il convient que elle soit regardée et avisée toute nue par dames, à savoir si elle est propice et formée à porter enfants. Outre plus, pour ce que cette dame étoit de lointain pays et tant que de Bavière, elle amenée en France, on ne savoit si elle seroit à la plaisance du roi de France : autrement c'étoit tout rompu. Pour ces raisons furent toutes ces choses tenues en secret; et fut la dame environ la Pentecôte amenée en Brabant de-lez la duchesse qui la reçut liement et l'ordonna à l'usage de France. Et étoit le duc Frédéric de Bavière son oncle en sa compagnie, et par lequel au voir dire le mariage étoit premièrement promu, par la manière et raison que je vous dirai

Quand le duc Frédéric de Bavière vint premièrement en France et il fut devant Bourbourch au service du roi de France, voir est que il fut festoyé et conjoui des oncles du roi et des royaux moult grandement, pour la cause de ce qu'il étoit venu servir le roi du lointain pays de Bavière et de plus de deux cents lieues loin. Si tinrent dudit duc le service à grand; et fut logé toujours près du roi en cause d'amour, et accompagné des oncles du roi. Et quand il se partit de Bavière, il cuidoit certainement que le roi de France et d'Angleterre dussent avoir en la la marche de Flandre ou de France bataille adressée ensemble, si comme la voix et renommée couroit adonc par toute Allemagne; et pour ce lui en savoient le roi de France et ses oncles plus grand gré. Et étoit venu, eux étants en ce voyage de Berghes et de Bourbourg, que les oncles du roi, ainsi que seigneurs se devisent ensemble, lui avoient demandé moult bien si il

---

[1] Toute cette relation est évidemment erronée, puisqu'il n'y avait pas de Marguerite de Hongrie à marier.
[2] Je ne trouve aucune trace de tous ces faits.

avoit nulle fille à marier, et que il convenoit une femme au roi de France; et plus cher auroient-ils à le marier en Bavière que ailleurs; car les Bavières anciennement ont été toujours du conseil du roi. A ces paroles avoit répondu le duc Frédéric que nennil; mais son frère ains-né le duc Étienne en avoit une belle. «Et de quel âge demandèrent les oncles du roi?» — «Entre treize et quatorze ans, avoit répondu le duc Frédéric.» Donc dirent les oncles du roi : « C'est tout ce que il nous faut : vous revenu en Bavière, parlez-en à votre frère et amenez votre nièce en pélerinage à Saint-Jean d'Amiens; et le roi sera là. S'il la voit, espoir la convoitera-t-il ; car il voit volontiers toutes belles femmes et les aime; et si elle lui eschiet au cœur, elle sera roine de France.»

Ainsi allèrent les premières convenances; ni plus n'y ot dit n'y fait; et n'en savoit rien le roi de France que on eût parlé de son mariage. Et quand le duc Frédéric fut retourné en Bavière, il remontra à son frère le duc Étienne toutes ces choses, lequel pensa moult longuement sur ce, et lui répondit : «Beau frère, je crois moult bien qu'il soit ainsi comme vous me dites; et seroit ma fille bien heureuse si elle pouvoit escheoir ni venir à si haut honneur comme d'être roine de France; mais il y a moult loin d'ici, et si y a trop grand regard à faire une roine et femme d'un roi[1]. Si serois trop courroucé, si on avoit mené ma fille en France et puis qu'elle me fût ramenée; j'ai assez plus cher que je la marie à mon aise de-lez moi.»

Ce fut la réponse que le duc Étienne avoit donnée à son frère. De quoi le duc Frédéric se contentoit assez; et avoit escript aucques sur celle forme aux oncles du roi, à son oncle le duc Aubert et à madame de Brabant, auquel il en avoit parlé à son retour; et cuidoit bien que on eût mis toutes ces choses en non chaloir. Et aussi on parloit du mariage du roi ailleurs; et se fût assez tôt le roi accordé à la fille du duc de Lorraine; car elle étoit moult belle damoiselle et de son âge ou assez près, et de grande et noble génération, de ceux de Blois. Et aussi parlé fut de la fille du duc de Lancastre[2], qui puis fut

roine de Portingal; mais on n'y pouvoit trouver nul bon moyen, pour leur guerre; si convint la chose demeurer.

Or remit sus la duchesse de Brabant le mariage de Bavière, quand elle fut à Cambray aux mariages dessus dits de Bourgogne et de Hainaut, et le roi de France et ses deux oncles y furent, le duc de Bourgogne et le duc de Bourbon; et dit bien que c'étoit le plus profitable et le plus honorable, pour la cause des alliances qui en pouvoient descendre et venir des Allemands, que elle sçût à présent pour le roi. «Voire, dame, répondirent les oncles du roi, mais nous n'en oyons nulles nouvelles. » — «Or vous taisiez, dit la duchesse, je le ferai traire avant, et en orrez nouvelles en cel été sans nulle faute.» Les promesses de la duchesse furent avérées; car elle fit tant que le duc Frédéric son oncle s'accorda à son frère le duc Étienne de la amener, si comme vous orrez en suivant; et sur leur chemin disoient que ils alloient en pélerinage à Saint-Jean d'Amiens. Toutes gens le supposoient ainsi; car Allemands vont volontiers en pélerinage, et l'ont eu et le tiennent d'usage.

Quand le duc Frédéric et sa nièce, damoiselle Isabel de Bavière, orent été trois jours à Bruxelles de-lez la duchesse, ils s'en partirent et prindrent congé. Mais ce fut bien l'intention de la duchesse, et leur promit à leur département, que elle seroit aussitôt à Amiens comme eux, ou devant; et que elle y vouloit aussi aller en pélerinage. Sur cel état faisoit-elle ordonner ses besognes. Or vinrent le duc Frédéric et sa niepce en Hainaut, et droitement au Quesnoy, où ils trouvèrent le duc et la duchesse, et Guillaume de Hainaut qui se nommoit et escripsoit comte d'Ostrevant, et madame sa femme, fille au duc de Bourgogne, lesquels et lesquelles reçurent liement et doucement le duc Frédéric de Bavière; car le duc Aubert en étoit oncle, et leur nièce aussi. « Et comment en avez-vous finé de l'amener, demandèrent le duc Aubert et sa femme; car bien savoient que leur frère le duc Étienne, pour les incidences dessus dites, y avoit jà été grandement rebelle?» — «Je vous

---

[1] Il veut faire allusion à la cérémonie de la visite mentionnée plus haut.

[2] Suivant le moine de Saint-Denis, on hésita entre Isabelle de Bavière, une fille d'Autriche et la fille de Jean, duc de Lorraine ; mais on se décida à s'en remettre à l'inclination du roi. Un peintre habile fut envoyé sur les lieux pour faire le portrait des trois princesses, et Isabelle ayant paru la plus belle au roi, on se décida à la demander à son père.

dirai, répondit le duc Frédéric, je en ai eu moult de peine; et toutefois j'ai tant mené et tanné mon frère que je l'ai en ma compagnie; mais au congé prendre, après ce qu'il ot baisé sa fille, il me appela à part, et me dit ainsi : « Or, Frédéric, Frédéric, beau frère, vous emmenez Isabel ma fille, et sans nul sûr état; car si le roi de France ne la veut, elle sera vergondée à toujours mais tant qu'elle vivra : si vous avisez au partir; car si vous la me ramenez vous n'aurez pire ennemi de moi. Or regardez donc, beaux oncle et vous belle ante, en quel parti je me suis mis pour l'avancement de ma niepce. » Donc répondit la duchesse : « Beau neveu, n'en faites nulle doute. Dieu y ouvrera, elle sera roine de France; si serez quitte de ces menaces et aurez le gré et l'amour de votre frère. »

Ainsi se tinrent au Quesnoy en Hainaut le duc Frédéric et sa niepce de-lez leur oncle et la duchesse et leurs enfans bien trois semaines. Et endoctrinoit la duchesse qui fut moult sage tous les jours en toutes manières et contenances la jeune fille de Bavière, quoique de sa nature elle étoit propre et pourvue de sens et de doctrine; mais point de françois elle ne savoit. La duchesse de Hainaut, madame Marguerite, ne laissa mie sa niepce en l'habit ni en l'arroy où elle étoit venue; car il étoit trop simple selon l'état de France; mais la fit parer, vêtir et ordonner de toutes choses aussi richement et aussi grandement que donc si elle fût sa fille. Et quand tout fut accompli et le jour vint que on deubt partir, la duchesse et elle et sa fille de Bourgogne à grand arroy se départirent du Quesnoy et prindrent le chemin de Cambray; et exploitèrent tant le duc Aubert, le duc Frédéric, et Guillaume de Hainaut et leur compagnie, que ils vinrent à Amiens.

Là étoit venue par un autre chemin la duchesse de Brabant: aussi étoient le roi de France, le duc, la duchesse de Bourgogne et le conseil du roi. Le sire de la Rivière et messire Guy de la Trémoille, barons, chevaliers et écuyers issirent hors de la cité d'Amiens contre la venue de la duchesse de Hainaut, et la convoyèrent jusques à son hôtel. Or furent ces seigneurs et ces dames enclos dedans Amiens, et commencèrent à visiter et conjouir l'un l'autre et à faire des honneurs grand'foison. Et trop petit de gens savoient, fors les trois ducs qui là étoient, et les trois duchesses et leurs enfans, et le sire de la Rivière et messire Guy de la Trémoille et le sire de Coucy, car le duc de Berry l'avoit un petit par avant envoyé environ la Saint-Jean et de ce parlé en Avignon, si étoit là venu en grand'hâte, pourquoi ces seigneurs et ces dames étoient là assemblés. Mais à peine pouvoit le roi dormir, pour faim de voir celle qui puis fut sa femme; et demandoit au seigneur de la Rivière : « Et quand la verrai-je ? » De ces paroles avoient les dames bons ris.

Le vendredi, quand la jeune dame fut parée et ordonnée ainsi comme à elle appartenoit, les trois duchesses l'amenèrent devant le roi. Quand elle fut venue devant le roi, elle se agenouilla devant lui tout bas. Le roi vint vers elle et la prit par la main, et la fit lever, et la regarda de grand'manière : en ce regard, plaisance et amour lui entrèrent au cœur; car il la vit belle et jeune et si avoit grand désir du voir et de l'avoir. Adonc dit le connétable de France au seigneur de Coucy et au seigneur de la Rivière : « Cette dame nous demeurera; le roi n'en peut ôter ses yeux. »

Adonc commencèrent à parler ces dames et ces seigneurs ensemble, et la jeune dame en estant se tenoit toute coie, et ne mouvoit œil ni bouche; et aussi à ce jour elle ne savoit point de François.

Quand on ot là été une espace, les dames prindrent congé au roi, et se retrairent, et ramenèrent leur fille; et retourna en la compagnie de madame de Hainaut et de sa fille d'Ostrevant. Encore ne savoit-on point l'intention du roi; mais on la sçut tantôt; car le duc de Bourgogne enchargea le sire de la Rivière, quand le roi fut retrait, que il en parlât et lui demandât quelle chose il lui sembloit de cette jeune dame, et si elle lui plaisoit pour la prendre à femme : et le fit le duc, pour ce que le roi se découvroit plus hardiment au seigneur de la Rivière que à nul autre. Si lui demanda en son retrait : « Sire, que dites-vous de cette jeune dame ? Nous demeurera-t-elle ? Sera-t-elle roine de France ? » — « Par ma foi, dit le roi, oil; nous ne voulons autre; et dites à mon oncle de Bourgogne, pour Dieu, que on s'en délivre. »

Le sire de la Rivière issit tantôt hors de la chambre, et entra en une autre où le duc de Bourgogne étoit, si lui fit cette réponse; « Dieu y ait part! dit le duc de Bourgogne, et nous le voulons aussi. » Tantôt il monta à cheval, accompagné de hauts barons et s'en vint en l'hôtel de Hainaut et y rapporta ces nouvelles, dont on fut tout réjoui ; ce fut raison. A ces mots on cria : « Noël! » Or furent les seigneurs et les dames ensemble ce vendredi pour avoir conseil où on épouseroit. Si fut ordonné que on se départiroit d'Amiens et venroit-on à Arras, pour épouser et faire les fêtes des noces. C'étoit l'intention des oncles du roi et du conseil de France ; et sur cel état le vendredi au soir on se arrêta et alla-t-on coucher. Le samedi au matin, chambellans et varlets de chambre se départirent pour chevaucher vers Arras, pour prendre les hôtels et appareiller les chambres ; et cuidoient les seigneurs et les dames partir après dîner et venir gesir à Encre, ou à Bapaumes ou à Beauquesne. Mais ce conseil se transmua ; car quand le roi ot ouï sa messe, il vit que varlets se troussoient et appareilloient pour aller leur chemin. Si demanda au sire de la Rivière : « Bureau, quel part irons-nous ? » — « Sire, il est ordonné de monseigneur votre oncle que vous irez à Arras, et là épouserez et tiendrez les noces. » — « Et pourquoi ? dit le roi ; ne sommes-nous pas bien ici ? Autant vaut épouser ici comme à Arras. » A ces mots vint le duc de Bourgogne et entra en la chambre du roi. Adonc dit le roi : « Beaux oncles, nous voulons ci épouser en celle belle église d'Amiens. Nous n'avons que faire de plus détrier. » — « Monseigneur, dit le duc, à la bonne heure ; il me faut donc aller devers ma cousine de Hainaut ; car elle étoit informée de partir de ci et traire autre part. » Adonc se départit le duc de Bourgogne, et le comte de Saint-Pol s'en alla devers la duchesse de Brabant dire ces nouvelles.

Or vint le duc de Bourgogne devers madame de Hainaut, le connétable, messire Guy de la Trémoille, le seigneur de Coucy et plusieurs autres en sa compagnie ; si entra le duc en la chambre de la duchesse, et la mariée qui seroit sa nièce de-lez elle. Le duc les inclina et salua, si comme il appartenoit, car bien le sçut faire ; et puis dit à la duchesse, tout en riant : « Madame et ma belle cousine, monseigneur a brisé notre propos d'aller à Arras ; car la chose lui touche de trop près de ce mariage. Il m'a connu qu'il ne pot en-nuit dormir de penser à sa femme qui sera ; si que, vous vous reposerez meshui et demain en celle ville ; et lundi nous guérirons ces deux malades. » La duchesse commença à rire et dit : « Dieu y ait part! » Le duc se départit et retourna devers le roi. Ainsi demeura la chose en cel état le samedi et le dimanche tout le jour, et se ordonna-t-on pour épouser à lendemain.

CHAPITRE CCXXX.

Comment François Acreman et les Gantois prindrent la ville du Dam, quand ils eurent failli à prendre la ville d'Ardembourch et Bruges.

Ce propre samedi au soir étoit parti des Quatre-Métiers François Acreman, là où il s'étoit retrait atout bien sept mille hommes, quand il ot failli à prendre Ardembourch ; et avoit en convenant à ceux de Gand, à messire Jean le Boursier, à Piètre du Bois et aux autres capitaines, que jamais ne retourneroit en Gand, si auroit pris ou Bruges, ou Ardembourch, ou le Dam, ou l'Escluse. Car les Gantois, qui étoient informés du voyage d'Escosse de l'amiral de France et grand'foison de bonne chevalerie en sa compagnie pour guerroyer en Angleterre, mettoient grand'-peine que le roi de France et les gens d'armes de France qui étoient demeurés au royaume fussent si ensonniés que plus n'en passassent la mer ; car voix et commune renommée couroit, et on en véoit aucunes apparences, que le connétable et le comte de Saint-Pol et le sire de Coucy et grand'foison de Gennevois et de gens d'armes, devoient entrer en Angleterre pour reconforter leurs gens. François Acreman, qui étoit appert homme en armes et subtil, mettoit toutes ses ententes à grever ses ennemis, pour avoir la grâce et l'amour de ceux de Gand ; et issit hors ce samedi, si comme je vous ai dit, de un pays que on dit les Quatre-Métiers, et vint toute nuit costier Bruges et le cuida prendre et embler, mais il ne put, car elle étoit trop bien gardée. Quand il vit qu'il avoit failli, il s'en alla vers le Dam ; et vint là au point du jour, et encontra ses espies qu'il avoit envoyés le samedi ; car en un bosquet près du Dam, entre le Dam et Ardembourch, il avoit jeté une embûche. Ses espies lui dirent quand ils l'encontrèrent : « Sire, il fait bon au Dam ; messire Roger de Ghistelle, le capitaine, n'y est point ; il n'y a que dames. » Et ils disoient voir ; car ce samedi il étoit venu à Bruges atout vingt lances ; si n'en étoit point encore retourné ; dont il fut grandement blâmé, car au partir il se confioit en ceux de la ville qui étoient, ce lui sembloit, gens assez, et en son lieutenant.

Quand François Acreman entendit par ses espies que messire Roger de Ghistelle n'étoit point au Dam et qu'il y avoit foible garde, si en fut tout réjoui; et partit ses gens en deux, et prit la mendre part pour faire moindre friente et leur dit: « Allez tout le pas vers celle porte et ne faites point de noise. Quand vous orrez corner, si vous traiez devers les bailles, et rompez et découpez tout. Nous abattrons d'autre part la porte; tant de gens que nous sommes n'y entrerions jamais par échelles: la ville est nôtre, je n'en fais nulle doute. » Il fut fait ainsi qu'il ordonna: il s'en vint avecques ceux qu'il voult prendre, et laissa la greigneur part de ses gens derrière. Et s'en vinrent les premiers atout échelles parmi les fossés; oncques n'y ot contredit; et passèrent la boue et apposèrent leurs échelles aux murs et y montèrent; oncques nul ne s'en aperçut. Si furent en la ville et vinrent sans danger, en sonnant leurs cornes, à la porte, et en furent seigneurs; car encore dormoient les bons hommes de la ville en leurs lits, et le guet de la nuit s'étoit retrait, car le jour étoit bel et clair. Ce fut le dix-septième jour de juillet que François Acreman échella la ville du Dam.

Quand ils furent venus à la porte, de bonnes cognées que ils avoient ils coupèrent le flaiel; et ceux de dehors coupèrent aussi les bailles et firent voie toute appareillée. La ville du Dam se commença à émouvoir et à réveiller; mais ce fut trop tard; car les hommes furent pris en leurs hôtels et en leurs lits; et ceux que ils trouvoient armés ils occioient sans merci. Ainsi conquirent, ce dimanche au matin, les Gantois la bonne ville du Dam, et grand avoir dedans, et par espécial de vins et de Malvoisies et de Garnaches les celliers tous pleins: si orent lesquels que ils vouldrent, ni il n'y avoit point de contredit. Et me fut dit que de l'avoir de ceux de Bruges ils trouvèrent assez dedans, que ils y avoient mis et porté sur la fiance du fort lieu; et par espécial les riches hommes de Bruges, pour la doutance des rebellions du menu peuple.

François Acreman, quand il se vit sire du Dam, fut grandement réjoui et dit: « Or ai-je bien tenu à nos gens de Gand ce que je leur ai promis: que jamais en Gand je n'entrerois, si auroris pris une bonne ville en Flandre: celle ville de Dam est bonne assez; elle nous venra bien à point pour mestrier Bruges et l'Escluse et Ardembourch et tout le pays jusques à Yppre. »

Et fit tantôt un ban et un commandement, et sur la tête, que aux gentilles dames et damoiselles qui dedans le Dam étoient nul n'atouchât ni ne fît mal. Si en y avoit-il des dames jusques à sept, toutes femmes de chevaliers de Flandre, qui étoient venues voir la dame de Ghistelle, femme à messire Roger de Ghistelle, qui étoit si enceinte que sur ses jours [1].

Les hommes du Dam qui ne vouldrent être de la partie François Acreman furent morts. La ville conquise, on entendit tantôt à la remparer.

Quand les nouvelles furent venues à Bruges de la ville du Dam comment elle étoit prise, si en furent grandement esbahis, et à bonne cause; car elle leur étoit trop prochaine. Tantôt, si comme pour la rescourre, on cria à l'arme; et s'armèrent tous ceux de la ville et les chevaliers qui dedans étoient; et s'en vinrent, bannières déployées, jusques au Dam, et commencèrent à escarmoucher aux barrières et à livrer assaut; mais ils trouvèrent gens assez pour la garder et défendre, et perdirent plus à l'assaillir que ils n'y gagnèrent. Quand ils virent que ils n'y feroient autre chose, si retournèrent; car ils perdoient là leur temps, ni elle n'étoit pas à prendre si légèrement sans long siége. Quand les nouvelles en vinrent en la ville de Gand, vous pouvez bien croire et savoir que ils en furent grandement réjouis; et tinrent cette emprise à hautaine, et François Acreman à vaillant homme et sage guerroyeur.

CHAPITRE CCXXXI.

Comment le roi de France épousa à Amiens madame Isabel de Bavière. Comment il vint assiéger le Dam; de la trahison de ceux de l'Escluse et d'autres choses.

Nous retournerons aux épousailles du roi Charles de France, et conterons comment on y persévéra. Quand ce vint le lundi, la duchesse Marguerite de Hainaut, qui avoit en son hôtel la jeune dame qui devoit être roine de France, ordonna et appareilla la mariée ainsi comme à elle appartenoit et que bien le savoit faire. Et là vint la duchesse de Brabant, bien accompagnée

[1] C'est-à-dire si enceinte qu'elle était presque arrivée à terme.

de dames et de damoiselles; et puis vint aussi madame la duchesse de Bourgogne. Ces trois duchesses amenèrent la jeune dame Isabel de Bavière en chars couverts si riches qu'il ne fait pas à demander comment, la couronne au chef, qui valoit l'avoir d'un pays, que le roi le dimanche lui avoit envoyée. Et là étoient en grand arroy le duc Aubert, le duc Frédéric, Guillaume de Hainaut et plusieurs barons et chevaliers de leur côté, et descendirent devant la belle église cathédrale d'Amiens. Tantôt vint le roi et le duc de Bourgogne et la grand'baronie de France. Si fut la jeune dame amenée de ces dames et de ces seigneurs très excellentement; et là furent épousés solennellement le roi et elle; et les épousa l'évêque du dit lieu [1].

Après la haute messe et les solemnités faites qui au mariage appartenoient à faire, on se retrait au palais de l'évêque où le roi étoit logé; et là fut le dîner des dames appareillé, et du roi et des seigneurs à part eux; et ne servoient que comtes et barons. Ainsi se continua celle journée et persévéra en grands solas et en grands reveaulx; et au soir les dames couchèrent la mariée; car à elles appartenoit l'office; et puis se coucha le roi qui la désiroit à trouver en son lit. S'ils furent celle nuit ensemble en grand déduit, ce pouvez-vous bien croire.

Ordonné étoit ce lundi au soir que le mardi, après boire, seigneurs et dames se partiroient; et s'en iroient chacun et chacune en son pays, et prendroient congé au roi et à la roine. Ce mardi, environ neuf heures, nouvelles vont venir à Amiens que François Acreman avoit pris la ville du Dam. Ces nouvelles s'épandirent partout. Les François en furent troublés, mais par semblant ils n'en firent compte. Le roi de France, après sa messe, le sçut; si pensa sus un petit; aussi firent le duc de Bourgogne et le connétable de France; et tantôt ils n'en firent compte; car en celle propre heure autres nouvelles vinrent de Poitou, qui firent entre-oublier celles de la prise du Dam; car un héraut, de par le duc de Bourbod, vint là, qui apporta lettres au roi, au duc de Bourgogne et au connétable, qui faisoient mention et certifioient que Taillebourch, pont et chastel, sur la Carente, étoient rendus; et s'en alloient le duc de Bourbon et ses routes mettre le siége devant Breteuil, et avoient en Poitou en Xaintonge et en Limousin, reconquis six forteresses anglesches.

Ces nouvelles réjouirent la cour du roi et les seigneurs; et mit-on en non-chaloir celles du Dam, fors tant que il fut là conseillé, que le roi n'entendroit à autre chose, si auroit été en Flandre et reconquis le Dam; car c'étoit un trop périlleux voisin pour eux, c'est à savoir pour ceux de Bruges et de l'Escluse; et iroit si avant en ces Quatre-Métiers dont ce venin étoit issu, qu'il n'y demeureroit maison ni buiron [1] que tout ne fût ars et exillié.

Adonc furent mis clercs en œuvre et messagers envoyés par toutes les mettes et chaingles du royaume de France, en mandant et commandant que le premier jour d'août chacun fût venu en Picardie pour aller au Dam.

Ces mandemens s'épandirent parmi le royaume de France; si s'ordonnèrent et appareillèrent chevaliers et écuyers pour être devers le roi. Ce mardi que les nouvelles vinrent à Amiens au roi, se partirent tous seigneurs et toutes dames après dîner et prindrent congé au roi et à la roine.

Au congé prendre, le roi requit à Guillaume de Hainaut qu'il voulsist venir aveccques lui devant le Dam, par amour et par lignage; et Guillaume, qui étoit jeune bachelier, lui accorda liement: et se partirent seigneurs et dames et retournèrent en leurs lieux. Le duc Frédéric s'en retourna en Hainaut aveccques son bel oncle et sa belle ante; et quand il ot là séjourné dix jours, il prit congé et s'en retourna en Bavière devers le duc Étienne son frère, qui le reçut liement; car il avoit, par la grâce de Dieu, si bien exploité, que sa fille Isabel étoit une des plus grands dames du monde.

Le roi de France, qui avoit fait son mandement par tout son royaume, et dit que jamais ne retourneroit à Paris si auroit été devant le Dam, se partit d'Amiens le vingt cinquième jour du mois de juillet, son oncle, le comte de Saint-Pol, le connétable, le sire de Coucy et grand'baronie en sa compagnie; et vint à Arras et ne fut là que une nuit, et vint à lendemain gesir à Lens. Et toudis venoient gens d'armes de tous côtés. Puis vint le roi à Seclin et à Lille, et passa outre et vint à Yppre; et à lendemain, le pre-

---

[1] Le mariage entre Charles VI et Isabelle de Bavière eut lieu le 18 juillet 1385.

[1] Instrument servant à la pêche.

mier jour d'août, il fut devant le Dam, et se logea si près de la ville que le trait passoit pardessus sa tente. Trois jours après, vint Guillaume de Hainaut, qui fut le bien venu du roi et de monseigneur de Bourgogne. Là fut mis le siége devant le Dam, grand et beau, et fut enclos François Acreman dedans qui s'y porta vaillamment; et tous les jours si il n'y avoit trèves ou répits, il y avoit assaut ou escarmouche. Et fut le sire de Clary, Vermendisien, qui étoit maître des canonniers au sire de Coucy, en allant vers la ville voir les canons, trait et atteint d'un quarrel de canon de ceux de dedans, duquel trait il mourut, dont ce fut dommage.

Au siége de Dam vinrent ceux des bonnes villes de Flandre, de Yppre, de Bruges et de tout le Franc de Bruges; et y avoit à ce siége plus de cent mille hommes. Et étoit le roi logé entre le Dam et Gand; et étoit capitaine de toutes ces communautés de Flandre le seigneur de Saint-Py, et avoit à compagnon le seigneur de Ghistelle atout vingt et cinq lances, et étoient logés droit en-my eux, afin que ils ne se rebellassent.

A un assaut qui fut fait devant le Dam, où tous les seigneurs furent, qui fut très grand et dura un jour tout entier, fut fait chevalier nouveau Guillaume de Hainaut, de la main et de la bouche du roi de France; et bouta hors ce jour sa bannière; et fut très bon chevalier en sa nouvelle chevalerie.

A cel assaut ne conquirent rien les François; mais y perdirent plus que ils y gagnèrent; car François Acreman avoit à avecques lui archers d'Angleterre qui grévoient moult les assaillans. Et aussi il y avoit grand'foison d'artillerie; car la ville, en devant que elle fût prise, en étoit bien pourvue; et aussi ils en avoient fait venir et apporter de Gand, quand ils sçurent que ils auroient le siége.

Entrementes que on séoit devant le Dam, ceux de l'Escluse, voire les aucuns et les plus notables de la ville qui pour le temps l'avoient à gouverner, furent inculpés d'une grand'trahison que ils vouloient faire au roi de France; car ils devoient livrer l'Escluse à ses ennemis, et devoient le seigneur de Herbannes, capitaine de la ville, et toutes ses gens meurdrir en leurs lits, et devoient bouter le feu en la navie du roi de France qui là s'arrêtoit à l'ancre, qui étoit grande et grosse, et moult y avoit de belles pourvéances; car en devant la prise du Dam le roi de France avoit intention d'aller en Escosse après son amiral. Encore devoient ces males gens de l'Escluse rompre les digues de la mer pour noyer tantôt l'ost; et de ce avoient-ils marchandé à ceux de Gand, si comme il fut sçu depuis. Et devoient toutes ces trahisons faire sous une nuit, et l'eussent fait; mais un prudhomme de la ville, si comme Dieu le voult consentir, entendit en un hôtel, où ils pourparloient de leur trahison, toutes leurs paroles: si vint tantôt au seigneur de Herbannes, et lui dit ainsi: «Tels gens et tels, et les nomma par nom et surnom, car bien les connoissoit, doivent faire telle trahison.» Et quand le chevalier l'entendit, si fut tout ébahi; et prit ceux de sa charge, où bien avoit soixante lances, et s'en alla de maison en maison à ceux qui la trahison avoient pourpensée, et les prit tous; et les fit mettre en divers prisons et bien garder; et puis monta tantôt à cheval et vint devant le Dam en la tente du roi. A celle heure y étoit le duc du Bourgogne; là leur recorda le chevalier toute l'affaire ainsi comme il alloit, et comment la ville de l'Escluse avoit été en grande aventure d'être prise et trahie, et tout l'ost, sous une nuit, d'être en l'eau jusques à la boudine.

De ces nouvelles furent les seigneurs moult émerveillés; et dit le duc de Bourgogne au capitaine: «Sire de Herbannes, retournez à l'Escluse et ne les gardez point longuement; faites les tous mourir, ils ont bien desservi mort.» A ces paroles se partit le chevalier et s'en retourna à l'Escluse; et furent tantôt décolés ceux qui celle trahison avoient pourparlée.

En celle propre semaine jeta son avis le duc de Bourgogne à faire traiter devers son cousin messire Guillaume de Namur, pour avoir l'Escluse en héritage et ajouter avecques la comté de Flandre; et lui rendre terre ailleurs en France ou en Artois, par manière d'échange, qui lui fût aussi profitable en rente et en revenues comme la terre de l'Escluse est. Et de tout ce avisa le dit duc messire Guy de la Trémoille; car en l'été, atout grands gens d'armes, il avoit séjourné à l'Escluse. Si en fit traiter le duc devers son cousin par ceux de son conseil; car il étoit en l'ost à grands gens d'armes venu servir le roi.

Quand messire Guillaume de Namur fut premièrement aparlé de celle matière et marchandise, ce lui vint à grand contraire et déplaisance car la ville de l'Escluse et les appendances, parmi les avenues de la mer, est un moult bel et grand et profitable héritage; et si étoit venu à ceux de Namur par partage de frères; car le comte Guy de Flandre et le comte Jean de Namur avoient été deux frères : si en aimoit mieux la terre messire Guillaume de Namur. Nonobstant tout ce, puisque le duc de Bourgogne l'avoit enchargé, il convenoit qu'il le fît; et étoit l'intention du duc, mais que il en fût sire, et de son conseil, que il feroit là faire l'un des forts chastels et des beaux du monde, ainsi comme il y a à Calais, à Chierbourch, où à Harrefleu, pour maistrier la mer et les allans et venans et entrans au hâvre de l'Escluse, et en issant aussi et courant parmi la mer; et le feroit toujours bien garder de gens d'armes et d'arbalêtriers, de barges et de baleniers, ni nul n'iroit ni ne courroit par mer que ce ne fût par leurs congé, si ils n'étoient plus forts d'eux : et seroit fait si haut que pour voir vingt lieues en la mer. Tant fut messire Guillaume de Namur mené et prié du duc et de son conseil qu'il s'accorda à ce; et faire lui convenoit, autrement il eût eu le mautalent du duc, que il rendit et hérita le duc de Bourgogne de la terre de l'Escluse et de toute la seigneurie. Et le duc lui rendit en ce lieu toute la terre de Béthune qui est un des beaux et grands héritages du pays, pour lui et ses hoirs. Ainsi fut fait l'échange de ces deux terres. Et tantôt le duc de Bourgogne mit ouvriers en œuvre; et fut commencé à édifier le chastel de l'Escluse.

CHAPITRE CCXXXII.

Comment François Acreman abandonna le Dam, et le roi de France le conquit; et comment il défit son armée et retourna en France.

Nous parlerons du siége du Dam et conterons comment il y persévéra. Presque tous les jours y avoit assaut, ou de jour à autre; et entre les assauts il y avoit aussi aux portes et aux barrières escarmouches, et moult de gens morts et blessés. Et ne pouvoit-on aisément avenir aux murs de la ville, pour les fossés qui étoient pleins de bourbe et d'ordure. Et s'il eût fait un temps pluvieux, ceux de l'ost eussent eu fort à faire, et les eût convenu déloger, voulsissent ou non. Mais un mois ou environ que le siége fut là devant, oncques ne plut, mais faisoit bel, chaud et sec; et avoient en l'ost assez largement de tous vivres; et pour la puantise des bêtes que on tuoit en l'ost et des chevaux qui y mouroient, l'air en étoit ainsi que à demi corrompu, dont moult de chevaliers et écuyers furent malades; et s'en alloient les aucuns rafreschir à Bruges. Et vint le roi loger, telle fois fut, à Male, pour éloigner ce mauvais air : mais toujours étoient ses tentes et ses pavillons tendus sur les champs. L'intention de François Acreman étoit telle, que il tiendroit là le roi si longuement que secours d'Angleterre lui viendroit pour lever le siége; et il est certain que sur cel espoir se tenoit-il dedans le Dam, et avoit envoyé en Angleterre quérir confort et secours. Et y fussent venus les oncles du roi, il n'est nulle doute, forts assez à leur avis de gens d'armes et d'archers pour combattre le roi et les François, si l'amiral de France et sa charge de gens d'armes ne fût en Escosse. Mais ce que les seigneurs d'Angleterre sentoient les François au royaume d'Escosse, et leur disoit-on encore que le connétable de France atout grands gens d'armes venoit par mer en Angleterre, les détria à non venir en Flandre; et n'en furent point confortés ceux du Dam : dont il leur convint faire un mauvais marché.

Le vingt septième jour d'août, l'an dessus dit, fut la ville du Dam reprise du roi de France et des François : je vous dirai par quelle manière. Quand François Acreman ot là tenu le roi de France à siége environ un mois, et que il vit que artillerie leur failloit en la ville, et que nul secours ne leur apparoit de nul côté, si se commença à esbahir, et dit à ceux de son conseil, le jour au soir dont il se partit la nuit : « Je veuil que entre nous de Gand nous en allons notre chemin à mie-nuit arrière en notre ville; et le dites aussi l'un à l'autre, et tout ce soit tenu en secret; car si les hommes de celle ville savoient que nous les voulsissions laisser, ils feroient, pour eux sauver, et leurs femmes, et leurs enfans, et le leur, aucun traité mauvais pour nous au roi de France, et nous rendroient, parmi tant que ils demeureroient en paix; et nous serions tous morts. Mais je les en garderai bien; nous nous tenrons tous ensemble et irons autour de la ville voir le guet; et mettrons hommes et femmes ens ou moûtier, et leur dirons que nous les mettons là pour la cause de ce que à lendemain nous devons avoir l'assaut; et dirons à ceux du guet, à mie-nuit, quand je ferai ouvrir la porte, que nous allons hors pour réveiller l'ost. Quand nous serons aux champs, nous nous en irons à coite d'éperons à Gand, ainsi n'aurons-nous garde des François. » Ceux de son conseil répondirent : « Vous avez bien parlé. »

Adonc s'ordonnèrent-ils sur cel état, et firent trousser le soir toutes leurs bonnes choses, et mirent femmes et enfans prisonniers dedans le moûtier ; et proprement ils firent entrer les dames chevaleresses qui là étoient, madame de Douzielles, madame d'Escornay, madame de Hezebethe et autres, et leurs damoiselles, et leur dirent : « Nous vous mettons ici, pour la cause de ce que demain nous devons avoir un trop grand assaut ; si ne voulons pas que vous vous ébahissiez du trait et des canons. » Tous et toutes se appaisèrent et cuidèrent que il fût ainsi. Avecques tout ce, après jour faillant, François Acreman et sa route allèrent autour de la ville pour voir le guet ; et n'y avoit en ce guet nul Gantois fors ceux de la ville. Si leur dit François : « Seigneurs, or faites anuit bon guet et ne vous partez point des créneaux pour choses que vous oyez ni voyez ; car le matin nous aurons l'assaut ; mais je veuil celle nuit aller réveiller l'ost. »

Il étoit cru de sa parole, car tous cuidoient que il dist voir. Quand François Acreman ot ainsi ce fait et ordonné, il s'en vint en la place où tous leurs chevaux étoient ensellés ; et montèrent à cheval et issirent hors par la porte devers Gand, et se mirent au chemin. Ils n'orent pas la ville éloignée demi-lieue qu'il fut jour ; et s'aperçurent ceux du Dam que François Acreman et les Gantois s'en alloient. Adonc se tinrent-ils pour deçus ; et commencèrent les capitaines de la ville à traiter devers les gens du roi ; et disoient que ils avoient le soir occis François Acreman.

Quand plusieurs gens de la ville du Dam aperçurent que François Acreman et les Gantois s'en alloient sans retourner, et que la porte étoit ouverte, si se mirent au chemin après eux, chacun qui mieux mieux. On sçut ces nouvelles en l'ost : plusieurs gens d'armes bretons et bourguignons, et par espécial ceux qui désiroient à gagner, montèrent sur leurs chevaux et se mirent en chasse, et poursuivirent les Gantois jusques à deux lieues de Gand. Si en y ot des fuyans occis grand'foison, et pris plus de cinq cens ; mais en ceux là y ot petit de Gantois ; fors de ceux du Dam qui s'enfuyoient. Et entrementes que la chasse se faisoit de toutes parts, on assailloit la ville où point de défense n'avoit : si entrèrent ens les François par échelles, et passèrent les fossés à grand'peine. Quand ils furent dedans ils cuidèrent avoir merveilles gagné ; mais ils ne trouvèrent rien dedans que povres gens, femmes et enfans, et grand'foison de bons vins. Donc, par dépit et par envie, Bretons et Bourguignons boutèrent le feu en la ville, et fut presque toute arse ; de quoi le roi et le duc de Bourgogne furent durement courroucés ; mais amender ne le purent : si leur en convint passer. Si furent les gentilles dames sauvées et gardées sans nul mal avoir.

Après la prise du Dam, que le roi de France et les François reprindrent, si comme ci-dessus est contenu, on ot conseil que on se délogeroit ; et iroit le roi loger à Artevelle, à deux petites lieues près de Gand, et entrementes que le roi se tenroit là, les gens d'armes efforcément chevaucheroient outre ens ou pays des Quatre-Métiers, et détruiroient tout icelui pays, pour la cause que toutes douceurs en étoient du temps passé venues à Gand, et avoient ceux de ce pays, que on dit les Quatre-Métiers, plus conforté les Gantois que nulles autres gens. Adonc se départit-on du Dam et prit-on le chemin d'Artevelle ; et là vint le roi loger.

Entrementes entrèrent ces gens en ce pays des Quatre-Métiers, et l'ardirent et détruisirent tout entièrement, et abatirent tours et forts moûtiers qui toudis s'étoient tenus, et n'y laissèrent oncques entière maison ni hamel, hommes ni femmes ni enfans ; tout fut chassé ens ès bois, ou tout occis.

Quand les François orent fait celle envahie, il fut ordonné que on iroit mettre le siége devant le chastel de Gavre, et puis retourneroit-on devant Gand ; mais il n'en fut rien ; je vous dirai pourquoi. Le roi de France étant à Artevelle, qui y fut environ douze jours, nouvelles lui vinrent de Honguerie, de par la roine ; car là vint l'évêque de Bausseren en ambaxaderie, et plusieurs chevaliers et écuyers de Honguerie en sa compagnie ; et apportoient lettres de créance, et venoient querre leur seigneur le frère du roi, Louis de France, à ce jour comte de Valois, pour l'emmener en Honguerie à sa femme, laquelle par procuration, messire Jean la Personne, un chevalier de France, avoit épousée. Ces nouvelles plurent grandement bien au roi de France et au duc de Bourgogne ; et fut regardé adonc que pour entendre à l'état du jeune comte de Valois on retourneroit en France, et que on en avoit assez fait pour celle saison [1].

CHAPITRE CCXXXIII.

Comment le marquis de Blanquebourch fut couronné roi de Hongrie pour supplanter le jeune comte de Valois, de son épouse et du royaume de Hongrie.

Lors se départit le roi d'Artevelle, le douzième jour de septembre; et orent congé toutes manières de gens d'armes, et s'en r'alla chacun en son lieu. Et jà étoit retrait, tantôt après la prise du Dam, Guillaume de Hainaut arrière en son pays, et avoit pris congé au roi. De ce département furent les Gautois tout réjouis; car ils cuidoient bien avoir le siége. Or s'en retourna le roi de France et vint à Crail, où la roine sa femme étoit, car quand il se partit d'Amiens pour aller en Flandre, on l'envoya là tenir son état. Le roi fut, ne sais quans jours à Crail et la roine; si s'en partirent et approchèrent Paris; et vint la roine au bois de Vinchaines, et là se tint, et le roi vint à Paris. Et étoit-on embesongné d'entendre à l'ordonnance et arroy du comte de Valois; car on vouloit que très étoffément il s'en allât en Hongrie, dont on le tenoit pour roi. Mais les choses se transmuèrent dedans briefs jours au royaume de Hongrie, si comme je vous recorderai présentement.

Bien est vérité que la roine de Hongrie, mère à la jeune dame qui héritière étoit de Hongrie, et laquelle le comte de Valois par procuration, si comme ci dessus est dit, avoit épousée, avoit grandement son affection et plaisance à Louis de France comte de Valois, et tenoit sa fille à très hautement et bien assignée, et ne désiroit autre voir ni avoir que le jeune comte à fils et à roi; et pour ce y avoit-elle envoyé[2] l'évêque de Basseren et grand'foison de ses chevaliers, afin que les besognes se approchassent. Or avint, entrementes que ces ambassadeurs vinrent en France, que le roi d'Allemagne, qui roi des Romains s'escripsoit, avoit un frère qui s'appelloit Henry[3], mainsné de lui, lequel étoit marquis de Blanquebourch. Le roi des Romains entendit et étoit tout informé de l'état et des traités de Hongrie, et comment son cousin, le frère du roi de France, devoit avoir à femme l'héritière et roine de Hongrie, et jà l'avoit épousée par procuration, et que l'évêque de Basseren et aucuns chevaliers de Hongrie l'étoient allé querir. Ce roi d'Allemagne, qui ot plus cher un profit pour son frère que pour son cousin de France, jeta son avis sur ce, et avoit jeté jà long-temps : et tout son propos, son conseil et ses affaires, étoient demenés sagement et secrètement; et bien le montrèrent en Allemagne; car si la roine de Hongrie la mère en eût été en rien avisée ni informée, elle y eût trop bien pourvu de remède. Mais nennil, ainsi comme il apparut.

Le conseil du roi d'Allemagne sçut que la roine de Hongrie et ses filles étoient en ébattement en un chastel sur les frontières d'Allemagne : ces choses sçues, le marquis de Blanquebourch mit tantôt sus une grand'chevauchée de gens d'armes; et étoient bien dix mille hommes; et s'en vint mettre le siége devant ce chastel et enclorre ces dames dedans[1]. Quand la roine de Hongrie se vit ainsi assiégée, si fut toute ébahie, et envoya devers Henry le marquis de Blanquebourch à savoir qu'il lui demandoit. Le marquis, par le conseil qu'il ot, lui manda que ce n'étoit pour autre chose que pour ce qu'elle vouloit marier sa fille en une étrange terre au frère du roi de France dont elle ne pouvoit jamais avoir nul confort; et mieux lui valoit, et plus profitable lui étoit pour elle et pour le royaume de Hongrie, que il l'eût à femme, lui qui étoit son voisin et frère du roi des Romains, que le comte de Valois. La reine s'excusa et dit que de lui oncques n'avoit ouï requête ni nouvelle, et pour ce avoit-elle sa fille accordée au frère du roi de France ; et le roi de Hongrie son mari vivant ce lui avoit ordonné. Le marquis de Blanquebourch répondit à ce, que de tout ce ne faisoit-il compte et qu'il avoit l'accord et la voix de la greigneur partie de Hongrie, et que bellement ou autrement il l'auroit, et bien étoit en sa

---

[1] J'ai déjà dit que je ne trouvais rien dans les historiens hongrois sur ce sujet.

[2] Je ne vois aucune mention de cette ambasade de l'évêque de Waradin, ni d'aucun de ces faits, ni dans Thwrocz, ni dans P. Ranzan, ni dans aucun chroniqueur hongrois de l'époque, ni des temps postérieurs.

[3] Le marquis de Brandebourg ne s'appelait pas Henri, mais Sigismond, fils de l'empereur Charles IV, et il était frère de l'empereur Wenceslas. Sigismond avait été fiancé dans son enfance à Marie, reine de Hongrie. Son mariage fut conclu depuis en 1386. Il était alors âgé de vingt ans.

[1] Ces événemens sont aussi peu historiques que tout ce qui est relatif au reste de cette affaire.

puissance. La dame fut tout esbahie de ces paroles; non-pour-quant elle se tint ce que elle put, et manda secours à ses gens dont elle pensoit à être aidée; mais oncques nul n'apparut ni ne se mit sur les champs contre le marquis de Blanquebourch; et montrèrent les seigneurs de Hongrie que ils avoient aussi cher la marchandise aux Allemands comme aux François. Quand la dame vit qu'il n'en seroit autre chose et qu'elle ne seroit autrement confortée de ses gens, si se laissa conseiller; car le marquis lui promettoit que, si par force il la prenoit, il la feroit emmurer en une tour et la tenir au pain et à l'eau, et vesquist tant qu'elle pût. De ces nouvelles fut la roine toute effréée; car elle se sentoit en trop foible lieu, et si étoit là venue sans nulles pourvéances, ni de gens, ni de vivres. Si traita et bailla sa fille au marquis de Blanquebourch, qui tantôt l'épousa et geut avecques elle charnellement. Si fut roi de Hongrie.

Ainsi vint messire Henry de Bohême, marquis de Blanquebourch à l'héritage du royaume de Hongrie, dont il fut roi le plus par force, et le moins par amour, tant que au cousentement de la vieille roine; mais faire lui convint ou écheoir en pire marché.

Ces nouvelles furent tantôt avolées en France devers l'évêque et les chevaliers et écuyers de Hongrie qui là étoient et qui au chemin mettre se vouloient. Et jà étoit le comte de Valois parti et venu à Troyes en Champagne, et avoit pris congé au roi et à son oncle de Bourgogne. Quand ces nouvelles lui vinrent en la main, lui convint porter; car autre chose n'en put avoir. Si s'en partirent les Hongres tous courroucés et bien y avoit cause; et le comte de Valois retourna à Paris devers le roi. Et plusieurs grands seigneurs de France et du sang du roi ne firent compte de ce contre-mariage de Hongrie; et dirent que le comte de Valois étoit bien heureux quand on lui avoit tollu sa femme; car Hongrie étoit un trop lointain pays et mal à main pour les François; ni jà n'en eussent été aidés ni confortés. On mit ces choses en non-chaloir, et pensa-t-on à un autre mariage pour le dit comte : ce fut à la fille du duc de Milan qui seroit héritière de toute Lombardie, laquelle est plus riche et plus grasse que n'est Hongrie, et mieux à main pour les François. Nous lairons à parler de ce mariage et parlerons du duc de Bourbon qui étoit en Poitou à siége devant Breteuil; et puis retournerons à l'amiral de France, messire Jean de Vienne, qui étoit en Escosse, et conterons comment il s'y porta.

CHAPITRE CCXXXIV.

Comment le duc de Bourbon prit en Poitou plusieurs forteresses, et entre les autres le fort chastel de Breteuil.

En celle saison que le roi de France fut en Flandre, tant devant le Dam comme ailleurs, le duc de Bourbon, à belle charge de gens d'armes, fit sa chevauchée en Limousin et en Poitou, et y prit plusieurs forts et garnisons anglesches qui s'y tenoient, tels que le San, Tronchette, Archiac, Garnace, Mont-Leu à huit lieues de Bordeaux et Taillebourch sur Carente; et puis s'en vint mettre le siége devant Breteuil, un moult bel et fort chastel en Poitou sur les marches de Limousin et de Xaintonge. De Breteuil étoient capitaines : Andrieu Pruiars[1], Anglois, et Bertran de Montrivet, Gascon, et avoient là dedans avecques eux grand foison de bons compagnons. Si y ot plusieurs assauts et escarmouches, et faites plusieurs appertises d'armes. Et presque tous les jours aux barrières y avoient de ceux de dehors à ceux de dedans escarmouches et faits d'armes où il avoit souvent des morts, des blessés. Et bien disoit le duc de Bourbon, que point de là ne partiroit si auroit le chastel à sa volonté; et ainsi l'avoit-il promis au duc de Berry la darrenière fois que il avoit parlé à lui. Et avint, le siége étant devant Breteuil, que Bertran de Montrivet, qui étoit l'un des capitaines, devisoit à faire un fossé par dedans le fort, pour eux mieux fortifier; et ainsi comme il montroit et devisoit l'ouvrage à ses gens, et véez-ci venir le trait d'une dondaine[2] que ceux de l'ost laissèrent aller, duquel trait et par mésaventure Bertran fut aconsuivi et là occis; lequel étoit en son temps échappé de seize siéges tous périlleux.

De la mort de Bertran furent les compagnons effréés et courroucés; mais amender ne le purent. Si demeura Andrieu Pruiars capitaine. Depuis, environ quinze jours après, fut fait un traité de ceux du fort à ceux de l'ost; et rendirent le chastel et les pourvéances, sauves leurs vies; et furent conduits jusques à Bouteville, dont Durandon de la Perrade étoit capitaine.

---

[1] Prior. — [2] Machine à jeter de grosses pierres.

Ainsi orent les François le chastel de Breteuil : si le remparèrent et rafreschirent de nouvelles pourvéances, d'artillerie et de gens d'armes, et puis s'en partirent et s'en vinrent rafreschir à Carros une belle et grosse abbaye [1], et là environ sur le pays. Et puis s'en vinrent à Limoges, et là se tint le duc de Bourbon huit jours, et ot conseil de retourner en France, ainsi qu'il fit; et trouva le roi à Paris et son neveu de Valois et tous ses mariages brisés. Or reviendrons-nous aux besognes d'Escosse et de l'amiral de France, qui toutes avinrent en celle saison.

CHAPITRE CCXXXV.

Comment l'amiral de France et les Escots entrèrent en Angleterre ardant et exillant le pays; et de la mort du fils au comte de Staffort.

Vous avez bien ci-dessus ouï recorder comment l'amiral de la mer, atout grand'charge de gens d'armes, arriva au hâvre de Haindebourch en Escosse [1], et comment ses gens trouvèrent autre pays et autres gens que ils ne cuidoient. Les barons d'Escosse et le conseil du roi, l'année passée, avoient informé les chevaliers qui y avoient été, messire Geoffroy de Chargny et messire Aymar de Marse, que si l'amiral de France, ou le connétable, ou les maréchaux passoient la mer en Escosse atout mille lances de bonnes gens et cinq cents arbalètriers, et eussent avecques eux le harnois d'armes pour armer eux mille en Escosse, avecques l'aide et le demeurant du royaume d'Escosse ils combattroient bien les Anglois, et feroient un si grand treu en Angleterre que jamais ne seroit recouvré. Sur cel état avoient l'amiral de France et les François passé la mer et étoient venus en Escosse. Si ne trouvèrent pas en voir assez de ces promesses : tout premier ils trouvèrent dures gens et mal amis et povre pays; et ne sçurent tantôt les seigneurs, chevaliers et écuyers de France qui là étoient, où envoyer leurs varlets sur le pays pour fourrager; ni aller ils n'y osoient fors en grands routes, pour les malandrins du pays qui les attendoient au pas, et les ruoient jus, meshaignoient et occioient.

Or vint le roi Robert d'Escosse, un grand bon homme à uns rouges yeux rebraciés : ils sembloient fourrés de sendail [1]; et bien montroit que il n'étoit pas aux armes trop vaillant homme et que il eût plus cher le séjourner que le chevaucher; mais il avoit jusques à neuf fils, et ceux aimoient les armes. Quand le roi d'Escosse fut venu à Haindebourch, ces barons de France se trairent devers lui et s'accointèrent de lui, ainsi comme il appartenoit et que bien le savoient faire; et étoient avecques eux à ces accointances le comte de Douglas, le comte de Mouret, le comte de la Mare, le comte de Surlant et plusieurs autres. Là requit l'amiral et pria au roi que, sur l'état pourquoi ils là venus au pays étoient, on leur accomplist, et dist que il vouloit chevaucher en Angleterre. Les barons et les chevaliers d'Escosse qui se désiroient à avancer en furent tout réjouis, et répondirent que si à Dieu plaisoit, ils feroient un tel voyage où ils auroient honneur et profit. Le roi d'Escosse fit son mandement grand et fort; et vinrent à Haindebourch, et là environ, au jour qui assigné y fut, plus de trente mille hommes, et tous à cheval, et ainsi qu'ils venoient ils se logeoient à l'usage de leur pays, et n'avoient pas tous leurs aises.

Messire Jean de Vienne, qui grand désir avoit de chevaucher et d'employer ses gens en Angleterre pour faire aucun bon exploit d'armes, quand il vit ces Escots venus, dit qu'il étoit temps de chevaucher, et que trop avoient là séjourné. Si fut le département signifié à toutes gens. Adonc se mirent-ils à voie et prindrent le chemin de Rosebourch. A celle chevauchée n'étoit point le roi; mais étoit demeuré en Haindebourch, et étoient tous ses enfans en l'armée. Et sachez que jusques à douze cens pièces de harnois, pour armer en bon arroi de pied en cap, furent délivrés aux chevaliers et écuyers d'Escosse et de Norvége [2] qui étoient mal armés, lesquels harnois l'amiral avoit fait venir de Paris : dont les compagnons qui en furent revêtus orent grand'joie Or chevauchèrent ces gens d'armes vers Northonbrelande, et exploitèrent tant qu'ils vinrent à l'abbaye de Mauros; et se logèrent les seigneurs et toutes manières de gens autour de la rive. A lendemain ils s'en vinrent sur la Morlane, et depuis devant Rosebourch,

---

[1] Je trouve dans un autre manuscrit, « à une bonne ville près d'illecques, qui est appelée Escures. »
[2] C'est à dire à Leith.

[1] Sorte d'étoffe écarlate, fort estimée alors.
[2] Peut-être Froissart entend-il par là les troupes venues des îles Orkney.

Du chastel de Rosebourch, de par messire Jean de Montagu, à qui le chastel est et toute la terre de là environ, étoit le gardien et capitaine un chevalier qui se appeloit messire Édouard Clifford. L'amiral de France et tous ceux de sa route et les Escots s'arrêtèrent devant, et bien l'avisèrent : si regardèrent, tout considéré, que à l'assaillir ils ne pourroient rien conquester; car le chastel est bel, grand et fort et bien muni d'armes et d'artillerie. Si passèrent outre, et vinrent tout contreval celle rivière de Tuide, en approchant Bervich et la mer ; et chevauchèrent tant que ils vinrent devant deux tours carrées, fortes assez. Au dedans avoit deux chevaliers, le père et le fils, qui s'appeloient tous deux messire Jean Strand. A ces tours avoit adonc bon herbergage de une plate maison qui fut tantôt arse et les tours assaillies ; et là ot fait de grandes appertises d'armes, et plusieurs Escots blessés au trait et du jet des pierres. Finablement les tours furent prises et les chevaliers dedans, par bel assaut, qui les défendoient et qui vaillamment se défendirent tant comme ils purent durer.

Après la conquête de ces deux tours, et que les Escots et les François en furent seigneurs, on s'en vint devant un fort chastel d'autre part que on appelle au pays Werk, et est de l'héritage messire Jean de Montagu. Si en étoit gardien et capitaine de par lui messire Jean de Mouseborne, lequel avoit là dedans sa femme et ses enfans et tout son cariage. Et bien savoit en devant que les François devoient venir ; si avoit à son pouvoir grandement bien pourvu le chastel de gens d'armes et d'artillerie pour attendre l'assaut. Devant le chastel de Werk s'amenagèrent et s'arrêtèrent tous ceux de l'ost, car il siéd sur une belle rivière qui rentre en la mer par le Tuide, dessous Bervich. A ce chastel de Werk ot un jour grand assaut ; et moult bien s'y portèrent les François, trop mieux que les Escots; car ils entroient dedans les fossés et les passoient à grand'peine tout outre. Et là ot fait de ceux d'amont à ceux d'aval grandes appertises d'armes ; car les François montoient amont sur les échelles et s'en venoient combattre main à main de ceux du fort. Là fut messire Jean de Mouseborne très bon chevalier, et se combattit moult vaillamment aux chevaliers françois qui montoient sur ces échelles. Et là, à cel assaut, fut occis un chevalier allemand, qui s'appeloit messire Werry Wenselin, dont ce fut dommage ; et moult en y ot ce jour de navrés et de blessés. Mais finablement il y eut si grand peuple, et fut l'assaut si continué que le chastel fut pris, et le chevalier, sa femme et ses enfans dedans ; et orent les François qui premiers y entrèrent plus de quarante prisonniers. Puis fut le chastel ars et détruit, car ils véoient qu'il ne faisoit pas à tenir, ni garder ne le pourroient, si avant en Angleterre comme il étoit.

Après le conquêt du chastel de Werk et la prise de messire Jean de Mouseborne, l'amiral de France et les barons de France et d'Escosse chevauchèrent vers Anuich, en la terre du seigneur de Percy ; et se logèrent tout en-mi et ardirent et exilièrent aucuns villages ; et furent jusques à Broel, un bel chastel et fort qui est sur la marine, au comte de Northonbrelande ; mais point n'y assaillirent, car ils savoient bien qu'ils y perdroient leur peine. Et chevauchèrent toute celle frontière jusques à Mourepès, en-mi chemin de Bervich et de Neuf-chastel sur Thin ; et là entendirent que le duc de Lancastre, le comte de Northonbrelande, le comte de Northinghen, le sire de Neufville et les barons de la marche et de la frontière de Northonbrelande et de l'archevêché d'Yorch et de l'évêché de Durem, venoient à grand effort. Quand les nouvelles en furent venues jusques à l'amiral, si en fut tout réjoui; aussi furent tous les barons de France et chevaliers de France qui en sa compagnie étoient ; car ils désiroient à avoir bataille ; mais les Escots n'en faisoient nul compte.

Là fut conseillé à Mourepès qu'ils se trairoient vers la marche de Bervich pour la cause de leurs pourvéances qui les suivoient, et pour avoir leur pays au dos, et là sur leurs marches ils attendroient leurs ennemis. Messire Jean de Vienne, qui point ne vouloit issir hors de conseil, les crut. Adonc ne chevauchèrent-ils plus avant en Northonbrelande, et s'en vinrent devers Bervich, de laquelle cité étoit messire Mahieu Rademen étoit capitaine, et avoit là dedans avecques lui grand'foison de bonnes gens d'armes. Les François et les Escots furent devant ; mais point n'y assaillirent ; ainçois passèrent outre et prindrent le chemin de Dombare pour rentrer en leur pays.

Les nouvelles étoient venues en Angleterre

que les François et les Escots étoient entrés en la marche de Northonbrelande, et détruisoient et ardoient tout le pays. Et sachez que en devant ces nouvelles le royaume d'Angleterre étoit tout pourvu et avisé de la venue de l'amiral et des François en Escosse; si étoient tous les seigneurs sur leurs gardes; et avoit le roi fait son mandement par tout Angleterre; et étoient tous traits sur les champs, comtes, barons, chevaliers et écuyers; et prenoient ainsi comme ils venoient leur chemin vers Escosse, et menaçoient fort les Escots. Et avoient fait les Anglois tout cel été les plus belles pourvéances que oncques mais ils fissent pour aller en Escosse, tant par mer comme par terre; car ils avoient sur la mer jusques à six vingt gros vaisseaux chargés de pourvéances, qui les suivoient, frontians[1] Angleterre pour venir au Umbre. Et venoit le roi accompagné de ses oncles, le comte de Cantebruge et le comte de Bouquenghen, et de ses deux frères, le comte de Kent et messire Thomas de Hollande. Là étoient le comte de Sallebery, le comte d'Arondel, le comte d'Asquesuffort, le jeune comte de Pennebroch, le jeune sire Despenser, le comte de Staffort, le comte de Devensière, et tant de barons et de chevaliers que ils étoient bien quatre mille lances, sans ceux que le duc de Lancastre, le comte de Northonbrelande, le comte de Northinghen, le sire de Lacy, le sire de Neufville et les barons des frontières d'Escosse, avoient, qui jà poursuivoient les Escots et les François, où bien avoit deux mille lances et vingt mille archers. Et le roi et les seigneurs qui venoient avoient en leurs routes bien cinquante mille archers, sans les gros varlets.

Tant exploitèrent le roi d'Angleterre et ses osts, en venant après le duc de Lancastre et les autres qui étoient premiers, que ils vinrent en la marche d'Yorch; car sur le chemin nouvelles étoient venues au roi et à ses gens que leurs gens se devoient combattre aux Escots en la marche de Northonbrelande, et pour ce se hâtoient-ils le plus. Et s'en vint le roi loger à Saint-Jean de Buvrelé, outre la cité d'Yorch et la cité de Durem; et là leur vinrent nouvelles que les Escots étoient retraits vers leur pays : si se logèrent toutes manières de gens d'armes en la marche de Northonbrelande. Or vous vueil-je recorder une aventure assez dure qui avint en l'ost du roi d'Angleterre, parquoi son voyage en fut presque rompu, et les seigneurs en guerre mortelle l'un à l'autre.

En la marche de Saint-Jean de Buvrelé, en la diocèse d'Yorch, étoit le roi d'Angleterre logé, et grand'foison de comtes, de barons et de chevaliers de son royaume; car chacun se logeoit au plus près de lui qu'il pouvoit par raison, et par espécial ses deux oncles, et messire Thomas de Hollande, comte de Kent, et messire Jean de Hollande, ses frères, étoient là en belle compagnie de gens d'armes. En la route du roi avoit un chevalier de Bohême qui étoit venu voir la roine d'Angleterre; et pour l'amour de la roine, le roi et les barons lui faisoient fête : ce chevalier appeloit-on messire Nicle, frisque et joli chevalier étoit à l'usage d'Allemagne. Et avint que, sus une remontée et sur les champs, au dehors d'un village assez près de Saint-Jean de Buvrelé, deux écuyers qui étoient à messire Jean de Hollande, frère du roi, s'entreprirent de paroles pour leurs logis à messire Nicle, et le poursuivirent de près pour lui faire un grand déplaisir. Sur ces paroles que le chevalier avoit aux écuyers, s'embattirent deux archers à messire Richart de Staffort, fils au comte de Staffort, et tant que de paroles ils commencèrent à aider au chevalier pour la cause de ce qu'il étoit étranger, et blâmèrent les écuyers en reprenant leurs paroles, et en disant : « Vous avez grand tort qui vous prenez à ce chevalier; jà savez-vous qu'il est à madame la roine et de son pays. Si fait mieux à déporter que un autre. » — « Voire, dit l'un de ces écuyers à l'archer qui avoit dit celle parole, et tu, herlos, en veux-tu parler? A toi qu'en monte, si je lui blâme ses folies? » — « A mo qu'en monte? dit l'archer. Il en monte assez; car il est compaing à mon maître; si ne serai jà en lieu où il reçoive blâme ni vilenie. » — « Et si j cuidois, herlos, dit l'écuyer, que tu le voulsisses aider ni porter encontre moi, je te bouterois celle épée dedans le corps. » Et fit semblant en parlant de le férir. L'archer recula, qui tenoit son arc tout appareillé; et encoche bonne sajette, et laist aller, et fiert l'écuyer de visé, et lui met la sajette tout parmi la mamelle et le cœur, et l'abat tout mort.

L'autre écuyer, quand il vit son compagnon en ce parti, s'en foui; messire Nicle étoit jà parti

[1] En suivant les frontières d'Angleterre.

et r'allé en son logis. Les archers s'en vinrent vers leur maître, et lui contèrent l'aventure. Messire Richard en fit bien compte, et dit que ils avoient mal exploité. «Par ma foi, dit l'archer, il convenoit que ce advenist, si je ne voulois être mort. Et encore ai-je plus cher que je l'aie mort que ce qu'il m'eût mort.» — «Or va, va, dit messire Richard, ne te mets point en voie qu'on te puisse trouver; je ferai traiter de ta paix à messire Jean de Hollande par monseigneur mon père ou par autrui.» L'archer répondit, et dit : «Sire, volontiers.»

Nouvelles vinrent à messire Jean de Hollande que un des archers à messire Jean de Staffort avoit tué son écuyer, celui au monde qu'il aimoit mieux, et la cause pourquoi, on lui dit que ce avoit été par la coulpe de messire Nicle, ce chevalier estraigne. Quand messire Jean de Hollande fut informé de cette adventure, si cuida bien forcener d'annoi, et dit : «Jamais ne beuvrai ni ne mangerai si sera ce amendé.» Tantôt il monte à cheval et fait monter aucuns de ses hommes, et se part de son logis, et jà étoit tout tard, et se trait sur les champs et fit enquérir où ce messire Nicle étoit logé. On lui dit que on pensoit bien qu'il étoit logé en l'arrière-garde avecques le comte Devensière, et le comte de Staffort et leurs gens. Messire Jean de Hollande prit ce chemin, et commença à chevaucher à l'aventure pour trouver messire Nicle. Ainsi comme il et ses gens chevauchoient entre haies et buissons, sur le détroit d'un pas où on ne se pouvoit détourner que on n'encontrât l'un l'autre, messire Richard de Staffort et lui s'entrecontrèrent. Pour ce que il étoit nuit, ils demandèrent en passant : «Qui est là?» Et entrèrent l'un dedans l'autre : «Je suis Staffort.» — «Et je suis Hollande.» Donc dit messire Jean de Hollande qui étoit encore en sa félonie : «Staffort, Staffort, aussi te demandois-je; tes gens m'ont tué mon écuyer que je tant aimois.» Et à ces mots il lance une épée de Bordeaux qu'il tenoit toute nue. Le coup chéy sur messire Richard de Staffort; si lui bouta au corps et l'abattit mort, dont ce fut grand'pitié; et puis passa outre, et ne savoit pas encore qui il eût asséné, mais bien savoit qu'il en avoit l'un mort. Là furent les gens messire Richard de Staffort moult courroucés, ce fut raison, quand ils virent leur maître mort; et commencèrent à crier : «Ha, ha, Hollande, Hollande! vous avez mort le fils du comte de Staffort : pesantes nouvelles seront au père quand il le saura. «Aucunes gens de messire de Hollande entendirent ce; si le dirent à leur maître : «Sire, vous avez mort messire Richard de Staffort.» — «A la bonne heure, dit messire Jean, j'ai plus cher que je l'aie mort que moindre de lui : or ai-je tant mieux vengé mon écuyer.»

Adonc s'en vint messire Jean de Hollande en la ville de Saint-Jean de Buvrelé et en prit la franchise; et point ne s'en départit, car la ville est franche; et bien savoit qu'il y auroit pour la mort du chevalier grand trouble en l'ost. Et ne savoit que son frère le roi d'Angleterre en diroit. Donc, pour eschiver tous périls, il s'enferma en la dite ville.

Les nouvelles vinrent au comte de Staffort que son fils étoit occis par grand'mésaventure. «Occis! dit le comte; et qui l'a mort?» On lui recorda, ceux qui au fait avoient été : «Monseigneur, le frère du roi, messire Jean de Hollande.» Adonc lui fut recordée la cause, et comment et pourquoi. Or devez-vous penser et sentir que cil qui aimoit son fils, car plus n'en avoit, et si étoit beau chevalier, jeune et entreprenant, fut courroucé outre mesure; et manda, quoiqu'il fût nuit, tous ses amis, pour avoir conseil comment il en pourroit user ni soi contrevenger. Toutefois les plus sages et les mieux avisés de son conseil le refrenèrent, et lui dirent que à lendemain on remontreroit ce au roi d'Angleterre, et seroit requis que il en fît loi et justice.

Ainsi se passa la nuit; et fut messire Richard de Staffort ensepveli au matin en une église d'un village qui là est; et y furent tous ceux de son lignage, barons, chevaliers et écuyers qui en celle armée étoient.

Après l'obsèque fait, le comte de Staffort et eux bien soixante de son lignage et du lignage son fils montèrent sur leurs chevaux et s'en vinrent vers le roi qui jà étoit informé de celle avenue. Si trouvèrent le roi et ses oncles et grand'foison d'autres seigneurs de-lez lui. Le comte de Staffort, quand il fut venu devant le roi, se mit à genoux, et puis parla tout en pleurant, et dit en grand'angoisse de cœur : «Roi, tu es roi de toute Angleterre et as juré solennellement à tenir le royaume d'Angleterre en droit et à faire justice; et tu sais comment ton frère, sans nul titre de raison, a mort mon fils et mon héritier. Si te requiers que tu me fasses droit et justice, ou autrement tu n'auras pire ennemi de moi; et vueil bien que tu saches que la mort de mon fils me touche de si près que, si je ne cuidois rompre et briser le voyage auquel nous sommes, et recevoir, par le trouble que je mettrois en notre ost plus de dommage et de paroles que d'honneur, il seroit amendé et contrevengé si hautement que à cent ans à venir on en parleroit en Angleterre. Mais à présent je m'en souffrirai tant que nous serons sur ce voyage d'Escosse, car je ne veuil pas réjouir nos ennemis de mon annoy. » — « Comte de Staffort, répondit le roi, soyez tout certain que je tiendrai justice et raison si avant que les barons de mon royaume ne oseroient ou voudroient juger; ni jà pour frère que j'aie je ne m'en feindrai. » Adonc répondirent ceux du lignage au comte de Staffort : « Sire, vous avez bien parlé ; et grand merci. »

Ainsi furent les proesmes de messire Richard de Staffort rapaisés; et se parfit le voyage allant en Escosse, si comme je vous recorderai; ni oncques sur tout le chemin, le comte de Staffort ne montra semblant de la mort de son fils; dont tous les barons le tinrent à moult sage[1].

CHAPITRE CCXXXVI.

Comment l'amiral de France et les Escots se déconseillèrent de combattre les Anglois. Comment ils entrèrent en Galles et ardirent le pays ; et les Anglois par semblable en Escosse.

Or s'avancèrent ces osts du roi d'Angleterre où bien avoit sept mille hommes d'armes et soixante mille archers. Ni rien n'étoit demeuré derrière; car on disoit parmi Angleterre que messire Jean de Vienne les combattroit. Et voirement en étoit-il en grand volonté, et le disoit aux barons d'Escosse par telles manières : « Seigneurs, faites votre commandement le plus grand que vous pourrez; car si les Anglois viennent si avant que jusques en Escosse, je les combattrai. » Et les Escots répondirent de premier : « Dieu y ait part. » Mais depuis orent-ils autre avis.

Tant exploitèrent les osts du roi d'Angleterre que ils passèrent Durem et le Neuf-Chastel[1] et la rivière du Thin et toute la Northonbrelande; et vint le roi en la cité de Bervich, de laquelle messire Mathieu Rademen étoit capitaine, qui reçut le roi liement, car la cité étoit à lui. Guères ne séjourna le roi à Bervich quand il passa outre, et tout l'ost; et passèrent la rivière de Tuide qui vient de Rosebourch et d'amont des montagnes de Northonbrelande[1]; et s'en vint l'avant-garde loger en l'abbaye de Mauros. Oncques en devant, par toutes les guerres d'Escosse et d'Angleterre, celle abbaye n'avoit eu nul dommage; mais elle fut adonc toute arse et exillée; et étoit l'intention des Anglois que, ainçois que ils rentrassent en Angleterre, ils détruiroient toute Escosse, pour la cause de ce qu'ils s'étoient fortifiés en celle saison des François.

Quand l'amiral de France sçut les nouvelles que le roi d'Angleterre et les Anglois avoient passé la rivière du Thin et celle aussi de la Tuide, et qu'ils étoient à la Morlane et entrés en Escosse, si dit aux barons d'Escosse : « Seigneurs, pourquoi séjournons-nous ici ? Que ne nous mettons-nous en lieu pour voir et aviser nos ennemis et eux combattre ? On nous avoit informés, ainçois que nous vinssions en ce pays, que si vous aviez mille lances ou environ de bonnes gens de France, vous seriez forts assez pour combattre les Anglois : je me fais fort que vous en avez bien mille et plus, et cinq cens arbalètriers ; et vous dis que les chevaliers et écuyers qui sont en ma compagnie sont droites gens d'armes et fleur de chevalerie, et point ne fuiront, mais attendront l'aventure telle que Dieu la nous voudra envoyer. »

A ces paroles répondirent les barons d'Escosse, qui bien connoissance avoient des Anglois et de leur puissance, et qui nulle volonté n'avoient de combattre : « Par ma foi ! monseigneur, nous créons bien que vous et les vôtres sont toutes gens de fait et de vaillance ; mais nous entendons que toute Angleterre est vuidée pour venir en ce pays ; ni oncques ne se trouvèrent les Anglois tant de gens ensemble comme ils sont ores ; et nous vous mettrons bien en tel lieu que

---

[1] Le comte de Stafford fit, l'année suivante, un pèlerinage à Jérusalem, probablement à l'occasion de la perte de son fils, et mourut l'année d'après, à son retour à Rhodes.

[1] Newcastle est situé sur la Tyne, entre Berwick et Durham, que Froissart devait placer en dernier lieu.

[2] La Tweed ne sort pas des montagnes du Northumberland, mais du comté de Peebles, autrement appelé Tweedsdale (vallée de la Tweed).

vous les pourrez bien voir et aviser; et si vous conseillez qu'ils soient combattus, ils n'en seront jà de par nous refusés, car voirement toutes les paroles que vous avez dites et mises avant, avons-nous dites. »—« De par Dieu! dit l'amiral, et je le veuil. »

Depuis ne demeura mie longuement que le comte de Douglas et les autres barons d'Escosse menèrent l'amiral de France sus une forte montagne en leur pays; au dessous avoit un pas par où il convenoit passer les Anglois leur cariage et tout l'ost. De celle montagne où l'amiral étoit, et grand'foison de chevalerie de France en sa compagnie, virent-ils tout clairement les Anglois et leur puissance: si les avisèrent au plus justement qu'ils purent, et les nombrèrent à six mille hommes d'armes, et bien, que archers que gros varlets, à soixante mille. Si dirent en eux-mêmes, tout considéré, que ils n'étoient pas assez gens pour eux combattre; car des Escots ils ne se trouvoient point mille lances et autant de leur côté, et environ trente mille hommes des autres gens et moult mal armés. Si dit l'amiral au comte de Douglas et au comte de Mouret: « Vous avez raison de non vouloir combattre ces Anglois; mais avisez-vous que vous voudrez faire; ils sont bien si forts que pour chevaucher parmi votre pays et du tout détruire; et puisque combattre ne les pouvons, je vous prie que vous me menez, parmi votre pays et parmi chemins non hantés, en Angleterre; si leur ferons guerre à l'autre part, ainsi comme ils nous la font ici, s'il est ainsi que ce se puist faire. »—« Oïl, sire, ce répondirent les barons d'Escosse. »

Messire Jean de Vienne et les barons d'Escosse orent là conseil ensemble que ils guerpiroient leur pays et lairoient les Anglois convenir, et chevaucheroient outre, et entreroient en Galles et iroient devant la cité de Carlion, et trouveroient là assez de bon pays où ils se contrevengeroient. Ce conseil et avis, par l'accord de tous, fut arrêté entre eux. Si se trairent toutes gens d'armes à l'opposite des Anglois et prindrent les forêts et les montagnes; et ainsi comme ils chevauchoient parmi l'Escosse, eux-mêmes détruisoient leur pays et ardoient villages et manoirs, et faisoient hommes et femmes et enfans et pourvéances retraire ès forêts d'Escosse; car bien savoient que les Anglois ne les iroient jamais là quérir; et passèrent tout à travers leurs pays. Et s'en alla le roi, pourtant qu'il n'étoit pas en bon point pour chevaucher, en la Sauvage Escosse, et là se tint toute la guerre durant, et en laissa ses gens convenir. Si passèrent les François et les Escots les montagnes qui sont à l'encontre du pays de Northonbrelande et d'Escosse, et entrèrent en la terre de Galles[1], et commencèrent à ardoir le pays et les villages, et à faire moult de desrois en la terre de Moutbray qui est au comte de Nottinghen et en la comté de Staffort et en la terre du baron de Griscop et du seigneur de Moussegrave, et prindrent leur chemin par terres et pays pour venir devant la cité de Carlion.

Entrementes que l'amiral de France, et ceux qui en sa compagnie étoient, le comte de Grant-Pré, le sire de Vodenay, le sire de Sainte-Croix, messire Geoffroy de Chargny, messire Guillaume de Vienne, messire Jacques de Vienne seigneur d'Espaigny, le sire de Haez, le sire de Moreuil, messire Waleran de Raineval, le sire de Beausault, le sire de Waurin, messire Perceval d'Ayneval, le baron d'Ivry, le baron de Fontaines, le sire de Rivery, messire Bracques de Bracquemont, le seigneur de Landury et bien mille lances de barons, de chevaliers et d'écuyers de France et les seigneurs d'Escosse et leurs gens ardoient et chevauchoient en Northonbrelande entre ces montagnes, et alloient ardant et exillant villes, manoirs et pays sur les frontières de Galles. Aussi étoient le roi d'Angleterre et ses oncles et les barons et chevaliers d'Angleterre et leurs routes entrés en Escosse, et ardoient et pilloient d'autre part; et s'en vinrent le rois et les Anglois loger à Haindebourch, la souveraine cité d'Escosse, et là fut le roi cinq jours. A son département elle fut toute arse que rien n'y demeura[2]; mais le chastel n'ot garde, car il est bel et fort, et si étoit bien gardé. En ce séjour que le roi Richard fit en Haindebourch les Anglois coururent tout le pays d'environ et y firent moult de desrois; mais nullui n'y trouvèrent; car tout avoient retrait ens ès forts et ens ès grands bois, et là chassé tout leur bétail.

En l'ost du roi d'Angleterre avoit plus de

---

[1] *Galles* et *Carlion* sont là pour Galloway et Carlisle.
[2] Walter Bower, dans la continuation du Scoti-Chronicon de Jean de Fordun, dit que l'église de Saint-Gilles d'Édimbourg fut consumée par cet incendie.

cent mille hommes et bien autant de chevaux; si leur convenoit grands pourvéances; car nulles n'en trouvoient en Escosse; mais d'Angleterre leur en venoient grand'foison par mer et par terre. Si se départirent le roi et les seigneurs de Haindebourch, et chevauchèrent vers Donfremelin, une ville assez bonne, où il y a une belle et assez grosse abbaye de noirs moines; et là sont ensepvelis par usage les rois d'Escosse. Le roi d'Angleterre se logea en l'abbaye, car ses gens prirent la ville, ni rien ne leur dura. A leur département elle fut toute arse, abbaye et ville, et puis cheminèrent outre vers Estrumelin; et passèrent au dessus d'Estrumelin la rivière de Tay[1] qui cuert à Saint-Jean-Ston.

Au chastel d'Estrumelin ot grand assaut; mais ils n'y conquirent rien, ainçois ot de leurs gens morts et blessés assez. Si s'en partirent et ardirent la ville et toute la terre au seigneur de Versy, et cheminèrent outre.

L'intention du duc de Lancastre et de ses frères et de plusieurs barons et chevaliers d'Angleterre étoit telle qu'ils passeroient tout parmi Escosse et poursuivroient les François et les Escots; car bien étoient informés par leurs coureurs que ils avoient pris le chemin de Galles pour aller vers la cité de Carlion, et les mèneroient si avant que ils les enclorroient entre Escosse et Angleterre, et par ainsi les auroient-ils à leur avantage, ni jamais ne retourneroient que ils ne fussent morts ou pris, mais que leurs pourvéances fussent venues. A ce conseil se tenoient-ils entre eux et l'avoient arrêté. Si couroient leurs gens à leur volonté parmi Escosse, ni nul ne leur alloit au devant; car le pays étoit tout vuis de gens d'armes qui étoient avecques l'amiral de France. Et ardirent les Anglois la ville de Saint-Jean-Ston en Escosse, où la rivière du Tay cuert, et y a un bon port pour aller partout le monde; et puis la ville de Dondie; et n'épargnoient abbayes ni moûtiers : tout mettoient les Anglois en feu et en flambe; et coururent jusques à Abredane les coureurs et l'avant-garde, laquelle cité siéd sur mer et est à l'entrée de la sauvage Escosse; mais nul mal n'y firent. Si en furent ceux du lieu assez effréés; et cuidèrent bien avoir l'assaut et que le roi d'Angleterre y dût venir.

[1] Le Tay coule en effet à Perth, mais à une assez grande distance de Stirling, et dans une autre direction.

Tout en telle manière que les Anglois se demenoient en Escosse se demenoient les François et les Escots en Angleterre en la marche de Northonbrelande et de Galles; et ardirent et exillièrent un grand pays au département de Northonbrelande en entrant en Galles, que on dit Wesmelant[1]. Et passèrent parmi la terre du baron Graiscop et du baron de Clifford; et ardirent en cette marche-là en cheminant plusieurs gros villages où nul homme de guerre n'avoit oncques mais été, car le pays étoit tout vuis de gens d'armes; car tous étoient en la chevauchée du roi, si ne leur alloit nul au devant. Et firent tant qu'ils vinrent devant la cité de Carlion en Galles, laquelle étoit bien fermée de portes, de murs, de tours et de bons fossés; car jadis le roi Artus[2] y séjournoit plus volontiers que ailleurs, pour les beaux bois qui y sont environ, et pour ce que les grands merveilles d'armes y avenoient.

En la cité de Carlion étoient en garnison messire Louis Clifford frère au seigneur, messire Guillaume de Neufville, messire Thomas Mousegrave et son fils, David Houlegrave, messire d'Angousse et plusieurs autres qui étoient des marches et frontières de Galles, car la cité de Carlion en est la clef. Et bien leur besogna qu'il y eût gens d'armes pour la garder; car quand l'amiral de France et ses gens furent venus devant, il la fit assaillir par grand'ordonnance, et y ot assaut dur et fier; et aussi ils étoient gens dedans de grand'défense; et là furent faites devant Carlion plusieurs grands appertises d'armes.

CHAPITRE CCXXXVII.

Comment le roi Richard d'Angleterre fut conseillé de retourner en Angleterre; et comment il parla fièrement à son oncle le duc de Lancastre.

Bien supposoient les oncles du roi d'Angleterre et les seigneurs, que l'amiral de France et les Escots tenoient ce chemin que ils avoient pris, et que en la marche de Galles et du Northonbrelande ils feroient du pis qu'ils pourroient. Si disoient entre eux les Anglois : « Nous ne pouvons faire meilleur exploit, mais que nos pourvéances soient toutes venues, que de aller

[1] Westmoreland.
[2] Voyez ce que j'ai dit sur cette erreur de Froissart, p. 24, note 2, du Ier vol de cette édition.

ce chemin que nos ennemis sont allés, et tant les cerchier que nous les trouvons, et eux combattre. Ils ne nous peuvent par nul chemin du monde fuir ni éloigner que nous ne les ayons à notre aise et volonté. »

En ce propos étoient le duc de Lancastre et ses frères et plusieurs hauts barons d'Angleterre, et la greigneur partie de la communauté de l'ost ; et jà étoient toutes leurs pourvéances venues, tant par mer comme par terre, et le roi l'avoit mêmement, présens ses oncles, accordé et arrêté ; et tous étoient en celle volonté, quand, une nuit, le comte d'Asquesuffort qui étoit pour ce temps tout le cœur et le conseil du roi, ni le roi n'avoit nul homme où il eût parfaitement fiance fors en lui, détourna et déconseilla tout. Je ne sais mie sur quelle entente, mais il informa le roi, si comme on sçut depuis, et lui dit : « Ha, monseigneur ! à quoi pensez-vous qui voulez faire ce chemin que vos oncles vous conseillent à faire ? Sachez que, si vous le faites ni allez aucunement, jamais vous ne retournerez ; ni le duc de Lancastre ne tire à autre chose que à ce qu'il soit roi, et que vous soyez mort. Comment vous peut ni ose-t-il conseiller à aller sur l'hiver en pays que point ne connoissez et passer les montagnes de Northonbrelande ? Il y a tels trente passages et détroits que, si nous étions enclos dedans, jamais n'en serions hors fors par le danger des Escots. Nullement ne vous boutez en ce danger ni péril, pour chose que on vous ait dit. Et si le duc de Lancastre y veut aller, si y voise lui et sa charge ; car jà, par mon conseil, vous n'y entrerez : vous en avez assez fait pour une saison. Oncques le bon roi Édouard votre tayon, ni monseigneur le prince votre père, ne furent si avant en Escosse comme vous avez été à celle fois ; si vous doit bien suffire. Gardez votre corps ; vous êtes jeune et à venir ; et tel vous montre beau semblant qui vous aime moult petit. » Le roi d'Angleterre entendit aux paroles de ce comte dessus nommé si parfaitement que oncques puis ne lui purent issir hors de la tête, si comme je vous dirai ci-après ensuivant.

Quand ce vint au matin, les seigneurs d'Angleterre et leurs gens s'ordonnoient au partir et tenir le chemin de Galles pour là aller devant Carlion ou ailleurs combattre les François et les Escots, ainsi que le soir devant ils avoient en conseil eu, proposé et arrêté ; et vint le duc de Lancastre devers son neveu le roi, qui rien ne savoit de ce trouble. Quand le roi le vit, qui étoit en sa mélancolie et yreux pour l'information dessus dite, si lui dit tout accrtes : « Oncle de Lancastre, vous ne venrez pas encore à votre entente. Pensez-vous que pour vos paroles nous nous veuillions perdre ni nos gens aussi ? Vous êtes trop oultrageux de nous conseiller follement, et plus ne croirai ni vous ni vos consaulx ; car en ce je y vois plus de dommage et de péril que de profit, d'honneur ni d'avancement pour nous et pour nos gens. Et si vous voulez faire le voyage que vous nous mettez avant, si le faites, car point ne le ferons ; ainçois retournerons-nous en Angleterre ; et tous ceux qui nous aiment si nous suivent. »

Adonc dit le duc de Lancastre : « Et je vous suivrai ; car vous n'avez homme de votre compagnie qui tant vous aime comme je fais, et mes frères aussi ; et si nul vouloit dire ni mettre outre, excepté votre corps, que je voulsisse autre chose que bien à vous et à vos gens, j'en baillerois mon gage. » Nul ne releva celle parole. Et le roi se tut et parla à ceux qui le servoient d'autres paroles, en lui ordonnant pour retourner en Angleterre le chemin qu'il étoit venu. Et le duc de Lancastre se départit du roi pour l'heure, tout mérencolieux ; et retourna entre ses gens, et fit nouvelles ordonnances ; car au matin ils cuidoient poursuir les François et les Escots jusques en Galles : mais non firent, ainçois se mirent tous au retour vers Angleterre. Or regardez comment le comte d'Asquesuffort, qui étoit pour le temps tout le cœur du roi, rompit ce voyage. Et bien disoient les aucuns seigneurs que le roi étoit mal conseillé, au cas qu'il avoit toutes ses pourvéances avecques lui, de ce qu'il ne poursuivoit les Escots jusques en Galles [1] ; car toujours en faisant chemin rapprochoit-il Angleterre. Et les autres qui ressoignoient la peine, tout considéré, disoient que non, et qu'il faisoit, pour si grand ost comme ils étoient, trop dur chevaucher sur le temps d'hiver à passer les montagnes entre Northonbrelande et Galles, et que plus y pouvoit-on perdre que gagner à faire ce voyage.

[1] Galloway.

CHAPITRE CCXXXVII.

Comment l'amiral de France et toute sa route furent durement traités en Escosse; et à quel meschef il retournèrent en France et racontèrent au roi la condition et puissance d'Escosse et tout ce qu'il leur en sembloit.

Ainsi se portèrent en celle saison ces besognes, et se dérompit celle chevauchée ; et s'en retournèrent le roi d'Angleterre et les barons arrière, tout le chemin que ils étoient venus, en Angleterre. Mais ils avoient détruit la greigneur partie du royaume d'Escosse. Ces nouvelles vinrent à l'amiral de France et aux François, et aussi aux barons d'Escosse, que les Anglois s'en retournoient et s'en r'alloient en leur pays : si eurent entre eux conseil comment ils se maintiendroient. Conseillé fut et arrêté que ils s'en retourneroient ; car pourvéances leur commençoient à faillir, et si se trouvoient en povre pays ; car ils avoient tout détruit la marche de Carlion et la terre du baron de Cliffort et du seigneur de Moutbray et l'évêché de Carlion ; mais la cité ne purent-ils avoir. Et disoient les François entre eux, que ils avoient ars en l'évêché de Durem et en l'évêché de Carlion telles quatre villes qui mieux valoient que toutes les villes du royaume d'Escosse ne faisoient. Si retournèrent en leur pays les Escots, et les François aucques, le chemin qu'ils avoient fait ; et quand ils retournèrent en la douce Escosse, ils trouvèrent tout le pays détruit ; mais les gens du pays n'en faisoient nul compte, et disoient que sur six ou huit estançons ils auroient fait tantôt nouvelles maisons. De bêtes pour vivres trouvoient-ils assez ; car les Escots les avoient sauvées ens ès hautes forêts. Mais sachez que tout ce que les François prenoient, il leur convenoit payer et acheter bien cher ; et furent, telle fois fut , en grand'aventure les François et les Escots de eux mêler, par riote et débat avoir l'un à l'autre. Et disoient les Escots que les François leur avoient plus porté de dommage que les Anglois. Et quand on leur demandoit en quoi, ils répondoient : « En ce que, en chevauchant parmi notre pays, ils ont foulé et abattu les blés, les orges et les avoines, et qu'ils ne daignoient chevaucher les chemins. » Desquels dommages ils vouloient avoir recouvriet ainçois que ils partissent d'Escosse ; et que ils ne trouveroient vaissel ni maronnier, outre leur volonté, qui les mit outre la mer. Et plusieurs chevaliers et écuyers se plaignoient des bois que on leur avoit coupés et désertés ; et tout ce avoient fait les François pour eux loger.

Quand l'amiral de France et les barons, chevaliers et écuyers de France qui étoient en sa compagnie, furent retournés en la marche de Haindebourch, ils orent moult de disettes et de souffretés, et ne trouvoient à peine rien pour leurs deniers à vivre. De vins n'avoient-ils nuls ; à grand'peine pouvoient-ils avoir de la petite cervoise et du pain d'orge ou d'avoine ; et étoient leurs chevaux morts de faim et enfondus de povreté. Et quand ils les vouloient vendre, ils ne savoient à qui, ni ils ne trouvoient qui leur en donnât maille ni denier ; ni de leurs harnois aussi. Et remontrèrent ces seigneurs à leur capitaine l'amiral comment ils étoient menés ; et il aussi le savoit bien de lui-même. Et lui dirent qu'ils ne pouvoient longuement vivre en celle peine, car le royaume d'Escosse n'étoit pas un pays pour hiverner ni hostier ; et que, avant l'été revenu, si ils demeuroient là, ils seroient tous morts de povreté ; et si ils s'épandoient sur le pays pour querre leur mieux, ils faisoient doute que les Escots qui les haïoient, pour leurs varlets qui les avoient battus et villennés en fourrageant, ne les murdrissent en leurs lits quand ils seroient asseulés ; car ils en oyoient aucune nouvelle.

L'amiral considéra bien toutes ces choses ; et véoit bien assez clairement qu'ils avoient droit et raison de ce remontrer, quoique il eût imagination et propos de là hiverner et de remander tout son état au roi de France et au duc de Bourgogne ; et devisoit que pour eux rafreschir à l'été, on lui renvoieroit gens, or et argent et pourvéances, et feroient bonne guerre aux Anglois. Mais bien véoit, tout considéré, la mauvaiseté des Escots et la povreté du pays, et le péril où ses gens seroient qui demeureroient là, et il même, qu'ils ne pouvoient là hiverner : si donna congé à tous ceux qui partir vouloient, qu'ils partissent. Mais au département fut le grand meschef ; car les barons ne pouvoient trouver passage pour eux ni pour leurs gens. On vouloit bien en Escosse que les povres compagnons et aucuns petits chevaliers et écuyers qui n'avoient nulle grand'charge se partissent, pour plus affoiblir et maistrier le demeurant des seigneurs de France, de Bourgogne, de Normandie, de Picardie et de Bretagne qui là étoient; et leur fut dit : « Vos gens se départiront bien, quand ils voudront; mais point de ce pays ne partirez ni isterez, si serons tous satisfaits des dommages que en cette saison pour faire votre armée avons eus. »

Ces nouvelles et remontrances furent moult dures à messire Jean de Vienne, au comte de Grant-Pré, au seigneur de Vodenay et aux barons du royaume de France; et remontrèrent au comte de Douglas et au comte de Mouret qui, par semblant, étoient courroucés de la dureté qu'ils trouvoient aux Escots, que ils ne faisoient mie en Escosse ainsi que bonnes gens d'armes et amis au royaume de France devoient faire, quand ainsi les vouloient mener et appaticer; et que ils se mettoient bien en parti que jamais chevalier d'Escosse n'auroit que faire de venir en France. Ces deux comtes dessus nommés, qui assez propices étoient aux barons de France, le remontrèrent à leurs gens. Les aucuns disoient que ils se dissimuloient avecques eux et que ils étoient participans à toutes ces besognes; car autant bien y avoient-ils perdu que les autres. Et répondirent à l'amiral et aux barons de France, qu'ils n'en pouvoient rien faire, et convenoit, si ils vouloient issir d'Escosse, à ce s'étoit tout le pays arrêté, que les dommages fussent recouvrés. Quand l'amiral vit qu'il n'en auroit autre chose, si ne voult pas perdre le plus pour le moins; car il se trouvoit hors de tout confort et enclos de la mer, et véoit les Escots de sauvage opinion. Si descendit à toutes leurs ententes, et fit faire un cri parmi le royaume d'Escosse que quiconque lui sauroit rien que demander ni à ses gens, mais que les dommages on lui pût remoutrer justement, on se trait devers lui, et tout seroit satisfait, payé et restitué. Ces paroles amollirent moult ceux du pays; et en fit l'amiral sa dette envers tous, et dit bien que jamais d'Escosse ne partiroit ni istroit si seroient tous les plaignans payés et pleinement satisfaits.

Adonc orent plusieurs chevaliers et écuyers passage et retournèrent en Flandre, à l'Escluse, et là où arriver pouvoient, tous affamés, sans monture et sans armure. Et maudissoient Escosse quand oncques ils y avoient entré; et disoient que oncques si dur voyage ne fut, et qu'ils verroient volontiers que le roi de France s'accordât ou attrevât aux Anglois un an ou deux, et puis allât en Escosse pour tout détruire; car oncques si males gens que Escots sont, en nul pays ils ne virent, ni ne trouvèrent si faux, ni si traîtres, ni de si petite connoissance.

L'amiral de France, par les premiers retournans deçà la mer et par ceux de son hôtel, escripsit tout son état au roi de France et au duc de Bourgogne; et comment les Escots le menoient et avoient mené; et si on le vouloit r'avoir on lui envoyât toute la somme telle comme il l'avoit faite aux Escots et dont il s'étoit endetté, et tant de gages qu'il étoit tenu par promesses aux chevaliers et écuyers du pays d'Escosse; car les Escots disoient que celle saison ils avoient guerroyé pour le roi de France, non pour eux; et que les dommages que les François leur avoient faits, tant en bois couper pour eux loger et ardoir, que les blés et les avoines et les fourrages des champs que ils avoient pris et foulés à chevaucher parmi, en séjournant au pays, et en faisant leur guerre devaient leur être amendés; et que sans tout ce satisfaire il ne pouvoit retourner; car ainsi il avoit juré et promis aux barons d'Escosse; et que du roi d'Escosse en toutes ces demandes il n'avoit en rien été aidé.

Le roi de France, le duc de Bourgogne et leurs consaulx étoient tenus de rachapter l'amiral, car ils l'avoient là envoyé. Si firent tantôt finance en deniers appareillés, et en furent paiemens faits en la ville de Bruges, et toutes les demandes des Escots là payées et satisfaites, tant que tous s'en contentèrent. Et se départit d'Escosse l'amiral amiablement, quand il ot bien payé; autrement ne l'eût-il pu ni sçu faire; et prit congé au roi qui étoit en la Sauvage Escosse, là se tient-il trop volontiers, et puis au comte James de Douglas et au comte de Mouret qui le reconvoyèrent jusques à la mer. Et monta en mer à Haindebourch, et ot vent à volonté, et arriva en Flandre à l'Escluse. Aucuns chevaliers et écuyers qui en sa compagnie avoient allé ne tinrent pas son chemin, mais vouldrent voir le pays outre Escosse. Si s'en allèrent aucuns en Norvège en Dannemarche, en Suède ou en Irlande, voir le purgatoire Saint-Patricle[1]; et aussi les aucuns retournèrent par mer celle saison par Prusse. Mais la greigneur partie revinrent en France et arrivèrent à l'Escluse et au Crotoy. Et quelle part

---

[1] L'espèce de caverne appelée le Purgatoire de Saint-Patrick est sur les bords du lac Dergh.

qu'ils arrivassent ils étoient si povres que ils ne se savoient de quoi monter. Et se montoient les aucuns, espécialement les Bourguignons, les Champenois, les Barrois et les Lorrains, des chevaux des ahaniers[1] qu'ils trouvoient sur les champs. Ainsi se porta la rèse d'Escosse.

Quand l'amiral de France fut arrière retourné en France, devers le jeune roi Charles et le duc de Bourgogne, on lui fit bonne chère, ce fut raison; et lui demanda-t-on des nouvelles d'Escosse et de la condition et de la nature du roi et des barons. Il en recorda, et dit bien que Escots se retraient par nature aucques sur la condition des Anglois[2]; car ils sont envieux sur les étrangers; et que à grand'peine il les avoit émus à faire chevauchée. Et leur dit que, si Dieu lui aidât, il auroit plus cher à être comte de Savoie, ou d'Artois, ou de un tel pays, que roi d'Escosse; et que toute la puissance d'Escosse il la vit en un jour ensemble, si comme les Escots le disoient; mais de chevaliers et d'écuyers ils ne se trouvèrent oncques cinq cents lances; et environ trente mille hommes pouvoient-ils être d'autres gens, si mal armés que contre les archers d'Angleterre ou contre gens d'armes n'auroient-ils nulle durée. Adonc fut à l'amiral demandé s'il avoit vu les Anglois et leur puissance. Il répondit: « Oïl; car quand, dit-il, je vis la manière des Escots qu'ils refusoient et fuyoient les Anglois, je leur priai qu'ils me missent en lieu où je les pusse aviser; aussi firent-ils. Je fus mis sur un détroit par où ils passèrent tous; et pouvoient bien être soixante mille archers et gros varlets, et six mille hommes d'armes; et disoient les Escots que c'étoit toute la puissance d'Angleterre, et que nul n'étoit demeuré derrière. » Adonc pensèrent un petit les seigneurs de France, et puis dirent : « C'est grand'chose de soixante mille archers et de six ou sept mille hommes d'armes. » — « Tant peuvent-ils bien être ou plus, dit le connétable de France[3]; mais je les aurois plus cher à combattre, pour eux légèrement ruer jus, en leur pays, que je ne ferois la moitié moins de çà. Et ce me disoit toujours mon maître, le duc Henry de Lancastre, qui me nourrit de ma jeunesse. » — « Par ma foi, connétable, dit messire Jean de Vienne, si vous eussiez été atout une bonne charge de gens d'armes et de Gennevois, si comme je le supposois et que conseillé fut, quand je empris le voyage, nous les eussions combattus en-mi le royaume d'Escosse ou affamés de leurs pourvéances; car il fut telle fois que ils en avoient grand'faute ; et nous n'étions pas gens pour les tollir ni enclorre. » Ainsi se devisoient le connétable et l'amiral ensemble, et mettoient le duc de Bourgogne en grand'volonté de faire un voyage grand et étoffé en Angleterre.

Nous nous souffrirons un petit à parler de eux, et retournerons aux besognes de Flandre.

CHAPITRE CCXXXVIII.

Comment aucuns prudhommes de la ville de Gand s'entremirent d'acquérir merci et paix à leur seigneur naturel et de finir la guerre.

Bien est vérité que le duc de Bourgogne avoit grand'imagination de faire à la saison qui retourneroit, que on compteroit l'an mil trois cent quatre vingt six, un voyage grand et étoffé, de gens d'armes et de Gennevois; et y émouvoit le duc ce qu'il pouvoit le roi de France, qui pour ce temps étoit jeune et de grand'volonté, et ne désiroit autre chose fors qu'il pût aller voir le royaume d'Angleterre et ses ennemis. D'autre part aussi le connétable de France, qui étoit un chevalier de haute emprise et bien cru au royaume de France, et qui de sa jeunesse avoit été nourri au royaume d'Angleterre, le conseilloit tout entièrement; et aussi faisoient messire Guy de la Trémoille et l'amiral de France.

Pour ce temps le duc de Berry étoit en Poitou et sur les marches de Limousin; si ne savoit rien de ces consaulx ni de ces emprises. Le duc de Bourgogne qui étoit en France un grand chef et le plus grand après le roi, et qui tiroit à faire ce voyage de mer, avoit plusieurs imaginations; car bien savoit que tant que la guerre se tint en Flandre et que les Gantois lui fussent contraires, le voyage de mer ne se pourroit faire; si étoit assez plus doux et plus enclin aux prières et aux traités de ceux de Gand. Car quoiqu'ils eussent alliances au roi d'Angleterre, et là avecques eux messire Jean le Boursier, un chevalier que le roi Richard leur avoit envoyé pour eux conseiller et gouverner, si désiroient-ils à venir à bonne paix; car ils étoient si menés de la guerre que les plus riches et les plus no-

---

[1] Homme de peine, du mot *ahan*, fatigue.
[2] C'est-à-dire que le caractère des Écossais ressemble beaucoup à celui des Anglais. — [3] Olivier de Clicon.

tables de la ville n'étoient pas maîtres ni seigneurs du leur, mais méchans gens et soudoyers par lesquels il convenoit que ils fussent menés et gouvernés. Et bien savoient les sages que, en fin de temps, ils ne pourroient tant durer que ils ne fussent en trop grand péril d'être tous perdus. Encore s'émerveilloient les aucuns, quand ils étoient tous ensemble et ils en parloient, comment en unité ils se pouvoient si longuement être tenus : mais les aucuns savoient bien, quand ils en parloient ensemble, que l'unité qui y étoit leur venoit plus par force et cremeur que par amour ; car les mauvais et les rebelles avoient si surmonté les paisibles et les bons que nuls n'osoient parler à l'encontre de ce que Piètre du Bois voulsist mettre et porter sus. Et bien savoit celui Piètre du Bois que si ceux de Gand venoient à paix que il en mourroit ; si vouloit persévérer en sa mauvaiseté, et de paix ni de traité il ne vouloit, fors de guerre et de montepliet toujours mal. On n'osoit parler devant lui, ni en derrière lui où on le sçût ; car sitôt qu'il savoit quiconque en parloit, comme prud'homme ni sage homme qu'il fût, il étoit tantôt mort sans merci.

Celle guerre que ceux de Gand avoient maintenue contre leur seigneur le comte Louis de Flandre et le duc de Bourgogne avoit duré près de sept ans ; et tant de maléfices en étoient venus et descendus que ce seroit merveilles à recorder. Proprement les Turcs, les Payens et les Sarrasins s'en doutoient ; car marchandises par mer en étoient toutes refroidies et toutes perdues. Toutes les bandes de la mer, dès soleil levant jusques à soleil esconsant et tout le septentrion s'en sentoient ; car voir est que de dix et sept royaumes chrétiens les avoirs et les marchandises viennent et arrivent à l'Escluse en Flandre, et tous ont la délivrance ou au Dam ou à Bruges. Or regardez donc à considérer raison, quand les lointains s'en doutoient, si les pays prochains ne le devoient pas bien sentir. Et si n'y pouvoit nul trouver moyens de paix. Et crois, quand la paix y fut premièrement avisée, que ce fut par la grâce de Dieu et inspiration divine ; et que Dieu ouvrit ses oreilles à aucunes prières de bonnes gens et eut pitié de son peuple ; car moult de menu peuple gissoient et étoient en grand'povreté en Flandre ès bonnes villes et au plat pays par le fait de la guerre. Et comment la paix de ceux de Gand envers leur seigneur le duc de Bourgogne vint, je vous le recorderai de point en point, si comme, au commencement des haines par quoi les guerres s'émurent, je vous ai dit et causé toutes les avenues de Jean Bar, de Jean Piet, de Gisebrest Mahieu et de Jean Lyon et de leurs complices ; et je vous prie que vous y veuilliez entendre.

En la ville de Gand, pour les jours que je vous parle, messire Jean le Boursier régnant pour le roi d'Angleterre et Piètre du Bois qui lui aidoit à soutenir son fait et l'opinion des mauvais, avoit aucuns sages et prud'hommes auxquels ces dissentions et haines déplaisoient trop grandement ; et leur touchoient moult de près au cœur ; et si ne s'en osoient découvrir fors l'un à l'autre quoiement et secrètement, car si Piètre du Bois l'eût sçu, que nul fît semblant de paix avoir ni vouloir, il fût mort sans merci, comme lui et Philippe d'Artevelle firent occire sire Simon Bette et sire Gisebrest Gruthe ; et encore depuis, pour ceux de Gand tenir en cremeur, en avoient-ils maints fait mourir.

En celle saison, après ce que le roi de France ot bouté hors François Acreman de la ville du Damme, et tout ars et détruit les Quatre-Métiers, et qu'il fut retourné en France, si comme ci-dessus est dit, ceux de Gand se commencèrent à douter. Et supposoient bien les notables de la ville que, à l'été, le roi de France à puissance retourneroit devant la ville de Gand. Piètre du Bois ni ceux de sa secte n'en faisoient nul compte, et disoient que volontiers ils verroient le roi de France et les François devant leur ville ; car ils avoient si grandes alliances au roi d'Angleterre que ils en seroient bien confortés. En ce temps que je dis, avoit en la ville de Gand deux vaillans hommes sages et prud'hommes, de bonne vie et de bonne conversation, de nation et de lignage moyen, ni des plus grands ni des plus petits, auxquels par espécial déplaisoit trop grandement le différend que ils véoient et la guerre que en la ville ils sentoient envers leur naturel seigneur le duc de Bourgogne ; et ne l'osoient remontrer, pour les exemples dessus dits. L'un étoit des plus grands naviurs qui fût entre les autres, quoique les naviages en la ville de Gand, la guerre durant, ne valoient rien ; et s'appeloit sire Roger Eurewin : et l'autre étoit boucher, le plus grand de la boucherie et qui le plus y avoit de voix, de lignage et d'amis; et l'appeloit-on sire Jacques de Ardembourch.

Par ces deux hommes fut la cause premièrement entamée, avecques ce que un chevalier de Flandre, qui s'appeloit messire Jean Delle, sage homme et traitable y rendit grand'peine; mais sans le moyen des dessus dits, il ne fût jamais entré ens ès traités ni venu: aussi ne fussent tous les chevaliers de Flandre; c'est chose possible à croire. Ce messire Jean Delle étoit de plusieurs gens bien aimé en la ville de Gand; et y alloit et venoit à la fois quand il lui plaisoit, ni nul soupçon on n'en avoit; ni aussi à nullui, au commencement, de guerre ni de paix il ne parloit, ni n'eût osé parler si les mouvemens ne fussent premièrement issus des dessus dits sire Roger Eurewin et sire Jacques d'Ardembourch. Et la manière comment ce fut je la vous dirai.

Ces deux bourgeois dessus nommés prenoient grand'déplaisance au trouble que ils véoient au pays de Flandre, et tant que ils en parlèrent ensemble; et dit Roger à Jacques : « Qui pourroit mettre remède et attrempance entre la ville dont nous sommes de nation, qui gît en dur parti, et monseigneur de Bourgogne, notre naturel seigneur, ce seroit grand'aumône, et en auroient ceux qui ce feroient grâce à Dieu et louange au monde; car le différend et le trouble n'y sont pas bien séants. » — « Vous dites voir, Roger, répondit Jacques; mais c'est dur et fort à faire; car Piètre du Bois est trop périlleux: si n'ose nul mettre avant paix, amour ni concorde pour la doutance de lui; car là où il le sauroit on seroit mort sans merci; et jà en ont été morts tant maints prud'hommes qui pour bien en parloient et ensonnier vouloient, si comme vous savez. » — « Adonc, dit Roger, demeurera la chose en cel état : toudis il faut que, comment que ce soit, elle ait une fin; et par Dieu ! qui l'y pourroit mettre, oncques si bonne journée ne fut. » — « Or me montrez, dit Jacques, une voie, et je l'orrai volontiers. » Roger répondit : « Vous êtes en la boucherie un des plus notables et des cremus qui y soit; si pourrez tout secrètement parler et remontrer votre courage à vos plus grands amis: et quand vous verrez que ils y entendront, petit à petit vous entrerez ens. Et je d'autre part, je suis bien de tous les naviceurs, et sais tant de leurs courages, que la guerre leur déplaît grandement; car ils ont grand dommage: ce je re- montrerai à aucuns: et ceux retrairont les autres et mettront en bonne voie. Et quand nous aurons ces deux métiers d'accord, qui sont grands et puissans, les autres métiers et les bonnes gens qui désirent paix à avoir s'y inclineront. » — « Or bien, répondit Jacques, j'en parlerai volontiers aux miens; or en parlez aux vôtres. »

Ainsi fut fait comme proposé ils l'avoient; et en parlèrent si sagement et si secrètement chacun aux siens, que, par la grâce du Saint-Esprit, Jacques d'Ardembourch trouva ceux de la boucherie enclins à sa volonté: et Roger Eurewin d'autre part, par ses beaux langages, trouva aussi les naviceurs qui désiroient à ravoir leur naviage[1] dont il n'étoit nulle nouvelle, car il étoit clos, tous enclins et appareillés à ce qu'il voudroit faire.

CHAPITRE CCXXXIX.

Comment le duc de Bourgogne pardonna aux Gantois tous maléfices et rebellions; et comment cette paix fut traitée et démentée.

Or se mirent ces deux prud'hommes ensemble, en eux découvrant de leurs besognes; et montrèrent l'un à l'autre comment ils trouvoient leurs gens appareillés et désirans de venir à paix. Si dirent : « Il nous faut un moyen, sage homme et secret et de créance, qui notre affaire remontre à monseigneur de Flandre. » Messire Jean Delle leur chéy en la main, et tantôt l'avisèrent: et pour ce qu'il étoit hantable de la ville de Gand, si parlèrent à lui et se découvrirent féablement de leurs secrets en disant : « Messire Jean, nous avons tant fait et labouré envers ceux de nos métiers, qu'ils sont tous enclins à la paix, là où monseigneur de Bourgogne voudroit tout pardonner et nous tenir ens ès franchises anciennes dont nous sommes chartrés et bullés, et elles renouveler. » Messire Jean Delle répondit : « J'en traiterai devers lui volontiers : et vous dites bien. »

Lors se départit le chevalier de la ville et vint vers le duc de Bourgogne qui se tenoit en France de-lez le roi, et lui remontra tout bellement et sagement les paroles dessus dites; et fit tant par beau langage que le duc s'inclina à ce qu'il y entendit volontiers. Car pour le fait dessus dit de mener le roi en Angleterre et de faire là un grand voyage et exploit d'armes, il désiroit de venir à paix à ceux de Gand : et ses con-

[1] Commerce par eau.

saulx, messire Guy de la Trémoille et messire Jean de Vienne, lui conseilloient; et aussi faisoient le connétable de France et le sire de Coucy : si répondit au chevalier : « Je ferai tout ce que vous ordonnez : et retournez devers ceux qui ci vous envoient. » Adonc lui demanda le duc si François Acreman avoit été à ces traités. Il répondit: « Monseigneur, nennil; il est gardien du chastel de Gavre, je ne sçais si ils voudroient que il en sçût rien. » — « Dites-leur, ce dit le duc, qu'ils lui en parlent hardiment; car il ne me portera nul contraire : je sens et entends qu'il désire grandement de venir à paix et à amour à moi. » Tout ce que le duc dit, le chevalier fit; et retourna à Gand et apporta ces deux bonnes nouvelles, tant qu'ils s'en contentèrent; et puis alla à François Acreman au chastel de Gavre, et se découvrit de toutes ses besognes secrètement à lui. François répondit, après ce qu'il ot pensé un petit, et dit liement ; « Là où monseigneur de Bourgogne voudra tout pardonner et la bonne ville de Gand tenir en ses franchises je ne serai jà rebelle, mais diligent grandement de venir à paix. » Le chevalier se partit de Gavre et de François et s'en retourna en France devers le duc de Bourgogne, et lui remontra tout son traité. Le duc l'ouït et l'entendit volontiers; et escripsit lettres ouvertes et lettres closes, qui furent scellées de son scel, moult douces et moult amiables à ceux de Gand adressants. Et les apporta le chevalier, et retourna en Flandre, et vint à Gand; mais il n'avoit point les lettres adoncques avecques lui, mais il s'en fit fort à sire Roger Eurewin et à sire Jacques d'Ardembourch par lesquels la chose étoit toute demenée. Or regardez le grand péril où le chevalier et eux se mettoient; car, si par nulle suspeccion ni par quelconque autre voie, messire Jean le Boursier ou Piètre du Bois l'eussent sçu, il n'étoit rien de leurs vies. Oncques chose périlleuse ne fut plus sagement demenée ; et Dieu proprement y ouvra.

Or dirent sire Roger Eurewin et sire Jacques d'Ardembourch à messire Jean Delle : « Vous viendrez jeudi, en cette ville, sur le point de neuf heures, et apporterez avecques vous les lettres de monseigneur de Bourgogne; si les montrerons, si nous pouvons venir à notre entente, à la communauté de Gand et leur ferons lire ; parquoi ils y ajoutcront plus de foi et de créance; car à l'heure que nous vous disons nous serons tous seigneurs de la ville ou tous morts. Si vous oez dire, à l'entrer en la ville, que nous soyons au-dessous, vous n'y aurez que faire d'entrer, mais retournerez-vous du plutôt que vous pourrez; car si on trouvoit les lettres sur vous, si vous aviez mille vies, si seriez-vous mort. Et si vous oez dire que nos choses soient en bon point, si venez hardiment avant, vous serez liement recueilli. » Messire Jean Delle répondit que ainsi seroit fait. Atant fina leur conseil ; et ce fut le lundi : si se départirent l'un de l'autre, et s'en alla chacun en son hôtel. Et messire Jean Delle vida la ville, tout informé et avisé de ce qu'il devoit faire. Les deux dessus nommés entrèrent en grand soin pour traire leur besogne à bon chef; et s'ensonnièrent le mardi et le mercredi d'aller et de parler à leur plus féables amis, les doyens des métiers ; et tant firent qu'ils en orent grand'quantité de leur accord. Et avoient l'ordonnance que ce jeudi, sur le point de huit heures, ils se départiroient de leurs hôtels, la bannière du comte de Flandre en leur compagnie, et auroient un cri en criant : « Flandre au Lion ! Le seigneur au pays ! paix en la bonne ville de Gand, quittes et pardonnés tous maléfices faits ! » Oncques ne purent les dessus dits celle chose demener si sagement ni si secrètement que Piètre du Bois ne le sçût. Sitôt qu'il en fut informé, il s'en vint devers messire Jean le Boursier, le souverain capitaine pour lors de par le roi d'Angleterre, et lui dit : « Sire, ainsi et ainsi va ; Roger Eurewin et Jacques d'Ardembourch doivent demain, sur le point de huit heures, venir au marché, la bannière de Flandre en leurs mains, et doivent là parmi la ville crier : « Flandre au lion ! Le seigneur au pays ! paix en la bonne ville de Gand et tenue en toutes ses franchises ! et quittes et pardonnés tous maléfices faits. Ainsi serons-nous et le roi d'Angleterre, si nous n'allons au devant, boutés hors de nos juridictions. » — « Et quelle chose, dit le sire de Boursier, est bonne à faire ? » — « Il est bon, dit Piètre, que demain au matin nous nous assemblons en l'hôtel de la ville; et faites armer toutes vous gens ; et nous en venrons fendants parmi la ville, lès bannières d'Angleterre en notre compagnie, et crierons ainsi : « Flandre au Lion ! le roi d'Angleterre au pays ! paix et seigneur en la ville de Gand ! et meurent tous les traîtres! Et quand nous serons venus au marché des denrées, ceux qui sont de notre accord se trayent avecques nous; et là occirons-nous tous les rebelles et les traitours envers le roi d'Angleterre à qui nous sommes. » — « Je le veuil, dit le sire de Boursier, et vous avez bien visé, et ainsi sera-t-il fait. »

Or regardez si Dieu fut bien pour les deux prud'hommes dessus dits, sire Roger et sire Jacques; car de toute celle ordonnance et de tout ce que ils devoient faire ils furent informés. Quand ils le sçurent, si ne furent-ils pas ébahis, ni point ne leur convenoit être, mais fermes et forts et tous conseillés. Le soir ils allèrent et envoyèrent devers les doyens et leurs amis, disant : « Nous devions aller au marché des vendredis à huit heures, mais il nous faut là être à sept. » Et tout ce firent-ils pour rompre le fait de Piètre du Bois. Tous s'y accordèrent, ceux qui signifiés en furent, et le firent en après savoir l'un à l'autre.

Quand ce vint le jeudi au matin, messire Jean Boursier et sa route s'en vinrent en l'hôtel que on dit la Valle, et pouvoient être parmi les archers, environ soixante; et là vint Piètre du Bois, qui étoit espoir lui quarantième : tous s'armèrent et mirent en bonne ordonnance; Roger Eurewin et Jacques d'Ardembourch s'assemblèrent sur un certain lieu où ils devoient être; et là vint la greigneur partie des doyens de Gand. Adonc prindrent-ils les bannières du comte et se mirent à voie parmi la ville en criant : « Flandre au Lion! le seigneur au pays! paix à la ville de Gand! quittes et pardonnés tous maléfices, et Gand tenue en toutes ses franchises. » Ceux qui oyoient ce cri et qui véoient les doyens de leurs métiers et les bannières du comte se boutoient en leur route et les suivoient le plutôt qu'il pouvoient. Si s'en vinrent, sur le point de sept heures au marché des vendredis, et là s'arrêtèrent, et mirent les bannières du comte devant eux; et toujours leur venoient gens qui s'ordonnoient avecques eux.

Nouvelles vinrent à messire Jean le Boursier et à Piètre du Bois, qui étoient en la Valle et là faisoient leur assemblée, comment Roger Eurewin et Jacques d'Ardembourch avoient fait leur assemblée et pris le marché des vendredis. Adonc se départirent-ils et se mirent au chemin, les bannières du roi d'Angleterre en leurs mains; et ainsi comme ils venoient ils crioient et disoient : « Flandre au Lion et le roi d'Angleterre notre seigneur au pays! et morts tous les traitours qui lui sont ou seront rebelles ni contraires ! » Ainsi s'en vinrent-ils jusques au marché des vendredis et là s'arrêtèrent-ils et se rangèrent devant les autres; et mistrent les bannières du roi d'Angleterre devant eux, et attendoient gens; mais trop peu de ceux qui venoient se boutoient en leur route, ainçois se traioient devers les bannières du comte; et tant que Roger Eurewin et Jacques d'Ardembourch en orent de cent les quatre vingt, et plus encore; et fut tout le marché couvert de gens d'armes; et tous se tenoient quoys en regardant l'un l'autre.

Quand Piètre du Bois vit que tous les doyens des métiers de Gand et toutes leurs gens se traioient devers Roger Eurewin et Jacques d'Ardembourch, si fut tout ébahi et se douta grandement de sa vie; car bien véoit que ceux qui le souloient servir et incliner le fuioient : si se bouta tout quoyement hors de la presse, et dit : « Je m'en vois. » Et se dissimula; et ne prit point congé à messire Jean le Boursier ni aux Anglois qui là étoient, et s'en alla mucier pour doute de la mort.

Quand sire Roger Eurewin et Jacques d'Ardembourch virent le convenant et que presque tout le peuple de Gand étoit trait dessous leurs bannières, si en furent tous réjouis et reconfortés, et à bonne cause; car ils connurent bien que les choses étoient en bon état et que le peuple de Gand vouloit venir à paix envers leur seigneur. Adonc se départirent-ils tous deux de là où ils étoient, une grande route de gens en leur compagnie; et portoient les bannières de Flandre devant eux; et la grosse route demeuroit derrière. Et s'en vinrent devers messire Jean le Boursier et les Anglois qui ne furent pas trop assurs de leurs vies quand ils les virent venir. Roger Eurewin s'arrêta devant messire Jean le Boursier et lui demanda : « Quelle chose avez-vous fait de Piètre du Bois, ni quelle est votre entente? Nous êtes-vous amis ou ennemis? Nous le voulons savoir. » Le chevalier répondit qu'il cuidoit Piètre du Bois de-lez lui, quand il vit qu'il étoit parti. « Je ne sais, dit-il, que Piètre est devenu; je le cuidois encore en ma compagnie; mais je veuil demeurer au roi d'Angleterre, mon droiturier et naturel seigneur à qui je suis, et veuil obéir, et qui m'a ci envoyé à la prière et requête de vous; si vous en vueil souvenir. » — « C'est vérité, répondirent les dessus dits; car si la bonne ville de Gand ne vous eût mandé vous fussiez mort; mais pour l'honneur du roi d'Angleterre qui ci vous envoya à notre requête, vous n'aurez garde, ni tous les vôtres; mais vous sauverons et garderons de tous dommages; et vous conduirons et ferons conduire jusques en la ville de Calais. Si vous partez d'ici, vous et vos gens, tout paisiblement, et vous retrayez en vos hôtels, et ne vous mouvez pour chose que vous oyez ni véez; car nous voulons être et demeurer de-lez notre naturel seigneur, monseigneur le duc de Bourgogne, et ne voulons plus guerroyer. » Le chevalier qui fut tout joyeux de celle parole répondit : « Beaux seigneurs, puisqu'il ne peut être autrement, Dieu y ait part! et grand merci de ce que vous nous offrez et présentez. »

CHAPITRE CCXL.

Comment lettres patentes furent octroyées du duc de Bourgogne aux Gantois et publiées à Gand, et comment Pietre du Bois se retrait en Angleterre avec messire Jean le Boursier, Anglois.

Adonc se départirent de la place tout paisiblement messire Jean le Boursier et les Anglois de sa route. Et les Gantois qui étoient en sa compagnie se commencèrent à demucier, et se retrairent tout bellement entre les autres, et se boutèrent dessous leurs bannières.

Assez tôt après entra en la ville de Gand messire Jean Delle, si comme il devoit faire; et s'en vint au marché des vendredis, pourvu et conforté de belles lettres scellées et ordonnées de beaux langages et de beaux traités, qui étoient envoyées, par manière de moyen, de par le duc de Bourgogne à la ville de Gand; et là furent lues, montrées et ouvertes à tous gens, lesquelles choses plurent moult au peuple. Adonc fut François Acreman mandé au chastel de Gavre, lequel vint tantôt et s'accorda à tous ces traités, et dit que c'étoit très bien fait; et que d'avoir paix par celle manière à son naturel seigneur, il n'étoit point bon ni loyal qui le déconseilloit.

Sur cel état fut renvoyé messire Jean Delle devers monseigneur de Bourgogne qui se tenoit à Arras, et la duchesse aussi. Si leur recorda toute l'ordonnance de ceux de Gand; et comment ils avoient exploité et été armés sur le marché des vendredis et comment ils étoient tous désirans de venir à paix; et comment Pietre du Bois n'y avoit mais ni voix ni audience, mais avoit été sur le point d'être occis si il fût demouré au marché, mais François Acreman s'acquittoit vaillamment et loyaument de la paix.

Toutes ces choses plaisirent grandement au duc de Bourgogne; et scella une trêve et un répit à durer jusques au premier jour de janvier; et ce terme pendant, un parlement et une journée de paix devoit être assigné en la cité de Tournay. Et tout ce rapporta-t-il écrit et scellé en la ville de Gand, dont toutes gens orent grand joie; car à ce qu'ils montroient ils désiroient moult à venir à paix; et François Acreman s'y inclina grandement; et montroit bien en toutes ses paroles que il étoit pour le duc de Bourgogne.

Encore se tenoit messire Jean le Boursier et les Anglois aussi, et Pietre du Bois, en la ville de Gand; mais on ne faisoit rien pour eux des ordonnances de la ville ni de tous ces traités, car ils vouloient demeurer Anglois; et étoit tenu Pietre du Bois en paix, parmi tant qu'il avoit juré qu'il ne traiteroit jamais ni ne procureroit nulle guerre ni rancunes des bonnes gens de Gand envers le duc de Bourgogne leur seigneur; et de ces doutes et périls l'avoit ôté François Acreman qui avoit parlé pour lui, et remontré à ceux de Gand qu'ils se forferoient trop grandement et amoindriroient de leur honneur, s'ils travailloient ni occioient Pietre du Bois, qui leur avoit été si bon et si loyal capitaine que oncques en nul suspecion ni trahison ne le desvirent.

Par ces paroles et par autres demeura Pietre du Bois en paix envers ceux de Gand; car bien savoient toutes gens que François Acreman disoit vérité, et que Pietre du Bois leur avoit été, tenant leur opinion, bon capitaine.

Les trêves durans, qui furent prises, jurées et scellées entre le duc de Bourgogne et la ville de Gand, furent ordonnés tous ceux qui iroient à Tournay de par la bonne ville de Gand; et par espécial François Acreman y fut élu au premier chef, pour tant qu'il étoit gracieux homme et traitable et bien connu des seigneurs. Aussi y furent principalement avecques lui Roger Eurewin et Jacques d'Ardembourch; et vinrent aux octaves de la Saint-Andrieu à Tournay, à cinquante chevaux; et logèrent tous ensemble en l'hôtel du Saumon, en la rue Saint-Brice.

Le cinquième jour de décembre vinrent le duc de Bourgogne, madame sa femme, madame de Nevers leur fille, et entrèrent en Tournay par la porte de Lille. Et issirent à l'encontre d'eux sur les champs les Gantois tous bien montés; ni onc ques ne descendirent de sus leurs chevaux quand le duc et les dames vinrent; mais à nuds chefs, sur les champs et sur leurs chevaux, ils inclinèrent le duc et les dames.

Le duc de Bourgogne passa légèrement outre, car il se hâtoit pour aller contre la duchesse de Brabant qui venoit; et vint ce jour et entra en la cité de Tournay par la porte de la marine, et fut logée en l'hôtel de l'évêque.

Or s'entamèrent ces traités en ce parlement, qui jà étoient tout accordés entre le duc de Bourgogne et la ville de Gand; et alloit messire Jean Delle, qui les traités avoit faits et portés, de l'un à l'autre, et en ot moult de peine. A la prière de madame de Brabant, de madame de Bourgogne et de madame de Nevers, le duc de Bourgogne pardonna tout; et fut la paix faite, criée et accordée, escripte et scellée entre toutes parties, par la manière et ordonnance qui ci après s'ensuivent.

«Philippe, fils de roi de France, duc de Bourgogne, comte de Flandre, d'Artois et de Bourgogne, palatin, sire de Salins, comte de Rethel et seigneur de Malignes, et Marguerite, duchesse et comtesse, et dame des dits pays et lieux; à tous ceux qui ces présentes lettres verront et orront, salut.

«Savoir faisons que, comme nos bien amés et sujets les échevins, doyens, consaulx et communauté de notre bonne ville de Gand ayent humblement supplié à notre seigneur le roi et à nous que de eux voulsissions avoir pitié, merci et miséricorde, et que notre dit seigneur et nous leur voulsissions pardonner toutes les offenses et mesfaits par eux et leurs complices commis et perpétrés contre notre dit seigneur et nous; et il soit ainsi que notre dit seigneur et nous ayans pitié et compassion de nos dits sujets, par les autres lettres d'icelui notre seigneur et les nôtres, et pour les causes contenues en icelles ayons remis et pardonné à nos dits sujets de Gand et leurs complices les dits offenses et mesfaits, et aussi leur ayons confirmé leurs priviléges, franchises, coutumes et usages, au cas qu'ils venront pleinement à l'obéissance de notre dit seigneur et la nôtre, laquelle grâce et pardon les dits de Gand et leurs complices ont reçu très humblement de notre dit seigneur et de nous, et par leurs lettres et messages solemnels en grand nombre, qu'ils ont envoyés devers nous et les gens de notre dit seigneur étans à Tournay, ont renoncé à tous débats et guerres et sont retournés de bon cœur à la vraie obéissance de notre dit seigneur et de nous, en promettant que d'ores-en-avant ils seront bons amis et loyaux et vrais sujets à notre dit seigneur le roi comme leur seigneur souverain, et à nous comme à leur seigneur naturel, à cause de Marguerite notre compagne, et de nous Marguerite comme leur dame naturelle et héritière : pourquoi notre dit seigneur et nous, nos dits sujets de Gand et leurs complices avons reçus en notre grâce et miséricorde et obéissance, et donné lettres de grâce, pardon et rémission purement et absolument, avecques la restitution de leurs priviléges, coutumes et usages, si comme ces choses et autres peuvent plus pleinement apparoir par le contenu des dites lettres. Après lesquelles grâces et rémissions nos dits sujets de notre bonne ville de Gand nous ont fait plusieurs supplications, lesquelles nous avons reçues, fait voir et visiter diligemment par les gens de notre conseil, par grand' et mûre délibération ; lesquelles vues, pour le bien commun de tout le pays, pour eschiver toutes dissensions qui d'ores-en-avant s'en pourroient suivre, de notre grâce, pour amour et contemplation de nos bons sujets, avons ordonné sur les dites supplications par la manière qui s'ensuit.

«Premièrement, sur ce qu'ils nous ont supplié que nous voulsissions confirmer les priviléges des villes de Courtray, d'Audenarde, de Grantmont, Nieule, Tenremonde, Rupelmonde, Alost, Hulst, Axele, Beverlies, Douse et des chastellenies et plat pays d'icelles villes, nous avons ordonné que les habitans d'icelles villes venront par devers nous et nous apporteront leurs dits priviléges, lesquels nous ferons voir par les gens de notre conseil, et iceux vus, nous ferons tant que nos dits bons sujets de Gand et ceux des autres bonnes villes en devront par raison être contens. Et si aucuns des dits priviléges étoient perdus par cas de fortune ou autrement, nous en ferons faire bonne information, et icelle vue, y pourverrons comme dit est.

« *Item*, sur ce qu'ils nous ont supplié du fait de la marchandise : avons voulu et consenti que la marchandise ait cours franchement et licitement par tout notre pays de Flandre en payant les deniers accoutumés.

« *Item*, sur ce qu'ils supplient que si aucuns des habitans de notre dite ville de Gand ou de leurs complices étoient arrêtés au temps avenir en aucuns pays hors de notre dit pays de Flandre pour occasion des guerres, débats et dissensions dessus dits, que de icelles fissions eux tenir paisibles; nous leur avons octroyé que si aucuns de eux étoient arrêtés, comme dit est, nous les aiderions, défendrions et reconforterions de notre pouvoir contre tous ceux qui par voie de fait les voudroient grever ou empêcher, comme bons seigneurs doivent faire à leurs bons sujets.

« *Item*, sur ce qu'ils nous ont supplié que tous les prisonniers qui ont tenu leur parti qui sont détenus par nous ou nos sujets fissions délivrer; nous avons ordonné et ordonnons que les dits prisonniers, si ils se sont mis à rançon, soient délivrés en payant leurs rançons et dépens raisonnables, parmi ce que, si aucuns des dits prisonniers ou de leurs parens ou amis charnels tiennent contre nous aucunes forteresses, ils les mettront avant toute œuvre en notre main; et pareillement seront délivrés les prisonniers détenus par nos dits sujets de Gand ou leurs complices.

« *Item*, en ampliant notre dite grâce, avons ordonné et ordonnons que tous ceux qui pour occasion des débats et dissensions qui ont été dernièrement en notre dit pays de Flandre ont été bannis de nos dites bonnes villes de Bruges, d'Yppre ou du pays du Franc ou d'autres villes ou lieux de notre dit pays de Flandre, soient remis et restitués franchement aux villes et lieux desquels ils ont été bannis; et aussi tous ceux qui ont été bannis par la justice et loi de notre dite ville de Gand, ou mis ou jugés hors loi, ou qui se sont absentés, seront restitués et pourront rentrer et demeurer en notre dite ville, pourvu que ceux qui ont tenu la partie de Gand et seront restitués ès villes et lieux du dit pays, comme dit est, feront en la ville de Gand le serment ci-dessous escript, et aussi celui serment ès mains de nos officiers quand ils devront entrer ès villes ès quelles ils devront être restitués. Et en outre ils jureront que ils garderont la paix et sûreté des dites villes et des habitans d'icelles, et ne pourchasseront, par aucune voie directe ni oblique, mal ni dommage aux dites villes ni aux habitans d'icelles, et pareillement le jureront ceux qui rentreront en notre dite ville de Gand.

« *Item*, que tous ceux de notre dite ville de Gand et leurs complices qui obéiront à la grâce de notre dit seigneur et à la notre venront présentement à notre obéissance; et quant aux absens, dedans le temps qui ci-après sera ordonné, seront restitués à leurs fiefs, maisons, rentes, et héritages en quelque lieu qu'ils soient, nonobstant quelconques maléfices ou forfaitures pour l'occasion des dissensions dessus dites, ainsi qu'ils les tenoient avant icelles dissensions.

« *Item*, que si aucuns des dits habitans de la ville de Gand ou leurs complices sont hors de la ville dessus dite ès pays de Brabant, de Hainaut, de Hollande, de Zélande, de Cambrésis et de l'évêché du Liége et venront en l'obéissance de notre dit seigneur et la nôtre, et feront les sermens qui ci-après sont déclarés à nous ou à ceux que nous y commettrons, dedans deux mois après la publication de la paix dessus dite, ils jouiront des pardons et des grâces dessus dites. Et ceux qui sont ès pays d'Angleterre, de Frise ou d'Allemagne et autres pays deçà de la grand'mer et venront à l'obéissance dedans quatre mois après la publication dessus dite, et ceux qui sont outre la grand'mer, ou à Rome et à Saint-Jacques et venront à icelle obéissance dedans un an après la dite supplication sans fraude, et jureront comme dessus est dit, ils jouiront des grâces et pardons dessus dits. Et aussi ceux qui auront été bannis, jugés hors loi, ou absens de notre dite ville de Gand pour occasion des dites dissensions, seront restitués en leurs fiefs, maisons, rentes et héritages toutes fois que il leur plaira.

« *Item*, que des biens meubles qui ont été pris d'une part et d'autre ne sera faite aucune restitution, mais en demeureront quittes tous ceux qui les ont pris; et aussi pour les obligations faites pour l'occasion de ces biens meubles, si ce n'étoit pour décharger leurs consciences, que aucuns en voulsissent aucune chose rendre.

« *Item*, que les possesseurs ou détenteurs des maisons dessus dites auxquelles seront restituées, tant ceux d'une partie comme de l'autre, ne pourront d'icelles maisons rien ôter tenant à plomb, à cloux ou à chevilles; et seront tenues les possessions d'icelles maisons, sans rentes et revenues des héritages demeurans sans restitution. Et ce qui en est dû, et aussi d'ores-en-avant les frais, rentes, revenues dessus dits seront levés paisiblement par ceux à qui ils doivent appartenir.

« *Item*, jà soit-ce que plusieurs de nos dits sujets de Gand et leurs complices ayent fait hommage des fiefs qu'ils tiennent à autre seigneurs que à ceux à qui ils appartiennent, et par ce leurs dits fiefs peuvent être forfaits, ce nonobstant, nous voulons de notre grâce que iceux fiefs leur demeurent, en faisant hommage à nous de ce qui est tenu de nous sans moyen, et à nos vassaux de ce qui est tenu d'eux, et aussi nous autorisons de grâce espéciale les déshéritemens et adhéritemens et reconnoissances faites par loi, parties présentes.

« *Item*, que nos dits sujets de Gand, échevins, doyens, consaulx et toute la communauté de notre dite ville de Gand et leurs complices, par notre ordonnance, de leur bonne volonté ont renoncé et renoncent à toutes alliances, sermens, obligations et hommages que eux ou aucuns d'eux avoient faits au roi d'Angleterre, à ses gens, commis et députés, ou à leurs officiers, et à tous autres qui ne seroient bienveillans de notre dit seigneur et de nous, et nous ont fait serment d'être dorénavant perpétuellement bons, vrais et loyaux sujets et obéissans à notre dit seigneur comme à leur seigneur souverain, et à ses successeurs rois de France et à nous, comme leurs droituriers seigneur et dame, et à nos successeurs comtes de Flandre, et de nous faire tels services et à nos successeurs comme bons sujets doivent faire à leurs bons seigneurs et dames, et de garder nos corps, honneurs et héritages et droits, et empêcher tous ceux qui pourchasser voudroient le contraire, et le faire savoir à nous ou à nos officiers, sauf leurs priviléges et franchises.

« *Item*, que afin que nos dits sujets de notre dite bonne ville de Gand demeurent à toujours en bonne paix et vraie obéissance de notre dit seigneur le roi et de nous, et de nos hoirs comtes de Flandre, pour eschiver tous autres débats et dissensions qui pourraient survenir, nous voulons et ordonnons que tous les articles et points dessus dits soient tenus et gardés sans enfreindre; et défendons à tous nos sujets, sur quantque ils se peuvent méfaire envers nous, que pour occasion des débats et dissensions dessus dits ils ne méfassent ou fassent méfaire par voie directe ou oblique, de fait ni de parole, aux dits de Gand ni à leurs complices, et ne leur disent aucuns opprobres, reproches ni injures.

« *Item*, que si aucun faisoit le contraire de ce que dessus est dit, et que pour nous il injuriât ni portât dommage à aucuns des dits de Gand ou leurs complices, ou que aucuns de ceux de Gand ou de leurs complices injuriât ou fît dommage à aucuns de ceux qui ont tenu notre partie, pour occasion des débats et dissensions dessus dits, de celle offense que par la connoissance des officiers du seigneur et des lois à qui il appartiendra le fait soit criminel; le malfaiteur, ses aidans et complices et ceux qui le recevront, sans fraude soient punis en corps et en biens comme de paix enfreinte, tant par la justice et officiers de nous ou d'autres seigneurs, comme par les lois du pays, si comme à chacun appartiendra; et soit faite satisfaction raisonnable à la partie blessée des biens du malfaiteur, et le surplus appliqué à nous ou aux seigneurs où il appartiendra, sauf les priviléges des villes.

« *Item*, si aucuns des bourgeois de notre dite ville de Gand étoient faits hors loi ni bannis pour fraction de la dite paix, supposé que par les priviléges d'icelle ville par avant ces présentes ne dussent perdre leur biens, néanmoins, pour mieux tenir celle présente paix, ils les perdront, et sur iceux biens sera faite satisfaction à la partie qui aura été blessée, comme dit est, et le résidu venra aux droits hoirs d'iceux comme s'ils fussent trépassés, sauf en tous autres cas les priviléges de notre dite ville de Gand. Et si tels malfaiteurs ne peuvent être pris, ils soient bannis et faits hors loi et privés de leurs biens, et en soit ordonné comme dit est. Outre voulons et ordonnons que en l'absence des officiers et ministres de justice, chacun puisse prendre tels malfaiteurs et les mener aux officiers et ministres de justice à qui il appartiendra.

« *Item*, si aucun par parole ou autrement que dessus est dit à la connoissance des officiers et lois des lieux venoit contre notre ordonnance, nous voulons et ordonnons qu'il soit puni d'amende arbitraire, telle et si grande qu'il soit exemplaire à tous autres, par les officiers et lois des lieux, ainsi qu'à chacun de droit peut appartenir, sauf les priviléges et franchises des lieux.

« *Item*, que si aucune personne d'église venoit contre la paix dessus dite, elle soit baillée à son ordinaire, et ils en prennent une vengeance comme de paix enfreinte, selon ce que le cas le requiert.

« *Item* que celle dite paix d'entre nous et nos bons sujets de notre dite bonne ville de Gand et leurs complices sera criée et publiée solennellement en icelle ville et en nos autres villes de notre dit pays de Flandre.

« *Item*, que si aucuns doutes ou obscurités survenoient au temps à venir sur les articles et points dessus dits, circonstances et dépendances d'iceux, nous les déclarerions et ferions déclarer et interpréter par notre conseil, raisonnablement, et tellement que tous ceux à qui il appartiendroit en devroient être contents.

« Et nous, échevins, doyens et communauté de la dite ville de Gand, pour nous et nos complices, avons reçu et recevons humblement les grâces, pardons et clémences dessus dits à nous faits par le roi Charles notre souverain seigneur, et par les dits duc et duchesse, comte et comtesse de Flandre, et nos droituriers et naturels seigneur et dame; et des dites grâces et pardons remercions de bon cœur, tant que plus pouvons, le roi notre souverain seigneur et nos dits seigneur et dame. Et promettons loyaument, pour nous et pour nos dits complices, sur les peines dessus déclarées, tenir, entretenir et accomplir fermement et sans enfreindre tous les articles dessus dits, lesquels et chacun d'eux nous avons pour agréables. Et au cas que aucun ou aucuns voudroient venir à l'encontre, nous promettons à aider et pourchasser de tout notre pouvoir qu'ils soient punis par la forme et manière que il appartiendra, et mis en la vraie obéissance du roi et de nos dits seigneur et dame, comme dessus est dit; et renonçons à toutes alliances, sermens, obligations, fois et hommages que nous ou aucuns de nous avons faits au roi d'Angleterre, ou à ses commis et députés, gens et officiers, et à tous autres qui ne seroient bien voulans de notre dit souverain seigneur ou de nos dits naturels seigneur et dame.

« *Item*, nous avons juré et jurons en nos loyautés que d'ores-en-avant perpétuellement nous sommes et serons bons, vrais et loyaux sujets au roi notre souverain seigneur et à ses successeurs rois de France, et à nos droituriers et naturels seigneur et dame dessus dits, et à leurs successeurs comte et comtesse de Flandre; et que à nos seigneur et dame dessus dits et à leurs successeurs comte et comtesse de Flandre nous ferons les sermens que bons et loyaux sujets doivent faire à leur droiturier seigneur, et garderons leurs corps et honneurs.

« En témoin desquelles choses, nous, duc et duchesse dessus dits, avons fait mettre nos sceaux à ces lettres, et nous, échevins, doyens et communauté de la ville de Gand, y avons aussi mis le grand scel d'icelle ville.

« Et en outre nous, duc et duchesse dessus dits, avons prié et requis, prions et requérons à notre très chère et très amée ante la duchesse de Luxembourch et de Brabant et à notre très cher et très amé frère le duc Aubert de Bavière; et aussi nous, échevins, doyens, consaulx et communauté de la dite ville de Gand, supplions à très haute et puissante princesse madame la duchesse de Luxembourch et de Brabant et à très haut et puissant prince le duc Aubert de Bavière, dessus nommés;

« Et en outre nous, duc et duchesse de Bourgogne, requérons; et nous, échevins, doyens, conseil et communauté de Gand, prions aux barons et nobles du pays de Flandre qui ci après sont nommés, et aux bonnes villes de Bruges, d'Yppre, au terroir du Franc, et aux bonnes villes de Malignes et d'Anvers, que pour bien de paix et pour plus grand'sûreté, et en témoignage de vérité de toutes les choses dessus dites et de chacunes d'icelles, ils veuillent mettre leurs sceaulx et les sceaulx des dites villes à ces présentes;

« Et nous, Jeanne, par la grâce de Dieu, duchesse de Luxembourch, de Brabant et de Lunebourch; nous, duc Aubert de Bavière, bail et gouverneur et héritier du pays de Hainaut, de Hollande, de Zélande et de la seigneurie de Frise; nous, Guillaume, ains-né fils du comte de

Namur, seigneur de l'Escluse; Hue, seigneur d'Antoing, chastelain de Gand; Jean, seigneur de Ghistelle et de Horne; Henry de Bruges, sire de Disquemude et de Aure; Jean, sire de Grimberghe; Philippe, sire d'Axelles; Louis de la Hazle, bâtard de Flandre; Gérard de Rassenghien, sire de Basserode; Gaultier, sire de Hallewyn; Philippe de Mamines [1], sire de Eque; Jean Villain, sire de Saint-Jean à la Pierre [2]; Jean d'Oultre, chastelain d'Yppre; et Louis, sire de Lambres, chevaliers;

« Et nous, burghemaistres, avoués, échevins et consaulx des villes de Bruges et d'Yppre; et nous Philippe de Zeldequien, Mont-Franc d'Essines, Philippe de Mont-Canart, chevaliers, échevins du terroir du Franc, pour et au nom d'icelui terrouer, lequel n'a point de scel commun; et nous, comme maîtres, échevins et conseil des villes de Malignes et d'Anvers, avons à la dite prière et requête, pour bien de paix, et en plus grand'sûreté et témoignage de vérité de toutes ces choses dessus dites et de chacune d'icelles fait mettre et mis nos sceaulx et les sceaulx des villes dessus dites à ces présentes lettres, faites et données à Tournay, le dix-huitième jour du mois de décembre, l'an de grâce mil trois cent quatre vingt et cinq. »

Après toutes ces ordonnances faites et celle charte de la paix grossée et scellée, elle fut publiée par devant les parties; et en eut le duc de Bourgogne une, et la ville de Gand pareillement une autre. François Acreman et le commun de la ville de Gand qui là étoient prindrent moult humblement congé au duc de Bourgogne et à la duchesse, et aussi à madame de Brabant, et la remercièrent moult grandement de ce que tant elle s'étoit travaillée de venir pour leurs besognes à Tournay, et se offrirent du tout à être toujours mais à son service. La bonne dame les remercia, et leur pria moult doucement que ils voulsissent tenir fermement la paix, et amener toutes manières de gens à ce que jamais ne fussent rebelles envers leur seigneur et dame, et leur remontra comment à grand'peine ils étoient venus à paix. Ils lui orent tout en convenant de bonne volonté.

Adonc se départirent toutes parties, et r'alla chacun en son lieu. Le duc de Bourgogne et la duchesse s'en retournèrent en la ville de Lille, et là se tinrent un terme, et ceux de Gand retournèrent en leur ville.

Quand Piètre du Bois vit que c'étoit tout acertes que la paix étoit faite et confirmée par les moyens dessus dits, et toutes gens en Gand en avoient grand'joie, et ne se tailloit pas que jamais guerre, rebellion ni mautalent s'y boutât ni mît, si fut tout abus. Et eut plusieurs imaginations à savoir s'il demeureroit en Gand avecques les autres, car étoit tout pardonné, et par la teneur et scel du duc de Bourgogne on n'en devoit jamais montrer semblant ni faire fait, ou si il s'en iroit en Angleterre avecques messire Jean le Boursier et les Anglois qui se appareilloient de y aller. Tout considéré, il ne pouvoit voir en lui-même que il se osât affier sur celle paix ni demeurer dedans Gand; car il avoit été toujours si contraire aux opinions des bons, et si avoit mis sus et conseillé tant de choses dont plusieurs maléfices étoient venus et adressés, que ces choses lui sembloient exemple et miroir de grands doutes, tant pour les lignages de Gand qui seroient plus forts que lui au temps à venir, desquels il avoit donné conseil de faire mourir ou d'occire de sa main les pères, que ces choses le mettoient en doute.

Bien est vérité que François Acreman lui dit, quand il vouloit partir et issir de Gand : « Piètre, tout est pardonné, vous savez, parmi les traités faits et scellés de monseigneur de Bourgogne, et que de chose qui avenue soit jamais, on ne peut ni doit montrer nul semblant. » — « François, François, répondit Piètre, en lettres escriptes ne gissent pas tous les vrais pardons : on pardonne bien de bouche et en donne-t-on lettres; mais toujours demeurent les haines en courages. Je suis en la ville de Gand un homme de petite venue et de bas lignage; et ai soutenu à mon loyal pouvoir la guerre pour tenir en droit les libertés et franchises de la bonne ville de Gand; pensez-vous que dedans deux ans ou trois il en doye souvenir au peuple? Il y a des grands lignages en la ville; Gisebrest Mahieu et ses frères retourneront; ils furent ennemis à mon bon maître Jean Lyon; jamais volontiers ne me verront, ni les proesmes de sire Gisebrest Grutte, ni de sire Simon Bete, qui par moi fu-

---

[1] Oudegherst l'appelle Philippe de Masseneée, seigneur d'Ecke.

[2] Le nom flamand est Saint-Jean-te-Steene, que Froissart a traduit ici.

rent occis. Jamais sur cel état je ne m'y oserois assurer. Et vous voulez demeurer avecques ces faux traîtres qui ont leur foi mentie envers le roi d'Angleterre ! Je vous jure loyalement que vous en mourrez[1]. » — « Je ne sais, dit François ; je me confie tant en la paix et ens ès promesses de monseigneur de Bourgogne et de madame que voirement y demeurerai. »

Piètre du Bois fit une requête et prière aux échevins et doyens, conseil et maîtres de la ville, en eux remontrant et disant : « Beaux seigneurs, à mon loyal pouvoir j'ai servi la bonne ville de Gand et me suis moult de fois aventuré pour vous ; et pour les beaux services que je vous ai faits, en nom de guerredon, je ne vous demande autre chose que vous me veuilliez conduire ou faire conduire sûrement et paisiblement moi et le mien, ma femme et mes enfans, et en la compagnie de messire Jean le Boursier, que vous mandâtes, en Angleterre, et je ne vous demande autre chose. » Tous répondirent que ils le feroient volontiers. Et vous dis que sire Roger Eurewin et Jacques d'Ardembourch, par lesquels celle paix avoit été toute traitée et démenée, si comme ci-dessus est dit, étoient plus joyeux de son département que courroucés ; et aussi étoient aucuns notables de Gand, qui ne vouloient que paix et amour à toutes gens.

Lors se ordonna Piètre du Bois et se partit de Gand en la compagnie de messire Jean le Boursier et des Anglois, et emmena tout le sien. Et vous dis qu'il s'en alla bien pourvu d'or et d'argent et de beaux joyaux. Si le convoia messire Jean Delle, sur le sauf-conduit du duc de Bourgogne, jusques en la ville de Calais ; et puis retournèrent les Gantois.

Messire Jean le Boursier et Piètre du Bois s'en allèrent en Angleterre au plutôt comme ils purent ; et se représentèrent au roi et à ses oncles, et leur recordèrent l'ordonnance et l'affaire de ceux de Gand, et comment ils étoient venus à paix. Le roi fit bonne chère à Piètre du Bois ; aussi firent le duc de Lancastre et ses frères, et lui surent grand gré de ce que il étoit là trait et avoit laissé pour l'amour d'eux ceux de Gand. Si le retint le roi et lui donna tantôt cent marcs de revenue par an, assignés sur l'estape des laines, à prendre à Londres.

Ainsi demeura Piètre du Bois en Angleterre, et la bonne ville de Gand à paix. Et fut sire Roger Eurewin doyen des naviers de Gand, qui est un moult bel office et de grand profit quand la navire cueurt et marchandises ; et sire Jacques d'Ardembourch fut doyen des menus métiers, qui est aussi un grand office en la ville de Gand.

---

[1] Ackerman fut en effet assassiné plus tard par un bâtard du sire de Harcelles.

FIN DU LIVRE II.

ADDITION

AU LIVRE DEUXIÈME DES CHRONIQUES DE SIRE JEAN FROISSART.

Avant de coordonner et de réunir le vaste ensemble de faits qui compose ses Chroniques, Froissart en avait traité quelques parties avec plus d'affection : ce sont surtout celles qui concernent la Flandre, son pays ; là, il n'avait pas été un simple narrateur de faits contemporains. Sans être mêlé à la vie active de ces temps orageux, il y avait du moins pris une part réelle par ses intérêts ou ses opinions. Lié avec les hommes des divers partis, témoin des événemens, mieux instruit des causes qui les amenaient et les dirigeaient, il devait apparaître dans ces narrations plutôt avec le caractère d'un auteur de Mémoires qu'avec celui d'historien calme et désintéressé. Tel est entre autres le grand soulèvement des villes de Flandre contre les intérêts féodaux, dans l'année 1378, soulèvement qui se termina par la défaite définitive de la démocratie flamande, et peut-être européenne, à la bataille de Rosebecque. Froissart avait regardé cette lutte comme assez importante pour en écrire une histoire séparée. Plus tard, lorsqu'il voulut compléter son grand travail d'ensemble, il y fit entrer ce morceau comme épisode ; et en le refondant un peu pour conserver l'unité de rédaction de ses Chroniques, il en composa la plus grande partie de son deuxième livre, tel qu'on le trouve au commencement de ce volume.

Quelques manuscrits de sa première rédaction, un peu plus détaillée que celle qu'il a refondue, existent encore dans les bibliothèques publiques. Il est fort probable que ces copies auront été faites sur quelque manuscrit plus ancien que ceux des Chroniques générales. J'en connais trois exemplaires sur lesquels je vais donner quelques renseignemens détaillés.

Deux existent à la bibliothèque de Cambray sous les n°s 677 et 700, et le troisième à la bibliothèque de la rue Richelieu, sous le n° 9,657, fond Béthune. Tous trois sont des copies du même ouvrage, qui, pour avoir été faites dans des temps fort postérieurs, n'en conservent pas moins tous les caractères de l'authenticité.

Je parlerai dans mon troisième volume d'un autre manuscrit non moins curieux, contenant un fragment de Froissart sur le premier d'Artevelle et la première partie de ses Chroniques ; manuscrit que je suis allé examiner avec soin à Valenciennes, et qu'à la demande de M. Guizot, cette ville a bien voulu m'envoyer à Paris.

Dans la préface de ma première édition de Froissart, j'avais déjà dit quelques mots sur le manuscrit de Cambray, n° 700, d'après une lettre écrite à M. de Foncemagne par l'abbé Mutte, doyen de Cambray, dont l'original est entre mes mains. Depuis, le savant M. Le Glay a donné quelques renseignemens de plus dans son Catalogue de la bibliothèque de Cambray. Avant de publier cette seconde édition, j'ai cru nécessaire d'aller moi-même à Cambray pour faire un examen plus détaillé de ces deux manuscrits, et voici le résultat de mes investigations. Je commence par le manuscrit 700 de la bibliothèque de Cambray, dont j'avais déjà dit quelques mots.

Manuscrit 700 de la bibliothèque de Cambray. — Il commence ainsi en encre rouge. La moitié des mots est effacée ; mais ces lignes étoient plus lisibles du temps de l'abbé Mutte, et je m'aide de son indication pour suppléer à ce que je n'ai pu lire moi-même.

« S'ensieult la Coronicque de la rebellion de cheuls de Gand et aulcunes villes de Flandre, contre leur seigneur et droicturier prince, qui dura sept ans, et commencha en l'an mil trois cens soixante et dis huit, jusques en l'an de grace mil trois cens quatre vingt et chincq. »

Puis suit la narration en encre noire, commençant ainsi :

« Je Jehan Froissart, prestre, de la nation de la conté de Haynnau et de la ville de Valenchiennes, et en ce temps trésorier et chanoine de Chymay, qui, du temps passé, me suy entremis de traictier et mettre en prose et en ordonnance les nobles et haultes advenues et grands faicts d'armes qui advenus sont, tant des guerres de France et Engleterre, comme de ailleurs, me suy advisé de mettre en escript les grandes tribulations et pestillences qui furent en Flandre contre le conte Loys, leur seigneur, dont moult de mauls advinrent depuis, si comme vous orrez recorder avant en l'histoire ; et en l'Incarnation commenchant l'an de grace Nostre Seigneur mil trois cens soissante dis huit. »

Puis viennent les chapitres de l'histoire, dont l'énoncé est en encre rouge, et le récit en encre noire.

Le premier et le dernier feuillet est en vélin, et le reste du volume en papier. Il y a plusieurs lacunes dans le corps du volume. Les feuillets manquans auront été déchirés ou perdus par le relieur.

Ce manuscrit se termine d'une manière imparfaite et mutilée à la levée du siége d'Audenarde, au moment où Pierre Van Den Bosschen[1] apprend la nouvelle de la défaite de Rosebecque et de la mort de Philippe d'Artevelle, le 29 novembre 1382.

Le quinzième cahier a disparu aussi.

Ce qui manque à ce volume, dont l'écriture est du quinzième siècle, est suppléé par un autre manuscrit mutilé de la même bibliothèque, coté 6177, et dont l'écriture est du seizième siècle.

677 de la bibliothèque de Cambray. — D'après une lettre écrite par l'abbé Mutte à M. de Foncemagne, je trouve que ce manuscrit appartenait avant la révolution à un M. de Herbaix de Thun-Saint-Martin, ancien capitaine de grenadiers au régiment de Nice. J'ignore comment il a passé de sa bibliothèque dans la bibliothèque publique de Cambray, où il se trouve actuellement.

Sur un feuillet placé en tête du volume, on lit :
« Cy commence la table des guerres de Flandre que le conte Loys de Male eult contre les Ganthois et Flamans, lesquelles guerres durèrent bien sept ans. »
« Et premièrement :

CHAPITRE 1er.

De la première et principale cause et rachine de la guerre du comte Loys de Male comte de Flandres, et comment blancs chaperons furent mis sus par Jehan Lyon.

L'ouvrage contient 73 chapitres, dont le dernier est :

[1] Le Piètre du Bois, de Froissart.

Comment le duc et duchesse, comte et comtesse de Flandres, firent leur entrée en leur ville de Gand après la paix faite de Tournay[1].

Après la table des chapitres il manque un ou deux feuillets qui contenaient le commencement de l'histoire. Le feuillet suivant commence par ces mots :

« Sept frères, les plus grans de tous les navieurs. Entre ces sept frères y en avoit ung qui s'appeloit Guysebret Mathieu, etc. »

Le chapitre 73 finit ainsi :

« Et laisseray le duc et duchesse de Bourgongne, conte et contesse de Flandre en leur ville de Bruges, ensemble madame de Nevers leur belle-fille, et feray fin à ce présent livre des guerres de Gand. »

On lit ensuite :

« Lequel a esté escript par moy Hector Saudoyer, *aliàs* de Harchies, l'an de grâce mil cinq cens et trente-cinq, et à moy apartenant. »

H.

Aultre ne quiers.

SAULDOYER.

A la suite de ce morceau historique, on trouve dans le même volume l'histoire de Gérard de Roussillon et de madame Sainte Berthe sa femme, divisée en vingt-sept chapitres, et commençant ainsi :

« Pour avoir l'entendement et la congnoissance de la vie, des faits et des adventures... etc. »

Cette dernière partie du manuscrit finit par ces mots :

« Que Dieu a appareillé à ceulx qui gardent ses commandemens. »

« Escript par moy Henry Saudoyer et achevé la nuyt de la Magdelaine, l'an de grâce mil cinq cens et trente-six ; et avois lors d'âge LXIX, au dit jour. Qui le treuve se luy voeul rendre. »

H.

Aultre ne quiers.

SAULDOYER.

Le manuscrit de Paris, 9657, provient du fond de Béthune. Il est écrit sur papier, d'une écriture du quinzième siècle. Il commence par

[1] En 1388.

la table des chapitres, au nombre de trois cent huit. A la suite commence la narration.

En tête de cette partie, on lit;
« Cy conmmencent les croniques de Flandres, faictes et compillées par Jehan Froissart. »

Puis un préambule, qui est le même que je viens de donner en rendant compte du manuscrit 700, sauf une courte réflexion incidente contre les Gantois. Je rapporte ici ce préambule pour faire juger des ressemblances et dissemblances de l'orthographe de tant de divers manuscrits par celles qui se rencontrent dans deux manuscrits du même temps, copiés dans le même pays.

« Je, Jehan Froissart, prestre, de la nation de la conté de Haynau et de la ville de Vallenchiennes, et en ce temps, trésorier et chanoine de Chimay, qui du temps passé me suis entremis de traictier et mettre en prose et en ordonnance les nobles fais et haultes advenues des grans fais d'armes, qui advenus sont, tant des guerres de France et d'Angleterre, comme de ailleurs, me suis advisé de mectre en escript les grans tribulations et pestillences qui furent en Flandres, et par le fait de orgueil, et de ceulx de Gand à l'encontre du conte Louys leur seigneur, dont moult de maulx vindrent et nasquirent depuis, si comme vous orrez recorder avant en l'ystoire, et en l'Incarnation commenchant l'an de grâce Notre Seigneur mil CCC LXXVIII. »

A la suite de ce préambule commencent les chapitres. Je les ai soigneusement collationnés avec les chapitres correspondans dans le deuxième livre des Chroniques, et j'ai trouvé que Froissart n'avoit fait que reproduire sa première narration, en supprimant les chapitres d'introduction qui avaient été nécessaires dans un récit particulier, et quelques détails qui lui paroissaient superflus, soit qu'il eût corrigé ses premiers renseignemens par des renseignemens meilleurs, soit qu'une histoire générale ne lui parût pas comporter les mêmes détails minutieux qu'un récit particulier. Il peut être intéressant aujourd'hui d'examiner le travail fait par l'historien sur lui-même. Je présente donc ici cette collation exacte des deux récits, chapitre par chapitre, en ajoutant comme variante les chapitres ou passages omis dans sa révision.

Le chapitre Ier et le chapitre II sont deux chapitres d'exposition omis par l'historien dans sa grande narration; ils sont les mêmes que dans le manuscrit 700 de Cambray, les voici:

CHAPITRE Ier.

Cy parle du commenchement des guerres et de la scituation de la ville de Gand et des rivières.

Les guerres qui en ce temps s'entreprindrent entre le conte Loys et ceulx de Gand se commenchèrent par merveilleuses incidences et par povre conseil et advis de l'une partie et de l'autre. Et tant que la guerre et hayne esmouvoit entre les dessus nommés et leur seigneur le conte, ceulx de Bruges y eubrent grant coulpe; et vechy raison pourquoy.

Vous savez, se en Flandres vous avez esté, que la ville de Gand, c'est la souveraine ville de Flandres, de puissance, de conseil, de seigneurie, de habitacions, de scituations et de toutes choses apartenans à une bonne ville et noble, que on pourroit deviser, dire ni recorder; et que trois grosses rivières portans navires pour aller partout le monde le servent. La plus grosse est la rivière d'Escault, et puis la rivière de la Lys, et puis la menre la Liève. Se porte elle navie et leur fait grant prouffit, car elle leur vient de l'Escluse et du Dan, dont moult de biens venans par mer leur arrivent. Par la rivière de l'Escault, qui leur descent d'amont, leur viennent tous grains et vins, le grain de Haynnau et le vin de Franche. Par la rivière de la Lys, qui leur vient d'un autre costé, leur viennent grant foison de tous grains du bon pays d'Artois et des marches environ. Ainsi et par juste raison et solucion est Gand assise et scituée en la croix du ciel. Et en devant cheste haynne et esmouvement, qui durèrent environ sept ans, de quoy tout le pays de Flandres par toutes ses parties fu tellement exilliés et malmenés que on disoit qu'il n'étoit mie à recouvrer au point où il estoit devant cent an après à venir, le conte Louys de Flandres souverainement amoit la ville de Gand et les gens de dedans, et les honnouroit et prisoit dessus tous les autres. Ce conte de Flandres fu ungs saiges, subtils et vaillans prinche, et des haultes entreprinses, et que tous ses voisins resoignoient à couroucher. Ce que de cuer il entreprenoit, il le vouloit achever, auquel meschef que ce fuist. Si avoit il au devant moult esté eureux en toutes ses entreprinses; et quant il véy que ceulx de Gand, qui estoient si subgets, et que tant amoit, prisoit et honnouroit, se commenchèrent à rebeller contre lui, et opposer à ses intencions que il tenoit à bonnes, il lui deubt bien annuyer, ainsi qu'il fist, et bien le monstra. Ainsi que j'ay ci-dessus dit que ceulx de Bruges y eubrent grant coulpe, je vous veulx monstrer comment.

CHAPITRE 2.

Comment ceulx de Bruges furent cause de commenchement des guerres de Flandres.

Il est vray que la ville de Bruges n'est point bien aisée ne servie de doulches eaues, et que ils en ont grand dangier. Si ont-ils eu anchiennement propos, de la rivière de la Lys qui leur marchist assez près, que ils en atrairoient en leur ville une partie, tant que leur eaue, qu'ils appellent la Roe, en seroit rafreschie, et de quoy Bruges en vauldroit grandement mieulx. Et en ont eus traictiés et parlement par pluiseurs fois à ceulx de Gand, une foys par amour et par doulceur, l'autre fois le voulloir prendre par poissance et par rigueur. Et tant que ils y ont par plusieurs fois fouy; et ceulx de Gand leur sont allés au devant de la dicte rivière, il n'ont eu nulle aise; car ceulx de Gand dient que, sans ayde et constrainte, la rivière les sert et administre, et que elle ne puelt faire à ceulx de Bruges; et a son cours ainsi que Dieu l'a ordonné; et que point de commencement, à la création de leur ville, ils ne l'envoyèrent ne tranchier ne querre; mais sur le cours de la rivière de la Lys, de l'Escault et la Lève, les anchiens fondèrent la ville de Gand, et le vouldrent tenir en cest état en son cours naturel et sans violence; et que si la ville de Bruges n'est pas bien fournie de doulces eaues, ils quièrent art et enghien par dessous terre comment ils le soient, sans à eulx tollir ce que Dieu leur a envoyé de sa grâce et par ordonnance du monde; et que ceste querelle ils ont tenu et deffendu, tendront et deffenderont tant que durer pourront et que il y aura pierre en estant en la ville de Gand; nejà de ce propos ne partiront pour chose qui leur doive advenir.

En ce temps estoient en Flandres ly contes et le pays en leurs fleurs; et ne doubtoient ne admiroient poissance de nul seigneur terrien, car ils estoient si garnis et si raemplis d'or et d'argent, de richesses et de tous biens, que merveilles seroit à recorder. Et tenoient les riches hommes, eus ès bonnes villes et ailleurs, et plusieurs autres en desoubs, si grans estas de eulx et de leurs femmes, qu'il sembloit proprement que les richesses leur abondassent du chiel, et que ils les trouvassent sans soing et sans peine. Dont, pour les grans superfluités qu'ils en firent, Dieu se couroucha et leur remonstra, car ils furent battus de cruelles vergues. Et pourront dire ceulx qui ceste matière liront ou lyre orront, que Dieu consenty tout pour eulx exempler, et ce puelt-on bien supposer. Ainsi fut et advint en Flandres à ce temps, comme vous pourrez clèrement veoir et cognoistre par les traictiés de l'ordonnance de la matière qui cy-après s'ensieult.

CHAPITRE 3.

Comment le comte de Flandre avoit grant amour à uns bourgeois de Gand, lequel avoit nom Jehan Lyon. Et comment le dit Jehan Lyon tua, pour le fait du dit conte, un bourgeois du dit Gand.

En icelui temps que le conte Loys de Flandres estoit en sa greigneur prospérité, etc.

Même texte que le chapitre LII, livre 2, avec cette seule variante.

« Car le conte l'ensonnia de faire occhir ung homme en Gand qui lui estoit contraire et desplaisant. Et au commandement du conte, couvertement, Jehan Lyon le tua; car il prist parolles de débat à cellui, et l'occist. Et depuis le bourgeois mort et occis, qui s'appeloit Jehan d'Yorque, il s'en vint demeurer à Douay, etc. »

Les chapitres 4 à 13 sont conformes au texte publié par moi, tel qu'il est donné dans le chapitre. . . . . LII.
Les chap. 14 à 17 répondent au chapitre LIII.
——— 18 à 20. . . . . LIV.
——— 21 à 24. . . . . LV.
——— 25 à 31. . . . . LVI.
——— 32 à 34. . . . . LVII.
——— 35 à 41. . . . . LVIII.

Dans sa rédaction générale, Froissart a interrompu ici le récit des affaires de Flandres pour passer aux affaires de Bretagne, et il ne reprend les affaires de Flandres qu'au chapitre LX.

CHAPITRE 42.

Comment ceulx de Gand envoyèrent vers le conte leur seigneur, afin qu'il lui pleust venir à Gand.

Ainsi fut la paix faicte et accordée entre le conte de Flandres et ceulx de Gand, et leurs adjoins de Flandres, par le moyen du duc de Bourgogne, dont il acquit grant grâce de tout le pays, etc.

Le reste de ce chapitre 42 jusqu'au chapitre 49 est conforme au chapitre LX de mon édition. Les chap. 50 à 52 sont conformes au chap. LXI.
— 53 et 54. . . . . LXII.
— 55 à 59. . . . . LXIII.

A la fin du chapitre 59 du manuscrit, après le mot *contraire*, on lit :

« Ainsi est-il que, chils à qui il mes-chiet on lui mes-offre, soit tort ou droit. »

Après le chapitre LXIII de sa rédaction générale, Froissart interrompt son récit des guerres de Flandres pour ne le reprendre qu'au chapitre LXXXVI.

Les chapitres 60 à 63 du manuscrit répondent à ce chapitre. . . . . LXXXVI.
Les chapitres 64 et 65. . . . . . . LXXXVII.
— 66 et 67. . . . . . . LXXXVIII.
et à une partie de . . LXXXIX.
— 68. . . . . . fin de LXXXIX
et partie de. . . . . XC.
— 69. . . . . fin de XC.
— 70 à 72. XCI
et une partie de . . XCII.
— 73 à 75. . . . . XCIII.

Dans le manuscrit, au lieu de Rasse de Harselles, on lit toujours : Rasse de Liedequerque. Les chapitres 76 et 77 comprennent le chapitre. XCIV
et. . . . . XCV.
Le chap. 78 comprend le chapitre XCVI.
— 79. . . . . XCVII.
— 80 à 86 répond. au chap. XCVIII.
— 87 répond. au chap. XCIX.

Après le mot *haie*, le manuscrit ajoute, dans le chapitre 87 :

« Adonc dirent, en farsant, de lui : « Ernoul, garde-bien ce pas ; nous nous en allons ailleurs. » Après ceste déconfiture retourna le seigneur d'Enghien et les chevaliers et escuyers, et leurs gens en Audenarde ; et tint on ceste emprinse et besoingne achevée à grant proesce. »

Le chapitre 88 comprend la fin de XCIX
et tout le chapitre. . . . C.
— 89 à 92 répond. au chap. CI.
— 93 et 94. . . . . CII.

Après le chapitre CII, dans sa rédaction générale, Froissart interrompt son récit des affaires de Flandres, et ne le reprend qu'au chapitre CXXI.

Le commencement du chapitre 95 du manuscrit est un peu plus détaillé que ne l'est le morceau correspondant, chapitre CXXI de mon édition. Voici le texte du manuscrit :

« Vous savez que, par le promouvement et conseil de Piètre du Bois, comme dessus est dit, Philippe d'Artevelle emprist d'estre souverain capitaine de Gand ; et ains que premièrement il l'emprint, Piètre du Bois l'en parla ; et quand ils furent d'accord, Piètre du Bois demanda à Philippe si il savoit faire le cruel et le hautain, et que c'estoit une principalle chose, selon ce que il averoit à faire à commun ; « car il fault à la fois faire le cruel et le haultain ; et n'y vault-on riens qui ne se fait cremir et redoubter, et renommer aucunes fois de cruaulté. » Et Philippe lui répondy que ouyl. »

Le chap. 96 répond à la fin du chap. CXXI
et au commencement de. CXXII.
— 97 à la fin de. . . . . . . CXXII.
— 98. . . . . CXXIII.
— 99 et 100. . . . . CXXIV.
— 101. . . . . CXXV.
— 102 et 103. . . . . CXXVI.
— 104. . . . . CXXVII.

Au milieu du chapitre CXXVII de sa rédaction générale, Froissart interrompt sa narration, et ne la reprend qu'au chapitre CXLVIII.
Les chap. 105 à 108 rép. à ce chap. CXLVIII.
— 109 et 110. . . . . CXLIX.

Le chapitre 111 du manuscrit manque entièrement dans la révision générale ; le voici :

CHAPITRE 111.

Comment Franchois Acreman et ceulx qui avoient esté avec lui en Liége et vers la ducesse de Brabant firent leur rapport de ce qu'ils avoient besoingniet, et comment ils envoyèrent devers le duc Aubert, et de la réponse qu'ils eurent de lui.

Tantost après tout ce fait, Franchois Acreman et ceulx qui furent avec lui vers le conseil de Liége et vers la ducesse de Brabant, pour pryer et traictier de paix, assamblèrent Phelippe d'Artevelle, Piètre du Bois et tout le conseil de Gand; et là remonstrèrent comment ils avoient esté vers le conseil de Liége et vers madame de Brabant et son conseil : « Eux remonstrant l'estat où nous sommes, et leur pryant pour Dieu que il leur pleust ad ce labourer que de nous mettre à paix envers le conte notre seigneur. Lesquels nous ont respondu moult amyablement : que voullontiers y metteroient paine de tout leur pouvoir; et par espécial madame de Brabant, laquelle nous dist : que nous fesissions tant que nous eussions l'advis, l'ayde et confort du duc Aubert, et leur (là où) nous l'avions, ce nous seroit grant confort; et que, à la prière de eulx trois et de leur conseil, elle supposoit que on y trouveroit bon moyen et paix. Si regardez que bon en est à faire. »

Philippe d'Artevelle, Piètre du Bois et le conseil des susdits furent d'accord que ils envoieroient vers le duc Aubert lettres et notables gens, en lui pryant pour Dieu et pour aulmosnes que il lui pleust ad ce labourer avec madame de Brabant et son conseil, les Liégeois et leur conseil, que de eulx mettre à paix devers le conte leur seigneur; se ils le dirent ils le firent.

Le duc Aubert, quand il eult luttes les lettres, il les entendy bien, et les parolles de ceulx de Gand qui dessus sont dictes. Si leur respondy : que voullentiers et amiablement il s'en ensonnyeroit avec les autres, et en feroit tant que ils s'en percheveroient : « Mais vous advez tant de merveilleuses opinions, que quant on a tout fait, on n'a rien fait. Aultrefois, pour bien m'en suis ensonnyés, et mon conseil aussi, quy riens n'y a vallu. » — « Mon très redoubté seigneur, respondirent ceulx de Gand, jusques ores nous ne l'avons peu amender; mais pour le présent, nous sommes en aultre propos. » — « Or bien, respondy le duc, or y parra. »

Et sus cel état, ils se partirent du duc et retournèrent à Gand, et firent leur response à Philippe d'Artevelle, Piètre du Bois et le conseil de Gand, auquel il souffist bien, et le prirent fort en gré.

Le chap. 112 répond au chap. CL de mon édit.
—— 113 à 116. . . . . CLI.

Après le mot *retourner*, dans le chapitre 116 le manuscrit ajoute :

« Si respondy Philippe d'Artevelle, et dist : « De vos parolles et remonstrances nous vous créons bien, et vous remerchions du grant travail qu'il vous a pleu prendre pour nous; mais nous ne sommes pas chargés si avant. »

Le chapitre 117 répond à la fin de ce chapitre CLI.

Puis après CLI commence dans la rédaction générale une nouvelle interruption d'un chapitre. Les affaires de Flandre reprennent avec le chapitre suivant.

Les chap. 118 et 119 répondent au ch. CLIII.
—— 120 à 153 et au commenc. de CLIV.
—— 121 à 124 au reste de . . . CLIV.
—— 125 et 126. . . . . CLV.
—— 127 et 128. . . . . CLVI.
et à une partie de. . . CLVII.

Le chapitre 128 du manuscrit renferme l'addition suivante qui manque au chapitre CLVII de mon texte général. Après : *Oncques en si grand péril ne fu que il fut adonc*, on lit dans le manuscrit :

« Ainsi comme il s'en aloit aval la ville tout esmayés, et qu'il ne savoit que faire, ung petit après my nuit, il fu recongneus par ung bourgeois de Gand, très bon preud'homme, qui s'appelloit Regnier Campion, hostelain des marchands de bleds sur la Lys. Et lui dist : « Ha! très chiers sires, pour Dieu merchy, que faictes-vous yey? Que ne mettez-vous paine à vous sauver? Si vous estes trouvé de ces routtiers, tout l'or du monde ne vous sauveroit mie, tant sont merveilleux! » — « Ha! doulx amis, respond le conte, je ne sçay que faire. Aide-moy à saulver, et se je vis longhement en temps advenir, il te sera méry. Comment as-tu à nom? » — Il respondy : « Regnier Campion. Avant! faisons le brief. Entrez en ceste petite maison, et ne vous esbahissiés de riens, et me laissiez convenir. Je vous sauveray bien de tout mon pouvoir, voir que nuls routtiers ne feront mal à la maison. Et quant le grant effroy sera passés, et que les Gantois seront apaisés, si faictes ainsi que bon vous samble pour vous par-saulver. »

« A ces parolles entrèrent en la petite maison toute enfumée, et trouvèrent une povre femme : et lui dist le conte : « Femme, sauve-moi; je suis tes sires, le conte de Flandre. » (Suit mon texte du chapitre CLVII.)

Après *où mes enfans dorment*, même chapitre, on lit dans le manuscrit les détails additionnels suivans :

« Et il le fist ainsi. Et Regnier Campion dit à la femme : « Or ne t'esmaie ne effraie de chose que tu voises ne oyes, et fay ce que je te commanderay en portant bonne bouche. » Elle respondy que aynsi feroit-elle. Regnier se party, et la femme fist l'ensonnyée aval sa maison et autour du feu, et à ung autre petit enfant qui gisoit en ung repos. Le conte de Flandre entra en ce sollier, et se boutta, au plus bellement et quoyement que il peult, entre la queutte et l'estrain de ce povre lit, et là se mucha et fist le petit, car faire lui convenoit. Regnier Campion ne s'oublya mie, ains vint au toucquet de la ruelle avec les premiers routtiers qui entrèrent en celle ruelle. Et se bouta et alla de maison en maison avec eux, tant que ils vindrent en la maison de la dicte povre femme. Ils trouvèrent celle povre femme séant à son feu, qui tenoit son petit enfant. Tantost Regnier lui demanda : « Femme, où est ung homme que nous avons veu entrer chéans, et puis l'uis reclore? » — « Et par ma foi, ce dist elle, je ne véy huy de celle nuyt entrer homme chéans. Mais j'en issy n'a pas granment, et jectay ung peu d'eaue hors, et puis recloy mon huys, et je ne le saroie où muchier. Vous véez touttes les aisemens de céans. Véez là mon lit, et là dessous gisent mes enfans. »

« Donc demanda Regnier de la chandeille. Elle lui bailla ; et Regnier monta amont sur une petite eschielle, et bouta sa teste au sollier, et regarda amont et aval, et fist semblant que il n'y eust nullui. Adonc dist à ses compaignons : « Alons ! alons ! nous perdons le plus pour le moins. On ne peult trouver richesses en povres gens. La povre femme dist vray ; il n'y a ame chéans fors li et ses enfans. » A ces paroles yssirent hors de la maison de la femme et s'en alèrent. Et oncques depuis n'y vint nuls qui mal y voulsist.

« Toutes ces parolles avoit ouyes le conte de Flandre, qui estoit quatis et muchiés desoubs ce povre literon. Or povez bien croire que il n'estoit point asseurés de sa vie ; car il estoit au volloir d'aultruy.

« Or regardez, vous qui ouez ceste histoire, les merveilleuses adventures ou fortunes qui adviennent par le plaisir de Dieu ; car aultrement il n'en fust rien, sur ce grant seigneur et prince, le conte de Flandre, Loys : que au matin il se véoit et estoit l'un des plus grans princes de la terre des crestiens, par linaige et par puissance de pays ; car lui estant bien de ses gens de Franche, nuls aultres princes ne lui povoit grever ne nuyre ; et si estoient de xvii royaulmes, tous desirans d'envoyer en sa conté de Flandre leurs denrées à point pour vendre ; et au vespre il le convint reponre et muchier en celle povre maison de povre femme. Car la maison n'estoit pas maison de tel prince ne seigneur, de salles, de chambre, ne de tel chose qu'il fault à ung hostel de prince ; ains estoit une povre maisoncelle enfumée, aussi noire que ung aisement de fumière de tourbes ; et n'y avoit en celle maison fors le boughe de devant, et une povre tentelette de vièse toille enfumée, pour escouser que le vent ne frappast au feu ; et son lit estoit par terre, et par dessus ung povre sollier auquel on montoit par une eschiellette de sept esquaillons. Et en ce sollier avoit un povre literon où les povres enfans de la femme gisoient.

« Ces merveilleuses adventures des fortunes donnent grant exemple à tous princes et touttes aultres gens : que les dons de fortune mondaine ne sont point estables, ne que nuls ne s'i doit fyer ne asseurer, quand ung tel prince et sire ne s'en peult asseurer. Donc chacun doit prendre en passience les fortunes que Dieu lui envoye ; car au besoing Dieu ne fault point à son amy, comme il ne fist à Joob, Boesce et Socrate, et fait et fera. »

« Nous lairons le conte de Flandre en ce party, et parlerons de ceulx de Bruges, et comme ceulx de Gand persévérèrent. Nous y reviendrons bien quand point sera. »

Les chapitres 129 et 130 du manuscrit, répondent au chapitre CLVIII de mon édition.

Le chapitre 131 est une addition nouvelle. Le voici tout entier :

CHAPITRE 131.

D'ung des cousins de Philippe d'Artevelle qui enfraindy iceulx bans, et comment il en fut pugny, et de quel mort.

Un peu après ces bans et ordonnances faictes et cryées, plaintes vindrent à Philippe d'Artevelle, que ung sien cousin germain, demy point mains, avoit pilliet, robet et efforchiet maisons. Quant Philippe le sceult, il manda et commanda que on ly fesist venir parler à luy. On le fist, il vint. Quant Philippe le véy, il lui dist : « Cousin,

pour quoy n'avez entretenue à ferme nostre ordonnance; et oyez. Vous devissiez estre ung des premiers, et blasmer les autres si vous leur véyssiez faire; et vous estes le premier qui l'a fait. »
— « Très chiers sires, je n'en savois riens, car point ne fuy à la cryée; se rendray tout à vostre commandement, respondy le cousin Philippe, et si l'amenderay à vostre plaisir, ne plus ne m'aviendra. »

Toutes ces excusations n'y peurent riens valoir. Philippe lui fist tout rendre; et puis le commanda à prendre par ses gens et jecter par les fenêtres en my le marchiés; et là chéy sur picques et planchons, et fu tantost ochis; ne Philippe n'en voult oncques aultre chose faire, pour pryères de nulluy.

Ceste justice affoibloya fort les Gantois à mal faire, et asseura ceulx de Bruges; et l'en sceurent grant gré. Et disoient : « En Philippe a bon justichier. Il est bien taillés d'estre cappitaine de Flandres, quant, pour son cousin si prochain, il n'a voulu enfraindre son ban ne ordonnance. » Là povoit on bien veoir que il le feroit bien à ung estranger. Ainsi oncques puis nuls ne pilla ne ne rouba qui venist à congnissance; et aussi Philippe le fist pour celle cause, et pour tous autres exemplier.

Le chapitre 132 commence ainsi :
« Après ceste justice faicte, fu demandé si on savoit que le conte estoit devenu, etc.
Le reste est semblable au chapitre CLVIII de mon édition.
Le chapitre 133 contient le fin de ce chapitre CLVIII.
Le chapitre 134 commence ainsi :
« Quant tout l'effroy et les pilleurs et routteurs de Gand, et ceulx de Bruges qui se bouttèrent avec ceulx de Gand, et les menoient de rue en rue ens ès bons et riches lieux, furent tous raquoisiet et retrais, le dimance, de nuyt, le conte de Flandres, etc. »
Le reste du chapitre est semblable au texte du chapitre CLIX.

Le chap. 135 contient la fin du chap. CLIX
  et le commencement de CLX.
—— 136 à 138 contiennent la fin de CLX.
—— 139 à 143 cont. tout le chap. CLXI.
—— 144 à 145 . . . . CLXII.
—— 146 à 148 . . . . CLXIII.
Avec le chapitre CLXIII dans sa rédaction générale, Froissart interrompt sa narration et la reprend au chapitre CLXV.
Le chapitre 149 répond au chapitre CLXV.
—— 150 et 151 répond. au chap. CLXVI.
—— 152 répond au chap. . . . . CLXVII.
Seulement dans le chapitre CLXVII de sa rédaction générale, Froissart ajoute quelques développemens sur une affaire qui concerne le sire d'Albret, et est étrangère à la Flandre.
Le chapitre 153 répond au chapitre CLXVIII.
—— 154 à 156 répondent au chap. CLXIX.
—— 157 est une addition qui manque dans la rédaction générale. La voici tout entière :

CHAPITRE 159.

Des souldoyers d'Audenarde qui estoient en moult grant danger d'argent; comment ils s'en plaindirent aux capitaines, et comment on trouva manière d'en avoir, et aussi comment icellui argent leur vint bien à point, car autrement la ville estoit en adventure de perdre.

Le siége étant devant Audenarde, par la grande et longue espasse que ceulx de Flandres le tindrent à siége, les sauldoyers qui dedans Audenarde estoient eulrent grant souffreté de pécune d'or et d'argent pour leurs besoingnes, car ils avoient despendu ce que aporté en avoient, et si en avoient tant emprunté et acreu à ceulx de la ville, que nuls ne leur voulloit plus prester ne croire. Si s'assemblèrent les sauldoyers, et vinrent à leur capitaine, messire Daniel de Hallevin, et dirent et remonstrèrent leurs nécessités et besoings, et la grant souffrance que ils avoient d'argent, et que longuement ne pouvoient durer ainsi. Et lui pryèrent pour Dieu, que il lui pleusist en escripre au conte de Flandres et laissier savoir leur estat et nécessité, et que par quelque voye on leur fesist avoir argent de ce que on leur devoit; car ainsi que on dist en ung proverbe : ils n'en voulloient faire four ne moullin, et n'estoit fors pour payer leur (là où) que ils devoient, et le surplus despendre en gardant l'éritaige du conte et leur honneur.

Messire Daniel de Hallevin entendy bien la petition et requeste des sauldoyers, et ymagina que ces sauldoyers ne disoient pas trop grant merveilles. Nonobstant, il respondy et dist :
« Beaux seigneurs, je vous ay bien entendu, et de ce que vous requérez j'en seroie moult désirans, et par votre conseil j'en voudroie ordonner, mais prendons que je envoyasse vers

ADDITION AU LIVRE II.

le conte notre seigneur en la manière que dit advez, je suppose que nous pourrions bien faire d'un petit mal ung grand. Supposé que le conte nous envoyast autant d'argent ou plus que besoing ne nous soit, si pourroit-il estre que, ains que vous eussiez l'argent, que nos ennemis l'adveroient; si vauldroit tant pis; mais empruntez où que avoir en povez, et je en feray ma debte et mon cattel avec vous.

« Sire, respondirent les sauldoyers, ainsi que vous advez dit nous le voulliens bien faire; mais ceulx à qui nous debvons, et ceulx à qui nous voulliens emprunter, ont dit que riens n'en feront plus que fait en est; car ils dient que s'il advenoit, jà ne doint Dieu que il adviengne! ne jà il n'avendra se il plaist à Dieu! que la chose allast pis que nous ne supposons et que la ville fuist prise, de nos vies ne seroit riens, ne des leurs par adventure, et ceulx qui se pouroient saulver se penseroient et cuideroient avoir leur debte perdue, et durement leur venroit mal à point.

Ces parolles disans, entre messire Daniel de Halwin et les sauldoyers, vindrent à congnoissance à plusieurs bons marchans de vin, taverniers riches. Si se advisèrent ensemble que eulx estant en ce party en Audenarde, que on ne savoit comment ce siége prendroit fin, ils estoient en dur party. Si pourroient bien valloir que ils euissent fait ce prest de ce qu'il fauldroit à ces sauldoyers, et plus se mestier étoit, à messire Daniel de Halwin leur capitaine, chascun selon sa cantité et povoir. Si s'accordèrent jusques à six mille francs franchois, par manière que ce conte de Flandres, ains que ils en payassent riens, leur meyst leur argent en Valenchiennes au chambge Pierron Rasoir. Eux d'accort ils se trayrent devers leur capitaine; et luy dist Esnoul Cabillau pour eulx tous :

« Sire, nous sommes informés que vos sauldoyers ont nécessité et besoing d'argent, et il y a bien cause, car ils en doivent; et se ne voit on pas l'apparant du payement. Mais nous vous advons trouvé, se il vous plaist, jusques à la somme de six mille francs franchois, par manière que il vous plaise à mander à nostre seigneur le conte que il les veuille envoyer à Vallenchiennes au chambge Pierron Rasoir; et nous vous délivrerons par escript les parties de chascun de nous, combien il payera, et envoyer icelles parties avec vos lettres au conte, et chils qui y portera l'argent emporte les parties au dit chambgeur; et quant nous adverons ung chascun de nous ung briefvet escript de la main de Pierron ou de Hanin Rasoir, son nepveul, fils Jehan Rasoir l'aisnet, qui siet à son chambge, en recongnoissant à nous debvoir à chascun sa partie, bien nous souffira, et nous vous délivrerons la somme dessus dite. La cause pourquoy nous le verrons voulentiers ainsi, est que, se aulcune chose advenoit de novelle à nostre contraire, qui est possible, il ne plaise jà à Dieu que il adviengne! nous ou nos hoirs en vivriens sans dangier tant que nous porriens mieulx. Monseigneur le conte ne pourroit néant volloir que en luy servant nous fuisiens povres et deshonnourés. Aussi nous advons bien fianche que point ne le vouldroit. Si nous semble bien ceste chose faisable pour le bien de l'une partie et de l'autre; si vous en plaise à dire vostre avis. »

Messire Daniel de Halwin leur respondy : que c'estoit bien chose acordable, et que il n'y véoit ne ymaginoit aultre chose que bien, et que ainsi le feroit. Car il supposoit que le conte de Flandres, leur seigneur, le feroit voullentiers; « car c'est bon pour lui, et pour moi, et les sauldoyers, et pour vous. »

Si fist tantôt escripre unes lettres adrechans au conte de Flandres, contenans l'estat de eulx, et de lui remander l'estat de luy; en après la bonne voullenté de ces bourgois taverniers de la ville de Audenarde pour l'advanchement et ayde de faire le payement dit, et par la manière dessus dicte; et les marchans lui envoyèrent et delivrèrent les parties de combien chacun voulloit payer; puis quist aussi messire Daniel de Halwin ung bon varlet qui bien s'acquita pour la lettre porter, et les parties par ung briefvet du fait des marchans; et advisèrent à une heure de la nuyt que on ne véoit goutte et que l'on estoit le plus requoisiet. Si se party le dit varlet à l'adventure de Dieu, la lettre du conte et le briefvet en une custode estainne, pour l'eau, et le loya sur le sommeron de sa teste, et puis saillit ens ès fossés, au lez où on estoit le plus acquoisiet ; et noa oultre les fossés.

Quant il vint à rive tout bellement et coyement, il fist tant que il fu desoubs ung buisson, et là se quaty en awardant les passans et ascouttant le cry de la nuyt; et tant y fut que il le sceult; puis se party, et s'en ala à l'adventure. Il fut rencontré par pluiseurs fois, et quant on l'appeloit il respondoit le cry de la nuyt.

Ainsi se passa la nuyt; lendemain il prist le chemin de Hesdin, où le conte de Flandres se tenoit adonc, car on povoit bien aler, venir et retourner paisiblement, puisque on savoit que ce ne fussent ennemis. Tant esploitta le dit varlet que il vint à Hesdin, où il trouva le conte, et luy delivra ses lettres et le briefvet. Le conte fist lire les lettres et puis le briefvet. Quant il eult tout bien entendu de leur estat et de ce que ses bourgois d'Audenarde voulloient faire, si en fu grandement resjoys; car il n'y véoit que bien et raison. Messire Josse de Halwin, frère à messire Daniel, capitaine de Audenarde, estoit pour le présent d'encoste le conte. Si lui dict le conte: « Josse, je veuil que vous allez jusques à Vallenchiennes, à six mille francs que je vous délivreray; et en faictes et usez ainsi que le briefvet contient. »

— « Monseigneur, respondy messire Josse, je le feray voullentiers à vostre commandement et voulloir. »

Le conte de Flandres fist que messire Josse eult les six mille francs; se se départy du conte de Flandres son seigneur, et le varlet avec lui qui avoit apporté les lettres au conte, et s'en vindrent à Vallenchiennes. Messire Josse de Halwin, venu à son hostel à Valenchiennes, à la Teste-d'Or, en la place que on dict au chastel Saint-Jean, enquist comment on lui ensaingneroit le chambge Pierron Rasoir. Quant il le sceult, il se trais* là, lui monstrant ce briefvet que les taverniers d'Audenarde lui envoyoient, et qu'il receust à lui ce que le briefvet contenoit; et l'escripsist sur eulx à debvoir, en lui livrant pour chascun homme un briefvet de sa quantité, escript de sa main, ou de la main Hanin Rasoir son nepveul. Ainsi que charget lui estoit et que son briefvet contenoit, il fu fait rechupt, et ordonné par la manière dessus dicte, et les briefvets escripts pour chascun à sa quantité, de la main du dit Hanin, car le dit Pierron estoit deshaittié de gravele, ainsi comme il avoit souvent de coustume. Tout ce fait, messire Josse délivra les briefvets et une lettre de l'estat et intention du conte, adrechant à messire Daniel de Halwin, capitaine d'Audenarde, son frère, au varlet qui avoit apporté les aultres, qui là estoit venus avec luy. Puis se départirent l'un de l'autre. Messire Josse revint vers le conte, et lui recorda comment il avoit esploittiet et besoingniet, lequel souffist très bien au conte; et dict que il avoit très bien fait son ouvrage et besoingniet.

Le varlet prist son chemin à l'adventure de Dieu, ainsi que pour revenir et entrer dedans Audenarde. Et se party de Valenchiennes; et esploitta tant que il vint en l'ost par jour, car on n'y demandoit riens à nully. Quand ce vint au nuyt, il fist tant que il sceult le cry de la nuyt, et espia son cop que le quart estoit acquoisiés, et s'en vint bellement et coyement que nuls ne s'en perchut. Et s'il estoit percheu, il disoit le cry de la nuyt, et on le laissoit passer oultre. Tant fist que il vint sur la croste des fossés leur (là où) aultrefois il avoit passé. Si logea sa lettre et ses briefvets sur sa teste au plus hault en la custode, ainsi que fait avoit au passer, et puis resailly ens ès fossés, et nagea outre.

Quant il fu à l'autre rive, il hucha aux gardes des cresteaux que on le laissast ens. Il fu oys et recongneus; si fu laissiés ens à grand'joye. Et s'en vint vers messire Daniel de Halwin, le capitaine, et lui délivra la lettre du conte de Flandres et les briefvets des bons marchans taverniers que Pierron Rasoir leur envoyoit; et lisi ses lettres et les briefvets, et puis dict en audience l'estat du conte et son intention que il proposoit à faire, dont ils furent tous grandement resjoys; et manda aux marchans que ils venissent à luy atout l'argent, et il délivreroit à chascun en droit lui ung briefvet de sa quantité de Pierron Rasoir, chambgeur de Valenchiennes, comme ils l'avoient requis. Ils vindrent et payèrent et pristrent chascun leur briefvet, et en furent moult lies et joyeux. Aussi fu le capitaine et les sauldoyers. Et fut l'argent départi aux sauldoyers, à chascun selon son estat. Si en payèrent leur (là où) ils debvoient, et gardèrent le surplus pour le temps advenir.

On suppose que oncques argent ne vint mieulx à point pour le conte, pour le capitaine, pour les souldoyers et pour ceux de la ville, car ils demeurèrent tous en unyon et d'accort, et tous bien asouffis, que se le contraire fust advenu, qui povoit aussi bien venir par disette, par les sauldoyers que par ceulx de la ville.

ADDITION AU LIVRE II.

Les chap. 158 à 161 rép. au chap.   CLXX.
— 162. . . . .   CLXXI.
— 163. . . . .   CLXXII.
— 164 et 165 . . . .   CLXXIII.
— 166 à 168 . . . .   CLXXIV.
— 169. . . . .   CLXXV.
— 170. . . . .   CLXXVI.
— 171 et 172 CLXXVII et tout   CLXXVIII.
— 173 et 174. . . . .   CLXXIX.
       et le commencement de   CLXXX.

Le manuscrit ajoute, après *gens d'armes* : « Sans prendre nuls varlets estranges. »

Le ch. 175 répond au reste du ch.   CLXXX.
— 176. . . . .   CLXXXI.
— 178 à 180. . . . .   CLXXXII.
       et le commencement de   CLXXXIII.
— 181 et 182 au reste du chap.   CLXXXIII.
— 183 à 185. . . . .   CLXXXIV.
— 186 à 188. . . . .   CLXXXV.
— 189 et 190. . . . .   CLXXXVI.

A la suite du chapitre CLXXXVI de la rédaction générale, la narration est interrompue, et reprend avec le chapitre CLXXXVIII.

Les chapitres 191 et 192 répondent à ce chapitre CLXXXVIII.

A la fin du chapitre 192 du manuscrit, après : *Ne parlai flamand*, on lit l'addition suivante :

« Or, regardez là la fortune de ce noble prince. Il avoit perdu son pays de Flandre par la rebellion de ses gens, et quant il quist confort du roi de France, par le conseil du duc de Bourgogne, tous ses pays aloient à perdition pour lui, ne on ne faisoit chose du monde pour lui. Ainsi estoit-il compté pour néant ; et se perdoit son pays par ses ennemis et par ses amis. Ce fait moult à reconforter plusieurs gens qui chéent en fortune contraire. Ils cuident avoir confort et aide de leurs amis, et ils leur grièvent. Mais il convint le noble prince, tout par sens, prendre pascience et souffrance. Aussi doit chascun. Dieu scet tout : remérir les biens et pugnir les maulx. »

Le chap. 193 du manuscrit répond à la fin du
       chapitre CLXXXVIII de mon édition.
— 194 et 195. . . . .   CLXXXIX.
— 196. . . . .   CXC.
— 197. . . . .   CXCI.
— 198. . . . .   CXCII.
— 199 et 200. . . . .   CXCIII.
— 201. . . . .   CXCIV.
— 202 à 204. . . . .   CXCV.
— 205 et 206. . . . .   CXCVI.
— 207 au commencement
       du chapitre. . . . . .   CXCVII.

Dans le texte du manuscrit on lit :

« Il fu di et recordé pour vray par pluiseurs, que on véy, quand l'oriflamme, etc. »

Dans mon édition, qui renferme un texte revu par lui plus tard, et sur des renseignemens plus complets, on lit :

« Je fus adonc informé du seigneur de Esconnevort ; et me dit qu'il vit, et aussi firent plusieurs autres, que quand l'oriflamme, etc. »

Le chap. 208 du manuscrit répond à la fin du
       chapitre . . . .   CXCVII.
       et au commencement de. . .   CXCVIII.
Le chap. 209 à la fin du chap. . .   CXCVIII.
— 210. . . . .   CXCIX.

Il y a dans le manuscrit un léger changement dans les premières lignes. Elles sont ainsi conçues dans le manuscrit :

« Che juefdy que la bataille fu entre le Mont-d'Or et Rosebecque, vindrent nouvelles, par le paige Phelippe d'Artevelle, en l'ost devant Audenarde, au seigneur de Hercelles et aux aultres, que leurs gens étoient desconfis et mors, et Phelippe d'Artevelle ochis. Si tost, etc. » — La suite comme le texte de mon édition.

Les chap. 211 à 215 du manuscrit répondent
       au chap. CC de mon édition.
— 216 et 217. . . . .   CCI.
— 218. . . . .   CCII.
— 219 à 221. . . . .   CCIII.
— 222 et 223. . . . .   CCIV.
       et à une partie de   CCV.

A la suite des premières lignes de ce chapitre, dans la révision, Froissart interrompt son récit par une digression sur les affaires de Paris ; mais cette digression se termine au chapitre suivant.

Les chap. 224 à 227 répond. au chap.   CCV.
— 228 à 235. . . . .   CCVI.
— 236 à 239. . . . .   CCVII.
— 240 à 247. . . . .   CCVIII.

Au commencent du chapitre 247 se trouve une leçon un peu différente de celle du texte de mon édition. Il y fait parler l'évêque ainsi :

« Messeigneurs, je suis ycy venus, de par le conte de Flandres, dist l'évêque de Liége, lequel vous prie, et moi aussi, que il vous plaise, évesque de Nordvich, et vous Englès, déporer de tenir le siége devant Yppre, et aller aultre part faire guerre raisonnable sur les Clémentins, et il vous fera servir de cinq cens lanches, trois mois tous plains, et à ses cousts et dépens; car il est aussi bon Urbaniste que vous estes, et la conté de Flandres aussi. Si a grant merveille à quel cause vous le guerroyez en son pays. L'évesque... etc.;» le reste conforme au texte de mon édition.

Les chap. 248 à 252 répondent au chap. CCIX.
—— 253 et 254. . . . . CCX.

Le chapitre 255 est une addition qui manque complétement dans le texte de mon édition. Le voici :

CHAPITRE 255.

« Messire Pierre de la Zieppe, capitaine d'Yppre, les gens d'armes et ceulx d'Yppre, quant ils perchurent et sceulrent que le siége estoit levés devant Yppre, et que les Anglois et Gantois estoient partis, si furent grandement resjoys. Et vuidèrent hors de la ville, et vinrent en leurs logeys, là où ils trouvèrent grant pillaige de pourvanches et d'autres choses, nonobstant que les Anglois et Gantois eussent eu bon loisir d'eulx partir et de emporter leurs biens; et ramenèrent et rapportèrent iceulx d'Yppre tout en leur ville, qui leur vint depuis bien à point. »

Les chapitres 256 et 257 répondent à la fin du chapitre CCX, au milieu duquel doit s'intercaler la variante ci-dessus.

Les chap. 258 à 263 répondent au chap. CCXI.
—— 264 et 265. . . . . CCXII.

A la fin du chapitre CCXII de mon édition, Froissart interrompt la narration des affaires de Flandre, et la reprend au chapitre CCXIV.

Les chap. 266 à 271 répondent au chap. CCXIV
—— 272 et 273. CCXV

Ce chapitre 273 est fort abrégé dans le manuscrit. La partie correspondante dans mon édition est beaucoup plus complète. Froissart y a ajouté un chapitre sur les obsèques du comte de Flandre. Il n'avoit sans doute pas ces détails au moment où il fit sa première rédaction, qui est certainement celle du manuscrit. L'addition contient dans mon édition jusqu'au chapitre CCXX.

Les chapitres 274 et 275 répondent à la fin de ce chapitre CCXX et au commencement du chapitre CCXXIII, car les chapitres CCXXI et CCXXII de mon édition contiennent des additions qui ne se trouvent pas dans le manuscrit.

Les chapitres 276 et 277 répondent à la fin du chapitre CCXXIII.

A la fin de ce chapitre 277, après les mots : *Que de lui*, le manuscrit ajoute :

« Et estoit pour lors en Ardembourg avec lui messire Robert de Béthune, comte de Namur. »

Cette phrase est donnée avec plus de détails dans le chapitre CCXXVI de mon édition; car la narration a été interrompue à la fin du chapitre CCXXIII pour ne reprendre qu'au ch. CCXXVI.

Le chapitre 278 répond à une partie du chapitre CCXXVI.

Dans le cours de ce chapitre CCXXVI commence une nouvelle digression. Le récit ne reprend qu'avec le chapitre CCXXVIII, à ces mots : « Ce propre samedi, François Acreman, etc. »

Les chap. 279 et 280 répond. au chap. CCXXVIII.
—— 281 . . . . CCXXIX.

Dans la révision générale, Froissart a introduit, dans le chapitre CCXXIX de mon édition des détails sur le mariage de Charles VI avec Isabeau de Bavière, et quelques faits étrangers à la Flandre. Il y a même sur les affaires de Flandre quelques détails de plus que dans le manuscrit.

Les chap. 282 à 284 répondent à la fin du chapitre. . . . . . CCXXIX.
—— 285 . . . . CCXXX.

Le manuscrit porte ici une addition que Froissart aura sans doute supprimée dans sa révision comme contenant des détails trop minutieux. La voici :

« Mais ung mois ou environ que le siége fut devant le Dam point n'y pleust, ains y fist bel et chault et sery. Et avoient en l'ost assez largement de tous vivres. Pour la grant chaleur que il faisoit, la pugnaisie des bestes que on tuoit en l'ost et des chevaulx qui y mouroient, faisoit que l'air estoit ainsi que corrompus. Et jectoient les caroingnes ès fossés et ès rieus qui chéoient ès fossés du Dam. Si que l'eaue d'iceulx fossés estoit toute corrompue et empoisonnée. Ceulx qui estoient dedans le Dam n'avoient pour faire leur viande aultres doulches eaues que celle des fossés; ils en furent tellement travailliet parmi la pugnaisie qui entroit en la ville, et si ne la povoient eslongier ni eschiéver qu'il en morut plusieurs. Et tous ceulx et celles qui demeurèrent en vie devindrent aussi jaunes que ung piet de escouffle. Et se ne savoient quel chose il leur falloit, et ne eulrent oncques puis sancté. Quant on véoit ceulx qui avoient esté dedans le Dam assis quelque part, depuis le siége levé, avec aultres gens, on les reconnoissoit bien, et ne les congneuist-on que pour la jaune couleur. Et les ensaingnoit-on au doit, disant : « Ceux-là furent dedans le Dam. » Et moult de bons chevaliers et escuyers de l'ost furent malades, et s'en allèrent les aucuns rafreschir à Bruges. »

Le dernier alinéa du chapitre est un peu différent dans le manuscrit ; le voici :

« Entreus entrèrent ces gens d'armes et les Flamenques en ce pays des Quatre-Mestiers ; et l'ardirent et détruisirent, et abattirent tout fors, tours et moustiers qui toujours s'estoient tenus, et n'y laissèrent d'enthier maison ni hamel. Et en cachèrent en voye ou ochirent tous les hommes, femmes et enfans. Toutte la guerre durant ceulx des Quatre-Mestiers dessus dits n'avoient point eu de grant dommage ; ne plus n'avoit demeuré d'enthier, de tout le pays et conté de Flandres, que la partie et mette des Quatre-Mestiers ; mais fortune n'euist point bien esté sauchie, si tout le pays de Flandres ne s'en feust sentis.

Le chapitre 289 répond à la fin du chapitre CCXXX et au commencement de CCXXXI.

Le manuscrit abrége ici ce qui est un peu amplifié dans le texte de mon édition.

A la suite de ce commencement du chapitre CCXXXI Froissart interrompt le récit des guerres de Flandres, et ne le reprend qu'avec le chapitre CCXXXVII.

Le chapitre 290 à 294 du manuscrit répondent à ce chapitre. . CCXXXVII.
—— 294. . . . . CCXXXVIII.

Le manuscrit développe ici le récit avec plus de détails que le texte de mon édition. Voici cette variante :

« Si dict Rogier : « Il nous fault ung moyen. Nous ne le pourions faire de nous-mesmes. Et seroit besoing et nécessaire d'avoir ung homme sage, secret et de crédence pour nostre affaire remonstrer et reporter au duc de Bourgogne ; assavoir se il lui venroit à plaisir, se par notre paine et soing il y avoit en ceste ville aucuns traictiés de paix, se il se vouldroit condescendre. » Jacques respondy : « C'est bien à avoir dict ; et j'en

çai ung, si ce vous semble bon ; messire Jehan Delle que bien congnoissiez. Il n'y a nuls gaits sur luy et s'est hantables et congneus à ceulx de Gand. » Rogier dict : « C'est bon et est vray ; et m'y assure au nom de Dieu. » Et tant firent secretement que ils parlèrent à lui, et luy dirent finablement leurs secrets en remonstrant et disant : « Messire Jehan Delle nous avons..... vous dites bien et comme bonnes et léalles gens. »

Les chapitres 296 et 297 contiennent la suite du chapitre CCXXXVIII.

Le chapitre 297 est un peu plus étendu dans le manuscrit qu'il ne l'est dans le texte de mon édition, sans qu'il y ait aucun fait très intéressant de plus. Ce n'est qu'une rédaction moins concise. Voici cette variante :

« Tout ce que monseigneur de Bourgogne dist, messire Jehan Delle l'entendy bien, et dist que ainsi le feroit ; et prist congié au duc et s'en retourna à Gand ; et fist tant secretement que il parla aux deux preudommes dessus dits et leur recorda les nouvelles et la charge que il avoit de monseigneur de Bourgogne, comme dessus est dit ; dont ils se contentèrent très bien. Et dist Regnier Everwin : « Puisque nous avons l'octroy de monseigneur de Bourgogne de le faire, se ce ne se faisoit ce seroit notre coulpe. » Jaques respondy : « C'est vrai ; mais par mon conseil j'envoyerois, par messire Jehan Delle qui cy est, à Franchois Acreman ou chastel de Gavres, où il est gardien, d'avoir son intention, sans faire de nous mention, se il ne le tienne seurement de nostre oppinion.

« Regnier dict : « C'est bien dit ; » et aussi fist messire Jehan Delle. Si se party d'eulx et alla vers Franchois Acreman au chastel de Gavres, quant il véy mieulx son point.

« Si le trouva, et se descouvry à luy secrettement de tout ce que dessus est dit. Franchois pensa ung petit sus et puis respondy liement : « Là où monseigneur de Bourgogne vouldra tout pardonner, et la bonne ville de Gand tenir en ses franchises et libertés, je ne serai jà rebelle, mais dilligent grandement de venir à paix. Et dictes hardiement à ceulx par qui vous estes ycy venus que je demourrai encoste eulx seurement et secrettement. »

« Sur ces parolles se party messire Jehan Delle de Franchois Acreman, et s'en revint à Gand ; et leur (alors) recorda les bonnes nouvelles qu'il avoit trouvées à Franchois Acreman aux deux dessus dits. Si furent d'accord que messire Jehan se partesist tantost et retournast vers le duc de Bourgogne dire les nouvelles, et rapportast lettres de monseigneur de Bourgogne, de confirmation de paix. Il le fist et s'en retourna en France vers le duc de Bourgogne, auquel il remontra tout le traictié.

« Le duc de Bourgogne l'ouy voullentiers, et fist escripre lettres ouvertes et closes.

Les chapitres 298 à 300 du manuscrit renferment la fin du chapitre CCXXXVIII et les premières lignes du chapitre CCXXXIX.

« Les chapitres 301 à 308 répondent au reste de ce chapitre CCXXXIX.

« Après les mots : *en la ville de Gand*, qui, dans mon édition, terminent le texte du chapitre CCXXIX et le livre deuxième, on lit dans le manuscrit, en forme d'épilogue :

« Et en cel estat et par ceste manière demouèrrent les choses ; et se reprist la terre de la conté de Flandres à estre fort labourée ; et mirent les Flamangs paine à regainguier de nouvel, et à rediffyer les villes et maisons qui avoient esté désolées des guerres dessus dictes.

« Vous advez bien mémoire que Piètre du Bois, dist à Franchois Acreman que, se il demouroit en Gand, que il en mourroit ; il n'en menty pas, car dedans l'an que la paix avoit esté faicte, il fu espié du bastard du seigneur de Herselles, lui dixième, que il revenoit de l'église Saint-Pierre de Gand ; se fu ochis. Il n'en fu plus, ne la ville ne s'en bougea, ne paix ne s'en brisa. De tous les souverains capitaines de toutes les guerres présentes ne demoura en vie à Gand, que Piètre le Wintre. Or regardez le loyer que on a de servir commun.

FIN DE L'ADDITION AU LIVRE II.

APPENDICE.

On a vu, dans ce deuxième livre, que le prince de Galles voulant couvrir les dépenses qu'il venait de faire pour replacer Pierre-le-Cruel sur le trône de Castille et s'acquitter envers les Compagnies, leva en Guyenne un nouvel impôt très considérable connu sous le nom de *fouage*[1]. Comme cet impôt devait s'étendre aux terres de la noblesse, qui prétendait avoir droit à une exemption générale des taxes, les principaux chefs féodaux portèrent leur plaintes par appel à Charles V, en qualité de seigneur suzerain. Le prince de Galles, se fondant sur les traités de Calais, signés après la bataille de Poitiers, refusa de reconnaître cette juridiction, et ceux qui examinent aujourd'hui cette affaire avec impartialité doivent reconnaître qu'en effet, le roi de France, du consentement des états, avait renoncé à toute souveraineté sur cette partie de la France, afin de conserver le faible reste de son royaume, et que ce n'était qu'à ce prix qu'Édouard avait renoncé lui-même au titre de roi de France et à ses prétentions sur la France entière. Le prétexte le plus plausible qu'eût à faire valoir Charles V, était le peu de soin que prenait le prince de Galles de réprimer les dévastations des Compagnies et d'exécuter fidèlement les traités. La querelle s'échauffa bientôt entre les deux souverains, et donna naissance à la guerre de 1369, qui, de toutes les guerres entreprises jusqu'alors par la France, est celle qui lui a été le plus avantageuse. Les Anglais possédaient les plus belles provinces de France et entretenaient des partisans dans toutes les autres. Mais autant l'Angleterre gouvernée par Édouard, avec des armées commandées par l'héroïque prince Noir, avait eu d'avantages sur la France, avec un roi aussi dénué de talens aussi obstiné dans ses principes de despotisme que l'était le roi Jean, autant sous l'habile Charles V les armées françaises, commandées par du Guesclin, purent reprendre d'ascendant sur les tentatives du faible Richard II. La guerre se continua pendant près de cent ans et ne fut interrompue que par quelques trèves. Les Anglais finirent par être successivement repoussés de toutes les provinces. La Pucelle et Dunois donnèrent à Charles VII le nom de Triomphant, et de toutes leurs conquêtes en France il ne resta plus aux Anglais que la ville de Calais, qui leur fut enlevée plus tard par le duc de Guise en 1557, et les îles normandes de Jersey, Guernsey et Alderney, qu'ils conservent encore.

Froissart a exposé avec beaucoup d'impartialité dans son histoire les argumens des deux partis. Les Chroniques de Saint-Denis rapportent aussi un mémoire dressé par le conseil de Charles V pour être présenté au roi d'Angleterre. Ce mémoire n'est rien autre chose qu'une espèce de manifeste dans lequel sont discutées avec beaucoup d'étendue toutes les raisons sur lesquelles Charles V fondait la justice de la guerre qu'il était sur le point de déclarer aux Anglais.

Théodore Godefroy a extrait d'une chronique manuscrite de la Bibliothèque du roi un fragment qu'il a publié sous le titre d'*Entrevue de Charles IV, empereur et roi de Bohême, de son fils Wenceslas, roi des Romains, et de Charles V, roi de France, à Paris, l'an 1378*, et dans lequel on trouve un exposé des motifs que Charles V donna lui-même à l'empereur pour sa justification. Cette affaire est enfin amplement discutée dans les chapitres 145 et 146 du livre Ier du *Songe du Vergier*, composé en français vers la fin du règne de Charles V.

Il peut être intéressant pour la plus parfaite intelligence du droit féodal d'examiner les raisons données à cette époque par les écrivains des deux partis et par les adversaires eux-mêmes. Je rapporterai donc ici la partie du fragment de la chronique publiée par Théodore Godefroy relative à cette affaire.

I.

Apologie de Charle V, par lui-même, extraite d'une relation du voyage de l'empereur Charles IV en France, en 1378, faite par un témoin oculaire.

En ce temps estoit le roy en son conseil en sa chambre où estoient ses frères et grand foison de prélats de son conseil et autres chevaliers en assez grand nombre; et leur demanda et meit en termes, s'il leur sembloit que bon feut que à l'empereur son oncle, qui tant d'amour et fiance lui avoit monstré comme de venir en son royaume et par devers luy, il feroit monstrer

---

[1] Il avait levé un franc par feu, *le riche portant le pauvre*, et il avait obtenu 1,200,000 francs, pour son duché d'Aquitaine seul, qui comptait deux archevêchés et vingt-deux évêchés. M. Dureau-de-Lamalle a fait un Mémoire curieux sur la population de cette époque, en s'appuyant sur ces données.

et monstreroit le faict et la justice du bon droict qu'il ha contre ses ennemis d'Angleterre, et le grand tort qu'ils ont tenu à ses prédécesseurs et à luy par long temps, le devoir en quoy il s'estoit mis d'entrer en tout bon traicté de paix, et les offres qu'il en ha faites; à deux fins, l'une pour ce qu'il sçait que ses ennemis manifestent en Allemagne et ailleurs le contraire de la vérité en eux justifiant : parquoi l'empereur et les princes et son conseil qui avec luy estoient, ouï et veu ce que le roi leur diroit et feroit voir par lettres et les traictés de paix faicts et les alliances, ils peussent congnoistre et vrayement respondre et soustenir la vérité sur ce, contre ceux qui se sont efforcez et efforcent ou efforceront de parler ou de manifester et publier le contraire. L'autre raison qui à ce mouvoit le roi, estoit pour avoir le conseil et advis de l'empereur, après ce qu'il auroit ouy et veu le debvoir en quoy le roy s'estoit mis, et les offres qu'il avoit faictes pour paix avoir, s'il luy sembloit qu'il deust suffire, ou que plus avant le roy en deust faire. Auxquelles demandes et termes tous d'un accord et sans contradiction conseillèrent au roy qu'ainsi le feit. Si ordonna son dict conseil et plusieurs autres estre assemblez au lendemain, et aussi feit sçavoir à l'empereur que à celle heure luy et son fils, les princes, prélats et autres gens de son conseil qui en sa compaignie estoient venus, feussent au dict lieu du Louvre à la dicte heure pour ouyr ce que le roy vouloit dire et monstrer.

Et fut le vendredy huictiesme jour de janvier. Et celuy jour au matin vint voir le roy l'empereur privément, et luy apporta et donna un bel coffret garny d'or et de pierrerie d'une espine de la saincte couronne et d'un os de Sainct Martin, et depuis luy donna de Sainct Denys. Car moult fort en desiroit à avoir, et en avoit requis le roy. Et ce dict jour après disner, le roy et l'empereur vindrent ensemble en la chambre à parer du Louvre, et y estoit le roy des Romains et ceux qui ensuivent de la part de l'empereur : l'évesque de Bamberg, son chancelier, et deux autres clercs notables, les ducs de Brabant et de Saxen, et les trois ducs dessus nommez, le haut maistre de son hostel et son grand chambellan, le seigneur de Colditz et plusieurs autres seigneurs, comtes, barons et chevaliers jusques au nombre de cinquante personnes et plus : et de la part du roy y en avoit bien autant et plus, et y estoient des principaux et plus notables ceux qui s'ensuyvent : c'est à sçavoir, les ducs de Berry, de Bourgongne, de Bourbon et de Bar, le seigneur de Coucy, les comtes de Harcourt, de Tancarville, de Sarbruck et de Brenne, messire Jacques de Bourbon, le mareschal de France Mouton de Blanville et le seigneur de Rayneval, messire Philebert de l'Espinace, messire Thomas de Voudenay, messire Arnauld, de Corbie chevaliers, et plusieurs autres; et des gens du conseil du roy y estoient : son chancellier, l'archevesque de Rheims, les évesques de Laon, de Paris, de Beauvais et de Bayeux, et l'abbé de Sainct-Vaast, et autres clercs et laiz du conseil du roy, tant de parlement comme d'autres. Et estoient l'empereur, le roi, et le roi des Romains en trois chaires couvertes de drap d'or, et les autres assis à double forme en manière de siége de conseil. Et print le roi à parler et monstrer les faicts en besongnes dessus escriptes par long espace de deux heures et plus, et print sa matière des premiers temps du royaume de France, et après de la conqueste de Gascongne que feit Sainct Charlesmaigne quand il la conquit et convertit à la foy chrestienne, que le dict pays fut soubsmis à la subjection du royaume de France : et sans interruption et contradiction ha toujours depuis esté : et ceux qui en ont tenu les domaines et spécialement les ducs de Guyenne, tant roys d'Angleterre comme autres, en ont tousjours faict hommaige lige et recognoissance aux roys de France comme à leur droict seigneur, à qui est le fief : et si ce n'ha esté depuis le temps d'Édouard d'Angleterre dernier mort, n'y fut oncques mis aucune contradiction : et mal à point le feit puis qu'il eut faict hommaige au roi Philippes ayeul du roy à Amiens, et le recogneut son seigneur et roy de France : et depuis le dict hommaige fait, luy revenu en Angleterre, par l'espace d'assez long temps ratiffia par ses lettres scellées de son grand seau et approuva le dict hommaige avoir esté lige, plus fort et plus avant que par paroles n'avoit esté faict au dict roi Philippes, comme plus à plain appert par les lectres sur ce faictes, desquelles feurent montrez les originaux seellez au dict empereur, avec toutes autres chartres plus anciennes de ses prédécesseurs les roys d'Angleterre faictes à Saint Louys de la recognoissance des hommaiges de Guascongne, Bordeaux, Bayonne et des Isles qui sont en droict Normandie : et ès dictes lectres est expressément contenu comment les roys d'Angleterre ont renoncé à toutes les terres de Normandie, d'Anjou, du Maine, de Touraine et de Poictou si aucun droict y avoient, comme plus à plain est contenu ès dictes lettres, lesquelles furent montrées au dict empereur. Et aussi monstra le traicté de la paix, et comment son père et luy l'avoient moult cher acheptée, et comment par les Anglois elle fut mal gardée; et le déclara particulièrement tant par le deffault de rendre les forteresses occupées qu'ils debvoient rendre, comme par les ostaiges qu'ils rençonnèrent contre le contenu au traicté, comme par les compaignéis que continuellement ils teindrent au royaume de France, comme par usurper et user des droicts de souveraineté qui appartiennent au roy, desquels ils ne debvoient point user : comme de conforter le roy de Navarre lors ennemy du royaume, ses adhérans et confortans de leurs gens, subjets et alliez, tant Anglois comme Guascons, et leur donner passaiges, vivres et confort contre la teneur des alliances faictes, jurées et passées par sermens si forts comme ils se peuvent faire entre chrestiens ; lesquelles alliances furent aussi monstrées et leües au dict empereur en françois et en latin afin que chascun les peut mieux entendre : et en outre le prince de Galles feit tant d'outraiges et d'extorsions au pays et gens de Guascongne qui encores estoient demeurez soubz la souveraineté et ressort du roy, ne oncques renonciation n'en fut ne n'ha esté faicte, comme le roy le faict monstrer par la lectre du traicté où est la clause qui se commence *c'est à sçavoir*. Et monstra aussi le roy comme les contes d'Armaignac, le seigneur d'Albret et plusieurs autres barons et bonnes villes avoient appelé du prince à luy, et vinrent en leurs personnes requérir adjournement et rescript en cause d'appel, et comme le roy y meit longuement et feit grande difficulté ainçois qu'octroyer le voulut : et par le conseil sur ce pris de plusieurs notables avec ceux de son conseil, eües aussi les opinions de plusieurs estudes de droict, de Boulongne la grasse, de Montpelier, de Thoulouze et d'Orléans et des plus notables clercs de la court de Rome qui refuser ne le pouvoient; et comment par voye ordonnée de justice le roy le feit, et non pas par puissance d'armes ; et fut ordonné un docteur juge du roy à Thoulouze appelé maistre Bernard Palot, et un chevalier nommé messire Jean de Chaponval qui portèrent au dict prince les lectres du roy, les inhibitions et adjournements ; et par le sauf-conduict du séneschal du dict prince veindrent près du dict prince, le quel les feit prendre et meurtrir mauvaisement contre Dieu et justice et en offense du roy et du royaume de France. Et aussi monstra le roi au dict empereur comment, nonobstant les dictes deffenses ainsi faictes, il envoya au dict roy Édouard comtes, chevaliers et clercs pour le sommer et requérir, de par luy, de redresser et faire redresser les choses ainsi par son fils et ses subjets mauvaisement faictes ; et désiroit le roy, que par voye amiable remède s'y meit et non pas par guerre. A quoy response raisonnable ne d'aucune bonne espérance ne fut au roi donnée : et de faict avoit desja encommencé la guerre le dict prince en Guascongne contre les appelans ; et aussi avoient faict en Poictou les gens du dict roy d'Angleterre, et chevauché en la terre du roy. Pourquoy, par nécessité et par le conseil de son royaume pour ce assemblé en son parlement, entreprit à deffendre sa bonne justice contre ses ennemis.

Après ce que le roy eut monstré l'occasion de la guerre et bien informé par les responses et lectres sçellées l'empereur et son conseil, il lui dit et moustra les debvoirs qu'il avoit faits pour avoir bon traicté à ses adversaires : et aussi finablement lui monstra les offres que sur ce il avoit faict ; et conclud ses paroles à deux fins dessus escriptes: de manifester le droit du roy contre les paroles mensongères des Anglois et non y adjouster foy, et aussi de donner le conseil sus escript. Et aussi lui toucha assez brief les grâces et bonnes fortunes que nostre seigneur luy avoit donné en sa guerre, pour ce qu'il pensoit que le dict empereur en seroit bien liez. Et toutes ces choses et plusieurs autres touchant ces matières qui trop longues seroient à escripre, dit le roi si saigement et si ordonnément, que tous feurent esmerveillez de son bon mémoire et belle manière de parler ; de quoy l'empereur et tous ceux qui le sceurent entendre monstrèrent semblant d'en avoir très grand plaisir. Et en briefves paroles l'empereur dit en allemand à ses gens qui présens estoient, et qui n'entendoyent pas françois, ce que le roy lui avoit dit ; et leur exposa les lectres que sur ce avoit ouy lire, et feit response au roi telle comme il s'ensuyt. C'est à sçavoir qu'il dist : que très bien avoit entendu ce que le roy avoit très saigement dit, et bien veu et bien congneu, tant par lectres comme autrement, sa bonne querelle et justice ; et que partout le manifesteroit et feroit sçavoir : et que si les Anglois s'efforçoient en Allemaigne de publier le contraire, comme autres fois avoient faict, il deffendroit et soustiendroit le droict du roy, comme il l'avoit veu et bien congneu. Et mesmement il sçavoit bien que le roy d'Angleterre avoit faict hommaige lige au roy de France à Amiens : car il y avoit esté présent quand il se feit. Et quand au conseil donner, dit : que considéré le bon droict du roy et le grand tort de ses ennemis, l'advantaige qu'il avoit en la guerre sur eulx et les alliez du roy qu'il nomma, les roys de Castille, de Portugal et d'Écosse, il ne lui eut donné conseil ne encores ne donnoit de tant avant offrir à ses ennemis. Et lui sembloit que trop en avoit faict, mesmement qu'il sçavoit la coutume des Anglois estre telle que, quand ils se voyent à leur dessous, ils requièrent et veulent volontiers avoir paix, mais s'ils voyent après leur advantaige, ils ne la tiennent point, comme maintefois ha l'on veu que ainsi l'ont faict au royaume de France. Et adonc se partit le roy de luy, et s'en retourna en sa chambre.

FIN DE L'APPENDICE.

LIVRE TROISIÈME.[1]

CHAPITRE PREMIER.
Comment messire Jean Froissart enquerroit diligemment comment les guerres s'étoient portées par toutes les parties de la France.

Je me suis longuement tenu à parler des besognes des lointaines marches, mais les prochaines, tant qu'à maintenant, m'ont été si fresches et si nouvelles et si inclinans à ma plaisance, que pour ce les ai mises arrière. Mais pourtant ne séjournoient pas les vaillans hommes qui se désiroient à avancer, ens ou royaume de Castille et de Portingal, et bien autant en Gascogne et en Rouergue, en Quersin, en Auvergne, en Limousin et en Toulousain et en Bigorre; mais visoient et subtilloient tous les jours l'un sur l'autre comment ils se pussent trouver en parti de fait d'armes, pour prendre, embler et écheller villes et châteaux et forteresses. Et pour ce, je, sire Jehan Froissart, qui me suis ensoigné et occupé de dicter et escripre celle histoire, à la requête et contemplation de haut prince et renommé messire Guy de Chastillon, comte de Blois, seigneur d'Avesnes, de Beaumont, de Sconhove et de la Gode, mon bon et souverain maître et seigneur [2], considérai en moi-même, que nulle espérance n'étoit que aucuns faits d'armes se fissent ès parties de Picardie et de Flandre, puisque paix y étoit, et point ne voulois être oiseux; car je savois bien que, encore au temps à venir et quand je serai mort, sera cette haute et noble histoire en grand cours, et y prendront tous nobles et vaillans hommes plaisance et exemple de bien faire; et entremises que j'avois, Dieu merci! sens, mémoire et bonne souvenance de toutes les choses passées, engin clair et aigu pour concevoir tous les faits dont je pourrois être informé touchans à ma principale matière, âge, corps et membres pour souffrir peine, me avisai que je ne voulois mie séjourner de non poursievre ma matière; et pour savoir la vérité des lointaines besognes sans ce que j'y envoyasse aucune autre personne en lieu de moi, pris voie et achoison raisonnable d'aller devers haut prince et redoubté seigneur monseigneur Gaston, comte de Foix et de Béarn. Et bien savois que, si je pouvois venir en son hôtel et là être à loisir, je ne pourrois mieux cheoir au monde pour être informé de toutes nouvelles; car là sont et fréquentent volontiers tous chevaliers et écuyers étranges, pour la noblesse d'icelui haut prince. Et tout ainsi comme je l'imaginai il m'en advint; et remontrai ce, et le voyage que je voulois faire, à mon très cher et redoubté seigneur, monseigneur le comte de Blois, lequel me bailla ses lettres de familiarité adressans au comte de Foix. Et tant travellai et chevauchai, en quérant de tous côtés nouvelles, que par la grâce de Dieu, sans péril et sans dommage, je vins en son chastel à Ortais, au pays de Béarn, le jour de Sainte-Catherine que on compta pour lors en l'an de grâce mil trois cent quatre vingt et huit[1]. Lequel comte de Foix, si très tôt comme il me vit, me fit bonne chère et me dit en bon françois : que bien il me connoissoit, et si ne m'avoit oncques mais vu, mais plusieurs fois avoit ouï parler de moi. Si me retint de son hôtel et tout aise, avec le bon moyen des lettres que je lui avois apportées, tant que il m'y plut à être; et là fus informé de la greigneur partie des besognes qui étoient avenues au royaume de Castille, au royaume de Portingal, au royaume de

---

[1] La copie de ce livre a été originairement faite sur le manuscrit de S.-Vincent de Besançon, perdu depuis la révolution. (V. la préface de ma 1ʳᵉ édit. dans le t. III de Froissart.) Mais en collationnant cette copie, très exacte, puisqu'elle était faite sous les yeux de M. Dacier, avec les manuscrits 8325 et 8328 de la Bibliothèque du Roi, j'ai trouvé d'assez nombreuses améliorations à y faire. Dans ce livre comme dans les précédens, le texte des éditions anciennes est partout incomplet.

[2] A la mort de Wenceslas de Luxembourg, duc de Brabant, en 1384, Froissart passa auprès de Guy, comte de Blois, en qualité de clerc de sa chapelle.

[1] Froissart avait passé les années 1385, 1386 et 1387, tantôt dans le Blaisois et tantôt dans la Touraine. Il arriva, comme on voit, dans le Béarn, en passant par Avignon, dans le mois de novembre 1388.

Navarre, au royaume d'Arragon et au royaume d'Angleterre, au pays de Bordelois et en toute la Gascogne. Et je même, quand je lui demandois aucune chose, il le me disoit moult volontiers; et me disoit bien que l'histoire que j'avois fait et poursuivois seroit au temps à venir plus recommandée que nulle autre. « Raison pourquoi, disoit-il, beau maître; puis cinquante ans en ça sont avenus plus de faits d'armes et de merveilles au monde qu'il n'étoit trois cens ans en devant. »

Ainsi fus-je en l'hôtel du noble comte de Foix recueilli et nourri à ma plaisance. Ce étoit ce que je désirois à enquerre toutes nouvelles touchans à ma matière ; et je avois prêts à la main barons, chevaliers et écuyers qui m'en informoient, et le gentil comte de Foix aussi. Si vous voudrai éclaircir par beau langage tout ce dont je fus adonc informé, pour rengrosser notre matière et pour exemplier les bons qui se désirent à avancer par armes. Car si ci-dessus j'ai prologué grands faits d'armes, prises et assauts de villes et de châteaux, batailles adressées et durs rencontres, encore en trouverez-vous ensuivant grand foison, desquelles et desquels, par la grâce de Dieu, je ferai bonne et juste narration.

CHAPITRE II.

Comment après ce que le comte de Foix ot reçu sire Jean Froissart en son hostel moult honorablement, le dit sire Jean escripvit les faits d'armes que on lui nommoit.

Vous savez que quand messire Aymon, fils du roi Édouard d'Angleterre, comte de Cantebruge, si comme il est ci-dessous contenu en notre histoire, se fut parti du royaume de Portingal et monté en mer à Lussebonne avecques ses gens, quoique il eût enconvenancé Jean, son fils, que il avoit de madame Ysabel d'Espaigne, fille au roi Dam Piètre qui fut [1], à la jeune fille du roi Ferrant de Portingal, laquelle s'appeloit mademoiselle Bietrix, le comte qui mal se contentoit du roi Ferrant, pour tant que il et sa puissance avoient logé plus de quinze jours aux champs devant le roi Jean de Castille, et si ne l'avoit voulu combattre, mais avoit fait son accord au roi de Castille outre sa volonté, dont grandement lui déplaisoit. Et bien lui avoit dit le dit comte, quand les traités se commencèrent à entamer et à ouvrir entre le roi de Castille et

[1] Fille au feu roi dom Pedro.

lui : « Sire roi, regardez bien que vous faites ; car nous ne sommes pas venus en ce pays de revel pour boire ni pour manger, pour voler [1], ni pour chasser ; avant y sommes venus pour guerroyer le fils de ce bâtard qui s'escript roi de Castille [2], le comte de Tristemare ; et pour reconquerir notre droit héritage que Jean de Tristemare son fils tient et possède ; et vous savez que, par mariage, mon frère et moi avons les droites héritières du royaume de Castille, filles au roi Dam Piètre qui fut votre cousin germain ; et sur l'état que pour aider à reconquerir, ainsi que tous bons seigneurs doient être enclins au droit et non au tort, vous nous escripsistes et mandâtes en Angleterre, par votre chevalier [3], que véez là, que nous voulsissions emprendre d'amener en ce pays la somme de deux mille lances et la quantité de trois ou de quatre mille archers, avec l'aide que vous nous feriez, vous aviez bien espérance que nous recouvrerions votre héritage : or suis-je ici venu [4], non pas à tant de gens que vous nous escripsistes, mais ce que j'en ai ils sont de grand volonté et de bonne, et oseront bien attendre l'aventure et la journée de bataille contre ceux que le comte de Tristemare a pour le présent, avecques les vôtres ; et mal se contenteront de vous et de votre affaire si nous n'avons la bataille. »

Telles paroles et autres avoit démontré le comte de Cantebruge, avant son département, au roi de Portingal ; lequel roi les avoit bien ouïes et entendues, mais nonobstant ce oncques il ne s'osa combattre ens ès plains de entre Elves et Baudelocce, quand ils furent l'un devant l'autre, aux Espagnols, ni point ne le trouvoit en conseil de ceux de son pays ; et lui disoient : « Sire, la puissance du roi de Castille est maintenant trop grande ; et si par fortune ou mésaventure vous perdiez la journée, vous perdriez votre royaume sans recouvrer. Si vaut mieux souffrir, que faire chose où vous ayez tel dommage ni tel péril. »

Et quand le comte de Cantebruge vit que il n'en

[1] C'est-à-dire chasser au faucon.
[2] Henri de Transtamare, placé sur le trône de Castille par l'entremise de du Guesclin. Il était mort en 1379 : c'est de son fils Jean Ier qu'il est question ici.
[3] J. Fern. d'Amdeiro.
[4] Il arriva en 1381 à Lisbonne.

auroit autre chose, lui retourné à Lussebonne, il fit appareiller sa navie, et prit congé au roi de Portingal et entra en mer avec ses gens et ne voult pas laisser Jean son fils en Portingal de-lez le roi ni la damoiselle qui devoit être sa femme [1], car l'enfès étoit encore jeune assez; et s'en retourna le comte en Angleterre avec ses gens, ni nul ne demeura derrière; ainsi se porta pour la saison l'armée de Portingal.

CHAPITRE III.

Comment le frère bâtard du roi de Portingal fut élu à roi après la mort son frère contre la volonté des nobles.

Or avint que, quand le comte de Cantebruge fut retourné en Angleterre sur l'état que vous avez ouï, et quand il ot remoutré à son frère le duc de Lancastre l'ordonnance de ce roi Ferrant de Portingal et de ses gens, si fut grandement pensif, car il véoit que les besognes et le conquêt de Castille leur éloignoient; et si avoit son neveu le roi Richard d'Angleterre conseil de-lez lui qui ne lui étoit pas trop propice, et par espécial c'étoit le comte d'Asquesuffort qui étoit tout le cœur du roi. Cil comte mettoit tout le trouble que il pouvoit entre le roi et ses oncles, et lui disoit : « Sire, si vous voulez faire la main de vos deux oncles, monseigneur de Lancastre et monseigneur de Cantebruge, ils coûteront bien tout l'argent d'Angleterre en la guerre d'Espaigne, et si n'y conquerront jà rien. Il vaut trop mieux que vous vous tenez de-lez ce qui est vôtre, vos gens et votre argent, que ils soient épars en pays où vous ne pouvez avoir nul profit ; et que vous gardez et défendez votre héritage, lequel on vous guerroye à tous lez par France et par Escosse, que vous employez votre temps ailleurs. »

Le jeune roi s'inclinoit fort aux paroles de ce comte, car il l'aimoit de tout son cœur, pour tant que ils avoient été nourris ensemble. Le comte d'Asquesuffort avoit de son alliance aucuns chevaliers d'Angleterre, car pas il ne faisoit ses besognes sans eulx, tels que messire Simon Burlé, messire Robert Tracilien, messire Nicole Brambre, messire Jean de Beauchamp, messire Jean de Salsberi et messire Michel de la Poule. Encore y étoient nommés messire Thomas Trivet et messire Guillaume Helmen, dont depuis par ces parties et différends qui étoient entre le roi et ses oncles et les nobles et communautés du pays, plusieurs maux advinrent en Angleterre, si comme je vous recorderai avant en l'histoire.

Ne demeura guères de temps depuis que le comte de Cantebruge fut issu hors du royaume de Portingal, que le roi Ferrant chéy en langueur et en maladie, qui lui dura plus d'un an, et mourut [1]. Et n'avoit plus d'enfant que la roine d'Espaigne. Adonc fut informé le roi Dam Jean de Castille que le royaume de Portingal lui étoit échu [2] et que il en étoit droit hoir par la succession du roi mort [3]. Si en ot plusieurs conseils, et disoit quand on en parloit : « Portingalois sont dures gents; point ne les aurai si ce n'est par conquête. »

Quand les Portingalois virent qu'ils étoient sans seigneur, si eurent conseil ensemble que ils envoieroient devers un frère bâtard que le roi Ferrand avoit [4], vaillant homme, sage et hardi merveilleusement qui s'appeloit Jean ; mais il étoit religieux sans ordenes, maître hospitalier de tout le royaume de Portingal. Et disoient que ils avoient trop plus cher que ils fussent au gouvernement de ce vaillant homme, bâtard, maître de Vis, que du roi de Castille, et que tant qu'à Dieu il n'étoit mie bâtard, puisque il avoit courage et bonne volonté de bien faire.

Quand cil maître de Vis entendit la commune volonté des quatre cités principales de Portingal,

---

[1] Tous ces événemens ont été racontés par Froissart dans le livre précédent.

[1] Le roi Ferdinand de Portugal mourut le 22 octobre 1421 de l'ère portugaise, ou 1383 de l'ère suivie en France. D. Léonore, sa veuve, fut sur-le-champ proclamée régente jusqu'à l'arrivée du nouveau roi.

[2] Pedro Lopez de Ayala rapporte, sous l'année 1382 (*Chronica del rey Don Juan el primero*, p. 162), que par le traité de mariage entre D. Juan, roi de Castille, et l'infante Béatrice, fille de D. Ferdinand, roi de Portugal, il était stipulé que si le roi Ferdinand n'avait pas d'enfant mâle, son gendre, D. Juan, roi de Castille, deviendrait en même temps roi de Portugal; que s'il n'avait qu'un garçon ou une fille, cet enfant serait à la fois souverain de Castille et de Portugal ; mais qu'au cas où le roi D. Juan aurait un second enfant, garçon ou fille, ce dernier enfant obtiendrait la couronne de Portugal, qui serait ainsi séparée de la couronne d'Espagne.

[3] D. Juan apprit à Séville la mort du roi Ferdinand, et se fit complimenter à Tolède, en qualité de roi de Portugal.

[4] D. Juan, maître d'Avis, était fils de D. Pèdre et de sa maîtresse D. Thérèse Louremço.

et que ils avoient en la cité de Lussebonne et en ces quatre bonnes villes grand'affection à lui pour couronner à roi, si en fut grandement réjoui, et escripsit secrètement devers ses amis, et vint à Lussebonne qui est la clef et principale ville du royaume de Portingal. Les gens de la ville le recueillirent à grand'joie, et lui demandèrent si ils le couronnoient à roi, et lui couronné si il leur seroit bon et loyal comme un prince doit être et tiendroit le pays en ses franchises. Il répondit, ouil, et que oncques ils n'eurent si bon roi.

Adonc escripsirent ceux de Lussebonne à ceux de Conninbres, au Port de Portingal et à ceux d'Oure, ce sont les clefs du dit royaume; que pour le meilleur et le commun profit, ils vouloient couronner à roi ce maître de Vis qui étoit sage et vaillant et de bon gouvernement et avoit été frère du roi Ferrant; et que le pays et royaume de Portingal ne pouvoit longuement demeurer sans chef, tant pour les Espaignols, que pour les mécréans de Grenade et de Bougie auxquels ils marchissoient.

Ces quatre bonnes villes et le terroir de Portingal, exceptés aucuns hauts barons et chevaliers, s'inclinoient à lui et à celle élection, mais les seigneurs disoient que il n'appartenoit pas à bâtard, si il n'étoit trop bien dispensé, à être roi couronné. Les bonnes villes disoient et répondoient, que si faisoit, et que il étoit de nécessité, puisque ils n'avoient point d'autre seigneur et que il étoit vaillant homme de sens et d'armes; et faisoient exemple par le roi Dam Henry qui avoit été roi couronné de toute Castille, par l'élection du pays et pour le commun profit, et encore outre, le roi Dam Piètre vivant.

L'élection, voulsissent ou non les nobles du royaume de Portingal, demeura à ce maître de Vis; et fut couronné solennellement, en l'église cathédrale de Conninbres, roi par l'accord et puissance de toute la communauté du pays [1]. Et

[1] D. Joaò, maître d'Avis, avait d'abord été nommé, en 1383, régent et défenseur du royaume. Quelques Portugais songeaient à porter sur le trône l'infant D. Joaò, fils de Pèdre et d'Inès de Castro, que le roi de Castille venait de déclarer prisonnier; mais Jean Das Regras, disciple de Barthole et un des premiers jurisconsultes qu'ait eus le Portugal, ayant prouvé qu'il s'était réuni plusieurs fois aux ennemis de sa patrie, était entré à main armée dans le royaume et avait ainsi perdu sa qualité de citoyen portugais, le choix des Portugais se porta sur le bâtard

il jura à tenir et garder justice et son peuple en droit; il reconnut toutes les franchises anciennement faites que le peuple avoit à bonnes, et demeurer avec et da-lez eux [1]; dont ils eurent grand'joie.

CHAPITRE IV.

Comment le roi de Castille avecques les Espaignols assiégèrent Lussebonne où le roi de Portingal étoit, et du secours qu'il manda en Angleterre.

Quand les nouvelles furent venues en Castille devers le roi Dam Jean, si en fut grandement courroucé pour deux raisons; l'une étoit que sa femme est hoir, et l'autre pour ce que le peuple de Portingal l'avoit de fait couronné et sans juste élection. Si dit que la chose ne demeureroit pas ainsi; et prit titre de guerre, de demander à ceux de Lussebonne la somme de deux cent mille florins, que le roi Ferrand lui avoit promis quand il prit sa fille à femme. Si envoya le comte de Morine, le comte Ribedé, et l'évêque de Burgues et grand'gent en ambassaderie en Portingal devers ceux de Lussebonne.

Quand les gens du roi d'Espaigne furent venus à Saint-Yrain, la derraine ville de Castille au-lez devers Lussebonne, ils envoyèrent un héraut devers le roi et ceux de Lussebonne, pour avoir un sauf conduit que sûrement ils pussent aller et retourner et faire leur message. Ce leur fut légèrement accordé. Et vinrent à Lussebonne, et firent mettre le conseil de la ville ensemble, et remontrèrent ce pour quoi ils étoient venus, et en fin de leur remontrance ils dirent ainsi : « Entre vous, Lussebonnois, entendez

de D. Pèdre et de Thérèse Louremço, D. Joaò, maître d'Avis. Il fut proclamé roi le 6 avril 1385, par les Cortès de Coïmbre. Son acte d'élection se trouve en entier dans les preuves de l'histoire générale de la maison de Portugal, et en abrégé dans l'appendice de la chronique de D. Pèdre Lopez de Ayala.

[1] Les députés de la nation portugaise assemblés en Cortès à Coïmbre, pour s'entendre sur le choix d'un souverain, proclamèrent roi le grand maître d'Avis, qui prêta entre leurs mains le serment de ne faire ni la paix ni la guerre sans le consentement de la nation. Ce droit des Cortès portugaises à se choisir un roi a été mis en usage d'abord dans la nomination d'Alphonse Henriquez, en 1143, par les Cortès de Lamégo, dans la déposition de Sanche II, pour placer son frère Alphonse III sur le trône, en 1246, dans la nomination du grand maître d'Avis, dont il est question ici, en 1385, dans celle de Jean IV de Bragance, en 1640, et enfin dans la déposition d'Alphonse VI, en 1669, par les Cortès de Lisbonne, qui nommèrent à sa place son frère Pierre II.

[1384]

justement. Vous ne vous devez pas émerveiller si le roi notre sire se courrouce sur vous, et si à présent il veut être payé de la somme qu'il vous demande et en quoi vous êtes obligés, quand vous avez la noble couronne de Portingal donnée à un clerc, homme religieux et bâtard. Ce ne fait pas à souffrir ni à soutenir, car par élection droiturière il n'y a nul plus prochain hors de lui; et encore avez vous allé hors du conseil des nobles de votre royaume : pourquoi il vous mande, que vous vous êtes grandement forfaits; et si hâtivement vous n'y pourvéez, il vous mande que il vous fera guerre. » A ces paroles répondit Dam Ferrant Galopes de Villebois[1], un bourgeois notable et authentique en Lussebonne et dit : « Seigneurs vous nous reprochez grandement notre élection, mais la vôtre est bien aussi reprochable, car vous couronnâtes en Espaigne à roi, un bâtard fils de juive[2], et ce scet-on bien partout clairement. Et tant que à l'élection droiturière, votre roi au royaume de Portingal n'a nul droit; mais y ont droit les filles du roi Dam Piètre qui sont en Angleterre mariées[3], Constance et Ysabel et leurs enfans, et le duc de Lancastre et le comte de Cantebruge leurs maris pour elles. Si vous en pouvez partir quand vous voudrez, et dire à celui et à ceux qui ci vous envoient, que notre élection est bonne et nous demeurera, ni autre roi nous n'aurons tant comme il vivra; et de la somme des déniers que vous demandez, nous disons que nous n'y sommes en rien tenus ni obligés, mais prenez ceux qui s'y obligèrent et qui en eurent le profit. » A ces réponses faire ne fut point présent le roi Jean de Portingal, quoiqu'il sçût bien quelle chose ses gens devoient dire.

Quand les commissaires de par le roi de Castille entendirent et aperçurent que ils n'auroient autre réponse des Portingalois, si prirent congé, ainsi comme il appartenoit, et se partirent, et retournèrent à Séville, où ils avoient laissé le roi et son conseil, à qui et auxquels ils recordèrent toutes les réponses comme vous les avez ouïes.

Or eurent conseil le roi d'Espaigne et ses gens, quelle chose il appartenoit à faire de celle besogne. Conseillé fut que le roi de Portingal et tous ses aidans fussent défiés, et que le roi d'Espaigne avoit bonne querelle de mouvoir guerre par plusieurs raisons. Lors fit le roi Jean de Castille défier le roi de Portingal et tous ses aidans; et fit le roi de Castille grand mandement. Et dit que il viendroit mettre le siége devant la cité de Lussebonne, et ne se partiroit tant qu'il l'auroit, car ils avoient répondu orgueilleusement; si leur feroit cher comparer, si il les pouvoit mettre à merci. Adonc s'en vint le roi de Castille à toute sa puissance, à Saint-Yrain, où son mandement étoit.

En ce temps fut chassé et mis hors de sa cour un chevalier de Castille qui s'appeloit messire Navaret[1], et si le roi l'eût tenu en son courroux il lui eût fait trancher la tête. Le chevalier fut informé de celle affaire, car il ot bons amis en voie; si vida le royaume de Castille et vint à Lussebonne devers le roi de Portingal, qui ot de sa venue grand'joie et le retint des siens, et le fit capitaine de ses chevaliers; et porta depuis grand dommage aux Espaignols.

Le roi de Castille avecques toute sa puissance se départit de Saint-Yrain et s'en vint mettre le siége devant la cité de Lussebonne[2], et là dedans encloy le roi et ceux de la ville; et dura le siége plus d'un an[3]. Et étoit connétable de tout son ost le comte de Longueville, et maréchal de l'ost messire Regnault Limosin. Cil messire Regnault étoit un chevalier de Limousin, que au temps passé messire Bertran de Claiquin avoit mené en Espaigne ès premières guerres; lequel s'y étoit si bien fait et si bien éprouvé, que le roi Henry l'avoit marié et donné bel héritage et bon, et belle dame et riche à femme, dont il avoit deux fils, Regnault et Henry; et moult étoit alosé au royaume de Castille par ses prouesses.

Avec le roi de Castille et de son pays étoient là à siége, messire Daghemes Mendut[4], messire Digho Per Serment[5], Dam Piètre Ro Sezment[6]

---

[1] Vilhaboing — [2] Henri de Transtamare.
[3] Aux ducs de Lancastre et de Cambridge, oncles de Richard II.

[1] Le manuscrit 8325 l'appelle Nouges Vanaros.
[2] Le roi de Castille mit le siége devant Lisbonne vers la mi-juillet 1384.
[3] Ce siége ne dura pas un an, puisque le roi et la reine de Castille étaient de retour le 19 novembre 1384 à Santa Maria-de-Guadalupe. Un acte de concession fait à Pedro Rodriguez de Fonseca est daté de ce lieu et de ce jour.
[4] Diego Mendoza.
[5] Diego Perez Sarmiento.
[6] D. Pero Ruiz Sarmiento.

Dam Marich de Versaulx[1] Portingalois qui s'étoient tournés Espaignols; le grand maître de Caletrave[2] et son frère, un jeune chevalier qui s'appeloit messire Dan Digh-Mères[3], Pierre Goussart de Mondesque[4], Pierre Ferrant de Valesque, Pierre Goussart de Séville, Jean Radigo[5] de Hoies et le grand maître de Saint Jacques[6]; et tenoit bien à siége le roi de Castille devant Lusebonne trente mille hommes. Si y ot fait plusieurs assauts et plusieurs escarmouches, et moult d'appertises d'armes d'une part et d'autre.

Bien savoient les Espaignols que le roi de Portingal ne seroit point aidé des nobles du pays; car les communautés l'avoient fait outre leur volonté, pourquoi la chose étoit en grand différend et en grand danger; et avoit bien intention le roi d'Espaigne que il conquerroit Lussebonne et tout le pays avant son retour, car nul confort ne lui pouvoit venir de nul côté fors par Angleterre; c'étoit ce dont il faisoit le plus grand doute. Et quand il avoit tout imaginé, il sentoit les Anglois moult loin de là; et avoit bien ouï dire que le roi d'Angleterre et ses oncles n'étoient pas bien d'accord, pourquoi il se tenoit plus sûrement au siége. Et étoit leur siége si plantureux de tous biens, qu'il n'y avoit ville ni marché en toute Castille, où on eût plus plantureusement ce qu'il besoignoit[7].

Le roi de Portingal se tenoit bellement en la cité de Lussebonne avec ses gens; et se tenoient tout aises, car on ne leur pouvoit tollir la mer. Si ot conseil que il envoieroit en Angleterre devers le roi et le duc de Lancastre, grands messagers et féables; et feroit tant que il renouveleroit les alliances qui avoient été faites autrefois entre le roi d'Angleterre et le roi Ferrant son frère; et en chargeroit encore ses ambassadeurs de démontrer au duc de Lancastre que par mariage il auroit volontiers à femme Philippe sa fille, et la feroit roine de Portingal, et lui jureroit et scelleroit à toujours mais bonnes alliances; et feroit tant que, si il vouloit venir par de là atout deux milles ou trois mille combattans et autant d'archers, que il recouvreroit le royaume de Castille, son héritage.

D'aller en Angleterre furent chargés deux chevaliers de son hôtel, messire Jean Radigo et messire Jean Tête-d'Or, et un clerc de droit, archidiacre de Lussebonne, qui s'appeloit maître Marc de la Figière[1]. Si ordonnèrent leurs besognes et un vaissel pour eux, et l'appareillèrent et pourvéirent de tous points; et quand ils eurent bon vent, ils entrèrent ens et se partirent du hâvre de Lusebonne, et singlèrent vers les frontières d'Angleterre.

D'autre part, le roi Jean de Castille, qui se tenoit à siége devant Lussebonne, ot conseil de ses hommes que il escripsist en France et en Gascogne, et mandât chevaliers et écuyers. Car

---

[1] Le manuscrit 8322 dit messire Marich (Manrique) d'Aversaulx.

[2] D. Pedro Alvares Pereira, prieur de l'hôpital, fut nommé à cette époque grand maître de Calatrava.

[3] Probablement D. Diego Merlo. Ces trois mots sont dans le texte confondus en un.

[4] Pedro Gonzales de Mendoza.

[5] Ruy Dias.

[6] D. Ruiz Gonsales Mexia nommé à la place de D. Pero Ferrandez Cabeza de Vaca.

[7] La peste y était cependant et cela obligea de lever le siége.

[1] Duarte Nunes de Liaô, dans sa Chronique de Jean Ier, p. 51 et 52, dit que les ambassadeurs envoyés en Angleterre furent D. Fernando Affonso de Albuquerque, maître de l'ordre de Saint-Jacques, et Lourenço Anes Fogaça, qui avait occupé avant les fonctions de grand chancelier sous le roi Ferdinand. Je trouve en effet dans Rymer plusieurs actes qui confirment ce que dit le chroniqueur portugais : tels sont, 1° une permission donnée à Fernand, maître de l'ordre de Saint-Jacques, et à Laurent Fogace, grand chancelier de Portugal, d'emmener avec eux un certain nombre d'hommes en Portugal pour la défense du royaume. Cet acte est daté du 28 juillet 1384; 2° une lettre royale de protection, en date du 1er décembre 1384, donnée au même Ferdinand et à trente chevaliers anglais désignés par leurs noms; 3° un acte d'autorisation pour se fournir en Devonshire et en Cornouaille des vaisseaux nécessaires au voyage, daté du 8 janvier 1385; 4° des lettres de protection données le 16 janvier 1385 au même Ferdinand et à cinquante-deux chevaliers qui devaient se rendre en Portugal; 5° des lettres adressées, en date du 16 février 1385, à Jean de Kentwood et à Martin Ferrers, pour les autoriser à passer en revue les hommes qui se rendaient en Portugal, avec le maître de Saint-Jacques et le grand chancelier; 6° un sauf conduit daté du 20 octobre 1385, donné aux mêmes Fernand et Laurent Fogaca, qui, dit l'acte : *Nuper ad nos, in regnum nostrum Angliæ, ut speciales et solemnes nuncii et ambassatores ipsius regis Portugaliæ, pro certis arduis negotiis, ipsum illigatum nostrum et regnum suum Portugaliæ, specialiter concernentibus, nuper destinati, in eodem regno nostro, super expeditione nuncii eorumdem, per tempus non modicum, penès nos et concilium nostrum continue prosequendo morati fuissent et adhuc morantur illâ causâ.* On trouve encore dans Rymer plusieurs autres actes relatifs à cette affaire, mais ce que j'ai donné suffit à l'éclaircissement de ces transactions.

[1385]

bien supposoient les Espaignols que le roi de Portingal avoit mandé ou manderoit grand secours en Angleterre pour lever le siége; si ne vouloient pas être si surpris que leur puissance ne fût grande assez pour résister aux Anglois et Portingalois. Si comme le roi fut conseillé et informé, il le fit; et envoya lettres et messages en France à plusieurs chevaliers et écuyers qui désiroient les armes, et par espécial au pays de Béarn, en la comté de Foix; car là avoit grand' foison de bons chevaliers et écuyers qui désiroient les armes, et qui ne se savoient où employer. Car pour ce temps, quoique le comte de Foix, leur seigneur, les eût tous nourris en armes, si avoit-il bonnes trèves entre le comte d'Ermignac et lui. Cils mandemens de ces deux rois d'Espaigne et de Portugal ne furent pas sitôt faits ni approchés; et pour ce ne se cessoient pas les armes à faire ailleurs, en Auvergne, en Toulousain, en Rouergue et en la terre de Bigorre.

Si mettrons en souffrance un petit les besognes de Portingal, et parlerons d'autres.

CHAPITRE V.

Comment le princeps et la princepse vinrent voir le comte d'Ermignac et du don que la princepse demanda au comte de Foix.

Entre la comté de Foix et le pays de Béarn, gît la comté de Bigorre, laquelle est tenue du roi de France, et marchist au pays Toulousain d'une part, et au comté de Cominges et de Béarn d'autre part. En la comté de Bigorre gît le fort château de Lourdes [1], qui toujours s'est tenu Anglois, depuis que le pays de Bigorre fut rendu au roi d'Angleterre et au prince pour la rédemption du roi Jean de France, par le traité de la paix qui fut traité à Brétigny devant Chartres, et conferme depuis à Calais, si comme il est contenu ci-dessus en notre histoire.

Quand le prince de Galles fut issu hors d'Angleterre, et que le roi son père lui ot donné à tenir en fief et en héritage de lui toute la terre et la duché d'Aquitaine [2], où il y a deux archevêchés et vingt-deux évêchés, et il fut venu à Bordeaux sur Gironde, et il ot pris la possession de toutes les terres, et il ot séjourné environ un an au pays, il et la princesse sa femme furent priés du comte Jean d'Ermignac que il voulsissent venir en la comté de Bigorre, en la belle et bonne cité de Tharbes, pour voir et visiter celui pays que encores oncques mais n'avoient vu. Et tendoit le dit comte d'Ermignac à ce que, si le prince et la princesse étoient en Bigorre, le comte de Foix les viendroit voir et visiter, auquel il devoit, pour cause de sa rançon, deux cent et cinquante mille francs. Si leur feroit prier pour lui que le dit comte de Foix voulsist quitter la dite somme, ou en partie, ou faire grâce. Tant fit le comte d'Ermignac que le prince et la princesse, à leur état, qui pour ce temps étoit grand et étoffé, vinrent en Bigorre et se logèrent en la cité de Tharbes.

Tharbes est une belle ville et grande, étant en plain pays et en beaux vignobles; et y a ville, cité et chastel, et tout fermé de portes, de murs et de tours, et séparés l'un de l'autre; car là vient d'amont d'entre les montagnes de Béarn et de Casteloigne, la belle rivière de Lisse [1], qui queurt tout parmi Tharbes, et qui le sépare; et est la rivière aussi claire comme fontaine. A cinq lieues de là siéd la ville de Morlens, laquelle est au comte de Foix; et à l'entrée du pays de Béarn et dessous la montagne, à six lieues de Tharbes, la ville de Pau qui est aussi au dit comte.

Pour ce temps que le prince et la princesse étoient venus à Tharbes, étoit le comte de Foix en la ville de Pau, car il y faisoit faire et édifier un très beau chastel tenant à la ville, au dessus sur la rivière de Gave [2]. Sitôt comme il sçut la venue du prince et de la princesse qui étoient à Tharbes, il s'ordonna et les vint voir en grand état, à plus de six cens chevaux; et avoit soixante chevaliers en sa compagnie, et grand quantité d'écuyers et de gentilshommes. De la venue du comte de Foix furent le prince et la princesse grandement réjouis; et lui firent très bonne chère, et bien le valoit; et l'honoroit la princesse très liement et grandement. Et là étoient le comte d'Ermignac et le sire de la Breth; et fut le prince prié que il voulsist prier

---

[1] Près de Bagnères, à l'ouest.

Édouard donna, en 1362, le duché d'Aquitaine à son fils le prince Noir, et celui-ci partit, en 1363, avec la duchesse, pour prendre possession de son gouvernement.

[1] Tarbes est situé sur l'Adour.

[2] Gave, en patois du pays, signifie rivière, et la rivière qui passe à Pau s'appelle ainsi le Gave de Pau.

au comte de Foix que il quittât au comte d'Ermignac, tout ou en partie, la somme des florins que il lui devoit. Le prince, qui fut sage et vaillant homme, répondit, tout considéré, que non feroit. « Car pour quoi, comte d'Ermignac, vous fûtes pris par armes et par belle journée de bataille, et mit notre cousin, le comte de Foix, son corps et ses gens à l'aventure contre vous; et si la fortune fut bonne pour lui et contraire à vous, il n'en doit pas pis valoir. Par fait semblable, monseigneur mon père ni moi ne sarions gré qui nous prieroit de remettre arrière ce que nous tenons par la belle aventure et la bonne fortune que nous eûmes à Poitiers, dont nous regracions notre seigneur. »

Quand le comte d'Ermignac ouït ce, si fut tout confus et ébahi, car il avoit failli à ses ententes; nonobstant ce si ne cessa-t-il pas; mais en pria la princesse, laquelle de bon cœur requit et pria au comte de Foix que il lui voulsist donner un don. « Madame, dit le comte, je suis un petit homme et un povre bachelier, si ne puis faire nuls grands dons, mais le don que vous me demandez, si il ne vaut plus de cinquante mille francs, je le vous donne. »

La princesse tiroit à ce que, outrement et pleinement, le don que elle demandoit le comte de Foix lui donnât; et le comte qui sage et subtil étoit, et qui à ses besognes assez clair véoit, et qui espoir de la quittance du comte d'Ermignac se doutoit, son propos tenoit et disoit : « Madame, à un povre chevalier que je suis, qui édifie villes et chastels, le don que je vous accorde doit bien suffire. » Oncques la princesse n'en put autre chose avoir ni extraire, et quand elle vit ce : « Comte de Foix, je vous demande et prie que vous fassiez grâce au comte d'Ermignac. » — « Madame, répondit le comte, à votre prière dois-je bien descendre. Je vous ai dit que le don que vous me demandez, si il n'est plus grand de cinquante mille francs, je le vous accorde ; et le comte d'Ermignac me doit deux cent et cinquante mille francs; à la vôtre requête et prière je vous en donne les cinquante mille. » Ainsi demeura la chose en tel état ; et gagna le comte d'Ermignac à la prière de la princesse d'Aquitaine cinquante mille francs. Si retourna le comte de Foix en son pays, quand il ot été trois jours de-lez le prince et la princesse d'Aquitaine.

CHAPITRE VI.

Comment la garnison de Lourdes guerroyoit le pays de Bigorre, et de la prise de Ortingas.

Je, sire Jehan Froissart, fais narration de ces besognes pour la cause de ce que, quand je fus en la comté de Foix et de Berne, je passai parmi la terre de Bigorre : si enquis et demandai de toutes nouvelles passées, des quelles je n'étois point informé; et me fut dit que le prince de Galles et d'Aquitaine séjournant à Tharbes, il lui prinst volonté et plaisance d'aller voir le chastel de Lourdes, qui siéd à trois lieues de là entre les montagnes. Quand il fut venu jusques à Lourdes, il ot bien avisé et imaginé la ville, le chastel et le pays, si le recommanda moult grandement et chèrement tant pour la force du lieu comme pour ce que Lourdes siéd sur frontière de plusieurs pays ; car ceux de Lourdes peuvent courir moult avant dans le royaume d'Arragon et jusques en Casteloigne et Barcelonne. Si appela tantôt le prince un chevalier de son hôtel auquel il avoit grand'confiance et qui loyaument l'avoit servi ; et ce chevalier étoit nommé messire Piètre Ernault, du pays de Béarn, appert homme d'armes durement et cousin au comte de Foix : « Messire Piètre, dit le prince, à ma venue en ce pays je vous institue et fais chastelain et capitaine de Lourdes et regard du pays de Bigorre. Or regardez tellement ce chastel que vous en puissiez rendre bon compte à monseigneur de père et à moi. » — « Monseigneur, dit le chevalier, volontiers. » Là lui en fit-il foi et hommage et le prince l'en mit en possession.

Or devez-vous savoir que, quand la guerre se renouvela entre le roi de France et le roi d'Angleterre [1], si comme il est ci-dessus contenu en celle histoire, ainsi comme le comte Guy de Saint-Pol et messire Hue de Chastillon, maître des arbalètriers, pour le temps, de tout le royaume de France, assiégèrent et prindrent de fait la ville d'Abbeville et tout le pays de Ponthieu, deux grands barons de Bigorre, lesquels sont ou étoient nommés messire Monnant de Barbasan et le sire d'Anchin, se tournèrent François et se saisirent aussi en celle saison de la cité, de la ville et du chastel de Tharbes, car ils étoient foiblement gardés pour le roi d'Angleterre. Or de

[1] Dans l'année 1369.

meura le chastel de Lourdes à messire Piètre Ernault de Berne, lequel ne l'eut rendu pour nul avoir; mais fit tantôt grande guerre et forte à l'encontre du royaume de France, et manda au pays de Berne et en la haute Gascogne grand'foison de compagnons aventureux pour aider à faire la guerre; et se boutèrent là dedans moult d'appertes gens aux armes; et étoient six capitaines avecques lui; et avoit bien chacun cinquante lances ou plus dessous lui. Tout premier son frère, Jean de Berne, un moult appert écuyer, Pierre d'Anchin de Bigorre, frère germain au seigneur d'Anchin. Cils ne se voulrent oncques tourner François : Ernauldon de Sainte-Colombe, Ernauldon de Rostem, le Mongat de Sainte-Basile et le bourg de Carnillac.

Ces capitaines si firent en Bigorre, en Toulousain, en Carcassonnois et en Albigeois plusieurs courses et envahies; car sitôt comme ils étoient hors de Lourdes, ils se trouvoient en terre d'ennemis, et se croisoient en courant et chevauchant le pays, et se mettoient, tels fois étoit, à l'aventure pour gagner, trente lieues de leur fort. En allant ils ne prenoient rien, mais au retour rien ne leur échappoit; et ramenoient tel fois étoit si grand'foison de bétail et tant de prisonniers que ils ne les savoient où loger; et rançonnoient tout le pays, excepté la terre au comte de Foix; mais en celle ils n'osassent pas prendre une poule sans payer ni sur homme qui fût au comte de Foix ni qui eû son sauf conduit; car s'ils l'eussent courroucé ils n'eussent point duré.

Cils compagnons de Lourdes avoient trop beau courir et chevaucher où il leur plaisoit.

Assez près de là, si comme je vous ai dit, siéd la ville de Tharbe que ils tenoient en grand doute, et tinrent tant que ils se mirent en pactis à eux. En revenant de Tharbe à leur fort, siéd un grand village et une bonne abbaye où ils firent moult de maux, que on appela Guiors; mais ils se mirent en pactis à eux. D'autre part, sur la rivière de Lisse, siéd une grosse ville fermée qu'on appelle Bagnières. Ceux d'icelle ville avoient trop fort temps, car ils étoient hériés et guerroyés de ceux de Lourdes et de ceux de Mauvoisin qui leur étoient encore plus prochains.

Cil chastel de Mauvoisin siéd sur une montagne, et dessous queurt la rivière de Lisse, qui vient férir à une bonne ville fermée, qui est moult près de là, que on appelle Tournay. Les gens de Tournay avoient tous le tres-pas [1] de ceux de Lourdes et de ceux de Mauvoisin.

A celle ville de Tournay ne faisoient-ils nul mal ni nul dommage, pourtant que ils avoient là leur retour et leur passage; et aussi les gens de la ville avoient bon marché de leur pillage, et si savoient moult bien dissimuler avecques eux. Faire leur convenoit si ils vouloient vivre, car ils n'étoient aidés ni confortés de nullui. Le capitaine de Mauvoisin étoit Gascon et avoit nom Raymonnet de l'Espée, appert homme d'armes durement. Et vous dis que ceux de Lourdes et de Mauvoisin rançonnoient autant bien les marchands du royaume d'Arragon et de Catalogne, comme ils faisoient les François, si ils n'étoient à pactis à eux, ou autrement ils n'en épargnoient nuls.

En ce temps que je empris à faire mon chemin et de aller devers le comte de Foix, pourtant que je ressoignois la diversité du pays où je n'avois oncques été ni entré, quand je me fus parti de Carcassonne, je laissai le chemin de Toulouse à la bonne main [2], et pris le chemin à la main senestre, et vins à Montroial et puis à Fougens, et puis à Bellepuic, la première ville fermée de la comté de Foix, et de là à Maseres, et puis au chastel de Savredun, et puis arrivai à la belle et bonne cité de Pammiers, laquelle est toute au comte de Foix ; et là m'arrêterai pour attendre compagnie qui allât au pays de Berne où le dit comte se tenoit.

Quand j'eus séjourné en la cité de Pammiers, trois jours, laquelle cité est moult déduisant, car elle siéd en beaux vignobles et bons et à grand'planté, et environné d'une belle rivière claire et large assez que on appelle la Liége [3], en ce séjour me vint d'aventure un chevalier de l'hôtel du comte de Foix qui retournoit d'Avignon, lequel s'appeloit messire Espaing de Lyon, vaillant homme et sage et beau chevalier, et pouvoit lors être en l'âge de cinquante ans. Je me mis en sa compagnie; il en ot grand'joie, pour savoir par moi des besognes de France; et fûmes dix jours sur le chemin, ainçois que nous

---
[1] Droit de passage.
[2] C'est-à-dire à la main droite.
[3] L'Arriége

vinssions à Ortais. En chevauchant, le gentilhomme et beau chevalier, puis que il avoit dit au matin ses oraisons, jangloit le plus du jour à moi en demandant nouvelles, et aussi quand je lui en demandois il m'en répondoit.

Au départir de la cité de Pammiers, nous passâmes le mont de Cosse, qui est moult travcilleux et malaisé à monter; et passâmes de-lez la ville et chastel de Ortingas, qui est tenue du roi de France et point n'y entrâmes, mais venismes dîner à un chastel du comte de Foix, qui est demi-lieue par de là, que on appelle Carlat, et siéd haut sur une montagne. Après dîner, le chevalier me dit: «Chevauchons ensemble tout souef, nous n'avons que deux lieues de ce pays, qui valent bien trois de France, jusques à notre gîte.» Je répondis: «Je le vueil.» Or dit le chevalier: «Messire Jean, nous avons huy passé devant le chastel de Ortingas qui porta, le terme de cinq ans que Pierre d'Anchin le tint, car il l'embla et échella, dommage fut au royaume de France! soixante mille francs.» — «Et comment l'eut-il,» dis-je au chevalier? «Je le vous dirai, dit-il: le jour de la Notre-Dame en mi-août, a une foire en celle ville où tout le pays se rescouse et y a moult de marchandises. Pour un jour Pierre d'Anchin et sa charge de compagnons qui se tenoient à Lourdes avoient jeté leur avis dès long-temps à prendre celle ville et le chastel, et n'y savoient comment avenir. Toutefois ils avoient deux de leurs varlets, simples hommes par semblance envoyé très le may à l'aventure pour trouver service et maître en la ville; et le trouvèrent tous deux, et furent retenus. Il étoient ces deux varlets de trop beau service pleins envers leurs maîtres; et alloient hors et ens besogner et marchander, ni on n'avoit nul soupçon d'eux. Avint que, ce jour de la mi-août, il y avoit grand'foison de marchands étrangers de Foix, de Berne, de France en celle ville; et vous savez que marchands, quand ils se trouvent ensemble et ils ne se sont vus de grand temps, boivent par usage largement et longuement pour entre eux faire bonne compagnie. Donc il avint que ès hôtels des maîtres, où ces deux varlets demeuroient il y en avoit grand'foison; et là buvoient se et tenoient tout aise, et les seigneurs de l'hôtel et leurs femmes avec eux. Sur le point de mie nuit Pierre d'Anchin et sa route vinrent devant Ortingas, et demeurè-

rent derrière eu un bois, eux et leurs chevaux, où nous avons passé, et envoyèrent six varlets et deux échelles pour assaillir et écheller la ville. Et passèrent cils varlets outre les fossés où on leur avoit enseigné, au moins parfond, et vinrent aux murs, et là dressèrent leurs échelles; et là étoient les deux varlets dessus dits qui leur aidoient, endementres que leurs maîtres séoient à table et les aidoient tous à passer; et se mirent en telle aventure que l'un des varlets de l'hôtel amena ces six varlets à la porte; et là avoit deux hommes qui gardoient les clefs. Cil varlet dit à ces six compagnons: «Tenez-vous ci quoy et ne vous avancez jusques à tant que je sifflerai: je ferai à ces gardes ouvrir l'huis de leur garde. Ils ont les clefs de la porte, je le sais bien. Si tôt que je leur aurai fait ouvrir l'huis de leur garde je sifflerai; si saillez avant et les occiez; je connois bien les clefs, car je ai aidé à garder plus de sept fois la porte avecques mon maître.» Tout ainsi comme il le devisa ils le firent et se mucèrent et catirent [1]; et cil s'en vint à l'huis de la garde et ouït et trouva que cils veilloient et buvoient; il les appela par leurs noms, car bien les connoissoit, et leur dit: «Ouvrez l'huis, je vous apporte du très bon vin, meilleur que vous n'avez point, que mon maître vous envoie afin que vous fassiez meilleur guet. Cils qui connoissoient assez le varlet et qui cuidoient que il dit vérité, ouvrirent l'huis de la garde et il siffla, et les six varlets saillirent tantôt avant et se boutèrent en l'huis, ni oncques les gardes n'eurent loisir de reclorre l'huis comment que ce fût. Là furentils attrapés et occis si coiement que on n'en sçut rien. Lors prirent-ils les clefs, et vinrent à la porte et l'ouvrirent, et avalèrent le pont si doucement que oncques personne ne sçut rien. Adonc sonnèrent un cor, un son tant seulement, et cils qui étoient en l'embûche l'entendirent tantôt. Si montèrent sur leurs chevaux, et vinrent frappant de l'éperon, et se mirent sur le pont, et entrèrent en la ville, et prirent tous les hommes de la ville en séant à table ou en leurs lits. Ainsi fut Ortingas prise de Pierre d'Anchin de Bigorre et de ses compagnons qui étoient issus de Lourdes [2].»

Adonc demandai-je au chevalier: «Et com-

---

[1] Se placèrent de manière à tenir peu de place.
[2] Ces événemens doivent se rapporter à l'année 1365, avant le départ des Compagnies pour l'Espagne avec du Guesclin.

ment eurent-ils le chastel ? » — « Je le vous dirai, dit messire Espaing de Lyon : à celle heure que la ville de Ortingas fut prise étoit à sa male aventure le chastelain en la ville et soupoit avecques marchands de Carcassonne ; si que il fut là pris ; et à lendemain au matin, à heure de tierce, Pierre d'Anchin le fit amener devant le chastel où sa femme et ses enfans étoient, et là l'épouvanta de lui faire couper la tête ; et fit traiter devers la femme du chastelain que, si on lui vouloit rendre le chastel, il lui rendroit quitte et délivré son mari, et les lairoit paisiblement partir et tout le leur sans nul dommage. La chastelaine qui se véoit, pour l'amour de ce, en mauvais état et dur parti et qui ne pouvoit pas faire une guerre à part li, pour ravoir son mari et pour eschever plus grand dommage rendit le chastel. Et le chastelain et sa femme et leurs enfans et tout ce qui leur étoit se partirent et s'en allèrent à Pammiers ; encore y sont-ils. Ainsi ot Pierre d'Anchin la ville et le chastel d'Ortingas. Et vous dis que, à l'heure qu'il y entra, lui et ses compagnons y gagnèrent soixante mille francs, que en marchandises que ils trouvèrent, que en bons prisonniers de France ; mais tous ceux qui étoient de la comté de Foix ou de Berne ils délivrèrent eux et le leur, et sans dommage, et tint depuis Pierre d'Anchin Ortingas bien cinq ans ; et couroient il et ses gens bien souvent jusques aux portes de Carcassonne, où il y a d'illec seize grands lieues ; et endommagèrent moult le pays, tant par les rançons des villes qui se rachetoient comme par pillage qu'ils faisoient sur les champs et sur le pays. »

CHAPITRE VII.

De plusieurs faits d'armes par ceulx de la garnison de Lourdes et comment le comte d'Armignac et le seigneur d'Alebrest furent pris du comte de Foix.

« Entrementes que Pierre d'Anchin se tenoit en la garnison d'Ortingas, s'aventurèrent une nuit aucuns de ses compagnons qui désiroient à gagner et si en vinrent au chastel de Paillier, qui est à une lieue d'illec, dont messire Raimon de Paillier, un chevalier de ce pays, françois, est seigneur ; et firent si bien aller leur emprise, combien que autrefois s'y étoient essayés mais ne l'avoient pu prendre, que à celle heure ils l'échellèrent et le prirent. Et furent pris le chevalier, la dame et les enfans dedans leurs lits ;

et tinrent depuis le chastel et laissèrent la dame et les enfans aller ; mais ils gardèrent environ quatre mois le chevalier dedans son chastel, tant qu'il ot payé mille francs pour sa rançon ; et finablement quand ils orent assez tourmenté et guerroyé le pays, ils vendirent ces deux chasteaux Ortingas et le Paillier, à ceux du pays et en eurent huit mille francs ; puis retournèrent à Lourdes, leur principale mansion.

« En tels faits et aventures se mettoient tous les jours les compagnons de Lourdes. Si avint encore en ce temps que un Gascon, appert homme d'armes, appelé le Mongat de Saint-Basile se partit de Lourdes, lui trentième, et s'en vint chevaucher à l'aventure en Toulousain et en Albigeois. Si cuida bien écheller un chastel appelé Penne en Albigeois. Mais pour ce qu'il faillit il fit à la porte escarmoucher, et là ot plusieurs appertises d'armes. A celle propre heure chevauchoit sur le pays le sénéchal de Toulouse, maître Hugues de Froideville, à soixante lances, et chéy d'aventure à Penne, entrementes que l'escarmouche se tenoit. Tantôt il mit pied à terre et ses gens aussi, et vinrent aux barrières où on se combattoit. Adonc se fut volontiers le Mongat parti si il eût put, mais il ne pouvoit. Là se combattit-il moult vaillamment main à main au chevalier, et fit plusieurs appertises d'armes, et navra en deux ou trois lieux le chevalier. Mais finablement il fut pris, car la force n'étoit pas sienne, et ses gens aussi morts ou pris. Petit se sauvèrent. Si fut amené le Mongat à Toulouse, et le vouloient lors le commun de la ville occire ès mains du sénéchal. A grand'peine le put-il sauver et mettre au chastel, tant étoit-il fort haï à Toulouse. Si bien lui chéy et avint que le duc de Berry vint à Toulouse. Il eut tant d'amis sur le chemin, que le duc le fit délivrer, parmi mille francs que le sénéchal en eut pour sa rançon.

« Quand le Mongat se vit délivré et il fut retourné à Lourdes, pour ce ne cessa-t-il pas à faire ses emprises ; et se partit une fois de Lourdes, lui cinquième, sans armure, en habit d'abbé, et menoit trois moines. Et lui et les moines avoient couronnes rèses ; et ne cuidât jamais nul, si il les vit, que ce ne fussent droits moines, car trop bien en avoient l'habit et la contenance. En cel état il vint à Montpellier et descendit à l'hôtel à l'Ange. Et dit que c'étoit un abbé de la haute Gascogne qui s'en alloit à Paris pour besogner. Il s'acointa d'un riche homme de Montpellier, qui se nommoit sire Berengier Oste, lequel avoit aussi à faire à Paris pour ses besognes. Cil abbé dit que il le mèneroit à ses frais et dépens. Cil fut tout lie quand il auroit ses frais quittes. Et se mit en chemin avec le Mongat, lui seulement et un varlet. Ils n'eurent pas éloigné Montpellier trois lieues, quand le Mongat le prit, et l'amena par voies torses et obliques et par chemins perdus, et fit tant que il le tint en la garnison de Lourdes; et depuis le rançonna-t-il, et en ot cinq mille francs. » — « Sainte Marie! sire, dis-je lors au chevalier, cil Mongat étoit-il appert homme d'armes? » — « Oïl voir, dit-il, et par armes mourut-il, et sur une place où nous passerons dedans trois jours, au pas qu'on dit au Lare en Bigorre, dessous une ville que on dit la Chiviat. » — « Et je le vous ramentevrai, dis-je au chevalier, quand nous serons venus jusques à là. »

Ainsi chevauchâmes-nous jusques à Montesquieu, une bonne ville fermée au comté de Foix, que les Herminages[1] et les Labrissiens[2] prindrent et emblèrent une fois; mais ils ne la tinrent que trois jours.

Au matin nous nous partîmes de Montesquieu et chevauchâmes vers Palamininch, une bonne ville fermée séant sur la Garonne, qui est au comté de Foix. Quand nous fûmes venus moult près de là, nous cuidâmes passer au pont sur la Garonne pour entrer en la ville, mais nous ne pûmes, car le jour devant il avoit ouniement plu ès montagnes de Casteloigne et d'Arragon, par quoi une autre rivière qui vient de celui pays, qui s'appelle le Salas, étoit tant crue, avec ce que elle court roidement, que elle avoit mené aval la Garonne et rompu une arche du pont qui est tout de bois, pourquoi il nous convint retourner à Montesquieu et dîner, et là être tout le jour.

A lendemain le chevalier eut conseil que il passeroit au devant de la ville de Cassères à bateaux la rivière. Si chevauchâmes celle part; et vînmes sur le rivage et fîmes tant que nous et nos chevaux fûmes outre; et vous dis que nous traversâmes la rivière de Garonne à grand'peine et en grand péril, car le bâteau n'étoit pas trop grand où nous passâmes, car il n'y pouvoit entrer que deux chevaux au coup et ceux qui les tenoient et les hommes qui le batel gouvernoient. Quand nous fûmes outre nous chéimes à Cassères et demeurâmes là tout le jour; et entrementes que les varlets appareilloient le souper, messire Espaing de Lyon me dit : « Messire Jean, allons voir la ville. » — « Sire, dis-je, je le vueil. » Nous passâmes au long de la ville et vînmes à une porte qui siéd devers Palamininch, et passâmes, et outre vînmes sur les fossés. Le chevalier me montra un pan de mur de la ville et me dit : « Véez-vous ce mur illec? » — « Oïl, sire, dis-je; pourquoi le dites-vous? » — « Je le dis pourtant, dit le chevalier, que vous véez bien que il est plus neuf que les autres. »—«C'est vérité, » répondis-je. « Or, dit-il, je le vous conterai, par quelle incidence ce fut, et quelle chose, il y a environ dix ans, il en avint. Autrefois vous avez bien ouï parler de la guerre du comte d'Ermignac et du comte de Foix, et comment pour le pays de Berne que le comte de Foix tient, le comte d'Ermignac l'a guerroyé et encore guerroye, combien que maintenant il se repose; mais c'est pour les trieuves qu'ils ont ensemble. Et vous dis que les Herminages ni les Labrissiens n'y ont rien gagné, mais perdu par trop de fois trop grossement; car par une nuit de Saint-Nicolas en hiver, l'an mil trois cent soixante deux, le comte de Foix prit, assez près du Mont-Marsan, le comte d'Ermignac, le tayon de cestui, le seigneur de la Breth son neveu, et tous les nobles qui ce jour avecques eux étoient; et les amena à Ortais, et encore en la comté de Foix en la tour du châtel d'Ortais; et en reçut pour dix fois cent mille francs, seulement de cette prise là. Or avint depuis, que le père du comte d'Ermignac qui à présent est, qui s'appeloit messire Jean d'Ermignac, mit une chevauchée une fois sus de ses gens, et s'en vint prendre et écheller cette ville de Cassères; et y furent bien deux cents hommes d'armes et montroient que ils la vouloient tenir de puissance. Les nouvelles vinrent lors au comte de Foix qui se tenoit à Pau, comment les Herminages et les Labrissiens avoient pris sa ville de Cassères. Il, qui est sage chevalier et vaillant et conforté en toutes ses besognes, appela tantôt deux frères bâtards qu'il a à chevaliers, messire Ernault Guillaume et

---

[1] Les gens du parti d'Armagnac.
[2] Les gens du parti d'Albret.

messire Pierre de Berne, et leur dit : « Chevauchez tantôt devers Cassères, je vous envoierai gens de tous lez, et dedans trois jours je serai là avecques vous ; et gardez bien que nul ne se parte de la ville qu'il ne soit combattu, car vous serez forts assez ; et vous venus devant Cassères, à force de gens dupays, faites là apporter et acharier buches en grand'planté et mettre contre les portes, et ficher et enter audehors, et puis ouvrer et charpenter audevant bonnes grosses bailles ; car je vueil que tous ceux qui sont là dedans y soient tellement enclos que jamais par les portes en saillent ; je leur ferai prendre autre chemin. »

« Les deux chevaliers firent son commandement et s'en vinrent à Palamininch ; et toutes gens d'armes de Béarn les suivoient et alloient avec eux. Ils s'en vinrent devant cette ville de Cassères et s'y logèrent. Ceux qui dedans étoient n'en firent compte. Mais ils ne se donnèrent de garde, quand ils furent tellement enclos que par les portes ils ne pouvoient issir ni saillir. Au troisième jour, le comte de Foix vint, accompagné de bien cinq cens hommes d'armes ; et sitôt comme il y fut venu, il fit faire bailles tout autour de celle ville, et aussi bailles entour son ost, par quoi de nuit on ne leur pût porter dommage. En cel état et sans assaillir tint-il ses ennemis plus de quinze jours ; et eurent là dedans Cassères très grand'deffaute de vivres ; des vins avoient-ils assez ; et ne pouvoient issir ni partir fors que par la rivière de Garonne, et si ils s'y boutôient, ils étoient perdus davantage.

Quand messire Jean d'Ermignac et messire Bernard de Labreth, et les chevaliers de leur côté qui là étoient, se virent en ce parti, si ne furent pas assurés de leurs vies, car ils sentoient le comte de Foix à trop cruel. Si eurent conseil que ils feroient traiter devers lui et que mieux leur valoit à être ses prisonniers que là mourir honteusement par famine. Le comte de Foix entendit à ces traités, parmi ce qu'il leur fit dire que jà par porte qui fût en la ville ils ne sauldroient, mais leur feroit-on faire un pertuis au mur, et un et un, en purs leurs habits, ils istroient. Il convint que ils prissent ce parti, autrement ils ne pouvoient finer. Aincois que le comte de Foix s'en fût déporté, fussent-ils là dedans tous morts.

On leur fit faire un pertuis au mur qui ne fut pas très grand, par lequel un et un ils issoient ; et là étoit sur le chemin le comte de Foix armé, et toutes ses gens, et en ordonnance de bataille. Et ainsi que cils issoient, ils trouvoient qui les recueilloit et amenoit devers le comte. Là les départit le comte en plusieurs lieux et les envoya en plusieurs chastellenies et sénéchaussées ; et ses cousins messire Jean d'Ermignac et messire Bernard de la Breth, messire Manant de Barbasan, messire Raimond de Benac, messire Benedic de la Cornille, et environ eux vingt des plus notables, il les emmena avecques lui en Ortais, et en ot, aincois qu'ils lui échappassent, cent mille francs deux fois. Par telle manière que je vous dis, beau maître, fut ce mur que vous véez dépecé pour ceux d'Ermignac et de la Breth, et depuis fut-il refait et réparé. »

A ces mots retournâmes-nous à l'hôtel et trouvâmes le souper tout prêt, et passâmes la nuit ; et au lendemain nous nous mîmes à cheval et chevauchâmes tout contremont la Garonne et passâmes parmi Palamininch, et puis entrâmes en la terre le comte de Comminges et d'Ermignac, au lez devers nous. Et d'autre part la Garonne si est terre au comte de Foix.

En chevauchant notre chemin me montra le chevalier une ville qui est assez forte et bonne par semblant, qui s'appelle Marceros le Croussac, laquelle est au comte de Comminges. Et d'autre part la rivière, sur les montagnes, me montra-t-il deux chastels qui sont au comte de Foix, dont l'un s'appelle Montmirail et l'autre Montclar. En chevauchant entre ces villes et ces chastels selon la rivière de Garonne, en une moult belle prairie, me dit le chevalier : « Ha ! messire Jean, je ai ci vu plusieurs fois de bonnes escarmouches et de durs et de bons rencontres de Foissois [1] et de Herminages ; car il n'y avoit ville ni chastel qui ne fussent pourvus et garnis de gens d'armes ; et là couroient et chassoient l'un sur l'autre, et là dessous vous en véez les masures. Si firent les Hermignages à l'encontre de ces deux chastels une bastide, et la gardoient soixante hommes d'armes ; et faisoient moult de maux par deçà la rivière en la terre du comte de Foix ; mais je vous dirai comment il leur en prit. Le comte de Foix y envoya une nuit son frère, messire Pierre de Berne, atout deux cens lances, et amenoient en leur compagnie bien

---

[1] Partisans du comte de Foix.

quatre cens vilains tous chargés de fagots. Si appuyèrent ces fagots contre celle bastide, et encore grand'foison de bois que ils coupèrent en ces haies et en ces buissons, et puis boutèrent le feu dedans. Si ardirent la bastide et tous ceux qui dedans étoient, sans nul prendre à merci : oncques depuis nul ne s'y osa ramasser. »

En telles paroles et devises nous chevauchâmes tout le jour contremont la rivière de Garonne; et véy d'une et d'autre part la rivière plusieurs beaux chastels et forteresses. Tous ceux qui étoient par delà, à la main senestre, étoient pour le comte de Foix, et cils de par çà devers nous étoient pour le comte d'Ermignac. Et passâmes à Mont-Pezat, un très beau chastel et très fort pour le comte d'Ermignac, séant haut sur une roche; et dessous est le chemin et la ville. Au dehors de la ville, le trait d'une arbalète, à un pas que on dit à la Garde, est une tour sur le chemin, entre la roche et la rivière, et dessous celle tour, sur le passage, a une porte de fer coulisse; et pourroient six personnes garder ce passage contre tout le monde; car ils n'y peuvent que deux chevaucher de front pour les roches et la rivière. Adonc dis-je au chevalier : « Sire, véez ci un fort passage et une forte entrée de pays. » — « C'est voir, répondit le chevalier; et combien que l'entrée soit forte, toutefois le comte de Foix la conquit une fois; et passèrent lui et ses gens tout par ci, et vinrent à Palamininch et à Montesquieu et jusques à la cité de Pammiers. Si étoit le passage assez bien gardé; mais archers d'Angleterre qu'il avoit en sa compagnie lui aidèrent grandement son fait à faire, et le grand désir aussi qu'il avoit de passer tout outre pour venir en la marche de Pammiers. Or chevauchez de-lez moi et je vous dirai quelle chose il y fit adonc. » Lors chevauchai-je de-lez messire Espaing de Lyon et il me commença à faire sa narration.

« Le comte d'Ermignac et le sire de la Breth, ce dit le chevalier, atout bien cinq cens hommes d'armes, s'en vinrent en la comté de Foix et en la marche de Pammiers; et fut droitement à l'entrée d'août que on doit recueillir les biens aux champs et que les raisins mûrissent, et par celle saison il en y avoit grand'abondance au pays dessus dit. Messire Jean d'Ermignac et ses gens se logèrent adonc devant la ville et le chastel de Savredun, à une petite lieue de la cité de Pammiers, et là livrèrent-ils assaut; et mandèrent à ceux de Pammiers que si ils ne rachetoient leurs blés et leurs vignes, ils ardroient et détruiroient tout. Ceux de Pammiers se doutèrent, car le comte, leur sire, leur étoit trop loin; il étoit en Berne; et eurent conseil d'eux racheter, et se rachetèrent à six mille francs; mais ils prindrent quinze jours de terme, lesquels on leur donna. Le comte de Foix fut informé de toute celle affaire et comme on rançonnoit ses sujets. Si se hâta au plus qu'il put, et manda gens de tous côtés, tant que il en eut assez, et s'en vint au férir d'éperons devers Pammiers, et passa au Pas de la Garde à celle porte coulisse de fer et la conquit, et s'en vint bouter en la cité de Pammiers. Et gens lui venoient de tous lez; et avoit adonc largement douze cens lances, et fût venu sans faute combattre messire Jean d'Ermignac et ses gens si ils l'eussent attendu; mais ils se partirent et se retrairent, et rentrèrent en la comté de Comminges, et point n'emportèrent l'argent de ceux de Pammiers, car ils n'eurent pas loisir de l'attendre. Mais pour ce ne le quitta pas le comte de Foix à ses gens, mais dit que il l'auroit et qu'il l'avoit gagné, quand il étoit venu tenir la journée et bouter hors du pays ses ennemis. Si l'eut et en paya ses gens d'armes, et là se tint tant que les besognes des bonnes gens furent faites et que ils eurent recueilli et vendangé, et le leur mis assur. » — « Par ma foi, dis-je au chevalier, je vous ai ouï volontiers. »

En ce moment nous passâmes de-lez un chastel qui s'appelle la Bretice, et puis un autre chastel que on dit Bacelles, et tout en la comté de Comminges. En chevauchant je regardai et vis par delà la rivière un très bel chastel et grand et bonne ville par apparence. Je demandai au chevalier comment ce chastel étoit nommé. Il me dit que on l'appeloit Montespain : « Et est à un cousin du comte de Foix qui porte les vaches en armoiries, que on dit messire Roger d'Espaigne. C'est un grand baron et grand terrien en ce pays-ci et en Toulousain et est pour le présent sénéchal de Carcassonne. » Lors demandois-je à messire Espaing de Lyon : « Et cil messire Roger d'Espaigne, quelle chose étoit-il à messire Charles d'Espaigne qui fut connétable de France ? » Donc me répondit le chevalier, et me dit : « Ce n'est point de ces Espaignols là; car cil messire Louis d'Espaigne et ce messire Charles de qui vous parlez vinrent du royaume d'Espaigne et de France de par leur mère, et furent cousins germains au roi Alphonse d'Espaigne [1]. Et servis de ma jeunesse messire Louis d'Espaigne ès guerres de Bretagne; car il fut toujours pour la partie à Saint Charles de Blois, contre le comte de Montfort. » Atant laissâmes nous à parler de celle matière, et vînmes ce jour à Saint-Goussens une bonne ville du comté de Foix, et à lendemain vînmes-nous dîner à Mont-Roial-de-Rivière, une bonne ville et forte, laquelle est du roi de France et de messire Roger d'Espaigne. Après dîner nous montâmes à cheval et partîmes, et prîmes le chemin de Lourdes et de Mauvoisin, et chevauchâmes parmi unes landes, qui durent en allant devers Toulouse bien quinze lieues, et apelle-t-on ces landes Landes-Bourg; et y a moult de périlleux passages pour gens qui seroient avisés.

Eu-mi les Landes-Bourg siéd le chastel de Lamesen, qui est au comte de Foix, et une grosse lieue en sus la ville de Tournay dessous Mauvoisin, lequel chastel le chevalier me montra et me dit : « Velà Mauvoisin! Avez-vous point en votre histoire dont vous m'avez parlé, comment le duc d'Anjou, du temps qu'il fut en ce pays et que il alla devant Lourdes, y mit le siége et le conquit, et le chastel de Trigalet sur la rivière que nous véons ci-devant nous qui est au seigneur de la Barre ? » Je pensai un petit et puis dis-je : « Je crois que je n'en ai rien et que je n'en fus oncques informé, si vous prie que vous m'en recordez la matière et je y entendrai volontiers. Mais dites-moi avant que je n'oublie, que la rivière de Garonne est devenue, car je ne la vois plus. » — « Vous dites voir, dit le chevalier; elle se perd entre ces montagnes, et naît et vient d'une fontaine à trois lieues de ci, ainsi que on voudroit aller en Castelogne, dessous un chastel que on dit de Saint-Béat, le derrain chastel du royaume de France ès frontières de par de çà sur les bandes du royaume d'Arragon; et en est sire et chastelain pour le présent, et de toute la terre là environ un gentil écuyer qui s'appelle Ernanton, et est Bourg d'Espaigne et cousin germain à messire Roger d'Espaigne. Si vous le véyez vous diriez bien : « Cil homme-ci a bien façon et ordonnance d'être droit homme d'armes. « Et a cil Bourg d'Espaigne plus porté de contraire et de dommage à ceux de Lourdes que tous les chevaliers et écuyers de ce pays n'aient; et vous dis que le comte de Foix l'aime bien, car c'est son compagnon en armes. Je vous lairai [1] à parler de lui; espoir à ce noël le verrez-vous en l'hôtel du comte de Foix; et vous parlerai du duc d'Anjou comment il vint en ce pays, et quelle chose il y fit. » Adonc chevauchâmes-nous tout bellement et il commença à parler, et dit :

CHAPITRE VIII.

Des guerres que le duc d'Anjou fit aux Anglois, et comment il recouvra le château de Mauvoisin en Bigorre, qui fut puis donné au comte de Foix.

« Au commencement des guerres, et qu'on reconquit et gagna sur les Anglois ce qu'ils tenoient en Aquitaine et que messire Olivier de Cliçon fut devenu bon François, il mena le duc d'Anjou, si comme vous savez, en Bretagne sur la terre de messire Robert Canolle que il tenoit, et au siége de Derval. « Et je crois bien que tout ce vous avez en votre histoire; et le traité que messire Hue Broec son cousin fit au duc d'Anjou de rendre le chastel, et livra ôtages; si plus fort que le duc d'Anjou qui là étoit à siége ne venoit pour lever le siége. Et quant messire Robert Canolle se fut bouté au chastel de Derval, il ne voult tenir nuls des traités [2]. » — « C'est vérité, dis-je, sire, tout ce ai-je bien. » — « Et avez-vous de l'escarmouche qui fut devant le chastel où messire Olivier de Cliçon fut navré ? » — « Je ne sais, dis-je, il ne m'en souvient pas du tout; mais dites-moi de l'escarmouche et du siége comment il en alla, espoir le savez-vous par autre manière que je ne sais, vous retournerez bien à votre propos de ceux de Lourdes et de Mauvoisin. » — « C'est voir, dit le chevalier, j'en parole, pour tant que messire Garsis du Chastel, un moult sage homme et vaillant chevalier de ce pays ici et bon François, étoit allé querir le duc d'Anjou pour amener devant Mauvoisin, et le duc avoit fait son mandement pour tenir sa journée duement devant Derval, et fit messire Garsis pour sa vaillance-maréchal de tout son ost. Voir est, si comme je lui ouïs dire depuis, quand il vit que messire Robert Canolle avoit brisé et rompu ses traités et que le chastel de Derval il ne ren-

---

[1] Ils étaient petits-fils de Ferdinand de la Cerda, fils aîné d'Alphonse, roi de Castille.

[1] Je cesserai de vous parler de lui.
[2] Ces événements se rapportent à l'année 1373.

droit point, il vint devers le duc et lui demanda : « Monseigneur, que ferons-nous de ces ôtages ? Ce n'est pas leur coulpe que le chastel n'est rendu, et ce seroit grand'pitié si vous les faisiez mourir, car ils sont gentilshommes et n'ont point desservi mort. » — « Donc, répondit le duc, est bon qu'ils soient délivrés ? » — « Oïl, par ma foi, répondit le chevalier qui en avoit grandement pitié. » — « Allez, dit le duc, faites-en votre volonté. » A ces mots, messire Garsis du Chastel, si comme il me dit, s'en alloit pour délivrer les ôtages de Derval ; si encontra sur son chemin messire Olivier de Cliçon qui lui demanda dont il venoit et là où il alloit. Il lui dit : « Je viens de devers monseigneur d'Anjou et vais délivrer ces ôtages. » — « Délivrer ! dit messire Olivier ; attendez un petit et retournez avecques moi devers le duc. » Il retourna, et s'en vinrent devers le duc qui étoit tout pensif à son logis. Messire Olivier le salua et puis lui dit : « Monseigneur, quelle chose est votre entente ? Ne mourront point cils ôtages ? Par ma foi, si feront, en dépit de messire Robert Canolle et de messire Hue Broec, qui ont menti leur foi. Et vueil bien que vous sachiez, si ils ne meurent, dedans un an je ne mettrai bassinet en tête pour votre guerre. Ils auroient trop bon marché si ils étoient quittes ; cil siége-ci vous a coûté soixante mille francs, et puis vous voulez faire grâce à vos ennemis qui ne vous tiennent nulle loyauté ! » A ces mots se r'enfellonna le duc d'Anjou, et dit : « Messire Olivier, faites-en ce que bon vous semble. » — « Je veuil qu'ils meurent, dit messire Olivier, car il y a cause, puisque on ne nous tient nos convenans. » Lors se partit-il du duc et vint en la place devant le chastel ; ni onques messire Garsis n'osa parler ni prier de paix pour eux ; car il eût perdu sa parole, puisque messire Olivier de Cliçon l'avoit en charge. Il fit appeler Jausselin ; cil étoit la tranche-tête ; et fit là décoler deux chevaliers et deux écuyers, dont on eut grand'pitié ; et en pleurèrent plus de deux cens en l'ost. Et tantôt messire Robert Canolle fit ouvrir une poterne hors du chastel, et sur les fossés il fit décoler, au dépit des François, tous les prisonniers que il tenoit ; ni onques il n'en respita homme. Et puis fit ouvrir la porte du chastel et avaler le pont, et issir ses gens qui léans étoient, et assaillir outre les barrières, et venir combattre et escarmoucher aux François ; et vous dis, si comme messire Garsis me dit, que il y ot escarmouche très dure et très forte : et de premier y fut navré du trait messire Olivier de Cliçon dont il retourna à son logis ; et là furent très bons hommes d'armes deux écuyers du pays de Berne, Bertran de Barège et Ernauton du Pan ; et y firent des appertises d'armes assez ; et tous deux y furent navrés.

« A lendemain on se délogea ; et vint le duc avec les gens d'armes que il avoit tenus devant Derval, à Toulouse et de là en ce pays, et tout à l'intention que de détruire Lourdes, car cils de Toulouse s'en plaignoient trop grandement pour les dégâts et le grand dommage qu'ils leur faisoient de jour en jour. Si comme je vous raconte il en advint ; et fut tout premièrement le siège mis du duc d'Anjou et de ses gens devant le chastel de Mauvoisin, que nous véons ici devant nous. Et avoit le duc en sa compagnie bien huit mille combattans, sans les Gennevois et les communes des bonnes villes des sénéchaussées de ce pays. Du chastel de Mauvoisin étoit capitaine pour lors un écuyer gascon qui s'appeloit Raimonnet de l'Espée, appert hommes d'armes durement. Tous les jours y avoit aux barrières du chastel escarmouches et faits d'armes, et appertises grandes, et beaux lancis de lances et poussis, et faites courses et envahies des compagnons qui se désiroient à avancer ; et étoient le duc et ses gens logés en ces beaux prés entre Tournay et le chastel, et sur la belle rivière de Lesse.

« Le siège étant devant le chastel de Mauvoisin, messire Garsis du Chastel, qui étoit maréchal de l'ost, s'en vint, atout cinq cens combattans et deux mille archers et arbalètriers et bien deux mille autres hommes de communes, mettre le siège devant le chastel de Trigalet, que nous avons ci laissé derrière nous. Lequel chastel un écuyer gascon gardoit pour le seigneur de la Barde, car il étoit son cousin ; et s'appeloit le Bascot de Mauléon ; et avoit environ quarante compagnons dedans, qui étoient tous maîtres et seigneurs des Landes-Bourg ; ni nul ne pouvoit passer ni chevaucher parmi ce pays si il n'étoit pélerin allant à Saint-Jacques, comme fort qu'il fût, qu'il ne fût pris, mort ou rançonné, avecques un autre petit fort qui gît là outre vers Lamesen, duquel pillards et robeurs de tous pays assemblés avoient fait une garnison. Lequel fort on nomme le Nentilleux ; et est un chastel qui toujours a été en débat entre le comte de Foix et le comte d'Ermignac, et pour ce n'en faisoient compte les seigneurs quand le duc d'Anjou vint en ce pays.

« Quand messire Garsis du Chastel fut venu devant le fort de Trigalet, il le fit environner d'une part, car au lez devers la rivière on ne le peut approcher; et là eut grand assaut dur et fort, et maint homme blessé dedans et dehors du trait; et y fut messire Garsis cinq jours, et tous les jours y avoit assauts et escarmouches, et tant que cils dedans, l'artillerie que ils avoient alouèrent si nettement que ils n'avoient mais rien que traire, et bien s'en aperçurent les François. Adonc par droite gentillesse fit messire Garsis venir parler à lui sur bon sauf conduit le capitaine, et quand il le vit il lui dit : « Bascot, je sais bien en quel parti vous êtes : vous n'avez point d'artillerie ni chose pour vous défendre à l'assaut, fors que de lances : si sachez que, si vous êtes pris de force, je ne vous pourrai sauver, ni vos compagnons, que vous ne soyez morts des communes de ce pays, laquelle chose je ne verrois pas volontiers; car encore êtes-vous mon cousin. Si vous conseille que vous rendez le fort, entremente, qu'on vous en prie. Vous ne pouvez jamais avoir blâme du laisser, et aller d'autre part querre votre mieux. Vous avez assez tenu celle frontière. » — « Monseigneur, répondit l'écuyer, je oserois bien ailleurs que ci, hors de parti d'armes, faire ce que vous me conseilleriez, car voirement suis-je votre cousin, mais je ne puis pas rendre le fort tout seul, car autel part y ont cils qui sont dedans comme je ai, quoique ils me tiennent à souverain et à capitaine; et je me retrairai la dedans et leur démontrerai ce que vous me dites. Si ils sont d'accord de le rendre, je ne le débattrai jà; et si ils sont d'accord du tenir, quel fin que j'en doive prendre, j'en attendrai l'aventure avecques eux. » — « C'est bien, répondit messire Garsis, vous vous en pouvez partir quand vous voudrez, puisque je sais votre entente. »

« Atant s'en retourna le Bascot de Mauléon au chastel de Trigalet; et quand il fut là venu, il fit venir tous les compagnons en-mi la cour, et là leur démontra les paroles telles que messire Garsis lui avoit dites, et sur ce il leur en demanda leur avis et conseil, et quelle chose en étoit bonne à faire. Ils se conseillèrent longuement. Les aucuns vouloient attendre l'aventure et disoient que ils étoient forts assez, et li autres se vouloient partir et disoient que il étoit heure, car ils n'avoient point d'artillerie et sentoient le duc d'Anjou cruel, et les communes de Toulouse et de Carcassonne et des villes là environ courroucés sur eux pour les grands dommages que ils leur avoient faits et portés. Tout considéré, ils s'accordèrent à ce que ils rendroient le fort, mais qu'ils fussent conduits sauvement, eux et le leur, jusques au chastel Tuillier, que leurs compagnons tenoient en la frontière Toulousaine.

« Sur cel état retourna en l'ost le Bascot parler à messire Garsis, lequel leur accorda tout ce qu'ils demandoient; car il véoit et considéroit que le chastel n'étoit pas par assaut léger à conquerre, et que trop leur pourroit coûter de gens. Adonc s'ordonnèrent-ils pour eux partir, et troussèrent tout ce que trousser purent. Du pillage avoient-ils assez; ils emportèrent le meilleur et le plus bel, et le demeurant ils laissèrent. Si les fit messire Garsis du chastel mener et conduire sans péril jusques au chastel Tuillier.

« Ainsi eurent les François en ce temps le chastel de Trigalet. Si le donna messire Garsis aux communes du pays qui en sa compagnie étoient, lesquels en ordonnèrent tantôt à leur plaisance; ce fut que ils l'abattirent et désemparèrent en la manière que vous avez vue; car il fut tellement abattu que oncques depuis nul ne mit entente au refaire. Et de là messire Garsis s'en voult venir au chastel Nentilleux, qui siéd sur ces landes assez près de Lamesen, pour le délivrer des compagnons qui le tenoient; mais sur le chemin on lui vint dire : « Monseigneur, vous n'avez que faire plus avant, car vous ne trouverez nullui au chastel Nentilleux. Ceux qui le tenoient s'en sont partis et fuis les uns çà et les autres là, nous ne savons quelle part. » Donc s'arrêta messire Garsis du Chastel sur les champs, et s'avisa que en étoit bon à faire. Là étoit le sénéchal de Nebosen, et dit : « Sire, cil château est en ma sénéchaussée, et doit être tenu du comte de Foix; si vous prie, baillez-le-moi et je le ferai bien garder à mes coustages et dépens, ni jamais homme qui vueille mal au pays n'y entrera. » — « Sire, dirent ceux de Toulouse qui là étoient, il vous parole bien; le sénéchal est vaillant homme et prud'homme; il vaut mieux que il l'ait que un autre. » — « Et je le vueil, » répondit messire Garsis. Ainsi fut le chastel de Nentilleux délivré au sénéchal de Nebosen, qui tantôt chevaucha celle part et se bouta dedans, et le trouva tout vuit et sans garde. Si fit réparer ce qui desrompu étoit, et y mit pour capitaine un écuyer du pays qui s'appeloit Fortefiet de Saint-Paul, et puis s'en retourna au siége de Mauvoisin, où le duc d'Anjou séoit; et jà étoit revenu messire Garsis du Chastel et toutes ses gens, et avoit recordé au duc sa chevauchée, et comment il avoit exploité.

« Environ six semaines se tint le siége devant le chastel de Mauvoisin; et presque tous les jours aux barrières y avoit faits d'armes et escarmouches de ceux de dedans à ceux de dehors. Et vous dis que ceux de Mauvoisin se fussent assez tenus, car le chastel n'est pas prenable, si ce n'est par long siége; mais il leur avint que on leur tollit d'une part l'eau d'un puits qui siéd au dehors du chastel, et les citernes que ils avoient là dedans séchèrent; car oncques goutte d'eau du ciel durant six semaines n'y chéy, tant fit chaud et sec. Et ceux de l'ost avoient bien leur aise de la belle rivière de Lèse, qui leur couroit claire et roide, dont ils étoient servis eux et leurs chevaux.

« Quand les compagnons de la garnison de Mauvoisin se trouvèrent en ce parti, si se commencèrent à esbahir, car ils ne pouvoient longuement durer : des vins avoient-ils assez, mais la douce eau leur manquoit. Si eurent conseil ensemble entr'eux, que ils traiteroient devers le duc, ainsi que ils firent; et impétra Raimonnet de l'Espée, leur capitaine, un sauf conduit pour venir en l'ost parler au duc. Il l'ot assez légèrement, et vint parler au duc, et dit : « Monseigneur, si vous nous voulez faire bonne compagnie, à mes compagnons et à moi, je vous rendrai le chastel de Mauvoisin. » — « Quel compagnie, répondit le duc, voulez-vous que je vous fasse? Partez-vous-en et allez votre chemin chacun en son pays, sans vous bouter en fort qui nous soit contraire; car si vous vous y boutez et je vous tienne, je vous délivrerai à Jausselin, qui vous fera vos barbes sans rasouer. » — « Monseigneur, dit Raimonnet, si il est ainsi que nous nous partions et retraions en nos lieux, il nous en faut porter ce qui est nôtre, car nous l'avons gagné par armes en peine et en grand'aventure. » Le duc pensa un petit, et puis répondit et dit : « Je veuil bien que vous emportez que porter en pouvez devant vous en malles et en sommiers, et non autrement; et si vous tenez nuls prisonniers, ils nous seront rendus. » — « Je le vueil bien, » dit Raimonnet.

« Ainsi se porta leur traité que recorder vous m'oyez; et se départirent tous ceux qui dedans étoient, et rendirent le chastel au duc d'Anjou, et emportèrent ce que devant eux porter en purent ; et s'en r'alla chacun en son lieu, ou autre part, querre son mieux. Mais Raimonnet de l'Espée se tourna François, et servit le duc d'Anjou depuis moult long-temps ; et passa outre en Italie avecques lui, et mourut à une escarmouche devant la cité de Naples, quand le duc d'Anjou et le comte de Savoie y firent leur voyage.

CHAPITRE IX.

Comment la garnison du chastel de Lourdes fut ruée jus et déconfite, et de la grand'diligence que le comte de Foix fit aussi de recouvrer ledit chastel de Lourdes.

« Ainsi que je vous conte, beau maître, eut en ce temps le duc d'Anjou le chastel de Mauvoisin, dont il eut grand'joie ; et le fit garder par un chevalier de Bigorre qui s'appeloit messire Chiquart de la Perrière. Et depuis le donna-t-il au comte de Foix, lequel le tient encore et le tenra tant comme il vivra ; et le fait bien garder par un chevalier de Bigorre, lequel est de son lignage, et le appelle-t-on messire Raymon des Landes. Et quand le duc d'Anjou ot la saisine de Mauvoisin, et délivré ce pays et toutes Landes-bourg des Anglois et des pillards, il s'en vint mettre le siége devant la ville et le chastel de Lourdes. Adonc se douta grandement le comte de Foix du duc d'Anjou, pour ce que il le vouloit voir de si près et ne savoit à quoi il tendoit. Si fit le comte son mandement de chevaliers et escuyers, et puis les envoya par toutes ses garnisons ; et mit son frère, messire Ernault Guillaume, en la ville de Morlens, atout deux cents lances ; et son autre frère, messire Pierre de Berne, atout deux cents lances, en la ville de Pau ; messire Pierre de Cabestain, en la cité de l'Eskalle, atout deux cents lances ; messire Monnant de Nouvailles en la ville de Harciel, atout cent lances ; messire Ernault Geberiel en la ville de Mont-Gerbiel, atout cent lances ; messire Foucaut d'Orchery en la ville de Sauveterre, atout cent lances ; et moi-même, Espaing de Lyon, fus envoyé au Mont de Morsen atout deux cents lances. Et n'ot chastel en toute Berne qui ne fût bien pourvu et de bonnes gens d'armes. Et il se tint à Ortais en son chastel et de-lez ses florins. » — « Sire, dis-je au chevalier, en a-t-il grand'foison ? » — « Par ma foi, dit-il, aujourd'hui le comte de Foix en a bien par trente fois cent mille; et n'est oncques an qu'il n'en donne soixante mille, car nul plus large grand seigneur en donner dons ne vit aujourd'hui. » Lors lui demandois-je : « Sire, et à quels gens donne-t-il ses dons ? « Il me répondit : « Aux étrangers, aux chevaliers, aux écuyers qui vont et chevauchent par son pays, à ses hérauts, à menestrels, à toutes gens qui parlent à lui. Nul ne se part sans ses dons, car qui les refuseroit il le courrouceroit. »—« Ha, sainte Marie! sire, dis-je, à quelle fin garde-t-il tant d'argent et d'où lui en vient tant ? Sont ses revenues si grandes comme pour tout ce assouvir; je le saurois volontiers voire, si il vous plaisoit que je le sache. »—« Oil, dit le chevalier, vous le saurez. Mais vous m'avez demandé deux choses; si faut que je vous conte l'un après l'autre, et je vous délivrerai premier de la première.

« Vous m'avez demandé tout premièrement à quel fin il garde tant d'argent. Je vous dis que le comte de Foix se doute toujours, pour la guerre que il a au comte d'Ermignac et pour les envahies de ses voisins, le roi de France ou le roi d'Angleterre, lesquels il ne courrouceroit pas volontiers. Et trop bien de leur guerre il s'est sçu dissimuler jusques à ores ; car oncques ne s'arma de l'une partie ni de l'autre, et est bien de l'un et de l'autre. Et vous dis, et aussi vous le direz quand vous l'accointance et la connoissance de lui aurez et que vous l'aurez ouï parler, et sçu l'état et l'ordonnance de son hôtel, vous verrez qu'il est aujourd'hui le plus sage prince qui vive et que nul haut seigneur, tel que le roi de France ou le roi d'Angleterre, courrouceroit le plus envis. De ses autres voisins, du roi d'Arragon ni du roi de Navarre ne fait-il compte; car il fineroit plus de gens d'armes, tant a-t-il acquis d'amis par ses dons et tant en peut-il avoir par ses deniers, que ces deux rois ne feroient à une fois ou deux. Je lui ai ouï dire que, quand le roi de Chypre fut en son voyage de Berne et il lui remontra le voyage du Saint-Sépulchre, il l'en amoura si à faire un grand conquêt par delà, que si le roi de France et le roi d'Angleterre y fussent allés, après eux ce eût été le seigneur qui eût mené la plus grand'route et qui eût fait le greigneur fait. Et encore n'y renonce-t-il pas ; et c'est en partie ce pourquoi il assemble et garde tant d'argent. Et le prince de Galles, du temps qu'il régna ès parties d'Aquitaine et qu'il se tenoit à Bordeaux sur Gironde, l'en mit en la voie; car pour le pays de Berne le prince le menaçoit, et disoit que il vouloit que il le relevât de lui ; et le comte de Foix disoit que non feroit, et que Berne est si franche terre qu'il n'en doit hommage à nul seigneur du monde. Et le prince qui, pour ce temps, étoit grand et cremu, disoit que il le mettroit à merci. Et en eût fait aucune chose, car le comte d'Ermignac et le sire de la Breth qui héent le comte de Foix pour les victoires qu'il a eues sur eux, lui boutoient en l'oreille; mais le voyage que le prince fit en Espaigne lui rompit. Et aussi messire Jean Chandos, qui étoit tout le cœur et le conseil du prince, brisoit le propos du prince à non guerroyer le comte de Foix ; et aimoit messire Jean le dit comte pour ses vaillantises. Mais le comte, qui se doutoit et qui sentoit le prince grand et chevalereux à merveilles, commença à assembler grand trésor pour lui aider et défendre si on lui eût couru sus. Si fit tailles en son pays et sur ses villes qui encore y durent, et y dureront tant comme il vivra; et prend sur chacun feu par an deux francs, et le fort porte le foible, et là a-t-il trouvé et trouve encore grand avoir par an. Et tant volontiers le paient ses gens que c'est merveilles. Car, parmi ce, il n'est nul François, Anglois ni pillard qui leur fassent tort ni injure d'un seul denier; et est toute sa terre aussi sauve que chose peut être, tant y est bien justice gardée ; car en justiciant c'est le plus cruculx et le plus droiturier seigneur qui vive. »

A ces paroles vînmes-nous à la ville de Tournay où notre gîte s'adonnoit. Si cessa le chevalier à faire son conte, et aussi je ne lui enquis plus avant, car bien savois là où il l'avoit laissé et que bien y pouvois recouvrer, car nous devions encore chevaucher ensemble; et fûmes ce soir logés à l'hôtel à l'Étoile, et là tenus tout aise.

Quand ce vint sur le souper, le chastelain de Mauvoisin, qui s'appeloit messire Raymon des Landes, nous vint voir et souper avecques nous;

et fit apporter en sa compagnie quatre flacons pleins de blanc vin, aussi bon que j'en avois point bu sur le chemin. Si parlèrent ces deux chevaliers largement ensemble; et tout tard messire Raymon partit et retourna arrière en son chastel de Mauvoisin. Quand ce vint au matin, nous montâmes ès chevaux et partîmes de Tournay, et passâmes à gué la rivière de Lèse, et chevauchâmes vers la cité de Tharbes, et entrâmes en Bigorre, et laissâmes le chemin de Lourdes et de Bagnières et le chastel de Montgaillard à sénestre, et nous adressâmes vers un village que on dit au pays le Civitat, et le côtoyâmes, et vînmes dans un bois en la terre du seigneur de Barbesen, et assez près d'un chastel que on dit Marcheras, à l'entrée de Pas de Larre, et tant que le chevalier me dit : « Messire Jean, vez-ci le Pas au Larre. » Adonc avisai-je et regardai-je le pays. Si me sembla moult étrange; et me tinsse pour perdu ou en très grande aventure, si ce ne fût la compagnie du chevalier; et me revinrent au devant les paroles que il m'avoit dites, deux ou trois jours avant, du Pas au Larre et du Mongat de Lourdes, et comment il mourut. Si lui ramentus, et lui dis : « Monseigneur, vous me dites devant hier que quand nous venrions au Pas du Larre, vous me conteriez la matière du Mongat de Lourdes et comment il mourut. » — « C'est voir, dit le chevalier. Or chevauchez de-lez moi et je le vous conterai. »

Adonc m'avançai-je et me mis de-lez lui pour ouïr sa parole, et il commença à parler et dit :

« Du temps que Pierre d'Anchin tenoit le chastel et la garnison d'Ortingas, si comme je vous ai conté par avant, chevauchoient ceux de Lourdes aucune fois à l'aventure moult en sus de leur forteresse; et vous dis que ils ne l'avoient pas d'avantage, car vez-ci le chastel de Barbesan, et le chastel de Marcheras, où toudis a eu gens d'armes en garnison, sans ceux de Bagnières, de Tournay, de Montgaillard, de Salenges, de Benac, de Gorre et de Tharbe, toutes villes et garnisons françoises. Et quand ces garnisons sentoient que cils de Lourdes chevauchoient vers Toulouse, ou vers Carcassonne, ils se recueilloient ou mettoient en embûches sur eux, pour eux ruer jus et tollir les pillages qu'ils ramenoient. Une fois en y avoit des rués jus d'une partie et d'autre; et d'autres fois à l'aventure passoient ceux de Lourdes sans être rencontrés. Or advint une fois que Ernauton de Sainte-Colombe, le Mongat de Saint-Cornille, et le bourg de Carnillac et bien six vingt lances de bonnes gens d'armes se départirent de Lourdes et s'en vinrent autour des montagnes entre ces deux rivières Lisse et Lèse et allèrent jusques à Toulouse. A leur retour ils levèrent ès prairies grand'foison de bestial, vaches et bœufs, porcs, moutons et brebis, et prindrent moult de bons hommes au plat pays, et tout ramenoient devant eux. Et fut signifié au capitaine de Tharbes, un écuyer gascon qui s'appeloit Ernauton Bissette, appert homme d'armes durement, comment ceux de Lourdes se contenoient et chevauchoient le pays. Si le manda au seigneur de Benac et à Angelot des Landes fils à messire Raymond, et aussi au seigneur de Barbesan, et dit qu'il vouloit chevaucher contre eux. Cils chevaliers et cils écuyers de Bigorre s'y accordèrent, et se recueillirent tous ensemble, et firent leur amas à Tournay par où leur passage étoit communément; et là fut aussi le bourg d'Espaigne qui y vint de sa garnison de Saint-Béat. Et étoient environ deux cens lances; et envoyèrent leurs espies sur le pays pour savoir quel convine cils de Lourdes à leur retour faisoient. D'autre part aussi cils de Lourdes avoient leurs espies pour savoir si nulles gens d'armes se mettroient contre eux sur les champs; et tant firent par leurs espies que ils surent tout le convinement l'un de l'autre. Quand ceux de Lourdes entendirent que les garnisons françoises chevauchoient et les attendoient à Tournay, si furent en doute; et se conseillèrent sur les champs comment ils se maintiendroient et comment leur proie à sauveté ils mèneroient : si dirent : « Nous nous partirons en deux parts; l'une partie emmènera devant li, tout chassant, la proie; et là seront nos varlets et nos pillards, et prendront le chemin à la couverte des Landes de Bourg et viendront passer le chemin au pont à Tournay, et la rivière de Lèse entre Tournay et Mauvoisin, et les autres chevaucheront en bataille par les combliaux des montagnes, et feront montre pour revenir au pas du Larre dessous Marcheras, pour recheoir entre Barbesan et Montgaillard; mais pourvu que nous puissions passer sauvement la rivière atout notre proie et que à Montgaillard nous soyons tous ensemble, nous n'avons garde, car nous serons tantôt à Lourdes. » Ainsi comme ils l'ordonnèrent ils le firent, et prirent le bâtard de Cornillac, et Guillonnet de Harnes, et Perrot Boursier, et Jean Calemin de Basselle, et le Rouge, écuyer, et quarante lances, et tous leurs varlets, pillards et autres, et leur dirent : « Vous emmènerez notre proie et nos prisonniers toute Lande-de-Bourg, et descendrez entre Tournay et Mauvoisin, et là passerez au pont la rivière, et irez tout à la couverte entre le Civitat et Montgaillard, et nous ferons l'autre chemin de Marcheras et de Barbesan, et tous nous retrouverons ensemble à Montgaillard. » Si comme il fut ordonné il fut fait; et se départirent là sur les champs; et demeurèrent en route et en la plus grande partie, Ernauton de Rostem, Ernauton de Sainte-Colombe, le Mongat de Sainte-Cornille et bien quatre vingt compagnons, tous hommes d'armes ; il n'y avoit pas dix varlets; et restraindirent leurs plates et mirent leurs bassinets, et prirent leurs lances, et chevauchèrent tous serrés, ainsi que pour tantôt combattre; ni autre chose ils n'attendoient, car ils sentoient leurs ennemis sur les champs.

« Tout en autelle manière que cils de Lourdes avoient eu conseil de retourner, eurent aussi avis de eux trouver et rencontrer les François; et dirent là messire Mongat de Barbesan et Ernauton Bisette : « Nous savons bien que cils de Lourdes sont sur les champs et ramènent grand'proie et grand'foison de prisonniers; nous serons trop courroucés si ils nous échappent. Si nous faut mettre en deux embûches, car nous sommes gens assez pour cela faire. » Adonc fut ordonné que Ernauton, le bourg d'Espaigne et messire Raymon de Benac et Angelot de Landes, tout cent lances, garderoient le pas à Tournay; car il convenoit du moins que leur bestail et leurs prisonniers passassent là la rivière de Lisse, et le sire de Barbesan et Ernauton Bisette atout autres cens lances chevaucheroient à l'aventure pour savoir si nuls en verroient ni trouveroient. Ainsi se départirent les uns des autres; et s'en vinrent le sire de Benac et le bourg d'Espaigne, et se mirent en embûche au pont entre Mauvoisin et Tournay; et les autres prirent les champs, droitement sur le pas où nous chevauchons maintenant qu'on dit au Larre. Ils se trouvèrent, et tantôt comme ils se virent tôt descendirent de leurs chevaux et les laissèrent aller paître; et appuignièrent et appointèrent leurs lances et s'en vinrent les uns sur les autres, car combattre les convenoit, en écriant leurs cris : Saint George, Lourdes et Notre-Dame de Bigorre ! Là vinrent-ils l'un sur l'autre ; et commencèrent à bouter et à pousser fort et roide les lances et poings ; et s'appuyoient en poussant de leurs poitrines, et point ne s'épargnoient; et là furent une espace en férant et poussant de leurs lances l'un sur l'autre, tant que ce sembloit, comme je ouïs recorder à ceux qui y furent, un pont; ni nul à ce commencement n'étoit porté par terre.

« Quand ils eurent assez bouté et poussé de leurs lances, ils les ruèrent jus; et étoient jà tous échauffés; et prirent leurs haches et se commencèrent de haches à combattre, et à donner grands et horribles horions, et chacun avoit le sien. En cel état et en ce parti d'armes furent-ils plus de trois heures ; et se battirent et navrèrent si très bien que merveilles. Et quand il y en avoit aucuns qui étoient outrés ou si mal menés que ils ne se pouvoient plus soutenir, et foulés jusques à la grosse haleine tout bellement, ils se départoient et s'en alloient seoir sur un fossé ou en-mi le pré, et ôtoient leurs bassinets et se rafreschissoient, et puis quand ils étoient bien rafreschis, ils remettoient leurs bassinets et s'en venoient encore recommencer à combattre. Ni je ne cuide pas que oncques si bonne besogne fut, ni si dur rencontre, ni bataille si bien combattue puis la bataille des Trente qui fut en Bretagne, comme celle de Marcheras en Bigorre fut. Et là étoient main à main l'un à l'autre; et là fut sur le point d'être déconfit Ernauton de Sainte-Colombe, qui est assez bel écuyer, grand et fort et bel homme d'armes, d'un écuyer de ce pays qui s'appeloit Guillonnet de Salenges ; et l'avoit cil mené jusques à la grosse haleine [1], quand il en avint ce que je vous dirai.

« Ernauton de Sainte-Colombe avoit un varlet qui regardoit la bataille, ni point ne se combattoit, ni aussi on ne lui demandoit rien; quand il vit son maître ainsi mené que presque à outrance, il fut moult courroucé, et vint à son maître, et prit la hache entre ses mains, dont il se combattoit, et lui dit en la prenant : « Er-

[1] L'avait fatigué de telle manière qu'il ne pouvait plus respirer qu'avec peine.

nauton, allez vous seoir et reposer, vous ne vous savez combattre. » Et quand il ot la hache, il vint à l'écuyer, et lui donna tel coup sur le bassinet, que il l'étourdit tout, et fit chanceler et presque cheoir à terre. Quand Guillonnet se sentit ainsi féru, si lui vint à grand'déplaisance; et voult venir sur le varlet, et le cuida férir de sa hache en la tête, mais le varlet se muça sous le coup et ne fut pas consuivi; si embrassa l'écuyer qui étoit travaillé de longuement combattre, et le tourna et l'abattit sous lui à la lutte, et lui dit : « Je vous occirai, si vous ne vous rendez à mon maître. » — « Qui est ton maître? » dit-il. « Ernauton de Sainte-Colombe, à qui vous avez huy tant combattu. » L'écuyer vit que il n'avoit pas l'avantage; et qu'il étoit dessous celui varlet, qui tenoit une dague pour le férir, si il ne se rendoit. Si se rendit, à venir dedans quinze jours tenir son corps prisonnier à Lourdes, rescous ou non rescous. Ce service fit le varlet à son maître. Et vous dis, messire Jean, que il eût fait par tels choses trop grand'foison d'appertises d'armes, et des compagnons jurés et fiancés, les uns venir à Tharbe et les autres aller à Lourdes. Et se combattirent ce jour main à main sans eux épargner Ernauton de Bisette et le Mongat de Sainte-Basile, lesquels y firent maintes appertises d'armes; et n'y avoit homme qui ne fût assez embesogné de lui combattre. Et tant se combattirent qu'ils furent si outrés et si lassés que ils ne se purent mais aider; et là furent morts sur la place deux des capitaines, le Mongat de Lourdes et d'autre part Ernauton Bisette.

« Adonc se cessa la bataille, par l'accord de l'un et de l'autre, car ils étoient si foulés que ils ne pouvoient mais tenir leurs haches ni leurs lances, et se désarmoient les aucuns pour eux rafreschir, et laissoient là leurs armures. Si emportèrent ceux de Lourdes le Mongat tout occis, et les François à Tharbe Ernauton Bisette; et pour ce qu'il fut remembrance de la bataille, on fit là une croix de pierre où ces deux écuyers s'abattirent et moururent. Velà là, je la vous montre. »

A ces mots chéimes-nous droit sur la croix ; et y dîmes-nous chacun pour les âmes des morts une patenôtre, un ave maria, un de profundis et fidelium.

CHAPITRE X.

Comment le bourg d'Espaigne rescouy la proie aux compagnons du chastel de Lourdes, et comment ils furent rués jus.

« Par ma foi, monseigneur, dis-je au chevalier, je vous ai volontiers ouï parler; et ce fut voirement une dure et âpre besogne à si petit de gens. Et quelle chose avint-il à ceux qui conduisoient la proie? » — « Je le vous dirai, dit-il. Au pont à Tournay, si comme je vous ai dit devant, dessous Mauvoisin, ils venoient passer, ainsi qu'ils l'avoient ordonné; et là trouvèrent-ils l'embûche du Bourg d'Espaigne, qui étoit forte assez pour eux combattre, qui leur saillit tout au devant. Cils de Lourdes ne pouvoient reculer, et pour ce, aventurer les convenoit. Je vous dis voirement que là y ot-il aussi dure besogne et fort combattue qui dura aussi longuement et plus que celle de Marcheras. Et vous dis que le Bourg d'Espaigne y fit là merveille d'armes, qui tenoit une hache et ne féroit homme qu'il ne portât à terre; car il est bien taillé de cela faire, car il est grand et long et fort et de gros membres sans être trop chargé de chair; et prit là de sa main les deux capitaines, le Bourg de Carnillac et Perrot Palatin de Berne. Et là fut mort un écuyer de Navarre qui s'appeloit Ferrando de Mirande qui étoit moult appert et vaillant homme d'armes. Mais les aucuns disent, qui furent à la besogne, que le Bourg d'Espaigne l'occit, et les autres disent qu'il fut éteint en ses armures : finablement la proie fut rescousse et tous ceux qui la conduisoient morts ou pris. Ils ne s'en sauvèrent pas trois si ce ne furent varlets qui se mucièrent, se désarmèrent et passèrent la rivière de Lèse au noer.

« Ainsi alla de celle aventure ; et ne perdirent oncques tant cils de Lourdes comme ils firent adonc. Si furent rançonnés courtoisement ; et aussi ils les changeoient l'un pour l'autre, car ceux qui se combattirent droit ci sur le pas du Larre en fiancèrent plusieurs, par quoi il convenoit que ils fussent courtois et aimables à leurs compagnons. » — « Sainte Marie, sire, dis-je au chevalier, le Bourg d'Espaigne est-il si fort homme comme vous me contez? » — « Par ma foi, dit-il, oïl, car en toute Gascogne, on ne trouveroit point son pareil de force de membres; et pour ce le tient le comte de Foix à compagnon. Et n'a pas trois ans que je le vis faire au chastel à Ortais un grand ébattement et rével que je vous conterai. Il avint que au jour d'un Noël, le comte de Foix tenoit sa fête grande et plantureuse de chevaliers et d'écuyers, si comme il a de usage, et en ce jour il faisoit moult froid. Le comte avoit dîné en sa salle et avec lui grand'foison de seigneurs. Après dîner il partit de sa salle et s'en vint sus une galerie où il y a à monter, par une large allée, environ vingt-quatre degrés. En ces galeries a une cheminée où on fait par usage feu, quand le comte y séiourne, et non autrement. Il y a petit feu, car il ne voit pas volontiers grand feu. Si est bien en lieu d'avoir plantureux feu de buches, car ce sont tous bois en Berne, et y a bien de quoi chauffer quand il veut, mais le petit feu il a de coutume. Avint adonc que il geloit moult fort et l'air étoit moult froid. Quand il fut venu ès galeries il regarda le feu, et lui sembla assez petit, et dit aux chevaliers qui là étoient : « Vez-ci petit feu selon le froid. » Ernauton d'Espaigne entendit sa parole : si descendit tantôt les degrés ; car par les fenêtres de la galerie qui regardoient sur la cour il vit là une quantité de ânes chargés de buches qui venoient du bois pour le service de l'hôtel. Il vint en la cour, et prit le plus grand de ces ânes tout chargé de buches, et le chargea sur son col moult légèrement, et l'apporta amont les degrés, et ouvrit la presse des chevaliers et écuyers qui devant la cheminée étoient, et renversa les buches et l'âne les pieds dessus en la cheminée sur les cheminaux, dont le comte de Foix ot grand'joie et tous ceux qui là étoient ; et s'émerveilloient de la force de l'écuyer, comment tout seul il avoit si grand faix chargé et monté tant de degrés. Celle appertise vis-je faire, et aussi firent plusieurs, au Bourg d'Espaigne. »

Moult me tournoient à grand'plaisance et recréation les contes que messire Espaing de Lyon me contoit et m'en sembloit le chemin trop plus bref. En contant telles aventures passâmes-nous le Pas au Larre et le chastel de Marcheras où la bataille fut, et vînmes moult près du chastel de Barbesan qui est bel et fort, à une petite lieue de Tharbe ; nous le véions devant nous, et un trop beau chemin et plain à chevaucher, en côtoyant la rivière de Lisse qui vient d'amont des montagnes.

Adonc chevauchâmes-nous tout souef et à loisir pour rafreschir nos chevaux. Et me montra par de-là la rivière, le chastel et la ville de Montgaillard et le chemin qui s'en va férir droit sur Lourdes. Lors me vint en remembrance de demander au chevalier comment le duc d'Anjou, quand il fut au pays et que le chastel de Mauvoisin se fut rendu à lui, s'étoit porté ; et comment il étoit venu devant Lourdes et quelle chose il y avoit fait. Trop volontiers il le me conta, et me dit ainsi :

« Quand le duc d'Anjou se départit atout son ost de Mauvoisin, il passa outre la rivière de Lèse au pont de Tournay et s'en vint loger à Bagnières, une bonne ville séant sur celle rivière qui s'en va férir à Tharbes : car celle de Tournay n'y vient pas, mais s'en va férir en la Garonne, dessous Montmillion ; et s'en vint mettre le siège devant Lourdes. Messire Pierre Ernaut de Berne, et Jean, son frère, Pierre d'Anchin, Ernauton de Rostem, Ernauton de Sainte-Colombe, le Mongat qui adonc vivoit, Ferrando de Mirande, Olin Barbe, le Bourg de Carnillac, le Bourg Camus et les compagnons qui dedans étoient avoient bien été informés de sa venue. Si s'étoient grandement fortifiés et pourvus à l'encontre de lui, et tinrent la ville de Lourdes contre tous les assauts que on fit et livra quinze jours durant. Et ot là plusieurs grands appertises d'armes faites, par grands mangonneaux [1] et autres atournemens d'assauts que le duc d'Anjou fit faire et charpenter ; et tant que la ville fut prise et conquise. Mais les compagnons de Lourdes n'y perdirent rien, ni homme ni femme de la ville, car tout avoient-ils retrait au chastel ; et bien savoient que en la fin ils ne pourroient tenir la ville laquelle étoit prenable, pour ce qu'elle n'est fermée que de palis. Et quand la ville de Lourdes fut conquise, les François en eurent grand'joie ; et se logèrent dedans en environnant le chastel, qui n'est pas prenable, fors que par long siège. Là fut le duc plus de six semaines. Et plus y perdit que il n'y gagna ; car ceux de dehors ne pouvoient grever ceux de dedans, car le chastel siéd sur une ronde roche, faite par telle façon que on n'y peut aller ni approcher par échelles ni autrement, fors que par une entrée. Et là aux barrières y

---

[1] Machines à lancer des pierres.

avoit souvent de belles escarmouches et de grandes appertises d'armes faites; et y furent navrés et blessés plusieurs écuyers de France qui s'approchoient de trop près.

« Quand le duc d'Anjou vit qu'il ne venroit point à son entente de prendre le chastel de Lourdes, si fit traiter devers le capitaine et lui fit promettre grand argent, mais qu'il voulsist rendre la garnison. Le chevalier, qui étoit plein de grand'vaillance, s'excusa et dit que la garnison n'étoit pas sienne, et que l'héritage du roi d'Angleterre il ne pouvoit vendre, donner ni aliéner que il ne fût traistre, la quelle chose il ne vouloit pas être, mais loyal envers son naturel seigneur; et quand on lui bailla le fort, ce fut par condition que il jura solennellement, par sa foi, en la main du prince de Galles, que le chastel de Lourdes il garderoit et tiendroit contre tout homme, si du roi d'Angleterre il n'étoit là envoyé, jusques à la mort. On n'en put oneques avoir autre réponse, pour don ni pour promesse que on sçut ni put faire. Et quand le duc d'Anjou et son conseil virent que ils n'en auroient autre chose et que ils perdoient leur peine, si se délogèrent de Lourdes; mais à leur délogement la ville dessous le chastel fut tellement arse que il n'y demoura rien à ardoir.

« Adonc se retray le duc d'Anjou et tout son ost en côtoyant Berne vers le Mont-de-Morsen. Et avoit bien entendu que le comte de Foix avoit pourvu toutes ses garnisons de gens d'armes. De ce ne lui savoit-il nul mal gré, mais de ce que ses gens de Berne tenoient contre lui Lourdes et n'en pouvoit avoir raison.

« Le comte de Foix, si comme je vous ai cidessus dit, se douta en celle saison grandement du duc d'Anjou, combien que le duc ne lui fit point de mal. Toutefois voulsissent bien le comte d'Ermignac et le sire de Labreth que il lui eut fait guerre. Mais le duc n'en avoit nulle volonté; et envoya devers lui à Ortais, entrementes que il logeoit entre le Mont-de-Morsen et la Boce de Labreth, messire Pierre de Bueil, lequel portoit lettres de créance.

« Quand messire Pierre de Bueil fut venu pour ce temps à Ortais, le comte de Foix le reçut très honorablement; et le logea au chastel d'Ortais, et lui fit toute la meilleure compagnie qu'il put, et lui donna mulles et coursiers, et à ses gens autres beaux dons; et envoya par lui au duc d'Anjou quatre levriers et deux alans [1] d'Espaigne si beaux et si bons que merveilles. Et ot adonc secrets traités entre le comte de Foix et messire Pierre de Beuil, des quels nous ne sçûmes rien de grand temps. Mais depuis, par les incidences qui en vinrent, nous en supposâmes bien aucune chose, et la matière je la vous dirai; et entrementes venrons-nous à Tharbe.

« Moult tôt après ce que le duc d'Anjou ot fait son voyage et qu'il fut retrait à Toulouse, advint que le comte de Foix manda par ses lettres et par certains messages à Lourdes, à son cousin messire Pierre Arnault de Berne, qu'il vint parler à Ortais. Le chevalier, quand il vit les lettres du comte de Foix, et vit le message qui étoit notable, eut plusieurs imaginations, et ne savoit lequel faire du venir ou du laisser. Tout considéré, il dit qu'il y iroit, car il n'oseroit nullement courroucer le comte de Foix. Et quand il dut partir il vint à Jean de Berne son frère, et lui dit, présens les compagnons de la garnison : « Jean, monseigneur comte de Foix me mande. Je ne sais pas pourquoi; mais puisque il veut que je voise parler à lui, je irai. Or me douté-je grandement que je ne sois requis de rendre la forteresse de Lourdes, car le duc d'Anjou, à celle saison, côtoye son pays de Berne et point n'y est entré, et si tend le comte de Foix, et a tendu longuement, à avoir le chastel de Mauvoisin pour être sire des Landes-de-Bourg et des frontières de Comminges et de Bigorre. Si ne sais pas si ils ont traité entre lui et le duc d'Anjou; mais je vous dis que, tant que je vive, jà le chastel de Lourdes je ne rendrai, fors à mon naturel seigneur le roi d'Angleterre. Et veuil, Jean, beau-frère, au cas que je vous établis ici à être mon lieutenant, que vous me jurez sur votre foi et par votre gentillesse, que le chastel, en la forme et manière que je le tiens, vous le tenrez, ni pour mort ni pour vie jà vous jamais n'en défauldrez. »

« Jean de Berne le jura ainsi. Adonc se départit de Lourdes le chevalier, messire Pierre Ernault, et vint à Ortais, et descendit à l'hôtel à la Lune. Et quand il sentit que point et temps fut, il vint au chastel d'Ortais devers le comte qui le reçut liement, et le fit seoir à sa table, et lui montra tous les beaux semblans d'amour qu'il put; et

---

[1] Espèce de chien de chasse, nommé en espagnol *Alano*, et originaire, dit-on, d'Albanie.

après dîner il lui dit : « Pierre, je ai à parler à vous de plusieurs choses, si ne vueil pas que vous partiez sans mon congé. » Le chevalier répondit : « Monseigneur, volontiers, je ne partirai point si l'aurez ordonné. » Avint que, le tiers jour après ce qu'il fut venu, le comte de Foix prit la parole à lui, présens le vicomte de Bruniquiel et le vicomte de Cousserant son frère, et le seigneur d'Anchin de Bigorre, et autres chevaliers et écuyers ; et lui dit en haut que tous l'ouïrent : « Pierre, je vous ai mandé et vous êtes venu. Sachez que monseigneur d'Anjou me veut grand mal pour la garnison de Lourdes que vous tenez, et près en a été ma terre courue, si ce n'eussent été aucuns bons amis que j'ai eu en sa chevauchée. Et est sa parole et l'opinion de plusieurs de sa compagnie qui me héent, que je vous soutiens pour tant que vous êtes de Berne. Et je n'ai que faire d'avoir la malveillance de si haut prince comme monseigneur d'Anjou est. Si vous commande, en tant comme vous pouvez mesfaire encontre moi, et par la foi et lignage que vous me devez, que le chastel de Lourdes vous me rendez. » Et quand le chevalier ouït celle parole, si fut tout ébahi ; et pensa un petit pour savoir quelle chose il répondroit, car il véoit bien que le comte de Foix parloit acertes. Toutefois, tout pensé et tout considéré, il dit : « Monseigneur, voirement je vous dois foi et lignage, car je suis un povre chevalier de votre sang et de votre terre ; mais le chastel de Lourdes ne vous rendrai-je jà. Vous m'avez mandé, si pouvez faire de moi ce qu'il vous plaira. Je le tiens du roi d'Angleterre qui m'y a mis et établi, et à personne qui soit je ne le rendrai fors à lui. » Quand le comte de Foix ouït celle réponse, si lui mua le sang en félonnie et en courroux, et dit, en tirant hors une dague : « Ho ! faux traître, as-tu dit ce mot de non faire ? Par cette tête tu ne l'as pas dit pour néant. » Adonc férit-il de sa dague sur le chevalier, par telle manière que il le navra moult vilainement en cinq lieux, ni il n'y avoit là baron ni chevalier qui osât aller au devant. Le chevalier disoit bien : « Ha ! monseigneur, vous ne faites pas gentillesse. Vous m'avez mandé et si m'occiez. » Toutes voies point il n'arrêta jusques à tant qu'il lui eût donné cinq coups d'une dague ; et puis après commanda le comte qu'il fût mis dans la fosse, et il le fut, et là mourut, car il fut povrement curé de ses plaies.

« Ha, sainte Marie ! dis-je au chevalier, et ne fut ce pas grand'cruauté ? » — « Quoi que ce fût, répondit le chevalier, ainsi en advint-il. On s'avise bien de lui courroucer, mais en son courroux n'a nul pardon. Il tint son cousin germain le vicomte de Chastelbon, et qui est son héritier, huit mois en la tour à Ortais en prison ; puis le rançonnat-il à quarante mille francs. » — « Comment, sire, dis-je au chevalier, n'a donc le comte de Foix nuls enfans, que je vous ois dire que le vicomte de Chastelbon est son héritier ? » — « En nom Dieu, dit-il, non de femme épousée ; mais il a bien deux beaux jeunes chevaliers bâtards que vous verrez, que il aime autant que soi-même : messire Yvain et messire Gratien. » — « Et ne fut-il oncques marié ? » — « Si fut, répondit-il, et est encore ; mais madame de Foix ne se tient point avecques lui. » — « Et où se tient-elle ? » dis-je. « Elle se tient en Navarre, répondit-il, car le roi de Navarre est son cousin, et fut fille jadis du roi Louis de Navarre [1]. » — « Et le comte de Foix n'en ot-il oncques nul enfant ? » — « Si ot, dit-il, un beau-fils qui étoit tout le cœur du père et du pays, car par lui pouvoit la terre de Berne, qui est en débat, demeurer en paix, car il avoit à femme la sœur au comte d'Ermignac. » — « Et sire, dis-je, que devint cil enfès ? Le peut-on savoir ? » — « Oïl, dit-il, mais ce ne sera pas maintenant, car la matière est trop longue et nous sommes à ville, si comme vous véez. »

A ces mots, je laissai le chevalier en paix, et assez tôt après nous vînmes à Tharbe, où nous fûmes tout aise à l'hôtel à l'Étoile ; et y séjournâmes tout ce jour, car c'est une ville trop bien aisée pour séjourner chevaux, de bons foins, de bonnes avoines et de belle rivière.

CHAPITRE XI.

Comment le comte de Foix ne voult prendre du roi de France la comté de Bigorre ; mais comment il reçut seulement le chatel de Mauvoisin.

A lendemain, après messe, nous montâmes sur chevaux et partîmes de Tharbe et chevauchâmes verrs Jorre, une ville qui toujours s'est tenue trop vaillamment contre ceux de Lourdes. Si passâmes au dehors, et tantôt en-

---

[1] Inès ou Agnès, femme de Gaston Phébus, comte de Foix, était fille de Jeanne de Navarre et de Philippe VI, roi de France. Elle était la sœur et non la cousine de *Charles* de Navarre.

trâmes au pays de Berne. Là s'arrêta le chevalier sur les champs et dit : « Vez-ci Berne. » Et étoit sur un chemin croisé; et ne savoit lequel faire ou d'aller à Morlens ou à Pau. Toutefois nous prîmes le chemin de Morlens. En chevauchant les landes de Berne qui sont assez plaines je lui demandai, pour le remettre en parole : « La ville de Pau siéd-elle près de ci? » — « Oïl, dit-il, je vous en montre les clochers, mais il y a bien plus loin qu'il ne semble; car il y a très mauvais pays à chevaucher, pour les graves [1]. Qui ne sait bien le chemin folie feroit de lui y embatre. Et dessous notre main siéd la ville et le chastel de Lourdes. » — « Et qui en est capitaine pour le présent? » Répondit-il : « Il en est capitaine et si s'escript sénéchal de Bigorre de par le roi d'Angleterre, Jean de Berne, frère qui fut à messire Pierre. » — « Voir, dis-je; et cil Jean vient-il point voir le comte de Foix? » Il me répondit : « Oncques depuis je vis son frère il n'y vint. Mais les autres compagnons y viennent bien : Pierre d'Anchin, Ernauton de Rostem, Ernauton de Sainte-Colombe et les autres, quand il chiet à tour. » — « Et le comte de Foix a-t-il point amendé la mort du chevalier, et en a-t-il point depuis par semblant été courroucé? » — « Oïl, trop grandement, ce dit le chevalier, mais des amendes n'a-t-il nulles faites, si ce n'est par penance secrète, par messes ou par oraisons. Il a bien d'encoste lui le fils de celui qui s'appella Jean de Berne, un jeune gracieux écuyer; et l'aime le comte grandement. » — « Sainte Marie! dis-je au chevalier, le duc d'Anjou qui tendoit à avoir la garnison de Lourdes se dut bien contenter du comte de Foix, quand il occit un chevalier son cousin pour son désir accomplir. » — « Par ma foi, dit-il, aussi fit-il, car assez tôt après sa venue, le roi de France envoya en ce pays messire Roger d'Espaigne et un président de la chambre de parlement de Paris, et belles lettres grossoyées et scellées qui faisoient mention comment il lui donnoit en don, tout son vivant, la comté de Bigorre, mais il convenoit, et aussi il appartenoit, que il en devînt son homme et le tint de la couronne de France. Le comte de Foix remercia grandement le roi de la grand'amour que il lui montroit et du don sans requête que il lui envoyoit, mais oncques, pour chose que messire Roger d'Espaigne sçut ni put dire ni montrer, le comte de Foix ne voult retenir le don; mais il retint le chastel de Mauvoisin, pour tant que c'est franche terre et que le chastel ni la chastellenie ne sont tenus de nullui fors de Dieu; et aussi anciennement ce avoit été son héritage. Le roi de France, pour lui complaire, par le moyen du duc d'Anjou le donna. Mais le comte de Foix jura et scella que il le tiendroit par telle condition que jamais n'y mettroit homme qui mal voulsist au royaume de France. Et au voir dire il l'a fait bien garder; et se doutent ceux de Mauvoisin autant des Anglois que font les autres garnisons françoises de Gascogne; excepté que les Bernois n'oseroient courroucer le comte de Foix. »

CHAPITRE XII.

De la paix qui fut faite entre le comte de Foix et le duc de Berry; et le commencement de la guerre qui fut entre le comte d'Ermignac et cil de Foix.

Des paroles que messire Espaing de Lyon me contoit étois-je tout réjoui, car elles me venoient grandement à plaisance, et toutes trop bien les retenois, et sitôt que aux hôtels, sur le chemin que nous fesimes ensemble, descendu étois, je les escripvois, fût de soir ou de matin, pour en avoir mieux la mémoire au temps à venir; car il n'est si juste retentive que c'est d'écriture. Et ainsi chevauchâmes nous ce matin jusques à Morlens. Mais avant que nous y vinmes je le mis encore en parole et dis : « Monseigneur, je vous ai oublié à demander, entrementes que vous m'avez conté des aventures de Foix et d'Ermignac, comment le comte de Foix s'est sçu ni pu dissimuler contre le duc de Berry qui ot à femme la fille et la sœur du comte d'Ermignac, et si le duc de Berry lui en a fait point de guerre et comment il s'en est parti. » — « Comment? répondit le chevalier, je le vous dirai. Du temps passé le duc de Berry lui a voulu tout le mal du monde; et ne désiroit le duc seigneur du monde mettre à raison fors le comte de Foix. Mais maintenant, par un moyen dont vous orrez bien parler quand vous serez à Ortais, ils sont bien d'accord. » — « Eh! doux sire, dis-je, y avoit-il cause que le duc l'eût en haine? » — « M'aist Dieu, nennil! dit le chevalier; et je vous en conterai la cause. Quand

---

[1] Lieux situés sur le bord des rivières et couverts de sables mouvans.

Charles le roi de France, père à ce roi Charles qui est pour le présent, fut trépassé de ce siècle, le royaume de France fut divisé en deux parties quant au gouvernement; car monseigneur d'Anjou qui tendoit à aller outre en Italie, ainsi que il fit, s'en déporta et mit ses frères le duc de Berry et le duc de Bourgogne. Le duc de Berry ot le gouvernement de Langue d'Oc et le duc de Bourgogne la Langue d'Oïl[1] et toute Picardie. »

« Quand cils de la Langue d'Oc entendirent que monseigneur de Berry les gouverneroit, si furent tout ébahis, espécialement ceux de Toulouse et de la sénéchaussée, car ils sentoient le duc fol large; et prenoit or et argent à tous lez, et travailloit trop fort le peuple. Et encore il y avoit Bretons en Toulousain, en Carcassonne et en Rouergue, que le duc d'Anjou y avoit laissés, qui pilloient tout le pays; et couroit renommée que le duc de Berry les y soutenoit pour maistrier les bonnes villes. Et n'étoit pas le duc en la Langue d'Oc pour le temps que je vous parle, mais étoit en la guerre de Flandre aveecques le roi.

«Ceux de Toulouse, qui sont grands et puissans, et qui sentoient le roi, leur sire, jeune et embesogné grandement pour les besognes de son oncle, le duc de Bourgogne, ès parties de Flandre, et se véoient pillés et travaillés de Bretons et pillards, tant que ils ne savoient que ils pussent ou dussent faire, si envoyèrent et traitèrent devers le comte de Foix, en lui priant, parmi une somme de florins que tous les mois ils lui délivreroient, que il voulsist emprendre le gouvernement et la garde de leur cité de Toulouse et du pays toulousain et aussi des autres villes, si prié et requis en étoit. Si le prioient ainsi, pourtant que ils le sentoient juste homme, droiturier et fort justicier, et moult redouté de ses ennemis et bien fortuné en ses besognes. Et aussi ceux de Toulouse l'ont toujours grandement aimé, car il leur a été moult propice et bon voisin. Si emprit la charge de ce gouvernement; et jura à tenir et à garder le pays en son droit contre tout homme qui mal y voudroit et feroit; mais il réserva tant seulement la majesté royale du roi de France. Et lors mit-il foison gens d'armes sur le pays, et fit ouvrir et délivrer les chemins de larrons et de pillards; et en fit en un jour, que pendre que noyer à Rabestan en Toulousain, plus de quatre cens; pourquoi il acquit tellement et si grandement la grâce et l'amour et ceux de Toulouse, de Carcassonne, de Béziers, de Montpellier et des autres bonnes villes là environ, que renommée courut en France que ceux de Languedoc s'étoient tournés, et que ils avoient pris à seigneur le comte de Foix.

«Le duc de Berry, qui en étoit souverain, prit en grand déplaisance ces nouvelles, et en accueillit en grand haine le comte de Foix, pourtant que il s'ensoignoit si avant des besognes de France, et vouloit tenir ceux de Toulouse en leur rebellion. Si envoya gens d'armes au pays; mais ils furent durement recueillis et repoussés des gens du comte de Foix, et tant qu'il les convint re-

---

[1] Il y a grande apparence que ces deux dénominations avaient été en usage avant une ordonnance de Philippe-le-Bel, de 1304 ou 1305. On y voit, ainsi que dans une autre de Charles VI, de 1394, les états de la couronne de France divisés en Langue d'Oc et en Langue d'Oïl. Le mot de *langue* y est employé, selon notre ancien langage, pour nation, province : Dans l'ordre de Malte on s'en sert encore aujourd'hui. Guillaume de Nangis, dans sa Chronique française manuscrite, désigne les environs de Paris par la langue d'Oïl, à l'année 1343, où il est parlé d'une épidémie qui commençait à désoler ce pays vers la fin du mois d'août. Dans la *Salade* d'Antoine de la Salle, environ 1440, il est dit d'un chevalier inconnu qu'il devoit être de Languedoc : *Car lui et le plus de ses gens disoient Oc, la langue que l'on parle quant on va à Saint-Jacques.*

Il semble que ces dénominations n'ont pas toujours été attribuées à chacune des provinces comprises cependant sous ce nom générique; celle qu'on appelait d'abord langue-goth, a seule conservé le nom de Languedoc, *Occitania* ; *tania*, pays *d'Oc* : on disait généralité de Languedoc, et de la partie la plus voisine, généralité de Guyenne.

Il en est de même pour les provinces *d'Oïl.* Froissart dit que le duc de Berry eut le gouvernement de la langue d'Oïl et de la Picardie; et la généralité de cette province, aussi bien que celles de Normandie et de Champagne, dans les recettes de l'épargne, sous Charles VIII et Louis XII, sont distinguées de celles de la langue *d'Oïl.*

Toutes ces distinctions, générales et particulières, ont cessé dès François Ier; il n'est plus parlé dans ses recettes de langue *d'Oïl* ni de langue *d'Oc.*

On donna encore le nom générique de *Catalane* à la langue d'Oc, qui se parlait au delà de la Loire, peut-être à cause de la Catalogne, le terme le plus éloigné de tous ces pays où cette langue était en usage; et si cette conjecture n'est point dénuée de fondement, il est assez probable que c'est par la même raison sur la langue *d'Oïl*, la langue qui se parlait en deçà de la Loire, aura été appelée la langue picarde. La Picardie était la province septentrionale la plus éloignée de la Loire, comme la Catalogne était au midi à la plus longue distance de cette rivière.

traire, voulsissent ou non, ou ils eussent plus perdu que gagné. De celle chose s'enfelonna tellement le duc de Berry sur le comte de Foix, que il disoit que le comte de Foix étoit le plus orgueilleux et le plus présomptueux chevalier du monde. Et n'en pouvoit le dit duc ouïr parler en bien devant lui. Mais point ne lui faisoit guerre; car le comte de Foix avoit toujours ses villes et ses chastels si bien garnis et pourvus que nul n'osoit entrer en sa terre. Aussi quand le duc de Berry vint en Languedoc, le dit comte se déporta de son office, et n'en voult plus rien exercer dessus le duc de Berry; mais depuis jusques à ores le différend y a été moult grand. Or vous vueil-je recorder par quel moyen la paix y a été mise et nourrie.

« Il peut avoir environ six ans[1] que Aliénor de Comminges, comtesse à présent de Boulogne et cousine moult prochaine du comte de Foix et droite héritière de la comté de Comminges, combien que le comte d'Ermignac la tienne, vint à Ortais, devers le comte de Foix, et faisoit amener en sa compagnie une jeune fille de trois ans. Le comte, qui est son cousin, lui fit bonne chère, et lui demanda de son affaire comment il lui en étoit, et où elle alloit. « Monseigneur, dit-elle, je m'en vais en Arragon, devers mon oncle, le comte d'Urgel, et ma belle ante; et là me vueil tenir, car je prends à grand déplaisance à être avecques mon mari, messire Jean de Boulogne, fils au comte de Boulogne; car je cuidois qu'il dût recouvrer mon héritage de Comminges devers le comte d'Ermignac qui le tient, et ma sœur autant bien, en prison, mais il n'en fera rien; car c'est un mol chevalier, qui ne veut autre chose que ses aises, de boire et de manger et de aloer le sien follement. Et sitôt comme il sera comte, il dit qu'il vendra de son héritage du meilleur et du plus bel pour faire ses volontés; et pourtant ne puis-je demeurer avecques lui. Si ai pris ma fille; si la vous en charge et délivre, et vous fais tuteur et mainbour de li pour la nourrir et la garder; car bien sais que, pour amour et lignage, à ce grand besoin vous ne me fauldrez pas, car je n'ai aujourd'hui fiance certaine pour Jeanne ma fille garder, fors en vous. Je l'ai à grand'peine mise et extraite hors des mains et du pays du père, mon mari. Mais pour tant que je sens ceux d'Ermignac, mes adversaires et les vôtres, en grand'volonté de ravir et embler ma fille, pour ce que elle est héritière de Comminges, je l'ai amenée devers vous. Si ne me fauldrez pas à ce besoin, et je vous en prie; et bien crois que son père, mon mari, quand il saura que je la vous ai laissée, en sera tout réjoui; car jà pieça m'avoit-il dit que celle fille le mettoit en grand'pensée et en grand doute. »

Quand le comte de Foix ouït parler madame Aliénor sa cousine, si fut moult réjoui; et imagina tantôt en soi-même, car il est un seigneur moult imaginatif, que encore celle fille lui viendroit grandement à point; ou il en pourroit avoir ferme paix avec ses ennemis, ou il la pourroit marier en tel lieu et si hautement que ses ennemis le douteroient. Si répondit et dit : « Madame et cousine, je ferai très volontiers ce dont vous me priez, car je y suis tenu par lignage; et pour ce, votre fille, ma cousine, je garderai et penserai bien de li, tout en telle manière comme si ce fût ma propre fille. » — « Grand merci, monseigneur ! » ce dit la dame.

« Ainsi demeura, comme je vous conte, la jeune fille de Boulogne en l'hôtel du comte de Foix à Ortais, ni oncques depuis ne s'en partit; et sa dame de mère s'en alla au royaume d'Arragon. Elle l'est bien venue voir depuis deux ou trois fois, mais point ne la demande à r'avoir; car le comte de Foix s'en acquitte en telle manière comme si ce fût sa fille, et au propos du moyen que je vous dis, par lequel il imagine que, si il fut oncques malveillant du duc de Berry, que par ce moyen ils feroient leur paix; car le duc de Berry pour le présent est vefve et a grand désir de se marier; et me semble, à ce que j'ai ouï dire en Avignon au pape qui m'en a parlé, et qui est cousin germain du père, le duc de Berry en fera prier, car il la veut avoir à femme et à épouse. » — « Sainte Marie ! dis-je au chevalier, que vos paroles me sont agréables, et que elles me font grand bien, entrementes que vous les me contez ! Et vous ne le perdrez pas, car toutes seront mises en mémoire et en remontrance et chronique en l'histoire que je poursuis, si Dieu me donne que à santé je puisse retourner en la comté de Hainaut et en la ville de Valenciennes dont je suis natif; mais je suis trop courroucé d'une chose. » — « De laquelle ? » dit le chevalier. « Je la vous dirai, par ma foi !

---

[1] Ceci eut lieu en 1382.

sire; c'est que de si haut et de si vaillant prince, comme le comte de Foix est, il ne demeura nul héritier de sa femme épousée. » — « M'aist Dieu! non, dit le chevalier, car si il en y eût eu un vivant, si comme il ot une fois, ce seroit le plus joyeux seigneur du monde; et aussi seroient tous ceux de sa terre. » — « Et demeurera donc, dis-je, sa terre sans hoirs. » — « Nennil, dit-il; le vicomte de Castelbon, son cousin germain, est son héritier. » — « Et aux armes, dis-je, est-il vaillant homme? » — « M'aist Dieu! dit-il, nennil; et pour tant ne le peut amer le comte de Foix. Et fera si il peut ses deux fils bâtards, qui sont beaux chevaliers et jeunes, ses héritiers. Et a intention de les marier en haut lignage; car il a or et argent à grand'foison. Si leur trouvera femmes par quoi ils seront aidés et confortés. » — « Sire, dis-je, je le vueil bien; mais ce n'est pas chose due ni raisonnable de bâtards faire hoirs de terre. » — « Pourquoi? dit-il, si est en défaut de bons hoirs. Ne véez-vous comment les Espaignols couronnèrent à roi un bâtard, le roi Henry, et ceux de Portingal ont couronné aussi un bâtard? On l'a bien vu avenir au monde en plusieurs royaumes et pays, que bâtards ont par force possédé. Ne fut Guillaume le conquéreur bâtard fils d'un duc de Normandie, et conquit toute Angleterre et la fille du roi qui pour le temps étoit; et demeura roi, et sont tous les rois d'Angleterre descendus de lui? » — « Or, dis-je, sire, tout ce peut bien faire. Il n'est chose qui n'avienne. Mais cils d'Ermignac sont trop forts; et ainsi seroit donc toujours cil pays en guerre. Mais dites-moi, cher sire, me voudrez-vous point dire pourquoi la guerre est émue premièrement entre ceux de Foix et d'Ermignac, et lequel a la plus juste cause? » — « Par ma foi, dit le chevalier, ouil; toutefois c'est une guerre merveilleuse, car chacun y a cause, si comme il dit. »

« Vous devez savoir que anciennement, et à présent, il peut avoir environ cent ans, il y ot un seigneur en Berne qui s'appeloit Gaston[1], moult vaillant homme aux armes durement, et fut enseveli en l'église des frères mineurs moult solennellement à Ortais, et là le trouverez et verrez comme il fut grand de corps et comme puissant de membres il fut, car en son vivant en beau letton il se fit former et tailler.

« Cil Gaston, seigneur de Berne, avoit deux filles[1], dont l'aînée il donna par mariage au comte d'Ermignac[2] qui pour le temps étoit, et la mains-née au comte de Foix qui nepveu étoit du roi d'Arragon; et encore en porte le comte de Foix les armes, car il descend d'Arragon et sont pallées d'or et de gueules, je crois que vous le savez bien. Avint que ce seigneur de Berne ot une dure guerre et forte au roi d'Espaigne qui pour ce temps étoit[3]; et vint cil roi parmi le pays de Bisquaie à grand'gent entrer au pays de Berne. Messire Gaston de Berne, qui fut informé de sa venue, assembla ses gens de tous les points et côtés, là où il les pouvoit avoir, et escripsit à ses deux fils, le comte d'Ermignac et le comte de Foix, que ils le vinssent, à toute leur puissance, servir et aider à défendre et garder leur héritage. Ses lettres vues, le comte de Foix, au plus tôt qu'il put, assembla ses gens et pria tous ses amis, et fit tant que il ot cinq cents chevaliers et écuyers, tous à haulmes, et deux mille varlets, à lances et à dards et pavais, tous de pied; et vint au pays de Berne, ainsi accompagné, servir son seigneur de père, lequel en ot moult grand'joie; et passèrent toutes ses gens au pont à Ortais la rivière Gave, et se logèrent entre Sauveterre et l'Hospital; et le roi d'Espaigne, à tout bien vingt mille hommes, étoit logé assez près de là.

« Messire Gaston de Berne et le comte de Foix attendoient le comte d'Ermignac et cuidoient que il dût venir, et l'attendirent trois jours. Au quatrième jour le comte d'Ermignac envoya ses lettres par un chevalier et un héraut à messire Gaston de Berne; et lui mandoit que il n'y pouvoit venir, et que il ne lui en convenoit pas encore armer pour le pays de Berne, car il n'y avoit rien.

« Quand messire Gaston ouït ces paroles d'excusance, et il vit que il ne seroit point aidé ni conforté du comte d'Ermignac, si fut tout ébahi

---

[1] Gaston VII, de la maison de Moncade. Il commença à régner en 1232 et mourut le 22 avril 1290. C'est celui qui bâtit Orthez et fit recueillir les fors du pays.

[1] Gaston VII avait quatre filles et pas d'héritier mâle. Ces quatre filles étaient Constance, l'aînée, mariée à l'infant d'Arragon; Marguerite, la seconde, mariée à Roger Bernard, comte de Foix; la troisième Amate, mariée au comte d'Armagnac; et Guillemette, la quatrième, mariée après la mort de son père.

[2] Froissart se trompe. Le comte d'Armagnac, comme je l'ai dit dans la note précédente, avait épousé la troisième, et le comte de Foix la seconde.

[3] Il s'agit probablement de la guerre avec le roi de Castille en 1283, qui se termina l'année suivante.

et demanda conseil au comte de Foix et aux barons de Berne comment il se maintiendroit. « Monseigneur, dit le comte de Foix, puisque nous sommes ci assemblés, nous irons combattre vos ennemis. »

« Ce conseil fut tenu, et le comte de Foix cru. Tantôt ils s'armèrent et ordonnèrent leurs gens, lesquels étoient environ douze cens hommes à heaumes, et six mille hommes de pied. Le comte de Foix prit la première bataille et s'en vint courir sur le roi d'Espaigne et ses gens en leurs logis ; et là ot grande bataille et felonnesse, et morts plus de dix mille Espaignols[1]. Et prit le comte de Foix, le fils et le frère du roi d'Espaigne, le comte de Médhie et le comte d'Osturem, et grand foison d'autres barons et chevaliers d'Espaigne, et les envoya devers son seigneur, messire Gaston de Berne qui étoit en l'arrière-garde. Et furent là les Espaignols si déconfits que le comte de Foix les chassa jusques au port Saint-Andrieu en Bisquaie. Et se bouta le roi d'Espaigne en l'abbaye, et vêtit l'habit d'un moine, autrement il eût été pris aux poings. Et se sauvèrent par leurs vaisseaux ceux qui sauver se purent, et se boutèrent en mer. Adonc retourna le comte de Foix devers monseigneur Gaston de Berne qui lui fit grand chère et bonne ; ce fut raison, car il lui avoit sauvé son honneur, et gardé le pays de Berne qui lui eût été perdu.

« Par cette bataille et celle déconfiture que le comte de Foix fit en ce temps sur les Espaignols, et par la prise qu'il eut du fils et du frère au roi d'Espaigne, vint à paix le sire de Berne envers les Espaignols, ainsi comme il la voult avoir. Quand messire Gaston de Berne fut retourné à Ortais, présens tous les barons de Foix qui là étoient, il prit son fils le comte de Foix et dit ainsi : « Beau fils, vous êtes mon fils, bon, certain et loyal, et avez gardé à toujours mais mon honneur et l'honneur de mon pays. Le comte d'Ermignac, qui a l'aîns-née de mes filles, s'est excusé à mon grand besoin, et n'est pas venu défendre ni garder l'héritage où il avoit part ; pourquoi je dis que telle part qu'il y attendoit de la partie ma fille, sa femme, il l'a forfaite et perdue ; et vous enhérite de toute la terre de Berne, après mon décès, vous et vos hoirs à toujours

[1] Froissart aime beaucoup les grands coups d'épée. Tout ce qui ressemble aux romans de chevalerie a un titre de plus pour lui paraître croyable.

mais ; et prie et veuil et commande à tous mes habitans et subgiets que ils scellent et accordent avecques moi celle ahéritance, Jean, fils de Foix, que je vous donne. » Tous répondirent : « Monseigneur, nous le ferons volontiers. »

« Ainsi ont été, et par telle vertu que je vous conte, anciennement les comtes de Foix qui ont été, comtes et seigneurs du pays de Berne ; et en portent les armes, le cri, le nom et le profit. Pour ce n'en ont pas cils d'Ermignac leur droit, tel que ils le disent à avoir, clamé quitté. Vez-là la cause et la querelle pour quoi la guerre est entre Ermignac, Foix et Berne. »

« Par ma foi, sire, dis-je lors au chevalier, vous le m'avez bien déclaré, et onques mais je n'en avois ouï parler ; et puisque je le sais, je le mettrai en mémoire perpétuelle, si Dieu donne que je puisse retourner en notre pays. Mais encore d'une chose, si je la vous osois requerre, je vous demanderois volontiers : par quelle incidence le fils au comte de Foix, qui est à présent, mourut ? » Lors pensa le chevalier et puis dit : « La matière est trop piteuse, si ne vous en vueil point parler. Quand vous viendrez à Ortais, vous trouverez bien, si vous le demandez, qui le vous dira. »

Je ne m'en souffris atant et puis chevauchâmes et vînmes à Morlens.

CHAPITRE XIII.

Des grands biens et des grandes largesses qui étoient au comte de Foix et la piteuse manière de la mort de Gaston, fils au comte de Foix.

A lendemain nous partîmes et vînmes dîner à Mont-Gerbiel, et puis montâmes et bûmes un coup à Ercies, et puis venismes à Ortais sur le point de soleil esconsant. Le chevalier descendit à son hôtel et je descendis à l'hôtel à la Lune sur un écuyer du comte, qui s'appeloit Ernauton du Pan, lequel me reçut moult liement, pour la cause de ce que je étois François. Messire Espaing de Lyon, en la quelle compagnie j'étois venu, monta amont au chastel et parla au comte de ses besognes ; et le trouva en ses galeries, car à celle heure, ou un petit devant, avoit-il dîné, car l'usage du comte de Foix est tel, ou étoit alors, et l'avoit toujours tenu d'enfance, que il se couchoit et levoit à haute nonne[1] et soupoit à mie nuit.

[1] C'est-à-dire qu'il faisait la méridienne.

Le chevalier lui dit que j'étois là venu. Je fus tantôt envoyé querre en mon hôtel, car c'étoit, ou est, si il vit [1], le seigneur du monde qui le plus volontiers véoit étrangers pour ouïr nouvelles. Quand il me vit, il me fit bonne chère; et me retint de son hôtel où je fus plus de douze semaines, et mes chevaux bien repus et de toutes autres choses bien gouvernés aussi.

L'acointance de lui à moi pour ce temps fut telle : que je avois avecques moi apporté un livre, lequel je avois fait, à la requête et contemplation de monseigneur Wincelant de Bohême, duc de Lucembourg et de Brabant. Et sont contenus au dit livre, qui s'appelle Méliadus [2], toutes les chansons, ballades, rondeaux, et virelais que le gentil duc fit en son temps; lesquelles choses, parmi l'imagination que je avois eu de dicter et ordonner le livre, le comte de Foix vit moult volontiers; et toutes les nuits après son souper je lui en lisois. Mais en lisant nul n'osoit parler ni mot dire, car il vouloit que je fusse bien entendu, et aussi il prenoit grand solas au bien entendre. Et quand il chéoit aucune chose où il vouloit mettre débat ou argument, trop volontiers en parloit à moi, non pas en son gascon, mais en beau et bon françois. Et de l'état de lui et de son hôtel, je vous recorderai aucune chose, car je y séjournai bien tant que j'en pus assez apprendre et savoir.

Le comte Gaston de Foix, dont je parle, en ce temps que je fus devers lui, avoit environ cinquante neuf ans d'âge. Et vous dis que j'ai en mon temps vu moult de chevaliers, rois, princes et autres ; mais je n'en vis oncques nul qui fût de si beaux membres, de si belle forme, ni de si belle taille et viaire bel, sanguin et riant, les yeux vairs et amoureux là où il lui plaisoit son regard à asseoir. De toutes choses il étoit si très parfait que on ne le pourroit trop louer. Il aimoit ce que il devoit aimer et hayoit ce qu'il devoit haïr. Sage chevalier étoit et de haute emprise et plein de bon conseil, et n'avoit eu oncques nul marmouset d'encoste lui. Il fut prud'homme en régner. Il disoit en son retrait planté d'oraisons, tous les jours une nocturne du psautier, heures de Notre-Dame, du Saint-Esprit, de la croix et vigilles des morts, et tous les jours faisoit donner cinq francs en petite monnoie, pour l'amour de Dieu, et l'aumône à sa porte à toutes gens. Il fut large et courtois en dons; et trop bien savoit prendre où il appartenoit, et remettre où il afféroit. Les chiens sur toutes bêtes il amoit; et aux champs, été ou hiver, aux chasses volontiers étoit. D'armes et d'amour volontiers se déduisoit. Oncques fol outrage ni folle largesse n'aima; et vouloit savoir tous les mois que le sien devenoit. Il prenoit en son pays, pour sa recette recevoir et ses gens servir et administrer, douze hommes notables ; et de deux mois en deux mois étoit de deux servi en sa dite recette; et au chef des deux mois ils se changeoient, et deux autres en l'office retournoient. Il faisoit du plus espécial homme auquel il se confioit le plus son contrôleur, et à celui tous les autres comptoient et rendoient leurs comptes de leurs recettes. Et cil contrôleur comptoit au comte de Foix par rôles ou par livres escripts, et ses comptes laissoit par devers le dit comte. Il avoit certains coffres en sa chambre où aucune fois et non pas toudis il faisoit prendre de l'argent, pour donner à un seigneur chevalier ou écuyer quand ils venoient par devers lui; car oncques nul sans son don ne se départit de lui; et toujours multiplioit son trésor pour les aventures et les fortunes attendre que il doutoit. Il étoit connoissable et accointable à toutes gens; doucement et amoureusement à eux parloit. Il étoit bref en ses conseils et en ses réponses. Il avoit quatre clercs secrétaires pour escripre et rescripre lettres. Et bien convenoit que ces quatre lui fussent prêts quand il issoit hors de son retrait; ni ne les nommoit ni Jean, ni Gautier, ni Guillaume; mais quand les lettres que on lui bailloit lues il avoit, ou pour escripre aucune chose, leur commandoit, Mau-me-sert chacun d'eux il appeloit.

En cet état que je vous dis le comte de Foix vivoit. Et quand de sa chambre à mie nuit venoit pour souper en la salle, devant lui avoit douze torches allumées que douze varlets portoient; et icelles douze torches étoient tenues devant sa table qui donnoient grand'clarté en la salle; laquelle salle étoit pleine de chevaliers et de écuyers ; et toujours étoient à foison tables dressées pour souper qui souper vouloit. Nul ne parloit à lui à sa table si il ne l'appeloit. Il mangeoit par coutume fors volaille, et en espécial les

---

[1] Gaston III de Foix mourut le 22 août 1390, année où Froissart écrivit la rédaction de ce troisième livre.

[2] Melliades, suivant d'autres manuscrits.

ailes et les cuisses tant seulement, et guère aussi ne buvoit. Il prenoit en toutes menestrandie grand ébatement, car bien s'y connoissoit. Il faisoit devant lui ses clercs volontiers chanter chansons, rondeaux et virelais. Il séoit à table environ deux heures, et aussi il véoit volontiers étranges entremets, et iceux vus, tantôt les faisoit envoyer par les tables des chevaliers et des écuyers.

Briévement et tout ce consideré et avisé, avant que je vinsse en sa cour je avois été en moult de cours de rois, de ducs, de princes, de comtes et de hautes dames, mais je n'en fus oncques en nulle qui mieux me plût, ni qui fût sur le fait d'armes plus réjouie comme celle du comte de Foix étoit. On véoit, en la salle et ès chambres et en la cour, chevaliers et écuyers d'honneur aller et marcher, et d'armes et d'amour les oyoit-on parler. Toute honneur étoit là dedans trouvée. Nouvelles de quel royaume ni de quel pays que ce fût là dedans on y apprenoit; car de tous pays, pour la vaillance du seigneur, elles y appleuvoient et venoient. Là fus-je informé de la greigneur partie des faits d'armes qui étoient avenus en Espaigne, en Portingal, en Arragon, en Navarre, en Angleterre, en Escosse et ès frontières et limitation de la Langue d'Oc; car là vis venir devers le comte, durant le temps que je y séjournai, chevaliers et écuyers de toutes ces nations. Si m'en informois, ou par eux ou par le comte qui volontiers m'en parloit.

Je tendois trop fort à demander et à savoir, pour tant que je véois l'hôtel du comte de Foix si large et si plantureux, que Gaston le fils du comte étoit devenu, ni par quel incidence il étoit mort; car messire Espaing de Lyon ne le m'avoit voulu dire. Et tant en enquis que un écuyer ancien et moult notable homme le me dit. Si commença son conte ainsi en disant :

« Voir est que le comte de Foix et madame de Foix sa femme ne sont pas bien d'accord, ni n'ont été trop grand temps a ; et la dissension qui vient entr'eux est mue du roi de Navarre qui fut frère à celle dame; car le roi de Navarre plégea le seigneur de Labreth, que le comte de Foix tenoit en prison, pour la somme de cinquante mille francs. Le comte de Foix qui sentoit ce roi de Navarre cauteleux et malicieux, ne les lui vouloit pas croire, dont la comtesse de Foix avoit grand dépit et grand'indignation envers son mari, et lui disoit : « Monseigneur, vous portez peu d'honneur à monseigneur mon frère quand vous ne lui voulez croire cinquante mille francs. Si vous n'aviez plus jamais des Hermignas ni des Labrissiens que vous avez eu, si vous devroit il suffire. Et vous savez que vous me devez assigner pour mon douaire les cinquante mille francs, et ceux mettre en la main de monseigneur mon frère; si ne pouvez être mal payé. » — « Dame, dit-il, vous dites voir, mais si je cuidois que le roi de Navarre dût là contourner ce paiement, jamais le sire de Labreth ne partiroit d'Ortais, si serois payé jusques au derrain denier; et puisque vous en priez je le ferai, non pas pour l'amour de vous, mais pour l'amour de mon fils. »

« Sur celle parole, et sur l'obligation du roi de Navarre qui en fit sa dette envers le comte de Foix, le sire de Labreth fut quitte et délivré; et se tourna François, et s'en vint marier en France à la sœur du duc de Bourbon [1]. Et paya à son aise au roi de Navarre, auquel il étoit obligé, cinquante mille francs; mais cil point ne les envoyoit au comte de Foix. Lors dit le comte à sa femme. « Dame, il vous faut aller en Navarre devers votre frère le roi; et lui dites que je me tiens mal content de lui, quand il ne m'envoie ce qu'il a reçu du mien. » La dame répondit que elle iroit volontiers; et s'en départit du comte avec son arroi, et s'en vint à Pampelune devers son frère qui la reçut liement. La dame fit son message bien et à point. Quand le roi l'ot entendue, si répondit et dit : « Ma belle sœur, l'argent est vôtre, car le comte de Foix vous en doit douer [2], ni jamais du royaume de Navarre ne partira, puisque j'en suis au-dessus. » — « Ha! monseigneur, dit la dame, vous mettez trop grand'haine par celle voie entre monseigneur et nous; et si vous tenez votre propos, je n'oseroi retourner en la comté de Foix, car monseigneur m'occiroit et diroit que je l'aroie déçu. » — « Je ne sais, dit le roi qui ne vouloit pas remettre l'argent arrière, que vous ferez, si vous demeurerez ou retournerez; mais je suis chef de cet argent, et à moi en appartient pour vous, mais jamais ne partira de Navarre. » La

---

[1] Arnaud Amanjeu, comte d'Albret, épousa Marguerite, fille de Pierre Ier, duc de Bourbon. Il mourut en 1401.

[2] Faire un douaire.

comtesse de Foix n'en put avoir autre chose ; si se tint en Navarre et n'osoit retourner.

« Le comte de Foix, qui véoit le malice du roi de Navarre, commença sa femme grandement à enhaïr et à être mal content d'elle, jà n'y eut elle coulpe, et à mal contenter sur li, de ce que, tantôt son message fait, elle n'étoit retournée. La dame n'osoit, qui sentoit son mari cruel là où il prenoit la chose à déplaisance.

« Celle chose demoura ainsi. Gaston, le fils de monseigneur le comte de Foix, crût et devint très bel enfès, et fut marié à la fille du comte d'Ermignac[1], une jeune dame sœur au comte qui est à présent, et à messire Bernard d'Ermignac; et par la conjonction du mariage devoit être bonne paix entre Foix et Hermignac. L'enfès pouvoit avoir environ quinze ou seize ans. Trop bel écuyer étoit, et si pourtraioit de tous membres grandement au père. Si lui prit volonté et plaisance d'aller au royaume de Navarre voir sa mère et son oncle; ce fut bien à la male heure pour lui et pour ce pays. Quand il fut venu en Navarre, on lui fit très bonne chère; et se tint avec sa mère un tandis, puis prit congé; mais ne put sa mère, pour parole ni prière que il lui faisist ni desist, faire retourner en Foix avecques lui. Car la dame lui avoit demandé si le comte de Foix son père l'en avoit enchargé de la ramener; il disoit bien que, au partir, il n'en avoit été nulle nouvelle, et pour ce la dame ne s'y osoit assurer, mais demoura derrière. L'enfès de Foix s'en vint par Pampelune pour prendre congé au roi de Navarre son oncle. Le roi lui fit très bonne chère, et le tint avec lui plus de dix jours, et lui donna de beaux dons et à ses gens aussi. Le derrain don que le roi de Navarre lui donna, fut la mort de l'enfant. Je vous dirai comment et pourquoi.

« Quand ce vint sur le point que l'enfès dut partir, le roi le trait à part en sa chambre secrètement, et lui donna une moult belle boursette pleine de poudre, de telle condition que il n'étoit chose vivante qui, si de la poudre touchoit ou mangeoit, que tantôt ne le convenist mourir sans nul remède. « Gaston, dit le roi, beau neveu, vous ferez ce que je vous dirai. Vous véez comment le comte de Foix, votre père, a, à son tort, en grand'haine votre mère, ma sœur; et ce me déplaît grandement, et aussi doit-il faire à vous. Toutefois, pour les choses réformer en bon point, et que votre mère fût bien de votre père, quand il viendra à point, vous prendrez un petit de cette poudre et en mettrez sur la viande de votre père, et gardez bien que nul ne vous voie. Et sitôt comme il en aura mangé, il ne finera jamais ni n'entendra à autre chose, fors que il puisse r'avoir sa femme votre mère avecques lui ; et s'entr'aimeront à toujours mais si entièrement que jamais ne se voudront départir l'un de l'autre; et tout ce devez-vous grandement convoiter qu'il avienne. Et gardez bien que, de ce que je vous dis, vous ne vous découvrez à homme qui soit qui le dise à votre père, car vous perdriez votre fait. » L'enfès, qui tournoit en voir tout ce que le roi de Navarre son oncle lui disoit, répondit et dit : « Volontiers. »

« Sur ce point il se partit de Pampelune de son oncle et s'en retourna à Ortais. Le comte de Foix son père lui fit bonne chère, ce fut raison, et lui demanda des nouvelles de Navarre, et quels dons ni joyaux on lui avoit donnés par delà ; et tous les montra, excepté la boursette où étoit la poudre, mais de ce se sçut-il bien couvrir et taire. Or étoit-il d'ordonnance en l'hôtel de Foix que moult souvent Gaston, et Yvain son frère bâtard, gissoient ensemble en une chambre; et s'entr'aimoient ainsi que enfans frères font, et se vêtoient de cottes et d'habits ensemble, car ils étoient aucques d'un grand et d'un âge. Avint que une fois, ainsi que enfans jeuent et s'ébattent en leurs lits, ils s'entrechangèrent leurs cottes, et tant que la cotte de Gaston, où la poudre et la bourse étoient, alla sur la place du lit d'Yvain, frère de Gaston. Yvain, qui étoit assez malicieux, sentit la poudre en la bourse, et demanda à Gaston son frère : « Gaston, quel chose est ci que vous portez tous les jours à votre poitrine? » De celle parole n'ot Gaston point de joie et dit : « Rendez-moi ma cotte, Yvain, vous n'en avez que faire. » Yvain lui rejeta sa cotte. Gaston la vêtit. Si fut ce jour trop plus pensif que il n'avoit été au devant. Si avint dedans trois jours après, si comme Dieu voult sauver et garder le comte de Foix, que Gaston se courrouça à son frère Yvain pour le jeu de paume[1] et lui donna une jouée.

---

[1] On l'appelait *la Gaye Armagnacoise*, à cause de sa beauté.

[1] Le manuscrit 8325 dit : pour le jeu de cache, et lui donna une paumée (soufflet).

L'enfès s'en courrouça et enfélonna, et entra tout pleurant en la chambre son père, et le trouva à telle heure que il venoit de ouïr sa messe. Quand le comte le vit plorer si lui demanda : « Yvain, que vous faut ? » — « En nom de Dieu, dit-il, monseigneur, Gaston m'a battu, mais il y a autant et plus à battre en lui qu'en moi. » — « Pourquoi ? » dit le comte, qui tantôt entra en souspeçon et qui est moult imaginatif. — « Par ma foi, monseigneur, depuis que il est retourné de Navarre, il porte à sa poitrine une boursette toute pleine de poudre ; mais je ne sais à quoi elle sert, ni que il en veut faire, fors tant que il m'a dit une fois ou deux que madame sa mère sera temprement et bien bref mieux en votre grâce que oncques ne fut. » — « Ho ! dit le comte, tais-toi et garde bien que tu ne te descueuvres à nul homme du monde de ce que tu m'as dit. » — « Monseigneur, dit l'enfès, volontiers. »

« Le comte de Foix entra lors en grand'imagination, et se couvrit jusques à l'heure du dîner, et lava et s'assit comme les autres jours à table en sa salle. Gaston son fils avoit d'usage que il le servoit de tous ses mets et faisoit essai de ses viandes. Sitôt que il ot assis devant le comte son premier mets et fait ce qu'il devoit faire, le comte jette ses yeux, qui étoit tout informé de son fait, et voit les pendans de la boursette au gipon de son fils. Le sang lui mua, et dit : « Gaston, viens avant, je veuil parler à toi en l'oreille. » L'enfant s'avança de la table. Le comte ouvrit lors son sein et desnoulla lors son gipon, et prit un coutel, et coupa les pendans de la boursette, et lui demoura en la main, et puis dit à son fils : « Quelle chose est-ce en celle boursette ? » L'enfès, qui fut tout surpris et ébahi, ne sonna mot, mais devint tout blanc de paour et tout éperdu, et commença fort à trembler, car il se sentoit forfait. Le comte de Foix ouvrit la bourse et prit de la poudre et en mit sur un tailloir[1] de pain, et puis siffla un lévrier que il avoit de-lez lui et lui donna à manger. Sitôt que le chien ot mangé le premier morsel, il tourna les pieds dessus[2] et mourut.

« Quand le comte de Foix en vit la manière,

[1] On appelait tailloir ou tranchoir une espèce de pain sans levain qu'on employait ordinairement en guise de plat ou d'assiette pour poser et couper certains alimens. Humecté ainsi par les sauces et le jus de viandes, il se mangeait ensuite comme un gâteau.

[2] Le manuscrit 8328 dit : il tourna les yeux en la tête.

si il fut courroucé, il y ot bien cause ; et se leva de table et prit son coutel, et voult lancer après son fils ; et l'eût là occis sans remède, mais chevaliers et écuyers saillirent au devant et dirent : « Monseigneur, pour Dieu merci ! ne vous hâtez pas, mais vous informez de la besogne avant que vous fassiez à votre fils nul mal. » Et le premier mot que le comte dit, ce fut en son gascon : « O Gaston, traitour, pour toi et pour accroître l'héritage qui te devoit retourner, j'ai eu guerre et haine au roi de France, au roi d'Angleterre, au roi d'Espaigne, au roi de Navarre et au roi d'Arragon, et contre eux me suis-je bien tenu et porté, et tu me veux maintenant murdrir. Il te vient de mauvaise nature. Saches que tu en mourras à ce coup. » Lors saillit outre la table, le coutel en la main, et le vouloit là occir. Mais chevaliers et écuyers se mirent à genoux en pleurant devant lui et lui dirent : « Ha ! monseigneur, pour Dieu merci ! n'occiez pas Gaston ; vous n'avez plus d'enfans. Faites-le garder et informez-vous de la matière ; espoir ne savoit-il que il portoit, et n'a nulle coulpe à ce mesfait. » — « Or tôt, dit le comte, mettez-le en la tour, et soit tellement gardé que on m'en rende compte. »

« Lors fut mis l'enfès en la tour de Ortais. Le comte fit adonc prendre grand'foison de ceux qui servoient son fils ; et tous ne les ot pas, car moult s'en partirent ; et encore en est l'évêque de l'Escale, d'encoste Pau, hors du pays, qui en fut souspeçonné, et aussi sont plusieurs autres ; mais il en fit mourir jusques à quinze très horriblement. Et la raison que il y met et mettoit étoit telle, que il ne pouvoit être que ils ne sçussent de ses secrets, et lui dussent avoir signifié et dit : « Monseigneur, Gaston porte une bourse à sa poitrine telle et telle. » Rien n'en firent, et pour ce mourrent horriblement, dont ce fut pitié, aucuns écuyers ; car il n'y avoit en toute Gascogne si jolis, si beaux, si acesmés comme ils étoient : car toujours a été le comte de Foix servi de frisque mesnée.

« Trop toucha celle chose près au comte de Foix ; et bien le montra, car il fit assembler un jour à Ortais tous les nobles, les prélats de Foix, de Berne et tous les hommes notables de ces deux pays ; et quand ils furent venus, il leur démontra ce pourquoi il les avoit mandés, et comment il avoit trouvé son fils en telle deffaute et si grand forfait que c'étoit son intention qu'il mourût et que il avoit desservi mort. Tout le peuple répondit à celle parole d'une voix et dit : « Monseigneur, sauve soit votre grâce ! nous ne voulons pas que Gaston muire; c'est votre héritier et plus n'en avez. »

« Quand le comte ouït son peuple qui prioit pour son fils, si se restreignit un petit; et se pourpensa que il le châtieroit par prison, et le tiendroit en prison deux ou trois mois, et puis l'envoieroit en quelque voyage deux ou trois ans demeurer, tant que il auroit oublié son mautalent et que l'enfant, pour avoir plus d'âge, seroit en meilleure et plus vive connoissance. Si donna à son peuple congé; mais ceux de la comté de Foix ne se vouloient partir d'Ortais, si le comte ne les assuroit que Gaston ne mourroit point, tant amoient-ils l'enfant. Il leur ot en convenant; mais bien dit que il le tiendroit par aucun temps en prison pour le châtier. Sur celle convenance se partirent toutes manières de gens, et demeura Gaston prisonnier à Ortais.

« Ces nouvelles s'épandirent en plusieurs lieux; et pour ce temps étoit pape Grégoire onzième en Avignon. Si envoya tantôt le cardinal d'Amiens en légation, pour venir en Berne et pour amoyenner ces besognes et apaiser le comte de Foix, et ôter de son courroux, et l'enfant hors de prison. Mais le cardinal ordonna ses besognes si longuement que il ne put venir que jusques à Béziers, quand les nouvelles lui vinrent là que il n'avoit que faire en Berne, car Gaston, le fils au comte de Foix, étoit mort. Et je vous dirai comment il mourut, puisque si avant je vous ai parlé de la matière.

« Le comte de Foix le faisoit tenir en une chambre en la tour d'Ortais, où petit avoit de lumière, et fut là dix jours. Petit y but et mangea, combien que on lui apportoit tous les jours assez à boire et à manger. Mais, quand il avoit la viande, il la détournoit d'une part et n'en tenoit compte; et veulent aucuns dire que on trouva les viandes toutes entières que on lui avoit portées, ni rien ne les avoit amenries au jour de sa mort. Et merveilles fut comment il put tant vivre. Par plusieurs raisons, le comte le faisoit là tenir, sans nulle garde qui fût en la chambre avecques lui ni qui le conseillât ni confortât; et fut l'enfès toujours en ses draps ainsi comme il y entra. Et si se mérencolia grandement, car il n'avoit pas cela appris; et maudissoit l'heure que il fut oncques né ni engendré pour être venu à telle fin.

« Le jour de son trépas, ceux qui le servoient de manger lui apportèrent la viande et lui dirent : « Gaston, vez-ci de la viande pour vous. » Gaston n'en fit compte et dit : « Mettez-la là. » Cil qui le servoit de ce que je vous dis, regarde et voit en la prison toutes les viandes que les jours passés il avoit apportées. Adonc refermat-il la chambre et vint au comte de Foix, et lui dit : « Monseigneur, pour Dieu merci ! prenez garde dessus votre fils, car il s'affame là en la prison où il gît, et crois que il ne mangea oncques puis qu'il y entra, car j'ai vu tous les mets entiers tournés d'un lez dont on l'a servi. » De celle parole le comte s'enfélonna, et sans mot dire, il se partit de sa chambre et s'en vint vers la prison où son fils étoit; et tenoit à la male heure un petit long coutel dont il appareilloit ses ongles et nettoyoit. Il fit ouvrir l'huis de la prison et vint à son fils; et tenoit l'alemelle de son coutel par la pointe, et si près de la pointe que il n'en y avoit pas hors de ses doigts la longueur de l'épaisseur d'un gros tournois. Par mautalent, en boutant ce tant de pointe en la gorge de son fils, il l'asséna, ne sais en quelle veine, et lui dit : « Ha, traitour ! pourquoi ne manges-tu point ? » Et tantôt s'en partit le comte sans plus rien dire ni faire, et rentra en sa chambre. L'enfès fut sang mué et effrayé de la venue de son père, avecques ce que il étoit foible de jeûner et que il vit ou sentit la pointe du coutel qui le toucha à la gorge, comme petit fut, mais ce fut en une veine, il se tourna d'autre part et là mourut.

« A peine étoit le comte rentré en sa chambre, quand nouvelles lui vinrent, de celui qui administroit à l'enfant sa viande qui lui dit : « Monseigneur, Gaston est mort. » — « Mort ? » dit le comte. « M'ait Dieu ! monseigneur, voire. » Le comte ne vouloit pas croire que ce fût vérité. Il y envoya un sien chevalier qui là étoit de côté lui. Le chevalier y alla, et rapporta que voirement étoit-il mort. Adonc fut le comte de Foix courroucé outre mesure, et regretta son fils trop grandement, et dit : « Ha ! Gaston, comme povre aventure ci a ! A male heure pour toi et pour moi allas oncques en Navarre voir ta mère. Jamais je n'aurai si parfaite joie comme je avois devant. » Lors fit-il venir son berbier, et se fit rère tout jus, et se mit moult bas, et se vêtit de noir, et tous ceux de son hôtel. Et fut le corps de l'enfant porté en pleurs et en cris aux frères mineurs à Ortais, et là fut enséputuré. Ainsi en alla que je vous conte de la mort de Gaston de Foix : son père l'occit voirement, mais le roi de Navarre lui donna le coup de la mort. »

CHAPITRE XIV.
Comment messire Pierre de Berne fut malade par fantôme, et comment la comtesse de Biscaye se partit de lui

A ouïr conter le conte à l'écuyer de Berne de la mort au fils du comte de Foix, os et pris-je à mon cœur grand'pitié ; et le plaignis moult grandement ; pour l'amour du gentil comte son père, que je véois et trouvois seigneur de si haute recommandation, si noble, si large du sien donner et si courtois, et pour l'amour aussi du pays qui demeuroit en grand différend et par deffaut d'héritier. Je pris atant congé de l'écuyer, et le remerciai de ce que à ma plaisance il avoit son conte fait. Depuis le vis-je en l'hôtel de Foix plusieurs fois, et eûmes moult de parlemens ensemble ; et une foi, lui demandai de messire Pierre de Berne, frère bâtard du comte, pourtant que il me sembloit un chevalier de grand'volonté, si il étoit riche homme et point marié. Il me répondit : « Marié est-il voirement, mais sa femme ni ses enfans ne demeurent point avecques lui. » — « Et pourquoi ? » dis-je. « Je le vous dirai, dit le chevalier. Messire Pierre de Berne a de usage que de nuit en dormant il se relève, et s'arme, et trait son épée, et se combat, et ne sait à qui, voire si on n'est trop soigneux de lui. Mais ses chambrelans et ses varlets qui dorment en sa chambre et qui le veillent, quand ils l'oent ou voient, ils lui vont au devant et l'éveillent ; et lui disent comment il se maintient, et il leur dit qu'il n'en sait rien, et qu'ils mentent. Et aucune fois on ne lui a laissé nulles armures ni épée en sa chambre ; mais quand il se relevoit, et nulles il n'en trouvoit, il menoit un tel terribouris et tel brouillis que il sembloit que tous les diables d'enfer dussent tout emporter, et fussent là dedans avecques lui. Si que, pour le mieux, on les lui a laissées : car parmi ce, il s'oublie à lui armer et désarmer, et puis se reva coucher. » — « Et tient-il grand'terre, demandois-je, de par sa femme ? » — « En nom Dieu, dit l'écuyer, oïl ; mais la dame par qui le héritage vient, possède les profits, et n'en a messire Pierre de Berne que la quatrième partie. » — « Et où se tient la dame ? » — « Elle se tient, dit-il, en Castille avecques le roi son cousin ; et fut son père comte de Biscaye, et étoit cousin germain du roi Dam Piètre qui fut si cruel ; lequel roi Dam Piètre le fit mourir, et vouloit aussi avoir par devers lui celle dame pour la emprisonner ; et saisit toute sa terre ; et tant comme il vesqui la dame n'y ot rien. Et fut dit à la dame, qui s'appelle comtesse de Biscaye, quand son père fut mort : « Dame, sauvez-vous, car si le roi Dam Piètre vous tient, il vous fera mourir ou mettra en prison, tant est fort courroucé sur vous, pourtant que vous devez avoir dit et témoigné que il fit mourir en son lit la roine, sa femme, la sœur au duc de Bourbon et à la roine de France ; vous en êtes mieux crue que nulle autre, car vous étiez de sa chambre. » Pour celle doute, la comtesse Florence de Biscaye se partit de son pays, à petite compagnie, ainsi que usage est que chacun et chacune fuit la mort volontiers ; et se mit au pays des Bascles, et passa parmi ; et fit tant, à grand'peine, que elle vint céans devers monseigneur, et lui conta toute son aventure. Le comte, qui est à toutes dames et damoiselles doux et amoureux, en ot pitié ; et la retint et la mit avecques la dame de Corasse, une haute baronnesse en ce pays, et la pourvéy de ce que il lui appartenoit. Messire Pierre de Berne, son frère, étoit lors jeune chevalier, et n'avoit pas l'usage qu'il a maintenant, et étoit grandement en la grâce du comte. Si fit le mariage de celle dame et de lui, et recouvra sa terre si très tôt comme il l'ot épousée et mariée ; et en a le dit messire Pierre de la dame fils et fille, mais ils sont en Castille avec la dame, car ils sont encore jeunes ; et ne le veut pas laisser la mère avecques le père pour la cause de ce qu'elle a grand droit à posséder de la greigneur part de sa terre. » — « Sainte Marie ! dis-je lors à l'écuyer, et dont peut ores venir à messire Pierre de Berne celle fantaisie que je vous oy recorder que il n'ose dormir seul en une chambre, et quand il est endormi, il se relève tout par lui et fait telles escarmouches ? Ce sont bien choses à émerveiller. » — « Par ma foi, dit l'écuyer, on lui a bien demandé, mais il ne sait à dire dont il lui vient. Et la première fois que on s'en aperçut, ce fut la nuit ensuivant d'un jour auquel il avoit ès bois de Biscaye chassé à chiens un ours merveilleusement grand. Cil ours avoit occis quatre de ses chiens et navré plusieurs, tant que tous les autres le redoutoient. Adonc prit messire Pierre de Berne une épée de Bordeaux que il portoit, et s'en vint ireusement, pour la cause de ses chiens que il véoit morts, assaillir le dit ours; et là se combattit à lui moult longuement, et en fut en grand péril de son corps, et reçut grand' peine ainçois qu'il le pût déconfire. Finablement il le mit à mort, et puis retourna à l'hostel en son chastel de Languedendon en Biscaye, et fit apporter l'ours avecques lui. Tous et toutes se merveilloient de la grandeur de la bête et du hardement du chevalier comment il l'avoit osé assaillir et déconfire.

«Quand sa femme, la comtesse de Biscaye, le vit, elle se pâma et montra que elle eût trop grand douleur. Si fut prise de ses gens et portée en sa chambre. Et fut ce jour et la nuit ensuivant, et tout le lendemain, durement déconfortée, et ne vouloit dire que elle avoit. Au tiers jour elle dit à son mari : «Monseigneur, je n'aurai jamais santé jusques à ce que j'aie été en pélerinage à Saint-Jacques. Donnez-moi congé d'y aller, et que je y porte Pierre mon fils et Andrienne ma fille. Je le vous requiers.» Messire Pierre lui accorda trop légèrement. La dame se partit en bon arroi, et emporta et fit porter devant li tout son trésor, or et argent et joyaux, car bien savoit que plus ne retourneroit; mais on ne s'y prenoit point garde. Toutefois fit la dame son voyage et pélerinage; et prit achoison d'aller voir le roi de Castille, son cousin, et la roine, et vint devers eux. On lui fit bonne chère. Encore est-elle là, et ne veut point retourner ni renvoyer ses enfans. Et vous dis que, en la propre nuit dont le jour messire Pierre avoit chassé et tué l'ours et occis, entrementes que il se dormoit dans son lit, celle fantaisie lui advint. Et veut-on dire que la dame le savoit bien sitôt comme elle vit l'ours, et que son père l'avoit chassé une fois, et que en chassant, une voix lui dit, et si ne vit rien : «Tu me chasses, et si ne te vueil nul dommage, mais tu mourras de malemort.» Donc la dame ot remembrance de ce, quand elle vit l'ours, parce qu'elle avoit ouï dire à son père, et lui souvint voirement, comment le roi Dam Piètre l'avoit fait décoler et sans cause; et pour ce se pâma-t-elle; ni jamais pour celle cause n'aimera son mari. Et tient et maintient que encore lui mescheira du corps avant qu'il muire, et que ce n'est rien de ce qu'il fait envers ce qu'il lui adviendra.

«Or vous ai-je conté de messire Pierre de Berne, dit l'écuyer, selon ce que vous m'en avez demandé, et c'est chose toute véritable; car ainsi en est et ainsi en avient; et que vous en semble?» Et je, qui tout pensif étois pour la grand'merveille, répondis et dis : «Je le crois bien, et ce peut bien être. Nous trouvons en l'escripture que anciennement les dieux et les déesses à leur plaisance muoient les hommes en bêtes et en oiseaux, et aussi bien faisoient les femmes. Aussi peut-être que cet ours avoit été un chevalier chassant ès forêts de Biscaye en son temps. Si courrouça ou dieu ou déesse à lui, pourquoi il fut mué en forme d'ours, et faisoit là sa pénitence, si comme Actéon fut mué en cerf.» — «Actéon! répondit l'écuyer; doux maître, or m'en contez le conte, et je vous en prie.» — «Volontiers, dis-je. Selon les anciennes escriptures, nous trouvons escript que Actéon fut un appert, faitis, et joli chevalier, et aimoit le déduit des chiens sur toute rien. Donc il avint, une fois que il chassoit ès bois de Thessale, il éleva un cerf merveilleusement grand et bel, et le chassa tout le jour; et le perdirent toutes ses gens et ses levriers aussi. Il, qui étoit fort attentif et désirant de poursuivre sa proie, suivit la chasse et la trace du cerf, tant qu'il vint en une prée ou bois enclose et avironnée de hauts arbres. Et là, en celle prée, avoit une belle fontaine. En celle fontaine, pour soi rafreschir, se baignoit Diane, la déesse de chasteté; et autour de li étoient ses pucelles. Le chevalier s'embat sur elles, ni onques il ne s'en donna garde. Si alla si avant que il ne put reculer. Elles, qui furent honteuses et étranges de sa venue, couvrirent erramment leur dame, qui fut vergogneuse de ce que elle étoit nue. Mais par dessus toutes ses pucelles, elle apparoît et vit le chevalier, si dit : «Actéon, qui ci t'envoya, il ne t'aima guères. Je ne vueil, quand tu seras ailleurs que ci, que tu te vantes que tu m'aies vue nue ni mes pucelles; et pour l'outrage que tu as fait, il t'en faut avoir pénitence. Je vueil que tu sois tel et en la forme que le cerf que tu as huy chassé.» Et tantôt Actéon fut mué en cerf, et courut aval la forêt comme un autre; et encore, par semblable cas, le cerf de sa nature aime les chiens. Ainsi peut-il avenir de l'ours dont vous m'avez fait votre conte, ou que la dame y sait autre chose ou savoit que elle ne désist pour l'heure. Si la doit-on tenir pour excusée. » L'écuyer répondit : « Il peut être. » Ainsi finâmes-nous notre conte.

CHAPITRE XV.

De la grand'fête que le comte de Foix faisoit de Saint Nicolas et des faits d'armes que Bascot de Mauléon conta à sire Jean Froissart.

Entre les solemnités que le comte de Foix fait des hauts jours solemnels de l'an, il fait trop solemnellement grand'compte et grand'fête, où qu'il soit, ce me dit un écuyer de son hôtel, le tiers jour que je fus venu à Ortais, de la nuit Saint-Nicolas en hiver. Et en fait faire solemnité par toute sa terre, aussi haute et aussi grande et plus que le jour de Pâques; et j'en vis bien l'apparent, car je fus là à tel jour. Tout le clergé de la ville d'Ortais et toutes les gens, hommes, femmes et enfans en procession allèrent querre le comte au chastel; lequel tout à pied, avec le clergé et les processions, partit du chastel. Et vinrent à l'église Saint-Nicolas, et là chantoient un psaume du psaultier David qui dit ainsi : *Benedictus Dominus meus, qui docet manus meas ad prœlium et digitos meos ad bellum.* Et quand celle psaume étoit finie, ils la recommençoient toudis; et ainsi fut amené jusques à l'église, et là fut fait le divin office, aussi solemnellement comme le jour de Noël ou de Pâques on feroit en la chapelle du pape ou du roi de France; car à ce temps il avoit grand'foison de bons chantres. Et chanta la messe pour le jour l'évêque de Pammiers; et là ouïs sonner et jouer des orgues aussi mélodieusement comme je fis oncques en quelconque lieu où je fusse. Briévement, à parler vérité et par raison, l'état du comte Foix, qui régnoit pour ce temps que je dis, étoit tout parfait; et il de sa personne si sage et si perçavant que nul haut prince de son temps ne se pouvoit comparer à lui de sens, d'honneur et de largesse.

Les fêtes de Noël qu'il tint moult solemnelles, là vit-on venir en son hôtel foison de chevaliers et d'écuyers de Gascogne, et à tous il fit bonne chère. Et là véis le Bourg d'Espaigne, duquel et de sa force messire Espaing de Lyon m'avoit parlé. Si l'en vis plus volontiers. Et lui fit le comte de Foix bon semblant. Là vis chevaliers d'Arragon et anglois lesquels étoient de l'hôtel du duc de Lancastre, qui pour ce temps se tenoit à Bordeaux, à qui le comte de Foix fit bonne chère et donna de beaux dons. Je me accointai de ces chevaliers; et par eux fus-je lors informé de grand'foison de besognes qui étoient avenues en Castille, en Navarre et en Portingal, desquelles je parlerai clairement et pleinement quand temps et lieu en sera.

Là vis venir un écuyer gascon qui s'appeloit le Bascot de Mauléon; et pouvoit avoir pour lors environ soixante ans, appert homme d'armes par semblant et hardi; et descendit en grand arroi en l'hôtel où je étois logé à Ortais, à la Lune, sur Ernaulton du Pan. Et faisoit mener sommiers autant comme un grand baron; et étoit servi lui et ses gens en vaisselle d'argent. Et quand je l'ouïs nommer et vis que le comte de Foix et chacun lui faisoit grand'fête, si demandai à messire Espaing de Lyon : « N'est-ce pas l'écuyer qui se partit du chastel de Trigalet quand le duc d'Anjou sist devant Mauvoisin? » — « Oïl, répondit-il, c'est un bon homme d'armes pour le présent et un grand capitaine. » Sur celle parole je m'accointai de lui, car il étoit en mon hôtel; et m'en aida à accointer un sien cousin gascon, duquel j'étois trop bien accointé, qui étoit capitaine de Carlac en Auvergne, qui s'appeloit Ernauton, et aussi fit le Bourg de Campane. Et ainsi qu'on parole et devise d'armes, une nuit après souper, séant au feu et attendant la mie-nuit que le comte de Foix devoit souper, son cousin le mit en voie de parler et de recorder de sa vie et des armes où en son temps il avoit été, tant de pertes comme de profits, et trop bien lui en souvenoit. Si me demanda : « Messire Jean, avez-vous point en votre histoire ce dont je vous parlerai? » Je lui répondis: « Je ne sais. Aie ou non aie, faites votre conte; car je vous oy volontiers d'armes, car il ne me peut pas du tout souvenir, et aussi je ne puis pas avoir été de tout informé. » — « C'est voir, » répondit l'écuyer. A ces mots il commença son conte et dit ainsi :

« La première fois que je fus armé, ce fut sous le captal de Buch à la bataille de Poitiers; et de bonne étrenne j'eus en ce jour trois prisonniers, un chevalier et deux écuyers, qui me rendirent l'un par l'autre trois mille francs. L'autre année après, je fus en Prusse avecques le comte de Foix et le captal son cousin, duquel charge j'étois; et à notre retour à Meaux en Brie, nous trouvâmes la duchesse de Normandie pour le temps, et la duchesse d'Orléans, et grand'foison de dames et de damoiselles, gentils dames, que les Jacques[1] avoit enclos au marché de Meaux; et les eussent efforcées et violées si Dieu ne nous eût là envoyés. Bien étoient en leur puissance, car ils étoient plus de dix mille et les dames étoient toutes seules. Nous les délivrâmes de ce péril; car il y ot morts des Jacques sur la place, renversés aux champs, plus de six mille; ni oncques puis ne se rebellèrent.

« Pour ce temps étoient trèves entre le roi de France et le roi d'Angleterre. Mais le roi de Navarre faisoit guerre pour sa querelle au régent et au royaume de France. Le comte de Foix retourna en son pays; mais mon maître le captal demeura avecques et en la compagnie du roi de Navarre pour ses deniers et à gages. Et lors fûmes-nous, avecques les aidans que nous avions, au royaume de France et par espécial en Picardie, où nous fîmes une forte guerre, et prîmes moult de villes et de chastels en l'évêché de Beauvais et en l'évêché d'Amiens; et étions pour lors tous seigneurs des champs et des rivières, et y conquerismes, nous et les nôtres, très grand'finance.

« Quand les trieuves furent faillies de France et d'Angleterre, le roi de Navarre cessa sa guerre, car on fit paix entre le régent et lui; et lors passa le roi d'Angleterre la mer en très grand arroi, et vint mettre le siége devant Reims. Et là manda-t-il le captal mon maître, lequel se tenoit à Clermont en Beauvoisis, et faisoit guerre pour lui à tout le pays. Nous vînmes devers le roi et ses enfans. »

Lors me dit l'écuyer : « Je crois bien que vous ayez toutes ces choses, et comment le roi d'Angleterre passa et vint devant Chartres, et comment la paix fut faite des deux rois. » — « C'est vérité, répondis-je, je l'ai toute et les traités comment ils furent faits. »

Lors reprit le Bascot de Mauléon sa parole et dit : « Quand la paix fut faite entre les deux rois, il convint toutes manières de gens d'armes et de Compagnies, parmi le traité de la paix, vider et laisser les forteresses et les chastels que ils tenoient. Adonc s'accueillirent toutes manières de povres compagnons qui avoient pris les armes, et se remirent ensemble; et eurent plusieurs capitaines conseil entre eux quelle part ils se trairoient; et dirent ainsi que, si les rois avoient fait paix ensemble, si les convenoit-il vivre. Si s'en vinrent en Bourgogne; et là avoit capitaines de toutes nations, Anglois, Gascons, Espagnols, Navarrois, Allemands, Escots et gens de tous pays assemblés; et je y étois pour un capitaine. Et nous nous trouvâmes en Bourgogne et dessus la rivière de Loire plus de douze mille, que uns que autres. Et vous dis que là en celle assemblée avoit bien trois ou quatre mille de droites gens d'armes, aussi apperts et aussi subtils de guerre comme nuls gens pourroient être, pour aviser une bataille et prendre à son avantage, pour écheller et assaillir villes et chastels, aussi durs et aussi nourris que nulles gens pouvoient être. Et assez le montrâmes à la bataille de Brignay, où nous ruâmes jus le connétable de France et le comte de Forez, et bien deux mille lances de chevaliers et d'écuyers. Celle bataille fit trop grand profit aux compagnons, car ils étoient povres; si furent là tous riches de bons prisonniers, et de villes et de forts que ils prirent en l'archevêché de Lyon et sur la rivière du Rhône. Et ce parfit leur guerre quand ils eurent le pont Saint-Esprit, car ils guerroyèrent le pape et les cardinaux et leur firent moult de travaux; et n'en pouvoient être quittes ni n'eussent été jusques à ce que les compagnons eussent tout honni. Mais ils trouvèrent un moyen. Ils mandèrent en Lombardie le marquis de Mont-Ferrat, un moult vaillant chevalier, lequel avoit guerre au seigneur de Milan. Quand il fut venu en Avignon, le pape et les cardinaux traitèrent devers lui, et il parla aux capitaines anglois, gascons et allemands. Parmi soixante mille francs que le pape et les cardinaux payèrent à plusieurs capitaines de ces routes, tels que messire Jean Haccoude, un moult vaillant chevalier anglois, messire Robert Briquet, Carsuele, Naudon de Bageran, le Bourg de Breteuil, le Bourg Camus, le Bourg de l'Espare, Batillier et plusieurs autres, si s'en allèrent en Lombardie et rendirent le pont Saint-Esprit, et emmenè-

---

[1] Les Jacques bons-hommes.

rent de toutes les routes bien les six parts. Mais nous demeurâmes derrière, messire Seguin de Batefol, messire Jean Jouel, messire Jacqueme Planchin, Lamit, messire Jean Aymery, le Bourg de Pierregort, Espiote, Loys Rambaut, Lymosin, Jacques Tiriel, moi et plusieurs autres. Et tenions Eause, Saint-Clément, la Berelle, la Terrasse, Brignay, le Mont-Saint-Denis, l'Hospital de Rochefort et plus de soixante forts, que en Masconnois, en Forez, en Bellay, en la basse Bourgogne et sur la rivière de Loire. Et rançonnions tout le pays; ni on ne pouvoit être quitte de nous, ni pour bien payer ni autrement. Et primes de nuit la Charité sur Loire et la tînmes bien an et demi. Et étoit tout nôtre dessus Loire jusques au Puy en Avergne, car messire Seguin de Batefol avoit laissé Eause et tenoit la Brioude en Auvergne, où il ot de profit ens ou pays cent mille francs, et dessous Loire jusques à Orléans, et aussi toute la rivière d'Allier. Ni l'archiprêtre, qui étoit capitaine de Nevers et qui étoit lors bon François, n'y savoit ni ne pouvoit remédier, fors tant qu'il connoissoit les compagnons, parquoi à sa prière on faisoit bien aucune chose pour lui. Et fit le dit archiprêtre adonc un trop grand bien en Nivernois, car il fit fermer la cité de Nevers; autrement elle eût été perdue et courue par trop de fois; car nous tenions bien en la marche, que villes que chastels, plus de vingt sept. Ni il n'étoit chevalier, ni écuyer, ni riche homme, si il n'étoit apacti à nous, qui osât issir hors de sa maison. Et celle guerre faisions lors au vu et au titre du roi de Navarre. »

CHAPITRE XVI.

Comment plusieurs capitaines anglois et autres gens de Compagnies furent déconfits devant la ville de Sancerre.

« Or vint la bataille de Cocherel [1] dont le captal, pour le roi de Navarre, fut chef; et s'en allèrent devers lui pour faire meilleure guerre plusieurs chevaliers et écuyers. De notre côté le vinrent servir à deux cens lances, messire Planchin et messire Jean Jouel. Je tenois lors un chastel que on appelle le Bié d'Allier, assez près de la Charité, en allant en Bourbonnois, et avois quarante lances dessous moi. Et fis pour ce temps au pays et en la marche de Moulins moult grandement mon profit, et environ Saint-Poursain et Saint-Père le Moustier.

« Quand les nouvelles me furent venues que le captal, mon maître, étoit en Cotentin et assembloit gens à pouvoir, pour le grand désir que j'avois de le voir, je me partis de mon fort à douze lances, et me mis en la route messire Jean Jouel et messire Jacqueme Planchin; et vînmes sans dommage et sans rencontre qui nous portât dommage devers le captal. Je crois bien que vous avez en votre histoire toute la besogne ainsi comme elle se porta. » — « C'est vérité, dis-je. Là fut pris le captal, et morts messire Jean Jouel et messire Jacqueme Planchin. » — « Il est vérité, répondit le Bascot de Mauléon. Je fus là pris, mais trop bien chey et m'avint; ce fut d'un mien cousin, et cousin à mon cousin qui ici est, le Bourg de Campane, et l'appeloit-on Bernard de Tarride : il mourut depuis en Portingal en la besogne de Juberot [1]. Bernard, qui lors étoit de la charge messire Aymemon de Pommiers, me rançonna sur les champs et me donna bon conduit pour retourner en mon fort à Bié d'Allier. Sitôt que je fus venu en mon fort, je pris un de mes varlets, et comptai mille francs et lui chargeai; et les apporta à Paris, et m'en rapporta paiement et lettres de quittance.

« En celle propre saison chevauchoit messire Jean Aymery, un chevalier anglois, le plus grand capitaine que nous eussions. Et s'en venoit côtoyant la rivière de Loire pour venir à la Charité. Si fut rencontré par l'emboche du seigneur de Rougemont et du seigneur de Vodenay et des gens l'archiprêtre : ils furent plus forts de lui, si le ruèrent jus; et fut rançonné à trente mille francs; il les paya tous comptans. De sa prise et de son dommage il ot grand annoy et déplaisance, et jura que jamais ne rentreroit en son fort si les r'auroit reconquis. Si recueillit grand'foison de compagnons et vint à la Charité sur Loire; et pria aux capitaines, à Lamit et à Corsuelle, au Bourg de Pierregort et à moi qui y étois allé ébattre, que nous voulsissions chevaucher avecques lui. Nous lui demandâmes quelle part? « Par ma foi, dit-il, nous passerons la rivière de Loire au port Saint-Thi-

---

[1] Froissart n'a pas encore parlé de la bataille d'Aljubarrote qui précéda son arrivée chez le comte de Foix, mais il en va parler.

[1] En 1364.

bault, et irons prendre et exilier la ville de Sancerre. Je ai voué et juré que jamais ne retournerois en fort que j'aie, si aurai vu les enfans de Sancerre. Si nous pouvions avoir la garnison de Sancerre et les enfans de dedans, Jean, Louis et Robert, nous serions recouvrés et serions tous seigneurs du pays. Ainsi venrions trop légèrement à notre entente, car on ne se donne garde de nous et le séjourner ici ne nous vaut noient. » — « C'est vérité, » répondîmes-nous. Tous lui eûmes en convent et nous ordonnâmes sur ce point tantôt et incontinent.

« Or advint, dit le Bascot de Mauléon, que notre affaire fut sçue en la ville de Sancerre. Car pour ce temps il y avoit un capitaine vaillant écuyer, né de Bourgogne des basses marches, qui s'appeloit Guichart Albregon, lequel s'acquitta moult grandement de garder la ville, le chastel et la terre de Sancerre, et les enfans et seigneurs, car tous trois étoient lors chevaliers. Et Guichart avoit un frère moine de l'abbaye de Saint-Thibault, qui siéd assez près de Sancerre[1]. Si fut envoyé cil moine de par son frère à Albregon, en la Charité sur Loire, pour apporter une rançon d'un pactis que aucunes villes devoient sur le pays. On ne se donna pas garde de lui. Il sçut, ne sçais comment ce fut, toute notre entente et convine, et tous les noms des capitaines des forts d'environ la Charité et leurs charges, et aussi à quelle heure, et où, et comment ils devoient passer la rivière au port Saint-Thibaut. Sur cel état il s'en retourna et en informa son frère. Les enfans de Sancerre, le comte et ses frères se pourvurent à l'encontre de ce au plus tôt qu'ils purent, et mandèrent l'affaire aux chevaliers et escuyers de Berry et de Bourbonnois et aux capitaines des garnisons de là entour, et tant qu'ils furent bien quatre cents lances de bonnes gens; et jetèrent une belle embûche de deux cents lances au dehors de Sancerre en un bois. Nous nous partîmes à soleil esconsant de la Charité, et chevauchâmes tout ordonnément le bon pas et vinmes à Peully[2]. Et là dessous au port avions fait venir grand'foison de bateaux pour nous passer nous et puis nos chevaux; et passâmes tout outre la rivière de Loire, si comme ordonné l'avions, et fûmes tout outre environ mie-nuit; et passoient nos chevaux tout bellement. Et pour ce qu'il ajournoit, nous ordonnâmes cent lances des nôtres à demeurer derrière pour garder les chevaux et la navie; et le demeurant nous nous mîmes au chemin le bon pas; et passâmes tout outre l'embûche qui oncques ne s'ouvrit sur nous. Et quand nous fûmes outre, environ le quart d'une lieue, ils saillirent hors et vinrent sur ceux qui étoient au rivage et se boutèrent entr'eux et les déconfirent de fait; et tous furent morts ou pris et les chevaux conquis et la navie arrêtée; et montèrent sur nos chevaux et férirent à pointe d'éperons et furent aussitôt à la ville comme nous. On crioit partout : « Notre-Dame! Sancerre! » Car le comte étoit là avecques ses gens, et messire Louis et messire Robert avoient fait l'embûche. Là fûmes-nous enclos de grand'manière; et ne savions auquel entendre. Et là ot grand poussis de lances; car ceux qui étoient à cheval, aussitôt que ils furent à nous, ils mirent pied à terre et nous assaillirent fièrement. Et ce qui trop nous gréva, ce fut que nous ne pouvions élargir, car nous étions entrés en un chemin lequel, aux deux côtés, étoit enclos de hautes haies et de vignes; et encore entr'eux qui connoissoient le pays et le chemin, une quantité de eux et de leurs varlets étoient montés amont ès vignes, qui nous jetoient pierres et cailloux, tellement que ils nous défroissoient et rompoient tous. Nous ne pouvions reculer, et si avions grand'peine au monter contre la ville qui siéd sur une montagne. Là fûmes-nous moult travaillés; et là fut navré au corps tout outre messire Jean Aimery notre souverain capitaine et qui là nous avoit menés, de la main Guichart Albregon; et le prit, et mit grand'peine à lui sauver, et le bouta en la ville en une maison, et le fit jeter sur un lit, et dit Guichart à l'hôte de l'hôtel : « Gardez-moi ce prisonnier et faites diligence qu'il soit étanché de ses plaies, car il est bien taillé, s'il me demeure en vie, que il me paye vingt mille francs. » Après ces paroles Guichart laissa son prisonnier et retourna à la bataille, et y fut très bon homme d'armes avecques les autres. Et là étoient en la compagnie des enfans de Sancerre, et venus pour l'amour des armes, et aider à défendre et garder le pays, messire Guichart Daulphin, le sire de Talus, le sire de Mournay, messire Girart et messire Guillaume de Bour-

---

[1] Saint-Thibaut est située au bas de la montagne de Sancerre, sur la Loire. — [2] Pouilli, de l'autre côté de la Loire, entre la Charité et Còne.

bon, le sire de Coussant, le sire de la Pierre, le sire de la Palice, le sire de Nence, messire Louis de la Croise, le sire de la Frète et plusieurs autres. Et vous dis que ce fut une bataille très dure et un rencontre très félon. Et nous tînmes et nous défendîmes ce que nous pûmes; et tant que de l'un côté et de l'autre en y ot plusieurs occis et navrés; et à ce que ils montroient, ils nous avoient plus chers à prendre vifs que morts.

« Finablement là fûmes nous tous pris, Carsuelle, Lamit, Naudon, le Bourg de Pierregort, Espiote, le Bourg de l'Esparre, Augerot de Lamougis, Philippe de Roe, Pierre de Courton, l'Esperat de Pamiers, le Bourg d'Armesen et tant que tous le capitaines de là environ. Si fûmes menés au chastel de Sancerre et là conjouis à grand'joie; ni oncques au royaume de France les compagnons tenant route n'y perdirent si grossement comme ils firent là. Toutefois Guichart Albregon perdit son prisonnier, car cil à qui il l'avoit enchargé, par sa grand'mauvaiseté et négligence, le laissa tant saigner que il en mourut. Ainsi fina messire Jean Aymery.

« Par celle prise et celle déconfiture qui fut dessous Sancerre fut rendue aux François la Charité sur Loire et toutes les garnisons de là environ, parmi ce que nous fûmes tous quittes de nos prisons, et eûmes sauf conduit de partir et de passer hors du royaume de France et de aller quelque part que il nous plairoit. Et nous avint si bien à point en celle saison que messire Bertrand de Claiquin, le sire de Beaujeu, messire Arnoul d'Andrehen et le comte de la Marche emprindrent le voyage d'Espagne [1] pour aider au roi Henry contre son frère Dam Piètre. Mais avant, je fus en Bretagne à la besogne d'Auroy et me mis dessous messire Hue de Cavrelée, et là me recouvrai, car la journée fut pour nous; et y eus de bons prisonniers qui me valurent deux mille francs. Si m'en allai à dix lances avecques messire Hue de Cavrelée en Espaigne, et boutâmes hors le roi Dam Piètre. Et depuis, quand les alliances furent du roi Piètre et du prince de Galles et que il le voult remettre en Castille, si comme il fit, je y fus, et toudis en la compagnie de messire Hue de Cavrelée; et tantôt après retournai en Aquitaine avecques lui.

[1] En 1369.

« Or se renouvela la guerre du roi de France et du prince; si eûmes, et avons eu, moult à faire, car on nous fit trop forte guerre; par laquelle guerre sont morts grand'foison de capitaines anglois et gascons, et encore, Dieu merci, je suis demeuré en vie. Premier, messire Robert Briquet mourut en Orléanois entre le pays de Blois et la terre au duc d'Orléans, en une place qu'on dit Olivet; et là le rua jus, lui et toute sa route, un écuyer de Hainaut, vaillant homme d'armes durement et bon capitaine, qui s'appeloit Alart de d'Oustiennes; et s'armoit de Barbençon, car il en étoit de lignage. Cil Alart étoit pour le temps gouverneur de Blois et gardien de tout le pays de par les seigneurs Louis, Jean et Guy. Si lui chéy en main de rencontrer à Olivet messire Robert Briquet et messire Robert Thein; il les combattit si vaillamment qu'il les rua jus; et furent morts sur la place; et aussi furent toutes leurs gens, ni oncques n'y ot pris homme à rançon.

« Depuis advint que, à la bataille de Merek en Xaintonge, Carsuelle fut occis de messire Bertran de Claiquin qui le rua jus; et bien sept cents Anglois y furent tous morts. A celle besogne et à Sainte-Sévère furent occis aussi des capitaines anglois, Richart Gilles et Richart Helme. Je en sais petit, excepté moi, que ils n'aient été tous occis sur les champs. Si ai-je toujours tenu frontière et fait guerre pour le roi d'Angleterre; car mon héritage siéd et gît en Bordelois. J'ai aucune fois été rué jus, tant que n'avois sur quoi monter; à l'autre fois riche assez, ainsi que les bonnes fortunes venoient. Et fûmes un temps compagnons d'armes, moi et Raymonnet de l'Espée, et tînmes en Toulousain, sur les frontières de Bigorre, le chastel de Mauvoisin, le chastel de Trigalet et le chastel Nentilleux qui nous portèrent grand'profit pour lors. Et puis nous en vint ôter le duc d'Anjou par sa puissance; et aussi fut Raymonnet de l'Espée pris, mais il se tourna François, et je demeurai bon Anglois et je serai tant comme je vivrai.

« Voir est que quand je eus perdu le chastel de Trigalet, et je fus conduit au chastel Tuillier, et le duc d'Anjou se fut retrait en France, je m'avisai encore que je ferois quelque chose où je auroit profit, ou je demeurerois en la peine. Si envoyai aviser et épier la ville et le chastel de Thurit en Albigeois; lequel chastel depuis m'a valu, que par pillage, que par pactis, que par bonnes fortunes que j'y ai eues, cent mille francs. Et vous dirai comment je le pris et conquis.

« Au dehors du chastel et de la ville a une très belle fontaine, où par usage tous les matins les femmes de la ville venoient atout buires et autres vaisseaux, et là puisoient et les emportoient amont en la ville sur leurs têtes. Je me mis en ce parti d'armes et en cel assay que pour l'avoir; et pris cinquante compagnons de la garnison du chastel Tuillier, et chevauchâmes tout un jour par bois et par bruyères; et la nuit ensuivant, environ mie-nuit, je mis une embûche assez près de Thurit, et moi sixième tant seulement, en habit de femmes, et buires en nos mains, vînmes en une prairie assez près de la ville, et nous muçâmes en un meule de foin, car il étoit environ la Saint-Jean en été que on avoit fené et fauché les prés. Quand l'heure fut venue que la porte fut ouverte et que les femmes commençoient à venir à la fontaine, chacun de nous prit sa buire, et les emplîmes, et puis nous mîmes au retour vers la ville, nos visages enveloppés de couvre-chefs. Jamais on ne nous eût connus. Les femmes que nous encontrions nous disoient : «Ha! Sainte Marie, que vous êtes matin levées!» Nous répondions en leur langage à feinte voix : « C'est voir.» Et passions outre; et vînmes ainsi tous six à la porte. Quand nous y fûmes venus, nous n'y trouvâmes autre garde que un savetier qui mettoit à point ses formes et ses rivets. L'un de nous sonna un cornet pour attraire nos compagnons qui étoient en l'embûche. Le savetier ne s'en donna garde, mais bien ouït le cornet sonner, et demanda à nous : «Femmes, haro! Qui est cela qui a sonné le cornet?» L'un répondit, et dit : «C'est un prêtre qui s'en va aux champs, je ne sais s'il est curé ou chapelain de la ville.» — «C'est voir, dit-il, c'est messire Pierre François, notre prêtre; trop lontiers va au matin aux champs pour querre les lièvres.» Tantôt, incontinent, nos compagnons venus, entrâmes en la ville où nous ne trouvâmes oncques hommes que mît main à l'épée ni soi à défense.

« Ainsi pris-je la ville et le chastel de Thurit qui m'a fait plus de profit et de revenue par an, et tous les jours quand il venoit à point, que le chastel et toutes les appendances d'icelui à vendre au plus détroit et plus cher que on pourroit, ne valent. Or ne sais à présent que j'en dois faire; car je suis en traité devers le comte d'Ermignac et le Dauphin d'Auvergne qui ont puissance expresse de par le roi de France de acheter les villes et les forts aux compagnons qui les tiennent en Auvergne, en Rouergue, en Quersin, en Limousin, en Pierregord, en Albigeois, en Agen, et à tous ceux qui font guerre, et ont fait au titre d'Angleterre; et plusieurs se sont jà partis, et ont rendu leurs forts. Or ne sais-je si je rendrai le mien.»

A ces mots répondit le Bourg de Campane, et dit : «Cousin, vous dites voir. Aussi pour le fort de Carlat que je tiens en Auvergne, suis-je venu apprendre des nouvelles à Ortais, en l'hostel du comte de Foix; car messire Louis de Sancerre, maréchal de France, doit ci être temprement; il est tout coi à Tharbes, ainsi que j'ai ouï dire à ceux qui l'y ont vu.»

A ces mots demandèrent-ils le vin; on l'apporta, et bûmes; et puis dit le bascot de Mauléon à moi : «Messire Jean, que dites-vous? Êtes-vous bien informé de ma vie. J'ai eu encore assez plus d'aventures que je ne vous ai dit, desquelles je ne puis ni ne vueil pas de toutes parler.» — «Par ma foi, dis-je, sire, ouil.»

CHAPITRE XVII.

Comment un nommé Limousin se rendit François, et comment il fit prendre Louis Rambaut, son compagnon d'armes, pour la villenie qu'il lui avoit faite à Briude.

Encore le remis-je en parole, et lui demandai de Louis Rambaut, un moult appert écuyer et grand capitaine de gens d'armes, pourtant que je l'avois vu une fois en Avignon en bon arroi, que il étoit devenu : «Je le vous dirai, dit le bascot de Mauléon. Du temps passé, quand messire Seguin de Batefol eut tenu Briude en Belay, à dix lieues du Puy en Auvergne, et il ot guerroyé le pays et assez conquis, il s'en retourna en Gascogne, et donna à Louis Rambaut et à un sien compagnon qui s'appeloit Limousin, Briude et Eause sur la Saonne. Le pays étoit, pour ce temps que je parole, si foulé et si grevé, et si rempli de compagnons à tout lez que nul à peine n'osoit issir hors de sa maison. Et vous dis que entre Briude en Auvergne et Eause a plus de vingt-six lieues, tout pays de montagnes. Mais quand il venoit à plaisance à Louis Rambaut à chevaucher de Briude à Eause, il n'en faisoit nul compte; car ils tenoient sur le chemin plusieurs forts en la comté de Forez et ailleurs où ils se rafreschissoient, car les gentilshommes pour ce temps, d'Auvergne, de Forez et de Vellay, et des frontières, étoient travaillés et si menés par la guerre, ou par être pris ou rançonnés, que chacun ressoignoit les armes ; car il n'y avoit nuls grands chefs de seigneurs de France qui missent au pays gens d'armes; car le roi de France étoit jeune et avoit à entendre en trop de lieux en son royaume ; car de toutes parts compagnies et routes chevauchoient et se tenoient sur le pays, ni on ne pouvoit être quitte, et les seigneurs de France étoient ôtages en Angleterre, et endementres on leur pilloit et détruisoit leurs hommes et leurs pays, et si n'y pouvoit remédier, car leurs gens n'avoient nul courage de bien faire ni eux défendre.

« Avint que Louis Rambaut et Limousin, qui étoient compagnons d'armes ensemble, chéirent en haine; je vous dirai pourquoi. Louis Rambaut avoit en Briude une trop belle femme à amie, et l'aimoit de tout son cœur parfaitement. Quand il chevauchoit de Briude à Eause, il la recommandoit à Limousin qui étoit son compagnon d'armes, auquel du tout il se confioit. Limousin fit de la bonne damoiselle si bonne garde que il en ot toutes ses volontés, et tant que Louis Rambaut en fut si informé que plus ne put.

« De celle aventure il cueillit en si grand'haine son compagnon que, pour lui faire plus grand blâme, il le fit prendre par ses varlets, et le fit mener et courir tout nud en ses braies parmi la ville, et battre d'escourgiées, et sonner la trompette devant lui, et à chacun carrefour crier son fait, et puis bannir de la ville comme un trahistre, et en tel état, en une simple cotte, bouter hors : et ce dépit fit Louis Rambaut à Limousin; lequel dépit il ne tint pas à petit mais à très grand, et dit que il s'en vengeroit quand il pourroit, si comme il fit puis.

« Limousin, du temps que il avoit été en bon arroi en Briude, en allant de Briude à Eause et en chevauchant aussi le pays de Vellay, avoit toujours trop fort déporté la terre au seigneur de la Volte, un baron demeurant sur la rivière de Rhône, car il l'avoit servi dès sa première jeunesse. Si s'avisa que il retourneroit à ce besoin devers lui, et lui crieroit merci, et lui prieroit qu'il lui voulsist faire sa paix en France, et il seroit à toujours mais bon et loyal François. Il s'en vint à la Volte; moult bien y savoit le chemin; et se bouta en un hostel, car il étoit tout de pied; et puis, quand il sçut que heure fut, il alla au chastel devers le seigneur. On ne le vouloit laisser entrer en la porte; toutefois, par couvertes paroles, il parla tant que le portier le mit dedans la porte ; mais il lui défendit que il n'allât plus avant sans commandement. Il obéit volontiers.

« Le sire de la Volte s'en vint à heure de relevée ébattre en la cour, et vint en la porte. Tantôt se jetta Limousin à genoux devant lui et lui dit : « Monseigneur, me reconnoissez-vous pas? » — « Par ma foi, dit le seigneur qui n'avisoit que ce fut Limousin, nennil. Mais tu ressembles trop bien à Limousin qui fut mon varlet une fois. » — « Par ma foi, dit-il, monseigneur, Limousin suis-je, et votre varlet aussi. » Adonc lui alla-t-il crier merci de tout le temps passé, et lui conta de point en point toute sa besogne, et comment Louis Rambaut l'avoit demené. Enfin le sire de la Volte lui dit : « Limousin, mais qu'il soit ainsi que tu dis et que tu veux être bon et loyal François, je te ferai ta paix partout. » — « Par ma foi, monseigneur, dit-il, je ne fis oncques tant de contraires au royaume de France que je y ferai de profit. » — « Or je le verrai, » dit le seigneur de la Volte.

« Depuis, cil seigneur de la Volte le tint en son chastel et sans point laisser partir, tant que il ot à Limousin acquis sa paix partout. Quand Limousin pot par honneur chevaucher, le sire de la Volte le monta et arma, et le mena au Puy devers le sénéchal de Vellay, et se accointa de lui. Là fut-il enquis et examiné de l'état de Briude et aussi de Louis Rambaut, et quand il chevauchoit quel chemin il tenoit. Il connut tout et dit : « Quand Louis chevauche il ne mène avecques lui pas plus de trente ou de quarante lances. Les chemins que il fait je les sais tous par cœur, car en sa compagnie et sans lui je les ai été trop de fois; et si vous voulez mettre sus une chevauchée de gens d'armes, je offre ma tête à couper si vous ne les tenez dedans quinze jours. » Les seigneurs se tinrent à son propos. On mit espies en œuvre. Louis Rambaut fut espié, et avisé que il étoit venu de Briude à Eause de-lez Lyon sur le Rhône.

« Quand Limosin le sçut de vérité, il dit au seigneur de la Volte : « Sire, faites votre mandement, il est heure. Loys Rambaut est à Eause et repassera temprement. Je vous mènerai au détroit par où il faut qu'il passe. »

Adonc le sire de la Volte fit son mandement et se fit chef de celle chevauchée; et manda le bailli de Vellay, le seigneur de Mont-Clau, messire Guérart de Sallière et son fils, messire Ploustrart du Vernet, le sire de Villeneuve-le-Bas, et toutes les gens d'armes de là environ; et furent bien trois cens lances. Et tous s'assemblèrent à Nonnay; et par le conseil de Limosin on fit deux embûches. Le vicomte de Polignac et le seigneur de Calençon en eurent l'une à gouverner, le sire de la Volte, le sire de Mont-Clau, messire Loys de Tournon, le sire de Sallière eurent l'autre; et avoient justement partis leurs gens. Et étoient le vicomte de Polignac et les siens sur un pas assez près de Saint-Rambert en Forez, où il convenoit que là Louis Rambaut et les siens passassent la rivière de Loire à pont, ou ils la passassent plus amont à gué dessus le Puy.

« Quand Louis Rambaut ot fait ce pourquoi il étoit venu à Eause, il se partit atout quarante lances; et ne cuidoit avoir nulle rencontre et ne se doutoit en rien de Limousin; c'étoit la mendre pensée qu'il eut. Et vous dis que, par usage, le chemin que il faisoit au passer il ne le faisoit point au retour. Au passer il avoit fait le chemin de Saint-Rambert, au retour il fit l'autre et prit les montagnes dessus Lyon et dessus Viane, et au-dessous du bourg d'Argental, et s'en alloit tout droit devers le Monastier, à trois petites lieues du Puy. Et avoit passé entre le chastel de Monistral et Montfaucon, et s'en venoit radant le pays vers un village que on dit la Baterie, entre Nonnay et Saint-Julien. Au bois là a un endroit où il faut que on passe comment que ce soit, ni on ne le peut eschiver qui veut faire ce chemin, si on ne va parmi Nonnay. Là étoit l'embûche du seigneur de la Volte où bien avoit deux cens lances. Louis Rambaut ne se donna de garde. Quand il fut en-mi eux, le sire de la Volte et ses gens, qui étoient tout pourvus de leur fait, abaissèrent les lances et s'en vinrent, écriant la Volte! férir à ces compagnons qui chevauchoient épars et sans arroi. Là en y ot de première venue la greigneure partie de coups de lances rués par terre. Et fut Louis Rambaut jouté et porté jus de son cheval d'un écuyer d'Auvergne qui s'appeloit Amblardon de Villerague. On s'arrêta sur lui. Il fût pris, et tout le demeurant mort ou pris. Oncques rien n'en échappa. Et trouvèrent en bouges la somme de trois mille francs que Louis Rambaut avoit reçu à Eause pour le pactis des villages de là environ, dont les compagnons orent grand'joie, car chacun en ot sa part.

« Quand Limousin vit Louis Rambaut ainsi attrapé, il se montra en sa présence et dit par ramposne : « Louis, Louis, ci fauldra compagnie. Souvienne-vous du blâme et de la vergogne que vous me fîtes recevoir à Briude pour votre amie. Je ne cuidasse pas que pour une femme, si j'avois ma grâce à li et elle à moi, que vous me dussiez avoir fait recevoir ce que je reçus. Si la cause pareille fût advenue à moi, je ne m'en fusse jà courroucé, car deux compagnons d'armes, tels que nous étions lors, se pouvoient bien au besoin passer d'une femme. » De celle parole commencèrent les seigneurs à rire, mais Louis Rambaut n'en avoit talent.

« Par celle prise de Louis Rambaut rendirent ceux qui étoient en Briude la ville au sénéchal d'Auvergne, car puisqu'ils avoient perdu leur capitaine et toute la fleur de leurs gens, il n'y avoit point de tenue. Aussi firent ceux d'Eause et autres forts qui se tenoient en Vellay et en Forez de leur partie, et furent tous liés ceux qui enclos quand on les laissa partir sauves leurs vies. Lors Louis Rambaut fut amené à Nonnay et là emprisonné. On en escripsit devers le roi de France, lequel ot grand'joie de sa prise. Assez tôt après on en ordonna. Il me semble, à ce que j'ai ouï recorder, que il ot la tête coupée à Villeneuve-de-lez Avignon; et ainsi advint de Louis Rambaut. Dieu ait l'âme de lui.

« Or, beau sire, dit le bascot de Mauléon, vous ai-je bien tenu de paroles pour passer la nuit, et toutefois elles sont vraies. » — « Par ma foi, répondis-je, ouil et grand merci. A vos contes ouïr ai-je eu part autant que les autres; et ils ne sont par perdus, car si Dieu me laisse retourner en mon pays et en ma nation, de ce que je vous ai ouï dire et conter, et de tout ce que j'aurai vu et trouvé sur mon voyage, qui appartienne à ce que je en fasse mémoire en la noble et haute histoire de laquelle le gentil comte Guy de Blois m'a embesogné et ensoigné, je le croniserai[1] et escriprai, afin que, aveccques les autres besognes dont j'ai parlé en la dite histoire, et parlerai et escriprai par la grâce de Dieu en suivant, il en soit mémoire à toujours. »

A ces mots prit la parole le Bourg de Campane qui s'appeloit Ernauton, et commença à parler; et eut volontiers, à ce que je me pus apercevoir, recordé la vie et l'affaire de lui et du Bourg anglois, son frère, et comment ils s'étoient portés en armes en Auvergne et ailleurs; mais il n'eut pas le loisir de fair son conte ; car la gaite du chastel sonna pour assembler toutes gens d'aval la ville d'Ortais, qui étoient tenus d'aller au souper du comte de Foix. Lors firent ces deux écuyers allumer torches. Si nous partîmes tous ensemble de l'hôtel et nous mîmes au chemin pour aller au chastel, et aussi firent tous chevaliers et écuyers qui étoient logés en la ville.

CHAPITRE XVIII.

De l'état et ordonnance au comte de Foix; et comment la ville de Saint-Irain se rebella pour les excès qu'on leur faisoit, dont ils en tuèrent plusieurs.

De l'état de l'affaire et ordonnance du gentil comte Gaston de Foix ne peut-on trop parler en tout bien, ni trop recommander, car pour le temps que je fus à Ortais je le trouvai tel et outre dont je ne puis mie de tout parler; mais je sais bien que, par le temps que je y fus, je y vis moult de choses qui me tournèrent à grand'plaisance; et là vis seoir à table le jour d'un Noël quatre évêques de son pays, les deux Clémentins et les autres deux Urbanistes: l'évêque de Pammiers et l'évêque de l'Escale étoient Clémentins, ceux sirent au-dessus; et puis après eux l'évêque d'Aire et l'évêque de Roy sur les frontières de Bordelois et de Bayonne, ceux étoient Urbanistes. Après séoit le comte de Foix et puis le vicomte de Roquebertin d'Arragon, le vicomte de Bruniquiel, le vicomte de Couserant et un chevalier anglois que le duc de Lancastre, qui pour lors se tenoit à Lussebonne, avoit là envoyé, et nommoit-on ce chevalier messire Villeby. A l'autre table séoient cinq abbés tant seulement, et deux chevaliers d'Arragon qui s'appeloient messire Raymond de Saint-Florentin et messire Martin de Roanès; à l'autre table séoient chevaliers et écuyers de Gascogne et de Bigorre. Premier, le seigneur d'Anchin et puis messire Gaillart de la Mote, messire Raymond du Chastel-Neuf, le sire de Chaumont, Gascon, le sire de Copane, le sire de la Lane, le sire de Mont-Ferrand, messire Guillaume de Benac, messire Pierre de Courton, le sire de Valenchin et messire Augier, le moine de Bascle[1]; et aux autres tables chevaliers de Béarn grand'foison. Et étoit souverain maître de la salle messire Espaing de Lyon et quatre chevaliers maîtres d'hôtel, messire Chiquart du Bois-Verdun, messire Pierre de Cabestain, messire Nouvaus de Nouvaille et messire Pierre de Vaux en Béarn; et servoient ses deux frères bâtards, messire Ernault Guillaume, et messire Pierre de Béarn; et ses deux fils servoient devant lui, messire Yvain de l'Escale à asseoir tout seulement et messire Gratien de la coupe au vin. Et vous dis que grand'foison de menestrels, tant de ceux qui étoient au comte que d'autres étrangers, avoit en la salle, qui tous firent par grand loisir leur devoir de leur menestrandie. Et ce jour le comte de Foix donna, tant aux menestriers comme aux hérauts, la somme de cinq cens francs, et revêtit les menestriers du duc de Tourraine qui là étoient de drap d'or et fourré de fin menu-vair[2]; lesquels draps furent prisés à deux cens francs; et dura le dîner jusques à quatre heures après nonne.

Et pour ce parole-je très volontiers de l'état du gentil comte de Foix, car je fus douze semaines en son hostel, et très bien administré et délivré de toutes choses. Et durant le temps que je fus à Ortais je pouvois apprendre et ouïr nouvelles de tous pays, si je vouloies, des présentes et des passées. Et aussi le gentil chevalier, messire Espaing de Lyon, en laquelle compagnie je étois entré au pays et auquel je m'étois découvert de mes besognes, m'accointa de chevaliers et d'écuyers qui me savoient recorder justement ce que je demandois et requérois à savoir. Si ap-

---

[1] Je l'écrirai en forme de chronique.

[1] Sinner, dans le deuxième volume de son catalogue des manuscrits de la bibliothèque de Berne, page 239 et suivantes, dit qu'il faut lire ici Basele et non Bascle, ce chevalier étant de la famille des Lemoine, de Bâle.

[2] Étoffe ou fourrure dont les taches étaient très petites, de façon que l'on avait peine à distinguer laquelle des couleurs était dominante.

pris et fus là informé des besognes de Portugal et de Castille, et comment on s'y étoit porté le temps passé, et des guerres, des batailles et des rencontres que ces deux rois et leurs adhérens et aidans avoient eu l'un contre l'autre ; desquelles choses et besognes je vous ferai en suivant juste record.

Vous savez, si comme ci-dessus est contenu, comment le roi Dam Jean de Castille, avoit assiégé la bonne cité de Lussebonne et le roi Jean de Portugal dedans; lequel roi de fait les bonnes villes de Portugal avoient couronné pour sa vaillance, car voirement étoit-il bâtard ; et si avez ouï recorder comment cil roi avoit envoyé en Angleterre devers le duc de Lancastre et le comte de Cantebruge qui avoient par mariage ses cousines, au secours, ses espéciaux messagers deux chevaliers, messire Jean Ra Digos et messire Jean Tête-d'Or et avecques eux un clerc licencié en droit qui étoit archidiacre de Lussebonne. Tant exploitèrent ces ambassadeurs par mer, par le bon vent qu'ils eurent, qu'ils arrivèrent au hâvre de Hantonne, et là issirent-ils de leurs vaisseaux, et se rafreschirent en la ville un jour, et prindrent là chevaux, car ils n'en avoient nuls fait passer, et puis chevauchèrent tout le grand chemin pour venir à Londres, et tant firent qu'ils y parvinrent. Ce fut au mois d'août, que le roi d'Angleterre étoit en la marche de Galles en chasse et en déduit ; et ses trois oncles, le duc de Lancastre, le comte de Cantebruge, messire Aymont et messire Thomas le comte de Bouquinghen étoient aussi chacun en leurs déduits en leurs pays. Tant eurent plus à faire les messagers du roi de Portugal. Et premièrement ils se trairent devers le duc de Lancastre qui se tenoit à Harford à vingt milles de Londres. Le duc les reçut moult doucement, et ouvrit les lettres qu'ils lui baillèrent, et les lisit par trois fois pour mieux les entendre, et puis répondit et dit : « Vous soyez les bien venus en ce pays ; mais vous venez aussi mal à point pour avoir hâtive délivrance que vous pouvez venir en tout l'an ; car le roi et mes frères et tout le conseil de ce pays sont épars, les uns çà, les autres là. Ainsi ne pouvez avoir réponse ni délivrance fors que par l'espécial conseil de Londres à la Saint-Michel que tout le pays se retourne là à Wesmoustier. Et pour ce que espécialement et principalement celle matière pour laquelle vous venez touche très grandement à mon frère et à moi, je en escriprai devers lui et ferai que moi et lui serons temprement et briévement à Londres ou près de là. Si aurons ensemble conseil et avis comment pour le mieux nous en pourrons ordonner, et vous retournerez à Londres et nous attendrez là ; et quand mon frère sera approché vous ouïrez nouvelles de nous. »

Les ambaxadeurs portingalois furent contens assez de ces réponses et se départirent du duc de Lancastre. Quand ils eurent été avecques lui un jour ils retournèrent à Londres et là se logèrent et se tinrent tout aises. Le duc de Lancastre ne mit pas en oubli ce que il leur avoit dit, mais escripsit tantôt devers son frère le comte de Cantebruge lettres espéciales sur l'état que vous avez ouï.

Quand le comte eut ces lettres de son frère le duc, si les lisit à grand'loisir. Depuis ne demeura gaires de temps que il s'en vint à Harford de-lez le Ware où le duc se tenoit ; et là furent trois jours ensemble, et conseillèrent celle besogne au mieux qu'ils purent ; et se ordonnèrent de venir vers Londres, si comme le duc de Lancastre l'avoit devisé et promis aux Portingalois ; et vinrent en la cité de Londres, et descendirent à leurs hostels.

Or eurent ces deux seigneurs et les Portingalois de rechef grand parlement ensemble ; car le comte de Cantebruge qui avoit été en Portugal et qui trop mal s'étoit contenté et contentoit encore du roi Ferrant de Portugal mort, car trop lâchement il avoit guerroyé, et outre la volonté des Anglois il s'étoit accordé aux Espaignols, si faisoit doute le dit comte que aux parlemens de la Saint-Michel le conseil du roi d'Angleterre et la communauté du pays ne se voulsissent pas légèrement assentir à faire un voyage en Portugal, quand on y avoit allé et envoyé grandement, et avoit coûté au royaume d'Angleterre cent mille francs, et si n'y avoient rien fait.

Les ambassadeurs de Portugal concevoient bien les paroles du comte et disoient : « Monseigneur adonc fut ; or est à présent autrement ; notre roi, cui Dieu pardoint à l'âme, ressoignoit tant les fortunes que nul plus de lui ; mais notre roi de à présent a autre emprise et imagination ; car si il se trouvoit sur les champs à moins de gens trois fois que ses ennemis ne fussent, si les combattroit-il à quelque fin que il en dût venir, et de ce vous assurons-nous loyaument. Avecques tout ce, mes seigneurs qui ici êtes, votre querelle est toute claire à guerroyer et à chalenger le royaume de Castille et à le gagner, car l'héritage en appartient à vos femmes et enfans; et pour le conquester vous ne pouvez avoir entrée en Castille de nul côté qui tant vous vaille comme celle de Portingal, puisque vous avez le pays d'accord. Si rendez peine que l'un de vous y vienne si puissamment que, avecques ceux que vous trouverez au pays, vous puissiez tenir les champs. »

Le duc de Lancastre répondit : « Il ne tient pas à nous, mais au roi et à son conseil et au pays d'Angleterre, et nous en ferons notre puissance ; de ce devez-vous être tous certains. »

En cel état finirent-ils leur parlement ; et demeurèrent les Portingalois à Londres attendant la Saint-Michel ; et le duc de Lancastre et le comte de Cantebruge retournèrent en leurs maisons sur le pays d'Angleterre en la marche du nord.

Or vint la Saint-Michel et le parlement à Wesmoustier, et approcha le roi la contrée de Londres et s'en vint à Windesore et de là à Quartesie[1] et puis à Cenes[2] ; et toujours où que il alloit le suivoit la roine sa femme, et aussi tout son cœur le comte d'Asquesuffort ; car par celui étoit tout fait et sans lui n'étoit rien fait.

En ce temps que je parole étoient les guerres en Flandre entre le duc de Bourgogne et les Gantois, et étoient nouvellement retournés en Angleterre, l'évêque de Nordvich, messire Hue de Cavrelée, messire Guillaume Helmen, messire Thomas Trivet, et les autres qui avoient en cel été tenu le siége avecques les Gantois devant Ypres. Et puis vint là le roi de France, et les enclouy en Bourbourg, si comme il est contenu ci-dessus en notre histoire. Mais il y avoit trieuves entre les Flamands et les François et les Anglois, durant jusques à la Saint-Jean-Baptiste; mais les Escots faisoient guerre. Pourquoi les Anglois se véoient moult entouillés ; et ne savoient auquel entendre : car aussi le conseil de Gand étoit à Londres qui requéroient à avoir un maimbour, pour aider à soutenir et à garder leur ville ; et tel maimbour comme l'un des oncles du roi ou le comte de Salebery. Aux parlemens qui furent en celle saison à Londres ot plusieurs consaulx et paroles jetées et réitérées, tant pour les Flamands que pour le pays de Portingal et aussi pour les Escots qui leur faisoient guerre. Le duc de Lancastre espécialement tiroit à ce que il pût avoir une bonne charge de gens d'armes et d'archers pour mener en Portingal ; et démontroit aux prélats et aux barons et au conseil des communautés des villes d'Angleterre comment on étoit tenu par foi, serment et alliance jurée, à lui aider et son frère à recouvrer leur héritage de Castille qui se perdoit; et ce leur avoit-on promis quand leur nepveu le roi fut couronné, et apparoient toutes ces choses par lettres scellées. Et encore se complaignoit le duc du grief que on leur faisoit et à son frère que tant on y avoit mis au faire ; et que voirement son frère le comte de Cantebruge, selon ce que on lui avoit promis quand il alla en Portingal, on lui avoit petitement tenu ses convenances, car on lui devoit envoyer deux mille lances et autant d'archers, et rien n'en avoit été fait ; pourquoi la querelle de leur propre droit héritage étoit bien mise arrière.

Les paroles et remontrances du duc de Lancastre étoient bien ouïes et entendues, c'étoit raison. Et disoient les plus notables du conseil que il avoit droit; mais les besognes de leur royaume, qui plus près leur touchoient, devoient aller devant lui. Aucuns vouloient que sa volonté fût accomplie ; et les autres à part remontroient et disoient que on feroit un grand outrage, si on dénuoit le royaume d'Angleterre de deux mille hommes d'armes et de quatre mille archers pour envoyer si loin comme au royaume de Portingal, car les fortunes de mer sont périlleuses et pernicieuses et l'air de Portingal chaud et merveilleux. Et si le pays d'Angleterre étoit affoibli de tant de gens, ce seroit un dommage sans recouvrance. Nonobstant tous ces points et argumens de toutes les doutes que mettre ni avenir y pouvoient, il fut adonc ordonné que, à l'été, le duc de Lancastre passeroit la mer et auroit en sa compagnie sept cens lances et trois mille archers, et seroient payés tous ceux qui en ce voyage iroient pour un quartier d'an[1] ; mais on réserva que, si autres

---

[1] Chertsey — [2] Sheen, aujourd'hui Richmond.

[1] Trois mois.

accidens touchans au royaume d'Angleterre mouvans du royaume de France ou du royaume d'Escosse leur venoient sur la main, le royaume de Portingal devoit être retardé. Le duc de Lancastre s'accorda à ce, car autre chose il n'en put avoir pour le présent.

Or savez-vous, si comme il est contenu ci-dessus en l'histoire, que quand le duc de Lancastre ot toutes ses gens appareillés et ses nefs prêtes à Hantonne pour faire son voyage en Portingal, et que les Ambaxadeurs de Portingal furent retournés à Lussebonne et orent apporté certificats de toutes ces besognes, et comment le duc de Lancastre devoit venir, et quelle charge de gens lui étoit baillée, dont les Portingalois avoient grand'joie, un grand empêchement vint en Angleterre, pourquoi il convint son voyage retarder une saison, car l'amiral de France, Jean de Vienne, atout mille lances de bonnes gens d'armes, monta en mer à l'Escluse, et alla en Escosse, et fit guerre en Angleterre; dont le roi d'Angleterre et tout le pays allèrent au devant; et il est contenu tout justement ci-dessus en l'histoire, si n'en ai que faire d'en parler deux fois; mais vueil parler du siége de Lussebonne et du roi d'Espagne, pour revenir à ma matière, et faire de tout juste narration, selon ce que j'en fus adonc informé.

Le roi Dam Jean de Castille étant à siége devant Lussebonne, nouvelles vinrent en son ost, par marchands de son pays qui venoient de Flandre et de Bruges, comment le duc de Lancastre s'appareilloit et ordonnoit, atout grand'gent d'armes et archers, de venir à Lussebonne et lever le siége. Ces nouvelles furent crues très bien, car bien savoit les Espaignols que le duc de Lancastre y mettoit toute sa peine et toute la diligence que il pourroit à guerroyer le royaume de Castille, car il y clamoit part. Nonobstant ces nouvelles, si tenoit le roi son siége, et avoit envoyé ses lettres et ses messages pour avoir secours de France; et par espécial envoya au pays de Berne; et tant que de la terre au comte de Foix, du pays de Berne, issirent en une route, en moins de quatre jours, plus de trois cens lances à élection, les meilleurs gens d'armes qui fussent en Berne; et jà étoient passés à Ortais du royaume de France pour aller en Castille servir le roi: messire Jean de Roie, Bourguignon, messire Geffroy Ricon, Breton et Geffroy de Partenay; et avoit chacun sa route.

Or s'appareillèrent ceux de Berne tels que je vous nommerai. Premiers un grand baron et compagnon au comte de Foix, le seigneur de Lignac, messire Pierre de Ker, messire Jean de l'Esprès, le seigneur de Berneke, le seigneur des Bordes, messire Bertran de Barége, le seigneur de Moriane, messire Raymon d'Ouzac, messire Jean Ascleghie, messire Monnaut de Saremen, messire Pierre de Sarabière, messire Étienne de Valencin, messire Raymon de Korasse, messire Pierre de Havefane, messire Augerot de Domessen et plusieurs autres; et messire Espaignolet d'Espaigne, ains-né fils à messire d'Espaigne, cousin de lignage et d'armes au comte de Foix, se mit en la route des Bernois.

Ces barons et chevaliers de Berne firent leur assemblée de gens d'armes à Ortais, et là environ; et me fut dit, de ceux qui les virent partir de la ville d'Ortais, que c'étoient les plus belles gens et les mieux armés et ordonnés que on eût grand temps vus yssir du pays de Berne.

Quand le comte de Foix vit que ce fut acertes que ils partiroient et s'en iroient en Espaigne, combien que au commencement il s'étoit assez assenti et accordé que ils reçussent les souldées du roi de Castille, si fut-il tout pensif et courroucé de leur département; car il lui sembloit, et voir étoit, que son pays en affaiblissoit. Si envoya devers les barons, chevaliers et capitaines ci-dessus nommés, et leur fit dire par les chevaliers de son hostel, messire Espaing de Lyon et messire Pierre de Cabestain, que ils vinssent tous ensemble au chastel à Ortais, car il vouloit d'un dîner payer leur bien aller. Cils chevaliers obéirent, ce fut raison; et vinrent à Ortais voir le comte qui les recueillit doucement et grandement; et après sa messe, il les fit tous entrer en sa chambre de retrait, et puis commença par grand conseil à parler à eux, et dit: « Beaux seigneurs, est-ce donc votre entente que vous partirez de mon pays et me lairez la guerre en la main du comte d'Ermignac, et vous en irez faire la guerre pour le roi d'Espagne. Celle départie me touche de trop près. » — « Monseigneur, répondirent ceux qui là étoient, ouil; faire le nous faut, car sur cel état sommes-nous ordonnés, et avons reçu les gages du roi de Castille; et c'est une guerre d'Espagne et de Portingal qui tôt sera achevée. Si retournerons, si il plaît à Dieu, en bonne santé. »—« Tôt achevée! dit le comte de Foix; et non pas sitôt. Or primes prend-elle son commencement, car il y a un nouvel roi en Portingal. Si ont mandé secours en Angleterre; et se taille celle chevauchée et celle armée où vous allez à durer un long temps et vous tenir sur les champs, car point ne serez combattu jusques à ce que le duc de Lancastre et ses gens soient venus; et par ainsi vous seront cher vendus les gages que vous avez pris. »—« Monseigneur, répondirent-ils, puisque nous avons exploité si avant, nous parferons le voyage. »—« Dieu y ait part! dit le comte. Or, allons dîner, il est heure. »

Lors s'en vint le comte avecques ses barons et chevaliers, et se mit en la salle où les tables étoient mises. Si dînèrent grandement à loisir, et furent servis de tous biens si comme le jour appartenoit. Après dîner le comte de Foix enmena les chevaliers en ses galeries, et si comme il avoit d'usage de ruser [1], de solacier et de galer après dîner, il entra à eux en parole, et dit : « Beaux seigneurs, je vous vois envis partir de mon pays; non pas que je sois courroucé de votre avancement et honneur, en tous états je le vous voudrois augmenter et exaulser volontiers, mais j'ai grand'pitié de vous, car vous êtes toute la fleur de la chevalerie de mon pays de Berne; si vous en allez en lointaines marches et en étranges pays guerroyer. Je vous conseille, autre fois le vous ai-je dit, que vous vous déportez de ce voyage et laissiez le roi d'Espaigne et le roi de Portingal faire leur guerre ensemble, car elle ne vous compète en rien. »—« Monseigneur, répondirent-ils, sauve soit votre honneur, nous ne pouvons pas ainsi faire; et mieux savez que vous ne dites, si il le vous plaît à entendre, car nous avons reçu les gages et les dons du roi de Castille, si les nous faut desservir. »—« Or, dit le comte, vous parlez bien, mais je vous dirai qu'il vous aviendra de ce voyage. Ou vous retournerez si povres et si nuds que les poux vous étrangleront et les croquerez entre vos ongles (adonc leur montra comment et mit ses deux pouces ensemble), ou vous serez ou tous morts ou tous pris. » Les chevaliers commencèrent à rire, et dirent : « Monseigneur, il nous en faut attendre l'aventure. »

Adonc entra le comte en autres paroles, et laissa cestes ester; et leur remontra en parlant la manière et la nature des Espaignols, et comment ils sont ords et pouilleux, et fort envieux sur le bien d'autrui, et que sur ce ils eussent bon avis et bon conseil. Et quand il ot parlé de plusieurs choses, il demanda vin et épices. Si but, et burent tous ceux qui là étoient. Lors prit-il congé à eux et bailla à chacun la main, et commanda à Dieu, et puis rentra en sa chambre; et les chevaliers montèrent au pied du chastel; et jà étoient leurs gens et leurs harnois partis et venus à Sauveterre, et là vinrent loger ce soir; et lendemain se départirent et entrèrent en la terre des Bascles, et prindrent le chemin de Pampelune; et partout passoient sûrement, car ils payoient ce que ils prenoient.

En ce temps que le roi de Castille séoit devant Lussebonne, et avoit sis jà environ un an, se rebellèrent ceux de la ville de Saint-Yrain contre le roi de Castille, et clorent leurs portes, et distrent que nuls François ni Espaignols n'entreroient en leur ville, pour les dommages et oppressions que on leur faisoit. Et veulent dire les aucuns que ce fut par la coulpe des gens messire Geffroy Ricon et de messire Geffroy de Partenay qui menoient routes de Bretons qui prenoient et pilloient quant que ils trouvoient, et rien ne savoient que c'étoit de payer. Si se saisirent les citoyens de la ville des deux chastels, et distrent que ils les tiendroient contre tout homme qui mal leur feroit ou voudroit faire.

A ce jour que ils se rebellèrent, ils occirent plus de soixante Bretons pillards, et eussent occis Geffroy de Partenay, mais il se sauva par les murs de la ville qui répondoient à son hostel. Adonc se recueillirent François et Bretons qui étoient là en route, et livrèrent à ceux de Saint Yrain un jour tout entier grand assaut; mais ils y perdirent plus que il n'y gagnèrent, et si n'y firent rien.

Les nouvelles vinrent en l'ost au roi de Castille que ceux de Saint-Yrain étoient tournés Portingalois et près de rendre la ville et les chastels au roi de Portingal, et que ils s'en étoient mis en saisine. Quand le roi ouït ces nouvelles, si fut moult pensif; et appela son maréchal messire Regnault Limousin, et lui dit : « Prenez cent ou deux cens lances en votre compagnie, et allez voir à Saint-Yrain que c'est, et à quelle entente les hommes de la ville se sont rebellés, et par

---

[1] Voir familièrement quelqu'un.

quelle achoison ils ont fait ce que ils ont fait. » Messire Regnault répondit : « Volontiers. » Il se mit au chemin, et prit de sa charge jusques à deux cens lances, et chevaucha vers Saint-Yrain, et fit tant que il y vint; et envoya devant un héraut pour noncier sa venue : lequel parla aux barrières qui étoient closes à ceux de la ville, et fit son message; et lui fut répondu en disant : « Nous connoissons bien messire Regnault Limousin pour un gentil et vaillant chevalier, et savons bien qu'il est maréchal du roi; et peut bien venir jusques à ci, si il lui plaît; et tout désarmé entrera-t-il en la ville, autrement non; et si il a à parler à nous, il y parlera. » Ce fut tout ce que le héraut rapporta arrière à messire Regnault, et messire Regnault dit : « Je ne viens pas ci pour eux porter contraire ni dommages, mais pour savoir leur entente, et il m'est autant à entrer en la ville désarmé comme armé, tant que j'aie parlé à eux. » Si se départit lors du lieu où il étoit et chevaucha, lui sixième tant seulement, sans armes, et laissa ses gens derrière, et vint mettre pied à terre droit devant la barrière. Quand on le vit en cel état, ceux qui étoient à la barrière lui ouvrirent et abaissèrent le pont, et ouvrirent la porte, et le mirent en la ville, et lui firent bonne chère. Lors s'assemblèrent tous les hommes de la ville en une place ou carrefour, et là commença à parler à eux, et leur dit : « Entendez, vous qui en celle ville demeurez; je suis ci envoyé de par le roi, et m'est commandé que je vous demande à quelle entente vous vous êtes rebellés, et avez clos vos portes et occis les gens du roi qui le venoient servir. Sachez que le roi est trop durement courroucé sur vous, car il est informé que vous avez pris en saisine les deux chastels de celle ville qui sont de son héritage, et y voulez mettre ses adversaires de Portingal. » — « Sauve soit votre grâce, messire Regnault, ce répondirent-ils, nous ne les y voulons pas mettre, ni aussi les rendre en autres mains ni seigneurie que à celle du roi de Castille de qui nous les tenons, mais que il nous gouverne ou fasse gouverner en paix et en justice. Et ce que nous faisons et avons fait, ce a été pour la coulpe et outrage des robeurs et pillards, Bretons et autres, que on avoit logés en celle ville, et par leur outrage; car si nous fussions Sarrasins ou pieurs gens, si ne nous pouvoient-ils pis faire, comme de efforcer nos femmes et nos filles, rompre nos huches, effondrer nos tonneaux de vin, nous battre et meshaigner, quand nous en parlions. Si ne vous devez pas émerveiller, quand nous véons tels outrages faire sur nous et sur le nôtre de ceux qui nous dussent garder, si nous nous en courrouçons, car on se courrouce bien pour moins. Si pouvez dire au roi tout ce, et remontrer, s'il vous plaît. Mais nous sommes d'un accord que notre ville, pour homme qui voise ni qui vienne, ne l'ouvrirons ni pour François ni pour Bretons recueillir, fors le corps du roi proprement, et ceux que il lui plaira, sans nous oppresser ni faire nulle violence. »

Quand messire Regnault Limousin les ouït parler de tel langage, si se raffrena; et lui sembla assez que ils n'avoient pas le plus de tort si ils avoient bouté hors leurs ennemis de leur ville. Si leur dit : « Oh! bonnes gens, je vous ai bien ouï et entendu. Vous demeurerez en votre pays, et je m'en retournerai en l'ost devers le roi, et lui dénoncerai toutes les paroles que vous m'avez dites, et en bonne vérité je serai pour vous. » Ceux répondirent : « Monseigneur, grands mercis! nous nous confions bien en vous, que si le roi est duement informé sur nous, que vous nous serez un bon moyen. » A ces mots prit congé messire Regnault Limousin et se partit de la ville; et monta à cheval, et retourna à ses gens qui l'attendoient sur les champs, et puis chevaucha tant qu'il vint en l'ost devant Lussebonne et descendit en son logis; et puis alla devers le roi et lui recorda tout ce que il avoit vu et trouvé en ceux de Saint-Yrain. Quand le roi en sçut la vérité, si dit : « Par ma foi, ils ont fait sagement, si ils se sont mis assurs de ces pillards bretons. »

Or advint ainsi que, quand messire Geffroy de Partenay et messire Geffroy Ricon et leurs routes virent que ils n'auroient autre chose de ceux de Saint-Yrain, et que le roi de Castille s'en dissimuloit, si en furent durement courroucés; et dirent entre eux : « Nous devons bien avoir laissé le royaume de France et être venus en ce pays servir le roi d'Espagne, quand nous sommes ainsi ravalés de vilains et ne nous en veut-on faire droit. La chose ne demeurera pas ainsi. Il doit venir temprement grand'foison de Gascons. Nous souffrirons tant qu'ils seront venus, et puis nous accorderons ensemble, et eux nous aideront à contrevenger de nos compagnons que on nous a occis et meshaignés. »

Nouvelles vinrent en l'ost au roi et son conseil que les Bretons menaçoient durement ceux de Saint-Yrain et se vantoient que, les Gascons venus, ils leur feroient cher comparer ce que ils leur avoient fait. Si fut le roi conseillé que il se départiroit du siége de Lussebonne et s'en viendroit rafreschir à Saint-Yrain, et remettroit les choses en bon point et en bon état, et là attendroit la venue des Gascons, où bien avoit quatre cens lances de bonnes gens, dont il avoit grand'joie; car pas ne vouloit qu'ils trouvassent le pays en trouble. Et aussi grand'foison de ses gens se désiroient à rafreschir, car ils avoient là été moult longuement sans rien faire. Après fut ordonné de par le roi de le déloger, et partir toutes gens du siége, et traire vers Saint-Yrain. Si se délogèrent les Espaignols et tous ceux qui là avoient été longue saison, et s'en vinrent en la marche de Saint-Yrain.

Quand ceux de Saint-Yrain entendirent que le roi de Castille devoit venir vers leur ville, si se ordonnèrent douze hommes des plus notables des leurs et montèrent à cheval; et s'en vinrent sur les champs à deux lieues près de là faire révérence au roi pour savoir parfaitement le courage et la volonté de lui. Tant chevauchèrent ces gens que ils rencontrèrent le roi qui étoit descendu en un grand ombrage dessous oliviers pour lui rafreschir, car il faisoit grand'chaleur. Là étoit messire Regnault Limosin, maréchal de l'ost, qui étoit tout pourvu de leur venue et étoit présent de-lez le roi; et cils venus devant lui se mirent à genoux et lui dirent ainsi :

« Très redouté sire et noble roi de Castille, nous sommes ci envoyés de par la povre communauté de votre bonne ville et chastellerie de Saint-Yrain, car on leur a donné à entendre que vous êtes grandement courroucé sur eux. Et si ainsi est ou soit, très redouté sire, la coulpe et offense ne vient pas par eux, mais par les grands injures et oppressions que les Bretons leur ont fait, lesquels étoient en leur ville et la vôtre premièrement, car tous leurs malins et mauvais faits ne peuvent pas être venus tous à connoissance ; mais pas n'en encoulpons leurs maîtres, chevaliers, écuyers ni capitaines, fors ceux qui les ont faits et perpétrés. Si en ont tant fait les pillards bretons que merveille seroit à penser ni à recorder; et nous ont tenus un grand temps en grand'subjection en la dite ville et en la chastellerie, dont plusieurs plaintes en venoient tous les jours à nous. Et en dépit de ce, iceux pillards rompoient nos coffres à force de haches, et prenoient tout le nôtre, et violoient nos femmes et nos filles, présens nous. Et quand nous en parlions, nous étions battus et meshaignés ou morts. En celle povreté avons-nous été deux mois et plus. Pourquoi, très redouté seigneur et noble roi, nous vous supplions que, si nous vous avons courroucé par celle cause ou autrement, que il vous plaira à faire juste et loyale information de nous, et nous mener par voie de droit, si comme vous nous promîtes et jurâtes à tenir entièrement et franchement, quand vous entrâtes premièrement roi en la ville de Saint-Yrain et la seigneurie et possession vous en fut baillée, et vous ferez aumône. Car, puisque vous y venez, nous ajoutons en vous et en votre conseil tant de noblesse et de franchise, que la ville sera, et trouverez toute ouverte contre votre venue; et à votre povre peuple, qui crie merci des injures et oppressions que on leur a faites, si votre majesté royale et votre noble conseil le dit, veuillez donner grâce et rémission. »

Le roi se tut un petit; et messire Regnault Limousin parla et dit, en lui agenouillant devant le roi : « Très cher sire, vous avez ouï votre povre peuple de Saint-Yrain complaindre et démontrer ce que on leur avoit fait, si en veuillez répondre. » — « Regnault, dit le roi, nous savons bien qu'ils ont juste cause. Dites-leur que ils se lèvent et s'en voisent devant à Saint-Yrain appareiller pour nous, car nous y serons anuit au gîte; et au surplus ils seront bien gardés en leur droit. »

Messire Regnault Limousin se leva lors et se retourna devers ceux de Saint-Yrain et leur dit : « Bonnes gens, levez-vous, le roi notre seigneur a bien entendu et conçu ce que vous avez dit. Vous voulez droit et justice, et il la vous fera et tiendra. Et appareillez duement à sa venue la ville de Saint-Yrain, et faites tant qu'il vous en sache gré, car les choses viendront à bien, parmi les bons moyens que vous aurez en votre aide. » — « Monseigneur, répondirent-ils, grands mercis. »

Lors prirent-ils congé du roi et montèrent à

cheval et s'en retournèrent à Saint-Yrain; et recordèrent tout ce que ils avoient vu et trouvé au roi, et la réponse que messire Regnault avoit faite de par le roi. Si en furent grandement réjouis. Adonc fut la ville appareillée très richement contre la venue du roi, et les chaussées jonchées de fresches herbes. Si y entra le roi à heures de vêpres, et se logea au chastel que on dit au Lion, et ses gens se logèrent en la ville, ceux qui loger se purent, et la greigneur partie aux champs et ès villages d'environ. Si y fut le roi bien un mois, et demeura la chose ainsi : qui plus y avoit mis plus y avoit perdu.

CHAPITRE XIX.

Ci parle d'une moult merveilleuse et piteuse bataille qui fut à Juberot entre le roi de Castille et le roi de Portingal.

Endementres que le roi se tenoit et séjournoit à Saint-Yrain, vinrent les Gascons de Béarn à belle compagnie de gens d'armes. Messire Regnault Limousin chevaucha à l'encontre d'eux et les recueillit doucement et grandement, ainsi que bien faire le savoit; et mena les capitaines devers le roi qui ot très grand'joie de leur venue, et commanda à messire Regnault qu'ils fussent bien logés et à leur aise, car il le vouloit. Il le fit tel que ils s'en contentèrent. Ainsi se portèrent les besognes; et se tint le roi à Saint-Yrain et toutes ses gens là environ. Et tenoit bien lors sur les champs le roi Jean de Castille quatre mille hommes d'armes et trente mille d'autres gens. Si appela une fois les barons de France pour avoir conseil à eux comment il se pourroit maintenir en celle guerre, car il avoit ais longuement et à grands frais devant Lussebonne et si n'y avoit rien fait; et crois bien que si les Gascons ne fussent là venus, qui rafreschirent le roi de courage et de volonté, il se fût parti de Saint-Yrain et retrait vers Burges ou en Galice, car ses gens s'ennuyoient de tant être sur les champs.

Quand ces chevaliers de France et de Béarn furent venus devant le roi, il parla et dit : « Beaux seigneurs, vous êtes tous gens de fait et usagers et appris de guerre, si vueil avoir conseil et collation avecques vous, comment je me pourrai maintenir contre ces Lussebonnois et Portingalois : ils m'ont tenu aux champs jà bien un an, et si n'ai rien exploité sur eux. Je les cuidois attraire hors de Lussebonne et en place pour eux combattre, mais ils n'en ont eu nulle volonté. Et veulent mes gens, et me conseillent, que je donne pour le temps présent à toutes manières de gens congé, et que chacun s'en retourne à son hôtel. Et vous qu'en dites-vous ? »

Les chevaliers de France et de Béarn, qui étoient nouvellement venus en l'ost du roi et qui désiroient les armes, et n'avoient encore rien fait, mais vouloient desservir leurs gages, répondirent : « Sire, vous êtes un puissant homme de terre, et petit vous coûte la peine et le travail de votre peuple, espécialement quand ils sont sur le leur. Nous ne disons pas, si ils étoient en étranges pays hors de toutes pourvéances, que ils ne vous dussent donner ce conseil, car là seroit la peine et le dommage trop grand sans comparaison, car ils sont ci presque aussi aises, si comme nous pouvons voir et connoître, comme si ils étoient en leurs hôtels. Si vous disons, non pas par manière d'arrêt de conseil, car vous êtes sage assez par votre haute prudence pour le meilleur élire, que vous teniez encore les champs; car bien les pouvez tenir jusques à la Saint-Michel. Espoir s'assembleront vos ennemis et se trairont sur les champs, quand le moins vous en donnerez de garde; et si ils le font ainsi, sans faute ils seront combattus. Nous en avons très grand désir que nous les puissions voir; et moult nous a coûté de peine et de travail de nous et de nos chevaux, avant que nous soyons venus en ce pays; si ne serons jà de l'opinion de vos gens que nous ne les voyons. » — « Par ma foi ! répondit le roi, vous parlez bien et loyaument; et de celle guerre et d'autres je userai d'ores-en-avant par votre conseil, car monseigneur mon père et moi n'y trouvâmes oncques que grand'loyauté ; et Dieu ait merci de l'âme de messire Bertran du Guesclin, car ce fut un loyal chevalier par lequel nous eûmes en son temps plusieurs belles et grandes recouvrances. »

Les paroles des consaulx et toutes les réponses que le roi Damp Jean de Castille ot de jour avecques les chevaliers de France et de Béarn furent sçues entre les comtes et les barons d'Espagne. Si en furent durement courroucés pour deux raisons. L'une fut, pour tant que le roi à leur semblant avoit greigneur fiance aux étranges que en eux, qui étoient ses hommes liges et qui l'avoient couronné; l'autre fut, que les chevaliers de France donnoient conseil au roi de eux là tenir, et si étoient tous lassés de guerroyer. Si en parlèrent entre eux en plusieurs manières, non en public, mais en requoi, et disoient : « Le roi ne sait guerroyer fors que par François, et aussi ne fit oncques son père. » Là commencèrent-ils à avoir envie sur les François; et bien s'en apercevoient li varlets et li fourrageurs des chevaliers gascons et françois, car on avoit ceux de France et ceux d'un langage [1] tous logés ensemble. Mais quand les Espaignols en fourrageant étoient plus forts que les François, ils leur tolloient et ôtoient leurs pourvéances; et étoient battus et meshaignés; tant que les plaintes en vinrent au roi. Adonc le roi en blâma grandement son maréchal, messire Regnault Limousin, en disant pourquoi il n'y avoit pourvu. Le maréchal de l'ost s'excusa et dit que, si Dieu lui put aider, il n'en savoit rien et que il y pourverroit. Si établit tantôt sur les champs gens d'armes qui gardoient les pas, parquoi les fourrageurs françois chevauchoient sûrement; et encore avecques tout il fit faire un ban et un commandement : que toutes manières de gens qui avoient vivres et pourvéances les apportassent ou fissent amener à sommiers ou autrement en l'ost devant Saint-Yrain, auxquelles choses on mit prix raisonnable. Si en eurent les étrangers largement, car il convenoit, par l'ordonnance du ban, que ils en fussent servis avant tous autres; dont les Espaignols eurent grand dépit de celle ordonnance.

Or advint qu'en la propre semaine que le roi de Castille se délogea, lui et toutes ses gens, du siége de Lussebonne, entrèrent au hâvre de Lussebonne trois grosses nefs chargées de gens d'armes anglois et archers; et pouvoient être en somme environ cinq cens, que uns que autres; et vous dis que les trois parts étoient compagnons aventureux hors de tous gages, de Calais, de Chierbourch, de Brest en Bretagne et de Mortaigne en Poitou, lesquels avoient ouï parler de la guerre du roi de Castille et du roi de Portingal. Si étoient venus à Bordeaux et là assemblés, et disoient et avoient dit : « Allons-nous-en à l'aventure en Portingal; nous trou-

[1] C'est-à-dire, tous ceux qui étaient du même pays, qui parlaient la même langue.

verons là qui nous recevra et embesognera. » Messire Jean de Harpedane, qui pour le temps étoit sénéchal de Bordeaux, leur avoit grandement conseillé, car point ne vouloit qu'ils s'amassassent au pays de Bordelois pour demeurer, car ils y pouvoient plus faire de maux que de biens, pour ce que ils étoient tous compagnons aventureux qui n'avoient qu'à perdre.

De tous ceux qui pour ce temps arrivèrent à Lussebonne, je n'y ouïs nommer nul chevalier, mais trois écuyers anglois qui étoient leurs capitaines. L'un appeloit-on Nortberry, l'autre Marteberry et le tiers Huguelin de Hartecelle; et n'y avoit nul de ces trois qui n'eût d'âge plus de cinquante ans; lesquels étoient bons hommes d'armes et tous stilés et usagés de fait de guerre.

De la venue de ces Anglois furent les Lussebonnois tous réjouis, et aussi fut le roi de Portingal qui les voult voir; et vinrent au palais devant le roi. Le roi en ot grand'joie, et leur demanda si le duc de Lancastre les envoyoit là. « Par ma foi, sire, répondit Nortberry, nous ne vîmes le duc de Lancastre grand temps a, ni il ne sait rien de nous ni nous de lui. Nous sommes gens de plusieurs sortes qui demandons les armes et les aventures. Il y en a de tels qui vous sont venus servir de la ville de Calais. » — « Par ma foi! dit le roi, ils soient, et vous tous les bien-venus. Votre venue me fait grand bien et grand'joie, et sachez que je vous embesognerai temprement. Nous avons été ici un moult long-temps enclos, et tant que nous en sommes tous ennuyés, mais nous prendrons la largesse des champs aussi bien que nos ennemis ont fait. » — « Sire, repondirent ces capitaines anglois, nous ne désirons autre chose, et nous vous prions que nous puissions bien briévement voir vos ennemis. » Le roi de Portingal en fit dîner de ces nouveaux venus en son palais à Lussebonne plus de deux cens, et commanda que eux tous fussent logés en la cité bien à leur aise. Ils le furent, et tantôt payés de leurs gages pour trois mois; et mit le roi clercs en œuvre, et fit lettres escripre et sceller, et envoya par tout son royaume, en mandant et commandant, sur quant que on se pouvoit méfaire, que toutes gens portant armes se traissent vers Lussebonne.

Tous ceux à qui les lettres du roi Jean de

Portingal vinrent n'obéirent pas; mais demeurèrent trop de gens en leurs hôtels, car les trois parts du dit royaume se dissimuloient à l'encontre de ceux de Lussebonne, pourtant que ils avoient couronné ce roi qui étoit bâtard, et en disoient lors grosses paroles en derrière. Et pour le grand trouble et différend que le roi de Castille et son conseil véoient au pays de Portingal, s'avancèrent-ils ainsi en intention de le conquester; et disoient que il n'y convenoit que une journée de bataille, et si ceux de Lussebonne pouvoient être rués jus, le demeurant du pays en seroit tout réjoui; et jetteroient hors du pays ce maître de Vis ou ils l'occiroient, et que ce étoit terre de conquêt pour lui, car sa femme en étoit droite héritière. Assez volontiers et légèrement s'en fut déporté de la guerre le roi Jean de Castille, mais ses gens ne le vouloient pas, ains le enhardissoient, et disoient que il avoit juste cause et querelle à la guerre. Quand le roi de Portingal vit que à son mandement et commandement trop de son peuple, dont il pensoit à être servi, désobéissoient, si fut tout pensif et mérancolieux; si appela ses plus féables de Lussebonne, et les chevaliers de son hôtel qui avoient rendu peine à son couronnement et qui avoient servi le roi Ferrant son frère, messire Jean Ra Digos et messire Jean Tête-d'Or, le seigneur de la Figière et messire Guillaume de Cabescon, Ambroise Coutinh et Pierre Coutinh son frère, et messire Ouges Navaret, un chevalier de Castille qui étoit tourné Portingalois, car le roi Dam Jean l'avoit enchassé hors de son royaume; si l'avoit le roi de Portingal retenu et fait capitaine de tous ses chevaliers.

A ce conseil démontra le roi plusieurs choses, et dit : « Beaux seigneurs qui ci êtes, je sais bien que vous êtes tous mes amis, car vous m'avez fait roi; et vous véez comment plusieurs gens de mon royaume, à mon grand besoin, s'excusent, et ne les puis avoir pour mettre sur les champs; car en vérité, si je les véois de aussi bonne volonté comme je suis pour aller combattre mes ennemis, je en aurois grand'joie; mais nenni, car je vois que ils se refreignent et se dissimulent. Si me faut bien avoir conseil sur ce, comment je me pourrai ordonner; et m'en répondez votre avis, je vous en prie. »

Adonc parla messire Gommes de Cabescon, un chevalier portingalois, et dit : « Sire, je vous dis à conseil, pour votre honneur et profit, que, au plutôt que vous pourrez, vous vous traiez sur les champs avecques ce que vous avez de gens et vous aventurez; et nous aussi nous demeurerons avecques vous et vous aiderons jusques à la mort. Car nous vous avons fait seigneur et roi de celle ville. S'il y a en Portingal aucuns rebelles ou arrogans à vous, je dis, et aussi disent les plusieurs de celle ville, que c'est pour la cause de ce que on ne vous a point vu encore chevaucher ni montrer visage à vos ennemis. Vous avez eu jusques à ores la grâce et la renommée d'être vaillant homme aux armes, et au besoin votre vaillance vous fault. C'est ce qui a fait enorgueillir vos ennemis et refroidir vos subgiets; car si ils véoient en vous fait de vaillance et prouesse, ils obéiroient et vous douteroient. Aussi feroient vos ennemis. » — « Par mon chef, dit le roi, vous parlez bien, et il est ainsi; et je vous dis, messire Gommes, que tantôt on fasse appareiller nos hommes, et ordonner chacun selon lui, car nous chevaucherons temprement et montrerons visage à nos ennemis. Ou nous gagnerons tout à celle fois ou nous le perdrons. » — « Monseigneur, répondit le chevalier, il sera fait; car, si vous avez la journée pour vous, et Dieu vous envoie bonne fortune, vous demeurerez roi de Portingal pour toujours mais, et si en serez loué et prisé en étranges terres où la connoissance en venra. Et au parfait de l'héritage vous ne pouvez venir fors que par bataille. Et exemple je vous fais du roi Dam Henry votre cousin, le père de Jean qui est roi à présent de toute Castille, d'Espaigne et de Touléte, de Galice et de Cordouan et de Séville. Il vint à tous ces héritages par bataille, ni jamais il n'y fût venu autrement. Car vous savez comment la puissance du prince de Galles et d'Aquitaine remit le roi Dam Piètre votre cousin en la possession et héritage des terres encloses dedans les Espaignols. Et depuis, par une journée de bataille que il ot contre lui devant Montiel, il perdit tout. Et fut icelui roi Henry en possession comme devant; à laquelle journée il aventura soi et les siens. Tout aussi vous faut-il aventurer, si vous voulez vivre à honneur. » — « Par mon chef, dit le roi, vous dites voir, et jamais ne vueil avoir d'autre conseil que cestui, car il nous est profitable et honorable. »

Sur cel état se départit le parlement ; et fut ordonné que dedans trois jours on se mettroit sur les champs, et prendroit-on terre et place pour attendre les ennemis. On tint ces trois jours les portes de Lussebonne si closes que oncques homme ni femme n'en saillit, car le roi ni les Lussebonnois ne vouloient pas que leurs ennemis sçussent leur intention ni leur convenant. Quand ce tant d'Anglois qui là étoient entendirent que on chevaucheroit et que on iroit vers Saint-Yrain, où le roi de Castille et ses gens étoient, si en furent trop grandement réjouis. Adonc firent toutes gens appareiller leurs armures, et cils archers leurs arcs et leurs sajettes, et tous les autres selon ce que il leur besognoit ; et se partirent à un jeudi, après boire, de la cité de Lussebonne ; et se mirent sur les champs et se logèrent ce jour sur une petite rivière à deux lieues de Lussebonne. Le roi et tout son ost, ayant les visages vers Saint-Yrain, disoient tous de grand'volonté : que jamais en Lussebonne ne retourneroient si auroient vu leurs ennemis, et que mieux leur valoit que ils envahissent et requissent à leurs ennemis la bataille que leurs ennemis vinssent sur eux. Car on en avoit vu plusieurs significances des requérans et des non requérans ; et que contre cinq les quatre requérans avoient obtenu place ; et que presque toutes les victoires que les Anglois avoient eues en France sur les François, ils l'avoient requis ; et que on est par nature plus fort et mieux encouragé en assaillant que on ne soit en défendant. De celle opinion étoient-ils tous ou en partie. Et en faisoient là exemple aucuns des bourgeois de Lussebonne, et disoient ainsi : « Nous étions en ce temps que les Gantois vinrent devant Bruges requerre et combattre le comte de Flandre et sa puissance en la dite ville, et savons bien que Philippe d'Artevelle, Pière du Bois, Jean Cliquetiel, François Acreman et Pière le Vintre, qui étoient lors les capitaines des Gantois, n'emmenèrent hors de Gand ni ne mistrent que sept mille hommes : de quoi ces sept mille hommes, requérant bataille de leurs ennemis, en déconfirent quarante mille. C'est chose toute véritable ; ni oncques n'y ot trahison, fors la bonne fortune et aventure qui fut pour les Gantois. Et étoient les Gantois, au jour de la bataille, qui fut par un samedi devant Bruges, à une grosse lieue près, si comme nous leur ouïmes dire à lendemain quand ils eurent conquis Bruges, aussi confortés du perdre que du gagner ; et aussi devons-nous être si nous voulons faire bon exploit d'armes. » Ainsi se devisoient les Lussebonnois ce jeudi l'un à l'autre ; dont le roi, quand il fut informé de leurs paroles et de leur grand confort, il en ot grand'joie en son cœur.

Quand ce vint le vendredi au matin, on sonna les trompettes en l'ost du roi de Portingal. Tous s'appareillèrent et ordonnèrent, et prindrent le chemin à destre, suivant la rivière et le plain pays, pour le charroi qui les suivoit et leurs pourvéances. Et cheminèrent ce jour quatre lieues.

Nouvelles vinrent au roi de Castille ce vendredi au matin, là où il se tenoit, à Saint-Yrain, que les Portingalois et le roi Jean que ceux de Lussebonne avoient couronné, étoient hors de Lussebonne et chevauchoient vers lui. Ces nouvelles s'épandirent tantôt parmi leur ost. Dont eurent Espaignols, François, Gascons moult grand'joie, et dirent entre eux : « Velà en ces Lussebonnois vaillans gens quand ils nous viennent combattre. Or tôt mettons-nous sur les champs, et les enclouons si nous pouvons, avant qu'ils retournent en leur ville ; car, si nous pouvons, jamais pié ne retournera en Lussebonne. » Adonc fut ordonné et publié parmi l'ost, à trompettes, que le samedi au matin on fût tout prêt à pied et à cheval, et que le roi partiroit et iroit combattre ses ennemis. Tous s'ordonnèrent et montrèrent que ils avoient grand'joie de cette journée et de celle aventure.

Quand ce vint le samedi au matin on sonna trompettes et claronceaux à grand'foison parmi l'ost, et ouït le roi messe au chastel [1] et puis but un coup, et aussi firent toutes ses gens ; et montèrent à cheval et se traîrent sur les champs en bonne et belle ordonnance, messire Regnault Limousin, maréchal de l'ost, tout devant. Si furent envoyés leurs coureurs chevaucher et aviser

---

[1] Suivant les Chroniques portugaises, après avoir communié et reçu la bénédiction de l'archevêque guerrier de Brague, il plaça la croix sur sa poitrine ainsi que toute son armée. Le Portugal, suivant le parti d'Urbain, traitait de schismatiques les Espagnols qui suivaient le parti de Clément, et les Espagnols qui étaient Clémentins regardaient aussi leurs adversaires du parti d'Urbain comme des schismatiques. Les deux papes rivaux avaient distribué des indulgences à foison, et promis le ciel aux martyrs de leur cause.

le contenement des ennemis; et quelle part on les trouveroit; et quelle quantité, par avis, ils pouvoient être.

Si furent envoyés de par les François deux écuyers, l'un bourguignon et l'autre gascon : le Bourguignon nommoit-on Guillaume de Montdigy et étoit avecques messire Jean de Rie; et le Gascon de Berne nommoit-on Bertran de Barége; et furent tous deux ce jour chevaliers; et avecques eux un chastelain de Castille et bon homme d'armes qui s'appeloit Pierre Ferrant de Médine; et étoit monté sur un ginet léger et bien courant à merveilles. Endementres que ces trois chevaucheurs chevauchoient les champs avant et arrière pour aviser le contenement des Portingalois, le grand ost vint, où il y avoit largement deux mille lances, chevaliers et écuyers gascons, bourguignons, françois, picards et bretons, aussi bien arroiés et appareillés et armés de toutes pièces que nuls gens d'armes pourroient être, et bien vingt mille Espaignols, et tous à cheval, et chevauchoient tout le pas. Si n'avoient pas chevauché le trait d'un arc, quand ils s'arrêtèrent.

D'autre par le roi de Portingal avoit envoyé trois coureurs chevaucheurs pour aviser justement et clairement l'ordonnance et contenement des Espaignols, dont les deux étoient Anglois, écuyers et apperts hommes d'armes : l'un étoit nommé Janequin d'Arteberi, et l'autre Philippe de Barqueston, et avecques eux un Portingalois nommé Ferrant de la Griose. Tous étoient bien montés. Et chevauchèrent ces trois si avant que ils avisèrent, d'un tertre où ils étoient montés et esconsés entre arbres où on ne les pouvoit voir pour les feuilles, tout le contenant des Espaignols.

Or retournèrent devers le roi de Portingal et son conseil ces trois chevaucheurs dessus nommés, et le trouvèrent, et tout l'ost, dessus les champs. Ils firent record et relation de leur chevauchée en disant : « Sire roi, nous avons été si avant que nous avons vu tout le contentement de vos ennemis; et sachez que ils sont grand'gent et belle gent; et y peut bien avoir trente mille chevaux; si ayez sur ce avis. » Adonc demanda le roi : « Dites-moi, chevauchent-ils tous en flotte? » — « Nennil, sire, ils sont en deux batailles. » Adonc se retourna le roi de Portingal vers ses gens, et dit tout haut : « Avisez-vous, ci ne faut point de couardise; sans faute nous nous combattrons, car nos ennemis chevauchent et ont grand'volonté de nous trouver. Si nous trouveront, car nous ne pouvons fuir ni retourner. Nous sommes issus de Lussebonne grand'foison de gens. Or pensez du bien faire et de vous vendre. Vous m'avez fait roi aujourd'hui; je verrai si la couronne de Portingal me demeurera paisiblement. Et soyez tout sûrs que jà je ne fuirai, mais attendrai l'aventure avecques vous. » Et ils répondirent : « Dieu y ait part! et nous demeurerons aussi tous avecques vous. »

Adonc furent appelés Nortberry, Hartecelle, d'Arteberry et aucuns des autres des plus usagés d'armes et qui le plus avoient vu. Si leur fut demandé quel conseil ils donnoient pour attendre l'aventure et la bataille, car il étoit vrai que combattre les convenoit, car les ennemis leur approchoient fort, qui étoit grand'foison et bien largement quatre contre un. Donc, répondirent les Anglois et distrent : « Puisque nous aurons la bataille et qu'ils sont plus de gens que nous sommes, c'est une chose mal partie, si ne la pouvons conquerre fors que par prendre avantage. Et si vous savez près de ci nul lieu où ait avantage de haies ni de buissons, si nous faites aller celle part : nous là venus, nous nous fortifierons par telle manière que vous verrez, et que nous ne serons pas si légers à entamer et à entrer en nous, comme nous fussions en-mi ces plains. » Lors dit le roi : « Vous parlez sagement, et il sera ainsi fait comme vous le dites. »

Au conseil des Anglois se sont arrêtés le roi de Portingal et les Lussebonnois, et ont jeté leur avis où ils se trairont. Vous devez savoir que assez près de là où ils étoient siéd la ville de Juberot, un grand village auquel les Lussebonnois avoient envoyé toutes leurs pourvéances, leurs sommiers et leur charroy, car ils avoient intention que ce soir ils y viendroient loger, eussent bataille ou non, si du jour ils pouvoient issir à honneur. Au dehors de la ville, ainsi comme au quart d'une lieue, a une grande abbaye de moines où ceux de Juberot et autres villages vont à la messe; et siéd celle église un petit hors du chemin en une motte avironnée de grands arbres et de haies et de buissons; et y a assez fort lieu parmi ce que on y aida. Adonc il fut dit en la présence du roi et de son conseil et des Anglois qui là étoient appelés, car combien que ils ne fussent que un petit, si vouloit le roi ouvrer grandement par leur conseil : « Sire, nous ne savons près de ci plus appareillé lieu ni plus propice que Juberot; ve-là le moûtier entre ces arbres. Il siéd en forte place assez, avec ce que on y pourra bien aider. » Ceux qui connoissoient le pays distrent : « Il est vérité. » — « Donc, dit le roi, traions-nous de celle part; et nous ordonnons là par telle manière et par tel conseil que gens d'armes doivent faire; par quoi nos ennemis, quand ils viendront sur nous, ne nous trouvent pas dégarnis ni vuides d'avis et de conseil. » Tantôt fut fait : on se trait le petit pas vers Juberot, et sont lors venus en la place de l'église. Adonc ont les Anglois et messire Hougues Navaret, et aucuns vaillans hommes de Portingal et de Lussebonne qui là étoient, allés tout à l'environ pour le mieux aviser. Si distrent les Anglois : « Vez-ci lieu fort assez, parmi ce que on y aidera, et pourrons bien sûrement et hardiment attendre ci l'aventure. » Lors firent-ils au côté devers les champs abattre les arbres et coucher de travers, afin que de plain on ne pût chevaucher sur eux; et laissèrent un chemin ouvert qui n'étoit pas d'entrée trop large; et mistrent ce que ils avoient d'archers et d'arbalêtriers sur les deux êles de ce chemin et les gens d'armes tout de pied au beau plain, et le moûtier à leur côté auquel le roi de Portingal se tenoit, et avoient là mis leur étendart et les bannières du roi.

Quand ils se virent ainsi ordonnés, ils eurent grand'joie et distrent, si il plaisoit à Dieu, ils étoient bien en place pour eux tenir longuement et faire bonne journée. Là, leur dit le roi : « Beaux seigneurs, soyez huy tous prud'hommes, et ne pensez point au fuir, car la fuite ne vous vaudroit rien : vous êtes trop loin de Lussebonne; et avecques tout ce, en chasse et en fuite n'a nul recouvrer, car trois en abattroient et occiroient douze en fuyant. Montrez hui que vous soyez gens d'arrêt et de prouesse, et vendez vos corps et vos membres aux épées et aux armures; et imaginez en vous que, si la journée est pour nous, ainsi comme elle sera, si Dieu plait, nous serons moult honorés, et parlera-t-on de nous en plusieurs pays où les nouvelles iront; car toujours on exaulce les victorieux et abaisse-t-on les déconfits. Et pensez à ce que vous m'avez fait roi, si en devez être plus hardis et plus courageux. Et soyez tout certains que, tant que celle hache me durera en la main, je me combattrai, et, si elle me faut ou brise, je recouvrerai autre, et montrerai que je veuil défendre et garder la couronne de Portingal pour moi, et le droit que je y ai par la succession de monseigneur mon frère, laquelle je dis et prends sur l'âme de moi que on me chalenge à tort et que la querelle est mienne. »

A ces paroles répondirent tous ceux de son pays qui ouï l'avoient, et dirent : « Sire roi, votre grâce et merci, vous nous admonestez sagement et doucement que nous soyons tous prud'hommes et que nous vous aidons à garder et défendre ce que nous vous avons donné et qui est vôtre. Sachez que tous demourerons avecques vous, ni de la place ne partirons où nous sommes arrêtés, ni ne viderons pour aventure qui nous vienne, si nous ne sommes tous morts. Et faites un cri à votre peuple qui ci est, car tous ne vous ont pas ouï parler, que nul et sur la vie n'ait l'avis ni le sentiment de fuir. Et si il y a homme de petit courage qui n'ose attendre l'aventure de la bataille, si se traie avant, et lui donnez bon congé de partir d'avecques les autres, car un mauvais cœur en décourage deux douzaines de bons; ou on leur fasse trancher les têtes en la présence de vous, si donneront exemple aux autres. » Le roi dit : « Je le veuil. » Adonc furent deux chevaliers de Portingal ordonnés de par le roi, de chercher tous les hommes qui là étoient et aussi de eux admonester et enquerre si nul s'ébahissoit en attendant la bataille. Les chevaliers rapportèrent au roi, quand ils retournèrent, que tout partout où ils avoient été visiter par les connestablies, ils n'y avoient trouvé homme qui ne fût, par l'apparent que on véoit en lui, tout conforté pour attendre la bataille. « Tant vaut mieux, » dit le roi.

Adonc fit le roi demander parmi l'ost que quiconque vouloit devenir chevalier si se traisist avant, et il lui donneroit l'ordre de chevalerie en l'honneur de Dieu et de Saint George. Et me semble, selon ce que je fus informé, que il y ot là faits soixante chevaliers nouveaux desquels le roi ot grand'joie; et les mit au premier front de la bataille, et leur dit au départir de lui : « Beaux seigneurs, l'ordre de chevalerie est si noble et si haute que nul cœur ne doit penser, qui chevalier est, à ordure ni à vileté ni à couardise; mais doit être fier et hardi comme un lion, quand il a le bassinet en la tête et il voit ses ennemis. Et pour ce que je vueil que vous montrez huy prouesse là où il appartiendra à montrer, je vous envoie et ordonne au premier chef de la bataille. Or, faites tant que vous y ayez honneur, car autrement vos éperons ne seroient pas bien assis. » Chacun nouveau chevalier répondoit à son tour, et disoit en passant outre devant le roi : « Sire, nous ferons bien, si Dieu plait, tant que nous en aurons la grâce et l'amour de vous. »

Ainsi se ordonnèrent les Portingalois que je vous dis, et se fortifièrent près de l'église de Juberot en Portingal. Et n'y ot ce jour nul Anglois qui voulsist devenir chevalier; si furent bien les aucuns requis et admonestés du roi, mais ils s'excusèrent pour ce jour. Et vous parlerons de l'ordonnance des Espaignols, comment ils s'ordonnèrent contre les Portingalois.

Or retournèrent devers le roi Jean de Castille et les chevaliers et écuyers et gens d'armes de France et de Gascogne, qui là étoient, les chevaucheurs de leur côté, lesquels ils avoient envoyés pour aviser leurs ennemis; et rapportèrent telles nouvelles en disant ainsi : « Sire roi, et vous barons et chevaliers qui cy êtes présens, nous avons chevauché si avant que proprement nous avons vu les ennemis; et selon ce que nous pouvons aviser et considérer, ils ne sont pas dix mille hommes en toute somme; et se sont traits vers le moûtier de Juberot, et droit là se sont-ils arrêtés et mis en ordonnance de bataille; et là les trouvera qui avoir les voudra. » Adonc appela le roi de Castille son conseil, et par espécial les barons et chevaliers de France, et leur demanda quelle chose en étoit bon à faire; et fut en l'heure répondu : « Sire, c'est bon que ils soient combattus. Nous n'y véons autre chose; car, selon ce que ont rapporté nos chevaucheurs, ils sont effrayés et en grand' doute, pourtant que ils se sentent loin de toutes forteresses où ils se puissent retraire. Lussebonne leur est loin à six lieues; ils n'y peuvent courir à leur aise que ils ne soient r'atteints sur le chemin, non si ils ne prenoient ce soir l'avantage de la nuit. Si conseillons, sire roi, puisque nous savons où ils sont, que nous ordonnions nos batailles et les allions combattre, endementres que vos gens sont entalentés de bien faire. » — « Est-ce vos paroles, dit le roi à ceux de son pays, c'est à savoir à messire Da Ghomez Mendouch, messire Digho Per Serment [1], Pierre Goussart de Mondesque et Pierre Ferrant de Valesque et le grand-maître de Caletrave; lesquels répondirent à la parole du roi et à sa demande, et dirent : « Monseigneur, nous avons bien entendu ces chevaliers de France, et véons et oyons que ils vous conseillent à aller chaudement combattre vos ennemis : nous voulons bien que ils sachent, et vous aussi, que, avant que nous soyons jusques à là et entrés en eux, il sera tard, car vous véez le soleil comment il tourne, et si n'avons encore pas ordonné nos batailles. Si est bon que nous attendons le matin, et les approchons de si près que sachions par nos espies et par nos chevaucheurs, que nous espartirons sur les champs en plusieurs lieux, leur contenement; afin que, si il avient ainsi que sur le point de mie-nuit ils se délogeassent et se voulsissent retraire, nous nous délogerions aussi. Ils ne nous peuvent fuir ni échapper; ils sont en plein pays; il n'y a place, ni lieu fort, excepté le lieu où ils sont, de ci à Lussebonne, que nous ne les puissions avoir à notre aise; et ce conseil nous vous donnons. »

Adonc se tut le roi un petit, et abaissa la tête; et puis regarda sur les étrangers, et lors parla messire Regnault Lymousin, lequel étoit, si comme vous savez, maréchal de tout l'ost. Et dit, pour complaire aux François, en langage espaignol, afin qu'il fût mieux ouï et entendu, car bien le savoit parler, tant avoit-il été longuement nourri entre eux; et tourna sa parole sur les Espaignols qui de-lez lui étoient et qui ce conseil donné avoient : « Vous, seigneurs, si les nomma tous autour par noms et par surnoms, car bien les connoissoit, comment pouvez-vous être plus sages de batailles ni mieux usagés d'armes que cils vaillans chevaliers qui ci sont présens? Comment pouvez-vous deviser sur eux ni ordonner, fors que par chose qui soit de nulle valeur, car ils ne firent oncques en leur vie autre chose fors que travailler de royaume en royaume pour trouver et avoir fait d'armes? Comment pouvez ou osez rien deviser ou ordonner sur leur parole ni dédire leur avis, qui est si haut et si noble que pour garder l'honneur

[1] Diego Perez Sarmiento.

du roi et de son royaume, auquel vous avez plus grand'part que ils n'aient ; car vous y avez votre héritage et votre corps, et il n'y ont que leurs corps singulièrement, lesquels tout premièrement ils veulent aventurer ; et jà ont-ils requis au roi et prié que ils aient la première bataille, et le roi encore leur en a à répondre. Or regardez donc la grand'vaillance d'eux quand tous premiers ils se veulent pour vous et offrent à aventurer. Il pourroit sembler à aucuns que vous auriez envie sur eux, et que vous ne voudriez pas que profit et honneur leur vînt, ou que le roi eût victoire de ses ennemis qui l'ont guerroyé par plusieurs fois, tant que ils fussent en votre compagnie. Et bonnes gens d'armes qui tendent à toute perfection d'honneur ne doivent pour cela regarder, ni convoiter, mais être tout uns et d'un accord et d'une volonté. Et outre encore, par vous et par votre conseil, est le roi, monseigneur qui ci est, sur les champs ; et a tenu longuement et à grands coûtages et à grands frais de lui et de ses gens le siège devant Lussebonne, où oncques il ne put avoir l'aventure de guerroyer ou faire bataille, jusques à ce que le roi qui s'escript de Portingal, et qui n'a nul droit à la couronne, car il est bâtard non dispensé, se soit trait sur les champs. Or est-il maintenant avecques ce qu'il a d'amis, mais plenté né sont-ils pas ; car si il avient que ils se retraient cautéleusement et que nous les perdons et que point ne soient combattus, vous vous mettez en aventure que le peuple de ce pays vous queurre sus et vous occie, ou que le roi vous tienne pour traîtres et vous tolle les têtes et vos terres. Si n'y vois nul bon moyen pour vous, fors que le taire et laisser convenir ceux qui plus en ont vu de telles besognes que vous ne vîtes oncques ni ne verrez jamais. »

A ces mots leva le roi d'Espaigne la tête, et fut par semblant grandement réjoui des paroles que messire Regnault Lymousin ot dites, et les Espaignols furent tous ébahis ; et cuidèrent pour l'heure avoir plus mespris que ils ne firent, car combien que le chevalier les reprensist et leur allât à contraire, si avoit-il bien parlé et loyaument conseillé le roi que on ne pouvoit mieux ; mais vaillance et franchise le fit parler, et pour complaire aux chevaliers et escuyers étrangers dont il y avoit là grand'foison qui désiroient à avoir la bataille.

Tous se turent, et le roi parla et dit : « Je vueil que, au nom de Dieu et de monseigneur Saint-Jacques, soient combattus nos ennemis. Et ceux qui veulent être chevaliers se traient avant et viennent çà, je leur donnerai l'ordre de chevalerie, en l'honneur de Dieu et de saint George. » Là se trairent avant grand'foison d'escuyers de France et de Berne ; et là furent faits chevaliers de la main du roi : messire Roger d'Espaigne, ains-né fils à messire Roger, de la comté de Foix, messire Bertran de Barége, messire Pierre de Salebière, messire Pierre de Valencin, messire Guillaume de Ker, messire Augiers Solenare, messire Pierre de Vaude, messire Geoffroy de Partenay, messire Guillaume de Montdigy ; et tant que uns que autres il en y ot bien cent et quarante, lesquels prindrent de grand'volonté l'ordre de chevalerie ; et mirent hors premièrement plusieurs barons de Berne leurs bannières, et aussi plusieurs de Castille. Et aussi fit messire Jean de Rie.

Là pussiez voir entre ces nouveaux chevaliers toute frisqueté, joliveté et apperteté ; et se maintenoient si bel et si courtoisement que grand'plaisance étoit du regarder. Et étoient, comme je vous dis, une belle grosse bataille. Si s'en vinrent devant le roi le sire de Lignac et les autres, de quelque nation que ils fussent. Puisque ils n'étoient point des Espaignols et que ils étoient des étrangers, on les tenoit ou nommoit François. Et dirent au roi et requirent eux tous ensemble, et mêmement les plus notables armés de toutes pièces hors mis le bassinet : « Sire roi, nous vous sommes de grand'volonté et de lointain pays venus servir. Si nous faites celle grâce que nous ayons la première bataille. » — « Je la vous accorde, dit le roi, au nom de Dieu et de saint Jacques et de monseigneur Saint George, qui soient en votre armée. » Là distrent les Espaignols tout bas l'un à l'autre : « Regardez, pour Dieu, regardez comment notre roi se confie du tout en ces François. Il n'a nulle parfaite confiance à autrui que à eux. Ils auront et ont la première bataille. Ils ne nous prisent pas tant que ils nous appellent avecques eux. Ils font leur fait et leur arroi à part eux ; et nous ferons le nôtre à part nous ; et par Dieu nous les lairons combattre et convenir de leur emprise. Jà ont-il dit, et se sont vantés, que ils sont gens assez pour déconfire les Por tingalois. Or soit ainsi, nous le voulons bien; mais ce seroit bon que nous demandissions au roi si il veut demeurer avec nous ou aller avecques les François. »

Là furent en murmure ensemble moult longuement pour savoir si ils lui demanderoient ou si ils s'en tairoient, car ils ressoignoient grandement les paroles de messire Regnault Lymousin. Toutefois, tout considéré, ne véoient-ils point de mal à lui demander. Si s'avancèrent six des plus notables et des plus prochains de son corps, et en lui inclinant lui demandèrent ainsi :

« Très noble roi, nous véons bien et entendons par apparens signes que nous aurons aujourd'hui la bataille à vos ennemis. Dieu doint que ce soit à l'honneur et victoire de vous, si comme nous le désirons grandement. Or voulons-nous savoir où votre plaisance gît le plus, ou à être avecques nous qui sommes vos féaux et sujets, ou à être avecques les François ? » — « Nennil, dit le roi; beaux seigneurs, si je m'accorde à la bataille avoir avecques ces chevaliers et escuyers de France qui me sont venus servir et qui sont vaillans gens et pourvus de conseil et de grand confort, pour ce ne renoncé-je pas à vous; mais vueil demeurer avecques vous; si m'aiderez à garder. » De celle réponse eurent les Espaignols grand'joie, et s'en contentèrent bien et grandement, et dirent : « Monseigneur, ce ferons-nous; ni jà ne vous faudrons jusques à la mort, car nous le vous avons juré et promis par la foi et par l'obligation de nos corps au jour de votre couronnement; et tant aimâmes-nous le bon roi votre père que nous ne vous pourrions faillir par voie nulle quelconque. » — « C'est bien notre intention, » ce dit le roi. Ainsi demeura le roi d'Espagne de-lez ses gens les Espaignols, où bien avoit vingt mille chevaux tous couverts. Et messire Regnault Lymousin étoit en la première bataille; c'étoit son droit que il y fût, puisqu'il étoit maréchal.

CHAPITRE XX.

Comment le roi de Portingal et les siens s'ordonnèrent sagement pour batailler sur le mont de Juberot, et comment les François furent occis et le roi d'Espaigne et tout son ost déconfits.

Ce samedi étoit jour bel et clair, chaud et seri, et étoit jà le soleil tourné sur le point de vêpres, quand la première bataille vint devant Juberot, à l'encontre du lieu où le roi de Portingal et ses gens étoient ordonnés. En l'arroi des chevaliers françois avoit bien largement deux mille lances, aussi frisques et habiles gens et aussi bien armés comme on pourroit voir et souhaidier. Sitôt comme ils virent leurs ennemis, ils se restraindirent et joignirent ensemble, comme gens de fait et de bonne ordonnance et qui savoient quelle chose ils devoient faire; et approchèrent de si près que jusques au trait Là ot de première venue dur rencontre; car ceux qui désiroient à assaillir et acquérir grâce et prix d'armes se boutèrent de grand'volonté en la place que les Anglois par leur sens et leur art avoient fortifiée. En entrant dedans, pourtant que l'entrée n'étoit pas bien large, ot grand'presse et grand'meschef pour les assaillans, car ce qu'il y avoit d'archers d'Angleterre traioient si ouniement que chevaux étoient tous encousus de sajettes et meshaignés, et chéoient l'un sur l'autre. Là venoient gens d'armes anglois, si pou qu'il y en avoit, avec eux Portingalois et Lussebonnois en escriant leur cri : « Notre-Dame ! Portingal ! » qui tenoient en leurs poings lances affilées de fer de Bordeaux, tranchant et perçant tout outre, qui abattoient et navroient en lançant et en courant chevaliers et gens d'armes et mettoient tout à merci. Là fut le sire de Lignac, de Berne, abattu et sa banière conquise, et fiancé prisonnier, et de ses gens de première venue grand'foison morts et pris. D'autre part, messire Jean de Rie, messire Geoffroy Ricon, messire Geoffroy de Partenay, et leurs gens étoient entrés en ce fort à telle manière que leurs chevaux qui navrés étoient fondoient dessous eux par la force du trait. Là étoient gens d'armes de leur côté en grand danger; car au relever ils ne pouvoient aider l'un l'autre, et si ne se pouvoient élargir pour eux défendre ni combattre à leur volonté. Et vous dis bien, que quand les Portingalois virent ce meschef advenir sur les premiers requérans, ils furent aussi frais, aussi nouveaux et aussi légers à combattre que nuls gens pouvoient être. Là étoit le roi de Portingal, sa banière devant lui, monté sur un grand coursier tout paré des armes de Portingal; et avoit grand'joie du meschef et de la déconfiture que il véoit avenir sur ses ennemis; et disoit à la fois pour réjouir et conforter ses gens : « Avant! bonnes gens d'armes, combattez-vous et défendez de grand'volonté; car votre sire est en votre main; et si plus n'en y a que ceux-ci, nous n'avons garde; et si je me connus oncques en ordonnance de bataille, ceux-ci sont nôtres. » Ainsi reconfortoit le roi de Portingal ses gens qui se combattoient vaillamment, et avoient enclos en leur fort de Juberot les premiers venans et assaillans desquels ils mettoient grand'foison à mort et à merci.

Bien est vérité que la première bataille dont je vous fais mention, que ces barons et chevaliers de Berne et de France conduisoient et gouvernoient, cuida être autrement et plus prestement confortée des Espaignols que elle ne fut; car si le roi de Castille et sa grand'route, où bien avoit vingt mille hommes, fussent venus par une autre part assaillir les Portingalois, on dit bien que la journée eût été pour eux; mais ils n'en firent rien, pour quoi ils y eurent blâme et dommage. Aussi, au voir dire, la première bataille assembla trop tôt, mais ils le faisoient pourtant qu'ils en vouloient avoir l'honneur, et pour les paroles tenir en voir et en grâce, lesquelles avoient été dites devant le roi.

D'autre part les Espaignols, si comme je fus informé, se feignoient de non venir si très tôt; car ils n'avoient pas bien en grâce les François; et avoient jà dit avant : « Laissez-les convenir et lasser; ils trouveront bien à qui parler. Ces François sont trop grands vanteux et hautains, et aussi notre roi n'a fiance parfaite fors en eux; et puisque il veut et consent qu'ils aient l'honneur de la journée pour eux, nous leur lairons bien avoir; ou nous l'aurons tout entièrement, ou ils l'auront à leur entente. » Par ce parti se tenoient les Espaignols en une grosse bataille, où bien avoit vingt mille hommes, tous cois sur les champs, et ne vouloient aller en avant; dont moult en ennuyoit au roi, mais amender ne le pouvoit; car les Espaignols disoient, pour tant que nul ne retournoit de la bataille : « Monseigneur, c'est fait; cils chevaliers de France ont déconfit vos ennemis. La journée et l'honneur de la victoire sera pour eux. » — « Dieu le doint, dit le roi, or chevauchons un petit avant. »

Lors chevauchèrent-ils tout le pas serré, espoir loin le trait d'une arbaleste, et puis s'arrêtèrent. Au voir dire, c'étoit grand'beauté de voir leur contenement et acesmement, tant étoient bien montés et bien armés de toutes pièces. Et entrementes les François se combattoient, ceux qui étoient descendus de leurs chevaux et qui tant de loisir avoient pu avoir pour descendre. Et sachez que plusieurs chevaliers et escuyers y firent grand'foison d'appertises d'armes de l'une part et de l'autre; car quand les lances leur faillirent, ils se prirent à leurs haches, et en donnoient sur ces bassinets de moult horribles horions dont ils se meshaignoient et occioient.

Qui est en tel parti d'armes comme les François et les Portingalois étoient à Juberot, il faut que il attende l'aventure, voire si il ne veut fuir; et en fuyant avient que il y a plus de périls que il n'y a au plus fort de la bataille; car en fuyant on chasse, on fiert, on tue; et en bataille, quand on voit qu'on a du pieur, on se rend; si est-on gardé pour être prisonnier, car pas n'est mort qui est prisonnier. On ne peut pas dire ni recorder que les chevaliers et escuyers de France, de Bretagne, de Bourgogne et de Berne qui là étoient ne se combattissent très vaillamment, mais ils eurent de pleine venue trop dure encontre; et tout ce firent les Anglois, par le conseil que ils donnèrent de la place fortifier. Là furent à celle première bataille les Portingalois plus forts que leurs ennemis. Si les mirent à merci, et furent tous morts ou pris; petit s'en sauvèrent. Mais toutefois à ce commencement ils eurent bien mille chevaliers et escuyers prisonniers, dont ils avoient grand'joie; et ne cuidoient pour le jour avoir plus de bataille, et faisoient très bonne chère à leurs prisonniers, et disoit chacun à son prisonnier : « Ne vous ébahissez de rien, vous êtes conquis vaillamment par beau fait d'armes. Si vous ferons très bonne compagnie, si comme nous voudrions que vous fesissiez si nous étions au parti d'armes où vous êtes; mais il faut que vous en veniez reposer et rafreschir en la bonne cité de Lussebonne, nous vous y tiendrons tout aise. » Et ceux à qui ces paroles s'adressoient répondoient et disoient : « Grands mercis ! » Là se rançonnoient et mettoient à finance les aucuns sur la place, et les autres vouloient attendre l'aventure; car bien imaginoient que la chose ne demeureroit pas ainsi et que le roi d'Espaigne et sa grosse bataille les viendroit tantôt délivrer.

[1385]

Nouvelles vinrent sur les champs au roi de Castille et à ses gens qui approchoient Juberot, par les fuyans, car male est la bataille dont nul n'échappe, en criant effréamment moult haut : « Sire roi, avancez-vous, ceux de l'avant-garde sont tous morts ou pris. Il n'y a nul recouvrer de leur délivrance, si elle ne vient de votre puissance. » Quand le roi de Castille ouït ces nouvelles, si fut moult troublé et courroucé, et à bonne cause, car trop bien lui touchoit. Si commanda à chevaucher et dit : « Chevauchez, bannières, au nom de Dieu et de Saint George; allons à la rescousse, puisque il besogne à nos gens. » Donc commencèrent Espaignols à chevaucher à meilleur pas que ils n'avoient fait, sans eux desroier et tous serrés. Et jà étoient tout basses vêpres et presque soleil esconsant. Les aucuns disoient en chevauchant et conseilloient que on attendesist le matin et qu'il seroit tantôt nuit, si ne pourroit-on adresser à faire nul bon exploit d'armes; mais le roi vouloit que on allât avant, et y mettoit raison, en disant : « Comment, lairons-nous nos ennemis, qui sont lassés et travaillés, rafreschir et reposer? qui donne ce conseil, il n'aime pas mon honneur. » Donc chevauchèrent-ils encore, en menant grand'bruit et en sonnant grand'foison de trompettes, de claironceaux et de gros tambours, pour faire plus grand'noise et pour ébahir leurs ennemis. Or vous dirai que le roi de Portingal et son conseil avoient fait.

Si tôt comme ils eurent déconfit ceux de l'avant-garde, et pris et fiancé chevaliers et escuyers pour prisonniers, si comme ci-dessus avez ouï, pourtant que de commencement ils ne véoient nullui venir, si ne se vouldrent-ils pas du tout confier en leur première victoire; mais envoyèrent six hommes d'armes des leurs les mieux montés pour savoir des nouvelles, et si ils seroient plus combattus. Ceux qui chevauchoient virent et ouïrent la grosse bataille du roi de Castille qui venoit, atout bien vingt mille hommes de cheval qui fort approchoient de Juberot. Adonc retournèrent-ils à faire leur réponse à force de chevaux devers leurs gens, et dirent tout haut : « Seigneurs, avisez-vous. Nous n'avons rien fait or prime : vez-cy le roi de Castille et la grosse bataille qui vient, et sont plus de vingt mille chevaux tous couverts, ni nul n'est demouré derrière. »

LIVRE III. 431

Quand ils ouïrent ces nouvelles, si eurent un bref conseil, car il leur besoignoit de nécessité. Si ordonnèrent tantôt un trop piteux fait; car il fut commandé et dit, sur peine d'être là mort sans merci, que quiconque avoit prisonnier que tantôt il l'occît, et que nul n'y fût excepté ni dissimulé, comme vaillant, comme puissant, comme noble, comme gentil, ni comme riche qu'il fût. Là furent barons, chevaliers et écuyers qui pris étoient en dur parti : ni prière n'y valoit rien qu'ils ne fussent morts, lesquels étoient épars en plusieurs lieux çà et là et tous désarmés et cuidoient être sauvés, mais non furent. Donc au voir dire ce fut grand'pitié, car chacun occioit le sien; et qui occire ne le vouloit, on lui occioit entre ses mains; et disoient Portingalois et Anglois qui donnèrent ce conseil : « Il vaut mieux occire que être occis. Si nous ne les occions, ils se délivreront, entrementres que nous entendrons à nous combattre et défendre, et puis nous occiront, car nul ne doit avoir fiance en son ennemi. »

Ainsi furent là morts et par tel meschef le sire de Lignac, messire Pierre de Ker, le sire de l'Esprès, qui s'appeloit messire Jean, le sire de Berneque, le sire des Bordes, messire Bertran de Barége, le sire de Moriane, messire Raimon d'Ousach, messire Jean Asselegie, messire Monaut de Sarement, messire Pierre de Sarebière, messire Étienne de Vallencin, messire Raimond de Corasse, messire Pierre de Havefanc et bien trois cents escuyers du pays de Berne; et des François messire Jean de Rie, messire Geoffroy Ricon, messire Geoffroy de Partenay et plusieurs autres. Or regardez la grand'mésaventure, car ils occirent bien ce samedi au soir de bons prisonniers, dont ils eussent eu quatre cents mille francs l'un parmi l'autre.

CHAPITRE XXI.

Comment le roi de Castille et toute sa grosse bataille furent déconfits par le roi de Portingal, devant un hameau ou village appelé Juberot.

Quand Lussebonnois, Anglois et Portingalois eurent délivré la place et mis à mort tous leurs prisonniers, car oncques homme n'y fut sauvé si il n'étoit par devant mené au village de Juberot où tous leurs charrois et sommages étoient, ils se remirent tous ensemble de grand'volonté et sur leur pas, si comme il avoient fait par devant quand l'avant-garde les vint assaillir. A celle heure commençoit le soleil à esconser. Et veci le roi de Castille en très puissant arroy, à bannières déployées, et montés toutes gens sur chevaux couverts en écriant : Castille! et entrent en ce pas qui fortifié étoit. Là furent-ils reçus aux lances et aux haches. Et gréva de première venue le trait grandement leurs chevaux; et en y ot pour ce parti plusieurs morts et affoulés. Encore ne savoient pas le roi de Castille ni ses gens le grand meschef qui étoit avenu à l'avant-garde, ni que les François fussent morts, mais cuidoient que ils fussent tous prisonniers, si les vouloient rescourre; mais c'étoit trop tard, si comme vous avez ouy. Là ot dure bataille et fière, et maint homme renversé par terre. Si ne l'eurent pas le Portingalois d'avantage, mais leur convint vaillamment et hardiment combattre, autrement ils eussent été déconfits et perdus. Et ce qui les sauvoit et garantissoit le plus, étoit ce qu'on ne les pouvoit approcher fors que par un pas. Là descendit le roi de Portingal à pied, et prit sa hache, et s'en vint sur le pas et y fit merveilles d'armes, et en abattit trois ou quatre des plus notables, tant que tous le ressoingnoient; et laissèrent approcher ses gens leurs ennemis, ni aussi n'y osoient approcher, pour la doutance des grands horions que le roi leur donnoit et délivroit à tous lez. Je vous dirai une partie de la condition des Espaignols.

Voir est que à cheval, de première venue, ils sont de grand bobant et de grand courage et hautain, et de dur encontre à leur avantage, et se commbattent assez bien à cheval. Mais si très tôt comme ils ont jeté deux ou trois dardes et donné un coup d'épée, et ils voient que leurs ennemis ne se déconfisent point, ils se doutent, et retournent les freins de leurs chevaux et se sauvent, qui sauver se peut. Encore jouèrent-ils là de ce tour et de ce métier, car ils trouvèrent leurs ennemis durs et forts, et aussi frais à la bataille que doncques que point en devant ne se fussent combattus en la journée, dont ils en furent plus émerveillés et ébahis. Et avoient encore les Espaignols grand'merveille que tous ceux de l'avant-garde étoient devenus, car ils n'en véoient nul, ni nouvelles nulles n'en oyoient, et plus venoit et plus avesprissoit[1]. Là furent Espai-

[1] C'est-à-dire, plus il se faisait tard.

gnols en dure journée et vesprée, et la fortune de la bataille dure et mauvaise pour eux, car tous ceux qui entrèrent au fort des Lussebonnois, par vaillance et pour faire fait d'armes, furent tous morts; ni on ne prenoit homme nul à rançon, comme haut ni noble qu'il fût. Ainsi l'avoient les Lussebonnois ordonné, car ils ne se vouloient pas charger de nul prisonnier. Si furent là morts et occis sur la place, des gens du roi de Castille, ceux qui s'ensuivent, et tous hauts barons. Messire Da Gome Mendrich, messire Digo Per Serment, messire Dam Pierre de Re Serment, messire Maurich de Versaulx, le grand-maître de Calatrave et un sien frère qui fut ce jour là fait chevalier, qui s'appeloit Digo Mores, messire Pierre Goussart de Mondesque, Dam Ferrant de Valesque, Dam Pierre Goussart de Séville, Dam Jean Ra Digo de Hoies, le grand maître de Saint-Jacques, messire Ra Digo de la Roselle, et bien soixante barons et chevaliers d'Espaigne; ni oncques à la bataille de Nadres où le prince de Galles déconfit le roi D. Henry, il n'y ot morts tant de noble gent de Castille comme il y ot à la besogne de Juberot, qui fut en l'an de grâce Notre Seigneur mil trois cent quatre vingt et cinq, par un samedi, le jour de Notre-Dame de la mi-août.

Quand le roi de Castille entendit et vit que ses gens se perdoient ainsi et se déconfisoient, et que l'avant-garde étoit toute nettement déconfite sans recouvrer, et que messire Regnault Limousin, son maréchal, étoit mort, et toute la noble chevalerie tant de son royaume comme de France qui là l'étoient venu servir de moult grand'volonté, si fut durement courroucé; et ne sçut quel conseil prendre, car il véoit ses gens fuir de toutes parts et eux déconfire, et oyoit que on lui disoit : « Monseigneur, partez-vous-en, il est temps; la chose gît en trop du parti. Vous ne pouvez pas tout seul déconfire vos ennemis ni recouvrer vos dommages. Vos gens fuient de tous côtés. Chacun entend à soi sauver. Or vous sauvez aussi, si vous faites que sage; si la fortune est huy contre vous, une autre fois vous l'aurez meilleure. »

Le roi de Castille crut conseil, et chevaucha cheval, et monta sur un coursier frais et nouvel que on lui ot appareillé, sur lequel nul n'avoit monté ce jour, lequel coursier étoit grandement bon à la course et léger. Si férit le roi des éperons et tourna le dos aux ennemis et retourna vers Saint-Yrain où retournoient les fuyans et ceux qui se vouloient sauver.

Avenu étoit que, ce jour, le roi de Castille avoit un chevalier de son hôtel, qui s'appeloit messire Martin Harens, lequel chevalier portoit le bassinet du roi, auquel avoit un cercle d'or ouvragé sus de pierres précieuses, qui bien valoient vingt mille francs ; et le devoit le roi porter ce jour et s'en devoit armer. Ainsi l'avoit-il ordonné au matin quand il se partit de Saint-Yrain ; mais non fit, car quand on dut assembler il y eut si grand'presse entour le roi que il n'y pouvoit avenir, et aussi il ne se oyoit point appeler. Si se cessa d'appresser. Assez tôt après il entendit que les leurs se déconfisoient et que les Portingalois obtenoient les champs, et puis tantôt il vit fuites de tous côtés. Si se douta à perdre si riche joiel que le bassinet du roi, qui étoit estimé à tant de florins. Si le mit tantôt en sa custode, que il ne lui fût pris ou happé et rencontré des ennemis. Si se mit à la fuite ; mais il ne prit pas le chemin de Saint-Yrain, ainçois prit un autre chemin à aller vers Ville-Alpent. Ainsi fuyoient les uns çà et les autres là, comme gens déconfits et ébahis ; mais la greigneur partie s'en allèrent à Saint-Yrain où le roi vint ce soir tout ébahi et desbareté.

A la déconfiture des Espaignols qui fut à Juberot, où les Lussebonnois et les Portingalois obtinrent et gagnèrent la place, ot grande occision ; et encore y eût-elle été plus grande si ils les eussent fait chasser et aller après. Mais les Anglois dirent bien, quand ils virent les Espaignols tourner le dos, tout haut au roi de Portingal et à ses gens : « Sire roi, commandez aux chevaux, et nous mettons en chasse et tous ceux qui s'enfuient, et la greigneur partie seront pris ou morts et le roi aussi, si nous les poursuivons. » — « Non ferons, dit le roi ; il doit suffire ce que fait en avons ; nos gens sont lassés et travaillés. Et est noire nuit, si ne saurions où nous irions ; et combien que ils fuient, si y a-t-il encore entr'eux grand peuple. Et espoir le font-ils pour nous traire hors de notre place et nous avoir à leur aise. Nous garderons mes-huy les morts et demain aurons autre conseil. » — « Par ma foi, dit Hartecelle, un Anglois, les morts sont légers à garder ; ceux ne nous feront mal, ni en eux n'aurons-nous jamais point de profit, car nous avons occis nos bons prisonniers et nous sommes étrangers et venus de loin pour vous servir. Si gagnerions volontiers, quand il est heure, aucune chose sur ces beaux oiseaux qui s'envolent sans ailes et qui font voler leurs bannières. » — « Beau-frère, dit le roi, qui tout convoite, tout perd. Il vaut trop mieux que nous soyons assur, puisque l'honneur et la victoire est nôtre, et que Dieu la nous a envoyée, que ce que nous nous mettions, en péril, puisque point il ne nous besogne. Nous avons assez, Dieu merci, pour vous faire tous riches. » Celle parole ne fut depuis relevée, et demeura en cel état la besogne.

Ainsi advint que je vous ai recordé de la besogne de Juberot. Le roi de Portingal gagna et obtint la place et la journée. Et y ot là morts bien cinq cents chevaliers, et bien autant ou plus d'écuyers ; ce fut pitié et dommage ; et environ six ou sept mille hommes d'autres gens ; Dieu en ait les âmes ! Toute celle nuit, jusques au dimanche à heure de prime, se tinrent le roi de Portingal et ses gens en leur place, ni oncques ne s'en bougèrent ni ne se désarmèrent ; mais mangèrent tout droit ou en séant chacun un petit, et burent aussi un coup de vin que on leur apporta et amena du village de Juberot.

Quand ce vint le dimanche après le soleil levant, le roi fit monter à cheval jusques au nombre de douze chevaucheurs pour cercher et courir les champs, et pour savoir et voir si nulle assemblée ni recouvrance se faisoit. Quand ceux eurent chevauché avant et arrière assez, ils retournèrent et rapportèrent que ils n'avoient vu ni trouvé que gens morts. « De ceux-là, dit le roi de Portingal, n'avons nulle doute. » Adonc fut-il ordonné et publié parmi l'ost de partir de là et de venir au village de Juberot ; et fut dit que là ils se tiendroient la nuit et tout le demeurant du jour jusques au lendemain au matin.

Sur cel état ils se départirent ; et laissèrent l'église de Juberot et les morts, et se retrairent tous au village, et là se logèrent ce dimanche tout le jour et la nuit ensuivant. Le lundi au matin ils eurent conseil que ils se retrairoient devers Lussebonne. Si sonnèrent parmi l'ost les trompettes de délogement, puis s'ordonnèrent-ils ainsi comme à eux appartenoit de toutes choses, et se mirent au chemin devers Lussebonne ; et vinrent ce jour loger à deux lieues près de Lussebonne, et le mardi le roi entra en la ville atout grand peuple, et à grand'gloire et à grand triomphe. Et fut mené à grand'foison de menestrels, et à processions, de toutes les gens des églises de Lussebonne qui étoient venus à l'encontre de lui jusques au palais. Et en chevauchant parmi les rues, toutes gens et mêmement enfans faisoient au roi fête, honneur, inclination et révérence, et crioient et disoient à haute voix : « Vive le noble roi de Portingal, auquel Dieu a fait tant de grâce, qu'il lui a donné victoire sur le puissant roi de Castille, et a obtenu la place et déconfit ses ennemis ! »

Par celle belle journée que le roi Jean de Portingal ot sur le roi Jean de Castille, en ce temps que je vous recorde, eschéit-il tellement en la grâce et en l'amour de tout le royaume de Portingal, que tous ceux qui, par avant la bataille, dissimuloient à l'encontre de lui, vinrent à Lussebonne lui faire serment et hommage, et lui dirent qu'il étoit digne de vivre, et que Dieu l'aimoit quand il avoit déconfit plus puissant roi que il n'étoit, et que bien étoit digne de porter couronne.

Ainsi demoura le roi en la grâce de ses gens, et par espécial de toute la communauté du dit royaume.

Or parlons un petit du roi de Castille, qui retourna après qu'il fut déconfit à Saint-Yrain, regrettant et pleurant ses gens, et maudissant la dure fortune que il avoit eue quand tant de noble chevalerie de son pays et du royaume de France étoit demeurée sur les champs. A celle heure que il entra en la ville de Saint-Yrain ne savoit-il pas encore le grand dommage que il avoit eu et reçu : mais il le sçut le dimanche, car il envoya ses hérauts cercher les morts. Et cuidoit bien que la greigneur partie des barons et des chevaliers que les hérauts trouvèrent morts sur la place fussent prisonniers aux Portingalois, mais non étoient, ainsi comme il apparoît. Or fut-il durement courroucé, et tant qu'on ne le pouvoit rapaiser ni reconforter, quand les hérauts retournèrent et rapportèrent les certaines nouvelles des occis. Et dit et jura : que jamais il n'auroit joie quand tant de noble chevalerie étoit morte par sa coulpe, et que ce ne faisoit point à recouvrer. « Non, disoit le roi, si je avois conquis le royaume de Portugal. »

Au chef de trois jours que le roi se tenoit à Saint-Yrain, vint en la ville et devers le roi son chevalier, qui s'appeloit messire Martin Harens, et rapporta le bassinet du roi, qui étoit prisé vingt mille francs par les riches pierres qui étoient sus ; et jà avoit-on parlé en l'hôtel du roi moult largement sus lui ; et avoient dit les aucuns par envie que cauteleusement et frauduleusement il étoit parti, et que plus il ne retourneroit. Quand le chevalier fut revenu, il alla devers le roi, et se jeta à genoux, et s'excusa de bonne manière, tant que le roi et son conseil le tinrent bien pour excusé. Ainsi demoura la chose en cel état, et retourna le roi de Castille, au quinzième jour que il fut venu à Saint-Yrain, à Burges en Espaigne, et donna à toutes manières de gens d'armes congé. Adonc y ot moyens et traités entre le roi d'Espaigne et le roi de Portingal ; et furent prises unes trèves entre eux à la Saint-Michel, durant jusques au premier jour de mai, à durer entre ces deux rois, leurs royaumes et leurs alliés, par mer et par terre. Si furent les corps des barons et des chevaliers qui à Juberot avoient été occis, ensépulturés en l'église de Juberot et ens ès églises là environ, et les os de plusieurs rapportés par leurs gens en leur pays.

CHAPITRE XXII.

Comment un malin esprit nommé Orton servit par un temps le sire de Corasse, et lui rapportoit nouvelles de par tout le monde d'huy à lendemain.

Grand'merveille est à penser et à considérer de une chose que je vous dirai, et qui me fut dite en l'hôtel du comte de Foix à Ortais, et de celui mêmement qui me informa de la besogne de Juberot, et de tout ce qui avenu étoit sus le voyage ; et je vous dirai de quoi ce fut, car depuis que l'écuyer n'ot conté son conte, lequel je vous éclaircirai ensuivant, certes je y ai pensé cent fois et penserai tant que je vivrai.

« Voir est et fut, ce me conta l'écuyer, que à lendemain que la besogne fut avenue à Juberot, si comme ci-dessus il vous est conté, le comte de Foix le sçut, dont on ot grand merveille comment ce pouvoit être ; et le dimanche tout le jour, et le lundi, et le mardi ensuivant, il fit à Ortais en son chastel si mate et si simple chère que on ne pouvoit extraire parole de lui ; et ne voult oncques ces trois jours issir de sa chambre, ni parler à chevalier ni à écuyer tant prochain que il lui fut, s'il ne le mandoit. Encore avint-il que il manda bien tels à qui il ne parla oncques mot tous les trois jours. Et quand ce vint le mardi au soir, il appela son frère, messire Ernault Guillaume, et lui dit tout bas : « Nos gens ont eu à faire ; dont je suis courroucé, car il leur est pris du voyage aucques ou ainsi que je leur dis au partir. » Messire Ernault Guillaume, qui est un très sage et avisé chevalier, et qui bien connoissoit la manière et condition de son frère le comte, se tut un petit ; et le comte qui désiroit à éclaircir son courage, car trop longuement avoit porté son ennui, reprit encore la parole, et parla plus haut que il n'avoit fait la première fois, et dit : « Par Dieu ! messire Ernault, il est ainsi que je vous dis ; et briévement nous aurons nouvelles, car oncques le pays de Berne ne perdit tant depuis cent ans, sus un jour, comme il a perdu à celle fois en Portingal. » Plusieurs chevaliers et écuyers qui là étoient circonstans, qui ouïrent et entendirent le comte, notèrent et glossèrent ces paroles, et devant dix jours après on en sçut le voir par ceux qui à la besogne avoient été, et qui recordèrent, premièrement au comte, et après ensuivant à tous ceux qui ouïr les vouloient, toutes les choses ainsi comme à Juberot elles s'étoient portées ; dont renouvela le deuil du comte et de ceux du pays qui y avoient perdu leurs frères, leurs pères, leurs enfans et leurs amis. »

« Sainte Marie ! dis-je à l'escuyer qui me contoit son conte, et comment le put le comte de Foix sitôt savoir ni présumer que du jour à lendemain ? Je le saurois volontiers. » — « Par ma foi, dit l'escuyer, il le sçut bien, ainsi comme il apparut. » — « Donc il est devin ? dis-je, ou il a des messagers qui chevauchent de nuit avecques le vent. Aucun art faut-il qu'il ait. » Et l'escuyer commença lors à rire et dit : « Voirement faut-il que il le sache par aucune voie de nigromance ; point ne savons en ce pays, au voir dire, comment il use, fors que par imaginations. » — « Eh, doux homme ! dis-je, les imaginations que vous pensez sus veuilliez-les-moi éclaircir et je vous en saurai gré ; et si c'est chose qui appartienne à celer je le cèlerai bien, ni jamais, tant que je sois en ce pays, je n'en ouvrirai ma bouche. » — « Je vous en prie, dit l'escuyer, car je ne voudrois pas que on sçût que je l'eusse dit. Si en parlent bien les aucuns en requoi quand ils sont entre leurs amis. »

Adonc me trait-il à une part en un anglet de la chapelle du chastel à Ortais, et puis commença à faire son conte et dit ainsi :

« Il peut avoir environ vingt ans que il régnoit en ce pays un baron qui s'appeloit de son nom Raymond et seigneur de Corasse. Corasse, que vous l'entendez, est un chastel et une ville à sept lieues de celle ville de Ortais. Le sire de Corasse, pour le temps dont je vous parle, avoit un plait en Avignon devant le pape, pour les dimes de l'église de sa ville, à l'encontre d'un clerc de Cathelongne, le quel clerc étoit en clergie très grandement et bien fondé, et clamoit à avoir grand droit en ces dîmes de Corasse, qui bien valoient de revenue cent florins par an. Et le droit que il y avoit il le montra et prouva, car, par sentence définitive, pape Urbain V en consistoire général en détermina, et condamna le chevalier, et jugea le clerc en son droit. Le clerc, de la derraine sentence du pape leva lettres et prit possession, et chevaucha tant par ses journées qu'il vint en Berne et montra ses lettres, et se fit mettre par la vertu des bulles du pape en possession de ce dimage. Le sire de Corasse ot grand'indignation sus le clerc et sus ses besognes, et vint au devant, et dit au clerc : « Maître Pierre ou maître Martin, ainsi comme on l'appeloit, pensez-vous que pour vos lettres je doive perdre mon héritage. Je ne vous sais pas tant hardi que vous en levez ni prenez jà chose qui soit mienne, car si vous le faites vous y mettrez la vie. Mais allez ailleurs impétrer bénéfice, car de mon héritage vous n'aurez nient, et une fois pour toutes je vous le défends. » Le clerc se douta du chevalier, car il étoit crueux, et n'osa persévérer. Si cessa ; et s'avisa que il s'en retourneroit en Avignon ou en son pays, si comme il fit ; mais quand il dut partir il vint en la présence de seigneur de Corasse et lui dit : « Sire, par votre force et non de droit vous me ôtez et tollez les droits de mon église, dont en conscience vous vous mesfaites grandement. Je ne suis pas si fort en ce pays comme vous êtes, mais sachez que, au plus tôt que je pourrai, je vous envoierai tel champion que vous douterez plus que vous ne faites moi. » Le sire de Corasse, qui ne fit compte de ses menaces, lui dit : « Va à Dieu, va, fais ce que tu peux ; je te doute autant mort que vif. Jà pour tes paroles je ne perdrai mon héritage. »

« Ainsi se partit le clerc du seigneur de Corasse et s'en retourna, je ne sais quel part, en Casteloigne ou en Avignon. Et ne mit pas en oubli ce que il avoit dit au partir au seigneur de Corasse ; car quand le chevalier y pensoit le moins, environ trois mois après, vinrent en son chastel de Corasse, là où il se dormoit en son lit de-lez sa femme, messagers invisibles qui commencèrent à bûcher et à tempêter tout ce qu'ils trouvoient parmi ce chastel, en tel manière que il sembloit que ils dussent tout abattre ; et bûchoient les coups si grands à l'huys de la chambre du seigneur, que la dame qui se gisoit en son lit, en étoit toute effrayée. Le chevalier oyoit bien tout ce, mais il ne sonnoit mot, car il ne vouloit pas montrer courage d'homme ébahi ; et aussi il étoit hardi assez pour attendre toutes aventures.

« Ce tempêtement et effroi faits en plusieurs lieux parmi le chastel dura une longue espace et puis se cessa. Quand ce vint à lendemain, toutes les mesnies de l'hôtel s'assemblèrent, et vinrent au seigneur à l'heure qu'il fut découché, et lui demandèrent : « Monseigneur, n'avez-vous point ouy ce que nous avons anuit ouy ? » Le sire de Corasse se feignit et dit : « Non ; quelle chose avez-vous ouy ? » Adonc lui recordèrent-ils comment on avoit tempêté aval son chastel, et retourné et cassé toute la vaisselle de la cuisine. Il commença à rire et dit que ils l'avoient songé et que ce n'avoit été que vent. « En nom Dieu, dit la dame, je l'ai bien ouy. »

Quand ce vint l'autre nuit après ensuivant, encore revinrent ces tempêteurs mener plus grand'noise que devant, et bûcher les coups moult grands à l'huis et aux fenêtres de la chambre du chevalier. Le chevalier saillit sus en-my son lit, et ne se put ni ne se volt abstenir que il ne parlât et ne demandât : « Qui est-ce là qui ainsi bûche en ma chambre à celle heure ? » Tantôt lui fut répondu : « Ce suis-je, ce suis-je. » Le chevalier dit : « Qui t'envoie ci ? » — « Il m'y envoie le clerc de Casteloigne à qui tu fais grand tort, car tu lui tols les droits de son héritage. Si ne te lairay en paix, tant que tu lui en auras fait bon compte et qu'il soit content. » Dit le chevalier : « Et comment t'appelle-t-on, qui es si bon messager ? » — « On m'appelle Orton. » — « Orton, dit le chevalier, le service d'un clerc ne te vaut rien ; il te fera trop de peine si tu le veux croire ; je te prie, laisse-le en paix et me sers, et je t'en saurai gré. »

« Orton fut tantôt conseillé de répondre, car il s'enamoura du chevalier et dit : « Le voulez-vous ? » — « Ouil, dit le sire de Corasse ; mais que tu ne fasses mal à personne de céans, je me chevirai bien à toi et nous serons bien d'accord. » — « Nennil, dit Orton, je n'ai nulle puissance de faire mal que de toi réveiller et destourber, ou autrui, quand on devroit le mieux dormir. » — « Fais ce que je dis, dit le chevalier, nous serons bien d'accord, et si laisse ce méchant désespéré clerc. Il n'y a rien de bien en lui, fors que peine pour toi, et si me sers. » — « Et puis que tu le veux, dit Orton, et je le vueil. »

Là s'enamoura tellement cil Orton du seigneur de Corasse que il le venoit voir bien souvent de nuit, et quand il le trouvoit dormant il lui hochoit son oreiller ou il hurtoit grands coups à l'huis ou aux fenêtres de la chambre, et le chevalier, quand il étoit réveillé, lui disoit : « Orton, laisse-moi dormir, je t'en prie. » — « Non ferai, disoit Orton, si t'aurai ainçois dit des nouvelles. » Là avoit la femme du chevalier si grand paour que tous les cheveux lui dressoient, et se muçoit en sa couverture. Là lui demandoit le chevalier : « Et quelles nouvelles me dirois-tu, et de quel pays viens-tu ? » Là, disoit Orton : « Je viens d'Angleterre, ou d'Allemagne, ou de Honguerie, ou d'un autre pays, et puis je m'en partis hier, et telles choses et telles y sont avenues. » Si savoit ainsi le sire de Corasse par Orton tout quant que il avenoit par le monde ; et maintint bien celle ruse cinq ou six ans ; et ne s'en put taire, mais s'en découvrit au comte de Foix par une manière que je vous dirai.

« Le premier an, quand le sire de Corasse venoit vers le comte à Ortais ou ailleurs, le sire de Corasse lui disoit : « Monseigneur, telle chose est avenue en Angleterre, ou en Escosse, ou en Allemagne, ou en Flandre, ou en Brabant, ou autres pays, et le comte de Foix, qui depuis trouvoit ce en voir, avoit grand'merveille dont tels choses lui venoient à savoir. Et tant le pressa et examina une fois, que le sire de Corasse lui dit comment et par qui toutes telles nouvelles il savoit, et par quelle manière il y étoit venu. Quand le comte de Foix en sçut la vérité il en ot trop grand'joie et lui dit : « Sire de Corasse, tenez-le à amour; je voudrois bien avoir un tel messager; il ne vous coûte rien et savez véritablement tout quant que il avient par le monde. » Le chevalier répondit : « Monseigneur, aussi ferai-je. »

« Ainsi étoit le sire de Corasse servi de Orton, et fut un long-temps. Je ne sais pas si cil Orton avoit plus d'un maître, mais toutes les semaines de nuit, deux ou trois fois, il venoit visiter le seigneur de Corasse et lui recordoit des nouvelles qui étoient avenues ès pays où il avoit conversé, et le sire de Corasse en escripsoit au comte de Foix lequel en avoit grand'joie, car c'étoit le sire en ce monde qui plus volontiers oyoit nouvelles d'étranges pays. Une fois étoit le sire de Corasse avec le comte de Foix; si jangloient entre eux deux ensemble de Orton, et chéy à matière que le comte lui demanda : « Sire de Corasse, avez-vous point encore vu votre messager? » Il répondit : « Par ma foi, monseigneur, nennil, ni point je ne l'ai pressé. » — « Non, dit-il, c'est merveille; si il me fut aussi bien appareillé comme il est à vous, je lui eusse prié que il se fût démontré à moi. Et vous prie que vous vous en mettez en peine, si me saurez à dire de quel forme il est, ni de quel façon. Vous m'avez dit qu'il parole le gascon si comme moi ou vous. » — « Par ma foi, dit le sire de Corasse, c'est vérité, il le parole aussi bien et aussi bel comme moi et vous; et par ma foi je me mettrai en peine de le voir, puisque vous le me conseillez. »

« Avint que le sire de Corasse, comme les autres nuits avoit été, étoit en son lit en sa chambre, de côté sa femme laquelle étoit jà toute accoutumée de ouïr Orton et n'en avoit mais nul doute. Lors vint Orton, et tire l'oreiller du seigneur de Corasse qui fort dormoit; le sire de Corasse s'éveilla tantôt et demanda : « Qui est cela? » il répondit : « Ce suis-je, voire Orton. » — « Et dont viens-tu? » — « Je viens de Prague en Bohême; l'emperière de Rome est mort. » — « Et quand mourut-il? » — « Il mourut devant hier. » — « Et combien a de ci en Prague en Bohême? » — « Combien, dit-il, il y a bien soixante journées. » — « Et si en es sitôt venu? » — « M'ait Dieu ! voire, je vais aussitôt ou plutôt que le vent. » — « Et as-tu ailes? » — « M'ait Dieu! nennil. » — « Et comment donc peux-tu voler sitôt? » Répondit Orton : « Vous n'en avez que faire du savoir. » — « Non, dit-il, je te verrois volontiers pour savoir de quelle forme et façon tu es. » Répondit Orton : « Vous n'en avez que faire du savoir. Suffise vous quand vous me oyez et je vous rapporte certaines et vraies nouvelles. » — « Par Dieu! Orton, dit le sire de Corasse, je t'aimerois mieux si je t'avois vu. » Répondit Orton : « Et puisque vous avez tel désir de moi voir, la première chose que vous verrez et encontrerez demain au matin, quand vous saudrez hors de votre lit, ce serai-je. » — « Il suffit, dit le sire de Corasse. Or, va, je te donne congé pour celle nuit. »

Quand ce vint au lendemain matin le sire de Corasse se commença à lever, et la dame avoit telle paour que elle fît la malade, et que point ne se lèveroit ce jour, ce dit-elle à son seigneur qui vouloit que elle se levât : « Voire, dit la dame, si verrois Orton. Par ma foi je ne le veuil, si Dieu plaît, ni voir ni encontrer. » Or dit le sire de Corasse : « Et ce fais-je. » Il sault tout bellement hors de son lit et s'assiéd sur l'esponde de son lit; et cuidoit bien adonc voir en propre forme Orton, mais ne vit rien. Adonc vint-il aux fenêtres et les ouvrit pour voir plus clair en la chambre, mais il ne vit rien chose que il put dire : « Vecy Orton. » Ce jour passa, la nuit vint. Quand le sire de Corasse fut en son lit couché, Orton vint et commença à parler, ainsi comme accoutumé avoit. « Va, va, dit le sire de Corasse, tu n'es que un bourdeur; tu te devois si bien montrer à moi hier qui fut, et tu n'en as rien fait. » — « Non! dit-il, si ai, m'aist Dieu ! » « Non as. » — « Et ne vites-vous pas, ce dit Orton, quand vous saulsistes hors de votre lit, aucune chose? » Et le sire de Corasse pensa un petit et puis s'avisa. « Oil, dit-il, en séant sur mon lit et pensant après toi, je vis deux longs fétus sur le pavement qui tournoient ensemble et se jouoient. » — « Et ce étois-je, dit Orton; en celle forme-là m'étois-je mis. » Dit le sire de Corasse : « Il ne me suffit pas : je te prie que tu te mettes en autre forme, telle que je te puisse voir et connoître. » Répondit Orton : « Vous ferez tant que vous me perdrez et que je me tannerai de vous, car vous me requérez trop avant. » Dit le sire de Corasse : « Non feras-tu, ni te tanneras point de moi : si je t'avois vu une seule fois, je ne te voudrois plus jamais voir. » — « Or, dit Orton, vous me verrez demain ; et prenez bien garde que la première chose que vous verrez, quand vous serez issu hors de votre chambre, ce serai-je. » — « Il suffit, dit le sire de Corasse ; or, t'en va meshuy, je te donne congé, car je vueil dormir. »

« Orton se partit. Quand ce vint à lendemain à heure de tierce que le sire de Corasse fut levé et appareillé, si comme à lui appartenoit, il issit hors de sa chambre et vint en unes galeries qui regardoient en-mi la cour du chastel. Il jette ses yeux, et la première chose que il vit, c'étoit que en sa cour a une truie la plus grande que oncques avoit vu ; mais elle étoit tant maigre que par semblant on n'y véoit que les os et la pel ; et avoit les tettes grandes et longues et pendantes et toutes écartées, et avoit un musel long et tout affamé. Le sire de Corasse s'émerveilla trop fort de celle truie, et ne la vit point volontiers, et commanda à ses gens : « Or tôt, mettez les chiens hors, je vueil que celle truie soit pillée. » Les varlets saillirent avant et defremèrent le lieu où les chiens étoient et les firent assaillir la truie. La truie jeta un grand cri et regarda contremont sur le seigneur de Corasse qui s'appuyoit devant sa chambre à une étaie. On ne la vit oncques puis, car elle s'esvanouit, ni on ne sçut que elle devint. Le sire de Corasse, rentra en sa chambre tout pensif, et lui alla souvenir de Orton, et dit : « Je crois que j'ai huy vu mon messager ; je me repens de ce que j'ai huyé et fait huier mes chiens sur lui ; fort y a si je le vois jamais, car il m'a dit plusieurs fois que sitôt que je le courroucerois je le perdrois et ne revenroit plus. » Il dit vérité : oncques puis ne revint en l'hôtel du seigneur de Corasse et mourut le chevalier dedans l'an ensuivant.

« Or vous ai-je recordé de la vie de Orton et comment il servit un temps de nouvelles trop volontiers le seigneur de Corasse. » — « Il est vérité, dis-je à l'écuyer qui le conte m'avoit fait et dit. A ce propos pourquoi vous le commençâtes, le comte de Foix est-il servi d'un tel messager ? » Répondit l'écuyer : « En bonne vérité, c'est l'imagination de plusieurs hommes de Berne que oïl ; car on ne fait rien au pays ou ailleurs aussi, quand il y met parfaitement sa cure, que il ne sache tantôt, et quand on s'en donne le mieux de garde. Ainsi fut-il des nouvelles que il dit des bons chevaliers et écuyers de ce pays qui étoient demeurés en Portingal. Et toutefois la grâce et renommée que il a de ce, lui fait grand profit ; car on ne perdroit pas céans une cueillier d'or ou d'argent, ni rien qui soit, que il ne le sçut tantôt. »

Atant pris-je congé à l'escuyer, et trouvai autre compagnie avec laquelle je m'ébattis et déportai ; mais toutefois je mis bien en mémoire tout le conte que il m'avoit dit, ainsi comme il appert.

Je me souffrirai un petit à parler des besognes de Portingal et d'Espaigne, et vous parlerai des besognes de la Languedoc et de France.

CHAPITRE XXIII.

Comment le siége fut mis devant Brest en Bretagne, et comment plusieurs forteresses anglesches d'environ le pays de Toulouse furent recouvrées et faites françoises.

En ce temps que ces avenues se portoient telles, en Castille et ens ès lointaines marches, fut ordonné de par messire Olivier de Cliçon, connétable de France, à mettre une bastide devant le fort en garnison du chastel de Brest en Bretagne [1], que les Anglois tenoient et avoient tenu long-temps, ni point ne s'en vouloient partir, ni pour le roi de France ni pour le duc de Bretagne à qui il en appartenoit ; et en avoient plusieurs fois escript devers le dit duc, le duc de Berry et le duc de Bourgogne et le conseil du roi ; car lors, si comme vous savez, le jone roi de France étoit au gouvernement de ses oncles ; et avoient prié au duc de Bretagne que il voulsist mettre cure et diligence à conquérir son héritage, le chastel de Brest, qui grandement étoit au préjudice de lui quand Anglois le tenoient. Le duc, tant par la prière des dessus dits nommés que pour ce aussi que il vit volontiers que il fut sire de Brest, car on dit en plusieurs lieux que il n'est pas duc de Bretagne qui n'est sire de Brest, avoit une fois mis siége devant, mais rien n'y avoit fait et s'en étoit parti ; et disoit que on n'y pouvoit rien faire. Dont aucuns chevaliers et escuyers de Bretagne murmuroient en derrière, et disoient que il se dissimuloit, et que ceux qui le tenoient étoient ses grands amis, et ne voudroit pas, pour toutes paix, que il fût en ses mains ni en la saisine du roi de France ; car si les François le tenoient, il n'en seroit point

[1] Les grandes Chroniques mettent ce siége de Brest en l'année 1386.

sire mais plus foible, et les Anglois quand ils le tiennent ne l'osent courroucer. Pourquoi, toutes ces choses considérées, il étoit avis au connétable de France que le chastel et la ville de Brest qui là étoient en ferme terre, et qui étoient ennemis au royaume de France, au cas que le duc de Bretagne le mettoit en nonchaloir, ne gisoit pas honorablement pour lui ni pour les chevaliers de Bretagne. Si ordonna à mettre siége devant, et y envoya grand'foison de chevaliers et d'escuyers de Bretagne, desquels il fit souverains maîtres et capitaines le seigneur de Malestroit, le vicomte de la Berlière, Morfornace et le seigneur de Roche-Derrien. Ces quatre vaillans hommes s'envinrent mettre le siége au plus près de Brest comme ils purent. Et firent faire et charpenter une très belle bastide, et environner de palis et de portes; et cloyrent à ceux de Brest tantôt leurs aisemens et issues, fors celle de mer; celle n'étoit pas en leur puissance de clorre. Et vous dis que devant Brest avoit souvent aux barrières des escarmouches et des faits d'armes, car les compagnons qui désiroient les armes, tout ébattant s'en venoient jusques aux barrières traire et lancer et réveiller ceux de Brest, qui aussi les recueilloient aux armes vaillamment; et quand ils s'étoient là ébattus une longue espace, et, tel fois étoit, navré et blessé l'un l'autre, ils se retraioient. Mais peu de jours étoient que il n'y eut quelque chose et quelque avenue de faits d'armes.

En ce temps se tenoit en la marche de Toulouse un vaillant chevalier de France, lequel s'appeloit messire Gautier de Passac, grand capitaine et bon de gens d'armes. De la nation de Berry et des frontières de Limousin étoit le chevalier. Et avoient en devant sa venue le sénéchal de Toulouse; messire Hue de Froideville, et le sénéchal de Carcassonne, messire Roger d'Espaigne, escript en France devers le conseil du roi l'état du pays; car il y avoit sur les frontières de Toulouse et de Rabestan plusieurs compagnons aventureux, lesquels étoient tous issus de Lourdes et de Chastel-Tuilier, qui faisoient guerre d'Anglois et tenoient les forts qui ci-après s'ensuivent : Saint-Forget, la Boussée, Pulpuron, Cremale, le Mesnil, Rochefort, le Dos-Julien, Nazaret et plusieurs autres; dont ils avoient si environné la bonne ville et cité de Toulouse, que les bonnes gens ne pouvoient aller hors labourer leurs vignes ni terres, ni éloigner Toulouse pour aller en leurs marchandises, fors en grand péril, si ils n'étoient attriévés ou mis en pactis à eux. Et de tous ces chastels étoit souverain capitaine un appert homme d'armes de Vescle, Anglois [1], qui s'appeloit Espaignolet. Et vous dis que ce Espaignolet fit grand'merveille, car il prit et échella le chastel de Cremale, endementres que le sire, messire Raymond, étoit allé à Toulouse. Et le tint plus d'un an.

En ce terme que il le tint, il fit une croute en terre qui vuidoit aux champs et entroit en la salle; et quand elle fut faite il enterra dessus et y mit les quarriaux, et ne sembloit pas que il y eût allée dedans terre.

Endementres que on faisoit celle croute, traitoit le sire de Cremale à Espaignolet comment il put pour argent r'avoir son chastel. Quand Espaignolet ot fait toute la croute, il s'accorda au chevalier et lui rendit pour deux mille francs, et s'en partit et toutes ses gens. Messire Raymond rentra en son chastel, et le fit remparer et rappareiller ce qui désemparé étoit. Ne demeura pas quinze jours après que Espaignolet avec sa route s'en vint de nuit bouter ens ou conduit dont l'allée répondoit au chastel; et s'en vint, et tous ceux qui suivir le volrent, parmi le conduit et croute bouter en la salle du chastel à heure de mie-nuit; et fut de rechef le chastel pris, et le chevalier dedans son lit; et le rançonna encore à deux mille francs, et puis le laissa aller; mais il tint le chastel et en fit une bonne garnison qui grandement travailloit le pays, avecques les autres qui étoient de son alliance et compagnie.

Pour telles manières de gens pillards et robeurs qui faisoient en la marche de Toulouse et de Rouergue guerre d'Anglois, fut envoyé messire Gautier de Passac à une quantité de gens d'armes et de Gennevois à Toulouse pour délivrer le pays des ennemis. Et s'en vint à Toulouse; et fit là son mandement des chevaliers et escuyers de là environ, et escripsit devers messire Roger d'Espaigne, le sénéchal de Carcassonne, lequel le vint servir; car messire Gautier avoit commission générale sur tous les officiers de la Languedoc; pourquoi cils qui escripts et mandés étoient venoient à ce que ils avoient de

---

[1] C'est-à-dire du parti anglais et du pays des Basques.

gens. Si vint le dessus dit messire Roger à soixante lances et à cent pavois, et le sénéchal de Rouergue à autant, et messire Hugues de Froideville autant ou plus. Si se trouvèrent bien ces gens d'armes, quand ils furent tous assemblés, environ quatre cents lances et bien mille portant pavois que gros varlets. Encore y étoient le fils au comte d'Esterach à belle compagnie, le sire de Barbesan, messire Bénédict de la Faignole et Guillaume Cauderon, Breton, et sa route. Si se départirent un jour de Toulouse et s'en vinrent devant Saint-Forget, et là s'arrêtèrent; et le tenoit un homme d'armes de Berne, grand pillard étoit, qui s'appeloit le Bourg de Taillard. Quand ces seigneurs et leurs routes furent venus devant Saint-Forget, ils se logèrent. Et tantôt allèrent à l'assaut, et commencèrent Gennevois à traire de grand'façon et si fort que à peine ne s'osoit nul des défendans, pour le trait, démontrer aux murs de la ville et du fort; mais les François ne l'eurent pas ce premier jour, pour assaut que ils y fissent. Quand ce vint au soir, ils s'allèrent loger et passèrent la nuit tout aise; ils avoient bien de quoi. A lendemain au matin, après boire, on se arma parmi l'ost, car les trompettes à l'assaut sonnèrent; et puis se mirent les seigneurs en ordonnance pour assaillir, et s'en vinrent tout le pas jusques au pied des fossés. Qui vit adonc gens d'armes entrer dedans et porter leurs targes sur leurs têtes et tâter le fonds à leurs lances, et aller tout outre jusques au pied du mur, il y prit grand'plaisance. Quand les premiers furent passés, et ils eurent montré chemin, les autres ne ressoignèrent pas, mais les suivirent de grand'volonté; car blâme leur eût été si ils se fussent tenus derrière, et leurs compagnons fussent devant. Et portoient ceux qui secondement alloient pics et hoyaux en leurs mains, pour percer et hoyer le mur; et en ce faisant tenoient les targes sur leurs têtes pour recevoir le jet et les horions des pierres qui venoient à la fois d'amont; mais plenté n'étoit-ce mie: car les Gennevois, qui sur les fossés se tenoient et qui ouniement traioient, ensoignoient tant ceux qui dedans étoient que ils n'osoient bouter hors leurs têtes aux créneaux, pour eux défendre; car les arbalétriers gennevois sont si justes de leur trait que point ils ne faillent là où ils visent. Si en y ot de frappés et de blessés de ceux de dedans plus de sept, et férus de longs viretons parmi les têtes; de quoi leurs compagnons qui aux défenses étoient redoutoient grandement le trait.

Tant dura cil assaut au chastel de Saint-Forget, et si bien fut assailli et de si grand'volonté, que ceux qui étoient au pied du mur pour hoyer et pour piquer en abattirent un grand pan. Adonc furent ceux de dedans ébahis, et se voulrent rendre sauves leurs vies, mais on n'en ot cure, car ils chéirent en si bonnes mains que messire Gautier commanda qu'ils fussent tout occis. Depuis celle parole nul ne fut pris à merci, mais furent tous morts; oncques nul n'en échappa. Ainsi eurent de première venue les barons et les chevaliers de France, qui là étoient venus, le chastel de Saint-Forget. Si le rendit messire Gautier au seigneur qui là étoit, lequel l'avoit perdu en l'année par sa folle garde, ainsi que plusieurs chastels ont été au temps passé perdus en France.

Après la prise du chastel de Saint-Forget, et que messire Gautier l'ot rendu au chevalier à qui il étoit devant, lequel le fit remparer, et besoin en avoit, car les François l'avoient grandement détruit à l'assaillir et au prendre, ceux seigneurs se départirent et s'en vinrent devant le chastel de Boussée, duquel Ernauton de Batefol, Gascon, étoit capitaine; et l'avoit refortifié grandement, pour la cause des François qui le devoient venir voir, ainsi comme ils firent. Quand on fut venu à la Boussée, on mit le siége environ; et avisèrent les seigneurs comment on le pourroit assaillir au plus grand avantage sans moins travailler leurs gens. Et quand ils eurent bien tout ce avisé, ils virent bien lieu; si se ordonnèrent un jour, et s'en vinrent celle part où ils le tenoient le plus foible. Là étoient Gennevois arbalétriers ordonnés et arrangés pour traire par derrière les assaillans; lesquels s'acquittoient vaillamment de faire leur métier, car ils traioient si ouniement et si fort ceux de dedans que à peine ne s'osoit nul à montrer. Ernauton de Batefol, le capitaine, étoit à la porte où il y avoit grand assaut, et là faisoit merveilles d'armes, et tant que les chevaliers dirent entr'eux : « Velà un écuyer de grand'volonté et auquel les armes sont bien séans, car il s'en sait moult bien aider et avoir; ce seroit bon de traiter devers lui qu'il rendit le fort et s'en allât ailleurs pourchasser; et lui soit dit que si messire Gautier de

Passac le conquiert en assaillant nul ne le pourroit délivrer de ses mains que il ne fût mort, car il a juré que, tous ceux que à force on prendra, ils seront morts ou pendus. » Adonc en fut chargé de par le sénéchal de Toulouse, un écuyer de Gascogne qui s'appeloit Guillaume Alidiel, qui bien connoissoit Ernauton, car plusieurs fois ils s'étoient armés et portés compagnie ensemble, que il voulsist à lui parler. Il le fit très volontiers, car envis eût vu que l'écuyer eût reçu nul dommage tant que de mort, là où par son honneur il y eût eu pouvoir de remédier. Cil Guillaume Alidiel vint tout devant à l'assaut, et fit signe à Ernauton que il vouloit parler à lui pour son grand profit. Ernauton répondit que bien lui plaisoit. Lors se cessa l'assaut de celle part, car toujours assailloit-on à l'autre part. Si dit Guillaume à Ernauton : « Il vous va trop grandement bien. Les seigneurs françois m'envoient devers vous, et ont pitié de vous ; car si vous êtes pris par force, c'est l'ordonnance de notre souverain capitaine, messire Gautier de Passac, que vous serez mort sans nul remède, si comme ont été ceux de Saint-Forget. Si vous vaut trop mieux à rendre le fort, et je le vous conseille, que d'attendre telle aventure ; car bien sachez véritablement que point ne partirons de ci si l'aurons. » Lors dit Ernauton : « Guillaume, je sais bien combien que à présent vous soyez armé contre moi, que vous ne me conseilleriez chose qui fût à mon déshonneur ; mais sachez que si je vous rends le fort, tous ceux qui ci dedans sont avecques moi s'en partiront aussi sains et saufs ; et aurons tout le nôtre que porter en pourrons, hors mis les pourvéances ; et nous fera-t-on conduire sauvement et sûrement jusques au chastel de Lourdes. » Ce dit Guillaume : « Alidiel, je n'en suis pas chargé si avant ; mais je parlerai volontiers pour vous à mes seigneurs. » A ces mots retourna-t-il devers le sénéchal de Toulouse, et lui recorda toutes les paroles que vous avez ouïes. Ce dit messire Hugues de Froideville : « Allons parler à messire Gautier ; encore ne sais-je quel chose il voudra faire, combien que j'aie mené le traité si avant ; mais je crois que nous lui ferons faire. » Adonc s'en vinrent-ils devers messire Gautier, qui faisoit assaillir à une part moult détroitement et âprement, et lui alla dire ainsi le sénéchal : « Messire Gautier, j'ai fait traiter devers le capitaine de ce fort ; il est en bonne volonté de nous rendre la garnison ainsi comme elle est ; mais il s'en veut, et tous ceux qui là dedans sont, partir quittement et sauvement, et être conduits jusques à Lourdes ; avecques tous ce, ils en veulent porter tout ce que porter en pourront devant eux. Or regardez que vous en pourrez ou voudrez faire ; nous perdrions jà plus, si l'un de nos chevaliers ou écuyers d'honneur étoit mort d'un trait ou d'un jet de pierre ou par aucun autre accident périlleux, et plus vous en ennuiroit que vous n'auriez de profit à eux mettre à mort quand pris les auriez, combien que encore ne soit-ce pas ; car ainçois que nous ayons conquis la Baussée, il nous coûtera de nos gens. » — « Il est vérité, répondit le sénéchal de Carcassonne qui étoit de côté lui, on ne peut être en tels assauts que il n'en y ait de morts ou de navrés. »

A ces paroles répondit messire Gautier de Passac, et dit : « Je le vueil bien ; faites cesser l'assaut. Encore avons-nous à aller ailleurs ; petit à petit nous faut reconquérir les chastels que les pillards tiennent. Si maintenant ils se partent à bon marché de nous, une autre fois retourneront-ils par autre parti en nos mains. Si payeront lors une fois pour toutes : les males œuvres amènent à male fin. En mon temps de tels pillards et de tels robeurs, j'en ai fait pendre et noyer plus de cinq cents ; encore viendront ceux à celle fin. »

Adonc s'en retournèrent ceux qui s'embesognoient de traiter devers la barrière où Ernauton de Batefol les attendoit. Ce dit Guillaume Alidiel quand il vit Ernauton : « Par ma foi ! Ernauton, vous devez, et tous vos compagnons, rendre grands grâces à messire Hue de Froideville, car il a fait votre traité tout comme vous l'avez demandé. Vous partirez sauvement, vous et les vôtres, atout ce que porter en pourrez, et serez conduits jusques à Londres. » — « Il me suffit, dit Ernauton, puisqu'il ne peut autrement être. Sachez, Guillaume, que je me pars envis de mon fort, car il m'a fait moult de biens. Depuis la prise où je fus pris au pont à Tournay, dessous Mauvoisin, du Bourg d'Espaigne, où il ot de moi par rançon deux mille francs, à voir dire je les ai bien ci-dedans recouvrés et outre, et grandement. Je aimois celle frontière ; car quand je vouloie chevaucher, trop souvent je trouvois bonne aventure qui me sailloit en la main d'un marchand de Rabestan ou de Toulouse ou de Rhodès : je ne chevauchois sans doute point à faute que je ne prisse quelque chose. » Guillaume répondit : « Ernauton, je vous en crois bien ; mais, si vous voulez tourner François, je vous ferai tout pardonner et donner mille francs en votre bourse, et vous plegerai de tout mon vaillant que vous demeurerez bon François, puisque vous y serez juré. » — « Grands mercis, Guillaume, dit Ernauton ; mais ce parti ne vueil-je pas, car je demeurerai encore Anglois. Je ne saurois, si Dieu m'aist ! jamais être bon François. Or retournez vers vos gens, et leur dites que ce jour toute jour nous ordonnerons nos besognes, et demain à matin nous vous rendrons le fort et nous partirons ; et ordonnez qui nous conduira en la ville de Lourdes. »

Atant se cessa l'assaut du chastel de la Baussée, et se retrairent les François à leur logis, et passèrent la nuit à paix et aise ; ils avoient bien de quoi. Quand ce vint au matin à heure de tierce, que tous furent appareillés en l'ost, et que on ot regardé qui conduiroit les compagnons à Lourdes qui devoient rendre le chastel de la Baussée, on envoya messire Hugues de Froideville, le sénéchal de Toulouse, au chastel pour en prendre la saisine et possession. Quand il fut venu jusques à la Baussée, il trouva que le capitaine Ernauton de Batefol et les siens étoient tous prêts de partir et avoient troussé tout ce que porter ils en vouloient. Si leur ordonna-t-on un chevalier de la frontière de Lourdes, lequel on appeloit messire Monnaut de Salenges. Cil les emprit à conduire et mener sauvement, et crois bien que il s'en acquitta.

Ainsi eurent les François le chastel de la Baussée. Si fut baillé à un écuyer du pays pour le garder, et toute le terre aussi, lequel s'appeloit Bertran de Montesquieu. Puis passèrent outre les seigneurs et leurs gens, et s'en vinrent devers le chastel de Pulpuron que grands pillards tenoient, desquels Augerot et le petit Meschin étoient souverains et capitaines ; et avoient fait moult de dommages au pays, pourquoi messire Gautier de Passac avoit juré l'âme de son père que nuls n'en seroient pris à merci ni à rançon, mais seroient tous pendus, ni jà n'auroient autre fin s'il les pouvoit tenir. Tant exploitèrent cils seigneurs et leurs gens que ils vinrent devant Pulpuron et y mirent le siége. C'est un chastel qui siéd sur une motte de roche tout à l'environ, et est moult joli et de belle vue ; et là devant eux au siége jura messire Gautier que jamais ne s'en départiroit si l'auroit et ceux de dedans, si ils ne s'envoloient ainsi comme oiseaux. Là ot plusieurs assauts faits, mais petit y gagnèrent les François, car le chastel est de bonne garde. « Je ne sais, dit messire Gautier, comment les choses se porteront. Le roi de France est riche assez pour tenir droit ci un siége ; mais si je y devois demeurer un an, si ne m'en partirai si je l'aurai. » On s'en tenoit bien à ce qu'il avoit dit et juré, et s'ordonnoient tous ceux qui étoient au siége selon ce. Or vous dirai qu'il en avint.

Quand le capitaine vit que ce étoit acertes et que les seigneurs de France qui là étoient ne se départiroient point sans avoir le fort, quoique il coûtât, si se doutèrent fortement ; et avisèrent que, voulsissent ou non les François, ils s'en pouvoient bien sauvement partir quand ils vouloient ; car au chastel avoit une croute qui est en une cave, et celle croute a une allée dedans terre qui duroit plus de demi-lieue ; et là où elle vide c'est en un bois duquel chemin et ordonnance on ne se donnoit garde. Quand Augerot, le capitaine du chastel, vit l'ordonnance du siége des François, et que point ne se départiroient sans ce qu'ils eussent eux et le chastel, par affamer ou autrement, si se douta et dit à ses compagnons : « Seigneurs, je vois bien que messire Gautier de Passac nous a trop grandement chargés en haine, et me doute que par long siége il ne nous affame ci-dedans ; et pour ce il ne lui faut que ordonner une bastide et laisser seulement cent lances dedans, car nul de nous ne s'en oseroit jamais partir. Mais je vous dirai que nous ferons : nous prendrons tout le nôtre, et de nuit nous nous départirons, et nous mettrons en ce conduit dedans terre qui est bel et grand ; et cil nous mènera sans nulle faute en un bois à une lieue de ci ; si serons hors de tout péril avant que on sache que nous soyons devenus ; car il n'y a homme en l'ost qui en sache rien ni qui le suppose. » Tous s'accordèrent à ce conseil, car ils se mettoient volontiers hors du péril ; et de nuit, quand ils orent tout troussé ce que porter pouvoient, ils allumèrent fallots et entrèrent en celle soubsterrine qui étoit belle et nette, et se mirent au chemin, et s'en vinrent saillir hors en un bois à une demi-lieue du chastel : là avoient bien qui les sçut conduire jusques à autres forteresses en allant en Limousin et en Rouergue; et les aucuns, quand ils se sentirent hors du péril, se départirent et prirent autres chemins, et dirent que jamais ne vouloient guerroyer. Augerot s'en vint lui cinquième à une ville et chastel de Pierregord que on dit Montroial. Le seigneur du chastel, qui étoit chevalier, le recueillit doucement et joyeusement, car il et toute sa terre est Anglesche; ni oncques ne se voult tourner François, quand les autres se tournèrent. Toutevoies il en y ot plusieurs de son opinion.

Ainsi se sauvèrent et échappèrent les compagnons de la garnison de Pulpuron, ni oncques un seul varlet ils ne laissèrent derrière; et furent tout, ou auques près, là où ils vouloient être, avant que on sçut en l'ost que ils étoient devenus. Au tiers jour après celle issue et département, les seigneurs ordonnèrent un assaut; et avoient fait charpenter un engin sus quatre roues, auquel engin avoit trois étages, et en chacun étage pouvoient vingt arbalêtriers. Quand tout fut appareillé, on amena et bouta cel engin, que ils appeloient un passe-avant, au plus foible lez du chastel à leur avis, et entrèrent légèrement dedans; et quand l'engin fut là où ils le vouloient mettre, arbalétriers commencèrent à traire sus le chastel et nul n'apparoît. Tantôt ils se perçurent que le chastel étoit vide, car nul ne venoit aux défenses. Adonc cessèrent-ils leur trait, car ils ne vouloient pas perdre leurs sajettes; trop envis les perdent et volontiers les employent. Si descendirent jus de leur engin et vinrent aux seigneurs qui là s'arrêtoient, lesquels s'émerveilloient de ce que ils véoient, et leur dirent : « Sachez certainement que il n'y a nulle personne au chastel. » — « Comment le pouvez-vous savoir, » répondit messire Gautier ? — « Nous le savons pourtant que par trait que nous ayons fait nul ne s'est amontré. » Adonc furent ordonnées échelles et mises et appoiées contre le mur : si montèrent compagnons et gros varlets qui étoient taillés de cela faire. Voir est que ils montèrent tout paisiblement, car nul n'étoit au chastel; et passèrent les murs, et s'avalèrent au chastel, et le trouvèrent tout vide. Si vinrent à la porte et trouvèrent une grande hardelée de clefs qui là étoient. Si firent et cerchèrent tant que ils trouvèrent celle du grand flael qui clooit; si le défermèrent, et ouvrirent la porte, et avalèrent le pont, et ouvrirent les barrières l'une après l'autre. De tout ce eurent les seigneurs grand'merveille, et par espécial messire Gautier de Passac; et cuidoit que par enchantement ils s'en fussent allés et partis du chastel; et demanda aux chevaliers qui là étoient comment ce pouvoit être. A la parole de messire Gautier s'avisa le sénéchal de Toulouse; si répondit et dit : « Sire, ils ne s'en peuvent être allés fors par dessous terre; et je crois bien que il y ait aucune allée dedans terre par laquelle ils se sont vidés. » Adonc fut regardé partout le chastel où celle caverne ou allée pouvoit être; on la trouva ens ès celliers, et l'huis de l'allée tout ouvert. Les seigneurs la vouldrent voir et la virent, dont messire Gautier ot très grand'merveille; et demanda au sénéchal de Toulouse : « Messire Hugues, ne saviez-vous point celle croute et conduit? » — « Par ma foi, sire, répondit messire Hugues, je avois bien ouï dire que telle chose avoit céans, mais point n'y pensois ni ne m'en donnois de garde que ceux qui s'en sont allés s'en dussent partir par la cave. » — « En nom Dieu, dit messire Gautier, si ont fait, ainsi comme il appert. Et sont donc les chastels de ce pays de telle ordonnance? » — « Sire, dit messire Hugues, de tels chastels a plusieurs en ce pays; et par espécial tous les chastels qui jadis furent à Regnault de Montauban sont de telle condition : car quand lui et ses frères guerroyèrent au roi Charlemaigne de France, ils les firent ordonner de telle façon par le conseil de Maugin [1] leur cousin; car quand le roi

---

[1] La lecture des romans de chevalerie était alors générale dans tous les châteaux, et l'histoire de Charlemagne attribuée à l'archevêque Turpin était regardée comme parfaitement authentique. (V. les deux ouvrages intitulés *De vitâ Caroli magni et Rolandi et Gesta Caroli Magni ad Carcassonam et Narbonam*, publiés par *Sebastiano Ciampi*, à Florence en 1822 et 1823.) Ces romans ont fini par prendre toute l'autorité de l'histoire, et sont devenus même aujourd'hui des traditions accréditées dans le pays. Les habitants des Pyrénées connaissent tous le nom de Charlemagne et de ses douze pairs. « L'un, dit M. Faget de Baure (Essais historiques sur le Béarn), vous montre cette montagne que le paladin Roland entr'ouvrait d'un coup de cimeterre; on l'appelle encore la Brèche de Roland. L'autre vous indique l'endroit où l'hippogriffe s'arrêta, après avoir franchi d'un saut un espace de quatorze lieues, et vous reconnaissez l'empreinte de ses pieds ferrés. Près de Bayonne on rencontre le château du Sar

les assiégeoit à puissance et ils véoient qu'ils ne pouvoient échapper, ils se boutoient en ces croutes et s'en alloient sans prendre congé. » — « Par ma foi ! dit messire Gautier, j'en prise bien l'ordonnance ; je ne sais si je serai jamais guerroyé de roi, ni de duc, ni de voisin que j'aie ; mais, moi retourné en mon pays, j'en ferai faire une dedans terre en mon chastel de Passac. »

Atant finirent leurs paroles ; et prirent la saisine du chastel, et puis ordonnèrent de mettre et laisser dedans gens d'armes et garnison pour le garder, et passèrent outre en entente de venir devant la ville et chastel de Cremale, dont Espaignolet de Paperan, Bascle, étoit capitaine atout grand'foison de pillards et rodeurs.

Tant exploitèrent les seigneurs, les gens d'armes et leurs routes qu'ils vinrent devant la garnison de Cremale en Rabestan, et là s'arrêtèrent, et mirent siége tout à l'environ. Là voult savoir messire Gautier au sénéchal de Toulouse et lui demanda si Cremale avoit été anciennement des chastels messire Regnault de Montauban. Il répondit : « Oil. » — « Et donc y a dedans une croute si comme aux autres ? » — « En nom Dieu, dit messire Hugues, c'est vérité ; croute y a voirement, et par croute le prit la seconde fois Espaignolet et le seigneur dedans. » — « Faites venir, dit messire Guichart Daulphin, qui là étoit à ces paroles, le chevalier à qui il est. » — « C'est bon, ce dit messire Gautier de Passac ; si nous informerons à lui de la vérité. » Adonc fut appelé messire Raymond de Cremale, et lui fut demandé de la manière, ordonnance et condition du chastel, et si il y avoit une voie dedans terre croutée, si comme il y a à la Baussée. Il répondit : « Vraiment oil, car par la croute fus-je pris ; et l'avois condamnée grand temps à être perdue, mais les larrons qui tiennent mon chastel la remparèrent et me prirent par celle voie. » — « Et savez où elle vide ni où elle abouche, » dit messire Gautier. « Oil, monseigneur, dit-il ; elle vide en un bois qui n'est pas trop loin de ci. » — « C'est bien, » dit messire Gautier ; et se tut atant.

Quand ce vint au chef de quatre jours, il se fit mener, et avoit en sa compagnie bien deux cents gros varlets du pays bien armés ; et s'en vint, et messire Raymond de Cremale en sa compagnie, jusques au bois où la croute se vidoit. Quand messire Gautier vit l'entrée, il la fit découvrir, et ôter la terre et les herbes et les ronces qui étoient à l'environ. Quand elle fut bien nettoyée, il fit allumer grand'foison de falots, et dit à ceux qui ordonnés étoient pour entrer dans celle croute : « Entrez là dedans et suivez le chemin, il vous mènera en la salle du chastel de Cremale ; vous trouverez un huis, lequel vous romprez à force ; vous êtes gens assez pour tout ce faire et combattre ceux dudit chastel. » Ils répondirent : « Monseigneur, volontiers. » Ils entrèrent dedans, et cheminèrent tant que la voie les amena au degré prochain de la porte par où on entroit en la salle du chastel. Lors commencèrent-ils à férir et à frapper contre l'huis de grandes guignies pour dérompre et briser la porte, et étoit ainsi que sur jour faillant. Les compagnons du chastel faisoient bon guet. Si entendirent que on vouloit par la croute entrer au chastel ; ils saillirent tantôt sus et allèrent celle part. Espaignolet, qui se devoit coucher, y vint et donna conseil de jeter bois, pierres et autres choses au pertuis de la croute pour ensonnier tellement l'entrée que on ne la put décombrer. Tantôt fut fait : autre défense n'y convenoit. Nonobstant, ceux qui ens ou conduit étoient charpentèrent tant de leurs haches que la porte fut en cent pièces, mais pour ce n'eurent-ils pas délivré l'entrée, ainçois eurent-ils plus à faire que devant. Quand ils virent que c'étoit impossible d'entrer par là, si se mirent au retour en l'ost, et étoit environ mie-nuit. Si recordèrent aux seigneurs quelle chose ils avoient trouvée, et comment ceux de Cremale s'étoient perçus de leur affaire, et avoient tellement ensonnié la voie et l'entrée que par là impossible étoit d'entrer au chastel.

CHAPITRE XXIV.

Comment le chastel de Cremale et le chastel du Mesnil, séans ès parties de Bigorre, furent pris par les François et tous ceux dedans morts et pendus.

Adonc se cessa cel avis, et fut mandé l'engin où les arbalêtriers se tenoient pour traire quand on vouloit assaillir, qui étoit encore à la Baussée[1]. Il fut tout mis par pièces et charrié devant Cre-

razin Ferragus, et l'on voit à Roncevaux le tombeau des douze pairs. Et qui n'a pas lu dans son enfance le merveilleux livre des quatre fils Aymon et de leur cousin le subtil Maugis ? »

[1] Basée ou Barsoins, dans le comté de Pardiac. (Voyez l'Histoire de Languedoc, année 1384.)

male, et puis remis et redressé sur ses roues, ainsi comme il devoit être et aller; et avecques ce on appareilla encore grand'plenté d'atournemens d'assaut; et quand tout fut prêt pour assaillir, messire Gautier de Passac, qui désiroit à conquérir le chastel et ville de Cremale, fit sonner trompettes en l'ost et armer toutes manières de gens et traire chacun en son ordonnance, ainsi comme il devoit être. Là étoit le sénéchal de Toulouse avec ceux de sa sénéchaussée d'un côté; d'autre part étoit messire Roger d'Espaigne, sénéchal de Carcassonne, avecques ceux de sa sénéchaussée. Là étoient le sire de Barbesan, messire Bénédict, le sire de Benac, le fils au comte d'Esterac, messire Raymond de Lille et les chevaliers et écuyers du pays, et chacun en sa bonne ordonnance. Lors commencèrent-ils à assaillir de grand'volonté, et ceux de dedans à eux défendre, car ils véoient bien que faire leur convenoit, pour ce que ils se sentoient en dur parti. Bien connoissoient que messire Gautier n'en prendroit nul à merci; si se vouloient vendre tant comme ils purent durer. Là étoient arbalètriers gennevois qui traioient de grand'manière, et tapoient ces viretons si au juste parmi ces têtes, que il n'y avoit si joli qui ne les resoignât; car, qui en étoit atteint, il avoit fait pour la journée, et l'en convenoit du mieux reporter à l'hôtel.

Là étoit messire Gautier de Passac tout devant qui y faisoit merveilles d'armes à son pouvoir, et disoit aux compagnons : « Et comment! seigneurs, nous tiendront meshuy celle merdaille! Si ce fussent jà bonnes gens d'armes, je ne m'en émerveillasse mie, car en eux a plus de fait que il ne doit avoir en tels garçons comme il y a là dedans. C'est l'intention de moi que je vueil dîner meshuy au fort. Or aperra si vous avez volonté d'accomplir mon désir. »

A ces mots s'avançoient compagnons qui désiroient à avoir grâce, et assailloient de grand'volonté. On prit échelles à foison à l'endroit où le grand engin étoit, auquel les Gennevois arbalètriers se tenoient, et furent dressées contre le mur. Lors montèrent toutes manières de gens qui monter purent; et arbalètriers traioient si roidement et si ouniement que les défendans ne s'osoient à montrer. Là entrèrent les François par bel assaut en la ville de Cremale, les épées en la main, en chassant leurs ennemis, desquels en y ot morts et occis je ne sais quant, et tout le demourant furent pris. On entra par les portes en la ville. Là fut demandé à messire Gautier que on feroit de ceux qui furent pris. « Par Saint-Georges! je vueil que ils soient tous pendus! » Tantôt à son commandement ils le furent, et Espaignolet tout devant. Si dînèrent les seigneurs au chastel, et le demourant des gens d'armes en la ville; et se tinrent là tout le jour; et rendit messire Gautier de Passac le chastel et la ville au seigneur de Cremale, et puis ordonna d'aller autre part quérir aventure sur leurs ennemis.

Après la prise de Cremale, si comme vous avez ouï, se départirent les seigneurs et leurs routes et se mirent au chemin devers un fort que on disoit le Mesnil, lequel avoit porté moult grands dommages et destourbiers au pays avecques les autres. Sitôt comme ils furent là venus on l'assaillit. Ceux de dedans se défendirent, mais plenté ne fut-ce pas, car par assaut ils furent pris, et le fort aussi, et ceux tous morts et pendus qui dedans étoient. Quand ceux de Roies et de Rochefort, deux autres forts d'ennemis, entendirent comment messire Gautier de Passac ouvroit au pays et prenoit les forts, et n'étoit nul pris à merci que il ne fût mort ou pendu, si se doutèrent grandement de venir à celle fin; et se départirent de nuit, ne sais par croute dessous terre ou autrement, car encore ces deux chastels, Roies et Rochefort, sont croutés, et sont des chastels qui furent anciennement Regnault de Montauban; et les François les trouvèrent tous vuis, quand ils vinrent devant. Si en reprirent la saisine et les peuplèrent de nouvelles gens et de pourvéances, et puis tournèrent leur chemin devers le pays de Toulouse pour venir en Bigorre; car il y avoit sur la frontière de Tharbe deux chastels, lesquels étoient nommés l'un le Dos-Julien et l'autre Navaret, que pillards tenoient, qui grandement travailloient le pays et la bonne ville de Tharbe et la terre au seigneur d'Anchin.

Quand messire Gautier de Passac et ces seigneurs de France et de la Langue-d'Oc se furent reposés et rafreschis trois jours en la bonne cité de Toulouse, ils se partirent et prirent le chemin de Bigorre; et exploitèrent tant qu'ils vinrent devant le fort que on dit le Dos-Julien; et là s'arrêtèrent et dirent que ils n'iroient plus avant, si en auroient délivré le pays. En la compagnie de messire Gautier de Passac vint là le sénéchal de Nebosem, lequel est et répond au comte de Foix; mais messire Gautier le manda que il venist là avecques lui pour aider à faire vider les ennemis du pays, car autant bien couroient-ils en la sénéchaussée de Nebosem, quand il leur venoit à point, comme ils faisoient ailleurs; et ce fut la raison pourquoi le sénéchal de Nebosem vint adonc servir messire Gautier; et encore fut signifié au comte de Foix qui le consentit; autrement ne l'eût-il point osé faire.

On fut devant le Dos-Julien quinze jours avant que on le pût avoir, car il y avoit fort chastel assez et capitaine de grand'emprise, un écuyer gascon qui s'appeloit Bernier de Brunemote, appert homme d'armes durement, et étoit issu de Lourdes, quand on vint prendre le dit chastel. Toutefois on ne l'eut pas par assaut, mais par traité; et s'en partirent ceux qui le tenoient, sauves leurs vies et le leur, et encore furent-ils sauvement conduits jusques à Lourdes; et les conduisit un écuyer qui s'appeloit Bertran de Mondigeon.

Quand les seigneurs de France eurent le Dos-Julien, ils se conseillèrent quelle chose ils en feroient: si ils le tiendroient ou si l'abattroient. Conseillé fut pour le mieux que il seroit abattu, pour la cause de ceux de Lourdes qui leur sont trop près. Si pourroit avenir que quand les seigneurs seroient partis, ils le viendroient prendre et embler de rechef. Lors fut-il commandé à abattre et arraser; et le fut tellement que encore sont là les pierres en un mont, et n'espère-t-on pas qu'on le refasse jamais: ainsi alla du Dos-Julien.

Après s'en vinrent-ils devant Navaret, un fort aussi que compagnons aventuriers, qui étoient issus de Lourdes, avoient tenu plus d'un an et demi. Mais quand ils entendirent que ceux du Dos-Julien étoient partis, ils se départirent aussi et emportèrent ce que ils purent, et s'en vinrent bouter en Lourdes. Là étoient leur retour et leur garant; car bien savoient que on ne les iroit là point quérir qui ne voudroit perdre sa peine, car Lourdes est un chastel impossible à prendre.

Or prindrent ceux seigneurs leur retour, quand ils orent fait abattre et arraser le Dos-Julien, vers le fort de Navaret; si le trouvèrent tout vuit. Adonc fut ordonné que il seroit abattu; aussi le fut-il, dont ceux de Tharbe ne furent pas courroucés, car ceux qui l'avoient tenu leur avoient porté trop de dommages et de contraires.

Après ce on vint devant le chastel d'Aust en Bigorre, qui siéd entre les montagnes et sus les frontières de Béarn. Là fut-on environ quinze jours, et leur livra-t-on maint assaut. On conquêta la basse-cour et tous leurs chevaux; mais une grosse tour séant sur une roche assez haute ne put-on conquerre, car elle n'est pas à prendre.

Quand les seigneurs virent que ils perdoient leur peine, et que Guillon de Merentan qui tenoit le fort ne vouloit entendre à nul traité, ni vendre, ni rendre le fort, ils se départirent et s'en retournèrent à Tharbe; et là donna congé messire Gauthier de Passac à toutes gens d'armes de retraire et de aller chacun en son lieu; et furent payés de leurs gages, ou bien assignés à leur plaisance ceux qui l'avoient servi en celle armée; et lui-même s'en partit aussi et s'en vint rafreschir à Carcassonne et là environ.

Endementres que il séjournoit là, lui vinrent nouvelles de France et commandement de par le roi que il se trait devers la garnison de Bouteville en Xaintonges, sur les frontières de Bordelois et de Poitou, laquelle garnison Guillaume de Sainte-Foix, Gascon, tenoit. Et avoit-on entendu en France que messire Jean Harpedane, sénéchal de Bordeaux, faisoit son amas de gens d'armes à Lieborne sus la Dordogne pour venir lever les bastides que les Poitevins et ceux de Xaintonge tenoient et avoient mis devant. Au commandement du roi et de ses souverains obéit messire Gautier, ce fut raison; et prit sa charge de soixante lances et de cent arbalétriers gennevois, et se partit de la bonne ville de Carcassonne, et passa parmi Rouergue et Agen, et costia Pieregorth, et s'en vint à Bouteville; et là trouva les sénéchaux, celui de la Rochelle, celui de Poitou, celui de Pieregorth et celui d'Agen et grand'foison de bonnes gens d'armes.

On se pourroit bien émerveiller, en pays lointain et étrange du noble royaume de France, comment il est situé, et habitué de cités, de villes et de chastels si très grand'foison que sans nombre; car autant bien ens ès lointaines marches en y a grand'plenté et de forts comme il y a ens ou droit cuer de France. Vous trouverez en allant de la cité de Toulouse à la cité de Bordeaux les chastels que je vous nommerai,

[1388]

séans sur la rivière de Garonne qui s'appelle Gironde à Bordeaux. Et premier : Languran, Riout, Cardillac, Langon, Saint-Maquaire, Chastel-Endorte, Caudrot, Gironde, la Réole, Millauch, Sainte-Basile, Marmande, Chaumont, Tonneins, Lemmas, Dagenes, Mont-Hourt, Agillon, Touvars, le port Sainte-Marie, Cleremont, Aghem, Ambillart, Chastel-Sarrasin, le Hesdaredun et Bellemote ; et puis, en reprenant la rivière de Dordogne qui s'en vient reférir en la Garonne, tels chastels et fortes villes assez assis d'une part et d'autre : Bourg, Fronsac, Lieborne, Saint-Million, Chastillon, la Motte, Saint-Pesant, Montremel, Sainte-Foix, Bergerac, Mont-Buli, Noirmont et Chastel-Toué. Et vous dis que ces chastels sur ces rivières, les uns anglois et les autres françois, ont toudis tenu celle ruse de la guerre, et ne voudroient pas que il fût autrement ; ni oncques les Gascons, trente ans d'un tenant, ne furent fermement à un seigneur. Voir est que les Gascons mirent le roi Édouard d'Angleterre et le prince de Galles son fils en la puissance de Gascogne, et puis l'en ôtèrent-ils, si comme il est contenu clairement cy dessus en celle histoire ; et tout par le sens et avis du roi Charles de France, le fils au roi Jean, car il r'acquit et attrait à soi par douceur et par ses grands dons, l'amour des plus grands de Gascogne, le comte d'Ermignac et le seigneur de Labreth ; et le prince de Galles les perdit par son hauteresse. Car je qui ai dicté celle histoire, du temps que je fus à Bordeaux et que le prince alla en Espaigne, l'orgueil des Anglois étoit si grand en l'hôtel du prince, que ils n'avisoient nulle nation fors que la leur ; et ne pouvoient les gentilshommes de Gascogne et d'Aquitaine, qui le leur avoient perdu par la guerre, venir à nul office en leur pays ; et disoient les Anglois que ils n'en étoient taillés ni dignes ; dont il leur anoioit ; et quand ils purent ils le montrèrent, car pour la dureté que le comte d'Ermignac et le sire de Labreth trouvèrent au prince, se tournèrent-ils François ; et aussi firent plusieurs chevaliers et escuyers de Gascogne.

Le roi Philippe de France et le roi Jean son fils les avoient perdus par hautieretė ; aussi fit le prince. Et le roi Charles de bonne mémoire les r'acquist par douceur, par largesse et par humilité. Ainsi veulent être Gascons menés. Et encore a plus fait le roi Charles, afin que l'amour s'entretienne entre ces seigneurs plus longuement et que le seigneur de Labreth lui demeure, car la sœur de sa femme, madame Isabel de Bourbon, fut donnée au seigneur de Labreth, lequel en a de beaux enfans ; et ce est la cause pour laquelle l'amour s'entretient plus longuement. Si ouïs une fois dire au seigneur de Labreth, à Paris où j'étois avecques autres seigneurs, une parole que je notai bien, mais je crois qu'il la dit par ébattement ; toutefois il me sembla qu'il parla par grand sens et par grand avis à un chevalier de Bretagne qui l'avoit plusieurs fois servi ; car le chevalier lui avoit demandé des besognes de son pays, et comment il se savoit contenir à être François, et il répondit ainsi : « Dieu merci ! je me porte assez bien, mais j'avois plus d'argent, aussi avoient mes gens, quand je fesois guerre pour la partie du roi d'Angleterre que je n'ai maintenant ; car quand nous chevauchions à l'aventure, ils nous sailloient en la main aucuns riches marchands de Toulouse, de Condom, de la Riole, ou de Bergerac. Tous les jours nous ne faillions point que nous n'eussions quelque bonne prise dont nous estoffions nos superfluités et joliétés, et maintenant tout nous est mort. » Et le chevalier commença à rire et dit : « Monseigneur, voirement est-ce la vie des Gascons ; ils veulent volontiers sur autrui dommage. » Pourquoi je dis tantôt, qui entendis celle parole, que le sire de Labreth se repentoit près de ce que il étoit devenu François ; ainsi que le sire du Micident qui fut pris à la bataille Aimet[1] et jura de la main du duc d'Anjou qu'il venroit à Paris et se tourneroit bon François[2] et demeureroit à toujours mais. Voirement vint-il à Paris et lui fit le roi Charles très bonne chère ; mais il ne lui sçut oncques tant faire que le sire de Mucident ne s'embla du roi et de Paris, et s'en retourna, sans congé prendre, en son pays ; et devint Anglois ; et rompit toutes les convenances que il avoit au duc d'Anjou. Aussi fit le sire de Rosem, le sire de Duras et le sire de Langurant. Telle est la nature des Gascons ; ils ne sont points estables, mais encore aiment-ils plus les Anglois que les

---

[1] Aymet est situé entre la Réole et Bergerac. La bataille d'Aym et a eu lieu en l'an 1379.
[2] Voyez le chapitre VIII du deuxième livre de Froissart.

François; car leur guerre est plus belle sur les François que elle n'est sur les Anglois. C'est l'une des principales incidences qui les y incline plus.

CHAPITRE XXV.

Comment le roi de Chypre fut tué et meurtri en son lit par son propre frère, par l'enortement des mescréans pour la bonté et la hardiesse qui étoit au roi.

En ce temps vinrent autres nouvelles en France, car le roi Lyon d'Arménie y vint [1], non pas en trop grand arroi, mais ainsi comme un

---

[1] Léon VI, roi d'Arménie, de la famille des Lusignan de Chypre, nommé roi en 1365. Il fut le dernier roi chrétien d'Arménie. Le soudan d'Égypte le fit prisonnier, ainsi que sa femme, sa fille et son général Schahan, prince de Gorhigos, dans la forteresse de Gaban, où ils s'étaient retirés. Ils furent tous conduits prisonniers au Caire, où le roi d'Arménie perdit sa femme et sa fille : mais, après six ans de captivité en 1381, il fut remis en liberté par le soudan, sur les instantes prières du roi Jean 1er de Castille. Léon s'embarqua avec les ambassadeurs de Jean 1er de Castille, et se rendit près du pape Clément VII à Avignon, et de là en Castille où il arriva en 1383. Le roi Jean lui rendit les plus grands honneurs et lui fit don, sa vie durant, des seigneuries de Madrid, de Villa-Réal et d'Andujar. Le conseil municipal de Madrid lui envoya des commissaires pour lui rendre hommage, le 2 octobre 1383; et on a un acte daté de Ségovie, le 19 octobre, et signé Léon roi d'Arménie, qui confirme à la ville ses fors et priviléges. Le roi Léon VI passa ensuite en France en 1385. En 1386, pour établir la paix entre la France et l'Angleterre, il se rendit auprès de Richard II, à Londres. On trouve dans Rymer, aux années 1385 et 1386, plusieurs actes relatifs à ce prince : tels sont entr'autres les trois actes suivans, qui précédèrent son arrivée :

I. *Pro magistro hospitii Leonis regis Armeniæ, et pro ipso rege.*

Rex universis et singulis admirallis, etc., ad quos, etc., salutem :

Volentes pro securitate *Johannis de Rusp*, magistri hospitii magnifici principis *Leonis regis Armeniæ*, qui in regnum nostrum Angliæ, pro providentiis et negotiis ipsius regis faciendis, de licentiâ nostrâ est venturus, specialiter providere,

Suscepimus ipsum Johannem, cum quinque hominibus et sex equis, quatuor arcubus et viginti et quatuor sagittis barbatis, ac aliis rebus et hernesiis suis quibuscumque, in regnum nostrum Angliæ, per dominium et potestatem nostram, tam per terram, quàm per mare, veniendo, ibidem morando, et exindè ad propria liberè redeundo, in salvum et securum conductum nostrum, ac in protectionem et defensionem nostras, suscepimus et ponimus speciales et ideo vobis et cuilibet vestrûm injungendo mandamus quòd, etc., *prout in ejus modi de conductu literis.*

In cujus, etc., per dimidium annum duraturas.

Teste rege apud *Westmonasterium*, vicesimo quarto die octobris.

---

roi échassé et bouté hors de son pays, car tout le royaume d'Arménie dont il se nommoit étoit

Per ipsum regem et concilium.

II. Rex eisdem, salutem :
Sciatis quòd

Cum magnificus princeps, Leo rex Armeniæ, in regnum nostrum Angliæ, de licentiâ nostrâ regiâ, sit venturus,

Nos, ut idem rex adventum et reditum, juxta desiderium suum, prosperos optineat et securos, ipsum regem, cum vassallis, hominibus servientibus et familiaribus suis, cujuscumque gradûs fuerit, ac quadraginta equis, nec non bonis et hernesiis suis quibuscumque, in regnum nostrum Angliæ, etc., *ut supra usque ibi*, injungendo mandamus, *et tunc sic :*

Quod eisdem, regi Armeniæ, aut vassallis, hominibus, servientibus, vel familiaribus suis, cujuscumque gradûs fuerit, in regnum nostrum præedictum, etc., *ut suprà.*

In cujus, etc. per dimidium annum duraturas, *teste ut supra.*

Per ipsum regem et concilium.

III. *De vino pro expensis præfati regis hospitii.*

Rex universis et singulis admirallis, etc., salutem :
Sciatis quòd

Cum *Johannes Rusp*, magister hospitii magnifici principis *Leonis regis Armeniæ*, centum et quinquaginta couples vini Franciæ, pro expensis hospitii ipsius regis Armeniæ, qui in regnum nostrum Angliæ est venturus, per servientes et attornatos suos, mediante licentiâ nostrâ ducere proponat,

Nos,

Ne idem Joannes, vel dicti servientes et attornati sui, fortè, per aliquos ligeorum nostrorum, in præmissis aliqualiter perturbentur,

Volentes eorum securitati in hac parte specialiter providere,

Suscepimus ipsum Johannem, ac servientes et attornatos suos, cum vino prædicto, ac navibus et vasis vinum illud continentibus, in regnum nostrum Angliæ, per dominium et protestatem nostram, tam per terram, quam per mare, ex causa prædicta veniendo, ibidem morando, et exindè ad propria redeundo, in salvum et securum conductum nostrum, ac in protectionem et defensionem nostras speciales.

Et ideo, etc., *ut in ceteris de conductu literis.*

In cujus, etc., usque ad festum paschæ proximò futurum duraturas.

Teste rege apud *Westmonasterium*, vicesimo octavo die octobris.

Per billam de privato sigillo.

Les négociations du roi d'Arménie paraissent avoir eu quelque effet pour calmer la haine des deux adversaires, puisque nous trouvons à l'année 1386, dans Rymer, un plein pouvoir donné à la requête du roi d'Arménie pour traiter de la paix. Nous ne citerons que le commencement de cet acte.

IV. *De tractando cum adversario Franciæ, ad requestum regis Armeniæ.*

Le roy a touz ceux qi cestes lettres verront ou orront, salutz.

Savoir faisons que nous.

conquis et gagné, excepté un fort chastel séant

Pur l'onur et reverence de nostre seigneur Dieux, Et pur eschuir l'effusion du sank cristien, et les très grandes mals et damages que, pur l'occasion des guerres entre nous et nostre adversaire de France, sont avenuz, avant ces heures, a toute cristientee, et verraissemblablement porront avenir, de jour en autre, si la dite guerre soit continue,

Desirantz auxi nous justifier et nostre querele devant Dieux et tout le mond, et nos souzgis mettre, quanque en nous est, en pees, quiete, et tranquilite,

Et auxi a les instanz prieres et requestes, qui nous ont este faites par nostre cousyn, *le roi d'Arménye,* q'il nous plerroit condescender et encliner au bone tretee de pees ovesque nostre dit adversaire, et ordeigner de par nous aucunes parsones notables pur assembler ovesque les gentz que mesme nostre adversaire envoieroit, de semblable estat, as certeines jours et lieu, as marches de Caleys, pur le faite de tretee sus-dite,

Confiantz au pleine de les loialtee, sens, avisamentz, et discretions de nos tres chiere et foialx, l'onurable piere en Dieu *l'evesque de Coventre et Lychfeld : Michel comte de Southfolk* nostre chancellier : *William de Beauchamp* nostre cosyn, capitaine de notre ville de Caleys : *Hugh de Segrave,* et *Johan d'Évereux,* banerettz : *Johan Clanbowe* chivaler de nostre chaumbre ; et nostre bien ame clerc meistre *Richard Rouhale,* doctour en leys :

Les avons constitutz, ordeinez, deputez, et establiz, constituons, ordeignons, deputons, establions, de nostre certeine science, par cestes noz presentes lettres, nos vrais et especialx messages, commissairs et deputes pur le fait de tretee de pees suis-dite, etc.

Le 13 février suivant fut publié l'acte qui suit rapporté par Rymer, et qui prouve la reconnaissance du gouvernement anglais pour les bons soins du roi d'Arménie.

V. *Pro Leone rege Ermeniæ, de annuitate concessâ.*
Rex omnibus ad quos, etc. Salutem :
Sciatis quòd

Ob reverentiam Dei, et sublimis statûs illustris principis et consanguinei nostri carissimi, *Leonis regis Ermeniæ,* qui regali diademate decoratur,

Considerantes quòd idem consanguineus noster, ex tolerantiâ Summi Regis, à regno suo, per dei inimicos atque suos, mirabiliter est expulsus,

Volentesque sibi in aliquo, ex hac causâ, prout statui nostro competit, subvenire,

CONCESSIMUS eidem consanguineo nostro MILLE libras monetæ nostræ Angliæ, percipiendas singulis annis, ad receptam Scaccarii nostri per æquales portiones, quousque, cum Dei adjutorio, recuperare poterit regnum suum supradictum ;

Si quis vero contra hanc concessionem nostram quidquid fecerit vel attemptaverit, aut eisdem contravenerit, maledictionem Dei, et sancti Edwardi, atque nostram se noverit incursurum.

In cujus, etc.

Teste rege apud *castrum regis de Windesor,* tertio dei februarii.

Per ipsum regem.

Léon VI, roi d'Arménie, à son retour d'Angleterre,

en mer, que on dit Courch [1] et le tiennent les Gennevois, pourtant que le chastel leur est une clef et une issue et entrée par mer en allant en Alexandrie et en la terre du soudan ; car partout vont Gennevois et Vénitiens marchander, parmi les treus que ils payent, jusques en la grande Inde, la terre au prêtre Jean [2] ; et partout sont-ils bien-venus pour l'or et l'argent qu'ils portent ou pour les marchandises que ils échangent en Alexandrie, au Caire, à Damas ou ailleurs, qui besognent aux Sarrasins ; car ainsi faut-il que le monde se gouverne, car ce qui point n'est en un pays est en l'autre ; parmi tant sont connues toutes choses. Et ceux qui vont le plus loin et qui le plus s'aventurent sont Gennevois ; et vous dis que ils sont par-dessus les Vénitiens seigneurs des ports et des mers, et les crèment plus et doutent les Sarrasins que nuls autres, car par mer ce sont vaillans hommes et de grand fait ; et oseroit bien envahir et assaillir une galée de Gennevois armée quatre galées de

fixa sa résidence à Paris où il mourut, le 29 novembre 1393, au palais des Tournelles, rue Saint Antoine, en face de l'hôtel Saint-Pol, où le roi résidait ordinairement : il fut enterré dans l'église des Célestins. Suivant l'usage de son pays, tous les assistans étaient habillés en blanc. Son tombeau se voyait encore il y a peu de temps au Musée des Petits-Augustins. Il a été depuis transporté à Saint-Denis.

[1] Il me semble assez probable que Froissart aura voulu désigner par ce mot la forteresse de Gorhigos, ville de Cilicie, appelée par les anciens Corycus, du nom d'une montagne qui se trouvait dans son voisinage et formait un promontoire qui s'avançait vers l'île de Chypre : elle est située au sud-ouest de Tarse sur le bord de la mer. Gorhigos formait une principauté dépendante des souverains arméniens. Le dernier des princes qui la possédèrent fut ce même Schaban, gendre de Léon VI de Lusignan, dont j'ai parlé dans la note ci-dessus. Schaban, prince de Gorhigos, fut pris avec son beau-père, comme on l'a vu, en 1375 dans la forteresse de Gaban et emmené en captivité au Caire, où il mourut.

[2] On désigne sous le nom de *Prêtre Jean, Presbyter Johannes,* dans les relations du moyen-âge, un souverain du centre de l'Asie, qu'on supposait non-seulement converti au christianisme, mais élevé au sacerdoce. L'opinion la plus commune est que les missionnaires nestoriens, exagérant leurs succès en Tartarie, ont appelé Prêtre Jean le prince *Wang* de la nation des Kéraïtes, chez laquelle il y avait alors beaucoup de chrétiens syriens. Le nom de *Wang* a pu être pris pour celui de Jean mal prononcé ; et quant à la prêtrise, il n'y a rien d'impossible à ce qu'il l'eût reçue des Syriens. Plus tard on a cherché le pays du Prêtre Jean dans l'Abyssinie ; il n'y était pas plus qu'ailleurs. Il n'est pas de sujet sur lequel on ait débité autant de fables.

Sarrasins. Et eussent porté les Turcks et les Tartres trop grand dommage par plusieurs fois à la chrétienté, si Gennevois ne fussent; mais pourtant que ils ont la renommée de ètre seigneurs des mers qui marchissent aux mescréans, ils ont toujours cinquante, que galées, que grosses naves, armées, courant par mer, qui gardent les îles. Premièrement l'île de Chipre, l'île de Rodes, l'île d'Escie et toutes les bandes de mer et de Grèce jusques en la Turquie; et tiennent la ville et le chastel de Père qui siéd en mer devant la cité de Constantinople, et le font garder à leurs frais, et le rafreschissent trois ou quatre fois l'an de ce qui leur est de nécessité. Les Tartes et les Turcks y ont aucunes fois essayé comment ils le pussent avoir, mais ils n'en purent venir à chef; ainçois, quand ils y sont venus, ils y ont plus mis que pris, car le chastel de Père siéd sus une vive roche; et n'y a que une seule entrée; et celle les Gennevois l'ont fortifiée trop grandement. Encore tiennent les Gennevois un petit par delà Père la ville et le chastel de Jaffon [1] qui est trop noble chose et trop grand profit pour eux et pour les pays chrétiens marchissans, car sachez que si Père et Jaffon, Escie et Rodes n'étoient, avecques l'aide des Gennevois, les mescréans venroient courir jusques à Gaëte, voire jusques à Naples, au port de Corvet ou à Rome, mais ces garnisons qui sont toudis bien pouvues de gens d'armes et de Gennevois, de naves et de galées armées, leur saillent au devant. Par quoi, pour celle doute, ils ne s'osent aventurer fors que sus les frontières de Constantinoble en allant vers la Honguerie et la Bougerie. Et si le noble roi de Chipre Pierre de Lusignan [2], qui fut si vaillant homme et de si haute emprise et qui conquist la grand'cité d'Alexandrie et Satalie [3], eût longuement vécu, il eût tant donné à faire au soudan et aux Turcks que, depuis le temps Godefroi de Bouillon, ils n'eurent tant à faire que ils eussent eu. Et bien le savoient les Turcks et les Tartres et les mescréans, qui connoissoient les prouessses de lui et les hautes emprises; et pour lui détruire marchandèrent-ils à son frère Jacques de le occire et murdrir, lequel leur livra bien ce qu'il leur ot en convenant, car il fit occire devant lui le gentil roi son frère gisant en son lit [1] : ce fut bien ennemie chose et mauvaise de occire et murdrir si vaillant homme comme le roi de Chipre, qui ne tendoit ni imaginoit nuit ni jour à autre chose fors que il pût acquitter la sainte Terre et mettre hors des mains des mescréans. Et quand les Gennevois, qui moult l'aimoient, c'étoit raison, il faisoit moult à aimer, sçurent les nouvelles de sa mort, ils armèrent douze galées et les envoyèrent en Chipre et prirent de fait la cité de [2] Famagouse et Jacques dedans [3]; et coururent la greigneur partie du royaume; et si ils n'en cuidassent pis valoir, ils l'eussent détruit; mais pour tant que les villes y sont fortes et font frontières aux Turcks, ils les laissèrent ès mains des hommes des lieux, excepté la cité de Famagouse, mais celle tiennent-ils pour eux et la gardent. Et quand ils l'eurent conquise premièrement, ils en ôtèrent si grand avoir que sans nombre et amenèrent avecques eux en Gennes ce Jacques qui avoit mourdri son frère, pour savoir que les Gennevois en voudroient faire. Voir est que le roi de Chipre avoit un beau-fils lequel ils marièrent [4] et couronnèrent à roi [5]; et mirent ce Jac-

---

[1] Il me semble à peu près certain que Froissart veut parler de la ville de Caffa ou Théodosie dans la Crimée, qui était le principal comptoir des Génois.
[2] Pierre Ier, fils de Hugues IV, auquel il succéda dans le royaume de Chypre en 1361.
[3] Satalie est l'ancienne Attalie, bâtie dans la Pamphilie sur le bord de la mer, vis-à-vis la pointe occidentale de l'île de Chypre.

[1] Ce ne fut pas Jacques II, fils de Hugues IV et frère de Pierre Ier de Lusignan, qui commit ce meurtre en 1372, mais son frère Jean, prince de Galilée. Le prince Jean fut lui-même assassiné en 1375 par l'ordre de la reine de Chypre, femme de Pierre Ier et mère du roi Pierrin alors régnant.
[2] Famagouste fut livrée aux Génois en 1374 par la trahison de la reine de Chypre, mère du roi Pierrin.
[3] Jacques, sénéchal de Chypre, s'était retiré dans la forteresse de Buffavante et ne fut pas pris par les Génois dans Famagouste; mais les Génois s'étant plus tard emparés, par une nouvelle trahison de la reine, de la personne du roi Pierrin qui s'était rendu à Famagouste sous le prétexte d'une conférence, le prince Jacques, pour délivrer le roi et le pays, se livra comme ôtage entre les mains du général génois Frégose, et consentit à demeurer en dépôt à Famagouste jusqu'à l'entier acquittement des sommes demandées par Frégosse. Celui-ci, malgré la foi donnée, emmena le prince de Galilée prisonnier à Gênes en 1375 avec sa femme Jolande de Bersinie.
[4] Le roi Pierrin ne fut pas marié par l'entremise des Génois : son mariage avec Valentine de Milan, fille de Bernabo Visconti, duc de Milan, sous les auspices, en quelque sorte, de la république de Venise, alliée du roi de Chypre, dut au contraire être peu agréable aux Génois.
[5] Pierrin avait été couronné en 1372.

ques en étroite prison et n'eurent point conseil de le faire mourir, mais toudis tinrent-ils Famagouse. Je ne sais si ils la tiennent encore. Or mourut sus son lit le jeune fils au roi de Chipre [1] dont les Gennevois furent moult courroucés, mais amender ne le purent. Et demeura la terre sans hoir. Je ne sais qui la gouverne maintenant, mais en l'an que je fus en l'hostel du comte de Foix [2], il me fut dit d'un chevalier de Berne, le seigneur de Valencin, que les Gennevois y avoient grand'part et tenoient Famagouse; et avoit le pays couronné à roi ce Jacques par défaut de hoir. Ne sais comment ni par quelle manière il étoit issu et délivré hors des mains et de la prison des Gennevois.

Quand le roi Leon d'Arménie vint premièrement en France devers le roi et les seigneurs, on lui fit bonne chère; ce fut raison, car il étoit venu de lointain pays; et sçut-on par lui et par ses gens toutes nouvelles du royaume de Grèce et de l'empire de Constantinoble; car bien sachez, il fut enquis et examiné justement de la puissance des Turcks et des Tartres, et lesquels l'avoient mis et bouté hors de son royaume. Tant comme à ces enquêtes et demandes le roi d'Arménie répondit que le grand Cakem [3] de Tartarie lui avoit toujours fait guerre et lui avoit tollu son royaume. « Et ce Cakem de Tartarie, demandèrent ceux qui parloient à lui, est-il si puissant homme ? » — « Oïl voir, dit-il, car par puissance il a soumis, avecques l'aide du soudan, l'empereur de Constantinoble. » — « Est donc Constantinoble, demandèrent les seigneurs, à la loi des Tartres ? » — « Nennil, dit-il, mais le Cakem et le soudan ont guerrié longuement l'empereur de Constantinoble; et a convenu enfin, autrement l'empereur ne pouvoit avoir paix, que l'empereur de Constantinoble, qui fut fils madame Marie de Bourbon et fils de l'empereur Hugues de Lusignan [1], ait donné par mariage sa fille au fils du Cakem [2]; mais l'empereur demeure en sa loi, et tous les siens aussi, parmi la conjonction de ce mariage.

Adonc fut demandé quelle chose le comte Amé de Savoie, qui fut si vaillant homme, quand il fut par delà à grand'puissance de gens d'armes chevaliers et écuyers, y avoit fait. Il en répondit ainsi : « Quand le comte de Savoie fut en l'empire de Bouguerie et il fit guerre aux Turcs et aux Tartres si avant comme il pot, planté ne fut-ce pas, toutefois par vaillance il conquit sur les Tartres et sur la terre du soudan la bonne ville et grosse de Kalipoli, et la obtint, et y laissa gens pour la garder et défendre; et se tint la ville toujours, le comte de Savoie retourné en son pays [3], tant que le bon roi Pierre de Chypre vesqui. Mais sitôt que le soudan et le Cakem de Tartarie sçurent que il étoit mort [4], ils ne doutèrent en rien l'empereur de Constantinoble, et mistrent sus bien cent mille chevaux, et vindrent courir devant Constantinoble; et de là ils allèrent mettre le siège devant Kalipoli, et le reconquirent de force, et occirent tous les Chrétiens qui dedans étoient. Et depuis ont-ils fait à l'empereur de Constantinoble si grand'guerre que toute sa puissance n'a pu résister encontre eux; et lui eussent tollu son empire, si ne fut par le moyen de sa fille, que le fils du grand Cakem de Tartre

---

[1] Il mourut en 1382, après six mois de langueur, âgé de 26 ans, sans laisser d'enfans.

[2] Froissart était chez le comte de Foix en 1388, et à cette époque le sénéchal oncle de Pierrin régnait en Chypre. Aussitôt la mort de Pierrin, le baron Jean de Briès avait été nommé régent du royaume, et on lui avait adjoint douze des principaux nobles de l'île pour administrer les affaires jusqu'au retour de Jacques, prisonnier à Gênes. Les Génois consentirent à laisser partir Jacques, à condition qu'il leur cèderait à perpétuité la ville de Famagouste avec deux lieues de terrain à la ronde, et qu'on leur accorderait de plus certains avantages commerciaux. Tout leur fut accordé, et Jacques, délivré de sa prison avec sa femme et son fils Janus, qui venait de naître en prison, arriva en Chypre en 1384.

[3] Il s'agit ici probablement du Khakan des Tartares. *Khakan* est le titre suprême des souverains de la Perse. A l'époque où le roi d'Arménie perdit son royaume, l'autorité du Khakan sur tous les autres souverains de l'Asie-Mineure n'était plus guère que nominale. Ce titre est au nombre de ceux que porte aujourd'hui l'empereur de Constantinople.

[1] Hugues de Lusignan n'épousa point Marie de Bourbon, mais Alix d'Italie, et aucun de ses trois fils ne devint empereur de Constantinople. Il y aura là quelque méprise fondée sans doute sur ce que la famille qui occupait le trône de Constantinople s'est souvent alliée avec les Lusignan.

[2] L'histoire rapporte plusieurs mariages entre la famille impériale de Constantinople et le khakan. Mais peut-être s'agit-il ici tout simplement de Cantacuzène, qui en 1341 partagea le trône avec J. Paléologue, et maria sa fille à Théodore Orkhan, sultan des Turcs, père d'Amurat.

[3] Amédée VI, de Savoie, dit le Comte Verd, passa en 1366 en Orient, où il battit les Turcs et reprit Gallipoli sur eux.

[4] Pierre Ier de Chypre mourut le 18 janvier 1372.

convoita pour avoir à femme. Et est dure chose pour le temps avenir, car les officiers du Cakem sont jà en Constantinoble, et ne vivent les Grieu qui là demeurent fors que par eux et par treu. Et si le roi et les princes de la marche de Ponent n'y remédient, les choses iront si mal que les Turcks et les Tartres conquerront toute Grèce et convertiront à leur loi; et jà s'en vantent-ils, et ne se font que gaber et desriser des papes qui sont l'un à Rome et l'autre en Avignon; et disent que les deux dieux des Chrétiens s'entreguerroient, parquoi leur loi est plus foible et plus légère à détruire et à condempner et y mettent la raison telle, quand ceux qui la devroient exaulser l'amenrissent et détruisent. »

Adonc fut demandé au roi d'Arménie, si le soudan de Babylone et le grand Cakem étoient les plus grands des royaumes mescréans dont on eut la connaissance en Grèce ni par de là les mers, et les monts. Il répondit : « Nennil, car toujours ont été les Turcks les plus nobles, les plus grands, les plus doutés et les plus sages de guerre, quands ils ont eu bon chef; et ils l'ont eu bien cent ans. Et si comme le Cakem de Tartarie tient en subjection l'empereur de Constantinoble, le sire de Turquie tient cil Cakem en subjection; et s'appelle cil sire l'Amorath-Bakin [1]. Et au voir dire il est moult vaillant homme aux armes et moult prud'homme en sa loi. De l'Amorath-Bakin ne me dois ni ne puis en rien plaindre; car oncques ne me fit mal : il a toujours tenu la guerre sur l'empereur de Bouguerie et sur le roi de Honguerie. » — « Et celui Amorath-Bakin dont vous nous parlez, est-il de puissance si grand, si cremu et si renommé ? » — « Oïl voir, dit le roi d'Arménie, plus que je ne dis; car si l'empereur de Constantinoble et l'empereur de Bouguerie le crèment, autant bien le doutent et craignent le soudan de Babylone et le Cakem de Tartarie. Et eut le Cakem, si comme on suppose et que j'ai ouï dire aux Tartres, trop plus soumis l'empire et l'empereur de Constantinoble, si ce ne fut ce que il doute l'Amorath-Bakin; car il connoît bien la nature de l'Amorath que, sitôt que il sçait un plus grand de lui, il n'aura jamais joie ni bien si l'aura soumis et subjugué; et pour ce ne veut pas le Cakem faire sur Constantinoble tout ce que faire bien pourroit. » — « Et cel Amorath-Bakin a-t-il grand'gent avecques lui? » — « Oïl voir ; il n'est oncques si seul, ni ne fut, passé a trente ans, que il ne mène bien cent mille chevaux en sa compagnie; et toujours est-il logé aux champs ni jà ne se mettra en bonne ville. Et pour son corps, il a dix mille Turcks qui le servent et gardent, et où qu'il voise il mène son père avecques lui. » — « Et quel âge peut avoir l'Amorath-Bakin? » — « Il a d'âge bien soixante ans [1] et son père quatre vingt dix [2]. Et aime l'Amorath-Bakin grandement la langue françoise et ceux qui en viennent; et dit que de tous les seigneurs du monde il verroit le plus le roi de France et aussi l'état et ordonnance du roi de France; et quand on lui en parole, on lui fait grand bien; et en recommande très grandement les seigneurs. » — « Et cel Amorath-Bakin pourquoi tient-il en paix le Cakem quand il est si grand conquereur? » — « Pourtant, dit-il, que le Cakem le craint et ne lui oseroit faire guerre; et a certaines villes et certains ports en Tartarie qui rendent à l'Amorath-Bakin grand treu tous les ans; et aussi ils sont d'une loi; si ne veut pas détruire sa loi. Et la chose dont il s'est plusieurs fois émerveillé, c'est de ce que les Chrétiens guerroyent et détruisent ainsi l'un l'autre; et disent entr'eux que ce n'est pas chose due ni raisonnable à détruire gens d'une loi et d'une foi l'un l'autre; et pourtant s'est-il mis en grand'volonté plusieurs fois de venir à grand'puissance en chrétienté et conquérir tout devant lui. Et mieux me vaulsit assez que il m'eût accueilli et conquis de guerre, aussi fit-il à tout mon pays, que le Cakem de Tartarie. » On demanda au roi d'Arménie pourquoi et il répondit ainsi : « L'Amorath-Bakin est un sire de noble condition, et si il étoit plus jeune trente ans que il n'est, il seroit taillé de moult faire grands conquêtes là où il se voudroit traire; car, quand il

---

[1] Par ce mot, Froissart désigne Amurat, fils d'Orkhan, le créateur des janissaires et le premier qui fixa son séjour à Andrinople. Comme il ne succéda qu'en 1389 à son père Orkhan, il n'était connu à l'époque dont parle Froissart, que sous le titre de Mourad-Beg, c'est-à-dire, Mourad, fils du prince. Froissart aura changé le nom de Beg en Bakin, ce qui n'est pas plus ridicule que d'avoir changé, comme nous le faisons maintenant, celui de Mourad en Amurat.

[1] Amurat ou Mourad n'avait que quarante-un ans, quand il succéda à son père Orkhan en 1360.
[2] Orkhan mourut en 1360, âgé seulement de soixante-dix ans, après trente-cinq ans de règne.

a conquis un pays ou une ville ou une seigneurie, il n'en demande que l'hommage; il laisse ceux en leur créance, ni oncques ne bouta, ni jà ne fera, homme hors de son héritage. Il n'en demande que à avoir la souveraine domination. Pourquoi je dis que, si il eût conquis le royaume d'Arménie, si comme les Tartres [1] ont fait, il m'eût tenu en paix, et mon royaume en notre foi et en notre loi, parmi la reconnaissance que je lui eusse faite de le tenir à souverain seigneur, si comme hauts barons qui marchissent à lui font, qui sont Grecs et Chrétiens, qui l'ont pris à souverain seigneur pour leur ôter hors de la doute du soudan et du Cakem de Tartarie. » — « Et qui sont cils seigneurs, » fut-il demandé au roi d'Arménie? « Je vous dirai, dit-il, tout premièrement le sire de Saptalie y est, et puis le grand sire de la Palati et tiercement le sire de Hauteloge [2]. Ces trois seigneurs et leurs terres, parmi le treu que ils lui rendent tous les ans, demeurent en paix; et n'est Turc ni Tartre qui mal leur fasse. »

Adonc fut demandé au roi d'Arménie si son royaume étoit si nettement perdu que on n'y pût avoir nul recouvrance. « Oïl voir, dit-il, il ne fait pas à recouvrer, si puissance de Chrétiens ne vont pas delà qui soient plus forts que les Turcks ni les Tartres. Et plus viendra et plus conquerront sur Grèce, si comme je vous ai dit; car excepté la ville que on dit de Courch, qui est la première ville de mon royaume, qui se tient, tout le pays est aux mescréans; et là où les églises souloient être, ils ont mis leurs idoles et leurs Mahomets. » — « Et celle ville de Courch en Arménie est-elle forte? » — « M'aist Dieu, oïl, dit le roi d'Arménie. Elle ne fait pas à prendre, si ce n'est par long siège, ou qu'elle soit trahie; car elle siéd près de mer à sec et entre deux roches, lesquelles on ne peut approcher; et si est Courch très bien gardée, car si les Tartres la tenoient, et une autre bonne ville qui est assez près de là qui s'appelle Adelphe [1], toute Grèce sans nul moyen seroit perdue et Honguerie auroit fort temps. »

Adonc fut demandé au roi d'Arménie si Honguerie marchissoit près des Tartres et des Turcks; il répondit et dit : « Ouil, et plus près des Turcks et de la terre à l'Amorath-Baquin que de nulle autre. » Donc fut dit : « C'est grand'merveille comment l'Amorath la laisse tant en paix quand elle est si près marchissant, et il est si vaillant homme et si grand conquéreur. » — « Eh! mon Dieu, dit le roi d'Arménie, il ne s'en est pas feint du temps passé, et y a mis toute sa peine et entente comment il put porter grand dommage au royaume de Honguerie. Et si ce n'eût été une incidence très fortunée qui soudainement lui advint, il fût ores moult avant au royaume de Honguerie. » — « Et quelle incidence fut-ce? » demanda-t-on au roi d'Arménie. « Je le vous dirai, » dit-il.

CHAPITRE XXVI.

Comment le roi d'Arménie fut examiné, et comment vingt mille Turcs furent morts et déconfits au royaume de Honguerie.

« Quand l'Amorath-Baquin vit que tous seigneurs qui marchissoient à lui le doutoient et craignoient tant par ses conquêtes comme par ses prouesses et que il avoit au côté devers lui toutes les bandes de la mer obéissans jusques au royaume de Honguerie et que le vaillant roi Frédéric [2] de Honguerie étoit mort, et étoit le royaume descendu à femme, il s'avisa que il le conquerroit. Et fit son mandement très grand et très espécial en Turquie; et vinrent tous ceux que il avoit mandés. Si s'en vint loger l'Amorath ès plains de Sathalie entre la Palati et Hau-

---

[1] Le royaume d'Arménie fut conquis, ainsi qu'on l'a vu, par les Égyptiens.

[2] Il m'est impossible de déterminer ce que sont ces trois lieux de Saptalie, la Palati et Haute-Loge. J'ai fait toutes les recherches possibles et ne suis arrivé à aucun résultat raisonnable. Froissart place plus bas ces places auprès de la Hongrie, de sorte qu'on ne peut supposer que ce soit Satalie, Tripoli et Alachère, traduction du mot Haute-Loge. La Palati me semble cependant être la Valachie.

[1] Quelques manuscrits disent Filadelphe. Peut-être s'agit-il de Marasch, appelée aussi Kermany, et en Syriaque, Germaniki. Cette ville, située dans la partie orientale de la Cilicie, au milieu des montagnes, fut connue dans le Bas-Empire sous le nom de Germanicia. Réunie au royaume d'Arménie, elle en suivit la destinée. Il serait possible que ce nom de Germanicia eût été traduit en grec par les gens du pays, et que ce fût là l'origine du mot Filadelphe ou Adelphe, que lui donne Froissart. Je ne puis trouver dans la géographie d'Arménie de M. Saint-Martin aucune autre ville qui approche de ce nom.

[2] Le roi de Hongrie dont il est question ici ne s'appelait pas Frédéric, mais Louis 1er. Il était mort en 1382, laissant le trône à sa fille Marie qui épousa Sigismond, marquis de Brandebourg, frère de l'empereur Wenceslas.

teloge, pour donner plus grand'crainte à ses ennemis, et étoit son intention que il entreroit au royaume de Honguerie. Et pourtant que Honguerie est un royaume et pays enclos et avironné de hautes montagnes dont il vaut mieux, car il en est plus fort, il envoya devant ses ambassadeurs et hérauts atout un mulet chargé d'un sac plein de grain que on appelle millet, et leur dit au partir : « Allez-vous-en en Honguerie devers le comte de Nazarat [1], lequel tient terre outre les montagnes de Molcabée et Robée [2], par là où nous voulons que nous et notre empire passe, et lui dites de par nous que nous lui mandons, si il veut demeurer ni être en toute sa terre en paix, que il vienne à obéissance devers nous, si comme il voit que le sire de la Palati et le sire de Sathalie et le sire de Hauteloge ont fait ; et nous appareille passage ; et si il est contre-disant ni rebelle à nous, dites-lui de par nous, et lui montrez de fait et par exemple, que je mettrai autant de têtes pour lui détruire en son pays comme il y a en ce sac de grains de millet. » Les ambassadeurs et messagers de l'Amorath-Baquin se partirent sur ce point, tous confirmés et avisés quelle chose ils devoient faire, et cheminèrent tant par leurs journées que ils vinrent en Honguerie en la terre du comte Nazarat au descendant des montagnes, et le trouvèrent en l'un de ses chastels, lequel on appelle Arcafourme [3]. Le comte, comme sage et bien avisé, recueillit les ambassadeurs de Amorath moult doucement et leur fit bonne chère ; mais trop grand'merveille ot quand il véy entrer en sa cour ce mulet chargé d'un sac, et ne savoit de quoi il étoit plein ; et cuida de commencement que ce fussent besans d'or ou pierres précieuses que l'Amorath lui envoyât pour le attraire et convertir et pour avoir entrée de passage parmi sa terre ; mais il disoit que il ne le feroit nullement, ni jà ne se lairoit corrompre pour nul avoir qu'il lui pût envoyer.

« Or vinrent les messagers de l'Amorath-Baquin devant le comte de Nazarat et distrent ainsi : « Sire de Nazarat, entendez à nous ; nous sommes ci envoyés de par haut roi et redouté notre souverain seigneur l'Amorath-Baquin, seigneur de Turquie et de toutes les appendances, et vous disons de par lui, sur la forme et manière que vous véez et savez que vos voisins font et ont fait, c'est à savoir le sire de la Palati, le sire de Hauteloge et le sire de Satalies ; et ouvrez vos pays à l'encontre de sa venue, si vous voulez demeurer en paix. Et là où vous ferez ce, vous serez grandement en la grâce et amour de lui ; et si vous êtes rebelle de non vouloir faire, nous sommes chargés de vous dire que l'Amorath mettra en votre terre plus de têtes d'hommes armés que il n'a de grains de millet en ce sac. »

« A celle parole firent-ils ouvrir le sac et lui montrèrent quelle chose y avoit dedans. Quand le comte de Nazarat ot entendu parler les ambassadeurs de l'Amorath, si fut tantôt conseillé de répondre froidement ; et ne découvrit pas à une fois tout son courage et dit : « Recloez votre sac ; je vois bien quelle chose il y a dedans et vous ai bien ouï, et aussi entendu quelle chose l'Amorath me mande ; et dedans trois jours je vous en répondrai ; car la requête l'Amorath demande bien à avoir tant de conseil. » Ils répondirent : « Vous parlez bien. »

« Sur cel état et sur la fiance d'avoir réponse ils séjournèrent. Or vous dirai que le comte de Nazarat fit. Sur les trois jours que il devoit répondre, il se pourvéit et fit pourvéir son chastel de plus de deux mille chefs de poulailles, chapons et gelines, et les fit tous affamer, que en deux jours oncques ne mangèrent. Quand le tiers jour fut venu pour répondre, les ambassadeurs de l'Amorath se trairent avant. Le comte de Nazarat les appela da-lez lui et leur dit, là où il étoit à une galerie regardant en la cour : « Apoiez-vous ici da-lez moi et je vous montrerai aucune chose de nouvel, et tantôt réponse. » Eux qui ne savoient à quoi il pensoit, s'apoièrent de-lez lui. Les portes du chastel étoient closes ; la place de la cour étoit grande et large assez ; gens étoient appareillés de faire ce que il avoit ordonné. On ouvrit une chambre ou deux, où toute cette poulaille étoit enfermée qui deux jours jeûné avoit. Tantôt on épardit celle sachée

---

[1] Peut-être s'agit-il de Lazare, despote de Servie.
[2] Je ne puis reconnaître les lieux que Froissart veut désigner par ces deux mots. Ils doivent avoir subi diverses transfigurations : d'abord le roi d'Arménie peut les avoir défigurés un peu, et ses auditeurs ont pu changer sa prononciation pour l'adapter à la leur, de manière à en faire des mots tout-à-fait différens. Malcabée est peut-être la Moldavie appelée Moldavolachie et Robée la Bessarabie, dont il n'aura conservé que les dernières syllabes.
[3] Je ne sais quelle est cette place.

de grains de millet devant eux ; ils s'y attachèrent par telle façon que, en moins de une heure ils l'eurent tout recueilli ; et encore de l'autre en eussent-ils mangé assez, car ils avoient grand'faim. Adonc parla le comte de Nazarat aux messagers de l'Amorath, et se retourna sur eux et dit : « Beaux seigneurs, avez-vous vu comment le millet que l'Amorath, en moi menaçant, m'a envoyé est dévoré et mis à nient par celle poulaille ; encore en mangeroient-ils bien assez si ils l'avoient. » — « Oïl, répondirent-ils ; pourquoi le dites-vous ? » — « Je le dis pourtant, dit le comte, que votre réponse gît en ce que je vous ai fait exemple. L'Amorath me mande que si je n'obéis à lui il me mettra dedans ma terre gens d'armes sans nombre. Et lui dites, de par moi, que je les attendrai ; mais il n'en fera jà tant venir qu'ils ne soient tous dévorés, si comme le millet a été de la poulaille [1]. »

« Quand les ambassadeurs de l'Amorath-Bakin eurent eu celle réponse du comte de Nazarat, si furent tous pensieus ; et prirent congé et se départirent, et firent tant par leurs journées qu'ils retournèrent là où l'Amorath étoit à grand'puissance. Ils lui recordèrent tout ainsi comme vous avez ouï, et comment le comte de Nazarat, par semblant, ne faisoit compte de ses menaces. De celle réponse fut l'Amorath durement courroucé, et dit que la chose ne demeureroit pas ainsi, et que, voulsist ou non le comte de Nazarat, il entreroit par son pays en Honguerie, et mettroit toute la terre du comte à destruction, pourtant que si présomptueuse réponse il avoit fait.

« Or faut-il que je vous dise quelle chose le

[1] Cet apologue paraît avoir été familier aux Orientaux. Le poète persan Firdoussi, ayant à parler, dans son poème épique intitulé Chah-nameh, des conquêtes d'Alexandre, roi de Macédoine, en Asie, sur Darius, s'exprime ainsi : « Dârá (Darius) envoya alors un message au prince grec, par lequel il lui fit présenter une raquette, une paume et *un sac rempli de grains de sésame*. Son intention était de se moquer, par les deux premiers objets, de la jeunesse d'Alexandre, et d'indiquer par le dernier l'armée innombrable avec laquelle il comptait l'attaquer. Alexandre prit dans sa main la raquette et dit : « Ceci est l'image de ma puissance, avec le secours de laquelle je jetterai loin tout comme une paume le pouvoir de Dârá. » Puis, faisant apporter une poule, il ajouta qu'elle allait montrer ce que deviendrait la nombreuse armée du Chah : la poule, en effet, mangea les grains ; et le prince grec envoya, en outre, une coloquinte à son ennemi, pour lui indiquer l'amertume du sort qui l'attendait.

comte de Nazarat fit. Il, qui se sentoit tout défié de l'Amorath-Bakin, et bien savoit que hastément il auroit autres nouvelles de lui, se pourvéy grandement sur ce, et escripsit et manda tantôt autour de lui à tous chevaliers et écuyers, et à toutes gens qui étoient de défense et taillés de garder l'entrée et le pas par où l'Amorath et son peuple devoient entrer en Honguerie, et leur manda étroitement que, ces lettres vues, ou les messagers ouïs que devers eux envoyoit, ils se traissent avant, car on n'avoit nul jour ; et étoit l'Amorath à toute sa puissance ès plaines de Hauteloge, et qu'il convenoit aider à garder et défendre sainte chrétienté. Tous obéirent et vinrent devers le comte qui se pourvéoit fort ; et plusieurs y vinrent des nouvelles ouïrent, qui point ne furent mandés, pour aider à exaulser notre foi et détruire les mescréans. Encore fit le comte de Nazarat autre chose, car il fit couper les hauts bois ens ès forêts et ens ès montagnes et coucher tout de travers, parquoi les Turcks ne pussent trouver point de nouvel chemin ni faire ; et s'en vint sur un certain pas, là où il pensoit et bien savoit et convenoit que l'Amorath-Bakin ou ses gens passassent et entrassent en Honguerie, atout bien dix mille hommes Hongrès et bien dix mille arbalêtriers ; et mit sur les deux èles des chemins et des pas plus de deux mille hommes puissans, tous tenans haches et guignies pour couper les bois et clorre les chemins quand il l'ordonneroit.

« Quand tout ce fut fait, il dit à tous ceux qui avec lui étoient : « Seigneurs, sans faute l'Amorath-Bakin viendra, puisqu'il me l'a mandé ; or, soyez tous prud'hommes et aidez à garder ce passage ; car si les Turcks le conquièrent, toute Honguerie est en péril et en aventure d'être perdue. Nous sommes en fort lieu ; un de nous en vaut quatre. Encore nous vaut mieux mourir à honneur, en gardant notre héritage et la foi de Jésus-Christ, que vivre à honte et en servage dessous ces chiens mescréans, quoique l'Amorath soit certes moult vaillant homme et prud'homme en sa loi. » Tous répondirent : « Sire, nous attendrons l'aventure avecques vous ; viennent les Turcks si veulent, nous sommes prêts de les recueillir. »

« Et de toutes ces ordonnances, ni de ce passage garder, ni des hauts bois qui étoient coupés ne savoient rien les Turcks ; car le comte de Nazarat, pour la doutance des espies, et que leurs convenans ne fussent révélés et sçus devers l'Amorath-Bakin, avoit mis certaines gens sur les passages, ens ès quels il se confioit autant comme en lui-même, qui bien gardoient de jour et de nuit que nul n'allât devers les Turcks.

« L'Amorath-Bakin ne mit pas en oubli son emprise; mais dit que il envoieroit voir et visiter à son grand dommage et destruction la terre au comte de Nazarat, car il ne vouloit pas que il fût trouvé en bourde de ce que il avoit promis. Il prit environ soixante mille hommes des siens, car il en avoit bien deux cent mille sur les champs, et leur bailla quatre capitaines de sa loi et de son hôtel; le duc Mansion de Meke[1], le garde de Damiette, Aphalory de Samarie et le prince de Cordes, fils à l'Amustant de Cordes, qui s'appeloit Brahin; et leur dit ainsi au départir : « Allez-vous-en à tous vos gens, ceux que je vous ai délivrés, c'est à savoir les dessus nommés; c'est assez pour ouvrir le passage de Honguerie; et entrez en la terre du comte de Nazarat, et la détruisez toute. Si très tôt, comme je saurai que vous y serez logés, je vous irai voir à tout le demeurant de mon peuple : je vueil toute Honguerie mettre en ma subjection et puis le royaume d'Allemagne. Il m'est destiné : si disent les sorts de mon pays et les devins d'Égypte, que je dois être sire et roi de tout le monde. Et le lieu où je irois le plus volontiers ce seroit à Rome, car elle est anciennement de notre héritage; et nos prédécesseurs l'ont conquise et gouvernée plusieurs fois, et là vueil-je porter couronne. Et menerai le calipse de Baudes[2] et le Cakem de Tartarie, et le soudan de Babylone, qui m'y couronneront. »

« Ceux répondirent, qui étoient à genoux devant l'Amorath, que ils accompliroient son désir. Et se départirent de lui atout soixante mille Turcks, entre lesquels il en y avoit vingt mille, de tous les plus aidables, les plus preux, les plus armerets de toute Turquie, et ceux menoient l'avant-garde.

« Tant exploitèrent ceux que ils vinrent entre les montagnes de Nazarat; et ne trouvèrent en l'entrée des pas nul empêchement; et se boutèrent ceux de l'avant-garde dedans; et les conduisoient le duc de Meke et le duc de Damiette; et passa celle avant-garde toute l'embûche du comte de Nazarat, et encore des autres grand'foison. Quand le comte et les Hongueriens virent qu'ils en avoient leur charge, ils firent ouvriers entrer en œuvre et abattre bois et gros sapins de travers les pas, et empêchèrent si les détroits que tout fut clos; ni il n'étoit pas en puissance d'homme de point aller avant. Là y ot enclos bien trentre mille Turcks qui furent des Hongrès assaillis et traits des deux parts des bois. Là furent-ils tellement menés que tous y demeurèrent ni oncques un tout seul n'en fut sauvé; et y furent occis les deux ducs. Bien en y avoit aucuns qui se cuidoient sauver pour entrer ens ès bois; mais non firent, car ils furent chassés et versés et morts, ni oncques Turck ne se sauva. Or retournèrent ceux de l'arrière-garde qui ne purent passer, pour le grand empêchement des bois que on leur avoit coupés au devant, et recordèrent à l'Amorath le grand meschef qui étoit avenu à ses gens. L'Amorath de ces nouvelles fut moult pensieuf, et appela son conseil pour savoir quelle chose étoit bonne à faire, car il avoit perdu la fleur de sa chevalerie.

« Par celle déconfiture, dit le roi d'Arménie au roi de France et à ses oncles qui là étoient, et aucuns hauts barons de France qui volontiers l'ouoient parler, fut l'Amorath-Bakin grandement retardé de faire ses emprises, et a toujours depuis trop grandement douté les Chrétiens; car en devant, il ne les connoissoit ni n'avoit eu point de guerre à eux, fors au soudan et à l'amiral[1] de Meke et au Cakem de Tartarie et au roi de Tarse, desquels il est aussi tout souverain; ni il n'y a si puissant roi jusques en Inde qui l'ose courroucer. Il a depuis bien mandé au comte de Nazarat que, sur sauf conduit, il le vienne voir; et dit que il le verroit plus volontiers que nul seigneur du monde; et en recorde grand bien, pourtant que si brièvement se pourvéy de conseil et de confort et le montra de fait; et dit bien l'Amorath que il est moult vaillant homme; et le cuide et le tient encore pour plus vaillant homme assez que il ne soit. On a bien conseillé au comte de Nazarat que il le voise voir et que bien il se pût assurer sur

---

[1] Tous ces noms sont si défigurés qu'il m'est impossible de les recounaître.
[2] D'autres manuscrits disent le Galifu de Baudas. Il est évident qu'on a voulu désigner par-là le calife de Bagdad; mais à cette époque il n'y avait plus de califes de Bagdad.

[1] L'émir de la Mekke.

son sauf conduit et que pour rien il ne l'enfreindroit. « Je le crois bien, dit le comte, mais jà ne me verra. Quelle chose aurois-je gagné si il m'avoit vu, ni moi lui? » Et plus s'excuse le comte, et plus a grand désir l'Amorath de lui voir. Ainsi se tient l'Amorath-Baquin sur les frontières du royaume de Honguerie, et subtille nuit et jour comment il y peut à puissance entrer pour soumettre le roi et les seigneurs voisins; mais il perd sa peine, car les entrées de Honguerie sont trop fortes, si ce n'est au droit chemin de Constantinoble, mais de celle part il n'y fait pas si dur ni si fort entrer comme il fait devers les hauts bois. Et si les hauts bois de Honguerie étoient passés par fortune ou par aventure ou par povre garde, on seroit seigneur de la greigneur partie du pays. »

Moult volontiers fut le roi d'Arménie ouï de toutes ses paroles, car elles étoient, tant comme aux seigneurs auxquels il les remontroit, nouvelles, et nature est encline grandement en l'homme à ouïr nouvelles choses. Le roi de France et son conseil eurent grand'pitié de lui, pourtant que il étoit là venu, de si loin pays que de l'un des corps de Grèce quérir confort et conseil; et pour ce aussi que il étoit roi et l'avoit-on bouté hors de son royaume et n'avoit à présent de quoi vivre ni tenir son état, ce montroit-il bien par ses complaintes. Si dit le roi de France, comme jone que il étoit pour ces jours : « Nous voulons de fait que le roi d'Arménie, qui nous est venu voir en instance d'amour et de bien, de si lointain pays comme de Grèce, que il soit du nôtre tellement aidé et conforté que il ait son état grand et ordonné ainsi comme il appartient à lui qui roi est, si comme nous sommes; et quand nous pourrons, de gens d'armes et de voyage nous le conforterons et aiderons à recouvrer son héritage. Nous en avons bonne volonté, car nous sommes tenus de exaulser la foi chrétienne. »

La parole du roi de France fut bien ouïe et entendue; ce fut raison : nul n'y contredit; mais furent ses oncles et le conseil du roi tout désirant de l'accomplir et outre. Si fut regardé que le roi d'Arménie, pour tenir un état moyen, seroit assené de une rente et revenue par an sus la chambre des comptes, et bien payé de mois en mois, et de terme en terme. Si fut assigné le dit roi d'Arménie de six mille francs par an, et en ot cinq mille prestement, pour lui étoffer de chambre et de vaisselles et de autres menues nécessités, et lui fut délivré l'hôtel de Saint-Audoin [1] de-lez Saint-Denis pour là demeurer et ses gens et tenir son état.

Celle recoûvrance ot le roi d'Arménie du roi de France de premier, et toujours en accroissant; on ne l'y amenrit point, mais accrut; et étoit à la fois de-lez le roi et par espécial aux solemnités.

CHAPITRE XXVII.

Comment le pape Urbain et le pape Clément eurent discussion ensemble et comment les rois de chrétienté furent différens à l'élection pour les guerres d'entre eux.

En ce temps vint messire Ostes de Bresvich [2] en Avignon, voir le pape Clément et pour avoir finance et argent, car il avoit fait guerre pour lui et pour l'église aux Romains et à Berthelemieu des Aigles qui s'escripsoit et nommoit pape Urbain VI, si comme vous savez, et comme il est contenu ci-dessus en notre histoire. Et remontra le dit messire Ostes de Bresvich plusieurs choses au pape et aux cardinaux, desquelles il fut bien cru et ouï, mais de finance il ne put avoir, car la chambre étoit si vide d'or et d'argent, que les cardinaux ne pouvoient avoir leurs gages que on leur devoit de leurs chapeaux. Si convint messire Ostes de Bresvich partir mal content d'eux. On le délivra d'Avignon, et pour r'aller il ot mille francs dont il ne fit compte. Par ce point fut la guerre du pape Clément plus laide, car oncques puis messire Ostes ne s'en voult ensoigner. Aussi Marguerite de Duras [3] qui se tenoit à Gayette et qui étoit adversaire à la roine de Naples, la femme qui fut au roi Louis et duc d'Anjou, le manda pour aider à faire sa guerre contre les Néapolitains. Si se dissimula un temps le dit messire Ostes, et ne savoit lequel faire. Aucuns de son conseil lui boutoient en l'oreille que il se tînt de-lez Marguerite de Duras qui étoit héritière de Naples et de Sicile [4], et lui aidât à défendre et garder son héritage et la prensist

---

[1] Saint-Ouen. L'ancien château appelé la *Noble Maison*, où s'était tenu le chapitre de l'ordre de l'Étoile.

[2] Othon de Brunswick était le quatrième mari de la reine Jeanne Ire de Naples.

[3] Marguerite, fille de Charles Ier, duc de Duras, avait épousé, en 1368, son cousin Charles de Duras, roi de Naples, compétiteur de Louis, duc d'Anjou.

[4] Marguerite n'était pas héritière, mais régente du royaume, pendant la minorité de son fils Ladislas.

à femme, car elle le vouloit bien avoir à mari, pourtant que il est de noble sang et de haute extraction ; et se fesist roi et sire des pays dont elle se clamoit dame. Et les autres lui conseilloient que non, et que il en pourroit bien prendre un mauvais coron ; car les enfans du roi Louis, qui avoit été couronné en la cité de Bar, étoient jeunes et avoient grand'foison de bons amis et de prochains, et par espécial le roi de France, leur cousin germain, qui les vouloit aider, et leur dame de mère la roine Jeanne, duchesse d'Anjou et du Maine, laquelle étoit de grand pourchas. Toutes ces doutes lui remettoient aucuns de son conseil au devant. Pourquoi messire Ostès se abstreignit et dissimula par un temps, et ne obtenoit ni l'une partie ni l'autre.

En ce temps avoient enclos en la cité de Péruse celui qui s'escripsoit pape Urbain les souldoyers du pape Clément qui se tenoient en Avignon, le sire de Monteroie, un moult vaillant chevalier de la comté de Genieuve et de Savoie, et messire Thalebart, un chevalier de Rodes, et messire Bernard de la Salle ; et fut là moult abstreint le dit pape, et près sur le point d'être pris ; et ne tint que à vingt mille francs, si comme je fus adonc informé, que un capitaine allemand, tenant grands routes, qui s'appeloit le comte Conrad, l'eût délivré ès mains des gens le pape Clément, si il les eût eus. Donc messire Bernard de la Salle en fut envoyé en Avignon, et démontra tout ce au pape et aux cardinaux ; mais on n'y put entendre tant qu'à délivrer la finance, car la cour étoit si povre que point d'argent n'y avoit. Et retourna messire Bernard mal content au siége de Peruse. Si se dissimulèrent et refreignirent les choses, et les Pérusiens aussi, et cil comte Conrad, et aussi Urbain de ce péril ; et s'en vint à Rome, et là se tint.

Bien sais que au temps avenir on s'émerveillera de telles choses, ni comment l'église put cheoir en tel trouble, ni si longuement demeurer ; mais ce fut une plaie envoyée de Dieu pour aviser et exemplier le clergé du grand état et des grands superfluités que ils tenoient et faisoient ; combien que les plusieurs n'en faisoient compte, car ils étoient si aveuglés d'orgueil et d'outre-cuidance que chacun vouloit surmonter ou ressembler son plus grand. Et pour ce alloient les choses mauvaisement. Et si notre foi n'eût été si fort confirmée au humain genre, et la grâce du Saint-Esprit qui r'enluminoit les cœurs desvoiés et les tenoit fermes en une unité, elle eût branlé et croulé ; mais les grands seigneurs terriens, de qui le bien de commencement vient à l'église, n'en faisoient encore que rire et jouer au temps que je escripsis et chroniquai ces chroniques l'an de grâce mil trois cent quatre vingt dix.

Donc moult de peuple commun s'émerveilloient comment si grands seigneurs, tels que le roi de France, le roi d'Allemagne et les rois et les princes chrétiens, n'y pourvéoient de remède et de conseil. Or, y a un point raisonnable pour apaiser les peuples et excuser les hauts princes, rois, ducs et comtes, et tous seigneurs terriens. Et exemple : néant plus que le my-œuf[1] de l'œuf ne peut sans la glaire, ni la glaire sans le mi-œuf, néant plus ne peuvent les seigneurs et le clergé l'un sans l'autre ; car les seigneurs sont gouvernés par le clergé, ni ils ne se sauroient vivre, et seroient comme bêtes, si le clergé n'étoit ; et le clergé conseille et enorte les seigneurs à faire ce que ils font.

Et vous dis acertes que, pour faire ces chroniques, je fus en mon temps moult par le monde, tant pour ma plaisance accomplir et voir les merveilles de ce monde, comme pour enquérir les aventures et les armes, lesquelles sont escriptes en ce livre. Si ai pu voir, apprendre et retenir de moult d'états ; mais vraiment, le terme que j'ai couru par le monde, je n'ai vu nul haut seigneur qui n'eût son marmouset[2], ou de clergé, ou de garçons montés par leurs gengles et par leurs bourdes en honneurs, excepté le comte de Foix ; mais cil n'en ot oncques nuls, car il étoit sage naturellement ; si valoit son sens plus que nul autre sens que on lui pût donner. Je ne dis mie que les seigneurs qui usent par leurs marmousets soient fous, mais ils sont plus que fous, car ils sont tous aveugles et si ont deux yeux.

Quand la connoissance vint premièrement au roi Charles de France de bonne mémoire du différend de ces papes, il se cessa et s'en mit sur son clergé. Les clercs de France en déterminèrent, et prindrent le pape Clément pour la plus saine partie. A l'opinion du roi de France s'accordèrent et tinrent le roi de Castille et le roi

---

[1] Le my-œuf, moyœuf ou moyeu de l'œuf, ou le jaune d'œuf. — [2] Favori.

d'Escosse, pour la cause de ce que pour le temps que ce scisme vint en l'église, France, Castille et Escosse étoient conjoints ensemble par alliance ; car le royaume d'Angleterre leur étoit adversaire. Le roi d'Angleterre et le roi de Portingal furent contraires à l'opinion des royaumes dessus dits, car pareillement ils étoient conjoints ensemble ; si vouloient tenir l'opinion contraire de leurs ennemis. Le comte de Flandre en détermina tantôt, si comme il est contenu ci-dessus en celle histoire ; car son courage ne s'inclina oncques à Clément qu'il fût droit pape, pour la cause de ce que Clément fut à la première élection à Rome de l'archevêque de Bar et cardinal de Gennève, que il s'appeloit, et escripsist au comte de Flandre que ils avoient pape élu par bonne et due élection, lequel on nommoit Urbain. Si que, tout comme il vesquit, il tint celle opinion. Et autant le roi d'Allemagne et tout l'empire ; et aussi Honguerie.

Donc en escripsant de ces états et différends que de mon temps je véois au monde et en l'église qui ainsi branloit, et des seigneurs terriens qui se souffroient et dissimuloient, il me alla souvenir et revint en remembrance comment, de mon jeune temps, le pape Innocent régnant en Avignon[1], l'on tenoit en prison un frère mineur durement grand clerc, lequel s'appeloit frère Jean de Roche Taillade. Cil clerc, si comme on disoit lors, et que j'en ouïs parler en plusieurs lieux, en privé non en public, avoit mis hors et mettoit plusieurs autorités et grands et notables, et par espécial des incidences fortuneuses qui advinrent de son temps et sont encore avenues depuis au royaume de France, et de la prise du roi Jean. Il parla moult bien, et montra aucunes voies raisonnables, que l'église auroit encore moult à souffrir pour les grands superfluités que il véoit et qui étoient entre ceux qui le bâton du gouvernement avoient. Et pour le temps de lors que je le vis tenir en prison, on me dit une fois au palais du pape en Avignon un exemple que avoit fait au cardinal d'Ostie que on disoit d'Arras et au cardinal d'Aucerre qui l'étoient allé voir et arguer de ses paroles. Donc, entre les défenses et raisons que il mettoit en ses paroles, il leur fit un exemple par telle manière comment vous orrez ci ensuivant, et ve-le-ci.

[1] Innocent VI, pape de 1352 à 1362.

Ce dit frère Jean de Roche Taillade :

« Il fut une fois un oiseau qui naquit et apparut au monde sans plumes. Les autres oiseaux, quand ils le sçurent, l'allèrent voir, pourtant qu'il étoit si bel et si plaisant en regard. Si imaginèrent sur lui et se conseillèrent quelle chose ils en feroient ; car sans plume il ne pouvoit voler. Et sans voler il ne pouvoit vivre. Donc dirent-ils que ils vouloient que il vesquisist, car il étoit trop durement bel. Adonc n'y ot là oisel qui ne lui donnât de ses plumes ; et plus étoient gentils et plus lui en donnoient ; et tant que cil bel oisel fut tout empenné et commença à voler. Et encore en volant prenoient tous les oiseaux, qui de leurs plumes lui avoient donné, grand'plaisance. Cil bel oiseau, quand il se vit si au-dessus de plumage, et que tous oiseaux l'honoroient, il se commença à enorgueillir, et ne fit compte de ceux qui fait l'avoient, mais les bequoit et poignoit et contrarioit. Les oiseaux se mistrent ensemble et parlèrent de cel oisel, que ils avoient empenné et cru ; et demandèrent l'un à l'autre quel chose en étoit bon à faire, car ils lui avoient tant donné du leur que ils l'avoient si engrandi et enorgueilli qu'il ne faisoit compte d'eux. Adonc répondit le paon : « Il est trop grandement embelli de mon plumage, je reprendrai mes plumes. » — « En nom Dieu ! dit le faucon, aussi ferai-je les miennes. » Et tous les autres oiseaux aussi en suivant, chacun dit que il reprendroit ce que donné lui avoit ; et lui commencèrent à retollir et à ôter son plumage. Quand il vit ce, si s'humilia grandement et reconnut or primes que le bien et l'honneur que il avoit, et le beau plumage, ne lui venoit point de lui, car il étoit né au monde nu et povre de plumage, et bien lui pouvoient ôter ses plumes, ceux qui donné lui avoient, quand ils vouloient. Adonc leur cria-t-il merci, et leur dit que il s'amenderoit, et que plus par orgueil ni par bobant il n'ouvreroit. Encore de rechef les gentils oisels qui emplumé l'avoient en orent pitié quand ils le virent humilier, et lui rendirent plumes ceux qui ôtées lui avoient, et lui distrent aurendre : « Nous te véons volontiers entre nous voler, tant que par humilité tu veuilles ouvrer, car moult bien y affiert ; mais saches, si tu t'en orgueillis plus, nous te ôterons tout ton plumage et te mettrons au point où nous te trouvâmes. »

« Ainsi, beaux seigneurs, disoit frère Jean aux

cardinaux qui étoient en sa présence, vous en avenra ; car l'empereur de Rome et d'Allemagne, et les rois chrétiens, et les hauts princes terriens, vous ont donné les biens et les possessions et les richesses pour servir Dieu, et vous les dispensez et aliénez en orgueil, en bobant, en pompes et en superfluités. Que ne lisez-vous la vie de saint Sylvestre, pape de Rome, premier après saint Pierre [1] ? Et imaginez et considérez en vous justement, comment Constantin lui donna premièrement les dîmes de l'église et sur quelle condition ? Sylvestre ne chevauchoit point à deux cents ni à trois cents chevaux parmi le monde ; mais se tenoit simplement et closement à Rome, et vivoit sobrement avecques ceux de l'église, quand l'ange, par la grâce de Dieu, lui annonça comment l'empereur Constantin, qui étoit mescréant et incrédule, l'envoieroit quérir ; car il lui étoit aussi révélé par l'ange de Dieu que Sylvestre lui devoit montrer la voie de sa guérison, car il étoit si malade de mesellerie que il chéoit tout par pièces [2]. Et quand il fut devant lui, il lui montra la voie de baptême et le baptisa [3], et il fut guéri. Donc l'empereur Constantin, pour celle grâce et vertu que Dieu lui fit, il crut en Dieu et fit croire tout son empire, et donna à Sylvestre et à l'église toutes les dîmes ; car au devant ce, les empereurs de Rome les tenoient ; et lui donna encore plusieurs beaux dons et grandes seigneuries, en augmentant notre foi et l'église. Mais ce fut son intention que ces biens et et seigneuries on les gouverneroit justement, en humilité et non pas en orgueil, ni en bobant, ni en présomption. Mais on en fait à présent tout le contraire : pourquoi Dieu s'en courroucera une fois si grandement sur ceux qui sont et qui au temps avenir viendront, que les nobles qui se sont élargis de donner les rentes, les terres et les seigneuries que ceux de l'église tiennent, s'en refroidiront de donner avant, et retouldront espoir ce que donné ont ; et si ne demeurera point longuement. »

Ainsi frère Jean de Roche Taillade, que les cardinaux pour ce temps faisoient tenir en prison en Avignon, démontroit ces paroles, et exemploit ceux qui entendre y vouloient ; et tant que moult souvent les cardinaux en étoient tous ébahis ; et volontiers l'eussent condempné à mort, si nulle juste cause pussent avoir trouvée en lui, mais nulle n'en y véoient ni trouvoient ; si le laissèrent vivre tant qu'il put durer. Et ne l'osoient mettre hors prison, car il proposoit ses choses si profond, et alléguoit tant de hautes escriptures que espoir eût-il fait le monde errer. Toutes voies a-t-on vu avenir, ce disent les aucuns, qui ont mieux pris garde à ses paroles que je n'ai, moult des choses que il mit avant et qu'il escript en prison ; et tout vouloit prouver par l'Apocalypse. Les preuves véritables dont il s'armoit le sauvèrent de non être ars plusieurs fois ; et aussi il y avoit aucuns cardinaux qui en avoient pitié et ne le grévoient pas du plus que ils pouvoient [1].

Nous nous souffrirons à parler de toutes telles ennarrations et retournerons à notre principale matière et histoire d'Espaigne et de Portingal, aussi de France et d'Angleterre, et recorderons des aventures et avenues qui y vinrent en celle saison, lesquelles ne sont pas à oublier.

CHAPITRE XXVIII.

Comment ceux de Lussebonne, qui tenoient la partie du roi de Portingal, envahirent moult grandement ceux de Castille, pour les outrageuses paroles que ceux de Castille leur disoient.

Vous avez bien ci-dessus ouï recorder comment le roi Jean, fils au roi Dam Piètre de Portingal, qui fut moult vaillant homme et frère bâtard au roi Dam Ferrant, étoit entré en la possession et héritage du royaume de Portingal, par le fait et enhardissement seulement de quatre cités et villes de Portingal ; car on n'en doit pas demander ni encoulper les nobles et les chevaliers du royaume de Portingal, car de commencement ils se acquittèrent loyaument envers le roi Damp Jean de Castille et sa femme madame Biétrice, si comme je vous déterminerai et éclaircirai brièvement. Et quoique plusieurs tinssent l'opinion de celle dame, si la nommoient les au-

---

[1] Sylvestre était le trente-deuxième pape, en comptant saint Pierre. Il occupa le trône pontifical de 314 à 336.

[2] Cette tradition est différente de la tradition commune qui attribue la conversion de Constantin à l'apparition de la croix lumineuse placée depuis sur le Labarum.

[3] Ce ne fut pas sous le pontificat de Sylvestre, mais sous celui de son prédécesseur Miltiade ou Melchiade qu'eut lieu en 312 la conversion de Constantin au christianisme.

[1] Les querelles des papes avec les empereurs et avec Philippe-le-Bel, et le scandale de leurs divisions avaient diminué l'autorité des papes, et l'esprit de la réforme, qu'on avait cherché à étouffer dans les buchers au siècle précédent, commençait à se faire jour dans toute l'Europe

tres bâtarde, et plus que bâtarde, car elle fut fille d'une dame de Portingal[1], laquelle avoit encore son mari vivant, un chevalier du pays de Portingal, que on appeloit messire Jean Lorens de Coingne. Et lui avoit le roi de Portingal tollu sa femme. Bien est vérité que madame Éléonor de Coingne il avoit à épouse, et le chevalier bouté hors du pays de Portingal; lequel s'en étoit allé demeurer avecques le roi de Castille; ni il ne s'osoit tenir en Portingal, combien que de haut parage il y fut, pour la doutance du roi qui tenoit sa femme. Ce sont bien choses à émerveiller; car le roi Ferrant de Portingal tenoit sa fille à légitimée et l'avoit faite dispenser du pape Urbain de Rome sixième; et quand la paix fut faite des deux rois de Castille et de Portingal, et que un chevalier de Portingal, qui s'appeloit messire Jean Ferrant Andere, lequel étoit tout le cœur et le conseil du roi de Portingal, traita la paix, il fit le mariage de la fille du roi Ferrant au roi Jean de Castille, qui lors étoit vesve de la fille le roi Dam Pètre d'Arragon; combien que le roi de Castille et son conseil avoient, au mariage faire, bien mis avant toutes ces doutes de la fille non être héritière de Portingal; mais le roi de Portingal, pour assurer le roi de Castille, l'avoit fait jurer aux plusieurs hauts nobles de Portingal que, après son décès, ils la tenroient à dame; et retourneroit le royaume de Portingal au roi de Castille[2]. Et avoit fait le roi de Portingal obliger les bonnes villes envers le roi de Castille à tenir à roi, en la somme et peine de deux cent mille francs de France. Et combien que le dessus dit chevalier, Jean Ferrant Andere, se fût embesogné, en espèce de bien, pour mettre paix et concorde entre Castille et Portingal, et pour le désirer et plaisance de son seigneur accomplir, si en fut-il mort et occis de ceux de Lussebonne de la communauté qui eslisirent le maître de Vis à roi, et le vouldrent avoir de force; car ils disoient que, pour retourner en Portingal ce que dessous dessus, ils ne seroient jà en la subjection du roi de Castille ni des Cateloings, tant les héent-ils; ni oncques ne les pourroient aimer, ni les Casteloings eux. Et disoient les Lussebonnois, qui furent principalement émouvement de celle guerre, que la couronne de Portingal ne pouvoit venir à femme; et que la roine de Castille n'en étoit pas héritière, car elle étoit bâtarde, et plus que bâtarde; car le roi Ferrant vivant et mort, encore vivoit Jean Ferrant de Coingnes[1], mari à sa dame de mère. Et pour ce élurent-ils à roi le maître de Vis, et le couronnèrent. Et demeurèrent avecques lui de commencement quatre cités et bonnes villes, c'est à entendre : Lussebonne, Evre, Connimbres et le Port de Portingal, et aussi plusieurs hauts barons et chevaliers de Portingal qui vouloient avoir un roi et un seigneur avecques eux et qui véoient la grand'volonté que les communautés des pays avoient à ce maître de Vis. Et une des incidences qui plus émut les communautés premièrement de Portingal à non être en la grâce et subjection du roi de Castille, je le vous dirai.

Les Espaignols que je nomme Casteloings, quand fut fait l'alliance de Castille et de Portingal, et que le roi Ferrant eut enconvenancé le royaume de Portingal à venir après son décès au roi Jean de Castille, et que les Espaignols trouvoient les Portingalois, ils se gaboient d'eux et disoient : « O gens de Portingal, veuilliez ou non, vous retournerez en notre danger; nous vous tenrons en subjection et en servage, et vous enseignerons si comme esclaves et juifs, et ferons de vous notre volonté. » Les Portingalois disoient et répondoient : que jà n'aviendroit ni que jà ne seroient en subjection de nul homme du monde fors que de eux. Et pour celle cause et ces paroles reprochables des Espaignols, prindrent-ils ce maître de Vis, frère bâtard du roi Ferrant et fils du roi Pètre de Portingal.

Tant que le roi Ferrant vesqui, il ne fit compte de ce bâtard, et n'eût jamais cuidé ni supposé que les communautés de son royaume, lui mort, l'eussent élu et pris à roi et laissé sa fille : mais si firent. Et bien l'avoit dit au roi Ferrant Jean Ferrant Andere, son chevalier, que les communautés avoient grandement sa grâce sur lui et que il seroit bon mort; mais le roi Ferrant avoit répondu : que les communautés n'avoient nulle puissance sur les nobles de son pays, et que le

---

[1] Dona Léonor Telles, fille de Martino Affonso Tello et femme de Joam Lourenço da Cunha.
[2] Ce traité fut fait par l'entremise de D. Juan Garcia Manrique, archevêque de Santiago et chancelier de Castille.

[1] Joam Lourenço da Cunha.

roi son fils, Damp Jean de Castille, étoit trop puissant roi pour eux contraindre et châtier, si rebellion avoit en Portingal après sa mort; et que nulle conscience il n'avoit de lui faire mourir ni emprisonner, car son frère étoit homme de religion, et avoit bien sa chevance et grandement, sans penser à la couronne de Portingal. Et pour ce étoit-il demeuré en vie.

A parler par raison et considérer tous les articles et points dessus dits, qui sont tous véritables, car moi, auteur, en ai été suffisamment informé par les nobles du royaume de Portingal, ce sont bien choses à émerveiller de prendre et faire un bâtard roi; mais ils n'y trouvoient nul plus prochain. Et disoient les Portingalois, et encore disent, que la roine de Castille, madame Bietris, fille à madame Alienor de Coingne, est bâtarde et plus que bâtarde par les conditions dessus dites, ni que jà ne sera roine de Portingal, ni hoir qui descende de li. Et celle opinion mit bien avant le comte de Foix à ses gens, quand il les ot mandés à Ortais, et il leur donna à dîner, et ils prindrent congé à lui, car de toutes ces besognes de Portingal et de Castille il étoit suffisamment informé. Et leur avoit dit : « Seigneurs, demeurez; vous ne vous avez que faire d'embesogner de la guerre de Castille et de Portingal. Car sachez par vérité, que le roi de Portingal ni la roine de Castille, qui fut fille du roi Ferrant de Portingal, n'ont nul droit à la couronne de Portingal; et est une guerre commencée par estourdie et ennemie chose; si vous en pourroit bien mésavenir, et ceux qui s'en embesogneront. » Ses gens avoient répondu que, puisqu'ils avoient reçu et pris l'argent d'un autel seigneur comme le roi Jean de Castille, ils l'iroient servir et desservir. Le comte de Foix les laissa atant ester; mais tous ou partie y demeurèrent, si comme vous avez dessus ouï.

Or retournons aux besognes de Portingal; car elles ne font pas à laisser, pour les grands faits d'armes et entreprises qui en sont issus, et pour historier et croniser toutes choses advenues, afin que au temps à venir on les trouve escriptes et enregistrées; car, si elles mouroient, ce seroit dommage. Et par les clercs qui anciennement ont escript et enregistré les histoires et les livres, les choses sont sçues, car il n'est si grand ni si beau mémoire comme est d'escripture. Et véritablement je vous dis, et veuil bien que ceux qui viendront après moi sachent que, pour savoir la vérité de celle histoire et enquerre justement de tout, en mon temps j'en os beaucoup de peine, et cerchai moult de pays et de royaumes pour le savoir; et en mon temps congnus moult de vaillans hommes, et vis en ma présence, tant de France comme d'Angleterre, d'Escosse, de Castille et de Portingal et des autres terres, duchés et comtés, qui se sont conjoints, eux et leurs gens, en ces guerres, auxquels j'en parlai et par lesquels je m'informai, et volontiers. Ni aucunement je n'eusse point passé une enquête faite de quelque pays que ce fût, sans ce que je eusse, depuis l'enquête faite, bien sçu que elle eût été véritable et notable. Et pourtant que, quand je fus en Berne devers le gentil comte Gaston de Foix, je fus informé de plusieurs besognes, lesquelles étoient advenues entre Castille et Portingal, et je fus retourné au pays de ma nation, en la comté de Hainaut et en la ville de Valenciennes, et jé m'y fus rafreschi un terme, et plaisance me prit à ouvrer et à poursuivire l'histoire que j'avois commencée, je me advisai par imagination que justement ne le pouvois pas faire, pour avoir singulièrement les parties de ceux qui tiennent et soutiennent l'opinion du roi de Castille; et me convenoit donc, si justement voulois ouvrer, ouïr autant bien parler les Portingalois, comme je avois fait les Gascons et Espaignols, en l'hôtel de Foix et sur le chemin allant et retournant. Si ne ressoignai pas la peine ni le travail de mon corps, mais m'en vins à Bruges en Flandre pour trouver les Portingalois et Lussebonnois, car toujours en y a grand'planté. Or, regardez comment je fis, si c'est de bonne aventure : il me fut dit, et je le trouvai bien en voir, que si je y eusse visé sept ans, je ne pouvois mieux venir à point à Bruges que je fis lors; car on me dit, si je voulois aller à Melles-de-Bourch en Zélande, je trouverois là un chevalier de Portingal, vaillant et sage homme, et du conseil du roi de Portingal, qui nouvellement étoit là arrivé; et par vaillance il vouloit aller, et tout par mer, en Prusse. Cil me diroit et parleroit justement des besognes de Portingal, car il avoit été à toutes et par toutes. Ces nouvelles me réjouirent; et me partis de Bruges, avec un Portingalois en ma compagnie qui connoissoit bien le chevalier; et m'en vins à l'Escluse; et là montai en mer; et fis tant, par la grâce de Dieu, que je arrivai à Melles-de-Bourch; si m'acointa l'homme qui étoit avecques moi du chevalier cy dessus nommé, lequel je trouvai gracieux, sage et honorable, courtois et accointable; et fus delez lui six jours ou environ, et tant comme il me plut à y être environ le jour, car il gissoit là par défaut de vent.

Cil m'acointa et informa de toutes les besognes advenues entre le royaume de Castille et le royaume de Portingal, depuis la mort du roi Ferrant jusques au jour qu'il étoit issu hors du dit royaume; et si doucement et si arréement le me contoit, et tant volontiers, que je prenois grand'plaisance à l'ouïr et à l'escripre. Et quand je fus informé de tout ce que je voulois savoir, et vent fut venu, il prit congé à moi et entra en une carraque, grande et forte assez pour aller par mer par tout le monde, et pris congé à lui dedans le vaissel. Aussi firent plusieurs riches marchands de son pays qui l'étoient venu voir de Bruges, et les bonnes gens de Melle-de-Bourch. En sa compagnie étoit le fils du comte Novaire [1] de Portingal, et plusieurs chevaliers et écuyers du dit royaume, mais on lui faisoit honneur dessus tous; et certainement, à ce que je pus voir et imaginer de son état, de son corps et de son affaire, il le valoit, car bien avoit forme, taille et encontre de vaillant et de noble homme. Or retournai depuis à Bruges et en mon pays: si ouvrai sur les paroles et relations faites du gentil chevalier, messire Jean Ferrant Perceck [2], et chroniquai tout ce que de Portingal et de Castille est advenu jusques à l'an de grâce mille trois cent quatre vingt et dix.

CHAPITRE XXIX.

Comment ceux de Portingal envoyèrent messages en Angleterre pour dire et noncier les nouvelles de leur pays au roi et aux grands seigneurs d'Angleterre.

Or, dit le conte, que après ce que le roi Jean de Portingal ot déconfit en bataille le roi Jean de Castille au champ de Juberot, près de l'abbaye que on dit au pays à l'Acabasse [3], où tant de nobles gens chevaliers et escuyers du royaume de France et de Gascogne et du royaume de Castille furent morts, et que le roi Jean de Portingal, pour celle belle et victorieuse journée, fut moult élevé, redouté et honoré des Portingalois, et qu'il fut reçu en la cité de Lussebonne, à son retour de la bataille, à grand'gloire de tout le peuple et à grand triomphe, la couronne de laurier au chef, si comme anciennement souloient les rois faire, quand ils victorioient et vainquoient ou desconfisoient un roi en bataille; et en ot la cité de Lussebonne joie et revel, et tenu grand'fête; avant le département des barons et chevaliers qui là étoient, et les consaux des bonnes villes et cités du dit royaume, un parlement fut fait et ajourné; pour avoir consultation et avis des besognes du royaume, et comment à leur honneur ils se pourroient chevir et persévérer, et tenir leur opinion ferme et estable et en honneur. Car, si comme aucuns sages du pays disoient, or à prime venoit le fort de regarder entr'eux et avoir conseil, comment ils se pourroient tellement fortifier contre le roi de Castille et sa puissance que ils demeurassent honorablement en leur victoire, et que toujours ils le pussent multiplier et exaulser.

A ce parlement qui fut à Lussebonne, en l'église cathédrale, que on dit de Saint-Dominique, ot plusieurs paroles proposées et récitées et mises avant, lesquelles ne sont pas toutes à réciter ni à recorder: mais l'arrêt du parlement fut tel, que on envoieroit en Angleterre, devers le duc de Lancastre, qui se clamoit l'héritier du royaume de Castille, de par madame Constance, sa femme, laquelle avoit été fille aînée du roi Damp Piètre; et lui escriproit-on ainsi: que si jamais il vouloit clamer droit au royaume de Castille ni ses besognes remettre sus qui avoient été un long temps en balance et en aventure d'être perdues, il venist en Portingal atout une bonne charge de gens d'armes et d'archers, car il en étoit temps. Lors fut là dit et parlementé par beau langage du comte de Novaire, connétable de Portingal [1]: « Puisque nous sommes d'accord

---

[1] On verra plus tard que le nom de Novaire est mis là pour Nuño Alvarez.
[2] Joam Fernand Pacheco. — [3] Alcobaça.

---

[1] Nuño Alvarez Pereira, qui avait si efficacement contribué à donner le trône à son ami, le grand maître d'Avis, fut nommé par lui connétable de Portugal, aussitôt son avénement à la couronne. Nuño Alvarez est le héros le plus célèbre de l'histoire de Portugal. J'ai entre les mains deux chroniques portugaises, une chronique latine et un poëme épique, consacrés uniquement à célébrer ses exploits. Il maria ses filles à des souverains et se trouva ainsi allié à la plupart des familles royales de l'Europe, et cependant son nom n'est pas même mentionné dans un

d'envoyer en Angleterre, devers le duc de Lancastre, dont nous pensons à être aidés et confortés, et que ce nous est la voie la plus profitable pour donner doute et crainte à nos ennemis. Si regardons et avisons en notre royaume hommes sages et notables qui puissent faire ce message, et tellement informer le duc de Lancastre et son conseil que il vienne en ce pays de grand'volonté, et fort assez pour résister à nos ennemis, avecques l'aide que il aura de nous; car nous devons bien croire et supposer que le roi de Castille se fortifiera grandement du roi de France et des François, car ils ne se savent où employer. Ils ont trieuves aux Anglois jusques à la Saint-Jean-Baptiste, et les Anglois à eux; et encore ont les François bonne paix et ferme aux Flamands, qui moult les ont embesognés et occupés par plusieurs années. »

Là fut la parole du comte de Novaire acceptée; et fut dit qu'il parloit bien et à point, et que on feroit ainsi. Lors furent nommés, par délibération de conseil et arrêt, que le grand maître de Saint-Jacques, du royaume de Portingal, et Laurentien Fougasse [1], un moult sage et discret escuyer, et qui bien et bel savoit parler françois, iroient en ce message en Angleterre; car, à l'avis du conseil du roi de Portingal, on n'y pouvoit envoyer pour le présent gens qui point mieux sauroient faire la besogne. Si furent lettres escriptes et dictées bien et discrètement en bon françois et en latin aussi, lesquelles se devoient adresser au roi d'Angleterre et au duc de Lancastre et à ses frères, les comtes de Cantebruge et de Bouquinghen; et quand ces lettres furent escriptes et grossoyées en latin et en françois, elles furent lues devant le roi et son conseil; si plurent grandement; et lors furent-elles scellées et puis délivrées aux dessus dits, le grand maître de Saint-Jacques et Laurentien Fougasse, qui se chargèrent entr'eux deux de les porter en Angleterre, au plaisir de Dieu, mais que ils pussent passer sauvement les dangers et périls de mer, les fortunes et les rencontres des ennemis et des robeurs, car otretant bien a robeurs en mer et plus que en terre. Si eurent une nef, que on appelle Lin, qui va de tous vents et plus sûrement que nulle autre. Si prindrent un jour congé du roi et à l'archevêque de Bragues et à l'évêque de Connimbres, et au grand conseil de Portingal, et puis vinrent au Port, et entrèrent au vaissel et eskipèrent en mer et singlèrent à pouvoir vers le royaume d'Angleterre; et furent trois jours en mer absens de toute terre, et ne véoient que ciel et eau, et au quart jour ils virent Cornouaille.

Tant exploitèrent les dessus dits, par l'exploit de Dieu et du bon vent, et par les marées que leurs mariniers savoient prendre à point, et tant côtoyèrent Cornouaille et les bandes d'Angleterre, que ils arrivèrent sauvement et sans péril au hâvre de Hantonne et là ancrèrent. Si issirent hors de leur vaissel et s'en allèrent rafreschir en la ville. Là furent bien enquis et examinés du baillif de Hantonne et des gardes de la mer et du hâvre, de quel pays ils étoient, ni de qui ils se rendoient, ni quel part ils alloient. Ils répondirent à toutes ces demandes, et distrent que ils étoient du royaume de Portingal, et là envoyés de par le dit roi et son conseil. A ces paroles furent-ils les bien-venus.

Quand les dessus nommés messagers se furent reposés et rafreschis à Hantonne un jour, et ils eurent pourvus chevaux pour eux et pour leurs gens, et conduiseurs aussi qui les mèneroient vers Londres, car ils ne connoissoient le pays ni les chemins, ils se départirent de Hantonne, et exploitèrent tant que ils vinrent à Londres. Si descendirent en Grecerche [1], à l'hostel au Faucon, sus Thomelin de Wincestre, et renvoyèrent, par les gardes qui amenés les avoient, leurs chevaux arrière.

Si bien leur chéy que le roi d'Angleterre et tous ses oncles étoient à Londres ou à Wesmoustier, dont ils furent moult réjouis; et vinrent à Londres aussi que à heure de tierce. Si y dînèrent; et après dîner ils s'ordonnèrent et prindrent les lettres qui s'adressoient au duc de Lancastre et à la duchesse, et s'en allèrent devers eux.

Quand le duc et la duchesse sçurent qui ils étoient, si en furent grandement réjouis, car ils désiroient à ouïr nouvelles de Portingal : on

---

seul des dictionnaires biographiques imprimés en France, en Allemagne ou en Angleterre.

[1] Rymer (années 1384, 1385, 1386) cite plusieurs actes relatifs à l'envoi de Ferdinand, grand maître de Saint-Jacques, et Laurent-Jean Fogaça, chancelier de Portugal, comme ambassadeurs en Angleterre.

[1] Peut-être Grace-Church.

leur en avoit bien dites aucunes, mais ils n'y ajoutoient point de foi, pourtant que le roi ni nul du pays ne leur avoit point envoyé par lettres. Si entrèrent le grand-maître de Saint-Jacques et Laurentien Fougasse en la chambre du duc de Lancastre, où là étoit la duchesse ; et pour ce que Laurentien savoit bien parler françois, il parla tout premièrement. Et quand il ot fait la révérence au duc et à la duchesse, il bailla au duc les lettres qui venoient de Portingal. Le duc les prit, et bailla à la duchesse celles qui appartenoient à li : si les lisirent chacun et puis les recloirent. Si dit le duc aux messages : « Vous nous soyez en ce pays les bien-venus ; nous irons demain devers le roi et vous ferons toute adresse, car c'est raison. » Adonc trait la duchesse Laurentien à part et lui demanda des nouvelles de Castille et de Portingal et comment on s'y demenoit. Selon ce que la dame parla, Laurentien répondit bien et à point. Adonc fit le duc venir vin et épices ; si burent et prirent congé, et puis retournèrent ce soir à leur hostel.

A lendemain, à heure de prime, tous deux s'en allèrent devers le duc, et le trouvèrent que il avoit ouï sa messe : si entrèrent en une barge et allèrent par la Tamise à Wesmoustier, où le roi étoit, et la greigneur partie du conseil d'Angleterre. Le duc de Lancastre les fit entrer en la chambre du conseil et dit au roi : « Monseigneur, vez-ci le grand-maître de Saint-Jacques de Portingal et un escuyer du roi de Portingal qui vous apportent lettres ; si les voyez. » — « Volontiers, » dit le roi. Adonc s'agenouillèrent devant le roi les deux messages dessus nommés, et Laurentien Fougasse lui bailla les lettres. Le roi les prit, et fit lever ceux qui à genoux étoient, et ouvrit les lettres et les lisit. Aussi baillèrent-ils lettres au comte de Cantebruge et au comte de Bouquinghen. Chacun lust les siennes. Le roi répondit aux messagers moult doucement et leur dit : « Vous soyez les bien-venus en ce pays ; votre venue nous fait grand'joie, et vous ne vous partirez pas si très tôt ni sans réponse qui vous plaira ; et toutes vos besognes recommandez-les à beaux oncles ; ils en soigneront et auront en mémoire. » Ils répondirent, en eux agenouillant et remerciant le roi : « Très cher sire, volontiers. »

Donc se départirent-ils de la chambre de parement et du conseil, et s'en allèrent ébattre parmi le pays en attendant le duc de Lancastre qui demeura jusques à haute nonne. Le parlement fait, le duc de Lancastre emmena avecques lui ses deux frères dîner à son hostel et tous y allèrent en leurs barges par la Tamise.

Le comte de Cantebruge connoissoit assez le grand-maître de Saint-Jacques et Laurentien Fougasse, car il les avoit vus au temps passé en Portingal, pourquoi, à l'hostel du duc, après dîner, il les mit en parole de plusieurs choses, présens ses deux frères, et leur demanda du mariage de Castille et de celle qui devoit être sa fille, madame Biétris, comment il en étoit. A toutes ses paroles répondirent les ambassadeurs sagement et vraiment, tant que les seigneurs s'en contentèrent très grandement.

Voir est que, avant que le grand-maître de Saint-Jacques de Portingal et Laurentien Fougasse fussent venus ni arrivés en Angleterre en ambassaderie, si comme vous pouvez ouïr, le duc de Lancastre et le comte de Cantebruge son frère, pour le fait du royaume de Castille dont ils se tenoient héritiers par la condition et droit de leurs femmes, avoient eu entre eux deux ensemble plusieurs consaulx et parlemens de leurs besognes. Car le comte de Cantebruge, si comme il est ici dessus contenu en celle histoire, s'étoit petitement contenté du roi Ferrant de Portingal et des Portingalois ; car ils avoient logé aux champs quinze jours tout entiers devant les Castelloings, et point ne les avoient le roi Ferrant ni son conseil voulu combattre. Si leur avoit bien dit et montré le comte leur défaut et leur avoit dit : « J'ai en ma compagnie de purs Anglois environ cinq cens lances et mille archers. Sachez, sire roi, et vous barons de Portingal, que nous sommes tous conjoins ensemble de bonne volonté pour combattre nos ennemis et attendre l'aventure telle que Dieu la nous voudra envoyer. » Mais le roi Ferrant dit que il ni ses gens n'avoient point conseil de combattre : pourquoi, quand le comte vit ce, il se partit et emmena Jean son fils hors du royaume de Portingal [1], et quand il fut retourné en Angleterre, cil roi de Portingal s'accorda au roi Jean de Castille et maria sa fille à lui par paix faisant ; et ce traité fit messire

---

[1] Au mois d'octobre 1382.

Jean Ferrant Andère un chevalier de Portingal, car le roi Ferrant n'avoit conseil fors en lui. Si demanda bien le roi à sa fille lequel elle avoit plus cher pour son mari; elle avoit répondu que elle aimoit mieux Jean d'Angleterre que Jean de Castille. Le père lui avoit demandé pourquoi; elle avoit dit, pourtant que Jean étoit beaux enfès et de son âge, afin que elle n'eût le roi de Castille; et bien l'avoit dit au roi Ferrant son père; mais le roi, pour paix avoir aux Espaignols, pourtant que ils lui marchissent de tous côtés, l'avoit là mariée; et à ce mariage faire et au demarier son fils, avoit rendu grand'peine le dit chevalier de Portingal, duquel le comte se tenoit mal content, qui s'appeloit messire Jean Ferrant Andère.

Encore avoit dit le comte au duc de Lancastre son frère que, le roi Ferrant mort, il se doutoit que les communautés du pays de Portingal ne se rebellassent contre celle dame Biétris, car le plus du pays, combien que le roi eût épousé sa mère, madame Alienor de Congne, ne la tenoient pas à légitime, mais à bâtarde; et en murmuroient jà les Portingalois, lui étant au pays; pour celle cause s'étoit-il pris près de ramener son fils.

Le duc de Lancastre, auquel les choses touchoient trop plus grandement de l'héritage de Castille, car il avoit à femme l'ains-née héritière de Castille, que elles ne fissent au comte de Cantebruge, car jà avoit-il une belle-fille de sa femme, madame Constance, se vouloit bien justement informer de ces besognes et ne les vouloit pas mettre en non chaloir, mais élever et exaulser du plus que il pouvoit; car il véoit bien si clairement sur son affaire que il ne pouvoit avoir au jour d'adonc nulle plus belle ni plus propice entrée au royaume de Castille que par le royaume de Portingal; et véoit que il en étoit prié et requis grandement et espécialement du roi de Portingal, et des barons et communautés du dit royaume, et que ce roi Jean de Portingal on le tenoit à sage et vaillant homme, et jà avoit déconfit par bataille le roi de Castille atout grand'puissance, dont il étoit plus honoré; si s'inclinoit trop grandement le duc à aller en Portingal; et aussi le roi d'Angleterre et son conseil lui avoient accordé. Mais, pour lui justement informer de toutes ces besognes, de l'état et condition du pays, du droit de la dame madame Biétrix, que elle clamoit à la couronne de Portingal, du droit aussi du roi Jean de Portingal, lequel les communautés avoient couronné à roi, une fois entre les autres il avoit donné à dîner au grand-maître de Saint-Jacques et à Laurentien Fougasse de Portingal en sa chambre tout coiement. Donc, après dîner, il fit tout homme partir, et appela les dessus dits moult amoureusement et les mit en paroles des besognes de Portingal; et pourtant que Laurentien Fougasse savoit parler très beau françois et à trait, et bien lui séoit et appartenoit, le duc adressa sa parole à lui et lui dit : « Laurentien, je vous prie que vous me contiez, tout de point en point et de membre en membre, la condition et manière de votre terre de Portingal, et quelles choses y sont advenues depuis que mon frère s'en partit, car le roi de Portingal m'a escript qu'il n'y a homme en Portingal qui si justement m'en puisse informer comme vous ferez; et je vous dis que vous me ferez grand'plaisance. » — « Monseigneur, répondit l'escuyer, à votre plaisir. » Lors commença Laurentien à parler et dit en telle manière :

« Advenu est en Portingal depuis le département de votre frère, le comte de Cantebruge, que le royaume a été en grand trouble et dissention et en grand'aventure d'être tout perdu; mais Dieu merci! les besognes y sont à présent en bon point et en ferme convenant. Et on ne se doit pas émerveiller si empêchement y ot; car, si Dieu n'y eût ouvré par sa grâce, les choses s'y fussent mal portées, et tout par le péché et coulpe du roi Ferrant, dernièrement mort. C'est la voix et la renommée de la plus saine partie du pays, car le roi Ferrant en sa vie aima ardemment de forte amour une dame, femme d'un sien chevalier, lequel on clamoit messire Jean Laurent de Congne. Celle dame, pour sa beauté, le roi de Portingal la voult avoir de force; car la dame s'en deffendit tant comme elle pot : mais en la fin il l'ot, et lui dit adonc : « Je vous ferai roine de Portingal. Je vous aime; ce n'est pas pour vous amenrir, mais exaulser, et vous épouserai. » La dame à genoux et en plorant lui dit : « Ha ! monseigneur, sauve soit votre grâce! je ne puis avoir honneur à être roine de Portingal; car vous savez, et aussi sait tout le monde, que je ai seigneur et mari et ai eu, jà cinq ans. » — « Alienor, dit le roi, ne vous excusez point, car je n'aurai jamais autre femme à épouse, si vous aurai eue; mais tant y a que je vous ferai quitter de votre mari, avant que je vous épouse. » La dame n'en pot autre chose avoir, et conta tout le fait à son mari. Quand le chevalier entendit ce, si fut tout pensif et mérencolieux, et regarda que bon en étoit à faire; et dit en soi-même que jà il ne quitteroit sa femme. Toutevoies, il douta le roi et se partit du royaume de Portingal, et s'en alla en Castille devers le roi Henry, qui le reçut et retint de son hôtel tant comme il vesquit; et aussi fit le roi Jean de Castille qui est à présent.

« Le roi de Portingal, pour accomplir sa folle plaisance, envoya querre la dame et le chevalier, mais on ne trouva pas le chevalier, car il s'étoit parti. Adonc manda le roi l'évêque de Connimbres, lequel étoit chancelier pour le temps de tout le royaume de Portingal, et de son conseil, et lui dit son entente, et qu'il vouloit épouser Alienor de Congne. L'évêque douta le roi, car il le sentoit de grand'hautaineté et merveilleuse condition; si n'osa répondre du contraire. Et aussi messire Jean Ferrant Andère, qui étoit tout le conseil et le cœur du roi, pour servir le roi à gré, lui dit : « Évêque, vous le pouvez bien faire; monseigneur se fera à une fois dispenser de tout. » L'évêque les épousa; et furent ensemble; et fut celle dame couronnée et solemnisée à roine par toutes les cités de Portingal, aussi grandement et en aussi grand révérence que oncques roine de Portingal eût été; et engendra le roi en celle dame une fille, laquelle est pour le présent, si comme, monseigneur, vous savez, roine de Castille.

« Voir est que, le roi Ferrant vivant, il manda un jour à Lussebonne tous les prélats et nobles et le conseil des cités, des ports et des villes et seigneuries du royaume de Portingal, et fut ce fait avant que monseigneur votre frère, monseigneur de Cantebruge, venist à toute son armée en Portingal; et fait à tous jurer et reconnoitre sa fille madame Biétris, qui lors avoit espoir cinq ans, que après son décès on la tiendroit à dame et héritière de Portingal. Tous jurèrent, voulsissent ou non; mais bien savoient, la greigneur partie de ceux qui là étoient, que celle fille étoit bâtarde et née en adultère, car encore vivoit le mari madame Aliénor, appelé messire Laurent de Congne et se tenoit en Castille avecques le roi. Et vesquit le vivant du roi Ferrant, et outre. Bien crois, monseigneur, dit l'écuyer qui parloit, que, si la fille eût été un fils, que toute la communauté de Portingal s'y fût trop plus inclinée et plutôt que ils ne font ni jà feront, si comme ils disent; car ils auroient plus cher à mourir que de être en la subjection du royaume de Castille. Ni oncques ceux du royaume de Portingal, et ceux de Castille ne se purent parfaitement amer l'un l'autre; mais se sont par trop de fois hériés et guerroyés, si comme les Escots héent et guerroyent à pouvoir ceux de ce pays d'Angleterre. »

Adonc demanda le duc de Lancastre à l'écuyer, lequel oyoit moult volontiers parler et faire son conte : « Laurentien, où étoit pour le temps que vous me parlez le roi Jean, qui est pour le présent, et lequel étoit frère de ce roi Ferrant ? » — « Par ma foi, monseigneur, répondit l'écuyer, il étoit en Portingal en une maison de seigneurs qui portent une ordre de chevaliers d'oultre mer; mais ils sont vêtus de blancs habits à une vermeille croix; et en étoit souverain. Sont bien eux deux cents, tous gentilshommes, de cel ordre; et l'appeloit-on la maître de Vis, car l'hôtel et l'ordre en Portingal on appelle de Vis [1], et lui avoit le roi fait donner; et ne faisoit nul compte de son frère. Et autant bien le roi Jean à présent n'en faisoit nul compte des besognes de Portingal, ni ne s'en entremettoit en rien, ni ne pensoit à la couronne ni au royaume; car pour certain, si le roi Ferrant de Portingal eût eu nulle inspiration ni imagination de ce qui est à présent, il aimoit bien tant madame Alienor et madame Biétrix, sa fille, que il eût enchartré ou fait mourir son frère, qui s'appeloit maître de Vis; mais pourtant que il le véoit que cil se tenoit en sa maison coiement avecques ses frères de l'ordre, il ne pensoit rien sur lui et le laissoit vivre en paix. Et la dissention qui est à présent entre les Casteloings et les Portingalois, certainement, monseigneur, à parler par raison, les Espaignols

---

[1] L'ordre d'Avis est un des quatre grands ordres militaires institués en Portugal pour la défense du royaume. Ces ordres sont, l'ordre d'Avis, celui de Saint-Jacques, celui du Christ et de l'hôpital Saint-Jean. Le roi D. Alphonse Henriquez institua l'ordre d'Avis à l'imitation de la chevalerie du Temple et de l'hôpital Saint-Jean, et on le trouve déjà mentionné dans la bataille du champ d'Ourique, en 1139. Cet ordre prit le nom d'Avis lorsqu'il eut aidé à chasser les Maures de cette ville, où fut établi son chef-lieu.

en sont cause et coulpe. » — « Et pourquoi? » dit le duc. « Je le vous dirai, répondit l'escuyer. Quand les Casteloings virent que le roi Ferrant ot marié sa fille à leur seigneur, le roi de Castille, il leur sembla que il avoit acheté la paix à eux, et qu'il les doutoit : si s'en orgueillirent grandement et en commencèrent à tenir leurs ramposnes et leurs gros mots, lesquels les Portingalois oyoient trop envis ; car ils disoient ainsi en leur langage : « Or, entre vous de Portingal, tristes gens, rudes comme bêtes, le temps est venu que nous aurons bon marché de vous. Ce que vous avez est et sera nôtre. Nous vous mettrons par tasseaux et par troupeaux, si comme nous faisons les Juifs qui demeurent par treu dessous nous. Vous serez nos subgiets. Ne ne pouvez-vous contredire ni reculer, puisque notre sire, le roi de Castille, sera votre roi. »

« De telles paroles et d'autres aussi felles et vénimeuses étoient servis et appelés souvent les Portingalois des Espaignols quand ils les trouvoient, et proprement le roi Ferrant vivant. Donc les Portingalois accueillirent les Casteloings en tel haine, que quand le roi Ferrant ot marié sa fille au roi de Castille et il fut chu en maladie et en langour qui lui dura plus d'un an entier, ès cités et bonnes villes de Portingal, les hommes murmuroient ensemble et disoient : « Il vaut mieux mourir que d'être au danger ni en la subjection des Casteloings. » Et lorsque le roi Ferrant fut mort, qui fut ensépulturé en l'église des frères religieux de Saint-François, en la cité de Lussebonne, les cités et bonnes villes et chastels du royaume de Portingal se clorent. Et fut mandé à Lussebonne le roi qui est à présent des Lussebonnois, lesquels savoient bien l'intention et courage des trois autres cités de Portingal, c'est à entendre de ceux du Port, de ceux de Connimbres et de ceux de la ville et cité d'Evres, et lui dirent : « Maître de Vis, nous vous voulons faire roi de ce pays, jà soyez-vous bâtard ; mais nous disons que madame Bietrix, votre cousine, la roine de Castille, est plus née en bâtardie que vous ne êtes. Car encore vit le premier mari madame Aliénor, nommé messire Jean Laurent de Congne. Et puisque la chose est advenue ainsi, que la couronne de Portingal est chue en deux membres, nous prendrons le plus profitable pour nous. Et aussi la plus saine partie s'incline que nous vous fassions roi ; car jà à

femme la couronne de Portingal n'ira, ni jà en la subjection du roi de Castille ni des Castelloings nous ne serons. Si avons plus cher que vous preniez tout le nôtre, pour nous aider à garder et tenir en droit nos franchises, que ceux de Castille en soient maîtres ni seigneurs. Si recevez ce don et la couronne de Portingal, car nous voulons qu'il soit ainsi. »

« Le maître de Vis, monseigneur, qui est roi à présent, ne prit pas ni ne reçut ce don à la première fois ni à la seconde requête des communautés de Lussebonne, et répondit : « Bonnes gens, je sais bien que de bonne volonté et par grand'affection que vous avez à moi, vous me offrez la couronne et seigneurie de Portingal qui est grand'chose ; et si dites, et aussi fais-je, que je y ai grand droit, ou plus que ma cousine, la roine de Castille, la fille Aliénor de Congne ; car voir est que elle est bâtarde : encore vit son mari qui est en Castille. Mais il y a un point ; vous ne pouvez pas, tous seuls et singuliers, mettre sus ce fait ni celle besogne. Il faut que les nobles de ce royaume, tous ou en partie, s'y accordent. » — « Ha ! répondirent ceux de Lussebonne, nous en aurons assez ; car jà savons-nous les courages de plusieurs qui se sont découverts à nous, et aussi de trois cités de ce royaume qui y sont les principales avecques nous, Evres, Connimbres et le Port de Portingal. » Adonc répondit le roi qui est à présent, et dit : « Or, soit ainsi ; je vueil ce que vous voulez. Vous savez comment madame Aliénor, qui se dit et est dite roine de ce pays, est encore en celle ville et a avecques li son conseiller messire Jean Ferrant Andère, qui veut garder la couronne et l'héritage de Portingal à la roine de Castille, et sera pour li en tous états ; car il la maria au roi de Castille et la démaria du fils du comte de Cantebruge pour faire la paix de Portingal. Et a mandé espoir ou mandera le roi de Castille que il vienne hâtivement fort assez pour combattre et soumettre tous ses rebelles ; et jà en a Jean Ferrant Andère fait fait et partie, si comme vous savez, et fera encore plus pleinement au jour de l'obsèque de monseigneur mon frère le roi, lequel on fera prochainement en celle ville, où tous les nobles ou partie, s'ils ne s'excusent, de ce pays seront. Si faut pourvoir et aviser selon ce. »

« Donc répondirent cils qui en la présence de

ce maître de Vis étoient : « Vous ne dites pas grand'merveille, car nous savons moult bien qu'il est ainsi; si y pourverrons à ce jour tellement, selon ce que nous orrons parler Jean Ferrant Andère, que vous vous en apercevrez. » En ce point fina leur parlement.

« Ne demeura guères longuement que on fit l'obit du roi Ferrant de Portugal à Lussebonne en l'église de Saint-François là où il gît[1]. Et là furent grand'foison des nobles du royaume de Portingal, car ils en étoient priés de par la roine; et là fut le roi qui est à présent, et grand'foison des communautés du pays et par espécial des trois cités dessus nommées : Connimbres, Evre et le Port de Portingal, car elles se concordoient avec ceux de Lussebonne. L'obit du roi Ferrant fait, Jean Ferrant Andère fit prier de par la roine aux nobles de Portingal qui là étoient que point ne se voulsissent partir de Lussebonne, ce jour ni lendemain, car il vouloit avoir avecques eux parlement, et aussi aux bonnes villes, pour savoir comment on se cheviroit de mander en Castille le roi Jean et sa femme madame Bietrix leur dame, car elle étoit héritière de son droit du royaume de Portingal. Tous les nobles ou partie qui ouïrent ces paroles n'en firent compte; mais doutoient moult fort de la communauté du pays qui là étoit assemblée, car ils avoient jà ouï murmurer les plusieurs que ils vouloient couronner à roi le maître de Vis; et aussi bien en avoit ouï parler Jean Ferrand Andère; pour tant prioit-il les nobles du pays qu'ils demourassent avecques lui, pour aider à mettre sus et à soutenir son opinion; mais tous li faillirent. Et si très tôt comme on ot fait l'obit du roi en l'église des frères de Saint-François, et que la roine Aliénor fut retournée au palais que on dit à la Monnoie et que l'on eut dit : « Aux cavailhons ! aux cavailhons [2]! qui veut dire en langue françoise *aux chevaux ! aux chevaux !* tous ou en partie montèrent à cheval et se départirent de Lussebonne sans congé prendre. Bien pot être que aucuns demourèrent qui étoient de la partie du roi à présent; mais ceux se trairent en leurs hôtels

et se tinrent là tous cois et se dissimulèrent, car bien imaginoient qu'il avenroit ce qu'il advint. Je vous dirai quoi.

« L'obit du roi Ferrant fait, les communes de Lussebonne et Connimbres et du Port et d'Evres qui là étoient, ne retournèrent pas tantôt en leurs maisons, mais s'en allèrent en l'église cathédrale à Lussebonne, que on dit de Saint-Dominique; et là s'assemblèrent, et le maître de Vis avecques eux. Là firent-ils parlement ensemble, qui ne dura pas longuement, car le roi qui est à présent leur dit : « Bonnes gens, vous me voulez prendre à roi et je dis que c'est mon droit. Et si vous voulez persévérer en votre propos, il est heure que vous ouvrez et que vous montrez fait et puissance; car vous savez comment Jean Ferrant Andère procure devers les nobles de ce pays que le roi de Castille soit mandé; et dit et maintient que la couronne de Portingal lui appartient de par sa femme ma cousine; et je dis, si vous le voulez aider à mettre sus, que je y ai aussi grand droit ou plus que elle n'a. Vous savez bien toutes les incidences : je suis homme, et suis frère au roi Ferrant, et fils au bon roi Pierre de Portingal qui vaillamment vous gouverna. Voir est que ma cousine la roine de Castille fut fille au roi Ferrant; mais ce n'est pas par loyal mariage. » Donc distrent ceux de Lussebonne : « Il est vérité ce que vous dites ; nous ne voulons autre roi que vous, et vous ferons roi, qui le veuille voir. Et nous jurez ci que vous nous serez bon et propice et tiendrez justice, ni point ne fléchirez pour le fort ni pour le foible, et garderez et soutiendrez de bon cœur, et défendrez, parmi l'aide que nous vous ferons, les droitures de Portingal. » Répondit le roi qui est à présent : « Bonnes gens, ainsi je le vous jure. Et principalement je vous requiers que vous allez, et moi avecques vous, à la Monnoie, où Jean Andère se tient avec Aliénor de Congne; car je veuil qu'il muire; il l'a desservi à l'encontre de moi et de vous, quand il soutient autre querelle que vous ne voulez. » Ils répondirent tous d'une voix : « Nous le voulons; voirement vous est-il désobéissant et rebelle; si faut qu'il muire, et tous ceux qui contraires vous seront; parquoi le demourant du pays y prendront exemple. »

Tantôt les Lussebonnois furent conseillés et se départirent du moustier de Saint-Dominique;

---

[1] Le roi Ferdinand était mort le 22 octobre 1421 ou 1383, suivant notre ère. Il fut enterré quelques jours après au monastère des Franciscains de Santarem, dont il avait porté l'habit en mourant.

[2] A cheval ! de *cavalho*.

et étoient bien quinze cents tous d'une congrégation, et le roi qui est à présent avecques eux; et s'en vinrent, tout fendant parmi la ville, devers la Monnoie où la roine Aliénor et Jean Ferrant Andère étoient. Encore se boutoient toutes manières de gens et leurs routes. Quand ils furent venus à l'hôtel qu'on dit la Monnoie, on rompit les portes et entra-t-on dedans par force, et vint-on en la chambre de la dame, qui fut moult effrayée quand elle vit tant de peuple venir yreusement sur li. Si se jeta à genoux devant le maître de Vis, et lui pria à mains jointes que on eût pitié de li, car elle ne cuidoit avoir rien forfait, et que à la couronne et à l'héritage de Portingal elle ne demandoit rien; et bien savoient toutes gens, si il leur en vouloit souvenir: « Mais, je vous prie, maître de Vis, et aussi fais-je à tout ce peuple, que à ce besoin il vous en souvienne, que outre ma volonté le roi Ferrant me mit en la seigneurie et couronne de Portingal, et me prit et épousa et fit roine de ce pays. » — « Dame, répondit maître de Vis, ne vous doutez en rien, car jà de votre corps vous n'aurez mal, ni nous ne sommes point ci venus pour vous porter dommage du corps ni contraire ; mais y sommes venus pour ce traiteur qui là est Jean Ferrant Andère. Si faut qu'il muire tout du commencement; et puis le venge le roi de Castille, si il peut; car il a été trop longuement en ce pays son procureur. » A ces mots s'avancèrent ceux qui ordonnés étoient pour ce faire. Si prirent le chevalier et tantôt le mirent à mort. Il n'y eut plus rien fait pour l'heure ni homme assailli ni mort[1], ni plus on n'en vouloit avoir; mais retourna chacun en son hôtel, et le roi qui est à présent ralla au sien.

« Après la mort de Jean Ferrant Andère, madame Aliénor qui roine avoit été de Portingal, ot conseil et volonté de partir de Lussebonne et de soi traire en Castille, et aller devers le roi et sa fille, car elle avoit été tant effrayée de la mort de son chevalier qu'elle avoit été sur le point d'être morte : si ne vouloit plus demourer

[1] En même temps que le grand maître d'Avis assassinait de sa main (en 1383) Jean Ferrant Amdeiro, comte d'Ourem, le peuple se portait à la tour de la grande église de Lisbonne et assassinait l'évêque D. Martin, conseiller du roi Ferrant, et natif de Zamora, qui s'y était réfugié. **La reine Léonore obtint de quitter Lisbonne et de se rendre d'abord à Alanquer et de là à Santarem.**

en Portingal, car elle n'y pouvoit avoir paix ni honneur. Si en fit pour li et en son nom requerre et prier maître de Vis. Il s'y accorda légèrement, et dit que il lui plaisoit bien que elle se partisist, et que bien y avoit cause. Si se départit la dame avec tout son arroi de Lussebonne et de Portingal, et chemina tant par ses journées qu'elle vint en la cité de Séville, où le roi de Castille se tenoit pour le temps et la roine aussi ; et quand madame Aliénor fut venue là, elle trouva presque tous les nobles de Castille là assemblés, car il y avoit grand parlement sur le fait de Portingal ; car le roi Jean de Castille se vouloit conseiller comment il se chéviroit; et disoit que le royaume de Portingal lui étoit venu et échu par la succession du roi Ferrant, père de sa femme, et que quand il la prit à femme et à épouse il lui accorda, et tout le pays aussi.

« Madame Aliénor de Congne fut reçue et recueillie du roi et de sa fille moult doucement, ce fut raison. Adonc fut-elle demandée et examinée des besognes de Portingal, comment elles se portoient. Elle en répondit de tout ce que elle en avoit vu et que elle savoit; et que bien étoit apparent au pays de Portingal que les communautés couronneroient à roi, si on ne leur alloit au devant, maître de Vis[1], et que jà pour celle cause avoient-ils occis son chevalier Jean Ferrand Andère, pourtant que il soutenoit, et avoit toujours soutenu la querelle du roi de Castille.

« De tout ce que la dame dit, elle fut bien crue, car on en véoit l'apparent; et aussi plusieurs chevaliers et hauts barons qui avoient plus leur affection au roi de Castille, pour la cause de la fille au roi Ferrant, et pour aussi tenir et garder les sermens solennels que ils avoient faits au roi de Castille, à la requête du roi de Portingal, quand il donna par mariage sa fille au roi de Castille, si s'en vouloient acquitter, se départoient du royaume de Portingal et s'en venoient en Castille, et laissoient leurs terres et leurs héritages sur l'aventure et espoir du retourner. Et tout premièrement le comte Alphons Merle[2] ; le grand prieur de Saint-Jean de

[1] Le maître d'Avis avait déjà été nommé régent du royaume.
[2] Affonso de Merlo qui vint en effet se joindre au roi Jean de Castille.

Portingal [1], messire Dilg Arie son frère [2], Auge Silvasse de Genève [3], Jean Sausalle [4], et bien eux vingt-cinq, desquels le royaume de Portingal à ce commencement fut grandement affoibli et le roi de Castille réjoui et renforcé.

«Si fit un commandement le roi de Castille par tout son royaume très grand et très espécial, que tous nobles et gens portant armes, entre quinze et soixante ans, vinssent au champ de Séville, car il vouloit de fait et de puissance entrer au royaume de Portingal, comme sur son propre héritage, et le conquerre. A son commandement obéirent, ce fut raison, tous ceux qui de lui tenoient; et s'en vinrent au champ de Séville, et là s'assemblèrent et furent bien soixante mille hommes, que uns que autres.

«Quand messire Laurent de Congne, le chevalier de Portingal qui marié avoit été, et encore étoit, à dame Aliénor, que le roi Ferrant de Portingal avoit prise à femme et fait roine de Portingal, entendit que sa femme étoit venue hors de Portingal et traite en Castille, se trait devers aucuns du conseil du roi de Castille dont il étoit moult bien, et leur demanda et dit, en soi conseillant à eux : «Mes seigneurs et grands amis, comment me pourrai-je chevir de Aliénor ma femme qui est issue de Portingal et venue en ce pays. Je sais bien que le roi Ferrant est mort, si comme vous savez ; par raison je dois ravoir ma femme, et la calengerai, si vous le me conseillez.» Ceux répondirent à qui il en parloit, et par lequel conseil il vouloit user, et lui dirent : «Jean, jà ne vous adviegne que nul semblant vous fassiez du demander, ni ravoir, ni reprendre, car vous vous forferiez trop grandement, et abaisseriez la dame de son honneur, et aussi la roine de Castille, et la feriez plus que bâtarde. Vous savez que jà le roi de Castille veult demander et calenger, comme son propre héritage retournant à li, le royaume de Portingal, et clame ce droit de par sa femme. Vous éclairciriez ce qui est en trouble, et dont on ne se donne de garde ; vous vous mettriez à mort et jugeriez de vous-même, si vous faisiez la roine de Castille bâtarde ; car on soutient en ce pays la cause et la querelle que elle est de juste mariage et dispensée de pape.» — «Et quel chose est bon, dit le chevalier, que je en fasse.» — «Nous vous disons pour le meilleur, répondirent ceux qui le conseilloient, que du plutôt que vous pourrez, vous issiez hors de Castille, et vous retrayez sur votre héritage en Portingal, et laissiez madame Aliénor aveecques sa fille ; nous n'y véons autre salvation pour vous.» — «Par ma foi! dit le chevalier, je vous croirai, car vous me conseillez loyaument à mon avis.»

«Depuis ne séjourna en Castille messire Jean Laurent de Congne que trois jours ; et ordonna toutes ses besognes secrètement ; et se départit de Castille, et chevaucha au plutôt qu'il pot, et s'en vint à Lussebonne ; et là trouva le maître de Vis, et lui dit que il le venoit servir et se mettoit en son obéissance ; car il le tenoit bien à roi. Maître de Vis en ot grand'joie, et lui dit que il fût le bien-venu. Si lui rendit tout son héritage et le fit capitaine de Lussebonne. Ainsi, monseigneur, que je vous conte advint de celle besogne.»

CHAPITRE XXX.

Comment Laurentien Fougasse, ambassadeur envoyé de Portingal en Angleterre, raconta au duc de Lancastre la manière du discord qui étoit entre Castille et Portingal.

Moult prenoit le duc de Lancastre grand'plaisance à ouïr Laurentien Fougasse parler, car il parloit bien et attrempement et bon françois ; et pourtant que la matière dont il parloit lui touchoit, car il vouloit venir jusques au fond de ces besognes, si lui dit moult doucement : «Laurentien, parlez toujours avant : je ne vis ni ne ouïs homme étranger, passé a deux ans, parler, aussi volontiers comme je fais vous ; car vous allez toute la vérité avant ; et les lettres que le roi de Portingal m'a envoyées par vous en font bien mention que, de tout ce qui est avenu entre Castille et Portingal, vous me informeriez justement.» — «Monseigneur, répondit l'écuyer, peu de choses sont advenues, quant aux faits d'armes, entre Castille et Portingal, où je n'aie été, et dont je ne sache bien parler ; et puisqu'il vous plaît que je poursuive ma parole avant, je parlerai.

«Le roi Jean de Castille assembla ses gens au plutôt que il put, et s'en vint à grand'puissance devers Lussebonne, avant que le roi de Portin-

---

[1] Le prieur de l'hôpital Saint-Jean s'appelait D. Pedro Alvarez Pereyra.
[2] Diego Alvarez.
[3] Peut-être Alphonse Gomez da Silva.
[4] Peut-être Gonzalez de Sousa.

gal, qui est à présent, fût couronné, pour donner paour et crainte aux Portingalois, et pour montrer que il avoit droit à l'héritage ; et s'en vint tout premièrement devant Saint-Yrain, qui est l'entrée de Portingal, et là s'arrêta deux jours. La ville et ceux qui dedans étoient et qui la gouvernoient orent paour de sa venue, pour la grand'foison de gens d'armes que il menoit. Si se rendirent à lui et lui ouvrirent la ville. Après ce, quand il en ot pris la possession et il ot laissé de dans gens d'armes pour la garder, et aussi pour la doute des rebellions, il se partit à tout son ost et chemina tant qu'il vint devant la ville de Tuye[1], qui est moult forte : il la avironna et fit assaillir. Ceux de Tuye étoient assez de la partie de la roine de Castille, car madame Aliénor, sa mère, étoit là assignée de son douaire. Si se rendirent au roi Jean de Castille moult légèrement, et mirent en son obéissance.

« Quand le roi en ot la possession, il y établit gens d'armes et gardes de par lui, et puis passa la rivière et vint devant la cité de Valence en Portingal, et là s'arrêta et mit siége ; et manda à ceux de dedans que ils s'humiliassent envers lui et le reçussent à roi. Ceux de Valence répondirent que il passât outre et allât devant Lussebonne ; et sitôt comme ils pourroient savoir que il auroit mis, fût par amour ou par puissance, les Lussebonnois à obéissance, ils lui envoieroient les clefs de la ville. Celle réponse plut assez bien au roi ; et se partit de Valence et vint devant la ville de Maure, lesquels aussi se composèrent si comme firent ceux de Valence. Aussi firent semblablement ceux d'une cité que on nomme Serpes[3], qui est moult forte et moult belle, où le roi de Castille vouloit venir. Mais quand il ot entendu que ils se composoient ainsi que les autres, il fut content et n'y alla point, mais prit le chemin de Lussebonne[4] et laissa le chemin de Connimbres, car il lui sembla, et voir étoit, que si il pouvoit mettre ceux de Lussebonne en son obéissance, il auroit aisément tout le demourant du pays. Et quel part que le roi d'Espaigne allât, il menoit la roine sa femme avecques lui, pour mieux montrer aux Portingalois que le droit étoit sien, et que à bonne et juste cause il calengeoit l'héritage de sa femme.

« Tant exploita le roi Jean de Castille à tout son ost que il vint devant la cité de Lussebonne en Portingal ; si l'assiégea grandement. Et montroit bien par son siége que point ne s'en partiroit si l'auroit tournée à sa volonté ; et menaçoit aussi grandement maître de Vis qui dedans étoit enclos ; et disoit bien que il le prendroit et puis le feroit mourir de male mort, et tous les rebelles aussi.

« Moult étoit l'ost du roi d'Espaigne grand et étendu, car moult y avoit de peuple ; et avoient les Espaignols et les François qui là étoient en l'aide du roi d'Espaigne, la cité enclose et avironnée par telle manière que nul n'en pouvoit issir ni entrer que il ne fût pris et tantôt mort. Et avenoit à la fois que, si par escarmouche ou autrement les Espaignols prenoient un Portingalois, ils lui crevoient les yeux, ou lui tolloient un pied ou un bras, ou un autre membre, et le renvoyoient ainsi meshaigné en la cité de Lussebonne ; et disoient à celui que ils renvoyoient : « Vas, et dis que ce que nous t'avons fait, c'est en dépit des Lussebonnois et de leur maître de Vis que ils veulent couronner à roi. Et bien sachent que nous serons tant ci à siége que de force nous les aurons, ou par famine ou autrement, et tous les ferons mourir de male mort, et mettrons la cité en feu et en flambe ; ni jà pitié ni merci n'en aurons. « Et quand les Lussebonnois prenoient un Castelloing, ils ne faisoient pas ainsi ; car le roi de Portingal qui est à présent le faisoit tenir tout aise, et puis le renvoyoit sans violence de corps ni de membre ; dont ils disoient en l'ost les aucuns que il lui venoit de grand'gentillesse, car il rendoit bien pour mal.

---

[1] Tuy n'est pas en Portugal, mais en Espagne, de l'autre côté du Minho en face de Valencia. Johnes substitue Leiria à Tuy. — [2] Guimarraens.

[3] Peut-être Chavez. Je ne trouve de ce côté aucun lieu du nom de Serpa.

[4] Lopez de Ayala fait tenir une tout autre route au roi Jean de Castille. Suivant lui, le roi Jean se rendit d'abord de Séville à Piasencia, dans le voisinage de la frontière du Portugal ; de là il négocia avec l'évêque de Guarda et entra dans cette place. De là il se rendit à Santarem, d'où il donna le 22 janvier à D. Pedro Lopez de Ayala l'historien, son chancelier, qui était en France, un plein pouvoir pour composer tous les différends qu'il avait eus avec le roi d'Angleterre et Jean, duc de Lancastre. De Santarem il alla se placer dans les environs de Lisbonne, en envoyant ses troupes prendre possession d'Evora et des autres places. Après quelques jours, il alla prendre en personne possession de Coimbre, et revint prendre sa position dans les environs de Lisbonne : il se trouvait à Morinera, près de cette capitale, le 20 mai 1384.

« Et vous dis que le siége étant devant Lussebonne, qui dura plus d'un an, toutes les semaines il y avoit une ou deux escarmouches et faits d'armes, de morts, de blessés et de navrés d'une part et d'autre ; et aussi bien tenoient-ils siége par mer que par terre ; et étoit l'ost aise de tous vivres grandement et largement, car il leur en venoit de tous côtés du royaume de Castille. Et advint que, à une grande escarmouche que les Espaignols firent à l'une des portes de Lussebonne, messire Jean Laurent, qui étoit capitaine de Lussebonne, saillit hors aux barrières, son pennon des armes de Congne en Portingal devant lui, et avecques lui grand'foison d'apperts compagnons. Et là ot ce jour aux barrières fait plusieurs grands appertises d'armes et traite et lancée mainte darde. »

« Par ma foi, dit le duc à Laurentien, de toutes les armes que les Castelloings et ceux de votre pays font et savent faire, celle de jeter la darde me plaît le mieux, et le vois le plus volontiers. Car trop bien me plaît et trop bien en savent jouer ; et qui en est atteint à coup, je vous dis que il faut que trop fort il soit armé si il n'est percé tout outre. » — « Par ma foi, monseigneur, répondit l'écuyer, vous dites voir ; encore vis-je en ces armes et assaut qui là fut, autant de beaux coups rués et aussi bien assénés que je fis oncques en toute ma vie. Et par espécial il en y ot un qui moult nous coûta et qui nous tourna à grand'déplaisance, car messire Jean Laurent de Congne en fut féru de une, par telle manière que le fer lui perça ses plates et sa cotte de mailles et un floternel [1] empli de soie retorse ; et lui passa tout parmi le corps tant que il la convint soier et bouter outre. Adonc cessa l'escarmouche pour la cause du chevalier qui mourut. Ainsi fut madame Aliénor veuve en un an de ses deux maris.

« Sachez, monseigneur, que messire Jean Laurent de Congne ot grand'plainte, car il étoit moult vaillant homme aux armes et plein de bon conseil. Adonc après la mort du chevalier fut capitaine de Lussebonne un sien cousin et moult vaillant homme aussi, qui s'appelle le Pouvasse de Coingne [2]. Cil fit sur les Espaignols trois ou quatre issues qui leur porta grand dommage.

[1] Espèce de casaque militaire, de peau piquée, qu'on mettait sous les armures. C'était la même chose que ce qu'on appelait une jaque. — [2] Lopo Vasquez da Cunha.

« Ainsi se continua le siége de Lussebonne, et vous dis que plusieurs fois on fut moult esbahi dedans la ville ; car confort ne leur aparoît de nul côté. Quand on vit que nul ne venoit d'Angleterre où toute leur espérance étoit, si fut le roi qui est à présent conseillé d'entrer en une nave et de venir en ce pays ; car messire Jean Radigo de Passe et messire Jean Tête-d'Or et l'archidiacre de Lussebonne, lesquels on avoit envoyés devers le roi d'Angleterre et devers vous et votre frère monseigneur de Cantebruge, pour avoir confort et aide, avoient rapporté nouvelles en Portingal que vous les conforteriez. » — « En nom Dieu, répondit le duc de Lancastre, vous dites voir ; et aussi j'en fus sur le point et tout appareillé. Mais en ce temps la guerre de Flandre et de Gand couroit. Si vinrent les Gantois pour avoir secours devers nous ; si eurent tous ceux ou en partie que je devois mener en Portingal ; et les mena l'évêque de Nordvich, messire Henry de Percy, par de là la mer. Ce brisa et retarda le voyage de Portingal. » — « En nom Dieu, monseigneur, dit l'escuyer, nous pensions bien que aucun grand empêchement avoit en Angleterre, pourquoi vous ne pouviez venir. Toutefois nous fîmes au mieux et au plus bel que nous pûmes, et nous tînmes et portâmes vaillamment encontre le roi de Castille et sa puissance qui lors n'étoit pas petite ; car ils étoient plus de soixante mille hommes, que par mer que par terre, et tous nous menaçoient d'ardoir et d'exillier sans merci en notre ville et cité de Lussebonne.

« Or advint que, le siége étant devant Lussebonne, si comme je vous conte, un comte de notre pays de Portingal, lequel s'appelle le comte d'Angouse, nous fit un très grand et bel secours, et pour lui il y acquit haute honneur ; car il arma vingt gallées au Port de Portingal de bonnes gens d'armes et de belles pourvéances et puis s'en vint radant et singlant parmi la mer, et passa, par vaillance et par grâce que Dieu lui fit, tout parmi l'armée du roi de Castille, qui gisoit à l'entrée devant Lussebonne, où plus avoit de cent gros vaisseaux, et fit son fait si sagement et prit le vent si à point que, voulsissent ou non les ennemis, il entra sauvement et sans péril, et toutes ses gallées, au haible de Lussebonne, et encore conquit-il quatre vaisseaux sur eux et les amena en sa compagnie au haible.

« De la venue du comte d'Angouse furent ceux de Lussebonne moult réjouis, car ils en furent grandement confortés. » — « Par ma foi, dit le duc, le comte vous fit pour ce temps un bel service. Or me contez, beau Laurentien, comment le siége fut levé ni par quelle manière ; car je vous ouïs moult volontiers parler. » — « Monseigneur, dit l'escuyer, volontiers, »

« Si comme je vous ai dit et conté, le siége fut devant Lussebonne plus d'un an entier. Et avoit le roi de Castille juré et voué que du siége ne se partiroit si auroit la cité soumise à son obéissance, si puissance de plus grand roi que il ne fut ne le levoit de force. Au voir dire, qui tout veut considérer, le roi de Castille tint bien son vœu et son serment, car voirement puissance de plus grand que il n'étoit et plus fort l'en leva et fit partir : je vous dirai comment. Une pestilence de mortalité très grande et très espoentable se bouta en son ost, par telle manière que tous mouroient si soudainement comme en parlant l'un à l'autre ; et en y mourut de boce et de mal du corps plus de vingt mille personnes. Et proprement le roi s'effréa de lui-même ; pour laquelle freeur on lui couseilla que il se levât du siége et se retraisist à Saint-Yrain, ou en autre part, et donnât congé à toutes ses gens, tant que celle pestillence seroit apaisée. Envis le fit, pourtant que il avoit juré le siége si solemnellement ; mais faire lui convint, car pour le mieux ses gens lui conseilloient, qui se vouloient aussi partir du siége. Monseigneur, nous disons en Portingal, et avons dit moult de fois, et est l'opinion de tous, que Dieu, pour nous aider nous et notre roi, envoya en l'ost celle pestillence ; car dedans la cité où nous étions tous enfermés, il n'y mourut oncques ni homme ni femme ; ni on ne s'en sentit oncques. Donc ce fut grand'grâce que Dieu nous fit.

« Quand le roi de Castille se délogea du siége de Lussebonne, le roi de Portingal qui est à présent fit armer tous ceux qui étoient en la cité de Lussebonne, et monter à cheval, et venir ferir ès derrains des Castelloings qui se délogeoient ; et leur portâmes grand dommage, car ils ne se délogèrent pas en bon arroy ; pourquoi ils perdirent moult de leurs hommes et de leurs pourvéances. Mais le roi de Portingal qui est à présent fit faire un édit et un ban, et sur la tête à couper, que nul ne mesîst ou apportât chose qui fût aux champs en la cité de Lussebonne, mais vouloit que tout fût ars et non pas la cité en punaisie. Tout fut converti, pourvéances et autres choses, en feu et en flamme ; mais je crois bien que ceux qui avoient trouvé or, argent, monnoie ou vaisselle ne l'ardirent pas, avant la sauvèrent du mieux qu'ils purent.

« Adonc s'en vint le roi de Castille à Saint-Yrain à l'entrée de son pays, et là se tint un temps, et envoya au secours en France si très espécialement que il put oncques, et par espécial en Gascogne et en Berne, en la terre le comte de Foix ; et envoya trois sommiers chargés de nobles de Castille et d'autres florins pour faire prêt aux chevaliers et escuyers, car bien savoient que par autre voie il ne les mettroit point hors de l'hôtel.

« Quand les barons et les chevaliers du royaume de Portingal, qui pour la partie du roi qui est à présent se tenoient, virent que le roi de Castille avoit levé et vidé son siége et laissé la cité de Lussebonne, où plus d'un an il avoit sis[1], si se rencouragèrent grandement ; et aussi firent les communautés du pays, et par espécial ceux du Port, ceux d'Evres et ceux de Connimbres. Si eurent conseil ensemble et bien brief, que ils couronneroient le maître de Vis, auquel par élection ils avoient donné leur amour et plaisance. Et disoient ainsi, et étoit la voix commune du pays : que Dieu vouloit que il fût roi et couronné ; car jà avoit montré ses vertus sur les Espaignols.

« Après, fut signifié par tout le royaume de Portingal que on vînt, à un certain jour qui ordonné fut, en la cité de Connimbres, et que là seroit le maître de Vis couronné et solemnisé. Tous ceux qui étoient de sa partie y vinrent ; et y ot, selon la puissance du pays, assez grand peuple. Si fut le roi Jean de Portingal couronné et solemnisé, ainsi comme à lui appartenoit, des évêques et des prélats de son pays, le jour de la Trinité en l'an mil trois cent quatre vingt et quatre[2] en l'église cathédrale de Connimbres que on dit de Sainte-Marie ; et fit là le roi de Portingal ce jour, de ceux de son pays et étrangers, jusques à soixante chevaliers. Si fut la fête grande que les Portingalois tinrent ce jour

[1] Il n'y resta guère que neuf mois, puisqu'il était de retour au mois de novembre de la même année.

[2] Le 6 avril 1385.

et le second et le tiers en la cité de Connimbres. Et là fit le roi renouveler tous hommages aux comtes, barons, chevaliers et escuyers et ceux qui fiefs tenoient de lui. Et là jura-t-il à tenir le royaume en droit et en justice et garder toutes juridictions. Et ils lui jurèrent que pour roi à toujours, et ses hoirs qui de lui vendroient, fussent mâles ou femelles, ils le tiendroient ; ni pour mourir ne le relinquiroient. Ainsi alla du couronnement du roi Jean de Portingal que je vous conte.

« Quand le roi de Castille sçut les nouvelles que les Portingalois, et par espécial les communautés du pays, avoient couronné à roi le maître de Vis et lui avoient juré foi et hommage, si fut plus pensif que devant ; car il ne cuidoit pas que les choses dussent ainsi aller, et que les Portingalois se dussent avancer sitôt de le couronner à roi, pour la cause de ce que il avoit avecques lui grand'foison de nobles du royaume de Portingal. Si dit : « Je vois bien que il me conviendra de fait et de force de conquérir ce qui est mien, si je le vueil ravoir ; jamais n'aura paix entre Castille et Portingal jusques à ce que Portingalois aient amendé ce que ils ont fait. »

« Après ce que le roi de Portingal fut couronné, il s'en vint à Lussebonne et là se tint ; et entendit grandement à mettre à point les besognes de son royaume, pour acquérir la grâce et amour de son peuple. Et départit ses chevaliers et gens d'armes, et les envoya en garnison parmi ses villes et ses chastels sur les frontières du royaume d'Espaigne, car le roi se tenoit à Séville. Si fut envoyé du roi de Portingal en garnison à Trencouse messire Jean Ferrant Percock, un moult appert et vaillant chevalier et de haute emprise ; avecques lui messire Martin Vas de Coigne [1] et son frère messire Guillaume Vas de Coigne, deux moult apperts chevaliers ; et avoient dessous eux deux cents lances de bonnes gens et tous bien montés.

« D'autre part fut envoyé au chastel de Leire, vers Juberot, messire Jean Radigos Perrière [2] atout cinquante lances ; en la cité de Valence en Portingal fut envoyé de par le roi messire Jean Gomes de Salves [3], à l'encontre de la forte ville de Tuye qui siéd près de là, laquelle s'étoit tournée et rendue au roi de Castille quand il vint devant Lussebonne ; et en Tuye avoit de François et de Castelloings grand'garnison de gens d'armes.

« En la cité de Serpes fut envoyé messire Mondech Radigo, un moult appert chevalier [1] atout cinquante lances. Au Port, ni à Evres, ni à Connimbres ne mit-on nulles gens d'armes, car le roi sentoit les hommes des villes dessus dites bons et loyaux envers lui et forts assez.

« Ainsi que je vous dis, monseigneur, en l'an que le roi fut couronné, furent pourvues ces garnisons de bonnes gens d'armes. Si vous dis que souvent y avoit des rencontres, des escarmouches et des assauts les uns sur les autres. Une fois gagnoient nos gens, autrefois perdoient, ainsi que l'aventure d'armes avoient ; mais par espécial il y ot une rencontre de ceux de la garnison de Trencouse sur les Castelloings moult fort et moult bel. » — « Ha ! Laurentien, dit le duc de Lancastre, ne vous en passez point brièvement que je ne sache et oye comment il en advint, et par quelle manière ils se trouvèrent sur les champs. » — « Monseigneur, répondit l'écuyer [2], c'est l'intention de moi que je le vous die, et l'ordonnance du fait, si comme il en alla ; car à ce rencontre je fus présent, et portai ce jour la bannière de messire Jean Ferrant Perceck par qui la besogne commença, car il étoit pour lors capitaine de Trencouse.

« Vous devez savoir, monseigneur, que le roi de Castille, sur les frontières et bandes de Portingal avoit pourvu de gens d'armes ses garnisons ; lesquels à la fois, pour nous contrarier et porter dommage, se cueilloient ensemble et mettoient sur les champs : une fois perdoient, et l'autre ils gagnoient, ainsi que les choses se portent en armes. Or advint une fois que jusques à sept capitaines d'Espaignols, tous beaux chevaliers de parage et bons hommes d'armes, s'assemblèrent ensemble ; et se trouvèrent bien trois cents lances, tous bien montés et en grand'volonté de nous porter dommage ; et bien le montrèrent, car ils entrèrent en Portingal et y levèrent grand'proie et grand pillage et grand'foison

---

[1] Vasco Martins da Cunha avait pour fils Gil Vasques, Lopo Vasques et Vasco Martins. Lopo Vasques est celui qu'il a appelé Le Pouvasse.
[2] Joao Rodriguez Pereira.
[3] Joao Gomez de Silva, fils de Gonçalo Gomez de Silva.

[1] Il était fils de Gonçalo Mendez Vasconcellos.
[2] Il est toujours question de Lourenço Anes Fogaça, nommé grand chancelier du royaume, pendant qu'il était en ambassade en Angleterre.

de prisonniers. Et vous dis que, si ils voulsissent, ils s'en fussent bien rentrés en Castille sans avoir rencontre ; mais ils furent grands et orgueilleux et distrent que ils venoient voir la garnison de Trencouse. Tous ceux du plat pays fuyoient devant eux, et tant que les nouvelles en vinrent en Trencouse. Quand messire Jean Ferrant Perceck entendit que les Castelloings chevauchoient, si demanda ses armes et fit sonner ses trompettes, et réveiller chevaliers et écuyers parmi la ville. Tous s'armèrent en grand'hâte et montèrent aux chevaux, et issirent hors de Trencouse et se trouvèrent sur les champs environ deux cents. Si se mirent en bonne ordonnance, et montrèrent bien que ils avoient grand'affection de trouver leurs ennemis ; et demandèrent aux fuyans qui affuyoient à sauveté à Trencouse, où leurs ennemis étoient et où ils les trouveroient. Ils répondirent que ils n'étoient point loin et que ils ne chevauchoient que le pas, car ils ne pouvoient tôt aller, pour la grand'proie que ils menoient. De ces nouvelles fut messire Jean Ferrant Perceck tout réjoui, et dit à ses compagnons, à messire Martin Vas de Congne et à Guillaume Vas de Congne, son frère : « Avançons-nous, je ne vueil jamais rentrer en ville ni en chastel qui soit en Portingal, si aurai vu nos ennemis et combattu à eux ; et me mettrai en peine de rescourre la proie. » Et puis me dit : « Laurentien, développez ma bannière, car il est heure ; nous trouverons tantôt les ennemis. » Lors fis ce que il me commanda ; et chevauchâmes les bons galops, et tant que nous vîmes devant nous les pouldrières [1] de nos ennemis. Lors prîmes-nous l'avantage du soleil, et chevauchâmes et vînmes à eux.

« Quand les Castelloings nous aperçurent, si se tinrent tous cois et se remirent ensemble, et ordonnèrent leur proie et leurs prisonniers tous d'un côté. Nous les approchâmes de si près que bien poïèmes parler à eux, et eux à nous. Si vîmes trois bannières et quatre pennons ; et bien étoient par avis en flotte environ trois cents, et tous bien montés. Les bannières je vous nommerai. Tout premier messire Jean Raddigoz de Castegnas [2], chevalier et baron en Castille, messire Alve Gresie d'Albenes [3] et messire Adyoutale de Thoulete [1]. Les pennons, messire Pierre Souase de Thoulete [2], messire Adyoutale de Casele [3], messire Jean Radigos de Vere [4] et Dyocenes de Thore [5].

« Quand nous fûmes l'un devant l'autre, nous mîmes pied à terre et aussi firent eux ; et furent chevaux baillés aux pages et aux varlets. Et avant que nous assemblissions de lances, de dardes, ni d'armes à eux, ni eux à nous, nous eûmes grand parlement, voire les capitaines de l'une part et de l'autre, car, moi qui fus présent, oy toutes les paroles, pourtant que mon maître, messire Jean Ferrant Perceck de qui je portois la bannière, étoit au devant d'eux et à lui étoient adressés les parlemens. Tout premier il leur demanda qui les faisoit chevaucher en Portingal, ni lever leur proie. Messire Adyoutale de Thoulete répondit ainsi et dit : qu'ils y pouvoient bien chevaucher ainsi comme ils vouloient, pour punir les désobéissans, car il leur étoit commandé de leur seigneur le roi de Castille, auquel l'héritage de Portingal appartenoit ; et pourtant qu'ils y avoient trouvé rebelles et désobéissans, ils avoient couru au pays et levé proie et enmenoient prisonniers. » — « Vous ne les menerez pas trop loin, répondit Jean Ferrant Perceck, ni la proie aussi ; car nous les vous calengerons, ni nul droit vous n'avez en ce pays de venir courir. Ne savez-vous pas que nous avons roi, lequel veut tenir en droit son royaume et garder justice et punir les larrons et pillards. Si vous disons de par lui, que tout ce que vous avez pris et levé au royaume de Portingal vous remettez

---

[1] Tourbillons de poussière.
[2] João Rodriguez de Castanheda.
[3] Alvaro Garcia de Albornoz.

[1] Adiantado de Toledo.
[2] Pedro Soarez de Toledo.
[3] Adiantado de Caçorla.
[4] Joao Rodriguez Pereira.
[5] Probablement Diego Eanes de Tavora. Je trouve, dans la chronique de Duarte de Liao, un Pedro Lourenço de Tavora. C'est peut-être un parent de celui mentionné par Froissart. Quant aux premiers noms, ils sont tous mentionnés, comme je les ai écrits, par Duarte, dans sa description de l'engagement de Trancoso. Si quelque chose, au reste, doit nous étonner, ce n'est pas de voir Froissart défigurer des noms qui lui étaient étrangers, c'est au contraire de voir que, malgré la difficulté extrême de se procurer alors de tels renseignemens, il est presque toujours exact sur le matériel des faits et sur la forme générale des noms ; ce qui m'aide à en redresser l'orthographe, c'est que les prénoms qu'il donne aux personnages cités sont constamment exacts, à un petit nombre d'exceptions près. Froissart gagne beaucoup à être comparé avec les chroniqueurs de la même époque.

arrière ; ou autrement, sur notre droit et juste querelle, nous nous combattrons à vous. » Donc répondit Adyoutale de Thoulete : « Les prisonniers que nous avons ne rendrons-nous pas, mais nous nous conseillerons de la roberie et de la proie. » Lors se sont les sept capitaines de Castelloigne traits ensemble en conseil ; et montrèrent, à ce que ils répondirent, que pour celle fois, quoique ils eussent chevauché devant Trencouse, ils se fussent bien passés de la bataille, car ils dirent, eux conseillés, que le bétail que ils menoient et tout le sommage, excepté les hommes que pour prisonniers ils tenoient, ils mettroient et laisseroient arrière ; et ne faisoient compte du mener, car ce les chargeoit trop. » — « Nennil, répondirent les Portingalois, nous ne nous en passerons pas ainsi ; mais voulons que tout vous laissiez ou vous aurez la bataille. »

« Monseigneur, ils ne se purent concorder. Si commença la bataille entr'eux dure et fière, sans eux épargner, car ils étoient tous habiles et légers et fortes gens, et le champ où ils se combattoient étoit bel et ample. Là lançoient et jetoient Portingalois et Espaignols les coups de darde si grands et si forts que qui en étoit asséné il étoit trop acertes bien armé si il n'étoit mort ou navré trop durement. Là ot fait, je vous dis, plusieurs grands appertises d'armes et des abatus par belles luttes. Et là étoit Jean Ferrant Perceck, qui d'une hache se combattoit moult vaillamment ; et aussi firent ses deux compagnons, Martin Vas de Congne et Guillaume de Congne.

« D'autre part les Espaignols se combattoient aussi moult vaillamment. Et dura l'estour et le poussis plus de trois heures, sans branler l'une partie ni l'autre ; et étoit à émerveiller comment ils purent tant souffrir la peine d'être en leurs armures ; mais le grand désir que chacun avoit de partir à honneur de la place les faisoit tels être. Et je vous dis aussi que Portingalois et Espaignols sont dures gens aux armes et autre part, quand ils voient que besoin touche. Ils furent en tel état lançant et jetant dardes et poussant l'un sur l'autre moult longuement que on ne savoit à dire ou sçut, qui les vit en cel état combattre, lesquels auroient le meilleur ni lesquels obtenroient terre ou place pour la journée, tant se combattoient bien et également : ni oncques, Dieu merci ! bannière ni pennon de notre côté chéit ni versa ; mais les leurs se commencèrent à dérompre et à branler. Dont ils rencouragèrent les nôtres et furent plus frais que devant et écrièrent haut tout d'une voix : « Saint George ! Portingal ! » et entrèrent les nôtres ès Castelloings fort et ferme, et les commencèrent à dérompre et à abattre l'un çà et l'autre là. Là furent abattus vilainement et mortellement l'un sur l'autre et férus de haches et de plommées et de grandes coustilles et guisarmes [1] ; et tourna du tout la déconfiture sur eux.

« Quand leurs pages et leurs varlets, qui gardoient leurs chevaux, aperçurent la déconfiture de leurs maîtres, si tournèrent en fuite pour eux sauver ; et sachez que des sept capitaines qui là furent, il ne s'en partit que un tout seul, encore fut-ce par son bon page qui le vint quérir en la bataille au dehors où il le vit, et le fit monter, et lui fit pour ce un moult beau service ; et ce fut Adyoutale Casele [2] : tous les autres six furent morts. Ni oncques il n'y ot pris homme à rançon.

« Ainsi obtinrent la place et déconfirent de rencontre les Castelloings, messire Jean Perceck et leurs gens qui étoient largement trois contre deux, assez près de la ville de Trencouse, en un jour de mercredi, au mois d'octobre, en l'an de grâce monseigneur mil trois cent quatre vingt et quatre.

CHAPITRE XXXI.

Comment le dit Laurentien Fougasse raconta au dit duc de Lancastre la bataille qui fut à Juberote entre le roi de Castille et le roi de Portingal.

« Après celle déconfiture faite et le champ tout délivré, nos gens montèrent et donnèrent congé aux hommes qui là étoient, que les Castelloings avoient pris, si comme je vous ai dit ; et encore leur rendirent-ils du pillage que ils emmenoient, tant que ils en voudrent prendre ; mais le bétail, où plus avoit de huit cents bêtes, en firent mener devant eux en la ville et garnison de Trencouse, pour eux repourvoir et avitailler ; ce fut raison. Et quand nous rentrâmes en Trencouse, nous y fûmes reçus à très grand'joie ; et ne savoient les gens que ils pussent faire de nous,

[1] Haches à deux tranchans.
[2] Suivant D. de Liao, Adiantado Caçorla fut lui-même tué au combat de Trancoso, et le seul qui échappa fut Pedro Soarez de Quinhones, capitaine de Genêts, dont Froissart ne parle pas.

pourtant que nous avions délivré la contrée de nos ennemis et rescous ce qui perdu étoit. Et le nous tournèrent à grand'vaillance ; et aussi firent tous ceux des bonnes villes de Portingal qui en ouïrent parler.

« Encore en cel an présent ont nos gens bien eu aussi belle journée et aventure au champ de Séville ; mais je vous recorderai avant la plus belle journée et la plus heureuse que le roi de Portingal ait point eu depuis deux cents ans que notre roi le roi Jean, mon très rédouté seigneur, qui ci m'envoie et le grand-maître de Saint-Jacqueme, qui ci est, a eu depuis quatre mois sur les ennemis, lesquels étoient bien quatre contre un, et toutes bonnes gens d'armes et de haute emprise, par quoi la nôtre journée en est plus recommandée ; mais je crois, monseigneur, que vous en avez bien ouï parler ; si vaut autant que je m'en taise que j'en parole. » — « Non ferez, dit le duc, vous ne vous en tairerez pas ; vous le me conterez, car je vous oy volontiers parler. Il est bien vérité que je ai un varlet à hérault céans, qui s'appelle Derby, qui y fut, ce dit-il ; et me conta que nos gens de ce pays y firent merveilles, et plus ce me semble, au voir dire, que ils ne sçussent ou pussent faire ; car il n'en y pouvoit avoir foison, parce que mon frère de Cantebruge, quand il se partit de Portingal, mit hors tous les Anglois que il y avoit menés, et les Gascons aussi. Et de ces hérauts moult y en a qui sont si grands bourdeurs et menteurs, que ils exaulsent en leurs paroles ceux que ils veulent, et abattent aussi qui que ils veulent ; et pour ce ne sont pas morts ni péris les biens des bons, car si il n'est connu ou ramentu par eux, si est-il bien qui le voit et ramentoit quand il chet à point. » — « Par ma foi ! répondit Laurentien Fougasse ; de tous les étrangers qui furent à la bataille de Juberot, avecques le roi de Portingal, il n'y ot pas deux cents hommes anglois, gascons et allemands ; et les greigneurs capitaines des étrangers qui y furent, ce furent deux Gascons et un Allemand de la duché de Guerles. Les Gascons nommoit-on messire Guillaume de Montferrant[1] et Bernardon, et l'Allemand Allebreth. Des Anglois y eut aucuns archers, mais je n'y oy oncques nommer homme de nom, fors deux escuyers, Nortbery et Hartecelle. Si furent-ils appelés au conseil du roi et des seigneurs quand on dut assembler. » — « Or avant, dit le duc, beau sire Laurentien, or me contez celle journée comment elle se porta, et comment elle fut combattue, et je vous en prie. L'escuyer répondit : « Monseigneur, volontiers. »

Lors commença Laurentien Fougasse à renouveler son conte et à parler de la besogne et esconvenue de Juberot et dit ainsi :

« Vous avez bien ouï dire par moi et par autrui, si il vous plaît, que, après le couronnement du roi de Portingal qui fut couronné à Connimbres, si comme je vous ai dit, le roi de Castille, qui levé étoit du siége de Lussebonne pour la pestillence de la mortalité qui fut entre ses gens et retrait à Saint-Yrain, moult li pesa, ce doit-on savoir, quand il fut informé du couronnement de mon très rédouté seigneur le roi Jean ; car il clamoit droit, et clame, à l'héritage et couronne de Portingal, si comme vous savez, de par la roine de Castille, sa femme, qui fut fille au roi Ferrant ; et nous disons que non. Et les points et les articles je vous ai montrés et déclarés, si ne m'en faut plus parler, car vous les avez bien entendus, mais vueil retourner à la matière.

« Le roi de Castille fut conseillé, si comme il apparut, d'envoyer quérir gens d'armes et soudoyers partout où il les pourroit avoir, et par espécial au royaume de France ; car François lui ont toujours aidé à soutenir sa querelle, et le roi son père, et fait sa guerre ; et lui fut dit : « Monseigneur, il ne vous faut avoir qu'une journée arrêtée contre celle introduction au royaume de Portingal : et si par puissance vous les poiez tenir aux champs et combattre, vous en viendriez à votre entente, car ils sont en grand différend et discord au royaume de Portingal ensemble, si comme vous savez et véez ; car jà maintenant avez-vous avecques vous des plus hauts et des plus nobles du pays qui se sont mis en votre obéissance, et c'est une chose qui moult grandement embellit et éjouit votre querelle. Si vous avancez de combattre atout puissance de bonnes gens, cil bâtard et intrus de Portingal que les communautés ont couronné à roi. Avant que il se fortifie des Anglois, vous le ruerez jus ; et quand vous aurez journée pour vous, tout le pays

---

[1] D. de Liao l'appelle Joao de Monferrara, mais ici c'est lui qui est dans l'erreur. Le nom doit être écrit tel qu'il est donné par Froissart.

sera vôtre, car il n'est pas grand à conquerre. »

« Si que, monseigneur, le roi Jean de Castille s'avança, et envoya ses lettres et ses messages en France, en Poitou, en Bretagne, en Normandie, en Bourgogne, en Picardie et en plusieurs lieux, où il pensoit à avoir gens dont il fut servi et lesquels en aucune manière étoient tenus à lui. Et par espécial moult grands gens d'armes, chevaliers et escuyers lui vinrent du pays de Berne. De celle contrée il en ot trop plus que de nulle autre nation, et tant qu'ils se trouvèrent un jour à Saint-Yrain entre six mille et sept mille lances et vingt mille Espaignols, et tous à cheval, lesquels avoient grand désir de nous porter grand dommage.

« Nouvelles vinrent en Portingal devers le roi et les seigneurs et les cités et bonnes villes, qui de l'alliance et de l'accord au roi étoient; et fut nombrée la puissance que le roi de Castille mettoit ensemble, et fut le roi informé que tout étoit fait pour venir mettre le siége devant Lussebonne. Donc, pour avoir conseil comment on se cheviroit, le roi et les seigneurs qui avecques lui étoient se mirent ensemble. Et là fut dit et démontré au roi par les plus notables de tout son pays que : « de toutes les soubtivetés que on pouvoit prendre, c'étoit que on allât au devant des ennemis et qu'on ne se laissât pas enclorre en cité ni en bonne ville qui fût en Portingal, car si on se enclouoit, on seroit tout embesogné de garder le clos; et si enclos, endementres pourroient les Castelloings à leur aise aller et chevaucher parmi le pays et conquerre villes et chastels par force ou par amour et détruire tout le plat pays, et nous affamer et tenir où enclos nous auroient. Et si nous allons au-devant d'eux et prendons place, c'est le meilleur et le plus profitable; car bien savons, sire roi, que vous ne pouvez paisiblement joïr de la couronne dont nous vous avons couronné, fors par bataille, et que du moins une fois ou deux vous ayez rué jus votre adversaire le roi de Castille et sa puissance. Si nous déconfisons, nous sommes seigneurs; si nous sommes déconfits, ce royaume est à l'aventure ; mais trop mieux nous vaut requerre que à être requis; et plus honorable et plus profitable nous sera; car on a vu par trop de fois que les requérans ont eu l'avantage sur les défendans. Si vous conseillons que vous fassiez votre mandement à ceux dont vous pensez à être aidés et servis et prenez les champs. »

« Le roi de Portingal répondit : « Vous parlez bien et je le ferai ainsi comme vous l'ordonnez. » Donc fit le roi lettres escripre, et mit clercs en œuvre à grand'planté, et manda à tous que ils fussent au Port de Portingal, ou là près, dedans le jour que il y assigna.

« Sachez que tous ceux qui furent escripts ni mandés ne vinrent pas, car tout le royaume par ce temps n'étoit pas de sa partie. Aucuns dissimuloient, qui vouloient voir comment les ordonnances se porteroient ; et les aucuns étoient allés en Castille devers le roi pour ce que ils disoient que il avoit plus grand droit à la couronne de Portingal que notre roi n'avoit. Nonobstant tout ce, le roi de Portingal vint à Connimbres, et là fit son assemblée de toutes gens d'armes qu'il put avoir. Au voir dire, il ot de Portingal à élection toutes les meilleurs gens et les plus alosés et autorisés, comtes, barons et chevaliers. Et ot bien purement vingt cinq cens lances, chevaliers et escuyers, et douze mille hommes de pied. Quand ils furent tous assemblés, on ordonna connétable et maréchal. Le connétable fut le comte de Novare[1] et le maréchal messire Alve Perrière[2], et tous deux sages hommes, pour gouverner gens d'armes et mener un ost à son devoir. Si se départirent de Connimbres et de là environ où il étoient logés, et prirent le chemin de la Cabasse[3], c'est à la Juberote. Et cheminèrent tout doucement à l'aise de leurs corps et de leurs chevaux pour les grands pourvéances qui les suivoient. Et avoient chevaucheurs devant qui avisoient le contenement du roi de Castille ni comment il se vouloit maintenir. Encore n'étoit pas venu en la compagnie du roi de Portingal messire Jean Ferrant Percek, mais se tenoit en garnison au chastel d'Orench à cinq lieues de Juberote et crois que il ne savoit point que on se dût combattre.

« Je suppose assez que le roi de Castille fut informé du roi de Portingal qui s'en venoit à puissance sur lui, et quand il sçut que nous étions aux champs il en ot grand'joie; et aussi orent toutes ses gens si comme ils lui montrè-

---

[1] Le connétable était Nuño Alvares Pereira.
[2] Le maréchal était en effet Alvaro Pereira, un des frères du connétable. Ses autres frères servaient dans l'armée castillane. — [3] Alcobaça.

rent ; car ils lui conseillèrent à chevaucher contre nous et nous venir combattre. Et par espécial les Gascons de Berne qui là étoient nous désiroient trop fort à combattre, et demandèrent à avoir la première bataille et ils l'eurent. Et bien nous avoit dit messire Guillaume de Montferrant, Gascon qui étoit là atout quarante lances : « Soyez tous assurs d'avoir la bataille, puisque vous avez les Bernès à l'encontre de vous, car ils ne désirent autre chose. » Le roi, dont la bataille fut à lendemain, vint gésir au chastel de Lerie, à deux lieues de la Cabasse, à Juberote, et le lendemain nous vînmes à la Cabasse et là nous logeâmes ; et le roi de Castille se logea ce soir à une petite lieue de Juberote, quand nous fûmes logés à Lerie ; car bien savoit par ses chevaucheurs quel chemin nous prendrions et que nous nous logerions à Juberote. Monseigneur, je vous dis que les Portingalois ont eu toujours grandement leur confidence en toute grâce de Dieu et en bonne fortune pour eux en celle place de Juberote, et pour ce s'y arrêtèrent-ils encore à celle fois. » — « Or, me dites la raison, » ce dit le duc. « Volontiers, monseigneur, dit Laurentien Fougasse. Anciennement le grand roi Charlemagne, qui fut roi de France et d'Allemagne et empérière de Rome, et lequel fut en son temps si grand conquéreur, déconfit à Juberot sept rois mescréans[1] et y ot bien morts cent mille mescréans. Ce trouve-t-on et sait-on bien par les anciennes chroniques. Par celle bataille il conquit Connimbres et tout Portingal, et le mit en la foi chrétienne. Et pour la cause de la grand'victoire et belle que il ot sur les ennemis de Dieu, il fit là faire et édifier une abbaye qui est de noirs moines, et les renta bien en Castille et en Portingal, tant que ils s'en contentèrent encore plus. »

« Monseigneur, il peut bien avoir environ deux cens ans que là il ot, et en celle même place, une très belle journée, un seigneur pour ce temps de Portingal, qui étoit frère du roi de Castille[2] ; ni oncques, en devant ce, en Portingal n'avoit eu roi, mais s'appeloit-il le comte de Portingal[1]. Advint que cils deux frères, le roi de Castille et le comte de Portingal, eurent guerre mortelle ensemble pour le département des terres, et tant qu'on n'y trouvoit nulle paix fors que la bataille ; car la chose touchoit tant à ce comte et aux Portingalois que ils avoient plus cher à être morts que eux encheoir au parti ni en la subjection où le roi de Castille les vouloit mettre et tenir. Si s'aventurèrent Portingalois, et vinrent tenir journée à l'encontre du roi de Castille à Juberot. Là furent le roi de Castille et ses gens si puissans que ils étoient dix contre un, ni ne prisoient en rien les Portingalois. Donc, sur le champ de Juberot, à la Cabasse, dit-on, où la bataille des Mores avoit été, fut la bataille des Castelloings et des Portingalois par telle manière que elle fut moult cruelle. Finablement cil comte de Portingal et ses gens obtinrent et subjuguèrent ; et furent Castelloings déconfits, et fut pris le roi de Castille[2] ; par laquelle prise le comte de Portingal vint à paix tel comme il voult. Et furent adonc départis, divisés et abonnés les deux royaumes de Portingal et de Castille. Or, pour ce que les Portingalois, qui à celle bataille furent, virent que Dieu y avoit fait sa grâce, que un petit nombre de gens que ils étoient avoient déconfit la puissance du roi de Castille, ils vouldrent augmenter leur terre et leur pays et en firent un royaume ; et couronnèrent les prélats de Portingal et les seigneurs leur premier roi en la cité de Connimbres ; et le firent chevaucher parmi tout son royaume la couronne de laurier au chef, en signifiant honneur et victoire, ainsi comme anciennement les rois souloient faire. Depuis est toujours demeuré le royaume de Portingal à roi ; et sachez, monseigneur, que aincois que ils se vissent en la subjection des Castelloings, ils prendroient un moult lointain du sang du roi de Portingal, qui seroit mort sans avoir mâle de lui.

« Et quand le roi de Portingal fut venu sur la place, on lui démontra bien toutes ces choses ; et advint, endementres que le connétable et le maréchal ordonnoient les batailles, que messire Jean

---

[1] Peut-être Froissart veut-il plutôt parler d'Alphonse Henriquez et du champ d'Ourique, où Alphonse Henriquez, fondateur de la monarchie portugaise, défit cinq rois maures. Charlemagne n'est jamais venu de ce côté.

[2] Le comte Henri de Bourgogne avait épousé Thérèse, fille naturelle d'Alphonse VI, roi de Castille et de Léon.

[1] Le premier roi de Portugal fut Alphonse Henriquez, fils du comte Alphonse. Il fut proclamé roi sur le champ de bataille d'Ourique.

[2] Ces derniers événemens ne sont nullement conformes à la vérité historique.

Ferrant Percek vint sus aile entre les batailles, lequel au matin s'étoit parti de sa garnison du Rem, et amena avecques lui quarante lances. Donc on ot grand'joie de sa venue, car il fut mis au frein du roi. Et quand nos batailles furent toutes ordonnées et mises en bon arroi et en bonne ordonnance, et que on n'attendoit autre chose que les ennemis, et jà étoient nos chevaucheurs envoyés par devers eux pour enquérir de leur contenement, le roi se mit entre ses gens et fit faire silence et paix. Lors dit-il : «Seigneurs, vous m'avez couronné à roi, or me montrez loyauté; car puisque je suis si avant, et mêmement sur la place de Juberot, jamais ne m'en retournerai arrière en Portingal si aurai combattu mes ennemis.» Tous répondirent : «Sire roi, nous demeurerons avecques vous ni ne fuirons nullement.»

«Or s'approchèrent ces batailles, car les Castelloings avoient grand désir de nous trouver et nous combattre, si comme ils en montroient le semblant. Nous envoyâmes nos coureurs devant, pour eux aviser et savoir quels gens ils étoient en nombre et pour nous conseiller sur ce. Nos coureurs demourèrent plus de trois heures entières, sans retourner ni ouïr nouvelles d'eux; et fut telle fois que nous les cuidâmes avoir perdus : toutes fois ils retournèrent, et nous rapportèrent justement leur convenant et la quantité de leurs batailles. Et dirent que en l'avant-garde avoit bien largement sept mille lances armés de pied en cap, la plus belle chose qu'on pût voir. Et en la grosse bataille du roi avoit bien vingt mille chevaux, et tous hommes armés.

«Quand nos gens et les seigneurs sçurent le nombre d'eux et comment ils venoient, et que l'avant-garde étoit près de deux lieues outre la bataille du roi, car ils n'étoient pas bien tous d'accord les Gascons et les étrangers avecques les Castelloings, si orent nos gens conseil de nous tous tenir ensemble et sur notre fort et de faire deux esles de bataille. Et les gens d'armes, où bien avoit deux mille et cinq cents lances, au fond de ces deux esles. Là, monseigneur, pussiez-vous voir bonne ordonnance de bataille et gens grandement reconfortés. Et fut dit et commandé de par le roi, et sur la tête, que nul ne prît rien ce jour à rançon si la journée étoit pour nous, ou tout mourir, ou tout vivre. Et fut cela fait et ordonné pour le meilleur; car, si comme les seigneurs disoient : «Si nous nous entremettons ou embesognons à prendre prisonniers, nous nous decevrons et ne pourrons entendre à chose que nous aurons à faire. Si vaut mieux que nous entendions au bien combattre que à la convoitise d'avoir prisonniers; et nous vendons ainsi que bonnes gens doivent faire qui sont sur leur héritage.»

«Celle parole fut acceptée et tenue. Lors vinrent nos ennemis, aussi serrés que nulle chose pouvoit être, pardevant nous; et mirent tous pied à terre, et chassèrent chevaux arrière, et lacèrent leurs plates et leurs bassinets moult faiticement, abaissèrent les visières et appointèrent les lances et nous approchèrent de grand'volonté; et vraiment là avoit fleur de chevalerie et d'escuyerie, et bien le montrèrent.

«Entre nous et eux avoit un petit fossé et non pas grand que un cheval ne pût bien saillir outre. Ce nous fit un petit d'avantage, car au passer, nos gens qui étoient en deux esles [1] et qui lançoient de dardes affilées, dont ils en meshaignèrent plusieurs, leur donnoient grand empêchement; et là ot d'eux, au passer ce tantet d'aigue et le fossé, moult grand'presse, et des plusieurs moult travaillés et foulés. Quand ils furent outre, ils assemblèrent à nous; et jà étoit tard; et crûmes, et fut l'opinion des nôtres, que quand ils assemblèrent à nous que ils cuidèrent que le roi de Castille et sa grosse bataille les suivissent de près; mais non firent, car ils furent tous morts et déconfits avant que le roi de Castille ni ses gens vinssent. Si vous dirai par quelle incidence. Ils furent enclos et enserrés entre nous de ceux que nous appelons les communautés de notre pays, par telle manière que on frappoit et féroit sur eux de haches et de plommées sans eux épargner; et nos gens d'armes, qui étoient frais et nouveaux, leur vinrent au devant en poussant de lances, et en eux reculant et reversant au fossé que ils avoient passé. Et vous dis, monseigneur, que en moins de demi-heure ce fut tout fait et accompli, et tous morts sur le champ de droites gens d'armes plus de quatre mille; ni nul n'y étoit pris à rançon. Et quand aucun chevalier ou

---

[1] L'une de ces deux ailes, composée de jeunes chevaliers qui s'étaient liés entre eux par serment, s'appelait *l'aile des Amoureux* : elle décida en grande partie par son courage du gain de la bataille

escuyer des nôtres en vouloit un prendre, on lui occioit entre ses mains.

« Ainsi chéirent en pestillence et déconfiture nos ennemis; et fut toute nettement ruée jus sans recouvrance l'avant-garde. Lors vint la bataille du roi de Castille, et le roi aussi, où bien avoit vingt mille hommes tous bien montés. Mais quand ils approchèrent il étoit jà nuit, et ne savoient pas le grand meschef qui leur étoit advenu de leurs gens. Si vinrent faire leur montre sur leurs chevaux par devant nous; et firent plus de cinq cens, par appertises d'armes, saillir leurs chevaux tout outre le fossé. Mais sachez, monseigneur, que tous ceux qui y passèrent, oncques pied n'en repassa; et furent là occis des Castelloings tout ou partie des plus nobles de ceux qui aimoient et désiroient le plus les armes, avecques grand'planté de barons et chevaliers de Portingal qui s'étoient contre nous tournés avec le roi de Castille. Et quand nos gens virent et connurent que nos ennemis se déconfisoient ainsi, ils passèrent tout outre le fossé et le tantet d'aigue que là avoit, car en plus de quarante lieux elle étoit esclusée des morts qui y étoient versés et couchés. Si demandèrent leurs chevaux et montèrent, et puis se mirent en chasse; mais longuement ne fut-ce pas, pour ce qu'il étoit nuit : si ne se vouloient pas nos gens abandonner follement ni aller trop avant, pour la doute des embûches; et si n'étoient pas si bien montés comme les Castelloings étoient; car si ils l'eussent été, pour vérité, ils eussent reçu plus de dommage assez que ils ne firent, et eût été le roi de Castille sans faute mort ou pris; mais la nuit qui nous survint tout obscure, et être foiblement montés, les sauva. Or vous vueil-je nommer premièrement la greigneur partie des nobles tant Espagnols, François et Gascons comme Portingalois qui là moururent sur le champ que on dit à la Cabasse de Juberot; et premièrement :

Le comte Damp Jean Alphonse Rote[1], le grand Prieur de Saint-Jean de Portingal, Damp Dilg Avres son frère[2], Ange Salvace de Gennève,

---

[1] Probablement le comte Jean Alphonse Tello, amiral de Portugal, comte de Majorque et auparavant de Barcelos, frère de la reine Léonore, pour qui la bataille se livrait.

[2] Au lieu de fatiguer le lecteur en cherchant, et souvent peut-être infructueusement, à redresser ces différens

Damp Jean Ausalle, messire Dagomes Mendrich, Digho Per Serment, Pierre Ru Sierment, Lunoms, je vais rapporter ici la liste des morts, telle que la donne Duarte de Liaõ, d'après l'autorité de Fernand Lopez, et de Pedro Lopes de Ayala qui avait lui-même assisté à la bataille et avait été fait prisonnier. Le témoignage de ces deux chroniqueurs est tout-à-fait digne de foi. Fernand Lopez était gardien de la *torre do tombo*, dépôt des archives de Portugal. Lopes de Ayala avait été revêtu des plus hautes charges en Castille; il avait été successivement ambassadeur à Rome, en France et en Arragon : lors de son ambassade en France, il fut même nommé par Charles VI grand chambellan et membre du conseil, et assista à la bataille de Rosebecq dans les rangs de l'armée française. En Espagne il combattit en faveur de D. Henri et fut fait prisonnier à la bataille de Najara : il fut également malheureux dans la bataille d'Aljubarota. Lopes de Ayala a écrit, outre les Chroniques des rois de Castille de son temps, un livre sur la chasse, un autre sur l'art du courtisan, et il a traduit en espagnol les Miracles de saint Grégoire, le Souverain bien d'Isidore, les Consolations de la Philosophie de Boèce, Tite-Live, le Traité de Boccace sur la chute des princes et plusieurs autres ouvrages.

Voici la liste des morts d'après ces deux chroniqueurs : Don Pedro, fils de D. Alphonse, marquis de Villena, premier connétable de Castille, de la maison royale d'Arragon; D. Jean de Castille, seigneur d'Aguilar et de Castanheda, fils du comte D. Tello, seigneur de Biscaye; D. Fernando, fils du comte D. Sanche, petit-fils du roi D. Alphonse IX; D. Pedro Diaz, prieur de Saint Jean; le comte de Vilhalpando; D. Diego Maurique, adelantado major de Castille; D. Pedro Gonçalvez de Mendoça, grand majordome du roi D. Jean ; Fernandez de Tovar, amiral de Castille; D. Diego Gomez Manrique ; D. Diego Gomez Sarmiento, adelantado de Galice ; Pedro Gonçalvez Carillo, maréchal de Castille; Joaõ Perez de Godoy, fils du maître de Santiago; D. Pedro Moniz de Godoy, auparavant maître de Calatrava, Fernand Carillo de Priego, Fernand Carrillo de Macuello, Alvaro Gonçalvez de Sandoval, Fernand Gonçalvez de Sandoval, son frère ; D. Joaõ Ramirez de Arellano, seigneur de Cameros, Joaõ Ortiz, seigneur de Las Cuevas, Ruy Fernandez de Tovar, Goterre Gonçalvez de Quirós, Gonçalo Alphonse de Cervantes, Diego de Tovar, Ruy Barba, Diego Garcia de Toledo, Joaõ Alvarez Maldonado, Garcia Dias Carillo, Lopo Fernandez de Seville Jean Alphonse de Alcantara, D. Gonçalo Fernandez de Cordone, Pedro de Velasco, Ruy Dias de Rojas, Gonçalo Gonçalvez de Avila, Sancho Carillo, Jean Duque, Ruy Vasques de Cordova, Pierre de Beuil et un de ses fils, Pero Gomez de Parras et deux de ses fils, Ruy de Tovar, frère de l'amiral, le grand commandeur de Calatrava, Gomez Goterrez de Sandoval, Alvaro Nunez Cabeça de Vacca, Lopo Fernandez de Padilla, Jean Fernandez de Mexica, Pero Soares de Toledo, Fernaõ Rodriguez de Escovar, Alvaro Rodriguez de Escovar, Lopo Rodriguez de Assa, Ruy Ninho, Lopo Ninho, Jean Ninho, tous trois frères; Garcia Gonçalvez de Quiroz, Lopo Gonçalvez de Quiroz, deux frères ; Sancho Fernandez de Tovar ; Ayrez Pirez de Camões, Galicien ; un Français, De Roye, ambassadeur du roi de France; Geoffroy Ricon, Geoffroy de Partenay et gares de Versauls, le grand maître de Calestrave et son frère qui s'appeloit Damp Digho Digaras, Pierre Goussart de Mondesque, Pierre Ferrant de Valesque, Pierre Goussart de Séville, Jean Radigo de Hoies et le grand-maître de Saint-Jacqueme; des François, messire Jean de Rie, messire Geffroy Ricon, messire Geffroy de Partenay, messire Espagnolet d'Espagne, messire Regnault du Solier, dit Lymosin, maréchal du roi de Castille; et des Gascons de Berne, le seigneur Des Bordes, le seigneur de Marsan, seigneur de Bringoles; messire Raymond d'Ouzach, messire Bertran de Barége, messire Jean Aseleglie, Messire Raymon de Valencin, messire Adam de Murasse, messire Mennaut de Sarement, messire Pierre de Sarembière et plusieurs autres, plus de douze cents chevaliers et écuyers tous gentils hommes. Or vous veuil-je nommer de ceux de notre côté qui furent là avecques le roi notre seigneur le roi Jean de Portingal; et premier, le comte de Novare, connétable; Dcégue Lopes Percek, Pierre Percek et messire Jean Ferrant Percek, et Agalop Ferrant Percek son frère, qui là étoient au frein du roi; le Pou vasse de Coingne, Eghéas Coille, le Podich d'Asvede, Vasse Martin de Merle et son fils Vasse Martin : mais il mourut là ce jour et fut féru d'un jet de une darde tout parmi le corps. *Item*, Gonsalves de Merle, messire Alve Perière, Jean Jeumes de Salves, Jean Radigo de Sars, don Ferrand Radigho, cousin du roi, Damp Modecoque, Radigo de Valconsiaulx et Roy Mendiguez de Valconsiaulx. »

Lors commença le duc de Lancastre à rire, et Laurentien Fougasse lui demanda : « Monseigneur, pourquoi riez-vous? » — Pourquoi? dit le duc; il y a bien cause : je n'oy oncques mais nommer tant de forts noms ni si étranges comme je vous ai ici ouï nommer. » — « Par ma foi! répondit l'escuyer, tous tels sont-ils en notre pays et encore plus étranges. » — « Je vous en crois, dit le duc. Or me dites, Laurentien, que devint le roi de Castille après cette déconfiture? Fit-il nulle recouvrance? S'enferma-t-il en nulles de ses bonnes villes, ni le roi de Portingal le suivit-il point à lendemain? » — « Monseigneur, nennil; nous demeurâmes celle nuit sur la place où la bataille avoit été, et à lendemain, jusques à nonne ou environ, et nous retournâmes au chastel le soir, que on dit à Lerie, à deux petites lieux de Juberot, et de là nous retournâmes à Connimbre. Et le roi de Castille s'en vint à Saint-Irain, et monta là en une barge, et se fit nager quatorze lieues outre, et là entra en un gros vaissel et s'en alla par mer à Séville, où la roine étoit. Et ses gens s'en allèrent les uns çà et les autres là, ainsi que gens déconfits, où ils ne pouvoient avoir nul recouvrer, car ils avoient trop perdu; ni ce dommage point ne recouvreront de grand temps, si ce n'est par la puissance du roi de France. Et pour ce que le roi de Portingal et son conseil sait bien que il se pourchasse de ce côté [1], et que ils ont grands alliances ensemble, sommes-nous envoyés en ce pays par devers le roi d'Angleterre et vous. »

Donc répondit le duc et dit : « Laurentien, vous ne vous partirez pas sans reporter bonnes nouvelles en Portingal. Mais je vous prie que un autre rencontre que vos gens orent au champ de Séville, si comme je vous ai ouï conter, que vous le me veuilliez dire, car je oy volontiers parler d'armes, quoique je ne sois pas bon chevalier. » — « Monseigneur, répondit l'escuyer, volontiers. »

« Après celle belle journée et honorable que le roi Jean de Portingal ot à la Cabasse de Juberot, et qu'il fut retourné à grand triomphe en la cité de Lussebonne, et que on n'oyoit nulles nouvelles que Castelloins ni François se rassemblassent en Castille, mais se tenoient en garnisons, se partit le roi de Castille de Séville et sa femme et tout son ost, et s'en alla à Burges. Et

---

beaucoup d'autres Gascons; Arnaud Limousin, de Longas, de l'Épée, messire de Beuil, de Bordes, de Morianes, Pierre de Ber, Bertrand de Barèges, Raymond d'Ongnac, Jean Assalégié, Manant de Saramen, Pierre de Sarcbières, Etienne de Valencin, Raymond de Corasse, Pierre de Hausane; deux nobles portugais qui suivaient le parti du roi de Castille ; D. João Alphonse Tello, amiral de Portugal, comte de Mayorga, et autrefois de Barcelos, frère de la reine Dona Léonore, pour qui se donnait la bataille; D. Pedro Alvarez Pereira, maître de Calatrava, et Diego Alvarez Pereira, frère du connétable de Portugal ; Gonçalo Vasquez de Azevedo; Alvaro Gonçalvez de Azevedo son fils ; Jean Gonçalvez, grand alcade de Obidos; Garcia Rodriguez Taborda, grand alcade de Leiria.

[1] D. Jean de Castille expédia en effet des ambassadeurs à Charles VI, qui résolut de le secourir, en lui envoyant deux mille lances commandées par le duc de Bourbon, frère de la reine Blanche, épouse de Pierre-le-Cruel, et deux autres chevaliers, Guillaume de Neaillac et Gautier de Passac.

advint que les nôtres et les leurs guerroyoient par garnisons. Donc une fois chevauchoit le connétable de Portugal[1], le comte de Novaire, et s'en vint entrer en Castille et au champ de Séville; et n'avoit en sa compagnie environ que quarante lances; et s'en vint courir devant une ville que on dit Valverde, où il y avoit de Castelloings bien deux cents combattans et tous gens d'armes. Le comte de Novaire s'en vint frappant devant la barrière de la ville et faisant sa montre; et montroit bien que il demandoit la bataille à ceux de dedans, lesquels se tenoient tout cois et ne faisoient nul compte par semblant de issir, mais ils s'armoient et appareilloient. Quand nos gens orent été devant la ville de Valverde une espace de temps, et tant que bon leur fut, ils s'en partirent tout chevauchant le pas et se mirent au retour. Ils n'eurent pas allé une lieue du pays, quand ceux de la garnison de Valverde vinrent le grand pas sur eux. Et les conduisoit un moult appert homme d'armes, qui s'appeloit Dio Genez de Padille, et le grand maître de Saint-Jacques de Galice; et vinrent férir sur nos gens, lesquels, lorsque ils sentirent l'effroi, mirent tantôt pied à terre, et baillèrent les chevaux à leurs pages et à leurs varlets, et apoignèrent les lances et se recueillirent tous ensemble. Les Espaignols, qui étoient grand'masse et grand'assemblée, tout premier entendirent aux varlets et aux chevaux prendre, et les orent tous par devers eux; et fut tel fois que ils dirent: « Allons-nous-en et emmenons leurs chevaux; nous ne les pouvons mieux grever ni donner plus de peine que d'eux faire retourner à pied. »

« Adonc dit le grand maître de Saint-Jacques: Nennil, nous ne ferons pas ainsi; car si nous avons les chevaux, nous aurons les maîtres aussi, car nous les combattrons; et nous mettons tous à pied, ils ne peuvent durer à nous. »

« Or advint, endementres que les Castelloings se détrièrent de nous assaillir, et que ils se conseilloient au derrière de nos gens, il y avoit un petit ru d'eau; ils le passèrent tout bellement et se fortifièrent, et ne montrèrent nul semblant que rien leur fût de leurs chevaux. Quand les Castelloings virent nos gens outre le ru, si se repentirent trop fort que de pleine venue ils ne les avoient assaillis et combattus: nonobstant, leur intention étoit bien telle que ils y recouvreroient bien, et que légèrement les déconfiroient: si vinrent sur eux et commencèrent à lancer et jeter dardes, et nos gens à eux pavesier[1]; et attendirent tant, en eschevant le trait des dardes et le jet des frondes, que les Castelloings orent employé toute leur artillerie; et ne savoient mais de quoi lancer ni jeter; et furent en tel état de nonne jusques au vêpre. Quand nos gens virent que toute leur artillerie étoit par devers eux, et que les Castelloings ne se savoient mais de quoi défendre ni combattre, le comte de Novaire fit passer sa bannière outre le ru, et toutes ses gens aussi, et puis au poussis des lances ils se boutèrent entre ces Castelloings, lesquels ils ouvrirent tantôt, car ils étoient lassés, travaillés et échauffés en leurs armures; si ne se purent au besoin aider. Là furent-ils déconfits et tous rués jus, et le grand maître mort, et plus de soixante des leurs, et le demourant tournèrent en fuite. Là recouvrèrent-ils leurs chevaux, et autres assez, que les Castelloings avoient là amenés.

« Que vous en semble-t-il, monseigneur, dit Laurentien? N'orent pas ce jour nos gens belle aventure? » — « Par ma foi! répondit le duc de Lancastre, ouil. »

CHAPITRE XXXII.

Comment le duc de Lancastre se partit lui et son armée du royaume d'Angleterre, et comment ils s'en vinrent par mer devant le chastel de Brest.

« Par tels rencontres et pour tels faits d'armes que nos gens ont eus sur leurs ennemis, depuis l'élection du roi Jean, sont les Portingalois, ce dit Laurentien Fogasse au duc de Lancastre, entrés en grand'gloire; et disent communément parmi Portugal que Dieu est pour eux, avec le bon droit qu'ils ont. Et voirement, monseigneur, il ne se fourvoient pas à cela dire que Dieu est pour eux; car en toutes les choses où ils ont été en armes depuis la mort du roi Ferrant, soit grande ou petite, ils ont eu victoire et journée pour eux; et le comte de Foix, qui est aujourd'hui entre les princes terriens un des grands et de prudence plein, si comme nous avons bien sçu par ceux de son pays, dit bien et maintient

---

[1] Nunalvarez Pereira qui, à l'âge de vingt-quatre ans, avait gagné la bataille d'Aljubarrota.

[1] Se couvrir de leurs boucliers.

que la fortune est pour le roi de Portugal; et si les chevaliers de Berne et de son pays l'eussent cru, quand ils se départirent de lui et ils prirent congé, ils ne se fussent jà armés à l'encontre du roi de Portugal. Monseigneur, sachez que le roi de Portugal est un sage homme, prud'homme et chaste, et craint; et doute Dieu, et aime l'église et exaulse ce qu'il peut, et est moult souvent en son oratoire à genoux et oraisons; et en oyant le service de Dieu il a de ordonnance que, pour quelconque besogne que ce soit, nul ne parle à lui tant qu'il est hors de son oratoire. Et est un grand clerc, et sait moult de l'astronomie; et par espécial il veut que justice soit tenue par tout son royaume et les povres gens en leur droit. Si que, monseigneur, à votre requête, je vous ai dit des besognes de notre pays ce que j'en sais, et aussi du roi notre seigneur, et de son conseil, car au partir j'en fus chargé pour le vous dire. Si me ferez réponse sur ce, si il vous plaît. »

« Laurentien, dit le duc; autrefois le vous ai-je dit et encore le vous renouvelle, que votre venue et les nouvelles de Portingal me font grand bien. Si ne vous partirez pas de moi que vous ne soyez adressé de tous points de ce que vous requérez et ce pourquoi vous êtes venu en ce pays. » L'écuyer répondit : « Monseigneur, grands mercis. »

Adonc fit monseigneur le duc de Lancastre la chambre ouvrir, et apportèrent écuyers et gens d'office vin et épices. Si burent et prindrent congé les Portingalois, et puis retournèrent à leur hôtel au Faucon à Londres. Là étoient-ils logés sur Tomelin de Collebrucq.

Ne demeura guère de temps depuis, que le duc de Lancastre et le comte Aymond de Cantebruge son frère, orent parlement et collation ensemble de ces besognes de Castille et de Portingal; de quoi le comte de Cantebruge en fut assez informé, car il avoit été au dit pays et demouré plus d'un an. Si oy volontiers toutes les conditions du roi de Portingal et de la roine de Castille recorder. Le comte dit bien à son frère : « Certainement, beau-frère, dès le roi Ferrant vivant, le chanoine de Robertsart et maître Guillaume de Windesore et aucuns des chevaliers que je avois là menés, me distrent bien tout ce qui en est, et qu'ils en avoient ouï parler et murmurer à aucuns du pays; et pour ce me pris-je à ramener mon fils, car pas n'avois trop grand'affection au mariage. » — « En nom Dieu! dit le duc, l'escuyer de Portingal qui est ici venu le m'a esclairci moult clerement; et nous ne pouvons pour le présent avoir voie ni entrée profitable pour nous au royaume de Castille, fors que par le pays de Portingal; car le royaume d'Arragon nous est trop loin, et aussi le roi d'Arragon et ses enfans ont été toujours plus favorables aux François que à nous. Si n'est pas bon, puisque le roi de Portingal et les Portingalois nous offrent confort, que nous le refusons. »

Sur cil point que je vous dis, et par espécial pour le fait de Portingal, ot un jour au palais de Wesmoustier un parlement; et là fut accordé que le duc de Lancastre auroit, aux coustages du royaume d'Angleterre, mille et douze cents lances, toutes gens d'élite, et deux mille archers et mille gros varlets, et seroit payé chacun avant son département pour demi an. De ce se contentèrent bien tous les oncles du roi, et par espécial le duc de Lancastre, auquel principalement la besogne touchoit, et qui devoit être chef de celle armée. Et pour expédier les ambassadeurs de Portingal, qui vouloient retourner en Portingal et apporter nouvelles, le roi d'Angleterre rescripsit au roi de Portingal moult douces lettres contenant grand amour et grand alliance que il vouloit tenir aux Portingalois; et fit le roi d'Angleterre donner de moult beaux dons au grand maître de Saint-Jacques de Portingal et à Laurentien Fogasse; et toujours étoient avec le duc de Lancastre ou le comte de Cantebruge. Si prindrent un jour les dessus dits ambassadeurs congé du roi et du conseil, et dînèrent ce jour avec le duc de Lancastre et le comte de Cantebruge et le lendemain ils furent délivrés. Et me semble que le duc de Lancastre mandoit par ses lettres au roi de Portingal, et par la bouche et parole des ambassadeurs, que on lui voulsist envoyer de Portingal sept gallées armées [1] et dix-huit ou vingt gros vaisseaux. Ceux s'en chargèrent, disant que ils feroient bien la besogne et le message. Et leur fut dit que on fît la navie prendre port et terre à Bristo, sur les frontières de Galles, et que là monteroient en mer le duc de Lancastre et toutes ses gens.

[1] Hollinshed rapporte qu'en effet le roi de Portugal lui envoya sept galères et dix-huit vaisseaux de transport.

Sur celle condition ils prindrent congé et se départirent du duc, et s'en vinrent à Hantonne, et trouvèrent leur nef qui là les attendoit. Si entrèrent dedans et singlèrent en mer, car ils orent vent à leur volonté. Si entrèrent en la haute mer d'Espagne, et furent dedans cinq jours au hable du Port de Portingal; et à ce jour le roi de Portingal y étoit, qui ot grand'joie de leur venue.

Là recordèrent au roi le grand maître de Saint-Jacques et Laurentien Fougasse tout ce que ils avoient vu et trouvé en Angleterre, tant par le roi comme de par ses oncles, et montrèrent leurs lettres qui certifioient tout.

Ne demoura guères de temps depuis, que le roi de Portingal, qui grandement désiroit à avoir l'aide et le confort du roi d'Angleterre, pour donner doute et cremeur aux Castelloings, mit son conseil ensemble; et là fut déterminé et délibéré que maître Alfonse Vretat[1], souverain patron et maître de toutes les navires et gallées de Portingal, feroit armer et appresler sept gallées et dix-huit grosses nefs, et les amèneroit en Angleterre pour aller quérir le duc de Lancastre. Si fut appelé maître Alfonse, et lui fut dit que il se délivrât de ordonner les gallées et les nefs, et se partit de Portingal et allât en Angleterre. Alphonse Vretat ne séjourna guères depuis, mais fit tout ce que commandé lui fut. Et se partit un jour du Port de Portingal et se mit en mer avec l'armée. Ils orent vent à volonté; ils furent en six jours à Bristo, et là entrèrent. Pour ce temps étoient tous les seigneurs d'Angleterre ou en partie en la marche de Galles, car le roi s'y tenoit. Des nouvelles fut le duc de Lancastre tout réjoui, et avança ses besognes. Jà étoient escripts et mandés chevaliers et escuyers qui devoient aller en Portingal avecques lui, et se tenoient tous sur le pays; et aussi faisoient les archers, au hable et au port de Bristo, où avoit bien deux cents vaisseaux tout appareillés pour le duc et pour ses gens parmi l'armée de Portingal : et étoit l'intention du duc que il emmèneroit avec lui femme et enfans, et feroit mariage en Castille et en Portingal avant que il retournât; car il ne vouloit pas sitôt retourner; et bien y avoit cause, car il véoit les besognes d'Angleterre dures, et le roi son neveu, jeune, et avoit avecques lui périlleux conseil; pourquoi il s'en départit plus volontiers.

Avant son département, en la présence de ses frères, il ordonna son fils, monseigneur le comte de Derby, lieutenant de tout ce qu'il avoit en Angleterre, et mit avecques lui sage et bon conseil. Le fils étoit pour lors beau chevalier et [...], et avoit été fils de madame Blanche, la très bonne duchesse de Lancastre; avecques sa mère, madame la roine Philippe d'Angleterre, je ne vis oncques deux meilleures dames ni de plus noble condition, ni ne verrai jamais, et vesquisse mille ans, ce qui est impossible de non vivre.

Quand le duc Jean de Lancastre ot ordonné toutes ses besognes en Angleterre, et il ot pris congé au roi et à ses frères, il s'en vint à Bristo, et fut là quinze jours. Endementres la navie se chargea et appareilla; et furent mis ens ès navires et ballenières plus de deux mille chevaux, lesquels avoient pourvéance de foin, d'avoine, litière et d'eau douce bien et largement. Si entra le duc de Lancastre en une gallée armée durement, belle et grande; et avoit de-lez lui sa grosse nef pour son corps et pour la duchesse sa femme, qui de grand courage alloit en ce voyage, car elle espéroit bien à recouvrer son héritage de Castille et être roine avant son retour; et avoit la duchesse sa fille, qui s'appeloit Catherine, et de son premier mariage deux autres filles, Ysabel et Philippe, laquelle Philippe étoit à marier. Mais Ysabel étoit mariée à messire Jean de Hollande, qui étoit là connétable de tout l'ost[1], et maréchal messire Thomas Moriaux, lequel avoit aussi par mariage une de ses filles à femme; mais elle étoit bâtarde et fut mère à la dame Morielle, damoiselle Marie de Saint-Hilaire de Hainaut; et étoit amiral de la mer de toute la navie du duc de Lancastre messire Thomas de Persy.

Là étoit messire Yvon Fits Warin, le sire de Lussy[2], messire Henry de Beaumont, le sire de Pounins[3], messire Jean de Bruvellé[4], le sire de Talbot, le sire de Basset, messire Guillaume de Beauchamp, messire Guillaume de Windesore,

---

[1] Affonso Furtado, qui avait été nommé capitaõ mor do mar (amiral à l'avénement de D. Jean à la couronne?)

[1] Il fut créé plus tard comte de Huntingdon et duc d'Exeter.
[2] Lucy.
[3] Poynings. — [4] Beverly.

messire Thomas Traiton [1], messire Hugues le Despensier, le sire de Willebile [2], le sire de Manne, le sire de Ware, le sire de Breston [3], messire Guillaume de Farincton [4], messire Jean d'Aubrecicourt, messire Hugues de Hastings, messire Thomas Vaucestre [5], messire Maubuin de Liniers, messire Louis de Rocestre [6], messire Jean Soustrée [7], messire Philippe Tirel, messire Jean Boulouffre [8], messire Robert Cliton [9], messire Nicolle Trinson [10], Huguelin de Cavrelée, David Houlegrave, Thomas Alerie, Hobequen de Beaucestre [11], et plusieurs autres, tous à pennons, sans les barons. Et étoient bien largement mille lances, chevaliers et escuyers, de bonnes gens, et deux mille archers et mille gros varlets. Si eurent beau temps et bon vent, car ce fut au mois de mai, que il fait bel et joli et qu'il vente à point. Et s'en vinrent cotoyant les îles de Wisque et de Grenesie, et tant que on les véoit bien tout à plein de Normandie, car ils étoient plus de deux cents voiles tout d'une vue. Si étoit grand'beauté de voir ces gallées courir par mer et d'approcher les terres garnies et armées de gens d'armes et d'archers et quérant les aventures, car on leur avoit dit que l'armée de Normandie étoit sur mer. Voirement y étoit-elle avant que ils se démontrassent sur les bandes de Quarentin; mais ils sçurent, par leurs baleiniers et mariniers, que l'armée d'Angleterre venoit si se retrairent au hable de Harfleu.

Rien n'avient qui ne soit sçu, et espécialement de faits d'armes, car les seigneurs, chevaliers et escuyers en parlent volontiers l'un à l'autre. Quand la déconfiture ot été à Juberot du roi de Castille, où il prit si grand'perte, si comme ci-dessus vous avez ouï recorder, les nouvelles en vinrent en France, ce fut raison; car ceux qui perdu y avoient leurs amis les plaignoient : or n'apparoient nulle part les armes, fors en Castille. Car on avoit bien ouï recorder comment le duc de Lancastre demandoit comme son bon droit l'héritage de Castille, et pour ce mettoit sur mer une grande armée de gens d'armes d'Angleterre, et étoit leur intention que celle armée se trairoit en Castille ou en Portingal et que sans faute il ne pouvoit demeurer qu'il n'y eût fait d'armes. Adonc, pour leur honneur et avancement, chevaliers et escuyers des basses marches se conceuillirent et parlèrent ensemble; et envoyèrent les uns aux autres pour savoir par quel chemin ils se trairoient en Castille. Les plusieurs conseilloient que ils se missent à voie par terre, pour eschiver les périls de la mer et les fortunes et aussi les encontres que ils pouvoient avoir de la navie d'Angleterre, et les autres conseilloient que non, et que par terre le chemin étoit trop long; et aussi le roi de Navarre n'étoit pas bien ami ni cher aux François, et aussi il ne les aimoit qu'un petit; car il disoit, et voir étoit, qu'on lui avoit ôté tout son héritage en Normandie, mais je ne sais pas si la querelle étoit juste. Si se doutèrent les compagnons grandement des périls de la terre, tant pour le roi de Navarre que pour autres; car à prendre leur tour et leur chemin parmi le royaume d'Arragon, ils n'en viendroient jamais à bout. Si considérèrent que ils viendroient en la ville de la Rochelle, ainsi comme ils firent, et là se mettroient en mer. Si armèrent dix-huit vaisseaux, et les firent charger de tout ce que pour leur corps appartenoit; et planté de chevaux ne menèrent-ils pas.

Quand ils furent tout prêts et ils virent que ils avoient vent à volonté, si entrèrent ès vaisseaux, et se desancrèrent du hable, et se boutèrent en mer. Si singlèrent devers la mer de Bayonne; par là ou assez près les convenoit-il passer. Là étoit le sire de Coursy, messire Jean de Hambuie, le vicomte de la Berlière, messire Pierre de Villainnes, messire Guy le Baveux, messire Jean de Chastel-Morant, le sire de Saint-Leger, messire Jacques de Surgières, le sire de Cousances, messire Tristan de la Gaille, le Barrois des Barres, et grand'foison d'autres, tant que ils étoient bien trois cens chevaliers et escuyers, toutes gens de élection et qui grande-

---

[1] Drayton.
[2] Willoughby.
[3] Preston.
[4] Farrington.
[5] Worcester.
[6] Rochester.
[7] Soutrey.
[8] Walworth.
[9] Clinton.
[10] Tresham.
[11] Pour redresser l'orthographe de ces noms, j'ai eu recours à la Chronique d'Hollinshed et à deux actes rapportés dans les *Fœdera* de Rymer à l'année 1386, et intitulés : *Pro comitiva regis Castellæ in viagio ad partes Ispaniæ*. Les noms de près de trois cents chevaliers s' trouvent rapportés.

ment demandoient fait d'armes. Si singlèrent par mer, et orent vent et temps à volonté, et arrivèrent sans péril et sans dommage au port de Saint-Andrieu en Biscaie, en l'an de grâce Notre Seigneur mil trois cent quatre-vingt six, le quatorzième jour du mois de mai.

Quand ces chevaliers et escuyers de France furent arrivés à Saint-Andrieu, si comme je vous conte, ils se rafeschirent et reposèrent deux jours. Endementres furent traits leurs chevaux hors des nefs, ce que ils en avoient et tout leur harnois aussi. Si mirent tout à charge et à voiture, et demandèrent du roi de Castille où on le trouveroit. On leur dit que il se trouvoit en la cité de Burges en Espagne, et que là avoit-il un grand parlement pour les besognes de son pays. Ces chevaliers et escuyers prirent le chemin de Burges et se départirent de Saint-Andrieu, et chevauchèrent tant qu'ils vinrent à Burges; et se trairent devers le roi, lequel fut moult lié et joyeux de leur venue, et leur demanda des nouvelles de France et quel chemin ils avoient tenu. Ils répondirent que ils étoient venus par mer et montés à la Rochelle, et que on disoit en France que le duc de Lancastre mettoit sus une grand'armée de gens d'armes et d'archers pour amener en celle saison en Castille ou en Portingal; là où il se trairoit premièrement, on ne le pouvoit savoir; et que le roi de Portingal lui avoit envoyé en Angleterre grand'foison de gallées et de vaisseaux.

De ces nouvelles fut le roi d'Espaigne tout pensif plus que devant, combien que il n'en attendoit autre chose, et ne découvrit pas à ce commencement tout son courage, mais bien savoit, par les apparences que il véoit, que en celle saison il auroit forte guerre. Toutefois le roi de Castille fit très bonne chère aux chevaliers de France et les remercia grandement de leur venue; et prit la parole à messire Robert de Bracquemont et à messire Jean son frère, et leur dit le roi: « Quand vous partites de moi l'autre année, je vous dis et chargeai que vous apportissiez, quand vous retourneriez en ce pays, des pelotes de Paris pour nous ébattre moi et vous à la paume. Mais il vaulsist mieux que je vous eusse enchargé d'apporter bassinets et bonnes armures, car la saison appert que nous les aurons bien où employer. » — « Sire, répondit le sire de Bracquemont, nous avons et de l'un et de l'autre car toujours ne peut-on pas jouer ni toujours armoyer. »

Vérité est que le roi de Castille fit très bonne chère aux compagnons, et les fit tenir tout aises et de toutes leurs nécessités délivrer. Or eurent-ils affection et dévotion d'aller en pélerinage au baron Saint-Jacques, puisque ils étoient venus au pays; car les aucuns le devoient. Si se mirent au chemin tous ensemble en une compagnie; et firent charger et trousser et ensommeller[1] tout leur harnois, si comme ils dussent aller à une journée de bataille; et bien leur besogna que ils l'eussent dalès eux et appareillé, et furent de ce faire grandement bien conseillés, et bien leur en chéit que ils l'eussent; si comme je vous recorderai temprement.

Or retournons à l'armée du duc de Lancastre, qui étoit partie et issu hors des îles d'Angleterre et côtoyoit Normandie.

Tout en telle manière par comparaison que faucons pèlerins qui ont long-temps séjourné d'aller à proie et ont grand'faim et grand désir de voler, tout en telle manière ces chevaliers et escuyers d'Angleterre désiroient à trouver faits d'armes pour eux avancer et essayer; et disoient ainsi l'un à l'autre : « Pourquoi n'allons-nous voir les bondes et les ports de Normandie? Là sont chevaliers et escuyers qui nous recueilleroient et qui nous combattroient. » Et tant que les nouvelles en vinrent au duc. Or, savoit bien le duc, avant qu'il issit hors d'Angleterre, que messire Jean de Malestroit et le sire de Combour et Morfonace, et grand'foison de chevaliers et escuyers de Bretagne, avoient mis le siége par bastide devant le chastel de Brest, par l'ordonnance et commandement du connétable de France. Si que, quand le duc ouït dire le grand désir que ses gens avoient de trouver les armes, si fit dire à l'admirault, messire Thomas de Persy, et au connétable de l'ost, messire Jean de Hollande, que ils adressassent leur navie et fissent adresser vers Bretagne, car il vouloit aller voir le chastel de Brest et visiter les compagnons, ceux de dedans et ceux de dehors.

De ces nouvelles orent les Anglois grand'joie. Adonc Dan Alphonse Vretat, le souverain patron de la navie de Portingal, et lequel connoissoit bien le chemin et les entrées de la mer de

---
[1] Placer sur des bêtes de somme.

Bretagne qui sont moult périlleuses, se mit tout devant et montra voie. Et pour ces jours le temps étoit si beau et si joli, et les eaux si quoies et si attrempées, que c'étoit grand'plaisance à aller par mer et sur l'eau. Et singlèrent ces nefs d'Angleterre et ces gallées de Portingal aval le vent, qui à point ventoit, devers l'embouchure de Brest. Et attendirent les mariniers la marée si à point, car bien s'y connoissoient, que avecques le flot ils entrèrent au hâvre de Brest.

Grand'plaisance étoit de ouïr ces claironceaux des barges et des galées eux demener et ceux du chastel aussi. Messire Jean de Malestroit, le vicomte de Combour et Morfonace séoient à celle heure au dîner. Quand les nouvelles leur vinrent que les Anglois et l'armée d'Angleterre étoient venus, si assaillirent tantôt sus et coururent aux armes, car bien savoient, puisque le duc de Lancastre et ses gens avoient là pris terre, que ils seroient combattus, et que les Anglois étoient là arrivés pour lever les bastides : tous furent armés et appareillés, et en bonne volonté d'eux défendre si on les assailloit. Si se trouvèrent bien trois cens hommes d'armes, chevaliers et écuyers. Moult furent les Anglois réjouis, quand ils furent au hâvre de Brest et ils orent entendu que les Bretons tenoient leur bastide et ne l'avoient pas laissée. Si dirent qu'ils les iroient voir et combattre, car ils avoient grand'faim et grand'volonté de faire fait d'armes encontre les François.

CHAPITRE XXXIII.

Comment le duc de Lancastre se partit de devant Brest en Bretagne, et comment il s'en vint par mer devant la Calongne au royaume de Castille.

Or prindrent le duc de Lancastre et ses gens terre assez près du chastel de Brest et du hâvre, et laissèrent leurs chevaux et leurs pourvéances en leurs nefs ; mais les dames et les damoiselles issirent hors pour eux rafreschir. Le premier jour ils n'entendirent point à l'assaillir, fors que de eux mettre à point et loger sur terre par trois ou quatre jours ; et tendirent les aucuns des seigneurs tentes et pavillons sur les champs contreval le hâvre, assez près de la mer et du chastel de Brest, et là se tinrent tout le jour et la nuit aussi. Quand ce vint à lendemain, le connétable et le maréchal de l'ost firent sonner les trompettes, en signe que on s'armât et mît en ordonnance pour aller assaillir. Donc s'armèrent toutes gens et se tinrent par bon arroy et par bonne ordonnance devers le chastel et les bastides qui étoient faites, ouvrées et charpentées de grand'manière ; et fut pour demeurer là dedans vingt ans ; et y avoit autour des bastides, fossés, portes, tours et bons murs et tout de gros bois. Or vinrent chevaliers et écuyers d'Angleterre qui vouloient et désiroient faire fait d'armes jusques aux barrières de la bastide. Si commencèrent à escarmoucher de grand'façon et de bonne volonté pour conquérir les bastides et ceux qui dedans étoient, et chevaliers et écuyers bretons dont il y avoit grand'foison et de bons, à eux défendre ; et pour avoir les armes mieux à main, ils firent ôter les bailles des défenses ; dont ils firent grand'folie ; mais ils se confioient en leur chevalerie, et vraiment il en y avoit assez. Là put-on voir grand foison de beaux faits d'armes et de durs rencontres, et de forts poussis de lances ; et en avoient le meilleur ceux qui pouvoient bien porter longuement haleine. Toutefois Anglois étoient grand'foison : si donnoient moult à faire par armes aux Bretons. Et par bien combattre ils gagnèrent les bailles ; et y ot dedans le clos de la ville plus de cent hommes d'armes, et furent Bretons sur le point de tout perdre. Quand messire Jean de Malestroit et le vicomte de Combour en virent la manière, si écrièrent leur cri et dirent : « Et comment, seigneurs, perdrons-nous ceci ainsi ? Avant ! avant ! or, au bien penser, si ne convient faire nulle feinte, mais mort ou honneur. »

Adonc se remistrent ensemble de grand courage les Bretons, et fichèrent leurs lances et glaives en terre, et s'appuyèrent fortement sur leur pas, et boutèrent de bras et de poitrines courageusement sur ceux qui les avoient reculés et boutés des barrières dedans la ville. Là étoient les armes faites belles à voir : là convint de force et de fait les Anglois reculer ; car ils furent si bien poussés et si durement que ils ne purent gagner terre ; et furent remis tous hors des bailles, et bien férus et battus ; ni oncques depuis ils ne purent gaguer pour celle journée.

D'autre part, sur un autre lez de la bastide, il y avoit une tour de pierre séant sur terre, au descendant d'une roche que les Bretons tenoient ; et l'avoient prise à l'avantage de leur bastide et la gardoient. Là ot grand assaut et dur d'Anglois et d'archers, endementres que les gens d'armes se combattoient aux barrières; et passèrent les Anglois un petit fossé que là y avoit, et vinrent au pied de la tour portans pics et hoyaux en leurs mains; et commencèrent à piqueter et à piocher et à caver et à ôter pierres et affoiblir grandement la tour. Ceux qui étoient sus se défendoient vaillamment et hardiment de ce qu'ils avoient, et archers traioient à eux si ouniement que à peine ne s'osoit nul à montrer pour le trait, si il n'étoit trop fort armé de pavois. Là fouirent et houècent et piquèrent Anglois tant que la moitié de la tour, par défaute de pied, quand ils lui avoient tollu miné et ôté le fondement, s'ouvrit et crevaça. Ceux qui dedans étoient et qui ouvrir et déjoindre la véoient, se trairent tous à un faix sur la plus saine partie, et tant que la moitié de la tour s'en alla à terre, et l'autre demeura et les compagnons dedans. Lors y ot grand'huyée des Anglois, quand ils les virent ainsi à découvert. A ces entrefaites il étoit sur le plus tard; si sonnèrent les trompettes de retraite; car pour ce jour ils disoient que ils en avoient fait assez. Si se retrairent, et au département les Anglois disoient aux Bretons : « Seigneurs, seigneurs, demeurez là celle nuit et faites bon guet, car demain nous vous venrons voir. Vous verrez bien de quelle part nous sauldrons, car il n'y rien au devant de vous qui vous fasse ombre ni encombrer. »

L'intention des Anglois étoit telle que le lendemain ils retourneroient à l'assaut à la bastide, et la conquerroient par force et les compagnons de dedans, car bien étoit en leur puissance : si passèrent la nuit tout aise, ils avoient bien de quoi.

On dit souvent, et voir est : bon l'auroient les penseurs, si n'étoient les contrepenseurs; je le dis, pourtant que, si il y avoit dans l'ost des Anglois des gens soubtieux de la guerre, les Bretons, qui se tenoient en la bastide, étoient aussi pourvus assez de voir et connoître quelle chose leur pouvoit valoir et porter dommage. Ils connurent clairement qu'il les convenoit partir de là et traire, quelque part que ce fût, à sauveté, si ils ne vouloient être morts ou pris. Si eurent conseil de partir et de trousser ce qu'ils pourroient, et laisser la bastide. Si comme ils ordonnèrent pour le mieux, ils le firent; et troussèrent tout, et montèrent sur leurs chevaux, et laissèrent la bastide, et se mirent aux champs, et prindrent le chemin de Hainebon, où il n'y a que quatre lieues de là. Ils ouvrèrent sagement de cela faire et de monter à cheval et partir; car ils n'avoient garde que les Anglois les poursieuvissent, pourtant que ils n'avoient encore trait nuls chevaux hors de leurs nefs. Messire Jean de Malestroit et les chevaliers et écuyers qui avecques lui étoient vinrent celle nuit à Hainebon; si se boutèrent dedans, et la trouvèrent toute ouverte et appareillée : là n'orent-ils garde des Anglois. Quand ce vint au matin, on sonna trompettes pour armer l'ost des Anglois, et eux traire à l'assaut; et vouloient trop bien faire la besogne, mais nouvelles leur vinrent que les Bretons étoient partis et avoient laissé la bastide. Lors se repentirent les Anglois grandement de ce qu'ils n'avoient mis une embuche sus, par quoi ils ne eussent pas ainsi perdu leur proie. Si envoyèrent les seigneurs désemparer la bastide, et y boutèrent le feu dedans par varlets qui étoient taillés de cela faire. Ainsi furent délivrées par le duc de Lancastre les bastides de Brest; et ce jour allèrent voir le duc et messire Jean de Hollande et aucuns des seigneurs, et non pas tous, le chastel de Brest; et y menèrent les dames; et y burent et mangèrent, et puis se retrairent à leurs logis; et le lendemain, le tiers jour, on rafreschit les nefs d'eau douce, et au quart jour ils se retrairent dedans et se désancrèrent, et puis s'en partirent.

Le quart jour que ils avoient été logés sur les champs au dehors de Brest, ils avoient eu conseil ensemble, le duc, les seigneurs et les mariniers de Portingal qui y furent appelés, pour savoir quelle part ils se trairoient, ni quelle terre ni port ils prendroient, ou si ils iroient à Lussebonne ou au port de Portingal, ou si ils prendroient terre en Biscquaie ou à la Calongne. Si furent sur cel état les ducs et les seigneurs longuement en conseil ensemble; et en fut demandé l'avis à Alphonse Vretat, maître des navires du roi de Portingal, lequel répondit et dit : « Mes seigneurs, pour ce suis-je envoyé à querre la vôtre aide et tramis en Angleterre par devers vous, que le roi de Portingal, monseigneur, vous escript que, en quelque part que vous arrivez en son pays, vous serez les bien venus, et il en aura grand'joie, car il désire grandement votre venue et vous voir. »

On fut sur cel état un temps et bien une heure, et fut délibéré que on iroit prendre terre au port de Portingal à trente lieues de Lussebonne, et puis fut tout retourné, car on dit : « Que le plus honorable étoit sans comparaison de prendre terre sur marche d'ennemis que sur ses amis; et que les ennemis, quand ils sauront que nous serons arrivés sur eux, en auront plus grand'peur et plus grand'fréeur. » Donc fut arrêté et accordé de prendre terre à la Calongne en Galice. Celle part tournèrent les mariniers, lesquels avoient vent et temps à souhait; et ne furent, depuis que ils se départirent de Brest, que cinq jours sur la mer que ils vinrent devant le hâvre de la Calongne, et là entrèrent en attendant l'aigue, car ils avoient basse yeaue; si ne pouvoit-on approcher terre de si près.

Or vous dirai dès chevaliers de France, de monseigneur le Barrois des Barres, de messire Robert et de messire Jean de Bracquemont, de messire Jean de Chastel-Morant, de messire Pierre de Villaines, de messire Tristan de la Gaille et des autres qui étoient venus en pélerinage en la ville de Compostelle au baron monseigneur saint Jacques en grand'dévotion. Quand ils orent fait leur pélerinage et chacun son offrande, et ils se furent traits à l'hostel, nouvelles leur vinrent, par ceux qui demeuroient sur les frontières et bondes de la mer, que les Anglois montroient que ils vouloient venir et arriver et prendre terre à la Calongne. Avant que sommiers ni mulets ni chevaux fussent troussés, qui leur harnois portoient, ils ordonnèrent à partir tantôt et venir devers la Calongne, et se mirent à chemin pour conforter le port, la ville et le chastel; et bien dirent ceux qui le chastel et la ville de Calongne connoissoient : « Avançons-nous ; car si les Anglois, par mésaventure ou par force d'armes, prenoient la ville et le chastel de la Calongne, ils seroient tous seigneurs du pays. Les chevaliers prindrent leurs chevaux qui les suivoient, et firent tant par bon exploit que ils vinrent celle nuit à la Calongne, où il y a quatorze grands lieues et divers pays; et se boutèrent si à point en la ville et au chastel, que les Anglois venoient, qui ancrèrent devant le hâvre; dont on fut moult réjoui en la ville et au chastel de leur venue.

Toute celle nuit vinrent les sommiers qui apportoient et amenoient leur harnois. Quand ce vint au matin, ce fut grand'beauté de voir entrer au hâvre de la Calongne ces gallées et ces nefs armées, chargées de gens et de pourvéances et de ouïr ces trompettes qui sonnoient à tous lez ; et les trompettes du chastel et de la ville résonnoient à l'autre lez et se ébattoient l'un contre l'autre.

Tantôt connurent les Anglois que il y avoit grand'gent d'armes et de bonne garnison, et que François étoient saisis de la ville et du chastel. Adonc issirent les seigneurs tout bellement et aussi toutes manières de gens hors des vaisseaux et des gallées, et se trairent sur les champs, ni point n'approchèrent de la ville, ils n'y avoient que faire, car elle est trop forte et trop bien fermée ; et si étoit bien pourvue de bonnes gens d'armes. Ils en véoient bien les apparences.

Au dehors de la ville de la Calongne avoit aucuns hôtels et maisons de pêcheurs et de gens de mer. Là se trairent les seigneurs et se logèrent; mais il convint faire assez d'autres logis, car il y en avoit trop peu pour tous. Le premier jour que ils arrivèrent au port de la Calongne, le second, le tiers et le quart furent ceux tous embesognés qui à ce faire ordonnés étoient, de décharger les gallées et les vaisseaux, tant y avoit de pourvéances et de choses amenées et à vider hors des nefs. Si furent mis hors les chevaux tout bellement, qui avoient été ès nefs plus de quinze jours. Si étoient foulés et oppressés, combien qu'ils eussent été bien gouvernés et approvendés de foins, d'avoine et d'aigue douce; mais autant bien leur grève la mer, comme elle fait aux gens. Si furent menés et pourmenés et rafreschis de nouvelles pourvéances et de fresches aigues.

Quand tout fut mis hors des gallées et des vaisseaux, on demanda au duc quelle chose il vouloit que on ordonnât de la navie. Il répondit : « Je vueil que tous les mariniers soient payés de leur peines; et puis fasse chacun son profit ; car je leur en donne bien congé. Et veux bien que chacun sache que jamais la mer en Angleterre ne repasserai, tant que je aurai ma pleine suffisance du royaume de Castille ; ou je mourrai en la peine. »

Le commandement du duc fut lors accompli ; on paya les mariniers si bien qu'ils se tinrent pour contens, puis après se départirent quand il leur plut. Si issirent du port de la Calongne et s'en allèrent, les aucuns en Portingal et les autres à Lussebonne ou à Bayonne, ou à le Bay en Bretagne, ou en Angleterre. Sachez que nul ne demoura derrière. Et le duc de Lancastre et les Anglois se logèrent à la Calongne, non au fort, mais au dehors en petites maisons qu'ils trouvèrent; et aussi ils en firent des nouvelles de bois et de feuilles, ainsi que gens d'armes se logent.

Environ un mois et plus fut le duc de Lancastre à la Calongne sans point partir, si il n'alloit voler ou chasser; mais il et aucuns seigneurs d'Angleterre avoient fait venir chiens et oiseaux pour leurs déduits, et espriers pour les dames. Encore avoient-ils amené en leur navie moulins pour moudre, meules pour faire farine, fours pour cuire. De tels choses ne vont-ils point volontiers dégarnis, puisque ils cheminent en pays de guerre. Leurs fourriers alloient tous les jours en fourrage là où ils en pensoient trouver planté à fourrager, mais pas n'en trouvoient; car ils étoient logés en povre pays et désert : si les convenoit aller trop loin pour fourrager. Or s'avisèrent les compagnons qui en la garnison étoient en la Calongne, le Barrois des Barres qui volontiers et bien sait chevaucher et reculer ses ennemis, quand il est nécessité et besoin, et Jean de Chastel Morant, et messire Robert, et messire Jean de Bracquemont, Tristan de la Gaille et les autres. Quand ils sçurent que les fourrageurs chevauchoient ainsi follement, ils pourpensèrent que un jour ils leur seroient audevant, et leur feroient payer une fois pour toutes les prises et les levées que ils avoient faites au pays ou faisoient. Si s'armèrent un soir, et montèrent à cheval, et partirent environ deux cents, et prirent guides qui de nuit les menèrent autour des bois et des montagnes; et s'adressèrent au point du jour sur un bois et une montagne que on dit au pays à l'Espinette; et là se tinrent sur le pas, car bien savoient, comme dit leur avoit été, que les Anglois fourrageurs chevauchoient et pilloient le pays, et voir étoit, et étoient bien trois cents.

Quand ceux fourrageurs orent cerché tout le pays, où avoient demeuré deux jours pour mieux piller et pour avoir plus grand fourrage, ils retournèrent arrière pour venir à la Calongne; et ne pouvoient passer par autre pas que par le pas et montagne de l'Espinette. Quand ils se furent là embattus, messire Jean des Barres et les chevaliers et escuyers françois, qui embûchés sur le pas les attendoient, leur saillirent au-devant en criant : « Les Barres au Barrois ! » Là furent ceux fourrageurs tous esbahis ; car la greigneur partie ne portoient nulle armure. Il y avoit environ six vingt archers qui se mirent gentiment à défense et en ordonnance et commencèrent à traire, et navrèrent par leur traité planté d'hommes et de chevaux ; et quand leur trait fut passé, ils jetèrent leurs arcs jus et se mirent les aucuns à défendre de ce qu'ils avoient et les autres se muçoient et embloient pour eux sauver. Que vous ferois-je long conte? Des trois cens Anglois fourrageurs qui là étoient, il en y ot bien morts deux cens, et le demourant se sauvèrent au mieux qu'ils purent par buissons et par forts bois où ils se boutèrent et où gens de chevaux ne pouvoient entrer. Or revinrent les fuyans devant la Calongne, qui recordèrent ces nouvelles, et comment le Barrois des Barres et sa route les avoient rués jus; lors s'estourmirent[1] ceux de l'ost du duc. Si fit armer messire Thomas Moreaulx plus de cinq cens hommes, qui étoit maréchal de l'ost ; et montèrent à cheval ; et lui-même monta et prit le pennon de Saint George, et se mit au chemin, en trop grand désir de trouver les François. Et chevauchèrent tant que ils vinrent à l'Espinette et sus le pas, où ils trouvèrent les gens morts, dont ils furent moult courroucés.

Quand ils furent là venus, ils n'eurent rien fait, car les François étoient jà retraits et rentrés au chemin lequel ils étoient venus. Jamais, qui ne les eût là menés, ils n'eussent suivi les esclos : si s'en retournèrent sans rien faire. Et tout ainsi comme ils étoient à une demilieue de leur ost, ils regardèrent et virent bien sur côté les François qui rentroient au chastel de la Calongne ; si furent moult courroucés, mais amender ne le purent. Et fut ce jour moult blâmé d'aucuns en l'ost en requoi le maréchal, de ce que il envoyoit ni avoit envoyé fourrager ni consenti à aller leurs gens si simplement que sans gens d'armes, quand ils sen-

---

[1] Se mirent en mouvement.

toient leurs ennemis près de l'ost, logés forts assez pour ruer jus cinq ou six cens fourrageurs; et proprement le connétable et le duc de Lancastre l'en blâmèrent tant que il en fut tout honteux. Mais il se excusa et dit que sans celle fois ils y avoient été dix fois, et point n'y avoient les fourrageurs pris de dommage « Messire Thomas, dit le duc, soyez une autre fois plus avisé, car ce avient à une fois en un jour qui point n'avient en cent. »

CHAPITRE XXXIV.

Comment le duc de Lancastre se partit de la Calongne et comment la ville de Saint-Jacques en Gallice se rendit à lui; et du conseil que les barons de France donnèrent au roi de Castille.

Quand le duc de Lancastre ot séjourné à la Calongne environ un mois, si comme je vous conte, et que hommes et chevaux furent tous bien rafreschis, on ot conséil que on se délogeroit de là et s'en iroit-on devers la ville de Saint-Jacques en Gallice, où il avoit meilleur pays et plus gras et plus plein pour chevaucher : si comme il fut donné, il fut fait. On se délogea de la Colongne et puis on se mit au chemin, quand on ot tout troussé. Et chevauchoient en trois batailles. Le maréchal premier atout trois cens lances et six cens archers, et puis le duc, atout quatre cens lances, et toutes les dames en sa compagnie, et en l'arrière-garde étoit le connétable messire Jean de Hollande, et avoit largement et bien quatre cens lances et six cens archers; et n'alloient que le pas; et mirent trois jours à venir de la Calongne jusques à la ville de Saint-Jacques.

Vous devez savoir que le pays de Gallice pour la venue du duc de Lancastre étoit moult effrayé; car ils resoignoient grandement sa puissance. Le maréchal de l'ost qui étoit en l'avant-garde s'en vint jusques à une ville que on appelle Compostelle au pays, où le corps de saint Jacques, que on requiert de si loin, gît et est. Quand il fut venu jusques à là, il la trouva fermée, ce fut raison; mais il n'y avoit en garnison fors les hommes de la ville; car nuls chevaliers de France ne la vouloient prendre à leur péril, pour la tenir ni garder honorablement jusques à outrance, car elle n'est pas trop forte, à bien parler, contre tels gens que le duc de Lancastre avoit mis au pays de Gallice. Le maréchal envoya devant son héraut pour savoir que ceux de Saint-Jacques disoient. Le héraut vint aux barrières et trouva le capitaine de la garde de la ville qui s'appeloit Alphonse de Sorie. Il lui dit : « Capitaine, cy un petit en sus est le maréchal de l'ost de monseigneur le duc de Lancastre qui m'envoie ici et parleroit volontiers à vous. » Dit le capitaine : « Il me plaît bien; faites-le venir avant. Nous parlerons à lui. »

Le héraut retourna et dit au maréchal ces nouvelles. Le maréchal se départit, atout vingt lances tant seulement de la route, et s'en vint devant la ville de Compostelle, et trouva aux barrières le capitaine et aucuns hommes de la ville qui là s'arrêtoient. Le maréchal mit pied à terre, et vint lui troisième tant seulement; ce furent le sire de Basset et messire Guillaume de Ferniton. Si dit : « Capitaine, et vous bonnes gens, monseigneur de Lancastre et madame de Lancastre votre dame, qui fut fille du roi Damp Piètre votre seigneur, m'envoient ici parler à vous pour savoir que vous voudriez dire et faire : si bellement vous les recueillerez, ainsi que bonnes gens doivent recueillir leur seigneur et dame, ou si vous vous ferez assaillir et prendre de force. Sachez que si vous êtes pris de force, que vous serez là-dedans tous mis à l'épée, parquoi les autres y prendront exemple. » — « Nous ne voulons ouvrer fors que par raison, et nous voudrions volontiers et loyaument nous acquitter envers ceux à qui nous sommes tenus. Bien savons que madame de Lancastre, madame Constance, fut fille au roi Damp Piètre de Castille, et que, si le roi Damp Piètre fût demouré au pays paisiblement, elle étoit droite héritière de Castille. Or sont depuis les choses muées autrement, car tout le royaume de Castille demoura quittement et paisiblement au roi Henry son frère, par la bataille qui fut à Montiel; et jurâmes tous en ce pays à tenir le roi Henry à roi; et il fut tenu tant comme il vesquit; et aussi jurâmes-nous à tenir à roi le roi Jean son fils qui est à présent. Si vous plaît, vous nous direz quelle chose ceux de la Calongne ont dit ni fait envers vous; car il ne peut être que ce mois que vous avez là séjourné et logé devant la ville, que vous n'ayez eu aucuns traités à eux. »

Répondit messire Thomas Moreaulx : « Vous dites voir. Nous les y avons voirement eus, autrement nous ne nous en fussions pas passés ainsi, quoique la ville de la Calongne soit plus forte dix fois que celle ville; je vous dirai quelle chose ils ont fait envers nous. Les hommes de la ville tout coïement se sont composés à nous et ont dit ainsi : que ils feront volontiers tout ce que vous ferez; mais si vous vous faites assaillir ni détruire, ils ne le feront pas. Si le pays de Gallice se rend à monseigneur et à madame, ils se rendent aussi et de ce avons-nous bons plèges par devers nous qui bien nous suffisent. » — « C'est bien, répondit le capitaine, nous voulons bien aussi tenir ce traité. Il a encore ens ou royaume de Galice grand'foison de cités et de bonnes villes. Si chevauchez outre et nous laissez en paix, et nous ferons si comme ils feront, et de ce nous baillerons plèges et bons ôtages. » — « Nennil, répondit le maréchal, ces traités que vous mettez avant ne suffisent pas à monseigneur le duc ni à madame aussi, car ils veulent venir loger en celle ville et tenir leur état, si comme seigneur et dame le doient tenir sur leur héritage : si nous en répondez brièvement lequel vous voudrez faire : ou si vous les recueillerez doucement et amiablement, ou si vous vous ferez assaillir et prendre de force et tous détruire? » — « Monseigneur, répondit le capitaine, donnez-nous un petit de loisir pour parler ensemble, et nous en répondrons tantôt. » — « Je le veuil, » dit le maréchal.

A ces mots se trait le capitaine à part et rentra en la ville, et vint en la place accoutumée où toutes gens se retrayent pour être ensemble, et là fit-il venir toutes les gens de la ville. Quand ils furent tous venus, il leur remontra moult sagement, et leur dit et conta de point en point toutes les paroles que vous avez ouïes : finablement il me semble, et voir fut, que ils furent d'accord de recevoir le duc de Lancastre paisiblement comme leur seigneur et dame, et les tenroient en la ville tant comme il leur plairoit à être, si la puissance du roi de Castille ne les ôtoit et levoit. Mais il, si advenoit ainsi, que, quand ils auroient été là un an ou deux, ou à leur plaisance tant et si petit comme il leur plairoit à être, et ils se départissent du pays et retrayssent en Angleterre, ou à Bordeaux, ou à Bayonne, ou autre part là où il leur plairoit à être le mieux, si le duc ne les laissoit si bien et si fort pourvus de bonnes gens d'armes que pour eux tenir et garder contre leurs ennemis, et par celle faute que point ne seroient pourvus et garnis, ils rendroient la ville et mettroient arrière en l'obéissance du roi Jean de Castille ou de ses maréchaux, ils vouloient être quittes de leur foi.

Ces traités accepta liement messire Thomas Moreaulx; et dit que ils parloient bien et à point et que le duc et la duchesse ne demandoient mie mieux. Lors retourna le maréchal devers ses gens; et puis s'en alla devers le duc et la duchesse qui l'attendoient sur les champs. Si leur recorda tous ces traités auxquels ils ne contredirent point, mais les tinrent à bons et bien faits. Si chevauchèrent liement, si comme ci-dessus est dit et conté, et en ordonnance de bataille en trois arrois jusques à la ville de Saint-Jacques.

Environ deux petites lieues françoises de la ville de Saint-Jacques en Gallice vinrent au dehors en procession tout le clergé de la ville en portant diverses reliques, croix et gonfanons, hommes, femmes et enfans contre la venue du duc et de la duchesse; et apportoient les hommes de la ville avecques eux les clefs des portes, lesquelles ils présentèrent, de bonne volonté par semblant, je ne sçais si il étoit fein touvrai, au duc et à la duchesse, tous à genoux; et les recueillirent à seigneur et à dame. Ainsi entrèrent pour ce jour en la ville de Saint-Jacques; et le premier voyage qu'ils firent, ils allèrent tout droit et à pied à l'église de Saint-Jacques, duc, duchesse et tous les enfans; et se mirent en oraison et à genoux devant le benoit corps saint et baron de saint Jacques, et y firent grands offrandes et beaux dons; et me fut dit que le duc et la duchesse et leurs deux filles à marier, Philippe et Catherine, se logèrent en l'abbaye et maison de céans et y firent leur tinel. Les autres seigneurs, messire Jean de Hollande, messire Thomas Moreaux et leurs femmes se logèrent en la ville, et barons et chevaliers qui loger se purent; et gens d'armes sur les champs tout autour de la ville de Saint-Jacques. Et qui ne pouvoit trouver maison, il faisoit loge et feuillée de bois que il coupoit, car il en y a assez au pays; et se tenoient tout aises de ce qu'ils avoient chairs; et forts vins trouvoient-ils assez, dont ces archers buvoient tant que ils se couchoient le plus du temps ivres. Et moult souvent par trop boire, car c'étoit au moustison, ils avoient la foire, où au matin si mal en leurs têtes que ils ne se pouvoient aider tout le jour.

Quand le Barrois des Barres et Jean de Chastel Morant et les chevaliers et écuyers qui ens ou chastel de la Calogne se étoient tenus pour la garde, entendirent que le duc et la duchesse étoient paisiblement entrés en la ville de Saint-Jacques et qu'on les y avoit reçus, si parlèrent ensemble et se conseillèrent quelle chose ils feroient, et dirent : « Il ne nous vaut rien ici demourer ni tenir; nous n'y ariêmes jamais nulle bonne aventure; retrayons-nous à Burges devers le roi; si saurons quelle chose il voudra faire. Il ne peut être que il ne voist au devant de ces Anglois; car si il les laisse convenir ainsi, ni eux loger ni amasser au pays, petit à petit ils le conquerront et seront seigneurs de Castille : et nous est plus honorable assez de là aller que de ci être. »

Ce conseil fut tenu : si s'ordonnèrent pour partir, et troussèrent tout, et issirent hors du chastel de la Calongne, et le recommandèrent à ceux que ils y avoient trouvés quand ils y entrèrent; et prirent guides qui connoissoient le pays : bien le convenoit, autrement ils eussent été rencontrés. Si firent tant et chevauchèrent parmi le pays de Biscaye et costiant la Galice que ils vinrent au Lyon en Espagne. Pour ces jours y étoient le roi et la roine, et toutes les gens de son hôtel. Quand ces chevaliers de France furent venus devers le roi, il les vit volontiers, ce fut raison. Si les reçut doucement et leur demanda des nouvelles, quoique il en savoit assez. Ils en dirent ce qu'ils en savoient et comment à peine ils vinrent à la Calongne, tout ainsi que les Anglois entroient au havre : encore trouvèrent-ils sept gallées que vaisseaux de Biscaye chargés de vins, lesquels les Anglois orent à leur profit et les marchands orent tantôt tout vendu. Dit le roi : « Ainsi va de guerre; ils n'étoient pas sages ni bien conseillés, quand ils sentoient l'armée d'Angleterre sur mer, que ils n'alloient quelque part ailleurs. » — « En nom Dieu, sire, répondirent les chevaliers, ils étoient là traits à sauveté; car les vins et marchandises que ils menoient, ils dirent que ils avoient cargé pour mener en Flandre; et avoient bien ouï dire, par maronniers de Saint-Andrieu, que les Anglois étoient sur mer et sur les bandes de Biscaye; mais ils cuidoient, pourtant que renommée court, et voir est, que le roi de Portingal leur a envoyé gallées et gros vaisseaux, que ils dussent prendre le chemin du Port de Portingal ou de Lussebonne; mais ils ont fait tout le contraire, si comme appert, car par la Calongne sont entrés en Gallice. »

Donc dit le roi : « Et entre vous, chevaliers de France, qui connoissez les armes et qui savez que c'est de chevaucher et ostoier plus que ne font les gens de ce pays, car plus vous les avez hantées et usées, que pouvez-vous supposer ni imaginer des Anglois, ni comment se porteront-ils cette saison? » — « Par ma foi, répondirent aucuns, et chacun par lui, sire, malement pouvons-nous savoir, car les Anglois sont couverts, quelle chose ils feront ni où ils se trairont, fors que par supposition. Nous supposons ainsi, que le duc de Lancastre se tiendra tout cel hiver qui approche en la ville de Saint-Jacques, et ses gens là environ, et courront le pays de Galice, et conquerront petits forts et rançonneront aux vivres et aux pourvéances; et endementres que cil temps passera et que l'été retournera, s'entameront et feront traités entre le duc de Lancastre et le roi de Portingal, et se concorderont et aideront, et allieront ensemble, si jamais alliance se doit faire ni n'y doit avoir; car nous entendons un point qui y est, pourquoi nous créons le mieux que alliances se feront que autre chose, car le duc de Lancastre a mis hors d'Angleterre toutes ses filles mariées et à marier. Il en y a deux, dont l'une aura, si comme nous supposons, votre adversaire de Portingal. » — « Et quelle chose, dit le roi, est bon que je fasse? » — « Nous le vous dirons, sire, répondirent les chevaliers. Faites sur les frontières de Gallice garder les villes et les chastels les plus forts; et les plus petits forts faites-les abattre. On nous donne à entendre que vos gens parmi ce royaume fortifient moustiers et clochers, et retrayent du plat pays leurs biens : sachez que c'est toute perte et confusion pour votre royaume; car quand les Anglois chevaucheront, ces petits forts, ni ces églises ni moustiers ne leur dureront néant; mais seront rafreschis et nourris des vivres que ils trouveront dedans, et en parferont leur guerre et conquerront le demourant : si vous disons que, tous tels petits forts faites-les abattre ce temps, en tant que loisir en avez; et abandonnez tout ce qui sera trouvé dedans, si il n'est mis hors ens ès fortes villes, cités et chastels dedans le jour de la Toussaints ou au plus tard dedans le jour de la Saint-Andrieu, aux vôtres gens d'armes; encore vaut-il mieux que ils en vivent et que ils en aient la graisse et le profit que vos ennemis. Et si mandez encore par espécial et par certains hommes de votre conseil tout votre état et l'affaire de votre pays au roi de France et à ses oncles, monseigneur de Berry et monseigneur de Bourgogne; et soient informés justement que, à l'été qui revient ou avant, sitôt comme le nouveau temps sera venu et que on pourra chevaucher, il vous appert la plus forte guerre qui oncques fut en Espagne ni par le prince de Galles ni par autrui, et escripsez lettres piteuses et douces, en suppliant au roi et à ces oncles que à ce grand besoin vous soyez reconforté de tant de bonnes gens d'armes que vous puissiez résister contre vos ennemis et garder votre royaume de puissance. Vous avez grandes alliances et confédérations ensemble, le roi de France et vous; et aussi l'a eu votre prédécesseur de père, pourquoi nullement à ce besoin le roi de France et le noble royaume, qui plus peut que ne font toute l'Angleterre et Portingal tous deux mis et conjoints ensemble, ne nous fauldra point; et soyez certain, sire roi, que quand le roi de France et ses oncles seront informés, et leurs consaux, justement et vivement de toutes vos besognes ils y entendront, tellement que vous vous en apercevrez et que point de dommage en celle guerre vous ne prendrez. Et sachez que les chevaliers et escuyers du royaume de France qui se désirent à avancer, à petit de paroles ni de mandement ni de conquêt pour eux, se trairont de celle part pour trouver les armes; car maintenant ils ne se savent où employer. Nous vous dirons pourquoi. François et Flamands ont paix ensemble qui, grand temps a, n'y fut; et sont trèves des Anglois et des François de ceux par-delà de Loire, jusques à la Saint-Jean-Baptiste qui vient: si verrez venir et affuir gens d'armes, chevaliers et escuyers de France à grand effort, tant pour trouver les armes que pour voir ce pays, et pour voir les Anglois que ils ne virent oncques, tels y aura trois mille [1], que pour eux avancer. Mais, sire, nous voulons, et le vous conseillons pour votre profit, que tout petits forts, églises et moustiers sur le plat pays soient abandonnés et désemparés, si vous voulez avoir joie du demourant. »

Répondit le roi de Castille : « Vous me conseillez loyaument et je le ferai de ci en avant. » Et lors ordonna, sans avoir nul conseil dessus, que tout soit abattu, et désemparé ce qui ne se peut tenir; « et vous abandonne, dit-il aux compagnons, comme le vôtre à prendre, tout ce qui en tels forts sera trouvé. » Les compagnons dirent: « Sire, c'est bien dit et nous y entendrons volontiers, et aiderons à garder et sauver le demourant. »

Celle parole que le roi de Castille dit et fit à ses gens d'armes, et par espécial aux chevaliers et escuyers de France, porta aux compagnons deux cents mille francs de profit, et espécialement à ceux qui étoient allés premièrement en Castille, quand le duc de Lancastre arriva à la Calougne et il s'en alla en la ville de Saint-Jacques en Galice.

CHAPITRE XXXV.

Comment le roi de Castille, conseillé que on abattît tous petits forts et moûtiers de son royaume qui ne se pourroient tenir, prit les pourvéances pour les grosses villes pourvoir.

Lors furent parmi le royaume de Castille, si comme je le vous recorde, abandonnés tous petits forts, églises et moûtiers qui nulle puissance n'avoient de eux tenir. Lors furent attrapés ces paysans sur le plat pays, qui avoient fortifié églises et moûtiers, et là dedans retrait leurs biens, meubles, vins, blés, avoines, chairs et autres choses, et les y vouloient et cuidoient tenir et garder. Mais il leur en advint tout du contraire; car ces chevaliers et escuyers et capitaines de routes y envoyèrent leurs gens, qui tout prenoient. Les pourvéances que ils trouvoient faisoient-ils bien amener ou apporter à leurs logis; mais l'or et l'argent que ils trouvoient et dont ils rançonnoient les vilains du pays, ou ils leur faisoient racheter leurs biens, tout ce ne venoit mie à connoissance fors à eux, mais le boutoient en leurs bourses. Et tant firent aucuns povres compagnons, qui étoient plus subtils et aventureux les uns que les autres, car toujours en y a des mieux pourvus, et qui étoient issus de leurs hostels et maisons bassement et povrement montés, que ils avoient coursiers et genets de séjour, cinq ou six, et grosses ceintures

---

[1] C'est-à-dire que parmi eux il s'en trouve trois mille qui n'ont jamais vu les Anglais.

d'argent et mille ou deux mille francs en leurs bourses, et en leurs pays ils allassent espoir à pied ou sus un povre roussin. Ainsi gagnèrent ces compagnons qui se trouvèrent en la première rèse en Castille; et tout le plat pays, car il fut tout riflé, couru et mangé de leurs gens mêmes, car ils ne vouloient pas que leurs ennemis en eussent joie ni aise.

Quand les nouvelles en furent venues en France aux autres povres compagnons chevaliers et escuyers, en Beauce, en Berry, en Auvergne, en Poitou et en Bretagne, comment leurs gens étoient enrichis en Castille, si furent plus diligens et plus aigres assez de partir de leurs maisons et d'aller en Espaigne, puisque renommée couroit que on pilloit aussi bien sus terre d'amis comme d'ennemis.

Bien étoit le roi de France, et ses oncles aussi, et leurs consaulx, informé du voyage du duc de Lancastre que il devoit faire en Castille, avant que il se départesist oncques ni issit hors du royaume d'Angleterre; car renommée court, va et vole partout tantôt. Et bien savoient que le royaume de Castille auroit à faire; et pour ce, et pour y remédier, avoit le duc de Bourgogne si légèrement fait paix aux Gantois, que pour adresser et aider aux besognes et nécessités du roi de Castille, envers qui le roi de France et le royaume étoient grandement tenus par plusieurs raisons; car par le roi de Castille et par ses gens, et par ses navies et armées de mer, étoient les besognes du royaume de France assez en bon état. Avec tout ce, le jeune roi Charles de France avoit trop grand'affection d'aller à main armée et à puissance de gens d'armes et de vaisseaux ens ou royaume d'Angleterre, et en avoit de son accord tous chevaliers et écuyers du royaume de France, et par espécial le duc de Bourgogne et le connétable de France, le comte de Saint-Pol, nonobstant qu'il eût épousé la sœur du roi Richard d'Angleterre, et le seigneur de Coucy. Et disoient ces seigneurs, et aussi la greigneur partie de la chevalerie de France : « Pourquoi n'allons-nous une fois en Angleterre voir le pays et les gens ? et apprendrons le chemin, ainsi comme les Anglois en leur temps l'ont appris en France. »

Donc il advint en celle année, l'an mil trois cent quatre vingt six, tant pour rompre et briser l'armée du duc de Lancastre, ou pour retraire hors de Galice et de Castille, que pour donner cremeur aux Anglois, pour voir et savoir comment ils se maintiendroient, les plus grands et les plus beaux apparens se firent en France; et furent généralement tailles levées et assises sur toutes gens, tant en cités que en bonnes villes que au plat pays, et tant que, sus une année fut plus levé en France, que oncques n'avoit été vu puis cent ans; et aussi les plus grands et les plus beaux apparens se firent par mer. Et tout l'été jusques au mois de septembre on ne fit que moudre farines et cuire biscuits à Tournay, à Lille, à Douay, à Arras, à Amiens, à Bethune, à Saint-Omer et à toutes les villes voisines de l'Escluse; car telle étoit l'intention du roi et de son conseil, que à l'Escluse on monteroit là en mer, et par là on iroit entrer en Angleterre et tout le pays détruire. Bien riches gens parmi le royaume de France, pour l'aide de ce voyage et pour avoir navires et vaisseaux assez, étoient taillés et taxés au tiers et au quart de leur chevance ; et plusieurs menues gens, payoient plus que ils n'avoient vaillant, et ce pour accomplir le payement des gens d'armes.

Mouvant d'Espaigne du port de Séville jusques en Prusse n'étoient nuls gros vaisseaux sur mer, où les François pussent mettre leur main ni l'arrêt, qui fut en leur prière ni en leur puissance, que tous ne fussent retenus pour le roi et pour ses gens. Avecques tout ce, les pourvéances de toutes parts arrivoient en Flandre et si grosses, de vins et de chairs salées, de foins, d'avoines, de tonneaux de sel, d'oignons, de verjus, de biscuit, de farine, de graisses, de moyeux d'œufs battus en tonneaux, et de toutes choses dont on se pouvoit aviser ni pour-penser, que, au temps avenir, qui ne le vit adoncques, il ne le voudra ou pourra croire. Et furent seigneurs priés, escripts et mandés jusques en Savoie, jusques en Allemagne, et sur le soleil couchant jusques en la terre au comte d'Armignac. Et furent priés ces deux lointains seigneurs à être en ce voyage avecques le roi ; et le comte de Savoie retenu à cinq cents lances de Savoyards; et d'autre part le comte d'Armignac et le Dauphin d'Auvergne. Et quoique ces seigneurs fussent lointains et ne savoient, ni savoir ne pouvoient, à quelle fin celle armée se feroit, si faisoient-ils faire leurs pourvéances si grandes, si grosses et si coûtables que merveille est à penser, ni où les biens étoient pris qui arrivoient en Flandre par terre et par mer à Bruges, au Dam et à l'Escluse.

Et furent très la Saint-Jean envoyés querre en Hollande et en Zélande, à Mildebourch, à Zerechiel, à Dourdrech, à Scounehove, à Legode, à Herlem, à le Delph, à le Brille et en toutes les villes sur mer ou sus les rivières rentrans en mer, tous les gros vaisseaux dont on pouvoit soi aider; et tout lever et amener à l'Escluse; mais Hollandois et Zélandois disoient, quand on les avoit levés et retenus : « Si vous voulez que nous soyons à vous et avoir notre service, si nous payez tout sec, autrement nous n'irons nul part. » Là étoient-ils payés, dont ils furent sages, avant que ils partissent ni voulsissent partir de leurs hâvres ni de leurs maisons. Oncques, puis que Dieu créa le monde, on ne vit tant de nefs ni de gros vaisseaux ensemble, comme il y ot en cel an en la mer au hâvre de l'Escluse et sur la mer entre l'Escluse et Blanqueberge; car au mois de septembre, en l'an dessus dit, ils furent nombrés à treize cent et quatre vingt sept vaisseaux : ce sembloit des mâts, à l'Escluse, qui regardoit en mer, un grand bois. Et encore n'y étoit pas la navie du connétable de France, messire Olivier de Cliçon, qui s'ordonnoit et appareilloit à Laudriguier[1] en Bretagne. Avecques tout ce, le connétable de France faisoit faire ouvrer et charpenter en Bretagne l'enclosure d'une ville; et tout de bon bois et gros, pour asseoir en Angleterre là où il leur plairoit, quand ils y auroient pris terre, pour les seigneurs loger et retraire de nuit, pour eschiver les périls des réveillemens et pour dormir plus aise et plus assur. Et quand on se délogeroit de une place et on en iroit en autre, celle ville étoit tellement ouvrée et ordonnée et charpentée que on la pouvoit défaire par charnières, ainsi que une couronne, et rasseoir membre à membre. Et y avoit grand foison de charpentiers et d'ouvriers qui l'avoient compassée et ouvrée et savoient comment elle devoit aller; et de ce étoient-ils retenus et avoient grands gages.

En celle armée qui devoit aller en Angleterre, je n'ouïs point nommer le duc de Bretagne que il fit nulles apparences et provisions en Flandre, ni le duc de Touraine, le jeune frère du roi, ni le comte d'Alençon, ni le comte de Blois : mais tous n'y pouvoient point aller; il convenoit que il en demeurât en France pour aider à garder le royaume. Qui eût été en ce temps à Bruges, au Dam et à l'Escluse, et eût vu comment on étoit soigneux d'emplir nefs et vaisseaux, de mettre foin par torches en tonneaux, de mettre biscuits en sacs, de mettre oignons, aulx, pois, fèves et oliètes, orges, avoines, seigles, blés, chandelles de sieu, chandelles de cire, housseaulx, souliers, chausses-à-housser, bottines, éperons, couteaux, haches, coignées, pics, haveaulx, claies de bois, boites à mettre oignement, étouppes, bandeaux, contrepointes pour dormir sus, fers et clous pour ferrer les chevaux, bouteilles à verjus et à vinaigre, hannaps, godets, écuelles de bois et d'étain, chandelliers, bacins, pots, grils, ostils de cuisine, ostils de bouteillerie, ostils pour autres offices, et toutes choses dont on se peut au pourvoir à penser, qui seroient nécessaires pour servir corps d'homme avaler en nefs, par tonneaux ou autrement, sachez que l'oubliance du voir et la plaisance du considérer y étoit si grande, que qui eût eu les fièvres ou le mal des dents, il eût perdu la maladie pour aller de l'un à l'autre. Et comptoient ces compagnons de France, qui les ouoit parler l'un à l'autre, Angleterre pour perdue et exillée sans recouvrer, tous les hommes morts, et femmes et enfans dessous âge amenés en France et tenus en servitude.

De ce grand appareil d'avoir la guerre et l'armée de France en Angleterre furent bien certifiés et informés le roi d'Angleterre et son conseil; et fut pour certain dit et affirmé que les François venroient et l'avaient juré. On ne se doit pas émerveiller si si grand appareil fut resoigné, et si les Anglois de commencement en furent ébahis, car encore leur faisoit-on la chose plus grande et plus périlleuse qu'elle n'étoit; et ne savoit nul, au voir dire, en Angleterre, encore par imagination, si c'étoit pour venir en Angleterre ou pour assiéger Calais par mer et par terre; car bien savoient les Anglois que la ville du monde que ils désiroient plus à ravoir, c'étoit la ville de Calais. De quoi pour celle doute, on envoya grands pourvéances à Calais de blés, d'autres grains, de chairs salées, de poissons

---

[1] Tréguier.

salés, de vins et de cervoise; et y furent envoyés souverains capitaines messire Thomas de Hollande, le comte de Kent, messire Hue de Cavrelée, messire Guillaume Helmen, messire d'Agorisses, messire Gaultier d'Evrues, messire Gaultier Pole, messire Guillaume Toucet, messire Loys de Montalbin, messire Colars d'Aubrecicourt, et bien deux cents hommes d'armes et cinq cents archers. Et fut ordonné aussi à être sur mer, atout quarante gros vaisseaux armés pourvus de gens d'armes et d'archers, le comte Richard d'Arondel, et en sa compagnie messire Henry dit le Despensier avecques le comte de Nordvich; et étoient trois cens hommes d'armes et tous bien armés.

CHAPITRE XXXVI.

Comment François Acreman fut occis d'un bâtard fils au sire de Harselles, un peu après ce que la paix fut faite entre le duc de Bourgogne et ceux de Gand, et des grands pourvéances qui se faisoient en Flandre pour le roi.

D'autre part on disoit en plusieurs lieux en France, en Hainaut et en Picardie, que celle armée, qui se faisoit en Flandre, n'étoit point pour aller en Angleterre ni devant Calais; mais retourneroit toute, quand on auroit tout fait, devant Gand. Et fut telle fois, si comme je fus adoncques informé, que ceux de Gand s'en doutèrent moult fort; mais ils avoient tort si ils s'en doutoient; car le duc de Bourgogne leur sire ne leur vouloit que tout bien et bonne paix, quoique François Acreman fût occis assez tôt après la paix faite à Tournay où il rendit grand'peine; mais de sa mort ce ne fut pas la coulpe du duc de Bourgogne, ni il n'avoit nulle haine sur lui, quoique François, la guerre durant entre le duc et ceux de Gand, eût fait pour ceux de sa partie grand'foison d'appertises d'armes, si comme elles sont justement contenues et escriptes ci-dessus en celle histoire. Et si François vint à povre fin ce fut sa coulpe; car si il eût cru Piètre du Bois, il n'eût eu nul encombrier; car Piètre du Bois lui dit bien, quand la paix fut faite de monseigneur de Bourgogne à ceux de Gand, et Piètre s'ordonnoit d'aller en Angleterre, ainsi qu'il fit, avecques messire Jean de Boursier, et il lui demanda et dit: « François, que dites-vous? En venrez-vous en Angleterre avecques nous, il est heure venue? » — « Nennil, répondit François Acreman, en Angleterre n'irai-je point, je demeurerai en Gand. » — « Et comment, dit Piètre, y cuidez-vous demeurer paisiblement, car il y a de grandes haines sur vous et sur moi? Je n'y demeurerai point ni n'y demeurerois pour nul avoir. On ne se doit de rien confier en commun. N'avez-vous pas ouï dire comment ceux de Gand occirent et murdrirent jadis ce vaillant et sage homme Jacques d'Artevelle qui leur avoit fait tant de bien et donné de bons conseils et été en toutes leurs nécessités si propice; et pour les paroles d'un povre tuillier ce prud'homme fut occis; ni oncques les suffisans hommes de la ville n'allèrent au devant, mais s'en dissimulèrent et furent par semblant tous lies de sa mort. Et sachez, François, ainsi en adviendra-t-il de vous; et aussi feroit de moi, si je y demeurois; mais je n'y demeurerai pas. Adieu vous dis. » — « Non fera, dit François. Monseigneur de Bourgogne a tout pardonné, et m'a retenu, si je vueil aller demeurer avecques lui, escuyer d'escuierie à quatre chevaux; et me montre, et aussi font messire Guy de la Trémoille et tous les chevaliers de l'hôtel, grand semblant d'amour. » — « En nom Dieu, dit Piètre, je ne vous parle pas de monseigneur de Bourgogne ni de ses chevaliers; ils tindront bien la paix: mais je vous parle de ceux de Gand; il en y a aucuns à qui vous n'avez pas toujours fait plaisir. Ne vous souvient-il du seigneur de Harselles que vous fîtes tuer, et encore? tels et tels Sachez que les haines passées, de leurs hoirs vous retourneront devant, si vous demourez longuement en celle ville. Avant que je y demeurasse, créez mon conseil, je m'en irois demeurer de-lez monseigneur de Bourgogne. » Répondit François à Piètre du Bois: « Je en aurai avis, mais en Angleterre ne vueil-je point aller demeurer. » Ainsi demeura François Acreman; et Piètre du Bois s'en alla avecques messire Jean de Boursier, si comme vous avez ouï recorder. Or vous dirai que il advint.

Assez tôt après ce que la paix fut criée et publiée par toutes les parties de Flandre, on défendit par toutes les bonnes villes, de par monseigneur de Bourgogne, à non porter armures ni épées, ni faire porter après soi. François Acreman, lequel avoit été en la ville de Gand, la guerre durant, l'un des grands qui y fut et pour qui on faisoit le plus, et quand il alloit par les rues, si il avoit peu de trente varlets il en avoit soixante, ceux étoient tous réjouis à qui il vouloit commander quelque chose, et avoit appris à tenir tel état, non que il le voulsist persévérer, mais il vouloit trois ou quatre varlets tenir après lui qui le sieuvissent, par-tout où il allât, armés et portant épée ou bâtons défensables. Quand le ban et le cri fut fait à Gand de par le duc de Bourgogne, il ne cuida pas que pour lui ni sur lui ni sur ses varlets on dut faire défense, tant cuidoit-il bien avoir de grâce et de port en la ville : mais non ot; car sept ou huit jours après ce que ordonnance ot été mise, et défense sur les armures, on vint à lui, voire le bailli du seigneur personnellement, et lui dit : « François, vous nous mettez les officiers de monseigneur de Bourgogne en doute et en soupçon : pourquoi allez-vous maintenant armé parmi la ville de Gand et vos varlets aussi, et portez et faites porter épées pour vous défendre, aussi bien que si ce fut au temps de guerre? Il nous en déplaît; et vous faisons commandement et défense, de par monseigneur de Bourgogne, que vous mettez tout jus. » François, qui nul mal n'y pensoit, et ce que il faisoit ce n'étoit que pour état, répondit et dit : « Baillieu, je obéirai volontiers, car c'est raison. Ni je ne hais, Dieu merci, nullui, ni ne voudrois que nul eut mal pour moi ; mais je cuidois bien tant avoir d'avantage en la ville de Gand que pour porter et faire porter après moi mes épées et armures » — « Nennil, dit le baillieu, ceux de la ville de Gand à qui vous avez fait tant de service, proprement en parlent et s'en émerveillent et me demandent et m'ont demandé pourquoi je le souffre ; et semble que vous leur vouliez renouveler guerre ; ce que il ne veulent pas. Si vous prie, François, que vous fassiez tant que je n'en oye nulles nouvelles ni paroles. Car là où vous ne voudriez obéir, je vous tenrois pour ennemi à monseigneur et à madame de Bourgogne. »

Le bailli de Gand s'en passa outre atant, et François Acreman retourna à l'hôtel et fit à ses varlets mettre jus leurs armures, et entra en une telle marmouserie, que le plus de temps il alloit tout seul parmi la ville de Gand, ou à la fois il menoit un varlet ou un seul enfant en sa compagnie. Or advint que à une fête où il se tenoit, au dehors de Gand en l'abbaye de Saint-Pierre, il alla ainsi que tout seul, lui et son varlet seulement, sans armures et sans épées. Il fut poursuivi et épié d'un bâtard, fils au seigneur de Harselles qui avoit été, lequel vouloit contrevenger la mort de son père, de laquelle mort François Acreman, si comme renommée couroit, étoit grandement coupable. Ce bâtard étoit pourvu de son fait, et poursuivit François de loin, et tant que, hors de la ville de Gand et en sus de gens, il l'atteignit, et l'écria par derrière en disant : « François, à la mort! Vous fesistes mourir mon père et vous mourrez aussi. » Ainsi que François se retourna, ce bâtard, qui étoit un fort varlet, lâche parmi la tête un coup d'un bracquemart si pesant, que il le pourfendit jusques aux dents, et l'abattit tout mort à terre. Si s'en alla le bâtard tout paisiblement ; nul ne le suivit ; il n'en fut plus. Ainsi mourut François Acreman; mourir devoit, car il ne voult oncques croire Piètre du Bois. Si lui en meschey.

Quand les nouvelles en furent venues en Angleterre, et Piètre du Bois le sçut, il ne le plaignit que un petit, et dit : « Je l'en avois bien avisé et chanté toutes les vigiles avant que je m'en partesisse de Gand; si il lui en est mal pris, or querrez qui l'amende. Ce ne seront pas ceux qui, la guerre durant, l'honoroient et l'inclinoient. Pour tels doutes ai-je cru messire Jean de Boursier, et suis venu en Angleterre. »

Or retournons encore aux provisions qui se faisoient et qui se firent en ce temps si grandes et si grosses, au Dam et à l'Escluse, que on ne trouveroit point en mémoire d'homme, ni par escripture, la pareille : ni on n'épargnoit non plus or ni argent que donc qu'il apleuist des nues, ou que on le puisât en la mer. Les hauts barons de France avoient envoyé à l'Escluse leurs gens pour appareiller leurs ordonnances et charger leurs vaisseaux, et pourvoir de tout ce que il leur besognoit; car il n'en y avoit nuls vraiment qui ne dussent passer; et le roi, comme jeune qu'il fut, en avoit plus grand volonté que nul des autres, et bien le montra toujours jusques à la fin. Tous s'efforçoient, les grands seigneurs l'un pour l'autre, à faire grandes provisions et à jolier et à cointoyer leurs nefs et leurs vaisseaux, et à enseigner et à armorier de leurs parures et armes. Et vous dis que peintres y eurent trop bien leur temps; ils gagnèrent ce que demander vouloient, encore n'en pouvoit on recouvrer : on faisoit bannières, pennons, estranières de sendal, si belles que merveilles seroit à penser. On peignoit les mâts des nefs du fond jusques au comble, et couvroit-on les plusieurs, pour mieux montrer richesse et puissance, de feuilles de fin or, et dessous on y faisoit les armoiries des seigneurs auxquels les nefs étoient. Et par espécial il me fut dit que messire Guy de la Trémoille fit très richement garnir la navire où son corps devoit passer; et coûtèrent les nouvelletés et les peintures que on y fit plus de deux mille francs. On ne pouvoit chose aviser ni deviser pour lui jolier que les seigneurs ne fesissent faire aussi en leurs naves; et tout payoient povres gens parmi le royaume de France, car les tailles y étoient si grandes pour assouvir ce voyage, que les plus riches s'en doloient et les povres s'enfuyoient.

Tout ce que on faisoit en France, en Flandre, à Bruges, au Dam et à l'Escluse pour ce voyage, étoit sçu en Angleterre. Et encore couroit renommée en Angleterre plus grande assez que l'apparent ne fut, dont le peuple en trop de lieux étoit moult ébahi. Et furent généralement processions ordonnées, ens ès bonnes villes et cités, des prélats et des églises trois fois la semaine, lesquelles processions étoient faites en grande dévotion et contrition de cœur; et prières et oraisons faisoient à Dieu que ils les voulsist ôter et délivrer de ce péril. Et plus de cent mille parmi Angleterre ne désiroient autre chose que les François vinssent et arrivassent; et disoient les légers compagnons, qui se confortoient d'eux-mêmes et qui vouloient reconforter les ébahis: « Laissez venir ces François; pardieu il n'en retournera jamais couillon en France. » Et ceux qui devoient, qui cure n'avoient de payer, en étoient si réjouis que merveilles, et disoient à leurs debiteurs : « Taisez-vous; on forge en France les florins de quoi vous serez payés. » Et sur celle fiance ils vivoient et dépensoient largement, et ne leur refusoit-on point de créance; et quand à l'accroire on ne leur faisoit bonne chère, ils disoient : « Que nous demandez-vous? Encore vaut-il trop mieux que nous despendons les biens de ce pays que les François les trouvent et aient aise. » Et par ainsi dépensoient à outrage les biens en Angleterre.

En ce temps se tenoient le roi d'Angleterre en la marche de Galles, le comte d'Asquesuffort en sa compagnie, par lequel étoit tout fait en Angleterre et sans lui n'étoit rien fait. Du conseil du roi étoient les plus espéciaux messire Simon Burlé, messire Nicolas Bramber, messire Robert Tresilien, messire Jean de Beauchamp, messire Jean Sallebery, et messire Michel de la Polle; et encore y étoit nommé l'archevêque d'Yorch, messire Guillaume de Neufville, frère au seigneur de Neufville. Tous ceux faisoient du roi ce qu'ils vouloient, et le menoient et demenoient ainsi comme il leur plaisoit. Ni l'oncle du roi, le comte de Cantebruge, ni le comte de Bouquinghen n'y avoient parole. Et n'y avoit cuit ni moulu si il ne venoit bien à la grâce des dessus nommés. Et tout ce trouble et ce différend étoient bien sçus en France, pourquoi le voyage s'en avançoit. Et aussi on vouloit le duc de Lancastre retraire hors du royaume de Castille; mais on n'avoit garde que pour ce il dût briser son voyage.

Quand les seigneurs d'Angleterre, les prélats et les cités, et les bonnes villes, et les communautés du pays furent justement et véritablement enhortés et informés comment le royaume de France étoit tout croisé de venir en Angleterre et tout détruire, si s'en trayrent ensemble en conseil; et dirent et regardèrent l'un parmi l'autre que il y convenoit pourvoir et remédier; et fut le roi envoyé querre; et escript par ses oncles et par tout les pays que il vînt à Londres, et que le pays se contentoit mal de lui et de son conseil. Le roi ni son conseil ne osèrent refuser; et se départit de la marche de Galles, où moult longuement il s'étoit tenu, et la roine aussi, et s'en vint à Windesore, et là se tint ne sais quants jours, et puis s'en partit; mais il y laissa sa femme et s'en vint à Westmoustier, au palais de Londres, et là se tint. Là le vinrent voir ceux qui à besogner avoient à lui. Là fut le conseil avisé comment on iroit au devant de celle grande horribleté qui apparoit en Angleterre. Là dit le comte de Sallebery, qui étoit un moult bouillant homme et de grand'prudence, présent le roi et ses oncles, et tous les prélats et barons d'Angleterre qui là étoient assemblés : « Sire roi, et vous bonnes gens, vous ne vous devez pas émerveiller si nos adversaires de France nous veulent venir courir sus; car depuis la mort du noble et puissant roi notre seigneur qui fut, le roi Édouard de bonne mémoire, ce royaume ici a été en très grand'aventure de être tout perdu et exillé de lui-même par le fait des villains; et encore sait-on bien en France que nous ne sommes pas tout un, mais en péril et en différend; et pour ce nous appert ce trouble qui n'est pas petit, car cil est fol qui ne craint pas son ennemi. Et de tant que le royaume d'Angleterre a été en bonne unité, le roi avecques son peuple et le peuple avecques le roi, nous avons régné en victoire et en puissance; ni nous n'avons nullui trouvé ni vu qui nous ait fait tort. Si faut, et si nous besogne, car nous en véons l'apparant, oncques si grand n'apparut sus en Angleterre, que nous nous réformons en amour et en unité, si nous voulons vivre en honneur, et que nous nous regardons et ordonnons tellement aux ports et aux hâvres d'Angleterre qu'ils soient si pourvus et si gardés, que par la deffaute de nous le pays ne reçoive point de blâme ni de dommage. Ce royaume-ci a été un grand temps en fleur, et vous savez, une chose qui est en fleur, elle a greigneur mestier que elle soit près gardée que quand elle est contournée en fruit : nous devons voir et considérer que ce pays-ci est en fleur, car, depuis soixante ans, chevaliers et écuyers qui en sont issus ont eu plus d'honneur en tous faits d'armes que nuls autres de quelconque nation qu'il fût. Or mettons et rendons peine que, tant que nous vivons, celle honneur soit gardée. » — « Ce sera bon, » répondirent les seigneurs qui là étoient.

CHAPITRE XXXVII.

Comment le roi d'Angleterre mit grandes gardes à tous les ports d'Angleterre pour résister contre la puissance du roi de France, et du conseil que les Anglois orent de faire.

Moult volontiers fut ouï en parlement le comte de Sallebery, et furent ces paroles acceptées comme pour sage et vaillant homme. De tout ce qui fut dit, parlé et devisé entre eux ne me vueil-je pas trop éloigner, car je ne pense pas tout à savoir; mais je sais bien que, la ville de Calais gardée ainsi comme ci-dessus est dit, on ordonna à garder tous les ports d'Angleterre, là où on supposoit que François pourroient arriver et prendre terre. Le comte de Sallebery, pourtant que sa terre et son pays marchissoit à l'île de Wisque, et celle île est à l'encontre de Normandie et du pays de Caux, fut là ordonné à être avecques les hommes et les archers du pays et de la comté de Cestre[1]. Le comte de Devensière fut ordonné à être à Hantonne, à deux cens hommes d'armes et six cens archers pour garder le hâvre; le comte de Northonbrelande au port de Rye, à deux cens hommes d'armes et six cens archers; ce comte de Cantebruge à Doùvres, à cinq cens hommes d'armes et douze cens archers. Son frère, le comte de Bouquinghen, fut ordonné à être à Zandvich, à six cens hommes d'armes et douze cens archers. Le comte d'Estaffort et de Pennebruck au port de Orvelle à cinq cens hommes d'armes et douze cens archers. Messire Henry de Percy, et messire Raoul de Percy, son frère, à Gernemunde[2], à trois cens hommes d'armes et six cens archers; et fut messire Simon Burlé, capitaine de Doùvres, du chastel tant seulement. Tous les ports et hâvres mouvans en la rivière de Hombre, descendans jusques à Cornouailles, furent tout pourvus et rafreschis de gens d'armes et d'archers. Et étoient ordonnés sus toutes les montagnes costiant la mer, sus les frontières de Flandre et de France, gardes; je vous dirai comment, ni en quelle manière. On avoit tonneaux de Gascogne vuis, emplis de sabelon et mis et conjoints l'un sur l'autre, et encore dessus ces tonneaux mis étaux perchés, sur lesquels de jour et de nuit y avoit hommes regardans en la mer; et pouvoient de une vue bien voir sept lieues loin, ou plus, en la mer. Et ces gardes étoient chargés, si ils véoient venir la navie de France et approcher Angleterre, à faire feux et allumer torches là sus et grands feux sur les montagnes, pour émouvoir le pays et pour venir celle part toutes gens là où le feu apparoit. Et étoit ordonné que on lairoit le roi de France paisiblement prendre terre et entrer sur le pays et être trois ou quatre jours. Et tout premier, avant que on les allât combattre, on iroit combattre et conquerre la navie et toutes les nefs, et détruire et prendre toutes leurs pourvéances, et puis venroit-on sur les François, non pas pour combattre sitôt mais pour hérier. Ni leurs gens ne pourroient ni oseroient

---

[1] Le comté de Chester n'est pas placé de ce côté; il est situé au nord de l'Angleterre. Peut-être veut-il désigner le Hampshire, qui a pour chef-lieu Winchester.

[2] Yarmouth. Dans le premier livre je n'avais pu retrouver ce mot dans Gernemine et Gernemune. D'autres manuscrits l'appellent Yarnemude; c'est bien véritablement Yarmouth.

aller fourrager; ni ils ne trouveroient quoi : car le plat pays seroit tout perdu d'avantage; et en Angleterre est un mauvais pays à chevaucher. Si les affameroit-on et mettroit à fin de eux-mêmes.

Telle étoit leur opinion et du conseil d'Angleterre; et fut le pont de la ville de Rocestre [1] condempné à défaire, si comme il fut; là où une grosse rivière [2] court venant de la comté d'Exsesses et d'Arondel [3], et rentre en la mer et en la Tamise à l'encontre de l'île de Cepée; et le dit pont firent abattre ceux de Londres pour être plus assur. Et vous dis que les tailles étoient grandes et vilaines en France sur les hommes des villes; aussi furent-elles en celle saison durement grandes en Angleterre et tant que le pays s'en dolit un grand temps depuis [4]; mais trop volontiers payèrent les gens pour la cause de ce que ils fussent mieux gardés et défendus. Et se trouvoient bien en Angleterre cent mille archers et dix mille hommes d'armes, quoique le duc de Lancastre eût la charge grande et grossement en Castille, si comme il est ici contenu; duquel duc nous parlerons un petit de lui et du roi de Portingal et puis retournerons en Angleterre; car la matière le désire, qui veut aussi bien parler de l'un comme de l'autre.

CHAPITRE XXXVIII.

Comment le roi de Portingal escripsit amiablement au duc de Lancastre, quand il lesût être arrivé en Saint-Jacques en Galice, et du secours que le roi de Castille mandoit en France, et comment Ruelles fut pris des Anglois.

Vous savez, si comme il est ci-dessus contenu en celle histoire, comment le duc de Lancastre à belle charge de gens d'armes et d'archers étoit arrivé à la Colongne en Galice, et par composition la ville, non le chastel, s'étoit rendue à lui;

---

[1] Toutes les éditions précédentes mettaient à tort Colchester. Johnes lui-même, dans son édition anglaise, a commis la même erreur. Les manuscrits 8325 et 8328, que j'ai sous les yeux, disent Rocestre, qui répond évidemment là à la ville de Rochester, à la fois par la prononciation et la situation géographique.

[2] Le Medway.— [3] Arundel est dans le comté de Sussex.

[4] Il y eut cette année de vives discussions entre le parlement et le roi. Le parlement refusait de l'argent, et le roi déclarait que, si on ne lui en donnait pas, il en demanderait au roi de France, dont il aimait mieux recevoir la loi que de recevoir celle de ses sujets. Enfin on finit par s'entendre. Richard renvoya son favori le comte de Suffolk, et on lui donna de l'argent pour soutenir la guerre contre le roi de France, en nommant toutefois treize personnes pour surveiller sous lui l'emploi de ces fonds.

et avoient dit ainsi que ils feroient tout ce que les autres villes de Galice feroient; et sus tel état on ne les avoit point combattus ni assaillis depuis que ils orent dite la parole. Et étoient le duc de Lancastre et leurs enfans depuis venus à la ville de Saint-Jacques, laquelle on appelle Compostelle, et là se tenoient et avoient intention de tenir, tant que ils auroient autres nouvelles du roi de Portingal qui se tenoit à Conimbres.

Quand le roi sçut de vérité que le duc étoit en la ville de Saint-Jacques et sa femme et ses filles, si en ot grand'joie et pensa bien que entre eux deux ils feroient encore bonne guerre au royaume de Castille. Si fit lettres escripre moult douces et amiables et grands salutations; et envoya tantôt par certains messages ces lettres et ces amitiés devers le duc et la duchesse, lesquels reçurent ces lettres en grand gré; car ils savoient bien que ils avoient grandement à faire du roi de Portingal, ni sans lui ni son confort ils ne pouvoient bien besogner ni exploiter en Portingal ni en Castille. Si donnèrent beaux dons le duc et la duchesse aux messagers, et rescripsirent grands salvemens et grands amitiés au roi de Portingal; et montroit le duc par ses lettres que ce roi de Portingal il verroit moult volontiers et parleroit à lui.

Entrementres que ces amours, ces lettres, ces accointances, ces saluts et ces amitiés couroient entre le roi de Portingal et le duc de Lancastre, se passoit le temps; et se pourvéoit et fortifioit le roi Jean de Castille ce qu'il pouvoit; et mandoit souvent son état et convenant en France par lettres et par messagers créables, en priant que on lui voulsist envoyer grands gens d'armes pour aider à défendre et garder son royaume. Et mandoit ainsi et escripsoit que, sus le temps qui retournoit, il espéroit à avoir très forte guerre; car le roi de Portingal et les Anglois se conjoindroient ensemble; si seroient forts assez pour courir tout le royaume de Castille et de tenir les champs, qui ne leur iroit au devant.

Le roi de France et son conseil rescripsirent au roi de Castille que il ne se' souciât et ne se doutât en rien, car, dedans le mois de janvier, on donneroit en Angleterre aux Anglois tant à faire que ils ne sauroient auquel entendre; et quand toute Angleterre seroit perdue et détruite, on s'en retourneroit en l'été par mer en Galice et en Portingal; et si les Anglois et Portingalois tenoient les champs, on les feroit retraire de grand'manière; et que dedans un an toutes ces guerres seroient affinées.

Le roi de Castille s'apaisoit atant, pour ce qu'il n'en pouvoit autre chose avoir; ni nul secours de France ne lui venoit fors ceux qui premiers étoient passés; car tous chevaliers et écuyers, de comme lointaines marches que ils fussent du royaume de France, s'en alloient vers Paris et en Picardie, et puis vers Lille et vers Douay et Tournay; et étoit le pays quatorze lieues de long, et autre-tant d'esle tout rempli de gens d'armes et de leurs mesnies; et étoit le peuple si grand, que il fut dit à ceux qui s'ensoignoient de la navie et qui en avoient le regard et la charge, que, quoique on eût grand nombre de naves, de gallées et de vaisseaux, si ne pourroient-ils pas passer du premier passage à quarante mille hommes près. Donc fut ordonné et avisé comment on feroit; que on ne recueilleroit nul homme pour passer, si il n'étoit droit homme d'armes; et ne pourroit un chevalier avoir que un varlet, et un grand baron, deux écuyers, et ne passeroit-on nuls chevaux, fors que pour les corps des seigneurs. Et à tout ce faire et ordonner avoit-on mis à l'Escluse grand regard et fort; ni nul n'étoit escript ni recueilli, si il n'étoit droit homme d'armes; mais il y avoit tant de ribaudaille sur le pays en Flandre, en Tournesis, en la chastellerie de Lille et de Douay et en Artois, qu'ils mangeoient et rifloient tout, et là se tenoient aux frais et coûtages des povres hommes; et étoient de ces pillards et mauvais garçons mangés leurs biens, ni ils n'en osoient parler; et faisoient ces gens pis que les Anglois n'eussent fait, si ils eussent été logés au pays. Et étoit grand doute que, le roi et les seigneurs passés outre en Angleterre et tels gens demeurés derrière, que ils ne se missent ensemble et détruisissent tout, ainsi certainement que ils eussent fait si la chose fût mal allée.

Entrementres que le duc de Lancastre et la duchesse et leurs enfans et plusieurs seigneurs séjournoient en la ville de Saint-Jacques, se tenoient sur le pays chevaliers et écuyers et compagnons; et vivoient à l'avantage là où ils le pouvoient prendre, trouver ni avoir. Et advint que messire Thomas Moreaux, le maréchal de l'ost, en sa compagnie messire Maubruin de Linières, messire Jean d'Aubrecicourt, Thierry et Guillaume de Soumain et environ deux cens lances et cinq cens archers chevauchèrent en Galice, et s'en vinrent à une ville fermée à sept lieues de Saint-Jacques, laquelle on appelle au pays Ruelles. Et avoient entendu que les vilains qui là demeuroient ne se vouloient tourner; mais étoient tous rebelles, et avoient rué jus de leurs fourrageurs qui étoient repassés devant leurs barrières en revenant de fourrager, car ils avoient tellement rompu et brisé les chemins que on ne les pouvoit chevaucher fors que par devant leurs barrières; et quand ils véoient leur plus bel, ils issoient hors et ruoient jus, comme forts larrons qu'ils étoient, tous passans, fussent fourrageurs ou autres; dont les plaintes en étoient venues au maréchal, lequel y vouloit pourvoir, car c'étoit de son office. Si vint chevauchant le maréchal devant celle ville de Ruelles et mit pied à terre: aussi firent tous ceux de sa route devant les barrières de la ville. La gaitte de la ville avoit bien corné leur venue, dont les gens étoient tout avisés et avoient clos leurs barrières et leurs portes; et n'étoit nul demeuré dehors, car il n'y faisoit pas sain pour eux; mais étoient tous montés sur leurs murs. Le maréchal, quand il en vit le convenant, que ils se faisoient assaillir, il se tint tout coi et dit à messire Jean d'Aubrecicourt et à messire Thierry de Soumain: « Montez sur vos chevaux et chevauchez autour de celle ville, et regardez où nous les pourrons le plus aisément assaillir sans nos gens blesser. » Ils répondirent: « Volontiers. » Si montèrent sus leurs chevaux autour de la ville: elle n'étoit pas de grand circuit, si eurent plutôt fait; et avisèrent bien les lieux, et retournèrent devers le maréchal qui les attendoit. Si dirent: « Sire, en toute celle ville n'a que deux portes; vous êtes sus l'une, et l'autre sied à l'opposite au lez de là; ce sont les deux lieux qui nous semblent le moins grevables pour assaillir, car autour de celle ville les fossés sont parfons et mal aisés à avaler et encore pires au monter pour les ronces et les épines qui les encombrent. » — « Je vous en crois bien, dit le maréchal; je demeurerai ci atout une quantité de nos gens, et vous et Maubruin vous irez commencer l'assaut de l'autre part. Je ne sais comment il nous en venra; mais je vois ces vilains trop volontiers qui s'appuyent sur ces créneaux et qui nous regardent quelle chose nous ferons: véez-les; ils sont plus rebarbatifs que singes qui mangent poires, et enfans leur veulent tollir. »

Des paroles que dit lors le maréchal commencèrent les compagnons à rire ; et regardèrent tout contremont pour mieux voir les vilains, car encore n'y avoient-ils point pensé ; et puis s'en retournèrent avec messire Maubruin ceux de son pennon, où bien avoit cent lances et environ trois cents archers ; et allèrent tant, tout le pas, que ils vinrent à la porte où ils tendoient à être, et là s'arrêtèrent.

Assez tôt après commença l'assaut des deux parts, grand et fort et sans eux épargner. Les hommes de Ruelles étoient sur les murs et dedans les portes, et lançoient dardes à ceux de dehors si très roide que archers ou arbalètriers n'y faisoient œuvre ; et en navrèrent plusieurs de leurs traits, pourtant que il n'y avoit nullui aux barrières qui les défendît ; car tous étoient enclos en la ville et se défendoient de jet et de trait. Et coupèrent et désemparèrent les compagnons les bailles des barrières, et vinrent jusques à la porte ; là hurtoient et lançoient et faisoient la porte toute hocher. Que firent ceux de Ruelles? Quand ils virent tout le meschef qui leur apparoit, et que leur porte voloit presque à terre, ils descendirent de leurs défenses et vinrent en la carrière, et apportèrent grand foison de bois et de merrien, et en appuyèrent la porte, et puis commencèrent hommes, femmes et enfans et toutes manières de gens à apporter pierres et terre à emplir tonneaux, lesquels on avoit appuyés contre les portes ; et quand les premiers étoient pleins, autres tonneaux étoient rapportés et remis sur les emplis, et puis soignoient de les remplir hâtivement ; et les aucuns étoient sus amont en la porte aux défenses, qui jetoient gros barreaux de fer, par telle façon que nul ne s'osoit bouter ni quatir dessous les horions, si il ne vouloit être mort.

Ainsi tinrent les vilains de Ruelles leur ville jusques à la nuit contre les Anglois, tant que rien n'y perdirent ; et convint les Anglois retourner arrière une grande lieue du pays, pour venir à un village où nul ne demouroit, et là se logèrent jusques à lendemain. Celle nuit se conseillèrent les hommes de Ruelles ensemble, pour savoir comment ils se maintiendroient envers les Anglois ; et envoyèrent leurs espies sur les champs pour voir où ils étoient retraits, et si ils s'en étoient retournés arrière à Saint-Jacques ou si ils étoient logés. Ceux qui y furent envoyés rapportèrent pour certain que ils étoient logés à Ville-Basse de la Fenace, et pensoient bien que à lendemain ils retourneroient à l'assaut. Donc dirent-ils entre eux : « Folie parmaintenue vaut pis que folie commencée : nous ne pouvons jamais avoir blâme de nous rendre au duc de Lancastre ou à son maréchal ; car nous nous sommes un jour tout entier bien tenus de nous-mêmes, sans avoir conseil ni confort de nul gentil homme ; et à la longue nous ne pourrions durer contre eux, puisqu'ils nous ont accueillis et que ils savent bien la voie. Si nous vaut mieux rendre que nous faire plus assaillir, car si nous étions pris à force, nous perderièmes nos corps et le nôtre. » Tous furent de celle opinion que, si les Anglois retournoient au matin, ils traiteroient à eux et rendroient leur ville, sauves leurs vies et le leur.

Voirement retournèrent les Anglois au matin entre prime et tierce, frais et nouveaux pour assaillir. Quand ceux de la ville sentirent que ils venoient, ils mirent hors quatre de leurs hommes chargés pour faire les traités. Ainsi que le maréchal chevauchoit dessous son pennon, il regarde et voit sur les champs quatre hommes. Si dit : « Je crois que velà des hommes de Ruelles qui viennent parler à nous, faites-les avant traire. » On le fit : quand ils furent venus devant le maréchal, ils se mirent à genoux et lui dirent : « Monseigneur, les hommes de Ruelles nous envoyent parler à vous. Nous voudrez-vous ouïr ? » — « Ouil, dit le maréchal, que voulez-vous dire ? » — « Nous disons, monseigneur, que nous sommes tout appareillés de vous mettre dedans Ruelles, si vous nous voulez prendre et recueillir sauvement, nous et le nôtre ; et reconnoîtrons monseigneur de Lancastre à seigneur et madame de Lancastre à dame en la forme et en la manière que ceux de la Calongne et ceux de Saint-Jacques ont fait. » — « Ouil, dit le maréchal, je vous tiendrai tous paisibles de vos corps et de vos biens ; mais je ne vous assure pas de vos pourvéances, car il faut nos gens vivre. » Répondirent ces hommes : « De cela, c'est bon droit, il y en a assez en ce pays. Or vous tenez ici et nous retournerons à la ville, et ferons réponse telle que vous avez dite ; et vous nous tiendrez bien votre convenant, nous y avons fiance. » — « Ouil, répondit le maréchal, par ma foi ! Or allez et retournez tantôt. »

Sur cel état que vous oez recorder, se retournèrent ces quatre hommes ; et vinrent à leurs gens, et dirent qu'ils avoient parlé à messire Thomas, le maréchal de l'ost, lequel, parmi le traité que eux leur avoient fait dire et faire, il avoit la ville assurée de toutes choses, hormis de vivres. Ils répondirent : « Dieu y ait part ! c'est trop bien fait. » Donc délivrèrent-ils la porte qui trop fort étoit encombrée de bancs et de tonneaux pleins de sablon, de pierres et de terre ; et la tinrent tout ouverte arrière, et vinrent à la barrière ; et tenoient les clefs en leurs mains. Là vint le maréchal qui descendit à pied ; et tous se mirent à genoux devant lui et lui présentèrent les clefs, en disant : « Sire, vous êtes ici envoyé, bien le savons, de par monseigneur de Lancastre et madame. Si vous rendons et baillons les clefs de la ville, et vous en mettons en possession par la manière et condition que nos hommes ont rapporté. » — « Ainsi le prends-je ; » ce répondit messire Thomas.

Donc entrèrent-ils abondamment dedans la ville sans contredit ; et se logèrent toutes gens les uns çà et les autres là au mieux que ils pouvoient. Et se tint là le maréchal tout ce jour ; et avant son département il dit à messire Maubruin de Linière : « Maubruin, je vous délivre celle ville pour vous et pour vos gens, vous y aurez une belle garnison. » — « Par Saint George ! sire, dit-il, vous dites voir, et je la prends, car la garnison me plaît moult bien. » Ainsi demeura Maubruin de Linière en garnison en la ville de Ruelles en Galice, et avoit dessous lui soixante lances et cent archers ; et le maréchal retourna devers le duc et la duchesse à Saint-Jacques, où ils se tenoient communément.

CHAPITRE XXXIX.

Comment messire Thomas Moreaux, maréchal de l'ost du duc de Lancastre, se départit de la ville de Saint-Jacques en Galice et sa route, et vint prendre Ville-Lopez en Galice, laquelle par composition se rendit au duc de Lancastre, et des ambassadeurs que le duc envoya au roi de Portingal.

Assez tôt après que il fut retourné de Ruelles en Galice, il remit sus environ trois cens lances et six cens archers et se départit de son logis, accompagné ainsi que je vous dis ; et chevaucha en Galice une grande journée en sus de Saint-Jacques, et s'en vint devant une ville qui s'appelle Ville-Lopez, qui n'étoit aussi gardée que de vilains qui dedans demouroient. Quand le maréchal du duc fut venu là, il regarda si la ville étoit prenable par assaut ; et quand il l'eut bien avisée, lui et ses compagnons, ils dirent que ouil. Donc se mirent-ils tous à pied, et firent par leurs varlets mener leurs chevaux arrière, et se ordonnèrent en quatre parties et donnèrent leurs livrées, ainsi que gens d'armes qui se connoissent en tel métier savent faire. Là prit le maréchal la première pour lui ; la seconde il bailla à messire Yon Fits-Varin, la tierce à messire Jean de Buvrelé, la quarte à messire Jean d'Aubrecicourt. Et avoient chacun de ces quatre dessous lui, tant que pour cel assaut, quatre vingt hommes d'armes et sept vingt archers. Lors approchèrent-ils la ville et se mirent ens ès fossés, et avalèrent tout bellement, car il n'y avoit point d'aigue. Et puis commencèrent à monter et à ramper contremont bien targés et paveschés[1] ; et archers étoient demeurés sur le dos des fossés, qui tiroient à pouvoir et si fort que à peine osoit nul apparoir nonobstant trait et tout. Si se défendirent ces vilains âprement et de grand'manière, car il en y avoit grand'foison. Aussi les uns lançoient et jetoient dardes enpennées et enferrées de longs fers, si fort et si roide que, qui en étoit féru au plein, il convenoit que il fût trop fort armé si il n'étoit mort ou blessé mallement. Toutefois chevaliers et escuyers qui se désiroient à avancer vinrent jusques aux pieds des murs et commencèrent à haver et à piquer de pics et de hoyaux que ils avoient apportés. Et quoique on jetât et reversât sur eux pierres et cailloux sur leurs pavois, et sur leurs bassinets, si assailloient-ils toujours et y faisoient plusieurs appertises d'armes.

Là furent bons et bien assaillans deux escuyers de Hainaut, qui là étoient, Thierry et Guillaume de Soumain ; et y firent plusieurs belles appertises d'armes. Et firent un grand pertuis au mur avecques leurs aidans ; et se combattoient main à main à ceux de dedans, et gagnèrent ces deux frères jusques à sept dardes que on lançoit par le pertuis sur eux, et leur ôtèrent hors des poings et des mains ; et étoient ces deux escuyers dessous le pennon messire Yon Fits-Varin. D'autre part, messire Jean d'Aubrecicourt ne se feindoit pas, mais montroit bien chère et ordonnance de vaillant chevalier ; et se tenoit au pied du mur, son pennon d'ermines à deux hamèdes de gueu-

---

[1] Couverts de targes et de pavois.

les fichu en terre de-lez lui, et tenoit un pic de fer dont il ouvroit à pouvoir pour dérompre et abattre le mur.

On se doit et peut émerveiller comment les vilains de Ville-Lopez ne s'esbahissoient, quand ainsi de toutes parts assaillis ils se véoient. Finablement ils n'eussent point eu de durée, car là avoit trop de vaillans hommes qui tout mettoient main à œuvre, mais ils s'avisèrent, quand ils virent le fort et que l'assaut ne cessoit point, que ils se rendroient. Là vint le baillif de la ville qui les avoit tenus en tel état et fait combattre; car la ville lui étoit recommandée à bien garder de par le roi. Et dit au maréchal, car il demanda bien lequel c'étoit : « Monseigneur, faites cesser vos gens, car les hommes de celle ville veulent traiter à vous. » Le maréchal dit : « Volontiers. » Il fit tantôt chevaucher un héraut autour de la ville sur les fossés, lequel disoit à tout homme : « Cessez, cessez, tant que vous orrez la trompette du maréchal sonner à l'assaut, car on est en traité à ceux de la ville. »

A la parole du héraut se cessèrent les assaillans et se reposèrent; bien en avoient mestier les aucuns, car ils étoient foulés et lassés de fort assaillir. On entra en traité à ceux de Ville-Lopez; car ils dirent que ils se rendroient volontiers, sauves leurs corps et leurs biens, ainsi que ceux des autres villes de Galice ont fait. « Voire? dit le maréchal : vous n'en aurez pas si bon marché que les autres ont eu ; car vous nous avez donné trop de peine et blessé nos gens, et si véez tout clairement que vous ne vous pouvez longuement tenir. Si faut que vous achetiez la paix et l'amour de nous, ou nous rentrerons en l'assaut et vous gagnerons de force. » — « Et de quelle chose, dit le bailli, voulez-vous que nous soyons rançonnés? » — « En nom Dieu! dit le maréchal, de dix mille francs. » — « Vous demandez trop, dit le bailli, je vous en ferai avoir deux mille ; car la ville est povre et a été souvent taillée du roi. » — « Nennil, nennil, dit le maréchal; je vous donne loisir de conseil. Parlez ensemble ; mais pour trois ni quatre mille ne passerez-vous point, car tout est nôtre; et jà suis-je blâmé des compagnons de ce que j'entends à nul traité envers vous : délivrez-vous du faire ou du laisser. » Adonc se départit le bailli de là et vint en la place, et appela tous les hommes de la ville et leur dit : « Quelle chose voulez-vous faire? Si nous nous faisons plus assaillir, les Anglois nous conquerront de force; si serons tous morts et le nôtre pris. Nous n'y aurons rien. On nous demande dix mille francs; j'en ai offert deux mille ; je sais bien que c'est trop peu, ils ne le feroient jamais ; il nous faut encore hausser la finance de deux ou de trois mille. » Donc répondirent les Juifs, qui doutoient tout à perdre corps et avoir : « Bailli, ne laissez mie à marchander à eux, car entre nous, avant que nous soyons plus assaillis, nous en payerons quatre mille. » — « C'est bien, répondit le bailli, je traiterai donc encore à eux. »

A ces mots il s'en vint là où le maréchal l'attendoit, et entra en traité; et fut la paix faite parmi six mille francs. Mais ils avoient terme de payer quatre mois. Adonc furent les portes ouvertes, et entrèrent toutes manières de gens dedans ; et se logèrent là où ils purent, et s'y rafreschirent deux jours ; et donna le maréchal la ville en garnison à Yon Fits-Varin, qui s'y logea atout deux cents lances et quatre cents archers; et la tint plus de huit mois; mais l'argent de la rédemption vint au profit du duc de Lancastre. Le maréchal en ot mille francs.

Après ce que la ville de Ville-Lopez se fût rendue à messire Thomas Moreaux, maréchal de l'ost, par l'ordonnance et manière que vous avez ouïes, s'en retourna-t-il à Saint-Jacques, et là se tint ; c'étoit son principal logis, car le duc le vouloit avoir de-lez lui. A la fois il chevauchoit sus les frontières de Castille pour donner cremeur aux François. Mais pour ce temps les Anglois tenoient les champs en Galice, ni nul ne se mettoit contre eux, car le roi de Castille étoit conseillé de non chevaucher à ost, mais à guerroyer par garnisons, et aussi d'attendre le secours qui devoit venir de France. Or fut le duc de Lancastre conseillé en disant ainsi : « Monseigneur, ce seroit bon que vous et le roi de Portingal vous vissiez ensemble et parlissiez de vos besognes. Il vous escript, vous lui escripsez; ce n'est pas assez; car sachez que ces François sont subtils et voyent trop clair en leurs besognes, trop plus que nuls autres gens. Si couvertement ils faisoient traiter à ce roi de Portingal, que ses bonnes villes ont couronné, le roi de Castille, lequel a encore de-lez lui et en son conseil grand'foison de barons et chevaliers de Portingal, si comme nous sommes informés, et fissent une paix à lui, fût par mariage ou autrement, tant que vous n'eussiez point de confort, que penseriez-vous à devenir? Vous seriez plus chétif en ce pays, ni de tous vos conquêts nous ne donnerions quatre ceveux; car Castillans sont les plus fausses gens du monde et les plus couverts. Pensez-vous que le roi de Portingal, qui ne se sent pas disposé, ne pense bien ni examine à la fois ses besognes? Si le roi de Castille le vouloit tenir en paix, parmi tant que toute sa vie il fût roi de Portingal et après lui le royaume retournât à Castille, nous faisons doute, quoiqu'il vous ait mandé, ni quoique il dise ni promette, que il ne vous tournât le dos. Ainsi seriez-vous de deux selles à terre; avecques ce que vous savez bien l'état et l'ordonnance d'Angleterre, et que le pays, pour le présent, a assez affaire de lui garder et tenir contre ses ennemis, tant des François comme des Escots. Monseigneur, faites votre guerre de ce que vous avez de gens la plus belle que vous pouvez, et n'espérez à plus avoir de confort ni de rafreschissemens de gens d'armes ni d'archers d'Angleterre, car plus n'en aurez. Vous avez mis plus de deux ans à impétrer ce que en avez. Le roi votre père est trépassé. Les choses vous éloignent. Le roi votre cousin est jeune et croit jeune conseil, par quoi le royaume d'Angleterre en git et est en péril et en aventure. Si vous disons que, du plus tôt que vous pouvez, approchez-vous du roi de Portingal et parlez à lui. Votre parole vous portera plus de profit et d'avancement que toutes les lettres que vous pourriez escripre dedans quatre mois.»

Le duc de Lancastre nota ces paroles: si connut et sentit bien que on lui disoit vérité et le conseilloit-on loyaument. Si répondit: « Que voulez-vous que je fasse?»—«Monseigneur, répondirent ceux de son conseil, nous voulons que vous envoyez devers le roi de Portingal cinq ou six cens de vos chevaliers, et du moins il y ait un baron. Et ceux remontreront au roi vivement, et lui diront que vous avez très grand désir de le voir. Ceux que vous y envoyerez seront sages et avisés de eux-mêmes. Quand ils orront le roi parler, ils répondront. Mais faites que vous le voyez comme qu'il soit, et parlez à lui hâtivement. » — « Je le veuil, » dit le duc.

Adonc furent ordonnés pour aller en Portugal, de par le duc, le sire de Poinins un grand baron d'Angleterre et messire Jean de Buvrelé, messire Jean d'Aubrecicourt et messire Jean Soustrée, frère bâtard à messire Jean de Hollande le connétable de l'ost. Si s'ordonnèrent ces seigneurs à partir de Saint-Jacques, atout cent lances et deux cens archers.

Ainsi que ils avoient pris leur ordonnance un jour, et étoient leurs lettres toutes escriptes, il vint un chevalier et un escuyer de Portingal à douze lances. Le chevalier étoit nommé Vase Martin de Coingne et l'escuyer Ferrant Martin de Merle; et étoient tous deux de l'hôtel du roi des plus prochains de son corps. On les logea à leur aise en la ville de Saint-Jacques; et furent menés devers le duc et la duchesse présentement, et baillèrent leurs lettres: le duc lut celles qui lui appartenoient et la duchesse les siennes. Par les dessus dites envoyoit le roi de Portingal au duc et à la duchesse et à leurs filles de beaux mulets tous blancs et très bien amblans, dont on ot grand'joie, et avecques tout ce grands saluts et grands recommandations et approchemens d'amour.

Pour ce ne fut pas le voyage des Anglois d'aller en Portingal rompu, mais il en fut retardé quatre jours; au cinquième ils se départirent de Saint-Jacques tous ensemble. Et envoyoit le duc de Lancastre au roi de Portingal, en signe d'amour, deux faucons pèlerins, si bons que on ne savoit point les paraulx, et six lévriers d'Angleterre aussi très bons pour toutes bêtes.

Or chevauchèrent les Portingalois et les Anglois ensemble toute la bande de Galice; et n'avoient garde des François, car ils leur étoient trop loins. Sus leur chemin s'acointèrent de paroles messire Jean d'Aubrecicourt et Martin Ferrant de Merle, car l'écuyer avoit été du temps passé en armes avecques messire Eustache d'Aubrecicourt, lequel étoit oncle à ce messire Jean et demeuroit encore avecques le dit messire Eustache quand il mourut à Carentan. Si en parloient et en jangloient en chevauchant ensemble. Et entre le port de Connimbre où le roi étoit, ainsi qu'ils chevauchoient derrière, ils encontrèrent un héraut, lui et son varlet, qui venoit de Conimbre et s'en alloit à Saint-Jacques devers le duc et les seigneurs, et étoit ce héraut au roi de Portingal. Et quand le roi fut couronné à Conimbre, il le fit héraut et lui donna à nom Conimbre. Le héraut avoit jà parlé aux seigneurs et dit des nouvelles. Quand Ferrant

Martin de Merle qui chevauchoit tout le pas et messire Jean d'Aubrecicourt, de-lez lui, le vit, si dit : « Véez ci le héraut du roi de Portingal qui ne fut, grand temps a, en ce pays; je lui vueil demander des nouvelles. »

Tantôt ils furent l'un devant l'autre : « Conimbre, dit l'escuyer, où avez-vous tant été? Il y a plus d'un an que vous ne fûtes en ce pays. » — « C'est voir, dit-il : j'ai été en Angleterre et ai vu le roi et les seigneurs d'Angleterre qui m'ont fait tout riche; et de là suis-je retourné par mer en Bretagne et; fus aux noces du duc de Bretagne et à la grand'fête qu'il fit, n'a pas encore deux mois, en la bonne cité de Nantes, quand il épousa madame Jeanne de Navarre[1]; et de-là tout par mer remontai en Guerrande et je suis revenu au Port. »

Entrementes que le héraut parloit, l'escuyer avoit l'œil trop fort sus un grand esmail que le héraut portoit à sa poitrine, où les armes du roi de Portingal et de plusieurs seigneurs de Portingal étoient. Si toucha son doigt sus l'armoierie d'un chevalier de Portingal en disant : « Ha! véez ci les armes dont le gentil chevalier messire Jean Parcek s'arme. Par ma foi! je les vois moult volontiers; car elles sont à un aussi gentil chevalier que il en y ait nul au royaume de Portingal; et me fit un jour tel et si bel service que il m'en doit bien souvenir. » A ces mots il trait quatre florins hors de sa bourse et les donna au héraut qui les prit et dit : « Ferrand, grands mercis ! » Messire Jean d'Aubrecicourt regarda les armes quelles le chevalier les portoit; si les retiut et me dit depuis que le champ étoit d'argent à une endenture de gueules à deux chaudières de sables.

Quand le héraut eut pris congé et il se fut parti, l'escuyer commença à faire son conte du chevalier et dit ainsi : « Messire Jean, l'avez-vous point vu ce gentil chevalier qui porte ces noires chaudières dont je me loue si grandement? » — « Je ne sais, dit messire Jean : mais à tout le moins recordez-moi la courtoisie que il vous fit, car volontiers en orrai parler. Autant bien en chevauchant ne savons-nous de quoi jangler[2]. » — « Je le veuil, dit Ferrant Martin de Coingne, car le chevalier vaut bien que on parle de lui. » Adonc commença-t-il son conte et lui à écouter ; et dit ainsi :

« Il advint, un petit avant la bataille de Juberote, que le roi de Portingal, quand il se départit de Conimbres pour venir là, que il m'envoya chevaucher sur le pays pour aller querre aucuns chevaliers de ce pays pour être avecques lui à celle journée. Je chevauchois moi et un page tout seulement. Sur mon chemin me vinrent d'encontre environ vingt six lances de Castellans. Je ne me donnai de garde jusques à tant que je fus en-my eux. Je fus pris. Ils me demandèrent où je m'en allois. Je leur dis que je m'en allois au chastel du Rem ; ils me demandèrent quoi faire. Je leur répondis : « Pour quérir messire Jean Ferrant Parcek, car le roi le mande que il le vienne servir à Juberote. » Donc répondirent-ils : « Et Jean Ferrant, le capitaine du Rem, n'est-il pas de-lez votre roi de Portingal? » — « Nennil, dis-je ; mais il y seroit hâtivement si il le savoit. » — « En nom de Dieu ! dirent-ils, il le saura, car nous chevaucherons celle part. » Sur ces paroles ils tournèrent leur frein et prirent le chemin du Rem. Quand ils furent en la vue du Rem la gaitte corna et montra que il véoit gens d'armes. Jean Ferrant demanda de quelle part ces gens d'armes venoient. On lui dit que ils venoient devers le Port. « Ha ! dit-il, ce sont Portingalois qui chevauchent à l'aventure et s'en vont vers Saint-Yrain : je les vueil aller voir ; si me diront des nouvelles et où le roi se tient. Il fit enseller son coursier et mettre hors son pennon, et monta, lui vingtième tant seulement ; et se départit du Rem et chevaucha les grands galops pour venir à ces Castellans qui étoient jà traits en embûche et avoient envoyé courir un des leurs sur un genet.

« Quand Jean Ferrant vint sur les champs, il vit courir ce geniteur[1] ; si dit à un sien escuyer : « Or, fais courir ton genet, et fais tant que tu parles à ce geniteur qui fait ainsi montre sur les champs. » Cil répondit : « Volontiers, monseigneur. » Si férit son genet des éperons et vint devers le geniteur, et le suivit de si près que sur l'atteindre, car celui se feignoit qu'il se vouloit faire chasser jusques à l'embûche. Quand il dut approcher l'embûche, tous sailli-

---

[1] A la mort du duc de Bretagne, Jeanne de Navarre devint reine d'Angleterre, par son mariage avec Henri IV.
[2] Parler familièrement

[1] Cavalier monté sur un genet.

rent à une fois et coururent vers lui. Cil qui étoit bien monté leur tourna le dos, en chassant. Les chasseurs crioient : « Castille ! » Jean Ferrant Parcek, qui étoit sus les champs dessous son pennon, vit son escuyer retourner en grand'hâte. Si dit ainsi : « Ceux qui chassent ne sont pas de nos gens, mais sont Castellans : après ! après ! Crions, Portugal ! car je les veux combattre. » A ces mots, il prit son glaive et s'envint férant de l'éperon jusques à eux. Le premier que il consuivit, il le porta à terre et le second aussi. Des vingt cinq lances des Castellains qui là étoient, il y en ot tantôt les dix à terre, et les autres furent chassés. Si en y ot encore de rateints de morts et de navrés. Et tout ce vis-je très volontiers, car je véois ma délivrance. En peu d'heures je me trouvai tout seul, ni nul ne m'accompagnoit. Adonc vins vers le chevalier et le saluai; et quand il me vit, il me connut; car il m'avoit vu plusieurs fois, et me demanda dont je venois et que je faisois là. Je lui contai mon aventure et comment les Castellains m'avoient pris. « Et du roi, dit-il, savez-vous rien? » — « Par ma foi ! sire, dis-je, il doit demain avoir journée de bataille contre le roi de Castille; car je le suis venu dire aux chevaliers et aux escuyers du pays qui rien n'en savoient. » — « Demain ! » dit Jean Ferrant. — « Par ma foi, sire ! voir; et si vous ne m'en créez, si le demandez à ces Castellains que vous avez pris. »

« Adonc s'en vint Jean Ferrant sur les Castellains qui là étoient et lesquels ses gens avoient jà pris, et leur demanda des nouvelles; ils lui répondirent : « Demain les rois de Castille et de Portugal se doivent combattre et ils s'approchent grandement. » Pour les nouvelles le chevalier fut moult réjoui, et tant que il dit aux Castellains tout haut : « Pour la cause des bonnes nouvelles que vous m'avez apportées, je vous quitte tous; allez en votre chemin, mais quittez cet écuyer aussi. » Là me fit-il quitter de ceux qui pris m'avoient et il leur donna congé, et nous retournâmes ce jour au Rem. Il s'appareilla et se départit à heure de mie-nuit, et je en sa compagnie. De là jusques à la Cabasse de Juberote où la bataille fut, peut avoir environ six lieues; mais pour eschiver les Espaignols et les routes, nous éloignâmes notre chemin et fut nonne à lendemain avant que nous vissîmes les batailles; et quand nous les dûmes approcher, ils étoient tous rangés sur les champs, le roi de Castille d'une part et le roi de Portugal de l'autre part. Et ne sçut de premier reconnoître nos gens Jean Ferrant Percek ni lesquels les Portingalois, fors à ce seulement que il dit : « Je crois que la greigneur partie, où il y a le plus de peuple, sont Castellains. Adonc chevaucha-t-il tout bellement et tant que nous vînmes plus près. Les Castellains qui étoient en bataille, et crois bien que ce furent Gascons, se commencèrent à dérouter et à venir sur nous. Jean Ferrant dit lors ainsi : « Allons, allons, avançons-nous. Véez-ci nos ennemis qui viennent sur nous. » Lors férit-il cheval des éperons en criant : « Portugal! Portugal ! » et nous le suivîmes; et nos gens qui nous ravisèrent vinrent au secours; ni oncques les batailles ne s'en dérangèrent pour ce. Et vint Jean Ferrant de-lez le roi qui fut moult réjoui de sa venue; et fut ce jour à son frein et l'un des bons de tous les nôtres. Pourtant vous dis-je que il me fit grand'courtoisie, car il me délivra de prison et de mes ennemis et des ennemis qui m'emmenoient, ni point je n'eusse été à la belle journée de Juberote si il n'eût été. Ne me fit-il donc point un beau service ? » — « Par ma foi ! répondit messire Jean d'Aubrecicourt, si fit; et aussi par vous, si comme je l'entends, sçut-il la besogne. » — « C'est vérité, » dit l'écuyer. Lors chevauchèrent-ils un petit plus fort que ils n'avoient fait, et tant que ils raconsuivirent les autres, et vinrent ce jour, ce m'est avis, à Conimbres.

CHAPITRE XL.

Comment les ambassadeurs du duc de Lancastre arrivèrent à Conimbre en Portugal devers le roi, et comment le dit roi et le dit duc parlèrent et s'allièrent par mariage.

De la venue des chevaliers d'Angleterre fut le roi de Portugal grandement réjoui, et commanda que ils fussent bien logés à leur aise. Quand ils se furent appareillés, Martin de Coingne et Ferrant Martin de Merle, qui connoissoient l'usage du roi, et en laquelle compagnie ils étoient venus, les menèrent devers le roi, lequel les reçut doucement et liement. Là s'accointèrent-ils de paroles, ainsi que bien le sçurent faire, et puis présentèrent les faucons et les lévriers; desquels présens le roi ot grand'joie, car il aime chiens et oiseaux; et remercièrent grandement le roi, de par le duc de Lancastre et la duchesse, ainsi que ordonné leur étoit; et dirent ce que ils devoient dire et faire des beaux mulets amblans que le roi leur avoit envoyés.

Le roi répondit à ce et dit : que c'étoit petite chose et que une autre fois il envoieroit plus grands dons; mais c'étoient accointances d'amour, ainsi que seigneurs qui se désirent à voir et entre accointer doivent faire l'un à l'autre pour nourrir plus grand'amour ensemble. Adonc apporta-t-on vin et épices ; et burent les chevaliers d'Angleterre, et puis prirent congé au roi pour celle heure et retournèrent à leurs hôtels, et soupèrent là celle nuit; ni depuis, jusques à lendemain, ils ne virent point le roi; mais à lendemain ils dînèrent au palais et furent les deux assis, le sire de Poinins et messire Jean de Buvrelé, à sa table, et messire Jean d'Aubrecicourt et messire Jean Soustrée dînèrent à une autre table avecques les barons du pays qui là étoient. Et là étoit Laurentien Fougasse, écuyer d'honneur du roi, qui bien connoissoit les compagnons et les chevaliers et écuyers anglois, car il les avoit vus en cel an assez en Angleterre : si leur faisoit toute la meilleure chère que il pouvoit, et bien le savoit faire.

Le dîner que le roi de Portingal donna ce jour aux chevaliers d'Angleterre fut bel et long et bien servi. Quand ce vint après dîner et on fut trait en la chambre de parement, les chevaliers d'Angleterre commencèrent à parler au roi et à deux comtes de Portingal qui là étoient, le comte d'Angouse et le comte de Novaire, et dirent : « Sire roi, avecques toutes recommandations que monseigneur le duc de Lancastre vous peut et veut faire, il nous enchargea au partir que nous vous dissions que il vous verroit volontiers. Et monseigneur considère les grands travaux que lui et ses gens ont eu à ci venir, tant par mer comme par terre, et les traités qui se sont entamés par le moyen de ses hommes et des vôtres et il y a moult bien cause. » — « En nom Dieu! répondit le roi de Portingal, vous parlez bien; et si il a désir de moi voir, aussi j'ai lui; car mes gens se louent grandement de lui et de son accointance. Si nous verrons temprement et y mettrons ordonnance où ce sera. »

— « Monseigneur, répondirent les greigneurs de son conseil, autrefois le vous avons-nous remontré; et ce seroit bon; car jusques à tant que vous vous serez vus et entr'accointés, ne pouvez-vous avoir parfaite amour ni connoissance l'un à l'autre ; car la hantise fait l'amour. Quand vous serez l'un devant l'autre, et votre conseil aussi, lors aurez-vous avis et considération comment vous vous chevirez de votre guerre encontre votre adversaire de Castille : car sachez, monseigneur, que le duc de Lancastre et ceux qui sont venus en sa compagnie et issus hors d'Angleterre, ne sont pas venus pour reposer ni séjourner, mais pour faire une bonne guerre. » — « Ce nous l'entendons ainsi, dit le roi, et nous avons dit tout ce qui se fera. »

Après ces devises et paroles; ils entrèrent par bonne ordonance et arrée en autres jangles; et furent ces chevaliers d'Angleterre avec le roi de Portingal deux jours en grands reviaulx et ébattemens. Et leur firent le roi et les chevaliers de Portingal qui là étoient toute la meilleure chère qu'ils purent. Et le conseil du roi de Portingal fut en chargé, que certaine journée fût assignée entre eux deux que ils se verroient, et que les chevaliers d'Angleterre qui là étoient en fussent certifiés. Il fut fait. On fut d'accord que le roi de Portingal venroit au corps de son pays, en une cité qui est nommée au Port, et le duc de Lancastre chevaucheroit toute la frontière de Galice; et là, sus le département de Galice et de Portingal, ils se trouveroient et parleroient ensemble. Sus tel état se départirent les chevaliers anglois du roi, quand ils orent été à Conimbres trois jours; et se mirent arrière au chemin du retour et chevauchèrent toute la frontière de Galice, ainsi comme ils étoient venus; et retournèrent à Saint-Jacques. Si contèrent au duc et à la duchesse comme ils avoient exploité. De ces nouvelles fut le roi tout réjoui; et bien y avoit cause, car ses besognes se commencèrent à approcher.

Ne demeura guères de temps depuis que le roi de Portingal envoya de son conseil devers le duc de Lancastre, tels que messire Jean Ferrant Percek et autres à Saint-Jacques. Eux venus, ils dirent au duc comment le roi de Portingal étoit parti de Conimbre et venu en la cité du Port; et attendroit là le duc ou environ à l'entrée de son pays pour parlementer ensemble. De ces nouvelles fut le duc de Lancastre tout réjoui, et fit bonne chère aux chevaliers, et leur dit que temprement il se départiroit de Saint-Jacques, si très tôt comme la duchesse sa femme seroit guérie d'une petite foiblesse et de douleur de chef qui à la fois la tenoit : et leur dit que, si ce n'eût été, il se fût ores départi de là et mis au chemin en approchant Portingal. Les chevaliers s'en contentèrent, et quand ils eurent été un jour avec le duc, ils s'en départirent et retournèrent arrière au Port et trouvèrent le roi. Si recordèrent leur message.

Le roi de Portingal, qui moult désiroit à voir le duc de Lancastre, pour les grands vaillances de lui, et pourtant aussi que il en pensoit à grandement mieux valoir, manda l'archevêque de Brague et l'évêque de Lussebonne et tous les plus sages prélats de son royaume, pour avoir d'encoste lui et pour plus honorer le duc de Lancastre ; car jà étoient traités entamés que il auroit sa fille en mariage madamoiselle Philippe, qui fille fut à la duchesse Blanche de Lancastre. Et pour ces recueillettes mieux et plus honorablement accomplir, il fit faire très grands pourvéances en la cité du Port et par toutes les villes là où il pensoit que le duc de Lancastre passeroit et logeroit : ainsi s'approchoient ces besognes. La duchesse de Lancastre avoit grand désir que le mariage se fesist du roi de Portingal et de la fille du duc de Lancastre, car bien savoit que par ce mariage les alliances se feroient moult grandes ; et en seroient plus forts, et leur ennemi de Castille plus foible : car bien avoit la dite dame intention et espérance que, avant son retour, ils conquerroient tout le pays de Castille ; et n'y avoit pour le conquerre que une journée de bataille : si exhortoit la dame à son mari le duc ce qu'elle pouvoit et lui conseilloit l'alliance et le mariage de sa fille au roi de Portingal. Le duc ne répondoit pas à sa femme toute sa pensée, car il ne savoit pas encore qu'il en feroit, jusques à tant qu'il auroit vu ce roi et la manière et ordonnance de lui. Et encore y présumoit le duc un grand article, pour tant que ce roi de Portingal étoit bâtard et avoit été sur la forme et ordonnance de être religieux : si recordoit en soi-même tout ce. Voir est que il étoit bien informé que ce roi de Portingal étoit aux armes et en toutes choses un moult sage et vaillant homme.

Le roi Jean de Castille pour le temps se tenoit au Val-d'Olif, une bonne cité et grosse, et avoit de-lez lui messire Olivier de Claicquin et plusieurs chevaliers de France, car en eux il avoit plus parfaite affection d'amour et de conseil en toutes ses besognes que il n'avoit en ceux de son pays. Et se doutoit grandement le dit roi que, quand le duc de Lancastre chevaucheroit et entreroit à puissance en Galice, le pays légèrement et à petit de fait ne se retourneroit et rendroit à lui. Si en parloit à la fois sur forme de conseil aux chevaliers de France, et les chevaliers, qui sages et usés d'armes étoient, en répondoient selon leur avis ; et disoient bien voirement que la puissance des Anglois croîtroit moult si le roi de Portingal s'allioit avecques lui. Mais tant y avoit de remède que tous les barons et les bonnes villes de Portingal n'étoient pas à un, mais en trouble et en différend ; et ne le tenoient pas toutes gens à roi ; par laquelle cause et incidence leur emprise en étoit plus doutable. « Et d'autre part, sire, disoient-ils, du côté de France, vous devez savoir que les oncles du roi, monseigneur de Berry et monseigneur de Bourgogne et monseigneur de Bourbon, qui sont sages princes et ont tout le gouvernement du royaume, à ces besognes ne doivent grandement entendre et pourvoir ; et en oient et ont plus souvent nouvelles de tout leur convenant que nous n'avons, qui ci nous tenons et logeons. Et est l'armée de mer qui s'appareille à l'Escluse si grande et si grosse faite pour aller en Angleterre et mise sus, tout pour rompre le pourpos du duc de Lancastre ; car sachez que le duc a en celle saison trait et mis hors d'Angleterre toute la fleur des bonnes gens d'armes d'Angleterre, de quoi le demeurant du pays en est plus foible. Et aussi toujours vous viennent et croissent gens et vous viendront de tous lez, de Navarre, d'Arragon, de Catalongne, de Berne et de Gascogne : il ne vous faut fors que regarder comment ni où vous prendrez et aurez la finance pour payer les souldoyers, gens d'armes et compagnons, qui vous viendront servir de grand courage de tous pays ; car qui bien paye, aujourd'huy il a les hommes. Ne véez-vous et oez dire comment le comte de Foix est grandement agracié par ses dons et par ses largesses, et se fait si renommer et douter de tous lez, que nul ne l'ose assaillir. » Ainsi étoit et sur le mieux reconforté le roi Jean de Castille des barons et chevaliers du royaume de France.

[1386] LIVRE III. 513

Si les nouvelles étoient grandes ens ès royaumes et pays voisins de Castille, ainsi étoient-elles en lointaines villes et marches. Le roi de Grenade [1], quoique il ne soit pas de notre loi, se doutoit grandement de l'armée du duc de Lancastre et du roi de Portingal et des alliances que ils devoient faire et avoir ensemble, que, au temps à venir, les flamèches qui de ce feu pourroient naître ne retournassent sur lui et sur son royaume : et ot conseil le dit roi de Grenade, pour le meilleur et le plus sûr, que il auroit certains traités et accords au roi Jean de Castille, car ce roi doutoit trop plus les Anglois et les Portingalois que il ne faisoit les Espaignols. Si envoya, sur forme de paix et d'amour, grands messages ambassadeurs devers le roi de Castille, tels que le Postel de Gilbatar et Mansion d'Albatas [2] et autres. Et vinrent ceux sur saufconduit au Val-d'Olif parler au roi de Castille de par le roi de Grenade. On les vey et ouït volontiers parler, puisque ils ne vouloient que tout bien et affection, confort ou aide au roi de Castille de par le roi de Grenade, pour tant que leurs deux royaumes marchissent ensemble.

Le roi de Castille, avant que il leur fesist nulle réponse, eut conseil quelle chose en étoit bonne à faire; et ne vouloit rien passer ni accorder sans le sçu et avis des barons de France qui là étoient : lesquels chevaliers de France, considéré bien toutes les besognes de Castille, conseillèrent au roi que ces ambassadeurs de Grenade fussent répondus sur la forme que je vous dirai : ce fut que le roi de Grenade tenist les frontières de son pays closes et les ports de mer, et n'eût aux Portingalois ni Anglois nulles alliances ni nul n'en recueillât en son pays.

Ces ambassadeurs de Grenade qui étoient forts, et bien le montroient par lettres patentes de leur roi et de son conseil, de accorder et apporter outre tout ce que ils feroient pour le meilleur, sur la forme pourquoi ils étoient venus

en Castille, l'accordèrent et scellèrent, et puis, tout ce fait, ils retournèrent arrière en Grenade. Il me fut dit en ce temps que je fus au pays de Berne, et faisant enquêtes de ces besognes dessus dites et à venir, en l'hôtel du gentil comte Gaston de Foix, que le roi de Grenade avoit envoyé au roi de Castille, par la confirmation des traités dessus nommés et pour aider à ses besognes, et à poursuivir la guerre contre les Anglois et Portingalois, six sommiers chargés d'or et d'argent; mais on ne me sçut pas à dire si ce étoit par don ou par prêt. Comment que la chose allât, toutefois le roi Jean de Castille les ot, dont il fut grandement reconforté ; et en furent les chevaliers et écuyers de France, qui venus l'étoient servir, payés, pour un temps, avant que les autres finances furent venues, dont messire Guillaume de Lignac et messire Gaultier de Passac furent tout réjouis ; car ils en eurent bien et largement leur part.

Ainsi en celle saison se appareilloient guerres de tous côtés; et vouloient bien les François que les nouvelles fussent sçues et publiées par tout, comment ils avoient grand affection d'entrer par mer et par le voyage de l'Escluse, qui outre mesure de grandeur, s'appareilloit, ens ou royaume d'Angleterre à peines. En ce temps, en Flandre, en Brabant, en Hollande, en Hainaut et en Picardie, on ne parloit d'autre chose que de ce voyage; et menaçoient les François trop grandement les Anglois en Angleterre et disoient en leurs hôtels : « Il nous appert une noble et bonne saison ; nous détruirons Angleterre : elle ne pourra nullement durer et résister à l'encontre de nous. Le temps est venu que nous serons grandement vengés des cruels faits et offenses que ils ont faits en France : nous ravirons l'or, l'argent et les richesses que du temps passé ils ont portés de France en Angleterre ; et encore, avec tout ce, ils seront contournés en captivoison, et toute leur terre arse et détruite sans recouvrer ; car, lorsque nous entrerons dedans à l'un des lez, les Escots y entreront d'autre part; si ne sauront les Anglois auquel lez entendre. »

Ainsi étoient menacés les Anglois par les François, et donnoient grand marché, et montroient par leurs paroles que tout fût à eux : mais les Anglois les plusieurs n'en faisoient compte ; et tous ces appareils et l'esclandre qui

---

[1] Muhamed ben Jusef ben Ismaïl ben Farag, qui avait commencé à régner à Grenade en 1354, et qui, après avoir été détrôné par son frère Ismaïl, avait repris la couronne en 1362, et mourut en 1391.

[2] Je ne puis trouver les noms des ambassadeurs envoyés au roi de Castille par le roi de Grenade. Je vois seulement par les historiens du temps, que les alliances ont existé, et que Froissart, si bien informé sur tout le reste de ces campagnes, l'est encore fort bien ici.

s'en faisoit étoient pour retraire hors le duc de Lancastre et sa route du royaume de Castille.

Nous nous souffrirons à parler de ces besognes, et parlerons du duc de Lancastre et du roi Jean de Portugal et de leurs accointances et comment ils se mirent ensemble.

CHAPITRE XLI.

Comment le duc de Lancastre et le roi de Portugal eurent collation ensemble sur ce mariage.

Quand ce vint le terme que le duc devoit partir de Saint-Jacques, il ordonna à demeurer son maréchal et ses gens à Saint-Jacques, excepté trois cens lances et six cens archers, qui furent ordonnés de chevaucher avec lui. Si se départit le duc et messire Jean de Hollande, connétable de l'ost, en sa compagnie, et plus de cinquante barons et chevaliers; et chevauchèrent le duc et ses gens la frontière de Galice et approchèrent Portugal. Le roi, qui se tenoit au Port, sitôt comme il sçut que le duc approchoit son pays, il se partit du Port à plus de douze cens chevaux, et s'en vint toute la frontière de Portugal; et gésit à une ville composte sur le département de son royaume, laquelle on appelle au pays Monson, la derraine ville de Portugal à ce lez-là; et le duc s'en vint à une autre ville la première de Galice au lez devers Portugal; laquelle ville on appelle Margasse. Entre Monson et Margasse [1] a une rivière et un beau pré et grandes plaines, et un pont que on dit au pays le Pont-de-More. Un jeudi au matin s'entr'encontrèrent à ce pont, entre les deux royaumes le roi de Portingal et le duc de Lancastre et toutes leurs gens, et là furent les accointances grandes et belles; et avoit-on sur les champs fait feuillées et logis grands et plantureux de la partie du roi de Portugal; et là alla dîner le duc de Lancastre avecques le roi; lequel dîner fut très bel et bien ordonné de toutes choses; et sistrent à la table du roi : le duc, l'évêque de Conimbre, l'évêque du Port et l'archevêque de Brague; et au-dessous messire Jean de Hollande et messire Henry de Beaumont en Angleterre, et aux autres tables tous les chevaliers du duc, et là foison de menestrels.

Si furent en ce déduit jusques à la nuit; et fut ce jour le roi de Portugal vêtu de blanc he écarlatte à une vermeille croix de Saint-Georges; car c'est la devise de une maison que on dit de Vis en Portingal, d'où il étoit chevalier; car quand les gens de son pays l'élurent à roi, il dit que toujours il en porteroit la devise au nom de Dieu et de Saint George, et toutes ses gens étoient vêtus de blanc et de rouge. Quand ce vint sur le tard, on prit congé à retourner à lendemain. Le roi s'en alla à Monson, et le duc à Margasse; de l'un à l'autre il n'y a que la rivière et le pré à passer.

Quand ce vint le vendredi et que ils orent ouï messe, tous montèrent à cheval et s'en allèrent au Pont-de-More, au propre lieu où ils avoient été le jeudi, et là s'entr'encontrèrent. Et vous dis que on y avoit fait le plus beau logis et le plus grand de jamais. Et avoient le duc et le roi leurs chambres tendues de draps, de courtines et de tapis, aussi bien que si le roi fût à Lussebonne et le duc à Londres. Si orent entr'eux, avant dîner, parlement sur l'état de leurs besognes, et à savoir comment ils se pourroient chévir de leur guerre et en quel temps ils chevaucheroient. Si fut regardé que l'hiver le roi de Portugal se tiendroit en son pays, et le duc de Lancastre à Saint-Jacques; et laieroient leurs maréchaux convenir; et tantôt le roi et le duc et leurs gens se mettroient ensemble et entreroient en Castille, et iroient combattre le roi, quelque part qu'ils le sçussent ni quelle puissance que il eût, car Anglois et Portingalois se trouveroient bien trente mille ensemble. Quand celle chose fut arrêtée et du tout accordée, le conseil du roi de Portugal entama le traité du mariage pour avoir à leur roi femme, car bien étoit heure; et vouloit son pays que il fût marié en lieu dont ils eussent honneur et profit, confort et alliances pour le temps à venir; et ils ne savoient, si comme ils disoient, à présent lieu qui leur fût, au roi ni à toute la communauté, de pourprisse ni en leur grâce, que en l'hôtel du duc de Lancastre prendre femme. Le duc, qui véoit la bonne affection du roi de Portugal et de ses gens, et aussi qu'il se véoit en leur danger, pourtant que il étoit issu hors d'Angleterre et venu sus les François de Portugal et pour requérir son héritage le royaume de Castille, répondit à ces paroles doucement et en riant, et adressa sa parole au roi qui là étoit présent

---
[1] Monçao et Melgaço.

et dit : « Sire roi, j'ai en la ville de Saint-Jacques deux filles; je vous donne et accorde très maintenant l'une des deux, laquelle il vous plaira mieux à prendre : si envoyez votre conseil et je la vous envoyerai. » — « Grands mercis, dit le roi, vous me offrez plus que je ne demande; ma cousine de Castille Catherine, je vous lairai; mais Philippe, votre fille de premier mariage, je demanderai et l'épouserai, et roine de Portingal je la ferai. » A ces mots se dérompit leur conseil. Si fut heure de dîner ; on s'assit à table, le roi et les seigneurs ains que ils avoient fait le jeudi. Si furent servis puissamment et notablement selon l'usage du pays. Après ce dîner retourna le duc de Lancastre à Margasse, et le roi de Portingal s'en alla à Monson.

Le samedi, après messe, montèrent de rechef le roi et le duc et s'en revinrent au Pont-de-More, où ils avoient été les autres jours, en grand arroi et en grand état; et donna ce jour à dîner le duc de Lancastre au roi de Portingal et à ses gens; et étoient en l'hôtel du duc chambres et salles toutes parées de l'armoirie et des draps de haute lice et de broderie du duc, aussi richement et aussi largement que si il fût à Londres, à Harfort, à Licestre, ou en l'une de ses maisons en Angleterre; et prisèrent grandement les Portingalois cel état. Et en ce dîner ot trois évêques et un archevêque. A la haute table, l'évêque de Lussebonne, l'évêque du Port, l'évêque de Conimbre et l'archevêque de Brague en Portingal, et le roi de Portingal au milieu de la table, et le duc de Lancastre un petit dessous lui, et dessous le duc le comte de Novarre et le comte d'Angousse, Portingalois.

A l'autre table séoit au chef le maître de Vis, et puis le maître de Saint-Jacques en Portingal [1] et le grand maître de Saint-Jean, et puis Dieg Galopes Percek, Jean Ferrant, son fils, et le Pouvasse de Coigne, Vasse Martin de Cogne, le Podich d'Asevede, Vasse Martin de Merlo, Gonzalves de Merlo [2]; c'étoit la seconde table, et tous hauts barons de Portingal. A la tierce table séoient et tout premier, l'abbé de la Cabasse de Juberote et l'abbé de Saint-Pierre et Saint-naul de Conimbre, l'abbé de Sainte-Maixence de Vic et puis messire Alve Perrère, maréchal du royaume de Portingal, Jean Radinghes Perrière et Jean James de Salves, Jean Radrigho de Sar, Mondesse Radrigho de Valconsiaux, Rez Mendighe de Valconsiaux [1] et un chevalier de Navarre, qui étoit là envoyé de par le roi de Navarre, qui s'appeloit messire Ferrand de Mirandes : et aux autres tables, chevaliers et écuyers de Portingal, car oncques Anglois ne sist à table ce jour en la salle où le grand dîner fut; mais servoient tous chevaliers et écuyers d'Angleterre, et asséoit à la table du roi messire Jean de Hollande; et servit ce jour de vin devant le roi de Portingal Galop Ferrand Percek, Portingalois; et devant le duc de Lancastre, de vin aussi, Thierry de Soumain de Hainaut. Le dîner fut grand et bel et bien étoffé de toutes choses; et y ot là grand-foison de menestrieux qui firent leur métier. Si leur donna le duc cent nobles et aux héraults autant, dont ils crioient largesse à pleine gueule. Après le dîner et toutes les choses accomplies, les seigneurs prirent congé amiablement l'un à l'autre, le duc au roi et le roi au duc, et se contentèrent grandement de celle assemblée ; et tenoient toutes leurs choses et ordonnances dessus dites pour si fermes et pour si arrêtées que plus ils n'en parloient. Si se départirent l'un de l'autre sur le tard et prirent à celle fois congé final jusques à une autre fois que ils se verroient. Le roi partit, et le duc d'autre part. Vous vissiez varlets ensonniés de descendre draps et de trousser, et ne cessèrent toute la nuit; et le dimanche on mit tout à voiture, et se départit le roi de Portingal de Monson et retourna vers le Port et le duc aussi de Margasse et prit le chemin de Galice. Si le convoya à cent lances de Portingal le comte de Novarre, et le mena tant que il fut hors de tous périls; et puis prit congé le comte et retourna arrière en Portingal et le duc s'en vint à Saint-Jacques en Galice.

Moult désiroit la duchesse de Lancastre la revenue du duc son mari et seigneur, pour savoir toutes nouvelles et comment les accointances se seront portées. Si fut le duc le bien-venu à son

---

[1] Le roi de Portugal venait de faire nommer grand maître de Santiago messire Rodriguez de Vascocellos.

[2] Diego Lopez Pacheco, Joaõ Fernandez Pacheco, Lopo Vasques de Cunha, Vasco Martin de Cunha, Lopo Diaz de Azevedo, Vasco Martin de Merlo, Gonzalves de Merlo.

[1] Alvaro Pereira, Joaõ Rodriguez Pereira, Joaõ Gomez de Silva, Joaõ Rodriguez de Sà, Mem Rodriguez de Vasconcellos, Ruy Mendez de Vasconcellos.

retour, ce fut raison. La dame lui demanda du roi de Portugal quelle chose il lui en sembloit. « Par ma foi! dit le duc, il est gracieux homme, et a bien corps, manière et ordonnance de vaillant homme; et est mon espoir que il règnera en puissance, car il est amé de ses gens; et disent que ils n'eurent, passé a cent ans, roi qui si bien leur chéyt en cœur ni en grâce; et n'a encore d'âge que vingt six ans; il est fort chevalier et dur selon la nature portingaloise, et est bien taillé de corps et de membres pour porter et souffrir peine. » — « Et des mariages, dit la dame, comment en va? » Dit le duc : « Je lui ai accordé une de mes filles. » —« Laquelle? » dit la dame. « Je lui ai mis à choisir ou de Catherine ou de Philippe; il m'en sçut bon gré; toutefois il est arrêté sur ma fille Philippe. » — « Il a raison, dit la duchesse, car ma fille Catherine est encore trop jeune pour lui. » Ainsi en telles paroles le duc et la duchesse passèrent le jour et le temps; et faire leur convenoit, car l'hiver approchoit.

Or en ce pays de Galice ni en Portingal on ne sçait que c'est d'hiver; toujours y fait-il chaud; et mûrissent les grains nouveaux, tels que plusieurs fruits y sont en mars; fèves, pois et cerises et les nouvelles herbes toutes grandes en février; on y vendange devant la Saint-Jean en plusieurs lieux; à la Saint-Jean-Baptiste tout y est passé.

Combien que le duc de Lancastre séjournât en la ville de Saint-Jacques en Galice, et la duchesse et leurs enfans, ne séjournoient pas pour ce leurs gens, mais chevauchoient souvent et menu le plat pays de Galice en conquérant villes et chastels. Desquels conquêts que ils firent en celle saison; et comment ce fut fait, je vous en recorderai la vérité et les noms de toutes les villes que ils prirent, car, je en fus informé justement par chevaliers et écuyers d'Angleterre et de Portingal qui furent à tous les conquêts, et par espécial du gentil chevalier de Portingal dont j'ai traité ci-dessus, lequel amiablement et doucement, à Mildebourch en Zélande, sus son voyage de Prusse, où il alloit en celle saison, m'en informa; le chevalier je le vous ai nommé et encore le vous nommerai. On le nomme messire Jean Ferrant Percek.

Or dit le conte ainsi, que messire Thomas Moreaux, maréchal de l'ost du duc de Lancastre, quand le duc fut retourné de la frontière de Portingal et du Pont-de-Mor, et revenu en la ville de Saint-Jacques, il dit que il ne vouloit pas séjourner, puisque il étoit en terre de conquêt, mais chevaucheroit et feroit exploit d'armes, et emploieroit les compagnons, lesquels avoient aussi grand désir de chevaucher. Si fit son mandement, et dit que il vouloit entrer en Galice plus avant encore que il n'avoit été et n'y lairoit ni ville ni chastel que il ne mesist en l'obéissance du duc. Et se départit un jour de la ville de Saint-Jacques à bien six cens lances et douze cens archers, et prit le chemin de une bonne ville en Galice qui s'appelle Pontevrède qui leur étoit rebelle; et fit tant que il y vint et toutes ses routes. Ceux de Pontevrède étoient bien signifiés de la venue des Anglois, car tout le plat pays fuyoit devant eux ens ès bonnes villes. Si étoient en conseil pour savoir comment ils se maintiendroient, si ils se défendroient tant comme ils pourroient durer ou si ils se rendroient; et n'étoient pas bien d'accord ensemble. Le menu peuple vouloit que on se rendît; le baillif, qui avoit la ville en garde et là avoit été envoyé et commis de par le roi de Castille et son conseil et les riches hommes, vouloit que on se tînt; et que de sitôt rendre il n'y pouvoit avoir profit ni honneur. Encore étoient-ils en la place en parlement ensemble, quand la gaitte qui étoit en la garde sonna et donna à entendre que les Anglois approchoient fort. Lors se dérompit leur parlement et crioient tous : « Aux défenses! Aux défenses! » Là vissiez ces gens ensoignés de courir sur les murs et de y porter bancs et pierres, dardes et javelots; et montroient bien que ils se défendroient à grand'volonté et que pas si légèrement ne se rendroient.

Quand le maréchal du duc et ses gens furent venus devant Pontevrède, si mirent pied à terre, et baillèrent leurs chevaux à leurs varlets, et puis ordonnèrent leurs livrées pour assaillir, et se rangèrent archers tous sur les dos et crètes des fossés autour de la ville, chacun les arcs tendus et appareillés pour traire, et gens d'armes bien paveschiés[1] et armés de toutes pièces et entrèrent ens ès fossés. Lors sonna la trompette du maréchal pour assaillir; donc commencèrent-ils à entrer en œuvre, et ceux qui étoient dedans les

---

[1] Couverts de leurs pavois.

[1386] fossés à ramper contremont portant pics en leurs mains ou bâtons de fer dont ils s'appuyoient pour picqueter et empirer les murs. Là étoient les hommes de la ville amont qui leur jetoient à leur pouvoir sur leurs têtes pierres et cailloux, et les grévoient grandement; et eussent encore plus fait, si n'eût été les archers qui étoient sur les fossés, mais ils traioient si ouniement que nul ne s'osoit montrer aux murs; et en navrèrent et blessèrent plusieurs de ceux de dedans. Et par espécial le baillif de la ville fut féru d'une sajette qui lui perça le bassinet et la tête aussi, et le convint partir de sa défense et porter à l'hôtel.

Les menues gens de la ville n'en furent pas courroucés, pourtant que il ne vouloit pas que on rendesist la ville. Pour ce ne fut pas la ville prise si il fut navré, mais furent plus aigres et plus soigneux de défendre que ils n'avoient été en devant, et bien leur besognoit. Ainsi dura l'assaut jusques à la nuit que on sonna la retraite. Si en y eut de blessés d'une part et d'autre; les Anglois se départirent de l'assaut, et s'en retournèrent à leurs logis, et avoient bien intention que à lendemain ils retourneroient à l'assaut et ne lairoient point la ville si seroit prise ou rendue. Celle nuit se conseillèrent ceux de Pontevrede ensemble et dirent : « Nous sommes folles gens qui nous faisons blesser et navrer ainsi pour néant : que ne faisons-nous ainsi que ceux de Ruelles [1] et de Ville-Lopes [2] ont fait, et autant bien ceux de la Calloingne excepté le chastel; ils se sont rendus au duc de Lancastre et à madame Constance, fille qui fut au roi Dam Piètre, par condition telle que, si les bonnes villes d'Espaigne se rendent, ils se rendront aussi; dont ils ont fait le mieux, car ils demeurent en paix. » « En nom Dieu, dirent les autres, nous vouions ainsi faire; mais le baillif le nous déconseilla, or en a-t-il eu son payement; car grand'aventure sera si il ne meurt de la navrure que il a en la tête. » — « Or allons parler à lui, dirent aucuns, et lui demandons quelle chose seroit bonne à faire maintenant; car pour certain nous aurons demain le retour des Anglois, ni point ne nous lairont en paix, ou ils nous auront par force ou par amour. »

[1] Aoalès.
[2] Vilbalobos.

LIVRE III.

CHAPITRE XLII.

Comment, après les alliances du duc de Lancastre faites au roi de Portingal, le maréchal de l'ost du dit duc chevaucha parmi Galice et y prit et mit en l'obéissance du dit duc Pontevrède et plusieurs autre villes.

A ce conseil se tinrent ceux de Pontevrède; et s'en vinrent jusques à douze hommes des plus notables de la ville en la maison du baillif; et me semble que on le nommoit Diantale de Léon. Ils le trouvèrent couché sus une couste en my sa maison; et l'avoit-on tantôt appareillé de la navrure que il avoit eue; et pourtant que la chose étoit nouvelle, il ne lui faisoit pas grand mal. Il fit bonne chère à ceux que il connoissoit et qui venus voir l'étoient et leur demanda de l'assaut comment il avoit été persévéré. Ils dirent : « Assez bien, Dieu merci ! excepté de vous, nous n'y avons point pris de dommage; mais de matin vient le fort, car nous sommes tous confortés que nous aurons l'assaut, et nous ne sommes pas gens de défense, fors simples gens qui ne savons que ce monte. Si venons à vous à conseil pour savoir quelle chose nous ferons : ces Anglois nous menacent malement fort que, si nous sommes pris par force, ils nous mettront tous sans merci à l'épée et perdrons le nôtre davantage. » — « En nom Dieu ! répondit Diantale de Léon, vous ne pouvez jamais avoir blâme de vous rendre; mais traitez envers eux sagement; et faites, si vous pouvez, que ils ne soient pas seigneurs de main mise de celle ville; dites-leur que vous vous mettrez volontiers en l'obéissance du duc de Lancastre et de madame, ainsi comme ceux de la Caloingne ont fait, car oncques Anglois n'entrèrent en la ville. Ils leur ont bien envoyé au dehors des pourvéances pour leurs deniers prendre et payer; ainsi le ferez-vous, si vous m'en croyez, si faire le pouvez; je crois que ils prendroient volontiers l'obéissance; car il y a encore moult de villes à conquester en Galice. Si s'en passeront légèrement. » — « Vous dites bien, répondirent-ils, nous le ferons ainsi, puisque vous le nous conseillez. »

A ce conseil se sont tenus ceux qui là étoient venus et passèrent la nuit au mieux qu'ils purent. Quand ce vint au matin, ainsi comme à soleil levant, ils ordonnèrent hommes que ils mirent hors de leur ville, qui étoient informés et chargés de porter et faire les traités au maréchal; ces hommes étoient sept et n'étoient pas trop bien vêtus, mais moult mal, nuds pieds et nuds chefs, mais bien savoient parler. Et s'en vinrent tous sept en cel état devers le maréchal, qui jà s'ordonnoit pour retourner à l'assaut. On lui amena ces hommes devant lui, lesquels se mirent à genoux en sa présence et le saluèrent, et dirent en leur langage espaignol : « Monseigneur, nous sommes envoyés ci de par ceux de la ville de Pontevrède qui disent ainsi, et nous pour eux, que volontiers ils se mettroient en votre obéissance, c'est à entendre de monseigneur de Lancastre et de madame, en la forme et manière que ceux de la ville de la Caloingne ont fait. Des biens et des pourvéances de la ville aurez-vous assez pour vos deniers, courtoisement prendre et courtoisement payer ce que les choses vaudront à la journée. Et est l'intention de ceux qui ci nous envoient que vous ne les efforcerez plus avant ; ni vous ni homme de par vous n'y entrera à main armée ; mais si vous et aucuns des vôtres y voulez venir tout simplement, vous serez le bienvenu. »

Le maréchal avoit de-lez lui un Anglois qui bien savoit entendre le Galicien ; si lui disoit en Anglois toutes ces paroles, si comme ceux les disoient. Le maréchal étoit bref ; si fut tantôt conseillé de répondre et dit : « Retournez à la ville et faites venir aux barrières pour parler à moi ceux qui ici vous ont envoyés ; je leur donne assurance ce jour et demain, si nous ne sommes d'accord, jusques à soleil levant. » Ils répondirent : « Volontiers, sire. » Lors se départirent et retournèrent devers la ville de Pontevrède et trouvèrent aux barrières la greigneur partie de ceux de la ville, auxquels ils firent tantôt réponse et relation de leur ambassaderie, car ils en furent demandés. Ils dirent : « Tantôt viendra le maréchal ; si vous n'êtes assez, si assemblez ceux que vous voudrez avoir. » — « Dieu y ait part, » dirent-ils. Aussi furent tous les hommes notables de la ville là assemblés. Adonc virent venir messire Thomas Moreaux, maréchal, et en sa route espoir soixante chevaux ; pour l'heure n'en y avoit plus ; et tantôt que il fut venu, il descendit devant la barrière et tous ses gens aussi, et puis parla et dit ainsi :

« Entre vous, hommes de Pontevrède, vous nous avez envoyé sept de vos hommes, et crois bien de ma partie que vous y ajoutez foi : ils ont dit ainsi, que volontiers vous reconnaîtrez à seigneur et à dame monseigneur de Lancastre et madame, en la forme et manière que ceux de la Caloingne ont fait ; mais vous ne voulez avoir autre gouverneur que de vous-mêmes. Or me dites, je vous prie, quelle seigneurie y auroit monseigneur, si il n'avoit là dedans gens de par lui ? Quand vous voudriez, vous seriez à lui, et quand vous voudriez, non. Sachez que c'est l'intention de moi et de mes compagnons, que je vous ordonnerai un bon capitaine loyal et prud'homme qui vous gouvernera et gardera et tiendra et fera justice à tous ; et seront mis hors tous les officiers du roi de Castille ; et si ainsi ne voulez faire, répondez-moi ; nous sommes avisés et conseillés quelle chose nous devons faire. » Adonc demandèrent-ils un petit de conseil et se conseillèrent, et puis parlèrent et dirent : « Monseigneur, nous nous confions grandement en vous et en vos paroles ; mais nous doutons les pillards, car nous avons été tant battus de telles gens du temps passé, quand messire Bertrand De Clayaquin et les Bretons vinrent premièrement en ce pays, que ils ne nous laissèrent rien, et pour ce les ressoignons-nous. » — Nennil, répondit messire Thomas, jà pillard n'entrera en votre ville ni vous n'y perdrez rien par nous, nous n'en demandons que l'obéissance. » A ces paroles furent-ils d'accord.

Adonc entra le maréchal, et les Anglois qui là étoient, en la ville tout doucement et l'ost se tint toute coie à leurs logis et tentes du dehors. On leur envoya vingt quatre sommades de bon vin et autant de pain et douze bacons, et de la poulaille grand foison pour les seigneurs ; et le maréchal demeura ce jour en la ville, et y mit et fit officiers de par le duc de Lancastre ; et y ordonna un Galicien homme de bien à capitaine, lequel avoit toujours été en Angleterre avecques madame Constance et duquel ceux de Pontevrède se contentoient grandement ; et demeura là le maréchal toute la nuit, et à lendemain après boire il retourna en l'ost.

Or orent-ils conseil que ils se traîroient devant une autre ville qui leur étoit rebelle aussi, à six lieues de là, au pays de Galice, laquelle on appeloit Vigho. Si se mirent au chemin et firent tant, que ce jour ils envoyèrent au devant, quand ils furent à deux lieues près, que ils se voulsissent rendre, ainsi que ceux de Rouelles et de Pontevrède étoient rendus, ou ils auroient au matin l'assaut. Ceux de Vigho ne firent compte de ces menaces, et dirent que autrefois les avoit-on assaillis, mais on n'y avoit rien conquesté. Quand la réponse fut faite au maréchal, si dit : « Et par Saint George! ils seront assaillis de grand'façon ; les vilains sont-ils si orgueilleux que ils ont ainsi répondu. « Ils passèrent la nuit et se tinrent tout aises de ce que ils avoient. Des pourvéances avoient-ils assez qui les suivoient. Et se logèrent en une belle prée, au long d'une petite rivière qui venoit d'amont de fontaines entre montagnes. A lendemain, à soleil levant, ils se délogèrent et se mirent au chemin. Jà étoit tierce quand ils vinrent devant la ville. Ils mirent pied à terre et burent un coup et puis se ordonnèrent pour assaillir, et ceux de dedans aussi pour défendre la ville qui n'est pas grande, mais elle est forte assez. Et crois bien que si il y eût une garnison bonnes gens d'armes, chevaliers et écuyers, qui par avis l'eussent su garder, les Anglois ne l'eussent point eue si légèrement comme ils l'orent ; car sitôt que ceux de Vigho se virent assaillis et ils sentirent les sajettes de ces archers d'Angleterre et ils virent que plusieurs des leurs étoient navrés et blessés, car ils étoient mal armés, et ne savoient d'où les coups venoient, si s'ébahirent d'eux-mêmes et dirent : « Pourquoi nous faisons-nous occire ni meshaigner pour le roi de Castille ; otretant nous vaut à seigneur le duc de Lancastre, quand il a pour mouiller la fille qui fut du roi Dam Pietre, que le fils du roi Henry. Bien savons et bien le véons que, si nous sommes pris par force, nous serons tous morts et le nôtre sera tout perdu ; et si ne véons confort de nul côté. Il y a environ un mois que nous envoyâmes devers le roi de Castille à Burges en Espaigne, et fut remontré à son conseil le péril où nous étions ; et bien savions que nous aurions les Anglois, si comme nous avons ores ; le roi en parla à ces chevaliers de France qui sont en Espagne de-lez lui ; mais ils n'ont point eu conseil que nul vînt par deçà en garnison ni autant bien en tout le pays de Galice. A ce que le roi d'Espagne montre, il a aussi cher que il soit perdu que gagné ; et répondit à nos gens qui là étoient envoyés : « Allez et retournez, et faites du mieux que vous pourrez. «C'est bien donner à entendre que nous ne nous fassions pas occire ni prendre à force. »

A ces mots vinrent aucuns hommes de la ville à la porte, et montèrent haut en une fenêtre et firent signe que ils vouloient parler et traiter ; ils furent ouïs. Le maréchal vint là et demanda que ils vouloient. Ils répondirent et dirent : « Maréchal, faites cesser l'assaut, nous nous rendrons à vous, au nom de monseigneur de Lancastre et de madame Constance, en la forme et manière comme les autres villes de Galice ont fait. Et si pourvéances voulez avoir de notre ville, vous en aurez courtoisement pour vous rafreschir; mais à main armée nul n'y entrera. C'est le traité que nous voulons dire et faire. » Le maréchal fut conseillé de répondre, et dit : « Je vous accorde bien à tenir ce que vous demandez ; mais je vous ordonnerai un bon capitaine qui vous gardera et conseillera si il vous besogne. » Ils répondirent : « Encore le voulons-nous bien. » Si furent d'accord et cessa l'assaut, et se retrayrent toutes gens d'armes un petit en sus, et se allèrent désarmer dessous beaux oliviers qui là étoient ; mais le maréchal, messire Yon Fits-Varin, le sire de Talbot, messire Jean Bruvellé, le sire de Ponins, messire Jean d'Aubrecicourt et aucuns chevaliers entrèrent en la ville pour eux rafreschir; et ceux qui étoient dessous les oliviers eurent pain, vin et autres pourvéances assez de la ville.

Après le rendage de la ville de Vigho en Galice, et que les seigneurs furent rafreschis tout à leur aise, et ils y trouvèrent bien de quoi, car elle siéd en gras pays, et que ils eurent ordonné un certain capitaine appelé Thomas Allery, un écuyer d'Angleterre, sage et vaillant homme, et douze archers avec lui, le maréchal et sa route s'en partirent et prirent le chemin en entrant au pays de Galice et costiant l'Espaigne et les montagnes de Castille, pour venir à une grande ville que on dit au pays Bayonne en la Mayole [1]. Quand ils durent approcher à deux lieues près, ils se logèrent et se tinrent là celle nuit jusques à lendemain, que ils se délogèrent et vinrent par bonne ordonnance et arroi jusques assez près de la ville, et se mirent en deux batailles, et puis envoyèrent un héraut devant pour savoir que ceux de Bayonne diroient ni si ils viendroient à obéissance sans assaillir. Le héraut n'avoit pas planté d'aller jusques aux barrières ; et là trouvat-il grand plenté de vilains moult mal armés et

[1] Bayona, petite ville de Galice, à trois lieues de Vigo.

commença à parler à eux, car bien savoit leur langage, car il étoit de Portingal, et étoit nommé Conimbre, et étoit au roi : « Entre vous, hommes de celle ville, dit-il en bon Galicien, quelle chose avez-vous en pensée à faire? Vous ferez-vous assaillir ou si vous vous rendrez doucement, et viendrez à obéissance à votre seigneur et à votre dame, monseigneur et madame de Lancastre? Monseigneur le maréchal et ses compagnons m'ont envoyé ici pour savoir que vous en voudrez faire et tantôt répondre. »

Les hommes de la ville boutèrent lors leurs têtes ensemble et commencèrent à murmurer et à parler et à demander l'un à l'autre : « Avant, que ferons-nous ? Nous rendrons-nous simplement ou nous défendrons-nous ? » Là dit un ancien homme, lequel avoit plus vu que les autres, si savoit des choses assez par expérience : « Beaux seigneurs, il convient ici avoir bref conseil. Encore nous font les Anglois grand'courtoisie, quand ils mettent l'assaut en souffrance tant que nous soyons conseillés. Vous voyez que nul confort ne vous appert de nul côté et que le roi de Castille sait bien en quel état nous sommes, et a sçu, depuis que le duc et la duchesse arrivèrent à la Caloingne. Il n'y a rien pourvu ni n'est apparent de pourvoir ; si nous nous faisons assaillir, il est vérité que celle ville est de grand tour et de petite défense et que nous ne pourrons pas partout entendre. Anglois sont subtils en guerres et se pénéront de nous gagner pour la cause du pillage, car ils sont convoiteux, aussi sont toutes gens d'armes. Et celle ville est renommée de être plus riche assez que elle n'est. Si que je vous conseille, et pour le mieux, que nous nous mettons doucement en l'obéissance de monseigneur et de madame de Lancastre, et ne soyons pas si rudes ni si rebelles que nous nous fassions perdre davantage, puisque bellement et par moyen nous pouvons venir à paix. C'est le conseil que je vous donne. » — « En nom Dieu, répondirent les autres, nous vous croirons, car vous êtes en Bayonne un homme de parage et pour qui on doit moult faire ; et nous vous prions que vous fassiez la réponse au héraut. » — « Volontiers, dit-il, mais il faut que il ait de notre argent. Si nous fera courtoisie, et nous portera bonne bouche envers ses seigneurs qui ci l'ont envoyé. »

CHAPITRE XLIII.

Comment ceux de Bayonne en Espaigne se rendirent au duc de Lancastre, et comment le maréchal de son ost entra dedans et en prit la saisine et possession.

Adonc vint le prud'homme de Bayonne, qui montroit bien à être homme de grand'prudence, et me semble que on l'appeloit sire Cosme de la Mouresque, devers le héraut et lui dit : « Héraut, vous retournerez devers vos maîtres qui ci vous ont envoyé, et leur direz de par nous : que nous voulons venir doucement et amiablement en l'obéissance de monseigneur le duc et de ma dame aussi, en la forme et manière que les autres villes de Galice ont fait ou feront. Or, allez, dit sire Cosme au héraut ; et faites bien la besogne et nous vous donnerons vingt moresques[1]. » Quand le héraut ouït parler le prud'-homme et promettre vingt florins, si fut tout réjoui et dit : « Çà les vingt florins, je n'en veuil nul croire, puisque promis me les avez, et vous vous percevrez que ils vous auront valu. » Dit Cosme : « Tu les auras. » Et tantôt lui furent baillés, et les bouta en sa bourse et puis se partit de eux et retourna tout joyeux devers les seigneurs, le maréchal et les autres, qui lui demandèrent quand il vint à eux : « Conimbre, quelles nouvelles ? Que disent ces vilains ? Se feront-ils assaillir ? » — « Par ma foi ! monseigneur, répondit le héraut, nennil. Ils n'en ont nulle volonté ; mais m'ont dit que vous veniez et vos gens, et ils vous recueilleront volontiers et doucement, et se veulent mettre du tout en l'obéissance de monseigneur le duc de Lancastre et de madame, ainsi comme les autres villes de Galice ont fait ou feront. Reboutez vos épées et dites à vos archers que ils détendent les arcs, car la ville est vôtre sans coup férir, ni je n'ai point vu en toute Galice meilleures gens. » — « Or allons doncques, dit le maréchal, il nous vaut mieux à avoir ce traité que l'assaut, au moins ne seront pas nos gens blessés. »

Adonc s'en vinrent le maréchal et toute sa route tout le pas jusques à la ville, et descendirent là à pied. Puis vint le maréchal à la barrière, entre la barrière et la porte sur laquelle avoit grand'assemblée de gens, mais toutes leurs armures ne valoient pas dix francs ; et se tenoient là pour voir les Anglois. Tout devant

---

[1] Le manuscrit 8325 dit vingt florins.

étoit sire Cosme Mouresque pour faire le traité, pourtant qu'il étoit des plus notables de la ville. Quand le héraut le vit, il dit au maréchal : « Monseigneur, parlez à ce prud'homme qui s'incline contre vous, car il a la puissance de la ville en sa main. » Adonc se trait le maréchal avant et demanda tout haut : « Or çà, que voulez-vous dire? Vous rendrez-vous à monseigneur de Lancastre et à madame comme à votre seigneur et dame? » — « Ouil, monseigneur, dit le prud'homme, nous nous rendrons à vous au nom de li, et mettrons celle ville en obéissance, sur la forme et manière que les autres villes de Galice ont fait et feront. Et si vous et vos gens il plaît à entrer dedans, vous serez les bien-venus, voire parmi vos deniers payans des pourvéances, si nulles en prenez. » Répondit le maréchal : « Il suffit; nous ne voulons que l'obéissance et l'amour du pays; mais vous jurerez que, si le roi de Castille venoit ou envoyoit ici, vous vous clorrez contre lui ou ses commis. » — « Monseigneur, répondit Cosme, nous le jurons volontiers, et il venoit à puissance ou envoyoit, que nous nous clorrons contre lui et en serez signifiés; et si vous étiez plus forts de lui, nous demeurerons à vous, car vous ne trouverez jà en nous point de fraude. » — « C'est assez, dit le maréchal, je ne vueil pas mieux; avant qu'il soit un an, la détermination en sera faite, car la couronne et l'héritage de Castille, de Corduan, de Galice et de Séville demeurera au plus fort. Et appert en ce pays, dedans l'entrée ou la fin du mois d'août, des armes beaucoup et une aussi grosse journée de bataille qui n'y point en Castille depuis cent ans. » — « Bien, monseigneur, dit le prud'homme; il en advienne ce que il en pourra advenir et le droit voise au droit. Nous, en ce pays de Galice, en oserons bien attendre l'aventure. »

A ces mots furent les saints apportés; et jurèrent ceux qui la ville de Bayonne avoient à garder et gouverner pour ces jours, à être bons, loyaux et féables, si comme sujets doivent être à leur seigneur et dame, que ils le seroient à monseigneur de Lancastre et à madame; et les tenoient et reconnoissoient à seigneur et à dame comme les autres villes de Galice; et le maréchal, au nom du duc de Lancastre, les reçut ainsi et leur jura à tenir et garder en paix et justice.

II.

Quand toutes ces choses furent faites, jurées et promises à tenir, on ouvrit les portes et barrières. Si entrèrent toutes manières de gens dedans, et s'épandirent parmi la ville, et se logèrent; la ville est grande assez pour eux loger. Et y furent quatre jours pour eux rafreschir là leurs chevaux, et pour attendre aussi le beau temps; car en ces quatre jours que ils furent là toujours pleuvoit, pourquoi ils ne se vouloient point partir; car les rivières étoient trop grandement engrossées; et si sont en Espagne et en Galice rivières trop périlleuses; si viennent par temps pluvieux si abondamment que elles sont tantôt crues, malaisées et périlleuses à passer à gué. Pourtant vouldrent-ils attendre le beau temps, et à bonne cause; et aussi en ce séjour ils jetèrent avis là où ils se trairoient, ou devant Betances, ou devant une autre ville forte et orgueilleuse que on appelle au pays Ribedave. En celle ville demeurent les plus orgueilleux et les plus traîtres hommes de tout le pays de Galice. Au cinquième jour il sonnèrent les trompettes de département; et se délogèrent les Anglois de la ville de Bayonne en la Mayole, et se mirent sur les champs et trouvèrent les terres rassises et le beau temps venu et les rivières retraites dont ils furent tout réjouis. Si chevauchèrent, car tous étoient à cheval, vers Ribadave et emmenoient grands sommages [1] et grandes pourvéances; et chevauchèrent tout en paix, car nul ne leur empêchoit leur chemin; et tenoient les champs, et se nommoient seigneurs de Galice.

Tant cheminèrent et exploitèrent que ils vinrent assez près de la ville où ils tendoient à venir. Si se logèrent dessous les oliviers en une très belle plaine; et étoient à demi-lieue de la ville; et eurent conseil que ils envoyeroient leur héraut Conimbre pour parler et pour traiter à ceux de Ribadave, avant que ils fissent nul semblant de assaillir. Bien avoient ouï dire le maréchal et les seigneurs que ceux de Ribadave étoient aussi fausses gens et de aussi mauvaise condition et merveilleuse que il y en eût nuls en tout le pays et royaume de Castille qui est grand assez; et ne font compte ni ne firent oncques du roi ni de nuls seigneurs, fors que de eux-mêmes, car leur ville est forte. Si chargèrent leur héraut

[1] Bêtes de somme.

d'aller parler à eux et savoir leur intention. Le héraut partit et chevaucha jusques à Ribedave, et vint aux barrières et ne trouva nullui, mais les barrières closes et bien fermées et la porte aussi. Il commença à huer et à crier, mais nul ne répondoit : il véoit bien gens aller et venir sur les guérites; mais nul pour chose que il dit, ni pour signe que il fît, ne s'avança oncques pour parler à lui un seul mot. Si fut-il bien en la porte, toudis huyant et brayant et faisant signe, bien une heure. Si dit en soi-même, quand il vit que il n'en auroit autre chose : « Je crois que ces gens de Ribedave ont parlé aux hommes de Bayonne et sont courroucés de ce que il me donnèrent vingt moresques à si peu de peine ; ils veulent que je les compare ci. Sainte Marie ! dit-il encore, avant que ils m'en donneroient autant, ils auroient plus cher que je fusse pendu. »

A ces mots, quand il vit que il n'en auroit autre chose, il retira son cheval et vint où il avoit laissé le maréchal et les routes ; quand il y fut venu, ils lui demandèrent : « Or avant, Conimbre ; quelles nouvelles ? Ces vilains de Ribedave se feront-ils assaillir, ou si ils se rendront bellement ainsi comme les autres? » — « Par ma foi ! dit le héraut, je n'en sais rien ; il sont si orgueilleux que pour choses que je aye appelé et hué, ils ne m'ont encore oncques rien répondu. » Donc, dit messire Jean Buvrellé au héraut : « Conimbre, et as-tu vu nullui par aventure ? Espoir s'en sont-ils fuis et ont laissé la ville pour la doute de nous. » — « Fuis ! dit le héraut. Monseigneur, sauve votre grâce, ils ne daigneroient. Car avant que vous les ayez, ils vous donneront plus à faire que tout le demeurant de Galice. Sachez que il y a dedans gens assez, car je les ai vus ; et quand je les appelois en haut en disant ; « Écoutez ! Je suis un héraut que les seigneurs envoient ci pour parler et traiter à vous ; » ils se taisoient tout coi, et me regardoient, et puis se rioient. » — « Hà, les faux vilains ! dit le maréchal, ils seroient bons châtiés ; aussi seront-ils par Saint George ! car jamais de la marche ne partirai, si les aurai mis en obéissance, si monseigneur de Lancastre ne me redemande. Or nous ordonnons ; mangeons et buvons un coup, et puis nous irons à l'assaut ; car je vueil voir Ribedave de plus près, et quelle forteresse il y a, quand les vilains sont si orgueilleux que ils ne font compte de nous. » Ainsi fut fait que le maréchal ordonna.

Quand ils eurent mangé et bu un coup dessous les oliviers, si étoit-il au mois de janvier, mais il faisoit aussi souef que en mai, et le soleil rayoit sur les bassinets bel et clair. Ils montèrent tous à cheval et se départirent et mirent au chemin en sonnant buisines et trompettes qui faisoient grand'noise : ils n'avoient guères à aller ; ils furent tantôt devant la ville de Ribedave ; et coururent de commencement aucuns chevaliers et écuyers en faisant leurs montres jusques aux barrières ; et ne trouvèrent nullui, mais il y avoit en la porte grand'foison d'arbalêtriers, qui commencèrent à traire, et tant que il y ot des chevaux atteints et blessés. Donc vinrent archers qui se rangèrent devant les barrières et sus les fossés, et commencèrent à traire à pouvoir à l'encontre de ces arbalêtriers. Et là ot assaut dur très grand et fort, et qui longuement dura. Voir est que la ville de Ribedave est forte assez, et que de l'un des lez elle n'est pas à conquerre, car elle siéd sur roche tout unie, où nul ne pourroit monter. De l'autre part où l'assaut étoit, elle siéd au plain, mais il y a grands'fossés ens ès quels il n'y a point d'eau, mais ils sont moult malaisés à monter. Chevaliers et écuyers s'essayèrent à les avaler et puis au ramper, et portoient targes sur leurs têtes pour briser et eschever le trait et le jet des pierres qui venoient d'amont ; et archers étoient rangés au long des fossés qui traioient à pouvoir si ouniement que à peine s'osoit nul défendant montrer. Là ot ce jour à Ribedave grand assaut, et plusieurs de ceux de dedans et dehors blessés pour le trait. Quand ce vint au soir que il fut heure de retraire, on sonna la retraite. Si cessa l'assaut et se retrairent les Anglois à leurs logis dont ils s'étoient partis, et se tinrent tout aises de ce que ils avoient ; c'étoit assez ; et remirent à point les blessés. Et fut ce jour Thierry de Sommain à la barrière trait d'un vireton tout parmi le bras, par telle manière que il convint le vireton chasser outre ; et fut depuis plus d'un mois que du bras il ne se pouvoit aider, et le portoit en écharpe en une touaille [1].

[1] Serviette.

CHAPITRE XLIV.

Comment le duc de Lancastre et la duchesse se tenoient à Saint-Jacques en Galice, qui oyoient souvent nouvelles du maréchal de l'ost, comment tout le pays se rendoit à lui et aussi au roi de Portingal.

Endementres que le maréchal de l'ost au duc de Lancastre chevauchoit ainsi le pays de Galice, et que il faisoit le pays tourner en leur obéissance devers le duc et la duchesse, se tenoient le duc, la duchesse et leurs enfans en la ville de Compostelle que on dit de Saint-Jacques en Galice; et oyoient souvent nouvelles du roi de Portingal, et le roi d'eux; car ils envoyoient toutes les semaines et escripsoient l'un à l'autre de leur état et de leurs besognes. D'autre part aussi le roi Jean de Castille se tenoit pour ces jours au Val-d'Olif, et étoient ces chevaliers de France de-lez lui, auxquels moult souvent il parloit de ses besognes et s'en conseilloit; car tout ce que les Anglois faisoient et comment ils se maintenoient, il le savoit bien. Tous les jours envoyoit-il nouvelles, et lors disoit : « Beaux seigneurs, je m'émerveille de ce que il ne vient plus grand confort de France pour remédier à mes besognes; car mon pays se perd et perdra qui n'ira au-devant. Les Anglois tiennent les champs; et si sais de vérité que le duc de Lancastre et le roi de Portingal ont été ensemble au Pont de Mor, et ont fait conjointement grands alliances; et doit mon adversaire de Portingal avoir à femme par mariage l'une des filles du duc, car il lui a promis; et si très tôt comme il l'aura épousée, et l'été ou le printemps entrera, vous verrez ces deux puissances conjoindre ensemble et entrer en mon pays; si me donneroit trop à faire. » — « Sire, répondirent les chevaliers de France, pour le roi appaiser et conforter, ne vous souciez de rien; si les Anglois gagnent à un lez, ils perdent à l'autre. Nous savons de vérité que le roi de France, à plus de cent mille hommes tout armés est ores en Angleterre, et détruit et conquiert tout le pays. Et quand ce sera accompli, et qu'il aura contourné tellement toute Angleterre et toute mise en subjection que jamais ne se relèvera, lors le dit roi de France et sa puissance entreront en leur navie qui est si grande et si grosse, et viendront arriver à la Caloingne sus les temps d'été, et reconquerront plus en un mois que vous n'avez perdu en un an; et si sera enclos le duc de Lancastre en telle manière que vous l'en verrez fuir en Portingal; ainsi aurez-vous vengeance de vos ennemis. Et soyez certain que, si les besognes de France ne fussent pour le présent si grandes, et le voyage d'Angleterre aussi, vous eussiez ores trois ou quatre mille lances des François; car le roi, ses oncles, et leurs consaulx ont très grand'affection de vous aider et de mettre votre guerre à chef comment qu'il en prenne. Si ne vous chaille si les Anglois tiennent maintenant les champs et si ils empruntent un petit de pays à vous; sachez que c'est à grand dur pour eux; car avant qu'il soit la Saint-Jean-Baptiste, ils le remettront arrière. »

De telles paroles et de semblables disoient lors au Val-d'Olif les chevaliers de France au roi de Castille et à son conseil. Le roi les prenoit toutes en grand bien, et y ajoutoit grand'vérité et se confortoit sus; et aussi les chevaliers de France ne le recordoient fors que pour vérité, car ils tenoient le roi de France et sa puissance passés outre en Angleterre, et commune renommée en couroit partout en Espaigne, Galice et Portingal; et sachez que on n'en disoit pas le quart au duc de Lancastre que ses gens en oyoient dire et conter pèlerins et marchands qui venoient de Flandre. De quoi le roi de Portingal, quoique souvent escripsist saluts et amitiés au duc de Lancastre, se dissimuloit de lui trop hâter d'envoyer querre Philippe de Lancastre, que il devoit prendre à femme; car ses gens lui disoient pour certain que nouvelles venoient de France et de Flandre que Angleterre étoit en trop grand'aventure d'être tout exillée; et si elle l'étoit, le confort du duc de Lancastre ni le mariage à sa fille ne lui vaudroit néant; pourquoi, couvertement et moyennement, il se démenoit de ses besognes, et vouloit voir la fin quelle elle seroit; mais par lettres et par messages il tenoit toujours à amour le duc et la duchesse.

Nous nous souffrirons un petit à parler des besognes de Castille et de Portingal, et parlerons de celles de France.

En ce temps les apparences étoient si grandes de plenté de naves, de gallées, de vaisseaux, de ballengniers et de coques, pour passer le roi de France outre, et ses gens, en Angleterre, que le plus vieil homme qui là vivoit n'avoit point vu ni ouï parler de la chose pareille. Et les seigneurs et leurs gens arrivoient et appleuvoient de tous lez, et se tenoient chevaliers et écuyers, quand ils se partoient de leurs maisons, pour bien heureux quand en leur vivant ils auroient fait avecques le roi de France un voyage en Angleterre, et disoient : « Or, irons-nous sus les malheureuses gens anglois, qui ont fait tant de maux et de persécutions en France. A ces coups en aurons-nous honorable vengeance de nos pères, de nos mères, de nos frères, qu'ils nous ont mis à mort, et de nos amis aussi. » — « Ha! disoient les autres, un jour vient qui tout paie. Nous sommes nés à bonne heure quand nous voyons le voyage que nous désirions le plus à voir. »

Et sachez que on mit plus de douze semaines à faire les pourvéances des seigneurs si grandes et si grosses que ce seroit merveilles au penser et de charger vaisseaux. Et disoit-on en Flandre : « Le roi viendra demain, le roi viendra demain! » Et toudis s'avaloient gens de Savoie, de Bourgogne, de Bar, de Lorraine, de France et de Champagne, et d'autre part, de Gascogne, d'Ermignac, de Comminges, de Toulouse, de Bigorre, d'Auvergne, de Berry, de Limousin, de Poitou, d'Anjou, du Maine, de Touraine, de Bretagne, de Blois, de Orléans, de Gastinois, de Beauce, de Normandie, de Picardie et de toutes les mettes et limitations de France; et tous venoient et se logeoient en Flandre et en Artois.

Quand ce vint à la mi-août, et que le voyage se devoit approcher, et que les lointains des lointaines marches s'avaloient; et encore pour eux plus hâter, et pour donner exemple à tous que le roi entreprenoit ce voyage de grand volonté, le roi de France prit congé à la roine sa femme, a la roine Blanche, à la duchesse d'Orléans et aux dames de France, et ouït messe solennelle en l'église Notre-Dame de Paris, et prit lors congé à tous. Et étoit son intention que, lui issu de Paris, il n'y rentreroit jamais si auroit été en Angleterre. Toutes les cités et les bonnes villes de France le créoient bien. Le roi s'en vint à Senlis, et là se tint, et la roine de France aussi. Encore étoit le duc de Berry en Berry, mais on faisoit ses pourvéances en Flandre et à l'Escluse, si comme on faisoit les autres. Le duc de Bourgogne étoit en son pays; si prit congé à la duchesse et à ses enfans, et s'avisa que il prendroit congé sus son voyage à sa belle ante, madame la duchesse de Brabant. Si se départit de Bourgogne et chevaucha en grand arroi et en grand état, l'amiral de France en sa compagnie, et messire Guy de la Trémoille. Il vint à Bruxelles, et là trouva la duchesse et les dames qui le recueillirent, et sa compagnie, moult grandement; et fut deux jours de-lez elles, et prit congé sus son voyage à sa belle ante, madame la duchesse de Brabant, et de là il vint à Mons en Hainaut; si y trouva sa fille, madame d'Ostrevant, et le duc Aubert, et son fils messire Guillaume de Hainaut, comte d'Ostrevant, qui recueillirent le duc de Bourgogne et ses gens liement et grandement et l'amenèrent à Valenciennes; et fut ce duc de Bourgogne logé en la Salle-le-Comte, et le duc Aubert à l'hôtel de la Visconté, et madame d'Ostrevant et les dames, madame de Moriames et madame de Mortain, madame de Gomenies et les autres à l'hôtel au comte de Blois, en la tannerie; et là fut le duc de Bourgogne reçu grandement, et lui furent faits de beaux présens. Et prirent là congé aux dames le duc et les chevaliers de sa compagnie; et vous dis que il sembloit bien, qui les oyoit parler, que jamais ne retourneroient en France, si auroient été en Angleterre. Et les faisoit bon ouïr parler, et deviser comment Angleterre étoit prise, conquestée et perdue.

De là vint le duc de Bourgogne à Douay et puis à Arras, et là trouva sa femme, la duchesse, qui l'attendoit. Adonc vint le roi de France à Compiègne, et puis à Noyon, et puis à Péronne, à Bapaumes et puis à Arras; et toudis avaloient gens de tous lez si grandement que tout le pays en étoit mangé et perdu; ni au plat pays rien ne demeuroit qui ne fût tout à l'abandon, sans payer ni maille ni denier. Les povres laboureurs, qui avoient recueilli leurs biens et leurs grains, n'en avoient que la paille, et si ils en parloient ils étoient battus ou tués; les viviers étoient pêchés, leurs maisons abattues pour faire du feu; ni les Anglois, si ils fussent arrivés en France, ne pussent point faire plus grand exil que les routes de France y faisoient; et disoient : « Nous n'avons point d'argent maintenant, mais nous en aurons assez au retour, si vous paierons tout sec. » Là les maudissoient les povres gens, qui véoient prendre le leur des garçons et n'en osoient sonner mot, mais les maudissoient et leur chantoient une note entre leurs dents tout bas : « Allez en Angleterre, orde crapaudaille, que jamais pied n'en puisse retourner! »

Or vint le roi de France à Lille en France, et ses deux oncles avec lui, le duc de Bourgogne et le duc de Bourbon; car le duc de Berry étoit derrière en son pays, et ordonnoit ses besognes. Avecques le roi étoient à Lille le duc de Bar, le duc de Lorraine, le comte d'Ermignac, le comte de Savoie, le comte Daulphin d'Auvergne, le comte de Genève, le comte de Saint-Pol, le comte d'Eu, le comte de Longueville, le sire de Coucy, messire Guillaume de Namur, et de grands seigneurs de France si très grand'foison, que je ne les viendroi jamais à fin de tous nommer; et disoit-on que ils devoient bien passer en Angleterre vingt mille chevaliers et écuyers; au voir dire, c'étoit belle compagnie; et environ vingt mille arbalètriers, parmi les Gennevois, et bien vingt mille gros varlets. Encore étoit messire Olivier de Clicçon en Bretagne, et ordonnoit ses besognes et sa navie à Lautriguier en Bretagne. Et devoit venir en sa compagnie la ville charpentée de bois, laquelle on devoit asseoir sitôt que on auroit pris terre en Angleterre, si comme cidessus est contenu. Avecques le connétable de France devoient venir tous les meilleurs chevaliers et écuyers du royaume de France et de Bretagne, le vicomte de Rohan, le sire de Raÿs, le sire de Beaumanoir, le sire de Laval, le sire de Rochefort, le sire de Malestroit, le vicomte de Combour, messire Jean de Malestroit, le sire de Dignant, le sire d'Ancenis et bien cinq cents lances de Bretons, toutes gens d'élite; car telle étoit l'intention du connétable, et avoit toudis été, que jà homme ne passeroit en Angleterre, si n'étoit droit homme d'armes et de fait; et avoit dit à l'amiral : « Gardez-vous bien que vous ne chargiez le navire de nul varlet ni de nul garçon, car ils nous porteroient plus d'arriérance que d'avantage ni de profit. » Et ne pouvoient deux ou trois chevaliers, si ils n'étoient trop grands maîtres, et que ils ne prissent nefs et vaisseaux à leurs deniers, mener ni passer que un cheval outre et un varlet.

Au voir dire, les choses étoient moult bien limitées et ordonnées; et c'est là la supposition de plusieurs, si ils pussent être arrivés tous ensemble en Angleterre et prendre terre là où ils tendoient à venir, c'étoit à Orvelle, près de Nordvich, ils eussent moult ébahi le pays; et aussi eussent-ils fait, il n'est mie à douter, car les grands seigneurs s'en doutoient, les prélats, les abbés et les bonnes villes; mais les communautés et les povres compagnons qui se vouloient aventurer n'en faisoient compte : aussi ne faisoient povres chevaliers et écuyers qui désiroient les armes et à gagner ou tout perdre; et disoient l'un à l'autre : « Dieu! comme il nous appert une bonne saison. Puisque le roi de France veut venir par deçà, c'est un vaillant roi et de grand'emprise. Il n'y ot, passé a trois cents ans, roi en France de si grand courage ni qui le vaulsist. Il fera ses gens bons hommes d'armes, et ses gens feront vaillant roi; benoit soit-il quand il nous veut venir voir. A ce coup scrons-nous tous morts ou tous riches, nous n'en pouvons attendre autre chose. »

CHAPITRE XLV.

Comment ceux d'Angleterre payoient tailles dont ils murmuroient grandement, et du conseil que messire Symon Burlé donna à l'abbé et couvent de Saint-Thomas de Cantorbie.

Si l'apparence étoit belle et grande en Flandre et à l'Escluse pour aller en Angleterre, aussi étoit l'ordonnance grande et belle en Angleterre; et je vous en ai ci-dessus, je crois, dit aucune chose, si m'en passerai atant. Et si les coûtages et les tailles en étoient grandes en France, aussi étoient elles grandes en Angleterre; et tant que toutes gens s'en douloient. Mais pour ce que ce commun véoit que il besognoit, il s'en portoit plus bellement. Si disoient-ils bien : « C'est trop sans raison que on nous taille maintenant pour mettre le nôtre aux chevaliers et écuyers; car pourquoi il faut que ils défendent leurs héritages. Nous sommes leurs varlets, nous leur labourons les terres et les biens de quoi ils vivent, nous leur nourrissons les bêtes de quoi ils prennent les laines. A tout considérer, si Angleterre se perdoit, ils perdroient trop plus que nous. »

Nonobstant leurs paroles, tous payoient ceux qui taillés étoient, ni nul n'en étoit déporté; et fut en Angleterre en ce temps élevée une taille, pour mettre défense au pays, de deux millions de florins, dont l'archevêque d'Yorch, frère germain au seigneur de Neufville et le comte d'Asquesuffort, messire Nicholle Bramber, messire Michel de la Pole, messire Symon Burlé, messire Pierre Goulouffre, messire Robert Tresilien, messire Jean de Beauchamp, messire

Jean de Sallebery et aucuns autres du privé et étroit conseil du roi en étoient receveurs, payeurs et délivreurs [1] ; ni par les oncles du roi pour lors on ne faisoit rien, et aussi ils n'y accomptoient point plenté, ni pas ne vouloient mettre le pays en trouble, mais entendoient fors à garder l'honneur d'Angleterre, les ports et les passages, et à établir partout gens ; car pour certain ils cuidoient bien avoir, en cel an dont je parle, le roi de France et sa puissance en Angleterre. Les dessus dits chevaliers que je vous ai nommés, receveurs de par le roi de toutes ces tailles, en faisoient à leur entente ; et le souverain pour qui on faisoit le plus et qui y avoit le greigneur profit, c'étoit le comte d'Asquesuffort. Par lui étoit tout fait, et sans lui n'étoit rien fait ; de quoi, quand ces choses furent passées, le peuple se troubla pour savoir que si grand argent étoit devenu, ni où il étoit allé ni contourné, et en vouldrent aucunes bonnes cités et villes d'Angleterre avoir compte, avecques ce que les oncles du roi y rendirent peine, si comme je vous recorderai en suivant, quand il en sera temps et lieu de parler ; car je ne vueil ni dois de rien oublier en l'histoire.

Messire Symon Burlé étoit capitaine du chastel de Douvres : si oyoit souvent nouvelles de France par ceux de Calais et par les pêcheurs d'Angleterre qui s'aventuroient en mer, ainsi qu'ils font par usage ; car pour avoir bon poisson ils vont souvent pêcher dessous Boulogne et devant le port de Wissant. Si rapportoient nouvelles à messire Symon qui leur en demandoit, car autres pêcheurs de France, quand ils se trouvoient, leur en disoient assez et plus que ils n'en savoient ; car sus mer pêcheurs, quelle guerre qu'il y ait entre France et Angleterre, jamais ne se feroient mal, ainçois sont amis et aident l'un à l'autre au besoin, et vendent et achètent sur mer l'un à l'autre leurs poissons, quand les uns en ont plus largement que les autres ; car si ils se guerroyoient on n'auroit point de marée, ni nul n'oseroit aller pêcher, si il n'étoit conduit et gardé de gens d'armes.

Messire Symon Burlé entendoit par les pêcheurs de Douvres que point n'y auroit de deffaute que le roi de France passeroit en Angleterre, et viendroient les François prendre terre et port à Douvres l'une des parties, et l'autre à Zandvich ; et devoient passer gens sans nombre. Messire Symon créoit bien toutes ces paroles et les tenoit pour véritables, et aussi faisoit-on par toute Angleterre : si vint un jour à Cantorbie, et alla à l'abbaye qui est moult grande et moult riche et belle ; et d'autre part assez près siéd l'abbaye de Saint-Vincent, laquelle est aussi moult riche et moult puissante, et tous de noirs moines. On lui demanda des nouvelles, et il en dit ce qu'il en savoit ; et par ses paroles il montroit bien que la fiertre de saint Thomas, qui tant est digne et riche, n'étoit pas sûrement à Cantorbie, car la ville n'est pas forte ! « Et si François viennent, ce dit messire Symon, ainsi que ils feront tantôt, pour la convoitise de plenté gagner, pillards et larrons affuiront en celle ville et vous roberont et pilleront votre église. Et par espécial ils voudront savoir que la fiertre Saint-Thomas sera devenue ; si l'emporteront si ils la trouvent, et la perdrez. Pourquoi je vous conseille que vous la fassiez venir et apporter au chastel de Douvres ; elle sera bien assur, et fût Angleterre toute perdue. »

L'abbé de Saint-Thomas de Cantorbie et tout le couvent de la maison prirent celle parole et le conseil, quoique le chevalier le dît pour bien, en si grand dépit que ils répondirent en disant : « Comment, messire Symon ! voulez-vous diviser l'église de céans de sa seigneurie. Si vous avez paour, si vous faites assurer et si vous allez enclore en votre chastel de Douvres, car jà les François ne seront si hardis ni si puissans que jusques ici ils viennent. » Ce fut la réponse que on fit lors à messire Symon Burlé. Et multiplièrent tant ces paroles et la requête que il avoit faite que la communauté d'Angleterre s'en contentèrent mal sur lui, et le tinrent pour suspect et mauvais envers le pays ; et bien lui montrèrent depuis, si comme je vous recorderai avant en l'histoire. Messire Symon Burlé s'en passa atant et s'en retourna à Douvres en son chastel.

Or vint le roi de France, pour montrer plus

---

[1] Suivant Hollinshed, les treize receveurs nommés alors furent : l'évêque d'Ély, lord chancelier ; l'évêque d'Herford, lord trésorier ; Nicolas, abbé de Waltham, lord du sceau privé ; William, archevêque de Canterbury ; Alexandre, archevêque d'York ; Edmond Langly, duc d'York ; Thomas, duc de Glocester ; William, évêque de Winchester ; Thomas, évêque d'Exceter ; Richard, comte d'Arundel ; Richard, lord Scrope ; et Jean, lord Devereux.

acertes que la besogne lui touchoit et plaisoit, et pour le plus approcher son passage, et aussi que les lointains logés de l'Escluse approchassent, car on disoit en Flandre et en Artois : « Le roi de France entrera samedi en mer, ou jeudi, ou mercredi. » Tous les jours de la semaine disoit-on : « Il entrera en mer et partira demain ou après demain. » Le duc de Touraine son frère, et l'évêque de Beauvais, chancelier de France, et plusieurs grands seigneurs de France et de parlement avoient pris congé à lui à Lille en Flandre et lui à eux, et étoient retournés vers Paris; et me semble, et ainsi me fut-il dit, que on avoit baillé le gouvernement du royaume au duc de Touraine[1] jusques au retour du roi, avecques l'aide de plusieurs seigneurs de France qui n'étoient pas ordonnés d'aller en Angleterre. Et encore étoit le duc de Berry derrière et venoit tout bellement, car d'aller en Angleterre il n'avoit pas trop grand'affection; et de ce qu'il séjournoit tant que point ne venoit, le roi de France, le duc de Bourgogne et les autres seigneurs étoient tous courroucés, et voulsissent bien qu'il fût jà venu. Et toujours se faisoient et chargeoient pourvéances à grands coûtages pour les seigneurs, car on leur vendoit quatre francs ce qui n'eût valu, si la presse n'eût été en Flandre, que un; et toutefois ceux qui là étoient et qui passer vouloient et espéroient, ne resoignoient or ni argent à dépendre ni à allouer pour faire leurs pourvéances et pour être bien étoffés de toutes choses, et l'un pour l'autre par manière de grandeur et d'envie. Et sachez que si les grands seigneurs étoient bien payés et délivrés de leurs gages, les petits compagnons le comparoient, car on leur devoit jà d'un mois; si ne les vouloit-on payer; et disoit le trésorier des guerres, et aussi faisoient ses clercs de la chambre aux derniers : « Attendez jusques à celle semaine, vous serez délivrés de tous points. » Aussi étoient-ils délayés de semaine en semaine; et quand on leur fit un paiement, il ne fut que de huit jours et on leur devoit de six semaines. Si que les aucuns, qui imaginoient l'ordonnance et la substance du fait et comment on les payoit mal et envis, se mérencollièrent et dirent que le voyage ne tourneroit jà à bon conroy; si que quand ils orent un petit d'argent, ils s'en retournèrent en leur pays. Ceux furent sages, car les petits compagnons, chevaliers et écuyers, qui n'étoient retenus de grand seigneur, dépensoient tout; car les choses leur étoient si chères en Flandre que ils étoient tous ensoignés d'avoir du pain et du vin; et si ils vouloient vendre leurs gages ou leurs armures, ils n'en trouvoient ni maille ni denier; et à les acheter ils les avoient trouvées moult chères. Et tant y avoit de peuple à Bruges, au Dam et à Ardembourg et par espécial à l'Escluse, quand le roi y fut venu, que on ne savoit où loger. Le comte de Saint-Pol, le sire de Coucy, le Dauphin d'Auvergne, le sire d'Antoing et plusieurs hauts seigneurs de France, pour être plus à leur aise et plus au large, se logèrent à Bruges, et alloient à la fois à l'Escluse devers le roi pour savoir quand on partiroit; on leur disoit : « Dedans trois ou quatre jours; » ou : « Quand monseigneur de Berry sera venu; » ou : « Quand nous aurons vent. » Toujours y avoit aucune chose à dire, et toujours alloit le temps avant : les jours accourcissoient et devenoient laids et froids, et les nuits allongeoient; dont moult de seigneurs mal se contentoient de ce que on mettoit si longuement à passer, car les pourvéances amoindrissoient.

CHAPITRE XLVI.

Comment le roi d'Arménie s'en alla en Angleterre pour traiter de paix, si il pût, entre les rois de France et d'Angleterre, et comment il exploita devers le roi d'Angleterre et son conseil.

En attendant le duc de Berry et le connétable de France qui encore étoient derrière, et le roi Lyon d'Arménie, qui se tenoit en France, et auquel le roi de France avoit assigné pour parmaintenir son état six mille francs par an, plaisance et dévotion, en instance de bien, à issir de France pour aller en Angleterre et parler au roi d'Angleterre et à son conseil en cause de moyenneté, et pour voir si il pourroit trouver par ses traités nulle chose où on se pût conjoindre ni aberdre à paix; et se départit de son hôtel de Saint-Audoin-lez-Saint-Denis à toute sa maisnée tant seulement;

---

[1] Louis de France, comte de Valois, frère du roi, ne fut nommé duc de Touraine qu'au retour de ce voyage infructueux; il avait été, comme le dit justement Froissart, laissé à Paris pour présider au gouvernement avec l'assistance d'un conseil. Louis fut depuis nommé duc d'Orléans.

et ne menoit pas grand arroy ni vouloit mener. Et chevaucha tant qu'il vint à Boulogne. Quand il fut là venu, il prit un vaissel et entra ens, et eut vent à volonté; et singla tant qu'il vint au port de Douvres. Là trouva-t-il le comte de Cantebruge, le comte de Bouquinghen et plus de cinq cens hommes d'armes et deux mille archers qui se tenoient là pour garder le passage; car renommée couroit que les François arriveroient là ou à Zandvich.

Et à Zandvich étoient le comte d'Arondel et le comte de Northonbrelande, à autant ou plus de gens d'armes. A Oruelle, où on disoit aussi que ils avoient avisé d'arriver, étoient le comte d'Asquesuffort, le comte de Pennebruge, le comte de Northinghem et messire Raoul de Gobehem; et avoient iceux seigneurs bien mille hommes d'armes et quatre mille archers et bien trois mille gros varlets. Et le roi se tenoit à Londres, et une partie de son conseil de-lez lui; et oyoit tous les jours nouvelles des ports et hâvres d'Angleterre.

Quand le roi d'Arménie fut arrivé à Douvres, on lui fit bonne chère, pourtant que il étoit étranger; et fut mené des chevaliers devers les deux oncles du roi, qui le recueillirent bellement et doucement, ainsi que bien le sçurent faire; et quand il fut heure, ils lui demandèrent dont il venoit ni où il alloit, ni quelle chose il demandoit ni quéroit. A toutes ces demandes il répondit et dit que, en espèce de bien, il venoit là pour voir le roi d'Angleterre, et son conseil et pour traiter paix et accord entre le roi de France et lui, si on lui pouvoit trouver. « Car la guerre, ce dit le roi, n'y est pas bien séant; et par la guerre de France et d'Angleterre, laquelle a duré tant d'ans et tant de jours, sont les Sarrasins et les Turcs enorgueillis, car il n'est qui les ensonnie et guerroye; et par cette cause j'en ai perdu ma terre et mon royaume, et ne suis pas taillé du recouvrer, si ferme n'est entre les Chrétiens; si remontrerois volontiers cette matière, qui tant touche à toute chrétienneté, au roi d'Angleterre, si comme je l'ai remontrée au roi de France. »

Lors fut demandé des oncles du roi au roi d'Arménie si le roi de France l'envoyoit là. Il répondit que nul ne l'y envoyoit, mais y étoit venu de soi-même en instance de bien et pour voir si le roi d'Angleterre et son conseil voudroient point entendre à nul traité de paix. Et lors fut-il demandé où le roi de France étoit, et il répondit : « Je crois qu'il soit à l'Escluse, car je ne le vis depuis que je pris congé de lui à Senlis. » Lors fut-il demandé : « Et comment donc pouvez-vous faire bons traités ni entamer, quand vous n'êtes autrement chargé de lui? Si vous traitez maintenant devers le roi notre nepveu et son conseil, et le roi de France, à toute sa puissance que il tient là à l'Escluse et environ, passât outre et entrât en Angleterre, vous en recevriez blâme, et seriez de votre personne en grand'aventure de la communauté de ce pays. »

Adonc répondit le roi d'Arménie et dit : « Je suis fort assez du roi, car j'ai envoyé devers lui et fait prier que, tant que je sois retourné de ce pays, il ne se meuve point de l'Escluse; et je le tiens pour si avisé et si noble que à ma prière il descendra, et que point en mer ne se mettra tant que je serai retourné devers lui. Si vous prie, en instance de bien, par pitié et par amour, que vous me fassiez adresser tant que je puisse voir le roi d'Angleterre et parler à lui, car je le désire très grandement à voir. Ou si vous êtes chargés de par lui, qui êtes ses oncles, et les plus puissans d'Angleterre, à faire réponse à toutes demandes, que vous le me vueilliez faire. » Donc répondit messire Thomas le comte de Bouquinghen et dit : « Sire roi d'Arménie, nous sommes ci ordonnés et établis à garder le passage et la frontière de par le roi d'Angleterre et son conseil, et non plus avant; nous ne nous voulons charger ni ensoigner des besognes du royaume, si il ne nous est étroitement commandé du roi. Et puisque, par bien et par espèce de bien et de humilité, vous êtes venu en ce pays, vous soyez le bien venu. Et sachez que nulle réponse finale sur quoi vous vous puissiez arrêter ni affirmer, vous n'aurez de nous. Outre, nous ne sommes pas au conseil du roi maintenant; mais nous vous y ferons mener sans péril et sans dommage. » Répondit le roi d'Arménie : « Grand merci ! je ne demande mie mieux ni autre chose, fors que je le puisse voir et parler à lui. »

Quand le roi d'Arménie se fut rafreschi sept jours à Douvres, et que il ot parlé à grand loisir aux deux oncles du roi dessus nommés, si s'en partit en bon conduit que les seigneurs lui délivrèrent pour la doute des rencontres : tant exploita et fit que il vint à Londres. Si fut le dit roi à l'entrer à Londres moult regardé de ceux de la dite ville de Londres, et toutefois les bonnes gens lui firent fête et honneur. Il se trait à l'hôtel; et puis, quand temps fut venu et heure, il alla devers le roi, qui lors étoit en la Riole, à un hôtel que on dit la Garde-Robe-la-Roine, et là se tenoit-il tout privément; mais l'archevêque de Cantorbie et l'archevêque de Yorch et l'évêque de Vinchestre et beaucoup du conseil du roi se tenoient à Londres chacun en son hôtel; car je vous dis que ceux de Londres étoient moult ébahis et entendoient fort à fortifier leur ville dessus la Tamise et ailleurs.

Quand la venue du roi d'Arménie fut sçue et publiée, si se trairent ces archevêques et ces évêques et ceux du conseil devers le roi, pour savoir et ouïr des nouvelles, et quelle chose le roi d'Arménie étoit venu faire ni querre en tel temps, quand on étoit si en tribouil en Angleterre. Quand le roi d'Arménie fut venu en la présence du roi, il l'inclina et le roi lui, et s'entracointèrent à ce commencement moult doucement de paroles. Après, le roi d'Arménie parla et entama son procès, sur l'état que il étoit issu de France, pour principalement voir le roi d'Angleterre que il n'avoit oncques vu, dont il étoit tout réjoui quand il étoit en sa présence, car il espéroit que tous biens en viendroient; et montroit par ses paroles : que pour obvier à l'encontre de grand'pestillence qui apparoît à être et à venir en Angleterre, il étoit là venu, non que le roi de France et son conseil lui envoyassent, fors de soi-même; et mettroit volontiers paix et accord ou trèves entre les deux rois et royaumes de France et d'Angleterre. Plusieurs paroles douces, courtoises et bien traitées, montra là le roi d'Arménie au roi d'Angleterre et à son conseil. Adonc lui répondit-on briévement, et lui fut dit ainsi : « Sire roi, vous soyez le bien venu en ce pays ; car le roi, notre seigneur, et nous aussi, vous y véons volontiers. Nous vous disons que le roi n'a pas ici tout son conseil; il l'aura temprement, car il le mandera, et puis on vous fera réponse. »

Le roi d'Arménie se contenta de ce et prit congé, et retourna à son hôtel où il étoit logé. Dedans quatre jours après fut le roi conseillé, et crois bien que il avoit envoyé devers ses oncles; mais ils ne furent pas présents à la réponse faire. Et le roi d'Angleterre alla au palais à Wesmoustier et là fut le conseil que il avoit pour lors, et fut le roi d'Arménie signifié de là aller, si comme il fit. Quand il fut venu en la présence du roi et des seigneurs, on fit seoir le roi d'Angleterre à son usage et puis le roi d'Arménie après et puis les prélats et ceux du conseil. Là lui fit-on recorder de rechef toutes les paroles, requêtes ou prières que il faisoit au roi d'Angleterre et à son conseil. Tantôt il les repliqua doucement et sagement toutes, en remontrant : comme sainte chrétienté étoit trop affoiblie par la destruction de la guerre de France et d'Angleterre, et que tous chevaliers et écuyers de ces deux royaumes n'entendoient à autre chose fors que toujours à être ou pour l'un ou pour l'autre; parquoi l'empire de Constantinoble s'en perdoit et perdroit, où les gentilshommes de France et d'Angleterre avant la guerre se souloient traire pour trouver les armes; et jà en avoit-il perdu son royaume ; pourquoi il prioit, pour Dieu et pour pitié, que on voulsist entendre à ce que un bon traité sur forme de paix se pût faire et entamer entre le roi de France et le roi d'Angleterre.

A ces paroles répondit l'archevêque de Cantorbie, car il en étoit chargé du roi et du conseil, très avant que on entrât en la chambre du conseil, et dit : « Sire roi d'Arménie, ce n'est pas la manière, ni oncques ne fut, de si grand'matière comme celle est du roi d'Angleterre et de son adversaire de France, que on venist le roi d'Angleterre prier en son pays à main armée. Si vous disons que vous ferez, si il vous plait. Vous vous retrairez devers vos gens et les ferez tous retraire. Et quand chacun sera en son hôtel et que de vérité nous le pourrons savoir, retrayez-vous devers nous; adonc volontiers nous entendrons à vous et à votre traité. » Ce fut la réponse que le roi d'Arménie eut ; mais il dîna ce jour avecques le roi d'Angleterre, et lui fut faite la greigneur honneur que on put. Et lui fit le roi d'Angleterre présenter de beaux dons d'or et d'argent ; mais il n'en voult nul prendre ni retenir[1], quoiqu'il en eût bon métier, fors un

---

[1] Froissart n'est pas d'accord ici avec les historiens anglais, car le moine d'Évesham, Walsingham et Hollinshed assurent tous au contraire que le roi d'Arménie s'étoit distingué dans l'ambassade de 1385, par sa cupidité, et que ce fut là la raison qui empêcha qu'on le reçût en 1386. Voici comment s'exprime le moine d'Évesham :
Eodem tempore (1386) rex Armeniæ, qui dudum ex-

eul annel qui bien valoit cinq cens francs.

Après ce dîner fait, qui bien fut bel et bon et bien servi, le roi d'Arménie prit congé, car il avoit sa réponse, et retourna à son hôtel, et à lendemain il se mit au chemin ; et fut en deux jours à Douvres et prit congé aux seigneurs qui là étoient, et entra en mer en une nef passagère et vint arriver à Calais et de là il vint à l'Escluse. Si parla au roi de France et à ses oncles, et leur remontra comment il avoit été en Angleterre et quelle réponse on lui avoit faite. Le roi et les seigneurs n'en firent compte et le renvoyèrent en France ; car telle étoit leur intention, que ils iroient en Angleterre si très tôt comme ils pourroient avoir bon vent et que le connétable seroit venu et le duc de Berry ; mais le vent leur étoit si contraire que jamais de ce vent ils n'eussent pris terre en Angleterre sus les frontières où ils vouloient arriver, et étoit le vent bon pour arriver en Escosse.

Or vint le duc de Berry, et ouït messe en l'église Notre-Dame, et prit là congé et donna à tous, que jamais ne retourneroit si auroit été en Angleterre ; mais il pensoit tout le contraire, ni il n'y avoit nul talent d'aller, car la saison étoit trop avalée et l'hiver trop avant. Tous les jours que il fut sur son chemin, il avoit lettres du roi et de monseigneur de Bourgogne qui le hâtoient ; et disoient ces lettres et ces messages que on n'attendoit autre que lui. Le duc de Berry chevauchoit toujours avant, mais c'étoit à petites journées.

Or se départit le connétable de France de Lautriguier, une cité séant sur mer en Bretagne, atout grand'charge de gens d'armes et de belles pourvéances ; et étoient en somme soixante et douze vaisseaux tous chargés. En la compagnie du connétable étoient les nefs qui menoient la ville ouvrée et charpentée de bois, pour asseoir et mettre sur terre quand on seroit arrivé en Angleterre. Le connétable et ses gens

pertus fuerat regis liberalitatem et procerum, mittit pro conductu, velut adventus ejus causa foret amor pacis reformandæ inter regna Angliæ et Franciæ, quorum unum jam paratum erat ad aliud invadendum ; sed re verâ plus desideravit pecuniam quàm pacem, plus dilexit dona quàm plebem, plus aurum regis quàm regem. Cujus adventus licet rex consentiret, proceres tamen librantes, quod esset illusor, responderunt regi se nolle tractare cum illo ; sicque impeditus est ejus adventus, qui sicut nec primo, nec item secundo Angliæ profuisset.

orent assez bon vent de commencement ; mais quand ils approchèrent Angleterre, il leur fut trop grand et trop dur ; et plus cheminoient avant et plus s'efforçoit. Et advint que à l'encontre de Mergate, sur l'embouchure de la Tamise, le vent leur fut si grand que, voulsissent ou non les maronniers, leurs nefs furent toutes éparses, et n'en y avoit pas vingt voiles ensemble ; et en bouta le vent en la Tamise aucunes nefs qui furent prises des Anglois ; et par espécial il en y ot une ou deux ou trois parties de celle ville et les maîtres qui charpentée l'avoient étoient. Tout fut amené par la Tamise à Londres ; et en eut le roi grand'joie, et aussi eurent ceux de Londres. Encore des nefs du connétable en y eut sept qui cheminèrent aval le vent, voulsissent ou non, chargées de pourvéances, qui furent péries en Zélande ; mais le connétable et les seigneurs à grand'peine et à grand péril vinrent à l'Escluse.

De la venue du connétable et des barons fut grandement réjoui le roi de France, et lui dit le roi si très tôt comme il vint : « Connétable, que dites-vous ? Quand partirons-nous ? Certes, j'ai très grand désir de voir Angleterre, je vous prie que vous avanciez votre besogne et nous mettons en mer hâtivement. Véez ci mon oncle de Berry qui sera devers nous dedans deux jours ; il est à Lille. » — « Sire, répondit le connétable, nous ne nous pouvons partir si aurons vent pour nous ; il a tant venté ce vent de sust qui nous est tout contraire que les maronniers disent que ils ne le virent oncques tant venter en un tenant que il a fait depuis deux mois. » — « Connétable, dit le roi, par ma foi, j'ai été en mon vaissel ; et me plaisent bien grandement les affaires de la mer ; et crois que je serai bon maronnier, car la mer ne m'a point fait de mal. » — « Et en nom Dieu ! dit le connétable, et ce elle a fait à moi ; car nous avons été près tous péris en venant de Bretagne en çà. »

Là voult le roi savoir comment ni par quelle manière, et il lui recorda. « Par fortune, sire, et par grands vents qui nous survinrent sur les bandes d'Angleterre ; et avons perdu de nos gens et de nos vaisseaux, dont il me déplaît très grandement, si amender le pouvois, mais je n'en aurai autre chose pour le présent. » Ainsi le roi de France et le connétable se devisoient de paroles, et toujours alloit le temps avant ; et approchoit l'hiver, et gisoient là les seigneurs à grands frais et en grands périls; car sachez, Flamands ne les véoient pas volontiers en Flandre, espécialement les menus métiers; et disoient en requoy plusieurs l'un à l'autre : « Et que diable ne se délivre ce roi de passer outre en Angleterre, s'il doit? Pourquoi se tient-il tant en ce pays. Ne sommes-nous point povres assez si encore François ne nous appovrissent. » Et disoient l'un à l'autre : « Vous ne les verrez passer en Angleterre de celle année. Il leur est avis que ils conquerront tantôt Angleterre; mais non feront, elle n'est pas si légère à conquerre; Anglois sont d'autre nature que François ne sont. Que feront-ils en Angleterre? Quand les Anglois ont été en France et chevauché partout, ils se boutent et s'enferment en forts chastels et en bonnes villes, et fuient devant eux comme l'aloë fuit devant l'épervier. »

Ainsi, par espécial en la ville de Bruges où le grand retour des François étoit, murmuroient-ils, et quéroient le fétu en l'estrain pour avoir la riote et le débat. Et advint que la riote en fût si près que sus le point, et commença pour un garçon françois qui avoit battu et navré un Flamand; et tant que les hommes des métiers s'armoient et s'en venoient au grand marché pour faire l'assemblée entr'eux. Et si ils fussent venus et que il se pussent être vus ni trouvés ensemble, il ne fût échappé baron, ni chevalier, ni écuyer de France que tous n'eussent été morts sans merci, car encore avoient les plusieurs de ces méchans gens la haine au cœur pour la bataille de Rosebecque, où leurs pères, leurs frères et leurs amis avoient été occis. Et Dieu y ouvra proprement pour les François. Et le sire de Ghistelle, qui pour ce temps étoit à Bruges, quand il entendit que le commun s'armoit et que gens couroient en leurs hôtels aux armes, il sentit tantôt que c'étoit pour tout perdre et sans remède. Si monta à cheval, lui cinquième ou sixième tant seulement, et se mit en-my les rues; et ainsi qu'il les encontroit tous armés qui se traioient vers le marché, il leur disoit : « Bonnes gens, où allez-vous? vous voulez vous perdre. N'avez-vous pas été assez guerroyés, et êtes encore tous les jours, de gagner votre pain? Retournez en vos maisons, ce n'est rien. Vous pourrez mettre vous et la ville en tel parti que Bruges sera toute détruite. Ne savez-vous pas que le roi de France et toute sa puissance est en ce pays? » Ainsi les apaisa ce jour le sire de Ghistelle et les fit retourner par ces douces paroles en leurs maisons; ce que point n'eussent fait briévement, si il n'eût été à Bruges; et les barons et les chevaliers de France avoient si grand'doute que jà s'enfermoient-ils en leurs maisons et ens ès hostels où ils étoient logés, et vouloient là attendre l'aventure.

CHAPITRE XLVII.

Comment le duc de Berry vint à l'Escluse, là où le roi de France et les autres seigneurs étoient, pour aller en Angleterre, et comment le roi d'Angleterre festia à Westmoustier les seigneurs qui avoient gardé les ports et passages d'Angleterre.

Or vint le duc de Berry à l'Escluse. « Ha! bel oncle, dit le roi de France, que je vous ai tant désiré et que vous avez mis tant à venir! Pourquoi avez-vous tant attendu? Nous dussions ores être en Angleterre et avoir combattu nos ennemis. » Le duc commença à rire et s'excusa; et ne dit pas si très tôt ce que il avoit sus le courage, mais voult avant aller voir ses pourvéances et la navie, qui étoit si belle sus la mer que c'étoit grand'plaisance à considérer. Et fut bien sept jours à l'Escluse que tous les jours on disoit : « Nous partirons demain à la marée. » Véritablement le vent étoit si contraire pour singler sus Angleterre que plus ne pouvoit, et si étoit le temps tout bas après la Saint-André : or regardez si il y faisoit bon en ce temps sur mer pour tant de nobles gens comme il y avoit à l'Escluse et environ qui n'attendoient fors que on passât; car toutes les pourvéances étoient faites et chargées ens ès vaisseaux; et jà plusieurs jeunes seigneurs du sang royal, qui se désiroient à avancer, avoient croisé leurs nefs et boutées avant en la mer en signifiance : « Je serai des premiers qui arrivera en Angleterre, si nul' y va; » tels que messire Robert et messire Philippe d'Artois, messire Henry de Bar, messire Pierre de Navarre, messire Charles d'Allebreth, messire Bernard d'Armignac et grand'foison d'autres : ces jeunes seigneurs dessus nommés ne vouloient pas demeurer derrière quand ils étoient tous devant.

Or se mit le conseil du roi ensemble pour regarder comment on persévèreroit : il me fut dit adonc, car je qui ai dicté celle histoire fus à l'Escluse pour les seigneurs et leurs états voir et pour apprendre des nouvelles. Si entendis par juste information, et bien en vis l'apparant, que le duc de Berry desrompit tout ce voyage outre la volonté du duc de Bourgogne son frère, qui nul gré ne lui en sçut, mais lui en montra mautalent plus de trois mois ensuivant; et je vous dirai les raisons que le duc de Berry mit avant.

Je vous ai dit ci-dessus que de la venue du duc de Berry fut le roi grandement réjoui, et aussi furent tous les jeunes seigneurs de France qui grand désir avoient d'aller en Angleterre, car ils avoient certain espoir que de tout gagner et de mettre Angleterre en subjection. Le duc de Berry, pourtant que il étoit entre les princes de France le plus ains-né et le plus prochain du roi, car c'étoit son oncle, et aussi il avoit demeuré, outre sa bonne volonté, plus de cinq ans en Angleterre en otagerie pour la rédemption du roi Jean son père, si comme il est ci-dessus contenu en celle histoire, si connoissoit bien le pays et la puissance des Anglois, remontra au détroit conseil des nobles de France, auxquels principalement pour le temps de adonc les choses du royaume toutes se dépendoient, et dit ainsi : « Vérité est que on doit avoir soin et désir de victorier et soumettre ses ennemis, et sur celle instance ces gens d'armes et nous aussi reposons ici à l'Escluse pour faire le voyage d'aller en Angleterre. » Et lors le duc de Berry se tourna sur son frère le duc de Bourgogne et assit toute sa parole à lui et dit ainsi : « Beau-frère, je ne me puis excuser ni ignorer que je n'aie été en France à la greigneur partie des conseils par lesquels celle assemblée est faite. Or ai-je depuis pensé sur ces besognes trop grandement, car elles sont tant à toucher que oncques emprise que roi de France entreprit à faire ne fut si grande ni si notable; et toutefois considérés les périls et incidences merveilleuses qui par ce en peuvent naître et venir au royaume de France, je n'oserois conseiller que, sur la saison qui est si tardive, au mois de décembre, que la mer est froide et orgueilleuse, nous mettons le roi en mer, car si mal en venoit, on diroit partout que nous, qui avons le gouvernement du royaume l'aurions conseillé et là mené pour le trahir. Avec tout ce jà avez-vous ouï dire aux plus sages maronniers de notre côte que il n'est mie en leur puissance que nous puissions, sur le temps qu'il fait et sur le vent contraire, tenir deux cents voiles ensemble de une flotte, et Angleterre est un pays moult dangereux à arriver. Et prenons que nous y arrivions, c'est un pays sur la mer qui est très mauvais pour hostoyer et combattre et pour ardoir et détruire notre navie et toutes nos pourvéances sur une nuit; car nous ne pouvons tenir la terre et la mer. Pourquoi je dis que ce voyage est nul, car si par fortune nous étions déconfits et le roi morts ou pris, le royaume de France seroit pour nous perdu sans recouvrer; car ci est toute la fleur du royaume. Et qui voudroit faire un tel voyage pour lequel nous sommes ci assemblés, il le faudroit faire sur l'été, non pas sur l'hiver, que la mer est quoye et le temps bel et serin et que les chevaux traînent aux champs les vivres appareillés. Nonobstant que pour vie de chevaux vous trouverez en Angleterre petit, fors prairies, bois ou bruyères. De mon conseil, nous n'irons pour celle saison plus avant; mais à l'été, conseillé-je bien que nous remettons sus, ici ou à Harfleur, notre navie et toutes ces gens d'armes et parfournissions ce que nous avons empris. »

A celle parole du duc de Berry ne répondirent point en lui brisant son avis ceux du conseil, car il leur sembloit que il étoit si grand et si haut prince que il devoit bien être cru de sa parole, fors tant que le duc de Bourgogne dit le meilleur et le plus profitable : « En est bon fait; mais si nous faisons ainsi, nous y aurons grand blâme, et jà avons, pour ce voyage avoir travaillé en chevance d'or et d'argent si grandement le royaume de France que moult s'en dollent. Et si nous retournons sans rien faire, les bonnes gens qui ont payé ce par quoi nous sommes ci assemblés diront, et à bonne cause, que nous les avons déçus et que nous avons fait celle assemblée pour traire or et argent hors de leurs bourses. » — « Beau-frère, répondit le duc de Berry, si nous avons la finance et nos gens l'aient aussi, la greigneur partie en retournera en France; toujours va et vient finance. Il vaut mieux cela aventurer que mettre les corps en péril ni en doute. » — « Par ma foi, répondit le duc de Bourgogne, au départir sans rien faire nous y aurons plus de blâme que d'honneur; et toutefois je veuil que le meilleur se fasse. » Et il me fut dit adonc, car pour ces jours j'étois à l'Escluse, que ces choses ne furent pas sitôt conclues et que moult de paroles il y ot retournées avant que le département se fît.

Quand le roi de France put sentir et entendre que le voyage empris d'aller en Angleterre se déromproit, si fut courroucé outre mesure et en parla assez à ses oncles. Le duc de Bourgogne montroit bien en ses paroles que il avoit plus cher à passer outre que à retourner, et toutefois le duc de Berry et la plus saine partie du conseil ne s'y assentoient pas; pour laquelle chose et pour toutes gens apaiser, il fut dit aux chefs des seigneurs, tel que le duc de Lorraine, le comte d'Armignac, le Dauphin d'Auvergne et à ceux des lointaines marches que on mettroit ce voyage en souffrance jusques au mois d'avril et que les pourvéances que ils avoient grandes et grosses, celles qui se pouvoient garder se gardassent, tels que biscuit et chairs salées, et des autres ils fissent leur profit. Les seigneurs et leurs gens, qui grand'affection avoient d'aller en Angleterre, n'en purent avoir autre chose.

Ainsi se dérompit en celle saison le voyage de mer, qui coûta en tailles et assises au royaume de France cent mille francs trente fois ou plus.

CHAPITRE XLVIII.
Comment le roi de France retourna de l'Escluse sans passer en Angleterre, et de la fête qui fut après à Londres.

Qui vit seigneurs courroucés, espécialement ceux des lointaines marches et parties qui avoient travaillé leur corps et despendu largement leur argent en l'espérance que d'avoir une bonne saison, il put avoir grand'merveille; tels comme le comte de Savoie, le comte d'Armignac, le Dauphin d'Auvergne et cent gros barons. Et vous dis que ils se départoient moult envis sans avoir vu Angleterre. Aussi faisoit le roi de France, mais il ne le pouvoit amender.

Lors se départirent toutes manières de gens d'armes et se mirent en chemin, uns lies et les autres courroucés; ainsi va des choses. Officiers demeurèrent derrière pour faire le profit de leurs maîtres et pour revendre leurs pourvéances; car bien savoient les seigneurs, quoiqu'on leur fît entendre de faire ce voyage à l'avril, que rien n'en seroit fait et qu'on auroit bien où ailleurs entendre. Or mit-on en vente les pourvéances qui étoient à l'Escluse, au Dam et à Bruges; mais on ne les savoit à qui vendre, car ce qui avoit largement coûté cent francs, on l'avoit pour dix et pour moins. Le comte Dauphin d'Auvergne me dit que par sa foi il avoit là des pourvéances pour dix mille francs pour lui, mais il n'en ot pas mille de retour; encore laissèrent ses gens tout perdre. Aussi firent les autres, excepté les seigneurs qui étoient les voisins de Flandre, tels que en Artois, en Hainaut et en Picardie. Le sire de Coucy n'y eut point de dommage, car toutes ses pourvéances il les fit par la rivière de l'Escaut retourner à Mortagne de lez Tournay, dont pour lors il étoit seigneur. Et avoit emprunté à l'abbé de Saint-Pierre de Gand bien deux cens muids de blé et avoine, et autant à l'abbé de Saint-Bavon, de leurs maisons que ils ont en Tournésis et en France. Je ouïs bien parler des pourchas que les abbés en faisoient, mais oncques je n'ouïs dire que rien leur en fût rendu. Et demeurèrent les choses en cel état : qui plus y avoit mis, plus y perdoit; ni on n'en faisoit à nullui droit.

Quand les nouvelles en furent venues en Angleterre, ce fut moult tôt, les aucuns en furent moult grandement bien réjouis qui doutoient la venue des François, et les autres courroucés qui y cuidoient avoir grand profit.

En celle saison, se fit une fête à Londres très grande et très grosse, et se recueillirent là toutes manières de seigneurs qui avoient gardé les ports et hâvres et passages sur la mer; et tint le roi Richard d'Angleterre la fête très solemnelle à Wesmoustier, le jour de Noël, que on dit en Angleterre le jour de la Calandre. Et furent à la dite fête faits trois ducs; tout premièrement le comte de Cantebruge, nous l'appellerons d'ores-en-avant le duc d'Yorch; et le comte de Bouquinghen son frère, nous l'appellerons le duc de Glocestre; et le tiers le comte d'Asquesuffort, nous l'appellerons le duc d'Irlande [1]. Si se continua celle fête en grand bien et en grand revel; et étoient les gens parmi Angleterre, ce leur étoit avis, échappés de grand péril. Et disoient les plusieurs que jamais ils n'auroient paour des François, et que toutes les assemblées qui avoient été faites à l'Escluse et en Flandre n'avoient été faites que pour épouvanter

---

[1] Les renseignemens donnés par Froissart sont fort exacts. Robert Vère, comte d'Oxford, qui, en 1385, avait été nommé marquis de Dublin, fut créé duc d'Irlande dans le parlement de 1386.

Angleterre et pour traire le duc de Lancastre hors de Castille.

Ainsi, comme ici dessus est devisé et ordonné, se dérompit en celle saison l'armée de mer, qui tant avait coûté de peines, de travail, d'or et d'argent au royaume de France. Les maronniers hollandois et zélandois et flamands, qui avoient leurs vaisseaux loués bien cher, ne retournèrent rien ce qu'ils avoient reçu, mais se firent payer tout le leur, jusqu'au dernier denier, et retournèrent en leurs lieux.

CHAPITRE XLIX.

Comment deux champions joutèrent à Paris à outrance. L'un avoit nom messire Jean de Carrouge, et l'autre Jacques le Gris.

En ce temps étoit grand'nouvelle en France et ailleurs ens ès basses marches du royaume, d'un gage de bataille qui se devoit faire à Paris jusques à outrance : ainsi avoit-il été sentencié et arrêté en la chambre de parlement à Paris ; et avoit le plait duré plus d'un an entre les parties ; c'est à entendre d'un chevalier qui s'appeloit messire Jean de Carrouge et d'un écuyer qui s'appeloit Jacques le Gris, lesquels étoient tous deux de la terre et de l'hôtel du comte Pierre d'Alençon et bien amés du seigneur. Et par espécial ce Jacques le Gris étoit tout le cœur du comte ; et l'amoit sus tous autres et se confioit en lui. Si n'étoit-il pas de trop haute affaire, mais un écuyer de basse lignée qui s'étoit avancé, ainsi que fortune en avance plusieurs ; et quand ils sont tous élevés et ils cuident être au plus sûr, fortune les retourne en la boue et les met plus bas que elle ne les a eus de commencement. Et pour ce que la matière du champ mortel se ensuivit, laquelle fait moult à merveiller et que moult de peuples du royaume de France et ailleurs informés de la merveille vinrent de plusieurs pays à la journée du champ à Paris, je vous en déclarerai la matière, si comme je fus adoncques informé.

Avenu étoit que voionté et imagination avoit été prise à messire Jean de Carrouge pour son avancement de voyager oultre mer, car à voyages faire avoit été toujours enclin. Et prit congé au comte d'Alençon d'aller au dit voyage, lequel lui donna légèrement. Le chevalier avoit une femme épousée jeune, belle, bonne, sage et de bon gouvernement ; et se départit d'elle amiablement, ainsi que chevaliers font quand ils vont ens ès lointaines marches. Le chevalier s'en alla, et la dame demeura avecques ses gens; et se tenoit en un chastel sus les marches du Perche et d'Alençon ; lequel chastel on nomme, ce m'est avis, Argenteuil ; et entra en son voyage et chemina à pouvoir. La dame, si comme je vous ai déjà dit, demeura entre ses gens au chastel et se porta toujours moult sagement et bellement.

Advint, vez ci la question du fait, que le diable, par tentation perverse et diverse, entra au corps de Jacques le Gris, lequel se tenoit de-lez le comte d'Alençon son seigneur, car il étoit son souverain conseiller ; et se avisa d'un très grand mal à faire, si comme depuis il le compara ; mais le mal qu'il avoit fait ne put oncques être prouvé par lui ni oncques ne le voult reconnoître. Et Jacques le Gris jeta sa pensée sur la femme à messire Jean de Carrouge, et savoit bien qu'elle se tenoit au chastel d'Argenteuil entre ses gens petitement accompagnée. Si se départit un jour, monté sur fleur de coursier, de Alençon, et vint tant au férir de l'éperon que il arriva au chastel et là descendit. Les gens de la dame et du seigneur lui firent très bonne chère, pourtant que leur seigneur et lui étoient tout à un seigneur, et compagnons ensemble. Mêmement la dame qui nul mal n'y pensoit le recueillit moult doucement, et le mena en sa chambre, et lui montra grand'foison de ses besognes. Jacques requit à la dame, qui tendoit à sa male volonté à accomplir, que elle le menât voir le donjon; car en partie, si comme il disoit, il étoit là venu pour le voir. La dame s'y accorda légèrement ; et y allèrent eux deux seulement ; ni oncques varlet ni chambrière n'y entra avecques eux, car pourtant que la dame lui faisoit si bonne chère, comme celle qui se confioit de toute son honneur en lui, ils se contentoient. Si trestôt que ils furent entrés au donjon, Jacques le Gris clouit l'huis après lui, ni la dame ne s'en donna oncques de garde qui passoit ; et cuida que le vent l'eut clos et Jacques lui fit entendant. Quand ils furent là entre eux deux ensemble, Jacques le Gris, tenté des lacs de l'ennemi, embrassa la dame et lui dit : « Dame, sachez véritablement que je vous aime plus que moi-même ; mais il convient que j'aie mes volontés de vous. » La dame fut toute ébahie et voult crier, mais elle ne put, car l'écuyer lui bouta un petit gand que il tenoit en la bouche et la cloy, et l'estraindi car il étoit fort homme, de bras roide et léger, et l'abattit sur le plancher; et la viola, et en eut, contre la volonté de la dame, ses délices; et quand il eut fait, il lui dit : « Dame, si vous faites nulle mention de celle avenue, vous serez déshonorée. Taisez-vous-en et je m'en tairai aussi pour votre honneur. » La dame qui pleuroit moult tendrement lui dit : « Ah! traître homme et mauvais! Je m'en tairai, mais ce ne sera pas si longuement que il vous besogneroit. » Et ouvrit l'huis de la chambre du donjon, et vint aval et l'écuyer après elle.

Bien montroit la dame que elle étoit courroucée et éplorée. Si cuidoient ses gens, qui à nul mal ne pensoient, que l'écuyer lui eût dit aucunes povres nouvelles de son mari et de ses parens, pourquoi elle fut tourmentée.

La jeune dame entra en sa chambre et s'encloy, et là fit ses regrets et ses complaintes moult tendrement. Jacques monta sur son coursier et issit hors du chastel et retourna arrière de-lez son seigneur le comte d'Alençon, et fut à son lever sur le point de dix heures, et au matin à quatre heures on l'avoit vu en l'hôtel du comte. Or vous dirai pourquoi je mets ces paroles en termes et avant, pour la grande plaidoirie qui à Paris s'ensuivit et pour ce que la chose fut au pouvoir des commissaires du parlement examinée et inquisitée. La dame de Carrouge, à ce jour que celle dolente aventure lui fut advenue, demeura en son chastel toute égarée et porta son ennui au plus bellement qu'elle put, ni onques pour l'heure ne s'en découvrit à varlet ni à chambrière que elle eût, car elle véoit bien et consideroit que à en parler elle pût avoir plus de blâme que d'honneur. Mais elle mit bien en mémoire et en retenance le jour et l'heure que celui Jacques le Gris étoit venu au chastel.

Or advint que le sire de Carrouge son mari retourna du voyage où il étoit allé. La dame sa femme à sa revenue lui fit très bonne chère; aussi firent tous ses gens. Ce jour passa, la nuit vint, le sire de Carrouge se coucha; la dame ne se vouloit coucher, dont le seigneur avoit grand'-merveille et l'admonestoit moult de coucher; la dame se feignoit, et alloit et venoit parmi la chambre pensant. En la fin, quand toutes leurs gens furent couchés, elle vint devant son mari et se mit à genoux, et lui conta moult piteusement l'aventure qui avenue lui étoit; le chevalier ne le pouvoit croire que elle fût ainsi. Toutefois tant lui dit la dame que il s'accorda et lui dit : « Bien, certes, dame! mais que la chose soit ainsi que vous le me contez, je vous le pardonne; mais l'écuyer en mourra par le conseil que j'en aurai de mes amis et des vôtres; et si je trouve en faux ce que vous me dites, jamais en ma compagnie vous ne serez. » La dame de plus en plus lui certifioit et lui affirmoit que c'étoit pure vérité.

Celle nuit passa; à lendemain le chevalier fit escripre beaucoup de lettres et envoya devers les amis de sa femme aux plus espéciaux et à ceux aussi de son côté, et fit tant que dedans un brief jour ils furent venus au chastel d'Argenteuil. Il les recueillit sagement et les mit tous en une chambre, et puis il leur entama la matière de ce pourquoi il les avoit mandés, et leur fit conter par sa femme de point en point toute la manière du fait; dont ils furent moult émerveillés. Il demanda conseil. Conseillé fut que il se trait devers son seigneur le comte d'Alençon et lui contât tout le fait : et le fit. Le comte, qui durement aimoit ce Jacques le Gris, ne vouloit ce croire; et donna journée aux parties à être devant lui, et voult que la dame qui encoulpoit ce Jacques fût présente, pour remontrer encore vivement la besogne de l'avenue. Elle y fut, et grand'foison de ceux de son lignage aussi de-lez elle, en la compagnie du comte d'Alençon. Si fut la plaidoierie grande et longue, et ce Jacques le Gris encoulpé de son fait, et accusé, voire par le chevalier, voire à la relation de sa femme qui conta aussi toute l'aventure ainsi comme avenue étoit. Jacques le Gris s'excusoit trop fort, et disoit que rien n'en étoit, et que la dame lui imposoit sur lui induement; et s'émerveilloit, si comme il montroit en ses paroles, de quoi la dame le hayoit. Ce Jacques prouvoit bien, par ceux de l'hôtel du comte d'Alençon, que en ce jour que ce fut avenu, étoit quatre heures on l'avoit vu au chastel, et le seigneur disoit que à dix heures il l'avoit de-lez lui en sa chambre; et que c'étoit chose impossible avoir chevauché d'aller et de venir et accompli le fait dont on le mettoit sus, quatre heures et demie vingt-quatre lieues. Et disoit le seigneur à la dame, qui vouloit aider son écuyer, que elle l'avoit songé. Et leur commanda de sa puissance que la chose fût anéantie ni que jamais question ne s'en mût. Le chevalier, qui grand courage avoit et qui sa femme créoit, ne voult pas tenir celle opinion, mais s'en vint à Paris et remontra sa cause en parlement contre ce Jacques le Gris, lequel répondit à son appel, et dit et prit et livra pleiges que il en feroit et tiendroit ce que parlement en ordoneroit.

La plaidoierie du chevalier et de lui dura plus d'un an et demi; et ne les pouvoit-on accorder, car le chevalier se tenoit sûr et bien informé de sa femme, et puisque la cause avoit été tant sçue et publiée qu'il l'en poursuivroit jusques à la mort. De quoi le comte d'Alençon avoit en très grand'haine le chevalier, et l'eût par trop de fois fait occire, si ce n'eût été ce que ils se étoient mis en parlement.

Tant fut proposé et parlementé que parlement en détermina, pourtant que la dame ne pouvoit rien prouver contre Jacques le Gris, que champ de bataille jusques à outrance s'en feroit; et furent les parties, le chevalier et l'écuyer et la dame du chevalier, au jour de l'arrêt et du champ jugé à Paris; et devoit être par l'ordonnance de parlement le champ mortel, le premier lundi après l'an mil trois cent quatre-vingt et sept.

En ce temps étoit le roi de France et les barons aussi à l'Escluse sus l'entente de passer en Angleterre. Quand les nouvelles en furent venues jusques au roi qui se tenoit à l'Escluse, et qui jà voyoit que le voyage d'Angleterre ne se feroit pas, et jà étoit ordonné de par parlement que telle chose devoit être à Paris, si dit que il vouloit voir le champ du chevalier et de l'écuyer. Le duc de Berry, le duc de Bourgogne, le duc de Bourbon, le connétable de France, qui aussi grand désir avoient de le voir, dirent au roi que ce étoit bien raison que il y fût. Si manda le roi à Paris que la journée fût détriée de ce champ mortel, car il y vouloit être; on obéit à son commandement, ce fut raison. Et retournèrent le roi et les seigneurs en France. Et tint le roi de France en ces jours ses fêtes de Noël en la cité d'Arras, et le duc de Bourgogne à Lille. Et endementres passèrent toutes manières de gens d'armes et retournèrent en France et chacun en son lieu, si comme il étoit ordonné par les maréchaux. Mais les grands seigneurs se trayrent vers Paris pour voir le champ.

Or furent revenus du voyage de l'Escluse le roi de France et ses oncles et le connétable à Paris. Le jour du champ vint, qui fut environ l'an révolu que on compta selon la coutume de Rome l'an mil quatre cent quatre vingt sept. Si furent les lices faites du champ en la place Sainte-Catherine, derrière le Temple; le roi de France et ses oncles vinrent en la place où le champ se fit, et là y eut tant de peuple que merveille seroit à penser. Et avoit sur l'un des lez des lices faits grands écharfaulx, pour les seigneurs voir la bataille des deux champions; lesquels vinrent au champ et furent armés de toutes pièces, ainsi comme à eux appartenoit, et là furent assis chacun en sa chayère. Et gouvernoit le comte Valeran de Ligny et Saint-Pol, messire Jean de Carrouge; et les gens du comte d'Alençon, Jacques le Gris. Quand le chevalier dut entrer au champ, il vint à sa femme, qui là étoit sur la place en un char tout couvert de noir, et la dame vêtue de noir aussi, et lui dit ainsi : « Dame, sur votre information je vais aventurer ma vie et combattre Jacques le Gris. Vous savez si ma querelle est juste et loyale. » — « Monseigneur, dit la dame, il est ainsi; et vous combattez sûrement, car la querelle est bonne. » — « Au nom de Dieu soit, » dit le chevalier. A ces mots le chevalier baisa sa femme, et la prit par la main, et puis se signa, et entra au champ.

La dame demeura dedans le char couvert de noir et en grands oraisons envers Dieu et la vierge Marie, et en priant humblement que à ce jour par leur grâce elle pût avoir victoire selon le droit qu'elle avoit. Et vous dis qu'elle étoit en grands transes et n'étoit pas assurée de sa vie; car si la chose tournoit à déconfiture sus son mari, il étoit sentencié que sans remède on l'eût pendu et la dame arse. Je ne sais, car je n'en parlai oncques à li, si elle s'étoit point plusieurs fois repentie de ce que elle avoit mise la chose si avant, que son mari et elle mis en ce grand danger; et puis finablement il en convenoit attendre l'aventure.

Quand ils eurent juré, ainsi comme il appartient à champ faire, on mit les deux champions l'un devant l'autre, et leur fut dit de faire ce pourquoi ils étoient là venus. Ils montèrent sur leurs chevaux, et se maintinrent de premier moult arrément, car bien connoissoient armes. Là avoit grand'foison de seigneurs de France, lesquels étoient venus pour eux voir combattre.

Si joutèrent les champions de première venue, mais rien ne se forfirent. Après les joutes ils se mirent à pied et en ordonnance pour parfaire leurs armes, et se combattirent moult vaillamment; et fut de premier messire Jean de Carrouge navré en la cuisse, dont tous ceux qui l'aimoient en furent en grand effroi, et depuis se porta-t-il si vaillamment que il abattît son adversaire à terre, et lui bouta une épée au corps, et l'occit au champ, et puis demanda si il avoit bien fait son devoir. On lui répondit que oui. Si fut Jacques le Gris délivré au bourreau de Paris qui le traîna à Montfaucon, et là fût-il pendu[1].

Adonc messire Jean de Carrouge vint devant le roi et se mit à genoux. Le roi le fit lever et lui fit délivrer mille francs, et le retint de sa chambre, parmi deux cents livres de pension par an que il lui donna toute sa vie. Messire Jean de Carrouge remercia le roi et les seigneurs, et vint à sa femme et la baisa, et puis allèrent à l'église Notre-Dame faire leurs offrandes, et puis retournèrent à leur hôtel. Depuis ne séjourna guères messire Jean de Carrouge en France, mais se partit et se mit au chemin avecques messire Boucingault fils qui fut au bon Boucingault et avecques messire Jean des Bordes et messire Loys de Giac; ces quatre emprirent de grand'-

---

[1] Ce duel judiciaire paraît avoir été le dernier qui ait été ordonné par arrêt du parlement. Jean le Cocq, jurisconsulte du XIVe siècle, qui était conseil de l'un des accusés et fut témoin du combat, rend compte de cette affaire de la manière suivante.

Nota de Duello Jacobi le Gris.

Item nota quod die sabbathi post natalem Domini 1386, qui dies fuit festum B. Thomæ post natalem, fuit factum duellum inter Jacobum *le Gris* et dominum Joannem Carrouge, retrò muros Sancti Martini de Campis, et devictus fuit dictus Jacobus et mortuus ; et habeo scrupulum quod fuerit Dei vindicta, et sic pluribus visum fuit qui duellum viderunt, eo quòd dictus Jacobus, contra consilium consiliariorum suorum voluit se juvare privilegio clerici, quamvis esset clericus non conjugatus et defensor : et hæc scio, quia de ejus consilio fui. Aliis autem visum fuit quòd fuit dei vindicta, eo quòd omnes ferebant communiter quod conscius erat criminis propter quòd fuit duellum adjudicatum : cujus contrarium tamen pluries affirmavit per juramentum dictus Jacobus, scilicet numquam factum fuisse, nec conscium fuisse, quod ejus conscientiæ relinquo. Item nota quòd per magnum consilium fuerunt litiæ factæ ad similitudinem illarum de Gisortio, quæ factæ fuerunt ante ducentos annos ; sed dicebatur quòd non debebat habere respectus ad ipsas, eò quòd factæ fuerunt propter duos, qui bellarunt pedes non eques : litiæ autem Sancti Martini fuerunt restrictæ ad modum dictarum litiarum de Gisortio, quia erant antè factæ propter bellum voluntarium, quod credebatur fieri inter dominum Guidonem *de la Trimolle* dominum de Salyaco, et quemdam Anglicanum nuncupatum dominum Petrum *de Courtenay*. Sequuntur præsumptiones contra dictum Jacobum *le Gris*, quas habebam, et plures alii. Primò, quia cum venit Parisios, interrogavit me, an ipso per duellum accusato, et per ipsum obtento posteà per viam ordinariam, vel per quæstiones contra ipsum procedi. Secundo, an alibi in tali materia recipi deberet. Tertio, de die quâ dicebatur adversarium suum *maintenir* factum fuisse, an posset ipsum maturè adversarius suus, vel in ipsâ varietate. Quartò, quia post vadium adjudicatus infirmatus fuit. Quintò, quia modicum antè ingressum campi se militem fieri fecit. Sextò, quia quamvis esset defensor militum, crudeliter invasit adversarium suum et pedester, licet habuisset avantagium, si equester

fecisset. Septimò, quia licèt *Carrouge* esset debilis propter febres quas longo tempore habuerat, et apparebat seu appareret dictus Jacobus robustus, tamen devictus fuit ipse Jacobus, quasi miraculosè, quia non poterat se dictus *Carrouge* juvare. Octavò, quia uxor Carrouge constans fuit semper dicendo factum evenisse, tam in puerperio quàm die duelli : ad quod duellum ducta fuit super curru, sed citò per regis præceptum remissa. Nonò, quia debiliter fuit locutus præsidentibus cum ipso de concordiâ loquentibus. Decimo, quia semel me interrogavit an de jure et facto suis dubitarem, quia me cogitare videbat. Undecimò, quia mihi dixit quod cum audivit rumorem quod *Carrouge* volebat eum prosequi super hac causa, fuit cito confessus presbyter. Sequuntur præsumptiones pro ipso. Primò, quia semper affirmabat, et per juramentum, numquam fecisse, et Deum deprecabatur, ut ipsum juvaret in ipso negotio, secundum quod bonum jus habebat, et non alias, et hoc fieri vidi per ipsum vicesies, et die duelli fecit. Secundò, quia fecit deprecari in omnibus religionibus Parisios, ut deprecarentur pro ipso Deum, ut ipsum juvare vellet secundum bonum jus quod habebat, et secundùm quòd erat innocens de illo facto, et quod nunquam fecerat, et non alias : et sic fecit die duelli. Tertiò, quia erat homo boni status et honesti. Quartò, quia nemo immemor suæ salutis, etc. Quintò, quia dominus de Alenconio scripserat regi, et dominis avunculis suis, dictum Jacobum non esse culpabilem. Sextò, plures milites affirmabant ipsum fuisse cum domino de Alenconio totâ die continuâ quâ adversarius suus dicebat factum eum fecisse, et pluribus diebus continuis ante proximis. Septimò, quia *Adam Loüel*, qui dicebatur conscius ejusdem delicti, fuerat quæstionatus : et domicella illa, quæ dicebatur fuisse illa die in domo de *Carrouge*, et nil confessi fuerant, sed dicebant aliqui quod nolebat aliquid confiteri : tum quia confessus fuerat super illo facto, et ulterius confiteri non tenebatur : tum quia fuisset ejus filiis et amicis vituperio, et quodammodo fateretur contra actionem domini Alenconio, qui asseveraverat dictum Jacobum non esse culpabilem de ipso facto : attamen nunquam fuit scita veritas super illo facto.

Juvénal des Ursins, l'Anonyme de Saint-Denis, et la Chronique de Saint-Denis rapportent que Jacques le Gris, démontré ici coupable par le jugement de Dieu, fut depuis reconnu innocent, et que la dame de Carrouge avait

volonté d'aller voir le Saint-Sépulcre et l'Amourat Baquin dont il étoit en ce temps très grands nouvelles en France. Et en leur compagnie y fut été violée par un autre individu qui s'en accusa plus tard, lorsqu'il fut exécuté pour d'autres crimes.

J'ai compulsé les registres du parlement pour trouver tout ce qui avait rapport à ce combat judiciaire. Les documens que je suis parvenu à me procurer montrent parfaitement l'état des mœurs de cette époque.

Extrait des registres du parlement.

1.

Lundi 9ᵉ jour de juillet 1386, en présence du roi.

Entre messire Jehan de Quarrouges, chevalier appelant et demandeur en cas de gage de bataille d'une part, et Jacques le Gris, défendeur d'autre part, et pour occasion de ce que le dit chevalier dit et maintient contre le dit escuyer que il, à l'aide d'un nommé Adam Louvel a efforciée sa femme, et ordonné est; oyes la demande et défense des parties, que ycelles parties bailleront leurs fais et raisons en escript par devers la cour par manière de mémoire, et lesquels vues, la cour les apointera comme de raison aux fins plaids.

Item est oultre ordonné que les dictes parties et chacune d'ycelles bailleront pléges et caution de comparoir et retourner céans toutes fois que par le roi ou la cour sera ordonné.

Et ce fait, se constituèrent pléges pour ledit chevalier ceulx qui s'ensuivent, et de le faire venir en personne, toutes fois que le roi l'ordonnera.

Le comte de Saint-Pol,
Le comte de Valentinois,
Le seigneur de Torcy,
Le vicomte d'Uzès,
Messire Guichard Dauphin,
Le sénéchal d'Eu.

Et pour le dit escuyer se constituèrent pléges de le faire venir pareillement en personne :

Le comte d'Eu,
Le seigneur de Foillet,
Le sire de Torcy,
Le sire de Coigny,
Le sire d'Anviller,
Et messire Philippe de Harecourt.

(Registres criminels du Parlement.)

2.

Samedi, 15ᵉ jour de septembre 1386.

Aujourd'hui en la cour a esté prononcé arrest en la dite cause c'est à savoir que la cour a adjugé le gage de bataille entre les dites parties, et avec ce ordonné que les dites parties bailleront nouveaux otages et caution, nonobstant ceulx qu'ils ont autrefois baillés comme cy-dessus est dit. Et pour ce fait se constituèrent pléges et caution pour le dit chevalier, corps pour corps, et avoir pour avoir, et chacun pour le tout, de rendre et amener et faire comparoître le dit chevalier à toutes les journées qui lui seront assignées par le roi ou sa cour là où il sera ordonné, ceulx qui s'ensuivent.

Le vicomte d'Uzès.
Le sire de Hengest,

aussi Robinet de Boulogne, un écuyer d'honneur du roi de France, et lequel en son temps a fait plusieurs beaux voyages.

Messire Jacques de Montmor,
Messire Gérard de Bourbon,
Messire Philippe de Cervoles,
Messire Gérart de Grandval,
Et messire Philippe de Florigny.

Et le dit chevalier, c'est à savoir messire Jehan de Quarrouges, a promis de dédommager ses dits pléges.

Et pour le dit Jacques le Gris,
Regnault d'Augennes,
Jehan Beloteau,
Guilles d'Acqueville,
Jehan de Fontenay,
Gibert Maillart,
Et Pierre Beloteau.

Et le dit Jacques le Gris a promis à dédommager les dits pléges ; et parmi la dite caution le dit Jacques le Gris est eslargy partout, sous les soummissions accoutumées en cas de gage de bataille, jusques au dit lendemain de la Saint-Martin prochaine venue, si entre deux par le roi n'est autrement ordonné. Et a eslu son domicile en l'ostel du comte d'Alençon aussi à Paris.

3.

Samedi 24 septembre 1386.

Le roi notre seigneur a envoyé à la cour de céans certaines lettres scellées contenant que il convenoit les journées que le gage de bataille se devoit faire entre le seigneur de Quarrouges et Jacques le Gris, laquelle devoit estre le 27ᵉ jour de ce mois de novembre, remettre jusques au samedi prochain après Noël prochain venu ; lesquels journées il mandoit estre signifiées aux parties.

Et pour ce, aujourd'hui la cour en la personne du dit Jacques et en la personne du dit Quarrouges a signifié la dite continuation et issue, et fait lire en leur présence les dites lettres. Laquelle signification faite, iceux de Quarrouges et Jacques le Gris ont requis à la cour qu'ils fussent eslargis pareillement qu'ils estoient auparavant.

Si a la cour ordonné, veues les dites lettres qui contiennent que les besognes soient continuées en estat que les dit de ce Quarrouges, et Jacques le Gris sont eslargis partout sous les soubmissions accoutumées et gage de bataille, jusques au dit samedi prochain après Noël prochain venue, parmi rafraîchissant la caution qu'ils ont autrefois baillée.

Et ce fait se constituèrent pléges pour le dit de Quarrouges, corps pour corps, et avoir pour avoir, chacun pour le tout, ceux qui s'ensuivent :

Messire Regnaud de Braquemont,
Messire Robin de Thibouville,
Messire Robert de Torcy, } chevaliers.
Messire Merle de Virjus,
Messire Guy de Saligni.

Et pour le dit Jacques le Gris :
Messire la Galois d'Arcy, chevalier,
Mathieu de Varennes,
Jehan de Montvert,
Et Jehan Beloteau.

Les trois pièces rapportées ici sont tirées des registres criminels du parlement, déposées aux archives de la

CHAPITRE L

Comment le roi d'Arragon mourut et comment l'archevêque de Bordeaux fut mis en prison à Barcelonne de par le jeune roi d'Arragon, et comment le duc de Lancastre fut en mautalent contre le roi d'Arragon.

En ce temps, environ la Chandeleur, s'accoucha au lit malade le roi Pietre d'Arragon. Quand il vit que mourir le convenoit, si fit venir devant lui ses deux fils, Jean l'ains-né et Martin le duc de Blamont [1] en Arragon, et leur dit : « Beaux enfans, je vous laisse assez en bon point et les besognes du royaume toutes claires. Tenez-vous en paix et en amour ensemble, et vous portez foi et honneur, si en vaudrez mieux : du fait de l'église, pour le plus sûr et pour ma conscience apaiser, j'ai toujours tenu la neutralité. Encore veuil que vous la tenez, jusques à tant que la détermination vous apperra plus clairement. » Ses deux fils répondirent moult doucement : « Monseigneur, nous le ferons très volontiers; et voulons obéir à ce que vous ordonnerez, c'est raison. » En tel état trépassa le roi Pietre d'Arragon, qui fut un moult vaillant homme en son temps, et qui grandement augmenta la couronne et le royaume d'Arragon, et conquit tout le royaume de Majogres et attribua à lui. Si fut enseveli en la bonne cité de Barcelonne et là gît.

Quand la mort de lui fut sçue en Avignon devers le pape Clément et les cardinaux, si escripsirent tantôt devers le roi de France et ses oncles, devers le duc de Bar et la duchesse qui tenoient leur opinion, qui étoient père et mère de la jeune roine qui seroit d'Arragon, madame Yollent, et à la dame aussi : que ils fesissent tant que le jeune roi d'Arragon et le royaume se déterminât. Le duc et la duchesse en escripsirent à leur fille madame Yollent; le roi de France, le duc de Berry et le duc de Bourgogne aussi : avecques tout ce ils envoyèrent en Arragon un cardinal en légation pour prêcher le jeune roi qui seroit, et son frère, et le peuple. Le cardinal fit tant, avecques l'aide de madame Yollent de Bar qui s'y inclinoit trop fort, pour la cause de ce que père et mère l'en prioient, et le roi de France son cousin germain et ses deux oncles Berry et Bourgogne, que elle déconfit son mari, car il vouloit tenir l'opinion son père de la neutralité, et se détermina tout le royaume d'Arragon au pape Clément.

En ces jours que le roi Pietre d'Arragon trépassa, étoit en Barcelonne l'archevêque de Bordeaux que le duc de Lancastre y avoit envoyé; je vous dirai pour quelle raison. Le prince de Galles, du temps que il fut duc et sire d'Aquitaine et que tous ses voisins le doutoient, et roi de France, et roi d'Arragon, et roi d'Espaigne, et roi de Navarre, et proprement les rois Sarrasins qui en oyoient parler pour sa grande fortune et bonne chevalerie, eut une certaine alliance et confédération au roi Pietre d'Arragon, et le roi à lui, que le prince lui jura et scella et fit sceller le roi d'Angleterre son père : que pour toujours et à jamais il, ni le royaume d'Angleterre, ni les successeurs d'Angleterre et d'Aquitaine qui viendroient, ne feroient point de guerre ni consentiroient à faire au royaume d'Arragon, parmi tant que le roi d'Arragon jura et scella pour lui et pour ses hoirs : que tous les ans il serviroit le prince d'Aquitaine de cinq cents lances contre qui que il eût à faire, et en payeroit les deniers, si cinq cents lances il ne lui vouloit envoyer. Or étoit avenu que il y avoit

---

Sainte-Chapelle. Mais, dans un des volumes de la grande collection des registres du parlement déposés à la Bibliothèque royale, on trouve cette affaire avec tous ses détails, tels qu'ils ont été présentés au parlement.

Les Anglais, qui n'avaient adopté que long-temps après nous le duel judiciaire, l'ont conservé bien plus long-temps.

La loi qui ordonnait le combat judiciaire en cas d'appel n'a été abolie en Angleterre qu'en 1819 ; et voici à quelle occasion.

Un nommé Thornton, fortement soupçonné d'avoir commis sur la personne d'une jeune fille le crime de meurtre, accompagné de circonstances très aggravantes, ayant été acquitté en 1817 par la déclaration du jury, le frère de la personne assassinée revenant d'un voyage d'outre-mer porta un appel contre lui. Thornton, d'après les conseils de son avocat, offrit de se justifier par le combat singulier. Les juges, après en avoir délibéré, se virent dans la nécessité d'accepter ce moyen de défense. On ne parlait plus en Angleterre que du spectacle curieux qui se préparait. On allait voir, après plusieurs siècles, le renouvellement d'un combat judiciaire en champ clos. Le public anglais était assez peu satisfait de cette trace récente de barbarie. On fit voir à l'appelant que d'après des lois non révoquées, s'il était défait en champ clos, il devait être mis à mort lui-même. Il réfléchit de plus, que Thornton était un homme fort, très vigoureux, que lui-même était peu habitué au maniement des armes prescrites ; et probablement l'appât d'une récompense honnête achevant la conviction, il renonça à son appel. Le parlement anglais se hâta de révoquer formellement cette loi en 1819.

[1] L'infant Martin reçut l'investiture du duché de Mont blanc, le 16 janvier 1387.

bien pour dix ans d'arrérages que le roi d'Arragon n'en avoit rien payé, ni fait nul service au roi d'Angleterre, ni à ses commis. Et quand le duc de Lancastre issit hors d'Angleterre, il ot et apporta avecques lui lettres patentes scellées du grand scel d'Angleterre, présent tout le conseil, que le roi l'établissoit ens ès marches de Bordeaux, de Bayonne, et d'Aquitaine, comme son lieutenant, et lui donnoit pleine puissance royale de demander tous droits dus et actions dues, tant sus le royaume d'Arragon comme ailleurs; et vouloit que le duc en eût les levées et les profits sans rien retourner arrière; et les quittoit pleinement, et tenoit à ferme et estable tout ce qu'il en feroit. Donc, quand le duc de Lancastre fut arrêté en la ville de Saint-Jacques en Galice, si comme il est contenu ici dessus, il pensa sus les besognes d'Arragon, et regarda que le roi d'Arragon, par la vertu de la commission que il avoit, étoit grandement tenu à lui en grand'somme d'argent pour les arrérages, lesquelles choses lui viendroient grandement à point pour parmaintenir sa guerre de Castille avecques les autres aides: si que, lui séjournant à Saint-Jacques, il envoya de son conseil à Bordeaux devers l'archevêque de Bordeaux et devers messire Jean Harpedane, qui lors étoit sénéchal de Bordeaux et de Bordelois. Et mandoit par ses lettres que l'un des deux, ou les deux tous ensemble en allassent en Arragon devers ce roi, et lui remontrassent vivement comment il étoit grandement de long-temps tenu envers le roi d'Angleterre et le duc d'Aquitaine. L'archevêque et le sénéchal regardèrent les lettres du duc et ouïrent ce que ceux qui les avoient apportées disoient. Si eurent conseil ensemble; et fut advisé que il valoit trop mieux que le sénéchal demeurât en Bordeaux, que il allât en ambassaderie au royaume d'Arragon; si que l'archevêque de Bordeaux eût celle commission; et étoit venu en Arragon, et si mal à point, ainsi que les choses tournent à la fois sur le pis, que point il n'avoit parlé au roi, car jà étoit-il malade et tous les jours il aggrévoit, et tant qu'il mourut [1].

Quand il fut mort, l'archevêque suivit les enfans et le conseil d'Arragon qui vinrent à l'enterrement du roi Pietre d'Arragon en la cité de Barcelonne; et tant parla que trop, ce sembla-t-il au conseil du roi, et que il fut mis en prison fermée courtoise; mais il ne s'en pouvoit pas partir quand il vouloit, et étoit en la cité de Barcelonne. Quand les nouvelles en vinrent à Bordeaux devers le sénéchal, si dit: « Je n'en pensois pas moins, car l'archevêque, où que il soit, a trop chaude tête. Encore je crois que il vaulsit autant que je y fusse allé, car je eusse parlé plus à point; il y a bien manière par tout le monde à savoir doucement demander le sien. »

Le sénéchal manda ces nouvelles par devers le duc de Lancastre qui se tenoit en Galice. Le duc en fut grandement courroucé, et se contenta mal du roi d'Arragon et de son conseil, quand on avoit l'archevêque de Bordeaux, un si grand prélat, retenu et mis en prison, en exploitant ses besognes. Adonc escripsit le duc aux compagnons de Lourdes que ils voulussent hérier ceux de Barcelonne, où l'archevêque de Bordeaux étoit en prison. Jean de Berne le capitaine, et qui se nommoit sénéchal de Bigorre, Pierre d'Anchin, Ernauton de Rostem, et Ernauton de Sainte-Coulombe, et tous les compagnons de la garnison de Lourdes furent grandement réjouis de ces nouvelles, et commencèrent à courir ens ou royaume d'Arragon et jusques aux portes de Barcelonne, et tant que nul marchand n'osoit aller hors. Avecques tous ces meschefs, le jeune roi d'Arragon Jean se vouloit faire couronner à roi; mais les bonnes villes d'Arragon ne le vouloient consentir, si il ne leur juroit solennellement que jamais taille ni subside ni oppression nulle il ne mettroit ni ne éleveroit au pays. Et plusieurs autres choses vouloient-ils que il jurât, escripvît et scellât, si il vouloit être couronné; lesquelles choses lui sembloient, et à son conseil aussi, moult préjudiciables; et les menaçoit que il leur feroit guerre, et espécialement à ceux de Barcelonne; et disoit le roi que ils étoient trop riches et trop orgueilleux.

En ce temps avoit en la Languedoc, sur les frontières d'Auvergne et de Rouergue, vers Pézénas et vers la cité d'Uzès une manière de gens d'armes qui s'appeloient les routes et se montepliotent tous les jours pour mal faire. Et en étoient capitaines quatre hommes d'armes qui demandoient guerre à tout homme qui fût monté à cheval; ils n'avoient cure à qui. Si étoient nommés Pierre de Mont-Faulcon, Geoffroi

---

[1] Le roi Jacques d'Arragon mourut le 5 janvier 1387, à Barcelonne.

[1387] Chastellier, Hainge de Sorge et le Goulent; et tenoient ces quatre bien trois cens combattans dessous eux, et mangeoient tout le pays où ils conversoient. Quand ils furent informés que l'archevêque de Bordeaux étoit en prison en Arragon et que le duc de Lancastre se contentoit mal sur les Arragonnois, et outre, que le roi d'Arragon se contentoit mal des bonnes villes de son royaume, si en furent tous réjouis; car tels gens comme ils étoient sont plus réjouis du mal que du bien. Si eurent conseil entr'eux, que ils approcheroient Arragon, et prendroient quelque fort sur les frontières; et quand ils l'auroient pris, le roi d'Arragon ou les bonnes villes traiteroient devers eux; et quelqu'il fût ils les ensonnieroient et trop bien leur iroit, mais que ils eussent titre de faire guerre. Si se départirent à la couverte de la marche et frontière de Pézénas entre Nismes et Montpellier, et s'en vinrent chevauchant tout frontiant le pays; et avoient jeté leur visée à prendre le chastel de Dulcen qui siéd en l'archevêché de Narbonne entre le royaume d'Arragon et le royaume de France, droitement sur le département des terres; et est ledit chastel au sire de Gléon. Et vinrent si à point et de nuit que ils le trouvèrent en petite garde. Si jetèrent leurs échelles; et firent tant que ils l'eurent et en furent seigneurs; dont tout le pays en fut grandement ému et effrayé, et par espécial ceux de Parpegnan en Arragon; car le chastel siéd à quatre lieues près de là.

Aussi ceux de Lourdes prirent en celle propre semaine un chastel en Arragon, à quatre lieues près de Barcelonne, lequel on appelle Chastel-Viel de Rouanes, et est le chastel à la vicomtesse de Chastel-Bon, cousine germaine au comte de Foix. La dame fut tout esbahie quand elle vit que son chastel fut pris. Si le manda à son cousin le comte de Foix, que pour Dieu on lui voulsist rendre, et que il lui fesist rendre, car ceux qui pris l'avoient étoient de son pays de Béarn. Le comte de Foix manda à sa cousine que elle ne s'effrayât en rien si son chastel étoit emprunté des Anglois, et que c'étoit pour hérier et mestrier ceux de Barcelonne, qui tenoient en prison l'archevêque de Bordeaux à petite cause, et que bien le r'auroit quand temps seroit et sans son dommage. La dame s'apaisa sur ce et se dissimula, et s'en alla demeurer en un sien autre chastel, près de Roquebertin.

Ceux du chastel de Chastel-Viel de Rouanes et de Dulcen, et aussi ceux de Lourdes, guerroyoient grandement les frontières d'Arragon. Le roi au voir dire en dissimuloit pour donner châtiment à ses bonnes villes; et tant que les bonnes villes se contentèrent mal du roi, car ceux de Barcelonne, de Parpegnan ni de plusieurs autres ne pouvoient aller en leurs marchandises que ils ne fussent pris et happés et rançonnés. Si s'avisèrent ceux de Barcelonne que ils délivreroient l'archevêque de Bordeaux; mais de sa délivrance ils en parleroient ainçois au roi, c'étoit raison; et traitèrent tout coiement par voie de moyen devers le frère du roi messire Martin, le duc de Blamont, lequel étoit grandement en la grâce de toutes gens, que il voulsist tant faire devers son frère le roi que ils eussent paix à ceux de Lourdes et à ceux de Rouanes. Cil leur enconvenança pour eux tenir à amour; et fit tant devers son frère que l'archevêque de Bordeaux fut délivré de prison et renvoyé en Bordelois.

Assez tôt après fit tant le comte de Foix, que la vicomtesse recouvra son chastel, et s'en partirent ceux qui le tenoient : ce service fit le comte en cel an au duc de Lancastre.

Quand le roi d'Arragon vit que la comtesse de Chastel-Bon étoit sitôt retournée en son chastel, si la manda; elle vint. Le roi lui mit sus que elle avoit mis les Anglois en son chastel de Rouanes, pour lui guerroyer en son royaume, et que trop s'étoit forfaite. La dame s'excusa de vérité, et dit : «Monseigneur, si Dieu m'aist et les saints, par la foi que je dois à vous, au jour et à l'heure que on me dit les nouvelles que mon chastel de Rouanes étoit pris de ceux de Lourdes, je n'avois oncques eu traité ni parlement aux Anglois; et en escripsis devers mon cousin, monseigneur de Foix, en priant pour Dieu que il le me fît ravoir, et que ceux qui pris l'avoient étoient de Béarn et issus de Lourdes. Le comte me remanda que je ne me doutasse en rien, et que ceux qui le tenoient l'avoient emprunté pour guerroyer ceux de Barcelonne.»

Donc dit le roi : «Or me faites tantôt prouver ces paroles par votre cousin de Foix ou je vous touldrai le chastel.» La dame dit : «Volontiers.»

Elle envoya tantôt ces paroles devers le comte de Foix, qui pour ces jours se tenoit à Ortais en Béarn, en lui priant que il la voulsist apaiser et excuser au roi d'Arragon. Le comte le fit, et envoya lettres et un sien chevalier messager, messire Richard de Saverdun, en remontrant que il prioit au roi d'Arragon que il voulsist tenir en paix sa cousine, et la laissât dessous lui vivre et de son héritage, ou autrement il lui en déplairoit. Le roi d'Arragon tint les excusances à bonnes, et fit grand'chère au chevalier du comte de Foix, et dit : « La vicomtesse a fait bien, puisque son cousin de Foix la veut excuser. »

Ainsi se portèrent ces besognes, et demeura la vicomtesse de Chastel-Bon en paix; mais pour ce n'y demeurèrent pas marchands de la cité de Barcelonne et des frontières, pour ceux de Lourdes; aincois étoient souvent pris et pillés, si ils n'étoient abonnés envers eux. Et avoient ceux de Lourdes leurs abonnemens en plusieurs lieux en Castelloingne et ens ou royaume d'Arragon; et ainsi vouloient faire ceux de la garnison de Dulcen; et eussent fait pis qui ne fût allé au-devant, car ils couroient plus aigrement au royaume d'Arragon assez que ceux de Lourdes ne faisoient, pourtant que ils étoient povres et n'avoient cure sur qui, autant bien sur les gens d'office du roi et de la roine, comme sur les marchands du pays; et tant que le conseil du roi s'en mit ensemble, pour ce que les bonnes villes en murmuroient; et disoient que le roi qui les dût détruire les soutenoit.

Quand le jeune roi d'Arragon entendit que ses gens murmuroient et parloient sur lui autrement que à point pour ceux de Dulcen, si lui tourna à grand'déplaisance, pourtant que le royaume et l'héritage du roi son père, qui avoit été si aimé de son peuple, lui étoit nouvellement échu. Si en parla à un sien cousin et grand baron en Arragon, messire Raymond de Baghes, et lui dit : « Messire Raymond, chevauchez jusques à Dulcen, et sachez que ces gens qui sont là me demandent et à mon pays; et traitez devers eux, et faites si vous voulez que ils se départent, ou doucement ou autrement. » Le chevalier répondit : « Volontiers. »

Il envoya un héraut devant, parler à ces compagnons de Dulcen, et leur mandoit que il vouloit traiter à eux. Quand Mont-Faulcon et le Goulent et les autres capitaines entendirent que messire Raymond de Baghes vouloit traiter à eux, si pensèrent que ils auroient de l'argent; si dirent au héraut : « Compaing, dites de par nous à votre maître messire Raymond que il peut bien venir à nous tout sûrement, car nous ne lui voulons que tout bien. » Le héraut retourna et fit celle réponse à messire Raymond, lequel sus ces paroles se départit de Parpegnant et s'en vint vers eux, et leur demanda pourquoi ils se tenoient là ainsi sus les frontières d'Arragon. Ils répondirent : « Nous attendons l'armée du roi de France qui doit aller en Castille. Si nous mettrons en leur compagnie. » — « Ha ! seigneurs, dit messire Raymond, si vous attendez cela, vous demeurerez trop. Le roi d'Arragon ne vous veut pas tant tenir à ses frais ni le pays aussi. » — « Donc, répondirent-ils, si il ne nous veut pas tant tenir, nous ne le pouvons amender, mais où que ce soit nous faut vivre. Si il se veut racheter à nous et le pays, nous nous partirons volontiers et autrement non. » — « Et que voudriez-vous avoir, ce dit messire Raymond, et vous vous partirez ? » — « Ils répondirent : « Soixante mille francs. Nous sommes nous quatre, ce seront à chacun quinze mille. » — « En nom Dieu, dit messire Raymond, c'est argent assez, et j'en parlerai au roi. Encore vaudroit-il mieux, pour le commun profit du pays, que on les payât que ce que on eût plus grand dommage. » Ce disoit messire Raymond pour les appaiser, mais il pensoit tout le contraire.

Il prit congé à eux, et leur donna à entendre que ils auroient bien autant ou plus que ils demandoient, et puis s'en retourna-t-il à Parpegnant où le roi étoit, à qui il recorda ce que ces pillards vouloient avoir. Adonc dit le roi : « Il faut que on en délivre le pays et que on les paye ainsi que on paye larrons et pillards; si je les puis tenir, je les ferai tous pendre; ils ne doivent avoir autre payement. Mais c'est du plus fort comment on les peut avoir tous ensemble hors de leur garnison. »

Répondit messire Raymond : « Bien les y aurons, laissez-moi convenir. » — « Or faites, dit le roi, je ne m'en mêle plus, fors tant que je vueil que le pays en soit délivré. »

Messire Raymond alla mettre sus secrètement une compagnie de gens d'armes, où bien avoit cinq cents lances; et en fit capitaine un écuyer gascon, vaillant et bon homme d'armes, lequel on appeloit Naudon Seguin, et les mit en embûche, ainsi que à une petite lieue de Dulcen, et leur dit : « Quand ceux de la garnison sauldront hors, faites que ils soient tous morts ou pris ; nous nous en voulons délivrer et tout le pays. Ils répondirent : « Volontiers. »

Messire Raymond manda à ces compagnons que ils se missent à cheval et vinssent courir une matinée devant Parpegnant pour ébahir les vilains de la ville, autrement on ne pouvoit traiter à eux que ils payassent rien. Et ceux qui furent tous réjouis de ces nouvelles et qui cuidèrent que on leur dît vérité, s'armèrent le jour que l'embûche étoit ordonnée ; et montèrent tous à cheval, et partirent de leurs garnisons, et s'en vinrent chevauchant vers Parpegnant, en faisant leur montre, et vinrent courir jusques aux barrières. Et quand ils eurent tout ce fait, ils se mirent au retour et s'en cuidoient r'aller tout paisiblement ; mais, ainsi que sur la moitié du chemin ils furent raconsuivis et rencontrés et de Naudon Seguin et de sa route, où bien avoit cinq cens lances qui tantôt se férirent en eux. Ils virent bien que ils étoient déçus et attrapés, si se mirent à défense et se combattirent assez bien, ce que durer purent ; mais ce ne fut pas longuement, car entr'eux il y avoit grand'foison de pillards et de gens mal armés ; si furent tantôt déconfits. Là furent morts Geoffroy Chastellier, Hainge de Sorge, Guiot Maresque, Jean Guios et grand plenté d'autres ; et fut pris Pierre de Mont-Faulcon, Amblarden de Saint-Just, et bien quarante, et amenés à Parpegnant. Et entretant que on les menoit parmi les rues, ces gens de Parpegnant issoient hors de leurs maisons et les huyoient ainsi que on fait un loup. Si furent mis en un cep [1] Le Goulent et Pierre de Mont-Faulcon et les autres en une fosse [2].

En ce temps étoit venu nouvellement le duc de Berry à Carcassonne et sur les frontières d'Arragon, car il venoit d'Avignon de voir le pape ; si ouït recorder comment ceux de Dulcen étoient pris et morts : tantôt il escripsit devers le roi d'Arragon et devers sa cousine madame Yollent de Bar, en priant que on lui voulsist renvoyer le Goulent et Pierre de Mont-Faulcon, car ils étoient à lui. Le roi et la roine, à la prière de leur oncle, les délivrèrent ; et furent renvoyés au duc de Berry. Celle grâce leur fit-il avoir, autrement ils eussent été tous morts sans merci.

[1] Espèce de pilori.
[2] Dans un cachot.

CHAPITRE LI.

Comment un champ de bataille fut fait à Bordeaux sus Gironde devant le sénéchal et plusieurs autres, et comment messire Charles de Blois fut mis hors de prison d'Angleterre et laissa ses deux fils en son lieu en Angleterre.

En ce temps ot à Bordeaux sus Gironde appertise d'armes devant les seigneurs, le sénéchal messire Jean Harpedane et les autres, du seigneur de Rochefoucault, François, et de monseigneur Guillaume de Montferrant, Gascon anglois. Et requit le sire de Rochefoucault, qui fils étoit de la sœur au captal de Buch, l'Anglois à courir trois lances à cheval, férir trois coups d'épées, trois coups de dagues et trois coups de haches ; et furent les armes faites devant les seigneurs et dames du pays qui lors étoient à Bordeaux. Et y envoya le comte de Foix les chevaliers de son hôtel pour servir et conseiller le seigneur de Rochefoucault, qui fils étoit de sa cousine germaine ; et lui envoya bons chevaux et armures, dagues, haches, épées et fers de glaives très bons, outre l'enseigne, quoique le sire de Rochefoucault en fût bien pourvu. Si s'armèrent un jour les deux chevaliers, bien accompagnés chacun de grand'chevalerie de son côté. Et avoit le sire de Rochefoucault bien deux cens chevaliers et écuyers et tous de son lignage ; et messire Guillaume de Montferrant bien autretant ou plus. Et là étoient avecques lui : le sire de l'Esparre, le sire de Rosem, le sire de Duras, le sire de Mucident, le sire de Landuras, le sire de Courton, le sire de Langoyran, le sire de la Barde, le sire de Taride et le sire de Mont-roial en Pierregort, et tous par lignage. Et pour ce que l'appertise d'armes étoit de deux vaillans chevaliers emprise, les venoit-on voir de plus loin.

Quand ils furent montés sur leurs chevaux et ils eurent leurs targes, et lacés leurs heaumes, on leur bailla leurs glaives. Adonc éperonnèrent-ils leurs chevaux de grand randon, et s'en vinrent l'un sur l'autre de plain eslai, et se consuivirent ens ès heaumes de telle façon que les flamèches en saillirent ; et portèrent tout jus à terre aux fers des lances leurs heaumes, et passèrent outre à têtes nues excepté les coiffes. « Par ma foi, dirent les seigneurs et les dames, chacun et chacune en droit de soi, ils se sont de première venue bien assenés. »

Adonc entendit-on au remettre à point et de

relacer leurs heaumes. Si recoururent encore moult vaillamment la seconde lance, et aussi firent-ils la tierce. Briévement toutes leurs armes furent faites bien et à point au plaisir des seigneurs, tant que il fût dit que chacun s'étoit bien porté; et donna ce jour à souper aux seigneurs et aux dames, en la cité de Bordeaux, le sénéchal messire Jean de Harpedane; et à lendemain tous se départirent et en allèrent sur leurs héritages. Le sire de Rochefoucault s'ordonna pour aller en Castille; car le roi Jean de Castille l'avoit mandé, et le voyage de Castille s'approchoit grandement. Et messire Guillaume de Montferrant, quand il fut revenu chez soi, s'ordonna aussi de passer outre et de monter en mer pour aller en Portingal; car le roi l'avoit aussi mandé.

En si grande et si noble histoire comme ceste est, dont je, sire Jean Froissart, en ai été augmenteur et traiteur depuis le commencement jusques à maintenant, par la grâce et vertu que Dieu m'a donnée de si longuement vivre que j'ai en mon temps vu toutes ces choses d'abondance et de bonne volonté, ce n'est pas raison que je oublie rien qui à ramentevoir fasse. Et pour ce que les guerres de Bretagne, de Saint-Charles de Bois et de messire Jean de Montfort, ont grandement renforcé et renluminé celle haute et noble histoire, je veuil retourner à faire mention, et c'est droit, que les deux fils Jean et Guy de Saint-Charles de Blois, qui un long-temps se nommoit duc de Bretagne, et il l'étoit par le mariage que il fit à madame Jeanne de Bretagne, laquelle venoit du droit estocq de Bretagne et des ducs, si comme il est pleinement est véritablement contenu et remontré ici dessus en celle histoire, sont devenus; car je ne les ai pas mis encore hors de la prison et danger du roi d'Angleterre, où leur père Saint-Charles de Blois les eut mis.

Vous savez, et il est ci-dessus escript et traité, comment le roi Édouard d'Angleterre, pour embellir sa guerre de France, se conjoignit et allia avecques le comte de Montfort; et toujours l'a-t-il aidé, conseillé et conforté à son pouvoir, et tant fait que le comte de Montfort est venu à ses ententes et que il est duc de Bretagne, et sans l'aide du roi d'Angleterre et des Anglois il ne fût jamais venu à l'héritage de Bretagne, car Saint-Charles de Blois, lui vivant, eut toujours de sa partie en Bretagne contre le comte de Montfort de sept les cinq. Vous savez comment, sur l'an mil trois cent et quarante-sept, à une grosse bataille qui fut en Bretagne devant la Roche Derrien, les gens de la partie de la comtesse de Montfort, messire Jean de Harteselle et autres, déconfirent messire Charles de Blois, et fut là pris et amené en Angleterre où on lui fit bonne chère; car la noble roine d'Angleterre, la bonne roine Philippe, qui fut en mon jeune temps ma dame et ma maîtresse, étoit de droite génération, cousine germaine à Saint-Charles de Blois. Et lui fit la dame et montra toute la grâce et amour qu'elle put; et mit grand'peine à sa délivrance; car le conseil du roi d'Angleterre ne vouloit point consentir que monseigneur Charles de Blois fût délivré; et disoient le duc Henry de Lancastre et les autres hauts barons d'Angleterre: « Si messire Charles de Blois yst de prison, il y a en lui trop de belles et grandes recouvrances, car le roi Philippe, qui se dit roi de France, est son oncle; et tant comme nous le tiendrons en prison, notre guerre en Bretagne est bonne. »

Nonobstant toutes les paroles et remontrances que les seigneurs d'Angleterre montroient au roi, le roi Édouard, par le bon moyen de la bonne et noble roine sa femme, le mit à finance; et dut payer deux cent mille nobles, et pour avoir répondant de la somme des deniers, qui étoit grande à payer, mais non seroit maintenant pour un duc de Bretagne; car les seigneurs se forment sur une autre condition et manière que ils ne faisoient pour lors, et trouvent pour le présent plutôt chevance que ne faisoient leurs prédécesseurs du temps passé, car ils taillent le peuple à volonté, et du temps passé ils n'usoient fors de leurs rentes et revenues; car maintenant le duché de Bretagne sur un an ou sur deux, au plus long d'une prière, payeroit bien par aide à son seigneur deux cent mille nobles. Charles de Blois mit et bailla ses deux fils, qui pour lors étoient jeunes, en pleiges et en otages pour la somme des deniers le roi d'Angleterre. Depuis messire Charles de Blois, en poursuivant sa guerre de Bretagne, eut tant à faire à payer soudoyers, à soutenir son état, et toujours en espérance de voir fin de guerre, que il n'en chalut ses deux enfans. En poursuivant sa querelle et défendant son héritage le très vaillant et saint homme mourut à une bataille en Bretagne qui fut devant Auray par la puissance et confort des Anglois et non par autres gens. Quand le vaillant homme fut mort, pour ce ne fina pas la guerre, mais le roi Charles de France, qui en son temps douta trop grandement les fortunes, quand il vit que le comte de Montfort et les Anglois ne se cessoient point de conquérir toujours avant, si mit en doute que, si le comte de Montfort venoit à ses ententes du conquêt de Bretagne, que il ne le voulsist tenir de puissance sans foi et hommage, car jà l'avoit-il relevé du roi d'Angleterre qui lui aidoit et avoit toujours aidé à faire sa guerre. Si fit traiter devers le comte de Montfort et son conseil, si comme il est ici dessus contenu en celle histoire; si n'en veuil plus parler; mais le comte de Montfort demeura duc de Bretagne, parmi tant que l'hommage et la foi en retourna au souverain et droiturier seigneur le roi de France; et devoit le duc, par les articles du traité, aider à délivrer ses deux cousins les enfans de Saint-Charles de Blois qui étoient prisonniers en Angleterre devers le roi[1]; de laquelle chose il n'en fit rien, car toujours doutoit-il que si ils retournoient que ils ne lui donnassent à faire et que Bretons, qui plus étoient enclinés à eux que à lui, ne les prensissent à seigneur. Pour celle cause négligeoit-il à les délivrer; et tant demourèrent en prison en Angleterre les deux fils à Charles de Blois, une fois en la garde de messire Roger de Beauchamp, un très gentil et vaillant chevalier, et de madame Sébille sa femme, et l'autrefois en la garde de messire Jean d'Aubrecicourt, que Guy de Bretagne, le plus jeune, mourut. Ainsi demoura Jean de Bretagne en prison tout seul, car il avoit perdu sa compagnie, son frère. Si lui devoit moult ennuyer; aussi faisoit-il souvent, mais amender ne le pouvoit. Et quand il lui souvenoit de son jeune temps, il qui étoit de la plus noble génération du monde, comment il l'avoit perdu et encore perdoit-il, il pleuroit moult tendrement et eut plus cher à être mort que vif; car trente-cinq ans ou environ fut-il au danger de ses ennemis en Angleterre. Et ne lui apparoit de délivrance de nul côté, car ses amis et proismes lui éloignoient, et la somme pour laquelle on le tenoit étoit si grande qu'elle ne faisoit pas à payer, si Dieu proprement ne lui eût aidé. Ni oncques le duc d'Anjou, en toute sa puissance et sa prospérité, qui avoit sa sœur germaine épousée et dont il avoit deux beaux-fils Louis et Charles, n'en fit diligence. Or vous veuil-je recorder la délivrance Jean de Bretagne.

CHAPITRE LII.

Comment le comte de Bouquinghen tint le siége devant Rennes et Nantes, et puis retourna en Angleterre.

Vous savez, et il est ici dessus contenu en celle histoire, comment le comte de Bouquinghen fit un voyage parmi le royaume de France et vint en Bretagne, dont le duc de Bretagne l'avoit mandé, pourtant que son pays ne vouloit être en obéissance devers lui; et fut le dit comte et ses gens un hiver et le temps ensuivant en grand'povreté devant Nantes et devant Vannes jusques au mois de mai[1], qu'il retourna en Angleterre. Le comte Thomas Bouquinghen étant devant Vannes et ses gens logés au dehors au mieux qu'ils pouvoient, vous savez que il y eut fait d'armes devant Vannes, de chevaliers et d'écuyers de France aux chevaliers et écuyers d'Angleterre; et vint là messire Olivier de Cliçon, connétable de France, voir les armes et parla aux chevaliers d'Angleterre et eux à lui. Bien les connoissoit tous, car d'enfance il avoit été nourri en Angleterre entr'eux. Si leur fit aux aucuns bonne compagnie en plusieurs manières, ainsi que nobles gens d'armes font l'un à l'autre et que François et Anglois se sont toujours fait. Et bien y avoit cause adonc que il fesist, car il tendoit à une chose qui grandement lui touchoit, mais il ne s'en découvrit à homme du monde, fors à un seul écuyer qui étoit homme d'honneur de son hôtel, et avoit l'écuyer toujours servi à messire Charles de Blois; car si le connétable se fût découvert à homme du monde, il eût perdu son fait et l'espérance où il tendoit à venir et vint, par la grâce de Dieu et par bons moyens.

Le connétable de France ne pouvoit nullement aimer le duc de Bretagne, ni le duc lui grand temps avoit, quel semblant que ils se montrassent; et de ce qu'il véoit Jean de Bretagne en prison en Angleterre, il avoit grand'pitié, et le duc de Bretagne venu à l'héritage et possession du

[1] Tous ces événemens sont racontés dans le Ier livre de Froissart.

[1] De l'année 1381.

pays. En la greigneur amour que ils eurent oncques ensemble, il lui avoit dit et montré ainsi : « Monseigneur, que ne mettez-vous peine que votre cousin Jean de Bretagne soit hors de la prison au roi d'Angleterre? Vous y êtes tenu par foi et par serment. Et quand le pays de Bretagne fut en traité devers vous, les prélats et les nobles et les bonnes villes en la cité de Nantes, et l'archevêque de Reims, messire Jean de Craon, et messire Boucicaut, pour le temps maréchal de France, traitèrent devers vous la paix devant Kempercorentin, vous jurâtes que vous feriez votre pleine puissance de délivrer vos cousins Jean et Guy, et vous n'en faites rien. Donc sachez que le pays de Bretagne vous en aime moins. »

Le duc à ses réponses se dissimuloit et disoit : « Taisez-vous, messire Olivier. Où prendrois-je trois cent mille francs ou quatre cent mille que on leur demande? » — « Monseigneur, répondit le connétable, si le pays de Bretagne véoit que vous eussiez bonne volonté pour cela faire, ils plaindroient peu à payer une taille ni un fouage pour délivrer les enfans, qui mourront en prison, si Dieu ne les aide. » — « Messire Olivier, avoit répondu le duc, mon pays de Bretagne n'en sera jà grevé ni taillé. Mes cousins ont de grands princes en leur lignage, le roi de France et le duc d'Anjou, qui les devroient aider, car ils ont toujours à l'encontre de moi soutenu la guerre ; et quand je jurai voirement à eux aider à leur délivrance, mon intention étoit telle que, le roi de France ou leurs prochains paieroient les deniers et je y aiderois de ma parole. » Oncques le connétable n'avoit pu autre chose estraire du duc.

Or étoit advenu, si comme je vous ai commencé à dire, que le connétable véoit bien tout clairement que le comte de Bouquinghen et les barons et chevaliers d'Angleterre, qui avecques lui avoient été en ce voyage de France et venus en Bretagne, se contentoient mal grandement du duc de Bretagne, pour tant que présentement il n'avoit fait ouvrir ses villes et ses chastels, si comme il leur avoit promis au partir hors d'Angleterre, à l'encontre d'eux. Et avoient dit plusieurs Anglois, endementres que ils séjournoient devant Vennes et ès faubourgs de Hainebont, en si grand povreté que ils n'avoient que manger et que leurs chevaux étoient tous morts, et alloient les Anglois, pour ce temps que ce fut, cueillir les chardons aux champs et les broyoient en un mortier, et la farine ils la détrempoient et en faisoient forme de pâte, et la cuisoient et la donnoient-ils à leurs chevaux, et de telle nourrisson ils les paissoient un grand temps ; mais nonobstant tout ce ils mourrurent ; donc en celle povreté ils avoient dit : « Ce duc de Bretagne ne s'acquitte pas bien loyaument envers nous qui l'avons mis en la possession et seigneurie de Bretagne. Et qui nous en croiroit, nous lui ôterièmes, aussi bien que donné lui avons, et metterièmes hors Jean de Bretagne son adversaire, lequel le pays aime mieux cent fois qu'il ne fait lui. Nous ne nous pourrièmes mieux venger de lui ni plutôt faire perdre toute Bretagne. »

Bien savoit le connétable que telles paroles et murmurations étoient communément entre les Anglois sus le duc de Bretagne, dont il n'étoit pas courroucé ; car pour un mal que on disoit de lui, il eût voulu autant que on en dît treize ; mais nul semblant n'en faisoit l'écuyer de Bretagne qui étoit informé de son secret ; on l'appeloit, ce m'est avis, Jean Rollant. Et advint que quand messire Jean de Harleston, le capitaine de Chierbourch, fut à Chastel-Josselin, chastel du connétable, lequel à lui et à sa compagnie fit celle grâce que conduire jusques à Chierbourch et sans péril, et donna le connétable à dîner ens ou Chastel-Josselin à messire Jean de Harleston et aux Anglois, et leur fit faire la meilleure compagnie qu'il put mieux avoir leur grâce, là s'avança l'écuyer du connétable à parler à messire Jean de Harleston, présent le connétable, et dit à messire Jean : « Vous me feriez un grand plaisir si il vous venoit bien à point et qui rien ne vous coûteroit. » Répondit messire Jean : « Pour l'amour du connétable, je vueil bien qu'il me coûte. Et que voulez-vous que je fasse ? » — « Sire, dit-il, que sur votre conduit je puisse aller en Angleterre voir mon maître Jean de Bretagne je le verrois très volontiers. Et le greigneur désir que j'aie en ce monde, c'est de lui voir. » — « Par ma foi ! répondit messire Jean de Harleston, jà par moi ne demeurera que vous ne le voyez. Et moi retourné à Chierbourch, je dois temprement aller en Angleterre ; si vous en viendrez avecques moi, et je vous y conduirai et ferai reconduire, car votre requête n'est pas refusable. » — « Grands mercis, monseigneur, répondit l'écuyer, et je tiens la grâce à belle. »

L'écuyer se départit du Chastel-Josselin avecques messire Jean de Harleston et vint à Chierbourch. Quand messire Jean eut ordonné ses besognes, il se départit de Chierbourch et monta en un vaissel en mer, Jean Rollant en sa compagnie; et vint en Angleterre et droit à Londres, et fit Jean Rollant mener au chastel où Jean de Bretagne étoit. Jean de Bretagne ne le connoissoit quand il vit, mais il se fit connoître et parlèrent ensemble; et eut traité entre Jean de Bretagne et le connétable, que si Jean de Bretagne vouloit entendre à sa délivrance, le connétable y entendroit grandement. Jean qui se désiroit à voir délivré demanda comment : « Sire, dit-il, je le vous dirai; monseigneur le connétable a une belle fille à marier. Là où vous voudriez jurer et promettre que, vous retourné en Bretagne, vous la prendrez à femme, il vous feroit délivrer d'Angleterre, car il a jà trouvé le moyen comment. » Jean de Bretagne répondit : « Ouil vraiment. Vous retourné par delà, dites au connétable que il n'est chose que je ne doive faire pour ma délivrance, et que sa fille je prendrai et épouserai très volontiers. »

Jean de Bretagne et l'écuyer eurent plusieurs paroles ensemble; et puis se départit d'Angleterre l'écuyer, et lui fit avoir passage messire Jean de Harleston; et retourna en Bretagne, et recorda au connétable tout ce que il avoit trouvé et fait. Le connétable, qui désiroit l'avancement de sa fille à être mariée si hautement que à Jean de Bretagne, ne fut pas négligent de besogner et exploiter, et quist un moyen en Angleterre pour adresser à ses besognes; car sans le moyen au voir qu'il prit il n'y fût jamais venu; ce fut le comte d'Asquesuffort, lequel étoit tout privé du roi d'Angleterre. Mais les besognes ne se firent pas si très tôt; car tant que le duc de Lancastre fut en Angleterre, avant que il se départit pour aller en Galice ni en Portingal, il ne se découvrit au roi du traité de Jean de Bretagne ni de chose que il voulsist faire en celle matière. Car quand le comte de Bouquinghen fut retourné arrière en Angleterre, il troubla tellement le duc de Bretagne envers le roi et ses frères que renommée couroit en Angleterre que le duc de Bretagne s'étoit faussement acquitté envers leurs gens, pourquoi on lui vouloit tout le mal du monde; et fut Jean de Bretagne amené en la présence du roi et de ses oncles et du conseil d'Angleterre, et lui fut dit : « Jean, si vous voulez relever le duché de Bretagne et tenir du roi d'Angleterre, vous serez délivré hors de prison et remis en la possession et seigneurie de Bretagne, et serez marié hautement en ce pays; » si comme il eût été, car le duc de Lancastre lui vouloit donner sa fille Philippe, celle qui fut puis roine de Portingal. Jean de Bretagne répondit que jà ne feroit ce traité, ni seroit ennemi ni contraire à la couronne de France. Il prendroit bien à femme la fille du duc de Lancastre, mais que on le voulsit délivrer d'Angleterre. Or fut-il remis en prison.

Quand le comte d'Asquesuffort, que nous appellerons duc d'Irlande[1], vit que le duc de Lancastre étoit issu hors d'Angleterre et allé au voyage de Castille, et que le traité étoit passé et cassé, car il en avoit mené sa fille avecques lui, si s'avisa que il traiteroit envers le roi d'Angleterre dont il étoit si bien comme il vouloit; que le roi d'Angleterre lui donneroit, en cause de rénumération, Jean de Bretagne pour les beaux services que il lui avoit faits et pouvoit encore faire; car traité secret étoit entre le connétable de France et lui, et au cas que Jean de Bretagne seroit sien, il lui délivreroit à deux paiements six vingt mille francs, soixante mille à chacun; et auroit les soixante mille délivrés à Londres, si très tôt que Jean de Bretagne seroit mis en la ville de Boulogne sur mer, et les autres soixante mille en France en la cité de Paris ou en quelque lieu que il les voudroit avoir. Le duc d'Irlande convoita les florins, et fit tant devers le roi d'Angleterre que le roi lui donna, quittement et absolument, Jean de Bretagne, dont on fut moult émerveillé en Angleterre. Qui en voulsist parler si en parla, mais on n'en eut autre chose.

Le duc d'Irlande tint son convenant. Jean de Bretagne fut envoyé à Boulogne, et là trouva-t-il son arroy tout prêt que le connétable lui avoit fait appareiller. Si s'en vint en France, premièrement à Paris; là trouva le roi et les

---

[1] Il fut nommé duc d'Irlande en 1386.

seigneurs de son lignage qui lui firent très bonne chère, et le connétable aussi qui l'attendoit. Si l'emmena en Bretagne; et Jean de Bretagne épousa sa fille ainsi que convenancé avoit.

Quand le duc de Bretagne sçut que Jean de Bretagne étoit retourné en France et délivré de tous points d'Angleterre par l'aide et pourchas du connétable de France, si eut encore en double haine le connétable et dit ; « Voire! me cuide messire Olivier de Cliçon mettre hors de mon héritage. Il en montre les signifiances. Il a mis hors d'Angleterre Jean de Bretagne et lui a donné sa fille par mariage; telles choses me sont moult déplaisantes, et par Dieu je lui montrerai un jour qu'il n'a pas bien fait, quand il s'en donnera le moins de garde. » Il dit vérité; il lui remontra voirement dedans l'an trop durement, si comme vous orrez recorder avant en l'histoire; mais nous parlerons ainçois des besognes de Castille et de Portingal, et de une armée sur mer, que les Anglois firent, dont ils vinrent à l'Escluse.

Vous savez comment l'armée de mer du roi de France se dérompit en celle saison, non pas par la volonté du jeune roi Charles de France, car toujours montra-t-il bon courage et grand'volonté de passer. Et quand il vit que tout se dérompoit, il en fut plus courroucé que nul autre. On en donnoit toutes les coulpes au duc de Berry; espoir y véoit-il plus clair que nul des autres; et ce que il déconseilla à non aller, ce fut pour l'honneur et profit du royaume de France; car quand on entreprend aucune chose à faire, on doit regarder à quelle fin on en peut venir; et le duc de Berry avoit bien tant demouré en Angleterre en otagerie pour le roi Jean son père, et conversé entre les Anglois, et vu le pays, que il savoit bien par raison quelle chose en étoit bonne à faire. Et la cause qui étoit la plus excusable de non aller, il étoit trop tard et sur l'hiver; et pourtant fut dit que à l'été le connétable de France y meneroit une charge de gens d'armes, de six mille hommes d'armes et autant d'arbalêtriers. Et fut dit et regardé par son conseil même, que ce seroient assez gens pour combattre les Anglois : aussi par raison le connétable les devoit connoître, car il avoit été entr'eux nourri de son enfance.

Quand ces seigneurs furent retournés en France, on regarda que il convenoit envoyer en Castille, pour secourir le roi Jean de Castille contre le roi de Portugal et le duc de Lancastre; car apparant étoit que là se trairoient les armes, car les Anglois y tenoient les champs. Or ne pouvoit-on là envoyer gens, fors à grands dépens, car le chemin y est moult long, et si n'y avoit point d'argent au trésor du roi ni devers les trésoriers des guerres, fors ens ès bourses du commun peuple parmi le dit royaume; car le grand argent qui avoit été cueilli et levé pour le voyage de mer, étoit tout passé et aloé; si convenoit recouvrer de l'autre : pourquoi une taille fut avisée à faire parmi le royaume de France et à payer tantôt. Et disoit-on que c'étoit pour reconforter le roi d'Espaigne et mettre hors les Anglois de son pays. Celle taille fut publiée partout. Et venoient les commissaires du roi ens ès bonnes villes qui portoient les taxations, et disoient aux seigneurs qui les villes gouvernoient : « Celle cité, ou celle ville est taxée à tant, il faut que on paye et tantôt. » — Hà! répondoient les gouverneurs, on la cueillera et mettra-t-on l'argent ensemble, et puis sera envoyé à Paris. » — « Nennil, répondoient les commissaires, nous ne voulons pas tant attendre; nous ne ferons autrement. » Là commandoient-ils, de par le roi et sur quant ils se pouvoient mesfaire, aux dix ou aux douze, que tantôt allassent en prison si ils ne trouvoient la finance. Les suffisans hommes resoingnoient la prison et la contrainte du roi; si faisoient tant que l'argent étoit prêt et emporté tout promptement, et ils le reprenoient sur les povres gens. Et venoient tant de tailles l'une sur l'autre que la première n'étoit pas payée quand l'autre retournoit. Ainsi étoit le noble royaume gouverné en ce temps et les povres gens menés, dont plusieurs en vuidoient leurs villes, leurs héritages et leurs maisons que on leur vendoit tout, et s'en venoient demourer en Hainaut et en l'évêché du Liége où nulle taille ne couroit.

CHAPITRE LIII.

Comment le duc de Bourbon fut élu pour aller en Castille et plusieurs autres, et comment messire Jean Bucq, amiral de Flandre, fut pris des Anglois et plusieurs marchands.

Or furent avisés les capitaines qui seroient, des gens d'armes qui iroient en Castille. Premièrement pour lui exaulser on élut et nomma le gentil duc Louis de Bourbon : cil seroit souverain capitaine de tous. Mais avant qu'il se départît du royaume de France, on regarda que on bailleroit aux gens d'armes deux autres capitaines, lesquels ouvriroient le pas et ordonneroient de leurs besognes, et lairoient gens d'armes, qui oncques ne furent en Castille, aviser le pays et eux loger. Et pour l'arrière-garde le duc de Bourbon devoit avoir deux mille lances, chevaliers et écuyers, si vaillans hommes que tous d'élite. Les deux vaillans chevaliers qui furent ordonnés en l'avant-garde et pour faire le premier voyage et être capitaines des autres, ce furent messire Guillaume de Lignac et messire Gaultier de Passac.

Ces deux barons, quand ils sçurent que souverains et meneurs les convenoit être de tels gens d'armes, et pour aller en Castille, s'appareillèrent et ordonnèrent ainsi comme il appartenoit. Adoncques furent mandés chevaliers et écuyers parmi le royaume de France pour aller en Castille, et étoient les passages ouverts tant par Navarre comme par Arragon. Si se départirent chevaliers et écuyers de Bretagne, de Poitou, d'Anjou, du Maine, de Touraine, de Blois, d'Orléans, de Beauce, de Normandie, de Picardie, de France, de Bourgogne, de Berry et d'Auvergne et de toutes les mettes du royaume. Si se mirent gens à voie et à chemin pour aller en Castille; et de tous tant que des premiers étoient meneurs et conduiseurs messire Guillaume de Lignac et messire Gaultier de Passac, lesquels, pour exaulser et garder leur honneur, se mirent en bon arroy, eux et leurs routes, et en très bonne ordonnance.

Endementres que ces gens d'armes, chevaliers et écuyers du royaume de France s'appareilloient et ordonnoient pour aller en Castille, et qui premier avoit fait premier partoit, et ceux des lointaines marches devant, car moult en y avoit qui désiroient les armes, étoient Anglois sur mer entre Angleterre et Flandre, l'armée du roi d'Angleterre, de laquelle le comte d'Arondel, qui s'appeloit Richard, étoit amiral et souverain, et en sa compagnie étoient le comte de Devensière, le comte de Notinghem et l'évêque de Nordvich, et étoient cinq cens hommes d'armes et mille archers. Et ancrèrent en celle saison un grand temps sus la mer, en attendant les aventures; et se rafreschissoient sus les côtes d'Angleterre et sur les îles de Cornouailles, de Bretagne et de Normandie; et étoient trop courroucés de ce que la flotte de Flandre leur étoit échappée, laquelle étoit allée en la Rochelle, et encore plus de ce que le connétable de France, quand il partit de Lautriguier et il vint à l'Escluse et il passa devant Calais, quand ils ne le rencontrèrent; car volontiers se fussent combattus à lui, nonobstant que le connétable avoit bien autant de vaisseaux armés que ils avoient, qui passèrent tous par devant eux, mais ce fut par le bon vent et la marée que les François eurent de nuit.

Or gisoient ces nefs angloises à l'ancre par devant Mergate à l'embouchure de la Tamise, au descendant de Zandvich, et attendoient là l'aventure, et par espécial la flotte des nefs qui celle saison étoient allées en la Rochelle; et bien savoient que tantôt retourneroient, ainsi comme elles firent.

Quand les marchands de Flandre, de la Rochelle, de Hainaut et de plusieurs aut..: pays qui pour la doutance des Anglois s'étoient .·us conjoints et assemblés ensemble et accompagnε ' au département de Flandre pour aller et retourner plus sûrement, eurent fait tous leurs exploits à la Rochelle et en Rochelois et au pays de Xaintonge, et chargé leurs nefs de grand'foison de vins du Poitou et du pays de Xaintonge, et ils virent que ils eurent bon vent, ils se désancrèrent du hâvre de la Rochelle et se mirent au chemin par mer pour retourner en Flandre et à l'Escluse dont ils étoient partis; et singlèrent tant que ils passèrent les ras Saint-Mathieu en Bretagne sans péril et sans dommage, et costièrent la basse Bretagne et puis Normandie, et d'autre part Angleterre droitement sus l'embouchement de la Tamise, où ces nefs anglesches étoient. Les nefs de Flandre les aperçurent comment elles gisoient là en guet au pas, et dirent ceux qui étoient en sès chastels d'amont : « Seigneurs, avisez-vous; nous serons rencontrés de l'armée d'Angleterre, ils nous ont aperçus; ils prendront l'avantage du vent et la marée; si aurons bataille avant qu'il soit nuit. »*

Ces nouvelles ne plurent pas bien à aucuns et par espécial aux marchands de Flandre et d'autres pays qui avoient là dedans leurs marchandises; et voulsissent bien être encore à mouvoir, si il puist être. Toutefois, puisque combattre les convenoit et que autrement ils ne pouvoient passer, ils s'ordonnèrent selon ce, et étoient, que arbalêtriers que autres gens, tous en armes et deffensables, plus de sept cens; et avoient là un vaillant chevalier de Flandre à capitaine, lequel étoit amiral de la mer, de par le duc de Bourgogne, et l'appeloit-on messire Jean Bucq, preux, sage, entreprenant et hardi aux armes, et qui moult avoit porté sur mer de dommage aux Anglois.

Ce messire Jean Bucq les mit tous en ordonnance, et arma les nefs bien et sagement, ainsi que bien le sçut faire; et leur dit : « Beaux seigneurs, ne vous épouvantez de rien. Nous sommes gens assez pour combattre l'armée d'Angleterre et si avons vent pour nous. Et toujours en combattant approcherons-nous l'Escluse; nous costions Flandre. Voilà Dunkerque; nous les échapperons bien. » Les aucuns se confortoient sus ces paroles et les autres non, et se mirent en défense et en ordonnance, et s'appareillèrent arbalêtriers pour traire, et jeter canons.

Or approchèrent les navies; et avoient les Anglois aucunes gallées lesquelles ils avoient armées d'archers. Ces gallées tout premièrement s'en vinrent fendant la mer à force d'avirons, et furent les premiers assaillans; et commencèrent archers à traire de grand randon; et perdirent moult de leur trait aux Flamands; car Flamands qui étoient en leurs vaisseaux se tapissoient entre les bords par dedans, et pour le trait point ne se montroient, et toujours alloient-ils avant aval le vent. Aucuns arbalêtriers, qui étoient hors du trait des archers et à leur avantage, détendoient arcs et leur envoyoient carreaux dont ils en blessoient plusieurs.

Ainsi ensonniant de ces gallées aux vaisseaux s'approcha la grosse navie d'Angleterre, le comte d'Arondel et sa charge, l'évêque de Nordvich et sa charge et tous les autres; et ainsi comme se fixent esprobons entre oisels gentils ou coulons, ils se boutoient entre les nefs de Flandre et de la Rochelle. Là n'eurent-ils pas trop grand avantage; car Flamands et arbalêtriers se mirent à défense vaillamment et de grand volonté, car le patron, messire Jean Bucq, les y admonestoit. Et étoit lui et sa charge en un gros vaissel armé, fort et dur assez pour attendre tout autre. Et là

dedans avoit trois canons, qui jetoient carreaux si grands que, là où ils chéoient à plomb, ils perçoient tous et portoient grand dommage. Et toujours en combattant et en tirant et en luttant approchoient ceux de Flandre; et y eut aucunes petites nefs de marchands qui prirent les côtes de Flandre et la basse eau; ceux-là se sauvèrent, car les gros vaisseaux, pour peu de parfont et pour les terres, ne les pouvoient approcher. Là eut sur mer, je vous dis, dure bataille et fière, et des nefs cassées et effondrées d'une part et d'autre; car ils jetoient d'amont barreaux de fer aiguisés; et là où ils chéoient ils couloient tout jusques au fond. Et vous dis que ce fut une très dure bataille et bien combattue, car elle dura trois marées. Car quand la marée failloit tous se retrayoient et ancroient; il le convenoit; et mettoient à point les blessés. Et la marée et les flots retournoient, ils se désancroient et sachoient les voiles amont et puis retournoient à bataille et se combattoient âprement et hardiment. Et là étoit Pietre du Bois de Gand atout une charge d'archers et de gens de mer qui donnoit aux Flamands moult à faire, car il avoit été maronnier. Si se savoit bien aider sur mer. Et étoit courroucé de ce que ces Flamands et marchands leur duroient tant.

Ainsi chassant et combattant, et toujours Anglois conquérant sus la navie des Flamands, vinrent-ils entre Blancqueberge et l'Escluse, et à l'encontre de Gagant; et là fut la déconfiture, car ils ne furent secourus ni aidés de nullui, ni il n'avoit à ce jour nulles gens d'armes à l'Escluse ni ens ès nefs ni dedans la ville. Bien est vérité que un hommes d'armes et appert écuyer de l'Escluse, qui s'appeloit Arnoul le Maire, quand il ouït dire que bataille il y avoit sur mer de l'armée d'Angleterre à celle de Flandre, entra en une sienne barge que il avoit bonne et belle, et prit aucuns sergens de l'Escluse et vingt arbalêtriers, et nagea à force de rames jusques à la bataille, mais ce fut sur le point de la déconfiture, car jà étoient Anglois saisis de la greigneur partie des vaisseaux, et avoient pris messire Jean Bucq le patron de la navie et tous ceux de dedans. Et quand Arnoul le Maire en vit la manière et que la chose alloit mal pour leurs gens, si fit traire trois fois ses arbalêtriers et puis se mit au retour, et fut chassé jusques dedans le hâvre de l'Escluse; mais les nefs qui le chassèrent étoient si grosses que elles ne purent approcher de si près, pour la terre, que la barge fit; par telle manière se sauva-t-il et toute sa route.

Moult furent les gens de l'Escluse ébahis, quand les nouvelles furent là venues que l'armée d'Angleterre leur venoit et avoit rué jus et déconfit l'armée de Flandre et la grosse flotte qui venoit de la Rochelle, et cuidèrent bien avoir l'assaut. Si ne savoient lequel faire, ni auquel entendre, ou guerpir leur ville et tout laisser, ou entrer ens ès vaisseaux qui là dormoient à l'ancre et garder le pas. Et sachez que si les Anglois eussent bien certainement sçu du convenant de l'Escluse, ils eussent été seigneurs de la ville et du chastel, ou si ils eussent cru Pietre du Bois, car il conseilloit trop fort, quand ils furent au-dessus de la bataille et ils eurent saisi toute la navie, que on venist à l'Escluse et que de fait on le gagneroit. Mais les Anglois ne l'avoient point en courage ni en conseil; ainçois disoient : « Nous ferions trop grand'folie de nous bouter en la ville de l'Escluse; et puis ceux de Bruges, du Dam et d'Ardembourg venroient et nous enclorroient. Ainsi reperderièmes-nous tout ce que nous avons gagné. Il vaut trop mieux que nous le gardons et que nous guerroyons sagement que follement. »

Ainsi ne se boutèrent point les Anglois outre la rive de la mer vers l'Escluse, mais ils se mirent en peine d'ardoir la navie qui étoit au hâvre de l'Escluse et qui là gisoit à l'ancre; mais des vaisseaux qu'ils avoient pris ils prirent des plus légers et les plus secs et les oignirent bien dehors et dedans de huile et de graisse, et puis boutèrent le feu dedans, et les laissèrent aller aval le vent et avecques la marée qui venoit à l'Escluse. Ces vaisseaux ardoient bel et clair. Et le faisoient les Anglois à celle entente que ils se prensissent aux grands et gros vaisseaux qui là étoient d'Espaigne et d'autres pays, ils n'avoient cure de qui. Mais le feu n'y porta oncques dommage à vaissel qui y fut.

CHAPITRE LIV.

Comment les Anglois arrivèrent à l'Escluse et de ce toutes gens s'esbahissoient et comment ils ardirent plusieurs villes.

Après ce que les Anglois eurent déconfit messire Jean Bucq, l'amiral de Flandre, et conquis toute la flotte qui venoit de la Rochelle, où ils eurent grand profit, et par espécial ils eurent bien neuf mille tonneaux de vins, dont la vinée toute l'année en fut plus chère en Flandre, en Hainaut et en Brabant et à meilleur marché en Angleterre. Ce fut raison. Ainsi se portent les aventures; nul n'a dommage que les autres n'y aient profit. Ne se départirent pas pour ce les Anglois de devant l'Escluse, mais furent là à l'ancre, et coururent de leurs barges et de leurs galées, et prirent terre à Terneuse à l'opposite de l'Escluse : il n'y a que la rivière entre deux; et l'ardirent, et le moustier aussi, et deux autres villes plus avant en allant sus la marine et sus les dicques, lesquelles on appelle Tonrne-Hourgue; et Murdeques[1], et prirent des gens et des prisonniers sur le pays et furent là gisans à l'ancre plus de neuf jours; et firent des embûches entre le Dam et l'Escluse au lez devers eux au chemin de Cokesie; et y fut pris Jean de Lannoy, un homme d'armes de Tournay, qui étoit là venu avecques le seigneur d'Escornay et messire Blancart de Calonne, qui y vinrent frappant de l'éperon, de Tournay atout quarante lances, quand les nouvelles furent épandues sus le pays que les Anglois étoient à l'Escluse. Et advint aussi que messire Robert Mareschal, un chevalier de Flandre, lequel avoit épousé une des filles bâtardes du comte de Flandre, étoit pour ce jour à Bruges, quand les nouvelles coururent des Anglois; si que il se départit et s'en vint à l'Escluse et se bouta au chastel lequel il trouva à petite garde et défense. Et si les Anglois eussent pris terre, ou que ils se fussent adonnés de être entrés en l'Escluse, aussi bien que ils firent d'aller à Terneuse d'autre part l'eau, ils eussent pris chastel et tout; car les gens qui le devoient garder et ceux de l'Escluse étoient si ébahis que il n'y avoit ordonnance ni arroy en eux; et s'en fuyoient les uns çà et les autres là, quand le chevalier dessus nommé y vint qui entendit aux défenses et au pourvoir de gens, et rendit cœur

Turnhout et Moerdick.

et manière à ceux de la ville; si leur dit : « Entre vous, gens de l'Escluse, comment vous maintenez-vous? A ce que vous montrez, vous êtes tous déconfits et sans coup férir. Gens de valeur et de défense ne doivent pas ainsi faire. Ils doivent montrer visage tant comme ils peuvent durer. A tout le moins, si ils sont morts ou pris, en ont-ils la grâce de Dieu et la louange du monde. » Ainsi disoit messire Robert quand il vint à l'Escluse.

Endementres que les Anglois se tenoient et gisoient devant l'Escluse, étoit le pays jusques à Bruges moult effrayé, car ils issoient hors tous les jours, et venoient courir et fourrer bien avant; et tout de pied, car ils n'avoient nuls chevaux. Et quand ils avoient fait leur emprise, ils s'en retournoient à leur navie, et là rentroient, et toutes les nuits ils y dormoient; et à lendemain à l'aventure ils s'en r'alloient, et nullui ne leur alloit au-devant. Et autre tant bien comme ils s'alloient aventurer sus les parties du soleil couchant, se mettoient-ils hors à terre quand il leur plaisoit sus les parties de soleil levant. Et vinrent fourrer et puis ardoir la ville de Kokesie, sur les dunes de la mer et un autre gros village au chemin de Ardembourch et de la mer que on dit Hosebrouc. Et faisoient ce que ils vouloient, et eussent encore plus fait si ils voulsissent et si ils eussent sçu le convenant et l'ordonnance du pays, car si étoit tout vuis de gens d'armes. Et quand ils eurent séjourné tant comme bon leur fut, et que nul ne se mit au-devant d'eux pour rescourre chose que ils eussent prise ni levée au pays ni en la mer, et ils eurent bon vent, ils se départirent de l'ancre; et levèrent les voiles et s'en retournèrent vers Angleterre atout deux cent mille francs de profit pour eux, que en une manière que en autre; et singlèrent tant que ils vinrent à l'entrée de la Tamise, et là passèrent tout contremont jusques à Londres, où ils furent reçus à grand'joie, car les bons vins de Xaintonge, que on cuidoit boire en celle saison en Flandre, en Brabant, en Hainaut, en Liége et en plusieurs lieux en Picardie, ils les avoient en leur compagnie; si furent vendus et départis à Londres et en plusieurs lieux en Angleterre. Et firent ces vins là ravaller les vins quatre deniers esterlins au galon. Et furent ceux de Londres, et plusieurs Anglois qui hantoient les frontières de Flandre de Hollande, de Zélande trop grandement liés de la prise messire Jean Bucq, car il leur avoit porté plusieurs fois trop de contraires sur mer en allant à Dourdrech, à Zereciel, à Lede, Medelebourch et à la Brielle en Hollande. Et vous dis que aucuns marchands de Zereciel en Zélande avoient des vins en celle flotte qui venoient de la Rochelle, lesquels leur furent tous rendus et délivrés, et leurs dommages restitués. Et bien y avoit cause que les Anglois leur fussent courtois, car oncques ceux de Zereciel ne se vouldrent aconvenancer aux François pour aller en Angleterre; et leur dirent bien que jà nefs ni barges de Zereciel n'y mettroient la voile ni gouvernail. Pourquoi ils enchéoient grandement en la grâce et amour des Anglois. Si fut messire Jean Bucq mis en prison courtoise à Londres. Il pouvoit aller et venir parmi la ville, mais dedans soleil couchant il convenoit que il fût à l'hôtel, ni oncques depuis on ne le voult mettre à finance. Si en ot le duc de Bourgogne volontiers par échange rendu le frère du roi Jean de Portingal, un bâtard que ceux de Brenoliet prirent sur la mer en venant à Meledebourch; mais ils le prirent sur leur puissance, car sus les mettes de Zélande, ils ne l'eussent point pris. Et me semble que messire Jean Buch fut emprisonné courtoisement à Londres, en Angleterre environ trois ans, et puis mourut.

CHAPITRE LV.

Comment le maréchal du duc de Lancastre prit la ville de Ribedave, qui moult fort étoit tenue.

Or est heure que nous retournons aux besognes de Castille et de Portingal, et que nous parlions du duc de Lancastre qui se tenoit en Galice, et des besognes qui y advinrent en celle saison, qui ne furent pas petites, et que nous recordons aussi quel confort le roi de France fit et envoya en Castille; car sans ce les besognes du roi Jean de Castille se fussent petitement portées. Je veuil bien que on sache que il eût perdu, en celle année que le duc arriva à la Coloingne, tout son pays entièrement, si il n'eût été conforté des nobles du royaume de France qui y furent envoyés du noble roi de France.

Vous savez que nouvelles sont tantôt loin épandues. Le roi de Portingal sçut aussitôt les nouvelles ou plus tôt du roi de France et de l'armée qui se devoit faire par mer en Angleterre, car pour ces jours il séjournoit au Port de Portingal qui est une bonne cité, et là où le hâvre est un des beaux et des bien fréquentés de tout son royaume, que fit le duc de Lancastre ou plus tôt par les marchands qui retournoient en son pays. Si en fut tout réjoui, car on lui donnoit à entendre que Angleterre étoit toute perdue. Donc, au voire dire, il s'étoit un petit dissimulé devers le duc de Lancastre de non sitôt prendre sa fille pour mouillier. Si avoit-il toujours tenu et servi le duc et la duchesse de saluts et de paroles. Quand il fut justement informé du département du roi de France et du fait de l'Escluse, si appela son conseil et dit : « Beaux seigneurs, vous savez comment le duc de Lancastre est en Galice, et la duchesse notre cousine avecques lui ; et si savez comment il fut ci en grand amour, et eûmes conseil et parlement ensemble; et fut la fin telle, de moi et de lui, et le traité de nous et de notre conseil, que je dois prendre à femme Philippe sa fille. Je veuil persévérer en cel état; et le veuil mander, car c'est raison, honorablement en Galice, ainsi comme il appartient à un tel seigneur comme le duc de Lancastre est, et aussi à moi qui suis roi de Portingal, car j'en vueil la dame faire roine. » — « Sire, répondirent ceux à qui il en parloit, vous avez raison, car ainsi lui avez-vous juré et promis. » — « Or avant, dit le roi de Portingal, qui envoyerons-nous devers le duc pour ramener la dame ? »

Lors fut nommé l'archevêque de Bragues et messire Jean Radighes de Sar[1]. Si leur fut dit, car on les manda; pour l'heure que ils furent élus, ils n'étoient pas de-lez le roi. Ils entreprirent à faire le voyage liement; si furent ordonnés deux cens lances pour aller et retourner avecques eux.

Or parlerons du siége que messire Thomas Moreaux, maréchal de l'ost, tenoit devant Ribedave et conterons comment il en avint.

Je crois bien que ceux de Ribedave cuidèrent bien être confortés du roi Jean de Castille et des chevaliers de France, lesquels ens ou Val-d'Olif se tenoient, autrement ils ne se fussent point tant tenus. Mais je ne sais comment vilains, qui n'avoient conseil que d'eux, se purent tant tenir contre fleur d'archers et de gens d'armes pour assaillir une ville, et comment ils ne s'ébahissoient point, car ils avoient tous les jours sans faute l'assaut. Et fut dit à messire Thomas Morel en manière de conseil, des plus vaillans chevaliers de sa route : « Sire, laissons celle ville ici, que le mal feu l'arde, et allons plus avant au pays devant Maurens, ou Noye, ou Betances. Toujours retournerons-nous moult bien ici. » — « Par ma foi ! répondit messire Thomas, jà ne nous avenra que vilains nous déconfisent, et y dussé-je être deux mois, si le duc ne me remande. » Ainsi étoit entré le maréchal en l'opinion de tenir le siége devant Ribedave.

Le roi Jean de Castille qui se tenoit au Val d'Olif et qui avoit mandé espécialement secours en France, savoit bien et ouoit dire tous les jours comment ceux de Ribadave se tenoient vaillamment et ne se vouloient rendre, et lui ennuyoit de ce que, dès le commencement, quand les Anglois vinrent à la Coulongne, il n'y avoit mis en garnison des François, car bien s'y fussent tenus. « En nom Dieu, dit le Barrois des Barres, je suis durement courroucé que je n'y avois mis des François qui eussent moult reconforté les gens de la ville, et encore me déplait grandement que je n'y suis ; à tout le moins eussé-je eu l'honneur que les vilains ont. Et si on m'eût dit véritablement : « C'est une telle ville et de telle force et de telle garde, » sans faute je l'eusse fait rafreschir et pourvoir et m'y fusse bouté à l'aventure. Aussi bien m'eût Dieu donné la grâce de la garder et défendre que ces vilains ont eue. »

Ainsi se devisoient en la présence du roi à la fois les chevaliers de France qui désiroient les armes; et fut là dit au roi : « Sire, ce seroit bon que vous envoyassiez jusques à cent lances en la ville et au chastel de Noye pour le rafreschir et garder, afin que les Anglois ne soient seigneurs de la rivière de Doure. » — « C'est bon, dit le roi, car s'ils avoient et tenoient le chastel de la Coloigne, ils auroient les deux clefs de la terre de Galice ; et tant que cils doy forts seront miens et en mon obéissance, je suis et serai malgré tous mes ennemis sire de Galice, ni il n'est pas

---

[1] Duarte de Liaó dit que le roi envoya chercher la fille du duc de Lancastre par trois ambassadeurs, D. Lorenço, archevêque de Braga; Vasco Martinez de Mello et Joaõ Rodriguez de Sá, dans le nom duquel il est facile de reconnaître le dernier ambassadeur désigné par Froissart.

sire de Galice qui ne tient Noye et la Coloingne. Et qui y pourrons-nous envoyer ? »

Là se présentèrent plusieurs chevaliers, messire Tristan de Roye, messire Regnault son frère, messire Robert de Braquemont, messire Tristan de la Gaille, messire Jean de Chastel-Morand, messire le Barrois des Barres : et le roi les oyoit parler et eux présenter. Si leur en savoit bon gré : « Beaux seigneurs, dit le roi, grands mercis de votre bonne volonté ; vous n'y pouvez pas tous aller. Il faut que il y en demeure de-lez moi, pour les aventures qui peuvent advenir. Mais pour le présent je prie le Barrois des Barres que il y voise et preigne telle charge comme il lui plaît. »

Le Barrois fut trop réjoui de ce mouvement, car trop lui ennuyoit à tant séjourner et dit : « Sire roi, grands mercis, et je le garderai à mon pouvoir, et le vous rendrai sain et sauf, ou à votre commis. Et moi dedans venu je ne m'en partirai de ci à tant que me manderez. » — « De par Dieu, dit le roi, je crois que nous aurons tantôt grandes nouvelles de France. » Encore ne savoient rien les chevaliers du département de l'Escluse ; mais le roi le savoit bien, car le duc de Bourbon lui avoit escript tout le fait, et comment les besognes se portoient en France, et comment il devoit venir en Castille à trois mille lances, mais devant y devoient ouvrir les passages à trois mille lances messire Guillaume de Lignac et messire Gautier de Passac. Si demandèrent les chevaliers au roi, qui désiroient à ouïr nouvelles : « Ha ! sire, dites-nous des nouvelles de France que nous désirons. » Dit le roi : « Volontiers. »

Or dit le roi de Castille aux chevaliers qui là étoient : « Le duc de Bourbon est élu principalement à venir en ce pays, de par le roi de France et son conseil et ses deux oncles, et doit être chef de six mille lances, que chevaliers que écuyers ; et pour qu'il ne m'ennuie, ni à vous aussi, à être si tardivement secourus, on a ordonné du premier passage deux vaillans chevaliers à capitaines, messire Guillaume de Lignac et messire Gautier de Passac. Ceux-ci viendront premièrement atout trois ou quatre mille lances, et commencent jà à venir et à passer, car le voyage de mer est rompu et mis en souffrance jusques à l'été que le connétable de France et le comte de Saint-Pol et le sire de Coucy atout quatre mille lances doivent aller en ce mai en Angleterre. Et vous, qu'en dites-vous, » dit le roi ? « Que nous en disons, sire ? » répondirent les chevaliers qui furent tous réjouis. Nous disons que ce sont riches nouvelles. Nous ne pouvons avoir meilleures, car, en votre pays, sur l'été qui nous vient, se trayront les armes, si comme il appert. Et si sont mandés six mille, il en viendra neuf mille. Nous combattrons les Anglois sans faute. Ils tiennent maintenant les champs, mais nous leur clorrons avant la Saint-Jean-Baptiste. » — « Et par ma foi ! dit chacun à son tour, en ces trois capitaines que vous nous avez nommés, a gentils chevaliers et par espécial au gentil duc de Bourbon ; et les autres deux, messire Guillaume et messire Gautier, sont bien acertes chevaliers et gouverneurs de gens d'armes. »

Lors vissiez épandues tout parmi le Val-d'Olif et parmi Castille, que grand confort leur venoit de France dedans le premier jour de mai et que il étoit ainsi ordonné. Si en furent tous réjouis, chevaliers et écuyers, car ce fut raison.

Or se départit le Barrois des Barres atout cinquante lances seulement, et laissa le roi au Val-d'Olif, et s'en vint chevaucher vers la ville et chastel de Noye. Nouvelles vinrent en l'ost du maréchal du duc, je ne sais qui les rapporta, que les François chevauchoient, et étoient bien cinq cens lances et venoient pour lever le siège de Ribedave. Et quand messire Thomas Moreaux entendit ces nouvelles, si les cruy assez légèrement ; car celui qui les contoit le lui affirmoit pour vérité et que il les avoit vus chevaucher outre la rivière de Doure et venus loger à Ville-Arpent. Or se mit le maréchal en doute ; et créoit bien toutes ces paroles ; et ot conseil que il signifieroit tout son état au duc de Lancastre son seigneur. Aussi il fit ; et envoya messire Jean d'Aubrecicourt et Conimbre, le héraut, qui savoit tous les chemins en Galice ; et fut depuis toujours plus fort sus sa garde, et se doutoit de être souspris de nuit. Si fit-on grand guet en son ost. Et veilloit toujours bien la moitié de l'ost entretant que les autres dormoient.

Or vinrent messire Jean d'Aubrecicourt et le héraut en la ville de Saint-Jacques où le duc et la duchesse se tenoient. Quand le duc sçut que ils étoient venus, si dit : « Il y a nouvelles. » Tantôt il les fit venir devant lui et demanda :

« Quelles nouvelles ? » — « Monseigneur, bonnes, dit messire Jean ; mais le maréchal m'envoie devers vous pour savoir que vous voulez qu'il fasse, car on lui a rapporté pour certain que les François se sont mis ensemble en Castille et chevauchent fort, et veulent passer la rivière pour venir combattre nos gens devant Ribedave ; véez là les nouvelles que je vous apporte. » — « En nom Dieu, dit le duc, messire Jean, ce sont nouvelles assez, et nous y pourverrons. » Tantôt il regarda sus messire Jean de Hollande son connétable, et son amiral messire Thomas de Percy, et leur dit : « Prenez trois cens lances de nos gens et cinq cens archers et en allez devant Ribedave voir les compagnons. Ils se doutent des François que ils ne les viennent réveiller. » Et ceux répondirent : « Monseigneur, volontiers. » Lors s'ordonnèrent les deux seigneurs dessus nommés et prirent trois cens lances et cinq cens archers. Et se départirent du duc, et cheminèrent tant qu'ils vinrent près de la ville de Ribedave, où leurs compagnons étoient logés qui furent grandement réjouis de leur venue. « Maréchal, dit messire Jean de Hollande, que disent ceux de Ribedave ? » Ne se veulent-ils point rendre ? » — « Par ma foi ! sire, nennil, répondit messire Thomas. Ce sont orgueilleuses gens ; ils voient que le pays se rend tout autour d'eux et si se tiennent toujours en leur opinion, et si ne sont que vilains. Il n'y a là dedans un seul gentilhomme. » — « Or vous taisez, dit messire Jean de Hollande. Car dedans quatre jours nous les mettrons en tel point que ils se rendront volontiers qui les voudroit prendre à merci. Mais or nous dites, à l'amiral et à moi, chevauchent les François ? » Répondit messire Thomas : « Ainsi fui-jou un jour informé que voirement chevauchoient-ils plus de cinq cens en une flotte ; et bien est en leur puissance, car ils ne font que venir gens de France. Et depuis ai-je sçu que ce fut le Barrois des Barres qui se vint bouter atout cinquante lances en la ville et au chastel de Noye. Car nulles autres apparences nous n'y avons vu. »

Atant laissèrent-ils leurs paroles, et se logèrent les nouveaux venus tous ensemble au mieux qu'ils purent ; et faisoient venir et amener grandes pourvéances après eux dont ils furent grandement servis.

Environ quatre jours après ce que messire Jean de Hollande et messire Thomas de Percy furent venus en l'ost du maréchal, avoient chevaliers et écuyers et toutes autres gens d'armes ordonné un grand appareil d'assaut ; et firent faire et ouvrer et charpenter un grand engin de bois sus roes, que on pouvoit bien mener et bouter à force des gens là où on vouloit ; et dedans pouvoient bien aisément cent archers, et autant de gens d'armes qui voulsist ; mais pour cel assaut archers y entrèrent. Et avoit-on rempli les fossés à l'endroit où l'engin devoit être mené.

Lors commença l'assaut ; et approchèrent cel engin à force de boutemens sus roues ; et là dedans et tout dessus étoient archers bien pourvus de sajettes qui traioient à ceux de dedans de grand'façon, et ceux de dedans jetoient à eux dardes de telle manière que c'étoit grand'merveille. Au pied de cel engin et dessous y avoit manteaux couverts de cuirs de chèvres, de bœufs et de vaches pour le jet des pierres et pour le trait des dardes ; et dessous ces manteaux, à la couverte, se tenoient gens d'armes qui approchèrent le mur, lesquels étoient bien paveschiés[1] ; et piquoient de pics et de boyaux au mur. Et tant firent que ils empirèrent grandement le mur, car les défendans n'y pouvoient entendre, pour les archers qui ouniement traioient et qui fort les ensonnioient. Là fit-on renverser un pan de mur et cheoir ès fossés. Quand les Galiciens qui dedans étoient ouïrent le grand meschef, si furent tout ébahis et crièrent tout haut : « Nous nous rendons, nous nous rendons ! » Mais nul ne leur répondoit ; et avoient les Anglois bons ris de ce que ils véoient, et disoient : « Ces vilains nous ont battus et fait moult de peine et encore se moquent-ils de nous, quand ils veulent que nous les recueillions à merci et si est la ville nôtre. » — « Nennil, nennil, répondirent aucuns des Anglois. Nous ne savons que vous dites ni nous ne savons parler espaignol. Parlez bon françois ou anglois, si vous voulez que nous vous entendions. » Et toujours alloient-ils et passoient avant et chassoient ces vilains qui fuyoient devant eux et les occioient à monceaux ; et en y eut ce jour morts, que d'uns que d'autres, parmi les Juifs dont il

[1] Couverts de pavois.

y avoit assez, plus de quinze cens. Ainsi fut la ville de Ribedave gagnée à force ; et y eurent ceux qui y entrèrent grand pillage ; et par espécial ils trouvèrent plus d'or et d'argent en la maison des Juifs que autre part.

Après la prise et conquêt de Ribedave, qui fut prise par bel assaut, et que les Anglois l'eurent toute fustée, et que ils en furent seigneurs, on demanda au maréchal quelle chose on en vouloit faire et si l'on bouteroit le feu par dedans. « Nennil, répondit le maréchal ; nous la tiendrons et garderons, et la ferons rappareiller aussi longuement et bien que nulle autre ville de Galice. »

Ainsi fut la ville déportée de non être arse ; et fut regardé où on se trairoit. Il fut regardé que on se trairoit devant Maurens, une bonne ville aussi en Galice, et puis furent ceux ordonnés qui demeureroient pour la garder et réparer. Et y fut laissé messire Pierre de Cligneton, un moult appert chevalier, atout vingt lances et soixante archers. Si firent les seigneurs charger grand foison de pourvéances de la ville de Ribedave à leur département, car ils y en trouvèrent assez, et espécialement de porcs salés et de bons vins qui étoient si forts et si ardens que ces Anglois n'en pouvoient boire ; et quand ils en buvoient trop largement, ils ne s'en pouvoient aider bien deux jours après.

Or se délogèrent-ils de Ribedave et cheminèrent vers la ville de Maurens en Galice, et faisoient mener tout par membres le grand engin que ils avoient fait charpenter avec eux ; car ils véoient bien que c'étoit un grand chastioir et épouvantement de gens et de villes.

Quand ceux de Maurens entendirent que les Anglois venoient vers eux pour avoir leur ville en obéissance, et que Ribedave avoit été prise par force, et les gens de dedans morts, et faisoient les Anglois mener après eux un diable d'engin si grand et si merveilleux que on ne le pouvoit détruire, si se doutèrent grandement de l'ost et de ce grand engin ; et se trayrent en conseil pour savoir comment ils se maintiendroient : si ils se rendroient, ou si ils se défendroient. Eux conseillés, ils ne pouvoient voir que le rendre ne leur vaulsist trop mieux assez que le défendre ; car si ils étoient pris par force, ils perdroient corps et avoir, et au défendre il ne leur apparoit confort de nul côté. « Regardez, disoient les sages, comment il leur en est pris de leurs défenses à ceux de Ribedave, qui étoient bien aussi forts ou plus que nous ne soyons ; ils ont eu le siége près d'un mois et si ne les a nul confortés ni secourus. Le roi de Castille, à ce que nous entendons, compte pour celle raison tout le pays de Galice pour perdu jusques à la rivière de Doure. Vous n'y verrez de celle année entrer François. Si que rendons-nous débonnairement sans dommage et sans riotte, en la forme et en la manière que les autres villes qui se sont rendues ont fait. » — « C'est bon, » dirent-ils. Tous furent de celle opinion. « Et comment ferons-nous ? » dirent aucuns. « En nom Dieu, dirent les sages, nous irons sur le chemin à l'encontre d'eux et porterons les clefs de la ville avecques nous, et leur présenterons, car Anglois sont courtoises gens. Ils ne nous feront nul mal, mais nous recueilleront doucement et nous en sauront très grand gré. »

A ce propos se sont tous tenus. Donc issirent hors cinquante hommes de la ville dessus dite, tous des plus notables de la ville. Sitôt que ils sçurent que les Anglois approchoient, ils postèrent ceux de la ville dessus nommée en leur compagnie, et se mirent sur le chemin entre la ville et les Anglois. Et là, ainsi comme au quart de une lieue, ils attendirent les Anglois qui moult fort les approchoient.

Nouvelles vinrent aux Anglois que ceux de la ville de Maurens étoient issus hors, non pour combattre, mais pour eux rendre ; et portoient les clefs des portes avec eux. Adonc s'avancèrent les seigneurs ; et chevauchèrent tout devant pour voir et savoir que ce vouloit être ; et firent toutes gens, archers et autres, demourer en bataille derrière, et puis vinrent à ces Galiciens qui les attendoient. Il leur fut dit : « Véez-ci les trois principaux seigneurs d'Angleterre envoyés de par le duc de Lancastre pour conquérir le pays ; parlez à eux. » Adonc se mirent-ils tous à genoux et dirent : « Chers seigneurs, nous sommes des povres gens de Maurens qui voulons venir à l'obéissance du duc de Lancastre et de madame la duchesse, notre dame, sa femme : si vous parlons et prions que vous nous veuilliez recueillir à mercy, car ce que nous avons est vôtre. » Les trois seigneurs d'Angleterre répondirent tantôt, par l'avis l'un de l'autre : « Bonnes gens, nous irons avecques vous en la ville, et une partie de notre host aussi, et non pas tout; et là vous nous ferez serment, si comme bonnes gens et subgiets doivent faire à leur seigneur et dame, que la ville de Maurens vous reconnoîtrez à monseigneur et à madame. » Ils répondirent : « Ce ferons-nous volontiers. » — « Or allez donc devant et faites ouvrir les portes, car vous êtes pris et recueillis à merci. »

Adonc se mirent ceux au chemin, et vinrent à leur ville, et firent ouvrir portes et barrières au devant du connétable et des seigneurs, qui pouvoient être environ trois cens lances et non plus. Le demourant se logea aux champs; mais ceux qui dehors étoient demeurés eurent largement des biens de la ville; et les seigneurs se logèrent dedans la ville et firent faire serment aux bonnes gens de la ville de Maurens, ainsi comme il est ci-dessus dit.

CHAPITRE LVI.

Comment le duc de Lancastre manda l'amiral et le maréchal, lesquels conquéroient villes et chastels en Galice, pour être aux noces de sa fille que le roi de Portingal épousa.

A lendemain que la ville de Maurens en Galice fut rendue et que les chevaliers s'ordonnoient et appareilloient pour aller devant la cité de Betances, leur vinrent lettres et nouvelles du duc de Lancastre : et leur mandoit que, ces lettres vues, en quel état qu'ils fussent, ils se départissent et retournassent devers lui, car il attendoit dedans briefs jours l'archevêque de Braghes et messire Radiges de Sare, les ambassadeurs du roi de Portingal, lesquels venoient à celle fois pour épouser sa fille et mener au Port, là où le roi l'attendoit.

Quand messire Jean de Hollande et le maréchal et l'amiral entendirent ces nouvelles, si retournèrent leur chemin et dirent que voirement appartenoit-il bien que, au recevoir les ambassadeurs du roi de Portingal, le duc, leur seigneur, eût ses gens et son conseil de-lez lui; si se mirent au retour, et laissèrent garnisons ès villes que ils avoient conquises, et dirent que ils n'en feroient plus jusques au mai; et s'en retournèrent en la ville de Saint-Jacques, ainsi que le duc les avoit mandés.

Dedans trois jours après que ils furent venus, vinrent l'archevêque de Braghes et messire Jean de Radighes de Sar, et descendirent à plus de deux cens chevaux dedans la ville de Saint-Jacques; tous furent logés, car on avoit toute chose ordonnée pour eux loger. Quand ils furent appareillés, l'archevêque et les chevaliers et encore des autres seigneurs de leur compagnie se trairent devers le duc et la duchesse en bon arroy, où ils furent recueillis à grand'joie. Adonc remontrèrent-ils ce pourquoi ils étoient là venus, et le duc y entendit volontiers, car de l'avancement de sa fille devoit-il être tout réjoui, et aussi de l'alliance qu'il avoit au roi de Portingal, qui bien lui venoit à point au cas que il vouloit entrer par conquêt en Castille. L'archevêque montra au duc et à la duchesse et au conseil comment, par procuration, il pouvoit et devoit personnellement épouser au nom du roi Jean de Portingal, madame Philippe de Lancastre, fille au duc, et tant que le duc et la duchesse et leur conseil s'en contentèrent et y ajoutèrent foi. Donc ens ès jours que les ambassadeurs de Portingal séjournèrent à Saint-Jacques, messire Jean Radhiges de Sar, par la vertu de la procuration que il avoit, épousa madame Philippe de Lancastre au nom et comme procureur du roi de Portingal qui en ce l'avoit ordonné et institué; et les épousa l'archevêque de Braghes, et furent sus un lit courtoisement, ainsi comme époux et épousée doivent être. Ce fait, à lendemain la dame eut tout son arroy prêt pour partir. Si partit quand elle eut pris congé à son père et à sa mère et à ses sœurs; et monta sus haquenées traveillans très bien, et damoiselles avecques elle, et sa sœur bâtarde la femme du maréchal. En sa compagnie furent ordonnés d'aller messire Jean de Hollande et messire Thomas de Percy et messire Jean d'Aubrecicourt, et cent lances d'Anglois et deux cens archers. Si se mirent au chemin ces seigneurs et ces dames, et chevauchèrent vers la ville et cité du Port.

Contre la venue de la jeune roine de Portingal issirent hors de la cité du Port, pour lui faire honneur et révérence, les prélats qui à ce jour y étoient : l'évêque de Lussebonne et l'évêque d'Evre, l'évêque de Conimbre et l'évêque du Port. Et des barons; le comte d'Angouse, le comte de Novare et le comte d'Escalez [1], Galop

---

[1] Froissart n'ayant pas donné le nom de baptême avec le nom propre, je ne puis le reconnaître.

Ferrant Percek[1] et Jean Ferrant Percek[2] le Pouvasse de Coingne[3], Vasse Martin de Merlo, le Poudich d'Asevede[4], Ferrant Rodriguez maitre de Vis, et plus de quarante chevaliers, et foison d'autre peuple, et dames et damoiselles, et tout le clergé revêtu en habit de procession. Et fut ainsi madame Philippe de Lancastre amenée au Port de Portingal et au palais du roi, et là fut descendue. Et la prit le roi par la main[5] et la baisa, et toutes les dames qui étoient venues en sa compagnie; et l'amena jusques à l'entrée de sa chambre, et la prit congé, et les seigneurs aux dames; et tous se retrairent. Si furent les seigneurs d'Angleterre, qui là étoient venus, logés à leur aise, et leurs gens aussi, en la cité du Port, car elle est grande et bonne assez. Et celle nuit on fit les vigiles de la fête. A lendemain les danses et les carolles et les ébattemens, et passèrent ainsi la nuit.

Quand ce vint le mardi[6], le roi de Portingal, les prélats et les seigneurs de son pays furent tous appareillés au matin, à heure de tierce : si montèrent tous à cheval au pied du palais du roi, et puis s'en vinrent à l'église cathédrale que on dit de Sainte-Marie, et là descendirent et attendirent la roine qui vint bien accompagnée de dames et de damoiselles assez tôt, et toutes sus palefrois amblans bien arréés et ordonnés pour elles servir et porter[7]. Et quoique messire Jean Radighes de Sar eût épousé la jeune dame, la fille au duc de Lancastre, au nom du roi de Portingal, le roi solemnellement, devant tous ceux qui le purent voir, de rechef

[1] Guadalupe Ferrant Pacheco.
[2] João Ferrant Pacheco.
[3] Le Pouvasse de Coingne est mis là pour Lopo Vasques da Cunha. Les copistes ont écrit le Pouvasse au lieu de Lopo Vasc.
[4] Lopo Diaz de Azevedo.
[5] Le roi était alors à Evora, et il n'arriva qu'après elle.
[6] Le mariage se fit le jour de la Purification, 11 février 1387. D. Jean avait alors vingt-neuf ans et la reine vingt-huit.
[7] Duarte de Liaõ donne quelques détails curieux sur cette cérémonie. Le roi était monté sur un beau cheval blanc et il était vêtu de drap d'or. La reine était montée sur un palefroi de la même couleur, et elle portait sur son front une couronne d'or ornée de pierreries. Les grands qui les accompagnaient étaient tous à pied, et l'archevêque de Braga tenait la bride du palefroi de la reine. Derrière la reine suivaient un grand nombre de femmes mariées, chantant des couplets, comme c'était alors l'usage.

l'épousa là. Et puis retournèrent au palais, et là furent faites les fêtes grandement et solemnellement, et y ot joutes après dîner devant la roine grandes et fortes et bien joutées; et eut le prix au soir de ceux de dehors messire Jean de Hollande, et de ceux de dedans un chevalier d'Allemagne du roi qui s'appeloit messire Jean Tête-d'Or. Si fut la journée et la nuitée toute persévérée en grands joies et en grands ébattemens; et fut celle nuit le roi avecques sa femme. Et lui portoient renommée, ceux du pays qui le connoissoient, que encore étoit-il caste et n'avoit oncques eu compagnie charnellement à femme.

A lendemain renouvelèrent les fêtes, et joutèrent encore les chevaliers; et ot le prix des joutes de dedans Vasse Martin de Merlo et de dehors messire Jean d'Aubrecicourt, et toute la nuit ensuivant on ne fit que danser, chanter et ébattre, ni aussi toute la semaine. Et tous les jours y avoit joutes de chevaliers et d'écuyers, moult grandes.

En telles joies et ébattemens que vous pouvez ouïr fut recueillie, fêtée et épousée la roine de Portingal en son avenue en la cité du Port; et durèrent les fêtes plus de dix jours; et y ot du roi aux étrangers beaux dons donnés et présentés, tant que tous s'en contentèrent.

Or prirent congé les chevaliers d'Angleterre au roi et à la roine, et se mirent au retour, et exploitèrent tant que ils vinrent en la ville de Saint-Jacques dont ils étoient partis; et retournèrent devers le duc et la duchesse, qui leur demandèrent des nouvelles; et ils en recordèrent ce que ils en avoient vu et qu'ils en savoient, et comment le roi de Portingal les salua et la roine se recommandoit à eux. Et dirent encores messire Jean de Hollande et messire Thomas de Percy : « Monseigneur, la derraine parole que le roi de Portingal nous dit fut telle : que vous vous traiez sus les champs quand il vous plaira, car il s'y traira aussi à toute sa puissance et entrera en Castille. » — « Ce sont bonnes nouvelles, » ce dit le duc.

Environ quinze jours après ce que le connétable et l'amiral furent retournés du Port et des noces du roi de Portingal, s'ordonnèrent le duc de Lancastre et ses gens pour chevaucher et pour aller conquérir villes et chastels en Galice. Encore n'en étoit pas le duc seigneur de tous ni de toutes villes. Et fut ordonné du conseil du duc, et il appartenoit qu'il fût ainsi, que quand le duc partiroit de la ville de Saint-Jacques, la duchesse et sa fille Catherine en partiroient aussi et iroient au Port voir le roi de Portingal et la jeune roine. Si furent autant bien les besognes de la duchesse ordonnées comme celles du duc et de leur jeune fille aussi; et fut la ville de Saint-Jacques à un chevalier d'Angleterre baillée à garder et pour en être capitainé, lequel on appeloit messire Louis de Clifford; et avoit dessous lui trente lances et cent archers.

CHAPITRE LVII.

Comment le duc de Lancastre et ses gens chevauchoient vers la cité de Bétances et comment ceux de Betances composèrent à eux, et comment la duchesse et sa fille allèrent voir le roi et la roine de Portingal.

Or se départit le duc de Lancastre à toutes ses gens; rien ne demoura en la garnison fors ceux qui ordonnés étoient à demourer. Et chevauchèrent le duc et la duchesse devers la cité de Betances; c'est à l'un des coins de Galice la derraine bonne ville au-lez devers le royaume de Portingal et au droit chemin du Port et de Coïmbre. Et pour ce que madame de Lancastre et sa fille devoient aller voir le roi et la roine, tinrent-elles le chemin. Ceux de Betances entendirent que le duc venoit sur eux à tout son pouvoir; si se trairent à conseil pour savoir quelle chose ils pourroient faire. En leur conseil eut plusieurs paroles retournées. Finablement ils ordonnèrent, et pour le mieux, que ils envoieroient devers le duc et la duchesse qui venoient, six de leurs hommes des plus notables de la ville de Betances, en souffrance de non être assaillie huit jours tant seulement; et là en dedans ils envoieroient devers le roi de Castille; et lui remontreroient que si il ne venoit si fort que pour combattre le duc, ils se rendroient au duc quittement et franchement sans nul moyen.

Lors montèrent sus chevaux six hommes qui élus y furent de la ville de Betances, et chevauchèrent le droit chemin que les Anglois venoient. Si encontrèrent premièrement l'avant-garde que le maréchal menoit. Si furent pris et arrêtés des premiers chevaucheurs; ils dirent que ils étoient de Betances, et que sus bon appointement chargés de la ville ils alloient parler au duc. Adonc, dit le maréchal à messire Jean Soustrée qui chevauchoit de-lez lui : « Menez ces hommes devers monseigneur; ils ont bon mestier d'être conduits, car nos archers les pourroient occire. » Le chevalier répondit : « Volontiers. » — « Allez, allez, dit le maréchal, ce chevalier vous mènera au duc. » Lors se départirent-ils et chevauchèrent tous ensemble, et trouvèrent le duc et la duchesse et leur fille et messire Jean de Hollande et messire Thomas de Percy et plusieurs autres qui étoient descendus dessous moult beaux oliviers; et regardèrent fort tous ensemble sus Soustrée, quand ils le virent venir. Si lui demanda messire Jean de Hollande en disant : « Beau-frère Soustrée, ces prisonniers sont-ils à toi? » — « Sire, répondit Soustrée, ils ne sont pas prisonniers. Ce sont hommes de Betances que le maréchal m'a baillés en conduit pour venir parler à monseigneur; car selon ce qu'il m'est advis ils veulent traiter. » Le duc de Lancastre oyoit toutes ces paroles, aussi faisoit la duchesse; car il et elle étoient présens. Adonc, leur dit Soustrée : « Avancez-vous, bonnes gens, car véez-là votre seigneur et votre dame. » Lors s'avancèrent ces six hommes et se mirent à genoux; et parla l'un ainsi et dit : « Mon très cher et redouté seigneur et ma très chère et redoutée dame, la communauté de la ville de Betances nous envoie ici. Ils ont entendu que vous venez sus eux, ou que vous envoyez à main armée pour avoir la seigneurie, si vous prient, de grâce espéciale, que vous vous veuillez souffrir et cesser neuf jours tant seulement de non faire assaillir, et ils envoieront devers le roi de Castille qui se tient à Val-d'Olif, et lui montreront le danger où ils sont; et si dedans les neuf jours ils ne sont secourus de gens forts assez pour vous combattre, ils se mettront du tout en votre obéissance. Et le terme que vous logerez près d'ici, si vivres et pourvéances vous besoignent, pour vos deniers, cher sire et vous très chère dame, ceux de la ville de Betances vous en offrent à prendre à votre volonté pour vous et pour vos gens. »

A ces paroles ne répondit point le duc, mais laissa parler la duchesse qui très bien avoit entendu leur langage, car elle étoit du pays, et regarda vers le duc, et dit : « Monseigneur, qu'en dites-vous? » — « Et vous, dame, qu'en dites-vous aussi? Vous êtes héritière. L'héritage me vient de vous; si en devez répondre. » — » Monseigneur, c'est bon qu'ils soient reçus parmi le traité qu'ils mettent avant, car je crois bien que le roi de Castille n'a nulle volonté si prestement de vous combattre. » — « Je ne sais, dit le duc; Dieu doint qu'il vienne à la bataille tantôt, si serons plutôt délivrés; car je voudrois que ce fût dans six jours. Et puisque vous le voulez, je le vueil aussi. »

Adonc se retourna la dame devers les hommes, et leur dit en galicien : « Allez; vous avez exploité; mais délivrez au maréchal de vos hommes de la ville des plus notables jusques à douze qui soient pleiges pour tenir le traité. » — « Bien, madame, » répondirent ceux de la ville. Adoncques se levèrent-ils; et messire Jean Soustrée fut élu et chargé, qui amenés les avoit, de faire toute celle réponse au maréchal; lequel maréchal s'en contenta bien, quand ils furent retournés devers lui; et ceux s'en allèrent à Betances et contèrent comment ils avoient exploité.

Adoncques furent pris en la ville douze hommes des plus notables et envoyés devers le maréchal. Si demeura la ville de Betances en paix parmi la condition que je vous baille; et tantôt que ils eurent parlé ensemble, ils envoyèrent devers le roi de Castille; et y furent commis ces propres six hommes et non autres, lesquels avoient fait les traités au duc de Lancastre. Et cheminèrent tant qu'ils vinrent au Val-d'Olif où le roi se tenoit et une partie de son conseil. Quand ils furent venus et le roi sçut leur venue, il les voult voir pour parler à eux et pour demander des nouvelles. Encore ne savoit-il rien de la composition que ils avoient faite au duc de Lancastre ni que les Anglois fussent devant Betances.

Entrementres que ces six hommes allèrent au Val-d'Olif pour parler au roi, si comme vous savez, ordonna le duc la duchesse sa femme et sa fille madame Catherine pour aller au Port voir le roi de Portingal et la jeune roine sa fille, et lui dit ainsi le duc au partir : « Constance, vous me saluerez le roi mon fils, et ma fille et les barons de Portingal, et leur direz des nouvelles telles que vous savez, comment ceux de Betances sont en traité devers moi, et ne sais pas encore comment ils sont fondés, ni si votre adversaire Jean de Tristemare leur a fait faire ce traité, ni si il nous viendra combattre, car bien sais que grand confort lui doit venir de France et viendra, puisque le voyage de mer est rompu et que chevaliers et écuyers de France, qui désirent les armes et à eux avancer, viendront en Castille au plutôt comme il pourront. Si me faudra tous les jours être sur ma garde pour attendre la bataille. Et ce direz-vous au roi mon fils et aux barons de Portingal. Et si aucune chose me vient où que je voie que je doive avoir à faire, je le signifierai sur heure au roi de Portingal. Si lui direz de par moi que il soit ainsi pourvu comme pour aider à garder notre droit et le sien, ainsi comme nous avons par alliance juré et promis ensemble. Et outre vous retournerez devers moi; mais vous lairrez celle saison notre fille Catherine de-lez la roine sa sœur, au Port de Portingal. Elle ne peut mieux être ni en meilleure garde. » — « Monseigneur, répondit la dame, tout ce ferai-je volontiers. »

Lors prit congé au duc la duchesse, et sa fille et les dames et damoiselles qui en leur compagnie étoient, et montèrent aux chevaux et partirent. Si furent accompagnées de l'amiral messire Thomas de Percy, de messire Yon Fitz Warin, du seigneur de Taillebot, de messire Jean d'Aubrecicourt et de messire Maubruin de Linières: et leur furent délivrés cent lances et deux cents archers; et chevauchèrent vers le Port, et tant exploitèrent que ils y parvinrent ou assez près.

CHAPITRE LVIII.

Comment la duchesse de Lancastre et sa fille allèrent voir le roi et la roine de Portingal, et comment la ville de Betances se mit en composition au duc de Lancastre et elle se rendit à lui.

Quand le roi de Portingal entendit que la duchesse de Lancastre et sa fille venoient, si en fut grandement réjoui; et envoya à l'encontre d'elles des plus notables de sa cour, le comte d'Angouse et le comte de Novaire, messire Jean Radighes de Sar, messire Jean Ferrant Percek, messire de Vascousiaux, messire Vasse Martin de Merlo, messire Egheas Coille et bien quarante chevaliers, lesquels chevauchèrent deux grandes lieues contre les dames, et les recueillirent grandement et liement et moult honorablement. Et la duchesse qui bien le savoit et sait faire s'accointa aussi moult doucement des barons et chevaliers. Et étant sur les champs, l'un après l'autre elle inclina, et les reçut de paroles et de manière et par bon arroy. Ainsi vinrent-ils jusques en la cité du Port; et fut la duchesse et sa fille, et toutes les dames et damoiselles, ordonnées de loger au palais. Là vint le roi premièrement contre les dames et damoiselles, et en recueillant les baisa toutes l'une après l'autre; et puis vint la roine bien accompagnée de dames et de damoiselles, laquelle reçut sa dame la duchesse et sa sœur moult honorablement, car bien le sçut faire; et ne les voult oncques laisser, à tant que toutes furent en leurs chambres. Moult fut toute l'ostelée du roi réjouie de la venue des dames. De toutes leurs accointances ne me vueil-je pas trop ensoigner de parler, car je n'y fus pas; je ne le sais fors par le gentil chevalier messire Jean Ferrant Percek qui y fut et qui m'en informa. Là remontra la duchesse au roi de Portingal, quand heure fut, toutes les paroles dont le duc son mari l'avoit avisée et chargée du dire et conter. Le roi répondit moult doucement et sagement, et lui dit : « Dame et cousine, je suis tout prêt, si le roi de Castille se met avant sus les champs. Et aurai sur trois jours trois mille lances, car ils logent tous aux champs sur les frontières de Castille; et aurai encore bien vingt mille combattans des communautés de mon royaume qui ne sont pas à refuser; car ils me valurent grandement un jour à la bataille qui fut à Juberotte. » — « Sire, dit la dame, vous parlez bien, et grands mercis. Si rien surcroît à monseigneur, tantôt il le vous signifiera. » Ainsi se tinrent ensemble en telles paroles et en autres le roi de Portingal et la duchesse. Or retournons-nous un petit à ceux de Betances et conterons comment ils exploitèrent.

Quand ces six hommes de Betances furent devant le roi de Castille, ils se mirent à genoux et dirent : « Très redouté sire, il vous plaise à entendre à nous. Nous sommes ici envoyés de par votre ville de Betances, laquelle s'est mise, et de force, en composition devers le duc de Lancastre et la duchesse. Et ont souffrance de non être assaillis neuf jours. Et là en dedans, si vous y venez fort assez ou envoyez tellement que pour résister contre la puissance du duc, la ville vous demeurera; ou si non ils se sont obligés, et en ont baillé otages, que ils se rendront. Si que, très redouté roi, il vous en plaise à répondre quelle chose vous en ferez. » Le roi répondit et dit : « Nous nous conseillerons et puis aurez réponse. » Adonc se départit le roi de leur présence et rentra en sa chambre. Je ne sais si il se conseilla ou non, ni comment la besogne se porta, mais iceux six hommes de Betances furent là huit jours que oncques ils ne furent répondus, ni depuis ils ne virent point le roi.

Or vint le jour que la ville se devoit rendre, et point n'étoient encore retournés leurs gens. Le duc de Lancastre envoya son maréchal au dixième jour parler à ceux de Betances et dire que ils se rendissent, ou il feroit couper les têtes à leurs otages. Le maréchal vint à Betances jusques aux barrières et fit là venir les hommes de la ville parler à lui; ils y vinrent. Quand ils y furent venus, il leur dit : « Entendez, entre vous bonnes gens de Betances; monseigneur m'envoie devers vous et vous fait demander pourquoi vous n'apportez les clefs de cette ville à son logis et vous mettez en son obéissance ainsi que faire devez. Les neuf jours sont accomplis dès hier et bien le savez. Si vous ne le faites, il fera trancher les têtes à vos otages et puis vous viendra assaillir et prendre par force, et serez tous morts sans merci, ainsi que furent ceux de Ribedave. »

Quand les hommes de Betances entendirent ces nouvelles, si se doutèrent à perdre leurs amis qui étoient en otages devers le duc, et dirent : « En bonne vérité, monseigneur le maréchal, monseigneur de Lancastre a cause de dire ce que vous dites; mais, nous ne oons nulles nouvelles de nos gens que nous avons pour icelle cause envoyés devers le roi au Val-d'Olif ni que ils sont devenus. » — « Seigneurs, dit le maréchal, espoir sont-ils retenus pour les nouvelles que ils ont apportées, qui ne sont pas ni ont été trop plaisantes au roi de Castille. Et monseigneur ne veut plus attendre. Pourtant avisez-vous, car moi fait votre réponse, il est ordonné que vous aurez l'assaut. » Donc reprirent-ils la parole et dirent : « Sire, or nous laissez assembler toute la ville et nous parlerons ensemble. — « Je le vueil, » dit-il.

Lors rentrèrent-ils en Betances et firent sonner de rue en rue les trompettes pour assembler toutes manières de gens et venir en la place. Ils s'assemblèrent; et quand ils furent tous assemblés, ils parlementèrent; et remontrèrent les plus notables à la communauté toutes les paroles que vous avez ouïes. Si furent d'accord que ils rendroient la ville et racheteroient leurs otages qui en prison étoient, car ils ne les vouloient pas perdre. Si retournèrent au maréchal et dirent ces nouvelles en disant : « Monseigneur le maréchal, en toutes vos demandes n'y a que raison : nous sommes appareillés de recevoir monseigneur et madame et mettre en la possession de celle ville, et véez-cy les clefs. Nous nous en irons avecques vous devers eux en leurs logis, mais que il vous plaise et que vous nous y veuilliez mener. » Répondit le maréchal : « Oui, volontiers. »

Donc yssirent de Betances bien soixante, et emportèrent avecques eux les clefs des portes, et le maréchal les mena tout droit au duc et fit pour eux l'entrée et la parole. Le duc les recueillit et leur rendit leurs otages, et entra ce jour en la cité de Betances et s'y logea. Et s'y logèrent aussi ses gens qui loger s'y purent.

Au chef de quatre jours après ce que Betances se fût rendue au duc de Lancastre, retournèrent les six hommes, lesquels avoient été envoyés au Val-d'Olif, devers le roi de Castille. Si furent enquis et demandés de ceux de la ville pourquoi ils avoient tant demouré. Ils répondirent qu'ils ne l'avoient pu amender. Bien avoient parlé au roi ; et répondit le roi, quand ils les eut ouïs et entendus, que il se conseilleroit sus pour donner réponse ; « et pour ce séjournâmes-nous là huit jours, et encore sommes-nous retournés sans réponse. » On ne leur demanda plus avant ; mais ils dirent bien que on disoit au Val-d'Olif que le roi de Castille attendoit grand'gens qui venoient de France, et jà en y avoit foison de venus qui étoient logés sus le pays et se logeoient à la mesure qu'ils venoient. Mais encore étoient les capitaines, messire Guillaume de Lignac, et messire Gautier de Passac, derrière, et les grosses routes, et étoient jà sus le chemin la greigneur partie des chevaliers et des écuyers qui en Espaigne devoient aller avecques les dessus dits deux capitaines ; mais ceux qui étoient retenus de la route du duc de Bourbon étoient encore en leurs hôtels.

Or passèrent messire Guillaume de Lignac et messire Gautier de Passac tout outre le royaume de France et entrèrent tous, eux et leur route, en la Languedoc. Et étoient plus de mille lances chevaliers et écuyers, de tous pays du royaume de France, lesquels alloient en Castille pour gagner les gages du roi. Et s'assemblèrent toutes gens en Carcassonne, en Narbonne et en Toulousain ; et ainsi qu'ils venoient ils se logeoient en ce bon pays et prenoient à leur avis le plus gras. Et tant y avoit des biens que ils ne payoient chose que ils y prensissent.

Les nouvelles vinrent au comte de Foix qui se tenoit à Ortais en Berne, que gens d'armes de France approchoient son pays à pouvoir et vouloient passer parmi, et alloient en Espaigne. « Mais tant y a, monseigneur, ils ne payent chose que ils prennent ; et fuit tout le menu peuple par-tout où ils viennent, devant eux, si comme ils fussent Anglois. Mais encore se tiennent les capitaines à Carcassonne, et leurs gens là environ qui s'y amassent de tous lez. Et passeront la rivière de Garonne à Toulouse, et puis entreront en Bigorre, et de là ils seront tous en votre pays. Et si ils y font ce que ils ont fait au chemin que ils sont venus, ils vous porteront et à votre pays de Berne grand dommage ; regardez que vous en voulez dire et faire. »

Répondit le comte de Foix, qui tantôt fut conseillé de soi-même, et dit : « Je veuil que toutes mes villes et mes châteaux, autant bien en Foix comme en Berne, soient pourvus et gardés de gens d'armes, et tout le plat pays avisé de chacun être en sa garde, ainsi que pour tantôt entrer en bataille : je ne vueil pas comparer la guerre de Castille. Mes terres sont franches. Si François veulent passer parmi, vraiment ils payeront tout ce que ils prendront ou les passages leur seront clos. Et si vous en charge, messire Arnoul Guillaume et vous messire Pierre de Berne. » Ces deux chevaliers étoient frères bâtards, vaillans hommes, et bien se savoient eux maintenir en armes. « Monseigneur, répondirent ceux, et nous nous en chargeons. »

Donc furent parmi toutes les terres du comte de Foix faites ordonnances que chacun fût prêt et pourvu de toutes armures ainsi comme à lui appartenoit, et que autrefois l'avoient été au mieux ; et que du jour à lendemain ils vinssent là où ils seroient mandés. Lors vissiez en Foix, en Berne et en la seneschauldie de Nebosem toutes gens prêts et appareillés, ainsi que pour tantôt entrer en bataille. Si fut envoyé en la cité de Pamiers, lui bien hourdé de cent lances et de bonnes gens d'armes, messire Espaing de Lyon ; à Savredun, messire Ricart de Saint-Léger ; à Massères se tint messire Pierre de Berne, à cent lances; à Bellepuich, à l'entrée de la comté de de Foix, messire Pierre Cabestan; à Saint-Thibaut, sus la Garonne, messire Pierre Mennaulx de Novailles, à cinquante lances; à Palamininch, messire Pierre de la Roche; au chastel de Lamesen, le bâtard d'Espaigne; à Morlans, messire Arnault Guillaume, atout cent lances, à Pau, messire Guy de la Mote; au Mont-de-Marsan, messire Raymond de Chastel-Neuf; à Sauveterre, messire Yvain de Foix, fils bâtard du comte; à Montesquieu, messire Berdruc de Nebosem; à Aire, messire Jean de Sainte-Marcille; à Oron, messire Hector de la Garde; à Montgerbiel, Jean de Chastel-Neuf; à Erciel, Jean de Morlans. Et manda à messire Raymond l'ains-né, lequel avoit le chastel de Mauvoisin en garde, que il fût soigneux de toute la frontière. Et envoya à Saint-Gausens un sien cousin, Ernauton d'Espaigne. Briévement, il ne demeura cité, ville ni chastel en Foix ni en Berne qui ne fût rafreschi et pourvu de gens d'armes. Et se trouvoit bien garni de deux mille lances et de vingt mille hommes d'armes tous d'élite. Il disoit que c'étoit assez pour attendre le double d'autres gens d'armes.

Les nouvelles vinrent à messire Guillaume de Lignac, qui se tenoit à Toulouse, et à messire Gautier de Passac, qui séjournoit à Carcassonne, comment le comte de Foix se pourvoit de gens d'armes et mettoit en garnisons par toutes ses villes et forteresses. Et couroit renommée que il ne lairoit passer nulluy parmi sa terre. Si en furent ces deux chevaliers, pourtant que ils étoient capitaines de tous les autres, tous esbahis. Et si mirent journée de parler ensemble; et chevauchèrent chacun pour trouver l'un l'autre ainsi que au moitié du chemin. Et vinrent au Chastel-Neuf-d'Aury, et parlèrent là ensemble du comte de Foix comment ils s'en cheviroient; et dit messire Guillaume à messire Gautier: « Au voir dire, c'est merveille que le roi de France et son conseil n'en ont escript à lui pour ouvrir sa terre paisiblement. » — « Messire Gautier, dit messire Guillaume, il vous faudra aller parler à lui doucement, et dire que nous sommes ci envoyés de par le roi de France pour passer, nous et nos gens, paisiblement, et payer ce que nous prendrons. Sachez que le comte de Foix est bien si grand que, si il ne veut, nous n'aurons point de passage parmi sa terre, et nous faudra passer parmi Arragon qui nous est trop long, et nous tourneroit à trop grand contraire. Au voir dire, je ne sais de qui il se doute, ni pourquoi il garnit maintenant ses forts, ses villes ni ses chastels, ni si il a nulles alliances au duc de Lancastre. Je vous prie, allez jusques là en savoir la vérité. Toujours passeront nos gens jusques à Tarbes et jusques en Bigorre. » — « Je le vueil, » dit messire Gautier. Lors prirent ces deux capitaines congé l'un de l'autre, quand ils eurent dîné ensemble. Messire Guillaume de Lignac retourna à Toulouse et messire Gautier s'en vint, atout quarante chevaux tant seulement, passer la Garonne à Saint-Thibaut; et trouva là messire Menault de Novailles qui lui fit grand'chère et qui se tenoit en garnison : messire Gautier lui demanda du comte où il le trouveroit. Il lui dit que il étoit à Ortais.

Ces deux chevaliers furent une espace ensemble et parlèrent de plusieurs choses; et puis partit messire Gautier et vint à Saint-Gausens, et là gésit; et partout lui faisoit-on bonne chère. A lendemain il vint à Saint-Jean de Rivière, et chevaucha toute la lande-de-Bourg, et costia Mauvoisin, et vint gésir à Tournay, une ville fermée du royaume de France, et à lendemain il vint dîner à Tarbes et là se tint tout le jour; et trouva le seigneur d'Anchin et messire Mennault de Barbasan, deux grands barons de Bigorre, lesquels parlèrent à lui, et lui à eux, de plusieurs choses; et pourtant que le sire de Barbasan étoit Armignacois [1], il ne pouvoit nul bien dire du comte de Foix.

A lendemain, messire Gautier de Passac se départit de Tarbes et s'en vint dîner à Morlans en Berne; et là trouva messire Arnault Guillaume, le frère bâtard du comte, qui le reçut liement et lui dit : « Messire Gautier, vous trouverez monseigneur de Foix à Ortais; et sachez que il sera tout réjoui de votre venue. » — « Dieu y ait part, dit messire Gautier; pour parler à lui le viens-je voir. » Ils dînèrent ensemble, et après dîner messire Gautier vint gésir à Montgerbiel, et lendemain à tierce il vint à Ortais, et ne put parler au comte jusques à une heure après nonne que le comte de Foix, si comme il avoit usage, issit hors de sa chambre.

Quand le comte de Foix sçut que messire Gautier de Passac étoit venu pour parler à lui, si se

---

[1] Du parti des Armagnacs.

hâta encore un petit plus de issir hors de sa chambre et de venir en ses galeries. Messire Gautier, sitôt comme il le vit issir hors de sa chambre, s'en vint contre lui et l'inclina et le salua. Le comte, qui savoit autant des honneurs comme chevalier pouvoit savoir, lui rendit tantôt son salut, et le prit par la main et dit : « Messire Gautier, vous soyez le bien venu. Quelle besogne vous amène maintenant au pays de Berne ? »—«Monseigneur, dit le chevalier, on nous a donné à entendre, à messire Guillaume de Lignac et à moi, qui sommes commis et établis de par le roi de France à mener outre et conduire en Castille ces gens d'armes dont vous avez bien ouï parler, que vous voulez empêcher notre chemin, et clorre votre pays de Berne à l'encontre de nous et de nos compagnons. »

A ces paroles répondit le comte de Foix et dit : « Messire Gautier, sauve soit votre grâce ! car je ne vueil clorre ni garder mon pays à l'encontre de vous ni de nul homme qui paisiblement et en paix le veuille passer, et, ce que il y trouvera, prendre et payer au gré de mon peuple, lequel j'ai juré à garder et tenir en droit et en justice, ainsi que tous seigneurs terriens doivent tenir leur peuple, car pour ce ont-ils et tiennent les seigneuries. Mais il me fut dit que il vient aval une manière de gens, Bretons, Barrois, Lorrains, Bourguignons, qui ne savent que c'est de payer; et contre telles gens je me vueil clorre, car je ne veuil pas que mon pays soit foulé, ni gâté, ni grevé; mais le vueil tenir en droit et en franchise. »—«Monseigneur, répondit messire Gautier, c'est l'intention de mon compagnon et de moi que, si nul passe parmi votre terre, si il ne paye ce que il prendra paisiblement au gré des povres gens, que il soit pris et arrêté et corrigé selon l'usage de votre pays, et tantôt restitué tout le dommage que il aura fait, ou, nous pour lui en satisferons, mais que le corps nous soit délivré; et si il n'est gentilhomme, devant vos gens nous en ferons justice et punition de corps cruelle, tant que les autres y prendront exemple; et si il est gentilhomme, nous lui ferons rendre et restituer tous dommages, ou nous pour lui. Et ce ban et ce cri ferons-nous faire à la trompette par tous leurs logis. Et de rechef, afin que ils s'en avisent, on leur rementevra quand ils entreront en votre terre, par quoi ils ne se puissent pas excuser que ils n'en soient sages. Or me dites si il suffit assez ainsi. »

Donc répondit le comte et dit : « Ouil, messire Gautier; or suis-je content, si ainsi est fait. Or vous soyez le bien venu en ce pays. Je vous y vois volontiers. Or allons dîner, il est heure; et puis aurons autres parlemens ensemble. » Le comte de Foix prit messire Gautier de Passac par la main et le mena en la salle; et quand il eut lavé, il le fit laver et séoir à sa table; et après le dîner ils retournèrent ens ès galeries, qui sont moult belles et moult claires, et là eurent grand parlement et long ensemble. Et encore dit le comte de Foix à messire Gautier : « Ne vous émerveillez pas si je me tiens garni de gens d'armes, car oncques je ne suis sans guerre, ni jà ne serai tant que je vive. Et quand le prince de Galles alla en Castille, il passa lui et tous ses gens au dehors de cette ville : oncques homme ne vit plus belle compagnie de gens d'armes et plus belle gent, car il mena en Espaigne, là où vous tendez à aller, quinze mille lances; et étoient bien soixante dix mille chevaux; et les tenoit tous en Bordelois, et en Poitou et en Gascogne sur le sien, de l'entrée de mai jusques en la moyenne de janvier. Et quand le passage approcha, il envoya devers moi en celle ville deux des plus grands de son hôtel, messire Jean Chandos et messire Thomas de Felleton, qui me prièrent moult doucement, au nom de lui, que je voulsisse ouvrir ma terre à l'encontre de ses gens; et cils me jurèrent, présens les barons de Berne, que tout ce que ses gens y prendroient ni leveroient, ils le payeroient; et si nul s'en plaindoit de mauvais payement, ces deux seigneurs que je dis me jurèrent d'en faire leur dette. Et au payer vraiment ils me tinrent bien convenant; car tous ceux qui y passèrent, fût par cette ville ou au dehors, payèrent tout courtoisement et sans ressuite. Et disoient encore les Anglois l'un à l'autre : « Gardez-vous que vous ne fourfaites rien en la terre du comte de Foix, car il n'y a voix sur gosier en Berne qu'il n'ait un bassinet en la tête. » Adonc commença messire Gautier à rire et dit : «Monseigneur, je le crois bien que il fût ainsi. A ce pourpos est l'intention de mon compagnon et de moi que nos gens seront tous signifiés et avisés de celle affaire, et s'il en y a nul ou aucuns qui voist hors du commandement, il sera puni et corrigé tellement que les autres se exemplieront. »

Lors issit le comte de ce propos et prit un autre pour plus solacier messire Gautier, car trop volontiers il gengle et bourde à tous chevaliers estraingnes; et au départir de lui, veulent ou non, il faut qu'ils s'amendent de lui.

«Messire Gautier, dit le comte de Foix, maudite soit la guerre de Castille et de Portingal; je m'en dois trop plaindre, car oncques je ne perdis tant à toutes fois que je perdis en un esaison en la guerre du roi de Portingal et de Castille, car toutes mes bonnes gens d'armes du pays de Berne sur une saison y furent morts. Et si leur avois bien dit, au partir et au congé prendre, que ils guerroyassent sagement, car Portingallois sont dures gens d'encontre et de fait, quand ils se voyen tau-dessus de leurs ennemis, ni ils n'en ont nulle merci. Je le vous dis pourtant, messire Gautier, quand vous viendrez en Castille, entre vous et messire Guillaume de Lignac, qui êtes conduiseurs et capitaines de ces gens d'armes à présent qui sont passés et qui passeront, vous serez requis espoir du roi de Castille de donner conseil. Je vous avise que vous ne vous hâtiez trop ni avanciez de conseiller de combattre, sans votre grand avantage, le duc de Lancastre, le roi de Portingal, Anglois et Portingallois, car ils sont familleux. Et désire le duc de Lancastre, aussi les Anglois désirent, à avoir bataille pour deux raisons : ils n'eurent, grand temps a, profit; mais sont povres et n'ont rien gagné, trop a long-temps, mais toujours perdu. Si désirent à eux aventurer pour avoir nouvel profit. Et tels gens qui sont aventureux et qui convoitent l'autrui se combattent hardiment et ont volontiers fortune pour eux. L'autre raison est telle : que le duc de Lancastre sait tout clairement que il ne peut venir parfaitement ni paisiblement à l'héritage de Castille qu'il demande et challenge de par sa femme qui s'en dit héritière, fors par bataille. Et sait bien et voit que, si il avoit une journée pour lui et que le roi de Castille fût déconfit, tout le pays se rendroit à lui et trembleroit contre lui. Et en celle instance est-il venu en Galice, et a donné une de ses filles par mariage au roi de Portingal, qui lui doit aider à soutenir sa querelle. Et je vous en avise pourtant que, si la chose alloit mal, vous en seriez plus demandé, vous et messire Guillaume de Lignac, que ne seroient tous les autres. »

« Monseigneur, répondit messire Gautier, grands mercis qui le me dites et qui m'en avisez. Je me dois bien exemplier par vous, car aujourd'hui vous êtes entre les princes chrétiens recommandé pour le plus sage et le plus heureux de ses besognes; mais mon compagnon et moi avons encore souverain dessus nous, monseigneur le duc de Bourbon; et jusques à tant que il sera venu et entré en Castille, nous ne nous hâterons ni ne avancerons de combattre les ennemis pour personne qui en parle. »

Atant rentrèrent-ils en autres jangles, et furent là parlant et eux esbattant ensemble en plusieurs manières bien trois heures ou environ que le comte de Foix demanda le vin. On l'apporta. Si but, et messire Gautier de Passac, et tous ceux qui là étoient. Et puis fut pris le congé. Si rentra le comte en sa chambre, et messire Gautier retourna en son hôtel; et l'accompagnèrent les chevaliers de l'hôtel jusques à là. On ne vit point le comte de Foix jusques à son souper, une heure largement après mie-nuit que messire Gautier y retourna et soupa avecques lui.

A lendemain, après dîner, prit messire Gautier de Passac congé du comte et le comte lu donna. Et au partir, avecques tout ce, on lui présenta de par le comte un très bel coursier et une très belle mule. Le chevalier, c'est à savoir messire Gautier, en remercia le comte, et les fit mener à l'hôtel. Tout son arroy étoit prêt. Si monta et montèrent ses gens et issirent hors d'Ortais, et vinrent gésir ce jour à Erciel, et à lendemain au soir, ils s'en allèrent à Tarbes, car ils chevauchèrent ce jour grand journée pour avancer leur besogne.

Quand messire Gautier fut venu à Tarbes, il s'arrêta là, et s'avisa que il manderoit à messire Guillaume de Lignac tout son état, et comment il avoit exploité devers le comte de Foix, ainsi que il fit. Et lui mandoit que il fît traire avant toute sa route, car ils trouveroient le pays de Berne et toutes les villes du comte ouvertes, en payant tout ce que ils prendroient, et autrement non.

Le messager qui apporta lettres de par messire Gautier exploita tant qu'il vint à Toulouse. Si fit son message. Quand messire Guillaume eut lu le contenu des lettres, si fit à savoir à tous capitaines des routes que on se mît au chemin ; mais ce que on prendroit ni leveroit en la terre du comte de Foix fût tout payé, autrement on s'en prendroit aux capitaines qui amenderoient le forfait ; et fût sonné à la trompette de logis en logis, afin que tous en fussent avisés.

Or se délogèrent toutes gens de la marche de Toulouse et de Carcassonne, de Limousin et de Narbonne, et se mirent à chemin pour entrer en Bigorre, et étoient plus de deux mille lances. Si se partit messire Guillaume de Lignac de Toulouse, et prit le chemin de Bigorre ; et exploita tant que il vint à Tarbes, et là trouva messire Gautier son compagnon. Si se entrefirent bonne chère, ce fut raison. Et toujours passoient gens d'armes et routes ; et s'assembloient tous en Bigorre pour chevaucher ensemble parmi Berne et le pays du comte de Foix, et pour passer à Ortais, au pont, la rivière du Gave qui court à Bayonne.

Sitôt que on ist du pays de Berne, on entre au pays de Bascles, auquel pays le roi d'Angleterre tient grand'terre en l'archevêché de Bordeaux et en l'évêché de Bayonne. Si que les Basclois, qui se tiennent et tenoient lors du roi d'Angleterre, où bien sont quatre vingt villes à clochers, entendirent que les passages seroient parmi leur pays. Si se doutèrent grandement des François et de être tous courus, ars et exillés, car ils n'avoient sur tout le pays nulles gens d'armes de leur côté qui pouvoient défendre, les frontières. Si se conseillèrent ensemble les plus sages et ceux qui le plus avoient à perdre, que ils envoieroient traiter devers les souverains capitaines et rachèteroient leurs pays : encore leur étoit-il plus profitable que ils fussent rançonnés à quelconque chose que leur pays fût ars et exillé. Si envoyèrent à Ortais quatre hommes, lesquels étoient chargés du demourant du pays pour faire le apaisement.

Ces quatre hommes de Bascles contèrent à Ernauton du Puy, un écuyer du comte de Foix et gracieux et sage homme, ce pour quoi ils étoient là venus, et que quand messire Guillaume et messire Gautier viendroient là, et ils y devoient être dedans deux jours, que il voulsist être avecques eux pour aider à traiter. Il dit que il y seroit volontiers.

Advint que les capitaines vinrent à Ortais, et se logèrent à la Lune, chez Ernauton du Puy. Si leur aida à faire à ceux de Bascles leurs traités ; et payèrent tout comptant deux mille francs, et leur pays fut déporté de non être pillé ni couru. Encore leur fit le comte de Foix bonne chère ; et donna aux capitaines à dîner, et à messire Guillaume de Lignac un très beau coursier. Et furent ce jour à Ortais ; et lendemain ils passèrent à Sauveterre et entrèrent au pays des Bascles, lesquels s'étoient rachetés, si comme vous savez. On prit des vivres là où on les put trouver, et tout ce fut abandonné ; et passèrent les François parmi, sans faire autre dommage, et s'en vinrent à Saint-Jean du Pied des Ports à l'entrée de Navarre.

CHAPITRE LIX.

Comment messire Thomas de Hollande et messire Jean de Roye firent un champ de bataille à Betances devant le duc de Lancastre.

Vous avez bien ci-dessus ouï recorder comment la ville de Betances se mit en composition devers le duc de Lancastre et comment elle se rendit à lui, car le roi de Castille ne la secoury ni conforta en rien ; et comment la duchesse de Lancastre et sa fille vinrent en la cité du Port en Portugal voir le roi et la roine ; et aussi comment le roi et les seigneurs les reçurent liement et grandement ; ce fut raison.

Or advint, endementres que le duc de Lancastre séjournoit en la ville de Betances, que nouvelles s'avalèrent là du Val-d'Olif ; et les apporta un héraut de France, lequel demanda, quand il fut venu à Betances, l'hôtel à messire Jean de Hollande. On lui enseigna.

Quand il fut là venu, il trouva messire Jean. Si s'agenouilla devant lui, et lui bailla unes lettres, et lui dit en les baillant : « Sire, je suis un héraut d'armes que messire Regnault de Roie envoye ci par devers vous, et vous salue. Si vous plaise à lire ou faire lire ces lettres. » Messire Jean répondit et dit : « Volontiers ; et tu sois la bien venu. » Adonc ouvrit-il les lettres et les lisit ; et contenoient que messire Regnault lui prioit, au nom d'amour et de sa dame, que il le voulsist délivrer de trois coups de lances acérées à cheval, de trois coups d'épées, de trois coups de dague et de trois coups de haches ; et si il lui plaisoit à aller au Val-d'Olif, il lui avoit pourvu un sauf conduit de soixante chevaux ; et si il avoit plus cher à Betances, il lui prioit que, allant et retournant, lui trentième de compagnons, il lui impetràt un sauf conduit au duc de Lancastre. Quand messire Jean de Hollande ot lu les lettres, il commença à rire, et regarda sus le héraut, et lui dit : « Compaing, tu sois le bien venu. Tu m'as apporté nouvelles qui bien me plaisent et je les accepte. Tu demeureras en mon hôtel, avecques mes gens, et je te ferai réponse dedans demain, de savoir où les armes se feront, ou en Galice ou en Castille. » Et celui répondit : « Sire, Dieu y ait part ! »

Le héraut demoura en l'hôtel messire Jean de Hollande; on le tint tout aise. Messire Jean s'en vint devers le duc; si le trouva et le maréchal parlant ensemble. Il les salua et puis si leur dit nouvelles, et leur montra les lettres. « Comment, dit le duc! Et les avez-vous acceptées ? » — « Par ma foi, monseigneur, ouil. Et quoi donc? Je ne désire autre chose que les armes, et le chevalier m'en prie que je lui fasse compagnie; si lui ferai. Mais regardez où vous voulez qu'elles se fassent. » Le duc pensa un petit, et puis répondit et dit : « Qu'elles se fassent en celle ville; c'est ma volonté. Faites-lui escripre un sauf conduit tel que vous voudrez, je le scellerai. » — « En nom Dieu, dit messire Jean, volontiers, et c'est bien dit. »

Le sauf conduit fut escript et scellé pour trente chevaliers et écuyers et leurs mesnies, sauf aller et venir; et le délivra messire Jean de Hollande au héraut, et avecques tout ce un bon mantel fourré de menu vair [1] et douze nobles.

Le héraut prit congé et s'en retourna au Val-d'Olif devers ses maîtres et conta comment il avoit exploité et montra de quoi. D'autre part les nouvelles en vinrent au Port devers le roi de Portingal et les dames, comment armes se devoient faire à Betances : « En nom Dieu, dit le roi, si Dieu plaît, je y serai, et toutes les dames, et ma femme autant bien. » — « Grand merci, dit la duchesse, quand je serai accompagnée de roi et de roine. »

Ne demoura guères long-temps depuis que les choses se approchèrent; et se partit le roi de Portingal et la roine, et la duchesse et sa fille, et toutes les dames, du Port; et cheminèrent en grand arroi devers Betances. Quand le duc de Lancastre sçut que le roi de Portingal venoit, si monta à cheval; et montèrent grand'foison de seigneurs, et issirent hors de Betances, et allèrent encontre le roi et les dames. Si s'entr'accointèrent le roi et le duc moult grandement quand ils se trouvèrent, et aussi firent les dames au duc. Si entrèrent le roi et le duc ensemble en la ville; et tous furent en leurs hôtels ordonnés ainsi comme il appartenoit et à l'aisement du pays; ce ne fut pas si largement comme à Paris.

Environ trois jours après que le roi de Portingal fut venu à Betances, vint messire Regnault de Roye bien accompagné de chevaliers et d'écuyers de leur côté ; et étoient plus de six vingt chevaux. Si furent tous bien logés à leur aise, car le duc en avoit fait ordonner par ses fourriers.

A lendemain que ils furent venus, messire Jean de Hollande et messire Regnault de Roye s'armèrent et montèrent à cheval; et vinrent en une belle place sablonneuse par dedans le clos de Betances, où les armes se devoient faire; et étoient là escharfaulx ordonnés pour les dames où toutes montèrent, et le roi et le duc et les autres seigneurs d'Angleterre, dont il en y avoit à plenté, car tous y étoient venus pour voir les armes des chevaliers; et tous les véans à grand'-foison demourèrent sur leurs chevaux. Là vinrent les deux chevaliers, qui les armes devoient faire, si bien ordonnés et arréés que rien n'y failloit; et leur portoit-on leurs lances, leurs haches et leurs épées. Et étoit chacun monté sur fleur de coursier; et vinrent l'un devant l'autre ainsi que le trait d'un archer, et se coupioient sur leurs chevaux, et se demenoient frisquement et joliettement, car bien savoient que ils étoient regardés.

Toutes choses en eux étoient ordonnées à leur volonté et désir de faire les armes, excepté l'outrance. Et toutes fois nul ne pouvoit savoir à quelle fin ils viendroient, ni comment leurs coups par armes s'adresseroient, car bien savoient que jouter les convenoit, puisque jusques à là étoient venus, non de fers courbés, mais de pointes de glaives, de fers de Bordeaux aigus, mordans et tranchans; et après les armes faites, des lances férir et des épées grands horions sus les heaumes; lesquelles épées étoient forgées à Bordeaux, dont le taillant étoit si âpre et si dur que plus ne pouvoit. Et en après faire encore armes de haches et de dagues, si très fortes et si

[1] Espèce de fourrure fort estimée alors

bien trempées que on ne pouvoit mieux. Or regardez le péril où tels gens se mettent pour leur honneur exaulser; car en toutes leurs choses n'a que une seule mésaventure mauvaise, c'est un coup à meschef.

Or se joignirent-ils en leurs targes, et s'avisèrent parmi les visières de leurs heaumes, et prirent leurs lances, et férirent chevaux de leurs éperons, et les laissèrent courre à leur volonté. Toutes fois pour trouver l'un l'autre ils s'adressèrent bien, car ils s'encontrèrent de plein élai et de droite visée, et aussi bien comme s'ils l'eussent ligné à la cordelle[1]. Et s'atteignirent en la visière de leurs heaumes par telle manière que messire Regnault rompit sa lance en quatre tronçons, si haut que on ne les eût pas jetés où ils allèrent, et tinrent tous et toutes le coup à bel. Messire Jean de Hollande consuivit messire Regnault en la visière de son roide glaive, mais le coup n'ot point de force; je vous dirai pourquoi. Messire Regnault avoit lâché son heaume à son avantage; il ne tenoit fors à une seule petite lanière; si rompit la lanière contre la lance et le heaume vola hors de sa tête, et demoura messire Regnault tout nud hors mis de quafe[2]; et passèrent tous deux outre; et porta messire Jean de Hollande sa lance franchement. Tous et toutes disoient : « Voilà bien et gentiment jouté. »

Or retournèrent tout le pas chacun chevalier sur son lez : messire Regnault fut reheaumé et remis en lance ; messire Jean de Hollande prit la sienne, car de rien n'étoit empirée. Et quand ils furent tous deux rassemblés, ils s'en vinrent l'un contre l'autre férant de l'éperon ; et s'entrencontrèrent de grand randon; et pas ne faillirent, car ils avoient chevaux à volonté; et bien aussi les avoient à main et les savoient mener et conduire. Et s'entrencontrèrent à ligne, et se consuivirent de pleines lances ens ès visières des heaumes, tellement que on vit saillir les étincelles de feu du heaume messire Jean de Hollande. Et reçut un très dur horion, car la lance ne ploya point de ce coup, ainçois se tint toute droite et roide. Aussi ne fit la lance à messire Regnault ; et férirent, ainsi comme devant. Messire Regnault fut consuivi de la lance en la visière du heaume, mais la lance à messire Jean passa outre sans attacher ; et porta le heaume tout jus sur la croupe du cheval, et demoura messire Regnault à nue tête.

« Ha! dirent les Anglois, ce François prend avantage ; pourquoi n'est son heaume aussi bien bouclé et lacé comme celui de messire Jean de Hollande est. Nous disons que c'est baraterie que il y fait : on lui dise que il se mette en l'état de son compagnon. » — « Taisez-vous, dit le duc de Lancastre, laissez-les convenir. En armes chacun prend son avantage au mieux que il sait prendre ni avoir. Si il semble à messire Jean que le François ait avantage en celle ordonnance, si se mette en ce parti. Si mette son heaume et lace de une lanière ; mais tant que à moi, dit le duc, si je étois ens ès armes où les chevaliers sont, je ferois mon heaume tenir du plus fort que je pourrois ; et de cent qui seroient en ce parti, vous en trouveriez quatre vingt de mon opinion. »

Adonc s'apaisèrent les Anglois et ne relevèrent point le mot, et dames et damoiselles qui les véoient en jugeoient et disoient : « Ces chevaliers joutent bien. » Aussi prisoit grandement leur joute le roi de Portingal, et en parloit à messire Jean Ferrant Perceck et lui disoit : « En notre pays les chevaliers ne jouteroient jamais ainsi si bien et si bel ; que vous en semble-t-il, messire Jean ? » — « Par ma foi, monseigneur, ils joutent bien. Et autrefois ai-je vu jouter ce François devant le roi votre frère, quand nous fûmes élevés à l'encontre du roi de Castille ; et fit adoncques les armes pareilles que il fait à messire Guillaume de Windesore, et jouta aussi moult bien. Mai je n'ouïs point adoncques dire que il n'eût son heaume mieux attaché et plus fort que il n'est ores. »

A ces mots laissa le roi à parler à son chevalier, et retourna son regard sur les chevaliers qui devoient faire la tierce lance de leur joute.

Or s'en vinrent tiercement l'un sus l'autre messire Jean et messire Regnault, et se avisèrent bien pour eux atteindre sans eux épargner. Et bien pouvoient tout ce faire, car leurs chevaux étoient si bien à main qu'à plein souhait. Et s'en vinrent à l'éperon l'un sus l'autre, et se consuivirent de rechef ès heaumes, si justement et par tel randon, que les yeux leur étincelèrent en la tête pour les durs horions. De ce coup

---

[1] Comme s'ils se fussent alignés avec un cordeau.
[2] Excepté de la coiffe qu'il portait sous son heaume.

[1386]

rompirent les plançons[1] et fut encore messire Regnault dés-heaumé. Jamais ne s'en fût passé sans ce; et passèrent outre tous deux sans cheoir, et se tinrent franchement. Tous et toutes dirent que ils avoient bien jouté. Et blâmoient tous les Anglois trop grandement l'ordonnance de messire Regnault de Roye; mais le duc de Lancastre ne l'en blâmoit pas et disoit : « Je tiens homme à sage quand il doit faire en armes aucune chose et il montre son avantage. Sachez, disoit-il encore, à messire Thomas de Percy et à messire Thomas Morel, messire Regnault de Roye n'est pas maintenant à apprendre de la joute; il en sait plus que messire Jean de Hollande, quoique il s'y soit si bien porté. »

Après les armes faites des lances, ils prirent les haches et en firent les armes, et s'en donnèrent chacun trois coups sus les heaumes et ainsi des épées et puis des dagues. Quand tout fut fait, il n'y ot nullui blessé, la fête s'espardit. Les François emmenèrent messire Regnault à leur hôtel, et les Anglois, messire Jean de Hollande au sien. Si furent désarmés et aisés. Ce jour donna le duc de Lancastre à dîner aux chevaliers de France en son hôtel, et les tint tout aises, et se sist la duchesse en la salle, à table de-lez le duc, et messire Regnault de Roye dessous lui.

Après ce dîner, qui fut beau et long et bien ordonné, on entra en la chambre de parement; et là prit, en entrant en la chambre, la duchesse messire Regnault par la main, et le fit entrer dans, de presque aussitôt comme elle fit; et tous les autres chevaliers y entrèrent. Et en la chambre y eut parlé et devisé d'armes et de plusieurs autres choses un long temps, et presque jusques à donner le vin. Adonc se trait la duchesse plus près des chevaliers de France qu'elle n'étoit, et commença à parler et dit : « Je me émerveille comment entre vous, chevaliers de France, vous pouvez tenir ni soutenir l'opinion d'un bâtard, ni aider à mettre sus; et là vous fault sens, avis et gentillesse; car vous savez, aussi sait tout le monde, que Henry, qui jadis fut roi de Castille, fut bâtard. Et à quelle fin ni juste cause soutenez-vous doncques sa cause, et aidez à votre pouvoir à déshériter le droit hoir de Castille? Ce suis-je, car moi et ma sœur fûmes filles de loyal

[1] Bois de lance.

LIVRE III

mariage au roi Dam Piètre. Et Dieu, qui est droiturier, sait si nous avons juste cause en la chalenge de Castille. » Et adonc la dame ne se put abstenir que elle ne plourât quand elle parla de son père, car trop fort l'aima.

Messire Regnault de Roye s'inclina envers la dame, et reprit la parole et dit : « Certes, madame, nous savons bien qu'il est ainsi que vous dites; mais notre roi, le roi de France, tient l'opinion contraire que vous tenez, et nous sommes ses subjets; si nous faut guerroyer pour lui et aller où il nous envoie. Nous n'y pouvons contredire. » A ces mots prirent messire Jean de Hollande et messire Thomas de Percy la dame, et l'emmenèrent en la chambre, et le vin vint; on l'apporta. Si but le duc et les seigneurs et les chevaliers de France qui prinrent congé; si se départirent et vinrent à leur hôtel, et trouvèrent tout prêt pour monter. Si montèrent et se départirent de Betances, et chevauchèrent ce jour jusques à Noye qui se tenoit pour eux. Et là se reposèrent, et à lendemain ils se mirent au chemin et s'en allèrent devers le Val-d'Olif.

CHAPITRE LX.

Comment le roi de Portingal et le duc de Lancastre eurent conseil ensemble que ils entreroient en Castille pour conquérir villes et châteaux en Castille.

Après ces armes faites, si comme je vous recorde, eurent le roi de Portingal et le duc de Lancastre parlement ensemble; et m'est avis que ils ordonnèrent entre eux là de chevaucher dedans briefs jours. Et pour ce que le roi de Portingal avoit assemblé tout son pouvoir et mis sus les champs, il fut avisé que lui et ses gens tiendroient une frontière de pays et entreroient en Castille par une bande au lez devers Saint-Yrain et le duc de Lancastre et sa route tiendroient la bande de Galice, et conquerroient villes et chastels qui encore se tenoient et qui à conquérir étoient. Et si le roi Jean de Castille se traioit sur les champs, si fort que pour demander la bataille, ils se remettroient ensemble; car il fut avisé et regardé que leurs deux osts, conjoints et mis ensemble, ne se pourroient pourvoir ni étoffer, et espoir y pourroient nourrir grand'foison de maladies, tant pour les logis que pour les fourrages, car Anglois sont hâtifs et orgueilleux sus les champs, et Portingallois chauds et bouillans et tantôt entrepris de paroles; ni ils ne sont pas trop souffrans; mais pour attendre une grande journée et une bataille ils sont bons ensemble. Là se concorderoient-ils bien, et aussi feroient Gascons.

Ce conseil fut arrêté. Et dit le roi de Portingal au duc de Lancastre : « Sire et beau-père, si très tôt comme je saurai que vous chevaucherez, je chevaucherai aussi, car mes gens sont tout prêts, ni ils ne demandent autre chose que bataille. » Répondit le duc de Lancastre : « Je ne séjournerai point longuement; on m'a dit qu'il y a encore en Galice aucunes villes rebelles qui point ne veulent venir en l'obéissance de nous; je les irai visiter et conquerre, et puis chevaucherai celle part, et où je cuideray plutôt trouver mes ennemis. »

Sus cel état prit congé le roi de Portingal au duc de Lancastre et à la duchesse, et aussi fit la roine Philippe sa femme, et autant bien la jeune fille, mademoiselle Catherine, fille au duc et à la duchesse; car il fut ordonné que, la guerre durant et la saison tout aval, la jeune fille se tiendroit avec la roine sa sœur au Port de Portingal; elle ne pouvoit être en meilleure garde; et la duchesse s'en retourneroit en la ville de Saint-Jacques en Galice. Ainsi se portèrent les ordonnances; et s'en alla chacun où il s'en devoit aller, le roi de Portingal au Port et la duchesse en la ville de Saint-Jacques, bien accompagnée de chevaliers et d'écuyers; et le duc demeura à Betances et toutes ses gens avecques lui ou là environ. Et ordonnèrent leurs besognes pour chevaucher hâtivement, car le séjour leur ennuyoit, pourtant que on étoit jà au joli mois d'avril, que les herbes étoient jà toutes mûres en Galice et en Castille, et le bled en grain, et les fleurs en fruit; car le pays y est si chaud que, à l'entrée de mois de juin, l'août[1] y est passé. Si se vouloient délivrer d'exploiter et de querre les armes, endementres que il faisoit si beau temps et si souef, car c'étoit grand plaisir que d'être aux champs.

Or parlerons-nous un petit de l'ordonnance des François et du roi de Castille, autant bien que nous avons parlé des Anglois.

[1] L'août se prend ici pour la moisson.

CHAPITRE LXI.

Comment messire Guillaume de Lignac et messire Gautier de Passac vinrent à l'aide du roi de Castille et comment ils eurent conseil, le roi et eux, comment ils se maintiendroient.

Vous savez comment messire Guillaume de Lignac et messire Gautier de Passac firent tant, par sagement traiter, que le comte de Foix laissa paisiblement passer eux et leurs routes parmi son pays de Berne pour aller en Castille. Encore donna ledit comte en droit don, de sa bonne volonté, car il n'y étoit point tenu si il ne vouloit, aux chevaliers et écuyers qui passoient par la ville de Ortais, et qui l'allèrent voir en son chastel et conter des nouvelles, grands dons et beaux; à l'un un cent, à l'autre deux cens, à l'autre trente, à l'autre quarante, à l'autre cinquante florins, selon ce que ils étoient; et coûta bien au comte de Foix le premier passage, selon ce que les trésoriers depuis me dirent à Ortais, la somme de dix mille francs, sans les chevaux, les haquenées et les mules que il donna. Or prenez le seigneur qui ce fasse, ni qui le sçût ni le voult faire. Au voir dire tant en vueil-je bien encore dire. C'est dommage que un tel prince envieillist ni muert : ni à sa cour il n'y a nuls marmousets qui disent : « Otez ci; donnez ci, donnez là; prenez ci, prenez là. » Nennil; ni oncques n'en eût nuls, ni jà n'en aura. Il fait tout de sa tête, car il est naturellement sage. Si sait bien donner où il appartient, et prendre aussi où il appartient. Et quoique de ses dons et largesses faire, il travaille ses gens, c'est vérité, car la revenue n'est pas si grande que il pût donner les dons qu'il donne, bien tous les ans soixante mille francs, de tenir son état qui n'est pareil à nul autre, et de assembler, pour le doute des aventures, le grand trésor que il assemble et a assemblé puis trente ans, où on trouveroit en la tour à Ortais trente fois cent mille francs, si ne prient ses gens à Dieu d'autre chose que il puisse longuement vivre, ni ils ne plaignent chose que ils mettent en lui. Et leur ouïs dire que, au jour que il mourra, il y a en Foix et en Berne eux dix mille qui voudroient mourir aussi. Or regardez! ils ne disent pas cela sans grand amour que ils ont à leur seigneur. Et vraiment, si ils l'aiment, ils ont droit et raison, car il les tient en paix et en justice, et sont toutes ses terres aussi franches et libérales, et en aussi grand'-paix le peuple y vit et est, comme s'ils fussent en paradis terrestre. On ne dise mie que je le blanchisse trop, pour faveur ou par amour que je aie à lui, ou pour ses dons que il m'a donnés; car je mettrois en voir et en preuve toutes les paroles que je dis et ai dites du gentil comte de Foix, et encore plus, par mille chevaliers et écuyers, si il en étoit besoin.

Or retournons à messire Guillaume de Lignac et à messire Gautier de Passac qui étoient capitaines souverains conduiseurs et meneurs de toutes ces gens d'armes.

Quand ils eurent passé le pays des Bascles et le pas de Roncevaux, où ils mirent trois jours au passer, car il y avoit tant de neiges et de froidures sur les montagnes, quoique ce fût au mois d'avril, que ils eurent moult de peine, eux et leurs chevaux, du passer outre; lors s'en vinrent-ils vers Pampelune, et trouvèrent le royaume de Navarre ouvert et appareillé, car le roi de Navarre ne vouloit pas faire déplaisir au roi de Castille, car son fils, messire Charles de Navarre, avoit à femme pour ce temps la sœur du roi Jean de Castille; et quand la paix fut faite du roi Henry[1], père au roi Jean, au roi de Navarre, ils jurèrent grands alliances ensemble, lesquelles se tenoient et étoient bien taillées de tenir; ni le roi de Navarre ne peut résister au fort contre le roi de Castille, si il n'a grands alliances ou confort du roi d'Arragon ou du roi d'Angleterre.

Ces capitaines de France s'en vinrent à Pampelune où le roi de Navarre étoit[2], lequel les reçut assez liement et les fit venir dîner à son palais, et aucuns chevaliers de France qui étoient avecques eux, et les tint tout aises. Après dîner, il les emmena en sa chambre de parement; et là les mit en paroles de plusieurs choses, car ce fut un sage homme et subtil et bien enlangagé; et sur la fin de son parlement il leur remontra bien que le roi de France et son conseil s'étoient grandement injuriés contre lui; et que à tort et sans cause on lui avoit ôté sa terre et son héritage de Normandie, qui lui venoit de ses prédécesseurs rois de France et de Navarre; lequel dommage il ne pouvoit oublier, car il étoit trop grand; car on lui avoit ôté en Normandie et en Langue d'Oc, parmi la baronie de Montpellier, la somme de soixante mille francs de revenue par an, et si ne s'en savoit à qui traire, fors à Dieu, où il en pût avoir droit. « Non pas, seigneurs, dit le roi, que je vous le dise pour la cause que vous m'en fassiez avoir raison ni adresse; nennil, car je sais bien que vous n'y avez nulle puissance, ni pour vous on n'en feroit rien; ni vous n'êtes pas du conseil du roi; mais êtes chevaliers errans et souldoyers qui allez au commandement du roi et de son conseil où on vous envoie : cela est vérité. Mais je le vous dis, pourtant que ne me sais à qui complaindre, fors à tous ceux du royaume de France qui par ci passent. » Donc répondit messire de Passac, et dit : « Sire, vo're parole est véritable, de ce que vous dites que pour nous on n'en feroit rien ni du prendre ni du donner, car voirement ne sommes-nous pas du conseil du roi. On s'en garde bien : nous allons là où on nous envoie. Et monseigneur de Bourbon, qui est notre souverain et oncle du roi, si comme vous savez, doit tantôt faire ce chemin, allant et retournant; si lui en pourrez remontrer vos besognes, car c'est un sire doux, gracieux et aimable, et par lui pourrez-vous avoir toutes adresses; et Dieu vous puisse rendre et mérir le bien et l'honneur que vous nous avez fait et faites à nos gens, et nous vous en regracierons au roi de France et à son conseil, nous retournés en France, et à monseigneur de Bourbon souverainement qui est notre maître et notre capitaine, et quand nous venrons devant le roi et le conseil de France. » A ces mots fut le vin apporté. On but. Adonc ces chevaliers prirent congé au roi : il leur donna doucement, et puis leur fit présenter à leur hôtel chacun un moult bel présent, dont ils eurent grand joie, et tinrent le don à grand amour.

Ainsi passèrent ces gens d'armes parmi le royaume de Navarre et vinrent au Groing, et demandèrent où ils trouveroient le roi. On leur dit que il s'étoit tenu un grand temps au Val-d'Olif, mais on pensoit que il étoit à Burges en Espagne, car là se faisoient ses pourvéances. Donc prirent-ils le chemin de Burges et laissèrent le chemin de Galice. Il n'y faisoit pas sain, car les Anglois étoient trop avant sur les champs et sur le pays

---

[1] Henri de Transtamare.
[2] Ces événemens sont de l'année 1386. Les chevaliers français étaient rentrés en France de leur expédition d'Espagne, avant l'expiration de cette même année. Le roi de Navarre mourut le 1er janvier 1387.

Nouvelles vinrent au roi de Castille que [...] secours lui venoit de France, plus de deux mille lances. Si en fut tout réjoui, et se partit du Val-d'Olif, et s'en vint à Burges; et chevauchoit à plus de six mille chevaux. Or vinrent ces gens d'armes à Burges et là environ, et se logèrent et s'épardirent sus le pays, et toujours venoient gens. Messire Guillaume de Lignac et messire Gautier de Passac s'en vinrent devers le roi à son palais, lequel les reçut liement et doucement, et les complaignit de la peine et du travail si grand que ils avoient pris pour l'amour de lui et pour lui venir servir. Ces chevaliers, en inclinant le roi de Castille, répondirent et dirent : « Sire, mais que nous puissions faire service qui vous vaille, notre peine et travail seront bientôt oubliés; mais il nous faudra avoir conseil et avis l'un pour l'autre comment nous nous chevirons, ou si nous chevaucherons sus les ennemis, ou si nous les lairerons, et guerroierons par garnisons tant que monseigneur de Bourbon soit venu. Si mandez messire Olivier du Glayaquin; nous savons bien que il est en ce pays; et messire Pierre de Villaines, le Barrois des Barres, Chastel Morant et tous les compagnons de de-là qui ont hanté plus en celle contrée que nous n'ayons, car ils y sont venus devant nous. Si nous conseillerons et parlerons ensemble; et ferons tant, si Dieu plaît, parmi le bon avis de l'un et de l'autre, que vous et votre royaume y aurez profit et honneur. » Dit le roi : « Vous parlez loyaument et sagement, et je le vueil. »

Adonc furent mis clercs en œuvre et lettres escriptes à pouvoir, et messages envoyés en plusieurs lieux où les chevaliers se tenoient épandus sus les pays lesquels on vouloit avoir. Quand ils sçurent que messire Guillaume de Lignac et messire Gautier de Passac étoient à Burges delez le roi, si en furent tous réjouis; et considérèrent bien le temps, et que on les mandoit pour avoir conseil et avis comment on se maintiendroit. Si se départirent des villes et des chastels, car ils se tenoient en garnisons. Quand ils les eurent recommandés à leurs gens, ils prinstrent de toutes parts le chemin de Burges en Espaigne, et tant firent que ils vinrent. Et eut là à Burges et là environ grand'chevalerie de France.

Or entrèrent le roi de Castille et ses compagnons, barons et chevaliers de France, en parlement pour avoir certain arrêt et avis comment ils se maintiendroient, car bien savoient que leurs ennemis chevauchoient et tenoient les champs. Si y vouloient pourvoir et remédier selon leur puissance à l'honneur du roi et de eux, et au profit du royaume de Castille. Là furent plusieurs paroles retournées, et furent nombrés les gens d'armes que le roi de Castille pouvoit avoir. On disoit bien que de son royaume on mettroit bien ensemble trente mille chevaux et les hommes sus armés à l'usage de Castille, lançans et jetans dards et archegayes, et de pied bien trente mille ou plus jetans de pierres à frondes. Les chevaliers de France considérèrent bien tout cela entre eux, et dirent bien que ce étoit grand peuple, mais que il vausist rien. Mais on y avoit vu et trouvé tant de lascheté que on avoit petite fiance en eux; tant que à la bataille de Nazre, où le prince de Galles fut et eut la victoire, comme à la bataille de Juberote, où les Portingallois et les Gascons furent, et toujours avoient été les Espaignols déconfits.

Donc fut reprise la parole et rehaulsée du comte de la Lune, en soutenant les Castellains et eux excusant, et dit ainsi : « Tant que à la bataille de Nazre, je vous en répondrai. Il est vrai que messire Bertran du Glayaquin et grand'foison de noble chevalerie et bonne du royaume de France furent là et se combattirent vaillamment, car tous y furent morts ou pris; mais vous savez bien, ou avez ouï dire, que toute la fleur de chevalerie du monde étoit là avecques le prince de Galles, de sens, de vaillance et de prouesse, laquelle chose n'est pas à présent avecques le duc de Lancastre. Le prince de Galles, à la bataille de Nazre, avoit bien largement dix mille lances et six mille archers, et telles gens que il y en avoit trois mille dont chacun valoit un Roland et un Olivier. Mais le duc de Lancastre à présent n'a non plus de douze cens ou de quinze cens lances et quatre mille archers; et nous aurons bien six mille lances, et si n'avons pas à faire ni à combattre contre Roland ni Olivier. Messire Jean Chandos, messire Thomas de Felleton, messire Olivier de Cliçon, messire Hue de Cavrelée, messire Richard de Pont-Chardon, messire Garsis du Chastel, le sire de Ray, le sire de Rieux, messire Louis de Harecourt, messire Guichart d'Angle, et tels cinq cens chevaliers vous nommerois-je

[1386] LIVRE III. 573

qui y furent, n'y sont pas, et tous sont morts ou tournés de notre côté; si ne nous est pas la chose si périlleuse comme elle a été du temps passé; car qui m'en croira, nous les combattrons et passerons la rivière de Doure; si nous tournera à grand'vaillance. »

La parole que le comte de la Lune dit, et le conseil que il donna fut bien ouï et entendu; et y en avoit grand'foison qui tenoient celle opinion. Adonc parla messire Olivier du Glayaquin et dit : « Comte de la Lune, nous savons bien que quant que vous dites, c'est par grand sens et par grand'vaillance qui est en vous : or prenons que nous allons combattre le duc de Lancastre. Si nous n'avions à autrui à faire que à lui, nous nous en chevirions bien, mais vous laissez le plus gros derrière; c'est le roi de Portingal et sa puissance, où bien a, selon ce que nous sommes informés, vingt-cinq cens lances et trente mille autres gens. Et sus la fiance du roi de Portingal, le duc de Lancastre est entré en Galice; et ont, si comme nous savons de vérité, et il convient qu'il soit et si s'en suit, grandes alliances ensemble; car le roi de Portingal a la fille du duc par mariage. Or regardez que vous voulez dire sus cela. » — « En nom de Dieu, répondit le comte de la Lune, nous combattrons entre nous François, car je me compte des vôtres, le duc de Lancastre : nous sommes gens assez en quatre mille lances pour le combattre; et le roi de Castille et les Castellains auront bien, si comme ils disent, vingt mille chevaux et trente mille de pied, et combattront bien et hardiment le roi de Portingal. Je oserois bien attendre l'aventure avecques eux. »

Quand les chevaliers de France se virent ainsi reboutés du comte de la Lune, si dirent : « Par Dieu! vous avez droit et nous avons tort, car nous devrions dire et mettre avant ce que vous dites; et il sera ainsi, puisque vous le voulez; ni nul ne contredira à votre parole. » — « Seigneurs, dit le roi, je vous prie, conseillez-moi loyaument, non par bobant ni par hâtiveté, mais par avis et par humilité, et que le meilleur en soit fait. Je n'accepte pas celle journée, ni ne tiens pour arrêtée. Je veuil que nous soyons encore demain ensemble en celle propre chambre. Et par espécial vous, messire Guillaume de Lignac, et vous, messire Gautier de Passac, qui êtes envoyés en ce pays de par le roi de France et le duc de Bourbon comme souverains capitaines de tous, je vous prie que vous ayez collation ensemble et regardez lequel est le plus profitable et honorable pour moi et pour mon royaume; car par vous sera tout fait, du combattre nos ennemis ou du laisser. » Ils s'inclinèrent devers le roi et répondirent : « Sire, volontiers. »

Ainsi se départit le parlement pour la journée et se retrait chacun en son hôtel. Les chevaliers de France eurent, ce jour ensuivant après dîner et le soir, plusieurs paroles ensemble; et dirent les aucuns : « Nous ne nous pouvons combattre honorablement jusques à tant que monseigneur de Bourbon sera venu. Que savons-nous quelle chose il voudra faire, ou combattre ou non ? Or soit que nous combattons et que nous ayons la journée pour nous, monseigneur de Bourbon en seroit grandement indigné contre nous, et par espécial sur les capitaines de France. Et si la fortune étoit contre nous, nous perdrions nos corps et ce royaume; car si nous étions rués jus, il n'y auroit point de recouvrer ens ès Castellains, que tout le royaume ne se perdist pour le roi à présent. Et si en serions encoulpés plus que les autres; car on diroit que nous aurions fait faire la bataille et que nous ne savons donner nul bon conseil. Encore outre, que savons-nous si tout ce pays est à un, ni si ils ont mandé couvertement le duc de Lancastre et sa femme qui se tient héritière de Castille? car elle fut fille au roi Dam Piètre; tout le monde le sait bien. Et si ils véoient le duc et les Anglois sur les champs qui chalengent la couronne de Castille et disent que ils ont juste cause, car le roi Jean fut fils au bâtard, ils se pourroient tourner en la fin, si comme ils firent à la grosse bataille de Nazre; et nous demeurerions morts ou pris sur les champs. Si que, il y a doubles périls, tant pour le roi que pour nous : il est fol et outrageux qui conseille la bataille. »

« Eh! pourquoi donc, dirent les autres, n'en parlent ceux qui y sont tenus de parler, comme messire Guillaume de Lignac et messire Gautier de Passac? » — « Pource, répondirent les autres, que ils veulent savoir l'opinion de tous; car il ne peut être que on ne leur ait dit bien au partir, les consaulx du roi et du duc de Bourbon, quelle chose ils doivent faire; et par raison le saurons-nous demain. »

Ainsi furent en plusieurs estrifs aucuns chevaliers de France ce jour et ce soir. Et autretant bien d'autre part étoient les Espaignols. Et ne conseilloient pas, ceux qui aimoient le roi, à combattre, par plusieurs raisons ; car si il combattoit et la journée étoit contre lui, sans recouvrer il perdroit son royaume. Et le roi tenoit bien aussi ce propos et ressoignoit les fortunes, et ne savoit pas, ni savoir ne pouvoit tous les courages de ses hommes, ni lesquels l'aimoient et lesquels non. Si demoura la chose jusques à lendemain que tous retournèrent au palais du roi et entrèrent en parlement.

En ce parlement eut plusieurs paroles dites et retournées, car chacun à son pouvoir vouloit le roi Jean de Castille loyaument conseiller ; et bien véoient et connoissoient les plusieurs que il ne s'inclinoit pas trop grandement à la bataille, car il lui souvenoit souvent de la dure journée que il avoit eue à Juberote, où le roi de Portingal le déconfit et où il prit si grand dommage que, si il avoit l'aventure pareille, il perdroit son royaume. Quand on eut allé tout autour de la besogne, et que on eut à chacun demandé ce que bon leur en sembloit ni véoit, on dit à messire Guillaume de Lignac et à messire Gautier de Passac que ils en dissent leur entente, car par eux se devoit tout ordonner, au cas que ils étoient les souverains capitaines, et là envoyés de par le roi de France et son conseil. Ces deux chevaliers regardèrent l'un l'autre ; et dit messire Gautier : « Parlez, messire Guillaume. » — « Non ferai, mais parlez-vous, car vous êtes plus usé d'armes que je ne sois. »

Là furent en estrif de parler : finablement il convint messire Guillaume parler, car il étoit ainsné, combien que aussi avant étoit chargé de la besogne l'un que l'autre, et dit ainsi :

« Sire roi, vous devez, ce m'est avis, grandement remercier la noble et bonne chevalerie de France qui vous est venue voir et servir de si loin. Et outre, ils ne montrent pas que ils aient affection ni volonté de eux enclorre ni eux enfermer en cité, en ville, en chastel ni en garnison que vous ayez ; mais ont grand désir de eux traire sur les champs et de trouver et combattre vos ennemis, laquelle chose, sauve soit leur grâce et la bonne volonté que ils montrent, ne se peut faire à présent par plusieurs raisons ; et la principale raison est que nous attendons monseigneur de Bourbon, qui est dessus nous souverain, lequel viendra tantôt et nous reconfortera encore grandement de gens d'armes. Aussi il y a grand'foison de chevaliers et d'écuyers en nos routes, qui oncques ne furent en ce pays ni qui point ne l'ont appris. Si appartient bien que ils le voient et apprennent deux ou trois mois, car on ne vit oncques bien venir de chose si hâtivement faite que de vouloir tantôt combattre ses ennemis. Nous guerroierons sagement par garnisons deux ou trois mois, ou toute celle saison, si il est besoin ; et lairons les Anglois et les Portingallois chevaucher parmi Galice et ailleurs si ils peuvent. Si ils conquièrent aucunes villes, nous les r'aurons moult tôt requises, mais que ils soient partis hors du pays. Il ne les feront que emprunter. Encore y a un point en armes où gisent et sont moult d'aventures. En chevauchant et eux travaillant parmi ce pays de Galice, lequel est chaud et de fort air, ils pourront prendre tels travaux et telles maladies que ils se repentiront de ce que ils auront été si avant, car ils ne trouveront pas l'air si attrempé, ainsi comme il est en France, ni les vins de telle boisson ni douceur, ni les fontaines attrempées si comme en France ; mais les rivières troubles et froides pour les neiges qui fondent ens ès montagnes, dont eux et leurs chevaux, après la grand'chaleur du soleil que ils auront eue tout le jour, morfondront, ni jà ne s'en sauront garder. Ils ne sont pas de fer ni d'acier, que à la longue ils puissent en ce chaud pays de Castille durer. Ce sont gens si comme nous sommes ; et nous ne les pouvons mieux déconfire ni gâter que de non combattre et laisser aller partout. Ils ne trouveront rien au plat pays où ils se puissent prendre ni aherdre, ni nulle douceur où ils se puissent rafreschir ; car on m'a donné à entendre que le plat pays est tout gâté de nos gens mêmes ; donc je prise bien cel avis et celle ordonnance, car si ce étoit à moi à faire, je le ferois. Et si il est nul de vous qui sache mieux dire, si le dise, nous l'orrons volontiers. Et si vous en prions messire Guillaume et moi. »

Tous répondirent ainsi que de une voix ; « Ce conseil soit tenu. Nous n'y véons meilleur ni plus profitable pour le roi de Castille et son royaume. »

A ce conseil se sont tous tenus : que, avant que on se mette sus les champs ni que on fasse nul semblant que on combatte les Anglois, on attendra la venue du duc de Bourbon, et pourverra-t-on de gens d'armes les garnisons sus les frontières, et laira-t-on les Anglois convenir, et les Portingalois aller et venir parmi le pays de Castille là où ils pourront aller. Ils n'emporteront pas le pays, quand ils s'en iront, avecques eux. Ainsi se defina le parlement et issirent tous de la chambre.

Ce jour donna à dîner aux barons et chevaliers de France en son palais à Burges, le roi de Castille grandement et largement selon l'usage d'Espaigne. A lendemain, dedans heure de nonne, furent ordonnés et départis les gens d'armes, et savoit chacun par la relation des capitaines quelle chose ils devoient faire ni où aller. Si fut envoyé messire Olivier Du Glayaquin, le comte de Longueville, atout mille lances, à une ville forte assez sus la frontière de Galice, que on dit ville d'Agillare; messire Regnault et messire Tristan de Roye en une autre garnison, à dix lieues de là sus la frontière aussi de Galice, en une ville que on appelle Ville-Sainte, atout trois cens lances; messire Pierre de Vilaines, atout deux cens lances, à Ville en Bruelles; le comte de la Lune en la ville de la Mayolle; messire Jean des Barres, atout trois cens lances, en la ville et chastel de Noye en la terre de Gallice; messire Jean de Chastel-Morant et messire Tristan de la Gaille et plusieurs autres compagnons en la cité de Palence; le vicomte de la Berlière en la ville de Ribesor; messire Jean et messire Robert de Braquemont et tous les Normands en Ville-Arpent. Ainsi furent tous départis ces gens d'armes et connétables : de eux tout fait et ordonné. Messire Olivier Du Glayaquin, lequel avoit la greigneur charge, messire Guillaume de Lignac et messire Gautier de Passac, demeurèrent de-lez le roi à Burges; et partout où il alloit ils allèrent. Ainsi se portèrent en celle saison les ordonnances en Castille, en attendant le duc de Bourbon, lequel étoit encore en France à Paris, et ordonnoit ses besognes pour aller en Castille.

Nous mettrons un petit en repos cette armée de Castille du duc de Lancastre et du roi de Portugal. Quand le temps et lieu sera, nous y retournerons bien. Et parlerons des avenues qui avinrent en celle saison en France et en Angleterre, dont il en y eut des folles et des périlleuses pour l'un royaume et pour l'autre, et des déplaisantes pour les rois et pour leurs consaulx.

CHAPITRE LXII.

Comment en Angleterre eut grand'pestillence entre les gentilshommes et les communes pour les finances et tailles

Vous avez bien ci-dessus ouï recorder comment l'armée de mer et la grande assemblée, qui fut à l'Escluse de gens d'armes, d'arbalêtriers, de gros varlets et de grand'foison de navires, et tout ordonné et assemblé pour aller en Angleterre, se dérompit[1]. Pour montrer et donner courage et volonté de aller une autre fois en Angleterre, parquoi on ne desist pas que les François fussent froids ni recréans de faire ce voyage ou un aussi grand, il fut ordonné que tantôt, à l'entrée de mai que la mer est paisible et que il fait bon guerroyer, le connétable de France auroit charge d'aller en Angleterre à quatre mille hommes d'armes et deux mille arbalêtriers. Et se devoient toutes les gens d'armes du connétable trouver et assembler en une cité en Bretagne séant sur mer, sus les frontières de Cornouaille, que on dit Lautriguier; et là se faisoient les pourvéances grandes et grosses, et devoient toutes gens d'armes passer à chevaux pour plus aisément courir en Angleterre; car, sans aide de chevaux, sur terre on ne peut faire guerre qui vaille. Et vous dis que au hâvre de Lautriguier en Bretagne avoit très grand et très bel apparent de naves, de hoquebots, de barges de balleniers et de gallées ; et les pourvéoit-on de vins, de chairs salées, de biscuit et de toutes choses, si largement que pour vivre quatre ou cinq mois toutes gens, sans rien prendre ni trouver sur le pays; car bien savoient le connétable et ses consaulx que les Anglois, quand ils sentiroient venir ni approcher tant de si bonnes gens d'armes en leur pays, ils détruiroient tout; par quoi nul ne fût aisé des biens que il trouveroit au plat pays; et pour ce faisoit le connétable ses pourvéances si fortes. D'autre part aussi, et tout de une issue et de une armée, et pour aller aussi en Angleterre, se ordonnoit et appareilloit une très belle et grande navie au hâvre de Harfleur, car le sire de Coucy, le comte de Saint-Pol et l'amiral de France devoient là

---

[1] Il s'agit de l'expédition préparée à l'Écluse, qui échoua, en 1386, par le retard du duc de Berry.

monter atout deux mille lances, et pour aller en Angleterre. Et étoit tout ce fait à l'entente, si comme renommée couroit, que pour attraire le duc et la duchesse de Lancastre hors de Castille et pour en voir le mouvement et la fin. Le duc de Bourbon se tenoit encore à Paris, car bien savoit que si le duc de Lancastre retournoit en Angleterre, il n'auroit que faire en Castille ni travailler son corps si avant. Et devoient en l'armée du connétable être et aller en Angleterre avecques lui Bretons, Angevins, Poitevins, Mansaulx, Xaintongiers, Blaisois et Tourangeaux, et chevaliers et écuyers des basses marches; et avecques le comte de Saint-Pol et le sire de Coucy devoient être François, Normands et Picards; et le duc de Bourbon avoit deux mille lances pour sa charge, Berruyers, Auvergnois, Limousins et Bourguignons des basses marches. Ainsi étoient en ce temps les choses parties en France; et savoit chacun quelle chose il devoit faire et où il devoit aller, fût en Angleterre ou en Castille.

Bien est vérité que le royaume d'Angleterre fut en celle saison en grand péril et en pestilence, plus grande assez que quand les vilains d'Exsesses et de la comté de Kent et d'Arondel se rebellèrent contre le roi et les nobles, et ils vinrent à Londres, et je vous dirai raison pourquoi.

Les nobles d'Angleterre et les gentilshommes furent adoncques tous d'un accord et de une alliance avecques le roi contre les vilains. Maintenant ils se différoient les uns des autres trop grandement, le roi d'Angleterre contre ses deux oncles le duc d'Yorch et le duc de Glocestre, et les oncles contre le roi; et toute celle haine venoit et naissoit du duc d'Irlande qui étoit tout le conseil du roi. Les communautés en Angleterre, en plusieurs lieux, cités et bonnes villes, savoient bien le différend qui entre eux étoit. Les sages le notoient à grand mal qui en pouvoit naître et venir; les fous n'en faisoient compte, et disoient que c'étoit tout par envie que les oncles du roi avoient sus leur neveu le roi, et pour ce que la couronne d'Angleterre leur éloignoit; et les autres disoient : « Le roi est jeune; si croit jeunement et jeunes gens; mieux lui vaudroit, et plus honorable et profitable lui seroit, de croire ses oncles qui ne lui veulent que bien et l'honneur et profit du royaume d'Anglétere, que celle poupée le duc d'Irlande, qui oncques ne vit rien, ni oncques rien n'apprit, ni ne fut en bataille. » Ainsi se différoient les cœurs et les langages des uns et des autres en Angleterre; et y apparoient grandes tribulations; et bien étoit sçu et connu en France; et pour ce s'appareilloient les dessus dits nommés seigneurs de y aller à toute leur puissance et faire un très grand destourbier.

D'autre part les prélats d'Angleterre étoient aussi en haine l'un contre l'autre : l'archevêque de Cantorbie, lequel étoit de ceux de Montagu et de Percy contre l'archevêque d'Yorch, lequel étoit de ceux de Neville. Si étoient-ils proismes et voisins, mais ils s'entre-héoient mortellement, pour tant que le sire de Neville avoit le regard et le gouvernement de Northonbrelande à l'encontre des Escots dessus le comte de Northonbrelande et ses enfans, messire Henry et messire Raoul de Percy. Et en celle seigneurie et donation l'avoit mis son frère l'archevêque d'Yorch, qui étoit l'un des gens du conseil du roi avecques le duc d'Irlande.

Vous devez savoir que, si très tôt que les Anglois sçurent que le voyage de mer de l'Escluse fut rompu et brisé, il y eut en Angleterre plusieurs murmurations en plusieurs lieux; et disoient aucuns, qui pensoient le mal avant que le bien : « Que sont devenues les grandes entreprises et les vaillans hommes d'Angleterre? Le roi Édouard vivant, et son fils le prince, nous soulions aller en France et rebouter nos ennemis de telle façon que nul ne s'osoit mettre en bataille contre nous; et si il s'y mettoit, il étoit déconfit davantage. Quelle chose fut-ce du noble roi Édouard de bonne mémoire, quand il arriva en Normandie, en Costentin, et il passa parmi le royaume de France? Et les belles batailles, et les beaux conquêts que il y eut sur le chemin? Et puis à Crecy il déconfit le roi Philippe et toute la puissance de France, et prit, avant que il retournât de ce voyage en Angleterre, la ville de Calais! Où sont les chevaliers ni ses enfans en Angleterre maintenant qui fassent la chose pareille? Aussi du prince de Galles, le fils de ce noble roi? Ne prit-il pas le roi de France et déconfit sa puissance à Poitiers, à peu de gens que il avoit contre le roi Jean? En ces jours étoient Anglois doutés et cremus, et parloit-on de nous par tout le monde et de la bonne chevalerie qui y étoit; et maintenant on s'en doit bien taire, car ils ne savent guerroyer fors que les bourses aux bonnes gens. A ce faire sont-ils tous appareillés. Il n'y a en France que un enfant à roi, et si nous donne tant à faire que oncques ses prédécesseurs n'en firent tant. Encore a-t-il montré grand courage de venir en ce pays. Il n'a pas tenu à lui, fors à ses gens. On lui doit tourner à grand'vaillance. On a vu le temps que, si telles apparences de nefs et de vaisseaux fussent avenues à l'Escluse, que le bon roi Édouard ou son fils les fussent allés combattre à l'Escluse; et maintenant les nobles de ce pays sont tous réjouis, quand ils n'ont que faire et que on les laisse en paix; mais pour ce ne nous laissent-ils pas en paix ni en repos d'avoir de l'argent. On a vu le temps que, quand les conquêtes se faisoient de ceux de ce pays en France; et si n'en payoit-on ni maille ni denier, dont on s'en sentit en rien; mais retournoient et abondoient les biens de France en ce pays, tant que tous en étoient riches. Où vont les finances si grandes et si grosses que on lève par tailles en ce pays avecques les rentes et coutumes du roi? Il faut qu'elles se perdent ou soient emblées. On devroit savoir comment le royaume est gouverné ni le roi mené. Et ce ne se peut longuement souffrir que il ne soit sçu; car ce pays n'est pas si riche ni si plein de puissance que il puist porter le faix que le royaume de France fait et feroit, où tous les biens de ce monde redondent. Encore outre, il appert bien que nous sommes en ce pays affoiblis de sens et de grâce. Nous soulions savoir toutes les armes et les consaulx qui en France se faisoient trois ou quatre mois devant. Donc nous nous pourvoyons et avisions là dessus. A présent nous n'en savons rien; mais savent les François tous nos secrets et notre conseil; et si n'en savons qui inculper. Si sera-t-il sçu un jour, car il y a des traîtres couverts en la compagnie. Et mieux vaudroit que on le sçût tôt que tard; car on le pourroit bien savoir si tard que on n'y pourroit remédier ni aider. »

Ainsi par divers langages se devisoient les gens en Angleterre, et aussi bien chevaliers et écuyers que communautés; tant que le royaume en gisoit en dur parti et en grand péril. Et pour ce l'assemblée que le roi d'Angleterre, ses oncles et son conseil avoient faite étoit grande et grosse. Et avoient fait grands coustages en plusieurs manières, pour aller et remédier à l'encontre du roi de France et des François, qui devoient par l'Escluse entrer et venir en Angleterre; car chevaliers et écuyers qui en avoient été mandés vouloient être payés de leurs sauldées; c'étoit raison. Si fut ordonné un parlement général en la cité de Londres, des nobles, des prélats et des communautés d'Angleterre; et principalement la chose étoit taillée et assise pour faire une grosse taille en Angleterre et de prendre sus chacun feu un noble, et le fort portant le foible.

Le parlement s'ajusta; et vinrent à Wesmoustier tous ceux qui venir y devoient, et encore plus. Car moult y vinrent pour ouïr et savoir nouvelles qui point n'y étoient mandés. Là fut le roi et ses deux oncles, messeigneurs Aymon et Thomas [1]. Là furent tous les nobles. Et fut parlementé et dit que on ne savoit au trésor du roi point de finance, fors que pour son état maintenir bien sobrement; et que il convenoit, ce disoient ceux de son conseil, que on fesist une générale taille parmi le royaume d'Angleterre, si on vouloit que le grand faix et le grand coûtage qui avoit été fait généralement, pour la doutance du roi de France et des François, fussent payés.

A tout ce s'accordoient assez bien tous ceux de l'évêché de Nordvich et de l'archevêché de Cantorbie, de la comté d'Excesses, de la comté de Hantonne [2], de l'évêché de Warvich et de la terre au comte de Sallebery [3], pourtant que ils sentoient mieux que ce avoit été que les autres lointains, et que ils avoient eu plus grand'paour que ceux du Nord ni ceux de la marche de Galles, de Bristo, ni de Cornouailles. Et y étoient les lointains tout rebelles, et disoient : « Nous n'avons nulluy vu de nos ennemis venir en ce pays. A quelle fin mettrions-nous outre si grand'somme et serions-nous grevés et pressés, et si n'a-t-on rien fait? » —« Ouil, ouil, disoient aucuns : qu'on parole à l'archevêque d'Yorch, conseiller du roi, au duc d'Irlande qui a eu soixante mille francs du connétable de France pour la rédemption de Jean de Bretagne : cet argent-là dut avoir été tourné au commun profit d'Angleterre. Qu'on parole à messire Simon Burlé,

---

[1] Edmond, duc d'York, et Thomas, duc de Glocester.
[2] Southampton est dans le Hampshire.
[3] Salisbury est dans le Wiltshire.

à messire Guillaume Helmen, à messire Thomas Trivet, à messire Nicolas Brambre, à messire Robert Trisilien, à messire Miquiel de la Poule, à messire Jean de Sallebery, à messire Jean de Beauchamp, qui ont gouverné le roi et le royaume. Si cils rendoient compte des levées que ils ont fait en Angleterre, ou si on leur faisoit rendre, le menu peuple demoureroit en paix; et si seroient les frais payés que on doit, et si auroit on or et argent assez de demourant. »

Quand telles paroles furent ouvertes et mises avant, les oncles du roi en furent grandement réjouis, car c'étoit pour eux que on parloit; car tous ceux que j'ai nommés leur étoient trop durs; et ne pouvoient avoir bout ni volée ni audience en la cour du roi pour eux. Si aidèrent à remettre sus ces paroles, et pour entrer en la grâce du peuple, à dire : « Ces bonnes gens qui ainsi parlent sont bien conseillés, si ils veulent avoir compte et si ils se défendent de non payer, car voirement doit avoir en la bourse du roi ou de ceux qui l'ont gouverné grand'finance. » Petit à petit ces paroles se monteplièrent; et le peuple qui se défendoit de non être taillé ni le royaume aussi, s'enhardit grandement de parler et de défendre, quand ils virent que les oncles du roi étoient de leur accord et les aidoient à soutenir, et l'archevêque de Cantorbie, le comte de Sallebery, le comte de Northonbrelande et plusieurs barons d'Angleterre.

Adonc fut dissimulée celle taille; et fut dit que on n'en feroit rien pour celle saison jusques à la Saint-Michel qui retourneroit. Chevaliers et écuyers qui cuidoient avoir argent et or n'en eurent point, dont ils se contentèrent mal sur le roi et son conseil. On les apaisa le mieux que on pouvoit. Le conseil du roi se départit mal duement, je ne sais comment; les uns çà et les autres là. Le roi ne prit point congé à ses oncles, ni ses oncles à lui. Le roi fut conseillé que il s'en allât en la marche de Galles et là se tint un temps, tant que autres nouvelles lui vensissent. Il répondit : « Je le vueil. » Si se départit de Londres sans prendre congé à nulluy, et enmena en sa compagnie tout son conseil, les dessus nommés, excepté l'archevêque d'Yorch, qui s'en alla arrière en son pays sur son archevêché; dont trop bien lui chéy, car si il eût été avecques les autres, quand le trouble émut, je crois que on eût fait de lui ce que on fit de tout le conseil du roi, si comme je vous recorderai temprement en l'histoire. Mais aussi faut-il parler de France comme d'Angleterre, quand la matière le requiert.

CHAPITRE LXIII.

Comment le connétable de France et plusieurs autres s'appareilloient pour aller en Angleterre conquérir villes et chastels.

Quand la douce saison fut venue et le beau et joli mois de mai, que on compta en ce temps en l'an de grâce Notre Seigneur mil trois cent quatre vingt et sept, endementres que le duc de Lancastre étoit en Galice et que il faisoit ses conquêtes, et que il et le roi de Portingal atout grand'puissance chevauchoient en Castille, et que nul ne leur alloit audevant, s'ordonnoient en France, si comme je vous ai ci-dessus dit, le connétable de France d'un lez, le comte de Saint-Pol, le sire de Coucy et messire Jean de Vienne d'autre lez; l'un à Lautriguier en Bretagne et l'autre à Harfleur en Normandie, pour aller en celle saison en Angleterre, et de là mener jusques à six mille hommes d'armes, deux mille arbalêtriers et six mille gros varlets. Et étoit ordonné que nul ne devoit passer mer, ni entrer en ce voyage, si il n'étoit armé de toutes pièces, pourvû de vivres et de pourvéances pour quatre mois, et toute fleur de gens d'armes, et pourvus de foins et d'avoines pour leurs chevaux; quoique sur l'été Angleterre est un pays bon pour ostoier chevaux. Et avoient ces seigneurs, qui capitaines étoient et souverains de faire ce voyage, un certain jour concordé ensemble quand ils se départiroient; et devoient prendre terre en deux ports en Angleterre à Douvres et à Oruelle. Et approchoit grandement le jour que ils devoient être en leurs navies. Et si comme il avoit été fait et ordonné en la saison passée à l'Escluse, que les mesnies des seigneurs faisoient les pourvéances de charger de toutes choses qui leur appartenoit et qui leur pouvoit être nécessaire, naves et balenniers, ainsi faisoient-ils pareillement à Harfleur en Normandie et en Lautriguier en Bretagne. Et étoient jà payés les gens d'armes pour quinze jours, lesquels le sire de Coucy, le comte de Saint-Pol et l'amiral devoient mener outre. Mais ils étoient encore en leurs hôtels, fors les lointains de la havêne, qui venoient tout bellement, et approchoient Normandie.

Ces passages pour certain étoient si affermés, que nul ne cuidoit que ils se dussent rompre. Aussi ne rompirent-ils pas par l'incidence ni affaire des capitaines, lesquels étoient élus et ordonnés du mener; mais se rompirent par une autre manière merveilleuse qui advint en Bretagne, de laquelle le roi de France et son conseil furent durement conseillés pour celle saison, mais amender ne le purent; et leur convint porter et dissimuler bellement et sagement, car il n'étoit pas heure de l'amender. Et aussi autres nouvelles qui étoient felles vinrent des parties d'Allemagne au roi de France et à son conseil tout en une même saison, desquelles je vous ferai mention quand temps et lieu sera. Mais nous parlerons de celles de Bretagne avant que de celles d'Allemagne, car ce furent les premières et les plus mal prises quoique les autres coûtèrent plus.

Si je disois : ainsi et ainsi en advint en ce temps, sans ouvrir ni esclaircir la matière qui fut grande et grosse et horrible et bien taillée de aller malement, ce seroit chronique et non pas histoire ; et si m'en passerois bien si je voulois. Or ne m'en veuil-je pas passer que je n'éclaircisse tout le fait, au cas que Dieu m'en a donné le temps, le sens, la mémoire et le loisir de chroniquer et historier tout au long de la matière. Vous savez, si comme il est contenu en plusieurs lieux ci-dessus en celle histoire, comment messire Jean de Montfort qui s'escript et nomme duc de Bretagne, et voirement l'est-il par conquêt et non par droite hoirie, a toujours à son loyal pouvoir soutenu la guerre et opinion du roi d'Angleterre et de ses enfans à l'encontre du roi de France et des François. Et bien y a eu cause, au voir dire, que il ait été de leur partie, car ils lui ont fait sa guerre; car sans eux ni leur aide n'eût-il rien fait ni exploité devant Auray ni ailleurs.

Vous savez encore, et il est escript et contenu ici dessus en celle histoire, comment le duc de Bretagne ne put faire sa volonté des nobles de son pays, de la greigneur partie ni des bonnes villes, espécialement de messire Bertrand du Glayaquin tant comme il vesqui, de messire Olivier de Cliçon, connétable de France, du seigneur de Laval, du seigneur de Beaumanoir, du seigneur de Rays, du vicomte de Rohan, du seigneur de Dinant et du seigneur de Rochefort. Et là où ces barons se veulent incliner toute Bretagne s'incline.

Bien veulent être avecques leur seigneur et duc contre tout homme, excepté la couronne de France. Et sachez véritablement que je ne puis voir ni imaginer par nulle voie que les Bretons n'aient gardé et gardent encore mêmement et principalement l'honneur de France; et on le peut voir clairement qui lit ici dessus celle histoire en plusieurs lieux. Et tout ce qui est escript est véritable. Qu'on ne dise pas que j'aie la noble histoire corrompue, par la faveur que je ai eue au comte Gui de Blois, qui le me fit faire et qui bien m'en a payé tant que je m'en contente, pour ce que il fut nepveu et si prochain que fils au comte Louis de Blois, frère germain à Saint-Charles de Blois, qui tant qu'il vesqui fut duc de Bretagne ! Nennil vraiment ! car je ne vueil parler fors que de la vérité, et aller parmi le tranchant sans colorer l'un ni l'autre; et aussi le gentil sire et comte, qui l'histoire me fit mettre sus et édifier, ne le voulsist point que je la fisse autrement que vraie.

A retourner au propos : vous savez que, quand le duc Jean de Bretagne vit que il ne pouvoit faire sa volonté de ses gens, et se douta de eux grandement que de fait ils ne le prendissent et amenassent en la prison du roi de France, il se départit de Bretagne et emmena en Angleterre tout son hôtel et sa femme, madame Jeanne de Hollande, fille qui fut jadis à ce bon chevalier messire Thomas de Hollande, aussi qui sœur étoit du roi Richard d'Angleterre; et là se tint un temps; et puis vint en Flandre de-lez le comte Louis, qui étoit son cousin germain, lequel le tint de-lez lui plus d'un an et demi. En la fin son pays le remanda, et par bon accord il y ralla.

Encore lui revenu à celle fois au pays de Bretagne, les aucunes villes lui étoient closes et rebelles, espécialement la cité de Nantes; mais tous les barons et les chevaliers et prélats étoient de son accord, excepté les barons nommés ci-dessus. Et pour avoir la seigneurie et obéissance de eux, et par le moyen aussi de ses plusieurs cités et bonnes villes qui s'y assentirent pour donner cremeur au roi de France et à son conseil, car on les vouloit presser en soussides et en aides, si comme on fait en France et en Picardie, et nullement il ne l'eût souffert ni son pays aussi, il manda en Angleterre au roi et à son conseil confort et aide de gens d'armes et d'archers; et leur signifia et certifia ainsi, là où le roi d'Angleterre ou l'un de ses oncles viendroient ou voudroient venir en Bretagne atout puissance de gens d'armes et d'archers, il trouveroit le pays tout ouvert et appareillé pour eux recevoir et recueillir.

Le roi d'Angleterre et son conseil furent tout réjouis de ces nouvelles, et leur semblèrent bonnes; et ne pouvoient mieux exploiter que de là envoyer, puisque Bretagne leur seroit ouverte et appareillée, ni leur guerre ne pouvoit être plus belle. Si envoyèrent le comte de Bouquinghen atout quatre mille hommes d'armes et huit mille archers, lesquels arrivèrent à Calais et passèrent tout parmi le royaume de France, et ne trouvèrent à qui parler, si comme il est contenu ci-dessus. Si ne demandoient-ils que la bataille; et vinrent en Bretagne, et cuidoient trouver le pays tout ouvert et appareillé pour eux recevoir et pour passer l'hiver, et là dedans eux aiser et rafreschir, car au voir dire, ils avoient fait un lointain voyage : mais ils trouvèrent tout le contraire; car le duc de Bretagne fut si mené de ses gens et si sagement traité que on l'apaisa au jeune roi Charles de France; car au roi Charles, son père, ne l'eût-on point apaisé, car trop le hayoit [1].

Et le duc de Bourgogne, qui pour ce temps avoit une partie du gouvernement du royaume de France, lui aida grandement à faire sa paix, car il en étoit traité et prié de madame sa femme, madame de Bourgogne, qui y mit grand'peine, pour la cause de ce que le duc de Bretagne lui étoit de lignage si prochain. Et convint que il deffaulsist aux Anglois de tous ses convenans, car il ne leur en put tenir nul ni accomplir, ni ne feroit jamais que Bretons quittement ni liement se rendissent au roi d'Angleterre pour guerroyer le royaume de France : oncques n'eurent celle opinion, ni jamais n'auront. Et convint les Anglois, l'hiver que ils y logèrent en la marche de Vennes, recevoir et prendre tant de povretés que oncques tant n'en eurent pour une saison; et par espécial leurs chevaux moururent tant de faim comme de povreté. Et se départirent de Bretagne, sur le temps d'été, si mal contens du duc que plus ne pouvoient; et espécialement le comte de Bouquinghen et les barons d'Angleterre qui en sa compagnie étoient; et eux retournés en Angleterre, ils en firent grands plaintes au roi, au duc de Lancastre et à son conseil; et fut devisé et ordonné que on délivreroit Jean de Bretagne qui lors étoit prisonnier en Angleterre, et le amèneroient Anglois, à puissance de gens d'armes, en Bretagne pour guerroyer le duc de Bretagne; et disoient Anglois : « Messire Jean de Montfort sait bien que nous l'avons mis en la possession de la seigneurie de la duché de Bretagne; car sans nous, il n'y fût jamais venu; et nous a joué de ce tour que travailler nos corps et lever nos gens et faire dépendre l'argent du roi. C'est bon, dirent-ils, que nous lui montrons que il a mal fait. Au fort nous ne nous en pouvons mieux venger que de délivrer son adversaire, et lui mener en Bretagne; car tout le pays lui ouvrira villes, cités et chastels, et boutera l'autre hors qui nous a ainsi trompés. » Tous furent d'un général accord; et Jean de Bretagne fut amené en la présence du roi et des seigneurs; et lui fut dit que on le feroit duc de Bretagne, et lui seroit recouvré tout l'héritage de Bretagne; et auroit à femme madame Philippe de Lancastre, fille au duc de Lancastre, mais que la duchesse de Bretagne il voulsist tenir en foi et hommage et relever du roi d'Angleterre, laquelle chose il ne veult faire. La dame fille du duc l'eût-il bien prise par mariage; mais que il eût juré contre la couronne de France, il ne l'eût jamais fait, pour demourer autant en prison que il y avoit été ou toute sa vie. Quand on vit ce, si se refroida-t-on de lui faire grâce, et fut renvoyé en la garde de messire Jean d'Aubrecicourt, si comme il est contenu en celle histoire ici dessus.

Or devez-vous savoir que je ai fait de toutes les choses dessus dites énarration pour les incidences qui s'en poursuivent, et que on a vu apparoir par le duc de Bretagne ens ou pays de Bretagne. Car le duc savoit bien, et s'en apercevoit bien clairement, que il étoit grandement hors de la grâce des nobles d'Angleterre et de la communauté; et venoient selon l'imagination les meschefs et les haines, pour le voyage que le comte de Bouquinham et les Anglois avoient fait en France, dont ils étoient descendus en

---

[1] Tous ces événemens ont été racontés avec de grands détails dans le IIe livre de Froissart.

Bretagne, et quand ils furent là, ils trouvèrent tout le contraire au duc de ce que il leur avoit promis. Et ne lui escripsoient jamais le roi ni ses oncles si amiablement ni clairement, ainsi comme ils avoient fait plusieurs fois, et par espécial avant que le voyage au comte de Bouquinghen se fît en France; et étoit entré en doute encore plus grand que devant, quand il vit retourné en Bretagne et délivré de tous points d'Angleterre Jean de Bretagne; et pensoit en soi-même que les Anglois l'avoient fait pour le contrarier. Si s'avisa le duc d'un merveilleux avis, et jeta son imagination sur ce que à toutes ces choses il pourveroit de remède, et radresseroit les choses en bon point, et feroit tant couvertement que les Anglois lui en sauroient gré; car il savoit bien que l'homme au monde que les Anglois doutoient et héoyent le plus, c'étoit messire Olivier de Cliçon, connétable de France. Car au voir dire, messire Olivier de Cliçon ne faisoit ni nuit ni jour que soubtiller comment il pût porter contraire et dommage aux Anglois; et l'armée de l'Escluse voirement l'avoit-il jetée, avisée et commencée; et si étoit conduiseur de celle qui se faisoit à Harfleur et par Lautriguier. Si dit en soi-même que, pour complaire aux Anglois et retourner en leur grâce, et eux montrer que au fort il ne fait ni ne faisoit pas trop grand compte de l'amour et de la grâce des François, il romproit et briseroit le voyage, non que il dût ses gens défendre, ni commander, sur la peine de perdre leurs héritages, que nul n'allât en Angleterre; cela ne feroit-il point, car il montreroit trop clairement que la guerre seroit sienne et l'affaire sienne; nenuil; il vouloit ouvrir et faire ses besognes plus couvertement. Et comment, disoit-il en son imagination, le pourroit-il faire honorablement? à son honneur ne pouvoit-ce être. Ne-que-dent il vouloit et convenoit que il le fesist ores ou jamais. Et prendroit le connétable de France, et l'occiroit ou feroit noyer. Les Anglois lui en sauroient bon gré, car ils le héent; et n'auroit à faire que à son lignage, lesquels n'étoient pas puissans pour lui faire guerre; car le connétable n'a que deux filles à enfans, dont Jean de Bretagne a l'une et le fils du vicomte de Rohan l'autre : contre eux se cheviroit-il bien, et contre tout son lignage. Il n'auroit mort que un baron; mais que il fût mort, nul n'en leveroit guerre : qui est mort, il est mort

CHAPITRE LXIV.

Comment le duc de Bretagne manda tous barons et chevaliers pour être au conseil à Vennes, et après ce conseil comment il pria le connétable d'aller voir son chastel de l'Ermine, et comment il le retint prisonnier en son dit chastel et le sire de Beaumanoir aussi en tel parti.

Sur celle imagination que je vous dis se fonda et arrêta le duc de Bretagne du tout; et pour venir à son entente, il s'en vint à Vennes; et fit là assembler un grand parlement de barons et chevaliers de Bretagne, et les pria moult doucement et par ses lettres que tous y vinssent; et par espécial il pria moult affectueusement le connétable de France que il vînt et que il n'y voulsit point faillir; car il lui y verroit plus volontiers que nul des autres.

Le connétable ne se sçut oncques ni ne se voult excuser; car, pour ce que le duc de Bretagne étoit son seigneur naturel, il vouloit bien être en sa grâce, et vint à Vennes. Aussi firent grand'foison des barons de Bretagne. Le parlement fut là grand et long, et de plusieurs choses qui touchoient au duc et au pays, sans rien du monde toucher ni parler du voyage qui se devoit faire en Angleterre; et ne vouloit pas le duc montrer que il en sçût rien; mais trop bellement s'en couvrit et s'en dissimula.

Le parlement fait dedans la cité de Vennes et au chastel que on dit à la Motte, le duc donna à dîner très grandement aux barons de Bretagne; et les tint en soulas et en paroles amoureuses jusques à la nuit, que ils s'en retournèrent en leurs hôtels au bourg hors de la cité. Le connétable, pour complaire aux chevaliers et aux écuyers de Bretagne, et pour ce aussi que il y étoit tenu, ce lui sembloit, fit prier à lendemain en son nom de donner à tous les chevaliers qui là étoient à dîner. Aucuns y vinrent, et aucuns s'en retournèrent à leurs hôtels pour prendre congé à leurs femmes ou à leurs pères ou dames de mère; car c'étoit l'intention du connétable que, lui parti de là, il s'en iroit tout droit à sa navie qui l'attendoit à Lautriguier. Tout ce savoit bien le duc de Bretagne; mais nul mot n'en avoit sonné, ni en requoi, ni en général, pourtant que il ne vouloit point montrer que il en sçût rien.

Or fut ce dîner finé, auquel furent la greigneur partie des barons de Bretagne. Droit sur la fin, vint le duc; et s'ébattoit sur eux très amoureusement par semblant; mais il savoit bien quelle chose il avoit dedans le cœur et pensoit; et nul ne le pouvoit savoir, fors lui et ceux à qui il s'en étoit secrètement découvert.

Quand il fut entré en l'hôtel du connétable et que on dit : « Véez-ci, monseigneur le duc! » tous se levèrent contre lui; ce fut raison; et le recueillirent doucement, ainsi que on doit recueillir son seigneur. Il s'accompagna et humilia grandement envers eux et s'assit entr'eux, et but et mangea ainsi que par amour et par grand'compagnie; et leur montra plus grand semblant d'amour que il n'avoit oncques fait; et leur dit : « Beaux seigneurs, mes amis et mes compagnons, Dieu vous laisse en aller et retourner à joie, et vous doint faire telle chose en armes qu'il vous plaise et qui vous vaille. » Ils répondirent tous : « Monseigneur, Dieu le vous veuille mérir! Et grandement s'en contentèrent de lui, de ce que humblement il les étoit venus voir et prendre congé à eux.

Vous devez savoir que, assez près de Vennes, le duc de Bretagne pour ces jours faisoit faire un chastel très bel et très fort, lequel chastel on l'appelle l'Ermine, et étoit presque tout fait. Il, qui vouloit entraper le connétable là dedans, dit ainsi au connétable, au seigneur de Laval [1], au vicomte de Rohan [2], au seigneur de Beaumanoir et aucuns barons qui là étoient : « Beaux seigneurs, je vous prie, à votre département, que vous veuillez venir voir mon chastel de l'Ermine, si verrez comment je l'ai fait ouvrer et fais encore. » Tous le lui accordèrent; car par semblant il étoit là venu entr'eux si amoureusement et si privément que ils n'y pensoient que tout bien, ni jamais ne lui eussent refusé; et montèrent tous à cheval, ou la plus grand'partie, et s'en allèrent avecques le duc à l'Ermine. Quand le duc, le connétable, le sire de Laval, le sire de Beaumanoir et aucuns autres chevaliers furent venus au chastel, ils descendirent de leurs chevaux et entrèrent ens. Le duc par la main les mena de chambre en chambre et d'office en office, et devant le cellier, et les fit là boire.

Quand ils eurent fait le tour, le duc s'en vint sus la maîtresse tour, et s'arrêta à l'entrée de l'huis et dit au connétable : « Messire Olivier, il n'y a homme de çà la mer qui mieux se connoisse en ouvrage de maçonnerie que vous faites. Je vous prie, beau sire, que vous montez là sus, si me saurez à dire comment le lieu est édifié. Si il est bien, il demeurera ainsi; si il est mal, je l'amenderai ou ferai amender. » Le connétable, qui nul mal n'y pensoit, dit : « Monseigneur, volontiers : allez devant, monseigneur, » dit-il au duc. « Non ferai, dit le duc, allez tout seul; je parlerai ici un petit, endementres que vous irez, au sire de Laval. » Le connétable, qui se vouloit délivrer, entra ens et monta les degrés. Quand il fut monté amont et il eut passé le premier étage, il y avoit gens en embûche en une chambre qui ouvrirent un huys. Les aucuns vinrent fermer l'huys de dessous, et les autres s'avancèrent, qui étoient tous armés et qui savoient bien quelle chose ils devoient faire, et vinrent sur le connétable. Encore en y avoit-il en haut en une chambre sur le pavement. Là fut le connétable de France enclos et pris de eux, et tiré en une chambre, et enferré de trois paires de fers. Et lui dirent ceux qui le prirent et l'enferrèrent : « Monseigneur, pardonnez-nous ce que nous vous faisons; car il le nous faut faire. Ainsi nous est-il enjoint et commandé de monseigneur de Bretagne. » Si le connétable fut ébahi à celle heure, ce ne fut pas merveille.

Bien se devoit émerveiller le connétable de ce qui lui étoit avenu; car, depuis que les haines montèrent entre le duc de Bretagne et lui, pour lettres que le duc lui escripsit, pour prière qu'il lui fesist ni fist faire, pour sauf conduit allant et retournant qu'il lui voulsist envoyer, oncques le connétable de France ne vouloit venir en la présence du duc, ni il ne se eût osé fier ni assurer. Or l'étoit-il maintenant, dont il se véoit en dur parti; car il sentoit le duc haineux et merveilleux sur lui, et bien lui montroit.

Quand le sire de Laval, qui étoit bas à l'entrée de l'huys de la tour, ouït et vit l'huys de la tour clorre à l'encontre d'eux, tout le sang lui commença à frémir; et entra en grand souspeçon de son beau-frère le connétable, et regarda sus le duc qui devint plus vert que une feuille. Adonc connut-il bien et sentit que la chose alloit malement. Si dit : « Ha! monseigneur, pour Dieu merci, que voulez-vous faire? N'ayez nulle male

---

[1] Le sire de Laval était beau-frère d'Olivier de Clisson.
[2] Gendre d'Olivier de Clisson.

volonté sus beau-frère le connétable. » — « Sire de Laval, dit le duc, montez à cheval et vous partez de ci ; vous vous en pouvez bien aller, si vous voulez, je sais bien que j'ai à faire. » — « Monseigneur, répondit le sire de Laval, jamais je ne me partirai sans beau-frère le connétable. »

A ces mots entra et vint en la présence du duc le sire de Beaumanoir que le duc hayoit grandement, et demandoit aussi. Le duc vint contre lui en tirant sa dague, et dit : « Beaumanoir, veux-tu être au point de ton maître ? » — « Monseigneur, dit le sire de Beaumanoir, je crois que mon maître soit bien. » — « Et toutefois, dit le duc, je te demande si tu veux être ainsi. » — « Ouil, monseigneur, » dit-il. Adonc trait le duc sa dague, et la prit par la pointe, et dit : « Or ça, ça, Beaumanoir, puisque tu veux être ainsi, il te faut crever un œil. » Le sire de Beaumanoir vit bien que la chose alloit mal ; car le duc étoit plus vert que une feuille. Si se mit à un genouil devant lui, et lui dit : « Monseigneur, je tiens tant de bien et de noblesse en vous que, si il plaît à Dieu, vous ne nous ferez que droit, car nous sommes en votre merci. Et par bonne amour, et par bonne compagnie, et à votre requête et prière, sommes-nous ci venus ; si ne vous déshonorez pas pour accomplir aucune felle volonté, si vous l'avez sur nous ; car il en seroit trop grand'nouvelle. » — Or va, va, dit le duc, tu n'auras ni pis ni mieux que il aura. » Adonc fut-il mené en une chambre de ceux qui étoient ordonnés pour ce faire, et là enferré de trois paires de fers. S'il fut ébahi, il y eut bien cause, car il sentoit que le duc ne l'aimoit que un petit, ni le connétable aussi ; si n'en pouvoit-il avoir autre chose.

Ces nouvelles s'espandirent ens ou chastel et en la ville, que le connétable de France et le sire de Beaumanoir sont retenus, et le sire de Laval : mais cil s'en pouvoit partir quand il vouloit, car le duc ne lui demandoit rien. Donc furent les gens ébahis et émerveillés. Il y eut bien cause, car tous disoient que le duc les feroit mourir, car il avoit trop mortelle haine sur eux. Là étoit blâmé le duc grandement des chevaliers et écuyers auxquels les nouvelles venoient, et disoient : « Oncques si grande défaute ne fut en prince, comme elle est maintenant au duc de Bretagne. Il a prié le connétable d'aller dîner avecques lui ; il y est allé ; sur ce il l'est venu voir à son hôtel et boire de son vin et prié d'aller voir ses ouvrages ; puis l'a retenu. On n'ouït oncques parler de la chose pareille. Et que pense le duc à faire ? Il s'est tout entièrement, et n'en fesist jamais plus [1], déshonoré ; ni on n'aura jamais fiance en nul haut prince, puisque le duc s'est ainsi deçu. Et par voies obliques et fallaces il a mené ces prud'hommes et vaillans hommes voir son chastel, et puis les a ainsi déçus. Que dira le roi de France quand il saura les nouvelles ? Véez-là son voyage de mer rompu et brisé. Oncques si grand'lasqueté ni mauvaiseté ne fut pourpensée. Ores montre-t-il deforainement ce que il avoit au cœur deventrainement. Est-il nul qui véit oncques avenir en Bretagne ni ailleurs la cause pareille ? Si un petit chevalier avoit ce fait, il seroit déshonoré. En qui doit-on ni peut-on avoir fiance, fors en son seigneur. Et le seigneur doit adresser ses gens et tenir en droit et en justice. Qui prendra correction de ce fait ici, ni qui en est taillé du prendre, fors le roi de France ? Or montre le duc de Bretagne tout appertement que il est Anglois, et que il veut soutenir et porter l'opinion du roi d'Angleterre, quand il brise ainsi le fait et le voyage de l'armée de mer. Que devroient faire maintenant chevaliers et écuyers en Bretagne auxquels les nouvelles venront ? Ils se devroient hâtivement partir de leurs hôtels, et venir mettre le siège à pouvoir devant le chastel de l'Ermine, et enclorre le duc là dedans, et tant faire que il fût pris, mort ou vif, et le mener ainsi comme un faux prince et déloyal devers le roi de France, et le lui rendre. »

Ainsi disoient chevaliers et écuyers qui en la marche de Vennes étoient, et qui avecques les seigneurs à ce parlement avoient été ; et faisoient grand doute que le duc ne le fesist mourir. Et les autres disoient : « Le sire de Laval est demouré avecques lui ; il ne le souffriroit nullement. Il est bien si sage que, veuille ou non le duc, il l'adressera en ses besognes. » Et voirement y adressa-t-il à son pouvoir ; car si il n'eût été, il n'est nulle doute, le connétable eût été mort en la nuit et eût eu [2] quinze mille vies.

On doit bien croire et penser que messire Olivier de Cliçon n'étoit pas à son aise, quand il se véoit ainsi pris et attrapé et enferré de trois

---

[1] Lors même qu'il n'en feroit pas plus qu'il n'en a fait.
[2] C'est-à-dire lors même qu'il eût eu.

paires de fers, et gardé de bien trente qui ne le savoient de quoi reconforter, car ils ne pouvoient savoir la volonté du duc. En soi-même il se comptoit pour mort, ni nulle espérance de venir jusques à lendemain il n'avoit; car ce le esbahissoit moult fort, et à bonne cause, que par trois fois il fut defferré et mis sur les carreaux. Une fois vouloit le duc que on lui tranchàt la tête. L'autre fois il vouloit que on le noyàt; et de l'une de ces morts brièvement il fût finé, si ce n'eût été le sire de Laval. Mais quand il oyoit le commandement du duc, il se jetoit à genoux devant lui en plourant moult tendrement et joindant les mains, et en lui disant : « Ah! monseigneur, pour Dieu merci! avisez-vous. N'ouvrez pas telle cruauté sur beau-frère le connétable; il ne peut avoir desservi mort. Par votre grâce veuillez moi dire qui vous meut à présent de être si crueusement courroucé envers lui, et je vous jure que le fait qu'il vous a mesfait je lui ferai du corps et des biens amender si grandement, ou je pour lui, ou nous deux tous ensemble, que vous oserez dire ni juger. Monseigneur, souvienne vous, pour Dieu, comment de jeunesse vous fûtes compagnons ensemble et nourris tous en un hôtel avecques le duc de Lancastre, qui fut si loyal et si gentil prince que oncques plus; ni si loyal ni si gentil ne naquit, que lui duc de Lancastre ne le fut autant ou plus. Monseigneur, pour Dieu merci! souvienne vous de ce temps, comment avant que il eût sa paix au roi de France, il vous servit toujours loyaument et vous aida à recouvrer votre héritage. Vous avez toujours en lui trouvé bon confort et bon conseil. Si êtes en présent mu et informé sus lui autrement par raison. Il n'a pas desservi mort. » — « Sire de Laval, répondoit le duc, Cliçon m'a tant de fois courroucé que maintenant il est heure que je le lui montre; et partez-vous de ci. Je ne vous demande rien. Laissez-moi faire ma cruauté et ma hâtiveté, car je vueil qu'il muire. » — « Ha! monseigneur, pour Dieu merci! disoit le sire de Laval, affrenez-vous, et amodérez un petit votre courage, et regardez à raison. Si il étoit ainsi que vous le fesissiez, oncques prince ne fut si déshonoré que vous seriez; ni il n'y auroit en Bretagne chevalier ni écuyer, cité, chastel ni bonne ville ni homme nul qui ne vous haït à mort, et ne mît peine à vous déshériter. Ni le roi d'Angleterre ni son conseil ne vous en sauroient nul gré. Vous voulez vous perdre pour la vie d'un homme : pour Dieu, prenez autre imagination, car celle ne vaut rien, mais est déshonorable en tous cas trop grandement. Que de un si grand baron et si grand chevalier que le sire de Cliçon est, sans nul titre de raison, vous le faisiez ainsi mourir, ce seroit trahison reprochable ci et devant Dieu et par tout le monde. Ne l'avez-vous point prié au dîner, et il y est venu ? Après, amiablement vous l'êtes venu querre en la ville pour voir vos ouvrages; il y est venu, et il a obéi à vous en tous cas et bu de votre vin. Et est-ce la grand'amour que vous lui montrez? Vous le voulez traiter à mort. Oncques si grand blâme n'avint à seigneur que il vous avenroit, si vous le faisiez faire. Tout le monde vous en reprocheroit, haïroit et guerroyeroit. Mais je vous dirai que vous ferez. Puisque vous le hayez tant que vous montrez, rançonnez-le de une grande somme de florins. Tout cela pouvez-vous bien faire; et si il tient ville ni chastel qui soit vôtre, si lui demandez; vous l'aurez. Car de tout ce que il vous aura en convenant, j'en serai pleige avecques lui. »

Quand le duc de Bretagne eut ouï le seigneur de Laval parler ainsi, et qui le suivoit de si près que toute la nuit il ne le laissa un seul pied ester que il ne fût toujours de-lez lui, si pensa un petit; et refrena son grand mautalent, et quand il parla, il dit : « Sire de Laval, vous lui êtes un grand moyen; et vueil bien que vous sachiez que le sire de Cliçon est l'homme au monde que je hais le plus. Et si vous ne fusiez, jamais de celle nuit sans mort ne fût issu. Vos paroles le sauveront; mais allez parler à lui, et lui demandez si il veut payer cent mille francs tous appareillés. Je n'en prendrai vous ni autrui en pleige fors que les deniers; et encore, si il me veut rendre trois chastels et une ville tels que je vous nommerai, Chastel-Brouch, Chastel-Josselin, et le Blaim et la ville de Jugon. Et m'en fasse mettre en possession, ou ceux que je y commettrai, et je le vous rendrai. » — « Monseigneur, dit le sire de Laval, grands mercis quand à ma prière vous descendez; et soyez sûr que tout ce que vous demandez je le vous ferai accomplir sans doute, les chastels et la ville rendre et les cent mille francs payer avant que il se départe de céans. »

Adonc n'avoit au sire de Laval que réjouir,

quand il vit que son beau-frère de Cliçon étoit hors du péril de la mort; et fit ouvrir la tour. On l'ouvrit au commandement du duc et non autrement. Lors monta le sire de Laval amont les degrés, et vint à un étage de la tour où il trouva le connétable moult ébahi, car il n'attendoit que la mort; et étoit enferré de trois paires de fers.

Quand le sire de Cliçon vit le sire de Laval, si lui revint le cœur, et pensa que aucun traité y avoit. « Avant, dit le sire de Laval à ceux qui là étoient envoyés de par le duc, déferrez beau-frère de Cliçon et puis je parlerai à lui. » Et dit au sire de Cliçon : « Vous ferez, beau-frère, ce que je vous dirai. » — « Ouil, beau-frère, » répondit le connétable. A ces mots il fut déferré. Lors se trait à part le sire de Laval et lui dit : « Beau-frère, à grand'peine et à grand tourment ai-je pu tant faire que la vie vous soit sauvée. J'ai fait votre fin; il vous faut payer, avant que issiez hors de céans, en deniers tous comptans cent mille francs; et encore outre, il vous faut rendre au duc trois chasteaux et une ville, Chastel-Brouch, Chastel-Josselin et le Blaim[1] et la ville de Jugon; autrement vous n'avez point de délivrance. » Dit le connétable : « Je vueil tenir ce marché. » — « Vous avez droit, beau-frère; et tout heureux quand vous y pouvez venir. »

Adonc dit le connétable : « Qui pourra soigner d'aller à Cliçon et ailleurs querre la finance là où je l'envoierai ? Beau-frère de Laval, il vous y faudra aller. » Répondit le sire de Laval : « Je n'y entrerai jà ; ni jamais de ce chastel ne partirai si en sauldrez aussi, car je sens le duc trop cruel. Si il se repentoit en l'absence de moi, par aucune folle imagination que il auroit sur vous, ce seroit tout rompu. « Et qui y pourra aller, » ce dit le sire de Cliçon ? « Il ira, dit le sire de Laval, le sire de Beaumanoir qui est en prison comme vous êtes; cil fera toutes les délivrances. » — « C'est bon, ce répondit le connétable. Descendez aval et ordonnez-en ainsi que vous savez que bon est. »

[1] Lamballe.

CHAPITRE LXV.

Comment le connétable de France fut délivré à la requête du sire de Laval par rançon, et comment le connétable, pour sa délivrance faire, laissa au duc trois châteaux et une ville, et paya cent mille francs.

A ces coups descendit le sire de Laval et s'en vint en la chambre du duc qui s'appareilloit pour aller coucher, car toute la nuit il n'avoit point dormi. Le sire de Laval l'inclina et lui dit : « Monseigneur, c'est fait. Vous aurez votre demande. Mais il faut que vous nous fassiez délivrer le seigneur de Beaumanoir, et que beau-frère de Cliçon et lui parolent ensemble; car il ira pour faire les finances, et pour mettre vos gens en la possession des chastels que vous demandez. » — « Bien, dit le duc; on le délivre donc hors des fers; et les mette-t-on, Cliçon et lui, en une chambre; et vous soyez moyen de leur traité, car je n'en vueil nul voir. Et jà, quand je aurai dormi, retournez vers moi, nous parlerons encore ensemble. » — « Bien, monseigneur, » dit le sire de Laval.

Adonc issit-il hors de la chambre du duc et s'en alla là où le sire de Laval les mena, en la compagnie des deux chevaliers qui vinrent là où le sire de Beaumanoir étoit enferré et avoit été moult ébahi et en grand'doutance de la mort; et cuida bien, ce dit-il depuis, quand on ouvrit la chambre, que on le vînt quérir pour faire mourir. Et quand il vit le seigneur de Laval, le cœur lui revint; et encore plus quand il lui dit : « Sire de Beaumanoir, votre délivrance est faite. Réjouissez-vous. » A ces mots fut-il déferré et amené en la salle. Adoncques alla-t-on quérir le connétable, et fut amené aval, et mis entre eux trois en une chambre, et lors aporta-t-on vins et viandes assez. Et sachez que tous ceux de l'hôtel furent grandement réjouis, quand ils sçurent comment les besognes alloient et étoient tournées sur le mieux; car envis avoient-ils vu ce que fait on avoit au connétable et au seigneur de Beaumanoir; mais amender ne l'avoient pu, car obéir les convenoit à leur seigneur, fût à tort fût à droit.

Et sachez que depuis que la porte du chastel fut fermée et le pont levis levé, que oncques homme ni femme n'entra au haut chastel ni issit aussi, car les clefs étoient en la chambre du duc, et furent là tant que il ot dormi. Et jà étoit, quand il se leva, tierce, dont écuyers et varlets qui étoient dehors et attendoient leurs maîtres étoient tous ébahis; et pensoient et disoient: « Ce que on a fait de l'un, on a fait de l'autre. »

Les nouvelles étoient jà courues jusques à Lautriguier, et disoit-on: « Vous ne savez quoi! Le duc de Bretagne a emmenés en son chastel de l'Ermine le connétable de France, le seigneur de Laval et le seigneur de Beaumanoir; et supposons bien que il les fera mourir, si ils ne sont morts. » Donc vissiez chevaliers et écuyers qui là se tenoient émerveillés et ébahis; et disoient les compagnons: « Or est notre saison perdue et le voyage de mer rompu. Ha! connétable, que vous est avenu! Povre conseil vous a déçu. Le parlement qui a été à Vennes ne fut fait ni assemblé fors que pour vous attraper. Vous souliez avoir opinion telle que, si le duc vous eût mandé et vous eût assuré de cinq cens assurances, si ne fussiez-vous point allé à son mandement, tant le doutiez-vous fort; et maintenant vous y êtes allé simplement. Il vous en est bien meschu. »

Là plaignoient parmi Bretagne toutes gens le connétable, et n'en savoient que dire ni que faire. Chevaliers et écuyers disoient, quand nouvelles leur venoient: « Et pourquoi séjournons-nous, que nous n'allons devant l'Ermine enclorre le duc là dedans? et si il a fait mourir le connétable, le contrevenger; et si il le tient en prison tant faire que nous le r'ayons? Car oncques si grand meschef n'avint en Bretagne, comme il y est avenu pour le présent, par la prise du connétable. » Ainsi disoient les uns et les autres, mais nul ne s'en mouvoit encore; et attendoient autres nouvelles. Et toujours couroient et voloient et s'espardoient nouvelles parmi Bretagne et ailleurs aussi; et vinrent à Paris sus moins de deux jours; dont le roi, le duc de Berry et le duc de Bourgogne furent grandement émerveillés. Pour ce temps étoit jà le duc de Bourbon parti, et s'en alloit vers Avignon pour aller en Castille; mais avant que il eût vu le pape Clément, si lui en vinrent les nouvelles sur le chemin; et étoit, je crois, à Lyon sus le Rhône et avecques lui son nepveu le comte de Savoie.

Le comte de Saint-Pol, le sire de Coucy et l'amiral de France qui se tenoient à Harfleu étoient tous prêts pour entrer en mer et faire leur voyage, quand les nouvelles leur vinrent comment le duc de Bretagne avoit pris et attrapé au chastel de l'Ermine de-lez Vennes le connétable de France, le seigneur de Laval et le sire de Beaumanoir; et disoient ainsi ceux qui les nouvelles portoient: « Fame cour généralement et vole par le pays de Bretagne que le duc a fait du moins mourir le connétable de France et le sire de Beaumanoir, car il les hayoit à mort. »

Quand ces seigneurs dessus nommés entendirent ces nouvelles, si leur furent trop dures et trop felles, et ne s'en pouvoient trop émerveiller; et dirent tantôt: « Notre voyage est rompu; donnons à toutes manières de gens d'armes congé et en allons à Paris devers le roi, si saurons quelle chose il voudra dire ni faire. » A ces paroles répondit l'amiral et dit: « C'est bon que nous allions à Paris; mais nous ne donnerons pas pour ce congé à nos gens; à l'aventure les voudra-t-on employer en Castille ou ailleurs, car monseigneur de Bourbon y va, ou en Bretagne dessus ce duc. Pensez-vous que le roi de France doive la chose laisser ainsi. Par Dieu! nennil; il ne peut jamais échapper que il n'y ait deux cens milles florins de dommage, sans le blâme que on a fait à son connétable: encore s'il s'en échappe vif. On n'ouït oncques mais parler de la chose pareille, de rompre et briser ainsi le voyage d'un roi qui veut porter dommage et contraire à ses ennemis. Or séjournons ci encore, dit l'amiral, deux ou trois jours; par aventure aurons-nous autres nouvelles qui nous venront de France ou de Bretagne. »

CHAPITRE LXVI.

Comment lettres furent escriptes à la volonté du duc que le connétable lui rendoit ses villes et châteaux à lui et à ses hoirs à toujours et à jamais, et comment on exploita tant que ces dites villes et châteaux furent livrés aux gens du duc.

Or parlons un petit du duc de Bretagne. Quand il eut un petit reposé sus son lit, il se leva et appareilla; et quand il fut appareillé, il manda en sa chambre le seigneur de Laval, lequel vint tantôt. Là eurent-ils ensemble encore grand parlement et long: finablement lettres furent escriptes tantôt à la volonté du duc; que le connétable de France clamoit quitte pour toujours et jamais les chastels dessus nommés, et les rendoit purement et liement au duc de Bretagne. Et disoient les lettres ainsi: que le duc de Bretagne et ses hoirs en fussent ahérités; et en donnoient pleine puissance de hériter qui que le duc de Bretagne vouloit.

Quand les lettres furent escriptes et scellées du tout à l'intention du duc et sans rappel [1], le sire de Beaumanoir fut ordonné de par le connétable pour aller aux chastels et pour faire partir et issir ceux qui les tenoient et avoient tenus toujours au nom du connétable et pour mettre en

---

[1] Les conventions conclues entre Olivier Cliçon et le duc de Bretagne sont de la teneur suivante :

« C'est la forme du traité fait et parlé entre très noble et puissant prince Jehan, duc de Bretaigne, et noble homme Olivier, sire de Cliçon. Sur ce que monseigneur le duc disoit le dit sire de Cliçon avoir commis et perpetré plusieurs extorsions, rebellions et désobéissances, et autres malversations contre lui et l'état de sa personne, pour lesquelles il entendoit procéder contre le dit messire Olivier à punition de corps et privation de tous ses biens, meubles et héritages, à la supplication et requête de plusieurs nobles personnes, savoir est : le sire de Laval et de Vitré, le vicomte de Rohan, le sire de Château-Brient, le sire de Rochefort et Rieux, le sire de Montfort, et le sire de Malestroit, et plusieurs autres amis et parens du dit sire de Cliçon, ont accordé, transigé et composé en la manière qui ensuit : premièrement, toutes les forteresses du dit sire de Cliçon et celles de Jehan de Bretaigne, fils monseigneur Charles de Blois, seront présentement délivrées et rendues à mon dit sieur le duc ou à son commandement, loyaument et de fait, avec Jugon ; et cest jour de vendredi sera le chastel Jousselin rendu au sire de Malestroit, en nom de mon dit seigneur le duc; et cest prouchain samedi dedans souleil couchant seront rendus franchement les villes et forteresses de Lamballe, de Brou, de Jugon et de Blain ; et dedans dimanche prouchain souleil couchant seront rendus les villes, châteaux et forteresses de Guingamp, de la Roche-Derrien, de chastel Andreu, de Cliçon et de chastel Guy : Item, le dit chastel Guy sera abatu, et le tribut que prend le dit sire de Cliçon sur la rivière de Loire sera nul, et non levera ni ne fera lever jamais nul en nul endroit de la dite rivière, sauf à lui à soi lever et jouir ses rentes et anciens devoirs, comme souloient faire ses prédécesseurs Item, le dit sire de Cliçon ne se entremettra jamais au dit Jehan de Bretaigne, de ses terres, ne de sa délivrance, ne de son gouvernement, ne ne lui pourvoyra, ne autre par lui, de chevance, par prest, ne autrement, ne autre confort ne lui fera. Item, le mariage parlé du dit Jehan et de la fille du dit sire de Cliçon sera nul et ne se fera jamais, et les alliances d'entr'eux seront nulles. Item, renoncie et cède dès présent le dit sire de Cliçon à mon dit seigneur le duc Jugon, Le Gavre, Cesson, et toutes les donations des héritages que il a eus de mon sieur le duc, à lui demourer par héritage et à ses hoirs, procréés et à procréer de son propre corps, sans ce que le dit sire de Cliçon en ait aucun retour; et en rendra toutes les lettres faites ou titres qu'il en a eus ; et aussi cède et délaisse à mon dit seigneur le duc la terre Guillac, à lui demourer à héritage pour lui et ses hoirs procréés comme dit est en perpétuel. Item, la ville, le chastel et la chastelenie de chasteau Jousselin, toute et la terre de Porhouët, avec leurs appartenances, demoureront à mon dit seigneur le duc et à ses hoirs procréés ou à procréer, comme dit est, à jamais ; et lui en rendra le dit sire de Cliçon tous les fais qu'il en a, et y fera assentir ses hoirs. Item, le chastel et la chastelenie de Brou demourera à mon dit seigneur le duc à en jouir son viaige.

Item, paiera présentement avecques, et le jour de la rendue de chasteau Jousselin, le dit sire de Cliçon à mon dit seigneur le duc, cent mille frans d'or, à estre siens pour jamais. *Item*, le fouage derrainement imposé pour le fait de Brest sera présentement levé ès terres du dit sire de Cliçon, et aux autres fouages pour celui fait, et jusques à l'accomplissement de la prinse obéira, et fera son pays et ses subgets y contribuer. *Item*, le dit sire de Cliçon obéira à mon dit seigneur le duc et à sa justice comme subget, et jamais contre lui ne fera ne fera faire convocation ne assemblée des subgetz de monseigneur, fors tant seulement pour le fait du roi ; ne ne les induira ne requerra par lui ne par autres à faire grez, promesses, alliances ne confédérations ; et toutes les alliances et confédérations qu'il a à quelconques personnes que ce soit, excepté tant seulement le roi, il renonce de fait, ne jamais n'en fera nulles. *Item*, le dit sire de Cliçon voudra et commandera aux seigneurs de Beaumanoir, de Derval, de Rostrenen, et à tous autres ses alliés venir à monseigneur le duc dessus dit pour renoncer aux grez et promesses qu'ils lui ont faits, et à mon dit seigneur en requerront pardon. *Item*, mon dit seigneur le duc aura la moitié des gabelles, impositions et autres noveletés ez terres du dit sire de Cliçon et en celles de sa femme. *Item*, en cas que le dit sire de Cliçon feroit aucune chouse contre la forme de cest traité, toutes ses terres, meubles et héritages seront confisqués, et demoureront à mon dit seigneur le duc et à ses hoirs procréés, comme dit est, à héritage. *Item*, se pour cause de ceste detemption, ou pour ce que s'en est ensuy et ensuivra, ou pour autres causes quelconques du temps passé ou à venir, le dit sire de Cliçon a aucuns subgets ou officiers de mon dit seigneur le duc en indignation ou malegrace, jà pour quelconque cause ou occasion que ce soit ou puisse estre, il ne leur peichera ne pourchacera aucun domage, ennui, ou empêchement, par lui, ou par autres, ains voudra leur bien sans tendre à aucune vengeance ; et ces chouses accomplies de la part du dit sire de Cliçon, ses chasteaux et terres lui seront rendus, excepté Chastel Jousselin et Brou, et les autres héritages qui par cest traité doivent demourer à mon dit seigneur le duc en la manière dessus dite. Et je, le dit Olivier sire de Cliçon et de Belleville, confesse avoir fait et fait le traité et promesses dessus dits, en la manière et selon que contenues cy devant, et icelles et chacunes, de ma pure et libérale volonté, à ma requeste, et sans pourforcement, fraude ne mal engin y penser, ay promis, juré, promets et jure à Dieu, aux saintes évangiles, par la foi et serment de mon corps, et sur l'obligation de moi, mes hoirs, et de tous mes biens présents et futurs, tenir, fournir, garder et loyaument accomplir de point en point, comme contenu est en ces présentes, sans venir encontre par moi ne par autres, en nulle manière ; et ay renuncié et renunce par ces faits à toutes exceptions qui contre la teneur de cestes lettres pourroient estre dittes, objectées, ou opposées, tant de fait, de droit, que de coustume, à toute ayde et remède de droit, establissement de pape, de roi, fait et à faire ;

possession les gens du duc. Avecques tout ce, les chastels délivrés, il lui convenoit payer cent mille francs en deniers appareillés, et tant faire que il souffisist au duc.

Adonc furent les portes ouvertes du chastel; et se départit et issit le seigneur de Beaumanoir dehors, chargé et ordonné de par le connétable d'accomplir toutes les ordonnances, et prié qu'il s'en délivrât au plutôt qu'il pourroit, et avecques lui issirent les gens du duc.

Ainsi par eux sçut-on à Vennes et sur le pays, qui se commençoit jà tout à émouvoir, que le connétable n'avoit garde de mort et que il étoit mis à finance. Toutes gens qui l'aimoient, chevaliers et écuyers, en furent réjouis; et se retrairent de non venir avant, car vraiment ils disoient bien que, si ces secondes nouvelles ne fussent venues aux chevaliers et écuyers de Bretagne, ils fussent venus mettre le siége devant le chastel de l'Ermine et là eussent-ils enclos le duc; ni ils ne furent onoques en aussi bonne volonté de faire chose comme ils eussent fait celle.

Vous savez que nouvelles sont tantôt volées partout; elles vont avecques le vent. Les trois barons qui étoient à Harfleu ouïrent tantôt dire et certainement que le connétable n'avoit garde de mort, mais il en avoit été en grand péril et aventure; et l'eût été pour certain, si son beau-frère, le sire de Laval, n'eût été et ne lui eût si grandement aidé. Et toutefois on ne le pouvoit avoir aidé que il ne convenist que le duc eût trois de ses chastels et une ville; et avecques ce la somme et finance de cent mille francs.

Donc parlèrent-ils ensemble et dirent : « La chose va bien, puisqu'il n'y a point de mort. Toujours recouvrera bien le connétable finance et héritage; le roi en a assez pour lui, si il en a besoin : c'est fait; notre voyage est rompu; nous pouvons bien partir d'ici et donner à nos gens congé et aller à Paris devers le roi pour apprendre des nouvelles. Car jà entendons-nous que tous ceux qui étoient ordonnés à passer et entrer en mer et en la cité et au hâvre de Lautriguier sont contremandés; ce n'est pas signe que on doive en celle saison aller nulle part. Et bien y a cause, car le connétable se pourchassera du dépit et dommage que on lui a fait. » Adonc donnèrent ces trois seigneurs congé à toutes manières de gens d'armes et d'arbalêtriers qui à Harfleu gisoient et à la navie aussi; et eux-mêmes se départirent et se mirent à chemin pour venir à Paris où le roi de France étoit.

Le sire de Beaumanoir exploita tellement que sus quatre jours il eut mis en possession et saisine les gens au duc de Bretagne des chastels dessus nommés et de la ville de Jugon, tant que le duc de Bretagne s'en contenta bien. Après il fit tant que la finance des cent mille francs pour le rachat du connétable fut toute prête, et payée et mise là où le duc vouloit. Quand tout fut accompli, le sire de Laval dit au duc : « Monseigneur, vous avez par devers vous tout ce que vous demandez, cent mille francs, la ville de Jugon, Chastel-Brouch, le Blaim et Chastel-Josselin; or me délivrez beau-frère le connétable. » — « Volontiers, dit le duc; il s'en voise, je lui donne congé. » Adonc fut délivré le connétable de France; et se départirent lui et le sire de Laval de l'Ermine; et se tinrent à très heureux quand ils furent hors du chastel et ils eurent la clef des champs. Le connétable ne fit pas moult grand séjour en Bretagne, mais monta

et veil et octrie que s'il avenoit, que jà ne soit, moi venir au contraire, en privé ou en appert, ou en quelconque manière que ce peust être, que dez lors je sois reputé et eu pour faux et desloyal chevalier en tous lieux et places. En tesmoin des quelles choses, et afin qu'elles soient fermes et estables à toujours mais, je ai mis mon scel à ces lettres, avec les sceaux de mes dits parents et cousin le seigneur de Laval et de Vitré, le vicomte de Rohan, le sire de Montfort et de Chasteau-Brient, pour lui et pour le sire de Rieux et de Rochefort, à ma fermeté; et fut fait et donné le 27ᵉ jour de juin l'an 1387.

Je, Olivier sire de Cliçon et de Belleville, fais savoir à tous que, par la forme d'une composition et accordance faite entre mon très redoubté seigneur monsieur Jehan, duc de Bretagne, comte de Montfort et de Richemont, d'une partie, et moi de l'autre partie, par laquelle accordance je devois rendre et mettre en la main de mon dit seigneur loyaument et de fait toutes les forteresses que je tenois en Bretaigne, par la manière et comme il est contenu ez lettres sur ce faictes, ez quelles mon scel est apposé, avec les sceaux de mes très chers frères le seigneur de Laval, le vicomte de Rohan et autres de mes parens, je rendrai et ferai accomplir toutes les autres choses contenues en la dite accordance; laquelle accordance je ay ferme et agréable, loue, approuve et ratifie, et promets en bonne foi, sous l'obligation de moi, de mes hoirs, et tous mes biens présents et futurs, et par le serment de mon corps, tenir, fournir et accomplir de point en point, selon le contenu d'icelles, sans jamais venir ne faire venir au contraire par moi ne par autres en aucune manière. Et en témoin de ce je ai donné ces présentes lettres scellées de mon propre scel. Ce fut fait et donné en ma ville de Moncontour le IV jour de juillet 1387.

tantôt sur un grand coursier et bon, et ses pages sur autres, et tant fit que il fut en deux jours à Paris. Et descendit premièrement à son hôtel et puis alla au Louvre devers le roi et ses oncles, le duc de Berry et le duc de Bourgogne. Ses gens et son arroy le suivoient tout bellement par derrière. Le roi et ses oncles étoient jà informés de sa délivrance, mais ils ne savoient pas que il fût si près. On ouvrit les portes de la chambre du roi à l'encontre de lui, car le roi le vouloit. Si vint en la présence du roi et se jeta en genoux devant lui et dit : « Très redouté sire, votre seigneur de père, à qui Dieu pardoint ses deffautes, me fit et créa connétable de France, lequel office, à mon loyal pouvoir j'ai loyaument exercé et usé, ni oncques nul n'y vit deffaute; et si il étoit aucun, excepté votre corps et messeigneurs vos oncles, qui voulsist dire ni mettre outre que je m'y fusse mal acquitté, ni que envers vous et la noble couronne de France j'eusse fait autrement qu'à point, je voudrois bailler mon gage et mettre outre. » Nul ne répondit à celle parole ni le roi ni autres. Donc dit le connétable:

« Très cher sire et noble roi, il est advenu en votre office faisant, le duc de Bretagne m'a pris et tenu en son chastel de l'Ermine, et voulu mettre à mort, sans nul titre de raison, fors que de son grand outrage et mauvaise volonté; et l'eût fait de fait, si Dieu et beau-frère de Laval ne m'eussent aidé. Pourquoi et par laquelle chose et prise il a convenu, si je me voulois ôter ni délivrer de ses mains, que je lui aie baillé et délivré une mienne meilleure ville en Bretagne, et trois forts chastels et avecques tout ce en deniers appareillés la somme de cent mille francs. Pourquoi, très cher sire et noble roi, le blâme et le dommage que le duc de Bretagne m'a fait regardent grandement à votre majesté royale, car le voyage de mer, où moi et mes compagnons espérions à aller, en est rompu et brisé. Si vous rends l'office de la connétablie; et y pourvéez tel qu'il vous plaira, car je ne m'en vueil plus charger, ni nulle honneur je n'en aurois de le faire. » — « Connétable, dit le roi, nous savons bien que on vous a fait blâme et dommage, et que ce est grandement en notre préjudice et de notre royaume. Si manderons temprement nos pairs de France et regarderons quelle chose s'ensuivra; et ne vous en souciez; car vous en aurez droit et raison, et comment que il se doive prendre ni avenir. »

Adonc prit-il le connétable par la main et le fit lever et dit : « Connétable, nous ne voulons pas que vous partiez de votre office ainsi, mais voulons que vous en usiez tant que nous aurons eu autre conseil. » Le connétable de rechef se mit à genoux et dit : « Très cher sire, la chose me touche de si près, et tant fort pense au blâme et au dommage que le duc de Bretagne m'a fait, que bonnement pour le présent je n'en pourrois user. Et l'office est grand, et convient user de répondre et parler à toutes gens qui poursuivent l'office; pourquoi je n'aurois pas manière ni arroi de répondre ni de parler ainsi comme il appartient. Si le vous plaise à reprendre pour y pourvoir autre pour un temps. Toujours suis-je et serai appareillé en votre commandement. » — « Or bien, dit le duc de Bourgogne, monseigneur, il vous offre assez, vous en aurez avis. » — « C'est voir, » dit le roi.

Lors fit-il lever le connétable, lequel se trait tout doucement devers le duc de Berry et le duc de Bourgogne, avisés de remontrer ces besognes et pour eux informer justement de la matière, car il en appartenoit à eux grandement, au cas que ils avoient le gouvernement du royaume. Mais en parlant à eux et en remontrant ses besognes et comment le duc l'avoit demené, il s'aperçut bien que la chose ne leur touchoit pas de si près que le roi lui avoit répondu; car en la fin ils le blâmèrent grandement de ce que il étoit allé à Vennes quand il se sentoit en haine au duc. Il répondit que il ne s'en étoit pu garder ni excuser. « Si puissiez bien, dit le duc de Bourgogne, au cas que votre navie étoit prête, et que chevaliers et écuyers vous attendoient à Lautriguier. Et encore outre, quand vous eûtes dedans Vennes été et dîné avecques lui, et vous fûtes retourné en votre hôtel au bourg et que bien vous en étoit pris, vous n'aviez que faire de plus séjourner ni d'aller voir son chastel de l'Ermine. » — « Monseigneur, dit le connétable, il me montroit tant de beaux semblans que je ne lui osois refuser. » — « Connétable, dit le duc de Bourgogne, en beaux semblans sont les déceptions. Je vous cuidois plus subtil que vous n'êtes. Or allez, allez, les besognes venront à bien. On y regardera par loisir. » Adonc laissa le duc de Bourgogne le connétable, et reprit la parole à son frère de Berry.

Bien aperçut le connétable que ces seigneurs lui étoient plus durs et plus rudes que le roi n'étoit et que il n'avoit pas bien fait à leur gré. Si se départit tout bellement et tout coiement du Louvre et s'en vint à son hôtel. Là le vinrent voir aucuns seigneurs de parlement et du conseil du roi qui le reconfortèrent et lui dirent que les choses venroient bien; et là vinrent devers lui, pour lui conseiller, le comte de Saint-Pol, le sire de Coucy et l'amiral de France, et lui dirent bien : « Connétable, ne faites nulle doute; car vous aurez votre raison grandement du duc de Bretagne, car il a fait contre la couronne de France un très grand déplaisir, et en pourroit être honni et bouté hors de sa terre. Allez vous ébattre à Mont-le-Héry, vous serez sus le vôtre, et nous laissez convenir; car les pairs de France en ordonneront, ni la chose ne peut demeurer ainsi. »

Le connétable crut ces seigneurs et se départit de Paris, et s'en vint à Mont-le-Héry demourer et être; et vaqua l'office de la connétablie un temps. Et fut telle fois que on disoit que messire Guy de la Trémoille seroit connétable de France; mais non fut. Il ne l'eût jamais prise, tant étoit-il bien avisé dessus messire Olivier de Cliçon. Ce n'eût point été honneur à lui, ce lui sembloit, d'en prendre l'office.

CHAPITRE LXVII.

Comment nouvelles vinrent au roi de France des parties d'Allemagne, lesquelles lui furent moult déplaisantes et à ses oncles aussi.

En ces jours, en la propre semaine que les nouvelles de la prise du connétable vinrent à Paris, vinrent aussi autres nouvelles des parties d'Allemagne, lesquelles furent grandement déplaisantes au roi, à ses oncles et à leurs consaulx, et je vous dirai de quoi et comment. Le duc de Guerles, fils au duc de Juliers, s'étoit allié avecques le roi d'Angleterre pour faire guerre au roi de France, et avoit pris les profits et la pension d'argent, quatre mille francs par an. Lesquels profits et pension le duc de Juliers, son père, avoit eus du temps passé sur les coffres du roi d'Angleterre, mais il y avoit renoncé; et son fils, qui étoit jeune, les avoit pris à la requête du roi d'Angleterre et de son conseil; et parmi tant il devoit défier le roi de France et faire guerre à son loyal pouvoir.

Cil à être de la partie des Anglois s'étoit incliné le plus, pour ce que il tenoit en guerre madame de Brabant et le duché de Brabant, et sentoit de tous points que son pays étoit favorable au roi de France, car il devoit au temps à venir retourner au duc de Bourgogne ou à ses enfans. Si vouloit montrer le duc de Guerles que la chose lui touchoit et que il porteroit contraire et dommage au roi de France et à son royaume, et à tous ses conjoints et alliés. Si envoya, en ces jours que les nouvelles étoient fresches du connétable de France, défier le roi de France par unes lettres scellées de son scel moult dures et moult felles, et qui ne furent pas scellées ni acceptées en plaisance du roi ni de ses oncles, si comme je vous dirai ça en avant en l'histoire, quand il en appartiendra à parler, et je vous éclaircirai la guerre de Brabant et de Guerles. Si n'en montra le roi de France nul semblant, mais fit bonne chère à l'écuyer de Guerles, qui la défiance avoit apportée. Si cuida-t-il bien mourir, telle fois fut; car il vint par la cité de Tournay, et ne vouloit aller plus avant; et avoit montré la défiance au prévôt et aux seigneurs de la ville et s'en vouloit passer, parmi tant que il disoit que il suffisoit quand il étoit adressé en une cité si notable comme la cité et la ville de Tournay est; mais il ne suffit pas aux seigneurs, quoique Tournay soit au roi de France. Si prirent et arrêtèrent l'écuyer, et le mirent en prison fermée, et puis envoyèrent par devers le duc de Bourgogne à savoir que il en vouloit faire, et que telles choses étoient venues avant.

Le duc escripsit au prévôt de Tournay que ils lui amenassent l'homme qui les défiances portoit. Ils lui amenèrent. Si cuida bien être mort, quand il vint à Paris, mais non fut; car le roi et ses oncles, et les seigneurs, ne lui firent oncques que toute courtoisie; et lui donna le roi de France un gobelet d'argent pesant bien quatre marcs, et cinquante francs dedans, et le tinrent tout aise. Les seigneurs lui donnèrent un bon sauf-conduit pour retourner en son pays. Si que pour ces nouvelles, la cour de France étoit toute troublée, et le conseil du roi tout troublé quand le connétable de France vint faire sa plainte du duc de Bretagne, car ils véoient que peines et frais leur venoient et sourdoient de tous côtés. Si convenoit bien qu'ils eussent sens pour eux savoir chevir et dissimuler. Mais toutefois le conseil du roi, quoique fût du duc de Guerles, ne se vouloit point passer que le connétable de France, qui si loyaument avoit servi le roi et le royaume, en Flandre et ailleurs, ne fut adressé des duretés que le duc de Bretagne lui avoit faites, rançonné son corps, pris ses châteaux sans nul titre de raison; et par espécial le sire de Coucy et l'amiral de France y rendoient grand'peine.

Or retournerons-nous au duc de Lancastre et au roi de Portingal, qui étoient en Gallice, et faisoient guerre forte et belle, et conterons comment ils persévérèrent.

CHAPITRE LXVIII.

Comment les gens au duc de Lancastre assaillirent la ville d'Aurench et fut prise, car la ville se rendit aussi comme les autres villes de Gallice.

Vous savez comme quoi les armes furent faites à Betances de messire Jean de Hollande et de messire Regnault de Roye. Et là furent le roi de Portingal et sa femme. A leur département le roi de Portingal aconvenança au duc que, lui retourné en la cité du Port, il ne séjourneroit pas six jours que il ne chevaucheroit, car ses gens étoient tous prêts. Le duc envoya Constance, sa femme, en la ville de Saint-Jacques pour séjourner en la garde du seigneur de Fit-Vatier, un grand baron d'Angleterre, atout cent lances et deux cens archers; et lui dit au partir de Betances : « Dame, vous vous tiendrez là en Compostelle, et nous irons, le roi de Portingal mon fils et nos gens, en Castille requerre nos ennemis, et les combattrons où que nous les trouvons. Celle saison ici verrons-nous si jamais aurons rien au royaume de Castille. » La dame répondit : « Dieu y ait part. »

Ainsi furent les départies pour le présent. Messire Thomas de Perey et messire Yon Fits-Varin convoyèrent la duchesse atout deux cens lances hors des périls, et puis retournèrent devers le duc qui jà étoit parti de Betances et chevauchoit vers une ville en Gallice que on nomme Aurench, laquelle lui étoit rebelle et ne lui vouloit obéir, car elle étoit forte, et y avoit en garnison Bretons qui l'avoient prise à garder sus leur péril. Et pour ce que ils sentoient bien que le duc et les Anglois viendroient celle part, ils s'étoient encore grandement fortifiés.

Le maréchal de l'ost avoit bien ouï parler de ceux d'Aurench, et que tous les jours ils se fortifioient. Si conseillèrent, le connétable, messire Jean de Hollande et il, le duc à là venir. Donc s'adressèrent toutes manières de gens à venir celle part, et firent tant que ils vinrent assez près, et se logèrent à l'environ.

La première nuit que ils furent là venus, il faisoit si bel et si chaud que sur le plus, car c'étoit environ l'Ascension. Si firent les seigneurs tendre tentes et trefs en ces beaux plains dessous les oliviers. Et se tinrent là la nuit et lendemain tout le jour, et sans assaillir, car ils cuidoient que ceux de la ville se dussent rendre légèrement et sans eux faire assaillir. Volontiers se fussent rendus les bons hommes de la nation de la ville, mais ils n'étoient pas seigneurs de leur ville, ainçois l'étoient Bretons, compagnons aventureux. Si étoient capitaines deux bâtards Bretons bretonnans. L'un étoit nommé le bâtard d'Auroy et l'autre le bâtard de Pennefort. Bien étoient bonnes gens d'armes; et bien y parut, quand si vaillamment, hors de tous conforts, ils emprirent à garder la ville d'Aurench contre l'ost au duc de Lancastre.

Au tiers jour que les Anglois furent là logés et que ils eurent la ville avisée, et comment à leur avantage ils l'assaudroient, le connétable, le maréchal et l'amiral de la mer, ces trois greigneurs seigneurs et capitaines, firent sonner les trompettes. Si s'armèrent toutes gens et issirent de leurs logis et se trairent sur les champs; et là furent-ils bellement départis en quatre parties pour assaillir en quatre lieux; et puis s'en vinrent tout le pas et gentiment ordonnés en trompettant devant eux jusques à la ville, et s'arrêtèrent sus les fossés. Il n'y avoit point d'eau, mais il y avoit bon palis de bois au devant des murs, et y avoit de bonnes épines et des ronces où gens d'armes ne se pourroient jamais embattre; car eaux n'y a nulles en ce pays là en trop de lieux, fors que en citernes que on recueille quand il pleut, et en été des neiges qui fondent et descendent des montagnes, dont eux et leurs chevaux sont mal servis. Or commença l'assaut en quatre lieux; et se commencèrent à avaler gens d'armes et gros varlets ès fossés; et apportoient haches en leurs poings, dont ils abattoient et tailloient ronces et épines devant eux à pouvoir.

Là étoient Galiciens qui les servoient en ces fossés de dardes que ils lançoient; et si ceux qui abattoient ronces et épines n'eussent été paveschiés [1], il y en eût eu grand'foison de morts et de blessés, mais les gens d'armes qui ens ès fossés étoient et entroient avoient gros varlets qui les paveschoient, et eux aussi.

D'autre part sus les fossés se tenoient archers qui traioient à pouvoir contre ceux de dedans, si roidement et si fort que à peine se osoit nul montrer.

Là vint le duc de Lancastre, monté sur un grand palefroi que le roi de Portingal lui avoit donné, pour voir l'assaut et lesquels le faisoient le mieux. Si y fut bien trois heures en eux regardant que il ne se pouvoit partir, tant de plaisance y prenoit-il!

De ce premier assaut et ce premier jour furent les fossés délivrés, et les ronces et les épines toutes coupées et abattues, et pouvoit-on bien aller jusques aux palis. Adonc fut sonnée la retraite. Et dit le duc, qui là étoit et qui les regardoit, au maréchal : « Messire Thomas, vos gens et les nôtres en ont assez fait pour ce jour; il les faut faire retraire, car ils sont bien lassés et foulés. » — « Monseigneur, répondit le maréchal, je le veuil bien. » Lors fut la retraite sonnée; et laissèrent l'assaut tous ceux qui assailloient, et retournèrent aux logis; et mirent à point les blessés et navrés, et passèrent le soir et la nuitée de ce qu'ils avoient. Des vins avoient-ils grand'foison, mais ils étoient si chauds et si forts que à peine les pouvoient-ils boire; et ceux qui ne s'en savoient garder et qui grand'foison d'eau au boire n'y mettoient, s'en trouvoient tellement appareillés que ils ne se pouvoient aider au matin.

Quand ce vint au lendemain, on ot conseil que on n'assaudroit point pour la chaleur du jour, ce jour tout entier, car encore étoient leurs gens tous échauffés de l'assaut et des forts vins que ils avoient le soir bus, mais à lendemain une heure devant soleil levant, à la fresquière on assaudroit, et tout jusques à tierce. Si fut signifié parmi l'ost que chacun se tînt tout aise et se reposât et dormît, et que nul ne s'armât jusques au son de la trompette du maréchal. Ainsi fut fait. Ce jour ot nouvelles le duc de Lancastre du roi de Portingal, lequel s'étoit trait sur les champs et parti du Port et s'en alloit vers Saint-Yrain, car par là vouloit-il entrer en Castille; et retrouveroient leurs deux osts l'un l'autre sus la rivière de Doure, devant la ville de Padron ou devant Ville-Arpent. Ainsi l'avoient Anglois avisé et Portingallois, voir si le roi de Castille et les François qui venus étoient et qui encore venoient tous les jours ne leur sailloient au devant. Mais au cas que ils se mettroient ensemble, et qu'il feroit nul apparent d'assemblée pour défendre les champs, et pour donner bataille, il conviendroit que ils fussent plus tôt assemblés.

De ces nouvelles fut le duc très réjoui; et fit donner au varlet portingallois, qui les certaines nouvelles en apportoit, dix nobles. Or parlons de l'assaut qui ce matin se fit à Aurench en Gallice, ainsi que le maréchal et les Anglois l'avoient ordonné.

Quand ce vint à l'aube crevant, que le jour apparut bel et clair, la trompette du maréchal sonna par-devant les logis pour réveiller toutes gens d'armes. Donc s'appareillèrent chevaliers et écuyers, et se mirent en bon arroy, chacun dessous son pennon; et mirent plus de une heure avant que ils fussent tous appareillés. Le duc de Lancastre étoit en son pavillon; et ne se leva point sitôt, car il n'y avoit que faire. Le maréchal se trait sur les champs, ainsi que celui qui savoit bien faire son office; et dessous son pennon se trayrent tous ceux qui ordonnés étoient pour assaillir.

La nouvelle en vint dedans la ville d'Aurench, que les Anglois s'appareilloient, et auroient l'assaut, car les Bretons qui avoient fait le guet en avoient bien la connoissance par les trompettes du maréchal. Si se réveillèrent toutes gens en la ville, hommes et femmes, et firent dire aux défenses aux Galliciens qui là étoient : « Seigneurs, soyez tous bonnes gens et ne vous esbahissez d'assaut que vous voyez. Nous n'avons garde; nous sommes en forte place et si avons dardes et lances enferrées assez pour eux rebouter, et pierres et cailloux assez pour jeter à eux et pour eux porter grand dommage. Quand nous voudrons, au fort ils nous recueilleront à merci. Pis ne nous peuvent-ils faire. » — « Par Dieu! disoient les capitaines qui là étoient, nous avons été aucunes fois en place plus foible assez que celle ici n'est, que oncques n'y eûmes dommage. »

---

[1] Couverts de boucliers.

Ces Galiciens, par l'admonnestement de ces Bretons, voulsissent ou non, s'encourageoient, ce que point n'eussent fait si ils n'eussent été, mais ils se fussent tantôt rendus sans assaut. Car au voir dire et parler, en Castille et en Galice les communautés ne valent rien à la bataille. Ils sont mal armés et de povre courage. Les nobles et ceux qui s'appellent gentilshommes sont assez bons, mais qu'ils soient aux champs et aux chevaux; mais quand ils ont fait leurs empeintes, ils tournent le dos et fièrent chevaux des éperons en fuyant toudis devant eux.

Or vinrent les Anglois tous appareillés et ordonnés pour assaillir, environ heure de soleil levant; et s'en allèrent ens ès fossés, qui étoient parfonds assez et sans eau, et vinrent jusques aux palis sans nul empêchement, car ce tiers jour ils avoient coupé et abattu ronces et épines et tout ce qui ensonnier les pouvoit; et apportoient haches à grands fers et larges en leurs poings, dont ils commencèrent à abattre ces palis et mettre jus à leurs pieds. Et pour ce ne furent-ils encore pas au mur, car ils avoient à passer un fossé bien aussi large ou plus comme celui que passé avoient, et là avoit en aucuns lieux de la bourbe; mais ils ne ressoignoient pas leur peine, ainçois se boutèrent dedans ce fossé et vinrent jusques au mur.

Quand ceux qui étoient amont les virent approcher de si près, pour ce ne s'ébahirent-ils pas, mais se défendirent très vaillamment; et lançoient ces Galiciens dardes dont le coup étoit moult périlleux. Car qui en étoit atteint à plein, il convenoit que il fût bien pavoisé et fort armé, si il n'étoit durement blessé.

Là s'avisèrent Anglois pour dresser échelles; et furent apportées en plusieurs lieux et dressées amont, car on les avoit ouvrées et charpentées le jour devant que ils n'avoient point assailli. Là vissiez chevaliers et écuyers avancer pour monter amont, les targes sur leurs têtes et l'épée en la main, et venir combattre main à main ces Bretons, qui au voir dire vaillamment se défendoient; car je tiens la vaillance en ce que tant assaillir se faisoient et bien savoient que ils ne seroient confortés de nulluy; car l'ordonnance des François et du roi de Castille étoit telle, que on laissoit convenir les Anglois en Galice et ailleurs, si passer ils vouloient, sans eux combattre ni ensonnier; et ces Bretons se tenoient ainsi. « Ha! disoient les aucuns Anglois, si toutes les villes de Castille nous donnoient autant de peine comme fait celle, nous n'averions jamais fait. » Et disoient les autres : « Il y a là dedans grand pillage que ils y ont assemblé et attraîné du pays et d'environ; pour ce montrent-ils si grand'défense, que ils veulent que on traite à eux de rendre la ville, et que tout leur demeure sans rien remettre arrière. » Et demandoient les aucuns : « Qui sont les capitaines? » — « Ils sont deux bâtards bretons hommes d'armes et qui savent bien que c'est d'assaut et de siége, car ils y ont été plusieurs fois. C'est le bâtard de Pennefort et le bâtard d'Auroy. » — « Qui que ce soient, disoient les autres, ils sont vaillans gens, car ils ne voient apparence de secours de nul côté, et si se tiennent ainsi. »

Ceux qui montoient sus ces échelles par appertises d'armes étoient à la fois reboutés et reversés tout jus, et lors y avoit grand'huerie de ces Espaignols.

Quand le duc de Lancastre fut levé et il ot ouï sa messe, il dit que il vouloit venir voir l'assaut. Si monta sur un coursier; et n'étoit point armé, et faisoit porter devant lui son pennon pleinement de France et d'Angleterre à trois labiaux d'argent, et ventiloit au vent par manière d'une estranière, car le coron descendoit bien près à terre. Et quand le duc fut venu, si s'efforça l'assaut, car compagnons s'avançoient afin que ils eussent plus grand'louange. Et aussi ceux qui se défendoient, les Bretons et les capitaines, quand ils virent le pennon du duc ventiler, ils connurent bien que il étoit là; si s'efforcèrent tant plus de faire armes. Ainsi et en tel état furent-ils assaillans et défendans jusques à heure de tierce. Et n'étoit pas apparent que ils dussent la ville d'Aurench gagner si légèrement ni de tel assaut.

Adonc demanda le duc : « Et qui sont les capitaines de là dedans? » On les lui nomma. Donc, dit le duc : « Dites au maréchal que il traite à eux ou fasse traiter, pour savoir si ils voudront rendre la ville et mettre en mon obéissance; je crois que on ne leur a encore oncques point demandé. Allez, dit-il à un sien chevalier, messire Guillaume, faites le maréchal venir parler à moi. » Le chevalier se départit du duc et chevaucha avant, et vint devers le maréchal et lui dit : « Messire Thomas, monseigneur vous demande : venez parler à lui. » Lors se départit le maréchal et vint devers le duc. Quand il fut venu, le duc lui dit : « Maréchal, savez-vous point si ces Bretons qui tiennent celle ville contre nous se voudroient point mettre en notre obéissance ? Nous travaillons nos gens et faisons blesser, et gâtons notre artillerie ; et si ne savons quand nous en aurons mestier. Je vous prie, allez devers eux et leur faites dire que vous voulez traiter à eux. » Messire Thomas répondit et dit : « Monseigneur, volontiers ; puisque vous les voulez prendre à merci, c'est droit que ils le soient. »

Lors se départit le maréchal du duc et s'en vint jusques à l'assaut et dit à un héraut : « Va tout devant et fais tant que tu parles à eux ; nos gens te feront voie ; et leur dis que je vueil traiter à eux. » Le héraut répondit : Sire, volontiers. » Lors se bouta-t-il ès fossés ; une cotte d'armes vêtit qui avoit été au duc de Lancastre, et dit : « Ouvrez-vous ; il me faut aller parler à ces Bretons, car le maréchal m'y envoie. » A ces paroles lui firent voie ceux qui là étoient.

Le bâtard d'Auroy le vit venir, et avoit bien vu d'amont des fossés le convenant du maréchal comment il avoit parlé à lui. Si s'en vint aux créneaux et se montra et demanda : « Héraut, que voulez-vous ? Je suis l'un des capitaines de celle ville, je crois que on vous envoie parler à moi. » — « C'est voir, dit le héraut, que on clamoit Percy. Monseigneur le maréchal vous mande que vous veniez parler à lui, car il veut avoir traité et parlement à vous. » — « Je le vueil répondit le bâtard, mais que il fasse vos gens retraire et cesser l'assaut, car autrement n'irai-je point. » — « Je crois bien, dit le héraut, que tout ce se fera, car c'est raison. » Adonc retourna le héraut au maréchal et lui dit ce que vous avez ouï. Le maréchal appela sa trompette et dit : Sonnez pour retraire. » Il sonna ; lors se cessèrent les assauts de toutes parts. Adonc quand les assauts furent cessés, si s'en vinrent les capitaines de la porte et passèrent tout outre et vinrent aux barrières. Là étoient le connétable, messire Jean de Hollande, messire Thomas Morel et grand foison d'Anglois. « Comment, dit le maréchal ; vous feriez-vous prendre à force et tout perdre ou occire et les povres gens de là dedans ! Nous savons bien que la communauté de la ville se rendroit volontiers à monseigneur et à madame, et se fussent pieçà rendus si vous ne fussiez. Sachez que il vous en pourra bien mal prendre ; car, quoique il en advienne, nous ne nous partirons de ci si serons au-dessus de la ville, soit bellement ou autrement : parlez ensemble et vous avisez et me répondez, car je sais bien de quoi je suis chargé. » — « Sire, dit le bâtard d'Auroy, je suis tout conseillé et aussi sommes-nous tous et bien avisés. Au cas que nous et le nôtre vous mettrez en bon conduit et sûr pour aller à Ville-Arpent, ou à voie là où il nous plaira à traire vous nous ferez conduire sauvement et sans péril, nous vous rendrons la ville ; et aussi que tous les hommes, femmes et enfans qui sont dedans et qui demourer y voudront, y demourent sans péril et dommage, parmi l'obéissance que ils feront au duc de Lancastre, si comme les autres villes de Galice ont fait, et non autrement. Nous savons bien que vous êtes maréchal de l'ost et que le traité appartient à vous, et ce que vous en ferez le duc l'accordera. » — « C'est vérité, dit messire Thomas. Or soit ainsi, que vous emportez ce que vous direz qui sera vôtre. Je ne vueil pas que vous pilliez la ville, et puis si nous fassiez entendant que vous l'avez conquise sus le pays, car vous vous mettriez en riotte et en péril contre nos gens. » — « Nennil, dit le bâtard d'Auroy, nous n'emporterons fors ce qui est nôtre ; et si les compagnons de notre délivrance ont aucune chose pris et acheté et ils l'ont mal payé, nous n'en voulons pas pour ce entrer en riotte, car je crois bien que de boire et de manger, depuis que nous vînmes ici en garnison, nos gens n'en ont rien payé. » — « Nennil, nennil, dit le maréchal, tout ce vous est excepté. Les vivres sont d'avantage ; aussi seront-ils nôtres ; mais nous parlons des meubles. » Dit le bâtard d'Auroy : « Maréchal, je ne nous ferai jà si prud'hommes que nous n'en ayons. » Donc dit messire Jean de Hollande : « Laissez-les passer, et ce qui est leur soit leur ; on ne leur voist jà si près que pour en querre en leurs malles. » — « Or soit ainsi, » dit le maréchal.

Là fut mis ce jour tout entier en souffrance, et à lendemain ils se devoient partir. Et s'en retournèrent le duc et les Anglois à leurs logis, et se désarmèrent et aisèrent de ce que ils avoient, et les Bretons entendirent ce jour à trousser et à enmaller grand pillage que ils avoient pris et levé sus le pays de Castille mêmement, car tout avoit été abandonné du roi : donc ceux qui vinrent premièrement en Castille par celle incidence y firent grandement bien leur profit. Et encore en troussant et en enmallant, en la ville d'Aurench, boutèrent-ils plusieurs bonnes choses des meubles des povres gens de la ville, pennes et draps et autres joyaux, si ils les trouvoient. Et quand on en parloit et disoit : « Ha ! monseigneur, ceci est nôtre ; vous ne l'apportâtes pas céans. » Ils répondoient : « Taisez-vous, méchantes gens, nous avons commission du roi de Castille de nous faire payer partout de nos gages ; vous ne nous voulez payer et si vous avons servi bien et loyaument ; si faut que nous nous payons ; gagnez du nouveau, car ceci est nôtre. »

Quand ce vint au matin, le maréchal monta à cheval, et environ soixante lances en sa compagnie, et s'en vint à Aurench jusques à la barrière. Il s'arrêta là un petit. Les capitaines des Bretons vinrent et le maréchal leur demanda : « Êtes-vous tous prêts ? » — « Ouil, dirent-ils, baillez-nous un conduit qui nous mène. » — « Où voulez-vous aller ? dit le maréchal. Véez-cy qui vous conduira. » Adonc appela-t-il un chevalier d'Angleterre qui s'appeloit messire Étienne Astebery et lui dit : « Prenez dix lances de nos gens et conduisez ces Bretons, et retournez ici demain. » — « Bien, » dit le chevalier. Il fit ce que le maréchal ordonna, et prit ces Bretons en conduit et les mena, lesquels se départirent moult hourdés et moult troussés.

Quand ils furent tous vidés, le maréchal et ses gens entrèrent en la ville ; les gens de la ville l'inclinèrent tout bas ; et cuidoient, moult y en avoit, que ce fût le duc de Lancastre ; pour ce lui faisoient-ils si grand révérence. Le maréchal demanda à aucuns : « Et ces Bretons qui se départent si hourdés et si troussés, emportent-ils rien du vôtre ? » — « Du nôtre, monseigneur, par Dieu ouil, beaucoup ! » — « Et que ne le me disiez-vous, dit le maréchal, je le vous eusse fait r'avoir. » — « Monseigneur, nous n'osions ; ils nous menaçoient d'occire si nous faisions plaintes : ce sont maldites gens, il n'en y a nul qui ne soit larron. Et pourquoi ne nous le seroient-ils, quand ils le sont l'un à l'autre ? » Le maréchal commença à rire et puis se tut, et demanda les plus notables hommes de la ville. Ils vinrent : quand ils furent venus, il leur fit faire serment que la ville d'Aurench, qui rendue s'étoit au duc de Lancastre, ils tiendroient du duc à toujours et à jamais en la forme et en la manière comme les autres villes de Galice se sont rendues. Ils le jurèrent ; et adonc ordonna et renouvela le maréchal officiers ; et prit de ceux de la ville ; et quand il eut tout fait et pris les fois et serments, et il et sa route eurent bu un coup, il s'en retourna devers le duc et son ost qui étoient logés au long de beaux verts oliviers et de figuiers pour avoir l'ombre, car il faisoit si chaud que hommes ni chevaux ne osoient attendre le soleil, ni depuis heure de tierce n'osoient chevaucher ni aller en fourrage, pour la grand'chaleur du soleil qui couroit.

La greigneur imagination que le duc de Lancastre eut, c'étoit que on lui apportât nouvelles en disant : « Sire, le roi de Castille chevauche et vient contre vous pour vous combattre. » Car il lui sembloit que il ne pouvoit parfaitement venir au challenge de Castille ni à la seigneurie, fors que par bataille. Si en faisoit-il demander soigneusement mais on lui disoit : « Monseigneur, nous entendons par pélerins qui viennent à Saint-Jacques que votre adversaire de Castille ne met nullui sus les champs ni ensemble pour traire avant, mais se tient en garnison, et ses gens aussi, et encore n'est pas le duc de Bourbon venu qui cuidoit venir, ni il n'en est encore nulle nouvelle de sa venue en Castille. » Or eut le duc conseil, quand il se fut tenu cinq jours en la marche d'Aurench, que il iroit devant Noye, et là essaieroient-ils si jamais par assaut ils pourroient passer par le pont ni la rivière Deure. Jà étoit retourné le chevalier Anglois qui avoit conduit les Bretons en la ville de Ville-Arpent. On lui demanda quelles gens étoient là en la Ville-Arpent en garnison. Il répondit que il avoit entendu que messire Olivier du Clayaquin y étoit, à bien mille lances de Bretons et de François. « Ce seroit bon, dirent au duc le connétable et le maréchal et messire Thomas de Percy, que nous les allissions voir, et escarmoucher à eux : espoir sauldront-ils dehors pour demander armes, car ils en ont grand désir, les aucuns, de les trouver. » — « Je le veuil bien, dit le duc, délogeons-nous et allons ailleurs ; ci n'avons-nous nul profit. » Lors fut ordonné du déloger au matin et de aller vers Noye et puis vers Ville-Arpent.

Or parlerons-nous un petit du roi de Portingal et du chemin qu'il fit en entrant en Castille et en retournant devers le duc de Lancastre.

CHAPITRE LXIX.

Comment le roi de Portingal ardit une ville quand il départit du Port, et assiégea deux châteaux ; mais il les laissa par ennui.

Le roi de Portingal se départit du Port et laissa la roine sa femme et sa sœur, la jeune fille au duc de Lancastre ; et pour elles garder et la cité aussi il y ordonna le comte de Novaire à demeure, atout deux cents lances de Portingalois et de Gascons qui l'étoient venus servir ; et puis se mit aux champs. Et se logèrent du premier jour à trois lieues du Port ; et à lendemain ils se délogèrent et chevauchèrent en trois batailles. Et ne pouvoient aller que le pas pour les gens de pied que le roi menoit, où bien avoit douze mille hommes, et pour le sommage et le charroi qui étoit moult grand, car il tenoit bien deux lieues de long. L'avant-garde faisoit le maréchal, un chevalier de Portingal bon homme d'armes, qui s'appeloit Alve Perrière [1]. Avecques lui étoient deux grands barons de Portingal, Vasse Martin de Merlo et Gonsalves de Merlo. Et avoient bien en leur route cinq cents lances. Après eux venoient toutes manières de gens de pied, qui tenoient bien de chemin demie lieue largement, et puis tous les sommages et le charroi. Et en après venoit la grosse bataille du roi, où bien avoit mille lances. Là étoient Dien Gallopes Ferrant Percek, Jean Ferrant Percek, le Pouvasse de Coigne ; et portoient la bannière du roi : Vasse Martin de Coigne, Jean Radighes Perrière, Jean Goumez de Salve, Jean Redighes de Sar et le maître de Vis, qui s'appeloit Ferrant Redighes [2] ; et tous grands barons et chevaliers.

Et l'arrière-garde faisoient le connétable de Portingal, le comte d'Angouse, le comte d'Escalle, le Podich d'Asvede, Mendose Radigo, Rodighes de Valcoesiaulx [3], Res Mendighes de Valcousiaulx, Ange Salvasse d'Agevene, Jean Salle de Popelan et tous barons et chevaliers ; et étoient en celle route cinq cens lances.

[1] Alvaro Pereira, frère du connétable Nuno Alvarez.
[2] Fernaò Rodriguez de Sequeira, grand commandeur de l'ordre d'Avis.
[3] Rodriguez de Vasconcellos.

Ainsi cheminèrent ces Portingalois et prirent le chemin de Saint-Yrain ; et alloient à petites journées, car ils se logeoient très tierce, ni depuis ils ne chevauchoient ni cheminoient point tout le jour. Et vinrent à la Cabasse de Juberote, et là furent-ils deux jours ; et de là ils allèrent en deux jours à Orench en Portugal et là furent-ils deux jours. Et puis ils vinrent en deux jours à Saint-Yrain et là se logèrent. La ville étoit toute désemparée très la bataille de Juberote : si la trouvèrent toute vide, car les gens qui s'y étoient tenus s'étoient retraits en Castille et boutés ens ès cités et ès forts lieux pour la doutance des Portingalois ; mais les chastels se tenoient ; et y avoit Bretons et Portingalois et Poitevins dedans, que on y avoit établis pour les garder.

Le roi de Portingal eut conseil que les châteaux de Saint-Yrain, qui étoient l'un à côté de la ville et l'autre d'autre côté, il feroit assaillir, car pour honneur ils ne pouvoient passer par là sans faire armes ; car les Castellains avoient jà conquis sur eux la ville et les châteaux. Si vouloient essayer si ils les r'auroient. Or avoient-ils amené avecques eux engins du Port, car ils savoient bien que ils feroient des assauts en leur chemin.

Or se logèrent le roi de Portingal et ses gens en la marche de Saint-Yrain ; c'est l'entrée de Castille tout au long de la rivière de Tese qui va à Séville la grande [1]. Par cette rivière pouvoient bien venir en l'ost parmi mer, fût de Lisbonne ou du Port grands biens, ainsi que ils firent ; et bien leur besognoit, car ils étoient grand'gent, plus de trente mille d'uns et d'autres.

Le connétable assit lui et sa route avec la moitié de la communauté de Portingal, le châtel devers soleil levant que on disoit à la Perrade. Et l'autre chastel de soleil couchant assistrent le connétable, le maréchal et sa route ; et l'appeloit-on au pays Taillidon. Du châtel de la Perrade étoit capitaine un chevalier de Bretagne, qui s'appeloit messire Maurice Fouchans, appert homme d'armes ; et du châtel Taillidon messire Jacques de Montmerle, un chevalier de Poitou. Et avoient chacun avecques eux cinquante lances de bons compagnons. Si furent là bien quinze jours et plus que rien n'y firent ; et étoient engins dressés au devant qui jetoient bien dix ou

[1] Le Tage ne coule pas dans la direction de Séville. C'est le Guadalquivir qui passe à Séville.

douze fois le jour contre les murs grosses pierres, mais petit les empiroient, excepté les couvertures des tours qui furent rompues et désemparées ; mais les compagnons de dedans n'en faisoient compte, car les étages qui étoient près des couvertures étoient de fortes pierres, qui ne pouvoient effondrer pour jet de pierre, d'engin ni d'espringalle.

Quand on vit que on ne les auroit point et que on se commença à tanner, on eut conseil que on se délogeroit et que on entreroit en Galice et que on approcheroit l'ost du duc de Lancastre ; parquoi si ses gens venoient on seroit plus fort ; et aussi le roi et le duc auroient conseil comment ils se maintiendroient ni comment ils iroient, ni quelle part ils iroient. Si se délogèrent un jour ; et troussèrent tout et mirent à voiture ; et se départirent de Saint-Yrain ; mais à leur département la ville fut si nettement arse que il ne demoura oncques pour establer[1] ni loger un cheval.

Quand ceux des châteaux virent que on les laissoit, si en furent tous réjouis et commencèrent à sonner leurs trompettes et à faire grand ébattement, et convoyèrent l'ost de tel envoi tant que tous les derniers furent passés ; et quand ils ne les virent plus ils se cessèrent ; et l'ost s'en alla ce jour loger à Pont-Ferrant en Galice, et à lendemain au Pont de Sainte Catherine, et au tiers jour ils vinrent devant le Férole en Galice, une ville assez forte qui se tenoit pour le roi de Castille, et là s'arrêtèrent.

CHAPITRE LXX.

Comment le roi de Portingal et ses gens prinstrent la ville de Férol par assaut, et comment le roi de France fut défié du duc de Guerles.

Quand le roi de Portingal et ses gens furent venus de Portingal devant Férol, ils trouvèrent assez bon pays. Si l'environnèrent ; et dirent le connétable et le maréchal que ils le feroient assaillir et que elle étoit bien prenable. Ils furent là deux jours que oncques n'y livrèrent assaut, car ils cuidoient que sans assaillir ils se dussent rendre : mais non firent ; car il y avoit Bretons et Bourguignons qui disoient que ils se tiendroient bien.

[1] Mettre en écurie. Ce mot s'est conservé en anglais, ainsi que bien d'autres mots qui ne sont plus d'usage en France, et dont on sent cependant tous les jours le besoin. M. Courier et M. Pougens ont fait de fort judicieuses remarques à ce sujet

Or furent au tiers jour ces engins dressés, et fit le maréchal sonner les trompettes pour assaillir ; donc s'ordonnèrent toutes gens et s'armèrent et approchèrent la ville.

Les compagnons qui dedans Férol étoient, quand ils ouïrent les trompettes de l'ost, eurent bien connoissance que ils auroient l'assaut. Si se appareillèrent et firent appareiller tous ceux de la ville défensables, et femmes aussi qui apportoient pierres et cailloux pour jeter contreval. Car sachez que en Galice les femmes y sont de grand'défense et de grand courage, aussi grand ou en partie comme sont les hommes. Là s'en vinrent tout bellement le pas les Portingalois jusques aux fossés, qui étoient roides et parfons, mais il n'y avoit point d'eau : si y entrèrent baudement et puis commencèrent à monter et à ramper contremont sans eux épargner. Mais ceux qui montoient avoient fort à faire, si ils n'étoient bien pavoisés ; car ceux qui se tenoient amont leur jetoient pierres et cailloux dont ils en blessèrent aucuns et les firent reculer, voulsissent ou non.

Là y avoit bon ébattement de ceux de dedans, qui jetoient dardes à ceux de dehors ; et ceux de dehors aussi, qui se tenoient sur les crêtes des fossés, lançoient à ceux de dedans ; ainsi dura l'assaut jusques à heure de tierce que le jour échauffa moult fort, et le soleil luisoit à raies et moult ardent. Et point n'avoient de vent ni d'air ceux qui étoient ens ès fossés ; et sembloit que ils ardissent : donc pour la grand'chaleur qu'il faisoit, et que il étoit apparant du faire, l'assaut cessa ; mais toujours jetoient les engins dedans la ville à l'aventure.

Adonc se retrairent Portingalois à leurs logis, et rafreschirent et mirent à point les blessés. Là fut conseillé le maréchal de Portingal que on n'assaudroit plus, hors par engins, car à l'assaillir il y avoit trop de peines et de coûtages de leurs gens, mais on iroit bien escarmoucher aux barrières, pour les compagnons ébattre et apprendre les armes. Si fut ainsi fait comme il fut ordonné ; et y avoit presque tous les jours escarmouche. Et vous dis que ceux de dedans, à la fois les soudoyers et les compagnons qui y étoient, s'encloioient hors de la porte entre les barrières et la porte pour escarmoucher mieux à leur aise. Donc il avint que le maréchal de Portingal, messire Alve Perrière, qui moult étoit usé d'armes, soubtilla sur celle affaire de l'escarmouche, et en parla à messire Jean Ferrant Percek et lui dit : « Je vois que ces soudoyers s'encloient à la fois entre la barrière et la porte tout en escarmouchant. Et si nous faisions une chose que je vous dirai, que nous presissions cinq ou six cens des nôtres bien montés et vous ou moi vinssions escarmoucher à un petit de gens de commencement à eux, et quand ils seroient dedans leur barrière nous reculissions petit à petit, je crois que, pour la convoitise de gagner, ils ouvriroient leur barrière, et lors nous sauldrions à la barrière et les ensonnerions nous; et lors l'embûche, dont ils ne sauroient rien, venroit à course de chevaux sur eux. Quand ils verroient venir efforcément l'embûche, ils lairoient ester leur barrière et feroient ouvrir la porte. Voulsissent ou non, nous les enforcerions; si ainsi, avecques eux nous entrerions en la porte; et si les Galiciens n'en ouvroient la porte, à tout le moins tous ceux qui seroient dehors seroient nôtres. » — « Il est vérité, répondit messire Jean Ferrant. Or prenez l'un et je prendrai l'autre. » Dit le maréchal : « Vous ferez l'embûche entre vous et Vasse Martin de Merlo et le Pouvasse de Coingne, et je irai à l'escarmouche, car c'est de mon office. »

Ce conseil fut tenu; et furent ordonnés cinq cens hommes bien armés et bien montés pour aller en l'embûche; et trois jours tout entiers on n'escarmoucha point, dont les soudoyers de dedans étoient tous émerveillés; et disoient aux Galiciens de la ville : « Or regardez, méchans gens, vous fussiez tantôt rendus, quand les Portingalois vinrent ici, si nous ne fussions. Nous vous gardons grandement l'honneur de votre ville, car le roi de Portingal et tout son ost se départiront de ci sans rien faire. »

Au quatrième jour que les Portingalois eurent séjourné, l'escarmouche, par l'ordonnance que je vous ai dit, fut faite. Et s'en vint le maréchal de l'ost atout un petit de gens escarmoucher, et la grande embûche demeura derrière. Les Bretons qui désiroient à gagner quelque bon prisonnier, car jà en avoient-ils jusques à six, quand ils virent venir aux barrières les Portingalois, firent ouvrir leur porte et laissèrent sans fermer pour la trouver plus appareillée; car point ils ne se confièrent trop avant ès Galiciens; et aussi le guichet tout ouvert; et vinrent aux barrières, et commencèrent à traire et à lancer, et à faire le droit d'armes et ce que escarmouche demande.

Le maréchal, quand il vit que ce fut heure, et ses compagnons, changèrent le pas et montrèrent que ils étoient trop travaillés et sur le point de être déconfits, et reculèrent petit à petit. Quand ces compagnons qui dedans étoient en virent la manière, si les cuidèrent bien tous prendre et attraper; et ouvrirent leur barrière tout à une fois, et saillirent dehors, et se boutèrent en ces Portingalois, et en prirent et en retinrent jusques à vingt-cinq. Si que, en tirant et en sachant pour mettre dedans la ville à sauveté, ils s'ensonnièrent tellement que ils n'eurent loisir de refermer leurs barrières; et aussi le maréchal qui attendoit le secours, derrière les ensuivoit ce qu'il pouvoit. Et véez-cy venir messire Jean Ferrant Percek, Vasse Martin de Merlo et le Pouvasse de Coingne à cinq cens chevaux; et venoient plus que les gallops; et se boutèrent tous à une fois sur la barrière et en furent seigneurs.

Quand les soudoyers bretons et françois virent ce, si se vouldrent recueillir dedans la ville; mais ils ne purent, car aussitôt y entrèrent les Portingalois comme eux. Ainsi fut la ville prise et gagnée, et en y ot des morts, mais plenté ne fut ce pas. Les soudoyers qui là étoient en garnison furent pris, excepté dix ou douze qui se sauvèrent par une autre porte que ils firent ouvrir; et prirent les champs, et s'en allèrent par devers Ville-Arpent en Castille, où messire Olivier du Glayaquin, et plus de mille lances de François se tenoient. Quand ils furent là venus, ils leur recordèrent comment la ville de Férol étoit perdue. Ainsi que je vous recorde advint de la ville de Férol en Galice; les Portingalois la gagnèrent et la mirent en l'obéissance du duc de Lancastre, pour qui ils faisoient la guerre.

Le roi de Portugal en fut grandement réjoui de ce que ces gens avoient si bien exploité, et en envoya tantôt noncier les nouvelles au duc de Lancastre, en disant que il lui accroîtroit grandement son héritage, car il lui avoit jà pris une ville; et se mettroit en peine, aussi feroient ses gens, de conquérir des autres. Le duc de Lancastre fut tout réjoui de ces nouvelles; et étoit jà parti d'Aurench et s'en venoit devant Noye, où le Barrois des Barres et messire Jean de Chastel-Morant, messire Tristan de la Gaille et messire Regnault de Roye, messire Guillaume de Montigny, et plusieurs chevaliers et écuyers étoient.

Tant exploita l'ost au duc de Lancastre que ils virent le chastel de Noye. Adonc dit le maréchal: « Véez-là Noye en Galice. Si comme la Colloingne est une des clefs de Galice au-lez devers la mer, est le chastel de Noye une autre clef de Galice au-lez devers Castille; et n'est pas sire de Galice, qui n'est sire de la Colloingne et de Noye. Nous irons jusques à la voir les compagnons. On m'a dit que le Barrois des Barres, un des plus apperts chevaliers du royaume de France, s'y tient. Et si ferons à l'entrée du pont quelque escarmouche. » — « Nous le voulons, » répondirent les compagnons qui chevauchoient de-lez lui, messire Maubruin de Linières, et messire Jean d'Aubrecicourt.

Lors chevaucha l'avant-garde, où bien avoit cinq cents lances, et tous bonnes gens, car le duc y avoit envoyé une partie de ses gens pourtant que il approchoit le chastel, pour faire plus grand'montre à ceux du chastel; et aussi il savoit bien que son maréchal les iroit voir et faire armes, s'il trouvoit à qui.

Quand la gaitte du châtel vit approcher l'avant-garde et les Anglois, si commença à corner et à lui demener par telle manière que c'étoit grand'plaisance de la voir et ouïr. Le Barrois et les compagnons entendirent tantôt que les Anglois venoient. Si se armèrent et mirent tous en bonne ordonnance; et étoient bien deux cents hommes d'armes; et s'en vinrent tout outre jusques aux barrières, et là s'arrêtèrent en bon convenant. Et y avoit douze pennons. Mais messire Jean des Barres étoit le plus renommé, et aussi avoit-il le plus de charge des armes; et messire Jean de Chastel-Morant après.

Quand messire Thomas Morel, maréchal de l'ost, vit que ils étoient assez près de la ville et des barrières, il s'arrêta sur les champs. Aussi se arrêtèrent toutes ses gens et mirent pied à terre, et baillèrent leurs chevaux aux pages et aux varlets, et puis s'en vinrent tout joignant et tout serré jusques bien près des barrières, chacun chevalier et écuyer leurs lances en leurs mains; et n'alloient que le pas, et de six pas en six pas ils se arrêtoient pour eux mieux ordonner et aller tout joint sans eux ouvrir. Au voir dire, c'étoit belle chose que du voir.

Quand ils furent là où ils vouloient venir, ils s'arrêtèrent et puis s'en vinrent tout de front faire aux barrières armes. Ils furent reculés de grand'façon et par bonne ordonnance; et crois bien que si ils fussent tous au plain sur les champs il y eut eu telles armes faites qu'il n'y ot point là, car là ils ne pouvoient advenir les uns aux autres, pour les barrières qui étoient closes et fermées.

Là étoit arrêté le maréchal de sa lance sur messire Jean de Chastel-Morant et il sur le maréchal; et se travailloient pour porter dommage l'un à l'autre, mais ils ne pouvoient, car ils étoient trop fort armés; et messire Thomas de Percy sur messire le Barrois; et messire Maubruin de Linières sur messire Guillaume de Montigny; et messire Regnault de Roye sur messire Jean d'Aubrecicourt; et le sire de Taillebot sur messire Tristan de la Gaille; et aussi chacun avoit son pareil. Et si avant que ils se pouvoient asséner luttoient et escarmouchoient de leurs lances. Et quand ils étoient lassés et travaillés, ou trop échauffés, ils changeoient le pas, et autres chevaliers, tant d'un côté que d'autre, revenoient frais et nouveaux, et escarmouchoient. Là furent-ils en tel ébattement jusques à la tierce toute haute. Bien étoit onze heures quand l'escarmouche se cessa. Et puis encore revinrent archers aux barrières, mais les chevaliers, pour la doutance du trait, se départirent, et ordonnèrent leurs arbalètriers et les Espagnols qui lançoient dardes à l'encontre du trait. Et dura cette escarmouche, trayant et lançant l'un contre l'autre, jusques à nonne; et puis y revinrent gros varlets pour escarmoucher jusques aux vêpres, et sus le soir jusques à soleil couchant. Et y retournèrent les chevaliers frais et nouveaux et tinrent l'escarmouche. Ainsi fut le jour tout employé jusques à la nuit que les Anglois se retrayrent en leurs logis, et les compagnons de Noye dedans leur fort, et firent bon guait.

Environ demie lieue du châtel de Noye, tout contre val la rivière, se logèrent les Anglois; laquelle eau leur fit grand bien et à leurs chevaux aussi, car ils en avoient eu grand'deffaulte à venir jusques à là. Si se vouloient rafraîchir cinq ou six jours et puis iroient devant Ville-Arpent voir le connétable de Castille et les François qui là étoient; et aussi ils avoient ouï nouvelles du roi de Portingal qui se logeoit ès plains de Férol et tout son ost aussi ; et vouloit venir devers la ville de Padron en Galice, qui étoit aussi au chemin du duc et des Anglois. Et me semble que le roi de Portingal et le duc de Lancastre se devoient là trouver et être ensemble, et avoir collation de leur chevauchée, pour savoir comment ils persévéreroient. Car ils avoient jà été plus d'un mois sur le pays et avoient mis en leur obéissance tout le royaume de Galice; petit s'en failloit; et si ne oyoient nulles nouvelles du roi de Castille ni des François; dont ils avoient grand'merveille, car on leur avoit dit que le roi de Castille avoit fait son mandement à Burges, où il se tenoit, de toutes les parties de Castille, de Séville, de Cordouan, de Toulette, d'Espaigne, du Lion, d'Esturges et du Val-d'Olif, et de Soire ; et avoit bien soixante mille hommes et six mille lances de purs François; et y devoit être le duc de Bourbon, car il étoit parti de France et s'en venoit cette part. Pourtant s'en vouloient retourner eux et leurs deux osts ensemble, les Anglois et les Portingalois, pour être plus forts l'un pour l'autre et plus appareillés si leurs ennemis venoient; car ils tenoient toutes ces nouvelles que on leur disoit des François et des Espaignols à bonnes et à vraies ; et en avoient par semblant grand'joie ; et vissent volontiers que on se délivrât de eux combattre, car ils ne pouvoient, ce leur sembloit, venir à perfection de leur besogne fors que par bataille.

Messire Guillaume de Lignac et messire Gautier de Passac se tenoient de-lez le roi de Castille là où que il fût ni allât. Car toutes les semaines il avoit deux ou trois fois nouvelles de France et comment on s'y maintenoit, et aussi du duc qui devoit venir et étoit jà mu, mais il avoit pris le chemin d'Avignon, car il vouloit venir voir le pape Clément et les cardinaux : si l'attendoient les dessus dits, et ne se fussent jamais combattus sans lui, ni pas il n'appartenoit. Entre les nouvelles que ils avoient eues de France, celle du duc de Bretagne qui avoit ainsi pris et attrapé au chastel de l'Ermine le connétable de France, et rançonné à cent mille francs, et eut trois de ses chastels et une ville, et rompit le voyage de mer de non aller en Angleterre, les faisoit plus émerveiller que nulle autre chose. Et ne pouvoient sentir à quel propos le duc de Bretagne l'avoit fait, et aussi ne faisoient nuls ou supposoient que ces conseils lui étoient venus d'Angleterre.

Ainsi que je vous dis et que j'ai dit ci-dessus, fut le royaume de France en esmay, espécialement les oncles du roi et les grands seigneurs qui l'aimoient et avoient à conseiller, par les défiances qui vinrent du duc de Guerles; car elles furent felles et mal courtoises et hors de la rieulle des autres défiances, si comme vous direz que je vous dis voir, quand je vous les éclaircirai, et aussi du duc de Bretagne qui avoit brisé si grand fait que le voyage de mer, et pris merveilleusement celui qui en devoit être le chef, le connétable de France, et rançonné de cent mille francs, et lui avoit ôté quatre chastels ; laquelle chose étoit grandement au préjudice du roi, car on n'y pouvoit voir nul titre de raison. Le roi se portoit de toutes ces choses assez bellement, car il étoit jeune; si ne les pesoit pas si grandement, que si adonc il eût été quarante ou cinquante ans d'âge. Et disoient les aucuns anciens, qui ramentevoient le temps passé : « Pour tel fait ou pour le semblable a eu le royaume de France moult à souffrir; car le roi de Navarre fit occire messire Charles d'Espaigne, connétable de France pour le temps, pour laquelle occision le roi Jean ne put oncques depuis aimer le roi de Navarre, et lui tollit à son pouvoir toute sa terre de Normandie. » — « Pensez-vous, disoient les autres, que si le roi père de ce roi vivoit, qui tant aimoit le connétable, que il ne lui dût pas bien annoier ? Par Dieu si feroit ; il feroit guerre au duc de Bretagne et lui toldroit sa terre, combien que il lui dût coûter. »

Ainsi et en plusieurs manières en parloit-on au royaume de France ; car toutes gens disoient que il avoit mal fait. Or fut avisé et regardé des oncles du roi et du conseil, pour adoucir les choses et le peuple qui trop mal se contentoit du duc de Bretagne, et pour les besognes mettre et réformer en droit, que un prélat et trois barons sages et vaillans hommes seroient envoyés devers le duc de Bretagne, pour parler à lui et pour ouïr ses raisons, et pour lui faire venir à Paris ou ailleurs, là où le roi voudroit lui excuser de ce que il avoit mesfait. Si y furent nommés : premièrement, l'évêque de Beauvais, messire Milles des Dormans, un sage et vaillant homme et beau langagier. Avecques lui messire Jean de Vienne, messire Jean de Beuil et le seigneur de la Rivière. Ceux furent chargés quelle chose ils devoient dire et faire. Par espécial, pour lui mieux informer de la matière et de toutes les besognes, l'évêque de Beauvais s'en vint au Mont-le-Herne où le connétable se tenoit, car la ville, le chastel et toutes les appendances, le roi Charles lui donna à lui et à ses hoirs. L'évêque de Beauvais là étant, une maladie le prit, dont il s'alita et fut quinze jours en fièvre et en maladie, et puis mourut. Si eut le prud'homme grand'plainte. Au lieu de l'évêque de Beauvais y fut envoyé l'évêque de Langres. Celui se mit au chemin de Bretagne avecques les dessus dits.

On me pourroit demander, qui voudroit, dont telles choses me viennent à savoir, pour en parler si proprement et si vivement. J'en répondrois à ceux qui m'en demanderoient : que grand'cure et grand'diligence je mis en mon temps pour le savoir, et encerchai maint royàume et maint pays, pour faire juste enquête de toutes les choses qui ci-dessus sont contenues en celle histoire, et qui aussi en suivant en descendront ; car Dieu me donna la grâce et le loisir de voir en mon temps la greigneur partie et d'avoir la connoissance des hauts princes et seigneurs, tant en France comme en Angleterre. Car sachez que, sus l'an de grâce mil trois cent quatre vingt et dix, je y avois labouré trente-sept ans, et à ce jour je avois d'âge cinquante-sept ans. Au terme de trente-sept ans, quand un homme est dans sa force et en son venir, et il est bien de toutes parties, car de ma jeunesse je fus cinq ans de l'hôtel au roi d'Angleterre et de la roine, et si fus bien de l'hôtel du roi Jean de France et du roi Charles son fils, si pus bien sus ce terme apprendre et concevoir moult de choses. Et pour certain, c'étoit la greigneur imagination et plaisance que je avois que toujours enquérir avant et de retenir, et tantôt escripre comme j'en avois fait les enquêtes. Et comment je fus adonc informé, et par qui, de la prise du connétable et de ce qui en descendit, je le vous dirai.

Je chevauchois, en ce temps que les choses furent advenues, ou un an après, de la cité d'Angers à Tours en Touraine ; et avois geu à Beaufort en Vallée. A lendemain, d'aventure je trouvai au dehors le Mont-le-Herne un chevalier de Bretagne et d'amont, lequel s'appeloit messire Guillaume d'Ancenis, et s'en alloit voir la dame de Mailly en Touraine, sa cousine, et ses enfans, car elle étoit nouvellement vefve. Je m'acointai du chevalier, car je le trouvai courtois et doux en ses paroles. Je lui demandai des nouvelles et par espécial de la prise du connétable, dont je tendois fort à savoir la vérité. Il la me dit, car il disoit que il avoit été à Vennes au parlement qui y fut, avecques le seigneur d'Ancenis, un sien cousin et un grand baron de Bretagne. Et tout ainsi comme Espaing du Lion me dit et informa des choses dessus dites qui étoient advenues en Foix, en Béarn et en Gascogne, et aussi messire Jean Percek des avenues de Portingal et de Castille, me conta plusieurs choses le gentil chevalier ; et plus m'en eût conté si je eusse longuement chevauché en sa compagnie.

Entre Mont-le-Herne et Prilly, a quatre grandes lieues, et nous chevauchions bellement à l'aise des chevaux. Et là, sus ce chemin, il me conta moult de choses, lesquelles je mis bien en remembrance et par espécial des avenues de Bretagne. Et ainsi que nous chevauchions et que nous étions près de Prilly à une lieue, nous entrâmes en un pré. Là s'arrêta-t-il et dit : «Ha ! Dieu ait l'âme du bon connétable de France ! Il fit ici une fois une belle journée et profitable pour ce pays dessous la bannière messire Jean de Beuil, car il n'étoit pas connétable, mais étoit nouvellement venu et issu hors d'Espaigne.» Et comment il en advint je le demandai. «Je le vous dirai, dit-il, mais que nous soyons à cheval.» Il monta et nous montâmes ; il commença à chevaucher bellement et puis à faire son conte ainsi comme il en avint.

«Du temps que je vous parle, dit le chevalier, étoit ce pays ici si rempli d'Anglois et de larrons gascons, bretons et allemands et gens aventureux de toutes nations, que tout le pays de çà Loire et de là Loire en étoit rempli, car la guerre de France et d'Angleterre étoit renouvelée. Si entroient toutes manières de pillards en ce pays et se amassoient et fortifioient par manière de conquête. Le chastel de Beaufort en Vallée, que vous avez vu en étoit tenu ; et le pays d'environ vivoit en pactis tout dessous lui. Pour venir à mon propos, Anglois et Gascons tenoient Prilly et l'avoient mallement fortifié, et nul ne les en boutoit ni chassoit hors. Et tenoient ce chemin sus la rivière de Loire autres petits forts et tout à la ronde; et quand ils vouloient chevaucher, ils se trouvoient entre mille et huit cens combattans.

« Le connétable, messire Bertrand, et messire Jean de Beuil, et le sire de Mailly, et aucuns chevaliers de ce pays eurent imagination que ils se mettroient à l'aventure pour délivrer tout le pays. Et se cueillirent environ cinq cens lances, et surent que les Anglois vouloient chevaucher et aller vers Saumur; et étoient tous les capitaines des forts de ci environ mis ensemble, et avoient fait leur amas à Prilly qui siéd devant nous. Nos gens chevauchèrent et passèrent celle eau, et se mirent en embûche en un bois qui siéd ci-dessous à la bonne main. Au matin, ainsi qu'au soleil levant, les ennemis se départirent de Prilly. Et étoient bien neuf cens combattans. Quand nos gens les virent venir qui étoient en embûche, ils surent bien que combattre les convenoit. Là eurent-ils parlement pour savoir quel cri on crieroit. On vouloit prendre le cri de messire Bertrand, mais il ne le voulst; et encore plus, il dit que il ne bouteroit jà hors ce jour ni bannière ni pennon, mais se vouloit combattre dessous la bannière de messire Jean de Beuil. Nos ennemis vinrent en ce pré où je descendis ores. Ils n'y furent oncques sitôt entrés que nous issîmes hors du bois et de notre embûche et entrâmes au pré. Quand ils nous virent, ils furent tous confortés, et mirent pied à terre et se ordonnèrent en bon arroi, et nous aussi d'autre part. Nous entrâmes l'un dedans l'autre. Là eut grand poussis et boutis de lances, et renversé des nôtres et des leurs; et dura la bataille un grand temps sans branler ni d'une part ni d'autre.

« Au voir dire nous étions tous droites gens d'armes et de élection; mais des ennemis en y avoit grand'planté de mal armés et de pillards. Toutes fois ils nous donnoient moult à faire: mais messire Maurice Treseguidy et messire Geoffroy Ricon, et messire Geffroy de Kermel et autres suivoient messire Bertran à l'éperon. Ceux nous rafreschirent de soixante lances de bonnes gens qu'ils nous amenèrent, et se boutèrent en eux tous à cheval, et les espardirent tellement que oncques depuis ne se purent remettre ensemble. Quand les capitaines de ces pillards virent que la chose alloit mal pour eux, si montèrent sus leurs chevaux; les aucuns et non pas tous, car ils demeurèrent au pré tous morts jusques à sept et bien trois cens des leurs; et dura la chasse jusques à Saint-Mor sur Loire; et là se boutèrent en un batel messire Robert Tem, messire Richard Helme et Richard Gille et Janequin Clercq. Ces quatre se sauvèrent et traversèrent la Loire, et se boutèrent en autres forts que leurs gens tenoient par de là Loire; mais point n'y séjournèrent car ils s'en allèrent en Auvergne et en Limousin, et cuidoient toujours avoir le connétable à leurs talons.

« Par cette déconfiture, beau maître, dit le chevalier, fut délivré tout ce pays ici environ, ni oncques depuis n'y eut pillards ni Anglois qui s'y amassèrent: si que je dis que le connétable Bertran fut un vaillant homme en son temps et moult profitable pour l'honneur du royaume de France, car il y fit plusieurs recouvrances. » — « Par ma foi, sire, dis-je, vous dites voir; ce fut un vaillant homme et aussi est messire Olivier de Clayquin son frère. »

A ce que je nommai Clayquin le chevalier commença à rire, et je lui demandai: « Sire, pourquoi riez-vous? » — « Je le vous dirai, dit-il, pourtant que vous avez nommé Clayquin. Ce n'est pas le droit surnom d'eux, ni ne fut oncques, comment que tous ceux qui en parlent le nomment ainsi, et nous aussi bien comme vous qui sommes de Bretagne; et messire Bertran, lui vivant, y eût volontiers adressé et remédié si il eût pu; mais il ne put oncques, car le mot est tel que il chied, en la bouche et en la parole de ceux qui le nomment, mieux que l'autre. »

Et adonc lui demandai: « Or me dites, sire, par votre courtoisie, a-t-il grand'différence de l'un à l'autre. » — « Si m'aist Dieu, nennil, dit-il; il n'y a autre différence de l'un à l'autre, fors que on devroit dire messire Bertran du Glayaquin; et ce vous dirai dont ce surnom anciennement lui vint, selon ce que j'ai ouï recorder les anciens; et aussi c'est une chose toute véritable, car on le trouve en escripst ès anciennes histoires et chroniques de Bretagne. »

Celle parole que le chevalier me dit me fit grand bien; et lui dis adonc: « Ha! doux sire, vous me ferez grand plaisir au recorder, et si le retiendrai de vous, ni jamais je ne l'oublierai; car messire Bertran fut si vaillant homme que on le doit augmenter ce que on peut. » — « Il est vérité, dit le chevalier, et je le vous dirai. » Lors commença messire Guillaume d'Ancenis à faire son conte.

« Au temps que le grand Charles de France régnoit qui fut si grand conquérant et qui tant augmenta la sainte chrétienté et la noble couronne de France, et fut empereur de Rome, roi de France et d'Allemagne, et gît à Aix-la-Chapelle, ce roi Charles, si comme on lit et trouve ès chroniques anciennes (car vous savez que toutes les connoissances de ce monde retournent par l'escripture, ni sur autres choses de vérité nous ne sommes fondés fors que par les escriptures approuvées), fut en Espagne par plusieurs fois, et plus y demeura une fois que une autre: une fois entre les autres saisons il y demeura neuf ans, sans partir ni retourner en France, mais toujours conquérant avant. En ce temps avoit un roi mescréant qui s'appeloit Aquin, lequel étoit roi de Bugie et de Barbarie à l'opposite d'Espagne; car Espagne mouvant de Saint-Jean du Pied des Ports est durement grande, car tout le royaume d'Arragon, de Navarre, de Biscaye, de Portingal, de Couimbre, de Lussebonne, de Séville, de Tollette, de Cordouan et de Lion sont encloses dedans Espaigne, et jadis conquit le grand roi Charlemaine toutes ces terres. En ce long séjour que il fit, ce roi Aquin, qui roi étoit de Bugie et de Barbarie, assembla ses gens et s'en vint par mer en Bretagne et arriva au port de Vennes, et avoit amené sa femme et ses enfans; et s'amassa là au pays, et ses gens s'y amassèrent, en conquérant toujours avant. Bien étoit le roi Charles informé de ce roi Aquin qui se tenoit en Bretagne; mais il ne vouloit pas pour ce rompre ni briser son voyage ni son emprise et disoit : « Laissez-le amasser en Bretagne; ce nous sera petit de chose à délivrer le pays de lui et de ses gens, quand nous aurons acquitté les terres de deçà et mis à la foi chrétienne. »

« Ce roi Aquin, sus la mer et assez près de Vennes, fit faire une tour moult belle que on appeloit le Glay; et là se tenoit ce roi Aquin trop volontiers. Advint que quand le roi Charles eut accompli son voyage et acquitté Galice et Espaigne, et toutes les terres encloses des deux lez Espaigne, et mort les rois Sarrasins, et bouté hors les mescréans et toute la terre tournée à la foi chrétienne, il s'en retourna en Bretagne, et mit sus, et livra un jour une grosse bataille contre le roi Aquin; et y furent morts et déconfits tous les Sarrasins ou en partie qui là étoient; et convint ce roi Aquin fuir. Et avoit sa navie toute prête au pied de la tour du Glay. Il entra dedans et sa femme et ses enfans; mais ils furent si hâtés des François qui chassoient les fuyans, que Aquin et sa femme n'eurent loisir de prendre un petit-fils qu'ils avoient, environ d'un an, qui dormoit en celle tour du Glay, et l'oublièrent; et équipèrent en mer et se sauvèrent ce roi, sa femme et ses enfans.

« Si fut trouvé en la tour du Glay cet enfant, et fut apporté au roi Charlemaine, qui en eut grand'joie et voulst que il fût baptisé; si le fut; et le tinrent sur les fonts Roland et Olivier; et eut nom celui enfant Olivier; et lui donna l'empereur bons mainbourgs pour le garder et toutes les terres que son père avoit conquises en Bretagne; et fut cet enfant, quand il vint en âge d'homme, bon chevalier et vaillant, et l'appeloient les gens Olivier du Glay-Aquin, pourtant que il avoit été trouvé dans la tour du Glay et qu'il avoit été fils du roi Aquin. Or vous ai-je dit la première fondation et venue de messire Bertran de Clayquin que nous dussions dire du Glay-Aquin. Et vous dis que messire Bertran disoit, quand il eut bouté hors le roi Dam Piètre du royaume de Castille et couronné le roi Henry, que il s'en vouloit aller au royaume de Bugie, il n'y avoit que la mer à traverser; et disoit que il vouloit raquérir son héritage. Et l'eût sans faute fait; car le roi Henry lui vouloit prêter gens assez et navie pour aller en Bugie; et s'en douta le roi de Bugie grandement; mais un empêchement lui vint qui lui rompit et brisa tout. Ce fut le prince de Galles qui guerroya le roi Henry, et il ramena le roi Dam Piètre, et le remit par puissance en Castille. Adonc fut pris à la grande bataille de Nazre messire Bertran de messire Jean Chandos, qui le rançonna à cent mille francs, et aussi une autre fois il l'avoit de la prise du roi rançonné à cent mille francs. Si se dérompirent les propos de messire Bertran, car la guerre de France et d'Angleterre renouvela. Si fut si ensoigné que il ne put ailleurs entendre; mais pour ce ne demeure mie que il ne soit issu du droit estoc du roi Aquin, qui fut roi de Bugie et de Barbarie.

« Or vous ai-je conté l'extrasse de messire

Bertran du Glay-Aquin. » — « C'est vérité, sire, dis-je ; si vous en sais grand gré et jamais ne l'oublierai. » Atant vînmes-nous à la ville de Prilly.

CHAPITRE LXXI.

Comment les ambassadeurs du roi de France vinrent devers le duc de Bretagne pour la prise du connétable, et de la réponse que il leur fit après ce que ils eurent fait leur relation.

Si j'eusse été à loisir autant avecques messire Guillaume d'Ancenis que je fus avecques messire Espaing du Lyon, quand je chevauchai de la cité de Pamiers jusques à Ortais en Béarn, ou que je fus avecques messire Jean Ferrant Percek, le chevalier de Portingal, il m'eût dit et conté plusieurs choses ; mais nennil, je n'y fus point longuement, car tantôt après dîner, que nous eûmes chevauché ensemble deux lieues, nous vînmes sus un chemin croisé, là où il y avoit deux voies dont l'une alloit à Tour en Touraine, où je tendois à aller, et l'autre à Mailly, où il vouloit aller : à ce chemin se défit notre compagnie. Il me donna congé et je le pris, mais entre Prilly et notre département il m'avoit dit plusieurs choses et par espécial de celles de Bretagne et comment l'évêque de Langres, qui y fut envoyé au lieu de l'évêque de Beauvais qui mort étoit et messire Jean de Vienne et messire Jean de Beuil exploitèrent devers le duc, et la réponse que il leur fit, quand il les eut ouïs parler; sur laquelle information du chevalier je me suis fondé et arrêté et ai escript ce qui s'ensuit.

Vous devez savoir que les dessus nommés se départirent de Paris et du conseil du roi bien avisés comment ni quelle chose ils devoient dire et faire; et cheminèrent tant par leurs journées que ils vinrent à Nantes et demandèrent où le duc se tenoit. On leur dit : en la marche de Vennes, et que là par usage se tenoit-il plus volontiers que ailleurs. Donc se mirent-ils au chemin tant que ils y vinrent, car il n'y a de Nantes que vingt lieues ; et descendirent en la cité, car le duc étoit ens ou chastel que on dit à la Motte. Ils s'ordonnèrent et appareillèrent ainsi comme à eux appartenoit, et vinrent devers le duc, lequel par semblant les recueillit assez doucement. L'évêque de Langres, pourtant que il étoit prélat, commença à parler et faire son procès, bellement et sagement accosté de ses deux compagnons, messire Jean de Vienne et messire Jean de Beuil, et dit :

« Sire duc, nous sommes ci envoyés de par le roi notre sire et nos seigneurs ses oncles, monseigneur de Berry et monseigneur de Bourgogne, pour vous dire et montrer que il leur tourne à grand'merveille pourquoi le voyage de mer qui se devoit faire en Angleterre vous l'avez rompu par la prise et arrêt de celui qui en étoit chef et qui en avoit la souveraine charge, monseigneur le connétable; et avec tout ce vous l'avez rançonné de mise si avant que il s'en deult grandement : et outre, vous voulûtes avoir trois des chastels à messire Olivier de Cliçon, connétable de France, qui sont en Bretagne, et qui pourroient grandement nuire le demeurant du pays, si ils leur étoient contraires, avecques l'aide de la ville de Jugon, laquelle est de l'héritage du connétable et que vous avez voulu avoir. Si sommes chargés de vous dire, et le vous disons, je pour mes seigneurs et compagnons qui ci sont de par le roi notre seigneur et nos seigneurs messeigneurs ses oncles, que vous rendiez arrière à messire Olivier de Cliçon, connétable de France, son heritage que vous tenez, et l'en mettez en possession paisible, ainsi comme droit est, et comme il étoit au devant quand ils vous furent baillés et délivrés par contrainte, non par nulle action de droit que vous y eussiez ; et aussi la mise de l'argent tout entière, restituez-la pleinement là où il lui plaira à avoir. Et de ce que vous avez fait, c'est la parole du roi et de son conseil que vous vous venez excuser à Paris, ou là où il plaira au roi et à son conseil. Nous le tenons si doux et si patient, avecques ce que vous êtes de son sang, que il orra volontiers votre excusance, et si elle n'est pas bien raisonnable, si l'amoyenneront et adouciront à leur pouvoir nos dits seigneurs nos seigneurs les ducs de Berry et de Bourgogne, et feront, tant par prière et autrement, que vous demeurerez ami et cousin au roi et à eux, ainsi que par raison vous devez être. »

Donc se tourna l'évêque sur messire Jean de Vienne et lui demanda : « Est-ce votre parole ? » Il répondit et dit : « Sire, ouïl. » Et aussi fit messire Jean de Beuil. A ces paroles dire et montrer en la chambre du duc n'y avoit que eux quatre.

Quand le duc de Bretagne eut ouï parler l'évêque de Langres, il pensa un petit; et bien y ot cause que il fût pensif, car les paroles dites et montrées faisoient bien à gloser; et quand il parla il dit : « Sire, j'ai bien entendu ce que vous avez dit; et c'est raison que je y entende, car vous êtes ici envoyés de par monseigneur le roi et mes seigneurs ses oncles : si vous dois et vueil au nom de eux faire toute honneur et toute révérence, car je y suis tenu. Et votre parole et requête demande bien à avoir conseil; et je me conseillerai ou de moi ou des miens, tellement que à la réponse vous vous contenterez de moi, car autrement je ne le voudrois faire ni ne pourrois. » — « Vous dites bien, répondirent les seigneurs, et il nous suffit. » Donc se départirent les seigneurs de lui et retournèrent à leurs hôtels.

Quand ce vint au soir, ils furent priés, de par le duc, de dîner à lendemain avecques lui. Ils l'accordèrent. Quand ce vint à lendemain ils montèrent au chastel et trouvèrent là le duc et ses chevaliers qui les recueillirent grandement et arréemment et bien le sçurent faire.

Assez tôt après ce que ils furent là venus, on lava pour asseoir à table. On assit l'évêque de Langres tout au-dessus pour cause de prélation [1], et en après le duc et puis l'amiral de France, et après messire Jean de Beuil. Le dîner fut grand et bel et bien servi. Le dîner fait; on entra en la chambre de parlement; et là commencèrent à jangler de plusieurs choses et à ouïr menestrels. Bien cuidoient ces seigneurs de France avoir réponse; mais non eurent. On apporta vin et épices, et après ce ils prirent congé du duc et retournèrent à leurs hôtels et s'y tinrent ce soir.

Quand ce vint au matin, il leur fut signifié de par le duc que ils vinssent au chastel parler à lui. Ils y allèrent : ils entrèrent en une chambre où le duc étoit qui les recueillit assez doucement, et puis parla, car à lui appartenoit à parler, et dit : « Beaux seigneurs, je sais bien que vous attendez réponse. Car sus les paroles que vous m'avez dites et montrées, vous êtes chargés de rapporter à monseigneur le roi et à mes seigneurs ses oncles réponse. Je vous dis que je n'ai fait chose de messire Olivier de Cliçon dont je me repente, fors tant qu'il a eu si bon marché que il s'en est parti en vie : et ce que je lui sauvai la vie, ce fut pour l'amour de son office non mie pour sa personne, car il m'a fait tant

[1] Parce qu'il était prélat.

de contraires et de grands déplaisirs que je le dois bien haïr jusques à la mort. Et sauve soit la grâce de monseigneur et de messeigneurs ses oncles et de leur conseil, que je aie pour la prise de Olivier de Cliçon rompu ni brisé le voyage de mer, de ce me vueil-je bien excuser, que nul mal je n'y ai pensé ni pensois au jour que je le pris. Car partout doit-on prendre son ennemi là où on le trouve. Et si il étoit mort, si se voudroit le royaume de France rieuler et ordonner aussi bien ou mieux que par son conseil. Tant que des chastels que je tiens pour la prise de Olivier de Cliçon et que il m'a délivrés, j'en suis en possession, si y demeurerai, si puissance de roi ne m'en ôte. Tant que à la mise de l'argent, je répondrai. J'ai eu tant à faire du temps passé en ce pays ici et ailleurs par les haines qui sont nées de par Olivier de Cliçon, que je l'ai payé et délivré envers ceux à qui je étois tenu et obligé pour cause de dette. »

Telle fut la substance de la réponse que le duc de Bretagne fit aux commissaires du roi et de son conseil. Depuis y eut d'autres paroles retournées pour ramener le duc à raison, mais toutes les réponses de lui tournoient toujours à celle conclusion.

Quand ils virent que ils n'en auroient autre chose, ils prirent congé pour leur département; il leur donna. Lors se mirent-ils au retour; et firent tant par leurs journées que ils vinrent à Paris; et puis allèrent à l'hôtel de Beauté de lez le bois de Vincennes, car le roi s'y tenoit et la roine. Et là vinrent messeigneurs les ducs de Berry et de Bourgogne, qui grand désir avoient de ouïr la réponse du duc de Bretagne.

La réponse avez-vous assez ouïe, je n'ai que faire d'en plus parler; mais toutes fois ceux qui furent envoyés en Bretagne n'exploitèrent rien. Dont le roi et son conseil s'en contentèrent mal sur le duc de Bretagne; et dirent bien que ce duc étoit un orgueilleux homme et présumpcieux, et que la chose ne demoureroit pas ainsi, car elle étoit trop préjudiciable pour la couronne de France. Et étoit bien l'intention du roi et de son conseil que il feroit guerre au duc de Bretagne.

Le duc n'en attendoit autre chose, car bien véoit et savoit que il avoit grandement courroucé le roi et son conseil; mais il haïoit tant le connétable, que la grand'haine que il avoit à lui lui brisoit et lui tolloit la connoissance de la raison; et se repentoit trop fort de ce que quand il en étoit au-dessus, il ne l'avoit mis à mort.

Ainsi se portèrent ces choses un long-temps; et demeuroit le duc de Bretagne à Vennes; et chevauchoit petit parmi son pays, car il se doutoit trop fort des embûches, mais il tenoit à amour les cités et bonnes villes de Bretagne, et avoit secret traité aux Anglois; et faisoit ses chastels et ses villes garder aussi près que si il eût eu guerre ouverte. Et avoit plusieurs imaginations sur ce que il avoit fait; une heure s'en repentoit; en l'autre heure il disoit que il ne voulsist pas que il n'eût pris le connétable. A tout le moins donnoit-il exemple à tous ceux qui en savoient à parler que messire Olivier de Cliçon l'avoit courroucé et que sans cause il ne l'eût jamais fait; et aussi cremeur à son pays, car c'est petite seigneurie de seigneur qui n'est cremu et douté de ses gens. Et toudis au fort auroit-il paix quand il voudroit.

Nous nous souffrirons un petit à parler du duc de Bretagne et retournons à parler des besognes du roi d'Angleterre, qui furent en ce temps moult merveilleuses et horribles.

CHAPITRE LXXII.

Comment les oncles du roi d'Angleterre étoient tous d'une alliance entre le roi et son conseil, et de la murmuration du peuple contre le duc d'Irlande et de la réponse des Londriens au duc de Glocestre.

Vous savez, si comme il est ici dessus contenu en l'histoire, que les oncles du roi d'Angleterre, le duc de Yorch et le duc de Glocester, et le comte de Sallebery, le comte d'Arondel, le comte de Northonbrelande, le comte de Northinghem et l'archevêque de Cantorbie étoient tous d'une alliance à l'encontre du roi et de son conseil; car sus eux ils se contentèrent trop mal; et disoient en requoi : « Ce duc d'Irlande fait en Angleterre et du roi ce qu'il veut; et n'est le roi conseillé fors de méchans gens et de basse venue ens ou regard des princes. Et tant que il ait le conseil que il tient de-lez lui, les choses ne puevent bien aller, car un royaume ne peut être bien gouverné, ni un seigneur bien conseillé de méchans gens. On voit, quand un povre homme monte en état, et son seigneur l'avoue, il se corrompt et détruit, aussi le peuple et son pays; et est ainsi d'un povre homme à faire qui ne sait que c'est d'honneur, qui désire à tout engloutir et tout avoir, comme d'un loutre qui entre en un étang et détruit tout le poisson que il y trouve. A quoi est ce bon que ce duc d'Irlande est si bien du roi ? Nous connoissons bien son extraction et sa venue, et que le royaume d'Angleterre sera du tout gouverné par lui, et on laira les oncles du roi et ceux de son sang. Ce ne fait pas à souffrir ni à soutenir. » — « Nous savons bien que le comte d'Asquesufforch est, disoient les autres; il fut fils au comte Aubery d'Asquesufforch, qui oncques n'eut grâce ni renommée en ce pays d'honneur, de sens, de conseil ni de gentillesse. » — « Et messire Jean Chandos, dit lors un chevalier, lui montra une fois moult bien à l'hôtel du prince de Galles, en l'hôtel de Saint-André à Bordeaux. » — « Et que lui montra-t-il ? » répondit un autre qui vouloit savoir le fond. « Je le vous dirai, dit le chevalier, car je y étois présent. On servoit du vin en une chambre où le prince étoit, et avecques lui grand'foison de seigneurs d'Angleterre. Quand le prince eut bu, pourtant que messire Jean Chandos étoit connétable d'Acquitaine, tantôt après le prince on lui porta la coupe; il la prit et but, et ne fit nul semblant de dire au comte d'Asquesufforch, le père de celui-ci, de boire ni d'aller devant. Après ce que messire Jean Chandos eut bu, un de ses écuyers apporta le vin au comte d'Asquesufforch; et le comte qui s'étoit indigné grandement de ce que Chandos avoit bu devant lui, ne vouloit boire; mais dit à l'écuyer qui tenoit la coupe, par manière de moquerie : « Va, et si dis à ton maître Chandos que il boive. » — « Pourquoi, dit l'écuyer, irois-je? Il a bu; buvez puisque on le vous offre; et si vous ne buvez, par Saint George! je le vous jetterai au visage. »

« Le comte, quand il ouït celle parole, douta que l'écuyer ne fît sa têtée, car il étoit bien outrageux de cela faire. Si prit la coupe et la mit à sa bouche et but; à tout le moins en fit-il contenance. Messire Jean Chandos qui n'étoit pas loin avoit bien vu toute l'ordonnance, car il véoit et oyoit trop clair. Et aussi à son retour et là mêmement, entrementres que le prince parloit à son chancelier, il lui conta le fait. Messire Jean Chandos se souffrit tant que le prince fût retrait. Adonc s'en vint-il au comte d'Asquesufforch et dit ainsi : « Messire Aubery, vous êtes-vous indigné si je ai bu devant vous qui suis connétable de ce pays? Je puis bien et dois boire et passer devant vous, puisque mon très redouté seigneur le roi d'Angleterre et monseigneur le prince le veulent. Il est bien vérité que vous fûtes à la bataille de Poitiers, mais tous ceux qui sont ci n'en savent pas si bien la manière comme je fais ; si le dirai ; parquoi ils le retiendront. Quand monseigneur le prince eut fait son voyage en Languedoc à Carcassonne et il s'en fut, par Fougans et par Massères, retourné à Bordeaux, ce fut en celle ville que il vous vint en agré que vous vous partîtes et retournâtes en Angleterre. Que vous dit le roi ? Je n'y fus pas et si le sais bien : il vous demanda si vous aviez jà fait votre voyage ; et après, que vous aviez fait de son fils. Vous répondîtes que vous l'aviez laissé en bonne santé à Bordeaux. Donc dit le roi : « Et comment êtes-vous si osé d'être retourné sans lui ? Je vous avois enjoint et commandé, à tous ceux qui en sa compagnie étoient allés, que nul ne retournât, sur quant que il se pouvoit forfaire, sans lui, et vous êtes retourné. Or vous commande, dit le roi, que dedans quatre jours vous ayez vidé mon royaume et, que vous en r'alliez devers lui ; et si vous y êtes trouvé au cinquième jour, je vous touldrai la vie et votre héritage. » Vous doutâtes la parole du roi, ce fut raison, et vous partîtes d'Angleterre ; et eûtes l'aventure et la fortune assez bonne ; car vraiment vous fûtes en la compagnie de monseigneur le prince avant que la bataille se fît, et eûtes le jour de la bataille de Poitiers quatre lances de charge, et je en os soixante. Or regardez donc si je puis boire ni dois devant vous qui suis connétable d'Acquitaine. »

« Le comte d'Asquesufforch fut tout honteux, et voulsist bien être ailleurs que là. Mais ces paroles lui convint souffrir et ouïr que messire Jean Chandos lui dit, présens tous ceux qui les vouldrent entendre. »

A ce propos dit le chevalier qui parloit à l'autre : « On se peut émerveiller maintenant comment le duc d'Irlande, qui fut fils à ce comte d'Asquesufforch, ne s'avise et qu'il ne se mire en telles remembrances que on lui peut recorder de son père, et qu'il entreprend le gouvernement de tout le royaume d'Angleterre par-dessus les oncles du roi. » — « Et pourquoi ne feroit, répondirent les autres, quand le roi le veut ? »

Ainsi murmuroit-on en Angleterre en plusieurs lieux sus le duc d'Irlande ; et ce qui plus entama et affoiblit l'honneur et le sens de lui, ce fut que il avoit à femme la fille du seigneur de Coucy, laquelle avoit été fille de la fille de la roine d'Angleterre, madame Ysabelle, ainsi que vous savez, qui étoit belle dame et bonne, et de plus haute et noble extraction que il ne fut [1]. Mais il amena une des damoiselles de la roine Anne d'Angleterre, une Allemande, et fit tant envers Urbain sixième, qui se tenoit à Rome et qui se tenoit pape, que il se démaria de la fille au seigneur de Coucy sans nul titre de raison, fors par présomption et nonchalance, et épousa celle damoiselle de la roine [2] ; et tout consentit le roi Richard ; car il étoit si aveugle de ce duc d'Irlande que si il dît : « Sire, ceci est blanc ; » et il fût noir, le roi ne dît point du contraire.

La mère de ce duc d'Irlande fut grandement courroucée sus son fils ; et prit la dame au seigneur de Coucy, et la mit en sa compagnie. Au voir dire, ce duc fit mal ; et aussi il lui en prit mal, et fut une des principales choses pourquoi on le enhaït le plus de commencement en Angleterre. Ce duc d'Irlande se confioit tellement en la grâce et en l'amour du roi ne il ne cuidoit pas que nul lui pût nuire ; et étoit une commune renommée parmi Angleterre que on feroit une taille, et que chacun feu paieroit un noble, et si porteroit le fort le foible. Les oncles du roi savoient bien que ce seroit trop fort à faire ; et avoient fait semer paroles parmi Angleterre que le peuple seroit trop grevé et qu'il y avoit, ou devoit avoir, grand finance au trésor du roi, et

[1] Anne de Bohême, fille de l'empereur Charles IV, deuxième femme de Richard II.
[2] Voici comment Walsingham raconte ce fait :
Accidit his diebus ut Robertus de Veer, elatus de honoribus quos rex impendebat eidem, jugiter suam repudiaret uxorem juvenculam, nobilem atque pulchram, genitam de illustri Eduardi regis filiâ Isabellâ, et aliam duceret, quæ cum reginâ Annâ venerat de Boemia, ut fertur, cujusdam cellarii filiam, ignobilem prorsùs atque fœdam ; ob quam causam magna surrexit occasio scandalorum (cujus nomen erat in vulgari idiomate Lancecrona). Favebat sibi in his omnibus ipse rex, nolens ipsum in aliquo contristare, vel potiùs, prout dicitur, non valens suis votis aliqualiter obviare, quia maleficiis cujusdam fratris, qui cum dicto Roberto fuit, rex impeditus, nequaquam quod bonum est et honestum cernere vel sectari valebat.

que on demandât à avoir compte à ceux qui gouverné l'avoient ; à tels comme à l'archevêque d'Yorch, au duc d'Irlande, à messire Symon Burlé, à messire Michel de la Pole, à messire Nichole Brambre, à messire Robert Tresilian, à messire Pierre le Goulouffre, à messire Jean Sallebury, à messire Jean Beauchamp et au maître des étapes de laine ; et que, si ceux-ci vouloient droit et raison faire, on trouveroit or et argent assez plus qu'il n'en besogne à présent pour étoffer les besognes d'Angleterre.

Vous savez, c'est un commun usage, que nul ne paye volontiers, ni sache argent hors de bourse, tant comme il le peut amender. Celle renommée s'épandit tellement parmi Angleterre, espécialement à Londres, qui est la souveraine cité et clef de tout le royaume d'Angleterre, que tout le pays se rébella, et que on vouloit savoir comment le gouvernement du dit royaume alloit ; et trop grand temps étoit que on n'en avoit point rendu compte. Et se trairent tout premièrement les Londriens devers messire Thomas de Widescoq[1] duc de Glocestre. Quoique il fût mains-né de messire Aymon son frère le duc d'Yorch, si le tenoient toutes gens à vaillant homme, sage, discret et arrêté en toutes ses besognes. Et quand ils furent venus devant lui, ils lui dirent : « Monseigneur, la bonne ville de Londres se recommande à vous ; et vous prient toutes gens en général que vous veuillez emprendre le gouvernement du royaume et savoir par ceux qui ont gouverné le roi, comment il a été gouverné jusques à ores ; autrement le menu peuple s'en plaint trop fort ; car on demande tailles sur tailles et aides sus aides ; et si a été le royaume plus grévé et plus taillé de telles choses non accoutumées depuis le couronnement du roi que il n'avoit été cinquante ans devant ; et si ne sait on que tout est devenu ou que tout devient. Si vous plaise à y regarder et à y pourvoir ou les choses iront mal, car le menu peuple s'en deult très fort. »

Donc répondit le duc de Glocestre et dit : « Beaux seigneurs, je vous oy bien parler, mais moi tout seul ne le puis faire ; si vois bien que vous avez cause, et aussi ont toutes gens, de vous plaindre. Et quoique je fusse fils au roi d'Angleterre et oncle du roi, si j'en parlois si n'en feroit-on rien pour moi, car mon nepveu le roi à présent a conseil de-lez lui que il croit plus que soi-même ; et ce conseil le mainne ainsi qu'il veut. Et si vous voulez venir à ce où vous tendez à venir, il vous conviendroit avoir d'accord toutes les plus notables cités et bonnes villes d'Angleterre, et aussi aucuns prélats et nobles du royaume, et venir en la présence du roi. Nous serions là volontiers mon frère et moi. Et direz au roi : « Très redouté sire, vous avez été jeune couronné, et avecques tout ce, jeunement conseillé jusques à maintenant, et n'avez pas bien entendu aux besognes de votre royaume, par le povre et jeune conseil que vous avez eu de-lez vous ; et pour celle cause les choses s'y sont si très mal portées, si comme vous avez vu et sçu, que si Dieu proprement n'y eût ouvré, le royaume d'Angleterre eût été perdu et détruit et exillé de lui même sans recouvrer. Pourquoi, très redouté sire, en la présence de vos oncles, nous vous supplions humblement, ainsi que subgiets doivent faire et prier à leur seigneur, que vous obviez à ces besognes, par quoi le noble royaume d'Angleterre et la noble couronne qui vous vient de si noble roi que du plus vaillant roi qui y fut oncques depuis que Angleterre fut premièrement située et habitée, soit soutenue en prospérité et en honneur, et le menu peuple qui se plaint, tenu et gardé en droit. Lesquelles choses vous avez jurées et jurâtes, et il appert par votre scel, au jour de votre couronnement. Et veuillez mettre des trois états de votre royaume ensemble, prélats, barons et sages hommes des cités et bonnes villes ; et ces trois états regarderont justement à votre gouvernement du temps passé, si il a été bien gouverné, ordonné et demené, ainsi que il appartient à si haute personne comme vous êtes. Ceux qui l'ont gouverné y auront profit et honneur, et demeureront, tant comme ils voudront bien faire et que il vous plaira, en leur office. Et si ceux qui seront députés pour entendre aux comptes et aux besognes de votre royaume y voient le contraire, ils y pourveront ; et en feront ceux partir courtoisement sans blâme, pour l'honneur de votre personne ; et y ordonneront et mettront autres hommes notables, par l'avis et regard premièrement de vous et de nos seigneurs vos oncles et des prélats et barons notables de votre royaume. Et quand vous aurez faite celle supplication et remon-

---

[1] Woodstock.

trance au roi, ce dit le duc de Glocestre aux Londriens qui étoient en sa présence, il vous répondra quelque chose. Si il dit : « Nous en aurons conseil, » si prenez ce conseil bref et pointez bien la chose avant pour lui donner cremeur, et à ses marmousets aussi. Dites lui hardiment que le pays ne les veut ni peut plus souffrir, et est merveille comment on en a encore tant souffert. Nous serons de-lez lui, mon frère et moi et l'archevêque de Cantorbie, le comte de Sallebery, le comte d'Arondel et le comte de Northonbrelande, car sans nous n'en parlez point. Nous sommes les plus grands d'Angleterre, si vous aiderons à soutenir votre parole; et dirons au roi, en nous dissimulant, que vous requérez raison. Quand il nous orra parler il ne nous dédira point, si il n'a tort ; et sur ce il en sera ordonné. Véez là le conseil et le remède que je vous donne. »

Donc répondirent les Londriens au duc de Glocestre et lui dirent : « Monseigneur, vous nous conseillez loyaument et bien. Mais ce seroit fort que le roi et tant de seigneurs que vous nous nommez, vous et votre frère, nous tinssions ensemble. » — « Non est, ce dit le duc ; véez ci le jour Saint-George qui sera dedans dix jours ; le roi sera à Windesore ; et vous savez, où que il voist le duc d'Irlande et messire Simon Burlé sont. Et encore en aura des autres. Mon frère et moi, et le comte de Sallebery y serons. Soyez là et vous pourvoyez selon ce. » — « Monseigneur, répondirent-ils, volontiers. » Ainsi se partirent les Londriens tout contens du duc de Glocestre.

Or vint le jour Saint-George que le roi d'Angleterre festoye grandement, et aussi ont fait ses prédécesseurs. Si furent à Windsore, et la roine aussi, et là ot grand'fête. A lendemain du jour Saint-George vinrent les Londriens à bien soixante chevaux, et ceux d'Yorch à bien autant, et grand'foison des notables villes d'Angleterre; et tous se logèrent à Windesore. Le roi se vouloit partir et aller au parc à deux lieues de là. Et encore, quand il sçut que ces gens, les communautés d'Angleterre, vouloient parler à lui, il s'en efforçoit plus de y aller, car trop fort il ressoignoit conseil, ni jamais il n'en vouloit nul avoir ni ouïr ; mais ses oncles et le comte de Sallebery lui dirent : « Monseigneur, vous ne pouvez partir. Ces gens de plusieurs villes d'Angleterre sont ci venus. Il appartient que vous les oyez et que vous sachiez que ils demandent, et puis vous leur répondrez ou aurez conseil de répondre. » Envis il demeura.

Or vinrent ces gens en sa présence, en la salle basse, hors du neuf ouvrage où l'hôtel fut jà anciennement. Premier là étoit le roi et ses oncles, l'archevêque de Cantorbie, l'évêque de Wincestre et l'évêque d'Ély, chancelier, le comte de Sallebery, le comte de Northonbrelande et plusieurs autres. Là firent ces bonnes villes requête et prière au roi; et parla un pour eux tous, un bourgeois de Londres, qui s'appeloit sire Simon de Susbery, sage homme et bien enlangagé ; et se fonda et forma en sa parole que il remontra bien sagement et vivement du tout, sus le conseil et information que le duc de Glocestre leur avoit dit et donné. Vous avez ouïe la substance ici un petit en sus. Si n'en ai que faire de plus parler, autrement ce seroit chose redite.

Quand le roi eut tout ouï, si répondit et dit : « Entre vous, gens de notre royaume, vos requêtes sont grandes et longues ; si ne les peut-on pas sitôt expédier ; ni nous ne serons en grand temps ensemble, ni notre conseil aussi, lequel n'est pas tout ici, il s'en faut assez. Si vous disons et répondons que vous en retournez chacun de vous en son lieu et vous y tenez tous aises. Point ne revenez si vous n'êtes mandés jusques à la Saint-Michel que le parlement sera à Wesmoustier ; et là venez et apportez vos requêtes, nous les remontrerons à notre conseil. Ce que bon sera nous l'accepterons, et ce qui à refuser sera nous le condamnerons. Mais ne pensez point que nous nous doions rieuller par notre peuple. Tout ce ne sera jà fait, car en notre gouvernement, ni en ceux qui nous gouvernent, nous ne véons que tout droit et justice. » — « Justice ! répondirent-ils plus de sept tous d'une voix ; très redouté sire, sauve soit votre grâce ; mais justice est en votre royaume trop foible ; et vous ne savez pas tout, ni pouvez savoir, car point n'en enquérez ni demandez ; et ceux qui vous conseillent s'en cessent de la vous dire, pour le grand profit que ils y prennent. Ce n'est pas justice, sire roi, de couper têtes, ni poings, ni pieds, ni pendre ; cela est punition. Mais est justice de tenir et de garder son peuple en droit et de lui donner voie et ordonnance que il puisse vivre en paix, parquoi il n'ait nulle cause de lui émouvoir. Et nous vous disons que vous nous assignez trop long jour que de retourner à la

Saint-Michel. Jamais on ne nous peut avoir plus aise que maintenant. Si disons, d'un général conseil et accord, que nous voulons avoir compte, et bien briévement, sus ceux qui ont gouverné votre royaume depuis le jour de votre couronnement; et voulons savoir que le vôtre est devenu, et les grandes levées qui ont été faites depuis neuf ans parmi le royaume d'Angleterre où elles sont contournées. Si ceux qui ont été gardes et trésoriers en rendent bon compte, ou aucques près, nous en serons tous réjouis, et les vous lairons et en votre gouvernement; et s'ils n'en montrent bien leur acquit, on en ordonnera par les députés de votre royaume qui à ce seront établis, nos seigneurs vos oncles et autres. »

A ces mots regarda le roi sus ses oncles, et se tut pour voir et savoir que ses oncles diroient. Lors parla le duc de Glocestre, messire Thomas, et dit : « Monseigneur, en la prière et requête de ces bonnes gens et de la communauté de votre royaume, n'y vois que droit et raison : et vous, beau-frère d'Yorch? » Il répondit : « M'ayst Dieu, il est vrai. » Et aussi firent tous les barons et les prélats qui là étoient auxquels il en demanda à ouïr leur entente, et chacun à son tour. « Et bien appartient, dit encore le duc, que vous sachiez que le vôtre devient ni est devenu. »

Le roi véoit bien que tous étoient contre lui et que ses marmousets n'osoient parler, car il en y avoit de trop grands sus eux. » Or bien, dit le roi, et je le vueil, et que on s'en délivre. Car véez ci le temps d'été et les chasses qui viennent où il nous faut entendre. Et comment, dit le roi à ceux de Londres et aux autres, voulez-vous que ces besognes se concluent? Faites le bref, je vous en prie. » — « Très redouté sire, répondirent-ils, nous voulons et prions à nos seigneurs vos oncles principalement que ils y soient. » — « Nous y serons volontiers, répondirent-ils, pour toutes parties, tant pour monseigneur que pour le royaume où nous avons part. » En après dirent les Loudriens : « Nous voulons et prions à révérends pères l'archevêque de Cantorbie et l'archevêque d'Ély et l'évêque de Wincestre que ils y soient. » — « Nous y serons volontiers, » répondirent-ils. « En après nous prions aux seigneurs qui ci sont présens, monseigneur de Sallebery et monseigneur de Northonbrelande, messire Régnault de Gobehan messire Guy de Bryan, messire Jean de Felleton et messire Mathieu Gournay, que ils y soient; et nous y ordonnerons des cités et des bonnes villes d'Angleterre, de chacune deux ou quatre hommes notables et discrets, qui y entendront pour tout le demeurant de la communauté d'Angleterre. »

Toutes ces paroles furent acceptées et assignées à être aux octaves de Saint-George à Wesmoustier, et tous les officiers du roi et les trésoriers fussent là, pour rendre compte devant ces seigneurs nommés. Le roi tint tout à bon et à ferme; et fut contraint, doucement et non par force, mais par prière, de ses oncles et des seigneurs et des bonnes villes d'Angleterre, qu'il vint à Londres ou là près, à Cenes[1] ou à la Réderide; car bien appartenoit que il sceûst comment les besognes de son pays se portoient et s'étoient portées du temps passé, et aussi comment du surplus il se déduiroit et porteroit. Tout ce accorda-t-il légèrement. Ainsi amiablement s'espardi l'assemblée de Saint-George de Windesore; et s'en retournèrent les greigneurs à Londres; et furent escripts et mandés tous officiers et trésoriers parmi le royaume d'Angleterre que ils vinssent pourvus de leurs comptes, sus la peine à être déshonorés de corps et d'avoir.

CHAPITRE LXXIII.

Comment le jour de compter fut venu en la présence des oncles du roi et des communes d'Angleterre, et comment messire Simon Burlé fut prisonnier à Londres, et comment messire Thomas Trivet fut mort.

Or vint le jour de compter à Wesmoustier en la présence des oncles du roi et des députés, prélats, comtes, barons et bourgeois des bonnes villes. Le compte dura plus d'un mois. Si en y avoit de ceux qui ne rendoient pas bon compte ni honorable, ils étoient punis ou du corps ou de la chevanche, et tels en y avoit, du tout. Messire Simon Burlé fut trouvé en arrérages, pourtant que de la jeunesse du roi il l'avoit aidé à gouverner, à deux cens et cinquante mille francs; bien lui fut demandé où tout ce étoit contourné. Il s'excusoit par l'évêque d'Yorch, messire Guillaume de Neufville, frère au seigneur de Neufville, et disoit, que il n'avoit rien fait fors par lui et par son conseil et par les chambellans du roi, messire Robert Treselian, messire Guillaume de

[1] Sheen, aujourd'hui Richmond.

Beauchamp, messire Jean Sallebery, messire Nicolas Brambre, messire Pierre Goulouffre et autres; et ceux, quand ils étoient mandés devant le conseil, se excusoient et jetoient tout sur lui. Et lui dit le duc d'Irlande : « J'ai entendu que vous serez arrêté et mis en prison tant que vous n'aurez rendu la somme que on vous demande. Ne débattez rien, allez là où on vous envoye. Je ferai bien votre paix, et l'eussent tous juré. Je dois recevoir du connétable de France soixante mille francs pour la rédemption de Jean de Bretagne, si comme vous savez que il me doit. Au fort je les vous prêterai pour apaiser le conseil de présent ; et en la fin le roi est souverain ; il vous pardonnera et quittera tout, car le profit lui doit retourner et non à autrui. » Répondit messire Simon Burlé : « Si je ne cuidois que vous ne me dussiez grandement aider envers le roi et aussi à porter outre mon fait, je me départirois hors d'Angleterre et m'en irois en Allemagne de-lez le roi de Boesme, je serois le bien venu ; et laisserois les choses courir un temps tant que elles seroient apaisées. » Lors dit le duc d'Irlande : « Je ne vous fauldroie pour rien. Jà sommes-nous compagnons et tout d'un fait ensemble, prenez terme de payer. Je sais bien que vous finerez quand vous voudrez, en deniers appareillés, de cent mille francs. Vous n'avez garde de mort ; vous ne serez jà mené si avant ; et si tourneront les choses autrement, avant qu'il soit la Saint-Michel, que nos seigneurs ne cuident, mais que je aie le roi à ma volonté ; et oyl je l'aurai, car tout ce qu'il fait à présent on lui fait faire par force. Il nous faut apaiser ces Londriens et autres mauvaises gens, et abattre ce tant d'esclandre qui maintenant s'élève contre nous et contre les nôtres. »

Sus ces paroles du duc d'Irlande se confia un petit trop messire Simon Burlé; et vint devant les seigneurs d'Angleterre, ducs, prélats, barons et consaux des bonnes villes, quand il fut appelé. Là lui fut remontré et dit : « Messire Simon, vous avez été toujours un chevalier moult notable ens ou royaume d'Angleterre, et grandement vous aima monseigneur le prince; et avez eu en partie, le duc d'Irlande et vous, le gouvernement du roi. Nous avons regardé sus vos besognes, et les avons examinées et visitées. Elles ne sont, ce vous disons-nous, ni bonnes ni belles, dont il nous déplaît grandement pour l'amour de vous. Si est arrêté ce par le conseil général que vous alliez tenir prison en la tour de Londres, et là serez tant et si longuement que vous aurez à celle chambre, à notre ordonnance, rendu et restitué l'argent du roi et du royaume que vous avez eu et levé, et duquel vous êtes aidé, ainsi comme il appert par les rôles du trésorier, de la somme de deux cent et cinquante mille francs. Or regardez que vous voulez faire. » Messire Simon Burlé fut tout déconforté de répondre et dit : « Mes seigneurs, je ferai volontiers, et faire le me convient, votre commandement, et irai là où vous m'envoyez; mais je vous prie que je puisse avoir un clerc de-lez moi lequel je ferai escripre les grands frais, dons et dépens que je ai faits du temps passé en procurant en Allemagne et en Boesme le mariage du roi notre sire. Et si trop ai eu, que je puisse avoir la grâce du roi notre sire et la vôtre, ce seront termes à payer. » — « Nous le voulons, répondirent les seigneurs. » Ainsi fut messire Simon Burlé emprisonné en la tour de Londres.

Or retourna le conseil sus messire Guillaume Helmen et sus messire Thomas Trivet ; car ils étoient petitement en la grâce d'aucuns barons d'Angleterre et aussi de toute la communauté d'Angleterre pour le voyage que ils avoient fait en Flandre. Et étoit dit que oncques Anglois ne firent en nul pays si honteux voyage. De ce étoient excusés l'évêque de Nordvich et le capitaine de Calais, qui fut pour un temps messire Hue de Cavrelée. Et ce qui empêchoit trop grandement les deux dessus dits, étoit ce qu'ils avoient pris argent de rendre Bourbourch et Gravelines. Et vouloient les aucuns en Angleterre ce fait approprier à trahison, si comme il est contenu ici dessus en l'histoire de la chevauchée de Berghes et de Bourbourch ; ils en gisoient en obligation envers le roi d'Angleterre et ses oncles et le conseil.

Or se renouvellèrent adonc toutes telles choses, quand ces seigneurs furent ensemble. Il fut avisé que on les manderoit devant le conseil. Ils furent mandés; messire Guillaume Helmen y vint. Mais messire Thomas Trivet fut excusé grandement ; je vous dirai comment et pourquoi. En la propre semaine que les nouvelles du conseil y vinrent, en son hôtel au nord où il demeuroit, il étoit monté sur un jeune coursier que il avoit pour l'essayer aux champs ; si le poindit de l'éperon un petit trop avant ; le coursier l'emporta, voulsist ou non, parmi haies, parmi buissons ; en la fin il le mit jus au saillir d'un fossé, et rompit messire Thomas Trivet le cou ; et là mourut, dont ce fut dommage, et eut grand'plainte parmi tout le royaume d'Angleterre des bonnes gens. Cependant pour ce ne demeura pas que il ne convînt que ses hoirs ne payassent une somme de florins devers le conseil qui se nommoit du roi. Mais la souveraineté de telles choses mouvoit et venoit par les incitations des oncles du roi et le général conseil du pays, si comme il apparut depuis en Angleterre. Car voir est que le duc de Glocestre, quoique ce fût le plus jeune d'âge des fils du bon roi Édouard, si étoit-il le plus ancien ès besognes qui touchoient au pays et là où la plus saine partie des nobles, des prélats et des communautés se rapportoient et retrayoient.

Quand la composition de messire Thomas Trivet mort fut faite, la pénitence de messire Guillaume Helmen fut grandement allégée. Car on traita devers le conseil, et messire Guillaume eut bons amis et bons moyenneurs par grand'vaillance de son corps et les beaux services que il avoit faits plusieurs fois aux Anglois, tant en Bordelois comme en Guyenne que en Picardie où toujours il avoit été trouvé bon chevalier, que rien ne lui reprochoit-on, au justement considérer tous ses faits, que ce qu'il avoit pris argent des garnisons de Bourbourch et Gravelines rendre ; mais il s'excusoit par si belles raisons raisonnables et si doucement et disoit : « Mes seigneurs, quand on est en tel parti d'armes que nous étions pour ce temps en la garnison de Bourbourch, il me semble, selon ce que j'ai ouï recorder maintes fois à messire Jean Chandos et à messire Gaultier de Mauny, qui eurent sens et vaillance assez, que on doit des deux ou des trois voies prendre la plus profitable en endommageant ses ennemis. Messire Thomas Trivet et moi véyons bien que nous étions enclos de tous côtés, et un oiselet ne s'en fût point parti sans le danger des François ; et si ne nous apparoit confort de nul côté ; et aux assauts nous ne pouvions longuement durer, car ils étoient tous de bonnes et belles gens d'armes que oncques je n'en vis tant, ni aussi ne fit chevalier ni écuyer qui soit en Angleterre. Car si comme je le savois justement, parmi notre héraut qui fut en leur ost et qui imagina toute leur puissance, ils étoient largement seize mille hommes d'armes, chevaliers et écuyers, et bien environ quarante mille d'autres gens : et nous n'étions pas trois cens lances, et autant d'archers : et si étoit notre garnison de si grand circuit, que nous ne pouvions bonnement à tout entendre. Et bien le vîmes par un assaut qui nous fut livré ; car, entrues que nous entendions aux défenses à l'une part, on nous trait le feu d'une autre, par quoi nous fûmes tout ébahis, et bien s'en perçurent nos ennemis. Et au voir dire, le roi de France et son conseil ouvrèrent de très grand'gentillesse, quand sur ce parti où nous étions, ils nous donnèrent trèves, car s'ils eussent continué l'assaut, et au lendemain ensuivant ils fussent revenus par la façon et manière qu'ils avoient ordonné, ils nous eussent eus à volonté. Or traitèrent-ils doucement devers nous, par le moyen du duc de Bretagne, qui y rendit moult grand'peine. Nous dussions avoir donné argent, et on nous en donna ; nous endommageâmes moult nos ennemis, et il étoit en eux de nous endommager, car j'entends le dommage sur eux, que nous eûmes leur argent et que nous partîmes sains et saufs, et emportâmes tout le nôtre que nous avions conquis en celle saison par armes en la frontière de Flandre. Et outre, dit messire Guillaume Helmen, pour moi nettoyer et purger de tout blâme, si il étoit en Angleterre ni hors d'Angleterre nul chevalier ni écuyer, excepté les corps de messeigneurs, monseigneur de Lancastre, monseigneur d'Yorch et monseigneur de Glocestre qui voulsissent dire ni mettre avant que je me fusse desloyaulcé envers mon naturel seigneur le roi, ni qui accuser me voulsist de trahison, je suis trop prêt de lever le gage et de mettre mon corps en abandon et au parti d'armes, et de prouver le contraire, ainsi que les juges à ce députés et ordonnés l'ordonneroient. »

Ces paroles et autres et la vaillance du chevalier l'excusèrent et délivrèrent du grand péril de mort où il fut et avoit été de commencement, et le retournèrent en son état ; et fut depuis en Angleterre moult cru et avancé et du conseil du roi. Mais en ces jours ne fut pas délivré messire Simon Burlé de la tour de Londres, car il étoit grandement haï des oncles du roi et de toute la communauté d'Angleterre. Si y fit le roi toute sa puissance de le délivrer entretant que il sé-

[1387]

journoit à Chienes[1] et là environ. Mais le conseil, qui gréver le vouloient, s'en dissimuloient et disoient que ils ne le pouvoient délivrer, car ses besognes n'étoient pas claires. Adonc se partit le roi, et le duc d'Irlande en sa compagnie, et prirent le chemin de Galles; et quelle part que le roi d'Angleterre allât, la roine sa femme et toutes les dames et damoiselles le suivoient.

CHAPITRE LXXIV.

Comment le roi d'Angleterre se départit de Londres. Comment messire Simon Burlé fut décollé à Londres, et du duc de Lancastre qui moult en fut courroucé; et le nepveu d'icelui moult aussi.

Pour ce si le roi Richard d'Angleterre se départit de la marche de Londres ne se départirent pas les oncles du roi ni leur conseil, mais se tinrent à Londres et là environ.

Vous avez trop de fois ouï dire et retraire un proverbe que : «quand on a la maladie au chef, tous les membres s'en sentent, et convient que la maladie se purge par où que ce soit.» Je, auteur, j'entends cette maladie par les félonies et amisses qui pour ce temps étoient en Angleterre.

Les oncles du roi ne pouvoient nullement amer ce duc d'Irlande, car il leur sembloit trop prochain du roi, et étoit en telle prospérité que il tournoit le roi là où il vouloit, et le faisoit entendre et incliner là où il lui plaisoit ; si eussent volontiers vu sa destruction. Et bien savoit que messire Simon Burlé étoit un des prochains conseillers qu'il eût, et que entre eux deux ils avoient gouverné un long-temps le roi et le royaume d'Angleterre, et étoient soupçonnés que d'avoir la mise si grande que sans nombre; et couroit la commune fame, en plusieurs lieux en Angleterre, que ce duc d'Irlande et messire Simon Burlé faisoient leur amas d'or et d'argent et avoient jà fait de long-temps en Allemagne. Et étoit venu à la connoissance des oncles du roi et du conseil des cités et bonnes villes d'Angleterre qui pour leur partie se tenoient, que du chastel de Douvres on avoit avalé coffres et huches de nuit secrètement et mis en vaisseaux sur le port de Douvres, et étoient eskippé en mer; dont on disoit que ce avoit été finance assemblée par les dessus nommés, et boutée hors du pays

[1] Shren, aujourd'hui Richmond.

LIVRE III 613

frauduleusement et larrecineusement, et envoyée en autres contrées ; dont le royaume d'Angleterre en étoit grandement affoibli en chevance. Et s'en douloient moult de gens, et disoient que or et argent y étoit si cher à avoir et au conquérir que marchandise en étoit toute morte et perdue, ni on ne pouvoit concevoir ni imaginer que ce fût par une autre voie que par celle.

Tant se monteplièrent ces paroles que messire Simon Burlé fut grandement grevé ; et fut ordonné, des oncles du roi et du conseil des cités et bonnes villes d'Angleterre qui avecques eux étoient ahers et conjoints, que il avoit desservi punition de mort sus les articles de sa fin. Ce le condamna trop grandement, voire en la bouche du commun peuple, de l'archevêque de Cantorbie que il donna un jour conseil que la fiertre de Saint-Thomas de Cantorbie fût levée de là et portée à sauveté au chastel de Douvres, quand ils attendoient le passage du roi de France et des François. Et disoient communément tous et toutes, quand on le vit en danger de prison, que il le vouloit embler et mettre hors d'Angleterre.

Tant fut le chevalier agrevé que onques excusances que il sçût ni pût dire ni montrer ne lui aidèrent de rien. Mais fut un jour mis hors du chastel de la tour de Londres, et décollé en la place devant le chastel, en forme de traître. Dieu lui pardoint ses mesfaits. Car quoique je escripse de sa mort honteuse, j'en fus bien courroucé ; mais faire le me convient pour vérifier l'histoire; et tant que de moi je le plaigns grandement, car de ma jeunesse je l'avois trouvé doux chevalier et de grand sens à mon semblant. Ainsi et par telle infortune mourut messire Simon Burlé.

Son nepveu et son hoir messire Richard Burlé étoit avec le duc de Lancastre, en ce jour que ce meschef advint sus le chevalier en Angleterre, en Galice, et l'un des plus renommés de tout son ost après le connétable; car il étoit souverain maréchal de tout l'ost. A la fois s'ensonnioit messire Thomas Moreau de son office, car messire Richard Burlé étoit du conseil du duc l'un des plus prochains que il eût. Si devez bien croire et sentir que, quand il sçut ces dures nouvelles de la mort de son oncle, si en fut moult courroucé ; mais il n'en seira nulles, car aussi le gentil chevalier, messire Thomas Burlé, mourut en ce voyage sus son lit, et plusieurs autres, si comme je vous recorderai avant en l'histoire quand temps et lieu viendront d'en parler.

Quand le roi Richard d'Angleterre qui se tenoit en la marche de Galles sçut la mort de messire Simon Burlé son chevalier et l'un de ses maîtres qui toujours l'avoit nourri et introduit, si fut durement courroucé. Si dit et jura que la chose ne demoureroit pas ainsi, et que à grand tort et péché et sans nul titre de raison on l'avoit mis à mort.

La roine d'Angleterre en fut durement dolente, et en ploura bien et assez, pourtant que le chevalier l'avoit amenée d'Allemagne en Angleterre. Or se doutèrent très grandement ceux qui étoient du conseil du roi, tels que le duc d'Irlande, messire Nicolas Brambre, messire Robert Tresilian, messire Jean de Beauchamp, messire Jean Sallebery et messire Michel de la Pole. Et fut ôté et démis de son office l'archevêque d'Yorch qui s'appelloit messire Guillaume de Neufville, frère germain au seigneur de Neufville de Northonbrelande, lequel avoit été un grand temps grand trésorier de tout le royaume d'Angleterre; et lui fut dit et défendu de par le duc de Glocestre que il ne s'ensonniât plus, si cher comme il avoit sa tête, des besognes du royaume d'Angleterre, mais s'enallât demourer à Yorch, ou là environ où le mieux lui plairoit sus son bénéfice, et que trop s'en étoit ensonnié. Et lui fut encore dit et montré, que, pour l'honneur de son lignage et de lui qui étoit prêtre, on l'excusoit de plusieurs choses qui étoient grandement préjudiciables à son honneur; et à ce que on lui disoit et faisoit à présent, tout le général conseil d'Angleterre s'inclinoit. Et lui fut encore dit et montré que la greigneur partie du conseil des bonnes villes, cités et ports d'Angleterre voulsissent bien qu'il fût dégradé et mort, semblablement comme messire Simon Burlé avoit été, car de tels amisses étoit-il pleinement encoulpé.

L'archevêque d'Yorch étoit tout vergogneux de ces paroles et remontrances et les porta au plus bellement qu'il put; et aussi faire lui convenoit; et en autres défenses ni excusances, il n'en eût jamais été ouï ni reçu, car ses contreparties étoient trop grandes et trop fortes. Si se départit de la cité de Londres, et s'en alla au nord demourer sus son bénéfice qui peut bien valoir par an quarante mille francs. De celle advenue, il, et tout son lignage, furent grandement courroucés, et pensèrent bien que messire Henry comte de Northonbrelande leur avoit tout brassé et attisé, quoique ils lui fussent de lignage, et prochains voisins marchissans de terres et de chastels.

Or fut en son lieu mis et établi un moult vaillant homme et sage clerc et qui grandement étoit en la grâce des oncles du roi, l'archevêque de Cantorbie, lequel est de ceux de Montagu et de Sallebery, et en étoit le comte de Sallebery oncle[1]. Si furent mis au conseil du roi, par l'accord des cités et bonnes villes et ports d'Angleterre, le comte de Sallebery, le comte d'Arondel, le comte de Northonbrelande, le comte de Devensière, et le comte de Northinghen, et aussi l'évêque de Nordvich qui s'appeloit messire Henry le Despensier. Et toujours demouroit le chancelier en son office, l'évêque de Wincestre, et de-lez les oncles du roi.

Tout le plus renommé du conseil, après le duc de Glocestre, c'étoit messire Thomas de Montagu l'archevêque de Cantorbie; et bien le devoit être, car il étoit vaillant homme et sage durement, et mettoit grand'peine à ce que le royaume d'Angleterre fût reformé en son droit, et que le roi Richard leur seigneur eût ôté hors d'avec lui tous ses marmousets. Et souvent en parloit au duc d'Yorch, et le duc disoit : « Archevêque, les choses tourneront temprement autrement que le roi mon beau neveu et le duc d'Irlande ne cuident: mais il faut tout faire par point et par raison, et tant attendre que les choses viennent à leur tour : et de soi trop fort hâter n'a point de bon moyen. Si vueil bien que vous sachiez, que, si nous ne nous fussions aperçus de leur affaire, ils eussent tellement mené le roi monseigneur et ce pays, que sur le point de perdre : et bien ont sçu en France, le roi et son conseil, tout notre convenant, et en quel état nous gisons : et pour ce s'avançoient-ils sans doute de venir si puissamment par deçà pour nous détruire. »

[1] Johnes, dans les notes de sa traduction, relève l'erreur commise ici par Froissart. En 1381 c'était William de Courteney qui était archevêque de Cantorbéry, et il fut remplacé en 1391 par Thomas Fitz Allen, fils du comte d'Arundel.

[1387]   LIVRE III.   615

CHAPITRE LXXV.

Comment se tenant le conseil à Londres sur la réformation des gouverneurs du roi et du royaume d'Angleterre, le roi Richard, par le conseil du duc d'Irlande, fut d'accord de courir sus et porter guerre à ses oncles et à ses villes et cités.

Tout en telle manière comme les oncles du roi, et le nouvel conseil d'Angleterre qui se tenoit à Londres, et le plus à Westmoustier devisoient du roi et de son affaire et des besognes d'Angleterre, pour les reformer à leur semblant et entente et en bon état, ainsi visoient aussi et subtilloient nuit et jour le duc d'Irlande et son conseil, comment ils pussent demourer en leur état, et condamner les oncles du roi: si comme il apparut par la voie que je vous dirai. Quand le roi Richard d'Angleterre fut venu à Bristo et la roine avecques lui, ils se tinrent au chastel de Bristo qui est bel et fort; et cuidoient ceux des lointaines marches, en sus de Galles, que le roi se tenist là pour la cause et faveur du duc d'Irlande qui avoit mis avant qu'il s'en iroit en Irlande, et lui aidât à faire ses finances et à multiplier sa compagnie. Car il lui étoit accordé du général conseil d'Angleterre, quand il se départit du roi et de ses oncles, que au cas qu'il iroit en ce voyage, il auroit aux coûtages d'Angleterre, cinq cens lances hommes d'armes, et quinze cens archers : et étoit ordonné qu'il y demoureroit trois ans, et toujours seroit-il bien payé.

Le duc n'avoit nulle volonté de faire ce voyage; car il sentoit le roi jeune ; et pour le présent il étoit si bien de lui comme il vouloit; et se doutoit, que s'il éloignoit la présence du roi, que l'amour et la grâce que le roi avoit sur lui ne fût éloignée aussi. Avec tout ce, il étoit si fort amoureux d'une des damoiselles de la roine qui s'appeloit la Lancegrove que nullement il ne la pouvoit laisser : et étoit une damoiselle assez belle et plaisante que la roine d'Angleterre avoit amené en sa compagnie et mise hors de Bohème dont elle étoit partie. Or l'aimoit le duc d'Irlande de si ardent amour, que volontiers il eût vu qu'il se pût être démarié de la duchesse sa femme, la fille au bon seigneur de Coucy : et y rendoit toute la peine comme il pouvoit, et jà en avoit-il fait escripre du roi au plus espécialement comme il pouvoit à Rome à celui qui s'appeloit pape Urbain sixième, et que les Anglois et les Allemands tenoient pour pape; dont toutes bons gens en Angleterre étoient moult émerveillés : et le condamnoient moult fort, pourtant que la bonne dame étoit fille de la fille du bon roi Édouard et de la bonne roine Philippe d'Angleterre : et fut sa mère madame Ysabel. Donc ses deux oncles qui pour ce temps se tenoient en Angleterre, le duc d'Yorch et le duc de Glocestre, tenoient ce fait en grand dépit. Mais nonobstant leur haine, le duc d'Irlande n'en faisoit compte; car il étoit si épris, si énamouré et si aveuglé de l'amour de la dessus dite, que il vouloit se démarier ; et lui promettoit que il la prendroit à femme : et en feroit le pape de Rome dispenser, au cas que il avoit l'accord du roi et de la roine : et que le pape ne lui oseroit refuser; car la dame, sa femme, étoit Françoise, et de leur créance contraire : et si avoit toujours le père, sire de Coucy, père de la dessus dite dame, fait guerre en Romagne et ailleurs pour Clément encontre Urbain ; pourquoi Urbain ne l'en aimoit pas mieux, et s'inclineroit tant plus légèrement à eux démarier. Tout ce mettoit-il avant et promettoit à Lancegrove de Bohème : et ne vouloit ouïr nulles nouvelles de sa femme de loyal mariage. Mais ce duc d'Irlande avoit une dame de mère qui s'appeloit comtesse du douaire, comtesse d'Asquesufforch, laquelle n'étoit pas de l'accord de son fils; et lui blâmoit amèrement ses folies, et lui disoit que Dieu s'en courrouceroit, et l'en payeroit un jour, tellement que tard l'en viendroit à repentir : et tenoit sa fille la duchesse de-lez li; et li étoffoit son état si avant comme elle pouvoit, d'elle et de ses gens, dont tous ceux qui aimoient la dame lui en devoient savoir bon gré.

Si comme je vous remontre et ai remontré des besognes d'Angleterre qui avinrent en celle saison, et pour venir au parfait, je vous en parlerai encore plus avant, si comme j'en fus informé.

Vous savez comment le duc d'Irlande se tenoit de-lez le roi d'Angleterre en la marche de Galles; et n'entendoit à autre chose, nuit et jour, fors que de venir à ses ententes en plusieurs manières, et de servir le roi de belles paroles, et la roine aussi, pour eux complaire; et attraioit toutes manières de chevaliers et d'écuyers, et de gens qui le roi et la roine venoient voir à Bristo, et ens ès chasses qu'il faisoit sur le pays, à sa cordelle et opinion ; et bien le souffroit et consentoit le roi à faire. En ce séjour que le roi d'Angleterre fit à Bristo et sur la rivière de Saverne, et en la marche de Galles, eut le duc d'Irlande moult de soin et de peine de chevaucher et d'aller de l'un à l'autre, et par espécial en la terre de Galles ; et remontroit et disoit à tous ceux qui entendre le vouloient, fussent gentils-hommes ou autres, que les oncles du roi, pour venir à la souveraineté et seigneurie de la couronne d'Angleterre, avoient ôté et mis hors du conseil les vaillans hommes du conseil du roi ; tels que l'archevêque d'Yorch, l'évêque de Durem, l'évêque d'Ély, l'évêque de Londres, messire Michel de la Pole, messire Nicolas Brambre, messire Jean Sallebery, messire Robert Tresilien, messire Jean Beauchamp, et lui-même ; et avoient fait mourir et décoler, sans nul titre de raison, un sage chevalier, messire Simon Burlé, et que, s'ils se multiplioient en l'état où ils régnoient, ils détruiroient toute Angleterre.

Tant fit et tant procura celui duc d'Irlande, et tant prêcha au peuple et aux chevaliers et écuyers de la terre de Galles et des contrées voisines, que la greigneur partie le créoient. Et vinrent un jour devers le roi à Bristo ; et lui demandèrent, en général, si c'étoit la parole du roi que le duc d'Irlande mettoit avant. Le roi leur répondit que oui ; et leur prioit et enjoignoit, en tant qu'ils le pouvoient aimer, qu'ils le voulsissent croire ; car il avouoit tout ce qu'il feroit et feroient. Et disoit que voirement ses oncles étoient durs et hautains ; et se doutoit grandement d'eux, qu'ils ne le voulsissent surmonter, et tollir son royaume.

Ceux de la terre de Galles qui toujours outre mesure avoient aimé le prince de Galles, le père du roi, et qui en sus ignorans étoient de toutes vérités et nouvelles qui étoient avenues en la marche de Londres, tenoient fortement que le roi, leur sire, et le duc d'Irlande eussent juste querelle ; et demandèrent une fois au roi ; quelle chose il en vouloit faire. Le roi répondit qu'il voudroit volontiers que les Londriens, qui très grand'coulpe avoient à ces affaires, fussent corrigés et mis à raison, et ses oncles aussi. Ceux de Galles répondirent qu'ils étoient tenus d'obéir au roi et à son commandement ; et que souverainement ils connoissoient bien qu'à lui devoient-ils foi et obéissance, et non à autre, car il étoit leur roi et leur sire. Si iroient partout, là où il les voudroit envoyer. Le roi de celle réponse leur sçut très grand gré ; et aussi fit le duc d'Irlande.

Quand le duc d'Irlande vit que le roi vouloit montrer que la besogne étoit sienne, et qu'il étoit en bonne volonté de détruire ses adversaires et mettre à raison, si en eut grand'joie. Et dit à ceux de son conseil qu'il ne pouvoit faire meilleur exploit que de retourner à Londres, et montrer puissance, et tant faire, par belles paroles ou autrement, que les Londriens fussent de son accord et obéissance, et faire ce que le roi voudroit faire et non autrement. Et disoit ainsi et informoit le roi, que c'étoit toute perte pour un royaume, quand il y avoit tant de chefs et de gouverneurs, et que nul bien n'en pouvoit venir ni naître.

Le roi lui répondit qu'il disoit vérité, et que, s'il l'avoit souffert, il ne le souffriroit plus ; mais y mettroit tel remède, que tous autres pays y prendroient exemple.

Or regardez et imaginez en vous-mêmes, si j'ai eu bien cause de dire et traiter que le royaume d'Angleterre en celle saison fût en grand péril et aventure que d'être tout perdu sans recouvrer. Certes oui, par les raisons que vous avez ouïes. Car le roi étoit ému contre ses oncles et contre les plus hauts de toute Angleterre ; et eux encontre le roi et grand'foison de nobles qui étoient de sa partie ; et les cités et bonnes villes l'une contre l'autre ; et les prélats en grand'indignation l'un vers l'autre ; et n'étoit nul qui remédier y pût, fors Dieu proprement.

Le duc d'Irlande, quand il vit qu'il avoit l'accord agréable du roi, et de la greigneur partie de ceux des contrées de Bristo et de Galles, si s'avança de dire au roi et dit : « Monseigneur, si vous me voulez instituer et faire votre gonfanonier, j'emmènerai douze ou quinze mille hommes avecques moi, en la marche de Londres ou d'Asquesufforch, votre cité et la mienne : et montrerai puissance contre les Londriens et vos oncles qui si vous ont abaissé qu'ils vous ont ôté et mort votre conseil ; et les mettrai, ou bellement ou de force, à raison. » — « Oui, répondit le roi je le vueil : et vous ordonne et institue tout le souverain de mon royaume, pour prendre gens partout où vous les pourrez avoir, et mener là où vous verrez que ce sera la greigneur honneur et profit pour tout notre royaume : et, afin qu'on voye plus clairement que la besogne est mienne, je vueil que vous portiez notre bannière et nos armes toutes pleines, en la forme et manière que les portons, par quoi vous aurez plus de peuple à votre accord ; et punissez les rebelles qui obéir ne voudront à vous, tellement que tous les autres s'y exemplient. Je crois bien que quand on verra mes bannières, toutes manières de gens s'y mettront dessous et douteront de mesfaire ou d'être mesfaits. » Celle parole réjouit grandement le duc d'Irlande.

CHAPITRE LXXVI.

Comment le roi d'Angleterre fit son mandement ès parties de Bristo, pour aller à Londres ; et comment messire Robert Trésilien, y étant envoyé pour espier, fut pris à Wesmoustier, et décollé par le commandement des oncles du roi.

Or fit le roi son mandement parmi la terre de Galles et sur les frontières et les bandes de Bristo et sur la rivière de Saverne : et furent les plusieurs barons, chevaliers et écuyers, du roi mandés. Les uns s'excusoient et faisoient les malades, et les autres, qui se doutoient de mesfaire, venoient vers le roi ou se mettoient en son obéissance si comme à leur seigneur, non-obstant qu'ils doutoient que mal aviendroit de la dite entreprise. Entrues que ces mandemens et ces assemblées se faisoient, le roi d'Angleterre et le duc d'Irlande eurent entre eux deux un conseil étroit et secret : et leur vint en imagination que ce seroit bon qu'ils envoyassent devant un certain féal homme des leurs en la marche de Londres, savoir comment on s'y maintenoit, et si les oncles du roi s'y tenoient, et quelle chose on y faisoit ou disoit. Tout considéré, on n'y savoit qui envoyer, pour bien faire la besogne et pour faire juste enquête. Adonc s'avança un chevalier, cousin au duc d'Irlande et de son conseil, et du conseil de la chambre du roi : et s'appeloit messire Robert Trésilien ; et dit au duc : « Je vous vois en danger de trouver homme fiable qui voise en la marche de Londres ; je me présente que je irai volontiers. Je suis content de me mettre à l'aventure pour l'amour de vous. » De cette parole lui sçut le duc d'Irlande bon gré,

et aussi fit le roi. Il se départit de Bristo, en habit d'un povre marchand, et monté sur une basse haquenée : et chevaucha tant par ses journées qu'il vint à Londres : et se logea en un hôtel descongnu. Jamais on ne se fût avisé que ce fût Trésilien, un des chambellans du roi, car il n'étoit pas en habit d'homme de bien, fors que de vilain. Ce jour qu'il fut à Londres il apprit moult des nouvelles du duc d'Yorch et du duc de Glocestre et de son conseil, et des Londriens, voire ce qu'on en pouvoit savoir et non autre chose ; et entendit qu'à Wesmoustier devoit avoir un secret parlement des oncles du roi et du nouvel conseil d'Angleterre. Si s'avisa qu'il iroit celle part, et se tiendroit en la ville de Wesmoustier, et là apprendroit tout secrètement et quoyement quelle chose à ce parlement seroit avenue. Il ne défaillit pas de son propos, mais le suivit au plus justement que oncques put : et s'en vint à Wesmoustier, à ce jour propre que le parlement étoit au palais du roi : et se bouta en un hôtel devant la porte du palais du roi, là où l'on vendoit de la cervoise ; et monta en une loge, et s'appuya à une fenêtre qui regardoit en la cour du dit palais : et là se tint moult longuement. Et véoit les allans et retournans, regardant dedans et dehors, desquels il connoissoit grand'foison, mais point n'étoit connu, car nul ne s'adonnoit à lui à cause de l'habit. Tant se tint là une fois qu'un escuyer du duc de Glocestre, lequel connoissoit trop bien messire Robert Trésilien, car plusieurs fois avoit été en sa compagnie, vint d'aventure devant l'hôtel, et jeta ses yeux celle part et vit le dit messire Robert. Quand messire Robert le vit pleinement, tost il le reconnut, et tantost retray son viaire dedans la fenêtre. L'escuyer entra en grand soupçon et dit en soi-même : « Il me semble que j'ai vu Trésilien. » Adonc entra-t-il en l'hôtel et demanda à la dame, et lui dit : « Dame, par votre foi ! qui est cil, qui boit là sus. Est-il seul, ou accompagné ? » — « Par ma foi ! sire, répondit la dame, je ne le vous saurois nommer. Mais il a là été un grand temps. » A ces mots monta l'escuyer amont, pour lui encore mieux aviser. Il le salua, et vit tantôt que son entente étoit voire, mais il se feignit : et tourna sa parole, et dit : « Dieu gard' le prud'homme ! Ne vous déplaise, beau maître ; je cuidois trouver un mien fermier d'Excesses ; car trop bien vous lui ressemblez. » — « Nenny, répondit messire Robert, je suis un homme de la comté de Kent, qui tiens terres de messire Jean de Hollande; et les gens de l'archevêque de Cantorbie me vont trop près. Si en ferois volontiers plainte au conseil. » Répondit l'écuyer : « Si vous venez là dedans au palais, je vous ferai avoir voye devant les maîtres et seigneurs de parlement. » — « Grand merci ! répondit messire Robert, je ne renonce pas à votre aide. »

A ces mots prit congé l'écuyer : et fit venir une quarte de cervoise, et la paya : et dit adieu et se partit de l'hôtel, et entra en la porte du palais; et ne cessa, tant qu'il vint à l'entour de la chambre du conseil : et hucha un huissier; on ouvrit l'huis de la chambre. Adonc l'huissier le connut sitôt qu'il le vit : et lui demanda : « Que voulez-vous ? Nos seigneurs sont en conseil. » — « Je vueil, dit-il, parler à monseigneur de Glocestre, mon maître, car c'est pour besogne qui touche à lui grandement et à tout le conseil aussi. » L'huissier connoissoit bien l'écuyer, car il étoit homme d'honneur et revérence, si lui dit. « Allez outre, de par Dieu ! » Et passa outre et vint devant les seigneurs; et se mit en genou devant le duc de Glocestre et dit : « Monseigneur, je vous apporte grandes nouvelles. » — « Grandes ! répondit le duc; quelles ? » — « Monseigneur, dit l'écuyer, je parlerai tout haut, car elles touchent à vous et à tous messeigneurs qui ci sont. J'ai vu messire Robert Trésilien : et est en habit d'un villain, ici devant la porte du palais, bouté en une taverne de cervoise. » — « Trésilien ! » dit le duc. « Par ma foi ! monseigneur, voire, vous l'aurez au dîner, si vous voulez. » — « Je le vueil bien avoir, dit le duc. Il nous dira des nouvelles d'Irlande, et du duc son maître. Or tôt va le quérir : et sois si fort que tu n'y failles. »

L'écuyer, quand il eut le commandement du duc, issit de la chambre et se pourvéy de quatre sergens, et leur dit : « Suivez-moi de loin : et, si tôt comme je vous ferai signe sur un homme que je vais quérir, mettez-y la main et gardez bien qu'il ne vous échappe. » Ils répondirent : « Volontiers. » A ces mots s'en vint l'écuyer : et entra en la maison où Trésilien se tenoit : et monta les degrés amont en la chambre, là où il l'avoit laissé ; et dit, si tôt comme il le vit et fut en sa présence : « Trésilien, vous n'êtes pour nul bien venu en cette contrée : si comme je le suppose. Monseigneur de Glocestre vous mande, que vous venez parler à lui. » Le chevalier fit l'étranger, et se fût volontiers excusé s'il eût pu, et dit : « Je ne suis pas Trésilien : mais je suis un fermier à messire Jean de Hollande. » — « Nennil, dit l'écuyer; votre corps est Trésilien, mais l'habit ne l'est pas. » Et lors fit signe aux sergens qui étoient devant l'issue de l'hôtel qu'ils fussent prêts pour le prendre. Ils entrèrent en la maison et montèrent les degrés : et vinrent en la chambre où Trésilien étoit, et tantôt ils mirent main à lui : et l'amenèrent, voulsist ou non, au palais.

Vous pouvez bien croire qu'il y eut grand'presse à le voir, car il étoit bien connu en Londres et en plusieurs lieux d'Angleterre. De sa prise et de sa venue fut le duc de Glocestre grandement réjoui, et le voult voir. Quand il fut en sa présence, si lui demanda : « Trésilien, quelle chose êtes-vous venu querre en ce pays? Que fait monseigneur? Où se tient-il? » Trésilien qui vit bien qu'il étoit de tous points reconnu, et que nulle excusance ne lui valoit, répondit et dit : « Par ma foi, monseigneur ! le roi notre sire se tient le plus à Bristo et sur la rivière de Saverne : et chasse là et s'ébat. Si m'a envoyé de par deçà pour savoir des nouvelles. » — « Comment, dit le duc, en tel état ! Vous n'êtes pas venu en état de prud'homme, mais d'un traitteur et d'un espie. Si vous volsissiez savoir des nouvelles, vous dussiez être venu en état de chevalier et de prud'homme, et avoir apporté lettres de créance et d'état : ainsi eussiez vous par de là reporté toutes nouvelles. » — « Monseigneur, dit Trésilien, si j'ai mespris, si le me pardonnez, car tout ce que j'ai fait on le m'a fait faire. » — « Et où est votre maître le duc d'Irlande ? » Dit Trésilien : « Monseigneur, il est devers le roi notre sire. » — « Doncques, dit le duc de Glocestre, nous sommes informés qu'il fait un grand amas de gens d'armes, et le roi pour lui. Quelle part les veut-il mener ? » — « Monseigneur, répondit Trésilien, c'est tout pour aller en Irlande. » — « En Irlande ! » dit le duc. « M'aist Dieu, monseigneur ! voire, » dit Trésilien. Doncques pensa un petit le duc de Glocestre, puis parla et dit : « Trésilien, Trésilien, vos besognes ne sont ni bonnes, ni belles : et avez fait grand'folie d'être venu en ce pays, car on ne vous aime qu'un petit, si comme on le vous montrera. Vous, et les autres de votre alliance, avez fait beaucoup d'ennui à mon frère et à moi : et avez troublé à votre pouvoir, et for-conseillé monseigneur et aucuns des nobles de ce pays. Avecques ce avez ému aucunes des bonnes villes à l'encontre de nous. Si est venu le jour que vous en aurez le guerdon. Car, qui bien fait c'est raison qu'il le retrouve. Pensez à vos besognes, car jamais je ne buverai ni ne mangerai tant que vous soyez en vie. »

Celle parole esbahit grandement Trésilien ; et ce fut raison, car nul n'ouït volontiers parler de sa fin, par celle manière, que le duc de Glocestre la lui bailloit. Si se voult excuser par beau langage, en lui amolliant de plusieurs choses ; mais il ne le put, car le duc était si dur informé de lui et sur les autres de la secte du duc d'Irlande, que excusance n'y valoit rien. Que vous éloignerois-je la matière? Messire Trésilien fut délivré au bourrel, mené dehors Wesmoustier, et délivré à ceux qui s'ensonnioient tel office faire, et là décollé, et puis pendu au gibet du roi par les aisselles. Ainsi finit messire Robert Trésilien.

CHAPITRE LXXVII.

Comment les nouvelles vinrent au roi du décolement de messire Robert Trésilien, et comment il demanda conseil à ses gens sur ce, et comment il ordonna le duc d'Irlande pour souverain de ses gens.

Or vinrent les nouvelles hâtivement au roi Richard d'Angleterre et au duc d'Irlande, qui se tenoient à Bristo, que messire Robert Trésilien étoit mort honteusement. Si prit le roi celle chose en grand dépit ; et dit et jura que la chose ne demourcroit pas ainsi, et que ses oncles faisoient mal quand, sans nul titre de raison, ils lui ôtoient ses hommes et ses chevaliers, qui loyalement l'avoient servi, et son père le prince aussi, et montroient qu'ils le vouloient mettre hors de la couronne d'Angleterre. Or demanda conseil à ceux qui de-lez lui étoient, comment il s'en pourroit servir et que la chose lui touchoit de trop près. A ces jours étoit là l'archevêque d'Yorch, qui étoit le souverain du conseil, et avoit été un grand temps. Si dit : « Monseigneur, vous demandez conseil : et je le vous donnerai. Vos oncles, et tous ceux de leur accord, errent trop grandement contre vous : et semble, à ce qu'ils montrent et font, que vous ne soyez conseillé que de traîtres : et ne peut nul être ouï par dessus eux. C'est un moult grand péril pour tout le royaume ; car, si les communautés s'émouvoient et s'éveilloient, il ne peut être que grand meschef n'avînt en Angleterre, au cas que les seigneurs ne sont mie tout un. Si vous conseille que vous y remédiez et de puissance. Vous demourez pour le présent en marche et contrée assez foisonnable de peuple. Faites un mandement sur tous ceux qui sont taillés de vous servir, gentils-hommes et autres : et, quand ils seront tous mis ensemble, envoyez-les en la marche de Londres ; et en faites conduiseur et souverain le duc d'Irlande, qui volontiers en prendra la charge ; et n'ait autres bannières, ni pennons, que vos pleines armes, pour mieux montrer que la besogne soit vôtre. Tout le pays, en allant jusques là, se tournera dessous vos bannières, et espoir les Londriens, qui ne vous héent pas, car vous ne leur avez rien mesfait. Tout ce qu'il y peut avoir à présent de ruin, vos oncles l'y ont mis et bouté. Véez-là messire Nicolas Brambre, qui a été maire de Londres un grand temps, et que vous fîtes chevalier, pour le beau service qu'il vous fit un jour qui jà fut, qui connoît, et doit connoître par raison, assez des œuvres des Londriens, car il en est de nation : et ne peut être qu'il n'y ait encore de bons amis. Si lui requérez qu'il vous conseille, pour le mieux, de celle besogne. Elle vous touche trop grandement, car vous pourriez perdre par merveilleuses incidences et par tumulte de peuple, votre seigneurie. » Lors tourna le roi la parole sur messire Nicolas Brambre et le requit de parler. A la requête du roi parla messire Nicolas Brambre, et dit : « Sire roi, et vous tous mes seigneurs, je parlerai volontiers puis que j'en suis requis. Selon l'avis que j'ai, je vous dis tout premièrement, que je ne puis croire, et jà ne croirai, que la greigneur partie des Londriens en amour et en faveur ne s'inclinent devers le roi, monseigneur que vecy ; car parfaitement ils aimèrent monseigneur le prince, son père, de bonne mémoire : et jà lui montrèrent-ils, quand les vilains se rebellèrent et élevèrent. Car, à parler par raison, si les Londriens voulsissent être de leur accord, ils eussent honni le roi et le royaume. Outre, les oncles du roi ont trop bel à la querelle, car ils séjournent là en-my eux, et informent le peuple de ce qu'ils veulent; ni nul ne leur va au devant ni au contraire de leur parole. Jà ont-ils ôté les officiers du roi, moi et les autres, et remis ceux de leur accord. Ils ont envoyé le roi ici à l'un des bouts de son royaume. On ne peut sur ce imaginer ni supposer nul bien : ni nous ne pouvons savoir parfaitement à quoi ils tendent. Si ce dure longuement, à ce qu'ils montrent, ils bouteront le roi hors de son royaume; car ils y vont de puissance, et le roi n'y va que par douceur. Jà ont-ils fait mourir ce vaillant chevalier et prud'homme, sans nul titre de raison, messire Simon Burlé, qui tant de beaux services a faits au royaume d'Angleterre par delà la mer et par deçà; et ont trouvé fausses amisses sur lui, et qu'il vouloit livrer le chastel de Douvres aux François; et ont dit et informé le peuple qu'il les avoit fait venir en Flandre et à l'Escluse; et oncques n'en fut rien. Aussi, au dépit du roi, ils ont occis honteusement messire Robert Trésilien, son chevalier : et ainsi feront-ils tous les autres, s'ils en peuvent venir à chef. Si que, je dis et mets outre, qu'il vaut mieux que le roi y voise de rigueur et de puissance que de douceur. On sait bien par tout le royaume d'Angleterre qu'il est roi, et que jà, à Westmoustier, son tayon, le bon et vaillant sire Édouard, le fit élever et jurer à tous seigneurs, prélats, cités et bonnes villes d'Angleterre, qu'après son décès on le tiendroit à roi : et ce serment firent ses trois oncles. Or semble-t-il à plusieurs, s'ils osoient parler, qu'on ne le tient pas en état ni en forme de roi, car il ne peut faire du sien sa volonté. On l'a mis à pension, et la roine aussi. Ce sont trop dures choses pour un roi et pour une si grande dame aussi. On leur montre qu'ils n'ayent pas sens d'eux gouverner ni conseiller, et que leur conseil soit traître et mauvais. Je dis que telles choses ne sont pas à souffrir : et plus cher j'aimerois à mourir, que de longuement vivre en tel état ni danger, ni de voir le roi être demené ainsi que ses oncles le demènent. »

Le roi s'arrêta sur celle parole et dit : « Il ne nous plaît pas : et je veuil que vous, qui m'avez ce conseillé, y remédiez, au plus honorablement que vous pourrez, à l'honneur et profit de nous et de notre royaume. »

Là fut en ce parlement à Bristo conclu et ordonné que le duc d'Irlande, tout souverain de la chevalerie du roi, se trairoit atout ce qu'il pourroit avoir de gens d'armes et d'archers, en la marche de Londres, et viendroit venir savoir le parfait courage des Londriens : et, s'il pouvoit avoir parlement ni audience à eux, il les tourneroit tous à sa cordelle, parmi les grands promesses qu'il leur promettroit de par le roi.

Ne demoura guères de temps depuis, que le duc d'Irlande, à bien quinze mille hommes, se départit de Bristo et s'avança vers la cité d'Acquessuffort dont il s'escripsoit comte. Quand il fut venu jusques là, il et ses gens se logèrent en la ville et là environ; et portoient bannières et pennons tout de l'armoirie d'Angleterre toute pleine, car le roi vouloit qu'ils fissent ainsi, pour mieux montrer que la besogne étoit sienne.

Les nouvelles vinrent aux oncles du roi, au duc d'Yorch et au duc de Glocestre, que le duc d'Irlande approchoit Londres, et étoit jà à Acquessuffort, atout bien quinze mille hommes, que uns que autres; et portoient les propres bannières du roi. Ils pensèrent sur ces besognes, et eurent conseil comment ils se chevroient; et mandèrent un jour à Wesmoustier tous les souverains de Londres, ceux où ils avoient la greigneur fiance et alliance et qui plus y avoient d'avis et pouvoient le plus faire de fait; et leur remontrèrent comment le duc d'Irlande et tous ceux de sa secte venoient, à main armée, sur eux. Les Londriens, comme gens confortés et tout appareillés d'obéir au commandement des oncles du roi, car à ce étoient-ils tous inclinés et arrêtés, répondirent : « Ce soit au nom de Dieu. Si le duc d'Irlande demande la bataille à nous, légèrement l'aura. Nous ne clorrons jà porte que nous ayons, pour quinze mille hommes d'armes ni vingt mille, s'ils y sont. » De celle réponse furent les ducs tout réjouis; et mirent tantôt et incontinent grand foison de clercs en œuvre et de messagers, pour assembler chevaliers et escuyers de tous côtés, et gens et archers des bonnes villes. Aux lettres des ducs, ceux qui priés et mandés en étoient, obéissoient; car ainsi promis et juré l'avoient. Si se pourvéirent en l'évêché de Norvich, en la comté d'Excesses, en l'archevêché de Cantorbie, en la comté d'Arondel, en la comté de Salbery, en la comté de Hantonne, et tout au pays d'environ Londres; et vinrent plusieurs chevaliers et escuyers à Londres; et là se logèrent : et encore ne savoient-ils où on les vouloit envoyer ni mener.

CHAPITRE LXXVIII.

Comment le duc d'Irlande envoya trois chevaliers à Londres pour savoir des nouvelles; et comment les oncles du roi et les Londriens se mirent sur les champs pour combattre le duc d'Irlande et son alliance.

Or vous parlerai un petit du duc d'Irlande, et de son conseil qui se tenoit à Acquessuffort. Et y avoit bien quinze mille hommes; mais moult en y avoit qui plus y étoient venus par contrainte que de bon courage. Or s'avisa le duc, que, pour savoir une partie de la volonté de ceux de Londres, il envoyeroit messire Nicolas Brambre et messire Pierre Goulouffre et messire Michel de la Pole, au chastel de Londres; et s'y bouteroient par la Tamise; et mettroient les bannières du roi sur la tour, pour voir quel semblant les Londriens en feroient. Ces chevaliers dessus nommés, à la requête et ordonnance du duc d'Irlande se départirent, à trente chevaux tant seulement, de la cité d'Acquessuffort, et chevauchèrent à la couverte devers Windesore et là logèrent une nuit. Au lendemain ils passèrent la Tamise, au pont d'Estanes [1]; et s'en vinrent dîner à Chenes [2], en l'hôtel du roi; et se tinrent là, jusques sur le vêpre; et sur le tard ils se départirent et s'en vinrent à un hôtel du roi, à trois lieues de là, en approchant à Londres, qu'on dit Quinetonne [3] : et là laissèrent tous leurs chevaux : et entrèrent en bateaux : et vinrent tout contre val la Tamise, avecques le flot : et passèrent le pont. On ne s'en donna de garde; car on ne savoit rien de leur venue. Si s'en vinrent bouter au chastel de Londres : et y trouvèrent le chastelain, que le roi y avoit mis et établi : et par celui sçurent les chevaliers grand'partie des nouvelles de Londres et des ducs. Et leur dit moult bien, que en très grand péril ils étoient là venus loger. « Pourquoi? dirent-ils. Nous sommes chevaliers du roi, et l'hôtel est au roi. Si pouvons bien loger en ses maisons. » — « Nennil, ce dit le chastelain. Cette ville est toute contre le conseil du roi, et elle veut bien être en l'obéissance du roi : mais qu'il se veuille rieuller et ordonner par le conseil des ducs ses oncles, et autrement non. Et ce que je vous dis, je le vous remontre pour bien, car je suis tenu de vous conseiller et adresser, selon mon petit sens et pouvoir. Mais je fais doute que, si demain le jour vient, ainsi comme il fera, si Dieu plaît, et nouvelles soient épandues à Londres qu'il y ait céans gens de par le roi, vous verrez, et par terre et par eau, assiéger les Londriens ce chastel; et point ne s'en départiront, si auront été dedans et auront vu quelles gens s'y logent. Si vous y êtes trouvés, ils vous présenteront aux oncles du roi. Or pouvez-vous imaginer et sentir quelle fin vous ferez. Je tiens les oncles du roi si courroucés sur le conseil du roi et sur le duc d'Irlande, que, si vous êtes tenus, vous n'en partirez point en vie. Et glosez bien toutes ces paroles, car elles sont vraies. »

Or furent ces trois chevaliers, qui merveilles cuidoient faire, plus ébahis que devant; et eurent entre eux trois privé conseil, que celle nuit et lendemain ils se tiendroient là; mais ce seroit si secrètement, que nul ne sauroit leur venue; et le châtelain leur affirma ainsi, à son loyal pouvoir, et prit par devers soi en garde toutes les clefs des issues et entrées de là dedans. Quand le jour fut venu, ces chevaliers eurent plusieurs imaginations et conseils entre eux, pour savoir comment ils se maintiendroient. Tout considéré, et eux bien conseillés, ils n'osèrent attendre l'aventure, qu'ils fussent sçus là dedans; car ils se doutèrent trop fort d'y être enclos et assiégés. Quand ce vint sur la nuit et que la marée venoit, ils entrèrent en une grosse barge et se mirent en la Tamise, et partirent du chastel de Londres sans rien faire, et vinrent souper à Quinetonne, et dormirent là. Au point du jour, ils montèrent à cheval, et s'en vinrent par Cartesée dîner à Windesore, et là furent toute la nuit. Et lendemain, ils s'en vinrent à Acquessuffort, et trouvèrent le duc d'Irlande et ses gens, à qui ils recordèrent toutes ces nouvelles que vous avez ouïes, et comment ils n'avoient osé arrêter au dit chastel de Londres; non tant qu'on les y eût sçus. Le duc fut moult pensieux sur ces nouvelles, ni ne sçut que dire ni que faire. Car jà connoissoit-il bien, et avoit ce sentiment, que tous ces gens qu'il y avoit là assemblés et amassés, n'étoient pas tout d'un courage. Et ne savoit lequel faire, ou

---
[1] Staines.
[2] Aujourd'hui Richmond.
[3] Kensington.

de retourner devers le roi, ou de demourer. Si s'en conseilla à ses chevaliers. Le dernier conseil s'arrêta sur ce : que au cas que le roi d'Angleterre l'avoit institué et ordonné connétable et souverain de toutes ses gens, pour corriger et punir tous rebelles, il tiendroit les champs. Car, s'il faisoit autrement, il recevroit trop grand blâme, et se mettroit en l'indignation du roi, et montreroit que sa querelle ne seroit pas juste ni bonne; et que trop mieux lui valoit mourir à honneur et attendre l'aventure, que montrer faute de courage. Si lui fut dit qu'il signifiât son état devers le roi, à Bristo, et que, Dieu merci! encore tenoit-il les champs, ni nul ne venoit à l'encontre de lui. Tout ce fit le duc d'Irlande, lui étant à Acquessuffort. Et prioit en ses lettres au roi, que toujours il lui envoyât gens; ainsi que le roi fit. Nouvelles vinrent aux oncles du roi qui se tenoient à Londres que le duc d'Irlande, atout grands gens, étoit en la marche d'Acquessuffort. Ils eurent conseil ensemble comment ils s'en chevirioent. Pour ce jour y étoient tous les seigneurs de parlement, l'archevêque de Cantorbie, le comte d'Arondel, le comte de Salbery, le comte de Northonbrelande, et moult d'autres barons et chevaliers d'Angleterre, qui s'y tenoient de leur côté, à toute la connétablie de Londres. Là fut conseillé et ordonné, car le duc de Glocestre le vouloit ainsi, que, tantôt et sans délai, on se mît sus les champs, et que le maire de Londres fît armer, par connétables, toutes gens de Londres, dont ils pourroient être aidés. Car il disoit et mettoit outre, qu'il iroit combattre le duc d'Irlande, quelque part qu'il le trouveroit. Le maire de Londres qui étoit pour le temps, fit le commandement du duc, et mit un jour hors de Londres bien seize mille hommes tout armés, parmi les archers; et ne prit à ce jour fors que gens d'élection, entre vingt ans et quarante ans; les seigneurs dessus nommés avoient bien mille hommes d'armes. Toutes ces gens se départirent de Londres, et vinrent loger à Branforde, et là environ en ces villages, et au lendemain à Colebruc; et toujours leur croissoient gens. Et prirent le chemin de Redingues, pour aller au dessus de la Tamise, et passer plus aisément; car les ponts de Windesore et d'Estanes étoient rompus par l'ordonnance du duc d'Irlande; et aussi ils alloient le meilleur chemin et le plus plain pays. Tant exploitèrent, qu'ils approchèrent Acquessuffort.

Les nouvelles vinrent au duc d'Irlande et à ses gens, comment les oncles du roi et l'archevêque de Cantorbie, le comte d'Arondel, et les autres seigneurs, et les Londriens atout grand'-puissance, venoient. Donc se commença le duc d'Irlande à douter; et demanda conseil. On lui dit que lui et ses gens prissent les champs, et se missent en ordonnance de bataille, et boutassent hors les bannières du roi. S'il plaisoit à Dieu, la journée seroit leur, car ils avoient bonne querelle. Tout ainsi comme il fut ordonné, il fut fait. On sonna les trompettes; toutes gens s'armèrent; et issirent hors d'Acquessuffort ceux qui logés y étoient; et se mirent sur les champs toutes manières de gens, et en ordonnance de bataille; et développèrent les bannières du roi; et faisoit ce jour moult clair et moult joli temps.

CHAPITRE LXXIX.

Comment les oncles du roi firent tant qu'ils gagnèrent la journée contre le duc d'Irlande ; et comment le duc d'Irlande s'enfuit, et plusieurs autres de sa compagnie.

Nouvelles vinrent au duc de Glocestre qui étoit logé à trois lieues près d'Acquessuffort, sur une petite rivière qui vient d'amont et chet en la Tamise dessous Acquessuffort, et étoit tout au long en une moult belle prée, que le duc d'Irlande étoit trait sur les champs et mis en ordonnance de bataille. De ce eut le duc de Glocestre grand'joie; et dit qu'il le combattroit, mais qu'on pût passer la Tamise. Adonc sonnèrent, parmi son ost, les trompettes du délogement : et s'ordonnèrent en telle manière comme pour tantôt combattre. Ils étoient à deux lieues angloises près de leurs ennemis, mais qu'ils pussent à l'adresse passer la rivière de la Tamise. Or, pour tâter le fond et le gué, le duc de Glocestre envoya de ses chevaliers, lesquels trouvèrent la rivière en tel point que puis trente ans on l'avoit bien peu vue si basse; et passèrent outre moult légèrement ces coureurs du duc qui allèrent aviser le convenant de leurs ennemis. Puis retournèrent et vinrent devers le duc de Glocestre, et lui dirent : « Monseigneur, Dieu et la rivière sont aujourd'hui pour vous; car elle est si basse, au plus profond, que nos chevaux n'en ont pas eu jusques à la panse. Et vous disons, monseigneur, que nous avons vu le convenant du duc d'Irlande : et sont tous rangés et ordonnés sur les champs, en bonne manière et ordonnance; et ne vous savons à dire si le roi y est, mais ses bannières y sont : ni autres bannières n'y avons vues, que les bannières du roi, armoyées de France et d'Angleterre. » Donc répondit le duc et dit : « Dieu y ait part ! A celle armoirie avons-nous part, mon frère et moi. Or chevauchons au nom de Dieu et de monseigneur Saint George; car je les vueil aller voir de plus près. » Adonc s'avancèrent toutes gens de grand'volonté : pourtant qu'ils entendirent qu'ils passeroient la rivière aisément. Et furent tantôt ceux de cheval sur la rivière : et passèrent outre, et montrèrent les premiers le passage : et fut tantôt tout leur ost outre.

Nouvelles vinrent au duc d'Irlande, que les oncles du roi et tous leurs gens étoient passés : et que brièvement ils auroient la bataille. Lors se commença à esbahir le duc d'Irlande moult grandement, car bien savoit que, s'il étoit pris ni attrapé, le duc de Glocestre le feroit mourir honteusement : et n'en prendroit or ni argent de sa rançon. Si dit à messire Pierre Goulouffre et à messire Michel de la Pole : « Certes le courage m'eschiet trop mal pour cette journée : ni je n'ose à bataille attendre les oncles du roi, car, s'ils me tiennent, ils me feront mourir honteusement. Comment diable ont-ils passé la rivière de la Tamise ? C'est une povre signifiance pour nous. » — « Et quelle chose voulez-vous faire ? » répondirent ces deux chevaliers. « Je me vueil sauver, ce dit le duc, et le demourant se sauve s'il peut. » — « Or nous trayons donc sur aèle, répondirent les deux chevaliers, et ainsi nous aurons deux cordes à un arc. Nous verrons comment nos gens assembleront. S'ils se portent bien, nous y demourerons, pour l'honneur du roi qui ci nous envoie ; et, s'ils sont déconfits, nous tournerons sur les champs, et aurons l'avantage de courir et de traire là où nous pourrons. »

Ce conseil fut tenu. Le duc d'Irlande se rafreschit de coursier bon et appert. Et aussi firent les chevaliers ; et puis chevauchèrent, en tournoyant la bataille et en montrant bon visage, et en disant : « Tenez-vous, batailles, en bon convenant. Nous aurons hui une belle journée, s'il plaît à Dieu et à Saint George, car le droit est nôtre ; et c'est le fait du roi, si en vaut mieux la querelle. » Ainsi, en eux dissimulant et boutant hors de la presse, ils s'en vinrent sur un coin de la bataille, et firent une aèlle. Evvous venir le duc d'Yorch, le duc de Glocestre et les seigneurs ! Et venoient très arréement et bannières déployées, et en sonnant grand'foison de claironceaux. Si tôt que les gens du roi les virent venir en ce convenant, ils furent tout esbahis ; et ne tinrent nul arroi : mais se desfouquièrent et tournèrent le dos, car voix générale couroit que le duc d'Irlande, leur capitaine, s'enfuyoit, et ceux de son conseil. Aussi donc fuirent-ils, les uns çà, les autres là, sans montrer nulle défense ; et le duc d'Irlande et les autres deux seigneurs dessus dits prirent les champs, à force de chevaux ; et n'eurent nul talent de retraire vers Acquessuffort ; mais l'éloignèrent ce qu'ils purent pour eux mettre à sauveté. Quand le duc de Glocestre vit le convenant de ces gens assemblés contre lui, si lui vint un remords de conscience ; et ne voult pas faire du pis qu'il eût bien pu ; car bien savoit que tous, ou en partie, y étoient venus par contrainte et par l'incitation du duc d'Irlande. Si dit aux siens : « La journée est nôtre, mais je défends, sur la tête, que vous n'occiez homme, s'il ne se met à défense ; et, si vous trouvez chevaliers ni écuyers, si les prenez et me les amenez. » Le commandement du duc de Glocestre fut fait. Petit de morts y eut, si ce ne fut en la foule et en la presse, ainsi qu'ils chevauchoient l'un sur l'autre. En celle chasse fut pris messire Jean qu'on disoit le petit Beauchamp et messire Jean de Salbery, et présentés au duc de Glocestre qui en eut grand'joie. Si prirent ces seigneurs le chemin d'Acquessuffort, et trouvèrent les portes toutes ouvertes ; et sans contredit entrèrent dedans ; et s'y logèrent ceux qui loger s'y purent ; mais fort étroitement. Moult étoit le duc de Glocestre intentif de savoir si le duc d'Irlande étoit pris ; mais on lui dit que nenni, et qu'il étoit sauvé. Le duc de Glocestre fut deux jours à Acquessuffort ; et donna à toutes manières de gens congé de retourner chacun en son hôtel, et les remercia du service qu'ils lui avoient fait, à son frère et à lui. Si dit au maire de Londres, et à tous les connétables de Londres qui là étoient, qu'ils s'en retournassent et emmenassent leurs gens. Ils le firent. Ainsi se départit celle armée et chevauchée.

CHAPITRE LXXX.

Comment le duc d'Irlande et quelques siens compagnons se retirèrent en Hollande et en l'évêché d'Utrecht ; comment messire Nicolas Brambre fut décolé, et comment l'archevêque de Cantorbie, envoyé vers le roi de par ses deux oncles, fit tant qu'il l'amena honorablement à Londres.

Or vous conterai du duc d'Irlande, de messire Pierre Goulouffre, et de messire Michel de la Pole, qu'ils devinrent. Ce jour que je vous ai conté, ils se sauvèrent ; et aussi firent tous les autres ; et bien leur besognoit ; car, s'ils eussent été tenus ni trouvés, sans merci ils étoient morts. Point ne me fut dit ni conté, qu'ils allassent devers le roi ; et s'ils y allèrent, ils n'y séjournèrent guères longuement ; mais se départirent d'Angleterre, au plus tôt comme ils purent. Et me fut dit et raconté qu'ils chevauchèrent parmi Galles, et passèrent à Karlion et entrèrent au royaume d'Escosse, et vinrent à Haindebourch, et là entrèrent-ils en un vaissel, et se mirent en mer, et eurent vent à volonté, et côtoyèrent Frise et l'île de Tesele, et le pays de Hollande ; et s'en vinrent arriver au hâvre de la bonne ville de Dourdrech. Quand ils s'y trouvèrent, ils furent tout réjouis. Et me fut dit que de longue main ce duc d'Irlande avoit fait si grand attrait d'or et d'argent et de finances à Bruges, par Lombards, pour toujours être au-dessus de ses besognes ; car quoiqu'il eût le roi d'Angleterre de son accord, si doutoit-il les oncles du roi grandement, et le demourant du pays ; pourquoi, lui étant en ses grandes fortunes, en Angleterre il se pourvéy, et fit son attrait grand et amas grand et fier, en Flandre et ailleurs, là où il pensoit bien l'argent à retrouver, s'il lui besognoit. Et me fut dit que les soixante mille francs, qu'il avoit reçus pour la rédemption des enfans de Bretagne, et espécialement pour Jean de Bretagne, car Guy étoit mort, il les trouva tout appareillés deçà la mer. Et encore lui en devoit le connétable de France à payer en trois ans soixante mille. Si ne se devoit-on pas ébahir qu'il n'eût finance assez, un grand temps. Quand le duc Albert de Bavière qui tenoit Hainaut, Hollande et Zélande en bail, de par le comte Guillaume son frère, car encore vivoit-il, entendit que ce duc d'Irlande étoit venu loger et amasser, comme un homme fuyant et enchâssé hors d'Angleterre, en sa ville de Dourdrech, si pensa sus un petit, et imagina qu'il ne séjourneroit pas là longuement ; car il n'étoit convenablement parti, ni issu hors d'Angleterre. Et si étoit-il mal de ses cousins germains [1], auxquels il devoit toute amour et la leur vouloit tenir et devoir. Et outre, il s'étoit mal acquitté et porté envers la fille de sa cousine germaine, madame Ysabel d'Angleterre qui dame avoit été de Coucy. Pourquoi il manda à ce duc d'Irlande que, pour la cause de ce que il avoit courroucé ses beaux cousins d'Angleterre, et brisé son mariage, et vouloit avoir épousé autre femme, qu'il se départît de sa ville et de son pays, et s'en allât ailleurs loger, car il ne le vouloit soutenir en ville qui fût sienne. Le duc d'Irlande, quand il ouït ces nouvelles, si se douta que de fait il ne fût pris, et livré ès mains de ses ennemis ; si s'humilia grandement envers ceux qui là étoient envoyés, et dit qu'il obéiroit volontiers au commandement de monseigneur le duc Albert. Si fit partout compter et payer, et mit tout son arroi sur la rivière de la Mergue qui vient d'amont, et entra en un vaissel, lui et ses gens ; et exploitèrent tant par eau et par terre, qu'ils vinrent à Utrec ; laquelle ville, sans moyen, est toute lige à l'évêque d'Utrec ; et là fut-il reçu bien et volontiers : si s'y amassa et s'y tint, tant qu'autres nouvelles lui vinrent.

Nous nous souffrirons à parler de lui, tant que jour et lieu sera, et parlerons d'Angleterre. Après le département de celle chevauchée que les oncles du roi firent vers Acquesuffort contre le duc d'Irlande, et que toutes manières de gens d'armes furent retraits en leurs manoirs, se tinrent le duc d'Yorch et le duc de Glocestre et l'archevêque de Cantorbie en la cité d'Acquesuffort, je ne sais quants jours : et là furent décollés les deux chevaliers qu'on disoit le petit Beauchamp et messire Jean de Sallebery. Celle justice faite, les oncles du roi retournèrent à Londres, et s'y tinrent un temps pour savoir et ouïr s'ils orroient nulles nouvelles du roi ; et nulles nouvelles n'en oyoient, fors tant que le roi se tenoit à Bristo. Or fut conseillé à Westmoustier, par l'incitation et promouvement de l'archevêque de Cantorbie, que ce seroit bon qu'on allât honorablement devers le roi à Bristo ; et lui fut remontré certainement, comme il avoit été un temps contre la

---

[1] Les ducs d'York et de Glocester et le comte de Hainaut étaient fils de deux sœurs.

plus saine partie de son pays, et qui le plus l'aimoient et avoient son honneur à garder, et que trop avoit cru au conseil de ses marmousets : parquoi son royaume avoit été en grand branle. Endementiers qu'on étoit en ce parlement, fut amené à Londres messire Nicolas Brambre qui avoit été pris et rencontré en Galles, là où il étoit fui à sauveté. De sa prise et venue furent les oncles du roi tous joyeux et réjouis; et dirent qu'on ne le garderoit point trop longuement, mais mourroit de la mort semblable que les autres étoient morts. Il ne s'en put oncques excuser, qu'il ne lui convînt mourir; et fut décolé au dehors de Londres, à la justice du roi. Si fut plaint des aucuns en Londres; car il avoit été maire de Londres au temps passé; et avoit, son office durant, gouverné la ville bien et à point; et sauva un jour l'honneur du roi, en la place de Semisefille quand il de sa main occit Listier; parquoi tous les autres mutins avoient été déconfits; et, pour ce beau service qu'il fit, le roi le fit chevalier. Or fut décolé, par l'incident que je vous ai dit, et par trop croire le duc d'Irlande.

Après la mort de messire Nicolas Brambre, virent les oncles du roi que tous ceux qu'ils hayoient et vouloient ôter hors du conseil du roi, étoient morts ou éloignés, tellement que plus n'y avoit de r'alliance, et convenoit que le roi et le royaume fût remis et réformé en bon état. Car quoi qu'ils eussent morts et enchassés les dessus dits, si ne vouloient-ils pas ôter au roi sa seigneurie; mais ils le vouloient rieuller sur bonne forme et état, à l'honneur de lui et de son royaume. Si dirent à l'archevêque de Cantorbie ainsi : « Archevêque, vous vous en irez, en votre état, devers Bristo. Là trouverez-vous le roi, et vous lui remontrerez les besognes et ordonnances de son royaume, et en quel point elles gisent et sont : et nous recommanderez à lui; et lui direz bien, de par nous, qu'il ne croie nulle information contraire; car trop les a crues, contre l'honneur et profit de lui et de son royaume. Et dites que nous lui prions, et aussi font les bonnes gens de Londres, qu'il vienne par deçà; il y sera bien venu, et reçu à grand'joie; et lui mettrons tel conseil de-lez lui, qui bien lui plaira. Toutes fois, archevêque, nous vous enditons et enchargeons que point vous ne venez sans lui; car tous ceux qui l'aiment s'en contenteroient mal. Et lui dites bien que il ne se a que faire d'élever ni de courroucer pour aucuns traîtres qui trop ont été en sa compagnie si on les a occis et éloignés de lui; car par eux étoit son royaume en très grand péril, et en grand aventure d'être perdu. » L'archevêque répondit qu'il feroit bien le message. Donc ordonna-t-il son arroi et se mit au chemin, ainsi comme un grand prélat; et tant fit que il vint à Bristo, et se logea en la ville.

Pour ces jours le roi étoit moult privément. Car tous étoient ceux où il se souloit conseiller, morts et éloignés de lui, ainsi que vous avez ouï ci-dessus recorder au procès. Si fut l'archevêque un jour tout entier et deux nuits en la ville, avant que le roi voulsist parler à lui; tant étoit il mélancolieux sur ses oncles qui éloigné lui avoient le duc d'Irlande, l'homme au monde qu'il aimoit le mieux, et qui lui avoient fait mourir ses chambellans et chevaliers. Finablement, tout considéré, il fut tant mené et si bien introduit, qu'il consentit que l'archevêque venist en sa présence. Quand il y fut venu, il s'humilia grandement devers le roi; et lui remontra bien toutes les paroles dont ses deux oncles l'avoient chargé; et lui donna bien à entendre, en lui remontrant que, s'il ne venoit à Londres et au palais à Westmoustier, au cas que ses oncles le vouloient et l'en prioient, et les Londriens aussi, et la plus saine partie de son royaume, il les courrouceroit; et, sans le confort, aide et conseil de ses oncles et des barons et chevaliers, prélats, cités et bonnes villes d'Angleterre, il ne pouvoit rien faire, ni venir à nulles de ses ententes; et lui remontra vivement, car de ce étoit-il chargé du dire, qu'il ne pouvoit de rien plus réjouir ses ennemis, que d'avoir guerre à ses amis et tenir son pays en trouble.

Le jeune roi d'Angleterre aux paroles et monitions de l'archevêque de Cantorbie s'inclinoit assez, mais le grand inconvénient qu'on lui avoit fait, si comme il disoit, de décoler ses hommes et son conseil, où il n'avoit vu que tout bien, lui revenoient devant son courage, et ce le muoit trop fort. Si eut, je vous dis, plusieurs imaginations ; et toutes fois la dernière fut qu'il se refréna un petit, aveeques le bon moyen que la roine, madame Anne de Bohême, y mit et rendit, avec les sages chevaliers de sa chambre qui lui étoient demeurés, comme messire Richard Stury et autres. Si dit à l'archevêque qu'il s'en viendroit volontiers à Londres, avec lui.

De cette réponse fut l'archevêque tout réjoui : et lui fut haute honneur, quand si bien avoit exploité. Depuis, ne demoura pas longs jours que le roi d'Angleterre se départit de la ville de Bristo, et laissa là la roine : et se mit au chemin, et son arroi, à venir vers Londres, l'archevêque de Cantorbie en sa compagnie : et exploitèrent tant par leurs journées, qu'ils vinrent à Windesore. Là s'arrêta le roi : et s'y rafreschit trois jours entiers.

Nouvelles étoient venues à Londres que le roi venoit; et l'amenoit, tant avoit-il bien exploité! l'archevêque de Cantorbie. Toutes gens en furent réjouis : et fut ordonné d'aller à l'encontre de lui aussi honorablement et grandement que donc maintenant il vint à terre. Le jour que il se départit de Windesore pour venir à Westmoustier, le chemin étoit, de Londres jusques à Branforde, tout couvert de gens, à pied et à cheval, qui alloient devers le roi. Et ses deux oncles, le duc d'Yorch, et le duc de Glocestre et Jean le fils au duc d'Yorch, le comte d'Arondel, le comte de Salbery, et le comte de Northonbrelande, et plusieurs autres barons et chevaliers, et prélats, partirent de Londres en grand arroy et se mirent sur les champs : et encontrèrent le roi et l'archevêque de Cantorbie à deux lieues de Branforde. Si le recueillirent moult doucement, ainsi qu'on doit faire son seigneur. Le roi, qui avoit encore l'ennui au cœur, les reçut en passant ; petit s'arrêta : et ne fit contenance sur eux ; et passa outre ; et le plus, sur le chemin, à qui il parla, ce fut à l'évêque de Londres.

Tant exploitèrent-ils, qu'ils vinrent à Westmoustier. Si descendit le roi au palais qui étoit ordonné et arroyé pour lui. Là burent et prirent épices, le roi, ses oncles, les prélats, les barons et les chevaliers, ainsi que l'ordonnance le portoit. Et puis prirent congé les aucuns, ceux qui devoient retourner à Londres; et y revint le maire. Les oncles du roi et l'archevêque de Cantorbie, avecques tout le conseil, demourèrent là avecques le roi, les uns au palais et les autres en la ville et à l'abbaye de Westmoustier, pour tenir compagnie au roi, et pour être mieux ensemble, et pour parler de leurs besognes; car jà avoient-ils regardé quelles choses ils feroient.

CHAPITRE LXXXI.

Comment, de par le roi et ses oncles, et par les seigneurs du conseil d'Angleterre, furent mandés ducs, comtes, prélats, barons, chevaliers et écuyers d'Angleterre, pour être au conseil général qui devoit être à Westmoustier, et illec relever leurs hommages au palais du roi.

Un parlement général fut ordonné à être à Westmoustier : et y furent escripts et mandés tous prélats, comtes, barons, chevaliers et le conseil des cités et bonnes villes d'Angleterre, et tous les fiéfés, qui tenoient du roi, eussent relevé ou à relever, et vous dirai pourquoi. L'archevêque de Cantorbie avoit ainsi dit et remontré en conseil, aux oncles du roi et à ceux qui députés et ordonnés y étoient pour le conseil, que, quand on couronna le roi Richard d'Angleterre leur seigneur, et on lui fit serment, et cils relevèrent de lui qui à relever y avoient, et il reçut les fois et les hommages de ses gens, pour ces jours il étoit dessous son âge ; car un roi, par droit, avant qu'il doie venir à terre ni possession, ni gouverner royaume, doit avoir vingt et un an : et doit être jusques en cet âge au gouvernement de ses oncles, si il les a, ou plus prochains, ou de ses hommes. Pourquoi l'archevêque de Cantorbie avoit dit ainsi, que ores-primes étoit le roi fourni d'âge et de sens, et étoit venu le terme accompli, qu'il avoit vingt et un an d'âge. Pour quoi il conseilloit, pour le plus sûr, que tous renouvelassent leur relief et serment de lui, et que tous ceux de son royaume, qui de lui tenoient, le reconnussent à seigneur.

Ce conseil et avis de l'archevêque avoit été accepté des oncles du roi, et de ceux du conseil du palais : et sur tel état étoient mandés tous les comtes barons, prélats et chevaliers, et chefs et regards des cités et bonnes villes d'Angleterre, à être à Londres, à un jour qui assigné y fut. Tous y vinrent, et nul n'y désobéit. Et y eut moult de peuple, je vous dis, à Londres et au palais à Westmoustier ; et fut le roi Richard en la chapelle du palais qui est moult belle et moult riche et moult noble, royaument en état royal, la couronne au chef ; et fit ce jour le divin office l'archevêque de Cantorbie, et disoit la messe, qui fut moult solennelle ; et prêcha l'archevêque qui la messe dite avoit ; si fut moult volontiers ouï, car bien sçut faire la prédication.

Après la messe, en cause d'hommage, les oncles du roi baisèrent le roi comme ses tenans

[1387]

et fiéffés, et lui firent et jurèrent foi et hommage à tenir à perpétuité. Après, les comtes et barons lui jurèrent; et aussi les prélats, et ceux qui tenus étoient de relever; et baisoient, par foi et hommage, leurs mains jointes, ainsi comme il appartient, le roi en la bouche. Là véoit-on bien au baiser, lesquels le roi baisoit de bonne volonté, et lesquels non; car quoi qu'il le fît, tous n'étoient pas en son amour; mais faire le lui convenoit; car il ne vouloit pas issir du conseil de ses oncles. Mais bien sachez, que si il eût pu autant dessus eux que pas ne pouvoit, il n'en eût rien fait; mais eût pris cruelle vengeance de la mort de messire Simon Burlé et de ses autres chevaliers qu'on lui avoit ôtés et fait mourir, et sans desserte [1]. Là fut ordonné, du conseil du roi, que l'archevêque d'Yorch seroit mandé, et se viendroit purger des œuvres qu'il avoit faites, au conseil général; car on disoit qu'il avoit toujours été de la partie, faveur et conseil du duc d'Irlande, à l'encontre les oncles du roi. Quand les nouvelles furent venues à l'archevêque d'Yorch, il se douta, car point ne se sentoit bien en la grâce ni amour des oncles du roi; et s'envoya excuser par un sien nepveu, fils au seigneur de Neufville; lequel s'en vint à Londres, et se trait, tout premièrement, devers le roi; et lui remontra l'excusance de son oncle l'archevêque; et lui fit hommage, ainsi comme il appartenoit, au nom de l'archevêque. Le roi tint tout à bon, car il aimoit assez l'archevêque, plus que celui de Cantorbie; et lui-même l'excusa et porta outre au conseil, car autrement il eût mauvaisement finé; mais pour l'amour et honneur du roi on se dissimula; et fut bien excusé; et demeura en son archevêché. Mais un grand temps il ne s'osa tenir en la cité d'Yorch; ainçois se tenoit au Neuf-Chastel, sur la rivière de Tin, près des chastels de son frère le sire de Neufville, et de ses cousins.

Ainsi demourèrent les besognes d'Angleterre en leur état : mais depuis le roi, un long temps, ne fut pas maltre ni souverain dessus son conseil, ainçois l'étoient ses oncles, et les barons et les prélats dessus nommés.

Nous nous souffrirons, pour l'heure présente, un petit à parler des besognes et affaires du roi et du royaume d'Angleterre : et parlerons de celles de Portingal et de leurs guerres.

CHAPITRE LXXXII.

Comment le roi de Portingal et le duc de Lancastre assemblèrent leurs puissances ensemble; et comment, ne pouvant passer la rivière de Deure, un écuyer de Galice, prisonnier de guerre, leur enseigna le gué.

C'est raison, et la matière le requert, que je retourne à la chevauchée et armée du duc de Lancastre, et comment elle se porta et persévéra en celle saison en Galice. Je la reprendrai où je la laissai, car j'ai grand désir de la continuer et mettre à chef, et conter comment elle se fit.

Quand le duc de Lancastre et ses gens eurent conquis la ville et le chastel d'Aurench en Galice et mis en leur obéissance, ils se rafreschirent quatre jours, car ils y trouvèrent bien de quoi, et puis au cinquième jour s'en partirent : et dirent qu'ils vouloient venir devant le chastel de Noye, si comme ils firent : et se logèrent quatre jours en une grande prairie, au long d'une rivière : mais la prairie étoit jà toute sèche, pour la chaleur du soleil, qui étoit si grande que l'eau en étoit toute corrompue qui étoit là près, et tant que les chevaux n'en vouloient boire : et ceux qui en buvoient mouroient. Adoncques fut ordonné de déloger et de retourner à Aurench, et là tenir sur celle marche. « C'est impossible, ce dirent les maréchaux, messire Richard Burlé et messire Thomas Moraux, de prendre ce fort chastel de Noye, si ce n'est par trop long siége, et par un grand sens et avis, et par force engin et grand'foison d'atournemens d'assaut. » Et aussi nouvelles vinrent là au duc de Lancastre, que le roi de Portingal approchoit, à tout son ost où bien avoit trois mille lances et dix mille hommes tous aidadables : si que, ces deux osts mis ensemble, ils étoient bien taillés de faire un grand fait; car le duc de Lancastre avoit bien environ quinze cens lances, chevaliers et écuyers, et six mille archers.

Ces nouvelles réjouirent grandement le duc de Lancastre : et se délogèrent un jour de devant Noye où ils n'avoient rien fait, et s'en vinrent à Aurench en Galice. Là furent mandées la duchesse de Lancastre et les dames, car le duc disoit que là attendroit-il le roi de Portingal, si

---

[1] Sans qu'ils le méritassent; du mot *desservir*, mériter.

comme il fit. Vous devez savoir que quand Jean, roi de Portingal, ou son maréchal, eurent pris la saisine et la possession de la ville de Férol, ils chevauchèrent en approchant Aurench pour venir devers le duc de Lancastre : et trouvèrent sur leur chemin, ou auques près de là, la ville de Padron qui leur fut rebelle : mais, tantôt qu'ils furent là venus, ceux qui la tenoient se mirent en leur obéissance : et séjournèrent là le roi et ses gens, que en la ville que en la marche, plus de quinze jours : et mangèrent grandement les biens et les vivres du pays ; combien que de Portingal il leur en venoit assez.

Or étoient ainsi ces deux seigneurs et leurs deux osts en Galice : et appovrissoient le pays de vivres : et toujours s'échauffoient tellement les jours, que depuis tierce nul n'osoit chevaucher, pour la grand'chaleur du soleil, s'il ne vouloit être tout ars. Or le duc et la duchesse et les dames se tenoient à Aurench, et leurs gens sur les champs, qui étoient en grand'povreté, danger et mesaise de vivres, pour eux et pour leurs chevaux : ni l'herbe, ni nulle douceur de rafreschissement, ne pouvoit issir hors de terre : tant étoient les terres dures et sèches et arses du soleil ; et ce qui en issoit, ne fructifioit de rien, car la grand'chaleur du temps l'avoit tôt bruit. Et si les Anglois vouloient avoir vivres pour eux et pour leurs chevaux, il leur convenoit leurs varlets ou leurs fourrageurs envoyer douze, ou seize, ou vingt lieues loin. Or regardez la grand' peine. Si trouvoient ces chevaliers et écuyers d'Angleterre les vins ardens et forts, qui leur rempoient les têtes, et séchoient les entrailles, et leur ardoient les foyes et les poumons. Et si n'y savoient et pouvoient remédier, car ils trouvoient peu de bonnes eaux et de fresches, pour temprer leur vin ni eux rafreschir. Ils étoient arrivés tout au contraire de leur nature, car Anglois, en leur pays, sont nourris moult doucement et moitement : et ils étoient là nourris d'ardeur et de chaleur, dedans et dehors. Si eurent moult de povreté tous les plus grands seigneurs qui y furent, et de défautes de leurs aises, hors de ce qu'ils avoient appris, et tant qu'à la fin des choses ils le montrèrent, si comme je vous recorderai comment il leur en prit.

Quand les chevaliers et écuyers virent le danger et meschef qui leur approchoit, et le danger des vivres, et la grand'chaleur du soleil qui toujours multiplioit, si commencèrent à murmurer, et à dire en l'ost, en plusieurs lieux : « Notre chevauchée se taille et ordonne trop bien de venir à povre fin, car nous séjournons trop en un lieu. » — « C'est vérité, disoient les autres. Il y a deux choses contraires trop grandement pour nous. Nous menons femmes en notre compagnie, et avons mené, qui ne demandent que le séjour : et, pour un jour qu'elles cheminent, elles en veulent reposer quinze. Ce nous gâte fort et gâtera ; car, si tôt que nous fûmes arrivés à la Coulongne, si nous eussions avant chevauché sur le pays, toujours devant nous, nous eussions bien exploité, et mais le pays en notre obéissance, ni nul ne nous fût allé au devant ; mais les longs séjours que nous avons faits, ont renforcé nos ennemis, car ils se sont fortifiés et pourvus de gens d'armes du royaume de France : dont leurs villes, cités et chastels, sont et seront gardés, et les passages des rivières clos et défendus. Ils nous déconfiront, et sans donner bataille. Il ne convient jà qu'ils nous combattent, car ce royaume d'Espaigne n'est pas douce terre, ni amiable à chevaucher, ni à traveller, si comme le royaume de France est, lequel est rempli de gros villages, de beau pays, de douces rivières, de bons étangs, de belles prairies, de courtois vins et substancieux, pour gens d'armes nourrir et rafreschir, et de soleil et d'air à point attrempé : et nous avons cy tout le contraire. »

« Quelle chose avoit à faire monseigneur de Lancastre, répondirent les autres, puisqu'il vouloit faire un grand conquêt, d'amener femme, ni fille, en ce pays ? Ce fut un grand empêchement, et trop sans raison. Car jà sait-on par toute Espaigne, et ailleurs aussi, que il et son frère le duc Aymon, ont les héritières de ce pays, les filles du roi Dam Pietre, à femmes. Tant que du conquêt, ni de faire rendre ni tourner ville, cité, ni chastel, les dames y font trop petit. »

Ainsi que je le vous conte, de divers langages se devisoient en plusieurs lieux, parmi l'ost du duc de Lancastre, chevaliers et écuyers, les uns aux autres. Or vinrent nouvelles au duc de Lancastre, que le roi de Portingal venoit et approchoit Aurench, et de ce fut le duc tout réjoui : et quand le roi vint, environ deux lieues près, le duc et ses chevaliers montèrent à cheval, et allèrent à l'encontre de lui. Si eut à leur bien venue grands semblans et approchemens d'amour, et se conjouirent le roi et le duc, l'un l'autre, moult amiablement, et les chevaliers anglois et portingalois qui là étoient. Et sachez que tout l'ost du roi de Portingal n'y étoit pas, mais étoit demouré derrière en la garde de six hauts barons portingalois: le premier, le Pouvasse de Congne, Vasse Martin de Merlo, le Poudich d'Asvede, Gousse Salvase, messire Alve Perrière, maréchal, et Jean Radighes de Sar. Jean Fernand Percek et Jean Jeume de Sar et Goudesq Radighes de Sar [1], et plusieurs autres étoient avecques le roi; et avoit le duc environ trois cens lances en sa compagnie. Si vinrent à Aurench; et fut le roi de Portingal logé selon son état et selon leur aisement: car tout étoit plein de chevaux. Si furent là le roi et le duc et les seigneurs cinq jours, et eurent plusieurs conseils. Le dernier conseil fut qu'ils chevaucheroient ensemble, et entreroient au pays de Camp [2], et iroient vers la Ville-Arpent [3] où messire Olivier du Glayaquin, connétable d'Espaigne, se tenoit, et la greigneur garnison que les François avoient. Mais ils ne savoient comment ils pourroient passer la rivière de Deure, qui est felle et orgueilleuse par heures, et plus en été qu'en hiver, quand les glaces et les neiges fondent sur les montagnes pour la verbération du soleil; et en hiver c'est tout engelé, et adoncques y sont les rivières petites. Nonobstant ce, tout considéré et avisé, ils conclurent de chevaucher vers ce pays de Camp, et que quelque part trouveroient-ils gué et passage. Et ainsi fut-il signifié parmi l'ost; dont toutes gens furent réjouis, car ils avoient été moult oppressés et en grand danger à Aurench et là environ, et jà en y avoit-il moult de malhaitiés. Or se partirent le roi de Portingal et le duc de Lancastre d'Aurench: et chevauchèrent ensemble: mais leurs osts étoient séparés les uns des autres: pourtant qu'ils n'entendoient point l'un l'autre, ni ne se connoissoient. Et aussi ils le firent en partie, pour eschever les débats et les riotes qui se fussent pu mouvoir entre eux, car Portingalois sont chauds, bouillans et mal souffrans: et aussi sont les Anglois fels, dépiteux et orgueilleux. Si donnèrent les connétables des deux osts, et le maréchal, aux fourrageurs, marches et pays, pour aller fourrager; non pas les uns avecques les autres, mais en sa parçon de contrée. Or chevauchèrent ces osts, où il y avoit bien gens pour combattre la puissance du roi Jean de Castille et tous ses aidans, pour une journée; et tant exploitèrent, qu'ils vinrent sur la rivière de Deure, qui ne fait pas à passer légèrement, car elle est profonde, et de très hautes rives, et de grand'foison de roches rompues et nées dès le commencement du monde, si ce n'est à certains ponts: mais ils étoient défaits, ou si bien gardés, qu'impossible étoit à passer. Si étoient ces osts en grand'imagination et suspection comment ils passeroient; et ne savoient où, ni quelle part. Or avint que messire Jean de Hollande, qui connétable étoit des Anglois, et les maréchaux de l'ost, messire Richard Burlé et messire Thomas Moreaux, ou leurs fourrageurs qui chevauchoient devant, trouvèrent un écuyer de Galice qui s'appeloit Douminghe Vagher [1], lequel traversoit le pays et avoit à passer celle rivière. Et bien savoit que tous les ponts du pays étoient défaits; mais il connoissoit moult bien tous les avantages des passages: et savoit un pas où on pouvoit aisément passer l'eau, à pied et à cheval: et chevauchoit à l'adresse, à l'avantage de ce passage. Il fut pris et amené devers les seigneurs, dont ils eurent grand'joie; et fut tant examiné de paroles, parmi ce que le connétable lui dit qu'il lui quitteroit sa rançon et lui feroit très grand profit, s'il lui vouloit, et à ses gens, montrer le passage; car bien avoit-il ouï dire que sur celle rivière si felle il y avoit un bon gué, et certain passage. L'écuyer ne fut pas bien conseillé: et convoita le don du connétable, et à être délivré de leurs mains. Si dit: « Oui, je vous montrerai bon gué, voye et passage, où tout votre ost passera bien sans danger. » De ce eurent le connétable et les maréchaux moult grand'joie: et chevauchèrent ensemble: et envoyèrent dire au duc de Lancastre ces nouvelles et l'aventure qu'ils avoient trouvée. Donc suivirent les osts l'avant-garde, et le train du connétable et des maréchaux. Tant exploita l'avant-garde, qu'elle vint sur le gué de la rivière. L'écuyer espagnol entra tout premièrement dedans, et leur montra le chemin.

---

[1] Gonzalès Dias de Sâ.
[2] Medina del Campo.
[3] Vilhalpando.

[1] Domingo Vargas.

Quand ils virent que le passage étoit bon et courtois, si furent tout réjouis : et passèrent tantôt outre ; chacun, qui mieux passer pouvoit, si passoit. Quand l'avant-garde fut outre la rivière, si se logèrent, en attendant toutes les osts, et pour eux enseigner le passage. Si tint messire Jean de Hollande son convenant à l'Espaignol, et lui donna congé. Lequel se départit d'eux, et chevaucha devers Medine-de-Camp, où le roi de Castille se tenoit, une belle cité et forte, au pays de Camp.

Le duc de Lancastre et le roi de Portingal qui chevauchoient ensemble, vinrent à ce passage, qu'on dit Place-Ferrade, pourtant que le gravier y est bon et ferme, et sans péril. Si passèrent là les osts du roi et du duc : et le lendemain l'arrière-garde : et tous se logèrent au pays de Camp.

Nouvelles vinrent à ceux de Ruelles, de Castesories, de Medine, du Ville-Arpent, de Saint-Phagon[1], et des cités, villes et chastels, et forteresses du pays de Camp et d'Espaigne, que les Anglois et Portingalois étoient outre la rivière de Deure, et avoient trouvé le passage. Si en furent toutes gens moult émerveillés. Et disoient les aucuns : « Il y a eu trahison ; car jamais, sans l'enseignement de ceux du pays, ils n'eussent trouvé ce gué où ils sont passés. Il n'est rien qui ne soit sçu, ou par varlets, ou autrement. »

Les seigneurs de la partie du roi de Castille sçurent que Douminghe Vagher, Gallicien, leur avoit montré et enseigné ce passage. Il fut tantôt pris : et connue l'affaire, ainsi comme avoit allé, il fut jugé à mourir ; et fut amené à Ville-Arpent ; et là eut-il la tête tranchée.

CHAPITRE LXXXII.

Comment Gautier de Passac et Guillaume de Lignac, chefs des François en Castille, conseillèrent au roi d'attendre le duc de Bourbon, sans s'aventurer à la bataille ; et comment aucuns Anglois allèrent escarmoucher aux François de Ville-Arpent ; et comment le duc de Lancastre commença à se décourager, pour les mésaises de lui et de ses gens.

Quand le roi de Castille sçut l'affaire, comment à si grand puissance leurs ennemis, le roi de Portingal et le duc de Lancastre, étoient sur les champs et approchoient fort, si se commença à ébahir. Et appela messire Gautier de Passac et messire Guillaume de Lignac, et leur dit : « Je suis trop fort émerveillé du duc de Bourbon, qu'il ne vient. Nos ennemis approchent, et tiendront les champs, qui ne leur ira au devant, et gâteront tout mon pays : et jà se contentent mal les gens de mon royaume, de ce que nous ne les combattons. Si me donnez conseil, beaux seigneurs, quelle chose en est bonne à faire. » Ces deux chevaliers qui savoient plus d'armes assez que le roi ne fît, car plus en avoient usé, et pour ce principalement avoient-ils été envoyés de France par-delà, répondirent et dirent : « Sire roi, monseigneur de Bourbon viendra ; en ce n'y aura nulle défaute : et quand il sera venu, nous aurons conseil quelle chose nous sera bonne à faire : mais jusques à sa venue nous ne nous mettrons point en apparent pour combattre nos ennemis. Laissez-les aller et venir et chevaucher là où ils veulent. Ils tiennent les champs : et nous tenons les bonnes villes, qui sont bien garnies et pourvues de toutes pourvéances, et de bonnes gens d'armes. Ils tiennent le soleil et la grand chaleur du temps et de l'air : et nous tenons les ombres et le rafreschissement de l'air. Ils trouvent, et trouveront pays tout gâté et exillé, et tant plus iront plus avant, et moins de pourvéances ni de vivres y trouveront. Et, pour ce, et pour telle incidence et aventure qui pouvoit avenir et écheoir, au commencement de la saison, furent condamnés à être désemparés et abattus tous petits forts, églises et manoirs, que vos gens fortifioient ; et où ils se vouloient retraire et mettre tout le leur. Sire roi, ce fut très sagement conseillé et ouvré de tout abattre, car maintenant vos ennemis eussent plus bel loger, et eux tenir au pays de Camp, qu'ils n'auront ; car ils n'y trouveront rien s'ils ne l'y apportent, fors le chaud soleil sur leurs têtes, qui les ardera et occira : de ce soyez tout assuré. Toutes vos villes, cités et chastels, sont bien garnis et pourvus de bonnes gens d'armes. Nous croyons bien qu'ils feront aucuns assauts et aucunes envahies, car c'est vie et nourrisson de gens d'armes. En telles choses convient-il qu'ils se oublient, et passent le temps. Pour ce chevauchent-ils parmi le monde, pour eux avancer. Si ne vous souciez de rien, car en celle guerre n'aurez-vous nul grand dommage. »

[1] Ruales. — Castroxeris. — Medina del Campo. — Vilhalpando. — Sahagun.

Le roi de Castille, sur les paroles courtoises et aimables des deux chevaliers dessus nommés, se reconfortoit grandement : et se contentoit d'eux, car il véoit bien qu'ils lui remontroient et contoient voir et raison.

Or parlerons du duc de Lancastre et du roi de Portingal, qui tenoient les champs au pays de Camp; mais ils voulsissent bien tenir les villes, pour eux aiser et rafreschir, car les fourrageurs, quelque part qu'ils alloient, ne trouvoient que fourrager. Et aussi, pour les rencontres et embûches, ils n'osoient chevaucher, fors en grands routes : et quand ils chevauchoient en celui pays de Camp, et ils véoient de loin, ou d'une haute montagne, un grand village par apparence, ils étoient tous réjouis et disoient : « Allons, allons tôt; nous trouverons en ce village assez à fourrager, tant que nous serons tous riches et bien pourvus. » Lors chevauchoient-ils à grand'hâte au village : et quand ils étoient là venus, ils n'y trouvoient que les parois et le massis : il n'y avoit ni chien, ni chat, ni coq, ni geline, ni homme, ni femme : tout étoit gâté et désemparé des François même. Ainsi perdoient-ils leur saison et temps : et s'en retournoient à leurs maîtres, sans rien faire. Si étoient leurs chevaux maigres et affoiblis, par les povres nourrissons qu'ils avoient. Encore bien leur chéoit, quand ils trouvoient de l'herbe à pâturer. Si ne pouvoient aller avant, car ils étoient si mates et si foibles, qu'ils mouroient sur le chemin, de chaud et de povreté : et mêmement, aucuns des seigneurs et des greigneurs maîtres qui y furent, étoient en excès, en fièvres et en frissons, par les grandes chaleurs qu'ils avoient tous les jours, et n'avoient de quoi eux rafreschir, et aussi par les froidures soudaines qui en dormant leur venoient de nuit. Ainsi étoient-ils menés que je vous dis, et espécialement en l'ost du duc de Lancastre; car Anglois sont plus mous et plus moites, que ne sont Portingalois. Ceux de Portingal portoient encore assez bien celle peine, car ils sont durs et secs, et faits à l'air de Castille. Ainsi comme vous avez ouï recorder se maintenoient les Anglois; et étoient en dur parti : et y en mourut largement de celle pestilence; et mêmement de ceux qui n'avoient pas bien leurs fournitures et qui furent mal pansés. Messire Richard de Burlé, messire Thomas Moreaux, messire Thomas de Percy, le sire de Fitvatier, messire Maubruin de Linières, messire Jean d'Aubrecicourt, Thierry et Guillaume de Soumain, et bien avecques eux deux cens armures de fer, tous chevaliers et écuyers, qui avancer se vouloient et qui désiroient et demandoient les armes, montèrent une fois aux chevaux, sur les meilleurs et plus apperts qu'ils eussent, et les mieux gouvernés et aggrévés, sur l'entente et emprise de venir devant Ville-Arpent, pour réveiller les compagnons François qui dedans se trouvoient ; car bien avoient ouï dire qu'il y avoit, avecques messire Olivier du Glayaquin, connétable de Castille, en garnison, grand foison d'apperts chevaliers et écuyers. Si se départirent un jour de leur ost, après le boire du matin : et chevauchèrent, comme fourrageurs, devers Ville-Arpent; et vinrent jusques à un rieu, qui court devant la ville ; et là passèrent outre, en éperonnant leurs chevaux.

Le haro monta en la ville, et la voix et renommée par places et hôtels, que les Anglois étoient aux barrières. Adoncques vissiez chevaliers et écuyers armer apertement et venir devant l'hôtel du connétable, et varlets enseller chevaux, et là amener à leurs maîtres. Le connétable, messire Olivier du Glayaquin, voulsist retenir les compagnons et garder d'issir sur les Anglois; si ne put-il, tant étoient-ils en grand'volonté d'issir. Or issirent-ils, bien montés sur fleur de chevaux, tous aggrévés et reposés : et issirent, tout premièrement, messire Jean des Barres, le vicomte de la Berlière, messire Robert et messire Jean de Braquemont, messire Pierre de Villaines, messire Tristan de la Gaille et plusieurs autres, en grand désir que de rencontrer et combattre ces Anglois. Quand les Anglois eurent fait leur emprise et couru devant la ville, et ils sentirent que les François s'ordonnoient pour venir sur eux, si repassèrent tout bellement le rieu que passé avoient; et se retrairent tout bellement, sur une grande sablonnière qui là étoit : et éloignèrent le rieu, ainsi que le trait de trois archées d'arc. Evvous ces chevaliers et écuyers de France venir en écriant leurs cris! et tenoit chacun sa lance. Quand les Anglois les virent approcher, si retournèrent tous à un faix sur eux; et abaissèrent leurs glaives, et férirent chevaux des éperons. Là eut, je vous dis, forte joute et roide, et plusieurs abattus sur le sablon, d'une part et d'autre; et ne se fût point la chose ainsi départie, pour une joute, qu'il n'y eût eu autres estourmies, après les lances faillies : mais la poudrière du délié sablon qui là étoit, commença à lever à l'empainte des chevaux, et à être si très grande et si très malaisée, que point ils ne véoient l'un l'autre ni reconnoissoient; et étoient leurs chevaux tout chargés et empoudrés, et aussi eux-mêmes, tellement qu'ils ne pouvoient reprendre leur haleine, que leurs bouches ne fussent toutes pleines de poudre.

Par telle affaire et occasion cessèrent leurs envayes et armes à faire : et se remirent les Anglois ensemble qui se radressèrent à leurs cris, et les François d'autre part aussi qui s'en retournèrent vers Ville-Arpent; et n'y eurent l'une partie ni l'autre point de dommage. Du plus que ces chevaliers et écuyers d'Angleterre coururent en celle empainte pour ce jour, ils passèrent tant seulement Ville-Arpent outre une lieue : et puis s'en retournèrent en leurs logis et se désarmèrent. Je vous dis que tels furent armés celle journée qui puis ne s'armèrent; car maladie les prit, chaleurs, fièvres et froidures, qui les menèrent jusques à la mort.

Le duc de Lancastre ne savoit que dire ni que faire, et lui ennuyoit par heures trop grandement, car il voyoit que ses gens et tous les meilleurs, se fouloient et lassoient, et s'accouchoient au lit; et il même étoit si hodé et si pesant, qu'il couchoit tout coi au lit; mais entre deux se relevoit, et faisoit plus de chière qu'il pouvoit afin qu'il ne décourageât point ses hommes. Et si parla une fois au roi de Portingal; et lui demanda conseil, et lui pria qu'il lui vousist dire son avis, lequel étoit le meilleur à faire, car il se doutoit que grand'mortalité ne se boutât entre ses gens. Le roi de Portingal répondit, et dit : « Sire, il n'appert point, pour celle saison, que François ni Espaignols nous combattent. Ils nous lairont, à ce qu'ils montrent, lasser et dégâter, et alléger toutes nos pourvéances. » — « Et que conseillez-vous donc à faire? » dit le duc de Lancastre. « Je le vous dirai, dit le roi de Portingal. Que pour la saison, qui est si chaloureuse et si très ocqueniseuse du soleil, vous vous retraïssiez, vous et vos gens, tout bellement en Galice, et leur donnissiez congé d'eux laisser aller rafreschir là où il leur plairoit le mieux : et sur le temps qui retourne, au mars ou avril, nouveau confort et frais vous sourdesist d'Angleterre, par l'un de vos frères; et aussi bonnes pourvéances et grosses, pour passer la saison. On n'a pas si tôt appris une terre ni un air où on ne fut oncques. Vos gens, qui demeureront, se tiendront en Galice et s'espartiront sur les villes et chastels qui sont en votre obéissance; et là passeront le temps, au mieux qu'il pourront. » — « Voire, dit le duc, mais il aviendra ou pourroit avenir ce que je vous dirai : que quand nos ennemis verront que nous soyons départis l'un de l'autre, et vous vous serez retraïts en Portingal, vous et vos gens, et moi et les miens en la vallée de Saint-Jacques, ou à la Coulongne, et mes gens seront épars sur le pays, le roi d'Espaigne chevauchera à toute sa puissance. Car il a bien, si comme j'en suis informé, quatre mille lances de François et de Bretons; et si en trouvera bien autant ou plus de son pays; et encore vient derrière le duc de Bourbon, oncle du roi de France, qui en amène bien deux mille et qui voudra faire armes, si tôt comme il sera venu. Or regardez et considérez si si grands gens se boutent en Galice, qui leur ira au devant? Ainçois que vous ayez tous vos gens rassemblés, que vous avez pour le présent en votre compagnie, et moi les miens, ils nous auront porté trop grand contraire. » Adoncques répondit le roi de Portingal, et dit : « Or tenons doncques les champs, au nom de Dieu. Mes gens sont forts et frais, et en bonne volonté d'attendre l'aventure, et moi aussi suis-je. »

Atant finèrent leur parlement le roi de Portingal et le duc de Lancastre; et demourèrent sur tel état : qu'ils attendroient la venue du duc de Bourbon et toute son armée, pour savoir s'il les viendroit point combattre, car les Anglois et les Portingalois ne demandoient autre chose que la bataille contre eux avoir. Et toujours alloit la saison aval, et le soleil montoit, et les jours s'échauffoient moult merveilleusement, car c'étoit environ la Saint-Jean-Baptiste, que le soleil est en sa force et vertu, et par espécial en ce pays d'Espaigne et de Grenade, et des royaumes lointains des marches de septentrion. Et n'avoit depuis l'entrée d'avril, nulle douceur descendue du ciel, ni pluie, ni rosée; mais étoient les herbes toutes arses. Ces Anglois mangeoient des raisins à foison, quand ils en pouvoient avoir; ce qui étoit chaud, doux et alaitant; et puis buvoient de ces forts vins de Lussebonne et de

Portingal, pour eux rafreschir ; et, plus en buvoient, plus s'échauffoient, car ils leur ardoient le foye et le poumon et toutes les entrailles de dedans, car ils étoient tout au contraire de leur nature. Anglois sont nourris de douces viandes et de cervoises bonnes et grosses, qui tiennent les corps moites ; et ils avoient les vins durs et chauds, et en buvoient largement pour oublier leurs douleurs. Les nuits y sont chaudes, pour la grand'chaleur qu'il a fait la journée devant ; mais, sur l'aube crevant, l'air se refroidit durement : et ce les decevoit, car de nuit ils ne pouvoient souffrir couverture sur eux ; et s'endormoient tous nus en celle ardeur et chaleur de vin. Or venoit le froid du matin qui les happoit et tranchoit tout le corps ; dont ils entroient en fièvres et en maladies, et au corps ils avoient le cours du ventre dont ils mouroient sans remède ; et autant bien barons, chevalier et escuyers que menus gens.

CHAPITRE LXXXIV.

Comment le duc de Lancastre donna congé à ses gens ; et comment trois chevaliers d'Angleterre, ayant impétré sauf-conduit par un héraut, allèrent vers le roi de Castille pour impétrer un sauf conduit pour passer leurs gens par sa terre.

Or regardez comment les fortunes se tournent. Vous devez savoir que le duc de Lancastre, au royaume de Castille, n'eût jamais perdu par bataille ni déconfiture les bonnes gens qu'il perdit en celle saison, au voyage dont je vous fais mention : et il même fut presque mort, par celle incidence de pestilence, si comme je vous dirai. Messire Jean de Hollande, qui connétable de l'ost étoit pour le temps, et à qui toutes les paroles, et les regrets et les retours venoient, et qui véoit ses compagnons et ses amis entachés de celle maladie dont nul n'en réchappoit, oyoit les plaintes des uns et des autres, gentils et villains, tous les jours, grandes et grosses, qui disoient ainsi : « Ha ! monseigneur de Lancastre nous a amenés mourir en Espaigne. Maudit soit le voyage ! Il ne veut pas, à ce qu'il montre, que jamais Anglois isse hors du royaume d'Angleterre, pour lui servir. Il veut estriver contre l'aiguillon. Il veut que ses gens gardent le pays qu'il a conquis. Et, quand ils seront tous morts, qui le gardera ? Il ne montre pas qu'il sache guerroyer. Quand il a vu que nul ne nous venoit au devant pour batailler, que ne s'est-il retrait si à point, fût en Portingal ou ailleurs, qu'il n'eût pas pris le dommage qu'il prendra ? car tous mourrons de celle povre morille, et sans coup férir. »

Messire Jean de Hollande qui ce oyoit et entendoit, et auquel partie en touchoit, pour l'amour et honneur de son seigneur le duc de Lancastre, la fille duquel il avoit en mariage, en avoit moult grand'pitié. Or, tant se multiplièrent les paroles, qu'il se prit près de parler au duc, et lui remontrer vivement et trop mieux que nul autre. Si vint à lui, et lui dit gracieusement : « Monseigneur, il vous convient avoir nouvel conseil et bref. Vos gens sont en trop dur parti de mort et de maladie. Si besoin vous en sourdoit aucunement, vous ne vous en pourriez bonnement aider, car ils sont lassés et hodés, et mal gouvernés, et tous leurs chevaux morts : et sont, gentils et vilains, si découragés pour celle saison, que je vous dis que nul bon service n'y devez vous attendre. » Adonc répondit le duc : « Et quelle chose en est bonne à faire ? Je vueil croire conseil, car c'est raison. » — « Monseigneur, dit le connétable, le meilleur est que vous donniez congé à toutes manières de gens, pour eux retraire, là où le mieux il leur plaira : et vous même que vous vous retrayez, soit en Portingal ou en Galice, car vous n'êtes pas en point de chevaucher. » — « C'est voir, dit le duc, et je vueil. Dites-leur, et de par nous, que je leur donne à tous bon congé d'eux retraire, là ou le mieux il leur plaira, soit en Castille, soit en France, sans faire nul vilain traité envers nos ennemis, car je vois bien que pour celle saison notre guerre est passée. Si comptez et payez doucement à eux tous, et si avant comme le vôtre peut couvrir ni étendre pour payer leurs menus frais : et leur faites faire par votre chancelier délivrance et congé. » Répondit le connétable : « Volontiers. »

Messire Jean de Hollande fit signifier à la trompette, par tous les logis des seigneurs, que telle étoit l'intention de monseigneur de Lancastre, qu'il donnoit à toutes gens congé de se retraire, là où le mieux il leur plairoit : et vouloit que les capitaines venissent parler et compter au connétable ; et ils seroient tous satisfaits, tant que bien leur devroit suffire.

Ces nouvelles en réjouirent plusieurs qui désiroient à partir, pour recouvrer santé et mutation de nouvel air. Adoncques eurent les barons et chevaliers d'Angleterre ordonnance, comment ils s'en cheviroient. De retourner en Angleterre par mer, ce leur étoit impossible, car ils n'avoient nulle navire prête et étoient trop loin du port. Autrement, ils étoient si chargés et si empêchés, eux et leurs gens, de maladie de cours de ventre, ou de fièvres, qu'ils étoient morts à moitié : et ne pourroient nullement souffrir ni porter les peines de la mer.

Tout considéré, le plus propice qui leur restoit, c'est qu'ils se missent au retour parmi France. Or disoient les aucuns : « Et comment se pourra ce faire ? Car nous sommes ennemis à tous les royaumes que nous avons à passer : et premièrement à Espagne, car nous y avons fait mortelle guerre et ouverte ; au roi de Navarre aussi, car il est conjoint, en icelle guerre, avecques le roi de Castille ; et au roi d'Arragon, car il s'est allié avecques le roi de France : et jà nous a-t-il fait à nos gens un grand dépit, car nous venus en ce voyage, si comme le sénéchal de Bordeaux nous a mandé, il eût retenu et mis en prison à Barcelone l'archevêque de Bordeaux, qui étoit allé parler au roi et au pays pour les arrérages que le royaume d'Arragon doit à notre seigneur le roi d'Angleterre. Parmi France, à envoyer devers le roi, ce nous est trop dur et trop long ; et, quand le message seroit là venu, espoir le roi qui est jeune ou son conseil, n'en voudroient rien faire, car le connétable de France, messire Olivier de Cliçon pour le présent, nous hait mortellement : et veut dire que le duc de Bretagne, son grand adversaire, se veut tourner Anglois. »

Adoncques répondirent les autres qui étoient de haute imagination et de parfond sens : « Or soyent toutes doutes mises avant ! Nous disons ainsi, pour le meilleur, que c'est bon que nous essayons le roi de Castille : espoir aura-t-il si grande affection de nous voir issir loin de Castille que légèrement nous accordera à passer parmi son royaume paisiblement, et nous impêtrera sauf conduit devers les rois de France, d'Arragon et de Navarre. »

Le conseil fut accepté, tenu et ouï : et prirent un héraut qui s'appeloit Derby et lui baillèrent lettres qui s'adressoient au roi de Castille. Le héraut se départit de ces seigneurs et se mit au chemin ; et chevaucha tant qu'il vint à Medine-de-Camp, là où le roi se tenoit pour ces jours. Il vint devant le roi et s'agenouilla et lui bailla les lettres. Il les ouvrit et les lut, car elles étoient en François.

Quand il en eut vu et conçu la substance, il se tourna d'autre part et commença à rire ; et dit à un sien chevalier maître d'hôtel : « Pensez de ce héraut. Il aura réponse anuit, pour retourner le matin. » Il fut fait ; le roi entra en sa chambre et fit appeler messire Guillaume de Lignac et messire Gautier de Passac ; ils vinrent. Il leur montra et lut les lettres, et puis demanda : « Quelle chose en est bonne à faire ? »

Or vous dirai un petit de la substance. Messire Jean de Hollande, connétable de l'ost, escripvoit au roi de Castille et il lui prioit : qu'il lui voulsist, par ce héraut, envoyer lettres de sauf conduit, allant et retournant, pour deux ou trois chevaliers Anglois, pour avoir parlement et traité ensemble. Les deux chevaliers dessus nommés respondirent : « Monseigneur, il est bon que vous leur donnez et accordez : et ainsi saurez-vous quelles choses ils demandent. » — « Ce me semble bon, » dit le roi. Tantôt il fit un clerc escripre un sauf conduit, où contenu étoit qu'ils pouvoient venir et retourner arrière, jusques à six chevaliers, s'il venoit à point au connétable, et leurs gens. Quand le sauf conduit fut escript, il fut scellé du grand scel, et du signet du roi : et fut baillé au héraut, et vingt francs avecques. Il prit tout : et s'en retourna à Aurench, là où le duc de Lancastre et le connétable étoient qui attendoient le héraut et la réponse qu'il rapportoit ; donc ils furent moult réjouis de sa venue.

Le héraut dessus nommé bailla au connétable le sauf conduit. Adonc furent ceux élus qui iroient : et tout premièrement messire Maubruin de Liniers, messire Thomas Morel et messire Jean d'Aubrecicourt. Ces trois chevaliers furent chargés de faire le message, et d'aller en embassaderie devers le roi de Castille : si se départirent du plus tôt qu'ils purent, car il besognoit à aucuns, pour ce qu'ils avoient en leur ost et en leurs logis, départis çà et là, grand'faute de médecines et de médecins pour eux visiter, et des besognes qui appartiennent à médecine, et de nouveaux vivres pour eux rafreschir.

Ces ambassadeurs anglois passèrent à Ville-Arpent : et leur fit le connétable de Castille, messire Olivier du Glayaquin, très bonne compagnie : et leur donna un soir à souper : et à lendemain il bailla un chevalier des siens, de ceux de Tintiniac, Breton, qui les conduisit, pour aller devers le roi plus sûrement, et pour les rencontres des Bretons, car partout en y avoit beaucoup.

Tant exploitèrent, qu'ils vinrent à la cité de Medine-de-Camp : et là trouvèrent le roi qui grand désir avoit de savoir quelle chose ils vouloient. Quand ils furent descendus en un hôtel qui étoit ordonné pour eux, et ils se furent rafreschis et appareillés, ils allèrent devers le roi qui leur fit bonne chère par semblant; et y furent menés par les chevaliers de son hôtel : et leur montrèrent lettres, de par le connétable, et non de par autre, car le duc de Lancastre s'en feignoit : ni point à celle fois ne vouloit escripre au roi de Castille, pour celle cause. Aux paroles que les dessus dits chevaliers dirent et proposèrent au roi, n'étoient point les chevaliers de France, quoiqu'ils fussent de son étroit conseil et du plus privé, car sans eux ni leur conseil il ne passoit rien des choses appartenans à la guerre. Ils parlèrent et dirent ainsi : « Sire roi, nous sommes ici envoyés de par le comte de Hostidonne, connétable à présent des gens que monseigneur de Lancastre a mis hors d'Angleterre. Avenu est pour le présent, par incidence merveilleuse, que mortalité et maladie se sont boutées entre nos gens. Si vous prie le connétable, que vous voulsissiez à ceux qui santé désirent à avoir, ouvrir et faire ouvrir vos cités et bonnes villes, pour eux laisser dedans venir aiseir et rafreschir, et recouvrer santé, si recouvrer y peuvent. Et aussi à aucuns qui ont plaisance de retourner en Angleterre par terre, si convient qu'ils passent par les dangers de vous, du roi de Navarre et du roi de France, il vous plaise tant faire, que paisiblement, pour bien payer partout leurs frais, ils puissent passer et retourner en leurs lieux. C'est la requête et la prière, à présent que nous vous faisons. » Lors répondit le roi de Castille moult doucement et dit : « Nous aurons conseil et avis quelle chose en est bonne à faire : et puis en serez répondu. » Ils répondirent : « Il nous suffit. »

CHAPITRE LXXXV.

Comment les trois ambassadeurs de par le duc de Lancastre impétrèrent un sauf conduit du roi de Castille, pour passer leurs malades en ses pays, et passer surement ceux qui s'en retourneroient hors d'Espagne ; et comment plusieurs chevaliers et écuyers d'Angleterre moururent en Castille et ès pays des Espaignes, étant le duc de Lancastre même tombé en grande maladie à Saint-Jacques en Galice.

Lors se départirent les chevaliers d'Angleterre et prirent congé au roi ; et retournèrent en leurs logis ; et s'y tinrent tout ce soir, et à lendemain jusques à tierce qu'ils retournèrent devers le roi. Or vous dirai avant la réponse du conseil que le roi de Castille eut. Premièrement, ces requêtes et nouvelles lui firent grand bien et très parfaite joie, car il se véoit à chef pour un grand temps de sa guerre, quand ses ennemis lui prioient à vider et partir de son pays : bien savoit en soi-même lequel il en feroit. Et fut tout conseillé du contraire, mais il vouloit tant honorer les deux chevaliers françois qu'on lui avoit là envoyés à capitaines, messire Gautier de Passac et messire Guillaume de Lignac, qu'il en parleroit à eux ; et les manda en sa chambre, et une partie de son espécial conseil de ceux de son pays. Quand ils furent là venus, le roi leur remontra moult sagement la parole des chevaliers d'Angleterre, et les prières et requêtes que le connétable du duc lui faisoit ; et sur ce il en demandoit à avoir conseil, et qu'on le conseillât loyaument. Et tourna la parole sur messire Gautier de Passac et sur messire Guillaume de Lignac. Envis parloient devant le conseil du roi : mais parler les convint, car le roi le vouloit et les en requit ; et lors, par le commandement du roi, ils dirent : « Sire, vous savez à la fin que nous vous avons toujours dite ; c'est que vos ennemis se lasseront et dégâteront. Ils sont déconfits, et sans coup férir. Au cas doncques que par gentillesse les malades demandent à avoir confort et rafreschissement en votre pays, vous le leur accorderez, par manière telle, que, s'ils retournent à santé, ils ne retourneront point devers le duc de Lancastre ni devers le roi de Portingal, mais iront tout droit leur chemin, et, de ce terme en six ans, ils ne s'armeront contre vous ni contre le royaume de Castille. Nous espérons que vous finerez assez bien au roi de France et au roi de Navarre, d'avoir sauf conduit pour eux, à passer paisiblement parmi leurs royaumes. »

De celle réponse fut le roi d'Espaigne tout réjoui, car on le conseilloit après sa plaisance; ni il n'avoit cure quel marché qu'il fît, mais qu'il fût quitte des Anglois. Or dit à messire Gautier de Passac qui la parole avoit montrée : « Vous me conseillez loyaument. Si vous en sais bon gré, et je ferai après votre parole. » Adonc furent les trois chevaliers d'Angleterre mandés. Quand ils furent venus, on les fit passer outre en la chambre de parlement du roi; et là étoit le roi et tout son conseil; et là parla le chancelier d'Espaigne, l'évêque d'Esturges, qui bien étoit enlangagé, et dit : « Chevaliers d'Angleterre de par le duc de Lancastre, et cy envoyés de par son connétable, entendez. C'est la parole du roi, que pour pitié et gentillesse, il veut faire à ses ennemis toute la grâce comme il pourra. Et vous retournés devers votre connétable qui là vous a envoyés, vous lui direz, de par le roi de Castille, qu'il fasse à savoir, à la trompette, par tout son ost, que son royaume est ouvert et appareillé pour recevoir et recueillir haitiés et malades, chevaliers et écuyers, et leurs mesnies; voire parmi tant qu'aux portes des cités et des bonnes villes, là où ils viendront ou voudront entrer ou demeurer, ils mettront jus toutes leurs armures; et là trouveront hommes à ce ordonnés, qui les meneront aux hôtels; et là seront tous leurs noms escripts, et rapportés par devers le capitaine, à celle fin que ceux qui en ces cités et bonnes villes entreront, ne pourront plus retourner en Galice ni en Portingal, pour quelconque besogne que ce soit; mais partiront, du plus tôt qu'ils pourront, après ce que le roi de Castille, notre sire, leur aura impétré bon sauf conduit et sûr, pour passer paisiblement parmi les royaumes de Navarre et de France, et pour aller jusques en la ville de Calais, ou quelconque port ou hâvre qu'il leur plaira prendre ou choisir, sur les bandes soit de Bretagne, de Saintonge, de la Rochelle, de Normandie, ou de Picardie. Et c'est la parole du roi, que tous ceux qui se mettront en ce voyage, chevaliers et écuyers, de quelque nation qu'ils soient, ne s'armeront, le terme de six ans à venir, pour nulle cause, contre le royaume de Castille; et ce jureront-ils solennellement, en prenant les saufs conduits qu'on leur baillera. Et de toutes ces paroles dites et devisées, vous en rapporterez lettres ouvertes, devers votre connétable et les compagnons qui cy vous envoient. »

Les chevaliers dessus nommés remercièrent le roi et son conseil, de la réponse qu'il leur avoit faite, et dirent : « Il y a aucuns points ou articles, en votre parole. Nous ne savons si elles seront acceptées. Si elles le sont, on renvoyera notre héraut, ou qui que ce soit, devers vous. » — « Bien nous suffit, » répondirent ceux du conseil du roi.

Adonc se retrait le roi de Castille en sa chambre; mais messire Gautier de Passac et messire Guillaume de Lignac demourèrent avecques les chevaliers, et les menèrent en une belle chambre où on avoit couvert pour dîner, et là dînèrent tous ensemble. Après dîner, ils prirent vin et épices en la chambre du roi, et congé. Leurs lettres furent toutes appareillées. Or montèrent à cheval, sitôt qu'ils furent retournés à leur hôtel, et furent délivrés de tous points par les fourriers du roi; et se départirent de Medine, et vinrent gésir à Villelope[1], et le lendemain ils passèrent à Ville-Arpent et y dînèrent; et puis partirent, et vinrent gésir à Noye en Galice; et lendemain ils vinrent à Aurench, et trouvèrent là le connétable.

Avenu étoit, entrues qu'ils avoient été en ce voyage, qu'un des grands barons, qui fut en la compagnie du duc de Lancastre, et moult vaillant homme, étoit mort. C'étoit le sire de Fit-Vatier, lequel avoit grand'plainte; mais contre la mort nul ne peut estriver. Si lui furent faites ses obsèques moult honorablement, et y furent le roi de Portingal et le duc de Lancastre. Quand les trois chevaliers furent revenus en l'hôtel, devant le duc de Lancastre, si recordèrent tout ce qu'ils avoient trouvé; et montrèrent les lettres qui affermoient toutes leurs paroles. Les aucuns dirent qu'elles étoient dures; et les autres répondirent que non étoient, mais moult courtoises, à considérer parfaitement le parti, l'état et le danger où ils étoient. Ces nouvelles s'épandirent tantôt parmi l'ost, que le duc donnoit, de bonne volonté, congé à tous ceux qui partir vouloient. Ceux qui se sentoient entachés de maladie et affoiblis de corps, et qui désiroient à renouveler l'air, se départirent sitôt qu'ils purent, et prirent congé au duc et au

[1] Villalobos.

connétable; et à leur département on comptoit à eux : et étoient payés en bons deniers comptans, ou aussi courtoisement répondu qu'ils s'en contentoient; et se départoient par connétablies et par compagnies; et s'en alloient les aucuns à Ville-Arpent, les autres à Ruelles, les autres à Villelope, les autres à Noye, les autres à Medine-de-Camp, les autres à Castesoris, les autres à Saint-Phagon, et par tout étoient les bien venus, et mis à hôtel, et escripts des capitaines des villes sur la forme que je vous ai dite. La greigneur partie des nobles se trait à Ville-Arpent, pour la cause qu'elle étoit toute garnie et remplie de soudoyers étrangers, Bretons, François, Normands et Poitevins, desquels messire Olivier du Glayaquin, connétable de Castille, étoit tout souverain. Encore se confioient plus les Anglois en ceux que vous ai nommés, qu'ils ne faisoient en ès Espaignols, et pour cause. En la forme et manière que je vous dis se dérompit en celle saison celle armée du duc de Lancastre en Castille, et quéroit chacun son mieux. Vous pouvez et devez bien croire qu'il ennuyoit beaucoup au duc de Lancastre, et bien y avoit cause, car il véoit ses hautes emprises et imaginations durement reboutées, et en dur parti : et toutefois, comme sage et vaillant prince qu'il étoit, il se confortoit assez bellement, car bien véoit qu'il n'en pouvoit avoir autre chose. Quand le roi de Portingal vit que les choses se portoient ainsi, et que leur armée étoit rompue, il donna à toutes manières de ses gens congé, qui venus l'étoient servir, et en retint environ trois cens lances, et se départit d'Aurench, avec le duc de Lancastre, qui s'en retourna, et sa femme aussi, en la ville de Saint-Jacques, qu'on dit en Compostelle. Quand le roi et le duc furent là venus, le roi y séjourna quatre jours, et au cinquième il s'en partit à toutes ses gens qui accompagné l'avoient, et s'en retourna devers son pays, et vers sa femme qui étoit au Port, une bonne cité en Portingal.

Or devez vous savoir, et je le vous dirai, quelle chose il avint à plusieurs chevaliers et écuyers qui étoient départis de la route du duc, et retraits en Castille, et épars sur le pays en plusieurs cités et bonnes villes. Ceux qui étoient entachés de celle morille, quoi qu'ils quérissent nouvel air et nouvelles médecines, ne purent fuir ni échaper qu'ils ne mourussent en séjournant en la ville de Ville-Arpent. Endementiers que le roi Jean de Castille avoit envoyé quérir en Navarre et en France, les saufs conduits, pour passer paisiblement les Anglois parmi ses terres et seigneuries, si comme il leur avoit promis, ce qui ne fut pas sitôt fait, ni ceux qui envoyés y étoient retournés, moururent plusieurs barons, chevaliers et écuyers d'Angleterre, sur leurs lits, dont ce fut dommage et affoiblissement de leur pays. En Ville-Arpent moururent trois hauts barons du royaume d'Angleterre, riches hommes et qui étoient bien renommés : et tout premièrement, celui qui y avoit été comme souverain maréchal de l'ost du duc, messire Richard Burlé, le sire de Ponningues et messire Henry de Percy, cousin germain au comte de Northonbrelande. En la ville de Noye mourut messire Maubruin de Liniers, Poitevin, un moult vaillant et appert chevalier; et, en la ville de Ruelles, un grand baron de Galles, qui s'appeloit le sire de Talbot [1]; et moururent, que çà que là, de la morille, douze barons d'Angleterre, et bien quatre-vingts chevaliers, et plus de deux cens écuyers, tous bons gentilshommes; or regardez la grand'déconfiture sur eux, et sans coup férir, ni bataille avoir; et d'autre peuple, archers et telles gens, plus de cinq cens. Et ouïs pour certain recorder à un chevalier d'Angleterre à qui j'en parlai, sur son retour qu'il fit parmi France, et qui s'appeloit messire Thomas Quinebery, que de quinze cens hommes d'armes, et bien quatre mille archers, que le duc de Lancastre avoit mis hors d'Angleterre, il n'en retourna oncques plus de la moitié, si moins non.

Le duc de Lancastre chey en langueur et en maladie très grande et très perilleuse, en la ville de Saint-Jacques; et fut plusieurs fois que renommée courut en Castille et en France qu'il étoit mort; et certes il en fut en grand'aventure. Thierry de Soumain, qui étoit un écuyer d'honneur et de vaillance, pour le corps du duc, et né de la comté de Hainaut, fut aussi atteint de celle maladie, et mourut à Betances. Il eut moult grand'plainte; et fut toujours son frère Guillaume de Soumain de-lez lui, jusques à la mort : lequel fut aussi en grand'aventure de sa vie. Et sachez bien qu'il n'y avoit si preux, si riche ni si

---

[1] Dugdale assure que lord Talbot ne mourut que la vingtième année du règne de Richard II.

joli, qu'il ne fût en grand effroi de lui-même, et qui attendît autre chose tous les jours que la mort. Et de celle maladie nul n'étoit entaché, fors les gens au duc de Lancastre; ni entre les François il n'en étoit nulle nouvelle : dont plusieurs murmurations furent entre eux, et aussi entre les Espaignols, en disant : «Le roi de Castille a fait grâce à ces Anglois de venir reposer et eux arroyer en son pays et en ses bonnes villes; mais il nous pourroit trop grandement toucher et coûter, car ils bouteront une mortalité en ce pays.» Les autres répondirent : « Ils sont chrétiens, comme nous sommes. On doit avoir compassion l'un de l'autre. »

Bien est-il vérité qu'en telle saison, en Castille, un chevalier de France mourut, lequel eut grand'plainte; car il étoit gracieux, courtois et preux aux armes, et frère germain à messire Jean et à messire Regnaud, et à messire Lancelot de Roye, et étoit appelé messire Tristan de Roye, mais il mourut par sa coulpe. Je vous dirai comment. Il se tenoit en une ville de Castille qu'on appeloit Seguevie, en garnison. Si lui prit une grosse aposthume au corps. Il, qui étoit roide, jeune et de grand'volonté, n'en fit compte; et monta un jour sur un coursier et vint aux champs, et fit le coursier courir. Tant courut le coursier que celle boce lui effondra au corps. Quand il fut retourné à l'hôtel, il s'accoucha au lit malade, tant qu'il le montra bien, car il mourut au quatrième jour après. Messire Tristan eut grands plaints de tous ses amis; ce fut raison, car il étoit et avoit toujours été courtois chevalier et preux en armes.

CHAPITRE LXXXVI.

Comment messire Jean de Hollande, connétable du duc de Lancastre, prit congé de lui, s'en retournant atout sa femme, par Castille et par Navarre, à Bayonne et à Bordeaux; et comment messire Jean d'Aubrecicourt alla à Paris, pour vouloir accomplir un fait d'armes contre Boucicaut.

Vous devez croire et savoir que en telle pestilence, comme elle étoit entre les Anglois, chacun la fuyoit le mieux qu'il pouvoit, et rendoit peine de l'eschever. Encore se tenoit messire Jean de Hollande, le connétable, de-lez le duc de Lancastre son grand seigneur. Chevaliers et écuyers, qui bien véoient que la saison de la guerre étoit passée et qui vouloient éloigner et fuir le péril de la mort, disoient au connétable : « Sire, or nous mettons au retour et en allons vers Bayonne ou vers Bordeaux pour renouveler air et pour éloigner celle pestilence, car monseigneur de Lancastre le veut et le désire. Quand il nous voudra avoir, il nous saura bien mander et escripre. Nous vaudrons trop mieux, si nous sommes rafreschis en notre pays, que si nous demeurons ici en peine et en langueur. » Tant en parlèrent à messire Jean de Hollande qu'une fois il remontra les murmurations, que ces Anglois faisoient, au duc de Lancastre. Dont lui répondit le duc, et lui dit : «De grand'volonté, messire Jean, je veuil que vous vous mettez au retour, et emmenez toutes nos gens, et me recommandez à monseigneur, et me saluez mes frères, et tels et tels en Angleterre. » Et lui nomma lesquels il vouloit qu'il lui saluât. «Volontiers, répondit le connétable. Mais, monseigneur, je vous dirai, quoi que grand'courtoisie que les malades trouvent en le connétable de Castille, car il leur accorde paisiblement et sans moyen à entrer en ès cités et bonnes villes de Castille, et pour y demourer à leur aise tant comme ils soient guéris et refreschis, mais depuis ils ne peuvent retourner par devers vous en Portingal ni en Gallice; et si nous allons outre, ou eux aussi, notre chemin jusques à Calais, parmi le royaume de France, c'est la parole du connétable et des François qui sont de-lez le roi de Castille, que nous ne nous pouvons armer contre le royaume de Castille, jusques à six ans à venir, si le roi notre sire n'y est en propre personne. » Donc répondit le duc, et dit : «Messire Jean, vous devez bien savoir et sentir que les François prendront sur vous et sur nos gens, en cas qu'ils nous voient en danger, tout à l'avantage comme ils pourront. Je vous dirai que vous ferez : vous passerez courtoisement parmi le royaume de Castille; et, quand vous viendrez à l'entrée de Navarre, si envoyez devers le roi. Il est notre cousin; et si avons eu au temps passé grands alliances ensemble, lesquelles ne sont pas encore rompues, car, depuis que nos gens s'armèrent pour sa guerre, encontre notre adversaire de Castille, nous avons toujours amiablement escript l'un à l'autre comme cousins et amis, ni nulle guerre ni destourbier, par terre ni par mer, ne lui avons faite, mais si ont bien les François fait. Pour quoi il vous lairra, vous et toute votre route, passer légèrement parmi sa terre. Quand vous serez à Saint-Jean du Pied des Ports, si prendrez le chemin de Biscaye pour aller à Bayonne. C'est tout sur notre héritage : et de là pouvez vous aller à Bordeaux, sans le danger des François, et vous rafreschir à votre aise ; et puis, quand vous aurez vent à volonté, monter en mer et traverser le parfond ; et prendre terre en Cornouaille, ou à Hantonne, selon que le vent vous enseignera. »

A celle parole répondit messire Jean de Hollande, et dit qu'il le feroit, ni point de ce conseil n'istroit ; et s'ordonna sur cel état. Depuis n'y eut guères de séjour : mais se départirent le connétable et tous ses gens d'armes, et autres en sa compagnie ; et ne demourèrent de-lez le duc de Lancastre et la duchesse, fors les gens de son hôtel tant seulement. Et emmena messire Jean de Hollande sa femme avecques lui ; et s'en vint en la cité de Chamores[1], qui est moult belle et grande ; et là trouva le roi de Castille, messire Gautier de Passac, et messire Guillaume de Lignac qui lui firent bonne chère, ainsi que seigneurs font l'un à l'autre quand ils se trouvent. Et, au voir dire, le roi de Castille véoit plus volontiers le département des Anglois que l'approchement, car il lui sembloit que sa guerre étoit finie, et que jamais en la cause du duc de Lancastre tant de bonnes gens d'armes ni d'archers ne sortiroient hors d'Angleterre pour faire guerre en Castille ; et aussi il sentoit bien le pays d'Angleterre, comme ci-dessus vous ai conté, en grand différend.

Quand les nouvelles s'épandirent en plusieurs lieux, villes et cités où les maladieux anglois s'étoient retraits pour avoir santé, que messire Jean de Hollande se mettoit au retour pour aller en Angleterre, si en furent tous réjouis ceux qui affection avoient de retourner en leurs pays. Si se prirent tant plus près d'eux appareiller et mettre en sa route : et s'y mirent le sire de Chameux[2], messire Thomas de Percy, le sire de Helmton[3], le sire de Braseton[4] et plusieurs autres : tant qu'ils se trouvèrent plus de mille chevaux. Et étoit avis aux maladieux, qu'ils étoient guéris à moitié quand ils se remettoient au retour : tant leur avoit été le voyage, sur la fin, ennuyeux et pesant.

Quand messire Jean de Hollande prit congé au roi de Castille, le roi le lui donna liement, et aux bons barons et chevaliers aussi de sa route ; et leur fit à aucuns, pour son honneur, délivrer et présenter de beaux mulets et des genets d'Espaigne ; et leur fit payer tous leurs menus frais qu'ils avoient faits à Chamorre. Adonc se mirent-ils à chemin, et vinrent vers Saint-Phagon : et là se rafreschirent-ils trois jours : et par tout étoient-ils les bien venus, car ils avoient des chevaliers du roi qui les conduisoient, et ils payoient tout, par tout où ils venoient, ce qu'ils prenoient. Tant exploitèrent qu'ils passèrent Espaigne : et la cité de Navarret où la bataille fut jadis, et Paviers[1] : et vinrent au Groing : et là s'arrêtèrent, car encore ne savoient-ils certainement si le roi de Navarre les lairroit passer. Si envoyèrent devers lui deux de leurs chevaliers, messire Pierre Bisset et messire Guillaume de Nordvich. Ces deux chevaliers trouvèrent le roi à Tudelle en Navarre. Si parlèrent à lui ; et exploitèrent si bien qu'il leur accorda à passer parmi Navarre, en payant ce qu'ils prendroient ; et se départirent du Groing, si tôt comme leurs chevaliers furent retournés, et se mirent à chemin ; et exploitèrent tant qu'ils vinrent à Pampelune ; et passèrent les montagnes de Roncevaux ; et laissèrent le chemin de Béarn et entrèrent en Biscaye pour venir à Bayonne ; et tant firent qu'ils y parvinrent. Et là se tinrent un long temps messire Jean de Hollande et la comtesse sa femme ; et les aucuns de ces Anglois s'en vinrent à Bordeaux. Ainsi s'espardit cette chevauchée.

Avenu étoit en Castille, endementiers que le plus fort des armes couroit, et que chevaliers et écuyers chevauchoient, et que les Anglois tenoient les champs, que messire Boucicaut, l'aîns-né des deux frères, tenant aussi les champs, avoit envoyé, par un héraut, requerre armes à faire, de trois courses de glaive à cheval, de trois coups d'épée, de trois coups de dague, de trois coups de hache, et toujours à cheval, à messire Jean d'Aubrecicourt. Le chevalier lui avoit accordé liement, et l'avoit depuis demandé en plusieurs lieux, mais messire Boucicaut ne

---

[1] Zamora.
[2] Chymwell.
[3] Froissart n'ayant pas donné de prénom à ce chevalier, je ne puis le reconnaître d'une manière précise dans les trois listes des chevaliers de la suite du duc de Lancastre données par Rymer à l'année 1386.
[4] Bradestan.

---

[1] Je ne trouve entre Najarra et Logrogno aucun lieu dont le nom ressemble à Paviers.

s'étoit point trait avant. Je ne sais pas pourquoi ni à quoi il étoit demeuré. Je ne dis mie, ni ne veuil dire, que messire Boucicaut ne soit chevalier bon assez pour faire tel parti d'armes, ou plus grandes comme celles étoient. Quand messire Jean d'Aubrecicourt fut venu à Bayonne en la compagnie de messire Jean de Hollande, si comme vous avez ouï, il eut plusieurs imaginations sur ces besognes; et lui sembloit qu'honorablement il ne pouvoit partir des frontières de par-de-là, au cas qu'il étoit requis et appelé de faire armes, et qu'il les avoit acceptées sans les achever; et pourroient les François dire, s'il retournoit en Angleterre, qu'il s'en seroit allé mal duement. Si se conseilla à ses compagnons, et par espécial à messire Jean de Hollande, quelle chose en étoit bonne à faire. Conseillé fut qu'il prît le chemin de France; il avoit bon sauf conduit pour passer parmi le royaume de France, que le duc de Bourbon, à la prière de messire François d'Aubrecicourt, son cousin germain, lequel avoit été et étoit avec le duc de Bourbon, lui avoit impetré et fait avoir du roi, et s'en vint à Paris, et demandât là messire Boucicaut. Espoir en orroit-il nouvelles sur son chemin ou à Paris; et parmi tant il seroit excusé. Ce conseil tint et crut le chevalier; et se mit à chemin; et entra au pays de Béarn, par le pays des Basques; et vint à Ortais; et là trouva le comte de Foix, qui lui fit bonne chère et le tint de-lez lui; et au départir il lui donna deux cens florins et un moult bel roncin. Si se départit messire Jean d'Aubrecicourt du comte de Foix; et chevaucha tout le pays de Béarn; et entra en Bigorre, et puis en Toulousain, et puis en Carcassonnois.

En sa compagnie étoit Guillaume de Soumain, et autres écuyers de Hainaut, qui retournoient en leurs pays. Tant exploitèrent qu'ils vinrent à Paris. Pour ces jours le roi de France étoit en Normandie; et messire Boucicaut, si comme il lui fut dit, étoit en Arragon. Messire Jean d'Aubrecicourt, pour lui acquitter, se présenta à aucuns hauts barons de France qui étoient à Paris; et, quand il eut séjourné huit jours, et il se fut rafreschi, il se départit et se mit au chemin; et fit tant par ses journées, qu'il vint à Calais; et ceux de Hainaut retournèrent en Hainaut. Ainsi par plusieurs membres se dérompit celle armée d'Espaigne et de Portingal.

CHAPITRE LXXXVII.

Comment le duc de Bourbon, étant part d'Avignon avec son ost, s'en alla trouver le roi de Castille à Burges; comment le duc de Lancastre en étant averti, se pourvut du roi de Portingal; et comment le duc de Bourbon, après plusieurs conjouissemens, eut congé du roi de Castille et s'en retourna droit en France.

On doit supposer que le duc Louis de Bourbon duquel je vous ai ci-dessus parlé et traité, et lequel étoit, au commencement, de celle emprise et armée de Castille institué et nommé à être chef, étoit tout informé des besognes dessus dites, comment elles se portoient et devisoient; car, s'il eût senti ni connu qu'elles se dussent approcher, il se fût assez plus hâté qu'il ne fit, car il mit moult longuement à venir ainçois qu'il entrât en Espaigne. Et prit le lointain chemin, car il vint par Avignon, pour voir celui qui s'escripsoit pape Clément: et fut de-lez lui un temps: et, quand il s'en départit, il s'en vint droit à Montpellier; et là séjourna-t-il cinq jours, et aussi à Béziers et à Carcassone; et vint à Narbonne, et puis à Parpegnan; et là entra en le royaume d'Arragon, car il vouloit voir le jeune roi d'Arragon, et sa cousine la roine, madame Yolande de Bar.

Tant exploita par ses journées le duc de Bourbon qu'il vint à Barcelonne; et là trouva le roi et la roine, et grand'foison de comtes et barons du pays, qui tous étoient ensemble pour le recueillir et festoyer, si comme ils firent. Quand il eut là été une espace, environ six jours, il passa outre parmi le royaume d'Arragon: et vint à Valence la grande; et là lui vinrent nouvelles que toute l'armée des Anglois et Portingalois étoit retraite et passée, et que messire Jean de Hollande étoit en Navarre lequel en ramenoit la greigneur partie de leurs gens; et qu'entre les Anglois avoit eu trop grand'déconfiture de mortuaire, et que son cousin le duc de Lancastre étoit moult deshaitié en la ville de Compostelle; et jà couroit en plusieurs lieux renommée qu'il étoit mort. Nonobstant toutes ces nouvelles, quoi qu'il n'eût eu que faire en Espaigne, si il voulsit, il passa outre et signifia sa venue au roi de Castille qui en fut grandement réjoui, et dit que, pour lui recueillir, il viendroit à Burges en Espaigne, une moult noble et puissante cité, si comme il fit. Lui venu à Burges, il fit appareiller très grandement, pour le duc recevoir; et là étoient de-lez lui les aucuns chevaliers de

France qui désiroient à voir le duc de Bourbon. Si passa le duc Valence et Sarragosse, et tous les ports, et entra en Espaigne; et vint à Burges. Si fut du roi et des prélats, barons et seigneurs du pays, grandement bien recueilli et conjoui. Là étoient: messire Olivier du Glayaquin, connétable de Castille, et messire Guillaume de Lignac, messire Gautier de Passac, messire Jean des Barres, messire Jean et messire Regnault de Roye, et plusieurs chevaliers de France qui tous avoient laissé leurs garnisons pour venir voir le duc de Bourbon; car des Anglois ni des Portingalois, ils n'avoient que faire de douter, car tout étoit retrait: et laissoient jà en Galice les seigneurs Anglois les villes, cités et forteresses, qu'ils avoient conquises, car bien savoient que contre la puissance des François ils ne les pourroient tenir, au cas que leurs gens étoient du tout départis, et issus hors de Galice, et retraits, les uns çà et autres là, ainsi comme vous avez ouï recorder un petit avant, ci-dessus, en celle présente histoire.

Nouvelles vinrent en Galice que le duc de Bourbon étoit venu en Espaigne, et avoit amené grand'chevalerie de France; et faisoit-on, en parlant, la chose plus grosse la moitié qu'elle n'étoit. Si se commença le pays grandement à douter que le duc de Bourbon ne voulsist entrer à force dedans, et tout reconquerre. Mais, pourtant que ils sentoient le duc de Lancastre encore de-lez eux, ce les reconfortoit. Ces nouvelles vinrent au duc de Lancastre, que son cousin le duc de Bourbon étoit venu en Espaigne, et se tenoit à Burges de-lez le roi. Si le signifia tantôt au roi de Portingal, en lui priant qu'il mît ses gens ensemble, car il ne savoit que les François pensoient qui venoient à présent, et le pays nu et dépourvu véoient d'Anglois. Le roi de Portingal obéit, pour les grandes alliances qu'ils avoient ensemble; et se départit de Lussebonne; et s'en vint à Conimbres; et là se tint et fit son mandement parmi son royaume, que chacun fût pourvu et appareillé, ainsi comme à lui appartenoit; et s'en vint jusques à la cité du Port, pour approcher Galice, et son beau-père le duc de Lancastre qui n'étoit point encore au point de chevaucher, pour la grand'maladie qu'il avoit eue: mais il commençoit à guérir.

Or vous parlerai du duc de Bourbon, qui se tenoit de-lez le roi de Castille qui l'honoroit ce qu'il pouvoit, et aussi faisoient les prélats et les hauts barons de Castille. Vous devez savoir que, le duc de Bourbon venu, il y eut plusieurs consaux entre eux, pour savoir quelle chose ils feroient, ni s'ils chevaucheroient en Galice, ou s'ils se mettroient au retour. Le roi d'Espaigne et son plus espécial conseil d'hommes de son pays, véoient assez clair en ces besognes, tant que pour leur profit, car ils disoient ainsi, quand ils étoient ensemble hors et en sus des François: « Notre terre est toute gâtée, mangée et souillée par les François, quoi qu'elle en ait été gardée. Si y avons-nous trop pris de dommage. Pour quoi, bon seroit qu'on remerciât le duc de Bourbon qui est présentement venu, de la peine et grand travail qu'il a eu; et après qu'on lui dît par amour, qu'il voulsist faire retraire ses gens, car ils n'auroient plus que faire de demourer sur le pays, pour chose de guerre qui apparant leur fût, et que Galice, au conquérir, quand ils voudroient, leur étoit petite chose. Encore disoient ainsi ceux du conseil du roi: « Si nous recevons ces gens ci, ils voudront être payés de leurs gages; et, s'ils ne le sont, ils pilleront et roberont tout notre royaume, et l'efforceront; et jà se plaignent moult de gens en plusieurs lieux sur le pays. Si est bon pour toute paix qu'on leur donne un congé honorable. » Ce conseil fut tenu, et s'y assentit de tous points le roi, car il véoit bien que c'étoit le profit de ses gens et de son royaume; et il n'y pouvoit avoir perte ni dommage, que ce ne fût à son préjudice. Ainsi donc, en la présence de lui, un jour l'archevêque de Burges montra la parole au duc de Bourbon; et là étoit grand'foison de la chevalerie de France. Le duc de Bourbon et plusieurs chevaliers qui plus cher, sans comparaison, avoient à retourner que là demourer, car le pays n'est pas complexionné à celui de France, s'en contentèrent grandement; et s'ordonnèrent sur cel état. Et pour ce que le duc de Bourbon fut dernièrement venu, il se départit quand il eut pris congé du roi tout premièrement; et dit qu'il vouloit retourner parmi le royaume de Navarre. Si ordonnèrent ses gens leurs besognes sur cel état. On lui fit beaux dons et beaux présens avant son département; et encore en eut-il plus eu, s'il voulsist; mais il en refusa assez, si ce ne furent mulets, chevaux et chiens, nommés Alans d'Espaigne.

Publié fut partout que toutes gens d'armes se pouvoient bien partir, et devoient issir hors d'Espaigne et retourner en France, car il étoit ainsi ordonné et accordé des souverains. Mais encore demouroient messire Olivier du Glayaquin, connétable de Castille, et les maréchaux, et environ trois cens lances de Bretons et de Poitevins, et de Saintongiers. Or se mit au retour le duc de Bourbon, quand il eut pris congé au roi, à la roine, et aux barons de Castille. Si fut convoyé jusques au Groing, et entra en Navarre. Par tout où il venoit et il passoit, il étoit le bien venu, car ce duc a, ou avoit, grand'grâce d'être courtois et garni d'honneur et de bonne renommée. Le roi de Navarre le reçut grandement et liement, et ne lui montra oncques semblant de mal talent ni de haine qu'il eut contre le roi de France qui lui avoit fait tollir son héritage de la comté d'Évreux en Normandie. Car bien savoit que le roi, qui pour le présent étoit au duc de Bourbon nepveu, n'y avoit nulle coulpe; car pour le temps que ce fut, il étoit encore moult jeune. Mais il lui remontra doucement toutes ses besognes, en lui suppliant qu'il vousist être bon moyen envers son cousin le roi de France, pour lui, et il lui en sauroit bon gré. Le duc de Bourbon lui eut en convenant, de bonne volonté; et sur cel état il se départit de lui, et passa parmi le royaume de Navarre tout paisiblement; et aussi toutes manières de gens d'armes qui passer vouloient; et rappassèrent toutes les montagnes de Roncevaux, et tout au long du pays des Basques, et entra le duc de Bourbon en Béarn, à Sauveterre.

CHAPITRE LXXXVIII.

Comment le comte de Foix reçut honorablement le duc de Bourbon, et des beaux dons qu'il lui fit; et comment les gens messire Guillaume de Lignac et messire Gautier de Passac saccagèrent la ville de Saint-Phagon, en partant d'Espaigne, dont le roi d'Espaigne montra courroux à ces deux capitaines qui étoient encore près de lui.

Quand le comte Gaston de Foix qui se tenoit à Ortais entendit que le duc de Bourbon étoit à Sauveterre, si en fut moult réjoui; et manda une partie de sa meilleure chevalerie, et se départit un jour en grand arroy, bien à cinq cens hommes, tous chevaliers et écuyers, et gens notables, moult bien montés. Et s'en vint sur les champs, au dehors de la ville d'Ortais, et chevaucha bien deux lieues à l'encontre du duc de Bourbon qui chevauchoit aussi en belle route de chevaliers et d'écuyers. Quand le duc et le comte s'entre-rencontrèrent, ils se conjouïrent grandement, et se recueillirent amiablement, ainsi que tels hauts seigneurs savent bien faire, car ils y sont tous nourris. Et quand ils eurent une espace parlé ensemble, comme me fut conté quand je fus à Ortais, le comte de Foix se trait à une part sur les champs, et sa route avecqués lui, et le duc de Bourbon demoura en la sienne. Adonc vinrent, de par le comte de Foix, trois chevaliers lesquels se nommoient messire Espaing de Lion, messire Pierre de Cabestain et messire Menault de Novailles; et vinrent devant le duc de Bourbon, et lui dirent ainsi : « Monseigneur, véez cy un présent, que monseigneur de Foix vous présente à votre retour d'Espaigne, car il sait bien que vous avez eu plusieurs frais. Si vous donne, à bonne entrée en son pays de Béarn, huit mille francs, ce mulet, ces deux coursiers, et ces deux palefrois. » — « Beaux seigneurs, répondit le duc, grand mercy au comte de Foix, mais tant qu'aux florins, nous répondons que nuls nous n'en prendrons, mais le demourant nous recevrons, de bonne volonté. » Ainsi furent les florins refusés[1], et les chevaux et le mulet retenus. Assez tôt après vint le comte de Foix côte à côte du duc, et l'amena, dessous son pennon, en la ville d'Ortais, et le logea en son hôtel, et tous ses gens furent logés en la ville. Si fut le duc trois jours à Ortais, et y eut de beaux dîners et de grands soupers. Et montra le comte de Foix au duc de Bourbon une partie de son état; lequel, tant qu'en seigneuries, fait moult à recommander. Au quatrième jour le duc prit congé au comte, et le comte fit et donna aux chevaliers et écuyers du duc, de beaux dons, et me fut dit que la venue du duc de Bourbon coûta au comte de Foix dix mille francs. Après toutes ces choses il se départit, et s'en retourna en France. Ce fut par Montpellier, et par la cité du Puy, et par la comté de Forez dont il est sire de par madame sa femme[2].

[1] D'Oronville dit au contraire, dans sa Vie de Louis III, duc de Bourbon, que le duc fit demander quinze mille francs à emprunter au comte de Foix.

[2] Selon d'Oronville, le duc de Bourbon détruisit en passant quelques villes du Bordelais, puis se rendit à

Pour ce, si le duc de Bourbon se mit au retour comme je vous ai conté, ne s'y mirent point sitôt messire Guillaume de Lignac ni messire Gautier de Passac, ni leurs routes, où bien avoit, par plusieurs connétablies, plus de trois mille lances, et bien six mille autres gens et gros varlets. Nequedent tous les jours se départoient-ils; et se mettoient au retour, petit à petit, ceux qui étoient cassés de leurs gages, et tous hodés de la guerre. Et se mettoient les plusieurs au retour, mal montés, et tous descirés. Et vous dis que les rencontres de telles gens n'étoient pas bien profitables, car ils démontoient tous ceux qu'ils rencontroient, et prenoient guerre à tous marchands et à toutes gens d'église, et à toutes manières de gens demourant au plat pays, où il y avoit rien à prendre; et disoient les routiers: que la guerre les avoit gâtés et appovris, et le roi de Castille mal payés de leurs gages, si s'en vouloient faire payer. Et sachez que cités, chastels et bonnes villes, si elles n'étoient trop fort fermées, se doutoient en Castille moult fort d'eux. Et se cloyrent toutes villes, cités et chastels à l'encontre d'eux, pour eschiver les périls, car tout étoit d'avantage ce que trouver ils pouvoient, si trop fort n'étoit défendu.

Tous chevaliers et écuyers qui retournoient par la terre au comte de Foix, mais qu'ils l'allassent voir, étoient de lui bien venus : et leur départoit de ses biens largement : et couta le dit voyage au comte de Foix, le aller et le retourner, de sa bonne et propre volonté, en celle saison comme il me fut dit à Ortais, plus de quarante mille francs.

Or avint un incident, sur ceux de la ville de Saint-Phagon en Espagne, depuis le département du duc de Bourbon, que je vous recorderai, qui couta, si comme je vous dirai, la vie de cinq cens hommes. Vous devez savoir que, quand messire Guillaume de Lignac et messire Gautier de Passac entrèrent premièrement en Espagne, leurs routes qui étoient grandes et grosses s'épandirent en plusieurs lieux sur le pays, et à l'environ de Saint-Phagon où il y a très bon pays et gras, et rempli, en temps de paix, de tous biens. En leur compagnie avoit grand'foison de Bretons, de Poitevins, d'Angevins, de Saintongiers, et de gens des basses marches. Ceux qui vinrent premiers à Saint-Phagon, entrèrent en la ville, cy six, cy dix, cy quinze, cy vingt; et tant qu'il en y eut plus de cinq cens, que uns que autres, varlets des seigneurs. Et ainsi comme ils venoient, ils se logeoient; et, quand ils étoient logés, ils pilloient et déroboient les hôtels, et rompoient coffres et huches, et troussoient tout le meilleur. Quand les citoyens virent la manière d'eux, ils fermèrent leur ville, afin que plus n'y en entrât; et quand ces étrangers se devoient reposer, on cria en la ville: « Aux armes ! » et avoient les Espaignols tout leur fait jeté de jour. Ils entrèrent en ces hôtels, là où le plus il y en avoit de logés; et, comme ils les trouvoient, ils les occioient, sans pitié et sans merci; et en occirent celle nuit plus de cinq cens; et y furent tous heureux ceux qui sauver se purent et issir hors de ce péril. Les nouvelles en vinrent au matin aux seigneurs qui approchoient Saint-Phagon et qui étoient logés tout autour. Si se mirent tous ensemble, pour savoir quelle chose il étoit bon de faire; et, eux bien conseillés, les seigneurs dirent que ce n'étoit pas bon de prendre en le présent nulle vengeance; et que, s'ils commençoient à détruire et grever les villes et les cités, ils les trouveroient toutes ennemies; dont leurs ennemis seroient réjouis. « Mais, quand notre voyage prendra fin, et nous nous mettrons au retour, lors parlerons-nous et compterons à eux. » Ainsi passèrent outre, sans montrer nul semblant; mais pour ce ne l'avoient-ils pas oublié. Or avint que, quand toutes gens se mettoient au retour, fors ceux qui étoient là demourés de-lez le connétable, messire Olivier du Glayaquin, par espécial Bretons et ceux des basses marches se mirent ensemble et dirent ainsi entre eux : « Nous payâmes notre bien venue à ceux de Saint-Phagon; mais ils payeront notre bien allée. C'est raison. » Tous ceux furent de cel accord. Et se cueillirent plus de mille combattans, et approchèrent Saint-Phagon, et entrèrent en la ville, sans nul guet que les citoyens fissent sur eux. Car ils n'y pensoient plus, et cuidoient bien que tout fût oublié, et que jamais ne se dût le mal talent renouveler; mais si fit, à leur grand dommage, car, quand ils cuidoient être le mieux à sûr, ce fut qu'on cria, en plus de cent lieux: « Aux armes! » et fut dit: « Meurent tous les citoyens et les villains de la ville! et tout soit pris, et quant qu'ils l'ont, car ils ont forfait! »

Toulouse où il avait donné rendez-vous au roi de Navarre, et tous deux s'acheminèrent ensemble vers Paris.

Donc vissiez ces Bretons et ces routes entrer en ces hôtels, là où ils espéroient plus gagner, rompre huches et escrins, et occire hommes, femmes et enfans, et faire grand esparsin du leur. Ce jour en y eut d'occis plus de quatre cens; et fut la ville toute pillée et robée, et bien demi arse; dont ce fut dommage. Ainsi se contrevengèrent les routes de leurs compagnons, et se départirent puis de Saint-Phagon.

Les nouvelles vinrent au roi de Castille, et lui fut ainsi dit, que les gens à messire Guillaume de Lignac et à messire Gautier de Passac, avoient couru, robé et pillé la bonne ville de Saint-Phagon, et occis les citoyens, bien par nombre de quatre cens, et puis bouté le feu en la ville; et lui fut encore dit, que si les Anglois l'eussent conquise de fait par assaut ou autrement, ils ne l'eussent point si vilainement atournée comme elle étoit. En ce jour et en celle heure y étoient les deux chevaliers dessus nommés, qui en furent grandement repris du roi et du conseil. Ils s'excusèrent et dirent, Dieu leur pût aider, que de celle aventure ils ne savoient rien; mais bien avoient ouï dire à leurs routes, que mal se contentoient d'eux. Car, quand ils passèrent premièrement, et ils entrèrent en Castille, et furent logés à Saint-Phagon, on leur occit leurs compagnons; dont le mal talent leur en étoit demouré au cœur : « Mais vraiement nous cuidions qu'ils l'eussent oublié. » Le roi d'Espagne passa ces nouvelles, et passer lui convint, car trop lui eût coûté s'il le voulsist amender, mais il n'en sçut pas meilleur gré aux capitaines; et leur montra; en quoi, je le vous dirai. Au départir, quand ils prirent congé du roi pour retourner en France, s'il fut bien d'eux, si comme on peut bien supposer, il les eût plus largement payés qu'il ne fit; et bien s'en sentirent; et aussi le duc de Bourbon qui là étoit venu souverain chef et capitaine, et qui premier s'étoit mis au retour, au bon gré du roi et de ses gens, lui et les barons et chevaliers de sa route en avoient porté et levé toute la graisse. Or se vidèrent ces gens hors de Castille, par plusieurs chemins : les aucuns par Biscaye, les autres par Catalogne et les autres par Arragon. Et revenoient les plus des chevaliers et des écuyers qui n'avoient entendu à nul pillage, mais singulièrement vécu de leurs gages, tous povres et mal montés; et les autres qui s'étoient enhardis et avancés d'entendre au pillage et à la roberie, bien montés et bien fournis d'or et d'argent, et de grosses malles. Ainsi est de telles aventures; l'un y perd et l'autre y gagne. Le roi de Castille fut moult réjoui quand il se vit quitte de telles gens.

CHAPITRE LXXXIX.

Comment le duc de Lancastre, étant parti de Saint-Jacques et de Connimbres en Portugal, arriva par mer à Bayonne.

Or retournons un petit au duc de Lancastre qui gisoit malade en la ville de Saint-Jacques, et la duchesse sa femme, et Catherine leur fille. Vous devez bien croire et imaginer que le duc de Lancastre n'étoit pas le plus de la nuit et du jour sans ennui; car il véoit ses besognes en dur parti, et sa bonne chevalerie morte qu'il plaignoit et pleuroit, si comme on peut dire, tous les jours, et lesquels à grand'peine il avoit mis et élevés hors d'Angleterre : et si n'étoit nul, ni nulle, au royaume de Castille ni ailleurs, qui traitât envers lui pour venir à paix par composition, ni qui voulsist tenir sa femme à héritière, ni lui donner part ni partie : mais oyoit dire par ses gens, qui étoient informés d'aucuns pèlerins qui tous les jours venoient à Saint-Jacques en pèlerinage, de Flandre, de Hainaut, de Brabant et d'autres pays, et qui étoient passés parmi ces gens d'armes de France et aussi tout parmi le royaume d'Espaigne, que les François et ceux qui s'en alloient, ne se faisoient que truffer de lui, et disoient aux pèlerins : « Vous vous en allez à Saint-Jacques; vous y trouverez le duc de Lancastre qui se donne du bon temps et se tient en l'ombre et en ses chambres, pour la doutance du soleil. Recommandez-nous à lui; et si lui demandez, par votre foi, si entre nous François savons guerroyer, et si nous lui avons fait belle guerre, et s'il se contente de nous. Les Anglois souloient dire que nous savions mieux danser et caroler que mener guerre. Or est le temps retourné; ils se reposeront et caroleront : et nous garderons nos marches et nos frontières, tellement que point n'y prendrons de dommage. »

Le duc de Lancastre, comme sage chevalier et vaillant homme, souffroit et prenoit tout en gré, car faire le lui convenoit; et sitôt comme il put chevaucher il se départit, aussi firent sa femme et sa fille et toutes leurs gens, de la ville de Saint-Jacques, car le roi de Portingal l'envoya querre par son connétable, le comte de Novaire et par messire Jean Ferrand Percek, atout cinq cens lances. En celle route étoient, du royaume de Portingal, tout premièrement le Pouvasse de Congne, et son frère Vas Martin de Congne, Égeas Coille, Vas Martin de Merlo, Goussalvas de Merlo, Galop Ferrand Percek, messire Alve Perrière, Jean Rodrigues Perrière, Jean Gomes de Silve, Jean Rodrigues de Sar, et tous barons.

En la compagnie d'iceux et de leurs gens se mirent le duc de Lancastre, la duchesse sa femme, et sa fille ; et se départirent un jour de la ville de Compostelle ; et se mirent à chemin ; et chevauchèrent tant par leurs journées, qu'ils vinrent en la cité du Port où le roi les attendoit, et la roine, qui leur firent bonne chère. Assez tôt après que le duc de Lancas're fut là venu, se départirent le roi et la roine ; et s'en allèrent à Conimbres, à une journée de là. Le duc de Lancastre se tint bien deux mois au Port, et entrues ordonna-t-il toutes ses besognes ; et eut gallées du roi, lesquelles il fit appareiller, et le maître patron de Portingal, qui s'appeloit Dam Alphonse Vretat. Quand ils virent qu'il faisoit bon sur la mer, et qu'ils eurent vent à point et bon pour eux, le duc et la duchesse, et leur fille, et toutes leurs gens entrèrent en leurs vaisseaux ; et puis désancrèrent ; et prirent le parfond ; et furent en un jour et demi dedans Bayonne, là où il y a plus de soixante et douze lieues ; et là arrivèrent; et n'y trouvèrent point messire Jean de Hollande ni les Anglois, car ils s'en étoient partis et venus à Bordeaux, et là montés en mer et retraits vers Angleterre. Si se tint le duc de Lancastre à Bayonne, un long temps ; et se gouvernoit et s'étoffoit des revenues des Bayonnois et des Bordelois, et de la terre d'Aquitaine, de ce qui étoit en l'obéissance du roi Richard d'Angleterre, car il avoit commission de prendre, lever et recevoir tous les profits de ces terres ; et s'en escripvoit duc et mainbour[1]. Nous nous souffrirons à parler, pour le présent, du duc de Lancastre, et des Anglois, tant que point sera, et nous rafreschirons d'autres nouvelles.

[1] Tuteur, gouverneur.

CHAPITRE XC.

Comment le comte d'Ermignac mit grand'peine de traiter aux compagnons, pour leur faire rendre leurs forts, en leur délivrant argent ; et comment le comte de Foix l'en empêcha secrètement.

En ce temps se tenoit le comte d'Ermignac en Auvergne, et étoit en traité envers les compagnons, lesquels tenoient grand'foison de forts et de garnisons en Auvergne, en Gévaudan, en Quersin et en Limousin. Le comte d'Ermignac avoit grand'affection, et bien le montra, de faire partir les capitaines ennemis du royaume de France, et leurs gens, et de laisser les chastels qu'ils tenoient, dont les terres dessus nommées étoient foulées et amoindries grandement. Et étoient en traité tous ceux qui forts tenoient et qui guerre faisoient, excepté Geoffroy Tête-Noire, qui tenoit Ventadour, envers le comte Jean d'Ermignac; et devoient les capitaines prendre et recevoir, à un payement, deux cent cinquante mille francs. A la somme de florins payer s'obligèrent les terres dessus nommées, qui volontiers se vissent délivrées de tels gens, car ils ne pouvoient labourer les terres ni aller en leurs marchandises, ni rien faire hors des forts, pour la doutance de ces pillards dessus dits, s'ils n'étoient bien acconvenancés et appactis ; et les appactis, selon ce que ils avoient sommé leurs comptes, montoient bien par an, en ces terres dessus dites, autant comme la rédemption des forts et des garnisons devoit monter.

Or, quoique ces gens fissent guerre d'Anglois, si y en avoit-il trop petit de la nation d'Angleterre : mais étoient Gascons, Bretons, Allemands, Foissois, Béarnois, Ermignacs et gens de divers pays qui s'etoient là ainsi recueillis et mis ensemble pour mal faire. Quand les compositions des rédemptions devoient être faites par tous accords, voir est qu'ils exemptoient Geoffroy Tête-Noire et son fort, car pour eux il n'en fesist rien, le comte d'Ermignac pria au comte dauphin d'Auvergne, qui étoit un grand chef, de traiter avecques lui, car bien s'en savoit ensoigner, et que par amour il se voulsist de tant charger et travailler, que d'aller en France devers le roi et son conseil, les ducs de Berry et de Bourgogne, lesquels pour le temps avoient le gouvernement du royaume, pour faire leurs besognes plus fermement et authentiquement, car sans eux ils n'en osoient rien faire, ni lever nulle taille au pays.

Le Dauphin d'Auvergne, à la prière et requête du comte d'Ermignac, se mit en chemin, et exploita tant par ses journées qu'il vint à Paris. Pour le temps n'y étoit point le roi, mais se tenoit à Rouen; et convint le Dauphin d'Auvergne là aller. Si remontra toutes ces choses et ces traités au roi et à son conseil. Il ne fut pas si tôt délivré; car les seigneurs qui clair véoient, et qui telles manières de gens ressoignoient, escrutinoient sur cel état et ces traités, et disoient : « Comte Dauphin, nous savons bien que le comte d'Ermignac et vous, verriez très volontiers l'honneur et profit du royaume, car part y avez et belles terres y tenez. Mais nous doutons trop fort que, quand ces capitaines Gascons, Béarnois, Foissois, Ermignacs et autres gens, auront pris et levé telle somme de florins comme les compositions montent, et les pays en sont appovris et affoiblis, que dedans trois ou quatre mois après ils ne retournent, et ne fassent pire guerre et plus forte que devant, et ne se reboutent de rechef dans les forts. »

Là disoit le comte Dauphin, et répondoit à ce, aux oncles du roi et aux chevaliers de France, dont il étoit examiné : « Messeigneurs, c'est bien l'intention de nous, la taille faite et l'argent cueilli et mis ensemble à Clermont ou à Riom, que jà il ne sera mis outre, jusques à tant que nous serons sûrs et certifiés de toutes ces gens. » — « C'est bien notre intention, répondirent les ducs de Berry et de Bourgogne. Nous voulons bien que l'argent soit levé et assemblé, et mis en certain lieu au pays ; à tout le moins en seront-ils guerroyés s'ils ne veulent venir à amiable traité. Si que, le comte d'Ermignac et vous, et l'évêque de Clermont, et l'évêque du Puy, vous retournés par-delà, entendez-y pour votre honneur et pour le plus grand profit du pays. » — « Volontiers, » répondit le comte Dauphin.

Sur cel état se départit de la cité de Rouen, du roi et de ses oncles, le Dauphin d'Auvergne; et retourna arrière en Auvergne, et trouva le comte d'Ermignac et Bernard d'Ermignac son frère, à Clermont en Auvergne, et grand'foison des seigneurs du pays qui attendoient sa venue. Il leur raconta tout ce qu'il avoit trouvé et exploité, de mot à mot; et les doutes que le roi et son conseil y mettoient; et comme on vouloit bien que la taille fût levée et faite, et l'argent assemblé, et mis en certain lieu, tant qu'on verroit la vraie fin de ces pillards qui tenoient forts, chastels et garnisons du royaume. « C'est bien notre intention, répondit le comte d'Ermignac; et, puisqu'il plaît au roi et à son conseil, nous exploiterons outre : mais il nous faudroit, pour toutes sûretés, prendre et avoir une bonne sûre trêve à eux : pour quoi le pays se pût assurer et pourvoir contre la taille qu'on fera. » Donc furent ambassadeurs de par le comte d'Ermignac embesognés, pour aller sûrement parlementer à Perrot le Béarnois et à Aimerigot Marcel. Ces deux étoient ainsi que souverains des forts de par-deçà la Dordogne, avec le Bourg de Compane, Bernard des Iles, Olin Barbe, Apton Seguin, le seigneur de Lane-Plane et moult d'autres. Ces capitaines ne se pouvoient accorder ensemble, car ce que l'un vouloit une semaine, l'autre le dévouloit : et si vous en montrerai la raison. Ils étoient de diverses opinions et de divers pays. Les Ermignacs, qui tenoient aucunes choses du comte d'Ermignac, obéissoient assez légèrement; mais tous ne se pouvoient incliner par eux. Car la greigneur partie, et les plus rusés de pillerie, et les plus renommés tant que des capitaines, étoient de Béarn et de la terre du comte de Foix.

Je ne dis mie que le comte de Foix ne voulsist bien l'honneur et l'avancement du royaume de France : mais, quand les nouvelles lui vinrent premièrement comment on traitoit sus ces routes qui tant de forts tenoient ès terres d'Auvergne, de Quersin, de Rouergue et de Limosin, il y put trop bien entendre, et s'en voult très bien informer pour en savoir toute la substance; et demandoit à tous ceux qui l'en informoient, et qui aucune chose en savoient ou cuidoient savoir, quelle chose le comte d'Ermignac mettoit avant; et tous ces forts délivrés, et les capitaines et leurs gens partis et mis hors de leurs garnisons, où ils se retrairoient, ni quel chemin ils tiendroient, et s'il avoit intention que de s'en ensoigner. On lui dit : « Monseigneur ouï. C'est l'intention du comte d'Ermignac, qu'il veut retenir à ses coustages, tous ceux qui de ces forts partiront, et les mener en Lombardie, car son beau-frère, qui a par mariage, vous le savez aussi assez, sa belle sœur, laquelle avoit jadis épousé Gaston votre fils, en a grandement à faire, pour garder et défendre son héritage, car en Lombardie appert grand'guerre. »

Sur ces paroles ne répondit rien le comte de Foix, et ne fit aucun semblant de l'avoir entendu; et se tourna autre part; et rentra à ses gens en autres paroles. Et pour ce n'en pensa-t-il pas moins : ains regarda espoir, et si comme on peut imaginer et qu'on a vu les apparences depuis, qu'il encombreroit couvertement et grandement la besogne. Je vous dirai comment. Oncques le comte d'Ermignac ne put finir, pour traité qu'il sçût dire ni faire ni montrer ni prêcher envers ceux qui étoient de la comté de Béarn et des tenures au comte de Foix ou de sa faveur, de quel pays que ce fût qu'ils voulsissent rendre forteresse ni garnison qu'ils tinssent, ni eux en rien aconvenancer, ni allier au comte d'Ermignac, ni à Bernard, son frère; car le comte de Foix, qui est plein de grand'prudence, regardoit que ces deux seigneurs d'Ermignac, ses cousins, avecques les Labriciens[1], étoient puissans hommes et en leur venir, et acquéroient amis de tous lez. Si ne les vouloit pas renforcer de ceux qui le devoient servir. Encore imagina le comte de Foix un point très raisonnable : car messire Espaing du Lyon le me dit quand je fus à Ortais, et aussi fit le Bourg de Compane, capitaine de Carlat en Auvergne, avecques le Bourg Anglois. Le comte de Foix regarda qu'il avoit guerre ouverte envers ceux d'Ermignac : et ce que de présent y avoit de délai, ce n'étoit que par trèves, dont on a usage que cinq ou six fois l'an on les renouvelle; et le comte d'Armignac avoit sur les champs, en son obéissance, tous ces compagnons, capitaines et autres qui sont usés d'armes. Sa guerre en seroit ainsi plus belle; et pourroient les Armignacs et les Labriciens, avecques leurs alliés, faire un grand déplaisir au comte de Foix. C'est la principale cause pourquoi les favorables et les tenables du dit comte de Foix ne s'accordèrent point au comte d'Armignac. Si lui donnèrent-ils espérance que si feroient-ils : mais c'étoit toujours en eux dissimulant, car, de ses journées, ils n'en tenoient nulles : mais ils ne couroient pas sur le pays si soigneusement comme ils souloient faire, avant que les traités fussent entamés.

Par ce point cuida le comte d'Ermignac toujours venir à ses ententes ; et les greigneurs capitaines qu'il attrairoit le plus volontiers à lui, ce sont Perrot le Béarnois qui tenoit le fort chastel de Caluset et qui étoit le souverain en Auvergne et en Lymosin de tous les autres, car ses pactis duroient jusques à la Rochelle. Les autres ce sont : Guillonnet de Sainte-Foy qui tenoit Bouteville, et aussi Aimerigot Marcel qui tenoit Aloyse, de-lez Saint-Flour en Auvergne, et le Bourg de Compane et le Bourg Anglois qui tenoient Carlat. Assez tôt auroit-il Aimerigot Marcel, comme il disoit, mais qu'il pût avoir Perrot le Béarnois. Geoffroy Tête-Noire, qui tenoit Ventadour et qui étoit encore souverain de tous les autres, ne se faisoit que gaber et truffer, et ne daignoit entendre à nul traité du comte d'Ermignac, ni d'autrui aussi, car il sentoit son chastel fort et imprenable, et pourvu pour sept ou pour huit ans de bonnes garnisons : et si n'étoit pas en puissance de seigneur, qu'on leur pût clorre un pas ou deux, en issant hors de leur fort, quand ils vouloient, pour eux rafreschir. Et mettoit en ses lettres Geoffroy Tête-Noire, et en ses saufs conduits et lettres de pactis: Geoffroy Tête-Noire, duc de Ventadour, comte de Limousin, sire et souverain de tous les capitaines d'Auvergne, de Rouergue et de Limousin. »

Nous nous souffrirons à parler de ces besognes lointaines, tant que aurons cause d'y retourner. Si nous rafreschirons des besognes prochaines, tant qu'à ma nation, si comme il est contenu en le procès du premier feuillet du tiers livre qui se reprend à la fin de la guerre de Flandre, et de la charte de la paix que le duc de Bourgogne et la duchesse donnèrent, accordèrent et scellèrent à ceux de Gand, en la bonne ville et noble cité de Tournay, et entrerons en nos traités, pour renforcer notre matière et histoire de Guerles et de Brabant. Et m'en suis ensoigné et réveillé de ce faire, pour la cause de ce que le roi de France et le duc de Bourgogne, auxquels il en toucha grandement par les incidences qui s'y engendrèrent, mirent la main à celle guerre : et, pour venir au fond de la vraie histoire et matière, et le contenir au long, je dirai ainsi.

---

[1] Ceux du parti d'Albret.

CHAPITRE XCI.

Comment se mut le premier content et mautalent entre les ducs de Brabant et de Guerles, et comment le comte Regnault de Guerles fut conseillé de se marier à la fille Bertaut de Malignes, et la réponse que le dit Bertaut fist aux messagers dudit comte.

Long temps a été, et se sont tenus en haine les Guerlois et les Brabançons. Si sont ces pays marchissans, sur aucunes bandes, l'un à l'autre. Et la greigneur haine, que les Brabançons ayent au duc de Guerles et à ses hoirs, c'est pour la ville de Gavres que les ducs de Guerles ont tenue de force, un long temps, contre les Brabançons. Car ils disent ainsi, pourtant que cette ville de Gavres sied deçà la Meuse au pays de Brabant, que le duc de Guerles la tient, à grand blâme, sur eux. Et du temps passé plusieurs parlémens en ont été : mais toujours sont demeurés les Guerlois en leur tenure. D'autre part les Guerlois ont mal talent aux Brabançons, pour la cause de trois beaux chastels et forts, qui sont par delà la rivière de Meuse, tels que Gaugelch, Buch et Mille[1] que le duc de Brabant et les Brabançons tiennent aussi de force et par raison, si comme tout en lisant je le vous exposerai, sur le duc de Guerles, et à l'entrée de son pays. Ces mal-talens par plusieurs fois se sont renouvelés entre ces deux duchés, Brabant et Guerles. Et est la supposition de plusieurs chevaliers et écuyers qui en armes se connoissent, que si messire Édouard de Guerles, lequel fut occis par merveilleuse incidence à la bataille de Juliers[2], d'un trait d'une sagette d'un archer que le duc Winceslas de Boesme, duc de Luxembourg et de Brabant, avoit là en sa route, fût demeuré en vie, avecques ce que ses gens eurent la victoire de la bataille dont je vous parle, il fût venu à son entente de ces chastels; car il étoit bien si vaillant chevalier et si hardi, qu'il les eût reconquis sur ses ennemis, et encore assez avec. Or vous vueil-je éclaircir, car je l'ai promis à faire, comment ni par quelle manière, ces trois chastels dessus nommés vinrent en la seigneurie des Brabançons; et tout pour embellir et vérifier notre matière; et je vueil prendre, au commencement et création des ducs de Guerles[3].

Un temps fut, et pas n'y avoit trop long terme aux jours que je dictai et ordonnai celle histoire, qu'il y eut un comte en Guerles qui s'appeloit Regnaud. Pour ce que Guerles n'est pas un trop riche pays, ni si grand comme est la duché de Brabant, ce comte Regnaud de Guerles vint à sa terre et seigneurie, jeune homme et de grand'volonté pour bien despendre; et ne pensoit pas quelle fin ses besognes pourroient traire, fors à sa plaisance accomplir; et suivit joutes, tournois, fêtes et reviauls et longs voyages à grand'renommée et à grands frais. Et dépendoit tous les ans quatre fois plus qu'il n'avoit de revenus; et empruntoit aux Lombards, à tous lez, car il étoit en dons large et outrageux; et s'endetta tellement, qu'il ne se pouvoit aider de chose nulle qu'il eût; et tant que ses proimes en furent grandement courroucés et l'en blâmèrent; et par espécial un sien oncle, de par sa dame de mère, qui étoit de ceux d'Ercle et archevêque de Cologne. Et lui disoit ainsi en destroit conseil : « Regnaud, beau-nepveu, vous avez tant fait que vous vous trouverez un povre homme, et votre terre engagée de toutes parts; et en ce monde on ne fait compte de povres seigneurs. Pensez-vous que ceux qui ont eu les grands dons de vous et les grands profits, les vous doivent rendre? Si m'aist Dieu, nenny; mais ils vous défuiront, quand ils vous verront en ce l'état et que vous n'aurez plus que donner: et se trufferont de vous et des folles largesses que vous avez faites, ni vous ne trouverez nul ami. Ne pensez point pour moi et sur moi qui suis archevêque de Cologne, que je doive rompre mon état pour le vôtre refaire, ni vous donner le patrimoine de l'église; m'aist Dieu, nenny. Ma conscience ne s'y accorderoit jamais; ni aussi le pape ni les cardinaux ne le souffriroient point. Le comte de Hainaut ne s'est mie ainsi maintenu comme vous avez fait, qui a donné Marguerite, son aîns-née fille, de nouveau au roi d'Allemagne Louis de Bavière. Encore en a-t-il trois: mais toutes les mariera-t-il bien et hautement. Si vous vous fussiez bien porté, sans ainsi avoir engagé votre titre et héritage, ni mis vos chastels ni vos villes hors de vos mains, vous étiez bien taillé de venir à tel mariage, comme à l'une des filles du comte de Hainaut; mais, au point ou vous êtes, vous n'y viendrez jamais. Vous n'avez villes, chastels ni pays à vous dont vous puissiez douer une femme, si vous l'aviez. »

---

[1] Peut-être Goch, Beeck et Megen.
[2] En 1372.
[3] Ils furent créés ducs de Gueldres par l'empereur Louis de Bavière, à Francfort, en 1339.

Le comte de Guerles, pour ce temps, des paroles de son oncle l'archevêque de Cologne fut tout ébahi; car il sentoit bien et reconnoissoit qu'il lui montroit vérité. Si lui demanda, en cause d'amour et de lignage, conseil. « Conseil! répondit l'archevêque. Beau-nepveu, c'est trop tard; vous voulez clorre l'étable, quand le cheval est perdu. Je ne vois en toutes vos besognes qu'un seul remède. » — « Quel? » dit le comte. « Je le vous dirai, dit l'archevêque. Vous devez à Berthaut de Malines, qui est aujourd'hui renommé le plus riche homme d'or et d'argent qu'on sache en nul pays, par les grands faits et marchandises qu'il mène, par mer et par terre, car jusques en Damas, au Caire et en Alexandrie, ses gallées et ses marchandises vont, cent mille florins; et tient en pleige une partie de votre héritage. Cil dont je vous parle, a une belle fille à marier; et si n'a plus d'enfants. Hauts barons d'Allemagne et des marches de par-deçà l'ont requise en mariage, pour eux et pour leurs enfans, que bien sais, et ils n'y peuvent venir, car les uns il ressongne, et les autres il tient à trop petits. Si vous conseille que vous fassiez traiter devers le dit Berthaut, que volontiers vous prendrez sa fille à femme, à la fin qu'il vous ôte et nettoye de toutes dettes, et remette villes, chastels et seigneuries qui sont de votre héritage, en votre main. Je suppose assez, pourtant que vous êtes tant haut de lignage et sire de telle seigneurie, et garni de villes, chastels et cités entre la Meuse et le Rhin, qu'il s'inclinera à vous volontiers et entendra votre pétition et requête. » — « Par ma foi, répondit le comte de Guerles, vous me conseillez loyaument, bel oncle. Je le ferai volontiers. »

Adonc ce comte Regnaud de Guerles dont je parle mit ensemble de son meilleur conseil, et de ceux que il aimoit le mieux et ès quels il avoit la greigneur fiance, chevaliers et clercs; et leur dit et découvrit son entente; et leur pria et chargea, que ils voulsissent aller, en son nom, devers Berthaut de Malines et lui requissent, pour lui, sa fille en mariage; et il la feroit comtesse de Guerles, sur les conditions que l'archevêque de Cologne lui avoit baillées. Cils répondirent qu'ils le feroient volontiers; et ordonnèrent, au plus briévement comme ils purent, leur arroi; et vinrent devers le Berthaut de Malines moult honorablement; et lui recordèrent tout ce dont ils étoient chargés. Le Berthaut fit à ces chevaliers et clercs, là envoyés par le comte Regnaud de Guerles, très bonne chère, et leur répondit très courtoisement qu'il s'en conseilleroit. Il, qui étoit riche sans nombre, de cinq ou six millions de florins, et qui désiroit l'avancement de sa fille, car pour ce temps il ne la pouvoit marier plus haut qu'au comte de Guerles, s'avisa qu'il retiendroit ce marché. Mais, avant qu'il s'y assentist, en soi-même il eut plusieurs imaginations, car il mettoit en doute et disoit ainsi : « Si je donne Marie ma fille au comte de Guerles, il voudra être, et sera mon maître. Je ne serai pas le sien. En outre, s'il a enfans de ma fille, et ma fille meurt, ainsi que les choses peuvent avenir, il, qui sera enrichi du mien, et remis en la possession et seigneurie des villes et des chastels de la comté de Guerles, se remariera secondement, si haut qu'il voudra, et pourra de sa seconde femme avoir enfans. Ces enfans qui seront de grand et de puissant lignage de par leur mère, ne feront nul compte des enfans qui seront issus de ma fille; mais les déshériteront. Et, si ce point et article n'y étoit, assez légèrement je m'y assentirois. Nequedent je prescrirai tant à ceux que le comte de Guerles a envoyés ici, que je leur répondrai ainsi : que leur venue me plaît grandement, et que ma fille seroit bien heureuse, si elle pouvoit venir à si haute perfection, comme à la conjonction du mariage du comte de Guerles, au cas que ses besognes fussent claires; mais à présent tous ceux qui le connoissent et qui en oyent parler, savent bien qu'elles sont troubles, et qu'il a presque forfait tous ses héritages d'entre la Meuse et le Rhin, et que, pour les eschever et acquitter ses terres et seigneuries, on peut bien clairement voir et entendre qu'il me demande ma fille en mariage; et, si je lui donne, je voudrois bien savoir comment ce sera; que si ma fille a hoirs de lui, soit fils ou filles, ils demeureront hoirs de Guerles, pour quelconque mariage qui puist sourdre après; et, de ce convenant et alliance, j'en serai bien fort, et scellé de lui et de ses prochains qui cause auroient, par succession, de demander chalenge à la comté de Guerles, et des nobles et bonnes villes du pays. »

Ainsi se fonda de répondre et de parlementer le Berthaut de Malines aux commissaires du comte de Guerles. Quand ce vint au matin, à heure compétente, ce Berthaut fit signifier à ces seigneurs, chevaliers et clercs, là envoyés de par le comte de Guerles, que ils seroient repondus. De ce furent-ils tous joyeux : et se retrairent devers le manoir du dit Berthaut, qui bien montroit qu'il fut à riche homme. Berthaut vint à l'encontre d'eux, en sa salle, et les recueillit doucement ; et parla à eux moult liement ; et puis les mena en une moult belle chambre, parée et ornée ainsi que pour le roi ; et avoit là de-lez lui en cette heure aucuns de ses amis. Quand ils furent tous venus et arrêtés en parlement, on cloît l'huis de la chambre ; et puis les endita Berthaut, qu'ils dissent ce pourquoi ils étoient là venus ; et que, sur leur parole, ils auroient réponse finale. Ils le firent ; et parla le doyen de Cologne, un moult vaillant clerc et cousin au comte de Guerles ; et remontra toute leur ambassade, tellement que grand plaisance étoit de l'ouïr. Des paroles ni des requêtes n'ai-je que faire d'en plus parler, car elles sont assez remontrées ci-dessus : toutes touchoient et proposoient sur la forme du mariage pourquoi ils étoient là envoyés.

Adonc répondit Berthaud de Malines, qui dès le jour devant avoit jeté tout son fait et par quelle ordonnance et manière il répondroit, et dit : « Beaux seigneurs, je me tiendrois à moult honoré, et ma fille aussi, si nous pouvions venir à si haut prince comme est le comte de Guerles ; et marier ma fille me plaît très grandement bien. Et quand on veut approcher une besogne, on ne la doit point éloigner. Je le dis, pourtant que l'alliance, par mariage prise et faite entre haut prince et redouté seigneur monseigneur Regnaud comte de Guerles et Marie ma fille, me plaît trop grandement bien. Vous me faites une requête, que ses terres, qui pour le présent sont moult chargées et ensoignées envers Lombards et autres gens, par le point, article et ordonnance du mariage toutes les acquitte, délivre et nettoye de toutes dettes, et tout ce qui obscur lui est, je fasse clair et le mette au net. La Dieu merci ! tant que par la puissance des déniers il est bien en moi, et suis en bonne volonté de le faire ; mais je vueil, tout premièrement, que les convenances soient si fermement prises, escriptes, grossoyées, tabellionnées et scellées, que jamais en ruine ni en débat de toutes parties elles ne puissent encheoir ni venir. C'est que ma fille sera héritière de toute la comté de Guerles, ainsi qu'elle s'étend et prend dedans ses bornes. Et, s'il avenoit que monseigneur le comte Regnaud de Guerles allât de vie à trépas devant ma fille, sans avoir hoir de sa chair, que ma fille paisiblement tenist et possédât comme son bon héritage la comté de Guerles, tout son vivant ; et, après son décès, qu'elle retournât où elle devroit aller. Et outre je dis et vueil encore, sur la forme et stile des confirmations, que, si madite fille a hoirs d'honoré prince le comte Regnaud de Guerles, et ma dite fille voise de vie à trépassement, que pour quelconque remariage que le comte Regnaud de Guerles fasse secondement, on ne puisse éloigner, tollir, deshériter ni l'hoir ni les hoirs qui de ma fille seront issus et venus : fors tant que je veux bien, s'il a plaisance et volonté de soi remarier, pourtant qu'on doit douer sa femme, la seconde femme il la puisse douer des héritages acquis outre la rivière de Meuse, marchissans à l'évêché de Liège et à la duché de Brabant, sans en rien charger la principale seigneurie de Guerles. Et, là où les proismes d'honoré prince le comte Regnaud de Guerles voudront sceller, et aussi ceux qui cause pourroient avoir par proismeté au chalenge de la comté et seigneurie de Guerles, et aussi les bonnes villes du pays, pour entretenir les devises et convenances devant dites, je me assentirai au mariage. Si pouvez répondre à ce, si vous en êtes chargés. »

Adonc répondirent les chevaliers qui étoient de la comté de Guerles, quand ils eurent un petit parlementé ensemble ; et parla l'un pour tous et dit ainsi : « Sire, votre réponse avons-nous bien entendue et ouïe ; mais nous n'avons pas la charge de rien confirmer ni aconvenancer si avant comme vous le requérez. Et retournerons devers monseigneur et son conseil ; et lui ferons celle réponse ; et hâtivement vous en aurez nouvelles[1]. »

Répondit Berthaut : « Dieu y ait part ; et je le vueil bien. » Sur cel état ils issirent hors de la chambre.

---

[1] On voit encore dans la cathédrale de Malines le tombeau de Berthaut.

[1388]

CHAPITRE XCII.

Comment le comte Regnault de Guerles fut marié à la fille Bertaut de Malignes dont il ot une fille, et depuis se remaria en Angleterre, et en ot deux fils et une fille, et comment messire Jean de Blois épousa l'ains-née fille, et comment la duché demeura à la mains-née fille dudit comte Regnault.

Vous avez bien ouï tous les traités, les requêtes et les réponses, qui furent entre ces parties : si ne les pense plus à demener ; car quand ceux qui furent envoyés par le dit comte de Guerles au dit Berthaut de Malines, furent retournés arrière, les besognes s'approchèrent grandement; car le comte de Guerles ne pouvoit, pour le présent, mieux faire ailleurs, car ce Berthaut de Malines étoit riche sans nombre. On escripsit tout ce qu'il voult deviser ni aviser pour le meilleur et le plus sûr, au lez de lui et de son conseil; et, quand tout fut escript et grossoyé et conseillé, et que rien n'y eut que dire, le comte de Guerles et ses proismes qui dedans ces lettres étoient escripts et dénommés, scellèrent. Ainsi firent les chevaliers de Guerles, et les bonnes villes. Quand tout ce fut accompli et confirmé, tant que ce Berthaut fut et se tint pour content, le mariage se passa outre[1] : et furent toutes les dettes payées que le dit comte Regnaud avoit faites en son temps, et sa terre quitte et délivrée de tous gages. Ainsi fut le comte de Guerles au dessus de ses besognes : et prit nouvel conseil et nouvel état. Si par devant il l'avoit tenu bon, encore le tenoit-il meilleur après, car il avoit moult bien de quoi. Finance ne lui failloit point de par la partie de Berthaut de Malines. Et se porta le comte, avecques sa femme, moult honorablement et moult en paix, car elle étoit moult belle dame, bonne et sage dévote, et prude femme. Mais ils ne furent que quatre ans ensemble en mariage, que la dame mourut. Si eut une fille, qui demeura d'elle, qui eut à nom Ysabel[2].

Quand le comte de Guerles fut vefve, il étoit encore un jeune homme. On le remaria très hautement. Et lui donna le roi Édouard d'Angleterre, le père au bon roi Édouard qui assiégea Tournay, et qui conquit Calais, sa fille, qui avoit à nom Ysabel[1]. De celle le comte de Guerles eut trois enfans, deux fils et une fille, messire Regnaut et messire Édouard, et Jeanne qui depuis fut duchesse de Julliers[2]. Or, tout ainsi que le prud'homme ce Berthaud de Malines avoit imaginé au commencement, du mariage de sa fille au comte de Guerles, en avint; ni on ne lui tint oncques nulle loyauté. Quand le roi Édouard[3] d'Angleterre, qui oncle étoit des enfans de Guerles, vint premièrement en Allemagne, devers le roi et empereur Louis de Bavière, et cil empereur l'institua à l'empire à être son vicaire par toutes les marches de l'empire[4], si comme il est contenu au commencement du premier livre, adoncques furent faits les comtes de Guerles, ducs de Guerles, les marquis de Juliers, comtes de Juliers, pour augmenter leurs noms et en descendant de degré en degré.

Or, pour approcher notre matière et pour la vérifier, il avint depuis, étant mort ce Regnaud, premier duc de Guerles, que son fils ains-né, semblablement nommé Regnaud, nepveu du dit roi Édouard d'Angleterre, mourut sans avoir enfans[5] ; et à tous deux succéda messire Édouard de Guerles, qui se maria en Hainaut, et prit la fille ains-née du duc Aubert[6] ; mais la dame étoit pour ce jour si jeune, qu'oncques charnellement messire Édouard n'acosta à li. Et mourut celui Édouard de Guerles qui fut moult vaillant chevalier, car il fut occis en la bataille qu'il eut contre le duc de Brabant, le duc Wincelin, devant Julliers[7].

---

[1] Je ne trouve rien de cette transaction ni dans Meyer ni dans *Pontus Heuterus* ni dans l'*Art de vérifier les dates*. Le comte Regnaud de Gueldres, qui fut nommé duc en 1339, avait épousé en 1310, Sophie, fille de Florent, seigneur de Malines ; et en 1332, en secondes noces, Éléonore d'Angleterre. Peut-être cette Sophie est-elle la fille de Bertaut, qui avait reçu ce titre de seigneurie à cette occasion.

[2] Isabelle était la fille de Regnaud et de Sophie comtesse de Malines. Après avoir été fiancée, suivant Ponterus, à un duc d'Autriche, elle mourut abbesse de Grevendal, en 1376.

[1] Léonore, et non Isabelle, que Regnaud épousa en 1332, était en effet fille d'Édouard III.

[2] Guillaume VI, marquis, puis duc de Julliers, épousa Marie, fille de ce même duc de Gueldres, mais de sa première femme Sophie de Malines. L'*Art de vérifier les dates* donne seulement au duc deux enfans de ce mariage, Regnaud et Édouard.

[3] Édouard III.

[4] En 1338.

[5] Regnaud III mourut en 1371, sans avoir d'enfans de sa femme Marie, fille de Jean duc de Brabant.

[6] Édouard épousa le 16 mai 1371, Catherine, fille d'Albert régent de Hollande.

[7] Édouard mourut le 24 août 1371 des suites d'une blessure reçue à la bataille de Battweiler, deux jours auparavant. Il était âgé de trente-six ans.

De ce messire Édouard de Guerles ne demoura nuls enfans; mais sa serour germaine, la femme au duc Guillaume [1] de Julliers, avoit des enfans; si que, par la succession de son frère, elle dit et porta outre que la duché de Guerles lui retournoit et appartenoit, et se mit avant. Aussi fit son aîns-née suer du premier mariage [2]; car on lui dit, puis que ses deux frères étoient morts sans avoir hoirs de leurs propres corps par mariage, que l'héritage lui retournoit. Ainsi vint la différence entre les deux sœurs et le pays, car les uns vouloient l'une, et les autres l'autre. Or fut conseillé à la dame aîns-née qu'elle se mariât et prensist homme et seigneur de haut lignage, qui lui aidât à chalenger et défendre son héritage. Elle eut conseil, et fit traiter, par l'archevêque de Cologne qui pour ce temps étoit, devers messire Jean de Blois [3], qui pas encore n'étoit comte de Blois, car le comte Louis, son frère, vivoit, qu'il voulsist à li entendre, et qu'elle le feroit duc de Guerles; car par la succession de ses deux frères qui morts étoient, sans avoir hoirs mâles de leurs corps par loyal mariage, les héritages lui en retournoient, et de droit, et que dessus li, nuls ni nulles n'y avoient proclamation de chalenge.

Messire Jean de Blois, qui toujours avoit été nourri ens ès parties de Hollande et de Zélande, car il y tenoit bel héritage, et qui en aimoit la langue, ni oncques ne s'étoit voulu marier en France, entendit à ce traité volontiers : et lui fut avis qu'il seroit un grand sire et grand terrien, ès marches qu'il aimoit mieux; et aussi les chevaliers de son conseil de Hollande lui conseilloient. Si accepta celle chose, mais avant il s'en vint, quant que il pouvoit exploiter de chevaucher coursier, en Hainaut et au Quesnoy, pour parler à son cousin le duc Aubert, pour savoir et voir qu'il lui en diroit et conseilleroit. Le duc Aubert, au voir dire, ne lui en sçut bonnement que conseiller; et, s'il le sçut, si ne lui en fit-il oncques nul semblant; mais s'en dissimula un petit; et tant que messire Jean de Blois ne voult point attendre la longueur de son conseil; ainçois monta tantôt à cheval, et s'en retourna au plus tôt comme il put en Guerles; et là épousa la dame de quoi je vous parle, et se bouta en la possession du pays. Mais tous ni toutes ne le vouldrent pas prendre ni recueillir à seigneur, ni la dame à dame; ainçois se tint la plus saine partie du pays, chevaliers, écuyers et les bonnes villes, à la duchesse de Julliers, car celle dame avoit de beaux enfans; parquoi ceux de Guerles l'aimoient mieux.

Ainsi eut messire Jean de Blois femme et guerre, qui moult lui coûta, car quand le comte Louis, son frère, mourut, il fut comte de Blois, et sire d'Avesnes en Hainaut; et encore lui demeuroient toutes les terres de Hollande et de Zélande, où il tenoit en ces dites comtés très grands héritages; et toujours lui conseilloient ceux de son conseil, qu'il poursuivît son droit, qu'il avoit de par sa femme, la duchesse du Guerles. Aussi fit-il à son loyal pouvoir. Mais Allemands sont durement convoiteux; si ne faisoient guerre pour lui, fors seulement tant que son argent couroit et duroit. En ce touaillement et au chalenge de la duché de Guerles, qui oncques profit ne lui porta, fors que très grans arrérages et dommages, mourut le gentil comte messire Jean de Blois en le chastel de la bonne ville d'Esconehove, en l'an de grâce Notre Seigneur mil trois cent quatre vingt et un, au mois de juin, et fut apporté en l'église des Cordeliers, en la ville de Valenciennes; et là ensevely de-lez messire Jean de Hainaut son tayon.

Or fut messire Guy de Blois, son frère, comte; et tint toutes les terres, par droite hoierie et succession, que les deux frères avoient tenues, tant en France, comme en Picardie, en Hainaut, en Hollande et en Zélande, avecques la dite comté de Blois. Ne sais quants ans après mourut celle dame qui avoit été femme au comte Jean de Blois. Si demoura sa sœur, la duchesse de Julliers, paisiblement duchesse de Guerles.

Or étoit ordonné par l'accord des pays et à la requête des chevaliers et des bonnes villes de la duché de Guerles, qu'ils eussent à seigneur messire Guillaume de Julliers, aîns-né fils au duc Julliers, car la terre lui retournoit par droite hoierie de succession de ses oncles; et jà en celle instance lui avoient le duc Aubert et la duchesse

---

[1] Guillaume Ier.

[2] La contestation au sujet de l'héritage de Gueldres était, d'une part, entre Guillaume fils de Jean, fils de Guillaume-le-Vieux, duc de Julliers, et Marie, sœur d'un premier mariage de Regnaud et d'Édouard; et de l'autre part, Mathilde, sœur aînée de Marie, et veuve de Jean Ier, comte de Clèves.

[3] Jean de Châtillon, comte de Blois, épousa Mathilde en 1372.

[1388] LIVRE III. 653

sa femme, donné et accordé leur fille, laquelle avoit épousé messire Édouard de Guerles. Ainsi demoura la dame, fille de Hainaut, duchesse de Guerles; et au jour qu'elle épousa le duc de Guerles, fils au duc de Julliers, ils étoient eux deux presque d'un âge, pourquoi le mariage étoit plus bel. Et se tint le jeune duc de Guerles en son pays. Et tant plus croissoit en âge, tant plus aimoit les armes, les joutes, les tournois, les chevaux et les ébattemens; et eut toujours le cœur plus anglois que françois; et bien le montra, tant comme il véquit. Et tint toujours le mal-talent que ses prédécesseurs avoient tenu à la duché de Brabant; et quéroit toujours occasion et cautelle comment il pût avoir la guerre, pour deux raisons : l'une étoit, qu'il s'étoit allié, de foi et d'hommage, au roi Richard d'Angleterre; l'autre cause étoit, que le duc Wincestas de Bohême, duc de Luxembourg et de Brabant, avoit racheté au comte de Mours, un haut baron d'Allemagne, les trois chastels dessus nommés; et encore les vous nommerai, pour vous rafreschir en la matière, Gaugelch, Buch et Mille [1], outre la Meuse, en la terre de Fauquemont. Desquels chastels anciennement le duc de Guerles avoit été seigneur et héritier; et pour ce déplaisoit-il au jeune duc Guillaume de Julliers, duc de Guerles, qu'il ne pouvoit retourner à son héritage; et, tant que le duc Winceslas de Brabant véquit, il n'en fit nul semblant. Or vous dirai comment il en étoit avenu du temps passé, afin que la matière vous soit plus claire à entendre.

CHAPITRE XCIII.

Comment les châteaux de Gaugelch, Buch et Mille vindrent au duc de Brabant, et comment le duc de Julliers soutenoit les Liufars en son pays qui déroboient toutes manières de gens, et du grand mandement que le duc de Brabant fit pour aller in Julliers.

Avenu étoit que le duc Regnaud de Guerles, cousin germain au prince de Galles et à son frère, avoit en son temps engagé les chastels dessus nommés, en une somme de florins, à un haut baron d'Allemagne, lequel s'appeloit le comte de Mours. Ce comte tint ces chastels un temps : et, quand il vit qu'on ne lui rendoit point son argent que sus il avoit prêté, si se mélencolia : et envoya suffisamment sommer le duc Regnaud

de Guerles. Ce duc Regnaud n'en fit compte, car il ne les avoit de quoi racheter, car les seigneurs n'ont pas toujours argent quand ils en ont besoin. Quand le comte de Mours vit ce, il s'en vint au duc de Brabant, et traita devers lui pour en avoir l'argent. Le duc y entendit volontiers, pourtant que ces chastels marchissoient à la terre de Fauquemont, de laquelle terre il étoit sire; car trop volontiers augmentoit ce duc son héritage, comme celui qui cuidoit bien survivre madame la duchesse, Jeanne de Brabant, sa femme. Si se mit en la possession desdits chastels : et y établit, de premier, le seigneur de Kuck, à y être souverain regard.

Quand ce duc Regnaud de Guerles fut mort, messire Édouard de Guerles se trait à l'héritage : et envoya, devers le duc de Brabant, ambassadeurs, en lui priant qu'il pût ravoir les chastels, pour l'argent qu'il avoit payé. Ce duc n'eût jamais fait ce marché; et répondit que non feroit. De celle réponse avoit messire Édouard de Guerles grande indignation; et fut moult dur à la veuve sa sœur, madame Ysabeau de Brabant, sœur mains-née à la duchesse, laquelle dame avoit eu pour mari le comte Regnaud de Guerles, et lui empêcha son douaire. La dame s'en vint en Brabant, et fit plainte des torts et des injures que messire Édouard lui faisoit, au duc son frère de Brabant et à la duchesse; et, pour ce que toujours le mal-talent a été entre les Brabançons et les Guerlois, pour la terre et la ville de Gavres qui siéd en Brabant, et deçà la Meuse, furent en ce temps le duc et les Brabançons plus enclins à aider la dame. Et avint une fois qu'une grand'assemblée des gens d'armes de Brabant et d'ailleurs se fit; et s'en vinrent au Bois-le-Duc; et furent là bien douze cens lances. Messire Édouard de Guerles fit aussi son assemblée d'autre part. Et fut telle fois qu'on cuida bien qu'il y dût avoir bataille; mais le duc Aubert, le duc de Mours, et le duc de Julliers, se mirent sur manière et état d'accord : et se départit celle assemblée sans rien faire.

En celle propre année rua jus le duc Winceslas de Brabant les compagnons, au pays de Lucembourg, qui lui gâtoient sa terre; et en mit encore grand'foison à exil : et là mourut, en la tour du chastel de Lucembourch, le souverain capitaine qui les menoit, qui s'appeloit le Petit Meschin.

---

[1] Goch, Beeck et Megen.

En celle propre année encore messire Charles de Bohême qui pour ce temps régnoit, et étoit roi d'Allemagne et empereur de Rome, institua le duc Winceslas de Bohême, et le fit souverainement regard d'une institution et ordonnance, qu'on dit en Allemagne la Languefride[1] : c'est-à-dire à tenir les chemins couverts et sûrs, et que toutes manières de gens puissent aller, venir et chevaucher, de ville en autre, sûrement ; et lui donna en bail le dit empereur une grand'partie de la terre et pays d'Aussay[2], delà et deçà le Rhin, pour le défendre et garder contre les Linfars[3]. Ce sont manières de gens lesquels sont trop grandement périlleux et robeurs, car ils n'ont de nully pitié. Si lui donna encore la souveraineté de la belle, bonne et riche cité de Strasbourch ; et le fit marquis du Saint-Empire, pour augmenter son état.

Et certes il ne lui pouvoit trop donner ; car ce duc Winceslas fut large, doux, courtois, amiable ; et volontiers s'armoit ; et grand'chose eût été de lui, s'il eût longuement vécu, mais il mourut en la fleur de sa jeunesse[4] ; dont je, qui ai escript et chronisé celle histoire, le plains trop grandement qu'il n'eût plus longue vie, tant qu'à quatre vingts ans ou plus, car il eût en son temps fait moult de biens. Et lui déplaisoit grandement le schisme de l'église ; et bien le me disoit, car je fus moult privé et accointé de lui. Or, pourtant que j'ai vu, au temps que j'ai travaillé par le monde, deux cens hauts princes, mais je n'en vis oncques un plus humble, plus débonnaire, ni plus traitable ; et aussi avecques lui , mon seigneur et mon bon maître, messire Guy, comte de Blois, qui ces histoires me recommanda à faire. Ce furent les deux princes de mon temps, d'humilité, de largesse et de bonté, sans nul mauvaise malice, qui sont plus à recommander, car ils vivoient largement et honnêtement du leur, sans guerroyer ni travailler leur peuple, ni mettre nulles mauvaises ordonnances ni coutumes en leurs terres. Or retournons au droit propos à parler pourquoi je l'ai commencé.

Quand le duc de Julliers et messire Édouard de Guerles qui s'escripvoient frères, et lesquels avoient leurs cœurs trop grandement Anglois, car ils étoient de long temps alliés avec les rois d'Angleterre, et conjoints par amour et faveur, et ahers à leurs guerres, virent que le duc de Brabant avoit telle haute seigneurie, que d'être sire et souverain regard, et par l'empereur, de la Languefride, et qu'il corrigeoit et poursuivoit les pillards Linfars, et autres robeurs qui couroient sur les chemins en Allemagne ; si en eurent indignation et envie, non du bien faire ni de tenir justice et corriger les mauvais ; mais de ce qu'il avoit souverain regard et seigneurie sus la Languefride qui est une partie en leurs terres. Laquelle souveraineté fut premièrement instituée, pour aller et chevaucher paisiblement les marchands de Brabant, de Hainaut, de Flandre, de France et du Liége, à Cologne, à Trèves, à Licques, à Convalence, et dedans les autres cités, villes et foires d'Allemagne ; et les gens, marchands ni autres, ne pouvoient aller, passer, ni entrer en Allemagne, fors par les terres et dangers du duc de Julliers et du duc de Guerles.

Or avint qu'aucunes roberies furent faites, sur les chemins, des Linfars ; et étoient ceux qui celle violence avoient faites passés parmi la terre du duc de Julliers ; et me fut dit que le duc de Julliers leur avoit prêté chevaux et chastels. Les plaintes grandes et grosses en vinrent devers le duc Winceslas de Brabant et de Lucembourch qui pour le temps se tenoit à Buxelles, comment la Languefride, dont il étoit souverain regard et gardien, étoit rompue et violée, et par tels gens, et que ceux qui ce mal, violence et roberie faisoient et avoient fait, séjournoient en la duché de Julliers. Le duc de Brabant, qui pour le temps étoit jeune et chevalereux, puissant de lignage, de terres et de mises, prit en moult grand dépit ces offenses, et en courroux et en déplaisir les plaintes du peuple : et dit qu'il y pourverroit de remède. Au cas qu'il étoit chargé de tenir, sauver et garder la Languefride, il ne vouloit pas que par sa négligence il fût repris, ni approché de blâme ; et pour compléter son fait, et mettre raison à sa demande, parmi le bon conseil et avis qu'il eut, il envoya devers le duc de

---

[1] Froissart veut sans doute parler de la landsturm, espèce de troupe levée pour faire respecter la paix publique, en allemand *land-friede*.
[2] Alsace.
[3] Ce mot me semble corrompu de l'allemand *leichtfertig*, méchant, fripon, prêt à tout.
[4] Wenceslas, duc de Luxembourg, fils de Jean, roi de Bohême et frère de l'empereur Charles IV, mourut en 1383.

[1388]

Julliers notables hommes tels que le seigneur de Urtonne, le seigneur de Borgneval, messire Jean Seclar, archidiacre de Hainaut, Geffroy de la Tour, grand rentier de Brabant, et autres, en lui remontrant bellement, sagement et doucement, que celle offense fût amendée, et qu'elle touchoit trop grandement au blâme et préjudice du duc de Brabant, qui étoit gardien et souverain regard de la Languefride. Le duc de Julliers s'excusa foiblement, car, à ce qu'il montroit, il aimoit autant la guerre que la paix, et tant que le conseil du duc de Brabant, qui de profond sens étoit, ne s'en contenta pas bien; et prirent congé au duc de Julliers qui leur donna; et retournèrent en Brabant, et recordèrent ce qu'ils avoient trouvé.

Quand le duc de Brabant entendit ce, il demanda conseil quelle chose en étoit bon à faire. On lui répondit: « Sire, vous le savez bien. Dites-le de vous-même. » — « Je le vueil, dit le duc. C'est l'intention de moi, que je ne me vueil pas endormir en ce blâme, ni qu'on dise que par lâcheté ou par faintise de cœur, je souffre sur ma sauvegarde robeurs, ni à faire nulles villenies, roberies, ou pilleries. Car je montrerai, et vueil montrer de fait à mon comte Guillaume de Julliers et à ses aidans, que la besogne me touche. »

Le duc ne se refroidit pas de sa parole: ains mit clercs en œuvre; et il envoya devers ceux desquels il pensa être servi et aidé. Les uns prioit, et les autres mandoit; et envoya suffisamment défier le duc de Julliers, et tous ceux qui de son alliance étoient. Chacun de ces seigneurs se pourvéirent grossement et bien. Le duc de Julliers eût eu petite aide, si n'eût été son beau-frère, messire Édouard de Guerles. Mais il le reconforta grandement de gens et d'amis. Et faisoient ces deux seigneurs leurs mandemens quoiement et bien avant en Allemagne; et, pourtant qu'Allemands sont convoiteux et désirent fort à gagner, et grand temps y avoit qu'ils ne s'étoient trouvés en place où ils pussent avoir nulle bonne-aventure de pillage, vinrent-ils plus abondamment, quand ils sçurent de vérité qu'ils avoient à faire contre le duc de Brabant. Le duc de Brabant en grand arroy et noblesse départit de Bruxelles; et s'en vint à Louvain, et de là à Tret-sur-Meuse[1]; et là trouva plus de mille lances de ses gens, qui l'attendoient. Et toujours gens lui venoient de tous côtés, de France, de Flandres, de Hainaut, de Namur, de Lorraine, de Bar, et d'autres pays; et tant qu'il eut bien deux mille et cinq cens lances de très bonnes gens. Et encore lui en venoit de Bourgogne, que le sire de Grant lui amenoit, et où bien y avoit quatre cens lances. Mais ceux vinrent trop tard; car pas ils ne furent à la besogne que je vous dirai: dont assez leur ennuya, quand ils vinrent et ouïrent dire qu'elle étoit passée sans eux. Le duc de Brabant étant à Tret-sur-Meuse, ouït trop petites nouvelles de ses ennemis. Lors voult le duc chevaucher; et se partit de Tret par un mercredi; et s'en vint loger sur la terre de ses ennemis; et là se tint tout le soir et la nuit, et le jeudi, tant qu'il en ouït autres certaines nouvelles; et lui fut dit par ses coureurs, qui avoient découvert sur le pays, que ses ennemis chevauchoient.

Adoncques se délogea et chevaucha plus avant, et commanda à bouter le feu en la terre de Julliers, et se logea ce jeudi, de haute heure; et faisoient l'avant-garde le comte Guy de Ligny, comte de Saint-Pol, et messire Walleran, son fils; lequel pour ce temps étoit moult jeune, car il n'avoit que seize ans, et fut là fait chevalier. Ces gens approchèrent, et se logèrent ce jeudi assez près l'un de l'autre; et, à ce qu'il apparut, les Allemends savoient trop mieux le convenant des Brabançons, qu'on ne savoit le leur. Car, quand ce vint le vendredi au matin, que le duc de Brabant eût ouï sa messe, et que tous étoient sur les champs, et ne se cuidoient pas combattre si très tôt, véez ci venir le duc de Julliers et messire Édouard de Guerles, tous bien montés, en une grosse bataille. On dit au duc de Brabant: « Sire, véez ci vos ennemis. Mettez vos bassinets en têtes, au nom de Dieu et de Saint Georges. » De celle parole eut-il grand'joie. Pour ce jour, il avoit de-lez lui quatre écuyers de grand'volonté et grand'vaillance, et bien taillés de servir un haut prince et à être de-lez lui; car ils avoient vu plusieurs grands faits d'armes, et été en plusieurs besognes arrêtées: ce furent Jean de Walton, Baudoin de Beaufort, Girard de Biez, et Roland de Coulogne.

Autour du duc, sur les champs, étoient ces Bruxellois, montés les aucuns à cheval, et leurs varlets par derrière eux qui portoient flacons et bouteilles pleines de vin, troussées à leurs selles,

---
[1] Maestricht.

et aussi, pain et fromage ou pâtés de saumons, de truites et d'anguilles, enveloppés de belles petites blanches touailles; et ensoignoient ces gens-là durement la place de leurs chevaux, tant qu'on ne se pouvoit aider de nul côté. Donc dit Girard du Biez au duc : « Sire, commandez que la place soit délivrée de ces chevaux; ils nous empêchent trop grandement. Nous ne pouvons voir autour de nous, ni avoir la connoissance de l'avant-garde, ni de l'arrière-garde de votre maréchal, messire Robert de Namur. » — « Je le vueil, » dit le duc, et le commanda.

Adonc prit Girard son glaive entre ses mains, et aussi firent ses compagnons; et commencèrent à estoquer sur ces chevaux; et tantôt la place en fut délivrée, car nul ne voit volontiers son coursier navrer ni meshaigner. Pour venir au fin de la besogne, le duc de Julliers et son beau-frère, messire Édouard de Guerles et leurs routes s'en vinrent sur eux tout brochant; et trouvèrent le comte de Saint-Pol et son fils qui faisoient l'avant-garde. Si se boutèrent entr'eux de grand volonté et les rompirent, et tantôt les déconfirent ; et là en y eut grand'foison de morts et pris et de blessés. Ce fut la bataille qui eut le plus à faire; et là fut mort le comte Guy de Saint-Pol; et là y fut messire Walleran, son fils, pris.

Celle journée, ainsi que les fortunes d'armes tournent, fut trop felle et trop dure pour le duc de Brabant et pour ceux qui avecques lui furent ; car petit se sauvèrent de gens d'honneur, qu'ils ne fussent morts ou pris. Le duc de Brabant fut là pris, et messire Robert de Namur, et messire Louis de Namur, son frère, et messire Guillaume de Namur, fils au comte de Namur, et tant d'autres que leurs ennemis étoient tous ensoignés d'entendre à eux.

Aussi, du côté du duc de Julliers en y eut de morts et de blessés aucuns. Mais vous savez, et c'est une rieulle générale, que les grosses pertes se trouvent sur les déconfits. Nequedent, parmi le dommage que le duc de Brabant et ses gens reçurent là à celle journée, il y eut un grand point de remède et de confort pour eux; car messire Édouard de Guerles y fut navré à mort. Et je le dis, pourtant que c'est l'opinion de plusieurs, que, s'il fût demeuré en vie, il eût chevauché si avant en puissance, qu'il fût venu devant Bruxelles et conquis tout le pays : ni nul ne fût allé au devant, car il étoit outrageux et hardi chevalier, et hayoit les Brabançons pour la cause des trois chastels dessus-nommés qu'ils tenoient à l'encontre de lui. Celle victoire et journée eut le duc de Julliers sur le duc de Brabant, en l'an de grâce Notre Seigneur mil trois cent soixante et onze, la nuit Saint-Barthelémy en août, qui fut par un vendredi.

Or se pourchaça la duchesse de Brabant, et eut conseil du roi Charles de France, lequel roi pour ce temps étoit neveu du duc de Brabant, et tous ses frères; car ils avoient été enfans de sa sœrour. Si lui fut signifié du roi qu'elle se traist devers le roi d'Allemagne[1], l'empereur de Rome, frère au duc de Brabant, et pour lequel le duc, son mari, avoit ce dommage reçu. La dame le fit, et vint à Convalence sur le Rhin[2] : et là trouva l'empereur. Si fit sa complainte bellement et sagement. L'empereur y entendit volontiers, car tenu étoit d'y entendre par plusieurs raisons. L'une étoit, pourtant que le duc de Brabant étoit son frère, et l'autre que l'empereur l'avoit institué suffisamment à être son vicaire et regard souverain de la Languefride. Si reconforta sa sœur la duchesse, et lui dit, qu'à l'été qui retourneroit, il y remédieroit tellement qu'elle s'en apercevroit.

La dame retourna en Brabant toute réconfortée. L'empereur, messire Charles de Bohême, ne dormit pas sur celle besogne : mais se réveilla, tellement que je le vous dirai; car tantôt l'hiver passé il approcha la noble cité de Cologne : et fit ses pourvéances si grandes et si grosses, que s'il voulsist aller conquérir un royaume, ou un grand pays de défense : et escripvit devers les ducs et les comtes qui de lui tenoient, que, le huitième du mois de juin[3], ils fussent tous devers lui, à Ays-en-la-Chapelle, atout chacun cinquante chevaux en sa compagnie, sur peine de perdre leurs terres, si en désobéissance étoient : et par espécial il manda très étroitement le duc Aubert, pour ce temps Bail de Hainaut, lequel y vint, et alla à Ays-en-la-Chapelle, à cinquante chevaliers en sa compagnie. Quand tous ces seigneurs furent là venus, je vous dis, si comme je fus adonc informé, qu'il

---

[1] Charles V, fils du roi Jean et de Bonne de Bohême, sœur de l'empereur Charles IV et du duc de Brabant.
[2] Coblentz.
[3] De l'année 1372.

y eut moult grand peuple ; et étoit l'intention de l'empereur et de messire Charles, son fils, que de fait on entreroit en la terre du duc de Julliers, et seroit toute détruite, pour la cause du grand outrage qu'il avoit fait, que de soi mettre sur les champs, à main armée, contre son vicaire, et son frère ; et fut celle sentence rendue en la chambre de l'empereur, par jugement. Donc regardèrent l'archevêque de Trèves, l'archevêque de Coulogne, l'évêque de Mayence, l'évêque de Liége, le duc Aubert de Bavière, le duc Oste de Bavière, son frère [1], et encore autres hauts barons d'Allemagne, que de détruire la terre d'un si vaillant chevalier, comme le duc de Julliers étoit, ce seroit par trop mal fait, car il leur étoit prochain de lignage. Et dirent ces seigneurs, que le duc de Julliers fût mandé, et qu'on le fît venir à obéissance.

Cest appointement fut fait et tenu ; et se travaillèrent tant, pour l'amour de toutes parties, le duc Aubert et son frère ; et vinrent à Julliers ; et trouvèrent le duc, qui étoit tout ébahi, et ne savoit lequel faire ni quel conseil croire, car on lui avoit dit que celle grosse assemblée que l'empereur de Rome avoit faite, et faisoit encore, se retourneroit toute sur lui, si ses bons amis et prochains ni pourvéoient.

Quand ces seigneurs furent venus devers le duc, il en fut tout réjoui et grandement reconforté, et, par espécial, pour la venue de ses deux cousins germains, le duc Aubert de Bavière, et le duc Oste son frère, car bien sentoit qu'ils ne lui lairroient avoir nul déshonneur, mais le conseilleroient loyaument, ainsi qu'ils firent. Le conseil fut tel comme je vous dirai, et ce ferai brief, que il envoya querre, par ses chevaliers les plus honorés qu'il eût, son cousin le duc de Lucembourch et de Brabant, dedans le chastel et ville de Nideque, où il avoit tenu prison courtoise. Quand ce duc fut venu à Julliers, tous ces seigneurs l'honorèrent grandement ; ce fut raison. Adoucques s'ordonnèrent-ils de départir de là, et chevauchèrent tous ensemble jusques à Ays ; et là descendirent à leurs hostels qui étoient ordonnés pour eux.

Le duc Aubert et son frère, et le prélat dessus nommé, qui moyens étoient de ces choses, se trairent devers l'empereur et son conseil, et lui remontrèrent comment le duc de Julliers, son cousin, de bonne volonté l'étoit venu voir, et se vouloit mettre purement, sans reservation aucune, en son obéissance et commandement ; et le reconnoissoit à souverain et lige seigneur.

Ces paroles douces et traitables amollirent grandement la pointe de l'ire que l'empereur avoit avant sa venue. « Donc, dit l'empereur, qu'on fasse le duc de Julliers traire avant. » On le fit. Il vint ; et quand il fut venu, il se mit à genoux devant l'empereur, et dit ainsi : « Mon très redouté et souverain seigneur, je crois assez que vous avez eu grand mal-talent sur moi, pour la cause de votre beau-frère de Brabant, que j'ai tenu trop longuement en prison ; de laquelle chose je me mets et couche du tout en vostre ordonnance, et en la disposition de vostre haut et noble conseil. »

Sur celle parole ne répondit point l'empereur ; mais son fils, messire Charles, qui ja s'escripvoit roi de Bohême, répondit et dit : « Duc de Julliers, vous avez été moult outrageux, quand tant et si longuement vous avez tenu mon oncle en prison : et si ne fussent vos bien aimés cousins de Bavière qui s'en sont enseignés et ont prié pour vous, celle besogne vous fût plus durement remontrée qu'elle ne sera, car bien l'avez desservi. Mais parlez outre, tant qu'on vous en sache gré, et que nous n'ayons cause de renouveler notre mal-talent sur vous, car trop vous coûteroit. » Donc dit le duc de Julliers, étant à genoux devant l'empereur qui séoit en une chaise impériale : « Mon très redouté et souverain seigneur, par la haute noblesse et puissance de vous, je me tiens à fait, de tant qu'à main armée je me mis et assemblai contre mon cousin, votre beau frère, et vicaire du Saint-Empire ; et, si la journée d'armes me fut donnée ou envoyée par l'aventure de fortune, et que votre beau frère mon cousin fut mon prisonnier, je le vous rends quitte et délivré ; et vous plaise que de vous, ni de lui, jamais mal-talent, ni haine, ne m'en soit montré. »

Donc répondirent, en reconfortant ces paroles, les prélats et les princes circonstans, qui là étoient et qui les paroles ouïes avoient. « Très redouté et noble sire, il vous suffise ce que votre cousin de Julliers dit et présente. » — « Nous le voulons, » dit l'empereur. Adonc le

---

[1] Il s'agit sans doute d'Othon V, dit le *Fainéant*, margrave de Brandebourg.

prit-il par la main. Et me fut dit que, par confirmation d'amour, il baisa le duc de Julliers, quand il fut levé, en la bouche, et puis son fils le roi de Behaigne, et puis le duc de Brabant.

Ainsi fut délivré de sa prison, par la puissance de l'empereur, le duc Wincelant de Behaigne, duc de Brabant et de Lucembourch; et furent quittes et délivrés, sans payer rançon, tous ceux qui prisonniers étoient dessous le duc de Julliers, et qui point à finance mis ne s'étoient par l'ordonnance des traités; et retournèrent, ces choses faites, chacun en leur lieu. L'empereur s'en alla à Prague en Behaigne, et le duc de Brabant, en Brabant, et les autres seigneurs chacun en leurs lieux. Et quand le duc de Brabant fut retourné, une taille se fit en le pays, grande et grosse, pour restituer aux chevaliers et écuyers aucuns de leurs dommages.

CHAPITRE XCIV.

Comment le duc de Brabant mourut; et comment le duc Guillaume de Guerles voulut traiter à la duchesse de Brabant pour ravoir les châteaux de Gaugelch, Buch et Mille, et de la réponse que la duchesse en fit; et comment le duc Guillaume fit alliance au roi d'Angleterre et aux Anglois.

Je me suis enseigné de traiter celle matière au long, pour renforcer celle histoire, tant que pour la mener au point et au fait là où je tends à venir, et pour éclaircir toute la vérité de la querelle, ni pourquoi le roi Charles de France fut mené à puissance de gens d'armes en Allemagne. Or me fussé-je bien passé si je voulsisse de l'avoir tant prolongée, car toutes choses, tant que au regard des dates et des saisons, sont passées, et dussent être, en record, mis au procès de notre histoire ci-dessus. Vérité est que j'en touche bien en aucune manière, et toutefois c'est petit. Mais quand la connoissance me vint que le roi de France et le roi d'Angleterre s'en vouloient enseigner, je me réveillai à ouvrer l'histoire et la matière, plus avant que je n'eusse encore fait. Si dirai ainsi.

Quand le duc Wincelant fut retourné en son pays, et il fut de tous points délivré de la prison et du danger du duc de Julliers, si comme vous avez ouï, il lui prit volonté de visiter ses terres et ses chastels, tant en la duché de Lucembourch comme ailleurs; et prit son chemin, en allant en Aussay, devers la bonne cité de Strasbourch, parmi la terre de Fauquemont;

et regarda à ces trois chasteaux, par lesquels venoit tout le mal-talent au duc de Guerles, c'est à savoir Gaugelch, Buch et Mille[1]; et les trouva et vit beaux et forts, et bien séans, et de belle garde. Et si au devant il les avoit bien aimés, encore les aima-t-il mieux après, et ordonna, par les rentiers des lieux, qu'on fît ouvrer à tous et fortifier, et furent mis ouvriers en œuvre, maçons, charpentiers et fossoyeurs, pour remparer les lieux et les ouvrages. Et à son département il institua un moult vaillant chevalier et sage homme à être souverain regard et gardien des dits chastels, lequel chevalier on appeloit messire Jean de Grousselt.

Cil, au commandement et ordonnance du duc, prit le soin et la charge de garder, et à ses périls, les chastels. Le duc passa outre; et fit son chemin, et visita toutes ses terres, et séjourna sus tant que bon lui fut, et puis s'en retourna en Brabant, car là étoit sa souveraine demeure.

En ce temps avoit épousé messire Jean de Blois l'aîns-née dame et duchesse de Guerles; car l'héritage de son droit lui étoit revenu et reçu par la mort de messire Édouard de Guerles son frère; lequel avoit été occis, si comme vous savez, en la bataille de Julliers. Mais sa sœur, la duchesse de Julliers, lui débattoit et démontroit grand chalenge; aussi les chevaliers, la greigneur partie, et les bonnes villes de Guerles, s'inclinoient plus à la dame de Julliers, pourtant qu'elle avoit un beau fils qui jà chevauchoit, qu'à l'autre; et bien le montrèrent, car toujours elle fut tenue en guerre; ni oncques possession paisible n'en pouvoit avoir, ni messire Jean de Blois son mari; mais lui coûta celle guerre, à poursuivre le chalenge et droit de sa dite femme, plus de cent mille francs.

Nequedent le fils au duc de Julliers, messire Guillaume de Julliers, qui bien montroit en son venir et en sa jeunesse qu'il seroit chevaleureux et aimeroit les armes, car il en tenoit de toutes extractions, demeura duc de Guerles; et fut fait le mariage de lui et de la fille au duc Aubert, l'aîns-née, qui avoit été épousée à messire Édouard de Guerles, mais oncques n'avoit geu charnellement avec li, car elle étoit trop jeune. Or retourna-t-elle tout à point à messire Guillaume de Julliers, car ils étoient aucques près

---

[1] Goch, Beeck et Megen.

d'un âge; et demeura la dame, duchesse de Guerles, comme devant.

Les saisons passèrent; et ce jeune duc de Guerles cresist en honneur, en force, en sens, et en grand vouloir de faire armes et d'augmenter son héritage. Et avoit le cœur trop plus Anglois que François; et disoit toujours bien, comme jeune qu'il fût, qu'il aideroit au roi d'Angleterre à soutenir sa querelle; car ceux d'Angleterre lui étoient plus prochains que les François, et si avoit à eux plus d'affection. On lui mettoit avant à la fois, que les Brabançons lui faisoient grand tort de ces trois chastels dessus nommés, que le duc et la duchesse de Brabant tenoient à l'encontre de lui. Si disoit bien : « Souffrez vous. Il n'est chose qui ne vienne à tour. Il n'est pas heure encore de moi réveiller; car notre cousin de Brabant a trop de grands proismes et amis, et il est trop sage chevalier; mais il pourra bien venir encore un temps que je me réveillerai tout acertes. »

Ainsi demeurèrent les choses en cel état; et tant que Dieu cloy les jours au gentil duc Wincelant de Behaigne, duc de Lucembourch et de Brabant, si comme il est contenu ci-dessus en nostre histoire.

A la mort de ce gentil duc, perdit grandement la duché de Brabant; et aussi firent toutes ses terres. Le jeune duc de Guerles, qui jà étoit assez chevalereux pour courroucer ses ennemis, mit en termes qu'il r'auroit ses trois chastels dessus nommés, pour lesquels le débat étoit, et avoit été aussi entre Brabant et son oncle, messire Édouard de Guerles. Si envoya pour traiter devers la duchesse de Brabant, qu'elle les lui voulsist rendre, pour la somme de l'argent qu'on avoit prêté dessus, et qu'on ne les tenoit que pour gage. La dame répondit à ceux qui envoyés y furent, qu'elle étoit en tenure, possession et saisine des chastels, et qu'elle les tiendroit pour li et ses hoirs, comme son bon héritage; mais si voulsist le duc de Gueldres nourrir amour et bon voisinage à Brabant, il remît arrière la ville de Gavres, qu'induement il tenoit sur la duché de Brabant.

Quand le duc de Guerles eut ouï ces paroles, si ne lui furent pas trop agréables; mais les prit en dépit; et n'en pensa pas moins; et jeta sa visée sur le chevalier qui souverain regard des dits chastels étoit, messire Jean de Groussselt, pour lui attraire, pour les avoir par rachapt, ou autrement; et fit couvertement traiter devers lui. Le chevalier qui étoit sage et loyal n'y voult entendre; et dit que de telle chose on ne lui parlât plus, car pour recevoir mort, on ne trouveroit jà fraude en lui, ni qu'il voult faire nulle trahison envers sa naturelle dame. Quand le duc de Guerles vit ce, si comme je fus adonc informé, il fit tant vers messire Regnaud d'Esconevort, que cil en prit une haine, à petite achoison, devers le chevalier, et tant que sur les champs une fois il le rencontra, ou fit rencontrer par ses gens, ou trouver par une embûche, ou autrement; et fut messire Jean de Groussselt occis; dont madame la duchesse de Brabant fut trop grandement courroucée, et aussi fut tout le pays. Et furent les dits chastels mis en autre garde, par l'accord de madame la duchesse, et du conseil du pays et duché de Brabant. Ainsi se demenèrent ces choses plusieurs années; et se nourrissoient haines couvertes, et s'étoient nourries de long temps, tant pour la ville de Gavres, que pour ces trois chastels, entre le duc de Guerles et les Guerlois, et la duchesse de Brabant et les Brabançons. Et tenoient ceux des frontières de Guerles rancœur et mal-talent couvert aux Brabançons qui à eux marchissoient; et leur faisoient tous les torts qu'ils leur pouvoient faire; et espéciaument ceux qui se tenoient en la ville de Gavres.

Entre le Bois-le-Duc qui est de Brabant et Garves, n'a que quatre lieues, et tout plain pays, et beaux plains champs pour chevaucher. Si faisoient des dépits assez ces Guerlois sur celle frontière que je vous nomme, aux Brabançons; et alla la chose si avant, que le duc de Guerles passa la mer une saison, et s'en vint en Angleterre voir le roi Richard son cousin, et ses autres cousins qui pour ce temps y étoient, le duc de Lancastre, le duc d'Yorch, et le duc de Glocestre, et les hauts barons d'Angleterre. On lui fit très bonne chère, car on le désiroit à voir, et sa connoissance et accointance à avoir, car bien savoient les Anglois, et tous informés en étoient, que ce duc, leur cousin, étoit, de cœur, de courage, d'imagination, et d'affection tout Anglois.

En ce voyage il fit grandes alliances au roi d'Angleterre; et pourtant il ne tenoit rien à ce jour du roi d'Angleterre. Pour être de foi et hommage son homme, le roi Richard d'Angleterre lui donna rentes sur ses coffres, mille marcs de revenue par an; ce sont, à priser largement, quatre mille francs; et à être bien payé [1]; et lui fut dit qu'il réveillât son droit envers la duchesse de Brabant et le pays, car il seroit servi et aidé des Anglois, tellement que nul blâme ni dommage il ne recevroit; et parmi tant, il jura aussi à être loyal en tous services au roi d'Angleterre et au pays; et tout ce fit-il trop liement.

Quand toutes ces ordonnances et alliances furent faites, il prit congé au roi, et à ses cousins, et aux barons d'Angleterre; et s'en retourna arrière en son pays de Guerles; et recorda au duc de Julliers tout son exploit, et comment il s'étoit fortifié des Anglois. Le duc de Juliers qui, par expérience d'âge, étoit plus sage que son fils, ne montra point qu'il en fût trop réjoui, et lui dit : « Guillaume, vous ferez tant que moi et vous pourront bien comparer et cher acheter votre allée en Angleterre. Ne savez-vous comment le duc de Bourgogne est si puissant, que nul duc plus que lui? Et il est attendant la duché et héritage de Brabant. Comment pourrez vous résister contre si puissant seigneur? » — « Comment ! répondit le duc de Guerles à son père; plus est riche et puissant, tant y vaut la guerre mieux. J'ai trop plus cher à avoir à faire à un riche homme qui tient grand'foison d'héritages qu'à un petit comtelet, où je ne pourrois rien conquêter. Pour une buffe que je recevrai, j'en donnerai six. Et aussi le roi d'Allemagne est allié avecques le roi d'Angleterre; si serai au besoin aidé de lui. » — « Par ma foi! Guillaume, et beau fils, vous êtes un fol; et demeurera plus de vos cuiders à accomplir qu'il ne s'en achèvera. »

Or vous dirai pourquoi le duc de Julliers tançoit un petit son fils, et le mettoit en doute. Le roi Charles de France, le dernier trépassé, pour le temps dont je vous parle et de bonne mémoire, mit en son temps grand'peine d'acquérir amis à tous lez, et bien lui besogna. A tout le moins, s'il ne les pouvoit acquérir si avant que pour faire armes à l'encontre de ses ennemis, si faisoit-il tant, par dons et par promesses, qu'ils ne lui vouloient que bien. Et par telle manière il en acquit plusieurs en l'Empire, et ailleurs aussi ; et fit tant en son temps, après ce que le duc de Julliers eût rendu arrière, à son bel oncle l'empereur, son bel oncle le duc de Brabant, et quitté et délivré de sa prison, et qu'ils furent assez bons amis ensemble, par les ordonnances que l'empereur de Rome y ordonna et institua, que ce duc de Juliers le vint voir à Paris. Et là le reçut le roi de France très grandement et très grossement : et lui donna dons et joyaux à grand'foison, et à ses chevaliers aussi que le duc mena en sa compagnie, tant que le duc s'en contenta grandement. Et releva du roi, en ce voyage le duc de Juliers, la terre de Vierson [1] et sa seigneurie, de laquelle tous les reliefs en appartiennent au comte de Blois; et siéd celle terre entre Blaisois et Berry; et y peut avoir de revenue, par an, pour environ cinq cens livres, monnoie de France; et jura le duc de Julliers que jamais il ne s'armeroit contre la couronne de France. Ce roi vivant, il tint bien sa parole et son serment, car voirement, tant comme le roi Charles de France vesquit, il ne porta nul dommage, ni consentit à porter, à l'encontre de la couronne de France. Quand le roi Charles cinquième fut mort, et que son fils Charles sixième fut roi, lequel pour les guerres de Flandres, si comme savez et il est contenu en notre histoire, eut après sa création plusieurs touaillemens, et tant qu'il ne pouvoit pas par tout entendre, le duc de Julliers ne vint point en France, ni ne releva point celle terre de Vierson : pour quoi le duc de Berry qui souverain s'en tenoit, car il disoit que les reliefs en appartenoient à lui, en saisit les profits, et de puissance il en bouta hors de son droit le comte de Blois. Nequedent, tant comme d'eux, je les vis plusieurs fois ensemble : mais oncques, pour le débat de ces terres, ils ne s'en montrèrent mal-talent; et bien y avoit cause qu'ils fussent amis ensemble, car Louis, le fils au comte de Blois, avoit, par mariage, madame Marie, la fille au duc de Berry. Or bien pensoit le duc de Julliers à retourner encore sur l'héritage; mais il véoit son fils, qui devoit être son héritier, annexé si de courage et de fait avec les Anglois que pour ce n'en faisoit-il pas trop grand compte. Si lui dit ainsi les paroles que je

---

[1] Voyez Rymer, *Fœdera*, an x, de Richard II. Ce traité y est donné en entier; la pension était de mille livres sterling.

[1] Vierson, ville du département du Cher.

vous ai prononcées, quand il fut revenu d'Angleterre; mais le duc de Guerles, qui étoit jeune et entreprenant, n'en fit nul compte; et répondit à son père qu'il n'en feroit autrement, et que plus cher il aimoit la guerre que la paix, et au roi de France qu'à un povre homme.

CHAPITRE XCV.

Comment la duchesse de Brabant envoya ses messagers devers le roi de France pour lui remonstrer ses besognes, et comment le roi et son conseil étoient ensonniés sur les incidens qui étoient au royaume, tant du défiement du duc de Guerles comme des besognes de Prague, et de la réponse que on fit aux ambassadeurs de Brabant.

La duchesse de Brabant qui se tenoit à Bruxelles étoit bien informée de toutes ces affaires, et comment le duc de Guerles menaçoit les Brabançons, et disoit qu'il leur feroit guerre, et bien s'en doutoit; et disoit en celle manière la duchesse : « Ha! Dieu pardoint, par sa grâce, à monseigneur mon mari; car, s'il vesquesist, le duc de Guerles n'osât penser et mettre hors ces paroles; mais pour ce que je suis une femme et désormais ancienne, il me veult assaillir et faire guerre. » Lors mit la dame de son conseil eusemble, pour savoir comment elle s'en cheviroit, car elle sentoit ce duc hâtif et de grand'-emprise.

En ce temps que la dame demanda conseil de ces choses, étoit nouvellement du duc de Guerles défié le roi de France, dont grand esclandre couroit parmi le royaume et en toutes autres terres voisines où les nouvelles en étoient venues et épandues, tant pour ce que le duc de Guerles est un petit prince au regard des autres, que pour ce que la lettre de défiance, si comme commune renommée couroit, car oncques ne la vis, étoit felle et impétueuse, et elle faisoit hahaï, à tous ceux qui en oyoient la devise, à émerveiller. Si en parloit-on en ces jours en plusieurs manières; les uns en une manière, les autres en une autre, ainsi que les cœurs sont de diverses opinions. « En nom Dieu, dame, répondirent ceux du conseil à la duchesse, vous ne demandez pas grands merveilles, et nous vous conseillons que vous envoyez devers le roi de France et devers le duc de Bourgogne. Il est heure, car le duc de Guerles, si comme vous avez jà bien ouï dire, a défié le roi de France et tous ses aidans; et au cas qu'il voudra faire guerre au royaume, comme il dit, et comme renommée court, qu'il a les Anglois et les Allemands en son alliance, il ne peut avoir plus belle entrée dedans le royaume que parmi votre pays. Si est bon que le roi et le duc de Bourgogne en soient avisés et informés, et que vos chastels, sur les frontières, soient garnis et pourvus de gens d'armes; pourquoi nul mal ne s'y prenne, car il n'est si petit ennemi qu'on ne doive douter. Non pas que nous disons que pour lui singulièrement, ni pour les Guerlois, il nous convienne prendre confort, ni alliance ailleurs; nenny. Mais nous le disons pour les grandes alliances qu'il peut de léger prendre et avoir au dehors, et des Anglois par espécial dont il s'arme, et des Allemands qui moult sont convoiteux et qui toujours désirent à guerroyer le noble royaume de France, pour la cause de la graisse qu'ils y prennent. »

La duchesse dit et répondit à ce conseil : « Vous dites voir, et je veuil qu'on y voise. » Lors furent élus et nommés ceux qui iroient en celle saison pour celle besogne : le sire de Borgnival, maître d'hôtel; messire Jean Opem, un moult gracieux chevalier; un clerc, et un écuyer d'honneur et sage; le clerc avoit nom messire Jean Grave, et l'écuyer messire Nicolas de la Monnoye, et tous quatre étoient du droit conseil de madame de Brabant. Ceux se départirent de Bruxelles, quand leurs lettres de créance furent escriptes et scellées; et se mirent à chemin, et vinrent à Paris. Pour ce temps, le roi ni le duc de Bourgogne n'y étoient point; mais se tenoient en la bonne cité de Rouen, en Normandie. Si se départirent de Paris, quand ils sçurent les nouvelles, et allèrent là où ils trouvèrent le roi et ses oncles. Tant exploitèrent ces ambassadeurs de Brabant qu'ils vinrent à Rouen. Si se logèrent; et tout premièrement ils se trairent devers le duc de Bourgogne. Ce fut raison qu'il leur fît bonne chère, car bien les connoissoit; et montrèrent leurs lettres. Le duc les prit et les lut; et puis, quand il sçut que heure fût, il les mena devers le roi, lequel, pour l'amour de leur dame, les reçut moult bénignement. Il lut les lettres, et puis les ouït parler. Il leur fit réponse en disant : « Vos paroles et requêtes demandent bien conseil. Retrayez vous toujours devers bel oncle de Bourgogne, et vous serez ouïs et expédiés le plus tôt qu'on pourra. » Celle parole contenta moult les dessus nommés, et prirent congé du roi et du duc de Bourgogne, et se traîrent à leur hôtel.

Pour ces jours étoient le roi et ses oncles, et les seigneurs, moult embesognés, et tous les jours ensemble et en conseil, pour plusieurs causes et incidences qui leur sourdoient à conseiller, car les défiances du duc de Guerles n'étoient pas bien plaisantes. Aussi on ne savoit pas bien à quoi le duc de Bretagne tendoit, qui avoit pris merveilleusement le connétable de France, et rançonné à cent mille francs, à trois chastels et à une bonne ville; et entendoit le roi et ses consaux, qu'il garnissoit grandement, de pourvéances et artillerie, ses garnisons, ses villes et ses chastels; et envoyoit souvent lettres et messagers en Angleterre devers le roi et ses deux oncles; car le duc de Lancastre pour ce temps étoit en Galice. Si avoit bien le conseil de France grandement à penser et à faire sur ces besognes, car elles étoient moult grosses. Si en furent plus longuement sans réponse les ambassadeurs de la duchesse de Brabant. En la fin, le duc de Bourgogne fit la réponse, et leur dit : « Vous retournerez devers nostre belle ante, et la nous saluerez beaucoup de fois; et lui baillerez ces lettres du roi, et les nôtres aussi; et lui direz que toutes ses besognes sont nôtres, sans nul moyen; et qu'elle ne s'ébahisse en rien, car elle sera reconfortée tellement qu'elle s'en apercevra et que le pays de Brabant n'y aura ni blâme, ni reproche, ni dommage. » Celle réponse contenta grandement les ambaxadeurs de Brabant; et se départirent sur cel état, et s'en retournèrent à Paris, et de là à Bruxelles, et firent à la duchesse relation de la réponse, tout en telle manière et sur la forme que vous avez ouïe; tant que la dame en fut bien contente.

CHAPITRE XCVI.

Comment le corps saint du cardinal Pierre de Luxembourg fesoit merveilles de miracles en Avignon; comment par grand accident le roi de Navarre mourut en la cité de Pampelune, et comment monseigneur Charles son fils ains-né fut couronné.

En ce temps et en celle saison furent les nouvelles épandues de saint Pierre de Luxembourg, le cardinal, et que son corps étoit saintis en la cité d'Avignon, et lequel en ces jours faisoit, et fit merveilles de miracles, et tant et si grand'foison qu'innumérables. Ce saint cardinal avoit été fils au comte Guy de Saint-Pol qui demeura en la bataille de Julliers. Si vous dis que ce saint cardinal fut un homme en son temps de très bonne, noble, sainte et dévote vie, et fit toutes œuvres plaisantes à Dieu. Il étoit doux, courtois et débonnaire, vierge et chaste de son corps, et large aumônier. Tout donnoit et départoit aux povrés gens; rien ne retenoit des biens de l'église, fors que pour simplement tenir son état. Le plus du jour et de la nuit il étoit en oraisons. Les vanités et superfluités et les pompes de ce monde il fuyoit et eschevoit; et tant fit que Dieu, en sa jeunesse, l'appela en sa compagnie; et, tantôt après son trépas, il fit grands miracles et apperts; et ordonna à être enseveli au sépulchre commun des povres gens; et en toute sa vie n'y eut qu'humilité; et là gît, et fut mis en la chapelle de saint Michel.

Le pape et les cardinaux, quand ils virent que les miracles du corps saint se multiplioient ainsi, en escripvirent au roi de France, et par espécial à son frère aîné, le comte Waleran de Saint-Pol : et lui mandèrent qu'il allât en Avignon. Le comte ne s'en voult point excuser ni deporter d'y aller, mais y alla; et donna de belles lampes d'argent, qui sont devant son autel. On se pourroit émerveiller de la grand'créance, que ceux du pays de là environ y avoient, et des visitations qu'ils y faisoient, et des présens que rois, ducs, comtes, dames et gens de tous états faisoient. Et en ces jours que je fus en Avignon, car par là, pour le voir, je retournai de la comté de Foix, de jour en jour ces œuvres et magnificence s'augmentoient; et me fut dit qu'il seroit canonisé. Je ne sais pas comment depuis il en est avenu.

Or, si je vous ai parlé de la mort de ce saint homme, je vous parlerai aussi, car point n'en ai parlé encore, de la mort d'un roi, par lequel vie celle histoire en plusieurs lieux est moult augmentée; mais ses œuvres furent autres que raisonnables, car par lui, et par ses incidences, le royaume de France eut moult affaire en son temps. Vous devez entendre que c'est pour le roi de Navarre.

On dit, et voir est, qu'il n'est chose si certaine que la mort, et chose si peu certaine que l'heure de la mort. Je le dis à ce propos que le roi de Navarre ne cuidoit point, quand il mourut être si près de sa fin, car espoir, s'il l'eût sçu, par aventure se fût-il avisé, et n'eût point mis en termes, ni avant, ce qu'il mit. Il se tenoit en la cité de Pampelune en Navarre. Là lui vint en imagination et volonté qu'il convenoit qu'il eût sur son pays, et prensist par taille, la somme de deux cens mille florins; et manda son conseil; et leur dit qu'il vouloit qu'il fût ainsi. Son conseil n'osa dire non, car il étoit moult cruel. Adonc furent mandés à venir à Pampelune les plus notables des cités et bonnes villes du royaume de Navarre. Tous y vinrent : nul ne l'osa délayer.

Quand ils furent tous venus là, et assemblés au palais du roi, il même, sans autre moyen ni avant parler, remontra la querelle, car ce fut un roi subtilement enlangagé; et dit ainsi, tout conclu, qu'il lui convenoit avoir la somme de deux cens mille florins; et vouloit qu'une taille s'en fît; et montra comme le riche seroit à dix francs pour taille, le moyen à cinq francs, et le petit à un franc. Celle requête ébahit moult fort le peuple, car l'année devant il avoit eu une taille en son pays de Navarre, qui avoit monté à la somme de cent mille francs, pour le mariage de sa fille, madame Jeanne, au duc Jean de Bretagne; et encore de celle taille avoit grand foison à payer.

Le roi, quand il eut requis sa demande, requit qu'il fût répondu. Ils demandèrent lors à avoir conseil et délai pour parler ensemble. Il leur donna quinze jours de conseil à être là, voire les chefs et les riches des cités et des bonnes villes. La chose se départit sur cel état.

Les nouvelles s'épandirent parmi Navarre, de celle grosse taille; et toutes gens, et plus les uns que les autres, en furent tous ébahis. Au quinzième jour, tous retournèrent à Pampelune; voire ceux des bonnes villes et cités, et qui souverainement y étoient ordonnés; et furent environ quarante notables hommes chargés, de par le pays, pour répondre. Le roi fut présent à la réponse, et voult qu'ils répondissent en un grand verger qui étoit en le palais en sus de toutes gens et enclos de hauts murs. Quand ils répondirent, ils dirent ainsi, et tous d'un accord, qu'il n'étoit pas possible, en remontrant la povreté du royaume, et comment la taille passée n'étoit pas encore toute payée; et que pour Dieu il y voulsist remédier, car le pays n'étoit point aisé de le faire. Quand il vit qu'il ne viendroit pas aisément à son entente, il se mélancolia, et se départit d'eux, en disant : « Vous êtes mal conseillés; parlez encore ensemble. » Puis entra en ses chambres, et ses gens aussi; et laissa ces bonnes gens en ce verger, bien enclos et enfermés de hauts murs de tous côtés; et commanda que nul ne les laissât issir hors, et que petitement on leur donnât à boire et à manger. Là demeurèrent-ils au nud ciel, en grand'doutance de leurs vies; ni nul n'en osoit parler. Et veut-on bien supposer que par contrainte il fût venu à son entente, car jà en fit-il jusques à trois mourir et décoler, qui étoient, tant comme à son opinion, les plus rebelles, pour donner crémeur et exemple aux autres.

Or avint soudainement, par merveilleuse incidence, que Dieu y envoya un grand miracle; vous orrez comment, selon ce que je fus informé en la comté de Foix, à Ortais, en l'hôtel du comte, par les hommes de Pampelune même; car il siéd à deux journées ou à trois de là. Et me fut dit que ce roi en son vivant avoit toujours aimé femmes; et encore, en ces jours, avoit-il une très belle demoiselle à amie, où à la fois il se déportoit, car de grand temps avoit été veuf. Une nuit il avoit ju avec elle; si s'en retourna en sa chambre tout frileux, et dit à un de ses valets de chambre : « Appareillez-moi ce lit, car je m'y vueil un petit coucher et reposer. » Il fut fait; il se dépouilla, et se mit en ce lit.

Quand il fut couché, il commença à trembler de froid; et ne se pouvoit échauffer, car jà avoit-il grand âge, et environ soixante ans [1]; et avoit-on d'usage, que, pour le réchauffer en son lit, et le faire suer, on boutoit une buccine d'airain, et lui souffloit-on air volant. On dit que c'étoit eau ardente, et que cela le réchauffoit et le faisoit suer. Si comme on avoit fait autrefois, sans lui faire mal ni déplaisir de son corps ni de sa personne, adonc on lui fit comme on avoit de coutume; mais lors se tourna la chose en pis pour le roi, ainsi que Dieu ou le diable le vouldrent, car flambe ardente se bouta en ce lit, entre les linceulx, par telle manjère que le roi, qui étoit là couché et enveloppé entre ces linceulx, fut atteint de cette flambe. On n'y put oncques venir à temps, ni lui secourir, qu'il ne fût tout ars, jusques à la boudine; mais pour ce ne

[1] Charles-le-Mauvais n'avait que cinquante-cinq ans deux mois et vingt-deux jours.

mourut pas si très tôt : ains vesquit quinze jours en grand'peine et en grand'misère; ni surgien, ni médecin, n'y purent oncques remédier, qu'il n'en mourût [1]. Ce fut la fin du roi de Navarre. Et ainsi furent les bonnes gens délivrés et la taille quittée de non cueillir ni payer. Et son fils Charles, qui fut beau chevalier, jeune, grand et fort, et étoit au jour que je escripvis et chronisai celle histoire, fut roi de Navarre et des tenances : et se fit couronner, tantôt après l'obsèque fait de son père, en la cité de Pampelune.

[1] La Chronique de Saint-Denis, le moine anonyme de Saint-Denis et Juvénal des Ursins racontent autrement la mort de Charles-le-Mauvais ; voici le récit de la grande Chronique de Saint-Denis.

« Au dit temps, le roi de Navarre qui étoit fils de la reine Blanche, fille du roi Louis dit Hutin, lequel roi par plusieurs fois fit des maux innombrables au royaume de France, alla de vie à trépassement; à la mort duquel avoit un évêque de Navarre, comme on dit, lequel fit une manière de épitre à sa sœur de la mort du dit roy, en louant fort sa vie et sa fin. Mais autres qui en savoient, affirmoient que, pour ce que par vieillesse il étoit refroidi, fut conseillé qu'il fût enveloppé en un drap mouillé en eau-de-vie et y fût cousu dedans, et quand le drap seroit sec qu'on l'arrosât de la dite eau; ce qui fut fait. Mais celui qui le cousoit avoit de la chandelle de cire allumée, et pour rompre le dit fil, il prit de la dite chandelle pour le couper et brûler. Mais il advint que le feu du fil alla jusque au drap; et fut mis tout le dit drap en feu et en flambe; et n'y pouvoit-on mettre remède; et vécut le dit roi trois jours, criant et brayant, en très grandes et âpres douleurs; et en cet état alla de vie à trépassement; et disoit-on que c'étoit une punition divine. »

Cette lettre d'un évêque de Navarre dont parlent les Grandes Chroniques est celle qu'écrivit l'évêque et chancelier de Navarre à la reine blanche, sœur de Charles II et veuve de Philippe de Valois. Le moine anonyme de Saint Denis qui assure l'avoir vue, la donne en entier, mais sans paraître ajouter foi aux assertions de l'évêque. Secousse, dans ses mémoires sur Charles-le-Mauvais, regarde également cette lettre comme l'ouvrage d'un courtisan, qui aux depens de la vérité voulait flatter la douleur de la reine Blanche en honorant la mémoire de son frère.

Favin, dans son histoire de Navarre, pense que cette buccine d'airain qui soufflait air volant, et ces draps mouillés auxquels le feu prend, annonçaient tout simplement que le roi de Navarre, consumé de maladies honteuses, était obligé d'employer des fumigations et des bains sulfureux, et qu'il périt du double effet d'un refroidissement accidentel et de la débauche.

Charles-le-Mauvais mourut le premier janvier 1386, ancien style, ou 1387, nouveau style; et ce qui est assez curieux, et donne une juste idée de la difficulté des communications, c'est que le 2 mars 1386 avant Pâques (1387 N. S.), c'est-à-dire deux mois après sa mort, Charles VI lui fit faire son procès, comme à un homme vivant, par la cour des pairs.

CHAPITRE XCVII.

Comment le duc de Berry fit assiéger la forteresse de Ventadour.

Vous avez ci-dessus ouï recorder comment les traités se faisoient du comte d'Ermignac et du Dauphin d'Auvergne, aux capitaines des garnisons d'Auvergne, de Gévaudan, de Limosin et des environs, lesquels étoient contraires et ennemis à tous leurs voisins. Plusieurs s'y inclinoient, et se vouloient bien partir, car il leur sembloit qu'ils avoient assez guerroyé et travaillé le royaume de France; si vouloient aller d'autre part piller; car le comte d'Ermignac leur promettoit qu'il les mèneroit en Lombardie; et le comte de Foix, qui n'est mie léger à décevoir, pensoit tout le contraire. Tout quoy se taisoit, pour voir la fin de celle besogne; et enquéroit soigneusement à ceux qui taillés en étoient de savoir, comment les traités se portoient, et quelle part ces gens d'armes se trairoient, quand de leurs forts départis seroient. Ils lui dirent la commune renommée qui couroit ; et il baissoit la tête ou il la hochoit, et disoit : « Nenny, tous les jours viennent nouvelles subtilles entre gens d'armes. Le comte d'Ermignac et Bernard son frère, sont jeunes; et bien sais qu'ils ne m'ont pas trop en grâce, ni mon pays aussi. Si pourroient ces gens d'armes retourner sur moi; et pour ce me vueil-je pourvoir à l'encontre d'eux, et tant faire que je n'y aie ni blâme ni dommage, car c'est possession de lointaine provision. »

Ainsi disoit le comte de Foix : et véritablement il n'avoit pas folle imagination, si comme les apparences en furent une fois et que vous orrez recorder, si je puis traiter ni venir jusques à là.

Encore avez-vous bien ouï conter de Geoffroy Tête-Noire, Breton, qui tenoit, et avoit tenu long-temps la garnison et fort chastel de Ventadour en Limousin, et sur les bandes d'Auvergne et de Bourbonnois. Ce Geoffroy ne s'en fût jamais parti, pour nul avoir; car il tenoit ledit chastel de Ventadour comme son bon héritage; et avoit mis tout le pays d'environ à certains pactis; et, parmi tous ces pactis, toutes gens labouroient en paix dessous lui et demeuroient. Et tenoit là état de seigneur; mais trop cruel étoit et trop périlleux quand il se courrouçoit, car il ne faisoit compte d'occire un homme, non plus comme une bête. Or devez-vous savoir, pour approcher les besognes, que, quand les nouvelles vinrent premièrement en Auvergne et en Limousin pour celle taille lever et recueillir, commune renommée couroit que ceux de Ventadour se départiroient de leur fort, et rendroient la garnison au duc de Berry; et en seroit le pays quitte et délivré. Pour ces nouvelles s'accordèrent toutes gens à la taille; et payoient moult volontiers. Quand les bonnes gens virent le contraire, et que ceux qui le plus soigneusement couroient sur le pays étoient ceux de Ventadour, si furent tous déconfits; et tinrent leur argent de la première cueillette à perdu; et dirent que jamais ne payeroient croix, ni maille, ni denier, si ceux de Ventadour n'étoient tellement contraints, qu'ils ne pussent issir hors de leur fort.

Les nouvelles en vinrent au duc de Berry, qui étoit souverain regard, et avoit tout le pays d'Auvergne, de Rouergue, de Quersin, de Gevaudan et de Limusin en garde. Si pensa sus un petit, et dit que les bonnes gens avoient grand droit de cela dire et faire, et que voirement on s'acquittoit petitement quand on n'y mettoit tel siége qu'ils ne pussent issir hors de leur fort. Adoncques furent ordonnés, de par le duc de Berry, et aux coustages du pays la greigneur partie, quatre cens lances de bonnes gens d'armes, pour assiéger Ventadour, par bastides; desquels gens d'armes on fit souverains capitaines messire Guillaume de Lignac et messire Jean Bonne-Lance, un gracieux et vaillant chevalier de Bourbonnois. Or s'en vinrent ces chevaliers et seigneurs, et ces gens d'armes, mettre le siége au plus près qu'ils purent de Ventadour. Et mirent bastides en quatre lieux; et firent faire, par les hommes du pays, grands tranchis et roullis sur les détroits par où ils avoient usage de passer et de repasser; et leur furent faites moult d'estraintes. Mais Geoffroy Tète-Noire n'en faisoit que peu de compte, car il sentoit la garnison pourvue de toutes choses, et ne leur venist-il rien de nouvel pour eux rafreschir, de sept ans [1]; et si siéd le chastel en si fort lieu, et sur telle roche, que assaut qu'on lui peut faire ne lui peut porter nul dommage. Et, nonobstant ces siéges et ces bastides, si issoient-ils à la fois hors, par une poterne qui ouvre entre deux roches, à la couverte, aucuns compagnons aventureux, et chevauchoient sur le pays pour trouver aucuns bons prisonniers. Autre chose ne ramenoient-ils en leur fort, car ils ne pussent, pour les étroites montagnes et divers passages où ils passoient : et si ne pouvoit-on leur clorre, de nul côté, celle issue ni celle allée, si à l'aventure, sept ou huit lieues en sus de leur fort, on ne les trouvoit sur les champs. Et quand ils étoient rentrés en la trace de leur chemin, qui bien duroit trois lieues, ils étoient aussi assurés que donc que ils fussent en leur garnison. Ainsi tinrent-ils celle ruse un long temps; et fut le siége plus d'un an devant le chastel, par l'ordonnance que je vous dis; mais on leur tollit grand'foison de redemption du pays et des pactis. Nous nous souffrirons à parler de Ventadour, et nous nous rafreschirons d'autres matières.

CHAPITRE XCVIII.

Comment le duc de Bourgogne envoya quatre cens lances à la duchesse de Brabant ; et comment ils surprirent et brûlèrent la ville de Straulle en Guerles.

Le duc de Bourgogne ne mit pas en oubli ce qu'il promit à faire à sa belle ante, la duchesse de Brabant; mais ordonna environ quatre cens lances de bonnes gens d'armes, Bourguignons et autres; et en fit souverains capitaines deux chevaliers: le premier, messire Guillaume de la Trémoille, Bourguignon; et l'autre, sire Servais de Méraude, Allemand, et leur dit : « Vous vous en irez, à tout votre charge, sur les frontières de Brabant et de Guerles, là où notre belle ante et son conseil vous ordonneront à tenir et être : et faites bonne guerre; nous le voulons. »

Les deux chevaliers répondirent que ils étoient tout appareillés à faire ce qu'on voudroit. Si ordonnèrent leurs besognes, et mandèrent leurs gens ; et passèrent outre, le plus tôt qu'ils purent ; et s'avallèrent devers Brabant, et signifièrent leur venue à la duchesse, et passèrent parmi sa terre de Luxembourc. Ils furent mis et menés, par l'ordonnance du maréchal de Brabant et du conseil de la duchesse, dedans les trois chastels que le duc de Guerles chalengeoit, et lesquels il vouloit avoir, pour tant qu'ils avoient été engagés, Gaugelch, Buch, et Mille. Et là se tinrent

---

[1] C'est-à-dire, lors même que de sept ans ils ne pourraient avoir aucune nouvelle provision.

en garnison; et firent bonne frontière, et étoient à la fois sur les champs pour rencontrer leurs ennemis. Le duc de Guerles se fortifia à l'encontre, et pourvéy ses villes et ses chastels à l'encontre de ses ennemis, car il vit bien que la guerre étoit ouverte. Or advint aussi, que messire Guillaume de la Trémouille, qui se désiroit à avancer et à faire chose par quoi on sçût qu'il étoit au pays, jeta sa visée un jour sur une ville en Guerles, à quatre lieues de son fort, laquelle on appelle Straulle. Si en dit secrètement toute son intention à messire Servais de Méraude, son compagnon, et l'emprise qu'il vouloit faire. Le chevalier s'y accorda légèrement, car il se désiroit aussi à armer et chevaucher; et cueillirent leurs compagnons des garnisons qu'ils tenoient; et se trouvèrent tous ensemble; et se départirent environ mie-nuit de Buch et chevauchèrent le grand trot vers Straulle; et avoient guides qui les menoient, et vinrent sur le jour assez près de Straulle. Adoncques s'arrêtèrent-ils, et prirent illecques nouvelle ordonnance. Et me fut dit que messire Servais, atout trente lances d'Allemagne, se départit de celle route, pour venir devant, conquérir la porte et là tenir, tant que messire Guillaume de la Trémouille et la grosse route seroient venus; car à chevaucher tant de gens ensemble, on s'en apercevroit; mais, pour un petit de gens, on cuideroit que ce fussent gens que le duc de Guerles y envoyât, pour rafreschir la garnison, ou que ses gens chevauchassent de garnison à autre.

Ainsi fut fait comme il fut ordonné; et se départit messire Servais de Méraude atout trente lances d'Allemands, et chevauchèrent tout devant celle place de Straulle. Bien trouvèrent sur le chemin, du matin, hommes et femmes qui alloient en la ville, car en ce jour il étoit jour de marché; et, ainsi comme ils les trouvoient, ils les saluoient en Allemand et passoient outre. Ces gens du pays cuidoient que ce fussent des gens du duc de Guerles qui vinssent là en garnison. Messire Servais et sa route chevauchèrent tant qu'ils vinrent à la porte, et la trouvèrent toute ouverte et à petit de garde; et étoit si matin que moult de gens étoient encore en leurs lits. Ils s'arrêtèrent là, et furent seigneurs de la porte; et véez-ci venir tantôt, les grands gallops, messire Guillaume de la Tremouille et sa grosse route; et se boutèrent en celle ville en écriant leurs cris. Ainsi fut la ville gagnée; ni oncques défense n'y eut, car les hommes de la ville qui point ne pensoient que François dussent faire telle emprise étoient encore en leurs lits. Ce fut la nuit Saint-Martin, en hiver, que celle entreprise fut faite, et la ville de Straulle en Guerles gagnée; et vous dis que, trois jours en devant, y étoit entré un chevalier d'Angleterre, atout dix lances et trente archers que le roi d'Angleterre y avoit envoyés. On nommoit le chevalier messire Guillaume Fit-Raoul. A cette heure, que l'estourmi monta, et le haro, il étoit en son hôtel et se commençoit à découcher. Si entendit les nouvelles que leur ville étoit prise. «Et de quelles gens?» demanda-t-il. «De Bretons,» répondirent ceux qui à lui parlèrent. «Ha! dit-il, Bretons sont malles gens; ils pilleront et ardront la ville, et puis ils s'en partiront. Et quel cri crient-ils?» — «En nom Dieu, sire, ils crient : la Trémouille!»

Adonc fit le chevalier anglois fermer et clorre son hôtel et s'arma, et tous ses gens aussi, et se tint là dedans, pour savoir si point de rescousse y avoit; mais nenny, car tous étoient si ébahis, qu'ils fuyoient l'un çà l'autre là, les povres gens au moustier, et les autres vuidoient la ville, par une autre porte, et guerpissoient tous. Les François boutèrent le feu en la ville, pour encore ébahir plus fort les gens, en plusieurs lieux; mais il y avoit de grands hôtels de pierre et de brique; si ne s'y pouvoit le feu attacher ni prendre légèrement. Nequedent la greigneur partie de la ville fut arse, et si nettement pillée et robée, que rien de bon n'y demoura tant qu'ils le pussent trouver; et eurent des plus riches hommes de la ville à prisonniers; et fut pris le chevalier anglois en bon convenant; car, quand il vit que tout alloit mal, il fit son hôtel ouvrir, car il doutoit le feu, pourtant que de premier il véoit grands fumées en la salle; et se mit tout devant son hôtel, son penon devant lui, et ses gens, archers et autres, et là se défendirent vaillamment et bien; mais en la fin il fut pris, et se rendit prisonnier à messire Guillaume de la Trémouille, et toutes ses gens furent pris, et petit en y eut de morts.

Quand les François eurent fait leur volonté de la ville de Straulle en Guerles, et leur varlets eurent mis à voie tout leur pillage, ils se départirent, car ils n'eurent pas conseil d'eux là tenir;

[1387]

ils eussent fait olie; et se mirent au retour, devers leurs garnisons dont ils étoient partis.

Ainsi alla de celle aventure, et eut le duc de Guerles celle première buffe et ce premier dommage; dont il fut moult courroucé quand il sçut les nouvelles. Il étoit pour ces jours à Nimaiges, mais il vint là tantôt atout grands gens d'armes, et cuida moult bien là trouver les François. Si fit remparer le lieu et le repourvoir d'autres gens d'armes, qui furent depuis plus diligens de garder la ville, qu'ils n'avoient été pardevant. Ainsi avient des aventures; les uns perdent une fois et une autre fois le regagnent. Moult furent la duchesse de Brabant et tous ceux de Brabant réjouis de celle aventure; et y acquirent messire Guillaume de la Trémouille et messire Servais de Méraude grand'grâce: et adonc disoient-ils communément parmi le pays, qu'à l'été qui venoit, sans nulle faute, ils iroient mettre le siège devant la ville de Gavres, et ne s'en partiroient jusques à ce qu'ils l'auroient, car ils se trouveroient assez gens pour ce faire. Quand le duc de Bourgogne eut ouï ces nouvelles, comment ses gens, qui étoient en garnison en Brabant, se portoient bien, si en eut grand'joie; et, pour eux encore mieux encourager et donner bonne volonté, il escripvoit souvent à messire Guillaume son chevalier.

Ainsi se tinrent-ils là tout cel hiver, grandement bien gardant leur frontière: ni aussi ils ne prirent point de dommage; et aussi les chastels et villes de Guerles, depuis la prise de la ville de Straulle, furent plus soigneux d'eux garder, qu'ils n'avoient été au devant.

Or vous vueil-je recorder d'une autre emprise que Perrot le Bernois fit en Auvergne, où il eut grand profit, et par quelle incidence il la mit sus: je le vous dirai tout au long de la matière.

CHAPITRE XCIX.

Comment Géronnet de Ladurant, l'un des capitaines de Perrot le Bernois, ayant été prisonnier de Jean Bonne-Lance à Montferrant en Auvergne, trouva façon, après sa rançon payée, de mettre le Bernois dedans icelle ville de Montferrant.

Avenu étoit en celle propre année et saison, environ la moyenne de mai, qu'aucuns compagnons aventureux, environ quarante lances, étoient issus et partis hors de Chaluset que Perrot le Bernois tenoit; et siéd celle forteresse en Limousin. Les compagnons à l'aventure couroient en Auvergne; et avoient un écuyer gascon à capitaine, qui s'appeloit Géronnet de Ladurant, appert homme d'armes durement. Or, pour ce que le pays a été et étoit toujours en doute pour tels gens, sur les frontières de Bourbonnois se tenoit, de par le duc de Bourbon, un sien chevalier, vaillant homme aux armes, qui s'appeloit messire Jean Bonne-Lance, gracieux et amoureux chevalier, et qui grand courage avoit de lui avancer.

Entandis que Anglois chevauchoient, il demanda quelle somme de gens ils étoient: on lui dit qu'ils étoient environ quarante lances. « Pour quarante lances, dit-il, nous n'avons garde. J'en vueil mettre autant à l'encontre. » Lors se départit-il du lieu où il étoit, car la plus grand' charge de gens d'armes se tenoient devant Mont-Ventadour. Et toujours pour trouver armes, car il les désiroit, frontoit-il, à quarante ou cinquante lances, les frontières de Limousin, d'Auvergne et de Bourbonnois. Il se mit à l'adresse, à ce qu'il avoit de gens. Là étoit avecques lui un chevalier, nommé messire Loûis d'Aubière; et aussi messire Louis d'Apchon, et le sire de Saint-Aubin; et prirent les champs, sans tenir voie ni chemin, car bien connoissoient le pays; et s'en vinrent sur un pas où il convenoit que leurs ennemis passassent, non par ailleurs, pour les diverses montagnes, et pour une rivière qui descend et vient d'icelles, qui est durement grande quand il pleut, ou que les neiges fondent ès montagnes. Ils n'eurent pas été demie heure, quand evvous venir les Anglois lesquels ne se donnoient garde de celle rencontre! Bonne-Lance et les siens abaissèrent leurs glaives, et s'en vinrent sur ces compagnons qui étoient descendus au pied d'une montagne, et écrièrent leur cri. Quand ils virent que combattre les convenoit, si montrèrent visage et se mirent à défense: et Géronnet, qui étoit assez appert écuyer, eut là de première venue forte rencontre de glaives et bons boutis, et des renversés des uns et des autres. Mais, à parler par raison, les François étoient plus droites gens d'armes que n'étoient les compagnons aventureux; et bien le montrèrent, car ils rompirent tantôt celle route et les ruèrent jus, et les prirent, et les occirent; oncques nul n'en retourna, si ce ne fut varlets qui se sauvèrent et mucièrent, entrementiers que les autres se combattoient. Il en y eut vingt et deux pris, et seize morts sur la place; et fut le capitaine pris, et fiancé prisonnier de Bonne-Lance. Puis ils se mirent au retour.

En chevauchant et en ramenant leurs prisonniers, Bonne-Lance s'avisa comment, puis un mois, il avoit été, en la ville de Montferrant en Auvergne, et en grand ébattement aveccques dames et damoiselles, tant qu'elles lui avoient prié et requis, en disant ainsi : « Bonne-Lance, beau sire, vous chevauchez souvent sur les champs; et ne peut être que vous ne voyez à la fois vos ennemis, et que vous n'ayez aucune rencontre. Je le vous dis, dit l'une des dames qui s'avança de parler devant toutes les autres, et laquelle Bonne-Lance avoit bien en grâce, pourtant que je verrois volontiers un Anglois. On m'a dit aucunes fois, et par espécial un écuyer qui est de ce pays et qui s'appelle Gourdinois et que bien connoissez, que ce sont durement appertes gens d'armes, et aussi apperts, ou plus, que ceux de ce pays; et bien le montrent, car ils chevauchent souvent; et font de belles appertises d'armes; et prennent, sur nous, villes et chastels; et les tiennent. » Et Bonne-Lance avoit répondu : « Par Dieu ! dame, si l'aventure me peut venir si belle et si bonne que j'en puisse prendre un qui vaille que vous le voyez, vous le verrez. » — « Grands mercis ! » dit-elle.

Quand cette souvenance fut venue à Bonne-Lance, il avoit pris le chemin pour venir à Clermont en Auvergne, car la bataille avoit été assez près de là; mais il l'escheva, et prit le chemin de Montferrant qui siéd environ une petite lieue outre; et passèrent sur la senestre; et vinrent à Montferrant. De la venue de Bonne-Lance, et de la journée qu'il avoit eue sur les aventureux qui travailloient à la fois le pays, furent les gens de Montferrant très tous réjouis: et fut Bonne-Lance grandement le bien venu. Quand lui et ses gens furent descendus à l'hôtel, ils s'aisèrent et désarmèrent. Les dames et les damoiselles se mirent ensemble pour mieux conjouir et fêtoyer Bonne-Lance; et le vinrent plus de vingt sept voir à l'hôtel. Il les recueillit moult doucement, car il étoit sage et gracieux chevalier; et leur dit, espécialement à celle qui demandé lui avoit à voir un Anglois : « Dame, je me vueil acquitter envers vous. Je vous avois en couvenant, n'a pas un mois, ou environ, si je pusse par l'aventure d'armes avoir à taille que je prensisse Anglois, je le vous montrerois. Or m'a Dieu huy donné que j'ai trouvé et encontré une route de bien vaillans, car vraiment aux armes ils nous ont donné assez à faire : mais toutes fois la place nous est demeurée. Ils ne sont pas Anglois de nation, mais Gascons; et font guerre d'Anglois. Ils sont de Béarn et de la haute Gascogne. Si les verrez à grand loisir, car, pour l'amour de vous, je les vous lairai en celle ville, tant qu'ils auront quis leur rançon. »

Les dames commencèrent à rire, qui tournèrent cette chose en revel, et dirent : « Grands mercis ! » Bonne-Lance s'en alla en ébattement aveccques elles, et fut dedans Montferrant trois jours, en grand revel, et toujours entre les dames et damoiselles. Là en dedans Géronnet de Ladurant et ses compagnons se rançonnèrent; et leur fit très bonne compagnie Bonne-Lance, car il vit bien qu'ils étoient povres compagnons aventureux. Et mieux vaulsist qu'il les eût tous pendus, ou noyés, que rançonnés ni laissés en la ville.

Quand il se dut partir, il dit à Géronnet : « Vous demeurerez cy pour tous vos compagnons. Les autres s'en retourneront querre votre rançon; et, quant à ce que vous ferez et payerez, j'ai ordonné qui recevra les deniers. Et, sitôt comme ils seront mis outre, vous partirez, car je l'ai ainsi dit et ordonné. Or vous souvienne, Géronnet, que je vous fais bonne compagnie. Si les nôtres, par aventure d'armes, tournent en ce parti, faites leur ainsi. » — « Par ma foi ! répondit Géronnet, beau maître et sire, volontiers car je, et tous les nôtres, y sommes tenus. » Adonc se départit Bonne-Lance et sa route et s'en retourna au siége de Ventadour; et ses prisonniers, jusques à douze, demeurèrent dedans la ville de Montferrant, et les autres dix, par l'ordonnance qui faite avoit été, s'en allèrent vers Chaluset, pour quérir à Perrot le Bernois vingt et deux cents francs. Autant y étoient-ils l'un parmi l'autre, rançonnés. Et étoient les douze, qui demeurés étoient, tous à un hôtel, et se portoient bellement et liement : et faisoient de bons dépens, et n'avoient point de trop grand guet sur eux; mais alloient par dedans la dite ville eux ébattre; et furent là quinze jours; et entrementiers apprirent-ils beaucoup de l'état du commun de la ville, et tant, que depuis coûta l'aventure cent mille francs.

Quand le capitaine de Chaluset fut informé de l'aventure de Géronnet de Ladurant, et comment il et ses gens avoient été rués jus de messire Jean Bonne-Lance, il n'en fit pas trop grand compte; et répondit ainsi à ceux qui le lui avoient conté : « Vous êtes cy venus pour quérir argent et leur délivrance, n'est-ce pas? » dit le capitaine. « Oui, répondirent-ils, on ne gagne pas toujours. » — « Je n'en sais, dit-il, de gagne ni de perte; mais de par moi n'auront-ils rien, car je ne les y fis pas aller; ils ont chevauché à leur aventure. Or leur mandez, ou dites, quand vous les verrez, qu'aventure les délivre. Pensez-vous que je vueille mettre mon argent en tel emploi? Par ma foi, beaux compagnons, nenni. Toujours aurai-je des compagnons assez qui chevaucheront plus sagement que ceux n'aient fait. Si ne délivrerai, ni racheterai jà homme, s'il n'est pris en ma compagnie. »

Ce fut la réponse finable qu'ils purent lors avoir pour Géronnet. « C'est bon, dirent-ils entre eux, que les deux ou les trois des nôtres retournent à Monferrant et content ces nouvelles à Géronnet, parquoi il ait sur ce avis. » Ils le firent. Les trois retournèrent à Montferrant, et passèrent au dehors de Clermont en Auvergne, et abreuvèrent leurs chevaux au ru du moulin, qui court moult près des murs; et là se tinrent un grand temps en l'eau, regardant la manière et ordonnance des murs de Clermont, et comment ils n'étoient pas trop hauts à monter, ni trop malaisés. « Ha, cap de Saint Antoine! dirent-ils entre eux, comment cette ville de Clermont est bien prenable! Si nous y venons une nuit, nous l'aurons, voire s'il ne font pas trop grand guet. Puis, dirent-ils tous en riant, et en leur gascon, nous la barguignons, et une autre fois nous l'acaterons [1]. On ne peut pas bargaingner, et achapter tout sur un jour. » Donc passèrent-ils outre, et chevauchèrent jusques à Montferrant, et trouvèrent illecques Géronnet et ses compagnons; si leur recordèrent et leur contèrent leurs paroles, et leurs réponses, toutes telles, ni plus ni moins, que Perrot le Bernois avoit dites et parlées, dont ils furent tous ébahis et déconfits, car ils ne pouvoient ni savoient où ailleurs trouver finances. Et furent un jour et une nuit tout courroucés. A l'autre jour s'avisa Géronnet, et dit à ceux qui ces nouvelles lui avoient apportées : « Seigneurs compagnons, retournez devers notre capitaine, et lui dites, de par moi, que je l'ai, à mon pouvoir, toujours et tant que j'ai été de-lez lui, servi bien et loyaument, et servirai encore, s'il lui plaît; et sache, de par moi, que, si je me tourne François pour moi délivrer, il n'y gagnera rien; ce que je ferai trop envis, et du plus tard que je pourrai. Mais dites lui qu'il nous délivre d'ici; et, un mois après ma délivrance, je le mettrai en tel parti d'armes, si à lui ne tient, qu'il gagnera, avecques ses compagnons, cent mille francs. »

Sur ces paroles retournèrent les trois compagnons gascons et vinrent à Chaluset, et trouvèrent Perrot le Bernois, et lui contèrent ces nouvelles, ainsi que Géronnet de Ladurant les lui mandoit. Il commença à penser sus et puis dit : « Il pourroit bien être qu'il seroit ainsi qu'il dit. Je le délivrerai tantôt. » Il fit ouvrir une huche, où il y avoit plus de quarante mille francs; et tout venoit de pillage, que vous l'entendez, et non pas de ses rentes ni de ses revenues de Berne, car en la ville là où il fut né, et où il demeuroit quand il se partit de Berne, n'a que douze maisons; et en est le comte de Foix sire; et a nom la Ville-d'Adam; et siéd la ville à trois lieues d'Ortais. Perrot le Bernois fit compter devant lui vingt deux cents francs, et puis cent francs pour les frais des compagnons; et les fit mettre en une bourse; et reclost l'arche, et appela les trois compagnons, qui étoient là venus pour querre l'argent. « Tenez, dit-il, je vous délivre vingt deux cents francs. Au besoin voit l'homme son ami. Je les aventurerai. Il est bien taillé de reconquérir autant, ou plus, s'il veut. » Les compagnons prirent l'argent, et se départirent de Chaluset; et retournèrent à Montferrant; et y a, de l'un à l'autre, quatorze grands lieues, mais ils avoient bon sauf conduit. Cela le faisoit aller, venir, passer, et rappasser sauvement.

Quand Géronnet de Ladurant sçut que sa finance étoit venue, et qu'il et ses compagnons seroient délivrés, si en fut grandement réjoui; et manda ceux qui de par messire Jean Bonne-Lance étoient ordonnés de recevoir l'argent, et leur dit : « Comptez, car voilà tout ce que nous vous donnons. » Ils comptèrent jusques à vingt

---

[1] Nous le marchandons, une autre fois nous l'achèterons.

et deux cents francs. Après ce, ils comptèrent de leurs menus frais à leur hôtel; et payèrent bien et largement, tant que tous s'en contentèrent. Quand ils eurent par tout payé, Géronnet emprunta hommes et chevaux, pour eux mener jusques à Chaluset, et pour ramener les chevaux; et puis prirent congé; et s'en partirent et tournèrent à Chaluset; et Bonne-Lance fut certifié de son argent. Si l'envoya querre, si comme je le crois, ou il le laissa là espoir. Aussi bien sur la fiance du fort lieu l'y put-il laisser; car messire Pierre de Giac, pour ce temps chancelier de France, y laissa son trésor; lequel il perdit celle année, tout ou en partie, et à tout le moins ce qu'on y trouva; si comme je vous dirai.

Quand Géronnet de Ladurant s'en fut retourné à Chaluset, les compagnons lui firent bonne chère; et, après trois ou quatre jours qu'il se fut là rafreschi, Perrot le Bernois l'appela et lui dit: « Or, Géronnet, la belle promesse que vous me signifiâtes par mes varlets vous a faite certainement votre délivrance, et non autre chose; car je n'y étois en rien tenu envers vous, au cas que, sans mon sçu, vous étiez allé chevaucher à l'aventure. Or, tenez votre parole, et faites tant qu'elle soit véritable, ou autrement il y aura mau-talent et très grand courroux de vous à moi. Et sachez, de vrai, que je n'ai pas appris à perdre, mais à gagner. » — « Capitaine, dit Géronnet, vous avez raison de tout cela dire; et je vous dis que, si vous voulez, je vous mettrai dedans la ville de Montferrant, en quinze jours; en laquelle ville gît très grand pillage, car elle est riche de soi, et bien marchande; et y a des riches villains grand'foison; et aussi messire Pierre de Giac, qui est chancelier de France, et qui sait bien et a où mettre la main, a dedans celle ville de Montferrant, si comme je l'ai entendu, grand trésor; et vous dis que c'est la ville où on fait le plus simple et povre guet qui soit au royaume de France. Véez-là la parole que je vous vueil dire, et la promesse que je vous ai promise. » — « En nom Dieu! dit Perrot le Bernois, c'est bien dit; et je m'y incline, car je y entendrai; et vous qui savez les aisemens et ordonnances de la ville, y faudroit-il grands gens? » Répondit Géronnet: « De trois ou quatre cens combattans ferons-nous tous bien notre fait, car ce ne sont pas gens de grand'deffense. » — « De par Dieu! dit Perrot le Bernois, j'y entendrai, et le signifierai aux autres capitaines des forts d'ici environ; et nous mettrons et cueillerons ensemble; et puis irons celle part. »

Sur cel état que je vous dis, s'ordonna Perrot le Bernois; et manda secrètement aux capitaines qui tenoient forts prochains, tout son fait, et la volonté de son emprise, et assit sa journée à être à Ouzac [1], un chastel en l'évêché de Clermont, assez près de là, duquel un pillard, et très outrageant et Gascon qui se nommoit Olim Barbe, étoit capitaine.

Tous s'assemblèrent à Ouzac les compagnons des forts, tous Anglois; et se trouvèrent quatre cens, et tous bien montés; et n'avoient que six lieues à chevaucher. Le premier des capitaines, qui vint à Ouzac, ce fut Perrot le Bernois, pour montrer que l'emprise étoit sienne, et aviser les compagnons, le jour devant, qu'ils fussent tous assemblés et conseillés l'un à l'autre, parmi l'information que Géronnet de Ladurant lui avoit faite et dite, et montrer à quelle heure ils viendroient. Ce Géronnet, lui douzième de compagnons, vêtus en habits de gros varlets et marchands, à cottes de bureaux, et chacun menant chevaux de harnois, tous unis, atout bats, selon l'usage qu'ils ont au pays, se départirent d'Ouzac devant l'aube du jour; et se mirent au chemin vers Montferrant, tenans arroutés leurs chevaux, comme marchands voituriers; et entrèrent, comme environ nonne, en la ville de Montferrant. On ne se donna garde quelles gens ils étoient, car jamais on n'eût cuidé que ce eussent été pillards et robeurs, mais marchands qui vinssent là au marché pour cueillir et acheter draps ou touailles; et disoient qu'ils étoient devers Montpellier, et outre; et venoient là en marchandise, car la foire y devoit être; et là y avoit grand'foison de marchands venus et des marchandises des villes et cités de là environ.

Si se trairent Géronnet et les siens à l'hôtel de la Couronne; et establèrent [2] leurs chevaux, et prirent une belle chambre pour eux; et se tinrent tout cois, sans aller aval la ville, à fin que on ne s'aperçût de leur malice. Or, bien pensèrent ce jour d'eux, car ils supposoient bien qu'ils ne payeroient pas d'écot. Quand ce vint sur le soir, il s'ensonnièrent trop grandement au tour leurs

[1] Fonzac.
[2] Les mirent à l'écurie

chevaux; et faisoient entendre à l'hôte et à l'hôtesse, et aux varlets de l'hôte, que leurs chevaux étoient grandement travaillés, et qu'ils les convenoit aiser. Si se pourvéirent trop grandement de candouaille; et on ne les en pouvoit assouffir[1]; et ne se vouloient aller coucher; mais burent dans leurs chambres; et menoient grand'-vie. L'hôte et l'hôtesse, et tous ceux de l'hôtel, par tanison allèrent coucher, et les laissèrent faire leurs voloutés; car ils n'avoient nul soupçon d'eux.

Or, vous dirai de Perrot le Bernois et de sa route. Ce propre jour le soir, ils se partirent d'Ouzac; et étoient sept capitaines: et, tout premièrement; Perrot le Bernois, pour le souverain; et puis le bourg de Compane, qui s'appeloit Ernauton, le bourg Anglois, le bourg de Carlat, Apton Seguin, Olim Barbe et Bernaudon des Iles; et encore y étoit un grand pillard de Berne, qui s'appeloit le sire de Lane-Plane. Par cestuy, et par le bourg de Compane, sçus-je et fus-je informé à Ortais de toute la besogne. Celle entreprise fut faite après la Chandeleur, ainsi que huit jours, que les nuits sont encore longues et froides. Et vous dis que toute celle nuit il pleuvoit et ventoit et fit un trop désespéré temps: pour quoi le capitaine du guet de Montferrant, pour la cremeur du laid temps, n'issit oncques celle nuit hors de son hôtel; mais y envoya son fils, un jeune enfant de seize ans; lequel, quand il vint sur un guet, entre une porte et l'autre, y trouva quatre povres hommes qui veilloient et geloient de froid. Si lui dirent: « Prends à chacun de nous un blanc; si nous laisse aller chauffer et dormir. Il sera tantôt onze heures. » Le varleton convoita l'argent, et le prit; et ceux se départirent de leur guet, et retournèrent en leurs maisons.

Géronnet et les siens étoient toujours en aguet à l'huis de la porte de l'hôtel de la Couronne, pour savoir quand le guet retourneroit. Ils virent le valeton revenir, et ceux aussi qui partis étoient de leur guet, et dirent: « La chose va bien. Il fait hui une droite nuit pour nous. Il n'y a si hardi en la ville qui ne s'en voise coucher. Le guet est passé. Nous n'avons meshui garde de cela. »

D'autre part, Perrot le Bernois et les siens chevauchoient tant comme ils pouvoient; et leur

[1] Approvisionner suffisamment.

convenoit passer assez près de Clermont, joignant des fossés et des murs. Ainsi comme à une lieue de Clermont, ils rencontrèrnt Aimerigot Marcel et bien cent lances, lequel étoit capitaine de la garnison d'Alose, de-lez Saint-Flour. Quand ils se furent ravisés et connus, ils se firent grand chère; et demandèrent l'un à l'autre où ils alloient par tel temps, ni quelle chose ils quéroient. Si répondit Aimerigot Marcel: « Je viens de mon fort d'Alose, et m'en vais vers Carlat. » — « En nom Dieu! répondirent les deux capitaines qui là étoient, le bourg Anglois et le bourg de Companne, véez nous ci; si rien vous avez à parler à nous, si le nous dites. » — « Oïl, dit-il. Vous avez aucuns prisonniers de la terre au comte Dauphin d'Auvergne; et vous savez que nous sommes en traité ensemble, par le moyen du comte d'Ermignac. Et voudrois bien ces prisonniers échanger à aucuns autres que j'ai en ma garnison, car j'en suis trop fort requis de la comtesse Dauphine, qui est une très bonne dame, et pour qui on doit moult faire. » — « Marie! répondit le bourg de Compane, Aimerigot, vous êtes bien tenu que vous fassiez aucune chose pour la dame, car vous eûtes, n'a pas trois ans, de son argent, cinq mille francs pour le rachapt du chastel de Merccœur. Et où est le comte Dauphin pour le présent? » Répondit Aimerigot: « On m'a dit qu'il est en France, sur l'état que vous savez des traités que nous avons au comte d'Ermignac et au comte Dauphin. » Adonc répondit Perrot le Bernois: « Aimerigot, laissez ces paroles; si en venez avecques nous; si ferez votre profit, car vous partirez à notre butin. » — « Et où allez-vous? » dit Aimerigot. « Par ma foi! compains, nous nous en allons tout droit à Montferrant, car la ville me doit à nuit être rendue. » Adonc reprit Aimerigot: « Perrot, c'est trop mal fait ce que vous voulez faire, car vous savez que nous sommes en traité avec le comte d'Ermignac et ce pays; et sont ainsi toutes les villes, et tous les chastels, comme demi assurés. Et ferez trop grandement votre blâme, si vous faites ce que vous dites; et si romprez tous nos propos et traités. » — « Par ma foi, compagnon! dit Perrot, je ne tiendrai jà traité, tant que je puisse courir sur les champs, car il faut les compagnons vivre. Mais venez-vous-en avecques nous, car vous n'avez que faire à Carlat; véez en ci les compagnons. Ceux qui y sont demeurés ne vous lairroient jamais au fort entrer. »—« Avecques vous, dit Aimerigot, n'irai-je point. Je m'en retournerai à mon fort, puis qu'ainsi est. »

Adonc se départirent-ils l'un de l'autre. Perrot tint le chemin de Clermont et de Montferrant. Et avint que, quand ils furent dessous Clermont, ils s'arrêtèrent tout coi, et eurent une nouvelle imagination; car les trois Gascons qui là étoient, lesquels avoient porté et rapporté les traités de la délivrance de Géronnet de Ladurant, les émurent. Et dirent aux capitaines qui se tenoient tous ensemble. « Véez-ci la cité de Clermont qui est bonne et riche, et aussi prenable, ou plus, que ne soit Montferrant. Nous avons échelles. Échellons là. Nous y aurons plus de profit pour le présent qu'à Montferrant. » Sur ce propos ils furent ainsi comme d'accord, et sur le point que de faire leur fait droit là, quand aucuns des capitaines se ravisèrent, et remirent en terme en disant : « Clermont est une puissante ville et fort peuplée, et les gens bien pourvus d'armures. Si nous les avions jà estourmis, ils s'assembleroient, et mettroient à défense. Il n'est pas doute que nous ne l'aurions pas d'avantage; et, si nous étions reculés par force d'armes, et nos chevaux pris et perdus, nous ne pourrions aller avant. Nous sommes loin de nos forts. Le pays s'émouveroit. Nous serions poursuivis et en aventure d'être tous morts sans remède. Il nous vaut tous mieux penser d'aller outre, et de fournir ce que nous avons empris, que de faire nouvelle emprise, car trop il nous pourroit coûter. » Ce conseil fut tenu; nul ne le releva ni débattit depuis. Ils passèrent outre joignant Clermont, au plus bellement qu'ils purent, et sans faire noise ; et chevauchèrent tant, que sur le point d'onze heures ils vinrent assez près de Montferrant. Quand ils virent la ville, ils s'arrêtèrent tout cois, ainsi comme à deux traits d'arc près ; et lors dit Perrot : « Véez-ci Montferrant. Nos gens sont dedans. Vous, demeurez tous ici. Je m'en irai côtoyant ces vallées, pour ouïr et savoir si j'aurai nulles nouvelles de Géronnet, qui nous a mis en celle quête; et ne vous partez, tant que je retournerai. » — « Or allez, répondirent les compagnons, nous vous attendrons ici ».

A ces mots se départit Perrot le Bernois, lui quatrième tant seulement; et faisoit si noir, si brun, et si ténébreux, qu'on ne véoit point devant soi un arpent loin; et encore avec ce il pleuvoit, négeoit, ventoit, et faisoit moult froid. Géronnet à celle heure là étoit sur l'allée des murs; et n'attendoit autre chose qu'il ouït des nouvelles. Il regarda tout bas et vit, ce lui fut avis, ombres d'hommes qui alloient sur les fossés. Il commença à siffler en fausset. Tantôt l'entendirent ceux qui étoient en aguet, et approchèrent plus près; car ens ès fossés, à ce lez là, n'y avoit point d'eau. Géronnet parla, en demandant : « Qui est là et qui êtes vous ? » Perrot le reconnut tantôt en son Gascon, et lui dit : « Je suis Perrot le Bernois. Géronnet, es-tu là. » — « Oui, dit-il. Appareillez-vous; et faites approcher vos gens, car je vous mettrai par ci en la ville. La chose est en point; tous dorment en la ville. » — « Par là! répondit Perrot. Dieu m'en garde que jà par là je n'y entre; car, si j'y entre, ce sera par la porte et non par ailleurs. » Donc, dit Géronnet, qui fut tout courroucé de celle réponse. « Par ma foi, Perrot! il n'est pas en ma puissance, mais venez par ci ; et faites apporter vos échelles cordées : et nul ne vous débattra l'entrer ni le monter. » — « Entends, Géronnet, dit Perrot. Tu me dois mettre en la ville. Mais par ce parti, que tu me montres, je n'y entrerai jà fors que par la porte. » — « Je ne le puis amender, dit Géronnet. Par la porte ne vous y puis je mettre, car elle est fermée, et si sont les gardes dedans, mais ils dorment. » Entrementiers qu'ils étoient en cet estrif, les aucuns des compagnons de Géronnet alloient et venoient dessus les allées des murs, pour savoir s'ils orroient rien. Assez près de là y avoit une petite maison, en descendant des murs; et celle maison étoit tout aseulée hors des autres; et un pauvre homme, couturier y demeuroit dedans, qui avoit veillé jusques à celle heure et s'en devoit aller coucher. Ainsi que le vent porte le son des choses, il avoit ouï parler sur les murs, car de nuit on oyt moult clair. Si étoit issu hors de la maison et avoit rampé amont; et d'aventure il trouva ces compagnons qui alloient et venoient. Si tôt comme il les vit, il commença à crier. L'un d'eux saillit tantôt avant, et le prit parmi la gueule, et lui dit : « Villain, tu es mort si tu sonnes mot. » Quand il se vit en ce parti, il se tut tout coi, car il douta la mort. Géronnet se retourna, qui avoit ouï la voix de l'homme et dit : « Ho, ho! N'occiez pas le vilain. Il nous vient trop bien à point. Dieu le nous envoye, car par lui ferons-nous le parfait de notre entreprise.» Adoncques dit-il à Perrot le Bernois : « Perrot, retournez devers les compagnons ; et, si vous oyez la première porte ouvrir, si saillez avant, et de vos haches ou épées, taillez ou découpez celle de devers vous, car nous allons à la porte.» Adoncques lui dit-il l'aventure de l'homme qu'ils avoient trouvé. Perrot se départit et retourna vers ses compagnons, et leur dit aucques toutes les paroles que vous avez ci-dessus ouïes. Si dit Géronnet de Ladurant à cet homme qu'ils avoient trouvé : « Si tu ne fais à notre volonté, tu y es mort sans remède.» — «Et que voulez-vous que je fasse?» dit l'homme. «Je vueil, dit Géronnet, que tu voises à la porte, et que tu éveilles les portiers ; et puis leur dis que le capitaine t'envoye là, et qu'ils ouvrent la porte ; ou qu'ils te baillent les clefs, et tu l'ouvriras pour laisser entrer dedans marchands de Montpellier qui sont là dehors atout grands fardeaux, lesquels viennent à la foire.» — «Je ne sais, dit l'homme, s'ils me voudront croire.» — «Oui, dit Géronnet, à toutes enseignes qu'il n'étoit point hier soir au guet, mais son fils y fut. Et si tu ne fais bien et sagement ce que je dis, je t'occirai de ma dague ; et fais tant, que je ne puisse pas voir que par ton défaut nous faillions à notre emprise.»

Ce povre homme qui s'oyoit menacer d'occire, et en véoit les apparences, et ces Gascons tout appareillés pour l'occire, si en étoit tout ébahi et tout effrayé ; et leur répondit. « Je ferai à mon pouvoir loyaument ce que vous me requérez.» Il s'en vint à la porte, et heurta à l'huis, là ou cils dormoient qui les clefs de la porte gardoient, et fit tant qu'ils furent éveillés. Ils demandèrent : «Qui es-tu, qui nous éveilles à celle heure ?» — «Je suis, dit-il, tel ; et si nomma son nom. J'ai anuit fait besogne pour l'hôtel du capitaine ; si que, ainsi que je lui rapportois son ouvrage, nouvelles lui vinrent de marchands de Montpellier qui sont là dehors, tout lassés et mouillés, et leurs fardages. Si vous mande, de par moi, que vous ouvriez la porte, ou que vous me bailliez les clefs, et je l'ouvrirai, à ces enseignes que celle nuit il n'a point été au guet, mais son fils y a été. » — « C'est vérité, répondirent-ils. Tu les auras. Attends un petit.» Adonc se releva un des deux ; et prit les clefs de la porte qui pendoient à une cheville ; et ouvrit une petite fenêtre ; et les lui bailla. L'homme prit les clefs ; et tôt comme il les tint, Géronnet les lui tollit, et puis vint au flayel de la porte et bouta d'aventure premièrement la clef en la serrure, celle qui y alloit, et l'ouvrit toute arrière ; et puis vint, aussi firent tous ses compagnons, à l'autre porte, et la cuida ouvrir, mais oncques il ne put ni sçut. Perrot le Bernois et sa route étoient au dehors, qui attendoient que la porte fût ouverte. Adonc leur dit Géronnet : «Beaux Seigneurs, aidez-vous ; et vous avancez. Je ne puis ouvrir celle seconde porte. Dérompez-la à vos haches. Autrement vous ne pourrez entrer en la ville.» Et ceux qui étoient pourvus de haches et de quingnies commencèrent à férir et à frapper en celle porte, comme charpentiers. Si donnèrent à Géronnet à ses compagnons, quand ils eurent pertuisé la porte, haches et quingnies, pour couper le flayel de la porte. Adonc s'estourmirent et levèrent plusieurs hommes hors de leurs lits, qui ouïrent le hutin ; et de premier s'émerveillèrent durement que ce pouvoit être, car jamais ils n'eussent pensé, ni imaginé, que ce fussent Anglois qui à celle heure les fussent venus réveiller ; et demeurèrent en ce pensement sans eux sitôt lever ; et se rendormirent. Adonc les gardes de la porte qui mal l'avoient gardée, quand ils ouïrent l'effroi et le bucher, et gens parler, et chevaux hennir, connurent tantôt qu'ils étoient déçus et surpris. Si se levèrent ; et vinrent aux fenêtres de la porte, et commencèrent à crier, à haute voix : «Trahis ! trahis !» Adoncques s'estourmirent en grand effroi ceux de la ville. Plusieurs se levèrent, et s'ensonnièrent à sauver le leur, et à fuir vers le chastel. Mais trop petit de gens y entrèrent, car, quand le chastelain qui le chastel gardoit entendit que les Anglois avoient pris la ville, pour la doutance de plus perdre il ne voulut oncques le pont abaisser. Aucuns de ses amis qui premiers s'aperçurent de celle aventure, il les recueillit par une planche ; et puis tantôt, quand il eut ouï grand effroi en la ville, et hommes, femmes et enfans crier, il retrait à lui la planche ; ni point ne la voult remettre depuis ; et entendit fort que le chastel fût bien gardé et défendu, si on l'assailloit.

Je vous ai dit comment la première porte fut ouverte, et la deuxième rompue et brisée par force de quingnies et de haches. Adoncques entrèrent dedans tout bellement et tout paisiblement les capitaines et leurs routes en la ville ; et tout premier, sans entrer en nulle maison, pour savoir et ouïr si nuls ne se reveilleroient, ni mettoient ensemble pour faire défense, ils allèrent au long de la ville, et la cerchèrent toute. Oucques n'y trouvèrent hommes qui se missent en défense : si ce ne furent aucuns, qui étoient venus et retraits devers le chastel, et cuidoient entrer dedans. Ceux se défendirent un petit ; mais tantôt ils furent déconfits, ou morts ou pris. Que vous ferai-je long conte ? Ainsi fut la ville de Montferrant en Auvergne prise, le jeudi, par nuit, devant le dimanche gras, treizième jour du mois de février, par Perrot le Bernois et ses complices : et, si tôt qu'ils virent qu'ils étoient seigneurs de la ville, ils se logèrent par les hôtels, tout à leur aise, sans bouter feu ni faire autre violence ; car Perrot le Bernois défendit, sur la tête à perdre, que nul ne violât femme, ni pucelle, ni ne boutât feu, ni prensist pillage, ni prisonnier, grand ni petit, dont il n'eût la connoissance ; et que nul, sur la peine dessus dite, ne grevât ni molestât église nulle ni hommes d'église, ni que rien n'y fût pris ni ôté.

Toutes ces choses avoit Perrot le Bernois coutume et usage d'entretenir, et avoit entretenues, depuis qu'il se bouta en France pour faire guerre ès villes et chastels qu'il prenoit, fût par force ou autrement. Mais Geoffroy Tête-Noire faisoit tout le contraire, car il n'avoit cure où il fût pris, fût sur église ou ailleurs, mais qu'il en eût.

Quant ce vint au matin, que les nouvelles en vinrent en la cité de Clermont en Auvergne, qui siéd à une petite lieue de là, comment les Anglois en la nuit avoient pris et conquis la bonne ville de Montferrant qui leur est si prochaine et si voisine, si en furent toutes gens durement ébahis, et à bonne cause, car leurs ennemis étoient trop près amassés ; et n'en savoient que dire ni que faire ; et entendirent fort à garder leur ville. Ces nouvelles s'épandirent en plusieurs lieux, à Ville-Neuve sur Allier, à Thiers, à Yssoire, à Quersy, à Riom, une grosse ville, et, là de lez, à Aigue-Perse, au chastel de Montpensier : et tous ces pays, que je vous nomme, et toutes ces villes, la greigneur partie est au duc de Berry.

Les nouvelles furent tantôt trop loin sçues, comment les Anglois, Gascons et pillards, avoient pris et conquis la bonne ville de Montferrant en Auvergne. Tous ceux qui en ouïrent parler, et à qui il en touchoit, s'en émerveilloient et s'en doutoient, et frémissoient les voisins pays, Auvergne, Bourbonnois, Forez et jusques en Berry. Quand les nouvelles en furent venues à Paris, le roi et ses oncles en furent tout courroucés ; ce fut raison. Pour ce temps étoit le comte Dauphin d'Auvergne à Paris pour les besognes du pays, car il en étoit souverain regard et gardien avecques le comte d'Ermignac. Si lui vinrent à très grand déplaisance ces nouvelles ; car il lui fut avis qu'il en recevroit blâme et parole : pourtant qu'il en étoit ainsi avenu, et on le savoit hors du pays. Mais l'excusance véritable et raisonnable qu'il avoit étoit telle, qu'il étoit en traité envers eux, et sur cel état il tenoit le pays pour assuré. Or ces nouvelles sçues, le comte Dauphin se départit tantôt de Paris, pour venir vers Auvergne pour remédier à ces besognes, et laissa tout son état derrière ; et chevaucha, lui et son page seulement, le chemin de Moulins en Bourbonnois, pour venir en Auvergne, et renouveloit tous les jours chevaux. En chevauchant en celle hâte, il ouït autres nouvelles à Saint-Pierre le Moustier qu'il n'avoit ouïes en devant, lesquelles je vous dirai.

CHAPITRE C.

Comment Perrot le Bernois et ses compagnons eurent conseil de non tenir la ville de Montferrant.

Quand ce vint le vendredi au matin, dont la ville avoit été prise le jeudi par nuit, si comme vous avez ci-dessus ouï parler, et que les capitaines furent tous seigneurs de la ville, premièrement les hommes tinrent-ils tous liés de-lez eux, tellement et en telle façon, qu'ils ne pouvoient partir et eux porter dommage ni contraire ; ils cherchèrent par tout, et prirent et firent trousser et enfardeler draps, touailles, linges, robes, pennes et toutes autres choses dont ils pensoient à avoir profit ; car ils avoient été en conseil ensemble et en collation, à savoir comment ils se maintiendroient, et s'ils tiendroient la ville ou non. Les aucuns s'accordoient à ce qu'ils la tinssent et s'y fortifiassent ; mais la plus saine partie le débattoit et disoit, que du tenir et là demeurer, ils feroient folie et outrage, car ils seroient enclos de tous côtés, et ils étoient trop loin de leurs forts ; et, s'ils étoient assiégés, il n'étoit pas apparent qui les pouvoit secourir, qu'ils ne fussent là dedans pris et affamés par long siége, car il y avoit au pays grand'foison de gentils hommes, de cités et de bonnes villes; et le duc de Berry, si tôt comme il sauroit ces nouvelles, y envoieroit le maréchal de France, messire Louis de Sançoirre; et aussi le comte d'Ermignac, et le comte Dauphin d'Auvergne, sans y envoyer, y viendroient mettre le siége, car là étoient de hauts barons et seigneurs : le sire de la Tour, le sire d'Apchon, le sire d'Apcher, le sire de Revel, le sire de la Palisse et plusieurs autres; et encore souverainement messire Jean Bonne-Lance y viendroit, atout grands gens : par quelle incidence, si comme ils veulent dire, elle est perdue et gagnée.

Toutes ces doutes mettoient les sages, Perrot le Bernois et Olim Barbe, avant : et encore autres raisons; car, s'ils étoient là pris ni attrapés, ils auroient perdu leur fait, et seroient punis de leur outrage; et, au mieux venir, perdroient tous les forts qu'ils tenoient. Si arrêtèrent et conclurent les capitaines ensemble, que sur le soir ils se départiroient et emmeneroient tout leur butin et leurs prisonniers, dont ils avoient plus de deux cents. Et de ce faire furent-ils soigneux d'y entendre; car ils mirent bonnes gardes aux portes, à fin que nul ni nulle qui pût découvrir leur convenant issît hors de la ville. Or vous conterai d'une escarmouche que ceux de Clermont en Auvergne leur firent.

Quand les nouvelles furent venues à Clermont que les Anglois étoient venus à Montferrant et l'avoient pris, si en furent tous ébahis, car ils leur étoient trop prochains voisins. Et eurent en plusieurs lieux plusieurs paroles et imaginations. Et vous dis qu'au dehors de Clermont, au chemin de Montferrant, a une église et maison de Frères Mendians, la plus belle, la plus forte et la mieux édifiée qu'on sache en tout le royaume de France; et y a un très beau clos et grand, fermé de beaux, forts et hauts murs, et dedans ce clos, très grand'foison de vignobles; car, an par autre, y ont bien les Frères entre cent et six vingts cuves de vin. Les aucuns disoient : « Ce seroit bon que la maison des Frères fût abattue; car par celle maison qui nous joint à notre porte pourrions-nous être perdus; et autrefois en a-t-on parlé, et si l'a-t-on voulu condamner à abattre. » Les autres disoient que non, et que ce seroit pitié et dommage si une telle maison et si belle étoit perdue ni abattue; mais qu'on allât tantôt, et de fait, devant Montferrant, eux escarmoucher, et là mettre le siége, à celle fin qu'ils ne s'en pussent jamais partir; car chevaliers et escuyers de ce pays, de Bourbonnois et de Forez, se recueilleront et retrairont celle part, et tout le pays aussi; et n'y demeureront point quatre jours, qu'ils seront enclos et assiégés.

Endementiers que tels effrois et telles murmurations couroient parmi la ville et cité de Clermont, il y eut environ soixante compagnons, bien armés et bien montés, qui s'ordonnèrent de partir et issir de la ville, pour chevaucher vers Montferrant, et faire aux barrières aucunes escarmouches; et puis s'en retourner arrière. Nul ne les dévéa, car il y avoit des plus notables de la ville en leur compagnie, et qui, selon leur état, désiroient les armes. Ils montèrent aux chevaux; et emmenèrent trente arbalétriers avecques eux; et chevauchèrent tout le pas devers Montferrant. Encore issirent, de volonté aussi, de Clermont, plus de deux cens hommes, tous de pied, qui se mirent au chemin après ces chevaucheurs, lesquels s'en vinrent jusques aux barrières de la ville de Montferrant.

Les nouvelles vinrent entre ces compagnons qui étoient seigneurs de la ville, que les hommes de Clermont les étoient venus voir, et étoient devant les barrières de la porte. De ces nouvelles furent-ils tous réjouis; et s'armèrent plus de cent, tous des plus apperts; et montèrent sur leurs chevaux; et firent ouvrir hâtivement la porte; et puis issirent hors, tous en une route en écriant : « Saint George ! » Quand ces Clermontois les virent venir ainsi, et de si grand'volonté, si furent tout effrayés et vaincus d'eux-mêmes; et commencèrent à reculer, sans montrer visage ni défense, et à fuir les uns çà et les autres là. Les mieux montés, au départir de Clermont, étoient devant; et avoient dit que sur les champs ils vouloient avoir le premier assaut; mais tantôt ils furent les premiers retournans devers leur ville; et ces Gascons après; et si leurs chevaux eussent été aussi bons et aussi frais que les Clermontois étoient, tous, ou en partie, fussent illecques demeurés. Toutes fois ils les chassèrent assez loin, et jusques à ceux de pied qui venoient. Mais quand ils virent la chasse, il n'y eut entre eux point de conroi; ains se mirent à la fuite aussi ; et sailloient de vigne en vigne et de fossé en fossé, pour eux sauver. Les arbalêtriers de Clermont, quand ils virent que leurs gens fuyoient, furent de meilleur arroi que nul des autres, car ils se mirent en un vignoble ; et là s'arrêtèrent et tendirent leurs arcs ; et montrèrent défense et visage. Jamais on ne les fût là allé querre ; et s'y tinrent tant que les Anglois furent retraits dedans Montferrant. Les Clermontois perdirent vingt de leurs hommes. Il en y eut six morts et quatorze pris. Ainsi se porta cette besogne.

CHAPITRE CI.

Comment Perrot le Bernois et les compagnons, ayant pillé Montferrant, l'abandonnèrent et se retirèrent en leurs forts ; et de la réponse qu'il fit au comte Dauphin d'Auvergne, se plaignant de ce qu'il avoit emblé cette ville là, pendant les traités.

Tout le jour, jusques à la nuit qu'ils eurent arrêté qu'ils se départiroient, entendit chacun à trousser et à mettre sa besogne à point. Droit sur le point de six heures, ils eurent tout troussé, et ensommelé leurs chevaux. Et se mirent tous à pied : il n'y en avoit pas soixante qui fussent à cheval ; et arroutèrent sur les rues leurs sommages et charriages ; et avoient bien quatre cens chevaux, tous chargés de bon et bel avoir, de draps, de nappes, pennes, touailles, et de toutes autres choses qui leur étoient nécessaires. Ils trouvèrent les écrins tout pleins en ces riches hôtels ; mais ils les laissèrent tout vuides. Ils arroutèrent et alloyèrent leurs prisonniers deux en deux ; et puis quand ils eurent tout fait, sur la nuit ils firent ouvrir la porte et s'en partirent. Ils n'arrêtèrent en Montferrant que dix-huit heures. Ils mirent tout leur sommage et leur charriage devant, et les prisonniers, et ceux de pied, et les capitaines qui étoient à cheval venoient tout le pas derrière. Il étoit nuit et faisoit brun ; et si n'étoit pas le pays avisé de ce trait ; parquoi ils ne furent point poursuivis. Environ minuit, ils vinrent à Ouzac dont ils s'étoient partis le second jour devant, et là détroussèrent leur pillage, et se aisèrent de tout ce qu'ils trouvèrent ; et ils avoient bien de quoi, car il me fut dit, au pays même, qu'ils eurent de profit en ce voyage la valeur de cent mille francs et leurs prisonniers. Seulement messire Pierre de Giac, chancelier de France, y perdit bien en or trente mille francs.

Moult bien furent conseillés ces compagnons anglois et gascons de ce qu'ils laissèrent Montferrant en Auvergne si tôt. Car s'ils y fussent demourés ni arrêtés deux jours, jamais ne s'en fussent partis, fors en grand danger ; et espoir y eussent laissé les vies. Car tout le pays d'environ, chevaliers et écuyers, se mettoient ensemble ; et y venoient à puissance pour y mettre le siége ; tels que le sire de la Tour, le sire de Montagu, le sire d'Apchier, le sire d'Apchon, messire Guichard Dauphin, messire Hugues Dauphin, messire Robert Dauphin, Marquois de Tavilhac, messire Louis d'Aubière, le sire de la Palisse, messire Ploustrart de Castelus et le sénéchal des montagnes. Nul ne demeuroit derrière. Et aussi le comte Dauphin s'exploitoit fort. Il eût été là sur deux jours ; mais les nouvelles lui vinrent à Saint-Pierre le Moustier, comme les Anglois et Gascons étoient retraits en leurs forts ; et lui fut conté, avecques ce, toute la besogne. Quand il en sçut la vérité, il chevaucha un peu plus à son aise ; et vint à Saint-Poursain ; et de là à Moulins en Bourbonnois ; et là trouva la duchesse de Bourbon, sa fille, qui avoit été tout effrayée de celle aventure ; toute fois, quand elle sçut qu'ils étoient retraits, quoique ceux de Montferrant eussent reçu grand dommage, elle se réjouit de ce que ses pays étoient plus assurés que devant ; car ils lui marchissoient de trop près. « Par ma foi, belle fille ! dit le comte Dauphin, je voudrois qu'il m'eût coûté grandement, et que les pillards qui s'en sont partis fussent encore tous dedans Montferrant enclos, car s'ils y étoient ils fineroient mal. Nous ne pourrions en Auvergne avoir plus belle prise pour r'avoir tous les forts qu'ils tiennent ; et savent bien, à ce qu'ils montrent, que c'est que de guerre, quand si hâtivement ils ont fait leur fait. Ils s'en sont partis et retraits en leurs forts ; et là ont mis ainsi leur pillage à sauf garant. »

Ainsi dévisoient le comte Dauphin et la duchesse sa fille ensemble. Et Perrot le Bernois, Olim Barbe, le Bourg de Compane, le Bourg Anglois, Apchon Seguin et les autres capitaines des garnisons, quand ils furent venus à Ouzac, et ils sçurent que point fut, ils départirent entre eux tout leur pillage, leur butin et leurs prisonniers. Si en rançonnèrent aucuns ; et les autres emmenèrent quand ils se départirent d'Ouzac pour aller et retraire chacun en son fort, les uns à Carlat, et les autres à Chaluset, et ainsi de garnison en garnison. Si fut tout le pays d'Auvergne mieux sur sa garde qu'il n'eût en devant été. Toutefois le comte d'Ermignac et le comte Dauphin envoyèrent par devers Perrot le Bernois, en disant : que faussement et traîtreusement il avoit pris et emblé la ville de Montferrant, et levé pillage, et emmené les bonnes gens, et que tout ce fût amendé : car ils étoient en traité ensemble, si comme il le savoit bien. Perrot le Bernois répondit à ces paroles, et dit : que, sauve fût leur grâce, il, de sa personne, et tous les sept capitaines qui avoient été à Montferrant prendre, n'étoient en nul traité envers eux, et que la ville ils ne l'avoient point prise frauduleusement, emblée ni échelée; mais y étoient entrés par la porte, laquelle on ouvrit à l'encontre d'eux et de leur venue. Et quand ils seroient en traité juré et scellé ensemble, ils le tiendroient, de leur partie, bien et loyaument; mais ils n'avoient pas intention qu'ils s'y dussent encore mettre. Si demoura la chose en cel état ; et n'en purent les seigneurs autre chose avoir. Messire Pierre de Giac fut fort courroucé de ce qu'il avoit perdu, et les hommes de Montferrant qui pris avoient été se rançonnèrent au plus bellement comme ils purent. Ainsi en advint de celle aventure.

CHAPITRE CII.

Comment le duc de Berry fit les noces de sa fille Marie avec Louis de Blois, et de son fils Jean de Berry avec Marie de France ; et comment elle mourut assez tôt après, et madame Jeanne d'Ermignac, duchesse de Berry, semblablement.

En l'an de l'incarnation Notre Seigneur Jésus-Christ, mil trois cent quatre vingt six, au mois d'août, se départit le comte Guy de Blois, et la comtesse Marie sa femme, bien accompagné de chevaliers et d'écuyers, de dames et de damoiselles, et en bon arroy, et bien ordonnées, de la ville de Blois; et se mirent au chemin pour venir en Berry; et emmenèrent avecques eux leur jeune fils Louis de Blois qui l'année en devant avoit juré et fiancé Marie, fille au duc de Berry; et étoit l'intention au comte de Blois et à la comtesse que, eux venus à Bourges en Berry, leur fils procèderoit avant au mariage ; et aussi étoit telle l'intention au duc de Berry et à la duchesse sa femme. Si que, quand toutes ces parties furent les unes venues devant les autres, le mariage de ces deux jeunes enfans se confirma. Et furent conjoints par mariage ensemble, en l'église cathédrale de Saint-Étienne de Bourges par un vaillant homme et prélat, le cardinal de Tury, lesquels un chevalier de Berry, et l'évêque de Poitiers, en l'an devant avoient fiancés ensemble. A ces noces et à ce mariage de Louis de Blois et de madame Marie de Berry, eut en la cité de Bourges grandes fêtes et grands ébattemens, et grandes noces et solemnelles, et grands joutes de chevaliers et écuyers ; et durèrent les fêtes plus de huit jours. Quand tout ce fut accompli, le comte de Blois et la comtesse prirent congé au duc de Berry et à la duchesse ; et se mirent au retour; et s'en retournèrent à Blois ; et emmenèrent avec eux leur jeune fille.

En celui an aussi épousa Jean de Berry, fils au duc de Berry, qui pour ce temps s'appeloit comte de Montpensier, Marie de France, sœur au jeune roi Charles de France. En l'année même que ces mariages furent faits, en temps de carême, vinrent la duchesse de Berry et Marie de France, la fille et leur fils, en la ville de Blois, voir le comte de Blois et la comtesse et leurs enfans. Si furent recueillis dedans le chastel de Blois, bien grandement et puissamment, et tous leurs gens aussi ; car le comte Guy le savoit bien faire. A toutes ces choses dont je parle, je fus présent.

Quand la duchèsse de Berry et ses enfans eurent là été trois jours, ils se départirent et prirent le chemin de Poitiers ; mais ils allèrent par eau, sur la rivière de Loire, jusques à Amboise ; et depuis là, à chars et à chevaux, tant qu'ils furent en Poitou. Si tinrent leur hôtel la duchesse et ses enfans, le plus, en un bel chastel et bonne ville qu'on dit Chinon.

En cel an mourut Marie de France, qui jeune étoit, la femme au comte de Montpensier.

Assez tôt trépassa aussi de ce siècle madame Jeanne d'Ermignac, duchesse de Berry. Ainsi furent le duc de Berry et son fils à remarier, si comme ils furent puis après remariés ; mais ce ne fut pas si tôt. Desquels mariages et espécialement de celui du duc, je vous en parlerai quand temps et lieu sera, pour ce que notre matière requiert et demande qu'il soit déclaré.

CHAPITRE CIII.

Comment, étant le conseil de France en délibération d'aller contre le duc de Guerles qui avait outrageusement défié le roi, le duc de Berry envoya le comte d'Estampes vers le duc de Bretagne, pour tâcher premièrement à le regagner au parti de France, après s'en être presque ouvertement étrangé par la prise du connétable de Cliçon.

Vous avez bien cy-dessus ouï recorder comment le duc de Guerles avoit défié le roi de France, par défiances impétueuses et dont on parla en plusieurs manières dedans le royaume et dehors aussi, pourtant que les défiances, si comme renommée couroit, n'avoient pas été courtoises, mais hors du stile, usage et ordonnance des autres défiances. Bien est vérité que j'en vis aucunes cédulles, jetées et escriptes en papier; et disoit-on que c'en étoit la propre copie. Mais, pourtant que je ne les vis ni scellées, ni approuvées ainsi que telles choses doivent être, qui touchent si grandement que d'un petit prince, au regard du roi de France avoir défié si haut si noble et si puissant roi que le roi de France, je n'y ajoutai point de foi ni de crédence. Nequedent, on montra bien depuis au royaume que les défiances déplaisoient, et qu'on vouloit qu'il fût amendé, et que ce duc de Guerles s'excusât des impétueuses paroles qui en la défiance étoient contenues. Car on ne pouvoit voir, ni trouver au conseil du roi, que celle chose demourât honorablement ainsi, car les hauts barons de France disoient que, si le roi n'y remédioit, quoi ni combien qu'il dût coûter de finance ni de chevance au royaume de France, on y prendroit trop grand blâme. Car le roi étoit jeune et à venir, et en volonté de travailler; et bien l'avoit montré en Flandre et ailleurs, comment de bonne volonté il alloit au devant de ses besognes; et si il n'alloit au devant de ceux qui étoient hors rieulle de raison, les pays voisins auxquels il n'en touchoit rien, en parleroient diversement sur les nobles du royaume de France qui avoient le roi à conseiller, et avoient juré à garder son honneur.

A toutes ces choses remettre à point et à former sur droit, et que le roi ni le royaume n'y eussent point de blâme, rendoit grand'peine et conseil le sire de Coucy; et montroit bien que la chose lui touchoit. Car il connoissoit trop mieux les Allemands que nul des autres; pourtant qu'il avoit travellé et été entre eux plusieurs fois, tant pour la chalenge de la duché d'Osterice dont on lui faisoit grand tort, que pour autres incidences et actions qu'il avoit eues entre eux. Aussi, les deux oncles du roi véoient bien que la greigneur partie des nobles du royaume s'inclinoient à ce qu'il fût amendé; et par espécial le duc de Bourgogne y avoit grande affection, et pour cause; car le duc de Guerles hérioit sa belle ante, la duchesse de Brabant et son pays, lequel héritage lui devoit retourner après le décès des dames qui jà étoient toutes anciennes, la duchesse et sa sœur. Si eût le duc de Bourgogne vu volontiers, ou par guerre, ou par moyen, que ce duc de Guerles, qui étoit assez chevaleureux, fût rebouté et appaisé. Or convenoit, avant que toutes ces choses se fissent, que les membres du royaume de France fussent tous en un. Car trop long chemin y avoit, pour le roi, à aller de France en Allemagne conquêter terre et pays et mettre seigneurs à raison et à mercy; et ne le pouvoit le roi faire seul, qu'il n'eût toute sa puissance avecques lui. Car on ne savoit pas si Allemands, qui sont convoiteux, se allieroient avecques le duc de Guerles, et lui voudroient aider à porter ses défiances.

Outre ce, le duc de Bourgogne et les autres nobles et hauts barons de France et du conseil du roi, sentoient le duc de Bretagne en grand différent contre le royaume de France; et avoit commencé à ouvrer merveilleusement; et montroit, par ses œuvres, qu'il avoit autant cher la guerre que la paix au royaume de France; et savoient bien les seigneurs qu'il pourvéoit et faisoit pourvoir en Bretagne, ses villes, ses cités, ses chastels, et ses bonnes villes, grandement et grossement, de pourvéances, en recueillant gens et artillerie, pour les défendre et tenir contre siéges. Avecques tout ce, il envoyoit et escripvoit souvent en Angleterre, et rafreschissoit le roi d'Angleterre et son conseil de paroles et de promesses traitables grandement, à amour et en reformation d'alliances, et à durer à toujours mais icelles, où les Anglois y prenoient, pour le temps à venir et pour renforcer et embellir leur guerre, grand espoir. Si ne vouloient pas les nobles du royaume de France qui le royaume avoient à conseiller, laisser celle bruine de Bretagne, qu'elle ne fût abattue ou ôtée aucunement, par bon conduit et bon incident: pourquoi le royaume fût hors de celle doute.

Car, le roi allant en Allemagne, et sa puissance, le royaume seroit grandement dénué. Et tout ce, par espécial, imaginoient et présumoient les oncles du roi. Or ne savoient-ils bonnement comment entrer en ces traités pour briser le duc de Bretagne, car jà étoient retournés ceux qui envoyés y avoient été, l'évêque de Langres, messire Jean de Vienne, et messire Jean de Bueil, et avoient bien dit et recordé au roi et à ses oncles que rien ils n'avoient fait. Si s'avisa de rechef le duc de Berry, qu'il y envoieroit son cousin, le comte d'Estampes; lequel il tenoit à doux homme, et grand et sage traiteur. Si l'en pria et lui dit : « Beau cousin, il vous faut aller en Bretagne, parler à notre cousin le duc. Si vous le trouvez dur, ni hautain en ses paroles et réponses, ne vous chaille ; ni en rien ne vous échauffez contre lui. Traitez doucement et de bonne façon; et parlez à lui sagement; et le ramenez à voie de raison ; et lui dites que le roi et moi, et beau frère de Bourgogne, ne lui voulons que tout bien et toute amour ; et que, là où il voudra demeurer de-lez nous, il nous trouvera toujours tout appareillés ; et aussi, de ces chastels qu'il tient du connétable, remontrez-lui bien et doucement, en riant, qu'à petite achoison il les a saisis, et qu'il lui plaise à les rendre ; si sera grandement à son honneur ; et que le roi lui en rendra et ordonnera d'aussi beaux et aussi bons, comme ceux-là sont, en quelque lieu qu'il les voudra choisir en son royaume. Faites tant, beau cousin, que vous nous rapportez de ce coté bonnes nouvelles ; et nullement, quelque séjour que vous fassiez, ne partez-vous point de lui, sans exploiter aucunement ; et mettez bien en mémoire tout son affaire ses réponses, et toute l'ordonnance de son état. » Le comte d'Estampes répondit à monseigneur de Berry, et dit : « Monseigneur, je le ferai volontiers. »

Depuis que le comte d'Estampes eut cette charge, de par le duc de Berry, d'aller en Bretagne devers le duc son cousin, ne séjourna-t-il pas trop longuement : mais ordonna et fit ordonner toutes ses besognes ; et se mit au chemin ; et passa parmi Chartres et le Mans, et parmi le bon pays du Maine ; et vint à Angers ; et là trouvat-il la roine de Naples qui femme avoit été au duc d'Anjou qui s'étoit en son temps escript et nommé roi de Naples, de Sicile et de Jérusalem, duc de Pouille et de Calabre et comte de Provence, et ses deux beaux fils de-lez elle, Louis et Charles. La dame reçut son cousin le comte d'Estampes liement et doucement, car bien le savoit faire. Si eurent aucuns parlemens ensemble, ainsi que seigneurs et dames ont. Là étoit de-lez sa sœur, Jean de Bretagne qui n'avoit pas trop à grâce le duc de Bretagne devers lequel le comte d'Estampes alloit, mais il s'en portoit bel, ce qu'il pouvoit, car il n'avoit nulle puissance dessus lui pour lui remontrer ni amender son mal-talent. Si lui convenoit souffrir et porter bellement.

Quand le comte d'Estampes eut là été un jour et une nuit, et il eut pris congé, il s'en partit au matin ; et chevaucha devers Chastonceaux ; et vint là ce jour ; et exploita tant par ses journées, qu'il vint en la cité de Nantes ; et là se rafreschit, et demanda du duc. On lui dit qu'il étoit en la marche de Vennes, et là se tenoit par usage. Il prit ce chemin, et fit tant par ses journées, qu'il vint à Vennes ; et là trouva le duc qui le reçut assez liement, car ils étoient prochains cousins ensemble. Le comte d'Estampes qui bien se savoit acquitter de hauts princes et de hautes dames, car il avoit été nourri et introduit entre eux et elles en sa jeunesse, s'acquitta très sagement et doucement du duc ; et ne lui remontra pas, si très tôt comme il fut venu, la principale affection de son courage : ainçois se dissimula deux ou trois jours. Puis, quand il vit son temps et son heure, il entama son procès, en lui moult humiliant envers le duc, pour le mieux attraire en son amour ; et lui dit ainsi, ou sur telle forme : « Monseigneur et cher beau cousin, vous ne vous devez point émerveiller, si je vous suis venu voir de loin, car je vous désirois moult à voir par plusieurs raisons, lesquelles je vous éclairerai, mais que bonnement y veuilliez entendre et répondre à celles. » — « Oyl, dit le duc, beau cousin, parlez hardiment votre parole ; il ne me tourne à nul déplaisance, mais à plaisir ; et vous donnerai réponse à tout ce que vous en direz. » — « Grands mercis ! dit le comte. Monseigneur, il est vérité que l'évêque de Langres et messire Jean de Vienne et messire Jean de Beuil ont ci été envoyés devers vous de par le roi et messeigneurs ses oncles, et vous ont remontré leur charge à laquelle vous avez répondu, et de la réponse ils ont fait relation à monseigneur et à ses oncles. Et pourtant que on s'émerveille grandement en France de ce que à obéissance, là où vous devez avoir, vous ne voulez venir ni descendre, tant que plusieurs murmurations en sont à la cour du roi et ens ès hôtels de ses tenables, afin que pleinement vous soyez sommé. Monseigneur de Berry, qui grandement vous aime, à ce qu'il montre, nous prie que vous veuilliez descendre à toute raison et avoir connoissance telle de votre état et affaire, que duc de Bretagne doit avoir à son naturel seigneur le roi de France; pourquoi vous n'entrez en son indignation et mal volonté; car je vous dis, monseigneur, que le roi est un sire de grand'emprise et de haute et de noble volonté. Si vous allez contre lui et il vous fasse guerre, vous ne l'aurez pas d'avantage; car les barons, les chevaliers et les bonnes villes de Bretagne, demoureront toutes de-lez lui. Laquelle chose, tant que de la guerre, pour le présent il n'a nulle volonté de le faire, si vous ne le courroucez encore secondement plus que courroucé vous ne l'ayez. Quoique plusieurs disent généralement parmi le royaume que vous l'avez bien desservi; nequedent il n'y veut ni ne peut descendre de courage; car vous êtes en France un plus haut pair qui y soit; et là où vous voudriez demourer de-lez lui amiablement, vous trouverez en lui toute amour et courtoisie ; et vous verra aussi volontiers de-lez lui que seigneur nul qui soit tenable de lui. Si vous prie, monseigneur, que à toutes ces choses vous veuilliez entendre et descendre tant que monseigneur le roi, et nous qui sommes de son lignage et du vôtre, vous en sachons gré. »

Le duc de Bretagne répondit à toutes ces paroles présentes, et montra par ses réponses qu'il n'étoit pas bien encore conseillé ; si dit : « Beau cousin, nous savons bien que tout ce que vous nous dites et montrez c'est en espèce de bien; et ainsi nous le retenons et nous y penserons, car nous n'y avons pas encore bien pensé; et vous demeurez de-lez nous tant comme il vous plaira; car votre venue nous fait grand plaisir. »

Autre réponse, pour le présent, ne put avoir le comte d'Estampes, mais il demoura de-lez le duc de Bretagne, et étoit son corps logé en son hôtel.

Environ quinze jours fut le comte d'Estampes en la cité et en la marche de Vennes, devers le duc de Bretagne qui lui montroit très grand amour et grand'compagnie; et lui montra le bel et plaisant chastel de l'Ermine qui siéd assez près de Vennes, lequel le duc avoit fait nouvellement édifier, maçonner et ouvrer, et y prenoit une partie de ses délits. Or le comte à la fois, quand il cuidoit trouver le duc en bonnes, lui remontroit doucement et sagement ce pourquoi il étoit là venu; et le duc couvertement toujours répondoit ; mais sur ses réponses on n'y pouvoit ajouter foi ni grand'sûreté de faire nulle restitution des cent mille francs et des chastels qu'il tenoit du connétable. Nequedent en la parfin il le fit, mais ce fut sans parole, sans prière et sans nulle requête de nully, quand on s'en donna le moins de garde : si comme je vous donnerai à connoître tout en traitant de la matière, et selon ce que je fus adoncques informé.

Quand le comte d'Estampes vit qu'il séjournoit là et rien n'exploitoit, si s'avisa qu'il prendroit congé au duc, et retourneroit en France devers le duc de Berry qui là l'avoit envoyé. Si prit congé au duc. Le duc le lui donna moult amiablement, et lui fit au départir présenter un très beau coursier amblant, ordonné et scellé et appareillé, ainsi que pour le corps du roi ; et lui donna un annel et une pierre dedans, qui bien avoit coûté mille francs.

Ainsi se départit le comte d'Estampes du duc de Bretagne, et se mit en chemin, et s'en retourna par Angers, et là trouva la roine de Naples et Jean de Bretagne, son frère, qui moult désiroient à ouïr des nouvelles, et lui dirent : « Beau cousin, vous devez bien avoir besogné, car vous avez moult longuement demouré. » Adonc leur recorda-t-il une partie de son exploit; dont la fin fut telle qu'il dit qu'il n'avoit rien fait. Quand il eut été de-lez eux un jour, il prit congé, et se mit à chemin pour retourner devers Tours ; et fit tant par ses journées qu'il vint en Berry, et trouva le duc de Berry à Mehun-sus-Yèvre, un sien moult bel chastel, lequel aussi il avoit fait nouvellement édifier, et encore y faisoit-il ouvrer tous les jours. Quand le duc de Berry vit le comte d'Estampes revenu, il lui fit bonne chère, et lui demanda des nouvelles de Bretagne. Il lui recorda de point en point et de clause en clause tout ce qu'il avoit vu, ouï et trouvé; et lui dit bien que ce duc de Bretagne on ne pouvoit briser, mais demouroit toujours en sa tenure. Le

[1387] duc de Berry s'en passa assez légèrement et bellement, quand il vit qu'autre chose il n'en pouvoit avoir, et retourna assez tôt en France devers le roi et son frère le duc de Bourgogne, et leur remontra comment il avoit envoyé, pour traiter, en Bretagne, devers le duc, son beau-cousin le comte d'Estampes, et quelle chose en ce voyage il avoit exploité et besogné. La chose demoura en cel état, quand on vit que l'on n'en pouvoit autre chose avoir, et demoura-t-on sur ce point.

CHAPITRE CIV.

Comment, après le département, que le duc de Lancastre fit de Gallice en Portingal, les Espaignols et les François reconquirent, en peu de temps, le pays de Gallice ; et comment les Anglois, qui avoient été à la guerre de Gallice avec le duc de Lancastre, diffamoient le pays de Castille et de Gallice en leur pays ; et comment le duc d'Irlande qui s'étoit retiré d'Angleterre fut envoyé quérir par le roi de France et son conseil.

Vous savez, si comme il est ci-dessus contenu en notre histoire, comment la départi des Anglois qui étoient en Gallice allés avecques le duc de Lancastre se fit, et comment le duc, sa femme et sa fille vinrent au Port de Portingal, et que là se tinrent un temps de-lez le roi Jean de Portingal et la jeune roine, fille au duc de Lancastre, si comme vous savez. Si il ennuyoit beaucoup au duc, assez y avoit-il cause, car rien de son profit en celle saison il n'avoit fait en Castille, mais son grand dommage ; y étant ses hommes morts de la morille, et tous les meilleurs chevaliers et écuyers de sa route. Et le pays de Gallice, qu'en venant il avoit conquêté à grand'peine, il le véoit tout reperdu et retourné devers le roi de Castille ; car, sitôt qu'il se fut départi et rentré en Portingal, et que les Espaignols virent, et les chevaliers de France qui derrière étoient demourés avecques le roi, et messire Olivier du Glayaquin, connétable de Castille, qu'il n'y avoit ens ès Anglois ni au duc de Lancastre nul recouvrer, ils entrèrent en quête de reconquérir à leur alliance et obéissance le pays de Gallice ; et ce fut tantôt fait. Car ceux des villes, des cités et des chastels de Gallice avoient plus grand'affection à être devers le roi que devers le duc de Lancastre, au cas qu'il ne pouvoit tenir les champs ni le pays ; car, si comme en Lombardie et en Italie, ils ont d'usage en Gallice et en Castille, et disent : « Vive le fort! vive qui vainque! »

II.

Tout quant que le duc de Lancastre avoit pu assembler, de la Pâques jusques à l'entrée de juillet, tout fut retourné et reconquis, et rafreschi de nouvelles gens, François ou autres obéissans au roi de Castille ; et les Anglois, qui étoient demourés, de par le duc, en Gallice, ès cités, villes et chastels, en garnison, et qui bien et paisiblement s'y cuidoient tenir et être tout l'hiver, en étoient boutés hors, ou doucement ou autrement, ou morts les aucuns qui se vouloient tenir en leur force ; et les autres qui véoyent tout mal aller s'en départoient par traité, et on leur donnoit sauf conduit de retourner en Gascogne, et de passer parmi le pays de Castille, et retourner à Bayonne ou à Bordeaux. Et de tout ce étoit bien informé le duc de Lancastre qui se tenoit en la cité du Port, et si n'y pouvoit ni savoit aucunement remédier. Si il avoit aucunes fois des angoisses et de grands déplaisances au cœur, on ne doit pas croire du contraire ; car tant plus est le sire haut et de grand'noblesse et de prudence, tant lui sont les déplaisances plus amères, quand ses besognes tournent sur le pis. Nequedent il faisoit assez bonne chère, et disoit à la fois : « Or, si nous avons perdu celle année, nous aurons, par la grâce de Dieu, autre saison pour nous. Les fortunes de ce monde sont moult merveilleuses. Elles ne peuvent pas toujours être unies. »

D'autres part aussi le roi de Portingal le reconfortoit ce qu'il pouvoit, et lui disoit : « Sire, vous vous tiendrez ici en celle terre et escriprez votre parfait état à vos frères en Angleterre, et à vos amis, quoi qu'ils en sachent assez ; et sur le mars qui retourne, ils vous envoyeront cinq ou six cens lances et deux mille archers ; et je remettrai d'autre part mon pouvoir ensemble, car mon peuple est de bonne volonté à faire guerre en Castille. Si leur ferons une bonne guerre. Une saison avient qu'un pays se perd, à l'autre se regagne. »

Le duc de Lancastre qui oyoit le roi de Portingal parler, prenoit en grand gré toutes ses paroles ; et lui disoit grand merci. Et toutefois, quoi que le roi de Portingal fût son fils, car il avoit sa fille épousée, et qu'il lui dît ce de bonne volonté, et que le duc y pouvoit bien ajouter foi, fait et créance, il ne découvroit pas tout son courage ; car bien savoit qu'Angleterre étoit troublée, et tout le pays en moult grand différend; et avoient les seigneurs à entendre à plusieurs choses, tant pour la frontière du royaume d'Escosse, qui moult leur touchoit, que pour le duc de Bretagne qui étoit en grands traités envers eux; et que à trop grand'peine, quand il se départit d'Angleterre, il avoit eu celle charge et armée de gens d'armes et archers. Si n'étoit pas son intention, car bien connoissoit les Anglois, que de rechef il dût être conforté. Car bien sentoit que le royaume d'Angleterre, pour le présent, avoit plus que son faix et charge, et que ceux qui pour la saison présente avoient été en Castille, tant gens d'armes comme archers, n'y retourneroient plus; et mettoit en doute, et le savoit de vérité, que les retournés décourageroient le demourant du pays. Nonobstant qu'il imaginât bien toutes ces choses et ces doutes, si s'en portoit assez bel envers le roi de Portugal et les barons d'icelui pays.

Quand il eut été au Port un grand temps, et séjourné, il dit au roi de Portugal que profitable lui étoit de retourner à Bayonne et en la marche de Bordeaux, pour plusieurs raisons. Car d'être en Portugal, quoi qu'on l'y vît volontiers, il n'étoit pas sur son héritage, lequel il désiroit à avoir, la terre de Bordeaux et de Bayonne; et disoit bien qu'en l'archevêché de Bordeaux et de Dax, en rentrant et descendant en Bigorre, et frontiant toute la terre des Labrissiens[1], du comte de Foix et du comte d'Ermignac, et d'outre la Gironne et la Dordogne, en rentrant en Périgord, en Quersin, en Rochellois, en Saintonge, côtoyant Poitou, rentrant en Gevaldan, en Rouergue, en Auvergne et en Limousin, avoit grand'foison de forts, et de garnisons, et de chastels, qui se tenoient bons et loyaux Anglois, et qui tous faisoient guerre, en l'ombre et au nom de lui. Si étoit bon, et pour le meilleur, qu'il fût de-lez eux, pour les reconforter et conseiller, si mestier étoit. Avecques tout ce, en Portugal il étoit trop loin des nouvelles d'Angleterre, car les Anglois ressoignoient ce voyage de Portingal, pour le lointain chemin et pour les rencontres de mer. Car toujours y sont nefs Espaignoles, ou Gallicienues, ou Sévilloises, ou des autres terres et ports de Castille, sur la mer, allans en Flandre pour leurs marchandises, ou retournans de Flandre en leurs pays; pourquoi les périls y sont trop grands. Sur toutes ces raisons, et encore autres, s'ordonna le duc de Lancastre, et eut gallées armées et frétées que le roi de Portingal fit avoir, et son maître patron Alphonse Vretat.

Quand les gallées furent chargées, armées et appareillées, et que le temps fut bon et souef, et le vent bas et coy, et bien attrempement ventant, le duc de Lancastre, la duchesse et leur fille, prirent congé au roi de Portingal et à la roine; puis entrèrent ens ès gallées et désancrèrent; et prirent le parfond de la mer, côtoyant les terres; et se mirent au danger de Dieu et du vent. Si eurent voyage bel et agréable, et vinrent, en bien briefs jours, férir et ancrer au hâvre de Bayonne. De la venue du duc de Lancastre furent moult réjouis ceux de Bayonne, car moult le désiroient, et bien lui montrèrent.

Quand le duc de Lancastre, la duchesse et leur fille, furent arrivés à Bayonne, si comme vous l'avez ouï recorder, les nouvelles s'en épandirent en beaucoup de lieux; et en furent grandement réjouis ceux de Bordeaux et du Bordelois. Si l'allèrent voir messire Jean de Harpedanne, sénéchal de Bordeaux, et le sénéchal des Landes; et aussi firent tous les gentils-hommes du pays: le sire de Mucident, le sire de Duras, le sire de Rosem, le sire de Landuras, le sire de Chaumont, le sire de l'Esparre, le sire de Chastel-Neuf, le sire de Compane, et plusieurs autres barons et chevaliers du pays. Il les recueillit ainsi comme ils venoient, ce ne fut pas tout à une fois, moult liement et moult doucement. Tous lui offrirent service et amour, ainsi comme on doit faire à son seigneur. Si se tint le duc toute celle saison à Bayonne. Et envoyoit et escripvoit aucunes fois en Angleterre, devers le roi son nevpeu, et aussi à ses frères, de son état; mais, pour chose qu'il envoyât ni escripvît, il n'étoit en rien reconforté de gens d'armes ni d'archers d'Angleterre. Et étoit, tant qu'à la vue présente du monde, le duc de Lancastre et tous ses affaires, mis en nonchaloir; et ne se levoit nul en Angleterre des seigneurs, ni s'offroit, ni s'avançoit, pour mettre gens d'armes sus, pour aller devers le duc de Lancastre. Car ceux qui avoient été au voyage de Portingal en disoient paroles déplaisantes parmi le royaume d'Angleterre, qui décourageoient tous les autres. Si disoient ces Anglois qui en Castille et en Por-

---

[1] Ceux du parti d'Albret.

tingal avoient été : « Ce voyage là ne nous est pas bien à la main. Il nous est trop loin. Mieux nous vaut, et plus profitable nous est la guerre de France. Car en France y a très souef pays, et doux et courtoise contrée, et air attrempé, et douces rivières, et beaux logis; mais en Castille n'a que roches qui ne sont pas bonnes à manger au verjus, et moult aiguës, hautes et étranges, et dur air, et rivières troubles, et vivres divers, et vins moult forts et secs et chauds et hors de notre boisson, et povres gens et ords, et qui sont mal vêtus et mal habillés, et tout hors de notre ordonnance; et est moult grand'folie d'y aller. Car, quand on entre en une grosse cité, ou ville, ou chastel, où on y cuide merveilles trouver, on n'y trouve rien que vins et bacons, et huches de sapin vuides. C'est tout le contraire du royaume de France; car là avons nous trouvé dedans les cités et les bonnes villes, plusieurs fois, quand les aventures d'armes nous venoient et que nous les conquérions, tant de biens et de richesses que nous en étions tous ébahis. A celle guerre doit-on entendre là où profit y a, et là hardiment s'aventurer, et non pas en celle méchante guerre de Castille et de Portingal, où il n'y a que toute povreté et tout dommage. »

Ainsi en mille lieux devisoient les Anglois en Angleterre, qui en Castille et en Galice avoient été; et tant que les seigneurs, qui le pays avoient à conseiller et gouverner, s'apercevoient que ce voyage étoit tout hors de la grâce des Anglois. Et aussi le pays étoit encore en trouble, et les justices nouvellement faites de Trésilien et des autres, et le duc d'Irlande parti hors d'Angleterre, et le roi Richard remis en l'administration de nouvel conseil, lequel il n'avoit pas encore bien appris. Si convenoit, par ces incidences, que les choses demourassent en dur état pour le duc de Lancastre, qui se tenoit en la cité de Bayonne, et s'y tint toute la saison.

Toutes ces besognes et ces ordonnances, tant d'Angleterre que de Castille et de Portingal, et tous les différends qui étoient advenus en Angleterre, tant du duc d'Irlande comme des autres, étoient bien sçus en France en la chambre et au conseil du roi. Or fut avisé du conseil du roi de France et de ses oncles, pour encore plus parfaitement savoir de toutes ces avenues, qu'on envoyeroit querre à Utret, de par le roi de France, le duc d'Irlande qui s'y tenoit; et lui seroit donné bon sauf conduit et sûr, pour venir en France, et là demourer tant comme au roi plairoit, et de retourner aussi arrière, si la plaisance du roi et du duc étoit.

Bien convenoit qu'il fût envoyé querre par espéciaux messagers, et que lettres du roi fussent faites espécialement, ou autrement le duc d'Irlande ne se fût point parti d'Utret et de la marche, car il savoit bien qu'il étoit tout hors de l'amour et de la grâce du seigneur de Coucy qui est un moult grand baron en France et de son lignage. Et bien y avoit cause, comme il est ci-dessus dit et éclairci; car, au vrai dire, ce duc s'étoit acquitté bien petitement vers sa femme, la fille au seigneur de Coucy; et certes c'étoit, en conscience, la principale matière, qui plus le chargeoit, et lui tolloit bonne renommée, tant en France comme ailleurs, car autant en étoit blâmé, diffamé et haï en Angleterre, comme il étoit en France.

Quand on fut avisé et entallenté au conseil du roi et de ses oncles, de le mander, le sire de Coucy le débattit grandement; mais on lui montra tant de raisons et de voies, qu'il s'en souffrit; et faire le convenoit, puisque le roi le vouloit. Le roi qui étoit jeune avoit moult grand désir de voir ce duc d'Irlande, pourtant qu'on lui avoit dit qu'il étoit bon chevalier, et que le roi d'Angleterre l'avoit tant aimé que merveilles. Si fut mandé par un chevalier et un clerc secret du roi. Quand le duc d'Irlande ouït les premières nouvelles que le roi de France le demandoit, si fut moult émerveillé; et eut mainte imagination sur ce mandement, à quoi il pouvoit tendre ni toucher. Toutefois en son conseil il trouva, que, sur le sauf conduit du roi, il pouvoit bien aller en France, voir le roi et puis retourner, si bon lui sembloit. Si fit ainsi, et se départit d'Utret et se mit au chemin, avecques ceux qui de par le roi l'étoient allés querre; et chevauchèrent tant par leurs journées qu'ils vinrent à Paris, car pour le temps le roi se tenoit là, et au chastel du Louvre. Si fut ce duc bien venu et recueilli du roi et de ses oncles moult liement. Si voult le roi de France qu'il prît sa résidence en France; et lui fit administrer place et hôtel, pour lui et pour son état tenir. Il avoit bien de quoi, car il avoit mis hors d'Angleterre grand'finance, et encore lui en devoit aussi le connétable de France, pour la rédemption de Jean de Bretagne, dont il n'étoit pas encore tout payé. Si alloit et venoit le duc d'Irlande à la fois devers le roi; et lui étoit faite bonne chère; et à toutes les fêtes, joutes et ébattemens que le roi faisoit, le duc d'Irlande y étoit toujours des premiers appelé.

CHAPITRE CV.

Comment le conseil de France ne se pouvoit accorder qu'on menât le roi en Allemagne, pour les incidences du royaume; et comment le duc de Bretagne faisoit ses garnisons en son pays, et alliances aux Anglois et au jeune roi de Navarre; et de l'armée que les Anglois mirent sur la mer.

Vous savez comment le comte d'Estampes fut, de par le duc de Berry, envoyé en Bretagne devers le duc, lequel il cuida moult bien par ses paroles amener et attraire à raison; mais il n'en put chevir ni à chef venir, et s'en retourna sans rien exploiter. Dont on étoit tout ébahi en France, voire ceux, à qui il en touchoit, qui du conseil du roi s'embesognoient; car ils sentoient le roi en très grand désir d'aller en Allemagne, voir la terre de son cousin le duc de Julliers, et prendre vengeance des hautaines et felles défiances dont le duc de Guerles l'avoit défié. Or imaginoient les sages, qui bien concevoient et pensoient l'affaire, un trop grand péril pour le royaume, car ils entendoient et clairement véoient, que le duc de Bretagne ne vouloit venir ni condescendre à raison; mais tenoit son propos, lequel étoit moult préjudiciable contre l'honneur et majesté souveraine du royaume de France, que d'avoir pris le connétable, et rançonné à cent mille francs, et à trois chastels et une bonne ville. En entendoient encore les seigneurs, qui du conseil du roi le plus se chargeoient et ensoignoient, que le duc de Bretagne avoit grands traités au roi d'Angleterre et aux Anglois, et qu'il pourvéoit fortement et durement ses villes et ses chastels parmi Bretagne, et acquéroit de toutes parts amis et alliances. Tant que des barons, des prélats, et nobles de Bretagne, voire la greigneur partie et la plus saine, on ne s'avoit que faire de douter en France, ou qu'ils voulsissent demourer de-lez le duc à l'encontre du roi et du royaume de France; tout ce ne feroient-ils jamais, car les chevaliers et écuyers de Bretagne sont bons et loyaux François. Mais on se doutoit en France, et à bonne cause, que, si le roi se départoit et sa puissance, car autrement ne pouvoit-il aller en Allemagne, que le duc de Bretagne ne mît les Anglois en son pays, fût à Saint-Malo, ou à Saint-Mahieu, ou à Lamballe, ou à Kemperlé, ou à Lautriguier, ou à Guerrande, ou à Bouteville, ou à Vennes, ou sur les bandes de la mer, là ou les Anglois voudroient descendre; et plus belle entrée ne pourroient-ils avoir en France que par Bretagne. Si ne savoit-on comment, à l'honneur du roi et du royaume, on pût à ce duc briser son fait.

Bien est vérité que les aucuns nobles du conseil du roi mettoient en terme et disoient ainsi : « Ce sera moult grand blâme, si le roi rompt ou brise son voyage pour ce duc de Bretagne, qui n'est pas encore sire de son pays, en tant que les barons, chevaliers et écuyers de Bretagne, ne seroient jamais contre nous, pour tenir l'opinion du duc. Le roi, au nom de Dieu, fasse son voyage, et le connétable et les Bretons demourent en leur pays, et gardent la terre. » Celle parole fut grandement soutenue au conseil du roi de France, et les autres disoient : « Nenny. Ce ne se peut faire. Le roi ne feroit jamais ce voyage, sans son connétable, car il sait plus que c'est de guerre que nuls autres chevaliers. » Dont arguoient les autres et répondoient : « Si demeure le roi. Il doit suffire, si ses deux oncles ou l'un y va. Monseigneur le duc de Bourgogne y voise, et emmène deux mille lances et six ou sept mille gros varlets. Il est tenu principalement d'y aller, car la guerre est sienne, et se meut du côté de Brabant, et aura tous les Brabançons avecques lui, où il trouvera bien sept cens lances, et bien vingt ou trente mille hommes des communautés du pays de Brabant. »

Donc répondirent les autres : « Vous ne dites rien, car le roi y veut aller; et dit qu'il est chef de celle guerre, car on l'a défié; et si ira, puis qu'enchargé l'a. Et c'est bon qu'il y voise, car il est jeune; et, tant plus continuera les armes, et plus les aimera. »

Adonc répondoit encore un autre en rompant tous ces propos : « Qui sera si osé, qui conseille le roi ni enhorte d'aller en Allemagne, ce lointain pays, et entre ces Allemands, qui sont si hautains gens, et très périlleux à entrer sur eux? Encore, si on n'y est entré, y a trop bien manière de retourner. Car, quand ils sentiront le roi et les nobles du royaume de France entrés en leur pays, tous se cueilleront ensemble, et se mettront sus un certain pas qu'il connoîtront, et les nôtres non, et nous pourront porter trop grand dommage, car ils sont moult convoiteux, et plus que nulles autres gens; et n'ont point pitié de nulluy, puis qu'ils en sont seigneurs; mais les mettent en prisons étroites, et en ceps merveilleux, en bines, en fers, en grésillons, et en autres attournemens de prisons, dont ils sont de ce faire subtils, pour attraire plus grand'rançon. Et, quand ils sentent qu'ils ont à prisonnier un grand seigneur, ou un noble et vaillant homme, ils en sont trop grandement réjouis; et les emmènent avecques eux en Bohême ou en Ostriche, ou en Sassoigne, ou autre part; et les tiendront en lieux et en chastels inhabitables. Allez les querre là. Telles gens valent pis que Sarrasins ni payens, car la grand'ardeur de convoitise qu'ils ont en eux, leur toult toute la connoissance d'honneur. Allez; et si menez le roi entre tels gens, et puis, qu'il en mésavienne, ainsi que les fortunes sont merveilleuses et périlleuses, on dira qu'on l'aura trahi et là mené pour la destruction du royaume, et non pour l'augmentation. Avecques tout ce, Dieu défende le royaume de tout dommage et péril! mais à présent, qui perdroit le roi et une partie des nobles qui iroient avec lui, car s'il va en Allemagne il ira bien accompagné, le royaume de France sans nulle recouvrance seroit perdu. Or conseillez donc le roi à aller en tel voyage. » — « Et quelle chose en pourra-t-on adoncques faire? » disoient les autres. « Au nom de Dieu, répondirent les biens conseillés selon leur imagination, et qui justement glosoient les périls et pesoient les fortunes et les aventures qui pouvoient avenir, ni le roi n'y voise, ni nul n'y voise à grand'puissance. Ce duc de Guerles est jeune, et jeunesse et fumée de tête l'a à présent ému de défier le roi de France. Ce n'a pas été grand sens ni bon conseil : fors de jeunes gens : qui s'outrecuident [1] et lesquels veulent voler, avant qu'ils aient ailes. Or, puis qu'il a défié le roi de France, qu'on le laisse mettre en avant, et poursievir sa défiance. Le royaume de France est grand. S'ils se boutent ni mettent sur nulle des bandes, le roi en sera tantôt informé; et lors aura-t-il cause et juste querelle d'émouvoir son peuple, et d'aller contre lui, et de le combattre s'il le trouve en son conseil et à jeu parti, ou le faire mêmement sur le champ retourner et venir à mercy, ou le faire fuir devant lui et rentrer en Allemagne; et là aura le roi plus d'honneur assez, et le royaume moins de frais ni de coûtage que d'aller en Guerles. Car nous entendons, par ceux qui connoissent le pays, qu'il y a à passer, avant qu'on puisse entrer en Guerles ni venir jusques au duc, s'il veut, quatre grosses rivières; et la moindre est aussi grosse comme la rivière de Loire est à Nevers ou à la Charité, et ord pays et brucqueux [1] et mal logeable. Or allez; et conseillez le roi, si vous osez, de faire un tel voyage et emprise. »

Ainsi que je vous dis, en ce temps étoient en plusieurs et diverses imaginations et paroles les aucuns nobles du conseil du roi de France, aux quels il touchoit grandement d'en parler; et pesoient bien ce voyage que le roi de France vouloit faire. Nequedent il se fût trop plutôt avancé qu'il ne fît, si on ne doutât le venin, qui pouvoit naître et venir de Bretagne et du duc même. Tout ce le retardoit trop grandement; et bien avoit-on cause de le douter, car le duc de Bretagne qui étoit tout informé de ces défiances du duc de Guerles, et aussi de l'imagination que le jeune roi Charles avoit d'aller en Allemagne, n'attendoit autre chose, sinon qu'on se fût mis au chemin et parti loin du royaume. Il avoit ordonné et tout conclu, entre lui et les Anglois, qu'il eût bouté les Anglois en son pays; et jà avoit il par ses subtils tours attrait à lui et à son accord, la greigneur partie des corps des bonnes villes de Bretagne, et par espécial Nantes, Vennes, Rennes, Lautriguier, Guerrande, Lamballe, Saint-Malo, et Saint-Mahieu-de-fine-Poterne, mais les corps des nobles ne pouvoit-il avoir. Or imaginoit-il qu'iceux s'en iroient avecques le connétable en Allemagne; et en seroit sa guerre plus douce et plus belle. Si faisoit le duc de Bretagne ses villes et ses chastels grossement et grandement pourvoir de toutes choses qui à guerre pouvoient appartenir, vivres et artilleries; et montroit bien qu'il s'inclinoit plus à la guerre qu'à la paix. D'autre part aussi il

---

[1] Se croient en état de faire au-delà de leurs moyens.

[1] Couvert de bruyères.

avoit grandes alliances à son serourge, le jeune roi Charles de Navarre, et le roi à lui, car le duc lui promettoit, que, s'il pouvoit venir à ses ententes, et qu'il tenist puissance de gens d'armes et d'archers d'Angleterre sur les champs, il les meneroit tout droit en Normandie, et recouvreroit de prime-face toutes les bonnes villes et les chastels que le roi Charles[1] de France, oncle de ce roi de Navarre, avoit pris et fait prendre par ses gens, le seigneur de Coucy et autres. Sur cel état avoit le roi de Navarre grand'espérance, et en tenoit en double amour le duc de Lancastre qui séjournoit à Bayonne; et avoit entre eux grandes alliances; et de toutes ces choses on en vit les apparences, si comme je vous dirai ci-après.

En l'an de grâce Notre Seigneur mil trois cens quatre vingt et huit, le septième jour du mois d'avril, fut conclu, arrêté et ordonné, au conseil du roi d'Angleterre et de ses oncles, le duc d'Yorch et le duc de Glocestre, que le comte Richard d'Arondel, tout en chef et souverain d'une armée par mer, où il auroit mille hommes d'armes et trois mille archers, se trairoit à Hantonne, et là seroit le quinzième jour du mois de mai, et y trouveroit sa nave toute prête, chargée et appareillée; et là à ce jour devoient être en la marche tous ceux qui avecques lui devoient aller en ce voyage. Si tint le roi d'Angleterre, le jour Saint-Georges en suivant, une très grande fête au chastel de Windesore : et là furent, ou en partie, les chefs des seigneurs qui avecques le comte d'Arondel devoient aller en ce voyage; et prirent là congé du roi, et à ses oncles, à la reine et aux dames. Si furent tous à Hantonne, ou là près, au jour qui ordonné y étoit. Puis entrèrent en leurs vaisseaux le vingtième jour de mai, qu'il faisoit très bel et très joli. Là étoient le comte d'Arondel, le comte de Notinghen, le comte de Devensière, messire Thomas de Persy, le sire de Cliffort, messire Jean de Warvich, messire Guillaume-de-la-Sellée[2], le sire de Cameux, messire Étienne de Libery, messire Guillaume Helmen, messire Thomas Moreaux, messire Jean d'Aubrecicourt, messire Robert Scot, messire Pierre de Montbery, messire Louis Clanbo[3], messire Thomas Coq, messire Guillaume Paule et plusieurs autres. Et étoient de bonnes gens d'armes mille lances et trois mille archers ou environ; et ne menoient nuls chevaux, car ils espéroient que si les choses venoient à leur entente, ils entreroient en Bretagne, et là se rafreschiroient et trouveroient des chevaux assez, et à bon marché, pour eux servir. Et faisoit ce jour qu'ils se désancrèrent de Hantonne, si coi et si seri que la mer étoit toute paisible et toute ainsi que à l'uni. Si vinrent le second jour en l'île de Wisk, et là s'ébattirent tant que vent leur revint. Si rentrèrent en leurs vaisseaux; et puis tournèrent vers Normandie; et ne tiroient à prendre terre nulle part, fors à frontoyer les terres de Normandie et de Bretagne, tant qu'autres nouvelles leur viendroient. Si menoient en leur armée vaisseaux qu'on appelle baleiniers courseurs, qui frontioient sur la mer et voloient devant pour trouver les aventures, ainsi que par terre aucuns chevaliers et écuyers montent sur fleur de coursiers, volent devant les batailles, et chevauchent pour découvrir les embûches. Nous nous souffrirons un petit à parler de celle armée, et parlerons des besognes de Guerles et de Brabant, et conterons, à présent, comment on mit le siége devant la ville de Gavres.

CHAPITRE CVI.

Comment les Brabançons mirent le siége devant la ville de Gavres ; comment le connétable de France prit Saint-Malo et Saint-Mahieu-de-fine-Poterne, y mettant gens en garnison.

En ce temps et en le même mois de mai, s'émurent les nobles de Brabant, chevaliers et écuyers et bonnes villes, sus l'entente que pour aller mettre le siége devant la ville de Gavres, et disoient ainsi les Brabançons : « Nous entendons que le roi de France à puissance veut venir en ce pays et entrer en Guerles; il nous montre grand amour; à tout le moins montrons-lui aussi que la guerre est nôtre, et faisons tant que nous ayons honneur. Allons et conquérons, soit par siége, soit par assaut, la ville de Gavres. Si aurons une belle entrée et à notre aise, et le roi aussi en la duché de Guerles. Ce ne nous devroit pas trop longuement tenir. » De celle emprise étoit trop grandement réjouie la duchesse de Brabant, et en savoit à ses gens, de la bonne volonté qu'ils lui montroient, très grand gré. Sur cel état ils ne mirent nul délai; mais se départirent les hommes par connétablies des bon-

---

[1] Charles V.
[2] William Leslie. — [3] Clanborough.

nes villes de Brabant, de Bruxelles, de Louvain, de Nielle, de Liége et de toutes les autres villes; et se mirent sus les champs en grand arroi et en bonne ordonnance; et firent arouter grand charroi et grand'foison d'atournemens d'assaut: engins, canons, trébus, espringales, brigoles et arcs à tour, et tout ce dont ils pensoient à avoir métier; et de tentes, et de trefs, et de pavillons grand'foison; et de vivres bien et largement; et prirent le chemin de la Campine et exploitèrent tant qu'ils vinrent au Bois le Duc, une bonne ville en Brabant, à quatre lieues de Gavres; et là s'assemblèrent de tout le pays, et puis s'en vinrent mettre le siége et le bâtir moult puissamment devant la ville de Gavres qui est forte assez; et firent dresser leurs engins devant par bonne ordonnance. Aussi barons, chevaliers et écuyers qui acquitter se vouloient devers leur dame la duchesse, se logeoient chacun sire selon son état et entre ses gens, par l'ordonnance du maréchal. La duchesse de Brabant, pour mieux montrer que la chose lui plaisoit, et pour ouïr souvent des nouvelles du siége, s'en vint tenir son état et sa mansion en la ville de Bois le Duc.

Si fut ce siége de Gavres de grand'entreprise et plentureux, en l'ost de Brabant, de tous biens, et y recouvroit-on aussi bien de ce qu'on vouloit avoir, pour ses deniers, et aussi à bon marché, comme on faisoit au-devant en la ville de Bruxelles. Si y avoit presque tous les jours escarmouches aux barrières de Gavres, des compagnons, qui aventurer s'y alloient; et aussi les arbalétriers à la fois y alloient traire et escarmoucher. Une heure étoient reboutés, et à l'autre reboutoient, ainsi que les aventures aviennent en tels partis d'armes.

Le duc de Guerles étoit bien informé de ce siége et de tout ce qu'il avenoit, car il se tenoit à quatre lieues près en la ville de Nimaige; et escripvoit souvent de son état en Angleterre; dont il pensoit à être reconforté; et avoit espérance que l'armée des Anglois qui étoit sur la mer, et de laquelle le comte d'Arondel étoit chef, en brefs jours, quand ils voudroient, et vent à ce propre auroient, viendroit en la duché de Guerles et lever le siége. Bien savoit le duc de Guerles que la ville de Gavres étoit forte; et si l'avoit fait pourvoir grandement et grossement; et n'étoit pas à conquerre par assaut, fors que par traité; mais il sentoit ceux de Gavres larges et féaux envers lui; ni pour rien ils ne le relenquiroient. Si s'en sentoit plus assuré.

Ainsi se tint le siége devant Gavres, des Brabançons, long et grand en celle saison; si comme vous pouvez ouïr. Et l'armée du comte d'Arondel et des Anglois vaucroit sur la mer; et ne prenoit nulle part terre; et n'éloignoit point les frontières de Bretagne et de Normandie; tant que les Normands, devers le Mont-Saint-Michel, et en côtoyant toute la bande en descendant jusques à la bonne ville de Dieppe, de Saint-Valery, du Crotoy et de Ponthieu, n'étoient pas là assurés; car ils ne savoient à quoi ils tendoient. Si furent ces ports et villes de Normandie pourvus de par le roi de France et rafreschis de bonnes gens d'armes et d'arbalétriers, pour résister à l'encontre des périls; et furent mis et établis, de par le maréchal de Blainville, en la ville de Carentan qui siéd sur la mer et qui jadis avoit été héritage du roi Charles de Navarre, le sire de Hambuye et le sire de Courcy, deux grands barons de Normandie. Le connétable de France se saisit sagement de la ville de Saint-Malo; et aussi fit-il de celle de Saint-Mahieu; et très tôt comme put savoir que les Anglois étoient sur la mer, il y mit gens de par lui et au nom du roi de France.

En celle saison cuidèrent bien les Bretons avoir la guerre toute ouverte à l'encontre de leurs seigneurs; et disoient chevaliers et écuyers, que l'armée sur mer des Anglois n'y étoit en autre instance, et que le duc de Bretagne les y avoit mandés pour les mettre en son pays, par les apparences qu'on y véoit, car ouniement ils frontoyoient toujours les bandes de Bretagne; ni point ils ne s'en éloignoient, si force de vent ne les rebutoit arrière en la mer; mais toujours, comment l'affaire allât, ils retournoient devant Bretagne.

CHAPITRE CVII.

Comment le duc de Lancastre eut en pensée de marier sa mainsnée fille au duc de Touraine, frère du roi Charles sixième : et comment, en étant parlé au duc de Berry pour son fils, il en envoya lettres et messages au duc de Lancastre, et comment le duc envoya la copie des lettres en Foix et en Navarre, afin qu'elles fussent publiées en ce pays, et demanda conseil à ses gens sur ces besognes.

Vous savez, si comme il est ci-dessus contenu, comment le duc de Lancastre étoit issu et départi hors du royaume de Castille et de Portingal. Les imaginations, qu'il avoit à ce, lui tournoient à grand'déplaisance; car il véoit bien ses besognes trop troubles et obscures, ainsi que les infortunes, à la fois, à toutes gens viennent soit en bien, soit en mal quand on s'en donne le moins de garde; car quand il se départit du royaume d'Angleterre, bien accompagné de bonnes gens d'armes et d'archers, il cuidoit bien autrement exploiter en Castille qu'il ne fit. Il véoit et oyoit recorder, quand il en vouloit demander, que sur quinze jours il avoit reperdu en Galice ce que au conquerre il avoit mis largement seize semaines; et avecques tout ce, ses gens étoient morts et épars, l'un çà et l'autre là; ni nul confort il n'espéroit à avoir d'Angleterre, car les Anglois étoient tous lassés de celle guerre d'Espagne. Elle leur étoit trop dure et trop lointaine. Et si sentoit bien aussi que le royaume étoit en autre état.

Or ne voyoit le duc de Lancastre sur ses affaires nul bon moyen ni reconfort en ses besognes. Petit en parloit, mais moult fort y pensoit: et figuroit à la fois, en ses imaginations, son voyage, à l'emprise et voyage de son cousin le duc d'Anjou qu'il avoit fait au royaume de Naples. Car, au départir du royaume de France, il s'en y étoit allé bien garni, et aussi étoffément que nul sire pourroit être allé, en grand arroi, riche, noble et puissant, et grand foison de belles gens et bonnes gens d'armes; et la fin avoit été telle, que tout mort et tout perdu avoit.

Ainsi comptoit le duc de Lancastre son fait tout à néant. Et le déconfort qu'il prenoit à la fois ce n'étoit pas merveilles, car le comte de Foix qui se tenoit en Béarn, en son pays, et qui avoit grand sens et imaginatif, comptoit aussi en parlant entre les siens, le duc de Lancastre pour tout perdu, tant qu'à la conquête du royaume de Castille. Le duc de Lancastre qui sage et vaillant prince étoit, entre ces déconforts étoit patient; et recevoit à la fois un très grand réconfort. Je vous dirai de quoi et comment. Il véoit une belle fille qu'il avoit de madame Constance, sa femme, qui fille avoit été du roi Dam Piètre, et en quelle instance [1] il faisoit la guère en Castille. Si pensoit et disoit ainsi: « Si la fortune pour le présent m'est dure et diverse, elle se retournera pour ma fille, qui est belle et jeune, et à venir, car elle a grand droit au halenge et héritage de Castille, de par son tayon et de par sa mère. Quelque vaillant homme de France ou d'ailleurs la convoitera, tant pour l'héritage qui de droit lui doit revenir, que pour son lignage, car elle peut bien dire qu'elle est de la plus haute et noble extraction des Chrétiens. »

Si eût volontiers vu le duc de Lancastre, que nouvelles et traités lui fussent venus de France, car bien savoit que le jeune roi de France avoit un jeune frère qui s'appeloit duc de Touraine; et disoit ainsi sur le point de son reconfort: « Par ce jeune fils le duc de Touraine se pourroit recouvrer notre droit en Castille; car il est vérité que la puissance de France a mis et tient nos adversaires en l'héritage de Castille. Aussi s'ils vouloient le contraire, ce leur seroit moult léger à faire, de mettre jus ceux qui en sont en possession, et y remettre ma fille, au cas qu'elle auroit le frère du roi de France. »

Sur ces imaginations s'arrêta tant le duc de Lancastre, que aucuns apparens il en vit, non pour Louis le duc de Touraine, mais pour autrui; et qui étoit bien taillé de faire un grand fait en Castille: car pour ce temps il avoit la greigneur partie du royaume de France, et par lui étoit tout fait, et sans lui n'étoit rien fait. Je le vous nommerai; c'est le duc de Berry.

Vous savez, si comme il est ci-dessus contenu en notre histoire, comment le duc de Berry et son fils étoient veufs de leurs deux femmes. Ce sais-je tout surement, car je, auteur et augmenteur de ce livre, pour ces jours j'étois sur les frontières de ce pays de Berry et de Poitou, en la comté de Blois, de-lez mon très cher et honoré seigneur le comte Guy de Blois, pour lequel celle histoire est emprise, poursuivie et augmentée. Le duc de Berry, entre toutes autres imaginations et plaisances qu'il avoit, c'étoit celle de lui remarier; et disoit entre ses gens moult souvent, une heure en revel et l'autre en sens, qu'un hôtel d'un seigneur ne vaut rien sans dame, ni un homme sans femme. Donc lui fut dit de ceux où il se fioit le plus et découvroit de ses secrets et besognes: « Monseigneur, mariez Jean votre fils; si en sera votre hôtel plus lie et de beaucoup mieux refait. » — « Ha, disoit le duc, il est trop jeune. » — « Trop jeune! disoient ses gens. Et vous voyez que le comte de Blois a marié Louis son fils qui est

---
[1] Au nom de laquelle.

aucques de son âge à Marie votre fille. » — « Il est vérité, disoit le duc. Or nommez femme pour lui. » — « Nous vous nommons la fille au duc de Lancastre. »

Adoncques pensa le duc de Berry sur celle parole, et n'en répondit pas si tôt ; et entra en imagination trop grande ; et s'en découvrit à ceux qu'il tenoit ses plus secrets ; et dit : « Vous parlez de marier Jean, mon fils, à ma cousine, la fille au duc de Lancastre. Par Saint Denis, vous m'en avez avisé, ce sera une bonne femme pour nous. Or tôt, on escrisse à notre cousin de Lancastre ! Il se tient à Bayonne, si comme je suis informé. Je lui vueil signifier que je lui envoyerai hâtivement de mon conseil, pour traiter de mariage. Pour moi le dis, non pour mon fils. Je le marierai ailleurs. »

Quand les conseils du duc de Berry l'entendirent ainsi parler, si commencèrent tous à rire. « Et de quoi riez vous ? » demanda le duc. « Nous rions, monseigneur, de ce que vous montrez que vous avez plus cher un profit pour vous que pour votre fils. » — « Par ma foi ! dit le duc, c'est raison ; car jamais beau cousin de Lancastre ne s'y accorderoit si tôt à mon fils, comme il feroit à moi. »

Adonc furent sans nul délai lettres escriptes, et messages honorables envoyés en la haute Gascogne et à Bayonne, devers le duc de Lancastre. Quand ces messagers furent venus jusques au duc de Lancastre, ils baillèrent leurs lettres. Il les prit et les ouvrit : et les lut. Quand il eut bien conçu la matière et la substance dont ces lettres parloient, si en fut grandement réjoui ; et fit aux messagers bonne chère ; et leur montra bien qu'il les avoit pour agréables ; et rescripvit par eux, devers le duc de Berry moult aimablement : et montroient ses escriptures qu'il entendroit liement et volontiers à celle matière, et qu'il en avoit grand'joie. Les messagers se mirent au retour ; et trouvèrent leur seigneur en Poitou, qui s'ordonnoit pour retourner en France ; car le roi et le duc de Bourgogne, pour l'état de Bretagne, l'avoient étroitement mandé. Il prit les lettres que son cousin de Lancastre lui avoit envoyées ; il les ouvrit, et les lut, et de la réponse il eut grand'joie, et s'avisa qu'il poursuivroit son procès : mais le voyage de France ne pouvoit-il laisser. Nonobstant, quoi que il se mît au chemin pour le plus court comme il put aviser, il escripvit devers un sien chevalier qui s'appeloit messire Hélion de Lignac qui pour ce temps étoit sénéchal de la Rochelle, et lui mandoit par ses lettres que, icelles vues, il ordonnât sagement et bellement ses besognes en la Rochelle et au pays de Rochelois ; et puis le suivît à Paris, car là le trouveroit-il et qu'en ce il n'y eût nul défaute.

Quand messire Hélion de Lignac, qui se tenoit en la bonne ville de la Rochelle, car il en étoit sénéchal, entendit ces nouvelles, et vit les lettres et le scel du duc de Berry qui le mandoit si hâtivement, si s'ordonna sur ce, et pour venir et aller en France. A son département il institua à la Rochelle, deux chevaliers vaillans hommes à être capitaines et souverains, de par lui, en toute la marche et sénéchaussée de Rochelois. Les deux chevaliers étoient du bon pays de Beausse ; et appeloit-on l'un, messire Pierre de Yon, et l'autre, messire Pierre Taillepié. Et depuis celle ordonnance faite, messire Hélion se mit au chemin pour venir en France, et tout par le plus court chemin comme il pouvoit, car il ne savoit que le duc de Berry lui vouloit qui, si hâtivement le mandoit.

Or vous parlerai un peu du duc de Lancastre qui se tenoit à Bayonne, et lequel avoit grand'imagination sur ces besognes ; et de quoi son cousin le duc de Berry lui avoit escript premièrement il ne voult pas que qu'elles fussent celées, mais publiées par tout, afin que ses ennemis pensassent sus, et que ses traités fussent sçus en l'hôtel du roi Jean de Castille. Si escripvit le duc de Lancastre tout l'état, et, dedans ses lettres, la copie des lettres que le duc de Berry lui avoit envoyées et escriptes ; et montroit par ses escripts à ceux auxquels il escripvoit, qu'il avoit grand'affection à celle matière et traité du mariage de sa fille et du duc de Berry qui se devoit entamer. Et escripvoit tout premièrement au comte de Foix, pourtant qu'il savoit bien qu'en son hôtel retournoient toutes manières de chevaliers et d'écuyers étrangers allans en Espaigne, tant devers le roi d'Espaigne comme en le pélerinage de Saint-Jacques ; et en escripvit aussi devers le roi de Navarre qui avoit la sœur de ce roi de Castille dont il avoit eu moult d'enfans ; à celle fin aussi que ces nouvelles fussent affirmées et certifiées en l'hôtel d'Espaigne, mieux et plus créablement par lui que par paroles volans. Encore en escripvit-il aussi devers le roi de Portingal, mais il n'en escripvit point en Angleterre devers le roi ni devers ses frères, car bien savoit que, si les Anglois le savoient, ils ne lui en sauroient nul bon gré; ainsi comme ils ne firent, si comme je vous dirai quand je serai venu jusques là à traiter de la matière. Mais nous cesserons ici un petit à parler de celle matière, et parlerons de celle du duc de Bretagne, car l'histoire le veut, le demande et désire.

CHAPITRE CVIII.

Comment le sire de Coucy et autres barons de France furent envoyés devers le duc de Bretagne; et comment, devant leur arrivée vers lui, il rétablit, aux gens du connétable, les places qu'il avoit de lui.

Quand le duc de Berry fut venu en France de-lez le roi et le duc de Bourgogne son frère et leurs consaux, comme l'évêque de Langres, l'évêque de Laon, le sire de Coucy et les barons de France, qui du détroit et secret conseil étoient, si eurent plusieurs colations de parlemens ensemble, tant pour l'état de Guerles où le roi avoit très grand'imagination d'aller, que pour le duc de Bretagne qu'on ne pouvoit mettre à raison et qui ne vouloit obéir. Et ne savoit-on envers lui qui envoyer, pour sagement traiter et doucement, et aussi qu'il voulsist croire : car jà y avoient été plusieurs vaillans hommes et sages, et qui bien s'étoient acquittés de remontrer droiture, et ce pourquoi ils étoient là venus et envoyés; mais tout étoit retourné à néant, car on n'y avoit rien besogné de clair ni exploité. Dont le conseil du roi étoit tout troublé. Car on entendoit que le duc de Bretagne avoit, tout l'hiver et tout le temps, pourvu ses villes et ses chastels; et montroit par ces apparens qu'il avoit plus cher la guerre que la paix. Et disoient bien les plus sages du conseil de France. «On parle d'aller en Allemagne, mais on devroit parler d'aller en Bretagne, et ruer jus de tous points ce duc qui est si hautain, et a toujours été, contre la couronne de France, qu'il ne veut obéir ni ne daigne. On n'aura jà nulle raison de lui si on ne remet en lui tout son mau-talent outre; et, si on ne l'y met, il est par trop présomptueux. Il ne craint, aime, ni prise nullui. C'est une chose toute claire. Si le roi va en Allemagne et il denue son royaume de gens d'armes, ainsi qu'il convient qu'il fasse, car il n'y peut pas aller s'il n'y va très grandement bien pourvu, ce duc de Bretagne mettra les Anglois en son pays; et entreront en France; et jà davantage en sont les apparences trop grandes, car il y a une grosse armée de gens d'armes et d'archers anglois sur la mer, laquelle ne se départira point des bandes de Bretagne, tant qu'ils le puissent amender; et où que la mer ou les grands vents les reboutent, toujours reviennent-ils devant Bretagne, et se tiennent là à l'ancre : si convient et est de nécessité qu'on ait à lui guerre ouverte, ou la paix. » Et disoient les aucuns, qui grandement imaginoient ce fait : «Ce seroit bon qu'on y envoyât de rechef l'évêque de Langres et le comte de Saint-Pol, car ces deux, duc et comte, eurent par mariage les deux sœurs [1]. » — «Nenny, répondit messire Yves Derrient qui étoit vrai Breton; puisque de rechef vous voulez envoyer devers le duc, vous n'y pouvez envoyer de meilleur traiteur, ni plus agréable pour lui, que le seigneur de Coucy; car aussi bien eurent-ils deux serours, et se sont toujours entr'aimés; et souloient l'un à l'autre, quand ils s'escripvoient, escripre : beau-frère, et avec le seigneur de Coucy boutez-y ceux que vous voudrez. » — Or nommez, maître Yves, puisque vous avez commencé, » dit le duc de Bourgogne. «Volontiers, dit-il, mais qu'il vous plaise. Avecques le seigneur de Coucy iront messire Jean de Vienne et le sire de la Rivière. Ce sont trois seigneurs très bien pourvus, et qui l'amèneront à raison, si jamais y doit venir. » — «Et nous le voulons, » répondirent les ducs de Berry et de Bourgogne.

Donc furent-ils chargés de quoi ils devoient parler, et sur quoi ils se devoient fonder, et toujours sur la plus douce voie qu'on pût aviser; mais ils ne se départirent point si très tôt de Paris. Le duc de Bretagne sçut, avant que les seigneurs se missent à voie ni au chemin, qu'ils devoient venir en Bretagne, pour parler à lui : mais il ne savoit pas, aussi ne faisoient pas ceux qui l'informèrent, leur charge. Toutefois il véoit bien que la chose touchoit grandement, puisque le sire de Coucy y venoit. Si eut plusieurs ima-

---

[1] Elles étaient filles du premier mariage de la princesse de Galles : le duc de Bretagne épousa l'une en second mariage, et le comte de Saint-Pol l'autre. Quant au sire de Coucy, il épousa une des filles du roi Édouard d'Angleterre et le duc de Bretagne l'autre, en premières noces.

ginations sur celle affaire; et se découvrit à aucuns de son conseil, le seigneur de Montbourchier et autres, à savoir comment il se pourroit chevir, et demandoit à être conseillé; pourtant que commune renommée couroit que le duc de Lancastre marioit sa fille en France, au duc de Berry; et étoient jà les choses si approchées, que messire Hélion de Lignac s'étoit mis au chemin, pour aller parler au duc qui se tenoit à Bayonne et qui grandement s'inclinoit à ce mariage: dont il avoit grand'merveille que le duc de Lancastre, son beau-frère, ne lui en avoit rien escript, et qu'il n'en savoit rien, fors que par ouïr dire; ce que du temps passé ils n'avoient pas eu d'usage, car de toutes ses besognes, puisqu'elles touchoient en France, il lui escripvoit. Ses consaux lui répondirent aucques, sur le point et article de son imagination, et lui dirent: « Sire, il vous faudra briser votre propos, comment qu'il soit, ou perdre trop grossement et mettre votre terre en guerre; ce que vous devez bien ressoigner. Car vous n'avez que faire de jamais guerroyer, puisque vous pouvez demourer en paix, et puisqu'on vous en prie; et si est madame votre femme grosse, où vous devez bien penser et regarder. Le roi de Navarre ne vous peut qu'un petit aider, car jà il a moult à faire de soi-même. Regardez, si le duc de Lancastre, qui est un sage et vaillant prince, donne et marie sa fille, ainsi qu'on dit qu'il le fait, au duc de Berry, ce sera un grand commencement de traiter paix entre France et Angleterre, ou unes longues trèves; car vous devez savoir que le mariage ne se fera pas sans grandes convenances et alliances; et verrez enfin le roi de Castille bouté hors de son royaume, car autant bien est-il en la puissance de France et des François, du défaire, comme il a été du faire, et encore mieux, puisqu'ils auront le duc de Lancastre et les Anglois de leur accord. Nous avons entendu, et vérité est, que le sire de Coucy, l'amiral de France et le sire de la Rivière, doivent venir en ce pays. Vous devez bien savoir qu'il y a grand'cause, et que la chose touche de près au roi qui s'ensoigne pour son connétable et pour son royaume. Et voudront, de par le roi et ses oncles, à celle fois ci savoir déterminément quelle chose vous voudrez faire, et si vous tiendrez toujours votre opinion. Si vous la tenez, nous imaginons, car par les apparences apprend-on les choses, que celle armée qui s'appareille si grande et si grosse pour aller en Guerles, selon la renommée qui court, se tournera toute sur vous. Or pensez de qui vous serez conforté, si vous avez la guerre, ainsi que vous aurez et n'y pouvez faillir, si le duc de Lancastre marie sa fille en France, ainsi comme il fera; car il ne la peut mieux mettre pour recouvrer son héritage. Avecques tout ce, la plus saine partie des prélats, barons, chevaliers, cités et bonnes villes de ce pays, sont tous contre vous. Nous vous disons, puisque conseil demandez, qu'il est heure, plus que oncques ne fût, que vous vous avisiez; et si mettez peine à garder votre héritage qui tant vous a coûté de sang, de sueur et de travail; et brisez un petit ou assez, car faire le faut, la pointe de votre aïr. Nous savons bien que vous avez eu grand'haine à messire Olivier de Cliçon, et qu'il vous a courroucé par plusieurs fois; aussi avez-vous lui, comment qu'il ne soit pas pareil à vous. Mais puisque le roi de France et ses oncles, et les barons de France, l'enchargent à l'encontre de vous, il sera secouru, car il est connétable. Et si le roi Charles, dernier mort, vesquit, qui tant l'aimoit, et ce fût avenu de vous à lui, nous savons de vérité et de fait qu'il eût avant coûté au roi la moitié de son royaume que l'injure ne fût amendée. Mais le roi Charles, son fils, est jeune; si ne prise pas les choses ainsi, comme il fera encore s'il vit dix ans. Il vient, et vous vous en allez. Si vous entrez en nouvelles guerre contre les François, avecques toutes les choses que nous vous avons dites, ce ne sera pas de notre conseil, ni de conseil d'homme qui vous aime. Il vous faut dissimuler. Quelle chose avez-vous à faire, de tenir à présent trois chastels, l'héritage de messire Olivier de Cliçon, et de les avoir pris sur la forme que vous les tenez? Soit que vous demeurez en paix ou en guerre, ils vous coûteront plus à faire garder en trois ans, qu'ils ne vous porteront de profit en douze. Si les rendez moyennement, et ôtez-en votre main et office. Et, quand la renommée courra, car on ne fait rien qu'il ne soit sçu, que doucement et sans contrainte vous en serez parti, vous adoucirez et attemprerez grandement la félonie de plusieurs, et ferez grandement au plaisir de monseigneur de Bourgogne qui ne vous grèvera pas en vos besognes, ce savons nous de sentiment, du plus qu'il pourroit bien s'il vouloit. Et ce moyen lui vient de par votre bonne amie et cousine, madame de Bourgogne, sa femme; car il en a un moult bel enfant, et ce sont ceux qui aujourd'hui le plus près vous attiennent. Or considérez bien donoques, et d'où vous venez, et les parties dont vous êtes issu; et n'éloignez pas ceux que vous devez approcher, car ce seroit folie; et si en seriez petit plaint. En Angleterre n'avez vous jamais que faire, car les Anglois sont assez enseignés d'eux-mêmes. Ils vous montreront bel semblant et prometteront grand'amour et grand service, de tant qu'ils penseront à mieux valoir de vous, et rien outre. Vous l'avez éprouvé et le savez de certain, car vous fûtes nourri entre eux dès votre jeunesse. »

Quand le duc de Bretagne eut ouï parler son conseil si vivement, et remontrer les doutes et les périls où il pouvoit encourre, si raisonnablement, si fut tout esbahi, et se tut un long temps sans rien parler ni répondre, lui appuyant sur une fenêtre qui regardoit en my sa cour, son conseil devant et derrière lui. Et là eut plusieurs imaginations; et, quand il se retourna, il dit ainsi : « Je crois et vois bien du tout clairement, qu'à votre pouvoir me conseillez loyaument, et autre chose ne m'est besoin que bon conseil. Mais comment se pourroit nourrir parfaite amour, où il n'a que toute haine? Comment pourrai-je aimer Olivier de Cliçon qui tant m'a courroucé, et par tant de fois? La chose au monde dont je me repens le plus, c'est que je ne le fis mourir, quand je le tins en mon danger au chastel de l'Ermine. » — « En nom Dieu, sire! diront ceux de son conseil, s'il eût été occis, et il fût mort, vous ne l'eussiez pas rançonné, ni pris, en saisine son héritage, car nous avons ressort en la chambre de parlement à Paris. Jean de Bretagne et le fils au comte de Rohan, qui sont ses hoirs et héritiers de toutes ses terres, car ses filles sont leurs femmes, se fussent retraits à l'héritage comme au leur. Et de celle chose recevez-vous bien grand blâme et paroles en France; car quoique vous soyez ici, et que vous teniez la possession des chastels, si est la cause et querelle, demenée et parlementée au palais à Paris, en la chambre de parlement; et les perdrez par sentence arrêtée, car nul n'est là pour vous qui réponde aux articles dont le connétable vous a mis en jugement. Et quand vous les aurez perdues, lors auront messire Olivier de Cliçon et ses hoirs juste cause et querelle de vous traire en défaut et en titre de guerre. Et, si le roi et le pays de Bretagne vous veulent grever, et eux aider, il vous faudra plus grand'puissance avoir pour vous défendre que nous ne voyons à présent que vous ayez. Si vaut trop mieux plaider pendant que vous remettez les chastels arrière, et qu'on vous en sache gré, que non pas adonc qu'une définitive sentence et un arrêt à votre condamnation du parlement vienne sur là. Et de l'argent, c'est bon droit, si vous êtes pressé jusques à là, on prendra termes. Ainsi vous départirez-vous d'esclandre du peuple, qu'on doit moult ressoigner à son déshonneur, et vous reformerez, comme en devant, en paix et en amour envers ceux où vous le devez être : c'est le roi de France, votre souverain et naturel seigneur, et monseigneur de Bourgogne et vos cousins, ses enfans. A l'exemple de quoi vous avez vu, de votre temps, le comte de Flandre, votre cousin-germain, qui étoit si haut prince, si sage et si vaillant, comment sur la fin de ses jours eut-il affaire par incidences merveilleuses qui lui survinrent; et convint, ou autrement il eût été homme comme du tout défait et bouté hors de son héritage, qu'il s'humiliât envers le roi de France et ses oncles, et les nobles du royaume, qui tous lui aidèrent à recouvrer son héritage. » — « Or, dit le duc, je vois bien, puisque j'ai demandé conseil qu'il faut que je le prenne et accepte votre parole et ce qu'avez dit. »

Il me semble que, depuis, les choses se portèrent si bien qu'on en vit l'apparent : car le duc de Bretagne, qui bouté s'étoit en possession et saisine des chastels du connétable, si comme vous savez et que ci-dessus est contenu, remanda ses gens et se déporta de la saisine, et furent rétablis les hommes du connétable. Ainsi s'amodérèrent les besognes. Nequedent celle restitution ainsi faite ne suffit pas encore au conseil du roi, si le connétable ne r'avoit tout son argent, et, outre, si le duc ne venoit en personne s'excuser à Paris au roi, présens les pairs de France, et, de l'amende, en attendre l'aventure telle que les pairs du royaume de France, par grand'délibération du conseil, voudroient juger sur lui.

Quand les nouvelles de la restitution des chastels du connétable et la vraie connoissance en fut

[1388] venue auprès du seigneur de Coucy et aux autres qui ordonnés étoient d'aller en Bretagne devers le duc, si en furent tous réjouis. Et dit le sire de Coucy : « Or, avons nous moins à faire. Je suppose que le duc de Bretagne nous croira quand nous parlerons à lui. » Il me fut dit ainsi, qu'avant que ces trois barons, qui ordonnés étoient de faire ce voyage, se départissent de Paris, les ducs de Berry et de Bourgogne eurent étroit conseil à eux, en disant qu'ils fissent tant par douces paroles, non par rigoureuses, si le duc de Bretagne ne vouloit à ce descendre qu'il venist jusques à Paris, à tout le moins qu'il venist jusques à moyenne du chemin, en la ville de Blois; et là les trouveroit-il; et auroient parlement ensemble.

Ces trois barons, qui prudens et pourvus étoient, répondirent qu'ils en feroient leur pouvoir. Or se mirent-ils à chemin, et chevauchèrent tant par leurs journées qu'ils vinrent en la cité de Rennes en Bretagne, et demandèrent du duc, et on leur dit qu'il étoit à Vennes. Ils prirent le chemin de Vennes, et firent tant par leurs journées qu'ils y arrivèrent. Leur venue étoit jà toute sçue en l'hôtel du duc, car ils avoient envoyé leurs varlets devant pour prendre leurs hôtels. Le duc s'étoit aussi pourvu de bon conseil de-lez lui, et de ceux où il avoit la greigneur fiance, et des hauts barons de Bretagne, pour plus honorablement recueillir les dessus nommés. Quand ils entrèrent en la cité de Vennes on leur fit très bonne chère, et vinrent audevant d'eux les chevaliers et les gens du duc, et proprement le sire de Laval qui là se tenoit. Si descendirent en leurs hôtels, et s'appareillèrent et rafreschirent, et trouvèrent bien de quoi; et puis montèrent sur leurs chevaux et allèrent droit au chastel, qu'on dit à la Motte, là où ils trouvèrent le duc qui leur vint au devant, et les conjouit et recueillit moult liement; et leur dit qu'ils fussent tous les bien venus, et qu'il les véoit très volontiers. Et prit le seigneur de Coucy par la main, et par espécial il lui fit grand'chère, et lui dit : « Beau-frère, vous nous soyez le bien venu. Je vous vois volontiers en Bretagne. Si vous montrerai chasses de cerfs et volerie de faucons, beaux et bons, avant que vous départiez de moi. » — « Beau-frère et sire, répondit le sire de Coucy, grand merci; et tout ce verrons nous volontiers, avec ces seigneurs mes compagnons, qui ci vous sommes venus voir. »

Là y eut grand approchement et grandes accointances d'amour; et les mena le duc en sa chambre, tout janglant et riant de plusieurs oiseuses paroles, ainsi que seigneurs, qui ne se sont vus de grand temps s'entr'acointent, et comme tous quatre, l'un parmi l'autre, le savoient bien faire, autant bien, ou mieux, que seigneurs que je visse oncques, sans parler du duc de Brabant, du comte de Foix, ni du comte de Savoie; et par espécial le sire de Coucy en toutes ces choses, en étoit tant qu'à mon avis le souverain maître, et celle grâce lui portoient seigneurs et dames par tout, fût en France, en Angleterre, en Allemagne, en Lombardie, et en tous lieux où il avoit conversé; si avoit-il en son temps moult travellé et vu du monde; et de nature il y étoit aussi introduit et enclin. Entrues que ces seigneurs jangloient et parloient de toutes accointances et non d'autre sens, furent apportées épices en beaux drageoirs[1], et bons vins en pots d'or et d'argent. Si prirent les seigneurs vin et épices; et assez tôt après prirent congé au duc, et retournèrent en leurs hôtels; mais avant leur département ils allèrent voir la duchesse qui leur fit bonne chère; et là de rechef ils prirent vin et épices et prirent congé, et puis retournèrent à leurs hôtels pour eux aiser. Ainsi se portèrent les besognes ce premier jour, ni oncques ils n'entamèrent nul de leurs procès sur l'état desquels ils étoient fondés et pour lesquels ils étoient venus en Bretagne.

CHAPITRE CIX.

Comment, cependant que le duc de Lancastre entretenoit Hélion de Lignac, ambaxadeur du duc de Berry, sur le traité du mariage pourparlé, vinrent aussi quelques secrets ambaxadeurs du roi de Castille pour rompre ce mariage, et avoir la fille de Lancastre pour son fils ; et comment Hélion de Lignac fut renvoyé le jour même de leur arrivée, avec certaines trèves, sur les marches d'Aquitaine.

Nous parlerons un petit de messire Hélion de Lignac, lequel le duc de Berry envoyoit devers le duc de Lancastre. Tant exploita le chevalier qu'il vint à Bayonne; et descendit à l'hôtel; et s'ordonna et appareilla, ainsi comme à lui appartenoit, pour aller au chastel parler au duc de Lancastre, qui jà étoit informé de sa venue, et envoya moult honorablement devers lui

[1] Vases à mettre des dragées.

deux de ses chevaliers qui le vinrent voir en son hôtel, et lesquels l'emmenèrent devers le duc.

Quand messire Hélion fut venu en la présence du duc, il s'inclina bien bas; et le salua, aussi comme il lui appartenoit et que bien le sçut faire. Le duc le reçut moult honorablement; et le leva entre ses bras, et puis le prit par la main, et le mena en sa chambre, car ils s'étoient encontrés en la salle. Messire Hélion lui bailla les lettres de créance que le duc de Berry lui envoyoit. Le duc les ouvrit et lisit; et puis se trait vers messire Hélion, lequel commença à entamer sa parole et sa matière, et à parler de ce pourquoi il étoit là envoyé. Le duc en répondit moult courtoisement; et dit à messire Hélion qu'il fût le bien venu, et que la matière dont il lui traitoit, étoit grande et grosse, et qu'elle demandoit bien à avoir grand conseil, et qu'elle ne pouvoit être si tôt délivrée. Messire Hélion de Lignac demoura à Bayonne, de-lez le duc de Lancastre et ses chevaliers, plus d'un mois; et toujours étoit-il bien servi de belles paroles; et montroit le duc de Lancastre par ses réponses qu'il avoit grand'affection d'entendre à ce mariage du duc de Berry; mais non avoit, car tout ce qu'il disoit et montroit, n'étoit que fiction et dissimulation; et ce qu'il tenoit le chevalier si longuement de-lez lui, n'étoit fors pour ce que les nouvelles fussent plus escandalisées par tout, et par espécial au royaume de Castille, car là gisoit toute son affection. Bien disoit le duc à messire Hélion, que si son cousin de Berry prenoit sa fille par mariage, qu'il se loieroit avecques lui de toute sa puissance à l'encontre des adversaires d'Espaigne, et qu'il vouloit que l'héritage de sa femme et de sa fille fût recouvré. Messire Hélion répondoit, et disoit ainsi : « Monseigneur, je ne suis pas chargé de rien confirmer si avant, comme des alliances; mais, avant mon département, vous escriprez tout votre fait, ainsi que vous voudrez qu'il se porte, et sur cel état je retournerai, et le montrerai à monseigneur de Berry. Je le sens bien tel et si affectueux en celle besogne, que toutes les alliances qu'il pourra faire parmi raison, il les accordera. » — « C'est bien notre entente, » disoit le duc de Lancastre.

Ainsi, et sur cel état, séjournoit à Bayonne messire Hélion de Lignac; mais on le tenoit tout aise et joyeux, car le duc vouloit qu'ainsi fût.

Nouvelles vinrent au royaume de Castille, en trop de lieux, et espécialement en l'hôtel du roi Jean de Castille, en disant ainsi : « Vous ne savez quoi? Il y a grands traités entre le duc de Berry et le duc de Lancastre. Car le duc de Berry traite pour avoir Catherine, la fille au duc de Lancastre et à la duchesse, madame Constance; et, si le mariage se confirme, ainsi comme il est bien taillé qu'il avienne, ce ne sera pas sans grands alliances, car le duc de Berry est un grand chef, pour le présent, au royaume de France. Il est oncle du roi; et a une partie du gouvernement du royaume. Si sera cru de ce qu'il voudra faire, ce sera raison, soit de paix, ou de longue trèves; et le duc de Lancastre, d'autre part, est l'aîns-né de ses frères, et des oncles du roi d'Angleterre. Si en sera cru, car il est sage et puissant; et les Anglois, à ce qu'ils montrent, sont tous las de guerroyer. Si se taille bien la chose, parmi le mariage de Berry et de Lancastre, qu'une bonne paix entre France et Angleterre en vienne; et nous demourerons en la guerre, car le duc de Lancastre voudra suivir le chalenge de Castille; et le droit qu'il y a, il le donnera à sa fille; et ainsi serons-nous en guerre des François et des Anglois.

Toutes ces doutes mettoient les plusieurs avant au royaume de Castille. Et jà étoient retournés en France, de trop grand temps avoit, tous les chevaliers et écuyers lesquels avoient été servir le roi en sa guerre, si comme il est contenu ici dessus en notre histoire. Or fut dit au roi de Castille, des plus espéciaux de son hôtel et de son conseil : « Sire, sire, entendez à nous. Vous n'eûtes oncques si grand mestier d'avoir conseil, que vous avez pour le présent, car une bruine trop felle et périlleuse se nourrit entre vous et le duc de Lancastre, plus grande assez que jamais; et est jà toute engendrée, et si vient du côté de France. » — « Comment peut-il être? » dit le roi, qui se volt informer de la vérité. « En nom Dieu, sire! renommée court parmi ce pays, et ailleurs aussi, que le duc de Berry se marie à la fille au duc de Lancastre, votre cousine; et vous devez bien croire que ce ne se fait pas ni fera sans grands alliances. Si pourrez au temps avenir, tout ce y doit-on imaginer, être aussi reculé par les François, que vous en avez été avancé. » Le roi de Castille sur ces nouvelles fut moult pensif; et véoit bien qu'on lui disoit et montroit vérité; et demanda conseil à ceux qui en espèce de bien lui avoient conseillé ce et recordé, et comment pour le mieux on se pourroit chevir et ordonner. Ceux le conseillèrent loyaument, selon le mestier du fait et que la matière le demandoit, si comme je vous dirai.

Vous savez, comme il est ci-dessus bien derrière, en notre histoire traité, comment le roi Henry d'Espaigne s'apaisa au roi Pière d'Arragon. Par cel apaisement le roi d'Arragon donna sa fille au fils du roi de Castille; ce fut ce Jean qui pour le présent est roi; et, parmi la conjonction de ce mariage, ils demourèrent en paix, eux et leurs royaumes. Ce Jean, fils du roi Henry, eut de cette fille d'Arragon un fils; et puis se mourut la dame. Après la mort de la dame et la mort du roi Henry, le roi Jean de Castille, par le conseil de ses hommes, se remaria à la fille du roi Ferrand de Portingal, madame Béatrice; et en celle il eut madame Aliénor de Coingne. Ce fils de la fille au roi d'Arragon on l'appeloit Henry; et étoit beau fils et bien venant, mais il étoit moult jeune. Si que le conseil du roi de Castille lui disoit ainsi : « Sire, nous ne voyons en ces choses dont nous vous parlons, qu'un seul moyen. » — « Quel est-il? » dit le roi Jean. « Nous le vous dirons. C'est de votre fils l'enfant Henry de Castille, qui seroit bien taillé de rompre le mariage qui se traite au duc de Berry, et d'avoir la fille au duc de Lancastre; et croyons que le duc et la duchesse auroient plus cher à marchander à vous et à votre fils, qu'ils n'auroient au duc de Berry. » — « En nom Dieu! dit le roi de Castille, vous parlez bien, et je vueil entamer celle matière; car aussi nos gens s'y inclineront moult volontiers, car parmi ce mariage auront-ils paix aux Anglois par mer et par terre. Or regardons qui pourra, au nom de nous, et pour traiter sagement, aller devers le duc de Lancastre. » — « Sire, dirent-ils, il convient que vous ayez, en ces traités portant, gens moult discrets, et que la chose soit sagement et couvertement demenée, par quoi vous n'enchéez en l'indignation du roi de France ni des François, car aujourd'hui les envies sont grandes, et est plutôt cru qui rapporte le mal que le bien, et le mal plutôt élevé que le bien. Quand on saura que vous traiterez devers le duc de Lancastre, on voudra en l'hôtel de France savoir de quoi ni sur quoi vos traités se fonderont ni ordonneront, pour la cause des grandes alliances que le roi de bonne mémoire, votre père, eut jadis et scella et confirma aux François; et aussi les François vous ont toujours fait votre guerre. Si vous faudra secrètement faire vos traités, et envoyer devers le duc de Lancastre hommes sages et couverts, et qui bien cellent toute votre affaire; et non pas y envoyer par bobant, mais moyennant tant que les choses se feront, si elles doivent avenir, en bon état et sûr. » — « Il est vérité, ce dit le roi. Or nommez qui est idoine ni taillé d'aller en ce voyage. » — « Sire, on y envoyera votre confesseur, frère Ferrant de Sorie, et aussi l'évêque de Seghense, qui fut jadis confesseur du roi votre père, et Pierre Gadeloupes, qui est bien enlangagé. » — « Or soit, dit le roi de Castille, je le vueil. Qu'on les mande et informe de ce qu'ils diront. Autrefois ont-ils voulu traiter de la paix, mais ils n'en purent être ouïs, tant de notre côté que du duc de Lancastre, car le duc et son conseil vouloient que je me démisse de la couronne; ce que je ne ferois jamais. »

Lors furent mandés les trois dessus nommés en la ville de Burges en Espaigne, où le roi se tenoit. Si leur fut dit du roi et de son détroit conseil, qu'ils s'en iroient vers Bayonne parler au duc de Lancastre. Ils répondirent que le message et le voyage ils feroient volontiers. Si s'en chargèrent et se mirent à chemin, non en trop grand état, mais tout rondement; car ils ne vouloient pas donner à entendre qu'ils allassent devers le duc de Lancastre en ambaxaderie, pour traiter de nulle alliance, car ils ne savoient encore comment ils exploiteroient. Si entrèrent en Navarre, et vinrent à Pampelune, et là trouvèrent le roi et la roine; et tout premièrement ils se trairent devers la roine, pour tant qu'elle étoit sœur du roi de Castille, leur seigneur. Elle leur fit bonne chère, mais point ne se découvrirent à li de chose nulle qu'ils eussent à faire. Aussi ne firent-ils au roi. Et passèrent outre le comble de Pampelune et les montagnes de Roncevaux, et entrèrent en Bascle, et chevauchèrent tant qu'ils vinrent à Bayonne, la bonne ville.

Quand ces ambaxadeurs de Castille furent venus à Bayonne, encore étoit là messire Hélion de Lignac, lequel étoit envoyé devers le duc de Lancastre de par le duc de Berry, ainsi comme vous savez; mais depuis la venue des Castillans, il n'y séjourna pas longuement, car le frère Dam Ferrant, confesseur de Castille, se trait devers le duc de Lancastre, pourtant qu'il avoit mieux la connoissance de lui que les autres, et lui alla un petit entamer la matière, et remontrer pourquoi ils étoient là venus ni en quelle instance. Le duc à ces paroles ouvrit ses oreilles, et entendit ces nouvelles volontiers, et lui dit: «Frère Ferrant, vous soyez le bien venu.»

Depuis, en ce même jour, il délivra messire Hélion de Lignac; et me semble que le duc affirma et accorda une trève de tous les chastels qui guerre faisoient pour lui en toutes les sénéchaussées d'Acquitaine, tant en Bigorre et en Toulouse comme ailleurs, à durer jusques au premier jour de mai qu'on compteroit en l'an de grâce mil trois cent quatre vingt et neuf, en comptant et comprenant tous les pays jusques à la rivière de Loire, et d'outre la rivière rien. Si furent ces trèves criées à la requête du duc de Berry, pour envoyer, aller, venir, et retourner plus sûrement ses gens devers le duc de Lancastre; car ceux de Mortagne sur mer, ceux de Bouteville, et les forts de Rouergue, de Quersin, de Pierregord, sur la rivière de Dordogne et outre la rivière de Garonne, étoient très felles et trop périlleux; et ne vouloient nully connoître. Pourtant y ordonnèrent ces deux ducs les trèves, qui furent bien tenues.

Quand messire Hélion de Lignac se départit du duc de Lancastre, ce fut sus grand amour et douceur; et donna à entendre à messire Hélion, que la chose alloit et lui plaisoit bien; mais il mit en termes, que nullement il ne marieroit sa fille en France, sans le consentement et accord de son nepveu le roi d'Angleterre, et aussi de l'accord et plaisance du conseil d'Angleterre: mais si les choses s'approchoient si avant, il y mettroit, et penseroit à mettre tel et si bon moyen, qu'elles se tourneroient à bien. Sur cel état se partit messire Hélion de Lignac, et retourna en France; et montra au duc de Berry ces lettres, qui venoient du duc de Lancastre; et, avec tout ce, de bouche, il lui recorda toute la manière du fait, tant que pour l'heure le duc s'en contenta.

Or parlerons-nous des ambaxadeurs du roi de Castille. A ceux vouloient le duc entendre. Aussi fit la duchesse, car tous leurs cœurs et toutes leurs imaginations gisoient, et étoient, à avoir leur entente, ou en partie, du chalenge d'Espaigne. Si fit-on bonne chère à ces ambaxadeurs; et vinrent tous trois au chastel devers le duc et la duchesse, et montrèrent leurs lettres de créance, et ce dont ils étoient chargés de faire et de dire. Tout premièrement ils parlèrent de traité de paix; et là précha le frère confesseur en la chambre du duc, présent la duchesse de Lancastre, qui depuis relata au duc toutes les paroles, ou en partie, car le duc ne les avoit pas toutes bien entendues; mais la dame les entendit bien, car de jeunesse elle avoit été nourrie en Espaigne.

Le duc de Lancastre à ce commencement, quoiqu'il fît bonne chère à ces ambaxadeurs, ne se découvrit point trop avant; mais dit que ce seroit fort à faire, de trouver paix, ni la mettre en lieu où si grand'haine et guerre appartenoit, quand on le desheritoit de son héritage; et que ce n'étoit pas son intention qu'il s'en dût jà déporter, s'il ne venoit à la couronne, car c'étoit son droit. Le frère et l'évêque répondirent, qu'entre son droit et le droit de leur seigneur, le roi de Castille, ne convenoit qu'un bon moyen: « Et monseigneur, nous l'avons trouvé. » — Quel? » dit le duc. « C'est, sire, que vous avez de madame Constance une belle jeune fille et à marier: et mon sire, le roi de Castille, a un très beau fils et jeune. Si ce mariage et alliance se faisoient, le royaume de Castille demoureroit en paix, car toujours ce qui est vôtre doit retourner à vous; et mieux ne le pourriez vous mettre et asseoir, qu'en votre hoir qui descend de la droite ligne de Castille. Et ce que vous vous armez, combattez, et aventurez, et travaillez le corps, ce n'est que pour votre hoir. » — « C'est vérité, dit le duc; mais je vueil bien que vous sachiez que les poursuites de Castille ont, que à moi que au royaume d'Angleterre, coûté cinq cent mille francs. Si verrois volontiers qu'aucune recouvrance en fût faite. » — « Monseigneur, répondit le confesseur du roi de Castille, mais que vous ayez agréable notre traité, nous trouverons un si bon moyen entre ces choses, que les besognes se trairont à bon chef. »—«Oui, dit le duc, vous nous êtes grandement les bienvenus; et où que ce soit, avant que je retourne en Angleterre, soit en Castille ou en France, je marierai ma fille; car j'en suis prié et requis. Mais choses qui sont si grandes et si hautes ne se font pas aux premeraines requêtes; car, quant à ma fille que je tiens pour le temps qui viendra à héritière droiturière d'Espaigne, je voudrois bien savoir qui l'aura par mariage, ni que elle deviendra. »—« C'est raison, monseigneur, » répondit le confesseur.

Ainsi comme je vous conte, se commencèrent à entamer les procès et les traités entre le duc de Lancastre et ces parties, tant de Castille comme de France : et tous les retenoit ; ni à nuls ne donnoit congé ; et faisoit à tous bonne chère. Mais, en son imagination, le traité en Espaigne, de sa fille à avoir le fils du roi, lui sembloit meilleur et plus bel que d'autre part ; pourtant qu'au temps avenir sa fille demoureroit roine de Castille ; et aussi la duchesse, sa femme, s'y inclinoit trop mieux que d'autre part. Nous nous souffrirons un petit à parler du duc de Lancastre et de tous ces traités ; et retournerons à parler du duc de Bretagne et des ambaxadeurs que le roi de France avoit là envoyés, et ses deux oncles par espécial.

CHAPITRE CX.

Comment les ducs de Berry et de Bourgogne partirent pour aller à Blois et des parlemens et traités ; qui furent faits au duc ne Bretagne, qui là vint ; tellement qu'ils l'emmenèrent à Paris, ainsi comme outre et contre sa volonté propre.

Si comme il est ci-dessus contenu, et que je vous ai commencé à dire, fit le duc de Bretagne aux ambaxadeurs de France très bonne chère, et par espécial au seigneur de Coucy, car il avoit grand désir du voir. Le sire de Coucy, si comme je fus adoncques informé, fut l'un de ceux qui plus brisa le duc de Bretagne par ses belles, douces et subtiles paroles : quoique messire Jean de Vienne et le sire de la Rivière en fissent aussi, du traiter et du parler, très bien leur devoir ; mais il ne fut onques heure, qu'un prince et un seigneur, puisqu'on le prie, ne s'inclinât plutôt aux traités et paroles d'un homme que d'un autre. A grand'peine voult accorder le duc de Bretagne qu'il viendroit jusques en la ville de Blois, à l'encontre des ducs de Berry et de Bourgogne. Toutefois il fut mené par tant de belles paroles qu'il l'accorda ; mais il dit qu'il n'iroit plus avant. « C'est notre entente, sire, ce dit le sire de Coucy, s'il ne vous vient grandement bien à plaisance et bien à point. »

Ces trois seigneurs furent avecques le duc de Bretagne ne sais quants jours, et puis prirent congé, et retournèrent en France, et contèrent aux ducs de Berry et de Bourgogne comment ils avoient exploité. Sur cel état les deux ducs s'ordonnèrent pour aller à Blois, et de là en la ville de Blois attendre le duc de Bretagne, et parlementer à lui ; et envoyèrent faire devant leurs pourvéances, ainsi comme à eux appartenoit. Tout premièrement le duc de Berry y vint. Si se logea au chastel, et là trouva la comtesse de Blois, et son fils et sa fille, qui recueillirent grandement et bellement, ainsi comme à lui appartenoit, et que bien le savoit faire. Le comte Guy de Blois pour ce jour étoit en son pays ; mais il se tenoit au chastel Regnaud, et ne faisoit nul grand compte de la venue du duc de Bretagne. Il suffisoit assez quand la comtesse sa femme et ses enfans y étoient. Or y vint le duc de Bourgogne à grand arroi ; et vint adonc en sa compagnie messire Guillaume de Hainaut, son gendre, comte d'Ostrevant, et Jean de Bourgogne, fils du duc qui se nommoit comte de Nevers. Si se logea le duc au chastel ; et tint là son état. Après ce, vint le duc de Bretagne, non pas en trop grand arroi, mais son hôtel seulement : bien étoit à trois cens chevaux, car l'intention de lui étoit telle que, vu les ducs dessus nommés et parlé à eux, sans venir plus avant en France, il retourneroit arrière en son pays dont il étoit parti ; et l'intention des ducs de Berry et de Bourgogne étoit tout autre, car ils disoient que, voulsist ou non, ils le feroient venir jusques à Paris.

Le duc de Bretagne, son corps, se logea dedans le chastel de Blois, chez une chanoinie de Saint-Sauveur ; et ses gens se logèrent bas en la ville. Aussi firent les gens des ducs et des comtes dessus nommés ; mais les seigneurs tenoient leur état au chastel : lequel est bel, grand, fort et planturcux, et un des plus beaux du royaume de France. Là furent les seigneurs en parlement ensemble ; et firent les deux ducs de Berry et Bourgogne au duc de Bretagne bonne chère, et lui montrèrent grand amour ; et le remercièrent grandement de ce qu'il s'étoit tant travaillé qu'à leur prière il étoit là venu et descendu en la ville de Blois. Le duc de Bretagne se feignoit ce qu'il pouvoit, et disoit que pour l'amour d'eux votrement étoit là venu et à grand'peine, car il n'étoit pas bien haitié. Or s'entamèrent paroles et traités de ces deux ducs au duc de Bretagne, en lui remontrant, puisqu'il étoit venu si avant, qu'il n'avoit rien fait, s'il ne venoit à Paris voir le roi qui trop grandement le désiroit à voir. De ce voyage se commença fort à excuser ce duc de Bretagne par plusieurs raisons; et dit qu'il étoit trop deshaitié pour faire un long chemin; et que là il étoit simplement venu, sans nul arroy, ainsi que pour tantôt retourner.

On lui dit moult doucement que, sauve fût sa femme, il ne lui convenoit point avoir trop grand état pour venir voir le roi, son souverain seigneur; et qu'au besoin, s'il ne pouvoit chevaucher, ils étoient tous pourvus de char et de litière pour venir plus aisément; et qu'il étoit tenu de faire hommage au roi, car encore ne l'avoit-il point fait. Le duc disoit, en lui excusant, que, quand le roi auroit son âge, et qu'il seroit en son gouvernement, sans le gouvernement de ses oncles, il viendroit à Paris, ou là où il plairoit au roi lui mander ; et lui feroit hommage, car ce seroit raison. Les deux ducs de Berry et de Bourgogne disoient par douces paroles, qu'il avoit âge et sens assez pour recevoir hommage; et que tous les seigneurs du royaume de France tenans de lui, excepté lui à qui ils parloient, l'avoient fait et relevé; et qu'il étoit au vingt et unième an de son âge.

Quand le duc de Bretagne vit que ses excusances ne seroient point ouïes, ni auroient leur lieu, si dit ainsi : « Si je vais à Paris, ce sera trop grandement hors de ma volonté, et en mon préjudice. Car là est, ou sera, quand j'y serai, messire Olivier de Cliçon que je ne puis aimer, ni jamais n'aimerai, ni il moi, qui m'assaudra de paroles déplaisantes et impétueuses. Or regardez les grands meschefs qui en pourront naître et venir. » — « Nenny, répondirent les deux ducs et par espécial le duc de Bourgogne, beau-cousin, ne faites nulle doute de ce côté-là, car nous vous jurons solennellement et véritablement que jà le connétable ni Jean de Bretagne, si vous ne voulez, vous ne les verrez ni ne parlerez à eux; de ce point soyez tout assurés; mais verrez le roi qui vous désire à voir, et les autres barons et chevaliers de France qui vous feront bonne chère ; et quand vous aurez fait ce amiablement pourquoi vous serez là venu, vous vous en retournerez sans péril et sans dommage. »

Que vous ferai-je long conte? Tant fut le duc de Bretagne prié et mené de douces paroles et courtoises, qu'il s'assentit à ce, et se condescendit qu'à Paris il iroit. Mais toutefois ses devises étoient telles : que le connétable de France ni Jean de Bretagne point ne verroit, ni en la présence de lui point on ne les mettroit; et tout ce lui eurent les deux ducs, par foi et par serment, loyalement en convenance ; et il leur créanta aussi par sa foi, que sur cel état à Paris il viendroit.

Environ cinq ou six jours après furent-ils là à Blois ensemble ; et donnèrent les ducs, chacun à la tour, à dîner moult humblement et très hautement à l'un l'autre, et la comtesse de Blois aussi, et ses enfans ; et, quand ces choses furent toutes accomplies, les deux ducs prirent congé au duc de Bretagne, et s'en retournèrent aussi vers Paris; mais messire Guillaume de Hainaut ne retourna pas à Paris avecques son beau-père et seigneur, monseigneur de Bourgogne ; avant se mit-il à chemin, avecques la comtesse de Blois et son cousin Louis de Blois, et sa cousine la fille au duc de Berry ; et s'en vint en leur compagnie à Chastel-Regnaud, voir le comte Guy de Blois qui là se tenoit, lequel lui fit très bonne chère et le vit moult très voluntiers; et fut en ébatement là, de-lez eux, environ trois jours ; et puis prit congé; et se partit d'eux; et s'en retourna en France, par Châteaudun et par Bonneval.

CHAPITRE CXI.

Comment Louis d'Anjou, fils du feu duc d'Anjou qui fut oncle du roi Charles sixième, entra dedans Paris, comme roi de Sicile : comment le duc de Bretagne y entra la nuit Saint-Jean-Baptiste, l'an mil trois cent quatre vingt huit, et d'un fait d'armes qui fut fait devant le roi à Montreau-faut-Yonne, d'un Anglois appelé messire Thomas Harpinghen avec messire Jean des Barres.

Le duc de Bretagne s'en vint à Bois-Gency sur Loire, et là ordonna une partie de ses besognes, pour venir vers Paris. En ce temps entra à Paris, par avant que le duc de Bretagne y entrât, la roine de Sicile et de Hierusalem, qui femme avoit été au duc d'Anjou qui nommé s'étoit roi de toutes ces terres et aussi de Naples; et vous dis que la dame, pour ce en fais-je mention, amenoit son jeune fils Louis en sa compagnie; lequel on nommoit jà, par toute France, roi des terres dessus dites. En leur compagnie étoit Jean de Bretagne, frère à la dame ; et venoient à Paris. Avant que la dame entrât en Paris, elle signifia à ses frères, les ducs de Berry et de Bourgogne[1], qu'elle venoit à Paris, et amenoit son jeune fils Louis en sa compagnie, et leur nepveu. Si vouloit savoir si elle entreroit à Paris, qui est cité si authentique et le chef du royaume de France, en état comme roi, ou simplement comme Louis d'Anjou. Les deux ducs lui remandèrent, eux bien avisés et conseillés, qu'ils vouloient qu'il entrât comme roi de Naples, de Sicile et de Hierusalem; et quoique pour le présent il n'en fût pas en possession, ils lui aideroient, et feroient le roi de France aider, tant et si avant qu'il auroit et tiendroit la seigneurie et possession paisible des terres dont il avoit pris le titre, car ainsi l'avoient-ils juré en France à leur frère, le roi Louis. Sur cel état s'ordonna la dame; et vint et entra en Paris; et fit son fils entrer à Paris et chevaucher toute la grand'rue Saint-Jacques, jusques en son hôtel en Grève, en état de roi, accompagné de ducs, de comtes et de prélats, à grand'foison; et là se tint la dame et son fils; et puis à cour ils allèrent voir le roi qui se tenoit en son chastel du Louvre, en attendant la venue du duc de Bretagne.

Quand le duc de Bretagne approcha de Paris, il s'arrêta au Bourg-la-Roine, une nuit; et lendemain il devoit entrer à Paris, ainsi qu'il fit. Et étoit grand'nouvelle parmi Paris de sa venue, pour la cause des incidences dessus dites, de ce qu'il avoit ainsi pris et tenu en danger le connétable de France, et que par tant de fois on l'avoit envoyé querre[2], et n'étoit voulu venir, fors que maintenant. Si en parloient les plusieurs en diverses manières. Et vous dis que, sur le point de dix heures au matin, et par un dimanche qui fut la nuit Saint-Jean-Baptiste, l'an mil trois cent quatre vingt et huit, entra le duc de Bretagne en Paris, par la porte d'Enfer; et passa tout du long de la rue de la Harpe, et le pont Saint-Michel, et devant le Palais; et étoit bien accompagné de barons et chevaliers à grand'foison. Et là étoient messire Guillaume de Hainaut, comte d'Ostrevant, et son beau-frère Jean de Bourgogne; et devant lui chevauchoit messire Guillaume de Namur. Si s'en vint ainsi jusques au chastel du Louvre; et là descendit-il. En s'en venant parmi Paris, il fut moult regardé du menu peuple.

Quand le duc fut descendu, il entra en la porte, tout avisé et conseillé quelle chose il devoit dire et faire; et étoient devant lui le sire de Coucy, le comte de Sancerre, messire Jean de Vienne, messire Guy de la Trémoille, messire Jean de Beuil, le vicomte de Meaux, messire Regnault de Roye, et messire Jean des Barres; et encore plus près de lui, et de-lez lui, messire Guillaume de Namur, Jean de Bourgogne et le comte d'Ostrevant; et derrière lui messire de Montfort de Bretagne, et le sire de Malestroit. Ceux étoient de son issue et de son conseil. A lui voir, quelle chose il feroit, y eut grand'presse, car la salle étoit petite; et l'avoit-on couverte pour le roi dîner; lequel se tenoit devant la table, et ses trois oncles de-lez lui, le duc de Berry, le duc de Bourgogne, et le duc de Bourbon. Si tôt comme le duc de Bretagne entra en l'huis de la salle, la voie étoit, de lui jusques au roi, toute découverte, car chacun s'ouvrit; et se mirent les seigneurs sur les deux ailes, hors de la vue du roi et du duc de Bretagne.

La première fois il s'agenouilla sur un genouil, et puis si se leva assez tôt; et passa assez tôt avant, environ dix ou douze pas, et puis s'assit et s'agenouilla la seconde fois; et puis se leva et passa outre tout le pas, et s'en vint devant le roi; et de rechef la tierce fois il s'agenouilla, et salua le roi, à nud chef, et lui dit: « Monseigneur, je vous suis venu voir. Dieu vous maintienne. » — « Grands mercis, dit le roi, cousin, vous nous êtes le bien-venu. Nous avions grand désir de vous voir. Si vous verrons tout à loisir, et parlerons à vous. » A ces mots il le prit par les bras; et le fit lever sus. Quand le duc fut levé, il inclina tous les princes qui là étoient, l'un après l'autre; et puisse arrêta en la présence du roi sans rien dire. Le roi le regardoit moult fort. Adonc firent signes les maîtres d'hôtels d'apporter l'eau avant. Si lava le roi; et mit le duc de Bretagne main à la touaille et au bassin; et quand le roi fut assis, il prit congé au roi et à ses oncles. Si le reconvoyèrent, le sire de Coucy, le comte de Saint-Pol et autres grands barons, jusques en la cour où ses chevaux étoient. Si monta, et montèrent ses gens; et retourna le chemin qu'il étoit venu, jusques en la rue de la Harpe, en son hôtel; et là descendit; et ne demoura nul de-lez lui, de tous ceux qui convoyé

---

[1] C'est-à-dire ses beaux-frères, et propres frères de feu son mari, Louis d'Anjou.

[2] Le duc de Bretagne avait déjà été sommé de comparaître devant le roi, qui l'avait attendu inutilement pendant tout le mois de mai.

l'avoient, fors que ses gens qui étoient issus hors de Bretagne, et qui étoient aveeques lui venus à Paris. Depuis, tout à loisir le duc de Bretagne parla au roi de France et à ses oncles, tant que tous se contentèrent bien de lui ; et lui tint-on bien ce qu'on lui eut en convenant, car oncques il ne vit, de ce voyage, Jean de Bretagne ni le connétable de France.

Quand ces seigneurs virent que les choses étoient en bon état, et que du duc de Bretagne ils n'avoient que faire de douter puisque dedans Paris le tenoient ; car jamais de là partir ne le lairroient, si auroit en partie fait tout ce que le roi et son conseil voudroient, il fut heure, ce leur fut avis, qu'ils s'ordonnassent pour le voyage de Guerles, où le roi avoit si grand'volonté et affection d'aller, pour rebouter ce duc de Guerles qui si vilainement et fellement l'avoit défié ; lesquelles choses, tout considéré, ne faisoient pas à souffrir. Si fut ordonné que le sire de Coucy se trairoit en la marche de Rheims et de Châlons en Champagne, et regarderoit sur le voyage du roi et de son ost, et quel chemin il feroit ; et émouveroit chevaliers et écuyers en Barrois et en Lorraine, et les retiendroit tous au nom de lui, pour mener là où il lui plairoit, sans faire nul trop grand esclandre du roi ; mais mettroit en termes qu'il voudroit faire une chevauchée pour lui, et à son appartenance, en Osteriche. Le sire de Coucy sur cel état se départit de Paris, et s'en vint à Châlons en Champagne et en Rethelois ; et là se tint environ un mois, et retint, de toutes parts, chevaliers et écuyers, en Bar, en Lorraine, en Champagne et en Rethelois.

Le roi de France se départit de Paris, quand on eut parlementé et traité aucunement au duc de Bretagne, et non pas encore tout accompli ; car la cour du roi de France est moult lointaine, quand on veut ; et très bien on y sait tenir les gens, et faire le leur despendre, et petitement besogner. Le roi s'en vint à Montreau-faut-Yonne, en la marche de Brie et de Gâtinois ; et là tint son hôtel ; et souvent chassoit aux cerfs et aux autres bêtes, ès forêts de Brie et de Gâtinois et prenoit ses déduits.

En ces jours dessus dits, le roi là étant à Montreau, une ahatie d'armes s'entreprit d'un chevalier d'Angleterre, qui étoit aveeques le duc d'Irlande et lequel on appeloit messire Thomas Harpinghen, et messire Jean des Barres, de laquelle il fut, parmi le royaume de France, grand bruit et grandes nouvelles, et ailleurs aussi. Et se devoit faire l'emprise et ahatie de cinq lances à cheval, et de cinq coups d'épée, et de cinq coups de dague, et de cinq coups de hache ; et si les armures dont ils devoient frapper rompoient, ils devoient recouvrer nouvelles ; tant que les armes seroient parfaites. Si montèrent les chevaliers un jour sur leurs chevaux, quand ils se furent bien armés, ainsi qu'à telle chose, appartient et pourvus de tous leurs harnois pour faire leurs armes ; et là étoient le roi et ses seigneurs, à grand'foison de barons et de chevaliers et de peuple, pour voir les armes. Si joutèrent sur chevaux, de quatre lances, moult roidement ; et furent assez bien assises ; et est l'usage ce me semble, à tout le moins l'étoit-il adonc, que l'on n'attachoit son bacinet qu'à une seule lanière, afin que le fer du glaive ne se tînt. Le cinquième coup de glaive fut tel, que messire Jean des Barres consuivit de plein coup le chevalier en la targe dont il étoit couvert, et l'empoingnit de telle façon et manière, qu'il le porta tout jus outre la croupe de son cheval ; et l'abattit tout étourdi ; et convint, à grand'peine, messire Thomas relever. Depuis fut-il remis à point ; et parfirent leurs armes bien et bel, tant que le roi et les seigneurs qui là étoient s'en contentèrent.

CHAPITRE CXII.

Comment le comte d'Arondel et ses gens eurent conseil ensemble comment ils se maintiendroient ; et comment Perrot le Bernois et ses compagnons se mirent sur les champs pour aller devers le comte d'Arondel ; et comment le dit comte alla prendre terre à Marant près la Rochelle avec son armée marine.

Je me suis tenu longuement à parler de l'armée de la mer, dont le comte Richard d'Arondel étoit chef, aveeques grand'foison de bons chevaliers et écuyers et autres gens d'armes d'Angleterre. Si en parlerai ; car la matière le demande. Vous avez bien ici dessus ouï recorder comment ni en quel état ils étoient issus d'Angleterre, et les grands traités qui avoient été entre le roi d'Angleterre et son conseil et le duc de Bretagne. Or avoient ces Anglois en leur navire toute la saison vaucré, nagé et côtoyé les bandes de Bretagne et Normandie, si force de trop grand vent ne les avoit reboutés avant en la mer. Mais toujours s'étoient-ils retraits sur les bandes de Bretagne; et avoient en leur armée vaisseaux qu'on dit balleniers, qu'écumeurs de mer par coutume ont volontiers et qui approchent les terres de plus près que les autres vaisseaux ne font; et avoient geu à l'ancre celle armée plus d'un mois, à l'encontre de l'île de Brehat en Bretagne; et s'étoient là rafreschis. Et là eurent nouvelle, car ce n'est pas loin de la Roche Derrien, que le duc de Bretagne étoit allé à Blois parlementer aux ducs de Berry et de Bourgogne; et ces seigneurs avoient tant exploité et parlementé, que le duc étoit allé sur bon état à Paris; et couroit renommée, parmi Bretagne, que le duc avoit été si bien venu du roi et de son conseil, à Paris, que de là il ne départiroit, si seroient les choses en sûr état.

Quand le comte d'Arondel entendit ces nouvelles, si fut tout pensif; et se trait en conseil, avecques les plus grands de son armée, pour savoir comment ils se maintiendroient, ni quelle part ils se trairoient pour employer leur saison. Conseil fut là entre eux tenu et arrêté, qu'ils se trairoient vers la Rochelle et feroient en Rochelois quelque chose. Car, nonobstant qu'ils n'eussent nuls chevaux, ils étoient gens assez pour attendre sur les champs toute la puissance de Saintonge et de Poitou; parmi tant aussi qu'ils signifieroient leur état en Auvergne et en Limousin, par qui que ce fût des leurs que ils mettroient hors de leurs naves par une barge et sur terre, et cil passeroit parmi Bretagne. Encore n'étoient les trèves entrées ni confirmées de la rivière de Loire; mais on les traitoit; et devoient commencer le premier jour du mois d'août; et étoit messire Hélion de Lignac sur le chemin, allant ou retournant, ne sais lequel, de Bayonne où le duc de Lancastre se tenoit, en France. Si comme le comte d'Arondel et les chevaliers d'Angleterre qui à ce conseil furent appelés imaginèrent, il en avint. Car ils s'avisèrent et prirent un Breton bretonnant qui étoit de la nation de Vennes et servoit à messire Guillaume Helmen qui là étoit, lequel savoit bien et parfaitement trois, voire quatre langages, le breton bretonnant, l'anglois, l'espaignol et le françois, et le firent mettre hors par une petite barge sur le sablon; et l'enditèrent ainsi : « Tu t'en iras les couvertes voyes tout le pays. Tu connois bien les torses[1], les adresses, et les chemins frayans, et tu feras tant que tu viendras à Chalucet. Salue nous Perrot le Bernois, et lui dis de par nous, qu'il mette sus une chevauchée de gens d'armes et de compagnons de son côté, et des forts et des garnisons qui obéissent à nous, et lesquels font guerre en France et à titre de nous. Tu ne porteras nulles lettres, pour les aventures des prises et des encontres. Dis, si tu trouves nul péril, que tu es à un marchand de vin de la Rochelle qui t'envoie quelque part; toujours passeras-tu bien. Et dis à Perrot le Bernois qu'il émeuve ses gens à marcher, et tienne le pays de Berry, d'Auvergne et de Limousin, en doute et en guerre, et qu'il tienne les champs, car nous prendrons terre en Rochelois; et là ferons guerre telle qu'il en aura bien la connoissance. »

Le Breton dit qu'il s'acquitteroit bien de faire son message, si trop grand empêchement ne l'encombroit sur le chemin. Il fut mis hors par une barge, sur le sablon. Il, qui connoissoit toute la marche de Bretagne, se mit à terre, et escheva du premier toutes les villes; et puis passa par Poitou, et entra en Limousin, et chemina tant par ses journées, qu'il vint à Chalucet, dont Perrot le Bernois étoit capitaine. Ce messager vint aux barrières, et se fit connoître à ceux de la garnison. On le mit dedans, quand on l'eut examiné à la porte; et puis fut mené devant Perrot le Bernois, et fit son message bien et à point; duquel message Perrot eut grand'joie, car il désiroit moult à ouïr vraies nouvelles de l'armée de mer. Or les eut-il toutes fresches. Si dit au Breton : « Tu nous es le bienvenu. Aussi avions-nous tous, moi et mes compagnons, grand désir de chevaucher; et nous chevaucherons hâtivement, et puis après ferons ce qu'on nous enseignera. »

Sur cel état s'ordonna Perrot le Bernois, et manda au capitaine de Carlat, le Bourg de Compane, et au capitaine d'Ouzac, Olim Barbe, au capitaine d'Aloise-lez Saint-Flour, Aimerigot Marcel, et aux autres capitaines, au long du pays, en Auvergne et en Limousin, qu'il vouloit chevaucher, et qu'ils se missent tous sur les champs, car il apparoit une bonne saison pour eux; et laissassent en leurs forts, à leur département, si bonnes garnisons qu'ils ne prissent point de dommage. Ces compagnons, qui aussi grand désir avoient de chevaucher comme Per-

[1] Chemins détournés.

rot le Bernois avoit, car ils ne pouvoient s'enrichir si autres ne perdoient, se pourvéyrent tantôt, et se mirent secrètement sur les champs; et s'en vinrent à Chalucet où l'assemblée se faisoit; si se trouvèrent bien quatre cents lances. Si leur fut avis qu'ils étoient gens assez pour faire un grand fait; et qu'ils ne savoient nul seigneur au pays qui leur dût rompre leur emprise, ni aller au devant; car le siége de Ventadour, de messire Guillaume de Lignac ni de Bonne-Lance ne se déferoit jamais pour eux. Si commencèrent à chevaucher et à être seigneurs des champs : et esquivèrent Auvergne à la bonne main, et Limosin à la senestre; et prirent le droit chemin pour entrer en Berry; car bien savoient que le duc n'y étoit pas : ainçois se tenoit en France devers le roi à Montreau-fault-Yonne. Nous laisserons un petit à

montre, ancrèrent et arrêtèrent aucuns compagnons aventureux. Pourtant que la marée venoit et pas n'étoit encore pleine, entrèrent en barges plus de deux cens, uns et autres; et s'en vinrent à rames, et avec la mer, jusques en la ville de Marault. Le guet du chastel de Marault d'amont avoit bien vu la navie d'Angleterre prendre port au hâvre, et aussi les barges venir, tout le fil de l'eau avecques la mer. Si avoit corné d'amont et mené grand'noise, pour réveiller les hommes de la ville et sauver le leur : si que hommes et femmes, grand'foison de leurs meilleurs choses sauvèrent et portèrent au chastel, et ce leur vint à point, autrement ils eussent tout perdu.

Quand ils virent le fort, et que Anglois leur étoient aux talons, si laissèrent le demourant,

d'armes et deux cens archers, pour garder la navie, qui étoit au hâvre, et là gisoit à l'ancre à l'embouchure de la mer. Puis, quand ils eurent tout ainsi ordonné, ils nagèrent tant qu'ils vinrent à Marault; et là prirent-ils terre tout à grand loisir, car nul ne leur dévéoit; et se logèrent tous sur terre, entre Marault et la ville de la Rochelle, laquelle siéd à quatre petites lieues de là.

Ces nouvelles s'épandirent sur le pays, que les Anglois étoient arrivés à Marault, et pris terre; et étoient bien quatre cens combattans, parmi les archers. Si furent le plat pays, les villes et les chastels, tous effrayés et sur leur garde: et commencèrent ceux des villages à fuir devant eux et à retraire leurs biens dans les forts, en Soubise et ailleurs, là où le plus tôt ils se pouvoient sauver et trouvoient recueillette.

CHAPITRE CXIII.

Comment ceux de Rochelois allèrent escarmoucher aux Anglois, près Marault : comment les Anglois, après avoir pillé le pays d'environ, se retirèrent en leurs vaisseaux sur la mer avec leur pillage ; et comment Perrot le Bernois se retira semblablement en son fort avec grand butin.

Si les Anglois eussent eu chevaux à leur aise pour courir le pays de Rochelois, ils eussent grandement fait leur profit, car le pays étoit tout dégarni de gens d'armes, voire pour eux aller au devant. Bien est vérité que le sire de Parthenay, le sire de Pons, le sire de Linières, le sire de Tonay-Bouton, messire Geoffroy d'Argenton, le sire de Montendre, messire Aimery de Rochechouart, le vicomte de Thouars, et plusieurs chevaliers et écuyers de Poitou et de Saintonge, étoient au pays: mais c'étoit chacun en son hôtel et en son fort, car le pays n'étoit pas avisé de la venue des Anglois. S'ils en eussent été signifiés en devant, un mois ou environ, et qu'ils eussent sçu de vérité que les Anglois arriveroient en tel jour à Marault, ils y eussent bien pourvu; mais nenny, celle chose leur vint soudainement sur les mains; pourquoi ils en furent plus effrayés. Et mettoit chacun peine et entente de garder le sien, et les bonnes gens du plat pays à moissonner hâtivement les blés, car il étoit entrée d'août. Avecques tout ce, il n'y avoit nul chef au pays qui les émût.

Le duc de Berry qui étoit sire et souverain de Poitou, étoit en France. Le sénéchal de Poitou étoit venu nouvellement à Paris. Le sénéchal de Saintonge n'étoit pas aussi en sa sénéchaussée. Le sénéchal de la Rochelle, messire Hélion de Lignac, n'étoit pas à la Rochelle ni au pays, mais grandement embesogné pour le duc de Berry, allant et retournant, en ces jours, sur le chemin de Bayonne et de France; et par ces raisons le pays en étoit plus foible. Car, qui défaut de bons chefs, il défaut de bon moyen et de bon pied; et, qui n'a bon pied, il ne peut faire chose qui vaille. Aussi étoient les terres dessus dites effrayées par deux manières, car ils avoient les Anglois devant eux, l'armée de mer, si comme vous pouvez ouïr; et d'autre part, les nouvelles leur venoient fort, des parties de Berry et de Limousin, que Perrot le Bernois chevauchoit et menoit plus de cinq cens combattans; et jà étoient entrés en Berry. Si ne savoient auquel entendre, fors à garder le leur, car renommée couroit que ces deux osts se trouveroient et rencontreroient, fût en Poitou ou en Saintonge. Telle étoit l'imagination de plusieurs.

Vérité est qu'en la ville de la Rochelle étoient, pour ces jours que les Anglois prirent terre à Marault, deux vaillans chevaliers de la nation de Beausse. L'un appeloit-on messire Pierre de Yon, et l'autre messire Pierre Taillepié: lesquels messire Hélion de Lignac avoit mis, laissés et établis, à son département, en la Rochelle, pour garder la ville et le pays; et ils s'en acquittèrent à leur pouvoir loyaument. Quand ils sçurent, et les nouvelles leur furent venues à la Rochelle, que le comte d'Arondel et l'armée de mer dont on avoit parlé toute la saison avoit pris terre dessous Marault, et que là ils se logeoient, si dirent à ceux de leur charge et au maieur de la Rochelle, et aux bonnes gens, car c'est une ville assez peuplée: « Il nous faut aller voir le logis et le convenant des Anglois. On nous a dit qu'ils se logent et amassent en ce pays. Nous voulons, moi et mon compagnon, aller querre leur bien venue: ou ils la payeront, ou nous la leur payerons. Mais blâme nous seroit et reproche grand, au cas que nous avons à garder pour le présent celle ville et le pays, si paisiblement nous les y laissons arrêter. Et si y a un point moult bel pour nous, c'est ce que ils n'ont point de chevaux; ce sont gens de mer. Nous serons tous bien montés, et envoyerons nos arbalètriers devant qui les iront réveiller, traire et blesser ; et, quand ils auront fait leur envahie, ils retourneront. Les Anglois saudront tous dehors. Ils sont tous de pied. Nous remettrons nos arbalêtriers derrière, qui le pas retourneront vers la ville ; et ces premiers nous recueillerons aux fers des lances ; et aurons nous, qui serons sur nos chevaux, grand avantage de leur porter dommage. »

Tous ceux qui ouïrent les chevaliers parler les tinrent à sages et bien vaillans hommes, et s'accordèrent à ce conseil ; et mirent ensemble les arbalêtriers et les gros varlets, et en trouvèrent bien douze cens, que uns que autres. Quand ce vint au matin, droit à l'aube du jour, ils fufurent tous appareillés dedans la ville de la Rochelle ; et s'assemblèrent en la place, et se partirent tout premièrement les arbalêtriers et les gens de pied ; et se mirent au chemin, de bon pas, pour venir au logis des Anglois. Endementiers s'ordonnèrent et appareillèrent ceux de cheval ; et étoient bien environ trois cens, car il y avoit des chevaliers et des écuyers, qui venus étoient en la Rochelle si tôt comme ils ouïrent dire que les Anglois étoient arrivés à Marault. Si issirent les hommes de cheval et les deux chevaliers devant qui les menoient. Certes, si par aucune inspiration les Anglois eussent sçu la venue des Rochellois, et qu'ils pussent avoir mis sus une belle embûche de deux cens archers et de cent hommes d'armes, il n'en fût jà pié retourné.

Quand les archers et les arbalêtriers de la Rochelle vinrent sur le logis des Anglois, il étoit encore assez matin ; et tant y eut de bon pour eux que le guet qu'ils avoient fait la nuit jusqu'au soleil levant étoit retrait. Les arbalêtriers commencèrent à tendre leurs arcs en approchant les Anglois, et puis à traire ; les sagettes passoient parmi ces feuilles. Donc les Anglois qui étoient en leurs logis, ou se reposoient sur litière d'estrain qu'ils avoient faite, s'émerveilloient dont ces traits venoient. Si en y avoit beaucoup de blessés, avant qu'ils sçussent que ce fussent les François. Quand ils eurent trait environ six coups chacun, ils se mirent au retour le bon pas, ainsi que ordonné étoit. Adonc approchèrent les gens d'armes, lesquels étoient tous bien montés ; et se mirent entre les logis des Anglois et leurs gens. Lors se commença l'ost à estourmir, et chevaliers et écuyers à eux armer, et archers à issir hors de leurs logis et venir sur les champs, et eux mettre ensemble et amonceler.

Quand les capitaines françois virent que l'ost s'estourmissoit si au vrai, et que chevaliers et écuyers se recueilloient sur les champs, si suivirent leurs gens qui s'en r'alloient le bon pas, et jà étoient les premiers moult près de la Rochelle, car ils doutoient le trait des Anglois. Ainsi, en hériant et trayant, furent les Rochellois amenés et poursuivis jusques bien près de la Rochelle ; et alors véez-ci venir le comte d'Arondel et plus de quatre cens hommes d'armes qui avoient poursuivi le grand pas, chacun son glaive en ses mains ou sur son col. Là fut grand l'empêchement des hommes de pied, et la presse moult grande au rentrer en la Rochelle. Messire Pierre de Yon et messire Pierre Taillepié ouvrèrent comme vaillans gens, car, en défendant et en gardant leurs gens, ils se mirent derrière ; et firent tant toutes fois qu'ils vinrent aux barrières ; et toujours les poursuivoient les Anglois. Là furent en grand'aventure les deux chevaliers d'être morts ou pris en faisant armes. Car l'assemblée étoit plus sur eux que sur nul des autres, pourtant qu'on véoit bien que c'étoient les maîtres. Dont il avint que messire Pierre de Joy eut mort dessous lui son coursier ; et à grand'peine fut-il tiré de leurs gens, dedans les barrières ; et messire Pierre Taillepié fut féru d'un glaive tout outre la cuisse, et d'une flèche parmi le bassinet, jusques dedans la tête ; et vint mourir le cheval sur quoi il séoit dedans la porte, à ses pieds. A l'entrer en la ville y eut grand'occision, et blessés plus de quarante. On étoit monté en la porte : si traioient canons et bombardes sur les Anglois, par les quels traits ils se reculoient tant qu'ils n'osoient approcher ni bouter dedans. Ainsi se porta celle première escarmouche des Rochellois et des Anglois. Quand ils eurent escarmouché jusques bien près de nonne, le comte d'Arondel fit sonner la retraite. Adonc se trairent moult ordonnément et par bon arroi gens d'armes et archers, et tout le pas, jusques à leurs logis ; et là se désarmèrent et pensèrent d'eux ; car bien avoient de quoi. De vins et de chairs étoient-ils biens pourvus, car moult en avoient-ils trouvé sur le pays.

Si se tinrent ces seigneurs et chevaliers d'Angleterre là environ Marault et la place où le droit port et hâvre est, plus de quinze jours, toujours attendans les armes et les aventures : mais depuis n'issirent point de la Rochelle nuls gens d'armes, pour escarmoucher ni éveiller les Anglois, car ils véoient bien que les Anglois se maintenoient et portoient sagement; et aussi leurs deux capitaines étoient blessés : pourquoi les autres avoient bien cause d'eux tenir tous là. Bien est vérité que le comte d'Arondel envoya par quatre fois courir sur le pays de Rochelois, vers Soubise, en la terre de Thouars, messire Guillaume Helmen; et y portèrent, ceux qui envoyés y furent, grand dommage, dont le pays fut moult effrayé; et encore eussent les Anglois fait autre exploit d'armes, s'ils eussent eu chevaux : mais ils nuls n'en avoient, fors qu'un petit, et encore les avoient-ils trouvés sur le pays. Plenté ne fut ce pas, car si tôt que le plat pays fut informé de leur venue, tous se retrairent à garant : et s'encloyrent ès bonnes villes, eux et le leur. Quand l'armée de mer, si comme je vous conte, eut été et séjourné sur le pays de Rochellois environ quinze jours, et qu'ils s'y furent bien rafreschis, et ils virent que nul ne venoit à l'encontre d'eux, pour eux véer ni chalenger terre, et que vent bon et propice leur fut venu, ils se retrairent vers leurs navires, et les rechargèrent de grand'foison de vins qu'il avoient trouvés sur le pays et de chairs fresches; et puis entrèrent en leurs vaisseaux. Si se desancrèrent, étant leurs nefs toutes chargées; et avalèrent leurs voiles; et le vent se bouta dedans. Si singlèrent en éloignant la terre; et prirent le profond; et entrèrent en la mer, et encontrèrent, en ce propre jour, douze nefs de Bayonne qui s'en alloient en Angleterre, et menoient vins de Gascogne et autres marchandises. Si se conjouirent tous grandement les uns aux autres, et s'entrefirent moult grand'fête, quand ils se furent avisés et connus; car ils étoient tout un, et tout d'une alliance; et donnèrent les Bayonnois au comte d'Arondel, deux pièces de vin de Gascongne en cause d'amour et de rafreschissement; et puis passèrent outre, et les autres demourèrent sur la mer, toujours vaucrant et vaillant, et attendant les aventures.

Or vous parlerai de Perrot le Bernois et de sa route. En ce propre termine que l'armée d'Angleterre fut à Marault et en Rochelois, étoit Perrot le Bernois, et sa route où bien avoit quatre cens lances et autant de pillards, sur les champs; et passa parmi Limousin; et vinrent en Berry; et levèrent, en un jour, toutes les marchandises de la ville du Blanc en Berry, où pour ces jours il y avoit foire; et eurent là grand profit de ces compagnons des routes et des bons et riches prisonniers; et puis passèrent outre; et vinrent jusques à Selles en Berry; et fut la ville toute pillée et robée.

Ainsi se maintinrent Perrot de Berne et le Bourg de Compane, et Aimerigot Marcel, et Olim Barbe et les autres, et chevauchèrent moult avant sur le pays; et y portèrent grand dommage, car nul ne leur alloit au devant, et en fut le pays tout effrayé delà la rivière de Loire et deçà, et jusques en la comté de Blois et en Touraine, car on ne pouvoit savoir ni imaginer que ces deux armées, qui se tenoient sur les champs, avoient en pensée de faire. Les aucuns disoient que la chose se tailloit que ils devoient eux trouver ensemble : mais non firent, car l'armée de mer se retrait, comme je vous dirai, et aussi firent Perrot le Bernois et sa route.

Quand ils eurent grandement pillé le pays et gagné, ils eurent conseil d'eux retraire en leurs châteaux, et mettre en sauf garant tout ce qu'ils avoient conquis et gagné sur le chemin d'Auvergne et s'en allèrent les uns à Aloise, les autres à Ouzac ou à Carlac; Perrot le Bernois se retrait à Chalucet. Si n'y eut plus fait d'armes ni de chevauchée, pour celle saison, en Auvergne ni en Limousin. Car trèves furent prises par delà la rivière de Loire, qui devoient durer, si comme elles firent, jusques au mois de mars. Et toujours se tenoit le siége devant Ventadour, de messire Guillaume de Lignac, de messire Jean Bonne-Lance, de messire Jean le Bouteiller, et des autres chevaliers et écuyers d'Auvergne et de Limosin, car Geoffroy Tête-Noire étoit bien si orgueilleux qu'il ne faisoit compte de nulles trèves, ni de paix ni de repit, et tout sur la fiance de son fort lieu.

Nous nous souffrirons à parler du siége de Ventadour et de dire quelle fin il en print, tant que point et temps sera, et nous rafreschirons d'autres nouvelles : c'est à entendre des besognes de Brabant et de Guerles, qui ne sont pas à oublier ni ignorer, pour la cause que le roi de France y mit la main quand il vit que les choses alloient mal.

CHAPITRE CXIV.

Comment les Brabançons travaillèrent fort ceux de Gavres par leur siége : et comment les Guerlois brûlèrent et ruinèrent un pont, que les Brabançons avoient fait sur Meuse, pour entrer du côté de Guerles, et contraindre la ville de Gavres plus étroitement [1].

Si comme je vous ai ci dessus entretenu et éclairci des anciens ducs de Guerles, comment le ave du duc de Guerles dont je traite présentement se maria à la fille de Berthaud de Malines, pour lui ôter de danger et racheter son héritage qui grandement étoit entouillé et empêché, le duc de Guerles, fils du duc de Juilliers, pour entretenir la ville de Gavres sur les Brabançons, et que il y eut cause et juste titre, regarda, quand il vit que il ne pouvoit ravoir les trois chastels dessus nommés, séans sur la rivière de Meuse, Gaugelch, Buch et Mille qui jadis avoient été de l'héritage très foncier du pays de Guerles, qu'il attribueroit la ville de Gavres à son héritage perpétuellement. Et avoit ce duc une sienne fille bâtarde donnée et mariée au damoisel de Kuck, lequel sire de Kuck étoit héritier de la ville de Gavres. Si fit un traité à lui amiablement, ainsi que le père et le fils en doivent avoir sans nul moyen ; et lui donna le damoisel de Kuck la ville et la seigneurie de Gavres et l'en ahérita, présens les barons et les chevaliers de Guerles et de Julliers ; et le duc de Guerles, pour celle cause, le récompensa de la terre et seigneurie de Bois-le-Duc, séant sur la rivière de Licque, en la duché de Guerles, marchissant sur pays de Hollande et bien en sus de Brabant. A celle ville de Bois-le-Duc append un très bel chastel ; et est une bonne grosse ville et de grand profit, mais Gavres vaut mieux. Et fit ce marché le duc de Guerles, sur l'entente que d'avoir juste querelle d'obtenir la ville de Gavres contre les Brabançons ; car la duchesse de Brabant et son conseil disoient que anciennement les seigneurs de Kuck l'avoient tenue par gage, et que, toutes fois et quantes fois que il leur plaisoit ou à leurs hoirs, ils la pouvoient racheter, et que sans cause le duc de Guerles la tenoit, fors que par gage. Le duc de Guerles étoit tout contraire à ces opinions et disoit qu'elle étoit comme son bon héritage, et que ce seroit la dernière ville qu'il tien-

[1] Le manuscrit de Besançon perdu aujourd'hui, mais dont je possède une copie, diffère beaucoup ici des autres manuscrits ; j'adopte celles de ses corrections qui me paraissent les meilleures.

droit. Et pour celle même cause s'émut la guerre et le maltalent entre les Brabançons et les Guerlois ; et vinrent ceux de Brabant, au mois de mai, mettre le siége devant la ville de Gavres, chevaliers, écuyers et toutes les communautés des bonnes villes ; et y firent amener et acharier engins, espringales, trébus, et tous autres tels atournemens d'assaut. Et étoient bien quarante mille hommes, que uns que autres, et étoient logés au devant de Gavres, contre val la rivière de Meuse. Et étoit leur ost rempli de tous biens, car ils avoient leurs pays derrière eux et à tous côtés, dont les pourvéances leur venoient largement et pleinement ; et ce est l'aise des Brabançons, car où que ils soient et que ils vont, ils veulent être en vins et en viandes, et en délices jusques au cou, ou tantôt ils retourneroient en leurs maisons. La duchesse de Brabant, pour mieux montrer que la besogne étoit sienne et pour ouïr plus souvent nouvelles de ses gens du siége, s'en vint loger en cel été en la ville de Bois-le-Duc, à quatre lieues de Gavres. Si avoit tous les jours allans et revenans grand'foison entre Gavres et le Bois-le-Duc. Ainsi se tint en celle saison, des chevaliers et écuyers et des bonnes villes de Brabant, le siége devant Gavres ; mais la rivière de Meuse étoit entre l'ost et la ville ; et avoient sus le rivage à leur côté les Brabançons mis et assis leurs grands engins qui bien pouvoient jeter jusques à la ville ; et par espécial ils leur envoyèrent bêtes mortes par le jet de leurs engins pour eux empunaiser ; et grévoit grandement à ceux de Gavres quand elles chéoient en leur ville ; mais à l'encontre de ce ils y pourvéoient et remédioient du mieux qu'ils savoient et pouvoient.

Le duc de Guerles, qui le plus souvent se tenoit à Nimaige, étoit bien informé de l'état du siége et avoit envoyé en garnison à Gavres des bonnes gens d'armes, chevaliers et écuyers ; mais bien véoit que de sa puissance il n'étoit pas fort assez pour passer la Meuse et combattre ses ennemis ; et aussi il ne le trouvoit point en son conseil. Et espéroit le duc à avoir un très grand confort d'Angleterre ; car, en l'année devant, il avoit là été et recueilli moult grandement de ses cousins, premièrement du roi d'Angleterre et de ses oncles ; et lui avoient promis confort et aide, si il lui besognoit. Si avoit escript et mandé tout son état et le siége de Gavres au roi et à ses oncles, mais on n'y pouvoit entendre, car en Angleterre, pour celle saison, ils étoient tous entriboulés et en mauvais arroi, quoique le roi se fût reformé en nouveau conseil, par l'ordonnance de ses oncles et de l'archevêque de Cantorbie.

Bien en fut parlementé, environ la Saint-Jean Baptiste, à savoir si on envoyeroit gens d'armes et archers en Guerles, pour conforter le duc, ainsi qu'enconvenancé lui avoit été. Mais, tout considéré et imaginé les besognes d'Angleterre, on ne le trouvoit point en conseil, car renommée couroit au dit royaume d'Angleterre, que le roi de France faisoit un secret mandement; mais on ne savoit dire là où il voudroit ses gens envoyer; et faisoient doute les Anglois par imagination, qu'ils viendroient devant Calais. Avecques toutes ces doutes ils n'étoient pas bien assurés de la bande et du royaume d'Escosse; car le sire de Percy, comte de Northonbrelande et les barons des frontières d'Escosse avoient entendu, ainsi que renommée court de pays en autres, que les Escossois se pourvéoient et chevaucheroient en cel été. Pourtant ne s'osoient-ils, en Angleterre, dénuer de gens d'armes ni d'archers, car jà en avoit sur l'armée de la mer avec le comte d'Arondel grand'foison; et si convenoit que leur pays fût gardé et pourvu. Si disoient les aucuns, en le conseil des nobles d'Angleterre. « Nenny, laissez le duc de Guerles convenir. Il est de soi moult vaillant et chevaleureux; et si demeure en fort pays. Il se chevira bien de la guerre contre ces Brabançons. Si plus grand'chose lui sourdoit, tout à temps seroit-il reconforté. Il a les Allemands de son accord, et ses voisins qui autrefois se sont mis en sa route, à l'encontre des Brabançons et des François. »

Ainsi se portoient les choses en Angleterre; mais ceux de la ville de Gavres en avoient la peine, les assauts et les escarmouches. Or avisèrent, en celle saison que le siége se tenoit devant Gavres, les Brabançons qui jà se commençoient à tanner et lasser, que ils feroient faire et ouvrer et charpenter un pont de bois, sur la rivière de Meuse; et par là entreroient-ils en la duché de Guerles et détruiroient le pays : parquoi nulle douceur, ni nuls vivres, ne viendroient en la ville de Gavres; et se trouveroient gens assez pour assiéger, d'autre part la rivière, la ville de Gavres; et clorroient tellement le pas de tous lez que nulles pourvéances n'y viendroient, et par ce parti ils l'affameroient. Si mirent tantôt grand'foison d'ouvriers et de charpentiers en œuvre; et se hâta-t-on grandement d'ouvrer et charpenter ce pont sur le rivage; et à la mesure qu'on l'ouvroit et le charpentoit, on l'asséoit sur la rivière, et les jetées mises fortes et bien appuyées dedans la rivière. Si fut le dit pont ouvré et charpenté et mené moult avant, et si près de la terre et du rivage à l'autre lez que les Guerlois y pouvoient bien avenir du jet d'une lance. Quand ceux de la garnison de Gavres virent qu'on les approchoit de si près, si se doutèrent grandement; et eurent conseil et avis entre eux comment ils s'en cheviroient. Ils assirent leurs canons et leurs trébus et arcs à tour sur leur rivage, et firent traire et lancer si roide et si ouniement aux ouvriers qui ce pont menoient et édifioient que moult en occirent; et n'osoit nul aller avant. Et jetoient leurs engins feu très grand, par quoi le pont fut tout ars jusques aux estaches dedans l'eau. Ainsi fut le pont perdu et défait, et perdirent les Brabançons toute leur peine et les coûtages que coûté avoit le pont à faire. Quand les seigneurs de Brabant et les consaulx des bonnes villes virent que ils avoient ainsi perdu leur temps, si se remirent ensemble pour avoir nouveau conseil.

CHAPITRE CXV.

Comment les Brabançons passèrent parmi la ville de Ravestain en Guerles et comment le duc de Guerles se partit de Nimaige, atout trois cens lances, et vint à l'encontre des Brabançons, et comment il les déconfit entre Ravestain et Gavres.

A trois lieues petites de la ville de Gavres, et sur celle même rivière, siéd la ville et le chastel de Ravestain, lequel est héritage au baron de Borne; et cil sire de Borne est des hommes et des tenables du Brabant; et étoit là au dit siège avec les autres. Si fut requis et prié, de par le conseil de la duchesse de Brabant et de par les barons et chevaliers et bonnes villes de Brabant, que il voulsist ouvrir sa ville de Ravestain, pour passer parmi une partie de leur ost, et pour aller courir au pays de Guerles. Envis le fit, car le duc de Guerles lui est trop voisin; mais faire lui convenoit, puisqu'il en étoit requis de sa dame naturelle et de ceux de son lez, ou autrement on eût eu soupçon très grand sur lui, dont il cût moins valu; et fut le jour ordonné et arrêté pour passer toutes gens au pont de Ravestain. Le duc de Guerles, qui se tenoit à Nimaige, fut signifié et informé véritablement, ne sais pas par qui ce pouvoit être, ou par espies, ou autres gens espoir que il avoit de son accord au conseil ou en l'ost de Brabant; et lui fut dit ainsi: que le sire de Borne livroit passage aux Brabançons; et entreroient en sa terre par la ville et le pont de Ravestain. Quand ces nouvelles lui furent venues, si fut tout pensieux et mélancolieux, car il voyoit que il n'avoit pas gens assez pour resister contre le pouvoir de Brabant, où bien pouvoit avoir, si ils passoient tout outre, quarante mille hommes, que uns que autres. Si eut le duc plusieurs imaginations sur ce et demandoit conseil aux siens, pour savoir comment il se maintiendroit. Finablement, tout considéré, il regarda qu'il mettroit tous ses gens ensemble et se trairoit sur les champs, et viendroit devers la ville de Gavres, pour eux rafreschir et reconforter; et si les Brabançons entroient en Guerles, il entreroit aussi en Brabant. Et disoit bien que point il ne vouloit être enclos en nulle de ses villes; et aussi ce lui conseilloit un grand sire de son pays qui s'appeloit messire de Ghesme. Et nonobstant tout son conseil, qui lui avoit dit tout le contraire, si n'en eût-il fait autre chose que il en fit, car ce duc fut de grande emprise et de bonne volonté, et conforté de soi-même pour porter dommage à ses ennemis. Si fit signifier parmi la ville de Nimaige à toutes gens, qu'il vouloit chevaucher le matin; et ce jour devoient venir les Brabançons à Ravestain, et là passer la Meuse. Adonc vissiez chevaliers et écuyers appareiller de grand'manière, quoique leurs harnois fussent tout près et leurs chevaux aussi, car de tout ce faire ils sont grandement soigneux.

Quand il devoit partir de Nimaige il s'en vint en une église où il y a une image et chapelle de Notre-Dame, et là fit son offrande et ses oraisons, et se recommanda de bonne volonté à li, et puis monta; et ses gens montérent bien arréement, et se départirent de Nimaige, et se trairent tous sur les champs, et se trouvoient bien quatre cens lances de bonnes gens, chevaliers et écuyers. Ce même jour aussi chevauchoient les Brabançons; mais les Guerlois rien n'en savoient, ni nul apparent ils n'en avoient.

Et eut conseil d'envoyer ses coureurs devant pour savoir aucunes convenances de ses ennemis, car moult désiroit à ouïr nouvelles, et avoit pris le chemin de la ville de Gavres. Les coureurs, quand ils se départirent du duc de Guerles, chevauchèrent si avant que vers Gavres. Ils y vinrent aux barrières et demandoient à ceux qui là gardoient, s'ils savoient rien des Brabançons, et si ce jour ils devoient passer. Cils répondirent et dirent ainsi: «Nous espérons que voirement passeront-ils hui, car au matin leur ost a été moult estourmi, mais ils ne peuvent passer, fors par le pont à Ravestain; et si vous chevauchez celle part, vous en aurez aucunes nouvelles.» A ces mots se départirent de là les coureurs du duc de Guerles et traversèrent les champs pour aller devers Ravestain. A celle heure que ils chevauchoient, passoient toutes gens sans ordonnance au pont de Ravestain; mais quand ils étoient outre, et ils se trouvoient sur les champs par l'ordonnance des maréchaux qui étoient passés tout premièrement, ils attendoient l'un l'autre, et se mettoient ensemble, et se recueilloient par bannières et par pennons, ainsi que faire ils le devoient.

Ce propre jour, au matin, avoit envoyé le duc de Guerles par les varlets de sa chambre tendre et ficher les paissons en terre un vermeil pavillon sur les champs et près du rivage de la rivière de Meuse, au-dessous de la ville de Gavres, et l'avoit fait faire en remontrant à ses ennemis qu'il viendroit là loger. Le pavillon fut bien vu des Brabançons; ils n'en firent compte, car ils se sentoient gens assez, et voirement étoient-ils, pour combattre le duc de Guerles et toute sa puissance. Tout en telle manière que les Guerlois avoient leurs coureurs sur les champs, avoient autant bien ceux de Brabant les leurs, par quoi ils sçurent nouvelle l'un de l'autre. Or retournèrent les coureurs du duc de Guerles qui ce matin avoient moult chevauché de long et de travers, avant et arrière pour mieux aviser leurs ennemis; et trouvèrent le duc et sa route qui s'en venoient vers Gavres; et avoit intention de premier, mais ce propos lui mua, que il s'en viendroit bouter en la ville. Les coureurs s'arrêtèrent devant le duc, et dirent tout haut: «Monseigneur, nous avons vu une partie de vos ennemis; ils ont passé la Meuse au pont à Ravestain, et encore passent et passeront tous, si comme nous espérons, car sur les champs ils se surattendent. »—« Et sont ils grands gens? » demanda le duc de Guerles. Cils répondirent par avis et dirent : « Monseigneur, ceux que nous avons vus sont plus de cinq mille. »

De-lez le duc étoient pour l'heure le sire de Ghesme, ordonné souverain de la chevalerie, et le Damoisel de Hansbergue, le sire de Hueckelent, messire Ostes, sire d'Aspres, et plusieurs autres chevaliers et écuyers qui toutes ces paroles ne pouvoient pas avoir ouïes. Puis demanda le duc conseil à ses hommes et à ses plus prochains, lequel en étoit bon et le meilleur à faire; et comment qu'il en demandât, son courage s'inclinoit toujours d'aller sur ses ennemis, puisque trouver les pouvoit. Là eut sur les champs, de ceux qui acconseillé l'avoient, plusieurs paroles retournées, car les aucuns disoient ainsi : « Sire, vous n'avez que une poignée de gens au regard des Brabançons, car sachez : toute la puissance du Brabant, chevaliers et écuyers et communautés des villes, sont hors. Comment pourrez-vous assembler, trois mille hommes espoir que vous avez, à quarante mille hommes? Si vous le faites, vous ferez un très grand outrage; et si mal vous en prenoit, on diroit que folie, outre cuidance ou jeunesse le vous auront fait faire; et nous qui vous avons acconseillé en serièmes blâmés. » — « Et quel chose est bon, répondit le duc, que j'en fasse? » — « Sire, répondirent les chevaliers, retrayons-nous en la ville de Gavres. Véez-le ci-devant nous et laissons les Brabançons loger hardiment sus votre pays. Jà avez-vous dit, s'ils ardent votre pays, vous entrerez et arderez au leur, et lui porterez bien autant de dommage que ils feront à vous. De deux mauvais chemins on doit élire et prendre le meilleur. » — « Hà! répondit le duc, que à votre loyal pouvoir vous me conseillez, ce crois-je; mais je veux bien que vous sachiez que je ne ferai jà ce marché; il me seroit trop déshonorable. Ni en ville ni en chastel que j'aie, je ne m'enclorrai, et lairrai mon pays ardoir. Je auroîs plus cher à être mort sur les champs. Je veux bien qu'ils soient dix mille ou vingt mille ; pensez-vous que ces communages sachent combattre? M'aist Dieu! nennil. Sitôt qu'ils nous verront chevaucher en brousse et entrer en eux de grand volonté, ils ne tiendront nul arroi et se desfouqueront. »

A ces mots le duc de Guerles, qui désiroit la bataille, dit, en tenant la main contre son cœur : « Mon cœur me dit que la journée est bien mienne. Je veux combattre ; mais mes ennemis j'ai trop plus cher à assaillir ; et mieux me vaut, et plus honorable et plus profitable nous est que de être assailli. Or tôt, développez ma bannière, et qui veut être chevalier traie avant, je le ferai, en l'honneur de Dieu, de Saint-George à qui je me rends de bonne volonté à la journée de hui, et à madame Sainte Marie, dont l'image est à Nimaige, et à laquelle au départir je pris congé de bonne volonté ; si lui recharge et recommande toute mon affaire. Avant! Avant! dit-il encore, qui m'aimera si mette peine à me suivre légèrement. »

Celle parole, que le duc de Guerles dit, rencouragea grandement toutes ses gens, et par espécial ceux qui l'avoient ouï : et montrèrent tous, par semblant, qu'ils fussent en grand volonté de combattre, et tous confortés de courir sur leurs ennemis qui approchoient. Si estreingnirent leurs plates, et avalèrent les carnets de leurs bacinets, et restreingnirent les sangles de leurs chevaux ; et se mirent en bon arroi, et tous ensemble ; et chevauchèrent tout le pas, pour avoir leurs chevaux plus frais et plus forts à l'assembler. Et là furent faits aucuns chevaliers nouveaux qui se désiroient à avancer ; et chevauchèrent en cel arroi, en bon convenant, devers Ravestain. Jà étoient tout outre les Brabançons et grand'foison des communautés des bonnes villes.

Nouvelles vinrent au sénéchal de Brabant et aux chevaliers, que le duc de Guerles étoit sur les champs, et si près qu'il venoit sur eux, et que tantôt l'auroient. Ceux à qui les premières nouvelles vinrent, furent moult émerveillés de l'aventure ; et cuidèrent bien et de vérité, que le duc de Guerles, pour un homme qu'il avoit en sa compagnie, en eut six. Si s'arrêtèrent sur les champs ; et s'en vinrent mettre en arroi ; mais ils n'eurent pas loisir, car véez ci venir le duc de Guerles et sa route, tous venant ensemble, éperonnant leurs chevaux, et criant: « Notre-Dame! Guerles! » les lances toutes abaissées. Et là eut un écuyer de Guerles lequel on doit recommander, car, pour le grand désir qu'il avoit d'exausler son nom et de venir aux armes, tout devant les batailles il férit cheval des éperons, abaissant son glaive ; et fut tout le premier joutant et assaillant, et entrant sur ses ennemis. On appeloit l'écuyer adonc Herman de Morbek. De celle joute il en porta un à terre, moult valeureusement. Je ne sais s'il fut puis relevé, car la foule vint tantôt si grande, et la presse des chevaux, que, qui étoit abattu, fort étoit de le relever, s'il n'étoit trop bien aidé : et je vous sais bien à dire que de celle première joute il y eut de plus de six vingt Brabançons portés par terre. Là vissiez grand effroi, et grand abattis de gens, et à petite défense des Brabançons. Car ils furent soudainement pris ; et ainsi doit-on faire, qui veut porter dommage à ses ennemis. Car ces Brabançons, quoi qu'ils eussent grand'foison de gens et de grands seigneurs, furent si épars, que oncques ils ne se purent mettre en ordonnance ni en arroi de bataille ; et furent percés tout outre, et épars, les uns çà, les autres là : ni les grands seigneurs, barons et chevaliers de Brabant ne pouvoient venir à leurs gens, ni leurs gens à eux.

Adoncques ceux qui étoient derrière, entendirent l'effroi, et virent la grand'poudrière ; et leur sembla proprement par la voix et le tumulte des cris, et la poudrière qui voloit et venoit sur eux, et les approchoit, que leurs gens fussent déconfits : donc, pour l'effroi et la grand'hideur où ils en churent, tantôt ils se mirent au retour, les aucuns vers Ravestain ; et les autres, qui étoient plus effrayés, quéroient le plus court chemin et s'en venoient sur la rivière de Meuse, et entroient dedans, fût à pied ou à cheval, sans tâter le fond ni demander du gravier ni le moins profond ; et étoit proprement avis à ceux qui fuyoient, que leurs ennemis leur fussent sur le col.

Par celle déconfiture d'eux-mêmes, en y eut des noyés et des péris en la rivière de Meuse, plus de douze cens. Car ils sailloient l'un sur l'autre, ainsi comme bêtes, sans arroi ni ordonnance ; et plusieurs seigneurs et hauts barons de Brabant que je ne veuil point nommer, car blâme seroit pour eux et pour leurs hoirs, fuyoient lasquement et honteusement ; et quéroient leur sauvement, sans prendre le chemin de la rivière ni de Ravestain, mais autres voyes, pour éloigner leurs ennemis.

En telle pestilence chut ce jour, entre Gavres et Ravestain, la chevalerie de Brabant. Et grand'foison il y eut de morts et de pris, car ceux qui pouvoient venir à rançon se rendoient légèrement à petit de défense, et ces Allemands les prenoient et fiançoient volontiers, pour le grand profit qu'ils en pensoient à avoir. Ceux qui retournoient au logis devant Gavres, esmayoient ceux qui étoient demeurés, car ils venoient, ainsi que gens tous déconfits, en leur grosse haleine : ni à peine avoient-ils puissance de parler ni de dire : « Recueillez tout, car nous sommes tous gens déconfits : ni en nous n'a nul recouvrer. »

Quand ceux des logis entendirent la vérité de la besogne, et ils virent leurs gens en tel parti, si furent tous esidés ; et n'eurent pas les plusieurs loisir ni puissance d'entendre à prendre le leur ni à déloger leurs tentes, leurs trefs, ni leurs pavillons, ni du trousser, ni mettre à voiture ; mais départoient le plus, sans dire adieu ; et laissoient tout derrière, car ils étoient si effrayés, que nulle contenance d'arroi ni d'ordonnance de recouvrer ne montroient, ni n'avoit en eux. Vitaillers et voituriers laissoient leurs chars et leurs sommiers, et leurs pourvéances ; et montoient sur leurs chevaux ; et se mettoient à sauveté ; et s'enfuyoient vers Bois-le-Duc, ou vers Hesdin, ou le Mont-Saint-Gertrude, ou Dordrecht ; ils n'avoient cure que pour éloigner leurs ennemis. Et, si ceux de la ville de Gavres, les hommes de la ville et ceux qui s'y tenoient en garnison de par le duc de Guerles, eussent sçu plus tôt assez la déconfiture qui se faisoit sur les Brabançons, ils eussent grandement fait leur profit ; et en eussent beaucoup rué jus et r'atteints. Mais point ne le sçurent jusques à bien tard ; et nonobstant, ils issirent hors, et ils trouvèrent grand'foison de tentes, de trefs, de pavillons et de pourvéances, et d'engins dressés, et de canons, et d'artillerie ; et tout recueillirent et emmenèrent à leur ville, à grand loisir, car nul ne leur devéoit ni n'alloit au devant. Ainsi se porta leur département du siége de Gavres ; et reçurent les Brabançons ce dommage : dont il fut grand'nouvelle en plusieurs pays, comment une poignée de gens en déconfirent quarante mille et levèrent le siége ; et là furent pris le grand sire de Borgneval, le sire de Goch, le sire de Lintre, et tant d'autres, que jusques à dix sept bannières · et en trouverez les pennons devant l'image Notre-Dame, à Nimaige, afin qu'il en soit perpétuelle mémoire.

CHAPITRE CXVI.

Comment le duc de Guerles, après ce qu'il eut déconfit les Brabançons, se trait à Nimaige : et comment les nouvelles vinrent au roi de France et à ses oncles de celle déconfiture, et comment le roi et son conseil envoyèrent messagers en ambaxade au roi d'Allemagne, pour guerroyer plus sûrement en Guerles.

A peine puis-je recorder ni escripre, pour honneur, la honteuse déconfiture qui fut ce jour sur les Brabançons; mais au cas que j'ai promis, si comme je ennarre au chef de mon livre, au cas que je vueil tout chroniser et faire juste histoire, il m'en faut faire vraie et bonne narration, sur qui que la fortune tourne. Le jeune duc de Guerles eut celle journée pour lui, qui fut en l'an de grâce mil trois cent quatre vingt et huit, environ la Madeleine, au mois de juillet. Quand la déconfiture et la chasse fut passée, et le champ tout délivré, et ce fut tantôt fait, en moins de deux heures, les Guerlois se mirent tous ensemble sur les champs; et furent très grandement réjouis, et bien le devoient être, de la belle aventure qu'ils avoient trouvée; car ils tenoient autant de prisonniers, ou plus qu'ils ne furent de gens. Là étoient les hérauts de leur côté, qui cherchoient les morts, et qui avoient été entre les batailles. Entre les morts y fut occis en beau fait d'armes un jeune chevalier de la comté de Namur qui s'appeloit Wautier de Zelles, sire de Balastre; de laquelle mort et aventure le duc de Guerles, quand on lui conta, fut trop durement courroucé; et le plaignit, et bien le montra; et dit que la mort du jeune chevalier déplaisoit à lui grandement, car il étoit gracieux homme, habile, courtois et joli; et aussi ledit chevalier, l'année devant, avoit été en Prusse avec le duc et sa compagnie; pourquoi, de la mort de lui il en fut plus tendre. Si regardèrent le duc et ses gens tous sur les champs; et eurent conseil et avis quelle chose ils feroient, s'ils s'en iroient à Gavres, pour eux rafreschir et là mettre leurs prisonniers. « Nenny, dit le duc. Je me donnai et vouai, au département de Nimaige, et suis donné et voué hui, au commencement de la bataille, à Notre-Dame de Nimaige. Si vueil et ordonne que tous à lie chère retournons celle part, et allons voir et remercier la dame, qui nous a bien aidé à avoir victoire. »

Ce conseil fut tenu; nul ne l'eût brisé, puisque le duc avoit parlé. Si se mirent à chemin, et chevauchèrent les grands galops vers Nimaige. Il n'y avoit que deux bonnes lieues de là où la bataille avoit été; tantôt l'approchèrent. Quand les nouvelles furent venues à Nimaige, et ils sçurent la vérité de la besogne, donc vissiez gens réjouis, hommes, femmes et enfans, et le clergé issir à l'encontre de la venue du duc, et les recueillir à grand'joie. Le duc de Guerles, accompagné de ses chevaliers, sans tourner autre part, s'en vint tout droit à l'église où celle image de Notre-Dame est où il avoit si grand'fiance; et là devant l'hôtel, en la chapelle, se désarma de toutes pièces, et se mit en pur son flotternel; et donna toutes ses armures à l'image, en la remerciant et regraciant de la belle journée qu'il avoit eue; et là furent mis tous les pennons des chefs et des seigneurs, qui ce jour furent pris en la bataille, par devant l'image Notre-Dame; je ne sais s'ils y sont encore. Et puis s'en vint le duc en son hôtel, et tous les chevaliers; et chacun se retrait au sien si comme ils étoient logés; et pensèrent d'eux et de leurs prisonniers, car ils pensoient bien qu'ils payeroient l'escot.

Grands nouvelles furent en plusieurs lieux de ce duc de Guerles, qui avoit ainsi rué jus les Brabançons; et puis il fut plus douté et honoré qu'il n'étoit en devant. La duchesse de Brabant qui se tenoit au Bois-le-Duc, atout son état, quand elle vit que les choses se portoient mal et que le siége de Gavres étoit levé, fut toute courroucée; et bien cause y avoit, car la chose lui touchoit de trop près. Si ordonna garnison au Bois-le-Duc, pour garder la frontière; et puis s'en départit et s'en retourna, parmi la Campine, à Bruxelles, et là se tint un très grand temps, tant qu'elle ouït autres nouvelles : et escripvoit souvent de son état devers le duc de Bourgogne, où toute son espérance de recouvrer étoit.

Vous devez bien croire et savoir que ces nouvelles, qui avenues étoient du duc de Guerles sur les Brabançons entre la ville de Gavres et Ravestain, furent tantôt sçues et volées au royaume de France, et par espécial en la cour du roi; on n'en fit compte, au cas que le roi avoit si grand'affection de là aller. On escripvit tantôt devers messire Guillaume de la Trémoille et devers messire Servais de Méraude qui étoient souverains capitaines des gens d'armes que le duc de Bourgogne avoit là envoyés, et des trois chastels séans sur la Meuse, Gaugelch, Buch, et Mille, qu'ils fussent soigneux de bien garder leur frontière; et aussi qu'ils ne fissent nulle issue, pourquoi ils prissent dommage; et que dedans bref terme ils orroient nouvelles du roi, car le roi en personne vouloit aller voir ce duc de Guerles et son pays.

Messire Guillaume avoit été courroucé de l'aventure qui étoit avenue sur ceux de sa partie; mais les nouvelles de France le rafreschirent tout; et se ordonna et rieulla selon ce qu'on lui escripvit et manda. Or revenons aux consaux du roi de France qui grand désir avoit d'aller en Guerles; ni il n'y regardoit ni commencement, ni moyen, ni fin, fors toujours à l'entreprise; car en trop grand déplaisance avoit pris les défiances que le duc de Guerles lui avoit envoyées: et disoit bien et mettoit outre, que quoi qu'il dût coûter, il seroit amendé; et feroit ce duc dédire, ou toute sa terre et toute la terre au duc de Julliers son père seroient arses et détruites.

Ducs, comtes, chevaliers, barons, et toutes manières de gens d'armes parmi le royaume de France, en furent signifiés, et que chacun se pourvéyst selon le lointain voyage. Et fut ordonné que l'un des maréchaux de France demeureroit en France. Ce fut messire Louis de Sançoirre; cil garderoit la frontière d'outre la rivière de Dordogne jusques à la mer; car en la Languedoc, entre la rivière de Garonne, descendant jusques à la rivière de Loire, trèves étoient; et l'autre maréchal, messire Mouton de Blainville, iroit avec le roi. Des pourvéances grandes et grosses que les seigneurs faisoient, merveilles seroit au penser; et principalement de vins retenir et ensoigner, pour le roi premièrement, pour les ducs de Berry, de Bourgogne, de Touraine et de Bourbon, en la cité de Reims, de Châlons, de Troyes, et tout sur le pays de Champagne en la Marche de Reims, en l'évêché de Laon et en l'évêché de Langres; et tout étoit retenu pour les seigneurs, et tous les charrois, de quelque part qu'ils fussent. L'appareil pour ce voyage étoit si grand, que merveilles étoit à considérer. Encore étoit le duc de Bretagne à Paris; et ne pouvoit avoir nulle fin ni délivrance du roi qui se tenoit le plus, pour celle saison, à Montreau-faut-Yonne. Mais on lui faisoit bonne chère, et étoit servi de belles paroles et de courtoises; et lui prioient les seigneurs que point lui ennuyât, et qu'il auroit hâtivement délivrance; mais on avoit tant à faire pour ce voyage qui s'entreprenoit pour aller en Allemagne, que on n'entendoit à autre chose. Ainsi se souffroit le duc qui n'en pouvoit autre chose avoir; car, puisqu'il étoit si avant que dedans Paris, il se vouloit partir au gré et plaisir du roi et de ses seigneurs; mais il séjournoit là à grands frais, dépens, et coûtages.

Quand on vit que c'étoit acertes que le voyage de Guerles se feroit, car jà étoit la taille toute ordonnée parmi le royaume de France, et payoient toutes gens, chacun selon sa proportion et qualité, voire s'il n'étoit gentil-homme, chevalier ou écuyer, et taillé de servir le roi en armes, or dirent plusieurs sages hommes parmi le royaume de France, et au conseil du roi, et hors du conseil, que c'étoit grand outrage de conseiller le roi de France d'aller si loin requerre ses ennemis que en l'empire d'Allemagne; et qu'il mettoit le royaume en grand'aventure, car il étoit jeune, et grandement en la grâce de tout son peuple; et que il devoit suffire que l'un de ses oncles, ou les deux y allassent, et le connétable de France, et cinq ou six mille lances, et non pas la personne du roi. Bien étoient les oncles du roi de ce conseil et de cel accord; et le remontrèrent moult sagement, et pour grand bien, au roi, afin qu'il s'en voulsist déporter; mais, quand il lui en parlèrent, il fut tout courroucé, et répondit, et dit ainsi : « Si vous y allez sans moi, ce sera outre ma plaisance et volonté; et avec tout ce, vous n'aurez point d'argent. Autrement ne vous puis-je contraindre. »

Quand les ducs de Berry et de Bourgogne ouïrent la réponse du roi, et ils connurent et sentirent la grand'affection qu'il avoit à aller en ce voyage, si répondirent : « Dieu y ait part : et vous irez donc; ni sans vous nous ne ferons jà le voyage. Soyez en tout conforté. » Or regardèrent les seigneurs et prochains du roi, et son conseil, une chose qui moult étoit nécessaire à faire; je vous dirai quelle. Entre le roi de France et le roi d'Allemagne a de long-temps grandes ordonnances, que nul des deux ne peut entrer, à main armée, sur la terre de son voisin. C'est à entendre que le roi de France ne peut faire guerre au roi d'Allemagne, ni le roi d'Allemagne au roi de France, sur trop grand' peine de mise et de sentence de pape, où ils se sont liés et obligés ; et le leur fait-on jurer solennellement au jour de leur couronnement et création, pour entretenir fermement les deux royaumes en paix et unité. Or fut avisé et conseillé, au cas que le roi de France vouloit aller en ce voyage, c'est à entendre en Guerles, et Guerles est tenue du roi d'Allemagne, que on enverroit sommer le roi d'Allemagne suffisamment, en lui remonstrant, de par le roi de France et son conseil, que le duc de Guerles impétueusement et fellement avoit défié le roi de France, de défiances dures et felles, et hors de style et usage que seigneurs qui se veulent guerroyer doivent tenir à défier l'un l'autre. Et pour ce duc de Guerles faire desdire et amener à raison, le roi de France, à main armée et à puissance, vouloit venir en Allemagne; non à l'encontre du roi d'Allemagne ni de sa seigneurie, mais contre son ennemi ; et querre là où il le pourroit trouver.

Pour faire ce message en furent chargés messire Guy de Harecourt, un moult sage et pourvu chevalier, et avecques lui un des maîtres de parlement qui s'appeloit pour lors maître Yves Derrient. Ces deux dessus hommes furent nommés au conseil du roi de France et chargés d'aller au voyage devers le roi d'Allemagne, et eux bien endittés et informés quelle chose ils devoient faire et dire. Si ordonnèrent leurs besognes ; et, sitôt comme ils eurent leur charge, ils se départirent du roi et de ses oncles et prirent le chemin de Châlons en Champagne, et chevauchèrent en bon arroi, ainsi comme hommes notables et commissaires de par le roi de France ; et trouvèrent le seigneur de Coucy qui là se tenoit, et retenoit chevaliers et écuyers de Bar, de Lorraine et de Champagne pour aller à ce voyage, car il devoit faire l'avant-garde. Si fit à messire Guy et à maître Yves Derrient très bonne chère, et leur donna moult notablement un jour à dîner, en l'hôtel là où il se tenoit ; et puis à lendemain ils passèrent outre, et chevauchèrent devers Sainte-Menehout, et devers le pays de Luxembourg, pour là ouïr certaines nouvelles du roi d'Allemagne.

CHAPITRE CXVII.

Comment le roi de France et son conseil donnèrent congé au duc de Bretagne de retourner en son pays ; et comment le pays de Brabant s'envoya excuser de ne pouvoir bailler passage au roi et à son ost : comment les ambaxadeurs de France exploitèrent envers le roi d'Allemagne.

Pour ce, si les ambaxadeurs du roi de France tiroient pour aller parler au roi d'Allemagne, ne séjournoient pas les François à aller faire leurs pourvéances très grandes et très grosses ; et fut signifié qu'à la moyenne d'août chacun fût sur les champs, et au chemin de Champagne et de là environ ; car le roi se mettroit en voyage, ni on n'attendroit pas la réponse que messire Guy de Harecourt et maître Yves Derrient rapporteroient ni auroient du roi d'Allemagne. Or sembla-t-il bon au roi de France, à ses oncles et à leurs consaulx, que le duc de Bretagne, qui long-temps avoit séjourné à Paris, fût expédié. Si fut mandé à Montreau-faut-Yonne ; et là recueilli moult liement du roi, et de ses oncles par espécial, et du duc de Bourgogne et du duc de Touraine ; car pour ces jours le duc de Berry n'y étoit pas, mais étoit en son pays de Berry et ordonnoit ses besognes, et assembloit ses gens, et avoit fait faire son mandement en Poitou, et là manda chevaliers et écuyers, et gens d'armes, qu'ils se traïssent avant. Le roi, si comme dessus est dit, et le duc de Bourgogne traitèrent moult amiablement, et parlèrent au duc de Bretagne, et lui montrèrent toute amour. Vous savez comment il avoit remis arrière, et rendu au connétable ou à ses commis, les chastels et la ville de Jugon ; mais des cent mille francs qu'il avoit eus et reçus, fort lui étoit du rendre, car ils étoient tous alloués en pourvéances et en garnisons de chastels, de villes, et de gens d'armes étrangers qu'il avoit retenus et loués tout l'hiver ; car il cuidoit bien avoir la guerre, mais on le refréna et r'adoucit de douces paroles. Et fut si sagement mené et traité, qu'il eut en convenant au roi et au duc de Bourgogne, de remettre arrière cent mille francs à payer en cinq ans, à vingt mille francs l'an, jusques à fin de payement ; et tant que de l'assignation le roi et les consaulx de France s'en contentèrent ; et puis se départit le duc de Bretagne d'eux, et prit congé moult amiablement, et lui donna le roi, à son département, de beaux joyaux. Si s'en retourna à Paris ; et là lui donna le duc de Bourgogne, en son hôtel qu'on dit d'Artois, à dîner moult hautement, et à ses chevaliers aussi; et là prit congé de lui et eux semblablement. Depuis ne séjourna guères le duc de Bretagne à Paris; mais fit ordonner ses besognes, et par ses gens payer, partout, ce qu'on avoit accru; et puis issit et prit le chemin d'Estampes; et chevaucha parmi la Beausse et s'en vint à Boisgency sur Loire; et plusieurs de ses gens tirèrent et chevauchèrent toujours devant eux; et passèrent parmi le pays de Blois, de Touraine, de Maine et d'Anjou; et rentrèrent en Bretagne. Mais le duc avoit sa navie tout appareillée à Boisgency. Il se mit en une belle nef, le seigneur de Monfort et le seigneur de Malestroit en sa compagnie; et se fit nager tout contre val la rivière de Loire, et passa par dessous le pont de Blois, et ainsi aval la rivière. Il fit tant qu'il se trouva en la cité de Nantes; et là fut-il en son pays. Nous nous souffrirons à parler du duc de Bretagne, car il me semble qu'il a bien tenu son convenant au roi et à ses oncles, et n'a fait chose qui a ramentevoir fasse, ni n'avoit fait au jour que je clois ce livre. Je ne sais s'il en fait nulle. S'il en fait, j'en parlerai, selon ce que j'en serai informé. Or retournerons au roi de France, qui s'ordonnoit moult fort pour aller en la duché de Guerles.

Quand le sire de Coucy fut revenu à Montereau sur Yonne devers le roi et ses oncles, il leur recorda comment il avoit exploité, et que tous chevaliers et écuyers, en Bar, en Lorraine, en Bourgogne, et partout outre jusques à la rivière du Rhin et de Some, étoient réveillés et appareillés d'aller en ce voyage avec lui. Le roi en eut grand'joie, et dit que, s'il plaisoit à Dieu, il verroit en cel an ses cousins les ducs de Juliers et de Guerles. Or fut du commencement parlementé et regardé par où on pourroit passer, pour le meilleur et le plus aisé et le plus bref Les aucuns disoient que le droit chemin étoit de descendre en la Thierasche, et de passer sur la frontière de Hainaut et de Liége, et passer parmi Brabant et entrer par là en Guerles, ou passer la rivière de Meuse à Tret-sus-Meuse, et, la Meuse passée, on entreroit tantôt en la terre de Juliers, et de là en Guerles.

Sur cel état le roi et son conseil en escripvirent à la duchesse de Brabant et au pays, en remontrant quel chemin le roi de France et ses gens vouloient faire. Il plaisoit moult bien à la duchesse; mais le pays n'en étoit mie bien d'accord; et dirent que le roi ni les François n'auroient voyage ni passage, parce que trop y prendroient grand dommage. Les bonnes villes de Brabant et les chevaliers furent tous de celle opinion; et dirent bien à la duchesse leur dame, que, si elle mettoit les François en son pays, jamais pour la guerre de Guerles ne s'armeroient; mais se clorroient tout et iroient au devant, défendre et garder leurs chemins et leurs terres, car ils seroient plus perdus assez et détruits par ces passans, que si leurs ennemis fussent en my leur pays.

Quand la duchesse de Brabant entendit et vit la volonté de ses gens, et tant des chevaliers comme des bonnes villes, si lui convint dissimuler, et prit messire Jean Opem, chevalier, et maître Jean de Gavres, et Nicolas de la Monnoye, et les enchargea d'aller en France, pour parler au roi et au duc de Bourgogne, et excuser le pays de Brabant de non avoir voyage ni passage par là, car le pays s'en tiendroit à trop blessé et grevé, et que pour Dieu ils ne se contentassent mie mal d'elle, car elle en avoit fait son plein pouvoir. Les dessus nommés au commandement de leur dame se départirent de Bruxelles, et se mirent au chemin devers Paris; et tant exploitèrent par journées, qu'ils vinrent à Montereau-faut-Yonne où le roi et les seigneurs se tenoient, et ne parloient ni subtiloient, nuit ni jour, fors du voyage de Guerles. Les commissaires de la duchesse de Brabant se traîrent premièrement devers le duc de Bourgogne et lui montrèrent leurs lettres; et puis parlèrent et contèrent leur message si bien et si à point, que le duc de Bourgogne y entendit, à la prière de sa belle ante, et moyenna vers le roi et son conseil. Avecques ce, le sire de Coucy y rendit grand'peine, tant que le premier propos, à passer parmi Brabant pour entrer en Guerles, fut rompu, et la duchesse et le pays excusé; et fut regardé et avisé, qu'on iroit tout au long du royaume; et que mieux valoit et étoit assez plus honorable et plus profitable pour le roi et ses gens, et aussi pour les Bourguignons, les Savoisins, et ceux de outre la Some.

Conseil fut donné et arrêté, et ceux nommés qui feroient l'avant-garde et l'arrière-garde; et furent ordonnés vingt et cinq cens tailleurs de bois, de hayes, de buissons, et fossoyeurs, pour remplir et unir les chemins. Assez bon chemin avoient les François tout parmi le royaume de France, jusques en Ardennes; mais, eux venus en Ardennes, le bon chemin leur défailloit, car hauts bois, diverses et étranges vallées, roches et montagnes leur retournoient; et pour ce furent avant envoyés, par l'ordonnance du sire de Coucy qui devoit faire l'avant-garde à tout mille lances, ceux qui aviseroient le meilleur passage pour le roi, et pour tout l'ost, et leur grand charroy où bien avoit douze mille chars, sans le sommage, et pour abbattre les hauts bois d'Ardennes, et y mettre à l'uni, et faire nouveaux chemins où oncques homme n'avoit passé ni cheminé. Et moult se mettoient toutes gens en grand'peine et travail de bien faire la besogne, et par espécial ceux qui de-lez le roi étoient, et qui l'oyoient parler, car oncques de si grand'affection il ne fut en Flandre, comme il montroit de fait et de volonté d'aller, en ordonnant ses besognes, et en faisant ses pourvéances qui furent grandes et grosses; et telles les convenoit à la saison moult avant. Si fut le sire de Coucy, de par le roi de France envoyé en Avignon, devers celui qui se disoit pape Clément, je ne sais pas pour quelles besognes; et demourèrent le vicomte de Meaux, messire Jean de Roye, et le sire de la Bouve, regards de ses gens, tant qu'il retourneroit.

Or parlerons-nous de messire Guy de Harecourt et de maître Yves Derrient qui étoient envoyés devers le roi d'Allemagne. Ils exploitèrent tant, qu'ils vinrent à Convalence, là où il se tenoit pour ce jour. Quand ils furent descendus en leurs hôtels, ils se mirent en arroy, ainsi que pour aller devers le roi. Le roi fut informé de leur venue; et jà savoit bien, avant qu'ils fussent venus, que ils devoient venir des gens de par le roi de France. Si avoit grand désir de savoir en quelle instance. Si assembla de son conseil. Ces deux seigneurs se trairent devers le roi d'Allemagne et l'inclinèrent; et l'approchèrent de paroles courtoises et amiables, ainsi que bien le sçurent faire : et montrèrent leurs lettres de créance, de par le roi de France. Le roi d'Allemagne les prit, ouvrit et les lisit de mot à mot; et puis regarda sus messire Guy de Harecourt, et lui dit : «Guy, dites de par Dieu, ce de quoi vous êtes chargé.»

Le chevalier parla moult sagement et par grand loisir; et remontra au roi d'Allemagne, et à son conseil, comment le roi de France, à main armée, et à peuple armé et puissance de roi vouloit venir sur les bandes et frontières d'Allemagne, non pour faire guerre au corps du roi d'Allemagne, mais à un sien ennemi, et puis le nomma : «Sire, c'est le duc de Guerles qui a défié si haut et si noble roi comme est le roi de France, par langage impétueux, et hors d'usage et style que autres défiances sont et doivent être, et lesquelles le roi de France et ses consaux ne peuvent ni ne veulent souffrir. Si vous prie, cher sire, comme roi de son sang, et lui du vôtre, ainsi que tout le monde sait, que l'orgueil de ce duc de Guerles vous ne vueilliez pas aider ni soutenir; mais tenez les alliances et confirmations jadis faites et jurées entre le royaume de France et l'empire d'Allemagne, et il les tiendra aussi et fera tenir à ses gens.»

Adonc répondit le roi d'Allemagne et dit : «Messire Guy, nous sommes informés que notre cousin le roi de France veut mettre ensemble trop durement grand peuple. Il ne lui convenist point, s'il voulsist [1], avoir fait si grands frais ni mis de gens tant ensemble, ni de si loin venir requerre son ennemi, car, si prié fussions de lui, sans avoir tant de travail, nous eussions bien fait venir le duc de Guerles à merci et à raison.» — «Sire, répondit messire Guy, votre bonne mercy, quand tant vous en plaît à dire. Mais le roi de France, notre sire, ne regarde point aux frais ni à son travail ni de ses hommes, fors que son honneur y soit gardé; et ainsi le trouve en son plus étroit conseil. Et pour ce que vous ni votre conseil ne vous contentez mie mal sur le roi, notre sire et son conseil, qui ne veulent enfreindre ni violer, par nulle incidence, les ordonnances et confirmations qui sont entre les deux royaumes de France et d'Allemagne, mais les garder et tenir, sur la peine et sentence qui assise y est, sommes-nous envoyés devers vous maître Yves Derrient et moi.» — «Nenny, dit le roi, et de ce que vous dites, vous faites bien à croire, et j'en sais à notre cousin bon gré; et vienne, de par Dieu, car je ne m'en pense jà à mouvoir.»

[1] C'est-à-dire, il eût pu se dispenser, s'il l'eût voulu, d'avoir fait tant de dépenses.

De celle parole se contentèrent grandement les messagers du roi de France, et leur fut avis qu'ils avoient bien exploité. Si en demandèrent doucement de la réponse lettres. Le roi d'Allemagne dit qu'ils les auroient volontiers. Ils demourèrent ce jour en l'hôtel du roi, au dîner, et leur fit-on bonne chère, car le roi le commanda; et après le dîner ils se retrairent en leur hôtel. Que vous ferois-je long conte? Ils exploitèrent de tous points si bien, qu'ils eurent lettres et réponses à leur gré. Puis prirent congé au roi d'Allemagne, et se mirent au retour par le chemin que ils étoient venus. Or parlerons-nous du roi de France.

CHAPITRE CXVIII.

Comment le comte de Blois envoya deux cens lances au roi de France pour aller en Guerles : de la bonne réponse que les ambaxadeurs rapportèrent du roi d'Allemagne : comment le roi continua son voyage, tirant vers la forêt d'Ardennes, et comment Hélion de Lignac fit son rapport au duc de Berry, touchant le mariage de la fille de Lancastre.

Pour ce voyage entreprendre et achever à leur loyal pouvoir, s'ordonnèrent et appareillèrent en France tous les seigneurs, et s'étoffoient grandement de ce qui leur besognoit. Tous barons, chevaliers, écuyers et gens d'armes se pourvoyoient et départoient de leurs lieux et des lointaines marches dont ils étoient, tant d'Auvergne, de Rouergue, de Quersin, de Limousin, de Perrigord, de Poitou, de Xaintonge, de Bretagne, de Normandie, d'Anjou, du Maine, de Blois, de Touraine, de Beausse, de Champagne, que de toutes les mettes et limitations du royaume de France. Mais le moins de gens d'armes vinrent des lointaines marches, et le plus de Bourgogne, de Picardie, de Champagne, de France, de Bar et de Lorraine; et pourtant qu'ils étoient ainsi qu'à mi-chemin, si travailloient le moins leurs corps et les villages du royaume de France; car il fut ordonné du roi et du conseil, que nul sur le plat pays ne pouvoit ni devoit rien prendre sans payer, afin que les povres gens fussent les moins grevés. Mais, nonobstant celle ordonnance et défense qui fut partout sçue et épandue sur peine de punition très grande, si firent encore sur le chemin les gens d'armes moult de maux, et travaillèrent moult les marches et le pays là où ils passèrent; ni ils ne s'en savoient abstenir. Aussi étoient-ils mal délivrés et payés de leurs gages; si leur convenoit vivre. Celle excusance et raison y mettoient-ils, quand de leur forfaiture ou pillage ils étoient blâmés ou repris de leur capitaine, du connétable ou de leur maréchal. Le comte de Blois fut mandé et escript qu'il envoyât deux cens lances de bonnes gens à l'élite, et ils seroient bien payés et délivrés. Je ne sais, du bien, comment il en alla; mais il envoya au service du roi deux cens lances, chevaliers et écuyers, de la comté de Blois où pour lors il se tenoit; et en furent meneurs et capitaines le sire de Vienne, messire Guillaume de Saint-Martin, messire Guillaume de Chaumont et messire Guillaume de Montigny. A ces quatre chevaliers furent délivrés toutes les gens d'armes de la comté de Blois de par le comte; et se trairent petit à petit devers Champagne, là où ils étoient ordonnés d'aller.

Le roi de France se partit de Montreau-faut-Yonne, et prit le chemin de Châlons en Champagne [1]. Encore n'étoit pas venu le duc de Berry, car il cuidoit bien ouïr nouvelles, avant son département, de messire Hélion de Lignac, qu'il avoit envoyé à Bayonne, devers le duc de Lancastre, pour avoir femme, si comme vous savez et comme il est ci-dessus contenu; mais non eut, car le duc de Lancastre se dissimuloit devers lui; et tenoit de paroles le chevalier à Bayonne; et entendoit à deux parties; et le plus il s'inclinoit au roi de Castille qu'il ne faisoit au duc de Berry; et aussi faisoit la duchesse Constance, sa femme : mais il montroit chère et bonne parole à messire Hélion, pour les enflammer, et eux faire hâter au mariage de sa fille.

Les messagers du roi de Castille, lesquels avoient grandement travaillé pour traiter ce mariage, étoient frère Ferrand de Léon, maître en divinité et confesseur du roi, et l'évêque de Ségovie, Dam Pièdre Gadelope, et Dam Dighes Lop [2]. Ces quatre menoient la besogne ; et ne

---

[1] Suivant le moine de Saint-Denis, il arriva à Châlons vers le premier septembre 1388.

[2] Suivant Lopez de Ayala, les messagers envoyés auprès du duc de Lancastre à Bayonne par le roi de Castille étaient : frère Ferrand de Illescas, confesseur du roi, de l'ordre de Saint-François ; un docteur ès lois appelé Pero Sanchez del Castillo et Alvar Martinez de Villareal, tous deux auditeurs royaux. Avant leur départ pour Bayonne, le roi de Castille avait assemblé les cortès générales à Briviesca, afin d'obtenir la levée des sommes réclamées par le duc de Lancastre et de débarrasser lui et le royaume d'un compétiteur et d'un ennemi si dangereux. Lopez de

faisoient que chevaucher de l'un à l'autre. Mais tant y avoit que le duc de Lancastre leur donnoit plus grand'espérance de venir à leur entente, au cas qu'il auroit sa demande, c'étoit à avoir dedans trois ans six cens mille francs, et quarante mille francs de revenue par an tout son vivant et le vivant de la duchesse sa femme et douze mille francs que la duchesse auroit de revenue par an, pour sa chambre, qu'il ne fît à messire Hélion de Lignac.

Quand les nobles du royaume de France, chevaliers et écuyers, et gens d'armes, sçurent que le roi de France étoit à Châlons, et s'en alloit son chemin vers la duché de Guerles, si se départirent de leurs hôtels toutes manières de gens qui derrière étoient : et se traîrent celle part, pour venir devers le roi et l'aconsuivir. Là vinrent le duc de Berry, qui se logea à Épernay, et le duc de Bourbon d'autre part, et le comte de la Marche, le comte Dauphin d'Auvergne, le comte de Sancerre, le comte de Saint-Pol et le comte de Tonnerre. D'autre part, delez le roi se tenoient le duc de Bourgogne, le duc de Lorraine, le duc de Touraine, le connétable de France, messire Jean de Vienne, messire Guy de la Trémoille, le Barrois des Barres, et messire Jean de Bueil ; et appleuvoient gens de tous lez ; et pourprenoient tout le pays d'environ Reims et Châlons, bien plus de douze lieues de terre ; et étoit tout le pays mangé et délivré, où ces gens d'armes conversoient, jusques à Sainte-Menehout, jusques à Moustier en Bar, jusques à Chaumont en Bassigni, jusques à Vitry en Pertois, et en tout l'évêché de Troyes et de Langres. Encore n'étoit point le sire de Coucy venu, du voyage d'Avignon où il étoit allé : mais il se mettoit au retour.

Or retournèrent de leur ambassaderie messire Guillaume de Harecourt et maître Yves Derrient : et trouvèrent le roi de France et ses oncles à Chaslons en Champagne. De leur venue furent le roi et les seigneurs tous réjouis ; et demandèrent des nouvelles. Ils recordèrent au roi et à son conseil tout ce qu'ils avoient vu et trouvé, et dirent bien que le roi d'Allemagne leur avoit fait bonne chère, et liement les avoit recueillis et

---

Ayala donne en détail toutes les conditions de ce traité. En voici les clauses principales.

D. Henri, fils aîné du roi D. Jean de Castille, et âgé de neuf ans, devait épouser, dans les deux mois qui suivraient la signature du traité, Catherine, fille du duc de Lancastre, âgée de quatorze ans. Si l'infant Henri venait à mourir avant l'âge de 14 ans, et sans que le mariage fût consommé, Catherine devait épouser son second frère D. Ferrand. D. Henri, au moment du mariage, recevait le titre de prince des Asturies, et Catherine, celui de princesse des Asturies.

Le roi de Castille devait assigner à D. Henri et à Catherine, pour tenir leur maison, la cité de Soria et les villes d'Amazan, Atienza, Soria et Molina, les mêmes que le roi Henri de Castille avait données à Bertrand du Guesclin et qu'il lui avait rachetées ensuite.

Dans les deux mois qui suivaient le traité, le roi D. Jean s'obligeait à faire reconnaître D. Henri et Catherine comme ses successeurs.

Le roi D. Jean devait payer en outre au duc et à la duchesse de Lancastre 600,000 francs de France, pour prix de leur renonciation à toute réclamation sur la couronne de Castille.

Le roi D. Jean et ses héritiers s'engageaient de plus à payer au duc et à la duchesse, jusqu'à la mort du survivant, la somme de 40,000 francs par an.

Des otages, pris dans les royaumes de Castille et de Léon, devaient être donnés au duc de Lancastre comme gages du paiement des 600,000 francs. Ces otages furent : D. Fadrique, duc de Bénévent, frère du roi D. Jean de Castille, Pero Ponce de Léon, sire de Marchena, Jean de Velasco, fils de Pero Fernandez de Velasco, Carlos de Arellano, Jean de Padilla, Rodrigo de Rojas, Lope Ortiz de Estuniga, Jean Rodriguez de Cisneros, Rodrigo de Castaneda, et plusieurs autres citoyens des bonnes villes, en tout soixante-dix personnes. (On trouve dans Rymer leur acte de sauf-conduit donné par Richard II, le 26 août 1388.)

Un pardon entier était accordé à tous ceux qui avaient pris le parti du duc de Lancastre.

Le duc et la duchesse de Lancastre renonçaient de leur côté à toute prétention sur les royaumes de Castille, de Léon, Tolède, Galice, Séville, Cordoue, Murcie, Jaen, Algarves, Algéziras, sur les seigneuries de Lara et de Biscaye et sur celle de Molina, et reconnaissaient pour roi D. Jean, et après lui D. Henri, et puis son fils D. Ferrand, si le premier mourait sans enfans, puis tous autres descendans légitimes issus du roi D. Jean, et ne venant au trône qu'à défaut de tout autre héritier légitime. Ils s'engageaient de plus à ne se faire jamais relever de leur serment, ni en public, ni en secret par le pape.

La duchesse de Lancastre, Constance, avait de plus, durant sa vie, les villes de Guadalajara, de Medina del Campo et d'Olmedo, sauf à les relever du roi D. Jean, et à s'obliger à n'en confier le gouvernement qu'à des Castillans.

Malgré ses alliances nouvelles avec l'Angleterre, le roi D. Jean stipulait la conservation de ses anciennes alliances avec la France.

Le roi D. Jean, pour pouvoir payer les sommes convenues avec le duc de Lancastre et consenties par les cortès, fit une sorte d'emprunt dans le royaume, ainsi que son père l'avait fait pour le rachat des terres données à Bertrand du Guesclin. Tous les citoyens, à l'exception des prélats, clercs, hommes nobles et femmes nobles, contribuèrent à un impôt qui leur fut rendu par retenues successives sur les impôts ordinaires.

entendus : « Et outre, sire, et vous, messeigneurs, ce dit messire Guy de Harecourt, quand ils ouïrent lire la copie de la défiance que le duc de Guerles avoit envoyé par deçà, ils furent moult émerveillés de lui et de son conseil; et le tinrent, le roi d'Allemagne et son conseil, à grand orgueil et présomption. Et veulent bien, par l'apparent que nous avons pu concevoir en eux et en leurs réponses, qu'il soit amendé, et lui soit remontré : ni jà par le roi d'Allemagne, ni par les siens, vous n'y aurez empêchement ; mais se contentent grandement de vous et de votre emprise moult grandement ; et veut bien le roi tenir, sans jà enfreindre, les alliances et confirmations de jadis faites entre l'Empire et le royaume de France ; et nul de votre parti n'a que faire de s'en douter. »

De ces nouvelles furent le roi de France et ses oncles tout réjouis : quoique plusieurs disoient que, voulsist le roi d'Allemagne ou non, ils avoient gens et puissance assez pour aller là où ils voudroient, sans danger. Or s'ordonna le roi de France, pour partir de Châlons en Champagne et soi mettre au chemin. Si s'en partit ; et prit le chemin de Grand-Pré. Tant exploita le roi de France, qu'il vint à Grand-Pré ; et là séjourna trois jours. Et vous dis qu'il ne pouvoit pas faire grand'journée, car tant de gens avoit, devant et derrière, et de tous côtés, à la ronde, qu'il convenoit qu'ils cheminassent bellement, pour avoir le logis, et pour les grandes pourvéances qui les suivoient, de charroy et de sommages. Et comprenoient bien les derniers jusques aux premiers, quatorze lieues de pays, et aussi tout à la ronde ; et toujours venoient gens.

Le comte de Grand-Pré reçut le roi en sa ville et en son pays moult grandement et moult liement ; et mit et ordonna toute sa puissance au plaisir du roi, et tant que le roi s'en contenta grandement ; et étoit le comte de l'avant-garde ; et là vinrent, devers le roi, le duc de Lorraine et messire Henry de Bar, à belles gens d'armes. Le duc de Lorraine fut ordonné à être avec son fils, le sire de Coucy ; et messire Henry de Bar demoura de-lez le roi.

Si étoient abatteurs de bois, fossoyeurs et administrateurs de chemins, moult soigneux, en celle forêt d'Ardennes, à abattre bois, dedans les lieux où on n'avoit onques passé ni conversé ; et à grand'peine se faisoient les chemins en celui pays, pour remplir les vallées et mettre à l'uni, pour le charroi et toutes gens passer à leur aise ; et plus y avoit de trois mille ouvriers qui n'entendoient à autre chose, devers le Vireton et le Neuf-Chastel en Ardennes. Quand la duchesse de Brabant entendit la vérité du roi que il cheminoit et approchoit Ardennes si en fut réjouie grandement, car elle pensoit bien qu'à ce coup seroit-elle vengée de ce duc de Guerles, et que le roi de France le mettroit à raison, et son père aussi le duc de Juliers qui maint ennui lui avoient fait. Si se départit de Bruxelles où elle se tenoit en grand arroi, le comte de Saumes en Ardennes en sa compagnie, le sire de Rocelaer aussi, et le sire Bouquehourt, et plusieurs autres, pour venir en Luxembourg, et là voir le roi et parler à lui. Si passa la Meuse au pont à Huy ; et chemina tant par ses journées, qu'elle vint à Bastoigne ; et là s'arrêta, car le roi devoit passer par là, ou aucques près, si comme il fit ; car, quand il se départit de Grand-Pré, il vint passer la Meuse à Morsay, et tout l'ost aussi, mais leurs journées étoient petites, pour les raisons dessus dites.

Or vinrent ces nouvelles, car elles voloient par tout, en la duché de Juliers et en la duché de Guerles, que le roi de France les venoit voir, à plus de cent mille hommes : ni onques il ne mist si grand peuple ensemble, si ce ne fut quand il vint à Bourbourch où il cuida bien que la puissance d'Angleterre dût être plus grande qu'il ne la trouva. Le duc de Juliers, par espécial, se commença fort à douter, mais le duc de Guerles, son fils, n'en fit compte et dit : « Or laissez venir. Plus viendront avant, et plus se lasseront ; et eux et leur conroy affoibliront, et annihileront leurs pourvéances ; et c'est sus l'hiver, et je séjourne en fort pays. Il n'y entreront pas à leur aise, et si seront réveillés à la fois, autrement que de trompettes. Il leur faudra toujours être ensemble ; ce qu'ils ne pourront faire, s'ils veulent entrer en mon pays ; et, s'ils se déroutent, nos gens en auront, s'ils veulent ou non. Mais toutes fois, au voir dire, notre cousin de France est de bonne volonté et de grand'-emprise, car il montre et fait ce que je dusse faire. »

Ainsi se devisoit le duc de Guerles à ses chevaliers ; et le duc de Juliers pensoit autrement, et étoit tout ébahi, car il véoit bien que, si les François vouloient, toute sa terre seroit arse et perdue. Si manda son frère, l'archevêque de Cologne, et son cousin, l'évêque de Liége, messire Arnoult de Hornes, pour avoir conseil d'eux et pour savoir comment il pourroit remédier, afin que sa terre ne fût exillée ni gâtée. Ces deux prélats le conseillèrent à leur pouvoir, et bien y avoit cause ; et lui dirent qu'il lui convenoit soi humilier envers le roi de France et ses oncles, et venir à obéissance. Le duc leur répondit que tout ce le feroit-il très volontiers.

Adonc, par le conseil de l'évêque d'Utret qui là étoit, et aussi de l'archevêque de Cologne, se partit, l'évêque de Liége en son arroy, pour venir à l'encontre du roi et traiter de ces besognes. Le roi de France approchoit toujours ; mais c'étoit deux, trois ou quatre lieues le jour, et bien souvent point, car l'arroy qu'il menoit étoit trop grand.

Entre Morsay et Notre-dame d'Aunot, là où le duc de Berry et toute sa route, où plus avoit de cinq cens lances, étoient logés, vinrent un jour messire Guillaume de Lignac et messire Hélion son frère. Messire Guillaume venoit du siége de Ventadour, car le duc l'avoit mandé, et le duc de Bourbon messire Jean Bonne-Lance ; et avoient au siége laissé tous leurs gens, et, pour capitaines, messire Jean Bouteillier et messire Louis d'Aubière, et vouloient être en la chevauchée et voyage du roi. Et messire Hélion de Lignac venoit de Gascogne et de Bayonne, de parler au duc de Lancastre, pour le mariage de sa fille, si comme vous savez. Le duc de Berry lui fit bonne chère et lui demanda des nouvelles. Messire Hélion lui en dit assez, et lui fit réponse de tous les traités qui avoient été entre le duc de Lancastre et lui ; et lui dit bien que le roi de Castille procuroit d'autre part pour venir à paix au duc de Lancastre, et traitoit fort pour son fils le prince de Galice, à venir à ce mariage.

De celle parole fut le duc de Berry tout pensif, et dit : « Messire Hélion, nous retournés en France, nous vous y renvoyerons plus acertes que vous n'y avez été, et l'évêque de Poitiers aussi, mais nous avons charge pour le présent assez, si nous y faut entendre, puisque nous y sommes embattus. »

En celle semaine retourna le sire de Coucy qui étoit allé en Avignon, et vint devers le roi, et le trouva à l'entrée d'Ardennes. De sa venue furent le roi et ses oncles et ceux de l'avant-garde tous réjouis.

Nous nous souffrirons à parler du roi et de son ost qui mettoient grand'peine à venir en Guerles, et nous rafreschirons d'autres choses, et grosses et belles besognes qui advinrent en ces jours entre Escosse et Angleterre que le roi de France tiroit pour aller en Allemagne, lesquelles besognes ne sont pas à oublier.

CHAPITRE CXIX.

Comment les principaux barons d'Escosse s'assemblèrent en armes, pour faire guerre aux Anglois ; et comment ils prirent un espion par lequel ils sçurent que les Anglois savoient leur entreprise.

Vous savez comment le royaume d'Angleterre avoit été en trouble et en émoi les jours passés, le roi Richard contre ses oncles, et ses oncles contre lui. Souverainement de toutes ces incidences étoit demandé le duc d'Irlande, si comme il est dessus contenu en notre histoire, dont plusieurs chevaliers en Angleterre avoient été morts et décolés, et l'archevêque d'Yorch, frère au seigneur de Neufville, sur le point de perdre son bénéfice ; et par le nouvel conseil des oncles du roi et de l'archevêque de Cantorbie, le sire de Neufville, qui avoit bien tenu cinq ans la frontière de Northonbrelande contre ces Escots, avoit été cassé de ses gages, car il prenoit tous les ans seize mille francs sus la sénéchaussée d'Yorch et l'évêché de Durem, pour garder la dite frontière de Northonbrelande à l'encontre des Escots. Et y étoit venu et établi le comte de Northonberlande, messire Henry de Percy ; et faisoit celle frontière, par an, pour onze mille francs ; dont ces seigneurs et leur lignage, quoiqu'ils fussent voisins et parens l'un à l'autre, avoient grand'envie, haine et indignation l'un sur l'autre ; et tout ce savoient bien les Escots. Si s'avisèrent les barons d'Escots et les chevaliers, une fois, qu'ils mettroient sus une armée ; et feroient une chevauchée en Angleterre, car il étoit temps et heure ; et sentoient assez que les Anglois n'étoient pas bien tous d'une unité, mais en différend, et au temps passé ils avoient reçu par eux tant de grosses buffes qu'il étoit bien heure qu'ils en rendissent une belle, et tout acertes. Et, afin que leur affaire ne fût point sçue, ils ordonnèrent une fête sur la frontière de la sauvage Escosse [1], en une cité, nommée Abredane [2]; et là furent, ou en partie, tous les barons d'Escosse.

A celle fête fut obligé, ordonné et convenancé, qu'à la moyenne d'août, qui fut l'an de grâce mil trois cent quatre vingt et huit, ils seroient tous, et chacun atout sa puissance, sur les frontières de Galles, à un chastel ès hautes forêts qu'on dit Gedeours [3]; et sur cel état ils se départirent les uns des autres. Et sachez que de celle assemblée qu'ils avoient ordonné de faire, ils n'en parlèrent oncques à leur roi, ni n'en firent compte; car ils disoient entre eux, qu'il ne savoit guerroyer.

Au jour de l'assignation qui fut faite à Gedeours vinrent tout premièrement le comte James de Douglas, messire Jean comte de Mouret [4], le comte de la Marche et de Dombar, messire Guillaume comte de Fife, messire Jean comte de Surlant [5], messire Estienne comte de Montres [6], messire Guillaume comte de la Marche, et messire Archebaus de Douglas, messire Robert Ave Ercequi [7], messire Mark Adremens [8], messire Guillaume de Lindesée [9] et messire Jacques son frère [10], Thomas de Percy, messire Alexandre de Lindesée [11], le seigneur de Sothon [12], messire Jean de Sandelans [13], messire Patrisse de Dunbar, messire Jean de Saint-Clair, messire Gauthier de Saint-Clair, messire Patrisse de Hepborne [14], et messire Jean son fils, le seigneur de Mongombre [15] et ses deux fils, messire Jean Marquesuel [1], messire Adam de Glandinin [2], messire Guillaume de Reduen [3], messire Guillaume Suart, messire Jean de Halpebreton [4], messire Jean Alidiel [5], messire Robert Laudre [6], messire Estienne Fresiel [7], messire Alexandre de Ramesay, et messire Jean son frère, messire Guillaume de Norbervic [8], messire Aubert Hert [9], messire Guillaume de Warlau [10], messire Jean Amorston [11], David Flemin [12], Robert Coleume [13], moult d'autres chevaliers et écuyers d'Escosse. Oncques, depuis soixante ans, ne s'étoient trouvés tant de bonnes gens ensemble; et étoient bien douze cens lances et quarante mille hommes, parmi les archers. Mais, tant que du métier de l'arc, Escots s'ensonnient petit; ainçois portent haches chacun sur son épaule, et s'approchent tantôt en bataille; et de ces haches donnent trop beaux horions.

Quand ces seigneurs se furent tous trouvés en la marche de Gedeours, ils furent moult liés; et dirent que jamais en leurs hôtels ne rentreroient, si auroient chevauché en Angleterre, et allé si avant qu'on en parleroit vingt ans à venir. Et pour savoir encore plus certainement là où ils se trairoient, ni comment ils s'ordonneroient, ces barons, qui étoient capitaines de tout le demourant du peuple, assignèrent un jour entre eux à être à une église en une lande, sur la forêt de Gedeours, qu'on appelle au pays Zoden [14].

---

[1] Froissart appelle toujours de ce nom les Highlands.
[2] Aberdeen.
[3] Jedworth.
[4] Jean, comte de Moray.
[5] Jean, comte de Sutherland.
[6] Étienne, comte de Menteith, selon Walter Scott.
[7] Sir Robert Erskine d'Ava.
[8] Sir Malcolm Drummond.
[9] Sir William Lindsay.
[10] Sir James Lindsay.
[11] Sir Alexander Lindsay.
[12] John Swinton de Swinton. C'est le même qui combattit avec les Français aux barrières de Noyon, en 1370, et que Froissart appelle dans ce passage Asneton. Sir Walter Scott, dans son *Minstrelsy of Scottish borders*, lui rend son véritable nom de Swinton. Il se distingua beaucoup à cette bataille d'Otterbourne. L'ancienne ballade sur la bataille d'Otterbourne, rapportée par Percy dans ses *Relicks of ancient poetry*, le cite avec éloge.
[13] Sir John Sendilans.
[14] Sir Patrick Helpburn Lord Hailes.
[15] De Montgommery.

[1] Sir John Maxwell.
[2] Sir Adam Glendinning.
[3] Je ne trouve pas ce nom. Peut-être est-ce Wilriam de Rothwen.
[4] Sir John Haliburton de Dirleton.
[5] Sir John de Ludie.
[6] Sir Robert Lauder.
[7] Sir Stephen Fraser.
[8] William de North-Berwick, prêtre renommé pour son courage et qui conduisait au combat et animait les autres chapelains.
[9] Sir Robert Hart.
[10] Sir William Wardlew.
[11] Sir John Armstrong.
[12] Sauvage, qui a estropié tous ces noms de la manière la plus étrange, sur la foi des plus mauvais manuscrits, au lieu de Flemin appelle ce chevalier David Filium. Tous les Anglais qui ont travaillé sur le récit de la bataille d'Otterbourne par Froissart, récit plus complet que ceux de tous les autres historiens, se seraient évité beaucoup de difficultés en ayant recours à un bon manuscrit. On reconnaît aisément dans David Flemin le nom de David Flemming.
[13] Peut-être Robert Campbell.
[14] Voici la note que sir Walter Scott a adressée à

Nouvelles étoient venues en Northonbrelande, car on ne fait rien qui ne soit sçu qui bonne diligence y met, au comte et à ses enfans, et au sénéchal d'Yorch, et à messire Mathieu Rademen, capitaine de Bervich, de l'assemblée et fête qui avoit été faite en la cité de Abredane. Donc, pour en savoir le fond et en quelle instance elle avoit été faite, ces seigneurs y avoient envoyé, tout couvertement, hérauts et ménestrels. Les Escots ne sçurent si secrètement parler ensemble ni faire leur besogne, que ceux qui envoyés furent d'Angleterre en Escosse, ne sçussent bien, et l'apparent en vissent que le pays s'émouvoit et mettoit ensemble ; et devoient avoir les seigneurs d'Escosse une journée de parlement ensemble, en la forêt et au chastel de Gedeours. Tout ce rapportèrent-ils à Neuf-Chastel-sur-Thine[1], à leurs maîtres.

Quand les barons et les chevaliers de Northonbrelande furent informés de celle affaire, si se pourvéyrent, et firent tant qu'ils furent sur leur garde ; et afin que les Escots ne sçussent rien de leur convenant ni de leurs secrets, par quoi ils ne rompissent leur emprise, tous se tinrent en leurs chastels et maisons ; mais ils étoient tout avisés de partir sitôt qu'ils sauroient que les Escots chevaucheroient. Et avoient ainsi avisé : « Si les Escots chevauchent, nous saurons bien là où ils se tairont. S'ils vont vers Cardueil ni Carlion[2] en Galles, nous entrerons d'autre part en leur pays, et leur porterons plus de dommage assez qu'ils ne nous puissent faire, car leur pays est tout déclos ; on y entre à tous lez ; et notre terre est forte ; et sont les villes et les chastels bien fermés. »

Sur cel état encore, pour savoir comment ils se deviseroient, ils avoient de rechef envoyé un Anglois gentilhomme, qui bien connoissoit toutes les marches d'Escosse, vers la forêt de Gedeours où celle assemblée devoit être ; et tant exploita l'écuyer anglois, sans être aperçu ni avisé, qu'il vint en celle église de Zédon[1], où ces seigneurs étoient ; et se bouta entre eux, ainsi comme un servant fait après son maître ; et sçut une grand'-partie de l'entente et emprise des Escots. Sur la fin du parlement, il se devoit partir. Si vint à un arbre où il avoit attaché son cheval par les rênes, et le cuida trouver : mais point ne le trouva, car Escots aucuns sont grands larrons, et un d'eux l'avoit mené en voie. Il n'osa sonner mot, mais se mit à chemin tout de pied, houssé et éperonné. Ainsi qu'il avoit éloigné ce moustier le trait de deux arcs espoir, il y avoit là aucuns chevaliers d'Escosse qui là se devisoient ensemble. Dit l'un qui premièrement s'y adonna : « Je vois et ai vu merveilles. Véez-là un homme tout seul qui a perdu son cheval, si comme je l'espoire, et n'en a sonné mot. Par ma foi, dit-il, je fais doute qu'il ne soit point des nôtres. Or tôt après, à savoir si je dis vrai ou non. » Tantôt écuyers chevauchèrent après lui, et l'acconsuivirent tantôt. Quand ils les sentit sur lui, si fut tout ébahi ; et voulsist bien être ailleurs. Ils l'environnèrent de tous côtés, et lui demandèrent où il alloit ainsi et dont il venoit, et quelle chose il avoit fait de son cheval. Il commença à varier, et ne répondit point bien à leur propos. Ils le retournèrent, et lui dirent qu'il convenoit qu'il vînt parler à leur seigneur ; et ainsi fut-il ramené jusques au moustier de Zédon, et présenté au comte de Douglas et aux autres qui tantôt l'examinèrent, car ils virent bien qu'il étoit Anglois. Adonc ils vouldrent savoir qui là l'envoyoit. Trop envis le disoit : toutes fois il fut mené si avant qu'il connut toute la vérité, car on lui dit que, s'il ne la disoit, sans mercy on lui trancheroit la tête ; et que, s'il disoit vérité, il n'auroit garde de la mort. Là connut-il, pour sa salvation, que les barons de Northonbrelande l'avoient là envoyé, pour savoir l'état de leur chevauchée, et quelle part ils se vouloient traire. De celle parole furent les barons grandement réjouis ; et ne voulsissent pas, pour mille marcs, qu'ils ne l'eussent retenu et parlé à lui.

Adonc fut-il demandé quelle part les barons de Northonbrelande étoient ; et si entre eux étoient nulles apparences de chevaucher ; et lequel chemin en Escosse ils vouloient tenir, ou

---

M. Johnes sur ce mot. « Le monastère de Zédon, dit-il, où Froissart fait rassembler les chefs écossais avant d'entrer en Angleterre, est, je pense, le lieu connu aujourd'hui sous le nom de Kirk-Yetholm qui est placé tout-à-fait sur la frontière et près des pieds du mont Cheviot. Ce nom se prononce Yettom, ce qui se rapproche beaucoup de Zédon. » Le manuscrit 8325, au lieu de Zoden, dit Zedon.

[1] New-Castle-upon-Tyne.
[2] Carlisle en Galloway.

[1] Kirk-Yetholm.

selon la marine par Bervich et par Dumbar, ou le haut chemin, par la comté de Montres [1] et devers Estrumelin [2]. Il répondit et dit : « Seigneurs, puisqu'il convient que je connoisse vérité, je la dirai. Quand je me départis d'eux de Neuf-Chastel-sur-Thine, il n'étoit encore nul apparent de leur chevauchée; mais ils sont tout pourvus pour partir du jour à lendemain ; et, sitôt qu'ils sauront que vous chevaucherez et que vous entrerez en Angleterre, ils ne viendront point au devant vous, car ils ne sont pas gens assez pour combattre si grand peuple qu'on dit en Angleterre que vous vous mettez ensemble. » — « Et quel nombre dit-on en Northonbrelande, demanda le comte de Moret, que nous serons? » — « On dit, sire, répondit l'écuyer, que vous serez bien quarante mille hommes et douze cents lances. Et, pour briser votre fait, si vous prenez le chemin de Galles, ils prendront le chemin de Bervich; pour venir par Dumbar à Haindebourch et Dalquest; et, si vous prenez ce chemin là, ils prendront le chemin de Cardueil et de Carlion, pour entrer par les montagnes en ce pays. » Quand les seigneurs d'Escosse eurent ce ouï, si cessèrent de parler et regardèrent l'un l'autre. Adonc fut pris l'écuyer anglois, et recommandé au chastelain de Gédeours qu'il le gardât bien et qu'il en rendît bon compte; et puis parlèrent ensemble; et eurent conseil et nouvel avis en ce propre lieu de Zédon.

CHAPITRE CXX.

Comment les comtes de Douglas, de Moray et de la Marche et Dunbar passèrent la rivière de Tyne et par la terre au seigneur de Percy jusques à la cité de Durem et puis retournèrent devant Neuf-Chastel-sur Tyne ardant et exillant tout le pays.

Trop étoient réjouis les compagnons de Zédon et d'Escosse et tenoient celle aventure à belle de ce qu'ils savoient ainsi véritablement le convenant de leurs ennemis; et regardèrent sur ce comment ils s'en cheviroient. Les plus sages et les mieux usés d'armes parlèrent. Ce furent messire Archebaus de Douglas, et le comte Fy [3], messire Alexandre de Ramsay, messire Jean de Saint-Clair et messire Jacques de Lindesée, et dirent : « Afin que nous ne faillions à notre entente, nous conseillerons pour le meilleur que nous fassions deux chevauchées, par quoi nos adversaires ne sauront auquel entendre ; et la plus grande chevauchée et toute l'ost et notre sommage et chariage s'en voise vers Carlion en Galles [1]; et l'autre chevauchée de trois cens ou quatre cens lances et deux mille gros varlets et archers et tous bien montés, car il le convient, s'en voisent devers le Neuf-Chastel-sur-Tyne et passent la rivière et entrent en l'évéché de Duram ardant et exillant le pays. Ils feront un grand trau en Angleterre avant que nos ennemis soient pourvus. Et si nous véons et sentons que ils nous poursuivent, ainsi que ils feront, si nous remettons ensemble et nous trouvons en bonne place et nous combattons ; ainsi en avons-nous grand désir ; et faisons tant que nous y ayons honneur, car ces Anglois nous ont un grand temps hérié. Si est heure, puisque nous nous trouvons ensemble, que nous leur remontrons les dommages que ils nous ont faits. »

Ce conseil fut tenu; et ordonnèrent que messire Arcebaus de Douglas, le comte de Fy, le comte de Surlant, le comte de Montres, le comte de la Mare, le comte d'Astrederne [2], messire Estienne Fresiel, messire George de Dombare, et bien seize grands barons d'Escosse mèneroient toute la plus grande partie de l'ost devers Carlion ; et le comte de Douglas et messire George comte de la Mare et de Dombare et le comte Jean de Mouret, ces trois, seroient capitaines de trois cens lances de bonnes gens à l'élite et de deux mille hommes gros varlets et archers ; et s'en iroient devers le Neuf-Chastel-sur-Tyne et entreroient en Northonbrelande.

Là se départirent ces deux osts les uns des autres et prièrent au département trop affectueusement les seigneurs l'un à l'autre que si les Anglois chevauchoient et les poursuivoient que ils fussent détriés [3] de non combattre, tant que ils fussent tous ensemble; si en seroient plus forts, et par raison leurs affaires en vaudroient trop grandement mieux. Ainsi l'eurent-ils en convenant l'un l'autre; et se départirent un matin de la forêt de Gedeours et prirent les champs,

---

[1] Menteith.
[2] Stirling. — [3] Fife.

[1] Carlisle n'est pas en Galloway, mais en Cumberland.
[2] Straherne.
[3] Qu'ils différassent de combattre.

les uns le chemin à dextre et les autres à senestre. Ainsi s'en allèrent à l'aventure ces deux chevauchées[1].

Quand les barons de Northonbrelande virent que leur homme ne retournoit point à l'heure que ils l'attendoient et que nulles nouvelles n'en oyoient, ni des Escots aussi, si entrèrent en soupçon et pensèrent bien ce que avenu en étoit. Si signifièrent l'un à l'autre que chacun se tînt sur sa garde et tout prêt de traire sus les champs, si très tôt comme on orroit nouvelles des Escots; car ils comptoient leur messager pour perdu.

Or parlerons de la chevauchée du comte de Douglas et des autres, car ils eurent plus à faire assez que ceux qui prirent le chemin de Carlion, et aussi ils ne demandoient que les armes.

Quand le comte de Douglas, et le comte de Mouret, et le comte de la Mare et de Dombare, qui capitaines étoient, se furent desservrés l'un de l'autre, c'est à savoir de la grosse armée, et que chacun eut pris son chemin, ces trois comtes ordonnèrent que ils chevaucheroient devers le Neuf-Chastel-sur-Tyne, et trotent passer la rivière de Tyne à gué à trois lieues de Neuf-Chastel où bien savoient le passage, et entreroient en l'évêché de Durem, et chevaucheroient jusques à la cité, et puis retourneroient ardant et exillant le pays, et viendroient devant le Neuf-Chastel, et là se logeroient en dépit des Anglois. Tout ainsi comme ils l'ordonnèrent ils le firent; et cheminèrent le bon pas à la couverte du pays sans entendre à pillage nul, ni assaillir tour, chastel ni maison; et vinrent en la terre du seigneur de Percy et passèrent la rivière de Tyne sans nul empêchement, là où ils l'avoient ordonné, à trois lieues au-dessus du Neuf-Chastel, assez près de Branspes[1] et chevauchèrent tant que ils entrèrent en l'évêché de Durem où il a très bon pays. Quand ils furent là venus, lors commencèrent-ils à faire guerre, à occire gens, à ardoir villes et à faire moult de destourbiers. Encore ne savoient, le comte de Northonbrelande ni les barons et chevaliers de celle contrée, rien de leur venue. Quand les nouvelles vinrent à Durem et au Neuf-Chastel que les Escots chevauchoient, et on en vit moult tôt les apparens par les feux et les fumières qui en voloient sus le pays, le comte de Northonbrelande envoya ses deux fils au Neuf-Chastel-sur-Thine et il se tint en son chastel à Anvich[2] et fit partout son mandement, que chacun se traist avant devers le Neuf-Chastel, et dit à ses enfans : « Vous irez au Neuf-Chastel. Tout le pays s'assemblera là et je me tiendrai à Anvich; c'est sur leur passage. Si nous les pouvons enclorre nous exploiterons trop bien, mais je ne sais encore comment ils chevauchent. » Messire Henry de Percy et messire Raoul son frère obéirent, ce fut raison; et s'en virent au Neuf-Chastel où tous ceux du pays, gentils hommes et vilains, se recueilloient. Et les Escots chevauchoient qui ardoient et exilloient le pays tant que les fumières en venoient jusques au Neuf-Chastel. Les Escots furent jusques aux portes de la ville de Durem et livrèrent là escarmouche; mais longuement ne fut-ce pas. Si se mirent au retour, si comme ordonné

---

[1] Il y a ici une erreur importante du copiste dans le manuscrit 8325 que j'ai pris pour guide ; il omet environ une trentaine de pages et passe de suite à la prise de Lindsay par l'évêque de Durham. Cette lacune me sembloit d'autant plus fâcheuse que ce manuscrit est de beaucoup préférable aux autres pour l'exactitude de quelques détails, la correction du style et l'orthographe des noms propres. Mais en continuant la lecture de ce manuscrit j'y ai heureusement retrouvé, une trentaine de pages plus loin, la reprise du récit de l'affaire d'Otterbourn. Il paraîtroit que, suivant son habitude, adoptée depuis par l'Arioste, Froissart avait interrompu son récit à la prise de Lindsay pour passer au duc de Gueldres, et que de là il était revenu au récit de l'affaire d'Otterbourn. Le manuscrit 8325 présente cette interruption avec la différence que le copiste mal habile a terminé son premier récit au milieu d'une phrase, et qu'à la reprise de sa narration, il recopie de nouveau tout le commencement de la narration déjà transcrite par lui.
De tous les historiens qui ont décrit la bataille d'Otterbourn, Froissart est incontestablement le plus exact à la fois et le plus pittoresque.
Je continuerai à profiter des remarques de sir Walter-Scott. Si ce grand écrivain et célèbre antiquaire avait eu sous les yeux le manuscrit dont je publie ici le texte pour la première fois, il aurait eu beaucoup moins de peine à retrouver des noms, défigurés, il est vrai, par Froissart, mais plus corrompus encore par l'ignorance des copistes. Quand Froissart défigure les noms, il en rend du moins à peu près le son, et il a toujours le soin de donner aux individus, à la fois leur nom propre et leur surnom; les copistes ont tout embrouillé et tout confondu.

[1] Brancepeth, à quatre milles de Durham. On y voyoit encore il y a quelques années les ruines d'un fort beau château. Johnes dit qu'aujourd'hui on l'a rendu habitable.
[2] Alnwich. Les éditions françaises et les traductions anglaises de lord Berners et de Johnes disent Nimich, mot dans lequel il serait difficile de trouver de l'analogie avec le véritable nom Alnwick.

l'avoient de commencement ; et tout ce que ils trouvoient devant eux qui bon leur étoit, que porter ou mener ils pouvoient, ils l'emportoient et menoient. Entre Durem et le Neuf-Chastel n'a que douze lieues angloises, mais grand'foison de bons pays y a-t-il. Oncques n'y demoura ville, si elle n'étoit fermée, qui ne fût arse ; et rappassèrent le Tyne là où passé ils l'avoient ; et s'en vinrent devant le Neuf-Chastel et là s'arrêtèrent. Tous chevaliers et écuyers du pays, de la sénéchaudie d'Yorch et de l'évêché de Durem, se recueilloient au Neuf-Chastel. Là vinrent le sénéchal d'Yorch, messire Raoul de Lomblé[1], messire Mathieu Redmen, capitaine de Bervich, messire Robert Avegle[2], messire Thomas Grée, messire Thomas Halton, messire Jean de Felleton, messire Jean de Lierbon[3], messire Guillaume Walsinchon[4], messire Thomas Abreton[5], le baron de Halton[6], messire Jean Colpedich[7] et moult d'autres ; et tant que la ville étoit si pleine que on ne savoit où loger.

Quand les trois comtes d'Escosse dessus nommés, qui capitaines et meneurs étoient de tous les autres, eurent fait leur emprise en l'évêché de Durem et moult tempété le pays, ils s'en retournèrent devant le Neuf-Chastel, si comme ordonné l'avoient, et là s'arrêtèrent et furent deux jours par devant ; et toujours, la greigneur partie du jour, y avoit escarmouches. Là étoient les enfans du comte de Northonbrelande, deux jeunes chevaliers de bonne volonté, qui toujours étoient des premiers à l'escarmouche aux barrières. Là y avoit lancé et féru, escarmouché et fait maintes appertises d'armes ; et là main à main, devant les barrières et les bailles entre deux se combattirent une fois moult longuement ensemble le comte de Douglas et messire Henry de Percy. Et par appertise d'armes le comte de Douglas conquit le pennon à messire Henry de Percy ; dont il fut moult courroucé ; aussi furent tous les Anglois ; et là dit le comte de Douglas à messire Henry : « Henry, Henry, j'en rapporterai tant de votre parure en Escosse, et les mettrai sus mon chastel de Dalquest, au plus haut, par quoi on les verra de plus loin. » — « Par Dieu ! comte de Douglas, répondit messire Henry, vous ne les vuiderez jà hors de Northonbrelande ; soyez de ce tout assuré. Vous ne vous en avez que faire de vanter. »

Donc dit le comte de Douglas : Or, venez doncques requerre anuit à mon logis votre pennon, car je le mettrai devant ma loge, et verrai si vous l'en viendrez ôter. »

A celle heure il étoit tard. Si cessa l'escarmouche ; et se retrairent les Escots à leurs logis et se désarmèrent et aisèrent de ce que ils eurent. Ils avoient assez de quoi, et par espécial de chairs tant que ils vouloient. Et firent celle nuit bon guet, car ils cuidèrent bien être réveillés, pour les paroles qui dessus avoient été dites ; mais non furent, car messire Henry ne le trouva pas en son conseil.

A lendemain les Escossois se délogèrent de devant le Neuf-Chastel et se mirent au retour devers leur pays ; et vinrent à un chastel et une ville qui s'appelle Pontlan[1], dont messire Aymon Alphel[2] est sire, et étoit un bon chevalier de Northonbrelande. Ils s'arrêtèrent là, car ils y vinrent à heure de prime ; et entendirent que le chevalier étoit en son chastel. Adonc se ordonnèrent-ils pour assaillir le chastel ; et si y livrèrent très grand assaut ; et firent tant par force d'armes, que ils le conquirent et le chevalier dedans. Si furent la ville et le chastel tout ars ; et puis s'en partirent et s'en vinrent jusques en la ville et le chastel d'Octebourg[3], à huit lieues angloises de Neuf-Chastel, et là s'arrêtèrent et logèrent. Et n'y firent ce jour point d'assaut. Mais à lendemain, à heure de prime, ils sonnèrent leurs buisines et s'appareillèrent tous pour le assaillir, et se trairent devers le chastel, lequel est fort assez, car il siéd en ma-

---

[1] Ralph de Langley, famille puissante de Northumberland, long-temps lord de Langley-Castle, suivant Walter Scott.
[2] Robert of Ogle.
[3] John Lilburne.
[4] William Walsingham.
[5] Thomas Abington.
[6] Le lord de Halltou.
[7] Sir John Copeland de Copeland-Castle, en Northumberland.

[1] Pontland, village sur la Blythe, à environ cinq milles de Newcastle.
[2] Raymond de Laval.
[3] Otterbourn, situé dans la province d'Elsdon, comté de Northumberland. Le château actuel d'Otterbourn est bâti sur les fondemens de l'ancien château que Douglas assiégeait au moment où il fut attaqué par Percy. Le champ de bataille est encore appelé *Battle-Cross*, parce qu'on avait élevé une croix à la place où était tombé Douglas.

récage. Si y livrèrent ce jour assaut assez et tant que ils furent tous lassés; mais rien n'y firent, et sonnèrent la retraite. Quand ils furent venus en leurs logis, les seigneurs se trairent ensemble en conseil pour savoir quelle chose ils feroient. Et étoient la greigneur partie d'accord que à lendemain ils se délogeroient de là sans point assaillir et se trairoient tout bellement devers Carlion, à leurs gens. Mais le comte de Douglas rompit ce conseil et dit : « Au dépit de messire Henry de Percy, qui dit devant hier que il me challengeroit son pennon que je conquis, et par beau fait d'armes, à la porte du chastel, nous ne nous partirons point de cy dedans deux ou trois jours, et ferons assaillir le chastel d'Octebourch [1]; il est bien prenable. Si aurons double honneur; et verrai si là en dedans il viendra requerre son pennon. Si il y vient, il sera défendu. »

A la parole du comte de Douglas s'accordèrent tous les autres, tant pour leur honneur que pour l'amour de lui; car c'étoit le plus grand de toute leur route. Et se logèrent bien et à paix, car nul ne leur devéoit; et firent grand'foison de logis d'arbres et de feuilles; et se fortifièrent, et enclouyrent sagement d'uns marécages très grands qui là sont; et à l'entrée de ces marécages, le chemin de Neuf-Chastel, ils logèrent leurs varlets et leurs fourrageurs; et mirent tout leur bétail dedans ces marécages; et puis firent ouvrer et appareiller grands atournemens d'assaut pour assaillir à lendemain. Telle étoit leur intention.

Or vous dirai de messire Henry de Percy et de messire Raoul son frère quelle chose ils firent. Moult leur ennuyoit grandement et tournoit à déplaisance ce que le comte de Douglas avoit conquis, à la porte du Neuf-Chastel à l'escarmouche, le pennon de leurs armes. Encore avecques tout ce, il leur touchoit pour leur honneur trop fort les paroles que messire Henry avoit dites, si il ne les poursuivoit outre ; car il avoit dit au comte de Douglas que point n'emporteroit son pennon hors d'Angleterre; et tout ce avoit-il au soir remontré aux chevaliers et écuyers de Northonbrelande qui avecques lui étoient logés en la ville de Neuf-Chastel. Or cuidoient les aucuns que le comte de Douglas, et ceux qui à leurs barrières avoient été, ne fût que l'avant-garde des Escots qui là fussent venus escarmoucher, et que leur grand ost fût demeuré derrière. Pourquoi, les chevaliers de Northonbrelande qui le plus avoient usé les armes et qui le mieux savoient comment on s'y devoit maintenir et déduire, avoient rabattu l'opinion de messire Henry de Percy à leur pouvoir en disant ainsi : « Sire, il advient souvent en armes moult de parçons. Si le comte de Douglas a conquis votre pennon, il l'a bien acheté, car il l'est venu quérir à la porte et a été bien battu. Une autre fois conquerrez-vous sur lui autant ou plus. Nous le vous disons, pour tant que vous savez, et nous le savons aussi, que toute la puissance d'Escosse est hors dessus les champs. Si nous issons hors, qui ne sommes pas assez pour eux combattre ni forts aussi, et ont fait espoir celle envaye pour nous attraire hors, et si telle puissance comme ils sont, plus de quarante mille, et qui nous désirent à trouver, nous avoient à leur aise, ils nous enclorroient, et feroient de nous à leur volonté. Encore vaut-il trop mieux à perdre un pennon que deux cens ou trois cens chevaliers et écuyers et mettre notre pays en aventure. Car si, vous et nous qui en sommes chefs, avions perdu, le demourant du pays n'y sauroient ni ne pourroient remédier. »

Ces paroles avoient refréné messire Henry de Percy et son frère, car ils ne vouloient pas issir hors de conseil, quand autres nouvelles leur vinrent, de chevaliers et d'écuyers qui avoient poursuivi les Escots et lesquels savoient tant leur convenant et le chemin lequel ils avoient allé et où ils étoient arrêtés.

CHAPITRE CXXI.

Comment messire Thomas de Percy et messire Raoul son frère atout grands gens d'armes et archers allèrent après les Escots pour conquerre leur pennon que le comte de Douglas avoit conquis devant le Neuf-Chastel-sur-Tyne, et comment ils assaillirent les Escots devant Octebourg.

Conté fut et dit à messire Henry de Percy et à messire Raoul, son frère, et aux autres qui là étoient, par chevaliers et écuyers, droites gens d'armes de Northonbrelande qui poursuivi avoient les Escots depuis que ils se départirent du Neuf-Chastel, et découvert tout le pays à l'environ pour mieux avérir leur fait, car ils ne vouloient informer les seigneurs que de vérité ;

---

[1] Otterbourn.

et dirent ainsi les recordeurs et rapporteurs : « Vous, messire Henry, et vous, messire Raoul, vous devez savoir que nous avons poursuivi les Escots et découvert le pays tout à l'environ. Les Escots ont été à Pontlan et ont pris en son fort messire Aimons Alphel[1], et de là sont-ils allés devant Octebourch et là giront anuit ; nous ne savons de demain, car à ce se sont-ils ordonnés pour là demourer. Et vous savons bien à dire que leur grand ost n'est point avec eux, car en toute somme ils ne sont non plus de trois mille hommes. »

Quand messire Henry de Percy entendit ces nouvelles, si fut moult réjoui et dit : « Or, aux chevaux ! aux chevaux ! car foi que je dois à Dieu et à monseigneur mon père ! je vueil aller querre mon pennon, et seront délogés de là encore anuit. » Chevaliers et écuyers qui ouïrent ces nouvelles ne répondirent point du non, mais se appareillèrent tantôt parmi la ville du Neuf-Chastel.

Ce propre soir devoit venir l'évêque de Durem atout grand gent, car il avoit entendu à Durem où il se tenoit, que les Escots s'étoient arrêtés devant le Neuf-Chastel, et que les enfans de Percy, et les barons et chevaliers qui là étoient, les devoient combattre. Donc l'évêque, pour venir à la rescousse, avoit assemblé toutes manières de gens sur le plat pays, et s'en venoit au Neuf-Chastel ; mais messire Henry de Percy ne le volt pas attendre, car il se trouvoit bien accompagné de six cents lances, chevaliers et écuyers, et bien huit mille gens de pied. Si disoit que c'étoient gens assez pour combattre les Escots qui n'étoient pas trois cens lances ou environ et deux mille hommes d'autres gens.

Quand ils se furent tous assemblés, ils se départirent du Neuf-Chastel, ainsi comme à basse remontée, et se mirent aux champs en bonne ordonnance, et prirent le chemin tout tel que les Escots étoient allés en chevauchant vers Octebourch, à sept petites lieues de là et beau chemin ; mais ils ne pouvoient fort aller pour les gens de pied qui les suivoient.

Ainsi que les Escots séoient au souper et que les plusieurs s'étoient jà couchés pour reposer, car ils avoient travaillé le jour à l'assaillir le chastel, et se vouloient lever matin pour assaillir à la froidure, evvous venir les Anglois sur leur logis ; et cuidèrent les Anglois dès leur première venue, en entrant en leur logis, des logis des varlets qui étoient à l'entrée, que ce fussent les maîtres. Si commencèrent les Anglois à crier : « Percy ! Percy ! » et à entrer en ces logis lesquels étoient forts assez. Vous savez que en tels choses grand effroi est levé. Et trop bien chéy à point aux Escots que les Anglois de leur première venue s'embattirent sur les varlets, car quoique ils ne leur durassent que un petit, si furent ces Escots tout pourvus et avisés de ce fait, et virent bien et sentirent que les Anglois les venoient réveiller. Adonc envoyèrent les seigneurs une quantité de leurs gros varlets et de leurs gens de pied où l'escarmouche étoit pour eux plus ensonnier, et entrementes ils s'ordonnèrent, armèrent et appareillèrent et mirent ensemble, chacun sire et homme d'armes dessous la bannière et le pennon de leurs capitaines, et les comtes ainsi que ils devoient aller et répondre ; car, des trois comtes qui là étoient, chacun avoit sa charge. En faisant ce la nuit approchoit fort, mais il faisoit assez clair, car la lune luisoit ; et si étoit au mois d'août et faisoit bel et sery, et si étoit l'air coi, pur et net.

En celle ordonnance que je vous dis se mirent les Escots, et quand ils se furent tous recueillis et mis ensemble sans sonner mot, ils se départirent de leurs logis. Et ne prirent point le chemin en allant tout droit devant eux pour venir au visage des Anglois ; mais côtoyèrent les marécages et une montagne qui là étoit. Et trop grand avantage leur fit ce, au voir dire, que tout le jour ils avoient avisé le lieu où ils étoient logés ; et avoient les plus usés d'armes entre eux devisé et dit ainsi : « Si les Anglois nous venoient réveiller sur nos logis, nous ferions par ce parti, et par tel et par tel. » Et ce les sauva ; car c'est trop grand chose de gens d'armes à qui on cuert sus de nuit en leur logis, et de jour ils ont avisé le lieu où ils sont logés et dit et devisé entre eux : « Par tel parti les pouvons nous perdre et gagner. »

Quand les Anglois furent venus sus ces varlets, de première venue ils les eurent tantôt rués jus ; mais en allant dedans les logis, toujours trouvoient-ils nouvelles gens qui escarmouchoient à eux et les ensonnioient. Et véez ci venir Escots tout autour, si comme je vous ai

---

[1] Raimond de Laval.

jà dit; et à un faix ils s'embattirent sur les Anglois, là où ils ne s'en donnoient garde, et écrièrent tous à une voix leurs cris quand ils furent de-lez eux. Les Anglois furent tout émerveillés de celle affaire, et se ressortirent ensemble, en prenant pas et ferme terre et en écriant: «Percy!» et les autres: «Douglas!» Là commença la bataille felle et cruelle, et le poussis des lances dur et étrange, et en y eut de ce premier rencontre des abattus d'une part et d'autre. Et pour ce que les Anglois étoient grand'foison et que moult désiroient leurs ennemis à déconfire, ils s'arrêtèrent sur leurs pas en poussant, et reculèrent grandement, les Escots qui furent sur le point que de être déconfits. Le comte James de Douglas, qui étoit jeune et fort et de grand'volonté, et qui moult désiroit à avoir grâce et recommandation d'armes, et bien les vouloit desservir, et ne ressoignoit pas la peine et le péril, fit sa bannière passer avant en écriant: «Douglas! Douglas!» Messire Henry de Percy et messire Raoul son frère qui avoient grand'indignation sus le comte, pourtant que il avoit conquis le pennon de leurs armes aux barrières du Neuf-Chastel, et lui vouloient remontrer si ils pouvoient, s'adressèrent celle part en écriant tout haut: «Percy! Percy!» Là se trouvèrent ces deux bannerets et leurs gens, et là eut grand'appertise d'armes. Et vous dis que les Anglois étoient si forts, et à ce commencement si bien se combattirent, que ils reculèrent les Escots. Et là furent deux chevaliers d'Escosse que on clamoit messire Patrice de Hexborne [1] et messire Patrice son fils, qui trop vaillamment s'acquittèrent; et étoient de-lez la bannière du comte de Douglas et de sa charge; et là firent merveilles d'armes; et eût été conquise sans faute si ils n'eussent là été. Mais ils la défendirent si vaillamment, au poussis et au donner coups et horions à aider leurs gens à venir à la rescousse, que encore ils en sont, et leurs hoirs, à recommander.

Il me fut dit de ceux qui proprement furent à la bataille, tant des Anglois comme des Escossois, de chevaliers et d'écuyers, car du pays au comte de Foix et de son lignage, il en y eut avecques les Anglois deux écuyers vaillans hommes, et lesquels je trouvai, la saison ensuivant que la bataille fut entre le Neuf-Chastel et Octebourch, à Ortais de-lez le comte de Foix, Jean de Chastel-Neuf et Jean de Cantiron, et aussi à mon retour en celle saison en Avignon, je trouvai un chevalier et deux écuyers d'Escosse de l'hôtel du comte de Douglas lesquels je reconnus, et ils me reconnurent par les vraies enseignes que je leur dis de leur pays; car de ma jeunesse, je, auteur de celle histoire, je chevauchai tout partout le royaume d'Escosse, et fus bien quinze jours en l'hôtel du comte Guillaume de Douglas, père de ce comte James dont je parle présentement, en un chastel, à cinq lieues de Haindebourch, que on dit au pays Dalquest [1]; et ce comte James, je l'avois vu jeune fils et bel damoisel, et une sienne sœur que on appeloit Blanche [2]; si fus informé des deux parties, et tout en la saison que la bataille avoit été; et bien se concordoient les uns et les autres; mais ils me dirent que ce fut une aussi dure besogne et aussi bien combattue que nulle bataille ne pût onques être; et je les en crois bien, car Anglois d'un côté et Escots d'autre côté sont très bonnes gens d'armes; et quand ils se trouvent ou encontrent en parti d'armes, c'est sans épargner. Il n'y a entre eux nul ho. Tant que lances, haches, épées ou dagues, et haleine peuvent durer, ils fièrent et frappent l'un sur l'autre; et quand ils se sont bien battus et assez combattus, et que l'une partie obtient, ils se glorifient si en leurs armes et sont si réjouis que sus les champs, ceux qui sont pris et fiancés ils sont rançonnés; et savez-vous comment? si très tôt et si courtoisement que chacun se contente de son compagnon, et que au département ils disent grand merci. Mais en combattant et en faisant armes l'un sus autre, il n'y a point de jeu ni d'épargne, ainçois est tout acertes; et bien le montrèrent là, ainsi que je vous dirai avant que je me départe de la besogne; car ce rencontre fut aussi bien demené au droit d'armes que nulle chose pût onques être.

---

[1] Patrick de Helburn.

[1] Dalkeith.
[2] Le comte William Douglas eut deux enfans de son premier mariage avec Marguerite, fille du comte de Mar; James, qui succéda à son titre, et Isabelle, que Froissart appelle ici Blanche.

CHAPITRE CXXII.

Comment le comte James de Douglas par sa vaillance remit ses gens sus qui étoient reculés et à moitié déconfits des Anglois, et en ce faisant il chéy à terre navré à mort, et comment il fit redresser sa bannière par Gautier et Jean de Saint-Clair pour rassembler ses gens.

Moult étoient prêts et ententifs et de bonne volonté chevaliers et écuyers d'un côté et d'autre, à faire armes et eux combattre vaillamment et ardemment, tant que lances et haches leur duroient. Là n'avoit couardise point de lieu ; mais droit hardement en place, des belles appertises d'armes que ces jeunes chevaliers et écuyers faisoient. Et étoient si joints l'un à l'autre et si attachés que trait d'archers de nul côté n'y avoit point de lieu ; car ils étoient si près assemblés que main à main et l'un dedans l'autre. Et encore ne branloit nulle des batailles ; mais se tenoit ferme et fort chacun sus son pas. Là montroient bien Escots vaillance et hardement ; et à parler par raison ils se combattoient liement et de grand courage ; car les Anglois étoient pour ce fait trois contre un. Je ne dis pas que les Anglois ne s'acquittassent loyaument, car partout où ils se sont trouvés, de grand temps, à tant que en armes, ils ont bien fait leur devoir ; et auroient trop plus cher à être morts ou pris sus la place quand ils sont en bataille, que donc que on leur reprochât fuite.

Ainsi que je vous dis que la bannière de Douglas et la bannière de Percy s'étoient encontrées, et gens d'armes des deux parties envieux l'un sus l'autre pour avoir l'honneur de la journée, à ce commencement les Anglois furent si forts que ils reboutèrent bien avant leurs ennemis. Le comte James de Douglas, qui étoit de grand'volonté et de haute emprise, sentit que ses gens reculoient. Adonc, pour recouvrer terre et pour montrer vaillance de chevalier, il prit une hache à deux mains et se bouta dans le plus dru, et fit voye devant lui, et ouvrit la presse ; car il n'y avoit si bien armé de bassinet ni de platte qui ne le ressoignassent, pour les horions que il donnoit et que il tapoit. Et tant alla avant sans mesure, ainsi que un Hector, qui tout seul cuidoit et vouloit vaincre et déconfire la besogne, qu'il fut rencontré de trois lances attachées et arrêtées en venant tout d'un coup sur lui, l'une en l'épaule, l'autre en la poitrine sus le descendant au vide et l'autre en la cuisse. Oncques il ne se pouvoit détacher ni ôter de ces coups que il ne fût porté à terre, et de toutes les lances navré moult vilainement. Depuis que il fut atterré point il ne se releva. Aucuns de ses chevaliers et écuyers le suivoient, et non pas tous, car il étoit toute nuit ; si ne véoient que de l'air et de la lune.

Les Anglois scurent bien que ils l'avoient porté à terre, mais ils ne savoient qui, car si ils eussent sçu que ce eût été le comte de Douglas, ils se fussent tant réjouis et enorgueillis que la besogne eût été leur. Aussi les Escots n'en savoient rien, ni ne sçurent jusques en la fin de la bataille ; car si ils l'eussent sçu, ils se fussent sans recouvrer rendus, comme tout désespérés et déconfits. Et vous dirai comment il en advint, à ce que le comte de Douglas fut abattu et féru d'une lance sus le côté tout outre, et l'autre tout outre la cuisse. Anglois passèrent outre et n'en firent compte ; et ne cuidoient avoir mort ni abattu que un homme d'armes, car d'autre part le comte George de la Marche et de Dombare et ses gens se combattoient très vaillamment et donnoient moult à faire aux Anglois. Et étoient arrêtés en suivant le cri de Douglas sus les enfans de Percy, et là tiroient, et boutoient et frappoient. D'autre part le comte Jean de Mouret et sa bannière et ses gens se combattoient vaillamment, et ensonnioient Anglois sus leur encontre, et leur donnoient moult à faire, et tant que ils ne savoient auquel entendre.

De toutes les besognes, batailles et rencontres qui ci-dessus en celle histoire dont je traite et ai traité, grandes et petites, celle ici dont je vous parle présentement en fut l'une des plus dures et des mieux combattues sans faintise, car il n'y avoit homme, chevalier ni écuyer, qui ne s'aquittât et fesist son devoir, et tout main à main. Elle est aucques pareille à la bataille de Cocherel, car aussi elle fut moult bien combattue et longuement.

Les enfans au comte de Northonbrelande, messire Henry et messire Raoul de Percy qui étoient les souverains capitaines, s'acquittoient loyaument de bien combattre. Et aucques par le parti que le comte de Douglas fut débouté et atterré en prit et chey à messire Raoul de Percy ; car il se bouta si avant outre ses ennemis, que il fut enclos et navré durement et remis à la grosse haleine, et pris, et fiancé d'un chevalier, lequel étoit de la charge et de l'hôtel le comte de Mouret et l'appeloit-on messire Jean Maksuel [1]. En prenant et en fiançant, le chevalier Escot demanda à messire Raoul qui il étoit, car il étoit si nuit que point ne le connoissoit; et messire Raoul était si outré que plus ne pouvoit, et lui couloit le sang tout aval qui l'affoiblissoit. Il dit : « Je suis messire Raoul de Percy. » Adonc dit l'Escot : « Messire Raoul, rescous ou non rescous je vous fiance mon prisonnier. Je suis Maksuel. » — « Bien, dit messire Raoul, je le veuil; mais entendez à moi, car je suis trop durement navré; et mes chausses et mes grèves sont jà toutes emplies de sang. »

A ces mots le chevalier escot entend de-lez lui crier : « Mouret au comte! » et voit le comte et sa bannière droit de-lez lui. Adonc lui dit messire Jean Maksuel : « Monseigneur, tenez; je vous baille messire Raoul de Percy pour prisonnier; mais faites entendre à lui, car il est durement navré. » Le comte de Mouret de celle parole fut moult réjoui et dit : « Maksuel, tu as bien gagné tes éperons. » Adonc fit-il ouvrir ses gens, et leur rechargea messire Raoul de Percy, lesquels le bandèrent et étanchèrent ses playes. Et toudis duroit et se tenoit la bataille forte et dure, ni on ne savoit encore les quels en auroient le meilleur; car je vous dis que il y eut là plusieurs prises et rescousses faites qui toutes ne vinrent pas à connoissance.

Or reprendrai la parole où je la laissai, au jeune comte James de Douglas qui celle nuit là fit grand'foison d'armes. Quand il fut abattu, la presse fut grande à l'environ de lui. Il ne se put relever, car il étoit féru au corps d'une lance à mort. Ses gens le suivoient le plus près que ils pouvoient; et vinrent sur lui messire Jacques de Lindesée, un sien cousin, et messire Jean et messire Gautier de Saint-Clar, et autres chevaliers et écuyers; et trouvèrent de-lez lui, un moult gentil chevalier qui toujours l'avoit suivi de près, et un sien chapelain qui n'étoit pas comme prêtre, mais comme vaillant homme d'armes, car toute la nuit, au plus fort de la besogne, il l'avoit poursuivi atout une hache en sa main; et encore, comme vaillant homme, autour du comte il escarmouchoit, et reboutoit et faisoit reculer Anglois, pour les coups d'une hache dont il ruoit et lançoit roidement sur eux; et en cel état ils le trouvèrent, dont ils lui sçurent bon gré; et lui tournèrent, depuis à grand' vaillance; et en fut, en l'an même, archidiacre et chanoine d'Abredane. Ce prêtre, je le vous nommerai; on l'appeloit messire Guillaume de Norbervich [1]. Au voir dire il avoit bien corps et taille, et membres et grandeur; et hardement aussi pour tout ce faire, et toutefois il fut là navré moult durement.

Quand ces chevaliers furent venus de-lez le comte, ils le trouvèrent en bien petit point, et aussi un sien chevalier que je vous dis, qui toute la nuit l'avoit suivi, messire Robert Hert, lequel avoit cinq plaies, que de lances que de autres armures, et gisoit de-lez le comte. Messire Jean de Saint-Clar demanda au comte : « Cousin, comment vous va? » — « Petitement, dit le comte, loué en soit Dieu! On a de mes ancesteurs peu trouvé qui soient morts en chambre ni sus lit. Je vous dis, pensez de moi venger, car je me compte pour mort; le cœur me défaut trop souvent. Gautier, et vous Jean de Saint-Clar, redressez ma bannière; » (car voirement étoit elle à terre, et mort un écuyer vaillant homme qui la portoit, David Colleime [2]; et ne voulsit être chevalier celle journée, car le comte le vouloit faire, pour tant que en toutes places il avoit été le outre passé des bons écuyers) ; « et criez Douglas! et ne dites à ami ni à ennemi que nous ayons, que je sois au parti où je suis. Car nos ennemis, si ils le savoient, s'en reconforteroient, et nos amis s'en déconfiroient. »

Les deux frères de Saint-Clar et messire Jacques de Lindesée firent ce que il ordonna; et fut la bannière relevée; et écrièrent : « Douglas! » et pour ce que ils étoient si avant, leurs gens qui étoient derrière et qui ouïrent crier moult haut: « Douglas! Douglas! » pour venir celle part se mirent en un mont tous ensemble; et commencèrent, ceux qui lances avoient, à bouter et à pousser de telle vertu que ils reculèrent très vaillamment de celle empainte les Anglois; et en y eut de renversés beaucoup et portés à terre. Les Escots qui suivoient les premiers qui faisoient voye, se portèrent si vaillamment en combattant, en poussant et en lançant, que ils

---

[1] Sir John Maxwell.

[1] William de North-Berwick.
[2] Peut-être David Campbell.

portèrent et reculèrent les Anglois moult avant, et outre le comte de Douglas qui jà étoit dévié; et vinrent à sa bannière que messire Jean de Saint-Clar tenoit. Et étoit environné et appuyé de bons chevaliers et écuyers d'Escosse; et encore le fut-il plus quand la grosse route vint et eut la force de reculer les Anglois. Et toujours crioient à haute voix : « Douglas! » Là vinrent le comte de Mouret et sa bannière bien accompagnés de bonnes gens, et le comte de la Marche et de Dombare bien accompagné aussi; et étoient ainsi que comme tous rafreschis, quand ils virent les Anglois reculer et ils se trouvèrent tous ensemble. Si se renouvela la bataille; et boutoient et poussoient des lances, et frappoient des haches sus ces bassinets qui étoient durs et forts.

CHAPITRE CXXIII.

Comment les Escots gagnèrent la bataille contre les Anglois devant Octebourch, et y furent pris messire Henry de Percy et messire Raoul son frère; et comment un écuyer d'Angleterre appelé Thomas Waltem ne se voult rendre; aussi ne fit un écuyer d'Escosse, et moururent; et comment l'évêque de Durem et ses gens se déroutèrent et déconfirent d'eux-mêmes.

Au voir dire et à parler par raison, les Anglois étoient plus foulés et travaillés que ne furent les Escots; car ils étoient ce jour venus jusques à là du Neuf-Chastel-sur-Tyne, où bien y a six lieues Angloises, chaudement et légèrement pour trouver les Escots, ainsi que ils firent. Dont les plusieurs, pour le travail du chemin, quoique la volonté y fut bonne et grande, et l'affection, étoient hors de leur haleine; et les Escots étoient frais et nouveaux et bien reposés. Et tout ce leur valut grandement; et bien le montrèrent au plus fort de la besogne; car sus celle derraine empainte, si comme ci-dessus est contenu, ils reculèrent les Anglois tellement que depuis ils ne purent retourner sus leur premier pas; et passèrent les batailles tout outre le comte de Douglas qui là étoit atterré.

En ce dur reconte chéy en la main du seigneur de Montgombre [1], un moult vaillant chevalier d'Escosse, messire Henry de Percy; et se combattirent ensemble moult vaillamment, sans empêchement de nul autre, car il n'y avoit chevalier ni écuyer de l'une partie ni de l'autre qui ne fût ensonnié, chacun de combattre à son pareil. Là fut mené tellement par armes messire Henry de Percy que le sire de Montgombre le prit et fiança. Là vissiez vous chevaliers et écuyers messire Marc Adremen [1], messire Thomas Av Ersequin [2], messire Guillaume, messire Jacques, et messire Alexandre de Lindesée, le seigneur de Seton [3], le seigneur de Venton [4], messire Jean de Sandelans [5], messire Patrise de Dumbare, messire Jean et messire Gautier de Saint-Clar, messire Patrise de Hepbourne [6] et ses deux fils, messire Patrise et messire Mille, le seigneur de Montgombre [7], messire Jean Maksuel [8], messire Adam de Gladinin [9], messire Guillaume de Roduem [10], messire Guillaume Stuart, messire Jean de Halibreton [11], messire Jean Alidiel [12], messire Robert Laudre [13], messire Alexandre de Ramsay, messire Alexandre Fresiel [14], messire Jean Emouston [15], messire Guillaume Warlau [16], David Flimin [17], Robert Colemine [18] et ses deux fils, Jean et Robert, qui furent là chevaliers, et bien cent chevaliers et écuyers et autres que je ne puis pas tous nommer; mais il n'en y avoit un qui n'entendît vaillamment à la besogne.

Du côté des Anglois aussi se combattirent vaillamment. Et se combattoient depuis et en devant la prise des seigneurs de Percy, messire Raoul de Lomble [19], messire Mathieu Rademen, messire Robert Av Ogle [20], messire Thomas

---

[1] Montgommery.

[1] Sir Malcolm Drummond, qui, trois ans avant la bataille avait reçu 400 livres sur l'argent apporté par Jean de Vienne.

[2] Thomas Erskine d'Ava, ancêtre de la famille de Mar.

[3] William, créé lord Seton par Robert III.

[4] William de Abernethy, lord de Saltoun, comté de East Lothian.

[5] Sandelands.

[6] Sir Patrick Hepburn, lord Hailes.

[7] Montgommery.

[8] Maxwell.

[9] Adam Glendinning.

[10] William Ruthefort ou Rothwen.

[11] Sir John Haliburton d'Arleton.

[12] John Lundie.

[13] Sir Robert Lauder.
Fraser.

[15] Sir John Edmondstone.

[16] William Wardlaw.

[17] David Fleming.

[18] Robert Campbell.

[19] Ralph de Langley.

[20] Robert of Ogle.

Graa [1], messire Thomas Helton [2], messire Jean de Felleton, messire Jean de Liebon [3], messire Guillaume Walsinchon [4], messire Thomas Aubrinton [5], le baron de Helton [6], messire Jean Colpedich [7], le sénéchal d'Yorch et plusieurs autres; et tous à pied que vous l'entendez.

Là fut la bataille dure et forte, et bien combattue; mais ainsi que les fortunes tournent, quoique les Anglois fussent le plus et tous vaillans gens et bien usés d'armes, et que ils assaillirent leurs ennemis vaillamment, et les reculèrent et reboutèrent de première venue moult avant, les Escots obtinrent la place. Et furent tous pris ces chevaliers dessus nommés, et encore plus de cent autres, excepté Mathieu Rademen capitaine de Bervich. Cil, quand il vit la déconfiture et que leurs gens s'ouvroient et fuyoient devant les Escots de tous lez, et chevaliers et écuyers se rendoient, et Escots les fiançoient, il monta à cheval et s'en partit, quand il vit bien que nul recouvrer y avoit et que leurs gens se fendoient de tout côtés. Envis le fit; mais tout considéré il ne pouvoit pas tout seul recouvrer la bataille. Si prit le chemin pour retourner vers le Neuf-Chastel-sur-Tyne.

Ainsi se deffouquoient aucuns Anglois qui l'avis et le loisir en avoient, et se sauvèrent, car en armes aviennent moult de choses. Et sachez que celle bataille fut durement bien combattue et vaillamment maintenue; et fut pour les Anglois moult infortunée, car ils étoient trois fois plus de gens que les Escots; mais ce que d'Escots il y avoit, c'étoit toute la fleur de leur royaume; et bien le montrèrent, car ils avoient plus cher à mourir que reculer, par défaut de courage, un arpent de terre; et sachez que Anglois et Escots, quand ils se trouvent en bataille ensemble, sont dures gens et de longue haleine, et point ne s'épargnent; mais s'entendent de eux mettre à outrance. Ils ne ressemblent pas les Allemands qui font une empeinte, et quand ils voient qu'ils ne peuvent vaincre et entrer en leurs ennemis ils s'en retournent tout à un fait; nennil Anglois

[1] Thomas Graham.
[2] Lord Haltoun.
[3] John Lilburn.
[4] William Walsingham.
[5] Thomas Abington.
[6] Lord Haltoun.
[7] Sir John Copeland.

et Escots, mais ils sont d'une autre opinion; car en combattant ils s'arrêtent sur le pas, et là fièrent et frappent de haches où d'autres armures sans eux ébahir, tant que haleine leur dure. Et quand par armes ils se rendent l'un à l'autre ils font bonne compagnie sans eux trop travailler de leur finance, mais sont très courtois l'ur à l'autre, ce que Allemands ne sont pas; car mieux vaudroit un gentil homme être pris des mécréans, tous payens ou Sarrasins, que des Allemands; car Allemands contraignent les gentils hommes en double prison de ceps de fer, de bois, de grésillons et de toutes autres prisons hors de mesure et raison, dont ils meshaignent et affoiblissent les membres d'un homme pour estordre plus grand'finance. Au voir dire en moult de choses Allemands sont gens hors de rieulle de raison, et c'est merveille pour quoi nuls conversent avec eux avec eux ni qu'on les souffre à armer avec eux, comme François et Anglois qui font courtoisie, ainsi qu'ils ont toujours fait; ni les autres ne le feroient ni le voudroient faire.

Au retourner au droit procès de mon propos, ce jour il y eut moult crueuse bataille entre les Anglois et les Escots, car ils étoient gens d'une part et d'autre de grand'volonté. Les Anglois étoient moult vergogneux de ce que avis leur étoit que les Escots n'étoient qu'une poignée de gens au regard d'eux, et si ne pouvoient avoir victoire sur eux; et ils étoient toute fleur de chevalerie et d'écuyerie du comté de Northonbrelande; or regardez donc s'ils vouloient fuir; m'aist Dieu, nennil, tant que amender le pussent.

Sus le point de la déconfiture, et entrementes que on fiançoit prisonniers, en plusieurs lieux et encore par foules et par troupeaux on se combattoit, ainsi que les gentils hommes et les bons batailleurs se trouvoient. Sur le point que j'ai dit, fut enclos des Escots, un écuyer anglois, lequel s'appeloit Thomas Waltem et étoit de l'hôtel et de la charge du seigneur de Percy, bel homme et vaillant aux armes et hardi; et bien le montra, car ce soir et la nuit ensuivant il fit grand'foison d'armes, et ne se daigna oncques rendre ni fuir. Et me fut dit que celle affaire il avoit prévu; et avoit dit ainsi, en cel an, sur une fête de seigneurs et de dames qui fut en Northonbrelande, que la première fois que Anglois et Escots se rencontreroient ensemble par bataille, il feroit son devoir d'armes, et s'acquitteroit si loyaument à son pouvoir que on le trouveroit pour ce jour le meilleur combattant des deux parties, ou il demeureroit en la peine. Et l'écuyer étoit bien taillé de ce faire, car il étoit grand, fort, hardi et entreprenant. Et fit ce Thomas Waltem ce jour grand'foison de belles appertises d'armes; et en combattant dessous la bannière du comte de Mouret d'Escosse il fut occis; ni point ne se voult rendre, car toujours cuidoit-il être rescous. Aucques pareillement du côté des Escots fut occis un moult vaillant écuyer, cousin au comte de Douglas qui s'appeloit Simon de Gladinnin[1], et eut grand'plainte de ceux de son côté. Qui bien conçoit et considère celle bataille, elle fut moult dure et moult felle jusques à la déconfiture; mais quand Escots virent que Anglois reculoient et perdoient terre, leur courage doubla en double force. Car par nature et droiture, qui voit ses ennemis fuir, il se rencourage en avis et en hardiment. Et toutefois, les Anglois, quand ils venoient sur leur outrance et ils se vouloient rendre, ils trouvoient les Escots moult débonnaires; et les croyoient légèrement sur leur foi; mais au fiancer ils leur disoient ainsi : « Vous êtes mon prisonnier, rescous ou non rescous. » Car il ne savoient point encore quelle chose il leur étoit à venir. Et sachez que si les Escots fussent gens assez pour faire chasse, il n'en fût retourné des Anglois ni échappé pied que tous ne fussent morts ou pris; mais pour la doute de ce qu'ils sentoient grand'foison d'Anglois sur le pays, ils se tenoient toujours ensemble pour être plus forts et pour garder leurs prisonniers; et si messire Archebaut Douglas, et les comtes de Fy, de Surland et les autres de la grosse route qui chevauchoient vers Carlion eussent là été, ils eussent pris l'évêque de Durem et la ville de Neuf-Chastel-sur-Tyne. Je vous dirai comment et par quelle raison.

Ce propre soir dont à la remontée les enfans de Percy étoient partis et issus de Neuf-Chastel-sur-Tyne, si comme cy-dessus est contenu, l'évêque de Durem, à tout l'arrière ban de l'archevêché et de la sénéchaussée d'Yorch et de Durem, et des frontières de Northonbrelande, étoit entré en la ville de Neuf-Chastel et y avoit soupé. Entrementres que cel évêque étoit à table, imagination lui étoit venue devant et lui étoit avis qu'il n'acquittoit pas bien son honneur, quand il savoit que ses gens chevauchoient et étoient allés à l'encontre des Escots qui au matin étoient partis de là et avoient aux barrières fait escarmouche, et il se tenoit en la ville. Quand celle imagination lui fut venue et il eut bien parfaitement pensé à la déshonneur qu'il avoit plus grande de séjourner en la ville que du chevaucher ou issir, il fit soudainement ôter la table et enseller les chevaux, et demanda son armure et fit sonner les trompettes parmi toute la ville. Tous ceux qui étoient venus avec lui à Neuf-Chastel furent émerveillés quelle chose il vouloit faire ni où il vouloit aller, car il étoit toute noire nuit, et tous étoient désarmés, et les plusieurs jà couchés, car le jour ils s'étoient travaillés de cheminer. Nequedent, au son des trompettes de l'évêque qui étoit leur chef et leur conduiseur, toutes gens se levèrent, armèrent, appareillèrent à pied et à cheval et s'en vinrent en la place devant l'hôtel du dit évêque qui jà étoit tout prest et ses chevaux ensellés. Quand il put reconnoître et sentir que tous étoient venus, si monta à cheval, et montèrent aussi tous les autres, et issirent par la porte de Bervich; et étoit bien huit heures en la nuit; et se trouvèrent bien sept mille hommes, que à pied que à cheval. Quand ils furent sur les champs, tous s'arrêtèrent pour attendre l'un l'autre. On demanda à l'évêque quel chemin il vouloit tenir. « Celui qui le plustôt nous amènera à nos gens. »

Là n'y avoit aucun qui sçût ni pût savoir où leurs gens étoient; car nul n'étoit retourné de la bataille. Là s'arrêtèrent-ils sur les champs, pour savoir et pour imaginer par avis s'ils prendroient le chemin de Bervich ou de Rose-au-Del ou le chemin des montagnes; et en étoient entre eux en grand estrif. Là disoient les aucuns l'un à l'autre : « C'est grand outrage, et petit sens sera, de cheminer à celle heure, quand nous ne savons pas où nous allons; et cher nous pourroit coûter celle folie. »

Entrementres comme ils étoient en la position qu'ils cheminoient tout resoigneusement, car ils ne savoient au voir dire quel chemin ils devoient tenir, adonc nouvelles leur vinrent des

---

[1] Simon Glendinning.

fuyans qui étoient tous ébahis et égarés, ainsi que gens sont qui se départent d'une besogne déconfite; et churent proprement en l'avant-garde de l'évêque laquelle messire Jean de Say, un moult appert et sage chevalier, gouvernoit.

Le chevalier, qui tout devant étoit, leur demanda dont ils venoient; ils répondirent: « De la bataille. » Donc demanda le chevalier : « Et comment va de la bataille? » Ils répondirent : « Mal et laid ; nos gens sont tous déconfits et mis en chasse ; et sont pris ou morts, messire Henri et messire Raoul de Percy. N'allez plus avant, car voici les Escots qui viennent à effort. » Adonc demanda le chevalier : « Et les Escots sont-ils grand'foison? » — « Ils sont tant de gens, répondirent les fuyans, que ils nous ont tous rués jus. »

Donc s'arrêta messire Jean de Say, et fit arrêter tous ceux de l'avant-garde. Adonc vint l'évêque de Durem et s'émerveilloit pourquoi on s'arrêtoit. Si chevaucha et demanda : « Avons-nous nulles nouvelles? » Le chevalier vint devers lui et lui dit : « Monseigneur, ouil. » — « Et quelles, dit-il, en nom Dieu? » — « Nos gens sont déconfits, et voici les Escots qui viennent, si comme les fuyans disent. » Et tantôt vinrent autres fuyans qui avoient tous tant couru qu'ils étoient mis jusque à leur grosse haleine; et recordèrent la déconfiture ainsi que les premiers avoient fait.

Quand les gens de l'évêque de Durem entendirent que tous rapportoient povres nouvelles, si s'ébahirent grandement et se commencèrent à déconfire de eux-mêmes et à dire : « Où irons-nous? Il est tout nuit; ni nous ne savons ou nous chéirons. Il ne peut être que les Escots ne soient grands gens quand ils ont rué jus les nôtres. » Bien avoient volonté, l'évêque de Durem et messire Jean de Say et aucuns chevaliers qui là étoient, d'aller si avant que jusques aux Escots, et de retourner les fuyans; mais ceux de pied étoient si découragés que ils le refusoient; et disoient que ils n'iroient plus avant, et que si on vouloit qu'ils se combattissent, on s'arrêtât là en attendant les Escots ; et y mettoient bonne raison en disant : « Nous sommes encore tous lassés et tous travaillés de la journée de hier, et on veut que de pied et tout de nuit nous cheminions encore cinq ou six lieues angloises. Avant que nous fussions là, nous serions tous confus d'haleine et de force. » Et toutefois tous généralement ils tenoient celle opinion. Si que, tout considéré, ils retournèrent devers le Neuf-Chastel tout le pas, car il n'en étoit pas loin, et y rentrèrent à trois heures après minuit; et quand on sçut en la ville que leurs gens étoient déconfits, si renouvelèrent leur guets, et renforcèrent leur garde aux portes, aux tours et aux murs; et proprement l'évêque de Durem étoit à la porte de Bervich, et là se tenoit pour faire sa garde et pour mieux savoir des nouvelles; et vous dis que les hommes et les femmes de Neuf-Chastel étoient moult effrayés, et encore l'eussent-ils plus été, si l'évêque de Durem et messire Jean de Say n'eussent là été.

Les aucuns supposoient et imaginoient, qui savent que c'est d'armes et de tels avenues, que si cil évêque de Durem et sa route se fussent traits avant sur la rescousse ; ils eussent porté grand dommage aux Escots, car ils étoient tous travaillés et lassés de combattre et de chasser, mais il n'en fut rien, par l'aventure que je vous ai dit, dont depuis ils en furent grandement blâmés et repris des barons de Northonbrelande et des chevaliers et écuyers qui là reçurent grand dommage; et en faisoient exemple ceux qui en parloient comment en armes sont moult d'aventures : « Ne trouvons mie en escript de notre guerre d'Angleterre et de France, du temps le bon roi Édouard, entrues que il séoit au siége devant Calais, et que ses chevaliers se combattoient pour lui en plusieurs lieux parmi le royaume de France tant en Gascogne comme en Bretagne; il avint en ce temps que messire Charles de Blois qui s'escripsoit duc de Bretagne, avoit levé le siége des gens la comtesse de Montfort son adversaire, et à celle propre heure messire Jean de Hartecelle, un chevalier des nôtres, seulement atout cent lances, après la déconfiture, et que messire Charles de Blois cuidoit avoir en tout gagné, s'en vint aventurer et se bouter en l'ost de messire Charles, et le déconfit ; et fut pris la plus grand'partie des siens, et rescous tous ceux qui pris étoient. Et aussi devant le chastel de Soubise en Xaintonge, prit Yvain de Galles, le captal de Buch, et le rua jus et toutes ses gens; lequel capitaine avoit levé le siége de Soubise ; et pris messire Regnault de Pont et grand'foison de chevaliers et d'écuyers François, Poitevins et Xaintongiers, et par son hardie emprise. Ainsi peut-on supposer certainement que si l'évêque de Durem fût venu chaudement sur notre déconfiture, avec ce qu'il avoit de gens, il nous eût recouvré. »

Et tant furent ces paroles demenées depuis en Angleterre, que il en eut blâme et reprise des barons de Northonbrelande qui là reçurent grand dommage, et lui fut bien dit et acertes. Mais il s'échauffa en disant : « Certainement, quand je me partis du Neuf-Chastel sur Thin, je ne savois nul convenant des amis ni des ennemis, ni savoir je ne pouvois, car je étois venu au Neuf-Chastel sur le tard. Et toutefois, pour être à la bataille, je me partis et fis vider tous ceux qui étoient avec moi, et fis mon plein pouvoir de venir jusques au lieu où les Escots étoient; mais nos gens, par les fuyans qui s'en retournoient, s'ébahirent tellement, que quand je et messire Jean de Say et aucuns chevaliers qui là étoient, voulièmes aller avant et venir à la rescousse, nous ne trouvâmes point de-lez nous, la tierce partie de nos gens; et par espécial, ceux de pied disoient qu'ils étoient si affoiblis et si foulés qu'ils ne vouloient aller plus avant. Et ainsi, quand je en vis le convenant, je eus conseil que de moi retraire. » Les aucuns tenoient la raison et l'excusance à bonne, et les autres non. Ainsi vont les choses; ceux qui ont eu dommage se plaignent, et ceux qui ont fait profit à quoique ce soit jouissent. »

Les Escots disoient ainsi : « Par la grâce de Dieu qui nous est belle, notre besogne se porta grandement bien, mais que le jeune comte de Douglas, notre capitaine, nous fût demeuré en vie. » Et les autres disoient : « On ne peut pas avoir les belles matières sans grands coûtages. Espoir s'il fût demeuré en vie, la chose ne fût pas tournée si comme elle est; elle fût allée par un autre parti. » Et toutefois les Escots plaignoient moult la mort du gentil comte; et au voir dire, elle faisoit moult à plaindre, car leur pays en étoit moult affoibli.

Quand ils furent, ainsi que tous, retournés de la chasse, messire David et messire Jean de Lindesée demandèrent leur frère messire Jacques de Lindesée, mais nul n'en savoit à dire des nouvelles dont ils étoient tant ébahis et émerveillés; et ne doutèrent qu'il ne fût ou mort ou pris. Or vous dirai qu'il avint au dit chevalier d'Escosse [1].

[1] Le manuscrit de Besançon diffère beaucoup dans ce chapitre et le suivant.

CHAPITRE CXXIV.

Comment messire Mathieu Rademen se départit de la bataille pour s'en cuider sauver, et comment messire Jacques de Lindesée fut pris de l'évêque de Durem, et comment, après la bataille, les Escots se rassemblèrent et envoyèrent chevaucheurs pour découvrir le pays.

Vous savez, comment ici dessus est contenu, que messire Mathieu Rademen, capitaine de Bervich étoit monté à cheval quand il vit sa déconfiture, car lui tout seul ne le pouvoit pas recouvrer. A son département, messire Jacques de Lindesée étoit assez près de lui; et vit comment cil se départoit. Messire Jacques, qui pour vaillance et pour gagner vouloit entrer en chace, avoit un bon coursier tout prest, si monta sus et entra en chasse après lui, la lance en sa main et la hache au col, et suivy le chevalier les grands galops, et éloigna la bataille et les siens. Et dura celle chasse entre eux deux plus de trois lieues angloises, car messire Mathieu étoit aussi bien monté sur bon coursier; et n'étoient que eux deux sur le chemin; et s'ils trouvoient nul fuyant; ils n'en faisoient nul compte, mais les passoient, ou ils les détournoient. Une fois ou deux messire Jacques de Lindesée qui chassoit, et pas ne savoit qui, fors tant qu'il voyoit bien que cil étoit chevalier, et le suivoit de si près de sa lance il le povoit bien atteindre s'il vouloit, lui avoit dit : « Retournez-vous; ce n'est pas honneur de toujours fuir, je vous assure de tout homme fors de moi, et si vous me pouvez déconfire; je suis messire Jacques de Lindesée. »

Quand messire Mathieu ouït celle parole, il s'arrêta sur son pas, et mit son épée devant soi, et montra chère et semblant de vaillant chevalier et de défense. Messire Jacques de Lindesée le cuida férir de sa lance, mais il faillit; et quand il vit que il avoit failli, il la jeta jus et se prit à la hache, dont bien se sçut ensonnier, et l'Anglois son épée. Là commencèrent-ils à tournoyer ensemble moult longuement. En ce tournoiement, messire Jacques de Lindesée lui demanda en son langage : « Chevalier, qui es-tu ? » Il répondit : « Je suis Mathieu Rademen. » — « Voir, dit-il, puisque nous sommes en ce partie je te conquerrai ou tu me conquerras. »

Lors recommença la bataille et tout à cheval; et n'avoit l'un autre défense d'armure que son épée, et l'autre sa hache. Messire Mathieu pérdit son épée, car d'un coup de retour il lui vola hors de la main. Par ce parti fut pris et conquis l'Anglois, mais il dit bien : « Lindesée, vous me ferez bonne compagnie. » — « Par saint George, répondit le chevalier, vous dites voir. Et de commencement, puisque vous êtes mon prisonnier, que voulez-vous que je fasse? » — « Je veux, dit messire Mathieu Rademen, que vous me fassiez grâce de retourner au Neuf-Chastel, et dedans le jour de la Saint-Michel je serai à Dumbare, ou en Haindebourch ou quelque port que vous voudrez en Escosse. » — « Je le veux, dit le chevalier d'Escosse. Dedans le jour que mis y avez vous serez à Haindebourch. »

A ces mots, ils prirent congé l'un de l'autre. Messire Mathieu Radmen s'en retourna vers le Neuf-Chastel, et chevaucha tout le petit pas, pourtant que son cheval étoit moult foulé.

Or vous recorderai-je une merveilleuse aventure qu'il avint au chevalier d'Escosse, laquelle ne fait pas à oublier, celle nuit, par incidence de fortune, et ainsi que les merveilles aviennent en armes et en amours. Messire Jacques de Lindesée put bien dire : « Au matin je cuidois avoir gagné, mais j'ai assez perdu à poursuivre les Anglois. » Je vous dirai pourquoi. Si très tôt, comme il eut pris congé à messire Mathieu Rademen, et que il se fut départi de lui, il entre-oublia son chemin, et entra en une bruyère de broussis et de petit bois, et perdit de tout point son chemin, et bien s'en perçut, mais ce fut trop tard. Et entra en un sentier qui tiroit tout droit au Neuf-Chastel, et prit celui, car il cuidoit être à l'encontre d'Otebourch, où leurs gens étoient logés ; mais non étoit, car il s'éloignoit. Et ce fut à celle propre heure que l'évêque de Durem retournoit au Neuf-Chastel, si comme ici dessus je vous ai dit.

Le cheval de messire Jacques de Lindesée qui sentoit les chevaux des Anglois, se commença à hennir et à frongnier, et à frapper du pied en terre, et tourna celle part où les chevaux anglois étoient ; et cuida messire Jacques de Lindesée que ce fussent leurs gens, et qu'il fût joindant Otebourch, mais non étoit, car il se trouva ailleurs enclos tantôt des gens de l'évêque de Durem et de l'évêque proprement qui se mit tout devant quand il vit l'ombre du cheval, car il faisoit nuit et brun, et demanda en venant : « Qui est là ? Il faut qu'il soit ami ou ennemi, ou héraut ou ménestrel. » Messire Jacques répondit, qui n'avoit encore nul connoissance de l'évêque, et dit : « Je suis Jacques de Lindesée. » — « Chevalier, vous nous êtes le bien venu, dit l'évêque de Durem et je vous prends pour mon prisonnier. » — « Et qui êtes-vous ? dit le chevalier d'Escosse. » — « Je suis Robert de Neufville, prêtre et évêque de Durem. »

Messire Jacques de Lindesée vit bien que défense ne lui valoit rien, car il étoit enclos encore de eux soixante, si dit ainsi : « Et puisqu'il convient qu'il soit, Dieu y ait part. » Adonc tout en chevauchant, l'évêque de Durem en entrant ens ès faubourgs du Neuf-Chastel lui demanda du convenant des Escots, et quel chose l'avoit amené jusques à là. Tant qu'à répondre du convenant de ses gens il n'en savoit rien et s'en tut, mais il dit qu'il avoit poursuivi messire Mathieu Rademen, et fiancé prisonnier. « Et où est Rademen, » dit l'évêque ? — « En nom Dieu, dit-il, je ne le vis puis que je l'eus fiancé ; il s'en retira au Neuf-Chastel et je m'en allois à Otebourch. » — « Ce m'est avis, en nom Dieu, dit l'évêque, que vous aviez pris mal le chemin, car voici le Neuf-Chastel où nous entrons. » — « Je ne le puis amender, répondit le chevalier ; j'avois assis à messire Mathieu Radmen son jour à venir à Haindebourch, mais je crois que il n'y ira pour celle querelle plus avant, et qu'il fera ainsi sa finance. » — « Il appert bien, dit l'évêque. »

A ces mots ils entrèrent dans la ville de Neuf-Chastel, et se trairent à leurs hôtels ; et pour le doute des Escots, ils se mirent à garder aux portes, aux tours et aux murs, et proprement l'évêque y fut à la barrière de la porte jusques au soleil levant.

Dessous la bannière du comte de la Marche et de Dumbar fut pris un écuyer de Gascogne, vaillant homme, qui s'appeloit Jean de Chastel-Neuf et prisonnier au comte ; et dessous la bannière de Mouret fut pris aussi un sien compagnon écuyer gascon qui s'appeloit Jean de Cantiront. La place fut toute délivrée avant que l'aube du jour apparût.

Les Escots se retrairent et mirent tous ensemble et envoyèrent gardes et chevaucheurs sur les champs sur les chemins de Neuf-Chastel pour savoir et entendre si Anglois se recueilleroient à la fin que ils ne fussent soubpris ; car Escots en leur pays sont gens qui savent bien guerroyer.

Et quand ce vint au jour, après soleil levant, l'évêque de Durem étoit retrait à son hôtel, et messire Jean de Say au sien, et tous les autres, et messire Mathieu Rademen qui étoit rentré en la ville un petit devant ce que l'évêque fût retourné, si que, pourtant que il étoit prisonnier, il se désarma et revêtit autres draps; et quand au jour il sçut que l'évêque étoit à son hôtel, il s'en alla celle part pour voir l'évêque. Quand il entra en l'hôtel de l'évêque, il encontra un écuyer qui s'appeloit Richard de Hebedon, lequel lui dit des nouvelles de son maître, et comment il étoit prisonnier à l'évêque ; et lui conta toute la manière comment il étoit venu et chu sur eux.

De ces nouvelles fut grandement émerveillé messire Mathieu Radmen; et requit à l'écuyer qu'il le pût voir. Richard le mena en la chambre où il étoit. Bien se connoissoient les deux chevaliers quand ils se virent au jour, car plusieurs fois ils s'étoient vus sur les frontières et sur marche de pays. Si se conjouirent, et se festoyèrent grandement de paroles, et dit ainsi le chevalier anglois : « Par ma foi ! je ne cuidois pas jà ici trouver mon maître messire Jacques de Lindesée. » Répondit l'Escot : « Il n'est aventure qui n'advienne. Je cuidois pour la nuit passée avoir assez gagné, mais non ai. »

Adonc lui recorda-t-il toute l'aventure, ainsi comme allé avoit, et comment il perdit son chemin, et rien n'en savoit, et cuida être à Otebourch entre ses gens, et se trouva de-lez le Neuf-Chastel entre ses ennemis. Et dit messire Mathieu Rademen : « Vous ferez ici, comme il appert, votre finance à monseigneur de Durem, et je ferai la mienne à vous. » — « Il se taille bien de faire ainsi, ce répondit messire Jacques de Lindesée. »

Trop étoit courroucé et mélancolieux, et bien le montroit, l'évêque de Durem, de ce que le soir d'avant, sans point d'arrêt, sitôt comme il fut venu au Neuf-Chastel, il ne se départit et ne s'en fût allé à Otebourch conforter les siens, et imaginoit bien lui-même que on en parleroit vilainement sur sa partie; et manda en son hôtel, tous les chevaliers et écuyers et gentils hommes qui là étoient; grand'foison de vaillans gens n'y avoit pas; et leur dit son entente : « Seigneurs, nous serons déshonorés à toujours mais, si nous n'allons voir les Escots. J'ai entendu qu'ils sont encore à Otebourch. Il n'y a que six petites lieues d'ici ; nous aurons gens assez pour eux combattre, ceux qui sont retournés celle nuit et ce matin de la déconfiture ; je ferai un commandement que tous partent avec nous, à pied et à cheval, sus à perdre le royaume d'Angleterre et sans rappel. » — « Nous le voulons bien, répondirent ceux qui là étoient. Voirement recevrons-nous grand blâme, si nous ne nous acquittons point autrement. » Ce conseil fut tenu de tantôt et sans délai partir. Trompettes pour aller aux armes furent sonnées parmi la ville de Neuf-Chastel; et fut un commandement fait, de par l'évêque, et sur la tête, que tous se partissent et que nul ne demeurât derrière. Tous se départirent, à cheval et à pied, et vuidèrent le Neuf-Chastel; et se mirent aux champs; et se trouvèrent bien dix mille hommes ou là environ.

Les nouvelles vinrent aux Escots, par les écoutes et les leurs qu'ils avoient sur les champs, que les Anglois venoient et approchoient et se recueilloient.

Quand les barons et les chevaliers d'Escosse, qui à Otebourch étoient logés et arrêtés, entendirent ces nouvelles, si se mirent les plus sages et les mieux usés d'armes ensemble pour avoir conseil. Là y eut plusieurs paroles retournées. Mais tout considéré, conseillé fut entre eux que ils demeureroient et que ils attendroient l'aventure là, et que ils ne se pouvoient traire ni trouver en meilleure place ni plus forte, au cas que ils avoient grand'foison de prisonniers ; si ne les pouvoient pas mener avec eux fors à leur aise; et si en avoit grand'foison de blessés des leurs et de leurs prisonniers aussi; et ne les vouloient pas laisser derrière. Aussi faisoit-il jour grand et bel ; et si véoient autour d'eux et au loin d'eux.

Adonc se recueillirent-ils tous ensemble comme gens de grand avis et de grand fait, et s'ordonnèrent par telle ordonnance et si bonne, que on ne pouvoit entrer ni venir sur eux fors que sur un seul pas ; et mirent tous leurs prisonniers d'un lez; et firent tous leurs varlets, pages et garçons armer; car ils avoient armures à planté de leurs ennemis qu'ils avoient déconfits. Et tout ce firent-ils pour montrer à leurs ennemis que ils fussent plus de peuple que ils n'étoient. Or firent fiancer leurs prisonniers, dont ils avoient grand'foison de chevaliers et écuyers, que, rescous ou non rescous, ils demeureroient leurs prisonniers. Après tout ce firent-ils corner leurs menestrels et mener le plus grand revel du monde. Et vous dis que Escots ont un usage que, quand ils sont ainsi ensemble, les hommes de pied sont tous parés de porter à leurs cols un grand cor de corne à manière d'un veneur, et quand ils sonnent tous d'une fois et montent l'un grand, l'autre gros, le tiers sur le moyen et les autres sur le délié, ils font si grand'noise, avec grands tabours qu'ils ont aussi, que on l'ouït bien bondir largement de quatre lieues angloises par jour, et six de nuit; et est un grand ébaudissement entre eux et un grand effroi et ébahissement entre leurs ennemis. De ce métier commandèrent et ordonnèrent les seigneurs à jouer; et avec tout ce ils se mirent en ordonnance bien arréée et forte, et ordonnèrent tous leurs archers et leurs varlets sur un certain pas à l'entrée de leur logis, et montrèrent grand défense.

Quand l'évêque de Durem et sa bataille, où bien avoit dix mille hommes, que uns que autres, gens du petit et de recueillette (guère de gentils hommes avoit, car le seigneur de Percy les avoit eus en devant), furent ainsi que à une grande lieue près d'Otebourch, les Escots commencèrent à bondir leurs cornets et à bruir sur leurs tabours, de telle manière que il sembloit bien proprement que les diables d'enfer fussent entre eux et là descendus pour faire noise; et tant que ceux qui venoient et qui de leur usage rien ne savoient en furent tout ébahis. Et dura celle tempête et ce bondissement de leurs cornets moult longuement, et puis cessa; et après ce, un espace espoir que les Anglois étoient à une lieue près, ils recommencèrent comme en devant à corner bien aussi longuement et aussi haut comme ils avoient en devant fait, et puis cessèrent. Or approcha l'évêque et sa bataille toute rangée, et vint en la vue des Escots d'aussi près que le trait de deux arcs. A celle heure que les Anglois approchoient, cornèrent les ménestrels des seigneurs d'Escosse moult haut et moult clairs; et puis cessèrent, et le grand bondissement de ces cornets se renouvela, qui dura une moult longue pièce. L'évêque de Durem se tenoit là devant eux et en regardoit la manière, et comment ils étoient fortifiés et ordonnés de bonne façon, et unis en tel parti et état que grandement à leur avantage. Si se conseilla à aucuns chevaliers qui là étoient quel chose ils feroient. Il me semble, tout considéré et avisé, ils n'eurent point propos d'entrer en eux ni de eux assaillir, mais s'en retournèrent sans rien faire; car ils véoient bien que ils pouvoient plus perdre que gagner.

Quand les Escots virent que les Anglois étoient tous retraits et que point n'étoit d'apparent que ils eussent la bataille, ils se retrairent en leurs logis, et mangèrent et burent un coup, et puis s'ordonnèrent de départir. Et pour ce que messire Raoul de Percy étoit durement navré, il pria à son maître que il lui fesist grâce de retourner au Neuf-Chastel ou là où mieux lui plairoit, en Northonbrelande, à être là et demeurer tant que il seroit guéri; et sitôt que il seroit en point de chevaucher, il s'obligeoit sus sa foi de retourner en Escosse fût à Haidebourch ou ailleurs. Le comte de La Marche dessous qu'il avoit été pris, lui accorda légèrement, et lui fit appareiller une litière et le délivra par la cause dessus dite[1]. Plusieurs chevaliers et écuyers qui prisonniers étoient, furent là recrus ou mis à finance; et prenoient terme du retourner ou du payer où l'assignation étoit faite. Il me fut dit, par la partie des Escots qui furent à la bataille qui fut entre le Neuf-Chastel et Otebourch en l'an de grâce mille trois cent quatre vingt et huit, le dix-neuvième jour du mois d'août, que furent pris de la partie des Anglois mille hommes et quarante, que uns que autres, et morts, que sur la place, que en la chasse, dix huit cent et soixante, et plus de mille navrés et blessés; et des Escots, il y en eut de morts environ cent, et pris deux cens en la chasse, ainsi que les Anglois qui fuyoient se recueilloient; et quand ils véoient leur plus bel ils retournoient et se combattoient à ceux qui les suivoient. Par telle manière furent-ils pris en chasse et non autrement. Or regardez si ce fut une merveilleuse et dure besogne et bien combattue, quand tant en y avoit de morts et pris de l'un lez et de l'autre, mais l'une l'eut pire que l'autre.

[1] Robert III accorda à Henri Preston, pour la rançon de Ralph Percy, la terre et la seigneurie de Feoudie, dans le comté d'Aberdeen, la ville et le château de Fyvie, la ville de Meikle Gaddies et la terre de Parkhill.

CHAPITRE CXXV.

Comment les Escots se départirent d'Otebourch et emmenèrent le comte James de Douglas tout mort, et fut enseveli en l'abbaye de Miaures, et comment messire Arcebaut de Douglas et ses compagnons se départirent de devant Carlion en Galles et s'en retournèrent en Escosse.

Après toutes ces choses faites et ordonnées et tout recueilli, et le comte de Douglas qui mort étoit mis en un sarcueux et chargé sur un char, et messire Robert Hart et Simon de Gladinin aussi, ils s'ordonnèrent à partir et se départirent; et emmenèrent messire Henry de Percy et plus de soixante chevaliers d'Angleterre, et prirent le chemin de l'abbaye de Miaures[1] sus la Tuide. A leur département, ils boutèrent le feu en leurs logis, et cheminèrent ce jour; et se logèrent encore en Angleterre. Nully leur devéoit. A lendemain ils se délogèrent bien matin et vinrent ce jour à Miaures. C'est une abbaye de noirs moines séant sus le département des deux royaumes. Là s'arrêtèrent-ils, et firent mettre et ensevelir au matin le comte James de Douglas; et le second jour que ils furent là venus, ils lui firent faire son obsèque bien et révéremment; et fut sus le corps mise une tombe de pierre et la bannière de Douglas par dessus.

De ce comte n'y a plus. Dieu lui pardoint; ni je ne sçais à qui la terre de Douglas est retournée. Car quand je, auteur de celle histoire, fus en Escosse et en son chastel à Dalquest, vivant le comte Guillaume de Douglas son père, ils n'étoient que deux enfans, fils et fille; mais encore y en avoit-il assez de ceux de Douglas en Escosse, car je en vis jusques à cinq beaux-frères, tous écuyers, qui portoient le surnom de Douglas, en l'hôtel du roi David d'Escosse; et avoient été enfans à un chevalier d'Escosse qui s'appela messire James Douglas[2] et crois bien que les armes Douglas qui sont d'or à trois oreillers de gueules[3] leur retournèrent; mais de l'héritage je ne sais. Et devez savoir que messire Arcebaut Douglas, dont j'ai traité en plusieurs lieux comme vaillant chevalier qu'il fut et redouté des Anglois, étoit bâtard.

Quand ils eurent fait à Miaures l'abbaye ce pourquoi ils étoient là arrêtés, ils se départirent les uns des autres et prirent congé ensemble; et s'en retourna chacun en leur contrée, et ceux qui prisonniers avoient, les emmenoient ou rançonnoient et recréoient; et vous dis que en ce parti d'armes là les Anglois trouvèrent les Escots moult courtois et légers et débonnaires en leurs délivrances et rançons, tant que ils s'en contentèrent, ainsi que me dit au pays de Berne, en l'hôtel du comte de Foix, Jean de Chastel-Neuf qui pris y avoit été dessous la bannière du comte de la Marche et de Dombare; et il-même s'en louoit grandement du comte son maître, car il l'avoit laissé passer ainsi que il l'avoit voulu.

Ainsi se départirent ces gens d'armes; et finèrent les Anglois, et se rançonnèrent au plustôt qu'ils purent et au plus courtoisement, et retournèrent petit à petit en leurs lieux. Il me fut dit, et je le crois assez, que les Escots eurent bien pour deux cens mille francs de rançons de prisonniers; ni depuis la bataille qui fut devant le chastel d'Estrumelin en Escosse, que le roi Robert de Bruce, et messire Guillaume de Douglas, et messire Robert de Versy, et messire Simon Fresiel et les Escots firent sus les Anglois, dont la chasse dura trois jours[1], ils n'eurent nulle journée de profit ni de victoire si grande comme celle.

Quand les nouvelles vinrent en Galles[2] dans la cité de Carlion où messire Archebault Douglas et le comte de Fy, et le comte de Surlant et la greigneur partie des Escots se tenoient, et ces seigneurs furent justement informés de la vérité, comment la besogne de Otebourch s'étoit portée, et le grand conquêt que leurs gens avoient eu et fait sur ces Anglois, si en furent grandement réjouis, et courroucés aussi de ce que ils n'y avoient été; et eurent conseil de se déloger et retraire en leur pays puisque leurs gens étoient retraits. Si se délogèrent de devant Carlion et se mirent au retour et rentrèrent en Escosse.

Nous nous souffrirons à parler des Escots et

---

[1] Melrose.
[2] Le comte James Douglas épousa lady Isabelle Stuart, fille du roi Robert II, et mourut sans enfans. Il eut pour successeur son frère Archibald, lord Galloway. Ce dernier était fils du comte Guillaume Douglas, par son second mariage avec Marguerite, fille de Patrick, comte de March (Crawford. Peerage of Scotland.)
[3] Suivant Crawford, les armes de la maison de Douglas sont tout autres.

[1] Cette bataille eut lieu en 1314.
[2] C'est-à-dire Galloway; mais, comme je l'ai dit, Carlisle est en Cumberland.

des Anglois pour le présent et retournerons au jeune roi Charles de France qui de grand'volonté et à tout grand peuple, s'en alloit en Allemagne pour mettre à raison le duc de Guerles.

CHAPITRE CXXVI.

Comment le roi de France entra en la duché de Luxembourg, poursuivant son voyage de Guerles ; et comment le duc de Juliers, père du duc de Guerles, s'étant venu excuser et décharger de la faute de son fils, fut reçu en grâce du roi duquel il releva la terre de Vierson en Berry, lui en faisant hommage.

Quand le roi de France et tout son ost eut passé la rivière de Meuse, au pont à Morsay, ils prirent le chemin d'Ardennes et de la duché de Luxembourg : et toujours étoient les ouvriers devant qui abattoient les bois et les buissons, et faisoient les chemins unis. Moult étoient les arrois du roi de France grands et bien ordonnés. Et fort se doutoient de sa venue le duc de Juliers et ceux de son pays, car ils savoient bien qu'ils auroient le premier assaut. Et Juliers est un pays qui siéd en plain : et sur un jour gens d'armes l'auroient gâté et exillé tantôt, excepté aucuns chastels et fortes villes qui se tiendroient : mais guères ne seroit-ce pas.

Le roi de France entra au pays de Luxembourg et vint en l'abbaye où le duc Wincelant de Brabant fut enseveli, et là se logea deux jours. A son département il prit le chemin de Bastogne et s'en vint loger à une lieue près. La duchesse de Brabant étoit logée à Bastogne, et avoit sa venue signifiée au duc de Bourgogne, lequel vint là devers la duchesse et l'emmena parler au roi qui étoit logé sur les champs. Le roi de France recueillit la duchesse de Brabant moult doucement; et eurent là parlement ensemble : et puis retourna la duchesse à Bastogne ; et la reconvoyèrent messire Jean de Vienne et messire Guy de la Trémoille. Et le roi alla lendemain loger plus avant, approchant toujours la terre de ses ennemis ; et passa toute l'Ardenne. Et vint sur le point que d'entrer en Allemagne, et sur les bandes de la duché de Juliers. Mais, avant qu'il fût venu jusques là, l'évêque Arnoul de Liége avoit été devers le roi, et avoit moult grandement parlé en l'aide du duc de Juliers, pour briser la pointe du maltalent, que le roi et le royaume avoient sur le duc de Juliers qui père étoit au duc de Guerles. Et avoit bien dit au roi et à ses oncles que si le duc de Guerles avoit fait tant que des défiances qui leur furent envoyées en France, et qui felles et cruelles étoient, et hors de rieulle, style et usage des autres défiances que le duc de Guerles n'en avoit pas pris le conseil ni l'avis à son père, le duc de Juliers; pourquoi il, ni son pays, ne le devoient pas comparer. Cette excusation ne suffit pas bien au roi ni à ses oncles : et étoit l'intention du roi et de ses oncles, et de son conseil aussi, que si le duc de Juliers ne se venoit autrement excuser, et lui de tous points mettre et rendre à la volonté du roi, que lui, tout premier, et son pays, le compareroient. Adoncques offrit l'évêque de Liége, et les barons du Hasbain, et les consaux des bonnes villes qui avecques lui étoient, au roi et à ses oncles, tout l'évêché de Liége entièrement, pour entrer et passer parmi et repasser, par payant leurs deniers, et pour rafreschir et eux reposer, s'il leur plaisoit. Le roi de France les en remercia; et aussi firent ses oncles; et ne renoncèrent pas à ce présent, car ils ne savoient quel besoin ils en auroient.

Or retourna l'évêque de Liége devers le duc de Juliers et l'archevêque de Coulogne, et leur conta quelle chose il avoit exploitée ; et sur ce eurent avis. Si se douta très grandement le duc de Juliers d'avoir tout son pays exillé, et manda les chevaliers de sa terre qui de lui tenoient pour avoir conseil ; et toujours approchoient les François. Le sire de Coucy en l'avant-garde, qu'il menoit et conduisoit, avoit bien mille lances. Le duc de Lorraine étoit avec lui, et le vicomte de Meaux, atout deux cens lances. Quand les François approchèrent les bandes et limitations d'Allemagne, si chevauchèrent ensemble; et se commencèrent à loger sagement. Car bien trois cent lances de Linfars [1], Allemands d'outre le Rhin, s'étoient recueillis et amassés ensemble : et vous dis que ce sont les plus grands pillards et robeurs de tout le monde ; et ne poursuivoient ni côtoyoient les François fors que pour les trouver à découvert, et leur porter dommage ; et bien s'en doutoient les François ; et n'osoient fourrageurs aller, fors en grandes routes : et me semble que messire Boucicaut l'aîné, et messire Louis de Giac furent de eux attrappés, pris et menés à Nimaige. Et

---

[1] *Leichtfertig*, mauvais sujet, homme prêt à tout.

chevauchoient ces Allemands Linfars, que je vous conte, à couvert; et couroient ainsi, comme oiseaux de proye volent : car quand ils véoient leur plus bel, ils se boutoient en ces François, de soir ou de matin, et en prenoient. Pour celle cause ils étoient moult ressoignés.

Quand le roi de France fut si avant que sur le point d'entrer en la duché de Juliers, et jà y couroient ceux de l'avant-garde et les fourrageurs, le duc de Juliers, qui ne vouloit pas perdre son pays, crut le conseil de l'archevêque de Cologne et de l'évêque de Liége. Ces deux traitèrent et prièrent pour lui au roi et à ses oncles, et l'amoyennèrent tellement, que il et sa terre demeurèrent en paix, parmi les conditions que je vous dirai. Ces deux prélats dessus nommés amenèrent, par bon moyen et sur les traités qu'ils avoient jà tous bâtis et ordonnés, le duc de Juliers en la présence du roi et de ses oncles, et de son frère le duc de Touraine, et d'aucuns hauts barons de France, et du sang du roi et de son conseil, qui là étoient. Quand il fut devant le roi, il se mit à genoux, et s'excusa bellement et sagement de la défiance que son fils avoit envoyée en France; et dit au roi que son fils étoit un fol, et que de la défiance, ni d'autres choses, nul conseil il n'en avoit pris à lui, ni ne prenoit de chose nulle qu'il eût à faire, mais ouvroit de sa tête et de sa volonté; et offrit au roi, en disant ainsi : « Monseigneur, pour lui faire venir à connoissance et à raison, par votre congé j'irai devers lui; et lui remontrerai ses folies, au plus vivement que je pourrai, et lui blâmerai et lui dirai comment il se vienne excuser par devers vous et devers votre conseil; et, s'il ne veut ce faire, et qu'il veuille issir hors de mon conseil, je vous abandonne toutes les villes fermées et les chastels de mon pays, pour les garnir et pourvoir de gens d'armes, et lui faire guerre cel hiver et tant que vous l'ayez mis à merci. »

Le roi regarda sur ses oncles et son frère, et puis sur ceux de son conseil qui étoient de-lez lui, et lui sembla que celle offre étoit belle et raisonnable assez; et aussi sembla-t-elle à plusieurs. Si fit le roi lever le duc de Juliers, qui à genoux avoit parlé à lui, et lui dit ainsi : « Nous en aurons conseil et avis sur vos propres promesses et paroles. » Adonc se leva le duc de Juliers, et demeura de-lez l'archevêque de Cologne et l'évêque de Liége, qui là l'avoient amené; et le roi de France, ses oncles, et ses plus spéciaux consaux se trairent tous ensemble, et parlementèrent longuement aussi de celle matière et querelle. Là eut, je vous dis, plusieurs paroles proposées et retournées. L'un vouloit d'un, et l'autre d'autre. Le duc de Bourgogne, qui étoit au milieu de ce parlement, et auquel principalement la chose en touchoit grandement, pour la cause de la duchesse de Brabant où il clamoit avoir très grand droit en l'héritage, après la mort de la duchesse Jeanne, en cause de madame Marguerite sa femme, et qui, au voir dire, là avoit mené le roi de France et sa puissance, s'entendoit grandement à ce que les choses tournassent sur le mieux, et que bonne paix se fît de toutes parties, afin qu'il n'y convînt là plus venir ni retourner; car le voyage étoit lointain pour le roi et les seigneurs, et coûtable et dommageable pour le royaume. Si dit ainsi, quand aucuns eurent remontré leur meilleur avis en la présence du roi: « Monseigneur, dit-il au roi, et vous beau frère de Berry, et vous, et vous, si se tourna autour, en toutes choses mal commencées et mal emprises, gissent raisons. Nous oyons que notre cousin, le duc de Juliers, s'excuse grandement, et veut excuser de son fils; et il est bien si vaillant et si haut homme, car il est de notre sang et nous du sien, que nous le devons croire. Il offre et présente au roi assez grand'chose, son corps, son pays, ses villes et ses chastels, au cas que son fils voudra être rebelle, et non venir à la reconnoissance et amendement de celle défiance. Au parler par raison, c'est grand'chose. Si nous l'avons de-lez nous, le duc de Guerles, lequel voulons corriger, en sera plus foible, et plus nous doutera et plus tôt viendra à obéissance; si que, je conseille qu'il soit recueilli, et ses paroles acceptées, car il s'humilie moult. Aussi l'archevêque de Coulogne et l'évêque de Liége, et autres hauts barons d'Allemagne en prient. »

A celle parole ne répondit nul du contraire; mais s'y assentirent tous d'une unité et d'un accord. Lors furent appelés l'archevêque de Coulogne et l'évêque de Liége, qui les traités envers ces parties avoient entamés et menés, et leur fut remontré de point en point, et de clause en clause, quelle chose il convenoit que le duc de Juliers jurât et scellât, si il et sa terre vouloient demeurer en paix. Premièrement, qu'il s'en iroit, ou envoyeroit devers le duc de Guerles son fils, et lui remontreroit sa folie et le grand outrage qu'il avoit fait, que d'avoir envoyé défier si haut et si puissant prince comme le roi de France, par défiances folles et hors de tout style de droit et raison; et le feroit venir à merci. Et si le duc de Guerles ne vouloit ce faire, ains demeurer en son opinion, par sa hautaine manière et foible sens et conseil, le duc de Juliers devoit jurer et sceller de renoncer à toutes aides, soutenances et conforts que faire lui pourroit, ni nul, ni nulle, lui en feroit; mais lui seroit contraire et ennemi, ainsi comme les autres, en tant que de tenir et soutenir les gens du roi qui établis et ordonnés seroient de demeurer cel hiver en garnison ens ou pays de Juliers, pour faire guerre et frontière à l'encontre du duc de Guerles; et trouveroient les gens du roi villes et chastels ouverts, appareillés et amiable recueillette.

Ces deux prélats qui principalement furent appelés au conseil du roi, pour tout ce remontrer au duc de Juliers, lui remontrèrent à part, et plusieurs autres raisons fondées sur les articles, et tant que le duc de Juliers, qui véoit bien qu'il convenoit qu'il se fît, ou autrement sa terre étoit toute gâtée, perdue et exillée, accorda, jura et scella tout; et demeura bien ami au roi et à ses oncles; et parmi tant que son pays fut respité de non être couru, ni exillé; mais vivres, dont il y avoit abondance au plat pays, furent tous abandonnés. Et là devint le duc de Juliers, homme du roi de France, et releva la terre de Vierson, séant entre Blois et Berry; et soupa ce soir, qui fut un jeudi, à la table du roi de France; et séoient à table, premièrement, l'évêque de Liége, l'archevêque de Coulogne, le roi, le duc de Berry, le duc de Bourgogne, le duc de Touraine, le duc de Juliers et le duc de Bourbon.

CHAPITRE CXXVII.

Comment le roi Charles sixième se logea amiablement sur la terre du duc de Juliers; et comment un écuyer d'Auvergne fut tué d'un coup de coignée par un bûcheron Guerlois qu'il pensoit emmener prisonnier.

Ainsi se portèrent ces ordonnances; et demeura en paix, par le moyen que je vous dis, le duc de Juliers. Mais le roi et les François se logè‑ rent en my son pays qu'ils trouvèrent bon, gras et tout rempli de vivres. Or devoit le duc de Juliers aller devers son fils le duc de Guerles, ainsi qu'il fit; mais ce ne fut pas sitôt. Si avinrent aucuns beaux faits d'armes au pays, car ces Allemands, qui sont moult convoiteux, s'abandonnoient à la fois de nuit, ou de bon matin, et venoient les François réveiller en leurs logis. Une fois prenoient, et autres fois étoient pris; mais pour un Allemand qui pris étoit, les Allemands prenoient quatre François. Si firent un jour leur montre le connétable de France, le sire de Coucy, le duc de Lorraine, le maréchal de Blainville, messire Jean de Vienne, messire Jean de la Trémoille, et bien environ quatre mille hommes d'armes; et s'en vinrent devant une ville en Guerles qu'on dit Remongne; et s'ordonnèrent et mirent en arroi de bataille par devant. Pour ce jour, le duc de Guerles étoit là dedans qui prisa bien leur convenant; mais il ne fit nulle saillie sur eux, car il n'avoit pas gens assez, dont moult il lui ennuyoit. Et furent là ces gens de France, en ordonnance de bataille, bien quatre heures; et, quand ils virent que nul ne sauldroit sur eux, ils se départirent et retournèrent en leurs logis. Encore avint que du soir, au logis du duc de Berry, aucuns chevaliers et écuyers se recueillirent, sous l'entente de chevaucher le matin sur la terre des ennemis, à l'aventure; et l'accordèrent et fiancèrent ce soir l'un à l'autre; et pouvoient bien être environ cent lances. Quand ce vint au matin, tout fut rompu.

Or y avoit là un écuyer d'Auvergne, vaillant homme aux armes durement, qui s'appeloit Gourdinois, et étoit dessous la bannière au seigneur de l'Aigre. Quand il vit qu'on ne chevauchoit point, il fut moult courroucé; et parla à aucuns compagnons, lesquels étoient de bonne volonté; et fit tant qu'ils s'accompagnèrent ensemble trente lances; et chevauchèrent à l'aventure tout ce matin, et ne trouvèrent rien. Quand Gourdinois, qui aimoit et désiroit armes, vit qu'ils retournoient sans rien faire, si fut moult courroucé, et dit à ses compagnons : « Or chevauchez tout bellement; je veuil aller côtoyer tout bellement ce bois que je vois, moi et mon page tant seulement, pour savoir si nulle embûche y a, ni si rien sauldroit jamais hors; et m'attendez là, dessus celle montagne. » Ils lui accordèrent. Gourdinois se partit, lui et son page, et chevaucha tout côtoyant le bois. Quand il eut un petit chevauché, il ouït bûcher au bois : si férit cheval des éperons et vint celle part, droit à la sente du bois. Quand il fut là venu, il trouva un Allemand Guerlois, qui charpentoit bois. Gourdinois prit son glaive et vint sur cel homme. L'homme fut tout ébahi et fit signe qu'il se rendoit à lui. Gourdinois le prit à mercy et lui fit signe aussi qu'il s'en venist avecques lui; et pensa Gourdinois, et dit en lui-même : « Au moins montrerai-je à mes compagnons que j'aurai fait aucune chose quand j'aurai pris cel homme. Il nous fera quelque service en nos logis. » Donc se mit-il au chemin et au retour vers ses compagnons. Gourdinois chevauchoit devant, une basse haquenée. L'Allemand le suivoit tout de pied, une grande cognée sur son épaule dont il avoit ouvré au bois. Le page de Gourdinois, monté sur son coursier, les suivoit, et portoit le bassinet de son maître, et traînoit sa lance, et s'en venoit tout sommeillant, pour la cause de ce qu'il étoit levé trop matin. L'Allemand, qui ne savoit là où il alloit ni quelle chose on vouloit faire de lui, s'avisa qu'il se délivreroit bien; et vint tout bellement de-lez Gourdinois, et en tirant sa cognée, et le fiert sur la tête par derrière, et le pourfend jusques aux dents, et l'abat tout mort. Oncques le page n'en vit rien ni ne le sçut, qu'il ne le vît avant cheoir. Le vilain s'enfuit et tantôt se muça au bois, car il n'en étoit pas trop loin. Celle aventure advint à Gourdinois, dont tous ceux qui le connoissoient en furent moult courroucés, et par espécial tout le pays d'Auvergne, quand ils en furent informés, car c'étoit l'homme d'armes, lequel les Anglois doutoient le plus, et qui plus de dommage leur avoit fait et porté; et pour vingt mille francs il ne fût point demeuré en prison, qu'on ne l'eût racheté. Or retournons au duc de Juliers.

CHAPITRE CXXVIII.

Comment le duc de Juliers et l'archevêque de Coulogne se partirent du roi de France, et s'en allèrent à Nimaige, devers le duc de Guerles : et comment, par l'amonnestement et entremise d'iceux, il fut réconcilié et mis à paix vers le roi et la duchesse de Brabant.

Vous savez, si comme il est ci-dessus contenu, que le duc de Juliers fit sa paix au roi de France, parmi les traités et moyens des prélats qui s'en ensoignèrent, et du duc de Lorraine, au voir dire, son cousin qui y rendit grand'peine, et qui l'alla querre à Nideke, et l'amena, avecques l'archevêque de Coulogne, parler au roi et à ses oncles; et si savez aussi comment il promit à aller devers son fils le duc de Guerles, et de le faire venir à merci ou à raison, ou, conjointement avecques le roi, il lui feroit guerre. Et faire lui convenoit ce marché, car autrement tout son pays eût été bellement perdu. Le duc de Juliers s'ordonna et appareilla, l'archevêque de Coulogne en sa compagnie; et s'en allèrent en Guerles; et passèrent les rivières, unes et autres, et vinrent à Nimaige où le duc se tenoit, qui les reçut moult liement et grandement, ainsi que bien le sçut faire; et faire le devoit aussi, car rien n'est plus prochain que père et mère. Et já étoit informé que le duc de Juliers son père étoit accordé et composé au roi de France, dont il n'en étoit pas plus lie; mais mal-talent ne lui en osoit montrer.

Le duc de Juliers et l'archevêque de Coulogne lui remontrèrent tout au long de la matière le péril et en quel parti toute sa terre étoit. Du commencement, il n'en fit compte, car il s'étoit si fort conjoint et allié au roi d'Angleterre, qu'il ne s'en pouvoit partir, ni ne vouloit aussi, car son cœur étoit tout anglois. Si s'excusa trop fort, et dit bien qu'il vouloit attendre l'aventure; et que, si par la venue du roi de France il avoit un grand dommage, il étoit jeune, si pouvoit bien porter et amender, au temps à venir, sur le royaume de France, ou sur ses conjoints les Brabançons; et dit que nul sire ne peut guerroyer sans dommage; une fois perd, et l'autre gagne.

Quand le duc de Juliers l'ouït ainsi excuser et langager, si fut tout courroucé, et lui demanda : « Guillaume, de quoi ferez-vous votre guerre? Et qui sont ceux qui amenderont vos dommages? » Il répondit : « Le roi d'Angleterre et sa puissance. Et encore suis-je émerveillé de ce que de pieçà je n'ai nulles nouvelles de l'armée de la mer; car s'ils fussent venus, ainsi que promis on me l'avoit, j'eusse ores une fois ou deux, réveillé les François. » — « Guillaume, attendez-vous cela? dit le duc de Juliers. Les Anglois sont si ensonniés de tous lez qu'ils ne savent auquel entendre. Vecy le duc de Lancastre, notre cousin, qui gît à Bayonne ou à Bordeaux; et est retourné d'Espagne en petit arroy; et a perdu ses gens et sa saison, et prie qu'il puisse avoir gens d'armes et archers; mais il n'auroit pas vingt lances. D'autre part les Anglois ont reçu, depuis un peu de temps, par bataille, un trop grand dommage en Northonbrelande, car là toute la bonne chevalerie, assez près de Neuf-Chastel-sus-Tyne, a été ruée jus, et morts et pris. Aussi le pays d'Angleterre n'est pas bien en un, parquoi vous n'avez que faire de vous fier trop avant, pour le présent, aux Anglois, car de ce côté n'aurez-vous nul confort, ni d'autre aussi. Si vous conseille que vous vous laissez rieuller et mener par nous; et nous vous apaiserons au roi de France; et ferons tant, que vous n'y aurez ni honte ni dommage. » — « Monseigneur, dit le duc de Guerles, comment se pourroit ce faire à mon honneur, que je m'accordasse au roi de France? Pour perdre tout mon pays, et aller demeurer ailleurs, je ne le ferois, car je me suis trop fort conjoint et ahers au roi d'Angleterre; et si ai défié le roi de France. Pensez-vous, que pour ses menaces, je doive rappeler ma parole, ni rompre mon scel? Vous me voulez bien déshonorer. Je vous prie, laissez-moi en cel état convenir et demeurer. Je me tiendrai trop bien contre les François, ni de leurs menaces ne me chaut. Les yeves, les pleuves[1], et le froid temps guerroieront pour moi. Avant que la saison de janvier soit venue, ils seront si lassés et si tannés, que le plus joli d'eux voudroit être en son hôtel. »

A ce commencement de leurs traités ne pouvoient le duc de Juliers ni l'archevêque de Coulogne briser le propos du duc de Guerles, ni amener à leur propos; et furent de-lez lui plus de six jours, ouvrant et charpentant sur cel état, et tous les jours en conseil.

Quand le duc de Juliers vit qu'il n'en auroit autre chose, si se commença moult fort à arguer; et lui dit que, s'il ne le croyoit acertes, il le courrouceroit, et que de sa terre et de son héritage de Juliers, il n'en tiendroit pié; mais le donneroit à autrui, qui bien puissant seroit de le défendre et tenir contre lui; et lui dit encore qu'il n'étoit qu'un fol, puisqu'il ne vouloit croire conseil. Le duc de Guerles qui vit son père enflambé d'ire sur lui, pour l'amoder, répondit et dit : « Conseillez-moi à mon honneur, et volontiers, pour l'amour de vous qui m'en requérez, j'en entendrai; car voirement je vous dois toute obéissance, et vueil devoir et tenir, sans nul moyen. » Donc dit le duc de Juliers: « Or prime parlez-vous bien et à point, et nous y prendrons garde. »

Or fut avisé par grand'délibération du conseil, et pour sauver et garder l'honneur de toutes parties, que le duc de Guerles viendroit par devers le roi de France, et lui feroit honneur et révérence, telle comme il appartient de faire à un roi; et s'excuseroit de la défiance qu'il lui avoit envoyée, et diroit ainsi : « Monseigneur, il est bien vérité qu'une lettre scellée dessous mon scel, fut une fois envoyée et portée en France, et vint à la connoissance de vous, en laquelle lettre sont escriptes et contenues défiances, appartenant à vous et à votre royaume, avec paroles impétueuses et déraisonnables, et hors du droit style et usage que princes et seigneurs ont à défier l'un l'autre, lesquelles je n'avoue pas que de ma bouche soit issue, ni de commandement mien, parole nulle, en amendrissant ni en diffamant votre nom et seigneurie. Et que celle excusance soit véritable et mise hors de vilain soupçon. Avint que, pour les grands alliances et serment que nous avons à notre très redouté seigneur le roi Richard d'Angleterre, à la requête de lui et de son conseil, nous envoyâmes en Angleterre quatre de nos chevaliers, et leur baillâmes notre scel, pour sceller ce dont ils seroient requis. A eux en fut, non à moi, de l'escripture et du sceller, car je ne savois, ni oncques ne sçus, avant la lettre scellée, quelle chose étoit dedans contenue. Si vous plaise que celle excusance vaille, car elle est véritable. Non que du serment ni de l'alliance de mon très redouté seigneur monseigneur le roi d'Angleterre je me veuille ôter, ni départir, ni aller à l'encontre de ce qu'il me commandera, et que je ne puisse bien, à sa requête et commandement, bien défier vous et autrui, quand il lui plaira, et semons en serai : excepté mon naturel seigneur le roi d'Allemagne; car tout ce ai-je de serment envers lui fait, de bouche, en jurant et parlant, et de main mise. Mais pour l'honneur de vous, en considérant et en

---
[1] Les eaux et les pluies

récompensant les peines et les travaux que vous avez eus de venir jusques ici, pour savoir le fond et la vérité de la défiance, je vous jurerai, et le serment vous tiendrai, que jamais ne vous guerroyerai ni défierai, que vous n'en soyez signifié un an devant. Et, monseigneur, il vous suffise. »

A ces paroles répondit le duc de Guerles : « Tout ce ferai-je assez bien et volontiers. Il n'y a rien de déshonneur ni blâme pour moi, à mon semblant. »

Sul cel état et traité que je vous ai commencé à entamer, se départit le duc de Juliers de son fils le duc de Guerles : et aussi fit l'archevêque de Coulogne; et s'en retournèrent en Juliers, et vinrent à Nideskes. Quand temps et lieu fut, ils allèrent au roi de France, et lui remontrèrent tous les points et articles dessus escripts; et dirent bien au roi et à ses oncles, afin qu'on s'avisât dessus, que du duc de Guerles on ne trairoit autre chose. Le roi de France désiroit trop fort à voir ce duc de Guerles, son cousin, pour ce qu'il leur avoit donné tant de peine. Si s'inclinoit assez à ces traités. Le duc de Bourgogne, qui vouloit que madame de Brabant et son pays demeurât en sûr état, si prenoit près que ce traité fût ouï et tenu, et que le duc de Guerles, sur le moyen qui mis étoit, vînt avant. Si ne conseilloit point le contraire. Et aussi une chose faisoit à ressoigner. L'hiver approchoit fort. Les nuits devenoient longues et froides. Les seigneurs de France étoient informés que Guerles n'étoit pas un pays pour hostoyer en temps d'hiver; et aussi tous les jours on leur rapportoit qu'ils perdoient de leurs gens, chevaliers et écuyers, par ces Linfars[1] qui faisoient embûches sur eux. Tant fut allé, demené et parlementé, que les choses churent à accord. Et approcha le duc de Guerles; et l'amenèrent le duc de Juliers son père, et le duc de Lorraine son cousin, et l'archevêque de Coulogne, en la tente du roi de France. Là étoient ses trois oncles, et son frère le duc de Touraine, le duc de Bar, le comte de la Marche, le comte de Saint-Pol, le comte Dauphin d'Auvergne, le sire de Coucy, le connétable de France, l'amiral de France, messire Guy de la Trémoille et grand'foison de barons de France. Et là se mit à genoux devant le roi, le duc de Guerles; mais il me fut dit que le roi le fit lever : je ne sais comment il est allé, car je n'y fus pas; je n'en sais fors que par ceux qui m'en informèrent; mais il me fut dit que sagement et vaillamment, de la défiance pour la quelle il étoit là venu, en la forme dessus dite il s'excusa. Et tint le roi son excusance à bonne; et de rechef il jura que, si jamais il vouloit défier le roi de France, ni le royaume guerroyer, il le signifieroit un an devant. Et demeurèrent les pays de Guerles et de Brabant en sûr état; et, qui plus y avoit mis, plus y avoit perdu.

Ainsi se portèrent les ordonnances; et soupa le duc de Guerles de-lez roi à sa table. Si vous dis qu'il fut moult regardé des François, pour la cause qu'il leur avoit tant donné de peine.

De toutes ces devises, ordonnances, convenances et assurances de paix, lettres furent lues, escriptes et scellées; et, après toutes ces choses faites et mises avant en sûr état, ces seigneurs prirent congé l'un de l'autre; mais, avant le département, le duc de Guerles demanda un don au roi de France, et le roi lui accorda et donna. Il demanda que tous les prisonniers, qui pris avoient été des François pour celle guerre, il les pût ravoir quittes et délivrés. Il les eut, et lui furent rendus en la forme et manière qu'il les avoit demandés. Aussi le roi lui demanda que tous les prisonniers que ses gens tenoient et avoient pris dans ce voyage, il les voulsist rendre et restituer. Le duc de Guerles s'excusa et dit : « Monseigneur, ce ne se peut faire. Je suis un povre homme; et quand je sentis votre venue, je me fortifiai au mieux et au plus fort que je oncques pus, de chevaliers d'outre le Rhin et d'autres; et leur eus en convenant et parole que tout le conquêt qu'ils feroient en celle guerre leur demeureroit. Si ne leur puis retenir ce que je leur ai donné, ni nulle puissance ni volonté n'en ai; et si de rigueur je voulois user, ils me feroient guerre. Il vous plaise que ceci se passe, car je n'y puis remédier. »

Le roi vit bien et entendit qu'il n'en auroit autre chose. Si s'en souffrit atant; et imagina que c'est trop grand'chose et trop renommée de lui, et de son royaume; et que moult peut faire de povres gens riches. Si se tut et passa outre; et ne releva oncques la parole. Au département

---

[1] Leichtfertig.

et au congé prendre, ils montrèrent par semblant qu'ils se contentoient assez l'un de l'autre. Adoncques fut ordonné du déloger et du retraire, et de chacun retourner au pays dont il étoit issu. Et me fut dit que le roi de France seroit le jour de la Toussaint en la cité de Rheims; et là tiendroit sa fête. Adonc se délogèrent toutes gens et mirent au retour. Or vous dirai, un petit, de l'armée de mer d'Angleterre.

CHAPITRE CXXIX.

Comment le comte d'Arondel et les chevaliers d'Angleterre qui se tenoient sur mer, par force de vent vinrent à la Palice, près de la Rochelle : comment messire Louis de Sancerre, en étant averti par les Rochellois, les poursuivit pour néant par mer ; et comment le duc de Lancastre conclut le mariage de sa fille avec l'infant de Castille.

En ce temps que le roi de France étoit en Guerles, et en devant aussi, et depuis, se tenoit sur mer l'armée du roi d'Angleterre; de laquelle le comte d'Arondel en étoit souverain capitaine; et vaucroient et alloient une fois amont, l'autre aval, ainsi que le vent le demenoit, et toujours par usage et coutume pour trouver quelque aventure. Or devez-vous savoir, si vous ne le savez, que sur le point la Saint-Remy et la Toussaint il fait volontiers des forts vents et périlleux sur la mer. Encore en fit-il adonc un très grand qui se bouta entre la navie d'Angleterre, et tellement qu'il les espardit durement, et éloigna l'un de l'autre; et n'y avoit si hardi marinier qui ne fût tout ébahi, pour le grand vent qu'il faisoit ; et tant, qu'il convint par force de grand vent, ou pis avoir, prendre terre et port le comte d'Arondel, lui vingt-septième de vaisseaux, à deux petites lieues de la Rochelle, en un hâvre, qu'on dit la Palice. Et ancrèrent et s'arrêtèrent là, voulsissent ou non; et avoient le vent de mer si fort sur eux, qu'ils ne s'en pouvoient partir. Quand les nouvelles en furent venues à la Rochelle, si se doutèrent de premier les Rochellois, que les Anglois ne vinssent là pour eux porter dommage; et cloîrent leurs portes, et se tinrent là en dedans tous enserrés sans partir; et furent ainsi bien jour et demi. Or revinrent autres nouvelles aux Rochellois, de ceux de la Palice, que les Anglois n'étoient que vingt-sept vaisseaux, et que grand vent et fortune de mer les avoit là boutés; et ne tiroient fors qu'au partir; et toutes fois le comte d'Arondel, messire Henry de Beaumont, messire Guillaume Hellmen, et plus de trente chevaliers d'Angleterre, étoient là. Si se conseillèrent entre eux les Rochellois quelle chose ils feroient. Tout considéré, ils dirent qu'ils ne s'acquitteroient pas bien, s'ils ne les alloient escarmoucher.

En ce temps séoit, devant le chastel de Bouteville, messire Louis de Sancerre, maréchal de France; et avoit là enclos Guillonnet de Sainte-Foix, Gascon, atout grand'chevalerie de Poitou, de Xaintonge, de Périgord, de la Rochelle, et des basses marches, car tous n'étoient point allés en Allemagne avec le roi de France, et messire Louis étoit regard et souverain capitaine de toutes les frontières, mouvantes de Montpellier jusques à la Rochelle, tant que le sire de Coucy qui en gouvernoit une partie fût retourné du voyage d'Allemagne. Si s'avisèrent les Rochellois, qu'ils signifieroient tout à messire Louis, ainsi qu'ils le firent. Sitôt comme il sçut les nouvelles il en fut moult réjoui; et manda à ceux de la Rochelle qu'ils armassent six ou huit gallées et missent hors de leur hâvre, car il viendroit combattre les Anglois. Ils le firent. Messire Louis se départit de son siége, et le rompit pour celle besogne, car avis lui étoit que, de combattre le comte d'Arondel et les chevaliers d'Angleterre qui là étoient à l'ancre, plus honorable et plus profitable lui étoit que de tenir le siége; car toujours y pouvoit-il bien recouvrer. Si s'en vint à la Rochelle ; et toutes manières de gens, chevaliers et écuyers, le suivoient.

Je ne sais par quelle inspiration ce fut; mais le comte d'Arondel à la Palice fût informé que le maréchal de France, à toute sa puissance de chevaliers et écuyers, le venoit combattre. Ces nouvelles ne furent pas trop plaisantes au comte d'Arondel. D'aventure le vent étoit assez avalé, et les ondes de mer abaissées. Le comte fit tantôt désancrer ses nefs; et prit la mer si à point, que, s'il eût encore attendu deux heures, il eût été enclos au hâvre et là pris, et toute sa navie; ni jà n'en fût échappé pié.

Sur ce point véez-ci venir les gallées de la Rochelle qui vinrent sur la mer, armées, appareillées, et pourvues de canons et d'artillerie; et venoient qui mieux mieux tout droit à la Palice. Si trouvèrent que les Anglois étoient désancrés et s'en alloient. Si les poursuivirent, ainsi que deux lieues en mer; et les convoyèrent de canons. Toutefois il ne les osèrent longuement poursuivre, pour les embûches de mer. Si les laissèrent aller et retournèrent. Mais le maréchal de France fut moult courroucé sur ceux de la Rochelle, de ce que si tard ils lui avoient signifié la venue des Anglois. Le comte d'Arondel prit le chemin de la mer, pour venir à Bordeaux par la Garonne; et le siége de Bouteville se dérompit, car Guillonnet de Sainte-Foy se repourvéy de tout point, endementre que messire Louis de Sancerre revint à la Rochelle et à la Palice, pour vouloir combattre les Anglois.

Or retournons un petit à parler du duc de Lancastre, et des traités qu'il avoit aux Espaignols, et aussi au duc de Berry, pour le mariage de sa fille. Le roi de Castille y entendoit pour son fils, et pour venir à paix aux Anglois. Le duc de Berry y entendoit pour lui, car trop grand désir avoit de lui marier. Le duc de Lancastre, comme sage et imaginatif, véoit que plus profitable lui étoit à entendre au roi de Castille qu'au duc de Berry. Car, parmi tant il recouvreroit l'héritage de Castille, au temps à venir, pour sa fille; et s'il donnoit par mariage sa fille au duc de Berry, et le duc de Berry mouroit, sa fille seroit une povre femme, au regard des autres dames; car le duc de Berry de son premier mariage avoit des enfans qui en porteroient le profit. Aussi la duchesse de Lancastre s'inclinoit au fils du roi de Castille. Donc il avint, quand messire Hélion de Lignac se fut départi du duc de Lancastre et mis au retour devers le duc de Berry qui étoit en Allemagne, les traiteurs et les procureurs qui le mariage demenoient, se traîrent avant, de par le roi de Castille. Ceux furent recueillis et ouïs, et acceptées leurs paroles; et fut le mariage enconvenancé et juré, de Catherine de Lancastre au fils au roi de Castille; et furent levées lettres et instrumens publiques de toutes les convenances et obligations et profits sans nul retour de rappel, ni de repentise : et, parmi tant, la duchesse Constance de Lancastre, quand ses besognes seroient à ce ordonnées, devoit sa fille mener en Castille. Encore étoit le roi de France en Juliers et sur les frontières.

CHAPITRE CXXX.

Comment, étant encore le roi Charles sur les frontières de Juliers, quelques pillards allemands se jetèrent par une partie de son camp, y prenant plusieurs prisonniers ; et comment le roi, entrant au vingt-un an de son âge, eut lui-même le gouvernement de son royaume ; et comment, sachant la conclusion du mariage de Castille et de Lancastre, envoya vers le roi d'Espaigne, pour lui remontrer de ne faire nulles alliances à son préjudice.

Vous savez, si comme ici dessus est contenu, comment les convenances et ordonnances se portèrent entre le roi de France et les ducs de Juliers et de Guerles, et sur quel état le département fut fait. Toutes-fois tous se mirent au retour; et avint que, sur les frontières d'Allemagne et le département des terres, une nuit qu'il faisoit moult clair de la lune, environ heure de mie-nuit, vinrent Allemands, robeurs et pillards qui ne tenoient ni trève ni paix, mais vouloient toujours aller à l'avantage : et étoient des gens, et dessous le seigneur de Blanquenehem, et de messire Pierre de Arneoerch [1]. Ceux s'en vinrent, moult bien montés, aviser en l'ost où ils feroient le mieux leur profit ; et passèrent parmi les logis du vicomte de Meaux ; et le trouvèrent, lui et ses gens, en bon convenant. Ils passèrent outre, et puis retournèrent, sans sonner mot, allant et retournant; et se retrairent là où ils avoient leur embûche; et recordèrent tout ce qu'ils avoient trouvé. Assez tôt après avint qu'une grand'route d'Allemands, pillards, vint, et se bouta dedans le logis des François, sur leur avantage : et en ruèrent jus je ne sais quants qu'ils trouvèrent à la découverte; et prirent quatorze hommes d'armes. Là furent pris le sire de la Viéville, et le sire de Mont-Caurel, et menés en voie. Cette aventure eurent-ils celle nuit, par faire povre guet, et par mauvais convenant. A lendemain, que nouvelles furent reçues du seigneur de la Viéville et du seigneur de Mont-Caurel, qu'ils étoient pris, si furent tous ceux à qui la connoissance en vint courroucés, et s'ordonnèrent depuis plus sagement. Quand le roi de France se départit de Juliers et il se mit au retour, nul ne demeura derrière ; et vidèrent toutes les garnisons, messire Guillaume de la Trémoille et messire Servais de Méraude, et tous les autres, et se traîrent les Brabançons en leurs lieux.

[1] Aremberg.

Sur ce chemin, et en ce retour, fut ordonné, par grand'délibération de conseil, que le roi de France qui étoit en gouvernement de ses oncles, et avoit été depuis le roi son père mort, prendroit le gouvernement et la charge de son royaume; et s'en déporteroient [1] ses oncles: car ils avoient bien à quoi entendre ailleurs. Jà n'avoit-il vingt-un ans accomplis : mais il étoit sur le point d'entrer au vingt et unième an. Celle chose fut sçue et publiée partout. Si sembla à chacun bonne et raisonnable. Il me semble que le roi de France fut le jour de la Toussaint à Rheims, et là tint sa fête, et ses oncles et son frère de-lez lui.

Là vint la première connoissance aux seigneurs, que le roi de Castille et le duc de Lancastre avoient paix ensemble, et que le mariage se faisoit de la fille au duc de Lancastre au fils du roi Jean de Castille. Le roi de France en jangla et en gaba son oncle le duc de Berry, et lui dit : « Bel oncle, vous avez failli à votre entente. Un autre vous dépasse de la femme que vous cuidiez avoir. Quelle chose en dites-vous ? Que vous en dit le courage ? » Le duc de Berry répondit et dit : « Monseigneur, moult bien. Si j'ai là failli j'adresserai ailleurs. »

Or commencèrent à murmurer les François et à parler sur ce mariage, et à dire que point ne se faisoit sans grands alliances, et que c'étoit une chose moult préjudiciable, et qui au temps avenir pourroit trop grandement toucher et coûter, par plusieurs incidences, au royaume de France : « Car comment ! disoient ceux qui en parloient et qui jusques au fond de la besogne scrutinoient. Si Angleterre, Castille et Portingal, étoient tout d'un accord et d'une alliance, ces trois royaumes, par mer et par terre, feroient grand fait, et pourroient moult donner à faire de guerre au royaume de France. Ce seroit bon que le roi y envoyât et allât au devant, par quoi ce méchant roi d'Espagne, qui s'accorde et allie maintenant à un homme mort, car le duc de Lancastre n'a nulle puissance, ni gens ni finances, ne fît nuls traités, ni nuls accords, sans le sçu et conseil du roi de France : et, si autrement il le faisoit, le roi lui mandât bien, qu'il le

[1] Cette affaire fut décidée en grand conseil à Reims au retour du voyage de Gueldres, sur la proposition de Pierre de Montaigu, cardinal de Laon, qui mourut la même année.

feroit aussi petit varlet, comme il l'avoit fait grand seigneur. Aussi n'a-t-il maintenant à quoi entendre. Si nous viendroit celle guerre de Castille bien à point ; et boutât hors ce méchant roi, fils d'un bâtard, du royaume de Castille ; et le donnât à son frère, le duc de Touraine, qui n'a pas à présent trop grand héritage. Il le garderoit et gouverneroit bien et sagement. Mais comment a-t-il osé faire nul traité de paix, ni d'accord, ni d'alliance, au duc de Lancastre, sans le sçu et consentement du roi de France, qui tant l'a prisé, aidé, honoré, et avancé, qu'il eût perdu son royaume, il n'en peut douter, si la puissance et le sang de France n'y eût été ? Il marchande bien, et jà a marchandé, mais qu'il soit ainsi comme on dit, de lui honnir et déserter : et, pour Dieu, qu'on se délivre de lui remontrer, et par homme si croyable, que en lui remontrant il connoisse qu'il a mal fait. »

Tant se multiplièrent ces paroles, en imaginant et considérant toutes raisons, que les oncles du roi, et le roi de France et son conseil, se mirent ensemble : et eurent sur ces nouvelles conseil et certain arrêt, pour envoyer en Castille, devers le roi Jean, en lui remontrant et disant, de par le roi de France, qu'il avisât et regardât bien à ses besognes, et qu'il ne fût tel, ni si osé, qu'il fît nul traité ni alliance aux Anglois, ni au duc de Lancastre, qui en rien toucheroit ni fût préjudiciable à la couronne ni au royaume de France ; et, s'il le faisoit, ni avoit fait, ni en pensée avoit de faire, qu'il fût tout sûr que la puissance de France le reculeroit de tant ou plus qu'elle l'avoit avancé ; et n'entendroit le roi de France ni les François à autre chose, tant qu'ils l'auroient détruit.

Or fut avisé et regardé, par grand'délibération de conseil, qui feroit ce message ; et il fut bien dit qu'il y convenoit homme hardi et bien enlangagé, qui sagement et vaillamment remontrât la parole du roi, et qu'on n'avoit que faire d'y envoyer simplement ni un simple homme. On en nomma trois : le seigneur de Coucy, messire Jean de Vienne, amiral de France, et messire Guy de la Trémoille : et de ces trois, prendre l'un il suffisoit pour aller en Castille fournir ce voyage et message. Tout considéré, le dernier conseil fut arrêté que messire Jean de Vienne le feroit et chemineroit en Espaigne [1]. Si lui fut dit

[1] Suivant P. Lopes de Ayala, le roi de France envoya

du roi et de son conseil : « Amiral, ordonnez-vous, et apprêtez-vous ; vous ferez ce voyage ; et n'emporterez autres lettres présentement au roi de Castille, fors de créance. C'est assez ; vous êtes bien informé de la matière, et sur quoi ni comment on vous envoye là. Dites bien à ce roi d'Espaigne qu'il avise, ou fasse aviser, et qu'il lise, ou fasse lire, les alliances, ordonnances, et promesses, jurées et scellées, qu'il a de nous, et nous de lui. Et retenez bien toutes les réponses qu'il vous fera, ni son conseil : parquoi nous nous puissions fonder sur icelles et régler de raison [1]. » L'amiral répondit : « Volontiers. » Depuis ne demeura mie l'amiral de France à Paris long terme, que toutes ses besognes furent prêtes. Si prit congé du roi et de ses oncles, et se départit ; et prit le chemin de Bourgogne, car il vouloit aller par Avignon, voir le pape et son frère, ainsi qu'il fit.

Nous nous souffrirons à parler de lui, et parlerons de Geoffroy Tête-Noire, et du siége qui étoit devant Ventadour-le-Chastel où dedans on l'avoit enclos ; mais encore avant retournerons-nous et parlerons du duc de Berry, qui avoit si grand désir de lui marier, qu'il le montra en l'année, car il eut femme : et si vous dirai quelle, et où il se maria.

CHAPITRE CXXXI.

Comment le duc Jean de Berry, oncle du roi, ayant failli au mariage de la fille de Lancastre, envoya vers le comte de Foix, pour avoir la fille du comte de Boulogne qu'il nourrissoit et gardoit.

Quand le duc de Berry vit qu'il avoit failli à la fille du duc de Lancastre, il fut informé et avisé que le comte de Boulogne avoit une belle fille qui s'appeloit Jeanne, fille de madame Aliénor de Commingues : mais elle n'étoit pas de-lez le père ni la mère : ainçois étoit au pays de Béarn, de-lez le comte de Foix, son grand ami et cousin : lequel comte l'avoit nourrie, élevée, et gardée bien doucement, et nettement traitée, l'espace de plus de neuf ans, en son chastel à Ortais et ; gouvernoit tout son état, que oncques

deux messagers : Jean de Vienne, amiral de France, et Moler de Mauny, chambellan du roi.
[1] On lit dans les bases du traité rapporté par Ayala, que le roi de Castille, avant même l'arrivée des messagers, avait stipulé pour la conservation de son alliance avec la France.

père ni mère, ni ami qu'elle eût, puis que le gentil comte la prit en garde et en nourrisson, n'y avoit rien mis : ni la damoiselle ny avoit nulluy coûté, fors au comte de Foix. Si avoit-il été par plusieurs fois requis et prié de son mariage : mais n'y avoit voulu entendre ; et répondoit à ceux qui lui en parloient, que la damoiselle étoit encore trop jeune. Et par espécial, messire Bernard d'Armignac, frère au comte d'Armignac, en avoit fait prier et parler par plusieurs fois ; et promettoit, que, s'il l'avoit par mariage, que la guerre seroit finie entre eux et lui, du challenge de la terre de Béarn, et, nonobstant toutes ces promesses, le comte n'en fit compte. Et s'excusoit et répondoit que sa cousine était trop jeune ; mais il disoit autre chose à ses gens, ainsi comme me dit messire Espaing du Lyon. « Ceux d'Armignac me veulent bien tenir pour bête, quand ils me requièrent de mon dommage. Si je leur donnois ma cousine, je les renforcerois et je m'affoiblirois. Jà tiennent-ils de force, et non de droit, la comté de Comminges qui est héritage de par sa mère et sa tante, à ma cousine de Boulogne. Je vueil bien qu'ils sachent que je ne la marierai jà en lieu, fors si fort et si puissant, qu'ils seront tenus en guerre pour son héritage de Comminges ; car ils n'ont de présent à répondre, fors à un homme mort, le comte de Boulogne, son père. » Donc il étoit avenu, que, quand le comte d'Armignac et messire Bernard son frère virent qu'ils n'y pouvoient venir, vivant leur tante, madame de Berry, ils en avoient parlé au duc de Berry, que ce seroit un beau mariage pour Jean de Berry son fils : dont le duc avoit envoyé suffisans messagers en Béarn, devers le comte de Foix, en priant, et tous mal-talens mis jus et pardonnés que du temps passé avoient eus ensemble, il pût avoir la damoiselle de Boulogne pour Jean son fils, en cause de mariage ; et que le comte de Boulogne, père de la damoiselle, le vouloit, l'accordoit, et s'y assentoit. Le comte de Foix avoit fait bonne chère aux ambassadeurs ; mais il s'étoit excusé et disoit qu'elle étoit trop jeune : et, aussi quand sa cousine de Commingues comtesse de Boulogne, la lui bailla et délivra, et mit en garde et en charge, elle lui avoit fait jurer, que, sans son sçu, il ne la marieroit jà, en lieu quel qu'il fût. Si vouloit tenir son serment, et de l'enfreindre nul ne le devroit requerre. Et celle excusance mettoit avant le comte de Foix, car il savoit bien que sa cousine de Comminges qui se tenoit au royaume d'Arragon, de-lez le comte d'Urgel son frère, à nuls de ceux d'Armignac ni qui venissent du sang ni de l'extraction d'Armignac point ne s'accorderoit. Parquoi les ambassadeurs du duc de Berry retournèrent adonc, sans rien faire ; et, en l'absence d'eux, le comte de Foix avoit dit, si comme me dit messire Espaing de Lion : « Le duc de Berry et son conseil me veulent bien tenir pour bête et ignorant, quand ils veulent que je renforce mes ennemis. Jean de Berry est cousin germain à mes adversaires d'Armignac. Ce marché ne ferai-je jamais. Je la marierois avant en Angleterre ; et jà en a-t-on parlé à messire Henry de Lancastre, comte de Derby, et fils au duc de Lancastre. Si je ne cuidoit trop fort courroucer le roi de France, nul autre n'y viendroit, fors lui. Encore ne sais-je quelle chose j'en ferai ; car, avant la marierois-je là à ma plaisance, que nul de ceux d'Armignac l'eût à ma déplaisance ; et à moi en est du faire ou du laisser ; je n'ai que faire m'en mélancolier ni soucier. »

Quand le duc de Berry sçut de vérité, que le duc de Lancastre marioit sa fille au fils du roi de Castille, et que ce mariage en nulle matière il ne le pouvoir rompre ni briser qu'il ne se fît, si fut cinq ou six jours fort pensif, et tant que ceux qui les plus prochains de lui étoient lui demandèrent quelle chose il avoit. Il s'en découvrit à eux, et leur dit son intention. Donc lui dirent ceux de son conseil : « Sire, si vous avez failli à la fille du duc de Lancastre, vous pouvez bien recouvrer ailleurs, et en fille de grand seigneur, et taillée d'être grand'héritière encore en temps avenir ; mais pour le présent elle est un petit trop jeunette contre votre âge. Je ne sais si pour celle cause le comte de Foix qui l'a en garde la vous refusera. » — « Est-ce la fille au comte de Boulogne ? » dit le duc de Berry. « Oui, monseigneur ! » répondirent ceux de son conseil. « En nom Dieu, répondit le duc, il le nous faudra essayer. »

Depuis ne demeura guères de temps, qu'il escripvit devers le comte de Foix, en lui signifiant moult doucement et moult amiablement qu'il envoyeroit devers lui quatre chevaliers espéciaux et grands seigneurs, tels comme le comte de Sancerre, le sire de la Rivière, messire Guy de la Trémoille, et le vicomte d'Assy ; et ces quatre seroient si forts et si sûrs pour traiter du mariage de lui à la fille du duc de Boulogne, la quelle il avoit en garde, que bien lui devroit suffire, mais que ce fût sa plaisance ; et prioit, en ses lettres, au comte de Foix, que sur ce il voulsist rescripre son intention dessus, parquoi ses gens ne travaillassent pas en vain, ni ne perdissent leur peine.

Le comte de Foix recueillit les messagers, qui ces lettres de traités à entamer apportèrent, moult liement ; et rescripvit, par ceux mêmes, au duc de Berry, que de ces nouvelles il étoit tout réjoui ; et qu'il étoit tout appareillé de recueillir, fût en Foix ou en Béarn, les chevaliers dessus nommés ; mais qu'ils eussent l'accord du comte de Boulogne et de la comtesse. Quand le duc de Berry, au retour de ses messagers, ouït ces nouvelles, si fut moult réjoui ; et exploita tout cel hiver, puis à l'un, puis à l'autre, pour avenir, sur l'été, à ce mariage. Si ne se firent pas les besognes sitôt, car bien savoit le duc de Berry, que le comte de Foix n'étoit pas un sire léger à entamer, et qu'il y auroit moult de paroles retournées avant que tous les procès fussent conclus. Si vouloit sagement ouvrer de ces besognes. Et envoya espéciaux messagers devers le pape Clément, qui cousin étoit moult prochain à la damoiselle de Boulogne. Lequel pape fut moult réjoui, quand il sçut que sa cousine pouvoit être si hautement mariée comme au duc de Berry, oncle du roi de France ; et en escripvit le pape au comte de Foix, en lui signifiant moult amiablement qu'il ne voulsist pas varier aux traités de ce mariage, car leur lignage en seroit tout refait. Le comte de Foix recevoit lettres à tous lez, car bien savoit dissimuler de telles besognes : et tenoit toutes les parties en amour, le pape, et le duc de Berry aussi, mais il n'y avoit si sage d'eux, ni de leurs consaux, qui sçût à dire quelle chose le comte de Foix pensoit parfaitement. Nous nous souffrirons un petit de ces besognes : et parlerons du siége de Mont-Ventadour et de Geoffroy Tête-Noire.

CHAPITRE CXXXII.

Comment Geoffroy Tête-Noire, ayant été blessé par la tête en une escarmouche, fit quelque excès qui le mena mourir : et du testament qu'il fit par avant, ayant substitué deux autres capitaines en sa place.

Vous savez, si comme il est contenu ci-dessus en notre histoire, comment messire Guillaume de Lignac et messire Jean de Bonne-Lance, et plusieurs autres chevaliers et écuyers d'Auvergne et de Limousin avoient assiégé le chastel de Ventadour, et Geoffroy Tête-Noire dedans. Et dura ce siége plus d'un an, car le chastel est si fort que, par assaut qu'on y puisse faire, il n'est pas à conquerre : et par dedans ils étoient pourvus de toutes choses nécessaires qu'il leur besognoit, pour sept ou huit ans, n'eussent-ils rien eu de nouvel. Les compagnons, qui dedans étoient et qui par bastides assiégé l'avoient, venoient à la fois escarmoucher comme ils pouvoient : et là, le siége pendant, il y eut faites maintes escarmouches d'armes; et y en avoit à la fois de blessés des uns et des autres. Or avint qu'à une escarmouche qui y fut, Geoffroy Tête-Noire s'avança si avant, que du trait d'une arbalète, tout outre le bassinet et la cœffe ils furent percés : et fut navré d'un carrel en la tête, tant qu'il lui en convint gésir au lit; dont tous les compagnons en furent courroucés : et le terme qu'il fut en tel état, toutes les escarmouches cessèrent. De celle blessure et navrure, s'il s'en fût bien gardé, il eût été tôt guéri; mais mal se garda, espécialement de fornication de femme; dont cher l'acheta, car il en mourut. Mais, avant que la mort le prît, il en eut bien la connoissance : il lui fut dit qu'il s'étoit mal gardé, et qu'il étoit et gisoit en grand péril car sa tête étoit apostumée, et qu'il voulsist penser à ses besognes et à ses ordonnances. Il y pensa, et fit ses lais, sur telle forme et par telle ordonnance que je vous dirai.

Tout premièrement il fit venir devant lui et en sa présence, tous les souverains compagnons de la garnison et qui le plus étoient usés d'armes; et, quand il les vit, il s'assit en my son lit, et puis leur dit ainsi : « Beaux seigneurs et compagnons, je sens et connois bien que je suis en péril et en aventure de la mort. Et nous avons été un long temps ensemble, et tenu bonne compagnie l'un à l'autre. Je vous ai été maître et capitaine loyal à mon pouvoir; et verrois volontiers que de mon vivant eussiez un capitaine qui loyaument s'acquittât envers vous et gardât celle forteresse, car je la laisse pourvue de toutes choses nécessaires qui appartiennent pour un chastel garder : de vin, de vivres, d'artillerie et de toutes autres choses en surplus. Si vous prie que vous me dites entre vous et en général, si vous avez avisé ni élu capitaine, ni capitaines, qui vous sache, ou sachent mener et gouverner en la forme et manière que gens d'armes aventureux doivent être menés et gouvernés. Car ma guerre a toujours été telle que au fort je n'avois cure à qui, mais que profit y eût. Nequedent, sur l'ombre de la guerre et querelle du roi d'Angleterre je me suis formé et opinionné plus que de nul autre, car je me suis toujours trouvé en terre de conquêt; et là se doivent traire et toujours tenir compagnons aventureux, qui demandent les armes et se désirent à avancer. En celle frontière ici a bon pays et rendable; et y appendent grand'foison de bons pactis, quoiqu'à présent les François nous fassent la guerre, et tiennent siége; mais ce n'est à toujours durer. Ce siége et ces bastides se déromperont un jour. Or me répondez à ce propos dont je vous parle, et si vous avez capitaine élu, ni trouvé, ni avisé. »

Tous les compagnons se turent un petit ; et, quand il vit qu'ils se taisoient, il les rafreschit de douces paroles et nouvelles, en leur disant : « Je crois bien qu'à ce que je vous demande, vous y avez petit pensé : moi étant en ce lit, je y ai pensé pour vous. » — « Sire, répondirent-ils lors, nous le croyons bien ; et il nous sera plus acceptable et agréable, si de vous vient, que de nous : et vous le nous direz, s'il vous plaît. » — « Oui, répondit Geoffroy Tête-Noire, je le vous dirai et nommerai. Beaux seigneurs, ce dit Geoffroy Tête-Noire, je sais bien que vous m'avez toujours aimé et honoré, ainsi comme on doit faire son souverain et capitaine ; et j'aurois trop plus cher, si vous l'accordez, que vous ayez à capitaine homme qui descende de mon sang que nul autre. Véez ci Alain Roux, mon cousin, et Pierre Roux, son frère, qui sont bons hommes d'armes et de mon sang. Si vous prie que Alain vous veuilliez tenir et recevoir à capitaine ; et lui jurez, en la présence de moi, foi, obéissance, amour, service, et alliance, et aussi à son frère ; mais toutefois je veuil que la souveraine charge soit sur Alain. » Ils repondirent : « Sire, volontiers ; et vous l'avez bien élu et choisi. » Là fut de tous les compagnons Alain Roux sermenté : et aussi fut Pierre Roux, son frère.

Quand toutes ces choses furent faites et passées, Geoffroy Tête-Noire parla encore et dit : « Or bien, seigneurs, vous avez obéi à mon plaisir. Si vous en sais gré ; et pour ce je veuil que vous partissiez à ce que vous avez aidé à conquérir. Je vous dis que en cette arche que vous véez là, et lors la montra tout à son doigt, a jusques à la somme de trente mille francs. Si en vueil ordonner, donner, et laisser en ma conscience : et vous accomplirez loyalement mon testament. Dites oui. » Et ils répondirent tous : « Sire, oui. »

« Tout premier, dit Geoffroy, je laisse à la chapelle de Saint-George qui siéd au clos de céans, pour les réfections, dix mille et cinq cens francs. En après à ma mie qui loyaument m'a servi, deux mille cinq cens francs ; et puis, à mon clerc cinq cens francs. En après à Alain Roux, votre capitaine, quatre mille francs. Et à Pierre Roux son frère deux mille francs. Et à mes varlets de chambre cinq cens francs. A mes officiers mille et cinq cens francs. *Item* le plus je laisse et ordonne ainsi que je vous dirai. Vous êtes comme il me semble tous trente compagnons d'un fait et d'une emprise ; et devez être frères, et d'une alliance, sans débat et riotte ni estrif avoir entre vous. Tout ce que je vous ai dit, vous trouverez en l'arche. Si départez entre vous trente le surplus bellement ; et, si vous ne pouvez être d'accord, et que le diable se touaille entre vous, véez là une hache bonne et forte, et bien taillant et rompez l'arche ; puis ne ait, qui avoir ne pourra. »

A ces mots répondirent-ils tous et dirent : « Sire et maître, nous serons bien d'accord. Nous vous avons tant douté et aimé, que nous ne romprons mie l'arche, ni ne briserons jà chose que vous ayez ordonnée et commandée. »

Ainsi que je vous conte, alla et fut du testament Geoffroy Tête-Noire ; et ne vesquit depuis que deux jours ; et fut enseveli en la chapelle de Saint-George de Ventadour. Tout ce fut accompli, et les trente mille francs départis à chacun, ainsi que dit et ordonné l'avoit : et demeurèrent capitaines de Ventadour Alain Roux et Pierre Roux. Et pour ce ne se levèrent pas les bastides qui se tenoient à l'environ : ni les escarmouches ne laissèrent à se faire moult souvent. Toutesfois de la mort Geoffroy Tête-Noire, quand les compagnons d'Auvergne et de Limousin le sçurent, chevaliers et écuyers, ils en furent tous réjouis ; et ne doutèrent pas tant le demeurant ; car il avoit été en son temps trop douté, et grand capitaine, de sagement savoir guerroyer et tenir garnisons.

Or revenons un petit au duc de Guerles, et contons aussi quelle chose il avint en celle saison. J'en vueil un petit parler, pourtant qu'il m'a enseigné ici dessus à traiter de ses besognes, et qu'il fit le roi de France, ses oncles, son frère, et les nobles de France, venir si avant que jusques à l'entrée de son pays ; et bellement se porta contre eux, car il se partit de celle guerre à petit de son dommage.

CHAPITRE CXXXIII.

Comment le duc de Guerles fut fait prisonnier en allant en Prusse ; et comment, ayant été délivré par les chevaliers de Prusse, néanmoins alla puis après retrouver son maître, pour garder sa foi.

Quand le duc de Guerles vit que toutes gens d'armes s'étoient retraits, et qu'il n'en étoit plus nulles nouvelles, et étoit apaisé à la duchesse de Brabant et à tous ses ennemis, parmi la composition et ordonnance qui faites en étoient, telles qu'il devoit rendre la ville de Grave sur certains points et articles qui ordonnés étoient entre le duc de Bourgogne, la duchesse de Brabant, et lui ; et ce devoit se conclure et déterminer dedans l'an ensuivant ; il regarda que, pour employer son temps, car non plus ne savoit-il rien que faire en son hôtel, il s'en iroit en Prusse. Si ordonna toutes ses besognes, et s'accompagna de chevaliers et écuyers de son pays, et d'ailleurs aussi ; et se mit au chemin, pour faire ce voyage, environ les octaves de la Saint-Martin ; et chevaucha parmi l'Allemagne ; et partout où il venoit et passoit, on lui faisoit bonne chère. Et tant alla, et si avant, qu'il vint en la terre du duc de Stuelpe [1] qui marchist à la terre de Prusse. Ne sais pas quelle incidence il avint, mais on fit un guet sur lui, par les champs, et sur ses gens ; et lui vinrent courir sus gens d'armes dont point ne se doutoit, et le ruèrent jus, et tous les siens [2] ; et perdirent tous leurs che-

[1] Stolpen.
[2] Guillaume, duc de Gueldres, s'étant mis en route sur

vaux, armures, arroi, vaisselle, or et argent ; et furent menés tous prisonniers à une ville, et fiancèrent chacun, qui taillé étoit de ce faire, foi, prison et serment, envers ceux qui les ruèrent jus. Et par espécial le duc de Guerles fiança prison, par foi, obligation et serment, envers un écuyer qui s'appeloit Conrard, son surnom ne sais-je pas ; et furent le duc de Guerles et ses gens menés en une forte ville, en la terre de ce duc de Stuelpe : non que le duc personnellement y fût. De cela ne fus-je pas informé si avant.

Quand les hauts maîtres[1] de Prusse entendirent ces nouvelles, que le duc de Guerles sur son chemin, en là venant, avoit été rué jus, si en furent durement courroucés ; et dirent que la chose n'en demeureroit pas ainsi, et que trop à grand blâme leur tourneroit celle prise. Si firent tantôt leur mandement grand, et se départirent de Connisbergue[2] et s'en vinrent, à

la fin de l'année 1388, pour aller secourir les chevaliers teutoniques et leur grand-maître Conrard Zolner de Rotenstein, dans leurs guerres contre les Lithuaniens, Wenceslas, duc de Poméranie, le fit arrêter à son passage dans ses états, sous prétexte qu'il n'avait pas de sauf-conduit, et il ne recouvra sa liberté qu'en promettant de ne jamais porter les armes contre la Pologne ni contre la Poméranie.

J. Isaac Pontanus (Historiæ Gelrix. L. 8. anno 1388), raconte ainsi qu'il suit cette expédition du duc de Gueldres:

Invenio eâdem tempestate, sopito jàm bello brabantico, Gulielmum ducem denuò Prutenos adiisse, ac junctis suis, quas ad manum habebat, cum Ordinis magistri copiis, expugnasse quaquaversùm infideles, ac pluribus eorum castellis ac munitionibus potitum. Postremò à quodam Pomeraniæ ducis Vartislai cliente, Eggardo à Demewoldo, cùm jam in patriam redire pararet, per insidias captum detentumque in arce Valkenburgensi per semestre propemodùm, amissis in conflictu adversùs eumdem ducis satrapam, præter cœteros, Theodorico de Eilar et Petro de Bylant, milttibus virisque perstrenuis, ac ultimò accurrentibus magistri Ordinis copiis, dimissum liberatumque, quamvis id ipsum ab aliis paulò aliter narratum legam, volentibus classem in usum atque auxilium Theutonici Ordinis contrà Polonum à duce Gulielmo paratam, atque ipsum more ac habitu eorum qui religionis ergà iter faciunt, Borrussiam terram petivisse, eâ mente ut classis quam collegerat per Balticum mare subsequeretur ; sed re detectâ, Pomeraniæ ducem detineri eum jussisse, quòd, absque salvo conductu, suas oras intrasset. Dimissum tamen haud multò post, factâ promissione se nihil adversùs Poloniæ regem ac duces Pomeraniæ clàm palàmve moliturum. Addit Berchemius non antè egredi carcere voluisset nisi cliens Vartis, ai qui eum ceperat, injuriâ à se captum fateretur.

[1] C'est-à-dire les chevaliers teutoniques.
[2] Koenisberg.

effort de gens d'armes, devers la ville ou le chastel, là où on tenoit en prison le duc de Guerles.

Quand cet écuyer, qui son maître étoit, fut informé de celle chevauchée, si se douta ; et s'avisa qu'il ne se tiendroit point en ce chastel ; mais se départiroit, car trop mal lui iroit, si pris ni attrapé il étoit ; mais, avant son département, il s'en vint au duc de Guerles, et lui dit ainsi : « Duc de Guerles, vous êtes mon prisonnier, et je suis votre maître. Vous êtes gentilhomme et loyal, vous m'avez convenancé et juré par foi que, quelque part que je irois ni voudrois aller, vous me suivriez. Je ne sais si vous avez mandé le haut maître de Prusse. Il vient ci efforcément, et ne suis pas conseillé de lui attendre. Demeurez, si vous voulez, ou me suivez si vous voulez. J'emporte votre foi avecques moi. »

Le duc de Guerles à toutes ces paroles ne répondit point : et l'écuyer monta, et se partit, et se mit en lieu et en place assez forte. Mais à son département il dit ainsi encore au duc de Guerles : « Vous me trouverez en tel lieu. » Si lui nomma un chastel, fort durement, et hors du chemin. Quand il se fut départi et mis à sauveté, le haut maître de Prusse, atout puissance de gens, vint là où le duc de Guerles étoit. Nul ne lui alla au devant pour le défendre. Il le délivra de là où il étoit, et toutes ses gens aussi qui là étoient ; et, s'il eût trouvé l'écuyer qui pris l'avoit, sans faute il l'eût mis à mort. Si s'en retournèrent vers sa ville de Connisbergue, et s'y retira, et le duc de Guerles en sa compagnie.

Or vous dirai qu'il avint de celle besogne. Bien est vérité qu'il en fut grand'nouvelle en plusieurs pays, et espécialement en Allemagne : et en parla-t-on en plusieurs manières, et venoient les paroles à grand'merveille aux seigneurs qui les ouïrent recorder. Quand le duc de Guerles fut venu à Connisbergue, qui délivré avoit été par la forme et ordonnance que je vous dis, et il eut pensé et imaginé sur ses besognes, et comment cel écuyer l'avoit fiancé par foi obligée, et quelle chose il lui avoit dit à son département, si fut moult mélancolieux : et dit en soi-même que nullement il ne pouvoit voir qu'il fît loyauté, ni s'acquittât bien de sa foi ; et dit au haut maître de Prusse qu'il ne vouloit là plus séjourner : ni pour chose qu'on lui sçût dire ni montrer, fût par dispensation, absolution, ni autrement, il ne se voult assentir qu'il ne se départît de là et se mît au chemin, et s'en alla en la ville et en propre lieu, où son maître, qui pris et fiancé l'avoit, demeuroit : dont toutes gens qui en ouïrent parler lui tournèrent à grand'vaillance.

Quand ces choses vinrent à la connoissance de ses prochains et des Guerlois, et qu'ils virent la volonté du duc leur seigneur, si traitèrent de sa délivrance : et fut délivré parmi le moyen de ce duc de Stuelpe qui y rendit grand'peine ; et, nonobstant tout ce, ce voult le duc de Stuelpe, avant qu'il consentît que le duc de Guerles issît hors de danger ni de sa terre, qu'il convînt, qu'il jurât et scellât que, pour toujours et à jamais, de celle prise lui ni ses hoirs, ni homme de sa terre, il ne pouvoit prendre ni arrêter par voie de dissimulation ni autrement ; et ainsi se départit le duc de Guerles, mais il eut en cel an telle aventure. Or retournerons-nous à messire Jean de Vienne, amiral de France ; et conterons quelle chose il fit, et comment il parla au roi de Castille, de par le roi de France.

CHAPITRE CXXXIV.

Comment messire Jean de Vienne, ayant fait son ambassade au roi de Castille, en eut réponse et dépêche ; comment ce roi et le duc de Lancastre procédèrent en leurs alliances de mariage ; et comment le comte d'Arondel, avec son armée de mer, se retira en Angleterre, après avoir fait quelque course sur côte de Normandie.

Tant exploita l'amiral de France par ses journées, qu'il entra en Castille ; et demanda du roi, là où on le trouveroit. On lui dit que par usage il se tenoit volontiers à Burges. Il chevaucha celle part, et fit tant, qu'il y arriva. Si descendit à hôtel et rafreschit, et appareilla, et alla au palais du roi. Si tôt que ceux de l'hôtel du roi sçurent que l'amiral de France étoit là venu, si le recueillirent, selon l'usage du pays, moult honorablement, pour l'honneur et amour du roi de France auquel ils se sentoient grandement tenus ; et fut mené en la chambre du roi qui moult liement le reçut, et messire Jean de Vienne lui bailla ses lettres. Le roi les prit, et les lut, et appela son conseil à une part ; et furent de rechef les lettres vues et lues. Quand on vit que créance y avoit, on appela l'amiral ; et lui dit-on qu'il parlât, et qu'il remontrât ce pourquoi il étoit là venu. Il, qui tout prêt étoit, dit ainsi, par beau langage et orné : « Sire roi, et vous tous ceux de son conseil, le roi de France m'envoye par devers vous, pour la cause de ce qu'il lui est venu à connoissance, que vous mariez votre fils à la fille du duc de Lancastre ; et vous savez que celle partie où vous vous alliez lui est contraire et adversaire ; et vient à grand'-merveille au roi de France et à son conseil, comment vous pouvez recueillir, ouïr, ni entendre à nul traité du monde, soit de mariage ou autre, sans le sçu de mon très redouté seigneur le roi notre sire et son conseil, car ils disent ainsi, et voir est, qu'on ne peut marier ses enfans, sans conjonction et alliance de grand'paix et amour. Si vous mande, de par moi, que vous avisez bien de faire ou d'avoir fait de penser, ou d'avoir pensé chose aucune qui soit préjudiciable au roi ni au royaume de France : parquoi les obligations et alliances, qui sont jurées et scellées du roi Henry votre père, et des prélats, nobles et cités de ce royaume, ne soient en rien enfreintes ni corrompues ; car, s'il étoit sçu, ni ouvert, vous seriez encouru en sentence de pape, et en excommunication, et peine impardonnable, et en l'indignation du roi et de tous les nobles du royaume de France ; et ne trouveriez, avec le blâme que vous encourriez et recevriez, plus grands ennemis d'eux. C'est la parole du roi et de son conseil, et laquelle par moi ils vous mandent. »

Quand le roi de Castille et une partie de son conseil qui là étoient, eurent ouï l'amiral de France ainsi parler, et si vivement, ils furent tous ébahis ; et regardèrent l'un autre ; et n'y eut oncques homme qui relevât le mot ni fît réponse. Toutes fois un évêque qui là étoit répondit et dit ainsi : « Messire Jean, vous êtes nouvellement venu en ce pays ; et le roi et nous vous y voyons moult volontiers que bien y soyez venu. Beau sire, le roi a bien ouï et entendu ce que vous avez dit et parlé. Si en aurez hâtivement réponse, dedans un jour ou deux, telle que vous vous en contenterez. » — « Il suffit, » répondit messire Jean de Vienne.

A ces mots il prit congé au roi et à son conseil, et se retrait en son hôtel. Et me fut dit que messire Jean de Vienne séjourna là plus de sept jours, que il ne pouvoit avoir réponse ; mais étoient les choses trop fort dissimulées, et tant qu'il s'en mélancolia, car point ne véoit le roi, mais se tenoit le roi toujours en ses chambres, sans soi montrer. Quand messire Jean de Vienne vit qu'il n'en auroit autre chose, il en parla à ceux du conseil du roi auxquels il parloit à la fois, et dit qu'il se départiroit sans être répondu. On se douta de celle parole, qu'il ne fît ce qu'il disoit, et voirement fait il l'eût. Si fut un jour appelé. Là lui fut réponse faite, sur telle forme qu'il dit au roi de France et à ceux qui l'avoient là envoyé, qu'ils ne fussent en nul soupçon du roi de Castille, ni de son conseil, car ils n'avoient jà, ni ne feroient, ni avoient fait, au roi d'Angleterre chose qui pût corrompre, briser, ni entamer, ni chanceler, par quelque voie quelconque, les alliances qui étoient faites, jurées, escriptes et scellées, entre France et Castille. Mais si le roi de Castille marioit son fils à la fille du duc de Lancastre, et faisoit paix à lui du côté de la chalenge que le duc demandoit au royaume de Castille de par sa femme, tout son pays généralement lui conseilloit, s'y assentoit et le vouloit; et ce ne devoit pas déplaire au roi de France, ni à son conseil; car toujours et en toutes choses, le roi de Castille vouloit demeurer, et aussi vouloient et veulent conjointement ses gens, par ferme ordonnance et alliance, avec et de-lez le roi de France et les François.

Telle fut la substance de la réponse que messire Jean de Vienne rapporta en France; et le roi de Castille et le duc de Lancastre procédèrent avant en leur mariage; et firent paix amiablement ensemble, par le moyen des traiteurs de Castille dessus nommés, car le duc de Lancastre se tenoit toujours en la marche de Bordeaux; et vint de Bayonne à Bordeaux, et la duchesse, et sa fille, où ils furent reçus à grand'joie, car on les désiroit au pays; et puis de Bordeaux ils vinrent à Lieborne.

Quand les vraies et certaines nouvelles furent venues et sçues en l'hôtel du comte de Foix, que le roi de Castille s'accordoit et apaisoit au duc de Lancastre, et marioit son fils à la fille du duc de Lancastre, et lui donnoit grand'terre et grand pays en Castille, et moult grand nombre de florins, environ deux cens mille nobles, si en fut le comte moult émerveillé, car pour ces jours j'y étois et séjournois[1]; et dit le comte de Foix : « Ce roi de Castille est un grand chétif; il a fait paix à un homme mort; car je sais bien, dit le comte de Foix, que le duc de Lancastre étoit en tel parti et en tel danger, qu'il ne se pouvoit aider. Par ma foi, dit le comte, c'est un sage homme ce duc de Lancastre; car vaillamment et sagement il s'est porté en celle guerre. »

Or avint qu'environ Noël l'armée du comte d'Arondel, qui toute la saison s'étoit tenue sur la mer, vaucrant et frontoyant le pays de Bretagne, de la Rochelle, de Xaintonge et de Bordelois, s'avalèrent en Normandie, et passèrent devant Carentan; mais avant avoient-ils pris terre à Chierbourch, et vouloient là faire aucunes armes au pays. De la ville et garnison de Carentan étoient gardiens et souverains, pour ce temps, le sire de Hambuye et le sire de Courcy; et avecques eux grand'foison de chevaliers et d'écuyers de Normandie.

Quand le comte d'Arondel, et sa route, entendit que la ville de Carentan étoit bien pourvue et garnie de bonnes gens d'armes, si passèrent outre, car il véoit bien qu'à l'assaillir ils pouvoient plus perdre que gagner. Et s'en vinrent devant une autre ville assez près de là, qui s'appelle Thorigny; et l'assaillirent, et la prirent de force; et la pillèrent; et y conquirent moult grand avoir; et emmenèrent grand'foison de prisonniers. Et puis vinrent devant la bonne ville et cité de Bayeux; et furent jusques aux barrières : mais point ne l'assaillirent, fors que d'une seule escarmouche. Et passèrent les Anglois les gués Saint-Clément; et firent moult grand dommage au pays, car ils séjournèrent quinze jours, ou environ : ni nul ne leur alla au devant. Si étoit le maréchal de Blainville en Normandie; mais il n'étoit pas signifié de leur venue, car, s'il l'eût sçue, il y eût pourvu.

Quand les Anglois eurent fait leur voyage et leur emprise, et porté au pays de Normandie dommage de bien deux cens mille francs, ils se retrairent bien et sagement, et passèrent les gués; et retournèrent à Chierbourch; et mirent tout leur conquêt à sauveté, et en leur navie; et, quand ils eurent vent à volonté, et leurs vaisseaux furent chargés, ils entrèrent dedans; et se désancrèrent; et puis prirent le parfond; et retournèrent en Angleterre, et arrivèrent à Hantonne. Ainsi en celle saison se porta sur mer et sur les bandes de mer, l'armée du comte d'Arondel.

[1] Froissart arriva à Orthez le jour de la Sainte-Catherine 1388.

CHAPITRE CXXXV.

Comment messire Louis de Sancerre alla voir le comte de Foix à Ortais ; et comment devant le duc de Lancastre, à Bordeaux, se firent faits d'armes, de cinq François et cinq Anglois.

En ce temps se tenoit messire Louis de Sancerre, maréchal de France, en la Languedoc, en la marche de Toulouse et de Carcassonne ; et savoit bien le traité qui étoit fait entre le duc de Berry et le comte de Foix, pour le mariage de la fille au comte de Boulogne, que le duc de Berry vouloit avoir, quoi que la damoiselle fût moult jeune. Si eut affection le maréchal de France de venir voir le comte de Foix ; et crois, selon que je fus informé de ses gens à Ortais, car là me trouva-t-il environ la Noël quand il vint, que le roi de France l'y envoya. Je vous dirai à quelle instance.

Le roi de France, pour ce jour, étoit jeune ; et volontiers travailloit ; et encore n'avoit-il point été en la Languedoc, qui est un très grand pays et rempli de cités, de bonnes villes, et de châteaux et de toutes gens. Mais le duc de Berry, et son conseil, qui le gouvernement en avoient eu, l'avoient trop durement appovri et gâté, par tailles et par oppressions ; dont les plaintes étoient venues jusques au roi, pour ce point qu'il étoit nouvellement entré en la domination de son royaume. Si avoit dit qu'il vouloit aller en Languedoc, et visiter le pays, et aussi le pape que oncques il n'avoit vu ; et en ce voyage il voudroit aussi voir le comte de Foix duquel il avoit tant ouï parler, pour les largesses et les vaillances de lui. Si se mit au chemin le maréchal, messire Louis de Sancerre ; et se partit de la cité de Toulouse, bien à cinq cens chevaux ; et chevaucha tant qu'il vint à Tarbe en Bigorre, et de là à Morlans en Béarn. Le comte de Foix qui étoit signifié de sa venue en fut tout réjoui, et commanda à ses maîtres d'hôtel que sa ville d'Ortais fût très bien appareillée pour l'y recevoir, car sa venue lui plaisoit trop grandement.

On fit le commandement du comte, et furent les hôtels ordonnés pour ses gens. Car il descendit au chastel d'Ortais ; et alla promptement le comte de Foix à l'encontre de lui, sur les champs, à plus de trois cens chevaux : et le recueillit grandement et liement ; et fut à Ortais messire Louis de Sancerre environ six jours. Et là dit le dit messire Louis au comte de Foix, que le roi de France avoit très grande affection de venir en Languedoc et de lui voir. Le comte de Foix répondit et dit : « En bonne foi, il soit le bien venu, et aussi le verrois-je volontiers. » — « Voire, sire, répondit messire Louis, mais c'est l'intention du roi qu'il voudra, à sa venue, savoir pleinement et ouvertement, lequel vous voulez tenir, François ou Anglois, car toujours vous vous êtes dissimulé de la guerre ; et point ne vous êtes armé, pour prière ni pour mandement que vous ayez eu. » — « Ha ! messire Louis, dit le comte de Foix, grand merci, quand de telle chose vous m'avisez. Si je me suis excusé et déporté de non moi armer, j'ai eu, à juste entendement, cause, car la guerre du roi de France et du roi d'Angleterre ne me regarde en rien. Je tiens mon pays de Béarn de Dieu, et de l'épée, et de lignée. Si n'ai que faire de me bouter en nulle servitude, ni rancune, vers l'un roi ni l'autre. Et bien sais que mes adversaires d'Armignac ont bien fait leur pouvoir par plusieurs fois de me mettre en la malveillance et indignation de l'une partie et de l'autre. Car, avant ce que le prince allât en Espaigne, par l'information du comte d'Armignac, il me vouloit faire guerre ; et en étoit en très grand'volonté, si messire Jean Chandos ne l'eût brisée. Nequedent toutes fois, Dieu merci, je me suis toujours tenu et gardé, au plus courtoisement que j'ai pu ; et ferai, tant comme je vivrai, et après ma mort, les choses voisent et tournent ainsi comme elles devront aller. »

Ainsi s'ébattirent ensemble, le terme que le maréchal de France fut là, le comte de Foix et le dit maréchal ; et, quand il prit congé, le comte de Foix lui fit donner un très beau coursier, et un très beau mulet, et un très beau roncin, tous ensellés très richement, et à messire Robert de Challus qui là étoit et à messire Guichard Dauphin, aux chevaliers et escuyers du maréchal, et espécialement aux chevaliers, à chacun deux cens francs, et, à chacun escuyer cinquante francs. Donc prit le maréchal congé, pour retourner vers Toulouse. Et je voulois aussi retourner aveques lui, mais le comte de Foix ne le voult pas consentir ; et me dit que je demeurerois encore. Si me convint demeurer et attendre sa volonté. Et messire Louis de Sancerre se départit d'Ortais, et se mit en chemin vers Tarbe ; et le conjouirent les sires d'Anchin, de Bigorre, et, de l'hôtel du comte de Foix, messire Pierre de Cabestain, chevalier.

En ce temps, et environ l'an renouvelant, y eut à Bordeaux sur Gironde un appertise d'armes, devant le duc de Lancastre, de cinq Anglois de l'hôtel du duc et de cinq François; dont les aucuns étoient de l'hôtel du maréchal de France. Premièrement messire Petiton de Pellagaie, Gascon-Anglois, encontre messire Morice Mauvinet, François; secondement, de messire Raymon d'Arragon, Anglois, contre le bâtard de Tanneguy, François; tiercement, de Louis de Malepue, capitaine d'Aiguemortes, François, contre Janequin Corne-de-Cerf; quartement, d'Archambaut de Villiers, François, contre le fils du seigneur de Caumont, Gascon-Anglois; quintement, de Guillaume Foucaut, François, contre le frère du seigneur de Caumont Gascon-Anglois. Et vous dis que, pour voir ces armes faire, plusieurs chevaliers et écuyers de Béarn, et de l'hôtel du comte de Foix, se mirent au chemin; et je me mis en leur compagnie deux bonnes journées; car d'Ortais jusques à Bordeaux, il n'y a que vingt et quatre lieues; et vîmes les armes faire, qui furent faites à Bordeaux, en la place devant Saint-Andrieu, présens le duc de Lancastre, la duchesse et leur fille, et les dames et damoiselles du pays, dont il y en avoit grand'foison. Non que ils fesissent armes tous ensemble, mais chacun contre son pareil et à part lui. Si étoient les armes de trois coups de glaive, de trois coups d'épée, et de trois coups de haches, et de trois coups de dague, et tous à cheval. Et y mirent trois jours; et les firent bien et à point et arréement; et n'y eut nul des dix blessés, mais messire Raymon d'Arragon occit le cheval du bâtard de Tanneguy, dont le duc de Lancastre fut moult courroucé, et en blâma le chevalier, pourtant qu'il avoit porté sa lance trop bas, et en fit tantôt rendre un des siens au dit chevalier. Ainsi se portèrent ces armes, et puis se départirent toutes gens, et se mirent au retour, chacun s'en r'alla en son lieu.

CHAPITRE CXXXVI.

Comment la duchesse de Lancastre mena sa fille en Castille, pour la marier au fils du roi ; et comment, ayant trouvé les os de son père, les fit porter en la cité de Séville, et inhumer avec royal obsèque.

Assez tôt après s'ordonna la duchesse de Lancastre, pour aller en Castille, et pour y mener sa fille qui devoit avoir, par mariage, le fils du roi de Castille. Si avoient le duc de Lancastre et la duchesse tout cel hiver trop fort entendu à ordonner leur besogne grandement et étoffément pour leur honneur, tant que pour leurs corps que pour leurs dames et damoiselles ; et étoit l'intention de la duchesse, qu'à son entrée et venue en Castille, elle iroit tout premièrement à Montiel, où la bataille fut jadis du roi Piètre, son père, à l'encontre du roi Henry de Castille, et de messire Bertrand du Clayaquin ; et feroit juste enquête là où le corps son père pour ces jours fut enseveli ; et là feroit les os, et ce qu'on y trouveroit, défouir et porter en la cité de Séville : et là de rechef ensevelir richement et puissamment, ainsi comme à roi appartenoit.

Quand ce vint à l'entrée du mois de mars [1] que le soleil commence à monter, et les jours à alonger, et le beau temps à venir, la duchesse de Lancastre eut son arroy tout prêt pour elle et pour sa fille ; si se départirent de Bordeaux, et vinrent à Bayonne : et là prit congé à elle le duc de Lancastre qui s'en retourna à Bordeaux, et les dames se mirent à chemin devers la cité de Dax ; et tant exploitèrent, qu'elles vinrent là : et y furent reçues moult grandement, car la cité de Dax est en obéissance au roi d'Angleterre. Si furent là, et y reposèrent deux jours : et puis passèrent parmi la terre des Bascles, et le pas de Roncevaux, et entrèrent en Navarre, et vinrent en Pampelune ; et trouvèrent le roi de Navarre et la roine, qui les recueillit, grandement et honorablement, car la roine de Navarre pour ce temps étoit sœur au roi de Castille [2].

La duchesse de Lancastre et sa fille mirent, à passer le royaume de Navarre, plus d'un mois, car elles séjournèrent par plusieurs fois avecques le roi et la roine : et tout partout, pour

---

[1] L'année 1388 s'est terminée, d'après l'ancien calcul, au 17 avril, Pâques tombant le 18 du même mois. L'année 1389 ne doit être comptée qu'à partir du 18 avril.

[2] Charles II, roi de Navarre, avait épousé, en 1361, Léonore, fille de Henri II et sœur de Jean, roi de Castille.

elles et leurs gens, étoient leurs frais payés. Après, elles entrèrent en Espaigne; et là trouvèrent les gens du roi de Castille, à l'entrée du royaume, qui les recueillirent liement, car pour ce faire y étoient-ils envoyés. Tous les royaumes d'Espaigne, de Castille et de Galice, de Séville et de Tolède, et de Cordouan furent réjouis de la venue des dames, pour la cause de ce que la jeune fille devoit avoir par mariage le fils du roi Jean, leur seigneur. Et sembloit à tous que ils avoient parfaite paix, pour ce qu'ils étoient hors de ce doute des Anglois, car contre les Portingalois, comme ils disoient, ils se cheviroient bien. Si vinrent les dames à Burges[1] devers le roi Jean de Castille qui les reçut grandement et liement; aussi furent les prélats et les barons du pays là qui les reçurent aussi. Si furent festoyées comme à elles appartenoit; et là furent renouvelées toutes les convenances prises, faites, escriptes et scellées entre le roi Jean de Castille et le duc Jean de Lancastre. Et devoient le duc de Lancastre et sa femme, tenir en Castille par an de revenue cinquante mille francs, dont quatre cités et tout le pays de Champ[2] en étoient pleiges; et derechef la duchesse de Lancastre, pour sa chambre, devoit avoir et tenir par an seize mille francs, et sa fille et le fils du roi devoient tenir, le viage du roi son père, tout le pays de Galice; et se devoit le jeune fils appeler prince de Galice[3].

Quand toutes ces choses furent faites, renouvelées et confirmées, et le mariage confirmé, la duchesse de Lancastre laissa sa fille de-lez le roi, et son jeune mari qui pouvoit avoir environ huit ans[4]. Elle prit congé du roi, pour aller vers Montiel, si comme en devant elle avoit proposé. Le roi lui donna, et la fit accompagner des plus grands de sa cour. La dame vint à Montiel, et fit tant, par sa juste enquête, qu'elle sçut de vérité là où son père fut jadis enseveli, si comme vous savez, et aussi il est contenu en notre histoire ci-dessus. Si fut défoui, et les os pris, et lavés, et embaumés, et mis en un sarcus, et portés en la cité de Séville : et y vinrent toutes les processions à l'encontre et au devant, au dehors de la cité. Si furent en l'église cathédrale ces os portés, et là mis bien et révéremment; et lui fit-on obsèque très solemnelle; et y fut le roi Jean de Castille, et son fils le jeune prince de Galice, et la greigneur partie des prélats et barons du pays.

Après les obsèques faits, chacun s'en retourna en son lieu. Le roi de Castille s'en vint au Val-de-Sorie, et son fils et sa fille avecques lui : et la duchesse de Lancastre s'en alla à Medine-de-Camp, une bonne ville et grosse cité, dont elle étoit dame par la confirmation de la paix, et se tint là un grand temps. Nous nous souffrirons à parler d'elle et de Castille, tant que temps et lieu seront : et parlerons du mariage du duc de Berry, et aussi d'autres incidences qui s'ensuivent.

CHAPITRE CXXXVII.

Comment le duc de Berry pratiqua si bien vers le comte de Foix, qu'il lui envoya sa cousine de Boulogne, laquelle il épousa incontinent.

Le duc de Berry, madame Jeanne d'Armignac, sa première femme, trépassée de ce siècle, avoit grand imagination, et bien le montra, que secondement il fût remarié; car si très tôt comme il put voir qu'il avoit failli à la fille du duc de Lancastre, il n'eut oncques arrêt ni séjour, mais mit clercs en œuvre et messagers, pour envoyer devers le comte Gaston de Foix, qui avoit en garde la fille au comte Jean de Boulogne, et l'avoit eue depuis plus de neuf ans. Or, pourtant que le duc de Berry à ce second mariage ne pouvoit venir, fors que par le danger du comte de Foix, car au fort, le dit comte, ni pour père, ni pour mère, ni pour pape, ni pour prochain que la damoiselle eût, il n'en eût rien fait s'il ne lui fût bien venu à plaisance, il en parla au roi de France, son neveu, et au duc de Bourgogne, son frère; et leur pria très affectueusement, qu'ils s'en voulsissent charger avecques lui, et ensonnier. Le roi de France en eut bons ris, pourtant que le duc de Berry, son oncle, étoit jà tout ancien; et lui dit : « Bel oncle, que ferez vous d'une telle fillette? Elle n'a que douze ans, et vous en avez soixante. Par ma foi, c'est grand folie pour vous de penser de celle chose; faites en parler pour Jean, beau cousin votre fils, qui est jeune et à venir. La chose est

---

[1] Le roi était allé de Burgos à Valence, où il reçut la princesse et où les noces se célébrèrent.
[2] Medina del Campo. J'ai déjà rapporté plus haut les articles du traité.
[3] Il s'appela prince des Asturies.
[4] Il n'avait en effet que neuf ans.

mieux pareille à lui que elle ne soit à vous. » — « Monseigneur, répondit le duc de Berry, on en a parlé, mais le comte de Foix, à qui il tient, n'y veut entendre; et crois que c'étoit que mon fils vient d'Armignac, et ils ne sont pas en trop bon amour ensemble. Si la fille de Boulogne est jeune, je l'épargnerai trois ou quatre ans, tant que elle sera femme et parcrue. » — « Voire, dit le roi, mais elle ne vous épargnera pas. » Et puis dit, tout en riant : « Bel oncle, puis que nous voyons que vous avez si bonne affection à ce mariage, nous y entendrons volontiers, c'est raison. »

Depuis, ne demeura long terme, que le roi et le duc de Bourgogne ordonnèrent pour aller au pays de Berne, par devers le comte de Foix, tels seigneurs que je vous nommerai. Premièrement le comte de Sancerre, messire Guillaume de la Trémouille, le seigneur de la Rivière, et le vicomte d'Assy ; et encore y fut ordonné, pour aller au dit royaume, l'évêque d'Autun ; mais cil ne devoit point passer outre Toulouse avec les autres jusques à tant qu'il sauroit comment les traiteurs se porteroient entre le comte de Foix et les ambaxadeurs de France.

Les seigneurs dessus nommés se départirent du duc et du roi de France et des deux ducs, quand toutes leurs besognes furent ordonnées ; et se mirent au chemin, et exploitèrent tant qu'ils vinrent en Avignon, et furent là un long terme de-lez le pape Clément, qui leur fit très bonne chère et féale, pour l'amour du roi. Quand ils eurent séjourné en Avignon, et que leurs messagers qu'ils avoient envoyés en Berne, devers le comte de Foix, furent retournés, et eurent rapporté lettres, lesquelles parloient ainsi ; que il plaisoit bien au comte que les dessus dits se traîssent avant, ils se départirent du pape et d'Avignon, environ la Chandeleur, et prirent le chemin de Montpellier ; et chevauchoient à petites journées et à grands dépens ; et passèrent Nîmes, Montpellier et la cité de Béziers ; et vinrent à Carcassone ; et trouvèrent là monseigneur Louis de Sancerre, maréchal de France, qui les recueillit liement et doucement, et ce fut raison. Lequel messire Louis parla à part assez aux dits ambaxadeurs de France, du comte de Foix et de son état, car il avoit été en Berne devers lui en celle saison. Quand ils eurent été de-lez le maréchal quatre jours, ils prirent congé et se mirent au chemin, et passèrent à Ville-Franche et au Chastel-Neuf d'Auri, à Avignolet et à Mont-Giscart, et puis vinrent à Toulouse. Et se logèrent là, et eurent conseil comment ils se maintiendroient. Le comte de Foix savoit bien leur venue, car tous les jours il en avoit ouï nouvelles, pourtant que en venant de Carcasonne à Toulouse, ils avoient côtoyé en son pays de Foix ; et se tenoit le dit comte en la ville d'Ortais en Berne.

Quand ces seigneurs de France furent venus à Toulouse, et ils y furent rafreschis, ils eurent conseil que ils envverroient, comme ils firent, devers le comte de Foix, pour entamer les traités de ce mariage, en quelle instance ils étoient là avalés. Si s'entamèrent les traités de ce mariage, mais ils furent moult lointains, car de commencement le comte de Foix fut moult froid, pourtant que le duc de Lancastre, qui se tenoit pour ce temps à Bordeaux ou à Lisbourne, en faisoit parler et prier pour son fils Henry, comte de Derby. Si fut tel fois, pour le lointain séjour que on véoit, que on disoit que le mariage pour le quel ces seigneurs se arrêtoient à Toulouse ne se feroit point, et tout leur état et les ordonnances, responses et traités du comte de Foix, de jour en jour, et de sepmaine en sepmaine, ils envoyèrent soigneusement devers le duc de Berry qui se tenoit à la Nonnette en Auvergne, et le duc de Berry, qui n'avoit autre désir, fors que les choses approchassent, rescripsoit devers eux, et les rafreschissoit souvent de nouveaux messages, et eux signifiant que noblement ils cessassent point que la besogne ne se fesist. Le comte de Foix, qui étoit sage et soubtil, et qui véoit l'ardent désir du duc de Berry, traitoit vaguement et froidement ; si fit à ceux qui envoyés lui étoient très bonne chère ; et ne répondit autrement, fors que par lettres. Et il me fut dit et signifié que de premier, avant que les traités s'entamassent, il se fit très grandement prier et dangérer ; et plus en étoit quoitié, plus s'en refroidoit ; nequedent, il ne vouloit pas que le mariage ne se fît, mais il tendoit à avoir une bonne somme de florins ; non que il mît avant qu'il voulsist vendre la dame, mais il vouloit être récompensé de la garde, car environ neuf ans et demi il l'avoit eue et nourrie ; si en demandoit trente mille francs. Encore si plus en eût demandé, plus en eût eu. Mais moyennement il voult ouvrer sur la conclusion de cette matière, à la fin qu'on lui en sçût gré, et aussi que le duc de Berry sentesist qu'il fist aucune chose pour lui.

Ces ambaxadeurs n'étoient pas chargés de cela faire, car ils n'avoient point d'argent si il ne leur venoit du duc de Berry. Si en escripvirent au duc qui se tenoit à la Nonnette en Auvergne, et Tacque-Tibaut de-lez lui, où la greigneur partie de sa plaisance s'arrêtoit. Ce Tacque-Tibaut est un varlet et un faiseur de chausses, que le duc de Berry avoit en âme, on ne savoit pourquoi, car en le dit varlet il n'y avoit ni sens, ni conseil, ni nul bien, fors à son grand profit; et l'avoit le duc de Berry enrichi en bons jeuwiaux en or et en argent de la valeur de deux cens mille francs; et tout avoient payé les povres gens d'Auvergne et de la Languedoc qui étoient taillés trois ou quatre fois l'an pour accomplir au duc ses folles plaisances.

Le duc de Berry, qui se tenoit à la Nonnette en Auvergne, s'émerveilloit de ce que ses gens n'exploitoient plus légèrement, mais ils avoient à faire et à répondre au plus sage prince qui fût en son temps, c'étoit le comte de Foix. Car il disoit bien que, si le duc de Berry avoit sa cousine, il payeroit bien la bonne garde que fait en avoit; si montoit la demande à trente mille francs. Le duc escripvit à ses gens que pour la somme des florins ils ne dérompissent pas les traités; car il vouloit avoir la dame. Donc commencèrent les ambaxadeurs à procéder avant, et à signifier au comte que sa volonté seroit accomplie de tous points. Dont s'adoucit le comte de Foix; et manda aux ambaxadeurs à Toulouse où ils se tenoient, par ses chevaliers, tels que messire Espaing de Lyon et messire Pierre de Cabestain, que ils vinssent à Berne en une ville fermée, que on appelle Morlens, et apportassent la finance; et ils trouveroient qui la recevroit et qui leur délivreroit la dame.

Ces ambaxadeurs furent tous réjouis de ces nouvelles, et s'ordonnèrent pour partir, et l'évêque d'Autun en leur compagnie; et fut la finance mise en sommiers; et s'en chevauchèrent tous ensemble, et cheminèrent tant que ils entrèrent en Berne et vinrent à Morlens. Tout le pays d'environ étoit chargé de gens d'armes, de par le comte de Foix, et étoient épars ens ès forts et ens ès villages plus de mille lances, car il ne vouloit pas être trompé du duc de Berry. Le comte de Foix ne fut pas présent à délivrer la demoiselle de Boulogne, mais il y avoit envoyé un sien frère bâtard, gentil et sage chevalier qui s'appeloit messire Ernaut Guillaume de Béarn, et son fils bâtard, un jeune chevalier, messire Yvain de Foix. Les deux, avec plusieurs autres, firent état et excusèrent le comte qui se tenoit à Pau, et reçurent le payement; et là, par procuration, l'évêque d'Ostun[1] en Bourgogne épousa au nom du duc de Berry la jeune fille de Boulogne, qui s'appeloit Jeanne et pouvoit avoir environ douze ans et demi.

Et je, sire Jean Froissart, qui celle histoire ai dictée et ordonnée, par l'aide et grâce de Dieu, en paroles, comme cil qui étoit présent à toutes ces choses, pris adonc congé au gentil comte de Foix, pour retourner en France avec sa cousine; lequel me fit grand profit à mon département, et m'enjoignit amiablement que encore je le allasse voir; laquelle chose sans faute je eusse fait si il fût demeuré le terme de trois ans en vie; mais il mourut, dont je rompis mon chemin, car, sans lui trouver au pays, je n'y avois que faire. Dieu en ait l'âme par son commandement!

Après toutes ces choses accomplies à leur devoir, et que les trente mille francs furent délivrés et la demoiselle épousée par procuration, si comme ici dessus est dit, on se départit de Morlens après boire, et vint-on ce jour gésir en la cité de Tarbes en Bigorre, laquelle est royaume de France. Et vous devez savoir que le duc de Berry avoit envoyé à Toulouse, et fait faire chars et chariots pour la dame, si riches et si nobles que merveille seroit à deviser, en tout état tel comme à lui appartenoit. Et exploitèrent tant les dessus dits ambaxadeurs et leur dame, qu'ils vinrent en la cité de Toulouse, et si y reposèrent deux jours, et puis s'en partirent et se mirent au chemin pour venir vers Avignon; et les accompagna le maréchal de France, messire Louis de Sancerre à bien cinq cens lances, car il l'avoit du commandement du roi, tant que elle fût venue à Ville-Neuve de-lez Avignon; ce fut par un lundi soir. Le mardi à dix heures, elle passa le pont sur Rhône en Avignon. Et allèrent encontre lui tous les cardinaux; et fut la dame

---

[1] Autun.

amenée en Avignon, et descendit au palais, d'une très belle et bonne haquenée toute blanche que le pape lui avoit envoyée. Et dîna là et tous les seigneurs. Sachez que ce pape Clément la recueillit grandement. Il y étoit tenu, car la damoiselle étoit fille de son cousin germain, le comte Jean de Boulogne. Et fut la dame logée à l'hôtel du cardinal de Tury; et le vendredi au matin elle se partit d'Avignon et vint à Orange; et là fut jusques au dimanche, car le prince étoit son cousin.

Celle dame, à petites journées et à grands frais, exploita tant que elle vint en Auvergne, et fut amenée à Riom; et le jour de la Pentecôte au matin le duc de Berry l'épousa en sa chapelle. Et là furent d'Auvergne, le comte de Boulogne, le comte Dauphin, le sire de la Tour, le sire de Roie, et messire Hugues Dauphin, et grand'foison de seigneurs et de dames: et là fus présent. Et après toutes ces fêtes, si m'en retournai en France, avec le seigneur de la Rivière[1].

CHAPITRE CXXXVIII.

Comment certains traiteurs et sages hommes pourparlèrent, et prirent unes trèves, à durer trois ans, entre les François et Anglois, et tous leurs alliés, tant d'une partie comme d'autre, par mer et par terre.

Vous savez comment unes trèves furent prises entre les parties et garnisons d'outre la rivière de Loire, de tous côtés jusques à la rivière de Dordogne et de Gironde, à durer jusques à la Saint-Jean-Baptiste, qu'on compta, pour lors, en l'an de grâce mil trois cens quatre vingt et neuf. Ces trèves durans en cel état, aussi d'autre part s'ensonnioient grands seigneurs et sages, entre les parties de France et d'Angleterre, pour traiter unes trèves, à durer trois ans, par mer et par terre; et étoit l'intention des traiteurs qui de ce s'ensoignoient, que dedans ces trèves seroient enclos, pour la partie du roi de France, tous ceux qui de sa guerre s'ensoignoient : et premièrement le royaume de Castille tout entièrement, par mer et par terre, et aussi tout le royaume d'Escosse, par mer et par terre; et d'autre part, du côté du roi d'Angleterre, tous ses alliés; et enclos dedans le roi et le royaume de Portingal, et plusieurs barons de la haute Gascogne. Si eurent moult de peine et de travail ces traiteurs, avant qu'ils pussent avenir à leur entente, car nullement les Escots ne s'y vouloient assentir. Et, quand les nouvelles furent venues en Escosse, de par le roi de France, au roi Robert d'Escosse, il, de sa personne, s'y accorda légèrement; car il ne demandoit point la guerre. Si fit venir un jour à Haindebourch, sa maîtresse ville, tous les barons et prélats d'Escosse auxquels de celle besogne répondre en appartenoit; car, sans leur sçu, le roi ne l'eût point fait; et, s'il l'eût accordé, ils ne l'eussent pas tenu. Si furent en la présence d'iceux lues les lettres que le roi de France leur envoyoit; et vouloit par ses paroles qu'ils scellassent et s'accordassent à ces trèves de trois ans.

Ces nouvelles leur furent trop dures; et dirent adoncques : « Le roi de France ne sert fors à trêver quand il est temps de guerroyer. Nous avons en celui an rué jus les Anglois; et encore se taille bien la saison que nous les ruerons jus secondement, et tiercement. » Là eut plusieurs paroles retournées entre eux, car nullement ils ne s'y vouloient assentir ni accorder. Finablement, il fut accordé qu'ils envoyeroient un évêque et trois chevaliers, de par eux, en France, devers le roi et son conseil, pour briser tous ces traités, et pour remontrer la bonne volonté du royaume d'Escosse. Si en furent ordonnés l'évêque de Saint-Andrieu, et, des chevaliers, messire. Archebaus de Douglas, messire Guillaume de Lindesée, et messire Jean de Saint-Clar. Ceux se départirent le plus tôt qu'ils purent; et montèrent en mer, et arrivèrent à l'Escluse; et puis chevauchèrent tant par leurs journées qu'ils vinrent à Paris devers le roi et son conseil, et montrèrent les lettres de créance de tous les barons et prélats du royaume d'Escosse. Ils furent ouïs et volontiers entendus, pour la grand' affection qu'ils avoient de procéder en la guerre à l'encontre des Anglois : mais, nonobstant ce, la chose étoit des parties si avant menée, traitée et pourparlée, qu'on ne la pouvoit ni vouloit reculer. Si fut répondu aux Escots doucement; et convint que la chose se fît. Si le firent : et prirent unes trèves, par l'aide des moyens qui s'en ensoignèrent; et eurent plusieurs journées de traités et de parlemens à Lolinghen, entre

---

[1] Le manuscrit 8325 et les autres manuscrits de la Bibliothèque royale se terminent à ce chapitre. Le chapitre suivant m'est fourni par ma copie du manuscrit de Besançon.

Boulogne et Calais ; et tant fut parlé, traité et mené, qu'unes trèves furent prises, données et accordées, entre France et Angleterre. Et ceux qui s'ensoignoient de mener les traités étoient prélats, et hauts barons, et sages des deux royaumes : c'est à savoir de France et d'Angleterre; et les avoient si approchées, qu'il convenoit qu'elles se fissent.

Or furent-elles prises entre les deux royaumes de France et d'Angleterre, et tous leurs ahers, conjoints et alliés, par mer et par terre, à durer fermement, sans dissimulation ni ombre nulle de mal engin, trois ans, entre toutes les parties. Si se tenoient à Boulogne les traiteurs pour celles trèves, de par le roi de France, l'évêque de Bayeux, le comte Wallerant de Saint-Pol, messire Guillaume de Melun, messire Nicolas Bracque, et messire Jean le Mercier : et en la ville de Calais, de par le roi d'Angleterre, messire Gautier Brion, l'évêque de Durem, messire Guillaume de Montagu, comte de Salberry, messire Guillaume de Beauchamp, capitaine de Calais, Jean Clanvou, Nicole de Gaberth, chevaliers et chambellans du roi Richard, et Richard Rohalle, clerc et docteur en lois. Et se tenoient les parlemens de ces parties sur le milieu du chemin, entre Boulogne et Calais, en un lieu, qu'on dit Lolinghen.

En ce temps étoient grands nouvelles en France, et en tous autres lieux et pays, d'une très puissante fête de joutes et d'ébattemens, que le jeune roi Charles de France vouloit faire à Paris, à la venue d'Ysabel, roine de France, sa femme, qui encore n'avoit été à Paris. Pour laquelle fête chevaliers et écuyers, dames et damoiselles, s'appareilloient partout grandement et richement; et de laquelle fête je parlerai encore en avant en mes traités et aussi de la charte de la trève qui fut levée, grossoyée et scellée de toutes parties. Mais au jour que je cloys ce livre, je ne l'avois pas encore; si m'en convint souffrir; et aussi, s'il plaît à mon très cher et honoré seigneur, monseigneur le comte Guy de Blois, à laquelle requête et plaisance j'ai travaillé à celle noble et haute histoire, le me dire; et pour l'amour de lui je y entendrai; et de toutes choses advenues depuis le tiers livre clos, je m'informerai volontiers.

FIN DU TROISIÈME LIVRE DES CHRONIQUES DE SIRE JEAN FROISSART.

TABLE DES CHAPITRES

CONTENUS DANS CE VOLUME.

LIVRE II.

Chapitre premier.—Comment le duc de Bourgogne retourna en France; d'aucuns incidens et du grand amas et assemblée de gens que le duc d'Anjou fit pour assiéger Bergerac. 1

Chap. ii. — Comment Guillaume, seigneur de Pommiers, atteint de trahison, et un sien clerc, furent décollés en la cité de Bordeaux, et d'autres chargés pour tels faits. 2

Chap. iii. — Comment le duc d'Anjou vint à grand ost assiéger Bergerac; de la prise du seigneur de l'Esparre; et comment les Anglois cuidèrent gréver le dit duc d'Enjou. 3

Chap. iv. — Des escarmouches qui se faisoient devant Bergerac, et comment les Anglois et les François, Gascons et autres se rencontrèrent durement. Ib.

Chap. v. — Comment messire Thomas de Felleton, sénéchal de Bordeaux, et autres furent à un rencontre pris et retenus par les François. 4

Chap. vi. — Comment les Anglois furent rués jus et les plus grands seigneurs de Gascogne pris. 5

Chap. vii. — Comment Bergerac se rendit aux François; de la venue du sire de Coucy et de la prise de Saint-Foy. Ib.

Chap. viii.—Comment Chastillon sur Dourdogne fut assiégée; de la rançon messire Thomas de Felleton, et de la délivrance de ses compagnons. 6

Chap. ix. — Comment Chastillon sur Dourdogne se rendit, et Sauveterre, Saint-Bazile, Montségur et Auberoche. 7

Chap. x.—Comment la ville de Saint-Macaire se rendit françoise, et après le château. 8

Chap. xi. — Comment la ville de Duras fut assiégée et prise d'assaut par les François et le château après par composition. 9

Chap. xii. — Comment le duc d'Anjou donna congé à ses gens d'armes, et comment le fort château de Mortaigne fut assiégé. 10

Chap. xiii.—Comment le roi d'Escosse fit une grosse armée pour aller en Angleterre, et comment un écuyer d'Escosse prit le château de Bervich en Angleterre. 12

Chap. xiv. — Comment le château de Bervich fut assiégé par les Anglois, et comment les Escots qui devoient lever le siége s'en retournèrent sans rien faire, et comment le dit château fut pris d'assaut. 13

Chap. xv. — Comment le comte de Northombrelande reprit le châtel de Bervich, et comment il entra en Escosse puissamment. 14

Chap. xvi. — Comment les Anglois poursuivoient les Escots pour les combattre, et comment deux écuyers anglois furent pris par une embuche d'Escots. 15

Chap. xvii. — Comment les Anglois qui avoient pris le château de Bervich furent par les Escots déconfits, et y fut pris prisonnier messire Thomas Mousegrave. 16

Chap. xviii.—Comment messire Thomas Mousegrave et les Anglois furent déconfits par les Escots. 17

Chap. xix. — Comment l'armée du comte de Northombrelande fut rompue, et du trépas de la roine de France et de la roine de Navarre, et de plusieurs autres incidens. 18

Chap. xx. — De la mort du pape Gregoire onzième de ce nom. De l'élection du pape Urbain cinquième; et comment il mourut; et comment Urbain sixième fut élu à pape. 20

Chap. xxi. — Des orgueilleuses paroles que les Romains disoient à l'élection du pape. 22

Chap. xxii. — Comment le roi de Navarre envoya quérir ses deux fils en la cour du roi de France, lesquels il ne put avoir, et comment il fit garnir ses places en Normandie; et comment le roi de France fit mettre en sa maison la baronnie de Montpellier appartenant au roi de Navarre, et d'autres incidens. 23

Chap. xxiii. — Comment le roi de France saisit toute la terre au roi de Navarre. 25

Chap. xxiv. — Comment le siége fut mis de par le roi de France devant la ville d'Évreux; et comment le roi de Navarre alla en Angleterre faire alliances aux Anglois. 25

Chap. xxv.—Des alliances que le roi de Navarre fit au roi d'Angleterre, et comment le roi de France étoit garni de gens d'armes en plusieurs lieux. 26

Chap. xxvi. — Comment Carentan, Conches et autres villes en Normandie se rendirent Françoises, et comment le siége fut mis à Évreux; et de l'armée du duc de Lancastre. 27

Chap. xxvii. — Du siége que le sire de Coucy et le sire de la Rivière tenoient à Évreux, et des châteaux et villages que le roi de Navarre perdit lors en Normandie. Ib.

Chap. xxviii. — Comment l'emprise du siége de Bordeaux fut rompue par le mandement du roi de France; et du siége mis devant Bayonne par le roi de Castille; et comment le duc de Lancastre assiégea la ville de Saint-Malo de l'Isle. 29

Chap. xxix. — Des issues et chevauchées que les Anglois firent en cette saison en divers lieux parmi France. 31

Chap. xxx.—Comment Yvain de Galles, tenant le siége devant Mortaigne, fut par un sien serviteur occis et murdry en trahison. 32

Chap. xxxi. — Comment la ville d'Évreux fut rendue à l'obéissance du roi de France; des deux osts assemblées devant Saint-Malo qui se départirent du siége sans bataille. 33

Chap. xxxii. — Comment le roi de France envoya une grosse armée de gens d'armes pour lever le siége que tenoient les Anglois devant Saint-Malo de l'Isle; et de plusieurs escarmouches qui s'y firent. 35

Chap. xxxiii. — Comment les François qui tenoient siége devant Mortagne s'en allèrent sans rien faire; et comment les Bretons qui s'étoient retraits dedans le fort de Saint-Léger se rendirent aux Anglois et Gascons. 36

Chap. xxxiv. — Comment les Anglois recouvrèrent plusieurs forts châteaux sur les Français au pays de Bordelois. 38

Chap. xxxv. Comment le fort de Saint-Maubert fut rendu par les Bretons aux Anglois et Gascons qui y tenoient siége. 38

Chap. xxxvi. — Comment ceux de Saint-Malo rompirent la mine que les Anglois faisoient, et comment les dits Anglois levèrent leur siége sans rien faire. 39

Chap. xxxvii. — D'une rencontre où messire Olivier du Glayaquin fut pris prisonnier par les Anglois de la garnison de Chierbourch. 40

Chap. xxxviii. — Comment le fort de Besac fut rendu aux Anglois et le capitaine pris prisonnier; et comment le roi de Navarre alla à Bordeaux quérir secours des Anglois pour lever le siége de Pampeluue. 42

CHAP. XXXIX. — Comment les Anglois prirent plusieurs forts en Gascogne, et comment les Espaignols, sachant la venue des Anglois, levèrent leur siége de Pampelune. 43

CHAP. XL. — Comment les Espaignols partirent du siége de Pampelune; et comment les Anglois arrivèrent en Navarre; et comment ils s'y maintinrent. 44

CHAP. XLI. — De plusieurs chevauchées que firent les Anglois et Navarrois sur les Espaignols. 46

CHAP. XLII. — De la paix qui fut faite entre le roi d'Espaigne et celui de Navarre, et de la mort du roi Henry d'Espaigne et du couronnement de Jean son fils. 47

CHAP. XLIII. — Comment le seigneur de Mucident se rendit Anglois, et comment le seigneur de Langurant fut occis par le capitaine de Carvilac, et la prise de Bouteville par les François. 49

CHAP. XLIV. — Du retour de messire Thomas Trivet en Angleterre. 51

CHAP. XLV. — Comment le seigneur de Bournesel fut ordonné de par le roi de France pour aller en Escosse, et comment, lui étant à l'Escluse, le comte de Flandre le manda, et des paroles que lui et le duc de Bretagne lui dirent. 52

CHAP. XLVI. — Comment le roi de France escripvit au comte de Flandre qu'il éloignât de lui le duc de Bretagne, dont le comte ne voult rien faire, et comment le dit duc passa en Angleterre, et du mariage du comte de Saint-Pol à la sœur du roi Richard. 54

CHAP. XLVII. — Comment ceux de la garnison de Chierbourch déconfirent les François. Comment le fort château de Mont-Ventadour fut par trahison livré à Geffroy Tête-Noire, et comment Aymerigot Marcel prit plusieurs forts au pays d'Auvergne. 56

CHAP. XLVIII. — Comment Clément fut tenu à pape par le roi de France, et comment il envoya en France le cardinal de Poitiers. 58

CHAP. XLIX. — Comment messire Sevestre Bude et aucuns Bretons entrèrent en Rome et tuèrent plusieurs Romains. 60

CHAP. L. — Comment la roine de Naples donna et résigna au pape Clément toutes ses seigneuries, et comment depuis ledit Clément les redonna au duc d'Anjou. 61

CHAP. LI. — Comment messire Jean Haccoude fut fait chef de la guerre d'entre le pape Urbain et le pape Clément, et comment le dit Clément fit décoller messire Sevestre Bude, Breton. 64

CHAP. LII. — Comment le comte Louis de Flandre fit occire un bourgeois en Gand par Jean Lyon; comment Gisebrest Mahieu machina contre Jean Lyon, et émut les Gantois à porter les blancs chaperons, dont la guerre commença en Flandre. 65

CHAP. LIII. — Comment les Gantois conclurent d'envoyer devers le comte remontrer leurs affaires. Comment le comte leur accorda ce qu'ils demandoient, et comment les blancs chaperons ne furent point mis jus. 70

CHAP. LIV. — Comment Roger d'Auterme, baillif de Gand, fut occis en Gand par Jean Lyon et ses compagnons, la bannière du comte en sa main. 72

CHAP. LV. — Comment douze hommes de Gand furent envoyés devers le comte pour l'apaiser et pour mettre la ville en son amour, et comment Jean Lyon, pour toujours empirer la besogne, fut cause de rober et bouter le feu en la maison du comte, nommée Andrehen. 73

CHAP. LVI. — Comment les messagers gantois retournèrent à Gand, comment ceux de Gand et ceux de Bruges promirent ensemble, et la mort de Jean Lyon. 75

CHAP. LVII. — Comment ceux de Gand, après la mort de Jean Lyon, firent entre eux quatre capitaines, et comment, eux venus moult forts devant Courtray et Ypre, ouverture et recueil leur fut partout fait. 77

CHAP. LVIII. — Comment les Gantois et les Flamands assiégèrent Audenarde, et comment ils allèrent réveiller le comte à Tenremonde; et comment le duc de Bourgogne traita et pacifia les Flamands au comte leur seigneur. 79

CHAP. LIX. — Comment le duc de Bretagne retourna en son pays. De la mort de l'empereur de Rome. Comment on envoya en Allemagne pour mariage au roi d'Angleterre, et comment le duc de Bretagne faillit au secours d'Angleterre. 83

CHAP. LX. — Comment le comte Louis de Flandre alla à Gand. Comment il s'y conduisit. Des termes que on lui tint. Comment il s'en partit et comment les Gantois pensèrent à leur affaire. 85

CHAP. LXI. — Comment messire Olivier d'Auterme et autres découpèrent aucuns bourgeois de Gand, et comment Jean Pruniaux et les blancs chaperons prirent Audenarde et y abattirent deux portes. 88

CHAP. LXII. — Comment il appert que les Gantois étoient cause d'icelle guerre. Comment Audenarde fut rendue au comte, et comment messire Olivier d'Auterme et autres furent bannis de Flandre, et Jean Pruniaux aussi. 90

CHAP. LXIII. — Comment Jean Pruniaux fut décollé à Lille. Comment les Gantois ardirent autour de Gand: comment ils sommèrent aucuns chevaliers de service, et comment ils cuidèrent assiéger Lille. Ib.

CHAP. LXIV. — De la mort messire Bertrand de Claiquin, connétable de France, et de l'honneur que le roi lui fit; et comment le Chastel-Neuf de Randon se rendit. 93

CHAP. LXV. — Comment messire Thomas, comte de Bouquenghen, mains-né fils du roi Édouard d'Angleterre, à grosse armée passa la mer et entra en Artois pour aller par terre en l'aide du duc de Bretagne. 94

CHAP. LXVI. — Comment le comte de Bouquinghen et son arroi traversèrent Artois, Vermandois et Champagne, et passèrent la rivière de Saine en allant emprès Troyes; et de leurs aventures en celui voyage. 97

CHAP. LXVII. — Comment le comte de Bouquenghen fit requerre au duc de Bourgogne étant en Troyes d'avoir bataille, et de la conduite qui y fut. 103

CHAP. LXVIII. — Comment le roi de France, averti du fait des Anglois, rescripsit à la cité de Nantes, et comment il en fut content. 106

CHAP. LXIX. — Comment le comte de Bouquinghen et sa route passèrent le Gâtinois et vinrent jusques auprès de Vendôme. Ib.

CHAP. LXX. — Comment le roi Charles de France aperçut sa fin à prochain terme, et comment il ordonna du royaume avant sa mort. 109

CHAP. LXXI. — Comment le comte de Bouquinghen et sa route tirèrent pays pour venir en Bretagne; et d'aucunes choses sur la mort du roi Charles de France. 112

CHAP. LXXII. — Comment le comte de Bouquinghen et son armée exploitèrent tant qu'ils vinrent à Chastelbourg en Bretagne, et là s'arrêtèrent. 114

CHAP. LXXIII. — Comment le comte de Bouquinghen et le duc de Bretagne conclurent de mettre le siége devant Nantes, qui leur étoit contraire. 115

CHAP. LXXIV. — Comment le jeune roi Charles fut couronné roi de France,

TABLE DES CHAPITRES.

et des ordonnances qui se firent tantôt après son couronnement. 117

Chap. lxxv. — Comment le comte de Bouquinghen mit le siége devant Nantes en Bretagne, et de plusieurs saillies et escarmouches durant le siége, et comment le dit comte s'en alla sans rien faire. 118

Chap. lxxvi. — Des empêchemens que le duc de Bretagne avoit lors, pourquoi il ne pouvoit venir au siége de Nantes ; et des escarmouches qui là se faisoient. 119

Chap. lxxvii. — Comment quatre barons de Bretagne remontrèrent au duc leur seigneur que il se déportât de l'accointance des Anglois et la cause pourquoi ; et d'aucuns faits d'armes qui furent accordés à faire. 124

Chap. lxxviii. — Comment aucuns François et Anglois prirent armes en Bretagne, et comment aucuns Hainuiers et autres eurent volonté d'en faire. 125

Chap. lxxix. — Comment les trois chevaliers du Hainaut allèrent à Vennes en Bretagne pour faire armes contre trois chevaliers anglois. 126

Chap. lxxx. — Comment à Vennes en Bretagne furent faites armes par Haynuyers, Anglois et François devant le comte de Bouquinghen. *Ib.*

Chap. lxxxi. — Comment Guillaume de Fermiton, chevalier anglois, navra Jean de Chastel-Morand, François, par coup de meschief. 127

Chap. lxxxii. — Comment un traité de paix et accord fut trouvé entre le roi de France et le duc de Bretagne. 128

Chap. lxxxiii. — Comment après le traité fait du roi de France et du duc de Bretagne, les Anglois partirent de Bretagne pour retourner en Angleterre. 129

Chap. lxxxiv. — Comment un écuyer françois, nommé Jean Bourcinel, oppressa de faire armes un écuyer anglois qui fort y obvia. 130

Chap. lxxxv. — Comment un écuyer anglois, nommé Nicolas Cliffort, occit un écuyer françois, nommé Jean Bourcinel, en fait d'armes, dont Nicolas ne se sçut excuser. 131

Chap. lxxxvi. — Comment ceux de la ville de Bruges et du Franc mandèrent le comte Louis ; et de l'entreprise qu'il fit sur ceux de la ville d'Ypres. 132

Chap. lxxxvii.—Comment ceux d'Yppre se mirent sur les champs en armes pour aller avec les Gantois combattre le comte Louis leur seigneur, et comment ils furent rués jus par le bâtard de Flandre, par le seigneur d'Enghien et autres. 133

Chap. lxxxviii. — Comment Jean Boulle fut par les Gantois occis à Courtray, et comment Jean de l'Aunoy eut la garde du château de Gaures. 134

Chap. lxxxix. — Comment ceux de la ville d'Yppre se rendirent au comte Louis leur seigneur, et comment plenté de peuple fut décolé à Yppre. 135

Chap. xc. — Comment ceux de Courtray furent reçus à merci du comte leur seigneur, et comment le comte alla mettre le siége à grand effort devant Gand ; et du confort que les Gantois avoient des Brabançons et Liégeois. *Ib.*

Chap. xci. — Comment messire Josse de Hallewin, chevalier, fut occis devant Gand à un passage nommé le Long-Pont. 136

Chap. xcii.—Comment six mille compagnons partirent de Gand durant le siége et allèrent par assaut gagner et piller et ardoir les villes de Alost, Tenremonde et Grantmont, puis retournèrent à Gand. 137

Chap. xciii.—Comment le comte Louis de Flandre voyant l'hiver approcher et la ruine de Alost, de Tenremonde, de Grantmont et du plat pays, leva le siége de devant Gand, et comment au printemps il se remit aux champs et les Gantois aussi. *Ib.*

Chap. xciv. — Comment le comte de Flandre assembla en bataille contre les Gantois, dont étoient capitaines Rasse de Harselles et Jean de Lannoy, et comment les Gantois furent reculés. 138

Chap. xcv. — Comment Rasse de Harselles et Jean de Lannoy furent occis, et bien six mille Gantois, à un village, en Flandre, appelé Nieule. 139

Chap. xcvi. — Comment les Gantois furent avertis de la mort de Rasse de Harselles et de Jean de Lannoy, et comment ils conclurent d'occire Piètre du Bois et puis de traiter au comte de Flandre leur seigneur. 140

Chap. xcvii. — Comment Piètre du Bois fut par le seigneur d'Enghien et autres chevauché et poursuivi jusques auprès de Gand. 141

Chap. xcviii. — Comment les Gantois mirent le siége devant Courtray, comment ils s'en partirent, et comment ils endommagèrent les gens du comte par deux fois. *Ib.*

Chap. xcix. — Comment le seigneur d'Enghien, le bâtard de Flandre, messire Daniel de Hallewin et leur routes déconfirent Arnoux Clerc et sa sieute en l'abbaye de Exain. 142

Chap. c. — Comment les Gantois se prirent à ébahir de leur conduite et devises en requoi. 143

Chap. ci. — Comment Piètre du Bois doutant la fin de sa condition enorta Philippe d'Artevelle de prendre le gouvernement des Gantois, et comment il enorta et avertit le peuple de Gand. 144

Chap. cii. — Comment Philippe d'Artevelle fut, par le pourchas de Piètre du Bois, allé querre en son hôtel à Gaud et amené sur le grand marché, et illec fait par toute la ville capitaine et chef des Gantois. 146

Chap. ciii. — Comment le roi Jean de Castille émut guerre au roi Ferrant de Portingal, et comment le roi de France et le roi d'Angleterre y tinrent la main. *Ib.*

Chap. civ. — Comment, par le conseil des princes d'Angleterre, le comte de Cantebruge fut élu pour envoyer en Portingal, avec grand'puissance de gens, en l'aide du roi. 147

Chap. cv. — Comment le duc de Lancastre et le comte de Cantebruge, frères, se séparèrent pour aller en Escosse et en Portingal, et d'autres faits avenus. 149

Chap. cvi. — Comment, un prêtre nommé Jean Balle, mit en grand'commotion le menu peuple d'Angleterre. 150

Chap. cvii.—Comment ce menu peuple d'Angleterre s'émurent, bien environ soixante mille, et comment à la mère du roi et à la princesse de Galles ils firent grand'rudesse. 151

Chap. cviii. — Comment ce peuple d'Angleterre dévoyé et forcenné pilloient les pays et les bonnes maisons, et par espécial des gens de pratique, et contraindoient les nobles à les conduire dans leurs folies. 152

Chap. cix. — Comment messire Jean Mouton, chevalier, fut par ce peuple d'Angleterre envoyé à Londres ; et comment le roi promit de parler à celui peuple. 153

Chap. cx. — Comment le roi et son conseil vinrent sur la Tamise, puis retourna ; et comment le peuple paysan vint devant Londres et entrèrent dedans, et des outrages qu'ils y firent. 155

Chap. cxi. — Comment ce désolé peuple anglois s'en vint loger devant la tour de Londres, et de ce qu'il fut conseillé et avisé pour lors. 156

Chap. cxii. — Comment ces paysans anglois occirent au château de Lon-

TABLE DES CHAPITRES.

dres l'archevêque de Cantorbie et autres, et de leurs dérisions. 157

CHAP. CXIII. — Comment le roi anglois abandonné de ses frères et autres, parla à son peuple rebelle dont il contenta une partie, et une partie non. 158

CHAP. CXIV.—Comment messire Robert Salles, chevalier, fut par une grande multitude de vilains requis d'être capitaine, et comment il leur refusa, si l'occirent. 160

CHAP. CXV. — Comment le roi Richard fut en grand péril en la cité de Londres. Comment ces gloutons paysans furent desbaretés; et comment leurs capitaines furent décapités et tout le royaume recouvré pour le roi et les siens. *Ib.*

CHAP. CXVI. — Comment le duc de Lancastre retourna d'Escosse en Angleterre quand il y eut besogne, et comment le capitaine de Bervich lui refusa la cité et le passage. 163

CHAP. CXVII. — Comment le duc de Lancastre s'en alla tenir en Escosse, et comment il fut chargé de déshonneur sans cause. 165

CHAP. CXVIII. — Comment le roi d'Angleterre punit les mutins qui avoient ému le peuple contre les nobles. Comment il remanda le duc son oncle, et la mort du comte Guichard de Hostidonne. *Ib.*

CHAP. CXIX. — Comment le duc de Lancastre vint d'Escosse à la cour où le roi étoit, qui excusa le comte de Northonbrelande, et fit sa paix au duc de Lancastre. 167

CHAP. CXX. — Comment le comte de Cantebruge arriva à grand travail et son armée, par mer, au port de Lusebonne. 168

CHAP. CXXI. — Comment Philippe d'Artevelle, étant élu capitaine de Gand, fit décoller le doyen des tisserands de Gand, et comment le comte de Flandre assiégea la ville de Gand. 170

CHAP. CXXII. — Comment le siége étant devant Gand, le seigneur d'Enghien alla assiéger la ville de Grantmont, qu'il conquit et fit ardoir et exillier. 171

CHAP. CXXIII. — Comment messire Gaultier, seigneur d'Enghien, fut par les Gantois surpris, enclos et occis, et plusieurs autres, à une course qu'ils firent, dont ils ne sçurent retourner. *Ib.*

CHAP. CXXIV. — Comment, à la requête du comte de Flandre, les Gantois n'eurent nuls vivres de Hainaut ni de Brabant, et comment on traita pour leur paix. 172

CHAP. CXXV. — Comment Piètre du Bois s'efforça de rompre tout ce qui étoit traité pour la paix, et de troubler le comte de Flandre et la ville de Gand. 173

CHAP. CXXVI. — Comment Piètre du Bois et Philippe d'Artevelle occirent en la maison du conseil, à Gand, Gisebrest Grutte et Simon Bete. 174

CHAP. CXXVII. — Comment les gens du comte de Flandre gardoient que vivres ne se menassent à Gand, et comment ceux de Paris se rebellèrent contre le roi, lequel s'en alla lors à Meaulx. 175

CHAP. CXXVIII. — Comment ceux de Paris étant en rebellion contre le roi, le roi envoya le seigneur de Coucy pour apaiser la communauté de Paris, et comment ceux de Rouen rebellèrent, que le roi même rapaisa. 176

CHAP. CXXIX. — Comment le duc d'Anjou se mit sus en grand appareil pour soi aller faire couronner roi de Naples et de Secille et recevoir les duchés de Pouille, de Calabre et de Provence. 177

CHAP. CXXX. — Comment à Lusebonne en Portugal, le mariage fut fait de Jean, fils au comte de Cantebruge, et de madame Béatrix, fille au roi de Portugal; et comment les gens d'armes furent distribués. 178

CHAP. CXXXI. — Comment le chanoine de Robertsart, un capitaine anglois, chevaucha outre le gré du roi de Portugal devant le chasteau de la Fighière, et comment il l'assaillit et conquit tout en un jour. *Ib.*

CHAP. CXXXII. — Comment après la conquête de la Fighière les Anglois se mirent en trois routes. Comment l'une route fut vue des ennemis; et comment les François allèrent en Espaigne. 180

CHAP. CXXXIII. — Comment le roi Richard d'Angleterre prit à femme madame Anne, sœur au roi Charles d'Allemagne; et comment elle fut amenée par Brabant et Flandre jusques à Calais. 181

CHAP. CXXXIV. — Comment la jeune dame partit de Calais et arriva à Douvres, et de là à Londres, où le roi Richard l'épousa, et d'autres avenues. 182

CHAP. CXXXV. — Comment les Parisiens refusèrent au roi cent mille florins. Comment ils les délivrèrent au duc d'Anjou; et comment icelui duc, à grand'armée, passa jusques près de Rome. 183

CHAP. CXXXVI. — Comment le duc d'Anjou ne demanda rien à Rome. Comment il passa outre en Pouille; et comment Charles de la Paix pourveyt à son fait, et ce que de son adversaire pourroit avenir. 184

CHAP. CXXXVII. — Comment le duc d'Anjou ayant conquis la plaine de Pouille et de Naples, un grand enchanteur s'envint offrir à lui, et enseigna par quel moyen l'on auroit le chastel de l'OEuf qui est imprénable. 185

CHAP. CXXXVIII. — Comment le comte de Savoie fit à un enchanteur trancher la tête, qui offroit au duc d'Anjou de lui faire avoir le fort château de l'OEuf. 186

CHAP. CXXXIX. — Comment la garnison de Ville-Vesionse délibéra de chevaucher sur les ennemis, voulsist le roi de Portugal ou non, à qui ils étoient soudoyers. *Ib.*

CHAP. CXL. — Comment le chanoine de Robertsart et sa route prirent la ville du Bas et le chastel, et un autre fort nommé la Courtoise, puis tournèrent vers Séville. 187

CHAP. CXLI. — Comment le chanoine de Robertsart et sa route prindrent la ville et le chastel de Jaffre; et comment ils gagnèrent grand'proie de bestiail. 188

CHAP. CXLII. — Comment les chevaliers et les compagnons du comte de Cantebruge se rebellèrent à leur capitaine et firent un nouvel capitaine, qui se nommait Soustrée; et comment le chanoine de Robertsart détourna la besogne. 189

CHAP. CXLIII. — Comment, après la remontrance du chanoine de Robertsart et l'avis du comte de Cantebruge, trois chevaliers de par eux furent envoyés au roi de Portingal. 190

CHAP. CXLIV. — Comment le roi de Castille et le roi de Portingal conclurent de combattre l'un l'autre, puissance contre puissance, et comment place et journée furent prises entr'eux pour combattre. 191

CHAP. CXLV. — Comment le roi d'Espaigne et le roi de Portugal étant logés, et leurs puissances, aux champs, une bonne paix fut entre eux trouvée sans combattre. 193

CHAP. CXLVI. — Comment Tristan de Roye et Miles de Windesore coururent trois lances à fers acérés devant la cité de Badeloque en Portingal. 194

CHAP. CXLVII. — Comment la femme au fils du comte de Cantebruge, par dispense papale, fut remariée au roi d'Espaigne; le couronnement de Damp Jean, maître de Vis; et du retour des Anglois en Angleterre. 195

CHAP. CXLVIII. — Comment les Gantois, en soutenant leurs opinions

TABLE DES CHAPITRES.

contre leur seigneur, se trouvèrent en grand'nécessité; et comment ils pouvoient être secourus. 196

CHAP. CXLIX. — Comment la duchesse de Brabant promit aux Gantois de parler pour eux au comte. Comment les vivres du Liége entrèrent en Gand; et comment le comte délibéra de assiéger la ville de Gand. 197

CHAP. CL. — Comment ceux de Liége, la duchesse de Brabant et le duc Aubert, envoyèrent à Tournay pour pacifier les Gantois à leur seigneur; et comment le comte Louis leur fit déclarer pour tout ce qu'il en feroit. 199

CHAP. CLI. — Comment ceux de Paris se rebellèrent, de rechef, au roi. 200

CHAP. CLII. — Comment cinq mille Gantois se partirent de Gand pour aller assaillir le comte de Flandre, après la réponse que Philippe d'Artevelle leur avoit faite. *Ib.*

CHAP. CLIII. — Comment Philippe d'Artevelle recorda à ceux de Gand la finale conclusion où le comte leur seigneur étoit arrêté; et comment les Gantois conclurent de combattre leur seigneur. 201

CHAP. CLIV. — Comment les Gantois partirent de Gand et cheminèrent jusques à une lieue de Bruges, attendans leurs ennemis. 203

CHAP. CLV. — Comment les Gantois étant venus, en tout cinq mille, loger auprès de Bruges, furent envahis par le comte et assaillis par les Bruguelins, qui se desroyèrent et leur seigneur; et en tuant et chassant reboutèrent les Gantois leurs ennemis jusques aux portes de Bruges. 204

CHAP. CLVI. — Comment le comte Louis de Flandres, cuidant garder Bruges contre les Gantois, fut en grand péril et comment le comte se esseula. 206

CHAP. CLVII. — Comment le comte Louis de Flandre fut préservé d'un grand péril en la maison d'une povre femme à Bruges qui bonne lui fut. 207

CHAP. CLVIII. — Comment ceux de Gand firent grands murdres et dérobemens en Bruges; et comment ils repourvéirent leur ville de vivres qu'ils prirent au Dam et à l'Écluse. 208

CHAP. CLIX. — Comment le comte Louis de Flandre échappa hors de Bruges et chemina à pied vers Lille; et comment en moult de lieux on murmuroit sur son fait. 210

CHAP. CLX. — Comment Philippe d'Artevelle et les Gantois mirent la ville de Bruges et la plupart de Flandre en leur obéissance; et comment Audenarde ne voult mie obéir aux Gantois. 211

CHAP. CLXI. — Comment, Philippe d'Artevelle étant à Gand, fut envoyé messire Daniel de Hallewyn en Audenarde pour être capitaine, et comment Philippe d'Artevelle l'assiégea avec grand'quantité de Gantois. 212

CHAP. CLXII. — Comment un nombre de Flamands partirent du siège devant Audenarde, et des maux qu'ils commirent en Flandre et en Tournesis. 214

CHAP. CLXIII. — Comment le comte de Flandre, averti des outrages des Gantois, se recommanda à son gendre le duc de Bourgogne; et lui et Berry en parlèrent au roi, et ce qu'il en répondit. 215

CHAP. CLXIV. — De une très merveilleuse vision, que le jeune roi de France eut de nuit en dormant en la ville de Senlis, sur le fait de son entreprise. 217

CHAP. CLXV. — Comment les Flamands maintenoient leur siége devant Audenarde; et comment Philippe d'Artevelle se contenoit avec les Anglois. 218

CHAP. CLXVI. — Comment Philippe d'Artevelle, étant à siège devant Audenarde, rescripvit au roi de France; et comment lui et son conseil conclurent d'envoyer en Angleterre pour traiter d'alliances et autrement. *Ib.*

CHAP. CLXVII. — Comment les Flamands envoyèrent en Angleterre. Comment messire Perducas de la Breth fut hérité de la terre de Chaumont en Gascogne; et comment il en hérita un sien cousin. 219

CHAP. CLXVIII. — Comment l'ambassade des Flamands fut ouïe des princes et du conseil d'Angleterre; et comment ils se retirèrent à Londres, en attendant leur réponse. 221

CHAP. CLXIX. — Comment le roi de France étoit averti de la conduite des Flamands, et l'échange des Flamands et Tournesiens prisonniers. 222

CHAP. CLXX. — Comment le roi de France envoya trois évêques vers Flandre pour mieux entendre l'état des Flamands; comment ils y besognèrent; et comment ils trouvèrent les Flamands opinatifs et arrogans contre leur seigneur souverain et contre leur naturel seigneur. 223

CHAP. CLXXI. — Comment Philippe d'Artevelle voulut rescripre à ceux de la cité de Tournay par feintise, et la copie de ces lettres. 226

CHAP. CLXXII. — Comment les prélats et seigneurs commissaires ordonnés par le roi de France conseillèrent aux Tournesiens d'eux non accointer des Flamands. 227

CHAP. CLXXIII. — Comment le comte Louis fut parler au roi à Péronne, qui le reconforta; et du grand mandement que le roi fit pour aller en Flandre. *Ib.*

CHAP. CLXXIV. — Comment le comte Louis de Flandre fit hommage au roi de France de la comté d'Artois; et comment Philippe d'Artevelle pourvyt à la garde des passages de la rivière du Lys. 228

CHAP. CLXXV. — Comment le Hazle de Flandre et plusieurs chevaliers et écuyers jusques à six vingt passèrent la rivière du Lys à Menin; et comment à leur retour il leur en mescheyt par faute de conduite. 229

CHAP. CLXXVI. — Comment Philippe vint à Yppre prêcher et remontrer au peuple, auquel il fit lever la main, d'être certain à lui et au pays de Flandre. 230

CHAP. CLXXVII. — Comment le roi venu à Seclin et son baronnage, fut fort débattu pour aller en Flandre; et comment ils conclurent de venir le droit chemin de Comines. 231

CHAP. CLXXVIII. — Comment les princes de France ordonnèrent surtout à chacun chef qu'il devoit faire, eux combattus; et comment le roi marcha sur Flandre et son ost sur Comines. 232

CHAP. CLXXIX. — Comment le connétable de France atout l'avant-garde vint devant le pont de Comines où il fut moult en souci. 233

CHAP. CLXXX. — Comment aucuns chevaliers de France s'avisèrent de passer la rivière de la Lys au-dessus du pont de Comines. 234

CHAP. CLXXXI. — Comment ce lundi le connétable de France fit de trait escarmoucher aux Flamands; et comment Piètre du Bois aperçut les François passés outre la rivière de la Lys et venant vers eux et ce qu'il conclut. 235

CHAP. CLXXXII. — Comment les François qui étoient passés outre la rivière du Lys se mirent en ordonnance de bataille devant les Flamands. *Ib.*

CHAP. CLXXXIII. — Comment le connétable de France regretta la noblesse qu'il véoit outre les Lys. Comment il abandonna le passage et comment il fut conforté. 236

CHAP. CLXXXIV. — Comment l'emprise du seigneur de Saint-Py et d'autres le passage à Comines fut conquis sur les Flamands, qui y furent occis par milliers et tous déconfits. 237

Chap. clxxxv. — Comment le roi, averti de la victoire de Comines, voult passer en Flandre; et Philippe d'Artevelle, sachant la perte à Comines, alla vers Gand pour élever l'arrière-ban. 239

Chap. clxxxvi. — Comment le roi de France vint à Comines, et tout son arroy, et de là devant Yppre; et comment la ville d'Yppre se rendit à lui par composition. 241

Chap. clxxxvii. — Comment le roi de France fut averti de la rébellion des Parisiens et d'autres, et de leur intention, lui étant en Flandre. 242

Chap. clxxxviii. — Comment les chastellenies de Cassel, de Berghes, de Bourbourch, de Gravelines et autres, se mirent en l'obéissance du roi; et comment le roi entra en la ville de Yppre; et du convenant de ceux de Bruges. 243

Chap. clxxxix. — Comment les messagers de Gand arrivèrent et un messager anglois à Calais; et comment Philippe d'Artevelle fit grand amas de gens pour aller combattre les François. 244

Chap. cxc. — Comment le roi, averti que Philippe d'Artevelle l'approchoit, se partit de Yppre et son arroy, et tint les champs pour le combattre. Ib.

Chap. cxci. — Comment à un souper ce Philippe d'Artevelle arrangea ses capitaines; et comment ils conclurent ensemble. 245

Chap. cxcii. — Comment la nuit dont lendemain fut la bataille à Rosebecque avint un merveilleux signe au-dessus de l'assemblée des Flamands. Ib.

Chap. cxciii. — Comment le jeudi au matin, environ deux heures devant l'aube du jour, fut la bataille; et comment les Flamands se mirent en fort lieu en conroi; et de leur conduite. 246

Chap. cxciv. — Comment le roi se mit aux champs emprès Rosebecque, où il fut surtout ordonné; et comment le connétable s'excusa au roi. 247

Chap. cxcv. — Comment le jeudi au matin les Flamands partirent d'un fort lieu; et comment ils s'assemblèrent sur le Mont-d'Or; et là furent ce jour combattus et déconfits. 248

Chap. cxcvi. — Comment le jeudi les François se mirent en toute ordonnance pour combattre les Flamands qu'ils tenoient incrédules. 249

Chap. cxcvii. — Comment le jeudi au matin Philippe d'Artevelle et les Flamands furent combattus et déconfits par le roi de France sur le Mont-d'Or et au val emprès la ville de Rosebecque. 250

Chap. cxcviii. — Comment après la déconfiture des Flamands le roi vit mort Philippe d'Artevelle, qui fut pendu à un arbre. 252

Chap. cxcix. — Comment les Gantois partirent de devant Audenarde; et comment ce Piètre du Bois reconforta la ville de Gand, qui étoit toute éperdue. 253

Chap. cc. — Comment le roi entra en Courtray; comment il menaça Courtray de ruine; et comment ceux de Bruges vinrent à merci à lui. 254

Chap. cci. — Comment au pourchas du comte Guy de Blois le pays de Hainaut et Valenciennes furent préservés de grand pillage et travail. 255

Chap. ccii. — Comment Piètre du Bois, revenu à Gand, reconforta les Gantois qui reprindrent courage fier et rebelle. 256

Chap. cciii. — Comment les Flamands ambassadeurs partirent du roi anglois à petit d'exploit. Comment le roi n'assiégea point Gand. Comment il fit embraser Courtray; et comment il se retraist et les seigneurs à Tournay. Ib.

Chap. cciv. — Comment le roi et son conseil voyant l'obstination et rebellion des Flamands mit garnison à Bruges, à Yppre et ailleurs à son département de Tournay. 258

Chap. ccv. — Comment le roi chevaucha vers Paris. Comment il éprouva les Parisiens; et comment les Parisiens se mirent en armes aux champs à sa venue. 259

Chap. ccvi. — Comment les Gantois prindrent et détruisirent Ardembourch et tuèrent ceux de la garnison; et comment le comte de Flandre fit bannir aucuns Anglois demeurans à Bruges. 265

Chap. ccvii. — Comment le pape Urbain octroya un dixième à être cueilli en Angleterre, et bulle d'absolution de peine et de coulpe pour détruire les Clémentins; et de l'armée des Anglois sur ce. 266

Chap. ccviii. — Comment l'évêque de Norduich et les Anglois coururent le pays de Flandre; et de la bataille qu'ils eurent ensemble où les Flamands furent déconfits; et de la prise de Dunquerque. 272

Chap. ccix. — Comment l'évêque de Norduich et les Anglois urbanistes prirent plusieurs villes en Flandre; et comment ils mirent le siège devant Yppre; et d'autres incidences. 274

Chap. ccx. — Comment le roi de France assembla grand'armée pour aller lever le siège de Yppre tenu par les Anglois; et de plusieurs rencontres qui y furent. 277

Chap. ccxi. — Comment les Anglois qui tenoient le siège devant Yppre, sentans le roi de France approcher, levèrent leur siège; et comment les François prindrent aucunes garnisons d'Anglois. 279

Chap. ccxii. — Comment les Anglois, voyans l'armée du roi de France, se partirent de Berghes; et comment le roi alla mettre le siège devant Bourbourch, et de l'ordonnance du dit siège. 281

Chap. ccxiii. — Comment François Acreman et les Gantois prindrent de nuit la ville d'Audenarde et boutèrent hors tous les habitans d'icelle, de laquelle prise ceux de Gand furent moult réjouis. 284

Chap. ccxiv. — Comment Aymerigot Marcel et ses gens prindrent le chastel de Mercuer en Auvergne; et comment il le rendit par composition. 286

Chap. ccxv. — Comment après plusieurs escarmouches, les Anglois rendirent Bourbourch et Gravelines au roi de France; et d'autres accidens pour lors avenus. 287

Chap. ccxvi. — Comment messire Thomas Trivel et messire Guillaume Helmen furent prisonniers à Londres; et comment trèves furent prises entre France et Angleterre. Et du trépas du duc de Brabant et du comte de Flandre. 290

Chap. ccxvii. — Ci raconte l'ordonnance qui fut à l'obsèque du comte Louis de Flandre et de la comtesse sa femme. 293

Chap. ccxviii. — Comment, nonobstant ces trèves, les Anglois coururent en Escosse, où ils firent plusieurs maux; et d'une ambassade envoyée par le roi de France en Escosse pour nuncier les divers trèves; et comment aucuns François allèrent faire armes en Escosse. 295

Chap. ccxix. — Comment aucuns François et les Escots, au desçu du roi d'Escosse, entrèrent en Angleterre, où ils firent grands dommages; et comment le roi d'Escosse envoya un héraut en Angleterre soi excuser de ce et la confirmation des trèves. 297

Chap. ccxx. — Comment messire Geoffroy de Chargny et les François retournèrent d'Escosse; et du danger où ils furent en Zélande, dont un écuyer au comte de Blois les délivra. 300

Chap. ccxxi. — Comment le seigneur d'Escornay, nonobstant les trèves,

TABLE DES CHAPITRES

prit Audenarde d'emblée; et du discours qui en sourdit entre le seigneur de Harselles et François Acreman ; dont le dit de Harselles en fut occis. 301

CHAP. CCXXII. — Comment le duc d'Anjou trépassa auprès de Naples. Et du mariage fait de Jean de Bourgogne et Marguerite sa sœur aux fils et fille du duc de Bavière, comte de Hainaut. 302

CHAP. CCXXIII. — Comment au jour qui ordonné étoit les noces se firent à Cambray, où le roi de France fut ; comment le duc de Lancastre envoya devers le duc Aubert et qu'il fut repondu : et des parçons et douaires qui se firent des deux côtés. 305

CHAP. CCXXIV. — Comment le mariage fut fait de la fille au duc de Berry au fils du comte de Blois, et d'une grosse armée de François qui passèrent en Escosse pour aller en Angleterre. 307

CHAP. CCXXV. — Comment aucuns pillards, qui se nommoient les pourcelets de la Raspaille, fesoient moult de maux en Flandre et ailleurs ; et d'une rencontre de François et de Gantois, où les François furent déconfits ; et d'autres incidens. 308

CHAP. CCXXVI. — Comment messire Galéas, duc de Milan, fit prendre par embuche messire Barnabo son oncle, lequel il fit mourir en prison pour avoir sa seigneurie. 340

CHAP. CCXXVII. — Comment les François prinrent plusieurs forts sur les Anglois ès marches de Poitou et de Xaintonge ; et comment le duc de Bourbon et le comte de la Marche mirent le siége devant le chastel de Taillebourch. 311

CHAP. CCXXVIII. — Comment messire Jean de Vienne, amiral de France, et les François passèrent en Escosse ; et des termes que les Escossois leur tinrent ; et le meschef et peine qu'ils y souffrirent. 314

CHAP. CCXXIX. — Comment François Acreman atout six mille Gantois faillit à prendre Ardembourch. Comment messire Charles de la Paix mourut. Pourquoi Louis de Valois s'escripsit roi de Honguerie ; et comment le roi Charles VI voult avoir à femme madame Isabelle, fille au duc Étienne de Bavière. 316

CHAP. CCXXX. — Comment François Acreman et les Gantois prirent la ville du Dam, quand ils eurent failli à prendre la ville d'Ardembourch et Bruges. 321

CHAP. CCXXXI. — Comment le roi de France épousa à Amiens madame Isabel de Bavière. Comment il vint assiéger le Dam ; de la trahison de ceux de l'Escluse et d'autres choses. 322

CHAP. CCXXXII. — Comment François Acreman abandonna le Dam, et le roi de France le conquit ; et comment il défit son armée et retourna en France. 325

CHAP. CCXXXIII. — Comment le marquis de Blanquebourch fut couronné roi de Hongrie pour supplanter le jeune comte de Valois, de son épouse et du royaume de Hongrie. 327

CHAP. CCXXXIV. — Comment le duc de Bourbon prit en Poitou plusieurs forteresses, et entre les autres le fort chastel de Breteuil. 328

CHAP. CCXXXV. — Comment l'amiral de France et les Escots entrèrent en Angleterre ardant et exillant le pays ; et de la mort du fils au comte de Stafford. 329

CHAP. CCXXXVI. — Comment l'amiral de France et les Escots se déconseillèrent de combattre les Anglois. Comment ils entrèrent en Galles et ardirent le pays ; et les Anglois par semblable en Escosse. 333

CHAP. CCXXXVII. — Comment le roi Richard d'Angleterre fut conseillé de retourner en Angleterre ; et comment il parla fièrement à son oncle le duc de Lancastre. 335

CHAP. CCXXXVIII. — Comment l'amiral de France et toute sa route furent durement traités en Escosse ; et à quel meschef il retournèrent en France et racontèrent au roi la condition et puissance d'Escosse et tout ce qu'il leur en sembloit. 337

CHAP. CCXXXIX. — Comment aucuns prudhommes de la ville de Gand s'entremirent d'acquérir merci et paix à leur seigneur naturel et de finir la guerre. 394

CHAP. CCXL. — Comment le duc de Bourgogne pardonna aux Gantois tous maléfices et rebellions ; et comment cette paix fut traitée et démentée. 341

CHAP. CCXLI. — Comment lettres patentes furent octroyées du duc de Bourgogne aux Gantois et publiées à Gand, et comment Piètre du Bois se retrait en Angleterre avec messire Jean de Boursier, Anglois. 344

ADDITION AU LIVRE II. 351
APPENDICE. 365

LIVRE III.

CHAPITRE PREMIER. — Comment messire Jean Froissart enquerroit diligemment comment les guerres s'é-toient portées par toutes les parties de la France. 369

CHAP. II. — Comment après ce que le comte de Foix ot reçu sire Jean Froissart en son hostel moult honorablement, le dit sir Jean escripvit les faits d'armes que on lui nommoit. 370

CHAP. III. — Comment le frère bâtard du roi de Portingal fut élu à roi après la mort son frère contre la volonté des nobles. 371

CHAP. IV. — Comment le roi de Castille avecques les Espaignols assiégèrent Lussebonne où le roi de Portingal étoit, et du secours qu'il manda en Angleterre. 372

CHAP. V. — Comment le princeps et la princepse vinrent voir le comte d'Ermignac et du don que la princepse demanda au comte de Foix. 375

CHAP. VI. — Comment la garnison de Lourdes guerroyoit le pays de Bigorre, et de la prise de Ortingas. 376

CHAP. VII. — De plusieurs faits d'armes par ceux de garnison de la Lourdes et comment le comte d'Armagnac et le seigneur d'Alebrest furent pris du comte de Foix. 379

CHAP. VIII. — Des guerres que le duc d'Anjou fit aux Anglois, et comment il recouvra le château de Mauvoisin en Bigorre, qui fut p. is donné au comte de Foix. 383

CHAP. IX. — Comment la garnison du chastel de Lourdes fut ruée jus et déconfite et de la grand'diligence que le comte de Foix fit aussi de recouvrer ledit chastel de Lourdes. 382

CHAP. X. — Comment le bourg d'Espagne rescouy la proie aux compagnons du chastel de Lourdes, et comment ils furent rués jus. 386

CHAP. XI. — Comment le comte de Foix ne voult prendre du roi de France la comte de Bigorre ; mais comment il reçut seulement le chastel de Mauvoisin. 393

CHAP. XII. — De la paix qui fut faite entre le comte de Foix et le duc de Berry ; et le commencement de la guerre qui fut entre le comte d'Ermignac et cil de Foix. 394

CHAP. XIII. — Des grands biens et grandes largesses qui étoient au comte de Foix et la piteuse manière de la mort de Gaston, fils au comte de Foix. 398

CHAP. XIV. — Comment messire Pierre de Béarn fut malade par fantôme, et comment la comtesse de Biscaye se partit de lui. 404

CHAP. XV. De la grand'fête que le comte de Foix faisoit de Saint-Nicotas et des faits d'armes que Bascot de Mauléon conta à sire Jean Froissart. 406

CHAP. XVI. — Comment plusieurs capitaines anglois et autres gens de Compagnies furent déconfits devant la ville de Sancerre. 408

CHAP. XVII. — Comment un nommé Limousin se rendit François et comment il fit prendre Louis Raimbaut, son compagnon d'armes, pour la vileinie qu'il lui avoit faite à Bruide. 411

CHAP. XVIII. — De l'état et ordonnance au comte de Foix ; et comment la ville de Saint-Irain se rebella pour les excès qu'on leur faisoit, dont ils en tuèrent plusieurs. 414

CHAP. XIX. — Ci parle d'une moulte merveilleuse et piteuse bataille qui fut à Juberot entre le roi de Castille et le roi de Portingal. 421

CHAP. XX. — Comment le roi de Portingal et les siens s'ordonnèrent sagement pour batailler sur le mont de Juberot, et comment les François furent occis et le roi d'Espagne et tout son ost déconfits. 429

CHAP. XXI. — Comment le roi de Castille et toute sa grosse bataille furent déconfits par le roi de Portingal devant un hameau ou village appelé Juberot. 431

CHAP. XXII. — Comment un malin esprit nommé Orton servit par un temps le sire de Corasse, et lui rapportoit nouvelles de par tout le monde d'huy à lendemain. 434

CHAP. XXIII. — Comment le siége fut mis devant Brest en Bretagne, et comment plusieurs forteresses anglesches d'environ le pays de Toulouse furent recouvrées et faites françoises. 438

CHAP. XXIV. — Comment le chastel de Cremale et le chastel du Mesnil, séans ès parties de Bigorre, furent pris par les François et tous ceux dedans morts et pendus. 444

CHAP. XXV. — Comment le roi de Chypre fut tué et meurtri en son lit par son propre frère, par l'enortement des mescréans pour la bonté et la hardiesse qui étoit au roi. 448

CHAP. XXVI. — Comment le roi d'Arménie fut examiné, et comment vingt mille Turcs furent morts et déconfits au royaume de Honguerie. 453

CHAP. XXVII. — Comment le pape Urbain et le pape Clément eurent discussion ensemble et comment les rois de chrétienté furent différens à l'élection pour les guerres d'entre eux. 457

CHAP. XXVIII. — Comment ceux de Lussebonne, qui tenoient la partie du roi de Portingal, envahirent moult grandement ceux de Castille, pour les outrageuses paroles que ceux de Castille leur disoient. 460

CHAP. XXIX. — Comment ceux de Portingal envoyèrent messages en Angleterre pour dire et noncier les nouvelles de leurs pays au roi et aux grands seigneurs d'Angleterre. 464

CHAP. XXX. — Comment Laurentin Fougasse, ambassadeur envoyé de Portingal en Angleterre, raconta au duc de Lancastre la manière du discord qui étoit entre Castille et Portingal. 471

CHAP. XXXI. — Comment le dit Laurentin Fougasse raconta au dit duc de Lancastre la bataille qui fut à Juberote entre le roi de Castille et le roi de Portingal. 477

CHAP. XXXII. — Comment le duc de Lancastre se partit lui et son armée du royaume d'Angleterre, et comment ils s'en vinrent par mer devant le chastel de Brest. 484

CHAP. XXXIII. — Comment le duc de Lancastre se partit de devant Brest en Bretagne, et comment il s'en vint par mer devant la Calongue au royaume de Castille. 489

CHAP. XXXIV. — Comment le duc de Lancastre se partit de la Calongue et comment la ville de Saint-Jacques en Galice se rendit à lui ; et du conseil que les barons de France donnèrent au roi de Castille. 493

CHAP. XXXV. — Comment le roi de Castille, conseillé que on abattît tous petits forts et moutiers de son royaume qui ne se pourroient tenir, prit les pourvéances pour les grosses villes pourvoir. 496

CHAP. XXXVI. — Comment François Acreman fut occis d'un bâtard fils au sire de Harselles, un peu après ce que la paix fut faite entre le duc de Bourgogne et ceux de Gand, et des grands pourvéances qui se faisoient en Flandre pour le roi. 499

CHAP. XXXVII. — Comment le roi d'Angleterre mit grandes gardes à tous les ports d'Angleterre pour résister contre la puissance du roi de France, et du conseil que les Anglois orent de faire. 502

CHAP. XXXVIII. — Comment le roi de Portingal escripsit amiablement au duc de Lancastre, quand il eut être arrivé en Saint-Jacques en Galice, et du secours que le roi de Castille mandoit en France, et comment Ruelles fut pris des Anglois. 503

CHAP. XXXIX. — Comment messire Thomas Moreau, maréchal de l'ost du duc de Lancastre, se départit de la ville Saint-Jacques en Galice et sa route, et vint prendre Ville-Lopez en Galice, laquelle par composition se rendit au duc de Lancastre, et des ambassadeurs que le duc envoya au roi de Portingal. 506

CHAP. XL. — Comment les ambassadeurs du duc de Lancastre arrivèrent à Conimbre en Portingal devers le roi, et comment le dit roi et le dit duc parlèrent et s'allièrent par mariage. 510

CHAP. XLI. — Comment le duc de Lancastre et le roi de Portingal eurent ensemble collation sur ce mariage. 514

CHAP. XLII. — Comment, après les alliances du duc de Lancastre faites au roi de Portingal, le maréchal de l'ost du dit duc chevaucha parmi Galice et y prit et mit en l'obéissance du dit duc Pontevrède et plusieurs autres villes. 517

CHAP. XLIII. — Comment ceux de Bayonne en Espaigne se rendirent au duc de Lancastre, et comment le maréchal de son ost entra dedans et en prit la saisine en possession. 520

CHAP. XLIV. — Comment le duc de Lancastre et la duchesse se tenoient à Saint-Jacques en Galice, qui oyoient souvent nouvelles du maréchal de l'ost, comment tout le pays se rendoit à lui et aussi au roi de Portingal. 523

CHAP. XLV. — Comment ceux d'Angleterre payoient tailles dont ils murmuroient grandement, et du conseil que messire Symon Burlé donna à l'abbé et couvent de Saint-Thomas de Cantorbie. 525

CHAP. XLVI. — Comment le roi d'Arménie s'en alla en Angleterre pour traiter de paix, si il pût, entre les rois de France et d'Angleterre, et comment il exploita devers le roi d'Angleterre et son conseil. 527

CHAP. XLVII. — Comment le duc de Berry vint à l'Escluse, là où le roi de France et les autres seigneurs étoient pour aller en Angleterre, et comment le roi d'Angleterre festia à Westmoustier les seigneurs qui avoient gardé les ports et passages d'Angleterre. 531

CHAP. XLVIII. — Comment le roi de France retourna de l'Escluse sans passer en Angleterre, et de la fête qui fut après à Londres. 533

CHAP. XLIX. — Comment deux champions joutèrent à Paris à outrance. L'un avoit nom messire Jean de Carrouge, et l'autre Jacques le Gris. 534

CHAP. L. — Comment le roi d'Arragon

TABLE DES CHAPITRES.

mourut et comment l'archevêque de Bordeaux fut mis en prison à Barcelonne de par le jeune roi d'Arragon, et comment le duc de Lancastre fut en mautalent contre le roi d'Arragon. 539

CHAP. LI. — Comment un champ de bataille fut fait à Bordeaux sus Gironde devant le sénéchal et plusieurs autres, et comment messire Charles de Blois fut mis hors de prison d'Angleterre et laissa ses deux fils en son lieu en Angleterre. 543

CHAP. LII. — Comment le comte de Bouquinghen tint le siége devant Rennes et Nantes, et puis retourna en Angleterre. 545

CHAP. LIII. — Comment le duc de Bourbon fut élu pour aller en Castille et plusieurs autres, et comment messire Jean Bucq, amiral de Flandre, fut pris des Anglois et plusieurs marchands. 548

CHAP. LIV. — Comment les Anglois arrivèrent à l'Escluse et de ce toutes gens s'ébahissoient et comment ils ardirent plusieurs villes. 551

CHAP. LV. — Comment le maréchal du duc de Lancastre prit la ville de Ribedave, qui moult fort étoit tenue. 552

CHAP. LVI.—Comment le duc de Lancastre manda l'amiral et le maréchal, lesquels conquerroient villes et chastels en Galice, pour être aux noces de sa fille que le roi de Portingal épousa. 557

CHAP. LVII. — Comment le duc de Lancastre et ses gens chevauchoient vers la cité de Betances et comment ceux de Betances composèrent à eux et comment la duchesse et sa fille allèrent voir le roi et la roine de Portingal. 559

CHAP. LVIII. —Comment la duchesse de Lancastre et sa fille allèrent voir le roi et la roine de Portingal, et comment la ville de Betances se mit en composition au duc de Lancastre et elle se rendit à lui. 560

CHAP. LIX. — Comment messire Thomas de Hollande et messire Jean de Roye firent un champ de bataille à Betances devant le duc de Lancastre. 566

CHAP. LX. — Comment le roi de Portingal et le duc de Lancastre eurent conseil ensemble que ils entreroient en Castille pour conquérir villes et châteaux en Castille. 569

CHAP. LXI. — Comment messire Guillaume de Lignac et messire Gautier de Passac vinrent à l'aide du roi de Castille et comment ils eurent conseil, le roi et eux, comment ils se maintiendroient. 570

CHAP. LXII. —Comment en Angleterre eut grand'pestillence entre les gentilshommes et les communes pour les finances et tailles. 575

CHAP. LXIII.—Comment le connétable de France et plusieurs autres s'appareilloient pour aller en Angleterre conquérir villes et chastels. 578

CHAP. LXIV. — Comment le duc de Bretagne manda tous barons et chevaliers pour être du conseil à Vennes, et après ce conseil comment il pria le connétable d'aller voir son chastel de l'Ermine et comment il le retint prisonnier en son dit chastel et le sire de Beaumanoir aussi en tel parti. 581

CHAP. LXV. — Comment le connétable de France fut délivré à la requête du sire de Laval par rançon, et comment le connétable, pour sa délivrance faire, laissa au duc trois châteaux et une ville, et paya cent mille francs. 585

CHAP. LXVI. — Comment lettres furent escriptes à la volonté du duc que le connétable lui rendoient ses villes et châteaux à lui et à ses hoirs à toujours et à jamais, et comment on exploita tant que ces dites villes et châteaux furent livrés aux gens du duc. 586

CHAP. LXVII. — Comment nouvelles vinrent au roi de France des parties d'Allemagne, lesquelles lui furent moult déplaisantes et à ses oncles aussi. 590

CHAP. LXVIII. — Comment les gens au duc de Lancastre assaillirent la ville d'Aurench et fut prise, car la ville se rendit aussi comme les autres villes de Galice. 591

CHAP. LXIX. — Comment le roi de Portingal ardit une ville quand il départit du port, et assiégea deux châteaux ; mais il les laissa par ennui. 596

CHAP. LXX. — Comment le roi de Portingal et ses gens prinstrent la ville de Férol par assaut, et comment le roi de France fut défié du duc de Guerles. 597

CHAP. LXXI. — Comment les ambassadeurs du roi de France vinrent devers le duc de Bretagne pour la prise du connétable, et de la réponse que il leur fit après ce que ils eurent fait leur relation. 604

CHAP. LXXII. — Comment les oncles du roi d'Angleterre étaient tous d'une alliance entre le roi et son conseil, et de la murmuration du peuple contre le duc d'Irlande et de la réponse des Londriens au duc de Gloucestre. 606

CHAP. LXXIII. — Comment le jour de compter fut venu en la présence des oncles du roi et des communes d'Angleterre, et comment messire Simon Burlé fut prisonnier à Londres, et comment messire Thomas Trivet fut mort. 610

CHAP. LXXIV. — Comment le roi d'Angleterre se départit de Londres. Comment messire Simon Burlé fut décollé à Londres, et du duc de Lancastre qui moult en fut courroucé ; et le nepveu d'icelui moult aussi. 613

CHAP. LXXV. — Comment se tenant le conseil à Londres sur la réformation des gouverneurs du roi et du royaume d'Angleterre, le roi Richard par le conseil du duc d'Irlande, fut d'accord de courir sus et porter guerre à ses oncles et à ses villes et cités. 615

CHAP. LXXVI. —Comment le roi d'Angleterre fit son mandement ès parties de Bristo, pour aller à Londres ; et comment messire Robert Trésilien, y étant envoyé pour espier, fut pris à Wesmoustier, et décollé par le commandement des oncles du roi. 617

CHAP. LXXVII. — Comment les nouvelles vinrent au roi du décolement de messire Robert Trésilien, et comment il demanda conseil à ses gens sur ce, et comment il ordonna le duc d'Irlande pour souverain de ses gens. 619

CHAP. LXXVIII. — Comment le duc d'Irlande envoya trois chevaliers à Londres pour savoir des nouvelles ; et comment les oncles du roi et les Londriens se mirent sur les champs pour combattre le duc d'Irlande et son alliance. 621

CHAP. LXXIX. — Comment les oncles du roi firent tant qu'ils gagnèrent la journée contre le duc d'Irlande ; et comment le duc d'Irlande s'enfuit, et plusieurs autres de sa compagnie. 622

CHAP. LXXX. — Comment le duc d'Irlande et quelques siens compagnons se retirèrent en Hollande et en l'évêché d'Utrecht ; comment messire Nicolas Brambre fut décolé, et comment l'archevêque de Cantorbie, envoyé vers le roi de par ses deux oncles, fit tant qu'il l'amena honorablement à Londres. 624

CHAP. LXXXI.—Comment, de par le roi et ses oncles, par les seigneurs du conseil d'Angleterre, furent mandés ducs, comtes, prélats, barons, chevaliers et écuyers d'Angleterre, pour être au conseil général qui devoit être à Wesmoustier, et illec relever leurs hommages au palais du roi. 626.

TABLE DES CHAPITRES.

CHAP. LXXXII. — Comment le roi de Portingal et le duc de Lancastre assemblèrent leurs puissances ensemble; et comment, ne pouvant passer la rivière de Deure, un écuyer de Galice, prisonnier de guerre, leur enseigna le gué. 627

CHAP. LXXXIII. — Comment Gautier de Passac et Guillaume de Lignac, chefs des François en Castille, conseillèrent au roi d'attendre le duc de Bourbon, sans s'aventurer à la bataille; et comment aucuns Anglois allèrent escarmoucher aux François de Ville-Arpent; et comment le duc de Lancastre commença à se décourager, pour les mésaises de lui et de ses gens. 630

CHAP. LXXXIV. — Comment le duc de Lancastre donna congé à ses gens; et comment trois chevaliers d'Angleterre, ayant impétré sauf conduit par un héraut, allèrent vers le roi de Castille pour impétrer un sauf conduit pour passer leurs gens par sa terre. 633

CHAP. LXXXV. — Comment trois ambassadeurs de par le duc de Lancastre impétrèrent un sauf conduit du roi de Castille, pour passer leurs malades en son pays, et passer sûrement ceux qui s'en retourneroient hors d'Espagne; et comment plusieurs chevaliers et écuyers d'Angleterre moururent en Castille et ès pays des Espaignes, étant le duc de Lancastre même tombé en grande maladie à Saint-Jacques en Galice. 635

CHAP. LXXXVI. — Comment messire Jean de Hollande, connétable du duc de Lancastre, prit congé de lui, s'en retournant atout sa femme, par Castille et par Navarre, à Bayonne et à Bordeaux; et comment messire Jean d'Aubrécicourt alla à Paris, pour vouloir accomplir un fait d'Armes contre Boucicaut. 638

CHAP. LXXXVII. — Comment le duc de Bourbon, étant parti d'Avignon avec son ost, s'en alla trouver le roi de Castille à Burges; comment le duc de Lancastre en étant averti, prit vue du roi de Portingal; et comment le duc de Bourbon, après plusieurs conjouissemens, eut congé du roi de Castille et s'en retourna droit en France. 640

CHAP. LXXXVIII. — Comment le comte de Foix reçut honorablement le duc de Bourbon, et des beaux dons qu'il lui fit; et comment les gens messire Guillaume de Lignac, et messire Gautier de Passac saccagèrent la ville de Saint-Phagon, en partant d'Espaigne, dont le roi d'Espaigne montra courroux à ces deux capitaines qui étoient encore près de lui. 642

CHAP. LXXXIX. — Comment le duc de Lancastre, étant parti de Saint-Jacques et de Connimbres en Portingal, arriva par mer à Bayonne. 644

CHAP. XC. — Comment le comte d'Ermignac mit grand'peine de traiter aux compagnons, pour leur faire rendre leurs forts, en leur délivrant argent; et comment le comte de Foix l'en empêcha secrètement. 645

CHAP. XCI. — Comment se mut le premier contend et maultalent entre les ducs de Brabant et de Guerles, et comment le comte Regnault de Guerles fut conseillé de se marier à la fille de Bertaut de Malignes, et la réponse que le dit Bertaut fist aux messagers dud.t comte. 648

CHAP. XCII. — Comment le comte Regnault de Guerles fut marié à la fille Bertaut de Malignes dont il ot une fille, et depuis se remaria en Angleterre, et en ot deux fils et une fille, et comment messire Jean de Blois, épousa l'aisnée fille, et comment la duché demeura à la mainsnée fille dudit comte Regnault. 651

CHAP. XCIII. — Comment les châteaux de Gaugelch, Buch et Mille vindrent au duché de Brabant, et comment le duc de Julliers soutenoit les Linfars en son pays qui déroboient toutes manières de gens, et du grand mandement que le duc de Brabant fit pour aller en Julliers. 653

CHAP. XCIV. — Comment le duc de Brabant mourut; et comment le duc Guillaume de Guerles voulut traiter à la duchesse de Brabant pour ravoir les châteaux de Gaugelch, Buch, et Mille, et de la réponse que la duchesse en fit; et comment le duc Guillaume fit alliance au roi d'Angleterre et aux Anglois. 658

CHAP. XCV. — Comment la duchesse de Brabant envoya ses messagers devers le roi de France pour lui remontrer ses besognes, et comment le roi en son conseil étoient ensonniés sur les incidens qui étoient au royaume, tant du défiement du duc de Guerles comme des besognes de Prague, et de la réponse que on fit aux ambassadeurs de Brabant. 661

CHAP. XCVI. — Comment le corps saint du cardinal Pierre de Luxembourg fesoit merveilles de miracles en Avignon; comment par grand accident le roi de Navarre mourut en la cité de Pampelume, et comment monseigneur Charles son fils aîsné-né fut couronné. 662

CHAP. XCVII. — Comment le duc de Berry fit assiéger la forteresse de Ventadour. 664

CHAP. XCVIII. — Comment le duc de Bourgogne envoya quatre cens lances à la duchesse de Brabant; et comment ils surprirent et brûlèrent la ville de Straulte en Guerles. 665

CHAP. XCIX. — Comment Geronnet de Ladurant l'un des capitaines de Perrot le Bernois, ayant été prisonnier de Jean Bonne-Lance à Montferrant en Auvergne, trouva façon, après sa rançon payée, de mettre le Bernois dedans icelle ville de Montferrant. 667

CHAP. C. — Comment Perrot le Bernois et ses compagnons eurent conseil de non tenir la ville de Montferrant. 674

CHAP. CI. — Comment Perrot le Bernois et les compagnons, ayant pillé Montferrant, l'abandonnèrent et se retirèrent en leurs forts; et de la réponse qu'il fit au comte Dauphin d'Auvergne, se plaignant de ce qu'il avoit emblé cette ville là, pendant les traités. 676

CHAP. CII. — Comment le duc de Berry fit les noces de sa fille Marie avec Louis de Blois, et son fils Jean de Berry avec Marie de France; et comment elle mourut assez tôt après, et madame Jeanne d'Ermignac, duchesse de Berry, semblablement. 677

CHAP. CIII. — Comment, étant le conseil de France en délibération d'aller contre le duc de Guerles qui avoit outrageusement défié le roi, le duc de Berry envoya le comte d'Estampes vers le duc de Bretagne, pour tâcher premièrement à le regagner au parti de France, après s'en être presque ouvertement étrangé par la prise du connétable de Cliçon. 678

CHAP. CIV. — Comment, après le département, que le duc de Lancastre fit de Gallice en Portingal, les Espaignols et les François reconquirent, en peu de temps, le pays de Gallice: et comment les Anglois, qui avoient été à la guerre de Gallice, avec le duc de Lancastre, diffamoient en le pays de Castille et de Gallice en leur pays; et comment le duc d'Irlande qui s'étoit retiré d'Angleterre fut envoyé quérir par le roi de France et son conseil. 681

CHAP. CV. — Comment le conseil de France ne se pouvoit accorder qu'on menât le roi en Allemagne, pour les incidences du royaume: et comment le duc de Bretagne faisoit ses garnisons en son pays, et alliances aux Anglois et au jeune roi de Navarre; et de l'armée que les Anglois mirent sur la mer. 684

CHAP. CVI. — Comment les Brabançons mirent le siège devant la ville

TABLE DES CHAPITRES.

de Gavres; comment le connétable de France prit Saint-Malo et Saint-Mahieu-de-fine-Poterne, y met tant gens en garnison. 686

Chap. cvii. — Comment le duc de Lancastre eut en pensée de marier sa mains-née fille au duc de Touraine, frère du roi Charles sixième : et comment, en étant parlé au duc de Berry pour son fils, il en envoya lettres et messages au duc de Lancastre, et comment le duc envoya la copie des lettres en Foix et en Navarre afin qu'elles fussent publiées en ce pays et demanda conseil à ses gens sur ces besognes. 687

Chap. cviii. — Comment le sire de Coucy et autres barons de France furent envoyés devers le duc de Bretagne ; et comment, devant leur arrivée vers lui, il rétablit, aux gens du connétable, les places, qu'il avoit de lui. 690

Chap. cix. — Comment cependant que le duc de Lancastre entretenoit Hélion de Lignac, ambaxadeur du duc de Berry, sur le traité du mariage pourparlé, vinrent aussi quelques secrets ambaxadeurs du roi de Castille pour rompre ce mariage, et avoir la fille de Lancastre pour son fils ; et comment Hélion de Lignac fut renvoyé le jour même de leur arrivée, avec certaines trèves sur les marches d'Aquitaine. 693

Chap. cx. — Comment les ducs de Berry et de Bourgogne partirent pour aller à Blois ; et des parlemens et traités qui furent faits au duc de Bretagne, qui là vint ; tellement qu'ils l'emmenèrent à Paris, ainsi comme outre et contre sa volonté propre. 697

Chap. cxi. — Comment Louis d'Anjou, fils du duc d'Anjou qui fut oncle du roi Charles sixième entra dedans Paris, comme roi de Sicile : comment le duc de Bretagne y entra la nuit Saint-Jean-Baptiste, l'an mil trois cent quatre vingt huit, et d'un fait d'armes qui fut fait devant le roi à Montreau-faut-Yonne, d'un Anglois appelé messire Thomas Herpinghen avec messire Jean des Barres. 698

Chap. cxii. — Commment le comte d'Arondel et ses gens eurent conseil ensemble comment ils se maintiendroient; et comment Perrot le Bernois et ses compagnons se mirent sur les champs pour aller devers le comte d'Arondel ; et comment le dit comte alla prendre terre à Marant près la Rochelle avec son armée marine. 700

Chap. cxiii. — Comment ceux de Rochelois allèrent escarmoucher aux Anglois, près Marault : comment les Anglois, après avoir pillé le pays d'environ, se retirèrent en leurs vaisseaux sur la mer avec leur pillage ; et comment Perrot le Bernois se retira semblablement en son fort avec grand butin. 703

Chap. cxiv. — Comment les Brabançons travaillèrent fort ceux de Gavres par leur siége : et comment les Guerlois brûlèrent et ruinèrent un pont, que les Brabançons avoient fait sur Meuse, pour entrer du côté de Guerles, et contraindre la ville de Gavres plus étroitement. 706

Chap. cxv. — Comment les Brabançons passèrent parmi la ville de Ravestain en Guerles et comment le duc de Guerles se partit de Nimaige, atout trois cens lances, et à l'encontre des Brabançons, et comment il les déconfit entre Ravestain et Gavres. 707

Chap. cxvi. — Comment le duc de Guerles, après ce qu'il eut déconfit les Brabançons, se trait à Nimaige ; et comment les nouvelles vinrent au roi de France et à ses oncles de celle déconfiture, et comment le roi et son conseil envoyèrent messagers en ambassade au roi d'Allemagne, pour guerroyer plus sûrement en Guerles. 711

Chap. cxvii. — Comment le roi de France et son conseil donnèrent congé au duc de Bretagne de retourner en son pays : et comment le pays de Brabant s'envoya excuser de ne pouvoir bailler passage au roi et à son ost : comment les ambassadeurs de France exploitèrent envers le roi d'Allemagne. 713

Chap. cxviii. — Comment le comte de Blois envoya deux cens lances au roi de France pour aller en Guerles : de la bonne réponse , que les ambaxadeurs rapportèrent du roi d'Allemagne : comment le roi continua son voyage, tirant vers la forêt d'Ardennes, et comment Hélion de Lignac fit son rapport au duc de Berry, touchant le mariage de la fille de Lancastre. 716

Chap. cxix. — Comment les principaux barons d'Escosse s'assemblèrent en armes, pour faire guerre aux Anglois : et comment ils prirent un espion par lequel ils sçurent que les Anglois savoient leur entreprise. 719

Chap. cxx. — Comment les comtes de Douglas, de Moray et de la Marche et Dunbar passèrent la rivière de Tyne et par la terre au seigneur de Percy jusques à la cité de Durem et puis retournèrent devant Neuf-Chastel-sur-Tyne ardant et exillant tout le pays. 722

Chap. cxxi. — Comment messire Thomas de Percy et messire Raoul son frère atout grands gens d'armes et archers allèrent après les Escots pour conquerre leur pennon que le comte de Douglas avoit conquis devant le Neuf-Chastel-sur-Tyne et comment ils assaillirent les Escots devant Octebourg. 725

Chap. cxxii. — Comment le comte James de Douglas par sa vaillance remit ses gens sus qui étoient reculés et à moitié déconfits des Anglois, et en ce faisant il chéy à terre navré à mort, et comment il fit redresser sa bannière par Gautier et Jean de Saint-Clair pour rassembler ses gens. 728

Chap. cxxiii. — Comment les Escots gagnèrent la bataille contre les Anglois devant Octebouch et y furent pris messire Henry de Percy et messire Raoul son frère, et comment un écuyer d'Angleterre appelé Thomas Waltem ne se voult rendre ; aussi ne fit un écuyer d'Escosse et moururent ; et comment l'évêque de Durem et ses gens se déroutèrent et déconfirent d'eux-mêmes. 730

Chap. cxxiv. — Comment messire Mathieu Rademen se départit de la bataille pour s'en cuider sauver , et comment messire Jacques de Lindsée fut pris de l'évêque de Durem, et comment après la bataille les Escots se rassemblèrent et envoyèrent chevaucher pour découvrir le pays. 734

Chap. cxxv. — Comment les Escots se départirent d'Otebourch et emmenèrent le comte James de Douglas tout mort, et fut enseveli en l'abbaye de Maures, et comment messire Arcebaut de Douglas et ses compagnons se départirent de devant Carlion en Galles et s'en retournèrent en Escosse. 738

Chap. cxxvi. — Comment le roi de France entra en la duché de Luxembourg, poursuivant son voyage de Guerles ; et comment le duc de Juliers, père du duc de Guerles, s'étant venu excuser et décharger de la faute de son fils, fut reçu en grâce du roi duquel il releva la terre de Vierson en Berry, lui en faisant hommage. 739

Chap. cxxvii. — Comment le roi Charles sixième se logea amiablement sur la terre du duc de Juliers ; et comment un écuyer d'Auvergne fut tué d'un coup de coignée par un bûcheron Guerlois qu'il pensoit emmener prisonnier. 741

Chap. cxxviii. — Comment le duc de

TABLE DES CHAPITRES.

Juliers et l'archevêque de Cologne se partirent du roi de France, et s'en allèrent à Nimaige, devers le duc de Guerles : et comment par l'amonnestement et entremise d'iceux, il fut réconcilié et mis à paix vers le roi et la duchesse de Brabant. 742

CHAP. CXXIX. — Comment le comte d'Arondel et les chevaliers d'Angleterre qui se tenoient sur mer, par force de vent vinrent à la Palice, près de la Rochelle : comment messire Louis de Sancerre, en étant averti par les Rochellois, les poursuivit pour néant par mer ; et comment le duc de Lancastre conclut le mariage de sa fille avec l'infant de Castille. 745

CHAP. CXXX. — Comment, étant encore le roi Charles sur les frontières de Juliers, quelques pillards allemands se jetèrent, par une partie de son camp, y prenant plusieurs prisonniers ; et comment le roi, entrant au vingt un an de son âge, eut lui-même le gouvernement de son royaume ; et comment, sachant la conclusion du mariage de Castille et de Lancastre, envoya vers le roi d'Espaigne, pour lui remontrer de ne faire nulles alliances à son préjudice. 746

CHAP. CXXXI. — Comment le duc Jean de Berry, oncle du roi, ayant failli au mariage de la fille de Lancastre, envoya vers le comte de Foix, pour avoir la fille du comte de Boulogne qu'il nourrissoit et gardoit. 748

CHAP. CXXXII. — Comment Geoffroy Tête-Noire, ayant été blessé par la tête en une escarmouche, fit quelque excès qui le mena mourir ; et du testament qu'il fit par avant, ayant substitué deux autres capitaines en sa place. 750

CHAP. CXXXIII. — Comment le duc de Guerles fut fait prisonnier en allant en Prusse ; et comment, ayant été délivré par les chevaliers de Prusse, néanmoins alla puis après retrouver son maître, pour garder sa foi. 751

CHAP. CXXXIV. — Comment messire Jean de Vienne, ayant fait son ambassade au roi de Castille, en eut réponse et dépêche ; comment ce roi et le duc de Lancastre procédèrent en leurs alliances de mariage ; et comment le comte d'Arondel, avec son armée de mer, se retira en Angleterre, après avoir fait quelque course sur côte de Normandie. 753

CHAP. CXXXV. — Comment messire Louis de Sancerre alla voir le comte de Foix à Ortais ; et comment devant le duc de Lancastre, à Bordeaux, se firent faits d'armes, de cinq François et cinq Anglois. 755

CHAP. CXXXVI.— Comment la duchesse de Lancastre mena sa fille en Castille, pour la marier au fils du roi ; et comment, ayant trouvé les os de son père, les fit porter en la cité de Séville, et inhumer avec royal obsèque. 756

CHAP. CXXXVII. — Comment le duc de Berry pratiqua si bien vers le comte de Foix, qu'il lui envoya sa cousine de Boulogne, laquelle il épousa incontinent. 757

CHAP. CXXXVIII. — Comment certains traiteurs et sages hommes pourparlèrent ; et prirent unes trèves, à durer trois ans, entre les François et les Anglois, et tous leurs alliés, tant d'une partie comme d'autre par mer et par terre. 760

FIN DE LA TABLE DES CHAPITRES CONTENUS DANS LE DEUXIÈME VOLUME.

www.ingramcontent.com/pod-product-compliance
Lightning Source LLC
Chambersburg PA
CBHW070717020526
44115CB00031B/1227